本书系国家社科基金重大招标项目“中国近现代手工业史及资料整理研究”（批准号：14ZDB047）的主要成果

两个世纪之间的中国手工业(1800—2000)

彭南生 主编

王翔 杨乔 著

中国近现代手工业史

ZHONGGUO JINXIANDAI SHOUGONGYE SHI

第一卷 上册

国家出版基金项目
NATIONAL PUBLICATION FOUNDATION

河南人民出版社
·郑州·

图书在版编目(CIP)数据

中国近现代手工业史．第一卷：上下册 / 彭南生主编;王翔等著．—郑州 ：河南人民出版社，2024. 9
ISBN 978-7-215-13432-4

Ⅰ. ①中… Ⅱ. ①彭… ②王… Ⅲ. ①手工业史－中国－近现代 Ⅳ. ①F426. 899

中国国家版本馆 CIP 数据核字(2023)第 240221 号

河南人民出版社 出版发行
(地址：郑州市郑东新区祥盛街 27 号 邮政编码：450016 电话：0371-65788053)
新华书店经销　　河南瑞之光印刷股份有限公司印刷
开本 710 mm×1000 mm　1/16　印张 135. 75
字数 2190 千
2024 年 9 月第 1 版　　2024 年 9 月第 1 次印刷

定价：480. 00 元(共 6 册)

彭南生 历史学博士，华中师范大学中国近代史研究所教授，华中师范大学博雅学者。曾先后获2000年全国优秀博士学位论文奖，第六届、第九届教育部科学研究优秀成果奖（人文社会科学类）二等奖，郭沫若历史学奖三等奖，2018年国家级教学成果奖特等奖（高等教育类）等。

总 序

1800年,人类社会迈入了一个新的世纪。当时的中国在清政府统治下,进入所谓"康乾盛世"时代,与此相应,观念上出现了"物产丰盈,无所不有"的天朝迷思。此时的英国正处在工业革命中期,"世界工厂"已然成型。工业革命的浪潮在向欧洲大陆、美洲大陆等地急剧扩散的同时,也在寻找新的原料产地与产品销售市场,古老的中国被迫卷入"世界工厂"体系中。从此,中国原有的经济体系受到了外国资本主义的强烈冲击。传统手工业也不例外,在此后的两个世纪中,中国的手工业演绎了一幅命运多舛的历史画卷。在19—20世纪的历史进程中,一方面,中国在不懈地追求工业化;另一方面,因应着工业化的浪潮,出现了手工业的现代化。

一、现代化视野下的中国工业化史

现代化既是一个历史过程,也是一种综合性的、多维度的理论建构,它可以被解构为包括政治、经济、军事、文化、教育在内的社会多层面的发展,其中,经济现代化是现代化的重要维度,工业化则是经济现代化的核心要素。现代化也是迄今为止人类历史上波及全球的一场伟大实践,其起点可以追溯到英国工业革命,其源头还可以远溯至16世纪中后期西欧农村家庭工业的发展。从英国工业革命开始算起,人类的现代化实践已经超过两个半世纪了。两个半世纪以来,无论主动抑或被迫,各个国家、各个地区都先后被卷入现代化的浪潮中,有的成功地到达现代化彼岸,有的在现代化的大潮中折戟沉沙,还有的在苦苦求索,探寻一条适合本国、本地区实际的现代化模式。工业革命发端于英国,英国也成为世界上最先完成工业化的国家,而且是一种原发的、内生型现代化模式。随后,工业化波及欧洲大陆上的法、德等国和美洲大陆上的美国。在全球化视野下,人类工业化大体上经历了"滥觞于英国—扩展于欧美—播及全球"的轨迹,在这个轨迹中,英、美、法、德等西方国家既是先行者,也是成功者。因此,现代化往往被打上了西方色彩,甚至在某种程度上将现代化等同于"西化""欧化"或"美化"。这是西方经验在现代化内涵中的主观反映,英、美等国也成为其他后发现代化国家追赶的目标。新中国成立初期中共就曾提出"赶英超美","一万年太久,只争朝夕",不仅体现了中国人民致力于国家富强的急迫感,而且也明确了以英、美为中国现代化追赶的目标。如何追赶?有何特点?中国共产党人也经历了曲折的历程,经过了长期的探索,并将之归结为中国式现代化,赋予了鲜明的中国特色。从中国工业化的历史进程看,中国式现代化主要是新中国成立后,特别是改革开放以来的探索和实践的产物。但是,中国式现代化不是凭空产生的,而是有着深厚的历史根基,是中国共产党人在总结中国历史上现代化失败的教训,特别是自明清以来,尤其是鸦片战争之后近代中国仁人志士不断求索、追求独立与富强的历史经验与教训的基础上形成的理论结晶。

1. 中国早期原始工业的夭折

随着商品经济的发展,明代中叶以后,以长江三角洲为中心的中国江南地区的农业和手工业中的某些行业已经出现了一些新变化,学术界最初将它归结为资本主义生产关系的萌芽,近年来也有学者称之为中国的"早期工业化"或中国的"原始工业化"。① 虽然对于如何定性这些新变化还存在争论,但这些新变化的内涵、特点是清晰的。要而言之,明清时期的这些新变化具有本土性、内在性与自发性。首先,这些新变化所必备的前提条件是明清社会经济的发展。明中叶以降,随着农业耕作技术的进步与粮食产量的增长,商品经济发展到新的高度,为手工业生产规模的扩大、生产组织的发达、生产

① 参见刘永成:《清代前期农业资本主义萌芽初探》,福建人民出版社 1982 年版;许涤新、吴承明主编:《中国资本主义的萌芽》,人民出版社 1985 年版;李伯重:《江南的早期工业化(1550—1850 年)》,社会科学文献出版社 2000 年版;于秋华:《明清时期的原始工业化》,东北财经大学出版社 2009 年版。

技术的进步、生产分工与专业化的加强奠定了经济基础。明清时期的江南，以太湖水系和江南运河为主干的水网，为江南地区多层级市场网络的形成提供了客观条件。其次，被视为最能体现变化特征的雇佣关系，是在继承和发展中国传统用工中的短工、帮工、长工等传统劳动关系基础上发展而来的，苏州丝织业中的雇主、雇工则是从久已存在的“机房”“机手”演变而来，经历了从临时性的、不固定的雇佣逐步发展到长期的、固定的资本依附。这些都加速了劳动力流动，有助于提高生产效率，有利于生产组织的进步。再次，上述经济基础与客观条件，促使明中叶以后若干地区、若干行业内部在资本结构、生产分工、劳动关系等方面发生新的变化，这些变化起初是在某些行业中的某个环节出现的，呈现零星、多点散发式分布，发展也十分缓慢。直到鸦片战争爆发，规模较大的手工工场并未在生产形式上占据主导地位，渐进性与缓慢式发展都充分说明了这些新变化在孕育时期的内生性。

那么，明清之际社会经济中的这些新变化的发展前景究竟是什么？这是学术界争议较大的一个问题。“萌芽论”认为，明清资本主义萌芽的前途应该是资本主义社会或资本主义工业化，影响最大的当属毛泽东的著名论断，他说：“中国封建社会内的商品经济的发展，已经孕育着资本主义的萌芽，如果没有外国资本主义的影响，中国也将缓慢地发展到资本主义社会。”[①]由许涤新、吴承明主编的《中国资本主义发展史》三卷本，从资本主义生产关系的萌芽开始，到资本主义生产关系的改造结束，构成中国历史上资本主义的一个完整的体系，意在表明在资本主义的发生、发展上，中国虽然并不成功，但也没有例外。正如许涤新所言：“中国资本主义虽然并不发达，它却是经历了这样一个全过程。”[②]“萌芽论”的提出既是对20世纪30年代理论界出现的“外铄论”或“移植论”的一个有力回击（“外铄论”认为“中国资本主义的发展不是内在的而是外铄的”），也是对“政治经济学中国化”的一种学术追求和政治担当。针对当时“政治经济学在论述资本主义生产方式时，几乎都是以欧

① 毛泽东：《中国革命和中国共产党》，《毛泽东选集》第2卷，人民出版社1991年版，第626页。

② 许涤新：《中国资本主义发展史·总序》，见许涤新、吴承明主编《中国资本主义发展史》第1卷，人民出版社2003年版，第11页。

美特别是英国的材料作为根据的,看不见中国资本主义经济的实际情况",周恩来1960年在广东从化召开的政治经济学学习班上提出"政治经济学中国化,是我们必须解决的问题"。[①] 而"要写出中国化的政治经济学(资本主义部分),如果没有完整的中国资本主义发展史的著作,那是不可能的"[②]。

"早期工业化"论同样肯定了明清时期江南地区手工业的发展,但对其发展前景,却强调了不确定性。李伯重认为,"如果没有西方的入侵,江南工业将继续沿着既定的方向发展下去"[③]。保留"既定的方向",即"斯密型增长"模式,而明清时期江南地区的手工业并未发展到"斯密型增长"模式的极限。他剖析了"萌芽论"的不足:"萌芽论"将英国经验植入中国明清时期的江南地区的经济发展中,看似突出了中国的自主性,但忽略了自身的特点,强调了英国模式的普遍性。那么,是不是说中国明清时期江南地区的经济就永远不可能发展到工业化呢?当然不是。李伯重并没有完全否认江南的早期工业化发展成为近代工业化的可能性,说"这种可能性也是存在的,但是显然很小"[④],不过,如果借助江南以外的中国其他地区的煤铁资源,江南早期工业化也能发展成为近代工业化,但"这个前景只能在中国主要地区的共同发展中实现,因而存在着许多不确定性的因素。由于不确定因素太多,所以这种可能的前景即使能变成现实,也将是一个更为复杂和长期的过程"[⑤]。

近年来,有学者将明清时期乡村手工业的发展定性为"原始工业化",并且把从明清时期的原始工业化到当代中国乡村工业的发展看作一个完整的过程,是"一条独具特色的工业化道路,这条道路既不同于欧美,也不同于亚洲其他国家,这是一条充分发挥资源禀赋优势的道路,是一条政府主导的国家工业化和民间兴起的乡村工业化双翼腾飞的道路"[⑥]。

---

① 许涤新:《中国资本主义发展史·总序》,见许涤新、吴承明主编《中国资本主义发展史》第1卷,人民出版社2003年版,第1页。

② 许涤新:《〈中国资本主义发展史〉总序》,见许涤新、吴承明主编《中国资本主义发展史》第1卷,人民出版社2003年版,第10页。

③ 李伯重:《江南的早期工业化(1550—1850年)》,社会科学文献出版社2000年版,第539页。

④ 李伯重:《江南的早期工业化(1550—1850年)》,社会科学文献出版社2000年版,第539页。

⑤ 李伯重:《江南的早期工业化(1550—1850年)》,社会科学文献出版社2000年版,第542页。

⑥ 于秋华:《明清时期的原始工业化》,东北财经大学出版社2009年版,第243页。

其实,这三种观点虽然名称不同,但都异曲同工地强调了明清时期中国本土工业发展的自主性:“萌芽论”肯定了明清时期中国若干地区农业、手工业中新出现的“资本主义性”,这是源自中国社会经济内部的发展;“早期工业化”论也强调明清时期江南手工业的发展,同工业革命前的英国一样,各自独立地经历着“斯密型增长”阶段;“原始工业化”论将明清时期若干地区的手工业发展视为工业化的前奏与序曲,并强调其道路的独特性。也正因这一点,持不同观点的论者并不否认彼此的存在,甚至还借鉴对方的理论、方法以证明自身观点的正确,譬如,有学者就从原始工业化理论出发论述中国宋代资本主义萌芽的产生。[①] 工业化是人类经济社会发展的共同愿景,但是,迈向这一愿景的道路却是千差万别的,正如李伯重所言:“从根本上来说,一个国家(或地区)能否工业化,主要取决于其内因而非外因。在此意义上来说,工业化不能‘克隆’。”[②]

有关讨论或许还会继续,这在很大程度上是一个带有假设性的议题,毕竟鸦片战争后中国社会经济环境发生了很大的变化,外来经济开始侵入中国,手工业自主发展的条件已不复存在。但是,经济发展的惯性却也不会因为一场战争戛然而止,研究鸦片战争后中国手工业的存在状况、演变进程及其历史命运,虽然不能等同于研究明清时期手工业资本主义萌芽的发展前景,但无疑将会有助于这一问题的深入讨论,并深化我们对明清时期资本主义萌芽或“原始工业化”发展前途的认识。

2. 近代中国两种工业化模式的挫败

鸦片战争的发生给中国带来了新挑战。作为战败的一方,清廷不仅无力阻止鸦片走私合法化,还被迫割地赔款,丧失了一系列主权。传统的“夷夏观”受到强烈冲击,“天朝上国”观念开始动摇,清廷虽未认识到鸦片战争代表着近代工业文明与传统农业文明之间的较量,但经过两次鸦片战争的打击和镇压太平天国农民起义的内战,清廷吃尽了西式“坚船利炮”的苦头,也在镇

① 葛金芳、顾蓉:《从原始工业化进程看宋代资本主义萌芽的产生》,《社会学研究》1994 年第 6 期。

② 李伯重:《江南的早期工业化(1550—1850 年)》,社会科学文献出版社 2000 年版,第 2 页。

压国内反清武装中尝到了它的甜头。洋务派官僚认识到中国军事的落后,认为西方"利器强兵,百倍中国"[①],但是,"天朝上国"何以羸弱不堪?在洋务派看来,其原因在于"各国制造均用机器",要改变这种状况,"自非逐渐设法仿造,自为运销,不足以分其利权"。[②] 为了维护江河日下的清王朝的统治,19世纪60年代—70年代初,清廷掀起了以"富国强兵"为目的的洋务运动,洋务派官僚不惜花费巨资引进西方先进的机器和技术,创办了一批军事工业。在创办军事工业的过程中,清廷不仅面临着资金的短缺和技术力量的不足,也缺乏相应的企业管理制度。于是,从19世纪70年代中期开始,清廷又创办了一批旨在赢利的民用企业,并以"官督商办""官商合办"的形式解决资金来源与经营管理中的官民关系,同时放松了对民间办厂的限制。然而,办了近30年的军事工业,在1894—1895年的中日甲午战争中遭受巨大挫败,而为解决资金问题创办的民用工业,也成效不彰。尽管如此,对于晚清时期的工业化尝试,仍可视之为由政府主导的、通过移植西方机器技术直接创办大型军事工业和民用工业企业的工业化模式。辛亥革命后窃取胜利果实的北京政府以及北伐战争后建立起来的南京国民政府,在致力于工业化建设上,都继承并深化了晚清政府的许多举措。北京政府统治时期,恰逢第一次世界大战爆发,帝国主义忙于战争,暂时无暇东顾,为民族资本主义工业的发展留下了一条市场空隙,同时,北京政府也颁布、实施了包括《公司条例》《矿业条例》在内的一系列有利于工业发展的政策措施。尽管如此,北洋军阀在西方列强的操控下,陷于军阀割据的内战,地无宁日,民族资本主义工业仍然没有一个和平安宁的发展环境。北伐战争胜利后至抗战爆发前,南京政府一方面坚持反共的内战,一方面也开展大规模的经济建设。随着关税自主和币制改革,经济环境有所改善,一度形成"黄金十年",工业化特别是官僚资本主义工业得到了发展。然而,1937年爆发的日本全面侵华战争彻底打断了这一

① 李鸿章:《复陈筱舫侍御》,见《李文忠公全集》卷5,清光绪三十一年(1905)金陵刻本,第34页。

② 李鸿章:《试办织布局折》,见《李文忠公全集》卷42,清光绪三十一年(1905)金陵刻本,第43页。

进程。此后,直到1949年,国家不是处于全民族抗日的民族战争中,就是处于解放战争的洪流中,大规模的工业化建设无从开展。

鸦片战争打乱了中国社会经济发展的原有秩序和节奏。明清时期的资本主义萌芽也好,早期工业化或原始工业化也罢,是延续下去甚至得到发展,还是难以为继直至中断,抑或是另起炉灶、全盘引进大机器工业?这是后来人在分析中国工业化道路问题上总结出来的几种可能的方式,也是摆在那个时期的中国人面前的时代难题。随着1842年《南京条约》的签订,中外贸易由缓慢增大到加速扩大,中国社会原有的经济生活被逐步渗入的西方资本主义因素所破坏,农业与手工业相结合的自给自足的自然经济逐渐解体,耕织结合的生产结构逐步松动。在西方资本主义的强烈冲击下,一部分固有的手工业衰落下去了,直至消失。据吴承明考证,在36个传统手工业行业中,"受摧残的有手纺、土钢、土针、土烛、踹布、制靛、烟丝、木版印刷等八个行业"①。一部分原有的手工业获得新生,并且在与机器工业的竞争与互补中,获得某种程度的发展。"在近代中国,正如我们所见到的洋布与土布、洋铁与土铁、洋纸与土纸以至西药与中药都在争夺市场那样,机器工业与手工业也常是平行发展的。20世纪初民族近代工业发展最快时,也是手工业发展最快的时候。40年代,民族近代工业陷于极困难境地,手工业却仍有发展。"②这种发展不仅体现为数量上的增长,而且反映到技术、经营形式、管理方式等层面。在技术层面,部分手工业行业或手工业中的某些环节嫁接了近代机器技术,最为典型的就是"石磨+蒸汽机"模式的出现。在粮食加工业中,出现了"用蒸汽机带动石磨,其他工作仍靠人力"的磨坊,可视为这种模式的典型样本。这是一种传统与现代相契合的技术模式,是传统手工工具与现代技术的融合,是一种向现代机器大生产过渡的"中间技术"。手工业经营形式出现了近代性变迁,业主根据市场环境的变化,灵活运用包买主制下的依附经营、业主制下的自主经营或合作制下的联合经营。在管理上,手工业突破了传统制度的束缚,不再限制对学徒的使用,为手工业经营规模的扩大创造了条件。因

---

① 许涤新、吴承明主编:《中国资本主义发展史》第1卷,人民出版社2003年版,第35页。

② 许涤新、吴承明主编:《中国资本主义发展史》第1卷,人民出版社2003年版,第35页。

此,到20世纪20年代末30年代初,城市手工业中的某些行业如手工机器修造、丝织、棉织、针织等业均出现了向大机器工业的过渡转化。可惜,随着1931年九一八事变,特别是1937年日本全面侵华战争的爆发,这样一种具有本土特色的工业化模式戛然而止。

纵观1840—1949年中国的工业化进程,大体上可以归纳出两种客观存在的模式:一是政府主导的移植型工业化模式,二是民间以本土工业为基础的嫁接型工业化模式。这两种模式都没有取得成功,到1949年新中国成立前夕,现代工业产值在工农业生产总值中的比重还不到20%,中国依然是一个传统的农业国家。造成这种结果的原因是多方面的。从工业化的外在环境看,一是一系列不平等条约的签订,导致国家主权丧失,从清廷到北京政府再到南京国民政府都无力保护幼弱的民族工业的发展。二是中国早期工业化是在国家遭受西方列强侵略、战争频发的背景下进行的,从鸦片战争开始,此后每隔一二十年便要爆发一次大规模的抵抗外国列强侵略的战争,耗时最长者达14年,其间还夹杂着规模不等、时间长短不一的内战,有限的国力都被动员起来用于战争,即便政府制定和采取了一些有利于工业发展的政策和举措,民间资本也有意投资工业,但往往是心有余而力不足。三是西方资本主义侵入落后国家的目的并不是要促进该国资本主义经济的发展,相反,是为了获得一个便于获取原料和推销产品的庞大市场;但是同时,由于近代中国国家主权的不完整,西方列强还利用不平等条约变本加厉地排斥和打压中国资本主义工业。从工业化内在要素看,资本严重不足、市场发育不全、技术仰赖引进、地区之间发展水平极不平衡,民族工业在与外国在华企业竞争中处于极其不利的位置。这是近代中国工业化进程中的惨痛教训,它时刻提醒着人们,中国不能重复近代工业化的老路,痛定思痛,1949年后新中国的工业化建设走上了一条新的道路。

3. 中国社会主义工业化的巨大成就与经验教训

新中国的成立使得中国的工业化进入一个崭新的历史时期,国家与民族的独立为工业化建设提供了有力保障。中国共产党是善于从历史中学习的,早在革命战争年代,中国共产党人对工业就有着深刻的认知和论述。陈独秀认为:“中国急需发达工业,但同时必须使重要的工业都是社会的,不是私人的,如此中国底改革才得的着西洋工业主义的长处。”[①]李大钊认为中国必须大力促进社会主义工业化,“中国实业之振兴,必在社会主义之实行”[②]。恽代英强烈驳斥了“以农立国”论,认为“中国亦必化为工业国然后乃可以自存”[③]。抗战时期,毛泽东明确宣告,“要打倒日本帝国主义,必需有工业;要中国的民族独立有巩固的保障,就必须工业化,我们共产党是要努力于中国的工业化的”[④]。在中共七届二中全会上,毛泽东还提出了“工业体系”问题,他说,“建立独立的、完整的工业体系问题,只有待经济上获得了广大的发展,由落后的农业国变成了先进的工业国,才算最后地解决了这个问题”[⑤]。刘少奇将中国衰弱的主要原因归结于工业的不发达,“我们中国之所以弱,也就是因为我们还只有很少的工业,我们还不是一个工业国。要中国强盛起来,也必须使中国变成工业国。我们将来的责任,就是要把中国由农业国变成工业国”[⑥]。这些认知和论述为新中国的工业化准备了思想条件。要而言之,对未来新中国的工业建设,中共领袖认为:第一,坚信工业立国、工业强国;第二,必须是社会主义工业化;第三,必须建立独立的工业体系。同时,中国共产党还在极其艰难的条件下在各根据地开展了工业建设,虽然绝大多数以手工业生产为主,但也有为战争所需的武器生产和为保障军民生活所需的物资生产,这些都为新中国的工业化建设奠定了坚实的实践基础。

但是,旧中国留给新中国的工业基础十分薄弱,新中国的首要任务就是致力于恢复国民经济。工业方面,《共同纲领》指出:“应以有计划有步骤地恢

① 陈独秀:《社会的工业及有良心的学者》,载陈独秀《独秀文存》,安徽人民出版社 1987 年版,第 593 页。

② 李大钊:《社会主义下之实业》(1921 年 3 月),见中国李大钊研究会编注《李大钊全集》,人民出版社 2013 年版,第 353—354 页。

③ 李良明编:《恽代英全集》第 5 卷,人民出版社 2014 年版,第 127—130 页。

④ 毛泽东:《共产党是要努力于中国的工业化的》,见《毛泽东文集》第 3 卷,人民出版社 1996 年版,第 146 页。

⑤ 毛泽东:《在中国共产党第七届中央委员会第二次全体会议上的报告》,见《毛泽东著作选读》下册,人民出版社 1986 年版,第 661 页。

⑥ 刘少奇:《在陕甘宁边区工厂职工代表会议上的讲话》(1944 年 5 月 20 日),见《刘少奇选集》上卷,人民出版社 1981 年版,2018 年重印本,第 302 页。

复和发展重工业为重点，例如矿业、钢铁业、动力工业、机器制造业、电器工业和主要化学工业等，以创立国家工业化的基础。同时，应恢复和增加纺织业及其他有利于国计民生的轻工业的生产，以供应人民日常消费的需要。”通过没收官僚资本主义工业企业，建立起国营工业，保护并有限制性地发展民族资本主义工业，同时，保护和发展个体手工业，形成多种经济成分并存的新民主主义经济。建立完整的工业体系一直是中共第一代领导人关注的问题，1956年，在完成对工业、农业和手工业的社会主义改造后，毛泽东开始系统地思考中国工业化问题，在轻、重工业关系上，毛泽东指出：“重工业是我国建设的重点，必须优先发展生产资料的生产……但是决不可以因此忽视生活资料尤其是粮食的生产。”[①]在沿海工业与内地工业的关系上，毛泽东提出：“沿海的工业基地必须充分利用，但是，为了平衡工业发展的布局，内地工业必须大力发展。”[②]毛泽东关于轻、重工业和沿海工业与内地工业的关系的论述，既是他在党的七届二中全会上提出的关于“工业体系”论断的深化，也为中共八大报告奠定了思想基础。经过几年的努力，到1957年，国民经济不仅得到快速恢复，而且我国开始从新民主主义向社会主义过渡，在完成了对资本主义工业和个体手工业的社会主义改造后，建立起了高度集中统一的计划经济体制。1964年，周恩来在全国人大三届一次会议上正式提出以工业化为重心的“四个现代化”的宏伟目标，设想用15年时间，建立一个独立的、比较完整的工业体系。1978年改革开放后，新中国的工业建设开始了以市场取向为指导的探索，工业化进入一个新的历史时期。以市场取向为指导的探索主要体现在工业体制改革上，扩大国营企业经营自主权，推行国营企业承包经营责任制、租赁制和股份制改革，同时鼓励私营工业发展。1992年党的十四大确立了社会主义市场经济体制改革目标，国有企业开始了以建立现代企业制度为特征的工业体制改革，私营工业得到进一步发展。党的十五大把“以公有制

① 毛泽东：《论十大关系》，见《建国以来重要文献选编》第8册，中央文献出版社2011年版，第207页。

② 毛泽东：《论十大关系》，见《建国以来重要文献选编》第8册，中央文献出版社2011年版，第208页。

为主体、多种所有制经济共同发展”确立为我国社会主义初级阶段的一项基本经济制度,明确提出“非公有制经济是我国社会主义市场经济的重要组成部分”。党的十六大提出“毫不动摇地巩固和发展公有制经济”,“毫不动摇地鼓励、支持和引导非公有制经济发展”。尽管社会上不时出现一些杂音,但多种所有制经济并存的制度安排已经成为工业化建设中长期坚持的基本方针。所有这些都是中国共产党在工业化进程中积极探索而获得的宝贵经验。

新中国的工业化建设尽管历经波折,但依然取得了历史性突破,表现在:

第一,现代工业生产比重大幅提升,工业产值在国民经济中的主导地位进一步增强,结构进一步优化。经过短短几年的恢复和建设,到 1957 年,工业总产值达 785.8 亿元,工业在工农业生产总值中的比重达到 56.7%,农业所占比重由 1952 年的 51%降至 43.3%,标志着工业建设和向工业化国家的迈进取得了初步成效。总体趋势是,第一产业比重持续下降,第二、三产业比重逐步上升。改革开放初期,1978 年第二产业在国内生产总值中的比重为 48.1%,1988 年为 44.1%[①],1998 年上升为 49.2%,2008 年回落到 48.6%,2018 年第二产业增加值占 GDP 的比重为 40.7%,第三产业的比重增长至 52.2%,第一产业产值降至 7.2%[②],一、二、三产业比重日渐趋向合理。

第二,建立起了一套完整、自主、门类比较齐全、空间布局比较合理的工业化体系,形成了一个配套完整的工业产业链,当今中国已经成为“世界工厂”,是全球唯一制造业全产业链国家,产业链、供应链自主可控能力不断提升,在若干领域已形成全球领先优势。中共八大确定优先发展重工业以改变中国工业落后的面貌,同时,发展内地工业,使工业布局更趋合理,经过“三线建设”,沿海工业向中、西部地区的有序转移,初步改变了现代工业过于集中在东南沿海、广大中西部地区工业基础极其薄弱的状况。到 2011 年,中部地区规模以上工业总产值达到 16.1 万亿元,占全国的 19.1%;西部地区规模以

① 汪海波主编:《中华人民共和国工业经济史·附表 4》,山西经济出版社 1998 年版,第 882 页。

② 国家统计局:《中华人民共和国 2018 年国民经济和社会发展统计公报》,(2019 年 2 月 28 日),(2024 年 3 月 16 日),网址 https://www.stats.gov.cn/sj/zxfb/202302/t20230203-1900241.html。

上工业总产值达到 11.8 万亿元,占全国的 14%。[①] 现代工业布局的改善也使得东部和中西部的国内生产总值结构趋向合理,到 2021 年,东部地区生产总值 592202 亿元,占 51.8%;中部地区生产总值 250132 亿元,西部地区生产总值 239710 亿元,中西部产值合计占国内生产总值的 42.8%。[②]

第三,确立了以公有制为主体、多种所有制经济成分并存的工业企业体制,国营工业企业在工业中的主导作用更加突出,私营工业在工业结构中的主体地位日益明显。2011 年,私营企业工业总产值达到 25.2 万亿元,占规模以上工业的 29.9%,比 2002 年提高 18.2 个百分点,同期国营企业规模以上工业中,国有控股企业实现产值 22.1 万亿元,占规模以上工业的 26.2%。[③] 2021 年,规模以上私营工业企业实现利润总额 2.9 万亿元,同年,规模以上国有控股工业企业实现利润总额 2.3 万亿元[④],私营工业成为社会主义工业经济的重要组成部分。

第四,工业技术升级明显,装备制造业和高新技术产业比重逐年上升。从新中国成立初期到 20 世纪末,中国工业结构中,"重工业由 26.4%上升到 50.9%",在重工业产值中,制造工业由 41.9%上升到 60%。[⑤] 大型工业企业数量增多,工业化过程中的资本密集度和产业集中度进一步提高。高新技术产业比重大幅上升,到 2018 年,高技术制造业占规模以上工业增加值的比重为 13.9%,装备制造业占规模以上工业增加值的比重为 32.9%。尽管受到新冠疫情的冲击,高新技术产业投资力度不减,2021 年比上年增长 17.1%,高技术制造业占规模以上工业增加值的比重为 15.1%,装备制造业占规模以上工

① 国家统计局工业司:《从十六大至十八大经济社会发展成就系列报告之八》,(2012 年 9 月 4 日),(2024 年 3 月 16 日),网址 https://www.stats.gov.cn/zt_18555/ztfx/kxfzcjhh/202303/t20230301_1920342.html。

② 国家统计局:《中华人民共和国 2021 年国民经济和社会发展统计公报》,(2022 年 2 月 28 日),(2024 年 3 月 16 日),网址 https://www.stats.gov.cn/sj/zxfb/202302/t20230203_1901393.html。

③ 国家统计局工业司:《从十六大至十八大经济社会发展成就系列报告之八》,(2012 年 9 月 4 日),(2024 年 3 月 16 日),网址 https://www.stats.gov.cn/zt_18555/ztfx/kxfzcjhh/202303/t20230301_1920342.html。

④ 国家统计局:《党的十八大以来经济社会发展成就系列报告之三》,(2022 年 9 月 15 日),(2024 年 3 月 16 日),网址 https://www.stats.gov.cn/sj/sjjd/202302/t20230202_1896673.html。

⑤ 汪海波主编:《中华人民共和国工业经济史》,山西经济出版社 1998 年版,第 831 页。

业增加值的比重为32.4%。[①]

成就得之不易,成功经验建立在失败教训的基础上。新中国的工业建设走过弯路,工业化历程伴随着曲折与反复,在总结成就和成功经验的同时,丝毫不应忽视工业化进程中的失败教训。首先,过于寻求高速度,背离了速度与效益之间的依存关系。落后国家和地区的现代化是一种追赶型的工业化,急于求成的心态容易滋生“急躁病”,中国也不例外。鸦片战争以来中国落后挨打的历史教训,使得新中国领导人产生了迅速摆脱落后面貌的心理。1958年“大跃进”方针下的“以钢为纲”、大炼钢铁运动,将有限的资本与劳动力大量集中到重工业特别是钢铁工业上,结果“违反了经济的按比例发展的规律和综合平衡”,“忽视甚至根本否定经济效益”。[②] 群众运动式的炼钢,技术落后,建成的小高炉,成本高、质量低,进而影响整个工业生产的经济效益。其次,过于追求高增长,违背了增长与发展之间的正常关系。增长与发展是现代化进程中的一对孪生兄弟,没有一定速度的增长,发展便失去了基础,但一味强调高速增长,又容易造成没有质量的粗放式增长,进而带来发展的不可持续性。在工业化进程中,一度存在的唯GDP思维,造成的高投入、高能耗、高污染现象,不仅使经济效益低下,而且带来环境破坏的不可逆性,工业建设中“算政治账,不要算经济账”的泛政治化思维与扭曲的政绩观对工业化进程产生了负面影响。再次,过于强调国营工业的统治地位,忽略了国营工业与私营工业的有机关系。多种经济成分并存是新民主主义经济的本质特征,无论是在根据地时期对军民供给的保障,还是在新中国成立初期对国民经济的恢复,都发挥了积极作用。但是,急于求成的急躁心理与对马克思主义的教条式理解和姓“资”姓“社”的争论,使得一个时期内国营工业成为工业企业的单一形式,通过对资本主义工商业的社会主义改造,加速了私人资本主义工业向国营工业的转化,加快了手工业合作社向合作工厂甚至向国营工厂的

---

① 国家统计局:《中华人民共和国2021年国民经济和社会发展统计公报》,(2022年2月28日),(2024年3月16日),网址https://www.stats.gov.cn/xxgk/sjfb/tjgb2020/202202/t20220228_1827971.html。

② 汪海波主编:《中华人民共和国工业经济史》,山西经济出版社1998年版,第314页。

过渡，建立起了高度集中统一的社会主义计划经济体制，企业生产什么、生产多少、怎样销售、如何定价等，都由国家有关部门决定，企业完全失去了经营自主权与活力，成为有计划、无市场的工业化企业。

工业化是现代化的核心要素，且在相当程度上折射出现代化的特点。近200年来，中国的工业化走过了一条从自在到自为的漫长道路。明清之际，中国手工业经济内部自发地出现了一些新变革，显示了向前发展的可能性，但是，完全依靠中国本土工业自身的条件没能出现西方意义上的工业革命，至少没有在西方工业化浪潮波及中国之前显现出工业化迹象。因此，鸦片战争后，中国走上了一条移植型工业化道路，以“工业强国”为目的，引进西方的现代工业技术、机器设备和企业制度，即便是手工业的现代化，也离不开现代工业技术在某些生产工序或某一生产环节上对传统生产的改造，形成一条嫁接型的渐进式工业化道路。两条道路都曾受制于外力因素的干扰，具有依附性，也注定了它的失败，但仍可视之为近代中国工业发展模式的宝贵尝试。中国共产党人追求国家和民族的独立，坚持完全自主的社会主义工业化道路，新中国的工业化取得了历史性的巨大成就，在工业体系、政策举措、技术创新、企业制度、增长速度、发展方式等方面，积累了宝贵经验，形成了一条具有中国特色的社会主义工业化道路。工业化进程中的这些中国特色，丰富了中国式现代化的内涵，也为未来中国的新型工业化提供了可资借鉴与必须遵循的历史经验，值得理论界进一步总结和提炼。

二、工业化背景下手工业的现代化①

现代化是传统社会走向现代社会的一个必然过程和必经阶段，传统手工业的现代化，不仅是一个客观的历史存在，也是一种理论概括。但是，无论在理论上、历史上，还是在实践中，手工业现代化仍然是一个需要进一步探索的问题。

---

① 课题组在该项目的申报书中，已经提出了“手工业现代化”命题，但未展开论证。感谢中南财经政法大学经济学院的赵德馨先生，在本课题的审读会上，他提出并寄望于课题组就手工业现代化的理论问题进行探讨，本节就是响应赵先生的提议而进行的初步思考。

1. 手工业现代化的内涵

什么是手工业现代化？这是一个极易引起争议的问题。一方面，“手工工业”本身就是一个十分庞杂的概念，正如列宁所说，手工工业不是一个适合科学研究的概念，“它通常包括了从家庭手工业和手艺开始到很大的手工工场的雇佣劳动为止的所有一切工业形式”①。这些工业形式虽然具有明显的阶段性，但也可能在一个时代里同时出现。不仅如此，机器工业出现之前，人类的制造活动全部是由手工业完成的。因此，手工业现代化也必然是一个十分复杂的问题，不同地区、不同行业、不同阶段的手工业有着不同的境遇。另一方面，也有学者质疑，手工业能够现代化吗？有些手工业直至今天仍然保持固有形态。进一步讲，现代化后还能称之为手工业吗？或者说，手工业的现代化与工业化有什么区别？因此，我们还是先厘清手工业现代化的内涵，然后再回应相关质疑。

毫无疑问，现代化是指自工业革命以来人类社会所发生的巨大变化，是一种客观的历史过程与历史存在。如何衡量这个变化，即对现代化内涵的认识，众说纷纭。不同的学科从不同的视角赋予其不同的内涵。经济学侧重于经济增长，特别是人均国民生产总值的提高②，而导致人均产出急剧增长的革命性因素莫过于工业革命，因此，经济学多从工业化的视角看待现代化。张培刚在阐述发展经济学的主要任务是研究农业国家或发展中国家如何实现工业化和现代化时指出，这里的“工业化”，“包括农业及工业两方面的机械化和现代化”③，其内涵应当与产业结构和经济增长直接关联起来，他认为，“‘工业化’，可以被定义为一系列基要的‘生产函数’连续发生变化的过程”。基要的生产函数的变化，“最好是用交通运输、动力工业、机械工业、钢铁工业诸部门来说明”④。这些变化“都曾经对农业及制造工业的生产结构发生巨大

① 列宁：《俄国资本主义的发展》，见《列宁全集》第三卷，人民出版社 2013 年版，第 410 页。

② 参见［英］阿瑟·刘易斯：《经济增长的理论》，周师铭等译，商务印书馆 1996 年版。

③ 张培刚：《农业与工业化：农业国工业化问题初探·总序》（上卷），华中科技大学出版社 2002 年版，第 i 页。

④ 张培刚：《农业与工业化：农业国工业化问题初探》（上卷），华中科技大学出版社 2002 年版，第 64—65 页。

的作用”[①]。“这种过程可以提高每个工人及每单位土地的生产力”[②],从而带来人均产出的急剧增长。政治学则从民主、稳定等要素出发界定现代化的内涵,将民主、秩序视为现代化的核心要素,并与现代化的其他要素如增长、公平、自主等要素之间形成相容。[③] 这些都恰恰说明了现代化内涵的丰富性与多维性。与之相比,历史学和社会学较多地从宏观视野上研究现代化,将现代化“作为一个全球性大转变的过程,从传统农业社会向现代工业社会转变的大过程”[④]。“广义的现代化主要是指工业革命以来现代生产力导致生产方式的大变革,引起世界经济加速发展和社会适应性变化的大趋势。具体地说,就是以现代工业、科学和技术革命为推动力,实现传统的农业社会向现代工业社会的大转变,使工业主义渗透到经济、政治、文化、思想各个领域并引起社会组织与社会行为深刻变革的过程。”[⑤]社会学对现代化的认识可以分为两种主要流派。一种侧重于个体层面,主要探讨人的现代化问题。英克尔斯认为,“人的现代化是国家现代化必不可少的因素,是现代化制度与经济赖以长期发展并取得成功的先决条件。”他还对“现代人”应该具备的特性进行了高度概括。[⑥] 一种侧重从结构和制度层面加以考察,且多以传统社会为参照系展开探讨,譬如,韦伯的前现代社会 VS 现代社会、传统商业资本主义 VS 理性资本主义,涂尔干的机械团结社会 VS 有机团结社会,滕尼斯的礼俗社会 VS 法理社会,梅因的身份社会 VS 契约社会。李培林认为,“现代化是巨大而深刻的社会结构转型,是社会发展不可逆转的铁律”,它“不仅仅是一种经济发展过程,而是整个社会各个层面的变革和转型汇集在一起的宏大发展潮

---

① 张培刚:《农业与工业化:农业国工业化问题初探》(上卷),华中科技大学出版社 2002 年版,第 66 页。

② 张培刚:《农业与工业化:农业国工业化问题初探》(上卷),华中科技大学出版社 2002 年版,第 67 页。

③ [美]塞缪尔·亨廷顿:《现代化:理论与历史经验的再探讨》,张景明译,上海译文出版社 1993 年版,第 331—357 页。

④ 罗荣渠:《现代化新论·序言》,北京大学出版社 1993 年版,第 2 页。

⑤ 罗荣渠:《现代化新论·序言》,北京大学出版社 1993 年版,第 3 页。

⑥ [美]阿列克斯·英克尔斯、戴维·H·史密斯:《从传统人到现代人——六个发展中国家中的个人变化》,顾昕译,中国人民大学出版社 1992 年版,第 424—425 页。

流，包括工业化的经济转型、城市化的社会转型、民主化和法治化的政治转型、世俗化的文化转型、科层化的组织转型、理性化的观念转型”①。可以说这是截至目前社会学从宏观上关于现代化最为完整的定义。可见，各个学科的侧重点不同，对现代化内涵的认识也不一样，这既是各个学科对作为一种客观存在的现代化的多维度理论建构，也说明了现代化是一个十分复杂的人类现象，涉及政治、经济、社会、文化、教育、军事等方方面面，为我们全面认识手工业的现代化问题拓宽了视野。工业革命前，手工业几乎是制造业的全部，已经存在了几千年；工业革命后，手工业何去何从？从历史经验看，主要有五种类型：(1)少数行业在大机器工业的打击与排斥下逐步消亡，并被机器工业替代；(2)一部分行业或通过自身努力，或移植和嫁接机器技术，逐步过渡到大机器工业；(3)一部分行业由于廉价劳动力的成本优势，成为机器工业的厂外部分；(4)还有一部分工艺性很强的特殊手工业在某些生产环节上利用机器，或非生物动力，但难以采用大机器技术进行大规模的标准化生产，相反，仍然保留手工业产品的个性化；(5)还有一部分手工业保持原样，顽强地存活下来。其中，第(2)(3)(4)种类型，就与手工业的现代化有关。

工业活动的本质是加工制造物品，它是人类运用力量(动力)与技巧(技术与工艺)的有机结合，从旧石器时代的打制石器到新石器时代的磨制石器，体现了人类制造活动的原始形态。我们可以将这类活动简约化为人类利用自身力量、运用简易工具制造物品的活动。随着驯化、饲养家畜业的发展，人类开始利用牛、马等牲畜为动力，同时，制造物品的简易工具也逐渐进步。但是，这些进步都未能超出生物动力的范畴，直到蒸汽机发明后，人类才开始突破生物动力的限制。技巧或技术的物化形态，也经历了从手工工具到简易机械再到机床、生产线的演进，工艺的进步则体现在生产分工的细化所带来的生产工序的复杂化程度上，随之出现了产品的多样化。随着动力与生产工具的进步，手工业的生产形态也在不断演进，经典作家对人类历史上存在过的手工业进行划分，并根据其产生、发展的先后依次抽离出“手艺”“小手工业”

① 李培林：《社会学视角下的中国现代化新征程》，《社会学研究》2021 年第 2 期。

"工场手工业"等几种手工业形式。从"手艺"到"工场手工业",充分显示了手工业随着社会的进步而进步的历史痕迹。这种进步虽然仍局限在手工业的范围内,没有质的飞跃,也没有出现手工业的现代化问题,但为了适应手工业生产规模的不断扩大与手工业者人数的增多,手工业的经营与管理方式也在逐步变革。在工场手工业中,手工业工人的劳动过程采取了分工协作的形式,这与分散在家庭或小作坊里的手工业生产截然不同,"真正的工场手工业不仅使以前独立的工人服从资本的指挥和纪律,而且还在工人自己中间造成了等级的划分"①。"以分工为基础的协作,在工场手工业上取得了自己的典型形态。这种协作,作为资本主义生产过程的特殊形式,在真正的工场手工业时期占据统治地位。"②工场手工业已经发展到了机器工业的前夜,18世纪中叶,一场酝酿已久的工业革命终于在英国纺织业中率先爆发。

对手工业现代化的界定应该是基于对人类经验即史实的归纳和抽象。在从人类原初的加工制造到大机器工业制造这一发展史中,我们能学习到什么呢?首先,工业的进步体现为技术、技巧与工艺的进步。技术进步(包括动力机与工作机两个层面)是手工业现代化的核心要素,蒸汽机的出现是技术进步的标志性事件,它克服了人类自身力量的不足,解决了大规模制造所需的动力来源问题,但是,我们同样不能忽视棉纺织领域里珍妮纺纱机的出现,它大大提高了纺纱效率,从而解除了织布业发展的瓶颈,使得工业革命率先在棉纺织业中兴起。其次,经营管理方式的变化伴随着手工业发展的全过程。一方面,满足市场需求、以市场化为导向的生产使得手工业经营形式多样化;另一方面,手艺与小手工业时期的手工业,技艺简单,家庭成员参与生产,经营管理带有浓厚的家庭化、家族式色彩,随着技术的进步、生产工具的专门化、生产工序的分解,基于分工的劳动协作成为可能,并进一步发展成为某些生产环节上工人劳动的社会化,进而形成了管理的专业化,出现了专门的管理人员。再次,随着技术与管理的进步,手工业生产逐步由个性化向标准化发展。从手艺人分散的个体劳动、一人独自完成手工业产品的全过程,

① 马克思:《资本论》,见《马克思恩格斯全集》第44卷,人民出版社2001年版,第417页。

② 马克思:《资本论》,见《马克思恩格斯全集》第44卷,人民出版社2001年版,第390页。

到工场手工业中基于分工的生产合作、由多人协作完成手工业生产中的一系列标准化的生产工序,手工业产品的标准化程度在不断提高。因此,我们将手工业现代化看作是一个从技术到制度的持续进步的历史过程,包括从生物动力到非生物动力的运用(蒸汽机出现之前,手工业生产中已经出现了以水力为动力的情况),从简易生产工具到机床、机械的采用,从以血缘亲情为中心的宗法式管理到以规章制度为中心的契约化管理,从分散劳动到分工协作,从个性化生产到标准化生产,手工业产品从地方性集市扩展到区域性大市场、区域外市场等在内的一系列有机联系的变革过程。这个过程是缓慢的、渐进式的,单从手工业内部来看,一般来说,它始于生产工具的进步和技艺的改进,并由此带来生产效率的提高、生产规模的扩展、分工协作的发展、手工业从业人数的增加,基于血缘、亲缘的宗法式管理逐步让位于以规章制度为核心的社会化管理,手工业生产由分散的个体化向标准化方向发展。当这些变革发展到一定阶段时,手工业的动力瓶颈日益凸显,以蒸汽机为标志的工业革命也就呼之欲出了,人类的工业生产便由手工业时代发展到了大机器生产时代。对落后国家和地区来说,手工业现代化既是在多重因素的综合作用下逐渐转化而不断适应现代工业的进程,也是不断调适传统与现代之间的关系以符合本国和本地区实际的过程。

2. 手工业现代化≠工业化

手工业现代化的目标之一是工业化。如果说手工业现代化是一个历史过程的话,那么,工业革命就是这一过程的高峰。但是,从工业化的长时段①来看,工业革命还只是漫长的工业进化过程的开始。经过工业革命第一阶段的手工棉纺织业,成功地转化为机器棉纺织业,随后,逐步波及其他行业,特别是机器制造业、交通运输业等。但是,手工业现代化与工业化之间仍然不能画等号,一方面,手工业中的一部分发生或完成工业革命,成为机器大工业

① 理论界有三次工业革命说,也有四次工业革命说,两者虽有不同,但都以生产力、生产技术的发展作为重要标准。如四次工业革命说认为:第一次工业革命以蒸汽机为代表,进入蒸汽时代;第二次工业革命以电力、内燃机为代表,进入电气时代;第三次工业革命以计算机、原子能为代表,人类进入信息时代;目前正处于第四次工业革命中,以人工智能、清洁能源、无人控制技术、量子信息技术、虚拟现实以及生物技术为主,进入智能与绿色时代。

产生的重要途径,但并非所有手工业都能完成这种转化。马克思主义经典作家揭示了机器大工业产生的主要途径,“工场手工业不断转化为工厂,手工业不断地转化为工场手工业”[①]。不过,桑巴斯与布罗代尔看到了另一番不同的历史图景,布罗代尔认为“不存在从手工工场到制造厂自然的和合乎逻辑的过渡……从手工工场到制造厂的过渡有个相当长的延续过程,而不是后者必定理所当然地取代前者”。在这个问题上,马克思与其同时代的桑巴特发生过激烈的争论,桑巴特并不认同手工工场过渡到现代化工厂的必然性。布罗代尔引用1860年至1880年安斯巴赫和释依特两公国约1/5的手工工场在1850年仍然存在的史实,认为“在这个孤立问题上,桑巴特赢了马克思一个回合”[②]。在德国织布业中,1861年,940家工厂同时运用23500台机器织布机和13000台手工织布机,除此之外在小企业里还有15万台手工织机在昼夜不停地生产。[③] 在欧洲,19世纪60年代已经完成了工业革命,进入工业化时代,但在某些国家和地区,手工业仍然存在了下来,而且是在被视为最容易接受工业革命的纺织行业,这说明手工业未必能全部转化为机器大工业。当然,这些手工业存在的历史具有清晰的阶段性,即在工业革命完成不久后的工业化早期,而随着时间的推移,无论是布罗代尔笔下的手工工场,还是德国织布业中的手工织布机,其逐步减少乃至完全消失的历史趋势依然是不可避免的。

另一方面,从区域的、国别的而非全球的视角来看,并非所有机器大工业工厂都必然是手工业现代化的产物,特别是在落后国家和地区更是如此。作为原发工业化国家的英国,大机器工业是在工场手工业的基础上产生的,但在英国之外的其他国家,可以肯定地说,工业化是对英国挑战的一种回应。随着机器工业向其他国家和地区的转移,传统手工业遭受了巨大的生存挤压,要么求变求生,要么衰退乃至消亡。同时,机器工业的发展客观上造就了

---

① 马克思:《资本论》,见《马克思恩格斯全集》第44卷,人民出版社2001年版,第564页。

② [法]费尔南·布罗代尔:《十五至十八世纪的物质文明、经济和资本主义》第2卷,顾良译,生活·读书·新知三联书店1993年版,第311—316页。

③ 参见[德]汉斯·豪斯赫尔:《近代经济史——从14世纪末至19世纪下半叶》,王庆余译,商务印书馆1987年版,第374页。

一些有助于手工业变革的外在条件，两者之间既存在竞争，在某些行业上又形成互补，大机器工业制造技术更加进步的工作机械或提供物美价廉的半成品，不仅提高了手工业生产效率，也扩大了机器工业的产品市场，实现互利共赢。欧洲大陆上的工业化采取了一种不同于英国的模式，19 世纪 40 年代中期以来，德国工业的飞速发展是从重工业尤其是铁路部门开始的，相反，传统手工业，如金制品、玩具、乐器、钟表制造业等，则一直存在到 20 世纪。[①] 近代中国的情况更为明显，无论是洋务运动时期清廷创办的军事工业、民用工业，还是稍后私人资本投资创办的较大规模的民营企业，中国近代机器工业主要是靠移植西方先进的工业设备直接创办起来的。这种情况说明，大机器工业并不必然从手工业发展而来，尤其是在后发外缘型工业化国家。工业化并非只是手工业现代化的必然结果，以大机器生产为标志的现代工业完全可以另起炉灶。而从人类工业文明的演进史看，真正的原发工业化国家只有一个——英国，其他国家和地区的工业化或多或少都是对英国工业化挑战的一种回应，而不是简单地模仿，它们选择了最优工业化模式，既包括工业化的优先部门，也包括工业化的最佳路径，经过手工业的现代化发展到机器大工业，并不是唯一途径。

此外，有一些手工业行业，如钟表业、玉雕业、乐器业等，任凭工业化水平如何提升，仍然难以采取大机器工业生产，相反，随着动力来源的变化与加工工具的精细化，钟表、玉器、乐器的生产工具日益小型化，进而发展成为精致的现代小工业。即便在高度工业化的今天，一些传统技艺依然是大机器生产无法替代的。以湖南醴陵陶瓷业为例，笔者曾实地考察了釉下彩瓷的生产工艺。釉下彩瓷质温润细腻，洁白如玉；釉面晶莹润泽，明亮如镜；胎体光亮通透，轻薄如纸；瓷声清脆悦耳，声如钟磬，“白如玉、明如镜、薄如纸、声如磬”。釉下彩瓷选用特优胎、釉原料和稀土、有色金属矿物研制的色料，以精湛的手工技艺制坯、彩绘，经 1400 摄氏度高温烧制，使色料熔于胎、釉之间，无任何铅、镉等有害物质的溶出。画面透过釉层溢于瓷表，色彩鲜艳，栩栩如生。釉

① 参见 P. Kriedte, *Industrialization Before Industrialization*, Camb ridge Cambridge University Press, 1981, PP. 139-140。

下彩瓷的整个生产流程仍是一个半手工业的状态，是现代技术与传统工艺结合的典型，在从原料制备、成型、彩绘到烧制等环节中，有的采用现代技术，有的采用传统技艺。如原料制备环节的球磨、过筛吸铁、榨泥、练泥等运用了机械技术，而成型环节的拉坯、修坯、打磨（精坯）、洗水、上釉等，彩绘环节的勾线、汾水等，则全凭手工技艺。烧制环节则摆脱了过去人工看窑，采用电力窑炉和数字技术，温控更加精准，成品率更高。[①] 对于釉下彩瓷来说，它的生产充分利用了现代技术和传统技艺各自的优势，已经是一种现代形态。玉器由于其独特的艺术性，难以进行大规模的标准化生产，其制作也依然是以手工雕刻为主。以南阳独玉为例，南阳镇平玉雕加工遍布全县 16 个乡镇 100 多个行政村，专业户近 1.5 万户，县内外从业人员达 40 万人，南阳镇平成为全国最大的玉雕加工、销售集散地和玉文化研究传播中心。南阳独玉汇聚了线雕、圆雕、浮雕、透雕、镂空等传统技艺。笔者曾亲临独玉雕刻现场考察，除运用电力代替人力外，磨刻机等玉器雕刻工具并没有实质性变化。玉雕业的现代化主要体现为艺术创新，特别是文化创意的推陈出新上，把独具意蕴的匠心与高超的雕刻技艺完美结合起来。

总之，手工业现代化是基于手工业内部技术、制度变革而发生的一系列变化，这些变化为蒸汽机和机械的运用奠定了基础，进而能够顺利地过渡到大机器工业，从这个意义上说，工业化是手工业现代化的结果之一。但是，手工业现代化并不等于工业化，它的内涵与前景要丰富得多，有些传统手工业只是将机器技术运用到某个生产环节中，其他大部分生产工序依然保持手工业生产，有些传统技艺是工业化初期的机器工业所无法替代的，完全依靠手工操作，但有效运用工业化带来的机械动力、先进工具、廉价原料，改造原有的手工业。这些变化可以称之为半工业化，即便在生产上依旧保持原貌的手工业，也可能在资金、市场等方面融入了现代色彩。这些情形在鸦片战争之后的近代中国比较普遍，这是本书讨论的重要内容。无论从过程上考察，还是从结果上观察，手工业的现代化都是一种客观存在。

---

① 笔者于 2023 年 10 月 27 日专程前往醴陵振美艺术陶瓷有限公司考察，全程观看生产过程，并就相关工艺与工人进行了探讨。

3. 手工业现代化的动因

手工业何以能现代化？这是一个需要历史地予以分析的问题。大体说来，可以区分为两个不同的维度——手工业内部维度与外部维度，两个不同的历史时期——前工业化时期与工业化时期。

在前工业化时期，从外部维度看，社会经济发展到一定水平和一定阶段，为手工业现代化准备了前置性条件。在这个阶段，社会经济较为发达，商品交易比较活跃，市场规模扩大，出现了突破地方性集市的跨区域市场。与此同时，市场上形成了新兴的交易主体，产生了一定数量的潜在包买商，他们一方面积累了数量可观的资金，一方面开始突破贱买贵卖的传统商业模式，并直接介入手工业生产过程，从而为手工业者扩大生产规模提供了充足的资金和市场条件。在国家层面上，政府实施重商主义政策，保证了商人扩大贸易和手工业者扩大生产规模的制度供给，自由竞争突破了行会制度下控制生产和交易的行规。此外，看似无形实则更为根本的思想解放，为科学的发展和技术的发明创造了宽松的社会氛围，科学事业的发展为机器和机械的发明与应用提供了强有力的技术支撑。在欧洲，这场思想解放运动表现为文艺复兴。文艺复兴运动将人们从中世纪神学的禁锢下解放出来，倡导人文主义和个性解放，反对神学的迷信与禁欲主义，在它的影响下，欧洲兴起了一股探索自然、研究人与自然关系的科学热潮，同时，也激发了人们的创造力。这些外部条件是由社会经济发展的阶段性决定的，但是，仅仅具备这些外部条件还只是为手工业现代化提供了可能，真正引发手工业现代化，不仅需要其他客观条件的恰合，如便利的交通、充足的能源等，而且手工业内部变革还需要达到一定程度。

从历史上看，无论是在先发内生型的工业化国家和地区，还是在后发外缘型工业化国家和地区，手工业的内部变革都是手工业现代化的前提条件。在先发内生型工业化国家和地区，这种变革有利于机器的发明和应用；在后发外缘型国家和地区，本土手工业的变革程度及其阶段性将影响现代机器技术的移植与嫁接。马克思主义经典作家对第一种情形进行了深刻阐述。一方面，手工业生产工具、手工技艺的进步使得一部分手工业者脱颖而出，获取了更高的收益,并能够将部分收益投入再生产过程,购买更多的生产工具,雇用更多的手工业工人,进一步扩大生产规模,如此循环,手工业发展到了工场手工业阶段。与此相应,手工业的管理制度也在不断适应着新的生产形式,手工业工人按照生产工序被安排在不同的生产环节中,实现了分工协作。这种基于生产协作的系统分工有助于机器的采用。另一方面,商人和商业资本的介入,使得分散的手工业在资本的统一指挥下,按照一定的标准进行生产,或把生产中的某一道工序或某些工序集中到一个单独的、集中了大量手工业工人的生产场所一起进行。这时,商人变成了包买主,商业资本转化为工业资本,那么,另一种类型的手工工场就产生了,正如列宁所言:"如果进一步发展的结果是生产中实行系统的分工改革了小生产者的技术,如果'包买主'分出若干零件作业,由雇佣工人在自己的作坊里做,如果在分配家庭劳动的同时,与此紧密联系地出现实行分工的大作坊(常常是属于同一包买主的),——那么我们看到的是资本主义工场手工业产生的另一过程。"[①]马克思不仅从生产关系上高度肯定了工场手工业的进步性,而且还指出,工场手工业还是机器或机械诞生和应用的温床。在技术更加进步、分工更加系统的工场手工业中,"机器时而挤进工场手工业的这个局部过程,时而挤进那个局部过程,这样一来,从旧的分工中产生的工场手工业组织的坚固结晶体就逐渐溶解,并不断发生变化"[②]。于是,便出现了运用蒸汽机和织布机的工厂。可以说,只有当手工业自身变革和发展到了一定程度,大机器工业才可能产生,并逐步扩大到整个行业乃至其他行业。

在后发工业化国家和地区,本土手工业能否现代化,不仅取决于其自身的变革与发展水平,还取决于多种外部因素,如这些国家和地区的政府与民众(关键在从事工商业经营的工商业者)对经济现代化的认识,政府对工业化路径的选择,本土手工业所面临的市场压力的大小,手工业与机器工业之间

---

① 列宁:《俄国资本主义的发展》,见《列宁全集》第3卷,人民出版社2013年版,第346—347页。

② 马克思:《资本论》第13章,见《马克思恩格斯全集》第44卷,人民出版社2001年版,第564页。

的关系等,都将影响手工业的现代化。工业革命后,工业化的浪潮席卷全球,先是工业产品对落后国家和地区的倾销,继而是在这些国家和地区直接创办机器工业,利用其廉价的劳动力、原料,生产的工业品就地销售,首先受到冲击的便是本土手工业。如前所述,在工业化的浪潮中,本土手工业行业面临着五种不同的命运,一些技术非常落后、效率极其低下的手工业行业,在机器工业的反复打击下一蹶不振,迅速衰落以至消失,这种类型的手工业只是极少数。同时,还有一部分传统手工业产品的市场需求量不大,暂时还无法被机器工业替代,依然能在工业化的缝隙中生存下来,它们既没有多大的生存压力,也缺乏寻求变革的动力。但是,手工业中那些产品销量大、存在范围广的行业,恰恰也是机器工业竞争最为激烈的行业,如工业革命第一阶段中的棉纺织业最为典型。与其把棉纺织业看作一个行业,不如把它当作一个生产链,在这个生产链上集聚了众多的手工行业,举其大者如纺纱、织布、踹布、染布等。分开来看,机器工业与手工业在这个生产链上各有比较优势,如纺纱业,机器纺纱相比手工纺纱具有压倒性的效率优势,机器织布虽较手工织布具有一定的优势,但若从成本上比较,这点优势也不断减少。机器压布,无论是在效率还是质量上,都是人工踹布业难以望其项背的。因此,比较优势下,踹布业很快便销声匿迹,手工纺纱业也遭到致命性的摧毁,而手工织布业却能够存在下来,并且随着织布机的改良,效率不断提高,手工织布业还能有所发展。建立在比较成本优势基础上的手工业,还有一些成为大机器工厂的厂外部分,如编织、包装、整理等行业,它们按照工厂的标准加工成机器生产的半成品,如草帽辫、发网、猪鬃等,或利用机器制造的半成品,加工成最终产品,如利用机纱织布,当它们发展到一定阶段时,完全有可能转化为机器生产,这种情形或可视之为依附性发展。至于那些在工业化初期,机器工业技术暂时无法波及的特殊行业,那就另当别论了。

总之,手工业现代化是一个复杂的、漫长的过程,是多种因素综合作用的产物。在先发内生型工业化国家,工业革命是手工业现代化的加速器,机器工厂的建立及其在工业领域占据主导地位意味着手工业现代化过程的完结。在后发工业化国家,一般来说,手工业现代化是被迫的,也是跟随型的。这时，世界范围内已经有了英、法、德、美等西方国家工业化的成功典型，这些国家已经完成工业革命或进入工业革命的后期，生产成倍增长，综合国力不断增强，它们在全球范围内或以经济胁迫，或以武力手段，强力打开落后国家的国门，攫取了倾销商品或直接设厂的权利。为了改变落后面貌，维护自身的统治，落后国家优先采取了直接引进西方国家先进技术、创办工业企业的工业化战略与路径，本土手工业直接暴露在机器工业面前，遭受国内外机器工业的夹击，这是一场前所未有的生存危机，但危中有机，同时也是一个涅槃重生的机遇。本土手工业不得不面对工业化带来的挑战，这是手工业现代化的主要动因，否则，只能在机器工业的打击下任其衰落以至消亡。后发工业化国家虽然采取了引进战略，但对本土手工业也不能听之任之，在实现工业化之前，手工业作为主要的制造业部门，在社会经济结构中发挥重要作用，创造了大量产值，吸纳了大量劳动力就业，成为城乡经济生活的重要补充。因此，落后国家和地区政府采取了一些维护和发展手工业的政策措施，如减免税收、提倡改良、举办赛会、学习国外先进技术、改造传统手工业等，这些举措也调动了手工业者的积极性，成为推动手工业现代化的重要动因。无论是在近代中国，还是在明治维新时期的日本，政府在本土手工业现代化过程中都扮演着“看得见的手”的重要角色。最后，手工业与机器工业复杂的竞合关系，也为手工业的现代化提供了机遇。理论上讲，机器工业与手工业之间存在着激烈的竞争，特别是生产同类产品的行业之间的竞争尤为惨烈，其中，机器工业占据着巨大的优势。但是，经济活动是十分复杂的，任何理论上的绝对论述都显得武断，机器工业与手工业在竞争的同时，也发挥各自比较优势，互相利用，互为市场。机器工业与手工业不仅制造最终消费品，也出产大量半成品，特别是随着生产分工的细密，这种现象也愈加普遍。于是，出现了机制品成为手工业的生产原料，手工业品成为机器工业的生产原料。这只是两者之间互补的一种形式，整体上看，两者之间还存在着结构性互补、市场水平性互补、市场关联性互补和劳动技术性互补。① 正是在上述多种因素的影响下，落

① 参见彭南生:《论近代手工业与民族机器工业之间的互补关系》,《中国经济史研究》1999 年第 2 期。

后国家和地区手工业的现代化才成为可能。

4. 近代中国的手工业现代化

鸦片战争前,中国是一个传统的农业国家。小农经济占主导地位,手工业在小农家庭中不可或缺,一家一户就是一个生产与消费单位,耕织结合,满足家庭成员的衣食消费所需,形成一种自给自足的自然经济。在这个自然经济体中,城镇手工业与官府手工业成为重要的两翼,形成了高度发达的手工业文明,虽然朝代更迭,但经济运行仍有一定的稳定性。鸦片战争后,西方廉价的机制品不断涌入,本土手工业面临着激烈的竞争,要么主动寻求自身变革,以求发展,要么在外部环境的挤压下,被迫应变,以求生存,要么顽固地保持原貌,并逐渐被大机器工业所替代。当然,这样的变化不会因为一场战争而突然完成,而是一个渐进的、长期的过程,尤其是手工业的现代化。

鸦片战争的发生及其结局意味着近代中国百年变局的开端。在这场百年未有之大变局下,清廷采取了引进西方先进技术、直接创办现代工业企业的工业化路径,从军事工业开始,逐步扩展到民用企业,从官办开始,逐渐向官督商办、官商合办过渡,从完全由朝廷财政投入发展到开放民间资本,这场向西方学习的探索,被称为洋务运动,也是中国早期工业化的第一阶段。然而,这场探索尚未取得成功,清廷就被经过明治维新的日本打得大败。中华民族面临着"亡国灭种"的危机。甲午战争的失败使得清廷有所醒悟,也使中华民族开始了真正的觉醒。此后,从戊戌变法到清末新政,清廷以更大力度推进现代化进程。经济现代化无疑是其中最为重要的内容,最具标志性意义的举措便是允许民间投资设厂,民间更是兴起了一股实业救国的热潮。自鸦片战争以来,经过半个世纪的冲击,中国的本土手工业发生了很大的变化,少数行业完全消失了,部分行业逐步衰落了,大多数行业存在下来并有所发展。在实业救国的热潮中,中国的本土手工业进入了一个新的时期。

近代中国的手工业现代化进程没有一个清晰的起点,因为它不是一场自上而下、有意识、有规划的政府行动,也没有一个明确的标志性事件。但是,当手工业在机器动力、生产工具、经营形式、管理方式等方面的变革与创新成为一种较为普遍的行为时,我们便可以将它作为手工业现代化的起点加以叙述,甲午战争可以作为这样一个起点。从甲午战败开始,中国的手工业现代化大体上可以划分为三个时期:甲午战败到1931年九一八事变,是中国手工业现代化的第一个时期,也是其起步时期。1931年至1949年新中国成立,是中国手工业现代化的第二个时期,也是其遭遇挫折的时期。新中国成立后至20世纪末,是中国手工业现代化的第三个时期,也是中国手工业现代化的发展时期。这一时期,无论是在体制机制上,还是在手工业的内涵外延上,都较之以前发生了很大变化。

甲午战后,清廷不仅完全放开了对民间投资设厂的限制,而且采取了一些有利于手工业发展的举措。如中央和地方设立了大量的工艺传习机构,研究、改良、传播手工业产品制造技术,培养了大批手工艺人才。鼓励手工业参加国际赛会,不仅有利于中国手工业走向世界,也有利于人们正视中国手工业产品的弊端与不足。鼓励和推广新式手工工具,对手工业者产生了示范与带动作用。中华民国成立后,上述政策与措施不仅得以坚持,而且还不断深化,如北京政府在海关及常关关税政策上加大了对手工业品的保护力度,在学校开设手工艺课程,扩大和深化手工工艺教育。南京政府不仅继续减免手工业税收,而且加大了对手工业的扶持与奖励,"应用机械或改良手工制造洋货之代用品","准在一定区域内有若干年之专利",出台了《小工业及手工艺奖励规则》,规定"各种制造品有特别改良者""应用外国成果制造物品确属精巧者""擅长特别技能制品优良者",予以褒奖。① 从清廷、北京政府到南京政府,虽未明确以手工业现代化为目标,但其关于手工业的政策与措施仍推动了手工业的改良、改造与发展,有助于推进手工业的现代化。

近代中国的手工业现代化,首先表现在技术的进步上。技术落后是传统手工业生产效率低下的主要原因。近代以来,大机器工业造成的竞争压力,以及工业化所带来的先进技术的驱动与刺激,激发了中国社会的创造性与活力,新式技术与工艺逐步被运用到手工业生产中。一是旧式手工工具的趋新。最为典型的莫过于织布机从传统的投梭机到手拉织布机再到铁轮织布

---

① 参见彭南生:《中间经济:传统与现代之间的中国近代手工业(1840—1936)》(修订本),北京师范大学出版社2024年版,第196—199页。

机的更新迭代。据现有史料所载,最早对旧式织布机进行改良的是浙江宁波人王承淮,他于1896年将旧机踏脚增至五竿,可多层开口,能够“不借汽力”,生产“新式东洋西洋等布”。1900年后,日本手拉机和铁轮机先后传入中国,并很快在手工织布业中得到了一定范围的推广。二是手工业生产工艺的逐步改进。工艺往往与技术联动,随着生产工具的改良,生产工艺也出现明显的进步,丝织业中出现了工艺更为复杂的丝呢、丝哔叽、丝直贡、华丝葛、明华葛等,手工棉织业能够出产各种花色棉布,如条格布、小提花布、电光布等。三是“石磨+蒸汽机”技术模式的出现。这是一种传统技术与现代技术相契合的模式,其中石磨是旧式技术的象征,蒸汽机则是现代技术的代表。在近代中国,磨粉、碾米、制糖、榨油等农产品加工业以及缫丝业中的部分工序,移植或嵌入了这种技术模式。这些变革带来了手工业生产力从传统向现代过渡的中间技术。中间技术的出现也为手工业向大机器工业的过渡转化创造了一定的条件,第一次世界大战前后,中国近代手工业开始了向大机器工业的过渡。虽然这种过渡还只是零星的、局部的,但它所显示的趋势,却已经清楚地表明了手工业现代化的前景。

近代中国的手工业现代化,还表现在经营形式的多样化上。近代手工业面临机器工业的激烈竞争,手工业者需要适应市场的剧烈波动,灵活应变,寻求最有利于自身发展的经营形式,或适应变动不居的市场形势,采取有助于自身生存的经营形式。近人冯紫岗在浙江嘉兴农村调查中,曾发现嘉兴农村的织绸业中,存在着两种不同经营形式,“第一种是独立小生产者,他们为市场而生产,但是他们自有原料,不受任何人的限制,他们的生产品售与绸行,转销他处。第二种是商业资本支配之下的家庭工业,例如各地均有‘包织’者,原料由茧行供给,织成后,将产品缴还丝行,而领取每日约一角的工资”①。这两种经营形式可以概念化为业主制下的自主经营和包买主制下的依附经营。业主制下的自主经营是指生产者自备生产工具、生产原料从事生产,并完全拥有产品的处置权,简单地说,就是生产什么、生产多少、如何生产、如何

① 冯紫岗编:《嘉兴县农村调查》,国立浙江大学、嘉兴县政府1936年印行,第133页。

买卖,完全由业主自行决定。包买主制下的依附经营者则失去了生产经营的自主权,生产什么、生产多少、如何生产、如何买卖,完全由包买主确定。在劳动形式上,依附经营者可以区分为以个体劳动为主的家庭手工业和以分工协作为主的作坊或工场手工业;在依附形式上,有间接依附与直接依附之分,两者的区别在于包买主与生产者之间是否存在着“中人制”;在依附度上,则有资本依附、原料依附、原料供应与产品销售的双重依附三种类型。这两种形式在明清之际的中国手工业中便已存在,但无论在量上还是在质上,都不能与鸦片战争特别是甲午战后的中国手工业同日而语。这种差异主要体现在与市场联系的紧密程度上,譬如,同为业主制下的自主经营,明清之际更多的家庭手工业主要为家庭消费而生产,只在消费之余才向市场出售。这一点在近代中国发生了很大的变化,特别是在东南沿海地区或通商口岸附近的农村地区,面向市场生产的家庭手工业更加普遍了。在包买主制下的依附经营中,明清之际的手工业者的依附程度及其复杂性远远不如近代中国的手工业者,这一点主要取决于商业资本介入程度上的差异。在近代中国,还有一种手工业生产,或可称之为合作制下的联合经营。这种经营形式是在中国传统的合伙制基础上发展而来的,是指单个生产者为了迅速扩大生产规模,在生产工具、原料或销售环节上以平等身份组合起来,共同生产,或统一采购原料,或统一向市场推销产品。

这三种经营形式远远概括不了近代中国手工业生产经营中的多样性与复杂性,有些手工业很难用一种经营制度来解释,而是介于两种之间的中间形态,最为典型的莫过于困难时期宝坻织布业的经营形态,时人称之为“新制度”,并举例说:“新制度为何?即当每年献岁之初由雇主召集织户,人各予以棉纱 11 斤(此处所指数量并非既定不变,兹为设例便利计,暂拟是数)。使织成布匹,式样质地,咸有规定,于十日之内交入棉布 10 斤。迨既交入,又予以棉纱 11 斤,如是以往,每隔十日即以 11 斤之棉纱易 10 斤之布。其多余 1 斤,作为散工工资,故不另付现金。”[①]一年下来,织工可以得到 36 斤棉纱的实物

① 方显廷、毕相辉:《由宝坻手织工业观察工业制度之演变》,《政治经济学报》1936 年第 2 期。

报酬,他们可以利用36斤棉纱织成布匹,拿到市场上出售。在这种制度下,织户既像依附经营者,又力争获得一部分自主经营权。合作制下的联合经营,初衷本在于克服生产条件不足的困境,以摆脱商人的控制,实现自主经营,但有时却显得力不从心,只能将部分愿望变为现实,于是便出现了生产合作,销售依然依赖于商人或销售合作,原料供给仍仰赖于商人的状况。此外,自主经营、依附经营、联合经营也常常依据市场的变化而变动,时而自主,时而依附,时而联合。经营形式上的灵活应变,进一步增强了近代手工业经济的韧性,为其向工业化方向发展创造了条件。

近代中国的手工业现代化,离不开管理的现代化。管理与生产、经营密切相关。有效的管理有利于扩大再生产、提高生产效率,它涉及两个层面:一是作为生产单位的手工业作坊和手工工场的劳动管理,二是生产同一产品的行业治理。先看劳动管理。传统手工业生产大多资本少、规模小,单个手工业作坊内部结构单一,在家庭手工业或较小的手工业作坊中,“父子班”“夫妻店”是常见形态,劳动关系较为简单,如果一定要定性其管理类型的话,那就是家族式管理。手工业者除家族成员外,最主要的就是学徒,以及学徒出师后的帮工。行会制度下的学徒制在确保传授职业技能的同时,承担着劳动管理的功能,其中对于师徒双方责、权、利的规定,代表了传统手工业生产经营中的全部劳动关系。除此之外,师傅(通常也是手工业主)与学徒之间还有“亲如父子”般的伦理关系,所谓“一日为师,终身为父”,就是这种温情脉脉的宗法式关系的写照。简而言之,传统学徒制具有宗法性,学徒大多来源于血缘、族缘、乡缘等具有不同亲情关系的子弟,学艺期间学徒通常被视为师傅的家庭成员,没有工资,但可以在“酬谢”的名义下取得少许鞋袜费。学徒制还具有封闭性,学徒数量受到严格限制,以限制同业间的竞争并控制行业规模,不允许缩减习艺年限,但可以延长学徒时间,目的也是限制帮工的数量。工业化时代,家庭手工业和较小的手工业作坊,依然延续着家族式管理。但是,在较大的手工作坊或手工工场中,劳动管理则随着时代的进步而进步,最大的变化莫过于突破了学徒数量的限制,有些行业,招收学徒“多多益善”。师徒关系的宗法式色彩也有所弱化,学徒习艺期间可以获得多少不等的劳酬,师徒之间建立起了一种脆弱的劳资关系。

再看行业治理。行会制度下,手工业者制订了专门的条规,加强对师傅、帮工、学徒的管理,其特点是主客共治。主客共治制是指主客双方协商制订行业规则,共同应对、协同解决手工业生产与经营管理过程中出现的矛盾纠纷,协调双方的利益,形成一致对外的行业治理机制。主客中的"主",一般是指作坊主或店主,即东家,属于雇主方;"客",指客师、帮工、工匠、伙计等,属于雇工方。在现代经济学意义上,主客分属于利益冲突的劳资双方,但是中国传统手工业却十分强调主客和谐。主客双方共同加入一个行业组织,共同制定行业准入条件,共同确定产品价格与工钱标准,共同维护主客间雇佣关系的稳定性,共同维护行业声誉,共同处理主客之间的利益纠纷。主客共治制对维系传统手工业的既有秩序具有一定的积极作用,但本质上限制了手工业者之间的正当竞争,保护了行业垄断利益。鸦片战争后,中国手工业中的不同行业出现了发展与衰落并存现象,特别是经过太平天国运动的冲击,手工业中破坏原有条规的行为时有发生,手工业行会经过短期的重建。甲午战后特别是清末民初,在政府的倡导下,行业组织开始了现代性变迁,从主、客共治发展到雇、工分治,行会转化为同业公会,帮会转化为工会,组织功能也相应地发生了变化。围绕着如何促进行业健康发展和强化行业治理,同业公会依据国家颁布的《工艺同业公会规则》和行业制订的业规,重在商议商品价格,并送请政府主管机关核准;依据有关规定对新开业者登记报备,防止以次充好,保证产品质量,拟订符合本行业经营习惯的营业规则,规范雇工秩序,控制同行无序竞争,对违反业规者进行处罚。工会成立后,以工方代表身份与资方展开谈判,在努力维护手工业工人的正当利益,如工作权及相应权益、工人的合法待遇等的同时,也规定了工人应当遵守的工作规则。工会的成立,为手工业工人与资方斗争提供了组织平台。从行会制度下的主、客共治到同业公会、工会的并立分治,反映了手工业经济发展到了一定阶段,也是阶级意识萌发与发展的结果,两者的并立分治,为更高水平上的行业治理提供了组织基础。但是,要实现更高水平的行业治理,并非一蹴而就,同业公会和工会建立初期,手工业者的罢工、怠工次数居高不下,影响了企业和所在行业的正常生产经营秩序,企业利润下降,业主受损,工人利益也得不到保障,主客陷入维护各自利益而不断博弈的恶性循环之中。

最后,近代中国的手工业现代化也离不开市场化,即手工业产品销售从地方性集市扩展到区域性大市场,再到区域外的全国性或全球性市场。传统手工业以满足家庭消费为主,消费之余才将多余的产品拿到集市上出售,以调剂余缺。远距离贸易虽然也存在,但交易量小,本地市场与外地市场的商品交换有限,市场在时间与空间上的延伸度较低。随着手工业的发展、传统商路的扩展和新商路的开辟,本地市场与区域外市场有机地联结起来,形成一个完整的市场网络。宝坻土布业较为发达的 1923 年,棉布销售额的 92%和销售值的 82%都在当时的河北以外地区。高阳棉布销售区域更广,即便在织布业衰落的 1932 年,高阳棉布在本地的销售量与销售值在全国所占的比重也分别仅为 12. 49%、12. 84%,大大低于高阳以外的全国市场。湖州“辑里丝”主要销往海外,广东南海、顺德一带的“厂丝”主要供应国际市场。[①] 市场化是手工业现代化的重要内容,市场需求的拉动则是其重要的外推力。

近代中国手工业在技术、经营、管理和市场四个方面的发展变化只是基于中国历史进行的总结和归纳,实际进程更加丰富多彩和复杂多变。如果将手工业现代化看作是一个目标明确的过程的话,那么,工艺技术、经营形式、管理方式和市场拓展是一个整体,具有联动性。但在手工业现代化的进程中,上述四个方面并不是齐头并进的,而是有先有后,有快有慢的,某些行业是在技术与工艺上率先突破,有些在经营形式上主动求变,有些在管理制度上创新,有些则在销售市场上不断扩展。某些方面的改变要求其他方面作出相应的改变,但某些方面的不变也必定会束缚或阻碍其他方面的进一步改变。手工业现代化是一个长期的过程,近代中国手工业也不例外。如果说手工业现代化的最终结果之一必然是工业化的话,那么,在近代中国,手工业现代化并未完成工业化的历史使命,而只是向着工业化的方向迈进,因此,我们在研究中将这种现象称为“半工业化”。这种现象在中国近代城乡手工业中

① 参见彭南生:《半工业化:近代中国乡村手工业的发展与社会变迁》,中华书局 2007 年版,第 273—279 页。

普遍存在,它是在工业化的背景下,以市场为导向的、技术进步的、分工明确的手工业的发展。我们认为,半工业化是传统手工业与大机器工业之间的一种动态现象,是大机器工业产生并获得一定程度的发展之后,传统手工业寻求自身存在和发展的一种积极应对方式。但是,这种现象往往为学界所忽略,人们看到的只是冒烟的工厂工业的发展。正因如此,我们将中国近代手工业中若干有所发展的行业抽离出来,以肯定其进步性,防止其被湮没在对近代手工业较低的整体评价中。

站在手工业现代化的视角,半工业化只是对中国近代手工业发展进程所处阶段的一种判断,但是,这一进程遭遇了重大挫折。1931 年日本帝国主义发动九一八事变,强占东三省,扶植伪满洲国;1937 年日本发动七七事变(又称"卢沟桥事变"),开始全面侵华战争。前者使得东北市场丧失殆尽,后者使得中华半壁江山成为沦陷区。东北沦陷给关内手工业造成了沉重打击,以手工织布业为例,"土布原以东三省为大销场,自东三省失陷后,大好市场尽为日本瀛布席卷而去,其影响于土布销路者甚巨"[①]。江苏南通、海门,河北宝坻、高阳等地的织布业遭受了致命摧毁。日本全面侵华战争使中国手工业雪上加霜,作坊与工场纷纷倒闭,从业人数大幅减少,产量急剧下降,手工业生产剧烈萎缩,半工业化进程被迫中断。原本势头良好的手工织布业,退回到自然经济状态下的农家副业,或被强行集中到城镇,成为日本统治经济的一部分,为日本侵华战争服务。半工业化进程的中断,表明近代中国手工业的现代化过程没有完结。纵观其全程,从兴起到被迫中断,近代中国手工业现代化不仅取决于内部条件,更大程度上离不开外部环境的制约。作为一个后发外缘型工业化国家,中国的现代化努力缺乏自主性,外力客观上催生了手工业现代化的兴起,也使其发展进程充满了曲折,最终,外力中断了近代中国的手工业现代化。

三、本书的编写思路与结构安排

本书由三卷本构成,是国家哲学社会科学重大攻关项目的终期成果之

① 王逢辛:《土布业之衰落及其救济》,《钱业月报》1933 年第 11 期,第 37 页。

一。时间跨度为1800年到2000年,空间范围涉及大陆及台湾地区。虽然鸦片战争后,西方列强先后强迫中国割让港、澳、台,但港、澳、台地区的经济活动有其内在逻辑与规律,特别是作为本土经济的手工业,仍然是中华经济体的重要组成部分,因此,本书没有将港、澳、台单独成章,而是作为一个整体加以叙述。

1. 总体原则:史观与史法

史观是史学著作的灵魂。本书在坚持马克思主义历史观,特别是历史唯物主义与辩证唯物主义的基础上,依循长程史观与整体史观,在全面占有资料的基础上,充分吸纳国内外现有研究成果,反映当今中国近现代手工业史研究的最新动态,力争完成一部高质量的中国近现代手工业史著作。近年来,史学研究存在着碎片化现象,模糊了历史发展的脉络和主线,看不到历史发展的规律。经济演变过程具有连贯性,需要进行长时段的观察,才能准确发现其中起作用的机制,经济活动也不是一个孤立现象,而是一个与政治、社会、文化等密切联系的整体。因此,只有在遵循长程史观和整体史观的基础上,才能对中国近现代手工业史进行科学的、系统的分析。

本书将手工业经济意义上的"中国近现代"定位于1800—2000年,纵跨两个世纪,这与现有的通史断代略有不同。学术界一般将1840年和1949年作为中国近现代的起点和终点,有其合理性。但经济史的阶段性有其自身的特点,经济演进过程具有一定的连贯性,并不完全以政治事件为标志,否则,可能会割裂经济的连续过程和内在规律,因此,需要将经济活动置于长时段的视角下予以分析。1800年是19世纪的开端,当时中国正处于盛清时代,传统手工业在未受外国资本主义影响前,已经发展得相对成熟,甚至可以与工业革命前的英国手工业相媲美。这一成熟的手工业形态,在近代开埠以后,不仅没有在鸦片战争的炮火中销声匿迹,而且绝大多数手工业行业长期存在下来,不仅长期存在下来,而且具备了一定的抗压能力,为应对西方机器工业的排斥和打击提供了一定的条件,为其进一步演变奠定了基础。鸦片战争前后的中国手工业并没有发生本质上的变化,1840年也不构成中国手工业经济史上的古代与近代的分界线。本书的终点突破了1949年,确定为2000年。

一是1949年新中国成立时,手工业仍然是十分重要的经济部门,在国民经济中占有重要地位,也正因如此,中共新政权才进行了对手工业的社会主义改造,试图加快手工业现代化步伐,促使手工业进入了新的发展时期。二是新中国成立后,手工业几经演变,到2000年新旧世纪之交前后,其新形态已基本定型,作为一种经济成分,手工业在国民经济中的比例几乎可以忽略不计,但其所具有的文化遗产意义,却历久弥新。同时,2000年中国处在"入世"前夜,其经济发展受内生因素影响更大,将考察下限定于此时具有阶段上的完整性。手工业是以非生物动力为主要生产方式的制造业,这一点在理论上虽无争论,但在长达两个世纪的历史中却有所变化,中华民国成立后,手工业被称作"固有工业""小工业",相关文献上将手工工场称为"手工工厂"。新中国成立后,随着对手工业的社会主义改造的完成,手工业被包含在"二轻工业"内。因此,本书的研究对象就是1800年到2000年的中国手工业,具体地讲,这一时段内晚清时期、民国时期和新中国成立以来的旧式工业,以手工劳作而非机器生产为主要生产方式的制造业,新中国成立后被界定为"二轻工业"的产业,以及当代的部分劳动密集型产业,都在研究范围内。当然,如此断限只是相对的,本书在叙述到某些问题时,也可能突破上、下限的界限,适当地予以前溯和后延。

本书坚持将中国近现代手工业史放到全球化和现代化的广角镜下加以考察。近现代经济史的叙述需要以全球化和现代化视角,开展综合研究,手工业经济史也不例外。如果说全球化是近现代的历史特征,那么,现代化便是近现代的时代主题。近代以来,工业化浪潮席卷全球,落后国家和地区要么自觉地融入这一进程,要么被迫卷入这一进程,成为世界体系的一部分,这些国家和地区,无不将现代化作为政府努力实现的目标。在这一进程中,作为世界文明古国的中国可谓一个典型,因此,研究中国近现代手工业史,需要突破手工业史、突破经济史、突破中国近现代史,站在全球化的高度,立足人类工业文明演进的深度,才能摆脱就事论事的束缚。具体到研究过程中,则既要考虑到各自所涉历史时段与前后各时段的内在有机联系,又要准确把握历史时段在中国近现代手工业发展演变过程中的地位及影响。

史无定法。本书注重对近现代手工业史进行多学科综合性研究。手工业史涉及经济、政治、社会、文化等方方面面,必须运用多学科理论方法进行交叉综合研究和全方位、多侧面、立体式探讨。因此,在研究中既要从历史学的角度对中国近现代手工业的发展演变进行历时性的描述,最大限度地还原真实的历史图景,又要运用经济学理论和基本分析工具,对中国近现代手工业发展过程中出现的诸多问题加以解释,还需要以政治经济学视角,将中国近现代手工业的演变视为一个国家参与其间的政治经济过程,在经济分析中融入政治学解析。最后也不能忽视经济社会学视角,将中国近现代手工业的发展视为一个嵌入社会环境中的经济过程,给予手工业的演化更宽广的视角,探讨手工业与社会的互动关系。

2. 总体思路:主线与论题

本书以“中国近现代手工业的演化过程、原因及影响”为主要线索。主线的确定既是编写工作的需要,也必须反映某个时期的历史实际。在这条主线中,“演化”既是一个关键词,也是一个中性词,它可以表示事物向好的方向发展,也可以表达事物向坏的方向变化,具体到本书的研究内容,则既涉及手工业的曲折发展、转化,也包括手工业的衰落、衰退以及消亡。中国近现代手工业行业多、范围广、情况复杂多变,“演化”一词具有较强的包容性,能够涵盖近代手工业的方方面面。探究一个事物的过程、原因及影响,本来就是历史研究与史书编写的初衷。作为一种专门史,只有在还原真实的历史面相的同时,找到背后形成的原因,分析其产生的重要影响,才称得上一部成功的专门史。为了更好地突出这一主线,本书将区别两个维度,一是部分手工业行业的衰落、衰退过程,二是部分手工业行业的发展变迁及其转化。本书还将抽离出四条辅线,即中国近现代手工业的演变过程、政策措施、外部关系和历史影响。(1)演变过程。将描述中国近现代手工业发展、转化与衰落、衰退的全过程,涉及近现代手工业行业类型与分布,手工业的生产技术、经营管理等方面的变化。(2)政策措施。将分别探讨晚清、民国的手工业经济政策与措施和新中国的经济体制、手工业政策措施,包括新中国成立后对手工业的管理与改造、计划经济体制下“二轻工业”政策、当代乡镇企业政策,及其对中国近现代手工业产生的影响。(3)外部关系。将分析中国近现代手工业与民族机器工业的关系、中国近现代手工业与外国资本主义的关系、手工业变迁所反映出来的近现代城乡关系。(4)历史影响。将着重研究手工业经济对农民手工业者和城市手工业者的影响、近现代手工业对区域经济发展的影响、近现代手工业对中国早期工业化道路的影响、近现代手工业对当代中国乡镇企业的影响。具体到各个不同时期,研究内容则各有侧重。

在一条主线、四条辅线的牵引下,我们将把若干重要问题置于"中国近现代手工业的演进过程、原因及影响"的叙述中。1800—2000年长达两个世纪的中国手工业,面临着政治、社会、国际环境的巨大变化,政权几经更迭,社会剧烈动荡,内外战争几无停歇,中外关系复杂多变。在全球化与现代化的双重夹击中,手工业面临着前所未有的挑战,出现了值得重点关注的问题,如:鸦片战争后中国手工业的转化,近代中国手工业发展的动力机制,新中国成立初期手工业现代化的探索,改革开放后中国手工业的再度发展,特别是乡镇企业和家庭工业的崛起,等等。

(1)鸦片战争后中国传统手工业的转化问题。传统手工业能否转化为近代手工业,不仅是其发展方向问题,更是其生死存亡的命运问题。在外来机制品的打击和民族机器工业的冲击下,传统手工业面临着巨大的生存压力,部分手工业开始了艰难的转化,体现在生产技术上的进步和经营形式上的灵活多变,出现了传统与现代相契合的技术模式和为适应市场的激烈竞争而出现的手工业经营形式的多样化。与此同时,行业治理与手工业内部管理也发生了新的变化,促使中国传统手工业朝着现代化的方向前进。

(2)近代中国手工业发展的动力问题。动力之一来自生存的压力。西方列强要把近代中国变成它们的产品和原料市场,对中国传统手工业进行残酷的排挤和打压,但是,压力越大,动力也越大,它可以使手工业者千方百计地存活下去,部分手工业行业顶住了现代工业的强烈冲击,并寻求在生产技术、经营形式、管理方式等方面的变革。动力之二来自政府行为的推力。从晚清政府到北京政府,再到南京政府,为了维护社会经济的稳定,制定和采取了一系列维护、振兴手工业经济的政策措施,客观上推动了手工业的发展。新中国成立后,在恢复和发展手工业的基础上,将手工业纳入社会主义改造的轨道,加快了手工业现代化步伐。动力之三是现代工业技术的助力。机器工业的内在逻辑是要在市场上彻底击败手工业,替代落后的生产方式,但是,在这一过程中,手工业中的部分行业、部分环节为机器工业造就了一个新的市场,形成两者之间的互补,如铁轮机的出现不仅使手工织布业获得了先进的织布机,而且使机器制造业获得了广阔的市场,两者之间形成良性互动,手工织布机的发展又为机纱提供了广泛的销路。新中国实行重工业优先发展战略所带来的技术积累,也为传统手工业的现代化带来了机遇。这些都在客观上有助于近代中国手工业的现代化。

(3)改革开放后中国手工业的再度发展问题。改革开放以后,随着中国经济再度市场化与再度参与全球化,部分地区的手工业也重新焕发活力。然而中国手工业的"复兴"并非传统经济的再现,而是既与社会主义工业化有着密切关联,又是近代手工业现代化的历史延伸,是一种已经现代化了的手工业,如珠三角地区"三来一补"的外向型工业、江苏的乡镇企业、浙江的家庭工业等,并由此演化为具有中国比较优势的出口导向型劳动密集型产业,为此后 30 年中国经济的高速增长立下了汗马功劳。但随着中国经济的转型与升级,传统的手工工艺、现代化的手工业也面临着新的挑战。

近代中国的手工业现代化也是落后国家传统工业变迁的一个样本,涉及一系列理论问题,特别是落后国家和地区的工业化道路问题。纵观中国近现代手工业史研究,一直存在着较多理论热点,如早期资本主义萌芽论、冲击—反应论。由于近代中国手工业的现代化与外国资本进入中国以及中国经济被纳入全球市场密切相关,因此学术界出现了半殖民地论、依附论、斯密动力论等观点上的分歧和争论。本书通过长时段、跨区域、分行业的手工业史研究,对中国发展道路的历史经验,将有更加深入的理论探索,并形成新的认识。

3. 总体框架:体例与结构

本书围绕"中国近现代手工业的演化过程、原因及影响"这一主线,采取"纵横联通、通专结合"的方法进行结构安排。所谓"纵通",就是要理清中国手工业史从 1800 年代中国传统手工业到 2000 年加入 WTO 前夕中国手工业的演化历程,全程梳理清楚中国手工业转化、发展和演变的进程,强调历时性。“横通”则是叙述清楚中国近现代手工业史在各个时期的发展概况,包括各个区域尤其是边疆少数民族地区的情况、各个主要及代表性行业的具体情况和手工业的整体状况,强调几个不同阶段的共时性,在纵向贯通的基础上,关注晚清、民国、新中国三个时期的阶段性,突出各自特点,同时注意横向比较。具体说,本书由三卷构成。

(1)第一卷(1800—1911)。本卷主要研究从1800年到1911年的中国手工业史。一般来说,晚清是从1840年算起的,但是手工业作为一种与传统经济结构紧密相连的经济成分,不对其传统面貌有所认知,是无法完整刻画其历史图景的。况且,1840年之后相当长的时间内,中国手工业的很大一部分并未出现大的变化。因此,从19世纪之始的1800年开始,探讨近代中国手工业,能够更真实地还原其历史结构,也就能更准确地理解其近代变迁。开埠通商以后,在外国资本主义的冲击下,在本国早期工业化与市场化的影响下,中国传统手工业开始出现分化与重组,一部分衰落了,一部分顽强固守,一部分开始转化,这是晚清手工业演变的总体状况。

(2)第二卷(1912—1949)。1912—1949年,中国经历了北京政府和南京政府的统治,其间又经历了多次大的战争,这对中国手工业的发展产生了很大影响,也造成了明显的阶段性,大而分之,可以分为两个阶段,即北京政府统治时期(1912—1927)和南京国民政府统治时期(1927—1949)。民国初年,中国若干地区的传统手工业利用开埠通商及工业化带来的新技术,进行了技术嫁接,提高了生产效率,获得了新的市场,乃至与现代工业形成互补的共生关系。可以说,北京政府时期中国的手工业在一定程度上有所发展,并演化出新样态。南京国民政府成立后,政府加强了对手工业的干预。1930年代以后,全球经济危机的影响,九一八事变的发生及东北的沦陷,加之中国自身天灾战乱频仍,这些都削弱了手工业的发展势头。同时,现代工业的进一步发展也冲击了手工业。因此,这个阶段中国手工业发展呈现出波折,仅少数地区仍然继续发展。日本全面侵华战争爆发后,中国的手工业受到较大冲击,到新中国成立前夕,不少地区的手工业难以维持。民国时期,还有一股新兴的手工业经济,即中共领导的根据地的手工业,根据地手工业不仅为革命战争和抗日战争提供了物质保障,而且是新民主主义经济的重要组成部分,也为新中国的手工业改造积累了经验。

(3)第三卷(1949—2000)。新中国成立后,在经济快速恢复的基础上,一方面对手工业进行了社会主义改造,一方面将城市手工业作为第二轻工业加以计划管理,农村手工业则在合作社的基础上,发展成为集体所有制的社队工业。在计划经济体制下,城市“二轻工业”和农村社队工业经历了不同的演化。改革开放后,中国手工业以乡镇企业、集体企业等新形态重新登上经济舞台,在一段时期内也十分活跃,奠定了当今民营经济的基础。进入 21 世纪后,作为一种经济成分的中国手工业,在国民经济结构中日益式微,但迎来了新的转机,在高度工业化与信息化的带动下,从业者更加重视手工业的非物质文化遗产特性,突出手工业产品的艺术性与个性化。共和国手工业书写了中国手工业史的新篇章。

三卷本在遵循纵向贯通原则的前提下,突出专题与个案研究。专题与个案研究是横通的有效载体,可以分门别类地就某一论题深入展开,探讨每个时期手工业所涉及的诸多问题,具体分析每个时期较有代表性的区域和行业的个案,并在全球化与现代化的视野下,加强区域之间、中外之间的比较,把综合研究、专题研究和个案研究有效结合起来,全面、系统研究各个时期的手工业。采取“纵横联通、通专结合”的方法,旨在保证中国近现代手工业史的系统性、完整性和连贯性,既能体现中国近现代手工业的发展演变脉络,又能揭示中国近现代手工业史所蕴含的丰富内容。

本书是集体研究的结晶,是在编写组成员前期研究成果的基础上形成的。全书由总主编负责,形成编写工作的总体原则、总体思路和总体框架。在总主编下,各卷编写者,负责拟定编写大纲,组织编写组成员撰写。编写组成员通力合作,在做好教学、科研工作的同时,克服困难,圆满地完成了国家哲学社会科学重大攻关项目的研究任务。在研究与撰写过程中,存在这样或那样的疏漏与不足,编写组全体成员诚恳地期待学术界和读者们的批评指正。

总目录

第一卷

第二卷

第三卷

目　录

(第一卷)

绪　论
帝国余晖下手工业的新局面

如果说，农业与手工业的结合是中国文明之根，那么，在同中国传统文明的物质财富和辉煌文化相联系的所有部门中，手工业的重要性是和农业并驾齐驱的，也是最具代表性的。手工业的生产与贸易，几乎与中国文明本身一样古老。手工业生产从诞生的那一天起，就一直受到人们的百般青睐，对于人民生活和社会经济具有无可替代的意义，它在满足人们衣食住行基本需求的同时，还在文化、宗教、技术和制度等方面扮演着十分重要的角色。

在漫长的历史发展过程中，中国的手工业生产达到了世人瞩目的高峰，当之无愧地成为中国社会经济中的先进部门，长期在世界上占据领先地位，不仅成为国内民众各种生活用品的主要供应者，也曾在国际市场上所向披靡，独领风骚。

时至晚清，国门洞开，西力东渐，新旧激荡，古老中国在百般纠结下开始了艰难的近代转轨过程，手工业的生产和贸易也迎来了前所未有的大变局，表现出与此前迥然不同的复杂情态。关于晚清中国手工业史的研究，不仅是晚清史、中国工业化史研究中的重要课题，也是整个中国历史研究中的重大课题之一。如果不能对这一课题加以明确并具体的把握，既无法理解这一时段中国经济社会的复杂情态，也无从认清中国历史整个构造的变动趋向。因此，关于晚清手工业史的研究，在中国历史，特别是中国近代史的研究中，实处于一种不容忽视的基础地位。百多年来,国内外学界对晚清手工业史的研究一直保持着极大的兴趣,取得了堪称丰硕的成果。①

一、晚清手工业史研究概述

在奉行“以农立国”国策的古代中国,维护“男耕女织”小农家庭经济成为其一以贯之的政策举措,朝野上下都对手工业生产给予高度重视,从而顺理成章地使其成为历代农书、文集中当仁不让的主角之一,留下了许多关于手工业的记载和议论。鸦片战争以后,手工业在国计民生和对外贸易中的特殊地位,使其越发受到国内外政界、商界和学界的关注,同时也成为人们自觉加以研究的对象。上自朝廷谕旨、官府文告,下至报刊文章、时人言说,都有许多关于手工业状况的记述和议论,其中既有对手工业现实状况的描摹,也有对手工业如何发展的思考,为进一步研究这一历史课题做了一些奠基性的工作,留下了丰富的第一手资料。

中华民国成立之初,学界便出现了规范性意义上的研究晚清手工业史的著作。新中国成立后,尤其是改革开放政策实施以来,中国的学术研究迎来了春天。关于晚清手工业史的研究也随之活跃起来,强烈的学术情怀与现实关怀成为学者们的主要研究取向,讨论更加趋于理性与客观。研究逐渐细化与深化,领域逐步拓宽,新观点不断出现,既有跨区域、跨时段、跨行业的宏观性的总体观察,也有分区域、分时段、分行业的具体入微的探析,陆续出现了一批具有重要学术价值的论文和专著、编著作品。研究领域有所拓宽,视角有所变换,数量和质量都有所提升,探索新领域、使用新材料、具有新观点、尝试新理论和新方法的论著层出不穷。凡此种种,都是研究晚清手工业史所不容忽视的,拓宽了人们的研究视野和学术思维。

这里,有必要对迄今为止学界在晚清手工业史的研究上所关注的问题和所取得的认知做一个简要的梳理与概括。

---

① 这里就不对这些成果一一列举了,因为无论如何列举,都难免挂一漏万。好在书中对引用的前人成果一一做了注明和标示,以供各位同人参考。

（一）关于晚清时期手工业的内外环境

晚清时期，中国的内外环境和社会结构呈现出多元、复杂的特点。在内外环境方面，西力东渐，外国资本主义入侵，以不平等条约为核心的通商口岸体系形成，中国逐渐被卷入资本主义的世界体系。与此同时，中国内部的社会经济结构也随着政治、文化的变迁而发生了深刻的变化，西方的技术和制度开始引进，加速了中国工业化、城市化的进程，也导致了中国传统手工业的生产方式和技术的改变。在社会结构方面，晚清时期的中国呈现出多元化和分层化的特点。传统的统治制度和统治秩序逐渐崩溃，新兴的城市中产阶级和工人阶级开始出现。同时，农民阶层仍然占据着人口大多数。统治阶级与被统治阶级之间的矛盾和冲突不断加剧，社会结构变得更加复杂。在这样的社会背景下，手工业成为许多人的主要谋生手段，也是不同阶层之间联系和交流的重要方式。

在这方面，晚清时期世界和中国的工业化进程对中国手工业产生了深远的影响，使得手工业的产业结构变得更加复杂和多元化。首先，工业化进程给手工业带来了巨大的压力和挑战。由于工业化进程的加速，机器生产逐渐替代了传统的手工生产方式，这使得许多传统的手工艺人失去了谋生的来源。同时，外国商品的涌入也导致了许多传统手工业产品的销量下降。其次，工业化进程的推进促进了手工业的技术升级和生产效率的提高。随着工业化的进程，许多先进的机器和工具进入中国，这使得许多手工业者能够采用更加现代化和高效的生产方式。同时，随着市场的扩大和规模的增大，手工业的生产效率也得到了提高，一些规模较大的手工业作坊和工场开始出现。最后，工业化进程对手工业的产业结构产生了深刻的影响。由于机器生产的流行和大规模生产的优势，一些手工业产品的生产逐渐向规模化和机械化转变；与此同时，一些具有特殊工艺或特殊用途的手工艺品仍然保持了其传统的生产方式。

(二)关于晚清时期手工业生产方式的演变

随着内外环境和社会结构的变化,在世界和中国工业化进程的影响下,晚清时期手工业的生产方式发生了一定的变革,大致看来主要经历了以下三个阶段。

(1)传统手工业阶段。传统手工业是指以传统手工艺技术为主要生产方式的手工业,其生产方式以传统的农民家庭副业和城镇家庭式作坊为主。在这一阶段,手工业生产主要依靠手工劳动或简单工具,工艺流程复杂、效率比较低,产品的质量往往因人而异。

(2)机械手工业阶段。19 世纪末到 20 世纪初期,随着机器制造业的兴起和发展,一些机械工具开始进入手工业领域,手工业生产方式也发生了变革。在这一阶段,手工业的生产方式逐渐向机械化和规模化转变,工艺流程得到了简化或优化,生产效率有所提高,产品的质量也得到了提升。

(3)机器工业阶段。近代机器工业在中国兴起以后,对手工业产生了釜底抽薪般的影响,一些手工行业逐渐向机器生产过渡。在这一阶段,机器设备逐渐取代了手工制作的工具,机器生产成为替代手工业生产的主要手段。同时,生产过程也更加规范化和标准化,生产效率和产品质量得到了进一步的提高。

总体而言,晚清时期手工业生产方式的变革和改变主要是受到工业化进程、新技术应用、市场需求变化和国内外资本主义经济的影响。这些因素相互作用,推动了手工业生产方式的不断演变和发展,促进了中国手工业的现代化和发展。从工业化进程的推动方面来看,在晚清时期,西方列强的入侵和压迫,以及洋务运动的兴起,推动了中国的工业化进程。工业化进程的推动促进了科学和技术的进步,同时也改变了生产方式。从新技术的应用方面来看,随着科学和技术的进步,许多新技术开始应用到手工业生产中来,这些新技术改变了传统手工业的生产方式,提高了生产效率和产品质量。从市场需求的变化方面来看,随着经济和社会的发展,市场需求也开始发生变化,消费者对产品质量和多样性的要求逐渐提高。为了满足市场需求,手工业生产方式逐渐向机械化和规模化转变。从国内外资本主义经济的影响方面来看，在晚清时期，中国的商业和经济活动开始受到资本主义经济的影响，工厂化生产和商品经济开始兴起。这都促使手工业生产方式发生变革，以适应新的市场和经济环境。

(三)关于晚清时期手工业产业组织和分工的变化

晚清时期，随着工商业的发展、生产力的提高和近代工业企业影响的扩大，中国手工业的生产组织发生了一些值得注意的变化，主要表现在以下方面：一是分工细化。随着生产技术的进步，手工业生产的分工逐渐细化。在许多手工业领域，工匠们开始专注于一种或几种相似的产品或部件的生产，从而提高了生产效率和产品质量。二是手工工场制度的兴起。晚清时期，尤其是清末阶段，一些手工行业开始采用工场制度。这种制度下，工人们在一个大型的工场里共同生产商品，而不是分散在自己的家中生产。这种制度的优点是可以集中劳动力和生产资料，产生规模效益，提升生产效率，保证产品质量。

(四)关于晚清时期手工业产品的特点和市场

手工业产品的多样性。由于手工业生产方式的特点，每个行业都有自己适应市场需求的产品，每个工匠也都具有自己独特的技艺和风格，因此手工业产品的多样性很强。不同工匠生产的同一种产品在外观、质量等方面可能有所不同。晚清时期手工业产品多样性的特点，还表现在在外来文化的影响下，其呈现出多元化的产品风格，更加具有时代特色和文化内涵。

手工业产品的精细化。手工业产品在制作过程中，需要工匠们耐心细致地制作，每一个细节都需要认真对待，手工业产品具有精细化的特点，这也是一些手工业产品比机器制造的产品更有价值的原因之一。还有些手工业产品具有较强的文化和艺术价值，在市场上具有唯一性和不可替代性。

手工业产品的局限性。由于手工业生产方式的限制，手工业产品的生产效率较低，无法满足大规模生产的需求，因此手工业产品在市场上的数量有限。同时,晚清时期手工业生产分散性、简陋性的状态,使得手工业产品的质量因人而异,难以保证,手工业产品在与规范化生产的机制产品进行比较时处于不利境地,导致其在商品市场上的份额逐渐被机器生产的产品取代。

(五)关于晚清时期手工业品的市场需求和营销方式

晚清时期,随着经济的发展和社会结构的变化,手工业品的市场需求和消费结构也在发生变化,市场竞争日益激烈,手工业者和商家也需要不断提高产品质量和开发新的产品来满足国内外消费者的需求。一方面,随着城市化进程的加速、城市人口的增加和消费水平的提高,市场需求逐渐从单一的生活必需品向多元化、多样化的消费需求转变。另一方面,随着民族意识的觉醒和西方文化的影响,消费者开始更加注重产品的品质和文化内涵,对于具有文化内涵和地方特色的手工艺品的需求逐渐增加。

在这种背景下,晚清时期手工业市场的消费结构也发生了变化。一方面,传统的手工业品市场仍然占据着一定的份额,例如瓷器、丝绸制品、工艺品等;另一方面,一些新兴的手工业品市场也开始崛起,例如针织品、草帽辫等,适应了新的消费需求,也为民众带来了新的消费体验。

除了市场需求和消费结构的变化,晚清时期手工业品的销售渠道和营销方式也在发生着改变。传统的手工业品主要是由商人和手工业者直接销售的,而新兴市场上的产品则更多地采用了中介商的方式进行销售。另外,在营销方式上,一些手工业者也开始采用广告宣传、礼品包装等手段来吸引消费者的注意力,提高产品的知名度和品牌价值。对于国内外举行的产品博览会、展销会等新生事物,手工行业也给予了热情关注,踊跃参与。

(六)关于晚清时期手工业与现代工业之间的关系

晚清时期手工业与现代工业之间的关系是一个复杂的问题,它们之间既有联系,也存在冲突,同时又相互依存,并在演进和转型中逐渐适应了当时中国经济发展的需要。

(1)联系与冲突并存。一些研究认为,晚清手工业与现代工业之间既有联系,也存在冲突。晚清手工业和现代工业之间的联系表现在,现代工业的发展为手工业提供了原材料和市场,而手工业则为现代工业提供了劳动力和技术。但是,随着科学技术的进步和工业化进程的推动,机器生产越来越成为手工业生产的竞争对手。机器生产具有高效率、标准化等优势,可以在短时间内生产大量的产品,手工业生产则面临着价格和效率等方面的压力,逐渐失去了市场和竞争优势,两者之间的冲突也愈加明显。

(2)相互依存。另一些研究认为,晚清手工业和现代工业之间是相互依存的。在当时,由于现代工业的发展还处于初级阶段,它无法完全替代手工业的地位,相反还需要手工业的援助,从而获得市场立足和行业发展的机会;而手工业也利用现代工业产品提供的新型原材料和市场,实现了自身的技术革新和产品创新,维持了产业的生存和发展。因此,两者之间形成了相互依存的关系,共同为晚清时期的经济发展作出了贡献。在这方面,机制纱和手工布的组合是一个典型的例子。

(3)转型和演进。还有一些研究认为,晚清手工业和现代工业之间是一个转型和演进的过程。随着现代工业的发展,一些手工行业逐渐失去了它在经济中的优势,逐渐向现代工业转型。但是,这些手工行业并没有消失,而是在近代演进中继续存在,并在特定领域中继续发挥作用。在一些手工艺品制作领域以及某些具有特殊功用的手工业品行业,由于机器生产难以完全达到手工制作的精细程度,因此手工业制作仍然保持着优势,也具有更高的产品质量、文化内涵和艺术价值。这些行业在晚清时期基本没有受到什么冲击,继续在传统轨道上运行。

此外,手工业和机器生产之间也存在相互借鉴和发展的关系。手工业生产可以借鉴机器生产的技术和管理经验,提高生产效率和产品质量;而机器生产也可以借鉴手工业生产的艺术特色和文化内涵,使得产品更加精致和独特。

(七)关于晚清时期手工业在中国社会经济中的地位和作用

晚清时期,手工业是中国传统经济的重要组成部分,也是当时中国经济的支柱之一。它在中国经济中具有重要的地位和作用,成为中国现代化进程赖以起步的重要基础,同时也为中国文化的传承和发展作出了巨大贡献。主要表现在以下几个方面。

经济贡献方面。晚清时期,手工业是中国经济的重要组成部分,它为国家的工业化和现代化发展作出了巨大的贡献。在当时,中国的手工业制造领域已经形成较为完善的产业体系,能够生产出多种多样的商品,并在国内外市场上具备一定的竞争力,占有一定的份额。

就业创收方面。晚清时期,手工业是中国农村居民的主要就业渠道之一,能够提供比较稳定的收入来源,有助于改善农村居民的生活状况。同时,手工业也为城市居民提供了就业机会,成为城市经济的重要支柱,也是城市手工业者家庭收入的主要来源。

技术传承和创新方面。晚清时期,手工业不仅继承和传承了中国传统手工业的技术和文化,也吸收了外来的技术和文化,进行了创新和发展。这些技术和文化的传承和创新,对中国传统文化的传承和发展有着重要的意义。

社会稳定方面。晚清时期,手工业对维护社会稳定和防止社会动荡起到了重要的作用。在当时,由于中国的农村经济和手工业经济比较发达,农村很多人在手工业中就业和创业,使得社会稳定和社会秩序得到了一定的保障。

(八)关于晚清时期手工业与社会文化之间的关系

晚清时期,手工业与社会文化之间的关系是多方面的,它们互相依存、相互作用,是一个重要的研究领域。晚清时期的手工业不仅是社会经济的重要组成部分,也反映了当时中国社会文化的特点、社会阶层的分化、社会的变迁和身份的认同。包括以下几个方面。

手工业与文化传承。晚清时期的手工业与中国传统文化密不可分,手工业作为传统文化的重要组成部分,在手工业的技艺中包含了很多的文化元素。同时,手工业也是传承中国文化的一种途径,在手工艺品的制作和销售中体现了中国传统文化的特色。

手工业与社会阶层。晚清时期的手工业在社会阶层的分化中发挥着重要的作用。手工业在当时是广泛存在的,它既是贫苦人民的生计来源,也是官僚贵族的消遣方式。因此,手工业与当时社会的阶层结构紧密相连,同时也影响着社会阶层的变化和演进。

手工业与社会变迁。晚清时期的手工业是社会变迁的产物和反映。在当时中国社会的变革中,手工业作为传统经济的代表,逐渐受到现代工业的挑战和替代,而这也加速了中国传统社会向现代社会的转型和演变。

手工业与身份认同。晚清时期的手工业还与身份认同密切相关。在当时,手工业的技艺和产品是社会认同和身份认可的重要标志,手工业产品的制作和使用反映了社会身份、地位和权力。在这个问题上,手工业工匠所扮演的社会角色值得重视。晚清时期的手工业工匠在社会经济中扮演着重要的角色,同时也拥有着一定的社会地位。他们对于中国手工业的传承和发展起到了至关重要的作用,同时也为城市文化和社会生活增添了丰富的色彩。首先,工匠在晚清时期是手工业的主要从业者。他们通过长期的师徒传授的方式掌握了手工业技能,成为手工业的主力军。工匠们对于传统手工业的传承和发展起到了不可替代的作用。其次,工匠在晚清时期也是城市文化的重要代表。由于工匠们在手工业中起到重要作用,许多城市在此时期成为手工业中心,同时也成为文化和艺术的中心。这也促进了手工业技术和文化的传承和交流。最后,工匠在晚清时期也享有一定的社会地位。由于工匠需要经过长期的学习和实践,他们的技术和经验被视为宝贵的财富,一些著名的工匠甚至会被视为某行业的“大师”,在社会上享有较高的声望。

(九)关于晚清时期的手工业工人及其社会生活

晚清时期,在手工业生产中,由于工艺复杂,需要大量的劳动力和技术经验,因此手工业工人往往需要经过长时间的学习和实践才能掌握相关的技能和知识。这使得手工业工人形成一种职业群体,具有较高的专业技能和知识水平,但他们也面临着工作不稳定的问题和失业风险。

手工业工人的劳动时间长,一般要工作 10 小时以上,甚至有时需要通宵达旦地工作。工作强度大,常常需要重复的手工操作和繁重的体力劳动。农民的家庭手工业条件极为艰苦,大多依靠不计成本的劳动投入勉强维持生存。城市里大多数手工业工人是农村流动人口或者失业的手工工匠。他们的收入低,工作强度大,没有社会保障,往往生活在贫困和不稳定的环境中。在家庭作坊生产的手工业中,由于竞争加剧,市场萎缩,工人没有稳定的工作机会,收入很不稳定。而在手工工场中,手工业工人虽然有稳定的工作机会,但由于机器生产的兴起,手工业工人的职业前景越来越不乐观。

手工业生产需要高超的技能和体力,工作强度大,收入水平却相对较低,一般只能维持最基本的生活需要。手工业工人的职业特点和劳动条件,使其往往处于社会的底层。在社会分工体系中,手工业工人是社会地位较低的一类人。他们的收入较低,且很难有稳定的收入来源,加上缺乏社会保障,生活较为困难,居住条件也比较简陋,生活环境和工作环境都比较差。一些处于衰落过程的手工行业,工人的生活状况逐渐恶化,不少手工业工人被迫转行或者失业。随着机器生产不断普及,手工业工人的职业前景和生活状况也逐渐受到了威胁。但是,在一些手工业制作技术和文化艺术传承方面,手工业工人仍然保持着重要的地位和角色。

综上所述,关于晚清手工业史的研究,百多年来国内外学者长期探讨不辍,成果可谓洋洋大观。国内外学界已经对晚清时期手工业的生产方式、技术和工具的发展、产业组织和分工的变化、产品品质和市场等方方面面进行了深入的研究,对晚清时期的经济、社会和文化发展提供了重要的资料和理论支持;对晚清时期手工业与其他生产方式的竞争关系进行了具有启发性的研究,揭示了晚清时期经济结构的特点和演变过程,对中国近代工业化进程的理解提供了重要的参考;对工匠和手工业的地位和角色、工人的生活和社会地位进行了深入的研究,揭示了中国传统手工业文化的特点和价值,对传统文化的保护和传承提供了重要的参考。总的来说,这些研究成果为我们深入了解晚清时期手工业的发展和变迁提供了重要的史料和理论支持,为我们认识和把握中国传统经济的演进和转型提供了有益的启示。

晚清手工业史的研究在理论和实践方面都取得了可观的成就,具有重要的意义，为这一领域更加深入的研究积累了良好条件。然而，从既往研究来看，仍然存在着许多薄弱环节及未知地带，需要进一步深入探讨，从现有成果来看，虽然已经在某种程度上阐明了晚清时期手工业的若干现象，但是对其发展演化的实证研究，则不得不承认在许多问题上远未达成共识。即便以往已经讨论过的问题，随着新资料的发现和新理论的提出，也仍有重加解读的必要。所有这些，都需要我们在总结既有研究成果的基础上，重视已经形成共识的观点，正视研究中尚存在的局限和问题，整合力量，在新的起点上将晚清手工业史的研究推向深入，以更加全面、深刻、完整地呈现晚清时期手工业的历史面貌。

我们正是在检讨先行研究成果的基础上，在详细考察鸦片战争后晚清手工业生产和贸易发展变化的同时，对不同地区不同部类手工业的状况进行综合分析，力图说明晚清时期手工业的基本性质特征及其长期发展趋势，揭示这种发展和演变所达到的广度和深度，并进而分析所由生成的深层因果关系，以及这些变化对中国社会经济所造成的深刻影响。由此，或许能够提供一把更好地理解晚清时期中国经济、社会现象的钥匙。

二、晚清手工业史的基本框架与主要内容

晚清时期的手工业是理解近代中国社会经济发展演变无法回避的重要内容。对这一领域的研究，特别有助于了解和认识近代中国哪些经济成分构成对传统体系的背离，并因此产生一些变化，这些变化标志着一个传统农耕社会向现代工业社会转化的开始。通过对晚清手工业史的研究，可以发现在新的历史条件下，传统经济表现出复杂的多样性，既有抱残守缺、深闭固拒的面相，也有自我调适、与时俱进的面相，难以一概而论。客观来讲，并不是传统手工业的所有门类都迈入了近代化的门槛，更不是所有方面都实现了近代转型。由于外部压力、自身反应等历史机缘的各不相同，相当多地区的传统丝绸业在近代化的背景下趋于式微；而那些能够由一个传统产业蜕变为具有近代色彩新型产业的地区，则离不开种种必要条件的铺垫。

因此，可能并不需要急于用一些笼统的纲要性概念对错综复杂的历史现象进行简单判定，而是应当首先将种种现象的丰富涵义尽可能周全精到地展示出来，再置于现代社会科学学说的语境中加以审慎的诠释分析。只有尽量复原晚清手工业在历史上所关联的种种真实形态，才有可能深刻理解近代中国经济发展和社会变革的激荡和曲折。通过消化丰富的文本资料，把晚清手工业置于具体的时空坐标之上，也就是将其放回到所由产生的时空脉络中加以审视，在掌握历史现象的历时性、共时性纵横交织而成的各种具体关系之后，进而深入探讨相互扣连的历史现象与问题形成及演变的过程、机制和意义，希望以此更加清晰地表明晚清手工业的来龙去脉和发展趋势，把握其发展演化的深刻背景、深层关系和深远影响。

本书的框架结构和章节安排呈现出我们所认为的晚清手工业史的基本构架与主要内容。

第一章，清代前期的手工业

本章从清前期手工业的主要行业与分布、清前期手工业的新发展，以及清前期手工业的发展特点及其局限性等三个方面，概述了这一时期手工业发展的大致面貌。

清朝是中国历史上最后一个王朝。清代前期的中国，社会生产力和商品经济的发展都达到了中国传统社会前所未有的高度。尤其是“康乾盛世”时期，疆域的扩大，人口的增加，农业和手工业的发展，城乡商品经济的繁荣，交通的建设和城市的兴盛，以及财税制度、租佃制度等方面，与之前的朝代相比均有所超越。

清前期的手工业得到较快恢复，并在其后 200 多年时间内，得到了长足的发展。由于从事手工行业的获利比单纯从事农业生产要大，刺激更多的农户家庭从事手工业生产和产品销售，从而密切了农业、手工业和市场的联系，促进了农产品的商品化和商业型农业、商业型手工业的发展。这一时期，清廷的政策对手工业的发展比较有利，官营手工业的规模较之明代有所缩减，管控体制较之明代显得包容，这就在客观上拓宽或扩大了民间手工业的发展空间。在这样的情况下，城市独立手工业也表现出不同于之前朝代的面貌。

全国各地手工行业的发展受到原料供应和商品运输条件的制约,表现出种种不同情形,基本上是属于因地制宜的自然发展状态。这些手工行业大多与人民群众的日常生活息息相关,与农业生产活动休戚与共。

19 世纪中期中国步入近代社会时,是一个自给自足的庞大经济体,这个经济体的中心支柱是结合了衣、食两种生产劳动的小农经济。穿衣吃饭是人民群众最为基本的物质生活需求,满足此种需求以及与之相关需求的手工行业也就理所当然地扮演着不可或缺的角色。鸦片战争之前,小农业和家庭手工业相结合的自然经济,依然在社会经济中占有主要地位,农民家庭不但生产自己所需要的粮食等农产品,而且生产自己需要的大部分手工业产品,同时还需要出售自己生产的农产品和手工业产品以弥补家庭收入的不足。

第二章,鸦片战争后中国经济格局的变化

本章以中外贸易格局的变化、外国资本主义的侵入和中国民族机器工业的产生三个方面为重点,考察了鸦片战争后中国经济格局所发生的深刻变化。

1840—1842 年的鸦片战争是中国历史上的重要节点之一。战败的中国被迫先后与当时世界上各主要资本帝国主义国家签订了一系列不平等条约。外国资本主义凭借不平等条约取得侵略特权,强迫中国开放市场,不断向中国倾销洋货,中国经济被迫卷入世界经济的轨道,导致中外贸易格局发生了剧烈的变化。与此同时,外国资本还在中国开设洋行、银行,开办工厂,修筑铁路,开掘矿山等,以控制中国经济命脉,掠取高额利润,严重影响到中国手工行业的生存和发展,客观上也起到了一些促进中国民族资本近代工业产生发展的示范效应。

鸦片战争后,全国各地已经陆续开办了一些民族资本的近代工业企业。甲午战争后,从 19 世纪 90 年代开始,中国迎来了民族机器工业的创办高潮,大量人力、物力、财力投入其中,主要集中在一些原本就有一定生产基础、与国内外市场或百姓生活息息相关的行业,也给中国传统手工业带来了竞争压力。

第三章，晚清手工业的生产形态

本章从城乡手工业形态的多元共存、手工业技术与工艺的变化、晚清手工业中的合伙制三个方面，论述了晚清手工业的生产形态。

鸦片战争以后，中外贸易格局的转换、外国机制工业品的输入，以及近代大工业在中国的勃兴，逐渐形成一种中国传统手工业的异己力量。但是，手工业生产仍然是中国社会商品生产的主干。它不仅关系到广大农村的经济命脉，而且是中小城市经济生活的主要组成部分，在大城市以及对外贸易中也占据着极其重要的地位。同时，它又是中国社会经济结构中最为敏感的生产部门，随时在各种内外力量的作用下升降浮沉，分解转化，呈现出一幅幅斑驳多彩、纷繁杂乱的历史画面。

中国广大的农村地区依然主要是传统家庭手工业的生产模式，农民家庭手工业仍然是维持家庭生计的一个重要收入来源。在作为农民家庭副业的手工业生产形态之外，大致还存在着另外几种手工业的生产形态：一是城乡家庭手工作坊。手工作坊的产生，是家庭手工业者作为小商品生产者两极分化的必然结果。一些经营得法、有一定资金和技术的家庭手工业者，就会扩大经营规模，雇用其他手工业工人进行生产。二是商业资本支配下的家庭手工业。在这种家庭手工业经营中，手工业者不以出卖产品的形式，而以出卖劳动力的形式而存在。农民依靠自己的原料和设备，在家中生产手工业产品，卖给包买商，领取工资。有的商人也供给手工业者原料，让手工业者在家中生产成产品，然后收回并发给工资。三是工业资本控制下的家庭手工业。这种情况在近代中国资本主义比较发达的沿海省份及口岸城市和郊区比较流行。在这种手工业中，农村和城镇家庭手工业实际上成了近代资本主义机器工业的一个生产环节，手工业生产者从独立的商品生产者变成了资本主义机器工厂的雇佣工人，手工业者同工厂主之间的关系已经是工人同资本家的关系。

进入近代以后，传统手工业面临着同外国资本主义和民族机器工业的残酷竞争，同时市场进一步扩大，原料供应充足，因此，手工业者存在着破产失业与扩大生产的双重可能。但是，单个手工业者既无足够的流动资金购买大批原料，同时也缺乏跨区域销售的能力和经验，于是，一些积累了一定资本的商人对手工业生产和销售的介入逐步增多。为了在日益扩大的市场中满足客商对产品规格和数量的需求，部分商人开始向手工业者赊售原料，并规定以制品偿还赊欠，最后少数大商人直接向手工业者提供原料，然后收回成品，计件给以工资，于是大量城乡手工业者的独立性开始丧失，包买主制下的依附经营开始流行起来。

中国的传统手工行业经过漫长的发展，各地从事各种手工业生产的农户和工匠人数众多，他们年复一年地从事着同一种生产劳动，琢磨工艺技术，在制作技艺的掌握和产品质量的把控方面已经达到了相当的水准。晚清时期，国内外市场的扩大和需求的增加，以及国外先进技术设备的输入和启发，促进了一部分手工行业生产工具的改良，手工业逐渐实现了自身的技术演进。在与外国商品争夺国内外市场的刺激下，一些手工行业的工艺技术发生了诸多改变，它们在原有的传统手工业制作方式的基础上，顺应国内外市场的需求，改良生产技艺，改善产品质量，赢得了消费者的青睐，维持甚至扩大了某些中国手工业品的市场份额。

第四章，晚清手工业的演变

本章从鸦片战争后部分手工业的衰落、部分手工业的固守以及甲午战争后中国手工业的不同走向三个方面，描述和分析了晚清手工业演变的样貌。

从鸦片战争以后到中日甲午战争爆发之前的50多年时间里，随着中国被卷入世界资本主义市场体系的程度不断加深，以及进口和国产机制工业品的猛烈冲击和逐步蚕食，中国的传统手工业生产已经在发生着深刻的诸般变化，表现出种种复杂的情状。外国机制工业品的输入和中国机制工业品的生产，有一个不断累积和逐步扩散的过程，而与小农经济结合得异常紧密的中国手工业生产又在顽强地抗拒着机制工业品的进攻。于是，在这一时期，尽管中国传统手工业的地盘已经遭到不断侵袭和削弱，但是除了个别行业一经接触就一败涂地之外，大多数手工行业一时尚得以勉强维持不坠。

更为深刻、更为复杂的变化，发生在甲午战争之后。19世纪末20世纪初，世界资本主义从自由资本主义阶段进入垄断资本主义阶段，中国传统手工业面临着更加严峻的国际国内情势。随着国际商品竞争和资本竞争的加剧、社会生活习尚的日益趋新,传统手工行业的内在痼疾表现得越来越明显,已经不可能照旧维持下去了。中国各手工行业挣扎图存,力求发展,但由于各行业的生态环境和主观努力各不相同,所表现出来的具体过程和最后结局也就千差万别。综合起来分析,大致上可以归纳为三种不同的类型:一是在机制工业品竞争下趋于衰落的手工行业;二是向机器工业转化的手工行业;三是虽有一些变化但仍然运行于传统轨道的手工行业。

诸如此类适应着中国独特文化和中国人民生活习惯发展起来的传统手工行业,与进口洋货和国内机制工业品之间的相互替代率不同。有些行业的产品与国内外机制工业品之间的替代率较高,因而也就面临着剧烈的竞争,并在竞争之下或归于衰落,或被迫转型;有些行业的产品相对而言替代率比较低,竞争也要缓和一些,一般不太会受到进口洋货和国内机制工业品的倾轧或被取代,仍然有其特定的消费市场和消费人群;更有一些中国具有比较优势而又为国际市场所需要的手工产品,甚至还会由于对外贸易的刺激而兴盛起来,呈现出蓬勃发展的状态。

第五章,晚清时期的手工业政策与措施

本章主要考察了鸦片战争后清廷手工业政策的推行、甲午战争后清廷手工业政策的变化,以及这些手工业政策与措施带来的影响。

鸦片战争后社会经济条件的变化,促使与小农业密切结合的中国传统手工业发生了一系列重大的趋势性变化。为了弥补财政经费的不足,清廷想方设法扩大财政收入来源,在社会商品生产中占据主要地位的手工业成为稳定社会、发展经济、维持统治的主要利源之一,各级官府的手工业政策因之发生了引人注目的变化。中国地域辽阔,人口众多,生活必需品的需求和供应形成了沉重的压力。许多手工行业的产品为民众日常生活所不可或缺,对维持社会的正常运转至关重要,各级官府对这些行业的生存和发展大多采取支持的态度。

厘金制度原本是为镇压太平天国运动,清廷为了筹措军费而采取的临时变通措施。战争结束以后,各地方政府非但没有取消厘金制度,甚至愈收愈多,收税范围越来越广,严重扰乱了社会经济秩序。繁重的厘金和捐税严重阻碍了手工行业的发展,许多手工行业所雇人员不多,利润微薄,销路不广,再加上无处不在的捐税搜刮,手工业者顿感无力经营,从而导致手工业者破产,加剧了社会动荡。

甲午战争战败,引起朝野一片哗然,迫使清廷对其统治政策做出了一系列调整。在经济领域较为引人注目的是成立了商部、农工商部,并且制定了振兴工商的诸多法律法规,同时在各地开办大量工艺局、工艺学堂以培养手工艺技术人才,倡导组织手工行业参加国际赛会,等等。这是甲午战后清廷基本的经济政策,“恤商惠工”成为贯穿清末的经济政策的目标与导向。这种政策上的变化所带来的影响是深远的,对民间投资工商业的活动是有倡导、激励作用的,传统手工行业的存续、发展和转型迎来了相对较好的时机。

第六章,晚清手工业与机器工业的关系

本章从夹缝中生存的晚清手工业、外国机制工业品与晚清手工业,以及手工业与民族机器工业的竞争和互补三个方面,考察了晚清手工业与机器工业的关系。

晚清时期,尽管中外贸易格局发生转换、外国机制工业品输入,以及近代大工业在中国兴起,使中国传统手工业面临着严重打击,但是手工业生产仍然是中国社会商品生产的主干。它不仅关系到广大农村的经济命脉,而且是中小城市经济生活的主要组成部分,在大城市以及对外贸易中也占据着极其重要的地位。同时,它又是中国社会经济结构中最为敏感的生产部门,随时在各种内外力量的作用下抑扬起伏,或主动或被动地加以应对,各种类型手工业的命运不尽相同。

来自外部的资本主义不断冲击中国市场,中国经济被卷入世界资本主义的市场体系之中,使中国传统的自然经济、传统的手工业发展轨迹产生偏移。但是,外国资本既然破坏了传统中国的社会经济,冲击了原来建立在自然经济基础上的手工业,在某种程度上也就必然促进了中国自然经济的解体,促进了中国民族机器工业的发展,从而促成中国的传统手工业或多或少地发生了若干近代性的变迁。晚清时期的近代手工业,就是指这种已经在市场、经营、劳动、技术、产品等方面发生了若干近代性变迁的手工业。从总体上看，近代手工业与近代机器工业既有竞争，也有互补。

新式工业出现以后，各种手工业所遭逢打击的严重程度并不一样，农民和手工业者势必进行调整，按照此时各种手工行业新的相对成本及相对利益，选择最合适的生产对象。在这种调整过程中，有些手工业迅速没落，有些手工业反而较前兴盛，还有些手工业从无到有，迅速崛起。一些手工业受到了冲击，但在市场上尚有竞争力。不同区域、不同行业之间和同一地区、同一行业内部近代机器工业与传统手工生产共生并存的状态的各种表现，反映了近代中国社会经济结构的斑驳多彩、纷繁杂乱。

中国以往并无大规模的机器工业，主要是在鸦片战争后从外国资本主义国家移植和发展起来的。随着时间的推移，它在社会经济结构中扮演着越来越显要的角色，但是手工业生产的重要性却丝毫没有减少。此时的手工业生产，在中国工业生产中的地位，不仅当然是举足轻重的，而且仍然是首屈一指的。在工业制造业产值中，手工制造业仍远远超过机器制造业。在对外贸易中，手工业也一直占据着显著的地位。可以说，在这一时期乃至此后相当长的一段时间里，手工业生产是中国商品生产的主要承担者，在社会经济中占有着远远超过近代机器工业的重要地位。

晚清时期的手工业与机器工业之间是存在着竞争的，但竞争的双方不止于中国手工业和民族工业，它们还有一个共同的竞争对手——外国进口商品和外资工厂的产品。大多数手工行业不存在与近代工业的竞争关系，少数与近代工业发生市场竞争的手工行业，比如手工棉织业，在与近代民族工业竞争的同时，双方还存在互补关系，并共同与外国机制工业品展开竞争。由此可见，晚清时期的手工业商品生产，在市场问题上，对民族工业的发展既有竞争、对抗的一面，也有相互依存、相互促进的一面，而依存、促进是主要的，竞争、对抗则是次要的。除部分跨层次存在的“两栖”行业可能产生冲突外，其他行业或因手工业无法生产而为机器工业所专有，或仅有手工制造而补机器生产之所无，它们之间不发生竞争，而是形成结构性互补。

第七章,晚清手工业与社会经济的关系

本章主要从手工业与区域经济的整合、手工业与晚清社会生活的关系,以及手工业与商业、金融业的关系等方面,考察了手工业对晚清时期社会经济的深度影响。

晚清时期,民族机器工业和大规模工厂制生产模式虽然有所发展,但在社会经济结构中所占比重尚小,占中国社会经济绝大部分的仍是广泛的农业和手工业经济,因此手工行业的兴衰与国计民生关系极为密切,对于晚清时期社会经济影响极其深刻。

手工行业是区域经济的重要组成部分。由于近代大工业尚不发达,农业和手工业支撑起区域经济的大部分内容。晚清时期,中国的经济被迫卷入世界经济发展的轨道,与国外资本市场联系日趋紧密。这一时期,有越来越多的手工行业开始专门生产销往海外市场的商品,外向型手工行业开始兴起。商品经济发展越发迅速的同时,各行各业之间的联系越发紧密,手工行业和一些行业之间形成一荣俱荣、一衰俱衰的局面,对地区间的区域经济影响甚大。

晚清时期,中国许多手工行业所生产的商品越来越广泛地和国际市场产生联系,卷入了世界经济的浪潮。随着对外贸易的增长和扩大,中国与外国的商品交流愈加频繁,外向型手工业开始兴起。国际市场的需求,带动了相关手工行业的发展。一些手工行业或多或少在国外拥有销售市场,甚至出现了一些所产商品专门供应国外市场的手工行业。

在这一社会生活发生巨大变革的动荡时期,中国各种手工行业在以往一家一户男耕女织的基础上发生了一定的变化,更多的手工行业与商业、金融业的联系日趋紧密,手工行业所生产出来的商品需要依靠商人的贩运,而金融行业则为手工业的生产经营提供了资金。一些手工行业要想扩大生产和经营,常常需要求助于金融行业和商业组织,遂使手工业与商业、金融业之间的联系愈加密切。

在这一时期,琳琅满目、门类众多的手工行业,是各地区社会经济生活的重要组成部分。从事手工业劳动的人员众多,有的从事传统的家庭手工业生产,有的农闲时到附近城镇兼营手工劳动,也有的来到了繁华都市如上海、武汉、广州等地从事专业生产。手工业劳动作为民众家庭收入的重要来源之一,成为一般农家和城镇手工业者家庭赖以生存的依托所在。各手工行业生产出来的商品在各地城乡有着广阔的市场,为普通消费者日常生活所不可或缺。

第八章,晚清社会经济中的手工业者

本章从手工业中的学徒制度、兼业的农民手工业者和城镇手工业者的分化三个方面,论述晚清社会经济中手工业者的生存状态。

中国传统手工业生产的一个显著特点是普遍使用学徒。鸦片战争以后,由于行会的约束力削弱,行规松弛,放宽了使用学徒的数量限制,这一现象更为突出。晚清时期的手工业学徒是一个以习艺为目的而为雇主提供劳动服务的社会类属阶层。作为一个职业阶层,学徒在劳动分工中充当着重要角色,虽然没有工资收入,但能寄食于师傅或雇主处。对于近代中国千千万万个贫困家庭来说,学徒就是一个赖以谋生的职业;对于师傅和雇主,学徒则是一个可以榨取超额利润的职业对象。尽管在晚清中国的许多场合,手工行业里的帮工和徒弟仍然是作为师傅的"长工"出现,中世纪家长制的人身关系依旧在现行的劳动条件中存留,前资本主义的种种惯习依然在雇主和雇工之间产生影响,但是,资本主义关系毕竟正在不断生长,传统宗法制度已经处于逐渐瓦解的过程之中。随着中国资本主义生产方式的发展和传统行会手工业的日益解体,这种带有前资本主义特征的师傅与学徒、帮工之间的关系已经在逐渐发生变化。这也是世界上资本主义各国发展过程中所经历的共同现象。

在欧洲的资本主义先进国家,行会手工业解体经历的过程相对较长,资本主义近代工业又得到了比较充分的发展,分化出来的手工业劳动者逐步无产阶级化,成为近代机器工厂或手工工场中的雇佣工人。相比较而言,中国的手工业劳动者则没有这样的运气。近代中国手工业生产所面临的,是来自欧美国家和近邻日本以及国内近代机器大工业的廉价机制工业品的猛烈冲击,手工业生产遭受冲击的程度尤其严重,而近代工业的发展又很不充分,大量的手工业者和破产农民被抛出了传统手工业生产的过程，却又得不到转化成为近代工业或资本主义农业的雇佣劳动者的机会，等待着他们的只能是极端贫困化的悲惨命运。手工业劳动者的生产生活状况，要比大工业工厂的工人还差，他们的劳动时间更长，工资收入更低，只能用来维持最低限度的生存。

晚清时期中国手工业者的分化和行会手工业的解体，商业资本的侵蚀无疑是一个主要因素，包买主制经营则显然是一个必经阶段。在晚清时期的手工业生产经营方式中，包买主制度是极为重要的一种。书中选取江南丝织业“账房”作为典型，剖析了包买主制企业组织的内部结构和经营方式。在这一时期，商业资本广泛地进入生产领域，几乎在各种手工行业中，都能够看到包买商们忙碌的身影。在当时的社会经济条件下，这种经营方式似乎具有非同寻常的生存能力和竞争能力。在当时的生产条件和市场环境下，包买主式的生产经营方式确实体现和建立了一定的竞争优势。各种手工行业不约而同地共同选择“散工制”的生产经营方式，很明显不是偶然的、随意的，而是经过了精明的算计，同时也是与晚清中国的基本国情相一致的。这种资本主义性质的分散的家庭劳动，使工商业经营者得以实现劳动条件上的资本主义节省，并且可以更加广泛地控制和利用城乡个体小生产者的廉价劳动力，对资本家来说，实乃一种更合算、更有利可图的组织生产和经营的方式。

晚清以来，中国手工业的绝大多数行业都已经出现了包买主制经营的现象，并且它在许多行业中已经成为最为重要的生产经营方式。这成为瓦解手工业行会制度，滋生资本主义生产关系的一种强有力的催化剂。在晚清时期的中国，商业资本对手工业生产过程的渗透和控制，对于手工业者的分化、行会手工业的解体、新型手工业的产生以及某些手工业的转型来说，可能更是起到了潜移默化、釜底抽薪的作用，应当格外引起我们的重视。

第九章，晚清手工业中的行会制度

本章从手工业行会的演进、手工业行会的功能与作用，以及手工业行会性能的转变等三个方面，考察了晚清手工业行会生存的实际状态及功能的传承与转化。

中国的传统手工行业历史悠久，随之而生的手工业行会组织同样源远流长。行会组织是一种业缘性的工商业者团体，旨在维护同业人士的经营权益。在明朝中期以后，中国的手工业行会已经发展完备，分工细密，覆盖面广，有一整套成熟的程序与机制，行会内部人员的生产经营得以规范。各手工业行会承担着与官府对接差务、制定行业条规、处理行业内部纠纷、兴办公益事业等功能。

鸦片战争后，随着中国经济、政治领域新变化，行会制度不断受到冲击与挑战。社会动荡，人心思变，手工业行会想继续依靠已有的条规来规范市场经营、规范手工业者的行为已成效不大。市场相对扩大，竞争也随之越发激烈，市场竞争的加剧势必冲击行会组织，而行会组织的松弛又反过来促进着市场竞争的增长。太平天国战争时期，各地工商业行会原有的行规，大多无形“废弛”，致使“买卖紊乱”，失去了先前的约束力，更加起着助长行业竞争的作用，手工业行会遭遇了重大危机。太平天国战争后很多地方的手工业行会重新建立组织，制定行规，期待“同人务宜恪守，永远遵行”。然而，传统手工业行会的行规不能适应时代的潮流，逐渐成为行业发展的桎梏，行会内部的矛盾和冲突日趋尖锐，破坏行规的现象与日俱增，虽然各地行会企图依靠官府，用政治权力来“重整”“重申”行规，把已经逾越范围的手工业劳动者重新纳入用传统行规规范的轨道，但对于阻挠同业间的竞争，防范资本的渗透，限制劳动力的自由买卖，消除内部的矛盾和冲突，已经越来越显得力不从心。

晚清时期，随着社会经济政治的发展，传统行会制度也在不断演进，性质与职能逐渐发生着相应的改变。清末新政时期，在制定商业法规的过程中，各地纷纷成立商会组织，各地的手工业行会开始逐渐向近代商会转化。手工业行会的制度变迁是内力与外力相结合的产物，是自上而下的强制性变迁与自下而上的内在性变迁两种方式交织的结果。资本主义生产关系的成长与新兴工商业的发展对手工业行业组织提出了新的制度要求，传统行会开始了内在性变迁，组织形态缓慢趋新，经历了从传统会馆、公所、行帮到同业公会的形态变迁，同时，内部功能取向也在逐渐转变，形成一种比较有利于行业发展的非正式制度安排。这表明传统的行会制度为了适应形势的变化，力图有所改革和振作,以求跟上时代前进的步伐。

但是,晚清时期手工业行会的制度变迁在行业上与地区上表现出很大的差异性与不平衡性,许多地区的手工业行会仍然力图信守传统的行为规范,承袭着各种限制竞争的职责和功能。时至清末,即便一些手工业行会已经置身于新型商会组织之中,但仍然在形式和内容上都保留着浓厚的陈旧习性。

第十章,晚清手工业经济的地位和作用

本章主要从手工业经济在国民经济中的地位、手工业收入对民众生存的意义、手工业与人口就业、手工业与社会经济生活变革以及手工业与商品经济发展等方面,论述了晚清时期手工业经济的地位和作用。

中国的手工行业门类众多,发展完备,生产技术成熟,不仅为广大民众提供了安身立命之所,本身也在工艺技术上达到了高峰。晚清时期,在现代机器工业刚刚诞生、尚未发育成熟之际,手工业经济成为中国社会主要的商品来源,同时和农业经济一起构成了中国经济的主要支柱。此时的手工业生产,在中国工业生产中的地位,不仅当然是举足轻重的,而且仍然是首屈一指的。

从手工业经济在国民经济中的地位看,晚清时期,内忧外患,战乱频仍,社会生活动荡不安,政府财政支出举步维艰,封建统治体系濒于崩溃,传统社会经济随之开始了艰难的近代转型。在这一转型过程当中,尽管中国社会经济由于大量外来因素的进入而呈现出拼盘化的格局,尽管中国社会传统的生产形态、生活观念、行为习惯以及交往方式都发生了巨大的改变,但手工业生产的重要性却丝毫没有减少。伴随着传统农业经济所承续、发展起来的手工业,包括相当于家内副业的农民家庭手工业、从事小商品生产的城镇独立手工业,以及资本主义性质的工场手工业和包买主制手工业,即使出现比重稍有下降的趋势,但依然占据着至关重要的经济地位,成为国计民生得以维系的不可一日或缺的关键组成部分。

晚清时期,中国社会经济发展运行的内外环境发生了巨大改变,机器工业刚刚产生,能够提供的商品品种和数量有限,无法满足广大的市场需求。在沿海通商口岸城市及附近地区,消费外国商品比较频繁,但这并不能代表中国的整体消费。在这样的宏观环境下,手工业的存在和发展具有中流砥柱般的作用和影响。中国地域辽阔,人口众多,广大内地城镇和乡村民众的衣食住行等日常消费所需的商品,仍然依赖于手工行业的生产和贸易。即便是在沿海地区,普通群众衣食住行之需绝大部分仍然由手工行业解决。包罗万象的手工行业所生产的琳琅满目的商品,大多是国内人民群众的生活必需品,有的手工行业所生产出来的商品如茶叶、丝绸、草帽辫等,还获得了广泛的海外市场,在满足民众需求、稳定经济社会、弥补国际收支等各个方面都发挥着不可或缺的功效。中国具有丰富的手工业资源、精湛的手工业技艺,以及广阔的手工业产品市场需求,这一切都为中国城乡的手工业产销提供了可能和便利,在这样的社会环境下,手工业的存续和发展是必然的,也是必要的。

从手工业收入对于民众生存的意义来看,晚清时期,手工行业是大部分城乡普通家庭的主要经济来源之一,很多农民家庭在进行农业生产的同时,也从事着某种手工业的生产,两者互为补充,缺一不可。在以农业生产为主,以市场导向为目的的家庭手工业生产为辅的经营模式中,农业与手工业仍然在家庭内部结合着,但手工业生产的目的已经是满足市场的需求。这种模式在鸦片战争前就已经存在,但进入晚清时期以来,发展得更为普遍与广泛。由于土地被地主占有、农业生产力低下、农业经营规模狭小、农业生产季节性强等原因,单纯的农业劳动已经不能维持农民家庭的生活开支,农民除了土地耕作,还必须从事一种或数种家庭手工业生产。晚清时期在内忧外患、天灾人祸的种种重压之下,农村的生产与生活之所以能够勉强维持下去,显然正是由于这种家庭手工业的存在。近代家庭手工业弥补了农民家庭的开支不足,对农村社会再生产的进行,对农民生产和生活的安定,起了重要的保障作用。在闲暇时间从事手工业,既不影响农业生产,还可以贴补家用,成为农民家庭唯一合理的选择。

手工业经济发展对晚清时期民众生产生活方式的转变也起到了一定的推动作用。值得注意的是,女性劳动者进入城市手工业生产领域的人数增长,成为这一时期引人瞩目的社会现象之一。各地招收女工学习手工业技术,从事手工业生产,城市里出现了专门适应女性劳动者的手工工场。从追求经济效益和增加家庭收入的角度来考虑,走出家门进入各类手工工场或手工作坊工作的妇女越来越多,旧式的妇女缠足陋习显然不能适应社会经济发展的要求而遭到抛弃,这不仅为未来中国工业化的发展准备了新的劳动力来源,对于中国妇女的解放事业也起到了促进作用。

本书的写作过程,实际上是一个不断割舍的过程。在区区数十万字的有限篇幅里,根本不可能对晚清手工业的复杂情态一一备叙,因此不得不做出必要的取舍。这些取舍涉及文献资料、中心内容和整体设计等各个方面。概而言之,在论述对象上,晚清中国手工业地域广泛,门类众多,全景扫描各地各业实在力有不逮,因此在尽可能照顾到较多地区和行业的基础上,对有些地区和有些行业给予了较多关注,原因在于:这些地区和行业或是面广量大,与民众生活息息相关;或是地位显赫,对国计民生影响甚巨;或是形态独特,带有浓厚的地方色彩;或是研究尚不充分,急需给予更多关注。总之,主要是考虑到它们的重要程度和典型意义,力求由此能够尽量全面而又比较集中地反映出晚清手工业发展的不同类型和多种形态。

晚清中国手工业的发展历程,与中华民族的自我发现和反省有着惊人的契合。对于国人来说,这是一段既可以缅怀昔日荣光与辉煌,又充满不堪回首的苦痛与悲伤的历史。它令人扼腕,又发人深思。系统考察、真实描述、深刻反思这段逝去的往事,就是本书的目的所在。虽然不敢就此认为已经全面准确地把握了自己的研究对象,但毕竟在解释的框架、材料、角度、观念等方面尽可能地作了一些有益的尝试,则是差可自慰的。我们衷心期待各位学界同人的批评指正,以求共同把晚清手工业史的研究推向前进。

第一章
清代前期的手工业

清朝是中国历史上的最后一个王朝。清代前期的中国，社会生产力和商品经济的发展都达到了中国传统社会前所未有的高度。尤其是“康乾盛世”时期，疆域的扩大，人口的增加，农业和手工业的发展，城乡商品经济的繁荣，交通的建设和城市的兴盛，以及财税制度、租佃制度等方面，与之前的朝代相比均有所超越。

经历了明末清初的战乱之后，中国社会进入和平发展的新时期，社会安定，人民的生产生活条件有所改善，人口大量增加。清前期的手工业得到较快恢复，并在其后 200 多年时间内，得到了长足的发展。农业生产的发展特别是各种经济作物的扩大，为手工业提供了充裕的原料；农村手工业的发展又对农业生产提出了新的需求，要求农业供应更多的原料，种植更多的经济作物。由于从事手工行业获利比单纯从事农业生产要大，刺激更多的农户家庭从事手工业产品的生产和销售，从而密切了农业、手工业和市场的联系，促进了农产品的商品化和商业型农业、商业型手工业的发展。这一时期，清廷的政策对手工业的发展比较有利，官营手工业的规模较之明代有所缩减，管控体制较之明代显得包容，这就在客观上拓宽或扩大了民间手工业的发展空间。在这样的情况下，城市独立手工业也表现出不同于之前朝代的面貌。

第一节　清前期手工业的主要行业与分布

中国的传统手工行业，五花八门，应有尽有，大体上包括以下几十种：棉纺、棉织、缫丝、丝织、麻织、毛织、编织、刺绣、衣帽、制鞋、踹布、制糖、染坊、抽纱、发网、榨油、磨粉、酿酒、制烟、制糖、制茶、淀粉、制蛋、点心、酱料、土烟、肠衣、猪鬃、胰皂、蜡烛、靛青、制漆、玻璃、五金、造纸、金箔、雕琢器、陶瓷、制扇、制伞、砖瓦、草席、木工、瓦匠、井盐、木版印刷、工艺美术，以及其他种种杂手工业。这些手工业中，有些是全国性的，有些只在某些地区存在；有些是长期延续的，有些则只在短时间内出现；有些对国计民生的影响至巨，有些则只是因应着人们某些生活方式的需求。[①]

清代前期，全国各地手工行业的发展主要受到原料供应和商品运输条件的制约。各地区的手工业发展各不相同，基本上是属于因地制宜的自然发展状态。江南地区农户广泛种桑、缫丝织绸，因此丝绸业较为发达；东北、山东等地大豆产量较高，因此榨油行业比较兴旺；两广一带甘蔗种植面积大，因而制糖业从业人员较多；福建、云南等地茶叶出产远近闻名，茶山茶园数量较多，制茶业较为发达；四川有井盐矿，因此以井盐业闻名；而沿海各省份就地取材，海盐业最为红火。

一、面广量大的棉纺织业

中国传统的手工行业大多与人民群众的日常生活息息相关，与农业生产活动休戚与共。19 世纪中期，中国步入近代社会时是一个自给自足的庞大经济体，这个经济体的中心支柱是结合了衣食两种生产劳动的小农经济。穿衣吃饭是人民群众最为基本的物质生活需求，满足此种需求以及与之相关需求的手工行业也就理所当然地扮演着不可或缺的角色。依其在国计民生和社会生活中的重要性而言，首屈一指的当属棉纺织手工业。

---

① 中国传统手工业种类繁多，体系庞大，从业人员众多，分布广泛。在近代以前，中国的地方志很少有具体的统计数据，因此很难就某一具体行业统计出具体的数字。

1. 棉纺织手工业广泛存在的诸般基础

棉纺织手工业在中国广泛传布,具有适宜的自然基础和社会基础。从自然条件看,世界植棉业主要集中在自南纬25度至北纬42度30分的区域,在这一区域,各地均有植棉业存在,不过种收季节各随地域差异而已。[①] 中国地处北纬18度到53度,多在植棉适宜区内,除了东南部一些地区高热多雨及西北一些地区干旱酷寒之外,多少都可植棉。理想的植棉地区分布于黄河、长江和淮河中下流域,而这里正是中国的经济重心所在,集中居住着中国的绝大部分人口。

自宋元之际棉种由域外传入中国腹地,逐渐形成两大植棉区域。长城以南,淮河秦岭以北,可称为华北棉区。黄土高原与各河流域的冲积平原不失为优良的棉田,棉花产地在这里分布很广,收获也很丰富。淮河秦岭以南,东起江浙沿海,中经鄱阳湖和洞庭湖流域,构成华中棉区。这里的气温和雨量适于棉作物生长,是理想的植棉区域。在实践中,中国人民认识到了棉花作物及其简单加工技术的优越特性,"比之蚕桑,无采养之劳,有必收之效;埒之枲苎,免绩缉之工,得御寒之益,可谓不麻而布,不茧而絮"[②]。

中国小农经济体的最顽强基础和最具体表现,便是衣食两种生产劳动的结合。同时,历代君主及官僚机构也很清楚地认识到自给自足的小农经济乃是王朝统治的坚实基础,秉持"一夫不耕,或受之饥;一女不织,或受之寒"的原则,努力推行所谓"劝农"政策,要求每一农家都既耕且织。棉种传入中国后,王朝统治者们把这套督励人民勤事蚕桑的"劝农"政策应用到植棉纺织事业上来。[③] 明清两代,上自总督、巡抚,下至知州、知县,无论执掌民政的布政使还是执掌军政的兵备道,人人均可督励纺织,其地域遍及江苏、浙江、福建、陕西、山西、湖南、湖北、河南、河北、江西、云南、贵州十余省[④],这就不能不对

---

① International Institute of Agriculture: The Cotton Growing Countries, Present and Potential, London, 1926, PP. XXIV-XXVII.

② 王祯:《王祯农书》卷25。

③ 元朝大德四年(1300),王祯任江西永丰县尹,"买桑苗及木棉子导民分艺",或可谓地方官员提倡植棉纺织的第一人。此后,地方官员督策人民植棉纺织的记载,代不绝书。

④ 参见严中平:《明清两代地方官倡导纺织业示例》,《东方杂志》第42卷第8号。

中国植棉纺织各业的广泛传布和持续发展产生一定的推动作用。

此外,还需注意到棉纺织业遍及中国多数农家的技术基础。中国棉纺织业兴起后,使用的织造机具与丝麻两业中沿袭已久的织机大同小异,原棉的加工器具则有所创制。严中平《中国棉纺织史稿》中概述了中国原棉加工器具和工序的演变过程。首先,是去籽和弹松。去籽,“初无踏车椎弓之制,率用手剥去籽,线弦竹弧,置案间振掉成剂,厥工甚艰”①。后来改用“铁杖一条,长二尺,粗如指,两端渐细,如擀饼杖样;用梨木板长三尺,阔五寸,厚二寸,做成床子逐旋;取棉子置于板上,用铁杖旋转赶出子粒,即为净棉”②。大约在 14 世纪上半期,出现了搅车(即原始的轧车),“昔用碾轴,今用搅车,尤便。……比用碾轴,功利数倍”,“木棉虽多,今用此法,即去籽得棉”,“不致积滞”。③ 到明朝末年,出现了新型单人轧车,“今之搅车以一人当三人矣。所见句容式,一人可当四人;太仓式,两人可当八人”④。地处苏南的太仓,乃植棉纺织兴盛之区,“他处用碾轴,或搅车,惟太仓式一人当四人”,“一人日可轧百十斤,得净花三之一”。⑤ 中国轧车进步到太仓式便停滞下来,不再有所改进了。到鸦片战争前,轧棉仍是农村副业,分散在广大农户中进行。所用的轧棉工具是木制的轧车,有手摇和脚踏之分。其中流行较广的是太仓式,其形如一只小桌子,有上下轧辊两根,利用了辗轴、曲柄、杆、飞轮等机构。它是手脚并用的,使用时,一人坐在机前,右手执曲柄,左脚踏动小板,则圆木作势,两辊自轧,左手喂干花于轴,一日可轧籽棉 110 斤,得净花 30 多斤。木制轧车,乡村普通木工都能制造,价格低廉,植棉农户多备有此车,自行轧棉。⑥

原棉加工的第二个步骤是弹松。最原始的弹松方法是以小型竹弓用指拨弹,后为大弓椎击法所取代。明朝末年演进为“以木为弓,腊丝为弦”⑦。到

① 陶宗仪:《南村辍耕录》卷 24《黄道婆》。
② 《农桑辑要》卷 2。
③ 王祯:《王祯农书》卷 25。
④ 徐光启:《农政全书》卷 35。
⑤ 《古今图书集成》卷 218《考工典》,引《太仓州志》。
⑥ 赵文榜:《中国近代轧棉业的发展》,《中国纺织大学学报》1994 年第 3 期。
⑦ 徐光启:《农政全书》卷 35。

清朝道光年间,弓弦改以羊肠为之,“弹花必坐,其座如椅而矮,几及地,名弹花凳。凳之背贯以竹竿,如钓鱼者而曲,竿之极处悬绳,绳下著弓,以左手执弓,右手持槌击之,棉着弓而起,轻如柳絮”[①]。

再来看看并条与纺纱。并条为纺纱的准备工序,是把棉花制成管状棉条,以供纺纱所需。在清前期,这项工作大多使用一根粗细适宜的短棍,或用竹竿,或用高粱秆。纺纱工具则相对复杂得多。最简单者是手摇一锭纺车,一般工作 10 小时可出 4 两纱,至少需要 3 人同时纺纱,才能供给 1 台投梭织机的消费。[②] 到了清代,在中国棉纺织业繁盛的地区,已有使用三锭纺车的,特别熟练的女工,则进为四锭,“善纺者能四繀,三繀为常,两繀为下”[③]。松江府甚至出现了由手力改为足力发动的纺机。纺车“以木为之,有背有足,首置木铤三形,锐而长,刻木为承。其末以皮弦襻连一轮上,复以横木,名踏条者,置轮之窍中,将两足抑扬运之。取向所成条子,粘于旧缕,随手牵引,如缫茧丝,皆绕铤而积,是名棉纱”[④]。松江人张春华记载:“纺纱他处皆有,然以巨轮手运,只出一纱;足车出三纱,惟吾乡倡有之。”[⑤]但是,中国单人纺车的改良,始终没有将棉纱的牵伸工作由人手转移到机械上去,而足踏四锭纺车可说是手工技术的顶点了。[⑥] 从全国来看,到 19 世纪国外机制棉纱开始输入之时,中国大多数地区所用的纺车仍以最简单的一锭纺车最为普遍。

表 1-1 足踏三锭纺车每日产纱量 单位:两

	上等女工	中等女工	下等女工	平均
最上等纱	7.00	6.00	不能纺	—
上等纱	8.00	6.50	不能纺	—
中等纱	9.00	7.50	5.50	7.33

① 张春华:《沪城岁事衢歌》,道光十九年(1839)。

② 参见张世文:《定县农村工业调查》,四川民族出版社 1991 年版,第 389—390 页。

③ 张春华:《沪城岁事衢歌》,道光十九年(1839)。

④ [清]宋如林等修,莫晋、孙星衍纂:《松江府志》卷 6《疆域志·物产》,清嘉庆二十四年(1819)刻本。

⑤ 张春华:《沪城岁事衢歌》,道光十九年(1839)。

⑥ 严中平:《中国棉纺织史稿》,科学出版社 1963 年版,第 11 页。

续表

	上等女工	中等女工	下等女工	平均
下等纱	11.00	9.00	7.50	9.17
平均	8.75	7.25	—	—

资料来源:原据光绪二十六年(1900)《东西商报》译日本《时事新报》《中国纺织物情形》,商50,第11页。转引自严中平:《中国棉纺织史稿》,科学出版社1963年版,第12页。

至于织布机,多是采用传统丝织麻织所用之投梭织机,亦有使用构造复杂之提花织机织造提花棉布的,但在整个棉纺织业中地位无足轻重。投梭织机的构造已能完成开口、投梭、打纬、移综、放经、卷布等项动作,但"六项运动,间杂而作,费时久而成布少,费力大而组织不均,忽此忽彼,手足并用,既未能充分利用机械之利,劳动者遂极易疲劳。生产效率方面,即熟练织工,每日亦不过成布10码左右"①。又由于双手投接织梭的臂长所限,所织棉布的幅宽一般仅在一尺左右。

生产工具的简陋,使其制造和操作都不是什么难事,成本也极低廉,即便小农家庭也有可能每家置备一套,用来经营棉纺织生产。同时,劳动者的技能也容易养成,耳濡目染的农家女子,自幼练习纺纱,长大亦会织布,出嫁之前都要学会纺织的基本技能,并且终身从事这项劳作。棉纺织业生产技术的传播由此愈推愈广,"织机,十室必有","棉布,寸土皆有"。②

凡此种种,构成了棉纺织手工业生产遍及中国多数农家的技术基础。加上历代政府近乎强迫农民家家机杼的"劝农"政策,一些精明强干的地方官吏,为使"人得其利,郡以殷富",也把发展棉纺织生产作为济世富民的重要措施来加以提倡和鼓励,遂使棉纺织业"成为中国人民仅次于农业的最重要最广泛的生产劳动"③。早在15世纪末就有人说过:植棉纺织"遍布天下,地无南北皆宜之,人无贫富皆赖之,其利视丝枲盖百倍焉"④。到清代,更是"民间

① 严中平:《中国棉纺织史稿》,科学出版社1963年版,第12页。
② 宋应星:《天工开物·自序》。
③ 严中平:《中国棉纺织史稿》,科学出版社1963年版,第14页。
④ 邱浚:《大学衍义补》卷22。

于秋成之后,家家纺织,赖此营生,上完国课,下养老幼”①。东南沿海的温州府玉环厅,“棉花,种植者多,借以为布”②。中原腹地的河南怀庆府孟县,“男耕女织,勤于本业”③。长江中游的湖北监利“居民多业织布”④。浙江山区的金华府永康县,“农亩之外,多养蚕织绢、种花织布”⑤。

2. 棉纺织手工业的集中产区

清代前期,在江南这一全国性的棉纺织手工业中心之外,又兴起了华北平原和两湖地区这两个棉纺织手工业的次中心。⑥ 这一格局到清代中叶大致形成。

江南地区在明中叶后即已成为中国棉纺织手工业的产销中心。进入清代,这里的棉纺织业继续发展,显现出全盛状态,相关记载在各地地方志中俯拾皆是。史料称:“松江并太仓、通州、海门、崇明等处地皆沙土,民间种植木棉极为充足,价值亦平。”⑦江苏长洲县“产木棉花甚少,而纺之为纱,织之为布,家户习为恒产。不止乡落,虽城中亦然”⑧。苏州府产棉无多,却出产多种棉布,有“飞花布、缣丝布、斜纹布、麻布、草布,以上皆出苏郡”。吴地棉布时有“衣被四方”之誉。⑨ 太仓州嘉定县出产“棉花,色有紫、白,种有早、晚,以供纺织,且资远贩,公私赖之。标布,紫、白二色,比户织作,昼夜不辍,暮成匹

① 《文献丛编》第32辑,《康熙三十四年九月苏州织造李煦请预为采办青蓝布匹折》。

② [清]杜冠英、胥寿荣修,吕鸿焘纂:《玉环厅志》卷1《舆地志·物产》,清光绪六年(1880)刻本。

③ [清]布颜、杜宗修,洪亮吉纂:《新修怀庆府志》卷3《舆地志·风俗》,清乾隆五十四年(1789)刻本。

④ 同治《监利县志》,同治十一年(1872)。

⑤ [清]沈藻修,朱谨等纂:《永康县志》卷6《风俗》,清康熙三十七年(1698)刻本。

⑥ 徐建青认为,清前期北方棉纺织业发展起来,成为仅次于江浙地区的又一棉纺织业集中区,尤以冀、鲁、豫诸省为盛。方行等则认为,明代湖北是仅次于长江三角洲的棉产区,清代前期湖北棉纺织业发展迅速,出产棉布之多仅次于长江三角洲。参见方行、经君健、魏金玉主编:《中国经济通史·清代经济卷》上册,经济日报出版社2000年版,第410—412页、561页。两者观点虽有差异,但可知华北平原和两湖地区比翼齐飞,到清代中叶已经形成大致相当的棉布生产和输出能力。

⑦ 张利民等:《近代环渤海地区经济与社会研究》,天津社会科学院出版社2003年版,第34页。

⑧ [民国]《吴县志》卷51,引康熙《长洲志》。

⑨ [清]尹继善等修,黄之隽等纂:《江南通志》卷86《食货志·物产》,清乾隆元年(1736)刻本。

布，晨易钱米，以资日用”①。乾隆年间的松江府娄县，“元元贞间，有黄道婆者，自崖州来，居乌泥泾，始教制捍弹纺织之具。今所在习之，远近贩鬻，郡人赖以为业。其出邑之尤墩者，质无细，幅稍润者，名九寸布，余又有紫花、兼丝等，名目甚多”②。松江府的土布远近闻名，“布，松郡邑皆能织，出纱冈车墩者，幅阔三尺余，紧细若绸。东门外双庙桥，有丁氏者，弹棉纯熟，花皆飞起，收以织布，尤为精软，号丁娘子布，一名飞花布。又有斜纹布”③。“女子庄洁自好，无登山、入庙等事，井臼之余，刺绣皆蓄，靡不精好。至于乡村纺织，尤尚精致，农暇之时，所出布匹日以万计。以织助耕，女红有力焉。”④时人感慨道：“木棉梭布，东南杼轴之利甲天下。松太钱漕不误，全仗棉布。”⑤与松江相比，上海的土布更是盛极一时，“松、太所产，率为天下甲；而吾沪所产，又甲于松、太”⑥。乾隆时上海“布有小布、稀布。……其行远者为标布，关陕及山左诸省，设局于邑广收之，为坐庄”⑦。江南棉布的北销，明代多经由运河，清代改由海路北上。自乾隆中叶刘河口淤塞，北行沙船多汇集于上海，故有“沙船之集上海，实缘布市”之说。⑧

鸦片战争刚刚结束后的1844年，一个英国人记下了他在上海近郊的所见所闻：

> 各小农户，各乡居人家，都保留他自家田地所产棉花的一部分以备家用。妇女家居，清之纺之，织之成布。我国古时所习见而今日已被机器所代替的纺车和小手织机，遍布此地各乡村，随处可见。此等织机，都

① ［清］陆立编：《真如里志》第1卷《物产》，清乾隆三十七年（1772）刻本。
② ［清］谢庭董修，陆锡熊等纂：《娄县志》卷11《食货志·服用之属》，清乾隆五十三年（1788）刻本。
③ ［清］尹继善等修，黄之隽等纂：《江南通志》卷86《食货志·物产》，清乾隆元年（1736）刻本。
④ 李文治编：《中国近代农业史资料》第1辑（1840—1911），科学出版社2016年版，第101页。
⑤ 包世臣：《齐民四术》卷1，《致前大司马许太常书》。
⑥ 佚名：《上海县新建黄婆专祠碑》，见上海博物馆图书资料室编《上海碑刻资料选辑》，上海人民出版社1980年版，第45页。
⑦ 褚华：《木棉谱》。
⑧ 佚名：《上海县新建黄婆专祠碑》，见上海博物馆图书资料室编《上海碑刻资料选辑》，上海人民出版社1980年版，第45页。

> 由妻女操作,有时不能做田野工作的老夫幼童也帮助工作。如果家庭人口众多,且善于生产,除自家服用外,还能余布很多,便将剩余布匹送至上海或近郊市镇出卖。本城(上海)各门,每天都有集市,便是此辈聚集出售小捆布匹的所在。[①]

长江中游的湖南、湖北、江西诸省,清代前期棉花种植和棉纺织业成为新兴产业。湖南棉田集中于洞庭湖滨的岳州府和醴州,以及湘江两岸。岳州府巴陵县以盛产棉布著称:"巴陵之产,初有名者布。邑之山中多作小布,幅裁尺。红之可巾,且以张彩饰馆柱。青者,以为鞋带。长沙有巴陵小布行,以此。"其后,又产所谓"都布","二三都及冷铺、三港嘴产棉,而一都人工作布绝精匀,谓之都布,二三都谓之三都布。男妇童稚皆纺之,布少粗而多"[②]。江西棉田主要分布在鄱阳湖地区,以九江府为盛。方志载,庐陵县出产"富田布",远近闻名。余干县"土产出黄布,每秋中,北人以丝绢来贸易",新淦县"花布专行,列肆骈集,历治未之或改",清江县"地出棉布,衣被楚、黔、闽、粤"。[③] 湖北棉花种植以安陆府天门县、德安府孝感县为中心,沿汉水流域展开,遍及省内诸多州县,其分布之广,在全国亦属罕见。两湖地区的棉花主要销往四川、云南、贵州、陕西、甘肃一带。[④] 方志载:"棉花,清一统志言,孝感、天门二县出,然亦通产。惟宜(昌)、施(南)所属各州县间有不解种此者。自荆州、安陆以下,则为出产之大宗,汉(阳)、黄(州)、德(安)三府尤盛。旧行川、滇诸省,近则洋商争购。小民生计半多赖是,不独供本境衣被之需也。"[⑤] 汉阳县出产扣布、线布等,"南乡家家春作外,以此资生。妇女老幼机声轧轧,人日可得一匹,长一丈五六尺。乡逐什一者盈千累万,买至汉口,加染造,以

---

① Robert Fortune, *Three Years Wandering in China*, Shanghai, 1935, PP. 251-252.

② 同治《巴陵县志》卷11《风土·土产》。

③ 参见同治《清江县志》《余干县志》《新淦县志》。转引自任放:《明清长江中游市镇经济研究》,武汉大学出版社2003年版,第194页。

④ 参见方行、经君健、魏金玉主编:《中国经济通史·清代经济卷》上册,经济日报出版社2000年版,第410—412页。

⑤ [民国]《湖北通志》卷24《舆地志二十四·物产三·货类·棉》。此一史料虽为晚清所记,但在清代中期已经形成如此格局。

应秦晋滇黔远贾之贸”[①]。汉口镇的棉布加工业分工精细,且已形成规模经营。镇上有专门的砑布坊,以石碾磨布,使之光滑。叶调元《汉口竹枝词》记:“生意分行三百六,同行要比别行强。行凶打架天天有,霸道无如踩石坊。”[②]可见砑布手工工匠人数众多,已经形成可观的社会力量。布匹染整是手工棉纺织业中技术含量较高的一门工艺。在某种意义上,染整业的发展水平高低可视为某一区域棉纺织业发达与否的标志之一。

与此同时,华北地区成为棉纺织手工业的另一个重地。在明代棉花种植的基础上,清代前期直隶、山东两省经济作物的种植首推棉花。一方面是植棉区域显著扩大,如山东植棉州县明代有40余个,清代增至90余个;另一方面则是棉花种植得到专业化、大面积的发展,一些主要产区出现了粮棉并重,甚至棉重于粮的现象。山东高唐州“种花地多,种谷地少”;清平县棉花种植“连顷遍塍,大约所种之地过于种豆麦”。[③] 乾隆年间,直隶“保定以南,以前凡有好地者多种麦,今则种棉花”[④]。时任直隶总督的方观承说:“冀、赵、深、定诸州属,农之艺棉者什之八九。”[⑤]冀南地区的方志资料记载,早在鸦片战争以前,这里的棉花种植和手工棉纺织业就已相当繁盛。[⑥] “自宋、元之交,草棉遍及于中国,而棉布遂为出产之一大宗。本境产棉最富,所织之布亦坚实耐久。”[⑦]《成安县志》载:“成邑,植棉较广之区也,棉花地约占三分之二……堪称植棉区域。……纺织业可出精美物品。”[⑧]《清河县志》说:“草棉……旧有白、紫二种。白种产额颇巨,每亩产量百余斤,县东及南二部为主要产区,总

---

① 乾隆《汉阳县志》卷16《地舆·形势·汉阳县·风俗》。

② 徐明庭辑校:《武汉竹枝词》,湖北人民出版社1999年版,第81—82页。所谓“踩石坊”,即砑布坊,又称踹布坊。

③ 张利民等:《近代环渤海地区经济与社会研究》,天津社会科学院出版社2003年版,第13页。

④ 黄可润:《畿辅见闻录》。

⑤ 方观承:《棉花图》。

⑥ 冀南农村的棉纺织手工业生产历史久远,范围广泛,是当地的一项重要产业。但以往关于近代河北手工棉纺织业的研究,主要集中在高阳、宝坻、定县等地,对冀南地区则很少涉及,至今人们尚不甚了了,以致做出该地“几乎不生产商品布”(森时彦:《中国近代机制棉纱的普及过程》,《东方学报》,第61册,第538页)的误判。实际上,冀南的土布生产和贸易,向来在社会经济结构中“占极其重要的地位”,并成为与西北边地贸易的主要商品。

⑦ 崔正春修,尚希贤纂:《威县志》卷3《舆地志·物产》,民国十八年(1929)铅印本。

⑧ 张应麟修,张永和纂:《成安县志》卷6《实业·农》,民国二十年(1931)铅印本。

产额约占全县物产总额三分之一。有所谓晋州种者特良,绒粗而短,用作土布,子可榨油作肥料。"[①]《重修广平府志》也有类似记载:"永年(县)之临洺关、邯郸(县)之苏、曹二镇(棉)花店尤多,山西、山东二省商贩来此贩运。"[②]

既然有着广泛的棉花种植,在"耕织结合"的自然经济形态下,当地自然也就普遍存在着农村手工棉纺织生产,"因产棉故,纺织遂为家庭间之普通工艺,无贫无富,妇女皆习之"[③]。这种情况在清代前期的华北棉区随处可见。山东鲁北平原的齐东、章丘、邹平、长山一带,所产棉布总称"寨子布",汇集于周村,输往关东。嘉庆年间,仅齐东一县每年就有数十万匹"寨子布""通于关东"。鲁西北陵县、恩县、齐河、平原、馆陶、聊城一带为又一个棉布产区。陵县"出产白布最多",该县布商"资本雄厚,购买白粗布运销辽沈"。齐河、聊城、馆陶等县则有晋商坐镇收购棉布,主要销往口外。武定府的棉纺织业也很发达,惠民县所产棉布多"装船渡海,赴东三省销行";乐陵布"行销直隶乐亭、文安、霸州一带";蒲台所产则"南赴沂水,北往关东"。[④] 直隶东部一些州县是省内重要棉布产区,所产棉布"本地所需一二,而运出他乡者八九"[⑤]。这里地近山海关,故棉布销场以关外为主。冀南地区挨近太行山脉,所产棉布多销往太行山以西晋省各县。[⑥] 据20世纪20年代的调查,当时河北省的129个县里,有89个县存在着"乡村棉织工业"。[⑦] 这里的"棉纺织工业普遍地发生于一八九〇年棉纱输入以前,其发生盖以当地或其近邻棉花土线供给之便利为条件"[⑧]。

如果说明代华北地区的棉纺织业尚不够发达,本地所产棉布还不敷需

---

① 张福谦修,赵鼎铭等纂:《清河县志》卷2《舆地志·物产》,民国二十三年(1934)铅印本。

② 吴中彦修,胡景桂纂:《重修广平府志》卷18《舆地略·物产·货属》,清光绪二十年(1894)刻本。

③ 黄容惠修,贾恩绂纂:《南宫县志》卷3《疆域志·物产篇·货物》,民国二十五年(1936)刻本。

④ 张利民等:《近代环渤海地区经济与社会研究》,天津社会科学院出版社2003年版,第16页。

⑤ 乾隆《乐亭县志》卷5。

⑥ 参见王翔:《近代冀南棉纺织手工业的蜕变与延续》,《历史档案》2007年第2期。

⑦ 参见彭泽益编:《中国近代手工业史资料(1840—1949)》第2卷,中华书局1962年版,第254页。

⑧ 厉风:《五十年来商业资本在河北乡村棉织手工业中之发展进程》,《中国农村》1934年第1卷第3期,第61页。

求，每年都要从江南输入大量棉布的话，那么清代前期华北地区的棉纺织手工业发展迅速，并形成不少具有较大输出能力的商品布集中产区，到乾嘉年间，这里已经从明代的棉布输入区转变为棉布输出区，每年合计输出量在五六百万匹以上。“此时的华北、西北棉布市场已基本为冀、鲁、豫三省棉布所占领；在东北市场上则形成一个直隶、山东、江南棉布争夺与分割的新格局。”①

3. 棉纺织手工业的国内市场和国际市场

清代前期，棉纺织业不仅成为中国传布最广的手工业，棉花和棉布还成为市场交易中最大宗的商品。“（鸦片战争以前）中国经济基础仍停留在自给自足的阶段，市场交易，主要是在棉、粮与布直接或间接交换，其次为粮与盐的交换。布、丝、盐等属于手工业产品，以满足生活的基本需求为特征。可见，到鸦片战争前，我国市场结构是一种以粮食为基础，以布（以及盐）为主要对象的小生产者之间交换的市场模式。”②明朝典籍所说“今北土之吉贝贱而布贵，南方反是；吉贝则泛舟而鬻诸南，布则泛舟而鬻诸北”③的情况，到了清代更成为普遍现象。

在自给自足的小农经济之下，所谓棉布的自给生产，只是就从事棉纺织生产劳动的主要目的是自己服用而言，并不排斥劳动者能够有一定的剩余产品出售。相反，为了应付沉重的租赋剥削，小生产者不仅需要努力织布以自用，同时也需要努力织布以出售，只有这样才能维持生存或改善生活，正如明末徐光启所说：松江地区“壤地广袤不过百里而遥，农亩之入非能有加于他郡邑也，所由供百万之赋三百年而尚存生息者，全赖此一机一杼而已。……恃此女红末业，以上供赋税，下给俯仰，若求诸田亩之收，则必不可办”④。清道光年间的包世臣也说：太仓一带的农家生计和赋税负担，“凡所取给，悉出机杼”⑤。道光年间，直隶正定府栾城县耕地 4000 余顷，其中“稼十之四，所收不

① 张利民等：《近代环渤海地区经济与社会研究》，天津社会科学院出版社 2003 年版，第 16 页。

② 吴承明：《论清代前期我国国内市场》，《历史研究》1983 年第 1 期。

③ 徐光启：《农政全书》卷 35。

④ 徐光启：《农政全书》卷 35。

⑤ 包世臣：《齐民四术》卷 5，《上海新建黄道婆寺碑文》。

足给本邑一岁食,贾贩于外以济之;棉十之六,晋、豫商贾云集,民竭终岁之勤,售其佳者以易粟,而自衣其余”①。

另一方面,清代中国的社会状况也在客观上具备了适合棉纺织业商品性生产的条件。首先,此时拥有相当数量的城市人口,这些人中大多需要购入棉布进行消费。以北京为例,这是当时全国最大的消费城市,京城人口的棉布消费是一个庞大的数字,每年仅从江南输入的棉布就达 1500 万匹以上。②乾嘉年间,北京崇文门关税税则开列的布匹种类计有青蓝布、白粗布、斜纹布、平机布、三梭布、夏布、葛布、蕉布、茧布等数十个品种。③

其次,各个不同地区因地制宜,形成不同的产业结构,因而必然存在着不事植棉或不事纺织的区域,也就离不开一定程度的棉纺织业商品性生产和流通。山东省棉花种植和棉纺织生产堪称发达,但山东半岛由于土地不宜,却是省内最主要的缺棉区,有 10 余个州县几乎全不植棉,以致棉花成为山东半岛重要的输入商品。黄县“地不产棉,海舶木棉来自江南”;文登、蓬莱、荣成、莱阳等县也都少有植棉,所需棉花大多来自江南。史载“奉天、山东、闽广等省商船,将彼省货物来江(南)贸易”,返航之时,“多装载棉花出口,运往彼省货卖”。④

还须注意的是,中国尚存在着许多不适宜从事棉花种植和棉纺织生产的地区,还拥有人数众多的边疆少数民族居民,他们的穿衣需求必须通过跨区域间的贸易来解决,这就为棉纺制品的长途贸易提供了市场。由于地理环境和气候条件的影响,中国西北部的一些省区向以畜牧产品为出产大宗,而棉花种植和棉纺织生产则甚不发达。清康熙年间,山西灵县“山瘠多寒,蚕米故无。……妇女不事纺织,俗多衣皮”⑤。乾隆时的甘肃巡抚黄廷桂奏:“甘省苦

① 道光《栾城县志·物产志》。

② 参见许涤新、吴承明主编:《中国资本主义的萌芽》,人民出版社 1985 年版,第 278—279 页。其中包括部分输往东北地区的布匹。

③ 《崇文门商税则例·现行比例·增减新例》。按:清代前期,北京崇文门关税额定为 10 万余两,实征则在二三十万两。在全国 24 个户关中,崇文门关税居第四、第五位。

④ 张利民等:《近代环渤海地区经济与社会研究》,天津社会科学院出版社 2003 年版,第 34 页。

⑤ 光绪《灵县志》卷 1《风俗》。

寒，土不宜桑，种棉纺织，概置不讲，布帛之价，贵于别省。”[①]道光年间的方志记载，山西偏关地区“俗早嫁，女子年十四五有抱子者，然皆不省纺织，暇辄于户外借草趺坐，且夏间多有著半臂露乳者，或竟裸体相向，恬不为怪”[②]。受自然环境及物产资源所限，西北一些地区的民众过着以“衣皮食肉”为主的生活，服饰结构基本上是皮衣、毛衣，“男无襦袴女无裙”[③]。

当地不少地方官员从表现政绩和改善民生考虑，曾经试图在本地培育和推广纺织事业，但多成效不著。山西偏关曾大力提倡纺织，忻州也曾请榆次老妇前来教习纺织，“然可暂而不可久。盖本地无木棉，必购诸顺天、保定两处。由保定至偏关，路逾千里非直，价值必昂，即输运亦多未便，此无源之水，所以立涸也”[④]。仍然没有摆脱“不事纺织，俗多衣皮”的生活状态。方志载，山西忻州“郡近边塞，地寒，物产稀少……郡寒早燠迟，不宜绵，地沙，不宜麻枲，城不宜桑柘，小民家徒壁立者十九，一应资用皆以粟易，而水鲜少……惟机杼纺绩之声无闻焉”[⑤]。代州“土人既不解织，布匹皆取给于直隶，至麻亦鲜有植者”[⑥]。陕西绥德州妇女“织纺非素所习，尺布寸帛皆仰给于境外。近日东南乡妇女间有事机杼者，然合境内计之，盖犹晨星云”[⑦]。

西北盛产的皮毛虽然有抵御严寒的功效，但年中许多时日的一般穿着，毕竟还是以棉纺织品较为合宜。如何解决自然禀赋与衣着偏好之间的矛盾？西北民众以本地物产（特别是毛皮）交换其他地区的棉布就成为一种自然合理的选择。紫阳县“不产棉花，所用棉布皆取给他处，故妇女亦无讲求纺绩者”[⑧]。神木县除盐碱、皮货而外，并无出产，一切花布、绸缎及日用之物，俱仰给于他省。道光年间，甘肃甘州府“甘人用线皆市买，不自绩。……布絮其来

① 《乾隆九年三月二十九日谕》，《大清高宗纯皇帝实录》卷213，第23页。
② 道光《偏关志》卷上《风土》。
③ ［民国］《马邑县志》卷4《艺文》（下）。
④ 道光《偏关志》卷上《风土》。
⑤ 光绪《忻州志》卷8《风俗》。
⑥ 俞廉三修，杨笃纂：《代州志》卷3《地理志·物产》，清光绪八年（1882）刻本。
⑦ 孔繁朴修，高维岳纂：《绥德直隶州志》卷4《学校志·风俗》，清光绪三十一年（1905）刻本。
⑧ 杨虎城、邵力子修，吴廷锡等纂：《续修陕西通志稿》卷196《风俗二·神木县》，民国二十三年（1934）铅印本。

自中州,帛其来自荆扬,其值昂"①。

清代前期,江南仍是中国棉纺织业生产和流通的中心。这里的棉布"北走齐燕,南贩闽广","近自杭、歙、清、济,远至蓟、辽、山、陕",在行销"秦、晋、京边诸路"的同时,还"走湖广、江西、两广诸路"。据《中国资本主义的萌芽》一书估计,清代中叶仅苏松地区每年进入长距离运销的棉布有4000余万匹。② 华北仅山东、直隶两省合计每年的输出量当在五六百万匹。乾嘉年间山东已经形成数个商品布输出区,如武定府蒲台县所产棉布"南赴沂水,北往关东";济南府齐东县每年从"布市"上汇集棉布数十万匹,"通于关东";章丘、长山、邹平所产棉布大多先汇集到周村,然后输往东北。③ "此时的华北、西北棉布市场已基本为冀、鲁、豫三省棉布所占领;在东北市场上则形成一个直隶、山东、江南棉布争夺与分割的新格局。"④两湖地区输出棉布应与华北地区不相上下,每年外销土布也在五六百万匹,主销市场为川、滇、黔三省,陕、甘两省也有部分销场。湖北汉口镇是两湖地区棉花和棉布运销的中心市场。这里的染织业相当发达,四处商贩将布匹贩运至此,加以染整,再行运销各地。乾隆《汉阳县志》记载:汉阳县出产扣布、线布、线毯等棉纺织品,"乡逐什一者盈千累万,买至汉口,加染造,以应秦、晋、滇、黔远贾之贸"⑤。章学诚曾详细记录汉口市场上的棉布:从产地看,有楚布、徽布,来自黄陂、孝感、沔阳的小布,来自苏州、松江的纸布和假高丽布;从颜色看,有毛蓝布、京青布、洋青布、墨青布。另有斗纹布、巴河青、监利梭等。⑥

棉布既是国内贸易的大宗商品,也在国际贸易中大受欢迎。18世纪至19世纪20年代的中国对外贸易,棉布是从中国流向西方去的,中国棉布不仅销往欧洲,还销往美国和中、南美洲,有个美国学者曾说,"中国棉布供给我们

---

① 黄璟等纂修:《续修山丹县志》卷9《食货·市易》,清道光十五年(1835)刻本。

② 参见许涤新、吴承明主编:《中国资本主义的萌芽》,人民出版社1985年版,第278—279页。

③ 参见许檀:《明清时期山东商品经济的发展》,中国社会科学出版社1998年版,第90—91、327—328页。

④ 张利民等:《近代环渤海地区经济与社会研究》,天津社会科学院出版社2003年版,第16页。

⑤ 乾隆《汉阳县志》卷16《地舆·形势·汉阳县·风俗》。

⑥ 章学诚:《湖北通志检存稿》(一),《考六·食货考第三》。

祖先以衣料”①。英国也曾大量销用中国棉布。18 世纪 30 年代,英国东印度公司首次贩运中国棉布,指定购买“不褪色”的“南京手织品”。② 东印度公司每年贩运到英国的中国棉布,80 年代约 2 万匹,到 19 世纪初扩大为 20 多万匹,增长了 10 倍。③ 据东印度公司档案所载,在 19 世纪的前 30 多年间,英国、美国、法国、丹麦、荷兰、瑞典、西班牙等国从广州运出的土布,几乎年均 100 万匹以上。最多的一年(1819),达到 330 多万匹,价值 100 多万元。④“整个土布出口,在广州对欧美海上贸易中竟在茶叶、生丝以次高居第三位的重要地位。”⑤除去对欧美的海上输出外,中国棉布陆路对俄国,海路对日本、朝鲜及南洋群岛也有大量出口。例如,雍正五年(1727),莫洛克夫商队在北京采购丝织品 8866 波斯塔夫,值银 56113 两;采买“南京布”14705 端(每端长 35.6 米),值银 43692 两。乾隆中叶,俄国每年从中国进口丝织品价值 21 万卢布,进口棉布价值高达 106 万卢布。⑥ 这些棉布和丝织品大多产自江南,经运河或海道运抵北京,然后转销俄国。

表 1-2　广州对欧美贸易中的土布出口量　　**单位:匹**

年代	英籍商船出口	美籍商船出口	出口总计
1800—1804	353280	930320	1353400
1805—1809	232800	855000	1209500
1810—1814	497020	195880	692900
1815—1819	527180	771160	1301200
1820—1824	596686	731541	1328227

① H. B. Morse, The International Trade and Administration of the Chinese Empire, London, 1908, P. 282.

② H. B. Morse, Chronicles, Vol. Ⅰ, p. 224,254.“南京手织品”,大约即是江南苏松一带手织的紫花布,在英国风行一时。据说 19 世纪 30 年代英国绅士的时髦服装,正是中国的杭绸衬衫和紫花布裤子。

③ H. B. Morse, Chronicles, Vol. Ⅱ, p. 61, 391.

④ H. B. Morse, Chronicles, Vol. Ⅲ, p. 347, 366.

⑤ 严中平:《中国棉纺织史稿》,科学出版社 1963 年版,第 18 页。

⑥ 李伯重:《明清江南与外地经济联系的加强及其对江南发展的影响》,《中国经济史研究》1986 年第 2 期。

续表

年代	英籍商船出口	美籍商船出口	出口总计
1825—1829	632540	470340	1102880
1830—1833	348463	71759	422721

资料来源:H. B. Morse, Chronicles, Vol. Ⅱ-Ⅳ. 转引自严中平:《中国棉纺织史稿》,科学出版社1963年版,第19页。

注:1. 表中数据为五年分组平均数;

2. 总计项数据包括英、美之外其他国家商船的出口量在内。

表1-3 中国对英国本土的棉纺织品贸易 单位:两

年代	英国对中国出口	中国对英国出口	中国的出入超
1817—1818	—	395237	395237
1818—1819	—	488640	488640
1819—1820	—	265987	265987
1820—1821	—	433734	433734
1821—1822	9807	367651	357844
1822—1823	—	337264	337264
1823—1824	—	451434	451434
1824—1825	—	321162	321162
1825—1826	1895	366750	364855
1826—1827	36114	145172	109028
1827—1828	124983	467876	342893
1828—1829	183338	469432	286094
1829—1830	215373	355295	139922
1830—1831	246189	386364	140175
1831—1832	360521	115878	-244643
1832—1833	337646	61236	-276410
1833—1834	451565	16304	-435261

资料来源:H. B. Morse, Chronicles, Vol. Ⅱ-Ⅳ。

由表 1-3 可见，从 1817 年到 1831 年，中英之间的棉纺织品贸易，中国是保持出超的，但出超量已显现出逐渐缩小的趋势。1831 年后，中国在与英国的棉纺织品贸易中转变为入超，此后更成为一种长期的趋势。这样一种转变，意味着中国棉纺织手工业的发展已经在国外市场上遭受到外力的摧折。

二、举足轻重的丝绸业

作为四大天然纤维——棉、毛、麻、丝——之一的蚕丝，是中国人最早生产的，吐丝结茧的蚕是中国人最先驯化而饲养的，蚕丝织品也是中国人最早织造的。这是独特而灿烂的中国古代文明的一个见证，也是中华民族对人类文明史作出重大贡献的又一实例。

在漫长的历史发展过程中，中国的蚕桑丝绸生产达到了世人瞩目的高峰。它的技术发展得特别完善，它的生产组织也在许多方面比其他手工业更为复杂，当之无愧地成为中国社会经济中的先进部门，长期在世界上占据领先地位。[①] 蚕桑丝绸从生产诞生的那一天起，就一直受到中国人民的百般青睐，穿着丝绸制品一度成为人们身份和社会地位的象征，在民众生活和社会经济中占有举足轻重的地位。

1. 清代前期的丝绸生产中心

古代中国蚕桑丝绸生产的中心，原在山东、河南一带的中原地区。随着岁月的流逝，气候发生变化，因中原战乱连绵以及其他种种原因，蚕桑丝绸生产在其发展过程中，出现了重心不断南移的明显趋向。大约在唐宋时期，蚕桑业的中心完成从黄河流域逐渐转移至江南地区的过程。[②] 自然环境的变迁，致使当时的科学技术水平无法继续维持北方原有的蚕桑丝绸生产，从而逐渐为开发较迟、自然环境相对较好而又气候适宜的南方所超越。

从元代开始到明朝中期，棉花种植以及棉纺织业生产迅速在全国兴起和

---

① Lillian M. Li, *China's Silk Trade: Traditional Industry in the Modern World* 1842-1937. Cambridge, Harvard University Press, 1981, P. 1.

② 参见郑学檬、陈衍德:《略论唐宋时期自然环境的变化对经济重心南移的影响》,《厦门大学学报》1991 年第 4 期。

扩展。由于与丝绸相比成本较低,适应性强,与麻类织物相比穿着又较舒适,棉花种植和棉纺织业的收益乃超过了传统的蚕桑丝绸业,许多地区的蚕桑丝绸生产因此而趋于衰落。1368年,明太祖朱元璋曾颁布法令,“凡民田五亩至十亩者栽桑、麻、木棉各半亩,十亩以上者倍之”。1395年,朱元璋又签署了另一项法令,要求农户用更多的田地种植桑树,每一村庄得播种两亩桑苗,然后分别移植至本村各家各户。① 15世纪初,上项法令被终止施行。② 在棉花种植日益推广和棉纺织业广泛普及的过程中,棉布逐渐扩大着对丝、麻织品的替代,导致许多原以植桑育蚕著称的地区放弃了蚕桑生产。

明代中叶以后,中国蚕桑生产的主要地区已不再是此前的黄河下游、长江三角洲和四川盆地三处,而是集中于江南地区,主要是太湖流域的湖州、嘉兴、杭州、苏州一带。正如明代万历年间曾经在浙江为官的郭子章所慨叹:“今天下蚕事疏阔矣!东南之机,三吴、越、闽最夥,取给于湖蚕。”③

到了清代,华北地区的蚕桑丝绸业日渐式微,仅有少量的土丝、土绸生产。四川阆丝也产量有限。江南成为全国最主要的丝绸产区,其产品不仅行销全国各省,而且输出到世界上许多国家和地区。有学者研究统计,鸦片战争前全国生丝产量每年约7.7万担。其中商品丝约为7.1万担,价值白银1200万两;丝织品产量为4.9万担,价值1455万两;两项合计12万担,价值2650余万两。④ 这其中,江南地区所产的生丝和丝织品在总额中占到大半份额。⑤

清代前期,环太湖流域形成一个以桑为主或桑稻并重的桑—稻产区,其

① 《明实录》,见汪日桢《湖蚕述》(1874),中华书局1956年重印本。

② 参见中国农业科学院农业遗产研究室:《太湖地区农业史稿》,农业出版社1990年版,第179—189页。

③ 《郭青螺先生遗书》卷2《蚕论》。此外,福建泉州的丝织生产也延续下来,明宣德三年(1428)曾在泉州设“染局”,正统年间(1436—1449)又在泉州设“织造局”,表明泉州丝织业具有相当规模和较高水平。这里织造的优质绸缎,不仅深受士大夫阶层喜爱,而且大量出口海外。史载:“泉人自织丝,玄光若镜,先朝士大夫恒贵尚之。商贾贸丝者,大都为海航互市。”(王胜时:《闽游纪略》,《小方壶斋舆地丛钞》第9帙)

④ 许涤新、吴承明主编:《中国资本主义的萌芽》,人民出版社1985年版,第325—327页。

⑤ 日本蚕丝业同业组合中央会编:『支那蠶絲業大觀』,冈田日荣堂昭和四年(1929)版,第34页。

范围基本上是“北不逾松，南不逾浙，西不逾湖，东不至海”，主要包括浙江湖州府之乌程、归安、德清，嘉兴府之桐乡、石门、嘉兴、秀水、海盐，杭州府之钱塘、仁和，江苏苏州府之吴县、长洲、元和、吴江、震泽等县，其中又有等差。《湖州府志》谓：植桑之盛，“莫多于石门、桐乡”①。这里的桑地比例约计可达50%，其余各县则稍逊之。由此，甚至产生了一个特殊的矛盾——桑稻争田，它带来的后果是江南地区粮食供应的紧张，“浙省居民稠密，户口繁多，而杭、嘉、湖三府，本地又多种桑麻，是以产米不敷民食，向借湖广、江西等省外贩之米接济”②。

湖州府德清县“平畴四衍，桑稻有连接之饶；晓市竞开，舟车无间断之隙。诚一邑之沃壤，四贩之通道也”③。这里“遍地宜桑，春夏间一片绿云，几无隙地，剪声梯影，无村不然。出丝之多，甲于一邑，为土植大宗”④。苏州府吴县“以蚕桑为务”⑤。吴江县蚕桑尤盛，“(清代)丝绵日贵，治蚕利厚，植桑者益多，乡村间殆无旷土。春夏之交，绿荫弥望，通计一邑，无虑数十万株云”⑥。震泽县“邑中田多窪下，不堪艺菽麦，凡折色地丁之课及夏秋日用，皆惟蚕丝是赖，故视蚕事綦重。自初收以迄浴种，其爱护防维，心至周而法最密”⑦。是以“居民以农桑为业，故耕田养蚕之事，纤悉不遗”⑧。这里“桑所在有之。西南境壤接乌程，视蚕事綦重，故植桑尤多。乡村间殆无旷土，初夏之交，绿阴弥望。别其名品，盖不下二三十种云”⑨。

在这些地区中，发展出一批以生丝的生产和集散而著称的专业市镇。这些市镇“出丝之多，甲于一邑”，每届“蚕毕时，各处大郡商客投行收买”。⑩ 蚕

① 宗源瀚修，郭式昌纂：《湖州府志》卷30《蚕桑》，清同治十三年(1874)刻本。
② 康熙《杭州府志》卷12《恤政》。
③ 正德《新市镇志》(清抄本)。
④ 光绪《塘栖志》卷18《风俗》。
⑤ 王鏊、蔡昇：《震泽编》卷3《风俗》，明弘治十八年(1505)。
⑥ 乾隆《吴江县志》卷5《物产》。
⑦ [清]陈和志修，倪师孟、沈彤纂：《震泽县志》卷25《生业》，清乾隆十一年(1746)刻本，清光绪十九年(1893)重刻本。
⑧ 道光《震泽镇志》卷2。
⑨ [清]陈和志修，倪师孟、沈彤纂：《震泽县志》卷4《物产》，清乾隆十一年(1746)刻本，清光绪十九年(1893)重刻本。
⑩ 康熙《乌青文献》卷3。

丝产出的兴盛,造成镇民“殷富”,“商贾四集,财赋所出,甲于一郡”。[①] 苏州府震泽县,“丝,邑中盛有,西南境所缫,丝光白而细,可为纱缎;经,俗名经丝,其东境所缫,丝稍粗,多用以织绫绸,俗称绸丝。又有同宫丝、二蚕丝,皆可为绸绫纬”[②]。蚕丝专业市镇以湖州府南浔镇最为著名,人称这里“丝市最盛”。南浔地处苏、浙两省交界,为江南地区重要的细丝产地,“湖丝甲于天下”,而“缫丝莫精于南浔,盖由来已久矣”。[③] 所产七里丝,“较常价每两必多一分,苏人入手即识,用织帽缎,紫光可鉴”[④]。同时,南浔也是江南生丝的一个集散中心,“每当新丝告成,商贾辐辏,而苏、杭两织造皆至此收焉”。“小满后新丝市最盛,列肆喧阗,衢路拥塞”,“商贾骈比,贸丝者群趋焉”。[⑤] 镇南栅有“丝行埭”,“列肆购之谓之丝行”,镇上之人,“大半衣食于此”。[⑥] 丝行有京行、广行、划行、乡行之分,其中“广行”亦称“客行”,专门“招接广东商人……与夷商贸易”。此外,还有“买经造经”的“经行”。[⑦]

江南丝织专业区的范围要相对小些,主要集中在南京、苏州、杭州等一些都市以及盛泽、濮院、双林、新市等专业丝织市镇(包括周围的乡村)。这一时期,江南丝织业在很大程度上脱离了农耕而形成专业化的生产,许多丝织生产是由城镇作坊中的“织工”完成的。乾嘉年间,苏州“东城比户习织,专其业者不啻万家”[⑧],杭州城内机户也是“以万计”[⑨],江宁府“则机工为天下最。……所织曰缎、曰绸、曰纱、曰绢、曰罗、曰剪绒。织造之官司其贡篚,商贾之载遍及天下”[⑩]。有人统计,18世纪到19世纪初,南京地区至少拥有4万台丝织机,苏州地区和杭州地区各2万台,可以想见江南地区都市丝绸生

① 康熙《乌青文献》卷1。

② [清]陈和志修,倪师孟、沈彤纂:《震泽县志》卷4《物产》,清乾隆十一年(1746)刻本,清光绪十九年(1893)重刻本。

③ 咸丰《南浔镇志》卷22《农桑二》。

④ 朱国桢:《涌幢小品》卷2。

⑤ 咸丰《南浔镇志》卷21、卷22。

⑥ 咸丰《南浔镇志》卷24《物产》。

⑦ 咸丰《南浔镇志》卷24《物产》。

⑧ 乾隆《长洲县志》。

⑨ 彭泽益编:《中国近代手工业史资料(1840—1949)》第2卷,中华书局1962年版,第74页。

⑩ [清]吕燕昭修,姚鼐纂:《新修江宁府志》卷11《风俗物产》,清嘉庆十六年(1811)刻本。

产的规模之大。[①] 正如明代张瀚所说："东南之利，莫大于罗、绮、绢、纻，而三吴为最。……今三吴之以机杼致富者尤众。"[②]

除宁、苏、杭这些大都市之外，江南地区的市镇及其周边乡村也是丝绸生产的集中之处。以丝织著称的江南市镇有盛泽、震泽、黄溪、新市、双林、濮院、王江泾、王店、石门、塘栖、临平、硖石、长安等，不下数十个。[③] 每个市镇周边的乡村都汇聚着成千上万的农家织户。唐甄《惰农》曾记述江南蚕农家庭"登机而织"的情况："一亩之桑，获丝八斤，为绸二十匹；夫妇并作，桑尽八亩，获丝六十四斤，为绸百六十匹。"[④]吴江县内黄溪、盛泽等镇均以丝织著称。吴江县黄溪镇"绫绸所织，品种不一，或花，或素，或长，或短，或重，或轻，各有定式，而价之低昂随之。其擅名如西机、真西、徐绫、惠绫、四串之类，经纬必皆精选，故厚而且重。若南浜、荡北长绢、秋罗、脚踏、小花等稍轻，虽妇女亦有称能者"[⑤]。镇上"凡织绸者名曰'机户'……入国朝，机户益多，贫者多自织，使其童稚挽花。殷富之家，雇人织挽"[⑥]。盛泽镇丝绸产销尤盛，"凡邑中所产，皆聚于盛泽镇，天下衣被多赖之"[⑦]。这里明中叶"邑民始渐事机业"，逐渐相沿成俗，"人家勤织作，机杼辄晨昏"。[⑧] 乾隆年间，"近镇四五十里间，居民尽逐绫绸之利"，以致"儿女自十岁以外，皆蚤暮拮据以糊其口，而丝之丰歉，绫绸价之低昂，即小民有岁、无岁之分也"。[⑨] 盛泽所产丝织品种类繁多，"绸绫纱绢，不一其名。或花或素，或长或短，或重或轻，各有定式，而价之低昂随之"[⑩]。除作为丝织生产的区域性中心之外，盛泽还是丝织品的区域性集

---

① 参见许涤新、吴承明主编：《中国资本主义的萌芽》，人民出版社 1985 年版，第 370 页。

② 张瀚：《松窗梦语》卷 4《百工记》。

③ 参见刘石吉：《明清时代江南市镇研究》，中国社会科学出版社 1987 年版；樊树志：《明清江南市镇探微》，复旦大学出版社 1990 年版。

④ 唐甄：《惰农》；贺长龄：《皇朝经世文编》，第 37 卷，乾隆二十二年（1757）。

⑤ 道光《黄溪志·土产》。

⑥ 道光《黄溪志·风俗》。

⑦ ［清］陈和志修，倪师孟、沈彤纂：《震泽县志》卷 4《物产》，清乾隆十一年（1746）刻本，清光绪十九年（1893）重刻本。

⑧ 乾隆《吴江县志》卷 50。

⑨ ［清］陈和志修，倪师孟、沈彤纂：《震泽县志》卷 25《生业·物产》，清乾隆十一年（1746）刻本，清光绪十九年（1893）重刻本。

⑩ 同治《盛湖志》卷 3《物产》。

散中心。邑人充分意识到丝绸贸易对于镇民生计之重要性:“镇之丰歉,固视乎田之荒熟,尤视乎商客之盛衰。盖机户仰食于绸行,绸行仰食于商客,而开张店肆者,即胥仰食于此焉。倘或商客稀少,机户利薄,则怨咨者多矣。”[①]清代盛泽镇上“远商鳞集,紫塞雁门、粤、闽、滇、黔,辇金至者无虚日。以故会馆、旅邸、歌楼、舞榭,繁阜喧盛,如一都会焉”[②]。

嘉兴府桐乡县的濮院镇以出产“濮绸”著称。明中叶时,因“机杼之利,日生万金,四方商贾,负赀云集”[③]而逐渐繁盛。清乾隆时,濮院全镇机业“十室而九”,“接领踵门”,“五月新丝时为尤亟”。[④] 据载其“机户自镇及乡,北至陡门,东至泰石桥,南至清泰桥,西至永新港,皆务于织”[⑤]。周围四五十里乡村中,形成以濮绸为主要产品的丝织专业区。“至于轻重诸货,名目繁多,总名曰绸。而两京、山东、山西、湖广、陕西、江南、福建等省各以时至,至于琉球、日本,濮绸之名,几遍天下”[⑥]。各省商人在此设庄收买,“开行之名有京行、建行、济行、湘广、周村之别,而京行为最;京行之货,有琉球、蒙古、关东各路之异”。“货物益多,市利益旺,所谓日出万绸,盖不止也”。[⑦]

江南以外,四川地区的丝绸生产余韵犹存。清代前期,川省蚕业生产主要集中在川北的嘉陵江、渠江、涪江流域各州县和川西南的岷江、沱江下游与长江上游所交汇的嘉定、叙州、泸州一带,估计鸦片战争前夕,四川年产蚕茧约为2.6万担,年产生丝约为2000担。[⑧]

生丝和丝织品仍是四川重要的贸易商品,市场则主要为邻近的云南、贵州、湖北、陕西、西藏等省区,并沿着古已有之的“茶马古道”和“西南丝绸之路”输出至缅甸、印度等国家。在这两条商业大通道上,生丝和丝织物都是非

---

① 顺治《盛湖志》卷下《风俗》。

② 沈云:《盛湖杂录》。

③ 乾隆《濮镇纪闻》(抄本),卷首《总叙》。

④ 乾隆《濮镇纪闻》(抄本),卷首《总叙》;[嘉庆]《濮川所闻记》卷1《物产》。

⑤ 沈廷瑞:《东畲杂记》。

⑥ 乾隆《濮镇纪闻》(抄本),卷首《总叙》。

⑦ 沈廷瑞:《东畲杂记》。

⑧ 估算过程参见张丽:《鸦片战争前的全国生丝产量和近代生丝出口增加对中国近代蚕桑业扩张的影响》,《中国农史》2008年第4期。

常重要的商品。川省方志载:"丝,属县俱出,惟乐山最多。其细者,土人谓'择丝',用以作绸,或贩至贵州,转行湖地,冒称湖丝;其粗者,谓之'大夥丝',专行云南,转行缅甸诸夷。"①

清中叶前后,四川省的蚕桑生产在成都平原徘徊不前,而在省内丘陵、低山地区则较有起色,桑树种植和蚕丝产量以川北、川西为多,当地"食于田者,多以种桑织丝、纺纱织帛,而佐家资"②。在保宁、顺庆、潼川、绵州、成都五府的46个州县中,产丝者达35个;此外尚有雅州、眉州、资州、嘉定府等重要产丝地区。③ "除此以外,大概还可以补充其他少数县份。"④详见表1-4。

表1-4 鸦片战争前四川重要产丝区域一览表

区域	州县数	州县名
潼、绵区	9	三台、盐亭、射洪、遂宁、中江、绵州、绵竹、德阳、梓潼
保宁区	5	阆中、苍溪、剑阁、昭化、广元
顺庆区	10	南充、西充、蓬溪、营山、仪陇、岳池、广安、渠县、达县、南部
重庆区	6	巴县、江北、璧山、合川、铜梁、永川
万县区	6	万县、云阳、奉节、开县、忠州、梁山
嘉、叙区	24	乐山、峨眉、洪雅、夹江、丹棱、犍为、荣县、青神、彭山、眉山、井研、仁寿、雷波、马边、峨边、宜宾、庆符、高县、筠连、长宁、珙县、兴文、屏山、富顺
成、华区	6	成都、华阳、双流、新都、温江、新繁

资料来源:参见王笛著《跨出封闭的世界——长江上游区域社会研究》,中华书局1993年版,第31页。

四川农户以自给自足的方式从事蚕桑生产,多是农民"利用零碎土地、闲

① 嘉庆《嘉定府志》卷7《方舆志·物产·货之属》。

② 乾隆《梓潼县志》。

③ 参见彭泽益编:《中国近代手工业史资料(1840—1949)》第2卷,中华书局1962年版,第89页。

④ Letter By Baron von Richthofen on the Provinces of Chili, Shansi, Shensi, Sz'-Chwan, with Notes on Mongolia, Kansu, Yunnan and Kwei-chau (Shanghai, 1872), P. 50-51.

暇时间来从事的”,“很少有像江浙一带成大块桑田者,多数都种植在路旁、田边、地角与住宅附近的隙地”,因而蚕桑业和缫丝业一直牢固地结合于小农经济内部,停留在小农个体经营阶段。桑树种植不多,育蚕数量就少,生丝产量也就受到限制。道光年间,蚕桑业是保宁府(今巴中地区)农家最主要的副业,其中武胜县龙灵乡 1826 年时有桑树 3 万余株,如按平均 200 株桑树可产 10 斤生丝计算,年产生丝约 15 担。

在丝绸织造方面,四川本是中国丝绸生产的一大重镇,丝织业向称发达,尤以成都、顺庆(南充)等地为盛。在顺庆(南充),出产各种纺、绉、葛、罗、绸、缎,品类繁多,光彩夺目。在成都,“制造业方面,没有一个行业有像从事于各种丝织品那样多的人。成都大部分地区,每家居民都以纺、染、织、绣为业。在乡间,甚至在冬天,缫制、洗涤及漂白生丝都是很重要的工作”①。据说“新年的时候,成都府人口的半数都穿着丝绸”②。正是因为丝织业有大量的蚕丝消费需求,成都平原及附近山区所产生丝,大多运往成都销售,川丝的买卖成交量巨大,成为成都府店铺中最特出的货品。

与江浙蚕丝相比,四川蚕丝自有其缺点和长处。“在丝的质量上,在柔软和光泽方面,四川人自己也同意,他们的丝要比浙江的丝差些。但是在同时有川丝和浙丝出售的市场(主要是在北方),川丝的韧性和耐久足可与浙江丝顺利地竞争”③。最贵的川丝为川北所产,主要是梓潼县和剑州(均属保宁府)以及绵州所产的极细的白丝和黄丝;仁寿县最好的丝可以与之相比;保宁府的丝一般都比较粗也比较便宜;嘉定府是最著名的白丝产区,虽然所产的并不是最细的丝。“一切商业性的川丝价格都根据一定标准而微有变动,这种涨落一年与一年不同,在不同的季节,价格也会有所变动。这个标准就是各种商业性的川丝的平均价格,丝的颜色、光泽、漂白、细致和均匀的差异,决

① Letter By Baron von Richthofen on the Provinces of Chili, Shansi, Shensi, Sz'-Chwan, with Notes on Mongolia, Kansu, Yunnan and Kwei-chau (Shanghai, 1872), P. 64.

② Letter By Baron von Richthofen on the Provinces of Chili, Shansi, Shensi, Sz'-Chwan, with Notes on Mongolia, Kansu, Yunnan and Kwei-chau (Shanghai, 1872), P. 51.

③ Letter By Baron von Richthofen on the Provinces of Chili, Shansi, Shensi, Sz'-Chwan, with Notes on Mongolia, Kansu, Yunnan and Kwei-chau (Shanghai, 1872), P. 50.

定环绕这个标准或上或下的不同价格，这是由买卖双方个别同意的。”①

农家所产蚕丝，主要通过两种途径流入市场：商贩上门收买和附近集市交易。四川农村集市的密集性，以及集市贸易的灵活性，使之成为当地桑、蚕、丝、绸流通的基本渠道。清嘉庆前后，川省有“场”3000左右②，以这种区域市场为中心，每个市场的平均服务范围在40—100平方公里，构成了川省市场网络的基础，遍布于蚕桑丝绸生产的农村区域。随着市场的逐渐活跃，丝绸商品的流通范围开始扩大，不再局限于区域内市场，而是向区域外市场甚至国际市场延伸。例如，川北保宁府的商人常将当地生丝运销湖北汉口，再收购棉布回川销售，获利巨万，这甚至成为当地发财致富的不二法门。方志载：“利之厚者，无过于转贩丝布，收本地之丝，载至湖北汉口变卖，买布而归，邑人之致富者，率操此业也。”③

尤其值得注意的，是这一时期珠江三角洲蚕桑丝绸生产的崛起。“珠江三角洲一带为中国人口密度最高的地区，其居民从事专业养蚕，以之谋生。……珠三角地区密集型蚕桑业出现的原因，大致说来是拜北纬二十三度以南的热带气候和三江冲击所形成的三角洲肥沃土地所赐。”④

“广东珠江三角洲蚕桑业的商品化生产，从史料上看是十六、十七世纪的事情”。⑤ 广东本非蚕桑区，长期以来有“果基鱼塘”的生产习惯，这是一种以种植业与水产养殖相结合的生态型复合式农业经营方式，主要集中于南海、顺德一带。“广州诸大县村落中，往往弃肥田为基以树果木，荔枝最多……基下为池以蓄鱼，岁暮涸之，至春以播稻秧”⑥。由于市场需求的刺激，大约自明

---

① Letter By Baron von Richthofen on the Provinces of Chili, Shansi, Shensi, Sz'-Chwan, with Notes on Mongolia, Kansu, Yunnan and Kwei-chau (Shanghai, 1872), P. 50-51.

② 高王凌：《乾嘉时期四川的场市网及其功能》，见中国人民大学清史研究所著《清史研究集》第5辑，中国人民大学出版社1982年版。

③ 咸丰《阆中县志》卷3《风俗志》。

④ 日本蚕丝业同业组合中央会编：『支那蠶絲業大觀』，冈田日荣堂昭和四年（1929）版，第888页。

⑤ 汪敬虞：《关于继昌隆缫丝厂的若干史料及值得研究的几个问题》，《学术研究》1962年第6期。

⑥ 屈大均：《广东新语》卷22《鳞语》，康熙三十九年（1700）刻本。

末清初起,"弃田筑塘,废稻树桑"开始在珠江三角洲一带蔚然成风,越来越多的人把原来的果基改为桑基,形成大面积的"桑基鱼塘"。基种桑,塘蓄鱼,桑叶饲蚕,再以蚕粪喂鱼,塘泥肥桑,逐步形成发达的蚕桑生产基地。[①] 桑基鱼塘的经济效益远比种植水稻高。由于珠江三角洲气候温暖,土地低平肥沃,种桑一年可采叶 8—9 次,为养蚕业提供了充足的饲料,"广蚕岁七熟,闰则八熟"[②],从而大大提高了蚕丝年产量,形成远超种植水稻收益的经济效益。

与之相吻合,珠江三角洲的蚕桑业区域,大体上也是以顺德县、南海县为中心,"东西三十哩、南北五十哩的地域内……东自外海起,西至西江沿岸,这一区域内的蚕茧产额少说也占全省八成"[③]。时人记载:"嘉庆二十四年(1819),粤东南海县属毗连顺德县界之桑园围地方,周回百余里,居民数十万户,田地一千数百余顷,种植桑树以饲春蚕。诚粤东农桑植沃壤也。"[④]

由于直接以海外市场的刺激为动因,珠江三角洲的蚕桑生产从一开始就表现出高度的商品化和专业化。日本学者铃木智夫指出:"广东的蚕丝生产,是以明清时期广东在海外贸易商路上的优越地位为背景而开始兴起的。"它与明末以来已经贩卖于全国的江浙蚕丝生产相比,不仅生产区域有限,国内市场也比较狭小,因此"一开始就是以海外市场作为其不可缺少的生存条件"[⑤]。不仅城市的丝织生产以满足国内外市场的需求为导向,就连乡村农家的蚕桑丝绸生产的各个环节,也都不同程度地依赖于市场。"乡大墟有蚕纸行,养蚕者皆取资焉。每岁计桑养蚕,有蚕多而桑少者,则以钱易诸市。桑市

---

① 从社会经济发展史的大环境来考察明清时期珠江三角洲"桑基鱼塘"发展的原因,应该说,它是世界海洋经济(包括广东海洋经济)发展的产物。所谓海洋经济,是泛指海洋沿岸国家或地区的渔捞、航运、贸易等经济活动以及为这些活动提供劳力、资金、技术、商品和市场等的陆地(主要指沿海地区)的经济活动。可以说,明清时期珠江三角洲的"桑基鱼塘"本质上是在为当时海洋经济的发展提供劳力、资金、技术、商品和市场等的陆地经济活动带动下发展起来的,是一种贸—工—农结合的经济模式。

② 屈大均:《广东新语》卷 24《虫语》,康熙三十九年(1700)刻本。

③ 日本蚕丝业同业组合中央会编:『支那蠶絲業大觀』,冈田日荣堂昭和四年(1929)版,第 888—889 页。

④ 李文治编:《中国近代农业史资料》第 1 辑(1840—1911),科学出版社 2016 年版,第 82 页。

⑤ 铃木智夫:『洋務運動の研究』,汲古书院 1992 年 12 月刊行,第 420 页。

者,他乡之桑皆集于此也。所缫之丝率不自织,而易于肆。"①可以说,在这里,无论是市民还是农民,对丝绸市场行情变动、丝绸价格和利润的关心,超乎其他地区之上。《竹枝词》写道:"呼郎早趁大冈墟,妾理蚕缫已满车。记问洋船曾到几,近来丝价竟何如?"②可见墟市的丝价已经与国际市场的需求发生了密切联系。从马士的《东印度公司对华贸易编年史》可知,清代前期,广州输出的生丝已有"南京丝"和"广东丝"之分,广东丝的输出在中国生丝出口中已经占有不小的比重。③

从 15 世纪到 19 世纪 30 年代末,明清两朝廷基本上实行"时开时禁,以禁为主"的海禁政策,却对广东实行开放对外贸易的特殊政策。明嘉靖元年(1522),"遂革福建、浙江二市舶司,惟存广东市舶司"④;清乾隆二十二年(1757),撤销江海关、浙海关和闽海关,规定外国番商"将来只许在广东收泊交易"⑤。清廷限定广州一口通商,将与西洋各国的贸易集中于粤海关一口,广东成为中国合法对外贸易的唯一省区,省会广州则是全国唯一合法进出口贸易的第一大港,而且是"印度支那到漳州沿海最大的商业中心。全国水陆两路的大量货物都卸在广州"⑥。在这种情势下,世界各国商人来中国贸易,都只能萃集到广州进行。据不完全统计,1553—1830 年,共有约 5 亿两白银运来广州,以购买中国的生丝、丝织品、瓷器、茶叶等手工业产品,其中尤以丝货为著。外国商人盛赞:"从中国运来的各种丝货,以白色最受欢迎,其白如雪,欧洲没有一种出品能够比得上中国的丝货。"⑦

---

① 温汝能纂:嘉庆《见龙山乡志》卷 22。

② 张臣:《竹枝词》,温汝能纂嘉庆《龙山乡志》卷 12。

③ 参见马士:《东印度公司对华贸易编年史》,中国海关史研究中心组译,中山大学出版社 1991 年版。按:关于粤丝开始外销的时间有不同看法,一般认为在咸丰初年(参见周朝槐等编纂的民国《顺德县续志》、李泰初编的《广东丝业贸易概况》等),与其类似的看法是认为在道咸之间。也有人认为是在咸同之间。但据美国人马士的《东印度公司对华贸易编年史》记载,早在清朝早期,广州输出的生丝就有"南京丝"和"广东丝"之分,到 17 世纪末 18 世纪初,广东丝在广州输出生丝中已占有不小的比重。

④ 《明史》卷 75《职官四》。

⑤ 《清高宗实录》卷 550,乾隆二十二年(1757)十一月戊戌。

⑥ 考太苏编译:《皮莱斯的远东概览》第 1 卷,第 116 页,转引自钟功甫《珠江三角洲桑基鱼塘》,《地理学报》1980 年第 35 卷第 3 期。

⑦ Geo Philipa, *Early Spanish With Chang Cheow*,载《南洋问题资料译丛》1957 年第 4 期。

到了乾隆年间(1736—1795),虽然丝货在广东出口的商品中退居茶叶之后,居第二位,但每年输出的生丝和丝绸仍然达20万—33万斤。广州口岸的丝绸外贸几乎囊括了中国丝绸对外贸易的全部,成为中国丝绸外贸的唯一中心。国外生丝及丝织品的采购都集中到广州,生丝需求量剧增,价格日昂。占尽天时地利的广东,开始在生丝输出贸易上扮演越来越重要的角色,其中已有相当数量生丝为珠江三角洲本地所产。珠江三角洲出产的生丝在经由广州出口的生丝中所占比例显著增加。17世纪末18世纪初,外国商人已经意识到,广东丝尽管在质量上与江浙湖丝尚有差距,但在价格上相对低廉,也比较稳定。①

大约自1810年起,英国东印度公司董事会鼓励它的商人积极购买广东生丝。当年东印度公司"董事会在本季度第一次命令购入100担广东丝"。1810年英国散商、美国商人也分别购进广东生丝358担、226担,广东生丝出口初见规模。到1828年,在英国商人出口的7248担生丝中,广东生丝有2729担,已经占了很大的比例。② 到鸦片战争前不久,清道光十年(1830),在广州出口的广东生丝已经增至36.8万斤,占当年在广州出口的中国生丝总数的52.2%。

表1-5 鸦片战争前从广州出口的商品 单位:银元

年份	茶叶	生丝	丝织品	出口总值(包括杂项商品)
1817	10707017	635440	984000	15566461
1821	11785238	1974998	3015764	20518936
1825	13572892	2318950	2820255	22229791
1830	10551385	1693320	2226787	17602365

资料来源:见马士《东印度公司对华贸易编年史》第3卷、第4卷,中国海关史研究中心组译,中山大学出版社1991年版。

① 马士:《东印度公司对华贸易编年史》第1卷,中国海关史研究中心组译,中山大学出版社1991年版,第88页。

② 马士:《东印度公司对华贸易编年史》第3卷,中国海关史研究中心组译,中山大学出版社1991年版,第134页。

如此大量的广东生丝和丝货外贸出口的拉力，必然大大刺激和促进珠江三角洲桑基鱼塘生产的日益发展，乾、嘉年间甚至出现“弃田筑塘，废稻树桑”的热潮，形成一个以南海县九江为中心，“周回百余里，居民数十万户，田地一千数百顷，种植桑树以饲蚕”的，大面积、专业化的蚕桑生产基地。[①] 据估算，1840 年前珠江三角洲的生丝产量已达每年约 5000 担。[②]

在丝织生产方面，明代粤缎、粤纱在海内外已经享有一定声誉，然而产量有限。入清以后，随着蚕桑业的崛起，珠江三角洲的丝织业也发展迅速，产品在国内外市场已经享有较高声誉，史称“广纱甲天下”。据说，“粤缎之质密而匀，真色鲜华，光辉滑泽”，“粤纱，金陵、苏、杭皆不及”。[③] 当时畅销国内外市场的已有缎、绸、绢、绣等大类多种产品，其中“线纱与牛郎绸、五丝、八丝、云缎、广缎，皆为岭外、京华，东、西二洋所贵”[④]。清初，佛山丝织业已有八丝缎行、什色缎行、元青缎行、花局缎行、绉绸行、绸绫行、帽绫行、花绫行、洋绫绸行、金彩行、扁金行、机纱行、斗纱行等 18 行。[⑤] 道光初年，佛山仅帽绫一行即有机房 202 家，西友织工 1100 多人；丝织各行合计，至少有数千织工。[⑥] 表现出仅次于江南地区的又一个蚕桑丝绸生产中心的气象。史载，鸦片战争后不久的 19 世纪七八十年代，珠江三角洲的广州、佛山、南海、顺德、三水一带“机房”林立，丝织手工业工人多达十几万人。[⑦] 由此可以想见鸦片战争之前当地丝织手工业的规模。

2. 丝绸生产的形态与技术

古代中国的蚕丝织造业不仅形成了一系列先进的生产技术和方法，同时也出现传统经济组织的一种先进形式。“虽然养蚕和缫丝基本上仍是家庭活

---

① 刘志伟：《试论清代广东地区商品经济的发展》，《中国经济史研究》1988 年第 2 期。

② 参见张丽：《鸦片战争前的全国生丝产量和近代生丝出口增加对中国近代蚕桑业扩张的影响》，《中国农史》2008 年第 4 期。

③ 张嗣衍等：乾隆《广州府志》卷 48《物产》。

④ 屈大钧：《广东新语 · 纱缎》条，中华书局 1985 年版，第 427 页。

⑤ 康熙年间，顺德县商人梁俊伟到佛山创立机房，从事丝织业生产。方志称：“梁俊伟，字桂轩，顺德水藤乡人。康熙间佛山创立机房，名梁伟号，因家焉。诚实著闻，商业遂振。”（汪宗准等：《民国佛山忠义乡志》校注本，卷 14《人物》，佛山市图书馆整理，岳麓书社 2017 年版）

⑥ 罗一星：《明清佛山经济发展与社会变迁》，广东人民出版社 1994 年版，第 207—208 页。

⑦ 参见广东文史研究馆：《三元里人民抗英斗争史料》，中华书局 1978 年版，第 177—191 页。

动,但是丝绸的织造,尤其是高质量丝绸的织造,则趋向于成为专门化的事业。丝绸的织造比其他阶段要求更复杂的技术;而且,织造高质量丝绸的大型织机要求更大的投资。在结构的可能范围内,一头由家庭生产生丝和简单的丝织物,另一头由企业织造高质量的丝织物。"①

与明代相比,清代中国丝绸生产结构的演变形成两个明显的趋势。一个趋势是,官营手工业的组织越来越周密,分工越来越细致,总体规模则越来越萎缩。

明代的官营手工业仍然分中央和地方两大系统。明朝初年,曾先后在四川、山西、江苏、浙江、安徽、福建、河南、山东诸省的一些地方设置了25个官营织染局,其后有些停废,有些保留下来。② 在这些官营织造局中,据《明会典》记载,属于中央的有4个织染局,分别设在北京和南京。南京一地,就有内织染局、神帛堂和留京供应机房等官营织造机构,其中仅内织染局一家,就有织机300多张,役使工匠3000多名。地方上设置的织染局,最为著名、延续最久的当数苏州和杭州两地。以苏州织染局而论,"肇创于洪武,鼎新于洪熙","厅庑垣宇,巍然弘丽",共有房屋245间,分为东纻丝堂、西纻丝堂、纱堂、横罗堂、东后罗堂、西后罗堂六堂。③ 额设各色工匠1700多人,有高手、扒头、染手、结综、掉络、接经、画匠、花匠、绣匠、折段匠、织挽匠等名目。局中督织和管理人员则有大使1员、副使2员,局吏、堂长、写字等多人。④

入清以后,官营织造事业渐次恢复,一方面,在京城里设置内织染局,管理"上用"和"官用""缎纱染彩绣绘之事"⑤;另一方面,在江宁、苏州和杭州三处设置织造局,史称"江南三织造"⑥。无论从地区分布还是规模大小来说,官

① 李明珠:《中国近代蚕丝业及外销(1842—1937)》,徐秀丽译,上海社会科学院出版社1996年版,第44页。

② 到成化年间(1465—1487),这些织造局中有许多已停止生产,养蚕业不发达地区从丝绸织造业中心购买丝绸以完成上贡定额,则形成惯例。到明末,维持运转的只有以苏州、杭州为主要中心的少数地方的织造局。

③ 文徵明:《重修织染局志》,嘉靖二十六年(1547)刻本。

④ 孙珮:《苏州织造局志》,康熙三十五年(1696)刻本。

⑤ 《清朝通志》卷66《职官》。

⑥ "江南三织造"中,先以苏州局设机最多,杭州局次之。雍正三年(1725),苏、杭两局都有减少,江宁局稍有增添。到乾隆十年(1745),三局设机规模已接近平衡。

营织造局都比明代有所缩减。供给宫廷的高级丝织物(例如缎)的织造,不再分散于许多地方,而是集中于江南地区三个中心城市的官营织造局。其他类型华贵丝绸(例如绫和绸)的织造则分散到中等规模的城市,而一般丝织物(例如绢)的织造则继续广泛地散布于城市和农村的许多地方。

顺治八年(1651)颁布了"额设钱粮,收丝招匠"①的谕旨,这道"买丝招匠"的谕旨虽然没能马上得到切实执行,而是直到康熙二十六年(1687)才相对稳定下来,但是却有着划时代的意义。"买丝招匠"制以雇佣生产为基本内容,它从法典上宣布了中国长时期以来官营丝织生产徭役制度的基本结束,标志着丝织工匠因人身隶属而无端服役的时代行将就木。于是,官府放松了对民间丝绸生产者的人身控制,民营丝绸生产由此获得了进一步的发展空间。

顺治康熙年间,三局共有织机 2135 台,雍正年间减为 2017 台,到乾隆年间又减为 1863 台。参见表 1-6。

表 1-6　清代"江南三织造"织机数量　　**单位:台**

地点	顺治至康熙年间		雍正三年(1725)		乾隆十年(1745)
	缎机	部机	缎机	部机	织机
江宁局	335	230	365	192	600
苏州局	420	380	378	332	663
杭州局	385	385	379	371	600
合计	2135		2017		1863

资料来源:孙珮《苏州织造局志》卷 4《机张》,康熙三十五年(1696)刻本。

与官营织造局规模的缩小和机张的减少相反,江南织造局中匠役的分工则更为细密。以苏州织造局为例,有所官、总高手、高手、管工、管料、管经纬、管圆金、管扁金、管色绒、管段数、管花本、拣绣匠、挑花匠、倒花匠、折段匠、结综匠、烘焙匠、画匠、看堂小甲、看局小甲、防局巡兵、花素机匠等各色名目达

① 噶洪达:《为请敕免派机户以苏江浙民困事》,顺治八年(1651)四月二十日。

22种之多。[①] 官营丝织手工业内部分工的细密和组织机构的完备,标志着中国丝绸织造技术的逐渐成熟和管理水平的不断提高,因为一般说来,历代官营手工业的技术水准,就代表着当时丝绸手工业的最高技术水平。

表1-7 明清苏州织造局机张匠役变化表

年代	机张	工匠、人役	资料出处及说明
明洪熙	173	1700	万历《长洲县志》卷5《县治》附官署
嘉靖二十六年(1547)	800	680	文徵明:《重修苏州织染局记》
清顺治四年(1647)	800	2300 240	陈有明:《织造经制记》
顺治八年(1651)	800	2300 272	孙珮:《苏州织造局志》卷4《机张》
康熙二十二年(1683)	752	2602	同上
康熙二十四年(1685)	710	1932 243	雍正《大清会典》卷201《工部织造》
康熙二十六年(1687)	710	2220	同上
雍正三年(1725)	663	2236	同上
雍正十年(1732)	686	2229	同上
雍正十二年(1734)	691	2138	同上
乾隆元年(1736)	689	2116	乾隆年间机张数根据口粮数推算而得;匠役数根据乾隆年间与顺治年间机张匠役比例推算而得。见乾隆《大清会典则例》卷38《户部·库藏》。
乾隆三年(1738)	660	2116	
乾隆七年(1742)	654	2116	
乾隆二十年(1755)	654	2119	
乾隆四十年(1775)	654	2113	
乾隆五十年(1785)	655		
道光十七年(1837)	653		

另一个趋势是,民间丝绸生产越来越普遍,在丝绸总产额中所占比重越

① 孙珮:《苏州织造局志》卷4《机张》、卷10《人役》,康熙三十五年(1696)刻本。

来越大,也越来越成为丝绸生产的主力。在某种意义上,民间丝绸生产的发展,似乎可以说是中国赋税制度变革的一个结果。中国古代,国家贡赋除征收粮食外,还征收绢、帛、丝、布,自上古直到明清,历朝皆然。这种"亩课田租,户调绢绵"的税收制度,以户为单位征收定额实物,为历代王朝所沿用,制约着小农家庭必须多种经营,必须男耕女织。全国普遍上缴丝绸实物税,这自然会刺激民间,特别是农民家庭丝绸副业生产的发展。

农家所产丝绸大部分用于缴纳赋税,也有一部分供自己消费,此即为自给性家庭丝绸生产形态。在商品性丝绸生产的形态下,一部分农民和独立的专业丝织者根据市场需要生产丝绸产品,用以交换其他生活必需品,以维持家庭生计。为维持生计而出售的那部分丝织品,已经具有了商品的属性,其生产是一种商品性生产。更有些从事丝绸生产者是为了追求利润,发财致富。上述各种生产形态各占多少比例虽不可知,但民间丝绸生产及丝绸的商品性生产在历史上的发展则是显而易见的。

到了清代,官营织造局的规模与民间丝绸生产的能力相比,无疑要逊色得多。随着明清丝绸商品市场的扩展,政府在市场中所占的份额显著降低。在这一时期,政府组织的丝绸织造业被集中于江宁、苏州、杭州三个主要的江南织造局,丝织业活动则从中心城市分散到太湖流域的一些市镇和乡村。①下面以规模最大的苏州织染局作为典型进行分析:

首先,苏州城内民间丝绸织造业者的数量远远多于官局工匠。苏州是一座"家杼轴而户纂组"的丝织之城,史载苏民"多以丝织为业。东北半城,皆居机户,郡城之东,皆习织业。织文曰缎,方空曰纱"。万历二十九年(1601),应天巡抚曹时聘奏称:"臣所睹记,染坊罢而染工散者数千人;机房罢而织工散者又数千人。此皆自食其力之良民也。"②这还是经过中官税使横征暴敛,"吴

① 据佐伯有一的观察,这种情况往往发生在城市丝织机匠逃离强迫劳役之时,因为他们随身携带着能够织造高档丝织品的先进织机,从而将丝织技术扩散到目的地城乡。(参见[日]佐伯有一:《明代匠役制度的崩溃与城市丝织业流通市场的发展》,《东洋文化研究所纪要》,第10卷,1956年11月)

② 《明神宗万历实录》卷361。

中之转贩日稀,织户之机张日减”[①]以后的情况。与之形成鲜明对照的是,与此同时,苏州织染局的匠役人数只不过区区1000多名。

其次,苏州周边的丝绸生产专业市镇以及农民家庭丝绸副业生产也在日渐崛起。关于吴江县盛泽镇、黄溪镇等著名丝织专业市镇,有这样一段广为引用的资料:

> 绫绸之业,宋、元以前,惟郡(苏州——笔者注)人为之。至明熙、宣间,邑民始渐事机丝,犹往往雇郡人织挽。成、弘以后,土人亦有精其业者,相沿成俗。于是盛泽、黄溪四五十里间,居民乃尽逐绫绸之利。有力者雇人织挽,贫者皆自织,而令其童稚挽花。女工不事纺织,日夕治丝。故儿女自十岁以外,皆早暮拮据以糊其口。而丝之丰歉,绫绸价之低昂,即小民有岁无岁之分也。[②]

再次,明清两代,朝廷常有“加派”“领机”等举动,这实际上是官营织染局利用民间丝织能力的体现。“常额”之外的织造任务,即为“加派”,无代无之,愈演愈烈,有时甚至高于常额设定的10余倍。显然,这种10倍于原额的超级负荷,不可能由官营织染局在原有规模或稍事雇募人手的基础上承受,而主要是由民间丝织机户承担的。此外,江南地区民间丝绸产量巨大,成为朝廷和其他府州收买督织绸缎的基地,明嘉靖年间以后直到清代,索性连边市的贸易缎匹,也多督织收买于江南地区。[③] 民间丝绸生产能力之大,于此可见一斑。正是在这个意义上,有研究者指出:“也许可以说,政府需求的扩大和商业市场的发展是相互依存的。商业部门的扩大在很大程度上是由政府

① 《明神宗万历实录》卷361。

② 乾隆《吴江县志》卷38《生业》。

③ 明万历末年,北边数镇一次备银数万两到苏州收买缎匹,“其为值也至廉,其竣事也不过数旬”(《明神宗万历实录》卷376)。数万价银的缎匹,能在数十天内置办完毕,可见民机数量之多,产能之大。

需求激发起来的;而同时政府越来越依赖商业部门来满足其需要。”[①]只不过与之前不同的是,政府的这些需要不再是直接通过政府组织生产来得以满足,而大多是通过委托生产来间接得到满足。

又次,江南丝绸商品量之巨和丝绸贸易之盛,也都表明了民间丝绸生产远远超过官营织造,在丝绸生产结构中占据着无可争辩的主导地位。丝绸的价格,已成为影响丝绸产区农家生计的主要因素。乾隆《吴江县志》载:“按史册《黄溪志》,明嘉靖中,绫绸价每两银八九分,丝每两二分。我朝康熙中,绫绸价每两一钱,丝价尚止三四分。今绸价视康熙间增三分之一,而丝价乃倍之。此业织绸者之所以生计日微也。”[②]在某些丝织专业乡镇中,甚至出现了“以机为田,以梭为耒”[③]的副业逐渐变为主业的趋向,成为明清时期江南社会变迁的一个突出现象。这是中国丝绸生产长期发展的一个结果,同时又成为中国丝绸生产力和生产关系进一步发展的基础。

然而,城乡独立丝绸小商品生产者的发展并不很充分,从事丝绸生产的主体还是农民。虽然在一些地区,特别是江南地区农民家庭的丝绸生产基本上已经是以市场为导向的商品经济,但是他们仍然被束缚于土地,并没有达到独立小商品生产者所应有的程度。个体小农在国家和地主的超经济剥削下喘不过气来,不得不以丝绸生产作为家庭副业来“上供赋税,下给俯仰”。在某些丝绸生产地区出现的“以机为田,以梭为耒”的现象,也不过是说农民的丝绸家庭副业生产比之于种植业的田亩之收,在缴租纳税方面占据了较大份额而已。一家一户的丝绸小生产(无论是乡村的农民,还是市镇的独立手工业者)仍然是清代前期丝绸生产的主导形态。

在历代王朝“农桑为本”[④]国策的奖劝之下,丝绸生产各个环节的技术水

---

① 李明珠:《中国近代蚕丝业及外销(1842—1937)》,徐秀丽译,上海社会科学院出版社 1996 年版,第 51 页。

② 乾隆《吴江县志》卷 38《生业》。

③ 胡琢:《濮镇纪闻 · 总叙》。

④ 连由来自大漠草原、惯于游牧经济的蒙古族建立的元朝,也要强调“农桑为本”。元世祖忽必烈即位之初,即首诏天下:“国以民为本,民以食为本,衣食以农桑为本。”(《元史》卷 93《食货志》)

平都或多或少、或断或续地有所发展和提高,蚕桑生产的经验不断得到总结和推广,缫丝机具和缫丝方法在逐渐加以改进,丝织机具的构造和功能经历了多次革新,丝绸印染整理技术也取得了令人瞩目的进步。历代丝绸生产经验的摸索、总结和积累,为明清时代丝绸科技发展高峰期的到来准备了条件。

在植桑育蚕方面,已经发现和利用了家蚕的杂交优势,"今家蚕有将早雄配晚雌者,幻出嘉种,此一异也"[①],就是以一化性雄蚕与二化性雌蚕杂交,从而培育出优良的新一代蚕种。同时,人们也已经掌握了采用淘汰或隔离的措施来防止蚕病的传染和蔓延。

在蚕丝缫制方面,缫丝车的构造有了进一步改进,发明了由豁口穿丝的"竹针眼",成为现代导纱钩的雏形,从而提高了生产效率。缫丝方法也有改善,徐光启的《农政全书》记载:明代缫丝"以一锅专煮汤,供丝头,釜二具,串盆二具,缫车二乘,五人共作一锅二釜……二人直釜,专打丝头,二人直缫主盆,即五人一灶可缫茧三十斤,胜于二人一车一灶缫茧十斤也。是五人当六人之功,一灶当三缫之薪",既节省了能源,又提高20%的工效。[②] 此时,已经总结出保证缫丝质量的一套完整技术:"凡供治丝薪,取极燥无烟湿者,则宝色不损。丝美之法有六事:一曰出口干;一曰出水干……"[③]可知在缫丝工艺上已经注意运用和掌握温度和湿度以保证生丝的质量,使缫出的丝质柔软坚韧,白净晶莹。这套技术在当时世界上可以说是比较先进的。时人加以比较后指出:"凡治茧必如嘉、湖,方尽其法。他国(处)不知用火烘,听茧结出,甚至丛杆之内,箱匣之中,火不经,风不透。故所谓屯、漳等绢,豫、蜀等绸,皆易朽烂。若嘉、湖产丝成衣,即入水浣涤百余度,其质尚存。"[④]通过长期的生产实践,人们已经认识到水质与缫出生丝的质量关系甚大。"缫茧以清水为主,泉源清者最上,河流清者次之,井水清者亦可。"[⑤]浙江新市镇有蔡家漾,"蚕时取其水以缫,所得丝视他水缫者独重,盖水性然也,故缫时汲

① 宋应星:《天工开物》卷上《乃服》。
② 徐光启:《农政全书》卷35。
③ 宋应星:《天工开物》。
④ 崇祯《苏州府志》。
⑤ 卫杰:《蚕桑萃编》卷4。

水于此”①。

有人计算过缫丝、络丝、治纬、牵经等工种的劳动生产率，据说分别比过去提高了20%左右。参见表1-8。

表1-8　明代丝绸生产有关工种劳动效率

工种	工具	劳动人数	工作时间	单位产量
缫丝	足踏缫车	2人	1日	细丝10两、中丝20两、粗丝30两
络丝	络车	1人	1日	3两
治纬	纺车	1人	1日	3两
牵经	经架	2人	1日	800—900尺

资料来源：据史宏达《明代丝织生产力初探》，《文史哲》1957年第8期，第752页附表改制。

在丝绸织造方面，明清时代的丝织机具已经比较完备，种类也比较多，仅在江南地区的市场上，经常作为商品出售的织机就有绫机、绢机、罗机、纱机、绸机、布机等多种。② 根据所需织造的丝绸品种，可以采用不同的织机，大致说来可以分为两种：一是专织平纹的“腰机”，二是专织花纹的“花机”。“腰机”的构造简单，操作方便，足蹬踏板，手投织梭，“凡织杭西、罗地等绢，轻素等绸，银条、巾帽等纱，不必用花机，只用小机。织匠以熟皮一方置坐下，其力全在腰尻之上，故名‘腰机’”③。“花机”的装置较为繁复也较为完备，代表了古代中国丝织机具发展的最高水平。《天工开物》记载：

凡花机，通身度长一丈六尺，隆起花楼，中托冲盘，下垂衢脚（水磨竹棍为之，计一千八百根），对花楼下掘坑二尺许，以藏衢脚（地气湿者，架棚二尺代之）。提花小厮，坐立花楼架木上。机末以的杠卷丝，中用叠助

---

① 正德《新市镇志》卷1，浙江图书馆藏清刻本，转引自陈学文《明清时期新市镇的社会经济结构》，《浙江学刊》1990年第6期。

② 崇祯《苏州府志》。

③ 宋应星：《天工开物》卷上《乃服·腰机式》。

木两枝,直穿二木,约四尺长,其尖插于筘两头。叠助,织纱、罗者视织绫、绢者,减轻十余斤方妙。其素罗不起花纹,与软纱绫绢踏成浪梅小花者,视素罗只加桄二扇,一人踏织自成,不用提花之人,闲住花楼,亦不设衢盘与衢脚也。[①]

于此可见,“花机”由10余种部件构成,各有特定功能,缺一不可。的杠卷缠着所有丝缕,经纬交织成绢帛后卷上卷布轴;叠助可以加重织筘的捶击力,使经纬交织更加紧密而坚实;老鸦翅和铁铃,可使缯面轮流提起,携夹经缕做上下起伏运动,分开经纬,以便投梭;蹬动踏板,动力可传导机身各部,使之互相牵动,借以织造。在同一台织机上,只需通过增减综桄,就既可以织提花织物,也可以织素罗或小花织物;织造不同纬线密度的品种,则可以调换叠助木来调节打纬的力度。

织机构造的完备和性能的改进,是丝织技术发展的一种表现,反过来它又推动着丝织技艺的进一步提高。使用“腰机”时,织者需要手足并用,分别完成移综、开交、投梭、打纬和卷布、放经的织造程序。使用“花机”则要求更高,需要两人同时操作,一人司织,一人提花。织者以足力蹬动踏板,左手投梭,右手持筘碰击经纬交织之处,使之结合紧密,到织出一定长度后,还要卷绸并放长经丝;提花者则提拉经缕,与司织者的动作默契配合。这些精细复杂的织造技艺,人们已经能够不太困难地掌握,出现了大量具有熟练劳动技能的丝织生产者,能够根据需要熟练地织造出多种绢帛。“凡左右手各用一梭交互织者,曰‘绉纱’;凡单经曰‘罗地’,双经曰‘绢地’,五经曰‘绫地’”;“先染丝而后织者曰‘缎’;就丝绸机上织时,两梭轻一梭重,空出稀路者,名曰‘秋罗’”[②];“盖绫绢以浮经而见花,纱罗以纠纬而见花;绫绢一梭一提,纱罗来梭提,往梭不提”[③]。诸如此类,不一而足。使用这种手投梭机织造绸缎,体力较好、技艺娴熟的工匠一般日可织幅宽2尺2寸的平纹织物八九尺,体力

① 宋应星:《天工开物》卷上《乃服·花机式》。
② 宋应星:《天工开物》卷上《乃服·分名》。
③ 宋应星:《天工开物》卷上《乃服·花木》。

较弱、技术一般的工匠日可织六七尺，平均日产量在七八尺之谱。织造花纹织物，则视纹样精致繁复的不同而效率各异，一般二至三人日织幅宽 2 尺余的花纹织物 2 尺 5 寸不等。据测算，使用这样的手投梭机织造绸缎，达到如此产量，已经是普通人体力所能适应的极限了。

然而，一个小农经济占主体的国度，所能提供的丝绸科技发展余地是有限的，只是在传统的框架内作些修改和补充。在小农经济基础及其上层建筑所能允许的极限内，它可以给丝绸科技的进步和生产力的发展开辟一定的空间；在没有遭到外来威胁的情况下，它也可以显示出某种适应性和生命力。但是，极限已经见顶，中国传统丝绸科技到明代已经基本定型，其后难有新的变更，清代的丝绸科技就未见什么大的进展；外来威胁也迫近了，就在明清王朝换代递嬗的那一时刻，万里之遥的西欧岛国升腾起资产阶级革命的呐喊和厮杀，随后又开始了由中世纪农业文明向近代工业文明的过渡。工业革命的进行，使西方资本主义国家首先在纺织工业领域发生了根本的变革，丝绸工业开始崛起。“自十九世纪三十年代以来，曼彻斯特已经使用动力纺织廉价丝绸和混合织物”[①]；法国也创制了先进的“贾卡德”提花丝织机（Jacquard Loom），迅速推广，所产丝绸质量好而效率高，成为当时世界上丝绸生产技术最为先进的国家。所有这些，都预示着中国丝绸手工业即将面临越来越严峻的挑战和竞争。随着西方国家工业化浪潮的兴起，先进的科学技术成果开始逐渐应用于丝绸生产和贸易，在世界丝绸市场上，已能感到机械缫丝、动力织绸和科学炼染的新时代的涛声正向东方的丝绸祖国拍岸而来……

3. 丝绸输出及其影响

桑蚕丝绸在中国社会经济和国计民生中具有重要性，同时，它在中国对外关系的舞台上也是流光溢彩。从中国与周边民族和国家的最初接触开始，丝绸便既是贸易的商品，又是交往的媒介。丝绸本身的卓异功能以及由之带来的巨大利润，吸引无数富有冒险精神的人们跋山涉水追寻丝绸的踪迹，从而形成连通东西方商品贸易和文化交流的著名商道——丝绸之路。这条丝

① 克拉潘：《现代英国经济史》中卷，商务印书馆 2011 年版，第 36 页。

绸之路也延伸到了海上,丝绸贸易的船舶和商使往还的帆樯往来于南中国海、印度洋、阿拉伯海和地中海,到16世纪以后又航行于太平洋上,把新旧大陆连接成为一体。多少世纪过去了,多少城市、国家、王朝、文明兴起又衰落,连接着世界各个大洲的丝绸之路却一直留存,不断延展,同时也使每一个与这条商路发生关系的民族和国家受到了深刻而持久的影响。

丝绸之路开通以后,自周、秦迄宋、元,一直成为中欧之间陆路交通的主要干道。时至明清时代,“地理大发现”使世界海路交通开辟了新纪元。郑和七次下西洋,远航到非洲东海岸。随后,葡萄牙人发现了绕道好望角前来东方的航线,哥伦布为了来东方无意间发现了美洲新大陆。也就是在这一时期,由地中海到中东、中亚的海陆交通线退居到了次要地位,丝绸之路所代表的东西方陆路贸易大大萎缩,只限于新疆和邻近地区;商品结构也有很大改变,丝绸的首屈一指的地位已经逐渐为茶叶所取代。

即便如此,前清时期仍有相当数量的丝绸经由西北地区的新疆、蒙古,运销中亚和俄国。江南的丝织品经由运河或海道运抵北京,出京师向西北行进,经张家口、杀虎口到蒙古,再往北可达中俄边境的恰克图,山西商人组成的商队以牛车载货,“联数百辆为一行,昼则放牛,夜始行路”,“铎声朗朗远闻数十里”。[①] 康熙二十八年(1689),中俄签订《尼布楚条约》,规定两国人民可以越界往来,通商贸易。雍正六年(1728),中俄又订立《恰克图条约》,规定俄国商人可每3年来北京1次,人数不得超过200名;此外仍可在尼布楚、恰克图通商。之后抵达北京的第一支俄国商队由205人组成,有马1650匹、牛562头、载货车辆475辆,携带的货物价值28.5404万卢布。俄商在北京购买了丝绸、茶叶、棉布等货品回国售卖,获利甚巨。据说俄商从“莫斯科带出一千卢布或等值的皮货,从北京换回的货物可值六千卢布”[②]。当年的莫洛可夫商队在北京采购了丝织品8866波斯塔夫,价值5.6113万两白银。乾隆中

---

① 徐珂:《清稗类钞》第5册《农商类》。

② 曹子西主编:《北京通史》第7卷,中国书店1994年版,第349—350页。

叶,俄国每年从中国进口的丝织品价值约21万卢布。[1]

在中国西南边陲的崇山峻岭之间,还有一条被称为“蜀身毒道”的商路,如今被人们冠以“西南丝路”的美称。从四川成都出发,纵贯川、黔、滇三省,通向境外的缅甸,然后再从缅甸分为水陆两路:陆路向西经印度、阿富汗至木鹿城(今中亚土库曼斯坦的马里),与上述的西北丝绸之路相连,直通欧洲的地中海;水路循缅甸伊洛瓦底江南下出海,与海上丝绸之路衔接,形成连接两大洋(太平洋、印度洋)和三大洲(亚洲、欧洲、非洲)的交通大动脉。

这条丝路自从开通之后,一直是中国沟通中南半岛、东南亚和印度次大陆的重要商道。即使在明清两代实行“禁海”“闭关”政策的时候,西南丝路上仍然是商使往返,络绎不绝,沿途的城镇也因此受惠不浅。时人记述说:缅甸的“江头城外有大明街,闽、广、江、蜀居货游艺者数万,而三宣六慰被携者亦数万”。这里商业兴旺,“交易或五日一市,十日一市,惟孟密一日一小市,五日一大市。盖其地多宝藏,商贾辐辏,故物价平常”。这里的“江海舳舻与中国同,海水日潮者二,乘船载米谷者随之进退。白古(今勃固)江船不可数,高者四五丈,长者二十丈,大桅巨缆,周围走廊,常载铜铁、瓷器而来,亦闽广海船也”[2]。可见中国商人不论是从云南的陆路,还是从闽广的海路,到缅甸经商贸易的人数都很多。

明清时代东亚国际关系的基础是以中国为中心的朝贡体制,而贸易往来则是其中最为重要的内容。在来华朝贡的国家中,海道来航的有经由福州的琉球,经由厦门的苏禄,经由广东的暹罗等国。还有一些东南亚国家的使节,打着“贡使”的旗号,不经闽、广海岸,而走滇、黔、湘的内陆线,跋山涉水到达京城,进行朝贡贸易。陆路来华的还有经由凤凰城的朝鲜。明清朝廷对前来朝贡国家的赏赐极厚,赐品中以丝绸的数量最大。明清交替,原来向明朝朝贡的周围国家,随之作为清朝的藩属国进行朝贡,东南亚诸国中,安南、暹罗于康熙年间,苏禄于雍正年间,南掌(今老挝)、缅甸于乾隆年间相继入贡,接

① 参见李伯重:《明清江南与外地经济联系的加强及其对江南发展的影响》,《中国经济史研究》1986年第2期。

② 朱孟震:《西南夷风土记》,第7页。

受册封。[①] 清雍正六年(1728),南掌国王遣使贡象两头,表文一道,由云贵总督鄂尔泰委员伴送入京,赐宴于礼部,赏给妆蟒锦缎、纱罗等丝织品。乾隆十八年(1753),缅甸国王遣使以驯象、涂金塔求贡,“使至京,赐赉如例”[②]。

除朝廷的赏赐之外,在这些朝贡的队伍中,还有为数不少的商人。据日本学者滨下武志的研究,“到中国进行的朝贡贸易,包括三种方式不同的交易活动:(1)贡使携带的正式贡物及中国方面的回赐所形成的授受、交换关系;(2)在北京的会馆和驿站,朝贡使团与中国方面经官方特许的商人团体之间的交易;(3)在通商港口和边境城市,随同贡使的商人与当地中国商人进行的交易”[③]。

在第一种情况下,虽然一般也注意等价物交换的原则,但是更多的时候,作为宗主国的明清朝廷,往往给予朝贡国远超出贡物价值的赏赐。“这既非单纯的政治行为,亦非单纯的商业交易,毋宁说是政治仪式与商业行为在某种程度上的结合。”[④]在这一场合,朝贡国的使节向明清朝廷献上规定的特产,如朝鲜的人参、白银、毛皮,琉球的红铜、硫磺、锡,东南亚诸国的香料、鸟兽、装饰品等,在回赐品中,丝织物始终扮演着主要角色。[⑤]

在第二种情况下,在朝贡仪式结束后,特允许朝贡使团于归国之前在作为旅邸的会同馆内,在户部官员的监督下与中国商人进行免税交易,时间一般为3—5天,朝鲜与琉球的使节则没有时间限制。[⑥] 琉球的使团经允许可在福州的柔远驿进行交易,这比将携带的货物跋山涉水运往北京要便利得多,

---

① 《光绪大清会典事例》卷502。按:《嘉庆大清会典事例》还将荷兰、葡萄牙、英国、罗马教廷等西洋诸国列为朝贡国家。实际上这些国家虽亦派遣使节来北京,并被视为朝贡国家加以登记,但在欧洲诸国看来,朝贡不过是方便贸易的商业手段而已,并非肯定了朝贡的理念。

② 魏源:《圣武记》。

③ 浜下武志:《关于中国与亚洲关系的几个问题》,王翔译,《中华民族史研究》第二辑,海南国际新闻出版中心1997年版,第283—284页。参见滨下武志『近代中国の国際的契機——朝貢貿易システムと近代アジア』,东京大学出版会1990年版,第36页。

④ 刘序枫「十七、十八世紀の中国と東アジア——清朝の海外貿易政策を中心に」,溝口雄三、滨下武志等编『アジアから考える』(2)『地域システム』,东京大学出版会1993年版,第87—132页。

⑤ 《光绪大清会典事例》卷503、506、507、508、509。

⑥ 《光绪大清会典事例》卷511。

所以自康熙十年(1671)后琉球使团就不再于北京会同馆进行交易了。[①] 朝鲜朝贡使团从中国带回的以生丝、丝织品为主的“唐物”,很大一部分经由釜山的倭馆贸易转贩于日本,日本方面则支付银、铜作为交换。于是,对于朝鲜来说,维持与清朝的朝贡关系和进行朝贡贸易的一个重要原因,就在于其与日本对马藩之间这种有利可图的贸易关系。

朝贡贸易的第三种情况,即在边境的互市场所或海港进行的贸易最为繁盛。“在通商港口和边境城市的买卖规模最大,而且最能赚取利润,所以名义上虽然是朝贡贸易,但是并非全部使团成员都去北京,倒是在通商口岸交易牟利的人占绝大多数。总而言之,官方贸易与私人贸易是一身二任的,这表明利用朝贡贸易的框架,吸引了大量的民间贸易。”[②]随同使团来华的商人们携来了大量珍贵土特产品,目的在于交换能够获利的中国商品带回国去,其中当然少不了在市场上备受欢迎的丝绸织物,而中国政府也对此采取鼓励政策。康熙四十七年(1708),清廷还专门下令,对“暹罗贡使所带货物,请听其随便贸易,并免征税”[③]。据说,外国商人这样一来一往,“利可十倍”[④]。

这种“遣使贡献”,以各国的“珍宝”来换取中国回赠“彩缯”的行为,实际上是一种变相的商业活动,所以日本学者把它称为“朝贡贸易”。滨下武志指出:这种朝贡贸易的特点是,中国政府“对朝贡贸易给予免税的特权,使人们能够亲身经历那向慕已久的中国皇帝的威德,‘自由地’进行各种商业活动”[⑤]。

如此看来,朝贡贸易的三种形式具有不同的特征,与以往人们所想象的不同,朝贡与回赐看来并不是纯粹礼仪、不计利益的事情,而是也存在着作为商品交易的等价交换的活动。至于在北京和边境城市、港口所进行的商品买

---

① 参见陈大端:《雍乾嘉时代的中琉关系》,台北明华书局1956年版,第81页。

② 滨下武志:《关于中国与亚洲关系的几个问题》,王翔译,《中华民族史研究》第2辑,海南国际新闻出版中心1997年版,第283—284页。

③ 《清朝文献通考》卷26。

④ 乾隆《海澄县志》卷15。

⑤ 滨下武志:《关于中国与亚洲关系的几个问题》,王翔译,《中华民族史研究》第2辑,海南国际新闻出版中心1997年版,第282页。

卖,实际上就是一种国际贸易的形式。因此可以说,以中国为中心的朝贡体制的成立,也就在东亚、东南亚形成一个广泛的通商贸易网络,通过这样一条条渠道,包括丝绸在内的中国商品源源销行到有关国家。以琉球为例,来华常贡船一般可载熟硫磺1.26万斤、红铜3000斤、白铜锡1000斤,庆贺皇帝即位和册封王位谢恩时的特别贡品,则再加上枪、刀剑、屏风、螺钿类。这些并非琉球所产,大多从日本的萨摩藩获得。清朝对琉球的赏赐因时代不同而有若干品种与数量上的变更,但丝织物始终占据主要地位。此外,琉球贡船归国时还自福建购入生丝、绸缎、药材、茶叶等载运回国,再经由萨摩藩将这些商品流入日本市场。乾隆二十四年(1759),由于清廷一度禁止生丝和丝织物输出海外,在中日之间实行中介贸易的琉球陷入困境。琉球国王一再恳求清廷解除生丝、丝织物输出的禁令,终于乾隆二十八年(1763)得到了输出土丝5000斤、二蚕湖丝3000斤,合计生丝8000斤的许可。[①] 次年,又进一步取得了输出生丝8000斤,额内折合绸缎2000斤(约每绸缎1000斤折合二蚕湖丝1200斤)的许可。[②]

明清时代,随着地理大发现的进展,世界航路的全面贯通,西方势力的日渐东来和全球性广泛联系的建立,世界贸易格局为之大变。在这一历史大背景下,中外交流的历史古道——海上丝绸之路亦发生了重大变化,规模和影响均有所发展和扩大。在东亚海域的国际贸易中,活跃的不仅有中国人和西欧人,还有其他一些亚洲国家的人,如日本人、朝鲜人、琉球人、安南人、暹罗人等。各国商人之间彼此竞争,同时也相互合作,促进了东亚海域的国际贸易。伴随着世界市场对中国丝绸的喜好和追求,中国丝绸作为最重要和最大宗的货物之一,运销世界各个地区,形成面向太平洋、大西洋、印度洋的海上丝路国际性贸易大循环。

清代前期,承袭了明末的贸易制度,对沿海人民出海经商,初无明文禁止,后来为了对付占据东南沿海的南明反清势力,迫使据守台湾的郑成功就范,于顺治十二年(1655)、顺治十三年(1656)及康熙元年(1662)、康熙四年

① 《清高宗实录》卷701。

② 《历代宝案》2集卷48。

(1665)、康熙十四年(1675)5次颁布禁海令①,又于顺治十七年(1660)及康熙元年(1662)、康熙十七年(1678)3次下达“迁海令”②,企图断绝大陆人民对台湾郑成功的支持,禁止沿海人民出海经商。到康熙二十二年(1683),清朝统一了台湾,“三藩之乱”也已经平息,主张开海贸易的官员和商民越来越多,清廷顺乎民意,于康熙二十三年(1684)正式停止海禁,“今海内一统,寰宇宁谧,满汉人民相同一体,令出洋贸易,以彰富庶之治,得旨开海贸易”③。次年,宣布江苏的松江、浙江的宁波、福建的泉州、广东的广州为对外贸易的港口,分别设立了江海、浙海、闽海、粤海四个海关,负责管理海外贸易事务。④这是中国历史上正式建立海关的开端。当时虽然清廷规定四口通商,但实际上整个中国沿海的大小港口都是开放的,有学者根据史料统计,当时开放给中外商人进行贸易的大小港口计有100多处。⑤

实行开海贸易后,“粤东之海,东起潮州,西尽廉南,南尽琼崖,凡分三路,在在均有出海门户”⑥。山东、河北、辽宁的海岸,“轻舟”贩运活跃起来;江苏、浙江、广东、福建沿海更是“江海风清,梯航云集,从未有如斯之盛者也”⑦。世界许多国家和地区的商人纷至沓来。东洋有日本、朝鲜;南洋有吕宋(菲律宾)群岛、苏禄群岛、西里伯群岛、马六甲群岛、新加坡、婆罗洲、爪哇、苏门答腊、马来西亚、暹罗、琉球、越南、柬埔寨、缅甸;欧洲有葡萄牙、西班牙、荷兰、英国、法国、丹麦、瑞典、普鲁士、意大利、俄国;美洲有墨西哥、秘鲁、美国;印度洋有印度、斯里兰卡;等等。当时几乎亚洲、欧洲、美洲的主要国家都

---

① 《光绪大清会典事例》卷120、卷692、卷776。

② 《东华录》顺治十七年(1660)九月癸亥条,康熙十七年(1678)闰三月丙辰条;《光绪大清会典事例》卷776。

③ 《清朝文献通考》卷33《市籴》。

④ 关于清朝初设四海关的地址,一说为云台山、宁波、漳州和澳门。兹据李士桢《抚粤政略》卷1,《议复粤东增豁税饷疏》所记,为“江南驻松江,浙江驻宁波,福建驻泉州,广东驻广州次固镇”。

⑤ 参见黄启臣:《清代前期海外贸易的发展》,《历史研究》1986年第4期。

⑥ 《粤海关》卷5《口岸一》。

⑦ 嵇曾筠:《乾隆浙江通志》卷86《榷税》。

与中国发生了直接的贸易关系。①

随着海外贸易的发展,穿梭往来的中外商船数量增多,吨位增加。据有关资料统计,康熙五年(1666),中国驶往日本的商船为35艘,而自实行开海贸易的康熙二十三年(1684)到规定只许广州一口通商的乾隆二十二年(1757)的74年间,中国开往日本贸易的商船总数为3017艘②,平均每年41艘多。据载,当时的小船可载重100吨、中船载重150吨、大船载重250—300吨,最大的可载重600—1000吨。③ 去南洋诸国贸易的商船,康熙二十四年(1685)为10余艘,康熙四十二年(1703)有50多艘。④ 18世纪中叶的乾隆十六年到二十一年(1751—1756),从福建出海的中国商船每年有60—70艘;乾隆十七年(1752),由广东出海的中国商船为20—30艘。可见仅闽、广两省每年出海商船就有百余艘。⑤ 这些商船的吨位一般在120—900吨,平均约为300吨。⑥ 前来中国贸易的欧美各国商船,从康熙二十四年(1685)到乾隆二十二年(1757)的73年间计有312艘⑦,商船吨位最小为140吨,最大为480吨,一般为300—400吨。

据日本学者的研究,江户幕府的宽文年间(1661—1672),中国生丝年输入日本不下20万斤。生丝加上绸缎在当时中国与日本的贸易总额中雄居首位,占到70%以上。日本学者川胜平太说,“在17世纪,贸易对于日本来说是不可缺少的要素,从中国输入最多的是生丝”。“当时,从中国输入大量的生

---

① 参见17世纪前半叶刊行的张燮《东西洋考》,18世纪末刊行的《皇朝文献通考》卷296、卷297《四裔考》,19世纪前期刊行的《厦门志》卷5《洋船》等史籍所载。

② 据木宫泰彦《中日交通史》下册第327—334页所列数字。按:由于日本德川幕府于贞享二年(1685)开始实行限制中国生丝输入的政策,中日海上贸易未能获得应有的更大发展,商船数量增加不很明显,但是由于商船载重量有所增加,对贸易总额应有弥补。

③ 宋代商船的一般载重量为110吨左右。参见郑学檬:《简明中国经济通史》,黑龙江人民出版社1984年版,第216页。

④ 见杨余练:《试论康熙从“开禁”到“海禁”的政策演变》,《光明日报》1981年1月13日。

⑤ 松浦章:「清代の海外貿易について」,『関西大学文学論集創立百周年紀念号』上卷,1986年,第451—452页。

⑥ 姚贤镐编:《中国近代对外贸易史资料(1840—1895)》第1册,科学出版社2016年版,第63页。

⑦ 据《粤海关志》卷24;马士:《东印度公司对华贸易编年史》卷1,中国海关史研究中心组译;吕坚:《谈康熙时期与西欧的贸易》,《历史档案》1981年第4期。

丝、丝织品、沙糖等商品。为了购入这些物品,日本从 1648—1708 年的 61 年间,流出海外的金为 2397600 两,银 374209 贯,铜的流出量自 1663—1708 年的 46 年间达到'一亿一万一四四九万八七 00 斤余'。"[①]又有人统计,自康熙二十三年(1684)到道光十九年(1839),中国从日本进口的黄铜达到 3.207 亿斤,平均每年进口 195.1 万斤。[②] 由于中国方面有对日本铜和贵金属的需要,即使在严禁丝绸输出海外的时期,对日本也往往是网开一面。乾隆二十四年(1759),中国国内生丝价格暴涨,清廷严禁生丝、丝织物的输出,但是为了交换日本铜,仍然允许前往日本办铜的商船携带一定数量的绸缎,不久,又允许对日本输出与绸缎数量相当的生丝。[③] 尽管江户幕府为了减少金银外流,于 17 世纪晚期采取了一系列限制与中国贸易的措施[④],但是由于离不开对中国生丝和丝绸产品的需要,实际上很难立即取得预想的效果。当时的中国海商,很多人仍然定期或不定期地往来于中国、日本、东南亚之间,从事三角贸易。[⑤] 由东南亚航行至日本的商船,虽被称为"暹罗船""广南(安南)船""噶喇吧(爪哇)船"等,但实际上都是由华人经营的贸易船。

19 世纪前期到印度支那考察的英国人约翰·库劳福特(John Crawfurd)记述说:"与印度支那保持交通的港口,有广东省的五处,即广州、潮州、南澳、惠州、徐闻,还有属于海南岛的各个港口,以及福建省的厦门、浙江省的宁波和江苏省的苏州。西贡港的对华贸易每年总计通例如下,即 15—25 艘的海南帆船,每艘载重 2000—2500 担;2 艘广东商船,每艘载重约 8000 担;1 艘厦

---

① 川胜平太:《东亚经济圈的形成与发展——亚洲国家间竞争 500 年》『アジアから考える』〔六〕,东京大学出版会,第 27 页。

② 原据《日本和世界的历史》第 15 卷第 70 页,及丰田武《交通史》第 300 页的数字统计,转引自黄启臣《清代前期海外贸易的发展》,《历史研究》1986 年第 4 期。

③ 《通考》卷 17、卷 33、卷 295。

④ 这些措施包括:贞享二年(1685)颁布命令,限制"唐丝"输入,将"唐船"的贸易额限定在每年白银 6000 贯。元禄元年(康熙二十七年,1688)规定来航的中国商船每年不得超过 70 艘。正德七年(康熙五十四年,1715)发布"正德新例",颁发"唐船信牌",实行贸易许可证制度,领取"信牌"(贸易许可证)的中国商人才能来日贸易。元文元年(乾隆元年,1736),规定来航的中国商船数每年为 25 艘,元文五年(乾隆五年,1740)又进一步限定为 20 艘,等等。

⑤ 永積洋子:「十七世紀の東アジア貿易」,浜下武志、川胜平太编:『アジア交易圏と日本工業化 1500—1900』,リブロポート,1991 年。

门帆船,每艘载重约7000担;6艘苏州商船,每艘载重6000—7000担。帆船总计约30艘,合计载重量约6500吨。价格最高的货物由厦门运来,主要是刺绣的丝织物和茶叶;价格最低廉的货物来自海南岛。"[①] 1830年3月29日,库劳福特在英国议会听证会上报告了中国船只航行新加坡的情况,估计了1824—1825年到达新加坡的4艘中国商船所载货物的重量与价值:"1824年到达新加坡的广东帆船载货量为600吨,货物价值75000元;同年厦门商船载货量为225吨,价值60000元。1825年到达新加坡的广东商船载货375吨,价值20000元,并有670名乘客;同年到达的厦门商船载货476吨,价值100000元,另有625名乘客。"[②]

马尼拉的丝绸市场,主要是为了满足拉丁美洲对中国丝绸的巨大需求。时人称,"如果没有从澳门运来的这些东西(中国丝绸),新西班牙(指西班牙拉美殖民地,编者注)商船也就无货可载"[③]。往返于太平洋两岸的大帆船,每艘都满载着中国出产的丝绸,时人称之为"丝船"。这些"丝船",一般每艘登记运载丝绸300至500箱,有时高达1200余箱。以1774年启航的丝船为例,每箱容量重约250磅,内有珠色广州光缎250匹、绛红色纱72匹。[④]

中国丝绸首先运抵美洲的墨西哥,再传布到秘鲁,然后经秘鲁运销到阿根廷、智利和南美大陆其他地区,还进一步扩散到中美洲和加勒比海地区。正如安尼塔·布雷德利所说:"沿南美洲海岸,无处不有中国丝织品的踪迹。"[⑤]在拉丁美洲市场上,中国丝绸精致美观,价格低廉,和其他产地的同类货物相比具有明显的优势。一位意大利神父记载说:"他们(指中国)产品所要的价钱,大约是我们在西方所付同类产品的三分之一或四分之一。"[⑥]于是,在墨西哥,"除中国丝织品外,不复销售其他丝织品"。直到18世纪末,在墨

---

① Crawfurd, John, *Journal of an Embassy to the Courts of Siam and Cochin China*, 1828, 1st ed., reprinted 1987, PP. 511-512.

② *Mimutes of Evidence before Select Committee on the Affairs of the East India Company*, 1830, P. 322.

③ 转引自杨仁飞:《明清之际澳门海上丝路贸易述略》,《中国社会经济史研究》1992年第1期。

④ E. H. Blair and J. A. Robertson, *The Philippine Islands 1493-1898*, Cleveland, Ohio, 1913. 据载,1731年驶出的一艘大帆船上,装载了6万双长筒丝袜。

⑤ 转引自彭泽益:《鸦片战争前广州新兴的轻纺工业》,《历史研究》1983年第3期,第174页。

⑥ 利玛窦:《中国札记》,中华书局1983年版,第14页。

西哥的进口总值中,来自中国的丝绸大约占到65%。[①] 尽管西班牙殖民政府发出一道道禁令限制中国丝绸的输入,阻止白银的外流,但都无济于事。中国制造的锦缎、天鹅绒、丝带、斗篷、丝袜及其他丝织物,都"华丽好看,在新西班牙各地出售,价格非常便宜,故那里的人士都争着购用中国丝货,而不购用其他丝织品。结果西班牙各丝织厂因蒙受打击而倒闭,同时从事西(班牙)美(洲)贸易的商人也损失了不少财富,因为不可能再如过去那样经营像丝织品这样重要而有利的出口贸易"[②]。

输往欧美各国的商品中,也以生丝和丝织品为大宗。以英国东印度公司为例,康熙三十七年至六十一年(1698—1722),每年从中国运出生丝1833担;到乾隆五年至四十四年(1740—1779),增加到1.92万担,增长近10倍。为了遏制中国生丝、绸缎对本国市场的冲击,法国摄政当局曾经下令禁止或限制由东印度公司运来的中国货物,然而这些禁令实际上大多形同具文。"执行这种禁令的不严密,从下面这个事实中可以看出。1700年以来,中国公司出售中国制造的欧式绣袍,第一次所办的货是由商船'安菲特赖提'号运回的"[③]。单纯的行政命令,根本无法阻止中国丝绸的输入,中国丝绸的价廉物美同西方社会与日俱增的消费需求结合在一起,成为冲破这些禁令的强有力的武器。显而易见,围绕着中国丝绸在国际市场上的销售而展开的,实质上是中国商品和西方商品之间的一次大对抗。在这种竞争中,中国的丝绸商品占有明显的优势,这不能不说是中国商品海外贸易史上光辉的一页。

国际市场的扩大,对外贸易的拓展,给中国丝绸行业和社会经济的发展,开辟了一片广阔的天地。中国丝绸不断扩张的出口能力和在世界市场上无可匹敌的竞争能力,一方面表明了中国丝绸生产规模的不断扩大和技术水平的不断提高,另一方面也反映了国际市场对于中国丝绸的需求正在不断增

---

① [美]布莱尔、罗伯逊:《菲律宾群岛(1493—1898)》第19卷,《克利夫兰》1913年版,第179页。

② 全汉昇:《近代早期西班牙人对中菲美贸易的争夺》,见香港中文大学《中国文化研究所学报》第8卷第1期。

③ 利奇温:《十八世纪中国与欧洲文化的接触》,商务印书馆1991年版,第34页。

长。从事海外贸易的商人手中所积累的资本和他们带回国内的世界市场信息,曾经有力地影响和诱导着国内某些地区商品生产的方向。在东南沿海丝绸生产中心的一些地方,已经开始兴起国际范围内的"订货加工"业务。有些中国丝绸业者已经开始根据国外客户的需要来安排和组织生产了。有人专门制作丝边、番袜等"原系贩卖吕宋,非内地适用之物"①。1731年从澳门起航的一艘横渡太平洋的大帆船,就载有长筒丝袜6万双。② 还有人根据运销西方市场的需要对出口丝绸服装重新作了设计,"中国人巧妙地仿照最受人欢迎的西班牙款式,以致他们的产品和安达卢西亚的五彩缤纷的衣服完全一样"③。

江苏的苏州,明清时代有"丝绸之府"的美称,史载"南北舟车,外洋商贩,莫不毕集于此"④。西方学者也称许这里出产的精美丝缎,"供大部分欧洲之需"⑤。顺治年间,吴江盛泽镇上,"绫罗纱绢不一其名,京省外国悉来市贸"⑥,此中透露出来的消息,亦可说明这里的繁荣与丝绸生产和丝绸海外贸易的发展有着休戚相关的密切联系。到康熙时,"绫罗纱绸出盛泽镇,奔走衣被遍天下,富商大贾数千里辇万金而来,摩肩连袂,如一都会矣"⑦。乾隆时代,这里"居民百倍于昔,绫绸之聚亦且十倍,四方大贾辇金至者无虚日。每日中为市,舟楫塞港,街道肩摩,盖其繁阜喧盛,实为邑中诸镇第一"。据说"入市交易,日逾万金"。⑧

广东蚕桑丝绸生产的兴起本来就是因应丝绸海外贸易的需要,这里背负五岭,三面临海,地当东西航路要冲,又以广阔内地为腹地,"肩货经于南岭者

---

① 《硃批谕旨》卷214;《四库全书》史部183。

② 索伊拉加朗:《菲律宾百科全书》,《马尼拉卷》,引自全汉昇《明代中叶后澳门的海外贸易》,香港中文大学《中国文化研究所学报》第5卷第1期。

③ 舒尔茨:《马尼拉帆船》,纽约,1959年,第23页。

④ 纳兰常安:《宦游笔记》卷18。

⑤ 乔丹・詹尼斯:《十八世纪的中国出口工艺品》,春天出版社1967年版,第62—63页。

⑥ 顺治《盛湖志》卷下,《风俗》,转引自吴江县档案馆、江苏省社会科学院经济史课题组编《吴江蚕丝业档案资料汇编》,河海大学出版社1989年版,第13页。

⑦ 康熙《吴江县志》卷17《物产》。

⑧ 乾隆《吴江县志》卷4。

不下十万人”,可称“商贾如云,货物如雨”。① 这里的丝货“外销东西二洋”。海外贸易促进了丝绸生产的发展。19 世纪初,一位访华的西方人记述说,广东的佛山有 2500 家棉织作坊,平均每家雇佣 20 个工人。② 结果发现这是一个关于丝织业情况的报告,所谓的“棉织作坊”,实际上是丝织作坊。③ 尽管这是一份有点夸大其词的资料,但我们还是可以从中看到广东丝织业发展的盛况,如果没有海外丝绸贸易的刺激,这是难以想象的。

丝绸海外贸易的扩展,不可能不对传统社会结构的转换和生产关系的变化产生深刻的影响。小生产者的分散性、孤立性和闭塞性,使他们无力单独与世界市场建立联系,而且行销海外的商品从原料来源到织造工艺都有新的更高要求,这也是分散的个体小生产者所难以承担的。于是,这便成为东南沿海地区丝绸业中资本主义生产方式孕育和萌生的一个触媒。江、浙、闽、广的贩海商人不畏风波之险,载运丝绸前往国外贸易,“以数十金之货,得数百金而归;以百金之船,卖千金而返。此风一倡,闻腥逐膻,将通浙之人,弃农而学商,弃故都而入海”④。对此,时人争辩说:海外贸易有利而无害,外通货财,内消奸宄,百万生灵仰事俯畜之有资,各处钞关,且可以多征税课,以足民裕国,其利甚为不小。⑤

另一方面,丝绸海外贸易在为中国商品经济的发展开拓海外市场的同时,又为它的进一步发展积聚起了大量的贵金属。马克思曾经说过:要使封建社会中已经孕育的资本主义因素普遍活跃起来,贵金属是必不可少的前提条件之一。“资本主义生产是与其条件的发展同时发展的。其条件之一,便是贵金属的充分供给。因此,十六世纪以来贵金属供给的增加,在资本主义生产的发展史上是一个重要的因素。”⑥而当时的中国,恰恰缺少这个“重要的

① 高其卓:雍正《江西通志》卷 1,第 22 页。

② 汪敬虞:《从棉纺织品的贸易看中国资本主义的产生》,《中国社会经济史研究》1986 年第 1 期。

③ 参见[美]黄宗智:《长江三角洲小农家庭与乡村发展》,中华书局 1992 年版,第 86—87 页。

④ 王在晋:《越镌》卷 21。

⑤ 贺长龄、魏源编:《清朝经世文编》卷 83,中华书局 1992 年版,第 13 页。

⑥ 中共中央马克思、恩格斯、列宁、斯大林著作编译局编:《资本论》第 2 卷,人民出版社 1975 年版,第 367 页。

因素”。中国的白银产量有限,供不应求,常闹银荒,“皇皇以匮乏为虑者,非布帛五谷不足也,银不足耳”[①]。在此关头,中国商民出海贸易,直接运银回国,“东洋、吕宋地无他产,悉用银钱易货,故归船自银钱外,无他携带”[②],以致于时人普遍认为“闽粤银多从番舶来”[③]。

输往日本的大宗货物固然是丝绸,输往朝鲜的大宗商品也是丝绸。朝鲜从中国输入大量生丝和丝织物,结算时以白银支付。据朝鲜方面的史料记载,康熙年间由朝鲜流入中国的白银数量,经合法贸易加上走私贸易,每年高达五六十万两。[④] 这些银两除了朝鲜本国所产之外,还有很多是经由釜山的倭馆贸易输入的日本白银。据日本学者田代和生的研究,1684—1752年,日本经由对马藩流出的白银至少达“八万三八五一贯目”,平均每年白银流出量为1000贯目。[⑤] 这些均为见于记载之统计数字,尚未包括没有记录的走私贸易在内,即便如此,还是远远高于同期经由长崎和萨摩藩流出的白银数量。

在此前后,又有大量新大陆银(西班牙银元)流入中国。西班牙殖民帝国在与中国的贸易中大量入超,平衡贸易的唯一办法,只有向中国输出白银。“西班牙大帆船从墨西哥港口阿卡普尔科给马尼拉带来了银元和纯金,用以购买中国的丝绸、天鹅绒、瓷器、青铜制品和玉石,而墨西哥银元大量地流入中国的商业港口广州、厦门和宁波,成为远东国际贸易的交换媒介。”[⑥]从17世纪起,新大陆银每年流入中国量在200万元以上,到18世纪上升为每年300万—400万元之巨。[⑦] 雍正十一年(1733)福建巡抚郝玉麟报告说:福建每年约有30只商船出海贸易,每年携带200万—300万外国银元归国,由此补

---

① 陈子龙:《明经世文编》。

② 张燮:《东西洋考》卷7。

③ 屈大钧:《广东新语》卷15,康熙三十九年(1700)刻本。

④ 浦廉一:「近世における中・鮮・日間の經濟交流」,『廣島大学文学部紀要』,1956年。另据张存武估计,实际交易量还要高于这一数字。参见张存武:《清韩宗藩贸易(1637—1894)》,台北“中央研究院”近代史研究所1978年版,第124—127页。

⑤ 参见田代和生:『近世日朝通交貿易史の研究』,创文社1981年版,第269—272、323—330页。

⑥ 霍尔:《东南亚史》上册,中山大学东南亚历史研究所译,商务印书馆1982年版,第313页。

⑦ 全汉昇:《明清间美洲白银的输入中国》,见《中国经济史论丛》第1册,香港新亚书院1972年版,第444页。

偿闽省土地出产之不足。[①] 这仅为福建一省数字,若加上广东、浙江、江苏等沿海各省,很可能还要超过前述所推测的400万元。1565—1820年,墨西哥向马尼拉输送的白银多达4亿比索,绝大部分都流入了中国[②],与中国的货币在市场上并行流通,对明清以来的社会经济产生了深远的影响。

在欧美诸国开始向资本主义社会过渡的早期,也没能立即摆脱中西贸易长期以来所形成的这种格局,"在1830年以前,当中国人在对外贸易上经常是出超的时候,白银是不断地从印度、不列颠和美国向中国输出的"[③]。当时,欧美各国的货物很难在中国找到市场,所以"夷船"来时"所载货物无几,大半均属番银"[④]。正如美国学者在回顾早期中美关系时说:"几百年来,欧洲人曾经到中国以及其他国家去寻求丝茶,而东方需要换取西方的东西却很少,曾经以装运一船船大量的硬币来平衡贸易。"[⑤]有人估计,在18世纪的前51年间,从西欧各国输入中国的白银达6807.3182万元,平均每年为130.8401万元[⑥];18世纪后半期每年输入中国的白银一般也在45万两,最高达到150万两[⑦]。以世界上第一个工业资本主义国家英国为例,1639年,第一艘英国商船到达广州,除了抛出8万枚银元,别无他物。[⑧] "1708—1712年,(英国)对华直接出口贸易每年的平均数字,在商品方面不到五千英镑,在金银方面超过五万英镑。……1762—1768年的数字是:商品五万八千英镑,金银七万三千英镑"[⑨]。有人统计,在整个18世纪的一百年中,英国为购买中国货物而输

---

① 《宫中档雍正朝奏折》第21辑,台北故宫博物院1979年版,第353—354页。

② E. H. Blair and J. A. Robertson, *The Philippine Islands 1493-1898*, Cleveland, Ohio, 1913.

③ 中共中央马克思、恩格斯、列宁、斯大林著作编译局编:《马克思恩格斯选集》第2卷,人民出版社1972年版,第114页。

④ 《福建巡抚常赉奏折》,《文献丛编》第176辑。

⑤ K. S. Latourette, *The History of Early Relations between the United States and China 1784-1884*, Transactions of the Connecticut Academy of Arts and Sciences, Vol. 22, August, 1917.

⑥ 参见余捷琼:《1700—1937年中国银货输出入的一个估计》,商务印书馆1940年版,第32—34页。

⑦ 严中平等编:《中国近代经济史统计资料选辑》第1册,中国社会科学出版社2012年版,第22页。

⑧ 格林堡:《鸦片战争前中英通商史》,商务印书馆1961年版,第5页。

⑨ 姚贤镐编:《中国近代对外贸易史资料(1840—1895)》第1册,科学出版社2016年版,第367页。

入中国的银元达到2.089亿元。[①] 直到19世纪末,随着英国产业革命的进行,这种情况才发生了根本的变化。

自乾隆四十九年(1784)美国商船"中国皇后"号首航广州开始,美国与中国发生了直接贸易往来。在其后的岁月里,中美贸易有了长足的进展,但是在这一贸易中,美国却立于逆差的地位。[②]"长久以来,美国从中国输入丝、茶,除了一部分用鸦片或其他货物抵偿以外,主要依靠运现来弥补差额。"[③]美国商人"向中国输出大量西班牙和墨西哥银元,仅1831年的三只船就运来了110万元。人们随时可以看到成箱的白银正在作检验,同时听到一批批银元在铜制天平上倒进倒出的铿锵之声"[④]。参见表1-9。

表1-9 早期美国对中国贸易的白银输出 单位:千美元

年次	数额	年次	数额	年次	数额	年次	数额	年次	数额
1819	7414	1822	5125	1825	6265	1828	2640	1831	184
1820	6297	1823	6293	1826	5725	1829	741	1832	2481
1821	2995	1824	4096	1827	1841	1830	1124	1833	683

资料来源:K. S. Latourette, *The History of Early Relations between the United States and China 1784-1884*, Transactions of the Connecticut Academy of Arts and Sciences, Vol. 22, August, 1917。

清廷从海外贸易中征收的税金,也呈不断增长的趋势。乾隆十年(1745),江海、浙海、闽海、粤海四关合计税收73.1434万两;乾隆三十五年

---

① 千家驹:《东印度公司的解散与鸦片战争》,《清华学报》第37卷第9、10期。按:欧美各国来华贸易的商船以英国商船占绝大多数。乾隆二十三年(1758)至道光十八年(1838),到粤海关贸易的商船共5107艘,平均每年63.8艘。其中英国商船乾隆五十四年(1789)为58艘,占外船总数的67%;道光六年(1826)为85艘,占外船总数的82%;道光十三年(1833)为107艘,占外船数的80%。

② S. T. Chapman, *History of Trade between United Kingdom and United State*, London, 1899; F. R. Dulles, The Old China Trade, Boston, 1930, PP. 210-211.

③ 汪敬虞:《外国资本在近代中国的金融活动》,人民出版社1999年版,第4页。

④ 姚贤镐编:《中国近代对外贸易史资料(1840—1895)》第1册,科学出版社2016年版,第198页。

(1770),增加到112.476万两;到乾隆五十一年(1786),又增长为148.3956万两。[①] 40多年里,增长了1倍多。闽海、浙海、江海三关多以向本国船只征税为主,而粤海关则主要是征收外国船只的关税。《粤海关志》记载了自乾隆十五年(1750)到道光十八年(1838)每年来航广州的外国商船的数量及征税额,可见自18世纪末的乾隆五十年起,每年有50艘以上的外国商船进入广州,粤海关征税额100余万两。[②] 海关税收成为清廷的一项重要财源,对沿海各省的兵饷、财政和地方经济贡献颇大。

中国的丝绸,向东运销朝鲜、日本,向南运销东南亚、南亚,向西运销西亚乃至远销非洲、欧洲、美洲诸国,这些国家的土特产品和贵重金属也纷纷汇聚到中国的沿海口岸。通过丝绸制品的源源输出,大量国外金银滚滚流入中国,无异于为中国商品经济的发展和资本主义萌芽的滋生输了氧,补了血。法国历史学家费尔南·布罗代尔在论述这一问题时写道:“总之,说好也行,说坏也行,某种经济已将世界各地的市场联系起来了,这种经济牵动的只是几种特殊的商品,也牵动着已经周游世界的贵金属。用美洲白银铸造的硬币横渡地中海,穿越土耳其帝国和波斯,到达了印度和中国。从1572年起,经过马尼拉中继站,美洲的白银跨越了太平洋,通过这条新路,又一次抵达中国,完成了它的旅程。”他认为:这一事实表明,“从十五世纪到十八世纪,市场经济这个快速生活区正在不断拓宽”。[③]

三、各具特色的区域手工业

中国地域辽阔,人口众多,地形地貌多样,气候环境相差巨大,各地人民的生活习惯也各不相同。除基本的棉布、丝织品的需求以外,各地依据物产、自然条件的不同发展起各具特色的手工行业,而且,如同各地经济的发展水

---

① 彭泽益:《清初四榷关地点和贸易量的考察》,《社会科学战线》1984年第3期;乾隆五十一年度的数字,据《宫中档乾隆朝奏折》(台北故宫博物院)第62辑第400、678、747页,第70辑第211页。转引自刘序枫:「十七、八世紀の中国と東アジア」,溝口雄三、浜下武志等编:『アジアから考える』(2),东京大学出版会1993年版,第109页。

② 寺田隆信:「清朝の海関行政について」,『史林』第49卷第2号,1966年。

③ 费尔南·布罗代尔:《市场经济与资本主义》,杨起译,《天涯》2000年第2期,第149页。

平并不平衡一样,各地手工业的发展水平也不尽一致。清代前期的手工行业可谓五花八门、琳琅满目,这里择其分布广泛或富有特色者略加介绍。

1. 磨粉业

中国北部,以杂粮、小麦为主食,每个村庄都有用来磨面的工具——石磨。[①] 石磨大小不等,一般直径二三尺,上下两片,每片厚约一尺。磨面时,小磨用人推,大磨则多用畜力,“多以牛、马、驴、骡拽之,每碾必二三匹马旋磨,日可二十余石”。还有一种水磨,据说“日夜可碾三十余石”。[②] 历史上曾经出现过一种“瞿氏磨”,“乃巧工瞿氏所造者”。据说“其磨在楼上,于楼下设机轴以转之,驴畜之蹂践,人役之往来,皆不能及,且无尘土臭秽所侵”。[③] 其实这说不上什么了不起的创造,不过是将水磨的构造方法运用到旱磨上而已,作用在于将作为动力的牲畜与作为加工工具的磨盘上下分开,以保证面粉的清洁。这种磨,多用于宫廷或富贵之家,与一般百姓无缘。

磨面之后,又有筛面。“凡麦经磨之后,几番入罗,勤者不厌重复。”[④]筛面的罗,有粗有细,在近代外洋铜丝罗传入之前,传统罗底多以丝织罗底绢为之,筛绢愈密,面粉愈细,但产量愈低。这样的生产方式,千百年来很少变化,劳动生产率很低,一人一畜的一套磨,一天不过磨麦一石,净重 150 斤左右。在乡间,农民磨面,基本上供自己食用,很少作为商品出卖。在城镇,人们买粮度日,遂有粮商将小麦、杂粮加工成面粉出售,出现了主要供应市场需要的“磨坊”,这是有别于农家自给劳动的商品生产。

城镇磨坊“磨之性质,系商店与工作工场之联合体,大率备磨一二具或二三具,以牲口转磨,磨麦成粉或磨粉制面出售,规模甚小。销售区域,多以本

---

① 中国南方农村,以稻米为主食,面粉的消费量有限,农民自磨杂粮者不多见。粮食加工工具主要为砻、碓、碾等,相应地,进行碾米加工的场所称为“砻坊”“碓坊”“碾坊”。另有一种小磨,以手推动,磨制米粉、面粉,不同于北方之石磨。

② 《析津志辑逸·物产》,北京出版社 1983 年版。按:水力磨与畜力磨作业情形大致相若,唯此处所记产量似嫌过丰,可能是指碾米而非磨面。因为王祯《农书》曾记有一种水转连磨,其制甚巧,以水激轮轴,大小轮互相推动,带动两个甚至更多的磨共同工作,不过“日可三五十斤”。

③ 陶宗仪:《辍耕录》卷 5《尚食面磨》。

④ 宋应星:《天工开物》卷 3《精粹·攻麦》。

地为限”[①]。北京的面铺，都是自备石磨，自养牲口，夜间磨面，早晨出卖。山西的磨坊资本弱小，一般每户雇工仅四五人。[②] 在小麦主要产区的东北，“本地人经营面粉业的称磨坊，设备简单，所费资金不多，较之烧锅、油坊等业尤易着手，大概视为一种兼业或副业，由农家附带经营之”[③]。

在南方一些省份的城镇中，磨坊虽不及北方城镇众多，但也有相当数量。磨坊多数是家庭副业，一家老小，以农带磨，经营方式以兑换为主，现金交易是少数。与此同时，也出现了一些“作坊形式的畜力磨坊”[④]，专业经营，雇有少数工人。“一牛一磨，日产量约磨麦 150 斤，出粉率 65%—70%，不分等级，一律统粉。销售对象，除门市零售外，还有饮食、糕点、饼馒、切面以及浆纱、制酱等行业”[⑤]。

各方面的材料表明，在北方以小麦、杂粮为主食的地区，每个农村都有世代传留的石磨，足可自磨自食，无须求助于市场。此外，也出现了一些从事磨粉生产与销售的磨坊，系就地生产、就地销售，经营灵活，与消费者保持着由来已久的供求关系。农民自磨自食与磨坊一样，皆用石磨磨粉，靠畜力和人力转动，生产效率相同。限于生产能力，磨坊只能就地产销城镇居民所需的商品粉，一般没有扩张市场的条件和要求，与农村自然经济相安无事。

城镇磨坊多是采取“前店后坊”的经营方式，所产面粉主要供给制作面食出售，多余的面粉才在门市直接零售，手工业与商业结合在一起。也有一些磨坊是专业经营的，这类磨坊一般资金较多，雇有工徒，磨成面粉后随市价出卖，以求从地区差价、供求关系等变化中获取较多利润。磨粉业的生产设备，则仍然停留在人推畜拉的状态。

2. 榨油业

清代前期的手工行业中，榨油业的地位甚为显要。植物油的生产与国计

---

① 杨大金编：《现代中国实业志》上册，河南人民出版社 2017 年版，第 621 页。

② 实业部国际贸易局编：《中国实业志（山西省）》第 6 编第 3 章，宗青图书公司印行 1937 年版。

③ 《总商会月报》第 3 卷第 1 号，1923 年 1 月；《东北经济小丛书 · 农产加工篇》，1948 年 2 月，第 86—89 页。

④ 《武汉市机器面粉工业发展史》（初稿），转引自上海市粮食局编《中国近代面粉工业史》，中华书局 1987 年版，第 5 页。

⑤ 上海市粮食局编：《中国近代面粉工业史》，中华书局 1987 年版，第 5—6 页。

民生关系密切,商品率亦较大。中国历史上早有脱离农业的手工油坊出现,根据史料记载,明清时代浙江一些市镇的榨油作坊甚盛,如浙江崇德县石门镇,"油坊可二十余家,杵油须壮有力者,夜作晓罢,即丁夫不能日操杵。坊须数十人,间日而作。镇民少,则募旁邑民为佣……二十家合之八百余人,一夕作佣直二铢而赢"①。观此,似乎已经初具工场手工业的规模。

这种手工油坊,清前期遍布各个省区。产品包括大豆油、桐油、花生油、茶油、棉籽油、菜籽油、柏子油、亚麻油、芝麻油、蓖麻油、樟脑油、薄荷油、茴香油等数十种。② 这些植物油既"可用作烹饪中猪油的代用品",也可用于器具的加工或夜间的照明,还可用来"充当中国作坊中工具的润滑剂"。③ 宋应星《天工开物》中记载了水代法、磨法、舂法等榨油方法,测算了各种油料的出油率,并对各种油料进行了等级分类:"凡油供馔食用者,胡麻、莱菔子、黄豆、菘菜子为上。"④

以产量和出口量而论,以豆油、桐油和花生油最为大宗。豆油的主要产地在东北、山东、江苏等地,花生油的出产以东南沿海省区为多,桐油、茶油的主要产地则为湘、赣、川、鄂、浙、桂、贵、陕等地。⑤ 手工油坊一般开设在城镇,乡间亦为数不少。大略可以分为两类:一类称为"乡作坊",使用畜力,每坊有工匠二三十人,主要替人加工,收取加工费,带有季节性,这样的油坊,遍布全国;另一类叫作"常作坊",以生产商品油为主,亦兼收农民的来料加工,这种油坊,比"乡作坊"规模为大,资金亦较雄厚,中等规模者约需雇用工匠及辅助人员四五十人。⑥

手工油坊必备碾槽一个,用石槽石砌成,以石碾在碾槽中来回滚动,将黄

① 贺灿然:《石门镇彰宪亭碑记》,明万历十六年(1588)。

② 花生油是在中国出现较晚的植物油。清人文献记载:"落花生为南果中第一……若乃海滨滋生,以榨油为上,故自闽至粤,无不食花生油。"(檀萃:《滇海虞衡志》)可见我国东南沿海省区至少在清代前期已经习惯食用花生油了。

③ 满铁劝业课编:『满洲的大豆』,1920年版,第8—9页。

④ 宋应星:《天工开物·膏液·油品》。

⑤ 参见方行、经君健、魏金玉主编《中国经济通史》上册,经济日报出版社2000年版,第455页。

⑥ 蔡蓉升、蔡蒙纂:《双林镇志》卷15《风俗》,1917年铅印本:"向有三油坊,博士人数逾百。"按:当地称专做榨油、打油的油坊工匠为"博士"。3家油坊,"博士"逾百,平均每家33人,加上其他辅助人员,每家油坊当在40人以上。

豆、花生、油菜籽、乌桕子等油料作物碾碎。拉碾多用畜力，如明代《天工开物》所记："资本广者，则砌石为牛碾。一牛之力，可敌十人。"[①]一般大碾用畜两头，小碾用畜一头，牲畜轮番休息，故每家油坊需备有牲畜10头左右。榨油使用木制的油车，多系檀木制作，将碾碎的原料放进蒸笼里蒸过，做成一个个油饼，放于油车内，用大榔头重击才能榨出油来。不同的原料出油率和油价都有所不同。用明朝的榨油方法，油料残油率可控制在15%左右，这在当时属于最高水准了，清代前期大致与此相仿。如江浙一带手工榨油，油菜籽每百斤出油37斤，大豆每百斤出油10斤。[②] 可见手工榨油生产，历百多年而生产率几乎没有提高。

手工油坊中的主要劳力是打油工，皆为身强力壮、吃苦耐劳、富有经验者。操重达五六十斤的大榔头打油，极耗体力，每打十槌，休息一次，一车油要打五六次才能出油，约需半个小时。据说打油工常常"以此居功而骄且横，遇事每难驯服"[③]。此外，尚有排砧、烧火、炒锅、排饼、木工、牛倌等工匠和供销、账房、经理等管理人员。工匠与油坊主之间仅是货币雇佣关系，来去自由。江浙地区的手工油坊中称打油者为"油博士"，称经理人为"老大""老二"，称车间主管为"管作朝奉"，称供销人员为"出使朝奉"，沿袭已久，从中亦可嗅出手工榨油生产浓厚的传统气息。

就桐油的初加工而言，基本上一直是由桐子产地的农家或油坊手工生产的。在盛产桐子的湘、赣、川、鄂等省区，榨取桐油，沿用"曩昔吾国桐油制造"工艺，"手续甚简"。其程序大致如下：

> 以桐乌剥去外壳，使成桐白，曝之使干，入臼捣碎。或在石研研碎，成为粉末，装入木制蒸笼，置灶上隔沸水以文火蒸之约半小时，蒸熟后，倒入垫有稻草之铁箍内，更包裹踏紧，成圆形之饼状。铁箍直径一尺二寸，边高五分，适可容十余斤之桐粉，填入压榨车。每次上榨，通常装三

① 宋应星：《天工开物·膏液·油品》。

② 宋应星：《天工开物·膏液·油品》。可参见陈学文的《关于石门镇榨油业的调查研究》。

③ 蔡蓉升、蔡蒙纂：《双林镇志》卷15《风俗》，1917年铅印本。

> 十六个坯，列入榨肚内之一端，继将大小各种硬木块，依次列入榨肚内之另一端，再以长五尺之木块，将尖端嵌入短木块内，然后再用长约一丈直径五寸之木棍，悬于榨车前之屋梁上，以便提起用力打在木棍圆形之一端。如此愈打愈紧，油即从榨肚下小孔内流出，流入桶内，随以薄草纸滤清，即成熟货。①

湖南、江西不少农村墟市以桐油、茶油类专业市场见长。湖南黔阳县自康熙年间知县张扶翼大力提倡种植油桐、油茶，渐成“油商囤积之地”②。桃源县黄市，为桐茶油枯市贩之所。桂阳州蓝山县新墟专营茶油。靖州出产“茶油，每岁所制约一万六千石，本境食用并灯油、烛油约销八千石，其余运出县境，在会同之洪江销行”；桐油“每岁所制约二千石，本境灯油并杂用约销一千石，其由水路运出本境者，在会同之洪江销行，约一千石”。③ 江西万载县槠树潭、兴国县茶口湾也都因茶油贸易而兴，“油贾商贩多侨寓焉”④。

3. 井盐业

在地质学分类上，井盐系岩盐矿物，自矿中采取，溶之于水，即成浓厚之盐卤。四川、云贵、两湖等省区均有出产，而以四川为盛。四川井盐，成固体块状产出者很少见，多溶解于地下水中而为盐卤，需经掘井、汲水、煎盐等环节才能得到，故称井盐。又由于井盐常与石油或天然气相伴而生，所以井盐生产者很早就已经知道利用天然气作为燃料来煮盐。

四川井盐的开采，历史十分久远。⑤ 当地利用天然气作为燃料以煮盐，亦由来已久。⑥ 在钻井过程中，大致井浅出黄水，再深出黑水，又深出大火（天然气），史载“井至二百六七十丈而咸极”，“深井之大火则在二百四五十丈或七

① 杨大金编：《现代中国实业志》上册，河南人民出版社2017年版，第681页。

② 同治《黔阳县志》卷18《户书五·物产·货之属》。

③ ［清］金蓉镜等辑：《靖州乡土志》，清光绪三十四年（1908）刻本。

④ 乾隆《兴国县志·物产》，转引自谢庐明《赣南的农村墟市与近代社会变迁》，《中国社会经济史研究》2001年第1期。

⑤ 据《华阳国记》《太平寰宇记》等记载，早在秦统一六国前，蜀郡已有井盐生产。

⑥ 蜀郡火井，曾见于《后汉书·郡国志》注。左思《蜀都赋》也有句云：“火井沉荧于幽泉，高焰飞煽于天垂。”

八十丈”。[①] 可见时人已经在生产实践中总结出了成熟的经验。深井浓卤和高压天然气的开采，使井盐产量大幅度提高。18 世纪前后，盐井深度一般 100 余丈，日产黄卤数十担到百余担，卤水浓度在 10%左右，日产盐 1000—3000 斤；而 19 世纪中叶前后，深井一般日产黑卤 200 担上下，更深的井产卤达数百担之多，卤水浓度在 17%—20%，日可出盐 5000 斤以上，比前高出数倍。[②]

在天然气的使用上，尽管史籍早有记载，但以往并不普遍。18 世纪时，富荣盐场仅有微火小井 11 眼，在制盐燃料中无足轻重。到 19 世纪上半期，可烧锅数百口的火井纷纷问世，“火之极旺者曰海顺井，可烧锅七百余口；水、火、油三者并出曰磨子井，水、油二种经二三年而涸，火可烧锅四百余口，经二十余年犹旺也；德成井火卤气熏人至死，可烧锅五百余口”[③]。有记载说，当时富乐盐场制盐，“水火相得益彰”[④]。从地下呼唤出来的生产力使四川井盐业的劳动生产率大大提高，成本急剧下降，产量迅速上升。

清代前期，川盐核定的年产销总额为 6500 余万斤。如此巨额的食盐，除了供应川省 146 个州县之外，还销往周边湖北、湖南、云南、贵州、陕西等省区，构成了区域广阔的川盐运销网。四川井盐业的井灶数量直线上升，鸦片战争以前，“该省各盐场内有案可稽者，井八千八百二十一眼，灶六十六座半，锅五千三百十一口”，各盐场的规模也不断膨胀。18 世纪后期，“大盐场如犍、富等县，灶户、佣作、商贩各项，每厂之人以数千万计，而沿边之大宁、开县等厂，众亦以万计”[⑤]。19 世纪上半期，各盐场职工人数越发增多。史载，犍乐盐场，“城人半借盐为市，风俗全凭井代耕”[⑥]。富荣盐场则“担水之夫约有

① 李榕：《自流井记》，《十三峰书屋文稿》卷 1。四川井盐，大抵井浅卤轻，井深卤重。盐卤有黄水、黑水、盐岩水之分。黑水含盐量较高，黄水则差得多。盐岩水，系用淡水灌入井中，溶解含盐地层内之盐质后所得。如溶解得法，其成分甚至优于黑水。在钻井过程中，一般井浅出黄水，再深出黑水，又深出火（天然气），又有只出水或者只出火者。

② 张肖梅：《四川经济参考资料》，中国国民经济研究所 1939 年刊本，第 86 页。

③ 李榕：《自流井记》，《十三峰书屋文稿》卷 1。

④ 张肖梅：《四川经济参考资料》，中国国民经济研究所 1939 年刊本，第 86 页。

⑤ ［清］严如熤：《三省边防备览》卷 9，清道光二年（1822）刻本。

⑥ 同治《嘉定府志》卷 42。

万人”,“盐船之夫,其数倍于担水之夫;担盐之夫又倍之”。此外,“盐匠、山匠、灶头……约有万人”。附属的手工业及各色商家也随之繁荣,“为金工、为木工、为石工、为杂工者数百家,贩布帛、豆粟、牲畜、竹木、油麻者数千家”,全场各行业“合得三四十万人”。[①]

井盐业的劳动分工日益细密。井盐生产在“卓筒井”阶段时,凿井、采卤、煎烧混而为一,个体劳动者即可担当。随着生产技术不断改良,深井火灶大量涌现,井盐生产逐步分解为“碓房”(凿井)、“车房”(采卤)、“笕房”(输卤)以及“灶房”(制盐)四个环节。每一环节,既是一个独立生产单位,下设“掌柜”和若干职司人员管理直接生产工人,同时又分工合作,相互协调,构成一个完整的生产过程。井盐生产中各环节的劳动者已经实行严格的专业化分工,“其人有司井、司牛、司篾、司梆、司漕、司涧、司灶、司火、司饭、司草;又有医工、井工、铁匠、木匠”[②]等,一般都是终身专操其业,“为烧匠者,好为煎烧;为筒匠者,好为转水”[③]。一口日产百担卤水的盐井,井上有工种15—19个,用工50—70人;灶上有工种5—14个,用工14—23人;笕上工种9—11个,用工28人。各种工人均有专门技艺,如负责凿井的山匠,盐矿地质经验丰富,“就地撷草拾土嗅之,即知其下宜有水火”[④]。修整盐灶的灶头,“有执役甚久,终其世不易以成盐者”[⑤]。担水工则以力气受雇于人,“担可三百斤”[⑥]。

由于井盐生产的特殊要求,早在18世纪前后,四川井盐业即已形成较大规模的工场手工业生产,资本雇佣关系也已经在这些井盐手工工场中出现。[⑦]从事四川井盐业的劳动者,来源于“各省流徙”和本省的失业农民与城镇手工业者,因盐场劳动力需求量大增,遂使“转徙逗留之众得食其力”。[⑧]盐场工人

① 李榕:《自流井记》,《十三峰书屋文稿》卷1。
② 温端柏:《盐井记》,《清朝经世文编》卷15。
③ 同治二年《嘉定府告谕石碑》,原碑存五通桥盐厂。
④ 丁宝桢:《四川盐法志》卷2,《井厂》二,《井盐图说》。
⑤ 吴鼎立:《自流井风物名实说》,同治《富顺县志》卷30。
⑥ 李榕:《自流井记》,《十三峰书屋文稿》卷1。
⑦ 南京大学历史系编:《明清资本主义萌芽研究论文集》,上海人民出版社1981年版。
⑧ [清]严如熤:《三省边防备览》卷9,清道光二年(1822)刻本。

一般通过劳动力市场或包工头，如富荣盐场的“人市坝”、犍乐盐场的“揽头”[①]等，与井盐业资本家进行两相情愿的交易，双方只有雇佣关系，并无人身依附。劳动者“日取酬值，可以食五口”[②]。工资多寡，依技术水平高低或劳动强度大小而有不同。富荣盐场的担水工人，“其力最强”，担可300斤，往返奔走，“日可得千钱”；而运盐船工、担盐工等，劳动强度不及担水工，则“其值稍杀”。盐匠、山匠、灶头等，因有专门技术，故“其值益昂”[③]。

井盐业的发展促使资本的积累加速。由于深井越来越多，投资周期变长，工费消耗增大。此时一个井场，平均拥有职工四五十人，还不包括运卤工人，比以前一个井灶合一的井场平均人数增加了一倍。经营规模扩大了的井场，所需资金当然更多，“井上工费，或数万金，少亦万余金”[④]。一般的黑卤深井要投资3万—5万元，加上流动资金，没有五六万元不办。同时，井深增加，“办井”风险亦随之增大，井位的选择，全凭山匠经验判断，成败参半，“其水火有久而不竭者，利倍蓰……并有深至二百数十丈，水火俱无而废者”[⑤]。显然，要想抵御“办井”风险，非有巨额资金不可。投向盐场的资本来源，以商业资本和高利贷资本占优势，其中陕西商人占有重要地位。起初，陕商仅涉足井盐运销，随后逐渐投资井灶，商业高利贷资本的大规模渗入，加速了井盐业资本的积累和增殖，“积巨金以业盐者数百家”，出现了一批“富甲一方”甚至“富甲全川”的盐业巨头，资本额从数十万两到百余万两不等。

4. 陶瓷业

陶瓷业在中国传统手工业中，不仅历史悠久，而且与丝绸业一样，在对外贸易中地位显要。瓷器出洋，年代久远，声名素著，向来是中国对外输出的重要商品之一。陶瓷器皿本与人民生活息息相关，地无分南北，均有出产。在

---

① 沈承烈：《记九揽子和小九揽子对盐工的残酷剥削》，《五通桥盐业史料选辑》第2辑。

② ［清］裴显忠修，刘硕辅等纂：《乐至县志》卷3，清道光二十年（1840）刻本。

③ 李榕：《自流井记》，《十三峰书屋文稿》卷1。

④ 丁宝桢：《四川盐法志》卷2，《井厂》二，《井盐图说》。

⑤ 丁宝桢：《四川盐法志》卷2，《井厂》二，《井盐图说》。

很多地区,陶瓷业生产甚至以一种农民家庭副业的形式出现,“完全系一种家庭工业,农隙则事制造”①。时至明清,国内陶瓷产销趋于鼎盛,崛起了江西景德镇、广东石湾、福建德化、山东淄博、河北唐山、江苏宜兴、四川荣昌、云南建水、广西钦州等一批以陶瓷手工业著称的城镇。

明清时期,广东的陶瓷业进入繁荣期,陶瓷烧造分布于潮州、揭西、大埔、惠东、佛山、高州、饶平、梅县等地,其中尤以佛山石湾窑最为著名,《明诗综》已有“石湾瓦,甲天下”的记载。清代,石湾陶瓷业进入鼎盛时期,石湾已经发展成为一个综合性的陶瓷生产基地,全镇分为上、中、下 3 个窑区,共有陶窑 100 多座,出产各种日用瓷、建筑瓷及美术瓷等,种类繁多,制作精巧,产品远销两广地区和东南亚各国。除此之外,清代广东还出产一种专供外销的“广彩”②瓷。“广彩”瓷颜色有青、红、绿、黄、白、黑和描金,色彩艳丽;图案有山水风景、花鸟虫鱼和人物故事,不拘一格。为了满足外销需要,会根据外商要求,“投其所好”,仿照西方的艺术形式给外商订绘一些外国标志及纪念性纹样,或是绘制西方的人物、故事、风景等,很受西方市场的欢迎。③

福建德化瓷业绵延千年,以白釉瓷器著称于世。明清时期,德化白瓷瓷质如脂似玉,人称“象牙白”,被视为中国白瓷的代表。德化白瓷品种繁多,尤以盘、碗、杯、瓶、觚、壶、洗、笔筒、盖盒、水注等日用器皿和文房杂器见长,产品除行销国内,也大量销往海外,乃是中国最著名的外销瓷之一。康熙朝开放海禁以后,进口青花钴料,改变了单纯利用土产钴料的状况,德化窑的青花瓷进入全盛期,在民间贸易中数量倍增,风靡欧洲和东南亚。

山东淄博是中国著名的陶瓷业集中产区之一,当地居民世代传承着陶瓷烧造的技艺。进入清代以后,博山成为淄博窑的生产中心和销售中心,以“瓷城”闻名。乾隆《博山县志》记载:“瓷器出北岭、山头、务店、窑广、八陡、西河

① 杨大金编:《现代中国实业志》上册,河南人民出版社 2017 年版,第 397 页。

② 所谓“广彩”,即将从景德镇贩运而来的碗、碟、盘、罐、瓶、壶等素白瓷器,在广州加彩后开炉烘焙而成,故称“广彩”。

③ “广彩”起源于康熙年间,成熟于乾隆时期。初期的彩料,基本上是红绿基调,金彩较少,嘉庆、道光以后,“广彩”彩色增多,黄色彩料大量应用,金彩倍增,表现出绚烂华丽、金碧辉煌的艺术特色。

诸处，为器曰碗、曰钵、曰瓶垒、曰鱼缸、曰醯瓮、曰壶、曰尊缶。”据文献载，当时淄博有七大窑厂，出产大量日用生活器皿，产品各有特色，“争奇斗艳”，对于满足民众生活需求、繁荣当地社会经济意义重大，“其利民不下于江右之景德镇矣”。

清代前期，长江中游地区的陶瓷业产销尤其兴盛，以陶瓷器产销为主业的专业市镇，多达数十个。[①] 主要分布于江西浮梁、乐平、萍乡、万载、万安诸县，湖南醴陵、长沙、湘阴、宁乡诸县，以及湖北汉川、汉阳诸县。其中尤以江西景德镇最为著名。

景德镇瓷业崛起于隋唐，明代开始兴盛，入清以后，号称“瓷都”，景德镇陶瓷业手工工场的工艺和产品，堪称中国传统制瓷业的巅峰。各地商人云集于此，赖瓷业为生的雇工数以十万计。地方志载：“景德一镇，僻处浮梁，邑境周袤十余里，山环水绕，中央一洲。缘瓷产其地，商贩毕集，民窑二三百区，终岁烟火相望，工匠人夫不下数十余万，靡不借瓷资生。”[②]时人感慨：“国朝景德一镇业陶，中外咸资为用，陶之利亦普矣哉。”[③]

景德镇瓷业有官窑、民窑之分。先看官窑。“明洪武二年，就镇之珠山设御窑厂，置官监督，烧造解京。国朝（清朝）因之沿旧名”[④]。从清顺治帝伊始，清廷屡次委派大员进驻景德镇，对御窑厂的陶瓷生产实施严格监督，并负责“陶成之器，每岁照限解京”事务。乾隆五十一年（1786），御窑厂的管理体制发生重大变化，中央政府对景德镇御窑厂的控制程度有所减轻，管理权限逐步下放到地方，但清廷与御窑厂之间的特殊关系丝毫未受影响。在经费来源和开支方面，景德镇御窑厂在不同时期有所变更。嘉庆、道光年间为节省开支，清廷曾数次额定景德镇御窑厂年度预算的上限。[⑤] 尽管“康乾盛世”之

---

① 任放：《明清长江中游市镇经济研究》，武汉大学出版社2003年版，第167—168页。

② ［清］唐英、陶冶国、贺熙龄等修：《浮梁县志》卷2，清道光三年（1823）刻本。

③ 杨振纲：《景德镇陶歌跋》（道光四年，1824），转引自彭泽益编《中国近代手工业史资料（1840—1949）》第1卷，中华书局1962年版，第268页。

④ 蓝浦：《景德镇陶录》卷1《图说》，清光绪十七年（1891），京都书业堂刻本。

⑤ 《总管内务府现行则例》卷1，《广储司》，转引自彭泽益编《中国近代手工业史资料》（1840—1949）第1卷，中华书局1962年版，第111页。

后,清廷的财政收支状况大不如前,但每年仍投入数千两白银,以维持御窑厂的正常运转。

景德镇御窑厂的经营管理严格受制于清廷。“御厂所制瓷器,大半备以回贡,故大内颁样烧造。”[①]由于是皇家定制的贡品,因此景德镇御窑厂的产品质量便显得格外重要。制品的质量,不仅直接关系到驻厂官吏的政治前途,还与陶工们的身家性命息息相关。巨额的投资,严格的管理,陶工们精湛的技艺和辛勤的劳作,促成了精美绝伦的景德镇御窑厂产品。史称:“康乾之窑,震古烁今,咸出于此。每年进御瓷器,不下数万件,雇工三百余人。全年用款,费官帑八千金,至清亡而止。”[②]景德镇御窑厂每年出产大量陶瓷器皿,以供应清廷对陶瓷品的巨大需求,“一岁之成,恒十数万器”;“虽年縻帑项几及万金,而所得之大小瓷器,则岁亦不下数十万件”。[③] 每年秋冬两季,一并装桶解京,以供上用。

景德镇御窑厂分工细密,花式繁多,制造工序复杂,仅窑式即有清窑、色窑、匣窑、风火窑等6种。制瓷种类有20余种,包括大器作、小器作、仿古作、雕镶作、印作、画作、创新作、写字作、色彩作等,“在厂工匠、办事人役、支领工值食用者,岁有三百余名”[④]。以上人员,“计工给食。其余工作,头目雇请,俱给工价,于九江关道款内开报”[⑤]。康熙《西江志》称:“各作工匠,倘技艺精熟,则烧造亦易成。六作之中,惟风火窑匠最为劳苦。方其溜火,一日之前固未甚劳,惟第二日紧火之候,则昼夜省视,添柴时刻不可停歇,或倦睡失于添柴,或神昏误观火色,则器有苦窳、拆裂、阴黄之患。”[⑥]

官窑之外,景德镇还有为数众多的民窑。民窑业主既有商人,也有手工工匠。民窑实行雇佣劳动制,雇工多系外乡人。“俗传先是乐平人业此,后挈

① [清]唐英、陶冶国、贺熙龄等修:《浮梁县志》卷2,清道光三年(1823)刻本。

② 向焯:《景德镇陶业纪事》下篇,第8页,转引自彭泽益编《中国近代手工业史资料》(1840—1949)第1卷,中华书局1962年版,第110页。

③ 道光《浮梁县志》卷9,年希尧《重修欧风火神庙碑记》。

④ 道光《浮梁县志》卷8,唐英《陶成纪事碑记》。

⑤ 蓝浦、郑廷桂:《景德镇陶录》卷2《国朝御窑厂恭纪》,清光绪十七年(1891),京都书业堂刻本。

⑥ 康熙《西江志》卷27,康熙五十九年(1720)刻本。

鄱阳人为徒，此康熙初事。其后鄱邑人又挈都昌人为徒，而都邑工渐盛，鄱邑工所满者反逊之。今则镇分二帮，共计满窑店三十二间，各有首领，俗呼为满窑头。凡都、鄱二帮，满柴槎窑，皆分地界。”[①]可以看出，满窑工属于自由的临时性雇工，随时听候招用。满窑工有自己的行帮，按不同籍贯分别占有不同地界。而且，行帮与窑户之间有着固定的合作关系。这种合作关系也存在于窑户之间，俗称“搭烧”，以区别自己独立烧窑的“囫烧”，甚至在官窑和民窑之间，也存在着这种搭烧行为，称之为“官搭民烧”[②]。搭烧现象在清代景德镇陶瓷业中相当普遍，以至于将搭烧者称为“搭户”。“这种纵横交错的经济协作关系，表明景德镇陶瓷业手工工场虽然在资金来源、生产规模、管理形式等方面有着千差万别，但是它们在行业和工种方面却实现了技术上的多重联合。这是传统工场手工业达到规模经营、有着较高劳动效率的典型例证。”[③]

无论官窑还是民窑，景德镇陶瓷手工业的专业化分工、技术水平和市场营销体系，均代表了清代前期陶瓷手工业的最高水准。从专业分工来看，“陶有窑，有户，有工，有彩工，有作，有家，有花式，凡皆数十行人”[④]。从陶窑类别来看，有烧柴窑、烧槎窑、包青窑、大器窑、小器窑等。从窑户业务来看，分为烧窑户、搭坯窑户、烧囫窑户、柴窑户、槎窑户等。“窑内各有把庄头，亦为烧夫。烧夫中，又分紧火工、溜火工、沟火工。火不紧洪，则不能一气成熟；火不小溜，则水气不由渐干，成熟色不漂亮；火不沟疏，则中后左右，不能烧透”[⑤]。那些专门将白胎瓷器烧制成彩瓷的窑户，俗称“红店”，店内分工尤细，“青花绘于圆器，一号动累百千，若非画款相同，必致参差互异。故画者止学画，而不学染；染者止学染，而不学画。所以一其手，而不分其心。画者、染者各分类聚处一堂，以成其画一之功”[⑥]。时人记曰：“盖工致之匠少而绘事尤难也，

① 蓝浦：《景德镇陶录》卷4《陶务方略》，清光绪十七年（1891），京都书业堂刻本。

② 关于官搭民烧，参见梁淼泰《明清景德镇城市经济研究》，江西人民出版社1991年版，第146—155页。

③ 任放《明清长江中游市镇经济研究》，武汉大学出版社2003年版，第171—172页。

④ ［清］龚鉽：《景德镇陶歌》，道光三年（1823）刻本。

⑤ 蓝浦：《景德镇陶录》卷4《陶务方略》，嘉庆二十年（1815）刻本。

⑥ 唐英：《陶冶图》，引自《浮梁县志》卷8，清道光三年（1823）刻本。

画役募人,日给工食。"①

烧炼是瓷业生产过程中最重要的一个环节。窑户的资本一般较坯房、红店的业主为大,往往利用烧瓷来控制圆、琢器的生产,剥削坯房业主。窑场内分工较细,管理严格,可以说具有工场手工业的规模。"烧窑系包与把庄者(俗言工头),所用工人,归其自雇,大半皆系都昌、鄱阳两县之人,因其烧窑方法不传外人也。除把庄外,则有所谓托坯、加杪、兜脚、拿匣、打杂、小火手,共七行,计一窑中约十三四人。"②烧炼过程的生产方法十分原始,火候的把握,全凭经验,所以视为奇货,不传外人,且有许多奇怪的禁忌。

陶瓷生产过程的工序繁多,工艺精细,带动了各种与制瓷相关行业的不断出现,"自镇有陶,而凡戗金、镂银、琢石、髹漆、螺钿、竹木、匏蠡诸作,今无不以陶为之。或字或画,仿嵌维肖"③。各种专业匠户也层出不穷,计有柴户、槎户、砖户、匣户、篾户、白土户、青料户、木匠户、铁匠户、桶匠户、盘车户、修模户、旋刀户、炼灰户、打篮户、乳钵荡口户等数十种之多,各专业工匠相互协作,共同服务于景德镇的陶瓷生产。此外,与陶瓷产销关系密切者,尚有各家瓷行瓷商,以及难以胜数的小商小贩,堪称"食指万家烟,中外贾客薮"④。方志载:景德镇上"列市受廛延袤十三里许,烟火逾十万家,陶户与市肆当十之七八,土著居民十之二三。凡食货之所需求无不便,五方借陶以利者甚众"⑤。

不难看出,江西景德镇自明代崛起,到清代前期成为中国瓷业生产与流通的中心。国产瓷器,以景德镇所产最为精美,国内瓷业,亦以景德镇最为兴盛,他处难以与之颉颃。商人开始以其雄厚资本为依托,由流通领域渗入生产领域,支配窑户业主和生产工人,控制了景德镇瓷业生产的命脉。在瓷业生产的一些环节中,已有雇工经营的情况出现,反映了明清以来陶瓷业生产经营的新动态。

---

① 吴允嘉:《浮梁陶政志》,载黄秩模编《逊敏堂丛书》,咸丰元年(1851)刻本。

② 杨大金编:《现代中国实业志》上册,河南人民出版社 2017 年版,第 418 页。

③ 蓝浦:《景德镇陶录》卷 8《陶说杂编上》,清光绪十七年(1891),京都书业堂刻本。

④ 蓝浦:《景德镇陶录》卷 8《陶说杂编上》,清光绪十七年(1891),京都书业堂刻本。

⑤ [清]唐英、陶冶图、贺熙龄等修:《浮梁县志》卷 8,清道光三年(1823)刻本。

江西景德镇之外,湖南醴陵的陶瓷行业也于清代前期崛起。“清初,广东兴宁人廖仲威于邑之沩山发见瓷矿。雍正七年,向沩山僧智慧赁山采泥,创设瓷厂。并约其同乡技工陶、曾、马、廖、樊等二十余人共同组织,招工传习,遂为醴陵(瓷业)之嚆矢。”[①]《醴陵县志》亦载:“瓷土为醴邑特产,清雍正年间,有粤人播迁来醴者,始发见之于沩山,用制瓷器良佳。自是沩山遂为瓷业中心区……”[②]乾隆时期,窑厂多在沩山。嘉庆以后,逐渐推广到赤脚岭、老鸦山、大林桥、小林桥、青泥湾、茶子山等处,湖南醴陵遂成为长江中游地区又一个瓷业重镇。

5. 编织业

编织业是中国农村较为普遍的一个行业。编织手工业是将植物的枝条、叶、茎、皮、根等加工后,用手工编织成各种日用品。编织业的原料包括藤、柳条、草、麦秆、竹条、棕、麻、玉米皮等,其产品种类繁多,诸如竹篓、草席、竹筐、草篮、竹篮、竹箩、花盆等,是民众生活中十分常见的日常用品。

江苏苏州府震泽县同里镇,“姚家湾、宋家浜居民,男女多制竹器为业,四处变卖,近在市镇,远则入城,并有贩卖取利者”[③]。吴县周庄镇,“农器如泥竿、臂笼、秧篰、土篑之类,渔器如退笼、鱼罩、蚕篰之类,余如筛匾、栈条、鸡笼等,俱细密光滑,各适于用。北栅港东,全功桥至永安桥,比户以此为业,故名篾竹埭”[④]。浙江嘉兴府桐乡县,“竹器,产陈庄,湖州上柏山中货竹于此,故居民就制竹器出售。一切家具,皆以竹为之,而蚕具所用筐、篰等物,销路尤广”[⑤]。江西建昌府南城县,“粘竹器,取紫白斑竹成篾,错综相间,以漆胶之,极精致”[⑥]。贵州思南府,“安属塘头一带,妇女破竹为丝,粗细两层,中衬以纸,编作斗篷,居人资以御雨障日,其利与棉纺等,惟不甚行远耳”[⑦]。广东肇

① 文斐:《醴陵瓷业考》,见陈鲲修、刘谦纂[民国]《醴陵县志》,1948年刊本。
② 陈鲲修,刘谦纂:[民国]《醴陵县志》,1948年刊本。
③ [清]阎登云修,周之桢纂:《同里志》卷8《赋役志·物产》,清嘉庆十七年(1812)刻本。
④ [清]陶煦重辑:《周庄镇志》卷1《物产》,清光绪八年(1882)刻本。
⑤ [清]严辰纂:《桐乡县志》卷7,食货志下《物产》,清光绪十三年(1887)刻本。
⑥ [清]李人镜修,梅体萱等纂:《南城县志》卷1《物产》,清同治十二年(1873)刻本。
⑦ [清]夏修恕等修,萧琯等纂:《思南府续志》卷2《地理门·风俗》,清道光二十一年(1841)刻本。

庆府高要县,“通草席,两岁一刈,利倍粳稻。妇女捣织为席,以金渡村为上,水边、涌口、镇州诸村次之。其纹有花字,细滑胜于他处,名赛龙须”①。广西平乐府富川县,“卧席,富川出,工致精密,其草则产自湖广”②。编织行业原料获取容易,制作相对简单,所制生产生活用品用途广泛,几乎是家家户户必备之物。

6. 制茶业

饮茶之风在唐代逐渐形成,到宋代茶叶进入了寻常百姓家庭。清代从事种茶制茶行业的人数众多,并且形成一些著名的茶叶品种,如安徽祁门红茶、安徽六安瓜片、福建安溪铁观音、福建武夷岩茶、江苏洞庭碧螺春、湖南君山银针、河南信阳毛尖、江西庐山云雾茶、浙江西湖龙井、云南普洱等知名茶叶品种在这一时期初具规模,畅销海内外。这说明在清代,饮茶已是人们社会生活中一个常见的现象,与之相适应,制茶业也成为一种重要的手工行业。

全国各地种植茶叶和制作茶叶的地方分布广泛,本乡本土常常制作和消费当地采摘的茶叶,名之曰“土茶”。江苏常州府宜兴县,“茶叶,产茗岭、铜官、离墨诸山者尤佳”③。镇江府丹徒县,“徒邑迤西诸山皆有之,五州出者尤佳,名云雾茶,但土人不善焙,故名不闻耳”④。江西广信府玉山县,“茶,土产颇佳,然不善制”⑤。台湾淡水厅,“茶,产大坪山、大屯山、南港仔山及深坑仔内山最盛”⑥。云南省“茶叶以普洱茶、景谷茶为多。其猛库茶、凤山茶至光绪末年始盛”⑦。福建宁德县,“其地山坡,洎附近民居,旷地遍植茶树,高冈之上多培修竹。计茶所收,有春、夏二季,年获利不让桑麻”⑧。福建武夷山茶区,“清初茶业均系西客经营,由江西转河南运销关外。西客者山西商人也。

① [清]韩际飞修,何元等纂:《高要县志》卷4《舆地略·物产》,清道光六年(1826)刻本。

② [清]金鉷修,钱元昌、陆纶纂:《广西通志》卷31《物产》,清乾隆间《四库全书》本。

③ [清]阮升基等修,宁楷等纂:《增修宜兴县志》卷1,《疆域志·土产》,清嘉庆二年(1797)刻本。

④ [清]何绍章修,吕耀斗纂:《丹徒县志》卷17《物产》,清光绪五年(1879)刻本。

⑤ [清]李实福纂修:《玉山县志》卷2《地理·物产》,清乾隆四十六年(1781)刻本。

⑥ [清]陈培桂等纂修:《淡水厅志》卷12《物产考·货属》,清同治十年(1871)刻本。

⑦ 龙云、卢汉修,周钟岳等纂:《新纂云南通志》卷144《商业考二·进出口贸易·省际贸易》,1949年铅印本。

⑧ [清]卢建其修,张君宾等纂:《宁德县志》卷1《物产》,清乾隆四十六年(1781)刻本。

每家资本约二三十万至百万。货物往还络绎不绝,首春客至,由行东赴河口欢迎。到地将款及所购茶单,点交行东,恣所为不问,茶事毕,始结算别去。乾隆间,邑人邹茂章以茶业起家二百余万”①。湖南省传统制茶以绿茶为主,“湖南产茶极盛,自宝庆以至永州一路,山中茶树一望无际。其尤为名贵者,为岳州君山银针。每年茶市将开,茶商咸萃于长沙、湘潭,设庄收买”②。因此可见,各省各地区,种植茶叶、制作加工茶叶、消费茶叶应是普遍现象。

浙江是产茶大省,尤以绍兴府产出最盛。绍兴七县地势高峻,均有山林环绕,“西有会稽山脉之南北两大干,盘旋环绕于萧山、诸暨、绍兴、上虞、嵊县五县,广袤二百余里;东有天台山脉之北支,伸入新昌县境;余姚则有四明山脉,均属高原峻岭,万山重叠,森林阴蔽”③,因而气候相对湿润,适于种茶,出产以平水茶著名。平水茶原身是宋代的团茶,有“龙团”“凤团”两种,明清时代制作工艺发生变化,蒸青改为炒青,捣碎改为搓揉,最终形成珠茶。平水茶主要囊括了绍兴、嵊县、诸暨、新昌、上虞、余姚、萧山七县之茶,因这七县之茶集散于平水镇外而得名。七县若以茶叶种植面积排序,则诸暨、嵊县最广,产量也较大,其次是绍兴,而后是新昌、余姚,最后是上虞、萧山。此外,杭州府余杭县,“邑中遍地植茶,专供省会饮食,每斤得钱三四百,岁值银二三十万”④。

四川也是产茶大省,清代前期全省境内种植茶叶、加工茶叶是普遍现象,出产茶叶较多。四川汶川县,“邑南芽亭产茶,味清香,色微绿,叶长而宽,清时入贡,素负盛名。又兴文坪茶亦佳,龙溪、映秀次之,均称细茶。又,老枝叶焙成方圆形,运往夷地销售,名茶包,即粗茶”⑤。重庆府“涪州出三般茶,宾

① 衷幹:《茶市杂咏》,转引自彭泽益编《中国近代手工业史资料(1840—1949)》第1卷,中华书局1962年版,第304页。

② 佚名:《各省农事:茶务:湖南产茶极盛》,《农学报》清光绪二十三年(1897)第1期,第18—19页。

③ 建设委员会经济调查所:《浙江之平水茶》,见《浙江民国史料辑刊》,国家图书馆出版社2008年版,第1辑第8册,第9页。

④ [清]李应珏撰:《浙志便览》卷1《余杭县序》,清光绪二十二年(1896)增刻本。

⑤ 祝世德等纂修:《汶川县志》卷4《物产·成品》,1944年铅印本。

花最上，制于早春，其次白马，最下涪陵”[①]。合江县，“清乾隆中，穆为元种茶数十万株，用以起家，艺者日众。清世，至设关甘雨场税之，号曰甘关。输出茶斤岁以数十万计”[②]。雅州府，“山多田少，地瘠耕劳，近山人户藉茶为业”[③]。雅州府里塘司，“雪茶生雪山中，蛮人于四、五月间采摘以售，叶如茶而白色，冰芽云片气味香辣，食之令人止燥消烦，领其风调，可补茶经之缺”[④]。四川各地所产之茶，除供应本地群众消费以外，还需要供应西藏、甘肃等地少数民族同胞消费，茶叶贸易十分兴旺。

湖北汉口镇为长江中游著名茶市，清前期汉口市场上流通的茶叶计有“六安、武彝(夷)、松萝、珠兰、云雾、毛尖，远来自福建、徽州、六安州，近出于通山、崇阳”[⑤]。在长江中游湖南、湖北、江西三省，湖南茶区集中于洞庭湖流域的岳州府、长沙府、常德府，其他府州亦有种植者。永顺府桑植县，“峒茶，四邑皆产，县属独多，味颇厚，谷雨前摘取细者，亦名抢旗”[⑥]。湖北武昌府、荆州府等地，“俱系产茶地方”[⑦]。宜昌府鹤峰州，“州中产茶甚多，其味较佳于他邑，近有茶行数家，荆、襄人多入山采买”[⑧]。崇阳县“龙泉山产茶味美，见方舆要览。今四山俱种，山民藉以为业”[⑨]。江西的南昌府、饶州府、南康府、九江府、吉安府等，也都以产茶著称。大量茶叶南下大庾岭，过梅岭关，由南雄沿北江至广州，交与十三行之行商出口海外。这是清代前期内陆茶叶运往广州的重要商路。

中国传统茶叶销售以绿茶为主，绿茶是一种不发酵的茶叶。发酵茶的问世约在明末清初。其时，武夷山产茶区出现了发酵茶，首先是全发酵的红茶，此后又出现了半发酵的乌龙茶。茶叶发酵后，能去掉原有的苦涩味，使茶叶

---

① ［清］王梦庚修，寇宗纂：《重庆府志》卷3《食货志·物产》，清道光二十三年(1843)刻本。
② ［清］曹抡彬修，曹抡翰纂：《雅州府志》卷5《风俗·雅安县》，清乾隆四年(1739)刻本。
③ 王玉璋修，刘天锡、张开文纂：《合江县志》卷2《食货·物产》，1925年修，1929年铅印本。
④ ［清］陈登龙编：《里塘志略》卷下《杂记》，清嘉庆十五年(1810)刻本。
⑤ 章学诚：《湖北通志检存稿》(一)，《考六·食货考第三》，民国十一年(1922)刻本。
⑥ ［清］周来贺修，陈锦等纂：《桑植县志》卷2《风土志·土产》，清同治十二年(1873)刻本。
⑦ 王恕：《王端毅奏议》卷2《南京户部·申明茶法奏状》。
⑧ ［清］聂光銮等修，王柏心等纂：《宜昌府志》卷11《风土志·物产》，清同治五年(1866)刻本。
⑨ ［清］《崇阳县志》卷4《食货志·物产·货类》，清同治五年(1866)刻本。

变得更加醇香。最早嗜饮红茶的是闽南人，清代初年，中国对外贸易的港口主要是厦门。荷兰人与英国人相继前来厦门贸易，受当地人影响，也爱上了红茶。英语中“茶”的发音与厦门话相似，其原因在此。其后，英国与其他欧洲国家逐渐兴起了饮用红茶的热潮。英国之外，葡萄牙人、荷兰人、俄罗斯人，都消费一定数量的茶叶，尤其是英国人，不仅皇室饮茶，而且普通百姓也都爱喝“武夷茶”。他们以红茶加牛奶作为早餐饮品。谁能得到产自武夷山风景区的红茶——“正山小种”，那是值得向客人炫耀的事情。

来自中国的茶叶，已成为世界性的饮料。在清代中期，红茶与乌龙茶超越生丝，成为清朝输出的首要商品。在各类茶叶中，红茶又排在第一位。1838—1839 年，广州口岸输出的红茶共计 3249. 5066 万磅，绿茶 772. 88 万磅，共计 4022. 3866 万磅，约为 18245. 5 万吨。其中，红茶约占中国茶叶输出总数的 80%。由此可见，清朝对欧洲国家的贸易之所以能长期保持出超的地位，与红茶的输出有极大的关系。从这个角度去看红茶生产技术的发明，便可知道它对中国商品开拓国际市场有重大意义。它使茶叶这一中国主要的农产品加工业的消费市场，从东亚数国扩张到欧洲与美洲的广大世界市场。红茶发酵，是将茶叶包在麻袋里，闷上一两日，由于酵母菌的作用而自然发酵。因此，单纯从制作工艺来看，红茶的制作不是太复杂。但从市场开拓的角度去看，世界上几千万人热爱这一饮料，这种具有重大意义的工艺革新，即使在现代中国亦为罕见。①

7. 刺绣业

刺绣业在江南地区比较发达，远近闻名。在江苏松江府娄县，“顾绣，仿上海顾氏露香园制，今(1788)郡城内外人多习之”②。苏州府吴县，“绣作，精细雅洁称苏州绣，一名顾绣。顾姓妇人最工，故名”③。“苏州有顾绣之名。相传出自明尚宝司丞名世后裔。绣法为内院宫人所授，劈丝配色，自有心传。

① 徐晓望：《论明清时期中国手工业技术的进步》，《东南学术》2009 年第 4 期。

② ［清］谢庭董修，陆锡熊等纂：《娄县志》卷 11《食货志 · 服用之属》，清乾隆五十三年(1788)刻本。

③ 曹允源等纂：《吴县志》卷 51《舆地考 · 物产》，1933 年铅印本。

其作人物、山水、花鸟,宛然如生。传至名世曾孙女适张氏而寡,守节抚孤,藉此糊口。孰能生巧,益臻神妙,金针之度,门下宏多。而顾绣之名,遂得传至今云。"[①]刺绣业是江南地区传统手工行业,产品做工精美,深受百姓欢迎。

8. 造纸业

造纸业是中国传统手工业。竹子乃是明清时期造纸业的主要原料,确切地说,只有毛竹才可充当造纸原料。用来造纸的竹子,以春季之笋为佳,经过渍、沤、碾、濯、焙等工序之后,将其制成纸张。[②] 也有将竹子浸渍之后制成纸张者。因之清人谚云:"片纸非容易,措手七十二。"足见造纸业工艺技术之复杂。

清代前期全国各地人口大量增长,纸制品日用需求随之大增,因而造纸业从业人员较多,产出的纸张多为供应本地市场需求。直隶广平府,"磁州西有纸房村,以造纸得名,然多毛头纸、草纸"[③]。任县"造纸,产邑东彰台等村,曰麦秸纸,曰苇子纸……半销本境,半销邻邑"[④]。内蒙古绥远清水河厅所产"毛头纸,以麻屑为之,清郡所制与关北州县暨口外各厅所造大约相同,纹理粗糙而无筋骨,殊不及平阳府所产蒲纸之细腻而白也"[⑤]。安徽宁国府宣城、宁国等县,"纸,郡邑皆出,宣、宁二邑尤擅名"[⑥]。在广东广州府从化县,"流溪一堡,在山林溪谷间,男女皆以沤竹造纸为业"[⑦]。在浙江绍兴府萧山县,"纸出河南山乡,有黄、白各种,质粗"[⑧]。会稽县产"竹纸,前辈多尚之,民家

① 佚名:《苏州有顾绣之名》,《农工商报》1915年版第11期,第10页。

② [清]严如熤:《三省边防备览》卷6,清道光二年(1822)刻本。

③ [清]吴中彦修,胡景桂纂:《重修广平府志》卷18《舆地略·物产·货属》,清光绪二十年(1894)刻本。

④ [清]谢笏麟修,陈智纂,王亿年增修,刘书旗增纂:《任县志》卷1《地理·物产》,清宣统二年(1910)修,1915年增修铅印本。

⑤ [清]文秀修,卢梦兰纂:《新修清水河厅志》卷19《物产》,清光绪九年(1883)修,抄本。

⑥ [清]尹继善等修,黄之隽等纂:《江南通志》卷86《食货志·物产》,清乾隆元年(1736)刻本。

⑦ [清]郭雨熙纂修,蔡廷曙续修:《从化县新志·风俗志下》,清康熙四十九年(1710)修,清雍正八年(1730)增修刻本。

⑧ [清]黄钰纂修:《萧山县志》卷18《物产·纸》,清乾隆十六年(1751)刻本。

或赖以致饶”[①]。杭州府昌化县，“秀下、陈村、商解、田圩等村，以造纸为业”[②]。湖北武昌府蒲圻县，“邑南山之东有地曰纸棚，左有洞，右有泉，其居人曰郑氏，凡四十余户，除数耕者外，悉以造纸为业……朝夕治棚下者约百余人，每岁值可获五六千金，凡此数十户一切食用皆取给于此”[③]。手工造纸业俨然成为多地乡民以之为生或“赖以致饶”的唯一途径。

清代前期，长江中游地区造纸业颇为发达，集中于江西、湖南两省，尤以江西为最。在湖南湘潭县，“大者名楠竹，为用甚广。土人隆冬掘笋，名冬笋。方春苗茁生，名春笋。笋将成竹，居民斫以造纸，名表青纸”[④]。当时汉口的纸张市场上，来自湖南的表青纸、竹连纸、切边纸等很受欢迎。[⑤] 江西省造纸业分布于铅山、上饶、万载、新建、兴安诸县，形成一批造纸业专业市镇。在江西上饶，“县南七十里，近山产竹，槽户制纸颇为近利，客商贩运，行户而百余家”[⑥]。在兴国县，“纸出竹管洞等处，洁白细嫩者曰竹纸，白而长大者曰连四纸，粗厚者曰草纸，质韧而色黯者曰绵纸，皆常用所需。以绵纸糊为折叠扇，生□油涂之，曰油纸，扇价廉而适于用，市之者众，有转贩至他省郡者”[⑦]。石城县横江墟盛产“横江纸”，“岁不下累万金”。[⑧] 袁州府万载县产“表心纸”，“以石灰水渍竹黄，酿胶而成，四五六区皆出，有大小剔之分，光净者贵。商贩皆聚大桥、卢家洲”，该纸“万载所出视他土为良，然只以供市肆之用，不中书”。还有所谓“花笺纸”，“出高村、高槽等处，嫩薄光净胜表心纸”。又有“火纸”，“以竹黄之粗者，杂稻根为之，出谢陂者佳”。[⑨]

---

① [清]王元臣修，董钦德、金炯纂：《会稽县志》卷6《物产志·货》，清康熙二十二年(1683)刻本。

② [清]于尚龄修，王兆杏纂：《昌化县志》卷5《户赋志·物产》，清道光三年(1823)刻本。

③ [清]恩荣、顾际熙等：同治《蒲圻县志》卷1《疆域志·团图·石铿》，江苏古籍出版社2001年版，第391页。

④ [清]张云墩修，周系英纂：《湘潭县志》卷39《风土下·土产·草之属》，清嘉庆二十三年(1818)刻本。

⑤ 章学诚：《湖北通志检存稿》(一)，《考六·食货考第三》，民国十一年(1922)刻本。

⑥ 蒋继洙修：同治《广信府志》卷1《地理·乡都》，清同治十二年(1873)刻本。

⑦ [清]崔国榜修，金益谦、蓝拔奇纂：《兴国县志》卷12《土产·食货类》，清同治十二年(1873)刻本。

⑧ [清]朱慊修，许琼等纂：《石城县志》卷2《物产》，清道光四年(1824)刻本。

⑨ [清]陈廷枚修，熊曰华等纂：《袁州府志》卷7《物产》，清乾隆二十五年(1760)刻本。

明清时期,江西广信府的造纸业闻名遐迩。“广信府纸槽前不可考。自洪武年间创于玉山一县,至嘉靖以来,始有永丰、铅山、上饶三县续告官司,亦各起立槽房。有竹木之产,乡市皆得其利。”[①]广信府所产之奏本纸,为国内优质纸张,时有“奏本(纸)出铅山”之誉,“柬纸则广信为佳,即奏本也”。[②] 当地的槽房和槽厂乃是宫廷御用纸张的定点生产基地。“广信府铅山、玉山、永丰三县,原系产纸地方,即钦依派造,自应如期速完解进。”[③]明清易代之际,“兵寇交讧”,殃及广信府的造纸业,清初曾动用库银等5000余两加以重振,“给发各槽抄造”,使其钦遵办解“上用之需”。[④] 清代前期,广信府造纸业以铅山县最为世人称道。“铅山之纸精洁逊闽中,然业之者众,小民借以食其力十之三四焉。”[⑤]一县之境,人民十之三四依靠造纸为生,从业人员不可谓不广。徽商和闽商成为广信府造纸业的垄断者,“今业之者日众,可资贫民生计,然率少土著。富商大贾挟资而来者,大率徽、闽之人,西北亦间有”[⑥]。铅山县属之石塘、河口、湖坊等处,“其地多宜于竹,水极清冽,纸货所出,商贾往来贩卖,俗尚颇涉华丽”[⑦]。在湖坊市,因“饶纸利,行铺二百余家”[⑧]。在石塘镇,“贾客贸迁,纸货为盛,曰毛六,曰黄表,色样不一,命名各殊。第界近闽越,地居险僻,流民繁多,土著稀少,故槽厂为藏奸之薮,蓬户多生事之徒”[⑨]。这里“纸厂槽户不下三十余槽,各槽帮工不下一二千人”[⑩]。造纸作坊内部已有明确的分工协作,“每一槽四人,扶头一人,舂碓一人,检料一人,焙干一人,每日出纸八把”[⑪]。

---

① [清]陈延缙纂修:《上犹县志》卷5《礼乐志·风俗》,清康熙三十六年(1697)刻本。

② [明]方以智:《物理小识》卷8《器用类》。

③ 雍正《江西通志》卷27《土产·广信府·纸》。

④ 参见彭泽益编《中国近代手工业史资料(1840—1949)》第1卷,中华书局1962年版,第259页。

⑤ [清]蒋继洙修:《广信府志》卷1《地理·物产·货之属》,清同治十二年(1873)刻本。

⑥ [清]蒋继洙修:《广信府志》卷1《地理·物产·货之属》,清同治十二年(1873)刻本。

⑦ 同治《铅山县志》,引乾隆志载。

⑧ [清]蒋继洙修:《广信府志》卷1,《地理·乡都》,清同治十二年(1873)刻本。

⑨ 同治《铅山县志》,引乾隆志载。

⑩ 康熙《上饶县志》卷10《要害志》。

⑪ 乾隆《铅山县志》,转引自任放《明清长江中游市镇经济研究》,武汉大学出版社2003年版,第186页。

9. 制扇、制伞业

诸如扇子、雨伞等日用商品与民众生活关系密切,故制扇、制伞业在各地手工行业中不可或缺。在江苏江宁府上元县,“用物之品,折纸扇,出城中者,四方称最”①。江苏如皋县,“贴绒扇出如皋邑。扇有团有折,剪绒片为人物花卉粘其上,略加钩染画,能令扇面异样生色”②。江西万载县出产的油扇远近闻名,在境内大桥镇集散,“大桥尤伙,质粗价廉,近亦转贩他省”③。广东肇庆高要县产扇,道光初年声名鹊起,“以价廉应用,推行渐广……遂畅销于南洋各埠。附城男女多借此艺以谋生。其法将竹丝排匀扣以线糊以纱纸,成葵扇行。其染黄色,贴红寿字,再刷桐油者,名曰行西;若刷白、元、米或画花卉人物者,名曰鱼尾;不染色、不画花者,名曰大中,又曰二中;比行西特小,刷以红色,画以人物,为孩儿用品者,曰扇仔”④。制扇业产品花样繁多,品质不一,消费人群广泛。在安徽池州府,“雨伞,池郡造者轻而适用。扇,出青阳,削竹为骨,为柿汁纸糊之以泥金,画山水人物于上,售之四方”⑤。湖南宁乡县,“工业物品最切民用,亦最有名者,杨林桥张恒顺雨伞也”⑥。

在江、浙一带棉花、棉布、生丝、丝织品制作手工业十分发达的同时,内地许多省份的手工业发展水平仍然比较低下。各地手工行业发展情况不一是自然而然形成的,也无法做到全国经济情况、发展速度整齐划一。

陕西省地处内陆腹地、黄河中游,“到清初,陕北经济百废待兴,清前期的方志中,关于此地货产几乎不见记载。随着清廷一系列的生产恢复发展政策,到了康熙、雍正年间,此地乡村手工业在恢复中略有发展。这一时期农产品加工中的榨油业有记载的只有安塞和米脂,当地的人民利用山木瓜果子榨油。除此之外,郎州产苇席,葭州已有烟草,延安府的县民渐渐知道养蚕织

---

① [清]武念祖修,陈栻纂:《上元县志》卷4《舆地志下·物产》,清道光四年(1824)刻本。
② 彭泽益编:《中国近代手工业史资料(1840—1949)》第1卷,中华书局1962年版,第171页。
③ [清]金第修,杜绍斌纂:《万载县志》卷12《土产·货之属》,清同治十一年(1872)刻本。
④ [清]马呈图纂修:《宣统高要县志》卷11《食货篇二》,清宣统二年(1910)刻本,1938年铅印本。
⑤ [清]尹继善等修,黄之隽等纂:《江南通志》卷86《食货志·物产》,清乾隆元年(1736)刻本。
⑥ 周震麟修,刘宗向纂:《宁乡县志·故事编·财用录·工业》,1941年木活字本。

绢,此时陕北有一些州县虽有木棉,但还不见当地有纺织业出现。虽然陕北乡村手工业在清代有了一定的发展,但也不能给予过高的评价。陕北地处边陲,历来是兵家征战的要地。自然条件的限制,加上长期的战争,使这里土地荒芜,生产力低下"①。

入清以后,清廷提倡兴"纺织之利",在一些棉纺织业不太发达的地区,地方官府还亲自倡率,出资雇募工匠,向当地农民传授纺织技术,这些都大大地推动了棉纺织业在当地的发展。

江苏在清代是产棉大省,也是棉纺织业极盛之地,但徐州的棉花种植在这一时期却并未普及,因而棉纺织业十分寥落。在苏、松一带极其繁盛的家庭棉纺织手工业,在苏北却罕觅踪影,甚至很多民众对纺织知识一无所知。乾隆十八年(1753),江苏巡抚庄有恭奏:"据淮安府知府赵酉禀称:淮民习于游惰,不知纺织为何事,因募织工,并备织具,设局教民学习……再查淮属可种木棉,而民不知点种之法,该府购买棉子,募匠率山阳农民,分头试种,将来结实,亦可资衣食。大约淮泗以南,病在不俭;淮泗以北,病在不勤。今将该府所定纺织规条,钞发徐、海各府州,饬令遵照办理。"②这一提议得到了乾隆皇帝的允准。据此可知,为发展纺织业,苏北地方官不得不从手把手教授种棉、纺织开始,而当时徐州地区的棉花种植及纺织技术更不能令人满意,所以不得不去吸取淮安府的经验。③

就湖南省而言,根据宣统三年(1911)湖南调查局编的《湖南商事习惯报告书》附录收集的湖南各地手工业和商业行会条规来看,在清前期,湖南的行会主要分布在长沙、益阳、安化、邵阳、湘潭、湘乡、新宁、巴陵(居明)、武陵(常德)等地,主要是在乾隆、嘉庆和道光三朝建立的。以长沙地区为例,在这三朝建立的行会,目前保存有行规的就有16家:乾隆朝,京刀业、衬补业、靴帽业、戥秤业、成衣业、棕绳业、烧酒业、制糖业、刻字业;嘉庆期,制香业、丝线

① 殷新锋、王恺瑞:《清代陕北乡村手工业结构和分布变迁研究》,《延安大学学报(社会科学版)》2006年第10期。

② 《清高宗纯皇帝实录》卷437《四月乙卯》条,《清实录》第14册,中华书局1986年版,第701—702页。

③ 黄大鹏、李鹏:《清代徐州手工业发展述论》,《科教文汇》2019年第7期。

业、泥水业;道光朝,明瓦业、角盒花簪业、裱糊业、圆炭业。[①] 从登记的行会来看,在清前期,湖南的手工业种类较多,由此可以看出湖南地区的手工业生产和交换较为发达。

广东省,这里地处沿海地带,清前期手工业行业种类繁多,行业分工细致,手工行业发展水平较高。佛山的冶铁业,新会的制烟业,广州的锡器业、象牙器业、制漆业,广东沿海各县的海盐业,都聚集了大量手工业者。广州的象牙器业为一大特色,"象牙多出滇南,粤西裁为梳具。广东省所制特佳。工聚业精,流播闺阁。凡在他省,往往贩取用之"。广州的制漆业也很发达,"粤中产漆,售行他省,皆称广漆。粤中工人制造几匣器皿,无不精雅。髹器中磨砑最细者,退光为上"[②]。乾隆年间,在广州的威廉·希克记载了当时十三行附近的各色工匠:"这里有玻璃面工、制扇工匠、象牙工匠、漆器匠、石室匠及各种各样的手艺人。"表明十三行附近是当时广州外销工艺美术品的制造和贸易中心。象牙雕刻与其他外销艺术品一样,深受欧美人士之青睐。乾隆五十八年(1793),英王乔治三世特使马戛尔尼一行抵达广州,他们为广州精美的牙雕而着迷。特使秘书巴洛在《旅行在中国》一书中写道,"看来似乎最优美、最完美无瑕的顶峰,就是广州的象牙雕刻"。根据巴洛的记载,当时广州牙雕工艺品的种类很多,有镂通花折扇、国际象棋、雕花胸针、烟嘴、粉盒等。这些精美的牙雕制品令西方人赞叹不已,特别是多层镂空旋转象牙球,"令西方人为之困惑和着迷"[③]。

清代前期,中国各地区的手工行业均比明代有明显发展。各地依据自身资源环境的不同,发展了不同的手工行业,并形成一些手工行业商品著名的产地。如江南地区的丝、棉纺织业,广东佛山的冶铁业,福建武夷山地区的制茶业,江西广信府的造纸业,等等。得益于遍布大江南北的商路发达,地区间商品经济活跃,各地所出产的手工业商品流通顺畅。

---

① 王继平:《论清代湖南的手工业和商业行会》,《中国社会经济史研究》1988 年第 3 期。

② 彭泽益编:《中国近代手工业史资料(1840—1949)》第 1 卷,中华书局 1962 年版,第 174 页。

③ 梁莹:《试论清代至民国期间广州的象牙雕刻》,《中国民族博览》2019 年第 12 期。

第二节　清前期手工业的新发展

清代前期,随着商品经济的进一步发展,各地城乡民众需求的多样化,与普通百姓生活紧密相连的手工行业在这一时期或多或少地发生了改变。尤其是东南沿海地带,开始受到西方风习的影响和海外市场的吸引,当地手工行业中出现了一些新的变化。

一、原有手工行业

广大农村最为普遍存在的是棉纺织业、丝织业、制茶业、制盐业、榨油业、磨粉业等。有俗语云:“开门七件事,柴米油盐酱醋茶。”可见制盐业、制茶业、榨油业、食品加工业等行业所生产的商品是人民生活当中普遍的需求。

1. 棉织业、丝织业

清代前期棉纺织业的变化较为显著的是内地各省逐渐种植棉花、务蚕桑,并不仅仅是局限于江南一隅。全国各地种植棉花、务蚕桑、妇人织布的情形屡屡出现在地方志中。

在华北,直隶广平府曲周县,“曲地平而土疏,田非膏腴,俗无机巧,田舍翁勤耕织”①。直隶顺天府宝坻县,“妇女无冶游,亦不尚剪绣,惟勤于纺织,无论老媪弱媳,未尝废女红,或为邻家佐之”②。妇女每天并不出门游荡,所有的时间和精力都用在纺织、女红方面了。河南怀庆府孟县,“男耕女织,勤于本业”③。在长宁县,“女亦劳,男则力作,妇则纺织,刻无宁晷。然其获利甚微,类不能自给”④。嵩县“境内种棉颇多,无外鬻者,皆供织女机也”⑤。在山

① [清]王延桂、存禄修,刘自立等纂:《曲周县志》卷6《风俗·物产附》,同治九年(1870)刻本。
② [清]洪肇楙纂修:《宝坻县志》卷7《风物·风俗》,清乾隆十年(1745)刻本。
③ [清]布颜、杜宗修,洪亮吉纂:《新修怀庆府志》卷3《舆地志·风俗》,清乾隆五十四年(1789)刻本。
④ [清]苏霈芬修,曾撰纂:《长宁县志》卷3《风俗》,清咸丰六年(1856)刻本。
⑤ [清]康基渊纂修:《嵩县志》卷9《风俗》,清乾隆三十二年(1767)刻本。

西太原府,“士下帷,农负耒,纺织务本,日夜矻矻”①。泽州府凤台县,“人习机杼,俗尚俭朴”②。在山东武定府蒲台县,“地产木棉,户勤纺织”③。

在西北,陕西西安府,“木棉,西安府境多有之,土人织纺为业”④。绥德州清涧县,“近年地多种棉,置机杼,习纺织,女红渐兴”⑤。甘肃安西州敦煌县,“地多种棉,妇女能纺织,自衣其夫”⑥。

在西南,四川保宁府广元县,“环县皆山,出产稀少,食藉耕作,衣藉蓄棉纺织,而蚕桑之利渐兴”⑦。四川潼川府乐至县,“县产木棉,先以铁木相轧,出絮吐核,弹起成花,贫妇买诸市,指挂为线,积日卖之,利可温给”⑧。重庆府涪州,地多产麻,“妇女惟勤纺绩,贫富皆优为之,亦有能组织、工头绣者。单寒之家……专以纺绩为业,机声轧轧,常彻夜不休”⑨。

贵州省的棉纺织业在清代开始进入快速发展期。贵州产棉不多,棉花主要从湖南、四川输入,棉纺织业集中在遵义、安顺两府。安顺是当时较大的一个棉花市场,当地妇女都在规定时间在城内西街用棉纱换取棉花,再携归纺纱。随着棉布产量的增加和交易市场的扩大,棉布商品流通也在逐渐扩大,棉纺织业成为农家收入的一个重要来源。⑩ 贵州都匀府独山州,“女工纺织,自六七岁学纺纱,稍长即能织布,染五色,砧杵声辄至夜半,以布易棉花,辗转生息”⑪。大定府平远州,“女勤纺织,虽漏夜,机杼声犹不辍”⑫。道光十五年(1835),郎岱士绅宋毓茂、朱子云、张懋德、张一清 4 人分别集资 180 两银子

① [清]觉罗石麟修,储大文纂:《山西通志》卷 46《风俗》,清雍正十二年(1734)刻本。
② [清]林荔修,姚学甲纂:《凤台县志》卷 2《风俗》,清乾隆四十九年(1784)刻本。
③ [清]严文典修,任相等纂:《蒲台县志》卷 2《风俗》,清乾隆二十八年(1763)刻本。
④ [清]刘于义修,沈青崖纂:《陕西通志》卷 43《物产 · 货属》,清雍正十三年(1735)刻本。
⑤ [清]钟章元修,陈第颂纂:《清涧县志》卷 1《地理志 · 丰富》,清道光八年(1828)刻本。
⑥ [清]苏履吉等修,曾诚纂:《敦煌县志》卷 7《杂类志 · 风俗》,清道光十一年(1831)刻本。
⑦ [清]张赓谟纂修:《四川保宁府广元县志》卷 7《风土志 · 风俗》,清乾隆二十二年(1757)刻本。
⑧ [清]裴显忠修,刘硕辅等纂:《乐至县志》卷 3《地理志 · 风俗》,清道光二十年(1840)刻本。
⑨ [清]德恩修,石彦恬等纂:《涪州志》卷 5,《习俗 · 女红》,清道光二十五年(1845)刻本。
⑩ 李海霞:《清代贵州的棉纺织手工业》,《产业经济》2013 年第 10 期。
⑪ [清]刘岱修,艾茂、谢庭薰纂:《独山州志》卷 3《地理志 · 风俗》,清乾隆三十三年(1768)刻本。
⑫ [清]李云龙修,刘再向等纂:《平远州志》卷 11《风俗》,清乾隆二十一年(1756)刻本。

总共720两作为资本,用来购置棉纱和手工机床,开设了织布机房,从织金等地招聘织布手艺好的手工业者到郎岱传授织布手艺。与此同时,当地织布坊还经营以纱换布的业务。在织布坊开办的三四年时间里,当地大部分妇女都学习并且熟练掌握了织布手艺。所产棉布除了满足当地需要,还畅销邻近的晴隆、大方、水城等地市场。普安地处交通要冲,随着棉纺织业的兴盛,多有外省商贩到贵州从事布匹、纺织生意。当地人见外商获利较大都争相效仿。黎平土地肥沃,山土多种木棉,加上当地苗族妇女善纺织,当地百姓都以织红为主业,于是在贵州出现了专以棉花、棉布为贸易的集市。可见黔南等地植棉日渐普遍。①

在东北,盛京(今辽宁省沈阳市),"今(1736)辽阳、盖平、海城亦多种棉,内务府设有棉庄,贡棉纺线,机匠织家机布,染青、蓝、大红诸色入贡。按海、盖宜棉,收时尚行远省"②。奉天岫岩厅,"木棉,岫多山田,从前不解种棉,惟恃南来者以为用。比年以来,种植渐伙,收成亦佳,将见男耕女织生计日裕矣"③。

在长江中游地区,江西临江府峡江县,"棉花,辑其花为布,峡地多种之"④。江西赣州府安远县,"女功,粥纫纺绩之外,渐习机织"⑤。湖南澧州石门县,"女红克勤纺绩,邑中桑麻甚少,多买木棉弹纺成布,比户机声轧轧,一月真得四十五日也"⑥。

在华南,广东肇庆府封川县,"徐俗女工以机织为快,当良宵白月,机声轧轧,响彻比邻,彼此怡情"⑦。

在东南,安徽徽州府,"女人犹称能俭,居乡者数月,不占鱼肉,日挫针治缝纫绽,黟祁之俗织木棉,同巷夜从相仿绩,女工一月得四十五日。徽俗能蓄

① 李海霞:《清代贵州的棉纺织手工业》,《商》2013年第10期。

② [清]吕耀曾等修,魏枢等纂:《盛京通志》卷27《物产志·货之属》,清乾隆元年(1736)刻本。

③ [清]台隆阿修,李瀚颖纂:《岫岩志略》卷5《出产》,清咸丰七年(1857)刻本。

④ [清]暴大儒等修,廖其观纂:《峡江县志》卷4《食货志·物产》,清同治十一年(1872)刻本。

⑤ [清]黄文燮修,徐必藻纂:《安远县志》卷11《风俗》,清道光三年(1823)刻本。

⑥ [清]苏益馨修,梅峄纂:《石门县志》卷18《风俗》,清嘉庆二十三年(1818)刻本。

⑦ [清]温恭修,吴兰修纂:《封川县志》卷1《舆地·民俗》,清道光十五年(1835)刻本。

积，不至匠漏者，盖亦由内德焉"①。"女工一月得四十五日"，说明女工不仅白天劳动，夜晚同样需要辛勤劳作，来换取维持日常生活所需的收入。

从以上地方志记载可以看出，直隶、河南、安徽、四川、山西、山东、广东、奉天、湖南、陕西等地"近年地多种棉"，妇女"户勤纺织"，"日夜矻矻"的情况很常见，从事棉纺织业成为各地民众取利谋生的最主要方式之一，从业者广泛而普及。

不仅仅是汉族人民以织布为生，各少数民族同样如此。湘西聚集了很多少数民族人群，与纺织业有关的染色工艺也相应地发展起来。其方法有两种：一是结扎法，即在白布上用麻线结扎各种图案的结子，放进染缸内染成后，用剪刀剪开结子，清洗晒干，现出各种图案；二是蜡染法，这是苗族传统的工艺技术，其方法是"先用蜡绘花于布而后染，既染去蜡则花见"。用蜡染法染出来的产品，清时称为"苗锦"（现在叫作蓝印花布），其图案多数是用细密的小圆点连结、填充组成花纹，少数绘有鹤、凤、花、鸟，形象生动，具有独特的民族风格和浓厚的苗区地方特色。纺织产品中的峒巾、苗锦，"坚致耐久"，"灿然可观"。这类产品，不但苗民喜爱，汉民也很喜欢，常来苗区市场购买。②

除种植棉花以外，清前期很多地方还兴起了丝织业。在江西南康府都昌、建昌县，"土绢，都昌出。绵绸，建昌出"③。贵州遵义府正安州，"茧成缫丝，昔皆以手洴澼，故质粗而织毛，今（1818）则遍张机杼，渐成花样矣"④。在山东曹州府，"妇女务蚕桑，织丝为绢，亦能为绫"⑤。兖州府曲阜县，"近多尚山茧，老幼男女俱捻线，贵室亦为之"⑥。这些地区生产出来的丝织品也许没有江南地区所产的丝织品精致细腻，但是能适应当地的消费习俗，维持着一定的销量。

---

① ［清］丁廷楗、卢询修，赵吉士等纂：《徽州府志》卷2《风俗》，清康熙三十八年（1699）刻本。
② 石邦彦：《清代湘西苗区的手工业》，《中南民族学院学报（哲学社会科学版）》1994年第1期。
③ ［清］廖文英等修，熊维典等纂：《南康府志》卷1《封域志·物产》，清康熙十二年（1673）刻本。
④ ［清］赵宜霖纂修：《正安州志》卷3《蚕桑》，清嘉庆二十三年（1818）刻本。
⑤ ［清］周尚质修，李登明纂：《曹州府志》卷7《食货志·风土》，清乾隆二十一年（1756）刻本。
⑥ ［清］潘相纂修：《曲阜县志》卷38《风俗》，清乾隆三十九年（1774）刻本。

2. 制茶业

中国消费茶叶的历史源远流长,各地居民均有饮茶的习惯。如江西吉安府永新县,“永俗嗜茶,每食后不论老幼男妇各数碗,或宾客杂坐,顷刻间则屡易以进,谓非此无以将敬云,然所用皆取给楚省,其叶甚粗”①。无论男女老少,人人都天天喝茶。

即使在偏远的西藏地区,茶也是生活当中的必需品。“西藏拉萨日间食物:牛肉、羊肉、奶子、奶渣、茶,上下一般最嗜好茶,贵贱饮食皆茶以煮,为茶煮法熬牛羊肉食之”②。无论家庭贫穷、富有,饮茶是西藏居民的生活习惯之一。

继传统的不发酵绿茶品种之后,在清前期,黑茶、红茶等发酵茶叶品种成了后起之秀,人们消费茶叶的习惯有所改变,茶业的制作工艺也随之发展改变。不仅国内消费扩大,而且出口贸易旺盛。黑茶主要销往蒙古和俄国,红茶主要销往欧洲市场。这一时期,几种主要茶类的制作技术都得以完善。在湖南安化、平江、巴陵等地,由于黑茶和红茶贸易盛行,当地纷纷放弃传统制茶技术,而改制黑茶、红茶。早在元代,安化县山乡即遍种茶树。明万历二十五年(1597),安化黑茶被朝廷定为官茶,此后逐渐发展。入清以后,湖南安化逐渐成为以制造黑茶闻名的地区,陕西、甘肃、青海、宁夏、新疆等地的边销茶主要是依靠湖南安化供应的黑茶,安化遂成为“茶马政策”的主要茶叶生产供应基地。安化黑茶同时运往山西、陕西及河北等省销售,并逐渐销往国外市场,销量有了较大增长。“深山穷谷,无不种茶。居民大半以茶为业,邑土产推此第一。”

红茶在清代同样深受市场欢迎。红茶的制作工艺如下:“做红茶,雨前摘取茶叶,用晒垫铺晒,晒后合成一堆,用脚揉踩,去其苦水,踩后又晒。至手捻不粘,本地再加布袋盛贮筑紧,需三时之久,待其发烧变色,则谓之上汗。汗后仍晒,以干为度”③。湖南平江县民以制作加工红茶居多。“茶,邑产颇多,

---

① [清]谭殊唐纂:《禾川书》卷3《风俗》,清同治十二年(1873)刻本。

② [清]李梦皋纂:《拉萨厅志》卷上《风俗》,清道光十五年(1835)刻本。

③ 彭泽益编:《中国近代手工业史资料(1840—1949)》第1卷,中华书局1962年版,第283页。

有茶税。道光末，红茶大盛，商民运以出洋，岁不下数十万金”，“第近岁红茶盛行，泉流地上，凡山谷间向种红薯之处，悉以种茶”。[①] 巴陵县“邑茶盛称于唐，则推君山茶矣。道光二十三年（1843），与外洋通商后，每携重金来制红茶，土人颇享其利，日晒色微红，故名红茶。昔之称兰芽郭青，用火焙者，统呼黑茶云”[②]。

3. 制盐业

与老百姓的生活息息相关的手工业除棉织业、丝织业以外，至关重要的还有制盐业。因为每个人日常饮食都需要食用盐，盐是人们生活的必需品。历朝历代，国家政权都对盐的生产、运输、销售各环节相当重视，食盐生产是一种严格的计划性生产，管制严格。

在四川省，井盐业可以说是清朝颇为重要的手工行业之一。井盐业所需从业者众多，大量手工业者聚集各盐井采盐。井盐业因此成为四川省最为重要的税收来源之一。在清前期，井盐业形成一套完善的钻井技术，生产工艺有所变化。

除井盐以外，海盐的生产同样颇为重要。沿海福建、广东、江苏、山东等省拥有漫长的海岸线，沿海省份有着得天独厚的靠海优势发展海盐业。

清朝开国初年，广东的盐产业处于低潮时期。清王朝实行了海禁政策，海禁以后沿海盐场凡在界外均不能进行正常生产，于是各场出盐甚少，不敷供应，即使在海南岛的荒远地区，“鱼盐小径，俱禁不行”，州县“商贾绝迹”，广东盐业受到严酷的打击。过去，江西、湖南、福建、广西、云南数省的许多地区均食粤盐，但实行海禁后，广东不能供给，转食淮盐。虽然个别盐场能正常生产，但由于航运受阻，产品无法流通，只能就地贱卖，这是清代广东盐业最为萧条的阶段。直至康熙二十三年（1684）一月，广东才正式立告，被迁人民允许出海捕鱼，历时 20 多年的迁界结束，广东盐业生产才逐步恢复，但市场的恢复却是缓慢的。[③]

① ［清］李元度等纂：《平江县志》卷 21，清同治十三年（1874）刻本。
② ［清］杜贵墀等纂：《巴陵县志》卷 7，清光绪十七年（1891）刻本。
③ 冼剑民：《清代广东的制盐业》，《盐业史研究》1990 年第 3 期。

福建福宁府宁德县,“依山濒海,土狭人稠,沿海居民无田可种,惟以煎熬细盐挑贩为活”①。福建泉州府,“自青山以南,至凤山,其民多业盐,以盐为籍。宋、元以前,用煎法。此后则纯用晒法。一夫之利,一日亦可得二百斤。晋江、惠安、同安出晒盐之家最苦”②。沿海居民没有自己的土地赖以生存,只能以业盐为生了。

江苏淮安府,“盐,出盐城县之伍佑、新兴二场,阜宁县之庙湾场,盐俱用煎,与淮北异”③。江苏阜宁县,“盐,产沿海一带,为本邑大宗出产。昔只煎而不晒,比年改良煎法,俱出尖盐。东北晒盐法引海水入池晒之,水中卤质渐晒渐厚,达相当时期凝结为盐。邑人名大盐”④。江苏扬州府东台县,“鹾场虽有十,而实产盐以供课者惟五,曰东台、曰何垛、曰富安、曰安丰、曰梁垛。而武昌所出亦略有不同”⑤。直隶通州,“乾隆年间货首重者盐,出沿海诸场,皆煮海而成”⑥。

直隶天津府天津县,“盐,大海去城百余里,岁出百万之课,民获兴贩之利,鱼盐之籔也”⑦。中国各沿海省份,以制盐业为生的人群分布广泛。

清前期,除井盐和海盐以外,有的地区还有少量湖盐生产。新疆,“盐池海子二处,巩宁城南二十里至一百二十里大小淖尔产盐如晶,堆积岸上,不需熬淋,味甚佳,军民取食甚便”⑧。甘肃肃州,“白盐,出镇夷盐池堡。肃州鸳鸯池亦有土盐,按盐池所产,东起峡口,西至峡关,皆销售池盐。无引课。每载一牛车,给捞晒费四钱”⑨。山西解州安邑县运城,“运治物产,盐为大,合

---

① [清]卢建其修,张君宾等纂:《宁德县志》卷4《赋役志·盐课》,清乾隆四十六年(1781)刻本。

② [清]怀荫布修,黄任、郭赓武纂:《泉州府志》卷19《物产》,清乾隆二十八年(1763)刻本。

③ [清]卫哲治等修,顾栋高等纂:《淮安府志》卷24《物产·食用之属》,清乾隆十三年(1748)刻本,清咸丰二年(1852)重刻本。

④ 焦忠祖等修,庞友兰等纂:《阜宁县新志》卷11《物产志·矿物》,1934年铅印本。

⑤ [清]周右修,蔡复午等纂:《东台县志》卷19《物产·货之属》,清嘉庆二十二年(1817)刻本。

⑥ [清]王继祖修,夏之蓉等纂:《直隶通州志》卷17《风土志·物产》,清乾隆二十年(1755)刻本。

⑦ [清]朱奎扬修,吴廷华等纂:《天津县志》卷13《风俗物产志·物产·货属》,清乾隆四年(1739)刻本。

⑧ [清]和瑛纂:《三州辑略》卷9《物产门》,清嘉庆十年(1805)刻本。

⑨ [清]黄文炜、沈青崖纂修:《重修肃州新志·肃州》第6册《物产·土石类》,清乾隆二年(1737)刻本。

两池所出,以供三省所需,美利溥矣”[①]。直隶承德府,“塞外食盐,皆蒙古境内所产,泡子河生天然盐,不待煎熬而成,蒙古用小车载以贸易”[②]。盐池产天然盐,无需另行加工熬制,取用十分方便。

二、新兴手工行业

清代前期,有一些洋货纷纷进入中国市场,林林总总,令人目不暇接。在洋货日常浸润之下,中国内地居民的消费习惯逐渐发生改变。为了迎合新的消费需求,清朝前期逐渐出现了一些新兴的手工行业,呈现出行业门类增多、产品品种增加、新兴行业兴起的态势。

1. 制烟业

制烟行业是清代前期新出现的手工业之一。烟草在明朝万历年间由国外传入,清前期由福建一带向内地推广,种植面积大增,烟草加工业遂在各地流行。吸烟的人群增多,吸烟的习惯渐渐风靡大江南北。吸食烟丝的习惯在内地各省人群中传播速度极快。“烟,淡巴菰也。自我明万历始出于闽、广之间,自后吴、楚皆种植之。嘉庆间,北方转盛,一家男妇无虑数口,尽解喫烟。上地膏腴,豆饼粪田,悉为烟叶。计十万户一日之费,盖不下百余万。”[③]

烟草适宜在旱地或山区生长,清代前期中国许多地方开始广泛种植烟草。多部地方志中出现有本府境内因烟草利润高,农民大量种植烟草的记载。如湖南永州,“旧惟道州龙角营专产,盖淡巴菰入中国未久也,今(1828)则遍郡皆种之。老圃用力多而利少,多弃瓜蔬而逐末也”[④]。道光年间的永州地方志明确记载,“淡巴菰入中国未久也”,但“今则遍郡皆种之”,虽然种植时间不长,但是推广迅速,多“弃瓜蔬”而改种烟草,说明种植烟草的收入高于种植蔬菜。烟草属于纯消费品,各地种植烟草渐多,反映了烟草商品利润颇

---

① [清]言如泗修,熊名相等纂:《解州安邑县运城志》卷2《物产》,清乾隆二十九年(1764)刻本。

② [清]和珅、梁国治纂修:《钦定热河志》卷96《物产·金石之属》,清乾隆四十六年(1781)刻本。

③ 李文治编:《中国近代农业史资料》第1辑(1840—1911),科学出版社2016年版,第84页。

④ [清]吕思湛等修:《永州府志》卷7《物产》,清道光八年(1828)刻本。

高和民风逐渐奢靡的趋势。

在河南归德府鹿邑县,同样表现出这种情况,“旧志俱不载烟草,今(1693)则遍地载之”①。在江西赣州府,“烟,一名淡巴菰,种出日本,始入中国,初盛于闽,赣与闽接壤,由是种者日多”②。江西宁都州瑞金县,“烟草,各县皆种,而瑞金尤甚”③。到康熙年间,江西省已经是各县皆种烟草了。直隶通州,“州郡附郭原田之近濠河者,十余年来多种烟叶,相沿日甚,利颇不赀,则俗之变也”④。在浙江处州府云和县,“烟草,俗名烟叶,本闽产,今(1858)土人多种之”⑤。

盛京,“烟草,冬可御寒,土人尤多食之,出抚顺者佳”⑥。甘肃兰州府靖远县,“产黄烟,邑人资以为利”⑦。烟草在盛京、甘肃等处同样颇受欢迎。因为吸食烟草能振奋精神,有御寒的功效。

随着种植烟草的风行,制作烟丝的技术也随之普及,并形成区域性的烟草品牌。

福建漳州是最先引进烟草的地方,清代其所生产的“石码烟”“小溪烟”作为“建烟”的代表,最早出名。清初漳烟名声很大,康熙年间的《漳州府志》说:“烟草,相思草也。甲于天下,货于吴、于越、于广、于楚汉,其利亦较田数倍。”“烟草,今各省皆尚之。外省亦有种者。然惟漳烟称最,声价甲天下,漳又长泰最胜。人多种之,利甚多。或云食此可辟瘴。”平和县在康熙年间已经种植烟草,县志载:“烟草,种出东洋,近多莳之。取叶置干,切为细丝,吸其烟食之,辄醉。”当地的小溪镇很快闯出了名声:“熟丝出漳州平和,俗所称‘小溪烟’是也。”清初黎士恕的《仁恕堂笔记》谈到漳州“石码烟”时说:“今则无地

① [清]吕士竣修,梁建纂:《鹿邑县志》卷1《方舆略·物产》,清康熙三十一年(1692)刻本。

② [清]李本仁修,陈观酉等纂:《赣州府志》卷21《舆地志·物产》,清道光二十八年(1848)刻本。

③ [清]白潢修,查慎行等纂:《西江志》卷27《土产·赣州府》,清康熙五十九年(1720)刻本。

④ [清]王继祖修,夏之蓉等纂:《直隶通州志》卷17《风土志·物产》,清乾隆二十年(1755)刻本。

⑤ [清]伍承吉修,王士芬等纂,涂冠续修:《云和县志》卷15《物产》,清咸丰八年(1858)修,同治三年(1864)续修刻本。

⑥ [清]吕耀曾等修,魏枢等纂:《盛京通志》卷27《物产志·草之属》,清乾隆元年(1736)刻本。

⑦ [清]陈之骥纂修:《靖远县志》卷5《物产》,清道光十三年(1833)刻本。

不种,无人不为。约天下一岁之费以千万计。金丝、盖露之号,等于紫刍、先春。关市什一之征,比于丝麻绢帛。朝夕日用之计,侔于菽粟酒浆。”这几句话既写出了清代吸烟之盛,也点出了漳烟的地位,而且让我们知道漳烟的种类之多。①

又如乾隆《清泉县志》说:湖南“祁阳、邵阳、茶陵、攸县所产,皆售于衡郡,制为京包、广包,销往各省,俱称衡烟”②。乾隆年间刊印的江昱《潇湘听雨录》中有关“衡烟”的记载曰:“衡烟驰声远近,有成王城烟叶者尤珍贵,城乃明桂藩故址,近居民骈比,仅余隙地二三亩,水饶土沃,所产尤腴嫩少筋,干之色黄。用者多不切丝,整熟之味极芳烈。”③又如《衡阳县志》记载:“山、陕烟商云集衡阳,有九堂十三号之称,年购销额达数百万两。”④

而在江苏苏州府吴县,“烟草,出西山一带者佳”⑤。乾隆年间,有官员记录:“烟草处处有之,第一属闽产,而蒲城最著,彼土甚嗜者连食不过一二筒。以余耳目所睹记,如浙江之塘栖镇,山东之济宁州,衡烟以衡州名,川烟以四川名。余尝随宦至山西之保德州,凡河边淤土,不以之种禾、黍,而悉种烟草。尝为河边叹云云,盖深怪习俗惟利是趋,而不以五谷为本计也”⑥。

2. 榨花生油业

花生也是明末从国外传入中国的。花生首先在东南沿海一带种植。清前期花生种植渐向内陆推广,花生成为一种重要的经济作物,是重要的榨油原料之一。榨花生油业成为清代榨油业中兴起的一个新门类。

福建漳州府云霄厅,“落花生,蔓生其花,落地成子,壳绉,仁玉色。性燥热,一名人参豆,明末才有此种,今(1816)随地皆种”⑦。由此可见,花生从明末时期传入中国,传播速度很快,到了清嘉庆年间,在福建漳州已经是“随地

---

① 徐晓望:《清代福建制烟业考》,《闽台文化研究》2013年第2期。

② [清]江恂纂修:《清泉县志》,清乾隆二十八年(1763)刻本。

③ [清]江昱:《潇湘听雨录》,清乾隆二十六年(1761)刻本。

④ 王晓天主编:《湖南经济通史》(古代卷),湖南人民出版社2013年版,第627页。

⑤ [清]姜顺蛟、叶长扬修,施谦纂:《吴县志》卷23《物产》,清乾隆十年(1745)刻本。

⑥ 李文治编:《中国近代农业史资料》第1辑(1840—1911),科学出版社2016年版,第84页。

⑦ [清]薛凝度修,吴文林纂:《云霄厅志》卷6《物产・果之属》,清嘉庆二十一年(1816)刻本,1935年重印本。

皆种”。到了光绪年间,江苏淮安府境内,“花生,一名长生果,可榨油。本出闽、粤,乾隆中,土人犹未解植法,至播种时,辄佣闽、粤人种之。今(1884)则盈畴被野,与麦、豆等矣”①。种植花生的地域继续扩大,由东南沿海地带的福建省、广东省向内地扩散。到了光绪年间,江苏淮安已经是“盈畴被野”的情形了。

由于花生在中国广泛种植,产量颇高,榨制花生油业遂成为各市镇常见营生。广西桂平县,“花生,即落花生,有大小二种。小者,身长仁多而味厚,大者仁少而味薄。光绪年间,生产甚旺,沿江田地种者,利抵五谷。商家以榨花生油,为市中大宗贸易”②。广东恩平县,“落花生,俗名地豿,邑人多种之,取其实榨油,用以食,则其气清香,用以灯,则其光明彻。其渣为豆麯,可粪田,其利甚溥”③。直隶保定府束鹿县,“自光绪十数年后,花生之利始兴。其物运行闽、粤,外国购之,用机器榨油,转售中国取利。以此,种者沾其赢余,相习日多,亦颇自榨为尤,以便民用。其岁入过于种谷。本境各疃皆种,而小章疃尤盛”④。

山东安邱县,“自青岛通商以来,舟车便利,落花生仁始为出洋大宗”⑤。“花生作为油料作物是其另一功用,由于其味道好、出油率高等特点,泰安地区油坊数量大增,大多数油坊虽以兼榨花生、大豆二油为业,但以花生油生产数量居多。据国立北京大学附设农村经济研究所研究,油坊自花生购入至榨油而售具有完整的生产模式。油坊的花生原料自当地开设的粮栈、当地集市和乡间花生产地三种途径购入。油坊的生产形式有两种,一种为以榨油为副业的乡间庄户,一种为小型手工业作坊。其中手工业作坊人员非常具有组织性,设经理一名、副经理一名、司账一名、副司账一名、大伙计二至三名、普通伙计五至十名、学徒四至五名。这些作坊为提高就业率作出了很大贡献,尤

① [清]孙云锦修,吴昆田等纂:《淮安府志》卷2《疆域·物产》,清光绪十年(1884)刻本。

② 黄占梅等修,程大璋等纂:《桂平县志》卷29《纪政·食货中·工业》,1920年铅印本。

③ 余丕承修,桂坫纂:《恩平县志》卷5,《舆地·物产·谷属》,1934年铅印本。

④ [清]李中桂等纂:《光绪束鹿乡土志》卷12《物产》,清光绪三十一年(1905)刻本,1938年铅印本。

⑤ 孙维均、章光铭修,马步元纂:《续安邱新志》卷9《方产考》,1920年石印本。

其为年纪很小的学徒提供了生存之道。油坊所榨花生油之销路除有极少量为小贩趸买售往四邻农家使用外,余皆输往外埠。其销路南以上海、浦口、徐州,北以济南、青岛为主。而副产物油粕也销售至本县及临县各乡作肥料及家畜饲料之用。"①油料结构也发生了变化,花生油与大豆油、菜籽油等油料一样,在国内国外市场颇受欢迎,花生油成为中国贸易的大宗商品。

三、进出口贸易

清代前期,西洋诸国、东亚各国与中国的交集不可避免地日趋加深。西方自然科学技术的传入已比较明显地影响着中国手工行业的发展路径。虽然清廷坚持禁海令,企图避免与国外事物有所接触,但是,这一时期,中国的手工业商品仍然大量输出至海外市场。

清代对外贸易发展,商船远航到达东南亚、日本以至欧美各国,中国的手工业产品受到国际市场的欢迎,外销产品的种类、数量之多都是前所未有的。据海关贸易册记载,中国输出商品包括缫丝、绫布、葛布、柳条、砂糖、甘蔗、茶叶、蜜饯、中药材、瓷器、粉条、纸钱、麝香、朱砂、明矾、铜、水银、铁器、樟脑等,种类繁多,五花八门。

盛京,"秋尽,俄罗斯来互市,或百人,或六七十人,一官统之。易缣布、烟草、姜、椒、糖饧诸物"②。浙江湖州府双林镇,"清道、咸时,上海犹未通商,洋商居香港已有镇人包丝往售,蔡兴源、陈义昌等皆以此起家,积资巨万"③。台湾,"台人植蔗为糖,岁产二三十万,商舶购之,以贸日本、吕宋诸国"④。福建厦门,"吕宋夷船每次载番银十四五万来厦贸易,所购布匹之外,如瓷器、石条、方砖亦不甚贵重,非特有利于厦门,闽省通得其益,故乾隆四十七年(1782)奏准外夷商船到闽海关,货物照粤海关则例征收"⑤。

---

① 王俐:《花生在清代泰安地区的种植与传播》,《山东农业大学学报(社会科学版)》2019年第2期。

② [清]阿桂等修,刘谨之等纂:《盛京通志》卷150,《风俗》,清乾隆四十八年(1783)刻本。

③ 蔡蓉升、蔡蒙纂:《双林镇志》卷17《商业》,1917年铅印本。

④ [清]范咸纂修:《重修台湾府志》卷17《物产一·货币》,清乾隆十二年(1747)刻本。

⑤ [清]周凯等纂修:《厦门志》卷5《船政略·番船》,清道光十九年(1839)刻本。

在海外市场对中国手工业产品需求旺盛的情况下，在清代前期，清廷却采取了限制商品出口的政策。"清雍正九年(1731)二月，广东布政使杨永斌条奏：定例，铁器不许出禁买卖，而洋船私带禁止尤严。粤东所产铁锅每连约重二十觔。查雍正七(1729)、八(1730)、九年(1731)夷船出口，每船所买铁锅少者自一百连二三百连不等，多者至五百连并有至一千连者。计算每年出洋之铁约一二万觔，诚有关系。应请照废铁之例一体严禁，违者船户人等照例治罪，官役通同徇从，照徇纵废铁例议处。嗣后，令海关监督详加稽察。至商船煮食器具，铜锅砂锅俱属可用，非必尽需铁锅，亦无不便外夷之处，于朝廷柔怀远人之德意并无远碍。得旨：铁觔不许出洋，例有明禁，而广东夷船每年收买铁锅甚多，则与禁铁出洋之功令不符矣。杨永斌所奏甚是。嗣后稽察禁止及官员处分、商人船户治罪之处悉照所请行。粤东既行查禁，则他省洋船出口之处亦当一体遵行。永著为例。"[①]"清乾隆二十四年(1759)六月，户部议准：御史李兆鹏奏称，查丝觔私出外境，律有明禁，迩年江浙等省，因奸商渔利，私贩出洋，以致丝价昂贵。请敕下该督抚转饬滨海地方官，严行查禁，违者照贩米出洋例究治，该管官分别奏处。从之。"[②]清廷严禁商品出洋的政策阻碍了手工业商品的发展，尤其是海外市场的开拓。

嘉庆二年(1797)，福建水师官兵伙同商人在赴台船只中夹带大小铁锅2435口、铁钉567斤，后被查获，铁商蓝三世，水师兵丁周王圭、吴允被施以绞刑，其余相关人等责以流徙枷杖，发配边疆。此反映出铁制品监管存在漏洞，清廷遂进一步强化对地方铁制品流通的控制。这对中国冶铁业的危害很大，各冶铁厂通过扩大生产追逐海外市场经济利益的行为被绝对禁止，钢铁市场需求被限定在国内，而在农业社会里国内钢铁需求量是极为有限的。[③]

清代雍正朝、乾隆朝朝廷多次强调"丝觔、铁器等禁止私出外境"等政策。中国大量手工行业商品，如广东佛山的铁锅、江南地区的丝绸等对外贸易数

① 陈振汉、熊正文、萧国亮编：《清实录经济史资料》(顺治—嘉庆朝)，《商业手工业编(叁)》，北京大学出版社2012年版，第1138页。

② 陈振汉、熊正文、萧国亮编：《清实录经济史资料》(顺治—嘉庆朝)，《商业手工业编(贰)》，北京大学出版社2012年版，第622页。

③ 李海涛：《前清中国社会冶铁业》，《江苏工业学院学报》2009年第6期。

量因此大受限制。鸦片战争以后,江南地区出运的丝绸,除一部分在国内各埠贸易外,“大都销往国外,尤以朝鲜、日本、安南、缅甸、印度等处为多。每年产量约在三十万匹以上,外销约占百分之六十”①。外销丝绸的数量竟然超过了国内各埠贸易数量,可见国外市场的销售潜力巨大。

清代前期,江南地区所生产的棉布供不应求,各地种植棉花织布的区域继续有所扩大,并形成棉布的一些区域生产和销售中心。这一时期,棉织业、制茶业、制盐业等在生产工艺技术方面有所创新,行业发展迎来了新的机遇。值得注意的是,清代前期,烟草和花生的种植推广迅速,人们对外来的新品种接受程度颇高,新增的制烟业、榨花生油业发展顺利。在大量手工行业商品输出国外的情况下,清朝统治者的相关政策限制了手工行业发展。

第三节　清代前期手工业的发展特点及其局限性

清代前期,中国处于长时期的和平发展时期,社会安定,人口繁殖,耕地扩大,农业增产,商品经济有了相当大的发展,社会各阶层对发展各种手工业的要求也与日俱增。在这种大致稳定繁荣的社会经济基础上,民间手工业特别是农民家庭手工业获得了进一步的发展,主要手工业门类基本形成,与普通老百姓日常生活尤其是衣食住行密切相关的行业相对完善,生产规模扩大,各类商品产销两旺。在大部分地区或者大部分行业仍然维持着传统生产方式的同时,一些手工业形成相对集中的区域中心,出现了分工和专业化生产,也出现了农民家庭逐渐脱离农业、专以手工业为生的趋向,手工业生产组织的内部关系也发生了具有深刻意义的变化。

一、官营手工业与民间手工业的消长

中国官营手工业的历史悠久,早在西周时期就有相关记录。官营手工业为宫廷、官府、军队等生产品种繁多的生活和军需用品,原料提供不计成本,

---

① 佚名:《工展特刊稿》(1931 年 3 月 18 日),旧丝织业同业公会档案乙 2-2-877。

产品不进入市场流通,由官府统一管理经营。

1. 部分采矿业放开一部分民营

清朝前期,与明朝相比,官营手工业逐渐走向衰落,官营手工业不仅经营范围进一步缩小,如盐、铁、有色金属矿冶等渐已放开民营,而且其生产规模也发生了变化。“清乾隆六年(1741)九月,署云贵总督云南巡抚张允随奏称:黔省威宁州属致化里产有铜矿,砂引颇旺。现招厂民二千余名,设炉二十座,採试有效,应准其开采。”①而就在同年4月,张允随曾经先行奏称:“所获铅业经题请官商分买。一切发给工本,必须人员经管。”②“清乾隆七年(1742),户部议准四川巡抚硕色奏称建昌、永宁二道所辖铜、铅矿苗甚盛,不碍田园庐舍,除例给厂费外,现议委员专司抽课,取具商匠结册,查核铜数丛报。其长宁、云阳等处产黑白铅矿,应准一体开采。从之。”③从鼓励“官商分买”到“商匠应准一体开采”,采矿业允许民间经营,激发了民间资本的活力。

清朝前期,云南的铜矿开采量占据国内铜矿开采总量的很大一部分,由古道转折运输至京城,形成道路繁忙、车马相接的盛况。清乾嘉年间,云南共有300多家铜厂,而出铜旺区则有35家,遍布于云南省各地,成为滇铜京运、出口的主要生产基地。雍正、乾隆年间,云南产银较大的矿厂有鲁甸的乐马、南安的白羊、马龙,蒙自的个旧,会泽的矿山、麒麟,丽江的回龙,巧家的棉花地,永昌的茂隆,云龙的永盛,尤其是鲁甸的乐马,永昌的茂隆为当时最兴盛的银厂。“滇银矿盛时,内则昭通之乐马,外则永昌之茂隆,岁出不赀,故南中富足,且利及天下”。在“茂隆银厂打槽开矿及走厂贸易者,不下二三万人”。④

在河南,煤矿的开采给政府和当地居民带来了较好的经济收益。彰德府

① 陈振汉、熊正文、萧国亮编:《清实录经济史资料》(顺治—嘉庆朝),《商业手工业编(叁)》,北京大学出版社2012年版,第1089页。

② 陈振汉、熊正文、萧国亮编:《清实录经济史资料》(顺治—嘉庆朝),《商业手工业编(叁)》,北京大学出版社2012年版,第1089页。

③ 陈振汉、熊正文、萧国亮编:《清实录经济史资料》(顺治—嘉庆朝),《商业手工业编(叁)》,北京大学出版社2012年版,第1093页。

④ 吴臣辉、周伦:《试析清代至民国时期南方陆上“丝绸之路”商贸经济特点》,《保山学院学报》2018年第12期。

林县管家庄、郭家窑、凌集、达连池、翟曲、马店、乔家屯、土寨沟等地，煤的开采量都很大，被认为“一邑炊爨半仰给于此”。怀庆府河内县清化镇“居民多借产煤资生”，鲁山县“采取石煤，用以代薪，亦自然之利”。在煤矿开采过程中，生产技术得到进一步提高，如豫西密县一带煤矿众多，往往形成数十丈的坑洞，乃开凿者积日累月所成。开掘技术堪称先进，往往“公打煤窑一座，不一月而窑即透焉，炭煤出焉”。为避免煤矿开采中产生的瓦斯爆炸，巩县、鲁山等地将竹子挖空，削尖末节后插入炭中，这样能使毒烟逐渐排出。①

除一些行业放开民营以外，为宫廷和官府需要所保留的部分官营手工业的生产规模也进一步缩小，官府所需物品很多由官营手工业制造改为向市场购买。明代中期以后，匠籍制度发生转变，由于轮班匠以银代役，大部分轮班匠获得了人身自由，住坐匠的人数也在不断减少。进入清代，旧的匠籍制度已经失去了实际意义。顺治二年（1645），清廷明确规定，“各省俱除匠籍为民。前明之例，民以籍分，故有官籍、民籍、军籍、医匠驿灶籍，皆世其业，以应差役。至是除之。其后民籍之外，惟灶丁为世业”②。正式废除匠籍制度，为手工业的发展提供了有利的条件，民间手工业日趋活跃，官营手工业的萎缩和衰败成了必然之势。

2. 官营丝织业规模缩减

具体到某一行业，从丝织业来看，明朝初年，曾先后设置了 25 个官营织染局。除北京、南京分设两京织染局外，其余分布在江苏、浙江、四川、山西、安徽、福建、河南、山东诸省的一些地方，其中以江浙两省最为集中，共有 13 家之多。③

清代的官营织造手工业，无论从地区分布还是规模来说，都比明代有所缩减。一方面，在京城里设置内织染局，管理“上用”和“官用”“锻纱染彩绣绘之事”；另一方面，在江宁、苏州和杭州三处设置织造局，史称“江南三织

① 吴志远：《清代河南的手工业》，《中州学刊》2015 年第 4 期。

② 彭泽益编：《中国近代手工业史资料（1840—1949）》第 1 卷，中华书局 1962 年版，第 391 页。

③ 彭泽益：《从明代官营织造的经营方式看江南丝织业生产的性质》，《历史研究》1963 年第 2 期。

造”。顺治、康熙年间,三局共有织机 2135 台,到乾隆年间又减为 1863 台。

与官营织造局规模的缩小和机张的减少相反,另一个趋势,则是民间丝绸生产越来越普遍,在丝绸总产额中所占比重越来越大,民间丝绸生产也越来越成为丝绸生产的主力。明清时期,官营织造局的规模与民间丝绸生产的能力相比,无疑要逊色得多。随着明清丝绸商品市场的扩展,政府在总市场中所占的份额显著降低。在这一时期,政府组织的丝绸织造业被集中于三个主要的江南织造局,丝织业活动则从中心城市分散到太湖流域的一些市镇。丝绸商品量之巨和丝绸贸易之盛,也都表明了民间丝绸生产远远超过官营织造,在丝绸生产结构中占据着无可争辩的主导地位。

明清两代,朝廷常有“加派”“领机”等举动,这实际上是官营织染局利用民间丝织能力的体现。明天顺年间,催逼苏、松、杭、嘉、湖五府增织“采缎”7000 匹,这种“常额”之外的织造任务,即为“加派”。在明末万历、天启两朝,仅苏州一地的“加派”织造的负担,就比原定岁造数额高出 10 倍左右。显然,这种 10 倍于原额的超级负荷,不可能由官营织染局在原有规模或稍事雇募人手的基础上承受,主要是由民间丝织机户承担的。民间丝绸生产能力之大,于此亦可见一斑。①

3. 制盐业的生产限制有所放开

盐是政府维持统治的一个重要商品。盐的生产、加工、销售都基本掌握在官府手里。在四川,清前期,朝廷放开了井盐业的生产限制,允许民间自由开采。这是一个重大的转变。

“四川射洪井灶,明以前井灶多由官办,后虽改招灶户,然仍设官监之。自清初则任民自由开设,遂为人民之私产,国家只就井灶而征以课,就盐引而榷以税,与历代盐法遂有不同耳。”②民间井盐业在四川得到了迅速发展。“当清之初年,盐场旺于川北、潼川一带,尤以射厂称巨擘焉。雍正八年(一七三〇)有井二千三百十九眼,乾隆时(一七三六——一七九五)增为三千余井,其后复增至万余井,而报名纳课者只有二千九百九十九眼,其余皆私增而未起课

① 王翔:《中国近代手工业史稿》,上海人民出版社 2012 年版,第 23 页。

② 彭泽益编:《中国近代手工业史资料(1840—1949)》第 1 卷,中华书局 1962 年版,第 282 页。

也。犍为井灶,……康熙年间(即一六八七——一七一八)有井五百二十九眼,煎锅五百九十四口。嘉庆十七年(一八一二)即增至一千二百零六眼,煎锅一千六百五十口。"①井盐业的生产技术和开采规模在清代前期有所提升和扩大,促进了生产力的发展。

4. 政府对陶瓷行业控制程度有所减轻

早在顺治八年(1651),朝廷即下令停止江西进贡龙碗。"江西进额造龙碗。得旨:朕方思节用,与民休息。烧造龙碗,自江西解京,动用人夫,苦累驿递,造此何益?以后永行停止。"②清廷对江西景德镇的御窑厂的管理几经变化:

> 国朝建厂造陶,始于顺治十一年(1654)。奉造龙缸,面径三尺五寸,墙厚三寸,底厚五寸,高二尺五寸,经饶守道董显忠、王天眷、王锳等督造,未成。(顺治)十六年(1659),奉造栏板,阔二尺五寸,高三尺,厚五寸,经守道张思明、工部理事官噶巴、工部郎中王日藻等督造,亦未成。(顺治)十七年(1660),巡抚张朝璘疏请停止。(康熙)十年(1671),奉造祭器等项,陶成,始分限解京。(康熙)十九年(1680)九月,始奉烧造御器,差广储司郎中徐廷弼、主事李延禧来镇,驻厂监督,悉罢向派饶属夫役额征。凡工匠物料,动支正项销算公帑,俱按工给值。陶成之器,每岁照限解京。(康熙)二十二年(1683)二月,差工部虞衡司郎中臧应选、笔帖式车尔德来厂代督,器日完善,其后渐罢。雍正六年(1728),复奉烧造,遣内务府官驻厂协理,以榷淮关使遥管厂事,政善工勤,陶器盛备。乾隆初(1736),协理仍内务人员。(乾隆)八年(1743),改属九江关使总管,其内务协理如故。(乾隆)五十一年(1786),裁去驻厂协理官,命榷九江关使总理岁巡视,以驻镇饶州同知、景德巡检司,共监造督运。今上

① 彭泽益编:《中国近代手工业史资料(1840—1949)》第1卷,中华书局1962年版,第283页。

② 陈振汉、熊正文、萧国亮编:《清实录经济史资料》(顺治—嘉庆朝),《商业手工业编(叁)》,北京大学出版社2012年版,第1021页。

(嘉庆帝)御极以来,诏崇节俭,每年陶器需用无多,而陶工益裕矣。①

由上可以看出,乾隆五十一年(1786),裁去驻厂协理官。嘉庆年间,"每年陶器需用无多"。政府对于景德镇御窑厂的控制和利用程度有所减轻。

清前期,官营手工业规模缩小,民间手工业规模扩大,有利于各手工行业的发展,也有利于商品经济的发展。

二、区域性手工业产销中心的形成

清前期,各地手工业在明代的基础上有了更大的普及和发展,一些手工行业已经形成区域性的商品生产中心和销售中心。

1. 棉纺织业

清代前期,江南地区是传统棉布生产的中心,与之相关的踹坊集中了大量手工业从业人员。"清雍正九年(1731)三月,吏部等衙门议覆:浙江总督李卫条奏江南苏郡地方营制事宜。……一、各处青蓝布匹俱于苏郡染造,踹坊多至四百余处,踹匠不下万有余人,多系单身乌合,防范宜严。请照保甲之法设立甲长、坊长,与原设坊总互相稽查。一、踹匠多系外来佣作,必由人引进,号曰包头。应著落包头查明来历,取具互结,送驻防文武员弁存案,以便稽查……"②乾隆年间,光苏郡一地,踹匠一种工种便聚集了万余人,可见棉布手工业的繁荣局面。这些踹匠多来自外地,可见一地手工行业的繁荣吸引了大量外地人口前来务工。

在乾隆年间,江南的棉纺织手工业十分发达,而别的地区的棉纺织手工业则相对较为落后。"棉花产自豫省,而商贾贩于江南,豫省民家有机杼者百不得一。"③"豫省民家有机杼者百不得一",反映了这一时期河南的棉纺织业不甚发达的状况。

① [清]蓝浦:《景德镇陶录》卷2《国朝御窑厂恭纪》,清光绪十七年(1891),京都书业堂刻本。

② 陈振汉、熊正文、萧国亮编:《清实录经济史资料》(顺治—嘉庆朝),《商业手工业编(叁)》,北京大学出版社2012年版,第1137页。

③ 李文治编:《中国近代农业史资料》第1辑(1840—1911),科学出版社2016年版,第83页。

江南棉布业虽然十分发达，但从江南地区到中国西北、东北、西南等内陆腹地的长距离运输限制了江南棉布的销售，与全国人民对棉布的巨大需求量不相适应。因此，随着棉纺织技术的传播，各地逐渐形成了区域范围内的棉布业的生产和销售中心。

棉纺织业是老百姓日常接触最多的手工业之一。清朝前期，受运输距离远的限制，全国各地逐渐兴起棉花种植业，江南棉布市场不断缩小，内地各处形成区域性的棉纺织业生产中心。在湖南巴陵县，棉纺织业生产规模大，外销甚广。

> 巴陵之产，有名者布。初，邑之山中多作小布，幅裁尺许，红之可巾，且以张彩饰棺柱，青者以为鞋带。长沙有巴陵小布行以此。其后二、三都及冷铺、三港嘴诸处产棉，而一都工作布，绝精匀，谓之都布。二、三都都谓之三都布，男妇童稚皆纺之，村塾中有手纺车而授蒙童句读者。布少粗而多。吴客在长沙、湘潭、益阳者来鹿角市之。鹿角、童桥、孙坞皆有庄。岁会钱可二十万缗，盖巴陵之布盛矣。[①]

从上面文字可以看出，巴陵布最早仅限于“邑之山中”，后来逐渐扩大到一、二、三都等平原地方，由布幅窄的小布，到质地精匀的都布，由家庭副业，发展到“男妇童稚皆纺之”的家庭手工业。而包揽垄断巴陵土布生产的是“吴客”，他们在巴陵各地设庄，在长沙等处设行。“吴客”每年在巴陵一带携带“二十万缗”的巨款来收购布匹，可见巴陵的布匹无论是生产还是交易，数量都很大。

在西南边陲的云南省，“清乾隆九年（1744）十一月，云南总督张允随又奏：滇省向无蚕桑之利，布匹亦取给外省，通饬各属制造机轴，教令纺织，十余年来，汉夷妇女皆能习熟”[②]。乾隆年间，纺织技术在云南省有所推进。有地

---

① ［清］吴敏树：《柈湖文集》卷20《巴陵土产说》，清同治八年（1869）刻本。

② 陈振汉、熊正文、萧国亮编：《清实录经济史资料》（顺治—嘉庆朝），《商业手工业编（叁）》，北京大学出版社2012年版，第1138页。

方官员在日记中写道:“清乾隆二十四年(1759),予尝北至幽、燕,南抵楚、粤,东游江、淮,西极秦、陇,足迹所经,无不衣棉之人,无不宜棉之土。八口之家,种棉一畦,岁获百斤,无忧号寒。市肆所鬻,每斤不逾百钱,得之甚易,服之无斁。妇子熙熙,如登春台,有由然也。”①

在华北平原,棉纺织业同样得到发展。清代棉纺织业不再仅仅局限于江南一隅,而是内陆各省均有所发展,但发展的程度不一。

2. 制茶业

福建省在清代前期形成制茶加工的区域中心。崇安县的种茶业、制茶业相当兴旺,“武夷山在崇安县南三十里,山中土气宜茶,环九曲之内,不下数百家,皆以种茶为业,岁所产数十万斤,水浮陆转,销之四方,而夷茗甲于海内矣”。“武夷以茶名天下,自宋始,其利犹未溥也。今则利源半归茶市。茶市之盛,星渚为最。初春后,筐盈于山,担属于路,负贩之辈,江西汀州及兴泉人为多,而贸易于姑苏厦门及粤东诸处,亦不尽皆土著。”②武夷山区的气候、土壤特别适合茶叶的种植,由于种茶业的兴旺,这一地区聚集大量手工业者,以制茶为生。“崇安为产茶之区,又为聚茶之所,商贾云集,常数万人。”③“土产茶最多,客商携资至者,络绎不绝。”④制茶行业的兴旺,吸引了诸多外地客商前来采购。

在福建瓯宁,“茶厂既多,除阳崇不计,瓯宁一邑,不下千厂,每厂大者百余人,小亦数十人,千厂则万人,兼以客贩担夫,络绎道途,充塞逆旅,合计又数千人”⑤。由此可以看出,在清代初期,福建崇安、瓯宁等地,制茶厂众多,从事制茶这种手工业的人员众多,制茶业十分兴旺。制茶行业的兴旺带动周边行业的发展,也带动了地方市镇经济的繁荣。

云南的普洱茶在清代前期已经是远近闻名。“普茶,名重于天下,此滇之所以为产而资利赖者也。出普洱,所属六茶山,一曰攸乐,二曰围登,三曰倚

① 李文治编:《中国近代农业史资料》第1辑(1840—1911),科学出版社2016年版,第82页。
② 彭泽益编:《中国近代手工业史资料(1840—1949)》第1卷,中华书局1962年版,第304页。
③ 彭泽益编:《中国近代手工业史资料(1840—1949)》第1卷,中华书局1962年版,第607页。
④ 彭泽益编:《中国近代手工业史资料(1840—1949)》第1卷,中华书局1962年版,第304页。
⑤ 彭泽益编:《中国近代手工业史资料(1840—1949)》第1卷,中华书局1962年版,第304页。

邦，四曰莽枝，五曰蛮耑，六曰慢撒。周八百里入山作茶者数十万人，茶客收买运于各处每盈路，可谓大钱粮矣。”[①]茶山周边数十万人依赖种茶、制茶、售茶为生，制茶业是云南省重要的手工行业之一。

3. 制烟业

清代前期，烟草制品迅速风靡大江南北，吸食烟草者人数庞大。“水烟旱烟饥不可粟，寒不可衣，前明本在例禁。近日吸者，不论男女，十有六七。统计天下户口，扯计大县不下百万，中小者约五六十万，今从至少科计，每县吸食以十万人计”[②]。全国各地每县吸食以十万人计是一个粗略估算的数字，但是由此可以看出烟草消费人群的庞大。

福建在短时间内迅速成为烟草种植和加工大省。乾隆年间，“烟草处处有之。……第一数闽产，而浦城最著。烟草之植，耗地十之六、七。闽田既去七、八，所种秔稻、菽、麦，亦寥寥耳。由是仰食于江、浙、台湾”[③]。由此可见福建烟草种植相当广泛。

由于种植和加工烟草获取的利润较多，福建的邻省江西省也成为烟草种植加工大省。在江西赣县，“乡居之民，力耕者众，近多闽、广侨户，栽烟牟利，颇夺南亩之膏”[④]。江西龙南县，“烟草，邑乡里中近年竞植之。先是，种传自福建，近赣属邑遍植之，甚者改良田为烟畬，致妨谷收，以获厚利”[⑤]。

4. 制瓷业

在江西景德镇，制瓷业远近闻名，这里形成陶瓷业的生产和销售中心。“景德一镇，僻处浮梁，邑境周袤十余里，山环水绕，中央一洲。缘瓷产其地，商贩毕集，民窑二三百区，终岁烟火相望，工匠人夫，不下数十万，靡不借瓷资生。”[⑥]“景德江有一巨镇也，隶于浮。业制陶器，利济天下。四方远近，挟其

---

① ［清］师范纂：《滇系》，疆域系四之一《赋产》，清嘉庆十三年（1808）刻本，清光绪十三年（1887）重刻本。

② 李文治编：《中国近代农业史资料》第1辑（1840—1911），科学出版社2016年版，第440页。

③ 李文治编：《中国近代农业史资料》第1辑（1840—1911），科学出版社2016年版，第84页。

④ 李文治编：《中国近代农业史资料》第1辑（1840—1911），科学出版社2016年版，第441页。

⑤ 李文治编：《中国近代农业史资料》第1辑（1840—1911），科学出版社2016年版，第441页。

⑥ ［清］唐英、陶冶图，贺熙龄等修：《浮梁县志》卷8，清道光三年（1823）刻本。

技能,以食力者,莫不趋之若鹜。”[①]下面一首《竹枝词》也可以反映景德镇制瓷的兴旺场景:“碓厂和云春绿野,贾船带雨泊乌蓬。夜阑惊起还乡梦,窑火通明两岸红。”[②]由上可知,聚集在江西景德镇以制瓷业为生的工人不下数十万人,陶瓷行业十分发达。

清代前期,广东省陶瓷业在国内具有较大影响的是石湾、大埔、潮州、饶平四大产区。佛山石湾以仿钧著名,艺术陶瓷和日用陶瓷均名满天下;潮州枫溪镇以生产通花瓷器而著名;大埔高陂以瓷质轻薄美观而赢取声誉;饶平取江西窑和福建窑之长,以生产青花瓷而著名。广州以烧制织金彩瓷的新产品打入欧洲市场。清前期的广东陶瓷生产规模庞大,像潮州的百窑村,窑址长 4 公里。“石湾在陶业全盛时代共有陶窑一百零七座,容纳男女工人六万有奇。”[③]

5. 铁器业

广东佛山镇是清代铁器铸造业的生产中心,生产出来的铁器远近闻名。“盖天下产铁之区,莫良于粤,而冶铁之工,莫良于佛山。”[④]

自古以来,山西便是冶铁与铁器业的重镇,其中尤以晋南与晋东南之潞安府、泽州府、阳城、凤台、陵川等地为重。泽州府所产铁“输市中州者……日不绝于途”;晋城(凤台)采铁业于道光年间最为发达,有生铁炉千余座,熟铁炉百余座;平定州“铁产州北诸山中,居民冶铁为生”;高平“铁冶炉颇有利”;阳城产“铁,近县二十余里山皆出矿,设炉熔造,冶人甚伙”。由于绝大多数乡民不能自己买铁打造铁器,因此晋铁多被打造成各种铁器后销往各地。崞县官地山“产铁器,贩鬻四外”。阳城铁“铸为铁器者,外贩不绝”。榆次“东西聂村及王胡为剪者甚多,四方之往来过此必市之,或用为饷遗;小刀、匕首多出王胡,其制稍朴,不如京师与郡城之工巧,快利特胜之,市以馈人,与剪略同;工人以刀剪之余为锁,甚坚固,售者亦多,工用为常业”。作为“九州针都”

① 彭泽益编:《中国近代手工业史资料(1840—1949)》第 1 卷,中华书局 1962 年版,第 268 页。
② 彭泽益编:《中国近代手工业史资料(1840—1949)》第 1 卷,中华书局 1962 年版,第 270 页。
③ 冼剑民:《清代前期广东手工业发展及其特点》,《广东社会科学》1993 年第 4 期。
④ 彭泽益编:《中国近代手工业史资料(1840—1949)》第 1 卷,中华书局 1962 年版,第 251 页。

的晋城大阳镇,所产的针更是几乎满足了全国需求。[①]

6. 制革业

西北省区的自然禀赋,使得畜牧业在当地社会经济结构中占有重要地位,制革手工业也就随之而兴。

以牛羊马驴骡皮革加工为主的制革作坊,遍布呼和浩特地区,当地谓之“皮铺”。皮铺以制革和加工皮衣、皮靴、马具、皮帽、皮褥、皮被等物品为主,有脱毛浸硝而成的光面制革产品,也有带毛制熟的皮革制品,无论冬、夏,都是蒙古族日常所必需的物品,所以也是畅销产品。这类制革作坊,也兼营毛皮收购,故为半手工业半商业性质的作坊。[②]

新疆地区的制革、毛皮业主要制造皮帽、皮鞋、皮箱、马鞍等。当时的新疆维吾尔族居住区,男女皆冠履,人各一帽,式样万千,皆以皮革制成,实为民众必备的日常生活用品。阿克苏、伊犁、喀什、莎车、叶城、英吉沙等地的皮帽制作精巧耐用,极负盛名。皮靴主要产于伊犁、鄯善、库车、轮台、沙雅、疏勒、叶城、巴楚、伽师、于阗、英吉沙、乌鲁木齐等地[③],其中以于阗产量最多,每年销行约在数万双,其余各地分别在数千或数百双不等。[④] 皮箱在库车、喀什、乌鲁木齐等地均有出产,造型美观、质量上乘者首推和田所产。[⑤] 制革业的生产以一家一户的家庭劳动或手工作坊为主。小作坊中包括师傅、帮工和学徒。在整个生产过程中,师傅担负着主要的或技术较复杂的劳动,还须到集市上购买原料,售卖产品;帮工和学徒则从事较简单的或需付出较多体力的工作,在整个生产过程中起到协助作用。学徒在习业期间还须干些家务及农活,直至其能出师独立工作。制革业的生产工具,以靴鞋业为例,主要有拉皮子用的削刀,铲皮子用的铲刀,锤楦头用的钉锤,拔钉子用的钳子,在皮子上

---

① 王璋:《清代山西农村手工业初探》,《农业考古》2012 年第 3 期。

② 卜万恒:《清代呼和浩特地区的手工业》,《内蒙古师大学报(哲学社会科学版)》1993 年第 4 期。

③ 参见谢里甫·胡西塔尔:《乌鲁木齐皮革业漫记》,《乌鲁木齐文史资料选辑》第 12 辑,乌鲁木齐政协文史委员会 1986 年编印。

④ 马大正、华立:《新疆乡土志稿:于阗县乡土志·商务》,全国图书馆文献缩微复制中心 1990 年影印本。

⑤ 马国荣:《和田地区经济史略》,新疆人民出版社 1988 年版,第 280—282 页。

钻洞用的锥子,垫在皮子下面钉东西用的木墩,等等,都是沿用了上百年的简单工具。

西北地区的皮革业除为当地民众提供各种生活必需品之外,还成为与内地省区进行贸易的重要行业。西北省区"幅员甚广……其中唯土货为生活者居多,而尤以各草地为甚。草地居民,均不耕种,专恃牧养牲畜,易粮为生,倘土货滞销,有关生命"①。其实,"牧养牲畜"不仅"易粮为生",还须易布为衣。清代前期,甘肃甘州府"甘人用线皆市买,不自绩。……布絮其来自中州,帛其来自荆扬,其值昂"②。陕西延安府"棉花不种……地少织布,所需白蓝大布率自同州驮来,各色梭布又皆自晋之平、绛购以成衣"③。榆林府葭州"市中布匹悉贩之晋地,而黄河一带实为利源,北通河套,南通汾平,盐粮之舟疾于奔马"④。西北民众以本地物产(特别是毛皮)交换其他地区的粮食、棉布等各种生活必需品,成为一种自然合理的选择。

这种民间物资交换面广量大,有些集中于边地城市或交通要道,年成交量规模巨大;也有些一次交易的成交量可能并不很多,且并无固定的交易场所,往往是"无铺面,多就家中贸易。所居皆土屋,甚湫隘"⑤。在蒙疆牧区,这种皮货市场多以宗教会期为贸易时间,寺庙周围既无常设市场,又无固定店铺,"就旷野为市场,物贵者蔽于帐,物贱者曝于外,器物杂陈"⑥。有些地方"产羊毛,而无售羊毛之所;有制毡房,而无售毡之商店;产各种兽皮,而无硝皮售皮之商铺",外地客商收购毛皮"须觅诸民家"。⑦ 受到社会经济发展水平和当地民风习俗的影响,这些民间物资交换时常带有原始物物交换的特征,"耕牧兼营,商贾云集,惟草莱甫辟,泉刀未甚流通,民间交易多以货物抵

① 《函复出口货滞销原因(续)》,《益世报》1921年7月6日;天津市地方志编修委员会办公室、天津图书馆编:《〈益世报〉天津资料点校汇编(一)》,天津社会科学院出版社1999年版,第684—685页。

② 黄璟等纂修:《续修山丹县志》卷9《食货·市易》,清道光十五年(1835)刻本。

③ 王崇礼纂修:《延长县志》卷4《食货志·服食》,清乾隆二十七年(1762)刻本。

④ 高珣纂修:《葭州志》卷8《风俗志·习尚》,清嘉庆十五年(1810)刻本。

⑤ 周希武:《玉树调查记》,青海人民出版社1986年版,第177—178页。

⑥ 侯鉴之、马鹤天:《西北漫游记·青海考察记》,甘肃人民出版社2003年版,第190—191页。

⑦ 马鹤天:《甘肃藏边区考察记》,《中国西北文献丛书》第4辑,《西北民俗文献》卷20,兰州古籍书店1991年影印,第101页。

换,尚存布粟相易之古风”①。

随着皮毛贸易的发展,在连接西北省区和中原内地的华北地区也兴起了一些以制革业著称的城市。山西交城的皮毛业久负盛名。康熙九年(1670),交城县令赵吉士有文记述:“乃有一种贩皮之人,不列保甲,莫查户籍,自称京客,声言旗下伙计,怀万千之重资,合三五以成群,始犹借寓假店于馆内,今则比屋杂居于城中,入山买皮,骡驮车载而至,从不纳分文官税,谁敢稽其来历?数百游民为之硝洗,腥秽满城,酿成瘟疫。”②从一个侧面反映了当地制革业的兴盛。

河北辛集、邢台等地的制革业也盛极一时。早在明万历年间,邢台西南乡一带便出现了农民家庭进行熟皮生产,集中在前留家庄、后留家庄、西北留、中留和王村,号称“四留一王村”。当地农户多以种田为主,兼营熟皮,家庭成员按男女分工劳动,男人熟皮,女人裁剪缝制皮衣。在长期的生产实践中,熟皮技艺不断提高,制作的皮货光泽洁白,皮板柔软,平光似缎,轻暖宜人,闻名国内外。熟皮的利润很高,农家兼营熟皮手工业者日渐增多,以至于当地长期流传着一首民谚:“顺德西南乡,熟皮最养人,学会皮手艺,终身不受贫。”③随着熟皮手工作坊的兴起,熟皮手工业逐渐由农民家庭副业向经营性熟皮作坊转化,邢台也逐步发展成为远近知名的皮毛生产和交易中心。

邢台毛皮手工业的原料供应,起初主要依托于当地及邻近地区,随着生产规模的扩大,本地毛皮越来越不敷需要,拓展原料来源成为迫切的市场需求。“由于熟皮手工业的发展,需要的生皮原料日益增多,而邢台所产皮毛数量很少,远不能满足熟皮生产的需要,大量的生皮原料要从省外盛产皮毛的

---

① 姚学镜修,金家骥纂:《五原厅志稿》卷下《风俗志·习尚》,清光绪三十四年(1908)纂,江苏广陵古籍刻印社1982年影印本。

② 赵吉士:《一件申请宪禁事》,《牧爱堂编》卷5,清嘉庆十五年(1810)刻本。

③ 张树林、杨洪超:《邢台皮毛行业》,见河北省政协文史资料委员会编《河北近代经济史料:工矿及手工业》下,河北人民出版社2002年版,第201页。

地区购进,皮贩商就是在这样的情况下发展起来的。”①在向外寻求原料产地的过程中,人们自然会把目光投向畜牧业发达、盛产皮毛而又地理位置相近的西北省区。入清以后,邢台熟皮手工业的原料来源构成,已经是“以陕甘和绥远包头来的最多,山西次之,本地也来一部分”②。于是,就催生出了一支从事远途贸易的农民队伍——“皮贩商”,并发展出一种独具特色的交易形式——“土布换皮”。

这些皮贩商都是四乡的农民,“虽然勤劳耕种,但终年不得温饱。为了谋求生活出路,他们在农闲季节(冬春两季)就外出贩运生皮,经营皮毛商业,以维持生活”③。当地流传的“农夫辛苦难温饱,弃业宁做贩皮翁”的民谚,正是这种历史现象的写照。④ 在这里,不仅可以看到农民们固着在狭小土地上竭力维持生计的状况,也可以看到他们寻求和利用不同资源的能力,“家庭的首要目标是通过农业劳动和其他资源,或者通过手工业、商业和其他职业获得尽可能多的收入”⑤。

对西北皮毛的需求与推销本地土布的需要叠加起来,使得冀南农民中从事“土布换皮”生意的人越来越多,他们利用冬春两季的农闲时间,携带本地出产的土布前往省外,特别是西北省区交换他们所需要的物资,“往陕甘宁之安边、定边、榆林、神木及绥(远)、陕(西)之草地,绥(远)、蒙(古)、河套等地,及晋西、晋北、晋东南一带收买皮毛”⑥。收来的皮子分为不同的种类:“一种叫长皮(包括牛、马、骡、驴皮);其他有羊皮(分羔皮、胎羔皮、二毛皮、老羊皮,均是白色;滑子皮、黑板皮、黑绒皮,均是黑色),狐皮(分草狐、沙狐、

① 河北省政协文史资料委员会编:《河北近代经济史料:工矿及手工业》下,河北人民出版社2002年版,第202页。

② 邢台市档案馆藏,《商业调查概况》,1945年12月7日。全宗号:017;目录号:001;案卷号:008。

③ 河北省政协文史资料委员会编:《河北近代经济史料:工矿及手工业》下,河北人民出版社2002年版,第202页。

④ 河北省政协文史资料委员会编:《河北近代经济史料:工矿及手工业》下,河北人民出版社2002年版,第202页。

⑤ 马若孟:《中国农民经济》,史建云译,江苏人民出版社1999年版,第145—146页。

⑥ 邢台市档案馆藏,太行行署研究室编:《邢台市土布业调查研究初稿》,1946年10月5日。全宗号:017;目录号:001;案卷号:041。

青狐、黄狐、红狐、小狐，草狐最多），草兔皮（分五色，有花的、白的、黑的、灰的等）。”[①]源源不断的原料供应，促进了邢台毛皮制作手工业的快速发展，邢台成为全国知名的皮毛成品交易中心和集散地，皮毛业也跃升为“顺德府五大行”之首。[②] 史载：邢台“货之属，羊皮为冠，狐貉亦有之，土人习攻皮技者制为裘，鬻之齐、豫、吴、皖诸省，只牟十一利”[③]。

清代前期的手工业多依据各地的自然资源、交通条件的不同，各自发展不同的手工行业，如采煤业、榨油业、制茶业等，因地制宜，比较明显。如下表所示。

表 1-10　鸦片战争前清代手工业中的大作坊和手工工场的分布和生产规模情况表

类别	记载年代	地区	场坊类别	场坊数	每家平均人数	雇工人情况
铁器业	1687	广东佛山镇	小炉坊	数十家	一肆数十砧，一砧十余人	工人有数千
	1798	湖北汉口镇	铁行	13 家		铁匠五千余人
	1807	安徽芜湖县	钢坊	数十家		每日须工作不啻数百人
棉染织业	1730 以前	江苏苏州	踹布坊	450 家	每坊各数十人不等	各坊不过 7—8 千人
	1730	江苏苏州	踹布坊	2500 家		共有 19000 余人
	1833	广东佛山镇	织布工场		20 人	共有 50000 人
碾米业	1807 前后	安徽芜湖县	碾坊	20 余家		
	1815	江苏江宁县	碾坊	32 家		

① 邢台市档案馆藏，《关于轻工业和手工业作坊的调查材料》，1948 年 3 月。全宗号：002；目录号：001；案卷号：030。

② 邢台市档案馆藏，太行行署研究室编：《邢台市土布业调查研究初稿》，1946 年 10 月 5 日。全宗号：017；目录号：001；案卷号：041。按：据历史档案记载，“顺德府五大行”依次为皮毛、土布、杂货、洋布、银钱等业。

③ 戚朝卿修，周佑纂：《续修邢台县志》卷 3《舆地·物产》，光绪三十一年（1905）刻本。

续表

类别	记载年代	地区	场坊类别	场坊数	每家平均人数	雇工人情况
造纸业	1784	江西铅山石塘县	造纸槽厂	100 余家	每槽 4 人	工匠动以千计
	1662—1722	广西容县	纸蓬	200 余槽	每槽 5—6 人	工作人数众多
	1736—1795	广西容县	纸蓬	20 余座	大厂匠作佣工百余十人，小厂40—50 余人	工匠众多
	1822	陕西西乡	纸厂	100 余座	每厂匠工不下数十人	厂主雇工均系湖广四川人
	1822	陕西定远	纸厂	20 余座	每厂工作人等不过十数人	
	1822	陕西洋县华洋镇	纸厂	45 座	每家匠作不过3—4 人，计 5—6 人不等	
	1824	陕西定远厅	纸厂	38 座	工作人等无多	
	1824	陕西西乡县	纸厂	63 座		
	1824	陕西安康县	纸厂	32 座		
	1824	陕西砖坪厂	纸厂	7 座		
	1824	陕西岐山县	纸厂	3 座		
	1824	陕西宝鸡县	纸厂	3—4 座		
	1824	陕西商南县	纸厂	数座		
	1824	陕西紫阳县	纸厂			
制糖业	1724	台湾府各县	糖廍蔗车	262.5 张	每廍各 17 人	
	1763	台湾府各县	糖廍蔗车	380 张	每家数百人	
	1834	四川内江县	糖房漏棚			

续表

类别	记载年代	地区	场坊类别	场坊数	每家平均人数	雇工人情况
制瓷业	1837	江西星子县	碓厂（白土蓬厂）	49厂	每窑一座需工人十余人	各厂工作之人日聚日多
	1840前	江西星子县	碓厂（白土蓬厂）	32厂		
	1815前	江西景德镇	坯房（坯作）	窑200—300座	坯作人众，工匠人夫，不下数十余万（按指全镇瓷业人数而言）	
	1815前	江西景德镇	匣厂	窑270—290座		
	1743	江西景德镇	烧窑户			
	道光年间	江西景德镇	烧窑户			
	1815前	江西景德镇	红店（炉户）			
制盐业	1822	四川犍为富顺等县	盐厂		每厂之人数十万计	
	1822	四川大宁、开县等县	盐厂		每厂众亦以万计	
制茶业	1833以前	福建瓯宁县	茶厂	1000厂	每厂大者100余人，小亦数十人	千厂则万人，兼以客贩担夫，合计又数千人
		福建崇安武夷山	茶焙处		工作列肆，皆他方人	

续表

类别	记载年代	地区	场坊类别	场坊数	每家平均人数	雇工人情况
木材采伐业	1822—1824	陕西盩厔	大圆木厂	3处	匠作水陆挽运之人不下三五千人	工匠甚多
	1824	陕西盩厔	枋板厂	10余处	大者每厂数百人,小亦数十人	工作人等无多
	1824	陕西盩厔	猴林厂	13家	每场雇工或数十人至余百人不等	
	1824	陕西凤县	柴厢	18处	每处工作人等不过十余人	
	1824	陕西砖坪厅	木扒	12座		
	1824	陕西宁陕厅	木厢	14处		
		陕西鄠县	小柴厢			
		陕西宝鸡县	柴厢			

资料来源:见彭泽益编《中国近代手工业史资料(1840—1949)》第1卷,中华书局1962年版,第383—384页。

从上表可以明显看出,清代前期,全国某些手工行业生产中心形成。铁器业以广东佛山镇、湖北汉口镇较为集中,安徽芜湖县的炼钢坊规模较大。棉染织布业在江苏苏州、广东佛山积聚了大量工匠。碾米业在安徽芜湖县、江苏江宁县的碾坊较为集中。造纸业形成江西铅山县、广西容县、陕西西乡县及周边县几个生产中心。制糖业在台湾府各县和四川内江县颇具规模。制瓷业则以江西浮梁景德镇最具盛名,景德镇工匠人夫,不下数十余万。制盐业,四川犍为、富顺、大宁、开县等地的井盐业规模宏大。这一时期,福建瓯宁县和崇安县的制茶业远近闻名。木材采伐业则是集中于陕西省,各县工匠甚多。

总的来说,清代前期一些手工业形成区域性的生产中心和销售中心,最引人注目的是棉纺织业在地域上的扩展。一方面是由于人口增长,需求扩大,地区经济发展。另一方面,则是手工业向原产地靠近,向内地及边远地区延伸,原料产地与产品生产的地域更为接近,降低了生产成本,从而增强了产品的市场竞争力。一些手工业的发展又表现为产品产量以及商品数量的扩大。其产品已越过自产自销的阶段而专为商品生产,有一部分行业已经脱离了农业,形成专业市镇。

三、手工业生产技艺的提升与局限

就清代来说,最能够说明手工业生产力水平的是生产工具的质量和数量,技术技艺水平,产品产值、产量及商品量,劳动生产率,专业手工业人口的数量等诸方面。清代前期,手工行业的工艺水平、工艺技术达到了前所未有的高度,甚至有一些手工行业的工艺水平至此已经登峰造极。

1. 棉纺织业

棉纺织业是和农户接触较多、需求旺盛的手工行业。清前期,棉纺织的工艺技术较为成熟,品种、花色、款式增加,涌现出一大批有知名度的棉纺织生产中心。

江南地区是清前期最为著名的棉纺织业生产中心。康熙年间,在松江府,“俗务纺织,他技不多,而精线绫、三梭布、漆纱、方巾、剪绒毯,皆为天下第一。前志云(案指明正德壬申年顧清修的府志云):百工众技与苏杭等,要之吾乡所出,皆切于实用,如绫布二物,衣被天下,虽苏杭不及也。至于乡村纺织,尤尚精敏。农暇之时,所出布匹,日以万计,以织助耕,红女有力焉……东门外双庙桥有丁氏者,弹木棉极纯熟,花皆飞起,收以织布,尤为精软,号丁娘子布”①。在浙江乌程,“木棉布,乌程县志云:乌镇者佳,各处俱有。闽广人独喜本镇之布,以其轻软而暖也”②。

清代前期,江南地区的棉业生产工具的制造逐渐出现专业化的趋势。

青浦县,“纺车出金泽谢氏,轮著于柄,以绳竹为之,旁夹两板,以受柄,底

---

① 彭泽益编:《中国近代手工业史资料(1840—1949)》第1卷,中华书局1962年版,第229页。

② 彭泽益编:《中国近代手工业史资料(1840—1949)》第1卷,中华书局1962年版,第232页。

横三板以为鼻,鼻有钩,以着锭子,左偏而昂,右平而狭,持其柄摇,则轮旋,而纱自缠焉。锭子,出金泽,以铁为之,其形似针,长八寸,首尾皆尖,而锐凹其中,使钩之以牢于车焉。故谚有'金泽锭子谢家车'之语。谢世业此,已百年矣"①。

在棉纺织行业,专业细分越是复杂,越能体现出工艺水平的精湛程度。这一地区棉布整染业生产同样呈现出专业化的趋势。

苏州府长洲县,"染工有蓝坊,染天青、淡青、月下白。红坊染大红、露桃红。漂坊染黄糙为白。杂色坊染黄、绿、黑、紫、古铜、水墨、血牙、驼绒、虾青、佛面金等。其以灰粉渗胶矾涂作花样,随意染何色而后刮去灰粉,则白章灿然,名刮印花。或以木版刻作花卉人物禽兽,以布蒙板而砑之,用五色刷其砑处,华采如绘,名刷印花。有踹布坊,下置磨光石版为承,取五色布卷木轴上,上压大石如凹字形者,重可千斤,一人足踏其两端,往来施转运之,则布质紧薄而有光"②。

2. 丝织业

从丝织业来看,江南织造局中匠役的分工则更为细密。以苏州织造局为例,有所官、总高手、高手、管工、管料、管经纬、管圆金、管扁金、管色绒、管段数、管花本、拣绣匠、挑花匠、倒花匠、折段匠、结综匠、烘焙匠、画匠、看堂小甲、看局小甲、防局巡兵、花素机匠等各色名目达22种之多。官营丝织手工业内部分工的细密和组织机构的完备,标志着中国丝绸织造技术的逐渐成熟和管理水平的不断提高,因为一般说来,历代官营手工业的技术水准,就代表着当时丝绸手工行业的最高技术水平。③

明代苏州已有锦、纻丝、缎、绸、罗、绫、纱、绢等类丝织品,到清代更多。乾隆《吴县志·帛之属》记载:"锦,'惟蜀锦名天下,今吴中所织海马、云鹤、宝相花、方胜之类,五色眩耀,工巧殊过,犹胜于古';纻丝,'出郡城,有素,有花纹,有金缕彩妆,其制不一,皆极精巧,《禹贡》所谓织文是也。上品者名清

---

① [清]陈其元修,熊其英纂:《青浦县志》卷2,清光绪五年(1879)刻本。

② 彭泽益编:《中国近代手工业史资料(1840—1949)》第1卷,中华书局1962年版,第239页。

③ 王翔:《晚清丝绸业史》,上海人民出版社2017年版,第72—74页。

水，次帽料，又次倒挽，四方公私集办于此'；克丝，又称'刻丝'，'以杂色线缀于经纬之上，合以成文，极其工巧，故名刻丝。妇人以衣，终岁方就，盖纬线非通梭所织也。今则吴下通织之，以为被褥、围裙，市井富人舞步用之，不以为奇'；罗，'出郡城，花文者为贵，素次之，又有刀罗、河西罗'；纱，'要以苏州为最多，质既不同，名亦各异。凡轻薄爽滑，宜于夏服者，皆谓之纱，如亮纱、画地纱、官纱、葛纱等，皆以纱为总名，非同一物也'；绫，'诸县皆有之，唐时充贡，谓之吴绫。工家多以脂发光泽，故俗呼油缎子'；绢，'吴地贵绢，郑地贵纻。今郡中多织生绢，其熟者名熟地，四方皆尚之。花纹者名花绢。又有白生丝织成缜密如蝉翼，幅广有至四尺余者，名画绢。又有罗地绢，精厚而密'；绸，'诸县皆有之，即缯。纹线织者曰线绸，撚绵成者曰绵绸，比丝攒成者曰丝绸'。"①

丝织品里细分纻丝、克丝、绸、罗、绫、纱、绢等种类，每一个种类又细分数种商品。行业分工细密，品种花色繁杂，正是工艺水平高超的体现。

3. 花炮业

从花炮业来看，湖南省浏阳县花炮制造真正取得发展，进入鼎盛阶段，并奠定花炮业基础是在清代前期。据康熙《浏阳县志》载，浏阳制造的烟花鞭炮"乃卷纸作筒，实以硝磺，名为爆竹，馈遗者，号曰春雷。往岁小除后，声响不绝，且有批次竞爆以鸣豪举者"②。可见，清初时期浏阳民间即有节庆期间燃放烟花鞭炮的习俗，一些富豪甚或在此期间彼此竞放以炫耀斗富。至清雍正年间，浏阳的烟花鞭炮被朝廷列为贡品，清廷所燃放的烟花——"架子焰火"即来自浏阳。到清乾隆年间，烟花爆竹业已经扩大到了湖南全省境内。③ 如醴陵是浏阳的邻县，境内盛产硝土、硫磺、杉树和筒竹等，因而织造花炮的原料如白硝、硫磺、杉木炭、爆料纸等大多能够自产自给。乾隆年间，花炮生产日益发展，湖南已成为盛产花炮之地。

---

① ［清］姜顺蛟、叶长扬修，施谦纂：《吴县志》卷51《物产二》，清乾隆十年（1745）刻本。

② ［清］王铤重修，徐旭旦纂：《浏阳县志》卷14，清康熙四十三年（1704）刻本。

③ 王国宇主编：《湖南手工业史》，湖南人民出版社2016年版，第189—190页。

4. 酿酒业

中国民众饮酒的生活习俗由来已久。清代前期,酿酒行业的工艺水平已经相当高超。贵州“仁怀城西茅苔村制酒,黔省称第一。其料纯用高粱者上,用杂粮者次之。制法煮料和曲,即纳地窖中。弥月出窖熇之。其曲,用小麦,谓之白水曲,黔人又通称大曲酒,一曰茅苔烧。仁怀地瘠民贫,茅苔烧房不下二十家,所费山粮不下二万石”①。在清代前期,贵州茅台酒就已经远近闻名了,一直延续至今。

江西建昌府,“麻姑酒,麻姑山神功泉所酿,今(1759)少真者”②。浙江绍兴府会稽县,“酒,其品类颇多,而名老酒者特行,名豆酒者特佳。豆酒者,以绿豆为曲蘖也”③。

成都薛涛酒(今全兴大曲前身),创于乾隆年间,被时人吟咏不绝。江苏双沟镇的双沟大曲,有文字可查的历史至少在雍正年间。湖北园林镇的园林青酒,也是创于清代。还有许多名酒则是源于清代以前,到清代经过改良加工,更加名重一时,飘香各地。如安徽口子镇的口子酒,宋代有糟房10余家。清代由于河道疏通,商船往来,市镇愈益繁荣,有糟房30余家,酒销往河南、河北、山东、山西、辽宁、江西等地。河南濮阳的状元红酒,乾隆时皇帝特赐黄马褂。江苏洋河镇的洋河大曲,雍正间行销长江、淮河一带。四川的绵竹大曲,清初有诗咏为“天下名酒皆尝尽,却爱绵竹大曲醇”,酒销至成都、重庆。山西汾酒“四远驰名”。其他如四川杂粮酒(今五粮液前身)、泸州大曲,安徽古井贡酒,贵州小曲酒(今董酒前身),陕西柳林酒(今西凤酒前身),都有着长久历史,清前期进入盛期,造酒的烧坊都有增加。④

在清代前期,江苏扬州地区十分繁荣,经济社会生活丰富,酿酒业随之发达。扬州酒的品种丰富,原料不一,制作精良,颇受百姓喜爱。

---

① 彭泽益编:《中国近代手工业史资料(1840—1949)》第1卷,中华书局1962年版,第608页。

② [清]孟炤修,黄祐等纂:《建昌府志》卷9《物产考·酒之属》,清乾隆二十四年(1759)刻本。

③ [清]王元臣修,董钦德、金炯纂:《会稽县志》卷6《物产志·货》,清康熙二十二年(1683)刻本。

④ 徐建青:《清代前期的酿酒业》,《清史研究》1994年第3期。

> 乾隆末年(1795),跨虹阁在虹桥爪。是地先为酒铺,迨丁丑后,改官园,契归黄氏,仍令园丁卖酒为业。……土酒如通州雪酒、泰州枯、陈老枯、高邮木瓜、五加皮、宝应乔家白,皆为名品,而游人则以木瓜为重。近年好饮绍兴,间用百花,今则大概饮高粱烧,较本地所酿为俗矣。造酒家以六月三伏时造曲,曲有米麦二种,受之以范,其方若砖。立冬后煮瓜米和曲,谓之起酷,酒成谓之醅酒。瓜米者,糯糖碾五次之称,碾九次为茶米,用以作糕粽。五六次者为瓜米,用以作酒,亦称酒米。醅酒即木瓜酒。以此米可造木瓜酒,故曰瓜米。酒用米曲则甘美,用麦曲则苦烈。烧酒以米为之,曰米烧;以麦为之,曰麦烧;又有自酵酒糟中蒸出,谓之糟烧。其高粱、荞麦、绿豆均可蒸,亦各以其谷名为名。城外村庄中人善为之,城内之烧酒,大抵俱来自城外,驴驼车载,络绎不绝。①

酿酒制曲在北方五省(直隶、河南、山东、山西、陕西)均有长期的历史。宋、元时期,朝廷在民间宏观管理上实行榷酒政策,禁止私酿私造。明代实行开放政策,使得民间酿酒制曲得到了前所未有的发展。清代前期,随着农业生产的持续发展,这里酿酒业也出现了持续发展的局面,从事酿酒生产的人数甚多。乾隆二年(1737),甘肃巡抚德沛在奏折中说,“五省之民,执此业者,不可胜计”,就是对当时酿酒业面貌的概括。山东日照县人丁宜曾在《农圃便览》里对于梨酒、归元酒、状元红、皮酒、枣酒有着具体的记述。这种在造酒原料上的开发,是清代造酒业发展的一个重要标志,也是人们为了节约粮食而进行的有益探索。它既节约了粮食,又增加了酒的品种,为清代北方酿酒业的发展奠定了坚实的基础。②

与普通百姓生活息息相关、联系紧密的还有磨面业、榨油业、制糖业、制茶业等,它们在这一时期工艺水平相当精湛。

5. 陶瓷业

从制瓷行业来看,江西景德镇制瓷各工艺生产日趋专业化,从业人员众

---

① [清]李斗撰:《扬州画舫录》卷13《桥西录》,1984年江苏广陵古籍刻印社铅印本。

② 王兴亚:《清代北方五省酿酒业的发展》,《郑州大学学报(社会科学版)》2000年第1期。

多。清前期的景德镇陶瓷烧造达到了工艺水平的高峰。清代的瓷器烧制在建窑及制胎、配料、烧制等方面积累了丰富经验,达到了手工技术的高超水平。“陶有窑、有户、有工、有彩工、有作、有甲、有花式,凡皆数十行人。”①

> 有清一朝,瓷器美备,超轶前古。其御窑中之最著者,一为康熙之臧窑。当时督理官为臧名选,故以是名。所造器,土埴腻,质莹薄,诸色兼备,有蛇皮绿、鳝皮黄、吉翠、黄班点,四种尤佳。其浇黄、浇紫、浇绿、吹红、吹青者亦美。一为雍正之年窑,即以督理官年希尧得名。其琢器多卵色圆类,莹素如银,皆兼青彩,或描锥暗花玲珑者诸巧样,仿古创新,实基于此。一为乾隆之唐窑,其时监造者,为内务府员外郎唐英,深谙土脉火性,慎选诸料,所造俱精莹纯全,仿古名窑诸器,及各种名釉,无不巧合。又新制洋紫、法青、抹银、彩水墨、洋乌金、珐琅画法、洋彩乌金、黑地白花、黑地描金、天蓝、窑变等新式色彩,无不应有尽有。厂窑至此,叹观止矣。乾隆以后,嘉道之间,略见衰退。②

从这段材料可以明显看出,清康熙、雍正、乾隆时期的景德镇制瓷工艺水平超过了前面任何一个朝代的工艺水平,“厂窑至此,叹观止矣”。而此后的嘉庆、道光年间的制瓷工艺水平反而有所降低。景德镇每年出产的陶瓷数量较多。“康乾之窑,震古铄今,咸出于此。……全年用款,费官币八千金,至清亡而止。”③仅“进御瓷器,不下数万件”。而其余的瓷器生产数量则更多,“丁未之岁(雍正五年,一七二七年)……工益举而制日精,一岁之成,恒十数万器”④。

6. 制铁业

从铸铁业来看,广东佛山制铁业的工艺技术水平较高。“铁镬行,向为本

① 彭泽益编:《中国近代手工业史资料(1840—1949)》第1卷,中华书局1962年版,第268页。
② 彭泽益编:《中国近代手工业史资料(1840—1949)》第1卷,中华书局1962年版,第108页。
③ 彭泽益编:《中国近代手工业史资料(1840—1949)》第1卷,中华书局1962年版,第110页。
④ 彭泽益编:《中国近代手工业史资料(1840—1949)》第1卷,中华书局1962年版,第110页。

乡（佛山镇）特有工业，官准专利（即承商纳饷），制作精良，他处不及。……至其制法，则采买生铁废铁熔铸而成，有鼎锅、牛锅、三口、五口、双烧、单烧等名目，时而兼铸钟鼎军器。”①“佛山俗善鼓铸，以其薄而光滑，消湅既精，工法又熟也……广州佛山多冶业，冶者必候其工而求之，极其尊奉，有弗得，则不敢自专，专亦弗当，故佛山之冶遍天下。”②广东佛山铸铁他处不及，“冶遍天下”，毫无疑问，佛山是一个聚集众多手工行业者的铸铁业制造中心。

此外，清前期其他手工行业的工艺技术水平同样精湛。据明末清初人士张岱描述此时期江浙地区的手工艺情况，可谓大师辈出：“吴中绝技：陆子冈之治玉，鲍天成之治犀，周柱之治嵌镶，赵良璧之治梳，朱碧山之治金银，马勋、荷叶李之治扇，张寄修之治琴，范昆白之治三弦子，俱可上下百年保无敌手。但其良工苦心，亦技艺之能事。至其厚薄深浅，浓淡疏密，适与后世赏鉴家之心力、目力针芥相对，是岂工匠之所能办乎？盖技也而进乎道矣。”③南京有濮仲谦者，“古貌古心，粥粥若无能者，然其技艺之巧，夺天工焉。其竹器，一帚、一刷、竹寸耳，勾勒数刀，价以两计。然其所以自喜者，又必用竹之盘根错节，以不事刀斧为奇，则是经期手略刮磨之，而遂得重价，真不可解也。仲谦名噪甚，得其一款，物辄腾贵”④。

清朝前期，令人意外的是，一些手工业的发展有时候还受到了封建迷信的影响。如榨油行业，北京是帝都，人口众多，家家户户都需要食用油类制品，榨油行业理应十分兴旺，但“北京在前清时代，因迷信风水之故，限令距城四十里以内，不准经营烧酒及榨油业。故凡中国各地方所习见之旧式榨油坊（即用木制压榨器撞击出油），独不发见于北京”⑤。

采煤挖矿行业受到风水之说影响更甚。“清康熙二十八年（1689）五月，刑部题：直隶爨岭沟地近陵寝，有关风水，民人徐度忠私开煤窑，应充发，其总

---

① 彭泽益编：《中国近代手工业史资料（1840—1949）》第1卷，中华书局1962年版，第251页。

② 彭泽益编：《中国近代手工业史资料（1840—1949）》第1卷，中华书局1962年版，第252—253页。

③ ［清］张岱：《陶庵梦忆》，罗伟注译，北方文艺出版社2019年版，第23页。

④ ［清］张岱：《陶庵梦忆》，罗伟注译，北方文艺出版社2019年版，第23页。

⑤ 彭泽益编：《中国近代手工业史资料（1840—1949）》第1卷，中华书局1962年版，第432页。

领以下各官并降罚有差,所开之窑永行禁止。"①"清乾隆元年(1736)二月,礼部又奏:直隶昌瑞山附近地方开设窑座,有碍山川脉络。请勅下工部,饬令填实。从之。"②"清嘉庆十二年(1807)一月,谕内阁:本日据诚存奏有宛平县民人杜茂封投递呈词,请于顺德府属之邢台、内邱地方开采银、铅各矿一事。山场开采例禁綦严,商民等违例营求,不但事不准行,俱有应得罪名。诚意开采一事不独有妨地脉,且雇夫刨挖均不过游手好闲之徒,将来日聚日多,互相争竞,所获之利有限,而流弊无穷。"③风水之说成为采矿行业受到阻碍的理由之一,不管此地矿质好坏,开采效益如何,仅因地处皇室陵寝附近,或"有妨地脉",即禁止开采。所谓"有关风水""有碍地脉"之说,让人无法辩驳。

又如在制茶业,福建是茶叶出品大省,但是在侯官县,"凡有公共之山场地所,各乡各里,在中国俗例,俱系栽种松柏杉树杂木,以为风水荫树,亦不肯砍去栽茶。凡种茶之山,或是祖遗,或是手置,称为己业,无人公共。此山若可种茶,即是独种,不肯与人共种"④。即使在茶叶最为畅旺的福建省,公共之山也不会用来栽植茶树,其理由同样是"有碍风水"。

清代前期,全国各地手工行业门类众多,从业人员广泛,一些手工行业工艺技术精湛,各手工行业呈现蓬勃发展之势。但是,这一时期,清廷对普通工商业者维持剥削政策,工商业者的社会地位不高,"贱""末"等字常见。这种统治政策并不利于手工行业繁荣发展和商品经济的流通。

① 陈振汉、熊正文、萧国亮编:《清实录经济史资料》(顺治—嘉庆朝),《商业手工业编(叁)》,北京大学出版社2012年版,第1121页。

② 陈振汉、熊正文、萧国亮编:《清实录经济史资料》(顺治—嘉庆朝),《商业手工业编(叁)》,北京大学出版社2012年版,第1121页。

③ 陈振汉、熊正文、萧国亮编:《清实录经济史资料》(顺治—嘉庆朝),《商业手工业编(叁)》,北京大学出版社2012年版,第1187页。

④ 彭泽益编:《中国近代手工业史资料(1840—1949)》第2卷,中华书局1962年版,第105页。

第二章
鸦片战争后中国经济格局的变化

1840—1842 年的鸦片战争是中国历史上的重要节点之一。清道光二十年(1840),英国政府以林则徐的虎门销烟作为借口,决定派出远征军侵华。鸦片战争历时两年,1842 年 8 月 29 日,中方被迫与英国签订《江宁条约》。以此为开端,中国政府又先后与当时世界上几个主要资本帝国主义国家签订了一系列不平等条约。外国资本主义凭借通过不平等条约所取得的侵略特权,强迫中国开放市场,不断向中国倾销洋货,中国经济被迫卷入世界经济的轨道,导致中外贸易格局发生了剧烈的变化,严重影响到中国手工行业的生存和发展。

第一节　中外贸易格局的变化

随着鸦片战争的硝烟散尽和城下之盟《江宁条约》的签订,外国资本主义凭借政治强权,楔入了中国社会经济的运行轨道,古老中国逐渐被卷入世界资本主义的市场体系之中。作为一个传统社会中最为敏感的社会生产部门,中国的手工业不可能不感受到这种与日俱增的影响,从而发生着相应的变化。

一、外国商品的涌入

从鸦片战争(1840—1842)到甲午战争(1894—1895)的50余年间,占主导地位的是外国资本主义的对华商品输出。这一时期,进入中国的外国机制工业品品种越来越多,数量越来越大,价位也越来越高,与中国传统的社会商品提供者手工业生产部门发生了全面的冲突。在中国销售的洋货,除鸦片、棉纱、棉布和毛纺织品等大宗外,还有肥皂、化妆品、火柴、胶制品、樟脑、蜡烛、酸碱类制品、煤油等化学工业制造品和家具、钟表、镜子、纽扣、洋扇、洋伞、灯具、乐器、衣箱、衣帽等家用品,又有金属原材料、工具、机械配件、建筑材料等五金洋货,种类之多,不胜枚举。

种类繁多的洋货,大都经由通商口岸,逐渐向中国内地城乡渗透。鸦片战争结束不久的50年代,广州售卖洋货的商店就已经在经营"红毛洋灯""红毛洋针"等外国工业制品。上海在1850年后也出现了一批洋货商店,经营的洋货几乎无所不包。天津虽然开埠较晚,但至迟在70年代前也已经出现了"洋货街"。1870年刊行的《续天津县志》,就曾辑入一首题名《洋货街》的打油诗,诗中有句曰:"洋货街头百货集,穿衣大镜当门立。入门一揖众粲然,真成我与我周旋。"

在新开口岸和内陆城镇,洋货的露面也日渐频繁。1881年,武汉三镇开设的洋货商店已有10家,经营品种包括外国玩具、工具、铅笔、图画、装饰品、洋伞、利器、珠宝、肥皂等。连一些农村乡镇也受到了进口洋货的影响。浙江湖州南浔镇上营建的楼房,已有不少"仿洋式者,其中器具,即一灯一镜,悉用舶来品,各出新奇,借以争胜"①。直隶《玉田县志》也有记载:"洋舶互市……我之需于彼者,至不可胜数,饮食日用曰洋货者,殆不啻十之五矣"。说日用洋货已达"十之五",恐有夸大之嫌,不过,在这些进口洋货品种中,有许多中国本来亦有相应的手工业生产,则是十分明显的。

这种情况与鸦片战争之前相比,已经形成鲜明的差异。鸦片战争之前,

① 姚贤镐编:《中国近代对外贸易史资料(1840—1895)》第2册,科学出版社2016年版,第1106页。

除了铸币用的银、铜和果腹的粮食之外，中国对于海外舶来的洋货并无多少需求，而外国对于中国出产的手工业品，却需求甚殷。从当时中外贸易的内容来看，中国的出口以茶叶、丝绸、瓷器等手工业产品为主，进口则主要是粮食、农畜、金属、矿物等。棉、毛织品，数量有限，钟表等物，只作贡品，对中国城乡手工业生产和社会生活有益无害。鸦片战争以后，这一贸易格局逐渐被颠倒过来，从而奠定了中国出口农产品和原料，进口机制消费品的对外贸易基本格局。在这一时期的进口商品中，生产资料仅占8%左右，消费资料则占90%以上，其中直接消费资料又占到80%上下。显而易见，这对中国传统的手工业生产而言，不可能不产生极大的影响。有学者指出："资本主义与帝国主义通过对外贸易更加广泛影响中国的生产和消费。在主要进口商品中，钢和铁，机器及工具为生产资料，其他全为消费资料。这充分表现出半殖民地中国在生产和消费上对外的依赖性。在主要出口商品中，除棉纱为机制品，丝部分为机制品外，其他全为农产原料或手工制品。在资本主义与帝国主义经济侵略下，旧中国形成了被推销成品和榨取原料的半殖民地。"①

中国传统的手工业生产形式多种多样，一般来说所需资金投入不多，特别适合家庭成员协同劳作。以棉纺织业为例，一个家庭内各成员亲自种棉、亲自织棉，自织自用，成本较为低廉，即能满足日常生活需求。农村有一些手工行业如编织业、陶瓷业、榨油业、制茶业等，也都适合农民在农闲时分参与劳动，获取收益，补充家用。因此，一些手工行业生产具有广阔的市场需求和易操作性。

中国传统的手工业生产是有许多优点的。首先，它不需要为数甚巨的设备投资，只要有力气，有技术，随时可以开展各种形式的商品生产。其次，它能利用农村的空闲劳动力，尤其是利用农村妇女的空闲劳动力。中国妇女要承担家务劳动，要她们放下家务投入生产确有困难，但若她们不离开家庭，仅利用空闲时间从事纺纱织布等加工业，她们是可以并愿意兼职的，同时可以创造可观的生产价值。再次，传统小商品生产和个人利益直接挂钩，创造的

① 严中平等编：《中国近代经济史统计资料选辑》，科学出版社2016年版，第71页。

价值全部由生产者个人支配，所以，生产者的劳动热情较高。最后，成本低廉，除了购买原料，他们几乎不需要其他投资。由于上述原因，中国传统的小商品生产有很强的竞争能力，它们能以比英国机器生产的产品更低的价格出售商品，所以，它们在国内市场上的地位相当巩固。以纺织品来说，鸦片战争前后中国市场上已有数以亿匹计的棉布销售额，这就使得英国的产品无法打入这一市场，即使他们以赔血本的价格推销英国棉制品，买英国布的人仍然为数寥寥。中国家庭棉纺织品牢牢地控制了市场上大部分销售额。[①]

晚清时期，外国侵略者凭借关税特权、金融控制等手段，大量倾销商品到中国市场，严重打击了传统家庭手工业。外国商品凭借机器大生产，生产效率大幅提高，使成本得到控制，产品价格逐渐低廉。“中国纺纱织布之器，向亦称机，但恃一人手足之力以运至，未免迟钝，且纱之粗细，布之厚薄，不能一律均匀。在创始者，亦本苦心孤诣，而继作者，乃竟不更求精，遂使数千年之旧法，一成而未之变。此固小民之过于拘守，抑亦上之人，别具好尚，未视工商，未能鼓励其心，有以致之者也。”[②]显然，中国一家一户的模式所生产的手工业商品在品质、规格、价格等方面不能与外国商品匹敌。在洋货不断倾销的态势下，中国商品节节败退，失去了原有市场份额，影响农户生计甚大。

中国自给自足的自然经济对于外国商品的大量涌入，虽然进行了漫长的抵抗，但是个体分散的手工业生产模式，终究难以抵挡资本主义大机器工业的生产。经过几十年商品经济浪潮的冲击，自然经济慢慢解体，耕与织也产生分离。因为洋布，“其质既美，其价变廉，民间之买洋布洋棉者，十室而九”。所以很多家庭放弃了纺织，只专职耕田，而此时专门从事纺织的工厂也随之兴起。而与此同时，原来的小手工作坊不少因为洋货冲击而衰落。造成自然经济解体的原因是多方面的，从以上分析来看，外国商品的大量涌入及资金的注入，特别是与自然经济解体密切相关的农产品贸易不断扩大起了相当大的作用，因为自然经济主要是指农村的小农经济，任何手工业品、工业制品要

① 徐晓望：《浅论鸦片战争对中国经济结构的影响——兼议殖民地不是中国发展的出路》，《理论学习月刊》1990 年第 6 期。

② 殷之辂：《纺织三要》，见何良栋《皇朝经世文四编》卷 43，清光绪二十八年（1902），第 2 页。

渗透到农村,必然与农产品发生关系,才会导致自然经济的解体。但仅从外因去解释还是不够的。中国内部商品经济发展,也导致部分自然经济的解体。另外还有社会的发展,人们商品意识的增强,重农抑商、重义轻利观念的改变,等等。应该说中国自然经济的解体是以上因素综合作用的结果。如果仅把自然经济的解体归因于外国商品及其资金的冲击是不全面的。①

晚清时期,中国进出口贸易始终处于劣势,其中一个重要的因素是清廷被迫签订了大量不平等条约,导致关税权益的逐步丧失。关税不能自主,导致了价格制定权易手的被动局面,中国的茶叶、生丝被国外商人大量收购,其价格的决定权不在生产茶叶、生丝的农户手里,也不在其国内经营商的手里,茶叶、生丝从产地到销售地,层层转手到国外消费者手中,国外卖家决定其价格,国内茶商、丝商往往毫无还手之力。

虽然中国的机器缫丝工厂大量开办,但在资金和定价方面仍然受制于外国商人。有外国人如此评论:"中国的缫丝业者生活在愚人的天堂里面。……他们的主要错误是在于设想他们决定丝价,设想丝价以中国蚕茧的成本为转移。实际上丝价是由西方市场——里昂、纽约、伦敦、米兰——决定的。而在决定丝价上,意大利和日本在今天(1904)是远超过中国的重要因素。"②

价格的制定权易手是贸易处于劣势的一个原因。另一个原因则是中国商人在资本金融方面受制于外国商人。有一部分中国商人完全依靠贷款经营,处处受限。山东烟台,"所恃者惟檞丝绸一宗,近年大见发达,由数家扩充至四十余家。查该丝每年销售于俄美英三国者,居十之八九,余则销于日本。然外商皆知丝坊无大资本,宣统二年(1910)遂大结团体,五月以内不购檞丝,而丝业遂一落千丈矣"③。福建,"经营茶叶的华商经常是靠贷款经营的,他们向生产者买茶,然后转售洋商。今年(1884)可供借贷的款子不多,并且利息

① 杨乃良:《鸦片战争前后农产品对外贸易与中国自然经济的解体》,《华中师范大学学报(人文社会科学版)》2000年第2期。

② 汪敬虞编:《中国近代工业史资料》第2辑(1895—1914)(下册),科学出版社2016年版,第1165页。

③ 李文治编:《中国近代农业史资料》第1辑(1840—1911),科学出版社2016年版,第556页。

高,借款期限短。结果,当茶市快要过去之时,贷款就要到期。华商就这样,在外商压迫之下,被迫卖茶偿债”①。

二、对外贸易推动中国工商业的发展

晚清时期,清廷被迫签订了一系列屈辱性质的不平等条约,严重破坏了中国的经济环境。历次签订的不平等条约当中,中国先后开放上海、宁波、厦门、福州、广州、汉口、九江、南京、天津、烟台、温州、北海、重庆等大量城市为通商口岸,达100余处。在中外不等价交换的刺激下,一批中国商人接触到了外来的资本和技术。在开阔视野的基础上,纷纷引进国外的机器设备,仿制国外工艺,奋起直追,力求发展中国民族工业,企图挽回利权。在对外交流程度日趋加深、对外贸易蓬勃开展的情况下,中国工商业的发展迎来了新的机遇。

由于俄国市场需要大量中国的红砖茶,刺激了湖北、湖南、江西地区茶叶的种植、加工和贸易相关行业的发展。“1865年分(汉口)在统计册中,砖茶出口额已增至2416担,原因由于去年(1864)西伯利亚与俄国市场上需要增多、价格提高,尤其是红砖茶。上一季没有绿茶运往俄国。1864年年底俄国政府禁止砖茶从西边边界进口,这法令使得砖茶贸易大部分落入本埠的专走恰克图的俄商之手。他们从中国人手中收购茶叶、茶末等,然后他们自己进行制造砖茶,其制成的产品与本地中国人所制的品质相同,而成本较低。制成的砖茶从本埠经上海运往天津,然后再从天津由陆路运往恰克图等地。”②到了19世纪末20世纪初,中国对俄国的茶叶贸易仍然十分兴旺。“俄国仍爱买中国茶,所需数量总在增加。1892年运往俄国茶叶27000000磅,1900年运去43000000磅。大量茶叶都经由汉水运往西伯利亚和蒙古……砖茶和片茶的贸易日益重要,现在每年约有200000担运往俄国本部,平均约25000担运销于西伯利亚和蒙古。”③

---

① 李文治编:《中国近代农业史资料》第1辑(1840—1911),科学出版社2016年版,第552页。

② 孙毓棠编:《中国近代工业史资料》第1辑(1840—1895)(上册),科学出版社2016年版,第43—44页。

③ 孙毓棠编:《中国近代工业史资料》第1辑(1840—1895)(上册),科学出版社2016年版,第54—55页。

这一时期,不仅仅是湖北汉口,江西九江对俄茶叶贸易同样十分兴旺。“1884年分(江西九江)砖茶的规模仍然很大,夏秋两季那两个俄国工厂都在十足开工。……为俄国市场的砖茶制造业一年一年地重要起来了。末茶价格的低廉,生产成本的便宜,低的出口税率,以及俄国低的入口税,合起来使得这种贸易成功并很能获利。”①

华北地区大批农副土特产品如花生、皮毛、棉花、猪鬃、药材、蛋类,以及草帽辫、地毯等手工艺品涌入各个市场,出口至外埠或国外。它带动农村一些地区进行商品化和专业化生产,又增加了农副土特产品的上市量。开埠通商后,华北市场的产品或多或少与国际市场有因果关系,有些农产品还直接进入国际市场,成为世界性商品。华北花生的价格多取决于伦敦或纽约的市场,皮毛价格和数量则依军队和战争的需求而定,这样,各级市场的商品行情受到世界市场和各类商人的盘剥和控制,形成较为典型的殖民贸易。②

对外贸易推动了商品经济的发展,加快了自然经济的分解和资本主义的产生。中国自然经济以自给自足的耕织结合为特征。但由于洋纱、洋布逐步代替土纱、土布,先是引起纺与织的分离,继而引起耕与织的分离。自然经济基础被打破以后代替它的就是商品经济。由于外国对中国农产品有需求,农产品不断出口,引起农产品商品化的发展。19世纪90年代初,每年出口净值为1.67亿元,20世纪初增加到3.11亿元,1910年增至5.7亿元,20年增长了241%,这些物资主要是农副产品及其加工制成品和半成品。农副产品原料的出口导致经济作物种植面积扩大,城市人口日益增多,粮食加工工业日益发展,粮食商品化程度进一步提高。

在对外贸易推动下,资本主义新式商业也逐渐产生,近代中国产生了具有资本主义性质的商品经济,国内市场也大步发展。开埠以后,外国商人纷至沓来。至1876年仅上海一地就有洋行200余家。由于洋行并不能独立完

① 孙毓棠编:《中国近代工业史资料》第1辑(1840—1895)(上册),科学出版社2016年版,第62页。

② 张利民:《论近代华北商品市场的演变与市场体系的形成》,《中国社会经济史研究》1996年第1期。

成销售洋货、输出土特产的全部任务,而必须同组织在对外贸易行会中的中国商业机构打交道,才能完成商品流通的全过程,于是,围绕对外贸易,开展收购土产、推销洋货的活动,自城市到乡村、自沿海商埠到广袤内地形成一个商业网。这个商业网的机构有两种:一种是洋行买办投资设立的商业机构,以自己而不是洋行名义独自进行购销活动;另一种是没有买办身份的中国商人,或是开设新的字号行栈,或是改变原有商号的经营方向,经销进出口货物。这种商业是近代中国早期的资本主义商业,为中国资本主义的发展提供了必要的市场环境,对中国近代化是一种积极的因素。出口贸易的开展促进了城乡经济的繁荣。出口农副产品,为农民提供了增加收入的机会,促进了乡村经济的繁荣和农村社会结构的变迁。出口贸易兴盛,带动了产地的经济繁荣和经济、社会的全方位发展。

三、经济中心的迁移

随着通商口岸的大量开设,外国资本主义打开了中国的大门,改变了中国传统的经济格局。外来商品源源不断地涌入中国市场,侵蚀着原有的手工业商品市场。与此同时,中国商品大量出口海外市场,对外贸易商品的数量和种类有所增加。随着近代交通运输的改善,公路交通、铁路交通的兴起,原有的经济中心发生转移,上海的强势崛起是这一时期颇为显著的事情。

传统时期,中国的商品运输方式是水运,大大小小自然分布的江河网络加上人工建造的京杭大运河,日日夜夜繁忙地维系着庞大的商品流通体系。晚清时期,近代交通有所发展,即使是在传统的水路运输方面,汽船、轮船的大量出现,逐渐取代传统的帆船、木船运输,提高了大宗商品的长途流转效率,大大促进了城乡物资商品的交流。在长江中游的湖北省,“1897年,在张之洞的资助下,创办了一家小轮公司,其船舶航行于武昌、汉口、沙市、宜昌之间”①。在江苏川沙县,“北乡向多服务沙船,业甚发达。轮船盛而沙船衰矣”②。

① 佚名:《小轮公司开始营业》,《中外日报》清光绪二十五年(1899)二月十二日。

② 方鸿铠等修,黄炎培等纂:《川沙县志》卷14《方俗志·川沙风俗漫谈》,1937年铅印本。

与此同时,全国各地出现了公路运输、铁路运输等各种运输方式,借助便利的交通,轮船、火车、汽车等现代交通工具得到了发展,并且形成了一定的规模,这就促使晚清中国全国性的和区域性的经济中心随之发生了迁移。

1. 上海成为新的经济中心

在漫长的历史发展过程中,中国境内曾经自然而然地形成一些区域性甚至全国性的经济中心,这里人口稠密、商贾云集,在中国的经济版图上占有重要的地位。以苏州为例,在上海没有开埠之前,苏州便凭借便利的水陆交通体系,依托高超的手工业生产技艺和商品交换市场,成为长江三角洲的经济中心城市。"苏州为东南一大都会,商贾辐辏,百货骈阗,上自帝京,远连交广,以及海外诸洋,梯航毕至。天下有四聚,北则京师,南则佛山,东则苏州,西则汉口。"①

明正德元年(1506),苏州府"由今观之,吴下号为繁盛,四郊无旷土,其俗多奢少俭,有海陆之饶,商贾并凑"②。在明末清初,苏州已经是"吴阊到枫桥,列肆二十里"③。清乾隆年间,流传着"东南财赋,姑苏最重;东南水利,姑苏最要;东南人士,姑苏最盛"④的民谚,由此可见苏州在这一时期商品经济高度繁荣,人口稠密,成为商贾辐辏之地。

(苏州)为水陆冲要之区。凡南北舟车,外洋商贩,莫不毕集于此。居民稠密,街弄逼隘,客货一到,行人几不能掉臂。其各省大贾,自为居停。亦曰会馆,极壮丽之观。近人以苏、杭并称为繁华之郡,而不知杭人不善营运,又僻在东隅,凡至四远贩运以至者,抵杭停泊,必卸而运苏,开封出售,转发于杭。即如嘉、湖产丝,而绸、缎、纱、绮,于苏大备,价颇不昂;若赴所出之地购之,价反增重,货且不美。⑤

① 江苏省博物馆编:《明清苏州工商业碑刻集》,江苏人民出版社1981年版,第331页。

② [明]王鏊等纂:《姑苏志》卷13《风俗》,明正德元年(1506)刻本,清乾隆间《四库全书》本。

③ [明]牛若麟修,王焕如纂:《吴县志》卷首《序》明崇祯十五年(1642)刻本。

④ [清]沈寓:《治苏》,见《皇朝经世文编》卷33,清道光七年(1827)刻本。

⑤ [清]纳兰常安:《宦游笔记》卷18,清乾隆十一年(1746)刻本。

鸦片战争之后,苏州经济中心的地位逐渐被邻近的上海所取代。开埠通商以后,中国经济版图的变化最为显著的是上海强势崛起,一跃成为国际贸易和国内贸易的中心。原本在苏州集散的商品改由在上海交易。由于海运的发展,上海凭借地理优势成为国际贸易的中心城市。时人称:"一如黄歇浦中,气象顿异。从舟中遥望之,烟水沧茫,帆樯历乱。浦滨一带,率皆西人舍宇,楼阁峥嵘,缥缈云外。"①

1846年的上海海关报告写道:

据海关所知……每年从海外开至上海的船共一千六百只,而在若干航运顺畅的年头,曾经达到一千八百只。假定这些船每只平均载货二百吨,每年输入量即达三十万吨。虽然北洋船为九百只,而南洋船仅七百只,但后者载货总量较大;北洋船很多只有六十吨。

北洋船只运来大量豆饼,即榨过油的大豆残渣,此种大豆榨油后的豆饼作肥料;从北方运来的还有大量的未榨油的大豆、火腿及腌肉、油脂、醇酒及烈酒、造船用木材、小麦,栗子、梨子、水果、蔬菜等等。

从福建运来的有糖、靛水和乾靛、甘薯、咸鱼、纸张、红茶及肥皂;从广东运来的有糖、肉桂、广东土布、水果、玻璃、水晶、香水、肥皂、白铅等等。

以福建船和广东船的名义在海关登记但实际系来自新加坡、麻六甲、槟榔屿、爪哇、觉罗、苏门答腊、婆罗洲等地的船只,运来各种欧洲货品,和从红海、波斯湾或印度洋及波利尼西亚群岛运来的鸦片、火石、胡椒、鱼翅、鹿角、洋红、皮张、钉子、豆蔻、靛水和乾靛、海参、燕窝、珍珠母、贝壳、玳瑁、象牙、糖、甘蔗、槟榔、苏木、乌木、铁、铅、金线以及作船桅的

① [清]王韬:《漫游随录》卷1,岳麓书社1985年版,第58页。当然,上海的开埠及开埠以后的迅速发展是有基础的。1842年,"当英国军舰和轮船开到上海时,这个大港口的大规模的贸易简直令人吃惊。沿河两岸密密麻麻地排满了木船,其中不少是大船,装满了十分珍贵的货物。堆满了白糖、食盐和粮食的石头货栈,停放着大木船的木场和船台都证实了上海在贸易上的重要性"。(聂宝璋、朱荫贵编:《中国近代航运史资料》第1辑(1840—1895)(下册)科学出版社2016年版,第882页)

圆木、装饰木及香木，还有染料和药材。

开回关东、天津及辽东的北洋船（从上海）运走棉花、少数茶叶、纸涨、绸缎，和南京、苏州的土布、欧洲货品，以及火石、鸦片，还有大量的糖、胡椒、海参及燕窝等等，这些东西是以福建及广东船的名义运到上海来的。但是也有些北洋船是空船装压舱石沙开回的。上述南洋船，回程运去棉花、陶器、磁器（是专供台湾的）、腌猪肉、绿茶、生丝和绸缎、土布、床毯、麻、各种乾豆、水果及部分北洋船上运来的货品。

此外还有许多与沿海贸易有关的货品（在上海）互相交换，如篓筐、木炭、煤、木料、草、烟杆、烟叶、石膏、生漆、纸伞、席子、灯笼、布袋、海绵、水果、蔬菜等等。

另外每年还有从长江及其支流各个口岸开至上海的船只，计达五千四百艘。这些船从不出海，它们把南北洋船只运来的货物转运到内地，同时把内地货物运来供给南北洋船只运走。除了前述内河航行的和航海的船只共计七千只外，在上海还有无数渔船及载客运货的小船和驳船。

从上述情况可以推想，上海不仅是一个巨大的进出口贸易的中心，而且，还是中国南方和北方交换本国货和外国货的一个大商埠。①

上述记载描述了上海进出口贸易货物的林林总总、五花八门，反映出上海开埠以后经济繁荣的景象。

随着对外贸易和国内贸易的迅速发展，上海的经济日渐繁荣起来。在太平天国肆虐江南地区的十几年里，上海幸免于战火兵燹，获得了良好的发展机遇，城市面貌发生巨大变化，近代的市政设施开始修建和完善，新式的教育、经济、文化等各方面都有了较大的发展，聚集起大量的人口，从传统时期的县城发展成为中国最大的近代都市，城市规模超过了距离不远的苏州。

到了光绪年间，上海又展现出了近代工业经济发生、发展的崭新气象。

① 聂宝璋、朱荫贵编：《中国近代航运史资料》第1辑（1840—1895）（下册），科学出版社2016年版，第882—883页。

"浦中帆樯如织,烟突如林。江畔码头衔接,工人如蚁,上下货物之声,邪许不绝。南则帆船停泊,航行内地而纳税于常关;北则轮船下碇,往来长江一带及南北各埠,而纳税于新关。其巨者航外洋,泊吴淞口外。苏杭有小轮通行,码头在美租界吴淞江之北岸。此水道之交通也。"①

2. 一些传统经济中心的衰落

在一些新的经济中心崛起的同时,也有一些传统经济中心在衰落。传统经济中心的衰落,与近代交通的变迁有着密切的关联。

广州是中国南方最为繁华之地,是华南传统的经济中心。晚清时期,广州在华南的国际贸易龙头位置逐渐被香港所取代。"香港一岛,华民流寓者十四五万,逼近广东省城,尤为中外往来咽喉。凡华洋各商货物,均先至香港,然后转运各省。"②

在香港强势崛起的同时,不可避免地引起了广州经济的部分衰落。"鸦片战争以前,各省货物必先运来广州,再运去外国,外国货物亦先运到广州,乃运进各省。举国内外咸以广州为独一口岸,故豪商大贾、珍物奇货皆于斯焉萃。咸丰九年(1859),开广州为通商口岸,同时复割香港于英,于是直接之国外贸易悉移于香港。光绪十三年(1887),广西龙州开埠,郁江一带之贸易,与海防直接。光绪二十三年(1897),梧州开埠,浔江、桂江一带之贸易与香港直接。光绪二十八年(1902),江门及惠州开埠,西江、东江一带之贸易又与香港直接,而间接之国外贸易亦逐渐衰落。至江西、湖南、云南、贵州等省因轮船及铁路之关系,均渐渐与广州脱离。至是,而素称中国南第一商场之广州,工商两业一落千丈,无复昔年之盛矣。"③

湖南的湘潭县,在鸦片战争以前凭借水运优势,成为湖南的经济贸易中心、内地货物的集散地。"湘潭亦中国内地商埠之巨者,凡外国运来货物,至广东上岸后,必先集湘潭,由湘潭再分运至内地。又非独进口货为然,中国丝

① [清]李维清编纂:《上海乡土志》第127课《交通》,清光绪三十三年(1907)铅印本。

② [清]薛福成:《出使奏疏》"与英外部商设香港领事情形片,清光绪十六年(1890)十月初十日",朝华出版社2018年版,第65页。

③ 丁仁长、吴道镕等纂:《番禺县续志》卷12《实业志》,1931年刻本。

茶之运往外国者,必先在湘潭装箱,然后再运广东放洋。故湘潭及广东间,商务异常繁盛。交通皆以陆,劳动工人肩货往来于南岭者不下十万人。”[①]近代以来,随着公路运输的发展,其区域经济中心的优势逐渐丧失。“从前海禁方严,番舶无埠,南洋、五岭之珍产,必道吾埠,然后施及各省。维时湘潭帆樯鳞萃,繁盛甲于东南。相传有小江南之目。厥后轮船、租界曼延沿边,商旅就彼轻捷,厌此艰滞,而吾湘口岸始自衰耗。”[②]“海禁开后,红茶为大,率五六十日而贸买千万。寇乱,专恃湘潭通岭南。五口开,汉口、九江建夷馆,县市遂衰。”[③]五口通商以后,湘潭的贸易一落千丈,再也没能恢复昔日的繁荣景象。

江苏省扬州府是中国一大商业城市,向以繁华著称。这里是京杭大运河的重要节点,向来以漕运、淮盐和精美的手工业品闻名。“四方富商大贾,鳞集麇至,侨寄户居者,不下数十万。”这种情况在晚清时期发生了改变。“城周十里余,西半为旧城,东南至东北为新城,濒运河西岸,旧为南北往来之要冲,两淮盐业之总汇,达官显人,往来不绝,富商大贾,麇集其间,舟车之盛,极于一时。今则盐业已移,客商之南下北上者,不由海道,即走铁路,此间遂日形衰退。”[④]当盐业不走运河运输,改为走海路或铁路运输时,扬州经济遂逐渐衰退。

这种经济中心位移的现象,在更小一些的地理层面上更是不乏其例。江苏六合县曾经繁华一时,“清代至民国,六合县僻处江北,数十年前,仅有商船往来,西北一带,购办货物以六合为聚会之所”。由于交通运输布局的变化,六合的地位日渐下降,“自光绪间新河告成,由上游张家堡经浦口即已通江矣。又县境西北陆路直接皖省,昔之牵车服贾奔赴六合者,今自六合地方已成僻壤”[⑤]。“自津浦路成,日形冷落,进口之货成本较大,获利甚微,致日用开支有不敷之势,市面铺张华丽,实则外强中干,有恒产者年获金、谷仅足养身,农民小贩一日所得,不能自赡者什之八九,万金之家廖若晨星。”[⑥]

---

① ［清］容闳:《西学东渐记》,岳麓书社1981年版,第46页。

② ［清］谭嗣同:《谭嗣同全集》,中华书局1981年版,第424页。

③ ［清］陈嘉榆等修,王闿运等纂:《湘潭县志》卷10《货殖第十一》,清光绪十五年(1889)刻本。

④ 殷惟和纂:《江苏六十一县志》上卷《江都县·城市》,1936年铅印本,第49页。

⑤ 郑耀烈修,汪昇远等纂:《六合县续志稿》卷3《地理下·交通》,1920年石印本。

⑥ 郑耀烈修,汪昇远等纂:《六合县续志稿》卷3《地理下·风俗》,1920年石印本。

这样的例子还有许多。奉天庄河县"商业历史最为悠久,在安东、营口等处未开港埠之先。明、清之际,而如今县属之大孤山镇,已为中国内地沿海船舶寄船之重要港口,商业极形繁盛。其后营口、安东相继开放,旅顺、大连同时租借,南北满铁路综错,而大孤山竟渐入堕落矣"①。湖北蒲圻县的新店镇是一茶叶专业市镇,商务素称发达,自铁路兴,百货用火车转运,影响于新店者实非浅鲜。上海县江桥镇"为上海、嘉定水陆交通要道,市面虽不甚旺,而环镇村落,实视此为中心点。乃至铁路开行以来,绕越镇东,要道变为僻径,顿失过客买卖之利"②。奉天的大孤山镇、湖北蒲圻的新店镇和上海的江桥镇,皆是铁路绕道导致商务萧条。

也有一些地方因搭上铁路交通的便车而获致发展。河北滦县,"县境在道光年间,只有旅店而无饭店。自有铁路交通以来,往来客商繁伙,常有应接不暇之势,商业繁荣如唐山,人文荟萃如县城,而饭店之设,遂多于旅店,亦时势使然也"③。奉天海城县"南通盖、营,北达辽、沈,昔年商业极称繁盛。自甲午以来迭遭兵燹,百业零凋,几至一蹶不振。及东清铁路告成,运输较便,商业稍见恢复。近年,丝业发展,外商云集,经济竞争日形激烈"④。河南安阳县"非水陆要埠,商务向不繁盛,自清光绪三十年(1904)后,平汉路告成,遂成为豫省要冲,商业亦渐发达,惟本县土产以棉花、小麦、小米、高粱等为大宗,县西山岭绵亘,煤矿特丰,水冶一带多种烟叶,城内药店林立,故出境货物,煤、烟、药材亦为大宗,商务既盛,金融流通较繁,银号事业亦继钱庄而兴起,他如印刷图书等业,则后起之事也"⑤。

在西南边陲,云南省马关县,"滇越铁路起自马关属之河口,经靖边、蒙自蜿蜒直至昆明。该线路自光绪二十八年(1902)兴工建筑,至宣统元年(1909)完成通车,由县至省交通遂称便利"⑥。澂江县因滇越铁路通车而获益良多,"滇越

① 王佐才等修,杨维磻等纂:《庄河县志》卷9《实业志·农业》,1934年铅印本。
② [清]李维清编纂:《上海乡土志》第127课,《交通》,清光绪三十三年(1907)铅印本。
③ 袁棻修,张凤翔等纂:《滦县志》卷4《人民志·风俗习尚》,1937年铅印本。
④ 廷瑞修,张辅相等纂:《海城县志》卷7《人事·实业》,1926年铅印本。
⑤ 方策等修,裴希度等纂:《续安阳县志》卷7《实业志·商业》,1933年铅印本。
⑥ 张自明修,王富臣纂:《马关县志》卷2《建设志·滇越铁道之经过》,1932年石印本。

铁路由宜良经县境东北循澂江路南交界之南盘江而入弥勒县境,本县货物商旅多由路南境徐家渡搭车上下,对于地方商业经济关系甚大”[①]。

3. 近代铁路的兴建促进经济中心的转移

晚清时期,汉口、上海、天津等处得益于铁路的修建,日趋繁荣。“一九〇〇年以来,对外贸易之增加,以杨子江下游各地为第一,……杨子江下游各地之繁盛,其原因甚多,就中以水陆交通便利为首屈一指。自一九〇五年京汉铁道通车以后,河南各地之物资,因集中于汉口。当一九〇四年,汉口输出不过七百十四万两;至一九一〇年,即增至千七百九十万两。及一九〇五年沪杭甬铁道、一九〇七年沪宁铁道完全通车,上海输出即由一九〇〇年之七千八百万两,一跃而增加至一九一〇年之一亿七千八百万两。……盖张绥铁道曾延长至山西北部,而天津遂一跃而为亚麻之重要输出港。”[②]

江苏南京,“津浦铁路北通天津,该路兴工于清光绪三十三年(1907),通车于宣统三年(1911)八月。干线起浦口,经蚌埠、徐州、济南、德州至天津,全长 1013.83 公里,设站 88 个。在本路未筑以前,北方货物须由平汉路运汉转申,现在则由郑州转徐州,由徐州转浦口,由浦口或径用汽轮转沪,或由下关转京沪路运沪,直捷便利多矣。……实为南北经济运输最重要之路线”[③]。

大连亦因南满铁路的修建取代了牛庄的区域经济中心位置。“在铁道敷设以前,东三省的一切交通运输,全靠辽河。牛庄——现称营口——位于辽河口,得其地利,便成为油坊工业的发祥之地。……一向黄豆的输送都靠辽河,但每届黄豆输送最盛的冬季,辽河足足有四个月都结了冰,交通就此杜绝了。……日本经营南满铁路,使大连为东三省输出入的中心。”[④]因铁路的兴起,大连得到了长足发展。

南满铁路的修筑,使吉林昌图县的粮货运输由过去的“仅恃大车”一改而为使用火车。“昌图自嘉庆七年(1802)蒙王招垦后,为产粮之荟萃区,商贾购

① 澂江县政府编:《澂江县乡土资料·铁路》,民国抄本,1975 年台湾成文出版社影印本。

② 李文治编:《中国近代农业史资料》第 1 辑(1840—1911),科学出版社 2016 年版,第 415 页。

③ 叶楚伧修,王焕镳纂:《首都志》卷 9《交通·陆运》,1935 年铅印本。

④ 李文治编:《中国近代农业史资料》第 1 辑(1840—1911),科学出版社 2016 年版,第 416 页。

运不绝于道,惟陆路仅恃大车,以春冬为最,至夏则道途泥泞,人歌行路难矣。所幸同江尚有辽河可通海运,然限于气候,河流封早开迟,实为憾事。自有南满铁路,转输较易。……自火车通而大车利权几归淘汰,非冬令运粮,则大车亦如同无用。"①

由于铁路兴建,形成的区域贸易城市为数不少。河北张家口,"在明代为要隘,重兵守焉。宣德四年(1429)筑堡,即今下堡城,开马市,与蒙古通贸易。清,察哈尔都统驻焉。上堡俗名市圈,清之中叶,商贾辐辏,市面繁荣,殷实商号麇集市圈。光绪二十八年(1902),中俄条约,大境门外元宝山开为通商场,遂为陆路大商埠之一。自宣统元年(1909)京张铁路工竣通车后,于车站旁新辟市街,名曰桥东。翌年展筑张绥线,而张家口扼平绥铁路之中点,本埠商业中心遂移下堡,势使然也"②。

浙江杭州府本是江南繁华之地,铁路的兴起同样给城市格局带来了影响。"羊市街市,宋旧市名,在望江门、清泰门间,地本僻静。光绪季年,行沪铁路成,轨穿穴东城,羊市街设有车站,马路纵横,旅客云集,遂成市场。"③杭州府海宁州,"凡许村、周王庙等处,为火车所经者,市集因之较盛"④。

值得注意的是,晚清时期中国出现了专门为大型矿场服务的铁路路线。山东兖州府峄县,"经营枣庄煤矿者,为中兴煤矿公司,创设于光绪二十五年(1899),近来逐渐设备益臻完善,新、旧股金计共三百余万两。四区出煤新设之发电机亦全行告竣,一日出炭可达二千吨,一年卖炭利益约四十五万两。又自枣庄津浦线支线终点南至大运河河岸之台庄,约二十八英里,为本矿私有之铁道,专供运煤之用,全年铁道收益金约二十五万两"⑤。山东济宁州,"州当河漕要害之冲,而又新筑兖济支路介于其间,沟通南北,百货骈列,因之

---

① 程道元修,续文金纂:《昌图县志》第11编《志交通》,1916年铅印本。

② 路联达等修,任守恭等纂:《万全县志·附张家口概况·建设》,1933年铅印本。

③ 齐耀珊修,吴庆坻等纂:《杭州府志》卷6《市镇》,1926年铅印本。

④ 齐耀珊修,吴庆坻等纂:《杭州府志》卷6《市镇》,1926年铅印本。

⑤ [清]周凤鸣编:《峄县乡土志·矿业》,清光绪三十年(1904)抄本,台湾成文出版社1968年重印本。

趋于实业者多”[①]。

江西萍乡县，“铁路自安源至老关凡七十里，光绪间初因煤业转运起见，由政府筹款委候补道薛鸿年开办，向民间购地建筑”[②]。辽宁锦州，“锦州大窑沟煤矿局近因扩张销路起见，商请京奉铁路修筑支线。当经公司派人妥查，拟定二线。一由高桥车站，一由女儿河起点前，至煤矿约九十里，不日即可兴工开筑”[③]。为矿区专门修筑铁路支线，从这一方面也可反映出晚清时期采矿行业的红火局面。

4. 海轮运输逐渐兴起

晚清时期，逐渐兴起的海轮运输颇为引人注目，浙江台州府黄岩县海门镇，“光绪中叶，海轮始通，甬东既而通沪，通瓯，商轮发展至十余艘，往来驿骚，海门遂成通商巨埠，阨六邑之咽喉……地据海口；为台水入海总汇之区，水陆辐凑，百商钻聚，握全台利源关键，临海东南一雄镇也”[④]。中国有着漫长曲折的海岸线，当海轮运输得到迅速发展时，沿海的各地涌现出一批新的区域性经济中心。

输往俄国的武昌茶叶改成海运以后，对传统陆路商路沿线影响颇大。“近闻俄国新设公司制轮船，于长江黑龙江两间往来运货。意在由汉口采办茶叶运入黑龙江，以达俄国。较之用驼只驮运省费。查自武昌抵黑龙江水程约六千里，由黑龙江西上计水程又五六千里。然后登岸，更以车马船只，水陆分运各省镇乡，实为便捷。又于黑龙江迤南沿东海口岸一带，增设埠头数处，系轮船往来必经之所。从此贸易日增，而居民亦渐繁盛矣。”[⑤]

但相对应的是，货物从海路运输也会造成传统陆路商路运输的衰落。广东乐昌县，“邑位于省会之北地，当楚粤通衢，从前海禁未开，长江、黄河流域

① 潘守廉等修，唐烜、袁绍昂纂：《济宁直隶州续志》卷 4《风土志·风俗》，1927 年铅印本。

② 刘洪辟纂修：《昭萍志略》卷 2《营建志·邮政》，1935 年木活字本。

③ 颜泽祺：《国内最近商情：运煤铁路》，《中国商业研究会月刊》清宣统二年（1910）第 1 期，第 3 页。

④ 喻长霖、柯华威等纂修：《台州府志》卷 61《风俗志下》，1926 年修，1936 年铅印本。

⑤ 丁韪良：《各国近事：俄国近事：海运捷径》，《中西闻见录》清光绪元年（1875）第 35 期，第 435—436 页。

诸省其富商巨贾莫不道经此间,故县城外之河南亦称冲要。其时有北五省会馆之设,懋迁辐辏可想而知。自轮舶盛行,沿海道以达广州,转输迅速,货无停滞,彼优此绌,而邑中商业遂等于零”[①]。山东莒县,“数十年前,商货交易,西至沂,东至海,北至淮,南至青口,不过数百里而近,其有走蕲州、陆安,千里外,致茶荈药品者,或间岁而一至,称远贾矣。海通以来,商情一变,而商业日衰,反不如工人生活,尚可维持,粮价低、工资昂也”[②]。

我国的城市分布历来呈不均衡状态。鸦片战争之前,城市主要分布在经济发达的东南沿海、长江沿线和大运河沿线等,其余地区城市数量较少。近代以来,由于沿海沿江口岸城市的迅速发展和新式轮船、公路尤其是铁路运输的兴起,城市主要分布在东部沿海省份的特点更加突出。经过长期的发展,近代沿海沿江的各个通商口岸在经济规律的作用下,通过埠际贸易,已形成井然有序、等级分明的港口—贸易体系。在这一体系中,上海、香港两个全国性的港口位居第一级,广州、厦门、宁波、汉口、重庆、青岛、天津、大连等规模较大的重要的区域性港口位居第二级,其他规模较小的区域性港口位居第三级甚至第四级。上海和香港不仅以贸易量大而凌驾于诸港之上,而且通过各港口之间的埠际转口贸易对其他港口产生重大影响。在很长的时间中,从浙江以北直到东北以及长江流域的各港口,主要是通过上海的中转而和国外发生贸易联系的,而福建、广东、广西、海南,以及江西、湖南两省的南部和早期的台湾的港口,则主要通过香港和国外发生联系。20世纪初以来,随着各港直接对外贸易的增长,上海和香港转口贸易的地位下降,但仍在各港的进出口中占有一定的份额,仍有一些港口要通过上海或香港的中转才可达世界市场。[③]

近代经济中心发生转移对中国经济发展影响深远。交通运输条件的改善使一些地区一跃成为新的经济中心,一些地区的经济则逐渐衰落,这种变化对于中国传统手工行业的影响较大。有的手工行业因为交通便利,原料运输通畅,获得较为显著的发展,如辽宁大连的榨油业、江西萍乡的采煤业等。

---

① 刘运锋修,陈宗瀛纂:《乐昌县志》卷9《实业》,1931年铅印本。

② 卢少泉等修,庄陔兰等纂:《重修莒志》卷38《民社志·工商业》,1936年铅印本。

③ 参见吴松弟:《中国近代经济地理格局形成的机制与表现》,《史学月刊》2009年第8期。

有的手工行业却因为交通运输的发展，洋货得以源源不断地供应内地市场，生产陷于停顿，如云南的土烛照明业、四川的土针业等。

第二节　外国资本主义的侵入

鸦片战争后，外国资本主义通过战争打开了中国的大门，强迫中国开放国内市场，在中国市场大肆倾销商品。凭借签订一系列不平等条约所获取的特权，通过在军事、外交、经济等方面对清廷的控制，外国资本主义势力大规模涌入中国。“五口通商，各国踵迹至。中外棣通，外舟侵入我江海置邮通商地，大北、大东两公司海底电线贯太平洋、大西洋而来，亦骈集我海上，骎骎有返客为主之势焉。”①

一、外国资本主义势力的侵入

鸦片战争失败后，一系列不平等条约的签订，使西方列强拥有了对华实行经济侵略的特权，外国在华投资中心即随贸易中心一道从广州移至上海。大规模的洋行，如德商礼和洋行(1846)、英商正广和公司(1864)、英商太古洋行(1867)、法商永兴洋行(1872)、美商茂生洋行(1875)、美孚火油公司(1886)等，都是在这一时期来华设立的。外商银行或金融业也开始发展起来，英商丽如银行(1845)、有利银行(1854)、麦加利银行(1857)、汇丰银行(1865)，德商德华银行(1889)，日商横滨银行(1892)，就是其典型代表。同时，外商还非法在中国沿海一带创立工厂。据统计，在甲午战争以前，外商在华工业企业共计 191 家，总投资额为 2000 万(银)元，其中船舶修造业和出口加工业 2 项就有 116 家，占总数的 60%，资本为 1500 万(银)元，占总投资额的 75%。甲午战争失败后，外国在华投资合法化，外资企业迅速发展起来。1898 年，中国境内外国人开设的商行共 773 家，其中英商 398 家，日商 114 家，德商 107 家，美商 43 家，法商 37 家等。自 20 世纪初至第一次世界大战，

① 赵尔巽编:《清史稿》第 16 册，卷 147、志 124，中华书局 1976 年版，第 4425 页。

外国在华投资无论是总额、直接投资还是贷款,都增长了1倍。如1902年外国在华投资总额为812.7百万美元,1914年即达到1672.4百万美元。其中,外国对华直接投资从1902年的528.4百万美元增加到1914年1096.7百万美元,外国贷款余额则由1902年的284.3百万美元增加到1914年的576百万美元。在银行业方面,除英商汇丰银行、德商德华银行、日商横滨银行在华业务十分红火外,俄商华俄道胜银行(1895)、法商东方汇理银行(1899)、美商花旗银行(1902)、比利时华比银行(1902)也参加了对华掠夺的角逐。外国对华进行高利贷式的贷款活动,从鸦片战争前对中国的"十三行"行商的贷款开始。"十三行"行商的大量破产,就与它们的高利贷盘剥有关。《江宁条约》中的300万元"行欠"规定由中国官府代为偿还,就把这种正常的商业信用的私债变成了清廷的国债,从而以特殊方式开了中国近代外债的先河。鸦片战争以后,资本—帝国主义列强的武装侵华及其巨额战争赔款,使清廷的财政陷入危机。中国开始依赖于外债。据初步统计,到1911年,清廷(包括地方官府)共举借外债208次,债务总额(不是余额,包括庚子赔款)达到13.1亿两(库平银)。近代中国的外国投资相对集中,东北和上海是两个中心。这种情况是与近代中国对外贸易的发展和西方资本主义的侵略密切相关的。第一次鸦片战争以前,广州在对外贸易中占据主要地位,外商早期的洋行均集中在广州。第一次鸦片战争后,外国对华投资主要集中在通商口岸,特别是上海。甲午战争前夕,外国在华投资的半数是在上海。甲午战争以后,西方帝国主义列强把魔爪伸向中国的东北,使中国东北在外商对华投资中占有一席之地。从外国在华投资的资金来源方面来看,许多外资企业的所有者是"白手起家"的。这里可分为两种情况:一是鸦片战争以后,外国资本主义侵略中国,在中国以鸦片贩卖、土地占有、战争勒索、投机欺诈等手段攫取非法利益,从而取得在华投资企业的资本;二是外国在华直接投资企业获得高额垄断利润,这也是外国在华企业资本的重要来源。①

晚清时期外国资本在中国的投资可以分为两个阶段。第一个阶段是从

① 许毅、隆武华:《近代中国的外国在华投资》,《财政研究》1996年第10期。

19世纪40年代到19世纪70年代末,主要是外国商品倾销、经济侵略。第二个阶段是从19世纪80年代初到20世纪20年代初,主要是提供借款。1845年第一家外资银行丽如银行在香港设立分行,在广州设立分理处。晚清时期外资银行有40多家,除进行国际商务汇兑结算、存放款等基本金融业务外,最主要的业务就是向清廷提供借款。根据统计,可以确认的清廷借款有208笔,总额为13亿余两。外资银行通过提供借款,促进中国近代工业尤其是中国铁路发展的同时,其直接获得了巨额利润,间接控制了清廷财政和经济命脉。晚清时期,进入中国的外资银行实质是外国列强经济侵略的工具。①

帝国主义势力的入侵,使中国不仅在政治上不再拥有完整的主权,而且在经济上也逐步形成了对它们的依附而丧失了自己的独立性。“帝国主义列强根据不平等条约,控制了中国一切重要的通商口岸,并把许多通商口岸划出一部分土地作为它们直接管理的租界。它们控制了中国的海关和对外贸易,控制了中国的交通事业(海上的、陆上的、内河的和空中的)。因此它们便能够大量地推销它们的产品,把中国变成它们工业品的市场,同时又使中国的农业生产服从于帝国主义的需要”。由于得不到应有的保护,在外国商品倾销的情况下,中国的民族工商业和农业生产的发展受到了严重的打击。在倾销商品的同时,“帝国主义列强还在中国经营了许多轻工业和重工业的企业,以便直接利用中国的原料和廉价的劳动力”。由此,它们便牢牢地掌握了中国的经济命脉。②

外国资产阶级凭借各种特权,把中国变成了它们倾销商品的市场和取得廉价原料的基地。中国对外贸易从1865年开始出现入超,1877年以后始终入超,并越来越严重。洋货的大量倾销,使得中国的民族工业和传统手工业遭到排挤和打击。外国资产阶级还直接在中国的通商口岸开设洋行,垄断性地经营进出口贸易,并利用不平等条约赋予的特权,在中国开办工厂、银行,

① 卢进勇、杨国亮、杨立强等编著:《中外跨国公司发展史》,对外经济贸易大学出版社2016年版,第237页。

② 沙健孙:《外国资本主义的入侵究竟给中国带来了什么?》,《北方交通大学学报(社会科学版)》2003年第3期。

修铁路、开矿山等,以控制中国经济命脉,掠取高额利润,并压制中国民族资本主义的发展。资本—帝国主义列强不仅勒索中国巨额赔款,而且迫使中国举借外债来偿付这些赔款。列强的政治贷款常常附有苛刻条件和高额利息,并要求以中国的关税和盐税为担保,这实际上扼住了中国财政的咽喉。而外国在中国设立的银行成为列强对华资本输出的枢纽,凭借各种特权和雄厚势力,逐步控制了中国的财政金融。总之,资本—帝国主义的入侵,使中国在经济上丧失了独立性,成为列强的经济附庸,它一方面加速了中国自然经济的瓦解,一方面又阻碍了中国民族经济的发展。除沿海沿江少数城市的经济得到畸形繁荣以外,中国广大地区特别是农村的经济都濒临崩溃。①

以英国在长江流域的垄断组织——怡和洋行为例,怡和洋行在华的活动包括航运、保险、铁路、棉纺等领域,在航运方面,怡和洋行在早期就拥有船只,并且经营加尔各答和澳门以及后来和香港之间的航运。以后,他们又拥有航行中国沿海和扬子江的船只。这些连同其他的事业在一起,于 1882 年组成怡和轮船有限公司。在保险方面,1873 年,成立了香港火烛保险公司,1881 年,成立了广东保险有限公司,以经营海上保险为目的。在铁路方面,在上海成立了支行以后,公司很快地感觉到有改善上海和中国内地其他地区之间的交通的必要。到了 19 世纪的末期,当中国准备开发铁路时,怡和公司、汇丰银行采取了共同行动,成立了中英公司,并且和中国政府达成了初步的协议。在棉纺方面,怡和于 1895 年在上海成立了怡和纱厂,这是棉纺业的开路先锋。怡和洋行以及其创办的一些工业企业,包括怡和纱厂、怡和制材厂和怡和丝厂,这些企业,即使单从雇用的工人来看,对租界的繁荣已经有很大的影响。此外,怡和洋行以怡和轮船公司代理人的资格,控制了一条拥有 41 只轮船,总吨数 97260 吨的航线;以公和祥码头公司总代理人的资格,直接监理价值 5000000 两以上的财产。他们还代表道胜银行经营对外贸易、代表有

① 王晓秋:《资本—帝国主义的侵略究竟给中国带来了什么》,《思想理论教育导刊》2006 年第 10 期。

利银行以及其他的水火保险公司经营对外贸易①。

有人统计了中国销往国外市场的商品,“著名者,如直隶、山东、山西所产的麦、豆、高粱,奉天、安徽、江西、福建等地所产的麻,湖南、湖北、福建、云南、四川等地所产之茶,直隶、河南、山东、山西、江苏等地产的棉,均为传统农业产品。而当时多谓的国产工业制品,也无非是手工的纺布、笔墨纸砚、漆器玉器、扇子草帽之类”②。从上述材料所载可知,各地特产当中农业原料成为对外贸易的主力,真正意义上的国产工业制品很少,所列举的“笔墨纸砚、漆器玉器、扇子草帽之类”的商品销售量并不大,所获取的利润更少,可想而知,此类商品在国计民生中并不占有主要地位。“(清光绪年间)查湖北土产苧麻,质地坚韧,货多价贱。民间仅以之织麻线织麻布,相沿成习,此外别无出色生新之法,徒以贱值售诸外洋。经洋商织成各样匹头,又以贵价售与中国。良由华民不谙制造,以致利权外溢,徒负上产。”③国外商人从湖北低价收购苧麻,加工成成品,又以较高的售价售予中国市场,从中获取双重利润。

二、外国资本在华设厂

鸦片战争后不久,外国资本家即着手在中国设立企业,以图直接利用中国的资金和劳动力,更加便利地对中国进行剥削。甲午战争之后,外资在华设厂迎来了高潮,对中国社会经济造成了深远的影响。时人已经认识到:“中国工业不发达,固然有许多原因,但允许外人在中国取得制造权,确是中国产业的致命伤。外人制造权之取得,始于马关条约,该约第一款第4项载称:‘日本臣民得在中国通商口岸城邑任便从事各项工艺制造……’这种特权,不

① 汪敬虞编:《中国近代工业史资料》第2辑(1895—1914)(上册),科学出版社2016年版,第326—329页。

② 徐珂编:《清稗类钞》第5册,中华书局1986年版,第2280—2283页。

③ 李文治编:《中国近代农业史资料》第1辑(1840—1911),科学出版社2016年版,第400页。

仅日本享受,各国自然利益均沾。”①

中国的许多商品,即使是外国资本家没有直接在华设厂的行业,如棉布、茶叶、生丝、桐油等,也都是由外国资本控制进出口贸易,数量相当可观。

表 2-1　晚清时期设立的重要外国工厂一览表

设立年代	所在地	厂名	国别	资本(千元)
1896	上海	上海油厂	不详	250
	上海	增裕面粉厂	英	182
	上海	和丰船厂	英	687
1897	上海	怡和纱厂	英	1399
	上海	老公茂纱厂	英	839
	上海	协隆纺织局	英	1049
	上海	鸿源纱厂	美	1096
	上海	美国烟公司	美	105
	上海	瑞记纱厂	德	1399
	上海	云龙轧花厂	中、日	140
	上海	美昌机器碾米厂	美	140
1899	福州	耀明火柴厂	英	150
	武昌	亨达利有色金属精炼厂	法	1091
1900	上海	瑞镕造船厂	英	234
	上海	谋得利洋行乐器厂	英	125
	上海	文汇印刷馆	英	147
	上海	华昌制冰厂	英	280
	苏州	延昌永缫丝厂	中、德	420
	哈尔滨	第一满洲制粉会社	俄	413
	上海	裕光胶厂	美	140
1901	上海	华章造纸厂	中、美	629

① 陈真、姚洛、逄先知合编:《中国近代工业史资料》第 2 辑,生活·读书·新知三联书店 1958 年版,第 6 页。

续表

设立年代	所在地	厂名	国别	资本(千元)
1902	上海	上海纺织株式会社一厂	日	425
	上海	祥泰木行	英	350
	沧口	华德缫丝公司	德	500
	天津	天津电车电灯公司	比	2500
	天津	天津法租界电灯厂	法	119
	天津	济安自来水厂	德	1072
1903	天津	天津使馆界发电所	英	260
	上海	龙飞公司	英	378
	上海	威麟洋行	英	125
	上海	英美烟公司	英	1500
	哈尔滨	巴巴利啤酒厂	捷	100
1904	上海	江南制革厂	中、日	210
	上海	商务印书馆	中、日	1000
	青岛	英德麦酒制造厂	德	400
1905	上海	上海绢丝公司	中、日	559
	上海	万隆铁工厂	英	435
	汉口	恒丰面粉厂	英	280
	汉口	金龙面粉厂	荷	168
	汉洋	日信豆粕第一工场	日	530
	上海	上海纺织株式会社二厂	日	839
	上海	怡和洋行制材厂	英	150
1906	上海	法商电车电灯公司	法	1136
	汉口	汉口电灯厂	英	182
	北京	北京电灯厂	英	364
	汉口	日信豆粕第二工场	日	487
	营口	营口水道电气株式会社	中、日	487
	长春	日清燐寸株式会社	日	292

续表

设立年代	所在地	厂名	国别	资本(千元)
1906	牛庄	牛庄小寺油坊	日	1558
	大连	秋田商会制材部	日	420
	铁岭	满洲制粉株式会社	日	1000
1907	汉口	东亚制粉株式会社	日	487
	上海	振华纱厂	中、英	420
	上海	九成纱厂	中、日	461
	大连	增裕榨油厂	中、英	168
	大连	满铁沙河口工场	日	640
	大连	西森造船所	日	148
	辽阳	满铁辽阳工场	日	251
1908	上海	东方百代唱机唱片公司	法	500
	大连	川崎船厂大连分厂	日	500
	大连	小野田水泥株式会社大连工场	日	1000
	大连	大连电灯厂	日	2595
	大连	日清豆粕制造株式会社	中、日	892
	哈尔滨	阿什河制糖厂	俄	1074
	哈尔滨	一面坡面粉厂	俄	107
	天津	德国北辰电业公司	德	260
	上海	东方织物公司	不详	210
	汉口	和记洋行冰冻食物厂	英	351
1909	上海	固本肥皂厂	德	500
	上海	上海机器硝皮公司	英	210
	大连	大矢组精米所	日	123
	大连	满洲石鹼株式会社	日	307
	大连	三泰油坊	日	357
	营口	东亚烟草株式会社	日	1227
	长春	长春电灯厂	日	539

续表

设立年代	所在地	厂名	国别	资本(千元)
1909	汉口	法华蒸酒公司	中、法	490
	上海	立德油厂	中、英	364
	哈尔滨	依尔库茨克面粉厂	俄	430
	哈尔滨	图鲁卡斯库面粉厂	俄	430
1910	上海	公益纱厂	中、英	750
	沈阳	奉天电灯厂	日	410
	大连	小寺油坊	日	238
	哈尔滨	奥麦公司粉厂	俄	107
1911	上海	内外棉株式会社第三厂	日	750
	上海	可的牛奶厂	英	122
	上海	联合酿酒公司	德	400
	大连	斋藤油坊	日	118
	安东	安东电灯厂	日	153
	铁岭	铁岭电灯厂	中、日	130

资料来源:见汪敬虞编《中国近代工业史资料》第2辑(1895—1914)(上册),科学出版社2016年版,第7—11页。

注:本表包括资本在10万元以上的外资工厂和全部已开的外资矿场。

本表以银元为单位,原为外币或其他币值者,一律加以折算。

由表2-1可知,1896—1911年设立在中国的重要外国工厂大多数开办在通商口岸,如上海、福州、哈尔滨、天津、青岛、汉口、大连等地。开办在上海的最多,共有40家。其次大连有13家,汉口有7家,哈尔滨有7家,天津有5家。这些地方无疑都是地理位置优越,有利于商品货物集散之地。

1896—1911年日本在中国开办工厂34家。其次是英国所开办的工厂为数较多,共有27家。日本和英国是晚清时期在华投资开办工厂最多的国家。值得注意的是,1906年以后,日本资本在中国开办的工厂大多开在东北营口、长春、牛庄、大连、铁岭、辽阳、安东、开原、沈阳等地,这是因为1904年到1905

年日俄双方在中国东北进行的争夺朝鲜半岛和中国辽东半岛控制权的战争中,日本获得了胜利。随后日本商人在中国东北开办了大量的工厂。

从1896—1911年设立在中国的重要外国工厂所涉及的行业来看,外国商人开办最多的是与缫丝、纺织、织布、轧花相关的工厂,一共有15家。外国商人开办的面粉工厂有6家。外国商人开办的榨油厂有6家。面粉业、榨油业和普通群众生活紧密相关,面粉厂、榨油厂所生产的商品销路甚广。外国商人开办的电灯厂有11家,船厂有4家,酒厂有4家,乐器唱片厂有2家,烟草厂有3家,制铁厂有1家。此外,外国资本在中国开办的工厂还包括制冰厂、制胶厂、造纸厂、木材厂、自来水厂、制革厂、印刷厂、火柴厂、煤气厂、水泥厂、制糖厂、肥皂厂、硝皮厂等。

虽然在表2-1中没有出现,但外国人在华开设的制茶厂也较为重要。制茶行业主要投资者为俄国商行。在制茶业中,晚清时期,湖北汉口俄商经营的砖茶厂比较红火。1907年日本人记载:“俄人经营之阜昌、新泰、顺丰等砖茶制造厂,均在俄国租界内,就中阜昌规模最大,使用职工1300余名。汉口之砖茶制造厂,历史颇久,其信用及交易关系,与其他工厂比较,为最深最广,原料用湖北、湖南、江西之茶末,最初曝于日中,或于干燥室中使之干燥,再以蒸汽蒸锅,填入铁制之小模型中压榨而成。其制品,自春至夏,多以远洋轮船直送俄国。”①中国另一个茶叶集中地是福建福州,俄国商人在此地同样创办了砖茶厂。“福州第一个砖茶厂是在1872年由一家俄国商行建立的。在1872年前,福州没有过砖茶制造,那年以后,砖茶的生产增加极快,并且在福州城内及其附近,不断开办新厂。同时,中国人也开始办厂和外国商人竞争,但是外国商人的厂仍然很稳固。”②在江西九江,1901年“占本埠(九江)输出额首位(3000000两)之砖茶业与汉口者同为俄人所经营,工厂有三所,其产额年年在增加”③。

---

① 孙毓棠编:《中国近代工业史资料》第1辑(1840—1895)(上册),科学出版社2016年版,第57页。

② 孙毓棠编:《中国近代工业史资料》第1辑(1840—1895)(上册),科学出版社2016年版,第59页。

③ 孙毓棠编:《中国近代工业史资料》第1辑(1840—1895)(上册),科学出版社2016年版,第63页。

表 2-2　外国在华面粉厂统计(1895—1911)

国别	成立年代	厂名	所在地	资本（千元）	每日生产能力（公斤）
俄国	1900 年	第一满洲面粉厂	哈尔滨	413	49140
	1903 年	斯基库尔斯基面粉厂	哈尔滨	86	9828
	1906 年	罗巴且辅面粉厂	哈尔滨	75	7533
	1906 年	依萨耶夫面粉厂	哈尔滨	86	6880
	1907 年前	松加力面粉厂	哈尔滨	?	163800
	1907 年前	左佐林斯基面粉厂	哈尔滨	?	114660
	1907 年前	得利津面粉厂	哈尔滨	?	40950
	1907 年前	里夫面粉厂	哈尔滨	?	57330
	1907 年前	诺瓦斯基面粉厂	哈尔滨	?	114660
	1907 年前	吐尔金面粉厂	哈尔滨	?	163800
	1907 年前	克郎德涅夫面粉厂	哈尔滨	?	16380
	1907 年前	厂名不详	齐齐哈尔	?	32760
	1907 年前	厂名不详	阿什河	?	40950
	1907 年前	厂名不详	宁古塔	?	32760
	1907 年前	厂名不详	双城堡	?	98280
	1907 年前	厂名不详	双城堡	?	65520
	1907 年前	厂名不详	吉林	?	81900
	1907 年	古丽雅也夫面粉厂	富拉尔	53	6552
	1908 年	一面坡面粉厂	一面坡	107	34398
	1908 年	尤撒达面粉厂	海林	64	8190
	1909 年	吉克蒙塔面粉厂	哈尔滨	64	6552
	1909 年	依尔库茨克面粉厂	哈尔滨	430	51597
	1909 年	图鲁卡斯库面粉厂	哈尔滨	430	51597
	1909 年	尼基娜雅面粉厂	哈尔滨	86	9828
	1910 年	奥麦公司面粉厂	哈尔滨	107	13923

续表

国别	成立年代	厂名	所在地	资本（千元）	每日生产能力（公斤）
俄国	1910 年	高列诺甫面粉厂	哈尔滨	54	4914
	1910 年	特乞可夫面粉厂	哈尔滨	64	13759
	1910 年	金诺斯基及麦开里面粉厂	哈尔滨	64	6552
	1910 年	西米扬可夫面粉厂	宽城子	86	9828
	1911 年	马诺克斯面粉厂	哈尔滨	60	16380
	1911 年	俄国制粉公司	哈尔滨	?	160524
日本	1906 年	满洲制粉株式会社	铁岭	1000	96600
	1907 年	东亚制粉株式会社	汉口	487	52900
英国	1896 年	增裕面粉厂	上海	182	41400
	1905 年	和丰面粉厂	汉口	75	27600
	1905 年	恒丰面粉厂	汉口	280	18400
德国	1907 年	成发祥面粉厂	哈尔滨	50	10000
荷兰	1905 年	金龙面粉厂	汉口	168	?

资料来源：见汪敬虞编《中国近代工业史资料》第 2 辑（1895—1914）（上册），科学出版社 2016 年版，第 285—286 页。

面粉工业在晚清时期发展迅速，外国资本在华开设面粉厂较多。由表 2-2 可以看出，甲午战争以后，外国在华设立的面粉厂主要设立在东三省，其次在上海、汉口等地。其中设在哈尔滨的面粉厂有 22 家。这些面粉厂中，荷兰创办的最多，一共有 33 家。

外国烟草公司的销售在中国进展颇为迅速。1902 年，英、美两国纸烟制造商联合创办英美烟公司，设总行于伦敦和纽约。英美烟公司生产的纸烟一经推出，顺利占领中国市场。在杭州，“1905 年，杭州抵制美货之风潮，似已平静，年内虽屡次集议，然民情甚微安谧。故英美烟公司屡次派人来杭，推广生意,并未有与之为难者”①。在云南蒙自,“1909 年,英美公司绕道缅甸贩入之纸烟卷,在云南府附近城郭发售,颇称合时应市。至火车抵蒙之后,陆续由香港取道东京运进口者,亦受市场欢迎”②。

英美烟公司随即在中国上海、汉口、沈阳等地创办烟草工厂。“当西历 1890 年,有美商老晋隆者,首输入纸烟于中国,中国人士酷嗜吸之。该公司以嗜吸者众,谓宜在华自设机器,以广制造,遂于翌年运入机器,就华创制。中国之有纸烟机器,盖导源于此。”③“英美烟公司上海工厂,资本 150500 两,约有职工 400 人,机械设备 70 余家。每年约产 50000 枝一箱的卷烟 3000 箱,产品多销售在上海、长江一带及华北地区。”④“英美烟公司的卷烟机器给汉口带来了一个工厂。它每天生产纸烟约一千万枝,还不能满足需要。由于漂亮的广告和廉价推销的结果,它的产品排斥了市场上所有的其他竞争者。它虽然不是全部,但主要的是用本地烟叶,进行烘制。在过去数月中,它在汉水江岸盖了另一座厂房,作为堆栈及安置额外机器之用。它的外国雇员四处各地进行推销,分散美国烟种,并传授农民改进耕种与配制烟叶的方法,这些努力都得到了官方的赞助。”⑤“1909 年,沈阳已建立一英美烟草工厂,成本计 120000 两。它自吉林、开原等地收集烟叶,用机器进行压制。每天压制烟叶约 400 斤,制成 40 大卷。厂内雇佣中国苦力约 300 人,中国职员 13 人,英国职员 8 人。85 箱压制的烟草,每箱 800 斤,已经制就,并将运往汉口,制成卷烟,这些卷烟随后又将运回沈阳发卖。”⑥

---

① 孙毓棠编:《中国近代工业史资料》第 1 辑(1840—1895)(上册),科学出版社 2016 年版,第 228 页。

② 孙毓棠编:《中国近代工业史资料》第 1 辑(1840—1895)(上册),科学出版社 2016 年版,第 230 页。

③ 姚贤镐编:《中国近代对外贸易史资料(1840—1895)》第 2 册,科学出版社 2016 年版,第 149 页

④ 孙毓棠编:《中国近代工业史资料》第 1 辑(1840—1895)(上册),科学出版社 2016 年版,第 215 页。

⑤ 孙毓棠编:《中国近代工业史资料》第 1 辑(1840—1895)(上册),科学出版社 2016 年版,第 215—216 页。

⑥ 孙毓棠编:《中国近代工业史资料》第 1 辑(1840—1895)(上册),科学出版社 2016 年版,第 217 页。

外国商人在上海设立了几家缫丝厂,雇佣了几千工人,由于缫丝厂的工作性质,职工大多是女工。

表 2-3 甲午战争以前上海外商开办的缫丝厂

厂名	国别	开设年份	资本(两)	缫车数(台)	年产量(担)	职工人数
怡和缫丝厂	英国	1881 年	500000	500	700—750	1000 余人
纶昌缫丝厂	英国	1891 年	200000	188	300—350	250 人
信昌缫丝厂	法国	1893 年	530000	530	750—800	1000 人
瑞纶缫丝厂	德国	1894 年	480000	480	670—720	1000 余人

资料来源:见日本东亚同文会编《江南事情》,《经济篇》,1910 年,第 150—152 页。

外国商人在上海、汉口经营着多家制革厂。上海熟皮公司,“1881 年 9 月 1 日开工经营,自 9 月至 12 月,因收购牛皮困难,工作进行甚为缓慢,但自 1882 年年初以来,已能大量收购皮革,进行便日趋顺利,以往数月熟皮厂均在十足开工”①。

除工厂以外,这一时期,各帝国主义在中国还开设了大量矿场,来获取丰厚利润。

表 2-4 晚清时期设立的重要外国矿场一览表

设立年份	所在地	矿名	国别	资本(千元)
1896	直隶宛平	通兴煤矿	美	70
1897 年前	直隶西山	天利煤矿	中、德	28
1898	奉天朝阳	暖池塘煤矿	中、英	3
1898	奉天烟台	烟台煤矿	中、俄	80
1899	贵州铜仁	英法水银公司	法、英	280
1899	山东坊子、马庄	山东华德矿务公司	德	1527
1899	蒙古图车两盟	蒙古金矿公司	中、俄	1612

① 孙毓棠编:《中国近代工业史资料》第 1 辑(1840—1895)(上册),科学出版社 2016 年版,第 86 页。

续表

设立年份	所在地	矿名	国别	资本(千元)
1900	新疆塔城	塔城金矿	中、俄	140
1900	直隶唐山	开平煤矿	中、英	10038
1901	奉天抚顺	抚顺煤矿	中、俄	224
1902	黑龙江胪膑	札赍诺尔煤矿	俄	198
1902	奉天辽阳	义胜鑫公司	中、俄	490
1902	安徽铜官山	伦华公司	中、英	120
1902	热河平泉	平远金矿	中、英	559
1902	湖北阳新	万顺公司	中、法	1119
1903	山东威海卫	范喊金矿	英	600
1903	奉天义州	华美公司	中、美	60
1903	奉天尾明山	天利公司	中、俄	28
1904	四川江北厅	江北厅煤矿公司	英	690
1905	直隶临城	临城煤矿	中、比	1810
1905	吉林天宝山	中和公司	中、日	200
1907	河南焦作	河南福公司	英	13986
1907	奉天抚顺	抚顺煤矿	日	656
1907	山东茅山	华德山东采矿公司	德	476
1908	直隶井陉	井陉煤矿	中、德	699
1908	山东博山	博东公司	中、日	92
1910	奉天本溪湖	本溪湖煤矿公司	中、日	2000
1911	奉天本溪湖	彩合公司	中、日	100
1911	直隶唐山	开滦煤矿	中、英	11594

资料来源:见汪敬虞编《中国近代工业史资料》第2辑(1895—1914)(上册),科学出版社2016年版,第12—13页。

注:1895年,没有外资矿场的开采。

由表2-4可以看出,甲午战争以后,外国资本主义深入中国直隶、奉天、贵州、山东、蒙古、新疆、黑龙江、安徽、热河、湖北、四川、吉林、河南等地大肆开办矿场,从事采矿行业,获取矿物原料。其中经营较好的有1900年中、英合办的唐山开平煤矿,1902年中、法合办的湖北阳新万顺公司,1907年英国独办的焦作河南福公司,1911年中、英合办的唐山开滦煤矿。

外国资本纷纷在中国设立工厂和采矿,遭到了当地官吏和华商的反对,人们试图抵抗外国资本的入侵。"1868年到内地去寻找金矿的外国采矿的人,在烟台东南约40里的地方找到了一种很有价值的矿石,其中含有铅,和百分之二十的锑。他们竭力企图想开采,但是地方官吏不准本地人卖给他们食物,结果把他们饿跑了。"①华商采取了一些办法企图反对,但是效果不佳。清光绪二十年(1894)二月十四日,李鸿章致总理衙门电:"怡和(洋行)犹请沪关准放纱机进口,并有洋商美查已将棉子造油机器进口,擅自设厂开工,并不关照(上海)道台。及查确,请聂道询税司属实,然已无法阻止。现纱厂推广,棉子造棉油是大利,总局拟购机自办。闻洋商仍欲添购大机器运来,近日华商闻油池机器难阻,俱求阻止棉花子油机器,以防其渐。"②实际上,尽管遭到了官员和华商的反对,但"求阻止棉花子油机器"的效果甚微,外国资本进入中国市场呈不可阻挡之势。

三、外国机制品对中国手工业的排挤

在外国商品大量倾销于中国市场的态势下,中国传统手工业商品节节败退,手工行业承受着外国商品的排挤和打击,处境艰难,有的行业因此一蹶不振,元气大伤。受外国商品倾销影响较深的手工行业包括磨面业、制针业、制钉业、冶铁业、炼钢业、采火石业、土烛业、土油业、纺织业、制烟业、制瓷业等。这些行业往往聚集了大量手工业工人,工人的生计颇为艰难。

1. 磨面业

磨面业是一个和普通百姓日常生活密切相关的行业,这一行业受到洋面

---

① 孙毓棠编:《中国近代工业史资料》第1辑(1840—1895)(上册),科学出版社2016年版,第218页。

② 孙毓棠编:《中国近代工业史资料》第1辑(1840—1895)(上册),科学出版社2016年版,第165页。

粉的排挤明显。在福建厦门,“美国面粉生意,大有增益。盖多用作面线饼饵也。加之各处广种罂粟,稻田废弃者多,致使人民转运面粉进口,以代向日之粮食”。在广东佛山,“面……有土洋之分。土面色黄而味厚,洋面则白而淡。近日洋面盛行,土面营业日微,业此者只有数家”[①]。在湖南,“湘省所用麦面向以洋面价昂,不甚购用,故仍以土面居多。近来洋面到货甚涌,价值亦逐渐松跌,几与土面相等。市面畅销,无不尽用洋面,致本地磨坊大半歇业”[②]。

2. 制针业、制钉业

制针业受到洋针的排挤深受重创。在浙江宁波,“在一般用途上,上等洋针似乎已经代替价贵而质劣的土针了,建立了自己的阵地”。在浙江温州,“洋针逐渐流行,1888 年进口 2500 千颗,1889 年进口 2900 千颗。洋针比土针便宜”。山西制针业曾经名满天下,在晚清时期这一行业遭受了灭顶之灾。“国外贸易的竞争是西北各省财富衰微的另一个原因。(1870 年)像针这件细微的物品,物美价廉的洋货的输入,使得山西制针业几乎已经绝迹了”[③]。在广东佛山,“佛山针行向称大宗,佣工仰食以千万计。自有洋针,而离散殆尽矣……自通商以来,佛山针行之大废散殆尽;妇人织纺之业,荡然无存”[④]。土针业在晚清时期遭受毁灭性打击,因此退出了国内市场。

此外,土钉业由于洋钉入侵同样遭遇重大危机。在福建省,“自从洋钉输入中国,一千个以上靠打土钉为生的手工工人已经不能继续工作了,这件事发生在福州。现在(1891 年)福州土钉业的生意如此萧条,以致大商号都在裁减职工。……这事说明福州各行业如此衰落,并非由于精力和经营能力的不足”[⑤]。

3. 冶铁业

冶铁业是传统手工业当中比较重要的行业,人民群众对铁的日常需求量

① 彭泽益编:《中国近代手工业史资料(1840—1949)》第 2 卷,中华书局 1962 年版,第 179 页。
② 佚名:《纪实:新闻界:洋面畅销》,《重庆商会公报》清光绪三十三年(1907)第 75 期,第 9 页。
③ 彭泽益编:《中国近代手工业史资料(1840—1949)》第 2 卷,中华书局 1962 年版,第 178 页。
④ 彭泽益编:《中国近代手工业史资料(1840—1949)》第 2 卷,中华书局 1962 年版,第 178 页。
⑤ 彭泽益编:《中国近代手工业史资料(1840—1949)》第 2 卷,中华书局 1962 年版,第 280—281 页。

大。湖南的冶铁业远近闻名。直隶澧州永定县茅冈市,“铁炉鳞煽,商贩不绝”①。湖南芷江县榆树湾市,“在县东九十里沅水北岸,居民数百家,街弄井列上下,舟楫少选舣泊。鬻铁者连担趋市,资贾客之贸贩焉……路当孔道,为入滇黔所必经,旅舍联络,行客率信宿于此”②。此地冶铁、贩铁经营者人数众多。

在晚清时期,这一行业受洋铁的冲击较大。在湖南,“煤铁之利,自昔甲于天下。道光以前,江浙沿海各省,无不仰资湖南之煤铁。每岁利入不资,以故湘省富饶,自昔已著。自与洋人互市,洋煤洋铁闯入内地,洋铁洋煤之销路占进一步,则湘铁湘煤之销路退缩一步,以致湖南煤铁不能售出境外,其利皆为洋人所占”③。“光绪二十二年(1896),湖南巡抚陈宝箴奏略称:湖南山多田少、物产不丰……煤铁所在多有,小民之无田可耕者每赖此以谋衣食。近年洋铁盛行,利源渐涸。”④由上述记载可知,湖南煤铁之利受洋铁冲击影响甚大。

山西是中国另一个冶铁生产中心,“山西铁业已深深感受到外国竞争的有害影响了。铁既然是本省唯一值得注意的输出品,其销售的缩减和价格的降低就要使居民贫困”⑤。山西晋城,道光年间有炼铁炉1000余座,此后由于“外铁充斥”而销量锐减,加上捐税负担重,“营业愈趋衰落,炉数锐减至百余座”,大约只及鼎盛期的1/10。⑥

在山东潍县,“作铁器生意者共有四家,皆山西人。近以洋铁消用日广,故获利甚厚。去年(1903)由青岛进之铁值钱十三万贯,惟铁锅一项仍由山西贩来”⑦。在潍县的生铁市场,洋铁夺去了山西人的大部分生意。在烟台,“以前本省使用的土铁大部来自山西潞州府,现在(1869年)几乎已经完全被洋铁所代替了。洋铁成本比土铁低一半,这项商品的消费,很有可能会一年一

① [清]何宇棼修,黄维瓒纂:《直隶澧州志》卷2《舆地志·市镇》,清同治十三年(1874)刻本。

② [清]闵从隆纂修:《芷江县志》卷1《封域志·市镇》,清乾隆二十五年(1760)刻本。

③ 曾继梧等编:《湖南各县调查笔记》,《物产类》,1931年铅印本,第167页。

④ 汪叔子、张求会编:《陈宝箴集》上,中华书局2003年版,第95页。

⑤ 彭泽益编:《中国近代手工业史资料(1840—1949)》第2卷,中华书局1962年版,第173—175页。

⑥ 国民政府实业部国际贸易局编纂:《中国实业志(山西省)》第3册,宗青图书公司印行1937年,第478页。

⑦ 佚名:《本省新闻:洋铁日多》,《济南报》清光绪三十年(1904)第80期,第8页。

年地增加下去"①。原本作为山西优势支柱产业的铁器业,不仅省外市场被洋铁占据,连本省铁器市场也是"外铁充斥"的局面。

广东省佛山镇是远近闻名的冶铁贸易中心,晚清时期,广东地区的传统制铁行业受到洋铁的冲击,同样销量锐减。"佛山镇铁砖行,用生铁炼成熟铁,作为砖形,售诸铸铁器者,亦乡之特产品。……前有十余家,今则洋铁输入,遂无业此者矣。铁线行:亦佛山特产,法以生铁废铁炼成熟铁,再加工抽拔成线,小者如丝,大者如箸,有大缆、二缆、上绣、中绣、花丝等名,以别精粗,式式俱备。销行内地各处及西北江。前有十余家,多在城门头圣堂乡等处。道咸时为最盛,工人多至千余。后以洋铁输入,仅存数家。铁钉行:以熟铁枝制成,大小不一。道咸时为最盛,工人多至数千,每日午后,附近乡民多挑钉到佛,挑炭铁回乡,即俗称替钉者,不绝于道。后以洋铁输入,除装船用榄核钉一种外,余多用洋钉,故制造日少。"②

除了湖南、陕西、广东诸省,中国其他省份洋铁的销售量同样迅猛。浙江宁波,"船和房屋的建造者完全使用洋铁。除去温州、衢州生产足供地方需要的土铁以外,别处土铁少而贵"③。

4. 炼钢业

安徽芜湖的炼钢业天下闻名,"钢为旧日驰名物产。咸丰后,尚存铁坊十四家,均极富厚。自洋钢入口,渐就消灭"④。"通商以后,洋商以机炉炼出之钢输入,此业遂辍"⑤。

湖南邵阳,"湘省邵阳武冈新宁湘潭等县之土法炼钢由来已久。邵阳原名宝庆,所产之钢,称曰宝庆大条钢。邵阳附近之武冈新宁出品,均集中于邵

① 彭泽益编:《中国近代手工业史资料(1840—1949)》第2卷,中华书局1962年科学出版社2016年版,第175页。

② 彭泽益编:《中国近代手工业史资料(1840—1949)》第2卷,中华书局1962年科学出版社2016年版,第174—175页。

③ 彭泽益编:《中国近代手工业史资料(1840—1949)》第2卷,中华书局1962年科学出版社2016年版,第172页。

④ 姚贤镐编:《中国近代对外贸易史资料(1840—1895)》第3册,科学出版社2016年版,第1381页。

⑤ 鲍寔纂:《芜湖县志》卷8,1919年石印本。

阳,业中人亦以宝庆大条钢名之。前清初叶,宝庆大条钢,极负盛名,而产额之多,首推邵阳南乡,取当地之矿铁炼成。炼钢之家,统名钢坊。同治年间,有二十余家。所产钢条,年约一万余担,行销汉口、长沙、河南、甘肃、山西、河北等处,颇形畅旺。至光绪年间,外国钢条,进口日盛,质地虽不及土炼钢条,但国人喜其价廉,乐于购用,因此宝庆钢条,销路大衰。钢坊营业缩小,遂有停闭者"①。

土法炼钢业和冶铁业一样,在这一时期受洋钢洋铁冲击较大,不少作坊只能歇业停闭,遣散工人。

5. 采火石业、土烛业、土油业

传统采火石等行业受外来火柴的明显排挤。在浙江宁波,"进口火柴在大部分城市已经侵夺了火石和铁片的地位,而且火柴的使用正在一年比一年更为普遍。瑞典所制无磷的安全火柴,价格低廉,最受欢迎。此地每罗斯售价仅五钱,并以每包(十盒)十文的价格零售给本地商贩,这样价格是所有阶层的人都能买得起的"②。辽宁牛庄,"火柴贸易情况很好,它已完全代替了原来的打火石和铁片的地位"③。直隶雄县,"城东二里曰亚谷城村,居民多以熬硝或以硫磺蘸促灯为业,自火柴行,而此业渐歇矣"④。进口火柴价格低廉,质量又好,使用方便,入侵中国市场后直接使打火石行业遭受了灭顶之灾。

在土烛行业,福建福州,"缘煤油价值高昂,且不如点用洋烛之便于取携,而兼稳妥也。是以乐于购用之人,日益以众"⑤。在奉天,"与洋蜡供销活跃情况相反,过去当地中国人的制蜡业被迫渐行停业或转业。……洋烛煤油盛行以来,从前之牛油制烛,即属无用矣"⑥。

---

① 彭泽益编:《中国近代手工业史资料(1840—1949)》第2卷,中华书局1962年版,第135—136页。

② 彭泽益编:《中国近代手工业史资料(1840—1949)》第2卷,中华书局1962年版,第170页。

③ 彭泽益编:《中国近代手工业史资料(1840—1949)》第2卷,中华书局1962年版,第169—171页。

④ [清]蔡济修,刘崇本纂:《雄县乡土志》卷14《物产》,清光绪三十一年(1905)刻本。

⑤ 佚名:《光绪三十四年(1908)福州口华洋贸易情形论略》,《通商各关华洋贸易总册》下卷,第82—83页。

⑥ 彭泽益编:《中国近代手工业史资料(1840—1949)》第2卷,中华书局1962年版,第479页。

四川建昌,“自从煤油输入中国,在帝国最偏远的省区几乎普遍采用之后,白蜡的需要便大大地下降了,供给也按相应的比率减少”[①]。四川嘉定,“嘉定白蜡为出产之地,往年商贩业此者无不利市三倍。近来颇不畅,行市价减色,每百斤仅能售银三十余金。说者谓北京、上海销路甚滞。是以生意不如从前云”[②]。土烛行业属于照明业的一种,受洋烛的冲击,行业走向了衰落。

在土油行业,福建厦门,“溯自同治十三年(1874)以前,火油尚属仅见之物,不料二十年之间,竟如此盛行,是火油实为民间合用之物”[③]。琼州府,“煤油皆为美国之货,但此项煤油生意,竟可必其年增一年,因乡民现均爱用,虽价稍昂于花生油,然燃灯光亮,较胜于花生油多多耳”[④]。江苏镇江,“花生油豆油,向来烟户均用此油点灯。今年出货短少,且价值贵于煤油四倍,大半改用煤油”[⑤]。牛庄,“煤油比往年最多,销场极旺,缘豆油价昂,民间多用煤油;运往内地,且又甚形利便”[⑥]。湖南岳州,“煤油进口,从此源源而来,可望愈推愈广。向来土人燃灯多用茶油,现(1910)已改用煤油矣”[⑦]。因为洋油使用方便,价格便宜,人们不再使用棉子油、豆油、桐油、茶油照明,土油行业迅速衰落。与此同时,国外进口的煤油生意在全国范围内迅速铺开,一举占领了中国市场。

1900年,有人对洋油市场做了调查:“自火油行销中国,始则仅通商口岸行用,近则内地各省行销殆遍,而油价因之大涨。统计各种牌号,推美孚为第一,每年运销上海及转运各口,约共五百万箱之谱。向例火油以二挺为一箱,

---

① 彭泽益编:《中国近代手工业史资料(1840—1949)》第2卷,中华书局1962年版,第169页。

② 佚名:《白蜡滞销》,《四川官报》清光绪三十年(1904)第7期,《新闻》第2页。

③ 佚名:《光绪三十二年(1906)厦门口华洋贸易情形论略》,《通商各关华洋贸易总册》下卷,第66页。

④ 佚名:《光绪二十五年(1899年)琼州口华洋贸易情形论略》,《通商各关华洋贸易总册》下卷,第88页。

⑤ 佚名:《光绪三十二年(1906)镇江口华洋贸易情形论略》,《通商各关华洋贸易总册》下卷,第42页。

⑥ 佚名:《光绪三十三年(1907)牛庄口华洋贸易情形论略》,《通商各关华洋贸易总册》下卷,第15页。

⑦ 佚名:《宣统二年(1910)岳州口华洋贸易情形论略》,《通商各关华洋贸易总册》下卷,第53页。

每挺火油计重三十八磅，每箱共七十六磅。客腊火油价昂，美孚牌号每箱售银二两四钱，其余各杂牌每箱售银二两二钱七八。开春后天气渐暖，销路稍衰，加以日内商轮装油入口，源源不绝，故美孚牌号，现只售银二两二钱五，各杂牌只售银二两一钱。余各处销数，汉口居十分之三，天津居十分之二，镇江居十分之一。上海及九江、芜湖并江浙两省，其居十分之四。据该业中人言，每岁夏秋两季，销数最少月约三十余万箱，一交冬令，需用者多，月有七八十万箱。销路以一岁五百万箱计之，已耗我华民资财一千一百万有余，是亦一绝大漏卮也。”①

6. 纺织业

“洋布洋纱之入中国也，数十年于兹矣。自咸丰同治以前，每岁入口之数，不过千万而止。光绪以后（至1896年以前），岁岁骤增，值银至六千余万，较洋药多三分之一。而土布之利，遂尽为所夺矣。”②山东，“近年洋货骤赢，土货骤绌，中国每岁耗银至三四千万两，则以洋布洋纱畅销故也。盖其物出自机器，洁白匀细，工省价廉，华民皆乐购用，而中国之织妇束手坐困者，奚啻千百万人”。山东清平县，“农村副业，惟纺棉织布最为普遍。当民国以前，四境之内机声轧轧，比户皆然。所织之布销于兖沂泰安一带，蔚然为出口大宗。近受洋纱之影响，业此者落落如晨星”③。山东其他县境农村妇女家庭纺织业的际遇同样如此。在陵县，“迄机器纺纱（洋布）输入内地，白粗布销路顿形滞涩，渐至断绝。全县手工业无形破产，农民经济影响甚巨”④。东昌府馆陶县，“妇女纺织为业，但仍用土法，费功多而为利少。近年洋布洋线盛行，本境业此者几不足谋生”⑤。

华北地区是棉纺织行业的重地，受外来商品冲击甚大。河北枣强县，“所谓布者，咸、同年间，产量最宏，销路亦广，县境无地不用，无人不用，西北各省

① 佚名：《商局采访：火油销场》，《湖北商务报》清光绪二十六年（1900）第38期，第9—10页。

② 陈炽：《续富国策》卷1《种棉轧花说》，清光绪二十二年（1896）刻本，第29页。

③ 梁钟亭、路大遵修，张树梅纂：《（民国）续修清平县志・实业志三・工艺》，1936年铅印本。

④ 苗恩波等修，刘荫岐纂：《陵县续志》卷3第18编《工商业》，1935年铅印本。

⑤ ［清］孙方俊修，宋金镜、熊延献纂：《馆陶县乡土志》卷8《物产》，清光绪三十四年（1908）铅印本。

皆仰给此布,不能一日离。乡民农隙藉以织纺,获利虽微,颇觉充裕。自商舶云集,洋布输入,而土布遂一落千丈,余不堪问矣”[①]。在江苏扬州,“外洋输入之呢羽机绒、新式洋布各处畅行。每年溢出之利源,其额甚巨。仅扬州一郡城计之,有两家专售此项货物。两年内共售银三十万两”[②]。

在上海,“商市展拓所及,建筑盛,则农田少,耕夫织妇弃其本业,而趋工场,必然之势也”。“女工本事纺织,今则洋纱洋布盛行,土布因之减销。多有迁至沪地,入洋纱厂、洋布局为女工者”。[③] 上海宝山县高桥镇,“从前布市颇盛,由沙船运往牛庄、营口者,皆高桥产也,今利为洋布所攘”[④]。“土布以人力,竭妇女日夜之劳,方始成匹。洋布以机力,凭关捩运动之妙,立待可成。际此连年荒歉,商界竞争,洋布以日销而日广,营口等处系土布销场命脉,被日本用机器仿造土布,税轻价贱,异常充塞,去夏迄今,布积如山,无人顾问,纺织之户十停七八,是大可忧也。”[⑤]中国妇女向以纺织为业,土布之利被夺以后,受此影响的妇女人数成千上万。

上海川沙,“旧时妇女织成布匹,经纬之纱,都出女手。自洋纱盛行,而轧花、弹花、纺纱等事,弃焉若忘。幼弱女子,亦无有习之者”[⑥]。由此可见,洋纱盛行以后,上海地区一改旧式男耕女织的生产模式,以致“幼弱女子,亦无有习之者”。

在浙江南浔同样如此,“按自光绪十余年,东洋日本国棉纱进口,纱细而匀,价亦较廉,因此乡人纺纱者较少,今则已无人纺矣”[⑦]。无人纺纱,年幼女子也不再需要掌握这一门技能。

广西贵县,“清光绪中叶以前,衣料多用土货,县属比户纺织,砧声四彻,……一丝一缕,多由自给。于时以服自织布为贵,而布质密致耐用,平民

① 宋兆升修,张宗载、齐文焕纂:《枣强县志料》卷2《物产·货类》,1931年铅印本。
② 佚名:《各省新闻:洋货畅销》,《北洋官报》清光绪三十年(1904)第438期,第8页。
③ 彭泽益编:《中国近代手工业史资料(1840—1949)》第2卷,中华书局1962年版,第234页。
④ 张允高等修,钱淦等纂:《宝山县续志》卷1《市镇》,1921年铅印本。
⑤ 吴馨等修,姚文枏等纂:《上海县续志》卷7《田赋下·杂税》,1918年刻本。
⑥ 彭泽益编:《中国近代手工业史资料(1840—1949)》第2卷,中华书局1962年版,第218页。
⑦ 彭泽益编:《中国近代手工业史资料(1840—1949)》第2卷,中华书局1962年版,第218页。

一袭之衣,可御数载。光绪季年,衣料浸尚洋货,即线缕巾带之微,亦多仰给外人。迨洋纱输入,而家庭纺绩之工业,逐渐消灭。今欲于乡村间觅一纺车,几不可得矣”①。在中国一些地区,农村家庭纺织业停顿以后,纺车已逐渐消失。

广东罗定州西宁县,“土布暖而耐久,咸丰、同治以前,几于无村不种棉,无家不纺织。自洋纱输入内地,纱细而匀,价廉质美,于是臃肿且贵之土纱相形见绌,种棉之家因渐稀少,甚至有家机织布以度活者,咸相率购买洋纱为趋势,而棉业且绝迹于乡村矣”②。南雄州始兴县,“妇女用土棉纺织成布,曰家机布,用苎织布,曰夏布。自洋纱入口,家机布一项几至绝迹,间有用新机以织布者,亦不甚多,惟妇女所用夏布,仍由自织”③。在广东琼州,随着洋纱的大量进口,土纺织业已经几乎全部停止了。文昌女工既失其纺纱职业,便转入织布。纺织业可称为国民行业,这一行业受到外国商品的排挤和打击明显。

贵州安顺,“安郡织布业,自洋纱输入侵夺土纱地位以后,纺纱一业全部告停”④。贵州息烽县,“县境从前乃不产棉,但未经海通时,人家妇女无不纺织,布商之贩,转大小村市,无在无之。自五口通商而后,洋纱、洋布洋溢于中国,从事斯业之妇女失业者日渐增多,而布商之贩运固仍有其业也”⑤。

与纺织相关的纽扣行业同样如此,外国纽扣源源不断地涌入中国市场。在牛庄口岸,1879年的海关贸易报告提道:“在输入逐渐增加的少数小物品中,我们可以注意一下黄铜纽扣,特别是那些由于更为耐久和不易变色而比广州、汕头造的更受欢迎的外国货。”1882年牛庄海关贸易报告中又提道:“外国纽扣找到一个很大的市场,许多新式和廉价的纽扣已经输入了。”⑥

与纺织行业相关的手工行业,如染布、纽扣、织绒、踹布等,也随着土纺织

① 彭泽益编:《中国近代手工业史资料(1840—1949)》第2卷,中华书局1962年版,第219页。

② 何天瑞等修,桂坫等纂:《旧西宁县志》卷14《食货三·物产志·货类》,1937年铅印本。

③ 陈庚虞等修,陈及时等纂:《始兴县志》卷4《舆地略》,1926年石印本。

④ 贵州省安顺市志编纂委员会:《续修安顺府志·安顺志》第9卷《工矿志·工业·织染工业》,1983年铅印本。

⑤ 王佐等修,顾枞纂:《息烽县志》卷13《食货志·商业》,1940年稿本。

⑥ 姚贤镐编:《中国近代对外贸易史资料(1840—1895)》第2册,科学出版社2016年版,第1105—1106页。

行业的衰落走向了衰落。广东番禺,“染布之业亦与纺织业同时衰败。当纺织业兴盛之时,沙亭一带独以凿铜钮著。凿钮之业,倒于光绪晚年,继起者为高机,为绣花,然旋作旋辍,不能成行也”。江苏吴县,纺织行业原本是本地传统优势行业,“自洋布充斥,苏布一业凋零,踹布坊因之不振”[①]。

江苏南京的丝绒行业,向来比较发达。“剪绒者,为专门之业,织成而修整之。1880 年左右,为西洋绒所排挤,质虽不佳,其价廉甚,剪绒于是日索矣。”[②]直隶保定府束鹿县,“织绒,辛集一带,此物制造颇工,往年工厂以百十数。近为洋绒所夺,统合境计之,不过存二三家。有纯用木棉织成者,为棉花绒,有参以羊毛者,为织绒”[③]。江西省,“布业分大布夏布两种,销售国内各行省,利权优厚,亦赣省出产之一大宗。乃自洋布洋纱盛行,非但各省销路顿窒,即赣省本地人,亦竞购外货,而布业一落千丈,纷纷亏蚀收歇,而染织纺亦受此影响。去岁秋冬两季,即已停工,因之失业之工人,不知凡几云”[④]。这些昔日繁荣的行业纷纷停工停产、裁减工人,市面萧条。

“1894—1913 年这二十年间,外洋棉纱在华北、华中这两大市场上是占着绝对优势的。国产纱的相对比重,在华中不足 30%;在华北,不足 20%。正因为中国国内纱厂须摭拾洋货销余市场以自存,所以中国国内棉纱业的景气变动便失其独立性,此所以 1894—1899 年间日货对华倾销尚在试验时期,中国纱厂尚能维持相当的繁荣。可是 1899 年后,日货併力锐减时,繁荣亦随之消逝。”[⑤]外国的棉纱源源不断地涌入中国市场,造成中国纺织行业的衰落。

7. 制烟业

在制烟行业,外来纸烟迅速取代了土烟消费。江苏省,“近因外国纸烟盛

---

① 彭泽益编:《中国近代手工业史资料(1840—1949)》第 2 卷,中华书局 1962 年版,第 234—235 页。

② 彭泽益编:《中国近代手工业史资料(1840—1949)》第 2 卷,中华书局 1962 年版,第 188 页。

③ [清]李中桂等纂:《光绪束鹿乡土志》卷 12《物产》,清光绪三十一年(1905)刻本,1938 年铅印本。

④ 彭泽益编:《中国近代手工业史资料(1840—1949)》第 2 卷,中华书局 1962 年版,第 601 页。

⑤ 汪敬虞编:《中国近代工业史资料》第 2 辑(1895—1914),科学出版社 2016 年版,第 23 页。

行,土刨烟丝销路大减,几至无人过问”。在湖南岳州,“1910年烟丝锐减,想因土人喜吸纸烟所致耳”。[①] 在广西北海,“进口纸烟似较多数,此其要非在价值之增长,然视华人之喜吸此烟者,显见其日用渐广也。且纸烟既经盛行,则水烟袋可弃之无用”[②]。明末清初风靡大江南北的吸烟风潮在晚清时期继续得以流行。但是,烟丝的制作工艺发生了变化,国外传入中国市场的纸烟代替了土刨烟丝,农户在家中自制烟丝的情况锐减。吸烟容易上瘾,使人产生强烈的依赖性,纸烟因此得以流行至今。

8. 制瓷业

制瓷业原本是中国传统手工业的强项,中国的瓷器闻名天下。但在广东,“光绪三十年(1904),华人家常所用之瓷器,已为外国珐琅、白铁器及铁器所搀夺”[③]。陶瓷器皿,“本为吾国特产,数千年来,驰名中外,只以沿用旧法,殊少进步,除黄黑粗砂诸货无甚竞争外,细货陶器之销路,则为欧、美及日货所侵夺,故销数频年递减”[④]。制瓷业是中国最为引以自豪的行业。制瓷业的起源甚至可以追溯到商周时期。中国瓷器在古代通过丝绸之路大量输出国外,海外销路广阔,中国瓷器享誉世界。但是到了晚清时期,中国的瓷器对外贸易销量锐减,是一件极为惋惜的事情。

第三节 中国民族机器工业的产生

甲午战争惨败后,清廷迫于日本的军事压力,1895年4月17日,签订了中日《马关条约》。根据条约规定,中国割让辽东半岛、台湾岛及其附属各岛屿、澎湖列岛给日本;赔偿日本2亿两白银;增开沙市、重庆、苏州、杭州为商埠;并允许日本在中国的通商口岸投资办厂。

甲午战争的失败,使中国朝野各方震动,一些爱国人士深感要改变中国

---

① 彭泽益编:《中国近代手工业史资料(1840—1949)》第2卷,中华书局1962年版,第481页。

② 佚名:《宣统三年(1911)北海口华洋贸易情形论略》,《通商各关华洋贸易总册》下卷,第140页。

③ 彭泽益编:《中国近代手工业史资料(1840—1949)》第2卷,中华书局1962年版,第486页。

④ 杨大金编:《现代中国实业志》上册,河南人民出版社2017年版,第421页。

落后的局面，必须开办中国自己的民族机器企业，以求挽回利权。于是从19世纪90年代开始，中国迎来了民族机器工业企业的创办高潮，大量人力、物力、财力投入其中。在这一时期，清廷由于财源枯竭，一改过去“重农抑商”的政策，允许和倡导民间发展工商业，使工商业者的社会地位有所提高。

一、民族资本创办的工业企业

鸦片战争以后，全国各地已经陆陆续续开办了一些民族资本近代工业企业。在甲午战败的刺激下，各地民族资本近代工厂密集开办。这些民族资本所创办的工厂主要集中在缫丝、织布、轧花、榨油、磨米、磨面、酿酒等原来就有一定生产基础的、与百姓生活息息相关的行业。此外，新出现的制造玻璃、火柴、肥皂等的工厂也表现出良好的发展态势。

表2-5　辛亥革命以前民族资本创办的工厂统计表

设立年度	厂名	所在地	创办人或主持人	资本(元)	工人数
1863	洪盛机器碾米厂	上海		6000	8
1872	继昌隆缫丝厂	广东南海	陈启源		
1875	程恒昌轧花厂	江苏奉贤		206000	224
1878	贻来牟机器磨坊	天津	朱其昂		
1879	裕昌厚丝厂	广东南海	陈植棨		
	机器榨油厂	广东汕头			
1880	恒昌祥机器厂	上海		6800	90
1881	永昌泰栈丝厂	广东顺德		20000	320
	合昌机器厂	上海	萧永祺	3000	53
	公和永机器缫丝厂	上海	黄佐卿	139860	
1882	罗兴昌机器厂	南昌		5000	27
	均昌机器船厂	上海	李松云		
	巧经昌丝厂	广东顺德		32000	560
1883	源昌机器五金厂	上海	祝大椿	139860	
	协三才丝厂	广东顺德	36000		540

续表

设立年度	厂名	所在地	创办人或主持人	资本(元)	工人数
1884	永同昌丝厂	广东顺德		20000	380
	永桢祥丝厂	广东顺德		30000	560
1885	经利丝厂	广东顺德		30000	540
1886	美纶昌丝厂	广东顺德		30000	560
	广纯昌丝厂	广东顺德		36000	600
	广和祥丝厂	广东顺德		40000	620
	中国机器轧铜公司	上海			
1887	通久源轧花厂	宁波	严信厚		
	怡顺淦记印务局	上海	丁克明	30000	47
	公和祥丝厂	广东顺德		60000	600
1888	协纶和丝厂	广东顺德		22000	560
	永兴纶丝厂	广东顺德		40000	620
	瑞和纶丝厂	广东顺德		20000	420
	广亨丝厂	广东顺德		18000	360
	妙成昌丝厂	广东顺德		40000	620
	公茂机器厂	上海		27972	40
1889	广利和丝厂	广东顺德		30000	530
	宏远堂造纸厂	广州	钟星溪	200000	65
	慈溪火柴厂	浙江慈溪	宁波商人		
	忠兴泰丝厂	广东顺德		30000	560
	广元丰丝厂	广东顺德		20000	380
	森昌泰火柴厂	重庆	卢干臣等	50000	
1890	上海机器织布局	重庆		699300	
	宏记隆丝厂	广东顺德		36000	500
	协成机器厂	烟台		1500	
	顺昌翻砂厂	上海	顾丕善	10000	50

续表

设立年度	厂名	所在地	创办人或主持人	资本(元)	工人数
1890	燮昌火柴厂	上海	叶澄衷	200000	1080
	广昌丝厂	广东顺德		20000	340
	永昌纶丝厂	广东顺德		25000	500
	兴利丝厂	广东顺德		40000	500
	经盛丝厂	广东顺德		35000	600
1891	大成造纸公司	香港			
	炽丰机器厂	上海		4000	15
	吴顺兴机器铁厂	上海		2000	11
	永贞和丝厂	广东顺德		20000	320
	巧经纶丝厂	广东顺德		38000	500
	巧元丝厂	广东顺德		24000	400
1892	悦经纶丝厂	广东顺德		19000	360
	永昌成丝厂	广东顺德		30000	500
	巧利丝厂	广东顺德		38000	440
	阜经纶丝厂	广东顺德		30000	560
1893	隆超火柴公司	九龙		30000	
	森昌正大火柴厂	重庆	卢干臣等	10000	
	义和火柴厂	广东南海		10000	70
	瑞记丝厂	广东顺德		30000	560
	广纯亨丝厂	广东顺德		18000	370
	利源祥丝厂	广东顺德		30000	500
	广和隆丝厂	广东顺德		24000	380
1894	德昌纶丝厂	广东顺德		30000	580
	广兴和丝厂	广东顺德		25000	560
	胜昌机器厂	南京		3000	19
	瑞纶丝厂	上海	吴伸伯	111888	1360
	戴豪源铁工厂	上海		1000	8

续表

设立年度	厂名	所在地	创办人或主持人	资本(元)	工人数
1895	合义和丝厂	浙江萧山	楼景晖	240000	
	大纶丝厂	镇江	张劝史	150000	
	上海礼和轧花厂	上海		67132	176
	金荣昌机器厂	上海		10000	25
	张裕酿酒公司	烟台	张弼士	2000000	300
	信昌缫丝公司	上海	马眉叔	375000	1354
	美和丝厂	广东顺德		20000	550
	福记丝厂	广东顺德		16000	380
	宏经丝厂	广东顺德		20000	540
	裕晋纱厂	上海		279700	
	大纯纱厂	上海		279700	
	普其昌丝厂	广东顺德		30000	540
	永成纶丝厂	广东顺德		20000	380
1896	源盛丝厂	江苏吴县		180000	2200
	盛昌丝厂	广东顺德		34000	600
	协昌丝厂	广东顺德		30000	560
	同记丝厂	广东顺德		35000	420
	永昌泰丝厂	广东顺德		17000	360
	颂维坤丝厂	广东顺德		20000	380
	广德和丝厂	广东顺德		16000	380
	萃纶丝厂	镇江		40000	426
	通久源纱厂	浙江宁波	严信厚	450000	
	协泰和机器厂	上海	蔡方源	10000	39
	大德榨油厂	上海	朱志尧	209790	75
	业勤纱厂	无锡	杨宗濂等	335700	1047
1897	永泰纱厂	上海	徐锦荣	279720	1230
	通益公纱厂	杭州	高凤德	533300	1240

续表

设立年度	厂名	所在地	创办人或主持人	资本(元)	工人数
1897	芜湖益新面粉公司	芜湖	章惕斋	209790	
	商务印书馆	上海	夏萃芳	5591	1500
	苏经源盛缫丝厂	吴县	汪辛孜	300000	800
1898	乾康缫丝厂	上海	顾敬斋	150000	1340
	麟经丝厂	顺德		20000	350
	钿利丝厂	顺德		20000	340
	永盛纶丝厂	顺德		20000	340
	合纶丝厂	顺德		40000	620
	临洪榨油厂	海州	沈云沛	280000	
	纶盛丝厂	顺德		18000	360
	妙纶丝厂	顺德		20000	420
	裕盛丝厂	顺德		24000	520
	致兴纶丝厂	顺德		20000	360
	源昌机器碾米厂	上海	祝大椿	400000	
	阜丰面粉公司	上海	孙伯英	419580	580
	北洋机器硝皮公司	天津	吴懋升	550000	100
	同源吉铁器厂	常州	孙多森	30000	60
	裕通纱厂	上海	朱幼鸿	209800	1760
	恒丰永地毯厂	上海	宋子霞	100000	110
	张万兴机器厂	上海		1500	4
	义兴翻砂厂	上海	吴慎斋	30000	60
	上海永茂轧花厂	上海		69930	
1899	大生纱厂	南通	张謇	699300	7000
	钧昌机器厂	上海	刘钰卿	5000	36
	张源祥机器厂	上海	张廷桢	1500	16
	洪昌布厂	武进	吴友德		38
	泰西恒丝厂	顺德		40000	800

续表

设立年度	厂名	所在地	创办人或主持人	资本(元)	工人数
1899	同栈丝厂	顺德		20000	440
	明昌利丝厂	顺德		28000	560
	细丝纶丝厂	顺德		30000	390
	冠经丝厂	顺德		30000	450
	通惠公纺织厂	浙江萧山	楼景晖	559400	1161
1900	华兴机器面粉厂	上海	祝大椿	699300	
	复新面粉厂	南通	周重慈	140000	74
	生和隆榨油厂	上海		30000	300
	文明书局	上海	沈韻涛	20000	47
	金龙面粉厂	汉口	张绘初	150000	84
	吉厚祥布厂	重庆	印用卿		
	颂维亨丝厂	顺德		33000	600
	利用面粉厂	杭州	庄诵先	70000	
	永泰裕丝厂	上海	薛南溟	280000	
	天津织呢厂	天津	吴懋鼎	35000	
1901	永利丝厂	顺德		40000	600
	永昌兴丝厂	顺德		18000	300
	源丰机器榨油厂	淮安	陈琴堂	41958	
	祥盛肥皂厂	上海	邵尔康	139860	15
	振新肥皂厂	杭州	谢之谦	3000	8
	华裕布厂	上海	梅佩玉		228
	公信玻璃厂	福州南台		5000	
	森记制造机器船厂	上海		2300	15
	广太和机器厂	上海	张鸿发	5000	14
	徐顺兴锅炉厂	上海	吴文辉	2000	30
	顺记机器厂	宁波		5000	75
	显顺记机器厂	上海		2000	5

续表

设立年度	厂名	所在地	创办人或主持人	资本(元)	工人数
1901	茂新第一面粉厂	无锡	荣宗敬	1200000	151
	茂新第二面粉厂	无锡	荣宗敬	资本合并在茂新第一厂内	200
	裕昌丝厂	无锡		55944	825
1902	人和雪茄烟厂	上海		60000	220
	丰裕火柴厂	重庆江北	尹焕庭	10000	440
	鸿兴汽水公司	天津	张鹤臣	8000	35
	镐昌翻砂厂	上海	周和元	2000	15
	大隆机器厂	上海	严裕棠	100000	700
	东信机器厂	上海	袁忠雷	30000	17
	广生行化妆品公司	香港		80000	232
	戴仁记布厂	上海	戴登川		240
	景纶纺织厂	上海	徐雨之		220
	洪顺机器厂	汉阳	周文轩	15000	50
	北洋烟草公司	天津	黄恩永	206992	
	同德丝厂	顺德		30000	440
	同和丝厂	顺德		19000	420
	盛利丝厂	顺德		19000	420
	永源丝厂	顺德		20000	560
	大兴面粉厂	南通	张謇	20000	
	同昌榨油厂	上海	朱志尧	130000	
	忠信恒丝厂	顺德		30000	560
1903	协和丝厂	上海	楼景晖	30000	1120
	天津造胰公司	天津	宋寿恒	5000	20
	福成布厂	上海	张啸虞		136
	绪丰布厂	上海	王金林		100

续表

设立年度	厂名	所在地	创办人或主持人	资本(元)	工人数
1903	中华图书馆和记	上海	吴炳铨		228
	翰墨林印刷厂	南通	张謇		50
	双合盛火磨	哈尔滨	张凤亮	45万卢布	
	广生榨油厂	南通	张謇	300000	350
1904	耀华玻璃厂	武昌		699000	
	开成铅笔厂	江苏镇江	许鼎霖	140000	
	源昌丝厂	上海	祝大椿	500000	
	德隆烟厂	上海	陈锡鸿	13986	162
	幼稚染织厂	重庆	李春林		
	裕丰面粉厂	上海	朱斗文	297720	74
	丰和肥皂公司	杭州		6400	9
	贾协昌钢铁厂	上海		2000	10
	洽怡兴铁厂	上海		2000	22
	裕通面粉厂	上海	朱计	500000	120
	恒茂机器厂	上海		3000	25
	协大机器厂	上海	陈志超	55000	67
	张鸿昌钢铁机器厂	上海		2000	4
	永胜面粉公司	宁古塔			
	裕顺利火磨	宁古塔		500000	
	萃源榨油厂	昆山	徐杏生		28
	裕顺火磨	宁古塔			
	裕昌顺记丝厂	无锡	周舜卿	55944	825
	恒记丰振记布厂	上海	葛桂臣		130
	华顺肥皂厂	上海	朱银水		100
	华升昌布厂	武昌		1000	20
	钧窑磁业公司	禹州	曹广叔	69930	
	德昌威丝厂	顺德		26000	560

续表

设立年度	厂名	所在地	创办人或主持人	资本(元)	工人数
1904	生记丝厂	顺德		30000	500
	益记布局	沙市		5000	68
	阜生织绸厂	南通		20000	180
1905	宝兴布厂	海门		6000	4500
	裕生机织厂	宝山	黄柳臣	7500	230
	振东织造有限公司	梅县		20000	80
	忠栈丝厂	顺德		24000	400
	钜经丝厂	顺德		26000	400
	三星纸烟有限公司	上海	刘树屏	139860	
	大隆油皂厂	南通	张謇	10000	
	广州纸烟厂	广州	梁灏纶	50000	
	仁增盛烟草厂	烟台	孟昭颜	55944	
	裕源织麻公司	芜湖	张广生	420000	500
	同利麻袋公司	上海	严信厚	280000	
	资生铁工厂	南通	张謇	70000	
	中国纸烟有限公司	上海	苏绍柄	41958	
	隆盛烟草厂	烟台	王廷彬	13986	
	恒利纸烟公司	烟台	易怀远	69930	
	中国四民纸烟公司	上海	朱畴	139860	
	中安烟草公司	烟台	唐世鸿	27972	
	南洋兄弟烟草公司	香港	简照南	100000	150
	振新纺织公司	无锡	荣宗敬	419580	2300
	中兴面粉公司	上海		319930	
	大有机器榨油厂	上海	席裕福	139860	70
	博山玻璃厂	博山	顾思远	209790	
	耀徐玻璃有限公司	宿迁	张謇	559440	500
	海丰面粉公司	海州	许鼎霖	279720	200

续表

设立年度	厂名	所在地	创办人或主持人	资本(元)	工人数
1905	大丰面粉厂	清河镇	刘寿琪	139860	
	富川造纸厂	重庆			
	利用纺织厂	常熟		419580	1300
	宝华陶瓷厂	厦门			
	丹凤火柴厂	北京	温祖筠	77000	
	惠利火柴厂	重庆		10000	150
	东华火柴厂	重庆		20000	200
	同丰榨油厂	汉口		200000	
	华澄布厂	江阴	吴增元	72000	1100
	协顺昌船厂	上海		2000	15
	汇昌机器厂	杭州		4000	30
	大丰面粉厂	上海	顾馨	100000	150
	复原布厂	重庆			
	东华玻璃厂	重庆		30000	
	裕泰纺织公司	常熟	朱幼鸿	699300	963
	益泰轧花厂	上海		69930	
1906	永贞祥丝厂	顺德		30000	560
	福华烟公司	汉口	孙泰圻	20000	
	万益织呢厂	天津	潘汝杰	699000	
	京师毛织厂	北京	汪世杰	420000	
	同益砖瓦厂	广东南海	冯耀东	100000	
	广和纶丝厂	顺德		18000	420
	永纶昌丝厂	顺德		16000	380
	锦记和丝厂	顺德		17000	300
	永和纶丝厂	顺德		18000	400
	虞兴织布公司	常熟		21000	305
	羡余织布厂	宜兴	徐粹初	10000	106

续表

设立年度	厂名	所在地	创办人或主持人	资本(元)	工人数
1906	广记火磨	黑龙江		400000	
	汉丰面粉公司	汉口	黄兰生	300000	
	济泰纱厂	江苏太仓	蒋汝坊	699300	1700
	泰丰罐头厂	上海	王拔如	70000	160
	鹿蒿玻璃厂	重庆	何鹿嵩	111888	
	毓蒙机器厂	永嘉		5000	35
	裕宁康记面粉公司	高邮		140000	180
	万昌机器厂	上海		84000	51
	同茂兴机器厂	上海		3000	15
	和丰纱厂	宁波	顾剑	839000	1785
	汇昌机器船厂	上海	施兴昌	100000	60
	利华机器厂	上海	张渭渔	1000	13
	合记造胰公司	天津		2000	20
	晋裕布厂	武进	吴寄儒		340
	瑞记布厂	吴县	吴次伯		26
	清华实业榨油公司	清化镇	程祖福	200000	
	赣丰榨油公司	江苏海州	许鼎霖	300000	
	大均榨油公司	常州		300000	
	丰盈榨油公司	安徽怀宁	张杏思	100000	
	公信玻璃厂	厦门		5000	
	广建玻璃厂	厦门			
	惠昌火柴厂	成都		32000	300
	庆祥纺织厂	宝坻		150000	
	扬子机器有限公司	上海	顾润章等	489510	
	金陵机器火砖厂	南京	汪家声	2000	
	爱国纸烟厂	北京	董思永	50000	
	晋昌机器锯木厂	上海	林应祥	280000	

续表

设立年度	厂名	所在地	创办人或主持人	资本(元)	工人数
1906	龙章造纸厂	上海	庞济元	559440	600
	恒裕机器锡箔公司	上海	孙植斋	167832	
	吉祥砖瓦公司	南昌	徐象潘等	13986	
	涌源面粉公司	天津	刘经纬	41958	
	双如意卫生磨厂	北京	黄文田	2797	
	禾盛烟公司	鄞县	蔡鸿仪	100000	
	华胜烛皂有限公司	天津		3000	
	怡源机器皮毛兼打包公司	上海	祝大椿	280000	
1907	振新纱厂	无锡	荣宗敬	210000	1687
	天津永丰油庄有限公司	天津	李善亭	10000	
	启新榨油有限公司	河南周家口	丁殿邦	139860	
	鼎升恒榨油厂	汉口		10000	25
	荣华肥皂股份有限公司	天津	张墨林	30000	50
	光明烛皂股份公司	宁波	姚芳亭	27972	30
	觅华制革公司	上海		419580	
	福建华宝制磁公司	厦门	林硌存等	167832	
	兴记机器砖瓦公司裕源涌蛋厂	芜湖	李祥卿	27972	
	兆丰机器碾米公司	汉阳	刘建炎	139860	
	裕亨面粉公司	高邮	刘畴	279720	53
	来泰机器面粉公司	泰州	杨奎绶	180000	30
	求新机器制造厂	上海	朱志尧	699300	1000
	兴商砖茶厂	武昌		500000	400
	吉林兴华玻璃厂	吉林	陈佐庭	500000	123
	九成纱厂	上海		461500	2121
	振华纱厂	上海	吴祥林	461500	720
	福昌油坊	大连		60000	

续表

设立年度	厂名	所在地	创办人或主持人	资本(元)	工人数
1907	天兴福油坊	大连		46000	
	允丰榨油厂	汉口	凌盛禧	420000	
	龙华制革公司	上海	严良沛	839160	
	太原双福火柴厂	太原		16783	100
	新兴造纸厂	天津	杨宝慧	182000	
	顺丰榨油厂	汉阳			70
	镇江造纸厂	镇江	尹克昌	350000	
	鼎和专罐厂	杭州	孙懋华	15000	
	大成布厂	宝山	盛锦元		250
	勤华布厂	常熟	夏云卿		123
	源康丝厂	无锡	顾重庆	10000	825
	吕盛布厂	南通	张容	6035	67
	公义成地毯厂	上海	朱重生	13986	110
	光明烛皂厂	杭州	姚芳亭	15000	30
	义和铁工厂	上海		2000	26
	泰来元记机器面粉厂	丹徒	傅筱庵		200
	大生纱厂	崇明	张謇	1210000	3400
	淘化罐头食品公司	厦门		120000	100
	新云龙轧花厂	上海		27972	
	贞栈丝厂	顺德		20000	350
	睿源纺织公司	汾阳		9345	67
	商办振兴纺织公司	无锡		270800	954
1908	同昌纱厂	上海	朱志尧	600000	708
	利用纱厂	江阴	施子美	419600	1300
	鸿兴缫丝厂	宝山		30000	313
	益晋织布公司	祁县		22500	260
	振发织布局	广东澄海县		50000	180

续表

设立年度	厂名	所在地	创办人或主持人	资本(元)	工人数
1908	裕隆兴丝厂	顺德	洪德生	20000	320
	麟记卷烟公司	天津	纪巨汾	80000	
	祥森火柴公司	上海	洪德生	13986	
	怡茂皂厂	上海	董文祥	10000	
	祥生烛皂公司	上海	洪德生	27972	
	天盛榨油厂	汉口		279720	
	南昌碾米有限公司	南汇	葛静研	41958	
	大恒机器砖瓦公司	杭州	吴思元	13986	
	德裕肥皂厂	成都		13000	
	祥合肥皂厂	重庆		2797	
	松茂火柴厂	云南昭通		10000	70
	文明火柴厂	广州	梁焕文	20000	200
	中兴布厂	常熟	许兰溪		193
	吉林机器砖瓦厂	吉林	裕康	28000	
	天津铁丝钉厂	天津	徐宗棠	420000	
	美利发布厂	江阴	王恩槐		192
	鼎升布厂	江阴	季希三		240
	华纶布厂	江阴	顾良友		156
	厚生碾米厂	南昌	萧赓良	139860	
	益新面粉公司	芜湖	胡庆余	100000	50
	永远火磨公司	阿什河		50000	
	利同布厂	丽水		6500	360
	长宁火磨公司	宁古塔		40000	
	裨农丝厂	四川三台	陈宛溪	50000	300
1909	美经丝厂	顺德		14000	300
	德昌纶丝厂	顺德		20000	316
	丝业有限公司	广西梧州		43360	116

续表

设立年度	厂名	所在地	创办人或主持人	资本(元)	工人数
1909	积善昌山蚕工厂	贵阳		7500	200
	连盛织造局	中山		5000	50
	肇新缎染有限公司	汉口		150000	370
	新兴劝工厂	山西忻县		25500	120
	陈明合织布厂	广东澄海		10000	70
	源康永记丝厂	无锡	何梦连	45000	679
	裕纶织物公司	武进		6000	200
	勤华织布厂	常熟		5000	121
	汇西爱国布厂	上海		52500	220
	协成元织工厂	河北饶阳		60000	590
	善记织染工厂	天津		5000	42
	华兴织工厂	天津		5000	50
	恒兴丝厂	安东		6000	110
	五升昌机器厂	武昌	顾维笙	9000	20
	北洋火柴厂	天津	尹长庚	210000	1350
	广益纱厂	安阳	孙家鼎	699300	1559
	同聚祥油坊	大连		420000	
	协和火柴厂	云南		5000	60
	云祥火柴厂	云南东川		12000	
	德昌火柴厂	云南东川		6000	70
	美纶麻袋公司	汉口	李平书	200000	
	扬清肥皂厂	上海	虞洽卿	180000	
	恒泰面粉厂	南昌		1000	10
	立大面粉厂	上海	顾馨一	279720	
	惠华汽水厂	上海	陆荣彰		16
	九丰面粉厂	无锡	蔡文鑫	391608	120
	劝工棉织厂	无锡	吴玉书	4000	430

续表

设立年度	厂名	所在地	创办人或主持人	资本(元)	工人数
1909	德源碾米厂	无锡	华承谟		30
	云澄布厂	无锡	王桐		280
	美纶织布厂	无锡	夏云鹤		294
	蓁康玻璃厂	永嘉		1000	10
	恒隆莲记油厂	上海	傅运生	15000	
	祥华制糖厂	福建龙溪	郭桢祥	450000	400
	萃隆针织厂	杭州		10000	40
	广兴制蛋厂	保定		200000	213
	合记教育用品社	上海	林康侯等	200000	
	姚兴昌机器厂	上海		10000	23
	宝新碾米厂	无锡		10000	27
	同裕碾米厂	杭州		5000	
	兴顺福机器榨油厂	济南		150000	
	裕隆面粉公司	汉口		419580	
	东兴火磨	付家店		50000（卢布）	
	永泰第二丝厂	无锡		60000	1025
1910	振艺丝厂	无锡	许稻荪	10000	720
	裕顺和火磨	吉林		50000	
	振艺协丝厂	吉林	杜凤桥	70000	770
	富华制糖公司	呼兰			
	邻成泰丝厂	无锡			
	大巾火柴公司	开封			
	谭花机器厂	汉口	谭益禧	5500	20
	福茂余记肥皂厂	上海	邵锦章		40
	东永茂油坊	大连		30000	
	华洋糖厂	福建仙游		500000	

续表

设立年度	厂名	所在地	创办人或主持人	资本(元)	工人数
1910	义生火柴厂	镇江			
	光华火柴厂	杭州	王湘家等	50000	1490
	吉祥火柴厂	广州		21500	200
	广中兴火柴公司	广州		6000	
	大和火柴公司	广州		16000	
	宁远制革公司	甘肃宁远		350000	20
	巧明光记火柴厂	广东佛山		20000	200
	申大面粉厂	上海	顾馨一	200000	184
	科学仪器馆	上海	林涤庵		15
	恒泰丰布厂	上海	葛桂臣		158
	华彰布厂	上海	赵镜清		100
	华新布厂	上海	赵镜清		234
	东升布厂	江阴	杨锡祉		346
	业勤毛巾厂	无锡		6000	240
	华丰布厂	江阴	娄叔屏		154
	华美布厂	江阴	周继武		194
	勤德布厂	常熟	陈勤斋		252
	昭勤布厂	常熟	陈云台	5000	220
	乾甡丝厂	无锡		100000	640
	光华针织厂	浙江平湖		30000	
	彩道机器厂	上海	周彩道	5000	45
	钰锅机器厂	上海		1500	15
	邹成泰碾米厂	无锡		5000	
	贻来牟和记面粉厂	北京	朱有谦	120000	40
	国光印书局	上海		20000	80
	天福丝厂	重庆			316
	全启泰铁工厂	济南	黄全材	20000	65

续表

设立年度	厂名	所在地	创办人或主持人	资本(元)	工人数
1910	利恒昌丝厂	顺德		18000	400
	顺昌丝厂	顺德		17000	500
	合顺成铁工厂	天津	马际云	5000	
	同吉祥布厂	宜昌		5000	45
	香山南屏广兴织造公司	中山		7500	55
	锦华恒织布厂	常熟		7500	130
	大纶仁记布厂	常熟		7500	178
	中兴织布厂	常熟		14000	232
	远记丝厂	安东		22500	180
	公益纱厂	上海	祝大椿	1340000	
	华安丝厂	安东		15000	230
	大业织布公司	辽阳		20000	50
1911	永泰和织布厂	武进	俞钟亮	6000	210
	华昌织布厂	常熟	孟友生	20000	297
	衣群家族染纺股份有限工厂	广东揭阳	朱开甲	10000	85
	美经成丝厂	顺德		12000	300
	华昌火柴厂	天津			1200
	华利肥皂厂	上海	俞锺亮		48
	泰昌利油坊	大连		30000	
	福顺成油坊	大连		80000	
	聚成祥油坊	大连		42000	
	有燐火柴厂	重庆		30000	200
	裕泰恒布厂	上海	孟友生		115
	汇西布厂	上海	朱开甲		500
	中国化学工业社	上海	方液仙	50000	110
	履和丝袜厂	上海	施亦政		501

续表

设立年度	厂名	所在地	创办人或主持人	资本(元)	工人数
1911	九成布厂	江阴	赵赞成		112
	华利布厂	常熟	高长庚		128
	南洋烛皂厂	上海	项松茂	30000	68
	善昌布厂	常熟	翁寅溪		223
	维新布厂	常熟	谭芝溪		127
	丰泰豫碾米厂	吴江	顾楚臣		14
	天泰布厂	武进	朱子康		140
	通惠布厂	武进	孟永莲		85
	精益眼镜公司	上海	张士德		10
	美昌机器厂	上海		20000	30
	大生铁厂合资公司	宝坻		12000	
	乾义昌锅炉厂	上海	于又庭	10000	46
	渭鑫机器厂	无锡		3000	14
	史恒茂机器厂	上海		4000	13
	覹川丝厂	重庆			470
	光华火柴厂	杭州		500000	1490
	荧昌火柴厂	上海	邵尔康	50000	800
	双合盛火磨公司	双城堡		100000	

资料来源:见陈真、姚洛、逄先知合编《中国近代工业史资料》第1辑,生活·读书·新知三联书店1957年版,第38—53页。

注:本表较原表内容有删减,删减了电灯厂、自来火公司、自来水公司、药房等和手工行业无关的资料数据。

由表2-5可以看出,甲午战争前,全国范围内开办工厂的数量超过10家的年份极为罕见,大都只有寥寥数家。甲午战争后,各地开办工厂的数量明显增多。1895年,全国开办工厂13家;1898年,全国开办工厂数量达到19家。进入20世纪,全国各地投资设厂的脚步明显加快,清廷“奖励工商”的政策,极大激发了各界人士的投资热情,1905年新设工厂达40家,1907年新设工厂达41家。晚清时期,开办工厂最多的年份是1910年,这一年全国民族资本所开办的工厂一共有49家。其次是1906年和1909年,开办工厂一共有46家。

从开设工厂的地点来看,绝大部分工厂分布于东南沿海,如广东、江苏、上海等地,其中尤以上海开办工厂的数量为多,奠定了上海成为晚清、民国时期近代工业生产和对外贸易经济中心的地位,也形成近代东南部沿海省份发达于中西部省份的经济格局。

由表2-5亦可得知,晚清时期民族资本创办的工厂普遍资本较少,绝大多数都只有数万元,甚至还有寥寥数千元的。① 虽名为工厂,但从技术水平看,并不比规模较大的作坊、手工工场先进多少。反映出这些工厂企业具有投资小、创办易、与民众生活息息相关等特征,与以往手工业生产颇有几分相似之处。

从表2-5可以看出,一般来说,晚清时期民族资本创办的工厂拥有工人数不多,有一些工厂甚至只有数名工人。招收工人较多的工厂集中在有限的几个行业。火柴业是招收工人较多的行业之一,其中1890年开办的上海燮昌火柴厂有工人1080人,1909年开设于天津的北洋火柴厂有工人1350人,1910年杭州光华火柴厂有工人1490,1911年位于天津的华昌火柴厂有工人1200人。

丝厂招收的工人同样较为集中。1894年在上海创办的瑞纶丝厂,招收工人1360人;1895年上海信昌缫丝公司有工人1354人;1896年,位于江苏吴县的源盛丝厂工人人数高达2200人;1898年,上海乾康缫丝厂有工人1340人;1903年,上海协和丝厂有工人1120人;1909年,无锡永泰第二丝厂有工人1025人。

纺纱厂招收工人也较多。1896年,位于无锡的业勤纱厂有工人1047人;1897年,上海永泰纱厂有工人1230人,杭州通益公纱厂有工人1240人;1898

① 但仍引人注目的也有:1895年张弼士在山东烟台创办的张裕酿酒公司,投资资本高达200万元。1901年荣宗敬在无锡创办的茂新第一面粉厂、第二面粉厂,两厂合计投资资本为120万元。1910年祝大椿创办于上海的公益纱厂,创办资本为134万元。

年,上海裕通纱厂有工人1760人;1899年,位于江苏南通的大生纱厂工人人数高达7000人,位于浙江萧山的通惠公纺织厂有工人1161人;1905年,海门宝兴布厂有工人4500人,无锡振新纺织公司有工人2300人,常熟利用纺织厂有工人1300人,江阴华澄布厂有工人1100人;1906年,太仓济泰纱厂有工人1700人,宁波和丰纱厂有工人1785人;1907年,创办于无锡的振新纱厂招收工人1687人,位于上海的九成纱厂招收工人2121人,崇明大生纱厂招收工人3400人;1908年,江阴利用纱厂有工人1300人;1909年位于河南安阳的广益纱厂招收工人1559人。

二、民族资本工业企业的行业分布

晚清时期经济格局的变迁给中国传统手工行业带来了巨大的冲击,有的手工行业在外国和本国机制商品的排挤下逐渐失去了市场份额,还有一部分手工行业顺应时代潮流,审时度势,生产工艺发生了手工业向机器行业的变革。

从民族资本开办工厂的行业分布来看,晚清时期开办的民族资本工业企业主要分布在缫丝、纺纱、织布、轧花、织绸、榨油、磨粉、碾米、机器、五金、轧铜、印刷、造纸、火柴、翻砂、制铁、酿酒、硝皮、地毯、肥皂、玻璃、造船、锅炉、烟草、制汽水、火磨、制瓷、制麻袋、制烛、制砖瓦、制罐头、制革、制砖茶、制糖、制蛋等行业。这些行业原本是中国手工业的传统地盘,在这一时期,这些行业的手工业生产与时俱进,一部分家庭手工业、手工作坊和手工工场逐渐发展成了民族机器工业。

1. 机器缫丝业

中国近代缫丝业的基本状况,大体上以江南的上海、江浙两省和华南的珠江三角洲两大地区所兴办的机器缫丝厂为其主要依据。内地各省则以四川省稍有成绩。进入20世纪后,江南缫丝工业在上海对外贸易日益发展的推动下,在生产和经营上都有了新的突破和建树;同时,起步最早的华南缫丝工业,也在原有基础上,一直保持着向前发展的势头。[①]

---

① 汪敬虞主编:《中国近代经济史(1895—1927)》(四),人民出版社2012年版,第1675页。

从表2-5可以看出,开办于广东珠江三角洲的缫丝厂数量极为可观,有力地促进了中国近代机器缫丝工业的发展。这一时期,在顺德开办的工厂几乎全部都是丝厂。从1863年到1911年,仅在顺德一地,就总共有84家丝厂开办。

在长江三角洲地区,机器缫丝业也是极一时之盛。"至光绪十八年(1892),公和永已有丝车四百十二部,又在杨树浦设立公厂一所,置有丝车四百十六部。其继公和永而起者,则有甬商叶澄衷在老闸北设立纶华丝厂,乌程顾敬斋设立乾康丝厂,无锡薛南溟设立永泰丝厂,皆有丝车四百余部。"[①]

2. 机器棉纺织业

在中国民族工业的兴起和发展过程中,机器棉纺织业居于举足轻重的地位。它的起伏变化,从一个侧面富有代表性地反映了中国近代民族工业发展过程中的若干特点。中国近代棉纺织工业在其兴起阶段,是以一批中小型规模的工厂为先导的。在"设厂自救"呼声的激励下,中国民族工业在1896—1899年和1905—1910年,曾经出现两次创业浪潮。机器棉纺织业在这两次浪潮中都有比较突出的表现。1895年之后的4年间,不计原已成立的华盛、裕原、华新和武昌织布等企业,新建并迅速投产的纺织企业几乎都是新式纺纱厂,一共有10家。1897年,在上海出现了德、英、美等4家外国资本的棉纺织厂,它们拥有纱锭14.5万枚,更兼资本雄厚、机器设备和经营管理先进,成立之后与民族资本纺纱业争夺原料和产品市场,使后者的处境逐渐举步维艰。一度形成的华商设立纺织厂的热潮在1899年大生纱厂创办之后,便转为沉寂。从1900年到1905年,6年中民族资本棉纺织厂在全国竟无一家成立。1905年在抵制外货运动的有力影响下,外国棉纱输入量频年下降,但国内消费市场对机制纱的胃纳始终保持旺盛,有增无减,于是1905年以后再次出现了开办新纱厂的浪潮。1905—1911年间在国内陆续新建民族资本纱厂9家,总计新增资本约500万元,新增纱锭129597枚。[②]

---

① 国民政府农商部编:《丝车数量》,《农商公报》第3卷,4册,1915年,第14页。

② 汪敬虞主编:《中国近代经济史(1895—1927)》(四),人民出版社2012年版,第1650—1654页。

3. 机器轧花业

晚清时期，为满足中外纱厂的原棉需要，适应棉花加工工艺的发展和生产工具的改进，一些地区陆陆续续开设了轧花厂。1875 年，在江苏奉贤就开办了程恒昌轧花厂，招收工人 224 人。在浙江宁波，有外国人记载："近年宁波华人所创之机器轧花一业为最兴盛。不惟用人力机器，设栈于郡城，分行于各处，且有用蒸汽轮机者。"如 1888 年，宁波开办通久轧花厂。"这家轧花厂约有三十台小型机器在开着工……制成这些机器——机身、管子和飞轮——的铸铁虽然有些粗糙，但都良好坚实，转动得很稳很顺利。……其价值据说是在于棉花除籽时，不像美国轧花机那样用锯子，而是将棉花从直钢刀之间拉曳过去。……据说用这种方法轧花，比起美国所用的方法来可以确定说优点有二：一，纤维断损较少；二，棉籽显然清除较净。"①

在上海，"上海轧花厂，最大者八家"②。1895 年，上海开办礼和轧花厂，招收工人 176 人。1898 年，上海又开办了永茂轧花厂。1905 年，上海益泰轧花厂成立。1907 年，上海新云龙轧花厂开始创设。

4. 机器榨油业

榨油行业也是在晚清时期开设工厂较多的行业之一。由于东北地区大豆种植较为普及，与此相关的机器榨油行业颇为兴盛，新式机器发展迅速。在辽宁营口，"迄日俄战争始，营口已有新式机器油坊四家，旧式油坊则减为二十二家。其后日商小寺氏创设油坊于营口，机器系采用水压式，完全不用人力，效率比手推螺旋式压榨机更大，旧式油坊愈难立足。于是本地各旧式油坊亦渐次改用蒸汽及煤油发动机，迄宣统年间，旧式油坊遂完全绝迹"③。1909 年大连开设同聚祥油坊。1911 年，在大连，接连开办了泰昌利油坊、福顺成油坊、聚成祥油坊。营口、牛庄、大连等地是东北地区机器榨油业较为集中的地区。

① 孙毓棠编：《中国近代工业史资料》第 1 辑（1840—1895）（下册），科学出版社 2016 年版，第 976—977 页。

② 彭泽益编：《中国近代手工业史资料（1840—1949）》第 2 卷，中华书局 1962 年版，第 235—236 页。

③ 彭泽益编：《中国近代手工业史资料（1840—1949）》第 2 卷，中华书局 1962 年版，第 387 页。

5. 机器碾米业

碾米行业从业人员对于新式机器的接受度颇高。在上海,1863 年即开设有洪盛机器碾米厂,有资本 6000 元、工人 8 人。1898 年,祝大椿投入资本 40 万元,在上海创办源昌机器碾米厂。在江西南昌,“赣省厚生机器碾米公司由沪购办机器到赣并聘有美国工程师一人专以教授”①。在湖南长沙,“湘省现(1906)有客商安徽人周姓拟在长沙省城外开设机器打米公司……招集股本八万两,闻将来开办每日可出白米五百石云”②。

在浙江杭州,“浙省某君购得打米机器,在湖滨卖鱼桥左近某处设厂打米,来者纷纷,日不暇给。该处本为米业荟萃之区,该厂获利之丰可预卜也”③。宣统二年(1910),大有利电厂成立,洽和祥、大有元等米铺,首先租用马达,改用机碾。其生产速率,臼舂与机碾约成一比二十之比,大多米铺改用机器碾米。

在江苏武进,“自清宣统间,邑人吴康、奚九如于西门外日辉桥,试购煤油引擎,及碾米铁机为代用,较之人工臼舂,其加量为一与二十之比例。于是西门外大来、溥利、公信、宝兴泰等,相继行之。其原动力分火油、柴油二种引擎。从前之砻碾、滚碾、臼舂,运以人力牛力的,尽入于淘汰之列”④。由于效率显著,机器碾米方式迅速淘汰了原有的人力、畜力碾米方式。

在湖北汉阳,1907 年开设有兆丰机器碾米公司。1909 年,杭州新增同裕碾米厂,无锡新增宝新碾米厂。1910 年,无锡继续新增邻成泰碾米厂。1911 年,顾楚臣在吴江开设丰泰豫碾米厂。

6. 机器面粉业

甲午战争以前,中国只有少数几家使用机器的磨坊,还不曾建立起现代意义上的民族资本面粉工业。1898 年开始筹备、1900 年投产的上海阜丰机器面粉厂是我国最早成立的华商现代机器面粉工厂。我国近代面粉工业在

---

① 佚名:《记事:机器碾米公司开办》,《南洋商务报》清光绪三十三年(1907)第 32 期,第 3 页。
② 佚名:《记事:机器打米公司招股》,《南洋商务报》清光绪三十二年(1906)第 10 期,第 3 页。
③ 佚名:《各省新闻:开办机器打米厂》,《北洋官报》清光绪三十一年(1905)第 736 期,第 8 页。
④ 彭泽益编:《中国近代手工业史资料(1840—1949)》第 2 卷,中华书局 1962 年版,第 389 页。

清末10年间虽然在一些重要口岸或城市已经兴起，但各地发展很不平衡。在辛亥革命前的11年中，全国21个城市创办了新式面粉工厂38家，主要集中在江苏和东北两个地区，其中江苏省有18家，东北宁古塔和哈尔滨共有5家。①

在江苏扬州，“扬州南门外阜丰公司，前在江北等处收买小麦用机器仿造花旗面粉，匀净洁白，与洋制不相上下，价值又复合宜，是以购者甚多。近因商界私议不用美货，各点心铺、茶食铺所需面粉咸向该公司订购，生意更觉兴旺，几有应接不暇之势”②。在武汉，“鄂督张宫保以近来外国面粉输入中国者为数甚巨，现（1907）特筹集巨本创以极大磨面机器厂，以挽利权而裕民食”③。在江苏南京，“湖北汉丰面粉公司在南京黑廊大街设立分厂，近来远近争购。该厂机器所制面粉色白质细且又价廉”④。

在浙江杭州，1900年新开办有利用面粉厂，投入资本7万元。在江苏无锡，1901年，由荣宗敬创办的茂新第一面粉厂、第二面粉厂以投入资本大颇为引人注目。在江苏南通，1902年，张謇创办大兴面粉厂。1904年，上海裕丰面粉厂招收工人120人。1906年，江苏高邮的裕宁康记面粉公司规模颇大，有工人340人。1910年，上海申大面粉厂，投入资本5000元，有工人252人。

面粉工业在清末时期颇为兴盛。天津，“海大道旁有西法磨面坊一所……有人订购机器在海大道旁有西法磨面坊一所，牌曰贻来牟号，开设至今，面燥洁白，颇堪适口，北直之人争购之。出货不敷，因又添买机器，在津城西分设一号，获利愈多”⑤。“机器磨坊，每年获利六七千两，光绪二十三年（1897）左右添设三四家，每家每年仍可得利六七千两，足见销路日旺”⑥。

---

① 汪敬虞主编：《中国近代经济史（1895—1927）》（四），人民出版社2012年版，第1698—1701页。

② 佚名：《各省新闻：维扬机器面粉畅销》，《北洋官报》清光绪三十一年（1905）第766期，第6—7页。

③ 佚名：《新闻录要：实业：创设面粉机器厂》，《北洋官报》清光绪三十三年（1907）第1345期，第10页。

④ 佚名：《商务：江宁面粉公司获利》，《并州官报》清光绪三十四年（1908）第6期，第13页。

⑤ 佚名：《机器磨麦》，《益闻录》清光绪二十年（1894）第1412期，第472页。

⑥ 汪敬虞编：《中国近代工业史资料》第2辑（1895—1914）（下册），科学出版社2016年版，第705页。

在1905年的日俄大战中日本获胜，造成面粉行业在东北销路旺盛局面。“光绪三十年(1904)，上海各厂面粉远销东三省，阜丰获利至巨。是年日俄在吾国东三省大战，结果日胜俄败，东省情形大变，粉销甚好。是年茂新盈余无多，市价因石磨而小，华兴、阜丰、增裕则大为得利。”①

此外，清末时期还出现了机器切面工业。江苏扬州，“泰州候选知县王兰谷近纠合股本从沪上购运切面机器于扬城坡子街设一切面厂。该州向不通行洋面，自此厂开后颇为发达。向来面铺之面跌至二十四文一斤”②。

7. 机器卷烟业

中国民族资本卷烟工业起步较晚。它是在19世纪末外国卷烟工业传入和外国在华设立卷烟厂的刺激下开始兴办的。1902年，天津出现了北洋烟草厂，1903年，山东兖州成立了琴记雪茄烟厂。这两家卷烟厂资力虽不见厚，却是创办民族资本卷烟工业的先声。1905年，上海、烟台、广州和北京4地，在一年之内，便曾创设了11家卷烟工厂，其中资本在5万元以上的便有7家。此外，较为突出的如侨商简玉阶、简照南兄弟主持的广东南洋烟草公司，也是在1905年集资港币10万元在香港创办的。③

8. 其他采用机器生产的行业

这一时期机器焙茶、机器造砖颇引人注意。“温州地方试用机器焙茶，知中国茶叶，若用新法制造，必能起色。”“厦门石码向有土窑造砖，销场极广，获利颇厚。近有某甲拟以机器造砖，计一昼夜可出砖二万五六千块，获利更丰。”④

此外，各地出现了一些生产各种机器的机器厂。在汉口，“扬子机器厂，成立时期，前清光绪三十三年(1907)七月。……成立时，范围较小。……资本创办时定额三十五万两，次年议决增加至四十万两。……经营事项：(甲)

① 汪敬虞编：《中国近代工业史资料》第2辑(1895—1914)(下册)，科学出版社2016年版，第732页。
② 佚名：《实业：扬州机器切面厂成立》，《并州官报》清光绪三十四年(1908)第13期，第13页。
③ 汪敬虞主编：《中国近代经济史(1895—1927)》(四)，人民出版社2012年版，第1722页。
④ 汪敬虞编：《中国近代工业史资料》第2辑(1895—1914)(下册)，科学出版社2016年版，第714页。

铁路车辆、桥梁、叉轨以及附属物件,(乙)大小轮船、兵舰、木铁趸船、驳船、救火船只以及附属机件,(丙)锅炉、铁屋、梁柱、水塔、水柜、水闸、抽水机、打樁架,(丁)铸钢炉制造铸钢货件,(戊)各种煤汽发动机,(己)化煤机冶炼生铁,(庚)制造其他各种机件,(辛)修理各项船只"①。扬子机器厂生产经营范围广泛,是汉口重要的工厂之一。在上海,"沪北有机器匠甬人陈星桥特出心裁创造纺织毛巾机器一架,试用合巧,陆续仿造,且较来自外洋者成本既轻,式样又巧,每架只售洋十二元。以故本埠及各内地所设毛巾厂无不恐后争先,纷纷定造。陈自售出此项机器后,彼订此购几有应接不暇之势,获利之厚故不待言"②。

晚清时期,民族机器工业的发展过程充满坎坷挫折。"半殖民地半封建中国的手工业,在 20 世纪之初,再现了 18 世纪世界资本主义产生时期手工与机器的对抗。四川井盐业第一部汲卤机车出现时,多数井户持反对的态度。最先试办机车推卤的欧阳显荣,甚至碰到没有井户把盐井出租给他推汲的尴尬处境。苏州第一家引用电力织机的苏经绸厂,也引起了传统手工业者的恐惧和反对,经常受到他们的来厂滋扰,以致厂主不得不请求地方当局的保护。正由于此,由手工向机器的转变,在 20 世纪初叶的中国,仍然是一个艰难的进程。"③有些地方的官员为了保护当地手工行业的生意,不准机器工业扩大规模。"(1899 年)芜湖机器米面益新公司……因经前升道袁爽秋京卿,与前英领事富美基君……不准该公司添增机器,多做米面,以免攘夺本地人力砻坊生计。每日做米以五百担为额,做面以六十担为度,不准逾额,故不能再行扩充云。"④

三、民族机器工业的初步发展及其阻力

民族机器工业在晚清时期得到一定程度的发展,使一些手工行业原有的

---

① 汪敬虞编:《中国近代工业史资料》第 2 辑(1895—1914)(下册),科学出版社 2016 年版,第 829 页。

② 佚名:《灵妙机器畅销显末》,《济南报》清光绪三十年(1904)第 58 期,第 8 页。

③ 汪敬虞主编:《中国近代经济史(1895—1927)》(一),人民出版社 2012 年版,第 115—116 页。

④ 汪敬虞编:《中国近代工业史资料》第 2 辑(1895—1914)(下册),科学出版社 2016 年版,第 707 版。

生产工具得以改进,生产效率有了显著提高,产品质量也有可观的提升。在棉纺织业,“光绪二十年(1894)以前,沪上未有纱厂织布纱线均手车所纺,其后纱厂逐渐开设,机器渐推渐广,凡手纺纱织成之布,曰杜纱布;机器纱织成者,曰洋纱布。近年市上所出洋纱布,已居太半矣”。“光绪中叶以后,机器纱盛行,手纺纱出数渐减。……机器纱俗称洋纱,用机器纺成,较土法所绩洁白而细,各厂林立,销售他处。”[①]

在江苏宝山县盛桥里,“商业以棉花为大宗,旧时轧花多用小车,每日花衣多者十余斤,少或七八斤。近年用外国轧车,每车一日可轧花衣六七十斤。更有驾牛轧花,事半功倍。商业之发达,每视风会为转移也”[②]。广东织席业,“汽机织席,每张每日可出席三十码,每年可出十万卷;若手工之机,仅日出六码而已。时日既省,又可按时日出货”[③]。

在安徽砖瓦行业,“安徽芜湖创设机器砖瓦公司,特聘英国专门家建筑新式烧窑及安设新式机器。所有厂务俱仿造西法办理,每日可出砖三万块至五万块不等,大小各式均可任意定制”[④]。

显而易见,新式机器的投入使用能够有效提高企业的生产效率,取得良好的经济效益。这是新式机器工业能够获得一定发展的根本因素。但是,民族机器工业的发展过程并非一帆风顺,时时刻刻面临着沉重的压力和严重的阻力。

19 世纪 70 年代,广东出现了近代第一家机器缫丝厂,就是著名的继昌隆缫丝厂。继昌隆缫丝厂的开办经历在民族机器工业当中颇具代表性,反映了新的事物想要发展并非易事。缫丝厂在开办过程中先后不断地遭遇了破坏和阻挠,而且得不到地方政府的支持。开办者陈启源被迫将工厂从南海迁移到澳门,三年后又从澳门迁回南海简村,厂名也同样几番更改,历经波折。

---

① 彭泽益编:《中国近代手工业史资料(1840—1949)》第 2 卷,中华书局 1962 年版,第 205 页。

② 赵同福修,杨逢时纂:《盛桥里志》卷 3《实业志·商业》,1919 年稿本。

③ 彭泽益编:《中国近代手工业史资料(1840—1949)》第 2 卷,中华书局 1962 年版,第 302—303 页。

④ 佚名:《实业纪闻:芜湖机器砖瓦公司》,《万国商业月报》清光绪三十四年(1908)第 1 期,第 17 页。

“1881 年，据广州约三十里的南海县西樵，于十月五日发生反对机器的暴动，有杀伤人命情事，并有缫丝厂一家被捣毁，蚕茧一万斤被窃。直到军队到达，暴动才被制止。因此，当地几家华商缫丝厂已由地方当局下令停工，但这禁令并未延及其他县区。”①这样激烈的争斗，一次又一次地反复出现，“1888 年，在广州，某些华商丝厂采用机器后，在他们的职工和雇用手工工人的其他丝号的职工之间发生了严重的冲突。好几百人都参加了械斗，死者六七人，还有很多负伤的”②。地方官员认为新式机器的使用损害了手工业同行的利益，因而持强烈的反对态度。“负责镇压乱事的官吏，在他们的禀报中主张凡是使用机器的企业，今后都应由官府督理，以免商人汇集巨资，独占利润，因而损害一般工匠的作业。”③

在上海，机器缫丝行业的兴起引起了大量的反对浪潮。首先反对机器缫丝的是在江浙地方经营生丝贸易的传统丝商和丝行。蚕区农民不再自己缫丝，而是将生茧出售给茧行和丝厂，这就使得一直以来控制着生丝贸易的丝商和丝行成为引进机器缫丝的激烈反对者。江浙地区大多数地方官员，出于维护传统生产方式和小农经济的思维惯性，又担心丝厂设立后，丝绢、茧税等地方财政收入流失，所以也加入反对引进机器缫丝的行列中。

那些反对引进机器缫丝的人散布舆论，指称机器缫丝的种种弊端，他们认为：江苏、浙江、安徽等五省军费，端赖于江浙两省所产生丝之“丝捐”。按照惯例，这些“丝捐”应由丝商、丝行代为征收，交付政府，沿用至今，向无偷税漏税情事。而今丝厂兴起，以往茧、丝贸易的流程得以改变，于是丝厂在购入原料蚕茧和出售成品厂丝之时，势必会千方百计逃税。原因在于：首先，江浙地方至今尚无买卖蚕茧之事，对之没有纳税抽捐之规定，故购入蚕茧可以避税逃捐；其次，丝厂产出生丝，也因不经丝行而直接卖给洋商，故由丝行代征

① 孙毓棠编：《中国近代工业史资料》第 1 辑（1840—1895）（下册），科学出版社 2016 年版，第 959 页。

② 孙毓棠编：《中国近代工业史资料》第 1 辑（1840—1895）（下册），科学出版社 2016 年版，第 956 页。

③ 孙毓棠编：《中国近代工业史资料》第 1 辑（1840—1895）（下册），科学出版社 2016 年版，第 959 页。

的丝捐也为其逃脱;再者,丝厂位于上海,产品直接卖与上海洋商,又可免缴外地生丝运往上海时征收的“落地捐”。如此这般,势必导致对生丝贸易所征收丝捐的减少,造成国家财政收入的损失。他们又说,农民素来养蚕收茧缫丝,以之维持生计,农村秩序因之得以平静安然;如果丝厂大兴,设立茧行收购蚕茧,农民直接卖茧而不再缫丝,则会剥夺农民历来的家庭手工缫丝生产,是“夺民之利”。如今机器丝厂数量尚少,所夺民利尚且有限,如任其发展,为害必将日甚一日。他们还反对丝厂雇用女工,认为这将导致年轻农家女子荒废农事,离开家乡,迁居上海,社会风俗将因之而遭败坏。①

同样的情况,在其他行业也时有发生。在山东烟台,“(1898年榨油坊)但用旧法,粗蠢已极。先有怡和洋商,见而悯之,转购机器,至烟试办,果觉便利无比,乃土人俱不能容,事遂中止”②。反对的人群站在不同的立场来反对开办机器工业,反对的理由也是五花八门,荒诞不经。有人反对兴办新式机器工业,往往从风水的角度加以阻扰,颇能收到成效。“1874年,广州河南洲新建立一个机器缫丝厂,遭到很多人反对。理由是汽笛声音太吵闹,机器响声太大,并且高烟囱有伤风水。”③

① 王翔:《晚清丝绸业史》(下),上海人民出版社2017年版,第580—581页。

② 彭泽益编:《中国近代手工业史资料(1840—1949)》第2卷,中华书局1962年版,第344页。

③ 孙毓棠编:《中国近代工业史资料》第1辑(1840—1895)(下册),科学出版社2016年版,第959页。

第三章
晚清手工业的生产形态

鸦片战争以后,中外贸易格局的转换、外国机制工业品的输入,以及近代大工业在中国的勃兴,逐渐形成一种中国传统手工业的异己力量。但是,手工业生产仍然是中国社会商品生产的主干。它不仅关系到广大农村的经济命脉,而且是中小城市经济生活的主要组成部分,在大城市以及对外贸易中也占据着极其重要的地位。同时,它又是中国社会经济结构中最为敏感的生产部门,随时在各种内外力量的作用下升降浮沉,分解转化,呈现出一幅幅斑驳多彩、纷繁杂乱的历史画面。

第一节　城乡手工业形态的多元共存

晚清时期,中国各地城乡手工业形态既有传统的家庭手工业的生产模式,也有脱离家庭副业的专业化手工作坊,同时还有农闲时兼营性质的手工作坊。各地情况不能一概而论,很难用一种生产模式来概括所有的手工行业。

一、传统家庭手工业继续保持主体地位

这一时期,各地商品化程度大幅提高,长距离运输商品的流通网络逐渐

发展成熟。尽管晚清时期出现了民族机器工业,口岸城市相继成立了工厂,但中国广大的农村地区依然主要是传统家庭手工业的生产模式,家庭手工业是家庭经济收入的一个重要来源。

充足的原料为农村家庭手工业的发展提供了坚实的物质基础。中国是一个地大物博、资源分布不均衡的国家。尤其是在晚清时期,由于国内外市场对资源需求的不断扩大,中国各地经济作物的种植和生产迅速发展起来。广大农民家庭主要从事的手工业是棉纺织业、缫丝织绸业、制茶业、造纸业等,它们所需的原料分别是棉花、蚕丝、毛茶、竹木等。经济作物的普遍种植为农村家庭手工业的发展提供了丰富的原材料。在晚清时期的中国,机器工业极其不发达,如果没有农民的家庭手工业,这些丰富的原料产品将得不到充分的利用。反之,有了家庭手工业,这些资源就有可能被加工成手工业产品,变资源优势为产品优势,其附加价值就会大大增加,从而从整体上带动近代中国农村经济的发展。[①]

晚清时期,绝大部分地区的绝大多数农民仍然从事着农业和手工业的生产劳动。云南景东厅,“景东不蓄桑、麻,民间耕种之外,男女皆以纺织为生。每至街期,买卖布匹者十居四五,本地销售不尽,大都贩卖于江外诸夷及思茅山中”[②]。景东厅的居民织成的布不仅要供应本地市场,还要销售给少数民族同胞,因此销售量较为稳定。

广东肇庆府高要县,“境内山多地少,且患水旱,故农恒劳苦。粳稻之外,近山者兼务林业,近泽者兼务副产,或佃渔,或园圃,或蚕桑,资以补救。近城者多入营伍,谓之食粮,自绿营废后,尽散归田亩矣。下瑶村民,素习水性,多操渔业。黄冈以石工著名,雕刻印刷,多水坑人;纺织、缝衣、制铜器,多金利人;车玉器,画瓷器及各种机器,则金利富湾人也。富湾人亦多经商于广西,日久占籍,成为巨族。迴龙人则多往外洋,雪梨埠尤多,其民优裕,胜于他

① 万振凡、孙桂珍:《对近代中国农村家庭手工业的重新认识》,《江西师范大学学报(哲学社会科学版)》2003 年第 1 期。

② [清]王文韶等修,唐炯等纂:《续云南通志稿》卷 58《食货志·土宜·布帛》,清光绪二十七年(1901)刻本。

区”[①]。可以看出，在清宣统年间，高要县的农民副业多种多样，包括从事佃渔、园圃、蚕桑、雕刻、印刷、纺织、缝衣、石器、玉器、铜器、瓷器等业。当地居民“织席以三班、四班、五班为多，附城亦有之，近益以毛巾、纸扇；四班砚洲、龙头则多业爆竹；二班则多业竹器；头班禄步则多业蚕丝，而大小湘下至羚羊峡沿江一带，率多蚕而不缫，附城者有缫丝厂而未发达”[②]。农民就近从事传统家庭手工业者居多，尽管据说“女工缝纫而外，织席为多，而工值甚廉，贫者几无以自给，不及蚕丝远甚”，但“近山者兼务林业，近泽者兼务副产”，仍是当地农家必然的选择。[③]

广州府顺德县，“惟顺德在在皆水乡，舟行所达，川流四绕，阡陌交通，故力农尤便，至于桑田鱼池之利，岁出蚕丝，男女皆自食其力。其他为匠、为圬、为场师，又或织麻、鸣机、编竹作器，一艺一业，往往遍于乡堡，相效成风，大率耕六工二”[④]。浙江台州府宁海县，“宁海民有三等，附郭居民务农为业，平畴沃野，所在多膏腴。沿海民无常产，专恃网罟之利，逢渔汛则出洋张捕焉。山僻鲜可耕之徒，赖有桑麻竹木，可收树艺之利，畜牧孳生，亦足以民财”[⑤]。从宁海县的情况来看，居民因地制宜，“靠山吃山，靠水吃水”是其的真实写照。

在少数民族聚集地区，地处僻壤，山高路远，商品获取不易，机器工业鞭长莫及，传统家庭手工业肯定是重中之重。湖南永顺府龙山县，“土苗妇女善织锦裙被，或全丝为之，或间纬以锦纹，陆离有古致。其丝并家出，树桑饲蚕皆有术。又织土布、土绢，皆细致可观，机床低小，绢幅阔不逾尺”[⑥]。郴州，“瑶族亦能绩苧、织布，但不能如辰、永土人为峒锦、峒被、峒巾耳”[⑦]。靖州，

① ［清］马呈图纂修：《高要县志》卷11《食货篇二》，清宣统二年（1910）刻本，1938年铅印本。
② ［清］马呈图纂修：《高要县志》卷11《食货篇二》，清宣统二年（1910）刻本，1938年铅印本。
③ ［清］马呈图纂修：《高要县志》卷11《食货篇二》，清宣统二年（1910）刻本，1938年铅印本。
④ ［清］郭汝诚修，冯奉初等纂：《顺德县志》卷3《舆地略·风俗》，清咸丰六年（1856）刻本。
⑤ ［清］王瑞成等修，张濬纂：《光绪宁海县志》卷23《杂志·风俗》，清光绪二十八年（1902）刻本。
⑥ ［清］符为霖等修，谢宝文续修，刘沛纂：《龙山县志》卷11《风俗》，清同治七年（1868）刻本，光绪四年（1878）续修刻本。
⑦ ［清］朱偓等修，陈昭谋等纂：《郴州总志》卷22《苗瑶志》，清嘉庆二十五年（1820）刻本，清光绪十九年（1893）木活字重印本。

“苗峒往往饲蚕织丝,布地加丝,作棋纹,名峒锦,少市售”①。

贵州,“谷蔺苗,在定番州,男女皆短衣,妇人以青布蒙髻,工纺织,其布最精密,每遇场期出市,人争购之,有谷蔺布之名”②。施秉县,“斜文布,出县属东南区,苗女自织自用,质坚色青,无出卖者”③。大定府黔西州,“妇人多纤好,以青布蒙髻……性勤于织”④。苗族同胞织成的布在市场上深受欢迎。

四川宁远府冕宁县,“各夷皆喜以牛羊毛绩线,作毡毯,男女衣服取给焉……衣服之外,横披大幅长毯”⑤。四川懋功厅章谷屯,“耕耨之外,夷妇力作居多,主持家事,市茶布,悉委诸妇女……稍暇击筠笼,捻毛线,织毪子,以供衣服。其治麻枲一如撚毛线法,织而成布,长二丈为一匹,宽一尺三寸许,夷人制衣多用之”⑥。这里的居民家庭手工业为用牛、羊毛织成毡毯和衣服,家中饲养牛、羊,不用另外购买其他原料。

家庭手工业基本上都是以市场导向为目标,只是由于家庭劳动力、资本投入程度以及相应的手工业收入在家庭经济中的比重不同而存在着差异,但从形式上看,农业与手工业仍然牢固结合在一起,农民尚没有完全放弃农业而转向手工业。在这两种农家经营模式下,手工业采取了较为灵活的生产方式。例如,农村中织布者有接受商号散活而织者,有自行织好携至市场卖给布商者,亦有自家组织小的“做房”自织自销于各地市场者。究竟采取何种方式,则取决于市场行情的变化、农户劳动力与资本的状况。一般来说,自产自销需要较大资本和较多劳力,资本较少者则不得不依附于商号接散活,从商号那里领取原料,乃至租借生产工具如织布机等,然后将产品交给商号领取工资。在市场景气时,农户手工业者多愿自产自销,否则更愿意接受商人雇主订货生产。手工业生产方式的多样性,反映了“耕织结合”分解过程的多

① [清]金蓉镜等辑:《靖州乡土志》卷3《物产》,清光绪三十四年(1908)刻本。
② [清]张广泗修,靖道谟等纂:《贵州通志》卷7《地理·苗蛮》,清乾隆六年(1741)刻本。
③ 朱嗣元修,钱光国纂:《施秉县志》卷1《物产》,1920年修,贵州省图书馆1965年油印本。
④ [清]冯光宿纂修:《黔西州志》卷2《地理·苗蛮》,清乾隆九年(1744)刻本。
⑤ [清]李英粲原修,林骏元补修,李昭原纂,李茂元补纂:《冕宁县志》卷11《物产·货之属》,清咸丰七年(1857)刻本,同治九年(1870)增刻本,光绪十七年(1891)再刻本。
⑥ [清]吴德煦辑:《章谷屯志略·夷人风俗》,清同治十三年(1874)刻本。

元性。①

这种经营模式有着悠久的历史，它建构在封建地主土地所有制及其连带的小块土地经营制度的基础上，同时与社会分工的落后性、市场交换的有限性密不可分。“耕织结合”模式的主要特征是自给自足，家庭生产和家内消费。当然这并不等于说小农家庭绝对不参与市场交换。事实上，封建社会里也有市场，只不过市场的范围有限，辐射力较小，一般情况下，小农是在家庭消费有余的情形下参与市场交换的，交换的目的也是换回必要的生活日用品。因此，只要地主土地所有制继续存在，市场交换无法进一步扩大，“耕织结合”的农家经营模式也就很难松动。②

农村家庭手工业自身虽然存在着一些无法克服的缺陷，但由于中国幅员辽阔，人口众多，市场广阔，农村家庭手工业所需要的投资少，资金周转快，技术简单易学，在近代农业和工业不发达的情况下，它可以将劳动力与当地农副产品等可加工的资源相结合，与城市近代工业可扩散到农村的产品相结合。这样，既能将衣、食这两项最主要的生产结合起来，避免购买，减缩消费支出，以应付沉重的地租、苛捐杂税，维持最起码的生活，又能使农闲季节的农业劳动力和农业剩余劳动力得到较为合理的安排和解决。因此，农村家庭手工业仍然是晚清时期许多地区农村经济的重要支柱，这是由当时国情所决定的。③

二、包买主制下的依附经营开始流行

在封建经济时代，城乡家庭手工业基本上属于独立的自主经营。虽然城乡家庭手工业处在行会控制或从属于农业的家庭副业地位，但它们的一个共同特征是，原料自备或自由购买，生产工具及其产品归业主所有，产品在理论上可以自由出售。不过由于社会经济发展水平较低，市场狭小，农民家庭手

① 彭南生：《论近代中国农家经营模式的变动》，《学术月刊》2005 年第 12 期。
② 彭南生：《论近代中国乡村手工业的三种形态》，《华中师范大学学报（人文社会科学版）》2007 年第 1 期。
③ 唐文起：《近代江苏农村家庭手工业与集镇的发展》，《学海》1994 年第 6 期。

工业一般只在家庭消费有余的前提下在地方集市上直接与消费者交换,商人作为生产者与消费者之间的交换媒介的角色并不十分突出。

进入近代以后,传统手工业面临同外国资本主义和民族机器工业的残酷竞争,同时市场进一步扩大,廉价原料供应充足,因此,手工业者存在着破产失业与扩大生产的双重可能。但是,单个手工业者既无足够的流动资金购买大批原料,同时也缺乏跨区域销售的能力和经验,于是,一些积累了一定资本的商人对生产和销售的介入逐步增多。起初他们还是单纯地销售原料、收买产品,之后为了在日益扩大的市场中满足客商对产品规格和数量的需求,部分商人开始向手工业者赊售原料,并规定以制品偿还赊欠,最后少数大商人直接向手工业者提供原料,然后收回成品,计件给以工资,于是乡村手工业者的独立性开始丧失,包买主制下的依附经营开始流行起来。

城市丝织业中包买主制下的依附经营形式早在明末清初就已经存在,鸦片战争后开始向乡村渗透。如江苏震泽丝经的制作,“系由各丝行将丝之分两秤准,交由各乡户携回摇成,俟交货时再为按工付值。计沿镇四乡30里之遥,摇户约共有一万数千户,男女人工当在10万左右”①。丹徒县的丝织业系“由资本家设立绸户,广收丝经,散交各机户,计货授值,与南京之缎业相同”②。无锡塘头镇调丝户的小农,先向丝线手工工厂领取原绞蚕丝,信用好的是由线坊即丝线手工工厂发给调户。丝有一定的重量,调好了,调户须将调好的和“丝头”一并交到线坊里去。这种工作,大半是妇女做的,工资很低,整天工作,只可得钱2角左右。附近塘头镇二三里内的几个村庄,居民除种田外,差不多家家户户操此副业。调丝虽然在形式上依然是塘头镇农民的家庭副业,但已被纳入资本主义经济体系了,从事调丝的农民也因此成为带有资本主义色彩的兼业劳动者。山东周村专纺华丝葛的大规模丝织场中,络丝之事,皆令在家工作,络价为每两30文,每女工之每日络丝数为十六七两,连同所得余丝计算,约每日得钱一吊二百文。

① [清]陈和志修,倪师孟、沈彤纂:《震泽县志》卷4《物产》,清乾隆十一年(1746)刻本,清光绪十九年(1893)重刻本。

② 张玉藻、翁有成修,商觐昌等纂:《续丹徒县志》卷5《食货志·物产》,1930年刻本。

鸦片战争后的新兴乡村手工业如针织、花边等行业中，也广泛地出现了包买主制下的依附经营形式。针织业大约始于20世纪初，主要存在于我国城市及郊区，尤以浙江、天津为盛。浙江织袜业中的依附经营以平湖织袜最为典型，该地织袜业概行“租机之制”，平湖地区近万架织机都在这种“租机之制”下被组织起来，其中以光华为最多，约有1000架，当湖有600余架，启新、怡和各有400余架，其余有200余架者10余家，此外有50架以上至100余架者60余家，有50架以下者亦有10余家。“租机之制”的平湖模式为浙江其他城镇所仿效，在嘉兴、嘉善、石门、硖石等处袜场，“其织袜制度，亦均采包工方法，一切手续及工资等项，亦多仿平湖办法”①。

家庭手工业是依附经营者最普遍的存在形态，相比之下，处在依附经营中的作坊或工场手工业少得多。包买主制是包买主和依附经营者都乐于接受的经营形式。对包买主来说，包买主制不仅节约了场房、工具设备等固定资本的投入，而且手工业者的分散性也为他们控制生产者并避免政府的苛捐杂税提供了便利；对依附经营者来说，包买主制顺应了他们的小私有观念和部分传统习俗，避免了工厂严格的纪律约束，他们拥有自己的生产工具，能够自由地支配劳动时间，在农业劳动之余附带地从事手工业生产。虽然从理论上说，依附经营者很难上升到手工工场主，因为他们不过是从属于包买主的工资劳动者，但在实际上，由于他们拥有生产工具的所有权和劳动力的自由支配权，能最大限度地增加生产，在稍有积累时便扩大规模，摆脱依附，自主经营，因此依附经营者也存在着上升为手工工场主的可能，这既是依附经营者所祈求的，也决定着手工业者不到走投无路时是不会离开家庭而进入工场工作的，从而在很大程度上决定了包买主制下依附经营形式的广泛性。

在包买主制下的依附经营中，经营者对包买主的依附方式分为直接与间接两种。所谓直接依附，是由包买主雇用职员直接向生产者放料、收货、计发工资；间接依附则由包买主聘用的中间人给生产者发料、收货，经营者并不与包买主发生联系。包买主采取哪种方式控制手工业者，主要依据市场的状

① 彭南生：《包买主制与近代乡村手工业的发展》，《史学月刊》2002年第9期。

况、生产者的地理分布等因素决定。一般来说,在市场旺销时,包买主往往借助于中间人的介入,相反则更愿意采取直接控制方式;在生产者的地理分布范围较广时,包买主也不得不依靠中间人联系生产者,而当生产者集中分布在包买主附近地区时,包买主就更乐意与生产者保持直接接触,以便更好地监督产品的质量和规格。这两种经营方式并不是绝对对立的,它们在一定条件下可以相互转化,而且也可能被某个包买主同时采用。以高阳为中心的织布区域就是由于布商和织户灵活运用这两种依附方式而形成的。①

包买商制度是在生产力水平得到一定发展后,随着商品经济的发展而出现的。以晚清时期手工棉纺织业为例,在机纱出现以前,为供应一台织布机,一般需要三人纺纱。新式原料机纱的出现大大减少了纺纱所需的劳动力,大部分劳动力转移至纺织这一工序。再加上新式铁轮机的出现,棉纺织业的生产率大为提升。这为棉纺织业的商品化提供了条件,商品经济的发展又导致劳动分工的进一步分化,自给自足的家庭生产和手工作坊逐渐式微,以包买商为代表的商人阶级应运而生。近代以来,随着国内手工业商品经济的发展,鸦片战争后我国被卷入资本主义世界市场,依靠大量且廉价的劳动力资源,来自国内外的市场需求在一定时期内促进了国内手工业的繁荣,进而带动了包买商制生产的发展。但是,随着包买商分包范围的扩大,这种生产组织形式的弊端也日益凸显。包买商与小生产者间的委托代理问题日益严重,小生产者的机会主义倾向又造成了道德风险问题。造成这种状况的主要原因在于,在包买商制这种生产组织形式中,大部分包买商与小生产者的合作关系基于短期的契约。如果没有其他因素的干扰,为缓解以上矛盾,包买商在仍有利可图的情况下倾向于同小生产者签订长期合同或进行纵向一体化管理,以规避这些代理成本,在现实中表现为从包买商制度向工场手工业这一更先进的生产组织形式过渡。但是,我国近代内忧外患的外部环境导致的巨大不确定性,影响了包买商同小生产者签订长期合同的意愿。②

---

① 彭南生:《包买主制与近代乡村手工业的发展》,《史学月刊》2002 年第 9 期。

② 南洋、邓宏图、雷鸣:《近代手工业中包买商制度的再分析——基于交易成本理论与委托代理理论的视角》,《江苏社会科学》2016 年第 3 期。

包买商兼工场主利用个体手工业者制造半成品,在自己工场中只以一定的技术设备进行某些工序,然后当作本厂产品出售。在山东潍县土布的销售中,以各省大资本布庄驻潍庄客采购最多,他们购买的方法就是“自立商标厂名,招织户若干家,使依所定之长阔数及布之稀密,议定价值,终年交易”。在福建福州,早在1900年前后,以福州为中心的机坊约500家,分布在福州市内及邻近乡村,它们与棉布行庄的往来性质就属于包买主制度下的依附关系,行庄将原料棉纱分送各机坊织制,制成的布,再收回送到染坊,贴上本庄招牌发卖。这时,机坊不过是由行庄配给原料从事劳动而领取工资的织工而已。包买制工场在经营上既扩大了生产规模,降低了生产成本,又有一定的灵活性,能较快应对市场需求的变化,在数量上和灵活性上形成一个有机结合。①

在江浙蚕桑区,“蚕毕时,有各处大郡客商,投行收买”。记载吴门风土的《清嘉录》中说,鸦片战争前,苏州府属太湖产丝区的蚕户,“茧丝既出,各负至城,卖与郡城隍庙前之收丝客”,“浮店收丝只趁新”。商业资本凭借自己雄厚的资金,完全有可能控制原料的买卖,而且可以通过操纵原料买卖,来控制本小利微的丝织小生产者。史载江南丝织机户在蚕丝上市之时,“间遇丝客未至,需用孔亟”,往往乞援于典当;盛泽丝织小生产者因缺乏资金,往往无力支付购买原料的款项,“机户买丝,大都不付现金,由领头间接担保”。这些都表明商业高利贷资本非常容易楔入丝织机户的生产过程,通过提供原料,固定和丝织机户的关系,使丝织机户依赖于自己。在这种情况下,商人与丝织小生产者之间的关系,已经不是卖者和买者的关系,而是开始带有老板和工人的关系的色彩。这种关系的进一步发展,必然导致商人发放原料而以加工费的支付取代原料与产品的交换,商人就会成为超过其原来商业利润之上的剩余价值的占有者,成为一个采用资本主义剥削方式的包买商。至此,小生产者原料的被剥削过程才算完成。

在这一过程中大体包括两种包买形态:一是生产资料前贷方式的包买

① 高宝华:《我国近代包买制工场经营的概念、形式和特点》,《学术论坛》2009年第2期。

形态,即商人为小生产者提供所需的生产原料和辅助材料,以此为代价,包买其产品;二是使用雇用劳动的包买形态,即由商人直接向小生产者提供原材料,后者在自己家里为商人从事生产劳动,以此取得工银报酬。在江南丝织业中,商业资本依次经历了简单的包买形态、前贷的包买形态、生产资料前贷的包买形态、使用雇用劳动的包买形态的发展过程。这几种包买形态不断由低级向高级转化和演进,“账房”的出现,就是这种演化完成的标志。①

中国传统丝织业中的包买主制度由来已久,这些包买商,杭州称为“绸庄”,南京叫作“缎庄”,苏州则名“纱缎庄”,俗称“账房”,早在清朝初年即已在丝织生产领域出现。据民国初年的调查报告,苏州丝织业中的“账房”,最早出现于清康熙年间。鸦片战争之前,“账房”包买主制经营发展不快,从康熙四十一年(1702)到鸦片战争前夕的139年间,开设“账房”共计11家;战后,“账房”数量激增,从鸦片战争结束到1911年的60余年间,新开设的“账房”达46家,是战前的4.2倍。其中,1845—1894年的50年间新开设19家,1895—1912年间新开设27家。日本人在19世纪末所做的调查统计,则表明“账房”商业资本已经广泛活动于丝织生产领域。1899年,苏州一地“账房大者有一百余户(资本十万元以上),中者有五百余户(资本一万元以上),小者有六百余户(资本二三千元)”②。

在浙江的丝织业中,商业资本的活动是极其广泛的。一开始,商业资本的活动只限于流通领域,有丝行收购生丝,以及“绸庄”“给庄”收购丝织产品,等等。因其资本雄厚,久而便出现这样的形式,一些小机户由“绸庄”提供原料,制成品交由“绸庄”销售,以换取丝织品的加工报酬。包买主的商业资本在这里就变成了工业资本。近代浙江各地的商业资本组织不少。20世纪初,仅杭州一地大规模的“绸庄”就有70多家;湖州的“给庄”有10余家,将湖绸转销各地。这些商业包买主往往在每年新丝上市时,低价买进大量生丝囤积起来,到秋季却以淡季的高价供货给小机户,从中牟利;在支付给机户加工

① 王翔:《晚清丝绸业史》(下),上海人民出版社2017年版,第492—493页。

② 王翔:《中国近代手工业史稿》,上海人民出版社2012年版,第448—449页。

费用时,七扣八压予以最低的报酬,迅速聚敛起横财来。比如蒋广昌绸庄,发放的“料机”多达 300 台,采用各种剥削手段放料加工的绸货,每匹利润至少有 5 元至 10 元,蒋海筹本人也由此发财,“号称百万富翁”。值得指出的是,浙江丝织业中这些商业资本有较强的适应力。当 19 世纪八九十年代后新式丝织工厂兴起时,不少“绸庄”“绉庄”能凭借自己雄厚的资本,及时改变生产经营方式,购置新式机器设备,成为资本主义的新式工厂。如杭州的“蒋广昌”“庆成”“悦昌文记”,湖州的“丽生”,宁波的“协和丰”“庆祥”等都属这类情况。①

晚清南京丝织业中之“账房”,又被称为“号家”。南京丝织业的生产组织中,商业资本家占着控制的地位。这种商业资本家即是一般所谓的“号家”。“号家”利用资本自己购买原料、织机,雇用工人进行生产,同时又在通商大邑设立短号,销售成品。这样,商业资本家就独占了产销的全部利润。清代末年,“号家”在丝织业的生产总额上占着绝对的优势。②

有人描述晚清时期南京地区花缎业、素缎业的俗名。“账房,此系南京花缎业、素缎业区别上之习惯俗名。此种缎业人,皆平日饶有资本,各埠皆有代彼趸卖花、素缎匹之店。代趸卖店曰分庄,南京之总店,则不称总庄。机房对于此等总庄皆名之曰账房,规模大者,曰大账房。机房,南京花、素缎业之资本甚小,专恃机织者,曰机房,帮机房织花、素缎者,曰织机子的,又曰机工。作机房营业者,曰开机房,学织花、素缎者,曰学机房。机房往账房缴所代织之花、素缎,曰送货。”③江苏镇江,“江绸,为镇江出产之大宗。往年行销于北省及欧美日本者,岁入数百万,开设行号者十余家。向由号家散放丝经,给予机户,按绸匹计工资,赖织机为生活者数千口”④。

在湖南省的湘绣业,一方面有专业的绣庄(坊),另一方面有环绕着绣庄的广大农村和一部分城市居民中的刺绣手工劳动者。绣庄有两种,一是经营

---

① 姚玉明:《略论近代浙江丝织生产的演变及其特点》,《中国社会经济史研究》1987 年第 4 期。

② 王翔:《晚清丝绸业史》(下),上海人民出版社 2017 年版,第 513 页。

③ 佚名:《南京花素缎业之重要俗名》,《中外经济周刊》第 119 号《中外经济周刊》1925 年 7 月 4 日第 119 号,第 41 页。

④ 徐珂编:《清稗类钞》第 17 册《农商类》,中华书局 1986 年版,第 88 页。

粗绣的,一是经营细绣的。经营粗绣的绣庄,出品多属戏装、神袍、喜轿轿衣和普通生活用品,绣工一般较粗,材料多为布质。经营细绣的绣庄,主要是绣制高级日用品、装饰品和比较细致的生活用品。除部分粗绣庄有少数固定雇工外,所有粗、细绣庄的绣品,绝大部分都是发交城乡绣工加工代绣,即由绣庄发给原料,并画出图样,载明颜色,配好色线,绣工绣成后按件计给工资。[①]

绣庄的出现,使得湘绣业从产到销,逐渐向着资本主义的生产关系过渡。以吴彩霞绣馆的胡连仙与锦云绣馆的袁魏氏为例,她们先是小商品生产者,积资渐多,完成资本积累后开设绣庄,成为企业主。绣庄向外面的绣工发出原料由其代绣,然后收回成品在绣庄出售,所以绣庄老板既是企业主,又是包买商。人数众多的、分散的、表面上独立的刺绣手工业者则是雇用劳动者,他们的劳动在性质上已是属于资本主义的家庭劳动;一般专业绣工,实际上也是在自己家中为取得一定工资而给资本家生产的雇用工人。因此,绣庄老板的资本,既有商业资本的性质,又有工业资本的性质。

总体来看,在作为农民家庭副业的手工业生产形态之外,大致存在着另外几种手工业的生产形态。一是城乡家庭手工业作坊。在榨油、制糖、造纸、烤烟、烧瓷等手工行业中,多采用家庭手工作坊制。手工作坊的产生,是家庭手工业者作为小商品生产者两极分化的必然结果。一些经营得法、有一定资金和技术的家庭手工业者,就会扩大经营规模,雇用其他手工业工人进行生产。二是商业资本支配下的家庭手工业。在这种家庭手工业经营中,手工业者不以出卖产品的形式,而以出卖劳动力的形式而存在。农民依靠自己的原料和设备,在家中生产手工业产品,卖给包买商,领取工资。有的商人也供给手工业者原料,让手工业者在家中生产成产品,然后收回并发给工资。这种商业资本不但支配了手工业生产的交换过程,而且有时还控制了手工业生产的过程。三是工业资本控制下的家庭手工业。近代部分官僚、地主、商人,包括一部分经营较好的手工业作坊主,看到社会上对手工业产品需求量大增,从事手工业生产有利可图,便筹集资金购买机器、招募工人进行资本主义机

① 王国宇、毛健:《湖南手工业史》,湖南人民出版社 2016 年版,第 194—195 页。

器生产。但由于生产规模有限,每天生产的产品需大于供,工厂主便改为雇工到工厂领原料到家中生产。这在近代中国资本主义比较发达的沿海省份及城市市郊乡村较流行。这种情况在近代棉织业、丝织业、线毯业、毛线业、火柴业、鞭炮业等行业中普遍存在。在这种手工业中,农村家庭手工业实际上成了近代资本主义机器工业的一个车间、一个生产环节,手工业生产者从独立的商品生产者变成了资本主义机器工厂的雇用工人,其劳动所得已经不是自己所生产的全部价值,而是具有受人剥削的工资性质。不管这种工资以何种形态表现,如现金或原料,这种家庭手工业生产已经是纯粹的资本主义生产,手工业者同工厂主之间的关系已经是工人同资本家的关系。①

三、世界垄断性公司介入中国手工业产销过程

正如水银泻地一样,帝国主义在中国的工业投资,是无孔不入的。从重工业的机器、造船到轻工业的纺纱,从投资巨万的矿冶工业到手工制作樟脑工场,都无一不渗透了外国的资本。但是在这样全面进攻的局势下,1895—1914 年中,矿冶、造船、纺纱、烟草和公用事业中的水、电、气工业这五个工业部门的投资,差不多占了全部投资的 91.2%。在这 20 年中,帝国主义在华的工业投资,已经形成中国工业中的垄断力量。煤矿工业中的开滦、福公司、抚顺、本溪湖、山东德华、井陉、临城七大煤矿在 1913 年的产量就超过了 600 万吨,单是开滦、抚顺两矿就各占 200 多万吨,而当时全国煤产量,却不过 760 多万吨。机器造船业中的耶松船厂,在 1900 年合并了上海的另外 2 个船厂以后,资本由 75 万两增加到了 557 万两,垄断了当时上海的整个造船工艺。1902 年成立的英美烟公司,在成立以后的 10 年中,工厂由 1 个扩充到 4 个,工人由百余人扩充到近万名,资本由 10.5 万元扩充到 1100 万元,超过了当时中国所有烟厂资本的 7 倍。水、电气工业中,英国资本控制的上海煤气公司,在 20 年中,资本增加了 5 倍,变成了"制造煤气比欧洲和美洲以外的任何英国煤气公司都要多"的庞大托拉斯。纺纱工业中,英、美、德三国一口气在

① 万振凡、孙桂珍:《对近代中国农村家庭手工业的重新认识》,《江西师范大学学报(哲学社会科学版)》2003 年第 1 期。

1897年成立了4个纱厂,加上后起的日本上海纺和内外棉业,差不多占了中国棉纺织业的半个天下。①

外国资本大量进入中国市场是晚清时期比较显著的现象。比较著名的有美孚石油公司,英资亚细亚火油公司,怡和、太古、沙逊、英美烟公司等。这些世界垄断性公司在华业务开展迅速,所售商品被迅速推广到中国广大城乡,迅速占领了中国的市场份额。

棉纺织业是外国资本最集中的所在,也是中国民族资本承受压力最大的所在。日本纱厂的优势地位,决定了它的迅速膨胀,也随之出现了它对中国纱厂乃至其他国家在华纱厂的兼并。中国纱厂是日本纱厂兼并的主要对象,集中在中国棉纺织业两大中心——上海和天津。随着外资企业在中国市场的扩大,所需要的工人必然随之增多,使传统的中国手工业模式发生改变。

日本在中国开办的棉纱企业有两家,分别是上海纺绩株式会社和日本内外棉业株式会社。日商来华投资,开始于光绪二十八年(1902),是年12月以三井洋行上海支店长山本条太郎为中心的日商,首先收买上海兴泰纱厂。光绪三十一年(1905),山本等又租办上海大纯纱厂;次年4月,更是收买下该厂,改名为三泰纱厂。至光绪三十四年(1908),山本等更将三泰与兴泰合并,组成后来的上海纺绩株式会社,而将前兴泰改称上海纺绩第一厂,前三泰改称上海纺绩第二厂,是为日商自立纺绩公司之始。1911年,日本内外棉业株式会社在上海成立,该厂纺纱机不下54台,每台有纱锭388枚。②

19世纪90年代中期垄断了美国石油事业的美孚石油公司,1894年来华设立办事处,1901年后在上海占地建油栈,1904年开始正式营业。短短几年间,就使美孚石油销量由平均200万加仑增加到近600万加仑。在推销过程中,美孚石油公司特别注意利用中国旧有的商业网络。它在各大城市设分公司,在内地城镇设销售点,利用与城乡粮店、"坐庄"有关系的粮栈或与村镇小

---

① 汪敬虞编:《中国近代工业史资料》第2辑(1895—1914)(上册),科学出版社2016年版,第5页。

② 汪敬虞编:《中国近代工业史资料》第2辑(1895—1914)(上册),科学出版社2016年版,第194—196页。

杂货铺有业务往来的杂货店，作为“经理处”或“代销店”，将分公司批发的美孚油再作批发，乡下的小铺、小贩则做零售业务。为了促销煤油，美孚石油公司起初还制作了一种铁皮座玻璃罩煤油灯，刻上“请用美孚煤油”字样，采用买两斤油送一盏灯的办法招徕顾客，遂使美孚煤油深入穷乡僻壤，即使边远小镇，也可看到挂着“经销美孚油”牌子的小店。①

另一家英美烟业大资本合组的托拉斯——英美烟公司，在对华经销上也是不择手段。它于 1902 年成立于伦敦，随即取得在中国的烟草经销权，推销纸烟、雪茄和烟叶。1902—1914 年，它陆续收买和建立了上海、汉口、天津、沈阳等地的 6 家卷烟工厂，并取得了其产品在华销售时与中国土烟同等纳税的特权，使应纳税率由 7.5%降至 2%左右。它划中国为 15 个区域，设 5 个分部管辖，而实际的推销工作则完全由中国的代理商和买办进行，远至云南的腾越、思茅，小到山东的周村、枣庄，都有其代理商，有的自行设号，有的组织公司，有的“到处讲演、竭力提倡”，也有的肩挑车推，沿途叫卖。②

英美烟公司这个烟草托拉斯的生产机构，虽然只集中在上海、汉口和沈阳几个大都市中，但是它的推销网，却通过中国的商人、买办组成的代理商号，一直深入中国的内地和边疆。③

在各帝国主义大资本的垄断和势力范围的划分下，包含着最尖锐和最激烈的竞争。在制造工业类，竞争激烈的程度，也是不减于矿区争夺的。英美烟公司在沈阳设立了工厂和推销机构以后，日本立刻成立了东亚烟草株式会社，“对英美烟公司展开了猛烈的竞争”。这种竞争，日本人自己称之为“其他任何地方看不到的激烈的烟草战”。机器造船业中的大托拉斯耶松船厂，在 1900 年合并了上海两大船厂祥生、和丰以后，刚刚庆幸他们自己从此“可以免于粗暴的竞争”，却又碰上了新的对手——万隆、瑞镕等船厂。④

---

① 王翔：《中国近代手工业史稿》，上海人民出版社 2012 年版，第 75—76 页。

② 王翔：《中国近代手工业史稿》，上海人民出版社 2012 年版，第 76 页。

③ 汪敬虞编：《中国近代工业史资料》第 2 辑（1895—1914）（上册），科学出版社 2016 年版，第 9 页。

④ 汪敬虞编：《中国近代工业史资料》第 2 辑（1895—1914）（上册），科学出版社 2016 年版，第 7 页。

四、城市工业和农村手工业互为补充

中国农村地区范围广阔,通商口岸兴起的机器工业和集体劳作模式不太适合交通不便而又基础设施匮乏的农村地区。各地社会经济发展程度和速度不一,东南沿海省份和内地省份的资源禀赋不同,因此各地手工业存在和发展的种类和模式也不尽相同。在这种情况下,城市近代工业和城乡手工业不具有互相替代性,只能是互为补充的发展路径。

晚清时期,这种先进的机器工业与传统的手工生产共生并存的状态,突出地表现为一系列的不平衡。首先,是行业间的不平衡。一些行业已经开始向机器生产过渡,另一些行业则停滞不前;一些行业中已经出现近代工厂,另一些行业则仍然沿袭着传统生产方式。各行业的发展并未同步合拍,更没有整齐划一。这种现象,在不同行业之间固然如此,即便在同一行业之内,也同样如此。①

其次,是区域间的不平衡。除行业间和行业内的不平衡之外,还有区域间的不平衡。一方面,是通商口岸与广大乡村的差别。在上海等一些通都大邑,近代工业已经勃然而兴且有所发展,处于主导地位。上海所拥有的国内产品和市场的巨大优势,使其迅速成为国际贸易的中心城市,而国际贸易的增长,进一步强化了上海作为一个工业中心的先天优势。在1895年签订的《马关条约》为外国工厂的扩张打开了大门之后,上海的高工资和高地价都没能阻挡中外投资者将主要精力放在这个大城市,因为这里有着其他地区无法比拟的原材料、市场、金融服务以及熟练工人等方面的优势。第一次世界大战之前,约有1/2的外国在华工业企业和1/3的中国工业企业集中在上海设厂生产。②

与此同时,这一地区的广大农村和一些中小城镇,传统手工业的固有地位并没有受到根本动摇,旧式生产工具仍在继续沿用,旧的经营方式仍在继续维持,占据统治地位的仍然是那种一家一户的小农家庭副业或城镇手工业

---

① 汪敬虞主编:《中国近代经济史(1895—1927)》(四),人民出版社2012年版,第1897页。

② 陈真、姚洛、逄先知合编:《中国近代工业史资料》第1辑,生活·读书·新知三联书店1957年版,第38—53页;第2辑,第19—30、269—276、422—428、719—721、757—760页。

者的小商品生产。苏州近郊的吴县农村,“手工业方面以织缎为最著名。乡间有庄号五六十家,专发原料给农家妇女织造,此类农妇,数在几千以上。每年所出苏缎、纱缎、素缎,价值三百余万元”①。江苏镇江的特产“江绸”,亦为“农家妇女副业之一”②。著名的“丝绸之乡”盛泽,即使在电机织绸厂兴起之后,手工织绸业仍然在维持,“其丝织业可分为二种:一是纺绸业;二为电机织绸业。前者为该邑历史悠久之手工业”③。两者加以比较,电机织绸业在产量与产值上并未达到与手工纺绸业平分秋色的地步,丝绸产量的绝大部分,还是出自四乡农民之手,“查盛泽四乡乡民重织轻耕,以丝织生产为主要副业,即全区商业之荣枯,亦以丝织生产之盛衰为转移”④。另一丝绸产地丹阳,“添备新式织机以适应环境”的绸厂很少,大量绸厂还是沿用旧式工具以维持生存的丝织机户,“全县机户有二千余家,多散处乡间,其号称大机户者,约有机十余架,小者仅一二架而已”。⑤

另一方面,是先进地区与落后地区的差别。与江、浙、沪、粤等东南沿海先进地区比较,豫、鲁、川、湘等省份丝绸生产状况简直落后了一个时代。就在沿海先进地区改良蚕桑工作已经全面推广之时,内地各省仍然信守着土种土法育蚕;就在沿海先进地区农家已纷纷售茧而不缫丝,手工土丝已经行将绝迹之时,内地诸省的土丝产量仍在当地蚕丝总产量中占有很大比重;就在沿海先进地区丝绸工厂中的电力织机高速运转之时,内地各省基本上还使用人工抛梭的旧式木织机。

上述传统手工业与近代大工业同时共存、相伴并行的状况,表明了中国传统手工业的两个发展方向:一部分是沿着上行的路线发展,由旧式手工业进化为近代大工业;一部分则沿着平行的轨道运动,承袭着传统的经营方式和经营特点。两者所占的比例,依地区、行业和工序的不同而大不相同。两者之间的关系,既是互相对立的,时而发生着此消彼长的演变,同时又是相互

① 实业部国际贸易局编:《吴县工业·中国实业志·江苏省》,上海民光印刷公司印行,1933年。

② 实业部国际贸易局编:《镇江工业·中国实业志·江苏省》,上海民光印刷公司印行,1933年。

③ 刘大钧编:《中国工业调查报告》第2编,1937年2月,经济统计研究所印行,第70—71页。

④ 《盛泽区商会函件》,1946年1月,原件藏江苏省吴江县档案馆。

⑤ 《江苏丝织业近况》,《工商半月刊》第7卷,1935年6月。

依存的,形成一种工业生产的互补格局。于是,便形成这一时期中国工业生产的多层次结构:在经济成分上,资本主义经济、前资本主义经济和小商品经济并存;在经营方式上,资本主义的工厂制经营、行庄制经营和个体经营并行;在技术设备上,完全机械化的新式机器和手工操作的旧式工具并举,构成了一幅繁复驳杂而又有迹可循的画卷。

晚清时期中国手工业传统生产经营方式继续存在的另一个重要原因,是因为那些规模较小、资金较少的手工业经营者,尽管对新式机器生产眼红心热,却"心有余而力不足",无力向近代机器工业企业转化,不得不运行在传统的轨道上,维持着相对来说比较陈旧落后的生产经营方式。贫穷落后的中国,富商巨贾有限,从事手工行业的个人和商户往往规模不大,积累资金有限,不可能在短时间内发展和全面铺开机器大工业。这些手工业从业人员能够承受的市场风险往往较小,拿出大额资金添置机器顿感吃力。因此,少数通商口岸城市如上海、武汉、广州等开设的机器工业企业并不能取代中小城镇和广大农村的手工业工场或作坊,机器工业和农村手工业在市场上并不直接形成竞争关系,反而形成城市工业和农村手工业互为补充的局面。

那些自产自销的城镇独立手工业者,由于劳动力多系家属和亲友,可以省去不少工资开销,又可最大限度利用闲暇时间工作,因而在大多数情况下多能维持生产。乡村中的农民家庭手工业者,多是利用农闲时间或利用剩余劳动力从事家庭副业式的生产,收益虽较近代工业和城市工人为低,却比农作要高,只要有一线可能,农民家庭就不会放弃这个赖以养家糊口的生计。以从业人数最多、影响家庭经济最为广泛的棉纺织业来看,尽管洋货洋布充斥市场,土布仍然占据了很大的市场份额。如在云南省,"棉花纺织,妇工之一,全省各县妇女咸习此业。其棉花原料,地宜种植者在昔多能自给。农家妇女织布者占十分之五六,各家有织机一二架,手摇纺线机二三架,每当农作之暇,机声轧轧,往往至夜分而止。工作时间以一月、二月、七月、八月、十月、十一月、十二月为多"①。

① 龙云、卢汉修,周钟岳等纂:《新纂云南通志》卷142《工业考·纺织业·棉织类》,1949年铅印本。

这正是晚清时期中国资本主义发展的一个显著特点。尽管某些传统经营方式已经显得陈旧落后，尽管它们在近代中国已经不占主导地位，日渐步入末路，但仍不失为工厂制经营和机器大生产的一种必要补充和有益辅助。不仅仅是因为这是近代化过程中的一个必经阶段，同时还因为它们也适应着社会的需要，也在发挥着近代化的功能，从而也就有其存在的价值与合理性。[①]

一方面，近代中国半殖民地半封建社会的历史条件下，民族工业大多资金弱小、发展有限，社会化生产不能遍及各行各业，需要中小型工场和作坊作为近代工业的补充，来满足城市社会生活和腹地商品流通需求。另一方面，机器大工业不可能在自由竞争中形成垄断以全面排挤和兼并工场手工业，也不可能充分发挥机器工业摧毁手工业的历史作用，全面剥夺工场手工业和个体手工业的市场。相反，还要以手工业作为补充，为其生存和发展创造条件。故而在城市中就形成一种近代化机器工业与工场手工业同时并存，机器生产与手工操作同时并举的"二元结构"现象。近代机器工业本应以其高效生产率拉动手工工场不断向机器工厂过渡，但是由于晚清时期城市手工业大多基础较为薄弱，资金有限，相当一部分仍保持在手工作坊和工场状态。这就为一些规模较小的民族机器工业的发展提供了协作伙伴，形成近代民族工业中手工劳动、手工技术对机器工业予以补充，进而实现双方联进发展的局面。

晚清民族机器工厂大多规模小，设备简陋，工种不够齐全，不少工序不得不依靠手工业者协作。城市制造业中，新兴的机器工厂大量存在着广泛使用手工劳动的状况。火柴业中，工人可分为常工和散工两种：常工在厂内工作，为正式工人；散工在厂外工作，大多为手工业者，承担排杆、制火柴盒、贴牌标等工作。著名火柴大王刘鸿生的苏州鸿生火柴厂创办时，全厂工人约 600 人，工人之中，以女工居多，约占 2/3，其工作类型大多系辅助工种，如齐梗、刷边、理片、装盒等。烟草业中，南洋兄弟烟草公司是近代中国规模最大的民族机器卷烟企业，该厂在机器制好烟叶后剩下的包烟、制盒等工作均以手工劳

① 参见王翔《近代中国丝绸业的结构与功能》，《历史研究》1990 年第 4 期。

动补充,“烤焙后,即交包烟部,该部分罐装纸包两种,女工约2000人,包成后制烟盒等工作均以手工劳动补充”。即使是机器工业较为集中的上海也存在这种情况。如木模制作,木模为机器制造所必不可少,有了它翻砂才能依模铸成坯件,再予加工。木模制造为手工生产,大多由木模作承包,于是制模作为机器工业的一个协作行业发展起来。以制造缫丝机为主要业务的上海钧昌机器厂,年产缫丝机千台以上,为了增加产量、适应缫丝厂生产需求,许多配件都外包协作。如缫丝机的生铁台面由翻砂厂代铸,铜盒由铜锡店协作,水箱、锅炉、水管等部件则分包于冷作。在内地一些省份,这样的情况则表现得更为充分。“在近代广西,工业化程度很低,大量工业生产需要依靠手工劳动,手工业也为城市工业提供生产资料和原材料。如手工造纸作坊为印刷厂提供纸张,手工织布业为染织厂、伞厂、鞋厂、帽厂等提供布料,手工制革业为皮革厂提供加工过的兽皮,刨烟业为卷烟厂提供烟丝等。”①

由此可见,近代城市工业领域存在大量新式工业与手工业相互协作的现象。如果没有传统手工业力量的补充,我国早期民族机器工业的发展将会步履维艰。正是缘于双方的协同发展,近代城市中民族工业才得以在激烈的市场竞争中站稳脚跟并不断发展。近代机器缫丝工业的生产,其原料初加工也往往依赖农村进行。如苏州苏经丝厂生产所用原料均是由农村蚕行进行初加工烘干后的蚕茧,这些加工后的蚕茧不会变质,可以长期存贮。蚕茧烘干后运回工厂贮存以备常年所需,全年需干茧三四千担。产后加工,即农村手工业者利用自身特点为城市机器工业生产的主干产品进行包装或组合。如前所述,近代城市火柴工业生产中已容纳了为数众多的手工生产者,火柴生产主要在厂内进行,装盒、包装等工序除部分由城市手工业者承担外,大多数是由农村妇孺承接加工。他们的工资按件论值,每糊内盒1000个得铜元9枚,外壳1000个得铜元7枚。在某种程度上可以说,近代工厂控制下的农村家庭手工业者生产的产品作为整个商品生产的有机部分,已经被纳入城市大工业生产体系。

① 韦国友:《论近代中国城市机器工业与城乡手工业的协同发展》,《广西大学学报(哲学社会科学版)》2008年第8期。

第二节　手工业技术与工艺的变化

晚清时期,在外国商品大量充斥国内市场,以及中国产品在国际市场有所需求的刺激下,一些手工行业的工艺技术发生了诸多改变。它们在原有的传统手工业制作方式的基础上,顺应国内外市场的需求,改良生产技艺,改善产品质量,赢得了消费者的青睐,维持和扩大了中国手工业品的市场份额。

一、外国资本推动手工业生产技艺的改进

生丝和茶叶是中国传统出口贸易的重要商品,最先引起国外资本家注意的也是这两种商品。鸦片战争以后,西方入侵者在中国境内大量收购生丝和茶叶,获取巨额利润。为此,在这两个行业当中,先进的国外技术率先被使用,生产规模大幅提升。

从 19 世纪 60 年代起,西方侵略者就已经不再满足于只是掌控中国茶业的出口市场,而有了直接控制茶叶生产的企图。19 世纪 70 年代中期,俄国商人在汉口设立了机器砖茶工厂。1875 年汉口的英国领事报告说:“这里有两家俄国商人经营的砖茶制造工厂,他们用蒸汽机器代替了本地人多年使用的粗笨的压机。”①

1877 年,德国的宝兴洋行在山东烟台利用中国人的资本成立了烟台缫丝局。烟台缫丝局是一个缫丝兼织绸的工厂,它宣称使用“最新式的外国机器”,并由“有技术的外国技师监督制造”。这家缫丝局的织绸虽然最终没能成功进行,但对当时山东的手工织绸业,仍然起了很大的刺激作用。原来山东的手工织绸集中在烟台附近的栖霞、昌邑和宁海等地。这种手织茧绸的最大缺点是不易染色,因此它只能生产素绸,而且丝经深淡不匀,颜色十分黯淡。烟台缫丝局尽管也是手工织造,但在染色方面,却比中国手织业先进,它

① 严中平主编:《中国近代经济史(1840—1894)》(三),人民出版社 2012 年版,第 1363 页。

能生产各种花纹的绫绸,价格比本地所织的茧绸高得多。①

针织行业是在晚清时期出现的新兴行业,同样也引进了国外的先进技术。由于投资较小,新的技术很快在这一行业投入使用,并得到了迅速发展。针织机最先由国外介绍到我国的地点是上海和广州。先是手摇袜机,其次是横编机。“上海针织工业开设最早者为1897年创立之景纶厂,专门织造汗衫,为全国第一家针织服用品工厂。”②“在1908—1910年之间,由上海礼和洋行与利康洋行进口德产手摇袜机,这是上海织袜手工业的初步开始。因各种配件需要上海当地解决,利康洋行利用在江南制造局技工,设家兴工厂为该行制造造袜机配件,主要是针筒,逐步进展至整部手摇袜机。以后并以国产顶替利康洋行充进口货。不久为利益矛盾,家兴厂与利康洋行停止合作关系,以后国货袜机自产自销。”③国内生产厂家学会了使用国外先进技术以后,逐步夺回了一定的市场份额。

土针行业是传统手工行业之一,但是在晚清时期,以外来的先进技术制造出来的洋针迅速垄断了市场,导致土针手工业陷入停顿。针,俗名“引线”。在浙江海宁的土针业,“城中城隍庙前一带,咸、同间多针店,炼铁丝截成针样,磨极尖极光滑,尾钻小孔,以穿线。最小者名羊毛针,用以绣花。余粗细长短不一,各随缝纫所宜购之,其大者长寸许,用切鞋底,皆手工所成,制精价廉。后为洋针所夺,质脆价几十倍,人反乐购之,土制遂绝”④。

煤油行业同样是外国技术得到迅速推广的行业之一。“在美领事报告东三省商务情形,称煤油一项美货在东三省可占市面,无虞竞争。”⑤新的煤油国外工艺已经占领了东三省的全部市场。

在山东馆陶县的轧花业,“馆陶县产棉甚多,旧日制棉之法皆用人力手车

① 严中平主编:《中国近代经济史(1840—1894)》(三),人民出版社2012年版,第1365—1366页。

② 上海市工商局经济计划处编:《上海私营工商业分业概况》,内部印行,1951年,第76页。

③ 佚名:《上海市机器工业专业调查与改造方案》,上海市机器工业同业公会档案,卷号444,第163页,1955年6月,上海市工商联藏。

④ [清]李圭修,许传沛纂,刘蔚仁续修,朱锡恩续纂:《海宁州志稿》卷11《食货志·物产》,清光绪二十二年(1896)修,1923年续修铅印本。

⑤ 夏偕复:《调查报告:中国之棉布业》,《商务官报》清光绪三十二年(1906)第7期,第31页。

轧分,不如外洋制造用机器简便,遂购入日本轧花车五架进行轧花”[①]。

新的工艺技术必然会比旧的生产工艺更有效率。在汉口的制砖茶业,“手压机每日出产六十篓,有25%的废品,而蒸汽压机每日出产八十篓,只有5%的废品,并且因使用机器而节约的费用,每篓计银一两,按照以上产量计每日即达银八十两或英金二十镑”[②]。在营口的豆油压榨业,“迄日俄战争时,营口已有新式机器油坊四家,旧式油坊则减为二十二家。其后日商小寺氏创设油坊于营口,机器系采用水压式(俗称冷气榨),完全不用人力,效率比手推螺旋式压榨机更大,旧式油坊愈难立足。于是本地各旧式油坊亦渐次改用蒸汽及煤油发动机,迄宣统年间,旧式油坊遂完全绝迹”。牛庄的蒸汽榨油工厂,“由机器制出来的豆饼和土法制造的比较起来,豆饼要结实干燥一些,颜色也比较清淡一些,外表一般地要好看一些,制造成本要低百分之二十,榨油量要提高百分之七。以五个豆饼计算,机制的成本为(银两)二钱五分,榨油量是二十二斤;土制的成本为三钱,榨油量是二十斤”[③]。

上海、广东的缫丝业,“近年来,上海、广东等处的商人,多有仿照西法,用机器缫丝者,较之人工所缫,其价值顿增三倍,专销外洋,行销颇旺”[④]。四川自流井井盐业,“向用牛力取卤,现置水机以代牛力者只有一所。据报称该数核计,每月出数可多得余利银八百两,其获利较旧为胜。夏间天气炎热,牛力只可用至五时,而机器之力远胜于牛。人见用机之益,拟将推广其术矣”[⑤]。在唐山的启新洋灰公司,“新厂备有大型复式磨以代替圆磨。新的方法是自动的,并且是连续生产的,而老方法的生产过程则完全以手工进行,并且是间

---

① 佚名:《易机轧花》,《南洋官报》清光绪三十一年(1905)第181期,第15页。
② 彭泽益编:《中国近代手工业史资料(1840—1949)》第2卷,中华书局1962年版,第302—303页。
③ 彭泽益编:《中国近代手工业史资料(1840—1949)》第2卷,中华书局1962年版,第301—302页。
④ 彭泽益编:《中国近代手工业史资料(1840—1949)》第2卷,中华书局1962年版,第300页。
⑤ 汪敬虞编:《中国近代工业史资料》第2辑(1895—1914)(下册),科学出版社2016年版,第668页。

歇的,由于必须轮流冷却和加热,因此在燃料和时间方面都很浪费”①。

二、传统手工行业自身技术的演进

中国的传统手工行业经过漫长的发展,各地从事各种手工业生产的农户和工匠人数众多,这些人年复一年地从事着同一种生产劳动,琢磨工艺技术,在制作技艺的掌握和产品质量的把控方面已经达到了相当的水准。晚清时期,由于国内外市场的扩大和需求的增加,以及国外先进技术设备的输入和启发,一部分手工行业生产工具进行了改良,逐渐实现了自身的技术演进。

四川的井盐业在晚清时期得到了极大的发展,传统工艺技术有所突破,生产效率显著提高。四川井盐的开采,历史十分久远。由于井盐生产的特殊要求,早在18世纪前后,井盐业即已形成了较大规模的工场手工业生产。19世纪中期以后,井盐生产工艺进一步革新,深井大量出现,一般井深200余丈(700—800米),甚至有深至三四百丈(1000多米)者。在钻井过程中,大致井浅出黄水,再深出黑水,又深出大火。史载井至二百六七十丈而咸极,深井之大火则在二百四五十丈或二百七八十丈,可见时人已经在生产实践中总结出了成熟的经验。② 在井盐业,各工序分工明确、细致,凿井工具种类繁多,生产工艺精湛。“其人有司井、司牛、司篾、司梆、司漕、司涧、司灶、司火、司饭、司草。又有医工、井工、铁匠、木匠。”③

清代,随着富荣盐场盐业生产的发展和新的地下卤水资源的开发,凿井技术不断提高和完善,形成一套完整的凿井工艺。其工序按先后顺序大致可分为定井位、开井口、下石圈、凿大口、下木柱、凿小眼、搧泥。清代富荣盐场的盐工以自己的艰辛劳动、聪明才智和首创精神,发明了一整套深井钻凿技术和修治井技术、打捞井下落物技术、深井提捞法开采技术、自然连通竹笕输卤技术、植物蛋白提纯卤水煎盐技术等,标志着井盐生产技术发展到一个崭

---

① 汪敬虞编:《中国近代工业史资料》第2辑(1895—1914)(下册),科学出版社2016年版,第675页。

② 汪敬虞主编:《中国近代经济史(1895—1927)》(四),人民出版社2012年版,第1988页。

③ [清]裴显忠修,刘硕辅纂:《乐至县志》卷3,清道光二十年(1840)刻本。

新阶段。富荣盐场亦由此成为世界最早进行大规模开采的井盐矿区，这里亦成为人类机械顿钻凿井技术的发祥地之一，成为世界第一口超千米深井——清道光十五年（1835）凿成的燊海井（井深1001.42米）的诞生地。[①]

第一台蒸汽采卤机的投资和制作者欧阳显荣，原在内江、重庆一带经营花纱布生意，由于经常来往于重庆、武汉间，接受了近代改良主义思潮，对洋务运动带来的西方新式机器工业怀有浓厚的兴趣。他曾投资富荣盐场深井，感觉到牵引采卤机械十分方便，纯用牲畜则很困难。1894年，他在汉阳看到轮船上的起重机，就联想到盐井的采卤是否也可以采用这一工艺。这以后，他醉心于这项研究，花费一年时间在汉阳周恒顺五金厂试制了第一部蒸汽机车，并运回自流井，在“石星井”试用。因技术上的问题，又聘请汉阳五金厂技术工人藩鸿恩等四人来到盐井改进，经测定，其推汲力大于畜力10倍以上。1904年，欧阳显荣变卖了商号和产业，组织“华兴公司”，专门从事油卤机车的研制和“包推”业务。经多次改进后的蒸汽机车，具有动力大、效率高、费用省、经久耐用的特点，日采卤达200筒，生产能力高于牛力一倍以上。新式蒸汽机作为牵引动力，与原盐井采卤机械配套，形成蒸汽采卤机车。机轮中竹拢经地面定滑轮（地滚子）、井架（天车）定滑轮（天滚子），与井下汲卤筒结成联动装置。机车发动时，车轮转动，带动竹篾所系井下汲卤筒，提起卤水。后来，欧阳显荣在汉阳购买英国钢绳一打，钢绳才代替竹篾成为采卤蒸汽机的牵引传送带。[②]

19世纪末，在四川省，由湖北传来16寸小型轧花机，系人力、畜力两用。清代的手摇单锭纺车，纺轮为竹木制的绳轮，锭子为竹或木制，20世纪后改为铁机。手艺娴熟者，每天可纺纱0.25斤，生产效率虽低，但制造简单，价格便宜，操作方便，很适用于家庭副业。当棉纺技术传入四川后，用于生产麻布的脚踏斜织机（俗称“丢梭木机”）便移植到棉织机上使用，成为四川最早使用的手工棉织机。丢梭木机，由梭子、综箱、经轴（俗称“羊角”）、卷布辊、吊综架、机架、踏脚板等组成。以脚踩踏板，提综开口，投梭引纬需左右手互投互

① 周聪：《浅析清代富荣盐场井盐生产技术》，《盐业史研究》2018年第2期。

② 张学君：《试论近代四川盐业资本》，《中国社会经济史研究》1982年第7期。

接。投梭后的空手板筘打纬、移综、放经、卷布等都停车操作。因用人手投梭,用力小,仅能织宽1尺左右的窄布,每日工作12小时可织宽1尺的布4丈。拉梭木机19世纪末由省外传入,其织机结构仍为木质。与丢梭木机不同的是,其机身较大,且在机器顶上装一滑轮,筘座上加装一梭盒,梭盒两端各有一只皮圈或竹圈用绳与机顶的滑轮连在一起,以右手拉绳,皮圈即沿梭盒内的沟槽行进,用人力机械投梭,可纺织外洋宽布,每12小时可织宽2.4尺至2.5尺的布2.6丈。20世纪初,为四川拉梭木机发展的兴盛时期。[①]

传统工具的流行一方面说明它仍能适应当地手工业生产的需要,另一方面或者说更重要的原因在于价格因素,因为贫困农民能够买得起、用得上。手纺车最为典型,农民不仅有能力购买,也不需要费多大力气就可以使用。所以,尽管机纱排挤乃至取代土纱的现象遍及全国各地,但用纺车纺纱远未灭绝,“从事手工纺纱之人不外是年幼的小女孩或老迈妇女,她们不能从事任何其他生产工作,因此她们的纺纱劳动没有任何机会成本可言”[②]。当然各类手工业并不都像纺车那样简单,有的行业也有所改进。如轧花业、弹花业,虽然大多数仍用旧式轧车轧花,每日每人只能轧籽棉20斤,用吊弓弹花,每日每人只能弹瓜子8斤,但也有的开始用轧花机轧花,用弹花机弹花,每日每人可轧籽棉100斤、弹瓜子130斤,分别比使用旧式工具效率增加了4倍、15倍。[③]

锭子是纺纱生产所必需的工具。在江苏金泽,“锭子是金泽主要手工业产品之一。金泽地方所制的锭子与青浦东部一带以及常熟的支塘、茜墩等地所制的不同。一般的锭子,都是木制,不灵活,纺纱慢,纺出纱支粗细不匀,质量较差;而金泽地方所制的锭子则系铁制,纺纱时轻松省力,出纱快,纺出纱

① 周宏佑:《近代四川棉纺织技术和设备的演进》,《中国纺织大学学报》1994年第3期。

② 李金铮:《传统与现代的主辅合力:从冀中定县看近代中国家庭手工业之存续》,《中国经济史研究》2014年第4期。

③ 李金铮:《传统与现代的主辅合力:从冀中定县看近代中国家庭手工业之存续》,《中国经济史研究》2014年第4期。

支光洁均匀,质量可抵 10 支以上洋纱。金泽锭子因此著名于时”[1]。

一些手工行业在这一时期出现了新的生产工具,生产出来的商品质量有所提高。在山东的丝绸行业,“山东周村商业向以丝绸为大宗,每年销售约值银六百余万两,近来此业忽多赔累,推其原因盖以缫丝悉用旧法,所出乱丝极多,故刻下该业商人改良,公举精于丝业之人,赴省垣大经丝厂调查缫丝新法,以便仿办,期求工艺日精”[2]。在湖北广济县,“有职员周宏熙暨木工桂光圆、织工周荣龙等近合造纺纱机、打钻机、打纬机三种,均属自出心裁,巧捷适用,价廉足供细民手工之用”[3]。

桑蚕业是中国传统手工行业,历史悠久,“奉化蚕学研究所系由杭州蚕学馆学生江君等组织,专注意于蚕种改良,颇著成效。其所中制有奉强、奉新二种,乃系由各种强健之蚕配合而成。其蚕之强、其茧之坚、其丝之洁白,尤为通常蚕种所无”[4]。

苏州绣业素来闻名于天下,晚清时期,这一传统工艺技术得到进一步精进。“江苏苏州福寿美厂,专业绣货,一切花草人物,均用上等名稿,或采西法画片作底,停针伫线,栩栩如生,依照旧法,大加改良,精益求精,诚不愧称美术界之一进步云。”[5]

湖南省,光绪四年(1878),湘阴人吴莲仙在长沙相继挂出“绣花吴寓”和“彩霞吴莲仙女红”招牌,接受刺绣订货,是为湖南地区刺绣产品挂牌经营之始。光绪二十四年(1898),吴莲仙在长沙红牌楼正式开设“吴彩霞绣坊”,招收雇工和学徒,是为湖南第一家湘绣作坊,“湘绣”之名也由此产生。光绪二十五年(1899),善化(今长沙县)袁家坪绣工魏氏在长沙八角亭开设“锦云绣馆”,是继“吴彩霞绣坊”之后的湖南第二家湘绣作坊。在这些湘绣先驱的带

---

① 金泽人民公社农具机械厂厂长吴振森、副厂长王海云、锻工张其林、会计董沛中、木工徐恒清座谈记录,1961 年 9 月 22 日,《上海民族机器工业》,中华书局 1966 年版,第 35 页。

② 佚名:《各省新闻:周村丝业改良》,《吉林官报》清光绪三十三年(1907)第 20 期,第 11 页。

③ 佚名:《新政纪闻:实业:呈验新式手工机器》,《北洋官报》清光绪三十四年(1908)第 1618 期,第 12 页。

④ 佚名:《中国大事:蚕业改良之成绩两志》,《振华五日大事记》清光绪三十三年(1907)第 14 期,第 34—35 页。

⑤ 佚名:《时闻:绣花改良》,《竞业旬报》清光绪三十四年(1908)第 12 期,第 31 页。

动下,湘绣生产规模日益扩大,从业人数日益增多,技术也日益精湛。不过,“吴彩霞绣坊”和“锦云绣馆”生产的绣品主要还停留在以切合市民和农民实用的日用小件(如茶褡、椅垫、桌围、枕套、荷包、手帕等)为主的初级阶段。到了20世纪初,著名画家杨世焯把传统中国画艺术与刺绣艺术相结合,大大增强了湘绣的艺术性,促进了湘绣业的进一步发展繁荣。正如相关史料所载:“湘绣名驰中外,实世焯倡之。”宣统二年(1910),在南京举办的“南洋第一次劝业会”上,吴莲仙、杨世焯等人的湘绣展品获一致好评,这也是湘绣在全国刺绣市场上初露头角。此后,湘绣多次参加国际博览会展销,饮誉海外。如1911年,在意大利都朗博览会上,攸县绣工林琼莫的绣屏获得了仅次于卓绝奖的最优奖。①

井盐业、纺织业、缫丝业、丝织业、制茶业、绣业、榨油业都是中国传统手工业。在晚清时期,这些行业或多或少地有一些自身技术的突破,而一些手工行业,如土针业、土钢业,则逐渐被市场淘汰。

三、国外工艺的引进与仿制

晚清时期,国外精美商品纷纷涌入中国城乡,洋货充斥中国内地市场,购买和使用洋货逐渐成为一种时尚,日益改变了人们的消费习惯。受国外先进工艺技术的冲击,中国传统手工行业感受到了前所未有的压力,一些传统的手工行业为了生存,只能砥砺前行,对传统手工行业的工艺和生产工具进行改进和仿制,以期适应新的市场需求,一些手工行业的工艺技术得到了提高,生产工具发生了改变,各行各业的生产有了一番新的景象,以此来夺回因大量洋货倾销而失去的市场份额。

1. 棉纺织业、丝织业

晚清时期,从事棉纺织手工业者人数较多,这一行业分布区域广泛,关乎许多普通群众的生计。对纺织工具进行相关的改进和仿制,自然能引起较多人的关注。生产工具的改进和仿制,往往出现在大城市。在上海,“东洋轧棉

① 刘云波:《论近代湖南的几种外销型手工业》,《湘潭大学学报(哲学社会科学版)》2005年第9期。

花机器,颇利民用。近来沪上制造此器者日多。兹有上海许君锦春,悟得新法,制一机器,每日出花之数,较日本压花器,可多十之二三。现拟属其制造多具,以利民用。许君为裁缝师,又出新意,为制衣机器数事,亦极灵巧云"①。在武昌,"即如轧花机器,向日购自东洋。近闻武昌周天顺冶坊,仿东洋规模,造成轧花机器,尤为灵敏。轧出之花,更极妙妙。是东洋之创制,效法乎泰西;华人之造作,且驾东人而上之也"②。出于自家生计的实际需要,仿制国外工艺,夺回市场份额,是十分迫切的需要。

由于洋轧车销路好,国内一些铁工厂开始仿制。上海的张万祥锡记铁工厂,于1887年仿制日本轧花车,所需锻铁件是手工打制的,地轴用自制的手摇土车床车削,轧花车墙板则依赖翻砂厂协作,皮辊则向五金行及日本定制。因轧花车畅销利厚,许多铁工厂陆续购进车床仿制。如东信机器厂所造,以铁锚为商标,有16寸、32寸两种。前者用人力,每小时轧棉仅数斤,每马力每小时轧棉75斤。最忙时,每天可造轧花车20余台,日夜开工,供不应求。20世纪初,上海的轧花机制造异常兴盛,蔚然成为一大产业。国产轧花车的生产,使进口货逐年减少。1900年前后,国产轧花车年产200余部,1913年达2000余部,其中主要是人力的脚踏轧花车。轧花车上的主要零件白皮辊,在1900年以前,只有进口的日本货,但求过于供,经常脱销。1898年,上海开始有皮鞋匠用黄牛皮试制皮辊,试用结果尚好。国产皮辊的制造,从此为始。以后出现了以制皮辊为专业的店家。20世纪初,上海每年销售皮辊达数万根,有轧花车专业制造厂10余家。最早购买新式脚踏轧花车的多是浦东及上海郊区的富裕农户,一般一家农户开始时购置一台,此后根据营业情况继续添置,多者有购置四五台新式轧花车的。每当收花时节,农户除自轧外,常有雇工轧花的,还有兼营代客轧花的,各按出货重量计算工资及加工费。③

棉纺织生产工具改进和新产品仿制,同样在各地出现。在浙江宁波,"王君启人精于织造之学,能以旧机作新式东洋西洋等布,专用女工,不借汽力。

① 佚名:《各省农事:轧棉新器》,《农学报》清光绪二十三年(1897)第17期,第8页。
② 彭泽益编:《中国近代手工业史资料(1840—1949)》第2卷,中华书局1962年版,第261页。
③ 赵文榜:《中国近代轧棉业的发展》,《中国纺织大学学报》1994年第20卷第3期。

中国布机旧式,机上有布轴纱轴各一,离布轴二三尺许,另以缕罗织之,以便经纬错综。俗谓之综,上系于机,下施踏脚。综有两层,踏脚两竿,成布机括,全在于兹。启人将旧机稍变其式,其中两层三层以至于六层不等,踏脚两竿三竿以至于五竿不等。若作东洋绉布,则纱轴须二,一紧一松,相间而出,以成绉纹。自1896年七月间,至今1897年一岁之中,约出新布二十余样"①。上海一带采用甬式布机者很多,甬式布机获颇高评价:"甬布机,仿日本布机制,较上海旧式短而阔,附属品亦多,梭亦巨,两端有轮,故织时利于掷用。"②

四川传统丝业颇为发达,"川旧产黄丝、潼棉,上货运沪外销,每箱价值高低不出三四百元。自合州张武卿招集民股开办四川蚕桑公社,改良蚕种,仿用日本人力坐缫丝车,讲求新法后,历年制出之丝,附商销沪者均比川丝高售一二百两。公社更谋改良仿意大利机器式厂车,造成人力联动缫丝利源新车,日出细丝十二两以上"③。

国产仿造机器因价格比外国机器便宜,一经推出,颇受市场欢迎。在苏州缎业,"苏城纱缎业向为贸易大宗,近因外洋花缎输入甚多,居民取其织工精美,纷纷购买,利权半为所夺。该业夏庆记纱缎庄为抵制起见,特购备机器改良织法,以造成货物推广销路"④。

重庆制手巾业,"重庆一埠每年进口洋纱手巾价值约银十六七万两之谱,近有贵州茂才申卓周在汉江购置机器数具来渝仿造,亦挽回利权之一端也"⑤。

2. 制金属业

江苏阜宁县的铜炉业,远近驰名。"东沟铜工刘彦康,尝以铜仿制外国瓷炉,而置注油管于炉之腹部,管口加盖,以防危险。清宣统二年(1910),南洋

---

① 彭泽益编:《中国近代手工业史资料(1840—1949)》第2卷,中华书局1962年版,第261页。
② 彭泽益编:《中国近代手工业史资料(1840—1949)》第2卷,中华书局1962年版,第262页。
③ 佚名:《上编政事门:纪闻:中国部:四川:丝业改良》,《广益丛报》清光绪三十三年(1907)第153期,第12—13页。
④ 佚名:《缎业力图改良》,《新闻报》清光绪三十四年(1908)6月27日。
⑤ 佚名:《商务:仿制纱巾》,《集成报》清光绪二十七年(1901)第9期,第23页。

劝业会奖以金章,刘氏煤油炉驰名中外。”[①]显然,阜宁县的铜炉业仿制国外工艺技术,成效显著,深受市场欢迎。

上海的轧铜业,“清光绪十二年(1886),本埠曾有闽帮人仿照西法以化学自行配炼白铜,名曰赛银铜。开办年余,颇有成效。兹乃创意添置轧铜机器,设立公司,精造炉灶,详加考究,将熔铜与轧铜归并为一,名曰中国机器轧铜公司。从此无论白、红、黄各铜皆可随意配炼,造成厚薄铜片,与外洋各铜片无异”[②]。

在广东的制针业,“粤垣所制铁针,向为工艺中一出色之业,近年洋针贩运日多,人喜其光滑便用,争相购买,而针业顿形失色。兹有某商归兹外洋,学得洋人制针之法,意欲纠合资本,开设公司,购机仿造,已具禀工商务局请给予专利”[③]。

3. 陶瓷业、制煤业

陶瓷行业向来是中国最为出彩的手工行业之一。明清时期,陶瓷行业迎来了生产工艺的巅峰时刻。但是,就是这样一个传统优势行业,在晚清时期也受到国外瓷器的巨大冲击。清朝末年,鉴于洋瓷倒注日多,国瓷日渐衰減,有识之士先后于江西景德镇、湖南醴陵、四川成都、重庆、河北唐山、北京等处,筹集资本,购置机器,聘请技师,仿效国外近代陶瓷工厂,组织生产。如四川留日学生陈崇功,1905 年集资 2 万元创办“制瓷新厂”,组织生产,所造瓷器坚白光莹,比诸进口洋瓷殆无差异。1906 年,熊希龄倡设湖南瓷业公司,用机器制造,锐意改良,颇见成效。[④] 一部分制瓷业从业者忧心陶瓷利权被夺,仿效国外陶瓷工厂生产,引进技术,改良瓷业。

清光绪三十四年(1908),在地方政府的支持下,景德镇首先成立了全国最早的新型陶瓷企业——江西瓷业公司。景德镇的陶瓷天下闻名,在晚清时

---

① 焦忠祖等修,庞友兰等纂:《阜宁县新志》卷 13《工业志 · 冶业》,1934 年铅印本。

② 孙毓棠编:《中国近代工业史资料》第 1 辑(1840—1895)(下册),科学出版社 2016 年版,第 1018 页。

③ 佚名:《艺事通纪卷一:粤东仿造洋针》,《政艺通报》清光绪二十八年(1902)第 5 卷,第 11 页。

④ 汪敬虞主编:《中国近代经济史(1895—1927)》(四),人民出版社 2012 年版,第 1995 页。

期,江西瓷业公司派人去国外学习先进技术。“景德镇之瓷器驰名已久,自洋瓷输入颇有衰败之象,近有实业家组织瓷业公司,力为提倡,开办以来成效大著。现选派四人前往日本有田陶业学习,以备毕业回国循仿改良,以兴实业而挽利权。”[①]成立以后,该公司生产了大量精美的瓷器,并先后在多个国际博览会上获奖。“近年以来,景厂渐次扩张,于艰难缔造之中,粗能立足。所出产品,虽用旧法,悉仿新式,制作精良,几与前清之御窑媲美。南洋劝业会、巴拿马赛会,均列优等奖牌,可以知其工作刷新矣。”[②]

湖南醴陵是制瓷业的重镇。1905 年,湘绅熊希龄等先后两次请示湖南巡抚端方,提出在瓷业基础较好的醴陵立学堂,设公司,易以新法,以进一步扩大该地瓷器的生产和经营。端方一次性拨给库平银 1.8 万两,使学堂和公司得以顺利成立。自此之后,醴陵的瓷业发展可谓一日千里。“就湖南醴陵向出之瓷,采其泥质,携赴日本工场考验合用。聘日本技师职工数人,加聘本省理化教员,添采各种泥石,先开模型图画各速成班,所造瓷器较该地土窑大有区别。”[③]清末时期,醴陵釉下五彩瓷赫赫有名。釉下彩瓷是结合传统的陶瓷技法有所创新的新型工艺,色泽明亮、精美异常。

广东石湾的制陶业所产产品品质优良,“南属石湾乡,以陶为业,实繁有徒。现在(1908)乡中各陶店,大加研究改良,力求进步,专人前往东洋、景德镇、潮州等处,考求陶窑善法,务期精益求精”[④]。石湾的制陶者根据人民生活的需要及喜爱,制成各种既实用又美观的器物。雕塑也以当地群众最常见的渔、樵、耕、读、仙佛、历史英雄人物和牛、马、狮、猴、鸡、鸭等为主,形神兼备、栩栩如生,在广东地区销路极大,几乎家家户户都要购买使用。

台湾兴起煤砖制造业,“1889 年,基隆有某华商用新巧西法以机器制造煤末为煤砖,此系向官宪请准设厂领办者。1890 年,此厂建成,其价与煤块约略

① 佚名:《教育:江西遣生出洋学习陶业》,《并州官报》清光绪三十四年(1908)第 30 期,第 4—5 页。

② 向焯编撰:《景德镇陶业纪事》,1919 年。

③ 佚名:《湘省瓷业改良之历史》,《时报》清光绪三十二年(1906)4 月 3 日。

④ 佚名:《实业新闻:石湾乡改良陶业》,《实业报》清光绪三十四年(1908)第 7 期,第 40—41 页。

相等”①。

4. 制烛业、制皂业

晚清时期，洋烛由于售价不高，得以流行于中国各地，原有的土烛业几被淘汰。由于制造蜡烛工艺简单，所需成本不高，这一时期，仿造洋烛生产的工厂发展迅速。

光绪二十三年(1897)一月，湖广总督张之洞奏称：“数年以来，江、浙、湖北等省，陆续添设纺纱、缫丝、烘蚕各厂约三十余家。此外机造纸货，沪、苏、江宁等处，有购机制造洋酒、洋蜡、火柴、碾米、自来火者，江西亦有用西法养蚕缫丝之请，四川已购机创设煤油并议立洋蜡公司。似此各省气象日新，必且愈推愈广。”②浙江杭州，“浙省洋烛销场日广，因即集股议创洋烛厂，购备机器，自行仿造”③。

江苏青浦县，“光绪三十四年(1908)，邑人叶其松、徐实璜等创实业研究社于北门地藏庵，仿造洋烛，有火车牌、仙鹤牌两种，行销苏、沪等地”④。无锡县，“近有周秀才创设制烛机器一具，现在(1899)在城中大市桥开设公和栈烛号。其所造之烛，较人工可速十四倍，芯细蜡重，价值亦廉，人多乐用。每日销数有四百余觔之多”⑤。

北京，“工艺商局近新仿制洋货两种。一系轮船牌洋烛，烛质非专用外国材料。其色瓷白，或污衣服污纸布均可起去，毫无痕迹”⑥。四川江津，“近来洋烛盛行，中国亦知仿造。惜出货无多，不足以资抵制。顷闻江津邑绅商周某近日由沪购回制烛机器一具，仿制洋烛，蕊细蜡精，顿能适用。闻此君近拟

① 孙毓棠编：《中国近代工业史资料》第1辑(1840—1895)(下册)，科学出版社2016年版，第1016页。

② 汪敬虞编：《中国近代工业史资料》第2辑(1895—1914)(下册)，科学出版社2016年版，第682—683页。

③ 汪敬虞编：《中国近代工业史资料》第2辑(1895—1914)(下册)，科学出版社2016年版，第715页。

④ 于定增修，金咏榴增纂：《青浦县续志》卷2《疆域下・土产》，1917年修，1934年增修刻本。

⑤ 佚名：《各省商情：无锡机器烛》，《湖北商务报》清光绪二十五年(1899)第3期，第18—19页。

⑥ 佚名：《各省新闻：仿制洋货》，《山东官报》清光绪三十一年(1905)第12期，第2页。

推广办法,特派人赴沪多购机器回川,俾乡人互相传习云"①。

江苏镇江,"郭君文献去(1902)腊纠集同志,在镇江创设华昌公司,试办洋皂,并欲试造香皂、洋烛、毛巾和他项工艺。所制洋皂甚为实用,与外洋者无异"②。四川灌县,"碱之为用,除供澣品制食物外,又为制造纸料、玻璃各物所必需。近年洋碱盛行,以致川碱之利渐为所夺。近闻灌邑某商思有以挽回利权,特购西人制碱新机数具,禀请于董家山一带设厂仿造,以资抵制而塞漏危"③。

5. 其他手工行业

各行各业纷纷仿制外国工艺进行生产销售,这样的例子数不胜数。湖北汉口,"香水一物制自外洋,运来销售,亦年来一大宗生意。近日鄂城马人和香粉铺,用西法仿制色香均美,闻竟高出东洋一筹。该铺亦工于牟利哉"④。汉口,"益利织布厂前曾聘用湖南竹器匠,仿照日本造法制造桌椅、镜架等物,现(1905)已造成多件,形式精雅,颇为合用。惟初造时考校未精,成本较巨,索价稍昂,将来当可廉价出售"⑤。汉口,"广艺公司,曾仿制外洋漆油颇著成效,亦甚适用。该公司经理人程子大观察特装备二盒,送由商会转详鄂督,恳予专利年限。准其专利十年,并于日前咨报农工商部立案,以资保护"⑥。

广东广州,"前于周制军玉山督粤时,设立无线电报学堂。""近议将该堂改为无线电报官局。然此种电机,率购自德国。近有顺德县胡某,以中国土料,仿制此种新机,连日在存善大街等处试验,运用灵活,得未曾有。经无线电报学者之赞赏,以为视外国所输入,有过之无不及"⑦。

---

① 佚名:《编政事门:四川:仿制洋烛》,《广益丛报》清光绪三十二年(1906)第108期,第7—8页。

② 佚名:《各省新闻:仿制洋皂》,《北洋官报》清光绪二十九年(1903)第109期,第8—9页。

③ 佚名:《编政事门:四川:仿制洋碱》,《广益丛报》清光绪三十二年(1906)第108期,第10页。

④ 佚名:《本省商情:仿制香水》,《湖北商务报》清光绪二十六年(1900)第38期,第13页。

⑤ 佚名:《新闻:仿制竹器》,《四川官报》清光绪三十一年(1905)第11期,第47—48页。

⑥ 佚名:《农工纪事:仿制漆油核准专利》,《农工杂志》清宣统元年(1909)第1期,第73—74页。

⑦ 佚名:《旬日各界要闻:实业:仿制无线电机》,《通学报》清光绪三十四年(1908)第14期,第436—437页。

上海,“浙江宁波虞含章君,以中国理科之不讲,科学器具之缺乏,取资外洋,漏卮颇巨,乃于辛卯年冬筹集资本,出其心得,在上海创设科学器具馆。凡声、光、电、重各种物理器,若博物学应用模型标本,并一切校具,均设厂自行制造。经营五年呈请商部检验,曾蒙奏奖。嗣又在乡另设制作所,制人体骨骼,及耳目腑脏等,为生理学应用模型”[①]。

天津,“蒸汽制水,为外洋进口大宗货品,近由华商宏兴公司集股设厂,自行仿制,销路颇畅”[②]。天津的“血肉食品以牛之营养最多。故近来泰东西之罐头牛肉每年输入中国者不少。兹闻天津亦制有罐头,系仿外人办法。其味甚佳,但装贮之物不及其精致耳。若能改良形式,注重商标,自不难抵制外货矣”[③]。

四川夹江,“本年(1907)日本东京博览会由驻渝日领事函请地方官转谕各商运货赴会。兹闻夹江张荣发将该号仿制洋纸多种,带往东洋,以较优劣,并带学徒数人调查日本造纸之法,以期再图改良云”[④]。

晚清时期,各地开办新式企业、引进外国技术、仿造国外商品的景象,逐渐引起外国观察家的注意。1885 年的美国外交文件这样描述:中国并没有停滞不前,中国人在各地所开设的外国式的玻璃制造厂、织呢厂、造纸厂等企业即其明证。上述各企业中,有的不很成功,但无大害,因为中国人知道是由于他们自己的错误,在这些行业里新企业仍将继续开办。等到一朝真正成功了,前进的力量会获得动力,而使新工业在这个国家里稳固地建立起来。[⑤]

---

① 佚名:《海内外实业:仿制各国科学器具挽回利权之实效》,《华商联合报》清宣统元年(1909)第 5 期,第 132—133 页。

② 汪敬虞编:《中国近代工业史资料》第 2 辑(1895—1914)(下册),科学出版社 2016 年版,第 831 页。

③ 佚名:《本国纪事:仿制罐头牛肉》,《成都商报》清宣统三年(1911)第 30 期,第 1 页。

④ 佚名:《各省近事:实业:仿制洋纸赴会》,《秦中官报》清光绪三十三年(1907)第 9 期,第 38 页。

⑤ 孙毓棠编:《中国近代工业史资料》第 1 辑(1840—1895)(下册),科学出版社 2016 年版,第 1014—1015 页。

第三节　晚清手工业中的合伙制

中国手工行业的合伙制经营,古已有之,大致可以追溯到春秋时期。

在明朝后期和清朝前期,合伙制经营在十几种手工行业中普遍存在,到晚清时期,合伙制经营更为完善及趋向复杂化,大致可以分为以劳动合伙、以劳动与资本合伙及以资本合伙三种模式。在清末时期,随着社会经济环境的变化,集资股份制经营逐渐推广,屡见不鲜。

合伙制经营是民间自发形成的。出于种种原因,当一些手工业者想要维持或扩大产销,而单凭一家一户的资金不能保证维持和扩大生产经营活动时,手工业者势必会想方设法以各种形式合伙参与,共同经营。有的手工行业规模较大,需要资本和人力较多,这种情况尤为多见。

合伙制具有以下明显的特征:

一是组建起利益共同体,按照各自投资比例的多少,来分配相关的利益所得。

二是资源互补,合伙双方可根据各自所拥有的资源,无论是金钱还是技术,互相补充,以达到共同经营并共同分配利益的目的。

一、以劳动入伙的合伙经营

劳动合伙,即合伙人主要以劳动入伙,收益按劳动量分配。

有的记载为收益按人均分,这是在各人提供劳动均等基础上的做法,实际仍是按劳动量分配。这种做法适合于那些无需多少资本的工作,如制作砖瓦、采矿等,合伙者多为农民、小手工业者。

以劳动入伙的合伙经营制度一般出现在农村规模不大的手工行业。各家各户以劳动入伙,将共同劳动得到的收益平均分配。这是一种规模小、资金少、较为简单的合伙经营制度。

乾隆时,浙江安吉业砖瓦的较多,组织形式不一,各乡俱有业此者,皆徽宁及江右人,租地设厂,砌窑烧砖瓦以售,山乡数家合雇窑匠者谓之镶窑。这里所说的后一种形式便可能为劳动合伙制,山乡数家各出人力,合伙烧窑,合请烧窑师傅。安徽霍邱县,清嘉庆二十四年(1819),“徐红受邀吴椿淋帮伙做铁匠生理,言明每年工钱七千文,同坐共食,平等相称”[①]。徐红以劳动入伙,和吴椿淋是平等关系,无主仆之分,每年拿固定收入7000文,对铁匠经营所获取的利润不过问。

云南铜矿业中劳动合伙的情况较多。滇铜采掘开放较早,其中不乏商人投资,也有许多是本地贫民凑资出人,开挖铜矿,谋取微利。乾隆时有人说,“滇民多系瘠贫,当其开采之时,需用饭食油炭,或二三十家,或三四十家,攒凑出资,始能开一铜矿”[②]。凑集少量资金主要是为了照明与伙食,没有共同的固定资产,数十家合伙挖矿,应为劳动合伙。直隶铅矿中,嘉庆时,承德、赤峰等地有民人结伙私挖铅矿,“或聚二三十人为一群,或聚三四十人为一伙,共有二十余起,聚有三五百人”,所得矿砂除给甲长外,“余下砂子按人数均分,为首三人摊分双股”,在共同劳动情况下,按人均分也就是按劳动分配。不过,此例虽然反映矿业中劳动合伙的必然性,但因系非法私挖,严格说不构成正常生产。在锡矿、金矿中都有这种情况。[③]

采煤业中合伙制也较为普遍。一般来说,只要开挖煤窑,必需一定人力物力,除非有大资本,否则只有合伙才能办到。采煤合伙有多种形式,包括劳动合伙。如山东博山采煤业发达,有一种“份子井”,有3人到10人,由每家每户各出劳力、工具,合伙开挖浅井,工具只有辘轳、粗绳、条筐、镐头等。工具相当简单,且不是共同财产,合伙者主要是投入劳动。直隶、湖南、四川等地采煤业中都存在这种劳动合伙形式。

金矿业中,贵州天柱县有黄花金厂,雍正时有奏称,“黄花厂现今止有磨山上下二洞,招集沙夫开采,亦有附近居民前来合伙分利,总非巨商大贾可比”。后一种附近居民合伙,本小利微,当是贫民的劳动合伙。劳动合伙实质上是劳动者之间的合作,合伙人身份平等,收益按劳动分配,权利平等。合伙

---

① 彭泽益编:《中国近代手工业史资料(1840—1949)》第1卷,中华书局1962年版,第403页。

② 徐建青:《清代手工业中的合伙制》,《中国经济史研究》1995年第4期。

③ 徐建青:《清代手工业中的合伙制》,《中国经济史研究》1995年第4期。

关系的建立一般只凭口头约定,没有正式形式。这种合伙临时性很强,有利则干,无利则散,分合容易,没有约束。劳动合伙通常存在于小窑、浅井、小矿,规模不大,管理简单,如果是规模较大的矿、井,这种形式就不能适应了。①

四川井盐行业当中出现的合伙制经营是较为常见的经营方式。井盐业所说的“上中下节”,指的是“同为客人,合伙做井”的一种方式。其办法是在合伙之初,议定每人占“井份”若干天,“锅份”若干口,出钱交与承首人办理。按月用钱若干,各照所占“井份”“锅份”缴出。锉井或长期不能见功,或是仅见微功,尚须继续往下捣锉,原来合伙人有力不能继续出钱者,如将所占“日份”“锅份”出顶与人,出顶人名为“上节”,承顶人名为“下节”。以后做井工本费用,就归“下节”承担支付。日后井凿成功,如果下节将钱“绝顶”,上节出顶人便不得分息。如未“绝顶”,“上节”投资工本未经收回,其分息办法大致有这样几种:(一)有仅归还“上节”工本若干的;(二)有与“下节”人各分一半鸿息的;(三)有“上节”仅分二、三成,“下节”多分七、八成的。这种分配原则,总的说来,是按“上节捣井浅,费本无多,即少分鸿息;下节捣井深,费本甚巨,即多分鸿息”。如果锉井长期不能成功,“下节”财力又难以为继,便转顶与人接办,那么前此的“下节”,即作为“中节”,现在出资锉井人称为“下节”。井成时分息办法,也是有归“中节”若干的,或有共分鸿息的。如果合伙做井人都无力继续投资再往下锉,有将二十四天、十八口概行出顶与人做“下节”,提留“上节”工本日份或半天,或数天,或数口。“上节”人等如将所得提回“日份”,仍与“下节”合伙,则照二十四天、十八口分派鸿息。合伙做井在四川其他盐产区也有流行,只不过办法和形式各有不同而已。由上述清代富顺自流井盛行办井的各种办法和形式,不难看出,其中合伙关系极为错综复杂。②

在四川井盐业,井灶开凿耗资巨大,在当时的条件下,仅凭单个人的财力是无法进行的。如煮盐用的煎锅,一口就“须本数百金”。因此,人们只能采用合伙集资的方式进行生产。以四川自贡地区富荣盐场为例,当时合伙集资

① 徐建青:《清代手工业中的合伙制》,《中国经济史研究》1995年第4期。

② 彭泽益:《自贡盐业的发展及井灶经营的特点》,《历史研究》1984年第5期。

股伙少者二三人，如道光十七年（1837）师启用、张富安、马启明三人合伙办万丰井；一般为一二十人，如嘉庆元年（1796）的天元井。其合伙契约从形式到内容均较完备。在合伙契约中，股伙的股份可以自由出租式买卖，但在转让股份时，应遵循中国传统的先尽伙内、后伙外的原则。如光绪元年（1875）三生井约规定，“如有不能逗工本（集资）者，或出顶（卖股份），或分上、中、下节锉办，先尽伙内，无人承顶，方准顶与外人”。光绪三十四年（1908）颜经五堂下节盐井合约写道：“倘有自愿出顶者，先尽伙内，无人接顶，始行外顶。”咸丰九年（1859）渝海城金海井约也规定：“诚恐伙等及子孙或另有别得，必须先尽伙内，然后始向外说话。”这一先问原则，虽然与典卖田宅先问亲属、邻里，再问其他人有所区别，因为井灶合伙经营者大多没有亲属关系，但其基本精神是一致的。先问伙内这一原则规定，目的在保证凿井生产能稳定进行。[①]

如在四川犍为县，“杨开禄在刘泽洪盐井包揽推水，转雇谭中义帮工，每日四十五文工钱，按日支给。大家同桌共食，平等称呼”[②]。参与劳动的工人按劳动日结工钱45文，众人关系平等，劳动所得清晰明了。

二、兼以劳动和资本入伙的合伙经营

合伙制的又一种形式是以劳动和资本共同入伙经营的合伙制。合伙人既出资金，本人也亲自参加劳动，得到的收益分别按投资量和劳动量综合分配。

在一些需要一定资本的手工业作坊中，这种形式比较常见。合伙者多为农民、小手工业者、小商人。与第一种合伙制经营基本是劳动合伙相比，在这种形式中，有合伙人共同置办的工具，即合伙人拥有共同资产。不过，这只是就一般情况而言，具体到各行各业中，情况又比较复杂，形式多种多样。如碾业中，乾隆五十四年（1789），四川巴县有李承让、冯廷惠、杜元玲等“打伙开磨房生理”，李承让出本银26两，冯廷惠、杜元玲二人出银80两。出资为购置工具，磨房规模不大，三人可能也是主要劳动者。[③] 木材加工业中，嘉庆时，四川崇庆州

① 张洪林：《试析清代四川井盐生产中的合伙法律关系》，《现代法学》1997年第3期。

② 彭泽益编：《中国近代手工业史资料（1840—1949）》第1卷，中华书局1962年版，第403页。

③ 徐建青：《清代手工业中的合伙制》，《中国经济史研究》1995年第4期。

有合伙从事木材加工的,“清嘉庆二十一年(1816),周枝才等五人合伙赊买马纯翠山场树木,锯木板发卖,雇余万春在厂帮工,每月议给工钱八百文”[①]。在经营加工木材生意当中,周枝才等5人以资本入伙,销售所得利润归5人平分。余万春以劳动入伙,每月所得固定工钱800文,不参与利润分配。

榨油业中,嘉庆十六年(1811),巴县有柯廷与罗大顺在姜家场“伙开油坊”,又兼贩木,柯廷出本银1000两,罗大顺原无本,即以劳动入伙,到嘉庆二十年(1815)拆伙时,柯廷收回本利1800余金,另赚银590余两,二人各该分得290余两。柯廷出本金1000两,收回本利1800余两,这800余两是按投资分配所得,又有银590余两二人均分,这是按二人投入的劳动分配的。这种形式在其他榨油业发达地区也有存在,近代山东榨油业发展起来后,合伙榨油的不少,如高密县,“每于岁晚农暇之时,农民以人工合作榨油,制造生豆饼,出售青岛及本县邻县”[②]。

丝织业中,巴县是四川丝织业集中区域之一,乾隆五十九年(1794),有“机房200余家,色续系伊等自织”。道光时机房也不少,其中一些就是合伙开设的。道光六年(1826),巴县有沈元良与徐巽坤、徐奉恩“伙开机房”,沈元良出本银1000余两。沈元良本人为商人,“原系磁帮生理,不熟机房,因与巽坤系属乡戚,巽坤无本难开”,央沈元良入伙,“诸事巽坤权管”。[③] 二徐可能是擅长丝织的机匠,缺少资本,以劳动入伙,兼管机房事务。染布业中,道光十一年(1831),巴县有黄、张二姓合伙,在金沙坊开设染坊,应染差布。又道光十八年(1838),渝城染坊有54家,其中可能也有合伙开设的。瓦器业中,道光十二年(1832),巴县有曹班辅弟兄二人合伙“开设窑罐厂生理”[④]。制烟业中,巴县是制烟业集中之区,“渝城烟帮,万商聚集”,其中也有合伙开设的。道光二十八年(1848),巴县有江、卢二人“合伙开设烟铺”[⑤]。

冶铁业中,山西冶铁业历史较久。据1870年一个德国人的观察,晋城的

---

① 彭泽益编:《中国近代手工业史资料(1840—1949)》第1卷,中华书局1962年版,第404页。

② 徐建青:《清代手工业中的合伙制》,《中国经济史研究》1995年第4期。

③ 徐建青:《清代手工业中的合伙制》,《中国经济史研究》1995年第4期。

④ 徐建青:《清代手工业中的合伙制》,《中国经济史研究》1995年第4期。

⑤ 徐建青:《清代手工业中的合伙制》,《中国经济史研究》1995年第4期。

熔冶厂不需用什么材料就可以建立,一般有100马克资本就足以开展熔冶业务,虽说数额很小,但还是由许多人合资来经营,并且亲自担任劳动的主要部分。这是一种小型合伙企业,合伙人共同出资,并直接从事劳动。

上引各合伙事例中,许多为手工作坊,规模不大,合伙者既有资金合伙,又有劳动合伙,即合伙人共同出资置备工具、设施,如碾具、织具、染具、榨具等,同时本人也参加劳动,也有不出资而以人力入股的。合伙者共同劳动,并生产共同的产品。收益既按投资分配,也按劳动分配,二者结合。也雇用少数帮工,属于合伙者共同雇用。

湖南冶铁业中有一种乡厂,"乡厂者,数人共一炉墩,各以所获炭矿轮流煽铸,为日甚暂"。挖矿者为当地贫民,数人合资共同置备、使用一个炉墩,轮流合作,为各家挖获的炭矿煽铸生铁,所获生铁当归各家所有。"为日甚暂"可能是说所获炭矿煽铸完毕,合伙也就结束了。同时,资料还反映合伙人之间的关系,许多为亲族、朋友之间的合伙,如舅甥、叔侄、弟兄、乡邻等,家族因素在这里占有重要地位,意味着合伙关系还未完全演变为经济关系。[①]

以劳动与资本兼入伙的合伙制在清代十分常见。如任俊逸、王维省《关于在顺天府宛平县南各庄开设"源盛布铺"相关事宜的合同》:

> 立合伙人,王维省,今领到任俊逸财主名下本纹银叁佰两,作为壹俸。王维省本纹银壹佰贰拾两,作为肆厘。王维省人壹俸。今在顺天府宛平县南各庄开设源盛布铺生理。日后获利,按俸均分。言定每年人俸支使银拾伍两。下班铺送骡脚、路费银陆两。上班骡脚路费,一应不管。铺中俸股,伙计不许私放土帐,酗酒嫖赌。如有违禁者,罚俸伍厘,如有瞒心昧己者,诸神鉴察。恐后无凭,立合伙二纸。各执一张存照。
>
> 合同
>
> 中人　任房、郝建动
>
> 乾隆四十八年(1783)三月二十七日

① 徐建青:《清代手工业中的合伙制》,《中国经济史研究》1995年第4期。

立合伙人　任俊逸、王维省[①]

可见,王维省、任俊逸二人的合伙出资模式包括银股(货币)和身股(劳务)两种类型。其中,特别值得关注的是,存在王维省不仅出资,而且因具体经营而顶身股一俸,以货币出资与劳务顶股集于一身的现象,说明劳动力也可作为入股的资产。此外,两人在合同中还明确了王维省每年支使银两的具体数额及用途。[②]

在制糖行业,蔗糖生产一开始是家庭副业性制糖,它是指植蔗为农家经济作物种植的一部分,榨糖也仅是农家副业的一种,制糖并未成为家庭生活的主要部分。在这种形式下,植蔗、熬糖仅为补贴粮食作物收入的不足,种植甘蔗的农民并不能称为蔗农。到清末民初,植蔗、制糖已在较大范围内超出农家副业范畴,具有很强的专业性,进入资本主义手工工场阶段。在广东,下述情形很普遍:"制糖所糖寮有驱牛工 2 人、送蔗入压榨器工 2 人、煮糖师 3 人、烧火工 2 人、运蔗工 5—6 人、除根去叶工 5—6 人、晒蔗渣工 5—6 人,共计 22—23 人;牛则由自己提供,工人工资为日薪 25 元"。在福建,一个糖廍平均需要 14 个工人,糖师傅(监督技师)2 人、原料搬运工 8 人、压榨工 1 人、烧火工 2 人、糖挂锅工 1 人。在江西,公家廍(公司廍的别称)实行股份制,股东按所持股数提供金钱、水牛、劳动等。其中提供劳力者作为经理,管理糖厂一切事务,如收购他人甘蔗来制糖等。所得利益按比例分配给股东。在四川,糖房、漏棚均采用雇工经营,糖房、漏棚的部分工人由糖房主、漏棚主从劳动力市场雇来,另一部分则为附近种蔗户。工人伙食由糖房、漏棚供给,工资由雇主以现金方式支付。[③]

糖房与榨房性质类似,投资较大,"大糖房约需三四千元,小者则仅千余元",一般农家亦难以独立经营。在云南农村,"系由蔗农十家或二十家集资

① 太原档案馆馆藏档案编号第 86 号,转引自刘俊、刘建生《从一批晋商契约析清代合伙经营》,《中国社会经济史研究》2014 年第 1 期。

② 刘俊、刘建生:《从一批晋商契约析清代合伙经营》,《中国社会经济史研究》2014 年第 1 期。

③ 赵国壮:《论清末民初手工制糖业的近代转型》,《求索》2011 年第 1 期。

购置工具,合设一糖房制造。其榨制之分配,以蔗之生熟为先后,或抽签分配。制糖工人由同伙中担任,每百斤糖扣五斤,以为酬劳,工具公用,惟拖榨辊之牛则由各糖主自备”[①]。

山东安丘县,“清乾隆四十三年(1778),盛仁增同韩三伙做豆腐生理,言明盛仁增出备本钱一千六百文,韩三只出人工,韩三以做卖辛苦欲行四六分利,盛仁增不允,许另给韩三高粱一斗,所获利息,仍两股均分”[②]。豆腐坊开办经营所需的资金不多,股东仅两人,适合这种既投入劳动又投入资本的合作方式,一方出本钱,另一方出人工,两者平分经营所得。

所有权和经营权的统一是传统合伙机制的一个明显特征,这是由合伙经营以人合为主的特征决定的。合伙契约一般规定合伙者“一体从事”,且非常强调合伙者之间的齐心协力与和衷共济。

三、以资本入伙的合伙经营

晚清时期,以资本合伙,不参与劳动的合伙经营制度在各种手工行业当中更加常见。投入资本的人不参与劳动,但是仍需要过问和管理经营活动。每人以资本入伙,各自出资,按占股多少分配经营所得。

晋商合伙契约中的以本均分,通常见于合伙人以等额货币出资的合伙经营当中。如咸丰四年(1854)张如华等开“意兴店”的合同:

> 立合同字据人张如华、张意兴、张意盛于咸丰元年(1851)正月间,同心协力,开设“意兴店”一座。于四年新正,公议算账,窃念人须辅助,事籍匡勷,非独力有可兼司者。今张意兴立本(银)肆拾两整。张如华立本银肆拾两整。张意盛立本银肆拾两整。等志同合,共计本银壹百贰拾两整。均矢断金之志,各存石玉之心。竭力经营,无分尔我,秉心正直,忘却公私。所获余资,规例二年清算。得利多寡,按本均分。永远日久,不得反言。恐涉无凭,立合同为证。

---

① 彭南生:《论近代中国农家经营模式的变动》,《学术月刊》2005年第12期。

② 彭泽益编:《中国近代手工业史资料(1840—1949)》第1卷,中华书局1962年版,第409页。

咸丰四年(1854)新正二十日,立合同字据人

张如华、张意兴、张意盛

立合同一样三张

同中人张如莲、张电[①]

由此约可以看出,由于各合伙人出资的数额均为40两,因而对“意兴店”的赢利作“得利多寡,按本均分”的收益分配约定。在这一等额货币资本合伙经营的案例中,其合同中没有出现“股”和“分”的字样,实则由于出资性质相同、数量相同,利润分配清晰明确,不需要做额外说明,少了实物资本出资和劳务出资生意中核算的麻烦。此类合同在晚清手工业经营中较为普遍,且权利义务非常明了。[②]

以资本合伙的经营制度在采矿业中尤为普遍。因为采矿往往需要巨额资本,一人无力承担,众人合伙是经常采取的经营方式。“宁波东乡银山冈近有人集资开矿。该处土民惑于风水之说与各工人为难”[③]。“浙江寿昌县东乡有地方矿苗显露,煤质颇佳,有商人吴宗陶筹集资本在该处开办矿务。”[④]“浙江一省,矿产极多,曾经迭次开办,奈资本不足,以致半途中止。洋务局司道各员,承允矿务,集股试开,以收自然之利,议定筹款五百万两,向某洋行订买机器,将次开办,并在省城设立矿务总公司一所。”[⑤]

湖北,“竹山县羊尾、越见二山,向产绿松石矿,现(1907)该县富绅袁姓已纠集资本,呈请矿务局给集资禀请开采石矿”[⑥]。黑龙江,“离省城百余里之甘井子地方有一座大山,向出煤矿,土人无力开采。现在(1907)联合直隶商人

① 太原档案馆馆藏档案编号第35号,转引自刘俊、刘建生《从一批晋商契约析清代合伙经营》,《中国社会经济史研究》2014年第1期。

② 刘俊、刘建生:《从一批晋商契约析清代合伙经营》,《中国社会经济史研究》2014年第1期。

③ 佚名:《矿山丛闻:宁波东乡集资开矿》,《实学报》清光绪二十三年(1897)第1期,第303页。

④ 佚名:《新政纪闻:路矿:集资禀办新市煤矿》,《北洋官报》清光绪三十三年(1907)第1407期,第11页。

⑤ 佚名:《中外要闻:集资开矿》,《觉民报》清光绪二十六年(1900)第16期,第9—10页。

⑥ 佚名:《新政纪闻:路矿:集资禀请开采石矿》,《北洋官报》清光绪三十三年(1907)第1537期,第11页。

王玉珍、郑世得、徐景怡等，各集资三千两，先用土法开采，等开采成功再购买机器”①。王玉珍、郑世得、徐景怡三人各集资3000两开采煤矿，所得利润三人平均分配。

其他行业中以资本合伙经营的现象同样常见。河南制砖业，“河南省有窑户李姓集资五千元，并赴沪延聘工师回省制模开窑”②。在江西九江，“此项绿茶生意者，系徽州婺源人居多，其茶亦俱由其本山所出，且多属合股而做，即有亏蚀之处，照股均分，亦不觉其过累”③。绿茶的生产、加工、销售由多人合股，无论盈利还是亏损，各人照股均分，共享利益，共担风险。

清朝末年，在官府政策的倡导鼓励下，开办工艺厂（手工工场）逐渐流行，有的商人选择集资筹办工艺厂。“广东省现（1905）有巨商周某、郑某集资十万元开办一完备之工艺厂，以挽回外溢利权”④。“湖北省近有商人创办肇新织造公司，集资本金十万在黄家墩建厂，添购机器仿织泰西各色花缎。”⑤随着机器工厂的大量开办，所需要的资本更多，资本合伙经营制度采用得更为广泛，“集资”等词语常见于报刊。“华商集成巨资二百万两在湖北汉口、武昌、汉阳创设自来水及电气灯公司，并请地方出示保护。”⑥

只管投资不管基本生产经营的形式在这一时期较多。这样就形成在晚清时期手工行业当中大量存在的维持工商业投资的“官利”制度。“中国人组织公司、企业时，首先在章程上规定每期支付若干股息，把这叫做官利，无论营业上盈亏，都是必须支付的。官利的利率一般为7%—8%至10%。盈利较

---

① 佚名：《合资开办煤矿》，《吉林白话报》清光绪三十三年（1907）第37期，第9页。

② 佚名：《新政纪闻：实业：集资改良造砖》，《北洋官报》清光绪三十四年（1908）第1827期，第11页。

③ 佚名：《光绪十七年（1891）九江口华洋贸易情形论略》，《通商各关华洋贸易总册》下卷，第59页。

④ 佚名：《各省新闻：广东集资开办工艺厂》，《北洋官报》清光绪三十一年（1905）第762期，第7页。

⑤ 佚名：《新政纪闻：实业：集资创办织造公司》，《北洋官报》清光绪三十四年（1908）第1830期，第1页。还有集资创办银行的记录：“湖北汉口近有资本家集资五十万元设一劝业银行，专以抵押动产、不动产为业。各钱业中亦颇有赞成均愿入股。”［佚名：《各省新闻：集资拟办劝业银行》，《北洋官报》清光绪三十二年（1906）第1184期，第11—12页］

⑥ 佚名：《各省新闻：华商集资创设公司》，《北洋官报》清光绪三十二年（1906）第1041期，第9页。

多的年度,除付给官利、付给职工奖金外,尚有结余时,还需在官利之外另给红利。公司、企业的股东,不仅是投资人,往往也是直接间接的经营人。一般股东都不轻易相信企业经营人,不肯轻易提供资本,因此必须事前规定管理的保证,然后招募股本才有可能。"[①]这种官利,亦称官息、正息,成为手工行业企业经营中的一种沉重负担。按照这种制度,出资者常规定享有固定的官利或官息,不论盈亏,股东必分官利官息,其数普遍在8%以上。"年终结账,不是从利润里来提分红利,而是先派官利,然后结算营业利益。不足,即谓之亏损,有余,则再分红利;有时连公积也不提存。这种制度的极致,是股东一经缴付股金,就需要享有官利,虽工厂尚未建成,官利也不容拖欠。就其实质而论,这样股东对于公司的关系,并不是单纯的企业投资人,而是投资人兼债权人;所谓股票,不是单纯的投资证券,而又是借贷字据。在这里,产业利润成为借贷利息以上的余额了。"[②]

传统合伙制在股份配置方面虽然不能做到精确计量化,但股份均一的原则基本得到体现。合伙契约中,凡是合伙人所出本银同其所占股份不成比例者,则本银均系垫用,且要计息,严格地说这已不是投资,而是一种借贷关系。若合伙人出银纯系投资行为,则所出资本同所占股份肯定是成正比的。因此我们基本上可以认定传统合伙方式在股份设置方面,体现了均一无差的原则。[③]

四、合伙制经营的运行程序

中国传统合伙制虽然股本形态多种多样,但基本上将人合放在首位。合股契约中股份的多寡,并不一定取决于合伙人所出资金或实物的多少。因为合伙经营以人合为主,所以合伙人十分注重彼此之间的"情投意合"和"同心揭胆",这一点是合伙人的共同信条。维系合伙者的纽带是他们的自我约束

① 汪敬虞编:《中国近代工业史资料》第2辑(1895—1914)(下册),科学出版社2016年版,第1011页。

② 汪敬虞编:《中国近代工业史资料》第2辑(1895—1914)(下册),科学出版社2016年版,第1012页。

③ 李玉:《从巴县档案看传统合伙制的特征》,《贵州师范大学学报(社会科学版)》2000年第1期。

和彼此信任。但因从事的是经济行为，又恐“人心难信”，遂书立契约，订明各自的权利义务。所以合伙契约就成了约束合伙人行为和规范利益分配的主要法则。以后遇到纠纷，一般以契约为据。遇有股份转让，也得书立新的契约。

凡涉及合伙的问题，必然比较复杂，合伙人往往在合伙之前签订详尽的契约，约定双方的义务和责任，规定利润分配方案等林林总总。除了合伙的当事人外，还需要有中人见证。中人往往由当地德高望重的士绅或者资金雄厚的商人担任。“为增加合伙契约的权威和效用，合伙人在订立契约之时，一般都要有‘凭人’在场，凭人不止一人，少则两人，多则三四人。凭人名字均要落于契约之上，且亲笔签名，以示郑重。凭人的称谓，因约而异，有的称‘凭中’，有的称‘凭中证人’，有的称‘凭中人’，有的称‘凭众’。”①

书立契约的执笔人往往是合伙者以外的人，这多半是出于防止作伪，也是为了显示契约的公正。合伙契约一般一式多份，合伙几方各执其一为据。有的则只写一张，存于凭中人之手，凭中人有时也会因此惹来麻烦。事实上，正是因为有了契约和凭人（二者往往是不可分割的），才使得合伙这一经营行为的社会性得到了扩充，也使得这种经济行为的严肃性进一步加强。契约和凭人，还有合伙人的道德约束，共同构成了一种无形的规范制度，使合伙经营这一社会活动得到调节和制约。②

传统合伙机制的股份均一原则，重点体现在股份所代表的所有权是平等均一的。也正因为如此，一般的合伙契约都要言明“按股分利”，或“获息均照成股分摊”，或“所余之利，照股分派收”。也正因为中国传统合伙经营在所有权配置结构方面体现了平等均一的原则，所以方便了股份的转让。合伙股份的转让，一般要经过协商，得到其他合伙人的同意，并且书立出顶股份契约。可见，出顶股份时要完成过户手续，将所有权益与责任交割清楚。

---

① 李玉：《从巴县档案看传统合伙制的特征》，《贵州师范大学学报（社会科学版）》2000年第1期。

② 李玉：《从巴县档案看传统合伙制的特征》，《贵州师范大学学报（社会科学版）》2000年第1期。

合伙经营所负债务一般是由合伙人共同承担的,但清偿债务的方式往往各有不同。合伙组织全部债务的分配,一般要在拆伙时协商进行。而且还要把债务清偿同财产清理等事宜书于契约,然后照约执行。清代巴县的合伙方式在中国传统合伙经营机制中有一定的代表性。通过对巴县合伙契约的剖析,我们不难发现:传统合伙方式一般以人合为主,资合为辅,所有权与经营权一般不发生分离;在股份设置和利益分配方面,基本体现了平等均一的特征;在债务方面则是共同清偿,但合伙人之间一般不发生连带行为;契约是合伙行为的准则,而凭人的参与,又使合伙行为的社会性得以扩充。①

晚清工商业经济中合伙经营是一种重要的形式,通过合伙共同出资出力可以增强经济实力,然而合伙经营中往往会出现利润分配、拆伙后清算财产及清偿债务等引发的纠纷。道光二十五年(1845)发生了邓琳与邓发隆算账拆伙纠纷。邓琳之父与邓发隆合伙经营,后来邓琳凭福建客长刘德大等拆伙清算,发现邓发隆侵吞血本1200两并红利银5000余两。客长刘德大剖令邓发隆偿还邓家本利银共计2700两。邓琳之父只要求邓发隆偿还本银,其余银两不再讨要,然而邓发隆却逃匿不出,不久邓琳之父病故。邓琳在得知邓发隆已收外账3000余两后,归来就向其讨要。然而,邓发隆并没有遵从客长的剖断,只承认应该还银五六百两,且"投理愈凶",导致纠纷没能化解,最后邓琳只好到官府起诉。②

---

① 李玉:《从巴县档案看传统合伙制的特征》,《贵州师范大学学报(社会科学版)》2000年第1期。

② 胡谦:《纠纷与秩序:清代重庆工商团体纠纷调处机制》,《石家庄学院学报》2012年第7期。

本书系国家社科基金重大招标项目“中国近现代手工业史及资料整理研究”（批准号：14ZDB047）的主要成果

两个世纪之间的中国手工业(1800—2000)

彭南生 主编

中国近现代手工业史

ZHONGGUO JINXIANDAI SHOUGONGYE SHI

● 第一卷 下册

王翔 杨乔 著

河南人民出版社
·郑州·

第四章
晚清手工业的演变

鸦片战争之前，以小农业和家庭手工业相结合的自然经济，依然在社会经济中占有主要地位，农民家庭不但生产自己所需要的粮食和农产品，而且生产自己需要的大部分手工业产品，同时还需要出售自己生产的农产品和手工业品以弥补家庭收入的不足。鸦片战争以后，清廷与外国资本主义列强签订了大量不平等条约，而签订这些条约的后果最终需要每个普通百姓来承受。签订这些条约的后果逐渐显现，对中国人民的生产生活和各行各业的生存发展带来了深刻的影响。晚清时期，中国传统手工业的演变总体上是缓慢的，但也有部分行业变动十分剧烈。

第一节　鸦片战争后部分手工业的衰落

鸦片战争以后，社会动荡不安，战争频仍，很多手工行业的生产经营遭遇了困境，造成了部分手工行业的衰落。中国的手工行业形式多样，发展际遇各不相同，一部分手工行业的衰落是由于洋货的大量倾销引起经营困难，还有一部分手工行业的衰落则来自战争的打击和社会的动荡。咸丰、同治年间席卷中国数省的太平天国运动给各地手工行业的发展带来了严重的负面影响。

一、洋货涌入导致手工业衰落

鸦片战争以后,中国和列强先后签订了一系列不平等条约,国家主权遭到严重破坏,中国成为外国资本主义的商品倾销地和资源掠夺地,大量洋货涌入中国内地城乡市场,造成了部分手工业的衰落。

洋货大量涌入,最先受到影响的是沿海开放的通商口岸及其周边地区,其中又以上海的情况最为典型。

上海原是我国江南濒临东海的一个县城,鸦片战争后,据中英《江宁条约》,1843 年,上海被辟为商埠,外国资本主义势力相继侵入,先后派驻领事,设立租界,并以此为据点同中国通商贸易。"自 50 年代中期起,上海的出口贸易占全国出口的一半以上,取代广州而成为全国对外贸易的中心。"①上海成为外国商品源源不断进入中国的前站。

鸦片战争以后的几十年时间内,外国商品逐渐向内地偏远乡镇和农村市场渗透,西洋风气慢慢向内陆腹地浸润。时人观察到了这个过程:

> 西人之以洋货运来中国,其初不过以西人自用之物,华人以为罕见之物而购之,究竟未必尽合华人之用,尽如华人之意也。后来西人在华旅居日久,华之风土人情,喜怒爱恶,均为所悉,故所造之物,皆揣摩华人之意而为之。每来一物,华人无不争买,竟有日用之物,习为故常,非此不可者。②

外国商品的生产商和经销商注重市场分析,生产销售的商品刻意迎合中国消费者的喜好,在中国市场上的销量与日俱增,令人触目惊心。

> 中国通商以来,西人尝谓中国出口者皆系生货,生货者,材料土产是

① 李侃等:《中国近代史》(第 4 版),中华书局 1994 年版,第 39 页。

② 姚贤镐编:《中国近代对外贸易史资料(1840—1895)》第 2 册,科学出版社 2016 年版,第 968 页。

> 也。即以丝茶糖论之，丝则须重缫，茶则须加焙，糖则须改制，其他无论矣。西洋进口者系熟货，熟货者，货物是也，皆经工作所成，佳美精良，便于行用，不止纱布钟表诸大宗而已。凡日用所需各物，皆投吾所好，避吾所恶，或取携最便，或制造最精，或价值最廉，或外观最美，必使华人不能不用而后已。中国出口之生货，皆以箱计，以石计，以包计，以百觔、千觔、万觔计，取值至贱，获利至微，盈舟溢屋，捆载而去。西人入口之货，则以件计，以疋计，以瓶计，以盒计，以尺寸铢两、数目多寡计，一物之值，贵至万千，一船之载，总计至亿兆金钱而未已。以贱敌贵，以粗敌精，以绌敌巧。①

在洋货涌入中国各地市场的过程中，不同行业的手工业所受冲击的程度并不相同。但是，在洋货倾销的形势下，“以贱敌贵，以粗敌精，以绌敌巧”，中国原有手工业者所生产的商品正在节节败退。

1. 棉纺纱业

鸦片战争以前，英国曾试着向中国强行输入廉价的棉布、棉纱和其他物品，遭到中国人民的抵制。早在 1831 年 4 月 2 日，在澳门的英国人记录：广州附近的两个地区和离广州约 20 英里的另一个地区的居民，为抵制洋纱的进口，曾发生很严重的骚动。他们大声申诉，说洋纱剥夺了他们家中原来从事于纺纱的妇女儿童的生计。大家决定不用洋纱，上机织布，并声称决定要烧毁那些运入乡村的洋纱。这些地区的人口众多，和其他地区的中国人普遍情况一样，都是非常勤劳的。《晨报》的一位中国通讯记者证实了这一消息，他写道：黄浦东北的那些贫苦人民发现了是进口的洋纱夺去了他们纺纱的生意，曾在各乡镇遍贴揭帖提出警告，凡在广州购纱入乡者，一经拿获，立即处死。现在，广州的洋纱小贩对此事颇为戒惧，以致洋纱生意陷于停顿。②

鸦片战争后的一段时间内，西方资本主义国家向中国输出的商品主要是

---

① 陈炽：《续富国策》卷 3，清光绪二十二年（1896）刻本，第 31 页。

② 彭泽益编：《中国近代手工业史资料（1840—1949）》第 1 卷，中华书局 1962 年版，第 248—249 页。

棉纺织品,因此受外国商品冲击最大的就是农民家庭棉纺织业,各通商口岸及其周边地区的手工棉纺织业最先开始遭受到这种冲击。

江南是传统棉纺织业产销最为集中、最为著名之地,“自各港开放以来,宁波本地的生产已经受到了显著的影响。1841 年以前,每匹售价六元的白布(南京土布),1847 年只要三元五角就能买到。这样和本地货相同的货物的进口,已经使许多织布机停了下来”①。

时人写道:“‘雍正乾隆之间,松江以织布富甲他郡,后夺于苏州之布,而松民失其利。近洋布行,而苏民亦失其利。盖自谷帛贱于银,而农桑之利夺矣。农桑之利夺,而耕织之人少,耕织之人少,而谷帛之所出亦少矣。’在松江太仓,‘松太利在棉花梭布,较稻田倍蓰,虽暴横尚可支持。1846 年洋布大行,价才当梭布三之一。吾村专以纺织为业,闻已无纱可纺,松太布市,消减大半。1845 年棉花客大都折本,则木棉亦不可恃。1846 年蚕收亦丰,而叶价至每石钱五千。木棉梭布,东南杼轴之利甲天下,松太钱漕不误,全仗棉布。今则洋布盛行,价当梭布,而宽则三倍。是以布市销减,蚕棉得丰岁,而皆不偿本。商贾不行,生计路绌’。”②

在福建厦门,表现出大致相同的景象,洋布洋棉倾销于厦门口岸,挤占了江浙棉布的传统市场份额:“迨至(一八四三)年九月间,夷人开市通商,其在厦门行销者,无非棉花布匹洋货等物,内地之棉布不复畅销,亦无赴粤兴贩洋货之人。今自夷人来厦门开市,凡洋货皆系夷商自行转运,闽省并无赴粤之商,粤省亦鲜来闽之贾,且该夷除贩运洋货外,兼运洋布洋棉,其物充积于厦口,内地之商贩,皆在厦门入各府销变,其质既美,其价复廉,民间之买洋布洋棉者,十室而九。由是江浙之棉布,不复畅销,商人多不贩运;而闽产之土布土棉,遂亦因之壅滞不能出口……今闽省向销之江浙棉布及洋货等物,因被夷货所占,不克畅销,纵使竭力招徕,而全省止一隅之地,民间服用无多,又不克转向于他省。揆之事势,断不能使华夷两货,并用兼行,是即有愿往江浙等

① 彭泽益编:《中国近代手工业史资料(1840—1949)》第 1 卷,科学出版社 2016 年版,第 494 页。

② 包世臣:《答族子孟开书》,《齐民四术》卷 26,清道光二十六年(1846)六月十八日,第 34 页。

省贩货之人,而销既不多,势必裹足;况现在(1845 年)商俱疲乏,更属招之不前。”①

洋纱取代土纱的过程,在各地的发展并不平衡。闽广地区大致在甲午战争前即已完成由土经土纬到洋经洋纬的过渡,江南传统棉纺织业中心手纺业的凋零则与国产机纱的发展有很大关系。鸦片战争以前,中国的非植棉纺织户已经出现并且获得了一定程度的发展。在闽粤沿海一带,植棉业早已衰落,农民购买江南和华北的棉花纺纱,其后改用进口印棉,1830—1833 年已达 45 万担,1860 年高峰时达 57 万担,仅次于鸦片进口值而居第二位。一部分小农已经不再倚赖自给棉而求诸市场,甚至求诸进口,从“棉纺结合”演变为“棉纺分离”。同时,“用洋纱上机织布”的事情,在鸦片战争以前的通商口岸附近,也已有所发生。但是,中国农家的棉纱基本上是自给的,除江南个别地方曾存在过某种“布经”市场之外,极少见有关棉纱商品市场的记载,还远远没有达到“纺织分离”的程度。

鸦片战争以后,洋(机)纱一步步地取代土纱,造成了“纺织分离”的状况。战后初期,洋纱进口增长缓慢,数量也很有限,主要仍是销给一些非植棉地区的纺织户。闽广地区耕织结合的环节本较脆弱,且早有用洋棉纺纱、用洋纱织布的经验,洋纱的进口,扩大了当地自纺与自织的进一步分离。90 年代中期,闽广地区的农家手织布已经完全是洋经洋纬,手纺业“已有如风流云散”,以致“觅一纺纱器具而不可得”。②

在浙江宁波,“1885 年进口英国棉纱 21 担,1891 年 69 担,1889 年印度纱仅 18 担,1891 年则增至 3006 担,在进口货单上,棉纱便由一项微不足道的项目一变而为很重要的货品了。1891 年之有大宗进口,是由于本地商人有计划地教导家庭纺织业广泛采用,他们一方面供给织布者棉纱,一方面代将成品出售”③。这也是纺纱过程中商人包买制生产经营方式的体现。在扬州,“扬

① 彭泽益编:《中国近代手工业史资料(1840—1949)》第 2 卷,中华书局 1962 年版,第 494 页。
② 王翔:《近代中国棉纺织手工业的再考察》,《琼州大学学报(社会科学版)》1998 年第 4 期。
③ 汪敬虞编:《中国近代工业史资料》第 2 辑(1895—1914)(下册),科学出版社 2016 年版,第 1101 页。

地近有淮、徐乡民在附郭一带租屋居住，购买洋纱专织大布，其价甚廉，而所出之布亦不少”①。

广东佛山，“1854年后，佛山被破坏使当地纺业停顿，故对外国棉花的需求亦为停止，转而引进英国棉纱”②。番禺县1871年前，“女红以纺织为业，近洋纱自外国至，质松价贱，末俗趋利，以充土纱，遂多失业矣”③。在云南蒙自，“本省购用洋纱织布者，年多一年矣”④。广西宾阳县，“清光绪以前，冬棉夏麻，原料皆用土货自纺自织，所织之布坚致耐用。自海禁开后，洋纱、洋布源源输入，充斥市面，织布者多用洋纱，家庭纺纱工业逐渐归淘汰”⑤。山东济宁，“1898年，北路诸客帮由上海贩运洋纱者，先装轮至镇江，然后由镇雇民船转运至山东济宁州一带交卸。故每次上水商轮抵镇，所运洋纱，不可数计”⑥。

在四川省，“川省购办洋棉纱者，异常踊跃。计由汉镇装运轮来宜昌者，1899年仅六千七百余担，1890年多至六万九千七百余担。该货均于重庆销售，宜昌并无销场。该货畅销之故，因川省土棉向取给于沿江各省，贩运至该地后，每斤零售价亦与洋棉纱相同。然洋棉纱不待再纺即可织布，土棉则须纺而后织，人工既费，成本亦增”⑦。绵阳县，“绵地先年妇女均能纺线，自洋纱输入，纺花甚属寥寥”⑧。巴县，“乡镇间小工业，纺花手摇车家皆有之，每过农村，轧轧之声，不绝于耳。棉纱畅行，此事尽废”⑨。湖北汉口，“汉口洋纱一项为进口货物一大宗。近日襄樊各属所设织布厂均购买洋纱织布，故销

① 佚名：《各省商情：土布开织》，《湖北商务报》清光绪二十五年（1899）第26期，第12页。

② 彭泽益编：《中国近代手工业史资料（1840—1949）》第1卷，中华书局1962年版，第496页。

③ [清]李福泰修，史澄等纂：《番禺县志》卷7，清同治十年（1871）刻本，第1页。

④ 佚名：《光绪十九年（1893）蒙自口华洋贸易情形论略》，《通商各关华洋贸易总册》下卷，第115页。

⑤ 胡学林修，朱昌奎纂：《宾阳县志》第2编《社会·丙·风俗》，1948年稿本。

⑥ 佚名：《海外近事：洋纱夺利》，《蜀学报》清光绪二十四年（1898）第8期，第52—53页。

⑦ 汪敬虞编：《中国近代工业史资料》第2辑（1895—1914）（下册），科学出版社2016年版，第1102页。

⑧ 梁兆麒、蒲殿钦修，崔映棠等纂：《绵阳县志》卷3《食货志·物产·实业附》，1933年刻本。

⑨ 罗国钧等修，向楚等纂：《巴县志》卷12《工业》，1939年刻，1943年重印本。

数甚旺。现(1908年)樊城各商号均在汉采办洋纱运往销售”[①]。

在贵州安顺,清咸丰、同治年间,地方老弱妇女纺纱,中年妇女织布。洋纱输入后,纺纱业随即衰落,而用洋纱织布反而生意红火。此地纺纱织布此消彼长的过程,深刻地反映了洋布洋纱入侵中国市场所带来的影响:

安郡妇女素重纺织,习此艺者,颇不乏人。咸丰、同治以还,县属中等之家各置手纺机一架,老弱妇女咸以纺纱为业,中年妇女则人人从事织布,昼夜辛勤,机声相应。若能纺而兼能织者,八口之家暖衣有余;若只能纺而不能织者,数口之家亦不至有无衣之叹。勤俭之风可追唐俗,虽无锦绣文章之美,然亦安居乐业之一证。其所用之棉花,多取之府属归化厅及贞丰、罗斛一带之花山;土工、土产,物廉价美,纺织成布,坚韧耐久。除土白布外,更有漂白布、桃红布、枝红布、皂青布与苏青布,织染均佳;冻绿布色泽光润,惟遇含酸液体,则变成哑红色,数者皆销行本省,利颇厚。惟自洋纱输入以后,土纱销路日滞,老弱妇女先后失业。光绪末年,四川织布工人纷纷来黔,各街成立织布业,聘请川人作技师,采用洋纱作原料,而妇女中之能织者亦多乐从。城内机房愈多,生意愈广,运销于平远、水城、大定等地,每年收益甚大,县人借以为生者亦最多。县城北门税关年中所征各项税款,亦以土布税收一项为最大。[②]

洋纱在中国销行增长的势头,远远超过了洋布。从《海关关册》所统计的进口贸易数字来看,鸦片战争爆发的1840年,输入中国的洋纱为1.82万担,两年后即上升为3.37万担,增长了85%;到甲午战争爆发的1894年,输入中国的洋纱已经超越百万担大关,达到116.17万担,半个多世纪里增长了将近63倍,进展不可谓不速。相对于洋纱来说,洋布进口的增长则显得缓慢得多。直到1894年,海关贸易册上显示的洋布进口量不过1379.59万匹,54年间大

① 佚名:《商务:洋纱畅销》,《陕西官报》清光绪三十四年(1908)第9期,第77—78页。

② 贵州省安顺市志编纂委员会:《续修安顺府志》,《安顺志》第9卷《工矿志·工业·织染工业》,1983年铅印本。

约增长了25倍,只及洋纱进口增长的不到40%。在洋纱、洋布进口值增长的比较上,亦是如此。海关贸易册的统计显示,从1867年到1894年,洋布进口值由1200万海关两上升到2140万海关两,增长只有1.78倍;而洋纱进口则由146万海关两上升到2140万海关两,增长了13倍以上。①

在江南棉纺织业中心区,直到甲午战争前,基本还是土经土纬,很少变化,“洋纱初来时,民间并不喜用,间有掺用者,布庄收卖后,致销路濡滞”。在松江地区,洋纱的销量,估计1894年前不过占土布用纱量的1%左右,当地布庄收布,即使有极少数掺入洋经的,一经发现,便剔出不收,自然极大地限制了洋纱的推广。这一地区,原是中国农家手工棉纺织业及其商品生产最发达的地区,对洋纱的抗拒,也就表现得最为顽强。②

但是,这种抵抗最终遭到失败。19世纪80年代以后,外国棉纱大量充斥市场。“棉纱线消费的巨大增长是一个值得注意的重要现象。不仅上海邻近地区如此,全中国也都如此。在每一个村庄里都有英国棉线出售,每一个商店的货架上都可看到英国棉线。”③

近代纱厂大量吸收了江南等产棉区的棉花,对农家自纺纱不啻釜底抽薪;加上土布的总产量也已缩减,全国土布生产中使用洋纱的比例扩大到了72%。甲午战争以前,上海机器纱厂刚刚起步,产量有限,当地织户“织布纱线,均手车所纺”④。江苏四境皆棉布产地,经纬均“自以棉花制出之手纺绩丝也”,虽渐有洋纱之输入,“然一般尚顽然固守旧式”,“一意唯使用自家纺绩棉丝”。⑤ 甲午战争以后,经过一段时间的发展,到20世纪初年,据说“其使用外国棉丝者,尚未有其一半也”⑥。著名的嘉定东北乡“布经”,光绪中叶后,只是“出数渐减”,直到20世纪20年代,才“市中不复见矣”。⑦

---

① 王翔:《中国近代手工业史稿》,上海人民出版社2012年版,第49页。

② 王翔:《近代中国棉纺织手工业的再考察》,《琼州大学学报(社会科学版)》1998年第4期。

③ 彭泽益编:《中国近代手工业史资料(1840—1949)》第2卷,科学出版社2016年版,第208页。

④ 曹允源等纂:《吴县志》卷51《舆地考·物产》,1933年铅印本。

⑤ 《东西商报》第50号,光绪二十六年(1900),第8—9页。

⑥ 《东西商报》第50号,光绪二十六年(1900),第8—9页。

⑦ 陈传德修,黄世祚、王焘曾等纂:《嘉定县续志》卷5《风土志·物产》,1930年铅印本。

湖北施南府,“乡城皆善纺绩,且竟以针黹为能事,惟不善织。村市皆有机坊,布皆机工为之。每遇场期,远近妇女携纱易棉者,肩相摩、踵相接也”[①]。可以看出,清同治年间,这一地区的棉纺织业也出现了纺与织的分离。

2. 棉织业

棉织业与棉纺业的命运不尽相同,原来密切结合于农民家庭内的棉织业表现出了另一番景象。大致上说,鸦片战争以前,中国已经出现脱离了农业的染布、踹布等手工场坊,但是与纺纱一样,织布基本上仍然是农民家庭手工业一统天下。人口众多的中国,早有庞大的棉布市场,约占总人口45%的棉纺织户,除了生产自己所需的棉布(自给布)之外,还需要提供55%的非纺织户包括城镇人口所需的商品布。鸦片战争前夕,全国棉布产量约为6亿匹,其中流入市场的约为3.1亿匹,值白银1亿两。江南的松江府棉布,素有“衣被天下”之誉,主要生产“走秦晋、京边诸路”的“标布”,“走湖广、江西、两广诸路”的“中机布”,以及“单行于江西之饶州等处”的“小布”。[②] 时人称,“松有劳纫之利,七邑皆是,捆载万里,功归女子……冀北巨商,挟货千亿,岱陇东西,海关内外,券驴市马,日夜奔驰,驱车冻河,泛舸长江,风餐水宿,达于苏常,标号监庄,非松不办……松之为郡,售布于秋,日十五万焉”[③]。

一般国家的发展道路,纺织分离是棉纺织业近代化的起点,然而由于中国农家一直使用元明以来的手摇单锭纺车,效率过低,无人能以卖纱为生。乾隆年间,虽曾创制足踏三锭纺车,但必须强劳力操作,而农家强劳力则须用来织布,从事纺纱者多为老幼,所以即使在松江地区也不能推广。因此,中国一直缺乏与棉布市场平行的棉纱市场,以致纺织无法分离,长期停留在农民家庭生产阶段。在棉纺织地区,农家子女七八岁即能纺絮,十二三岁即能织布,农家“赖此营生,上完国课,下养老幼”,成为“男耕女织”自然经济迟迟不得解体的标志。

在某种意义上,中国的手织布堪称英国工业革命的催产婆,而实现了工

---

① [清]何选鉴、张钧编纂:《来凤县志》卷28《风俗志·女功》,清同治五年(1866)刻本。

② [清]叶梦珠:《阅世编》卷7,清康熙四十一年(1702)刻本。

③ [清]贺长龄:《清朝经世文编》卷28《松问》,清道光七年(1827)刻本。

业化生产的英国棉纺织业,反过来又对中国的棉织手工业生产方式形成了强劲的冲击。在鸦片战争爆发的1840年,洋布进口量为52.09万匹,鸦片战争后,极力推动这次战争的英国棉纺织业商人一时过分乐观,盲目向中国大量输出棉布,1845年达到300多万匹的高峰,以致存货山积,不得不大幅度贬价销售。一时间,据说"洋布大行,价当梭布三分之一……松太布市,削减大半"[①]。外国洋布的倾销,使市场上的棉布价格下跌,手工纺织业生产出来的土布售价低于成本价,农户面临亏本的行情,不得不停止了手工土布的生产。广东"斜纹布出顺德桃村,夷舶四倍价,令倍度织之,明年货至,洋织盛,而土机衰矣。按:女布遍于县市,自西洋以风火水牛运机成布,舶至贱售,女工几停其半"。不排除某时某地确有土布遭受洋布严重冲击的情况,但这只是短暂的特殊现象。事实上,直到1860年,洋布进口量不过折合中国棉布产量的3.18%而已。此后的一段时间,情况并无多大改观,从1867年到1894年,洋布进口量上升到1379.5万匹,比1845年不过增加了3.6倍;洋布进口值不过由1200万海关两上升到2140万海关两,增加不到1倍;而同期洋纱进口值则由146万海关两上升到2140万海关两,增加了13倍以上。这说明,中国的手织布比手纺纱具有对机器工业产品的更顽强的抵抗力。

事情看起来很奇怪,手纺业的衰落反而造成了手织业的发展。洋(机)纱在数量上的迅速增长和在价格上的大幅度下降,给中国的手工棉织业提供了某种自存乃至求得发展的条件。洋(机)纱代替土纱用于手工织布,提高了织布的效率,使手织布更加难以被机制布排挤。由于机制棉纱的质地坚韧,又远比手纺土纱规格划一,加上古老简陋的织布工具逐渐替代为改良的拉梭机和铁轮机,织布的技术水平也日渐提高,新织成的棉布不但品质较优,款式亦较多,其对机制棉布的竞争能力也因此相应增强。

19世纪末20世纪初,农村土布织造逐渐推广使用机纱以后,各地新兴起了一些手工织布区。过去这些地区虽有纺织生产,但是并不发达,农民自己植棉或从商人手中购得棉花,基本上是纺纱织布自给,而此时则从市

① [清]包世臣:《安吴四种》卷26,见《齐民四术》,中华书局2001年版。

场上取得机纱或者由商人放纱收布,发展了商品布生产。由于不受自给棉自纺纱的牵制,与较为保守的传统植棉纺织地区相比,手织布生产反倒更为兴旺。

与此同时,棉织业已经开始脱离传统的家庭副业生产方式,而以一种崭新的形态出现。自从手纺纱普遍停产,一般农家皆因缺少资金而没有能力购买机纱以作织布之用,遂使不少具备资本的商人把握时机,或放纱收布,实行包买主制经营,或开设工场,雇用工人,集中生产以机纱织成的棉布。一时间,新兴包买主制经营和棉织手工工场如雨后春笋,应运而生,这无疑打破了长期束缚中国棉纺织业发展的桎梏。可见洋(机)纱的应用实有其积极的一面,最重要的一点即是把传统的棉织业从农家副业解放出来,使它的生产方式和技术水平得以迈进一个新的发展阶段。随着洋纱输入的增长和国内近代纱厂的兴起,棉纱市场终于形成。原来铁板一块的传统棉纺织手工业发生了显著变化,分化为农民家庭手工业、棉织工场手工业和近代棉纺织工厂三个相互关联的部分。

表 4-1　1867—1894 年洋布和洋纱进口量值、价值　　　　**单位:海关两**

年份	洋布			洋纱			洋布洋纱进口值占进口总值的比例(%)
	数量(疋)	货量指数 1867=100	价值	数量(担)	货量指数 1867=100	价值	
1867	4250324	100	11671007	33507	100	1450418	21.01
1868	8339403	196.21	18485439	54212	161.79	1598094	31.74
1869	10396097	244.60	21043737	131525	392.53	1585453	33.72
1870	9957629	234.28	18030905	52188	155.75	1994176	31.44
1871	14009420	329.61	24876700	69815	208.36	1877145	38.16
1872	11920332	280.46	21435401	49809	148.65	1371662	33.88
1873	8688239	204.41	16201903	67833	202.44	3130125	29.01
1874	9575385	225.29	16300852	68819	205.39	1969344	28.39
1875	10521999	247.56	17314538	91403	272.79	2746605	29.59
1876	11644846	273.98	17377413	112908	336.97	2838833	28.77

续表

年份	洋布			洋纱			洋布洋纱进口值占进口总值的比例(%)
	数量(疋)	货量指数 1867=100	价值	数量(担)	货量指数 1867=100	价值	
1877	10451877	245.91	15959038	116162	346.68	2841194	25.67
1878	8962390	210.86	13508717	108360	323.40	2520514	22.64
1879	12416983	292.14	19409162	137889	411.52	3190517	27.48
1880	13169447	309.85	19734845	151519	452.20	3648112	29.49
1881	14370182	338.10	21818151	172482	514.76	4227685	28.34
1882	12158762	286.07	18201393	184940	551.94	4505391	29.22
1883	11499858	270.56	16804791	228006	680.47	5241994	29.97
1884	11229096	264.19	16557084	261458	780.31	5584138	30.43
1885	15706344	369.53	23622611	387820	1157.43	7871212	35.71
1886	14040642	330.34	21246062	384582	1147.77	7868560	33.28
1887	15266910	359.19	24457351	593728	1771.95	12590580	36.23
1888	18664067	439.12	30941793	684959	2044.23	13495732	35.61
1889	14275402	335.87	23116200	679727	2028.61	13019376	32.59
1890	16561460	389.65	25628606	1083405	3233.37	19391696	35.42
1891	17601242	414.12	32306661	1212922	3619.91	20983539	39.77
1892	16358790	384.88	30554778	1305572	3896.42	22152654	39.01
1893	12498431	294.06	27275418	983399	2934.91	17862552	29.82
1894	13795884	324.58	30708155	1161694	3467.02	21397293	32.14

资料来源:见姚贤镐编《中国近代对外贸易史资料(1840—1895)》第3册,科学出版社2016年版,第1368页。

3. 制针业

针这种商品虽然小巧不起眼,售价也不高,但是缝衣针是每一个家庭必不可少的日用品之一。中国人口众多,需求量自然而然地也较大。在使用外来物品的过程中,中国人的传统生活方式悄然发生了改变。晚清时期,土针行业在洋针的冲击下遭受重创。

中国土法制针,是用钢丝凿孔磨尖,耗工费时,代价高昂,而进口的机制洋针,质量精美,价格极廉,且不断降价。1860 年进口价每千根 0.51 关两,1894 年降至 0.14 关两,不到原来的 1/3。销至内地,一文钱可买洋针两根,很快就挤占了土针的市场。洋针进口量 1868 年为 51789.8 万根,1894 年增至 2.421724 亿根,增长了 3.68 倍,中国原有的制针业随之迅速凋敝。①

1895 年中国民族资本主义工业兴起后,缝衣针的进口数量呈下降趋势,国产缝衣针逐步代替了进口货,但这个过程进行得十分缓慢。

4. 打火石业

中国传统社会,人们普遍使用打火石取火。“中国民间普遍采用土法取火,即以燧石敲击钢片,发出火星,点燃纸媒取火。当时的农村,家家户户都有一块木板,挖深两格,一格放纸媒,一格放燧石和钢片,旁边放二三纸条,以备驳火点燃之用。”②

1848 年,德国的贝特卡发明了安全火柴,成为世界上普遍使用的火柴。火柴的发明距今较晚,输入中国的时间也不太长,却是增长最快、最受欢迎的一种洋货。因为它是从外国输入的,很长一段时间里人们称它为“洋火”,又因为它比传统打火石方便,人们又称之为“自来火”。火柴传入中国的时间,有比较准确记载的是 1867 年,当年进口了 7.9236 万罗,每罗 144 盒,每罗价值中国钱币 1 两白银,这种价格使中国人望而却步。10 多年后,到 1885 年,进口 243 万罗,增加了约 30 倍,价格下跌了一半。在 19 世纪 70 年代以前,中国市场上的火柴几乎是清一色的欧洲货,主要是英国、瑞典、德国制造的安全火柴,另有少量比利时和奥地利的产品。1875 年,一个名叫清水诚的日本人从法国回到日本,输入欧洲的火柴工艺,开始在日本制造火柴。从 1877 年起,日本火柴倾销中国,一度成为中国火柴市场上的主角。③

---

① 汪敬虞主编:《中国近代经济史(1895—1927)》(四),人民出版社 2012 年版,第 1823—1824 页。

② 王翔:《近代中国手工业史稿》,上海人民出版社 2016 年版,第 108 页。

③ 林青:《洋货输入对中国近代社会的影响》,《炎黄春秋》2003 年第 8 期。

晚清时期,由国外输入的火柴方便安全,物美价廉,使用方便,迅速风靡国内各地市场。传统打火石行业一蹶不振,逐渐被市场所淘汰。

鸦片战争以后,洋货输入日渐增多,迅速占领了国内市场,必然会导致国内原有手工业的衰落。在武汉,"1881 年,武汉三镇开设的洋货商店已有 10 家,经营品种包括外国玩具、工具、铅笔、图画、装饰品、洋伞、利器、珠宝、肥皂等"①。

以湖南长沙的商铺为例,湖南地处内陆,并不靠海,但这一时期,市场上充斥了各色洋货。在长沙,"苏广业,初该业营业范围甚广,所经营者不过北京、江苏、广东、上海之各种土产。嗣以五口通商,洋货输入,西洋广竞占于该业市场矣。故该业店铺之称呼,初为京广杂货铺,嗣称为广货铺,复曰洋货号"②。这些洋货远渡重洋,从国外搭乘轮船来到中国沿海通商口岸,再源源不断地搭乘各种交通工具销往中国内地各处市场。

外国机制商品入侵中国,导致中国传统手工业商品的衰落,这是显而易见的。"洋布、洋纱、洋花边、洋袜、洋巾入中国,而女红失业;煤油、洋烛、洋电灯入中国,而业冶者多无事投闲,此其大者。尚有小者,不胜枚举。所以然者,外国用机制,故工致而价廉,且成功亦易;中国用人工,故工笨而价费,且成功亦难。华人生计,皆为所夺矣。"③显然,外国机制商品进入中国市场,因此而受到影响的手工行业不是特别现象,而是常见情形。

二、太平天国战争引起手工业的衰落

鸦片战争以后,清廷陷于内忧外患之中。清廷对外连连战败,外国侵略者强迫清廷签订了一系列不平等条约。国内各地的民众反抗和农民起义层出不穷,此起彼伏,"鸦片战争后十年间,汉、壮、苗、瑶、彝、回、藏等各族人民的起义和抗租抗粮等斗争,不下 100 多次,几乎遍及全国"④。

---

① 佚名:《汉口》,见《英国领事商务报告》,1881 年,第 19 页。

② 彭泽益编:《中国近代手工业史资料(1840—1949)》第 1 卷,中华书局 1962 年版,第 473 页。

③ 彭泽益编:《中国近代手工业史资料(1840—1949)》第 2 卷,中华书局 1962 年版,第 165 页。

④ 李侃等:《中国近代史》(第 4 版),中华书局 1994 年版,第 45 页。

在此期间,各地自然灾害频发,更是雪上加霜。晚清时期是中国历史上自然灾害的高发期,多次发生水、旱、震、风、虫等自然灾害,民不聊生。清道光二十年至清宣统三年(1840—1911),我国共计发生水灾200多次,其中尤以黄河、长江流域的水患最为严重。清廷的财政经济一片愁云惨雾,统治陷入危机之中。

咸丰元年(1851)1月11日,洪秀全等在广西桂平县金田村起义,太平天国战争爆发。太平军一路北上,转战数千里,坚持14年,袭扰10余省,重创了各省经济,各地手工业生产或多或少地遭受了战争的破坏和影响,各地市场商品流通阻滞,有一些手工行业因此陷入停顿。

在广西,"咸丰四年(1854)以后,群盗如毛,地方日益糜烂。怀集以四年失陷,浔州、富川以五年(1855)失陷,平乐、梧州、庆远、北流以七年(1857)失陷,贺县以八年(1858)失陷,桂林属邑半为贼踞,商贾歇业。迨先后收复各城,而河道仍多梗阻,百货不能畅行"①。

在湖南,"自逆贼窜湖广扰江皖,而陷金陵,长江梗塞,淮盐片引,不抵楚岸者,三年于兹矣。湖南一省,例余淮盐州县,十居七八。从前无事之时,商民贩运谷米、煤炭、桐茶油、竹木、纸铁及各土产,运赴汉口销售,易盐而归。自江淮道梗,淮南片引不到,两粤多故,粤盐亦不时至,而盐价日昂,四民重困。湖南为产米之乡,近年稍称丰稔,谷贱如泥;又武汉叠陷,米粮无路行销,农民卖谷一石,买盐不能一斤,终岁勤动,求免茹淡之苦而不得,如是而农困。商贩贸迁阻滞,生计萧条,向之商贾今变而为穷民,向之小贩今变而为乞丐,如是而商困"②。"自楚粤道梗以来,商贩不通,小民失业无聊,以饥寒而流为盗贼者,亦复不少。故郴州宜章迭陷后,从乱如归。"③百姓日常所需米粮、食盐等物皆遇阻滞,其他商品更是供应不畅。

在湖北,"洞庭以下,江汉以上,咸丰四年(1854)来战舰横江,兵戈载

① 彭泽益编:《中国近代手工业史资料(1840—1949)》第1卷,中华书局1962年版,第598页。

② 彭泽益编:《中国近代手工业史资料(1840—1949)》第1卷,中华书局1962年版,第592页。

③ 骆秉章:《永兴茶陵失守分路剿办情形折》,《骆文忠公奏议》卷5,清咸丰五年(1855)九月十二日,第55页。

道,致关河阻塞,客商水陆不通,有钱之处不得货到,出货之地不得钱来”。“有钱之处不得货到,出货之地不得钱来”的局面严重影响了各地手工业者的积极性,造成商品无法流通销售。“频年以来,武汉屡为贼踞,江路梗阻,商贾不通。”①

太平军攻陷武汉后,军队沿长江水运,继续攻占江西、安徽、江苏、浙江各省,并控制了江宁定据,给沿途各省的各种手工行业的生产和商品流通带来重创。在安徽芜湖,“因逆匪窜踞金陵,江路梗塞,南北商船,又被贼掳。上游各大镇,多被焚掳净尽,商本或早经收回,铺户又乏本歇业,是下游之销路未通,而上游之来源已竭。长江虽系七省通衢,货船早已绝迹”。在江苏苏州浒墅关,“自江省军兴以来,江路梗阻,川楚江皖等省,商贾率皆裹足,即使北省货物,或有赴苏销售者,皆因京口不通,绕道他走,是以大宗货载道(浒墅)关,甚属寥寥”②。在上海,“若江苏军饷自广连失事以后,上海关税厘捐即行减色,迨浙东用兵,茶叶之来路断绝,天津河船阻滞,并无北货运回,上海地方渐形萧索”③。太平天国运动对经济影响是巨大的,长江“货船早已绝迹”,产品销售不出去,各种手工行业只能停产停业,严重影响广大手工业者的生计。

1853 年 3 月 19 日,太平军定都南京。南京是江南地区的重要城市、清廷主要赋税来源地区。太平天国定都南京,给清廷以沉重打击。1861 年后,太平天国势力发展至苏州、杭州、嘉兴、湖州等太湖沿岸广大地区,在其后的 3 年时间里,在清朝军队和外国雇用军的联合进攻下,太平天国顽强作战,在富裕的江南地区坚持了 3 年,直至 1863 年杭州失守,苏州陷落,1864 年南京被清军攻下,太平天国才宣告失败。太平天国战争对中国最富庶、手工业最发达的江南地区造成了毁灭性的破坏,许多城市、乡村沦为战场,造成人口锐减、土地荒芜的状况,手工业发展遭受重创,“工人星散”,短时间难以恢复,甚

① 彭泽益编:《中国近代手工业史资料(1840—1949)》第 1 卷,中华书局 1962 年版,第 592 页。

② 彭泽益编:《中国近代手工业史资料(1840—1949)》第 1 卷,中华书局 1962 年版,第 594—595 页。

③ 赵德馨编:《太平天国财政经济资料汇编》(下),上海古籍出版社 2017 年版,第 1107 页。

至有的手工行业再也未能重新振作。

1. 丝绸业

太平天国运动给江南一带的丝绸手工业带来沉重打击。南京的织缎业原本十分发达,受战争的影响巨大。“织缎为江宁巨业,咸丰三年(1853)以来,机户以避寇迁徙,北至通如,南至松沪,多即流寓之地,募匠兴织,贩运各省。”“洪杨兵起,金陵适当其冲,织工流离四散,缎业因之萧条。”①苏州是丝织业的重镇,受战争的影响,“咸丰三年(1853)三月,苏郡戒严,商旅裹足,机户失业,云集于市”②。在杭州,“杭州机户,昔以万计。洪杨之役,遂致星散,幸存者不过数家。当时织匠离散于各地,而移住于宁波、镇江者尤众”③。在镇江,地方当局曾于咸丰元年(1851)奖劝蚕桑,免费发给乡民桑苗,教导植桑育蚕,但是好景不长,太平军来了以后此项政策被迫陷于停顿。

一些从事丝绸生产的专业城镇的生意也在战乱兵燹中一落千丈。例如,吴江县盛泽镇、黄家溪镇和嘉兴王江泾镇毗邻,丝织生产原来均有相当规模,呈鼎足而立之势,同为当地丝绸生产和集散的中心。盛泽镇位于运河内侧约5公里处,而黄家溪镇、王江泾镇则依傍运河,地理条件甚至比盛泽镇更为有利,南船北马,舟楫穿梭。然而此时太平军与清军沿着运河两岸数度鏖战,黄家溪镇于咸丰十一年(1861)农历四月二十四日在兵火中被夷为平地;同月二十六日,王江泾镇亦焚毁过半。以上两处丝织生产从此一蹶不振,只有盛泽镇幸免于难,延续下来。④

太平天国政府控制江南地区后,一度对生丝生产基本采取保护政策。“江苏省、浙江省,1863年,关于丝产的消息,仍然非常之好,已有大量蚕籽孵化出来,桑叶亦盛,所以大量产丝可能极大,叛党正在尽一切努力鼓励蚕户。”⑤“产丝重镇南浔镇之太平天国政府,派枪船沿途保护,使本地丝货晏然

① ［清］蒋启勋、赵佑宸修,汪士铎等纂:《续纂江宁府志》卷15《拾补》,清光绪七年(1881)刻本。

② ［清］李铭皖修,冯桂芬纂:《苏州府志》卷20《物产》,清光绪九年(1883)刻本。

③ 佚名:《杭州之丝织业》,《东方杂志》1917年第14卷第2期,第66页。

④ 王翔:《晚清丝绸业史》(下),上海人民出版社2017年版,第636—637页。

⑤ 赵德馨编:《太平天国财政经济资料汇编》(上),上海古籍出版社2017年版,第676页。

出境。在整个生丝季节中,叛军对生丝的运输,很少加以干扰,而在某些地区,他们似乎还急于扶植这种贸易,因为他们可以从这种贸易中得到一笔可观的税收。然而无容怀疑,由于叛军在极其重要的时刻到达产丝的地区,他们确曾严重地干扰生丝的收集工作。"①

战争的反复拉锯,破坏了生丝的生产和销售,即使是待售的湖丝,能运销至外地的也很少。丝织业萧条的主要原因之一是生产原料供应不畅,"商贾不通"。在杭州,"因沿江各省贼氛未靖,大宗商贩裹足不前",连土产湖丝的产销也难以维持。② 浙江平湖,"癸丑(咸丰三年)粤匪骚扰,商贾不通,木棉布大贱。向来极精者五百钱,极低者三百余钱。是年极精者三百钱而止,极低者不及二百钱。且癸丑(咸丰三年)以后,历数年皆如是"③。

这种负面影响,在太平天国败亡后的一段时间内表现得更为明显。有些手工行业生产有其连贯性,从收购原料到招募工人开工生产到商品出售,需要一定的时间,不能一蹴而就。一旦中间任何一个环节供应不上,这一手工行业即陷于停顿。

而此时远在北方的直隶省,丝织业同样受到了战事的影响。饶阳县出产饶绸,"从前织此绸者共有十余家。……溯自南省不靖,丝价腾贵,此绸亦遂料薄价昂,无人购买,各织户俱赔累,陆续关闭,近年仅存二家"④。

2. 制盐业

制盐行业是关系到民生的重要行业,清廷将全国划分为若干盐区。因太平天国的兴起和战争的绵延,这一行业的生产和销售受到重创。盐税是我国传统社会历朝历代的主要收入来源之一,清廷因太平天国占据江南等地区,造成盐税收不上来,财政损失惨重。战事紧张导致盐的运输受阻,盐无销路,盐场停业。

在淮南的制盐业,"粤匪盘踞金陵,镇江江路隔绝,淮盐碍难行销,……而

① 赵德馨编:《太平天国财政经济资料汇编》(上),上海古籍出版社2017年版,第919页。
② 彭泽益编:《中国近代手工业史资料(1840—1949)》第1卷,中华书局1962年版,第602页。
③ 彭泽益编:《中国近代手工业史资料(1840—1949)》第1卷,中华书局1962年版,第603页。
④ 彭泽益编:《中国近代手工业史资料(1840—1949)》第1卷,中华书局1962年版,第603页。

煎丁灶户,以及游食之民,不下千万。此辈生计乏绝,铤而走险,何所不为。“查淮南平日岁产七、八十万大引。遭乱之后,场商歇业,灶煎亦减。以今(1854年)约计,大抵岁可得四、五十万大引。此时商疲课缺,资本甚难”。[①]在四川,“咸丰八年(1858)后,四川井厂被贼蹂躏,民间半食粤私”。在云南,“滇省自军兴以来,井灶废弛。迨肃清后,奏由盐道督饬试办,尽征尽解,又以人民未复,盐无销路”[②]。盐是普通百姓日常所需的食品,制盐业往往聚集了大量青壮劳力,盐无销路,面临失业,加剧了社会的动荡。

3. 制葵扇业

太平天国战争对手工行业的破坏不仅仅表现在直接占领之地区,中国其他未被占领之处,同样一损俱损,深受其害。广东新会的制葵扇业,“该行本系万金,时因江南未平,苏杭继陷,销路甚少,生意无多;且以前此贩葵诸人,货物尽遭贼毁,人亦存亡莫卜,大都举室悲啼”[③]。“自军兴以后,江南一带,半系贼巢,生意大为减色,犹恃苏杭等处,销路尚多,虽所获不克如前,而邑之人,仍纷纷趋之若鹜。自苏杭等处相继沦陷,会馆为墟,货物成烬,且有被戕被掳,性命俱抛,传信传疑,存亡莫卜,其家属即求一真实信息,亦不可得者,而贩卖葵扇之人,始觉利与害俱矣。”[④]

4. 其他手工业

在江西景德镇,“中国之瓷,以嘉庆道光两朝为最美。自游经兵燹,工人星散,乱后虽经复业,而老者已死,少者失传,又无人提拔经营,出资襄助,年复一年,有日趋陋劣已耳”[⑤]。景德镇的瓷业在清嘉庆、道光年间达到工艺巅峰,经过战乱呈下降趋势,元气大伤。

此外,其他手工行业同样受太平天国战争的影响甚巨。福建“崇安为产茶之区,又为聚茶之所,商贾辐辏,常数万人。自粤逆窜扰两楚,金陵道梗,商

① 彭泽益编:《中国近代手工业史资料(1840—1949)》第1卷,中华书局1962年版,第603页。

② 彭泽益编:《中国近代手工业史资料(1840—1949)》第1卷,中华书局1962年版,第605页。

③ 彭泽益编:《中国近代手工业史资料(1840—1949)》第1卷,中华书局1962年版,第611页。

④ 彭泽益编:《中国近代手工业史资料(1840—1949)》第1卷,中华书局1962年版,第611页。

⑤ 彭泽益编:《中国近代手工业史资料(1840—1949)》第2卷,中华书局1962年版,第122页。

贩不行,佣工失业"①。贵州仁怀县茅台村的制酒业历史悠久,有"茅台酒制造历史最久之烧房",为贵州省特产之一。"其后洪杨之乱,造酒事业,即告停顿。"②浙江省嘉兴县,"清咸丰十年(1860)十一月初五夜,嘉兴之贼径由皂林入秀溪桥,掠炉头镇,烧毁大半。镇故有富户沈氏,以冶铁起家,百有余年矣,广厦丰屋,半是沈居,至是尽被掳掠,一罄家藏"③。

可以看出,不仅是太平天国占领地区的手工行业深受影响,全国大部分省份的货物贸易也由于销路断绝、流通不畅而陷入停顿。新疆远离太平天国战场,同样深受影响。"咸丰九年(1859),伊犁情势,与内地迥殊。向来本无富商大贾,近复因饷需缺乏,银钱周转维艰,无利可图,多致收本歇业,百货不能流通,贸易萧索。"④太平天国战争对手工业和商业的影响是深重的,各行各业遭受了巨大损失。

四川省,"自粤匪倡乱后,四处蔓延,江浙闽广各商,率皆闻风裹足。迨咸丰十年(1860)以来,前后两年中,发逆则窜围楚省随州,并又攻陷利川,与夔郡南岸毗连;滇匪则由叙南窜至省垣附近各属,旋复下窜重庆、顺庆等府属州县,逼近夔门北岸,嗣又扰及夔属之开县、云阳一带,维时大江南北,道路阻隔,货船几至绝迹"⑤。广东省,"粤海关税,向以洋布棉花茶叶为大宗。兹值邻省或军务未竣,路途阻滞,或兵燹之后,商业未复,以致货物不能畅销,来船较少"⑥。陕西佛坪境内多有板号、铁厂、纸厂,自兵燹后,无复业此者。道路阻隔,手工业商品销售不出去,百姓买不到所需商品,普通民众的生产生活遭遇困难。

① 彭泽益编:《中国近代手工业史资料(1840—1949)》第1卷,中华书局1962年版,第607页。
② 彭泽益编:《中国近代手工业史资料(1840—1949)》第1卷,中华书局1962年版,第608页。
③ 赵德馨编:《太平天国财政经济资料汇编》(上),上海古籍出版社2017年版,第601页。
④ 彭泽益编:《中国近代手工业史资料(1840—1949)》第1卷,中华书局1962年版,第601页。
⑤ 彭泽益编:《中国近代手工业史资料(1840—1949)》第1卷,中华书局1962年版,第598页。
⑥ 彭泽益编:《中国近代手工业史资料(1840—1949)》第1卷,中华书局1962年版,第597页。

表 4-2　太平天国战争期间几种主要手工业遭受破坏的估算

类别	战　前		战时或战后		前后比较
	资料年代	数量	年份	数量	减少
南京丝织业织机数	1853 年	50000 张	1880 年	5000 张	95%
苏州丝织业织机数	1853 年	12000 张	1880 年	5500 张	54%
直隶饶阳织绸业家数	从前	10 余家	1867 年	2 家	80%
江西景德镇瓷业窑数	道光年间	270—290 座	1869 年	60 座	79%
淮南制盐业产量	从前	70—80 大引	1854 年	40—50 大引	50%
云南个旧锡矿业产量	1856 年前	3000 张	1896—1897 年	800 张	73%
云南个旧锡矿业工人数	1856 年前	100000 人	1896—1897 年	20000 人	80%

资料来源：见彭泽益编《中国近代手工业史资料（1840—1949）》第 1 卷，中华书局 1962 年版，第 612 页。

注：云南个旧锡矿业中的产量 1 张 = 2500 斤。

在浙江省，"清同治元年（1862）二月，余杭上下百里间及苕西数处，一片蔓草，累累白骨，间有老弱存者，枯槁无人色。有仆于路，有呻吟未死，或割其肉食之，亦有单身入僻乡，为饿殍人所见，则驱而剥削其肌肤以供一啖。此时景况，真不忍闻见也"①。在江苏省，"清同治二年（1863）十一月，常州以上，人无影迹，地断炊烟。新丧不敢出棺，出必倾尸而食"②。这种场景，真是骇人听闻，无法想象。"清同治初年（1862），江南宜兴一带，有十里无人烟者。"③在江南这个中国最富裕的地区竟然发生着人相食的惨剧，可见战争的破坏性。

在安徽省，"以民困而论，皖南宁国各属，市人肉相食，或数十里野无耕种，村无炊烟"④。"清同治初年（1862），照得皖北被贼蹂躏，已逾十载，小民非死即徙，十去七八；凋敝情形，不堪言状。本署部院前由安庆移节临淮道，

① 赵德馨编：《太平天国财政经济资料汇编》（下），上海古籍出版社 2017 年版，第 1259—1260 页。

② 赵德馨编：《太平天国财政经济资料汇编》（下），上海古籍出版社 2017 年版，第 1260 页。

③ 赵德馨编：《太平天国财政经济资料汇编》（下），上海古籍出版社 2017 年版，第 1265 页。

④ 赵德馨编：《太平天国财政经济资料汇编》（下），上海古籍出版社 2017 年版，第 1261 页。

经凤、定各县，环视数百里内，蒿莱弥望，炊烟几绝”①。从种种史料可以看出，太平天国战争造成了战乱地区惨绝人寰的景象，“炊烟几绝”“非死即徙，十有七八”“市人肉相食”，普通小民连生存都保障不了，活命都困难，更谈不上农业和手工行业的生产与恢复了。

清廷为了镇压太平天国运动，进行多年战争，财政上的消耗同样无法估算。为支持清军作战，解决征战军费，各地设立厘金局以收取厘金。此举对于手工行业影响极大，使行业发展因缺乏资金而受到很大的影响。销售利润微薄甚至折本，严重打击了商人的积极性。

第二节　鸦片战争后部分手工业的固守

鸦片战争以前，西方国家就曾想方设法通过各种途径将本国商品销往中国，鸦片战争以后，诸列强凭借着它们从不平等条约中所获取的种种特权，逐步加强了对中国的经济侵略和渗透，各种洋货开始涌入中国市场。从鸦片战争到甲午战争短短几十年间，中国开辟通商口岸35处，传统手工行业深受影响、波动剧烈。鸦片战争以后，外来的商品和先进机器想进入中国市场，在洋货入侵中国市场这一过程中，自然会遭到中国手工业劳动者的反对和抗争。在牛庄，用蒸汽机榨豆饼的豆饼厂的出现遭到榨油行业手工业者的强烈抵制。“1868年，英商特设火轮磨豆坊（即用蒸汽榨豆饼）一所，土人以其胜己，且碍己也，心共妒之，无奈停止。”②一时之间，外国机器想要被中国群众接受，有些困难，因为这必然损害了原榨油手工行业的利益。

洋油在入侵中国市场的过程中，也曾遭遇本土利益相关人士的激烈反抗，但是洋油凭借特权在市场上销路日增，迅速盛行大江南北。

福建是沿海省份，最先接触到洋油。“溯自清同治十三年（1874）以前，火油尚属仅见之物。不料二十年之间，竟如此盛行于厦门。岂非出人意外哉！

① 赵德馨编：《太平天国财政经济资料汇编》（下），上海古籍出版社2017年版，第1265页。

② 彭泽益编：《中国近代手工业史资料（1840—1949）》第2卷，中华书局1962年版，第41页。

至将来更不知多至何底止也。是火油实为民间合用之物。”①

福州等处商人竭力宣传“洋油一物小则损坏人目,大则易于引起火灾”,寻找各种理由反对民众使用洋油。“仅各乡社为惩前毖后期间,遂有公禁洋油之举,自茶亭八墩为始,上至南街,下至南台横直路,东至东门外水部门各乡村,均已宣告为厉禁,不点洋油。近日五保七社各铺亦逐渐推行。因有三保铺美孚煤油行支店仍然出售,乡人不允,该支店出售煤油,乡人率领工人百余人欲与决斗。该乡恐酿事变,婉劝迁移,且经警局人员弹压得免斗祸。但是,事后美孚洋行已会同英商德兴等各行分向英美两国领事馆禀请,照会福建洋务局及福防府福防厅、闽侯两县请为极力保护。”②尽管各乡社抵制洋油,纠集百余名工人与煤油销售商决斗,但领事馆和官府介入冲突的结果显而易见,那就是洋油销售市场进一步扩大。普通民众并未能阻挡洋油在中国市场的进军步伐。

江苏镇江具有长江水运优势,是洋货进入内地市场的重要集散中心之一,众多商品在镇江集散。从英国源源不断地运来纯碱在中国市场销售,此纯碱较之土碱,其价既廉,其力较大,其质亦纯。这些洋碱在内地市场大为畅销,这种局面引起了土碱业的忧虑,“向以土碱为业之铺户,佥称纯碱食之于人有损,并有不知姓名之人,私出粘贴告白,声称纯碱为害,因此购用者渐稀”③。即使不惜造谣说洋货使用有害,还是改变不了洋货的畅销局面。

既然抵制不了外来商品的倾销态势,许多手工业者只能顺应市场需求,改变传统工艺技术,改变生产模式,试图夺回一部分市场份额,从而得以生存发展。

一、太平天国战争后部分手工业恢复

手工行业与普通老百姓密切相关,是广大群众赖以生存的行业。太平天

① 彭泽益编:《中国近代手工业史资料(1840—1949)》第2卷,中华书局1962年版,第166页。

② 佚名:《记载近事:禁用洋油》,《卫生学报》清光绪三十二年(1906)第7期,第45页。

③ 佚名:《光绪二十八年(1902)镇江口华洋贸易情形论略》,《通商各关华洋贸易总册》下卷,第47页。

国战争结束后,太平天国未占领地区的手工业者开始休养生息,手工业得以恢复,发展生产、恢复元气。受太平天国战争影响最深的江南地区,手工业生产也在逐渐缓慢恢复。

1. 棉纺织业

19 世纪 70 年代以后,瓦解中国传统自然经济结构的力量形成,但强大的冲击力量主要不是国内商品经济的发展,而是外力。首先,外国侵略者通过第二次鸦片战争和《天津条约》《北京条约》的签订,增辟牛庄(后改为营口)、登州(后改为烟台)、台湾(台南)、淡水、潮州、琼州、天津、镇江、南京、九江、汉口等通商口岸。外国侵略者夺取内河航行权,外国轮船得以任意在长江航行,外国人直接控制和把持中国海关,关税协定范围扩大,税率减低,子口税的规定使外国商品免除内地常关税和厘金的征收,到 1876 年《烟台条约》更进一步规定:"洋货运入内地请领半税单照","不分华洋商人,均可请领,并无参差"。外国侵略者使用暴力从中国夺取的那些新的特权和利益,随着太平天国战争的失败、长江四口的开放,纷纷付诸实现,外力的冲击波也就沿着长江伸入到内地。其次,19 世纪上半期,英、法、美等西方资本主义国家先后完成产业革命,随着资本主义社会制度固有矛盾的加深,周期性经济危机爆发,资产阶级为了在竞争中不被淘汰,加强对工人剥削的同时不断改进生产设备。1871 年,上海、香港和伦敦之间海底电线接通,促使贸易信息得以迅捷传递,便于外国资产阶级掌握中国市场的供需情况,控制市场价格。生产技术的改进和交通运输、电信的发展,加强了外国资本主义国家对华倾销机制棉纺织品的力量。当时国外就有人评论:《天津条约》和较早的条约只引起市场上一时的波动,而且其结果是引起过度的进货,运河和电报则起了长期的刺激作用;迅捷的运输和较低的运费造成了市场存货过剩的种种机会。到 1873 年,西方资本主义国家爆发了经济危机,它们为了挽救经济危机中的损失,对中国采取输华棉纺织品跌价倾销的政策。棉纺织品是中外贸易中进口贸易的第二大宗,进口货物价格不断下降。以经济危机发生的 1873 年为基数计算,10 年以后的 1884 年,本色市布价格下降 64.8%,漂白市布下降 68.91%,洋标布下降 72.36%,粗细斜纹布下降 62.5%,粗布下降 67.69%,棉纱(包抓棉线)下降40.73%。尽管洋布不如土布结实耐用,但布价廉而幅宽,抵补了不耐穿的缺点,所以相应于进口棉纺织品价格下降的是进口棉纺织品量、值的上升。在整个80年代,棉纺织品进口量迅速增长。1869年英国驻华领事商务报告中说,洋标布是一种近似土布的织物,对它的需求正在不断增长。为了适销对路,在漂白洋标布运到中国通商口岸后,将之染成蓝色,相当于青蓝大布,并裁成段,折叠成匹,每段恰足制成一件中国人穿着的长衫,以适应中国市场。海关商务报告书中记载:漂白市布经如此加染后,迅速并大量地代替了以前作为缝制衣着主要来源的土布。人们已经发现,虽然外国织物在结实方面赶不上本地竞争品,但前者比较便宜,使人更乐于经常地购买。于是进口的外国机制棉纺织品源源不断地输入中国。

鸦片战争以后,虽然开始了洋纱机纱、洋布机布取代土纱、土布的过程,但在整个近代史上这一过程并未完成,中国传统的手工棉纺织生产并未寿终正寝,而是顽强地生存下来,在某些历史阶段甚至繁盛一时。棉纺业与棉织业两者又有区别。洋纱机纱在中国销行增长的速度和势头,远远超过洋布机布。出现这种差别的原因,不仅是因为洋纱机纱比洋布机布有着更加雄厚的竞争力量,更是因为洋纱机纱比洋布机布较能适应中国社会经济生活的需要。洋布机布之所以未能畅行无阻,根本原因在于中国农民家庭手工棉纺织生产的顽强抵抗。小农业和家庭手工业相结合的自然经济,造成巨大的劳动力节约和时间的节省,给大工业产品设置了难以逾越的障碍。然而,这尽管可以在一定时期内阻止机制工业品的进攻,但毕竟是没有前途的。①

外国机制棉纺织品冲击中国市场并不是一个迅速的、顺利的、平和的过程。中国地域辽阔,外国棉纺织品想取代手工棉织品,遇到的阻力极为强大。在偏远农村,人们依然普遍过着男耕女织的家庭生活,能接触到的外国商品有限。即使在接触外来商品最早最多的上海,手工棉纺织业仍具有很大的活力。

2. 丝织业

晚清时期,中国的丝织行业对外贸易畅旺,江南地区丝织行业发展迅速,

---

① 王翔:《近代中国棉纺织手工业的再考察》,《琼州大学学报(社会科学版)》1998年第4期。

太平天国战争后呈现一片繁荣景象。在浙江吴兴县,“盖洪杨乱后约十年,湖州流亡在外者逐渐来归,务力蚕桑。外商需求既殷,收买者踊跃赴将,于是辑里丝价雀起,蚕桑之业乃因之而愈盛”[①]。“洪杨乱后,是时(1858)中国与列强陆续缔结商约,中外贸易日渐推广。辑里丝既为西人所欢迎,外销较洪杨乱后愈盛。故大约自1870年左右,至1920年前后,为时计五十年,丝业贸易兴畅,蚕桑区农民繁荣,乃造成湖州蚕桑实业之全盛时期。”[②]

江苏南京,清代南京丝织业分为三大类:缎业、绒业和织锦业。缎业集中于城南,绒业大部分分布于绒庄街及明瓦廊一带,城北则以织锦业著称。[③]

江苏苏州,“前清同治光绪年间,纱缎业营业兴盛,年销六百余万元,其销路远至俄国、高丽、缅甸、印度等处。官方特置织造府于苏州,从事办差。其营业最盛之时,共有木机九千余架之多,职工三万人,连同捽花、机具工、掉经等,男女赖以生活者约十余万人。机房以顺泰、福泰、洽裕成等为大。纱缎织造,全以木机,缎品成分直为经,横为纬,其工作先分抽丝捽丝二种,次以木机织造。机成后再施以拣剔及卷筒,然后出售”[④]。仅苏州一地,男女赖以生活者10万余人,可以看出丝织业在光绪年间的兴旺水平。

在苏州吴江县盛泽镇,“明初以村名,居民止五六十家,嘉靖间倍之,以绫绸为业,始称为市”[⑤]。乾隆年间,“(盛泽)镇之丰歉,固视乎田亩之荒熟,尤视乎商客之盛衰。盖机户仰食于绸行,绸行仰食于商客。而开张店肆者,即胥仰食于此焉。倘或商客稀少,机户利薄,则怨咨者多矣”[⑥]。

晚清时期这里发展成一个“巨大的丝绸制造中心”。大体而言,盛泽一地“所织之绸如绫、罗、绉、纱、纺等类,岁可出数十万匹至一百万匹,行销之地除本国各省外,其外洋如高丽、暹罗、印度,以及欧、美各国,莫不有盛泽绸之销路。但销往欧美之货,多系由上海商号采购,间接运出。其织绸所用之丝,本

① 赵德馨编:《太平天国财政经济资料汇编》(下),上海古籍出版社2017年版,第1324页。
② 刘大钧:《吴兴农村经济》,文瑞印书局1939年版,第121页。
③ 南京博物院民族组编:《清末南京丝织业的初步调查》,《近代史资料》1958年第2期。
④ 彭泽益编:《中国近代手工业史资料(1840—1949)》第2卷,中华书局1962年版,第69页。
⑤ [清]陈纕、丁元正修,逆师孟、沈彤纂:《吴江县志》卷4,清乾隆十二年(1747)刻本。
⑥ [清]仲沈洙纂修:《盛湖志》卷下《风俗》,清乾隆三十五年(1770)刻本。

境约居十之二三,浙境菱湖、硖石之丝实居十之七八”[①]。时人记述:“江苏盛泽一镇,其绸产之盛,为中国首屈一指。前岁(1899)创制素丝布,与丝绵绸无异,行销甚广。现又新出一种花丝布,系以纱为经,以丝为纬,且用提花织法。其花纹之明、颜色之显,不知者咸以为湖州所出之绉纱,并不知其为布也。每匹长约四丈,宽尺二寸,月初发商销售,每匹需价五元。其余商家以物美价廉,销路必旺,故争相购运。盛泽机户,日夜赶织,此项丝布,大有应接不暇之势云。又盛泽一镇,统计绫罗绸绢,每日约出二千五百匹,每年约出九十万匹左右。以关卡捐数征之,数亦相去不远。该处捐例素以绸之轻重定捐数之多寡,无论何项绸匹,每重一两,捐钱十文。以通年计之,约得捐银二万五六千两。其运往外洋者,系由洋关报捐,每年约得捐银一万五六千两。盛泽所出各绸,匀计轻重,每匹约得六两,以关卡捐数验之,则每年已有八十余万匹之多,据此足证盛泽绸产之盛矣。”[②]

与此同时,丝织行业的另一个重地浙江杭州,从事丝绸制造的人数相当可观,在杭州城内形成丝绸生产的专业街道。丝织机户依照不同的织物类别集中在不同的区域进行生产。在涌金门内的“上机神庙”,专门织造熟货素缎、库缎、摹本宁绸、亮地纱等品种;艮山门东园巷一带属于“中机神庙”,主要生产花宁绸、线绉等品种;艮山门外万弄口的“下机神庙”,则专织纺绸、官纱、线春等产品。[③] 浙江各地农村,有大量农户依靠丝织业为生。“浙西之农,恃蚕桑为生活,编户穷黎,终岁衣食之给,赋债之偿,咸属望于此,有得之则生,不得之则死。”[④]湖州双林镇,镇上及附近四乡居民有五六万人,中壮年男妇有二三万人,其中从事缫丝、调经、织绸、织绢工作者几近万人,还有很多农户过着亦耕亦织的生活。[⑤]

在广东省,太平天国战争结束后,部分地区恢复了种桑养蚕。肇庆府德

---

① 江苏省实业司编:《江苏省实业视察报告书·吴江县》,1919 年,第 134—135 页。

② 佚名:《商局采访:盛泽绸产》,《湖北商务报》清光绪二十六年(1900)第 38 期,第 9—10 页。

③ 浙江省政治协商委员会文史资料研究委员会编:《浙江文史资料选辑》第 24 辑,浙江人民出版社 1983 年版,第 28 页。

④ 祝延锡纂:《竹林八圩志》卷 3《物产》,1932 年石印本。

⑤ 蔡蓉升、蔡蒙纂:《双林镇志》卷 14《蚕事》、卷 15《风俗》、卷 17《商业》,1917 年铅印本。

庆州,“庐屋遭兵燹,半瓦砾,同治中相率植桑,贫家稍得利”①。罗定州,“顺德赖凤韶以光绪间来泷,提倡蚕桑。数载间,山陬屋堣,浓阴满目,人咸利之。有茧市,岁出蚕丝十余万斤”②。广东各地所出蚕丝大量供应广州和佛山的机坊。

广州和佛山逐渐发展成为丝织手工业的中心。19 世纪七八十年代,珠江三角洲的广州、佛山一带机坊林立,丝织手工业工人多达十几万人。“广东织造物为绸缎、云纱、华绉、素绉、竹纱、牛郎纱、机纱、花绸、天鹅绒、官纱等,其机房工人约有十余万。但本地织造,多用土丝。”③

在四川成都,“成都城内百工咸备,皆有裨于实用。其精巧者,无过于织造,有官绸、宁绸、线缎、巴缎、倭缎、闪缎、线绉、湖绉、薄艳、平纱、明机、蜀锦、天心锦、浣花绢、色兹阑干,每年采办运京,常以供织造(局)之不足。妇女务蚕事,缫丝纺绩,比屋皆然。在城者多善针黹,缝纫刺绣,色色皆精。贫苦孀居,竟有恃十指以为事蓄之资者”④。妇女凭借缫丝纺绩,能养活家人。

丝织品并不是生活必需品,而是属于高档消费品。丝织手工业产销的恢复和发展,说明太平天国战争结束以后民间手工业经济逐渐活跃。

3. 榨油业

榨油行业与普通家庭日常生活密切相关,人民需求畅旺,在太平天国战争结束后迅速得以恢复。东北营口是榨油业集中之地,“东北营口的手工油坊,也从 1886 年的 2 家增加到 1895 年的 30 余家”⑤。在湖南湘潭,“湘潭榨油业起源甚早。清咸同至光绪年间最为兴盛,当时油坊家数达五十余家”⑥。在福建省,“闽诸郡皆产茶子、桐子、菜子,兴化福清产落花生及豆,故诸郡皆设油厂。榨茶子为茶油,麻子为麻油,菜子为菜油,落花生为生油,各豆为豆

① [清]杨文骏修,朱一新、黎佩兰纂:《德庆州志》卷 4《地理志・风俗》,清光绪二十五年(1899)刻本。
② 周学仕修,马呈图纂,陈树勋续修:《罗定志》卷 3《食货志・物产》,1935 年铅印本。
③ [清]张凤喈等修,桂占等纂:《南海县志》卷 4《舆地略・物产》,清宣统三年(1911)刻本。
④ [清]衷心鉴等纂,李瑄修:《成都县志》卷 2《风俗》,清同治十二年(1873)刻本。
⑤ 佚名:《东三省油坊业之变迁》,《银行周报》1929 年第 11 期。
⑥ 彭泽益编:《中国近代手工业史资料(1840—1949)》第 2 卷,中华书局 1962 年版,第 69 页。

油”[①]。江苏苏州府吴县,“三丰榨油厂,在葑门外大街,光绪十六年(1890)开设;义隆和在娄门外官渎里,光绪二十六年(1900)开设,均以土法榨制菜油、菜饼”[②]。

广东汕头,“1879年末在汕头已建立一利用机器榨油并压制豆饼之工厂。此种工厂在汕头尚属创举,惟在其邻近之潮阳县已有几个榨油厂开设数年,据云盈利甚丰”[③]。广州府番禺县,“油业颇发达,沙湾司之钟村、平山、谢村、新墩、茭塘司之花埭、员冈、南村、新造、新洲、黄埔、深井、鹿步司之东圃,慕德里司之竹料、高塘,均为生油之出产地,菜油、豆油、茶油、桐油亦出于此。但所出甚少,竹料生油得名最早,油榨之多,则以钟村为最”[④]。潮州府揭阳县,“油有麻、茶、菜子、地豆四种。麻、菜二油仅供饮馔,茶油则妇女以为膏沐,其用较多,然皆不如豆油流通至广。山中人以榨油为业者十室而九,地豆即落花生也”[⑤]。

四川盛产桐油,故桐油作坊在晚清时期十分红火。“秀山擅油利旧矣,故秀油最名,载销湘汉淮泲之间,而汉口其都会也。其次常德,次湘潭新堤。咸同间,粤寇铁犯,武昌汉口为墟,秀油滞销,商贾皆失业。及江南寇平,则油不敷销,坐获奇价,或起家数十万。秀油者,研膏桐实为粉,入锅炒煎沸,膏四溢,则团以稻秸,铁箍束之,积二三十团,上下夹横木,而加椎焉。油成,佳者如漆”[⑥]。万县是一个桐油集散市场,“万(县)多山,故民多种桐,取其子为油,盛行荆鄂。按邑水陆商贩,向以米棉桐油三者为大装,行于滇楚”[⑦]。

4. 制盐业

在云南,“咸丰回乱事起,盐井失陷,产井破坏,产额不详。同治十二年

① 彭泽益编:《中国近代手工业史资料(1840—1949)》第2卷,中华书局1962年版,第119页。

② 曹允源等纂:《吴县志》卷51,《舆地考》《物产二》《工作之属》,1933年铅印本。

③ 孙毓棠编:《中国近代工业史资料》第1辑(1840—1895)(下册),科学出版社2016年版,第1012页。

④ 丁仁长、吴道镕等纂:《番禺县续志》卷12《实业志》,1931年刻本。

⑤ [清]王崧等修,李星辉纂:《揭阳县续志》卷4《风俗志·物产》,清光绪十六年(1890)。

⑥ 彭泽益编:《中国近代手工业史资料(1840—1949)》第2卷,中华书局1962年版,第120—121页。

⑦ 彭泽益编:《中国近代手工业史资料(1840—1949)》第2卷,中华书局1962年版,第121页。

(1873)以后,云南回乱平息,井场复原,产额突增至40620872斤。光绪年间产额增至52971626斤,较之清初差不多增加一倍了"[①]。

上述所见的棉纺织业、丝织业、榨油业、制盐业等手工行业都有一个特点,就是这些行业和百姓的日常生活紧密相关,不可或缺。因此,太平天国战争结束后,这些行业必然会重新生产,进而销售兴旺。

二、市场需求大小决定手工行业存废

太平天国战争中一些地区的手工行业遭受了灭顶之灾。太平天国战争结束以后,有一部分手工行业从业者为了求得生存和发展,改变了传统手工业的工艺技术,顺应了市场需求,得以继续维持生产。

1. 制茶业

茶业是鸦片战争后中国比较兴旺的行业,制茶手工业也随之兴盛。全国境内,福建、两湖等地区的茶叶加工极负盛名,茶叶远销海外。福建本是产茶大省,崇安武夷山的茶远近闻名。

"福州通商后,山西茶商生意遂衰,而下府、广、潮三帮继之以起。道光武夷茶经营为此三帮独占。清季自五口通商,民竞业茶。海禁既开,茶叶日盛,洋商采买,云集福州。福州之南台地方,为省会精华之区,洋行茶行,密如栉比。其买办多广东人,自道咸以来,操是术者,皆起家巨万。"[②]

(建瓯县)乌龙茶叶厚而色浓味香而远,凡高旷之地,种植皆宜。其种传自泉州安溪县,制法与水仙略同。清光绪初,功夫茶就衰,逐渐发明,至光绪中叶,遂大发展。近今广潮帮来采办者,不下数十号。市场在城内,及东区之东峰屯,南区之南雅口,出产倍于水仙,年以数万箱计。箱有大斗及二五箱之别,二五箱以三十斤为量,大斗倍之。……清咸同间,里之钟山复有客氓至此开垦,普及各区。所出功夫茶,年以千数百万计,实超宋代而过之。垦植贩运,大半皆本地人,享其利而起家者,无处

① 彭泽益编:《中国近代手工业史资料(1840—1949)》第2卷,中华书局1962年版,第131页。
② 彭泽益编:《中国近代手工业史资料(1840—1949)》第1卷,中华书局1962年版,第480页。

蔑有[①]。

“所出功夫茶,年以千数百万计”,由此可以看出制茶行业必然集中了大量手工业者,有不少制茶业者以此发家致富。

福建龙岩县,“清同治、光绪年间,茶山遍全境,焙制之法有明火、乌龙两种。明火销于本县,乌龙则经潮州行销于南洋群岛”[②]。中国自古是茶叶消费大国,光绪初年,在福建省制茶逐渐改为乌龙茶后,其畅销国内外市场,并风靡至今。

红茶在国际市场大获畅销,是晚清时期较为引人注目的事情。在湖南省,“至湖南茶对外贸易,当清道光二十年(1840)前后,英人之在粤南对华贸易,已有相当进展,时输出品以茶为大宗。两粤茶产不多爰,由粤商赴湘示范,使安化茶农改制红茶(国内以前所产者多为绿茶,不知制造红茶)。因价高利厚,于是各县竞相仿制,产额日多,此为红茶制造之创始。安化后乡一带,出产以茶为大宗,初有黑茶,引商贩运,销售西北各路。至咸丰四年(原文如此)五口通商,始行创办红茶”[③]。

在湖北省羊楼峒,“山西茶商每年常设立临时办事处开设工厂,该地数千农民及其家族从事制造砖茶,大都推销于俄国及亚洲市场。原料多为二茶或三茶,叶长约一吋,味强,一般称为来茶。压力多用木质平压机,以其经营方式大都为临时性质,不利于购置新式设备”[④]。

在湖南、湖北省,晚清时期一改绿茶的传统制作工艺而大力制作红茶以供应海外市场需求,获得较大的发展。红茶这种风味受到了国内国外市场的极大欢迎。

在广东省,“鹤山山多田少,山地最适于茶树之栽培,故植茶者较多。清

① 彭泽益编:《中国近代手工业史资料(1840—1949)》第2卷,中华书局1962年版,第106页。
② 马龢鸣、陈丕显修,杜瀚生等纂:《龙岩县志》卷17《实业志·工业》,1920年铅印本。
③ 彭泽益编:《中国近代手工业史资料(1840—1949)》第1卷,中华书局1962年版,第480—481页。
④ 彭泽益编:《中国近代手工业史资料(1840—1949)》第2卷,中华书局1962年版,第101页。

道光年间,为中国茶叶之全盛时代,全年出口有二百万担之多。时该县无论土著客家,多以植茶为业”①。

显然,中国在这一时期,制茶业改变传统工艺所制的红茶、黑茶、砖茶等品种,深受国际市场欢迎。

2. 铜器、银器、金器首饰业

铜器首饰业是中国传统手工业之一,百姓日常生活中,时有需求,深受广大妇女的喜爱。山东潍县是铜器首饰加工重镇,妇女所用钗环首饰,昔年率以金银制成,间有铜质者,恒粗劣不堪。自清咸丰同治年间,首饰工艺逐渐进步,包金镀银,均能酷似真品,又有铺翠发蓝诸法,艺术精良、花样繁多,恒合妇女之需要,乃渐成专业。所用原料,以白铜为主。最初系采用云南产品,所谓云白铜也。以后舶来铜片铜条,质虽较劣,价实较廉,于是群相购用。② “潍人所造仿古铜器,雕镂花纹极为精巧,售之洋商价值洋二十余元,若能推广制造,亦一绝好利源也。”③山东潍县的铜器加工业改良了工艺技术,所出饰品价格又比金银首饰低廉,受到妇女的追捧。

清代,苗区的银饰业很发达,苗族同胞生产出来的银制品,已有惊人的艺术性。苗民信巫崇鬼,接龙时头戴的接龙帽,雕刻的虫、鱼、鸟、兽、牡丹、芍药、菊、桂花等,焊接于一根根银饰的上端,妙趣横生。帽檐雕刻的二龙戏珠花纹,势若欲飞;正背两面的鲤鱼跳龙门,形象逼真。苗族妇女很喜欢银饰,她们头、耳、颈、肩、胸前、背后、手腕、手指都戴有不同名称的银饰,胸前的银制品有虫、鱼、鸟、兽、挖耳、牙插、马刀和植物藤草等造型,走起路来,发出叮当叮当的声响。④

贵州安顺的少数民族习惯穿金戴银,“金银首饰业,俗称洒花银匠。同光以前,地方风气闭塞,妇女首饰多用银质,间有掺和铜质者,谓之成色首饰。光绪中,鸦片盛行,商业大兴,风气为之一变,妇女首饰渐由银、玉改用金饰。

① 彭泽益编:《中国近代手工业史资料(1840—1949)》第1卷,中华书局1962年版,第483页。

② 彭泽益编:《中国近代手工业史资料(1840—1949)》第1卷,中华书局1962年版,第63页。

③ 佚名:《铜器利厚》,《济南报》清光绪三十年(1904)第127期,第4页。

④ 石邦彦:《清代苗区的手工业》,《中南民族学院学报(哲学社会科学版)》1994年第1期。

营此业者,日渐加多,生意日见发展"[①]。仅从妇女所戴金银首饰的变化这一个侧面,也可以反映出社会风气和百姓消费习惯的变化。

3. 刺绣业

刺绣行业的工艺技术在这一时期突飞猛进。晚清时期,刺绣业形成以地域特色为标志的苏绣、蜀绣、湘绣、粤绣、汴绣、鲁绣等刺绣知名绣种。刺绣行业工艺繁缛、做工精美,形成专业化规模生产。

山东省,"山东潍县绣工始于清光绪初年,其时因年岁不登,生活艰难,妇女学习南绣者日多。初仅作当地装饰之用,如套袖、裙子、枕头等类。嗣后技术日精,凡围屏喜帐戏衣等件,皆能绣制,其优美或过于南绣。自清末,县中以营绣货致富者,不下数十家"[②]。

湖南省,"湘省有绣货,皆由男工组织殊不足观。近有李绣湘、吴彩霞诸家招集女工,大则屏障,小则佩件,皆极精美。所绣飞走,山水人物字画,无不臻极致。进步猛速,销场亦旺,以苏广两省相比,直有过之而不及也"[③]。"湖南绣货近年大为改良,故生意日见发达。昨有省城彩霞绣局职商分省补用,同知吴英梓等恳请拨款,提倡绣业,禀请督批。"[④]

清代苗民的衣、裤、裙、鞋、头帕、门帘、帐檐、枕头、背袋、褡裢、童帽等,其精品造型优美,结构合理,构图对称,朴素大方。绣的飞禽,或展翅高飞,或似喳喳欢语;绣的走兽,千姿百态,神态逼真;绣的奇花异草,仿佛迎风而动,栩栩如生。它们表现出一种秀丽而朴实的自然美,散发出浓厚的苗乡气息。绣花,苗语称为"巴倍",它是苗族民间的传统工艺。绣花又分剪绣和绘绣。剪绣,是先将剪纸花贴在布面上,而后再绣。绘绣,不贴剪纸花而是把图案画在布面上绣。如《乾州厅志》载:"其头巾,皆刺鹤、凤、花、鸟也。"挑花是苗族妇女的技艺,被面、门帘、头巾、帐檐、手帕、围兜、衣边、衣袖、裤脚等都有挑花。

---

① 佚名:《续修安顺府志》,《安顺志》第9卷《工矿志・工业・五金工业》,1931年铅印本。

② 彭泽益编:《中国近代手工业史资料(1840—1949)》第2卷,中华书局1962年版,第63页。

③ 佚名:《上编政事门:纪闻:中国部:湘绣日佳》,《广益丛报》清光绪三十一年(1905)第79期,第10页。

④ 佚名:《别录:湘绣发达》,《四川教育官报》清光绪三十四年(1908)第5期,第3页。

针法,有十字针和回复针两种。[①] 少数民族的刺绣行业颇具民族特色,有较为稳定的市场需求。

晚清时期,有一部分手工行业,能主动求新求变,迎合市场需要,提高了行业竞争力,得以继续生存经营。

第三节 甲午战争后手工业的不同走向

1868年,日本开始明治维新,逐渐走上了资本主义发展的道路。1888年,日本产业革命出现高潮,急需对外商品输出和资本输出,于是将目标瞄准了中国,处心积虑地向朝鲜和中国进行经济、政治和军事扩张。1894年7月日本发动了侵华战争,史称"中日甲午战争"。

甲午战争是中国历史上的一个重大事件。日本挑起的这场侵华战争,以中国方面战败而告终。战争失败,随后签订的《马关条约》,是继《南京条约》之后最为严重的丧权辱国条约,给中国的社会、政治、经济等各方面带来了深重的危害,中国传统手工业也因此遭受巨大影响。

一、趋于衰落的手工行业

1. 棉纺业

甲午战争之后,洋纱进一步在中国市场大量倾销。由于采取一家一户男耕女织的生产模式,中国从事手工棉纺织生产的人口众多。因此,手工棉纺织业受到国外机制棉纺织业的冲击最大,农民家庭棉纺织业遭受重创,受此影响的群体分布广泛。

到1894年,全国进口洋纱已达70.13万担,尚只占当年全国土布生产用纱量的23.42%。从19世纪90年代起,洋纱进口量急剧增长,尤其是甲午战争以后,进口洋纱和国产机纱加快了对土纱的取代步伐。1899年,进口洋纱

① 石邦彦:《清代湘西苗区的手工业》,《中南民族学院学报(哲学社会科学版)》1994年第1期。

量达到空前绝后的174.5万担，约为1894年的2.49倍。[①] 印度粗纱之外，日本棉纱的进口急速膨胀，后来居上，称霸华中、华北。1907年3月，驻沙市的日本领事馆报告，沙市以北14里处有个草市镇，居民不过五六百户，从事洋纱买卖的商号却有20余家，年间销售6000余担机纱给附近农家作为织布原料，其中以日本"船美人"牌机纱最为畅销。[②]

与此同时，国内近代棉纺织工业兴起，产量逐年增长，"制纱日多，由是土布之向用手摇纱者，自始改用机纱"[③]，机纱在替代农村土纱的过程中扮演了越来越重要的角色。近代纱厂大量吸收了江南等产棉区的棉花，对农家手工自纺纱不啻釜底抽薪；加上土布的总产量也已经缩减，全国土布生产中使用洋(机)纱的比重逐渐扩大，约占72%。[④]

机制纱取代手纺纱的过程，在各地发展并不平衡。如上所述，甲午战争前，闽广地区即已完成了由土经土纬到洋经洋纬的过渡，而在江南传统棉纺织中心区域，手纺业的凋零则与国产机纱的发展有很大关系。甲午战争以后，经过一段时间的发展，"近三十年，沪上纱厂林立，所出棉纱洁白纤匀，远胜车纺之纱，于是纺纱之利完全失败"[⑤]。自此之后，"洋纱盛行，而轧花、弹花、纺纱等事，弃焉若忘。幼弱女子，亦无有习之者"[⑥]。著名的嘉定东北乡"布经"，光绪中叶后"出数渐减"，进入20世纪20年代，已经"市中不复见矣"。

江苏通、海地区，素以植棉和手工纺织业著称。大生纱厂创办前，当地已有洋纱"畅销"，估计"通、海两境，每日可销洋纱二十大包，已合机器一万锭之数"[⑦]。张謇创办大生纱厂后，以通、海棉花为原料，以当地手工棉织业为市

① 参见徐新吾主编：《江南土布史》，上海社会科学院出版社1992年版，第225页。

② 日本外务省通商局编：《通商汇纂》明治四十年(1907)第26号，第9页。

③ 咎元凯编：《崇明乡土志略》，第18页。

④ 参见王翔：《近代中国棉纺织手工业的再考察》，《琼州大学学报(社会科学版)》1998年第4期。

⑤ 严伟等修，秦锡田等纂：《南汇县续志》卷15《风俗志》，1929年刻本。

⑥ 黄炎培等：《川沙县志》卷14，第7页。

⑦ 《潘华茂等遵办通海纱丝厂禀》，光绪二十一年(1895)十二月初八日，转引自彭泽益编《中国近代手工业史资料(1840—1949)》第2卷，中华书局1962年版，第211页。

场,1923 年以前,大生纱厂的机制纱主要是销往这一地区的。有研究者指出:“大生纱厂的诞生及其发展,是适应了农村家庭手工纺织业对于机纱日益增长的需要。当地农民之所以接受机纱,最初并非是作为廉价的消费品,而是作为价廉质优的原料。在较长一段时间,大生纱厂简直可以说是与农村家庭手工纺纱业共存共荣。”①

然而,即便如此,手纺纱生产仍未绝迹。江苏海门农民的自用布,1927 年还是用自纺纱织成的。据日本人 20 世纪 40 年代所做的调查,全年消费棉纱 3303 斤,其中用自植棉纺纱 644 斤,购入棉纺纱 241 斤,合占全部棉纱消费量的 26. 8%。上述状态不排除可能有抗日战争时期特殊情况的影响,但用来作为手纺纱迟迟没有退出小农家庭手工生产的具体例证,还是很有参考价值的。

在此期间,洋(机)纱也渐向内陆地区和边远地区扩散。1897 年,广西梧州开辟为通商口岸,头一年,即进口洋纱 2. 7141 万担,次年猛增到 6. 2 万担,但仍因洋纱“不及土纱厚而且暖,故织工两样兼而用之”②。随着时日渐久,20 世纪后,当地乡村农民购买洋纱织布者渐多,用土靛染色,缝制衣服。从梧州转口的洋货,以洋纱为大宗,到 20 年代,遂有“家庭纺织之工业,逐渐消灭,今欲于乡村间觅一纺车几不可得矣”③的议论。实际上,即使此时,广西地区“土纱亦为畅销”④,桂西北县份仍然间或有人使用土纱作经纱,作纬纱者就更多了。

云南蒙自开关后,经由蒙自内运的外货,1890 年尚仅值 40 多万海关两,1897 年即已增至 250 多万海关两,相当于开关初时的 6 倍多。输入货物的 80%以上在云南销售,其中又以洋纱为大宗。滇越铁路通车后,洋纱进口由宣统元年(1909)之 5. 766 万担,猛增至 8. 4791 万担,价值 435 万元。这对云南的社会经济带来了不容忽视的影响。昆明咸(丰)、同(治)以前,城乡居民类能习此以织土布,故名土纱。唯工粗器窳,不甚匀净。迨洋纱入口,织者遂

① 章开沅:《开拓者的足迹——张謇传稿》,中华书局 1986 年版,第 65 页。

② 彭泽益编:《中国近代手工业史资料(1840—1949)》第 2 卷,中华书局 1962 年版,第 216 页。

③ 欧仰义等修,梁崇鼎等纂:《贵县志》卷 2《社会生活状况》,1935 年铅印本。

④ 《通商各关华洋贸易总册》,《梧州口》下卷,第 66 页。

不用土线,纺者亦因之失业。在大理乡间集市,龙街“辰日集,每街销售洋纱、土布各百余驮”;狗街“戌日集,销售品以洋纱、土布为大宗,与龙街同”。[①] 这里所说的“土布”,可能已经掺用洋纱织就。不过,使用土纱者仍大有人在。思茅一带,1907 年虽曾有洋纱 100 担进口,次年却“不复见进口洋纱”,盖其“不甚为思茅纺织家所欢迎”,当地农民“多赖自行纺线,以资糊口”。[②] 其实,就连长江中游的湖北省,虽然商埠汉口已是“近年其经纬纱,共用洋棉丝”,但内地仍在使用土纱,西北部县份“白布经用洋纱”,纬却用自纺纱。[③] 东北部的黄安县,到 20 世纪 30 年代时还是“农家之衣类,皆以自植之棉,自纺成布”[④]。

综而观之,鸦片战争以后,特别是甲午战争以后,中国传统手工纺纱生产已然江河日下,无复旧观。然而,机制纱并没有完全排挤掉手纺纱的地盘。织入商品布中的手纺纱虽然渐被淘汰,所余无几,但仍有相当数量的手纺纱织入农家的自给布,在这一方面,中国耕织结合的小农经济表现得尤为强韧。直到 20 世纪 20 年代,河北省土纱的使用率,在几乎不生产商品布的御河区、与山东接壤的地区,分别为 98. 3%、100%;包括高阳、宝坻在内的西河区、西北河区,是具有代表性的商品布生产地带,也分别占有 38. 8%、6. 6%。河北全省年约消费机制纱 63. 5 万市担、手纺纱 42. 3 万市担,大致为 6 ∶4。[⑤] 在某种程度上,这可能反映了当时全国的平均水准。

植棉区纺织户的自给布生产,是手纺纱存身的最后“庇护所”,尽管机纱生产的劳动生产率较土纱高出数十倍,仍无法最终攻克这个顽固堡垒。这是因为,农家的自给布生产,几乎是不计机会成本的,只要纱花比价还有那么一点差距,只要小农手里还握有棉花,他们就仍然会挣扎着自纺自织,以满足自家的穿着需求。直到 20 世纪 30 年代,在中国农家自给布生产中,手纺纱仍

① 转引自云南近代史编写组:《云南近代史》,云南人民出版社 1993 年版,第 156 页。

② 《通商各关华洋贸易总册》,《思茅口》下卷,第 132 页。

③ 美代清彦:《鄂省西北部农业视察记》,第 20 页。

④ 张思曾:《一个“匪区”农况变迁之描述》,天津《益世报》1938 年 11 月 24 日。

⑤ 毕相辉:《高阳及宝坻两个棉织区在河北省乡村棉织工业上之地位》,天津《大公报》1934 年 10 月 17 日。其后,《纺织时报》第 1139、1140 号转载。转引自森时彦『中国近代にぁける机械制绵糸の普及过程』,《东方学报》第 61 册,第 538 页,注 44。

然占有相当的比例。估计当年自给布中消用机制纱已达221.83万市担,除非植棉地区自给布已全用机制纱外,植棉地区自给布中消用机制纱129.82万市担,而消用手纺纱也还有106.78万市担,占自给布用纱量的45.13%。这说明植棉地区自给布中只有少部分是洋经洋纬,大多还是洋经土纬,并且很可能仍有一部分是土经土纬。[①]

表4-3　1840—1935年中国土纱和机纱消长情况

单位:万担(括号内为%)

年代	输入棉布换算棉纱	机制棉纱		土纱	合计	人口(亿)	人均(斤)
		输入	国产				
1840	22.9 (3.6)	1.5 (0.4)		611.9 (96)	637.3	4.00	1.59
1881—1890	121.1 (19.5)	46.5 (7.5)		453.4 (73)	621	1.75	1.66
1901—1910	167.7 (22.1)	236.2 (31.1)	113.4 (14.9)	243.2 (32)	760.5	2.25	1.79

资料来源:见森时彦『中国近代にぁける机械制绵糸の普及过程』,《东方学报》第61册,第534页,第16表,1989年3月,京都大学人文科学研究所。(有改动)

2. 丝织业

中日《马关条约》签订后,洋商纷纷涌向江浙蚕区,设立茧行或租行买茧,有时杀价收茧以剥削蚕农,有时抬价抢购以吸收原料。清廷为了保证丝织原料的来源,曾经规定丝织业重点区域不得开设茧行收茧,但是各国洋商竟以法令不能束缚条约为由,根本不予理睬,照样遣人入内地采茧。英商怡和洋行在杭州建灶收茧,烘干后直接运往国外。日商在苏州青旸地租界开办茧行,收茧后运回本国。意大利商行也屡屡派人来苏州采办蚕茧,并要地方官署加以保护,幸勿稍加留难,致碍意商利益。

① 参见王翔《近代中国棉纺织手工业的再考察》,《琼州大学学报(社会科学版)》1998年第4期。

在资本主义列强的"引丝"政策之下,中国蚕区茧行密布,苏州一地即有茧行共十六七家之多,鲜茧被收殆尽,这虽然有助于中国近代缫丝工业的兴起,但严重威胁传统丝织业的原料来源。素负盛名的杭州丝绸业因难得好茧接续供应而陷入困境,机坊停业,机户破产,"更无发展可言"。当时杭州1万多台织绸机中,经常能开织的不过一千数百台,靠织绸维持生计的工人,由5万人锐减为2万人,到处是啼饥号寒之声、坐以待毙之人。另一丝织中心苏州也因"土丝出数减少,原料因致缺乏,供不敷求,缎业受其影响,工织发生恐慌,并有附属以缎织为生活之染坊、掉工等人口,不下数万,亦皆间接受其损害";专门供应丝织原料的"丝行","营业骤衰,赔亏频甚"。[①]

3. 染色业

中国旧式的染坊,大多备有一种发酵靛缸,专染青蓝各色。所用染料为一种草本植物,包括蓼蓝、木蓝、菘蓝、吴蓝、马蓝等,取其茎叶,浸水捣制,即成蓝靛,"乃吾国染料之最重要者"[②]。蓝靛作为染布的重要原料,清代前期全国各地多有种植,染布工艺技术相当娴熟。《盛京通志》记载,"蓝,一名靛草,内务府设靛庄,为染布之用"[③]。山东曹州府,"茜草、靛青可以为染,田间多种之"[④]。江苏通州如皋县,"靛青用最广,江南多取资焉,近颇有采蓝收其利者"[⑤]。江西广信府弋阳县,"蓝靛,四乡皆产"[⑥]。

制靛原为种植蓝草农民的家庭副业,鸦片战争后出现了制靛作坊,蓝靛不仅成为国内染料之大宗,还曾经成为重要的输出商品。蓝靛产量大约国内消耗六七成,输出国外三四成。光绪二十五年(1899)前的20年中,广西的北海平均每年出口蓝靛1.5万担,到1899年时增至8.5万担。1898年,经汕头出口的蓝靛,也曾多达9.3万担。[⑦]

① 王翔:《中国传统丝织业走向近代化的历史过程》,《中国经济史研究》1989年第3期。

② 杨大金编:《现代中国实业志》上册,河南人民出版社2017年版,第433页。

③ [清]吕耀曾等修,魏枢等纂:《盛京通志》卷27《物产志·草之属》,清乾隆元年(1736)刻本。

④ [清]周尚质修,李登明纂:《曹州府志》卷7《食货志·风土》,清乾隆二十一年(1756)刻本。

⑤ [清]杨受延等修,冯汝舟等纂:《如皋县志》卷6《物产志》,清嘉庆十三年(1808)刻本。

⑥ [清]谭瑄纂修:《弋阳县志》卷3《农政志·食货·物产》,清康熙二十二年(1683)刻本。

⑦ 杨大金编:《现代中国实业志》上册,河南人民出版社2017年版,第451页。

但是,随着国外化学染料工业的发展,中国的蓝靛出口大减,而外国人造靛的输入激增。19 世纪 70 年代后,外国化学染料的输入渐有增长,1893 年曾达到价值 100 万海关两,但是只在沿海城市销售,对广大内地尚无多少影响。光绪二十八年(1902),德国人造靛初次进入中国,仅为 3625 担,价值海关银 13.12 万两。10 年之后,1913 年德国人造靛进口量激增至 31.43 万担,价值 962.87 万海关两,“自是之后,土靛之业渐被洋靛所夺”①。

19 世纪末 20 世纪初,受国外洋靛占领市场的影响,种靛者大为减少,蓝靛逐渐被淘汰。四川巴县,“旧法染色,皆用植物染料,青靛、卷叶、栎皂之属皆是,红花帮昔为大商业,红花亦染料也。今颜料皆为舶来品,用植物者鲜矣”②。四川犍为县,“考染料一项,自近年洋货盛行,土产蓝靛、红花诸染料几于绝迹”③。奉天,“自欧洲靛油输入,靛青大受淘汰”④。吉林桦甸县,“靛,昔年田家种者甚伙,为吉省出产大宗。近以舶来靛油便于应用,靛之销路被夺,而种靛者鲜”⑤。河南西华县,“县城附近产大蓝靛、小蓝靛,惜自海禁大开,外洋颜料充斥,土产蓝靛几濒绝迹,良可叹也”⑥。

原有的植物染色工序繁多,成本高昂。而洋靛比原有的土产蓝靛使用方便,且价廉物美,故中国染色业和各地民众对国外洋靛接受程度颇高。在汉口市场,“近来西人巧夺天工,新造一种洋靛,运至中国销售。现(1899)已经到汉口,由本镇品色店卖于各染坊。试用其色,较华靛鲜明。每染布一尺,只合钱一文,价廉物美,将来必流通中国矣”⑦。“光绪二十五年(1899),江西省垣蓝靛涨价后,绸布各染坊,当亦随之涨价,而生意因是顿减。近闻汉口洋靛,价廉物美,各拟往购取。洋靛设或盛行,土靛恐渐减色。”⑧

---

① 杨大金编:《现代中国实业志》上册,河南人民出版社 2017 年版,第 451 页。

② 罗国钧等修,向楚等纂:《巴县志》卷 12《工业·染织工厂》,1939 年刻本,1943 年重印本。

③ 陈谦、陈世虞修,罗绶香、印焕门等纂:《犍为县志》卷 11《经济志·实业》,1937 年铅印本。

④ 翟文选等修,王树枏等纂:《奉天通志》卷 114《实业二·工业》,1934 年铅印本。

⑤ 胡联恩修,陈铁梅纂:《桦甸县志》卷 6《食货·物产》,1932 年铅印本。

⑥ 凌甲烺、吕应南修,张嘉谋等纂:《西华县续志》卷 7《建设志·工业》,1938 年铅印本。

⑦ 佚名:《本省商情:洋靛到汉》,《湖北商务报》清光绪二十五年(1899)第 7 期,第 10 页。

⑧ 佚名:《本省商情:洋靛》,《湖北商务报》清光绪二十五年(1899)第 30 期,第 8 页。

4. 制糖业

甲午战争后,制糖业处境之艰难愈演愈烈,“东南各省所植甘蔗,获利颇丰。自通商以来,洋舶所带洋糖,色泽莹白,人咸爱之。旧日之糖,销路日微,销数日绌,糖商折兑,无可挽回。欲求不贫且窘也,其可得乎”①。广东潮州,“潮州糖不能与洋糖争胜者,因洋糖洁白如雪,人皆乐用,是以洋糖之贸易甚巨”②。中国传统制糖行业在洋糖的冲击下迅速溃败。广东东莞,“近日洋糖大兴,邑糖方大半倒闭,无制冰糖者。其片糖沙糖二种,获利亦微”③。福建厦门,“惟糖盖鲜往外国者,闻亦不免为洋糖搀夺,出口货中,恐终有不见此物之日也。所种之蔗,逐年减少”④。原有制糖业成本高、杂质多,不如“洋糖洁白如雪”,渐渐失去了市场。

台湾是中国制糖行业的一个重要中心,“帆船时代,台湾糖即运往英国、澳洲、美国、加拿大及南美,但是后来由于其他产糖国的竞争和廉价的甜菜糖的推广,这些市场的价格因而下降,以致台湾糖运往欧美已无利可图”⑤。甲午战后,台湾割让,日本占领了台湾,也控制了当地的制糖业。

5. 土油土烛业

土油土烛行业与百姓生活密切相关,油灯和土烛是家家户户日用所需,可以说是家中必备之物。在洋油和洋烛进入中国市场之前,中国大部分地区是用植物油照明,只是用的植物油品种不同而已。土烛大抵以乌桕树的种子为主要原料。乌桕树在华中、华东一带生长颇盛,土烛在许多地区都有出产,广泛用于夜间照明和一些特殊场合。

甲午战争以后,国外煤油的输入日盛一日,土油土烛销路开始受到严重影响。洋油较土油明亮,价格还便宜,人人乐于使用是肯定的。洋油迅速风

① 彭泽益编:《中国近代手工业史资料(1840—1949)》第2卷,中华书局1962年版,第165页。

② 彭泽益编:《中国近代手工业史资料(1840—1949)》第2卷,中华书局1962年版,第473页。

③ 陈伯陶等纂修:《东莞县志》卷15,1927年铅印本。

④ 佚名:《光绪三十二年(1906)厦门口华洋贸易情形论略》,《通商各关华洋贸易总册》下卷,第66页。

⑤ 姚贤镐编:《中国近代对外贸易史资料(1840—1895)》第2册,科学出版社2016年版,第1237页。

靡中国市场以后,由于价格低廉,光照明亮,有一些手工行业得以夜晚就着油灯继续生产,增加了劳动时间。其后,又从煤油里提炼出来白蜡,出现了以之作为原料的洋烛业,土烛生产遂愈来愈显衰颓。道光年间,苏州一地有产销兼营的蜡烛店铺和作坊 100 多家,到 1910 年减少了一半多,只剩下 50 家左右。[①] 其他各地情况与此相仿。

传统的照明方式在洋油输入后发生了改变,洋油以较低的价格迅速夺取中国市场,土油土烛行业随之开始衰退。江苏镇江,“苏省镇郡,向以豆油一项为镇地普通食品之大宗,兼用以照明。洋油纷至,销场遂为所夺云”[②]。苏州,棉籽油为灯油之用,自输入洋油以来,销量下降,只有偏僻的地方,尚与菜籽油用以燃灯。福建三都澳,洋油销售兴旺,因为其价格低廉,比桐茶油光亮,受群众欢迎。牛庄,煤油销场极旺,因为豆油价昂,民间多用煤油。岳州,“煤油进口,从此源源而来,可望愈推愈广。向来土人燃灯多用茶油,现已改用煤油矣”[③]。在山东潍县,“洋油在潍县销售颇广,向以转运不便,其价亦不甚廉,故民间灯油多用豆油者半之。今(1904)岁自青岛运进,其价大减,美孚牌每箱仅值京钱二千八百文,故用洋油者较前倍多云”[④]。

6. 制烟业

烟草在明朝传入中国以后,发展迅速,消费群体广泛。吸烟成为广大群众的一种生活习惯,奉烟和奉茶成为普通家庭的待客之道。土烟制造是将农家收获的烟叶刨丝,加配香料,供人吸食,分为旱烟、水烟、潮烟(即黄烟)数种。[⑤] 湖北崇阳县,“秋叶黄时,采而阴干,粗者卷为筒,细则切为缕。吸用竹木长管,曰旱烟;用铜为筒,贮水其中吸之,曰水烟。邑城乡市镇俱有烟店,士民老少男女吸者十居七八。宾客入门,必先奉茶、烟,此旧俗也。近来西洋所传鸦片

---

① 段本洛、张圻福:《苏州手工业史》,江苏古籍出版社 1986 年版。

② 佚名:《实业:江苏机器油竞夺土油之利权》,《并州官报》清光绪三十四年(1908)第 33 期,第 16 页。

③ 彭泽益编:《中国近代手工业史资料(1840—1949)》第 2 卷,中华书局 1962 年版,第 477 页。

④ 佚名:《洋油减价》,《济南报》清光绪三十年(1904)第 116 期,第 7 页。

⑤ 杨大金编:《现代中国实业志》上册,河南人民出版社 2017 年版,第 788 页。

烟,别是一种,吸者大有损"[①]。安徽宿松县,"邑境产烟,人民嗜烟者成为普通习惯,城乡各镇均有自制烟丝之店,四乡居户亦多业此工者。光绪前,许家岭有烟工蔡立香,制烟较擅长,故近人之购烟者,皆啧啧称蔡立香,惜其技不传"[②]。

浙江杭州市,"本市土烟店成立,著名者如宓大昌开设于嘉庆年间。盛时,杭州城厢一带烟店林立,多至数十家,制烟工人达六七百人,各家营业无不发达,总计全年营业达数百万元以上。本市土烟业所用之烟叶,多来自金、衢、严及处州、新昌、嵊县、嘉兴。本市之土烟行销于本城及邻邑者约占十分之六,远销外埠者只占四成"[③]。杭州城内制烟丝业发达,土烟销售畅旺,恰好说明了吸烟人群数量庞大。

约清光绪十四年(1888),外国卷烟首次输入中国,是由美商老晋隆洋行输入的,据说首批卷烟全属次货,所值甚微,全年不过价值白银数十万两。[④]其后,经过外国商人大肆宣传推销,卷烟也确有其方便之处,逐渐在中国打开了销路,"初则上流人士,吸之以解疲倦;既乃相率沾染,流行渐广",遂造成"国人无论贫富,大多沾染纸烟之嗜好,而下级社会,人数较众,故廉价纸烟,销数亦特多"。[⑤] 从国外输入的"洋烟",价格一路攀升。

进口洋烟对中国传统制烟丝和烟具业产生了明显的排挤作用。在江苏,"近因外国纸烟盛行,土刨烟丝销路大减,几至无人过问"。"南京纸烟销量,向以美国之品牌海球牌、乒牌等为最多,且历年最久。日商云龙等牌纸烟次之。"[⑥]在湖南岳州,烟丝较 1909 年锐减,想因土人喜吸纸烟所致。在广东,

---

① [清]武全文修,刘显世纂:《崇阳县志》卷4《食货志·物产·货类》,清同治五年(1866)刻本。

② 张灿奎等纂修:《宿松县志》卷 17《实业志·工业》,1921 年活字本。

③ 干人俊编:《民国杭州市新志稿》卷 17《工业一·卷烟业》,1948 年修,杭州市地方志编纂办公室 1987 年铅印本。

④ 杨大金编:《现代中国实业志》上册,河南人民出版社 2017 年版,第 799 页。

⑤ 杨大金编:《现代中国实业志》上册,河南人民出版社 2017 年版,第 800 页。时有好事者曾为纸烟泛滥的现象写下竹枝词:"淡巴菰叶贡西洋,卷纸为烟寸许长。呼吸通灵多火气,有时喉痛受兔惶。"(佚名:《清廛竹枝词:吸纸烟》,转引自《著作林》,清光绪二十六年(1900)第 14 期,第 137 页)

⑥ 佚名:《南京烟业运销之牌号销数综计表》,《华商联合报》1909 年第 17 期,第 123 页。

"进口纸烟似较多数,此其要非在价值之增长,然视华人之喜吸此烟者,显见其日用渐广也。且纸烟既经盛行,则水烟袋可弃之无用。"[①]在山东潍县,"日本孔雀牌纸烟在潍县销路极广,每小盒现已涨至京钱八十文,人尚趋之若鹜,每月由青岛运进之纸烟殆不下十五六箱之数"[②]。在上海,"西人有纸卷烟出,气味平和,与中人相投合,价亦甚廉,又有香气,以故嗜之者甚众。上海一隅,无论男女老少、富贵贫贱,几至无人不喫。而水旱烟之利,至是遂为外人夺之尽净。查纸卷烟,种数不一而足。其销场取旺者,品海牌、强盗牌、茂生牌、剪刀牌、鸡头牌、旗牌锡包等,均系西人所制。丁酉戊戌间,又有日本商人运销孔雀牌,其货色销场亦与西人相当"[③]。

外来的纸烟席卷内地市场,制烟业一蹶不振,多地烟叶出现滞销。"四川金堂一带烟叶销路本极畅旺。近因吕宋雪茄烟及英美各国纸烟卷畅销南北各行省,以致四川烟叶销路大为减色。推原其故,并非烟叶品质较外洋为逊,实制造不得其法耳。"[④]"河南邓州的烟叶岁销行东洋,生意颇佳。汉口各烟叶行皆获厚利。今岁(1899)日本加添进口税,办者寥寥,洋庄生意绝无仅有,业此者不无亏折。"[⑤]

在纸烟流行的大趋势下,有的人看到了商机,一些省份打算筹办烟草公司仿造纸烟,争取市场份额。"黄小宋观察近已购天津闸口江苏海运局旧屋一所,设立烟草公司。近年纸烟销路极广,为洋货输入之一大宗,今能设厂自制挽回利权。"[⑥]此时"纸卷盛行,销路广,而制造尤易,中国烟草均可制造。中国惟北洋烟草公司少著成效,然欲以抵制外货尚较难。河南之上蔡所产烟草亦佳,宜筹设烟草公司。"[⑦]

1905年爆发的抵制美货运动给国内的烟草公司带来了短暂发展的契机。

① 彭泽益编:《中国近代手工业史资料(1840—1949)》第2卷,中华书局1962年版,第481页。
② 佚名:《卷烟畅销》,《济南报》清光绪三十年(1904)第126期,第5页。
③ 佚名:《商局采访:纸烟盛行》,《湖北商务报》清光绪二十六年(1900)第45期,第23页。
④ 佚名:《各省新闻:四川烟叶滞销》,《北洋官报》清光绪三十一年(1905)第754期,第8页。
⑤ 佚名:《本省商情:烟叶滞销》,《湖北商务报》清光绪二十五年(1899)第34期,第12页。
⑥ 佚名:《记烟草公司》,《北洋官报》清光绪二十九年(1903)第161期,第11页。
⑦ 佚名:《汴省宜筹设烟草公司论》,《河南官报》清光绪二十六年(1900)第98期,第1—2页。

“不用美国货,不吸美国烟便是当时的口号。早在光绪二十年(1894)已在中国设厂的英美烟草公司这时大受影响了。民众改吸北洋烟公司和朱广兰的香烟。简玉阶先生兄弟俩便有了南洋烟厂的计划。”①“1906 年,山东烟台一埠,近复添设烟草厂二所:一名增盛有限公司,系黄县孟君昭颜独立创办,资本银四万两。一名隆盛有限公司,系福山王君廷彬独力创办,资本银一万两。”“1905 年,山东唐君世鸿集资二万两,开设中安烟草有限公司,以挽利权。”②江苏省,“1906 年,曾君少卿,集股设立福寿纸烟有限公司,业已出货,销路颇畅”③。湖北省,“驻汉粤商某君等,以汉口纸烟销数颇巨,特筹集股本银三十万两,购买大智门外民地建造厂屋,创办物华纸烟公司,以期抵制西货”④。在四川省,“1911 年 7 月,成都金堂乡间绅商已联合开办了一家新式的大香烟厂”⑤。在各地纷纷创立机器烟草公司的同时,原有的土烟行业、烟丝业、烟具业迅速衰退,逐渐失去了国内烟草市场份额。

7. 制茶业

茶叶是中国对外贸易重要的大宗出口商品,在国民经济中占有重要地位。晚清时期,中国在几十年内占领了世界茶叶市场的大部分份额。19 世纪 70 年代,中国茶叶在国际市场上遇到了竞争对手,印度红茶、锡兰红茶、日本绿茶后来居上,抢占了原属于中国茶叶的市场占有率。中国茶叶在国际市场遭受挫败。“茶叶一项,近来印度等处,所产甚伙,精制畅销,利被侵夺,致中国茶叶疲滞,茶商年年亏折,裹足不前。”⑥

① 汪敬虞编:《中国近代工业史资料》第 2 辑(1895—1914)(下册),科学出版社 2016 年版,第 737 页。

② 汪敬虞编:《中国近代工业史资料》第 2 辑(1895—1914)(下册),科学出版社 2016 年版,第 810 页。

③ 汪敬虞编:《中国近代工业史资料》第 2 辑(1895—1914)(下册),科学出版社 2016 年版,第 810 页。

④ 汪敬虞编:《中国近代工业史资料》第 2 辑(1895—1914)(下册),科学出版社 2016 年版,第 811 页。

⑤ 汪敬虞编:《中国近代工业史资料》第 2 辑(1895—1914)(下册),科学出版社 2016 年版,第 811 页。

⑥ 彭泽益编:《中国近代手工业史资料(1840—1949)》第 2 卷,中华书局 1962 年版,第 186 页。

表 4-4 英国茶叶消费量中印度茶和华茶所占的比例

年份 种类	1865	1866	1867	1868	1869	1870	1871	1872	1873	1874	1875
印度茶	3%	4%	6%	7%	10%	11%	11%	13%	15%	13%	16%
华茶	97%	96%	94%	93%	90%	89%	89%	87%	85%	87%	84%

资料来源:见姚贤镐编《中国近代对外贸易史资料(1840—1895)》第2册,科学出版社2016年版,第1194页。

注:表中印度茶包括锡兰茶,华茶包括爪哇茶,因锡兰茶与爪哇茶数量甚微,故上述数字足以反映印度茶日益畅销和华茶销路日减的基本情况。

19世纪70年代初,国际电信业的发展,从根本上改变了国际贸易的经营方式。中国垄断地位的丧失,意味着中国茶叶的产销不得不受国际茶叶市场的变幻所播弄,这是300多年来的空前剧变。这一空前剧变对中国经济的发展所造成的后果十分严重。[①]"有关印度茶的统计告诉我们,仅只在1875年最后的四个月里,印度茶在英国的消费量就超过了英国1868年全部进口茶叶的总额。在去年(1873)以前,对日益增加的英国茶市的供应,是一直为印度茶和中国茶所分担的,但是从1874年起,中国茶的供应量已停滞不进,全部增加数字为印度所独占。中国茶在美国的情况,与此完全相似:1860年,美国茶叶市场是为中国所独占的,1875年日本茶却占消费量的半数。"[②]"在1867—1868年,日本茶的出口,相当于中国绿茶出口的37%,两年之后降之24%;在随后的两年中间,日本茶的出口,又复增加,相当于中国绿茶出口的50%。从此以后,不利于中国的百分比逐年增加,1873年,日茶出口为中国绿茶出口的59%,1874年增为70%;1875—1876年度两者比例相等,但截至

① 严中平主编:《中国近代经济史(1840—1894)》(三),人民出版社2012年版,第1283页。

② 李文治编:《中国近代农业史资料》第1辑(1840—1911),科学出版社2016年版,第393页。

1876 年 12 月 31 日为止,日茶出口额已为中国绿茶的一倍以上。”[①]

甲午战争以后,中国制茶业进一步衰落。“汉口红茶贸易实已大受印度、锡兰之阻碍。前曾供给全世界消费 80.6%,而今仅有 20.5%。茶之消费于美国及加拿大,为数顿减。福建原为制茶重要输出港,几凌驾于上海、汉口。近年势力大减,盖彼素恃武夷山之茶以博令名于一时。1880 年输出至 74 万担,1904 年仅 30 万担。广东输出茶叶,1903 年输出茶叶仅 16000 余担,较之 1888 年之 13 万担已减少甚多。”[②]汉口、上海、广东、福建各地茶叶对外贸易均有所跌落,且跌幅较大。

福建是产茶大省,地方经济受茶叶衰落影响甚巨。大田县,“大田茶业原为出产大宗,在三十都各处多茶山,每年采做乌龙、小种、红茶,售额可达万余金。自清末以来,省中茶价跌落,茶商多亏折,兼之时局影响,以致商家无敢采办,而各处茶山亦因之荒废”[③]。沙县,“茶,吕峰山草洋产者良。咸、同间产数较多,近年渐减”[④]。上杭县,“茶叶一项,往时古田、下隔、湖梓里等处出产甚巨,而汉口镇有悬下隔名茶牌者,询之则乾嘉年间物,其产品之盛可知。古田里产茶之乡如大坪、上磜、洋尾、长坑里、分水岭、金谷岩、石坪一带年可产茶数万斤,近年产额只一万数千斤而已。下隔出产亦微”[⑤]。福建茶叶贸易衰退,制茶业停办,茶山荒废不仅仅是某县的情形,受此影响的县较广泛。

其他省份茶商歇业、茶山改种其他作物的现象同样存在。安徽徽州府婺源县,“我婺物产,茶为大宗。顾茶唯销于外洋一路。迩年,茶市窳败,业茶者,富户实降为穷户,而农民依茶为活,遂苦不可支。亦有稍加变计,易种木棉者”[⑥]。广东拱北,“土茶之茶,年贱一年,外洋需用亦年少一年,所获之利,不足以资养赡。现(1899)闻各洋行之办茶者,逐渐歇业,茶行经纪,亦思改

① 李文治编:《中国近代农业史资料》第 1 辑(1840—1911),科学出版社 2016 年版,第 393—394 页。

② 杨志洵:《中国制茶业之情形》,《商务官报》清光绪三十二年(1906)第 22 期,第 31—34 页。

③ 陈朝宗等修,王光张纂:《大田县志》卷 5《实业志》,1931 年铅印本。

④ 梁伯荫修,罗克涵等纂:《沙县志》卷 5《物产志 · 货属》,1928 年铅印本。

⑤ 张汉等修,丘复等纂:《上杭县志》卷 10《实业志 · 林业》,1939 年铅印本。

⑥ [清]董钟琪、汪廷璋编:《婺源乡土志》第 6 章《婺源风俗》,清光绪三十四年(1908)活字本。

图,恐中国茶市,未易振兴矣”[①]。制茶业的衰落严重影响了人们的生计,也使地方经济大受影响。

制茶业在晚清时期陡然兴旺又迅速衰落的原因较多。厘金及其他征税繁杂、民法商法皆未全备、商人行为被各种团体的不成文规定束缚、通用货币极其烦琐且各地交易不能互相通用等诸多原因共同造成这种局面。时人指出:“盖因印度西郎茶并不抽税,即日本茶亦仅抽税一圆。外国之茶既日隆,中国税厘与山价相等,又多用柴火烘焙,味劣色减,更有以粗梗搀和者,故至滞销。畿辅东三省新疆,因天寒不产茶,人多饮沸解渴。陕甘砖茶系南省茶末所制,每片重四斤,本银二钱,须税脚七钱,故两省仅岁销茶引五六千,近日洋人把持茶市,商人叠困,何如大减税厘,使畅行北地,则洋价自增,商课两裕耶。”[②]中国茶叶有着制作工艺粗糙、不法商人以次充好等弊端。商人并没有营销意识,无法迎合外国人群的消费习惯,华茶自然在国际市场销量大减。

在湖南醴陵县内,有人总结:“县境宜茶,山地皆可种植。在昔,醴茶输出国外,岁值数十万元,县城常有茶号十数家,于各乡设庄,挂秤收买,运至汉口转售。自采摘、运送,以至发拣、装箱,贫民资以为生者不可胜计。又宜于妇女,且时值春荒,利赖尤广。然山户徒贪近利,于种植、制造既漫不研究,一(以)至供不应求,又每羼(掺)以杂叶,不合卫生。而商人素无营业知识,于装潢广告之法均属茫然,不能按合外人习尚。于是,印度、锡兰等处之茶竞兴,华茶遂以低落,无人过问。而外人且盛倡抵制华茶入口矣。此国内产茶各处应通负其责,不独醴陵为然。”[③]

安徽六安州霍山县,有人详细记述了茶业衰败的情形:“土人不辨茶味,唯燕齐豫楚需此日用,每隔岁,经千里挟资而来,投行预质,牙狯负诸贾子母,每刻削茶户以偿之,银则镕改低色,秤则任意轻重,价则随口低昂,且多取样茶。茶户莫能与较,虽迭经告诫,申详各宪严饬乡保稽查,茶户稍沾实惠,然

---

① 佚名:《光绪十五年(1889)拱北口华洋贸易情形论略》,《通商各关华洋贸易总册》下卷,第97页。

② [清]李应珏撰:《浙志便览》卷1《淳安县序》,清光绪二十二年(1896)增刻本。

③ 傅熊湘编:《醴陵乡土志》第6章《实业·茶叶》,1926年铅印本。

弊端犹未能尽除也。按茶之为利虽厚,工则最勤苦,日采摘,夜炒焙,恒兼旬不能安枕,人力不足又须厚雇客工,茶值稍昂犹可相偿。军兴后,厘捐日益,浮费繁多,商人成本既重,则转而抑减民值。近日行户渐增,竟有夤缘茶商,预订仰植、把持行市者,黠贩收买则又搀老叶、加水潮,茶商得以藉口,故茶价愈趋愈下。光绪以来,每斤银费不过钱余,贱时才七八分,以是民用益绌。”①

越是茶价低,商人越是往好茶里面掺杂老叶,加水潮湿,为了赢得短时间的利润,不惜失去长久的良好口碑。如此一来,购买茶叶的人群更少,茶价更低,形成恶性循环。外国消费市场注意到了中国茶叶掺杂的现象,采取了一定的限制措施,使中国茶叶在国际市场上的销路愈窄。“美国政府以每岁茶叶进口,往往有中国劣茶掺杂其中,关吏每为之容隐。今岁(1897)议定特派拣茶茶务官七员,鉴别茶色官三员,分驻各口税关,认真稽查,从严禁止。”②

中国茶输出情况为:“一八九〇年英国总输入量二亿一千万磅,其内中国茶五千八百万磅,印度茶一亿万磅,其余则是锡兰茶。一九〇〇年总输入二亿八千万磅,中国茶一千八百万磅,印度茶一亿四千万磅,锡兰茶一亿二千万磅。欧美及其余之总输入,一八九〇年总计三亿八千万磅。其中中国茶一亿八千二百万磅,日本、印度及锡兰及他处合计一亿九千八百万磅。一九〇〇年总计四亿六千万磅,其中中国茶一亿六千万磅。其余则日本、台湾、印度、锡兰茶也。至印度、锡兰至输于欧洲者以一八九〇年之额与一九〇〇年之额相较,所增者十分之七强。此茶日增,则中国茶日减。”③

“印度制茶较中国优越的地方,在于机器胜过手工。中国的小农生产是不能与印度的大茶园竞争的,前者正为后者所排挤。控制着伦敦茶叶市场的,正是这些有充足资本的大茶园,他们具有改良的机器以及最好的焙制技术。在中国,如湖北山区拥有两三亩地的小茶农是不能和他们竞争的。”④中国的焙制技术往往水平不一,所产茶叶难以和机器生产出来的茶叶竞争。

---

① [清]秦达章等修,何国祐等纂:《霍山县志》卷2《地理志·物产》,清光绪三十一年(1905)木活字本。

② 佚名:《各省农事:整顿华茶》,《农学报》清光绪二十三年(1897)第15期,第28—30页。

③ 杨志洵:《中国制茶业之情形》,《商务官报》清光绪三十二年(1906)第23期,第27—32页。

④ 李文治编:《中国近代农业史资料》第1辑(1840—1911),科学出版社2016年版,第394页。

在此情形下,地方政府采取了一些鼓励茶叶生产的措施,但是收效甚微。“宣统二年(1910),安徽巡抚朱家宝奏:茶叶为皖南北向有之利,尤以徽州、六安为特色。惟北茶并不行销外洋,南茶虽有洋庄,而培壅焙制,不知改良,未能与各国竞胜,因饬于徽属屯溪筹设茶务讲习所,拨定经费,即行开办。北茶亦饬于六安州试制红绿茶两种,以广销路。”①

中国茶叶商人同样并没有坐以待毙,曾经尝试仿印度机器制茶之法制茶,企图挽回一部分国外市场份额,可惜收效不佳,茶叶对外贸易一蹶不振。在福州,“近时中国茶销路为印度茶所夺。盖印度茶香味颇佳,其价亦廉,于是销场顿少。中国福州尝试仿印度制茶之法,试用机器制茶,颇有成效。于是英、德、俄各巨商合集股本,与一大制茶公司于福州,其法亦仿印度制法,以二十五万元为资本,既于福州及北上岭购土地为制茶之所,且搬运机器,积极生产”②。在汉口,“前者福州试用机器焙茶,去年(1892)温州仿行见有效,于是湖南湖北官场派人考究仿办,以期收回昔年茶叶之盛。现在(1893)湖广总督张之洞派汉口税务司承办机器焙茶公司建设汉口,以期可夺回印度茶商之利”③。贵州开阳县,“当清末时,里人李香池等,有鉴本县红茶品质不逊江、浙,而出产又丰,可饲养山茧之橡树,亦随处皆有,乃提议举办茧茶事业,制成出品,运销于外,藉补地方漏卮。一时附和者众,筹金至数千两,成立开阳茧茶公司一所,是为本县工厂之嚆矢焉。惟公司内除制茧缫丝部分以无机械人材未曾开工外,计前后制成红茶砖数万斤。形式分方圆二种,圆者最佳,方者次之。曾运销上海、汉口各地,甚得好评,价值亦优。后以李香池离县,公司组织不良,经手人从中舞弊,因而解体”④。开办机器制茶的工厂毕竟只有少数几家,远远不能挽救中国茶叶出口的颓势。

茶叶和瓷器曾经是中国对外贸易的名片,是中国的代表性商品。晚清时期,茶叶和瓷器这两种商品在国际市场上迭遭重创,造成相关手工行业的衰

---

① 刘锦藻:《清朝续文献通考》卷378《实业一》,商务印书馆1935年版,第11245页。

② [日]古城贞吉:《东文译编:制茶公司兴于中国》,《时务报》清光绪二十四年(1898)第58期,第22页。

③ 佚名:《汉口新创两湖制茶公司》,《秦中书局汇报》清光绪十九年(1893)第1期,第61页。

④ 欧先哲修,钟景贤纂:《开阳县志》第7章《建设·工厂》,1940年铅印本。

落,实属可惜。

二、转向机器工业的手工行业

晚清时期,为了应对国外商品的冲击,迎合消费者对商品质与量的需求,一些手工行业从业者改变了过去传统的纯手工生产加工的模式,引进先进的技术设备,转向机器工业生产。

甲午战争后,帝国主义国家对华以商品输出为主向以资本输出为主的转变、国内外科学技术的进步与近代机器工业的发展,一方面对中国的手工业生产造成了巨大的压力,另一方面,又在生产工具、经营管理、制度创新等方面准备了现成的条件,提供了可资模仿的样板。有很多人纷纷意识到机器工业具有极高的生产效率而加以鼓吹:“西国以机器制百物,一日可抵十人或数十人工作,如开河、挖煤、打桩、造轮舟、印书籍、取水、织布、针织、筛茶调茶等事,无一非机器所为。然其器虽巧,费用浩繁,穷乡僻壤,殊难置备。盖西国地旷人稀,故制造必借物力。中华地广人稠,民皆自食其力,不烦机器,亦势所必然也,不能强也。中国制造,悉本手工,非不拙朴耐用,未免费巨工迟。”①

在针线机器业,“器仅尺许,可置几桌上。上有铜盘衔针一,下置铁轮,以足蹴木板,轮自旋转,将布帛置其上,针能引线,上下穿过,细针密缕,顷刻搞成,可抵女红十人”。在织席业,汽机织席,每机每日可出席 30 码,每年可出 10 万卷;若手工之机,仅日出 6 码而已。时日既省,又可按定时日出货。②

中日甲午战争后签订的《马关条约》中,允许帝国主义在华开设工厂,国人大呼“挽回利权,提倡工商”。朝野上下弥漫着的“实业救国”思潮,也成为一种强大的精神动力。一些爱国人士深感国家命运多灾多难,试图将发展民族手工业作为挽救民族危亡的途径。清廷对于设厂的政策也大幅宽松,不仅放开民间设厂的限制,还颁布政策鼓励官方和民间设厂。

① 彭泽益编:《中国近代手工业史资料(1840—1949)》第 2 卷,中华书局 1962 年版,第 297—298 页。

② 彭泽益编:《中国近代手工业史资料(1840—1949)》第 2 卷,中华书局 1962 年版,第 302—303 页。

1901年4月,清廷成立督办政务处,作为规划"新政"的机构。从此,逐步推出各项"新政"。清末新政当中有一条重要的内容就是奖励工商,即为工商业的振兴立法和给予兴办实业卓有成效者以奖励。这对手工行业的发展十分有利。

甲午战争以后,社会观念为之一变,商人的地位有所提高。不少人忧心于国家内忧外患的局面,毅然投身于投资办厂的事业之中。清末新政时期,中国各地迎来了开办工厂的高潮,一部分手工行业转向了机器工业生产。

清末新政推行时期是清廷鼓励工商业发展的又一重要时期,各省在此期间,无论是官办、官督商办、官商合办企业,还是商办企业,都获得了不同程度的发展。

中国的传统手工业向机器工业转变,是这一时期值得记录的发生明显变化的现象之一,这也标志着近代工业在中国开始萌芽。

1. 缫丝业

在种种内外因素的风云际会之下,一些传统手工行业陆续开始了向近代机器工业的转型。进入19世纪90年代后,珠江三角洲的丝厂不仅数量大增,技术进步也非常显著,丝厂用来运转丝车的动力由人力向蒸汽动力转换,以往只是用来供给煮茧热水的锅炉,也被用作运转丝车的动力机。广东丝厂踏上蒸汽动力化的台阶,始于1891年陈启沅从澳门将继昌隆丝厂迁回南海,改称"世昌纶"丝厂之时。此后,蒸汽机用作动力机很快在丝厂间推广开来,到20世纪初,几乎所有广东丝厂都已使用蒸汽动力运转丝车了。可以说,珠江三角洲的"蒸汽丝厂"至此方才名副其实。20世纪初年,机器缫丝业已经成为珠江三角洲主要的近代工业。1902年,仅顺德一地就有丝厂86家,丝车3.46万部。这些丝厂一般均已使用10—15匹马力的动力机器。1906年,广州附近有厂名、厂址和工人人数可稽的机器丝厂176家。其中顺德124家,约占总数的70.45%;南海45家,约占总数的25.57%;其余为新会4家,三水2家,中山1家。女工总数达60500人。这些丝厂的经营并不稳定,根据丝市行情,时而开办,时而停歇,既有盈利,也会亏损。[①] 更有甚者,在南海、顺德有

① 王翔:《甲午战争后中国传统手工业演化的不同路径》,《江西师范大学学报(哲学社会科学版)》2006年第8期。

的缫丝厂采用了电力缫丝方法。“广东南海、顺德二县之缫丝厂向来用柴火、蒸汽运动机器,不用煤炭,唯恐煤气损害蚕丝也。近日柴价大昂,各厂诚恐将来有增无减,有关成本,已公同议定改用电力,派人赴港考询办法。”①

江南地区的民族缫丝工业首先出现于上海,其后逐步发展到江苏省的淮安、苏州、无锡、丹徒,和浙江省的萧山、杭州、湖州以及绍兴等地。这一地区缫丝工业的发端首推浙江丝商黄宗宪于1882年在上海创建的公和永缫丝厂。到1894年又陆续设立4家丝厂,进展相当缓慢。甲午战争后,1895—1899年,全国又新设机器缫丝厂66家,共计资本725.1万元,平均每家约有资本12.08万元;其中设在江南地区的有40家,以设在上海为多,计有18家,其余22家分布在浙江的富阳、绍兴、海盐、萧山、嘉兴、嘉善、平湖、杭州、硖石,江苏吴县、苏州、镇江、塘栖等地,共有资本526.3万元,每家平均在15.03万元。江南地区新设丝厂厂数占全国新设丝厂总数的60.6%,资本额占新设丝厂总数的60.6%,因此,从总体上看,设立在江南地区的新丝厂具有比较雄厚的资力。20世纪第一个十年,江南地区又陆续增设丝厂36家,新投资447.6万元;其中仍以设在上海的居多,计有21家。在江苏无锡县,10年中先后设立了7家丝厂,共有资本62.3万元,占同期江南地区缫丝业新投资的14%。②

上海及周边地区的缫丝厂业务繁忙,生产效率显著提高。为了原料能源源不断地供应,往往要去产地抢购鲜茧,以免影响生产进度。“浜北纶华、延昌、乾丰成各缫丝厂备集资本,派多艘雇船前往苏杭各镇,收买鲜茧,而无锡、常州各厂已预雇船只在大王庙一带停泊,于光绪三十一年(1905)本月二十日开行,经过各卡,预先包定厘捐,以免滞留。”③这种情形也在美国驻上海总领事馆的报告中得以体现,“上海缫丝厂亦多顺手,其已开工各厂约二十五家,新开苏杭各口岸,尚有在造未开工各厂数家”④。

---

① 佚名:《各省新闻:电力缫丝》,《北洋官报》清光绪三十二年(1906)第510期,第8页。

② 严中平主编:《中国近代经济史(1840—1894)》(三),人民出版社2012年版,第1283页。

③ 佚名:《上海商业近闻:浜北纶华延昌乾丰成各缫丝厂预备收购鲜茧》,《北洋官报》清光绪三十一年(1905)第72期,第10页。

④ 张坤德译:《英文报译:中国纺织缫丝情形》,《时务报》清光绪二十三年(1897)第32期,第18—19页。

各地官府对于开办机器缫丝厂持支持的态度,采取减免税收的政策以资鼓励。“淮扬海道详据清江种植牧养工艺浦利公司创办蚕桑缫丝等事……已奉督审批准,宽免出口厘捐三年,并奉漕宪批准免纳税厘十年。查江北缫丝之厘尚未大开,当此振兴商务之际,苟能多宽一份厘税即多广一分招徕。”①

在四川,“川省潼川黄丝向销外洋,惟缫抽纯用土法,非加改良不足争胜。渝商永靖祥号刘润承就潼川设厂买机器,仿苏浙缫丝,聘请合州蚕桑学堂毕业生前往工作”②。名山县,“清末,邑人胡存琮归自日本,组合蚕桑社,招生讲习”③。“嘉定各属均系产丝之区,近有职商王济民等筹集资本本银二万两,在该郡城西门外建设丝厂缫制洋庄绸丝,定名川南缫丝合资有限公司,延聘女子缫丝传习所优等毕业生二十人到厂教授。”④嘉定府峨眉县,“峨邑僻处偏隅,工艺骤难发达,惟桑、茶向系特产。自宣统元年(1909)开办蚕桑茶叶传习所依赖,于校场公地,集股栽桑二千余株,社会为之勃兴。平畴旷野,弥望青葱,蚕桑大有起色”⑤。“川省土沃,宜桑蚕业,已任修蚕室,建丝厂,添雇女工,学习缫丝。”⑥四川的机器缫丝业发展颇为引人注目。清末时期是四川各地缫丝行业大获发展的时期。

除江苏、广东、四川等地大力发展机器缫丝业之外,其他地区也在陆续开始兴办机器缫丝业。在湖北,“汉口富商韦姓等近日实力振兴商务,召集股本五百万两创办缫丝纺织公司一所,各种机器均已办就矣,厂屋告竣,即行择期开办”⑦。在安东,“有美商在安埠设一缫丝厂以机器缫丝,组织务求合欧美人

① 佚名:《艺书通辑卷二:江南派办处申覆抚宪清江创办蚕桑缫丝免税厘文》,《政艺通报》清光绪二十八年(1902)第8期,第4—5页。

② 佚名:《设厂改良缫丝事业》,《北洋官报》清光绪三十三年(1907)第1294期,第7页。

③ 胡存琮修,赵正和纂:《名山县新志》卷8《食货·农》,1930年刻本。

④ 佚名:《四川:组织缫丝公司》,《广益丛报》清宣统二年(1910)第240期,第9页。

⑤ [清]李锦成等修,朱荣邦等纂:《峨眉县续志》卷3《食货志·物产》,清宣统三年(1911)刻本,1935年补刻本。

⑥ 佚名:《督宪批三台县绅士蚕桑社长陈开沚建厂缫丝添雇女工请设立案禀》,《四川官报》清光绪三十四年(1908)第18期,第54页。

⑦ 佚名:《各省新闻:创办缫丝纺织公司》,《北洋官报》清光绪三十二年(1906)第1189期,第9页。

之用,并使就地采购,以期减轻成本"[①]。有了地方官府的支持,各地的机器缫丝厂陆续开办起来,进展顺利。

2. 织布业

鸦片战争以后,中国传统棉织手工业的生产关系,发生了显著的变化,纺与织的分离,为棉织工场手工业的出现提供了条件。1888 年,闽浙总督卞宝第在福州设织布局,可算是近代棉织手工工场之始。数年间,福州出现了 60 余个手工织布局,多是商人向农户发放棉纱,收回布匹,实际上是散工制生产。到 19 世纪末,广州、万县、昆明、贵州黄草坝等地均见有棉织手工工场的记载,雇工由数人到数十人不等,有多达 80 人者。这些工场使用的织机,基本上是 14 世纪传袭下来的投梭机。这种织机的构造,不能将织布的六项操作——开口、投梭、打纬、移综、放经、卷布——连合运作,布幅亦受手工投梭的限制而宽仅 1 尺左右。使用这种织机所进行的高强度劳动,很容易达到人体的极限,限制着劳动生产率的提高。[②]

甲午战争之后,上海、江苏、广东等地陆续出现了机器织布工厂,发展迅猛。机器织布是这一时期开办比较多的行业之一。江苏省镇江,"江苏镇江各属近经官绅招股合办机器织布局,以期改良土布,挽回利权。并由丹徒县郭令捐廉购买东洋织布铁机两架,以为倡导"[③];常熟,"勤德织布工厂,为邑商陈勤斋于宣统二年(1910)开办。嗣后逐渐推广,由一厂增至四厂,共有织机三百数十部";苏州,"宣统三年(1911),苏城始有工艺厂,以机器棉纱织成布匹,爱国布亦工艺厂出品,光泽细致,各色完备"。[④]

当时驻上海美国总领事佑尼报告称:"沪滨及邻近各处之轧花厂、织布厂、缫丝厂,纷纷创设,局面为之一新。其兴旺气象,迨有变为东方洛活尔(系美国纺纱织布最多之地)之势。上年(指 1896 年)年初,沪上纺纱厂已有五六家,其

① 佚名:《海内外实业:安定设厂请求缫丝》,《华商联合报》清宣统元年(1909)第 7 期,第 120 页。
② 王翔:《近代中国棉纺织手工业的再考察》,《琼州大学学报(社会科学版)》1998 年第 4 期。
③ 佚名:《各省新闻:改用机器织布》,《北洋官报》清光绪三十二年(1906)第 1001 期,第 9 页。
④ 彭泽益编:《中国近代手工业史资料(1840—1949)》第 2 卷,中华书局 1962 年版,第 367 页。

已动工之锭子,凡十五万五千枚;其装工未竣之锭子,凡三万余枚。此外西商公司招股设厂者,计英公司三德公司,一共用锭子十四万五千枚,另有日商纺纱厂两家。其华商纺织厂终年日夜工作,而获利颇厚。中国工人众多,有用之不竭之势,所得区区工价,实非美国工人所能自给,上海如此,他处尤为便宜。盖上海工价已较内地丰厚,致远方男女来谋食者日繁有徒,虽离家不计也。"①

创办机器织布厂和织布工场的风潮从通商口岸席卷到了内地城镇。1905 年到 1909 年,在上海、北京、广州、安徽、江苏、河北、福建和山西等地,设立的织布工厂计达 23 家,共拥有资本 55. 9 万元;其中拥有资本在 5 万元以上的为数不多,只有 4 家,即在 1905 年设立的广州亚通织布局和江苏如皋因利染织厂、1907 年设立的广州黄埔织造社合资有限公司和上海宏兴织布厂等,其余的大都为小型工厂,资本额大多在 3 万元以下。

3. 制砖茶业

湖北汉口是中国砖茶的集散中心之一。晚清时期,在这一地区出现了机器砖茶厂。"汉镇西帮茶客因艳羡俄商制造砖茶之利,公集资本在羊楼峒等处设厂仿造,销路甚为发达,日前又新设一厂。"②"湖北汉口镇顺丰砖茶厂销路甚为发达,兹又在武昌小新河地方购地建屋,另设支厂,扩大生产规模。"③使用机器制作砖茶后,汉口各厂制作砖茶的生产效率明显提高。"手压机每日出产六十篓,有 25%的废品,而蒸汽压机每日出产 80 篓,只有 5%的废品,并且因使用机器而节约的费用,每篓计银 1 两,按照以上产量计每日即达银 80 两或英金 20 镑。"先进的机器制作方法降低了生产成本,并且生产出来的茶叶更符合国外消费者的消费习惯,砖茶销路渐广。

4. 榨油业

甲午战争后,近代榨油工业开始在中国兴起。1897 年,朱志尧在上海创设大德炼油厂,资本 15 万元,购置机器榨油。两年后,朱志尧又在上海投资

---

① 张坤德译:《英文报译:中国纺织缫丝情形》,《时务报》清光绪二十三年(1897)第 32 期,第 18—19 页。

② 佚名:《各省新闻:华商自造砖茶》,《北洋官报》清光绪三十一年(1905)第 784 期,第 8 页。

③ 佚名:《各省新闻:顺丰砖茶厂之发达》,《北洋官报》清光绪三十二年(1906)第 1200 期,第 9 页。

13 万元创办同昌油厂。到 1907 年,上海、汉口已有机器榨油厂多家,规模均较大。东北是近代榨油工业的又一个中心。19 世纪 70 年代中期,英国商人觊觎当地的大豆原料,曾经在营口试行蒸汽碾豆,未获成功。1896 年,英商太古洋行再次开设机器油坊,使用蒸汽碾豆,而以手推螺旋式压榨机榨油。从 1899 年起,华商怡兴源、怡东升、东永茂等"见新式榨油法之效率比旧式压榨法为大,亦相继改用新法"。到 1904 年,营口已有新式机器油坊 4 家。其后,日本商人又开设了使用水压式榨油法的机器油厂,"完全不用人力,效率比手推螺旋式压榨机更大,旧式油坊愈难立足,于是本地各旧式油坊亦渐改用蒸汽及煤油发动机"。大连、安东等地的旧式油坊,大都经由相同的过程进化到机器油厂,东北遂成为中国近代榨油工业最为集中的地区。"大连是东北榨油工业的中心,并且代表着该项工业的发展。这里的第一家油厂建于 1906 年,由于南满铁路公司鼓励以大连作为中枢的货运政策,榨油工业得以在这个城市迅速发展。"①

表 4-5　东北各地榨油业作坊和手工工场(1902—1911 年)数量

年份	地区名称	场坊数(家)
1902	牛庄	10
1907	大连	45
1907—1909	牛庄	9
1908	大连	17
1910	大连	39
1911	大连	40
1911	安东	12

资料来源:见彭泽益编《中国近代手工业史资料(1840—1949)》第 2 卷,中华书局 1962 年版,第 352 页。

东北是著名大豆产地,这里形成了大连、营口等榨油行业的集中地。榨

① 王翔:《甲午战争后中国传统手工业演化的不同路径》,《江西师范大学学报(哲学社会科学版)》2006 年第 4 期。

油行业和普通群众生活紧密相关,各地机器榨油事业陆续有所发展。

在广东东莞,“粤省花生油一项以从化所出者为最良,销路亦因之畅旺。东莞属榨油行,其所制生油以石龙茶园寮步各处为最多,前因制法未精销售日渐减少,自去年(1905)该处榨油行会集同业熟议改良制法,遂决定合数家资本组织一大公司”①。在河南,“周家口榨油公司刻已组织完竣,机器亦已订购,由汴省义善源票庄代为招股,无论官商概可入股。每股百金常年七厘行息云”②。在浙江宁波,“张姓商人等招股在镇海县鹭林地租赁房屋创办通顺机器榨油公司,因该处距郡较远,复议购买郡城灵江门外旷地一区招匠修厂屋,机器亦由上海订运,开办在即”③。在浙江杭州,“拱宸桥西新建西式房屋,由高某等购备机器,创设益盛榨油厂。先以纱厂花子试榨清油出售。现(1904)各乡菜豆次第登场。以机器榨取出油较多,该厂获利丰厚”④。使用新型榨油机器出油比传统榨油方法出油更多,效率更高,油质亦更纯。

食用油是老百姓日常生活中不可缺少的消费品之一。值得注意的是,机器榨油行业只出现在大城市,因为机器榨油的设备成本较高,一般乡村作坊没有能力购置大型设备。广大小镇农村仍延续着传统人力、畜力榨油方法。

5. 磨粉业

磨粉业是中国传统手工行业之一,日常生活中不可取代。甲午战争以后,机器磨粉行业获得较快发展。到20世纪末的5年间,天津、广州、芜湖等处就有机器磨坊11家。从广州的6家机器磨坊情况来看,每间需资本1万元或6000元,每人可出粉50—100担。其机器系华人手造,比外洋机器便宜,以北来麦子磨粉,期与美国面粉争胜。这显然与甲午战争后国人实业救国的思潮有关。鉴于机器磨坊是在旧式手工磨坊的基础上发展起来的,是用蒸汽机带动石磨,其他工作仍靠人力,与旧式磨坊区别不大,劳动生产率也提高不

① 佚名:《各省新闻:东莞改良榨油事业》,《北洋官报》清光绪三十二年(1906)第1089期,第9页。

② 佚名:《各省新闻:榨油公司开招股份》,《北洋官报》清光绪三十二年(1906)第1010期,第8页。

③ 佚名:《各省新闻:榨油公司之成立》,《北洋官报》清光绪三十二年(1906)第920期,第3页。

④ 佚名:《各省新闻:榨油设厂》,《北洋官报》清光绪三十年(1904)第322期,第8页。

多,所以大致上仍可归于手工业生产。它在经济史上的意义在于,中国近代的机器面粉工业,并非与自己的手工业传统毫无关系,机器磨坊在某种程度上就是连接二者的过渡状态。

确实有这种由旧式磨坊到机器磨坊,再到机器面粉工厂的逐步过渡。创办于1898年的芜湖益新机器米面公司,本是一家碾米磨粉兼营的机器磨坊,其后专业磨粉,10年后,"添置新机器,建造新厂房",改组为近代机器面粉工厂。1902年,荣宗敬在无锡创办保兴面粉厂,使用石磨4部,实际上不过是一家机器磨坊,次年改组为茂新面粉厂,增加新股,1905年添置钢磨,改造为近代机器面粉厂。1902年,南通张謇投资2万元开办大兴面粉厂,按其规模和设备也只是一个机器磨坊而已,到1909年改造为复新近代机器面粉公司。尤可注意的是,进入20世纪以后,机器磨坊同近代机器面粉工厂,在数量上均有较大的发展,形成土磨坊、机器磨坊、近代面粉工厂三种生产形态并存共举的局面。①

6. 碾米业

碾米一业,自古有之。甲午战争以后,各地陆续出现了机器碾米的作坊和工厂,首先带动这股风气的是在华的外国人。外国人并不介意中国人参观学习新式机器碾米工艺。"福建有美教士蒲君,见闽省土产制造之法甚拙,因自美国购碾米、磨麦、制蔗糖各机器至闽。纵民前往参观,以资学习。"②"赣省厚生碾米公司业已在进贤门外将军渡建立厂屋,开办碾米,并在沪聘请美国工程师一人,驻厂照料。"③

随后有一些热衷于新事物的中国商人陆续创办机器碾米公司。在芜湖,"商人吕碧堂、吴竹溪二君集股组织同丰电力碾米公司,机器也已运到,每日可出米五六百石"④。在杭州,"碾米业旧用臼舂,及宣统二年(1910)大有利

① 王翔:《近代中国的榨油手工业和磨粉手工业》,《琼州大学学报(社会科学版)》2001年第6期。

② 佚名:《各省农事:机器碾米》,《农学报》清光绪二十三年(1897)第1期,第21页。

③ 佚名:《新政记闻:实业:赣省创办碾米公司》,《北洋官报》清光绪三十三年(1907)第1577期,第11页。

④ 佚名:《电力碾米公司成立》,《北洋官报》清宣统二年(1910)第2561期,第10页。

电厂成立,洽和祥、大有元等米铺,首先租用马达,改用机碾。其生产速率,臼舂与机碾约成一比二十之比,故旧法之留存者,迄今不过百分之一二矣"。在武进,自"清宣统间,邑人吴康、奚九如于西门外日辉桥,试购煤油引擎,及碾米铁机为代用,较之人工臼舂,其加量为一与二十之比例。于是西门外大来、溥利、公信、宝兴泰等,相继行之。其原动力分火油、柴油二种引擎。从前之砻碾、滚碾、臼舂,运以人力牛力的,尽入于淘汰之列"。

碾米行业和普通群众的日常生活息息相关。应该看到,即使市面上某些地方出现了机器碾米公司,但是在中国广大地区,尤其是农村地区,绝大多数的人们还是习惯用旧法碾米。

7. 印刷业

湖南宝庆府的印刷业颇为发达,"刊版书籍,流行各省,尤甲于海内"①。晚清时期,这里的印刷行业也在逐渐使用新式机器印刷书籍。在江苏武进的印刷行业,"机械印刷,自清宣统间,原有人工印刷刻字作,设于千秋坊之杨日升,开始改办,是为机械铅印之始"②。在接触外界事物比较迅速的福州,机器印刷公司出现较早,并且有了版权意识。"施景辉氏聚集同人购置机器、铅字,创设印刷公司,编印东西洋教科书籍、报章,以开风气。业经呈送花边字模、印成式样,应准立案,给示保护,以重版权。"③

正值清末新政时期,内地各省份新式书籍报刊供不应求。在上海,"近来讲求新学,颇不乏人。沪上各书庄,生意日盛。凡时务、策论、四书以及西学、格致诸书,人皆争购。故获利甚厚"④。新式书籍的火爆销售自然带动了印刷行业的兴旺。

印刷行业也必然会引起地方官府的注意,各地官府派学生去日本学习机器印刷技术已成风气。"户部财政处奏设印刷局造纸局,决议在京开办印刷

---

① [清]辜天佑编:《湖南乡土地理教科书》第2册,群益书社、群智书社、作民译社,清宣统二年(1910),第4页。

② 彭泽益编:《中国近代手工业史资料(1840—1949)》第2卷,中华书局1962年版,第390页。

③ 佚名:《闽峤琐闻:福州:创设印刷公司》,《鹭江报》清光绪三十年(1904)第88期,第2页。

④ 佚名:《时事六门:杂附:新书厚利》,《南洋七日报》清光绪二十七年(1901)第4期,第7页。

局，以供给各官局学堂购用为主，商界亦可购销。”①“皖省筹办官纸印刷局，筹银万两购置机器、铅字。”②“山东省向德商订购造纸机器全部，并购备石印、铅印、彩印、缩印各项机件，定名为乐源造纸印刷有限公司，从事印刷所有各项公牍、粮串、厘捐执照以及公务文件等项。”③“四川僻处西陲，民风士习仍固陋，京沪译印图书虽多，善本往返采购转运需时，成本亦巨，自不如本省印刷价廉费省。惟本局虽添购印机，招募匠徒，而规模草创，计工按日，以之印报则有余，以之印书则不足。本局若能再添筹经费数万金即拟遣派聪颖学生十名前往日本印刷局肄习铅印、铜印、电印并造纸诸艺，学成即令购办各种机器回局，可以供全省学堂之取。”④“鄂省拟就武昌银币厂新厂房屋设立印刷官局厂所专印各衙署局所学堂公文书籍，已派人赴沪购办机器运回开办。”⑤“湖北印刷局属初创，现（1906）经张宫保同意，以内地无人专长，特派学生十人前赴日本学习此业。”⑥

晚清时期，是机器印刷行业获得长足发展的时期，这与当时新式报刊书籍广受欢迎是息息相关的。广开风气的宏观环境下，各地对新式报刊书籍的需求日渐畅旺，必然会带动造纸行业的发展。

8. 造纸业

这一时期，各地政府官员率先开设了一批机器工业，并且对于开办机器工业的商人持支持态度，机器造纸行业十分兴旺。“户部拟开办造纸厂，曾有人条陈应设于汉阳，现（1906）铁尚书以汉阳太远，拟设于南通州，已派定刘士

---

① 佚名：《京城近事：户部组织印刷局》，《北洋官报》清光绪三十二年（1906）第1092期，第5页。

② 佚名：《安庆通信：筹款开办印刷局》，《安徽白话报》清光绪三十四年（1908）第6期，第10页。

③ 佚名：《商务：官商合办造纸印刷公司》，《陕西官报》清宣统元年（1909）第2卷第2期，第101—102页。

④ 佚名：《公牍：本局详请添筹经费派遣学生赴日本学习印刷造纸并添购机器文》，《四川官报》清光绪三十年（1904）第5期，第15—16页。

⑤ 佚名：《各省新闻：鄂省创设印刷官局》，《北洋官报》清光绪三十二年（1906）第1070期，第8页。

⑥ 佚名：《各省近事：派生赴日本学习印刷》，《北洋官报》清光绪三十二年（1906）第1213期，第8页。

衍观察为总办,李经淇太守为坐办,共筹款八十万为经费。”[①]在武汉的造纸行业,“造纸一项利用最广,为官民商贾所必须,上年升任督臣张之洞选定武昌省城外白沙洲地方饬建造纸专厂”,“该厂地工续已一律筑就,房屋次第造成,订购机器业已到厂。俯请将湖北造纸厂所购机器器材免税三年,成货销售只完正税,概免重征,以轻成本,而利行销”[②]。

天津,“华人造纸以竹,西人则用棉布杂料,以故获利极厚。昨由官报总办张太守,禀商袁宫保,拟在北洋官设造纸局,以增利源,兼供官报之用。宫保允拨款二万金,以资倡办之费。刻已由太守派江西候补县某君,赴日本购办机器矣”[③]。“天津游民习艺所附设之造纸厂,现(1907)仿照西法洗涤残纸字迹以作造纸原料,已收买旧废纸以及一切账簿等件以便实行制造,而开利源。”[④]

各地机器造纸行业开办如火如荼,销路畅旺。在广东,“(1882年),广州已成立一个造纸公司,”“(1889年)广州商人钟锡良已获致十年专利,得在广州设立机器造纸厂,每年报效政府一千万元”[⑤]。在天津,“1907年,天津职商杨宝慧,集银十三万两,创设新兴造纸有限公司”[⑥]。在镇江,“1907年,尹君克昌等发起招集股银二十五万两,在镇江北固山下,创办机器造纸公司,已与中国最大的书局、报馆,约定出货销路云”[⑦]。1905年,在福建漳州,“龙岩一带所产纸料甚多,海内有南纸之称,闻有在籍户部郎中胡延清,拟在浦南地

① 佚名:《各省新闻:户部造纸厂之计划》,《山东官报》清光绪三十二年(1906)第158期,第1页。

② 陈夔龙:《湖广总督陈夔龙奏请将湖北造纸厂机器材料免税三年片》,《政治官报》宣统元年(1909)第459期,第12页。

③ 佚名:《中外商情设局造纸》,《湖北商务报》清光绪二十八年(1902)第128期,第10—11页。

④ 佚名:《各省新闻:造纸厂拟仿造洋纸》,《吉林官报》清光绪三十三年(1907)第42期,第12页。

⑤ 孙毓棠编:《中国近代工业史资料》第1辑(1840—1895)(下册),科学出版社2016年版,第1000页。

⑥ 汪敬虞编:《中国近代工业史资料》第2辑(1895—1914)(下册),科学出版社2016年版,第813页。

⑦ 汪敬虞编:《中国近代工业史资料》第2辑(1895—1914)(下册),科学出版社2016年版,第814页。

方,创建造纸厂,资本按三十万元,顷已集便得四分之三”[①]。1906年,“四川彭县纸厂沟,向有纸厂,销路甚旺。近有某绅由粤购备造纸新机数架,仿用西法,削竹入机器中,旋转旋覆,竹即成浆,欲造何式,即置浆某机,一昼夜可出纸数万张云”[②]。在上海,“上海龙章造纸公司已于本年(1907)夏间落成,规模毕具”[③]。各地在清末新政时期开办的造纸工厂较为广泛,这一行业发展顺利。

机器造纸行业比较红火,利润丰厚,于是有造纸厂厂主自行派遣员工去日本学习造纸技术或在本地开办造纸学堂,培养造纸技术工人。“浙东一带土产之各种粗细纸货向以古法人工炼制。近年因各厂出货无多,销场日广,较前五年几增三倍,已有厂主用西法机器制造,不但炼竹可精,更能搭用破布,使纸身坚匀白净。按此项纸工即由日本学成回来者以后可推广。”[④]1907年,“湖北汉口近有杜伯勋君为振兴实业起见在硚口外组织一造纸学堂,不日招生”[⑤]。

9. 制肥皂业

在肥皂普及之前,中国民众使用旧式猪胰皂和皂荚洗澡、洗衣服。甲午战争以后,肥皂在中国各地逐渐流行,人们在日常生活当中习惯使用肥皂,肥皂的销售量日益增加。中国东北出产的豆油作为肥皂的原料被国外的肥皂制造业所接受,销量猛增。“豆油需求量增加如此之大,以至为新季节(1909—1910年)派出了二十艘轮船到大连和威海卫去。”[⑥]外国商家在中国收购制造肥皂的各种原材料,回国后制成肥皂成品,国外的肥皂成品则又被

---

① 汪敬虞编:《中国近代工业史资料》第2辑(1895—1914)(下册),科学出版社2016年版,第814页。

② 《东方杂志》三年十月,“实业、各省工艺汇志”1906年9月,第199页。

③ 佚名:《各省新闻:纪上海龙章造纸公司》,《吉林官报》清光绪三十三年(1907)第33期,第12页。

④ 佚名:《农商工艺新闻:机器造纸》,《浙江新政交儆报》清光绪二十八年(1902)第5期,第32页。

⑤ 佚名:《新闻录要:实业:汉口组织造纸学堂》,《北洋官报》清光绪三十三年(1907)第1313期,第10页。

⑥ 南满洲铁道株式会社:《满洲的大豆》,1920年,第8—9页。

源源不断地运送到国内。

肥皂这一商品在中国广受欢迎,“无论通商巨埠,乡村闾巷,贫富贵贱,皆备为家庭日用必需物品”①。肥皂在中国各地销量猛增。1887年,“不仅外国的煤油很受欢迎,对外国的肥皂也有大量需要。去年(1887)的销量,比1886年增加30%。此物迅速获得稳固的地位,以致5年中输入增加了138%。买主即使不用肥皂洗手洗脸,至少是用来洗衣服,也可能用来洗桌椅。令人满意的是,不论肥皂作何用途,现在(1888)需要的肥皂比10年前所需要的多出860%”②。“1894年,全国进口了价值38万两白银的肥皂。这个进口量说明,此时,中国普通市民对于肥皂已经不很陌生了。”③“汉口各货滞销,惟为洋肥皂一项独为缺乏,价亦加增,现在(1900)必地皂价昂贵至二两五钱,祥茂皂亦售三两三钱,尚觉无货可觅。”④肥皂使用起来十分方便,深受群众尤其是妇女的欢迎。即使售价昂贵,“尚觉无货可觅”。

一部分商人看准商机,乘着这股东风开办肥皂厂,以图销路,因此获利较多。“肥皂一物,为用极广。1899年闻汉口有人能仿制外洋制造,色香并佳,业经召集股份,设厂开办。”⑤“汉口商人邓某在宜昌设厂专造肥皂抵制洋货。已集有多股,拟定日商代购机器回宜昌开办。武昌杜永兴亦设有肥皂厂,所出肥皂甚为合用,并各分等次,价亦甚廉,向之乐用祥茂皂者,今(1903)已转购该厂之皂矣。”⑥江苏武进,“近年内地纺织洋货逐渐推广,兹有杨某筹集股本在奔牛镇开设肥皂厂,赴申购办各种器具,订请工师,试办有效”⑦。“浙绅黄君等集股五万金,于新埠地方开设华耀公司,仿制洋烛、肥皂。”⑧“皖省西

① 杨大金编:《现代中国实业志》上册,河南人民出版社2017年版,第489页。

② 姚贤镐编:《中国近代对外贸易史资料(1840—1895)》第2册,科学出版社2016年版,第1104页。

③ 林青:《洋货输入对中国近代社会的影响》,《炎黄春秋》2003年第8期,第69—73页。

④ 佚名:《本省商情:肥皂缺货》,《湖北商务报》清光绪二十六年(1900)第48期,第17页。

⑤ 佚名:《本省商情:肥皂设厂》,《湖北商务报》清光绪二十五年(1899)第4期,第17页。

⑥ 佚名:《肥皂畅销》,《秦中官报》清光绪二十九年(1903)第7期,第50页。

⑦ 佚名:《各省新闻:肥皂畅销》,《北洋官报》清光绪二十九年(1903)第155期,第9页。

⑧ 汪敬虞编:《中国近代工业史资料》第2辑(1895—1914)(下册),科学出版社2016年版,第811页。

门外所创设之裕昌洋肥皂公司已开厂出货,并运赴各省售卖。"[①]各地纷纷开设肥皂公司,此项商品利润丰厚,供不应求。制肥皂行业是近代机器生产较为顺利的行业之一。

10. 制糖业

中国本是制糖大国,四川、广东、福建等省制糖手工业颇为发达。晚清时期,洋糖入侵以后,土糖行业遭遇困难。于是,各地积极兴办制糖工厂,试图夺回市场份额。

福建省,"清光绪三十一年(1905),有华侨由爪哇及菲律宾移植竹蔗之苗于福建漳州,于其处组织一制糖公司,其翌年乃设立华祥制糖厂及广福种植公司,皆用新法制糖"[②]。1910 年,"福建同安人郭春秧者,在外洋以糖行起家,现充漳州农会总理。郭君心计最工,上年请厦道禀准农工商部,创立制糖大公司。凡同安漳州一带,未开官荒各地,均归其开垦。种蔗制糖,以兴实业。商部准如所请,郭即请官丈量立案。外洋运来机器十余架,近各地之蔗成熟,正在开工制糖"[③]。福建是出产甘蔗大省,晚清时期,原有土法制糖工艺被淘汰,机器制糖工艺逐渐兴起。

在东北,"满洲所用之蔗糖皆来自日本、香港、汕头各处。近有数公司察得满洲北面之地势,于制糖甚属相宜。缘该处之甜红萝卜质地甚佳,可取糖汁百分之二十五至三十。比之欧洲所产,有加倍之数。且作工者多,工价又廉。故发起成立制糖厂,不须巨资即可开办。其种植之地,与铁路相离不远,运载出口,又极为便利"[④]。与此同时,哈尔滨也在兴建制糖厂。"李聘三王古愚两观察,筹集吉钱百万吊,在哈尔滨组织一制糖厂。已派人分往齐齐哈尔巴彦州一带,购买荒地,栽种甜菜,仿俄糖办法。"[⑤]

上海,"近年以来,中国所用之洋白糖,所谓香港车白糖,大半来自香港,

---

① 佚名:《肥皂厂不日开工》,《大陆》清光绪三十一年(1905)第 3 卷第 6 期,第 5 页。

② 李文治编:《中国近代农业史资料》第 1 辑(1840—1911),科学出版社 2016 年版,第 412 页。

③ 佚名:《各省要闻:绝大制糖公司》,《江宁实业杂志》清宣统二年(1910)第 5 期,第 109—110 页。

④ 佚名:《实业纪闻:设厂制糖》,《万国商业月报》清宣统元年(1909)第 10 期,第 19 页。

⑤ 佚名:《农工纪事:组织制糖厂》,《农工杂志》清宣统元年(1909)第 4 期,第 93—94 页。

以其设厂在香港故也。粗制糖原料大半仰给于南洋各岛，精制后专销中国各地。近年来，日本之精制糖又充塞中国市场。上海道及上海商会先劝沪上各糖行，首先合创精制糖公司，招集股份。如需官为维持之处，力予保护抵制车白糖在此一举已”①。

四川省，“川督赵次帅以川省糖业向为大宗，亟需整顿，饬产糖各地筹款保送学生入省实验，送赴日本、台湾制糖厂学习，以为改良之预备。按蜀中产蔗以资州、内江为最多，且其质味亦较闽广产为佳”②。“四川金堂县丁某考究萝卜制糖之法颇有心得，议集股设立公司制造，以兴实业。”③“四川成都府城西近有徽商王裕和等筹集资本设立特别制糖公司，改良工艺，分冰糖、雪糖二种，质清色洁，绝无渣浊，装潢尤极工致，日来运销外埠，销场独畅。”④

广东省，“粤督周玉帅以年来洋糖日进，华糖销路益滞，皆由种蔗制糖狃于成法所致，亟宜力图改良。已商荷兰领事官聘彼国深谙糖学之人来粤，并订购制糖机器，筹划速议集股设立公司，开办制糖公司”⑤。潮州，“以糖为最大庄件之物，只是连年以来，糖业大败。因为做糖的人袂变法，而且贪心掺涂，糖色不雅，不能销行。近日揭阳县吩咐保安局各绅士，请只班做糖伙，会议买机器，学外国的做法来制造糖”⑥。

三、维持现状或继续发展的手工行业

有一些传统手工行业，尽管也受到了国内外机制工业品的冲击和影响，但既没有迅速没落，也很少转而采取机器生产，或者曾经一度试行机器生产而不成功，便又复归于手工生产。有些手工行业适应市场需求的变化，或是

① 佚名：《海内外调查丛录：振兴糖业办法八则：在上海招股设立精制糖厂》，《华商联合报》清宣统元年(1909)第8期，第121—123页。

② 佚名：《新政纪闻：实业：通饬考送制糖学生》，《北洋官报》清宣统元年(1909)第2276期，第11页。

③ 佚名：《创设制糖公司》，《秦中官报》清光绪三十三年(1907)第12期，第34页。

④ 佚名：《实业：制糖公司特别改良》，《陕西官报》清光绪三十四年(1908)第9期，第76—77页。

⑤ 佚名：《新闻录要：实业：粤省拟设制糖公司》，《北洋官报》清光绪三十三年(1907)第1305期，第10页。

⑥ 佚名：《潮纪：整顿做糖生理》，《潮声》清光绪三十三年(1907)第17期，第11页。

从传统行业跨界延伸到相关的另一些行业，或是创造出一些新的手工行业。[1]还有一些手工行业，顺应时势，因势利导，积极调整生产方式和经营方式，为行业的生存和发展拓宽了空间。

1. 工艺美术行业

这些手工行业多是在中国特殊的社会文化和自然环境条件下产生和发展起来的，其中许多带有特殊手工技艺的性质。那些带有工艺美术性质的手工行业，信守传统生产方式的现象更为突出。以漆器手工业为例。中国的漆器生产起源甚早，产地甚广，南部诸省皆有出产，江西制漆以袁州府所产为代表，“贾人以达四方，曰袁漆，几与广漆、建漆等”[2]。

漆器尤以福建最为著名。虽然至晚于南宋，福州漆器已形成自身特色，明代雕漆也名声远播，但真正形成全国性影响，则以乾隆中期的沈绍安创制出脱胎漆器开始。自此之后，福州漆器手工业影响日盛。从经济规模及工匠数量上看，福州也逐步取代浙江嘉兴、温州，成为新的制漆中心之一。[3]

“闽侯县沈绍安漆器，创自乾隆间。绍安，字仲康，始得秘传，研究漆术，巧配颜色，制造各种脱胎器具，工作精致。”[4]福州漆器之佳，在国内素称第一，其出品彩色匀配，尽其巧妙。金银所画之花样，亦复精工，言画漆者，当首屈一指。在南洋一带，外人拱若珍宝。据说连欧美各国之博物院中，几无不陈列中国漆器者。鸦片战争后，中国社会经济变化剧烈，漆器业却墨守陈法，花样千器一律，殆无有改变者。光绪末年，漆器业中也曾有人提倡设厂制造，但迟迟无人响应，亦一直未见有这样的工厂诞生。

这种需要特殊技艺的工艺美术手工业，实际上很难用机器生产来取代。诸如漆器制造、象牙雕刻等工艺美术品手工业，其整个生产过程的性质自始就不宜大规模生产。“广州精于制造牙器之工匠，其人数甚少，不能与象牙铺

① 例如：有的地区兴起了与棉纺织业沾边的毛巾、花边、编织等行业。这些行业的工艺技术较为简单，有利于原来从事手工纺织业的妇女娴熟地转换成新的手工行业从业者。

② ［清］骆敏修，萧玉铨纂：《袁州府志》卷1《地理・土产・货之属》，清同治十三年（1874）刻本。

③ 张健：《清代福州的漆器与漆工匠》，《装饰》2016年第5期。

④ 欧阳英修，陈衍纂：《闽侯县志》卷28《实业・工》，1933年刻本。

为比例。约而计之,不过六人而已。按象牙雕刻为广东产品之一,亦我国美术工艺品之一。往年南洋劝业会中曾经陈列多品,雕刻人物、楼台,玲珑奇巧,大博赞赏。西人来观者,亦流连忘返。唯以少数之手工累月经年乃仅制成一物,取价不免过昂,销路亦属有限。"①

过年过节,家家户户悬挂的灯笼,制作十分精美。浙江萧山县,"西兴相近各村妇女皆以此营生,有广壳、香圆、单丝、双丝、方圆,大小便行,诸品通销全省"②。但是,这些手工行业属于小众手工行业,产品并不是人们日常生活的必备品,因此往往不是大规模生产,销量亦有限。

这样的手工行业,还可以"文房四宝"为例。安徽泾县、宣城、宁国一带,出产宣纸,由来已久。宣纸的原料是一种青檀植物的枝条,经过浸泡、揉制、蒸煮、漂白、打浆、加胶、贴烘等10余道工序精制而成,不被虫蛀,不易折损,为中国书画制作的必需品。国画书法,非宣纸不办,清朝末年,泾县制作宣纸的场坊有100多户,年产宣纸1.5万余件,价值150余万元,工人不下四五千人。诸如此类适应着中国独特文化发展起来的传统手工行业尚有许多。由于它们与进口洋货和国内机制工业品之间的相互替代性很低,所以一般不会受到国内外近代工业产品的倾轧被取代,仍然维持着特定的消费市场和消费人群。但也正因为如此,这些行业也就难以获得更大的发展空间,如同时人所论:"宣纸虽甚乐观,但成本太贵,且不适于近代印刷之用,仅足以供给少量中国书画之需。"③

安徽徽州府婺源县的砚品闻名遐迩,制作精美,难以用机器生产。"砚品有五:一曰眉子石,有七种;二曰外山罗纹,有十三种;三曰里山罗纹,有一种;四曰金星,有三种;五曰驴坑,有一种。总谓之龙尾石。大抵歙石之珍,以青色绿晕多金星者为上。有刷丝石、枣心石、小斑纹、粗罗纹、细罗纹、瓜子纹。然惟以出深溪者为上。"④

① 佚名:《广州雕刻象牙业》,《农商公报》1914年第1卷第2期,第114—115页。
② 彭延庆修,杨钟羲等纂:《萧山县志稿》卷1《疆域门·物产》,1935年铅印本。
③ 王翔:《甲午战争后中国传统手工业演化的不同路径》,《江西师范大学学报(哲学社会科学版)》2006年第4期。
④ [清]汪正元等修,吴鹗等纂:《婺源县志》卷3,清光绪九年(1883)刻本。

毛笔是国人家中常见物品，销量稳定，多为手工精细制作而成。“因国人写字向用毛笔，非此不称挥洒，赖以行销耳。”①制作毛笔比较出名的地方较多，品种多样。如在苏州，“兔毫笔，大者为全肩，次为半肩，羊毫为大小落墨。其法传自吴兴，颇精，亦行于四方”②。在浙江乌程，“笔，兔毛硬，曰紫毫。羊毛软，曰羊毫。参用，曰兼毫。鼬鼠尾毛，宜书小字，曰狼毫。有鸡毛笔尤软，大者用马鬃，曰斗笔。凡笔之佳者，以尖、齐、圆、健四字全备为上。按出善琏村，属归安，其乌程界内所造，皆自善琏徙居之人也”③。

制铜业、制锡业在宗教事务中有固定需求。手工制成的铜器、锡器，工艺精湛，精雕细琢。“中国产铜之区，以云南为首屈，尤以东川府为最。各寺观祠庙之铸像及崇圣寺等各巨大之钟鼎，昆明鸣凤山铜瓦寺之建筑最为著名，至省会各古董铺所售之佛像、钟鼎、古玩及各种铜器铸造之工，多属昆明及东川人。”④广东肇庆府高要县，“锡，来自广西贺县，邑人以之雕刻成器，最著者，曰钟鼎、水碗，凡大宴会，非此不足以昭隆重，故肇刻水碗名盛一时。又神祠之莲藕灯、八宝香案、圆方炉鼎，亦以此间所制为极精。余如熏香盒、琴形牙粉盒、烟草盒、茶盒、槟盒、茶盅、座花瓶、煖酒壶及香奁小品，雕刻山水、花卉、草篆、人物，靡不精巧悦目，销流极广”⑤。

安徽，“罗盘，歙邑称最。程宏宇、汪永年二家造者尤精。定时罗，一名日晷，纹理工致，本质端好，惟程宏宇、汪永年二家制者，四方未有伦比”⑥。

此外还有冥钱纸媒的生产和销售同样较为稳定。“华纸尚有一部分消耗于祭祀、敬神所用之黄表白纸。江西粗纸向销于长江各埠，为冥钱纸媒之用。”⑦

妇人每日必需的木梳，销量一直较为平稳。浙江海宁，“木梳，以黄杨木

---

① 刘锦藻：《清朝续文献通考》卷383《实业六》，商务印书馆1935年版，第11306页。
② ［清］石韫玉纂，宋如林修：《苏州府志》卷18，清道光四年（1824）刻本。
③ ［清］汪日桢纂修：《乌程县志》卷29，清光绪七年（1881）刻本。
④ 龙云、卢汉修，周钟岳等纂：《新纂云南通志》卷142《五金业·铜工》，1949年铅印本。
⑤ ［清］马呈图纂修：《高要县志》卷11《食货篇二》，清宣统二年（1910）刻本，1938年铅印本。
⑥ ［清］尹继善等修，黄之隽等纂：《江南通志》卷86《食货志·物产》，清乾隆元年（1736）刻本。
⑦ 刘锦藻：《清朝续文献通考》卷383《实业六》，商务印书馆1935年版，第11306页。

制者为上,次用枣木,光滑齿匀,大小成套。城中多善制者,运销远及苏、杭"①。

2. 制锡箔业

浙江省在晚清时期锡箔手工业十分发达。浙江杭州,"锡箔业造者不下万家,三鼓则万手雷动"②。"1878年,杭州自开作设庄以及肩挑发磨各工作人等,城乡妇女磨纸者,不下有数十万人藉此为活。"③镇海县,"锡铂,俗称锡箔,以薄锡隔纸锤之。浙人善治铂。自道、咸以来,邑中业此者颇盛,遂为大宗出品。以锡铂涂黄色曰黄铂,均销售各省"④。宁波、绍兴等地从事此业者为数众多。光绪二十四年(1898)杭州的《锡箔分地销售碑》记载:"据宁、绍两帮金箔业商民费春茂、永兴、陈源泰、费聚源等禀称:身等打造金箔,本系宁帮专行艺业。嗣因生意日善,分设各府,绍人从而学习,于是绍人日盛,燹前(指太平天国以前)遂分宁绍两帮。以宁、绍、台、金、衢、严、温、处八府为东路,归宁帮贸易;嘉、湖、苏、松、扬、镇、南京、徽州为西路,归绍帮贸易。惟杭州省城为总会之区,两帮并相交易。"⑤由此可见,锡箔业者人员众多,销售量亦颇可观。

江西省锡箔业产量甚多,经营方式乃至产品货色均与浙省有所不同。时人记述:"江(西)省作箔一业,与杭(州)垣略不相同,即所出之货色亦异。盖杭垣每责成各研户,自开手以致蒇事,亦多转折,而工自为业,人自为家。至如磨箔之事,则妇女亦可为之,盖分取众力,以襄一业。其出资为商者,仅总其成而已。江省则须聚集众工于一处,事事皆须司柜者经理,谓之作坊。每一作坊之内,多至百数十人,其操业者,亦不下十余等,自熔锡制成箔坯,发往打锤。锤分轻重二种,而用重锤者,又较量箔质之阔狭,分为厚薄二种,即以工之优绌而定差焉。自是而用裱,而拾齐,而绑箔,凡易数十手,始克出市,亦

① [清]李圭修,许传沛纂,刘蔚仁续修,朱锡恩续纂:《海宁州志稿》卷11《食货志·物产》,清光绪二十二年(1896)修,1923年续修铅印本。

② 彭泽益编:《中国近代手工业史资料(1840—1949)》第1卷,中华书局1962年版,第414页。

③ 佚名:《申报》,1878年4月15日。

④ 洪锡范、盛鸿焘修,王荣商、杨敏曾纂:《镇海县志》卷42《物产》,1923年修,1931年铅印本。

⑤ 彭泽益选编:《清代工商行业碑文集粹》,中州古籍出版社1997年版,第198页。

殊费周折矣。按该业手艺,以打锤一项为最巨;而人数则以裱箔一行为最多。裱箔者,以张数计发给工资,余则皆以月计也。惟是出货之多寡,只在乎人力之勤惰,但司柜者经营得当,则每日所出必较他家为稍胜。……江西锡箔一业,虽较之闽箔杭箔远不能逮,然销行于北数省者亦巨。由长江而下至于清江浦,凡有口岸皆设囤货栈房,并有设坊于樊城汉镇者。计其中养活之人,殆以万数,亦市业之一大宗也。”①

3. 食品相关行业

中国具有独特且悠久的饮食文化,各地形成一系列特产,远近驰名。这些食品相关制作行业在晚清时期发展变化较小。无论工艺技术还是原料来源,变化甚微,销量颇为稳定。与人民群众饮食有关的行业,如酿酒、酿醋、制面、制蜜饯、制糕点、制熏腊、制肉松、制盐蛋等手工行业,是人民群众日常所需,无进口产品的必要,受社会宏观环境变化影响较小,仍维持着长久以来的制作方法和工艺,销路也并无太大起伏。

贵州遵义的“银丝面,绥阳制水引,极细者曰银丝面,其城中所制尤佳。商人多贩至湖南湖北四川,市者珍之。乌江面,乌江关岸上一民家制面,博如大韭叶,味绝佳,两岸多有学制者,皆不及也。以地称乌江面,市者以为珍馈云”②。东昌府城内以及茌平,“做贡面者甚多。将上细麦面做成细条,稍用盐汁,每斤约值七八十文、八九十文不等。运往江南、上海、北京,销路极广”③。山东即墨,“种地瓜者颇多。用处亦广,或磨面或酿酒,无往不宜。惟作粉条获利颇厚。用瓜百斤出粉三十余斤,每斤值京钱一百三十文。运往江南诸省,较绿豆粉条销售尤为多云”④。

苏州府吴江县月饼行业,“月饼随处都有,出黎里陆氏生禄斋者,制配精,而蒸煎得法。驰名远省,都下名公,有从轮舶寄购者”⑤。江苏太仓州,“肉松,制法创于倪德,以猪、鸡、鱼、虾肉为之。德死,其妻继之,味绝佳,可久贮,

① 佚名:《江西的锡箔坊》,《申报》清光绪二年(1876)二月二十六日。

② 彭泽益编:《中国近代手工业史资料(1840—1949)》第1卷,中华书局1962年版,第177页。

③ 佚名:《贡面销路》,《济南报》清光绪三十年(1904)第25期,第13—14页。

④ 佚名:《粉条厚利》,《济南报》清光绪三十年(1904)第155期,第5页。

⑤ [清]蔡丙圻纂:《黎里续志》卷1《物产》,清光绪二十五年(1899)刻本。

远近争购,他人效之弗及也”[①]。

江苏镇江府丹阳县,“醋,俗云镇江醋即指此也。邑人士恒携之远方,用以馈赠。持蟹呼酒时得之,尤为珍品。宣统初,南洋劝业会给头等奖章”[②]。江苏丹徒县,“京江滴醋,亦以朱恒顺者为良,经劝业会审查,获奖金牌”[③]。

江苏扬州府高邮州,“邮水田放鸭,生卵腌成盛桶,名盐蛋。色味俱胜,他方购买之。又一种名变蛋,入药料腌着,色如蜜蜡,纹如松针,尤佳”[④]。安徽无为县,“禽类,鸡、鹅有之,中以鸭为最多,有畜至千万头。养鸭者,称曰鸭棚,或以产卵,或供卤制无为板鸭(卤制后,复以木屑烘之,使作褐色),肥嫩异常,别具风味,驰名附近”[⑤]。广州府番禺县,“澄面、焙鸭业俱能自树一帜。焙鸭一业著名甚久,心字香著名亦之”[⑥]。

浙江金华的火腿驰名国内外,“出产实不限金华,凡旧金属之兰溪、东阳、浦江、义乌、武义等县均产之”[⑦]。江西建昌府新城县,“腐乳,即豆腐成者,食亦甘香”[⑧]。直隶遵化州丰润县,“黄米糖,京师名曰关东糖,始出奉天宁远州,直隶省惟丰润有之,俗呼小锅糖,运京发卖,每冬约二十万斤”[⑨]。

4. 制盐业

盐是人民群众日常生活不可或缺的商品,制盐业受洋盐的冲击较小。外国资本家从国外运输盐到中国市场销售,运费高昂,利润空间不大。因此,这一时期各地制盐业得以继续维持甚至得以扩充。

两淮盐场向来出产较多,“两淮吕四场盐垣自张季直修撰接办后,参用新

① 王祖畬等纂:《太仓州志》卷3《风土·物产》,1919年刻本。
② 胡为和等修,孙国钧等纂:《丹阳县续志》卷19《风土·附物产》,1927年刻本。
③ 张玉藻、翁有成修,高觐昌等纂:《续丹徒县志》卷5《食货志·物产》,1930年刻本。
④ [清]杨宜仑修,夏之蓉纂,马馨等增修,夏味堂等增纂:《高邮州志》卷4《食货志·物产》,清乾隆四十八年(1783)刻,清嘉庆十八年(1813)增刻,清道光二十年(1840)重刻本。
⑤ 佚名纂:《无为县小志》第4《物产》,1960年据民国二十年(1931)稿本石印本。
⑥ 丁仁长、吴道镕等纂:《番禺县续志》卷12《实业志》,1931年刻本。
⑦ 浙江省通志馆修,余绍宋等纂:《重修浙江通志稿》第22册《物产·特产下·火腿》,1943年至1949年间纂修,稿本,浙江图书馆1983年誊录本。
⑧ [明]邬鸣雷等纂修:《建昌府志》卷2《物产·新城县》,明万历四十一年(1613)刻本。
⑨ [清]牛昶煦、郝增祜纂修,周晋堃续纂修:《丰润县志》卷3《物产·货属》,清光绪十七年(1891)刻本,1921年铅字重印本。

法，产盐日多，又向垦牧公司租借近海地120亩开筑盐田、造釜设垄。惟按本计利无甚盈余，近年大加扩充，添招新股12万两足成百釜，提造上等洁白尖盐，以期抵制洋盐，力求进步”①。

广东省，“粤省自前月以来城乡各处虽难得雨泽，惟电白等处所有盐田则自正月后，每日所晒之盐视昔加倍。因亢旱日久，海水咸之故，一经晾晒成盐尤速”②。

江苏省，“南通州石港场所出之盐颗粒整洁，产量亦旺。石港场地势过高，得此海潮浸润，大有水过田肥之势。卤气丰足，可以无虞缺额”③。

5. 织毛巾业

棉纺织手工业的衰落，对于世世代代以织助耕维持生计的广大农民是个严重威胁，对于普通家庭的收入影响是巨大的。农家每当秋天收获完结，就有相当的空余时间，农家妇女尤其是幼女老妪，难以胜任田间的繁重劳作，却能从事家庭手工业生产。为生活所迫，他们必须寻找新的生活出路。随着各地区农民家庭棉纺织手工业的破产，无以为生的农民根据自身能力和国内外市场的需要，改行从事新兴的手工业。有些地区兴起了与棉纺织业沾边的毛巾、花边、编织等行业。这种工艺技术较为简单，有利于原来从事手工纺织业的妇女娴熟地转换并进入新的手工行业。

值得注意的是，同属纺织行业的织毛巾业在20世纪初的几年颇为兴旺。因为针织毛巾简单易学，所用机具多以木制手织机为主，木制机价格十分低廉，便于推广，有部分家庭有能力购置，作为家庭副业进行生产。商人开办一个小型毛巾公司，成本也不高。

上海地区的毛巾织造手工业比较兴旺。在川沙县，“其在本境，向以女工纺织土布为大宗，自洋纱盛行，纺工被夺，贫民所恃以为生计者，惟织工耳。嗣以手织之布，尺度既不甚适用，而其产量，更不能与机器厂家大量生

---

① 佚名：《各省新闻：扩充盐业》，《北洋官报》清光绪三十一年（1905）第588期，第7页。

② 佚名：《农商工艺新闻：盐田丰收》，《浙江新政交儆报》清光绪二十八年（1902）第1期，第9页。

③ 佚名：《各省新闻：盐田增产可望》，《北洋官报》清光绪三十一年（1905）第814期，第6—7页。

产者为敌。清光绪二十六年(1900),邑人张艺新、沈毓庆等,鉴于土布之滞销,先后提倡仿制毛巾。毓庆就城中本宅创设经纪毛巾工厂,招收女工,一时风气大开。其后经纪停闭,而一般女工皆能自力经营,成为家庭主要工业。二十年来,八团等乡机户林立,常年产额不少,于妇女生计前途,裨益非浅"①。

嘉定县的毛巾织造手工业兴起于光绪末年。"邑中女工向以纱布为生计大宗。光绪季年,土布之利被洋布所夺,于是毛巾代兴。毛巾为仿造日本货之一种;以十六支及二十支二种洋纱为原料(今犹用日本纱,以本纱不良故织梭亦日制;此工商界所当研究者),分轻纱二重,上重薄加浆粉,下重浆粉甚厚,织巾时,隔三梭或四梭用力一碰,经纬交错,上重因而起毛,略似珠形。组织简单,织造甚便,每机一乘,织工一人,摇纱半之,经纱工、漂白工又若干。工苦而利微,唯洋纱贱,毛巾贵时,每人每日可获六七角之利,然不多见也。在清季,邑中无正式之厂,统计其业约分两类,一简陋之厂,置机十余乘至五十乘不等,招集邻近女工,以友谊管理,出货直运上海庄,庄给四十日之庄票,回嘉可购洋纱,此类以城厢内外及东乡为多,约有三十家,共机五百乘左右;一不成厂之散户,置机一二乘,妇女得暇则织,全属家庭工业,出品销本城曹氏、大全、仁庄,多数掉换洋纱,彼则远销上海及杭、嘉、湖,此类散户约共机三百乘"②。

清末时期,短短几年内,织毛巾行业迅速风靡全国各地。"商部工艺局巾工科近日所织毛巾益称精美,刻由局分寄各布店代售。据各店铺声称,此类毛巾较日本来货细密数倍,且价亦极廉,一时购者日渐增多,中国各项工业果能如此进步,工商界前途将大有可望云。"③在江苏清江,"清江溥利公司,学织毛巾之各学生,学业有成。因谕各生领机自织,以开风气。如能转教至十人以上者,考验重赏。其章程每人领机一张,各物公用。领纱二包,织成毛巾,交公司代售候漂。再领纱二包,共计重三十二斤,每条毛巾重二两,织成

① 方鸿恺等修,黄炎培等纂:《川沙县志》卷5《实业志・工业》,1937年铅印本。

② 陈传德修,黄世祚、王焘曾等纂:《嘉定县续志》卷5《风土志・物产》,1930年铅印本。

③ 佚名:《各省新闻:毛巾畅销》,《济南报》清光绪三十年(1904)第64期,第8页。

毛巾二百五十六条,可得洋二十五元六角。除缴还纱本十二元二角,得利十三元四角。再缴公司一元二角,净得利十二元二角"[1]。江苏无锡,"无锡的毛巾厂,已经开办了不少。现在(1909)无锡地方上那些洋货店家卖的毛巾,都是本地的厂里织出来的,并不要到别处去买。非但无锡一处,就是别处的销场也未尝不好"[2]。

在浙江杭州,"里仁坊巷口,李姓商人创办毛巾店,从日本进口机器六七张,每张机上只需一人,每人每天可织毛巾三十余块;棉纱一包,可织毛巾四十余块"[3]。织毛巾行业所生产的产品颇受欢迎,迅速占领了市场份额。绍兴,"临浦镇之厚生纺织公司,近改名为厚生织染所,所出花布、毛巾与外洋无异,而以新出一种斗纹花布为尤善云"[4]。

有的地方原有纺织户纷纷改织毛巾。在南京,"宁垣机业纺织绸缎行销各省,素擅专长。自遭国丧,销场顿减,城北各机户现多改织毛巾。以城垣工艺局织毛巾者多系本邑妇女,故改整甚易,每机每日约出二十余条,售洋九角,有商人收购行销本省外,并运往清淮一带销售。故机业虽衰赖此差可补救云"[5]。

在湖北武汉,"武汉兴办毛巾公司以来,销路甚畅,所出毛巾虽不敌欧西之洁白厚密,而价值已减其半,人皆乐购。今(1903)汉阳又添有两厂,专织毛巾,外路来贩者日多,各厂均有应接不暇之势,此项工业皆系女工。乐星海在迁善所设立之毛巾机亦能日出数百条,由官场代为销售"[6]。"职商姜钧廷在武昌千家街购地建屋组织毛巾厂。"[7]

在直隶宝坻,"宝坻县开办毛巾工艺局,购机器一百架,招集学生一百

---

① 佚名:《中外商情:广织毛巾》,《湖北商务报》清光绪二十八年(1902)第128期,第11页。

② 佚名:《本邑要闻:今日工业的情形:毛巾厂》,《白话报》清宣统元年(1909)第5期,第18页。

③ 佚名:《论杭州试织毛巾事》,《杭州白话报》清光绪二十八年(1902)第6期,第1—2页。

④ 汪敬虞编:《中国近代工业史资料》第2辑(1895—1914)(下册),科学出版社2016年版,第798页。

⑤ 佚名:《记事:毛巾工艺之发达》,《南洋商务报》清宣统元年(1909)第59期,第2页。

⑥ 佚名:《记毛巾公司》,《秦中官报》清光绪二十九年(1903)第7期,第52页。

⑦ 佚名:《实业:武昌组织毛巾厂》,《并州官报》清光绪三十四年(1908)第7期,第13—14页。

人”[①]。在重庆,“渝城昌华毛巾公司造织颇精,行销亦畅”[②]。

眼见着织毛巾行业大有可为,尚未能掌握此项技术的内地县市迫切希望能从大城市引进织毛巾的技术。“延庆州请天津工艺局或考工厂挑选能织东洋木机洋布,兼能织造毛巾工匠一人拨来延庆充当教习,每月薪水若干,请饬知以便按月发给。”[③]

6. 草辫业

草辫行业同样也是清末时期风靡一时的手工行业,草辫业各省虽均有之,以山东为最多。依此为业者,盖不下数百万人,产品于山东省出口货中占第一之位置。其原料为麦秆,遍处皆是,一经手工制造遂为贸易大宗,其有裨于国计民生。制造草辫无需巨大的资本,无需专雇工人,农民皆可于农闲之时利用麦秆编制。1862 年,由烟台英国洋行指导制作,或是由法国传教士口授方法。由于简单易操作,于是人争传习,渐推广,而山东之草辫业臻于极盛,产出之地包括莱州、青州、济南、武定等地。“草辫编制的方法是先择麦秆之长约三尺,去其前后段,中余一尺五寸。再取其中四五寸,制优等品。其余即作寻常制品。以锐利的四角铁器,将麦秆剖开,以制作割开的草辫。编成后再用漂白法约三日,使其干燥然后卷之,一卷之长约 180 尺,20 卷为 1 段,6 段为 1 块。依品质的不同,一箱草辫的价格在 13 两至 1300 两不等。”[④]“中国草辫品质虽劣而价格最廉,需用较广,普及中下社会。欧洲所出制品虽优,而价亦贵,仅限于中上社会而已。据西人调查,世界草辫需用额岁达 4 千万之数。而我国出口草辫已超过千万以上,几占世界三分之一的销量,不可谓不盛。”[⑤]“草辫业为吾国出口货之大宗。”[⑥]

---

① 佚名:《文牍录要:宝坻县筹办毛巾工艺局情形禀并批》,《北洋官报》清光绪三十年(1904)第 444 期,第 6—7 页。

② 佚名:《新闻:省外近事:巴江两志:渝城昌华毛巾公司造织颇精,行销亦畅》,《四川官报》清光绪三十年(1904)第 14 期,第 48 页。

③ 佚名:《文牍录要:延庆州请派织造洋布毛巾教习并呈矿质两种请发交考工厂考验禀并批》,《北洋官报》清光绪三十年(1904)第 444 期,第 6—7 页。

④ 竹:《山东草辫业考察之心得》,《生活》1912 年第 2 期,第 1—15 页。

⑤ 竹:《山东草辫业考察之心得》,《生活》1912 年第 3 期,第 7—23 页。

⑥ 佚名:《论直隶亟宜提倡草帽辫业》,《农商公报》1917 年第 3 卷第 11 册,第 25 页。

在山东烟台,“外商是按照欧洲或美国的指示订货,而中国商人则把定货单送入内地,并且雇用当地村民编织草编,以极轻松方式执行其定货(义务);这种编织主要是在村民自己的茅舍中进行的。经过相当时间以后,定货的商人便挨村挨户收集成品,然后把若干编好的草辫合在一起。这样,所收到的当然是一种粗糙的,未经细心编织的草辫”①。

由于草帽辫制作的原材料获取方便,制作工艺简单,所需成本不高,因此这项新兴的手工行业不仅仅在山东省流行,而且在中国其他各省迅速推广。“产地甚广,南起闽浙,北至豫、冀、鲁、晋,无不产之。”②

表 4-6　历年全国草帽辫出口量值统计(1867—1894)

年份	数量(担)	价值(海关两)
1867	1361	31100
1868	1772	39120
1869	3239	77721
1870	3125	74940
1871	2815	21238
1872	13446	163678
1873	11892	180765
1874	16616	223347
1875	19341	422177
1876	20894	417457
1877	25930	619135
1878	36117	795088
1879	35898	964280
1880	48970	1227670
1881	50502	1333984
1882	55498	1498596

① 彭泽益编:《中国近代手工业史资料(1840—1949)》第 2 卷,中华书局 1962 年版,第 405 页。
② 杨大金编:《现代中国实业志》上册,河南人民出版社 2017 年版,第 1003 页。

续表

年份	数量(担)	价值(海关两)
1883	58628	1466219
1884	78166	1953917
1885	76166	1874304
1886	82413	2089185
1887	150953	3738310
1888	79939	1989842
1889	88401	2033775
1890	80291	2008775
1891	79939	1989842
1892	87273	2056856
1893	100450	2429079
1894	120609	2531219

资料来源:见姚贤镐编《中国近代对外贸易史资料(1840—1895)》第3册,科学出版社2016年版,第1461—1462页。

注:1867—1873系上海银两。

但是,此项生意的生产和销售都掌握在外国洋行手中,草帽辫的生产者和贩卖商都要受到外国洋行的盘剥,洋行常常百般刁难,压价收买。它们经常采用的手法之一,就是国外市场若实际需要5万担草帽辫,订货时往往订10万担,到期收齐后,则故意挑剔,多方吹求,即使合乎质量要求也以种种理由退货,结果自然是从事草帽辫生产的农民和经营草帽辫贸易的商人遭受损失。中国商人资本薄弱,只求尽快将货物脱手,一旦受到洋商刁难,既不了解国际市场行情,另找买主也有许多实际困难,不得不任人宰割,忍痛以低价出卖。①

7. 花边业

花边行业多流行于清末时期的上海、厦门、山东等地区。在厦门,“厦门

① 王翔:《中国近代手工业史稿》,上海人民出版社2012年版,第69页。

花边行会的花边产量在稳步增长。花边业创始于一八八五年，当时总共只有五个工人。而现在（1907 年）在该行会已雇工人一五〇人。这种用最细的爱尔兰麻纱以手工制成的花边，与粗花边餐巾相似，可与任何一种粗花边媲美”①。“厦门设有织造花边会馆，用爱尔兰纫线，所织花边运售国外，颇见畅销，而美国尤喜用之。”②

在山东，“山东向靠家造厂造二艺，恃以为业。前数年出口由家造工艺两大项，即草辫、粉丝也。忽新创出花边一项，生意勃兴，大有蒸蒸日上之势，足抵草辫之失，故制造此项营业较往年为多。近来用野蚕丝所制之花边，世界各国需用甚繁”③。“栖霞土产制造之货向无输出者，近日民间妇女学织镂空花边，为点缀女服之用，行销烟台，颇能获利。计每人可得大钱二十千文，该县妇女之执此业者共有二百余人。”④

上海，“宝山花边一业，发源于烟台，由上海传至浦东高桥一带，其法纯恃手工，以洋线结成各式花边，美国上流妇女衣服恒以此为缘饰，航海销售，获利颇厚。又以吾国妇女工价低廉，习之亦极适宜，一时大场江湾首先推行，城厢罗店月浦杨行等处继之，花边公司之名乃大著”⑤。

此外，这一时期还流行妇女编织发网。山东潍县，“潍县发网，始于清宣统年间。当时，有李家庄乐道院美籍牧师极力宣传，在城北常疃寺等庄开工制造”⑥。

8. 猪鬃业

猪鬃行业是晚清时期兴起的一个新兴手工业，湖北、四川、贵州、湖南、山东、辽宁等省份从事此行业的人数众多。猪鬃商品制造加工好以后主要面向国际市场销售。1883 年，天津海关贸易报告中记载，“由于英国方面需要殷

---

① 彭泽益编：《中国近代手工业史资料（1840—1949）》第 2 卷，中华书局 1962 年版，第 61 页。
② 佚名：《实业纪闻：厦门花边工艺之发达》，《万国商业月报》清光绪三十四年（1908）第 9 期，第 17 页。
③ 佚名：《光绪三十四年（1908）烟台口华洋贸易情形论略》，《通商各关华洋贸易总册》下卷，第 19 页。
④ 佚名：《各省新闻：栖霞女红》，《北洋官报》清光绪三十年（1904）第 282 期，第 8 页。
⑤ 张允高、钱淦纂：《宝山县续志》卷 6，1921 年刻本，第 8 页。
⑥ 常之英修，刘祖干纂：《潍县志稿》卷 24《实业志 · 工业》，1941 年铅印本。

切,本年马鬃和猪鬃的输出已大大扩张,并且可能每年这样继续下去。这些货品是从很远的地方运到天津的,收购范围似乎每年在扩大着”①。到了1893年,汉口海关贸易报告中更是指出,“猪鬃乃是对欧洲输出不断增长的一种商品”②。

但是,武汉的一份报纸报道,当猪鬃出洋增加时,中国人起初并不了解外国人收购猪鬃的目的何在。“汉镇猪鬃一物,专销外洋,现(1899)当夏令之后,各处来货不多,西人源源购买,时价每箱涨至五十余两。因夏日炎热,正换毛之际,猪鬃亦见缺少。案外洋收买猪鬃何用,应俟访明登报。”③

猪鬃业有利可图,于是这个行业在全国流行起来。在山东潍县,“潍县猪鬃业,始于清同治末年(1874),城北阙庄有制猪毛缰绳者,见有猪鬃随手拣出,备作鞋刷或制造玩物之用。其后有保定商贩每年三月间来县购买乱鬃。光绪二十三年(1897),掖县商贩在阙庄收买乱鬃,雇用女工整理,按长短分配成把,束以线绳,以米打尺二寸五分者为最短者,名曰札子;六寸者为最长;由六寸至札子每箱约装千余捆,每捆大小平均约值二三元。六十箱为一票,运往天津、上海、青岛、烟台,以供欧美、日本各洋行购买。后有猪鬃行之设立,多在阙庄附近二十余庄,最盛时至二十余家,童男妇女赖拣鬃为生者数千人”④。“潍邑城北十余里之阙庄居民三百余家风气夙称强悍,近年以贩猪鬃为业,利源极厚,遂就安妥。盖该处为附近各州县所出猪鬃总汇之所,每年出口约值银四万余两,检束之功皆妇女为之,积有资财多数者数百千,少亦数十千云。”⑤

在盛京,“盛京美领事馆报告云,东三省每年装办猪鬃出口,为数甚巨。所运往外国者,多假道于天津,牛庄次之。盛京各洋行目下极欲装办此物出

① 姚贤镐编:《中国近代对外贸易史资料(1840—1895)》第2册,科学出版社2016年版,第1138页。

② 姚贤镐编:《中国近代对外贸易史资料(1840—1895)》第2册,科学出版社2016年版,第1138页。

③ 佚名:《本省商情:猪鬃销路》,《湖北商务报》清光绪二十五年(1899)第17期,第10页。

④ 常之英修,刘祖干纂:《潍县志稿》卷24《实业志·工业》,1941年铅印本。

⑤ 佚名:《猪鬃利溥》,《济南报》清光绪三十年(1904)第68期,第10页。

口”[①]。在贵州安顺,“猪毛,原仅供农民肥田之用,自光绪初年(1875),外人在香港、汉口等地大量收购以来,安地商人纷纷运往上述二地售卖。猪毛分黑、白二种,其长至五六寸而色白者谓之提庄,价值最贵,每斤售至十元左右”[②]。

在天津,“猪鬃多由东北县属村庄收买,及牛庄旅客带来,每担本银约一两五钱。盖此货大半系妇女小孩选扎运售,再由洋商细择,一律尺寸分别装箱运赴外洋,其价值之高低,皆视拣工之优劣也”[③]。

其时,四川和重庆逐渐发展为猪鬃业的重要生产加工制造地区,“四川巴县猪鬃为出口货大宗,白色者值尤昂贵,已经梳洗捆制者为熟货,未经梳洗捆制者为生货”[④]。“在1891年某英国商人从天津招募一批技术工人到四川去试探开辟猪鬃贸易,后来变成了在国际贸易中一宗著名商品的重庆猪鬃。1896年,英国立德乐的洋行重庆贸易公司在重庆设立了一个洗净及拣选猪鬃的工厂。此事获利甚大,该厂猪鬃在伦敦及纽约销市畅旺,售价甚高。随后,该业其他竞争者,包括华商和洋商,已经开始竞争。”[⑤]“自重庆开埠通商,羊皮、牛革、猪鬃、桐油、棕丝之属,盛销海外。”[⑥]“1903年,至重庆出口各项货物,以猪鬃毛为首屈一指,比1902年计多二千二十六担,大有蒸蒸日上之势,其洗制工夫,亦日益精美。重庆计有洋商四家,华商一家,设厂雇工,昕夕从事。因猪毛一物,初自内地办来之时,杂乱肮脏,气味恶劣,必须洗刷洁净,分别长短,然后扎成小卷,运往欧美等洲销售,闻价值颇为昂贵。此间最长之鬃,多系来自本省西南建昌等府。”[⑦]

---

① 佚名:《商务纪闻:盛京猪鬃》,《万国商业月报》清光绪三十四年(1908)第3期,第12页。

② 贵州省安顺市志编纂委员会:《续修安顺府志》,《安顺志》第10卷《商业志·出口货》,1983年铅印本。

③ 佚名:《光绪十九年(1893)天津口华洋贸易情形论略》,《通商各关华洋贸易总册》下卷,第43页。

④ 罗国钧等修,向楚等纂:《巴县志》卷12《工业·猪鬃工业》,1939年刻,1943年重印本。

⑤ 汪敬虞编:《中国近代工业史资料》第2辑(1895—1914)(上册),科学出版社2016年版,第319—320页。

⑥ 王玉璋修,刘天赐、张开文等纂:《合江县志》卷2《食货·物产》,1925年修,1929年铅印本。

⑦ 佚名:《光绪二十九年(1903)重庆口华洋贸易情形论略》,《通商各关华洋贸易总册》下卷,第18页。

9. 中药加工业

中国自古以来,治病救人使用中医医术,所用到的药材包罗万象。与中医诊疗相适应的中药加工业,需求一直较为平稳,不受外界经济环境、社会动荡的影响,销量较无起伏。

贵州贵定县,"药品种之天麻,贵定所产特佳,质白而肥嫩。春二、三月采取晒干,可运至湘之常德、蜀之重庆贩卖,或兑换药品来黔,均能获利"①。

台湾,"台产樟脑,由来已久矣。始于外山砍熬,年久伐木已尽。迨光绪十二年(1886)以后,经设局抚番,募勇防隘,复入内山砍伐樟木,筑灶煎熬,始而官为按秤收买,继而改由商办。按灶抽收防官经费"②。"樟脑为用甚广,价值甚高。用西法制好,贩往外洋,亦畅销也。"③

安徽六安州霍山县,"茯苓仅西南数十保地有之,道、咸以前,潜人来霍兴种,独擅其利,每百斤值钱十千、二十千不等。光绪以来,居民趋之若骛,弃农工,穷山谷,几于比户皆然,得利者固多,因而败业者亦复不少"④。由此看出,一些地区成为某种药材种植加工的集散地。

甘肃肃州,"大黄,味苦寒,一名黄良。《本草》云:生陇西。今甘肃诸卫皆有。唯山丹者,有锦纹,最佳。回夷人畜,俱赖以食用。故其入贡还,辄满载而归"⑤。内蒙古,"大黄为蒙古物产大宗,所在有之,多运入内地,亦有运往俄属西比里者"⑥。

吉林通化县,"人参,本境在封境时代,山中盛产之,土人多以开山为业。自设治后,山林砍伐,人烟稠密,人参亦少。境内药商以参和糖为方,曰参糖,畅销各处,颇著名"⑦。

---

① 贵定县采访处辑:《贵定县志稿・贵定出产》,1912 年刻本。

② [清]唐景崧修,蒋师辙、薛绍元纂:《台湾通志・物产志・杂产类》,清光绪二十一年(1895)刻本,台湾成文出版社 1983 年影印本。

③ 佚名:《农学琐言:樟脑获利》,《利济学堂报》清光绪二十三年(1897)第 17 期,第 19 页。

④ [清]秦达章等修,何国祐等纂:《霍山县志》卷 2《地理志・物产》,清光绪三十一年(1905)木活字本。

⑤ [清]黄文炜、沈青崖纂修:《重修肃州新志》,《肃州》第 6 册《物产・药类》,清乾隆二年(1737)刻本。

⑥ [清]姚明辉编:《蒙古志》卷 3《物产・植物类》,清光绪三十三年(1907)铅印本。

⑦ 刘天成修,李镇华纂:《通化县志》卷 1《物产・附药材》,1935 年铅印本。

此外,中药材往往生长在深山老林,采摘不易,这些地方有的是少数民族同胞居住地。他们搜集中药材后,多数与汉民交易。黑龙江索伦族,“所用布帛器皿多不自制,冬日行猎取其皮毛,夏日猎鹿取其胎茸以及虎骨、麝香等类,俾作贸易之品”①。湖南桂阳州,“山瑶土著不徙,皆不喜入城市,负所产薏苡、厚朴、肉桂诸药物,鹿茸、虎骨、龙须草易布粟而去”②。四川叙州府,“夷地出产药材,如贝母、黄连、附子、厚朴、麝香,入汉地换布匹、烟、盐、针、线并绸绫、倭缎等件”③。

在一些交通便利的地方,由于中药加工业人数众多,设立有药行会馆。在北京,“顺直药材生理甚大,京城一处向有药行会馆,近复设立商会,举办董事”④。

10. 棉织手工业

棉纺织手工业原来密切结合于农民家庭内部,鸦片战争以后,尤其是甲午战争以后,棉纺、棉织两业逐渐发生分离。与棉纺手工业的命运不同,棉织手工业生产则表现出了另一番景象。

中国的手织布比手纺纱具有对机器工业产品更顽强的抵抗力。鸦片战争以后迄至清朝末年,农民家庭棉织手工业仍然是中国棉布生产的主体。1840 年,洋布进口折合土布 273 万匹,到 1894 年增至 9170 万匹,虽有 32. 59 倍的增长,不过只占到全国棉布消费总量的 13. 36%,加上国产机织布折合土布 539 万匹,合计亦不过占到 14. 05%;农家手织布产量则占到全国棉布总消费量的 85. 95%,约为 5. 89 亿匹,其中自给布 2. 99 亿匹、商品布 2. 90 亿匹,绝对产量仍大致维持在鸦片战争前夕的水准上。⑤

甲午战争以后,洋布进口增长加速,折合土布渐增至 2. 5361 亿匹,其中大多为美国粗布和日本粗布,保温性、耐久性既不比中国土布逊色,价格又要

---

① 郭克兴辑:《黑龙江乡土录》第 2 篇《部族志》,第 3 章《索伦》,黑龙江人民出版社 1987 年版,校点铅印本。

② [清]江敦灏等修,王闿运等纂:《桂阳直隶州志》卷 23《洞瑶》,清同治七年(1868)刻本。

③ [清]王麟祥等修,邱晋成等纂:《叙州府志》卷 12《风俗》,清光绪二十一年(1895)刻本。

④ 佚名:《商部批示:据呈已悉查顺直药材生理甚大》,《北洋官报》清光绪三十一年(1905)第 615 期,第 6 页。

⑤ 参见徐新吾:《近代中国自然经济加深分解与解体的过程》,《中国经济史研究》1988 年第 1 期,第 105 页,表《中国农村棉纺织业机布取代土布的过程》。

低廉许多,遂逐渐攘夺了中国土布的市场。土布的产量和商品量都开始大量减少,到 1913 年,产量降为 5.0742 亿匹,占棉布总消费量的 65.2%。其中商品布只剩 1.97 亿匹,比战前减少了 32.07%;自给布为 3.1 亿匹,反而有所上升。[①] 当年全国棉布的总消费量约为 7.7859 亿匹,其中进口洋布和国产机织布合计折合土布约为 2.7117 亿匹,占 34.83%,也就是说,中国原有的土布已经有三成半左右被洋布和机织布所排挤和代替了。

与前一时期相比,土布遭受洋布冲击的情况,在不同的地区仍有很大的差异。有材料说,浙江的宁波此时已是“巡行百里,不闻机声”;但在其他地区,农民织布自给和出卖的情况仍然极为普遍。1900 年的汉口,“乡间老成妇女,特购入棉纱,以自织成其所好土布,余剩则卖却”[②]。四川农民织布,在满足“自己家庭所需外”,如有剩余,也“供给别人的需要”。[③] 即令一些通商口岸附近,“四乡妇女老幼,其耕作用衣服,皆使用自制土布”,只有在其他场合,“或祭祀,或应酬,或往稠人广众之中,才穿洋布,以为外观美丽”。[④] 有人估计,时迄清末,全国农村土布应有产量大约 5 亿匹之巨,全国从事织布的农家户数仍在 3000 万户以上,平均每户年产土布维持在 16 匹左右。[⑤]

到 19 世纪末 20 世纪初,农村土布织造逐渐推广使用机纱以后,各地新兴起了一些手工织布区。过去这些地区虽有纺织生产,但是并不发达,农民自己植棉或从商人手中购得棉花,基本上是纺纱织布自给,而现在则从市场上取得机纱或者由商人放纱收布,发展了商品布生产。由于不受自给棉自纺纱的牵制,与较为保守的传统植棉纺织地区相比,手织布生产反倒更为兴旺。[⑥]

---

① 参见徐新吾:《近代中国自然经济加深分解与解体的过程》,《中国经济史研究》1988 年第 1 期,第 105 页,表《中国农村棉纺织业机布取代土布的过程》。

② 《东西商报》第 60 号,光绪二十六年(1900),第 10 页。

③ 彭泽益编:《中国近代手工业史资料(1840—1949)》第 2 卷,中华书局 1962 年版,第 248 页。

④ 《东西商报》第 60 号,光绪二十六年(1900),第 10 页。

⑤ 参见徐新吾:《近代中国自然经济加深分解与解体的过程》,《中国经济史研究》1988 年第 1 期,第 105 页,表《中国农村棉纺织业机布取代土布的过程》。

⑥ 一般而言,世界各国棉纺织业的近代化,都是从纺纱开始的。英国在 1810 年前后即已首先完成了轧棉、纺纱的机器化生产,而织布则基本上仍由手工业承担,“如无此家庭手织业,纱厂即无从建立”(P. Deane and W. A. Cole, *British Economic Growth*, 1688-1959. p. 192.)。近代中国的手工织布业亦成为机器纺纱业赖以生存和发展的市场基础。

可见洋(机)纱的应用实有其积极的一面,最重要的一点即是把传统的棉织业从农家副业解放出来,使它的生产方式和技术水平得以迈进一个新的发展阶段。

表 4-7　中国人均纺织品产出与消费(1871—1936)

时期	人口(百万)	人均产出与消费指标			
		棉纱、棉布增值(元,按 1933 年价格计)			棉布消费(码)
		总数	工厂	手工业	
1871—1880	350	0.30	0	0.30	5.7
1901—1910	435	0.25	0.03	0.22	5.8

资料来源:参见托马斯·罗斯基著,唐巧天等译《战前中国经济的增长》,浙江大学出版社 2009 年版,第 107 页。

19 世纪末 20 世纪初,中国手工棉织工具有了改进。1896 年曾有人对旧式投梭机加以改良,用以织洋式布不无方便之处,但未获推广即被从国外传来的新式织机所淹没。1900 年左右,从日本传入拉梭式织布机,部分地弥补了投梭机的缺点,它把投梭的双手投接改为一手拉绳、一手握纬杆以打纬,使生产速度增加了一倍以上,布幅亦有所加宽。1905 年后,又有日本式铁轮织布机传入,利用齿轮、杠杆等机械原理,双足踏动,带动飞轮,将开口、投梭、打纬、卷布、放经五项操作连接为一个整体,而用足踏板做总发动,又可于放经、卷布、移综之时,无须停止织布,从而大大提高了生产效率。大约与此同时,又从日本引进了雅克式手拉提花机,利用花纹版纸按程序自动提综,织成各种预先设计好的花纹图案,成为用人力发动的织机所能达到的最完美结构。[①]

以手拉机、铁轮机所织之布,被称为"改良土布"或"爱国布"。特别是用铁轮机所织者,幅宽可达 22 寸,与机制布相同,"质亦坚匀,直与洋式货物相

---

① 参见严中平《中国棉纺织史稿》,科学出版社 1955 年版,第 270—271 页。当然,也有些边远地区,织布工具上的这种变化并不明显。例如在广西农村,妇女多利用农闲时间纺纱织布,以解决家庭成员的穿衣问题。她们使用的织机很多是原始的"矮机"。这种"矮机",多为当地农家姑娘出嫁时的陪奁。

颉颃,市廛中人每误认为机械织机所织之品,由此可知其织造之精也”[①]。日本学者森时彦说:“1905 年前后,直隶等新兴织布地带,作为一种新的生产手段从日本引进了铁轮织机,使用 40 支以上细纱,开始织造幅宽而精巧的棉布。正值抵制美货运动期间,这种棉布遂被冠以‘爱国布’的名称。重要的是,这种布具备了与从国外输入的机制棉布相颉颃的品质,从而被视为抵制外货的象征。以机制粗纱织成的土布,作为旧土布的代用品被称为‘新土布’,与之相对,以机制细纱、用铁轮机织成的幅宽、精致的土布被称为‘改良土布’。这种土布当日本棉纱大规模进入中国市场前后得以生产,看来决不是偶然的事情。”[②]

手工织机的这种改进,尽管在不同地区时间上略有先后,但至迟在 20 世纪初叶已很普遍。以城市而言,福州是最早从日本引进拉梭机的地区之一,这个城市本无织布业,拉梭机的引进,促成了福州织布业的兴起,并且一度颇为繁荣。上海的手工织布业,至迟在 1907 年已由投梭进到拉梭,其后又广泛使用了脚踏铁轮机。[③] 1905 年,四川重庆的织布业开始了铁轮机的使用。[④]广东汕头也于 1905 年采用了脚踏铁轮机。[⑤]

农村的手织业,也在同一时期传出了同样的信息:近代农村土布业生产中心之一的河北省高阳县,20 世纪初由当地商会出头引进拉梭织机,刚刚在织户中推广,1906 年又从天津日本洋行引进了足踏铁轮机,仿织机制布。[⑥] 宝坻县引进拉梭机和铁轮机的时间,与高阳约略相近。江苏的武进县,1906 年传入拉梭机,很快达到 2000 多台;1913 年又传入了铁轮机,20 年代后发展到了 1 万台左右。四川的农村机户,也于清朝末年由“省外传入”扯梭(拉梭)木机,生产效

---

① 杨大金编:《现代中国实业志》(下册),河南人民出版社 2017 年版,第 76 页。

② 森时彦:「中国近代における机械制绵糸の普及过程」,『东方学报』第 61 册,第 534 页,第 16 表,京都大学人文科学研究所印行。

③ 《上海手工业调查报告》,转引自彭泽益编《中国近代手工业史资料(1840—1949)》第 2 卷,中华书局 1962 年版,第 367 页。

④ 《重庆之棉织工业》,转引自彭泽益编《中国近代手工业史资料(1840—1949)》第 2 卷,中华书局 1962 年版,第 368 页。

⑤ Trade Reports,1907,汕头,转引自彭泽益编《中国近代手工业史资料(1840—1949)》第 2 卷,中华书局 1962 年版,第 368 页。

⑥ 吴知:《乡村织布工业的一个研究》,商务印书馆 1936 年版,第 11 页。

率倍增，且能仿制外洋宽布，由是织布之家，多弃丢梭（投梭）机而不用。①

生产工具的改进，促进了生产规模的扩大和生产方式的变革。进入20世纪后，手工工场在各地的广泛出现，成了棉织手工业中一个引人注目的现象。彭泽益曾将1899—1913年创设的棉织手工工场详加表列，唯或缺织机数，或缺雇工数。赵冈、陈钟毅根据每台布机使用工人2名的比例，对上述统计修补如下：

表4-8　1899—1913年新设棉织手工工场情况②

年代	新设工场数（家）	新装织机数（台）
1899	1	15
1900	2	656
1904	6	381
1905	3	45
1906	6	780
1907	7	197
1908	7	540
1909	19	1545
1910	19	886
1911	14	837
1912	43	2102
1913	14	779
合计	141	8763

资料来源：见赵冈等著《中国棉业史》，台北联经出版事业公司1983年版，第231页。

---

① 《重庆之棉织工业》，转引自彭泽益编《中国近代手工业史资料（1840—1949）》第2卷，中华书局1962年版，第368页。

② 该统计显有遗漏。民国初年农商部曾发表1912年和1913年棉织手工工场在各省的分布情况，仅河北、辽宁、吉林、江苏、江西、浙江、福建、湖北、湖南、山东、河南、陕西、甘肃、新疆、四川、广东等省区，1913年内已有手工布厂974家，雇工26008人，按2人1机的比例，应有布机13004台，平均每厂13.35台。［严中平主编：《中国近代经济史（1840—1894）》（三），人民出版社2012年版，第1653页］

由表 4-8 可见,1905 年到 1910 年,各地新设织布工场 61 家,分布在江苏、四川、广东、直隶、陕西、奉天、湖北和福建等省,大多购置国外制造的足踏铁轮手织机,其中拥有资本在 5 万元以上的只有 2 家,即 1908 年兴办的奉天锦县私立第一工厂和 1909 年兴办的直隶饶阳协成元织布工厂,其余的大都是二三万元以下的小型工场。① 在广东,"近年以来,迭经设法商议,振兴广州工艺,多用工人,城厢内外织布厂已共有十三家"②。湖南省,"1906 年,湖南衡山、宁乡、常德、湘乡各邑,皆立有机厂。湘省工业之发达,盖自此始"③。在江苏,据不完全统计,常熟、无锡、昆山、宝山、嘉定和苏州城内,从 1900 年至 1911 年的 10 多年间,设立的手工织布工场,估计在三四十家。应该指出,这些数据可能不尽全面,但它至少说明手工布厂是在这一时期兴起的。

---

① 严中平主编:《中国近代经济史(1840—1894)》(三),人民出版社 2012 年版,第 1653 页。

② 佚名:《清宣统元年(1909)广州口岸华洋贸易情形论略》,《通商各关华洋贸易总册》下卷,1909 年,第 111 页。

③ 佚名:《禹之谟历史及被逮原因》,《禹之谟史料》,湖南人民出版社 1981 年版,第 14 页。

第五章
晚清时期的手工业政策与措施

晚清时期,中国手工行业是在朝廷的倡导和约束下进行的。鸦片战争以后,连绵不断的对外对内战争,接连战败后的沉重赔款和每年亟须偿还的外债本息,极其严重地破坏了清廷的财政平衡。这一时期,清廷举办了洋务运动,采取了以“图强”“求富”为目标的新政,但是实际效果有限。甲午战争以后,国内工商业者纷纷要求破除官府垄断,自由设厂制造,在这种形势下,清廷推行了“振兴商务”“恤商惠工”的政策,设立商部,并颁布了一系列有助于手工行业发展的法规政策。

第一节　鸦片战争后清廷的手工业政策

鸦片战争后社会经济条件的变化,促使与小农业密切结合的中国传统手工业发生了一系列重大的趋势性变化。为了弥补财政经费的不足,清廷想方设法扩大财政收入来源,在社会商品生产中占据主要地位的手工业成为稳定社会、发展经济、维持统治的主要利源之一,各地官府的手工业政策因之发生了引人注目的变化。

一、扶持和推广丝棉纺织手工业

晚清中国地域辽阔,人口众多,生活必需品的需求和供应具有沉重的压力。许多手工行业的产品为民众日常生活所不可或缺,对维持社会的正常运转至关重要,各地官府对这些行业的生存和发展大多采取支持的态度。

棉纺织业在中国是涉及人数最多的手工业,也是影响中国经济最为广泛的手工业。传统社会中的以农桑为本的重农思想是各地地方官员最为看重的施政方针,晚清时期各地官府普遍对种桑植棉采取倡导和扶持的政策。

1. 奖劝种桑植棉

江南地区是纺丝织布生产的传统地区。当地官府对于倡导种桑植棉不遗余力,有的官员甚至"捐俸购湖桑"。江苏松江府,"桑,顾《志》:松江自木棉之利兴,不尽力于蚕事。元守王至和刻栽桑图以劝之,一时种植成林,遂呼为太守林。今西南乡,近嘉兴者,所植尤盛"①。"蚕桑之事,吾邑至咸丰年后始盛。南汇知县罗嘉杰,于同治十二年(1873)设种桑局于养济院侧,买田四亩有奇,为桑园立章程四条,捐廉购桑,督民种植。各邑亦多讲求此事者。"②在昆山、新阳,"邑中向以纺织惟女工,而妇女亦务农者多,蚕桑则无之。自同治六年(1867),昆山知县王定安、新阳知县廖纶倡始捐俸购隙地栽桑,教以树桑养桑煮茧调丝之法,渐次风行"③。上海县法华乡,"同治十一年(1872),苏松太道归安沈秉成,捐廉购买柔桑数万株,谕城董设局,分给乡民种植,并刊发《蚕桑辑要》一书,规条精细,图说详明,种桑养蚕之家咸取法焉。后两江总督左宗棠亦购桑分给,今法华、徐家汇、小闸、漕河泾一带已蔚"④。江苏太仓州,"道、咸间,邑绅钱公宝琛宅后拓茧园,树桑、饲蚕,又于太原王式南园种桑千余本,为乡里倡。同治末年(1874),归安吴公承璐知州事,创捐设蚕桑局,

---

① [清]宋如林等修,莫晋、孙星衍纂:《松江府志》卷6《疆域志 · 物产》,清嘉庆二十四年(1819)刻本。

② [清]博润等修,姚光发等纂:《松江府续志》卷40《拾遗志》,清光绪十年(1884)刻本。

③ 汪堃等:《光绪昆新两县续修合志》卷1,清光绪六年(1880)刻本,第23页。

④ [清]王钟编,金凤祥增补:《法华镇志》卷3《土产》,清嘉庆十八年(1813)编,清光绪末年(1908)增补,抄本。

购桑秧令民栽种，十余年间不下数十万株”[①]。

江苏丹阳，“蚕桑之事，向惟邑南黄丝安等处有之。兵燹后（按指太平天国战争之后），闲田既多，大吏采湖桑教民栽种，不十年桑荫遍野，丝亦渐纯，受获利以十数万计。西北乡民，在湖州业机坊者归仿湖式织之，几可乱真”[②]。丹徒县，“桑，本邑产者向惟野桑及柘，道光朝虽有植湖桑者，传亦未广，同治初，观察沈公秉成始设课桑局，购湖桑教民种之，而桑园桑田遂遍境内”[③]。青浦县，“光绪二十九年（1903），知县田宝荣筹设课桑局，并辟试验场于北门校场。邑人赵鸿书董其事，以澄照寺所捐荡息购买桑秧，遍植仓场隙地及城根灵园四围，并育蚕于邑庙，历四、五年废。又，宣统元年（1909），邑人吴绍书等创设蚕桑研究社，并于重固陆将军墓旁栽种桑秧二千余本”[④]。浙江慈溪，“慈北沙地业户直隶候补道密崇焕等，置有海涂地一千三百余亩，给佃种棉”[⑤]。

除了江南地区，其他省份地方政府提倡种桑植棉、缫丝织绸的记载屡屡出现在地方志中。陕西兴安府汉阴厅，“厅民旧亦养蚕，特取丝以为纫组之需，所饲固无多也。嘉庆十三年（1808），通判钱鹤年于湖州携来蚕种，并延善养蚕者来汉劝民饲之，并教以取丝织绸作绵作线之法，仍令于隙地广种桑树，三年后即可采用。南乡民饶钦选植桑千余株，饲蚕取丝，岁入颇厚，通判钱鹤年复会同叶太守，以绩效蚕桑旌之。自此民竞树桑，地无旷土矣。四乡饲蚕取丝织绸作线者大有成效”[⑥]。陕西宁羌州，“宁羌多青㭎树，生野蚕成茧，前州牧刘棨教民缫丝织绸，民利赖之，名曰刘公茧”[⑦]。陕西绥德州米脂县，“光绪初元，知县于承谟劝种木棉，县北城外川地有种者”[⑧]。

在婺源县，“纺织之利，郡守何公倡始。乃三四十年来，村氓多逐于植茶，

---

① 王祖畬等纂：《太仓州志》卷3《风土·物产》，1919年刻本。

② 彭泽益编：《中国近代手工业史资料（1840—1949）》第2卷，中华书局1962年版，第15页。

③ 李文治编：《中国近代农业史资料》第1辑（1840—1911），科学出版社2016年版，第883页。

④ 于定增修，金咏榴增纂：《清浦县续志》卷2《疆域下·土产》，1917年修，1934年增修刻本。

⑤ 李文治编：《中国近代农业史资料》第1辑（1840—1911），科学出版社2016年版，第420页。

⑥ ［清］钱鹤年修，董诏等纂：《汉阴厅志》卷2《疆域志·物产》，清嘉庆二十三年（1818）刻本。

⑦ ［清］马毓华修，郑书香等纂：《重修宁羌州志》卷4《人物·物产》，清光绪十四年（1888）刻本。

⑧ ［清］潘松修，高照煦纂：《米脂县志》卷9《物产志·货物属》，清光绪三十三年（1907）铅印本。

1882年爵阁督部堂左公(宗棠)捐廉市嘉兴桑秧十万株,运解婺源种植"[①]。安徽怀宁,"桑多野生,昔年蚕缫之事,百家一二。清光绪年间,省长官创设桑园,由江浙运桑秧栽于城之东郊,使人习养蚕缫丝诸法,并迭经出示劝导,风气渐开。邑人仿而栽者,如白麟坂、戴家店、江家嘴等处,不下数十家,得丝数百两或百余两不等"[②]。

在湖北武昌,"清同治十三年(1874),署知县宗景藩捐廉俸,于浙江买鲁桑万株,分给各乡,叶圆厚而多津,民间呼为宗公桑"[③]。湖北钟祥,"本会会员刘渠川大令,去岁宰钟祥。因钟祥地瘠民贫,劝民种植,以兴利源。除奉督抚颁给桑秧外,又捐廉遣丁赴崇阳、武昌等处买茶种桐子,分给农民试种。并撰《劝种茶桐说》,以示种法。现(1898)回任江陵,又专人至杭购桑数万株,更以劝钟祥者劝江陵云"[④]。

在江西瑞州,"江西各属,向无蚕桑之利。自江讱吾太守在摄瑞州府捐廉倡导,于是风气始开。今年(1897)蚕事甚旺,出丝约值二万斤,利源骤增,他省可闻风相劝矣"[⑤]。

在四川大宁,"蚕丝有黄白两种。道光末,知县高理亨倡始,捐廉植桑。同治间,知县张曾彦踵行于后"[⑥]。四川富顺县,"光绪二十九(1903)年知县赵渊捐廉五十两,三十年(1904)知县徐樾捐廉二百串,购嘉定桑秧,散给四乡分种,县民竞植,多者至万余株"[⑦]。

在山东历城,"桑蚕之利,厥惟东南……近年来,封疆大吏,无不以此为要务,而先出示晓谕者,然终未见成效"[⑧]。山东,"由于官吏的鼓励,棉花种植有了很大的进展,很有希望成为本省的主要输出品。地方政府曾于1908年

---

① [清]汪正元等修,吴鹗等纂:《婺源县志》卷3,清光绪九年(1883)刻本。

② 李文治编:《中国近代农业史资料》第1辑(1840—1911),科学出版社2016年版,第884页。

③ 彭泽益编:《中国近代手工业史资料(1840—1949)》第2卷,中华书局1962年版,第16页。

④ 佚名:《劝种茶桐》,《农学报》清光绪二十四年(1898)第25期,第12页。

⑤ 李文治编:《中国近代农业史资料》第1辑(1840—1911),科学出版社2016年版,第429页。

⑥ 彭泽益编:《中国近代手工业史资料(1840—1949)》第2卷,中华书局1962年版,第17页。

⑦ 彭文治、李永成修,卢庆家、高光照纂:《富顺县志》卷5《食货・物产》,1931年刻本。

⑧ 彭泽益编:《中国近代手工业史资料(1840—1949)》第2卷,中华书局1962年版,第17页。

运来美国棉种试验种植，没有成功，接着试种上海棉种，成绩甚佳"[①]。

直隶，"蚕桑纺织局自光绪十八年（1892）兴办后，六年内颇有成效。各州县未经种桑者急宜设法开导，于霜降后至封冻前及开冻后至清明前来局请领桑苗，万株一车可载，散给民间，俾广为栽植，并发出《种桑养蚕简明要法》十本，照刻广印，散给于民。务使各村家喻户晓，俾知蚕桑一事，大利攸关，裕国利民，为必不可缓之事"[②]。福建政和县，"棉向为政邑未有之产物，清光绪间知县蒋唐祐锐意提倡实业，购棉子多数编制棉浅说，广劝树艺，一时农民始行仿种"[③]。

广西柳城县，"桑叶可饲蚕，清光绪十五年（1889），知县陈师舜购桑苗五十万株，分发各项试种，土质均宜，又由容县雇工前来教民缫丝，惜蚕病不知医治，收效尚微"[④]。广西平乐县，"清光绪中叶，广西巡抚马丕瑶曾设立蚕桑局于城厢，招粤中技士教民种桑养蚕"[⑤]。

1902年，湖南清江薄利公司招商经源局著文《劝兴蚕桑说》。文曰：天下之利，取之不尽，用之不竭，其源莫出于土，而土产之获利，最后尤莫如植桑。五亩之宅，树墙下以桑，本为王政之首务，中国自海禁大开洋商运货进口，愈出愈奇，皆足耗我中国之民财，而惟洋药为尤甚。中国之可以与外国争利权者，只丝茶两大宗。近来印度等处遍地种茶，故茶之销路较逊，惟江浙之丝愈销愈广，而价亦独昂，虽外洋莫能争胜一。[⑥]

清朝各地方官积极倡导民间种植浙桑、仿造湖丝。1880年河南省设立了蚕桑总局，次年委派采办蚕桑织具委员姚傅俊亲赴浙江，陆续聘请"机匠5名、料房匠2名、牵经匠1名、理线匠1名、大红染匠1名、经纬染匠2名、绸绉染匠2名，并置机3张、经纬3对"。蚕桑总局专门制定了《浙匠豫徒各条规》，对认真教授的浙匠和刻苦学习的工徒给予重奖，如：织造宁绸线绉缎匹的工匠，每教成

---

① 李文治编：《中国近代农业史资料（1840—1911）》第1辑，科学出版社2016年版，第424页。

② 佚名：《中国要务：直隶：蚕桑推广》，《萃报》清光绪二十三年（1897）第13期，第11页。

③ 黄体震等修，李熙等纂：《政和县志》卷17《实业志·农业类》，1919年铅印本。

④ 何其英修，谢嗣农纂：《柳城县志》卷2《地舆·物产》，1940年铅印本。

⑤ 蒋庚蕃、郭春田修，张智林纂：《平乐县志》卷7《产业·农产及农业》，1940年铅印本。

⑥ 卓康宁：《湖南百年农事录》上册（1900—1978），湖南人民出版社2004年版，第22页。

一名合格幼徒,各奖银 20 两;织造湖绉线缎的工匠,每教成一名合格幼徒,赏银 14 两;织造经纬、牵经引经的工匠,每培养幼徒一名,分别奖银 10 两。幼徒在学徒期内,每月能织捻线缎、湖绉线绉 20 丈或织宁绸缎匹蟒袍 12 丈者,各赏钱 400 文,多织递加。云南楚雄县,"比日楚雄县等处重购树艺,派人至四川浙江等处购买蚕子,运植桑秧,加意栽培,不遗余力。又雇募精于蚕事者,至各府州县广为教导,滇地丝业大有起色"[①]。这种官府倡导种桑植棉的记载比比皆是,可见在晚清时期鼓励倡导种桑织棉是各省各地官府的普遍行为。

2. 推广纺织技术

除倡导传统的种桑植棉以外,各地官府多开办织布局,组织民众学习织布技术。在广东顺德机器缫丝行业创办、兴起之际,1887 年 10 月,总理衙门将两广总督的复文抄送浙江巡抚卫荣光,要求最为著名的蚕丝产地浙江省派员前往珠江三角洲考察学习,大力推行鼓励民间人士引进和经营机器缫丝生产的政策。

"浙西出丝最多,销路最广,销于本国与销于外洋者迥不相同。盖中国用丝,专取坚韧,以织绸缎。洋庄所销之丝,独取其细。本地土工缫丝,其质较粗,只宜中国销售。若期洋庄旺销,则以机器所缫者方为合宜,以丝较土工缫者为更细也。粤省得风气之先,顺德一县用机器缫丝者,闻有三四十家,新会亦有三家,以销洋庄,极为畅旺。而向恃缫丝为业之土工,仍缫中国用丝,故于生计并无妨碍。查机器价大者,每座需银一千二三百两,小者只数百两。大机器一座,用女工七百余人。设有工人座位,每位需用各项器具,约银七两有零。小机器有用一百三十人者,有用八十人者,其利颇厚。现经总理衙门将缫丝情形咨商浙抚卫静帅察核,可否劝令民间置机缫丝,不必由官经理。如此办理,细丝出路既多,销路自广,利权亦不至为外洋所夺。卫静帅即饬杭州府吴春泉太守及仁和赵澹如、钱塘程稻郢两明府传集丝业经董,谕知缫丝各法并价值及一切有利无害情形,劝令置办机器缫丝,以收利益。或由富商先行试办,俾咸知销路旺而获利丰,庶几彼此踵行,丝业蒸蒸,日有起色,诚通

① 李文治编:《中国近代农业史资料》第 1 辑(1840—1911),科学出版社 2016 年版,第 888 页。

商惠工之要政也。”[①]

在广西，“广西兴办蚕桑，经臣奏奉谕旨，于桂林、梧州两府开设机坊，责成守令妥为经理，觅雇男匠女师，分辟舍宇，教民纺织，并随时收买茧丝，俾小民就近获利，咸乐争趋。自光绪十五年(1889)开办以来，群相仿效，到坊学习，坊间人满。织坊所成绸匹，丝线不亚广东”[②]。在福建福州，“本口近兴织布局，远近风行。创建之初，乃在光绪十四年(1888)间，由官倡率奖劝，并行使民间，知所需者，财不外出。……无论行销远近，概免厘金，此官教养兼施，以故民受其赐”[③]。在云南昭通县，“昭在清宣统元年(1909)，知府张守清、知县范修明以民服川布，利源外溢，乃提倡，改千总衙署为习艺所，专以纺织土布”[④]。地方政府设立官设织布局，促进了地方植棉织布生产工艺技术的推广。

3. 引导工具革新和工艺改良

1903年，江南劝业机器工艺总局从日本购回2部织布木机，此机价格之廉、织布之速、用力之省，远胜旧日之机。1906年8月，苏省商务总局为劝谕民间仿造该机，专门发出照会，并将该机图样1000份分发两江各府、州、县，要求各地商会劝谕各商民仿造传习，以开风气，而厚民生。

各地商会组织为推广改良手工工具的使用不遗余力，天津商务总会曾于1910年专门致函高阳商务分会，希望他们推广使用天津九诚铜铁厂张国珍自制织布铁轮机。顺德商务分会于1902年从天津购回美商胜家公司手摇缝机，日商田村洋行轧棉、弹棉、纺纱、织布等机30余架，于郡市择地摆列，布告织纺村民来郡参观，并授以用机各法，以期改良进步，仿效推行。继而任县、巨鹿以及邻村各属，仿造者有之，贩卖者有之，借兹风气渐开。

1911年4月，清廷农工商部发布《奖励棉业章程》，奖励棉花改良品种的

---

① 佚名:《劝办机器缫丝》,《申报》清光绪十三年(1887)12月5日。

② 马丕瑶:《请免广西新丝厘税片》,《马中丞遗集》奏稿,卷2,清光绪二十五年(1899)刻本,第7页。

③ 佚名:《光绪十七年福州口华洋贸易情形论略》,《通商各关华洋贸易总册》下卷,1891年,第80页。

④ 卢金锡修,杨履乾、包鸣泉纂:《昭通县志稿》卷5《工业·纺织》,1938年铅印本。

种植和棉纺织工具的改进，规定：棉花"确系改良种法，收成丰足，棉质洁白坚韧，能纺细纱者"，予以奖励；"凡新式轧花机及弹棉、纺纱、织布各项手机，或将本地改良之棉花、布运销外省，所有经过各关卡应如何优加体恤之处，由部咨明税务处办理"；"如有能仿造轧花、弹棉、纺纱、织布各项手机，运用灵便，不逊外洋者，验明确实，一律酌给奖励"。

中央及各省设立工艺传习机构，研究、改良、传播手工业产品制造技术。清朝末年，在"振兴实业"的口号下，中央和各省掀起了一股兴办工艺传习机构的热潮。中央及各省还设立了八旗驻防工艺传习机构，如1908年成立的北京首善工艺厂，开办经费达18.5万两，学徒都来自八旗子弟。同年成立的湖北荆州八旗工艺厂也是专招旗人入学。各省工艺局并不是专门的手工工艺传习机构，但是推广手工业技术的传播、促进民族传统手工工艺的改良却是各省工艺局的重要职责，各省工艺局传习科目不是适合于出口贸易的初加工手工业，就是具有本省特色的民族传统手工业，其主旨在于传授谋生手段、化除"游民"，达到教养兼施的目的。如农工商部工艺局所设各科，如系南省专门工艺，京师尚未仿造者，则招集各该省工匠来京制造，以广其传；其京师已有之工艺，尚当推陈出新者，则招致良工，益加考究，以尽其量。为实现这个宗旨，工艺局制定了专门的《雇募工师条例》，规定："如能改良旧法，发明新艺，仿造洋货，由本局分别呈明本部，赏给八九品艺士职衔。""如能技艺超群，人难仿效，为世传独得之秘，本局察看，酌量可递补一二三等教习名目，其辛工银由二十两至五十两。"①北京工艺局对于"京货所著名者，如景泰琅裁绒毯平金雕刻之类，精益求精，以广销路。洋货所浸灌者，如纸张布匹针线火柴蜡烛之类，设法仿造，以塞漏卮"②。北洋工艺局则是"以推广民间生计为主……使所学者得所用，庶几风气日开，民生日裕"③。四川通省劝工局所属工艺厂，"乃欲加精四川已有之工艺，扩充四川未有之工艺，则其宗旨纯于为工艺，即以注意高等之工艺为界限"。"副厂乃欲收

① 彭泽益编：《中国近代手工业史资料（1840—1949）》第2卷，中华书局1962年版，第513页。

② 彭泽益编：《中国近代手工业史资料（1840—1949）》第2卷，中华书局1962年版，第519页。

③ 《直隶工艺总局详呈实习工场试办章程并筹拨经费文》（1904年10月），《天津商会档案汇编》上册（1903—1911），第1141页。

无业之穷民游民,即以教寻常易学而能存活之工艺为界限。”①

甘肃泾州镇原县,“清末邑宰宋连贡提倡实业,捐廉派员诣宁夏迎师来县设厂,使巧手作机,收贫民子弟以教栽毯。未及三年,制成之货已行销陕西省矣”②。

重视工艺技术的创新、重视手工工具的改良,使部分传统的手工业得到新的发展。湖南省的湘绣虽然历史久远,但绣品的针法、绣法、基本风格的形成主要在晚清时期。此一时期掺针、鬅毛针的开创与逐步完善,把湘绣技艺提高到一个新的水平。光绪年间,湖南绣工李仪徽在民间刺绣的基础上改进并完善了便于混色的掺针和逐渐变易色线的绣法,胡莲仙和魏氏绣工进一步完善了这一针法。掺针法的特点是:同一组色彩线由深到浅或由浅到深过渡,使不同色线衔接参差不齐,互相交错,而且不留痕迹,从而表达出逐渐变异而又混合均匀的色阶。此法善于表现图画效果,色彩绚丽多姿,真实细腻。鬅毛针是绣老虎的独特针法,用此法绣出的老虎,虎毛刚劲直竖,力贯毛端,栩栩如生,“绣虎”因而成为湘绣的名牌产品。

二、从禁止采矿到鼓励采矿

清朝前期,清廷延续了明朝禁止开矿的政策。有的官员因开矿问题,受到过处分。如顺治四年(1647)八月,“甘肃巡抚张尚坐擅开矿税,降一级调用”③。康熙五十二年(1713)五月,“大学士九卿等遵旨议覆开矿一事,除云南督抚雇本地人开矿,不议外,他省所有之矿向未经开采者,仍严行禁止”④。到了雍正五年(1727)二月,云南官员又请封禁铜矿。“封禁云南中甸铜矿,停

① 彭泽益编:《中国近代手工业史资料(1840—1949)》第2卷,中华书局1962年版,第554页。

② 钱史彤、邹介民修,焦国理、慕寿祺纂:《重修镇原县志》卷2《舆地志·物产·货物》,1935年铅印本。

③ 陈振汉、熊正文、萧国亮编:《清实录经济史资料》(顺治—嘉庆朝)《商业手工业编(叁)》,北京大学出版社2012年版,第1023页。

④ 陈振汉、熊正文、萧国亮编:《清实录经济史资料》(顺治—嘉庆朝)《商业手工业编(叁)》,北京大学出版社2012年版,第1022页。

止鼓铸钱文。从总督鄂尔泰请也。”[①]乾隆四十九年(1784)正月,“乌鲁木齐都统海禄奏:古城迤北瑚图斯地方拿获私开金厂各犯治罪”[②]。

鸦片战争之后,矿业政策发生很大的转变。道光二十四年(1844),朝廷下诏鼓励一些省份开采矿业。道光二十八年(1848),又下诏各省督抚留心勘查矿山,酌量开采,至于是实行官办、民办、商办,则由各省决定。咸丰年间(1851—1861),又因筹措军饷,下诏各省大力开采各矿。从此,采矿业得以迅速发展。

1896年年初,御史王鹏运奏请通饬开办矿务,建议清廷“特谕天下,凡有矿之地,一律准民招商集股,呈请开采,地方官认真保护,不得阻挠”。户部和总署虽然议奏照准,但又担心“股款能否凑集,有无弊混,应由臣部再行咨令各产矿省份厘定章程,切实奏明报部”。最后结果,一是允许民间集股开采,二是要求有关省份制定章程加强管理。[③] 机器工业的发展、交通事业的进步、燃料的供应、修路铺桥,均需要采矿业的支持,清廷从禁止开矿到同意开矿再到鼓励开矿政策的演变,可以说是大势所趋。

1. 采金矿业

晚清时期,由于利润可观,各省份民间采矿行业相当红火。在湖南湘阴县的淘金业,“淘金户常万余人”[④]。湖南桂阳直隶州,“自古即富五金,地称八宝,有金、银、铜、铁、铅、锡、水晶、石灰。唐以来设监开采。大凑山一矿获利最饶,州民邓希全、曹祖礼、何植苕等,以起其家”[⑤]。黑龙江,“昔为砂碛之地,今(1892)则产金甚多,源源而出。即为涧水涌流者亦复不少,故利之所

① 陈振汉、熊正文、萧国亮编:《清实录经济史资料》(顺治—嘉庆朝)《商业手工业编(叁)》,北京大学出版社2012年版,第1081页。

② 陈振汉、熊正文、萧国亮编:《清实录经济史资料》(顺治—嘉庆朝)《商业手工业编(叁)》,北京大学出版社2012年版,第1116页。

③ 汪敬虞主编:《中国近代经济史(1895—1927)》(四),人民出版社2012年版,第1503—1504页。

④ [清]郭嵩焘纂:《湘阴县图志》卷25《物产志》,清光绪六年(1880)刻本。

⑤ [清]辜天佑编:《湖南乡土地理教科书》第5册,群益书社、群智书社、作民译社,清宣统二年(1910),第18页。

在,人争趋之前往,取金者络绎不绝”[①]。库伦,“办事大臣延祉之新近奏明开采的克勒斯金矿,矿苗极旺,矿课也极盛。惟该地寒冷异常,出月就要地冻,不能开采,现在(1908)该矿总办,已与矿师商定,加雇工人采挖”[②]。台湾,“基隆所产金沙,周围数十里听由商贾买牌淘洗”[③]。

四川省,“蓬州地产沙金,向由地方官遴选殷实绅商办理,以重矿政”[④]。“川督锡制军以宁远麻哈金厂自往年奏请开办以来,出产颇为旺,现(1906)拟添招商股以资扩充而浚利源云。”[⑤]广东省,“新安县富绅郑某现(1908)集股二十万,拟开办该县阳台山下金矿。已延请西矿师,咨请工商部查核允否开办矣”[⑥]。“德庆州开远县属涌流之地,由聂杨两矿师采得金矿一区,苗质甚美。官宪拟就章程,官商合办。官本二十五万元,商本二十五万元。”[⑦]新疆,“阿尔泰办事大臣锡远齐氏奏到长折,极称阿尔泰金矿富饶,宜招商殷助以官开采,以浚利源而杜外涎”[⑧]。

在黑龙江漠河,开采金矿业逐渐兴起。“黑龙江将军恭镗等奏漠河金厂亟应举办一折。黑龙江漠河山地方金矿,自应及时开采,以杜外人觊觎,著李鸿章遴派熟悉矿务干员迅往黑龙江随同恭镗认真勘办。如津沪殷实各商,有情愿承办之人,并著饬令同往,俾可图成。”[⑨]“漠河矿局,自光绪十四年(1888)每年报效军饷,少则万金内外,多则十数万,此八年中共合银四十万两而已。”[⑩]

---

① 佚名:《黑龙江采金》,《中国教会新报》清同治十一年(1872)第194期,第11页。

② 佚名:《各省新闻:加雇工人采挖金矿》,《河南白话科学报》清光绪三十四年(1908)第8期,第1页。

③ 佚名:《采金新议》,《益闻录》清光绪二十一年(1895)第1465期,第183页。

④ 佚名:《四川:采金招商》,《广益丛报》清光绪三十二年(1906)第108期,第8页。

⑤ 佚名:《各省新闻:拟招商股推广采金》,《北洋官报》清光绪三十二年(1906)第1017期,第9页。

⑥ 佚名:《广东请开新安金矿》,《并州官报》清光绪三十四年(1908)第12期,第13页。

⑦ 佚名:《商务:粤开金矿》,《集成报》清光绪二十三年(1897)第12期,第30—31页。

⑧ 佚名:《实业:奏请采阿尔泰金矿》,《并州官报》清光绪三十四年(1908)第12期,第13页。

⑨ 彭泽益编:《中国近代手工业史资料(1840—1949)》第2卷,中华书局1962年版,第149页。

⑩ 彭泽益编:《中国近代手工业史资料(1840—1949)》第2卷,中华书局1962年版,第152页。

2. 采银矿业

广西,“同治十年(1871),贵县知县张家齐,密勘山顶共开有槽口一百零三处。每矿以十余人计之,已不下二三千人。游勇散练,亦复相率入山”①。吉林省,“商人张玉堂前在劝业道禀请在桦甸县飘河少尔哈达地方开办银矿,现(1910)已由道填勘矿执照一纸以凭采验云”②。浙江省,“夏间湖郡官绅延请矿师在武康长兴等山寻觅矿源,禀请开办。抚宪批示准行。又云宁波银山冈开矿,乡人胶于成见。均谓有碍风水,出而阻扰”③。四川省,“灌县民张凤顺、李昌明等在大梁河一带觅有银矿,采取得万余金。四川省五金煤矿蕴蓄极富,土法开采已时有所获,若再用西法必可浚利源也”④。

湖北省,“鄂属大冶县向为矿产最富之区,原有龙角山一座纯系银矿。曾经采得提炼每矿百分可得净银七十三分,久为外人所垂涎。前鄂督曾拟圈购。该县绅耆固守风水之说,抗不遵命。鄂督近日决议开采该矿,以裕度支,刻已札饬大冶县传集绅董,实力开导。或由官给价或附作股本,期在必行云”⑤。由上可知,晚清时期,风水之说在一些地方颇为盛行。在各地采矿事业发展的过程中,时常会遭到当地人的阻碍,而阻碍的理由,往往是认为此举妨碍风水。

3. 采铁矿业

采铁矿业是十分兴旺的采矿行业之一。在江苏,“徐州城西北利国驿一带土厚山多,向产煤铁。土人拘泥于风水之说,久闭不开。迩经通商已久,成见破除,现(1883)经徐州道程观察勘验,确有铜铁铅煤等苗。现(1883)招商集股刻已凑资巨万,各项机器一律购定,各项事宜悉照开平矿办理”⑥。浙江省,“杭州绍兴府上虞县属山产铁矿。刻由绅商开采,已开炉十余具,兼得左

---

① 谢光绮:《请开粤西矿利条陈》,清光绪十一年(1885),见葛士浚《皇朝经世文续编》卷26,上海文盛书局,清光绪二十四年(1898)刻本,第15页。

② 佚名:《政界纪闻:开办银矿》,《吉林官报》清宣统二年(1910)第1期,第76页。

③ 佚名:《浙江:湘郡银矿》,《萃报》清光绪二十三年(1897)第4期,第13页。

④ 佚名:《省城近事:发见银矿》,《四川官报》清光绪三十年(1904)第5期,第37页。

⑤ 佚名:《上编政事门:纪闻:中国部:湖北:决议开采银矿》,《广益丛报》清光绪三十三年(1907)第139期,第7页。

⑥ 佚名:《开办铁矿》,《益闻录》清光绪九年(1883)第263期,第260—261页。

近煤矿鼓炼有资矣"[①]。

四川省,"川省矿产饶富而煤铁尤为大宗。近有琪县绅士邓伯年素尚考究铁矿,查得该县所属马鞍山地内铁苗极旺,集股赴矿务总局呈请立案开办"[②]。"川省马边厅与屏山交界之火谷场后山,现(1908)有铁矿苗旺质美,经该处绅士宋张二君集资兴采已开工。"[③]

湖北省,"建始县属大茨河地方山林丛错,高峰耸立。有马君道成于河侧铁嘴坪探有铁矿一穴,矿质甚佳。现(1910)正组织集股,俟有头绪即禀请劝业道立案开办"[④]。广西省,"广西思恩府属地方,本极贫瘠,又加连年的地方骚扰,致民间生计,越觉困难。然出产铁矿极富,有某富家筹款试行开采,已经挖得铁砂二十万斤,炼成铁板。如果能筹集股本,开设铁矿公司,就地取材,不独地方上有无限利益,就是在民间生计上,也是有所裨益的"[⑤]。

4. 采铜矿业

在四川,"灌县大沙坝向多矿产。兹闻有该邑黄绅素习矿学,特邀某矿师同往踏勘,据言实系铜矿。故议集股开挖,已禀由矿局批示饬遵"[⑥]。炼铜业,"光绪二十八年(1902),有魏子书者,请求当道,自愿备资经营四川天宝山铜矿。开办未久,即告停业。迨至宣统元年(1909),督署调孙海环氏主办斯矿,始改用新式冶炉设备,以冶炼冰铜、粗铜及精铜,筹备三年,于民元开始作业,为川康机械炼铜业之先声"[⑦]。

5. 采锡矿业

云南个旧的采锡矿业,远近闻名。"光绪九年(1883),省拨官款所设之厂务招商局。光绪十三年(1887)该局裁撤,全归商办。……光绪三十一年

---

① 佚名:《杭地铁矿》,《益闻录》清光绪二十三年(1897)第1712期,第446页。

② 佚名:《各省新闻:呈请开办铁矿》,《北洋官报》清光绪三十一年(1905)第879期,第6页。

③ 佚名:《新政纪闻:路矿:集资开采铁矿》,《北洋官报》清光绪三十四年(1908)第1625期,第12页。

④ 佚名:《实业:铁矿出现》,《陕西官报》清宣统二年(1910)第4期,第74页。

⑤ 佚名:《时闻:铁矿发现》,《竞业旬报》清光绪三十二年(1906)第4期,第39—40页。

⑥ 佚名:《各省新闻:禀请集股开采铜矿》,《北洋官报》清光绪三十二年(1906)第1111期,第8页。

⑦ 周则岳:《川康铜产沿革及增产计划》,《西南实业通讯》1940年第2卷第3期,第41页。

(1905)矿务大臣唐炯,云贵总督丁振铎奏准,由官商集股成立个旧厂官商有限公司。官股四十八万五千元,商股十八万一千元,以低利贷款与各炉号,待秋季出锡,照市作价,运销香港。"①。四川省,"新宁属万家山向有锡矿。由谢大令禀请开挖,嗣缘款绌中止。兹经达县蔡百川君集资,聘请美国矿学毕业方君开采,现(1907)已兴工"②。

6. 采石膏业

在湖北应城县的石膏业,"出县西诸山洞中,光莹细腻,较胜他处。土人募人凿取,返运汉皋。额设膏关,收取其税"③。应城县的石膏行业在晚清时期颇为兴旺。"鄂省职商袁桂华等,因设立振业石膏公司,日前曾经禀请农工商部立案。刻经部中查核,颇为嘉许。除准予立案外,并准予专利五年,以资提倡。"④

7. 采煤矿业

采煤业在这一时期十分红火,销售畅旺。江西省,"距九江郡城数十里城门地方,由某洋行买办邀集同郡绅禀准开采。郡绅拟添招股本大加扩充"⑤。安徽省,"皖省繁昌县境蛇山脑有柴煤小矿一区,为职商车毓霖等所发见。现(1907)已筹集股本,按照部章缴费领照开采"⑥。江苏省,"江苏镇江西南句容界内铜冶山煤矿,熊泉生前往勘验,煤质甚佳。当饬矿政调查局妥议章程、招集商股以便设立公司从速开采"⑦。

顺天府,"密云县东直地方有土山一座,蓄有煤矿,其质甚佳。有土人私挖煤矿。该县曾大令会同该县绅董拟集开办"⑧。广东省潮州,"潮属惠

① 云南锡业公司:《云锡纪实——云南锡业公司五周年纪念刊》,云南锡业公司1945年版,第2页。

② 佚名:《上编政事门:纪闻:中国部:四川:锡矿复开》,《广益丛报》清光绪三十三年(1907)第133期,第11页。

③ [清]罗缃修,陈豪、王承禧纂:《应城志》卷1《舆地·物产·货之属》,清光绪八年(1882)刻本。

④ 佚名:《石膏公司专利》,《农工杂志》清宣统元年(1909)第2期,第79页。

⑤ 佚名:《开采煤矿》,《北洋官报》清光绪二十九年(1903)第151期,第14页。

⑥ 佚名:《皖商禀请开采煤矿》,《秦中官报》清光绪三十三年(1907)第10期,第37页。

⑦ 佚名:《路矿:饬招商股开采煤矿》,《北洋官报》清光绪三十三年(1907)第1554期,第11页。

⑧ 佚名:《顺天开办密云煤矿》,《并州官报》清光绪三十四年(1908)第12期,第12—13页。

来县因奉饬查勘属内矿产。经前县陈令丁令,查得县属只有葵潭鹰地山脚煤矿一处,考验煤质不佳,旁多坟墓,当以不堪开采。该县张令复访问葵潭司属高排地方,尚有煤矿发见。经亲诣踏勘,惟矿场系属民间粮地。当踏勘时,士民云集,迷惑风水,佥出怨言。已具禀并将煤质缴呈农工商局考验矣"①。

在安徽芜湖,制铁业远近闻名,制铁所消耗的煤炭甚多。"在光绪初年(1875),仅有湖南宝庆蓝田之煤运芜发售,专为锻铁之用。嗣有小轮往来需用煤,则皆购用舶来品也。迨后,木柴渐贵,馆店作坊改用者多,其始已用湖南柴煤。光绪季年,政府提倡实业,准人开矿,吾皖之池州、宣城、繁昌等处,遂有人相继禀请,开采柴煤来源,因以日渐扩充。鼎革以后,矿务大兴,出产丰富,湖北之萍乡、天津之开滦、山东之峄县,舟车转运,以至芜者络绎不绝,均系上等烟煤,驾乎舶来品上,以致洋煤进口遂绝"②。

采矿业中,晚清时期出现了不同形式的经营管理机构,较有代表性的是湖南矿务总局和矿务总公司。1895 年冬,湖南巡抚陈宝箴奏设官矿局。同时他将开采湖南矿藏,设立矿务总局诸事上奏朝廷,并拟定开采计划,任用"南北洋及各处熟谙矿务机器之人"协助办理。陈宝箴的奏请很快得到清廷的批准和鼓励,陈宝箴委派刘镇为矿务总局总办,朱彝为会办,邹代钧、张通典为提调,首先试办铜、煤、铅、磺等矿"较有把握之处"。与此同时,又拟奏了《湖南矿务简明章程》,对办矿的方法、经费、股份、矿质等问题做了若干具体规定。该章程由五部分组成:总局章程 11 条、官办章程 8 条、官商合办章程 14 条、官督商办章程 7 条、商民各矿分别办理章程 4 条。又设南路、西路、中路 3 家公司,组织形式有官办、官督商办、商办 3 种。矿务总局还在湘阴县城设立转运局,所有官办、官收各种矿砂,须运出销售者,均由转运局收存,由总局督理销售,严厉禁止私人运销矿砂。这样,全省矿务实由矿务总局统辖起来了。1895 年湖南矿务总局的成立,结束了湖南矿业小规模、自发开采的历史,是湖南近代矿业出现的标志性时间,此后,湖南逐渐采用新法发展矿业,矿业开采

① 佚名:《风水阻扰开矿之可恶》,《振华五日大事记》清光绪三十三年(1907)第 23 期,第 40 页。
② 鲍寔纂:《芜湖县志》卷 35《实业志 · 商业》,1919 年石印本。

开始走上用现代方法开采的途径。当然,一些地方由于技术和交通原因,矿业仍然主要用传统方法开采和冶炼。各矿采用的方法不同。湖南铜铅等铸币原料矿的开发以民办、招商承办的方式为主,官办的方式较少,时间也短。铁矿、煤矿基本是任民间自由开采,以民办为主。湖南锡矿的生产最初也是实行民办,后归官办理。硫黄、硝土作为军用矿,几乎全为官办。

矿务总公司则晚在 1903 年前后设立,管理全省矿产(官矿仍归矿务总局),但在甲午战争后几年,其他省份未见有全省性的矿务局或总公司存在。① 但是,单个矿务公司是常见的。

值得注意的是,有的矿务公司秉承收回利权的宗旨,不让外国资本参与生产经营。如“1907 年山西保晋矿务总公司规定:本公司唯收华股,不收洋股。附股者如私将股票售与外人,经本公司查知,或经他人转告,立将所入之股,注销不认”②。又如 1910 年安徽泾铜煤矿有限公司招股章程规定:“本公司但收华股,非华股者,查出作废。”③

8. 制盐业

盐是人民群众日常生活中的必需品,每人每天都要消费盐,盐的重要性无可替代,因此制盐业是非常重要的手工行业之一。晚清时期,制盐行业获得较大发展。从井盐行业来看,太平天国运动对于此项手工业影响深远。“咸丰三年(1853),发逆扰乱,淮盐阻滞,不得上达。湖北总督张亮基奏准借拨川盐富顺畅引张,派员督运,以济楚食。”④在四川富顺县,“道光以前,县产盐无多。咸丰同治济楚始盛”⑤。不管是平时还是战时,普通人民必须购买食盐,从事制盐行业生产、运输、销售等相关人员众多,有很多百姓依靠制盐行业得以维持生计。仅湖南桂阳直隶州,“贫民负盐以为生者近数万人,衡、湘

① 汪敬虞主编:《中国近代经济史(1895—1927)》(三),人民出版社 2011 年版,第 1507 页。

② 汪敬虞编:《中国近代工业史资料》第 2 辑(1895—1914)(下册),科学出版社 2016 年版,第 739 页。

③ 佚名:《泾铜煤矿有限公司招股章程》,《申报》清宣统二年(1910),5 月 1 日。

④ 彭泽益编:《中国近代手工业史资料(1840—1949)》第 2 卷,中华书局 1962 年版,第 124 页。

⑤ 彭泽益编:《中国近代手工业史资料(1840—1949)》第 2 卷,中华书局 1962 年版,第 124 页。

奔走,不可胜数"[①]。太平天国战争期间,交通受阻,四川井盐业由此获得了较大发展,川盐顺势挤占了淮盐的市场份额。"(咸丰年间)湖北则至汉口以下,湖南则由澧县而达雀垣(长沙),皆惟川盐是赖。富(顺)厂遂开凿新井,增设盐灶,自流井之盛,则从此始。"[②]

云南的井盐业在晚清时期也得到了快速发展,"咸丰回乱事起,盐井失陷,产井破坏,产额不详。同治十二年(一八七三)以后,云南回乱平息,井场复原,产额突增至四〇六二〇八七二斤。光绪年间产额增至五二九七一六二六斤,较之清初差不多增加一倍了"[③]。

除井盐业以外,海盐、湖盐的生产经营在晚清时期同样有所发展,政府的盐业开采政策逐渐放宽,有私人资本涉及制盐业生产经营。

山东牟平县,"盐滩原有限制,不准私开。自光绪二十年(1894),永阜被淹,王家冈、官台两场盐池,所产之盐不敷春运,运使丰伸泰请准,各商在该两场开滩济运,王官两场滩池遂逾限制。光绪二十九年(1903),山东巡抚周馥又准登莱沿海商民开滩晒盐,于是沿海滩池更无稽考"[④]。

在黑龙江,"海拉尔西南三百余里有珠尔博特盐池,周围约十里,形如三角。……每年产盐之期约四个月,其盐粒细色白,俄人最喜购买,价亦昂。约计每人每日可取四百斤,盐盛时,百人操作日可得盐四万斤,以一年四月计之,不下四五百斤。其盐运至伦城,每百斤约售俄卢布一元二三角不等。光绪十一年(1885),副都统某曾请试办常年盐固,旋因日俄协约成立,海盐畅通,盐价陡落,遂致无人过问。至光绪三十四年(1908),复由商人集资开办。此项盐产,亦江省利源之一"[⑤]。

在内蒙古,"盐出苏尼特、阿拉善、鄂尔多斯及青海等处,制法甚简,惟取池水晒干而已。阿拉善之吉尔泰池最伙,岁出二千一百万斤之谱,价廉物美,

---

① [清]陈宏谟修,范咸纂:《湖南通志》卷49《风俗·类纪·商贾》,清乾隆二十二年(1757)刻本。

② 彭泽益编:《中国近代手工业史资料(1840—1949)》第2卷,中华书局1962年版,第127页。

③ 彭泽益编:《中国近代手工业史资料(1840—1949)》第2卷,中华书局1962年版,第131页。

④ 宋宪章等修,于清泮等纂:《牟平县志》卷5《政治志·实业》,1936年铅印本。

⑤ 方福麟修,张伯英纂:《黑龙江志稿》卷20《财税志·盐运》,1933年铅印本。

内地人嗜之。甘肃居民食吉盐者十之六,陕西亦十之三,骆驼牛骡,驾车负载,千百成群,络绎不绝,岁征税至六万三千两"①。

各地民间资本注入制盐业,制盐行业愈加兴旺起来。

三、厘金制度的创设及危害

晚清时期,中国境内战事延绵,军费开支巨大,为了筹措军饷,弥补财政亏空,清廷只能想方设法在经济上对人民加强盘剥勒索,以弥补巨额财政亏空。这其中最重要的一项搜刮措施,就是创设厘金制度。

官员雷以諴于清咸丰四年(1854)三月十八日上奏《奏陈商贾捐厘助饷业有成效请予推广折》,此折提出:"捐厘之法,亦即古人征末之微意,而变通行之。人少则捐少,人多则捐多,均视其买卖所入为断,绝不强民以所难。分委廉明公正之员,会同各该府州县,于城市市集之各大行铺户照臣所拟捐厘章程,一律劝办。"②清廷于咸丰四年(1854)三月二十四日随折发出上谕:"兹据雷以諴所奏捐厘章程,系于劝谕捐输之中,设法变通,以冀众擎易举,据称里下河一带,办有成效。其余各州县情形,想复不甚相远……若事属可行,即督饬所属,劝谕绅董筹办。其有应行变通之处,亦须悉心斟酌。总期于事有济,亦不致滋扰累,方为妥善。"③

1853 年 3 月,太平天国建都天京(南京),4 月攻占扬州,清钦差大臣琦善赶到扬州城外设立江北大营,堵击太平军,收回扬州。此一地区战事颇为激烈,军费开支庞大。1853 年 7 月江北大营首先在扬州仙女庙一带开设厘局,向商贾征收厘金。厘金是一种工商税。对坐贾抽征商品交易税,称"板厘"(又称"坐厘");对行商抽征货物通过税,称"活厘"(又名"行厘")。按规定皆为值百抽一。1854 年清廷看到抽厘大可获利,下令广泛推行。到 19 世纪 50 年代末,厘金制度几乎遍及全国,成为经常的税收制度。清廷在各城乡要

① [清]姚明辉编:《蒙古志》卷 3《物产 · 制造类》,清光绪三十三年(1907)铅印本。

② 中国第一历史档案馆编:《清政府镇压太平天国档案史料》第 13 册,社科文献出版社 1994 年版,第 305—306 页。

③ 《清实录 · 文宗实录三》,清咸丰四年(1854)三月二十四日,第 194 页。

口、水陆码头遍设厘金局和卡哨，货物沿途往往一抽再抽。厘金名义上值百抽一，但实际上当是值百抽五到十，江苏等地更是十取其二三了。厘金制度对整个中国近代社会经济的发展产生了严重的阻碍作用。①

表 5-1　江浙等 14 省历年征收厘金额及分类所占百分比（1869—1908）

年份	厘金总额（两）	各类厘金所占百分比（以各类总计为 100%）				
		货厘（%）	茶税（%）	洋药厘（%）	土药厘（%）	盐厘（%）
1869	13420842	91.66	2.10	4.17	0.47	1.61
1870	14332864	92.34	1.78	3.79	0.43	1.66
1871	14256822	93.62	1.97	3.40	0.38	0.64
1872	14088122	92.91	2.16	3.40	0.37	1.15
1873	14641797	93.29	1.95	3.37	0.38	1.01
1874	13726662	93.30	2.26	3.17	0.37	0.89
1875	13217219	92.67	2.32	3.68	0.37	0.97
1876	13821721	94.00	2.08	2.36	0.35	1.20
1877	12403695	92.80	2.18	3.42	0.33	1.27
1878	12319510	92.50	2.53	3.67	0.25	1.06
1879	13341886	92.13	2.15	4.31	0.21	1.21
1880	13730043	92.87	2.49	3.85	0.19	0.61
1881	14376455	92.88	2.20	4.22	0.26	0.45
1882	13834644	92.74	2.12	4.29	0.35	0.51
1883	12295756	92.27	2.22	3.71	1.15	0.65
1884	12584175	92.74	2.18	3.60	0.85	0.63
1885	12811708	91.87	2.17	4.47	0.80	0.69
1886	13218508	89.94	2.41	5.91	1.06	0.68
1887	14272329	91.52	1.98	3.27	2.61	0.63

① 陈旭麓主编：《中国近代史》，高等教育出版社 1987 年版，第 69—70 页。

续表

年份	厘金总额(两)	各类厘金所占百分比(以各类总计为100%)				
		货厘(%)	茶税(%)	洋药厘(%)	土药厘(%)	盐厘(%)
1888	13600733	89.28	1.81	3.64	4.60	0.66
1889	13739095	86.31	1.50	6.94	4.61	0.64
1890	13643107	87.39	1.34	5.56	5.05	0.66
1891	13581042	87.63	1.32	6.06	4.34	0.64
1892	13641665	89.67	1.25	4.93	3.54	0.62
1893	13244727	87.96	1.57	5.82	4.00	0.65
1894	13286816	88.73	1.46	4.81	4.34	0.66
1895	15717510	88.89	1.30	4.70	4.54	0.57
1896	15305134	89.69	1.26	4.90	3.59	0.55
1897	15039046	91.43	1.21	3.19	3.56	0.61
1898	13764328	92.23	1.09	1.92	4.12	0.63
1899	12716879	91.65	1.24	1.68	4.46	0.98
1900	14224238	94.52	1.01	0.37	3.50	0.60
1901	14957676	95.21	0.87	0.35	3.08	0.49
1902	16174636	92.68	2.28	0.20	3.05	1.80
1903	16252692	93.59	2.27	0.01	3.45	0.69
1904	16606029	96.13		0.02	3.32	0.54
1905	15952147	95.58		0.02	3.91	0.49
1906	16290270	98.38		0.01	1.08	0.52
1907	16708890	99.49	—	—	—	0.51
1908	17760187	98.29	—	—	—	1.71

资料来源:见李文治编《中国近代农业史资料》第1辑(1840—1911),科学出版社2016年版,第372—373页。

注:十四省是江苏、浙江、福建、湖北、湖南、江西、安徽、广东、广西、甘肃、陕西、山西、河南及山东。

1. 厘金制度阻塞商品流通

关于厘金制度对商品流通的阻塞弊端，时人多有怨言："迨军兴以后，创设厘金，中货有厘税，而洋货无之。于是洋货之价日贱，中货之价日昂，价贱则够用日多，价昂则销售日少。……查洋商贩运土货，只在海关完纳子口半税，领有三联报单，沿途呈验，无论远近，概不重征；而华商运货出口，逢关纳税，遇卡抽厘，其所抽纳之款，已较洋商所完子口税为多。乃关吏卡员，照章应纳税厘外，恒多分外之需索，如此畸重畸轻，土货出口，安能望有起色？此不平者一也。运货之宜，务在迅速，往往有一日之差，旦夕之殊，而货价之涨落以倍蓰者。迩来内港行轮运，业经畅行无阻，各处关卡委员，遇挂洋旗之商船，照章速验放行；遇无洋旗的商船，即不免留难需索，甚至今日不验，候至明日；明日不验，候至后日。至于民船划艇，更复任意欺凌。华商隐受亏损，而无如之何，此其不平者二也。"①

晚清时期，国内商品本来就在洋货的冲击下节节败退，本国货物再加上厘卡的重重搜刮，而洋货所要缴纳的税费相对较轻。厘金制度使诸多手工行业的生存更加艰难。

这种现象同样引起了外国领事馆的注意。在江苏地区，"据镇江英领事馆威尔士报云：通商本科增盛，只以商货载途，厘卡林立，水道多阻，受损滋多。以厘卡言之，镇江至淮安，不过一百三十英里，已有厘卡十二；淮安至邳州，不过一百英里，又有十二。无论洋货有三联与否，每卡总有需索，有时需洋货数匣，或手巾一条，甚至卡役勒索各种货样。并有每次过卡，须青钱 336 文；及只过一卡，又须重征，并不给以捐票。若自内地出卡之货，勒索为更甚"②。镇江至淮安两地相距并不远，大约 200 公里，但是厘卡有 12 处之多，可见厘卡的密集程度，商人因此苦不堪言，损失惨重。

2. 厘金制度增加制造成本

厘金过高，货物成本增加，必然导致商品售价增加，而造成物价上涨。价

① 彭泽益编：《中国近代手工业史资料（1840—1949）》第 2 卷，中华书局 1962 年版，第 303—304 页。

② 彭泽益编：《中国近代手工业史资料（1840—1949）》第 2 卷，中华书局 1962 年版，第 305 页。

格增加的部分最终由商品消费者承担。“抽厘之弊,尤不忍言。一石之粮,一担之薪,入市则卖户抽几文买户抽几文。期船装而车运者,五里一卡,十里一局,层层剥削,亏折已多,商民焉得不裹足!百物焉得不涌贵乎!”①

以日常生活中的必需品粮食和盐为例,在山东馆陶县,“清中叶风雨调和,岁岁丰收,且人口增殖率尚弱,而食用尤简,故供给恒过于需要,当为粮价最低时代,平均折算,每斤约合制钱二十五文。迨清末时期,人口日蕃,用度亦高,粮价因之增涨,按当时市价平均折算,每斤约合制钱三十五文,以与清中价额比较,已增一倍”②。在四川叙州府富顺县,“清前期,盐出于井,至烧煎成盐,需工至巨,所费不赀,视他省之晒海灰池,其难以不啻倍蓰,而每斤所值亦不过十数文者。然光绪三十余年间,物值低昂比较相差二倍,灶户市盐每水引一张盐一万二千斤,大率在百四十两至百六十两,易钱摊本,每斤价值平均为二十余文。光、宣之际,市盐增至四十余文者,则厘税重叠使然也”③。由上可以清楚看出,清前期,四川富顺县出产的盐每斤约10文,至光绪年间,每斤盐价值20余文,1909年左右,每斤盐价值增至40文,而原因就是“厘税重叠使然也”。

中国茶叶在国际市场节节败退与厘金过高也有很大关系。“中国茶叶,自出产之地至出口之时,其厘金关税过重。查得光绪十三年(1887)内地之茶,运至九江,其江西宁武茶则先在宁武完厘金,每百斤捐银1两4钱,姑塘每百斤捐银4钱,出口关税银每百斤二两五钱,使宁武茶每百斤共征厘税银4两3钱。今必较其厘税两项,与茶叶所售之价值,每百两约抽25两矣。其印度锡兰等处所产之茶,既无内地之厘金,又无出口之关税,商贩之人,但完纳他国进口之关税而已”④。茶叶的税厘过重,江西省的情况如此,安徽省的情况也是如此。“华茶贵则在税厘过重。光绪十四年(1888),计徽茶来宁,每百斤应在婺源完银共二两一钱三分,在屯溪完银二钱,在界口完银三分,在深渡

① 李文治编:《中国近代农业史资料》第1辑(1840—1911),科学出版社2016年版,第375页。

② 丁世恭等修,刘清如等纂:《续修馆陶县志》卷2《政治志·实业》,1936年铅印本。

③ 彭文治、李永成修,卢庆家、高光照纂:《富顺县志》卷5《食货·物产》,1931年刻本。

④ 李文治编:《中国近代农业史资料》第1辑(1840—1911),科学出版社2016年版,第445—446页。

完银一分，在威坪完银共三钱七分三厘，统共完银二两七钱四分三厘。茶价每百斤只值银十五两至二十五两，其中税厘已逾四分之一。平水茶来宁，每百斤应在绍兴完银七钱三分四厘，出口海关正税银二两五钱；共完银三两二钱三分四厘，茶价每百斤只值银十三两至二十六两，税厘在内数亦不少。”①

中国红茶原本是国际市场的畅销之物，“红茶一项，原为洋庄出口的一大宗。近来海关税金，获利很少，西商多有因而束手的。是以红茶销路，顿形疲滞。业红茶的，莫不忧形于色。所以中国出口红茶所赚的钱，兑换外国进口的鸦片还不足”②。

有地方官显然留意了此弊端，请求清廷减免红茶厘金。“湖北陈小帅刻准农工商部度支部咨以红茶一项为我国出口货大宗。近年以来几有不振之势，比较二十年前销数去一半。其原因虽由种焙不善、搀伪作弊、洋商抑勒、商力散漫等事所致，然税厘亦觉过重。前有茶商金廷芳禀陈本部请加税免厘，应即筹如何轻减之处。事关出口货税，相应咨行产茶省分，酌议见复云。经小帅札牙厘局汉关道，会议详复核办。”③

有些茶叶商人因为洋商纳税较低、华商纳税较高，钻起这方面的空子，企图蒙混过关。“1861 年，现有内地商人赴湖南、湖北产茶所在购买茶叶等货，动称英商雇夥，多抗不完纳厘金。似此情形，则内地奸商，人人皆可称为洋行雇夥，内地货物种种皆可指为洋商采办。”④

茶税过重势必打击制茶业的发展。“光绪二十八年（1902）八月，户部筹饷条议原奏，内开：中国利源，盐课而外，以茶课为大宗。近年印度产茶，日本产茶，颇于华商有碍，而其色味之胜，行销之畅，终逊华茶，随酌加厘金，不虑洋茶浸灌。查各省茶厘有按引按箱按担之异，其取之业户，取之引户，取之商

① 李文治编：《中国近代农业史资料》第 1 辑（1840—1911），科学出版社 2016 年版，第 446 页。

② 佚名：《时闻：红茶失利》，《竞业旬报》清光绪三十二年（1906）第 3 期，第 2 页。

③ 佚名：《财政：议减出口红茶厘税》，《陕西官报》清宣统元年（1909）第 2 卷第 2 期，第 97—98 页。

④ 姚贤镐编：《中国近代对外贸易史资料（1840—1895）》第 2 册，科学出版社 2016 年版，第 837 页。

贩,办法亦复不同。拟令各省各就现在抽厘数目,再行加抽二成。"[①]在安徽六安州,"土产以茶为大宗,出麻亦众。收成时,另设茶、麻厘卡。故近日茶税奇重,毛茶每担八九元,税厘亦如之。洋人又把持价值。茶商近年亏倒,种茶者亦渐以稀"[②]。在湖南、湖北,"两湖红茶今岁(1900)大半亏本,多有决意不做子茶者,各茶山客人,刻已陆续返汉。羊楼洞之茶今岁亦不能获利,子茶多半不做,再做恐难得善价"[③]。茶税奇重,商人无利可图,制茶业迅速衰败。

茶叶的税厘过重,必然导致成本增加;成本增加,售价自然随之上涨,在价格方面没有竞争优势。税厘过高,使一些商人为了降低成本,往往以次充好,以劣质茶叶掺入高档茶叶,企图蒙混过关,严重影响了中国茶叶在国际市场的信誉,如此恶性循环,导致了销售量的下降。

外商税轻华商税重,严重阻碍了手工行业的发展,增加了中国手工业商品在市场上与洋货竞争的难度。正如时人所论:"中国原定洋货税则过轻,土货税则过重,以致华商疲累,难与洋商颉颃。查西洋各国通例,于外来进口货税无一不重,于本国出口货税无一不轻,所以征外人之利,而护本国之商,斟酌损益,实有至理。乃中国初定约时,为外人所蒙,转使外洋进口之货税轻,内地出口之货税重,不啻抑华商而护洋商,此通商后数十年之流弊,隐受厥累,而不觉者也。即以煤斤而论,洋煤每吨税银五分,土煤每担税银四分,合之一吨,实有六钱七分二厘;若复加进口半税,已合每吨一两有奇,盈绌悬殊,至二十倍之多。"[④]

清光绪二十九年(1903),商部有奏折提道:"查洋商贩运土货,只在海关完纳子口半税,领有三联报单,沿途概不重征;而华商运货出口,则逢关纳税,遇卡抽厘,其所抽纳之款,已较子口税为多,乃关吏卡员,恒多分外之需索,此其不平者一也。各处关卡委员,遇挂洋旗之商船,照章速验放行;遇无洋旗之

① 彭泽益编:《中国近代手工业史资料(1840—1949)》第2卷,科学出版社2016年版,第618页。

② [清]李应珏撰:《皖志便览》卷3《凤阳府序》,清光绪二十八年(1902)刻本。

③ 佚名:《本省商情:茶市杂记—两湖红茶今岁大半亏本》,《湖北商务报》清光绪二十六年(1900)第41期,第15页。

④ 李文治编:《中国近代农业史资料》第1辑(1840—1911),科学出版社2016年版,第544页。

商船，即不免留难需索，此其不平者二也。近来外省地方官于洋商词讼，尚不致故延时日；而于华商涉讼，往往积压稽迟，甚或居为奇货，苛索侵渔，无所不至，此其不平者三也。凡兹数端，华商每以相形而见绌，由是洋商遂得行其招徕垄断之计。”“中国已开始制造棉法兰绒和棉毯。惟此种货品与同种日货竞争，今已知其全无获胜的可能，盖 1858 年条约规定，土货课从价税 5%；而 1902 年修订之进口税则，使日货负税实不及 5%。影响所及，直使国内产业无复生理。”①

正因为如此，“华商不像外商那样可以不受厘金苛索，故不得不想方设法以规避之。最常用的办法是冒称其货物为某一外商所有。西江某税吏曾告诉我另一逃避厘金的办法。西江农民所生产的烟草大部在广东北部消费，若将烟草直接运往消费地点，则需纳为数颇大且无法预计的厘税。无法预计危害最大，这很容易使一笔看来可以获利的交易变成一个严重损失。为避免这种危险起见，就先把烟草运往香港，然后再自香港运回，作为洋货进口。这样，商人就可得到了子口单以便把烟草运往目的地。商人虽因此负担进口税 5%、子口税 2.5%、往来香港的运费以及起岸、装船的费用，但这些费用都能预先正确计算。因而他宁愿缴纳这些费用而不愿受厘金的挟制。厘金的数目可能自 10%到 50%以上”②。晚清时期，各关各卡厘税的随意收取是妨碍手工业、商业发展最重要的因素之一。

3. 厘金制度混乱，影响国家税收

厘金，作为一项捐税，开始于太平天国时期，而极盛于晚清。厘金的税率原为 1%，但实际上许多地方高达 5%—10%，个别地方竟达 29%以上，且计货时往往多算，“故定章名为取十，其实乃取三十、四十”，“又况查验不时，羁滞留难，无卡无之”。1910 年时人记载：“商民虽已完税，每经一卡，仍复多方挑剔，或指为货票不合，或指为斤两不符，或指为石斗不实，吹毛求疵，留难为

---

① 李文治编：《中国近代农业史资料》第 1 辑（1840—1911），科学出版社 2016 年版，第 546 页。

② 姚贤镐编：《中国近代对外贸易史资料（1840—1895）》第 2 册，科学出版社 2016 年版，第 842 页。

出。黠者重贿以求出脱，懦者饮泣以听苛罚。”[1]

更为严重的是，厘金的收取没有一定的标准，管理混乱。除官方规定的以外，收取厘金的人往往私自加价。“厘金不但为贻害商民之事，亦为国家之绝大漏卮。国家所得于厘金者，不过十分之二，耗费及中饱者反得十分之八，有损于商务，无益于国库。”[2]在光绪后期，有官员记录：“臣生长江浙之间厘金最旺之地，目击商民由富而贫，由贫而至于赤贫，皆由厘金累之。委员司巡稍不如意，即指为偷漏，勒罚十倍至二三十倍不等。若辈囊橐得自侵者多，得自勒索者当亦不少。”[3]商民由富而贫，由贫而至于赤贫，严重阻碍了手工行业的生产经营活动。

“清同治年间，查苏省厘捐繁重，商民穷困日重。”[4]“南京沦陷以来，天下纷纷征调，所需粮饷，无非苛捐民间。苏州府示，有除粪行、茶馆不捐外，其余各业，概要抽厘。然而客货来已经重重津贴，土产去亦须节节税捐，滴滴归源，无非小民膏血；层层剥削，实充官吏肝肠。”[5]

晚清末年，清廷不断加重各种捐税。如杭州的丝捐，由官丝行包办，向私人丝行认摊，“先收捐款，再准销售”。光绪二十二年（1896），规定每包丝捐钱6000文，到光绪三十三年（1907），每包丝的丝捐已增至12000千文，丝捐增加了1倍。而且，当时浙江的绸缎远销外地，沿途要缴纳各关卡的“厘捐”；丝织品在交易中，还要缴纳各种营业税、落地捐，以及同业会馆的“慈善捐”、现成堂捐、机神庙春秋祭神戏捐等。名目繁多的捐税，使许多个体机户受不住重压，纷纷歇机停产。洋绸的竞争和重税的压迫，致使整个丝织业趋向全面衰退。[6]

清廷在清末时期财源更为枯竭，与列强签订《辛丑条约》以后，因为要偿

---

① ［日］高柳松一郎：《中国关税制度论》，李达译，山西人民出版社2015年版，第49页。

② 彭泽益编：《中国近代手工业史资料（1840—1949）》第2卷，中华书局1962年版，第305页。

③ 李文治编：《中国近代农业史资料》第1辑（1840—1911），科学出版社2016年版，第376页。

④ 赵德馨编：《太平天国财政经济资料汇编》（下），上海古籍出版社2017年版，第1336页。

⑤ 赵德馨编：《太平天国财政经济资料汇编》（下），上海古籍出版社2017年版，第1203—1204页。

⑥ 姚玉明：《略论近代浙江丝织生产的演变及其特点》，《中国社会经济史研究》1987年第4期。

还巨额庚子赔款，只能变本加厉地向各行各业征收厘捐，手工行业因此深受打击。在杭州丝业，"丝捐始于清同治初年（1862），分运丝用丝两种。运丝每包八十斤，收捐十六元。用丝照百货厘捐章程见货抽收。自庚子赔款发生，增加附捐，运丝每包正附捐至二十九元。用丝每包百斤，正附捐十九元二角"①。广州连平州土布业，"本境所制土布，只在本地销用不过三数万金。近日销行至河源各货物，该处平码行借办巡警为名，百物拟为抽收。递加朘削，于商务亦殊有窒碍也"②。

四川井盐业获利丰厚，商富益饶，更是官府加征厘捐的重点对象。

> 庚子变作，光绪二十六年（1900）拳匪之乱，八国联军入京，征榷繁兴，居鬻行赍，过往重叠，总计岁额，至于季年，大抵起解各款，以洋债军饷为至多。其所收之银，则有十三万两，而田赋外之津贴、捐输、铁路租股，犹未计也。地方公用以教育警察为最巨，其所收之钱，则九万余串，而四乡内之学堂经费、冬防团费，犹不与也。民所岁输如此其伙，县之人乃于征收实数，款项用途，则皆不得而悉，民生昌悴，得无味乎。③

由此可以看出，井盐业需要缴纳的捐税五花八门，有田赋、津贴、捐输、铁路租股、学堂经费、冬防团费，林林总总，使得经营此业者成本剧增，"而输将遂烦矣"。

在四川荥经榨油业，因此破产者屡见不鲜：

> 凡开榨房之家，任意估计，贿赂情形，指不胜屈。当时榨房非无争论，伊恃官为符，有口难辩，所以荥经一县，竟浮报油捐，每年有三拾万斤零之多。而统计一县实数，每年只可出油贰拾余万斤，致令数万虚悬，迫

① 彭泽益编：《中国近代手工业史资料（1840—1949）》第2卷，中华书局1962年版，第622页。
② ［清］谢锡善纂：《连平州乡土志》，《商务》清光绪三十四年（1908）抄本。
③ 彭文治、李永成修，卢庆家、高光照纂：《富顺县志》卷5《食货·物产》，1931年刻本。

> 民强认。而榨户倾家者多,逃亡者众。于是安箐上坝,有廖明光已失业倾家,下河壩有郑万贵已毁榨息业,前聚壩有石甫堂已逃亡无着,上山后坝有刘星材已赔累失业,秦姓壩有曹东山已破产逃生,小溪壩有刘德明已变产赔累,后聚壩有周陶二姓,下河壩有尹姓一家,均皆逃亡失业。据此情形,深堪浩叹。[①]

四川崇庆,清光绪丙午(1906)年,"知州刘朝熔,初办警察,菜油一缸,取厘一百,由榨户缴纳。知州裕霈时,改大榨取钱二百,小榨取钱百二十。丁未(一九零七年)年,川督赵尔巽,以关外军需,初征油捐,斤取钱四文,(有菜子、花生、烟子、桐油、棬子、棉子诸名目)令停警费,弗果。计油一缸,取钱千四百文,岁约二千三百余榨"[②]。普通手工业者不堪重负,只能选择停工停产,破产逃亡,令人唏嘘。

厘金制度原本是清廷为镇压太平天国运动、筹措军费而采取的临时变通措施。战争结束以后,各地方官府非但没有取消厘金制度,甚至愈收愈多,收税范围越来越广,严重扰乱了社会经济秩序。繁重的厘金和捐税严重阻碍了手工行业的发展。许多手工行业,所雇人员不多、利润微薄、销路不广,受到无处不在的捐税的搜刮,顿感无力经营,从而导致手工业者的破产,加剧了社会的动荡。

第二节 甲午战争后清廷手工业政策的变化

甲午战争战败后,列强掀起了瓜分中国势力范围的狂潮,中国的民族危机和清朝的统治危机都日趋加深,古老中华几乎到了亡国灭种的边缘。爱国人士群情激奋,各自采取应对措施。有一部分人痛定思痛,企图以"设厂自

---

① 彭泽益编:《中国近代手工业史资料(1840—1949)》第2卷,科学出版社2016年版,第323—324页。

② 彭泽益编:《中国近代手工业史资料(1840—1949)》第2卷,科学出版社2016年版,第621页。

救”的方式挽救中国。与此同时，清廷的经济政策也随之发生明显变化，开始逐渐重视发展工商实业，采取的“恤商惠工”政策顺应了这一形势发展。

一、商部、农工商部的成立与相关法律法规的制定

甲午战争的战败，引起朝野一片哗然，清廷对其统治政策作出了一系列调整。在经济领域较为引人注目的是成立了商部、农工商部，并且制定了振兴工商的诸多法律法规。这种政策上的变化所带来的影响是深远的，传统手工行业的发展和转型迎来了相对较好的时机。

甲午战争后，内外交困的清廷对其经济政策作了调整，根据“中外臣工”的意见，清廷表示：惟以蠲除积习、力行实政为先，如修铁路、铸钞币、造机器、开各矿、折南漕、减兵额、创新政、练陆军、整海军、立学堂，大约以筹饷练兵为急务，以恤商惠工为本源，此应及时主办，至整顿厘金、严核关税、稽查荒田、汰除冗员各节，但能破除情面，实力讲求，必于国计民生两有裨益。核心是“以筹饷练兵为急务，以恤商惠工为本源”。这是甲午战争后清廷的基本经济政策，也是贯穿清末经济政策的目标与导向。

清廷在采取措施维持、改造和扩张国家资本的同时，也放宽了对私人资本的限制，鼓励和允许它们在一些领域中的发展，对个别的还给予一定的资助与扶持，这多多少少是对当时社会上的“设厂自救”和“商办”呼声的顺应，也是迫于《马关条约》给予外商设厂制造权和财政困难的沉重压力而采取的一个“变计”。清廷中有些大臣，对民间的呼声确有“顺应”的表示，对商民投资设厂确曾显示出倡导的态度，如张之洞、胡燏棻、刘坤一、褚成博等，清廷也终于允诺“以恤商惠工为本源”，并把招商承办作为“从速变计”的首要举措。凡此种种，自然会给手工业发展打造一些宽松的氛围。

当时，“官为商倡”是官方文件中常见的用语，由于官方“倡导”，也出台了一些具体措施。1895 年 7 月，清廷令张之洞招商，多设织布、织绸等局，广为制造。1896 年，总理衙门又根据王鹏运“准民招商集股开矿、官吏保护不得阻挠”的奏折，咨令有关省份厘定章程，地方官员不得勒索。1897 年年初，褚成博奏请筹划抵制洋商，改造土货，主张官府对华商“力为护持”，“痛除向来

官商隔膜痼习”。总署议复,表示应官商合力、官助商办,推广制造。

值得一提的是,清廷还在维新运动的推动下,尝试“变祖宗成法”,以期扶持工商的活动能够逐步制度化。张之洞、王鹏运先后奏请在各省设立商务局。从总理衙门的奏复来看,商务局除了由官方设立,它的职权性质并不是一个行政机构,而是向各地督抚提供信息的咨询机构,主要工作就是调查研究、宣传提倡。但是,各省的商务局又可从事经营活动,1896 年年初,张之洞奏准动用息借商款 60 万两,另加息借官款,作为设立苏州商务局的股本。山西商务局也有招商集股的职责。这样的商务局,又像一个官督商办的公司。1898 年,在康有为的呈请下,清廷谕令刘坤一、张之洞试办商务局事宜,两个月后,张之洞奏准设立汉口商务局,并拟定了 8 条“应办之事”。同年 8 月,清廷在北京设立农工商总局,任命端方等人为督理,“随时考查”、具奏农工商事务。虽然农工商总局不具备统一管理全国农工商事务的权力,它却是清廷第一次设立的新型经济部门。此外,清廷还谕令沿海各省设立保商局,保护回国侨商。

1898 年,清廷颁布《振兴工艺给奖章程》,这是封建官府首次制定专门奖励发明和经济活动的法规。其中规定:“如有能造新器切于人生日用之需,其法为西人旧式所无者,请给工部郎中实职,许其专利三十年。或西人旧有各器,而其制造之法尚未流传中土,如有人能仿造其式,成就可用者,请给工部主事职衔,许其专利十年。”明确表示要给予振兴工艺的人官职,并保留其专利。虽然“官为商倡”一般多属表态性质,但这些措施对民间投资工商业的活动是有倡导、激励作用的。①

清廷的一番倡导,在一定程度上顺应了广大商民的利益要求。总的来看,甲午战争后,清廷为实现筹饷练兵、恤商惠工的目标,不得不调整过去的经济政策,采取一些“变计”,维持、改造和扩充官办、官督商办企业,以期国家

① 也有一些企业确实曾经得到过官款的扶持或资助,如业勤、大生、通久源、通益公等纱厂,在创办之初,就曾得到过官款的扶持。这些机制纱厂一般享有关税上的优惠待遇,按照上海机器织布局从前的成案,在海关报完正税一项,其余厘税概行宽免。参见徐卫国《论甲午战争后清政府的经济政策变化》,《历史教学》1998 年第 3 期。

资本延续下去，并向新领域扩张；倡导和鼓励商办企业，宽允私人资本的发展，给予有限扶持，对商办要求做一些顺应；在企业集资、经营和宏观管理上尝试新的形式；在护商之政、保商之法方面，也采取了设置近代经济职能部门、制订奖励章程等措施，在形成“振兴工商”的激励机制方面，迈出了具有历史意义的一步。[①]

1902 年，诸多朝廷官员热议开设商部事宜。“庆亲王日前曾具折奏请添设商务部衙门。并奖励大员赴欧美各国考察商情，为振兴商务之基础。经政府诸公会议，均以为国家非设立商部，以专责任，不足振兴商务。惟拟请指派商部大臣，不设尚书侍郎各名目。”[②]又有“盛宣怀电商政务处外务部代奏请旨遵行。商务部开办之时，托各国驻北京公使代聘各国著名律师数人，为该部教习。博采各国矿务、铁路及商务专律，编纂成书。再由国家派员学习，候学业有成，即派此项人员为该部听审委员。倘有中外人民为房产等事涉讼，皆赴该部控诉。如中国人民不愿如此办理，仍赴该管地方控诉，亦听其便”[③]。到了 11 月，有消息称：“议设商部，已志前报，年内为日无多，将于明年议章开办。政府之意注重理财。习闻外人以商富国之说，故决行此议。”[④]

1903 年 9 月 7 日，清廷正式设立商部，专司工商事宜，宣称“以保商为己任”[⑤]，作为统辖全国工商各政的机构。

> 振贝子请立商部。政务处议复其奏请。如外务部例，专设一商务部，制曰可。闻即以振贝子为商务部尚书，而以伍廷芳为左侍郎，陈璧为右侍郎。其下司员，悉如六部。部分四司，曰理财、曰劝农、曰保商、曰惠工。我国二千年来素持贱商主义，今忽有特设商部之创举，斯时势所不得不然，而所谓新政者矣。我国民以善商闻于天下，不借国家保护之利，

① 徐卫国：《论甲午战争后清政府的经济政策变化》，《历史教学》1998 年第 3 期。
② 佚名：《中国近事：奏设商务部》，《新民丛报》清光绪二十八年（1902）第 20 期，第 129 页。
③ 佚名：《中国近事第十五：商设商部》，《新民丛报》清光绪二十八年（1902）第 21 期，第 23—24 页。
④ 佚名：《中国近事第十五：商部定议》，《新民丛报》清光绪二十八年（1902）第 25 期，第 85 页。
⑤ 朱寿朋编：《光绪朝东华录》，中华书局 1984 年版，第 5253 页。

子身转斗于万国商战之中,犹能捆载而归,恒占优势。其商才之精敏、商力之坚韧,诚西人所动色惊嘉者也。然卒以无国力保护之,故日受外人之窘虐圈制。商才虽美,商业终衰,乃至日求入他国之借以求庇。他人之宇下,以堂堂帝国之国民,其流离无告,乃至如波兰犹太人。今既有商部之设,保护商业、扩张商权,其庶有以慰流离无告之商民,而偿其数十年之希望乎。①

商部设立后,各省随即设立了商务局,负责本省的工商业务。

在推动工商实业发展方面,不少商务局、农工商局都采取了一些实际措施,产生了一定的积极影响。河南商务局成立后,迭饬各属州县广种树木,兴办水利,又远购桑秧颁发各处,创办农务实业学堂,并在省城设立工艺官局、蚕桑局,通饬各属筹设工艺厂、习艺所及劝工陈列所。1906 年,江南劝业机器工艺总局仿日本样式新制织布木机,为使其推广使用,江南商务总局将该织布机图样印制 1000 张,分发两江各府州县,"以开风气,借塞漏卮"。苏省商务局也分送图样,劝谕各处商民仿造传习。湖南农工商总局设湘米公司,产品远销汉口一带,并购机设碾米厂,以备扩充办法。又湘产红茶,因焙制不善,销场远逊于前,该局也劝谕各埠茶商,讲求焙制,改良工艺。有些商务局成立后,直接致力于兴办近代工业,例如苏州商务局在陆润庠主持下,创办了苏纶纱厂,于 1897 年完工开车。南通商务局在张謇经理下创办大生纱厂,也于 1899 年完工开车。对于商人呈请创办近代企业,许多商务局也予以积极支持,并为之联络沟通,呈报立案,请官府给以保护。1906 年苏州商人欧阳元瑞等筹设瑞丰轮船公司,经苏州商务总会报至苏省商务局,商务局即咨文苏州关,请准予立案,给示保护,同时札饬各该处巡警实力维持,以免滋扰。在调查商情、联络工商方面,许多商务局、农工商局也并不单是以此粉饰门庭,而是有一定的作为。②

---

① 佚名:《政界时评:商务部之设立》,《新民丛报》清光绪二十九年(1903)第 1 期,第 715—716 页。

② 朱英:《论晚清的商务局、农工商局》,《近代史研究》1994 年第 4 期。

1906年9月,清廷实行中央官制的大改革,最后废止了自隋唐以来沿袭的具有长期传统的工部官制,建立起具有比较新的现代体制的中央机构;同时,还统一整理在《辛丑条约》体制下所设立的各种官府衙门。商部这时把工部吸收合并进来,改组成农工商部,与此相伴随的是所负责的领域也起了变化。商部负责的领域,分为农务、工务、商务、矿务、路务五个部门,前四者,农工商部依旧继承下来,但路务部门(包括交通、通信部门)则分离而独立存在,由新设立的邮传部负责掌管。农工商部虽然名称改变了,但部内事务同商部时期并无不同,农工商部仍然作为负责振兴实业的中央官府衙门,沿袭原来商部确定的方针,推行振兴实业的事务。商部只存在了4年时间便结束了,可以说是打下了振兴实业的基础,大体上完成了它的任务,关于振兴实业的成果,与其说是商部时期实现的,不如说是在后继的农工商部时期较多地显示出来,有关振兴实业的整备,《商务官报》的发行,中国最早的产业统计之一——农工商部统计表的编制,公司的设立,商会的设置,奖励种植棉花、丝茶等商品作物,等等,实际上都是在农工商部时期进行的。[①]

光绪二十九年(1903)三月,光绪皇帝颁布上谕称:"通商惠工,为古今经国之要政。自积习相沿,视工商为末务,国计民生,日益贫弱,未始不因乎此。保护维持,尤因不遗余力,庶几商务振兴,蒸蒸日上,阜民财而培邦本。"[②]这表明了清廷试图改变以往积习,转向振兴商务,重视工商业的发展。

随着重商政策的推行,清朝统治者很快即意识到制定经济法规的重要性。光绪二十八年(1902)二月癸巳上谕已提及拟订经济法规之事,此谕虽仍标榜"我朝大清律例一书,折衷至当,备极精详",但也不得不承认"为治之道,尤贵因时制宜,今昔情势不同,非参酌适中,不能推行尽善。况近来地利日兴,商务日广,如矿律、路律、商律等类,皆应妥议专条"。同时还要求各出使大臣"查取各国通行律例,咨送外务部",并谕令袁世凯、刘坤一、张之洞等督

① [日]仓桥正直著,徐鼎新译,池步洲校:《关于清末商埠振兴农务、工艺、路务等若干问题》,《上海经济研究》1983年第4期。

② 朱寿朋编纂:《光绪朝东华录》,清光绪二十九年(1903)三月,中华书局1984年版,第27—28页。

抚大吏“慎选熟悉中西律例者,保送数员来京,候简派,开馆编纂”。清廷推行重商“新政”的实际步骤,首先也是设立商部和拟订经济法规,并特别提出要率先拟出商律以尽快颁布施行。1903年4月,清廷谕饬设立商部,同时“著派载振、袁世凯、伍廷芳先订商律,作为则例。俟商律编成奏定后,即行特简大员,开办商部。其应如何提倡工艺,鼓舞商情,一切事宜,均著载振等悉心妥议,请旨施行,总期扫除官习,联络一气,不得有丝毫隔阂,致启弊端,保护维持,尤应不遗余力”。由此可见,清廷在推行振兴工商政策之始,就比较重视制定和颁行经济法规。就广大工商业者而言,他们当时是直接遭受无法律保护之苦的受害者。各种传统陋习的桎梏与层层封建势力的刁难,都使工商业者举步维艰。“激励工艺,反为行规压制;制造新颖,指为搀夺;烟通机器,伐木开矿,毁为妨碍风水;工厂女工,诬为藏垢纳污;土货仿照洋式,捏为妨碍厘规。”如此种种,使工商业者穷于应付。在与外商竞争的过程中,原本实力弱小的工商业者,加上得不到本国法律的保护,更处于不利地位。上海商务总会曾痛切指出:“我中国商人,沈沈冥冥为无法之商也久矣!中国法律之疏阔,不独商事为然,商人与外国人贸易,外国商人有法律,中国商人无法律,尤直接受其影响,相形之下,情见势细,因是以失败者,不知凡几,无法之害,视他社会为尤烈,此可为我商界同声一哭者也。”很显然,工商业者也已意识到制定经济法规的重要性。奖励工商的法规在清末十分引人注目。①

商部成立之后,推行了一系列有利于中国资本主义经济发展的法律和政策。为使各商有轨可循,1903年颁布了《商部章程》《商人通例》9条,对商务经营做了一些具体规定;接着又奏颁了《公司律》131条,分别规定了公司分类、创办呈报法、股份、股东权利、董事、股东会议等细节,并据此制订了《公司注册试办章程》,不久又颁布了《破产律》,对出于无奈的亏蚀倒闭者予以“维持调护”。1903年冬,清廷批准了商部拟订的《铁路简明章程》,规定无论华洋官商均可“察请开办铁路”,鼓励华商集股兴办。

此后,商部又奏准了《暂行矿务章程》,支持集资开矿。为吸收华侨资本

① 朱英:《论清末的经济法规》,《历史研究》1993年第5期。

以济国力之穷,清廷于1905年派南洋华侨张振勋为商部考察外埠商务大臣,兼督办闽广农工路矿事宜,劝诱华侨归国投资。为自行生产机器而不致仰人鼻息,1906年通饬上海制造局、汉阳铁厂、福州船厂、德州机器局诸军火造船工厂筹划自造各项机器;为鼓舞国人努力于发明创造与仿制,同年又颁布了《给商勋章程》,这与1903年颁布的《奖励华商公司章程》和1907年颁布的《华商办理农工商实业爵赏章程》,以及改订后的《奖励华商公司章程》,构成了晚清官府奖励设厂政策的基本内容。[①]

1903年年底,商部首先颁布《奖励华商公司章程》20条,规定官商绅民投资兴办公司,凡能集股50万元以上者,按集股数额多寡,给予不同奖赏,包括奖以议员或商部头等顾问官等职衔,加以七品至头品顶戴。集股5000万以上者,奖商部头等顾问官,加头品顶戴,赐双龙金牌,子孙世袭商部四等顾问。1906年10月,农工商部又颁布《奖给商勋章程》8条,规定:凡能制造轮船、机车、电机等新式机器者,奖以三等至一等商勋,赏加四品至二品顶戴;凡能在中国原有工艺基础上翻新花样、精工制造者,奖以五等至四等商勋,赏加六品至五品顶戴;对有特别发明创造者,给予破格优奖。

1907年,农工商部鉴于原定《奖励华商公司章程》授奖条件甚高,又颁布《改定奖励华商公司章程》,规定获商部头等顾问官加头品顶戴衔者,由原定集股2000万元改为800万元,获头等议员加五品衔者,由原定300万元改为100万元,其余授奖条件也依次降低。同年,农工商部还颁发《华商办理农工商实业爵赏章程》,规定凡集股创办企业的华商,根据资本额多少,可分别获一、二、三等子爵和三品卿、四品卿爵赏,并具体指明独资、合资和附股者,均可获此项爵赏,以“所办实业,能开辟利源,制造货品,扩充国计民生者为合格”。如资本不多,但能“独出心裁,挽回利权”,也仍酌奖商勋。商业者的权利首次得到法律的承认与保护,工商业者的社会地位明显提高。

在此之前,清廷一直未在法律上确立华商投资兴办近代工矿交通运输业的权利,更谈不上给予切实保护,华商只得托庇于外国侵略势力,或者依

① 周武、张雪蓉:《晚清经济政策的演变及其社会效应》,《江汉论坛》1991年第3期。

附于洋务企业。据汪敬虞考察所知,19 世纪华商以个人名义附股于外商企业者十分普遍。在航运、保险、银行、码头堆栈、房地产、铁路运输、棉纺织、出口加工、船舶修造、公用事业及各种轻工业行业中,附股外商企业的华商均为数甚多。在整个 19 世纪,全部华商附股外商企业的资本累计在 4000 万两以上。

甲午战败后,清朝统治集团内曾出现振兴工商的舆论,戊戌变法时期光绪皇帝接受维新派的建议,迭发振兴工商上谕,但因未制定和颁发有关方面的经济法规,加之变法很快失败,因而从整体上说,终 19 世纪华商依然未能在法律上取得自由兴办近代企业的权利。20 世纪初,清廷不仅再三谕令各级官吏保护和鼓励华商投资兴办近代企业,而且制定颁布各类经济法规,第一次从法律上确立了华商自由经营工矿交通运输业的合法性。这样,华商首次在法律上获得了自由兴办实业的权利,可以通过有关法规与地方封建势力、落后的行会制度据理力争。在这之后,华商附股外人企业的情况明显减少,纷纷集资独立创办近代企业。因此,从法律角度而言,清末经济法规的颁布施行,使工商业者取得了合法的社会地位,在某种程度上可称之为工商业者的一次解放。

清末颁布的经济法规如《公司律》等,还明确规定商办企业与官办、官商合办企业处于平等地位,“享一体保护之利益”,并且保障了商人作为股东应该享有的合法权利。《公司律》规定:“附股人不论官之大小,或署己名,或以官阶署名,与无职之附股人均只认为股东,一律看待,其应得余利暨议决之权以及各项利益,与股东一体均沾,无稍立异。”这既是限制了官股的特权,同时又保障一般商股的权利。清末的经济法规,尤其是其中的各种奖励工商的法规,对于改变商人长期以来处于四民之末的低微处境,提高商人的社会地位,也产生了重要影响。

众所周知,中国封建统治者一直沿袭“重本抑末”的政策,商人被斥为市侩,卑为市井,受到各方鄙视,造成贱商之风盛行,商人的社会政治地位低下。进入近代,虽然早期维新派曾大力呼吁重商,强调以商为立国之本,但清朝统治者并未切实采取重商政策,依然多方抑商困商,因而商人的处境并无多大改变。到20世纪初,清朝统治集团的许多高官大吏及最高统治者方始意识到“通商惠工,为古今经国之要政”,转而由抑商困商一变而为奖商恤商,宣传振兴工商乃奠创国家富强之根基,在中国近代掀起一股重商社会思潮。同时,连续颁布奖励工商的法规,将各种顾问头衔、花翎顶戴乃至爵赏授予经营实业卓有成效的工商业者。尽管获得这些殊荣者大多是工业巨子和富商大贾,但对扫除千百年来的贱商意识,改变商人的社会形象和社会地位,却产生了不可忽视的影响。时人曾感叹:“中兴名臣曾国藩仅赏侯爵,李鸿章不过伯爵,其余百战功臣,竟有望男爵而不可得者,今以子男等爵,奖创办实业之工商,一扫数千年贱商之陋习,斯诚稀世之创举。”①民族工商业之所以在20世纪初得到迅速发展,有着多方面的原因,但毫无疑问与清末经济法规的制定颁行密切相关。

清末一系列经济法规的颁布,一方面表明清廷从传统的重农抑商转为保护、奖励工商,经济政策发生重大改变,另一方面使工商业者的实业活动获得法律保障,取得了应有的权利,社会地位也大为提高。因此,工商业者的投资热情空前高涨,信心更为增强,形成投资兴办工商业的高潮。当时的报纸也指出:“我国比年鉴于世界大势,渐知实业为富强之本,朝野上下,汲汲以此为务,于是政府立农工商专部,编纂商律,立奖励实业宠以爵衔之制,而人民亦群起而应之……不可谓非一时之盛也。”②

根据清末一系列经济法规的精神和清廷振兴商务、奖励实业的谕令,许多省份的地方官还采取具体措施推动工商业的发展。仅以矿业开采为例,1905年山东招远金矿公司入不敷出,向矿务局请求借款,以资挹注。该局督办积极予以扶助,“以东省矿产尽为外人侵夺,间有华商开办之矿,全在官家保护维持,庶足杜外人之觊觎,保我残剩之利源,特为详请抚帅,准拨万金,以保华商,而维矿权”。又如1907年,河南中州凭心煤矿公司拟续招股本扩大规模,但遇到困难,遂转而求助官府。该地所在藩司也以“本省利源所在,有关大局,亟应设法维持。因饬官银号备银十万,藩库筹备十万,共二十万,即

① 朱英:《论清末的经济法规》,《历史研究》1993年第5期。

② 朱英:《论清末的经济法规》,《历史研究》1993年第5期。

入该公司股份,俾资经营"。并强调遵照《公司律》规定,官股只与商股享同等待遇,官长不得侵害商权。这种官助商办的事例,与洋务运动时期官府以种种借口禁止华商开采矿产形成鲜明对比。①

商部的内部结构,主要有保惠司、平均司、通艺司、会计司和司务厅。保惠司专门负责商务局、所、学堂、招商一切保护事宜,赏给专利文凭,翻译书、报,聘请外籍工程师及本部司员升调补缺各项事宜。平均司主管开垦、农务、蚕桑、山利、水利、树艺、畜牧一切生殖事宜。通艺司专司工艺、机器制造、铁路、街道、行轮、开采、矿务、聘请矿师、招工等事,以工矿、交通为主。会计司专司税务、银行、货币、各业赛会、禁令、会审词讼、考取律师、校正度量衡等事。司务厅负责收发文件、缮译电报等事项。② 从商部的机构设置和有关对商务局和矿政调查局职责的规定,可以看出,商部也想在振兴工商上有所作为,其中比较具体的,是制定了一系列的经济法规和奖励章程,使清廷的经济政策在法律制度上有所体现。

1906 年 9 月,清廷颁布宣示预备立宪谕,将农工部并入商部,改为农工商部。农工商部下设四个司,其中商务司主管国内外贸易。

清廷的商部、农工商部、户部(度支部)等从 1902 年到 1911 年制定各种工商法规 60 个。③ 其中主要的有:《商部章程》《商会简明章程》《奖励华商公司章程》《重订铁路简明章程》(以上 1903 年颁行),《商人通例》《公司律》《公司注册试办章程》《商标注册暂拟章程》(以上 1904 年颁行),《破产律》《奖给商勋章程》《商船公会章程》《出洋赛会章程》(以上 1906 年颁行),《华商办理实业爵赏章程》《商业奖牌章程》《大清矿务章程》《农会简明章程》(以上 1907 年颁行)。④

制定、颁布一系列工商业法令和条例,为工商业的发展提供法律保障,商部制定一系列利于中国资本主义经济发展的商法商规,改变以前"无法之商"

① 朱英:《论清末的经济法规》,《历史研究》1993 年第 5 期。

② 汪敬虞主编:《中国近代经济史(1895—1927)》(三),人民出版社 2012 年版,第 1519 页。

③ 朱寿朋编纂:《光绪朝东华录》,中华书局 1984 年版,第 4388、5013—5014 页。

④ 商务印书馆编译所编:《大清光绪新法令》,商务印书馆 1910 年版;《大清宣统新法令》,商务印书馆 1909 年版。

的局面,使商业有法可依,有规可循。1903 年颁布《商会章程》《商律》等与振兴商务有关的法令,之后又出台了一系列有关商务和奖励实业的条款和章程,如《商人通例》《公司律》《商标注册暂拟章程》《呈请专利办法》《破产法》《大清银行通例》《奖励公司章程》等,实施清末新政时,尤其是 1903 年商部成立以后,在商部积极倡导下,由官府所颁布施行的一系列有利于私人资本投资近代工矿企业的法律法规和奖励促进办法,为中国近代工商业提供了较为宽松的政策和环境,促进了中国资本主义工商业的发展。①

按照 1903 年颁布的《奖励华商公司章程》以及随后颁布的其他奖励章程,真正能达到奖励标准而获得奖励的人员并不会很多,但是,这种奖励章程颁布的社会效应远远大于实际效益,奖励章程的颁布给无数商人起了示范作用,证明商人从事商业活动受到官方的肯定和重视。商人开办工厂、投资实业热情高涨。

甲午战前,清廷采取"官为控制"的形式发展新式企业,有意压制、阻扰私营企业的发展,使本国新式企业的投资并无多大起色。甲午战争以后,清廷被迫调整"官为控制"的工商政策,以谕令的形式发布国家对工商业的基本政策,刺激了本国投资一度呈现增长趋势,但 1900 年和 1901 年由于庚子事变的影响,本国企业投资规模明显下降。

这一时期,一些政府部门曾经采取过一些办法,以求改变洋货挤占土货的情况。如学部、农工商部分别发文,要求各地各学堂、各军队改用土布制作制服。"学部前已奏准学堂军服一律仿照新军服式办理,惟现在各堂操服仍有沿用洋呢洋布者,既多漏卮。学部再次由部署通饬各堂,嗣后一律改用内地自制土布,以昭划一。"②"农工商部为抵制洋货起见,通饬各省学堂、军营、巡警等衣服均宜一律改用土布。"③各省闻风而动,群起响应。江苏省,"农工

① 邱观建、曹倩琴:《试论清末民初政府扶持工商业的政策》,《武汉理工大学学报(社会科学版)》2008 年第 4 期。

② 佚名:《时闻:严饬操服改用土布》,《直隶教育杂志》清光绪三十三年(1907)第 1533 期,第 11—12 页。

③ 佚名:《国内紧要新闻:用土布抵制洋货》,《大同报》(上海)清光绪三十四年(1908)第 10 卷第 2 期,第 32 页。

商部电致苏抚陈伯帅，请设法改良并嗣后各营兵士、各处警察及各校学生所需号衣等件应一律改用土布，以免利权外溢，咨请分饬设办等。因兹闻陈伯帅业已通行各属，一体遵照办理矣"[①]。山西省，"省垣各营队军衣注意专用土布。近闻王总办暨两标统领均议今年(1909)棉衣五千套，尽可令公立工艺局照原价包做。前月督练公所张华亭管带新制卫队军衣二百套，即系由工艺局包揽"[②]。河南省，"河南各学堂，冬夏操衣向用外国料。近学部新章饬改用土布，以挽利权。第二师范开校首先实行，其夏季操衣制以罗山七布"[③]。福建省，"近来福州大小学堂因广东各学堂学生制服皆用土布不用洋布，以保利权，亦力持此议。拟定学生均着雪色土布衣服，每套工料不满一元，人多便之"[④]。

二、各省工艺局、工艺学堂等机构的兴办

甲午战争以后，清廷的经济政策改弦更张，对手工业也采取了相应的措施，比较突出的是饬令各省设立工艺局，并倡导各地兴办工场，鼓励兴办工艺技术学堂、实习工场，推广新技术等。各省陆续兴办工艺局、工艺学堂，一时蔚为风潮。"中外互市以来，出口土货不如进口洋货之多，非将内地农务、工艺、贸易、转运诸事实力讲求，不足以图抵制。近各省官绅有鉴于此，或劝课农桑，或创兴制造，或开学堂以研究新法，或设商会以联络众情。"[⑤]

从"工艺"这一名称即可了解，当时的手工业和近代工业是同样受到奖励的。工艺部门的设立走的是两种方向：一种是官营的模范工厂，它或称为工艺局，或称为劝工场，是官方投入相当多资金建设起来的规模较大的机器工厂或手工工场。例如，1905 年袁世凯在天津设立的直隶实习工场，

① 佚名：《实业：江苏改用土布以挽利权》，《并州官报》清光绪三十四年(1908)第 26 期，第 17—18 页。

② 佚名：《京外新闻：倡用土布》，《四川官报》清宣统元年(1909)第 14 期，第 59 页。

③ 佚名：《学务：学界操衣改用土布》，《北洋官报》清光绪三十三年(1907)第 1412 期，第 11 页。

④ 佚名：《各省新闻：学生改用土布服色》，《北洋官报》清光绪三十三年(1907)第 999 期，第 8 页。

⑤ 彭泽益编：《中国近代手工业史资料(1840—1949)》第 2 卷，中华书局 1962 年版，第 505 页。

是在直隶省工艺总局管辖之下由盐运使周学熙负责的，开办费20万元，工人1100名，分为织科、印染织科、染科、窑业、刺绣、蜡烛、造纸、火柴、木工9个科目，属于官办工业试验工场的性质。这样的官办模范工厂或工场，到1911年止，在全国范围内已有相当数量开设，它的特征是拥有成套设备、外国技师、众多工人、巨额资本等，加之工厂产品享受免税等优惠待遇，而得以在市场竞销中占据有利地位，同时也成为振兴手工业和引进近代工业的示范和中枢。

另一种方向，主要是所谓的习艺所。中国自古就存在过各种救济贫民的制度，习艺所也是其中之一，它把轻罪犯人和贫民收容起来，教他们从事织带、织布、织席、木工等简单的手工业，让他们获得谋生的生计。甲午战后以迄清末，由于当时社会发生了前所未有的大变动，不少人因此丧失生计，流落街头，加剧了社会不安定，所以官府不得不采取一些必要的对策，各省各地的习艺所等类似机构随之广泛设立起来。[①] 河南省的调查报告称：该省107个州县无一例外地设立了习艺所，其中很多是调查前后几年内办起来的。习艺所的经营费用多由地方官府一力承当，成为地方官府的一项相当的负担，于是各地习艺所纷纷尽可能地面向市场，谋求盈利，把习艺所内制作的布、带、席等手工产品销往市场，以获得若干利益，弥补财政支绌。由于推销陈旧的手工业产品获利无多，推出新产品便成为增加收入的一个途径，河南省中部的尉氏县等地区开始制作肥皂等新产品而打开了市场，增加了收益。

农工商部开办了工艺局。“农工商部的工艺局开办以来，募致外洋外省专门工师来京，分科制造器物，教习艺徒所设各工科，多系京中未有之艺事。凿井铁工二科，为农务之要用；织工则洋毛巾一科，斗纹布一科；漆工则画漆一科，雕漆一科；木工则华式洋式木器各一科；藤工则华式洋式藤器各一科，洋式固为洋人所合用；而绣工科、箱工科、镌磁工科，间亦仿制洋式。至于胰皂科、玻璃工科，为抵消洋货之最，玻璃原质有硬石软石二种，产于房山县。

① ［日］仓桥正直著，徐鼎新译，池步洲校：《关于清末商埠振兴农务、工艺、路务等若干问题》，《上海经济研究》1983年第4期。

所有硝碱灰煤各科,取材近畿。广东、日本各匠,通力合作,若再召集巨商设立公司,利源尤大。”①

20世纪初,中国民间手工业有所发展,这与清廷的鼓励工艺政策有一定的联系。1903年,邮传部创办的工艺局由商部接办,并加以扩充与整顿,到1907年全部开工。共设织工、绣工、染工、木工、皮工、藤工、料工、纸工、画漆、图画、铁工电镀、井工12科,到1908年,有工师12人、匠目44人、工匠53人、工徒392人,共计501人。工徒“就所学之难易,分别二年一年毕业”。农工商部的工艺局之设,实为“树全国艺事之模型”“各省劝工倡导”,各省工艺局普遍兴办起来,名称不一,或称工艺厂或称工艺所,主要是官办,也有一些是官僚富绅投资经营的。20世纪初,这类工艺局和传习所发展很快。②

在天津,“北洋工艺局创办于光绪二十九年(1903)九月,为北洋官营实业之总机关。开办以后,天津已有民立工场十一处,艺徒学堂三处,其顺直各署计光绪三十一年(1905)、光绪三十二年(1906)有六十余处州县禀设工艺局所。并于三十二年(1906)八月、三十三年(1907)四月,两次开纵览会,每次五日,官绅商士男女入览者,约五万人。场内附工业售品所,凡本场及本境各工厂制造品,均列所出售”③。

在山西,“清光绪二十八年(1902),山西省地方长官,为试办新政,提倡事业,遂将囚犯自新所,改组为山西通省工艺局,内分织布带木工等科。虽规模粗具,成绩亦尚可观。所制布带,在太原市上颇不乏销售者”④。“晋省满营众丁不事生产,已成游手。虽以编设常备军,而余丁绝无所事。晋抚既设立满营学堂,复立工艺厂,以收游手。”⑤

在江苏省,徐州铜山县“劝工厂,在北关外北夹河,清光绪三十一年(1905),徐州道袁大化设立,以本地棉花用机器仿制绸、呢、布、毛巾等,又以

① 彭泽益编:《中国近代手工业史资料(1840—1949)》第2卷,中华书局1962年版,第507页。

② 何旭艳:《论清末新政经济政策对近代中国工商业的影响》,《湖南大学学报(社会科学版)》2001年第9期。

③ 彭泽益编:《中国近代手工业史资料(1840—1949)》第2卷,中华书局1962年版,第524页。

④ 彭泽益编:《中国近代手工业史资料(1840—1949)》第2卷,中华书局1962年版,第552页。

⑤ 佚名:《近事纪要:山西满营工艺厂》,《新民丛报》清光绪二十九年(1903)第3期,第986页。

麦秆制草帽辫,以牛油制洋皂,颇有成绩”[①]。在苏州,“苏州工艺局成立已久,专收十六岁以上无业之贫民,教以艺术,如织毯、造履、木工等事,出品渐优,成绩大著”[②]。

河南省,“南阳府工艺厂制造石版石粉笔,由鲁山县萨令起严开单呈样于提学使奉饬广为储备,即送官书社俾各学堂购用,以励实业”[③]。

在上海,“上海施子英观察有函致北京工艺商局,索取章程,以便在上海仿设工厂,推广出口货物,转为中国手民扩其生路云”[④]。

安徽省,“皖抚冯中丞以近来洋货充斥,土货滞销,饬司在茶厘项下提拨公款,创办工艺厂。先就省城设一总汇之所,然后徐图扩充云”[⑤]。“皖省工艺厂仅招艺徒五十名,现在(1910)有志投厂习艺者颇形踊跃,拟再招五十名,每月收取膳费洋三元,以广造就。”[⑥]

广东省,“粤督周玉帅以广府南番两县劝工厂规模狭小,拟在省城另设一绝大劝工场,名曰广东省全省劝工厂……能容数千人。厂中所教工艺拟分二十余门,多聘中外教师悉心教授”[⑦]。在广州番禺县,“官纸局,在永清门外堤岸,光绪三十三年(1907)建成,印刷各官署所用纸张发售之所”[⑧]。粤东嘉应州,“振东公司工艺厂前已招股开办并附设实业讲习所,仿照日本图式创制织布机器,招收学生七八十人入厂肄习。刻下所织白斜纹白花布销路甚为兴旺云”[⑨]。

在山东省,“鲁省乞丐之多,倍于各省。东抚袁海帅提拨款项修建贫民工艺厂,收养乞丐教以工艺。暂定额数以千人为限,其余老弱残疾之人则另设

---

① 余家谟等修,王嘉诜等纂:《铜山县志》卷11《建置考·局所》,1926年刊本。
② 彭泽益编:《中国近代手工业史资料(1840—1949)》第2卷,中华书局1962年版,第562页。
③ 佚名:《各省近事:工艺厂推广制品》,《北洋官报》清光绪三十二年(1906)第1225期,第8页。
④ 彭泽益编:《中国近代手工业史资料(1840—1949)》第2卷,中华书局1962年版,第576页。
⑤ 佚名:《实业:拨款创办工艺厂》,《北洋官报》清光绪三十三年(1907)第1521期,第12页。
⑥ 佚名:《各省近事:实业:工艺厂添招学生》,《北洋官报》清宣统二年(1910)第2368期,第10页。
⑦ 佚名:《实业:粤省拟开大劝工厂》,《北洋官报》清光绪三十三年(1907)第1339期,第9页。
⑧ 梁鼎芬等修,丁仁长等纂:《番禺县续志》卷4《建置·局厂》,1931年刻本。
⑨ 佚名:《各省新闻:工艺厂销场畅旺》,《北洋官报》清光绪三十二年(1906)第1086期,第9—10页。

教养局收留存养"[①]。博山县,"玻璃业之创始无可考,清光绪间为家庭手工业,出品有屏片匾幅等,曾由青岛输出七千余担。光绪三十年(1904),鲁督胡廷幹等在柳杭设玻璃公司,聘德国技师制造玻璃,邑人学习,出品尚属不劣"[②]。

在四川省,1902年,成都知府沈秉堃于成都创设四川省劝工局。1903年,劝工局总办沈廉赴日本赛会,购买缫丝机器,令随员在工场学习后带回四川。翌年新丝登场,劝工局即用机器试缫,并令机器局工匠加以仿造,以便推广。锡良督川后,1904年在成都设立劝工总局。劝工总局内设丝锦、刺绣、陶瓷等30余种项目,并将丝绵列为重点,仿照日本成立缫丝工厂,引进缫丝机器,改进生丝质量。同时,对蚕桑业改良也给予关注,1905年设立四川农政总局,以契全省农政之纲,总局内设农田、蚕桑、树艺、畜牧4科,官府对植桑育蚕缫丝极为重视。1907年,四川设立劝业道,统筹全省工商矿事业,在资金支持、晓谕地方等方面对民间资本发展缫丝工业采取积极扶持的态度。[③]

四川德阳,"工艺局,在县城北街桐花巷养济院旧址。光绪二十九年(1903),知县楼藜然捐廉百金,知县陈洪材接修告竣,委邑绅江宗汇经理,雇工师教习刻字、织布,及制造鞋袜、衣帽、绢扇、手帕、卤漆等工,计十余门,招收贫乏无业子弟二十余人,及罪应释人犯二十余名,颇著成效,其所出绢扇手帕鞋布等货,均能畅销,尚有作不敷售之势。城乡各处人家,多有愿送子弟入局者,足见工艺之振兴尚易也"[④]。

工艺局的开办吸引了各地青年踊跃报名入局,这是当地工艺局口碑较好的表现。

四川劝业道对川省正在萌生中的近代缫丝工场的扶持,有效地激发了民

① 佚名:《山东:鲁省设立极大贫民工艺厂》,《并州官报》清宣统元年(1909)第73期,第30页。

② 王荫桂修,张新曾纂:《续修博山县志》卷7《实业志·工业》,1937年铅印本。

③ 王翔:《晚清丝绸业史》(下),上海人民出版社2017年版,第602—603页。

④ 彭泽益编:《中国近代手工业资料(1840—1949)》第2卷,中华书局1962年版,第536页。

间绅商投资近代缫丝工厂的热情，促进了缫丝手工工场向机器丝厂的转化。经劝业道积极提倡，民间商人起而响应，到清朝末年，四川省工业计有官办、民办两种，其中“民办者为造纸、火柴、电灯、玻璃、缫丝、机器各厂，资本少者数千元，多者十余万、二三十万不等，类皆改良土产，以扩行销；仿制洋货，以杜外溢”①。

在湖北省，武昌，“近日有人在湖北武昌城内抚院街开设工艺厂，名曰华兴。系留学生及学界中人所组织，资本甚充，专造学堂应用物件。又附设工艺传习所于内，以便教授初等应用知识”②。荆门地方，“自凌直刺到任后，即极力整顿学务，兹闻拟设一劝工厂仿照鄂垣章程，提倡工艺，惟规模略小”③。

在荆州，“荆州地方，旧有八旗工艺学堂，学科繁重，成效旦夕难期，拟就学堂地址，改建工艺厂，招集生徒，学习手艺。创办之始，先令肆习纺纱、织布、治丝、养蚕，以及毛巾、荆缎、烛照、绳带等物。该厂总会办，就近委关道府齐耀珊、协领长林充当。常年经费，由铜元余利拨银一万两。所招艺徒，于闲散旗人内挑选，送厂学习，四月毕业，一年可招三班。数年后，习艺人多，经费筹足，再行由浅入深，扩充办理。另设女工传习所，分梭纺织、刺绣、裁剪、造花、养蚕各课”④。

在黑龙江，“江省举行新政不遗余力……近又创设工艺厂，遴派孙道锡之前赴京津招股募工，以期早观厥成业，咨请商部查照”⑤。

在新疆，“宣统二年(1910)，新疆巡抚联魁奏办工艺情形略称：新省前设习艺所，作为罪犯自新谋生，不足以广利益，旋于省城开办工艺局厂，照部发调查表式，分晰填注，选具制就物品，送部考验，并有陈列所、艺徒学堂。各属

① 刘锦藻：《清朝续文献通考》，商务印书馆1935年版，第2311页。

② 佚名：《各省新闻：开设华兴工艺厂》，《北洋官报》清光绪三十一年(1905)第861期，第7页。

③ 佚名：《各省新闻：荆门仿办劝工厂》，《北洋官报》清光绪三十二年(1906)第908期，第6页。

④ 彭泽益编：《中国近代手工业资料(1840—1949)》第2卷，中华书局1962年版，第573页。

⑤ 佚名：《记事：黑龙江创设工艺厂》，《商务官报》清光绪三十二年(1906)第3期，第34页。

则繁庶之区,组织较早。伊犁、温宿、疏勒、莎车各府、和阗州、吐鲁番厅、哈密厅、巴楚州、于阗、拜城、洛浦等县,已设艺徒学堂,和阗并有劝工所,洛浦并有工艺局,库尔喀勒乌苏厅有工艺会,皮山县有织造局。其办法皆各就本地物产,择民间日用要需,分别教授。其办有起色者,如皮毛为新省物产大宗。见在省城工艺厂,皮革各科所出货品,渐已不让内地。和阗、洛浦向出绒毯颇佳,近亦竞巧争新,市肆畅销"[①]。

晚清时期清廷财政处于入不敷出的状况,各省开办工艺局、习艺所等机构需要自筹经费。在山东省,"山东库储奇绌,本无官款可拨,现在惟恃筹款局整顿牙帖、杂税、商捐等款,岁约收银二十余万两,只能作为提倡辅助之需,全恃官商集股,推广办理"[②]。别的省份经费来源大抵如此。北京工艺局,"制造成本,取需甚巨,拟招股十万元,以每百元为一股,常年官利七厘,每年结账一次,刊刻账单,分送各股东查阅,除去开销折旧,得有余利,按股均分。入股者先给实收,定期换予股票息折。分息时,先期登报,凭折支取"[③]。江西省崇仁县,"光绪三十年(1904)八月,据罗令焕恒表称:该县倡捐廉洋一百元,并劝据竹木行,每年捐洋四百元,以为常年经费,设立工艺院"[④]。自筹经费的来源主要包括官商集股、行会募捐等方式。

晚清官府积极鼓励各地开办工艺局、工艺学堂,接受学习的民众越来越多,改进了传统手工行业的工艺技术,从而提高了商品的市场竞争力。各省工艺局、工艺厂所生产出来的商品,颇受市场欢迎,以期挽回部分利权。在全国范围内处处兴办工艺局、工艺学堂、工艺厂等机构,一时间颇有成效,动员起大批社会人士投身此项工作,从而迅速形成了一股风潮,有的省份甚至达到在省垣设有工艺局,各府、州、县皆设有习艺所的局面,这在清初年间是无法想象的。

---

① 刘锦藻:《清朝续文献通考》卷384《实业七》,商务印书馆1935年版,第113—114页。
② 彭泽益编:《中国近代手工业资料(1840—1949)》第2卷,中华书局1962年版,第534页。
③ 彭泽益编:《中国近代手工业资料(1840—1949)》第2卷,中华书局1962年版,第519页。
④ 彭泽益编:《中国近代手工业资料(1840—1949)》第2卷,中华书局1962年版,第550页。

三、鼓励私人投资，奖励工艺创新

清廷在这一时期的一个重要举措就是鼓励私人投资，奖励工商。此举大大激发了民众投身实业的热情，给手工行业的发展带来了新的机遇。

洋务运动期间创办的军用、民用企业基本是官办、官督商办或官商合办的，这些企业无论是资金的募集、原材料的采购、成品的运销、税厘的减免，还是厂矿的保护和工人的管理，都亟须而且得到了官府的扶植。这种扶植主要表现在：第一，借给官款，早期创办的近代企业几乎无不有官款的垫支；第二，减免税厘，以示体恤；第三，某些企业还享有“专利”。必须指出的是，清廷对初创期的近代企业的扶植与鼓励仅限于官督商办、官商合办企业，奉行的基本是“官为控制”政策，对商办企业则深怕“官方无法控制”而不允许自由开办，只准附股搭办或呈请官督商办和官商合办，借以控制与约束。在这种情况下，民间私人资本只能设企业于租界，受庇护于外国资本主义，或假借外资的名义创设，或仰仗大官僚势力的支持。

甲午战争后“设厂自救”的社会思潮推动清廷走上开放民间私人资本投资兴办近代企业之路，而奖励投资设厂法令政策的颁布，又在某种程度上保证了民间私人资本投资设厂的合法性，促成了中国有史以来第一次出现的投资设厂高潮。然而，这些刚出笼的新政策在戊戌政变后很快流产，基本没有得到有效的贯彻与实行。戊戌政变后，中国社会经济形势发生了深刻的变化。八国联军攻陷北京，慈禧与光绪帝仓惶西狩，随之而来的“庚子赔款”使本来就已“帑项奇绌”的清廷的财政几乎陷入绝境。北方震惊中外的义和团运动、长江流域的自立军起义和珠江流域的民主革命浪潮又有力地摇撼着清廷的皇基，在这样一种社会格局中，清廷为改变“库储一空如洗”的财政困境，也为弥合民族资本家和带有近代倾向的大地主、大官僚和大商人的情感，开始进一步调整其经济政策。[①]

① 周武、张雪蓉：《晚清经济政策的演变及其社会效应》，《江汉论坛》1991 年第 3 期。

表 5-2 清政府各种“奖励工艺”措施年表

年代	措施
1898	总理各国事务衙门议定振兴工艺给奖章程
	开设中国通商银行于上海
	设商务局
1899	在上海设立商务总局
1903	设商部
	公布商会简明章程
	商部制订奖励公司章程
1904	商部颁布商律及公司注册试办章程,设注册局专司其事
	奏定矿务章程,
	制定试办银行章程
1905	商部在京师设权工陈列所
	商部设立高等实业学堂
	设户部银行
1906	商部颁布奖给商勋章程
	商部改称农工商部
1907	农工商部颁布华商办理农工商实业爵赏章程及奖牌章程
	农工商部改订奖励公司章程
	制定大清矿务章程
1908	制定储蓄银行则例
1909	武昌举行物品展览会
1910	江督端方举行南洋权业会

资料来源:见汪敬虞编《中国近代工业史资料》第 2 辑(1895—1914)(上册),人民出版社 2016 年版,第 637 页。

1903 年,清廷商部颁布了《奖励公司章程》。其中规定:“集股五千万圆以上者,拟准作为臣部头等顾问官,加头品顶戴,并请仿宝星式样,特赐双龙金牌,准其子孙世袭臣部四等顾问官,至三代为止。集股四千万圆以上者,拟准作为臣部头等顾问官,加头品顶戴,并请特赐匾额,准其子孙世袭臣部头等议员,至三代为止。……集股三百万圆以上者,拟准作为臣部头等议员,加五品衔。……以上奖励章程,应在公司开办一、二年后,著有成效,由臣部查验得实,方准酌核给奖。其尚未开办,仅在臣部呈验资本以及办理久无成效者,不得滥行给奖,庶于鼓励之中,仍寓限制之意。向来官场出资经商者颇不乏人,惟狃于积习,往往耻言贸易,或改换姓名,或寄托他人经理,以致官商终多隔阂。现在朝廷重视商政,亟宜破除成见,使官商不分畛域,合力讲求,庶可广开风气。"①颁布这个章程的主要目的是奖励私人开办公司,并提出希望破除成见,使官商不分畛域,以此提高商人地位。

1906 年,清廷颁布《奖给商勋章程》。其中规定:"凡制造轮船,能与外洋新式轮船相埒者,能造火车汽机及造铁路长桥在数十丈以上者,能出新法造生电机及电机器者,拟均奖给一等商勋,并赏加二品顶戴。凡能于西人制造旧式外,别出新法,创造各种汽机器具,畅销外洋,著有成效者,能察识矿苗,试有成效,所处矿产足供各项制造之用者,拟均奖给二等商勋,并请赏加三品顶戴。能创作新式机器制造土货,格外便捷者,能出新法制炼铜铁,价廉工省者,能造新式便利农器或农家需用机器,及能辨别土性,用新法栽植各项谷种,获利富厚,著有成效者,独立种树五千株以上,成材利用者,独立种葡萄、苹果等树,能造酒约估成本在一万圆以上者,能出新法制新器,开垦水利,著有成效者,均拟奖给三等商勋,并请赏加四品顶戴。凡能就中国原有工艺美术,翻新花样,精工制造,畅销外埠,著有成效者,能仿造外洋各项工艺,一切物件,翻新花样,畅销外埠,著有成效者,拟均奖给四等商勋,并请赏加五品顶戴。凡能仿照西式工艺各项日用必需之物,畅销中国内地,著有成效者,拟均奖给五等商勋,并请赏加六品顶戴。"②这个奖给商勋章程的内容更加具体,值得注意的是,这个章程非常注重农业技术的推广,如"独立种树五千株以上""能造酒约估成本在一万圆以上"者,均可奖励。此章

---

① 汪敬虞编:《中国近代工业史资料》第 2 辑(1895—1914)(上册),科学出版社 2016 年版,第 640—641 页。

② 汪敬虞编:《中国近代工业史资料》第 2 辑(1895—1914)(上册),科学出版社 2016 年版,第 642 页。

程还屡次提到了能“畅销外埠,著有成效者”,注重了中国商品对海外市场的拓展。

1907年,清廷继续颁布了《爵赏章程及奖牌章程》。其中规定:“凡商人无论独资、合资、附股营业,应得爵赏,即以个人资本之大小,所用工人之多寡为差。此项爵赏,总以所办实业,能开辟利源,制造货品,扩充国民生计者为合格,其仅以贩运周转,汇兑营利为业者,不在此列。凡设立局厂,其所出资本核与特赏五品卿以上合格者,雇用工人应以五百人以上为率;核与特赏三等男爵以上合格者,雇用工人应以千人以上为率。”①这个章程主要以商人所办实业的雇用工人人数和投资资本的大小为衡量标准,更能提倡商人创办实业。这个章程里特别提到“至制造美术,资本、人工较少,而能独出心裁,挽回利权者,仍照本部奏定奖给商勋章程核办”。

1903年商部成立前后,清廷逐步制订颁行了一系列鼓励和保障私人投资工商实业的法规,自1902年开始,本国投资又以前所未有的速度发展起来,形成晚清规模最大的持续投资高潮。在1902—1911年间,共创办642家1万元以上的民用工矿企业,创办资本额共13848.2万元,企业数量占1892—1911年间创办的工矿企业总数的76.25%,投资额占77.80%。可见,清廷鼓励私人投资工商实业的政策还是取得了相当明显的效果。②

棉纺织业原是清廷以国家资本主义实行直接控制的一个主要产业部门,在1895年之前,属于商办资本的纱厂还只有上海的华新、裕源2家。从1895年开始到1911年,新设的19家棉纺织厂均为商办,实力大大超过1891年在上海设立的官商合办华新纱厂、张之洞在1892年所创办的湖北织布局和1894年由盛宣怀重建的华盛纺织总厂。甲午战争前,几乎所有的本国新式企业都集中在沿海、沿江地区,而且大都集中在上海、广州两地,内地和边陲地区则非常少见。甲午战争后,这种情况有所改变,新式企业开始在许多内地

---

① 汪敬虞编:《中国近代工业史资料》第2辑(1895—1914)(上册),科学出版社2016年版,第646—647页。

② 何旭艳:《论清末新政经济政策对近代中国工商业的影响》,《湖南大学学报(社会科学版)》2001年第9期。

省市陆续涌现。1903 年 10 月，商部奏准在各省设立商务局，作为省级管理工商业的机构。商部在 1904 年 9 月奏定《议派各省商务议员章程》，规定：商务议员职责为考察农、工、路、矿，鼓励设立公司，提倡推广商会，调解商会诉讼，保护出洋华商，等等。在各省商务局和商务议员的努力下，内地和边陲省份的官商都大力扶持原有的工业并鼓励兴办新式企业，因而这些省份的新式企业，自新的经济政策出台后发展迅速。如河南省在 1902 年之前尚无一家新式企业，而 1902—1911 年，河南省出现了几家资金在万元以上的新式企业，资本总额达 187 万元。1900 年前，四川省的新式企业只有 4 家，在 1900—1911 年共创办了 53 家。湖南省在 1903 年商部成立之前新式企业的投资总额不超过 274.9 万元，而在 1903—1911 年，共设立新式企业 104 家，总投资额达 1707.4 万元。东北地区在这一时期新式工业有明显的发展，甲午战争以前，东北工矿业在全国所占比重只有 4.9%（如不算矿山只有 1.45%），实施新政以来清廷对东北实施解禁政策，1903 年京奉铁路扩展到新民，东清铁路也修至大连，此后东北的森林及矿产开始大量开采；同时，榨油业、面粉业、制材业、电气业、制糖业等新式工业迅速发展，东北地区的出口贸易价值在全国总值中所占的比重，由 1901—1903 年的 4.4%上升到 1910—1911 年的 16.7%，外贸出超价值也由 1901—1903 年的 600 万元上升到 1910—1911 年的 2400 万元。新式企业向内地和边陲扩展，虽说是中国社会经济发展的必然趋势，但清廷所采取的新的经济政策无疑加快了内地和边陲新式工业的发展速度。

这一时期资本主义工场手工业的发展，除了新式手工机械的推广、新式工业的发展对传统手工业的压力以及“抵制外货”等直接的显性原因，更离不开清廷采取鼓励工艺政策后所创造的社会氛围这一深层的隐性原因，比起前者，后者所起的作用更为持久。①

清廷在 1898 年就制定了《振兴工艺给奖章程》。1903 年，商部成立不久，制定了《奖励公司章程》，按投资规模，分别给予奖励。1906 年，商部又制定

① 何旭艳：《论清末新政经济政策对近代中国工商业的影响》，《湖南大学学报（社会科学版）》2001 年第 9 期。

了《奖给商勋章程》,对那些创制新法新器,以及仿造各项工艺,确能挽回利权、足资民用的,分别给予奖励,自一等商勋加二品顶戴至五等商勋加六品顶戴不等。对那些寻常工艺制作精良的,也奖给商牌。“查工艺一事为商务之基础,咨各省就商会筹设劝工场各在案,诚以中国工业正当幼稚之时非示以模型无由收振兴之明效。各省地方官及各商会将已有之工艺极力改良,未有之工艺殚精仿造,每年作为课程编成工业进步表报送臣部备核。工匠自制精品自应酌予奖励,拟请将各省官厂制品由臣部给予匾额,工匠制品由臣部参照功牌式样酌给奖牌,借示观感。如各省所制商品日益精美,销路畅旺,卓著成效,再由臣部按照奏定商勋章程分别给奖用以示等差而表宠荣。”①“农工商部奏定奖励华商公司章程:集股2000万元以上拟准作为本部头等顾问,官加头品顶戴并请仿宝星式样,特赐双龙金牌准其子孙世袭本部四等顾问官至三代为止。”②

如天津考工厂就为工艺制作精良的厂家发放了金银奖牌。“岁在光绪三十一年(1905)九月初八,是考工厂第一次招考工业发榜,并给金银奖牌之期。是日凌晨,总办、会办暨天津郡守承令、学务处督办、商务总会协理、各行商董,以及本厂总董、议绅,并在局各员司,齐集本厂。巳正,总办、会办升公座,发考工榜,鼓吹鸣鞭,继奏巡警队军乐,得奖各工商以次谒见行一揖礼。总办、会办当场演说,褒励百数十倍,向各工商一揖道贺,得奖工商复一揖。”③这次发放银奖牌活动颇为隆重,起到了良好的示范作用,调动了工商业人士投资的积极性。又如“山东德州、天津两处吴金印藤帽公司久经禀明商部准其专利。所制之帽分运各省亦颇畅销。日前天津工艺局初次开会评奖工商,该商藤帽考得八十三分,分取列特等”④。天津工艺局遵守清廷的相关规定,为

① 佚名:《农工商部奏通饬各省研精工艺并先酌予奖励折》,《商务官报》清光绪三十二年(1906)年第26期,第12—13页。

② 佚名:《农工商部奏定奖励华商公司章程》,《吉林官报》清光绪三十三年(1907)第22期,第14—16页。

③ 郝庆元:《天津考工厂第一次发奖牌纪略》,转自庄建平主编《近代史资料文库》第8卷,上海书店出版社2009年版,第167页。

④ 佚名:《本省新闻:藤帽获奖》,《山东官报》清光绪三十一年(1905)第76期,第2页。

向一些工商企业颁布了奖励。

1907 年清廷又颁布了《改订奖励公司章程》,降低了获奖所需的集股规模,最高的改为 2000 万元以上,最低的为 20 万元以上,分 12 个等差给奖。1907 年,清廷颁布了《华商办理实业爵赏章程》,以资本之大小、雇工之多寡为爵赏等差,“以振非常之实业”。这个章程虽将最低的获奖资格定在 10 万元,但一般商人仍不具备如此实力。有鉴于此,清廷不得不决定,援照军功外奖酌给功牌成例,对商人出资营业达 1 万元至 8 万元以上的,分别奖给七品、八品和九品奖牌。①

这一时期,有部分从事实业的商人拿到了勋章和奖励。前所提到的吴金印,“在德州创造藤草帽,行销中外,获利颇厚。当经商务议员萧绍庭观察禀恳商部量予给奖,以资鼓励,而勉将来。兹现经商部按照奏定奖给商勋奏请,赏给五等商勋并请加六品顶戴。闻已奉旨允准”②。“农工商部以江西瓷业为中国出产大宗,现在(1909)景德镇公司大加改良,已著成效,从此实力进步,可冀挽回利权。专折奏给该公司勋章,并给创办人康特璋四品顶戴以示鼓励云。”③“农工商部曾订定爵赏商业大公司章程,及振兴实业公司一百万至二十万资本奖叙章程。通咨遵守,以资鼓舞。现大部复以此项实业公司,非殷富者未易筹亿万资本,且当此商力薄弱之时,若非区分等次,尤不足以沾溉恩荣。现拟定自 1 万元至 8 万元之自行出资营业,著有实效者,由部查核无异,即分别给以顶戴。”④

清廷颁布了一系列奖励章程,激发了商人投入实业的热情。“香港西字新报云,香港口岸有中国人居住其中,富厚之家不少,现今欲合股创设火轮船公司制备与澳大利亚常年来往贸易通商。”⑤

此外,各地方官府十分注重学习国外先进工艺技术,比较在意工业的官

---

① 汪敬虞主编:《中国近代经济史(1895—1927)》(三),人民出版社 2012 年版,第 1536—1537 页。

② 佚名:《本省新闻:藤帽专利部覆》,《山东官报》清光绪三十二年(1906)第 47 期,第 2 页。

③ 佚名:《报告:农工商部奖励瓷业》,《广东劝业报》清宣统元年(1909)第 67 期,第 4—6 页。

④ 佚名:《奖励实业新章》,《农工商报》清光绪三十四年(1908)第 52 期,第 45 页。

⑤ 佚名:《大清国:华人创设公司》,《万国公报》清光绪二年(1876)第 378 期,第 13 页。

员甚至亲自赴国外考察工艺技术。在江苏,“皖抚诚中丞近日接到江督周玉帅公文,谓南方各省商务以茶为大宗,我国茶务日渐衰败又好掺杂,至他国严禁坏茶入口,英人有借口华茶污秽于卫生之说,恐华商有扫尽之日。上年曾派郑道世璜赴锡兰、印度考察茶务,逐一禀报并条陈改良之法”[①]。在新疆,“省风气未开,工艺多绌,遂于光绪三十三年(1907)省城开办工艺厂,复派候补知县戴承谟,前赴俄国采办机器,并带工匠赴俄学习,以期扩充”[②]。

清末时期,在各地开办工艺学堂也是比较寻常的事。地方官府常派员赴国外考察工艺事宜。“筹办农工商务,当经本任督臣刘坤一函商苏州、安徽、江西三抚臣协力筹建,在金陵设立工艺大学堂,并委派江苏候补道潘学祖前赴日本考察工艺事宜。”[③]私人投资办厂主要是一些投资较少的手工行业,如棉纺织业、面粉业、火柴业等,其在甲午战争以后得到迅速发展。

商部和农工商部还采取了一些振兴工商的实际措施。如放年利率为6%的低息借贷官款,以支持企业引进国外的先进技术、改良工艺和缓解资金困难;筹拨官款以“公股”的形式给企业以资金援助,而“公司一切事宜,悉照商律办理,公家概不干预”。鼓励商人出国参加国际博览会;举办物品展示会和南洋劝业会,促进企业改进生产、提高产品质量。设立劝工陈列所、工业试验所、化分矿质局、工艺局等工业服务和示范推广机构,以示倡导。到1911年时,全国各省共计设立工艺局(厂)389处、工业学堂29处、艺徒学堂82处、劝工陈列所和商品陈列所13处。这些措施对商人的振兴工商活动起到了一定的鼓励、扶助和引导作用。清廷自甲午战争以来的经济制度改革,在一定程度上直接促进了资本主义经济的发展,为资本主义经济的运营开创了一个新的社会环境。[④]

① 佚名:《咨送改良茶务条陈》,《北洋官报》清光绪三十二年(1906)第934期,第6页。
② 彭泽益编:《中国近代手工业资料(1840—1949)》第2卷,中华书局1962年版,第572—573页。
③ 佚名:《署督商宪鹿奏派员考察日本工艺片》,《商务报》清光绪二十六年(1900)第13期,第3页。
④ 虞和平:《20世纪的中国——走向现代化的历程》(经济卷 1900—1949),人民出版社2010年版,第43页。

晚清官府自上而下地推行"振兴实业,奖恤工商"的新经济政策,制定了相应的法律法规,对中国传统经济组织和制度进行了重组和变革,为中国近代工商业发展提供了较宽松的政策环境,客观上推动了民族工商业的发展,也为辛亥革命后民初政府制定工商业政策打下法律基础,实施奖商恤商的政策,为工商业发展营造"重商"的社会舆论环境。20 世纪初,工商奖励法规的创设,更让国人轻商心理发生动摇,清廷在这一时期颁发了一系列奖励工商的法规,将各种令人羡慕的头衔奖给投资兴办实业的商人。这些政策对扫除千百年贱商陋习、改变商人的社会形象、提高商人的社会地位都产生了不可忽视的影响,人们对创办实业热情大增,信心更足。正因为此时有商部保商、有商法护商,投资实业既有利可图,又可获得较高的社会地位和荣誉,才促使更多的人投资创办近代工商实业。

第三节　晚清手工业政策措施的影响

晚清时期,清廷的手工业政策措施应该说是具有积极意义的:制定了一系列鼓励工商业的法律法规,在各地大量开办工艺局、工艺学堂,培养手工艺技术人才,倡导组织手工行业参加国际赛会,等等。这些与手工行业相关的政策与措施产生了一些积极效应,促进了部分手工行业的存续、发展和转型。

一、培养工艺技术人才与手工行业的存续

如果说洋务运动对中国的传统经济曾经起过转移风气的作用,刺激起人们投资近代工业的热情,那么各地工艺局、工艺学堂、传习工场的兴办,对社会经济的影响就更深入了一步,因为其影响所及已经不止通都大邑,而开始触及内地村镇。①

直隶是培养手工业技术人才成效较为显著的一个地区,仅北洋工艺局所属实习工厂从 1903 年至 1907 年,"织科毕业 476 名,染科毕业 101 名,木科

① 沈祖炜:《略论清末官办工艺局》,《史学月刊》1983 年第 3 期。

毕业10名,肥皂科毕业36名,窑科毕业20名,制燧科毕业19名,图画科毕业4名,提花科毕业5名"。这些尚不包括自费学习的毕业生徒。孙多森《直隶实业汇编》记载,"先后毕业者共计二千余人"。此外,直隶各属传习工场艺徒人数达2712人,罪犯习艺所艺徒290人。除此之外,"并在城乡提倡民立工场,开至第十一处"。直隶各县所办的工艺局厂、实习工厂或传习所总计87所,艺徒人数总计3344人。这些毕业工徒成为直隶、邻近省份的手工业技术骨干,直隶"各属民办工厂,所用技师匠目,多属该场毕业工徒;东三省、山西、山东、河南、陕西诸省官立工厂,来场调用工徒前往传习者,亦复不少"。天津民立织布工厂开办时禀请天津商会"转请实习工场赏拨毕业工徒10名,以凭开办而资营业"。这些毕业艺徒成了各地手工业生产的技术骨干,推动了各地手工业生产的发展。值得注意的是,工艺局所的人才培养模式,对当时和后来中国职业教育的发展产生了一定程度的影响,从而启迪和推动了中国近代职业教育的进步。①

在各地工艺局、工艺学堂学习或受训的生徒们,学成之后除部分留局工作外,其余人员有的被聘往外地从事技艺传授,有的在本地开设作坊进行商品生产。如北京地区瓷刻业和西式家具制造业在20世纪初迅速发展,就与该局镌瓷科和木工科对人才的大量培养是分不开的。在北洋工艺局实习工厂中,还招收了大量的自费学习者,他们来自直隶各地,学成之后即返乡工作和进行技术传授。其他地方工艺局在人才培养的规模和类别上虽或不及京师和直隶省成绩显著,但也培养了一批数量不等的工艺学徒,为手工业的存续和发展储备了一批经营人才和技术骨干。这不仅为晚清经济的发展起了推动作用,而且为民国时期中国工业的发展奠定了一定基础。如山东各地工艺局的创办,使"毕业工徒无虑千数,分布各地,类能实行其所学者。谓今日山东工艺之发达,实基于此,而济南肥皂工业之勃兴,亦不外是焉"。

直隶地区"布业亦日发达",也得益于该省工艺局对人才的大力培养和机器纺织技术的广泛传播。高阳地区的手工纺织业在20世纪初快速发展,就

① 张九洲:《论晚清官办工艺局所的兴起和历史作用》,《河南大学学报》2005年第11期。

与北洋工艺局对纺织人才的培养有一定关系。当时高阳李氏曾派人到北洋工艺局学习机织，随后逐年推广手工机器织布技术，终于使高阳土布生产成为一大行业。

人才的培养、工艺的讲求，有利于民族手工技艺的保存和传播，也必然会带来各地手工行业的技术革新与改良。各省工艺局所设传习科目大都为各地颇具特色的地方手工艺。例如广东工艺局下设广绣房，专门传播广绣的织造工艺。广绣又称粤绣，唐代就已达到很高的艺术水平，在长期发展中，粤绣运用折绣、插绣、金银勾勒技法，使绣面达到"光、亮、平、密、净、活、凸"的艺术效果。广绣房设立后，这一传统手工艺得以发扬光大，产量大量增加，仅1900年经广州出关运往海外的粤绣制品的价值就达白银50万两。河南汴绣本来很有名，但明清以来逐渐衰落，河南蚕桑总局专门聘请浙江艺人传艺，使不同艺术风格的刺绣艺术相互渗透，汴绣得以重放光彩。[①]

在晚清开办的工艺局所中，虽然有相当数量的传授科目是现代工艺技术，但是，传统工艺的手工业技术培训仍是各地工艺局所中的大宗科目，如木工、竹工、造纸、油漆、图画、织染、打铁、藤器、编物、提花、弹花、制革、线毯、酿酒、制衣、制靴、制茶、打绳、巾带、蓑衣等。而且，还有不少属于特种手工艺的科目，如爆竹制作、制瓷、首饰制造、制扇、铜锡器打造、刺绣、缂丝、景泰蓝制作、嵌银、玉器加工、玻璃制作、雕木、卤漆制作、中药制作等。这些科目的开设和技术传授，对于保存和发展传统工艺的手工业以及特种手工艺所起的积极作用是值得肯定的。

光绪二十九年(1903)江西巡抚创设的景德镇瓷器公司即用新法制瓷，而《奖给商勋章程》颁布以后，更不断有人进行产品创新和改革。长乐县有人学得制红茶的新法，制成上等红茶销售外洋。皖人王蓉棠游学美国回来后，能将乱丝败茧加入化学材料，用机器制成纯丝，再制成彩绸，其洁润与纯丝所成无异。

留学日本的杜君权，在汉口德租界仿造洋纸，可与洋纸颉颃，特呈请商务

① 彭南生：《晚清手工业经济中的政府行为》，《华中师范大学学报(人文社会科学版)》1998年第1期。

局转送京师陈列,颇得鄂督张之洞赞赏,特赏予银牌,以示鼓励。

二、参与国内外赛会,促进手工行业的改良发展

有记录显示,早在1851年的伦敦世博会,即有中国商人参与其中。上海商人徐荣村的“荣记湖丝”一举获得金银大奖。然而,中国商人的参展,并没有得到清廷的支持,而是由在华的英国官员和商人组织的。[①] 这属于民间自发的形式,具有偶发性。中国商民参加国际性赛会直到清末时期才逐渐频繁起来,各种手工艺商品开始在政府的推动下参加各种国内外赛会,如南洋劝业会、意大利密加诺和都朗赛会、英国爱尔兰德博林赛会、菲律宾运动欢迎赛会、澳大利亚女王赛会、俄国彼得堡赛会、日本东京博览会、比利时万国赛会、奥地利维也纳猎务会、德国卫生博览会等。当时的工商业者开始纷纷走向世界,积极参加各国举办的国际博览会。

商部成立以后,鼓励和推动了中国商品赴国外参加各种赛会。1905年4月,商部鼓励商民参加在比利时黎业斯举行的赛会,“令各绅商照章前赴该会游览并陈列商品比赛,以开风气而求进步”[②]。北洋洋务局积极响应商部的倡议,组织工商界人士赴日本参加展览会。“北洋洋务局组织中国工商,赴日本大阪参加展览会,规定中国商人能得到该会赏牌者,本省督抚给予功牌匾额,以资奖励。”[③]地方官员同样鼓励属内商民参加国际赛会。“中国直隶总督袁世凯、两江总督刘坤一、两湖总督张之洞,日前接见美国赛会专使巴而拓君时,皆称中国必当竭力与欧美各国推广商务以联邦交,并允竭力襄助圣鲁意城赛会云云。”[④]这种由政府官方倡导的活动有利于提高商人参与赛会的积极性。在1911年意大利都朗国际博览会上,中国商人送展物品获奖达289个,

① 上海图书馆编:《中国与世博:历史记录(1851—1940)》,上海科学技术文献出版社2002年版,第49、54页。

② 佚名:《艺书通辑卷四:商部咨行北洋大臣抄送比国黎业斯赛会章程、比国赛奇会传单》,《政艺通报》清光绪二十九年(1903)第2卷第21期,第21—23页。

③ 佚名:《本省公牍:中国工商赴日本大阪赛会章程》,《北洋官报》清光绪二十九年(1903)第26期,第8—9页。

④ 佚名:《外交纪事:襄助赛会》,《选报》清光绪二十八年(1902)第26期,第15页。

其中4个卓绝奖,58个超等奖,79个优等奖,65个金牌奖,60个银牌奖,17个铜牌奖和6个纪念奖。取得这样的荣誉,对当时的中国商人来说无疑是一种极大鼓舞。所有这些,对中国手工业的改良和发展都起了促进作用。

通过参与国际赛会,中国官员和商民看到了中国手工业产品的优势和劣势。如1906年参加意大利密加诺赛会后,清廷农工商部及时札文转发驻意使馆随员李鸿宾的禀文。李鸿宾详细分析了我国手工业产品的得失:如磁器,“日本所制为值最廉,德、意、奥、荷兰、土耳其坭瓦器尤便宜之极。然其粗细质地,均不如我景德镇所产之细腻而坚迩,以销场能过我者,或绘事见长,或著色干净,或样式崇新,均能趋人之好尚也”。因此,我国磁器如何在绘画、着色、式样等方面进一步满足顾客消费心理,是扩大国际市场的关键所在。又如雕刻器,“我国金、玉、银、铜、铁、象牙、竹木各器,亦能与全欧媲美。今兹评员云,工作虽佳,工艺须求进步”。再如青田石器,“色体均属可观,外人顿增好尚。工作求精,亦属畅销之品”。这些对我国传统手工业优劣得失的评判,只能从国际比较中才能得出。[①] 通过参加国际赛会,中国手工业者知道自己的工艺水平在国际上的地位如何、优劣何在,进而改良工艺,提高产品质量,形成良性循环,扩大出口贸易。

《出洋赛会章程》和各种劝工会章程颁布之后,促使、鼓励市场竞争成为一时风气。清末10年间,各省的劝工会、工艺会、商品陈列所、商业劝工会、劝工博览会接踵兴办。1910年在南京由官商合办的南洋劝业会,已初具全国商品博览会规模。中国的手工业制品积极参加国内赛会,甚至远赴国外参加展览会,使更多国家的人士接触到中国的手工业品,扩大了中国商品的国际影响,也可以扩大手工业商品海外市场的销量。

三、清末新政实施的经济政策推动手工行业的发展

从1901年到1911年,清廷为了实现自救,在经济、政治、军事、教育等各个领域开展了一场规模较大的系统改革,这就是人们常说的清末新政。清末

---

① 彭南生:《晚清手工业经济中的政府行为》,《华中师范大学学报(人文社会科学版)》1998年第1期。

新政是晚清史上规模最大、影响最巨的一次变革,这次变革中颁布的经济政策及其法制措施对中国近代化运动起了重要作用,对中国手工业的发展、改良也是一次难得的机遇。

为了管理全国工商业,清廷成立了一系列商务专业机构,并制定了一系列法律条文和管理章程。为大力发展实业,清廷谕令设立商部,以贝子载振为尚书,张謇为商部头等顾问官。从商部的运作看,它是一个专门负责统筹全国经济、发展实业的中央行政机构,既管理商业贸易,也主持工业、农业。与此同时,在全国各省也相应地设立了商务局或农工商局,与中央的商部遥相呼应,成为地方的经济管理机构。纵观清末工商管理模式的演变,体现出官府为适应工商业在国家经济中日益提高的地位,加强对工商业的管理职能。“在中央政府体制中,商部仅次于外务部,而位列其他各部之前,表明清政府积极发展工商业的经济改革思路”①。

1903年,载振与伍廷芳等拟订商律,使各商有轨可循,“赶速先拟商律之公司一门,并于卷首冠以商人通例”②。同年颁布了《商人通律》9条,对经营商务做了一些具体规定;接着又奏颁了《公司律》131条,明确规定民间可以自由经商,自由集资创办合资公司、合资有限公司、股份公司和股份有限公司等。晚清的振兴工商业政策及其法制措施的调整与推行,从其历时更长、范围更广的角度来说,清末新政中经济政策的内容实际上是洋务运动和维新运动以来清廷实施的经济政策的延续和发展,新政所实施的经济政策,诸如设立农工商学堂,奖励工艺,设立新式的农工商管理机构,等等,正是继承和发展了维新党人未能实现的一部分变法纲领。与前者相比较,新政的经济政策与法制措施至少在以下几个方面有创新:第一,它打破了官方对新工商业的垄断,以法律的形式公开承认保护私营工商企业,并提高私营工商业主的社会地位,这是中国近代工商业史上一个至关重要的转折;第二,它使清廷对兴办商务的态度和热情超过了以往的任何时期,在新政前期尤其把“振兴商务”

① 吴园林:《过渡时代的清末新政与经济变革》,《西部学刊》2013年第8期。

② [清]朱寿朋编纂,张静庐等校点:《光绪朝东华录》(五),光绪二十九年(1903)三月,中华书局1958年版,第5013页。

摆在了首要的位置；第三，改善了传统的官商关系，通过商会的建立来沟通官商关系，对“保商”“振商”具有现实意义。总之，清末新政的经济政策的积极作用是不可低估的，它所实行的一系列保护、奖励农工商业的政策，开了清廷出面以政策、法律的形式倡导实业的先河，促成了20世纪前期本国私人资本投资工商实业的高潮，打破了国家资本主义一统天下的局面，使国家资本主义在棉纺织业、面粉业、矿业、水电业、轮船业等主要产业部门的主体地位开始由私人资本主义所取代。[①]

商部的设立进一步推动了全国商业的发展。在以后的岁月里，商部主要在六个方面推动了晚清社会实业的发展：（1）颁布经济法规；（2）奖励工商；（3）劝办商会；（4）整顿农务；（5）扩大对外贸易；（6）维护路权、矿权。据统计，1903—1908年，“凡五年间，报部注册之公司凡二百六十五，其资本总额138 336 760元，不可谓非一时之盛也”[②]。从1895年到1912年，中国资本工矿企业的年均增长速度是35.47%。清末经济取得如此好的成绩，没有“商部以为之保护，商律以为之维持”，是难以想象的。[③]

在商部和改组后的农工商部的鼓励和引导下，当时的投资形式发生了一个显著的变化：个人独资经营的不多，而股份有限公司却十分普遍。据农工商部统计，1903—1907年注册登记的121家公司中，股份有限公司最多，为98家，占总数的78%；合资有限公司有17家；个人独立经营有1家；另有1家为合资无限责任公司。由上可见，在推行奖励工商实业政策期间，民族资本主义工商业的发展速度也是较快的。这对抵制帝国主义经济入侵也起到了一定作用，在当时的“抵制美货”运动和“收回利权”运动中得到了鲜明的体现。

甲午战争后尤其是商部成立后，清廷推行的振兴实业、奖励设厂政策，对中国民族资本主义经济的初步发展与社会经济近代化起到促进作用。民间私人资本投资兴办近代企业的某些禁令的解除，打破了洋务运动时期“官为控制”、

---

① 汪荣：《论晚清新政中的经济政策及其法制措施》，《重庆师范大学学报（哲学社会科学报）》2006年第6期。

② 吴园林：《过渡时代的清末新政与经济变革》，《西部学刊》2013年第8期。

③ 吴园林：《过渡时代的清末新政与经济变革》，《西部学刊》2013年第8期。

由官一统天下的经济格局。同时,民族资本家阶级投资设厂合法性地位的确立,也大大激发了他们投资近代企业的热情,使中国近代企业迅速由"官办"向"商办"转变,并于1895—1898年、1903—1908年两次出现了振兴实业的高潮。如果说洋务运动是中国社会经济近代化的发轫,那么甲午战后短短的17年则是中国民族资本主义经济初步发展时期,它无论是在速度上还是在数量上都远远超过了前一时期,这不仅体现在工业部类如厂矿业、轮业、金融业、手工业的发展上,而且在近代企业的地理分布上亦有明显的反应。

商部和农工商部推行的鼓励民间资本主义发展的政策,取得了一定的积极成果。在工业方面,20世纪初民间资本投资近代工业的热情增加,每年设厂数和投资额都比以前高得多,民族资本企业在中国厂矿中的比例也大大提高。1872—1894年有资本额可查的72家近代企业中,商办企业的资本额仅占总资本额的22.4%;而1900—1911年设立的中国厂矿中,商办企业的资本额已占总资本额的73.2%了。一些中国早期民族资本家在这一时期的资本积累也相当迅速,如张謇、祝大椿等都在该时期积累了大量资本。这些现象的出现当然还有其他多种原因,但是与商部、农工商部鼓励商办企业的政策不无关系。

在手工业方面,商部、农工商部倡办工艺局,各地积极响应。各地设立工艺局,对于生产技术的交流起了推动作用。农工商部工艺局和北洋工艺局分别有数百名艺徒毕业,分投各属传习,成为各地发展手工业生产的技术骨干。20世纪初民间手工业也有所发展,这与商部、农工商部的推动也是有关系的。①

晚清经济政策从"官为控制"到开放禁令、奖励民间私人资本投资近代企业的演变,这种变化从主观上说是出于王朝自救的需要,晚清官府在内外交困的局势下所做出的无奈抉择,也可以说是清王朝对来自工业文明挑战的一种回应,但它在一定程度上又促进了中国资本主义经济的初步发展,推动了中国社会经济的近代化。

开办工厂在各商埠、各口岸大城市成效显著。

---

① 沈祖炜:《清末商部、农工商部活动述评》,《中国社会经济史研究》1983年第2期。

清末时期仅上海一地，即开办了大量的纱厂、丝厂、卷烟厂、面粉厂等，成效显著，吸引了很多附近农户进厂务工。

表 5-3　中国民族工业发展初期上海华商纱厂、丝厂、卷烟厂、面粉厂家数及设备统计表（1881—1911）①

年份	纱厂		丝厂		卷烟厂	面粉厂
	厂数	纱锭数	厂数	丝车数	厂数	厂数
1881			1	1000		
1890	1	35000	5			
1891	2	42008	5			
1892	2	44024	9			
1893	2	44024	8			
1894	3	98580	10			
1895	5	133972	12			
1896	5	133972	17			
1897	5	139272	25	7500		
1898	6	161084	24	7700		1
1899	6	161084	17	5800		1
1900	6	161084	18	5900		1
1901	6	161084	23	7830		1
1902	5	137172	21	7306		2
1903	5	137172	24	8526		2
1904	5	137172	22	7826		4
1905	5	137172	22	7610	1	5
1906	4	116780	23	8026	1	5
1907	5	127316	28	9686	1	5
1908	6	134196	29	10006	1	5

① 汪敬虞、李一诚：《中国工业发展初期的厂矿统计表》，见庄建平主编《近代史资料文库》，上海书店出版社 2009 年版，第 10—11 页。

续表

年份	纱厂		丝厂		卷烟厂	面粉厂
	厂数	纱锭数	厂数	丝车数	厂数	厂数
1909	6	140020	35	11085	1	6
1910	7	165696	46	13298	1	7
1911	7	165696	48	13738	1	7

资料来源:

纱厂:见严中平《中国棉业之发展》,商务印书馆1943年版,第86、116、117页。

丝厂:1881年,见缪钟秀《上海丝厂业概况》,《国际贸易导报》第1卷第3期。

《中国经济月刊》1925年3月号,第317页。

卷烟厂:《中国实业志(江苏省)》第八编,上海民光印刷公司印行,1933年,第412—413页。

面粉厂:《中国实业志(江苏省)》第八编,上海民光印刷公司印行,1933年,第335—339页。

《茂新、福新、申新三十周年纪念册》,申新总公司1929年出版。

《阜新公司调查》,征信所1937年调查,未出版。

上海及其周边的江南地区是新办工厂较为集中的地区,在清末新政诸多利好政策的鼓励下,开办的工厂地域范围有所扩大,西南、东北、西北各省都陆续出现了新办工厂,各地涌现出振兴实业的高潮。这些地方所创办的工厂虽然不如上海及周边地区工厂集中,但工厂的出现,带动了社会风气的转变。

四、颁行奖劝工商政策,提高手工业者的社会地位

晚清时期颁行的一系列经济政策和法规,不仅对民间私人资本投资近代企业具有一定的吸引力,促进了工商实业的发展,而且所带来的成效逐渐改变了中国传统社会长期以来重本轻商的守旧风气,对千百年来鄙商贱商的社会传统与价值观念也是一次有力的冲击。①

① 周武、张雪蓉:《晚清经济政策的演变及其社会效应》,《江汉论坛》1991年第3期。

如果把奖励工商实业政策放在当时的历史环境中加以考察，便可以看出，它对20世纪初我国的经济、政治都产生过影响。在这一政策的颁行期间，传统的贱商风气有所改变，从事工商业者的社会地位有一定的提高。从战国秦汉到清末，封建统治阶级历来推行的是“重农抑商”政策，社会分为士、农、工、商四级，商是四民之末，经商之人不得为官，并常遭敲诈勒索。“四民之业，士之外，农为最贵。”虽然封建王朝相继更易，而这个传统的观念却一直未变。直到19世纪70年代，虽已出现了官督商办和官商合办企业，但商人的地位依然如故。商人只能出股，而无权过问企业的人事安排、经营效果。因此他们的资本和财产也就极无保障。郑观应曾为之叹曰：“中国尚无商律，亦无商法，专制之下各项，股东如何？”由此可见，提高商人的地位，用法律形式确定商人的权利，已成为当时新兴资产阶级的迫切要求。所以奖励工商实业政策的颁行，客观上是对传统抑商政策的否定，而使提高商人的地位具有法律形式，对封建专制统治下的中国，实起了开风气的作用。

清末新政的一系列政策措施表明清廷已经改变了传统“士、农、工、商”的社会阶层划分，着力于提高商人的社会地位。“如果有人经营某种企业获致了成功，或者聘为商部顾问，或者赏以勋位，迎合中国人的虚荣心，积极鼓励经营企业。一方面民间有志之士也认为：经营企业是收回利权的最好手段，关系国家命运的兴衰，因此大声疾呼：苟有爱国之心，应起而响应。”[①]曾经蟾宫折桂，号称天子门生的张謇，不惜下海创办企业，从1897年到1911年直接创办或参与投资的企业有27家，资本累计达4554.4万元，其中的大生纱厂，开办初期资本仅有69.9万元，到1911年已增至279.1万元，纱锭也由2.035万锭增加到6.67万锭，时人冠以“东南实业领袖”的美誉。此外，如沈云霈经营的企业有13家，资本达411.8万元；许鼎霖经营的企业有10家，资本达554.7万元；宋炜臣在1905年到1910年所经营的5家企业中，就有著名的汉口扬子机器公司、汉口既济水电公司。[②]

《奖励公司章程》颁行后，许多民营资本家获得勋赏。著名的如张振勋、

---

① 根岸佶：《收回利权运动对中国的影响》，《报告书》清宣统元年（1909）第32号，第68页。

② 沈祖炜：《清末商部、农工商部活动述评》，《中国社会经济史研究》1983年第2期。

祝大椿、刘世珩、刘人祥、宋炜臣、许鼎霖等都获得二品以上顶戴,他们受到封建王朝的荫庇,在某些行业的经营上取得了垄断和免税权。他们所得到的虽然只是一些虚衔,但是对减少地方官吏的需索干扰却具有一定的作用。故后人曾为之感叹云:"中兴名臣曾国藩仅赏侯爵,李鸿章不过伯爵,其余百战功臣,竟有望男爵而不可得者,今乃以子男等爵奖创办实业之工商,一扫数千年贱商之陋习,斯诚稀世之创举。"这段话或许有些言过其实,但也从一个侧面反映了奖励工商实业政策对扭转贱商旧习的作用。

虽然如此,晚清手工业经济行为仍然存在十分明显的局限性。其一,晚清振兴手工业的措施是在外国商品侵入、国内战争冲击、手工业遭到破坏、农民和手工业者大量失业的背景下所采取的以消除"游民"、稳定社会秩序为主要目的的治标之策。晚清官府没有也不可能认识到近代手工业作为传统与现代之间的中间经济的地位和功能,从而就手工业向现代工业的过渡转化这一关键问题采取治本之方。从根本上讲,振兴手工业只是发展社会经济的一个环节,只有传统农业和现代工业的全面振兴及清廷加以宏观调节,使农业产生足够的剩余,使机器工业与手工业形成良性互补,振兴手工业才有可能。很显然,清廷没有从这样的高度来采取措施。其二,缺乏操作性,如针对国际赛会中所暴露的中国手工业产品的弊端以及国外手工业生产的先进经验,清廷没有就如何改良和学习制定进一步的更为积极主动的措施,只是充当了公文式信息传递的角色。因此,晚清手工业经济中的官府行为虽然在客观上产生了一些积极效应,但也只是延缓了中国手工业的衰败,却不能从根本上振兴手工业经济。[①]

任何行业的发展都不能脱离政府政策的影响,政府对行业所采取的抑制、阻碍、默许、扶持的态度,均会给所有行业带来巨大的影响。就晚清的手工行业而言,有的政府措施影响是消极的,如延绵几十年的商品厘金制度,阻碍了手工行业的发展。有的政府措施是积极的,如甲午战争以后政府实行的"鼓励投资设厂""奖励工商"等措施,给传统手工行业带来了发展机遇,促进了手工业经济的发展。

---

① 彭南生:《晚清手工业经济中的政府行为》,《华中师范大学学报(人文社会科学版)》1998 年第 1 期。

第六章
晚清手工业与机器工业的关系

中国是一个手工业历史悠久的国家。中国的手工业生产种类繁多，长期以来，和百姓日常生活息息相关、紧密相连，一直是社会商品生产的主要形式，同时又构成了传统经济的一个重要方面，在社会经济结构的历史发展中，占有显著的地位。晚清时期，尽管中外贸易格局发生转换、外国机制工业品输入以及近代大工业在中国的兴起使中国传统手工业面临着严重打击，但是手工业生产仍然是中国社会商品生产的主干。它不仅关系广大农村的经济命脉，而且是中小城市经济生活的主要组成部分，在大城市以及对外贸易中也占据着极其重要的地位。同时，它又是中国社会经济结构中最为敏感的生产部门，随时在各种内外力量的作用下起起伏伏、被迫应对，各种类型手工业的命运不尽相同。

第一节　夹缝中生存的晚清手工业

晚清时期，手工业生产类型主要有家庭手工业、城镇小手工业和工场手工业等。家庭手工业、城镇小手工业在中国具有悠久的历史，清代各行业已相当发达，行业细分完备，工艺技术高超，商品生产规模扩大。纺纱、织布、印染、鞋帽制作、妇女饰品加工、民族饰品制作、木材加工、砖瓦制作等，大都在家庭作坊中完成。各地城镇还散布着一些工场手工业,在纺织、印染、制茶、造纸、刻书、陶瓷、砖瓦、酿酒、榨油、锻冶、木材加工等行业中都有手工业工场存在。这些手工业工场,规模大小不等,雇用工人有多有少,多则达数十上百,少则只有数人。在外国输入的和本国机器工厂生产的机制工业品冲击下,中国传统手工业只能在夹缝中求生存,呈现出复杂曲折的发展路径,某些手工行业在机器工业的冲击下趋于衰退,某些行业因国际市场需求刺激等原因日益兴旺,某些手工行业则是发展平稳、未受影响。

一、棉纺织业

棉纺织行业是在明清时期获得较大发展的行业。鸦片战争前夕,作为中国封建经济中心支柱的小农经济是工农结合的统一体。所谓工农结合是多种家庭手工业和农业的结合,其中分布最广的手工业是棉纺织业。这种可以动员妇女儿童等弱劳力和强劳力在农闲时期以及一切不适于户外劳动时都进行生产的手工业,不仅广泛分布于棉产丰富的各省,也同样广泛分布于棉产很少的各省。在不少地区,农民单纯依靠农业劳动,不足以维持全家生计,单纯依靠手工业劳动,也不足以维持全家生计,唯一出路在于兼营工农两业。在鸦片战争以前,一度远销欧美的所谓“南京布”就是这样生产出来的。

以传统棉纺织手工业为代表的手工行业,因外国商品输华而受到了强劲的冲击。在机器工业对手工业所造成的冲击中,首当其冲的是棉纺织业。世界各主要资本主义国家的工业革命几乎都是从纺织业,特别是棉纺织业起步的,棉纺织业成为 19 世纪资本主义工业生产的主要产业,棉纺织品也就成为西方资本主义国家占领海外市场的主要商品,资本主义列强在中国棉纺织品市场上的争夺也尤为突出。

棉纺织手工业在中国各地广泛存在,与普通群众生活息息相关。晚清时期,这一行业在外来商品和国内机制工业品的竞争压力下发生了巨大变化。

1. 纺纱业

英国开始试探中国棉纺织品市场,是在 18 世纪 70 年代后期。1777—1778 年,广州的港脚贸易中,开始出现棉纱的项目。1781 年港脚商人又首先在广州试销英国棉布。1786年,东印度公司也参加进来。经历了大半个世纪,第一次鸦片战争(1841年)时,英国输华棉纺织品的价值,达到58万英镑,第二次鸦片战争(1857年)时又上升为170万英镑。16年间,增加不及2倍。美国棉布推销中国,开始于19世纪30年代。到50年代,棉布成为美国输华最重要的商品。1850—1853年,输华布匹总数增加了一倍以上。曾经大量销往美国的中国"南京布",这时已在美国绝迹。但就输华棉布总值而言,美国还远远落后于英国,进入60年代后,美布来华,又出现停滞的局面。此后美国整个的对华出口,都处于徘徊不前的状况。整个70年代,从美国进口的总值,没有超过中国全部进口的3%,棉布在美国对华输出中虽占很大比重,但在中国进口中的比重微乎其微。①

英国棉布虽然比较轻薄,但是完全可以适合中国人的用途,而且价格低廉。1879年的汉口海关贸易报告中指出:"不论是英国棉布或是美国棉布,都不如手工织的粗土布来得经穿。不过用来做被面,做棉衣里,为有限的戴孝期间穿戴,以及在中国人使用棉布的许多其他用途上,最薄的一种便足已够用,因为它们既不用洗,又不作粗穿;同时由于做起来可以同头等货色一样美观,而价钱却便宜一半,所以中国人对所谓品质低劣的曼彻斯特货的喜爱,是完全可以理解的。"②

此后,美布输华,逐渐扩大,特别是粗布在中国市场上的销售量,大大超过了英国。美国粗布之所以超过英国,有其国内的生产技术和中国市场需要方面的因素。在生产技术上,美国在粗棉布的纺、织两道主要工序上都比英国优越。在中国,广大民众的购买力低下,粗制棉布更适合中国市场的需要。美国销华棉布在生产方面和市场方面的有利条件所产生的效果,在19世纪80年代中期,已经充分表现出来。这时,中国市场上进口粗斜纹布,美国生产的将近占60%,而粗市布中,美国生产的达到85%。③ 1880年镇江海关贸易

① 严中平主编:《中国近代经济史(1840—1894)》(一),人民出版社2012年版,第370页。
② 姚贤镐编:《中国近代对外贸易史资料(1840—1895)》第2册,科学出版社2016年版,第1144页。
③ 严中平主编:《中国近代经济史(1840—1894)》(三),人民出版社2012年版,第1253页。

报告中提道:“整个看来,在过去几年中间,美国布疋已经找到了比英国布更好的销场。美国粗斜纹和粗布直到最近才有少数进口;认为比英国布更为耐久,需要渐多,而英国布疋进口下降,大部分是由于布的质量较差。由于这种较好的美国布的输入,这种布优于以往占垄断地位的英国布疋。中国人已经开始利用这个机会。他们对这类布疋的爱好不断增长。因为,虽然起初觉得贵一点,而由于其耐久性较强,从长远看来,证明了这种布比较便宜。美国粗布外表和本色市布一样,因此中国人也这样称呼它。”①

其他国家也不甘示弱,纷纷向中国出口洋纱。19 世纪中叶起,洋纱大量输入中国,当时洋纱主要来自印度,到 19 世纪末,中国开始建设棉纺织工厂时,日纱也开始了对华的倾销。

表 6-1　洋纱输华统计(1894—1903)

年份	量(担)	值(海关两)
1894	1159596	21299043
1895	1132201	21104587
1896	1620879	31835009
1897	1570652	34272961
1898	1958764	39048488
1899	2744829	54607213
1900	1488436	29976178
1901	2272863	48693832
1902	2477971	54274865
1903	2738448	66895090

资料来源:见汪敬虞编《中国近代工业史资料(1895—1914)》第 2 辑(下册),科学出版社 2016 年版,第 698 页。

① 姚贤镐编:《中国近代对外贸易史资料(1840—1895)》第 2 册,科学出版社 2016 年版,第 1145 页。

表 6-2　日纱输华统计(1894—1903)　单位:担

地区	1894—1898 年	1899—1903 年
合计	150046	346307
华南	2204	1133
华中	50635	82578
华北	89954	239094
东北	7253	23502

资料来源:见汪敬虞编《中国近代工业史资料(1895—1914)》第 2 辑(下册),科学出版社 2016 年版,第 698 页。

当时,华南的棉纱市场基本上是被印纱占领,东北则是日纱占优势,国产棉纱的主要市场在华北和华中。1894—1913 年,进口棉纱在华北天津、烟台、胶州和秦皇岛四口岸市场上占有绝对优势,国产初纱所占比例虽然不大,却是迅速上升的。

耕织结合的小农经济体是中国分布最广泛、韧性最强的经济形态,这种经济形态对进口棉纱布发挥了极其顽强的抵抗力量。鸦片战争以后,由于鸦片走私、战争赔款以及各种封建剥削的增加,加重了农民的负担,使农村中农业和家庭手工业的结合,在某些方面说来更加牢固。农民除在小块土地上辛勤耕作、忍受沉重的封建剥削,不得不从事更多的家庭手工业生产,以抵交沉重的租税,专靠农田已不能维持一家的最低生活。负担的加重而造成的极度贫困,使得广大农民即使在廉价的外国机制品面前,也缺乏起码的购买力。且不说洋布价格高于土布,就是洋布价格低于土布,它也未必能立刻在中国得到畅销的机会。其所以如此,固然有"土布比较耐穿",适宜于"做粗重的劳动"的原因,但农民手中没有最起码的购买力,只好穿着不计成本的自织土布,也是重要原因之一。①

中国地域辽阔,棉纺织业虽然广泛分布于广大农村地区,但是区域间的不平衡十分明显。外国机制棉纺织品代替中国手工棉纺织品,和中国棉纺织

① 严中平主编:《中国近代经济史(1840—1894)》(一),人民出版社 2012 年版,第 354 页。

手工业的破产,在大部分地区主要表现为外国机制棉纱代替中国手工棉纱,各地大量停止纺纱、购用洋纱织布的过程。这时遭受致命打击的是传统手纺纱,质优价廉的机纱剥离了手纺纱与手织布的紧密联系,剥夺了它赖以生存的出路。最初用洋纱作经线,以后再用作纬线,直到全部代替土纱。

这种情形,大约早在19世纪20年代末和30年代初,即曾在广东个别地区发生过。不过这在当时还带有偶然的性质,波及的地区也只有广州附近,范围不大,影响还小。鸦片战争后的一段时间内,除广州、佛山一带"纺业停顿……转而引进英国棉纱"之外,在上海附近也出现"无纱可纺"的村庄,但这只是特殊时期发生于个别地区的特殊现象。19世纪50—60年代,福建、广东地区的棉纺织手工业已在经由洋经土纬到洋经洋纬的蜕变,江南一带大多数地区则依然信守土纱不放,"见有洋纱织者,则剔出不收"①。

60、70年代以后,外国棉纱在整个沿海地区和长江流域各省大量销行,类似的情形便在许多地方相继发生,范围逐渐扩大,影响逐渐加深。70、80年代,洋纱以其低廉的售价,打破了棉花、土纱和洋纱之间的平衡。19世纪80—90年代,江苏地区的棉纺织手工业也采用洋经洋纬。在江苏嘉定县东北乡,"布经,向出东北乡,光绪中叶后,出数渐减,近市中已不复见矣"②。在湖北省,外来棉纱的销售十分畅旺,深受妇女欢迎。"棉纱一物,为汉口近年最旺生意,各国所制又以日本十六子(支)头为第一。数月以来,随到随销,几至无货应市。盖由粗细合度便于四乡妇女之梳织故也。"③

洋纱作为晚清时期中国进口增长速度最快的一种商品,在中国市场上与传统的手纺纱展开了激烈的争夺与竞逐,使中国手工生产者承受了最大的压力。郑观应曾说:"我之受害者……大宗有二:一则曰鸦片,每年约耗银三千三百万两;一则曰棉纱棉布,两种每年约共耗银五千三百万两。"④马建忠亦说,"进口之货,洋药而外,以洋布洋纱为大宗","中国进口洋布每年约1500

① 王翔:《近代中国手工业与工业经济结构》,《中国经济史研究》1999年第2期。
② 陈传德修,黄世祚、王焘曾等纂:《嘉定县续志》卷5《风土志·物产》,1930年铅印本。
③ 佚名:《湖北商务报》第11册,清光绪二十五年(1899)第7期,第4页。
④ 郑观应:《郑观应集》上册,上海人民出版社1982年版,第86页。

万匹，值银 3000 万两……岁进口之纱，至值银 1350 万”。[①]

洋纱进入中国市场造成原有的纺纱行业停顿破产，这种情形在各地的地方志中屡见不鲜。在直隶深州、冀州，“深、冀诸州布利甚饶，纺织皆女工。近来，外国布来，尽夺吾国布利，间有织者，其纱仍购之外国，故利入益微”[②]。在福建永春县，“纱，多自外洋贩至，土产几绝”[③]。

云南昆明县，“纺纱，咸丰、同治以前，城乡居民类能习此，以织土布，故名土线，惟工粗器窳，不甚匀净。迨洋纱入口，织者遂不用土线，纺者亦因以失业”[④]。云南石屏县，“自关税失政，洋纱充斥，凡正当职业之妇女，因棉价昂，遂至辍业”[⑤]。云南楚雄府楚雄县，“自洋纱入境，庚申城陷，纺线女工遂绝，男女嬉游，失职业者多矣”[⑥]。

在广东琼州府感恩县，“光绪年间，妇女恒纺织吉贝为土布，以供自用，至洋纱通行，自纺均废”[⑦]。在江苏南汇县，“纱布之利肇自元代，贫家妇女赖以生活。近三十年，沪上纱厂林立，所出之纱洁白纤匀，远胜车纺织纱，于是纺织之利完全失败”[⑧]。在贵州安顺，“洋纱，道光以后海禁大开，英人始将洋纱运入中国，销售各省。本地机房购以织布，所成布匹较用土纱织成者为优，极受用户欢迎，销场遂日益扩大”[⑨]。在广西贵县，“光绪季年，衣料浸尚洋货，即线缕、巾带之微亦多仰给外人。迨洋纱输入，而家庭纺织之工业逐渐消灭，今欲于乡村间觅一纺车，几不可得矣”[⑩]。洋纱的大量倾销给广大地区的妇女生计带来严重影响，造成了家庭收入的骤减。

1886 年的烟台海关报告也称：“烟台进口的印度棉纱，无疑比山东本地生

---

① 马建忠：《富民说》，《适可斋记言》卷 1，台湾文海出版社 1968 年影印本，第 5 页。
② ［清］吴汝纶撰：《深州风土记》第 21《物产》，清光绪二十六年（1900）刻本。
③ 于定增修，金咏榴增纂：《青浦县续志》卷 2《疆域下 · 土产》，1917 年修，1934 年增修。
④ 倪惟钦、董广布修，陈荣昌、顾视高纂：《昆明县志》卷 2《政典志 · 实业》，1943 年铅印本。
⑤ 袁嘉谷纂修：《石屏县志》卷 6《风土志 · 妇工》，1938 年铅印本。
⑥ ［清］崇谦等修，沈宗舜等纂：《楚雄县志》卷 2《地理述辑 · 风俗》，清宣统二年（1910）刻本。
⑦ 周文海等修，卢宗棠等纂：《感恩县志》卷 1《舆地 · 风俗》，1931 年铅印本。
⑧ 郑翘松等纂：《永春县志》卷 11《物产志》，1930 年铅印本。
⑨ 佚名：《续修安顺府志》，《安顺志》第 10 卷《商业志 · 进口货》，1931 年铅印本。
⑩ 欧仰义等修，梁崇鼎等纂：《贵县志》卷 2《社会 · 生活状况》，1935 年铅印本。

产的更便宜。据说棉纱进口的增加，严重地影响了山东的纺织业，而纺织业是许多穷苦妇女养家糊口的手段。据了解，本省的手工纺织业几乎全都停歇。”①

纺织品是晚清中国进口商品中最重要的项目，1886年以后棉纺织品已取代鸦片，占据了进口商品的首位。其中，棉纱进口增长又超过棉布，这是由于一般纺机比织机速率更高。在中国，洋（机）纱排挤土纱的进程比洋（机）布排挤土布的进程更快，手工业者往往利用洋（机）纱织土布来抵制洋布。19世纪最后20年间，洋纱进口量增长了10多倍，洋布进口增长不到3倍。棉纱进口值曾经在世纪之交时两度超过棉布进口值。进入20世纪后，棉纱进口增长速度减慢，海关报告多次指出，其原因是中国国内机器棉纺织业的发展。② 国产机纱成为手工纺纱业更为强劲的竞争对手。

值得注意的是，在晚清时期的市场竞争中，机纱畅销，远胜机布，近代棉纺织手工业中手纺业很快衰落，手织业则长期存留。机纱取代土纱的结果，较早就已表现得十分明显，1905—1909年，棉纱总产量的1/4已由新式纱厂所制，这一比重不断上升，在同样的时段里，机布在棉布总产量中的比重只不过分别为3.0%、13.2%，根本不能望手织布之项背。其原因，说到底也是机纺对手纺、机织对手织的效率不同。③

2. 织布业

和机制洋纱以低廉售价破坏手纺业一样，机织洋布也是以低廉售价破坏中国手织业的。沿海地区受到洋布的冲击更大，受到的冲击也更早。鸦片战争后，洋布大量涌进厦门，它直接破坏了厦门附近地区的手工棉纺织业，给土布的销路以严重的打击。清道光二十四年（1844）璧昌奏折内载：“至（1843）九月间，夷人开市通商，其在厦门行销者，无非棉花、布匹、洋货等物，内地之棉布不复畅销，亦无赴粤兴贩洋货之人。”④在上海，“自通商以来，洋布充斥，

① 中国海关总税务司编：《中国通商口岸贸易报告》第2卷，1886年，第41页。

② 汪敬虞主编：《中国近代经济史（1895—1927）》（一），人民出版社2012年版，第185页。

③ 王翔：《近代中国手工业与工业经济结构》，《中国经济史研究》1999年第2期。

④ 彭泽益编：《中国近代手工业史资料（1840—1949）》第1卷，中华书局1962年版，第494页。

而女红之利减矣"①。江苏金山县,"自通商以来,洋布杂出,而土布之利大减矣"②。

从19世纪70年代初期到90年代初期,本色市布、标布和粗斜纹布的平均市价下降了将近1/4。中国各通商口岸有许多记载都能说明洋布降价推销的破坏作用。1871年汉口的英国领事报告就说,洋布比土布便宜得多,在某种程度上,洋布的低廉售价抵补了洋布不耐穿的缺点。③ 在四川巴县,"普通民俗,多服土布,鲜有服洋布者。清季,洋纱洋布以及一切织造品名目繁多,充斥市场,而服用渐夥"④。河北文安县,"自欧西通商以来,其所输入之布,价廉物美,士民多购用之。渐至各织户亦狃于价值而弃其所业。至光绪甲午后,洋布之价日涨,较之初至约增数倍,用者苦之,于是曩时各织户率多恢复旧业"⑤。

江西手工纺织土布的历史悠久,土布和夏布历来是江西输出的大宗商品。江西多个县市盛产苎麻,"苎麻要以江西、湖南及闽粤为盛,江西之抚州、建昌、宁都、广信、赣州、南安、袁州苎为饶。缉纻织线,犹嘉、湖之治丝"⑥。夏布织造非常普及,"县中无地不种苎,妇人无人不缉苎。苎有青白二种:青者入水漂之,亦成白色。其法:择苎之长者,去其粗皮,先以凉水浸一夕,然后以两指对擘成丝,缉而成之,盛以竹篮。其短者,绞以为绳索。勤者一夜以满一竹篮为度,贫者省灯油,多妯娌姑嫂相聚。《汉书·食货志》所云:妇人同巷相从,夜织一月得四十五日者,予盖亲见之矣。故吾乡夏布多而精,每岁二三月间,必有山西贾人至县贩买夏布四十余万两也"⑦。"宁都州俗无绩麻之家,敏者一日可绩三四两,钝者亦二两以上。请织匠织成布,一机长者十余丈,短者亦十丈以上。四五两织成一丈布者为最细,次六七两,次八九两则粗矣。

---

① [清]博润等修,姚光发等纂:《松江府续志》卷5《疆域志·风俗》,清光绪十年(1884)刻本。
② 姚裕廉修,范炳桓纂:《重辑张堰志》卷1《区域志·物产》,1920年铅印本。
③ 严中平主编:《中国近代经济史(1840—1894)》(一),人民出版社2012年版,第1274页。
④ 罗国钧等修,向楚等纂:《巴县志》卷12《工业·染织工厂》,1939年铅印本。
⑤ 陈桢等修,李兰增等纂:《文安县志》卷12《治法志·实业》,1922年铅印本。
⑥ [清]吴其濬:《植物名实图考》卷14《隰草类·苎麻》,清道光二十八年(1848)刻本。
⑦ [清]谢阶树著,黄秩模校刊:《宜黄竹枝词》一卷,见黄秩模编《逊敏堂丛书》,清咸丰元年(1851)刻本。

夏布墟则安福乡之会同集，仁义乡之固厚集，怀德乡之璜溪集，在城则军山集。石城县志亦曰，石邑夏布岁出数十万疋，外贸吴、越、燕、亳间。赣州各邑皆业苎，闽贾于二月时放苎钱，夏秋收苎，归而造布，然不如宁都布洁白细密。”①

江西饶州府浮梁县，“苧细麻粗，乡村妇女俱绩为布，以作暑衣”②。吉安府永宁县，“葛布，户多织之”③。宁都州石城县，“苎布，石城以苎麻为夏布，织成细密，远近皆称石城，固厚，庄岁出数十万匹，外贸吴、越、燕、亳之间，子母相权，女红之利普矣”④。

自九江开辟为通商口岸以后，英美机制纺织品越来越多地涌入江西，对江西传统土布业产生了强烈的冲击，促使其慢慢走向衰落。在南昌县，当地人俗称土布为“箣布”，“乡村百里无不纺纱，织布之家……光绪中岁以后，箣布之业寖微，妇女愁叹坐食，机杼不闻。间有织者以洋纱为经，棉纱为纬，或经纬皆用洋纱，求昔之箣布无有矣”⑤。在抚州，“同治间（一八六二—七四年）棉布价高，一匹值钱二千，贫家妇女恒持纺织以自活。自洋纱盛行，棉布之价遂日落。近日洋纱一称，可成布五匹，匹价不及七百钱。妇女手工出纱，不如机器出者之匀细。上等布仅高二百钱，低者或不及之，往往不能偿其本，故相率罢织”⑥。

湖南的棉纺织业产地以岳阳、平江、常德、益阳、长沙为最著。所产布匹，幅门狭窄，质地粗糙，但经磨耐用，通称大布。益阳产大布，年出产百万匹；长沙每年产布以百万计；岳阳所产，或称都布、小布。湖南所产布匹远销四川、贵州、云南以至江、浙、闽、粤等省，号称发达。但自洋布、洋纱输入后，土布产量锐减。“自外洋贸内地，彼布盛行，都布亦因之滞销。庄客来收，抑其价钱，

① ［清］吴其濬：《植物名实图考》卷14《隰草类·苎麻》，清道光二十八年（1848）刻本。

② ［清］裴大中修，秦湘业纂：《无锡金匮县志》卷31《物产》，清光绪七年（1881）刻本。

③ ［清］赖能发纂修：《永宁县志》卷1《地舆志·物产》，清乾隆十五年（1750）刻本。

④ ［清］朱一慊修，许琼等纂：《石城县志》卷1《舆地志·物产》，清道光四年（1824）刻本。

⑤ 彭泽益编：《中国近代手工业资料（1840—1949）》第2卷，中华书局1962年版，第220页。

⑥ 彭泽益编：《中国近代手工业资料（1840—1949）》第2卷，中华书局1962年版，第220页。

复多杂以滥恶,巴陵之利源日就涸矣!"[①]原有的都布滞销衰落,续织的都布又多杂用洋纱,至20世纪初,竟至"欲求一匹真土纱都布,几如披纱拣金"[②]。这种情况,正反映了湖南传统棉纺织业的急剧衰落情形,尤为可叹。

有的地区企图仿制洋布的制作工艺来生产土布,扩大土布的销量。但是洋商善于揣摩中国消费者心理,所销售的洋布无论是花色还是款式深受市场欢迎,土布的销售渐成颓势。在浙江鄞县,"高布,亦称甬布。为县人王承淮仿洋布式样,制机自造者,光绪丙申年事也。此布发行,颇为一般社会欢迎,因其质较洋布坚实,而花色则大过于土布也。时清政府正奖励工业,王氏遂得五品顶戴之颁赏,并专利十五年。自是以后,群众心理归向甬布,极称一时之盛。然洋布销路并不受何等影响,且舶来品物,经吾华奢侈品商打样订购,揣摩益熟,深投民众共同性之嗜好,而甬布终被挤压,不能自成一宗之出产"[③]。

1879年的汕头海关报告已经观察到,中国人用洋纱纺织成的土布比洋布为贵,但比较耐穿,当中国人能出得起价钱时,他们就宁愿买洋纱织成的土布,而不买洋布。所谓用洋纱织成的土布是用洋纱为经,土纱为纬织成的土布。1888年的广州海关报告说,洋纱供应大量增加,造成对洋布的需求削减,进口洋纱和土纱混合织成的土布比同样成本的任何洋布都便宜耐穿,更适合民众的需要。洋纱的大量消费正扩大到全国。这种土布的销售,无疑能够说明洋布交易之所以停滞的原因。[④] 手工棉纺织业者舍纺就织,利用洋纱织造土布,转而对洋布的推销产生了很大的阻力。[⑤]

在19世纪40年代初至70年代初这30年里,西方棉纺织机器工业的生产力还不足以广泛摧毁中国棉纺织业手工生产的经济形态,而洋纱的充分供

---

① [清]姚诗得、郑桂星修,杜贵墀纂:《巴陵县志·舆地志七》,清光绪十二年(1886)刻本,清光绪十七年(1891)刊本。

② 佚名:《光绪二十九年岳州口华洋贸易情形论略》,《光绪二十九年通商各关华洋贸易总册》卷下,第30页。

③ 张传保等修,陈训正等编:《鄞县通志·博物志·乙编·工艺制造品之部》,1937年铅印本。

④ 严中平主编:《中国近代经济史(1840—1894)》(三),人民出版社2012年版,第1269页。

⑤ 严中平主编:《中国近代经济史(1840—1894)》(一),人民出版社2012年版,第1271页。

应,解除了手织业原料不足的限制,促成洋纱土布的生产,结果,外力造成了纺织分离,却使耕织结合更加紧密了。①

中国农民纺纱、织布,除了原料以外,几无其他成本可言。只要进口棉纺织品的价格略高于中国棉花的价格,中国农民的手工织布就有和外国进口棉纺织品进行周旋的余地。而来到中国的英、美棉纺织品,不但要支付原料和加工生产的成本,而且还要加上关税、运费、保险费等一系列的费用,以及扣除进口商人和中间商人的利润。它在这方面处于劣势地位,是显而易见的。当然,大工业生产的效率无疑大大超出中国农民手工生产的效率,但是,只要生产力的提高还不足以弥补这些"流通过程的各种生产费用",它就难以和中国手工棉布相竞争。这正是五口通商时期西方侵略者在中国所遇到的情况。②

从洋纱代替土纱来看,据粗略估算,至辛亥革命前,四川土布生产中使用洋纱(包括国产机制纱)的比重为52%左右。洋纱代替土纱的幅度,要较这一时期全国平均数73%为低。而且,四川家庭手工纺织业从买棉纺纱织布改为买洋纱织布,商品棉换成商品纱,对于促进耕和织的分离作用不大,仅仅是改变了耕织结合的形式,由自纺自织改为买纱自织。从洋布代替土布来看,据粗略估算,至辛亥革命前,在四川棉布消费中,洋布的替代率为11.8%,而这一时期全国平均替代率为34.7%。另据统计,清末四川142个州县中,有洋布销售记载的共42州县,仅占29.6%。因此,鸦片战争后,四川耕织结合的自然经济结构虽然遭受到一定程度的破坏,洋纱开始逐步取代土纱,洋布占领了城市市场,并开始进入农村市场。但是,这种破坏的程度不深,从而决定了这一时期四川市场的变化幅度将是不大的。棉纱大量输入以农村家庭手工织布业广泛兴起为前提,而农村家庭手工织布业长期存在,又阻碍着自然经济的进一步解体,是市场进一步扩大的障碍。③

在近代华北农村,棉纺织业本是占第一位的手工业,同时,华北也是全国

① 严中平主编:《中国近代经济史(1840—1894)》(一),人民出版社2012年版,第345—346页。
② 严中平主编:《中国近代经济史(1840—1894)》(一),人民出版社2012年版,第353页。
③ 王永年、谢放:《近代四川市场研究》,《四川大学学报(哲学社会科学版)》1987年第1期。

农村手织业最发达的地区。由于农村劳动力价格低廉,更由于在农业与手工业结合的情况下,农民可以在报酬低于劳动力价格的条件下进行生产,使得土布成本较低,在市场上可以与机织布展开竞争。但民族资本的机织业未能充分占领农村市场的原因却不止于此。撇开近代工业发展所需的其他条件不谈,仅就市场来说,机织布不能完全代替手织布,价格只是原因之一,另一个原因是机织布在某些方面不符合农民的消费习惯。手织布,特别是部分用手纺纱织成的布,厚重耐磨,保暖性强,比较适合北方农民劳动时穿用,对于一年四季只有单衣、棉衣两身衣服,且一套衣服要穿十几年的贫苦农民来说,在机织布和手织布中,他们一般要选择手织布,所以,在西北一些贫瘠的省份,土布市场远大于洋布市场。但在另一方面,机织布不仅花色美观,且品种繁多,能够满足各种不同需求,当农民生活水平有所提高时,就会在消费土布的同时,增加对机织布的消费。换言之,在某些情况下,由于机织布和手织布内在质量和外观上存在差别,它们分别满足不同层次的消费者以及同层次消费者的不同需求,这时候,在市场上,两者之间的关系不是竞争,而是互补。①

二、缫丝业、丝织业

晚清时期,一些国际市场有所需要的手工行业,则因为对外贸易大行畅旺而日趋繁荣,行业获得了一定的发展机遇。这些传统手工业在晚清时期的发展,大致可以缫丝业、丝织业为代表。鸦片战争后的一段时期内,在外国棉纺织品汹涌而来,冲击着中国传统棉纺织业,挤占了中国棉纺织品市场的同时,中国的丝绸产品依然源源不断输出甚至还因闭关状态的打破和国际市场需求的增长而日渐扩大外销规模。

1. 缫丝业

在19世纪70年代前,缫丝生产完全是农民家庭手工业的一统天下,蚕桑业与缫丝业一直牢固地结合于小农经济的内部,停留在小农个体经营的阶段,尚未出现养蚕与缫丝相分离的现象。② 浙江南浔一带是出产生丝较为著

① 史建云:《从市场看农村手工业与近代民族工业之关系》,《中国经济史研究》1993年第1期。

② 汪敬虞主编:《中国近代经济史(1895—1927)》(四),人民出版社2012年版,第1951页。

名之地。生丝是全国出口贸易当中的重要商品之一。

到70年代中叶,广东地区出现近代蒸汽缫丝工厂和缫丝手工工场。80年代初,上海发展了近代机器缫丝工厂,才开始迅速扩大蚕茧的商品交易量,同时还有干茧出口,也促进了蚕茧商品化程度的提高。近代缫丝厂的兴起,促进了传统的蚕茧地区蚕丝生产的专业分化,促成了新的蚕茧基地。江苏无锡地区,向来蚕丝业规模不大,自19世纪80年代上海近代缫丝厂兴起,无锡蚕桑区逐渐扩大,而养蚕户逐步专业化,从而提高了茧的质量。伴随而来是无锡、常州一带出现了茧行与茧灶,从事干茧买卖与烘茧行业。浙江一些地区的茧市也有所兴盛。

生丝一向是中国出口贸易中的主要商品之一,广东和江浙是中国出口生丝的两大产区。丝是外国资本首先着重掠夺的中国农产品。因此在鸦片战争以后,其出口量迅速增长。丝在鸦片战争前,每年出口量只有几千担,最多时也不过1万余担,而在战后,1847年已达2.2万担,50年代下半期以后,经常有5万多担,多时则达7万余担。①

在19世纪40—90年代,西方入侵者搜刮中国土产,集中在生丝和茶叶两大项上。为此,他们从60年代开始,就前后在这两方面引进西方先进技术,减低加工成本,确保外销数量。到了90年代中叶,中国出口的生丝中,有将近30%是外国在华缫丝厂的产品。②

广东的近代缫丝业起步早,发展迅猛。陈启源在创设"汽机大偈"的同时,"事招众忌,乃改创缫丝小机……而小机之利尤溥"。所谓"小机",即足踏缫丝车,它比旧式手摇丝车工效尤胜,价钱又比"汽机大偈"便宜,同时,足机的产品也比手机产品质量高,投合了丝织手工业的需要,有着较好的市场需求,所以"小机"为农家所乐用,在广东乡村中迅速流行,"每人一具,携归家自缅,缫出之丝无多寡,市上均有店收买之,其利更溥"。此后风气日开,"南(海)、顺(德)各属群相仿效",90年代时已是"通府县属用此法者不下二万人"。随之而来的,是足机缫丝工场的兴起,"渐有商人创设足机多具,收购蚕

① 樊百川:《中国手工业在外国资本主义侵入后的遭遇和命运》,《历史研究》1962年第3期。

② 严中平主编:《中国近代经济史(1840—1894)》(三),人民出版社2012年版,第1364页。

茧,雇工缫之。更有集股公司,设置场所,购备足机百数十具,排列成行,并由炭火蒸水改用蒸汽热水,俨如蒸汽丝厂焉”。除这种手工工场形式外,又有放机、放茧等散工制经营,丝厂“复设小机器,每人一具,携归家自经”,形成“数十年来,汽机缫丝与足机并行不悖”的局面。不仅如此,旧式手摇丝车在农村中还广泛存在,在一些工厂里亦用来做某种特殊的用途,“丝厂间有将劣茧选出,另设小室或小工场,雇用女工用手机摇之”。需要注意的是,足踏丝车的发明约迟于“汽机大偈”数年,盛行时期却是相反,足机盛行于光绪初年,汽机则盛行于光绪中叶以后。可是,“至光绪末年,又有结丝一类与东丝并行欧美,其制法用脚踏机,虽规模小,女工多则百数人,少则六七人,然年中输出俄,亦占粤中三分之一”①。

广东顺德、南海一带在晚清时期开办了大量的缫丝工厂,缫丝厂从业人数众多,缫丝行业大为红火。

随着广东新式丝厂的兴起和发展,手工缫丝的比重开始下降,这突出反映在生丝出口中手缫丝与机缫丝数量的消长对比上。80 年代上半期,广州出口生丝平均每年 9298.8 担,其中土丝 6897.2 担,占 74.18%;厂丝已有 2401.6 担,占 25.82%。从 1885 年起,土丝出口已经不如厂丝,只占 47.55%,其后越发不可收拾,1894—1895 年,土丝在出口生丝中的比重只占 10.62%了。19 世纪末,土丝出口进一步下降为 6.7%。②

但是,机器缫丝业在广东的发展状况并不能代表中国机器缫丝业整体的发展状况。

80—90 年代,珠江、长江三角洲新式缫丝业勃兴,农家已纷纷售茧而不缫丝,手工土丝生产已经一落千丈,内地诸省的近代缫丝厂则尚未登场。直到 1902 年,长江上游四川省的三台、乐山、重庆、合州等地,渐有近代丝厂出现,据说“颇著成效”,“先由直缫义(意)大利式木机丝车 12 部肇始”,次年“新修厂房,增添 60 部”,1905 年“新建蚕室四间,并添新车四十部”,1909 年又“添

① 王翔:《中国近代手工业史稿》,上海人民出版社 2012 年版,第 554—555 页。

② 佚名:《海关关册》,广东关册 1894 年前对厂丝出口尚未另列项目,兹据《海关十年报告》(1882—1891 年)(1892—1901 年)“广州口”的记载。

修茧库及缫丝工厂,添车140部”,但是遍布川省农村的,仍然是蚕农兼业的家庭手工缫丝。1910年,川省有缫丝农户14万户,产丝2174万两,缫丝农户在500户以上者有18个州县,其中1000户以上者为11个州县,内江、阆中等县近万户,西充3.7万户,三台5.9万户。[①] 此后,川省近代缫丝工业次第展开,但比起长江下游的上海、无锡,不仅时间上晚了20多年,规模上更是不可同日而语。20世纪初年,东南沿海已经是机纱盛行,“乡间几无自轧自弹自纺之纱矣”,一些内地边远地区尚不知机纱为何物,照旧“皆以自植之棉,自纺成布”。由于农家“多赖自行纺线,以资糊口”,所以洋纱不甚为当地纺织业者所欢迎。20年代以后,沿海先进地区的绸厂里已有电力织机高速运转,内地各省基本上还在使用着人工抛梭的土木织机。[②]

四川省是蚕丝的重要产区,这里的情况,可以表明农家土法缫丝受到的冲击不大。从全省来看,在蚕丝生产中占重要地位的仍然是农民家庭手工缫丝业。

2. 丝织业

在同一地区内,缫丝业的机械化程度及对小农手工劳动的取代率,往往要比丝织业高。19世纪70年代以后,近代缫丝工业已经在珠江三角洲蓬勃发展,但是在丝织生产行业则仍是旧式木机、土法织造的一统天下。19世纪80年代,近代缫丝工厂已在江浙一带兴起,而这一地区的丝织生产则迟至20世纪的第一个10年后,才开始引进手拉提花织机,组织手工工场,电力织机的使用还要在此之后。从时间上看,两者相差长达30多年,在各自行业内所占的比重,就更不能同日而语了。这种状况,反映了机器缫丝对手工缫丝、机器织绸对手工织绸的不同竞争的后果。一般说来,织平纹织物,拉机的劳动生产率比旧式木机高1倍多,电机高3倍多,若织花纹织物,则分别高出4倍至8倍;而器械缫丝的劳动生产率要比土法手工缫丝高出约10倍,机器缫丝则要高出近40倍。因此,手工土法缫丝自然被机器生产取代得较快较多,而手工木机织绸则相对被取代得较慢较少,形成行业之间发展的不平衡。[③]

---

① 王翔:《近代中国手工业与工业经济结构》,《中国经济史研究》1999年第2期。
② 王翔:《近代中国手工业与工业经济结构》,《中国经济史研究》1999年第2期。
③ 王翔:《近代中国手工业与工业经济结构》,《中国经济史研究》1999年第2期。

三、其他手工业的生存状态

1. 陶瓷业

陶瓷业在中国传统手工业中，历史悠久，地位重要，与人民生活息息相关。陶瓷曾经大量出口，是中国代表性商品之一，亦是中国对外输出的重要商品之一。陶瓷器皿，“本为吾国特产，数千年来，驰名中外，只以延用旧法，殊少进步。除黄黑粗砂诸货无甚竞争外，细货陶器之销路，则为欧、美及日货所侵夺，故销数频年递减”①。在国际市场上，自光绪年间始，洋瓷输入也愈演愈烈，至清末，中国每年进口洋瓷价值在70万两到150万两，其中来自日本的占半数以上。当时销行中国的洋瓷，“英、德两国全由机器制造，规模极大，且其技术极为巧妙，不但成本低廉，制品样式亦多，至不可胜数。德国货品质坚实，价格低廉，最受市场欢迎，即英国货亦有相当之声誉”②。而日本瓷器，亦“以摹仿西法，以极廉之价值与德、英等国货相竞争。当欧战发生，乘各国来源减少之时，卒能普及于市场”。相形之下，中国的陶瓷手工业则不仅“手续繁，成本大，而出品又劣，自不堪与洋瓷竞争”，衰象毕呈，“今不如古”。这些古色古香的固有国粹在洋货竞争之下，均呈每况愈下之势，显现出中外之间正以加速度拉开的巨大差距，清楚不过地表明了中国传统手工业已处于“或兴或灭”的危急关头。③ 陶瓷在国际市场的销量大减，是晚清时期手工行业艰难发展的一个缩影。

2. 制茶业

19世纪70年代以前，中国基本上是世界市场上唯一的茶叶供应国。制茶业在国际上需求旺盛，这种出口商品基本上都先行运到伦敦，供应英国消费之余才分运至其他国家销售。在当时货运和消息传递条件下，伦敦市场的茶叶销售数量和销售价格，主要是由中国茶叶的出口数量和出口价格决定的。制茶业因此改良技术、扩大生产，生意红火。中国茶在世界市场上的地

---

① 杨大金编：《现代中国实业志》上册，河南人民出版社2017年版，第421页。

② 陈重民编：《今世中国贸易通志》第3编《进口货物》，商务印书馆1927年版，第104页。

③ 王翔：《十九世纪末二十世纪初的中国传统手工业的危机》，《江海学刊》1998年第3期。

位蒸蒸日上,这一时期国际茶价高涨,华洋商人均得厚利。

鸦片战争以后,中国茶叶大量输出,制茶业成为晚清时期获得较大发展的手工行业之一。这一行业经历了几十年的兴旺时期,出口贸易繁荣,覆盖面广泛。云南省、福建省、湖南省、湖北省、安徽省等地区从事制茶行业的人员众多。

光绪中叶,湖南茶叶输出总额年达100万余担,大部分为安化县所产,最盛时安化茶庄多达100余家。此外平江"红茶大盛,商民运以出洋,岁不下数万金"①。直至光绪十六年(1890)后,由于国际市场上印度、锡兰茶的有力竞争,湘茶的销售量才逐渐减少。

在浙江温州,茶叶的畅销引起了外国人的注意,"茶叶在温州的复兴正成为越来越有价值的商品。1903年又多了两家商行开始烘焙加工茶叶,茶叶输出量比之前任何一年都大,质量也有了很大的提高。几年前,作者在美国经过一个大镇的街道,注意到一个很大的广告牌上是温州茶叶。如果茶叶贸易能够兴盛,我们希望在其他国家能看到更多这样的广告牌。但愿温州的茶叶贸易能进一步发展,有更多愿意工作的人能就业,从而缓解广大农村的贫困"②。

19世纪80年代,中国制茶业达到鼎盛。然而好景不长,进入90年代后,受到印度、锡兰、日本、爪哇等外国茶叶的激烈竞争,加上英、美两国对中国茶叶出口的限制,茶叶出口走向了下坡路。外国资本深入内地,掠夺工业原料和特产,是它们的重要目的。中国传统出口项目茶叶自然而然成为掠夺的重要对象。制茶业在外国资本和买办商人资本的控制下,逐渐变成出口原料的加工手工业,茶业的贸易一直控制在外国侵略者手中。由于外国商人控制了茶业的市场,中国茶业事业的盛衰也就不得不俯仰依人,不能自主。它随国际市场需要的增长而发展,也随国际市场需要的减少而衰落。

---

① [清]张培仁等修,李元度纂:同治《平江县志》卷20《食货志·物产》,见《中国地方志集成》编委会编《乾隆平江县志·同治平江县志》,江苏古籍出版社2002年版,第424页。

② 温州市档案馆(局)译编:《北华捷报及最高法庭与领事馆杂志1903年6月18日(一个发展中的产业)》,《北华捷报温州史料编译》(1896—1915年),社会科学文献出版社2018年版,第118页。

茶叶贸易在国际市场竞争中的受挫影响深远，各产茶大省均遭受重创。在广东南海县，“茶叶从前为出口货大宗，现在出口之数，历年递减，光绪十八年(1892)出口尚有65000担，至二十八年(1902)出口不过24000担。盖西人多向锡兰、印度购茶。前后仅距十年，销数之锐减已如是。中国茶业之失败，亦大略可睹矣。西樵山多产茶，山人向以植茶为业，官山墟有茶市一区。近高街百步石地方，近日茶叶失败，山人往往将地售作坟墓，所产茶株比前百不存一，市地亦废，今已夷为民居矣”①。茶株比前百不存一，令人嗟叹。

在福建福州，这里是茶叶交易的集散市场。因为“1904年内江浙皖鄂诸省产茶极盛，又兼印度锡兰及爪哇等处亦复丰收，于是乎福州一关茶业生意，皆为所攘夺，遂使无利可图矣”②。

进入70年代以后，中英之间建立了电讯联络，这时伦敦英商完全控制了贸易局面，中国茶叶便只能依据伦敦的标价出口。同样原因，中国的生丝也只能以伦敦、纽约或里昂的标价出口。③ 中国的制茶业受到英国、美国、俄国资本主义的强烈冲击，逐渐丧失了贸易标价权和贸易份额。

外商不仅仅获得了中国茶叶的定价权，也垄断了中国茶叶出口的经营权。外商完全控制了中国茶叶出口，掠夺了大量茶叶。整个19世纪中国没有一个经营茶叶出口业务的商家或机构，洋行垄断了茶叶出口业务，成为中国茶业的“太上皇”。中国茶商没有独立性，其来自洋行的剥削主要有“吃磅”、压价、任取茶样、99.5%扣息、割箱、破箱费。俄商从砖茶贸易中大捞了一把，砖茶在西伯利亚及蒙古大有市场。“蒙古人又往往用小片砖茶以代货币，羊1头约值砖茶12片，或15片，骆驼10倍之行，人入其境辄购砖茶以济银两所不通。”④

在砖茶制造方面，垄断了砖茶出口贸易的俄国商人，同时垄断了砖茶的加工制造。“砖茶的制造几乎全部是为了俄国市场。直到最近几年以前，它

---

① ［清］张凤喈等修，桂占等纂：《南海县志》卷4《舆地略·物产》，清宣统三年(1911)刻本。
② 佚名：《光绪三十年福州口华洋贸易情形论略》，《通商各关华洋贸易总册》下卷，第67页。
③ 严中平主编：《中国近代经济史(1840—1894)》(三)，人民出版社2012年版，第1105页。
④ ［清］姚明辉编：《蒙古志》卷3《贸易》，清光绪三十三年(1907)铅印本。

是汉口附近内地产茶地区在俄国商人监督下制造的,地点是崇阳、羊楼洞和羊楼司。但是最近两年内,有三个使用蒸汽机的制造厂已经潜移到汉口租界或其附近。"①"约在1850年俄商开始在汉口设厂,于是汉口成为中国最佳之红茶中心市场。1861年汉口开放为对外通商口岸,俄人乃在此建立其砖茶工厂,彼等改良中国压制砖茶旧法,其后改用蒸汽压力机。后于1878年使用水压机。初时,制造俄销砖茶之原料为零碎之茶末,后因贸易日渐发展,为商业上之需要,乃将品质良好之茶叶,用机器磨成粉末以制砖茶。"②"1866年,俄商新泰砖茶厂建于汉口江边,工人700人;1874年,第三家俄商砖茶厂——阜昌砖茶厂在汉口英租界设立,工人400人。"③

有人指出:"砖茶系俄人在汉口制造,名曰华茶,实则利权已入俄人之手。"④十月革命爆发后,俄商停止砖茶生产,对中国砖茶工业的统治才宣告结束。在俄商垄断中国砖茶业期间,中国砖茶工业的现代化受到严重压制,这是砖茶贸易衰落的主要原因。

中国旧式手工砖茶厂无法与采用近代化设备的俄商砖茶厂竞争,纷纷倒闭或仅能苟延残喘。为了对付俄商竞争,部分买办投资于新式砖茶工业,结果命运也不佳。1874年福州买办成立了砖茶厂,翌年砖茶厂增加为3家,"茶商购入英国机械设厂制造,大获厚利",然而好景不长,"光绪八年(1882)后则渐衰落"。⑤ 这些厂创办初期与俄商有过竞争,俄商视其为眼中钉,必欲拔之而后快。俄商不但不让华商参观工厂,还凭借雄厚实力排挤华商。华商厂小力薄,处于不利地位,1892年后相继倒闭。华商没有多大作为,直到20世纪初,才出现2家华商新式茶砖公司。1909年万国梁在羊楼洞成立振利茶砖总公司。规模较大的是1906年成立的兴商公司。兴商公司曾获利甚丰,但

---

① 佚名:江汉关《Trade Reports》上篇,1897年,第64页。

② 威廉·乌克斯:《茶叶全书》下,上海开明书店1949年版,第54页。

③ 曾兆祥主编:《湖北近代经济贸易史料选辑》第1辑(1840—1949),湖北省志贸易志编辑室,1984年,内部印行,第27页。

④ [清]李哲睿:《呈度支部农工商部整顿出洋华茶条议》,《东方杂志》清宣统二年(1910)第7卷第10期。

⑤ 刘锦藻编:《清朝续文献通考》卷385,商务印书馆1935年版,第11345页。

民国初年已走下坡路。此外,中国茶商深受洋行多种盘剥,无力扩大资本投资于近代制茶工业,造成中国茶业的衰败。①

3. 照明、取火业

煤油和火柴一样,在晚清时期迅速取代了原来的取火、照明方式,在几十年间迅速风靡大江南北,人民群众形成使用煤油的新的消费习惯。在河北省广宗县,“数十年前,敲石取火,棉油燃烛,今日火柴、煤油为输入品一大宗,人民以其简便,遂为通常用品”②。香河县,“数十年前,居民燃灯用棉子油或豆油,光绪年间则皆用煤油”③。望都县,“光绪庚子以前,居民取火以火镰、火绒、火石取火;燃灯则以瓦灯,棉子、豆、麻等油;炊薪用柴薪;吸烟则烟叶、烟丝,皆国产业。近则取火易以洋火,燃灯多用煤油。他如纸烟充斥,洋货盛行”④。直隶雄县,“油脂麻油能和味,棉子及蓖麻油可点灯,俱名灯油。近因煤油盛行,多已歇业”⑤。

在贵州安顺,“煤油侵入安顺始于光绪初年(1875),嗣后用者愈众,价乃大增,商人因有利可图,贩运者遂络绎不绝”⑥。浙江温州,“1888 年本地菜油价贵,每斤需钱一百二十文,火油不过六十五文一斤。用者贪贱,而又光亮,以此销场极旺,来货遂多”⑦。重庆,“各国洋油,1896 年亦只有二万八千加仑。1897 年则增至十一万加仑,盖因四川菜油价昂,民间贪图便宜,购买者愈多耳”⑧。使用外国煤油照明,价格便宜,灯光又明亮,成了百姓生活的新选择。

广东省的煤油销售势头同样很猛。在广州新会县,“由香港运入美国煤油,约值银 20 万元,苏门答腊煤油约值银 10 万元,共约值银 30 万元,销行于本境”⑨。肇庆府开平县,“道光以来,物产无大变异,惟自煤油入灌,而邑中

---

① 陶德臣、魏旭东:《外国列强对中国茶叶的早期资本输出与后果》,《农业考古》1995 年第 4 期。

② 姜必荣等修,韩敏修纂:《广宗县志》卷 4《风俗略》,1933 年铅印本。

③ 王葆安修,马文焕、陈式湛纂:《香河县志》卷 5《风土・民生》,1936 年铅印本。

④ 王德乾修,崔莲峰等纂:《望都县志》卷 10《风土志・民生状况》,1934 年铅印本。

⑤ [清]蔡济修,刘崇本纂:《雄县乡土志》卷 14《物产》,清光绪三十一年(1905)刻本。

⑥ 佚名纂:《续修安顺府志》,《安顺志》第 10 卷《商业志・进口货》,1931 年铅印本。

⑦ 佚名:《光绪十五年(1889)琼州口华洋贸易情形论略》,《通商各关华洋贸易总册》下卷,第 69 页。

⑧ 佚名:《光绪二十三年重庆口华洋贸易情形论略》,《通商各关华洋贸易总册》下卷,第 12 页。

⑨ [清]谭喆纂修:《新会乡土志》卷 14《物产》,清光绪三十四年(1908)铅印本。

花生为之绝种"[①]。广东佛山镇,"火水即煤油,同治末(1874),始由外洋输入,用者日众。已成为入口货之大宗"[②]。琼州府,"煤油皆用美国之货,但此项煤油生意,竟可必其年增一年,因乡民现均爱用,虽价稍昂于花生油,然燃灯光亮,较胜于花生油多多耳"[③]。在煤油风靡全国境内的同时,原有的照明、取火业则迅速衰落,一蹶不振。

这一时期,外国资本主义除了在棉纺织品市场竞争激烈,在中国其他种类商品市场上的竞争也十分激烈。以煤油为例,19 世纪 80 年代以前,中国的煤油市场曾经是美国货的一统天下,1888 年俄国煤油开始进入中国。90 年代里,荷属苏门答腊、英属婆罗岛以及日本、波斯等国也陆续加入中国煤油市场的竞争。

4. 卷烟业

从明万历年间烟草传入中国以后,烟草成为一种日常消费品,风靡全国。中国民众日常习惯吸食烟叶或烟丝制成的土烟。晚清时期,国外烟草公司生产的纸烟迅速在中国各地开始流行,取代了原有的烟草制品。在河北南皮县,"光绪季年,以前均吸烟叶或烟丝,近则多吸纸烟"[④]。在山东高密县,"烟,自烟草公司纸烟盛行,土烟之利几为所夺"[⑤]。在福建崇安县,"纸烟,又名香烟,光绪间,由英美烟公司输入。吸者渐众,取草烟而代之"[⑥]。洋烟日渐流行,传统的土烟行业则迅速衰落,一败涂地。

5. 制糖业

制糖行业原本是一门历史悠久的手工行业,种植甘蔗、制糖、熬糖是中国一些地方农户的主要收入来源之一。在清代,四川、江西、广东均是制糖行业的集中之地。

四川省的制糖行业颇有名气。在犍为县,"每糖一桶净重二百四十斤,每

① 余杰谋修:《开平县志》卷 6《舆地夏》,1933 年铅印本。

② 冼宝干等纂:《佛山忠义乡志》卷 6《实业》,1916 年铅印本。

③ 佚名:《光绪二十五年琼州口华洋贸易情形论略》,《通商各关华洋贸易总册》下卷,第 88 页。

④ 王德乾等修,刘树鑫纂:《南皮县志》卷 3《风土志·民生状况》,1933 年铅印本。

⑤ 余有林、曹梦九修,王照青纂:《高密县志》卷 2《地舆志·物产》,1935 年铅印本。

⑥ 刘超然等修,郑丰稔等纂:《崇安县新志》卷 6《礼俗·风俗》,1942 年铅印本。

桶售银十余元或二十余元，故种蔗制糖为农家之大收入。其销路，除本境用户外，凡属冬季，即有上游乐山、雅安糖帮到县收买，岁计销额境内外约十万元以上"[①]。顺庆府广安州，"甘蔗，产渠江一带，种皆白。萧家溪、梭罗溪均以糖为业，利常十倍"[②]。

江西省，广信府铅山县，"砂糖，以蔗汁煎成，铅山县出"[③]。南安府南康县，"南康近产糖蔗，岁煎糖可若千万石"[④]。

广东广州府番禺县是制糖业大县，远近闻名。"蔗之常用者，曰白蔗，别有紫皮蔗，竹蔗较小，皮坚节促，不可食，惟以榨糖。糖之利甚溥，粤人开糖房多以致富，故业此者种蔗成田，几与禾田相等。凡蔗以岁二月斜其根，以种之根斜而后蔗多，蔗出根旧者，以土培壅，新者以水久浸之，俟出萌芽，乃种。榨蔗之法，以荔支木为两辘辘，辘相比若磨。然长大各三、四尺，辘中余一空隙，投蔗其中，驾以三牛之轱辘旋转，则蔗汁洋溢，辘在盘上，汁流槽中，然后煮炼成饴。其浊而黑者，曰黑片糖；清而黄者，曰黄片糖；一清者曰赤砂糖；双清者，曰洋糖；次白者，售于各省，其凝结成大块者，坚而莹，黄白相间，曰冰糖，亦曰糖霜。金鼎、南冈、古料诸村，多以贩糖为业。"[⑤]

明清时期番禺县甘蔗种植已趋于普遍，土地用于种植甘蔗的面积和种植稻谷的面积相等。在经济作物的选择上，番禺民众多以种植甘蔗为谋利途径，其原因除甘蔗能够榨成糖而给当地民众的生活带来便利外，最重要的是其生产成本较低，且获利颇丰。当地蔗田面积几乎与稻田相当，这对于以前中国传统社会那种男耕女织式的小家庭来说是难以想象的。[⑥]

然而，晚清时期制糖业因为受到洋糖的排挤，此行业逐渐衰落。同治年间，江西"雨水不均，茶子歉收，兼之洋糖盛行，土糖碍销，各糖行多有歇业者，

① 陈谦、陈世虞修，罗绶香、印焕门等纂：《犍为县志》卷11《经济志·糖业》，1937年铅印本。

② ［清］周克堃等纂：《广安州新志》卷12《土产志》，清光绪三十三年（1907）修，清宣统三年（1911）刻本，1927年重印本。

③ ［清］白潢修，查慎行等纂：《西江志》卷27《土产·赣州府》，清康熙五十九年（1720）刻本。

④ ［清］邓兰修，陈之兰纂：《南康县志》卷2《物产》，清乾隆十八年（1753）刻本。

⑤ 丁仁长、吴道镕等纂：《番禺县续志》卷12《实业志》，1931年刻本。

⑥ 林晓蕾：《清代番禺糖业研究》，《农业考古》2016年第4期。

致糖油二宗,大为减色”,“近来洋糖洋油,盛行内地,致(江西)糖油各行,诸多亏本歇业”,赣籍著名早期维新派人士陈炽对制糖业受到洋糖挤压也发出感叹:“东南各省,所植甘蔗,获利颇丰。自通商以来,洋舶所带洋糖,色泽莹白,人咸爱之。旧日之糖,销路日微,销数日绌,糖商折阅,无可挽回。欲求不贫且窘也,其可得乎?”①

在另一个制糖行业集中的广州府,同样有人为此感到惋惜。广东广州府东莞县,“邑中诸果,蔗为最,蕉次之,荔枝、龙眼、橄榄等又次之。缘邑人榨蔗为糖,其制法旧胜于他县,故获利厚,而种植多。近因外洋以萝菔制糖,搀入内地,邑之糖业渐衰落矣”②。

6. 制扇业

扇子为人们夏季日常生活之不可或缺,历史悠久,制作精美,销量稳定。这一行业在晚清时期同样受到了洋货的冲击。江苏武进的制扇骨业闻名中外,“清光绪中叶,武进扇骨业最盛时,有作坊四五十家,每年出品约三十万柄。定西乡张多记,曾设肆及工场于苏州,本邑成品多售于苏州,以转销于沿江及黄河流域。其始自截劈初步,以至磨光,闻有手续十三种,皆由附近居民分任,以件计工。至此乃渐设工场,其手续皆自为之。在宣统间,日本以短小之扇骨,盛销于中国北部,于是制品者以成本不敌,存货受亏,遂改制短小之扇骨;又以引起苏、杭各地之仿制,出品日多,乃日渐衰落。自每年三十万柄之出数,递减而为年出二万柄矣”③。扇骨行业原本属于中国传统优势行业,在晚清时期,这一行业的利益被日本同行所削弱。

在近代中国工场手工业兴起之前,清代封建社会内即已孕育一批具有资本主义生产萌芽的工矿企业。19世纪20、30年代以降,包括四川井盐、造纸、制茶、制糖、棉织、木材采伐、煤、铁、铜、铅、锡、银矿等行业中,有的已采取大作坊和手工工场生产经营的形式。鸦片战争后,这类企业仍多继续存在,不

① 彭泽益编:《中国近代手工业史资料(1840—1949)》第2卷,中华书局1962年版,第165—166页。

② 陈伯陶等纂修:《东莞县志》卷13《舆地略八》,1927年铅印本。

③ 于定一编:《武进工业调查录》,武进县商会,1929年,第78—79页。

过生产有消有长。19 世纪 50 年代起,太平天国战争使国内生产事业,特别是长江中下游地区受到严重破坏,直到 70 年代初才逐步恢复。通商口岸被迫增开,为适应市场的扩大,在手工业商品生产增长的基础上,手工业中的资本主义关系有所发展。70、80 年代,缫丝、制茶、榨油、造纸、井盐等行业中工场手工业不断发展,采矿冶金业在新式矿厂出现以前,在采的矿厂有 50 个左右。19 世纪末到 20 世纪初,各通商口岸和附近地区新兴的手工业发展,如火柴、皂烛、卷烟、玻璃、榨油、制茶、制糖、缫丝、棉织、针织、地毯等行业中的大作坊和手工工场纷纷兴起,促进了当时城乡资本主义家内作业的兴盛。①

关于全国的工业调查统计,最初官方是以工厂利用原动力与否作为标准来登记统计。按工厂法规定,“凡用发动机器的工厂,平时雇用工人在 30 人以上者,适用本法”。这就是说,凡不符合工厂法的工厂,即不使用原动力或者说不用发动机、雇用工人不满 30 人的小厂,实际上,都可视为手工工场或大作坊之类。根据这些调查统计资料,就有可能把工场手工业同工厂工业进行比较。据 1912 年调查,辛亥革命前后,全国 2.0749 万家工厂中不使用原动力的手工工场占 98.25%,使用原动力的工厂只占 1.75%。因为上海是近代中国工业化水平较高的重要城市,工厂工业相当发达集中,其中工场手工业实际仍然为数很多。旧中国工场手工业的形成过程,主要是商业资本在手工业的生产过程以外,控制着手工业品和手工业原料的流通过程,从中取得利润,积累起来作为资本。商人们在这一基础上,为了把对手工业的控制力量由外部深入内部,由流通过程深入生产过程,借以掌握这两个过程的全部,并从中攫取更多的利润,就向手工业投资,开设工场。②

晚清时期,沿海地区的一些手工行业受到了外国资本主义和本国机器工业源源不断的强烈冲击,但是必须指出,中国的传统手工业五花八门,范围广泛,规模巨大,与人民生活的关系最为密切,在社会经济生活中的地位最为重要。这一时期,在中国许多省份,传统手工业生产的固有地位并未受到严重摇撼。

---

① 王翔:《近代中国手工业与工业经济结构》,《中国经济史研究》1999 年第 2 期。

② 王翔:《近代中国手工业与工业经济结构》,《中国经济史研究》1999 年第 2 期。

例如在广西,“本省的一切生产部门中,即织布、金属加工、制革、木材加工、酿造、饮食、烟草等行业中,手工业者的手工劳动并未动摇,仍然占着压倒的地位,供给居民充足的消费,而无须利用国外、省外输入的商品,甚至也不待使用农家副业生产的产品。全省从事手工业的人数约有 10 万人,超过了全省人口的十分之一”[①]。另一方面,是大中城市与广大乡村的差别。有些近代工业已经在一些通都大邑出现,或已居于优势,而同一区域的乡村地带,则似乎很难感受到这种风气的影响,旧式生产工具仍在继续沿用,旧的经营方式仍在继续维持。[②]

传统工具的流行一方面说明它仍能适应当地手工业生产的需要,另一方面或者说更重要的是因为价格因素,贫困农民买得起。手纺车最为典型,农民不仅有能力购买,也不需要费力气就可以使用。所以,尽管机纱排挤乃至取代土纱的现象遍及全国各地,但用纺车纺纱远未灭绝,“从事手工纺纱之人不外是年幼的小女孩或老迈妇女,她们不能从事任何其他生产工作,因此她们的纺纱劳动没有任何机会成本可言”。中华平民教育促进会在定县进行实验时,将手工业的改进作为一项重要的内容,曾试图改良纺车,用铁机纺线,“此种纺机如能推广实可增加农家之收入”。但因为这种纺车构造比较复杂,成本提高,农民用此纺线并不划算。所以,“现今能代表农村纺业的用具仍然还是旧式纺车”,手纺车继续保持着顽强的生命力。[③] 由此可见,传统手工行业在晚清时期仍然有着较大的生存空间,手工行业仍然在国民经济中具有举足轻重的地位。

第二节　外国机制工业品与晚清手工业

外国资本主义大肆入侵中国市场,使中国的社会经济遭受了巨大的冲

① 《广西概况》,《广东杂志》1928 年第 8 期。

② 王翔:《近代中国手工业与工业经济结构》,《中国经济史研究》1999 年第 2 期。

③ 李金铮:《传统与现代的主辅合力:从冀中定县看近代中国家庭手工业之存续》,《中国经济史研究》2014 年第 4 期。

击。在帝国主义列强争夺世界市场、瓜分殖民地和势力范围的争斗中，幅员辽阔、人口众多的中国成为它们竞相抢夺的一个主要目标。在这种经济社会形势恶劣的宏观环境下，中国传统手工业的发展注定是一个复杂和曲折的过程。

中国在甲午战争中遭到惨败，导致战后列强对中国的侵略和掠夺迅速扩大，英、法、俄、德、日等国在中国开办工厂、抢夺路矿等权益、争夺势力范围的斗争不断加剧，美国则于1899年提出所谓“门户开放”政策，要求在各国既得的势力范围内，相互开放，使美国能按“利益均沾”的原则，获得相应权益。在八国联军侵略中国以后，帝国主义列强更进一步地控制了中国的政治与经济，从而使中国成为帝国主义列强共同支配的半殖民地。在这种形势下，中国市场从广度和深度两个方面进一步向资本主义世界开放。至此，中国内地穷乡僻壤的广大市场与资本主义世界市场产生了联系。新的历史条件下，在更大的范围内和更深的程度上，外国机制工业品与中国手工业产品展开了更加激烈的竞争，刺激着中国传统手工业生产发生了深刻的变化。

一、手工业存亡的冲击波

鸦片战争后，清廷被迫与各列强签订了一系列不平等条约，分批开设大量通商口岸，凭借不平等条约给予外国商人特权，洋货大量涌入中国，给中国的手工行业造成巨大压力。19世纪40—90年代，通商口岸由东南沿海地带逐渐扩大到安徽、江西、湖北、四川、云南等内地及边远省份，这就为外国商品源源不断地输入内地同时为包括手工业品在内的中国商品的出口打开了方便之门。据统计，1864年至1894年，各国对华商品输入，从4621万海关两增至16210万海关两，增加了2.5倍多。30年间，中国农副产品的出口额，也由4865万海关两增至12811万海关两，增加了1.6倍多。[①]

自鸦片战争后开口通商，西洋各国开始向中国大批量输入推销西洋机器制品，此后迄清末的70年时间里，随着洋货输入销售持续增多，中国人购买

---

① 杨端六：《六十五年来中国国际贸易统计》，1931年，第1页。

使用洋货的人数也持续增多,地域日广,形成“洋货流行”并日益扩展的景象,中国城乡民众的日常生活开始发生巨大的改变。“中国人虽然保守,却也不知不觉地使用起外国货。现在不仅在口岸市镇和沿海地带到处可以看到钟、表、火毡、红毡,就是在遥远的内地,也都可以看到这些东西。”①

数十年间,进出口贸易逐年增长,洋货输入的数量和种类持续增多。对此,郑观应曾经有过细致的描述:

> 请先就我之受害者缕析言之,大宗有二:一则曰鸦片,每年约耗银三千三百万两;一则曰棉纱、棉布,两种每年约共耗银五千三百万两。此尽人而知为巨款者也。不知鸦片之外,又有杂货,约共耗银三千百万两,如洋药、水药、丸药粉、洋烟丝、吕宋烟、夏湾拿烟、俄国美国纸卷烟、鼻烟、洋酒、火腿、洋肉脯、洋饼饵、洋糖、洋盐、洋果干、洋水果、咖啡,其零星莫可指名者尤夥。此食物之凡为我害也。洋布之外,又有洋绸、洋缎、洋呢、洋羽毛、洋漳绒、洋羽纱、洋被、洋毯、洋毡、洋手巾、洋花边、洋纽扣、洋针、洋线、洋伞、洋灯、洋纸、洋钉、洋画、洋笔、洋墨水、洋颜料、洋皮箱箧、洋磁、洋牙刷、洋牙粉、洋胰、洋火、洋油,其零星莫可指名者亦夥。此用物之凡为我害者也。外此更有电气灯、自来水、照相玻璃、大小镜片、铅、铜、铁、锡、煤斤、马口铁、洋木器、洋钟表、日规、寒暑表,一切玩好奇淫之具,种类殊繁,指不胜屈。此又杂物之凡为我害者也。以上各种类皆畅行各口,销入内地,人置家备,弃旧翻新,耗我赀财,何可悉数。洋布、洋纱、洋花边、洋袜、洋巾入中国,而女红失业;煤油、洋烛、洋电灯入中国,而东南数省之柏树皆弃为不材;洋铁、洋针、洋钉入中国,而业冶者多无事投闲,此其大者。尚有小者,不胜枚举。所以然者,外国用机制,故工致而价廉,且成功也易;中国用人工,故工笨而价费,且成功也难。华人生计,皆为所夺矣。②

① 姚贤镐编:《中国近代对外贸易史资料(1840—1895)》第2册,科学出版社2016年版,第1093页。

② 《郑观应集》上册,上海人民出版社1982年版,第86页。

据统计，仅从主要对华进口国英国每年输入商品量来看，1845 年输入总值为 240 万镑，1860 年增至 436 万镑，到 1869 年增至 800 万镑，20 多年间增加 3 倍多。后来随着输入日用杂货种类增多，特别是棉织品及其他一些低端日用杂货批量输入，市场逐渐扩大，销量日增，鸦片的比例有所下降，日用洋杂货的比例持续上升，特别是一些适用而又价格不高的低端日用洋货，因销售量增大而进口量有所增加。如价低实用的洋针，上海在 1867 年进口 210 万枚，两年后增至 890 万枚，可见这类日用小洋杂货行销日广。随着输入量增多，洋货作为一种新商品日渐进入销售市场。

进入 19 世纪 70 年代以后，一方面洋货市场持续开拓，一方面洋货制造和运输成本降低，使零售价普遍下降，遂使洋货销售进入了畅销期，洋货销量呈激增态势。如据一项统计，1870 年进口洋货值 6400 万海关两，比 6 年前增长了近 38%，1880 年增至 7900 万海关两，1890 年更增至 12700 万海关两，比 1870 年增加 1 倍。货物品种的比例也有变化，初期一直占进口货物大宗的鸦片的比例有所下降，棉织品及其他杂货的比例上升。到了 1870—1880 年代以后，日用洋货不仅成了城市居民的日常流行用品，而且也流行于内地村镇。

中国传统手工业与外国资本主义商品侵略的全面接触，开始于资本主义列强用武力强迫中国开放的通商口岸。甲午战争前的 50 余年间，共辟有通商口岸 35 处，从沿海沿江逐渐向内地蔓延，已经使中国的手工业生产感受到沉重的压力。甲午战争后到 1914 年的 20 年间，列强强迫清廷新开放的口岸就多达 53 处，达到了开埠通商的高潮。此后又陆续增开 10 余埠，使中国的通商口岸共达百余处，成为中国对外贸易殖民地化的标志之一。通商口岸进一步伸向边远内地，中国广袤的土地都对外国侵略势力敞开了大门，外国商品几乎没有它们不可以到达的地方，外国机制工业品通过这些口岸源源输入，持续增长，销售地域也更广。[①]

伴随着甲午战争后列强在中国瓜分势力范围的狂潮，资本主义各国竞相

① 李长莉：《晚清洋货流行与消费风气演变》，《历史教学》（下半月刊）2014 年第 1 期。

攫取修筑铁路的权利。在一般情况下,兴修铁路是加速资源开发、促进经济发展和社会进步的重要手段,被时人称为"富强兼资"的"切要之图"。但是,外国资本主义"想使中国进入铁路时代",则有其特定的野心:一半是为有投资的场所;一半为深入内地市场。帝国主义侵略者们相信,经由这些铁路,他们的商业可以在那个国家的内地竞争中胜利。1895—1916年,帝国主义在中国攫夺了49条铁路的投资、修筑、经营管理、收益分配等权利。如果说甲午战争前,国际资本主义还处在以商品输出为主要特征的自由竞争时期,它们对中国的侵略主要还是通过商品输出以获取高额利润,那么,甲午战争以后,外国资本主义对中国的经济侵略就已经不再满足于只是输出商品,而开始日益注重于资本输出。《马关条约》不仅给予了外国人在通商口岸的设厂制造权,而且给予其在中国制造的商品和进口洋货以同样的特权和优惠。到1902年的《中英续议通商行船条约》,则更进一步将设厂制造的地点从"通商口岸城邑"实际上扩展到内地任何地方了。本来,进口洋货在中国推销,中国的手工产品已经很难与之竞争,如今又在中国设厂制造,并同样享有洋货进口的种种特权,结果自然是置传统手工业于任人宰割的境地,"洋货愈益畅销,土货愈益不振,相形相因,判若霄壤"①。

在这门户洞开和"自由贸易"情形下,中国对外贸易商品价格主导权的丧失自然会促进中国在各方面对国际资本主义的依赖。经济附庸化的一个重要表现,就是国外的物价及银汇成了决定中国进出口物价及沿海大城市中物价(以银计算的)的最主要因素。70年代以后,苏伊士运河的开放,海运航程的缩短、运费的激减,中西海底电缆的畅通,贸易方式的改变以及中国通商口岸的增辟,内河与沿海航权的丧失,都加快了中国经济半殖民地化及附庸化的过程。②

在国外产品的冲击下,中国传统手工业逐渐衰落的同时,中国出口商品价格的决定权也逐渐丧失。进口贸易方面,在19世纪50、60年代,因为资本

① 王翔:《十九世纪末二十世纪初中国传统手工业的危机》,《江海学刊》1998年第3期。

② 郑友揆:《十九世纪后期银价、钱价的变动与我国物价及对外贸易的关系》,《中国经济史研究》1986年第2期。

主义国家生产成本仍是相当高,进口布等不能和中国耕织结合的小农经济相抗衡,所以洋货往往会削价入侵,中国方面消极地获得价格的竞争权。70年代以后,资本主义国家生产力发展,物价长期下降,加以中外交通革新、运费降低,进口货物的价格几乎全以国外的市价为准,致使中国手工业品对外国机制工业品的进口逐渐丧失了抗拒能力。

中国出口商品价格主导权丧失的过程,是比较复杂的。但与70年代后国际资本主义所控制的世界经济体系的形成、中国国内生产关系束缚出口商品的改良、买办网的形成,是分不开的。如以中国最主要的出口货物茶、丝二项而言,根据已有记载,在60年代,犹如40、50年代一样,因中西交通不便,动辄数月,买卖双方消息滞迟,中国又是世界上生产茶、丝最主要的国家,所以华商往往能权衡供应情况,采取主动,开索价格,洋商很少有还价的机会。70年代开始,商业电报便捷,资本主义对国际贸易控制加强,中外竞争加剧,情形乃有剧烈的变化,华茶华丝的对外价格主导权开始动摇。1872年里昂生丝协会即警告华商若不改良华丝品质,华丝必须减价出售。次年国际丝价下跌10%—15%,而华丝则下跌了25%—40%。因为欧美产丝和销丝有几个中心,到了80年代华丝的售价,就完全要以纽约、伦敦、里昂的购价为转移了。80年代,华茶也因印茶的竞争,完全失去了价格的领导权。印茶的种植、加工、包装、运销,完全以殖民主义者的资本主义生产方式进行,集中剥削,所以成本低,品质划一,利润大。而华茶由小农分散种植、采制,由买办收购,由洋行出口,中经层层剥削,所以成本高,品质参差不齐,在国际市场上无法与印茶抗衡(以后又受到锡兰茶、日本茶的竞争)。只能依循伦敦标价,作为华茶能否出口的标志。80年代有经验的观察家曾总结当时情形说,“世界贸易主要商品的价格,是在中国以外决定的。中国商人的任何努力,对这些价格不能有严重的影响”①。可见茶、丝的出口价格已完全为国际资本主义所钳制了。到了90年代,国际资本主义对市场的控制更紧,一切听从伦敦、纽约的挂牌,中国茶丝是否值得出口,完全以国外价格和银汇变动为计算

---

① 郑友揆:《十九世纪后期银价、钱价的变动与我国物价及对外贸易的关系》,《中国经济史研究》1986年第2期。

标准了。

茶、丝尚且如此,至于80年代以后新增的出口商品如棉花、豆类、草帽辫、糖类、毛皮等,中国产量较少,自然更加谈不到对外贸易价格的决定权了。哪些商品能出口,出口多少,完全由洋行、买办根据当时国外市价、银汇的起伏,权衡国内的收购价格是否有利而决定的。国外物价及银汇决定了中国进出口及沿海城市中以银计量的物价。[①]

外国资本主义的经济侵略,造成了中国自然经济的解体和传统市场的破坏。随着农产品商品化程度的提高,内地农村同国际市场的联系加强,在这一过程中,中国传统的手工业遭受打击、压制和阻碍。随着外国机制工业品的流行,传统手工业商品销路日减,必然挤占中国原有手工行业的生存空间。市面上可见的洋货品种和数量越来越多,日复一日,中国城乡民众的消费习惯和购买选择也在发生着令人吃惊的变化:

> 农民可以生产甘薯或其他任何纯粹中国的东西,然而他也把他收入的大部分购买完全的洋货或用洋货制成的东西,或用外国设备制造的货物。只要我们在一个中国城市的街道走走,就可看见普通的中国人近来如何习惯于外国的奢侈品了。洋货店的数目正在一年年的增加,海关统计中,外国进口货物的数字,也随同着增加。几乎没有一个中国人的家庭不用一些进口洋货。假若不是棉织品,至少要用煤油作室内照明之用,或者在欧洲制造的、迎合中国人嗜好的不胜枚举的某些小东西。洋人心计甚工,除洋布大宗之外,一切日用,皆能体华人之心,仿华人之制,如药材、瓶盎、针、钮、肥皂、灯烛、钟表、玩器,悉心讲求,贩运来华,虽僻陋市集,靡所不至。近来民间日用,无一不用洋货。只就极贱极繁者言之,洋火柴、缝衣针、洋皂、洋烛、洋线等,无人不用。一人所用虽微,而合总数亦颇可观。洋火柴、洋烛,现在(光绪后期)沪上亦有制造,然销路未

① 郑友揆:《十九世纪后期银价、钱价的变动与我国物价及对外贸易的关系》,《中国经济史研究》1986年第2期。

畅,外洋之货,仍源源而来,可见本国之货,只居十之二三。[①]

二、手工业蜕变的推动力

即使外国机制工业品在中国各地横行无忌,甚至穷乡僻壤也能找到外国商品的身影,但是,在中国这样一个广袤无垠、各地情况差异较大的国家,实在不能一概而论。中国是一个有着长期发展历史的、拥有多种多样手工行业的大国,任何外国资本主义国家都不可能把中国境内的手工行业全部摧毁,任何外国机制工业品也不可能完全占据中国市场。晚清时期,仍有种类繁多的手工行业生存了下来,有的手工行业尚能获得一定程度的发展,甚至还有一些手工行业面临新的发展机遇。

1. 有所发展的手工行业

甲午战争后割地赔款的切肤之痛和“瓜分豆剖”的亡国危机,使得朝野上下纷纷探索救亡之道。民间“设厂自救”的呼声和朝廷“振兴商务”的新政相互交汇,导致了中国资本主义的一次发展热潮。棉纺织、缫丝、面粉、卷烟、火柴等轻纺工业获得了较大发展。[②]

第一,酿酒行业。

中国传统酿酒业在鸦片战争后没有衰落,还能获得一定程度的发展。中国传统酿酒的独特工艺和口感不是洋酒所能代替的。中国传统酒,主要是白酒和黄酒,在长期的实践中形成一套独特的酿制工艺,特别是制曲酿酒法,在世界酿酒工艺中独具一格。由这种独特工艺酿制而成的酒,就具有了独特风味和口感,中国人在长期饮用的过程中形成独特的饮用习惯,这种习惯不是短期内可以改变的。外国也生产白酒,但工艺却和中国完全不一样,主要是以酒精为原料,配以各种香精和食用色素制造而成。尽管洋酒的制造也非常注重质量,但其风味与中国酒迥然不同,因而无法取中国酒而代之。近代以来,特别是甲午战争后,外国人也有直接在中国设置酒作坊生产白酒的,但多

---

① 姚贤镐编:《中国近代对外贸易史资料(1840—1895)》第2册,科学出版社2016年版,第1093—1094页。

② 王翔:《十九世纪末二十世纪初中国传统手工业的危机》,《江海学刊》1998年第3期。

数规模不大,发展也不快,就是这个原因。其产品主要以在华外国人为销售对象。自鸦片战争后至清末期间,洋酒的输入尽管给中国传统酿酒业带来了一定影响,但影响不大,主要就是因为外国酒没有同类产品能够与中国传统酒竞争。所以,洋酒的进口数量虽大,但以中国传统酿酒业不曾酿制的啤酒、香槟、汽酒和传统酿造工艺比较落后的葡萄酒为主。这些酒的涌入,主要是给新兴的民族资本主义机器制酒业造成压力。[①]

传统酿酒业从古代至近代,其原料配方、制作工艺、包装样式、购买人群基本一致,变化不大,发展也较平稳,洋酒对传统酿酒业的冲击不大。1894 年广州口的海关贸易报告指出:“在中国,洋酒贸易不可能扩大。同外国人打交道的中国官吏和商人,有时用到白兰地酒、雪利酒或香槟酒,但是我怀疑甚至在内地大城市中,能否找到一瓶洋酒。”[②]

在黑龙江、吉林、内蒙古等地,地处严寒,酒的销量很高,酿酒业较为发达。黑龙江呼兰府,“三城粮产最富,而岁以酿酒耗散者,殆难数计,税局专税酒筒至一万余金,概可见矣。闻酒坊日夜并作,随运各城,时有匮乏之虞。盖边地苦寒,非借酒不足御之,俄伦春部尤为酷嗜”[③]。“呼兰府酒类有白酒,高粱所制;黄酒,粟米所制。白酒输销邻省及俄境。制白酒场所名曰烧锅,营其业者谓之烧商,皆资本富厚者为之。”[④]奉天辽阳州,“制造各品,以烧酒、豆油为大宗,计城内外烧锅九处,市镇烧锅八处,每处需人七八十名”[⑤]。可见辽阳州从事酿酒行业的手工业者较多。

全国其他地方所生产的酒品类同样不少,销量较为稳定。晚清时期,有的地区甚至出现了酒的销售量更为兴旺的局面。江苏镇江府丹阳县,“百花酒,俗传京口百花即此。宣统初(1909),南洋劝业会给头等奖章”[⑥]。山东峄

---

① 李志英:《近代中国传统酿酒业的发展》,《近代史研究》1991 年第 6 期。

② 姚贤镐编:《中国近代对外贸易史资料(1840—1895)》第 2 册,科学出版社 2016 年版,第 1098 页。

③ [清]徐宗亮纂:《黑龙江述略》卷 6《丛录》,清光绪二十六年(1900)刻本。

④ 方福麟修,张伯英纂:《黑龙江志稿》卷 16《物产志·庶物》,1933 年铅印本。

⑤ [清]洪汝冲修,永贞纂:《辽阳乡土志·物产·制造业》,清光绪二十四(1898)年铅印本。

⑥ 胡为和等修,孙国钧等纂:《丹阳县续志》卷 19《风土·附物产》,1927 年刻本。

县,“峄县火酒最为著名,所谓兰陵美酒也。烧者四十余家,生意均有可观。惟齐村郭里集两处之十数家尤盛。除销售本地外,直隶曹州等处来此贩卖极众。即二处而论,每岁行销客贩约在六十万上下。近数年来更为兴旺,较前可多销三分之一云”①。

广东广州府番禺县,“昔日米店多兼蒸酒,大糠当柴,米糠搅糟,事甚便也。舂米业衰,蒸酒之业无不窒碍,然洋酒价昂,且饮者多好土酒,故蒸酒之业尚能维持现状”②。宁夏,“玫瑰露酒,为宁夏特出。白柑烧酒,多出中卫,近宁夏金积均出”③。天津,“酒业尚称发达,大直沽一带尤为最富之区,有烧酒锅十六处,所制白干酒质良味淳,堪称佳酿”④。河南裕州,“赊旗镇绅士改良制酒运销粤、沪一带,闻所制汾酒,价廉物美,虽初次发行,销路颇旺”⑤。

四川泸县,“酒,以高粱酿制者曰白烧,以高粱、小麦合酿者曰大曲。清末,白烧糟户六百余家,出品运销永宁及黔边各地。又有用白烧熏制香花、玫瑰、佛山、玉兰、薄荷而成者,通称花酒”⑥。四川崇宁县,“酿酒厂名曰烧房,光绪间,烧房颇多,旺月开烧,淡月封闭”⑦。

全国各地的酿酒行业普遍还是小型作坊,多销售于本乡本镇或邻县,有其固定的消费人群。在晚清时期,随着交通运输条件的改善,酿酒行业的销售范围甚至有扩大趋势。

第二,制火柴业。

火柴是从外国传入中国的,故称为“洋火”。用火柴取火,比中国传统的取火方法(用打火石取火)方便得多,故很快为中国人所使用。1879 年,卫省轩在广东佛山设立“巧明火柴”,这是中国第一家近代火柴厂。到甲午战争前夕,国内共有 11 家火柴厂。甲午战争以后,随着抵制外货运动和挽回利权运

---

① 佚名:《峄酒销路》,《济南报》清光绪三十年(1904)第 39 期,第 10 页。

② 丁仁长、吴道镕等纂:《番禺县续志》卷 12《实业志》,1931 年刻本。

③ 陈必淮修,王之臣纂:《朔方道志》卷 3《舆地志・物产・货类》,1927 年铅印本。

④ 宋蕴璞辑:《天津志略》第 9 编《工业・第四章・饮食品工业》,1931 年铅印本。

⑤ 佚名:《各省新闻:裕州酒业之改良》,《北洋官报》清光绪三十二年(1906)第 1173 期,第 8 页。

⑥ 王禄昌等修,高觐光等纂,欧阳延续补:《泸县志》卷 3《食货志・工业》,1938 年铅印本。

⑦ 陈邦倬修,易象乾等纂:《崇宁县志》卷 3《食货门・物产》,1925 年刻本。

动的展开,华商火柴制造业出现了设厂热潮。1895—1913年,11个省份新设火柴厂58家,虽然大多还是采用手工制造,很少购置动力设备,但是规模扩大、资本增加,资本额在10万元以上者有6家,更有拥资42万元、雇工1900余人的大厂。[①]

晚清时期,火柴厂在各地陆续开办。北京,"张星五主事前留学日本实业,归国后创办丹凤火柴公司,自开办以来,销售畅旺,卓著成效。年可获利三万元,实业学生之学有实效者此其一斑"[②]。宁波,"正大火柴厂,1907年设立,有资本40000两,所出火柴有上下各等。因售价较入口品为低廉,故能销行当地"[③]。

设立火柴厂的热潮也影响到了西南边陲。在云南昭通县,"清末修造元兴工厂制造火柴"[④]。在四川泸县,"光绪二十八年(1902),始创溥利火柴公司于小市"[⑤]。重庆,"森昌、泰森、昌正火柴厂开办已十余年,颇得厚利。后续开有邻公司一家,去年三家合办一公司,共销火柴一万六千七百余箱,又续开一家亦销至三千余箱,利权实属挽回不少"[⑥]。

在贵州遵义府,"火柴,初系由川广输入。至宣统年间,始创设工厂,自行制造。原料取松木锯截成段,用甑蒸熟,先刨成片,用色纸粘衔其外以成盒形,以檝子先上硫磺汁,既用黄磷、玻粉、光粉和牛胶溶化涂檝末,始装贮盒内粘封之乃成。其数以七千二百盒为一箱,贩夫贾竖购运四方,年可销千箱,值四五万元,此亦抵制外货之一也"[⑦]。火柴厂开办所需成本不太高,制造工艺不算复杂,多为手工操作,因此各地开办火柴厂进展顺利。中国火柴制造工业的开办,有效减少了进口火柴在中国销售市场的份额。

第三,制草辫业。

在中国市场逐渐被卷入世界经济的过程中,有一部分手工行业在国际贸

① 王翔:《中国近代手工业史稿》,上海人民出版社2012年版,第424页。

② 佚名:《记事:火柴获利》,《南洋商务报》清宣统元年(1909)第19期,第45—47页。

③ 汪敬虞编:《中国近代工业史资料》第2辑(1895—1914),科学出版社2016年版,第3812页。

④ 卢金锡修,杨履乾、包鸣泉纂:《昭通县志稿》卷5《工业·工厂》,1938年铅印本。

⑤ 王渌昌等修,高觐光等纂,欧阳延续补:《泸县志》卷3《食货志·工业》,1938年铅印本。

⑥ 佚名:《实业调查:火柴厂获利》,《中华报》清光绪三十二年(1906)第491期,第7页。

⑦ 周恭寿等修,赵恺等纂:《续遵义府志》卷12《物产·货类》,1936年刻本。

易需求兴旺的情况下,在晚清时期,没有走向衰落,反而获得了新的发展。例如草辫业和猪鬃业就是这种新兴行业。

草辫,又称草帽辫,是以麦草加工、编织成辫,用以制作草帽。草辫业是鸦片战争以后适应国际市场需要而新兴的一个手工行业。草辫产地,南起闽、浙,北至豫、鲁、直、晋,范围很广。其中,以山东的地位最为重要。1892年,山东开始有草辫业生产,起初局限于烟台一地,后经外国传教士推广,组织大量农家妇女为之编织,逐渐遍及全省各地,一时成为山东省北部和中部大部分民众收入的主要来源之一。[①]

晚清时期,山东是草辫业发展最有成效的省份。山东曹州府朝城县,"本境销行于外境者,以草辫为大宗。草辫皆莱州属大商设栈本境收买,每岁销行二千余包"[②]。山东即墨,"近有商人设一草辫公司,名曰即昶。聘请教习招集各学生,教以掐辫之法,俟学成后分往各乡设立分局,一面教导一面收买"[③]。山东齐河县,"缪大令以东省草辫一项向为出口大宗,特于本年(1907)麦秋前,由阳信招募女教习四人,男教习一人,至县租赁城内住宅一所,作为工场,招工学习编制。一面派人赴各乡演说劝导并饬地方总首事,各保送女艺徒一人入场学习。限一个月毕业回乡充当教习,饭资工食暂行由县给。有毕业者已及四十人,所制货色均尚可观,已由各首事等先后领回,在乡设立分场"[④]。山东潍县,"潍县某商刻联合资本设一济草辫公司。由沙河镇雇到制辫男女工人数名,欲学制草辫者皆可向之学习,若欲到家教授亦可应聘前往。至制成之辫由公司购买,分三等合价,所制之辫长十码可值京钱一千。若制作精工,尚可加价。近日前往学制者颇不乏人"[⑤]。山东董县,"有绅士戚必廉等禀创办草辫学校"[⑥]。

---

① 商业部:《草辫业之调查》,《实业丛报》1913年第9期,第1页。
② [清]袁大启修,吴玉书、吴式基等纂:《朝城县乡土志》卷1《商务》,清光绪二十六年(1900)刻本。
③ 佚名:《记事:创设草辫公司》,《南洋商务报》清光绪三十四年(1908)第44期,第1页。
④ 佚名:《各省新闻:提倡草辫工业》,《吉林官报》清光绪三十三年(1907)第37期,第13页。
⑤ 佚名:《本省新闻:集股设草辫公司》,《山东官报》清光绪三十二年(1906)第142期,第3页。
⑥ 佚名:《各界要闻:实业界:禀创草辫学校》,《通学报》清光绪三十四年(1908)第6期,第179页。

中国出产的草辫,因价廉物美而颇受欧美市场欢迎,遂成为外国洋行属意的目标,大量运销海外。1874年出口16616担,1884年增为78166担,1894年又增为120629担,20年间增长6.26倍。19世纪中,烟台港是输出草辫最为集中的口岸,约占全国出口量的一半,在烟台全部出口货物中的比重则占到80%左右。[①] 在许多传统手工行业遭受冲击、生产不振之际,草辫业的兴起,为一些地区的城乡劳动者提供了一个转业的机会,也提供了一种糊口的手段。[②]

第四,制猪鬃业。

猪鬃业是清同治年间在全国各地出现的一个新行业。因受国际市场的刺激,经营猪鬃的行业得到快速发展。中国所产猪鬃,因强韧而富有弹力,且不大受干湿冷热影响,需求畅旺。国外购买猪鬃后,加工制刷。晚清时期,猪鬃出口量不断增长。

在山东潍县,"猪鬃业始于清同治末年(1874),城北阙庄有制猪毛缰绳者,见有猪鬃随手拣出,备作鞋刷。光绪二十三年(1897),掖县商贩在阙庄收买乱鬃,雇佣女工整理,运往天津、上海、青岛、烟台,以供欧美、日本各洋行购买"[③]。在贵州安顺,"猪鬃,自光绪初年(1876),外人在香港、汉口等地大量收购以来,安地商人纷纷运往上述二地售卖"[④]。在四川巴县,"猪鬃为出口货大宗,已经梳洗捆制者为熟货,未经梳洗捆制者为生货。清光绪间英商立德始招致天津工人来渝为此梳洗捆制工作,其后递相传授,川人习业者亦多"[⑤]。在云南宣威县,"向时人民不知猪鬃之有用,洗猪时往往弃之于地。此项猪鬃多售给洋行,外人运回其国,制为衣料、毛刷,复运入华"[⑥]。在湖南湘潭,光绪年间规模较大的猪鬃行有朱洪盛、何益盛、邱合盛、周乾裕等行。湘潭全年加

① 烟台港务局编:《近代山东沿海通商口岸贸易统计资料》,对外贸易出版社1989年版,第170页。

② 王翔:《中国近代手工业史稿》,上海人民出版社2012年版,第436—437页。

③ 常之英修,刘祖干纂:《潍县志稿》卷24《实业志·工业》,1941年铅印本。

④ 佚名:《续修安顺府志》,《安顺志》第10卷《商业志·出口货》,1931年铅印本。

⑤ 罗国钧等修,向楚等纂:《巴县志》卷12《工业·猪鬃工业》,1939年铅印本。

⑥ 陈其栋修,缪果章纂:《宣威县志稿》卷7《政治志·建设·农事建设》,1934年铅印本。

工整理的纯鬃产量，约计2000担，每担售价100元至200元，除销往国内市场外，每年亦有1000余担出口到日本、欧美各国。

有的手工行业有所发展是因为近代工业为它提供了更好的外部条件（如手织业）。有的行业则是由近代工业带来的，如卷烟、火柴的包装。当然后者并不是传统手工业。

有一部分则是那些有长期发展历史，手工工场和商品生产比较发达，还有较多发展余地的手工业，例如榨油业、碾米业、煤矿业、丝织业等。由于外国资本主义经济势力在这些部门暂时还不可能很大，虽然也曾承受过某种外国商品的压力，有过短期的衰退，但因出口数量的增大和国内商品经济的发展，在较晚时期，又有了新的发展，或者在一部分地区衰落下去，而在其他地区则有较大的发展，少数企业并曾因此逐渐过渡到机器工业。

但是这类保存下来的手工业，无论是前者或是后者，在社会经济中的地位和影响，都不能和上面所述的那些在外国资本主义侵入后遭到破产或被外国资本控制着的手工业相比拟，特别是不能和棉纺织手工业相比拟。而能够在原来基础上逐渐过渡到机器工业的一部分手工业，数量既少，也从不在中国资本主义机器工业中占有很重要的地位。

2. 没有深受影响的行业

在近代中国，磨粉是产值仅次于碾米的第二大手工业。磨粉业尽管产值逊于碾米业，但商品化程度却大大超过；而且，面粉业是近代中国仅次于棉纺织业的新式民族工业。在这种情况下，手工磨粉与机器磨粉并行不悖，突出地表现了近代中国手工业生产的特点。中国北部，以杂粮、小麦为主食，每个村庄都有用来磨面的石磨。这样的生产方式，千百年来很少变化，劳动效率很低。在乡间，农民磨面，基本上供自己食用，很少作为商品出卖。在城镇，人们买粮度日，遂有粮商将小麦、杂粮加工成面粉出售，出现了主要供应市场需要的磨坊。进入近代，磨坊仍然广泛存在，以牲口转磨，磨麦成粉或磨粉制面出售，规模甚小。销售区域，多以本地为限。在南方一些省份的城镇中，磨坊虽不及北方城镇众多,也有相当数量。[①] 甲午战争以后,机器磨坊获得较快发展。到19世纪末的最后5年,天津、广州、芜湖等处就出现机器磨坊11家。这显然与甲午战争以后国人"实业救国"思潮的高涨有关。进入20世纪以后,机器磨坊同近代机器面粉工厂,在数量上均有较大的发展,形成了旧式磨坊、机器磨坊、近代面粉工厂三种生产形态并存共举的局面。但是近代面粉工业尚无法排挤广大农村带有自然经济性质的土磨坊。内地农村的面粉市场仍然是以手工磨粉为主,在国内面粉总销量中手工磨坊占据明显优势。与近代机器面粉工厂相比,旧式磨坊的生产方式落后得多,劳动生产率也低下得多,但长期以来却一直保持着绝对多数的市场份额,并没有被机制粉取而代之。[②]

中国传统手工刺绣工艺精湛,商品受洋货的冲击较小。江南地区所出绣品,不仅在国内市场销售畅旺,而且深受外国消费品的欢迎。"出使俄国大臣萨荫图电:谓俄人极好中国顾绣。各货富家贵族,无不珍重购藏。亟宜劝谕商人贩运来俄,必能获利云。"[③]

一些行业如酱菜、锡箔、制伞、中药加工、乐器、家具、农具制造、制漆、炮竹、编织等是满足中国人特有的消费需要的,这些手工行业因自身的独特性,发展比较平稳,受外国商品影响较少,但在中国人日常生活中不可或缺,难以被替代。近代机器大生产无法满足此类商品的需求,因此这些行业仍具有市场竞争力,如江苏常州府宜兴县的制陶壶业,"茗壶,产蜀山、川埠诸山窑,及花瓶、水注之属。初用紫泥素质,今用五色彩釉,俱极精巧"[④]。常州府无锡、金匮县,"砖瓦、砖窑,在望湖门外,贩鬻遍大江南北,各郡虽自造,坚致不如"[⑤]。

又如乐器,"芦笙、唢呐为少数民族必不可少之乐器,城中乐器店很少制

① 王翔:《中国近代手工业史稿》,上海人民出版社2012年版,第391页。

② 王翔:《中国近代手工业史稿》,上海人民出版社2012年版,第398—399页。

③ 佚名:《报告:俄人极好中国顾绣》,《农工商报》清光绪三十四年(1908)第52期,第47页。

④ [清]阮升基等修,宁楷等纂:《增修宜兴县旧志》卷1《疆域志·土产》,清嘉庆二年(1797)刻本。

⑤ [清]裴大中修,秦湘业纂:《无锡金匮县志》卷31《物产》,清光绪七年(1881)刻本。

作。业此者，皆为农村之少数民族，某些少数民族村寨，多有以此为副业者”①。

以制伞业为例，“吾国制伞业，自昔有之”，鸦片战争后，仍沿袭旧法，“无人研究，无人改良”。五口通商以后，即有来自外国的布制洋伞输入，但是数量微小，用者亦少。② 在浙江温州，“温州雨伞业此者众，赖以养活多家”③。

我国产纸伞之地极广，中部、南部诸省，以制伞材料甚富，故伞业亦盛。伞之品质，以浙江温州、湖南长沙等处为最著名。其他亦有许多地方，产极佳之伞，惟以交通不便或关税繁重之关系，不能运销他处，如安徽太平县甘棠所产之伞。各地制伞方法虽同，但颜色、花样、形式则各异。旧式者，伞柄、伞柱及伞骨等，粗笨异常。伞纸层数较多，故纸呈赭暗色，伞长在二尺以上，重达两斤以外。若新式制伞，层数较少，伞亦较小，伞骨复较细，在镇江伞纸上常绘以花鸟，在杭州常绘以西湖景致，在温州除涂红黄蓝绿等颜色外复绘花鸟，在福州常绘回纹，在长沙常绘潇湘八景等以饰之。以伞柄而论，往往用竹木、牛角等制成，下端琢成葫芦、象鼻之属，或作钩形，或方或圆。柄上用丝绦作提纽以便携带而增美观。④

湖南省制伞行业闻名遐迩，“制伞业作为一个独立的手工业行业，一直延续到 1956 年公私合营之时”⑤。醴陵县，“县城伞店，多用朱洪泰招牌。朱洪泰创业于光绪初年（1875），因出品坚守耐用，生意畅旺”⑥。宁乡县，“工业物品最切民用，亦最有名者，杨林桥张恒顺雨伞也。光绪中，征赛南洋劝业会获奖”⑦。

伞是百姓日常生活必需品，销量比较稳定，而制伞业所需要的原料纸、竹、线、发绳、桐油、颜料、牛角及木材等，全部在本地可以供应，就地采办，受

① 贵州省安顺市志编纂委员会：《续修安顺府志》，《安顺志》第 8 卷《农林志 · 农业 · 副业》，1983 年铅印本。

② 汪敬虞主编：《中国近代经济史（1895—1927）》（四），人民出版社 2012 年版，第 1855 页。

③ 佚名：《光绪二十六年温州口华洋贸易情形论略》，《通商各关华洋贸易总册》下卷，第 54 页。

④ 参见杨大金编：《现代中国实业志》上册，河南人民出版社 2017 年版，第 1032 页。

⑤ 谷兴荣等编：《湖南科学技术史》，湖南科学技术出版社 2009 年版，第 1105 页。

⑥ 陈鲲修，刘谦纂：《醴陵县志 · 食货志 · 工商》，1948 年铅印本。

⑦ 周震麟修，刘宗向纂：《宁乡县志 · 故事编 · 财用录 · 工业》，1941 年木活字本。

外国资本主义的入侵影响微乎其微。

木器家具是普通群众家家户户都需要用的产品,依家庭经济情况购置或简陋或奢华的不同花色和品种的家具。这一行业受外国货物的影响不大。因为家具类商品重量较重且占地方,实没有大量从国外进口家具的需要。有的地区形成木器加工业的著名之地,如广东广州府番禺县,“花梨本木工之一,以专制花梨家具,业专而精,自成一家,设肆于河南者共百余间,颇有名”①。

在外国商品倾销中国的市场背景下,不能简单地认为中国的手工行业一蹶不振,备受打击。有的手工行业所生产出来的商品销量平稳,有着固定的客户群体,并没有受到外国商品入侵所带来的市场份额减少的影响。像酿酒行业,因为交通运输行业的大力发展,反而扩大了销售范围。有的手工行业迎难而上,抓住了市场机遇,如猪鬃业、草辫业、花边业等,在这一时期开拓了海外市场。

第三节　手工业与民族机器工业的竞争和互补

外国资本主义侵略中国,为的是把中国变成供它们掠夺的殖民地和半殖民地,来自外部的资本主义不断冲击中国市场,中国经济卷入世界资本主义的市场体系之中,这使中国传统的自然经济、传统的手工业发展轨迹产生偏移。但是,外国资本既然破坏了传统中国的社会经济,冲击了原来建立在自然经济基础上的手工业,在某种程度上也就必然促进了中国自然经济的解体,促进了中国民族机器工业的发展,从而促成中国的传统手工业或多或少地发生若干近代性变迁。近代手工业,就是指存在于近代中国,并已在经营、劳动、管理等方面发生若干近代性变迁的手工业。从总体上看,近代手工业与民族机器工业既有竞争,也有互补。

一、民族机器工业的发展

从19世纪六七十年代起,中国逐渐出现了资本主义的机器大工业,但这

① 丁仁长、吴道镕等纂:《番禺县续志》卷12《实业志》,1931年刻本。

不仅不是在旧的资本主义萌芽的基础上逐步发展而来的，而且恰恰是随着手工业的破产，在这种资本主义萌芽被破坏的情形下，由于外国机器工业的刺激，一部分从封建势力控制下的官办军事工业逐步演变而来，一部分在托庇于外国资本主义势力之下而逐渐发展起来。①

民族机器工业自 19 世纪六七十年代兴起后，至 19 世纪末 20 世纪初，有了较大的发展。据统计，中日甲午战争以前，中国民族资本近代企业共 100 多家，1895—1913 年，共新设厂矿 549 家，资本总额 1.2 多亿元。其中棉纺织工业发展显著。1895 年民族资本企业共有纺机 17.4564 万锭，1913 年则达 48.4192 万锭，增长 15%以上。②

其后，中国的机器工业继续发展，使用蒸汽、电气和内燃机动力的企业有所增加，但是，在工业与手工业当中，企业和劳动者数量的结构关系，并无显著变化。这种先进的机器工业与传统的手工生产共生并存的状态，突出地表现为一系列的不平衡。

1. 机器缫丝业

中国现代缫丝工业是在 19 世纪 70 年代初从广东开始的。1873 年，夙以手工缫丝著名的广东地区出现了第一个机器缫丝工厂，这就是南海的继昌隆缫丝厂。从此珠江三角洲的机器缫丝工厂发展迅速。到了 1881 年，广州、顺德、南海等地，陆续增加到 10 家，拥有缫车 2400 部，年产生丝近 1000 担。进入 90 年代，据说顺德一县就有缫丝厂 200 多家，使用着新式机器。③ “于是各地闻风兴起，纷向南海、顺德产茧地方，竞相设立，蚕桑区域亦逐渐补充。”④广东地区的机器缫丝业出现了欣欣向荣的局面。

其后，上海、浙江、江苏等地区相继出现了机器缫丝厂。苏州府吴县“丝厂，一苏经，在盘门外吴门桥南青阳地，光绪二十二年（1896）集合地方工商各款设立。一恒利，在葑门外觅渡桥，光绪二十二年（1896）设立，系华商集股而

---

① 樊百川：《中国手工业在外国资本主义侵入后的遭遇和命运》，《历史研究》1962 年第 3 期。
② 戴鞍钢：《民族工业与近代农村》，《学术月刊》2000 年第 2 期。
③ 严中平主编：《中国近代经济史（1840—1894）》（三），人民出版社 2012 年版，第 1528 页。
④ 周之贞、冯保熙修，周朝槐等纂：《顺德县志》卷 1《舆地略 · 物产》，1929 年刻本。

成。一延恒昌,在葑门外灯草桥,宣统三年(1911)五月设立,系外商营业。均用机器制造丝经,又雇男女成之"①。在江苏镇江府丹徒县,"大纶缫丝厂,在城西小码头,光绪二十一年(1895)报经商部注册"②。在浙江萧山县,"光绪二十一年(1895)设立合义和机器缫丝工厂,丝车280座,职员30余人,男女工800余人"③。

1895年以后,缫丝厂数量增加很快,成为民族工业资本最为集中的一个行业,并且从广东、上海扩展到四川、湖北、辽宁各地。重庆另一新起事业,是成立一家蒸汽缫丝公司,从日本购进50套缫丝设备。

2. 机器棉纺织工业

70年代前期,中外商人都曾进行过设立棉纺织工厂的活动。截至1895年,全国的机器纺织工业计有工厂7家,其资本和设备的基本状况如下:

表6-3 甲午战争以前全国的机器纺织工厂

厂名	资本(两)	纱锭(枚)	布机(台)
华新纱厂	240000	12000	—
湖北织布官局	1040000	30000	1000
裕源纱厂	400000	25000	—
华盛纺织总厂	2500000	65000	750
裕晋纱厂	350000	15000	—
大纯纱厂	400000	20000	—
通久源纱厂	300000	18000	400
合计	5230000	185000	2150

资料来源:见严中平主编《中国近代经济史(1840—1894)》(三),人民出版社2012年版,第1542页。

甲午战争以后,在上海及周边兴建的机器工厂颇多,机器纺织工厂发展

① 曹允源等纂:《吴县志》卷51《舆地考·物产》,1933年铅印本。

② 张玉藻、翁有成修,高觐昌等纂:《续丹徒县志》卷5《食货志·实业》,1930年刻本。

③ 彭延庆修,杨钟羲等纂:《萧山县志稿》卷1《疆域门·物产》,1935年铅印本。

迅猛。“境内工厂,邑人所创办者大都为棉织类,盖一因妇女素谙纺织,改习极易;一因土布价落,设厂雇工兼足维持地方生活也。淞口以南接近沪埠,水陆交通尤适宜于工厂。故十年之间,江湾南境客商之投资建厂者,视为集中之地,而大势所趋。”①“上海工厂甚多,缫丝厂、纺织厂,往往托洋商之名,实为华人之产。此种工厂,或用男工,或雇女工,资本既巨,收利自厚,工业可称进步矣。”②“光绪三十年(1904)间,有人组织公司,距久隆镇三四里创设纱厂,其规模伟大可观。制纱极多,由是土布之向用手摇纱者,自始改用机纱。”③在苏州府吴县,“纱厂,创立于光绪二十二年(1896),地址亦在青阳地”④。

1905年的抵制美货运动给民族织布厂带来了发展机遇,“至于(上海)各织布厂,连年亏折,久不闻有余利矣。所出之布,与美国粗斜等布相仿佛,去岁(1905年)生意之佳,为往年所未有,实因各处相戒不用美货,是以本布销场,顿形畅旺”⑤。

在华北地区,“(1905年)直隶候补道杨君来昭禀准商部,在京、津地方集股,创设实业纺织有限公司,先行购纱织布,俟办有端倪,再广纺织云”⑥。在湖南省,“(1906年)湘潭某君创办瑞锦机器织布公司,织出洋纱各种花布,销售颇旺,于省城、常德等处,设立支店发行。近年湘省增设织布机坊,不下数十家,皆用东洋纱,织成布疋,销场甚广。倘能于岳、常等处创立机器纺纱厂,沿湖一带,产棉极佳,仅供纺纱之用,则抵洋货之输入,畅土货之销行,挽回利权,实非浅尠”⑦。机器纺织工厂在这一时期开办较多,仅湖南省就“开办不下数十家”。

民族资本的纱厂、布厂和缫丝厂提供了较多的就业岗位。上海机器织布

---

① 张允高等修,钱淦等纂:《宝山县续志》卷6《实业志·工业》,1921年铅印本。

② 李维清编纂:《上海乡土志》第136课《工厂》,清光绪三十三年(1907)铅印本。

③ 昝元恺编:《崇明乡土志略》,1924年石印本,第18页。

④ 曹允源等纂:《吴县志》卷51《舆地考·物产》,1933年铅印本。

⑤ 汪敬虞编:《中国近代工业史资料》第2辑(1895—1914)(下册),科学出版社2016年版,第737页。

⑥ 汪敬虞编:《中国近代工业史资料》第2辑(1895—1914)(下册),科学出版社2016年版,第798页。

⑦ 汪敬虞编:《中国近代工业史资料》第2辑(1895—1914)(下册),科学出版社2016年版,第799页。

局,“1893 年雇佣工人达四千人”[①]。宁波记通久源纱厂,“于 1896 年六月开工,现在雇佣工人七百五十一人,主要是女工与童工,以及监工与技术工匠”[②]。广州,“蒸汽厂丝是五六十家大厂的出品,其中有几家丝厂雇请女工达八百人之多”[③]。江苏,“江北清江浦商务总局内开设瑞兴织布厂,专招女工学习两月,毕业不取学费。年在十二岁至十六岁者,招三十名。二十岁至四十岁者,招五十名。凡合格者即招齐入厂开工”[④]。

其他地方兴建纱厂,需要的女工居多,在女工招募不到的情况下才招男工。浙江萧山,“惠成公机器纺纱厂去岁获利颇丰,现(1899)年拟加设车锭三十只,惟所需女工不敷应用,已四处招雇矣”[⑤]。江苏苏州,“苏垣盘门外苏伦纱厂所需男女童工不下一二百人,俱用以照料纺车暨拔管加油轧花诸役。每日工资自一角以至三四角不等。刻因停工日久,男女工缺少甚多,以致不敷工作之用。日前厂中经理人特往城中遍贴招纸,另行招募。如有人愿意入厂,无论男女,限期赴厂报名”[⑥]。

在上海各外商开办的缫丝厂,雇工较为集中。“怡和缫丝厂,有缫车数 500,职工人数一千余人。纶昌缫丝厂,有缫车数 188,职工人数 250 人。信昌缫丝厂,有缫车数 530,职工人数 1000 人。瑞纶缫丝厂,有缫车数 480,职工人数一千余人。”[⑦]

晚清时期,民族资本经营的近代工业工厂当中雇用了大量的工人,解决了一些人的就业问题,增加了这一部分人的家庭收入。

---

① 孙毓棠编:《中国近代工业史资料》第 1 辑(1840—1895)(下册),科学出版社 2016 年版,第 1196 页。

② 孙毓棠编:《中国近代工业史资料》第 1 辑(1840—1895)(下册),科学出版社 2016 年版,第 1197 页。

③ 孙毓棠编:《中国近代工业史资料》第 1 辑(1840—1895)(下册),科学出版社 2016 年版,第 1194 页。

④ 佚名:《新政纪闻:实业:招工学习织布》,《北洋官报》清光绪三十三年(1907)第 1502 期,第 11 页。

⑤ 佚名:《各省商情:纱厂招工》,《湖北商务报》清光绪二十五年(1899)第 6 期,第 20 页。

⑥ 佚名:《纱厂招工》,《南洋官报》清光绪三十年(1904)第 113 期,第 17 页。

⑦ 孙毓棠编:《中国近代工业史资料》第 1 辑(1840—1895)(下册),科学出版社 2016 年版,第 1177 页。

表 6-4 民族资本经营的近代工业中雇用工人数的估计

业别	雇工人数
机器缫丝业	13600 人
机器轧花业	1150 人
棉纺织业	5300 人
火柴制造业	3400 人
造纸业与印刷业	2000 人
造船、织工、机器修理业	1100 人
其他	700 人
共计	27250 人

资料来源:见孙毓棠编《中国近代工业史资料》第 1 辑(1840—1895)(下册),科学出版社 2016 年版,第 1201 页。

由表 6-4 可以看出,缫丝业、棉纺织业需要的工人人数较多,这和这一时期全国各地大量开办缫丝厂、棉纺织厂是密切相关的。

再来观察近代工业工人地域集中的情况,明显可以看出,近代工业主要集中在上海、汉口、广州、天津、福州等大城市。

表 6-5 近代工业工人地域集中情况

地域	工人数	占工人总数之比例(%)
上海	36220	47. 75—46. 40
汉口	12850—13350	16. 94—17. 10
广州	10300	13. 56—13. 20
天津	3080—4180	4. 06—5. 35
福州及其附近	2970—3240	3. 92—4. 15
九江	1000	1. 32—1. 28
南京	700—1000	0. 92—1. 28
汕头	600	0. 79—0. 77
厦门	500	0. 66—0. 64

续表

地域	工人数	占工人总数之比例(%)
其他	7630—7670	10.06—9.83
共计	75850—78060	100

资料来源:见孙毓棠编《中国近代工业史资料》第1辑(1840—1895)(下册),科学出版社2016年版,第1202页。

此外,在一些大型船厂,雇用工人同样较多。1875年,福州船厂,"中国工人有五百个从事木工的工人,包括木匠、制枪匠、木模匠等,工资平均每日为三百文至四百文。还有六百名从事铁工的工人,每日工资与木工相等"①。

机器缫丝厂、机器纺织厂等在城市的兴建,解决了部分就业问题,带动了周边百姓生活方式的转变。这一时期,上海周边农村的居民本以手工纺织为生,由于上海纺织工厂的兴起,农村女性改为去工厂做工。"居民向以花布为生,同治、光绪年间,男耕女织、寒暑无间。日用所需,都从此出。迩来沪上设有纺织等厂,女工被夺,几无抱布入市者。"②在上海县法华乡,"女子最勤者,寅起亥息,有日成二三匹者。光绪中叶以后,开拓市场,机厂林立,丁男妇女赴厂做工。生计日多,而专事耕织者日渐其少矣"③。在嘉定县真如镇四乡,"女工殊为发达。盖地即产棉花,纺织机杼之声相闻,自沪上工厂勃兴,入厂工作所得较丰,故妇女辈均乐就焉"④。川沙县,"岁庚子,沈毓庆首创经记毛巾厂于川城,广招妇女,习织巾"⑤。"本邑妇女,向称朴素,纺织而外,亦助农作。自通商以后,土布滞销,乡妇不能得利往往有因此改业者。近来丝厂广开,各招女工以缫丝。此外,精于铁车者,可制各种衣服及鞋袜;精于针黹者,可制各种顾绣;精于手工者,可制各种绒线之物。苟擅一长,即能借以生活。

① 孙毓棠编:《中国近代工业史资料》第1辑(1840—1895)(下册),科学出版社2016年版,第1186页。
② 童世高编:《钱门塘乡志》卷1《风俗》,1963年《上海史料丛编》本。
③ 王钟撰,胡人凤续辑:《法华乡志》卷2《风俗》,清嘉庆十八年(1813)编,1922续编。
④ 王德乾辑:《真如志》卷3《实业志·工业》,1935年铅印本。
⑤ 方鸿恺等修,黄炎培等纂:《川沙县志》卷16《人物志·统传》,1937年铅印本。

惟获利虽易,而勤俭之风不古,若是可叹也。”[①]机器缫丝厂、机器纺织厂在国民经济当中占有较大比重,从业人员众多,尤其是招收了大量女工。

3. 机器面粉工业

1900 年以后,全国各地陆续出现了机器面粉厂,生产面粉。“上海面粉公司,经调查,共有阜丰、华兴、立大、增裕、中兴、裕丰、裕顺、申大八家。增裕开办最早,约在 1895 年间,次为阜丰,又次为华兴、中兴、裕丰、裕顺、立大、申大。出粉最多者,惟阜丰,日以五千包计(每包重五十磅),华兴日出四千包,增裕等日出一千包至三千包之谱。运销之埠,以烟台、营口、青岛、天津各口为大宗,闽、浙、粤各口次之,长江一带又次之,上海则行销无几。”[②]

在江苏泰县,“光绪二十二年(1896),邑人王贻哲创办泰来面粉有限公司,兴办机器磨面,实开泰邑新工业之光。每日出面粉一千余石,工人约百余人”[③]。扬州府高邮州,“光绪三十三年(1907),开设裕亨面粉厂,设蒸汽机、发电机各一部,每日约成面粉 1700 袋”[④]。在芜湖,“机器面粉公司,生意尚佳。所出之面粉,利于内地及出口销售,其价较廉于上海面粉及外洋进口面粉”[⑤]。

在湖北夏口县,“光绪三十一年(1905)皖商创办和丰面粉厂,设罗加墩。光绪三十三年(1907),又设裕隆面粉厂”[⑥]。在云南昆明,“宣统二年(1910)绅商陈天禄等呈准开办云丰机器面粉股份有限公司”[⑦]。

直隶“刘君经纬集股三万两,在津设立湧源机磨面粉有限公司,以挽利权”[⑧]。东北“哈尔滨面粉一业,日增月盛,1910 年共有面粉公司十一家,于二

---

① 李维清编纂:《上海乡土志》第 137 课《女工》,清光绪三十三年(1907)铅印本。

② 佚名:《上海面粉公司谈》,《东方》清宣统二年(1910)第 9 期,第 86—87 页。

③ 单毓元等纂修:《泰县志稿》卷 20《工业志》,1933 年石印本。

④ 胡为和等修,高树敏等纂:《三续高邮州志》卷 1《实业志 · 营业状况 · 商业》,1922 年铅印本。

⑤ 汪敬虞编:《中国近代工业史资料》第 2 辑(1895—1914)(下册),科学出版社 2016 年版,第 807 页。

⑥ 侯祖畬修,吕寅东等纂:《夏口县志》卷 10《实业志 · 工厂》,1920 年铅印本。

⑦ 倪惟钦、董广布修,陈荣昌、顾视高纂:《昆明县志》卷 2《政典志 · 实业》,1943 年铅印本。

⑧ 汪敬虞编:《中国近代工业史资料》第 2 辑(1895—1914)(下册),科学出版社 2016 年版,第 805 页。

十四点钟内能出面粉三万七千普特之多”①。

机器面粉厂生产面粉不仅生产效率高,而且品质洁白如一,行业发展较为顺利,人民群众乐于接受。

4. 机器榨油业

榨油业是和广大群众日常生活紧密相关的手工行业,中国榨油业历史非常悠久。晚清时期榨油多沿袭传统方法,设备简陋,一切步骤都要依靠人力劳动。土法榨油的方法广泛存在于广大农村和乡镇的榨油作坊和农民家中。

以榨制桐油为例,传统的榨油分如下步骤。第一步除垢。农民从桐树上收集的桐籽,多含有杂质和尘土等物质,需要先行剔除其杂质,再用风车风力去其垢;有时也用筛子筛,筛子筛的方法多用于去皮脱壳后接续进行,并可以在冬季农闲的时候妇孺协助剔取。不管用何种方法,必须剔除杂质才能榨制,但是往往并不能保证将杂质完全剔除干净。第二步烘干。桐籽多含水分,必须令其充分干燥后才能进行下一道工序,否则不但难于碾碎,而且油质浑浊。干制桐籽方法,各地略有不同,通常可分为三种,即炒干、烘干及晒干。炒干是将桐籽置于铁锅中以木勺炒,去其所含水分,但以这种方法制成的油,颜色较暗,没有烘干的好;烘干是先挖一坑,将桐籽平摊在竹片上,用燃料将其烘干;晒干是将桐籽置于室外平地,让阳光暴晒,使其干燥,这种方法不但可省费用,而且品质最佳,便于外销。第三步碾粉。桐籽干燥后,即置石碾中利用水力或牲畜力转动石磙来碾碎,前者称为水碾,后者称为旱碾。水碾设备费用虽高,但工作效率高。“每日每槽可碾 6 次,每次可碾桐籽约 10 市斗,旱碾减半。但水碾碾籽榨油,较用旱碾者每百斤出油约少 1 斤。待桐籽碾成粉末后,用竹筛筛。桐粉经过筛后成饼,直径约 1.2 英尺”②。第四步蒸熟。磨碾后将桐籽粉末用布包好摊在木板上面盖好布,放在大铁锅内蒸约 15 分钟。第五步踩饼。桐籽粉蒸熟后,将其趁热放入环形铁箍中,箍内铺以稻草,放好桐籽后,又以稻草覆上,踩紧成饼。第六步压榨。用极坚硬的两块木头

① 汪敬虞编:《中国近代工业史资料》第 2 辑(1895—1914)(下册),科学出版社 2016 年版,第 808 页。

② 湖南省银行经济调查室编:《湖南之桐茶油》,1940 年,第 36 页。

制成,一仰一覆,横置木架上,务使桐饼受极大的压力而泌出油分,由下方小孔流入预置的贮油器中。至此,榨油的步骤全部完成。

用这种传统办法榨油有以下几种缺点:

设备简陋。桐油用土法榨制,其弊端有六种:"压力过小,油分未净;稻草包裹,致生浑脚;各油共榨,难免掺杂;榨灰难净,损坏油质;榨木吸油,耗费甚巨;效率极小,耗时甚多。"[①]显然用传统方法榨油,耗时多而效率低。每一榨桐油从炒籽到滤油止,工需28小时左右,一榨最多可出油90斤,平均每小时仅有3斤多而已,又因榨工人力有限,故出油量受到限制。榨油率低的原因有两个:一是榨油不尽,二是木榨吸收油质。据具有经验的榨油商估计,好的榨具及榨工其"头道油"也只有75%左右的榨油率。这是设备简陋,榨制不良所致。

油质不纯。榨油时往往混入谷草、籽粉及杂油等物,使油脂不纯,故桐油业者都说"桐油千层脚"[②],即是油质不纯,难于澄清的意思。

储运疏忽。各地产户因为设备简陋,人手有限,对于桐油榨制后的处置,颇多疏忽,以致耗漏甚多,成本增加。"通常油类多以篾篓装盛,内仅衬以油纸数层,篓盖多篾制,皆用油纸糊封,堆置阴湿铺屋或油栈内,与其他货物混杂一处,经常有渗漏的损失和导致火灾的危险。"[③]

甲午战争以后,近代榨油业开始在一些大城市兴起。1897年,朱志尧在上海创办大德油厂,资本15万元,纯以机器榨油。1899年,朱志尧又在上海投资13万元创办同昌油厂。到1907年,上海、汉口已开设机器榨油厂多家,规模均较大。在广东,1899年起,华商怡兴源、怡东生、东永茂等"见新式榨油法之效率比旧式压榨法为大,亦相继改用新法"。到1904年,营口已有新式机器油坊4家。安东、大连等地的旧式油坊业也大多经由同样的过程过渡到机器榨油厂,东北遂成为中国近代机器榨油业的中心之一。[④]

---

① 湖南省银行经济调查室编:《湖南之桐茶油》,1940年,第179页。

② 两湖桐油产地调查队:《两湖桐油产销调查报告》,1950年,第13页,湖北省档案馆馆藏,目录号SZ68-1-8。

③ 湖南省银行经济调查室编:《湖南之桐茶油》,1940年,第180页。

④ 汪敬虞主编:《中国近代经济史(1895—1927)》(四),人民出版社2012年版,第1849页。

河南"油商顾君若愚等纠合同志,设法改良,创办启新机器榨油有限公司……程听彝观察……请在河南清化镇设立制造硝酸、榨油两项公司"[①]。湖北,"鄂省候补道程观察祖福招股百万两,先收五十万两,开办水泥、榨油两厂,名为清华实业公司"[②]。

这种新式榨油厂在去壳、去尘、磨粉和榨油等各个加工环节都有很大的改进,有的还使用电力等现代动力设备来进行生产。以加工桐油为例,这种新式榨油厂从农民和商贩手中收购桐油,"用机器设备圆片机去壳,去壳速率每小时可剥桐实 1025 斤,而按照传统办法每小时每人仅能剥桐实 60 斤。传统方法剔除零壳与尘土采用人工或者风车,新式方法则利用空气吸出;传统磨粉方法采用石碾加以人畜力,每小时可磨籽粉 150 斤,新式方法用磨粉机,每小时可磨籽粉 462 斤;传统榨油方法是用人力操作木制榨机,每天榨油 270 斤,每小时榨油 20 斤,榨得的油量为桐籽的 24%,新式方法则采用安氏压榨机,每天榨油 3888 斤,每小时榨油 162 斤,榨得的油量为桐籽的 31.5%"[③]。新式机器榨油方法相对于传统旧式榨油方法而言,更为先进、更有效率,体现了生产力的进步。可惜由于资金等方面的原因,这种机器榨油方法在近代并未能普及,中国诸多省份广大桐油原产地仍然多采用传统办法来生产加工桐油。桐油的初加工基本上一直是在桐油原产地的农民家中或者榨坊中加工而成。数量众多的榨坊榨制桐油时所采用的除垢、烘干、碾粉、蒸熟、踩饼、压榨各工序仍是以人力为主,辅之以畜力。这是和近代劳动力成本特别低廉有关的。由于劳动力多是家属、学徒,甚至是无其他事可干的老弱妇孺,可以省去不少工资开销,又可以最大限度地利用时间工作,再加上购买榨油机器需要一次性拿出大额资金,众多的农民和小榨坊并没有采用机器榨油的迫切需要。[④] 各地采摘的桐实加工成桐油后,集中运往汉口等大型口岸城市,再进行

---

① 汪敬虞编:《中国近代工业史资料》第 2 辑(1895—1914)(下册),科学出版社 2016 年版,第 808 页。

② 汪敬虞编:《中国近代工业史资料》第 2 辑(1895—1914)(下册),科学出版社 2016 年版,第 809 页。

③ 贺闿:《桐树与桐油》,实业部汉口商品检验局编印,1934 年,第 91 页。

④ 杨乔:《民国时期两湖地区桐油产业研究》,中共中央党校出版社 2014 年版,第 69 页。

精炼加工后方能出口外销。

在汉口集中的多是在各地作坊中加工出来的桐油，属于毛油，即毛货，纯度不高，质量往往难以保证，与国际市场需要的工业原料尚有很大的差距。因此，对桐油进行精炼加工成为提高桐油品质的重要方法，桐油压榨和精炼也是汉口重要的近代加工业。机器加工桐油的技术是在19世纪后半叶由洋商引入中国的。1905年日本人在汉阳开设了第一家机器榨油厂。至此，机器加工桐油的方法逐渐在汉口兴起。由于桐油精加工需要建设较大的储油池和精炼设备，所以在相当长的时间内，较大的储油池和精炼厂都是由汉口的桐油出口行控制的。经营桐油输出的洋商，多设有精制厂，"将所采办之原油设油厂去其渣滓，则成精油，此种精制厂咸集中于汉口，以该埠为全国最大之桐油聚散中心故也"①。

此外，木材加工业运用机器生产较为普遍。在上海，"1878年，高记木材厂成立。那时，上海租界发展迅速，房屋建筑甚多，木材涌贵。他们在董家渡先经营一小型木厂，营业日盛。随后则在浦东与苏州河均开有工厂，三地计共有厂地一百九十亩，备有锯木机器一套，包括锯板、造模、切割等各种机器。此厂全为华商出资，经营各种品类的木料"②。

晚清时期，尤其是甲午战争以后，在不同行业涌现出新式机器工业，这些新式机器工业在晚清时期未能普及，广大的中国内地各省仍然多采用传统手工业方法来生产加工产品，以供应市场需求。

二、手工业与民族机器工业的竞争

晚清时期，随着民族机器工业的不断涌现，传统手工业的从业人员感受到了来自民族机器工业所带来的先进生产力的压力。19世纪末和20世纪初，中国手工业出现新的发展，就是由这种形势造成的。这时，一方面是在帝国主义瓜分中国所造成的民族危机局势下，由于各帝国主义竭力扩展各自在

① 杨大金编：《现代中国实业志》上册，河南人民出版社2017年版，第681页。

② 孙毓棠编：《中国近代工业史资料》第1辑（1840—1895）（下册），科学出版社2016年版，第1011—1012页。

华的经济势力,纷纷在中国设立厂矿,修筑铁路,扩展航运,输入货物,使得整个社会经济遭到彻底的破坏,旧的手工业更加难以继续存在。另一方面,是由于中国在挽救民族危机、提倡实业和收回利权的斗争中,先后兴起过两次兴办工业的浪潮,资本主义机器工业得到较多的发展,新的生产部门逐渐出现和形成,各种改良工具和新式机具的输入也逐渐多起来,在各方面刺激和促使下,手工业发生变化。因之,从这时开始,中国的手工业便逐渐步入一个改革技术和改变经营组织的过程。[①]

但是,新式工业出现以后,各种手工业所遭逢打击的严重程度并不一样,农民和手工业者势必进行调整,按照此时各种手工行业新的相对成本及相对利益,选择最合适的生产对象。当然,他们一定是选择遭受打击最轻的或者新兴的手工业作为投入的对象。在这种调整过程中,有些手工业迅速没落,有些手工业反而较前兴盛,还有些手工业从无到有、迅速崛起。[②]

1. 一些手工业受到冲击,但在市场上尚有竞争力

在此期间,国产机纱逐渐成为瓦解农村土纺业的主力,而民族资本的缫丝工业也夺去了中国蚕丝总产的半壁江山。甲午战争后,随着在华通商口岸外资纱厂和民族机器纱厂的相继设立,自然经济结构的解体进程进一步加快,尤其是民族机器纺纱业加入了对传统手工棉纺纱的排挤,如上海民族机器纱厂生产的棉纱"售价且较印度纱略好一成,所谓十支棉纱、十四支棉纱二种,于民间畅销,最为合宜"[③]。

机器面粉工厂也在不断蚕食着中国面粉市场的份额。福州的制鞋业经历着同样的情况。20 世纪后,"福州的制鞋手工业正遭遇到剧烈的恐慌。制鞋业中有事可做的仅 500 人,失业者则达 1000 人。来自上海的成品鞋正成为传统制鞋业的竞争者,再加上来自国外的进口鞋,遂压垮了福州原有的制鞋业。……橡胶鞋底的输入取代了以往鞋底的制作,也就剥夺了制鞋手工业

① 樊百川:《中国手工业在外国资本主义侵入后的遭遇和命运》,《历史研究》1962 年第 3 期。

② 王翔:《十九世纪末二十世纪初中国传统手工业的危机》,《江海学刊》1998 年第 3 期。

③ 陈诗启:《甲午战前中国农村手工棉纺织业的变化和资本主义生产的成长》,《历史研究》1959 年第 2 期。

者的生计”[①]。

但是,机器工业在发展过程中也遇到了传统手工业的顽强抵抗,甚至在某些部门中还出现了传统手工业战胜新式机器工业的“逆工业化”现象。近代江西甚至出现了手工业成功排挤机器工业、手工业成功战胜机器工业的奇观。近代江西深居内地,思想观念保守,传统因素活跃,这样的社会氛围较为适合传统手工业的生存,因而在一定的社会条件下,当机器工业与手工业产生激烈竞争时,机器工业甚至不得不做出退让,“败走麦城”。这种现象在历史悠久、手工生产技术极为完善的行业中表现得最为明显,比如景德镇的制瓷业。虽然中国最早的机器制瓷出现在景德镇,但是机器制瓷遇到手工制瓷的强力抵抗,机器制瓷不仅不能发展壮大以取代手工制瓷,反而被手工制瓷逐出景德镇。1907 年,景德镇改组成立了江西瓷业公司,奇怪的是,这家使用机器生产的新式瓷厂一开始就把它的生产基地设在远离景德镇的鄱阳湖畔,之所以如此,是由于“景德镇之制瓷者,已则守成法不可改,而复怵于一经改良,将立被淘汰,而无所啖饭,势且出于合群抵制之一途”[②]。工厂设在鄱阳,乃“迁地以避之”,实属不得已而为之。20 世纪初景德镇制瓷业中出现的这种情况,说明近代江西在工业化过程中不仅存在机器工业与手工业的尖锐斗争,甚至出现手工业战胜机器工业的现象。在手工制瓷成功驱逐机器制瓷之后,近代景德镇的瓷业生产就完全由传统的手工作业主宰,机器制瓷不见了踪影,占主导地位的生产组织形式还是手工作坊。直到全面抗战前夕,“在全景德镇的工场中,全体都是手工业,机器可以说是找不到的;而且除茶壶嘴茶壶柄之类用简单的模型外,其他瓷器一概都是用手捏成”,“工场规模的大小也很不一律,有的是独家经理,有的是集股,也有的是很零乱的小规模工场”。这样的生产景象,与明清时代的景德镇如出一辙。[③]

① 王翔:《十九世纪末二十世纪初中国传统手工业的危机》,《江海学刊》1998 年第 3 期。

② 江西省轻工业厅陶瓷研究所编:《景德镇陶瓷史稿》,生活·读书·新知三联书店 1959 年版,第 271 页。

③ 刘义程:《论近代机器工业与传统手工业的关系——以近代江西为个案》,《中国社会经济史研究》2010 年第 2 期。

2. 传统手工业在社会经济中的地位仍然举足轻重

不同区域、不同行业之间和同一地区、同一行业内部近代机器工业与传统手工生产共生并存状态的各种表现,是近代中国社会经济结构斑驳多彩、纷繁杂乱的历史现象。中国以往并无大规模的机器工业,主要是鸦片战争后从外国资本主义国家移植和发展起来的。随着时间的推移,它在社会经济结构中扮演着越来越显要的角色,但是手工业生产的重要性却丝毫没有减少,相反,“即使比重有下降的趋势,现在仍然要数它们最为重要”。此时的手工业生产,在中国工业生产中的地位,不仅是举足轻重的,而且是首屈一指的。在工业制造业产值中,手工制造业仍远远超过机器制造业。在对外贸易中,手工业也一直占据着显著的地位。在甲午战争之前,手工业产品在出口总值中占了绝大的比重:1873 年为 6646.46 万关两,占 95.7%;1893 年为 9540.50 万关两,占 81.8%。甲午战争后,国内机制工业有了较大的发展,但与手工业生产在社会经济中的地位相适应,手工业产品依然在出口总值中首屈一指:1903 年为 10739.06 万关两,占 50.1%;1910 年为 15766.50 万关两,占 41.4%;1920 年为 21340.26 万关两,占 39.4%;1925 年为 23117 万关两,仍占 29.78%。如除去农产矿产等原料品,只以制成品、半制成品计算,手工业对机器工业的优势就更为明显。手工和机制产品出口值 1873 年为 6764.6 万关两,1893 年为 9843.7 万关两,1903 年为 15604.9 万关两,1910 年为 22888.1 万关两。若从企业雇用劳动者人数来看,手工业生产的重要性越发表露无遗。根据农商部 1913 年的统计,各种企业共 21712 家,其中雇用劳动者 100 人以上的企业仅 904 家。这其中,261 家企业为股份公司形式,创立资本共计 3920 万元。使用机器动力的企业,总共只有不到 247 家。应该指出,由于缺少系统完整、详尽精确的资料,以上的统计都只能是一种估算,而且,由于各人所据资料不同,所用方法各异,得出的具体数字也可能会有出入,但是,它们所反映的历史事实是一致的,那就是,在这一时期乃至此后相当长的一段时间里,手工业生产是中国商品生产的主要承担者,在社会经济中占据着远远超过近代机器工业的重要地位。①

在近代中国,传统手工业与机器工业能够在对弈中长期共存、共同发展。在近代江西,手工业作为服务民生的一种生产方式,是不可或缺的,也是无可替代的。事实上,在近代江西,手工业在全省社会商品生产中还具有举足轻重的重要地位。在江西的输出商品中,除农产品之外,绝大部分是手工业产品,诸如茶叶、陶瓷、纸张、夏布、烟丝等。在全省的工业品生产中,也是手工业占据主导地位。这种状况在全省大部分县区,是一种极为普遍的现象。在广大的农村和中小城镇,更是散布着无数大大小小的手工作坊。手工业成为近代江西广大农村和中小城镇工业生产的主力,手工业产品成为沟通城乡贸易、活跃城乡经济的纽带。

不仅近代江西如此,就是在整个近代中国,也是手工业超过机器工业,成为工业生产的主要方式。一方面,是手工工厂的数量大大多于新式机器工厂的数量。另一方面,在工业品生产中,手工生产也占有绝对的优势。由于手工业占据主导地位,导致近代江西的工业化水平较低,表现在工矿业的收入在全省总收入中所占比重极小。由此可见,与全国相比,农业在江西各项产业中的优势地位更为明显,工业则显得无足轻重。②

总而言之,鸦片战争以后,随着国外机制业产品的输入和新式机器工业的逐步发展,国内传统的手工业遇到了巨大的生存压力,传统的手工业本能地与机器工业展开了激烈的竞争。二者相互博弈,相互调整。传统手工业在机器工业的强力冲击下发生了剧烈而深刻的变化,机器工业也在传统手工业顽强而猛烈的抵抗中进退无常,最后,双方在博弈中达成了一种互补性的平衡,共同存续下来,它们之间是一种相互斗争、相互依存的关系。在近代江西,机器工业与传统手工业互为补充,共同构成了社会经济的重要组成部分,维系着近代江西社会经济的运行。正如近代江西有关人士所评论的:"江西之新式工业,虽不发达,而手工制品,门类之多,与产量之巨,在我国工业上,

① 王翔:《近代中国手工业与工业经济结构》,《中国经济史研究》1999 年第 2 期。

② 刘义程:《论近代机器工业与传统手工业的关系——以近代江西为个案》,《中国社会经济史研究》2010 年第 2 期。

夙占重要地位,全省人民一年中工业上之收入,仅次于农业,而驾于其他各业之上。"①

以湖南省为例,19世纪60年代以后,湖南手工业生产的商品化加速了。手工业生产的行业分工和行业内部分工已经十分细密,并逐步向专业化发展。按行业分工,有角盒花簪行、秤行、锡器行、翠器行、铜器行等;从行业内部分工来看,表现在生产工序的单一化、专门化趋势加强,一件产品的制成不再是一人包干到底,而以粗坯、成型、加工等工序依次由众多的工人完成,出现了流水线作业的雏形,反映出商品生产的特征。同时,手工业作坊的规模及产品种类得以大幅扩大。19世纪后期湖南的手工业,虽然仍以家庭小作坊为主,但在某些行业也出现了规模较大的作坊。如长沙,在同治年间出现了大型铸锅作坊,"专铸鼎锅及其他铸货","最盛之时,在光绪初年"。清末,湖南的手工业得到进一步发展,制造业的主体不是机器工业,而是手工生产,一方面清末长沙虽然出现了近代工业,但是更多的是独立经营或者小规模生产的手工业,新式工商并不构成长沙城市经济的主体。长沙是湖南省省会城市,受资本主义因素影响较深,手工行业变化相对全省其他地区而言,是较快的地区。由此可知,湖南全省大部分地区还是以传统手工业为主,新式的现代机器工业在湖南经济社会中还不占主流。

晚清时期,传统手工行业依然在社会经济中处于重要位置,并且短时间内无法被取代。

三、手工业与民族机器工业的互补

鸦片战争以后,在外国资本主义的刺激下,从19世纪六七十年代起,清廷的一部分官僚、地主和商人开始投资创办近代机器工业,除矿业外,清廷创办的民用工业主要集中在纺织部门,包括棉纺织、毛纺织等行业。私人资本主义创办的近代工业企业分布在缫丝、面粉、榨油、火柴、造纸、制药等领域,但大多数规模小、投资少。它们的产生标志着近代民族机器工业的发生,但

---

① 刘义程:《论近代机器工业与传统手工业的关系——以近代江西为个案》,《中国社会经济史研究》2010年第2期。

作为在国民经济尤其是工业经济中占有一定地位的经济成分,还是在甲午战后的清末民初时期。甲午战后,随着清廷工业政策的转变、私人投资热情的高涨,民族机器工业进入初步发展时期。除部分跨层次存在的“两栖”行业可能产生冲突外,其他行业或因手工业无法生产而为机器工业所专有,或仅有手工制造而补机器生产之所无,它们之间不发生竞争,而是形成结构性互补。在近代中国,由于机器生产的落后性,人民生活中的绝大部分用品都是手工业制造的,手工业品在出口贸易中也占有十分重要的地位。

1. 手工业对机器生产工具、生产工序、原材料构成补充

手工业、机器工业在生产工具上互相依存、共同发展。在中国近代民族工业中,机器纺纱业的发展离不开手工织布业的进步。民族机器纺纱业的发展主要依赖手工织布业的原料需求。手工工具的改良为民族机器制造业的初步发展提供了市场条件。随着民族机器纺纱业的发展,棉花商品量激增,农民家庭轧花逐步向集中的手工工场转化,手工工具也由手摇向足踏过渡。最初足踏轧花车是从日本引进的,如1896年前,上海“也不乏备有数十台足踏机的大作坊主……像这样拥有大作坊的行庄有27家,其拥有机器台数共682台,其中如隆茂恒,拥有120台,即使是规模最小如沈垣泰者亦拥有12台”。即便是内地开埠不久的湖北沙市,1903年进口的日本轧花车,就“有4000具之多”。1897年,民族机器制造业开始仿制轧花车,最早为上海戴聚源铁铺,“随着轧花车的仿制,戴聚源铁铺亦逐步扩大发展成为铁工厂”。在上海,“同时期制造轧花车的南京帮有邓义兴、邓永泰、邓泰记等几家,专造脚踏小型日本进口式轧花车,俗称剥屁股车”。在武昌,“周天顺冶坊,仿东洋规模,造成轧花机器,尤为灵敏”。民族机器制造业仿造的轧花车占据了部分国内市场。1900年前后,国产轧花机的年产销量二三百部。手工织布机器的改良尤其是脚踏布机的大量使用也在一定程度上推动了民族机器制造业的发展。随着质优价廉的机纱的大量供应,手工织布开始逐步脱离家庭形态,出现了织布工场,如在19世纪90年代,四川“万县有几家手工工场,其中有的雇用80名之多。他们在雇主的监督下工作,各个屋子——不能说是厂棚——里面有织布机12台至50台不等,全都织平织布,间或也有织花条布,或方格

布的”。福建省在地方官府的倡导下,手工织布取得很大进展,1891年前后,“福州本市共有织布局60余所,一年可出一百万筒”。当然,更多的手工织布业者处在包买主制下的依附经营状态中。为了符合包买主要求的市场统一规格,这些手织业者不得不更新生产工具,否则其产品可能无人问津。

除结构性互补外,手工业与机器工业之间还存在水平性互补。所谓市场水平性互补,是指生产同一产品的跨层次行业在市场的空间分布及产品的需求层次上的互补关系,如:制造生丝的手工缫丝业和机器缫丝厂、生产面粉的手工磨房和机器面粉厂以及生产油类产品的榨油坊和机器榨油厂等跨层次行业之间,形成地理分布上的互补;生产纸品的机器造纸厂和手工纸坊之间则更多地属于产品需求层次上的互补。缫丝业中,自机器缫丝业产生以来,厂丝的销售主要在国际市场,原有的家庭手工缫丝逐步转向以内销为主。不可忽视的是,近代民族工业中手工劳动、手工技术对机器工业的补充。近代火柴、烟草、制革、机器制造等业中都大量存在着手工劳动或依赖手工技术的状况,如火柴业中,中国近代火柴工人可分为常工和散工两种,“常工在厂内工作,为正式工人;散工在厂外工作,多为贫寒庭之妇孺,其工作之主要者为糊盒,其次为打包、装箱等,亦有由厂外包工者”①。

这些情况清楚地表明,当中国近代工矿企业开始为自己的产品寻找销路时,中国没有保护关税可资依托,广大商品市场早已落入外国势力之手,国产商品只能在外国同类商品的压迫之下艰难生存,别无良策。这就迫使中国企业无从扩大再生产。

事实上,机器工业与手工业之间的关系,并非单纯的排斥,也有相互间的促进,如机纱与土布的相互倚赖,一损俱损。即使在同一行业内部,有时也依然可以维持着并行不悖、共存共荣的局面。

甲午战争后,清廷放松了对民间资本投资机器工业的限制,民族机器工业在若干行业尤其是棉纺织、面粉等行业中获得了显著发展,反过来促进了某些手工行业的发展。② 以棉纺织业为例。首先,机器棉纺业的发展解除了

① 彭南生:《论近代手工业与民族机器工业的互补关系》,《中国经济史研究》1999年第2期。

② 彭南生:《论近代手工业与民族机器工业的互补关系》,《中国经济史研究》1999年第2期。

手工棉织业发展的瓶颈。在传统手工棉纺织业中,大约需 4 人纺纱才能供 1 人织布,手纺纱的落后严重阻碍了手工棉织业的发展。鸦片战争后,输入中国的外国机制棉纱逐年增加,1871—1873 年洋纱进口 3.7 万公担,1909—1911 年增长到 132 万公担。甲午战争后,随着外国资本攫取在华设厂权,民族机器纺纱业在“实业救国”的呼声中得以发展,据统计,至民国 2 年(1913),全国华洋各厂共有纱锭 98.2812 万枚,其中华商 65.1676 万枚、日商 23.3448 万枚、英商 9.7688 万枚。其次,机器制造业的进步为棉织业的进步提供了技术支撑。19 世纪末 20 世纪初,我国相继出现了改良的手拉机和足踏机,改良机的使用迅速增加了土布品种、提高了土布质量。再次,非技术性的现代因素如商会的提倡、政府行为等对棉织业的原始工业化起了促进作用。商会是经济发展到一定时期的法人社团组织,目的在于保护工商业的发展、维护商人的切身利益,在乡村工业的原始工业化进程中,商会扮演了极为重要的角色。手工织布业与机器工业之间存在着多层面的互补。手工织布业的发展促进了机器纺纱业的发展,手工棉织业中的原始工业化还为民族机器制造业提供了一定的市场条件。随着质优价廉的机纱的大量供应,手工织布开始逐步脱离家庭形态,出现了织布工场,有些甚至达到很大规模,如在 19 世纪 90 年代,四川“万县有几家手工工场,其中有的雇用 80 名之多。互补中得益的不仅是机器工业,手织机中的原始工业化也显示出了向工业化转化的趋势”①。

无论对于农村手织业还是民族资本纺织业,进口洋布都是最主要的竞争对手,改良土布的生产,在民族资本尚不足以与外国资本竞争的情况下,起了一定的进口替代作用。同一个市场,同为棉纺织品,农村手工业与机器工业之间总会存在竞争的,但竞争的不止于农村手工业和民族工业,它们还有一个共同的竞争对手——外国进口商品和外资工厂的产品。应该说,阻碍中国民族资本纺织业发展的主要市场因素始终是外国纺织品的竞争,而非手工业。首先,近代中国农村手工业由于使用近代工业产品作原料或工具,自身

---

① 彭南生:《中国早期工业化进程中的二元模式——以近代民族棉纺织业为例》,《史学月刊》2001 年第 1 期。

成为近代工业的市场,从而促进了近代轻纺工业和机器制造业的发展。其次,由于手工业发展,增加了农民的收入,提高了农村的货币购买力,从而使近代工业在农村的市场得到扩大。最后,大多数农村手工业不存在与近代工业的竞争关系,唯一与近代工业发生市场竞争的是棉手织业,而在手织业与近代民族工业竞争的同时,双方还存在互补关系,并共同与外国资本展开竞争。由此得出结论:在近代中国,农村手工业商品生产,在市场问题上,对民族工业的发展既有促进的一面,也有与之竞争、对抗的一面,促进作用是主要的,而竞争、对抗则是次要的。[①]

传统手工业和民族机器工业的互补是多方面的。甚至在同一个企业内,也往往是机器运转与手工操作并举,在一些工序上使用了机器,在另一些工序上则仍然使用人工。在日用化学品行业,散布于各地的肥皂场坊,更是"皆规模狭小,设备简陋"。火柴业系劳动密集型产业,在国外多系机器生产,引进中国后,则因劳动力便宜,退而采用手工。初期火柴厂规模小,全系手工,甲午战争以后设立的一些大厂,如"汉口燮昌"等,也是全用手工,其排梗机多系手摇或足踏。一些边远地区如四川、陕西、贵州、云南等省,亦有火柴业兴起。重庆20世纪初兴建火柴厂六七家,"全部制造过程都用手工进行"。即使有些地方试图使用机器,亦因"力量薄弱,只有小规模尝试,不久即停止"[②]。这些近代工厂的生产往往是机器和手工业相结合的模式。广州,"1908年,在西村开设了一家火柴厂,西村现在是粤汉铁路的第一站。该厂雇有男、女、童工共200人。除火柴梗、染燐使用机器以外,所有工作都用手工操作"[③]。

四川井盐行业,亦仅仅是在汲卤环节开始改用蒸汽或电力机车,其余诸如钻井、煎盐等环节,仍然保持着原有的手工作业的方式。例如凿井,方法极为幼稚,皆系千余年来相袭而下之旧法,所用器具,无非钻头、锤子之类,既无

---

① 史建云:《从市场看农村手工业与近代民族工业之关系》,《中国经济史研究》1993年第1期。

② 王翔:《中国近代手工业史稿》,上海人民出版社2016年版,第557页。

③ 汪敬虞编:《中国近代工业史资料》第2辑(1895—1914)(下册),科学出版社2016年版,第672页。

引擎发动之力,又乏钢钻凿石之利,因之工程异常迟缓,凡成一井,至速需三个月,至迟常需年余或数年。

磨粉业中的机器磨坊,则将蒸汽机或电力机与旧式石磨并用,最先进的动力设备与最原始的作业方式结合在一起,既不同于旧式磨坊的人推牛拉,也与近代机器面粉工厂有别,反映了从手工业向机器工业过渡期间的尴尬处境与独特选择。这种传统手工业与近代大工业同时共存、相伴并行的状况,一方面反映了这一时期机制产品取代手工产品、机器生产排挤手工生产的不同结果。另一方面,也表明了中国手工业生产的不同发展方向:一部分沿着上行的路线发展,由旧式手工业进化为近代大工业;一部分则沿着平行的轨道运动,承袭着传统的生产方式和经营特点。两者所占的比例,因时间、地点、行业和工序的不同而有着很大差别。两者之间的关系,既是相互对立的,时时发生着此消彼长的演变。同时又是相互依存的,在某种程度上形成一种互补格局。①

早期民族机器制造工业的发展也离不开手工技术的补充,"机器厂内的加工,除车床能车削者外,其它工序全凭手工操作,如钻孔二分半以下,用我国铜锡器店原有的扶钻及弓钻工具,二分半以上的,则用报钻。……加工引擎上四、五寸粗的弯地轴,亦凭打铁工人手工锻制"②。正是凭着高超的手工技术,我国机器制造业生产出了最初的工作机和动力机。由此可见,如果没有我国传统手工技术的补充,我国早期民族机器制造工业的起步将会更加困难重重。近代机器工业创办时大多资本少、规模小,不经过一定时期的积累和发展,难以更新设备,廉价的手工劳动和手工技术正是民族机器工业起步和初步发展时所必需的;反过来,机器工业中的若干环节和工序使用手工劳动和手工技术,也有利于吸纳更多的手工业工人就业、缓解手工业劳动者的贫困及由此带来的复杂的社会问题。③

① 王翔:《近代中国手工业与工业经济结构》,《中国经济史研究》1999年第2期。

② 上海工商局机器工业史料组编:《上海民族机器工业》上册,中华书局1966年版,第154—155页。

③ 彭南生:《论近代手工业与民族机器工业的互补关系》,《中国经济史研究》1999年第2期。

民族机器工业的发展,还推动了周围农村手工业的发展演变。上海开埠后,原棉出口的增加,不仅促使周边地区棉花产区的扩展,同时也带动了与原棉出口直接联结在一起的手工轧花业的兴起。在棉花主要产区的南汇县,"同治以来,上海花商收买花衣,于是轧花场地遍地皆是。始用小轧车,妇女手摇足踏,日可出衣十数斤。光绪中,洋轧车出,日可得衣数百斤,小轧车天然淘汰矣"。嘉定县,"棉花以车绞去其子,盛以布包,运售他处,借用土车,自日本车行,今皆改用日车";"轧棉工作,至为普遍"。与嘉定、上海县接壤的青浦县东北部,洋轧车光绪十年间自上海传入,先行于东北乡一带,日出花衣一担有余。这些所谓的洋轧车,实际多是由上海民族资本机器船舶修造厂仿制而成。原因是,"棉花出口增加,原来的土法轧花不能胜任,日本轧花机乘机输入,不久民族机器厂即开始仿制"。其需求之大,令制造厂应接不暇,"轧花机销售于上海附近农村,松江、莘庄销路最大,常常供不应求,营业非常发达",以致一些船舶修造厂由兼制转为专门生产,截至1913年形成拥有16家专业厂的轧花机制造行业。是年,上海国产轧花机的年销量达2000余部。[①]

更值得重视的,也许还是在同一地区、同一行业内部,近代机器工业与传统手工业的并存共荣的行业内部的不平衡。即使在传统手工业因外国商品和机制产品的压力而向近代化转化起步较早、发展程度较高的通商口岸和沿海沿江都市内,也十分明显地表现出这一特色。这种现象,在所有工业部门中都非鲜见。

机器工业与传统手工业在对弈中互为补充,共同存续,手工业成为近代中国超越机器工业的主要工业生产方式,是近代中国工业品生产的主导力量。

在传统手工业衰落的过程中,部分手工行业如造纸、制瓷、制烟、织布等,受机器工业的影响和诱导,逐步将动力机器和新式工具引入生产环节,或者在生产工艺上采用新技术新方法,开始了从手工生产向机器生产的过渡。不过,在这个转变过程中,往往会出现一些传统与近代相结合的奇特现象。比

---

① 彭南生:《论近代手工业与民族机器工业的互补关系》,《中国经济史研究》1999年第2期。

如，在造纸业中，出现了用机器打浆，而用手工抄纸；在制瓷业中，出现了用机器制坯，却用土窑烧制；在面粉业中，用蒸汽机作动力，带动石磨磨粉；等等。这种奇特的现象反映了近代手工业向机器工业过渡的不彻底性，同时也说明了传统因素与近代文明不仅有矛盾冲突的一面，也有和谐共存的一面。[①]

2. 手工业和民族机器工业在市场分布和产品需求层次上构成互补

晚清时期，在中国工业结构中占绝对优势的主要是手工行业。生产方式主要是作坊式，以手工劳动为主，少数行业已使用简单的机器。但是在外国商品倾销的冲击下，传统手工业发生了重大变化，某些手工行业趋于衰退，某些手工行业因为国际市场需求旺盛等原因而随之兴盛；某些传统工艺品技术工艺有一定的改进，产品质量有所提高，其数量亦在某一时期有短暂增长之势；某些手工行业受宏观政治经济环境影响不大，发展平稳。

在外国资本主义的打压和侵占下，留给中国民族机器工业的发展空间是很弱小的。这一时期，中国传统的手工业顽强地占据着国内大部分市场，民族机器工业很难完成对传统手工业的取代。

① 刘义程：《论近代机器工业与传统手工业的关系——以近代江西为个案》，《中国社会经济史研究》2010 年第 2 期。

第七章
晚清手工业与社会经济的关系

晚清时期,民族机器工业和大规模工厂制生产模式虽然有所发展,但并不是社会经济中的重要部分,占中国社会经济绝大部分的仍是广泛的农业和手工业经济。由于手工业经济在社会经济中占有比例较大,因此手工行业的兴衰对于晚清时期社会经济影响极其深刻,与国计民生的关系极为密切。

第一节　手工业与区域经济的整合

手工行业是区域经济中的重要组成部分。由于近代大工业尚不发达,农业和手工业支撑起区域经济的大部分内容。晚清时期,中国的经济被迫卷入世界经济发展的轨道,与国外资本市场联系日趋紧密。这一时期,有越来越多的手工行业开始专门生产销往海外市场的商品,外向型手工行业开始兴起。商品经济发展愈加迅速的同时,各行各业之间的联系愈加紧密,手工行业和一些行业之间形成一荣俱荣、一衰俱衰的局面,对地区间的区域经济影响甚大。

一、外向型手工业产销中心的兴起

晚清时期,中国许多手工行业所生产的商品越来越广泛地和国际市场产生联系,卷入了世界经济的浪潮。随着对外贸易的增长和扩大,中国与外国的商品交流愈加频繁,外向型手工业开始兴起。国际市场的需求,带动了相关手工行业的发展。一些手工行业或多或少在国外拥有销售市场,甚至出现了一些所产商品专门供应国外市场的手工行业。

1. 桐油业

桐油是近代兴起的具有代表性的外向型商品之一,桐树在长江流域四川、湖北、湖南、安徽、浙江一带广有种植。我国以农立国,桐树的栽培,历史悠久。《禹贡》有"峄阳孤桐"之句,《鄘风》见"椅桐梓漆"之词,典籍所载,班班可考。此外,《月令》《孟子》亦均有"桐始华""拱把之桐梓"等语。三代以前就有此物,殆无疑义。① 唐代陈藏器的《本草拾遗》中对桐树品种已有记载。明代徐光启著《农政全书》中详细记述了桐树的种植方法和加工利用方法。

桐油是植物油的一种,以桐树所生长的桐籽榨取出来的即是桐油,传统用作照明和涂漆、涂雨伞等。嘉庆《湘潭县志》明确记载了桐油的加工:"梧桐,子如胡椒,可食。白桐花如牵牛,华而不实。冈桐,俗称油桐,当地人多种,莳收子榨油,名桐油,滓为桐枯。"②长江流域各省份多有种植。湖南沅江府黔江县产桐油较多,清顺治年间,黔江县"居民不知此利。康熙元年(1662),知县张扶翼谕民种桐。今则各乡遍植,食德无穷。仁人之泽,其普如此"③。到了晚清时期,桐油的品种也逐渐丰富起来。"湖南永州府南乡一带现在出有洋桐一种,每桐籽一斗可榨桐油七斤,油质亦称佳美,较之本处桐籽不特出油甚多,光亦较亮,惟油质既清而易罄,不能如本初桐油之可以经久也。"④

随着桐油生产和交易的发展,清代沅州府的洪江(今属湖南省怀化市)逐

① 湖南省银行经济研究室编:《湖南之桐茶油》,1940 年,第 5 页。

② [清]张云璈修,周系英纂:《湘潭县志》卷 39《风土下 · 土产 · 木之属》,清嘉庆二十三年(1818)刻本。

③ [清]陈宏谟修,范咸纂:光绪《湖南通志》卷 61《食货志七 · 物产二》,清乾隆二十二年(1757)刻本。

④ 佚名:《各省新闻:湘省新出洋种桐油》,《北洋官报》清光绪三十一年(1905)第 964 期,第 9—10 页。

渐成为“油商囤积之地”。桐油具有良好的防水、防渗漏、防蛀虫的功能，是涂抹木制帆船底部的主要原料，在明清时期已畅销长江中下游一带，甚至出口到东南亚各国。但由于农民对桐树的种植并不重视、桐油用途不广等，桐油出口数量十分有限，出口贸易没有形成规模。

晚清时期，在长沙、岳州开埠前，通商口岸汉口成为湖南转口贸易的主要之地。外国进口的棉布、棉纱、铁制品运载来湘，茶叶、鞭炮、桐油等土产由汉口转口出洋，湖南手工业产品日益纳入世界资本主义商品市场。自国际市场发现我国桐油可用作油漆防腐防水且质量比亚麻仁油更好以后，美、英、法、德、日等国争相采购，桐油遂成为我国出口大宗物品，桐油大量出口东南亚、美国、欧洲等国，桐油贸易逐渐兴盛起来。“1899 年，美国驻汉口总领事馆，曾送回报告一篇，说明桐油的价值及用途，美国官商开始加以注意。1903 年，驻汉口的美国领事，特制访问表，分交川、湘、鄂等省美侨及华商和出口商等，代为调查，汇编成专项报告，由美国工商部于 1905 年 3 月 15 日印行。”①

1864 年，桐油贸易首次出现在汉口海关贸易报告中，可以说从开埠开始，桐油贸易就是汉口对外贸易的组成部分。1875 年法国人科鲁兹发现了作为工业油漆原料的桐油有着强烈的干燥性，完全可以替代亚麻仁油的应用功能，并且要比亚麻仁油价格低廉。此后中国桐油作为一种新型的工业原料出口。随着研究人员发现的桐油用途越来越广，中国桐油贸易也逐渐兴起。“汉口桐油以运销国外的为最多，几乎占总输出额 90%左右；其中以美国为最大销场，英德两国次之。清朝末年，1900 年桐油的买卖最盛时，通过海关输出大约 33 万担，270 万两。1901 年稍差些，也有 28 万担，170 万两。其价格每担 7 两 5 至 9 两 5。”②

洋商在汉口所投资经营的近代工厂中，最早开办的是一批以出口为主要目的的农产品加工工厂。“1900 年以前，仅有砖茶、蛋粉、炼金和制冰 4 种，以后增加了豆油、纸烟、发电、冷冻、炼锑和玻璃 6 种。1911 年，总计包括制茶、肉禽蛋加工、冷藏、精炼桐油、榨油、面粉、皮革、棉麻打包在内的加工工业，占

① 佚名：《桐油调查访问表》，《中国实业杂志》1 卷 1 期，1935 年 1 月。

② [日]根岸佶：《清国商业综览》，东亚同文会，1907 年，第 12 页。

全部外资工厂的83%,其他工业仅占17%。最早的榨油厂是1905年9月日信洋行在汉阳开办的第一油厂,创办资金53万元,安装有压榨机50台。1906年5月,日信洋行在汉口日租界开办了第二油厂,有榨油机100台"[①]。清末民初,桐油在国际市场大放异彩,几乎全部用来出口国外。

2. 草帽辫业、花边业、发网业

在山东省,晚清时期最引人注目的是新兴起了草辫行业。山东各地农村妇女逐渐流行编织草辫,草辫主要供应国际市场的需求。在此之前,国内市场尚未形成对草辫的需求。草辫行业的编织技术首先由在山东的传教士带入中国,逐渐推广起来。20世纪初清末新政时期,山东地方官府和各地乡绅积极推动草辫业发展,各地陆续成立农工商局、工艺局、工艺传习所、草辫局等机构,聘请教师传授草辫编织技术。在民间,各地商人纷纷成立草辫公司,招揽农民编织草辫。一时间,参与草辫行业的人数众多,草辫行业在山东省发展十分红火。在山东德州,"天津商人吴金印在德州织造藤草帽,贩者甚众。近来运往天津各处之货,西人争相购买,竟至不敷销路"[②]。

草辫业成为山东一些地区常见的手工行业之一。从全国范围内来看,山东省是出口草辫最多的省份。

19世纪末20世纪初,在国际市场牵动和价值规律的作用下,山东广大农村兴起了产品专供出口的外向型家庭手工业。其中最具代表性的首推草帽辫、花边、发网业。新兴手工业的外向型发展改变了山东传统手工业经济结构。首先,在生产组织形式上,草辫、花边、发网业均出现了由纯粹的家庭经营向家庭与工厂或家庭与手工工场的联合。尽管其生产形式主要是家庭制作,但这种农村手工业者并不是独立地生产最终产品,而是为国际市场生产中间产品或作为整个生产过程中的一个工序而存在。花边、发网经过家庭制成后,并不是直接出口,还需要进行加工整理以及包装。烟台、威海一带花边庄多附有小规模的工厂,每厂有工人二三十名,专司编制新花样,并将各地运来的花边配成各种花色,装箱出口。发网工厂的工作除了包装,更重要的是

---

① 佚名:《海关贸易十年报告》,1902—1911年,汉口,第358页。
② 佚名:《中国纪事:藤帽畅销》,《鹭江报》清光绪三十年(1904)第68期,第12页。

修网。济南的发网厂即全为修补工作而设。由此可见,新兴手工业不同于传统农业社会原生的家庭手工业,家庭生产的草辫、花边、发网不能作为最终产品进入流通领域,城市中的工厂如发网厂、花边厂往往是这种家庭劳动网的终点,是整个生产过程最后结束的场所。[①]

3. 制茶业

晚清时期,在传统绿茶的基础上,国际市场上红茶、黑茶、乌龙茶等茶叶的销量日增,各地制茶行业因此十分兴旺。茶叶同样是一种外向型商品之一,主要销往蒙古国、俄国、西欧等国家。

湖南省安化县是生产加工红茶、黑茶集中之地,“安化产茶,旧以芙蓉山(山在伊水右岸)所出为佳,然最盛者莫如资江两岸,上下百余里间,万山重叠,茶树林立。今所制,分红、黑两种。红茶,叶细而嫩,西洋人喜食之。黑茶,叶老而粗,素销中国西北各省,今俄人亦有购用者。每年初夏,晋、广、湘商人入山,共约七八十号,其资本各有一二万乃至三四十万不等。厘局设小淹,岁入税金约三四十万”[②]。

在江西修水,“在清代末叶,咸、同年间仅修水红茶一种,每年外销量已20余万箱,值银1500余万两。迨至民国前数年,全省每年输出量达50余万箱。就品质与市场声誉言,当时之宁红实驾于祁红之上。嗣因市场畅销,价格又佳,茶园面积日益扩大,焙制贩运家数亦日见增充,故清末民初间实为江西茶叶之黄金时代”[③]。

湖北省蒲圻县的羊楼洞是晚清时期颇为著名的产茶、制茶集中之地。方志载:

> 龙泉山产茶味美,见《方舆要览》。今四山俱种,山民藉以为业。往年,茶皆山西商科买于蒲邑之羊楼洞,延及邑西沙坪。其制:采粗叶入

---

① 张静:《近代山东农村手工业的外向型发展——以草辫、花边、发网业为例》,《史学月刊》2002年第2期。

② 辜天佑编:《湖南乡土地理参考书》第1册,群益图书社,清宣统二年(1910),第37页。

③ 吴宗慈等编:《江西通志稿·经济略》,1949年稿本,江西省博物馆1985年整理油印本。

> 锅,用火炒,置布袋揉成,收者贮用竹篓。稍粗者,入甑蒸软,用稍细之叶洒面,压成茶砖,贮以竹箱,出西北口外卖之,名黑茶。道光季年,粤商买茶。其制:采细叶暴日中揉之,不用火炒,雨天用炭烘干。收者碎成末,贮以枫柳木作箱内,包锡皮,往外洋卖之,名红茶。箱皆用印锡,以嘉名茶。出山则香,俗呼离乡草。凡出茶者为园户,寓商者为茶行。邑茶引,旧四十八两。同治初,加六两零三分二厘五丝,茶非有加于旧也。自海客入山,城乡茶市牙侩日增,同郡邻省相近州县各处贩客云集,舟车肩挑,水陆如织。木工、锡工、竹工、漆工、筛茶之男工、拣茶之女工,日夜歌笑市中,声如雷,汗成雨。食指既多,加以贩客搬运,茶来米去,以致市中百物一切昂贵,而居民坐困。至于乞丐无赖、奸民盗贼溷迹其中,为害益不可胜言矣。①

但是到了清末时期,中国的茶叶在国际市场上却逐渐衰落。"茶叶为中国出口货物一大宗。近据各口岸输出统计,年来销场锐减,农工商部昨特咨,由外部电驻英使臣饬将旅英华商茶叶情形迅即调查电覆,以期筹措补救之方法云。"②"波斯国下议院近颁饮茶禁令,限三个月内禁绝。谓将此项茶叶费省节,以充国用。查该茶叶由俄商转运,每年中国可得波斯银二百万云。"③在福建邵武府,"靠茶度活者不少,有开山者,有摘茶者,有开茶庄采装者,有做茶贩者,有筛茶拣茶者。自光绪七年(1881)后,茶价甚低,每年头春嫩庄七八九两,粗庄三四五两银。开茶庄及采箱业,屡年折本,倾家荡产,人多不以茶为正项生理"。建宁府屏南县洋口庄,"每大坑有几百家,每小坑有数十家或数家不等,无论大乡小乡,十家中二三家有茶山,光绪十三年(1887)十荒其八"④。制茶业在国际市场上的萎靡实在是令人痛惜的一个现象。

---

① [清]武全文修,刘显世纂:《崇阳县志》卷4《食货志·物产·货类》,清同治五年(1866)刻本。

② 佚名:《外交:电饬英使调查华茶销场》,《秦中官报》清光绪三十三年(1907)第8期,第33页。

③ 佚名:《新闻:外国新闻:华茶又少一销路》,《农工商报》清光绪三十三年(1907)第18卷,第23—24页。

④ 彭泽益编:《中国近代手工业史资料(1840—1949)》第2卷,科学出版社2016年版,第167页。

4. 花炮业

在湖南省,爆竹制造业始于唐宋,以后逐步发展,至清代已十分繁荣。特别是湘东的浏阳,爆竹业在全省最为发达,有“十家九炮”之称。进入近代,浏阳爆竹业发展更为迅速,并逐渐形成颇具规模的产业。产品除本省销售外,南自广东,北至鲁、晋,各帮客商多有来浏阳贩运者。19 世纪 70 年代以后(清光绪年间),湖南商人将浏阳爆竹试销于上海、南洋,甚受欢迎。汉口等地商人见有利可图,竞相将浏阳爆竹向外洋推销,于是开了湖南爆竹外贸出口之先河,促进了浏阳爆竹业的空前繁荣。清光绪十一年(1885),浏阳县城培德厚炮庄首先在广州设庄,进入“洋庄”贸易,称广庄。继后,又有绥永丰、谦达和、瑞华等炮庄在汉口设庄,称汉庄,专营爆竹出口。至清末,浏阳从事爆竹生产者达 30 万人,年装箱运出鞭炮 14 万箱(每箱 30 万响),约为湘西、湘南所产鞭炮的总和。受浏阳影响,与其邻近的醴陵、平江等县,鞭炮业也发展很快,醴陵迅速成为省内仅次于浏阳的另一个鞭炮生产基地。该县东乡从事鞭炮业的在万户以上,总人数六七万人。但醴陵鞭炮历来由庄客贩往浏阳,封装成箱,贴上“浏阳鞭炮”商标,再转售外埠。因此,市场上只有浏阳鞭炮,而不知有醴陵鞭炮。清末民初,浏阳、醴陵两县年销出“浏阳鞭炮”合计在 20 万箱左右,其中省内约销 1 万箱,90%以上销往省外以至国外,包括西北、东南沿海各埠,以及南洋和远东各国。①

江西万载县,与湖南浏阳县相邻,“花爆为万载出产三大宗之一,制造不知確始何时。……迄于清季而销路日广,以地段计,有赣庄、浙庄、省庄、汉庄、广庄之别。以纸之长短厚薄计,有对裁、三裁、四裁、五裁、九裁之分。分销赣州、广东省,多四裁、五裁。销浙江、汉口者,多对裁。销本省者,多九裁。其中又有平边、立边、俗云顿边。省庄多平边,广浙庄多立边。而广庄牌名多假浏阳,以初运广庄者多系浏商,故万爆亦假名浏爆”②。

花炮业不仅仅盛于湖南、江西,别的地区同样也有花炮生产。江苏扬州

① 刘云波:《论近代湖南的几种外销型手工业》,《湘潭大学学报(哲学社会科学版)》2005 年第 9 期。

② 张芗甫修,龙庚言纂:《万载县志》卷四《食货·土产》,1940 年铅印本。

府宝应县，“射阳镇营此业者最多，有王万顺最著名，宣统二年（1910）南洋劝业会给有奖状”①。

5. 皮毛业

皮毛业同样是晚清时期中国出口商品大宗，在保定府束鹿县，“皮褥以羊皮、狗皮为大宗，而狗皮一项尤洋商所需。近制一种，以整幅狗皮存头尾，细细裁缝，名曰虎豹头，花样一新，销路甚畅。近岁，洋商购买小褥亦多，用料少，而易售。皮有本境产，亦有购自顺德一带者”②。直隶宣化府保安州，“动物之皮、毛、骨、角皆能适于制造，如牛、马、驴、骡等物，取其毛以纺毯，熟其皮以为用，切磋其骨、角以制物件，此犹制造之末端。若羊皮制衣服，羊毛制毡帽及毡毯，其最细之毛能制上品之帽，可销售于外境，此制造之独擅其长也”③。顺德府邢台县，“货之属，羊皮为冠，近十数年来，津、沽之人贩走海舶，鬻于泰西诸国，岁恒致百余万金，毛毳堆积如邱山，运售之外，织毡罽者以之”④。

山东潍县，“皮革业系包括毛皮及革皮而言，自清季以来，此业日盛，现已成为国际商品，各口岸洋行公司派人来县坐庄收买，运销外洋者日见增多”⑤。山东周村，“所产羊皮一物向供本处鞋脸、弓弦之用，每斤价值不过京钱三四百文。近年以来，外洋购办甚广，遂有烟台天津各洋行至村收买运发出口。附近之货，即辐辏于此，价值每百斤竟涨至纹银四十两。以黑毛者尤佳”⑥。

在内蒙古，“欧洲各国制造毯毡多取材于中国，即蒙古之兽毛是也。天津、牛庄二关出口之货，以骆驼毛为大宗”⑦。新疆库车州，“皮毛实出口货第一大宗，多为俄、英洋商贩运出境，无从查考实数”⑧。新疆伊犁宁远县，“皮

① ［清］戴邦桢等修，冯煦等纂：《宝应县志》卷1《疆域志·土产》，1932年铅印本。

② ［清］李中桂等纂：《光绪束鹿乡土志》卷12《物产》，清光绪三十一年（1905）刻本，1938年铅印本。

③ 佚名纂修：《保安州乡土志·动物·动物制造》，抄本。

④ ［清］戚朝卿修，周祐纂：《续修邢台县志》卷3《舆地·物产》，清光绪三十一年（1905）刻本。

⑤ 常之英修，刘祖干纂：《潍县志稿》卷24《实业志·工业》，1941年铅印本。

⑥ 佚名：《新闻：羊皮销路》，《四川官报》清光绪三十年（1904）第27期，第43页。

⑦ ［清］姚明辉编：《蒙古志》卷3《物产·制造类》，清光绪三十三年（1907）刻本。

⑧ ［清］佚名：《库车州乡土志·商务》，清光绪三十四年（1908）稿本。

毛,此间系一大宗,经俄商贩运出口,制造牙尔缎、哈沙缎、桂皮毡毯、皮靴鞋袜各种货物”[①]。

6. 其他手工行业

其他一些商品同样也是为销往国外市场而生产,如南京花缎业,“宁垣缎业向为出口货大宗。自近年泰西缎盛行,长江一带衣帽店,均舍本国缎而用东洋之泰西缎。因其物美价廉,故人多争购之。去岁(1906年)缎业中,受此影响亏本甚巨。幸金貂绒、丝绒、漳绒、花缎等销场尚旺。故缎业尚可支持。刻下有西藏永聚兴派伙到宁采购花缎及各种丝绒。杭宁所出之漳绒、花缎等物质之精,美术之巧,几为世界冠。西洋各国亦争购之”[②]。苏州、南京等地出产的漳绒、花缎等产品,需要细密的手工和高超的工艺技术,“几为世界冠”,这种产品自然“西洋各国争购”。

华发业,“华人头发之长,世无其匹,江海轮舟上紧锚之绳多用头发,取其耐久,计每年华发至售于外国者约值银一兆圆”[③]。在苏州,“仲冬时期,辫发一物,顿觉稀罕”。在清朝,无论男女都习惯留取长发,有的人留心做起了头发加工生意,销往国外,但这不是大宗手工行业,销售量较小。

地毯业,“在清咸同年间,有喇嘛僧携徒弟二人,从西藏而甘肃,而绥远,而来北平,设地毯织制传习所于报国寺,遂招集贫寒子弟,教授织制技术,是为北京有织制地毯之始。光绪二十九年(1903),美国圣老易开万国赛会,函请农工商部搜集中国品物,运美赛会,农商部函饬京师工艺局,选景泰蓝及地毯等运往赛会,地毯得一等奖章。于是地毯价值,更为增长,而英、法诸国亦群来订购,天津、上海等处,闻风兴起,仿行制造,获利渐多,而地毯一项,乃成有足注意之出口货物”[④]。晚清时期,在北京、天津、上海等处的地毯业从业人员渐增。

广东的地席业闻名中外,“花席,产东莞,用咸淡两种水草为原料,以麻为

---

① [清]李方学纂:《宁远县乡土志·物产》,清光绪三十四年(1908)稿本。

② 佚名:《中国大事:花缎销场有光复之望》,《振华五日大事记》清光绪三十三年(1907)第4期,第33—34页。

③ 佚名:《华发销路》,《济南汇报》清光绪二十九年(1903)第18卷,第2页。

④ 彭泽益编:《中国近代手工业史资料(1840—1949)》第2卷,中华书局1962年版,第380页。

经,分各色花样编织,制造用手工,用途铺床荐地均宜。每张约长五尺,年售出口约五百万张,以美国为最。此外,通商各埠,均有行销”①。“洋庄草席,其草产自东安县之连滩,及东莞县属虎门一带地方,采购编织,每年美利坚、佛兰西、德意志等国购买出洋,销价约银五十余万元。”②

此外,广东的藤货业久见盛名。“粤中之藤,为席为盘为屏风、盔甲之属,其用甚者。粤中藤货岁中售于天下者,亦不少也。”③“兹有粤匠人杨某专做藤竹器具,现在(1905)商部递禀恳请开藤竹器具公所,准给专利执照。”④广州府南海县,“藤货一宗,由外洋购运藤条,以藤皮制席,藤心制椅棹,藤丝制褥垫,每年出产约万余包,包百斤,运往外洋行销,今内销亦居多数”⑤。

中药材业是中国传统出口商品之一。在黑龙江,“江省土产惟黄蓍最多,黄芩、黄柏亦有,俄人转运出口者,大黄为大宗”⑥。在广东南海,“桂皮,每年运销外洋销售约四万余担”⑦。在台湾,“樟脑一物,向为台湾的土产。近来日人与欧洲人,纷纷揽买,已有二十余家。横滨地方的台湾商务公司,去年(1899)增充资本,已至银一百兆元,可见生意之大”⑧。

制糖业,在台湾,“台产糖为大宗,迄今垂二百年,运售日本、外洋,畅旺犹昔。大抵南路之糖与北路之茶,岁产所值略可颉颃,皆巨款也”⑨。

制桂油业,盛于广西桂平县,“桂油,县南都秀各里俱有之,以桂叶和水置铁锅内,上置锡甑蒙其上,旁穿孔,孔衔锡筒,筒末接锡筒口,以火热锅,水沸腾,挟桂叶味气由甑吼经筒入桶,锅水尽则取桶,泌去浮面清水,沉在底者即

---

① 陈伯陶纂修:《东莞县志》卷15,1927年铅印本,第15页。

② 彭泽益编:《中国近代手工业史资料(1840—1949)》第2卷,中华书局1962年版,第407—408页。

③ 彭泽益编:《中国近代手工业史资料(1840—1949)》第1卷,中华书局1962年版,第174页。

④ 佚名:《京外新闻:藤竹专利》,《四川官报》清光绪三十一年(1905)第5期,第36页。

⑤ [清]张凤喈等修,桂坫等纂:《南海县志》卷4《舆地略·物产》,清宣统三年(1911)刻本。

⑥ 林传甲纂:《黑龙江乡土志·格致》第20课《药材》,1913年铅印本。

⑦ [清]张凤喈等修,桂坫等纂:《南海县志》卷四《舆地略·物产》,清宣统三年(1911)刻本。

⑧ 佚名:《中外琐闻:樟脑获利》,《觉民报》清光绪二十六年(1900)第28期,第17页。

⑨ [清]唐景崧修,蒋师辙、薛绍元纂:《台湾通史·物产志·杂产类》,清光绪二十一年(1895)刻本。

桂油也。能治风寒痹痛,西人以造香水及军家物品,故十数年来为出口大宗"①。

制皮油业,"皮油即木子油,往岁仅为制中国蜡烛之用。汉镇每百斤约价五两。近因洋皂需用此油,销路甚畅。每百斤涨至十两左右。业此者多获厚利"②。桂皮、糖、桂油等物,在国际市场上需求旺盛,经营这些生意的手工业者因市场竞争者少,从而获利较多。

晚清时期,中国与国外诸国的商品贸易往来增多,形形色色的商品销售国外的途径有所扩展。1893 年,日本驻上海领事馆报告:"然清国之外国贸易近年长足进步,盖为世人所公认。"③

一些传统手工行业在这一时期找到了新的制作方法和销售渠道,意外获得了国外订单,销路畅旺。毛笔作为人们日常生活中书写的工具,各地平时销量较为稳定。因中国毛笔制作精良,国外需求同样畅旺。在山东莱州,"前有日本商人赴莱州收买该郡所制之毛笔运之出洋销售,于中国留学生获利颇厚,刻又派人赴莱收买,一时笔店皆重资添募工人为之赶紧制造,现(1906)此项工人多赴莱工作,故各处笔店颇有乏人之患云"④。对于与毛笔同样是书写工具的徽墨,也有输出国外的报道:"据法国制造月报云,中国造墨处集于安徽,其所出之墨足供中国及天下各国之用。本年(1897)从上海运往欧洲者约有二吨,计值法金一万四千方云云,亦可谓大宗交易矣。"⑤

石榴是中国常见的水果之一,在山东,"有潍商赴安邱县收买石榴晒为干片约万余斤,运至青岛、烟台销售于洋商,除去资本获余利二百余金,此亦开拓利权之一端也"⑥。另外还有一些水果,当地手工业者制成罐头出售国外,颇受欢迎。"海南琼州 1908 年开办了一个荔枝、龙眼、菠萝等的罐头企业。

① 黄占梅等修,程大璋等纂:《桂平县志》卷 29,《纪政·食货中·工业》,1920 年铅印本。

② 佚名:《中外商情:皮油销路》,《湖北商务报》清光绪二十八年(1902)第 106 期,第 8 页。

③ 上海领事馆报告:《因金货腾贵对清国贸易的影响》,《通商回纂》第 6 号,光绪二十年(1894)5 月 11 日,第 5 页。

④ 佚名:《本省新闻:毛笔出洋》,《山东官报》清光绪三十二年(1906)第 156 期,第 3 页。

⑤ 佚名:《商政:徽墨出洋:译中法新业报》,《经世报》清光绪二十三年(1897)第 14 期,第 23 页。

⑥ 佚名:《干果出洋》,《济南报》清光绪三十年(1904)第 123 期,第 7 页。

这个工业规模似乎还很小，到了 1911 年，这些罐头水果运往曼谷的达到 7200 斤，新加坡达 54720 斤，香港达 513200 斤。”[①]

江苏宜兴窑器运销出洋，只因迎合了外国消费者的喜好。“宜兴所产紫泥窑货，其精细者为茶碗、茶壶、花盆，次则为瓶罐之属，闻其细巧，茶壶向销于南洋，今此项销路无所增减，而紫泥花盆则畅销于日本。询其所由，因日本人喜供盆景花卉，且好古玩，以宜兴窑饶有古趣，故购取者常陆续不绝。全年运去者价约达三万金。”[②]

二、手工业兴衰对相关行业的影响

手工行业生产出来的商品，需要进行包装、运输、堆栈，以及商人的销售，这些流程还需要相关行业的辅助。在一些手工行业较为发达地区，如四川的井盐行业、福建武夷山的制茶行业、江西景德镇的制瓷行业，往往聚集了数以万计的人从事相关行业的工作。因此，手工行业的兴衰不仅影响了相关行业的发展，同样影响着地方经济的发展。

晚清时期，手工行业的发展有力促进了民族机器工业的发展。羊楼洞近代制茶手工工场的勃兴和乡村经济的整体发展，不仅为当地制茶工业的进一步发展开辟了稳定的市场，改进了制造工艺，训练了技术工人，积累了资金和管理经验，解决了一系列瓶颈问题，而且随着知名度扩大，也产生对资金和近代科学技术的集聚效应，从而为羊楼洞近代制茶机器工业的移植和嫁接奠定了基础。1898 年在张之洞的赞助下，商办机器焙茶公司在汉口成立，同年，公司第一部茶叶压延机运到羊楼洞茶区，开工制茶。1909 年绅商万国梁“现筹集资本五十万两，拟在羊楼洞地方开设振利茶砖总公司”。20 世纪 20 年代正值中国民族工业发展的黄金时节，羊楼洞义兴、聚兴顺、宏源川等砖茶厂也先后引进蒸汽机进行机器压砖。[③]

---

① 汪敬虞编：《中国近代工业史资料》第 2 辑（1895—1914）（下册），科学出版社 2016 年版，第 830 页。

② 佚名：《记事：宜兴窑器运销出洋》，《南洋商务报》清光绪三十四年（1908）第 38 期，第 2 页。

③ 定光平：《近代羊楼洞制茶业的特点及其影响》，《华中师范大学学报（人文社会科学版）》2004 年第 3 期。

湖北羊楼洞的制茶业从业人员众多,木工、锡工、竹工、漆工、筛茶之男工、拣茶之女工分工明确,专业细致,这一大群人都需要日常消费,同时带动了其他手工行业的发展。与羊楼洞相邻的新店,“向本以便,为茶箱运汉所必由,故舟车云集,而油、盐、丝、布之自外输入者,运费轻于峒市,售价较廉,商务之盛有此来矣”①。

湖北汉口是国内桐油的集散市场。清末民初时期,桐油对外贸易陡然兴旺,必然带动了桐油产地、集散、终极各级市场的发展。桐油出口规模的扩大催生了商业组织的分立和细化,市场上出现了以桐油为主的植物油商经营的新型贸易行业。桐油出口数量的增加带动了桐油行业的发展,桐油行业的发展带动了与之相关的加工、包装、运输、堆栈、报关、金融、银行等的发展,促进了两湖地区商业的繁荣。从事桐油种植、生产、运输和销售的桐油产业相关人员的大量增加,解决了这一部分人的就业,给他们的家庭带来收入,使其购买力增强。“农产品的专业化必然要促进农产品的市场流通,经济作物的种植者要通过市场将产品出售,又购入其他生活用品,由此也推进了其他农产品的市场流通。”②桐油行业和其他行业通过流通网络带来了商业的繁荣,桐油行业的发展促进了农村商品经济的发展。

湖南省浏阳的花炮业,在清代十分兴旺。制作爆竹烟花的主要原料之一是纸,花炮业与造纸业的关系密切,因此也有人把爆竹业看成是造纸业的下游产业,“制扇与爆竹,为造纸之副业”。当爆竹烟花行业兴旺之时,作为生产原料的造纸行业也随之兴旺。

晚清时期,各地纷纷开办火柴厂,使用火柴成为普通群众新的消费习惯。火柴厂的兴旺同样带动了相关行业的发展。湖北武汉,“汉镇通济门外,燮昌火柴公司所制火柴,销路颇为畅旺。人工亦日用日多。江夏北乡,地处昏垫,民素瘠苦。近来因与火柴公司只隔一衣带水,承揽该公司削木、糊匣以为生

① 蒲圻县教育局编:《蒲圻县乡土志》,《蒲圻》,内部印行,1923年,第79—80页。

② 虞和平:《20世纪的中国——走向现代化的历程》(经济卷 1900—1949),人民出版社2010年版,第218页。

者,不下数百家之多"[1]。

在江苏苏州,随着丝织手工业的繁荣,"如机店、梭店、筘店、篗子、绺梭、竹器店、范子行、挑花行、拽花行、边线行,不过织户之附庸云尔"[2]。从事丝织行业配件、原料供应、成品包装等的行业随着兴旺。

在江西景德镇,与制瓷有关的行业较多。"自镇有陶,而凡戗金、戗银、琢石、髹漆、螺甸、竹木、匏蠡诸作,今无不以陶为之。或字或画,仿嵌维肖。陶所资各户:柴户、槎户、匣户、砖户、白土户、青料户、篾户、木匠户、桶匠户、铁匠户、修模户、盘车户、乳钵荡口户、打篮户、炼灰户、旋刀户。"[3]此外,包裹瓷器成品的稻草、篾片需求旺盛,形成专门的茭草行。"商雇茭草工扎瓷,值有常规,照议如一。其稻草篾片,皆各行长雇之茭草头已办。稻草出吾邑者好用,而邑被尤佳。篾则婺界所析,今里村镇市亦有。"[4]形形色色的手工行业围绕瓷器的生产而生产,这些手工行业的命运随着制瓷业的兴衰而起伏不定。

在手工行业繁荣的地区,如江西景德镇的制瓷业、福建安溪的制茶业、广东佛山的制铁业等,往往聚集了大量从事辅助工作的人群。从这些地区存在的商业行会可以看出,有从事商品包装行业的板箱行,有和吃饭住宿有关的旅馆行、歇客行,还有与交通运输有关的堆栈行、渡船行、挑夫行等。手工行业的兴衰往往对相关行业的发展影响甚大。

第二节 手工业与晚清社会生活的关系

鸦片战争后,国内外近代工业生产的机制工业品逐渐流行于中国自沿海到内陆的广大市场,人们的生活方式和社会习俗随之逐渐发生着改变。随着中国近代工商业发展和城市基础设施的兴建,近代文明由通商口岸向内地偏僻乡村辐射,新的消费习惯逐渐传播扩散。在这一社会生活发生巨大变革的

---

① 佚名:《本省商情:火柴畅销》,《湖北商务报》清光绪二十五年(1899)第5期,第12页。
② 彭泽益编:《中国近代手工业史资料(1840—1949)》第2卷,中华书局1962年版,第428页。
③ 彭泽益编:《中国近代手工业史资料(1840—1949)》第2卷,中华书局1962年版,第279页。
④ 彭泽益编:《中国近代手工业史资料(1840—1949)》第2卷,中华书局1962年版,第280页。

动荡时期,手工业经济也在发生着剧烈的变化。琳琅满目、门类众多的手工行业,是各地区社会经济生活的重要组成部分。从事手工行业的人员人数众多,他们有的从事传统的家庭手工业生产,有的农闲时到附近的城镇兼营手工劳动,更有的来到了繁华热闹的大城市如上海、武汉、广州等地从事专业劳动,手工业生产的商品化得以加速。各手工行业所生产出来的商品在各地城乡有着广阔的市场,不仅为普通百姓日常生活所不可或缺,而且作为民众家庭收入的重要来源之一,是一般农家和城镇手工业者家庭赖以生存的依托所在。

一、门类众多的手工行业与民众生活休戚相关

在中国传统社会,男耕女织是中国传统经济的基石,各个地区都有民众赖以生存的手工行业。浙江仁和县,"棉布……凡乡之男妇皆为之,多出笕桥一带"①。湖北施南府,"各村市皆有机坊(织布),机工织之"②。"湖北省与江苏、浙江、福建、广东四省,均以织布地著称者也。"③江苏青浦县,"地属水乡,自耕织外,生计鲜少,农民绩田力耕,专赖秋禾,淀泖江浦之间,兼于渔捕水族为业。妇女向多纺织,抱布易钱"④。

山西绛州闻喜县,"俗女红甚勤,东乡尤佳,称横水布;又织为巾,黑白相间,名闻巾"⑤。山西潞安府襄垣县,"女工尤勤苦,日食糟糠,而纺绩不辍,每至夜分不寐"⑥。山西平阳府太平县,"男力耕田,女务织纺"⑦。

湖南巴陵县,"近城及河西产木棉花,虽盛暑,妇人相与锄耨。秋冬,远近挑贩。其妇女纺织,宵旦勤劳。布有大小数种,长短阔狭不一。远商多来收买,亦女红生理之勤也"⑧。江西省南昌县,"乡村百里无不纺纱织布之家,勤

① [清]邵晋函:《乡之男妇皆治棉布》,《杭州府志》卷53,清乾隆四十九年(1784)刻本。
② [清]罗德昆等:《施南府志》卷10,清道光十七年(1837)刻本。
③ [清]水野幸吉:《汉口·富山房》,清光绪三十四年(1908)刻本,第7页。
④ [清]葛冲编:《青浦乡土志·二八·生业》,清光绪三十三年(1907)刻本。
⑤ [清]李道唐修,王肇书等纂:《闻善县志》卷2《物产·布》,清乾隆三十一年(1766)刻本。
⑥ [清]李廷芳修,徐钰、陈于廷纂:《重修意垣县志》卷3《风俗》,清乾隆四十七年(1782)刻本。
⑦ [清]李炳彦修,梁栖鸾纂:《太平县志》卷3《坊里志·风俗》,清道光五年(1825)刻本。
⑧ [清]陈玉垣修,庄绳武纂:《巴陵县志》卷14《风俗·生理》,清嘉元九年(1804)刻本。

者男女更代而织，鸡鸣始止，旬日可得布十疋，赢利足两贯余。耕之所获，不逮于织。耕以足食，织以致余，农家未有不勤织而富者。寡妇以织养舅姑，抚儿女者多有”[①]。所谓“妇女向多纺织”“女红生理之勤”的记录，在各地相关地方志中俯拾皆是，说明手工业不仅仅是存在于一地一隅，而是全国各地普遍存在的现象。

晚清时期，手工行业更是门类众多，发展成熟。上海是手工行业众多的地区之一。“上海土产种类之多，不胜枚举。作坊都是临街开着的，工匠们各在其本业作坊工作，过路人可以一览无余。制成的货品就在作坊或在作坊隔壁零售。这里我们见到有银匠、铁匠、白铜匠、黄铜匠和木匠；织缏带的，织窄带的，织宽巾的，织普通小摆设饰物的，织锦缎的，织花缎的，以及织细纱罗的织匠；绣绸缎的绣工；弹棉花的以及用单锭手车纺纱的。事实上手工艺的种类是如此之多，可以断定：这些人能够生产他们所需要的一切必需品甚至各种奢侈品。这一点在纺织业方面特别引人注意，因为店铺里出售的外国进口布匹，大部分限于印花布、花布和本色布，而中国手摇织布机的产品却经常保持着大批存货。”[②]上海的手工行业形形色色，五花八门。

以湘军起家的湖南省，“湘军巨大的军火、军需需求也刺激了湖南手工军火业的发展。数十万湘军征战全国，其军械以冷兵器为主，多由湖南采买，一时间，各地冶铁、采煤、锻造、造船等手工业作坊大规模扩展。湘潭的苏钢坊发展到40余家。湘乡铁的开采和土法冶炼也如火如荼地兴起。同治二年（1863），湘乡商人周岳山等雇工300余人，在今坪花乡齐星岭、椰树嘴一带开采铁矿，建土炉百余座炼铁。湘军火药需求巨大，硝是配制火药的重要原料，湘潭硝厂一时大增至30余家，熬硝之人多来自湘乡，他们用含硝的陈土砖、旧壁土及草木灰为原料，聚集在十总至十二总一带熬制。火药的另一种重要原料是硫黄，湘乡是湖南硫产量最高的县。乾隆时期，燕子岩、陈界冲一带即已开始采硫，供应省内及江西等地军营配制火药。太平军兴以后，硫的需求量猛增，湘乡采硫业达于全盛。据清代同治十三年（1874）《湘乡县志》载，咸

① ［清］江召棠修，魏元旷纂：《南昌县志》卷56《风土志》，清光绪三十三年（1907）刻本。

② 彭泽益编：《中国近代手工业史资料（1840—1949）》第2卷，中华书局1962年版，第59页。

丰八年(1858),湘乡知县赖史直奉文试采磺砂。即在县内陈家山开采,仅采获五万六千八百斤。安化小河直通娄底沿岸煤垅间获磺斤,饬令随时收买解省供应。咸丰三年(1853),宝庆(邵阳)人杨少贤兄弟在长沙太平街开设杨隆泰钉子铺,经营各种手工锻造铁钉、木屐钉、雨鞋钉等。当时正值曾国藩在长沙训练湘军,为营造船只,需要大量铁钉,'杨隆泰'开张逢时,生意兴隆,获利颇多"①。

手工业的大宗商品如丝绸、棉布、茶叶、瓷器的生产地往往聚集了大量从业人员。浙江省,杭州及其周边乡村,是生产丝绸的重镇。"城内从事丝绸制造者有六万人,而杭州、嘉兴及附近的乡村(从事此业者)达十万人以上。根据财政机关以及从商人和制造者收集来的情报,(一八八〇年)杭州城内和城外,开业的织绸机实际共有三千部,每年产绸七一六五〇匹(每匹平均重量为三八·五〇两)。"②

这些手工行业的从业者有当地人,也有许多外来人口参与。浙江处州府云和县,"工匠杂伎,土著绝稀,业此者多外籍人,故流移转徙者比比而是"③。浙江新登县,"洪杨兵事后,土著稀少,匠作来自外邑,雇工均系客民"④。这一个侧面可反映出,晚清时期户籍制度、家族制度在频繁的战乱和外来新思潮的冲击下日渐衰微。

正是由于各传统手工行业在人们日常生活中占据重要位置,当外来商品剧烈冲击中国商品时,社会各阶层人士反应剧烈,极力抵抗。在1899年至1900年,席卷北方数省的义和团运动打出了"扶清灭洋"的口号。1900年5月,大批义和团成员进入北京和天津。时人描述:"城内城外各行铺户与各街住户,义和团民俱饬避忌洋字,如洋药局改为土药局、洋货改为广货、洋布改为细布,诸如此类甚多。"⑤

---

① 王国宇主编:《湖南手工业史》,湖南人民出版社2016年版,第222—223页。

② 彭泽益编:《中国近代手工业史资料(1840—1949)》第2卷,中华书局1962年版,第75页。

③ [清]伍承吉修,王士玢等纂,涂冠续修:《云和县志》卷15《风俗》,清咸丰八年(1858)修、同治三年(1864)续修刻本。

④ 徐士瀛等修,张子荣、史锡永纂:《新登县志》卷10《舆地篇九·风俗》,1922年铅印本。

⑤ 中国科学院历史研究所第三所编:《庚子记事》,科学出版社1959年版,第16—22页。

1904年年底,《中美会订限制来美华工保护寓美华人条款》这一不平等条约期满,中国人民特别是旅美华侨强烈要求废除条约。在舆论的压力下,清廷向美国政府提出改约要求,但美国政府悍然拒绝,蛮横无理要求续约,抵制美货运动由此激发起来。

1905年,中国人民掀起了抵制美货运动,一时间,抵制运动在众多省份风行一时,给手工行业的发展创造了片刻发展机遇。

1905年,在广东,商户发起了抵制美国面粉的运动。"查美货以面粉为大宗,而销用面粉又以饼行为大宗,今饼行首提实行抵制。"[①]"广东省城油器食物店,其制造煎糕饵等工人向有团体,现(1905)闻各处有不用美货之议,该项工党所制食物需用花旗面甚多,故特公议:如饼食行实行不用洋面,伊等亦必继之;若店东强用美面,则宁罢工,以存公义云。"[②]

在抵制洋货的运动中,各手工业行会充当了主力。在天津,"光绪三十一年(1905)五月十六日,各帮商董在商务总会抵制美货,实行不购美货之办法,约共二百余人。所到之帮,凡素日购买美货者,均画允从此不买美货,余如绸缎洋货、竹货行、木行、杂货行、姜行、北洋烟草公司亦均画允。米商亦允认不购美孚煤油及机器美面。三津众磨坊亦允认同心协力不购美国面粉。并议定罚规,如有违者,认罚银五万元"[③]。在浙江嘉兴,"现各商家已允不定美货,日来市上美货业已绝迹。各家门前均贴不用美货字样"[④]。在广州,"行商梁某等在芳村开设太和公司制造火柴,历有年所。近日各商店以该公司火柴为中国制造品,纷纷向其定购,极形畅旺,大有应接不暇之势。现该公司大加改良,特派员赴广西等处调查柴枝,设法自制云。又闻昨有港商五人来省,专购工艺厂所出之毛巾及各货,以便运港发卖。现该厂所出各品几为购尽。港中日制毛巾则绝不畅销云"[⑤]。在汉口,"汉口文明社,某日创议联合裁缝同业

① 和作辑:《1905年的反美爱国运动》,《近代史资料》1956年第1期,第33页。

② [清]张凤喈等修,桂占等纂:《南汝县志》,清宣统三年(1911)刻本。

③ 宋蕴璞辑:《天津志略》第12编,1931年铅印本。

④ 彭泽益编:《中国近代手工业史资料(1840—1949)》第2卷,中华书局1962年版,第497—498页。

⑤ 佚名:《本省大事:土货销场之发轫》,《半星期报》清光绪三十四年(1908)第3期,第26页。

抵制美约,当于该社演说之期邀集各号会议,已定准全镇同业凡美国之货一概不与做工,计凡一百余家皆签名应允。汉口近来拒约较前益勇。九月间各洋货摊引起义愤,将所存之美烟悉付一烬。各码头小工亦相约不运美货"①。

可惜好景不长,仅仅经历几个月时间,1905 年 10 月,抵制美货运动逐渐平息。但是,经营织布手工工场的商人借着这股东风,向市场推行爱国布,取得了较好的成效。

上海,"至于各织布厂,连年亏折,久不闻有余利矣。所出之布,与美国粗斜等布相仿佛,去岁(1905)生意之佳,为往年所未有,实因各处相戒不用美货,是以本布销场,顿形畅旺"②。河北成安县,"义兴工厂,发起者韩荣斋、王守介先生,为振兴工业,换回利权期间,于清宣统二年(1910)创立。以织染布匹为业,所用棉线购自津埠,织成布匹,名爱国布,颇受各界欢迎"③。爱国布的畅销得益于抵制外货运动。抵制外国洋货的运动给中国手工行业的发展带来了短暂的良好契机。

二、手工业与社会生活习俗的变革

明清时期,即便在江南这一中国经济最为繁华的地区,人们仍然和中国其他地区的人们一样,男耕女织仍是家庭经济生活的基调。松江府上海县,"人皆知教子读书为事,江海湖乡人民则倚渔盐为业,工不出乡,商不越乎燕、齐、荆、楚,男耕女织"④。

鸦片战争之后,上海作为第一批开埠通商的口岸城市之一,是接受国外新鲜事物的影响最早的地区。"清道光二十三年(1843)以后,上邑居江海之中,开埠以来,时势之变迁日亟,即此四十年中,水陆形胜、政教风俗以及工商百货等等,屡变不一。"⑤随着外国租界的开设和国外商品的涌入,伴随而来的

---

① 彭泽益编:《中国近代手工业史资料(1840—1949)》第 2 卷,中华书局 1962 年版,第 498 页。

② 汪敬虞编:《中国近代工业史资料》第 2 辑(1895—1914)(下册),科学出版社 2016 年版,第 737 页。

③ 张应麟修,张永和纂:《成安县志》卷 6《实业 · 工》,1931 年铅印本。

④ [明]郑洛书修,高企纂:《上海县志》卷 1《风俗》,明嘉靖三年(1524)刻本。

⑤ 吴馨等修,姚文枬等纂:《上海县续志 · 弁言》,1918 年刻本。

还有社会风气、思想观念的丕变。晚清时期，上海繁花似锦，“洋货充斥”。据1843年上海开埠以后在沪的外国人观察，“一进黄浦江就看到江上帆樯如林，表现出上海在商业上的重要性；据说在一月份，县城对面江上常常见到三千只左右的帆船”①。

在外来风气的影响下，上海成为社会经济生活变革较为显著的地区之一。“工商百货，屡变不一”。洋货商店“任人观览，不问为谁，皆可径入，肆人绝不加以白眼也。故著名之洋货公司，自晨至夜，终日喧阗，游人极多”。②

清道光以后，上海的风俗日新月异，数年一变。人们的消费风习日渐奢靡。1873年，有人观察到上海人奢侈讲排场的消费习惯，“一耻衣服之不华也，一耻坐双轮小车也，一耻狎幺二妓也，一耻肴馔之不贵也，一耻无顶戴也，一耻戏园末座也”③。

上海所发生的社会生活观念和习俗的这种变迁，也在向其他地区浸淫扩散。

1. 各地服饰习惯的改变

上海市场上棉布的花色、种类变化较大。花色繁多的洋布成为人们追求时尚光鲜的最佳选择。外来新奇事物丰富多彩，上海居民的消费习惯为之一变。不仅上海城内居民争相购买，上海周边农村居民在重要场合也会穿着洋布衣服以示隆重体面。嘉定县“真如僻在邑之西南，自成市廛，士习诗书，民勤耕织，俗尚敦厚，少奢靡越礼之举。中外互市以来，洋货充斥，绚丽夺目，喜新厌故者流弃其已有，群相购置，不知漏卮之日甚”④。

江苏山阳县，“旧谓淮人冠服朴素，非仕宦不衣缯帛，馔饮极约俭。而后来狃于习尚，妇女锦绣饰缘值过衣材；宾朋高燕，鲑珍奇腴，一饭之费至兼金以上，则犹未尽革也”⑤。浙江嘉善县，“乾嘉时，风尚敦朴。咸同而后，渐染

① 聂宝璋、朱荫贵编：《中国近代航运史资料》第1辑（1840—1895）（下册），科学出版社2016年版，第883页。

② 徐珂编：《清稗类钞》第5册，中华书局1986年版，第2291页。

③ 海上看洋十九年客：《申江陋习》，《申报》清同治十二年（1873），4月7日。

④ 洪复章辑：《真如里志·风俗》，1918年后辑，稿本。

⑤ 李文治编：《中国近代农业史资料》第1辑（1840—1911），科学出版社2016年版，第932页。

苏、沪风气,城镇尤甚。男女服饰,厌故喜新”①。

近代化机器动力的采用,工厂制集中生产的建立,大大增加了劳动强度,也使丝绸业的劳动日益社会化,劳动的社会化同样要求生活时间的社会化。随着大量丝绸小生产者从农村移民到都市和城镇,经受了都市文化的洗礼;随着近代丝绸业的发展,商品货币经济的繁荣,以及西方自由平等思想的浸润,以往人们奉行唯谨的衣着规矩受到了冲击和动摇。近代江南社会的这种奢华风气,与封建时代的奢风靡习不可同日而语,是以资本主义商品经济的发展为基础的,包含着资产阶级的人文主义人生观。人们对封建等级观念和礼制形式不屑一顾,开始积极主张和勇敢实践人人生而平等的权利,重新认识和确定人的价值,这正反映了传统控制的弱化和江南社会的进步。②

不仅在江南一隅,全国各地同样如此。在湖南长沙府,“夫长沙为楚首郡,则风俗之朴实而伟俊者,宜莫长沙若矣。顾积习至今日,竟有大异乎旧俗、尽诼其淳风者,则非质之过而文之过,非不足之蔽而有余之蔽也。衣服、宫室、饮食、舆马、酬应、交游、士大夫原有定分。今则遍身罗绮,画栋雕梁,饮食若流,高车驷马,呼卢喝采,一掷千金。以轻薄为声援,以拍肩为意气。取债索逋者在门,沽酒治肴者在路。此风俗之在日用者也。男子勤耕,女子勤织,分也。今则男子不事耕耘而趋贸易,甚则游手好闲,坐食荡产。女不勤纺绩而饰脂粉,甚则非谒庙进香,遗簪堕珥。人离本业,逸则思淫。此风俗之在习业者也”③。社会风气的转变令人惊叹。“遍身罗绮,画栋雕梁,饮食若流,高车驷马”,体现了讲究吃、穿、住、行等生活方面的排场。湖南省浏阳县,“往时民俗朴,宴会不设珍肴,衣服亦罕罗绮。今渐不然,以服饰骄人”④。湖南澧州,“衣服,曩城乡衣服纯用棉布,见衣绫绸者相顾愕眙。今庶民绣衣丝履,不以为异”⑤。

① 李文治编:《中国近代农业史资料》第1辑(1840—1911),科学出版社2016年版,第933页。

② 王翔:《近代丝绸生产发展与江南社会变迁》,《近代史研究》1992年第4期。

③ [清]吕肃高修,张雄图、王文清纂:《长沙府志》卷14《风俗志》,清乾隆十二年(1747)刻本。

④ 李文治编:《中国近代农业史资料》第1辑(1840—1911),科学出版社2016年版,第931页。

⑤ [清]何宇梦修,黄维瓒纂:《直隶澧州志》卷2《舆地志四·风俗》,清同治十三年(1874)刻本。

山东省，妇女佩戴金银首饰、讲究攀比的习性成风。因此官府甚至禁止妇女佩戴金饰。“闻政府议及各国用金，中国之金多供妇女佩带之用。踵事增华，实为消灭财政之一大端。议严定限制、禁止，以杜奢侈。”[①]显然，这项政令无法推广，山东各地奢靡之风日盛一日。

安徽祁门虽处万山之中，但由于商人来往奔波，他们将外来新式服饰带入了家乡，从而使得传统服饰受到了洋货的巨大冲击。祁门绅士方振均在《祁门风俗之习惯》中，对祁门男女服饰之嬗变有着具体的描述：“祁俗向称俭朴，男子长衫多客布，棉袍多灰色，马褂外套多以青布、天青呢、布呢为之。”但是到了晚清，则是“渐见繁华，各色客布、洋布销售颇多，宁绸线、关官纱间亦用之”。祁门乡俗的变化于此可见一斑。祁门男女服饰的变迁，很大程度上受到商人和学生的影响。尤其是由茶商捐资兴办的新式学堂中的学生，他们多接受新式学问，学习外国知识。晚清时期，祁门风气渐开，“官宦子弟，好学英文、英语，亦有习东洋语言文字者”。这些接受新学问的学生更为推崇新服饰，从而对服饰的变化起着推波助澜的作用。[②]

贵州省是少数民族聚集之地，奢靡之风气同样盛行于少数民族同胞当中，妇女穿金戴银之风气广为流行。“妇女之妆饰费则实过奢过侈。妆饰费非绩小数也，寻常之家岁入几何，而必支出此一大宗。”[③]贵州大定府毕节县，“农人务本力田，有老死不入城市者，沕穆朴实，简陋异常。自开厂设局以来，百货走集，五方杂处，俗渐华靡，不类往日矣”[④]。有的百姓生活简单朴素，甚至可以一辈子不进县城消费。但是这种朴素风气在晚清时期迅速发生转变。贵州遵义府，“遵义居民向以纺织为业。光绪初，邑人趋奢靡，渐习成风，而上布、小布、粫布、扣布、遂布见于市矣”[⑤]。

---

① 佚名：《各省新闻：拟禁妇女佩带金饰》，《山东官报》清光绪三十二年（1906）第109期，第1页。

② 康健：《茶叶经济与近代祁门社会变迁》，《古今农业》2013年第1期。

③ 圣陶：《论贵州妇女有革除妆饰奢侈之责》，《妇女时报》清宣统三年（1911）第4期，第14—16页。

④ ［清］董朱英修，路元升纂：《毕节县志》卷1《疆域·风俗》，清乾隆二十三年（1758）刻本。

⑤ 周恭寿等修，赵恺等纂：《续遵义府志》卷12《物产·货类》，1936年刻本。

时人认为,“贫者见富者而羡之,于是一饭十金,一衣百金,一室千金,穷奢极侈,而欲紧奢侈必先惩官吏”[①]。正是地方官员讲究排场,引起其他人争相效仿,日常生活愈加奢侈。

晚清时期,衣服服饰习惯发生较大改变,“晚近衣服质料,崇尚轻薄,即国产丝货之运销海外者,亦渐以轻薄者为主,因之苏州府吴江县盛泽镇绸业日益兴起,市面逐渐繁盛,办货客商,纷至沓来,尤以春季之时为盛,大有山阴道上之慨”[②]。

服饰的流行是一个潜移默化的过程。当上层人物流行某项事物时,下级官员乃至普通百姓往往争相效仿,以示亲近。晚清咸丰、同治年间,湘军集团在剿灭太平天国运动中迅速崛起,中央政府和各省各级官员体系中启用了大量湖南籍官员。在这些人的影响下,市面上流行“湖南褂”。“衣服之制,历来宽长,雅尚质朴,即绅富亦鲜服绸缎。咸丰以来,渐起奢侈,制尚紧短。同治年又尚宽长,马褂长至二尺五六寸,谓之湖南褂。光绪年又渐尚短衣窄袖,至季年,马褂不过四五寸半,臂不过尺二三寸,且仿洋装,制如其体。”[③]

到了清末时期,穿西服的风潮席卷中国,“国人改服西装之风日盛,无论男女皆以穿着革履为一时风尚,故凡皮制之鞋、靴、箱、包,皆销路极畅”[④]。各地一些警察、学生群体纷纷更换制服。在北京,“北京工巡局原议消防队、巡捕队更换西式军服,其各属及各段悉仍其旧,现又议定各局各巡警巡长暂换西式军帽,其巡捕悉仍其旧云”[⑤]。“探闻巡警部近以外城站岗查街派有警队,而内城仍系巡捕。警务章程似不能划一,故将城内巡捕除各局站门外,亦皆一律改换西装与外城警队同一服色,以免参差不齐之弊。”[⑥]

此风一涨,各织布工厂纷纷改制西装。广州“亚通织布局是当地唯一使用机器模仿东洋织布的织布工场。该厂织制最多者为洋布,据说供学校学生

---

① 张金峰:《戒奢侈》,《学生文艺丛刊汇编》,清宣统三年(1911)第4卷第2期,第381页。

② 佚名:《盛泽之绸业》,《经济半月刊》1928年第2卷第2期,第15页。

③ 姚裕廉、范炳恒修辑:《重辑张堰志》卷1《区域志·风俗》,1920年铅印本,第11页。

④ 杨大金编:《现代中国实业志》上册,河南人民出版社2017年版,第282页。

⑤ 佚名:《中央新闻:改换西装》,《中华报》清光绪三十一年(1905)第353期,第10页。

⑥ 佚名:《京师近事:警队均换西装》,《北洋官报》清光绪三十四年(1908)第913期,第3页。

及军人缝制制服之用,需要颇多。此外,尚供中国人缝制衬衣及其他之用”[①]。

清末时期,有一些追求进步的人士,尤其是出洋留学人员,剪掉了清朝流行的长发,于是西式帽子在这一部分人群中颇受欢迎。在苏州,“仲冬时期,辫发一物,顿觉稀罕,西式冠帽,风行一时,花样极为繁杂”[②]。有的地区的人有着对某一种物品的偏好,使该物品的销量甚广。在云南,“清光绪三十年,云南全省男女老少周年无不戴帽,故开设帽铺不下数千家。一年销售大约统共一百四十五万两之谱”。

2. 机制工业品的流行

上海自1843年开口通商后,随着中外贸易的发展,出现了商业繁盛、华洋混居、五方杂处、商贾云集、人口流动等变动,人们的生活环境发生了很大变化,与人们祖祖辈辈沿袭下来的传统生活环境已大不一样。在物质生活方面,随着洋器洋货大量输入,人们生活市场化,洋货进入人们的生活,各类制造精巧、五光十色的洋货如钟表、眼镜、玻璃器皿、洋布、洋油、洋皂、洋针、火柴等,受到人们的青睐,人们或为了新奇,或为了炫耀,或为了方便利用,或作为馈赠礼品而购买使用,特别是一些物美价廉的生活日用洋货,更引起人们的争相购用,成为日用品,人们也以购用洋货为时尚,形成洋货流行之风。90年代初有人回顾通商后洋货流行的情形:“道光季年,中外通商而后,凡西人之以货物运至中国者,陆离光怪,几于莫可名言。华人争先购归,以供日用。初祗行于通商各口岸,久之而各省内地亦皆争相爱慕,无不以改用洋货为奢豪。”[③]

长期在上海生活的文人买办郑观应,在80年代末90年代初撰写的一篇文章中,一口气列举了西国输入的食物、用物、玩好等日用洋货计57种,指出这些洋货“皆畅行各口,销入内地,人置家备,弃旧翻新”。可见在上海开埠后

---

① 汪敬虞编:《中国近代工业史资料》第2辑(1895—1914)(下册),科学出版社2016年版,第799页。

② 佚名:《宣统三年苏州口华洋贸易情形论略》,《通商各关华洋贸易总册》下卷,1911年,第88页。

③ 《中国宜造洋货议》,《申报》1892年1月18日。

二三十年间,洋货流行已日渐成风。当时报刊诗文中便多有对这种时风的描述:在酒楼里常可看到“万钱不惜宴嘉宾”“一筵破费中人产”的豪宴,在妓馆常有“不惜千金付阿娇”的嫖客。人们的衣着装饰也是争趋华丽、追逐时尚,“斗丽争华者层见叠出”。90年代初《申报》有文记述这种奢靡之风的源起:“风俗之靡不自今日始矣,服色之奢亦不自今日始矣。溯当立约互市之初,滨海大埠,富商巨贾与西商懋迁有无,动致奇赢。财力既裕,遂于起居服食诸事斗异矜奇,视黄金如粪土,见者以为观美,群起效之。……其始通商大埠有此风气,继而沿及内地各处。……近今风俗之侈靡日甚一日,较之三十年前已有霄壤之别。”①

在上海率先兴起这种奢靡夸富之风,随后便浸染至内地,形成普遍性社会风气。城市商业化生活带来市民文化氛围、人际关系的变化和社会生活规则的变化,也使人们的传统道德观念松弛、传统伦理意识淡化,出现了社会心理上肯定人欲、追求自由的要求,形成社会风气上的逐利之风、逞欲之风及追求享乐之风。这些与以往传统礼俗大为不同的新生活方式,被人们相互仿效,流行成风,表明人们认为这些新生活方式更适合于变化了的新生活环境中求生存的需要,因而被越来越多的人所接受和仿效,遂成风尚。②

日常生活除了生存性需求之外,还有大量因社会生活而产生的社会性需求。一些洋货精巧、美观、新奇的特点,适合于社会交往和社会生活中的心理需求,所以吸引了人们购买使用,形成流行洋货乃至崇尚洋货之风。洋货还是当时亲朋间往来的时兴馈赠佳品。咸丰时期,在上海西人书馆做事的士人王韬,就常将洋皂、洋布等洋货作为礼品赠送给友朋。那些离开农村流往城市经商做工的人,回乡探亲访友时,也会带回各种新奇的洋杂货分送亲友。乡下人遂仿效城里人,以拥有新奇洋货为时尚。城镇更有赶时髦的居民,争相使用新奇洋货来炫耀。特别是城镇的妇女,以使用西洋香水、洋皂、洋绸、饰物等为时尚。有人记述光绪中叶城市妇女时兴以眼镜、怀表为装饰品。眼镜,“自光绪中叶以后,妇女之好修饰者,亦皆戴之以为美观矣”。怀表,“光绪

① 《论服色宜正》,《申报》1894年3月16日。

② 李长莉:《以上海为例看晚清时期社会生活及观念的变迁》,《史学月刊》2004年第5期。

中叶,妇女有以小表佩于衣衽间以为饰者,或金或银,而皆小如制钱,故呼曰金钱表"。照相作为既新奇又可留下影像以保存或赠送亲友的新鲜玩意儿,也很快时兴起来。自70年代起,报纸上就常可看到售卖照相器材的广告,可见照相已成一个比较兴旺的行业。①

上海地区使用洋货成风的现象十分显著,"上海番舶所聚,洋货充斥,民易炫惑。洋货率始贵而后贱,市商易于射利,喜为贩运。大而服食器用,小而戏要玩物,渐推渐广,莫之能遏"②。在上海各租界居住的外国人,将风行欧洲的一种乐器——钢琴也带入了中国市场。"自从19世纪70年代初年,谋得利有限公司所经营的业务一直随着上海租界的成长而不断增加。该公司感到人们对其所产钢琴的需求很大,该公司在南京路及北京路的两个工厂尚不能满足此项需要。这两个工厂已完成钢琴515部,全部都使购用者完全满意。由于业务不断增长,谋得利公司已经感到有增加资本一倍的需要。"③钢琴这种乐器慢慢地走进了中国家庭,中国家庭以拥有钢琴、会演奏钢琴为荣耀。

在大城市流行的外来商品洋火、洋烟、洋绸、洋皂等新奇物品,购买以后十分值得在亲朋好友当中炫耀。因此,外来商品流行甚广。时人描述:"庚子巨创以后,国人心理由轻洋仇洋,一变而为学洋媚洋。妇女出门必衔一香烟以为时髦美观。"④

海关贸易报告亦称,奢侈品的流行,造成通商口岸生活费的提高。"这十年中(1902—1911)给调查者提供了一幅中国生活费普遍上涨不安的景象。到街上走走,到店铺里去看看,就可证明洋货变成了中国人的生活必需品已经到了多么严重的地步。在成都几乎没有一户人家没有洋布、煤油、钟表,以及其他洋货,所有这些都意味着开支的增加。"⑤

---

① 李长莉:《晚清社会风习与近代观念的演生》,《社会学研究》1993年第6期。

② [清]博润等修,姚光发等纂:《松江府续志》卷5《疆域志·风俗》,清光绪十年(1884)刻本。

③ 汪敬虞编:《中国近代工业史资料》第2辑(1895—1914),科学出版社2016年版,第324页。

④ 章开沅编:《清通鉴》,岳麓书社2000年版,第936—937页。

⑤ 佚名:《福州口海关十年报告(1902—1911)》卷2,第98—99页。

在江苏娄县“妇女馌饷外,耘获车灌,率与男子共事,故男女皆能自立”[①]。在江苏南汇县,“敲石取火,沿用已久。海禁初开,始有火柴,而内地尚不通行。光绪中叶以后,火柴渐推渐广,已成人家通用之物,后生少年几不知刀石作何状矣”[②]。

北京“布商之兼营洋布者,遂十有八九”[③],“贵胄学堂业已开学,供给学生服食起居极为奢靡,所用皆欧美上等材料”[④]。直隶顺义县,“日用品,在清季改用洋货石油、香皂、毛巾、围脖、洋袜、火柴、手套、草帽等,几于家户必需购自他国,利权外溢”[⑤]。

湖南省醴陵县“在昔俗尚俭朴,民间日用鲜向外求。洎夫清季,始以习用外货相矜炫”[⑥]。这里明确提到了民众以习用洋货而相互炫耀。

广西梧州“自中国与泰西互市,外洋货物无不流行。内地阛阓之中,自衣饰器用以及饮食玩好,十色五光,迷炫心目。其物虽不能坚致耐久,而轻巧灵便,为人所喜,且价又较廉,以故通都大邑洋货之店,固已鳞次栉比;即在乡僻之区,亦必有零星数家,销售杂用之物。盖厌常而喜新,厌拙而喜巧,亦人情大抵然也”[⑦]。

江西新昌县,“洋货自光绪初年(1875)始行输入,初唯羽毛、哔叽、绸缎、布纱之属。近数年来,纸烟、坐钟、毛巾、香皂、牙粉、瓷器、蜡灯,罔不具备。而以煤油为极大漏卮,城内销行者已达一千四百余箱,乡村不可以数计,尚骎骎日进未已也”[⑧]。

晚清时期,随着全国各地奢靡之风的兴起,一部分人们开始追求享乐主

---

① [清]汪坤厚、程其珏修,张云望等纂:《娄县续志》卷3《疆域志·风俗》,清光绪五年(1879)刻本。

② 严伟等修,秦锡田等纂:《南汇县续志》卷18,《风俗志》,1929年刻本。

③ 佚名:《北平市工商业概况》,北平市社会局印行,1932年版,第193—194页。

④ 佚名:《学务摘要:北京贵胄学堂之奢靡》,《寰球中国学生报》清光绪三十二年(1906)第1卷第2期,第76页。

⑤ 苏士浚修,杨德馨纂:《顺义县志》卷12《风土志·民生》,1933年铅印本。

⑥ 陈鲲修,刘谦纂:《醴陵县志·食货志·工商》,1948年铅印本。

⑦ 姚贤镐编:《中国近代对外贸易史资料(1840—1895)》第2册,科学出版社2016年版,第1106页。

⑧ 胡思敬纂修:《盐乘县志》卷5《食货志·物产》,1917年刊本。

义,珠宝玉器的花样品种繁多,绸缎的花色更加绚丽,居住环境得到了改善,带动了一部分手工行业的生产改良和产品消费。这些洋货入侵中国市场,改变了人们的消费习惯,以致“后生少年几不知刀石作何状矣”。由于人们的服饰穿着习惯发生改变,生产服装的织布业只能顺应市场需求,更换生产工具,改良生产技术,以期生产出受市场欢迎的服装。

由于中国社会大环境的变化,晚清时期徽州民居的建筑形式发生了不同程度的变化。具体到祁门,由于茶业经济的兴起,民居建筑形式有着重要变化。近代以前,祁门四乡楼房:厚以垣墉,高以梁栋,不事雕饰,间有油漆以壮观者。民房多三间,亦有四会,各式门前筑园院,出入通行皆石板……旧建民房天井狭窄,光线黑暗。晚清时期,房屋建筑则发生了重大变化:“士大夫之家,未有不高大门闾、明窗净几者。东乡双溪诸村,多名家大族居处,与城关相似,家藏器具有留传至数百年者。南乡厚潭地近江右,舟楫易通,第宅相连,大有广厦万间之象。西乡历口近日业茶获利者,屋宇亦多壮丽。其余农家开门见山,终日荷锄田亩,有客问津,此地水尽山穷,又有柳暗花明之处。”[①]从以上的记载中,我们可以看到,晚清祁门茶业经济的兴盛促使祁门乡村民居建筑形式发生变化,其变化的趋势则是从过去那种光线黑暗的不适宜居住的建筑形式,向更为实用的形式转变。[②]

不仅仅是各通商口岸,中国其他城市和乡镇民居建筑式样也发生了改变。浙江南浔,“自粤逆一炬,浔镇半成瓦砾,旧地都易新主,经营缔造,气象一新,高门大厦,画栋雕梁,比比而是;且颇有仿洋式者,内中器具,即一灯一镜,悉用舶来品,各出新奇,借以争胜。故市中各店,入夜光明如画,商贾获利甚微,未始非侈靡之故也”[③]。

晚清时期,房屋建筑较为引人注目的变化就是西式窗用玻璃被广泛使用。使用窗用玻璃会使房间更为明亮更宜居,于是人人争相购买。江苏镇江

① 刘汝骥:《陶甓公牍》卷12《法制科·祁门风俗之习惯·居处》,《官箴书集成》第10册,黄山书社1997年版,第603页。

② 康健:《茶叶经济与近代祁门社会变迁》,《古今农业》2013年第1期。

③ 姚贤镐编:《中国近代对外贸易史资料(1840—1895)》第2册,科学出版社2016年版,第1106页。

口的海关贸易报告显示,“1880 年,窗用玻璃的使用,也一年比一年多起来了。的确没有一栋新建的房屋不用窗用玻璃;要把太平军留下的残破和毁坏的房子完全重建起来,建筑工程可能还要继续若干年。窗用玻璃的大量进口,可能还要继续下去。1882 年,窗用玻璃增加了 35800 平方尺,而且各阶层人民都非常欢迎。它几乎已经完全排挤了过去使用的纸窗和深绿色的玻璃。甚至最贫苦的茅舍,在农民昏暗的房屋中央,现在也有几片透光的玻璃,使居住者感到相当满意。1884 年,窗用玻璃逐渐排挤着中国以往习用的糊窗纸。把玻璃片裁成合于中国居民普通窗户的大小,从而节省用户剪裁及安装的费用,使它在比较贫苦的阶层中更普遍地使用,这是值得尝试的”①。

玻璃一物广泛运用于各处建筑,如民居、商铺、医院等。江苏南京,“医院四壁,向用土砖。近南京各医生遂改用席纹玻璃,俾满室光亮,以便稽查、洒扫。且病人得向阳之气,尤能开郁,易于疗治”②。四川成都的商铺同样喜爱以玻璃装饰房屋。“灌县牟路口傍山一带,炭斤价廉。有商人张兴发等在彼烧造玻璃,于省城新街设立售货铺。凡洋、广各铺,亮瓦玻璃均由该厂运省发售,价廉物美。于是外来之货遂大受其影响云。”③

不仅窗户换上了玻璃,连家中的各式器物,人们也喜欢用玻璃制品。重庆,“1906 年,一个留日归国的学生在重庆江北刘家台开办了一个玻璃厂(鹿蒿玻璃厂)。……该厂出产花瓶、灯罩、玻璃缸以及精工装潢的玻璃器皿,所产玻璃,全省需要甚大”④。“川省向无玻璃。自重庆鹿蒿厂创造而后,相继开办者不下十余家。兹有大邑县劝工局运赴工会成品以各种玻璃器具为最。如亮瓦、风灯、洋式煤油罩以及保险灯罩,无不可与泰东西诸国争胜且较外货尤为坚厚,定价亦廉”⑤。

---

① 姚贤镐编:《中国近代对外贸易史资料(1840—1895)》第 2 册,科学出版社 2016 年版,第 1103 页。

② 佚名:《制造:创造玻璃壁》,《集成报》清光绪二十三年(1897)第 11 期,第 39 页。

③ 佚名:《商情:本埠及本省各埠:玻璃畅销》,《重庆商会公报》清光绪三十二年(1906)第 46 期,第 77 页。

④ 汪敬虞编:《中国近代工业史资料》第 2 辑(1895—1914)(下册),科学出版社 2016 年版,第 818 页。

⑤ 佚名:《选报:大邑玻璃之畅销》,《北洋官报》清宣统三年(1911)第 2788 期,第 10 页。

厦门,“广建玻璃制造厂创立于1908年,资本3000元。雇有本地人54名,日产各种品级灯罩300打,主要销场是厦门境内”[①]。广州,“粤人黄某由美国携回机器、药水,创造玻璃字画。近在粤省西关大巷设成业公司”[②]。广西南宁,“桂省商人蒋君仁拟集股创办玻璃公司,先行试办玻璃管、灯罩、灯壶及玻璃杯盏器皿等类”[③]。

三、手工业品依然占据大部分国内市场

晚清时期,社会动荡不安,战争、自然灾害频发,中国广大地区的普通群众挣扎在温饱线上,仅能维持最低标准的日常生活需要。在这种社会经济背景下,能够享乐奢靡的人群必然不会太多,因此中国传统的手工业产品依然有着广阔的市场,各种类型的手工行业也就仍然有其生存的空间。

在这一时期,中国内陆乡村地方土布仍有相当广泛的市场份额。不同阶层的服饰变化程度存在着很大差异。“乡村农民只知用本地土布而已,妇女衣服纯用布制,冬裘、夏葛不多见”,而“缙绅之家较为华丽”。由此可见,家庭殷实的缙绅之家的服饰日趋华丽,而贫苦乡村妇女的服饰则几乎没有多大变化。[④] 在湖北沙市,“洋布类不问何国产,其需用不多。因虽质善价廉,以作衣服,则不耐久。故此类入沙市后,乃系分输他方销之。因沙市本有土布,质坚价廉,又耐久。其破褴者尚足以充杂巾及填补鞋底之用故也”[⑤]。乡民连破烂的土布都要充分利用起来以充杂巾,填补鞋底等,物尽其用,自然而然地会选择购买耐久经穿的土布。此后,用洋纱生产的布匹经久耐用,价格低廉,才得以销量大增。

晚清时期,普通平民当中连解决温饱都有困难的人群比比皆是。这些人

---

① 汪敬虞编:《中国近代工业史资料》第2辑(1895—1914)(下册),科学出版社2016年版,第818页。

② 佚名:《制造:新式画镜》,《集成报》清光绪二十三年(1897)第11期,第39页。

③ 佚名:《实业:创办玻璃公司》,《北洋官报》清光绪三十四年(1908)第1648期,第12页。

④ 康健:《茶叶经济与近代祁门社会变迁》,《古今农业》2013年第1期。

⑤ 佚名:《沙市土布仍有相当市场》,《湖北商务报》第13册,清光绪二十五年(1899)第7期,第14页。

必须勤俭度日,买最便宜且最实用的商品尚且难以维持生活,稍有意外即“不能自给”。同样是在上海,清光绪年间,“平民已有生众食寡之苦,物价日昂,生计日绌,而益以铜元之滥,稻米出洋,食力小民日得几何不足一饱,或曰是不啻在上者之挤之于沟壑也”[①]。在江苏嘉定县,“奉贤地多产棉。道光年间,棉值昂贵,每担率十数缗,今且不及十之三四。小民终岁勤动,无所获利”[②]。青浦县情况同样如此,“邑多种木棉,工繁而利薄,输官偿租外,未卒岁而室已空,生计艰难可知”[③]。“每届交秋后,浦左乡民之务农为业者耕作稍暇必继以纺纱织布,藉以充食用之资。近自北乱以来,京津牛庄各埠之商船均已停运,而棉布销场北省十居七八。其余惟浙之杭绍金衢兰溪等处各有销路,迩因该处土匪滋事,商贩裹足,以致每匹只值价洋二角五六分合钱二百一二十文,核计工本不敷甚巨。盖每布一匹须棉花三斤,连经刷浆费已不下二百文,自轧花纺纱,以致制成一布约须女工六日。照目下(1900)市价万难敷衍,且浦左各乡除纱布外别无生活。因是仰屋兴叹,无不为开门七事愁难也。”[④]青浦县妇女向以纺纱织布为生,当纱布无销路时,生计无着。苏州府向称繁华,但是光绪年间仍有如此记载:“吴江县民气凋敝,终岁而耕,不供数口一岁之食,兢兢焉惟水旱偏之是惧。”[⑤]

富裕的江南地区尚且如此,内陆省份贫民生计愈加困难。山西隰州,“自同治七年(1868)以来,迭遭亢旱,比岁欠收,民间已十室九空。至光绪三(1877)、四(1878)两年,复遭大祲,而民力愈不可支矣”[⑥]。“民间十室九空,民力愈不可支”,这些人肯定不会购买奢侈品。陕西汉中府略阳县,“道光年间,米粮每斗钱七百余文,价虽不昂,民饥而死者大半”[⑦]。江西赣州府长宁县,“本县之俗男勤而女亦劳,男则力作,妇则纺绩,刻无宁晷。然其获利甚

① 胡祥翰编:《上海小志》卷6《生活》,1930年铅印本。

② [清]韩佩金等修,张文虎等纂:《重修奉贤县志·方锜序》,清光绪四年(1878)刻本。

③ [清]金惟鳌辑:《盘龙镇志·风俗》,清光绪元年(1875)修,1961年《上海史料丛编》本。

④ 佚名:《商情:本省:生计维艰》,《商务报》清光绪二十六年(1900)第19期,第1—2页。

⑤ [清]金福曾等修,熊其英等纂:《吴江县续志·卷首·陈鹏序》,清光绪五年(1879)刻本。

⑥ [清]洪汝霖修,杨笃纂:《天镇县志》卷4《风土记》,清光绪十六年(1890)刻本。

⑦ [清]桂超纂修:《新续略阳县志·灾异》,清光绪三十年(1904)刻本。

微，类不能自给”[①]。陕西同州府蒲城县，“兵荒后，诸物昂贵，生计维艰，兼自洋药盛行，吸食者几十之六，伤生耗财，莫此为甚，昔年富室率多零落，市镇铺户迭经倒闭”[②]。

福建省，“省垣内外一切食物迩极昂贵。居家者大为不易，即店铺伙食亦甚艰难。咸谓数十年来所未有”[③]。东北营口，“现在（1904）营口、牛庄等处粮食昂贵异常。闻小麦一石银十九两五钱，大麦一石银十两左右，小米每石十二两五钱，高粱一石八两五钱，米一石二十七两，黄豆一石八两九钱，豆油百斤十两八钱，豆饼千斤九两八钱之谱，穷民谋食维艰，穷状殊甚可怜云”[④]。晚清时期，各地物价飞涨，普通群众仅仅是为了家中饮食，就已极为艰难。云南富民县，“中区拘谨，贫寒者十之七八。至各区村农，除力穑田畴外，大概无所事事。是以其民苦甚，老既无帛可衣，幼复短褐不完，蒿目间阎，殊甚叹息。穷其究竟，殆由粮价日下，银价日高，匹布之资，几需斗米，悉怪乎力不能支焉”[⑤]。贫民连获取日常所需的粮食都困难，更不会花钱去买高价布匹了。

晚清时期，中国各地居民贫富差距明显的局面是显而易见的。时人云：“尝思乾嘉以前之繁富，余生也晚，未得躬逢其盛。而道光时之气象，犹不至拮据如此。彼时，各省户口，数倍于今，惟贫富不至霄壤耳。自遭乱后，而富者则坐拥数十万亦有之，而贫者常至家无担石之储。”[⑥]一方面外来洋货冲击中国市场，沿海商埠逐渐刮起了奢靡之风，一部分人们贪图享乐，互相攀比，一掷千金，纸醉金迷。另一方面，则是广大群众生活贫苦，民不聊生，仅能维持生活的最基本需要。晚清时期，中国社会生活错综复杂，形形色色，难以一言以蔽之。

---

① ［清］苏霈芬修，曾撰纂：《长宁县志》卷3《风俗》，清咸丰六年（1856）刻本。

② ［清］李体仁修，王学礼纂：《蒲城县新志》卷1《地理志·风俗》，清光绪三十一年（1905）刻本。

③ 佚名：《闽食昂贵》，《益闻录》清光绪二十四年（1898）第1759期，第124页。

④ 佚名：《各省近事：物价昂贵》，《济南报》清光绪三十年（1904）第72期，第11页。

⑤ 李文治编：《中国近代农业史资料》第1辑（1840—1911），科学出版社2016年版，第916页。

⑥ 李文治编：《中国近代农业史资料》第1辑（1840—1911），科学出版社2016年版，第909页。

第三节 手工业与商业、金融业的关系

中国传统手工行业历史悠久,在漫长的产生、发展、成熟的岁月里,手工行业与商业、金融业联系紧密,早已结下了一损俱损、一荣俱荣的共生关系。晚清时期,中国各种手工行业在原有的一家一户的男耕女织的基础上产生了一定的变化,更多的手工行业与商业、金融业联系日趋紧密,手工行业所生产出来的商品需要依靠商人的贩运,而金融行业则为手工业的生产经营提供资金。

一、手工业与商业、金融业的紧密联系

晚清,中国手工行业的经营者,往往资金短绌而生产分散。“盖精工艺者,多缺资本,有保护,则凡工艺可以获利者,自有商人出资以经营。利之所在,众必趋之,正不患其不为也。中国工艺,悉听小民自为,故恒守旧法,无所进益。有闲财者,无非开典当钱庄,及贩鬻百货。而此各业,又因趋之者众,无大利益,或且亏本,故常虑有钱无生意可做。”①因此,一些手工行业要想扩大生产和经营,常常需要求助于金融行业和商业组织,遂形成手工行业和商业、金融业之间的紧密联系。著名的高阳织布手工业就是手工行业与商业、金融业联系紧密的一个典型例子。

河北高阳织布业是常被提及的一个手工行业,而高阳织布业的兴起、发展和转型,离不开通商口岸城市商业和金融业的扶助与支持。首先,天津直隶工艺总局对先进织布工艺的倡导,为高阳织布业的兴起提供了契机。1903年,直督袁世凯委派周学熙在天津创建了直隶工艺总局,从日本引进各种织机,并聘日本技师为教习,传习先进织布技艺。高阳旅津人士李长生等人从家乡选出3名擅长织造土布的农民来津学习,并从天津日商洋行购买数台铁轮机,在高阳县城创办了一家小型织布工场。其次,高阳织布业所用棉纱和

① 彭泽益编:《中国近代手工业史资料(1840—1949)》第2卷,中华书局1962年版,第285页。

人造丝都来自进口或中国大城市的机器纺纱厂,原料产地以日本和本国的上海、天津、青岛等地为主,购买地主要在天津。所用机器设备最初购自天津的田村、佐佐木等日商洋行。后来,天津三条石的民族机器制造业兴起,郭天成、郭天利等创办的民族机器制造厂都以出产织机而著称,由于其物美价廉,高阳客商就多转向这些民族机器制造厂购买织机。再次,大城市的商业和金融业为高阳布线商人提供了周转资金。因此,这一时期高阳商人是靠天津金融界的贷款来周转。可以说,天津商业界和金融界的支持是高阳织布业起步并持续发展的关键。通商口岸城市不仅为高阳织布业提供了发展契机以及原料、设备,而且提供了必要的周转资金。如果没有天津这样一个通商大埠作为依托,如果没有天津商业界、金融界给予的种种支持,高阳织布手工业恐怕不会如此顺利而迅速地踏上工业化道路。综上所述,高阳织布业在工业化历程中创造的"高阳模式"是一种以大城市为依托,以农村为基地,以改造传统产业为出发点,以家庭工业和小工厂起步,以培养新型工商人才为持续动力,面向市场的区域专业化的乡村工业化模式。①

晚清时期,国内各地区的商品运输买卖是十分兴旺的。手工行业生产出来的商品,依靠商人的长途运输,运销国内各地市场。在巨大的利润驱使下,有商人自愿打通地区与地区之间的商路。"道光之季,里中所产土布,衣被七闽者,皆由闽商在上海收买,未尝自行运送,价之高下,听客所为,不足以操胜算。时杰慨然乘帆船往,以导先路,备历风涛之险,数月返里,赢金累万。嗣是,土布自运福建之路以通。"②

丝业,"某丝商由湖州载运金麒麟即七里丝数十包,来沪兜售以期获利"③。更有大批商人从事各类手工业产品的长途贩运生意。头绳业,"江南棉纱头绳亦本埠一大行业,均用黄花摇纺成。丕粗者名曰四股,中则二毛,极细则尖毛,皆用红花染成,广销二十一行省。光绪初年(1875),外洋有颜料运

① 冯小红:《高阳模式:中国近代乡村工业化的模式之一》,《中国经济史研究》2005年第4期。

② [清]章圭瑑纂:《黄渡续志》卷5《人物·商业》,清咸丰三年(1853)刻本。

③ 佚名:《工商杂志:公议涨价、贩运新茶、载运新丝》,《集成报》清光绪二十七年(1901)第42期第26页。

华,遂用洋红,其价较廉,市面愈大"[①]。不起眼的妇女用头绳广销二十一行省,这就是依托商人的运销网络了。

直隶天津府沧州,"商通有无,大抵缯帛来自江苏,铁器来自潞汾,农具为多"[②]。沧州距离江苏和山西均有一定的距离,可以看出这些地区之间必然有着长距离运输商品的路线。内蒙古土默特旗,"其服惟茧绸来自山左登莱等郡,大布、厦葛之类亦购自客商"[③]。黑龙江距江苏路途遥远,这里的人们却喜欢饮用太湖洞庭山碧螺春茶叶,"茶自江苏之洞庭山来,枝叶粗杂,函重两许,值钱七八文,八百函为一箱,蒙古专用和乳,交易与布并行"[④]。陕西商州镇安县,"出产大宗,水运由襄河至老河口转运汉口,陆运由蜀河等处商人坐庄收买,每岁销行约七八万斤"[⑤]。汉口是国内商品集散中心之一,很多商品均在此地集中再销往各地。江西广信府玉山县,"以棕为例者,鬻于上海"[⑥]。江西玉山县出产的棕制品,销售地点是上海,长途贩易兴盛一时。

商人开办商号,各地钱号提供资金贷款、原料,收购手工行业所出产的成品,形成地区与地区之间的短途、长途贸易体系。在湖南省,"至若商业转输,则多外帮巨贾。江西帮擅药材、锡箔、铜、铅、蜡、丝、引盐,山西帮擅汇票,淮商裘褐、汾酒、关角、潞参,闽商烟草,苏商绸布,广商银朱、葵扇、槟榔"[⑦]。湖南长沙府,"俗安土重迁,为商贾者殊少。北客西陕,其货毡皮之属;南客苏杭,其货绫罗、古玩之属。繁华垄断,由南关内王府坪至西门坡子街为极盛。冠婚丧祭,乡里尽于城市买办。积场墟厂,古迄今无有也。城滨北岸,湘水汛疾直流,遇风浪无停泊之所,故长沙善化近邑独造船,曰倒划,虽小而坚致轻便,且可顺可逆,随地可泊也。其役至贱,其承充悉好事之徒。而其藏垢纳

① 佚名:《头绳销场》,《江南商务报》清光绪二十六年(1900)第2期,第1页。

② [清]徐时作、刘蒸雯修,庄曰荣等纂:《沧州志》卷4《礼制·风俗附》,清乾隆八年(1743)刻本。

③ [清]贻谷修,高赓恩纂:《土默特旗志》卷8《食货》,清光绪三十四年(1908)刻本。

④ [清]方式济纂:《龙沙纪略·饮食》,清康熙年间修,乾隆年间《四库全书》本。

⑤ [清]李体仁修,王学礼纂:《蒲城县新志》卷1《地理志·风俗》,清光绪三十一年(1905)刻本。

⑥ [清]黄寿祺修,吴华辰纂:《玉山县志》卷1(下)《地理志·物产》,清同治十二年(1873)刻本。

⑦ [清]陈玉垣修,庄绳武纂:嘉庆《巴陵县志》卷14《风俗·物产》,清嘉庆九年(1804)刻本。

污、腾口射利也,则深有关于地方之利病。用其力而严察其弊,夫亦维风之小而贵大者矣”①。晚清时期,长沙城内市面上北客西陕、南客苏杭充斥其间,正是众多商人的长途贩运促进了各地手工行业的发展。

湖南郴州兴宁县,“宁界居北者只贩煤,往湘往汉往苏,来则买棉花、牛骨、黄豆等等。居西者只贩姜,往德安、孝感、樊城等处,来亦如之。居南者只贩麻,往粤,来则买庄衣、洋货等等。其他或有杉树出湘,茶油入粤,更无居积,此商贾大凡也”②。各手工业和商业联系十分紧密,南来北往,商运不绝。

安徽营山县,“行商如贩卖茯苓,则由水路至汉口、湖南、江苏、上海、浙江、广东、江西等处;出售皮、油、蚕丝、牛羊皮,则运至汉口或上海出售;棉布则由陆路运至潜山、霍山、太湖等处出售”③。广东嘉应州兴宁县,“商贾,大列肆,小负贩,终日营营。作客者多贸易于川、广、湖、湘间”④。

二、手工业发展促进商品经济的发展

在各地种类繁多的手工业商品买卖运输过程中,各地形成专门的经商队伍。有的商人专注于某一种商品的贸易,如棉布、茶叶、瓷器等。有的商人专注于某一地区不同种类的商品贸易,形成晋商、徽商、陕商、浙商等著名商人群体。商人的增加提高了国内商业的活跃程度,并且发展了对外贸易网络。

明清时期,江南地区的手工业已经颇具规模,商业也已经十分繁荣。苏州府“由今观之,吴下号为繁盛,四郊无旷土,其俗多奢少俭,有海陆之饶,商贾并凑”⑤。无锡,“为浙右名邑之冠,当南北之冲会,土地沃衍,有湖山之胜,泉水之秀,商贾之繁集,冠盖知骈臻”⑥。到了晚清时期,上海强势崛起,其繁荣程度比较以往之苏州、无锡有过之而无不及。“吾邑商务颇盛,故市面为亚

---

① ［清］吕肃高修,张雄图、王文清纂:《长沙府志》卷14《风俗志》,清乾隆十二年(1747)刻本。

② ［清］郭树馨等修,黄榜元等纂:《兴宁县志》卷5《风土·风俗》,清光绪元年(1875)刻本。

③ 徐锦修,胡鉴莹等纂:《英山县志》卷8《实业志·商务》,1920年木活字本。

④ ［清］仲履振纂修,张鹤龄增补:《兴宁县志》卷10《风俗志·习尚》,清嘉庆十六年(1811)刻本。

⑤ ［明］王鏊等纂:《姑苏志》卷13《风俗》,明正德元年(1506)刻本,清乾隆年间《四库全书》本。

⑥ ［明］佚名纂:《无锡志》卷1《风俗·名刻本》,清乾隆年间《四库全书》本。

东之巨擘。就其最著者言之,则有陆翔熊之鞋,陈天一、老万泰之帽,李鼎和之笔,曹素动之墨,得月楼之笺,言茂源之酒,邵万生之南货,雷允上之痧药,泰和馆之酒菜,稻香村之茶食,童涵春之药饵,杨庆和之首饰,陆稿荐之熟食,紫阳观之罐头食物等。此皆名驰各埠,乃吾邑店铺中著名者也。”[①]各类手工行业商家所出产的商品,日积月累,获得了良好的口碑,形成著名品牌,久负盛名。

明清时期,商品运输主要依靠水运,一些地理位置优越、适合船只停泊的城镇,自然而然商品经济较为繁荣。一些城镇的繁荣程度甚至超过了当地府城。湖南长沙府湘潭县,“岭表滇黔必道湘沅,则西北磁货往者亦就湘沅,舟运以往,而长沙水埠不利泊船,故皆辏于湘潭。明移县治以来,杨梅洲至小东门岸,帆樯蚁集连二十里,廛市日增,蔚为都会,天下第一壮县也”[②]。

在安徽芜湖,“出口货物以徽、宁各属之茶叶、丝茧、竹木、米稻、杂粮、竹器为大宗。进口京广洋货,布匹分销徽、宁各属者,均取道于此。清末每年平均征银约六千七百余两”[③]。芜湖制纸业尤称发达,“纸业,同治间,仅有十二家,货源大都来自江西及吴城镇。光绪初,渐有起色,共有纸号十六家,每年营业约二十余万,始设箔坊一家,嗣于河南增设一家,常川能容箔工二百七十人,为全皖之冠。自宣统至今,纸价频涨,机制各色洋纸日形充斥,销场亦因之发展,除杂货业代卖外,共有纸号二十家,每年营业共五十余万两,尤以批发外镇为大宗云”[④]。

山东福山县的商品经济在这一时期发展迅速,市场繁荣程度均超过前代。“道光之末,本埠犹未通商,其进口货物不过粮石与粗杂货而已,间有营油饼业者,然亦寥寥。同治元年设立海关后,于是油饼之业日增,而其他草帽辫由沙河到埠出洋,极盛时达三百余万两。然从前各县多产山茧,不解缫织,近则纩房达三十余家,而花边、发网、绣花诸货行销于外洋者日增日盛。其他

① [清]李维清编:《上海乡土志》第130课《著名店铺》,清光绪三十三年(1907)铅印本。

② [清]陈嘉榆等修,王闿运等纂:《湘潭县志》卷10《货殖第十一》,清光绪十五年(1889)刻本。

③ 鲍寔纂:《芜湖县志》卷24《赋税志·关税》,1919年石印本。

④ 鲍寔纂:《芜湖县志》卷35《实业志·商业》,1919年石印本。

如花生、水果、鱼、盐之类,盖不可枚举。近年以来,公司渐起,如张裕之洋酒、昌兴之洋火、醴泉之啤酒、瑞丰之面粉,而船行若政记公司、若鹿玉轩记,皆能挽回洋舶之利权。"[①]山东曹州府郓城县,清光绪十九年(1893),"输出品花生油、半夏、香附、帽辫、蚕丝等,输入品洋线、石油、煤、烛、洋瓷等"[②]。这一时期,山东境内草帽辫、花边、发网、绣花等行业兴旺,经济较为繁荣。

广西南宁府,清雍正十一年(1733),"百货骈罗,商贾络绎,为东南一都会也"[③]。安徽池州府石埭县,康熙十四年(1675)前后,"人稠地狭,厥田高高下下,无十亩、五亩方珪圆璧者,故耕耨不足以给,多贩粜外境间,鬻茶纸杉漆以为生"[④]。清朝初年至乾隆二十六年(1761)前后,甘肃宁夏府中卫县,"中邑,据诸父老称,国初此地衣冠惟布素,器用取诸本境土窑;今服多纨绮,家用饶南磁矣。向年市肆寥落,诸用则贱;今货肆丰盈,十倍于前"[⑤]。全国各地随着人口的增加,日常的消费量需求也随之增加,有利于手工业和商品商业的发展,多地形成商品经济的中心。

在贵州安顺,"安顺四境不与外省接壤,在黔实为腹地。迄光绪初年(1875)鸦片通行,县城商业逐渐发达,两湖、两广之商人联翩而至,要皆以贩运鸦片为大宗。专运鸦片而开设行号者。及鸦片出产愈多,湘、鄂、赣诸省销路愈广,于是设行号者渐多,且有日益增加之势。计两广开行号者十余家,两湖则系短局。是时,一般零星小贩肩挑背负者仍络绎不绝。初,贩烟诸商交易皆用生银,继因汇款困难,乃改贩洋纱入黔以易鸦片。织染家见其根线均匀,颜色洁白,较土纱为精良,且便于织染,乐于采购。从此土纱不克与之竞争,交易一落千丈,而洋纱则蒸蒸日上,销行益广,每月市面买卖竟达五百余箱,为全省销场之冠。织金、大定、水城等地亦多由此转贩,县城商业至是愈为扩展。其后风气渐开,交通愈广,湘、粤、鄂、蜀诸省之巨商先后荟萃于此。

---

① 王陵基修,于宗潼纂:《福山县志·商埠志第五·商业》,1920年修,1931年铅印本。
② [清]毕炳炎编:《郓城县乡土志·商业》,清光绪十九年(1893)抄本。
③ [清]金鉷修,钱元昌、陆纶纂:《广西通志》卷32《风俗·南宁府》,清乾隆年间《四库全书》本。
④ [清]姚子庄修,周体元纂:《石埭县志》卷1《地舆志·山溪》,清康熙十四年(1675)刻本。
⑤ [清]黄恩赐纂修:《中卫县志》卷1《地理考·风俗》,清乾隆二十六年(1761)刻本。

环顾市面,不惟外省之货纷至沓来,即东西两洋外货亦莫不渐输而至”①。贵州安顺出产鸦片较多,有商贩前来用洋纱交换鸦片,逐渐扩展了地域商业的繁荣发展。

在19世纪末20世纪初,手工业发展造就的商业繁荣由通商口岸向内地辐射,导致内地一些同全国市场发生联系的区域商业中心的形成。这种商业中心有两类,一类是北京这样的政治中枢所在地,另一类是散布各地的中小城市。这些散布于各地的中小城市是介于通商口岸与内地农村城镇之间的商品交换的中转站。如处于边远地区的包头,在1897年以后成为西北地区羊毛交易的中心。内地大小商业中心的形成及其相互之间的贯通,形成沿海通商口岸到广大腹地的商业网络。②

晚清时期,中国大量原材料、农业制品、手工业制品被卷入国际市场,深受国际市场需求波动的影响。中国内地乡镇和农村商业市场已经在不同层次上同进出口贸易相关联,因而进出口贸易的任何变化都会直接影响城乡商品生产和商品流通。不用说生丝、茶叶、棉布、卷烟、煤油等大宗商品的国内流通受进出口状况制约很大,连一些区域性的产地较小、产量较少的手工业的产销活动也深受影响,甚至农村市场这一结构也有变化,它同在华外国资本商业、通商口岸的中国民族资本主义商业已经形成环环相扣的连环套,彼此呼应,互相制约。这种三重结构的市场体系集中体现了中国经济近代化过程中的过渡性特征。③

在河北,由冀南农村皮毛商贩沟通连接起来的“土布换皮”商路不仅没有衰落湮没,相反在国际市场开通、国内外机制工业品的冲击之下更加兴旺起来。一方面,邢台皮货在国内外市场的热销需要更多的原料供应;另一方面,遭受洋布冲击的冀南土布需要寻找新的市场。对西北皮毛的需求与推销本

---

① 佚名:《续修安顺府志》,《安顺志》第10卷《商业志·概述》,1931年铅印本。

② 汪敬虞主编:《中国近代经济史(1895—1927)》(四),人民出版社2012年版,第2188—2189页。

③ 汪敬虞主编:《中国近代经济史(1895—1927)》(四),人民出版社2012年版,第2200—2201页。

地土布的需要叠加起来,使得冀南农民从事“土布换皮”生意的越来越多,他们利用冬春两季的农闲时间,携带本地出产的土布前往省外,特别是西北省区交换他们所需要的物资,往陕甘宁之安边、定边、榆林、神木及绥(远)、陕(西)之草地,绥(远)、蒙(古)、河套等地,及晋西、晋北、晋东南一带收买皮毛。冀南农民皮贩遵循传统的交易方式进行活动,却同样承担着进出口贸易或与近代经济体系相关的商品运销,正是这些农民小贩的长途贩运,才把近代商业体系无法触及的边地农村与国际市场联系在了一起。

近代冀南“土布换皮”贸易的运转中,各个环节仍然带有极为浓厚的传统色彩,基本上仍是由传统的商业习惯来加以维持,在一些交通条件和社会发展都比较落后的边远地区,这种传统商业行为更是发挥着无可替代的作用。中国内地农村和边远地区原有的商业网络几乎未加改变就适应了此时商品流通的需要,说明传统商业体系在并未创立新机制的情况下,在某种程度上仍然能够适应扩大市场或出口贸易的需要。在中国传统经济框架下,农村集市主要处理农民之间、村落之间的商品交换,但同时也是长途贸易的起点;反之,长途贸易又往往与农民家庭手工业和城市手工业存在着密切的联系。这样一种长途贸易的市场网络,在近代经济体系中非但没有萎缩,反而更加发展,产品的就地贸易在国内市场占有重要的地位,内地市镇甚至边远农村都可能以这样或那样的方式与全国性市场并进而与国际市场发生关联。①

三、金融业在手工业生产经营过程中的作用

晚清时期,各类近代或前近代的金融机构,诸如典当、高利贷、钱庄、银号、证券交易所、银行、储蓄、保险、信用社等,往往在手工行业生产经营过程中有着颇高的参与度,其触角渗透到了手工行业购买原料、组织生产、产品运输、商品销售等各个环节。

1. 放高利贷之风盛行

由于农民家庭或手工业小生产者从事农业和某些手工业生产经营具有

① 王翔:《传统市场网络的近代变形——近代冀南与西北“土布换皮”贸易初探》,《近代史研究》2011 年第 2 期。

周期性,在农作物青黄不接之时,银钱周转不便之时,便往往会求助于高利贷,这样的情况在全国各地屡见不鲜。

在黑龙江,"商家放债取利三分,至轻也。春秋二仲,算还子母,至缓也。然三月借者,秋取六个月利;七月借者,秋亦取六个月利,春季仿此。则似轻实重,似缓实急"①。在陕西凤县,"山外客民携资本入山,贸易获利息,盖山民最朴,入市交易所欠债项由客民滚算,如春间限至秋还,秋后则限至明年收麦之时。过期以利息并入借本,积多则以地为质,而业非己有。客民以此致富者多"②。

在湖州府长兴县,"近来邑之南乡富户放钱,无论冬底春间贷去,总算蚕前至蚕毕小满日为期,每千钱偿息二百文,富家谓放小满钱,贷者谓借呆头二分钱。又有无门可贷者,鬻钗质衣典铺,拥挤至昏不得合户。农家举室终岁勤动,徒为富家做牛马,每至衣食不给,殊可叹也"③。湖州是养蚕比较集中的区域,"蚕时,贫者贷钱于富户,至蚕毕,每千偿息百钱,谓之加一钱。富家实渔利,而农民亦赖以济蚕事,故以为便焉"④。养蚕行业对金融行业的依赖颇深,因为养蚕同样具有季节性的特点,错过了蚕虫生长的那几个月就要等来年。

在湖南醴陵县,"利率之高低,系于资金之供求量。自清季以来,恒为年息二分,迩因农村经济濒于破产,故资金枯竭,借贷利率极高,乡间尤盛行高利贷"⑤。醴陵县,"醴陵之金融组织,至清代中叶始渐发达。考其发达之原因,则由于咸、同之后,漕米改征折色,田赋缴纳改用银两,故钱庄纷起,以兑换银两为主要营业。其后红茶业之兴盛及株萍铁路之修筑,均刺激钱庄之发展"⑥。

在四川资州井研县,"蜡之产较逊于丝,然岁计亦十数万,乡民购买虫包,

---

① [清]西清纂:《黑龙江外纪》卷5,清嘉庆十五年(1810)修,清光绪十八年(1892)刻本。
② [清]朱子春等纂修:《凤县志》卷8《风俗·民风》,清光绪十八年(1892)刻本。
③ [清]赵定帮等修,丁宝良等纂:《长兴县志》卷8《蚕桑》,清光绪元年(1875)刻本。
④ 李文治编:《中国近代农业史资料》第1辑(1840—1911),科学出版社2016年版,第95页。
⑤ 陈鲲修,刘谦等纂:《醴陵县志》卷6《食货志·金融》,1948年铅印本。
⑥ 陈鲲修,刘谦等纂:《醴陵县志》卷6《食货志·金融》,1948年铅印本。

自蓄于树,或赁树而蓄,倚为生产,与丝略同,利害亦侔焉。而蓄富之价,又时以积贮余业,俟新腊出,放手敛买,至行贾腾跃,坐收倍称之息。县人有以此起家富至巨万者,其奸巧大猾,狭厚资、牟重利,贫户有所假贷,则先与之钱,指树腊为券,减常贾而雠之,俗谓之卖空仓,二月卖丝,五月粜谷,古人以挖肉补疮为譬,虽官为设厉禁,迄不能止"①。

在江苏松江县,"查银钱业为商界总枢纽,市面繁盛区域,须有银行、钱庄以资周转,势所必然。清季重士轻商,该业领袖,多系纯粹商人"②。

在湖北汉口,"钱庄,营银两、洋银及铜钱之兑换、贷出、存入、钱票之发行及兑汇业等。其开设须以同业者五名以上之连署而得官厅之特许,其时又须纳银四百两。闭店之时,赔偿之责任无限"③。在江西石城县,"道光年间,石邑夏布岁出数十万匹,外贸吴、越、燕、亳间。赣州各邑皆业苧,闽贾于二月时放苧钱,夏秋收苧,归而造布"④。江西手工行业生产的著名产品苧布,手工业者常常需要商贾二月借贷苧钱才能开始生产。

在山东泰安府肥城县,"银行、钱店、城乡社亦皆繁盛,但资本无多,赖纸币以周转,往往出纸币数万而资本不过数千,偶一折阖,即行歇闭,商民因皆因受其害,而纸币遂成废纸"⑤。在山东潍县,"潍县银号共三十余家,光绪二十五年(1899)皆获厚利。天成、益和、德新、怡利、源福五家约有12万,其余诸号亦可盈利五六千,光绪二十六年(1900)年新开者又有三家"⑥。

即如长三角地区最为普遍的土布业,手工业者也向来依恃典当贷借。在上海,"木棉未登场,已有下壅之费,益以终年食用,非贷于人,即典质衣物"⑦。在相当长的时期里,上海近郊农村多以自织土布向典当押款。尤为重要的是,农村经济带有明显的季节性,农民只有依赖典当等才能进行资金周

① ［清］高承瀛修,吴嘉谟等纂:《光绪井研志》卷8《食货四·土产》,清光绪二十六年(1900)刻本。
② 陆规亮编纂:《松江文献》,松江县银钱业沿革考,1947年铅印本。
③ 徐焕斗辑,王夔清补辑:《汉口小志·商业志》,1915年铅印本。
④ ［清］吴其濬:《植物名实图考》卷14《隰草类·苎麻》,清道光二十八年(1848)刻本。
⑤ ［清］李传煦纂修,钟树森续修:《肥城县乡土志》卷9《商务》,清光绪三十四年(1908)石印本。
⑥ 佚名:《银号获利》,《济南报》清光绪二十六年(1900)第1期,第88页。
⑦ 张春华:《沪城岁事衢歌》,上海古籍出版社1989年版,第12—13页。

转。近代农村居民的生活、收入水平以及制茶、编织、打扇、缫制土丝等手工业生产的季节差,决定了大多数农民要依赖典当借贷,以维持生产和各种交往。“盖典当之营业,在与人民以资金之周转,故人民需用资金正殷之时,即典当出本日增之时。反之,人民资金有余之时,即典当取赎日盛之时,如影随形,不爽毫厘。”每年的二三月,长三角茶季启动,茶农往往需要雇用短工帮助采摘、运输、烘炒等;三至五月为茧季,农民需要大量资金来购叶、雇工、缫制土丝。这些季节都需要典当调度大量的资金供农村使用。九月以后,国内银钱业用款处于最紧张时期,而此时农民手中资金却相对充裕,正可归还典当押款,“典当收回本利,故收入颇多”,再归还银钱业借款,极大地提高了资金的利用率。因而,手工业对典当同样具有较大的促进作用。近代苏州地区的典当业被誉为“江南之冠”,人们认为苏州典业繁盛“最主要的原因”,是“苏州城乡农业手工业一向较为发达……对再生产资金与生活不继的周转,唯以典当是赖”①。

四川井盐业需要的资本往往较多,常常有资金周转不灵的情况发生,只能借助于高利贷。“凡灶户资本,多称贷于商人。至买盐给价,则权衡子母,加倍扣除,又勒令短价,灶户获利无多。”②

在四川井盐业,由于商业资本和高利贷的大规模渗入,四川盐业资本得到迅速的增殖。19世纪中叶,四川各盐场出现了一批“富甲一方”,甚至“富甲全川”的大资本集团。这些盐业巨头,资本额从数十万到百余万两。他们不仅拥有生产卤水和天然气的大量盆、火井股份,而且拥有许多输卤、输气枧管、人畜提卤设施和烧制食盐的火、炭灶房设施,成为控制整个生产过程的雄厚力量。富荣盐厂“李四友堂”,在极盛时期,拥有盐、火井100余眼中的主要股份,日获卤水数千担,火圈800余口,还有二三十匹骡子的翻水马车和日输卤水3000余担、长20余里的“大生枧”输卤设施。“王三畏堂”拥有盐、火井数十眼中的主要股份,日获卤水千余担,还有数十匹骡子的翻水马车和日输

① 马俊亚:《20世纪前期长江中下游地区传统金融与乡村手工业的关系》,《江汉论坛》2006年第10期。

② 贺长龄:《皇朝经世文编》卷50,清道光七年(1827)刻本,第13页。

卤千余担、长10多里的“大通视”输卤设施。键乐场“吴景让堂”拥有“大丰”“大旺”“大兴”“大顺”“大盛”等五大灶,日产盐6000余担。云安盐场陶、郭二姓,“俱业盐灶、煤矿……四虚卤井,资皆巨”。这些大资本集团既控制了食盐的生产,又垄断了食盐的流通。他们在边、楚各岸广设字号,自产自销,包买包销。19世纪中叶,“李四友堂”和“王三畏堂”合组字号“祥兴泰”,专理边、楚岸运销。以后,随着川盐销区的扩大,他们又各组字号。“李四友堂”在重庆设“大生厚”,在綦江设“大生美”,在仁怀设“协兴隆”。在各总号下,又广设分号,如在“协兴隆”下就有子号70余家。“王三畏堂”设总号“广生同”,又在邓关、泸州、重庆、宜昌、沙市和洋溪建子号。“吴景让堂”通过“裕丰公”总号,包揽键乐盐场全部食盐的运销。为此,又在“府岸”(成都)、“南岸”(新津)和“雅岸”(雅安)设立子号。随着食盐运销网的建立,盐业资本集团不仅控制了运商的业务,而且打入销售商的行列。这些字号除运销食盐外,还转卖棉花、洋纱、绸缎、粮食、药材、百货等日用商品,并利用他们手中掌握的货币资本,设置钱庄、票号,经营银钱兑换、存放和借贷业务。列宁曾经指出:使工场手工业跟工厂(大工业)相接近的是大城市的形成,雇用雇佣工人的大工场的形成,无产工人群众都屈服于其下的大资本的形成。盐场大资本集团使用众多雇佣工人和在城市市场进行的广泛商业活动,说明它正向近代大工业迈进。①

山东的草帽业是晚清时期新兴的手工行业。“草帽编是一种工艺,这是莱州府的主要出产,在附近的沙河镇市集出售。这一行业为富有者所组织,他们常给小耕作者预付贷款,从而取得他们的制造品,并且还使他们经常负债。”②

2. 钱庄业扮演的角色

晚清时期,上海的钱庄经营业务繁忙,钱庄的经营促进了手工行业的发展。上海开埠后,受不断扩大的内外贸易的驱动,钱庄的经营业务渐被纳入进出口及埠际贸易资金融通渠道。钱庄的信用手段,在通商口岸用的是庄

---

① 张学君:《论近代四川盐业资本》,《中国社会经济史研究》1982年第2期。

② 李文治编:《中国近代农业史资料》第1辑(1840—1911),科学出版社2016年版,第526页。

票,在通商口岸和内地之间用的是汇票。它所签发的庄票,可以代替现金在市面流通并负有全责,到期照付。庄票有即期和远期两种,前者见票即付,后者则在到期时付现。上海各商号在交易中大多使用远期庄票,在开埠初期常以10—20天为限,进入19世纪60年代后普遍缩短为5—10天。庄票这种信用手段,大大加速了资金的周转,广受各方青睐。"钱庄接受长期、短期和各种不同利率的存款,并进行贷款和票据贴现等业务。他们使各级商人,从最大的商号到最小的零售店主,都能得到并利用这些便利。所有在上海出售的进口商品的货款都是用五到十天期的钱庄票据支付的,这种方式既使钱庄可在票据流通期间使用这笔钱,又使进口商品的买主能够与内地一些地方或开放口岸做汇兑买卖的钱庄完成其筹措资金的安排。无论哪一年,这些票据的数额都是很大的。"①

庄票之外,另有汇票。上海开埠后,进出货物的绝大部分商品是国内其他通商口岸的中转商品。据19世纪70年代初叶的统计,上海港进口商品只有约20%是由当地消费的,其余80%均输往内地。伴随如此大量中转贸易的,是金融机构的中介和资金融通。上海在长江流域金融市场已趋主导地位,钱庄汇票的功能便是一个缩影。1870年英国领事称,在镇江支付进口洋货的主要办法是开出由上海钱庄付款的汇票,而商人则把铜钱或银锭运入苏州,从那里收购土产到上海去变价付款。19世纪后半叶,输往重庆的洋货仍靠木船运输,费时较长,汉口的钱庄实力较弱,难以支持四川商人所需要的大量长期信用,这些商人遂转而直接从上海进货。19世纪60年代中叶,四川所销售的进口货,购自汉口的不到20%,到1869年又降至10%左右。关键就在于支持这项贸易所必需的长期汇票,是由"上海殷实钱庄承兑的",因为相比之下,上海钱庄"更集中和更富有"。其步骤是,"一个重庆商人如果要在上海采办洋货,他可以到一个钱庄那里说明来意,并在该钱庄押借一笔款项,其数目由他自己与钱庄商议协定。然后这位商人就可以将订货单寄于他在上海的代理人,钱庄经理也通知与他有关系的上海钱庄或其分庄,由后者向洋行

① 姚贤镐编:《中国近代对外贸易史资料(1840—1895)》第3册,科学出版社2016年版,第1564页。

或其中国的代理人处付予这笔款项”。上海与重庆之间日益增长的转口贸易，正是与这种信用支持相辅相成的。1881年，输往重庆的洋货约占当年上海港进口货总值的1/9。[①]

湖北省羊楼洞因为制茶业而兴起，这里的金融业随之发达。晋商除在汉口有它的常驻办事机构——润丰厚外，还有它自己的钱庄——济生钱庄。晋商通过济生钱庄调剂有无，互通寸头，对羊楼洞各商号，通过开“夏票”（夏指夏口，即汉口）做到互利：羊楼洞各商号将每日的日生款交给洞庄收购茶叶，洞庄开一张“夏票”给羊楼洞商号，各商号凭票到汉口济生钱庄取款进货。并且在羊楼洞交1万元日生款，可在济生钱庄透支3000—5000元货款。这样保证了双方经济活动既方便又安全地运行。有时羊楼洞在汉读书的学生，也可在济生钱庄借款，由羊楼洞家长归还。[②]

3. 票号业的作用

在山西，自清道光元年（1821）出现了经营异地汇兑资金的金融机构票号后，在数年间涌现出多家，后发展成山西票号三帮（平遥帮、祁县帮、太谷帮）。票号汇兑取代了成本高、费事、危险性大的镖局押运现银，是有前提的。必须在商品经济达到一定水平，汇兑业务足够繁忙的条件下才有可能出现票号。票号的资本远大于当铺或钱庄，后两者的资本一般在2万—5万两，而前者由于要在全国各地设置分支机构，没有数十万两资本是办不起来的。如此之大的资本投进去，如果没有巨额的业务支持是不堪设想的。[③]

1853年，太平天国占领南京后，晋商在福建等东南省份的茶叶来源受阻，困境中将目光转向两湖交界地带的茶叶产地，“将武夷茶农种植和加工茶叶的技术大力推广，直到洞庭湖周围及其西南的安化县一带，终使两湖区域成为我国砖茶的主要产区”。开拓新的产茶基地，所需资本规模巨大，票号的汇兑、借贷业务对茶商的支持，起到至关重要的作用。由咸丰十年（1860）十二

---

① 戴鞍钢：《口岸贸易与晚清上海金融业的互动》，《复旦学报（社会科学版）》2003年第2期。

② 定光平：《近代羊楼洞制茶业的特点及其影响》，《华中师范大学学报（人文社会科学版）》2004年第3期。

③ 罗肇前：《全国统一市场形成于19世纪初——兼论明清手工业和商品经济的发展》，《东南学术》2002年第3期。

月二十四日日昇昌总号给汉口分号第六十五次信可窥一二："明春沙、湘交之茶票，合对期每千两得银七十之谱，后手尚许有涨，大约明年口地与咱处办红茶之家定不能少，而南路之银，各家均无存项，明春咱处收茶客之票，亦有大涨，如贴费合适，平铺拟明收会汉交银数万量。"①票号业务的开展，降低了异地汇款风险，刺激了更多晋商在茶叶原产地进行投资加工，进一步融合了晋商茶叶贸易上下游供应链条，形成从茶叶种植、加工、运输到贸易的完整供应模式。咸丰年间，太平天国运动兴起，晋商原有的茶叶贸易部分中断，遂在湖南临湘县、湖北蒲圻县交界的羊楼洞、羊楼司一带推广种植茶叶，并在此设立商号和砖茶加工厂，使其成为晋商茶叶原料的产地和加工集散地。极盛时期，该地有茶庄七八家，砖茶加工厂 10 余家，统由晋商经营。这一现象在诸多资料中均有记载："往年，茶皆山西商客，买于蒲邑之羊楼洞，延吉邑西沙坪。其制，采粗茶叶入锅，用火炒。置布袋揉成，收者贮用竹篓，稍粗者入甑蒸软，用稍细之叶，洒面压成砖茶，贮以竹箱，出面北口外卖之，名黑茶。"②

上海的口岸贸易推动了上海贸易金融中心地位的形成，还体现在票号业在上海的新发展。票号起源于道光初年，主要经营地区间汇兑，由山西人创办者居多，以黄河流域和华北各省为主要活动区域，江南则以苏州为中心，"昔年票号皆荟萃苏垣，分号于沪者只有数家"。与钱庄业相比，票号的经营方针较为保守，与官府的关系较为密切，它们参与商业资金的融通，主要通过钱庄进行。钱庄资本一般并不雄厚，贸易量大幅度增长后，钱庄为调度足够的流动资金，除了设法从外资银行获取信贷，还求助票号的支持。这时票号在江南的经营重心已从苏州移至上海，通过钱庄资本的运作，相当数量的票号生息资本开始以商业资本的形式在国内市场流转，"迨东南底定（指太平天国失败——引者），上海商埠日盛，票号聚集于斯者二十四家，其放银于钱庄多至二三百万"③。钱庄得此助力，发展更快，"上海钱庄之盛，盛于票号、银

① 黄鉴晖编：《山西票号史料》，山西经济出版社 2002 年版，第 33 页。

② 赵瑞彤：《清代实体经济与金融服务业的良性互动——基于晋商恰克图茶贸与票号的考察》，《山西大学学报（哲学社会科学版）》2018 年第 11 期。

③ 《答暨阳居士采访沪市公司情形书》，《申报》1884 年 1 月 12 日。

行放银于庄”。钱庄的业务网络,主要分布在长江流域,而票号的覆盖面则遍及除边远地区的大半个中国,它们的加入使上海的贸易金融中心地位更趋稳固。在全国各城市,凡设有票号分号的都可以直接通汇,上海与内地各省的汇兑业务,以及中国人与通商口岸做交易开出的票据全部通过山西票号,这些票号多数在上海设有机构,他们还宣称可购入或售出国内任何地方的汇票。20 世纪初年,他们每年的业务进出总额约为 8000 万两。

上海开埠后繁盛的内外贸易所产生的大量的资金融通需求,促使晚清上海的金融业勃兴,并较快形成外资银行和中国钱庄、票号互为援手、鼎足而立的基本格局,“洋商之事,外国银行任之;本埠之事,钱庄任之;埠与埠间之事,票号任之”。19 世纪 80 年代,上海已成为占全国对外贸易“货物成交”和“款项调拨”总量 80%的贸易金融中心。口岸贸易与金融业之间互为促进的双向关系,在开埠后的上海得到生动有力的展现。①

晚清时期,手工行业的发展和商业、金融行业的发展是紧密相连、相辅相成的。手工行业的发展有力促进了商品经济的发展,对地方商品经济甚至对外贸易经济产生深远影响,促进了商品的地域性、全国性乃至国际性流通。手工行业的发展更是促进了金融行业资本的扩大。金融行业反过来深入手工行业的生产经营各个环节,为手工行业的壮大提供了资金支持。

---

① 戴鞍钢:《口岸贸易与晚清上海金融业的互动》,《复旦学报(社会科学版)》2003 年第 2 期。

第八章
晚清社会经济中的手工业者

晚清时期从事手工行业的手工业者人数众多,各种手工行业可以说是“汪洋大海”。这一时期,传统的手工行业学徒制度发生改变,以前的行会条规或多或少有所变化。为了适应近代工业的发展、城镇工厂的招工需要,传统的学徒制度发生改革,中央和地方政府推广“设局招徒”的官局学徒制。晚清时期,有一定数量的农民涌入城市,或兼职或全职从事手工业产销活动,传统的男耕女织的生产生活模式有所改变。城市里出现了专门适应女性劳动者的手工工场,女性工人数量的增长成为这一时期引人注目的社会现象之一。受到社会政治经济整体环境的影响,手工业者的劳动时间较长,工资较低,劳动力价格低廉。

第一节　手工业中的学徒制度

所谓学徒,通常是指那些以学习生产技能或经营管理经验为目的,与师傅或雇主缔结契约,在一定时期内从事劳役服务者。在契约规定期限内,学徒与师傅兼雇主之间的关系,是建立在以劳动换取生产技能或经营管理知识的基础之上的,雇主或师傅有责任传授学徒相关的职业知识技能,学徒则有义务在规定时间内为雇主提供无偿劳动。在资本主义生产方式占主导地位以后,这种交换往往是不平等的。

在漫长的历史发展过程中,手工业中的师徒关系显得尤为重要,有着“一日为师,终身为父”的俗语。无论什么手工行业,师傅收徒、徒弟拜师都是一件很慎重的事情。无论师傅收徒还是徒弟出师,都是个人职业生涯的重要节点之一。

一、学徒的招收与出师

在中国传统社会漫长的时间积淀下,各行各业形成内容详细的行业条规。晚清手工业作为传统社会经济的重要组成部分,有关学徒招收、授业、出师等方面的条规烦琐而又详尽。

1. 招收学徒所要求的条件

中国传统手工业的技能传授和生产发展,有其独特的路径与方向。绝大多数手工行业的技能传承都采取拜师学艺、师徒相传的方式,对外高度保密,师傅们因怕徒弟“抢饭碗”,不可能将关键技术悉数传授,许多行业的祖传妙方或绝技更规定只能父子相传,且有“传子不传女”“传嫡不传庶”之说。由于高师绝嗣、所传非人等情况时有发生,某些高妙的技术、工艺常有失传之虞。手工业技艺传习制度上的这种保密传统,同时也造就并强化了中国手工业发展的保守趋向。[①]

如在直隶永清的织柳业,“横上居民专以织柳为升斗量器,器良易售,云是有巧术,乡党相约不得授法于女子,恐女子嫁别村,转授夫婿,争其业也”[②]。不得授法于女子,其目的是垄断这一行业的独门生意。浙江归安织绫业中有“传媳不传女”的规则,同样是基于这个理由。“绫,散丝所织,有花有素,有帽顶绫,有裱绫,装潢画幅,造作人物所用。以东庄倪氏所织为佳,名倪绫。奏本面用绫,上有二龙,惟倪姓所织龙眼突起而光亮,其法传媳不传女。近无子,因传女,女嫁倪家滩王姓,而倪绫之名不改。”[③]贵州玉屏的制萧业也有严

---

① 参见王翔《中国近代手工业史稿》,上海人民出版社 2012 年版,第 120 页。

② 彭泽益编:《中国近代手工业资料(1840—1949)》第 1 卷,中华书局 1962 年版,第 67 页。

③ 彭泽益编:《中国近代手工业资料(1840—1949)》第 1 卷,中华书局 1962 年版,第 67 页。

格保密的规定,"惟玉屏之萧,韩生世其业,法不他传"[①]。

手工业中形成的这种"传子不传女"的传统,造成手工艺技术失传的事实史不绝载。江苏吴县,"徐鸿,香山人,善雕镂著名。道光中,能以象牙寸许,制为葫芦及桃实形,光泽可充杂佩,启其蒂,则细链寸垂出,猕猴三五缀其下,细如饭颗,连属不断,莫能寻其凑合之痕。……鸿殁,遂失其传"[②]。如此精美的雕镂技术失传,甚为可惜。

手工行业招收学徒时,学徒需要缴纳一定的费用来完成拜师手续。长沙鞭爆蚊烟业条规规定:"进师之日,出香钱二百文,期钱交金兰值年,入公敬神。"[③]邵阳翠店条规规定:"老板带门徒,三年为定,出香钱一千二百文,内除钱四百文,公为红帖请头酒席之费。其钱,席上交给,不得借词推延。如违者,公同议罚。"[④]邵阳纸烛店条规规定:"投师学徒者入会钱四百文。"[⑤]

学徒在年龄上有一定的要求,"年龄最小者,类自十二三岁以上,大不过十七八岁以下"[⑥]。"保定南街甘石桥创设实业商厂一处,刻下招考学徒六十名,年限十五岁以上二十岁以下为合格报名者,有愿赴学者即往该厂报名。"[⑦]一般来说,15—20岁,是一个较佳的学艺年龄。

2. 招收学徒的年限和数量

晚清时期,手工行业招收学徒一般规定时间为3年。在长沙,棕绳业条规规定:"一议铺户带徒弟,三年已满,一出一进;三年未满,不许同艺生理。"[⑧]在长沙,鞭爆蚊烟业条规规定:"一议新带徒弟,无论兄弟子侄戚友族,

---

① 彭泽益编:《中国近代手工业资料(1840—1949)》第1卷,中华书局1962年版,第68页。

② 曹允源等纂:《吴县志》卷75(上)《列传》,1933年铅印本。

③ [清]湖南调查局编:《长沙鞭爆蚊烟公议条规》,清同治二年(1863),见湖南调查局编印《湖南商事习惯报告书》,清宣统三年(1911)版,第180页。

④ [清]湖南调查局编:《邵阳翠店条规》,清同治十三年(1874)九月,见湖南调查局编印《湖南商事习惯报告书》,清宣统三年(1911)版,第197页。

⑤ [清]湖南调查局编:《纸烛店条规》,清宣统元年(1909),见湖南调查局编印《湖南商事习惯报告书》,清宣统三年(1911)版,第197页。

⑥ 彭泽益编:《中国工商行会史料集》上册,中华书局1995年版,第526页。

⑦ 佚名:《本省近事:实业商厂招考学徒》,《北洋官报》清光绪三十二年(1906)第1105期,第6页。

⑧ [清]湖南调查局编:《长沙棕绳铺条规》,清同治十一年(1872),见湖南调查局编印《湖南商事习惯报告书》,清宣统三年(1911)版,第191页。

三年出一进一，不得重带。”①

手工行业条规对于师傅招收学徒的数量也有规定。一般来说，前一批学徒学成出师，才能带新徒弟。在长沙，锡器业条规规定：“各店三班，带有徒弟，或参师辞班再学，必须前学者清楚，然后方许再带。如有擅自多带者，公议罚店东银六钱，罚店中伙计银四钱，以作香资，永不准带。如值年有徇情怠玩者，罚银六钱。”②武冈铜器业，“各店带徒，只准两年满另带一名。违者，查出除将徒退转外，议罚”③。这种规定既能保证师傅有精力传授徒弟知识，也能尽量避免徒弟与徒弟之间产生竞争。

3. 学徒出师时的相关规定

手工行业待到学徒出师时，往往需要再出香钱，以表示感谢祖师爷和师傅。如在长沙的棕绳业，“出师徒弟，出香钱四百八十文，交值年人演戏，庆祝师祖瑞诞”④。在长沙的木行，“徒弟出师出入会钱三百二十文，交值年收清”⑤。在长沙的白铁帮，“带徒弟出师捐钱八百文入会敬神”⑥。在绍兴府余姚县的染坊业，“余起贤挽周文远引送学习染匠，许学成之日酬谢引送钱一千文”⑦。从学徒跟着师傅入门，学习三年后出师的这一过程，师傅和徒弟长期朝夕相处，关系紧密。

二、学徒的习艺与生活

徒弟在学习期间，往往依附于师傅，日常生产生活都和师傅一起，并且不

---

① ［清］湖南调查局编：《长沙鞭爆蚊烟公议条规》，清同治二年（1863），见湖南调查局编印《湖南商事习惯报告书》，清宣统三年（1911）版，第330页。

② ［清］湖南调查局编：《长沙锡店条规》，清同治九年（1870），见湖南调查局编印《湖南商事习惯报告书》，清宣统三年（1911）版，第446页。

③ ［清］湖南调查局编：《武冈铜店条规》，清光绪十七年（1891）三月，见湖南调查局编印《湖南商事习惯报告书》，清宣统三年（1911）版，第454页。

④ ［清］湖南调查局编：《长沙棕绳铺条规》，清同治十一年（1872），见湖南调查局编印《湖南商事习惯报告书》，清宣统三年（1911）版，第327页。

⑤ ［清］湖南调查局编：《长沙木行条规》，清道光三十年（1850），见湖南调查局编印《湖南商事习惯报告书》，清宣统三年（1911）版，第309页。

⑥ ［清］湖南调查局编：《白铁帮客师友重整条规》，清光绪十七年（1891），见湖南调查局编印《湖南商事习惯报告书》，清宣统三年（1911）版，第319页。

⑦ 彭泽益编：《中国近代手工业资料（1840—1949）》第1卷，中华书局1962年版，第192页。

能单独接活。“作为一个徒弟,他最初本是一个学徒,绝对不是真正的、独立的劳动者,而是照家长制度寄食于师傅处的。”①“行会的学徒和职工,不仅是为着工资和伙食去劳动,他们更多的是为着学习手艺,为着获得独立师匠的名义去劳动。”②学徒的工资比正式员工的工资低,有的手工行业甚至不发工资,只管食宿。学徒的工作时间往往也比正式员工长。湖南长沙篾店条规规定:“长年短月,每月歇工二天。”③每个月除休息两天之外,其余时间,徒弟均需要跟着师傅劳作。

1. 学徒的职业技能培训

细察晚清手工业行会的学徒行规,不难看出,中国传统的学徒制度首先是一种职业技能培训制度,承担着传统社会里职业技术教育的全部功能。在这样的职业技能传习制度下,曾经培养出无数能工巧匠,传承了许多精湛手工技艺,其历史作用、存在价值理应得到充分的肯定。相当一部分近代中国早期的产业工人,直接来自传统学徒制度培训出来的手工业者,他们展现出来的高超技能,使得当时一些外国技师都自叹不如。④ 19 世纪 50 年代,宁波木工被雇用,在上海黄浦江上修造轮船,令外国人难以相信的是,“这种工程竟完成了”。据说,江南制造局里洋炮的制造过程都由中国工人完成,他们“独出心裁,别开生面”,比较起来,“技艺不下于任何欧洲工厂的工人”。⑤ 汉阳铁厂的中国工匠,在一无图纸、二无指导的情况下,将新从美国购进的火车头装配成功,洋人技师认为这是一种奇能,赞不绝口,“若细图未到,余亦不能装配”。中国工匠的这种“奇能”,正是中国传统手工业技能世代相传、熟能生巧的结果。概而言之,中国传统学徒制度下的学徒培养具有双重目的:一方面,保证职业技能的培训和传承,以保障从业者的升级,延续行业的生存;另

---

① 马克思:《资本主义生产以前各形态》,人民出版社 1956 年版,第 36—37 页。

② 恩格斯:《反杜林论》,人民出版社 1956 年版,第 282 页。

③ [清]湖南调查局编:《篾店重整条规》,清光绪十九年(1893),见湖南调查局编印《湖南商事习惯报告书》,清宣统三年(1911)版,第 264 页。

④ 王翔:《中国近代手工业史稿》,上海人民出版社 2012 年版,第 125 页。

⑤ 孙毓棠编:《中国近代工业史资料》第 1 辑(1840—1895)(下册),科学出版社 2016 年版,第 1223—1225 页。

一方面，抑制熟练劳动者的增长速度，以减轻就业压力，减少新的业主开张，缓和同业间的竞争。由此，也就反映出传统学徒制度历史作用的两重性：一方面，它保证了职业技能和手工行业的传承和延续；另一方面，它也限制了职业技能的广泛传播，阻碍着行业规模的进一步扩大。凡此种种，与中国传统手工业的行会性质是互为表里、相辅相成的。①

学徒在未出师之前，年龄尚小，经济收入不高，往往没有办法考虑成家问题，需要出师以后，经济宽裕了，才会成家立业。

2. 师傅对学徒的授业与控制

传统学徒制度在传授职业技能的同时，还天生具备了某种人事管理的功能。这主要是通过师徒关系来实现的，因为从某种意义上来说，师徒关系维护着师傅、帮工、学徒三者之间秩序的相对稳定，代表了旧时工商业组织中全部的人事关系。②

由于师傅招收学徒时规定招收的学徒数量不多，一次只带一名徒弟，培养效率很低。这种制度不利于近代机器大规模生产和大规模培养人才的需求。传统师徒教育，体现在师傅在劳作当中言传身教，学徒在劳作当中边看边学，以此来培养学生的动手操作能力。学徒学习的进度如何，往往取决于学徒的领悟能力，没有学习进度、学习效果的考量。

学徒在学习期间，师傅对学徒有较强的人身约束力，而学徒往往处于弱势境地，对于师傅的命令较为顺从。如遇师傅有打骂等过激行为，往往采取忍气吞声的态度。

旧式学徒教育，师傅对待徒弟态度粗暴的事情非常常见。学徒在学习期间，有时会出现师傅打骂虐待学徒的情况，情节恶劣者，甚至引起了当地官府的注意。“天津外城西分厅日前出有告示，谓手艺行教师往往虐待学徒，惨无人理，稍有不是之处非打即骂，学徒乘间逃走，经站岗巡警带到厅区者不一而足，经此论后，各铺户手艺人等宜遵守不准虐待学徒，如敢故违，一经发觉即

① 王翔：《中国近代手工业史稿》，上海人民出版社2012年版，第125—126页。
② 王翔：《中国近代手工业史稿》，上海人民出版社2012年版，第126页。

行扭区重罚。”①

由于工作待遇不佳，经常遭受师傅责骂等原因，晚清时期经常发生学徒逃跑的现象。在苏州，“察院场巷口某铺学徒某甲年将弱冠，向本勤能。二月十八日因小过为师所责，负气出门。众伙以其归家不以为意，越日仍不来店，店主遣人问之未还也，始共惊”②。在天津，“两学徒为天津洋务学徒，因不满责罚，乘轮私逸上海”③。“公共租界北京路清水作坊学徒王阿桂逃至南市，由巡士带入局中。”④在上海，“在沪北引翔港周森福铁店内学徒被师凌虐逃出”⑤。

心理承受能力较差的学徒，无力反抗师傅虐待，心理陷入崩溃，甚至出现了学徒自杀的情况。在上海，“英租界二马路望平街干德兴秤铺学徒范阿贤年十七岁，前晚私服洋药自杀”⑥。“美界广东街某银饰店学徒纪某性情笨拙，又不经心，昨又因事经师严斥，竟不甘忍受，暗购芙蓉膏自杀，幸经店主察知立送医院获生。”⑦在汉口，“后湖横堤王姓铜坊收有李姓学徒，年未弱冠，做事偷懒，某日与邻徒口角被师傅训斥，其默默无语。十七日早晨出门至暮未归，店主在玉皇阁发现他自缢身死。幸徒之父颇明理并不与师争论也”⑧。学徒被师傅训斥自缢身死，家属来了以后也不和师傅争论，说明师傅对于学徒的控制权是很强势的，社会舆论风气也默许了师傅具有这种权利。

晚清时期，社会风气逐渐发生改变，西方自由平等的呼声逐渐传播于各地。有些学徒能识字，受过新式教育，以往那种师傅虐待徒弟、专制作风遭到了学徒的反抗。学徒往往不愿屈从于旧式淫威，或自设新店或罢工，这也反映出社会经济生活产生了变革，同时也反映了人们的思想观念有所改变。

---

① 佚名:《京师近事:分厅示禁虐待学徒》,《北洋官报》清光绪三十二年(1906)第1183期,第7页。

② 佚名:《学徒逃失》,《益闻录》清光绪九年(1883)第260期,第244页。

③ 佚名:《学徒私逸》,《益闻录》清光绪九年(1883)第291期,第430页。

④ 佚名:《学徒逃走》,《新闻报》清宣统元年(1909)4月29日。

⑤ 佚名:《铁店学徒》,《时报》清宣统元年(1909)9月6日。

⑥ 佚名:《学徒自尽》,《字林沪报》清光绪十六年(1890)4月11日。

⑦ 佚名:《学徒吞烟》,《字林沪报》清光绪二十三年(1897)3月9日。

⑧ 佚名:《学徒自缢》,《新闻报》清光绪十九年(1893)5月12日。

三、清末学徒制度改革

清末民初,有一种特殊的手工业学徒制度盛极一时,对中国手工业生产技能的传承和推广起到了重要作用,这就是中央和地方官府"设局招徒"的官局学徒制。可视为清末地方官府"设局招徒"之开端的,是1880年河南省设立的蚕桑总局。20世纪初年的清末新政改革,振兴实业是其中的一个重要组成部分。从1902年开始,清朝中央及地方各级官府掀起了创办工艺传习机构的热潮。这些官局陆续培养出一批又一批手工业技术人才。毕业后的学徒,有的"留充工匠",有的"转为教习",还有的自行创办手工作坊或手工工厂,为传统手工技艺的传承,也为近代工业生产的发展作出了重要贡献。以官办工艺传习机构成效较为显著的直隶为例,全省共设各类工艺传习工场87处,艺徒人数2712名,另有罪犯习艺所25处,艺徒人数290名。[①] 毕业学徒不仅成为直隶本省手工业生产的技术骨干,也为邻近各省所倚重。[②]

在四川成都,"向于工艺不事研求,故无以佐商业之发达。成都自创办劝工局以来,所出成品日进精美。前西安工艺局因教习需人,电雇局中卒业学徒七名前往,以资传授。闻学徒入秦后,均能以所业教人,一新秦中旧制。此间同学,亦时通书信相助,以初隆本局之名誉云"[③]。

以光绪二十八年(1902)北京工艺局的创办为标志,手工业领域中大规模的学徒制改造开始出现。

其后,据不完全统计,直隶、山东、山西、陕西、江西、湖北、广东、广西、福建、浙江、江苏、甘肃、安徽、奉天、吉林、黑龙江等省区先后兴办各类工艺传习机构560余所,传习科目包括织布、蚕桑、丝绸、刺绣、染色、彩印、木器、藤器、漆器、铁器、铜器、竹器、皮革、造纸、画图、机械、砖瓦、烛皂、毛毯、玻璃、蒲鞋、麦扇、草帽、麻绳、印书、刻字、缝衣、制履、织网、草席、凿井、工艺美术、罐头食

---

① 彭泽益编:《中国近代手工业资料(1840—1949)》第2卷,中华书局1962年版,第526—532页。

② 王翔:《中国近代手工业史稿》,上海人民出版社2012年版,第134—137页。

③ 佚名:《本省新闻:艺徒应聘》,《四川官报》清光绪三十年(1904)第25期,第38—39页。

品等数十门类,基本上涵盖了近代中国的主要传统手工行业。[①]

江苏南京,"金陵工艺局前已招选生徒多名,在局习业。近更于纺纱、纺织布外,添制民间日用易销各货,洋胰洋皂毛手巾等项,另聘良工教习,精仿西法制造,添招学徒,不论男女,愿入局者,但有担保即行收录。丁壮无业及贫穷无告者,纷纷赴局报名,愿入工作者甚众,似此愈推愈广,既收游惰,又辟利源"[②]。河南汲县,"湧裕工艺厂所收学徒分细工、粗工两班,并有习雕刻、绘画等美术者,已毕业。业经禀院予以奖励。奉批商务局通饬各属仿照试办,如需聘用教师,即于此项毕业学徒中选择并准由该厂酌定薪资分别遣派"[③]。

晚清时期,传统社会当中各行各业限制招收学徒数量的规定,已经不能适用经济发展的新形势,各工场、各工艺局在这一时期招收了大量学徒进厂做工。

1. 工艺局所对传统学徒制度的改造

从中央到地方的各类工艺局、工艺所以"讲求制造,提倡工艺"为主旨,"凡工执艺事十有六类,均令一面做工,一面授徒",学习内容不限于传统技艺,开始融入近代科学技术知识。教学场地也不限于工作场所,而是将学校教育与工作场所训练结合起来。教学方法则继承了学徒制的"因材施教""因性施教"。修业年限则根据实际情况适当调整,如北京工艺局规定:"学徒俗例三年为师满,本局急于造就成材,不拘常例,或一年或二年,学业有成,教习酌给酬劳,学徒亦有奖赏。"

工艺局所招收学徒数量大大突破了原有学徒制度的限制,少则数十人,多则数百人。北京工艺局成立时,招收生徒500人,分隶各科,责成工师,认真教授;北洋工艺局设立之初,招收学徒200人,随着机构的扩展,人数不断扩充,整个工艺局工徒人数保持在千人左右,仅其实习工厂所招工徒即达500

① 王翔:《中国近代手工业史稿》,上海人民出版社2012年版,第136页。

② 佚名:《各省新闻:添招学徒》,《北洋官报》清光绪二十九年(1903)第160期,第13页。

③ 佚名:《新政纪闻:学务:禀请奖励工艺学徒》,《北洋官报》清光绪三十三年(1907)第1523期,第10页。

人,有时增至七八百人;江西建成能容纳二三百人的场房,四川则有容纳 800 人的劝工局。

工艺局的设立成为一次全国性的运动,从西北的新疆到东南的广东,从东北的黑龙江到西南的云南,从首善之区的京城到地处偏远的省份,普遍设立官办手工工场;而在一些地方其数量和规模都不容忽视,如从 1904 年到 1910 年,山东境内设立工艺局 113 个之多,而直隶辖内创建传习工场 87 个。工艺局对学徒教育的改造,大大突破了原有学徒制的封闭性和排他性等弊端,为学徒教育的现代改造开辟了新的路径。

"癸卯学制"的颁行,使得手工业学徒制度再次发生重大变化。1904 年清廷颁行的《奏定实业补习普通学堂章程》和《奏定艺徒学堂章程》,在学制上对学徒教育作出进一步规定,这可视为中国历史上中央政府第一次针对学徒教育制定的相关制度。前者以"令已经从事各种实业及欲从事各种实业之儿童入焉;以简易教法,授实业所必需之知识技能,并补习小学普通教育为宗旨"。开设修身、中国文理、算数、体操、历史、地理、格致等普通课程,并按农业科、商业科、工业科等专业学习相应专业知识和技能;规定所授之知识技能,不能是学生在家庭及工场或商店能学到的内容,所学内容要与从事工作的需要相吻合。后者"令未入初等小学而粗知数算之十二岁以上幼童入焉","所教者皆贫民子弟","以授平等程度之工业技术,使成为良善之工匠为宗旨",学习科目根据地方情形,选择合宜者教之。两项章程都照顾到学习者的特点——"各有本业,恒愿不妨碍其本业而以余暇学习科学"。为方便学生学习,"可酌量以夜间及放假日授之;又或择用雪期、农暇时间授之"。

"癸卯学制"为学徒制度的改造提供了制度上的保障,而各地新成立的商会组织则带来了传统行会制度的较大改进,由此导致对原有手工业学徒制度的突破。在与列强经济竞争中成立的商会组织,对学徒教育予以积极提倡。1905 年,苏州商务总会在章程中称:"商业之发达,由于开商智;商智之开通,由于设商学。今教育尚未普及,商界中之伙友徒弟未必尽受教育之人,即不免文字茫然商情不知之弊,与商务前途诚非浅鲜。"呼吁所属工商企业重视对学徒的教育问题。天津商会也对工商企业的学徒教育作出规定,"凡学生意者,每日须酌定两钟时刻,俾得轮班学习算法";认为这与学徒教育和工商业发展关系甚大,要求商会所属工商企业切实施行,"此项事宜,乍言之似乎细微,而关系重大,违者惟掌柜者议罚",积极鼓励商会所属企业实施新型学徒教育。①

2. 工艺局所匠徒执事规则

在农工商部所开设的工艺局,各科匠徒执事规则如下:

第一条,凡匠徒在场工作,必须整齐严肃,不准接谈嬉笑。下工时,各依次序,按照体操便步法行走,不得紊乱。下工后,各归宿舍,亦不得杂聚喧哗。

第二条,工徒众多,虽有工师匠目约束,恐难周备,每十名以上酌量选派徒长一名,为工徒表率,听巡查工师匠目指挥。

第三条,匠徒工作,凡遇夏至前后各一个月,每日以十一点钟为限,冬至前后各一个月,每日以八点钟为限,其余月分均以十点钟为限。按年正月开工以前,刊定表式,揭示通畅。

第四条,每日上工前一刻,各匠徒齐集稽查处,各持名牌,听候打点,持牌依次入科。到科后,各将名牌挂监工处,以凭查核。

第五条,作工时限,各匠徒家属来到,一概不准带见,须由号房呈明稽查处,允准后,引至匠徒接待室相见,只准以二刻为限,不准逗留,亦不得擅入宿舍。

第六条,匠徒上工时,不准携带违禁之物入场;下工时,不准携带丝毫材料器物出场。所有工场宿舍器物,各自照料,应加意节省爱惜,不准任意毁坏,亦不准私授他人。

第七条,匠徒无故不准擅出大门,如有事外出,应报明情由,经监工处允准后,领公出小牌,到稽查处挂号,限时缴牌回场,不得逗留。

第八条,工徒人数众多,应选派工师匠目,随同监工照料约束。该工

① 李忠:《近代中国劳工教育的历史变迁》,《河北师范大学学报(教育科学版)》2010年第5期。

师匠目应照本场条规,约束工徒,如有违反,立即报知监工处禀请坐办惩办。倘该工师匠目,有意瞻徇,自行犯规等情,查出一并从重惩治。

第九条,工场宿舍,均须洁净。各工场每晚收工后,未下班一刻钟,各自洒扫。其宿舍则每晨未上工以前,由巡查轮派本舍工徒打扫,务须一律清洁。

第十条,匠徒到场,非有婚丧大故,以及本身重病,父母妻子患病垂危,不准请假。倘有假冒,查明重罚。

第十一条,匠徒有因事病久假不到场者,应着落原保查提。倘再逾期不到,即将该匠徒所得津贴,自到场之日起,一律追缴。

第十二条,损坏场中器具,除酌予记过外,仍查照该器原价,由本月辛工津贴项下扣抵,如所抵不敷,仍照该器所值,责令家属及原保赔偿。

第十四条,放纵无礼,记大过一次。如三次不改,即予革除,由到场之日,追缴津贴。

第十五条,匠徒在场寄宿者,每日于上工前一点钟即应起床盥洗,扫除宿舍,依限进场。凡吃饭时限,不得争较喧嚷,晚间以九点钟一律息灯就寝。

第十六条,匠徒患病,由稽查处验明,送医士诊治。医药饮食,由局中开支。

第十七条,每月按星期放假休息。

第十八条,每年自腊月二十五日,至次年正月十六日,为年假之期,其余清明、端午、中秋各节,及万寿圣节等日,俱各放工一日,作为本局放假日期,照发辛工津贴,免其计扣。

第十九条,工师、匠目、工匠、工徒,凡遇事假病假,均须按日扣发津贴。

第二十条,匠徒凡遇记过除扣津贴外,仍须酌量大过小过,酌扣正工资格。

第二十一条,工匠工徒,如遇毕业升奖之期,所有以前扣假扣工,均须计日补足,始能奖拔。

第二十二条，阖场匠徒，每届三年，举行考试。每届一年，举行大考，分别升降去留。

第二十三条，阖场匠徒，每日分班学习书算一点钟，但须视工徒资质，量材施教，另有讲堂规则专章。①

从《农工商部工艺局扩充试办简章》可以看出，章程相对完善，其中对做工的时间、地点、请假制度、宿舍清洁、患病治疗、放假规定、晋级、奖励、学习书算基础知识等方面都作了详细的规定。相对于旧式的师徒授业关系，更适应于现代化大工厂大规模集体劳作模式。工艺局一次性招收大量学徒，和旧式一个师傅带一个徒弟的传授模式不可同日而语，适应了社会变革的需要。

3. 学徒教育提供新的教育形式

清朝末年学徒教育的发展，不仅体现在官府对学徒教育的介入、设场数量与学徒人数大幅增加，而且体现在学徒教育的各个环节，使得学徒教育成为不同于学校的一种教育形式。大批底层社会民众通过学徒教育实现地域流动、职业角色变换和社会地位的升迁，学徒教育构成底层社会民众实现社会流动的一种有效方式。学徒培养是学徒教育的中心环节，受到学徒本人、官府部门和培养单位的共同重视。

这一时期学徒教育目标、内容与基本原则、组织形式、具体的教育教学方式，都与传统教育发生较大差异，并尝试兼顾学校教育和传统学徒培养的优势。首先，清末时期学徒教育具有明确的宗旨。如北京工艺局以“招收流民，开通民智，挽利权，转移风气为宗旨”；北洋工艺总局以“提倡维持全省之工艺为宗旨”，“以诱掖奖劝，使全省绅民勃兴工业司行为应尽之义务”，“以全省工业普兴，人人有自立之技能为目的”。“开通民智”、使“人人有自立能力”成为学徒教育的基本目标定位。这样的宗旨和目的，与以往学徒制发扬本行业精湛技艺的单纯主旨有了较大的差异，打破了以往学徒制的封闭性，带有较大的包容性和全局性。

① 佚名：《各科匠徒执事规则》，《农工商部工艺局扩充试办简章》，清光绪三十三年（1907）十月四日，第14—15页。

其次,学徒教育内容不限于一技一艺,而是将普通教育与专业教育相结合。奉天工艺局延聘教习艺师传习工艺,兼教国文、测算、绘画等学科。北洋工艺局的实习工场规定:“凡在场工徒,均课以修身、汉文、历史、地理、算学、体操等项浅近课程。俾得略具普通知识,归于驯良。”[①]《工厂法》规定:工厂对于学徒,在其学习期内,须使职业传授尽力传授学徒契约所规定职业技术。随后《劳工教育实施办法大纲》规定:根据学徒实际情况分别实施识字教育、公民教育和职业补习教育。学徒教育教学内容的变化凸显了传统学徒教育向现代学徒教育转变的特点,成为近代社会与经济转型在教育中的反映。

再次,理论与实践结合成为教育的基本原则,课堂教学与实地训练相联系成为基本的教学组织形式。甘肃工艺局指出,因学徒既习工艺,必兼习书算,以启其智,故附设匠徒夜学堂,以便白天学习技艺,晚上学习文化知识;热河工艺局讲解工艺各书,每日不可少于两点钟;陕西工艺厂则仿蒙学成法,挑选少壮无业者百人,入厂学习,教授之法,则结合学堂、工场,理论与实习并施。这种发生在官办工场中校场一体的教育形式,成为学徒教育现代改造的基本形式,受到效仿。如上海康元制罐厂规定每月除练习工作外,上课三小时,晨一时半,晚两小时,三年毕业,约等于高小程度,三年毕业后,接受二年高级教育,毕业后约等于初中程度。顺昌铁工厂明确规定学徒除习艺工作时间外,并另订教室课程,使其受补习教育,教以算术、绘画、机械原理等,所需文具,由厂给付。

最后,因材施教。因材施教是学徒教育的优势所在,这一点被保留下来。“募专门工师教之,查其灵钝,因性所近,分授各艺”,“计口而授之以食,因材而教之以勤”,“察其性情材质,再发工厂肄业,董劝兼施,徐图观感”。量才施教、因材施教、因性施教成为最常用的教育教学方法。学徒教育成为清末民国时期处于社会底层民众实现社会流动的重要形式。[②]

各工场、习艺所一次性招收多名学徒是常有的事情。直隶,“北洋银元局

---

① 彭泽益编:《中国近代手工业史资料(1840—1949)》第2卷,中华书局1962年版,第524页。

② 李忠、王筱宁:《社会教育在底层民众实现社会流动中扮演的角色——以清末民国时期的学徒教育为例》,《教育学研究》2008年第4期。

出示添招工徒四十名,现(1905)报名已有百余人,定于二十五日考试,以年在二十以内,身体强健者为合格”①。北京,“顺天府凌大京兆因德胜门外设立之习艺所规模狭隘,现(1909)已大加扩充,顷闻五月间竣工添招新班艺徒学生一百名,以宏造就”②。南京,“苏抚拟办艺徒实习工场,内共设学额一百六十人,已出示招考”③。天津,“实习工场现添设纸科,拟招工徒六十名,以十二岁以上,二十岁以下,粗识文字无嗜好者为合格”④。“天津劝业铁工厂内,刻又续招工徒三十名,定于二十日早在该厂稽查处报名”⑤。广东肇庆,“艺徒学堂招生二十名,经已榜示,听候定期开课云”⑥。艺徒学堂和工场往往一次性招收几十人或数百人,这和传统的招收学徒方式大为不同。

晚清时期,各工艺局招收大量学徒。这些学徒不仅仅需要学习工艺技术,还需要学习汉字、算数等普通教育课程,提高自身的文化素质。

在湖北,“鄂省以艺徒学堂关系实业前途甚大,已拟就入学条规早日报告。刻又编定教授章程饬令遵守。艺徒学堂普通科目凡八:修身、中国文理、算术、几何、物理、化学、图画、体操。但此等课目除修身和中国文理必学外,其余可听便”⑦。此学堂宗旨在急学职业技术,但是从课目表可以看出,修身和中国文理是各种教育的重点,比起传统的学徒教育理念有所进步。

在上海,“上海书业商会为同业学徒增长普通知识起见,特于该会附设学徒补习所,每晚教以国文、习字、算术、英语、簿记等学,以半年为一学期,四学期卒业。额定三十名,在会各家学生不取费,其余每期收费四元,兹已成立。于本月初一日考取学生,初三日开课”⑧。

---

① 佚名:《畿辅近事:添招工徒》,《北洋官报》清光绪三十一年(1905)第563期,第7页。

② 佚名:《新政纪闻:实业:顺天府习艺所拟招工徒》,《北洋官报》清宣统元年(1909)第2107期,第11页。

③ 佚名:《本省要闻:工艺:艺徒实习工场开招学徒》,《江宁实业杂志》清宣统二年(1910)第6期,第77—79页。

④ 佚名:《实习工场添招工徒》,《北洋官报》清光绪三十二年(1906)第1191期,第7页。

⑤ 佚名:《本省近事:铁工厂续招工徒》,《北洋官报》清光绪三十二年(1906)第1058期,第6页。

⑥ 佚名:《本省新闻:肇庆艺徒学堂考选学生》,《实业报》清光绪三十四年(1908)第2期,第23页。

⑦ 佚名:《实业:编定艺徒学堂课目》,《北洋官报》清光绪三十四年(1908)第1930期,第12页。

⑧ 佚名:《各省近事:附设学徒补习所》,《北洋官报》清光绪三十二年(1906)第1244期,第8页。

在重庆，“四川重庆府城森昌火柴厂主人邓少云就厂设立四字讲社一所，每日工毕讲授四字，次日复易他字，按日讲解。该厂工人数百从此皆能识字矣”[①]。福建省，“光绪三十三年（1907），省垣（福州）城厢内外，抽收铺捐一项，今有商务局承办，即以捐款余资，设立工艺局一所，于城内之南营地方。其中收到学徒百六十人，每日下半午，教以竹器、皮器、漆器各工艺，上半午则在该局内附设之半日学堂，肄习书字”[②]。

在热河省，“热河驻防工艺厂，……工艺入手，先分三科：曰毡，曰毯，曰布毡。……分班教授学童，暂招三十名，选八旗子弟，年十三以上十七以下聪颖者为合格。另设教习一员，授诸童以字义，并讲解工艺各书，日课两小时，余均习艺”[③]。

学徒们白天学习工艺技术，晚上学习基础教育知识，或者上午习字，下午学工，在提高工艺水平的同时，也提高了文化水平。这样的学习进程甚至不需要缴纳额外的学习费用。在晚清时期，普通群众受教育程度低下，能识字算数者人数稀少，这些学徒通过这种学习途径获取了知识，实现了社会地位的转变。

这表明随着生产技术的进步和生产过程的复杂，对劳动者的自身条件和劳动技能提出了更高的要求，这笔教育费用已经成为培训中国手工业劳动力的必要开支之一，包含在劳动力商品的成本之中。晚清时期的手工工场资本家已经意识到了这一点，并且试图采取措施提升劳动者的素质。当然，这种做法的首要动机是为了保证获取更多的利润，榨取学徒及由学徒而来的工人更多的剩余价值，但是在这种行为的背后，也体现了社会生产发展、传统手工业转型的内在要求。如此这般，不仅有利于学徒职业技能的掌握，也有利于学徒综合素质的提升，在某种意义上，预示着由传统学徒制度向新型职业技术教育制度的转化。[④]

---

① 佚名：《各省新闻：工人识字》，《北洋官报》清光绪三十年（1904）第540期，第8页。

② 佚名：《光绪三十三年（1907）福州口华洋贸易情形论略》，《通商各关华洋贸易总册》下卷，第81页。

③ 彭泽益编：《中国近代手工业资料（1840—1949）》第2卷，中华书局1962年版，第572页。

④ 王翔：《中国近代手工业史稿》，上海人民出版社2012年版，第142页。

4. 学徒制度变迁的社会影响

晚清时期是中国社会政治经济大动荡的时期,社会经济的大转型促使学徒制度发生变迁,并改变了工商业学徒原有的生活轨迹。作为近代中国城市社会底层一个数量庞大的职业性群体,工商业学徒对中国的早期工业化进程产生了重要影响。在传统行会制度下,招收学徒不仅有数量限制,而且有时间限制,否则,面临着赔银逐徒的处罚。进入近代以后,传统学徒制度的职业教育机制得到了一定程度的保留,而对学徒规模的招收限制则被突破。

在传统手工业生产中,讲究的是"手和眼的运用的手工操作",这决定了传统手工业学徒制度对学徒生产技能的培训主要依靠口耳授受的形式,学徒通常边做边学,在生产实践中通过观察与模仿完成职业技能的训练。晚清时期,由于中国手工业生产技术趋新缓慢,学徒职业技术培养的这一特点也保留了下来。近代中国不少手工业者在劳动方法上"旧梦未醒","徒劳动于屋内,固守旧来简单拙劣之机械","其稍有组织者,则有徒弟法之法规而已,此外因别无可记者也"。

中国的新式工业与传统手工业之间具有强韧的亲缘性,例如,近代上海的机械制造厂很多就是从传统手工业作坊直接发展而来的,其创办者也是旧式手工业工人。因此,在中国工业化启动之初,学徒制度也往往被植入近代工厂。而由于中国早期工业化发展较为迟缓,不少近代工厂的技术水平和组织方式与传统手工业的差距并不大,这又使得学徒制度的职业教育机制仍可发挥其功能。还是以机械制造这一新兴产业为例,该业"应以机制者往往代之以手工",这就使得传统手工业学徒制度的经验积累型训练机制仍然适用。如上海中华铁工厂虽然也安排学徒上数学、识图课,但学徒主要还是跟随老车工或钳工习艺,只是在本部门生产不紧张时,才停一次夜工作为上课时间。也正因为如此,学徒所接受的职业技能训练能直接与企业生产过程结合在一起。在个别情况下,"老师傅虽比学徒经验多一些,但一般说来,老师傅能做的,学徒也能做,如在新业铁厂内,有四个学徒,比老师傅的技术还好"。然而在传统学徒制度之下,学徒所得待遇比正式工人要少,这就使学徒群体在新式工厂中能够作为一种廉价劳动力来使用。①

学徒制度具有特殊的社会流动功能，在传统农业社会里，拜师学艺，学习经商营工，为人们弃农从商、弃儒习贾提供了必要的阶梯，具备了学徒经历的人，便获得了在行会制度下经商营工的权利。但是，由于工为末技、商为末业观念的束缚，以及“世业恒为”的从业结构，学徒制度所造成的社会流动，其幅度和频率尚十分有限。近代以后，随着新型工商业的发展所带来就业机会的扩大，行会衰落、同业公会和商会建立所形成的谋业、创业的自由，学徒制度的社会流动功能得到了充分发挥。

晚清时期手工业的学徒阶层是一个开放性的特殊阶层，具备了一定条件的青少年都可以成为这个阶层的一员，因为单个业主或雇主招收学徒的数量不再受到限制，他们可以按照自己的需要随意随时招收徒弟，学徒条件也并非十分严格，一个十四五岁的子弟在亲友的担保下就能拜师学徒。同时，作为一种必备的资历，学徒是未来人们经商营工的必要条件，只有有了学徒经历的人，才能在行会或同业公会组织下的工商业里从业。于是，经由学徒这一阶梯，就完成了晚清以来中国两个方向的社会流动：一部分人实现了横向职业流动，成为近代产业工人、手工业工人和商店店员等；还有一部分人则完成了上升性的社会流动，成为小业主、小商人、买办、资本家或企业家。②

学徒制度的变迁，适应于大规模机器生产，有利于近代民族机器工业的顺利开展。在工厂中培养学徒，淡化了传统的师承关系。将大量学徒投入生产劳作当中，资本家能支付更少的工资换取廉价劳动力的使用。

第二节　兼业的农民手工业者

中国广大地区的农民，农忙的时候做农活，农闲的时候做简单的手工业补贴家用是很普遍的现象。晚清时期，农民富裕程度有限，家庭贫困的农户

---

① 彭南生、严鹏：《试论近代工商业学徒对中国早期工业化的影响》，《徐州师范大学学报（哲学社会科学版）》2009年第7期。

② 王翔：《中国近代手工业史稿》，上海人民出版社2012年版，第156页。

是很常见的。农业种植普遍有其季节性、周期性,农事需要遵循二十四节气的规律。在农闲时节,为了弥补家庭收入的不足,各地出现了在各行各业兼业的农民手工业者。

农业生产有农忙与农闲之分,在这两个时期内农家工作的重心是不同的。农忙时期,家庭工作的重心是农田作物生产;农闲时期,重点则是手工业生产。基于此,一年之中,男女劳动力呈现出明显的季节性分工态势。农忙时男为主。男子参加农田劳作,应该说是一种常识而无须证明的事实。总体而言,妇女较少参加农田劳作,但其中也存在一定的阶层与地区差异。与富裕农户相比,贫穷人家的妇女就相对更多地参加农田劳作。主要是由于家庭贫困,农忙时无法雇工,妇女不得已才这样的。近代江南地区的农村副业生产主要有三种类型:棉纺织生产、蚕桑生产、丝织生产。棉纺织生产(含而后兴起的花边业、毛巾业在内)区域范围大体与棉稻种植区一致,在浙西蚕桑生产地区也有分布;蚕桑生产基本与蚕桑种植区相一致;丝织生产则主要位于苏杭嘉湖的部分城镇周围。

先看棉纺织生产。棉纺织生产主要是在农闲期间进行,尤其是秋收后至春种前的一段时间。正如时人所言:"大家都知道,农事是有季节性的,冬季收成后农民有极长时间的余暇,利用余暇来做一点工作是最合理,也是必然的结果,织布便是农隙工业之一。"如在嘉定南翔,全镇棉布生产的旺季是上半年的清明节之前和下半年自冬至到年底的这段时间。南汇的花边业,一、三、四、十一、十二这五个月的农闲时间正是最为忙碌的时候,每日除料理家常琐务外,就是埋首花边编织工作。①

当然,由于农田劳作在农忙期也会有间隔期,特别是中耕、锄草阶段,另外下雨天也不适于参加大田劳作,所以即使农忙期仍然可从事一些手工业生产。如在上海近郊,"在农忙时期的雨天以及间隙时间,也积极进行。早期上海四郊,一般都种棉花、豆麦,稻谷较少,种植商品性蔬菜的更少,农民亦不忙,所以一年之中,有较多时间可用来纺织"②。农闲期间的副业生产主要由

---

① 因二月是年节,所以生产会放松,故二月并不是花边编织生产的高峰期。

② 徐新吾主编:《江南土布史》,上海社会科学院出版社1992年版,第241页。

女子承担。

蚕桑生产同样如此,养蚕时期虽然很多时候要全家一起出动,但总体来说却是妇女劳动力占主体。总体来说,农忙时期的大田劳作以男子为主,女子虽然也会参与其中,但居于次要地位。而就农闲手工业生产来说,主要以妇女劳动力为主,男子在这过程中充当次要角色。由于自然节律的关系,一年之中农业生产活动起起落落,农忙、农闲相互交替,表现出一种周期性波动的态势。与这种农事活动周期相适应,农村中男女劳动力也呈现出一种周期性既分工又协作的模式,二者紧密结合,有序地分布于时间与空间之中。

农忙时期的大田劳作以男劳动力为主,间或女劳动力也会做一些灌溉、锄草之类的工作;农闲时期的手工业生产,妇女劳动力成为劳动的主力军,男劳动力处于一种辅助地位。在这种低层面的分工之中,在高层面上二者又呈相互合作态势,共同维持着家庭经济的正常运转。[①]

由于经济的发展和人口的增加,晚清时期雇工现象大量出现,外出佣工的人数越来越多。一般说来,清代前期江南地区民间手工业中的雇佣劳动者,主要分布于生产较为先进和发达的手工行业,如丝织业、踹染业和造纸业等。劳动者与雇主之间的关系,主要是通过劳动技能的卖与买来体现的,劳动者所得工资根据其劳动的熟练程度和数量而定,劳动者较过去有了更多的人身自由。[②] 时至晚清,江浙地区雇工规模更有所扩大。不仅主要分布在苏松常、杭嘉湖一带的平原地区,以经营蚕桑业、缫丝业和丝织业为主,而且在浙西北、中南山区也有出现,有租买大片山头、雇工种靛出卖的,也有租买山林、雇工砍伐树木出卖的。[③] 杭嘉湖一带的自耕农除尽力保有一块田地外,纷纷以织补耕,发展家庭副业;有的则需要再向地主佃种少量土地,或靠打短工出卖劳动力才可生存下去。“有田者十之一二,无田者十之八九”现象的出现,就是土地高度集中、大批自耕农破产的结果。[④]

---

① 王加华:《分工与耦合——近代江南农村男女劳动力的季节性分工与协作》,《江苏社会科学》2005 年第 2 期。

② 潘群、周志斌主编:《江苏通史》明清卷,凤凰出版社 2012 年版,第 469 页。

③ 叶建华:《浙江通史》第 8 卷,清代卷(上),浙江人民出版社 2005 年版,第 145 页。

④ 叶建华:《浙江通史》第 8 卷,清代卷(上),浙江人民出版社 2005 年版,第 146 页。

一、进入城市从事手工生产的兼业农民

在清代,各种手工业者在城市寻找工作是很常见的事情。如在湖南省长沙府,“民间营室兴作,来自江西、蒲圻者甚伙。惟竹匠多为土人,工食倍于木工。若银局等器,亦多巧匠,以低潮乱成色。最下佣工担夫,率皆邻县远省仰食其间,本邑民十或不一二有也”①。清乾隆年间,长沙城内从事建筑、木工等工种者,多来自江西省各处和湖北蒲圻县。

到了晚清时期,随着城市经济的发展和城市化的推进,需要大量的农民进入城市经商务工。在各大城市,从事手工业者人数更多了。从事的手工行业形形色色,有弹棉花匠、染坊工、挽木工、木匠、木工、圆木匠、皮匠、皮工、靴工、泥水工、建筑工、石匠、刻石工、修路工、砌匠、车工、铁匠、打刀工、暖炉工、锡工、烟筒工、筛工、灯笼工、打篓工、染工、糕饼工、磨工、蜡烛工、香油工、帽工、金银首饰工、烟管工、玻璃器皿工、乐器工、装潢纸扎工、爆竹工、油漆匠、印刷工、刻字匠、笔工、裁缝、缝工、织毛毯工、洋服工、绣花女工、造簪女工等。职业五花八门,城市中往往需要手工业者多且繁杂,并且开设一定数量的工厂招收工人,附近的农民在农闲时来城市谋生成了较好的选择。

1892—1901 年,中国上海、广州、汉口、镇江、芜湖、杭州、福州、烟台等地的海关十年报告均提及了城市人口的增长。“关于汉口的中国人口,不可能得到任何可靠的统计。但是可以有把握地说,它已大大的增加了。(镇江)本埠商业在过去 10 年中的大大发展,自然而然地造成人口的增加……(芜湖)本地人口继续逐渐增加,1891 年为 79140 人,1901 年终为 102116 人。同时,企业的数目也增加了,特别是城河之间的商业繁盛区域是如此。……(福州)在过去数年中,福州及其郊区的居民,大大增加……(烟台)和上次 10 年报告中所提到的 1891 年比较,可以看出,烟台人口增加了一倍。”②这些城市增加的人口,大部分是附近的农民进城工作定居而增加的。

---

① [清]吕肃高修、张雄图、王文清纂:《长沙府志》卷 14《风俗志》,清乾隆十二年(1747)刻本。

② 汪敬虞编:《中国近代工业史资料》第 2 辑(1895—1914)(下册),科学出版社 2016 年版,第 1172—1173 页。

各城市都有本地、外来劳工聚集。劳工出生本地者，部分为城市郊区的农民。而外来者，以地利之便，大多为省内的农民。一份关于武汉劳工的调查，颇能说明问题。武汉“为我国通商大埠，上海、广州而外，此处最为繁盛。位置居长江上游，地势当各方冲要，自辟为商埠以来，水陆交通，日见发达，密若繁星，商业发扬（展），一日千里。且自汉阳、汉冶萍铁厂，以及武昌之公立纺纱、织布、织麻、缫丝四局开办以后，中外私家工厂，接踵而起，工业之盛，远凌各地。因之工人需要，日益增多，劳动者之趋赴市场者，日见其众”。民工来自湖北、江苏、浙江、湖南、安徽、广东、河南、江西、河北、山东、福建等省，而湖北一省即占到被调查总人数 3621 人的 61.09%，地域构成的地缘色彩是显而易见的。

武汉如此，其他城市也差相仿佛，如上海人口籍贯构成中，邻近的江苏籍最多，占上海总人口的 48.06%，其次为相邻的浙江籍人，占 25.78%。在北京，河北人最多，占北京总人口的 35.54%；在天津，河北人亦最多，占天津总人口的 47.11%。在史籍中，我们也可以经常看到类似记载，如河北盐山，单身男子于无业时期即出外工作，通常咸于秋收之后，赴天津或附近各处，寻觅短期工作。广东惠阳，不少农民都趁着农闲时赴香港做季工。在广西，靠近城市的农村中男子许多跑到城市去做苦力，到农忙时有些转回农村耕田。在湖北，在农闲的季节，农民家庭里身强体壮的农民到附近乡镇做工。在山西，自从禁种鸦片以后，大多数农民发现他们的农田不能生产足以维持他们日常生活的粮食，都跑到省会太原去寻求仆役之类的工作。在四川，农民的数量逐渐减少，那些壮丁跑向都会，以普通劳动者的姿态出现，如成、渝两地人力车夫、山轿夫逐年增加。在江苏宜兴，附城乡村颇有入城进工厂做工者，甚至有的往苏、沪、锡等埠在纱厂做工。

显然，作为城市下层社会群体的农民工，“大多数是来自企业所在省的各县农村，少数来自邻省或比邻省稍远的省份，只有极少数的一部分是来自企业中心地区”，这是极普遍的现象，也是各业劳工会“在同一工业中心或企业里也易形成地区性或划分省份的彼此对抗”的原因之所在。[①]

表 8-1 上海人口历年增长统计(1880—1911)

年份	人口数	增长指数(1880=100)
1880	107812	100
1890	168129	156
1900	345276	320
1905	920000	853
1910	1185859	1100
1911	1250000	1159

资料来源:见汪敬虞编《中国近代工业史资料(1895—1914)》第 2 辑(下册),科学出版社 2016 年版,第 1173 页。

对于进入城市的兼业农民手工业者来说,近代工业企业具有特殊的吸引力。鸦片战争以后,诸列强强迫清廷签订一系列不平等条约,中国逐渐开放了 100 余处通商口岸,在这些通商口岸开设了大批工厂,就业岗位急速增加,吸引着周边农村大量男女农民进厂做工,或者于农闲时节进城寻觅一份临时工作。大批农民进城务工,促进了城市的繁荣发展。

在这方面,上海是一个典型的例子。1843 年上海因《南京条约》开埠后,外国资本以通商贸易为先导,以对房地产“投资”为基础,以公用事业为辅助,在原上海城厢以外地区开展了大规模的建设。在此发展基础上,依靠 1895 年签订的《马关条约》,上海开始从商业社会“进步”到工业社会,逐步建立起初期的工业体系。凡此种种,都为农民和手工业者进入城市生活提供了较多的被雇用的机会。

晚清时期,在一些沿海沿江的通商口岸,如上海、武汉、广州等大商埠,工厂云集,提供大量就业岗位,吸引了大量劳工聚集。这些农民大多来自城市郊区地带,就近在附近的城市工作。一方面是这一时期交通不便,去太远的

① 池子华:《城市视点:近代中国农民工群体的构成研究》,《江苏教育学院学报(社会科学版)》2008 年第 5 期。

地方十分陌生,人生地不熟,路途遥远,农民一般不敢轻易尝试。另一方面是工厂招工的信息往往通过工厂附近的居民以口耳相传的方式告诉亲朋好友,这一时期信息不畅,能知道招工信息的人距离城市想必不会太远。

在浙江宁波,"从事烤茶及拣茶的男工和女工的人数约略估计有九四五〇人。平均每一茶行估有三五五名工人。男工主要来自安徽,女工则来自绍兴附近各县"①。从安徽到宁波路途遥远,工人往往需要结伴而行,因此地域的划分也容易造成同乡之间的抱团行为。上海的纱厂,"劳工的出身地极不统一,就中,上海附近和安徽省等地外出觅生者最多。……他们多年积习相沿,结成一种帮口,借谋保护和增进相互的利益,这在纺织公司的劳动者中也是盛行的"②。

湖北咸宁县,"山多田少,人满于土,不愿工作,多事贸迁。查邑乡镇,除典质外,本薄利微,非长袖善舞者也。若汉口、沙市、襄樊诸繁盛地,悉谋生理,家累巨万,未可一二数。各省大小马头皆有咸帮会馆,操奇计赢,称极盛焉。俗尚浮华,亦由于此"③。湖北汉口,"(1897年)汉口新设制造火柴厂一所,牌号燮昌,是上海著名之厂所分枝者也。……所用工人约一千二百名,皆由宜昌附近荒年之区来者……其工作并不用机器,其一切工费,连辛工等项,据言于所赚余利内除去五成,便敷支用。是以此项工作,大为有利可获也"④。这个火柴厂的工人都来自宜昌,往往是同乡之间互相介绍工作而来。旁人很难确切知道招工的地点和招工的需求。江西萍乡,"炭矿所役之劳动者,其年岁在十七、八以上,萍乡人居其五,湖南人居其三,湖北人居其二"⑤。江西萍乡位于三省交界处不远,在此地煤矿做工的工人多是来自附近的农民。

---

① 彭泽益编:《中国近代手工业史资料(1840—1949)》(第2卷),中华书局1962年版,第272页。

② 汪敬虞编:《中国近代工业史资料》第2辑(1895—1914)(下册),科学出版社2016年版,第1173—1174页。

③ [清]陈树楠、诸可权修,钱光奎纂:《续辑咸宁县志》卷1《疆域·风俗·商贾》,清光绪八年(1882)刻本。

④ 汪敬虞编:《中国近代工业史资料》第2辑(1895—1914)(下册),科学出版社2016年版,第712—713页。

⑤ 汪敬虞编:《中国近代工业史资料》第2辑(1895—1914)(下册),科学出版社2016年版,第1174页。

鸦片战争后,伴随着通商口岸的开辟、近代工业的发生发展以及交通运输结构的改变,一批近代化城市迅速崛起,并逐渐取代了传统城市的主体地位。人口增加是经济发展的重要标志之一。人口的增加对城市化提出了要求,如对城市规模的扩大、市政建设的加快等,都是强有力的刺激。另一方面,城市化进程的加快,又吸引着农村人口不断向城市聚集,使城市人口规模呈现出日益扩大的趋势。由于大量农民涌入城市,就工业发展初期来看,形成一定程度的劳动力过剩。虽然劳工剩余使得劳动力的价值打折,收入整体降低,但这种过剩劳动力对劳动者收入的影响,并不足以吓退进城务工的农民和手工业者。"上海(工人低收入)如此,他处尤为便宜,盖该(工人的)工价已较内地丰厚。自远方男女来谋食者日繁有徒,虽离家不计也。"①

近代工商业的发展,带来城市的繁荣、城市面貌的改观。上海、广州等城市自不待言,就连一些小城镇也因此呈现出繁荣景象,如嘉定县的曹家渡,近代初期"地甚荒僻,绝少行人",1893 年"有人购地建筑油车,是为城市之始。继而,西段开办缫丝厂,东段开办面粉厂,招集男女工作,衣于斯、食于斯、居于斯者,不下数千人。于是,马路两旁造房开店,百工居肆而成市矣。面临吴淞江,帆樯云集,富商巨贾莫不挟重资设厂经商,除缫丝、面粉两厂外,若洋纱厂、织布厂、鸡毛厂、牛皮厂、榨油厂、电灯厂,不数年间,相继成立,市面大为发达,东西长二里许,鳞次栉比,烟火万家"②。这种情况,还是相当普遍的。农民进城,直接推动了中国城市化进程,其进步意义是不容忽视的。农民进城谋事,有着明显的季节性特点。无论季节性农民工在城市逗留的时间有多久,他们身上都程度不等地烙上"城市文明"的印记,因此,他们"成为城市文明普及于农村的源泉"。③

二、在乡镇从事手工生产的兼业农民

晚清时期,农民农闲之余从事手工业是十分普遍的现象,兼业的农民常

① 张伟:《近代不同城市工人家庭收入分析》,《西南交通大学学报(社会科学版)》2001 年第 1 卷第 4 期。

② 池子华:《论近代中国农民进城对城市社会的影响》,《江苏社会科学》2005 年第 3 期。

③ 池子华:《论近代中国农民进城对城市社会的影响》,《江苏社会科学》2005 年第 3 期。

常就近在周边乡镇工作，兼顾家庭劳动。“陕西之略阳、凤县，东经宝鸡等县，至湖北之郧西，中间高山深谷。棚民种地之外，多资木箱、盐井、铁厂、纸厂、煤厂佣工为生。”[①]

同治年间，广州潮州府大埔县，“陶瓦匠，多在本地佣作”[②]。佛山，“金箔行，分为四种，曰岗州、曰祖会、曰尚崇义、曰新崇义。中惟岗州一行，俱新会籍人，其三行则四方杂处，不分畛域。推之银箔亦然，但银箔行多雇客作，谓之短工”[③]。番禺，“城隍庙前，每晨必有泥水造木工人，群集于此以待雇，至八时而止。受雇者，为一日之散工”[④]。

光绪年间，在湖南郴州兴宁县，“金石土木，鲜土著，多异境人。金工多江西人，石工多衡阳人，土、木两工多安仁人。凡工作向来日给钱三十文，佣田者亦然，暇时或减十文，收获忙追，价或倍之，今则增为五十文矣。其长工，月计曰月工，日计曰零工，即其人之能否，定其价之高下”[⑤]。从事金石土木各工种的工人多是外地人，且来处不一。在湖南汝城县，“雇一日者，谓之零工；雇一月者，谓之月工；雇一年者，谓之年工”[⑥]。

湖南巴陵县，离湖北监利、沔阳、江陵、潜江等县很近，“清同治十一年(1872)，巴陵县邑境多山，农民世业难以自给，多营生于湖北，故四邑，土工农工染工酒工，巴陵人不下数万，春往冬归，亦贫民之利计也”[⑦]。工人多从事手工行业，如织染业、酿酒业等。虽然工人工作的地点从湖南跨越省境到了湖北，但其实是两县相邻，距离并不很远。

在湖南平江县，“茶市方殷，贫家妇女相率入市拣茶。上自长寿，下至西乡之晋坑、浯口，茶庄数十所，拣茶者不下二万人。塞巷填衢，寅集西散，喧嚣拥挤，良贱莫分”[⑧]。来平江县拣茶的妇女大多是附近的农妇。茶叶生产加工

---

① 李文治编：《中国近代农业史资料》第1辑(1840—1911)，科学出版社2016年版，第108页。
② [清]张鸿恩等纂修：《大埔县志》卷11《风俗》，清光绪二年(1876)刻本。
③ 佚名：《佛山金箔加工》，《东西商报》清光绪二十六年(1900)第7期，第8页。
④ 丁仁长、吴道镕等纂：《番禺县续志》卷12《实业志》，1931年刻本。
⑤ [清]郭树馨等修，黄榜元等纂：《兴宁县志》卷5《风土・风俗》，清光绪元年(1875)刻本。
⑥ 陈必闻、宛方舟修，卢纯道等纂：《汝城县志》卷21《政典志・礼俗下》，1932年刻本。
⑦ 李文治编：《中国近代农业史资料》第1辑(1840—1911)，科学出版社2016年版，第689页。
⑧ 李文治编：《中国近代农业史资料》第1辑(1840—1911)，科学出版社2016年版，第921页。

具有季节性,在这几个月的时间内来此地兼职的妇女达20余万人。

在甘肃华亭县,“至二区窑镇则有业农而兼营瓷业者,然制瓷之工人率皆聘之外省土工,绝无推陈出新之技能。西南近山之民业农之暇,则砍天然林木出售,冬季或燃炭卖之以养生”①。在台湾云林县斗六堡,“田园并耕,一岁两获。作若余闲,或入山砍折柴薪赴街贸易,或进制糖场所而为佣工,以资家费,颇耐勤劳焉”②。这两处的农民,农忙时在家务农,农闲时则在附近乡镇从事制瓷、烧炭、制糖等工作。

桐油榨房需要资本较大,普通农家难以经营。榨房的工作具有明显的季节性,“每年榨桐油时期为十一月、十二月及次年一、二、三月。榨其他植物油为五月至八月。每年之四月、九月、十月等则为全无工作之淡月”。在不产植物油的农村,榨房开工时间更短。③ 在各地的榨房需要劳动力时,附近的农民这几个月在家附近的各乡镇榨房工作,赚取一定收入。

在江苏无锡县,织席业闻名遐迩。“席,新安、开化之间,居民田事稍闲,辄以织席为业,成则鬻于浒关虎丘之肆中。”④这里的农民田事稍闲,便以织席为业。

在江苏苏州,“各处茶栈挑拣茶叶,皆令妇女入栈做工。每当四五月间新茶到时,一栈中拣茶妇女或百十人或数十人不等。近时,江北妇女亦为此事,以觅蝇头”⑤。新茶上市时节,江北妇女多到苏州茶栈从事拣茶的兼业,以补充家用。到了冬天,农闲时节,妇女又渡江做工。“江北妇人,最习勤劳。每当十月以后,农事既毕,即渡江来为大户佣工。以其不缠足,谓为大脚仙。”⑥在云南普洱茶的产地思茅同样如此,“思茅女工,多恃拣茶纺纱为业,日不过得工钱三十至五十文”⑦。

① 张次房修,幸邦隆纂:《华亭县志》第5编《礼俗志·生业》,1933年石印本。

② [清]倪赞元纂:《云林县采访册》,《斗六堡·风俗·农事》,清光绪二十年(1894)刻本,民国抄本,1983年台湾成文出版社影印本。

③ 彭南生:《论近代中国农家经营模式的变动》,《学术月刊》2005年第12期。

④ 李文治编:《中国近代农业史资料》第1辑(1840—1911),科学出版社2016年版,第922页。

⑤ 李文治编:《中国近代农业史资料》第1辑(1840—1911),科学出版社2016年版,第922页。

⑥ 李文治编:《中国近代农业史资料》第1辑(1840—1911),科学出版社2016年版,第922页。

⑦ 李文治编:《中国近代农业史资料》第1辑(1840—1911),科学出版社2016年版,第522页。

甲午战争以后,中国农村经济状况恶化,越来越多的农民处于半失业乃至完全失业的状态,同时,使用雇工从事商业性农业经营的富裕农户也在增多,这些都有助于短工数量的扩大。到 20 世纪初叶,在一些城市郊区、铁路交通沿线和商业性农业发达地区,短工往往成为雇佣劳动者的主力。如上海郊区,长工少而短工多。①

明清时期,随着大理、丽江等手工业的发展,一部分人已从农业中分离出来,变成了衣食皆仰给于经销矿业者的矿工。同时,冶矿业的发展,还吸引了不少内地汉人来云贵"走厂",从而带动了矿区周边商品经济的萌芽和发展,这些"走厂"者多系汉人。如在云南,"多系汉人赴彼开矿,食力谋生,安静无事,夷人亦乐享其利",继而推动了云贵商品经济的发展,"各土司及徼外诸夷一切食用货物,或由内地贩往,或自外地贩来,不无彼此之需",这些"厂名""其平常出入,莫不带有货物,故厂名与商贾无异……以夷境之有余,补内地之不足,亦属有益"。②

近代前后,随着国内外资本主义经济的发展和国家政策发挥导向作用,云贵丰富的矿产对客民的到来起了较大的吸引作用,继而在他们的带动下,云贵手工业得以发展。随着云南铜矿业的发展,川、湖及两广等民众纷纷至云南以采矿为生,从而壮大了云南冶矿业的规模,诚如云贵总督岑毓英在《奏陈整顿滇省铜政事宜疏》中所言:"从前大厂动辄十数万人,小厂亦不下数万人。"据统计,1767 年云南人丁约 215 余万,冶矿劳工占 5.82%,若将人丁统计当作劳动力统计,则云南劳动力每 20 人中就有 1.16 人从事矿业生产。随着晚清时期经济的发展,云贵各地出现了大量流动的短工,并不同程度地形成短工市场。咸丰前夕,川、豫、湖等地自然灾害严重,大批破产的手工业者和农民继明朝之后再一次流入云贵地区。20 世纪 20 年代,云贵土著居民因生计所需也发生了流动,如蒙自"矿工恒不招自来,每届上厂之际,三五十成群到厂寻觅相当工作"。这些人最初主要来自云南的石屏、建水等地,但是 1909—1937 年,已扩展至陆良、曲靖、宣威、平彝、昭通以及滇西一带。清末,

① 汪敬虞主编:《中国近代经济史(1895—1927)》(二),人民出版社 2012 年版,第 986 页。
② 熊元彬:《人口变动与云贵高原近代手工业的关联度》,《重庆社会科学》2015 年第 12 期。

迁入云南藏区的移民给当地人带来了采矿、选矿、冶炼技术和生产工具,掀起开矿潮。这些移民凭借已有的手艺和工具,在当地"雇佣季节性临时工,开办矿业,冶炼铁、铜、银、汞,用自产的生铁铸造犁铧、铁锅等生产工具和生活用品"①。

三、手工业者的生产生活状况

在晚清时期,手工业者的生产生活状况因地区、时段、行业的不同而有所不同,难以一概而论,但工作时间长、工资收入低、劳动条件差则是普遍情形。

1. 工作时间长

晚清时期,手工业者的工作时间普遍较长。"日出而作,日入而息",这是最普遍的情形,加班加点是常有的事情。因为季节的关系,某行业的制品到了求过于供的时候,便加开夜工,但这是要另外支付特定工资的。上海裁缝工行会规定:"夜工与日工不同,夜饭后至三更为一工,其工钱与日工一式,不得增减。"②在四川自流井制盐业,"凿井之工,岁停除日元日;烧盐之工,岁不停日,盖天下之至劳苦者也"③。手工业者终年无休,际遇悲惨。每日长时间工作,仅为养活自己罢了。

由于收入低微,手工业工人的伙食较差,营养不良是普遍的情形。④ "中国工人表现有特出的耐性。例如汉口纱厂的童工,通夜工作,不离开纱厂,仅仅只带有一点稀粥作为粮食。"⑤超长的工时,恶劣的饮食,手工业工人既得不到充分的休息,也得不到充足的营养,导致手工业工人的健康状况十分糟糕。"工人都非常脏,从来不用肥皂,在热天很难闻。他们工作从上午五时至下午

① 熊元彬:《人口变动与云贵高原近代手工业的关联度》,《重庆社会科学》2015 年第 12 期。

② 全汉升:《中国行会制度史》,河南人民出版社 2016 年版,第 122—123 页。

③ 彭泽益编:《中国近代手工业史资料(1840—1949)》第 1 卷,中华书局 1962 年版,第 414 页。

④ 即使是在大城市上海做工的工人伙食也好不到哪里去。"上海纱厂工人们用一个大小完全一样的小圆篮携带他们的饭食,装着半篮冷饭,当中必定是一个小碗,放着几片豆腐、咸鱼或一些别的小菜。"[汪敬虞编:《中国近代工业史资料》第 2 辑(1895—1914)(下册),科学出版社 2016 年版,第 1257 页。]

⑤ 汪敬虞编:《中国近代工业史资料》第 2 辑(1895—1914)(下册),科学出版社 2016 年版,第 1199 页。

六时，每隔一星期才能玩一次。他们看起来都是皮包骨头，而 50 个人里面找不到一个健康的人。”①

2. 劳动条件差

采矿行业的工人的境况十分悲惨，是显而易见的。山东安丘铅矿业，“穷民入洞锤凿，形如鬼魅，所得工食，仅养一身，父母妻孥，仍然冻饿”②。如此辛苦的劳作，冒着生命危险所得的收入仅供个人糊口而已。“（1895 年）建平金矿，工人之苦，终日身蹈危险，井下工作，一如食阳间饭办阴间事，每工能得制钱一百文，欣幸已极。……终身所事，惟高粱、小米，至大米则从未见过。蔬菜则芫荽、辣椒、蒜、韭，至豆腐、粉皮、已为上品，若猪、羊肉须朔望会集方宰，每斤价值大钱二十八文至三十二文”③。在云南的铜矿业，“硐中气候极热，群裸而入，入深苦闷。掘深出泉，水太多，制水车推送而出，谓之拉龙。拉龙之人，身无寸缕，蹲泥淖中如塗塗附，望之似土偶而能运动。硐中虽白昼，非灯火不能明路，直则鱼贯而行，谓之平推。一往一来者，侧身相让。由下而上，谓之钻天，后人之顶接前人之踵。由上而下，谓之钓井，后人之踵接前人之顶，作阶级以便陡降，谓之摆夷楼梯，两人不能并肩，一身之外，锦属土石，非若秦晋之窑，可为宅舍。释氏所称地狱，谅不过是。掘洞至深，为积淋所陷，曰浮硐，攻者不得出，常闷死，或数人，多至数十数百”④。矿井底下工作环境之恶劣，堪称地狱。

各大城市女工集中的丝厂情况同样糟糕。“上海丝厂的疾病集中在缫丝间里。供给沸水的气管，常年保持着高温，在七八月间灼炽的热浪里，这个地方，正如一位外籍经理所说，是一个名符（副）其实的地狱。”⑤“苏州为我国产

① 汪敬虞编：《中国近代工业史资料》第 2 辑（1895—1914）（下册），科学出版社 2016 年版，第 1199 页。

② 彭泽益编：《中国近代手工业史资料（1840—1949）》第 1 卷，中华书局 1962 年版，第 416 页。

③ 汪敬虞编：《中国近代工业史资料》第 2 辑（1895—1914）（下册），科学出版社 2016 年版，第 1256 页。

④ 彭泽益编：《中国近代手工业史资料（1840—1949）》第 1 卷，中华书局 1962 年版，第 415—416 页 .

⑤ 汪敬虞编：《中国近代工业史资料》第 2 辑（1895—1914）（下册），科学出版社 2016 年版，第 1206 页。

丝最多之地，丝厂林立。内中工人大约以十岁至十八岁的女孩为最多，每日工作时间，自十二小时至十四小时。内中以打架的女工年龄最幼，工作最苦，终日将两手泡在热水当中，皮破血流，还在那里继续不停的为生活驱使而工作。每当夏天烈日炎炎似火烧的时候，也正是她们工作最忙的时候，终日薰蒸在炉灶热气之中，而厂中一般监工，为忠实的履行其职务起见，不免有打骂殴伤的事情。”①

晚清时期，工厂的安全事故频发，有的是工厂主不重视安全保障引起的。这一点在采矿业表现得更为触目惊心。如湖南桂阳大凑山银矿业，“既而洞中火，焚死者百余人”②。“（1907 年 7 月 11 日山东潍县）坊子煤井炸药爆发，炸毙西人二人，炸毙华工一百一十人。”③有的则是工人工作的时候没有按照操作规程，不注意安全引起的。这种劳动灾害在采矿行业时有发生。在秦皇岛开平矿务局，“矿上随时都有生命丧亡和矿工受伤之事，但这些情形，大部分是由于中国矿工忽视利用安全设备方面所特具的漠不关心和粗心大意造成的。有一次，一个矿工在升降架台内工作而不使用安全带，以致从离地面六百呎高处跌得粉身碎骨。也有由于不用为防止煤块崩落轧伤工人而设的临时支柱，因此丧失了生命的”④。

在其他行业的工厂做工同样有一定的危险性，工人的人身安全得不到保障。如招收工人较多的纺织业，“上海杨树浦老公茂纱厂，有小工张生林，昨日作工时，偶不经心，忽为机轴轧去一耳，痛极倒地”⑤。武昌织布局，“（光绪二十五年十二月）初五晚间因司火者上煤太多，以致力涨炸裂，轰毙四人”⑥。

---

① 汪敬虞编：《中国近代工业史资料》第 2 辑（1895—1914）（下册），科学出版社 2016 年版，第 1207 页。

② 彭泽益编：《中国近代手工业史资料（1840—1949）》第 1 卷，中华书局 1962 年版，第 416 页。

③ 汪敬虞编：《中国近代工业史资料》第 2 辑（1895—1914）（下册），科学出版社 2016 年版，第 1210 页。

④ 汪敬虞编：《中国近代工业史资料》第 2 辑（1895—1914）（下册），科学出版社 2016 年版，第 1209 页。

⑤ 汪敬虞编：《中国近代工业史资料》第 2 辑（1895—1914）（下册），科学出版社 2016 年版，第 1213 页。

⑥ 汪敬虞编：《中国近代工业史资料》第 2 辑（1895—1914）（下册），科学出版社 2016 年版，第 1214 页。

上海的制锡业,“闻大东门外某锡作率学业者数人围炉熬锡,正在炭烈锡化之时,忽然炉倾锡覆,各人趋避幸未受伤。惟一小徒让之不及,脚背已为锡作所伤。如此赤日行天,炎威可畏,而犹近火作工,亦手艺场中苦境也”①。“本埠新闸桥北,祥森火柴公司,忽于二十八日上午九点钟,药料爆发,机锅炸裂,灾及数里之内。血肉横飞,左近屋宇,皆为震动。厂中有男女雇工二百名左右,断肢零骸,均从烟焰内轰出。附近房屋之窗壁,被震倒者数十幢。一时哭泣呼号,人声鼎沸,真不忍闻睹也。”②从各报纸的记录可以看出安全事故常有发生,工人有性命之虞。

晚清时期,各地关于工人的劳动保护措施并不完善,如在工作当中负伤时,其“工资支给余否,救济与否,乃是雇主的自由”。“上海纺织公司,其劳动者于劳动时有负伤者,除稍给以药价外,亦别无保护法。”③

有的公司的章程明文规定出了事情不管,全由工人个人承受。在清代的煤矿业,这似乎是一种定例。“清代矿厂法,死者主人不问。”④如“(1887年办理湖北兴山县矿务各厂章程第七条)规定:砂丁入洞掘挖,应照各煤厂向例,凭保书下凭据,设有不幸之事,各安天命,不与本局相干”⑤。如是否有抚恤,则取决于地方官员是否干预。前面提及山东潍县坊子煤井爆炸,造成了工人重大伤亡。“华德矿务公司所用工人皆就近招募,每日工资不过三四百文。从前因工殒命并无恤款,自上岁(1904)抚帅与公司议定,凡工人因工殒命,每名发给恤款京钱一百二十千。日前有工人四名因工受伤,先后殒命。由该公司如数发给,内有一名并无亲属,其恤款即由其戚某领去以为殡殓之用云。”⑥

工人在工厂劳动期间,经常挨打是很普遍的现象。外资企业当中,监工可以随意打骂工人。“上海纺纱局之监督者,则常携棒巡视场内,验职工之勤

① 佚名:《工人苦境》,《上海新报》清同治十一年(1872)8月15日,第2版。
② 佚名:《火柴厂炸裂骇闻》,《舆论时事报图画》清宣统元年(1909)4月3日,第2页。
③ 汪敬虞编:《中国近代工业史资料》第2辑(1895—1914)(下册),科学出版社2016年版,第1215页。
④ 彭泽益编:《中国近代手工业史资料(1840—1949)》第1卷,中华书局1962年版,第416页。
⑤ 汪敬虞编:《中国近代工业史资料》第2辑(1895—1914)(下册),科学出版社2016年版,第1216页。
⑥ 佚名:《本省新闻:抚恤矿工》,《山东官报》清光绪三十二年(1906)第1046期,第10页。

惰,若见有怠惰者,即以棒击之。”“(上海各纱厂)各部有组长一人,监督职工的勤惰,随时鞭打,以期加紧工作。……门口有印度巡捕警戒出入。”①“(武昌纺纱厂的监工)只会默然袖手旁观,只会拿一个竹片,看见懒的,就苛毒地殴打。……当地的奖惩办法,与上海大同小异,有笞杖、停工、赔偿、解雇等等之别。”②在这种随时会挨打的工作环境中上班,可想而知的是,工人毫无尊严可言。

3. 工资收入低

即使工人上班时间长达12个小时至14个小时,每日所领的工资并不高。手工行业支付从业人员的工资,因各行业性质的不同,工资遂有多少及支付办法的差异。晚清时期,“普通规定每天工资若干,但裁缝匠行规说:在店中做者,论件数,不论工数。又,在同行中,因为个人技术有巧有拙,从而制品亦分出优劣来,故工资不能没有等级。上海金银玉工行规规定,我业精工妙手每天工银三百文为限,次者二百余文、一百余文,择期好歹而定工价”③。

表8-2　1905年汉口各工厂的工资水平

工厂类别	每日工资
纺纱局	0.27—0.28元
织布局	0.32—0.33元
砖茶制造局	0.2元
缫丝局	0.05—0.25元
蛋厂(女工)	0.15元
牛皮厂晒皮工	0.2元
牛皮厂漆皮工	0.2元

资料来源:见汪敬虞编《中国近代工业史资料》第2辑(1895—1914)(下册),科学出版社2016年版,第1226页。

① 汪敬虞编:《中国近代工业史资料》第2辑(1895—1914)(下册),科学出版社2016年版,第1216页。

② 汪敬虞编:《中国近代工业史资料》第2辑(1895—1914)(下册),科学出版社2016年版,第1217页。

③ 全汉升:《中国行会制度史》,河南人民出版社2016年版,第122页。

表 8-3 1905 年上海纺织工人的工资水平

16 支以上的细纱女工	上等	0. 3—0. 4 元
16 支以上的细纱女工	下等	0. 15—0. 18 元
整理女工	上等	0. 28—0. 3 元
整理女工	下等	0. 1—0. 15 元
机器师(月薪)		40—50 元
火夫(月薪)		10—20 元
打包、选棉、混棉男工	上等	0. 35—0. 4 元
打包、选棉、混棉男工	下等	0. 1—0. 25 元

资料来源:见汪敬虞编《中国近代工业史资料》第 2 辑(1895—1914)(下册),科学出版社 2016 年版,第 1227 页。

上海和武汉是这一时期工厂较为集中的城市。可以看出,各行各业工人所得的收入普遍不高,难以维持个人和家庭的温饱。与近代工厂的工人相比,各地手工业者的收入更加低微,这是毋庸置疑的。采矿行业多为就近招收农民做工,低廉的工资吸引了衣食无着的人群。“(1903 年)中国产矿附近,居民大抵穷无谋食者居多,故开矿工价必廉。且华民向习于勤俭,每月工价每人仅五、六元,至多亦不过十元而止。”①1910 年,其绢绸织物工人“其劳动时间,美国系八时至十时间。法、意诸国系九时至十二时间,中国及日本系十时至十四时间。由此观之,美国工人劳动最少,所得最多,中国工人劳动最多,所得最少。中外生活之悬殊,一至于斯,良可慨也。”②

男工的工资低,女工和童工的工资更低。“不仅如此,中国工业中的女工和童工,他们所得的工资,实际远远低于一般工资的水平。当时女工工资一般比男工低 12%至 25%,甚至于一半以上。至于童工,一天的工资,有的只有七八分,有的完全没有工资。女工和童工的使用,扩充了劳动后备军的数量,

① 汪敬虞编:《中国近代工业史资料》第 2 辑(1895—1914)(下册),科学出版社 2016 年版,第 1233 页。

② 汪敬虞编:《中国近代工业史资料》第 2 辑(1895—1914)(下册),科学出版社 2016 年版,第 1231 页。

又回过头来起着降低一般工资水平的作用。”①

劳工的贫困化，是一个普遍的不争的事实，近代苏南各城市是这样，其他城市也是如此。个中原因，固然与资方剥削的沉重有关，但一个不容忽视的原因，是民工潮对劳动力市场的冲击。大量农民工在劳动力市场上聚集，供过于求，“该会怎样在产业工人雇佣条件上发生不利的影响，那是非常明显的”。资方想方设法压低雇用条件，无非是多作工，少拿钱。甲倘是不接受他的条件，他就去找乙。反正工人多呢！农民工打工谋生，也顾不得工厂的苛求，完全忍气吞声接受他的条件。不仅如此，工资待遇难期改善，因为“超过资本在经营上的平均需要的、待雇的雇佣劳动者……是把工资抑制在合乎资本家需要的低水平上的调节器”。工资增长的幅度远远赶不上生活费用的上涨，农民工为保住既得“饭碗”，也不敢有过高要求，“因为，在职工人本身将感到千百万能力和他们一样强的廉价工人群众的压力”，“稍稍增加工资，他们便不辞任何沉重和过度的劳动。各公司抓住这个关键，用很少的钱把这些可怜的民众驱入很沉重的劳役中去，而这些民众总是忍受辛苦没有丝毫厌倦。又，如果有一个人解雇，则有很多候补者集到门口来，立刻可以补足缺额”。所有这一切，使农民工深陷贫困泥潭难以自拔，“尤其是所谓‘苦力’，这种最下层的中国劳动者，其生活状态，离禽兽之域并不甚远”。②

为什么工人待遇如此悲惨，还有人趋之若鹜想寻求工作呢？主要原因在于经济落后，潜在失业人口众多，就业市场上竞争激烈。由于工人的可替代性，资本家往往乘机压价，工人工资越发低廉。“中国工人伙多，有用之不竭之势。所得区区工价，实非美国工人所能自给。上海如此，他处尤为便宜，盖该口工价已较内地丰厚。致远方男女来谋食者日繁有徒，虽离家不计也。”③

以重庆火柴厂为例，“火柴盒则由女工和童工或在工厂或在家里糊制，每

---

① 汪敬虞编：《中国近代工业史资料》第2辑（1895—1914）（上册），科学出版社2016年版，第44页。

② 池子华：《农民工与近代中国“城市病”综合症——以苏南为中心的考察》，《徐州师范大学学报（哲学社会科学版）》2011年第2期。

③ 李文治编：《中国近代农业史资料》第1辑（1840—1911），科学出版社2016年版，第921页。

制盒百个付工价四十文。女工糊制火柴盒,平均每人每天可得钱六十文。这对于一个中国普通工人的家庭,也算是一项不小的额外收入了”①。糊制火柴盒毫无技术性可言,妇女儿童皆可从事此项工作,而且火柴盒还可以在家里糊制,能同时兼顾家务。因此,找到这样一份能养家糊口的工作尤为重要,即使资方再三压低工资,仍会有人愿意从事这份工作。

第三节　城镇手工业者的分化

从世界范围来看,手工业者的分化,行会手工业的瓦解,来源于各种资本主义生产方式对它的冲击和解构。其中机器大工业和工场手工业的作用,从经典作家到一般研究者,已经一再地加以论述,这固然值得注意,但是,商业资本对手工业生产领域的渗透和商人包买主式经营对行会手工业的侵蚀,却往往容易为人们所忽视。实际上,特别是在晚清时代的中国,商业资本对手工业生产过程的渗透和控制,对于手工业者的分化、行会手工业的解体、新型手工业的产生,以及某些手工业的转型来说,可能更是起到了潜移默化、釜底抽薪的作用,应当格外引起我们的重视。②

一、商业资本对手工业生产的渗透和控制

在欧洲,随着资本主义的发展,中世纪的行会手工业逐渐崩坏。这并不一定是近代大机器工业发展造成的结果。法国、意大利、西班牙、比利时等国家,都是在大机器工业尚未出现或者几乎没有多少发展的时候,资本主义的家庭劳动和工场手工业就已经使得手工业者发生两极分化,行会手工业地位随之崩溃,行会制度遭到废除。那些由行会制度限制和保护之下解脱出来的手工业者,后来往往在与机器工业的竞争中败北,在这一过程中,其原来具有的独立生产者的身份随之发生变化,大多数转变成为资本主义手工工场或机

① 孙毓棠编:《中国近代工业史资料》第1辑(1840—1895)(下册),科学出版社2016年版,第1207页。

② 王翔:《近代中国手工业行会的演变》,《历史研究》1998年第4期。

器工厂里的雇佣劳动者。[①] 与西方国家的手工业者和手工业行会相比,晚清时代中国的手工业者和行会手工业的命运并不完全一致,但在导致其衰落的原因上,两者却有相似之处。

晚清时代中国手工业者的分化和行会手工业的解体,商业资本的侵蚀无疑是一个主要因素,包买主制经营则显然是一个必经阶段。在近代中国各地的有关记载中,这样的实例可以说是俯拾皆是。

江苏省江阴县出产各种竹器工艺品,其中的竹器雕刻非常有名。“完成一件竹雕往往需要数周乃至数月的时间,制作方法是世代相传的。行业的分工非常严格,从事竹雕的工匠不会做画师。全部的生产由五家店铺控制着,城内及近郊的竹器工匠或在店铺内或在店铺外为其进行生产。”[②]

福州的木器雕刻业工匠,“自己购入所需的木材,在自己家中从事生产,但却是完全根据商人的订货来进行的。学徒期长达五年,因为该行业被认为需要极其熟练的技术。全市工匠人数在 300—400 人之间,商人数目则为 30—40 人”[③]。清末民初时,福州从事木器雕刻业的店铺有百余家,多为手工业与商业的结合体。北京的漆雕业,工作分为上漆和雕刻两部分,“纯为手艺工业”。经营店铺称为“漆雕局”,各局除雇工在局内劳动外,亦将原料承包给局外工人在家制造。[④]

北京地毯业和线毯业的情况很是典型。晚清时地毯作坊大多依靠商行的订货维持生产。各家地毯行都控制着多少不等的地毯作坊,多者甚至有 30 多家作坊专门为之做订货。地毯行所用纱线,均系将棉花发包河北农村妇女代纺;线毯织成后,结穗工作又交给行外家庭女工担任,结成一打给予工钱铜元 20 文。[⑤] 地毯行不仅供给手工业者一切制造地毯的原料,甚至提供米、面、茶、盐等生活资料,所以即使它任意压低价格,小作坊也不敢与之计较。这可

① 樊亢等:《外国经济史》第 2 册,人民出版社 1982 年版。

② *Chinese Economic Bulletin*, No. 200, 1924, P. 2.

③ *Chinese Economic Bulletin*, No. 23, 1928, P. 292.

④ 彭泽益:《近代中国工业资本主义经济中的工场手工业》,《近代史研究》1984 年第 1 期。

⑤ 《北京信成织毯工厂之近况》,转引自彭泽益编《中国近代手工业史资料》第 3 卷,生活·读书·新知三联书店 1961 年版,第 241 页。

以说是一种以提供原料和消费品而取得制成品的形式，使手工劳动者成为商业资本的附属物。另一种方式是有些商行提供给小作坊经营资本，并包办产品的出售，随时派人监督生产情况，其余概不过问。这可以说是以供给资金或放出货款而取得商品的形式，在某种意义上是包买商与高利贷结为一体。无论何种形式，小作坊都只不过是代做手工而已，商行对之“工作情形及待遇、工徒等事，毫不负改良的责任”①，只是在旧有生产方式的基础上，占有手工劳动者的剩余价值。

成衣业采用机器生产比较迟缓，基本上保留着各种传统生产关系和经营习惯，然而，即便如此，也已经越来越多地感受到了商业资本的影响。成衣业的裁缝师傅一般拥有与裁缝铺规模相当的帮工和徒弟，师傅既是雇主，本人也从事劳动。华北、华中、华南的情况大致相同，揽活的方式主要有三种：一是裁缝铺经常与一些有钱人家联系，上门取活来做；二是承接来店内裁制衣服的顾客的生意；三是为绸布店的顾客加工，在这种场合，成衣店并不与顾客发生直接联系，而是接受绸布店的定货，实际上成为绸布店的加工作坊。②

这种情况，与制作家具的木匠行差相仿佛。木匠除了做一些修修补补的工作之外，还“经常接受家具店的定货，时常可以看到富有的家具商人供给手工业者木材原料，让其为之生产的情形”③。当时的上海，出现了几家雇工经营的家具制作工场，其中的老板多为家具商人，仍然采取一些行会手工业惯用的做法，“雇佣手工工匠，支付他们工资，还供给他们食宿”④。

福州的制鞋手工业行会，曾经由于当地妇女在家里为人加工鞋帮而大起恐慌。其实这并非福州一时一地的情况，在其他地区制鞋业中也已司空见惯。“上海的制鞋工场只在工场内制作鞋子的若干部分，其余部分都以资本主义家庭劳动的方式进行生产。”⑤很多制鞋作坊都依靠承接鞋店的定货来维

---

① 彭泽益：《民国时期北京的手工业和工商同业公会》，《中国经济史研究》1990年第1期。

② *Chinese Economic Bulletin*, No. 12, 1928, P. 237；又见北京市总工会《旧北京缝纫工人情况调查》，1961年，油印本。

③ *Chinese Economic Bulletin*, No. 3, 1928, P. 30.

④ *Chinese Economic Bulletin*, No. 17, 1928, P. 215.

⑤ *Chinese Economic Journal*, No. 8, 1927, P. 719.

持营业。北京制鞋业中有一种所谓的“卖活作坊”,本身没有门市,专为鞋店加工,它除了需要一两间房屋和一些简单的制鞋工具外,不再需要别的什么本钱和设备,所以家数很多,远远超过那种在大街小巷开一间门面,为顾客加工、修配布鞋的所谓“门活屋子”。那些前店后坊式的鞋铺,多是商店的附设作坊,在这里进行拉骨子、粘鞋面、打鞋里、套配、排鞋、切底和制作底坯等工序,其他需要较多劳动力的工序,如纳鞋底、绱鞋、缝脸、缉鞋口等,则以个体劳动者的家庭劳动代为加工。[①] 在制鞋业中,虽然根据以往行会习惯行事的情况仍屡屡可见,但是从总的方面来看,它们已经受到了商业资本的支配。

制伞手工业的情况也差相仿佛。晚清时期,各地有许多制伞手工作坊,其生产过程分为不同的工序,有制作伞柄的,有裁纸裁布的,有上油涂胶的,有制作金属部件的,最后再将各部分组装起来。“这些伞的全部或者至少绝大部分,通常都是接受大商行的订货,而在各家场坊里分别进行生产的。”[②]

美国学者罗·威廉(William T. Rowe)对晚清时期汉口茶业资本进行研究,结论是自1861年汉口开埠以后,茶庄的活动显示出商业资本直接介入生产过程的迹象,迈出了从简单的商品流通经济向工业资本主义转变的重要一步。[③]

在当时俨然一大行业的金箔业中,这样的现象也比比皆是。金箔的制作一般分为8道工序,其中5道工序在作坊内完成,还有3道工序则在家内完成。上海的锡箔业盛极一时,据说有30家店铺掌握着锡箔原料的发放和成品的买卖,700余家作坊从事锡箔的制作,而邻近城镇中为其从事家庭劳动的妇女则有数千人之多。[④] 在杭州,“金箔作坊约雇有工人4000名,而从事相关家内劳动的妇女则多达数万”[⑤]。

在有些手工行业里,仍有相当多的生产过程受到传统行会制度的强烈影

---

① 北京市总工会编:《旧北京鞋业工人的处境及其斗争的调查报告》,1961年5月,油印本。

② *Chinese Economic Bulletin*, No. 17, 1928, P. 215.

③ William T. Rowe, *HANKOU*: *Commerce and Society in a Chinese City*, 1796-1889, Stanford University Press, 1984, P. 134.

④ *Chinese Economic Bulletin*, No. 286, 1928, P. 92.

⑤ *Chinese Economic Bulletin*, No. 286, 1928, P. 92.

响,但即使在这样的手工行业中,也不能说行会制度仍然完整保持着它的固有形态。制扇业就是一个很好的例子。制扇是中国的一项重要传统手工业,晚清时期续有发展,乃至成为对外贸易之重要商品,1892 年输出 1100 万把,1901 年输出 4000 万把,1924 年输出竟然达 9000 万把之多,而国内消费量估计还要比输出量多出数倍。[①] 制扇手工业在国内分布广泛,杭州、苏州、福州、上海、南京等地都有。"制扇过程分为五个部分:一是由竹木加工成扇骨或扇柄;二是制作扇面;三是竹木部分的装配;四是扇面的刻画——如果有此需要的话;五是最后的组装。在制扇手工业普及地区的城市和乡村中,行会手工业者习惯上均将上述分业权力视为维持生计之大事。但是,如果有任何人想使一定数量的手工业者从属于自己来尝试进行某一部分生产的话,恐怕亦不会引起什么骚动。"[②]当时,在大多数的情况下,制扇所需要的纸、竹、木等原材料,都是由商人控制并提供给手工业者的,"扇面多由刺绣的布做成,这种刺绣也是由家内劳动完成的"[③]。相当多制扇手工作坊和个体劳动者,其原料由商人供给,而且依靠这些商人所付给的订金,才能使生产得以进行。在另一种情况下,则是制扇手工业者的产品由批发商或零售商包买,在一些都市的近郊,各户农家制作的扇子都由代理商收买,汇集后运销他处,农户本身已经不再与市场发生联系,在本质上也已经与被商业资本所支配的雇佣工人没有太大的差别。

商业资本在棉织手工业和丝织手工业生产领域的扩展以及对传统手工业的改造,尤其值得重视。土布业中的纱布店,将放纱与收布结合起来,成为土布生产中至关重要的包买主。河北定县的 1.3 万家织户依赖 45 家纱布店,在清末民初土布生产兴盛时期,每年由这些纱布店贩运出去的土布多达 460 万匹。宝坻县和高阳县织布机总数的一半以上,也是在当地纱布店的控制下从事生产的。[④] 这些纱布店控制了当地绝大部分的土布生产,进而在全

---

① 《中国行会手工业的运命》,《满铁调查月报》第 13 卷第 8 号,昭和八年(1933)8 月,第 216 页。

② *Chinese Economic Monthly*, No. 1, 1924, P. 3.

③ *Chinese Economic Monthly*, No. 1, 1924, P. 3.

④ 严中平:《中国棉纺织史稿》,科学出版社 1955 年版,第 287—296 页。

国各地商埠设立分号，组成了庞大的销售网络，大量土布经由布商之手贩运到其他省市，在省内销售的土布，也多经由布商之手。① "这些布商不但运销布匹，而且以供应棉纱的方式控制机户"②。浙江省海宁县的硖石镇，9 家商号控制着 2 万台布机，年产土布 320 万匹。③ 江苏省南通城内，尽管有大生纱厂的创办，经营土布的包买商人仍然十分活跃，有 150 多家纱布店负责供应当地织户所需的棉纱，并收集和贩卖当地出产的棉布。④ 清末民初，南通每年仅收集推销至东北地区的"关庄布"就在 10 万件以上，有许多年份曾经达到 15 万件之多。⑤

二、"账房"制经营的泛化

清代前期的江南丝织业中，出现了"账房"制经营形态，表现为商业资本渗入丝织生产过程，控制丝织手工业者，原先的独立小生产者蜕变为实际上的雇佣工人，即"账房放料，机工代织"。雍正十二年（1734）的《长洲县永禁纱缎机匠叫歇碑》中提道："苏州机户，类多雇人工织。机户出资经营，机匠计工受值，原属相需，各无异议。……至于工价，按件而计，视货物之高下，人工之巧拙为增减，铺匠相安。"⑥道光二年（1822）的《元和县严禁机匠借端生事倡众停工碑》中，反映了当时的雇织形式："民间各机户，将经丝交给机匠工织"，"各乡匠揽织机只，概向机房殿书立承揽，交户收执。揽机之后，各宜安分工作，克勤克俭，计工受值，不得将货具经纬，私行侵蚀，以及硬撮工钱，借

① 可资参照的是，1915 年，高阳布商在 4 个省份设立了 47 家分号，到 20 年代后期已经拥有 304 家分号，散布于 19 个省份的 60 多个城市里。即使在高阳土布业生产不景气的 1933 年，这些纱布店仍然在 14 个省份的 76 个城市里设有分号。20 世纪 30 年代，河北全省 89 个县共生产土布 2570 万匹，其中 89%是经由布商之手贩运到其他省市的，剩下的 11%也有相当一部分由布商在省内销售。（赵冈、陈仲毅：《中国棉业史》，台北联经出版事业公司 1983 年版，第 225—226 页。）

② 赵冈、陈仲毅：《中国棉业史》，台北联经出版事业公司 1983 年版，第 228 页。

③ 赵冈、陈仲毅：《中国棉业史》，台北联经出版事业公司 1987 年第 2 次印行，第 225—228 页。

④ 严中平：《中国棉纺织史稿》，科学出版社 1955 年版，第 279 页。

⑤ 林举百：《近代南通土布史》，南京大学学报编辑部，1984 年。

⑥ 苏州历史博物馆等合编：《明清苏州工商业碑刻集》，江苏人民出版社 1981 年版，第 15 页。

词倡众停工”。[①] 碑文中所谓“机户出资经营,机匠计工受值”“书立承揽”“揽织机只”等,正是“账房”制经营特点的表现。

鸦片战争后以迄清朝末年,江南丝织业“账房”的经营方式与过去大致相同。光绪二十二年(1896),两江总督刘坤一在征收苏州丝织业机捐的奏折中说:“凡贾人自置经纬,发交机户领织,谓之‘账房’。”[②]刘锦藻在《清朝续文献通考》中说:

> 在丝织业发达之区,人民于家中置木机从事织造,普通多称“机房”,有自织、代织之分。代人织者,原料由人供给。此种雇主,江浙等处称为“账房”,皆饶有资本之绸商。各埠有代彼趸卖之店,名为“分庄”。惟总店则皆称“账房”,而不称总庄。南京等处之规模较大者,称为“大账房”。[③]

这种现象也引起了来华外国人的注意。甲午战争后,日人山内英太郎奉命来华调查染织业情况,所著《清朝染织业考察上报书》中描述了“账房”经营丝织生产的过程:江南一带的丝织生产,“多数是开设专营这一业务的店铺来负责其事的”,它们“向丝行进货,将丝交料房(打线作坊)捻线(摇经),再送染坊染色,然后由络丝工再络,雇牵经工到店内牵经,最后连同纬丝交机房织绸。……有时也按照行庄的订货要求加工。这就是一般的程序”[④]。1900年,日本人对江南丝绸业的调查材料记载:“所谓‘现卖’,为自己购入织丝,自己从事丝织;所谓‘账房’,虽购入织丝,却并不自营机织,而是使他人织造。”[⑤]英国领事的商务报告也记述了江浙地区丝织业的生产经营形态:

> 在南京,没有资本的机户只有从事代织。如果他没有一部织机,他

① 苏州历史博物馆等合编:《明清苏州工商业碑刻集》,江苏人民出版社1981年版,第25页。
② 《刘坤一遗集》,《奏疏》卷26第2册,第939页。
③ 刘锦藻:《清朝续文献通考》卷385《实业八》,商务印书馆1935年版,第11329页。
④ 山内英太郎:『清国染织业考察复命书』,1899年。
⑤ 《苏州市情一月通商汇纂》,《东西商报》1900年,商六十七,第3—4页。

> 就受雇于上述某一机房,除伙食以外,按他所织每匹缎子的重量,得工资七角五分至三元五角。自有一部织机,但无自备原料所需资金的机户,则依靠所谓“账房”。这些“账房”供给他们生丝并支付摇丝、加染及开办的费用。①

这种“账房”制经营在江南各地丝织业中都很盛行,在有些城市甚至成为主导性的丝织业生产经营形态。著名的丝绸产地南京,鸦片战争以后,“账房”生产经营方式发展到了鼎盛,“金陵商贾,以缎业为大宗……开机之家,谓之‘账房’。机户领织,谓之‘代料’。织成送缎,主人校其良楛,谓之‘雠货’”②。

调查资料显示,晚清时南京丝织业中之“账房”,又被称为“号家”。“南京丝织业的生产组织中,商业资本家是占着控制的地位。这种商业资本家即是一般所谓的‘号家’。号家利用资本自己购买原料、织机,雇用工人进行生产,同时又在通商大邑设立缎号,销售成品。这样,商业资本家就独占了产销的全部利润。清代末年,‘号家’在丝织业的生产总额上是占着绝对的优势。”③与之相对,接受“账房”(号家)所发丝经,为“账房”代织缎匹的小机户(机工)则“无甚资本,往往恃账房为生”。“账房”与“机工”“层层相固,互相关连,故观绸缎业之盛衰,即可定其余有关系各业之兴替也”。④

光绪年间,南京的丝织业“账房”数达“百余家”。⑤ 确切于史可稽的较大“账房”就有44家,其中控制织机500—600台者3家,300—400台者13家,100—200台者9家,50—100台者3家,20—50台者6家,5—20台者10家,

① *Decennial Reports*, *1892-1901*, Vol. Ⅰ, P. 429.

② 陈作霖:《凤麓小志》,《记机业第七》卷3,第2页。按:此书成于光绪二十五年(1899),初刻于成书当年。

③ 南京博物院民族组:《清末南京丝织业的初步调查》,《近代史资料》1958年第2期。

④ 《南京丝业近闻》,《中外经济周刊》,第82号,1924年10月4日,第38—39页。

⑤ 光绪三十四年(1908),南京官厅禁止染丝工人在“内河漂洗”丝经,引起染工不满,有“倡议一律停工者”。于是百余户“号家”就联合起来,苦口劝告染工“不得率尔停工”。(参见《漂洗丝经纠纷碑》,南京博物院民族组《清末南京丝织业的初步调查》,《近代史资料》1958年第2期。)

总计控制的织机台数约为 8129 台，雇工人数约为 8241 人。[①] 与这种情况相一致，南京丝织手工业者中“亦有纯为作工，家虽有机，代人织造，只得工资，均在家庭工作，可谓之家庭工艺”[②]。

不难看出，南京丝织业“机户是可以随意在劳动市场上雇到自己需要的劳动力的”。据调查，“机工分作临时工和长工两种。临时工做一天算一天，没有什么手续。长工受雇以后，可以向‘机户’支用少量的钱，叫做‘押账’。以后，若果‘工人回资方，押账照还’，‘资方回工人，不退押账’。雇用临时工是有季节性的，机工的话是这样说：‘腌菜下了缸，找工打灯笼’，意思是说初冬以后，就找临时工人，白天黑夜织。不论长工或临时工，都是按件计算工资：锦缎每件 0.7—1.3 元，建绒每件 1200—1900 文，素缎每件 1800 文”[③]。

鸦片战争以前未见有采取“账房”制经营方式记载的镇江，鸦片战争后也出现了不少丝织业“账房”，当地俗称“号家”。“其原料购自江北及浙江、安徽、湖北、山东等省，由资本家设立绸号，广收丝经，散交各机户，计货受值，与南京之缎业相同”[④]。《清稗类钞》记载：“江绸为镇江出产之大宗，往年行销于北省及欧美、日本者，岁入数百万。开行号者 10 余家，向由号家散放丝经给予机户，按绸匹计工资。赖织机为生活者数千口。”[⑤]见诸史乘的镇江绸号，有陶聚茂、毛凤记、陈恒泰、蔡协记、裕康祥、曹森茂、李明记、马振记、郭义记等 10 余家，尤以前 4 家为大。[⑥] 据时人调查，这些绸号“共有织机二千余张，每年每机工作十月，共可出货十二万余匹，价值银二百余万两”。出品质量虽“远不如浙、宁之精，而定价低廉，故销路颇复不恶。其售诸内地者，谓之‘江

① 南京博物院民族组：《清末南京丝织业的初步调查》，《近代史资料》1958 年第 2 期，《清末南京丝织业“账房”规模、织机数量和雇工人数表》。按：表中的“雇工人数”实际应为“账房”控制的织机台数，而显然不是“账房”直接雇用的全部劳动者。因为在“放料代织”的形式下，纱缎的织造需要织造、挽花、帮机三者分工合作，前期还须摇丝、掉经等工人的配合，为“账房”代织的雇佣劳动者人数应大大高于表中的数字。因此，“雇工人数”并非“账房”支配的全部雇佣劳动者，而只表示其控制的织机台数。

② 国民政府商部技术厅编：《首都丝织业调查》，南京中华印刷公司印行，1930 年，第 41 页。

③ 南京博物院民族组：《清末南京丝织业的初步调查》，《近代史资料》1958 年第 2 期。

④ 《江苏省实业行政考察报告书 · 丹徒县》，1919 年，第 31 页。

⑤ 徐珂：《清稗类钞 · 农商类》，民国五年序，台湾商务印书馆 1966 年。

⑥ 此据《镇江市志》（纺织工业 · 丝绸篇）、《镇江蚕桑丝绸史料专辑》、《京江报》等记载列举。

绸’,销额以汉口、长沙为最巨,营口、哈尔滨等处次之”①。

毗邻镇江的丹阳县,“该县之工业,以织绸为大宗。机户散在四乡,而以北乡为尤多,合境有机二千张左右,其常川工作者,约居十之四五。乡人制成之品,均系投行,由行向各庄分售,再由各庄自行炼染,转销各省……惟机户原料均须自备。民国以前恒向丝行赊贷,售货之后,再行归偿,而抬价居奇,种种受挟,均所不免”②。这里反映的大致也是商业资本渗入生产过程的情况,在鸦片战争后至少已经到达生产资料前贷的阶段,也就是说,丝行与织绸出售后抵偿债务的机户之间的关系,实际上已经是贷给生产资金的包买商与被他所控制的小生产者之间的关系了。在小生产所有制瓦解、资本主义生产方式形成的过程中,小生产者自有原料的被剥夺,是小生产所有制发生重大变化的关键环节,只要再向前一小步,就会变成商业资本购买生产原料,“并让它留在织工手里,直到织成织物为止”,从而使自己成为“超过他原来的商业利润之上的剩余价值的占有者”,即成为一个采用资本主义生产方式剥削雇佣工人的包买商。③ 当地丝行所显示出的切断丝织小生产者与原料市场联系的能力,表明其正在由商业资本向更高层次的产业资本转化的趋势。正是因为如此,丹阳丝绸业者才会对“资本家放料,机户代织,计件论值,无力买丝者不费一钱,而手工所入足以自活”的“江宁缎业之习惯”羡慕备至,认为如此这般“困难既除,推广较易,办法极为完善,足资仿效”。④

在苏州,保留下来的有关晚清丝织业“账房”的史料尤多。“其所谓‘账房’者,贮藏织丝,自家不营机工,命他人随意制造织物”。1899 年,“‘账房’大者有一百余户(资本十万元以上),中者有五百余户(资本一万元以上),小者六百余户(资本二三千元)……”⑤其时,苏州“从事机织者二万人,拈绹织丝、再缫生丝(即从事扳经、拍丝者)二万人,缫竖横织丝(即调经、掉纬者)三

① 《江苏省实业行政考察报告书·丹徒县》,1919 年,第 31 页。
② 《江苏省实业行政考察报告书·丹阳县》,1919 年,第 39 页。
③ 马克思:《资本论》第 3 卷,中国经济出版社 2001 年版,第 1025 页。
④ 《江苏省实业视察报告书·丹阳县》,1919 年,第 39 页。
⑤ 「蘇州市情·譯東一月通商匯纂」,『東西商報』1900 年,商六十七,第 3—4 页。

万人，其余经行、丝行、染坊、练绢坊、制机具工各种分业者，亦二万余人，而'账房'里头亦一万人"①。

苏州丝织业云锦公所的文件记载：

> 逊清同(治)、光(绪)、宣(统)年间，纱缎业之营业状况，可称鼎盛时期。苏地造织纱缎各货品，纯粹出自人力手工，因是机工造织场所，均皆向承揽定之庄(即"账房")取料包工，在家织造成匹，交送"账房"之惯习，致机工散分，附郭四乡者为多，竟有距城五六十里不等。然在苏城内织造者，亦达四成以上。其时(光绪二十年)机额总数约达有一万五千座，而苏府属工商各业，附带赖造织业以安生者，何止数十万人。而货品推销，亦是兴盛一时，竟畅销全中国各省地区外，并推及朝鲜暨南洋诸埠，兴盛不替。②

成书于1933年，记事断至1911年的《吴县志》记载："各'账房'除自行设机督织外，大都以经纬交与织工，各就织工居处，雇匠织造，谓之'机户'。此等机户，约近千数，机匠约有三四千人，亦散处东北半城。娄、齐二门附郭乡镇，如唯亭、蠡口，亦间有之。女工摇丝，俗谓之'调经娘'，嫠妇贫女，比户为之，资以度日者众焉。"③20世纪初年的一份苏州丝织业档案写道：

> 吾苏实业以机织为大宗，缎商机工，同源异流，即商工之中，亦营业性质虽同，而局面范围各异，向分数种名目，约举大纲：例如具有资本巨商，购储丝经，散发机工承揽包织成货者，为缎庄，俗名"账房"；小本经济，购备丝经自织，或雇工帮织，兼织缎庄定货者，为现卖机户，俗名"小机户"；至并不自备原料，仅向账房领取丝经承揽，以及并不能直接向账

---

① 「蘇州市情・譯東一月通商匯纂」,『東西商報』1900年，商六十七，第3—4页。

② 《云锦公所各要总目补记》，苏州市档案馆藏。

③ 曹允源等纂：《吴县志》卷51《舆地考・物产》，1933年铅印本。

房承揽,而间接佣织计工受值者,均为机匠。[1]

1913年5月,江苏省实业司曾对晚清时苏州丝织业"账房"的经营情况做过调查。据载,"经营此项纱缎业者,谓之'账房',计五十七所,散设东北半城"[2]。详见表8-4。

表8-4 晚清苏州纱缎业"账房"开业及经营情况

开设年代	牌号名称	业主姓名	工徒人数	产量(匹)	产值(元)
1702(康熙四十一年)	石恒茂英记	石增燦	170	630	21000
1767(乾隆三十二年)	李宏兴福记	李文锺	150	540	17550
1768(乾隆三十三年)	李宏兴禄记	李文模	400	1638	49591
1792(乾隆五十七年)	李宏兴星记	李文彬	350	1400	50000
1793(乾隆五十八年)	杭恒富禄记	杭祖良	200	720	23400
1793	沈常泰	沈玉麟	100	660	8976
1793	李宏兴祥记	李宗郷	120	450	14625
1793	朱仪和	朱钧标	50	180	5616
1802(嘉庆七年)	李启泰	李松轩	150	540	17280
1810(嘉庆十五年)	张义仁凤记	张韶灏	100	450	13400
1837(道光十七年)	赵庆记	赵日昇	50	164	3570
1845(道光二十五年)	曹万丰载记	曹和煦	300	730	28600
1856(咸丰六年)	吴新盛凤记	吴镛吉	125	450	14625
1861(咸丰十一年)	夏庆记怡号	夏鸿祥	260	870 彩花被面72床	30210
1861	夏庆记怡号	夏逢澍	200	660 彩花被面72床	23408
1864(同治三年)	许万泰桂记	徐世澍	51	204	6262

① 《文锦公所代表王庆寿、严鸿魁、李桢祥呈苏州商务总会函》(民国7年8月10日),苏州市档案馆藏。

② 曹允源等纂:《吴县志》卷51《舆地考·物产》,1933年铅印本。

续表 1

开设年代	牌号名称	业主姓名	工徒人数	产量(匹)	产值(元)
1864	王瑞润	朱受禧	200	720	23400
1867(同治六年)	永兴泰文记	谢守祥	125	440	14735
1870(同治九年)	李永泰春记	李子潮	30	180	2470
1874(同治十三年)	朱隆昌义记	朱德澂	100	360	11232
1874	王恒源	王庆藧	100	360	11232
1874	同泰怡	吴勤澍	100	360	11700
1878(光绪四年)	永兴泰庆记	王文经	50	180	5850
1884(光绪十年)	谈永春	谈　鋆	40	144	4493
1886(光绪十二年)	裕丰仁正记	汪香生	300	1620	28440
1890(光绪十六年)	康泰丰	孙蓉泉	170	550	21090
1892(光绪十八年)	胡瑞丰	吴兆霖	75	270	8370
1893(光绪十九年)	德隆丰	俞天业	150	540	17550
1893	生源	郎沁源	50	180	5850
1893	邹益昌	邹梅卿	100	350	10940
1895(光绪二十一年)	洽兴昌	石芙卿	165	594	18934
1896(光绪二十二年)	永裕	朱砚如	200	720	22464
1897(光绪二十三年)	裕丰仁泰记	黄如莱	335	1772	35361
1897	元成祥	石增奎	100	360	11700
1898(光绪二十四年)	上九坎	陶　臬	100	360	12056
1899(光绪二十五年)	宏康福	顾庆安	150	430	22100
1899	毛荣记	毛吟石	25	90	2808
1902(光绪二十八年)	永兴洽	管尚谦	600	3960	54661
1902	王义丰和记	王兆祥	375	1454	29056
1902	瑞隆信	盛大钧	150	540	17550
1903(光绪二十九年)	同泰恒	朱春泉	25	75	2250
1903	源丰	王熙生	50	180	5700
1903	鸿裕兴	宋鸿范	100	360	11700

续表 2

开设年代	牌号名称	业主姓名	工徒人数	产量(匹)	产值(元)
1903	瑞兴泰	王庆寿	25	90	2808
1903	致成春仁记	詹致仁	50	180	5850
1904(光绪三十年)	九康福	徐怡卿	75	285	8400
1906(光绪三十二年)	锦仑	吴兆祺	50	170	5716
1906	福兴和	张祐之	190	684	25256
1906	永丰仁	宋衡夫	40	144	4320
1907(光绪三十三年)	万兴	倪蔼人	100	380	11700
1908(光绪三十四年)	安福祥	孙维雷	75	270	8765
1909(宣统一年)	春源发	夏鸿祥	75	270	8750
1910(宣统二年)	鸿兴庆	盛务原	50	180	5769
1910	大丰祥	钱滋文	40	144	4900
1911(宣统三年)	赵庆记	赵日昇	90	400	12900
1911	陶骏裕	陶　臬	50	180	5832
1912(民国元年)	广丰吟	潘诵诗	30	108	3500
共计	57 家		7681	30920 被面 144 床	866271

资料来源:见江苏实业司《江苏省实业行政报告书》3 编《工务》。

附注:(1)产量一项为纱缎各种产品数的合计。

(2)工人数为男女工徒人数,多系"账房"放料为其代织的机户人数。

表 8-4 中的数据,仅是就民国初年仍在营业,且代织机匠在 25 人以上较大"账房"的情况统计而得,代织机匠在 25 人以下的中小"账房"并未计算在内,因此只能说是不完全统计。但是,由此仍然可以看出不同历史时期"账房"数量增减的概貌,反映了"账房"数量增加与社会环境之间的关系。

由表 8-4 可见,从康熙四十一年(1702)到鸦片战争前夕的 138 年间,开设"账房"共计 11 家;鸦片战争后到 1911 年的 65 年中,新开设的"账房"达 45 家,比战前增长了 3 倍;"账房"雇用的"男女工徒人数"由 1840 人增为 7681 人,增长了 3.2 倍;"账房"控制的纱缎产量由 7372 匹增加为 30920 匹,外加彩花被面144床,增长了2.5倍多;产值由22.5008万元增加为86.6271万元,增长了2倍多。[①] 该项统计表原注:"产量一项为纱缎各种产品的合计;工人数为男女工徒人数,多系账房放料为其代织的机户人数。"而实际上,"男女工徒人数"应为"账房"控制的织机台数。因为在"放料代织"的形式下,"男女工徒人数"显然不是账房直接雇用的劳动者,为"账房"代织的雇佣劳动者人数应大大高于表中的数字。由此,不难看出鸦片战争以后苏州丝织业"账房"数量急剧增长和势力迅速膨胀的趋势。

在浙江,鸦片战争后,商业资本控制丝织手工业生产经营的现象也更加普遍,"一种是自备织机一二台到七八台,由绸庄放料代织;还有一种是由绸庄将织机租给机坊,再行放料代织"[②]。1894年前后,杭州加祥泰绸庄的放料机多达四五百台;而早在此前10年,宁波的正兴懋绸庄已经拥有放料机百台之多。据业内人士回忆,清朝末年,杭州城内大规模的绸庄有70多家,湖州的"绉庄"亦有10多家。时人调查称:

> 绸庄,系旧式之绸业工厂,有客庄、收货庄之别。客庄之组织,规模颇大,专营外埠之大宗贸易,资本亦极充足,其分庄遍于京、津、沪、汉各大商埠,以杭垣为总庄。各埠绸商定货,多与分庄接洽,花样、颜色、身骨之如何标准,均可随时定织,分庄即以函达总庄,依期交货,故其信用甚著,贸易颇大。其出品有自设工场者,有发丝与料房经绒作机户等,代为各项工作,算计工资者。收货庄规模较小,资本较薄,自己不设工场,亦不备蚕丝原料,专收各机户织成之绸货转运于他埠,以牟什一之利。是项绸庄,其大宗之贸易亦有批发,而自设门市零售者,亦颇不乏。绸庄之素有声誉者,货上均织成本庄牌号,名曰本牌。[③]

---

① 江苏实业司:《江苏省实业行政报告书》3编《工务》,1913年调查,《吴县纱缎业账房开业统计表》。

② 浙江省政治协商委员会:《浙江文史资料选集》第24辑,第45页。

③ 《浙江蚕桑茧丝绸近况调查录》,《中外经济周刊》第186期,1926年10月30日,第14页。

在绍兴,“熟货绸庄,创始清末,其时大率为杭州庄家至下坊桥开设者,俗谓‘杭庄’。专收熟货运杭,转销江浙及东北等处”①。杭州绸庄“更遣人专赴(绍兴)下坊桥一带临时收集,言定价格,银款由杭州钱庄汇付,再运货至杭,转销各处”。此外,尚有所谓“绸缎局”者,“规模资本普通比收货庄略小,亦专收机户织成之绸,或向绸厂定织,以应门市之贸易者,其规模较大者,有时亦作外埠之趸批,故多有称为绸缎局者”②。看来“收货”“定织”亦是其基本的营业方式。

在湖州,丝织手工业者在商业资本的控制下逐渐沦为雇佣劳动者的情况也已成为一种普遍的社会现象,“湖州土产多丝,其机户率多贫民,而居奇者曰‘绉庄’,皆富商大贾”③。

与南京、苏州等城市一样,杭州、湖州丝织业的一些辅助工序,如络经等,也都被置于商业资本的控制之下。“凡丝经炼染而后,须重行络过,始可以摇籰牵经。络经络绒之业,多女工为之,系由铺主向绸庄领取丝经,发给女工手络。……惟络经作对于络丝之女工,每四十戈仅给一元,现在所加甚微。盖杭俗女工络丝工资虽微,而‘汇头’转巨(‘汇头’即偷料之意),积成戈数,可以售之零丝儿店,比于工资之收入转佳,故亦积久相安”④。

值得注意的是,“赁织”现象在农村中也越来越普遍。在江苏,南京的“机工和染工大多来自农村,‘半年庄稼,半年手艺’。机工以扬州、六合和南京附近的农民为主;染工多系上元、江宁、高淳、溧水四县的农民。……这些来自各地的农民,到了南京以后,开始‘学徒’,做些‘附工’杂活,逐渐就独立工作了。他们的家属也就做些‘络丝’、‘摇纬’等工作,赖以活口”⑤。吴江县“盛泽四乡乡民重织轻耕”,“从事纺绸业的农民,固然都有土地,而大部都是自耕农,可是对于农业并不重视。他们的重要经济来源是在于纺绸。这一年纺绸业若兴盛,他们竟至可让土地去荒芜。所以,年岁的丰歉,他们视之默然,而

---

① 建设委员会经济调查所:《绍兴之丝绸》,1937 年印行,第 40 页。

② 《浙江蚕桑茧丝绸近况调查录》,《中外经济周刊》第 186 期,第 14—15 页。

③ 孙葆田:《浙江湖州府知府李君墓表》,《校经室文集》卷 5,第 8 页。

④ 《浙省钱江流域劳工状况调查录》,《中外经济周刊》第 199 期,1927 年 2 月 12 日,第 4 页。

⑤ 南京博物院民族组:《清末南京丝织业的初步调查》,《近代史资料》1958 年第 2 期,第 3 页。

纺绸业的盛衰,却是他们全部的生活所系"①。

在浙江,光绪《海盐县志》记载当地农民务工情况:"农隙时多远出赁织。西至杭州,北至湖州,有至宜兴者。每年正月出,四月归;七月又出,岁暮归。同治以来出赁者愈多,业田渐少。"②海盐农民除农忙期外,一年中有将近10个月的时间到杭州、湖州等地为人从事丝织生产。海关调查资料显示,浙江湖州城"周围二十里以内的乡下人,多少都会织绸,但是他们只是在没有什么重要农事,如饲蚕、锄地、种稻、割谷等工作时才从事织绸"③。这些从事织绸的"乡下人",大多受到商业资本的操纵与控制,可见丝织生产中资本主义的关系已经越来越向农村扩散。

事实正是如此,丝绸商品生产的发展和竞争的日益激烈,使得丝织小生产者的两极分化益发加剧。一方面,那些"自织"即自产自销的独立小生产者——"现卖机户",鸦片战争以后地位更不稳定。所谓"现卖机户","其营业与机工迥殊,工而兼商","皆系自备工本,织造纱缎货匹,零星现卖以为营业。其丝经原料既无须仰给于纱缎庄,而货品之织造亦不必假手于机工,故名为现卖机业。与纱缎业之专办丝经,招工放织,及机织业之承揽丝经,专事织造者不同,故自来与彼两业不相联属而另为一业"。④ 晚清时期,尤其是光绪年间以后,"现卖机户"也逐渐丧失小商品生产者的独立性,也开始"兼织"纱缎机业"账房"的订货,使其性质发生了变化:"现卖机业之种类范围,以购办丝经自织各种花素纱缎,或雇工帮织,或兼织各缎庄之定货者为限。"⑤以前"现卖机户""丝经原料无须仰给于纱缎庄","营业与机工迥殊",现在则把"兼织各缎庄之定货者"也包括在"现卖机户"的范围之内,实际上这种"现卖机户"的身份和地位,已经与承揽机户和机工没有多大差别了。概念内涵与外延的扩展,表明其中失去独立手工业者地位的人越来越多,逐步由"购办丝

---

① 《国际贸易导报》第4卷第5期,1932年10月。

② (光绪)《海盐县志》卷8《舆地考·风土》。

③ The Maritime Customs. *Special Series*: *Silk* (Shanghai,1917), P. 77.

④ 《文锦公所代表呈苏州商务总会文》(民国7年8月9日),苏州市档案馆藏。

⑤ 《苏城现卖机业缎商文锦公所章程》(民国7年11月8日),苏州市档案馆藏。

经自织”的“现卖机户”向“恃账房为生”的代织机户或机工沦落。苏州揽织机户的行业组织霞章公所的文件中说得透彻：“按机户人数计算，现卖机十不得一，况非一定，今日现卖，明日代织，视为常事。”[①]换言之，由“账房”控制的机户和织工的数量，已经占到9/10以上，江南地区城市丝织业中的绝大多数手工工匠，都已经成为“恃账房为生”的雇佣劳动者。

另一方面，以经营丝绸业“账房”而“兴业发家者亦殊不少”[②]。杭州著名的“蒋万昌绸庄”老板蒋海筹，就是从一个丝织机户起家的。1862年，蒋氏购置了一台织绸木机，随织随卖，由于经营得法，生财有道，10多年后，到1875年已经成为一家绸庄的老板，其后规模不断扩大，拥有放料机300多台，一跃而为闻名遐迩的“百万富翁”。[③] 苏州“上九坎”纱缎庄的发家史同样耐人寻味。这家纱缎庄的创办人陶兰荪原籍浙江会稽，幼年失怙，家道贫寒，咸丰元年(1851)随乡亲来苏州谋生，受业于白塔子巷的“李宏兴”纱缎庄。陶兰荪兢兢业业，刻苦磨炼，掌握了“账房”的经营诀窍，擅长纱缎制织工艺，诸如掏、打、渠、捶、牵、接，熟谙而精；销售门径，亦驾轻就熟，遂于同治七年(1868)晋升为缎庄主事。任职16年后，积蓄资金万余元，便辞职创办了“上九坎”纱缎庄，锐意经营，精研产品，如贡缎、绚缎等都盛销不衰，因之年年颇有盈余。到1909年时，已经拥有放料织机200余台，年产纱缎2000匹以上，资本额有银七万，成为一个颇具实力的资本家。

类似情况在其他地区也已成为常态。在广东，“纱绸为我粤特产，制造地以南海之西樵及顺德之勒流、伦教、乐从等地为大宗，惟并无设厂制造，多为农家机织。纱绸业店购丝付与织家，成货后交回业店，或由织家购丝制成，贩卖与业店。所织成之纱绸，为原身白绸，须交晒莨行用薯莨加工制造，而成夏天所用之薯莨纱绸，冬天所用之熟绸机绉纱，则交由染行用靛加制”[④]。此中所谓“纱绸业店购丝付与织家，成货后交回业店”的经营过程，与江南地区丝

① 《霞章公所就现卖机业另立文锦公所事致苏州总商会函》(民国7年8月13日)，苏州市档案馆藏。

② 《纱缎业沧桑回忆录》(民国7年11月8日)，苏州市档案馆藏。

③ 朱新予主编：《浙江丝绸史》，浙江人民出版社1985年版。

④ 广东财政特派员公署第二课：《广东民营工业概况》，1935年调查，第10—11页。

织业中的“账房”制经营并无二致。城市内的丝织手工业者也依附于这种生产经营方式。广州市内，“西关一带，一般织纱罗绸缎工人，麇聚该处工作者，其历史已二百余年，查全盛时代，全行有四五千木机”①。

不仅如此，丝绸织造准备工序的生产关系也在悄然变化。传统丝绸生产“上机经纬，造成缎匹，向非机匠一手一足之力。尚有手艺数项，赖此以生。如机张之须用泛头也，有结综掏泛一业；如丝之须练也，有捶丝一业；如经之须接也，有牵经接头一业；如织花缎也，有上花一业”。在苏州，“以上四业，均系世代相传，是以各归主顾，不得紊乱搀夺”②。既然丝织机匠大多已经“恃账房为生”，这些附属行业的从业人员也就难以逃脱被“账房”雇用的命运。以络丝工为例，“女工摇丝，俗谓之‘调经娘’，嫠妇贫女，比户为之，资以度日者众焉”③。在南京，绸缎织造“必先之以染经，经以湖丝为之。经既染，分散络工。络工贫女也，日络三四窠（丝曰片，经曰窠，百窠为一桩），得钱易米，可供一日食，于佣力之中，寓恤贫之意焉”④。

甚而至于，连鸦片战争前基本上维持在蚕区农家家庭副业生产形态，并未见到养蚕与缫丝相互离分的缫丝生产领域，鸦片战争以后也出现了商业资本控制小生产者的生产经营形态。江苏吴江震泽的丝经再缫生产，“以丝为经，假手摇工，而摇工并不住居本镇，系由各丝行将丝之分两秤准，交由各乡户携回摇成，俟交货时再为按工付值”。从事丝经生产的农家劳力为数众多，“计沿镇四乡三十里之遥，摇户约共有一万数千户，男女人工当在十万左右”⑤。同处太湖流域的浙江湖州“料经”生产与此相似，经料行收购土丝之后，发给附近农民或城镇居民做经。这些做经户纺车自备，计量受值，“每部小车每日出经十两”，“每两工资十分”。⑥ 在这样的生产形态下，丝商购买了

---

① 《国际劳工通讯》第3卷第8期，第98页，1936年8月。

② 苏州历史博物馆等合编：《明清苏州工商业碑刻集》，江苏人民出版社1981年版，第47页。

③ 曹允源等纂：《吴县志》卷51《舆地考·物产》，1933年铅印本。

④ 陈作霖：《凤麓小志》卷3《记机业第七》，第2页。

⑤ 《江苏省实业视察报告书·吴江县》，1919年，第135页。

⑥ 参见徐秀丽《试论近代湖州地区蚕丝业生产的发展及其局限（1840—1937）》，《近代史研究》1989年第2期。

暂时还占有生产工具但已经与原料市场隔绝的劳动力;土丝做成经以后,价格可提高1/3,丝商由此剥削了做经工人的劳动,获得了剩余价值。而原本独立的做经小生产者则被割断了与原料市场及成品市场的联系,实际上成为商人资本的雇佣劳动者,丧失了家庭手工业的独立性。

类似的情况也在华北地区上演。19世纪后期,烟台缫丝业"所纩之丝,均为上海洋商定做之货"[①]。时人称:"烟台缫丝局所用之资本,向由上海商人供给之处不少。"[②]据清末的调查,烟台"丝厂向多设于乡间,本厂自缫者,曰'内轩';外人代缫者,曰'外轩'。当'外轩'盛行时,乡间几无一里一家不缫丝者"[③]。太湖流域的丝经,以及山东烟台纩丝的生产形态,与苏州、南京、杭州丝织业的生产形态差相仿佛,显示出商业资本渗入生产过程,控制小生产者的领域不断扩展。

将各方面的情况互相加以印证,毋庸置疑,鸦片战争后商业资本已经广泛进入江南乃至其他一些地区的丝织业和缫丝业生产领域,"账房"制经营已经成为丝织业及缫丝业中一种普遍的生产经营方式。丝织生产的劳动力市场日渐扩大,开设"账房"的商业资本势力越发雄厚,对小商品生产者的控制日益扩展,并且一步步地向比较完全意义上的产业资本过渡。商业资本在丝织生产领域的渗透,"账房"制经营方式的普及,终于把江南丝织业的性质由传统的行会手工业转变为资本主义家庭劳动占主导地位的资本主义手工业,丝织工人"成了在自己家中为资本家工作的雇佣工人,包买主的商业资本在这里就变成了工业资本,于是资本主义的家庭劳动形成了"[④]。

类似的例子,不胜枚举。可以说,晚清以来,中国手工业的绝大多数行业都已经出现了包买主制经营的现象,并且在许多行业中已经成为最为重要的生产经营方式。这成为瓦解手工业行会制度,滋生资本主义生产关系的一种强有力的催化剂。总之,鸦片战争以后,特别是甲午战争之后,中国社会经济

---

① 《光绪二十三年烟台口华洋贸易情形论略》,《通商各关华洋贸易总册》下卷,第9页。

② 《宣统二年大连湾口华洋贸易情形论略》,《通商各关华洋贸易总册》下卷,第16页。

③ 《烟台缫丝厂调查表》,《山东全省生计调查报告书》(稿本)第2编。

④ 列宁:《俄国资本主义的发展》,《列宁全集》第3卷,人民出版社2013年版,第328页。

的变化和需要,使得包买主制生产经营方式在各种手工行业中迅速蔓延,成为瓦解传统行会手工业的至关重要的力量,“可以说,是产品的包买者与原料的配给者共同造成了行会手工业的崩溃”①。

三、典型剖析:苏州纱缎庄的组织结构和经营方式

由于缺乏必要的材料和具体的说明,迄今为止,人们论述近代中国的包买主制、商人雇主制等诸如此类的生产组织时,大多只是从其外部表现及其产生的影响着眼,还没有深入它们的内部结构中去考察,因而使得对这些生产组织的研究始终停留在一般的泛泛而谈阶段,长期以来言人人殊,歧义纷纭。这里,我们利用新近发掘的苏州市档案馆藏历史档案资料和日本人在晚清、民国时期的对华调查报告,具体解剖苏州传统丝织业纱缎庄的组织结构和经营方式,以期加深对近代中国商人包买主制生产组织的了解和认识。

1. 纱缎庄的组织结构

纱缎庄,俗称“账房”②,是历史上苏州丝织业的一种重要生产经营组织。它所采取的“账房放料,机工代织”的经营方式,是学界公认的商业资本控制独立生产者的典型形态。③ 这里,我们将把目光透视到纱缎庄(“账房”)的内部,以求比较明晰地了解“账房”的组织结构、经营方式和产销过程,从而对它的性质作出比较正确的判断。

纱缎庄是由庄内和庄外两个部分组成的。

一是庄内。

---

① 「支那行会手工业の运命」,『满铁调查月报』1933 年第 13 卷第 8 号,昭和 8 年 8 月, 第 216 页。

② “账房”名称的出现,最早见于顾震涛《吴门表隐》一书,称“经造纱缎账房”。顾震涛:《吴门表隐》卷 2、卷 11、卷 15 等处均有记载。按:该书记事始于 1811 年以前,写成于 1832 年间;附集记事至 1833 年。

③ 王翔《“账房”析论》,《中华文史论丛》1987 年第 1—2 期。按:苏州丝织业“账房”,曾经作为我国资本主义萌芽的典型形态,受到国内外学者的普遍关注。它有一个明显特点,作为一种特殊的经营方式,具有超常的稳定性,先后经历了封建社会、半殖民地半封建社会和新民主主义社会三个性质不同的社会形态而变化不大,所谓“数十年来,向章如此”(《江苏省明清以来碑刻资料选集》第 19 页,光绪二十四年九月十九日碑记)。这就使得我们运用稍后的材料说明以前的情况成为可行。

(1)人员构成。由庄主一人和店员若干人组成。庄主"指挥庄内事物,……对庄内外负全部责任"[①]。店员一般有下列七种:

司账。一般分内账和外账。内账负责店内的各种收支往来账目;外账负责丝经的染色、原材料的发放等。

看货。一人,负责检查揽织机户缴回的缎匹。

配色。一人,负责监督染色和管理原料,有些还兼管上花。

拍丝。若干人,用木槌敲打丝,使丝质柔软并光泽鲜艳。

牵经。若干人,两人互相协作,对经丝进行整理。

上花。若干人,专管将经丝末端打结。

学徒。若干人,在学习手艺的过程中还须负担许多杂务。

(2)店员待遇。店员多属雇用性质,按月领取工钱,膳食则由店方供给。工资数额因职务不同而有所差别,司账、看货、配色一般比拍丝、牵经多1/3[②]。学徒无工资,每月只发一点零用钱。每年年底,视营业情况,店员可以分得一次红利。全部利润分作10份,店主得八成半(如有经理人,则为股东得七成半,经理人得一成),其他店员平分一成半;学徒不参加分配,但可得到数目不等的奖金。此外,还有所谓"下脚的分配",即在整理经纬的过程中,会积聚起一些丝头丝屑,出售后包括学徒在内一起平分,但每人所得不会很多。一年中,店员可以享受到一些假期,休假日为一年"三节"(端午、中秋、春节),正月休息半个月,其余两次各一周左右。

(3)店员的雇用与解雇。学徒习业三年期满后,视表现情况可晋升为职员,有时也录用为其他店内的职员或学徒。录用学徒,须经人介绍,先以口头推荐,再立正式保证书。笔者曾在苏州市档案馆看到一张民国初年的保证书,格式及内容如下:

---

① [日]小野忍:「苏州の纱缎业」。按:此文是小野忍于民国年间对苏州纱缎庄业经营情况所作的调查报告,发表于1942年《满铁调查月报》第22卷第6号。这份报告从各个方面比较完整地叙述了抗战前后苏州纱缎业的产销情况和经营方式等,对研究苏州纱缎庄业有极重要的参考价值。该文在国内从未翻译发表或引用过,笔者在日本留学时发现了这份材料。

② 例如:民国初年,司账、看货、配色工资一般为15元;拍丝、牵经一般为10元。

立保证书×××今保得×××在 贵庄习业，遵守一切庄规，如有越轨行动及银钱出入等情，均负完全责任。立此保单为凭。 年　　　月　　　日 立保证书人　　（画押）

在此之前的保证书内容，当与此并无大的出入。保证人的资格，"为在社会上有信用可靠之人。保证期是永久的，如被保人在店内发生私拿店款等情况时，有负责赔偿的义务"①。

对店员的续聘或解雇一般在年底进行，由庄主决定。解雇时要退还保证书，发给解雇补助金。"退职后，如在同业其他店就业或自己开店，悉听自便。"②

由上可见，纱缎庄的本体是由店面和准备作坊两部分构成的。它既不同于一般以丝织品零售为主、兼营批发的绸缎商店（这在苏州称为"绸缎号"），因为它有自己的准备作坊，它不是收购成品，而是采购原料，收回成品；也不同于那种前铺后坊的小业主，因为它所销售的纱缎并不是自己织造的；它与集中工人进行生产的手工工场主也不尽相同，它的产品不是在庄内生产的，它的生产场所在庄外。

二是庄外。

纱缎庄最重要的部分不是在庄内，而是在庄外。纱缎产品价值的主要增值过程是在庄外进行的，"机工造织场所，均皆向承揽定之庄（即'账房'——原注）取料包工，在家织造成匹，交送'账房'之惯习"③。为纱缎庄加工代织纱缎产品的，主要有两种人：承揽机户和机工。在苏州同业之间，俗称纱缎庄为"大叔"，承揽机户为"二叔"，从属于承揽机户的机工为"三叔"。④ 这就结成了一种颇为独特的生产关系，弄清这种关系，有助于解决一些人们至今争

① 小野忍：「苏州の纱缎业」，『满铁调查月报』第22卷第6号，1942年。
② 小野忍：「苏州の纱缎业」，『满铁调查月报』第22卷第6号，1942年。
③ 《云锦公所各要总目补记》，苏州档案馆藏。
④ 《纱缎业王义丰等四十家纱缎庄呈江苏都督府文》，1912年6月26日，苏州市档案馆藏。

论不休的问题。

“大叔”只与“二叔”发生直接联系,与“三叔”的关系则是间接的。“由于老机户与纱缎庄平时熟悉而有交情,工作也熟悉习惯,纱缎庄就将机张和丝借给老机户。老机户自行织造,也有另雇其他机户(即机工)来织造的;还有其他机户(即机工)取回自己家中进行织造的。因此纱缎庄与老机户所属的其他机户并无关系,也不认识。纱缎庄如打算和新机户进行交易时,则以自己所属的老机户作介绍与保证”[1],由此达到营业规模的不断扩展。

“二叔”一般自己拥有织机,但也有些“二叔”的织机是“大叔”提供的,在这两种不同的情况下,“如果二叔的机械为大叔所有,则这个二叔必须织某个大叔的货物;如机械为自己所有,仅仅由大叔提供原料,则织任何大叔的货物也无关系”[2]。

纱缎庄在发交“二叔”机张和原料时,须订立一张文字形式的契约。苏州市档案馆里保存有唐元记纱缎庄的一份“契约书”[3],格式和内容如下:

立承揽朱之伯,凭中鲁炳辉,今揽到客庄旧机八只,经纬全庄,泛头牵横作渠全副。领归在家,勤工织造,成匹交帐。务要光洁,不致粗松误客,倘有亏耗等情,即在工银上扣除。恐后无凭,立此承揽为照。

立承揽　朱之伯(画押)

凭　中　鲁炳辉(画押)

“契约书”中写明揽到的机张、原料数量,保证按时按质按量完成代织任务,否则“即在工银上扣除”。其他纱缎庄的契约虽未见到,但可以肯定内容与此大致相同。在订立契约的同时,纱缎庄还交给“二叔”一份“手折”,“将交付丝经数量、金额以及收到织货的数量等,一一记在手折上面”[4]。订货时

① 苏州市档案馆藏《吴县丝织业产业公会艺徒问题协商办法》,《唐元记纱缎庄主唐伯年对解放前纱缎庄业经营情况的回忆》,以及小野忍《苏州纱缎业》等。

② 小野忍:「苏州の纱缎业」,『满铁调查月报』第22卷第6号,1942年。

③ 原件藏于苏州市档案馆。

④ 《苏州益大织绸厂经理邓耕莘的回忆》,1941年的资料,苏州档案馆藏。

要付定钱，工银则在交货时结算，并扣除定钱后支付。

“二叔”承揽到工具、原料以后，再“分给三叔在各自家中织造”，也有些“二叔”雇用“三叔”到自己家中织造，交易过程和工资给付同“大叔”与“二叔”间的情况类似。[①] 在前一种情况下，“二叔”成为商业资本和小生产者之间的中介人，通过他的活动，使包买商对生产者的控制落到实处；在后一种情况下，“二叔”则成为一个被商业资本控制的小手工作坊主。

“不论机户是二叔也好，三叔也好，他们有城外从事这项副业的农户和城内专业户两种”[②]，分别称为“城机”和“乡机”。“城机”是与土地分离了的专业手工业者，全年进行纱缎织造；“乡机”则是农民的家庭副业，农闲织造，农忙停歇。这两类机户的居住地区都比较集中：城外主要在唯亭、外跨塘、蠡口、香山等地；城内则在东面和北面，即仓街、北石子街、狮子口、桥湾等处。云锦公所的一份文件中记载：“机工散分，附郭四乡者为多，竟有距城五六十里不等，然在苏城内织造者，亦达四成以上。”[③]反映出“城机”和“乡机”间的大致比例。

在“大叔”“二叔”“三叔”之外，苏州丝织业中还有一种“现卖机户”，“皆系自备工本，织造纱缎货匹，零星现卖以为营业。其丝经原料既无须仰给于纱缎庄，而货品之织造亦不必假手于机工，故名为现卖机业”[④]。现卖机户独立于纱缎庄所控制的机户之外，属于自产自销的个体手工业者，多为全家从业，有时也雇用少量学徒或帮工。这是一个很不稳定的阶层，在市场力量的作用下，时刻处于两极分化之中。

2. 纱缎庄的经营程序

所谓“纱缎”，是纱和缎这两种丝织品的合称。纱有花纱（纹织）、素纱（平织）之别，缎亦同样分花缎、素缎两种；在各大类中又分许多不同的花色品

---

① 小野忍：「苏州の纱缎业」，『满铁调查月报』第 22 卷第 6 号，1942 年。

② 小野忍：「苏州の纱缎业」，『满铁调查月报』第 22 卷第 6 号，1942 年。

③ 《云锦公所各要总目补记》，苏州档案馆藏。

④ 《苏城现卖机业缎商文锦公所章程》，苏州档案馆藏。按：据苏州市档案馆资料，苏州丝织业“账房”的组织称“云锦公所”；机户机工的组织称“霞章公所”；民国 7 年（1918），现卖机业从“霞章公所”分出，另立“文锦公所”。

种，如纱有西纱、局纱、葛纱、府纱、芙蓉纱等，缎分摹本缎、素累缎、花累缎、贡缎、锦缎、高丽缎等。名目繁多，不胜枚举。尽管品种不同，它们的生产过程大体上是相同的。

纱缎从生产到销售，大致经过如下程序：

一是准备工序。

准备工序主要为织造纱缎提供现成可用的原料，即经丝和纬丝的整理。经丝的准备俗称“治经”，需要经过染经、掉经、牵经、接头等环节。略述如下：

染经：纱缎是“熟货”，即以预先染色的丝进行织造。纱缎庄自己不设染坊，都将丝经拿到染坊，委托染坊按要求加工。加工费循例为“三节”（端午、中秋、年终）结算，但染坊为了应付购买染料和发放工资等开支，每月可向客户以预借方式支款，待节头结算时清账。染坊与加工单位结算染费时，分为“大账”和“小账”两个部分。“大账”为正式的加工费，归坊主收入，按节结清；“小账”为额外附加费，俗称“酒资”①，系另给染坊工作人员分配，作为工资的一部分，每月底结算一次。

掉经：这是将丝片卷成丝卷，多以外发加工的形式由贫家妇女来进行。《吴县志》中记载：“女工摇丝，俗谓之‘调经娘’，嫠妇贫女，比户为之，资以度日者众焉。”②承担加工的妇女与纱缎庄是“经常往来”的，如唐元记纱缎庄就常用40多个女工为其掉经。一个人每天约掉经5到10禾③，需要4到8小时。

牵经：即整理经丝，从《天工开物·乃服篇》附图中可以看出，是两人同时操作的，一般两人每天可牵经一庄④。纱缎庄大多雇用两名以上的工人在店内完成牵经工作，这时，“账房”便又兼有作坊的功用。

接头：这是把用完了的经丝和新的经丝一根根地接合起来，接头越短、动作越熟练，水平越高。接头是一项专门的职业，从业者有自己的行会，每天早

① “酒资”，原为纱缎庄主赏给染坊工人的“小账”，鼓励染坊工人延长工时，及时交货，以便提早织出纱缎，加快资金周转。此种“小账”，日久相沿成习，遂形成“酒资”旧规。

② 曹允源等纂：《吴县志》卷51《舆地考·物产》，1933年铅印本。

③ 禾，是经丝的计量单位。1禾是周长3.6尺的丝车卷满6000回的丝长，即2.16万尺。

④ 庄，是经丝的交易单位。苏经一庄重130两，长160禾；京经一庄重160两，长100禾。

晨多在城内茶馆中聚会，等待交易，平江路魏家桥堍的魏园茶馆，就曾是接头工经常聚会的地方。纱缎庄整完一庄经交给机户时，就会开具一张“接票”，写上机户的姓名、住址、日期、织物种类等，交给接头行首，由其将“接票”发给所属的接头工，派到机户的工作场所进行操作。纱缎庄则根据“接票”发给接头工工资。

上列是织平纹织物的准备过程。若织花纹织物，则还需经过挑花、上花的工序。挑花是以经丝作出花样，这是一项极为特殊的技艺，精于此道者不多，“这种挑花技艺作为一种家传秘法，是在特定的家庭中代代相传的”[①]，甚至有“其法传媳不传女”的严格规定。对挑花匠，纱缎庄在需要时临时雇请。上花是将经丝末端打结，一般庄内专门雇用若干上花工，或以其他店员兼任[②]。

准备纬丝，俗称“治纬”，与“治经”相比，比较简单，只需经过染丝、槌丝、掉丝等环节。土丝染色后，即用木槌敲打，使丝质柔软而光泽鲜艳。槌丝的劳动强度较大，纱缎庄一般专门为此雇若干长工。掉丝与掉经一样，也是将丝片卷成丝卷，而且也是作为外发加工交由外面的女工完成的。

至此，准备工序完成，下一步就是上机织造。

二是织造工序。

如前所述，纱缎庄将整理好的经纬和泛、渠、纤等必需的机具分发给揽织机户。按照纱缎庄的要求，揽织机户或自行织造，或“另雇其他机户来织造”，或将经纬机具分发给机工，让其拿回家织造。一般在织完一匹以后，揽织机户将成品送往纱缎庄，结算工银，扣除定钱。“城机”和“乡机”织造一匹纱缎所需时间是不同的。“城机”约 15 天左右。“乡机”则在农忙期和农闲期有较大变化，大约为：阴历正月至四月，20 天；四月至六月，停；七月至八月，30 天；八月至九月，停；十月至十二月，15 天。[③] 不言而喻，产品花色品种不同，所需

① *Imperial Maritime Customs* Ⅱ. Special Series No. 103: Silk, Published by Order of The Suspector General of Customs. 按：此文是江海关帮办 E. 罗契(E. Rocher)1880 年对江南丝绸产地所做的调查报告。

② 小野忍：「苏州の纱缎业」，『满铁调查月报』第 22 卷第 6 号，1942 年。

③ 《云锦公所各要总目补记》，苏州档案馆藏。

时间也会有所不同。

以上准备和织造两道工序,是纱缎庄经营中的生产过程。在纱缎织成缴庄之后,经过卷筒、包装,接下来就进入流通过程。生产过程完成了产品价值的增值,流通过程则要实现增值了的价值。

三是纱缎销售。

纱缎庄的成品销售,有本庄销售和分庄销售两种形式。本庄销售指纱缎庄把纱缎推销给苏州本地的绸缎商店和来苏采购的各地行商。规模较大的纱缎庄常在繁华商埠和交通要道开设分庄,分庄雇用一些"跑街",来回奔走于绸缎店和抄庄之间,促成交易,推销纱缎,领取佣金,此即分庄销售。分庄还履行一种订货交易的职责,与订货者谈判决定货色、货价,收取订钱,然后将订户所需货色样本(俗称"色单")寄回本庄,依样生产,按时交货。这种订货交易占纱缎庄产销量的比率很大,有时多达80%以上[①]。那些规模较小的纱缎庄无力自设分庄,多通过当地绸缎店或委托大纱缎庄的分庄代理销售和订货业务。通过这种方式,纱缎庄得以比较迅速及时地反馈市场信息,在一定程度上做到"以销定产",能够在其力所能及的范围内合理安排生产,保证销路,并不断开拓新的市场。

从上述纱缎庄的生产和流通过程可以看到,不仅纱缎庄经营程序中最重要的环节——织造工序是在庄外进行的,而且准备工序中如染色、掉经、接头等环节也是在庄外进行的,"就是说,纱缎生产的最重要工序环节、从事织造的人员等,都受行庄制度的支配;同时,织造的准备工序、工人、作坊也大体上受行庄制度的支配。经营纱缎庄者在其中起着组织者和领导者的作用"[②]。

苏州纱缎庄的经营方式,前后一贯,变化甚少,这可以从碑刻资料和史籍记载中得到证明。雍正十二年(1734)的《永禁纱缎机匠叫歇帮行碑》中提到,"苏州机户,类多雇人工织","机匠计工受值……至于工价,按件而计,视货物之高下,人工之巧拙为增减,铺匠相安"。[③] 有些论者误以为这里所说的

① 小野忍:「苏州の纱缎业」,『满铁调查月报』第22卷第6号,1942年。

② 小野忍:「苏州の纱缎业」,『满铁调查月报』第22卷第6号,1942年。

③ 《永禁纱缎机匠叫歇帮行碑》,《江苏省明清以来碑刻资料选集》,雍正十二年(1734),第6页。

"机户","就是经营纱缎机业的铺户",这是对苏州纱缎庄业的经营方式不甚了解所致。对照上述,可知这里"雇人工织"的机户指的是"二叔","计工受值"的机匠指的是"三叔","铺"才指的是"大叔",因为规定织造品种、审查成品质量、决定和付给工价的都是纱缎庄。道光二年(1822)的《元和县严禁机匠借端生事倡众停工碑》中记载,当时的雇织形式是"民间各机户,将经丝交给机匠工织","计工受值"。[①] 这里说的是"二叔"将从"大叔"处承揽来的原料再分发给"三叔"织造,因为"工织"的机匠是不与纱缎庄发生直接联系的,一般要经过承揽机户的中介。以上两则碑文反映了清前期苏州纱缎庄业的经营方式。

鸦片战争以后,光绪二十二年(1896),两江总督刘坤一曾在征收苏州丝织业机捐的报告中说:"凡贾人自置经纬,发交机户领织,谓之'账房'。"[②]记事断至1911年的民国《吴县志》记载得很清楚:"经营此项纱缎业者,谓之'账房'……大都以经纬交与织工,各就织工居处雇匠织造,谓之机户。"[③]苏州档案馆藏纱缎业云锦公所的文件中也称:"追忆光复前十余年,吾苏纱缎各货品,如机工交送'账房'之后,正是随落即销。"[④]可见直到19世纪末20世纪初,苏州丝织业的主导业态仍是"账房"放料,机户承揽,分散造织,成匹解缴。

再让我们参考一下当时外国人的记述。甲午战争以后,日本曾派遣大批人员到中国丝绸产地调查中国丝织业的情况,发表了一系列调查报告,其中山内英太郎著《清国染织业考察复命书》(1899)中说,苏州丝织生产"多数是开设专营这一业务的店铺来负责其事的",他们"向丝行进货,将丝交料房(打线作坊)捻线,再送染坊染色,然后有络丝工再络,雇牵经工到店内牵经,最后连同纬丝交机坊织绸……有时也按照行庄的订货要求加工。这就是一般的程序"[⑤]。同年,日本外务省《通商汇纂》记载:苏州丝织业中"其所谓账房者,

---

① 《元和县严禁机匠借端生事倡众停工碑》,《江苏省明清以来碑刻资料选集》,道光二年(1822),第13—14页。

② 《刘坤一遗集》,《奏疏》卷26,第2册,第939页。

③ 曹允源等纂:《吴县志》卷51《舆地考·物产》,1933年铅印本。

④ 《纱缎业沧桑回忆录》,苏州市档案馆藏。

⑤ 山内英太郎:《清国染织业考察复命书》,1899年。

贮藏织丝,自家不营机工,命他人随意织造货物"[①]。这些都表明:"账房"主的身份是"贾人"而不是"机户";"账房""自家不营机工",而是把原料发给"二叔",在"二叔""居处雇匠织造"。这与我们前述纱缎庄的组织结构、经营程序是吻合的,证明了晚清时期苏州纱缎庄的经营方式大体上是一样的。

3. 纱缎庄分析

有些论者把苏州纱缎庄与普通商业铺户混为一谈,也有人把它与资本主义手工工场相提并论,还有人简单地以为纱缎庄("账房")就是包买商。我们认为,第一种观点过于贬低,第二种说法又太拔高,第三种意见则忽略了苏州丝织业"账房"的特殊性。通过以上对纱缎庄组织结构、经营程序、生产方式的具体叙述,我们应该能够得到以下几点认识:

一是关于纱缎庄与绸缎铺。

根据上述可以看出:纱缎庄不同于一般的商人铺户,它既经营纱缎的销售业务,同时又是纱缎生产的组织者和指挥者,与以零售为主兼营批发的绸缎店有很大的区别:它不是通过临时议价的方式购买成品,而是通过订货加工的方式收回成品;它拥有所属的承揽机户,并且本身还要完成原料的购买、加工等生产准备过程,因此不能把"账房"等同于普通的商人铺户。以往论者常将纱缎庄与绸缎店混为一谈,把纱缎庄说成是经营纱缎商业的铺户。[②] 在苏州,纱缎庄与绸缎店的界限是明确的。苏州档案馆所藏《文锦公所呈商务总会》说:苏州丝织业商工"向分数种名目",其中"具有资本巨商,购贮丝经、散发机工、承揽包织成货者,为纱缎庄(俗名'帐房')"。[③] 在历年的《苏州商务总会题名册》中,纱缎庄都与绸缎店分开登记。而且两者各有自己的同业组织:纱缎庄业称"云锦公所",后改称"纱缎庄业同业公会";绸缎店业称"七襄公局",后改称"绸缎号业同业公会"。[④] 正如《苏州商会年刊》所说,苏州各行业"各有其单独之团体组织。如本埠之属于土产商者,则有云锦公所之纱

---

① 《苏州市情,译东一月通商汇纂》,《东西商报》1900年,商六十七,第3—4页。

② 段本洛、张圻福:《苏州手工业史》,江苏古籍出版社1983年版,第71页。

③ 苏州市档案馆藏:旧工商联档案《文锦公所呈商务总会》。

④ 历年《苏州商务总会题名册》,苏州市档案馆藏。

缎庄业同业公会；属于贩卖商者，则有七襄公所之绸缎业同业公会”。由此可见，绸缎店是经营纱缎商业的纯粹商业铺户；纱缎庄是经营纱缎机业的商业铺户，属于商业资本向产业资本转化的中间形态。

虽然苏州纱缎庄属于包买商的范畴，却具有一些特殊性，它并不与小生产者发生直接联系，原料发放、成品回收、工银核算、生产监督都是通过揽织户（“二叔”）的中介完成的。采取这样一种方式，使纱缎庄得以通过控制作为小作坊主的“二叔”而间接地控制了更多的丝织手工业者。在确定苏州丝织业概念的时候，必须注意到上述三方面的特征。如果要给纱缎庄（“账房”）下一个比较准确的定义，应该这样表述：纱缎庄是自己完成原料的准备，不设织造工场，利用承揽机户雇用机工，经过放料加工，收回纱缎成品的商业铺户。[①]

二是关于纱缎庄与手工工场。

如上所述，纱缎庄也不同于一般的手工工场，它并不开设织造工场，也不直接雇用工人进行集中生产，而是分发“货具经纬”给承揽机户，利用承揽机户雇用机工进行织造，收回成品，计件给资，因此将其类比为资本主义手工工场，是不妥当的。实际上，纱缎庄（“账房”）是渗入生产过程的包买商。它采取的是订货加工、放料代织、收回成品、给付工银的经营方式，不少纱缎庄控制着众多织工，例如：石恒茂英记、杭恒富禄记、李启泰等“账房”，控制织机都在百台以上，李宏兴福记、禄记、星记和祥记四家“账房”加在一起，控制织机竟达千台以上。[②] 不过从本质上讲，这充其量只是一种“资本家支配的家庭手工业劳动”[③]，还没有达到资本主义手工工场的发展水平，还需要进一步发展和转化，才能达到资本主义工场手工业阶段。

许多论者常引用列宁“资本主义家庭劳动是工场手工业的最大特征”的话来证明家庭劳动就是工场手工业，给二者之间画等号，其实这是误解。列

① 据陈作霖《凤麓小志》、刘锦藻《清朝续文献通考》及其他各种文献资料的记载，南京丝织业“缎庄”、杭州丝织业“绸庄”等，具有与苏州丝织业纱缎庄相同的特性。

② 《江苏省实业行政报告书》三编《工务》，1913 年 5 月。

③ 王翔：《中国资本主义的历史命运——苏州丝织业“帐房”发展史论》，江苏教育出版社 1992 年版，第 3 页。

宁的原意只是说家庭劳动在资本主义发展的三个阶段都存在,而在工场手工业时期表现得最为突出和明显;换言之,即有大量资本主义家庭劳动与手工工场并存,并不是说家庭劳动就等于工场手工业。关于这一点,可以参见马克思《资本论》第一卷的有关章节,此处不再赘述。

三是关于纱缎庄的性质。

这是一个人们已经争论了很久而至今依然分歧很大的问题。有论者认为"不能把苏州丝织业的生产关系说成是一种具有资本主义劳资关系的性质",说"在古老的揽织形式下,缎庄机户虽是用发放原料收回织品的办法,利用机匠劳动代织,而以计件的工价讨酬,这种情况同资本主义家庭劳动看来相似,其实仍有本质上的差别"。理由是"机匠在这里则是以基本生产工具所有人的资格从事劳动","他还不是以自由劳动者而是以财产所有者和行会成员的资格,同缎庄机户彼此发生关系"。[①] 这种观点值得商榷。

马克思曾经指出,资本主义生产方式的产生通过两条途径:一条是拥有相当数量工人的作坊,实行分工,把简单协作变为资本主义手工工场;另一条是商业资本高度发展,从流通过程进入生产过程,控制了小生产者,形成资本主义的家庭劳动。[②] 在循着后一条途径发展的过程中,小生产者起初并非毫无自己的生产工具,甚至在表面上并不丧失自己独立生产者的身份,但实际上已经变成为商业资本加工产品以获取计件工资的雇佣工人了。因此,尽管苏州的揽织机匠一般都自备织机(俗称"机壳")和机上的零部件(如梭子、纡筒、竹刀、机剪、拣镊子等),尽管他是在自己的机房内加工代织,这种生产者的"财产所有者"身份只能用作否定苏州丝织业当时曾沿第一条途径发展,采取资本主义手工工场生产的理由,不能成为怀疑苏州丝织业当时曾沿第二条途径发展,形成资本主义家庭劳动的证据。

同样,生产者的"行会成员的资格",也不足以否定资本主义劳资关系的存在。马克思说:在前一种途径上,"生产者变成商人和资本家,而与农业的自然经济和中世纪城市工业的受行会束缚的手工业相对立",就是说,资本主

① 彭泽益:《鸦片战争前清代苏州丝织业生产关系的形式与性质》,《经济研究》1963 年第 10 期。

② 参见马克思:《资本论》第 1 卷有关章节,人民出版社 1975 年版。

义手工工场一开始就是作为城市行会手工业的对立物出现的;而在后一种途径上,“它并没有引起旧生产方式的变革,而不如说保存了这种生产方式,把它当作自己的前提予以维持”。[①] 就是说,商业资本控制生产者的现象与行会制度是可以并存的。在《资本论》中,马克思专门列举了17世纪和18世纪中叶英国和法国的包买商把独立的织工置于自己控制之下,把原料贷给他们,而向他们收购成品的例子,这与鸦片战争前后苏州纱缎庄的情况是颇为相似的。[②]

至于机匠在接受雇用时往往受到行会制度的影响,这也并不足以证明他们的身份不是“自由劳动者”。列宁在《俄国资本主义的发展》中说过:它们(雇佣劳动形式)在资本主义社会中是极其多样化的,而资本主义社会在各方面都被资本主义以前的制度的残余和设施所缠绕着。[③] 机户和织工接受雇用时要“经人介绍”,由人作保,正是反映出这种传统行会制度的残余和惯例。必须指出,这种情况到20世纪二三十年代,当苏州丝织业已经进入工厂化生产的时候依然存在,任何一家绸厂和纱缎庄在雇用工人时,工人必须具结志愿书和保证书,寻找保证人。[④]

鸦片战争前,苏州丝织业纱缎庄已经开始“散放丝经给予机户,按绸匹计工资”[⑤]。鸦片战争以后,这种生产经营方式越发普及,越来越多的纱缎庄以供给手工业者原料和辅助材料,收回成品,实行计件工资的形式,由流通领域渗透到生产领域,使越来越多的生产者处于从属地位,“往往恃账房为生”[⑥],这在一定程度上已经把一些家庭手工业者乃至小作坊组织在自己的生产体系之中,正在逐步地改造他们,逐步使他们变成雇佣工人和无产者。这表明,当时,商业资本已经从商品买卖和高利贷盘剥的传统轨道上抽调出来,直接

---

① 参见马克思:《资本论》第3卷,人民出版社1975年版,第373—374页。

② 参见马克思:《资本论》第3卷,人民出版社1975年版。

③ 参见列宁:《列宁全集》第3卷,人民出版社1959年版,第535页。

④ 参见施中一:《旧农村的新气象》,《唯亭山乡社会状况调查统计》,1933年12月调查,第132页。

⑤ 《元和县严禁机匠借端生事倡众停工碑》,《明清苏州工商业碑刻集》,道光二年(1822),第25页。

⑥ [清]陈作霖:《凤麓小志》,清光绪二十五年(1899)刻本。

投入生产领域,开始支配生产者和生产过程。尽管纱缎庄商业资本支配小生产者的中间揳入了“揽织机户”(“二叔”)这个环节,但这并不妨碍商业资本向工业资本转化的性质。

四、包买商的竞争优势与存在价值

在近代中国的手工业生产中,包买主制度是一种极为重要的经营方式。[①]晚清时期,商业资本广泛地进入生产领域,几乎在各种手工行业中,都能够看到包买商们忙碌的身影。

在当时的社会经济条件下,这种经营方式似乎具有非同寻常的生存能力和竞争能力。有学者研究发现,如果不向新式机器工业过渡,手工织布工场无法与包买主支配下的家庭手工劳动相竞争,所以很少能够在土布业生产的中心地区存身。例如,河北定县没有一家手工织布工场,却有45家纱布庄,控制着1.3万家织户,在1912—1917年的生产兴盛期中,每年由这些纱布庄贩运出去的土布多达460万匹。[②] 1915—1916年,宝邸县曾经一度出现过10余家手工布场,但是没有一家能够支持到1919年,此后手工布场便在当地销声匿迹。相反,当时宝邸共有8180台织布机,其中71.8%是在67家纱布庄的控制下生产的。[③] 高阳县也曾先后创立过40多家手工织布场,其中20余家坐落在城郊,20余家散布于乡间,但都不过是昙花一现。与此同时,高阳的1.033万台织机,占当地全部织机的65%,却是在80家纱布庄的包买主制度下运作的。[④] 在几个土布生产中心之外,手工织布工场似乎显得比较容易生存,不过即令是在这些地方,手工织布工场也只能设立于城郊,而不是在乡村,之所以如此,主要就是为了避开在包买商控制下的农家土布生产强有力的竞争。[⑤]

据赵冈等研究者分析,手工织布工场竞争能力的脆弱,原因在于:一方面

---

① 参见王翔《近代中国手工业行会的演变》,《历史研究》1998年第4期。

② 参见张世文:《定县农村工业调查》,1936年。

③ 参见冯和法编:《中国农村经济记》,1934年。

④ 参见吴知:《乡村织布工业的一个研究》,上海1936年,第31—33页。

⑤ 参见赵冈等:《中国棉业史》,台北联经出版事业公司1983年第2次印行,第235—236页。

它们没有现代化的设备，生产能力远逊于新式纺织厂；另一方面，它们又不像家庭副业的织布工作，可以不计较工资成本。手工织布厂是兼有两者之所短，而无其所长。在年景好的时候，手工织布厂勉强可以付出在最低生活费以上的工资，在竞争的夹缝中苟延残喘；年景不佳时，它们便难以生存，纷纷倒闭。[①]

其他行业手工工场的尴尬处境，境况大同小异，诸如火柴业、花边业、草辫业、抽纱业、发网业等新老手工行业，也多有采用散工制经营的实例。[②] 甚至连民国初年"实业救国"浪潮盛极一时的条件下，各业手工工场的开业家数和就业人数也是处在衰减的过程之中。参见表 8-5。

表 8-5　全国 25 种手工业作坊和手工工场统计(1912—1913)

业别	1912		1913	
	家数	职工数	家数	职工数
合计	16313	485791	15561	381067
棉织业	115	1831	974	26008
制线业	243	3342	36	563
织物业	2130	87829	1289	59586
刺绣业	8	1353	26	1228
成衣业	987	14886	547	7813
染坊及漂洗业	265	3581	255	3435
针织业	70	7214	21	297
窑瓷业	2214	67685	1875	31626
造纸业	2788	38346	2608	36184
制油及制蜡业	1703	20725	1014	11839
制漆业	18	203	32	721
火药火柴业	80	10459	33	6303

① 参见赵冈等:《中国棉业史》，台北联经出版事业公司 1983 年第 2 次印行，第 235 页。

② 以上参见彭泽益编《中国近代手工业史资料(1840—1949)》第 3 卷，中华书局 1962 年版，第 153—154 页。

续表

业别	1912		1913	
	家数	职工数	家数	职工数
洋皂烛业	80	1519	28	536
染料颜料业	73	721	52	463
制香烛业	264	9480	107	1031
酿酒业	1387	19526	2445	30096
制糖业	728	9410	975	13682
制烟业	996	17956	760	14048
制茶业	617	145722	703	100327
糕点制造业	267	2333	202	2276
印刷刻字业	50	1972	56	4587
纸制品业	115	3469	304	7215
木竹藤梭柳器业	631	7955	599	10429
毛皮革制品业	427	7665	551	9814
玉石牙骨介角制品业	57	609	69	960

资料来源：见农商部《第二次农商统计表》，第4—5页。转引自彭泽益编《中国近代手工业史资料（1840—1949）》第2卷，中华书局1962年版，第432—433页。

值得注意的是，民国初年，江浙一带的丝织业中，曾经经历过传统生产经营方式的回潮，由分散的手工劳动发展到近代机器绸厂，却又再次倒退为“放机”分散型生产，并曾导致绸厂工人的罢工抗争，引发社会上关于机器工厂和手工生产孰优孰劣的激烈论争。[①] 如今看来，这种“逆向”演替可能既包含着某种不得已的苦衷和历史的无奈，也反映了手工业者经过实践和比较之后所重新作出的选择。正如时人考察江浙地区传统丝绸业的生产情况后所说：“以放机论，为苏缎历史上最久之习惯，于社会状况、地方情形最为适合之办法。丝织大

① 参见王翔：《中国资本主义的历史命运——苏州丝织业“账房”发展史论》，江苏教育出版社1992年版，第271—284页。

宗,不外江浙,苏、杭、宁、镇、湖、盛,皆丝织最盛之区,即放机最多之处。”①他们把这种早在明末清初即已出现的传统生产经营方式与欧美、日本的情况相提并论:“按放机自织,即泰西、泰东家庭工业之一种,且为吾苏纱缎业历史上之习惯。在工人本身,兄弟妻子均可各事在家工作,自食其力,增进工人之生计;而厂方节省开支,并可减轻成本,借谋销路之轻便,得与外货争胜于市场。”②

实际上,这种情况在针织业中也很盛行,原来一度购机设厂、集中生产的针织业厂商,不久又纷纷改为“放机”,重回分散织造的老路。上海、浙江、江苏等地的针织厂商,均将手摇针织机租借给农户,发料收货,从织户的应得工资中扣取租金。浙江平湖的光华针织厂放机约 1000 台,尚湖针织厂亦放机 600 台。上海地区的放料收袜以南汇县为盛,振艺商行曾经控制南汇家庭针织机的 1/3。以生产童袜著称的上海同兴袜厂,年销童袜 25 万打,其中 3/4 就是由南汇县农家加工的。③ 20 世纪 20 年代,无锡针织业雇用的 3000 多名工人里,“泰半皆为散处工人,论件计资”④。“虽然有些厂家手摇机多达百台以上,但大部分均出租给城乡的手工业者和农民,在厂运转的仅十几或二三十台。”⑤

在当时的生产条件和市场环境下,包买主式的生产经营方式确是体现和建立了一定的竞争优势。各种手工行业不约而同地共同选择“散工制”的生产经营方式,很明显不是偶然的、随意的,而是经过了精明的算计,同时也是与近代中国的基本国情相一致的。这种资本主义性质的分散的家庭劳动,使工商业经营者得以实现劳动条件上的资本主义节省,并且可以更加广泛地控制和利用城乡个体小生产者的廉价劳力,对资本家来说,实乃一种更合算、更有利可图的组织生产和经营的方式。

交易费用经济学认为,不同交易因交易特性的差异,存在不同的交易成

① 《江浙丝织业联合会刍言》,1927 年 10 月 18 日,苏州市档案馆藏。

② 《苏州铁机丝织业各厂告社会各界人士书》,1927 年 10 月,苏州市档案馆藏

③ 上海市工商行政管理局:《资本主义在我国民族工业中发展的三个阶段》,1963 年打印本,第 53 页。转引自许涤新、吴承明主编《中国资本主义发展史》(第 2 卷),人民出版社 1990 年版,第 937 页。

④ 彭泽益编:《中国近代手工业史资料(1840—1949)》第 3 卷,中华书局 1962 年版,第 153 页。

⑤ 钱大江:《从近代无锡针织业看资本主义经济中的工场手工业》,《苏州大学学报》1985 年第 1 期。

本,因而需要不同的制度安排或规制结构。威廉姆森曾经分析过交易费用产生的原因,认为资产专用性是其中一方面的重要因素。[①]

资产专用性实际上是一种"锁住"(Lock-in)。资产专用性是指某些投资一旦形成某种专门用途的资产,就很难改变为其他用途,如果要改变为其他用途,资产的转置价格(Salvage Price)就会低于资产的购买价格(Acquisition Price),从而造成经济损失。资产专用性与沉淀成本(Residual Cost)和准租金(Quasi-rent)等有关,具体可分为五类:(1)场地的专用性(Site Specificity),指资产一旦投入在某一场所,就很难在地理区域上进行重新配置。(2)人力资本的专用性(Human Asset Specificity),指有特殊知识和技术的人力对原企业的依附性,一旦离开这个行业,可能导致自己人力资本的巨大损失。(3)物质资产的专用性(Physical Asset Specificity),指物质资产的特殊用途。(4)"献身"性资产(Devoted Asset or Dedicated Asset),如买方要求供方提供特别服务,这种服务需要买方增加另外投资,这种资产即属于此类。(5)商标资产的专用性(Brand Asset Specificity),商标是一种特定的无形资产,它是企业的一种积累。

就生产效率而言,专用性投资往往是必须的,但是专用性资产常常会带来"潜在的可占用性准租金",所以可能导致机会主义行为的产生和交易成本的增加。[②] 正因为如此,包买主采用"放料代织""应销定货"等经营方式,避免了厂房、机器、工人等资本投资的沉淀,可以根据市场行情及时地扩张或缩减生产能力,却不必承担缩减生产能力时所要承受的厂房和设备损失,不用支付人员失业带来的各种费用。民国初年,有人专门比较了工厂化生产与散工制经营的利弊,列举了在包买主制经营方式下从事手工业生产的种种便利之处:其一,"不以厂屋为限,其机数即可随时扩充,则工业盛大,而工计亦宽裕,多放一机,则少一失业之工人";其二,"放机不以籍贯为限,则土著客帮,

---

① 参见奥列弗·威廉姆森:《交易费用经济学:契约关系的规制》,《企业制度与市场组织——交易费用经济学文选》,上海三联书店1998年版。威廉姆森用三个维度(Dimension)来描述交易的特性:交易的不确定性(Uncertainty)、交易发生的频率(Frequency)和资产专用性(Asset-Specificity)。交易费用受这些维度的影响。

② 参见本杰明·克莱因、罗伯特·克劳福德等《纵向一体化、可占用性租金与竞争性缔约过程》,《企业制度与市场组织——交易费用经济学文选》,上海三联书店1998年版。

概可领机。在土著则夫妇兄弟皆可勤动,在客帮则帮工伙友皆可合作";其三,"该机掘沟、配件,手续简便,并不须高大厂屋,有屋者领机自谋,无屋者借厂安机,于工方并无困难";其四,"领机者有极简便之契约,不须现金保证,工方无筹措资本之劳";其五,"放机以后,在工方无赴厂奔走之烦,无时间束缚之苦,于生产上有进而无退";其六,"放机亦为提倡家庭工业及自由工作,于工艺上有勤勉而无游惰,系增进工人之利益,非缩减工人之生计"。[①] 这些议论固然不无美化和拔高传统手工生产的倾向,但也确实不乏符合经济学原理、适应近代中国社会现实的合理成分。

包买商支配下的家庭手工劳动,实际上是"产销合一"型的,它们不仅注重生产,更加注重销售。在传统丝织业中,清代前期即已经有"账房"制经营方式,鸦片战争后得到了进一步的发展。"账房"老板既是商人,又是资本家,在组织丝绸生产的同时,也经营丝绸的批发销售,与市场的联系异常密切,对商品的需求信息十分敏感,因此能够在其力所能及的范围内做到"以销定产"。近代史上,杭州的绸庄将过去的"放料收绸"改为"应销定货",由加工变为定货,只订收适销的丝织品,就是为了更好地适应市场需要。苏州的天纶纱缎庄,开办之时就明文规定:"本庄专造木机时式纯经缎,织机以二十只为度,如遇营业发达,由各股东酌量加增机数,总以销场为标准。"[②]这种"总以销场为标准"的经营原则,使得传统丝绸生产注意根据市场需求和定货多少,散放经纬,定织货匹,添减织机,这样无疑可以在一定程度上减少生产的盲目性和经营的随意性,避免产品的积压,加速资金的流转,从而实现"以销定产,大致平衡"[③]。

江浙地区的绸缎庄几乎"与全上海的绸布店大多有往来"[④]。土布生产也因纱布庄开辟的市场而运销全国乃至海外。长期工商两栖的身份,使得包买商已经把销售渠道深入各地乡村集镇,形成一个庞大而又极富渗透力的商业

① 《江浙丝织业联合会刍言》,1927 年 10 月 18 日,苏州市档案馆藏。

② 《天纶纱缎庄立合同议墨》,民国 9 年 4 月吉日,苏州市档案馆藏。

③ 《苏州纱缎业同业公会致江苏省总商会函》,1930 年 6 月 14 日,江苏省档案局藏。

④ 小野忍:「苏州の纱缎业」,『满铁调查月报』第 23 卷第 2 号。

网络。许多绸庄布店都在大中城市和繁华商埠设立专司推销产品、承接订货的分庄。这些分庄是传递信息的灵敏耳目和进行产销活动的得力助手。它们雇用着数目不等的推销人员,来回奔走,送货上门,还要与订货方谈判决定货价、货色和交货时间等,然后迅即通知本店依样加工,按期交货。那些规模较小的包买商,即使无法在各地商埠开设分庄,也要千方百计地委托当地店家代理产品销售和接洽订货事宜,从而根据市场需求来组织生产。[①]

所有这些,在激烈的市场竞争中无疑是极为重要的。河北土布业和江浙丝绸业的许多手织机户,宁可放弃独立生产者的地位而甘愿置身于包买商的控制之下,就是想要得到这样的市场信息。在这个问题上,19 世纪末 20 世纪初美国传教士明恩溥(Arthur H. Smith)在鲁西北地区的所见所闻,也从反面提供了有力的证据。他观察到,当地手工棉纺织业之所以衰落,就在于"批发商的代理人已经不像过去那样再露面了",因而"当地产品已经没有了市场"。[②] 后来的一些研究者也都"强烈地感觉到":不是机纱和机织布进口到了植棉区,而是这些地区正在失去它们的外部市场(大部分在北方和西部地区),才造成了这些地区传统手工棉纺织业的衰落。

经济学说史上,熊彼得(Joseph Alois Schumpeter)以其著名的"创新"(innovation)理论而独树一帜。经济学上所指的"创新",范围远比一般所说的"发明"(invention)宽泛得多。在熊彼得的理论架构中,经济研究的核心问题不是均衡,而是经济结构的转变。他坚持认为,"创新"——企业家利用资源以新的生产方式来满足市场需求——是经济增长的原动力。正是企业家的创新行为和冒险投资,才造成了人类经济福祉的提高。熊彼得曾列举了"创新"的五种主要形式:(1)新产品的发明;(2)新方法的采用;(3)新市场的开辟;(4)新产业组织的推行;(5)新原料来源和半成品来源的获得。

与之比较,不难看出近代中国手工业基本上还是沿用传统的生产经营方式,在推动产业组织创新方面也许成效不大,但是,在发明新产品、开辟新市场和获取新原料等方面,则发挥了较大的能动性。以上所述包买主们不遗余

---

① 小野忍:「苏州の纱缎业」,『满铁调查月报』第 23 卷第 2 号,第 22 卷 5 号。

② 明恩溥:《动乱中的中国》第 1 卷,1901 年,第 91 页。

力地开辟市场,在某种意义上与熊彼得给予高度重视和高度评价的市场“创新”差可比拟。包买商们风尘仆仆地奔走各地,为的就是保住原有市场,开拓新的市场,而经济学的理论认为,在新的市场上,即使是旧的产品,也会取得与推出新产品非常相似的效用。熊彼得指出,一旦创新者证明了他的创新方法有利可图之后,其余的人就会群起效法,从而激发出“创新的丛生”(clustering of innovation)。

熊彼得认为,创新是企业家的天职。他提出了作为一个企业家所必须具备的能力和条件:(1)发现投资的机会;(2)获得所需的资源;(3)说服别人参与投资;(4)组织企业;(5)具有担当风险的胆识。以这些标准衡量起来,那些由流通领域进入生产领域,采用包买主制经营方式从事生产的商人,虽然还有种种缺陷,但可以说基本上还是具备了熊彼得所谓企业家的条件的。事实确是如此,有了资本和劳动等生产要素之后,还必须有人将之组织起来。实际上,生产何种产品,如何进行生产,如何确定价格,怎样寻找市场,怎样建立营销网络等,都不是简单之事,必须有非常专业的人才能将之付诸实施。在实际运营中,包买主正是其间承上启下、运筹帷幄的核心人物。①

与此同时,包买主投下资本,组织生产,希望能够制造产品,销售牟利,但是从组织生产开始到获取利润为止的漫长过程中,包买主将不可避免地面对形形色色的风险,包括生产过程中的产品质量风险,销售过程中的市场波动风险,开拓市场时的同业竞争风险,以及其他各种各样的风险,如天灾人祸、政治动荡、战乱兵燹等。历经种种意料之中和意料之外的风险之后,包买主才会享受到姗姗来迟的收益,而在此期间,可能早已有许多企业由于无法承受某些风险而归于倒闭。难怪有人说,成功企业的利润来自其他失败者的损失。仔细想来,似乎也不无道理。用熊彼得和弗兰克·奈特(Frank Knight)的话来说:企业的利润主要来自创新活动和承担风险的报酬。②

在某些特殊的手工行业中,如上海、广州、北京、沈阳等地的金属制作和木器雕刻业中,商人组织和支配生产,甚至成为维系行业生存的前提条件。

---

① 参见王翔《“帐房”析论》,《中华文史论丛》,上海古籍出版社1987年版。

② 弗兰克·奈特(Frank Knight),美国芝加哥大学经济学教授。

因为“这些手工行业产品的加工完成,需要很长的时间。一件产品的成功,往往需要耗费二三年以上。这些手工行业与商业结合在一起,或者从属于商业,实在是这些手工行业得以维持的前提”[①]。这些手工行业特殊的技术要求和生产特点,使其不适应大规模的工场制经营,说也奇怪,这些传统手工业一旦需求激增,采取大规模工场生产的话,其产品的样式和质量往往也就随之下降,其结果反而是这一手工行业的堕落和败坏。

鸦片战争以后,特别是甲午战争之后,中国社会经济的变化和需要,使得包买主制生产经营方式在各种手工行业中迅速蔓延,成为瓦解传统行会手工业的至关重要的力量,“可以说,是产品的包买者与原料的配给者共同造成了行会手工业的崩溃”。也正因为如此,商业资本向手工业生产领域的渗透,便成为手工业行会组织所极端恐惧而又深恶痛绝的事情。长期以来,在我们的历史研究中,似乎也是自觉不自觉地站在了行会手工业者的立场上,对包买主制经营方式采取强烈批评的态度:一方面,指责它不如工场手工业来得进步,并未触及旧的生产方式;另一方面,则指责它在旧的生产方式的基础上剥削手工劳动者,使独立小生产者“沉沦”为实际上的雇佣工人。其实,无论从历史主义的原则出发,还是从经济学的理论着眼,这个问题都值得重新探讨。

在晚清时期,中国资本主义机器工业的发展极其缓慢、极不充分,根本无力消纳已经过量存在、还在每日每时不断涌现的“产业后备军”;此外,各地的城镇周围还散布着大量亦工亦农的手工业生产者。[②] 他们并未完全割断与土地联系的脐带,多是农忙耕种,农闲做工,所谓“各工大都半农半工,农隙则出货较多,农忙则出货稀少”[③],这正反映了这一部分劳动者的身份特征和工作特点。各地农村里,更存在着大量的剩余劳动力,他们没有机会被大都建立在城市里的近代工厂所雇用,而仍然信守着传统的生产经营习惯,从事着这样或那样的手工业生产,比较容易为商业资本的触须所缠绕和控制,从而为

① *Journal of North China Branch of the Royal Asiatic Society*,1912,P. 65.

② 例如,30年代期间,苏州丝织业从业人员中,农村专业者为20%,农村副业者为50%,城镇专业者只占30%。《苏州手工丝织业土特产生产概况表》,1936年,苏州市档案馆藏。

③ 《吴县纱缎庄业同业公会致吴县总商会函》,1933年4月4日,苏州市档案馆藏

商业资本向手工业生产领域的渗透，为包买主制生产经营方式的生长，提供了一片天然肥沃的土壤。通过这种生产经营方式的作用，在商业、手工业资本家的干预和组织下，大批城乡小生产者都被吸收到资本主义关系的网络中来，使得中国资本主义生产体系的包容范围大为扩展。

首先，无论从经济理论还是社会现实来看，对于包买主们的牟利之心都无需过多指责，一般而言，包买主在组织生产上的贡献显然要大于他们的道德欠缺。以织布手工业为例，包买主以棉纱配发给织户，等于是发放短期信用贷款，为小手工业者提供了必不可少的生产原料和流动资金，使得生产能够不致中断。晚清以来，织布手工业中机纱的使用量渐渐超过土纱，而机纱比土纱长得多，织户一次可以领取一大轴经纱，足以供应织 10 匹布之用，从而避免了每织一匹布都要重新调整经纱的烦琐工作。然而这样一来，每家织户所需的流动资金便要增加，对于一般织户而言，实在是一个不轻的负担，而现在这一负担由包买主承担了。有时，包买主们甚至还直接以信用贷款的方式资助城乡手工业者购置生产工具。在河北高阳县，首先向当地农户介绍新式织布机的就是一批布商，他们从天津买来织布机，分别售给农户，只要农户能够找到殷实保人，便可先付半价购置织机，然后在每次收购农户织成的布匹时，分期零星偿还欠款。也有一些布商，自己购办织机，租给农户使用，待农户织成布匹后，偿还织机代价。这种情况，在江苏无锡、浙江平阳等地的针织行业和苏州的丝织行业中也是屡见不鲜。

其次，更为重要的是，个体小商品生产者的市场销售范围，至多不过方圆百里，否则成本太大就会造成不经济。与之相比，包买主开辟的商品市场则跨州越省，甚至远及海外。这对促进生产扩大和经济发展以及刺激新的生产方式的产生，所发挥的作用是不言而喻的。

再次，从各地、各行业的情况来看，包买主实际上还大都执行着产品质量管理的功能。他们向织户规定产品的式样与规格，拒绝收购难以脱手的劣货，从而使得众多分散的手工业者能够造出比较标准化的、有市场销路的产品。“产销合一”的包买主的商人身份，使其对于市场动态极为敏感，能够及时向小生产者传递市场情报，而这在越来越激烈的商品竞争中掌握瞬息万变的市场动向,是极为重要的。据说晚清以来的河北土布手工业中,不是包买商迫使独立小生产者“沉沦”,而是许多独立织户纷纷要求加入包买主制度,原因就在于他们想得到这样的市场信息。江南地区的丝织业中,一些尚维持着独立地位的“现卖机户”,也往往如此。

历史地看,这又是手工业生产形态演变的一个必经过程,“如果不把为包买主的工作与资本主义发展的一定时期或一定阶段的整个工业结构联系起来,要了解这种工作的意义是不可能的”①。究其实,这种“放机”制或曰散工制的生产经营方式,可以认定为资本主义家庭劳动的一种表现形式。这种性质的城乡家庭副业,“与那种旧式家庭工业除了有相同的名称,再没有别的共同点。它现在已经变成了工厂、手工业工场或商店的分支机构”②。机器工厂、手工工场和包买商通过加工、订货、包销等形式,支配着城乡的家庭手工业,把它们逐步地纳入了资本主义体系的范围和轨道,“在资本主义工业结构中起着很重要的作用”③。

① 列宁:《俄国资本主义的发展》,《列宁全集》第3卷,人民出版社1959年版,第501—502页。
② 马克思:《资本论》第1卷,人民出版社1963年版,第497页。
③ 列宁:《俄国资本主义的发展》,《列宁全集》第3卷,人民出版社1959年版,第502页。

第九章
晚清手工业中的行会制度

手工业行会是从事同种作业的手工业者的组织,往往是自发组织状态。其成立的目的在于保护本行业的经营利益、调整同业关系、解决同业矛盾、协调与政府的关系和在同业间均摊差务,试图形成利益相关的共同体结盟。手工业各行会的组织较为严密,订有行规、业规、帮规等制度,形成一种垄断势力。晚清时期,随着社会经济政治的巨大动荡,手工业行会也在不断演进,其性质与职能逐渐发生着相应的改变。

第一节　手工业行会的演进

中国的传统手工行业历史悠久,随之而产生发展的手工业行会同样源远流长。在明朝中期以后,中国的手工业行会已经发展完备,分工细密,覆盖面广,有着一整套成熟的程序与机制,规定着行会内部人员的生产经营规范。各手工业行会承担着与官府对接差务,制定行业条规,处理行业内部纠纷,兴办公益事业等功能。

一、清前期手工业行会的成熟

行会制度是随着封建社会内部商品经济的发展而产生的,同时又是商品生产发展不够充分、社会分工不够发达、商品市场不够广阔的产物。它由同一城镇中的同业者或相关职业者所组成,主要功能:一是联结同业,以与不利于己的人事相抗衡;二是避免竞争,维持本行业共存共荣的垄断地位。①

清朝前期,各地手工业行会已经发展得相当成熟,几乎每一项手工行业都有行会,随着一个行业的逐渐专业化而越分越细。"会馆、公所,因思贸易于斯,侨居于斯,或联同业之情,或叙同乡之谊。期集合团体之行为,与社会甚有关系。至或称会馆,或称公所,名虽异而义则不甚相悬,故不强为区分。"②

以苏州为例,它的丝绸业原来没有本业会馆,仅钱江会馆、武安会馆是以该籍绸缎商为主;而公所就多了,有绸业、锦缎业、纱织业、湖绉业、织绒业、绣业、丝业、染丝业、金线业、杭线业、丝边业、贡带业、采绳业等10多个公所。又如服装,有成衣业、估衣业、寿衣业、戏衣业、绒领业、瓜帽业、鞋业等7个公所。公所一般为一地的全行业的组织,也有少数分置两个或两个以上并列的公所,如绣业分出锦文公所与云华绣业公所(零剪顾绣业)两个公所。木器业则有木梳妆公所(红木梳妆作铺)、置器公所、橱柜公所、圆作盆桶公所之别。玉器业,有苏州琢玉同业所建的珠昌玉业公所(1820)和南京玉业商人所建的玉业公所(光绪时)。硝皮业有永宁公所(允金公所,嘉庆时)和裘业公所。酒馆业有菜业公所和友乐公所;饭馆业有膳业公所和满汉膳业公所、厨小甲公所。面馆业有面业公所和梁溪公所;粮食业有米公所、宜稼公所、粟裕公所和五丰公所。木业有巽正公所、大隆公所和锯木业的务本公所、小木公所。公所区分如此之细,主要是从业人数的增多、生意的兴隆,导致行业的细分,以及行业中有不同的品种、工艺和不同的地区帮口。一个或多个公所只属或同属一个行业,而没有跨行业的不同行业包括在一个公所之内。

与会馆基本上按外来商人的地域名称来命名不同的是,苏州的公所绝大多数以行业的名称为其名称。也有少数公所虽以地域来命名,但其内容仍代

---

① 参见王翔:《从云锦公所到铁机公会——近代苏州丝织业同业组织的嬗变》,《近代史研究》2001年第3期。

② 吴馨等修,姚文枏等纂:《上海县续志》卷3《建置下 · 会馆公所》,1918年刻本。

表了一定的行业。如浙南公所(浙右公所),实为粗纸箬叶业的公所;江鲁公所为苏北山东腌腊、鱼、蛋、咸货业的公所;新安公所为布店字号之公所;浙绍公所为口弗布(洋布)染坊的公所;元宁公所为皮业的公所;兰溪公所为金华腌腊业的公所;浙台公所为台州茶业的公所;等等。除此之外,苏州还有一些名称虽不很明朗而其实也是行业性的公所,如崇德公所为书坊业公所,咏勤公所为洋货洋布业公所,丽泽公所为金箔业公所,嘉凝公所为金线业公所,巽正公所为木业公所,太和公所为药业公所,安仁公所为寿衣业公所,等等。

上海公所也有地域其名、行业其实的类似情况,如:星江公所实是婺源茶商公所;三山公所属福建橘商公所;祝其(江苏青口)公所实为贩油饼山货的船商的公所,并包括徽州来沪的同业,并不限制其籍贯。至于四明公所,这一主要由宁波人发起的上海最大的公所,也并非纯粹的地域组织,因公所之下还有按行业分的会、堂:木业有长兴会,肉业有诚仁堂,还有竹业的同新会,内河水轮业的永安会,马车漆业的同议胜会,钢铁机器业的永生会。就会、堂来说仍是行业性的组织。当然,也有些公所以地域为名,按资料尚弄不清代表什么行业,但只是很少的情况,不足以与行业性并举成为另一类(地域性)公所。

以地域命名的公所的行业特点,往往表现在这些公所内的商人实际上是各操一业,商人的籍贯与行业是相重合的。在苏州,一些行业就由某一地域的商人所独占,如浙江绍兴人独占了口弗布业,故口弗布公所即以浙绍公所命名;粗纸箬叶业由浙江建德、桐庐商人独占,故以浙南公所为名;北方来的花生、咸腊等货由徐兖地区商人独占,江鲁公所之名即由此而来。[①]

上海地区市面繁荣、商业发达,各行各业所建筑的会馆、公所林立。商船会馆,在马家厂,康熙五十四年(1715)沙船众商公建;药业公所,即药王庙,在药局弄,乾隆五十三年(1788)各药业积款待建。嘉庆初年(1796)购地卜筑;飞丹阁,在邑庙豫园,为京货帽业公所,乾隆年间设。轩辕殿,即成衣公所,在豫园东硝皮弄,嘉庆二十二年(1817)建。点春堂,在豫园东北隅,道光初年

① 参见吴慧:《会馆、公所、行会:清代商人组织演变述要》,《中国经济史研究》1999年第3期。

(1821),福建汀泉漳三府业花糖洋货各商公立,为祀神会议之所。得月楼,在邑庙豫园,为布业公所,道光三十年(1850)承办供布创始设立。茶叶会馆,初在半段泾,咸丰五年(1855),与丝业合组,称丝茶公所。腌腊公所,在外咸瓜街施相公弄口,咸丰六年(1856)建。酒业公所四明敦厚堂,在豫园,同治九年(1870)五月购建。①

在山西,行会,就其本意来说,就是处于同一城镇中从事同一职业或几种相仿职业的人所组成的协会,最初起源于民间的结社习俗,是一种商人的自发组织。行会组织名称很多,没有统一规范,如公所、会馆、公会、社等,其中尤以公所和会馆为最多。山西商业行会最初的创立时间并没有确切记载,就现有史料而言,大约在明代万历年间晋商行会就已经很完善了。据李华编《明清以来北京工商会馆碑刻选编》载,晋商在京师创办最早的会馆是平遥颜料商于明中叶在京师前门芦草园开设的颜料会馆。清乾隆六年(1741)《修建戏台罩棚碑记》称,"我行先辈,立业都门,崇祀梅葛二先翁,香火悠长,自明代以至国朝,百有余年矣"。到了清代,晋商的势力更为强大,他们或以籍贯、或以职业为据,纷纷在经商地成立行会组织。仅以归化一地为例,清代晋商在此建立的会馆就有 17 个之多。随着事业的不断拓展,到了清中叶晋商足迹已经遍及国内各地,晋商行会也如雨后春笋般在各地涌现,上海、天津、南京、扬州等全国重要商埠都出现了晋商活动的据点,山西会馆势力盛极一时。②

中国一些手工业、商业发达的地区,如苏州、上海、广州、佛山、北京、汉口、成都等地,行会林立。又如传统商帮粤商、徽商、晋商、浙商、苏商、陕商、闽商等商帮聚集之处,所见会馆较多,手工业行会在各地人民生活当中影响深远。

二、晚清时期手工业行会的分化

晚清时期,中国遭遇以往从未有过的大变局,外国列强用战争的方式打

---

① 参见吴馨等修,姚文枏等纂:《上海县续志》卷3《建置下·会馆公所》,1918 年刻本。

② 参见韩晓莉:《新旧之间:近代山西的商会与行会》,《山西大学学报(哲学社会科学版)》2005 年第 1 期。

开了中国的大门,全国各地连绵不绝的战争和各地频发的自然灾害,使清廷疲于应付,自然对于手工业行会的管理有所松懈。晚清时期,各种洋货充斥市场,各种思潮风行一时,人民群众的消费习惯随之发生改变。这一时期,社会动荡不安,人心思变,手工业行会想继续依靠已有的条规或者修订新的条规来规范市场经营、规范手工业者的行为方式已不大有成效,手工业行会遭遇了重大危机,最终导致其开始了艰难的转型。

1. 市场竞争激烈、外来商品冲击引起手工业行会的分化

明末清初以后,随着商品经济的繁荣、商品市场的扩大、劳动市场的形成和商业资本向生产过程的渗透,行会组织越来越成为丝织手工业发展的桎梏。苏州丝织业行会极力维护小生产的方式,竭力用严格的行规来限制竞争,从产品规格、数量、价码、市场到生产技术,以及开设铺坊的规模和招收徒工的数目等几乎所有方面,都实行硬性规定。道光二年(1822)的《元和县严禁机匠借端生事倡众停工碑》规定:“自示之后,各乡匠揽织机只,概向机房殿书立承揽,交户收执。揽机之后,务宜安分工作,克勤克俭,计工受值,不得将货具经纬私行侵蚀,以及硬撮工钱,借词倡众停工。”这显示出劳动契约的订立受到行会的强制。缔约地点必须在机业行会所在地“机房殿”,契约条文必须由机业行会制定,而契约书也必须交给机业行会“收执”。这样一来,如契约内容有违反行规之处,就无法得到行会的认可,无法完成缔约的手续。南京丝织业中也有相同规定。《江宁县缎机业行规碑》规定:“一议各号无论生意好歹,如有机范出来,有无承管连环互保者,统归一律开账,不准自行搭找料户。如不遵议,察出照规究罚。”①此处所谓“承管”的角色,颇类似于一般所说的“行头”。两地资料相互印证,可见在资本与劳动力之间,有行会强行揳入,竭力阻挠两者的自由结合。

行会还以同乡同行的地缘关系和宗法关系为纽带,固结团体,排斥竞争,表现出强烈的排他性。碑刻资料记载:苏城花素缎机生业,向分京、苏两帮,各有成规,不相搀越。惟以上机经纬,造成缎匹,向非机匠一手一足之力,尚

① 王翔:《从云锦公所到铁机公会——近代苏州丝织业同业组织的嬗变》,《近代史研究》2001年第3期。

有手艺数项,赖此以生。如机张之须用泛头也,有结综掏泛一业;如丝之须练也,有槌丝一业;如经之须接也,有牵经接头一业;如织花缎也,有上花一业。以上四业,均系世代相传,是以各归主顾,不得紊乱搀夺。[①] 据说这种"成规","数十年来,向章如此"。各行业的操作技术,"均系世代相传",行业成员"靠此养家糊口,别无生计",倘若"群起效尤,占无底止",势必使其丧失垄断地位,甚至会被排挤出市场,"情同绝命"。[②]

凡此种种,凸显出旧式行会组织上的封闭性、业务上的垄断性和技术上的保守性。行会与官府相互为用,将行会力量与政治权威结合起来,防范资本的渗入,限制劳动力的自由买卖,墨守传统的生产方式和劳动工具,以过时的陈规陋习妨碍丝织生产过程中技术分工的发展,力图遏制同业竞争的加剧和生产规模的扩大,同时也就阻滞了社会生产力的发展。原因就在于行会制度用超经济的强制方法使手工业生产踏步不前,严重地限制和阻碍着小生产者的分化和社会生产力的发展。[③]

然而,明清时代,商品经济毕竟已经发展到一定水平,市场相对扩大,竞争也随之越发激烈,行会内部的矛盾和冲突日趋尖锐,破坏行规的现象与日俱增,行会内部的分化也不断加剧。苏州丝织业行会对于阻挠同业间的竞争、防范资本的渗透、限制劳动力的自由买卖、消除内部的矛盾和冲突,越来越显得力不从心。道光二年(1822)元和县重申行规,要求揽织机匠"概向机房殿书立承揽","严禁机匠借端生事倡众停工"。由此事例可见,虽然行会企图依靠官府,用政治权力来"重整""重申"行规,把已经逾越范围的丝织手工业重新纳入传统行规的轨道,但是在商业资本渗入生产过程的情况下,行会制度已经开始动摇,因为行会行规的强制职能是"向章如此"、天经地义的,需要重申则表明已经不为人们信守,表明当时已经存在不去机房殿承揽,而由

① 参见王翔:《从云锦公所到铁机公会——近代苏州丝织业同业组织的嬗变》,《近代史研究》2001年第3期。

② 参见王翔:《从云锦公所到铁机公会——近代苏州丝织业同业组织的嬗变》,《近代史研究》2001年第3期。

③ 参见王翔:《从云锦公所到铁机公会——近代苏州丝织业同业组织的嬗变》,《近代史研究》2001年第3期。

资方与劳方自由组合的情况。事实上，所谓“倡众歇作，另投别户”的情况，确已时有发生，显露出行会的功能日渐削弱，行会制度渐趋式微的征兆。

鸦片战争以后，随着中国社会的深刻变化，市场竞争的加剧势必冲击行会组织，而行会组织的松弛又反过来促进着市场竞争的增长。尤其是太平天国战争时期，各地工商业行会原有的行规，大多无形“废弛”，致使“买卖紊乱”，失去了先前的约束力，更加起着助长竞争加剧的作用。在长沙的锯木业，“我辈锯行，亦重法守。忆我前人建立鲁班先师庙，为朝廷大典衙署各差，石刻规章，竖立庙中，流传百余年，无敢或越。自乾隆年间分为五柱，承办各署文武科场，俱系五柱分派，毫无紊乱。奈光绪年间，人心不古，不免有违条犯规者，实属恨深切齿”[①]。

在这种情势下，各地官府以及为数众多的手工业者要求扭转“行规废弛”的情况，重新确立行规的指导性和约束力。各省城市的商人和手工业者，各自为了维护自身的利益，适应战后城市经济的变化消长，力图抵制增长中的竞争。有人认为“若不设立会馆，剔除积弊，厘整章程，则目下之颓风，将何以挽”。有人认为“每思向无公所，素缺规模，致遇轻葛事情，纷纷争执，言无主宰，理解公平。故有受他帮之屈，不遑悉数。此由同业章程未立，归束无从”[②]。为使“同业各就范围”，买卖“均归一律”，借以限制来自同行或行外的竞争，这就不仅把旧有的行会组织恢复起来，而且有些原来没有行会组织的行业也开始纷纷兴建。

与此同时，有些工商业行会的兴建和重整行规，还因适应官府差务的需要，加强行会的强制作用，使在业同行毫无例外地均摊差务，把这作为一种必须履行的义务。其目的也是“行规不乱”，“差务专承，从此不误”，“则公私两便，咨有禅益”。这样一来，就导致了太平天国战后时期工商业行会的重建或新建活动的频繁。[③]

---

① 彭泽益编：《中国近代手工业史资料（1840—1949）》第 2 卷，中华书局 1962 年版，第 38 页。

② 彭泽益：《十九世纪后期中国城市手工业商业行会的重建和作用》，《历史研究》1965 年第 1 期。

③ 彭泽益：《十九世纪后期中国城市手工业商业行会的重建和作用》，《历史研究》1965 年第 1 期。

随着城市工商业的逐步恢复,各地行会又重新活跃起来。各地行会期望重新制定行业条规,以期能约束众人的生产经营活动。在湖南长沙的糖坊业,“从来行商坐贾,不无规约,百工技艺,各有章程。吾侪长沙善化糖坊,虽云蝇头微利,不有定规,何能一体?自乾隆嘉庆道光年间以来,章程划一,近因粤氛犯境,致规条紊乱,积弊日生。爰集同人共襄美举,谨将旧章逐一妥议,庶几人心皆一,而积弊全除,行规正而商程永定矣。凡我同人务宜恪守,永远遵行”①。湖南武陵的锡器店条规说明了重订条规的理由:

> 盖闻常郡,乃八省通衢之地,各行买卖,均有条规。我等锡店一业,原有章程。因咸丰四年(1854)遭乱以来,未能规复,买卖紊乱。今集同人商议,酌量重整旧规,亦蒙各前宪批准存案。俟后……倘有阳奉阴违,私自乱规,一经查出,决不姑宽也。②

1864年以后到1894年,据不完全资料的统计,湖南、湖北、安徽、江苏、浙江、广东、广西、福建、四川、山东10省所属长沙、汉口、芜湖、苏州、上海、南京、扬州、杭州、宁波、广州、佛山、汕头、梧州、重庆等20多个城市,有具体年代记载的行会活动,计有商业行会107个,手工业行会76个。这些工商业行会组织,大都紧随着各地战事的先后结束,即已开始恢复和兴建会所及整顿会规的活动,以七八十年代为盛。直至90年代前期,各地行会重整活动十分频繁,其势仍未稍减。

2. 传统手工业行会组织的瓦解

太平天国农民战争的激荡风云,加速了传统统治秩序和旧式行会组织的瓦解。战争期间,各地旧有的工商业行会,自经兵火,会馆、公所大多“房屋坍坏折毁”,以至“荒芜无存”,仅存“基地”;有的“公所尚未遭折毁”,“仅存老屋数椽”,由于“年久失修”,亦“久而倾圮”。至于会馆、公所原来“所有各项账

① 湖南调查局编:《长沙糖坊条规》,清光绪十三年(1887),见湖南调查局编印《湖南商事习惯报告书》,清宣统三年(1911),第22页。

② 彭泽益编:《中国近代手工业史资料(1840—1949)》第2卷,中华书局1962年版,第28页。

目及行规等件,一并失去”。有的城市虽没有直接经受战火的波及,也因战时的影响,各业原有的行规亦多无形“废弛”,行会失去了约束力。太平天国农民战争结束后,尽管清廷大力支持城镇行会的重建,但已无力完全修复崩溃的堤防。从旧有行会行规“废弛”的行业来看,战后行规“未能规复,买卖紊乱”,造成了手工业者和商人同业之间竞争激烈。[①] 传统手工业行会对手工业者严密的控制力和约束力一去不复返。商品经济越发达,市场竞争越剧烈,行会制度管理越松弛,这是必然的规律。

这个时期,各地行会活动的频繁,显然是与当时市场竞争的增长相联系的。重庆纸帮业有的老板“妄行滥规,希图渔利。帮长工者,滥做零工,紊乱章程”。学徒也有“零工私行,减价图利”。苏州锡器业在战后“因货料煤炭工价昂贵”,加重了产品的成本,成规未复,产销“甚至亏本,难以敷衍”。苏州丝经行和丝行商人,战后“复归故业”,由于“旧章既无可遵守,行业遂难期振兴”,因而“获利艰难”。南京丝织业“只以公所未复,旧规未整”,同业之间“每滋事端”,争讼不已。原来没有行会组织的某些行业,由于战后“行号亦渐加增,生意骤形繁盛”,买卖“未能划一”,因而同业之间竞争更多。上海许多行业,同业彼此互相“倾轧”,“望衡对宇,并峙数家。冒名图欺,减价求售,种种伎俩,愈出愈奇”。[②]

成立于道光二年(1822)的云锦公所,原本确是苏州丝织业的行会组织。不过,鸦片战争以后,随着中国社会的深刻变化,苏州丝织业中的“账房”势力急剧扩展,阶级关系日渐明朗,阶级对立日益加剧,行会组织越来越无法把各个不同阶级的人们包容在一起,越来越难以以全行业最高代表的面目出现。[③] 同治年间“重建”的云锦公所,性质已经开始发生变化,逐渐由苏州丝织业的全行业组织向纱缎庄“账房”的同业组织演变,与道光年间的丝织业行会组织

---

① 参见彭泽益:《十九世纪后期中国城市手工业商业行会的重建和作用》,《历史研究》1965 年第 1 期。

② 参见彭泽益:《十九世纪后期中国城市手工业商业行会的重建和作用》,《历史研究》1965 年第 1 期。

③ 参见王翔:《从云锦公所到铁机公会——近代苏州丝织业同业组织的嬗变》,《近代史研究》2001 年第 3 期。

云锦公所名同而实异,不可等量齐观。从内外职能上看,与中世纪行会以抵制商业资本渗透,扼制同行业竞争,防止小生产者分化,从而对丝织业的生产经营做出种种强制性的规定为其主要任务不同,晚清时期的云锦公所恰恰便利于"账房"商业资本扩大对丝织生产的渗透和控制,把越来越多的独立手工业者变为受"账房"控制的、实际上的雇佣工人。此时的纱缎庄(账房)云锦公所,每年春秋开会,制定标准价格,使各人在半年间遵守履行,除了还力图维持一个行业统一的价格,对各"账房"的生产经营已经不再强行干涉,也不能施加决定性的影响。

苏州丝织业云锦公所行会职能的瘫痪,还表现在它越来越难以缓和行业内部的阶级对立和矛盾斗争。晚清时期急剧增多的"账房"与丝织工匠之间的矛盾和冲突,反映出此时阶级关系日渐明朗,阶级对立日渐加剧。光绪十年(1884)的《申报》称:"苏省各机房织匠,每阅数年必有把行之举。"可见冲突频率之繁。临近清末,苏州丝织业中劳资双方的冲突越发剧烈。光绪二十六年(1900),"苏州来函云:机匠恃众肇事,在各饭店白吃后,二十一日清晨,依旧成群结队,声势汹汹,各账房皆闭户而遁,暂作避祸之计"①。

湖南长沙的干湿靴鞋店业的情形也是一个例子。

> 我等干湿靴鞋一行,原系铺户客师公建。孙祖会始于乾隆癸卯年,邀集同人,襄兹盛举。追至嘉庆十一年,公捐银五十两入乾元宫,供奉香火。继又于道光三十年改置乐心巷房屋一所。至咸丰初年,铺户客师重捐并余资将前栋改造庙宇,其由来盖已远矣。且如手艺不无巧拙之分,工价亦有低昂之别,公议铺户每双手工增补一二厘至五厘不等。但各店货物,原有上中下三等,其手艺工价,断难执一,仍照三等之价,次第增添,似此无偏无倚之规,可守故辙,可垂来兹。然而传至丙子年(光绪二年),讼之公廷,蒙善化邑尊吴断案批存。②

① 《中外日报》,光绪二十六年(1900)八月五日。

② 湖南调查局编:《长沙干湿靴鞋店条规》,清光绪二年(1876),见湖南调查局编印《湖南商事习惯报告书》,清宣统三年(1911),第28页。

以上记述,表明长沙干湿靴鞋店一行从1783年创立后,各行会成员和睦相处,相安无事,“可守故辙”,屡次出银修建庙宇。但是到了光绪年间,社会急剧动荡,人心浮动,行会成员不能很好遵守条规,以致“讼之公廷”,行会条规逐渐丧失了作用。

值得注意的是,太平天国运动的影响深远。晚清时期很多地方手工行业的修订都明确指出,“因粤氛犯境,致规条紊乱,积弊日生”,“因咸丰四年(1854)遭乱以来,未能规复,买卖紊乱”。从手工行业条规中也能反映太平天国战争对所经之地农业、手工业、商业的巨大影响。

三、手工业行会向近代商会的演进

太平天国战争后很多地方的手工业行会重新建立组织,制定行规,期待“同人务宜恪守,永远遵行”。然而,传统的手工业行会的行规逐渐成为行业发展的桎梏,不能适应时代的潮流,随着社会经济政治的发展,各地手工业行会逐渐向近代商会发展与转型。清末新政时期,在制定商业法规的过程中,各地纷纷成立商会组织。最先示范的地区是上海。随后,组织商会之风气日推日广,各地的手工业行会开始逐渐向近代商会模式转化。

在近代商会建立以前,中国工商界处于传统行会制度的控制之下,壁垒森严,各守畛域,各业商人“和而不同,涣而不聚”,在外来经济渗透和侵略面前显得软弱无力。抱残守缺的行会规约,不仅不能成为工商界利益自保的屏障,反而大大压制了工商界的创新竞争活动。商会成立以后,引进了近代资本主义工商团体新的组织形式和规章制度,把各行各业纳入统一的社团组织之内和有序管理的法制轨道,减少了自身的内耗,增强了对外抗衡的力量。

以最先成立和发展的上海商会为例,从1902年组建上海商业会议公所之日起,商业立法便是这个团体力求实现的目标。两年后改组的上海商务总会,更蒙受“无法之商”之讥,迫切希望早日制订商法商律。1907年,在全国宪政热潮的鼓舞下,上海商务总会在上海发起召开商法大会。来自全国各地及海外若干地区的88个商会和其他工商团体发表了各自的看法,另有30多个商会寄来了书面意见。经过商讨,确定需要迅速制订的商业法规草案有公司法、契约法、破产法、商行为法、票据法、海商法、保险法、工商登记法等。这次会议的时间虽短,却在全国范围内增强了工商界的法制意识,为此后的经济立法作了一定的思想准备和组织准备。为了使未来的商业法规更符合中国国情和商情,会议作出了在全国范围内调查商业习惯的决议,要求各地商会"分任调查,以本国之惯习,参各国之法典,成一中国商法"。

此后的几年内,由商会承担的调查商业习惯的行动,在国内若干地区蓬勃展开,为商业法规的制订提供了不少重要的社会依据。1908 年年底,集众商之智慧、经专门人员几易其稿制定的中国第一部《公司法》和《商法总则》相继完稿,并于同年在上海召开的第二次商法大会上获得通过。[①]

清朝末年,除了上海以外,国内一些地方相继成立了商会组织。在武汉,"汉口商务总会,光绪三十三年(1907)查照商部奏案,汉口为应设总会之处。由商务局邀集商董,遵章公举总理、协理、会董各员,定名为汉口商务总会,由部颁给关防"[②]。"武昌商务总会,光绪二十七年(1901)创办武昌商会,因事中止。宣统元年(1909)三月遵章成立,公举总理、协理及会董各员,定名武昌商务总会,由部颁关防。宣统二年(1910),拨给省城兰陵街官有房屋为会所。此外各商埠均陆续设立分会以资联络。"[③]武汉是中国商业重镇,工商业发达,行业密集,这个地区创办商会颇为积极。

在浙江温州,有国外报纸记载:"1906 年,这里效仿国外的形式新成立了一家商会。商会将会成为处理所有与商业有关问题的中心。商会设在一栋引人瞩目的大楼里。这里将会负责召开讨论和会议,仲裁商业争端。它将会在当地的贸易诉讼官司中对地方县令产生影响,应该有助于促进维护正义。"[④]

在福建福州,"光绪三十年(1904),闽垣创立商会。其公所前借泰宁会

① 参见徐鼎新:《商会与近代中国社会经济发展》,《上海经济研究》1999 年第 1 期。

② 吕调元、刘承恩修,张仲炘、杨承禧纂:宣统《湖北通志·经政志十二》,1921 年刻本。

③ 吕调元、刘承恩修,张仲炘、杨承禧纂:宣统《湖北通志·经政志十二》,1921 年刻本。

④ 温州市档案局(馆)译编:《北华捷报温州史料编译》(1896—1915),社会科学文献出版社 2018 年版,第 142 页。

馆,今又改借裕源钱庄旧店内,以会长李郁斋氏诸君共十二人为特别名誉议员。诸君皆闽商中之巨擘也。官与各商聚会在此公所内郑重商榷,谓商会之于地方实多裨益。惟会中别无经费,幸各董踊跃从公自行筹措,故得以支持大局。此亦足见闽省商业家大有振兴之现象也"[①]。在江西南昌,"江西商务总会已于今春(1908)由华佗庙迁入万寿宫内,该会以屋宇不足以壮观瞻,就该地改建新式房屋,亦饬匠估价八千,不久即行兴工云"[②]。

在湖南省醴陵县,商会成立于1909年。方志记述云:

> 清商贾,除盐政外,皆单独营业,虽有会馆,多为祀神公会会所,于个人商业无涉焉。旋因红茶发展,始有茶团;钱业重大,始有裕国堂,皆为一局部组织。各行各业,各自为政,仍等于一盘散沙,此商业之所以不振也。光绪二十九年(1903),商部奏颁商会章程十六条,各省商会以次设立。醴邑,自宣统元年(1909)知县刘曦奉令设立商会,各商无论资本大小,皆呈报注册。主会务者为本帮丁大连,外帮王学鸿。[③]

由此可以看出,商会组织一改过去各行各业各自为阵、各行其是的惯例,企图改善一盘散沙的局面,以此达到振兴商业的目的。

甚至在一些偏远地区,商会的创设也为人们所常见。在云南昭通县,"商会为商人组合团体,系为改进商务及保障商人而设。昭地商务殷繁,设立较早,自清光绪三十三年(1907)经邑绅李临阳提议,即以设立。初设昭通商务分会,公举杨履恒为总理"[④]。广西桂平县,"浔州总商会,清光绪季年成立。桂平县商会正会长一人,副会长一人,会董二十人。每年开例会一次,两年投票选举正副会长及会董一次,有事即开特别会议"[⑤]。黑龙江宁安县,"清光绪三十年(1904),仅有商号六十余家,立一公议会,由八巨商分班随月办理会

① 佚名:《闽峤近闻:福州:商会起点》,《鹭江报》清光绪三十年(1904)第66期,第1页。
② 佚名:《实业:江西筹建商会会所》,《并州官报》清光绪三十四年(1908)第36期,第29页。
③ 陈鲲修,刘谦等纂:《醴陵县志》卷6《食货志·工商》,1948年铅印本。
④ 卢金锡修,杨履乾、包鸣泉纂:《昭通县志稿》卷5《工业·工厂》,1938年铅印本。
⑤ 黄占梅等修,程大璋等纂:《桂平县志》卷27《纪政·民治》,1920年铅印本。

务。迨新华公司组织成立,始于光绪三十四年(1908)联合众商改为宁古塔商务分会,选孙彦卿为总理,于宣统元年(1909)五月奉到农商部委札”[①]。

晚清时期,中国行会的制度变迁是内力与外力相结合的产物,是自上而下的强制性变迁与自下而上的内在性变迁两种方式交织的结果。行会组织是一种业缘性的工商业者团体,旨在维护同业人士的经营权益。在近代中国,手工业行业组织经历了从传统会馆、公所、行帮到同业公会的形态变迁。鸦片战争后,随着中国经济、政治领域的新变化,行会不断受到冲击与挑战,资本主义关系的成长与新兴工商业的发展对行业组织提出了新的制度要求,传统行会开始了内在性变迁,组织缓慢趋新,功能取向逐渐转变,形成一种较有利于行业发展的非正式制度安排。但是这种内在性的变迁在行业上与地区上表现出很大的差异性与不平衡性,同时,要使这种非正式制度安排具有权威性,还必须得到国家的法律支持,使其成为一种正式制度安排。晚清颁布的一系列法令及其配套措施,提供了行会变迁的制度供给系统,加之商会的推波助澜、西方同业公会的示范效应,从外部促成行会的最终转型。[②]

与此同时,也不能忽视中国传统行会与近代商会在制度安排上的传承关系,特别值得注意的是,清末商会在选举制度上就继承并延续了清代行会选举董事的传统。1883 年,出版于上海的《中国评论》上刊载《中国的行会及其行规》一文,记述了广州行会对于选举的规定:“在每年元月初后的某天举行选举,从本行会成员中推举出该年度的会首和理事会成员。”“行会资金应按照全体会员做出的决定使用。”[③]1886 年,美国传教士玛高温所著《中国的行会》也记载了他的所见所闻:“行会职员由一名总管事和一个委员会组成;委员会成员每年选举一次,可连选连任。在较大的贸易中心,每一行业都在委员会中占有一席位。”[④]马士也于初版于 1909 年的《中国行会考》一书中列举了上海茶业行会、宁波钱庄业行会、温州木匠行会和磨坊行会等选举首士和

① 王世选修,梅文昭等纂:《宁安县志》卷 3《职业 · 商业》,1924 年铅印本。
② 参见彭南生《论近代中国行业组织制度功能的转化》,《江苏社会科学》2004 年第 5 期。
③ 彭泽益编:《中国工商行会史料集》上册,中华书局 1995 年版,第 54 页。
④ 彭泽益编:《中国工商行会史料集》上册,中华书局 1995 年版,第 7 页。

委员会的类似做法,指出:“在中国,或许像人们所认为的,行会的管理机构是更民主的。上海茶行的首士,每年由十二人组成的委员会选举产生。每名委员轮流作一个月的首士或管事,行会成员不得拒绝在这个理事会服务。”①同样的情况几乎在各地工商业行会中都可以看到。罗威廉通过对清代汉口行会的研究发现:“在所有已知的情况下,汉口行会的官员都是在每年一度的全体成员会议上选举产生的。工程项目管理人也同样是在专门为此目的而召开的会议上由全体成员选举的。这种选举领导人的过程被称为‘公推’。虽然大部分被提名的人都是事先在一个头面人物的小圈子里推选出来的,但毕竟都要经过正式的选举过程,并要获得对选举过程的集体合法性的承认。在这方面,汉口的行会可以说是本土民主传统的策源地。”②

正是基于这样的事实,有些学者认为:在某种意义上可以说,“中国行会的民主精神比西方行会更为突出。每一行会由会员选出董事,再由董事按年轮流担任会首,会首则按照全行公认的行规执行职责……虽然行会的董事经常由同行少数几家大店号的号主担任,但这也是一种正常的现象,既要领导全行业,自然要由全行所信赖的大店号主来担任此职,而且这也无损于行会的民主管理制度”③。因此,联合原有的行会组织而成立的近代商会,也就顺理成章地继承和发扬了传统行会选举董事的规则和做法,形成一种具有一定民主形式和民主原则的制度安排,而这在晚清时代的中国,堪称一种历史的进步。

第二节 手工业行会的功能与作用

手工业行会在本手工行业当中充当着管理调节的功能。手工业行会发挥一系列的作用,主要包括维护日常商业秩序,处理行业纠纷,制定行规、整

① 彭泽益编:《中国工商行会史料集》上册,中华书局1995年版,第60页。

② (美)罗威廉:《汉口:一个中国城市的商业和社会(1796—1889)》,江溶、鲁西奇译,中国人民大学出版社2005年版,第394—395页。

③ 虞和平:《商会与中国早期现代化》,上海人民出版社1993年版,第158—159页。

顿行规,主持行业内部兴办善举等,在各手工行业日常生产经营之中如影随形。

一、维持商业秩序,处理行业纠纷

晚清时期,同业之间竞争剧烈,矛盾丛生。维持各行业日常商业秩序,处理行业纠纷,是各手工业行业日常管理的重中之重。如湖南益阳刨烟业,“我行自乾隆立永年福以来,永敦和好,美尽东南。近年因人心不古,屡起争端,虽经各宪断明,尤累弊端不息。自光绪十九年(1893)因毛钱起衅,复兴讼端”[①]。又如在江西景德镇的制瓷业,“[清光绪三十年(1904)]十月一日,景德镇发生一次骚动,其起因为两帮画瓷工人对一些新行规的争议”[②]。行业内部成员因各种原因产生争斗更为常见。如在浙江杭州的鞋业行会,“杭垣鞋业行中,议聚百余人在梅花碑同春园茶馆与店东论理,始则喧闹,继以用武,以至该茶馆桌椅茗碗炊炉,尽被打毁”[③]。

在江苏苏州的金箔行业,曾因“多授学徒”而激起轩然大波,闹出命案。

> 同治壬申(十一年1872),苏郡有飞金之贡,先是业金箔者,以所业微细,自立规约,每人须三年,乃授一徒。盖以事此者多,则恐失业者众也。其时有无赖某者,以办贡为名,呈请多授学徒,用赴工作。即得批准,即广招徒众,来从学者,入贽六百人,一时师之者云集。同业大忿,于是援“咬死不偿命”一言,遂群往持其人而咬之,人各一口,顷刻而死。吴县令前往检验,计咬伤处共一百三十三口。[④]

这个事件就是行会成员违背了“每人须三年,乃授一徒”的行规,而引起

① 湖南调查局编:《益阳烟匠条规》,清光绪三十年(1904),见湖南调查局编印《湖南商事习惯报告书》,清宣统三年(1911),第28页。

② 彭泽益编:《中国近代手工业史资料(1840—1949)》第2卷,中华书局1962年版,第606页。

③ 佚名:《整鞋业互殴致讼》,《奇闻报》清光绪二十四年(1898)第1期,第87页。

④ 彭泽益编:《中国近代手工业史资料(1840—1949)》第2卷,中华书局1962年版,第30—31页。

的同行之间的激烈冲突。

在福建,"对于不按行会规定发给工资,或超过行会规定多收学徒的店东,采取极严厉的报复,这种事实的记载是常有的。玛高温曾描述福州一个违犯行规的人被残酷地打死的故事。但他指出,这种办法是很少采用的。行会内部的问题,一般不须采取不正当的冲突而获得解决"①。

为了惩罚扰乱茶叶正常交易的行为,1877年湖南安化县江南镇洞市立有罚蓝田谭某碑,以儆效尤。"前乡蓝田谭某贩茶来硐市同和祥,发售过秤之后以假易真,斟包上当。经识破其奸,凭中罚立禁碑。嗣后再有犯者,罚钱拾千捌佰文,决不姑宽。凭中贺松柏、贺茂书、王礼棣、贺玉山、贺宜春。"

手工业行会内部各成员遵守行规,一般会相安无事。但是,同行与同行之间、同行与他行之间,在经营活动中因商业竞争关系,难免有所纠纷。同行之间的这种纠纷一般依靠行会来调停。但是涉及同行与他行之间的问题,甚至是更严重的问题,如黑帮敲诈勒索、打劫等情形,就需要地方官府处置了。

保护有序的日常商业经营,是地方官署管理民间经济活动的一项主要内容,也是地方官署维护地方稳定的重要手段。在近代江南地区,地方官署为保一方稳定和平安,对苛派与勒索、具有黑社会性质的团伙、恶霸扰害经济活动的非法行为以及不利于正常商业活动的民间陋俗,或以行政命令的方式予以制止,或颁布章程加以规范,或施加刑责予以严厉打击,虽然不能排除例行公事的官样文字,但在一定程度上维护了市场的正常运行,有利于江南地区近代商业活动的发展。

晚清官府保护"合法"民间经济组织,支持它们开展权限允许范围内的活动,打击私设公所、私立行规、欺行霸市的行为。首先,赋予"合法"的民间经济组织的权威性。授权经政府批准成立的会馆、公所等民间经济组织处理民间经济事务、开展民间社会救助工作,清廷在是否允许行会备案时,秉持"一致性"原则,即其行规业规是否得到全体成员一致认可,如无异议,即会出示保护,并允许刻石立碑,取得政治合法性,否则,便会因其不具备社会合法性

① 彭泽益编:《中国近代手工业史资料(1840—1949)》第2卷,中华书局1962年版,第31页。

而不予备案。

其次,严禁私设公所、私立行规、欺行霸市的非法行为。清廷在保护经其批准的合法行会的同时,对那些私设公所、私立行规的行为,态度鲜明,“各行铺动以公所为名,借端敛费,扰累商旅,最堪痛恨”,严格禁止,反对行会的垄断经营行为。行会是一种垄断性的业缘组织,一般情况下,清廷对此听之任之,予以默认,但是,我们也看到了清廷反对行会垄断的另一面。

鸦片战争以来的行会组织是一个兼具传统与现代功能的经济组织,严格限制竞争是其生存的基本法则,限制开业、统一售价、控制学徒数量又是限制竞争的主要手段。晚清官府虽然采取了一些鼓励工商业发展的新经济政策,但也只是希望在既有的农商体制下注入一些新的内容,因此,虽然行会组织难以适应近代工商业经济发展的步伐,但商事习惯的强大惯性,使晚清官府也不敢贸然取缔行规、业规等类似的民间习惯法,只是在既有组织之外另行组建新式商会,形成清末民间经济活动管理上的双轨制,所有这些都反映了晚清地方官署经济管理活动中新旧并存的过渡特色,也是导致地方官管理民间经济活动中政策与执行之间出现落差的深层背景。[①]

在广东,“线香雇工,所得佣资甚微。(1867年)朱亚盈等胆敢私设牙行,勒抽使费,是使穷民无计营生,以致鼓众停工挟制,殊干法纪。本应即行拘究,以儆其余;……即出示严禁,以挽浇风。该职等一面邀集雇工,各回原店,照常工作,不准朱亚盈等仍前勒抽,倘敢抗违,准其禀请拘究”[②]。在线香行业,有人故意勒索,扰乱生产经营秩序,官府出手果断处置。广东肇庆府德庆州,“商贾自南海沙头来者十居二三,余皆土人,素畏官敬士。光绪初,偶得势后,有事辄哄众称罢市为挟制”[③]。这种“有事辄哄众称罢市为挟制”的习性显然严重扰乱了市场秩序,必须加以禁止。

江西景德镇是瓷器生产重镇,当地制瓷工人分成几大帮派,常持械斗殴,

---

① 彭南生:《晚清地方官对民间经济活动的管理——以近代江南地区的碑刻资料为分析基础》,《安徽史学》2010年第2期。

② 彭泽益编:《中国近代手工业史资料(1840—1949)》第2卷,中华书局1962年版,第30页。

③ [清]杨文骏修,朱一新、黎佩兰纂:《德庆州志》卷4《地理志·风俗》,清光绪二十五年(1899)刻本。

依循各行会条规,无法解决此事,直到官府将私藏军器销毁,才控制住事态的进一步恶化。

> 本部院访问景德镇地方窑户、工匠人等,人数众多,向分都、徽、杂三帮,设立首事,借资稽查弹压。往往有强横之徒,或因求索不遂,或怀挟私嫌,即聚众联谋,竟敢执持器械,列阵威吓,如彼造与之对敌,立即激成事端。近闻有小业散班,不遵旧规封禁,胆敢鸣锣聚众,逼勒首事应允,借图挟制。为此示仰景德镇诸色人等知悉:嗣后务当遵守法纪,各安生业,强毋凌弱,众毋暴寡,速将私藏军器概行缴官销毁,勿再恃众生事,甘蹈法网。①

浙江宁波的伞骨行业,"宁郡各工匠,向有把持恶习,动辄聚众挟制,而伞骨匠为尤甚。兹闻有伞匠方顺德,见奉化江沛章、江良土等,以伞骨载至宁郡求售,遂挟同伞骨匠首王宏、杨云宝等拉货擒人,江即赴府控告。经宗太守分别惩责,复将向不安分之江良谋重责,方顺德管押,谕令奉化人此后如至宁波销货,必须随众入行,如不入行,不准潜来宁波生事。至于奉人赴慈溪、余姚销货,应听慈、余二处旧规,不得私专其利,乃杨云宝以未惩责,胆敢邀同郁吉勋出头聚集百余人,群至府署,聚众挟制。宗太守当提杨云宝管押,一面严谕众人安静营生"②。宁波府处理事端以后,伞业日常的生产经营,仍是需要众人听从旧规,"安静营生",最终是依靠行会条规来约束个人行为。

湖南安化县是重要制茶业的地区,尤以种植加工黑茶闻名中外。因"日久弊生",当地官员为规范茶叶市场,在茶叶交易地点立了《奉上严禁》石碑,将朝廷政策广而告之,对各项违规行为"出示申禁",目的在于约束众人的经营行为,"仍饬遵照旧章":

---

① 《刘坤一遗集》,《严禁棍徒聚众滋事示·公牍卷之二》,清同治七年(1868)五月二十八日,第2782—2783页。

② 佚名:《申报》,清光绪六年(1880)十一月十五日。

钦加州衔、署安化县正堂,为谕禁事:照得安邑茶行,凡客商买卖茶斤,所用银水、戥秤、法码,历遵奏定章程。价值仍听随时评定外,其银概用足纹九扣,每两给实银九钱。戥照库评短三分,秤用十六两足给。归包照原定法码廿四斤。行户抽用,照部例每两三分收取,不得另立名色,私自多取。节奉各大宪行令晓谕,遵照在案。因日久弊生,行有私改戥秤、行使低银、搀搭货物、勒取浮用等弊。产贩亦有捆尖、搀末、潮湿弊端,以致互相讦控、并控。各大宪批示法码,饬县较准给发,并委审究结。仍饬遵照旧章,取具各结,申诉在案。兹据产户等呈请出示,颁领法码。前来,除将经前县刘换制较准,贮库法码发给领用外,合行出示申禁。为此,仰行商、产户人等知悉,嗣后买卖茶斤,务各遵照旧章,公平交易,银用足纹九兑。元丝九五色九五兑,不得搀搭、低潮、中色、扣水。戥照库平短三分,秤用十六两,法码足给,成包廿四斤,毋许轻戥重秤,苦累茶户。行户抽用,遵照部例,每两三分收取。毋许外立名色苛索筹样、背手、浮用等弊,其产贩亦宜照依时价,不得有意居奇、搀和、潮湿、捆尖等弊。自示之后,倘敢故违,或经访闻,或被告发,定即严拿,迅实究办,决不姑宽。其各凛遵毋违。特示。右仰通知。[①]

地方官员维护地方市场稳定,维持市面秩序,是日常工作重要的内容之一。但是,晚清时期,社会动荡不安,民不聊生,各级政府对基层民众的控制力往往力不从心。与此同时,手工业行会行规对于会员的约束力同样有所下降,手工业行会组织的行规不能有效地规范手工业者的经营行为,全国各地行业纠纷、违法乱纪行为层出不穷。

二、制定行规,整顿行风

行会的行规是封建社会时期,商品经济发展到一定阶段,行会为加强内部控制和团结,阻止业外和同业竞争,维护垄断而议定的。明中叶到清代前

① 清道光四年(1824)八月初一立于安化田庄乡高马二溪村的《奉上严禁》碑。

期,工商业会馆和公所普遍出现,行会发展到了一个新的阶段,与此相适应,行会行规也开始自成体系。行规主要是经本行商议,必须共同遵守的条款,有“条规”“业规”“章程”等不同的称法,大多以行业习惯和地方俗例为基础。它们是维系行会组织的制度保证,对于行业组织的发展与运作都具有举足轻重的作用。各地城市工商业者在组织行会开业之初,行规的议定须由全体行内成员共同讨论制定。行会的成立须报官立案,方能获得官府的庇护;行规一般也要报请官府批准备案,有不少还由官府出面发布,以告示或碑刻等形式公布出来。但对于行规的具体内容,只要其中没有明显的违法条款,官府一般采取默认态度,不作过多的要求与限制。①

清代,各行各业种类繁多的手工业的生产经营活动是依靠行业内部自行管理的。各行各业秩序井然,主要依靠各行会内部约束和日常管理。在清前期,行会对内部成员有较大的约束力。在晚清时期,行会对内部成员的约束力有所下降,不守行规、屡起争端的现象时有发生。

制定行规、整顿行规是每一个手工业行会都十分注重的头等大事,这是手工业行会得以生存最重要的手段之一。俗话说“无规矩不成方圆”。在清代,各手工业行会的行规一般情况下都获得了官府的承认,行规往往以告示或碑刻的形式展示给各会员及普通民众,利于大众监督。湖南省是晚清时期的行业条规保存相对完整的地域之一,有着丰富的手工业行会的行规记录。行规往往规定得十分具体,尽可能涵盖所有细则。为了保证行会的约束力,行会订立了严格的处罚措施,一般采取经济处罚的手法,对于徇私者也是如此。“酬神”“罚戏”的条文屡屡出现在条规里。

清代前中期,是各地手工业行会组织大发展的阶段,各行各业形成大量手工业行会。这些行会,既有行业管理职能,还具有帮会性质。起初,各手工业门类有以籍贯分帮和同业为帮两种。以籍贯分帮者,帮名五花八门,颇带神秘色彩。如江西帮名“万寿宫”,福建帮名“天后宫”,广东帮名“岭南会馆”,江苏帮名“苏州会馆”,安徽帮名“徽州会馆”“太平会馆”等。以同业为

① 王雪梅:《从清代行会到民国同业公会行规的变化:以习惯法的视角》,《历史教学(高校版)》2007 年第 5 期。

帮者,如钱铺、杂货业、绸缎业称“财神殿”,药材业称“神农殿”,屠宰业称“桓侯庙”,戥秤业称“轩辕会”,酒馆业称“詹王庙”等。晚清时期,虽然以籍贯分帮的习惯依然存在,但是以行业为特点的行会制度更加突出。手工业行会的制度就是行业条规,这是行会得以成立和存在的制度基础。条规由行业共同议定,涉及开业、入帮、选举负责人、工资、学徒制度、原料分配、产品规格和质量、价格制定、市场经营范围、官府工役等方方面面。各行会成员须严格遵守所在行会的条规。如北京木瓦业,“京师瓦木工人,多京东之深、蓟州人,其规约颇严”①。

议定条规,各业有各业的理由。光绪年间湖南长沙的砻坊(碓户)业、糖坊业均从行业交易的划一性说明议定条规的必要性。湖南邵阳武冈制铜业制定条规是为了规范带徒弟及招聘雇工中的恶意竞争行为。武冈《铜店条规》写道:

> 盖闻百工居肆,各有规矩,以安其业,苟规矩不有,则和气不洽,而争竞起焉。我行铜艺,居是邦者,不下数十家,其间带徒弟雇工者,每多争竞,较长计短,致费周旋。爰集同行商议条规,约束人心,咸归无事,庶几和气欢洽,而业斯安也。②

汉口制毡业修定条规则主要是为了杜绝货品以次充好:“因羊毛货稀价贵,难觅赢利,潜将黑黄各色最下之毛,及破烂棉絮等类夹造毡心,蒙混取巧,被该帮查出破绽,恐坏帮规,现已齐集公所,极力整顿矣。”③

总的来看,制定行业行规的目的无非在于约束人心,规范经营,企求避免同行竞争,各安其业。

1. 手工行业的开业行规

各种手工业行会对于加入行会的条件各有规定。一般来说,对于新开店

---

① 彭泽益编:《中国近代手工业史资料(1840—1949)》第1卷,中华书局1962年版,第182页。

② 湖南调查局编:《武冈铜货店条规》,清光绪二十四年(1898),见湖南调查局编印《湖南商事习惯报告书》,清宣统三年(1911)版,第28页。

③ 佚名:《本省商情:整顿帮规》,《湖北商务报》清光绪二十五年(1899)第27期,第10页。

铺,须向行会缴纳会费,有“会银”“入会钱”“牌费钱”等名目,此后方有从业资格。在湖南长沙的锡器业,“一议外行与内行合伙开店者,仍照旧规出银十五两入公,于开张日,即将银交值年存公。如不出者,不准帮作起手。倘有知情徇隐者,均罚戏”。在长沙的铜器业,“一外来新开店房,入会钱二十千文,以备建先师公祠”①。

在长沙鞭爆蚊烟业,开设铺面规定颇详:

> 一议城厢内外新开铺面,以及顶旧码头,无论牌名姓字,已更未改,并各铺重开新店,出牌费钱一千二百文,屋内棚厂减半。后设铺面,照式添补其钱。一月内归清。交值年入公敬神,不得迟缓。
>
> 一议老牌搀人合伙者,出牌费钱六百文。倘或搀伙人承接触开,或伙计多者分开数店,分别照式添补其钱,月内归清,交值年人入公敬神,不得迟缓。
>
> 一议非由本行人开店者,取出牌费银十两正。倘或与内行人搀伙,以及屋内棚厂减半,后设铺面仍照添补其钱,月内归清,交值年入公敬神,不得迟缓。②

从行业条规可以看出,开业、入帮需要向行会缴纳一定费用。费用的用途,则屡屡提到,是用来敬神、献香、建先师公祠。用“举头三尺有神明”的威慑力,以行会会员共同敬仰的神来增加行会威信,仍是晚清各地行会坚持奉行的做法。

加入行会,自然必须遵守行规并且要对行会有所献纳,这在某种意义上也是一种代价,但在当时的手工业者看来,加入行会所能得到的利益,要远过于行规的束缚和会费的缴纳。首先,生存竞争如此激烈,人人都切望加入某个团体,以取得依傍和支持,如果遭遇危难,也可得其助援。确实,这一时期的手工业行会,至少看起来仍然具有着某种团结一致的力量,以对付各种可

① 彭泽益编:《中国近代手工业史资料(1840—1949)》第2卷,中华书局1962年版,第30页。
② 彭泽益编:《中国近代手工业史资料(1840—1949)》第2卷,中华书局1962年版,第30页。

能的敌对者。这种团结性是中国传统宗法制度的特点,当然也是传统手工业行会赖以维系人心的绝招,当遇到官吏的勒索、枉屈的诉讼和顾客的争议之时,加入行会者可以指望行会施以援手,而未入会者则处于孤立无援的境地,单靠个人的力量不足以应付外来的欺凌。其次,更为重要的是,在有些地区的有些行业,行会不允许未入会者在行会成员的营业范围内开业,一个手工业者要想获得工作机会,就必须成为行会的成员,否则他将会遇到难以想象的来自行会的压力和刁难,即使求助于官府也无济于事,因为行会的这种行为会得到官府的默许、纵容,乃至公开支持。

2. 外来工匠的入帮行规

各手工行业行会规定,外来工匠来本地生产经营,需要加入本地的行会。在湖南长沙的棕绳业,"一议外来客师,在省开贸,入帮设酒席二桌,牌费钱六串四百文入公。一议外来客师,出香钱四串八百文,交值年首士,演戏庆祝师祖瑞诞。如有不遵,公议不许入帮"[①]。在湖南武冈的铜器业,"一外来新师,出上会钱十千文。一月不取,准作路费,延搁日久,公同向论,不准挥据,以备建先师公祠"。在长沙的染坊业,"一新升正作,出入帮钱四串文,每月入钱一串文正,不准推诿拖延,如违公同议罚。一外来正作,出入帮钱十二串文,每月入钱一串五百文。帮作出钱八串文,每月入钱一串文。外来参师徒弟,出入帮费钱八串文。钱清上名,如若恃强霸市,公同追取理阻"[②]。外来工匠只有加入本地行会,缴纳入会费用以后,"钱清上名",才能被本地同行所接纳。

由上可以看出,外来工匠及外来学徒所交的行会会费往往比本地工匠和学徒所交的费用为多,这是本地保护主义的一种体现。而在很多时候,行会条规所反映的这种习惯力量是与从业者的切身利害紧密联系在一起的。木匠行的规定是:除非加入行会,否则不得参加工作,如若违反,则会被处罚。泥瓦匠也说:不入会而做工,如被举发,会受到处罚。做皮箱的业者说:不入会就不能赚钱生活。钟表铺的工匠虽称入会是自愿的,但也承认未入会者不

① 彭泽益编:《中国近代手工业史资料(1840—1949)》第2卷,中华书局1962年版,第32页。
② 彭泽益编:《中国近代手工业史资料(1840—1949)》第2卷,中华书局1962年版,第33页。

得享受会员的权利，而这些权利对于能否得到和维持生意是至关重要的。[①]所以，有研究者认定：加入行会已经为同行业者所完全接受，“对当时的一个手工业者来说，拒绝加入行会是不可想象的”[②]。

3. 生产销售方面的行规

手工业行会对本行从业者的进货渠道，产品的工艺流程、生产规模、销售价格、销售范围等有着极为详细的要求。有的地方，甚至对手工业作坊所需原料，由行会统一分配。“原料与价格的统制，这是行会所以取信消费者的地方。如染物行之于蓝，绒毯行之于羊毛，绢织行之于生丝，都是规定要用优良材料的。”[③]

为了避免恶意竞争，限制生产规模是其中的措施之一。在湖南邵阳的铜器业，“一议每店老板二人，开炉二座，不准多置。一议会内人占有生理、伙伴求财，只准开店一间”。在湖南长沙的制糖业，“一议每户无论买卖大小，只准双缸作二口，倘加修一座者，罚钱六千文入公，并明知同行人等齐集，立即将该作拆毁”[④]。只准“开炉二座”、只准“双缸作二口”，这种违背市场运行规律的行规，在晚清时期明显弊大于利。

有的行会规定，经营者只能在固定店铺经营，不准走街串巷营业。在湖南武冈的铁工业，“一议同行在城，不准上街卖货，如不遵者，不准开炉”[⑤]。再如湖南新宁《冶坊条规》申明：“铁货只准本店销售，不许下乡零卖，如违议罚。”[⑥]在长沙纸盒业，“一议离城二里以外，如有私作私卸，一经查出，同公处罚”[⑦]。长沙明瓦业，“一议行内诸色人等，不准挑担上街发卖，如有不遵规

① J. S. Burgess, *The Guilds of Peking*, PP. 125-126.

② S. D. Gamble, *Peking: A Social Survey*, New York, 1921, P. 169.

③ 全汉升：《中国行会制度史》，河南人民出版社2016年版，第122页。

④ 彭泽益编：《中国近代手工业史资料（1840—1949）》第2卷，中华书局1962年版，第492页。

⑤ 湖南调查局编：《武冈铁工条规》，清光绪二十年（1894），见湖南调查局编印《湖南商事习惯报告书》，清宣统三年（1911）版，第28页。

⑥ 湖南调查局编：《新宁冶坊条规》，清光绪三年（1877），见湖南调查局编印《湖南商事习惯报告书》，清宣统三年（1911）版，第28页。

⑦ 彭泽益编：《中国近代手工业史资料（1840—1949）》第2卷，中华书局1962年版，第496页。

者,将担打烂,公同议罚”[①]。

有的行会规定了商铺经营的货物品种。在长沙草席业,“一议我行及铺户人等,不准兼办邻邑及一带地方货物,违者议罚。一议外来货物,同行铺户人等,嗣后不准收囤,倘有不遵,公同议罚。一议蓝山道州草料捆只,照旧分给同行,嗣后大小照圈,如有不遵者,请凭值年照圈”[②]。

有的行会具体规定了聘请佣工的规则。在湖南安化的石木锯泥业,“一议我等石木锯泥各行手艺,皆须先入鲁班会,方准在各家佣工。如未入会擅自归帮操作者,公同处罚。一议我等手艺营生各行,既已归行入会,自应一团和气,无论在城在乡,或包工或点工或零工,只许由东家主人自行雇请,不得争充谋夺,致伤情面,违者公罚”[③]。

有的行会规定了具体的工作时间。长沙戥秤业,“每年帮贸者,以正月二十日兴晚工,至五月初五日止晚工。歇晚工者,以八月二十日止,于八月二十一日又起晚工,做至腊月二十四止。晚工以二更收工,城厢内外,诸同一体,如有违规,公同议罚”[④]。长沙铜笔筒业,“晚工正月十六日起,至五月节后收。至中秋节后起工之日,各店整晚工酒一堂,如若不做酒者,将晚工停止。如有私起晚工者,公同查出罚钱八百文归公,违者议罚”[⑤]。

关于产品质量、规格方面,湖南安化的《染坊条规》要求各染坊:“凡染青,要细加工作,先将布底深染,虽旧而颜色不改,如有浅染弄弊减价挚骗,查出重罚。”又声明:“各染坊,凡赐顾者,当面量记尺寸,注明何等色气,须细加工,不可潦草,以出色为要。”长沙《烟店条规》称:“撕叶无论何地头烟及秋伏,脚

① 湖南调查局编:《长沙明瓦店条规》,清道光十一年(1831),见湖南调查局编印《湖南商事习惯报告书》,清宣统三年(1911)版,第2页。

② 湖南调查局编:《长沙草席业条规》,清道光三十年(1850),见湖南调查局编印《湖南商事习惯报告书》,清宣统三年(1911)版,第28页。

③ 湖南调查局编:《安化石木锯泥各行条规》,清光绪三十年(1904),见湖南调查局编印《湖南商事习惯报告书》,清宣统三年(1911)版,第28页。

④ 湖南调查局编:《长沙戥秤重整条规》,清光绪二十七年(1901),见湖南调查局编印《湖南商事习惯报告书》,清宣统三年(1911)版,第28页。

⑤ 湖南调查局编:《长沙铜笔笔筒条规》,清光绪三十三年(1907),见湖南调查局编印《湖南商事习惯报告书》,清宣统三年(1911)版,第28页。

叶头尾,均须好歹索用,扯筋折净,不得草率,尤不得任意挑选,只图自己工资,不顾店东货本。"湖南益阳《烟匠条规》要求"每毛捆只准五十三斤为度,不得加多减少,如违公同禀究"①。

有的行业条规着重规定了商品的质量标准。清雍正八年(1730),湖南安化县小淹镇苞芷园村立有《茶叶禁碑》,明确规定了制茶行业的质量标准:

碑以志禁,示不朽也。缘安邑僻处山陬,土薄民贫,我后乡一、二、三等都所赖以完国课、活家口者,惟茶叶一项。历年来,禁私贩、革潮湿、较戥秤,从前诸宪之殷殷筹划者只此一事为重,盖诚有见于民命之所系,而不容忽视也。迨至近岁,法令稍弛,奸诡之徒乘机复出,交通各项经济伙同射利,将客商银钱领出,贩卖桃、武、龙、沅、新、益各县草茶,假充安茶交客,致本地产茶尽遭搁塞,三年不得一售者有之。利归一人,公私两无所济,穷愚掣肘难堪,虽妇人小子无不切齿而痛恨矣。本年正月,幸逢署宪许来为我邑福星,剔弊除奸,靡所不至,合情呈恳,随经出示严禁,不许搬贩外县茶等。更奉新宪郑侯,下车问民疾苦,轸念穹黎,复行严饬,如有奸棍仍蹈前辙交通私贩者,即指名禀究。煌煌功令,罔不恪遵。但恐日久弊生,爰集通乡烟户起费,伐石勒碑,以垂永久,庶仁侯之良法美意与江水长流,而我等产茶人世世子孙,皆得有以袪其害而蒙其休也,谨志:一、禁外县茶贩子装载假茶混安杂卖。二、禁各行不许通同奸徒领出茶商银钱越境私贩。三、禁经纪买茶不先产户,擅买贩茶。四、禁戥斛秤斗不讲公平,大秤小斗。五、禁本地人等贩运异属草茶,壅塞本地。六、禁产货茶户掺假,蒙混外省客商。七、禁船户装载私贩假茶入境。八、禁卖茶须青元各半,不许使用低潮。以上八条,秉公互查,如有违禁射利及借端滋事者,公同送上法惩。②

由于茶叶掺杂现象十分普遍,湖南安化县茶叶行会条规对此做出了严

① 彭泽益编:《中国近代手工业史资料(1840—1949)》第1卷,中华书局1962年版,第193页。
② [清]雍正八年(1730)十月十五日刊刻于湖南省安化县小淹镇苞芷园村的《茶叶禁碑》。

格、具体的规定,明确规定了茶叶掺杂的种类和处罚措施,使同业者有章可循:“掺草末,除将茶叶充公外,罚钱十串八百文。掺茶籽果,除检清外,罚钱十串八百文。掺苦茶叶,除检清外,罚钱十串八百文。另外发潮者,除加秤外,酌其轻重,凭公处罚。另掺灰石者,除加秤外,酌其轻重,凭公处罚。茶已归,另行黄斗包换印外,除归原茶外,罚钱十串八百文。买妥之茶,以交单为凭,倘再卖别家,除茶应归客外,罚钱十串八百文。”①

有的手工行业行会特意划定各同行的销售间隔范围。如“1900 年以后,江苏省内共有大炉冶坊八家,计南通资生、苏州新振源、常州同元吉、无锡王源吉、瓜州王源大、上海新源来、宜兴张渚任德泰、乌镇沈亦昌。为垄断市场,此八家大炉冶坊共同订立合约,订明各家销售地区,不得越界。上海冶坊经营铁锅的销售地区,北到太仓,西到青浦朱家角,南到松江,东到崇明。各地售价统一,不得私自涨跌。这八家组织严密,长期垄断着江苏省内铁锅的生产与销售”②。这些大炉冶坊划分销售范围后,垄断了江苏省内铁锅的生产销售,各自相安无事,排挤了新冶坊的生产与经营。

在长沙的铁铺,“一议嗣后新开铺户,除老铺外,凡新开者须上隔八家,下隔八家,对龙门面两姓两牌算两家,一姓两牌算一家,内公馆住屋不算,一字枪公馆算一家,其余围墙照壁防缸余坪码头厮屋后门过节巷道两街转弯隔城门内外,一概不算。如有恃恶强开,公同禀究”③。湖南邵阳翠器店,“开店者,左右对门,不准接连开设。如违者,公禀究治”④。长沙境内的浏阳县盛产烟花爆竹,因此长沙的鞭爆蚊烟业十分发达,开店较多。“城厢内外各铺门首,无论旧店分设,新店初开,必须上隔七家,下隔八家。采就街道开设方可,如违公同阻逐。七八算法,无论转弯抹角及过棚分街,除本店门面外起,如遇

① [清]光绪二十九年(1903)刊刻于湖南省安化县江南镇洞市的《九乡茶规》碑。

② 上海市工商行政管理局、上海市第一机电工业局机器工业史料组编:《前源来冶坊资本家胡鹤年访问记录》,1960 年 12 月 11 日,《上海民族机器工业》下册,中华书局 1966 年版,第 27 页。

③ 湖南调查局编:《铁铺条规》,清光绪三年(1877),见湖南调查局编印《湖南商事习惯报告书》,清宣统三年(1911),第 48 页。

④ 湖南调查局编:《邵阳翠店条规》,清同治十三年(1874),见湖南调查局编印《湖南商事习惯报告书》,清宣统三年(1911),第 197 页。

合街,除对门别行门面外起,或有双合门面,两牌两色两姓方算两家,一牌一色方算一家。内宅及有牌者,均不算数。邻街有印字墙者,可算一家。十字大街,可算一家。其余断屋实巷栅棚后门,亦不入算,以及蚊烟店亦不得新开。以前所开着勿论。如有不依规矩者,有值年理落,客师不得帮贸此店,如违公同议罚。"①手工业商铺开间隔的规定具体而详尽,间接反映了这一手工行业的经营非常兴旺。

手工业行会往往规定了统一的工资水平。长沙制香业规定,"客师每月俸钱一串八百文,每日烟酒钱十文"②。益阳制烟业规定,"议每工价遵照宪断,每日给官板足制钱一百五十文整,不得徇情私受用毛钱,如有徇情受用等弊,公同禀究"③。长沙角盒花簪业规定,"客师在铺户做货治角者,每日伙食钱三十文,治骨者每日米一升、钱四文,归铺照时价扣算。若有阴奉阳违,滥做低价包外,外加伙食,希图长留者,即作犯规,永不得入行。内有知情隐匿,扶同不报者,查出罚钱八百文入公"④。

行会条规往往议定了产品销售价格。价格公议以后,即按价售卖。湖南新宁《冶坊条规》规定,铁制品出售"只准照依定价,不准高抬,亦不许减价发卖"⑤。湖北沙市榨油业规定,"沙市油坊,概为太平帮(安徽太平人),每月初一及十五两日,同业者会定市价,不许私自上下价额。若违约,则于泾太会馆(安徽宁国泾县太平县人集会之所),课罚金六十七串文"⑥。

各手工行业售卖商品更改价格也需得到行会议定。湖南安化《染坊条规》记载,"近来靛胶谷米柴薪,均皆昂贵,而染布之家,每逢年终结账,不分高

---

① 湖南调查局编:《长沙鞭爆蚊烟公议条规》,清同治二年(1863),见湖南调查局编印《湖南商事习惯报告书》,清宣统三年(1911),第180页。

② 湖南调查局编:《长沙香店条规》,清宣统元年(1909),见湖南调查局编印《湖南商事习惯报告书》,清宣统三年(1911),第70页。

③ 湖南调查局编:《益阳烟匠条规》,清光绪三十年(1904),见湖南调查局编印《湖南商事习惯报告书》,清宣统三年(1911),第28页。

④ 湖南调查局编:《长沙角盒花簪店条规》,清道光十二年(1832),见湖南调查局编印《湖南商事习惯报告书》,清宣统三年(1911),第31页。

⑤ 湖南调查局编:《新宁冶坊条规》,清光绪三年(1877),见湖南调查局编印《湖南商事习惯报告书》,清宣统三年(1911),第28页。

⑥ 彭泽益编:《中国近代手工业史资料(1840—1949)》第2卷,中华书局1962年版,第494页。

低,不肯加价,以致亏本愈多,是以约集城乡各铺公同酌议,凡染各样颜色或深或浅,价值照新章扣算,庶彼此无争”①。安化石木锯泥业规定,“石木锯泥各行工价,原有成规,近因时值乏钱,备办器物不易,公议每行照旧加价十文,不准行内擅自准折增减,违者公罚”②。

湖南益阳的制伞业因原材料价格上涨,决定将雨伞售价统一上涨,并要求众人严格遵循,不准贱售,条规规定:

> 我行雨伞一业,名居属艺,由本小而利微,功贵及时,亦遮晴而蔽雨,事难悉数,价可参详。所买货物最繁,多由外省而至,天时人事,造作维艰。现今进价日上,出价渐低,本且难全,利从焉得。若不急为整顿,将来流弊无穷,是以爰集同人,大彰公议,不准贱售,毋庸贵卖,重整条章,同归划一。③

行会条规还规定了度量衡标准。在草席业,“蓝山道州草料捆只,照旧分给同行,嗣后大小照圈,如有不遵者,请凭值年照圈”④。清道光十七年(1837)立于湖南省安化县东坪镇唐家观街道的《茶务章程碑》,详细记载了关于茶叶交易必须遵守的统一度量衡标准,明确规定买卖茶叶必须采用“道光三年(1823),刘宪较准法码”,“茶户称茶,秤用十六两,照旧较准法码”:

> 安邑茶茗,驰名中外。上谕国赋不养,士民均赖,因外属野茶,以伪混真。前明万历时通判林之兰等具陈道宪刘及熊大父禁阻。本朝康熙四十三年(1704)彭宪,逮雍正时王宪,均蒙示禁。乾隆廿一年(1756)生

① 彭泽益编:《中国近代手工业史资料(1840—1949)》第1卷,中华书局1962年版,第195页。

② 湖南调查局编:《安化石木锯泥各行条规》,清光绪三十三年(1907),见湖南调查局编印《湖南商事习惯报告书》,清宣统三年(1911),第28页。

③ 湖南调查局编:《益阳伞店条规》,清光绪三十年(1904),见湖南调查局编印《湖南商事习惯报告书》,清宣统三年(1911)版,第28页。

④ 湖南调查局编:《长沙龙须草席店条规》,清光绪二十九年(1903),见湖南调查局编印《湖南商事习惯报告书》,清宣统三年(1911)版,第28页。

员陈可久具控，奉抚院陈，奏定章程。廿七年（1761）蒙金宪，专严不法之徒，接收韶阳、益阳、武陵、新化等处野茶欺商，并恐搀入茶茗，示禁永革。道光三年（1823），刘宪较准法码，四年杨宪各颁示禁，安久定矣。兹因日久弊生，行产以公恳示禁，利民便商事具呈，蒙批准示谕各行产户遵照前发部颁法码戥秤，画一较准，如敢故违，查究不复粘单。存奉章金、杨宪示碑各一纸。今奉钦加州衔安化县正堂加五级军功随带加一级记录五次王为谕禁事。照得安邑产茶觔，所用银水戥秤法码，历来奏定章程久矣。各大院特谕遵照在案。今据行户贺祖志等，协同茶户黄用霖、张美凤、贺英璧等呈称，有不屑行户利用轻戥重秤违例，苦累茶户。搀集潮湿、捆尖打末、行贩收买，外处假茶混搀等，呈请示禁前来照得示口外，合行出示晓谕，为此示仰行商茶户人等知悉，嗣后买卖茶斤，务各遵照旧章，公平交易，银用足色，纹银九兑、九五兑系九五兑，不得搀搭。行戥照为平身短三分。茶户称茶，秤用十六两，照旧较准法码。廿四斤成包，毋许轻戥重秤苦累茶户行户，行户抽用照例收取，毋许巧立名色。其茶户务宜遵照时价，不搀和潮湿、捆尖打末、待产客贩无不得搀和外来茶，蒙混发卖。倘敢故违，一经访闻或被告发，严拿从重究办，决不宽待。各宜凛遵毋违。①

又如山西平阳府曲沃县清雍正二年（1724）刊刻、清同治元年（1862）九月初九重刻的《同行商贾公议戥秤定规》中写道：“概赊旗店四方客商杂货兴贩之墟。原初马头卖货行户原有数家，年来人烟稠多，开张卖载者二十余家。其间即有改换戥秤，大小不一，独网其利，内弊难除。是以合行商贾会同集头等，齐集关帝庙，公议：秤足十六两，戥依天平为则，庶乎较准均匀者公平无私，俱各遵依。同行有和气之雅，宾主无踈戾之情。公议之后，不得暗私戥秤之改换，犯此者罚戏三台。如不遵者，举秤禀官究治。惟恐日后紊乱规则，同

① ［清］道光十七年（1837）十二月廿四日立于湖南安化县东坪镇唐家观街道的《茶务章程碑》。

众禀明,县主蔡老爷,金批钧谕,永除大弊。"①

有的手工行业从业者十分注重生产技术的保密,视生产工艺为行业最大的秘密,有着严格保守的一面。如"上海大炉冶坊在冶铸技术上的封建保守是非常严重的,在江苏全省内只有无锡帮的许、祝二姓人氏掌握技术,而且他们有传统规定,是传子不传婿的。许、祝二姓都能掌握冶铸技术,但是二姓之间也互不通气。大师傅与领挡之间,技术上亦互相保密。在苏州、无锡与浙江等地都有大炉冶坊生产铁锅,营业商不免相互竞争,因此江浙二省的大炉冶坊同业有行会组织,每年开会二次,主要是议定统一售价与划定销售地区,以免同业削价竞销,保证销售市场"②。这么严格的生产工艺技术传承方式,难免会导致有的行业工艺技术失传。

各手工业行会的条规对生产、销售以及度量衡、价格、质量、销售范围、数量等诸多方面的限制严格,林林总总,十分繁杂。这么严格的规定,是企图规范交易,避免同行互相倾轧,其主要目的是避免竞争。显然这些条规严重禁锢了行业自身的发展。这样传统行会所制定的条规明显不适应晚清时期的社会商品经济需求,势必导致行规约束力下降。

4. 徒弟招收、授业、出师的行规

手工业由于市场的局限性和技术的秘传性,行规更严,对学徒招收、伙友开张、工资俸给都有严格的规定。招收学徒是传统手工业吸纳新生力量、维持自身发展、传承独特技术及工艺的重要的制度保证。在招收徒弟方面,各行会限制同样颇多。

有很多手工业行会实行三年制的学徒制。如在道光三十年(1850)《长沙木行条规》强调:"各铺点新带徒弟,必须查明,言定三年未满,出一进一、不得寄名重带,外班徒混杂拜师,倘不遵规,查出议革。"③长沙棕绳业规定,"铺户

① 许檀编:《清代河南、山东等省商人会馆碑刻资料选辑》,天津古籍出版社2013年版,第110页。

② 上海市工商行政管理局、上海市第一机电工业局机器工业史料组编:《前新源来冶坊职工杨叔璋访问记录》,1960年12月13日,《上海民族机器工业》下册,中华书局1966年版,第26页。

③ 湖南调查局编:《长沙木行条规》,清道光三十年(1850),见湖南调查局编印《湖南商事习惯报告书》,清宣统三年(1911),第28页。

带徒弟，三年已满，一出一进；三年未满，不许同艺生理。如有不遵，公同议罚”[①]。

对于招收学徒的数量，往往要求不能多带。上海乌木公所规定：“新开店作满年后，每年均准收徒一人，以体旧章也。”[②]湖南湘乡制香业规定：“铺家带徒弟，只许进一个，候出师方准另带，违者罚戏。”[③]江苏苏州金箔业规定，“苏州金箔作，人少而利厚，收徒只许一人，盖规利如此，不裕广其传也。”[④]湖南武冈铜器业规定：“本城各琢坊，无论三伙四计，只许老板两年半带徒一名，不准多带。如违，除将徒革转外，议罚。”[⑤]

有的地区手工业行业对新收徒弟还须明确徒弟来源。湖南新宁油漆业条规规定，“本行徒弟，只准收带宝庆五属之人，不得私带外省外府之人，违者罚逐”[⑥]。油漆业规定招收徒弟只能来源于湖南宝庆府内。长沙漆铺行业同样如此，“新带徒弟，我等同人，从不传别府别县之人为徒”[⑦]。更有甚者，规定只能招收本乡本村子弟。邵阳铜器业，“非我同行者，不准伙作生理，其会内伙作者，准带徒一人。一议带徒，只许本乡本村子弟，违则重罚”[⑧]。

在师傅与徒弟之间，则表现为一种拟制的血缘关系。“置徒授业，皆有先例”。“凡置徒弟，教养待遇总与自己子弟相同。徒弟不得随意行动，成业之后，须终身敬师，无负师恩”[⑨]。这体现出行会内部的家族宗法制原则。更有

① 湖南调查局编：《长沙棕绳铺条规》，清同治十一年（1872），见湖南调查局编印《湖南商事习惯报告书》，清宣统三年（1911），第191页。

② 上海博物馆图书资料室编：《上海碑刻资料选辑》，上海人民出版社1980年版，第405页。

③ 湖南调查局编：《湘乡香业条规》，清光绪三十三年（1907），见湖南调查局编印《湖南商事习惯报告书》，清宣统三年（1911），第28页。

④ 彭泽益编：《中国近代手工业史资料（1840—1949）》第1卷，中华书局1962年版，第197页。

⑤ 湖南调查局编：《武冈铜店条规》，清光绪十七年（1891），见湖南调查局编印《湖南商事习惯报告书》，清宣统三年（1911）版，第201页。

⑥ 湖南调查局编：《新宁漆店条规》，清光绪三十三年（1907），见湖南调查局编印《湖南商事习惯报告书》，清宣统三年（1911），第22页。

⑦ 湖南调查局编：《长沙漆铺条规》，清光绪三十二年（1906），见湖南调查局编印《湖南商事习惯报告书》，清宣统三年（1911），第76页。

⑧ 湖南调查局编：《邵阳铜货店条规》，清光绪三十一年（1905），见湖南调查局编印《湖南商事习惯报告书》，清宣统三年（1911），第38页。

⑨ 王翔：《从云锦公所到铁机公会——近代苏州丝织业同业组织的嬗变》，《近代史研究》2001年第3期。

如此规定:“议同行带率徒弟,均议三年脱师,脱后帮师一年,量材派俸。如有师徒不睦,及徒不率教,以致半途中止者,同行不得复行带率。如其复带,公同议罚。”①

湖南安化石木锯泥行会规定,“石木锯泥无论何行,凡来投师者,不准争带,亦不准学习半途另投他师,致前师为其难,后师享其成,劳逸既不均匀,抑复大伤和气。违者公罚”②。徒弟在学徒期间必须与师傅和睦相处,不然同行不会再复带。这样一来,徒弟不能半途更换师傅,至于师傅脾气性格好不好,能不能学到手艺,则有一定运气成分。

在江苏的大炉冶坊工人行会组织,“行业集会时除聚餐外,要诏令新学徒,都要在会上讨论通过,不得私自添领”③。行会集会发挥着组织功能,这就要求行会有一定的威信力。如果行会威信力下降,则很难约束众人的行为。

清代由行会共同议定的行规一经确认,就成为这个地区共同认可的社会规范,要求所有同行业者必须遵守。遇到有纠纷和不遵守行规的行为,大多在行会内部仲裁是非,共同议罚,当事人必须服从,否则会受到同业的排斥。如某行会的行规写道:“本会共同议定:凡本会成员之间所发生的钱财方面的争端,均应服从本会仲裁,在仲裁会上将尽最大的努力就争端达成一项满意的协议。如果证明双方仍无法达成谅解,可以向官方上诉;但是,如果原告(上诉人)直接诉诸官方,而不是首先求助于行会,则其将受到公众的谴责。”行会习惯法确立的处罚方式和国家法律“以刑代罚”解决民事冲突的特点不同,一般是采取公议罚酒席、罚戏,或者处以罚金等方式,如湖南武陵丝业行条规议定:“如有阳奉阴违,一经查出,罚戏一台,酒十席。”窑货店条规议定:“如有不遵,公同禀究,并罚出货之家钱二千文入公。”等等。更严厉的处罚为开除出帮,且要求行会成员对其联合抵制,如一则行会条规中这样规定:“本

---

① 湖南调查局编:《益阳药店条规》,清宣统元年(1909),见湖南调查局编印《湖南商事习惯报告书》,清宣统三年(1911),第29页。

② 湖南调查局编:《安化石木锯泥各行条规》,清光绪三十三年(1907),见湖南调查局编印《湖南商事习惯报告书》,清宣统三年(1911),第117页。

③ 上海市工商行政管理局、上海市第一机电工业局机器工业史料组编:《前新源来冶坊职工杨叔璋访问记录》,1960年12月13日,《上海民族机器工业》下册,中华书局1966年版,第26页。

会议决，凡会员被逐出本会，或一当地商号为其同业所逐之后，所有与其往来之关系均将中止，若有本会其他成员继续与其交易往还，一旦察觉，无论其处于同情或友谊，皆处以罚银百两。”总的来说，显示出行会在处罚方式方面的自主权，这在一定程度上弥补了清朝国家法律在民商事规范方面的欠缺。行规的议定，必须依据清律的精神来制定，成为清朝政权对商人进行法律控制和社会控制的重要补充力量。当行会纠纷报官府处理时，行规往往成为基层官员处理一般商务纠纷时的裁判准则和处断依据，对地方官断案起着直接的影响和制约作用；在某些情况下，甚至还超过了制定法的实施效力。[①]

三、办理公益，济贫救灾

手工业行会把“兴办善举”、周济贫困、养生送死作为“第一要务”，对于年老孤贫、病残无依者，生贴养赡，死助殓葬，规定“捐厘助济绸业中失业贫苦，身后无备，以及异籍不能回乡，捐资助棺，酌给盘费，置地设冢等善事，自当永远恪遵”。行会“兴办善举”，固然可以在一定程度上减轻手工业者身受的苦难，但同时也具有阻滞手工业者分化，遏制新生产方式的产生和发展的负面社会效果。[②]

清朝，各家各户都十分重视中元节的祭祀，因此，有些手工业行会会给同行已故之人焚化包钱，以示惦念。长沙衬铺业行会规定，“中元节届，十三日焚化包钱，以表同心之谊，毋得滥用”[③]。益阳制烟业行会规定：“每年盂兰胜会，原为同行报本之情，一为无后嗣者起见，中元佳节超度亡魂，亡友得此瞻依。为首士者，早备香宜，毋临期失措，观望徘徊，如违公同议处。”长沙染坊业同样规定：“凡我同行已故之人，公议中元化包，每名二个，以慰亡魂，重我

① 王雪梅：《从清代行会到民国同业公会行规的变化：以习惯法的视角》，《历史教学（高校版）》2007 年第 5 期。

② 王翔：《从云锦公所到铁机公会——近代苏州丝织业同业组织的嬗变》，《近代史研究》2001 年第 3 期。

③ 湖南调查局编：《长沙衬铺条规》，清乾隆五十二年（1787），见湖南调查局编印《湖南商事习惯报告书》，清宣统三年（1911），第 118 页。

同行也。定期七月十四日焚化,必须值年之人,先期善为整顿。"[①]通过这种祭祀故人的活动,增加了各会员对行会的归属感。

行会这种负责养生送死的职能,是行会成员的精神寄托所在。行会成员如遇身故,只要他加入了行会,行会帮助祭奠。在湖南长沙的衬铺业,"同治甲戌年,值年经管,会合同行新建一会,名曰长生。凡我同人开店帮议者,除雷祖会项外,另出钱六百文,以作长生会项,所有后学手艺与歇业多年及寡妇,年满五十者,无论乡城远近地方,每人出钱六百文,准其登名入会。倘斯人不测,长生会商出钱五串文,以作同行帮助祭奠之费。每岁派值年四人经管会项,其钱即在值年手领,不得致误"[②]。长沙玻璃店行会条规规定,"每年同行身故之人,每名钱包四束,值年经理,永为定例"[③]。在广东,"手艺工作……查行规内开每名入行银六元。迨本人身故,仍给回棺本银四两,所议尚觉可行"[④]。

行会还有一些为当地兴办学堂、修路筑桥一类的善举。晚清时期,各地行会出资兴办学堂不是个例。湖南湘乡纸业行会愿意为了当地兴办学堂出资。"圣朝作育人才,永市设立学堂,抽派捐项公仪。自宣统元年(1909)五月十六起,每纸块加收厘金钱二文,由水客扣交。船户纸栈本堂仍向纸栈收领。"[⑤]四川犍为县,"五通桥建盐厂三帮总理朱君德昌等,将前官运分局设立通材书院改为高等小学堂,已于客夏开课书,旧欵不敷,朱君等即行筹垫,新购校地,尅朝修葺,渐就完竣,复推广学额,续收学生多名入堂肄业。文明气象输入五桥亦商界中特色也"[⑥]。

在上海,"洋布公所咸丰六年(1856)创建于公共租界施相公弄口,为业洋

① 彭泽益编:《中国近代手工业史资料(1840—1949)》第1卷,中华书局1962年版,第197页。

② 彭泽益编:《中国近代手工业史资料(1840—1949)》第2卷,中华书局1962年版,第38页。

③ 湖南调查局编:《长沙玻璃店条规》,清光绪九年(1883),见湖南调查局编印《湖南商事习惯报告书》,清宣统三年(1911),第118页。

④ 彭泽益编:《中国近代手工业史资料(1840—1949)》第2卷,中华书局1962年版,第29页。

⑤ 湖南调查局编:《湘乡纸业条规》,清宣统元年(1909),见湖南调查局编印《湖南商事习惯报告书》,清宣统三年(1911),第85页。

⑥ 佚名:《盐厂学务》,《广益丛报》清光绪三十二年(1906)第99期,第9页。

布者研究商务、联络感情之所,并设恤嫠赡老,以济同业之贫者"①。在天津,"天津绅商为续筹江北赈捐,接办广益善会,邀请内城名角谭鑫培等,在李公祠演戏五天,所得戏价一律汇往灾区。已于初四晚开演,闻第一日共收戏资五百二十八元"②。

除了调处行业内发生的商业性纠纷,会首、行首也参与行业内诸如会馆公产使用、义冢管理等其他纠纷的化解。例如,乾隆五十八年(1793)楚地商人在巴县兴建上清寺作为公所,除去香火住持的费用外尚有剩余田租设立义冢。彭正坤培修祖墓时掘平数座孤坟,会内众人将其告到县衙,官府派员勘查。彭正坤自知理亏,央求众人讲和,最后彭正坤同意拆掉拜台、墙垣,并修斋捧经三日,用猪羊祭奠孤坟。③

用于举办公益事业、兴办善举的钱款往往由行会指派专人负责保管,并规定行会公费生息。长沙的油漆业,"每年核算所存钱若干,必择放生息。凡借贷者,须要斟酌保人,倘有短少,问保人赔还"④。"存置房屋,收列佃租,每年除敬神用费外,存蓄银钱,因早年浮滥,近来公同酌议,无论铺户客师不借,同行之人,仍仰值年斟酌另外放行生息。如生放不清,俱为值年人赔出,不得私相授受,东扯西泄,值年不得徇隐,如违罚戏一部。"⑤

手工业各行会通过举办公益事业、慈善活动增加了同业人员的凝聚力,行会成员有了更深层次的归属感,更加愿意向行会组织缴纳费用,维持行会的各项运转。

四、迎神赛会,祭神祀天

在行会的重要事务中,迎神赛会、祭神祀天占有突出的位置。每一个行

① 吴馨等修,姚文枏等纂:《上海县续志》卷3《建置下·会馆公所》,1918年刻本。

② 佚名:《广益善会演戏助赈》,《北洋官报》清光绪三十三年(1907)第1304期,第9页。

③ 参见胡谦:《纠纷与秩序:清代重庆工商团体纠纷调处机制》,《石家庄学院学报》2012年第7期。

④ 彭泽益编:《中国近代手工业史资料(1840—1949)》第2卷,中华书局1962年版,第496页。

⑤ 湖南调查局编:《长沙漆铺条规》,清光绪三十二年(1906),见湖南调查局编印《湖南商事习惯报告书》,清宣统三年(1911),第28页。

业都有祖师,“庆祝师祖瑞诞”是每个行业一年当中最重要的事情。行会的会馆、公所既是成员集会议事的场所,又是同业祭祀神道的地点。就各地的情况来看,公所有自建的,有以同业祖师殿为聚会之所,如鲁班阁是木工行、瓦工行聚议之所,杜康庙是烧酒行业的会所之地,神农殿是碾米行业的会所之地。各行各业都有自己的保护神,据《吴门表隐》记载,苏州丝织业祀奉的神道,从黄帝、先蚕圣母到染色仙师、黄道仙婆,多达26位。遇到神祖诞辰,便要举行迎神赛会,祭祀祝福,以此加强同行之间的联系,同时,也可借中国民间对神祖的景仰和敬畏,加强对行会成员的监督和控制。丝织工匠若有违反行规行为,除进行赔偿之外,“须进一步将该料户之姓名揭示于祖庙(机神庙)、会所……令公众人等皆知该料户之不仁系其自身之罪戾”,以防“酿成纷议,损害行会之信用”。①

“每行都崇奉一个祖师。严格的来说,这个祖师或者与这一业没有关系,但是该业人员总要附会穿凿,找出一个英雄或历史伟人做他们职业上想象的创造者。譬如杭州漆工奉葛仙为祖师,葛仙即葛洪,字稚川,晋元帝时人,相传葛稚川长于炼丹,著《抱朴子》,但是他如何有功于漆业失考。……其他各业多奉祖师,如木匠崇拜鲁班、乐工崇拜孔明、鞋匠崇拜鬼谷子、笔匠崇拜蒙恬、纸业崇拜蔡伦、墨工崇拜吕祖、瓦工崇拜女娲、药工崇拜药王菩萨、裁缝匠崇拜黄帝、织物工崇拜机神等。”②祖师和神像可谓是行会成员精神寄托的存在,各手工行业人员崇奉某一个祖师,有利于手工行业内部增加行业凝聚力,并且有明显的排他性。

各行会成员对于修建神像、修建先师公祠反应踊跃,不惜投入巨资建造本行会的先师公祠。在上海的无锡帮打铁业行会组织,同治初年,“在城隍庙内世春堂设立铁锚厅,作为同业联络业务及聚谈之所。又设立老君殿,供奉祖师太上老君神像,每逢节日,礼祀一番,叙餐一次,最后发展成为同业商议

① 王翔:《从云锦公所到铁机公会——近代苏州丝织业同业组织的嬗变》,《近代史研究》2001年第3期。

② 全汉升:《中国行会制度史》,河南人民出版社2016年版,第124页。

价格,颁发学徒证书的同业组织"[①]。在川沙县,"八业公所,为水作、锯木、石工、雕花、桶作、板箱、小木、铅皮等业所立。其公所附设于北门外种德寺,中供鲁班先师像。光绪十四年(1888)订立行规,禀厅给示张挂,以昭信守"[②]。在江苏无锡,"酒仙殿在东门外迤北,创始已久,其时代不能详。咸丰庚申(一八六〇)毁,光绪间,酒业复集资营建"[③]。在湖北汉口,"木红公所,(在)胭脂巷上首正堤街,清咸丰年同业捐资置基建造,(为)木红纸工艺一帮司务供奉葛梅二仙,公议帮规之所"[④]。

在北京,各行手工业都有自己的祖师爷和守护神。北京正阳门外西半壁街南的靛行会馆内,有"五圣祠",供奉梅仙翁、葛仙翁、黑虎玄坛、增福财神和敕封伏魔大帝。[⑤] 正阳门外东小市西的精忠庙内,祭祀各行神祖:木瓦行、大锯行、巧炉行、石作行、木厂行祭祀鲁班、吴道子和普安真人;鞋匠行祭祀孙膑;油桌行、肥行祭祀三财童子;理发行祭祀罗真人;南铜行祭祀太上老君;戏行祭祀唐明皇;绸缎行祭祀关圣帝君、文昌帝君和观音大士,"均有殿有像"。殿堂内"匾额众多,碑文林立。"[⑥]如木匠、瓦匠行的鲁班殿内,就有"匠心独运""绳墨同道""众感大德""秉正无私""感动乡梓""为工为商""造物天成"等匾额,还有道光、同治、光绪年间的碑刻 10 余块,"宛如碑林一般"。[⑦] 同治元年的碑文中说:"东、西、北三城弟子,年例在祖师面前,诚献香烛云马银粮。年迈会首,持行公议。"[⑧]其后的碑文仍称:"今我众工等,咸蒙默佑,众荷陶成,铭感既深乎往哲,香烟罔替于后人。虔修圣会,愿世世供奉于无穷。肃秉

① 上海市工商行政管理局、上海市第一机电工业局机器工业史料组编:《打铁业公会世春堂档案》,《上海民族机器工业》下册,中华书局 1966 年版,第 13 页。

② 方鸿铠等修,黄炎培等纂:《川沙县志》卷 6,1937 年铅印本。

③ 彭泽益编:《中国近代手工业史资料(1840—1949)》第 2 卷,中华书局 1962 年版,第 30 页。

④ 彭泽益编:《中国近代手工业史资料(1840—1949)》第 2 卷,中华书局 1962 年版,第 29 页。

⑤ 《仁井田升博士昭和 18 年调查日志》,东京大学东洋学文献中心藏。

⑥ 《仁井田升博士昭和 18 年调查日志》,东京大学东洋学文献中心藏。

⑦ 奥野信太郎:《古燕日涉》,《艺林闲步》,昭和 21 年 10 月号。

⑧ 《精忠庙鲁班殿碑(同治元年六月初三日)》,仁井田陞辑《北京工商ギルド资料集》,东京大学东洋文化研究所,第 625 页。

成规,冀人人同沾夫遗泽。"[1]鞋业的孙祖宝殿里供有孙膑像,对面墙上挂有"义园规单",写道:自清乾隆四十五年(1780)三月,"公议集资重修,捐助孙祖殿三楹、财神殿。每年春秋,来此祀神办会,数日毕,仍归庙主保管,每日焚香洒扫,历有年矣。……嗣后公议,临时办会,仍按以上旧例规矩履行"[2]。

在湖南长沙,京刀店条规规定:"每年恭逢师祖瑞诞,虔诚庆祝,值年办理,动用公项钱一十四串五百文,香资帮补,不得侵吞,亦不得浪费。倘有侵吞浪费,以致亏空,移交下手,下手不得领接,必通知同行凭众赔清。如朦交朦领者,一经查出,各罚戏一台。"长沙衬铺条规规定:"议每年六月二十四日恭逢雷祖大帝瑞诞,演戏敬神,公议派定,不得推诿。如有恃强不遵者,共同议罚。"长沙戥秤店条规议定:"每年九月十六恭逢师祖瑞诞之期,值年首士上街捐资演戏庆祝。"长沙木业在每年鲁班诞生日,"值年收捐每人香钱六十四文,交新会值年收清,每人于五月十七入庙庆寿,行内人等,诚心踊跃。值年见人发面筹二枝,共同演戏敬神,轮流更换迁报,下班值年,共同办理。如违议罚"[3]。长沙香店规定,"派定值年,每月上街两天,捐资庆祝先师瑞诞。凡我同行,务须视期拈香上表,以昭诚敬"[4]。长沙棕绳业规定,"铺户客师,每岁派值年头人八名,至八月初十日,必须收清各费,演戏庆祝师祖瑞诞"[5]。

有的手工行业行会一年当中,祭神活动不止一回,活动接连不断。长沙锡器业,"每年二月十五日,恭逢师祖瑞诞之期,值年先期传知同行,将应出之香钱,如期收齐,诵经演戏。每年三月十五日,恭逢财神瑞诞,值年先期入庙,张灯进表,演戏敬神。每年三月二十七日,恭逢炉神先师瑞诞,值年先期传知

---

① 《精忠庙鲁班殿碑(中华民国16年夏历岁次丁卯七月榖旦)》,仁井田陞辑《北京工商业ギルド资料集》,东京大学东洋文化研究所,第646—647页。

② 《精忠庙孙祖宝殿匾额(中华民国13年夏历六月)》,仁井田陞辑《北京工商ギルド资料集》,东京大学东洋文化研究所,第601页。

③ 湖南调查局编:《长沙木行条规》,清道光三十年(1850),见湖南调查局编印《湖南商事习惯报告书》,清宣统三年(1911),第35页。

④ 湖南调查局编:《长沙香店条规》,清宣统元年(1909),见湖南调查局编印《湖南商事习惯报告书》,清宣统三年(1911),第70页。

⑤ 湖南调查局编:《长沙棕绳铺条规条规》,清同治十一年(1872),见湖南调查局编印《湖南商事习惯报告书》,清宣统三年(1911),第191页。

同行,将应出香钱,如期收齐,演戏敬神"①。

晚清时期,庆祝行业师祖诞生、迎神赛会等相关活动极具凝聚作用,行会成员对此颇为重视,"行内人等,诚心踊跃",凡入会者,均须于本行的祖师爷或守护神前"叩头拈香"。② 但是,应指出的是,为了庆祝师祖诞生辰,举办迎神赛会,各手工行业所造成的铺张浪费现象严重,这一点在全国各地均有体现。这种习俗容易造成讲排场、讲攀比的社会奢靡风气。有的地区官员已经意识到了这一点,企图移风易俗。广西省浔州府,"桂省浔州府彭石渔太守,以民俗迷信迎神赛会所费甚巨,近特出示严禁并札饬所属各县一体遵照办理云"③,可惜收效甚微。

五、承应官府差务,上下沟通

承应官府差务是各手工行会重要的日常事务之一。各地官府企图借此通过行会组织有效地来管理手工业人员。承应官府差务有利于地方官府对各行会成员的管理,有的手工行业与官府事务往来频繁。湖南湘潭的木业行会规定:"本地(湘潭)工匠与外来工匠,分为二厂,以应官差。"④在长沙的棕绳业,"一议承办军需,听承差头人领缴,照数派给各铺户,客师毋许私吞作造,亦不准草率,倘有不遵,公同议罚。一议差货,毋许私包,交承差头人,分派各铺户公办。倘有不遵,公同议罚。一议承差头人,必须经公择妥,三年一更,新承旧卸,承卸务必禀明。未经公择,不准闲揽,择妥毋许推诿。倘头人承办不公,揽充不卸,传集同行人等,公同议革处罚"⑤。官府差务由本行业差头人承接,差头人在承接了官府差务以后,再将差务分至每个同行铺户。

长沙木行,"每年议举轮当值年首士,专听各宪差事,并文武科场。一切

---

① 湖南调查局编:《长沙锡店条规》,清同治九年(1870),见湖南调查局编印《湖南商事习惯报告书》,清宣统三年(1911),第177页。

② 仁井田陞辑:《北京工商ギルド资料集》,东京大学东洋文化研究所,各页。转引自王翔《中国近代手工业的经济学考察》,中国经济出版社2002年版,第107页。

③ 佚名:《各省新闻:禁止迎神赛会》,《北洋官报》,清光绪三十二年(1906)第909期,第6页。

④ 彭泽益编:《中国近代手工业史资料(1840—1949)》第1卷,中华书局1962年版,第197页。

⑤ 彭泽益编:《中国近代手工业史资料(1840—1949)》第2卷,中华书局1962年版,第38页。

大小工程,均由头人派拨办理,不得阳奉阴违,隐匿瞒差。当差须听头人驱使,毋得推抗误差。大小木文柜、箱、胎、官轿、椅坊等,倘城厢内外开设收卖木店,还有科场各宪差事,各行各差,照例依古承办,不得紊办,借隙躲差。当差散人务宜踊跃办差,无得借端推诿,照例听差。倘各处古庙、贡院、文武衙门工夫,或差、或民,理应公办,无得隐瞒,必须通知同行中人"①。木行同样如此,由值年首士承接差务后,平均分摊给各木行承办。

长沙泥行条规规定:"办差头人,长善(即长沙县、善化县)合议,公择妥人承领。倘各衙署辕门内及四路驿站差遣,毋论官价、民价,均归听差人,长归长办,善归善办,倘有不遵规闻办者,公同禀究。皇殿、文庙、各刹古庙等处,均归长善听差人合办,贡院、文武科场均归长善人公办。"②长沙竹木垡三行重整条规,规定:"各宪衙门,以及文武科场、古刹、社坛差务,由承办头人分派,登明簿据。不得派多派少,如违禀究。"③长沙篾店条规规定:"每年春秋祭祀,播种劝农,皇仓厫折,万寿戏台,以及较厂坪、本邑马号、桥头驿、暮云司、白若铺、花石沟等处行台公馆,搭盖棚厂,均属要差,公派八人,轮流办理,毋得推诿遗误。违者禀究。"④各手工行会接应官府差务一般采取行会成员轮流办理的形式。

各行会条规规定:有公差不应,则会有相应处罚。长沙裱糊业规定:"遇有紧急差务,该管月传人,若有一人不到,罚钱一百文。如值年人徇情,该罚值年人钱四百文。如管月失传者,罚管月人赔出。此项均系入公。"长沙锯行条规规定:"文武科场及各署差务承办头人,邀集同行遵照办理,不得推诿。传唤不到,听头人罚钱一千入公,违者禀究。"⑤

---

① 湖南调查局编:《长沙木行条规》,清道光三十年(1850),见湖南调查局编印《湖南商事习惯报告书》,第308—309页。

② 湖南调查局编:《长沙泥行条规》,清光绪三十一年(1905),见湖南调查局编印《湖南商事习惯报告书》,清宣统三年(1911),第114页。

③ 湖南调查局编:《长沙竹木垡行重整条规》,清光绪十八年(1892),见湖南调查局编印《湖南商事习惯报告书》,清宣统三年(1911),第114页。

④ 湖南调查局编:《长沙篾店条规》,清光绪十五年(1889),见湖南调查局编印《湖南商事习惯报告书》,清宣统三年(1911),第61页。

⑤ 湖南调查局编:《长沙锯行条规》,清光绪十三年(1887),见湖南调查局编印《湖南商事习惯报告书》,清宣统三年(1911),第106页。

各行会条规规定:有公差推诿或者争抢,也有处罚。长沙泥行条规规定:“泥木各有各行。自乾隆年间分及差务定列章程,各交各易,不得揽包。如有揽包混做者,长沙县善化县共同革出,永不准入行。若仗势凶横,公同禀究。”①

在重庆,清代中期重庆工商团体参与行业纠纷解决是十分普遍的现象,在大量的行业纠纷解决过程中都能看到会首、行首以及同行从业者的身影,他们或是接受当事人的请求,或是按照官府的指派对纠纷进行调处。按照规定,清代重庆各行帮都必须承担一定的官府差务,如锡行“凡各衙门以及迎官考试等项”均由各行户轮流值月当差。由于官府差务是无偿承担的,因此,行业内不同成员间往往会因差务的承担以及从业者间差务份额分配等问题产生矛盾。如巴县孝里八甲的谢国文、李友陛等人从康熙年间开始以打铁货为生并帮办官府差务。乾隆五十九年(1794),吴广和在南邑陈家场办铁货来渝销售,但拒不帮办差务。杨正光等控诉到官府,官府断令南邑铁货来渝销售必先帮办差事然后再进行贩卖。嘉庆九年(1804),吴广和等“故智复萌,霸卖抗差”,后经谢国文等集齐行站公议,商定“凡大小满油空钉、靴钉、□钉、角钉、船锯钉、平钉、船钉、眼钉等项,听广和办卖免差。至大小尖油钉、癞油钉、条铁归蚁等四厂办卖应酬差务”,并刊碑为凭。到嘉庆十六年(1811),吴广和违犯行规,致使谢国文等四厂的货滞销,于是谢国文等向官府控诉,官府批令:由八省客长与约邻进行理讲。随即,八省客长、约邻邀集双方当事人进行理剖,最后,大家剖定双方应该遵照前规进行办理,大小油钉、癞油钉归谢国文等四厂办卖。经过八省客长与约邻的调处,双方最后达成和解,并向官府递状销案。②

晚清时期在中国各行各业普遍存在的行会制度,其好处是显而易见的。有研究者指出:

---

① 湖南调查局编:《长沙泥行条规》,清光绪三十一年(1905),见湖南调查局编印《湖南商事习惯报告书》,清宣统三年(1911),第114页。

② 参见胡谦:《纠纷与秩序:清代重庆工商团体纠纷调处机制》,《石家庄学院学报》2012年第7期。

> 工商业者依照行会的习惯,从少年时起便做徒弟,受师傅的陶冶,除正月及行会祖师祭日的例假外,一年三百六十五日都晨起晚寝,不择衣食,不畏辛苦。行规对于伙计的薪水、奖励金都有规定,若伙计有不正常行为,则此店解职后,他店不能使用,故他们不得不努力尽职。于是养成了勤勉的习惯。行会禁止同业者间的自由竞争,对于商品的尺度、品质及价格等都有详密的规定,这是信用的保证。同业者彼此有联结,常在一定的时间和地点来谈论本业情况,若其中有濒于危殆或遭遇其他不幸者,则协定以救济之。这种互助的精神,在同乡的行会中发展得尤为透彻。①

在鸦片战争之前,由于封建社会经济相对稳定,不少行会的条规内容沿袭多年而不变。鸦片战争以后,随着社会经济的巨大变化,有些行规由于初步形成时期较为简略,加之年代久远,难以适应时代变化,因此晚清时期行规的修订工作开展得非常频繁。如长沙西货毡毯扇业在光绪年间重振条规,"前辈立有行规,遵守已久。只缘人心多变,世俗日漓,其初既欠周详,此时均宜酌改"②。这体现出晚清社会出现了巨大变化,反映了非同以往的经济活跃程度。商品经济的发展和市场竞争的扩大日见剧烈,势必刺激工商业者扩大生产规模、追逐更大的利润,这就要求工商业者冲破行规的限制,增加工匠,改进生产工具及技术,等等。因此,晚清以来有关行规的严格限制在不断放宽,其威严程度也在日渐降低。当然,行规作为一种习惯,具有一定的惯性,其变化是逐渐的,是一种量变过程。③

1879 年 1 月 10 日,在上海的《捷报》上有外国人记录了一个案件:

> 上星期二,工部局会审公廨审理了一桩案件,说明中国行会与英国

---

① 全汉升:《中国行会制度史》,河南人民出版社 2016 年版,第 197—198 页。

② 彭泽益编:《中国工商行会史料集》上册,中华书局 1995 年版,第 272 页。

③ 王雪梅:《从清代行会到民国同业公会行规的变化:以习惯法的视角》,《历史教学(高校版)》2007 年第 5 期。

> 的同业行会颇有相似之处。一个广东人名曾阿金,在虹口做木匠;若干时候以来,他和他的两个兄弟都在浦东祥生船厂做工。按照广东木匠行会的行规,每个人应将其工资收入的百分之二十交纳给行会,并且所有广东籍木匠都须加入行会。但是曾阿金因为完全为外国船厂工作,拒绝参加这行会。行会主管人逼他和他的两个兄弟每人交纳三十元,他们不交,结果发生了大麻烦。这木匠行会归总的广东会馆管辖,广东会馆遂出面干涉;数日前,上海县出票传讯曾阿金到案,迫令交纳行会费。曾阿金既住在虹口,县衙门的传票须得美国领事签字才能有效。美国领事白蕾签了字,但附带条件是曾阿金此案须先在会审公廨审理。在新年前夕,曾阿金被逮捕,并保证星期二开庭时到案。祥生船厂的罗伯兹与来师该日到案,认为此举显系干预外商自由雇用中国工人之权,并请求会审公廨保护曾阿金不受行会之勒索。公廨受理了此案,审官玛加温对华官陈大人说,此种行会对商务进展实为压迫有害,因为在西洋各国此种行会曾将懒惰恶习的工人和辛勤能干的工人混淆等同。曾阿金和他的兄弟们是辛勤能干的工人,渴望工作不受行会的约束,玛氏认为应该给予他们这种自由。……陈大人同意了这种看法,于是曾阿金被释放了。来师又为他请求(工部局)警察的保护,公廨遂下了命令,说如果将来行会再来找曾阿金打麻烦,曾可正式起诉,工部局定会有适当处理办法。[①]

从这一个案件也可以看出,手工业行会在晚清时期逐渐式微。在清前期,有手工业者敢于公然不加入行会,拒不交纳会费,这是无法想象的事情。

晚清时期,受商品经济发展、连绵战争、外来资本和商品冲击等诸般因素的影响,中国一些省份的手工业行会组织遭到破坏,有的解体,有的形同虚设,有的行规并不能规范成员行为。手工业行会内部成员之间、不同的行会与行会之间的纠纷争讼时有发生。同时,中国的手工业行会没有西欧手工业行会那种封建特权,中国手工业者的社会地位较低。不同地区的手工业者因

---

① 孙毓棠编:《中国近代工业史资料》第1辑(1840—1895)(下册),科学出版社2016年版,第1246—1247页。

为战争、经济收入等方面的因素，手工业者的人员流动迁徙现象比较频繁。这种现象，比较严重地发生于受太平天国战争影响较多的地区，“近因粤氛犯境，致规条紊乱，积弊丛生”①。

有鉴于此，19世纪60年代中期到八九十年代，政府和民间力图重振行会制度，各地陆续出现大量手工业行会逐渐重建、整顿及修订行规的行动。各地重整手工业行会的条规，内容和精神大致相同，都表现了力图重振行会、重申行规，利用行会组织来联结同业、限制竞争、防止手工业者分化的苦心和努力。但是，受到中国社会政治经济宏观大环境的制约，手工业行会组织内部的分化愈演愈烈，手工行业的组织形态也于清末开始逐渐转型。从总的方面来看，晚清时期中国手工业行会的规章从形式到内容都已经和正在发生着或隐或显的变化。行会最基本的防止同业竞争的职能已经难以执行，行会成员使用工徒的人数已经突破了以往的限额，对产量、质量和产品价格的管制也已经松弛，每个行会手工业者只要不低于公议的定价，可以尽量生产，尽量出售，实际上已经没有任何限制，甚至即使以低于公议的价格进行竞争，行会纵欲干涉，也多半是心有余而力不足。一句话，在传统行会的外壳内，已经注入了新的内容，或者说，资本主义市场竞争的原则已经突破了中世纪行会制度的桎梏。中国近代资本主义生产的发展和社会政治经济生活的变迁，使得旧式手工业行会受到了严重的侵蚀，中世纪的行会制度已经处于全面的衰微之中。

在那些卷入世界市场和省外流通较少、传统手工行业由于种种原因尚一时很少受到国内外机制工业品破坏的省区，手工业行会的地位则表现得更为稳固一些。例如在广西、陕西、甘肃、贵州、云南和四川等内地或边远省份的部分地区，“铁路尚未建筑，水陆运输亦不发达，交通极为不便，工业品的输入十分困难，行会手工业的基盘亦因此而比较稳固”②。广西省的“一切生产部门中，即织布、金属加工、制革、木材加工、酿造、饮食、烟草等行业中，手工业

① 湖南调查局编：《长沙糖坊条规》，清光绪十三年（1887），见湖南调查局编印《湖南商事习惯报告书》，清宣统三年（1911），第22页。

② 《中国行会手工业的运命》，《满铁调查月报》第13卷第8号，第218页，昭和8年（1933）8月。

者的手工劳动并未动摇，仍然占据压倒的地位，供给当地居民充足的消费，而无须利用国外、省外输入的商品，甚至也不待使用农家副业生产的产品”①。

但是，晚清时期社会急剧变化的时代背景之下，行会制度毕竟已经逐渐不适应社会的发展了。因为各行业行会的规定比较死板，具有排他性，自然而然趋向于保守。这一时期手工行业出现的新机器生产方式往往遭到抵制，一些手工业者不愿意做出丝毫改变，自然不能适应市场的新需求，不能在宏观社会经济风云变幻之时灵活地把握市场机遇。由本身的性质和利益所决定，晚清时期的手工业行会往往在采取资本主义生产关系，引进先进技术设备，发展中国新式工业的过程中扮演着负面的角色。

第三节　晚清手工业行会性能的转变

前面两节，我们通过综述各个地区、各种行业纷繁复杂的诸般现象，宏观地探讨了晚清中国手工业行会嬗变演化的大致状况。本节旨在通过解读新近发掘的历史档案资料，具体剖析行会组织苏州丝织业云锦公所晚清嬗变过程，探讨晚清中国手工业同业组织近代转型的历史轨迹。希望通过对苏州丝织手工业同业组织的个案考察，能够更加系统和清晰地揭示传统行会制度在晚清中国特定历史条件下的运行机制、发展趋势、演变规律和本质特征，以增进人们对这一过程中新陈代谢而又新旧并存的复杂情态的认识。

一、传统云锦公所的性质与职能

行会制度是随着封建社会内部商品经济的发展而产生的，同时又是商品生产发展不够充分，社会分工不够发达，商品市场不够广阔的产物。它由同一城镇中的同业者或相关职业者所组成，主要功能：一是联结同业，以与不利于己的人事相抗衡；二是避免竞争，维持本行业共存共荣的垄断地位。在中国，苏州是行会制度发展得较为成熟的一座城市，其中尤以丝织手工业行会

① 《中国行会手工业的运命》，《满铁调查月报》第13卷第8号，第223页，昭和8年(1933)8月。

的历史最为悠久,特点最为鲜明,作用最为显著。

早在宋神宗元丰年间(1078—1085),苏州丝织业同行就曾建立"机神庙"[①],其具体情形不得而知,大致可以说是行会组织的雏形。元贞元年(1295),苏州丝织业同行在元妙观内设立吴郡机业公所,明万历年间改建机房殿,以为行会会所,并立有行头名色。清道光二年(1822),在祥符寺巷成立了云锦公所,据称由"丝织、宋锦、纱缎业合建"[②]。

在师傅与徒弟之间,则表现为一种拟制的血缘关系。"置徒授业,皆有先例"。"凡置徒弟,教养待遇总与自己子弟相同。徒弟不得随意行动,成业之后,须终身敬师,无负师恩。"[③]体现出行会内部的家族宗法制原则。

二、晚清云锦公所的性能转变

同治初年,太平天国农民战争失败,清廷重新在苏州恢复了统治秩序,工商业生产逐渐复苏,太平天国战争时期瘫痪的云锦公所再度成立。以往论者,多将太平天国农民战争失败后苏州工商业会馆公所的恢复,视为旧式行会的卷土重来,把会馆公所的"重建"与行会组织的"重演"混为一谈,认为"行会的重建体现着封建统制秩序在城市里的恢复,对城市资本主义萌芽的成长造成极其严重的障碍","资本主义萌芽向资本主义工场手工业发展的道路几乎完全被堵塞"。[④] 这种观点值得商榷。

如前所述,成立于道光二年(1822)的云锦公所,原本确是苏州丝织业的行会组织,不过,鸦片战争以后,随着中国社会的深刻变化,苏州丝织业"账房"势力急剧扩展及其对苏州丝织业生产关系进行的改造,苏州丝织业中阶

① 顾翰:《重建苏城机神庙碑记》,乾隆五十七年(1792),见南京大学历史系、苏州大学历史系合编《明清苏州工商业碑刻集》,江苏人民出版社1980年版,第23页。

② 苏州市工商联:《苏州清代会馆公所资料摘记》,见苏州市政协文史资料编辑委员会编《苏州工商经济史料》第1辑,第227页。

③ 《支那经济全书》卷12,1908年刊,第319页。按:此为日本人调查记录的杭州丝织业行会的规约,苏州丝织业行会的情况同样如此。见同书卷12,第259页。

④ 茅家琦主编:《太平天国通史》下册,南京大学出版社1991年版,第324—331页。其实,彭泽益于20世纪60年代即已提出类似看法。(参见彭泽益《十九世纪后期中国城市手工业商业行会的重建和作用》,《历史研究》1965年第1期。)

级关系日渐明朗,阶级对立日益加剧,行会组织越来越无法把各个不同阶级的人们包容在一起,越来越难以全行业共同代表的面目出现。此时适值太平天国农民战争摧枯拉朽,更加速了传统统治秩序和旧式行会组织的瓦解。行规无形中废弛,行会的约束能力大大削弱。太平天国战争结束后,尽管清廷大力支持城镇行会的重建,但已无力完全修复崩溃的堤防。同治年间“重建”的云锦公所,性质已经开始发生变化,逐渐由苏州丝织业的全行业组织向纱缎庄“账房”的同业组织演变,与道光年间的丝织业行会组织云锦公所名同而实异,不可等量齐观。[①]

从云锦公所的成立原因来看,“逊清同治初叶,纱缎业诸先辈鉴于业中散漫无稽,与各商交易殊欠次序,欲保持整个信誉计,惟有筹设一集体机构,庶可永保纱缎业信实通商本旨,于是发起设立云锦公所”[②]。可见之所以“发起设立云锦公所”,“本旨”在于结成团体,“永保纱缎业”,维护纱缎庄“账房”的利益,以求进一步发展自己的势力。众所周知,任何一个政治、经济团体,都是一种社会力量发展到一定阶段的产物。云锦公所的成立,正反映出苏州丝织业“账房”数量大增,势力壮大,迫切需要有一个调节本业内部矛盾的机构和一个对外进行交涉斗争的共同工具。

从云锦公所的建筑规模来看,公所所址“在祥符寺中,购地建屋起造”,规模宏丽,“建屋四进,计三开间三进,及第三进三楼三底,以及后面会议室三开间一进半……总计二十间以上,暨建穿堂天幔等”。云锦公所及其西邻的先机道院,“建筑费大都由纱缎业中各庄,集资捐助落成,至同治甲戌年(1874)始草创完成”[③]。集会议事场所的规模和气派,反映了苏州丝织业“账房”的势力雄厚和财大气粗。

从云锦公所的成员构成来看,同治十三年(1874)十一月,长洲县正堂勒石给示:“据云锦公所司董、司月职员张文树、孙毓松、谢砺金、朱宗淦、杭安

① 参见王翔《中国资本主义的历史命运——苏州丝织业“帐房”发展史论》,江苏教育出版社1992年版,第66页。

② 《云锦公所各要总目补记》,苏州市档案馆藏。

③ 《云锦公所各要总目补记》,苏州市档案馆藏。

福、陆金元、钱文焕、沈恒庆、邹惟金、盛兆桢、蒋凤藻、李寿溥等称，职等均系开设纱缎庄‘账房’为业。”[①]可见云锦公所作为纱缎庄业的同业组织，只有“账房”才有资格加入。其后，“机匠一帮设立霞章公所”，揽织机户和机匠开始从云锦公所中分化出来。[②] 至于“现卖机户一业……力绵势散，既不能加入云锦公所之范围”，亦脱离云锦公所而归入霞章公所。[③] 这种情况，与晚清时期现卖机业地位极不稳定，“今日现卖，明日代织，视为常事”[④]，随时向雇佣劳动者地位沉沦的记载是相一致的。这样，云锦公所的性质就开始发生变化，由苏州丝织业的全行业组织向纱缎庄“账房”的同业组织演变。苏州市档案馆藏的一份民国初年档案记载，“前清机织缎业只有云锦公所，系由缎庄‘账房’集资结合”[⑤]，亦可证明这一时期云锦公所的成员，已经是“纱缎业之专办丝经，招工放织”的“账房”了。

由此可见，太平天国农民战争失败以后，苏州工商业会馆公所的“重建”，未必就是传统行会组织的“重演”；至少应该肯定，同治年间“筹设”的云锦公所，已经不能与过去的行会组织等量齐观，而是一种由旧式行会组织向纱缎庄业资方同业组织过渡的形态。实际上，鸦片战争以后，苏州丝织业中的“账房”商业资本正在越来越大的程度上控制生产过程、支配丝织手工业者，逐渐向工业资本转化；与此同时，“账房”老板也正在向比较完全意义上的手工业资本家转变。因此，云锦公所既然已经开始具有纱缎庄业同业组织的性质，那么，它就已经不同于传统社会中的纯粹行会组织，而正在由一个旧式行会组织向一个资产阶级的同业团体转化，已经具备了中国早期资本家同业组织

---

① 《重修云锦公所碑记》，同治十三年（1874）。原碑藏苏州市博物馆。

② 《文锦公所代表王庆寿、严鸿魁、李桢祥呈苏州商务总会》，民国7年（1918）8月10日。苏州市档案馆藏。民国31年（1942）的《重修霞章公所记》：“霞章公所者，吴县丝织产业工会之基础也。始创于民国纪元前二年。”可知霞章公所于1910年正式成立，其脱离云锦公所的酝酿过程自然较此尤早。

③ 《文锦公所代表王庆寿等呈苏州商务总会函》，民国7年（1918）。苏州市档案馆藏。按：民国7年，苏城现卖机户又有建立文锦公所之举。

④ 《霞章公所就现卖机业另立文锦公所事致苏州商务总会函》，民国七年（1918），苏州市档案馆藏。

⑤ 《霞章公所就现卖机业另立文锦公所事致苏州商务总会函》，民国七年（1918），苏州市档案馆藏。

雏形的特征,只不过仍然沿用着“云锦公所”的习称而已。我们应该仔细地分辨出在“公所”这一相同名称下,其内涵所发生的变化,而不是教条地沿袭某种说法,以为晚清时期苏州丝织业云锦公所仍然是一成不变的旧式行会组织。

据民国初年江苏省实业司关于苏州丝织业“账房”的调查资料,从康熙四十一年(1702)到鸦片战争前夕的138年间,开设的“账房”为11家;战后,1845—1861年的10余年间,新开设4家;1864—1893年的30年间,新开设15家;1895—1912年的17年间,新开设27家。与战前的138年相比,从鸦片战争结束到清朝末年的60余年与战前的138年相比,开设的“账房”由11家增为57家,增长4.2倍;为“账房”代织的“男女工徒人数”由1840人增为7681人,增长3.2倍;纱缎产量由7372匹增为3.09万匹,外加144床彩花被面,增长2.5倍;产值由21.7138万元增为86.6271万元,增长了2倍。[①]

这些数据,仅是就民国初年仍然开业、代织机匠在25人以上的较大规模的“账房”的情况统计而得,代织机匠在25人以下的中小“账房”并未计算在内,因此显然很不完备。[②] 据甲午战争后日本人的调查,1899年时,苏州“‘账房’大者有一百余户(资本十万元以上),中者有五百余户(资本一万元以上),小者有六百余户(资本二三千元)”。当时,苏州丝织业“机额总数约达有一万五千座”,“从事机织者二万人,拈织丝、再缫生丝(即从事板经拍丝者)二万人,缫竖横织丝(即掉经掉纬者)三万人,其余经行、丝行、染坊、炼绢坊、制机具工各种分业者,亦二万余人,而‘账房’里头亦一万人”。可见中小“账房”在户数、雇工人数和拥有织机台数等方面都远比大“账房”为多。

由此,反映出不同历史时期“账房”经营状况的概貌,说明晚清时期的云锦公所,对于“账房”的创立已经不再成为障碍。历史档案资料记载,同治、光

① 江苏省实业司:《江苏省实业行政报告书》3编《工务》,1913年5月调查,《吴县纱缎业账房开业统计表》。按:表内“男女工徒人数”实际应为“账房”控制的织机台数。关于这个问题,日本学者横山英有正确的分析。参见横山英《中国近代化の经济构造》(亚纪书房1972年版)第二章,注46。

② 江苏省实业司:《江苏省实业行政报告书》3编《工务》,1913年5月调查,《吴县纱缎业账房开业统计表》。

绪年间新开“账房”如雨后春笋,“吾业中亦有父子、叔侄、兄弟多自立门户,设立缎庄(‘账房’),或有数人合股而设,继至合同期满,分析反而以一化三四不等;且有外业人加入吾业中筹设新庄者,亦难以遍记,如春源馥杭庄组,鸿裕兴,吴健初经理;老人和绸缎庄组,福兴和,张厚之经理。其余整个、零屑分组亦难统计”①。各种材料相互印证,不难看出晚清的苏州丝织业中,同业竞争加剧,而云锦公所既不能阻止业内竞争,也无法排斥“外业人加入”,似乎已经完全丧失了旧式行会的基本职能。

云锦公所行会职能的瘫痪,还表现在它越来越难以缓和行业内部的阶级对立和矛盾斗争。晚清时期急剧增多的“账房”与丝织工匠之间的矛盾和冲突,反映了此时阶级关系日渐明朗,阶级对立日渐加剧。光绪十年(1884)的《申报》称:“苏省各机房织匠,每阅数年必有‘把行’之举。”②可见频率之繁。

临近清末,苏州丝织业中劳资双方的冲突越发激烈。光绪二十六年(1900),“苏州来函云:机匠恃众肇事,在各饭店白吃后,二十一日清晨,依旧成群结队,声势汹汹,各账房皆闭户而遁,暂作避祸之计”。光绪三十二年(1906),“账房”主杭祖良、李文模、徐世澍、邹宗涵等联名上书元和县署:“缎机一业,为苏地大宗,织机工匠,阖城不下千余人。每值年岁荒歉,或机业衰淡,常有聚众滋事之患。数年前为机捐一事,曾肇衅端,几成巨案。近因铜元行用,洋价骤涨,食用腾贵,该工匠入不敷出,情形拮据,将有聚众歇业,挟制缎商之举。敝会缎商议董杭祖良、李文模等颇有风闻,亟思弭患未形。”③据不完全统计,短短10年间,仅有案可稽的大规模劳资冲突就达5次之多。④

凡此种种,都表明云锦公所的旧式行会色彩日益淡化,逐渐由一个封建性的行会组织向资本家的同业组织过渡。

当然,云锦公所的活动中,也包括各种公益救济事业,“业中诸先辈继再顾及贫寒子弟无力向学,并继念孤寡无依,困苦万状,难以言宣,是以有设立

① 《纱缎业沧桑回忆录》,苏州市档案馆藏。

② 《申报》,光绪十年(1884)正月三十日。

③ 《苏州商务总会议董杭祖良、李文模等致元和县署》,光绪三十二年(1906),苏州市档案馆藏。

④ 参见王翔:《中国资本主义的历史命运——苏州丝织业“帐房”发展史论》,江苏教育出版社1992年版,第119页。

蒙养义塾,培植业中清寒子弟求学向上之愿,而再筹措赙恤业中孤儿寡妇之月贴恤金,公所中全年支付亦属一大宗款项也"①。据光绪十一年(1885)《长元吴三县为机业公议按机抽捐办理同业善举谕各机户踊跃捐输毋许地匪游勇借端滋扰碑记》记载,云锦公所每月每台织机征银五分,以作机工丧葬的补助和孤儿寡妇的救济。② 这些"善行义举"在某种意义上属于社会慈善事业的范畴,在西方资本主义社会也广泛存在,恐非旧式行会所独有。

三、晚清云锦公所与苏州商务总会的成立

考察这一时期的云锦公所,还必须注意苏州商务总会的成立及其与云锦公所的关系。

关于近代中国商会的性质及其与行会的关系等问题,至今仍有较多争论,意见远没有统一。主要的观点有这样几种:一些论者认为,新型的商会属于开放性、发展性的工商组织,而以会馆、公所为主的行会则属于封闭性、停滞性的社会组织,对经济发展有阻碍;一些学者则认为,各地的商会史料反映出商会和行会这两种商人团体并不是水火不相容,反而是前者以后者为基础,多数地方商会通过维护会馆、公所的制度来达到其管理和动员商人的目标。商会之所以能够容纳行会,是因为行会具有某种"近代化"或者"进步"的特点,因而才能和"现代的"或者旨在"发展资本主义"的商会兼容,但是当行会加入商会之时,却又给商会带来了"传统性"。还有学者不同意过分拔高商会的所谓"现代性",认为清末中国的商会虽然是一种新生事物,但是仍然具有某种"传统性"和"落后性",与会馆公所有着共存的基础,很难说有什么根本的区别。甚至有学者认为,清末各地次第成立的商会,大多是利用原有行会制度的基础,将原有的工商业行会组织汇聚于一处,本质上只不过是诸种行会的结合体而已。事实上,如果我们能够暂时摆脱传统与现代的二元对立,不是从事先的假设出发,而是回到具体的历史情境中去,也许可以减轻一

① 《云锦公所各要总目补记》,苏州市档案馆藏。

② 南京博物院编:《江苏省明清以来碑刻资料选集》,生活·读书·新知三联书店1959年版,第15—16页。

些由此造成的紧张与困惑。①

时至清末,随着中国资本主义经济的发展和资本主义关系的成长,中国的资本家阶级力量有所壮大,要求进一步建立本阶级组织的呼声日益高涨;另一方面,清廷在一次次对外战争失败的刺激下,慑于国内风起云涌的革命浪潮,终于表示要"振兴商务",实行"新政"。光绪二十九年(1903)3月,光绪皇帝颁布上谕:"通商惠工,为古今经国之要政,自积习相沿,视工商为末务,国计民生,日益贫弱,未始不因乎此。"为扭转积贫积弱的国势,必须对工商业"保护维持,尤应不遗余力,庶几商务振兴,蒸蒸日上,阜民财而培邦本"②。这道谕令表明了清廷政策调整的方向。1904年1月11日,清廷为了改变"华商势涣力微,相形见绌,坐使利权旁落"的状况,颁布《奏定商会简明章程》26条,规定"凡各省各埠,如前经各行众商公立有'商业公所'及'商务公会'等名目者,应即遵守现定部章,一律改为'商会',以归画一","凡属商务繁富之区,不论系会垣,系城埠,宜设立商务总会,而于商务稍次之地,设立分会"。③ 在各地"商务总会""商务分会"旗下,集合了当地各种会馆、公所等行会组织,逐渐开始了由旧式行会向新式同业公会的缓慢蜕变。

清廷宣布振兴商务,特设专部,奏准各省商埠得分别设立商会,并派朝廷大员驰赴各省劝设商会。这成为苏州商务总会成立的触媒,而其根源,则在于鸦片战争后苏州资本主义关系的发展和工商业资产阶级力量的不断增长。光绪三十一年(1905),苏州各行业的商民领袖"发起组织,草订会章,于光绪三十一年五月十八日呈部奏准,设立苏州商务总会,是年九月初八日成立开

① 参见以下资料:徐鼎新、钱小明的《上海总商会史》,上海社会科学院出版社1991年版;马敏、朱英的《传统与近代的二重变奏——晚清苏州商会个案研究》,巴蜀书社1993年版;虞和平的《商会与中国早期现代化》,上海人民出版社1993年版;朱英的《转型时期的社会与国家——以近代中国商会为主体的历史透视》,华中师范大学出版社1997年版;王翔的《近代中国手工业行会的演变》,《历史研究》1998年第4期;黄福才、李永乐的《论清末商会与行会并存的原因》,《中国社会经济史研究》1999年第3期;等等。

② [清]朱寿朋编,张静庐等校点:《光绪朝东华录》(第5册),光绪二十九年(1903)三月,中华书局1958年版,第27—28页。

③ 彭泽益:《中国工商行会史料集》下册,中华书局1995年版,第971—972页。

幕”[①],代表苏州资产阶级经济利益和发展要求的苏州商务总会宣告成立。

以往,有些论者把苏州商务总会定性为“代表商业资产阶级利益和要求”的团体,认为“苏州商会的领导权始终控制在以绸缎商为主的商业资产阶级和钱庄主手中”[②]。此论恐怕是只关注了苏州的近代机器大工业,而忽视了传统手工行业,并且误把纱缎庄认作绸缎店的结果。[③] 当时,苏州可以称得上近代机器大工业的,只有1895年筹建的苏经丝厂和苏纶纱厂,在社会经济中比重极微。但是,具有悠久历史的传统手工业,尤其是丝织手工业,却在苏州社会经济中占有十分重要的位置,“吾苏丝织业历史悠久,出品精良,海通以还,外销大畅,益呈蓬勃。有清一代,苏垣东半城几全为丝织业所聚居,万户机杼,彻夜不辍,产量之丰,无与伦比,四方客商,麇集于此,骎骎乎居全国丝织业之重心,而地方经济之荣枯,亦几视丝织业之兴衰以为断”[④]。

如前所述,“账房”经营方式的扩展和普及,已经使苏州丝织业基本上被改造成资本主义生产关系占主导地位的手工业,而执苏州商务总会之牛耳,掌握苏州商务总会领导权的,正包括这些大“账房”主在内。[⑤] 以下试从三方面加以说明:

首先,苏州商民申请成立商会的《呈商部说帖》称:“查苏城出产,以纱缎

---

① 《苏州商会年事纪要》,苏州市档案馆藏。

② 段本洛、张圻福:《苏州手工业史》,江苏古籍出版社1986年版,第76页。

③ 在苏州,纱缎庄与绸缎店的界限分明,不可混淆。苏州档案馆藏《云锦公所呈商务总会函》说:苏州丝织业工商“向分数种名目”,其中“具有资本巨商,购储丝经,散发机工承揽包织成货者,为缎庄(俗名‘账房’——原注)”。在历年《苏州商会题名册》中,纱缎庄都与绸缎店分开登记,且各有自己的同业组织:纱缎庄业为“云锦公所”,民国年间改称“纱缎庄业同业公会”;绸缎店则称“七襄公局”,民国年间改称“绸缎号业同业公会”。可见,绸缎店是商业铺户,它向纱缎庄和机户购进成品,趸批零售,基本上可称是纯商业资本;纱缎庄则向机户放料加工,属于商业资本向工业资本的转化形态。

④ 《吴县丝织业同业公会公函》,民国35年(1946)8月,苏州市档案馆藏。

⑤ 其实,即使此时的苏州钱庄老板,也正在积极投资近代工业。其典型例子,是著名钱庄主张月阶、王驾六等人投资创办苏纶纱厂,成为苏纶纱厂的大股东,王驾六还曾一度接任苏纶纱厂经理的职务。据日文《中国通商口岸志·苏州》一书的记载,光绪三十四年以后,“苏州人王驾六再开业(指苏纶纱厂——引者),但因业绩不振而损失了十余万两。大股东张月阶、王驾六等商议再募集新股,但应募者不多,张、王二位所持股份依然为多数”。据《苏州商会年事纪要》(《苏州工商经济史料》第一辑)记载,张月阶、王驾六均为苏州商务总会第一至第六届的历任会董。

为大宗,而丝茧次之;行店以钱业为大宗,而绸业布匹次之。自洋货灌输内地,土货销路日绌,加以银市日紧,捐输繁重,商情涣散,视各埠为尤甚,亟因联合各业设立商会,方足以振兴工业,齐一商志。上海设立商会,风气早开,苏城为省会之区,葑(门)、盘门附郭一带,日本租界与各国通商场所毗连,沪宁铁路开车在即,洋商纷至沓来,商务所关,实非浅鲜。苏城似应设立商务总会以壮观瞻,仍与上海商会联络一起,庶几团散为聚。"[①]明确指出"苏城出产,以纱缎为大宗",位于"行店以钱业为大宗"之前,从中国文化讲究前后次序的传统来看,这恐怕不是简单的文字错位。同时,《呈商部说帖》指出,设立商会是为了"振兴工业,齐一商志",应该说这正是反映了正在向工业资产阶级转化的丝织业"账房"主的要求。

其次,《苏州商务总会大事纪要》记载:"清光绪二十九年(1903),朝廷振兴商务,特设专部,奏准各省商埠得分别设立商会,上海、浙、粤等处次第成立。吾苏缎商、钱市暨各业领袖……发起组织。"[②]也是将"缎商"(纱缎庄)置于"钱市"(钱庄主)之上,可见丝织业"账房"确是推动苏州商务总会成立的主要力量之一。据苏州市档案馆藏档案资料统计,苏州商务总会包括 41 个行业或行帮,第一届议董共计 16 名,其中"账房"主就有 3 名。自光绪三十一年(1905)至宣统三年(1911),先后有 6 名"账房"主担任过前六届商务总会议董的职务,可以想见其在商务总会领导层中所占的重要地位。[③] 其中历任清末各届商会议董的杭祖良,字小轩,系杭恒富禄记纱缎庄"账房"主。该号从清乾隆五十八年(1793)开业至清末,拥有雄厚资本和相当的社会影响,在江苏工商界卓有声望。苏纶纱厂筹建时征集商股,他投资白银 2 万两。宣统二年(1910)五月,他作为苏州和上海两个总商会的领衔代表,会同全国其他 10 个团体的代表,联名向都察院呈递《速开国会》的请愿书,成为第二次国会请愿运动中的风云人物。同年七月,江苏商民掀起声势浩大的"裁厘认捐"斗

① 《苏州绅商呈商部说帖》,光绪二十九年(1903),苏州市档案馆藏。

② 《苏州商会年事纪要》,苏州市档案馆藏。

③ 据苏州市档案馆藏"清末苏州商会档案"卷宗统计。

争，他又被推举为“筹办江苏全省认捐事务所”的总干事长。[①] 这些事实表明，随着苏州丝织业“账房”经济力量的不断膨胀，“账房”在政治上也已经开始崭露头角。

再次，《苏州商务总会章程》中规定的商会任务是：“（一）筹议工商业改良事项；（二）关于工商业事项答复中央行政长官或地方行政长官之调查或咨询；（三）调查工商业之状况及统计；（四）受工商业者之委托，调查工商业事项，或证明其商品之产地及价格；（五）因赛会得征集工商物品；（六）因关系人之请求，调处工商业者之争议。”[②]《苏州商务总会章程》对于工商业资产阶级的利益都给予了充分的重视，并且表现出更加关注“振兴工业”的倾向。《苏州商务总会章程》第一条“筹议工商业改良”，第五条“因赛会得征集工商物品”等，实际上是工业资本家的专利，至少可以说是与工业资本家的关系更大，好处更多。事实说明，丝织业“账房”在苏州商务总会里占据着举足轻重的地位，他们已经不是原来意义上的商业资本家了，而是正在向工业资本家转化，越来越多地具有了工业资产阶级的性质。因此，苏州商务总会成立之初，就是一个包括近代大工业股东、传统手工业老板在内的，包括工商业资本家阶级在内的具有广泛社会联系的组织。

苏州商务总会的成立，表明随着苏州社会经济中资本主义成分的发展，资本家阶级已经打破了行业、行帮和传统行会的局限，要求建立广泛的社会联系。“本会开办以来，已及期年，各商入会者，约有四十余帮，然未入会者尚属不少，风声所树，自当络绎而来，除会章第十七条所开营业卑贱各项不得入会外，余如工艺作坊等类，现在无力兼设公会，暂宜从缓，会员有为之介绍者，请婉词却之。若同此营业，并应入会者，或两帮夙有嫌隙，本会方宜调和商情，未便执此拒彼；至于乡贯区分，凡在苏经商，无论籍贯外府，虽远隔他省，亦未便拒绝，以示不广。”[③]从原来地缘、业缘性的会馆公所到打破地缘、业缘

① 参见王翔：《从“裁厘认捐”到“裁厘加税”——清末民初江苏商民的两次重要斗争》，《近代史研究》1988 年第 3 期。

② 《苏州商务总会章程》，苏州市档案馆藏。

③ 《苏州商会年事纪要》，苏州市档案馆藏。

限制的商务总会,从限制竞争、阻碍工商业发展的旧式行会到以促进工商业发展为己任的新型商会,这无疑是一个历史性的进步。苏州丝织业云锦公所是商务总会成立的主要推动力量和社会基础之一。光绪三十四年(1908),苏州商务总会包括41个行业或行帮,共计1087户,其中登记在册的云锦公所纱缎庄为95户,仅次于辫线业的108户,但是辫线业多为小本经营的小作坊,在资金数量、营业规模和社会影响上都远远不能与纱缎庄业相提并论。[①]所以,应该说丝织业"账房"的同业组织云锦公所,在苏州商务总会里的地位是首屈一指的。

① 参见《苏州商务总会首届会员名册》,光绪三十四年(1908),苏州市档案馆藏。

第十章
晚清手工业经济的地位和作用

晚清时期,社会动荡不安,封建统治体系濒于崩溃,传统社会经济随之开始了艰难的近代转型。在这一转型过程当中,尽管中国社会经济由于大量外来因素的进入而呈现出拼盘化的格局,尽管中国社会传统的生产形态、生活观念、行为习惯以及交往方式都发生了巨大的改变,手工业生产的重要性却丝毫没有减少,相反,工场手工业、包买主制的手工业、小商品生产的城镇独立手工业、相当于家内副业的农民家庭手工业,即使比重有下降的趋势,但对于国计民生来说,仍然是不可一日或缺的。此时的手工业生产,在中国工业生产中的地位,不仅当然是举足轻重的,而且仍然是首屈一指的。①

第一节　手工业经济的地位

中国的手工行业门类众多,发展完备,生产技术成熟,无数民众以此为生,传统的"男耕女织""一家一户"生产生活模式,动员了难以估计的从业人员投身其中。诸如棉纺织业、丝绸业、制茶业、陶瓷业等很多行业,不仅为广大民众提供了安身立命之所,本身也在工艺技术上达到了高峰。在晚清时期

---

① 参见王翔:《中国近代手工业史稿》,上海人民出版社 2012 年版,第 535 页。

现代工业刚刚诞生、尚未发育成熟之际,手工业经济成为中国社会主要的商品来源,同时和农业经济一起构成了中国经济的主要支柱。

一、手工业经济在国民经济中的地位

晚清时期,社会经济生活动荡不安,矛盾丛生,伴随着传统农业经济所发展起来的手工业,经济地位显得尤为重要,成为国计民生得以维系的不可或缺的关键组成部分。

中国传统的农耕社会,农民的生计收入大多属于靠天吃饭,常常受到自然灾害、战争等因素的影响,旱涝不定,收成不定。这样的记述史不绝载,俯拾皆是:陕西,"秦中自去年(1876)立夏节后,数月不雨,秋苗颗粒无收。至今岁(1877)五月,为收割夏粮之期,又仅十成之一。至六七月,又旱,赤野千里,几不知禾稼为何物矣。况自遭回乱,人丁稀少,垦荒者又惮于力作,米源久已匮乏,即有秋成,穷民挖肉补疮,概从贱粜,每石有只索纹银八钱有奇者。前二年(1875),河南山西二省先受旱灾,尽向秦中告粜,故存米更属无多。目下同州府所辖之大荔、朝邑、郃阳、澄城、韩城、蒲城及(附)近各州县,民有菜色,俱不聊生。饥民相率抢粮,甚而至于拦路纠抢,……其粮价又陡昂至十倍以上"①。山西,"光绪三年(1877),晋省迭遭荒旱,……赤地千有余里,饥民至五六百万口之多,大祲奇灾,古所未见"②。安徽,"滁、全一带,今岁(1888)旱魃为虐,粒米无收,遍野鸿嗷,凄凉满目。其小民之卖驴牛以度日者,已不知凡几"③。

南方诸省常为水灾所扰,江河动辄泛滥,一发不可收,造成多地民众的困苦。湖南省,"光绪十一年(1885),两江两湖两广,大水成灾,为数十年所未有。自臣乡来者言,湖南省城西关外,水与屋齐,城内半通舟楫。男女露处呼号,惨动心目。常澧一带,淹毙万余人。各省灾民,流离道路,情形大略相

① 佚名:《陕西大旱》,《申报》,清光绪三年(1877)八月二十七日。

② 李文治编:《中国近代农业史资料》第1辑(1840—1911),科学出版社2016年版,第741页。

③ 李文治编:《中国近代农业史资料》第1辑(1840—1911),科学出版社2016年版,第747页。

同”[①]。江苏省，“光绪十五年（1889），十月下旬，镇江德星宫一带，有难民数千，陆续麇至，鸠形鹄面，体无完衣，惨难寓目”[②]。

表 10-1　清代后期各省历年呈报灾荒州县数统计（1851—1900）

年份／州县	1851—1860	1861—1870	1871—1880	1881—1890	1891—1900
直隶	187	189	315	570	541
山东	220	349	367	620	428
河南	232	125	421	755	462
山西	9	12	214	214	264
陕西		战争		208	283
甘肃	13	战争		58	204
江苏	369（兵为主）	339（兵）	240	587	574
浙江	288（兵）	74（有缺报）	68（有缺报）	266	326
安徽	196（兵）	114（兵）	231	442	327
江西	88（兵）	20（兵，缺报）	59（有缺报）	226	221
湖北	160（兵）	42（兵）	156	230	297
湖南	55	（兵，缺报）	15	81	118

资料来源：节选自李文治编《中国近代农业史资料》第 1 辑（1840—1911），科学出版社 2016 年版，第 719—722 页、733—736 页。

注：1851—1864 年间，所列州县次，注有“兵”字者，包括兵灾。

1871 年后全系自然灾害，如水旱灾、雹灾、虫灾等。

1871—1880 年，浙江、江西、湖南省，有缺报年份。

有的省区，某些年份记有受灾村数，如 1881—1890 年，直隶受灾区为 570 州县次，其中包括 5.0622 万村次；山东受灾地区为 620 州县次，其中包括 11.825 万村次。

农民由于收入不确定，常常入不敷出，维持日常生计十分困难，常在贫困

① 李文治编：《中国近代农业史资料》第 1 辑（1840—1911），科学出版社 2016 年版，第 723 页。
② 李文治编：《中国近代农业史资料》第 1 辑（1840—1911），科学出版社 2016 年版，第 723 页。

的边缘挣扎是普遍现象。这种相关记录在地方志当中屡见不鲜,不足为奇。如江苏省,“苏松土隘人稠,一夫所耕,不过十亩。倚山傍湖,旱涝难均,即丰稔之岁,所得亦自有限;而条银、漕、白正耗,以及白粮经费、漕赠、五米、十银、杂项差徭,不可胜计;而仰事俯育婚嫁丧葬,俱出其中。终岁勤动,不能免鞭扑之苦”[①]。浙江省,“程、安、德三县,……土狭民稠,农力重艰。地与人相参,供食不足取给。外江之米,常年掺半;凶岁无量焉。耕夫终岁勤劬,计十亩之所入,得半不过十石。八口之家,何以养生送死”[②]。农民的日常劳作并不能满足日常生活需求,家中要是有婚嫁丧葬等大事发生,往往倾家荡产都不足以弥补亏空。

江苏和浙江是中国传统经济社会最为富裕的地区,但普通农民终日勤劳,生活还是难以为继,其他省份农民的情况可想而知。在直隶,“日用所需,惟粜米、麦。粜之而售,则家无盖藏;粜之而不售,则完纳税粮以及衣服、婚、丧之用皆绌”[③]。农民虽然终日勤劳,但供食不足取给。平常年份农民生活已经如此贫苦,要是遇上自然灾害,农民更是度日为艰。在四川安县,“光绪甲午年后,赋税日重,水旱频仍,谋生渐难”[④]。在湖南长沙府醴陵县,“农勤耕作,隙地皆耕种,无弃壤,田所宜惟稻,岁两熟,有早、晚两种。农人终岁勤动,视他邑岁一熟者尤为劳苦。农夫八口之家,耕不过二三人,田不过十数亩,收不过数十石,完官租,应公役,又私自戚里往来,庆吊相仍,其所赢无几。一家男女长幼衣食嫁娶皆出其中,其俭者折薪数米,尚足自给。其稍耗者,左支右绌,已不免剜肉医疮之患;岁值水旱,家口嗷嗷,操券以贷,出倍称之息,或仰求无门,于是有卖田宅、鬻耕牛以度祲岁者矣,言之痛切。醴俗亦然,加之兵兴以来,连岁收歉,输刍挽粟,民力尤痺,十室九空,不待岁祲而已”[⑤]。

全国各地的农民,显然仅是依靠农业生产不能满足家庭日常开支,在这

---

① 李文治编:《中国近代农业史资料》第1辑(1840—1911),科学出版社2016年版,第99页。

② 李文治编:《中国近代农业史资料》第1辑(1840—1911),科学出版社2016年版,第99页。

③ 李文治编:《中国近代农业史资料》第1辑(1840—1911),科学出版社2016年版,第99—100页。

④ 夏时行等修,刘公旭等纂:《安县志》卷56《社会风俗·人民生活》,1938年石印本。

⑤ [清]徐淦等修,江普光等纂:《醴陵县志》卷1《舆地·风俗》,清同治十年(1871)刻本。

种情况下,必须开展手工业生产,补充家庭收入,才能勉强得以生存。因此,投入较少、劳动不复杂的家庭副业手工生产得以广泛存在于大江南北的农村之中。全国各地的农民并不只是从事单一的家庭纺织业,而是依据所在地域环境以及周围条件的不同,因地制宜地开展不同的手工行业制造,以获取一定的收入,譬如常见的采矿业、竹木业、制茶业、榨油业、编织业等。群众依据当地原料的获取种类,发展不同的手工行业。晚清时期,机器工业刚刚起步,尚很弱小,并不能充分有效地利用农村丰富的物产资源,机器工业往往开办于交通便利的大城市和大型通商口岸,覆盖面窄,而农村广泛的手工行业生产能让这些原料得到有效的利用。正是因为如此,同一地区在不同时期,进行不同的手工业生产是常见的,这种现象由市场需求决定。在湖南醴陵县,“醴陵土产货物输出县外者,清光绪间首推红茶。民国后渐出渐减,终于绝迹”①。

中国是一个地大物博、资源丰富而又分布不很均衡的国家。尤其是在晚清时期,由于国内外市场对资源的需求不断扩大,中国各地经济作物的种植和生产迅速发展起来。经济作物的普遍种植为农村家庭手工业的发展提供了丰富的原材料。晚清时期中国广大农民家庭主要从事的手工业是棉纺织业、丝绸业、制茶业、造纸业等,它们所需原料分别是棉花、蚕茧、毛茶和竹木等。在机器工业刚刚出现、尚不发达的晚清时期,如果没有农民家庭手工业,这些丰富的原料将得不到充分利用。相反,有了农民家庭手工业,这些资源就能加工成手工业产品,变资源优势为产品优势,其附加值就会大大增加,从而从整体上带动近代中国农村经济的发展。

从经济学上看,农民家庭手工业易于维持,且易于推广。农民家庭手工业所需资金较少,且资金周转速度快、利润高,基本上是不要成本、至少是成本低廉的劳动,只要在丰富原料的基础上加上农民的闲置劳动,即能换回收入,因此大多数农民家庭都可能而且乐意尝试并坚持经营。如织布业,只需一架织布机和一架手摇纺车,农民就可以在家里纺纱或织布。因此土布纺织

---

①　陈鲲修,刘谦等纂:《醴陵县志》卷6《食货志》,1948年铅印本。

成为近代中国农村最主要的家庭手工业,成为农民家庭的半个饭碗。

另外,中国传统手工业发达,几千年来形成一套较为成熟的手工业生产技术,这些精湛的技术一代一代祖传下来,有了技术作基础,推广就更容易了。总之,由于帝国主义、封建主义和官僚资本主义的压迫剥削,农民在农村单纯依靠农业生产无法生存,而且由于中国城市工业不发达,大多数农民除留在农村从事手工副业生产之外,并无其他选择,这说明晚清时期中国农民从事家庭手工业生产十分必要。同时由于农业生产是有季节性的,中国有丰富的手工业资源和精湛的手工业技术以及广阔的手工业产品市场需求,这一切都为中国农民从事家庭手工业生产提供了可能和便利,所以在此期间,中国农民选择经营家庭手工业是必然的,也是合理的。[①]

晚清时期,机器工业刚刚产生、萌芽,生产出来的商品能供应市场的必然不多。中国人口众多,普通群众的衣食住行、日常消费所需要的商品,仍然需要手工行业的生产。手工行业在这一时期占据着国民经济的主体地位。在沿海各地及通商口岸,消费外国商品比较频繁,能接触到新奇商品。但这并不能代表中国的整体消费水平。广大农村普通群众衣食所需、建房、购买农业生产用具等,绝大部分由手工行业解决,依赖的是手工业商品的生产与消费。

在中国市场被纳入世界经济体系以后,中国向世界市场供应了大量原料,如茶叶、纸张、棉花、生丝、大豆、桐油等,这些产品大多与手工业经济相关,在对外贸易中占有绝对重要的比例。在甲午战争之前,手工业产品在出口总值中占了绝大部分比重:1873 年为 6646.46 万海关两,占 95.7%;1893 年为 9540.50 万海关两,占 81.8%。甲午战争后,国内机制工业有了较大的发展,但与手工业生产在社会经济中的地位相适应,手工业产品依然在出口总值中首屈一指:1903 年为 1.073906 亿海关两,占 50.1%;1910 年为 1.5766.5 亿海关两,占 41.4%。[②] 毫无疑问,手工业经济在国民经济中占有

① 参见万振凡、孙桂珍:《对近代中国农村家庭手工业的重新认识》,《江西师范大学学报(哲学社会科学版)》2003 年第 1 期。

② 参见严中平等编:《中国近代经济史统计资料选辑》,科学出版社 1955 年版,第 72 页。

重要比例。

二、手工业收入对民众生存的意义

晚清时期,手工行业是大部分普通家庭的主要经济来源之一,很多农民家庭在进行农业生产的同时,也从事着手工行业的生产,两者互为补充。农民在日常收入比较窘迫的情况下,依赖自己纺纱织布解决穿衣问题。一方面农民无余钱购买衣服,只能自己织布,过着自给自足的生活。另一方面,农民进行棉麻纺织手工业,在满足全家人需求之后,剩余的布拿到市场售卖,可以增加家庭收入。关于这一点,当时在华的外国人有所描述:

> 中国人家庭经济的特点:即一个普通农民毋庸机器和工人的帮助,就把他在自己土地上种植的棉花于自己的农庄中制成布匹。这无疑是中国人得以不依赖外国的供给的主要原因。浙江的农民自己种棉花,或以自己田地里的生产物交换棉花,自己做成简单的织布机,梳棉、纺纱全都自己动手,除了家庭成员的帮助之外,不要其他帮助,就把棉花纺成布。这样,每个农舍和村庄不仅能够满足自己的需要,而且还有剩余,以较棉花略高的价格,把布疋卖给邻近城镇的工匠和店主。[①]

除家中男子是主要耕地的劳动力以外,家中的妇女甚至儿童也不会闲着,他们同样是家庭收入的创造者之一。在浙江桐乡县,“女工勤者其家必兴,女工游惰其家必落,正与男事相类。……匹夫匹妇,男治田地可十亩,女养蚕可十筐,日成布可二匹,或纺棉纱八两,宁复忧饥寒乎”[②]。一个普通家庭同时需要男子耕地和妇女养蚕纺纱来解决饥寒。在农业所得收入无法满足家庭开销的情况下,人们必然选择从事简单易行的手工行业来弥补收入。江苏常、昭二县,“乡村妇女,农时俱在田首,冬月则相从夜织。支塘水纱,唐墅

---

① 佚名:《宁波海关贸易报告》,1869年,第54页。

② 李文治编:《中国近代农业史资料》第1辑(1840—1911),科学出版社2016年版,第103页。

苧布，皆轧轧出寒女机也”①。“查江南苏、松繁庶，而贫民俯仰有资者，女子七、八岁以上，即能纺絮，十二、三岁即能织布，一日经营，供一人之用度有余。”②农村最常见的手工织布从业者多为家中妇女，女子七八岁就要学会这项技能，并且从事纺絮等工序。

晚清时期，农民家庭同时经营农业和手工业是相当普遍的事情。家庭中所有成员都需要劳作，妇女和儿童是手工行业的主要从业人员。在湖南长沙府湘乡县，妇女是家庭主要劳动能手，从年头忙到年尾，一刻不得停歇。“农无余粟，资女红以继之。方岁三月，蚕在薄桑不给于筐，则女望枝而叹；茧登矣，葛枲之事兴，劳以三月，乃尽得而登于织。葛未竟，木棉之事接踵而起，持筐而拾，伛行烈日中，匝月乃毕，夜以继昼，纺声不绝者，迄于春而后止，乃以资赋税之不逮，而免其夫于击扑，故其妇女焦劳无暇。”③

农业生产具有季节性的特点，在农业产品收获以后，农事稍暇，家庭的重心转移到开展手工业生产，是农民的必然选择。手工行业生产经营是人们谋生的主要手段。

在以农业为主，以市场导向为目的，以家庭手工业生产为辅的经营模式中，农业与手工业仍然在家庭内部结合着，但手工业生产的目的是满足市场的需求。这种模式在鸦片战争前就已经存在，但进入近代以来，发展得更为普遍与广泛，在乡村纺织业、造纸业、编织业、榨油业等中都出现了这种方式。

在纺织业中，各地都存在着农户在农闲季节织布，所织布匹负至附近集市出售的现象。以南昌附近的农村为例，“土布皆为南昌四乡农民所织，南昌之农民，各家皆有织布木机，且所备机数皆按各家人数之多寡，所有摇管牵纱织机等事，悉由本家之男妇老幼同力合作。其开始织布之期，大率在每年农事毕时，至翌年将行栽秧，始行停止。每日织出之布，则由家中男丁负入城中，向各专卖土布店零售，随时复在城内纱号零买洋纱归家以供纺织”④。这

① 李文治编：《中国近代农业史资料》第1辑（1840—1911），科学出版社2016年版，第101页。
② 李文治编：《中国近代农业史资料》第1辑（1840—1911），科学出版社2016年版，第103页。
③ ［清］齐德五等修，黄楷盛等纂：《湘乡县志》卷2《地理·妇女》，清同治十三年（1874）刻本。
④ 佚名：《南昌土布洋布业之近况》，《中外经济周刊》第166号，1926年6月12日。

样，在农闲时节有效地利用了家庭劳动力，补充了家庭经济收入。

乡村造纸业是一种商品经济，它的存在受自然条件的制约，且多以农家副业形式存在。四川夹江纸业“多系家庭工业，全家无论老少男妇，均悉制纸之法（规模较大者，亦当雇工与其家人合为之）。农忙时，多从事田间工作，有余暇，方操是业”。河北、山东、河南草帽辫主要销往国外，但仍然主要是农民家庭副业生产。在河北青县兴济镇，“大抵妇女闲暇时，始从事于此，手工所得，借补家中日常小费，或供儿童零用之资，或未嫁女子，稍备妆奁之助”，在家庭经济中处于辅助地位。在河南荥阳县农村，“妇女们整年以编帽为其日常生活，终岁辛劳，可赚一二十元”。在山东农村，草帽辫的编织系农家“妇孺自为经理”，“当夫夏日炎炎，农人从事南亩之时，其家人则朝夕勤劬，以为草帽之编织，盖购者之需要无时，使不广为储积，则一旦供不给求，遂致坐失厚利”。农家手工业与经济作物的种植是如此紧密地结合在一起，编织草席很大程度上就是为了龙须草的种植，并使其进一步增值。[①]

事实上，晚清时期，即使农户在开展农业生产的同时，兼顾手工业生产，全家所有人都在辛勤劳动，家庭收入仍然入不敷出的情况是常有的，农户的际遇常常是悲惨的。周馥《述村农苦况》提到了安徽池州府建德县农民在耕田以外，从事采樵、摘果、种植烟草、制茶、种桑纺纱等手工行业，但是无论从事何种手工业生产，百姓终究是艰难度日，饥寒交迫，贫困不堪。

> 麦欲老时雨如缕，冒雨腰镰裸两股，割来一束釜中煴，姑妇夜舂儿渴乳。
>
> 人家麦熟忙上仓，侬家麦熟已断粮，半纳田租半偿债，枷板未停捡衣卖。
>
> 东家老农怜我饥，手分遗穗供作糜，夜深一饱枕蓑卧，蚊雷殷殷湿风吹。
>
> 三更炊饭四更起，入山采樵二十里，樵归担向市中卖，杯盐升米养

① 参见彭南生：《论近代中国农家经营模式的变动》，《学术月刊》2005 年第 12 期。

妻子。

夜来西风透骨寒，一家喜跃忘衣单，橡林坠果纷满地，拾来可供三日餐。

侬家无田分外苦，何用劝农烦官府，山头垒石尚栽粮，贫人安得一亩土。

山居宜种淡巴菰，叶鲜味厚价自殊，可怜粪田无豆饼，典衣买饼培田腴。

无衣或且借衣典，邻里痛痒关肌肤，六月炎风天忽雨，烟叶沾濡色如土。

妇子收烟忙苦奔，淋漓遍体无干缕，侬家无田植烟卖，忍饥不负三分债。

三月招得采茶娘，四月招得焙茶工，千箱捆载百舸送，年年贩茶嫌价贱。

茶户艰难无人见，雪中芟草雨中摘，千团不值一匹绢，钱小秤大价半赊。

口唤卖茶泪先咽，官家催茶岁算缗，贾胡垄断术尤神，佣奴贩妇百苦辛。

犹得食力饱其身，就中最苦种茶人，种田莫种黄泥沟，嫁女莫嫁莲花洲。

沟中年年发秋水，洲家顿顿餐穇子，结姻仍是旧姻家，但求佳婿足桑麻。

朝出负薪暮汲水，日助锄苗夜纺纱，柳林霜重争收叶，叶圃天干独灌瓜。

渠侬不劳乏生路，但鲜治生劳不苦，只恐青黄不接时，嫁衣典尽饥难度。

幸免饥寒愿即伸，终身荆布敢辞贫，茫茫天道那堪问，此辈偏多孤寡人。[①]

在四川,手工业的经营是必不可少的,也是农民唯一合理的选择。在传统农业社会中,土地对于农民的生活至关重要。就四川而言,清初因受战乱的影响,人口锐减,造成“蜀地有可耕之田,无可耕之民”的现象,但是经过百余年的外省向四川的大规模人口迁移之后,人口迅速地发展起来,到晚清已出现了巨大的人口压力。土地愈集中,就意味着失去土地的人口愈多。不少史料表明,晚清时期,四川相当部分地区的无地或少地的农民已达农村户数的一半,甚至一半以上。但是,近代四川工业较为落后,才刚刚起步,对于剩余人口的吸纳能力是十分有限的。在工业不发达的情况下,手工行业则成为容纳多余劳动力的有效途径。晚清时期,四川盐业手工工场发展较快,从而吸收了大批农村闲散劳动力。因此,在闲暇时间从事手工业,既不影响农业生产,还可以贴补家用,成为农民唯一合理的选择。[②]

由于农业生产的季节性强、土地被地主占有、农业生产力低下、农业经营规模狭小等原因,单纯的农业劳动,已经不能维持农民家庭的生活开支,农民除了耕作,还必须从事家庭手工业生产。在近代中国种种重负之下,农民的生活与生产之所以能够勉强维持下去,显然是由于这种家庭手工业的存在。近代家庭手工业弥补了农民家庭开支的不足,对农村社会再生产的进行,对农民生产和生活的安定,起了重要的保障作用。[③]

第二节　手工业经济的作用

晚清时期,手工业经济在国民经济当中占有较大的比重,发挥着显著的积极作用。手工业经济的发展解决了大量的人口就业,促进了商品经济的发

① ［清］周学铭等修:《建德县志》卷19《艺文志二·诗》,清宣统二年(1910)铅印本。

② 参见张瑾:《近代四川乡村手工业变迁对农村经济的影响》,《理论月刊》2009年第3期。

③ 参见万振凡、孙桂珍:《对近代中国农村家庭手工业的重新认识》,《江西师范大学学报(哲学社会科学版)》2003年第1期。

展。与此同时,手工业经济受到社会经济生活变革的影响也十分明显。

一、手工业与人口就业

在近代中国,帝国主义、封建主义和官僚资本主义的压迫、剥削,往往造成经常性的农民破产。为了活命,为了一家人的生计,不论条件如何困难、环境如何不好,农民也要从事农村家庭手工业和其他副业的生产,否则就无法生存。农村家庭手工业消化了农村剩余劳动力,促进了整个农村经济的发展。因为农业的季节性,中国农民不能利用全年时间进行农业生产,结果造成无形失业,这就是中国农业生产之所以锐减,整个社会生产力之所以萎缩的原因。有了家庭手工业,不仅能弥补农民家庭生活的不足,还可以增加社会生产和消费总量。部分手工业产品通过市场销售国内外,农民取得了货币收入,这为农村各项生产事业的发展多少积累了一些资金。事实上,手工业在很大程度上影响到农村经济的枯荣。在近代,有一种普遍现象,那就是凡是手工业发达的地区,农村经济一定比较繁荣、比较活跃;相反,凡是手工业生产受到破坏或不发达的地方,也正是农村经济迅速崩溃、日趋枯竭的地方。这一切都表明,农民若能利用闲暇时间进行手工业生产,农村经济自然会有所发展。①

农业生产具有季节性,农闲时的大量闲置劳动力可以进行手工行业生产来增加家庭收入,促进商品经济的繁荣发展程度。手工行业的生产与经营吸收了大量农村剩余劳动力。手工行业门类众多,在机器工业尚未得到长足发展之时,各行各业或多或少都需要依赖人力进行工作。

1. 种桑养蚕业

种桑养蚕是中国农村传统手工业之一。养蚕业需要大量的劳动力,往往主要是由农村妇女承担其劳作的辛苦。在浙江湖州,“自头蚕始生二蚕成丝,首尾六十余日,妇女劳苦特甚。其饲之也,篝灯彻曙,夜必六七起。叶带露则宜蚕,故采必凌晨,不暇栉沐;叶忌雾,遇阴云四布,则乘夜采之;叶忌黄沙,遇

---

① 参见万振凡、孙桂珍:《对近代中国农村家庭手工业的重新认识》,《江西师范大学学报(哲学社会科学版)》2003年第1期。

风霾则逐片抖刷；叶忌浇肥，必审视地土；叶忌带热，必风吹待凉。饲一周时须除沙屑，谓之替；替迟则蚕受蒸。叶必遍筐，不遍则蚕饥。叶忌太厚，太厚则蚕热。俟其眠，可少省饲业之劳，又须捉而称之以分筐。……男丁唯铺地后及缫丝可以分劳，又值田功方兴之际，不暇专力从事，故自始至终，妇功十居七九”①。

养蚕是一项十分辛苦、需要付出大量时间精力的精细活，蚕虫十分娇嫩，饲养过程中稍有不注意，即前功尽弃。这一行业需要的人工数量较多，很难被机器大生产所替代。

2. 编织业

编织业是农村最为常见的手工行业，编织的种类和花色五花八门，适用性强，工艺简单。农村枯草和竹木较为容易获取，仅在编席业常见的就有草席、地席、凉席、竹席等，种类繁多。普通百姓在铺床、打包、苫盖、搭篷、作船帆等各方面的用途都包括在内，对于草席的消费量是难以计算的。编席的工作往往需要大量的工人进行劳作，从事编织行业的人数众多。山东济宁州鱼台县，“杞柳，以其条为箕、叵罗、栲栳之类，通行四方”②。直隶顺天府永清县，“清乾隆年间，南安信安镇，逼近文安、霸州二乡，故多水荡，其产芦苇兼葭，霜落取材，信安人就往贸之，劈织为席。席之大者长一丈，宽四尺余（户部官尺也），女工二日乃成。成则易钱一百六七十有差。其市苇有大小束，大束须钱二百五十，一束之材，仅得盈尺之席六，而苇席需用者多，官司征索，每苦日力之不给焉。秋冬日短，贫者不用膏火，或就夜月为之，讴歌自劳，和声相闻”③。河北任县，“编席，产邑东路村一带，丈席至六尺席，每年约出七八万领，每领值制钱二百余文，半销本境，半销邻邑”④。江苏常州府无锡、金匮县，“新安、开化之间居民，田事稍闲，辄以织席为业，成则鬻于浒关、虎丘之肆

① ［清］宗源瀚修，郭式昌纂：《湖州府志》，清同治十三年（1874）刻本。

② ［清］冯振鸿纂修：《鱼台县志》卷1《舆地·物产》，清乾隆二十九（1764）年刻本。

③ ［清］周震荣修，章学诚纂：《永清县志·户书第二》，清乾隆四十四年（1779）刻本。

④ ［清］谢篑麟修，陈智纂，王亿年增修，刘书旗增纂：《任县志》卷1《地理·物产》，清宣统二年（1910）修，1915年增修铅印本。

中”①。

在晚清时期,“草席的出口额在稳步增长,主要输往美国,用于夏季室内铺地。草席的出口似乎可以保持住它的地位”②。编席业不仅要供应国内市场,并且国外市场需求畅旺,更加吸引了大量人员从事此行业。

此外,“席子、蓑衣、草鞋,皆为农村适用之物,耗量亦大。草席、蓑衣须自栽三棱草作原料,草鞋则用稻草作成,老人、妇女均可制作,各村农户多有以此为副业者。锅扫、扫把等,均以高粱秆制成,因取材方面,以此作副业之村寨甚多”③。

江苏嘉定县澄桥、徐行、樊桥等乡,“所制黄草织物,向为著称。近年又经人研究提倡,出品益事改良,于凉鞋、拖鞋外,增编提包、书包、文夹、文件篚、信插、钱袋等物。每年运往上海,转输至宁波、福建、广东及南洋群岛等处,为数甚伙。统计从事此项工艺者,有三千余人,每年出品之价值达三四万元之谱”④。四川新繁、崇宁等县,“贫家妇女编棕业为各式凉鞋,行销本处,为谋食计。商人邱某贸易川东,收买数百只,随处试售,颇获利益。近拟向各该处设庄趸卖,以便贩运,推广销场”⑤。

从事竹器编织,如撮箕、筲箕、提篮、箩筐、斗笠、筷箩等,每年消耗甚大,为某些地区农村主要手工业之一,需要大量人力从事此业。安徽潜山县,“竹之类,曰毛竹,皮麄而性硬,用途极广。大者编筏运行货物,霍山等处皆仰给于此,每株值洋三四元不等。其枝丫扎为箬帚,运行皖北、江苏等处,销数甚巨。次则制为各种竹器。下至篾穰竹屑亦无弃材。曰斑竹,质坚而脆,肉厚大者,可析篾八层,小者亦五、六层,织簟及竹工间架皆用之。曰水竹,质软而韧,肉薄大者,可析篾四层,小者仅青黄二层,其纤、纬较斑竹为精,煮之极软,折之不断,织为簟,莹洁柔滑,错综成纹,洵枕席中佳品也。附郭并南乡男妇

---

① [清]裴大中修,秦湘业纂:《无锡金匮县志》卷31《物产》,清光绪七年(1881)刻本。

② 佚名:《海关贸易报告》,广州,1887年,第4页。

③ 贵州省安顺市志编纂委员会:《续修安顺府志·安顺志》第8卷《农林志·农业·副业》,1983年铅印本。

④ 陈传德修,黄世祚、王焘曾等纂:《嘉定县续志》卷5《风土志·物产》,1930年铅印本。

⑤ 佚名:《纪实:中国部:凉鞋畅销》,《重庆商会会报》清光绪三十四年(1908)第108期,第2页。

多业此,近年推销香港、缅甸、南洋群岛等地,咸获厚利焉。清宣统二年(1910),南洋赛会,潜之竹簟,获头等奖状”[①]。

四川成都府双流县,“麦颖去穗,编以成笠,古台笠式似之。妇孺业此,坐行不释手,川东负贩云集,精致者值取十千”[②]。在苏州府常熟、昭文县,“雨笠,东南乡,农隙多业此,编竹为胎,夹油纸为之”[③]。在云南,“腾越妇女,用荆竹、大竹编成两面细或一面细的竹笠,运销迤西各县即缅甸、夷山。昆明、罗次、易门、广南、马关等县亦多编之,以广南、文山、马关者销行为广。藤竹编成之撮箕、提篮、靠椅、簟席等类,以元江、景东、缅宁及西南沿边各土司境制者为多。近省者以澂江、易门、宜良等县所编之提篮式样尚佳,销行亦广。又老鸦滩之篦子及篾席颇著名”[④]。

广东肇庆府高要县,“编织竹器,以新桥为最多,金利、禄步次之。其种类:曰篮、曰箝、曰筛、曰箩、曰篸,而以雨帽为大宗,亦有钱顶内地通用,料帽顶头特大,销流香港及外洋。然此皆粗笨品物,惟银箝一项独精密坚致,其形式有圆、方、三角、六角、八角、樱桃、鹅蛋、银屣、扇面等形。宣统时,南京赛会,曾获奖牌,其名誉可知,故销流之旺,几遍各省。又光绪初,新桥始有洋篮出现,其法以竹削丝,织而成篮,大篮容小篮,递容至五篮为一套,每套时价约银一元有奇,土人以此可获厚利,日益推广,至宣统时销流极旺,新桥竹织遂以此为大宗”[⑤]。各地民众发挥聪明才智,编织各种物品售卖,在家即可劳动,从事编织行业是农民获取收入的重要来源之一。

3. 制茶业

茶叶是普通百姓家中日常生产的常见品,喜爱喝茶的人群广泛。清代制茶工艺相当成熟。全国各地各县几乎都有茶叶出产,在晚清时期,全国涌现

① 吴兰生等修,刘廷凤等纂:《潜山县志》卷4《物产》,1920年铅印本。

② [清]彭琬修,吴特仁增修:《双流县志》上卷《土产·草帽》,清光绪三年(1877)刻本,清光绪二十年(1894)增刻本。

③ [清]郑钟祥、张瀛修,庞鸿文纂:《常昭合志稿》卷46《物产志》,清光绪三十年(1904)木活字本。

④ 龙云、卢汉修,周钟岳等纂:《新纂云南通志》卷142《工业考·编织业》,1949年铅印本。

⑤ [清]马呈图纂修:《高要县志》卷11《食货篇二》,清宣统二年(1910)刻本,1938年铅印本。

出一批茶叶品牌。

晚清时期,制茶行业需要大量从业人员。两湖地区是这一时期新兴的制茶地区,红茶、黑茶贸易较为兴旺,这一地区聚集了大量工人。平江县位于湖南、湖北、江西交界之处,"(平江)茶市方殷,贫家妇女相率入市拣茶。上自长寿、下至西乡之晋坑浯口,茶庄数十所,拣茶者不下二万人。塞巷填衢,寅集酉散,喧嚣拥挤,良贱莫分"①。仅在平江一隅就聚集了2万人拣茶,这些人连同家属日常生活需要消费大量其他手工业商品,带动了当地市场的繁荣。

在汉口俄商开办的砖茶厂中,许多工序使用手工劳动,需要大量工人,"一共六所,各工厂共用工人二千余人"②。

4. 采矿业

采矿、炼矿业所需工人为数众多,需要大量手工业者协作生产。黑龙江漠河金矿"至光绪十七年(1891),有工人二千人"③。台湾淡水,"(基隆煤矿)估佣工人共约一千人"④。直隶开平煤矿,"(1889年)煤矿产量每日约八九百吨。矿工三千人,分为三班,每班工作八小时"⑤。湖北大冶,"(1893年)煤铁矿已大规模在开采,每日雇佣的工人超过一千人"⑥。

山东烟台双山金矿,"(1887年)雇有六百工人,分为三班,每班二百人,昼夜不停"⑦。山东潍县,"华德矿务公司从前出煤三百余吨,近日出煤日益畅旺。旧有工人已不敷用,又添招数十名,并将增加工资以广招徕云"⑧。

---

① 李文治编:《中国近代农业史资料》第1辑(1840—1911),科学出版社2016年版,第921页。

② 孙毓棠编:《中国近代工业史资料》第1辑(1840—1895)(下册),科学出版社2016年版,第1176页。

③ 孙毓棠编:《中国近代工业史资料》第1辑(1840—1895)(下册),科学出版社2016年版,第1191页。

④ 孙毓棠编:《中国近代工业史资料》第1辑(1840—1895)(下册),科学出版社2016年版,第1190页。

⑤ 孙毓棠编:《中国近代工业史资料》第1辑(1840—1895)(下册),科学出版社2016年版,第1190页。

⑥ 孙毓棠编:《中国近代工业史资料》第1辑(1840—1895)(下册),科学出版社2016年版,第1192页。

⑦ 孙毓棠编:《中国近代工业史资料》第1辑(1840—1895)(下册),科学出版社2016年版,第1191页。

⑧ 佚名:《本省新闻:华德煤矿将添招工》,《山东官报》清光绪三十二年(1906)第62期,第2页。

云南省,“(云南诸铜矿)开凿背运,悉赖人工。从来大厂率七八万人,小厂亦万余人;合计通省厂丁无虑数十百万,皆各省穷民来厂谋食”[①]。据说在云南省采铜矿业劳作的工人多达数十百万,确切数字虽难考证,但想必人数不少。

在采矿行业工作的往往是矿场附近的农民,矿场就地招工,吸纳了大量农民闲散劳动力。如直隶开平煤矿试办时,需要的手工业劳动者人数众多,1882 年英国领事商务报告说:“(开平煤矿)最初找矿工感到很大的困难,特别是在夏季。曾试用过从各地来的人,但最后感到本地人最好,也最容易管理。”[②]

不仅仅是采矿行业需要工人众多,从事矿产加工的工厂同样需要吸纳大量工人,其中很多都是手工业者。湖北汉口光绪十七年(1891)“汉阳兴建一座规模宏大的炼铜厂,……所雇工人都是中国人,约三千人”[③]。

5. 井盐业

四川的井盐业在晚清得到长足发展,各大盐场生产规模空前扩大,吸纳了大量的就业人口。18 世纪后期,“大盐厂如犍为、富顺等县,灶户、佣作、商贩各项,每厂之人以数千万计,而沿边之大宁、开县等厂,众亦以万计”[④]。四川大宁县,“盐场峒灶,工丁逾数千人,论工受值,足羁縻之,然五方杂处,良莠不齐”[⑤]。井盐业规模越是增加,越是需要大量劳动力,招工人数随之增加。

到 19 世纪 60 年代,井盐业生产规模进一步扩大,以富荣盐场而论,“担水之夫约有万”,“盐船之夫,其数倍于担水之夫;担盐之夫又倍之”。“盐匠、山匠、灶头……约有万”,“积巨金以业盐者数百家”。由于盐业的兴旺,为其服务的手工业和各色商家也繁荣起来,“为金工、为木工、为石工、为杂工者数

---

① 孙毓棠编:《中国近代工业史资料》第 1 辑(1840—1895)(下册),科学出版社 2016 年版,第 1191 页。

② 孙毓棠编:《中国近代工业史资料》第 1 辑(1840—1895)(下册),科学出版社 2016 年版,第 1214 页。

③ 孙毓棠编:《中国近代工业史资料》第 1 辑(1840—1895)(下册),科学出版社 2016 年版,第 1189 页。

④ [清]严如熤辑:《三省边防备览》卷 9,清道光二年(1822)刻本。

⑤ [清]高维岳修,魏远猷等纂:《大宁县志》卷 1《地理·风俗》,清光绪十一年(1885)刻本。

百家,贩布帛、豆粟、牲畜、竹木、油麻者数千家”。全场各行业“合得三四十万人”。[①]

井盐业在各个环节分工日益细密。“其人有司井、司牛、司篾、司梆、司槽、司涧、司灶、司火、司饭、司草,又有医工、井工、铁匠、木匠”等。[②] 每个盐场,需要劳动人数众多,往往人数在千人以上。

制盐业必须要用铁锅来熬盐,晚清时期四川井盐业的发展带动了周边制铁工业的发展。井盐场附近一带为制造铁锅的中心,“为有名的犍为和富顺盐场制造着熬盐的大铁锅。这些锅直径约五英尺,每个重一万二千斤,价格为五十二两。木炭为制锅的唯一燃料。……岸上摆着上千个熬盐的锅。”[③]四川乐山县,“平江乡长记两锅场,开办于宣统二年(1910),每年产盐锅约五百余口,其锅名称五种,大锅、千斤、加刀、顶平、马锣子,销场则在犍为、乐山两厂及仁寿、井研等地”[④]。可想而知,制盐业的发展带动了制铁锅业的发展,而制铁锅业的发展又促进了制木炭业的发展,这些行业的兴旺吸纳了大量劳动力。

6. 其他手工业

值得注意的是,随着清末各地工艺传习所的兴办,挑选女青年进入传习所学习缝衣、呢绒、花边、毛巾、肥皂等手工制作技术也成为新的趋势,在各地传习所、工艺厂从事手工业劳动的女性工人人数急剧攀升。在浙江绍兴,“府山后清节堂内设立女工传习所,专学缝衣,机器并手工制物,三个月卒业。学生二十余人”。

广东省这一时期广泛召集妇女进工艺厂学习各种手工技术,成效显著。在广东广州,“广州府所设工艺厂系招选无业游民学成工艺自谋生计,设女工艺厂招集贫穷妇女教以织造花边,发售兴利”[⑤]。在番禺,“杨月清女士联合同

① [清]李榕:《自流井记》,《十三峰书屋文稿》卷1,清光绪二年(1876)刻本。

② 温端柏:《盐井记》,《清朝经世文编》卷15。

③ 彭泽益编:《中国近代手工业史资料(1840—1949)》第2卷,科学出版社2016年版,第137页。

④ 唐受潘修,黄镕等纂:《乐山县志》卷7《经制志·物产·附工厂》,1934年铅印本。

⑤ 佚名:《各省新闻:请添女工》,《北洋官报》清光绪二十九年(1903)第66期,第11页。

志数人集得资本一万元，设立女工艺厂，所制造者为呢绒花布、玻璃等物，以西关之梁园地方为开办基址，先招女工四十人，限以两年为毕业”[①]。广州府新会县，“棉布购洋棉纱织成。近有商会及河村两工艺院招艺徒，学习成式颇多。县城爵芳巷又设有女工艺传习所，教织棉布”[②]。肇庆府高要县，“至于棉织品，则光绪三十一年（1905）艺徒学堂招生，教授织造工艺，毕业后各生自行筹资设纺织。统计城中织造毛巾、土巾已达二十余间，女工达四百余人”[③]。“广肇罗艺徒学堂附设女工厂，将次告竣。闻月底即可开工，故近来妇女之报名习艺者有数百人之多。查肇城女工，平日以织席为生，每日只得工资三四十文。若织造毛巾，每条可得工资一仙，每日可织十余条。从此肇城妇女又添一生活计矣。”[④]

在湖南长沙，“湘省创设手工学社，延请教习先授毛巾、胰子洋皂两种，设额四十名。另请女教习一人，招女学生一班”[⑤]。湖南的刺绣行业这一时期颇为兴旺，刺绣成为女工学习的热门。清末官报记述：

> 湘省前有某君开办文明绣业女学校一所，颇著成效。来学者亦极其踊跃。该校即于本年上学期推广。名额续招三十名，仍分班教授。其他一切手续均照前次章程办理云。又某女士为推广绣业起见，特邀集同志组织一崇实绣业专科，招取女生二十名，年龄须在十三岁以上，每名第一期收取学费洋十五元，以后逐期递减二元。学科则以刺绣、图画为主课，国文、修身、算学、习字等科附之，其毕业年限则视程度高低为定衡云。[⑥]

在上海，“上海姚君在大南门内创设速成师范女工传习所，招收女学生五

① 佚名：《上编　政事门：纪闻：中国部：广东：广东女界工场出现》，《广益丛报》清光绪三十二年（1906）第116期，第2页。

② ［清］谭喆纂修：《新会乡土志》卷14《物产》，清光绪三十四年（1908）铅印本。

③ ［清］马呈图纂修：《高要县志》卷11《食货篇二》，清宣统二年（1910）刻本，1938年铅印本。

④ 佚名：《实业纪闻：广肇罗艺徒学堂附设女工厂》，《万国商业月报》清宣统元年（1909）第10期，第18页。

⑤ 佚名：《丛钞：手艺女工》，《商务报》（北京）清光绪三十年（1904）第33期，第49页。

⑥ 佚名：《选报：湘绣发达之一斑》，《北洋官报》清宣统三年（1911）第2742期，第10页。

百余人"[①]。在山东,"山东民间妇女,学织女衣花边,行销烟台颇旺。每人每年可得大钱二十千文,能织者有妇女二百余人"[②]。在天津,"广仁堂女工厂内添招女工徒,十二岁至二十岁为合格,每日除工作外读书一点钟,三年毕业"[③]。在北京,"北京沈某订章程招集股二万金议设女工艺局一所,聘请留学日本毕业回国之陈彦安女士为该局教习"[④]。

福建闽清县,"清光绪十六年(1890),邑绅刘语铭、刘训瑶、刘训瑺、刘知禧等,念地方瘠苦,乃呈请于闽浙总督卞宝第试办织业,蒙批嘉奖,准予立案。铭与族中绅耆等集资数千元,赁六都巷尾刘氏宗祠为局所,名曰广和春织布局,聘省中技师数人,招艺徒百余人,分教各户妇女纺织。不一年,所织之布洁白坚致,运赴福州及尤邑等处,销路甚广"[⑤]。江西九江县,"九江德化县李某游历日本考查妇女针线功业,已电达浔绅,年内回国开办妇女学堂习针线、绣花、织布一切女红"[⑥]。

全国各地招收女性入传习所学习技艺的效果看来不错,女性乐于接受,争相入学。"宣统二年(1910),东三省总督锡良奏拨修建八旗女工传习所略称:臣于奉锦等府开建八旗工艺厂,复设八旗女工传习所,于省城半载,经营颇著成效。新制裁绒一种,系所内工师发明制造,形色坚美,业已带赴南洋劝业会陈列比赛。本地妇女闻风兴起,争愿入学。"[⑦]

各地招收女工学习新技术、学习文化知识,是这一时期社会风气改变的重大体现。旧式变态的女人缠足的陋习显然不能适应社会经济的发展。从追求经济效益和增加家庭收入的角度来考虑,全国各地不缠足的妇女越来越多,对于广大妇女身心健康大有裨益,无形中促进了妇女解放,愿意走出家门进入各类手工工场或手工作坊工作的妇女越来越多。

---

① 佚名:《各省新闻:纪上海女工传习所》,《北洋官报》清光绪三十年(1904)第500期,第7页。

② 佚名:《记事:国内女工发达》,《女子世界》清光绪三十年(1904)第7期,第4页。

③ 佚名:《畿辅近事:女工厂招考新班》,《北洋官报》清光绪三十二年(1906)第1222期,第6页。

④ 佚名:《新闻:京外新闻:女工艺局》,《四川官报》清光绪三十年(1904)第28期,第54页。

⑤ 杨宗彩修,刘训瑺纂:《闽清县志》卷5《实业志》,1921年铅印本。

⑥ 佚名:《实业:劝办女红之先声》,《陕西官报》清宣统元年(1909)第30期,第56页。

⑦ 刘锦藻:《清朝续文献通考》卷384《实业七》,商务印书馆1935年版,第11312页。

二、手工业与社会经济生活变革

晚清时期，西方货物大量倾销中国，中国的社会经济生活深受影响。社会风气出现变化，外来商品由沿海通商口岸逐渐向内地辐射。原有手工行业的生产和销售势必也要做出调整，以期适应新的市场需求。

以这一时期中国最繁华的上海为例。“上海介四通八达之交，海禁大开，轮轨辐辏，竟成中国第一繁盛商埠。迩来，世变迭起，重以沧桑，由同治视嘉庆时，其见闻异矣。更阅数十年，人心风俗之变幻必且倍甚于今日。”①上海在晚清时期发展较快，市貌风俗几年一变，变幻无常。“川沙（县）滨海，天然之利，不后于人，兼以近邻上海，扼中外交通之冲，农工出品销路惟何？曰惟上海。人民职业出路惟何，曰惟上海。天时地利，人工物力，种种优胜，亦既有然，惟在其人之努力。”②

1. 社会风气的转变带来人们生活方式的转变

在江苏南汇县，“团区濒海，素著俭勤，虽士大夫家，居只布素，有事偶服绸绫。同、光间，衣服渐渐逾格，即奴隶亦穿绸着缎。近则以钱为胜，甚厌绸布而喜呢绒者，虽有节衣之布告、布衣之大会，不问也。至于宴会，向只六簋、八簋，今用山珍海味，甚有除鸡、除肉等名称，而燕窝、鱼翅，犹粗鄙品也”③。这一时期，普通民众服饰和饮食发生较大变化，消费逐渐奢靡。

在江苏青浦县，“乡村妇女，助耕馌饷之外，兼事纺织为生。光绪中叶以后，梭布低落，风俗日奢，乡女沾染城镇习气，类好修饰，于是生计日蹙。一夫之耕不能兼养，散而受雇于他乡者比比矣，尤以上海为独多，利其工值昂也，谓之做阿婆”④。

地当岭南的广东始兴县，“始兴民性质朴，少于争讼。男则益力农功，而罔事商贾者，有皓首而足迹不履城市者。妇女惟好纺绩，居室仅足以蔽风雨，

---

① 吴馨等修，姚文枏等纂：《上海县续志·沈宝昌序》，1918年刻本。

② 方鸿铠等修，黄炎培等纂：《川沙县志》卷5《实业志·概述》，1937年铅印本。

③ 傅学洙纂：《二区旧五团乡志》卷13《风俗》，1936年铅印本。

④ 于定增修，金咏榴增纂：《青浦县续志》卷2《疆域下·风俗》，1917年修，1934年增修刻本。

衣服皆朴素而无华饰。迩来趋尚礼仪,风俗丕变,服饰、居处、衣冠、文物蔚然可观,亦庶乎与中州无异焉"①。生活方式的变化逐渐浸润到内地偏远地区,当"服饰、居处、衣冠、文物"消费发生变化时,原有的手工业生产模式需要随之变化,不然生产出来的商品必然滞销。

在湖南省,"湘人通常所服,棉布为大宗。盖以价值低廉,质牢而温暖,乡民多乐用之,夏属服麻葛或夏布。他如洋纱、洋布、竹布、羽绫、羽缎等物,则概由外国输入,花团锦簇,日异月新。今年风气浮靡,城邑尤甚,人人不惜重资为章身之具。棉苎各布销路亦滞,劳动者以外殆鲜有服此者"②。洋货输入虽造成"棉苎各布销路亦滞"的结果,但棉布、麻葛、夏布等仍为湘人日常所服之大宗,"盖以价值低廉,质牢而温暖,乡民多乐用之"。

清末时期,各地倡导不缠足运动,引导妇女放足,导致裹脚用的脚带销量大减。贵州安顺当地服饰颇具民族特色,"织带业,产品有花带、板带、襁(背扇)带、脚带,亦甚精密,色泽经久不变,专供妇女缠足之用。脚带一项因今年女子放足,销量大减,势必归于淘汰"③。在此期间,人们的冠戴装饰也发生了明显的变化。山西新绛县,"毡帽,亦著名之出产也,多销于外邑,惟自革命而后,帽式变更,故销数顿见减少"④。广东佛山,"从前本乡业制帽行者颇多,各帽由店雇工或发女工制成。服制改革后,纬帽、缨帽由店雇工或发女工制成。服制改革后,纬帽、缨帽已不适用,纱缎小帽及小童花帽亦为各洋式帽所搀夺,销路顿狭"⑤。

2. 手工业产品适应市场需求的变化

人们的消费习惯改变以后,手工行业所生产的商品随着市场需求的不同而有所变化。如上述所提的绸缎、呢绒需求日广,各地手工业者生产渐多。地处偏远的新疆,民众穿着绸缎之风也不例外。"新疆民风朴陋,故绸缎一业

① 陈庚虞等修,陈及时等纂:《始兴县志》卷4《舆地略》,1926年石印本。

② 湖南调查局编:《湖南民情风俗报告书》,湖南法制院印,1912年版,第94页。

③ 贵州安顺市志编纂委员会:《续修安顺府志》,《安顺志》第9卷《工矿业·工业·织染工业》,1983年铅印本。

④ 徐昭俭修,杨兆泰等纂:《新绛县志》卷3《物产略》,1929年铅印本。

⑤ 冼宝干等纂:《佛山忠义乡志》卷6《实业》,1916年刻本。

向来之销场颇滞。近闻日趋奢靡,不惟踵事增华者,服饰甚都,即勉强支持者,亦边幅必整。于是绸缎之行销,直较他省为优胜。在负贩者固获利甚丰,然该省之财力恐有江河日下之势矣。"①

不仅要穿绸着缎,因外洋来的绸缎花色较新奇,能穿洋货绸缎更是种时尚。外洋绸缎在中国销量大增。"英、法、德等国运来极贵极巧之绸缎,官民甚乐用之。如苏州一府素以绸缎制造著名,而近从欧洲诸国运至头等缎匹颇多。上海一隅尤乐服欧美之绸缎。"②

当人们的服饰、居处、衣服、文物等诸多消费习惯发生改变以后,与此相关的手工行业所生产出来的商品必然会做出相应改变,以适应新的市场需求。在棉布手工织布需求减少时,妇女开始生产织袜、织巾、织花边、挑花等商品。在江苏南汇县,"吾乡套布,黄道婆起自有元,向销东三省。数百年来,贫家妇女,恃此生涯。自海禁大开,东三省有仿式设织布厂,套布销滞,我之利权,日渐涸辙。向所谓男子耕获所入,输官偿息外,未卒岁,室已罄,其衣食全赖女红,于今所望,幸有新发明之结网、挑花、织袜、织巾等工,贫家妇女,或可小补云"③。传统的家庭妇女从事织布的生产方式受到冲击,转为织毛巾、织发网、织花边、织袜子。

"一般情况下,人们对手工艺及其产品的最为基本的要求是能够便利生活,同时也要求能够美化和丰富生活,不同的需要促进了各种类型手工艺的全面发展,导致了手工艺及其产品创造的多元化。在中国各个不同的历史时期,不同材质、不同手段和形态各异的手工艺及其产品在人们的社会生活中发挥了巨大的作用,并由此创造出庞大的民间物质文化体系和相关的知识体系,延续至今,已经成为中国传统文化的重要组成部分。"④晚清时期各地民居造型也发生改变,有的地区房屋建造时采用了一些西方建筑元素和色彩,砖瓦行业工艺技术有所改变,采用传统的木雕工艺所绘制的花鸟人物图案有所

---

① 佚名:《本国纪事:新疆绸缎之畅销》,《成都商报》清宣统三年(1911)第14期,第26—27页。

② 佚名:《丛钞:绸缎争利》,《商务报》(北京)清光绪三十年(1904)第23期,第52—53页。

③ 储学洙纂:《二区旧吴团乡志》卷13《风俗》,1936年铅印本。

④ 徐艺乙:《中国历史文化中的传统手工艺》,《江苏社会科学》2011年第5期。

变化。

三、手工业与商品经济发展

晚清时期手工业经济的发展,吸引了大量人口从事生产,吸引了附近群众的聚集,从而形成某一种商品生产和贸易的集散地,带动了当地及周边地区商品经济的发展。

1. 各地形成专业商品贸易集散中心

如湖南会同县之洪江镇,以制造洪油出名,大量商人聚集,洪江镇"上通滇、黔、蜀、粤,下达荆、扬、闽、广,舟楫往来,商贾幅辏,百物具集,洵邑之货薮,而四达之通津也。烟火如鳞,日市不息"①。湖南长沙府宁乡县,"同光之间,地方安宁,家给人足,县城商业于时为盛,杂货、药材、屠坊、首饰及各手工业共百数十家。各商有财神殿,赣商有万寿宫,清时经商此地者多致富"②。贵州平越州湄潭县,"永兴场,万商辐辏,百货云集,黔省一大市镇也"③。

江南地区是传统的棉织品、丝织品生产地区,商品经济更为繁荣。江苏宝山县罗店镇,"元至元间,里人罗升所创,故名。东西三里,南北二里,出棉花、纱、布,徽商丛集,贸易甚盛"④。苏州府嘉定县外冈镇,"镇产惟花布,春夏间市人掉臂,至秋而花布辏集,每夜半各肆开列,悬灯张火,踵接肩摩,人语杂遝,道路拥挤,至晓而散"⑤。外冈镇行人摩肩接踵,反映了此地商业繁盛的景象。

张家口是中国商品长途运输的重要节点之一,也是中国商品对外贸易的一个重要集散中心,这里的商品经济十分活跃,货物云集,客商辐辏。时人记述说:

---

① [清]于煌、万卜爵修,杨缙铨纂:《会同县志》卷1《舆地志·里镇·市镇》,清乾隆三十八年(1773)刻本。
② 周震麟修,刘宗向纂:《宁乡县志·故事编·财用录·工业》,1941年木活字本。
③ [清]吴宗周修,欧阳曙纂:《湄潭县志》卷2《地理志·场市》,清光绪二十五年(1899)刻本。
④ [清]梁蒲贵等修,朱延射纂:《宝山县志》卷1《舆地志·市镇》,清光绪八年(1882)刻本。
⑤ [明]殷聘尹编:《外冈志》卷2《物产》,明崇祯四年(1631)修,1961年铅印本。

> 张家口本地贸易很少，主要由于它是西伯利亚大部分地区和俄国对华贸易的锁钥而闻名。但是它在对蒙古贸易上的重要性，已经超过了前者。张家口人口的麇集，其原因在此。……像张家口这种极为活跃的商业往来，甚至在中国本部也是罕见的。街上挤满了人群、大车、骆驼、马匹和骡子。因为有着据说是数万的流动人口，故这里经常进行着无数小额的物物交换，交易、行装配备和粮食供应。该地居民，大部分都自认为是家在别地或别省的长住旅客。张家口是南北货运的转运重点，驮兽和其他运输工具，均在此易载。因须另订换载契约，故这里有大量的经纪业务。从张家口往北的商运大道中，往恰克图去的道路最为热闹，这是因为茶叶要经过这条道路运输。除俄商购运的茶叶外，华商也贩运大批茶叶至张家口发卖。①

山西平盂，“平盂一带造酒者向本无多，自去岁（1905）铁路开工后，业此者遂形发达，更兼南北乡镇、新开煤井矿窑等数十处，销路因之愈畅。统计去年（1905）所收酒税较前陡增十分之四云”②。

贵州施秉县，地处偏僻。“吴茱萸、仙桃草，出县属，可入药，力较他处出者为厚，外县人来此采办，年约值银百余元。冻绿皮，全县皆有，本地商人运往常德一带，年约值银数千元。”③

陕西华阴县，当地人以制中草药为业，吸引药商前来购买。“至本邑镇市之商，则他郡人居十之七八，惟近来业药商者几遍于黄河流域矣。”④

四川雅州府打箭炉厅，“茶政，厅城乃藏卫番夷购茶总汇之处，由邛州、名山、雅安、荥经、天全五州县商人运茶到炉，与番民赴炉互易。清光绪三十年，行销额行茶引九万五千四百一十五道，每百道税银十八两，闰月加一两五钱，

① 姚贤镐编：《中国近代对外贸易史资料（1840—1895）》第2册，科学出版社2016年版，第1291—1292页

② 佚名：《各省新闻：晋属酒业之发达》，《北洋官报》清光绪三十二年（1906）第990期，第8页。

③ 朱嗣元修，钱光国纂：《施秉县志》卷1《物产》，1920年修，贵州省图书馆1965年油印本。

④ 米登岳修，张崇善等纂：《华阴县续志》卷3《风土志·风俗》，1932年铅印本。

茶票,每张课银一两”[①]。西藏藏民饮茶习惯成风,对茶叶的需求旺盛,茶市交易促进了打箭炉厅的商品经济繁荣。

四川制蜡烛业颇为有名,催生了蜡虫交易。“四川产蜡虫,春夏之交,洪雅、夹江、峨眉市虫之客千百成群,宁雅大道旅店充塞。近山乡镇固多虫市,即城外西街夕阳西下,售客拥挤,川庙设虫称,灯光灿烂逾夜半。大小商人,旅馆力夫,均希望赶集虫会,作一岁生计。”[②]

某一种商品的专业集散地区的形成,反映了这一时期手工行业的繁荣。近代以来我国手工艺生产伴随着商品生产规模的急剧扩大,发生了重大改变。诸如,乡村手工艺行业的社会分工和生产能力,以及内地和海外销售,在近代社会均发生了前所未有的变革。更明确地说,我国近代手工艺生产,无论乡村还是城镇,发生的变化都具有本质性的提升,即孕育了多种形态的商品生产和商品交易的活动。[③]

2. 手工业繁荣促进商品经济的发展

这么多人口聚集一处,从事手工业商品生产、交易、长距离贩运等活动,这些人需要日常消费,也促进了服务行业的发展。如旅店、茶馆、餐馆、商铺等,以便满足人们的基本生活需求。

随着晚清时期手工业经济的繁荣,各地形成商品专门交易市场,城镇繁荣兴旺。河北滦县,“清道光末年(1850),县城中尚无所谓饭馆,近则多至十许处”[④]。

湖南郴州,“郴地南通交广,北达湖湘,为往来经商拨运之所。沿河一带,设立大店栈房十数间。客货自北至者为拨夫,为雇骡;由南至者,为雇舡。他如盐贩运盐而来,广客买麻而去。六、七月间收蔫(烟),九、十月间收茶、桐油,行旅客商络绎不绝,诚楚南一大冲会也。米码头则米贩波舡之所,朝夕给

① [清]刘廷恕纂:《打箭厅志》卷上,《茶政》,清光绪三十年(1904)修,抄本。

② 杨肇基等纂修:《西昌县志》卷5《礼俗志·风俗》,1942年铅印本。

③ 参见夏燕靖《江苏近代手工业艺人从业状况研究》,江苏凤凰美术出版社2015年版,第177—178页。

④ 袁棻修,张凤翔等纂:《滦县志》卷4《人民志·风俗习尚》,1937年铅印本。

应,郴人赖之。乡村墟场各有定期,往往千百群聚,携货交易,设土灶市酒殽,纷纷攘攘,逾午而散,商贾之大凡如此”①。

据陈鲲等人的历史记载,湖南醴陵县清末民初工商各行数量极多,分工极细。其中绝大多数属于传统手工艺及农村副业,另有若干新兴产业。计有瓷业、爆竹业、夏布业、陶业、沙壶业、石灰业、纺织业、染业、漂业、弹棉机制造业、靴鞋业、伞业、米业、洗染业、南货业、酒酱业、机面业、屠业、豆豉业、豆腐业、榨油业、国药业、西药业、书纸印刷业、笔墨业、刻字业、对联业、钱纸业、银楼业、照相业、钟表眼镜业、旅业、酒席业、土货业、山货业、香业、烛业、秤业、刨烟业、纸烟业、棕绳业、摊担业、理发业、电气业、铁器业、冶锅业、铜器业、洋铁器业、石器业、篾业、泥木业、漆业、油漆业、杉棚业、硝业、肥皂业、轿业、箩业、民船运输业。这些行业的存在,对市场繁荣和经济增长有着不可低估的积极作用。②

广西省各地形成各种手工业专门生产区域,生产规模较大,产品商品化程度较高。比如,土布织造业主要集中于郁林城乡及桂林城;蓝靛业主要集中在郁林、兴业、北流几个县;蚕丝生产在平南、苍梧、藤县等地;都安、隆山、那马三个县的纱纸业兴盛一时,纱纸产量占全省产量的大部分;茴油的蒸制主要在桂西的百色、田阳等地;瓷器业则以宾阳、北流最发达。也有一些村、镇以某种手工业产品为主,并以此种产品而出名。如麻布织造集中在临桂六塘镇及其附近10余个村庄,人们提起六塘,往往会想到它的麻布。永福县的罗锦镇则以制造雨伞著名,“罗锦”与“雨伞”联系在一起。昭平县黄姚街(圩)生产的豆豉名驰中外,有记载说:在过去,黄姚豆豉一直是民间小作坊生产,豆豉作坊遍布黄姚街头巷尾,产品畅销广东、湖南、湖北、香港、澳门,并且远销菲律宾、马来西亚和新加坡等国家,深受人们的欢迎。

某种手工业生产集中于一地的情形,在宾阳县尤为突出。该县的手工业专业村人口都不多,但每个村都有为数不少的人生产同一种或数种手工业

① [清]朱偓等修,陈昭谋等纂:《郴州总志》卷21《风俗·商贾》,清嘉庆二十五年(1820)刻本,清光绪十九年(1893)木活字重印本。

② 参见任放:《明清长江中游市镇经济研究》,武汉大学出版社2003年版,第81页。

品。如方村,全村共约70户,织灯芯带者有30余家;石坎村,全村共约130户,做纸扇者80—90家;罗村,以制笔著名,从事者有五六十家,常年制造者约20家。此外,上寨村的梳篦、顾木村的木箱、东海村的牙刷、陆村的纸伞、孟村的席子、石村的锥子、阮村的泥箕、莲塘村的铜铁器等都远近闻名。上述各地的手工业,其生产目的主要不是供自己消费,而是向市场出售,因而商品化程度很高。

有些地方的手工业甚至已经不再属于农家副业的范畴,其内部生产关系已发生某些变化。如桂林的织布业,采取手工工厂(工场)形式生产,"大多由一厂主购置若干织机,雇工纺织,此则已完全与农家副业脱离关系,雇主虽亦参加劳动过程,然实赖剥削织工之一部分剩余价值以为生"①。

手工业的发展使晚清时期的广西形成一批专业圩市,一些圩镇因某种手工业品而著称于世。如地处桂西的都安县高岭圩是制造纱纸的中心,盛时(光绪末年)有槽口千余,年造纸二万五千担以上。由于纱纸产量大,吸引了众多客商来此收购,就连广东商人也不远千里来此设庄收纸。每逢圩期,纱纸的交易十分兴旺。又如,临桂县六塘镇及其附近各村广种苎麻,当地农民所产麻布以六塘镇为集散地。每到圩日,六塘麻布的交易量很大,六塘遂成为临桂县众多圩镇中最为热闹的一个。永福县罗锦镇的居民善制雨伞,每逢圩期,雨伞堆满圩场,形成一道独特景观。

桂林城东有一名叫大圩的圩镇,该圩周围广种小麦,农民收麦后在余暇时间利用麦秸秆编织草帽,这成为当地农家的一项重要副业。年中,每逢圩日,大圩镇上便挂满了大大小小的草帽,吸引着远近商贩,草帽成交量很大,大圩因此而声名远扬。再如宾阳县芦圩,是手工业产品生产和销售的中心,其中尤以销售瓷器而著称。有记载说:宾阳瓷器"以芦圩为集散地,有大小碗行数十家,窑户合营者有之,专营贩卖者有之,销售分零沽批发两种,以春秋

① 刘文俊:《近代广西手工业的兴革对圩镇发展的作用》,《中国社会经济史研究》2007年第2期。

二季最为繁荣,价格亦涨……"[①]其他一些小规模的半专业圩市亦不少,例如邕宁县的杨美圩"制造豆豉尤为专业"。贵县的上石龙圩"有著名之棉布,称石龙布……圩期贩销于南闸外,贸易者甚众"[②]。

在四川,就丝织业而言,据1910年统计,全川缫丝户数约14万户,产丝2174万两。在制糖业方面,1910年的统计表明,全川制糖户数共8937家,产糖1.38742188亿斤,合138.7万担。有的糖商或制糖户因而致富,糖业资本猛增。又如棉织业,其素为农家副业,在光绪以前多为农民业余兼理。如巴县附近居民"业此者甚众"……由于扯梭机的应用,本区棉织品因而"价廉物美,产量增加,销路之广,远达邻县"。随着商品经济的发展,商业性农业和农产品加工生产开始形成一定的地区性分工。这种社会分工的发展,不仅引起了农业与手工业之间产品的交换,还促进了四川各地区之间的经济交流。国际市场需求的扩大也给另一些手工业的发展带来了契机,如制糖业,也没有被洋货取代,而且随着对外贸易的需要还有所发展。据海关报告,"蔗糖在本省的销路很大,特别是黄糖,并多由帆船大量运往湖北"[③]。

晚清时期,西方资本主义入侵中国进一步深化,传统农村自然经济开始解体,同时伴随列强在华设厂和洋务运动的发展,中国境内产生了近代资本主义生产方式,机器工厂开始出现,机制商品涌入市场。但是,在这一时期中占据中国经济主体地位的仍然是农业经济和手工业经济。

晚清时期,中国的社会经济发展运行的内外环境发生了极大的变化,内忧外患,动荡不安。在这样的宏观环境下,手工业的存在和发展具有中流砥柱般的作用和影响。包罗万象的手工行业生产的琳琅满目的商品,大多是国内人民群众的生活必需品,有的手工行业生产出来的商品如茶叶、丝绸、草帽辫等,还获得了广泛的海外市场,在满足民众需求、稳定经济社会、弥补国际

---

① 刘文俊:《近代广西手工业的兴革对圩镇发展的作用》,《中国社会经济史研究》2007年第2期。

② 刘文俊:《近代广西手工业的兴革对圩镇发展的作用》,《中国社会经济史研究》2007年第2期。

③ 张瑾:《近代四川乡村手工业变迁对农村经济的影响》,《理论月刊》2009年第3期。

收支等方面,都发挥着不可或缺的功效。手工业经济发展对近代社会民众生活方式的转变也起到一定的推动作用。

本书系国家社科基金重大招标项目“中国近现代手工业史及资料整理研究”（批准号：14ZDB047）的主要成果

两个世纪之间的中国手工业(1800—2000)

彭南生 主编

邵彦涛 孟玲洲 等 著

中国近现代手工业史

第二卷 上册

ZHONGGUO JINXIANDAI SHOUGONGYE SHI

河南人民出版社

·郑州·

图书在版编目(CIP)数据

中国近现代手工业史. 第二卷：上下册 / 彭南生主编；邵彦涛等著. —郑州 ：河南人民出版社，2024. 9
ISBN 978-7-215-13432-4

Ⅰ. ①中… Ⅱ. ①彭… ②邵… Ⅲ. ①手工业史-中国-近现代 Ⅳ. ①F426.899

中国国家版本馆 CIP 数据核字(2023)第 240218 号

河南人民出版社 出版发行
(地址：郑州市郑东新区祥盛街 27 号 邮政编码：450016 电话：0371-65788053)
新华书店经销 河南瑞之光印刷股份有限公司印刷
开本 710 mm×1000 mm 1/16 印张 135.75
字数 2190 千
2024 年 9 月第 1 版 2024 年 9 月第 1 次印刷

定价：480.00 元(共 6 册)

目　录

（第二卷）

绪　论
民国时期手工业的新发展

一、衰退抑或增长:民国时期手工业经济的整体面貌

1912年至1949年,被称为中华民国时期。这一时期经历了内战、抗日战争、解放战争等重大事件,而且这些重大事件对经济发展产生了重大的影响,因此,我们结合经济发展的自身规律和国内外形势变化的影响,将这一时期手工业的发展划分为民国初年(1912—1926)、全民族抗战前十年(1927—1936)、全民族抗战时期及战后时期(1937—1949)三个历史阶段。

对于民国时期中国工业化的进展,有两种观点影响深远:一是民国经济停滞论,二是中国近代手工业经济衰退论。这两种观点还经常被拿来交叉论证,一些人为了证明手工业经济的衰退而强调民国经济的停滞,一些人为了论证民国经济的停滞而强调手工业经济的衰退。近些年来,诸如史建云、彭南生、林刚、戴鞍钢、赵冈、陈惠雄、李金铮、顾琳等一批学者已经从各个角度对这一问题进行了深入探讨。正如李金铮所言,"中国近代家庭手工业的延续已基本成为学界的共识",对这一问题的研究,已无须再对手工业的衰落和延续进行争论,"而是应该转换到解释手工业延续和发展的动力"。[①] 但是,在

① 李金铮:《传统与现代的主辅合力:从冀中定县看近代中国家庭手工业之存续》,《中国经济史研究》2014年第4期。

《中国近现代手工业史》第二卷的开篇,我们还是希望通过对这两种观点进行深入分析,建立起对民国时期中国手工业发展态势和面貌的整体认知,进而从中发现和总结历史规律。

(一)对“民国经济停滞论”的质疑

许多国内外学者一度认为,由于帝国主义侵略、封建主义和官僚资本主义的压迫,长期的政治动乱等多方面因素的影响,从 19 世纪末期到 20 世纪前半期,中国经济处于停滞状态,甚至有人认为处于不断衰退当中。学术界对这个问题的关注或多或少地打上了时代的烙印。20 世纪 70 年代中期之前,尤其是新中国成立初期,中华民族刚刚从受帝国主义侵略的屈辱历史中走出来,又面临着西方资本主义阵营对新中国的仇视和“制裁”,因此,揭露西方资本主义列强对近代中国的侵略所带来的破坏性,是对帝国主义进行政治声讨的一种学术呼应。一些学者正是从这种政治立场出发,提出:“在半殖民地半封建社会条件下,中国资本主义不可能有更大的发展。”[①]还有一些学者将手工业与机器工业视为二元对立的关系,将近代中国的落后归罪于手工业经济,将近代中国机器工业的缓慢发展也归因于手工业的阻碍,并指出:“在资本主义生产基础已完全建立起来的近代的世界性历史联系中,以手工业为主体的社会经济发展,与其说是向着近代化转变的自然累积过程,不如说是近代化历史转变的道路受到阻塞。”[②]一些西方学者则仍沿用“中华帝国停滞论”的思维,强调近代中国经济的近代化“小得可怜”,断言在太平洋战争之前“中国经济指标根本没有任何增长的迹象”。[③]

这种“刻板”印象因为缺乏 20 世纪 30 年代以前的经济数据而长期得不到纠正,人们无法得知中国经济的 GDP 总量,也无法把握前现代中国的 GDP 规模与近代以来 GDP 规模之间的差距、中国的 GDP 规模与西方现代国家

① 孔经纬:《中国近百年经济史纲》,吉林人民出版社 1980 年版,第 228 页。

② 陈庆德:《论中国近代手工业发展的社会基础》,《云南财贸学院学报》1990 年第 3 期。

③ Jerome Ch'en, *China and the West: Society and Culture, 1815–1937*, Routledge, 1979, p. 379. Wellington K. K. Chan, *Merchants, Mandarins and modern Enterprise in late Ch'ing China*, East Asian Research Center, Harvard University, 1977, p. 1.

GDP 规模之间的差距。从 20 世纪 50 年代开始,一批历史学家和经济学家相继开展了对近代中国国民生产总值的研究。尽管相关学者提出的数据不甚一致,甚至相差很大,但仍然构成了我们认识前述几个问题进而正确分析民国经济发展水平的一个坐标。张仲礼、费维恺(Albert Feuerwerker)、刘大中、叶孔嘉、珀金斯(Dwight H. Perkins)、托马斯·罗斯基(Thomas G. Rawski)、安格斯·麦迪森(Angus Maddison)等学者率先展开了对相关问题的分析,后来又有一批国内学者加入对该问题的研究,如吴承明、刘佛丁、王玉茹、余建玮、刘巍、陈昭、陈争平、李伯重、管汉晖、李稻葵、倪玉平等。

各方学者因为统计口径不一,得出的结论相差很多。如美国经济史学家罗斯基在《战前中国经济的增长》[①]一书中提出,从 20 世纪初开始,中国经历了持续 20 年的"现代经济增长",且增长率几近于同时期的日本及其殖民地。据叶孔嘉估计,1914/1918—1931/1936 年国内生产总值增长率为 1.1%,其中近代工业的增长率为 7.7%。[②] 罗斯基在章长基(John K. Chang)、赖特(Tim Wright)等人的研究基础上重新估算的国内生产总值增长率为 1.8%—2.0%,其中近代工业增长率为 8.1%。[③] 珀金斯的估计值(1914/1918—1933 年,按 1957 年价值计算)为国内生产总值增长率为 1.4%,其中近代工业增长率为 8.8%。[④] 刘佛丁、王玉茹统计的 1914—1936 年国民生产总值增长率则为 1.45%。[⑤] 以上观点基本证实,民国以来中国经济虽受到大环境的影响和破坏,却仍然处于不断发展的境地,特别是上述学者所估计的 7 至 8 个百分点的近代工业增长率,甚至说明工业化已成为中国经济增长的引擎和主力。

---

① Thomas G. Rawski, *Economic Growth in Prewar China*, University of California Press, 1989. 中译本为[美]托马斯·罗斯基《战前中国经济的增长》,唐巧天等译,浙江大学出版社 2009 年版。

② K. C. Yeh, "China's National Income, 1931-1936", *Modern Chinese Economic History*, edited by Chi-ming Hou and Tzong-shian Yu, Academia Sinica, 1979, p. 126.

③ 转引自[美]托马斯·罗斯基《战前中国经济的增长》,唐巧天等译,浙江大学出版社 2009 年版,第 348 页。

④ Dwight H. Pekins, "Growth and Changing Structure of China's Twentieth-Century Economy", *China's Modern Economy in Historical Perspective*, edited by Dwight H. Pekins, Stanford University Press, 1975, p. 117.

⑤ 刘佛丁等:《近代中国的经济发展》,山东人民出版社 1997 年版,第 70 页。

持“民国经济停滞论”者,要么仅是经验之谈,要么局限于某些特定行业或特定区域,进而将局部现象视为整体面貌。相较之下,数量统计更加客观,更能反映民国时期经济发展的整体面貌和趋势。因此,上述数量统计的结果为我们认识民国经济的整体面貌提供了最为直接和有力的证据。但是,强调本时期内经济的增长,不是为了说明政治动荡、战争因素对经济发展没有影响,相反,这种影响是异常深刻的,1937年后经济数据断崖式下跌就是典型的例证。我们认为,本时期内经济的增长,说明了两个重要问题:第一,在无处不在的动荡环境下,中国经济仍然能够取得增长,说明我们之前低估了中国经济的发展潜力,并对推动经济增长的背后逻辑缺乏深入的探讨和必要的肯定。第二,在动荡环境下,中国经济的“半边天”——手工业经济并未受到太多影响,尽管手工业在国民生产总值中的比例在下降,但是手工业的生产总值仍处于不断增长当中。或许部分区域、部分行业的手工业经济衰退乃至破产,但是从手工业经济的整体来看,手工业的生产总值仍然在增长,而非衰退。这也是我们在绪论部分要分析的第二个问题。

(二)对“中国近代手工业经济衰退论”的质疑

在先发工业化国家,手工业的发展并不必然导致机器工业的出现,但机器工业却产生于手工业。而在后发外源性工业化国家,机器工业并不必然产生于本国的手工业,进而使手工业与机器工业的关系变得扑朔迷离。代中国经济发展的全局来看,手工业构成了吸纳农村剩余劳动力并生产销售商品的经济基础;从近代中国经济发展的趋势来看,机器工业则构成了经济发展的主流。在实际研究过程中,诸多学者将目光过多地集中于机器工业,有意无意中扩大了外源性的机器工业与本国传统手工业之间的差距和不同,进而对二者在国民经济中的角色和地位产生了悬殊的判断。

一些学者倾向于将近代手工业看作传统农业的补充、农民的家庭副业,并认为农村家庭手工业阻碍了近代工业的发展。陈庆德认为:“中国近代手工业的这一特殊发展过程,完全是在社会经济贫困化的强大推动下形成的。”[①]严中平指出,鸦片战争后的近代中国,农民仍旧必须在农业之外,还要从事某种手工副业才能生存,“棉纺织业,恰恰就是这样一行[个]支持封建剥削苟延农民生产的手工业”[②]。马若孟认为,清末手工棉纺织业的调整,“挡住了纺织工业扩展的道路”[③]。黄宗智也认为,“手工业可视作摇摇欲坠的家庭式农场经济的支柱”,结果,“这种商品化了的手工业,与其说是像有的人说的那样成为过渡到资本主义工业的跳板,不如说是资本主义发展的障碍”。[④] 在这一判断所设定的二元立场下,一些学者俨然将手工业与机器工业对立起来,为了论证封建剥削的残酷性而强调手工业对封建经济的支柱作用,为了论证中国农村经济的危机而将部分区域、部分行业手工业的衰落普遍化,或者通过“强调外国商品倾销对乡村手工业破坏的一面,以证明帝国主义经济侵略的恶果和农村经济的危机”[⑤],等等。于是,近代手工业的瓦解和普遍衰落就成为改革开放前中国近现代经济史研究中的一个基本判断。

形成“中国近代手工业经济衰退论”的理论基础是非常多元的,包括社会进化论、民族主义史观、革命史观和现代化史观等。以社会进化论和现代化史观来看,机器工业取代手工业是必然趋势,机器工业代表着先进,传统手工业代表着落后,在机器工业已经移植到中国的情况下,传统手工业的继续存在不仅是没有价值的,而且将阻碍机器工业的发展。以民族主义史观和革命史观来看,外国商品的倾销导致中国自给自足的封建经济逐渐崩解,农村危机不断凸显,传统手工业的衰落自然是题中应有之义。比如,有学者就指出,“外国商品争夺中国市场的过程,也就是中国手工业遭受破产的过程”,因为,“在自然经济基础上进行生产的城乡手工业,既已无力抗拒外国商品的侵袭,

① 陈庆德:《论中国近代手工业发展的社会基础》,《云南财贸学院学报》1990 年第 3 期。

② 严中平:《中国棉纺织史稿》,科学出版社 1955 年版,第 266 页。

③ 马若孟:《手工棉纺织和近代中国棉纺织工业的发展》,见张仲礼主编《中国近代经济史论著选译》,上海社会科学院出版社 1987 年版,第 306 页。

④ 黄宗智:《华北的小农经济与社会变迁》,中华书局 1986 年版,第 203 页。

⑤ 李金铮、邹晓昇:《二十年来中国近代乡村经济史的新探索》,《历史研究》2003 年第 4 期。

只能步步退却,销路日见萎缩,也就无法逃脱破产的命运”。①

这些理论你中有我、我中有你,共同形成了对传统手工业的固执的悲观主义认识。正如多年前费维恺所提出的,近代中国普遍认为“传统工业的崩溃意味着国家现代化和工业化的开始”②。艾约博(Jacob Eyferth)也指出:“尽管手工业拥有强大的经济持久力,或者恰巧因为这种持久力,很多接受过西方教育的、在1900年后主政中国的精英们反而认为中国乡村工业存在着严重问题。”在这些主政的精英们看来,“工业是主导部门,因为单有工业就能推动国家走向更美好的未来。这是通常的城市图景,其根基不在农民的家户,而是在大型的、机械化的工厂。相较之下,乡下是农民的所在地,他们为国家提供粮食,不能够也不应该在工业品产出方面占据要位”③。在这种偏向性的认识下,时人也就多关注于手工业衰落的一面,即便提出了一些保全手工业的观点,也只是考虑到农民眼下没有其他维持生计的出路而主张继续保留和发展手工业。

手工业经济的衰退一旦被视为一个基本事实,主政的精英们必然把它视为一个改造的对象。高叔康在《中国手工业概论》中就提到这种错误的观点:“今日中国经济的根本问题,在如何积极的完成工业化,即是完成中国经济的现代化,所以应该极力提倡机器工业的生产,这是天经地义的道理。手工业是落后的生产方法,必归于淘汰,不应该提倡。现在提倡手工业,就是叫中国社会生产方法不要进步,永远的停滞在几千年前的生产状态上,这是经济上的‘开倒车’,也就等于提倡大刀抗敌一样,有什么意义?”④到了抗战末期,“全面淘汰手工业”的提法开始取代“农业合作”。如经济学家刘敏就主张:“要发展四川工业,还必须和自足自给的旧经济形态作坚决的斗争、和手工业及其行会制度作坚决斗争,以扫清工业发展的道路。”他认为,封建经济的优

① 樊百川:《中国手工业在外国资本主义侵入后的遭遇和命运》,《历史研究》1962年第3期。

② Albert Feuerwerker, “Economic Trends, 1912-1949”, *The Cambridge History of China*, Vol. 12, Part 1, edited by John K. Fairbank, Cambridge University Press, 1983, p. 55.

③ [德]艾约博:《以竹为生:一个四川手工造纸村的20世纪社会史》,韩巍译,江苏人民出版社2016年版,第3页。

④ 高叔康:《中国手工业概论》,商务印书馆1946年版,第37页。

势已不存在,“至其仍为新工业发展的次要对立物,则是当然的”。[①] 这种思路一直持续到新中国成立后,手工业被直接视为“传统、技术落后的生产方式”,手工业的存在表明了国家经济的落后,“在经济发展的历史进程中,社会主义国家必须克服这种经济落后的局面”。[②]

尽管“手工业经济衰退论”成为当时的主流论调,但还是有少数学者注意到了它发展性和延续性的一面。自 20 世纪二三十年代以来,吴知、费孝通、严中平等学者都在研究中肯定了手工业存在的价值。尤其是 20 世纪 80 年代以来,学术界逐渐打破了意识形态和上述史观对经济史研究的束缚,注重从中国近现代经济发展的自身脉络和客观事实出发,分别对传统手工业与近代资本主义的关系、外国资本主义与中国手工业的关系、乡村手工业与农家“耕织结合”模式的关系、近代手工业经济的发展前途和衰落原因等问题进行了系统的研究,进而出现了一些新的理论来阐释手工业经济的属性、地位和发展样态。

第一,关于传统手工业与中国近代资本主义的关系。长期以来,学术界普遍认为中国传统手工业和资本主义现代工业之间有着内在的、前后相承的关系,这等于说中国既有的手工业存在着向资本主义现代工业发展的历史趋向。早在 20 世纪 60 年代,戴逸就提出:“中国封建社会末期社会经济和手工业生产所达到的水平,是中国近代机器工业由以产生的出发点和内在根据。离开了这个出发点和内在根据,近代机器工业的出现就会成为不可理解的事情。”[③]吴承明在 20 世纪 80 年代进一步呼应了这个观点,他从劳动力、资本市场等方面阐明手工业为近代资本主义的产生和发展准备了社会条件,指出:“在中国,也有些同志认为,明清以来的资本主义萌芽,由于帝国主义的入侵,中断了。鸦片战争后近代工业的建立是另起炉灶,与原来的资本主义萌芽并无继承和发展关系。这可称为‘中断论’。”[④]那种认为我国资本主义是鸦片

① 刘敏:《四川社会经济之历史性格与工业建设》,《四川经济季刊》第 2 卷第 1 期,1945 年 1 月。

② Peter Schran, “Handicrafts in Communist China”, *China Quarterly*, No. 17, 1964, pp. 152-153.

③ 戴逸:《中国近代工业和旧式手工业的关系》,《人民日报》1965 年 8 月 20 日。

④ 吴承明:《中国资本主义与国内市场》,中国社会科学出版社 1985 年版,第 128 页。

战争后从外国移植来的观点,“更站不住脚,这种理论是否定工场手工业的资本主义性质,只把使用机器和机械动力的近代工业算作是资本主义”[①]。20世纪80年代后期,汪敬虞针对这一观点提出不同看法,他认为,鸦片战争前中国封建社会原有的手工业并没有中断,绝大部分在鸦片战争后继续存在,但并不是向手工工场发展,也没有向大机器工业转化,“中国原有的手工业以至整个经济,远远没有为资本主义机器工业的产生准备必要的条件。中国资本主义现代企业的出现,是在外国资本主义入侵的条件下产生的”,大机器工业与手工业之间形成一种相互依赖、荣损与共的关系,但是,“中国大机器工业和手工业的‘长期共存’,并不是由于工厂和手工业在机械化程度方面彼此互相接近,而是由于中国工厂工业和手工业同受帝国主义的侵略和压迫,在外国资本的强大势力面前,有着共同的命运。这种‘长期共存’,不是发展中的共存,而是两者都得不到发展的并存”。[②]

我们认为,在传统手工业与中国近代资本主义关系问题上产生上述分歧,既有概念上的混乱,也有理论与史实上的脱节。从概念出发,机器工业不是“资本主义”的代名词,手工业中也存在着“资本主义”,这里的“资本主义”只不过是一种生产关系,严格意义上说就是一种雇佣关系,既然鸦片战争前的中国封建社会经济内部已经存在着资本主义生产关系的萌芽,鸦片战争后也没有中断,那么就没有理由将近代资本主义限制在民族机器工业这种生产力层次上。这样,在分析传统手工业与民族机器工业产生的关系时,就不必上升到其与中国近代民族资本主义产生之间的关系了。从理论上说,资本主义手工业的进一步发展完全有可能产生机器工业,但在事实上,中国近代民族机器工业是在外国资本主义的刺激下,由晚清政府通过引进机器技术创办起来的,与原有的资本主义萌芽似乎没有什么关系,这并非什么不可理解的事情。

既然民族机器工业与手工业的长期共存是事实,那么两者之间究竟是一

① 许涤新、吴承明主编:《中国资本主义发展史》第1卷,人民出版社2003年版,第758页。

② 汪敬虞:《中国近代手工业及其在中国资本主义产生中的地位》,《中国经济史研究》1988年第1期。

种什么样的关系呢？吴承明认为："大体在1920年以前，手工业是与近代化工业并行发展的，近代化工业发展较快的时候，也是手工业尤其是工场手工业发展较快的时候，乃至在同一行业中也是这样。两者间的互补作用超过两者间的对抗。"[①]樊百川认为近代手工业与大机器工业之间是一种依附关系："一方面，大机器工业和工场手工业通过加工、订货，收购和赊销，统率着广大的小手工业和家庭手工业；另一方面，所有各种手工业，从工场手工业到农民家庭手工业，又都依附于大机器工业，甚至成为大机器工业的厂外附属部分。中国手工业，从这时开始，再也不是孤立于资本主义之外而独立发展的了，它已经逐步纳入了资本主义发展的范围和轨道。"[②]彭泽益也指出，鸦片战争后的手工业，"随着整个社会经济的改组，这种个体经济也被改造，使它在不同程度上为资本主义服务，成为资本主义经济的附属和必要的补充形式"[③]。黄逸平也肯定了这种补充意义，"这种补充，不仅在于大量手工业产品满足了市场的需要，弥补了大工业产品的不足，也在于它是大工厂产品某些工序的在外协作者"[④]。史建云着重从农村市场的视角分析了农村手工业与近代机器工业的发展，认为农村手工业使用近代工业产品作原料或工具，农村手工业提高了农民的购买力，同时大多数农村手工业与近代机器工业之间不存在竞争关系，因此，"在近代中国，农村手工业商品生产，在市场问题上，对民族工业的发展既有促进的一面，也有与之竞争、对抗的一面，促进作用是主要的，而竞争、对抗则是次要的"[⑤]。戴鞍钢还以棉纺织业为中心对两者间的关系进行了再考察，他充分挖掘地方志中所蕴藏的大量经济史资料，分析了中国资本主义发展道路的特色，认为："在近代中国这样一个落后的农业国，资本主义工业的发生发展有其历史的独特性，它并不意味着以往很多人所认为的个体小农业和家庭手工业的'没落和破产'，而是通过后者生产结构的内部改

① 吴承明：《近代中国工业化的道路》，《文史哲》1991年第6期。

② 樊百川：《中国手工业在外国资本主义侵入后的遭遇和命运》，《历史研究》1962年第3期。

③ 彭泽益：《近代中国工业资本主义经济中的工场手工业》，《近代史研究》1984年第1期。

④ 黄逸平：《近代中国经济变迁》，上海人民出版社1992年版，第245页。

⑤ 史建云：《从市场看农村手工业与近代民族工业之关系》，《中国经济史研究》1993年第1期。

组,逐渐与近代工业形成一个互补互动的经济关系。”[①]彭南生更具体地揭示了手工业与民族机器工业之间多层次的互补关系,包括结构性互补、市场关联性互补、市场水平性互补以及劳动技术性互补。[②] 林刚以大生纱厂与南通农村家庭纺织业的实例,指出“中国近代棉纺织工业的产生……是在农民家庭手工业的发展中建立起大工业的产品市场,农民家庭手工业也同时得到改进与更新”[③]。马俊亚通过对江南农村手工业的研究,得出结论:“尽管在许多方面,手工业对现代工业有抵触的一面,现代工业对手工业有挤压的一面,但不管怎样,现代工业的发展不是完全背离中国手工业的基础,在一定程度上正是利用了这种得天独厚的资源。”[④]

第二,关于外国资本主义与中国手工业的关系。学术界普遍认为,鸦片战争前中国手工业经济内部已经孕育着资本主义生产关系的萌芽,战后外国资本主义的入侵对手工业经济造成了复杂的影响,在洋货的打击下,农村手工业一败涂地,此为“压迫论”或“破坏论”。陈诗启针对此前学者一般侧重于外国资本主义机制棉纺织品对中国手工棉纺织业的破坏面,认为外国资本主义对中国农村棉纺织业的作用是双重的:一方面“破坏了中国颇大地区的农村手工棉纺织业”,自给生产的特点在迅速衰退;另一方面“促进了农村手工棉纺织业资本主义生产因素的成长”,尤其是“资本主义家庭工业”在农村中成长起来了,这甚至是“中国资本主义发展的里程碑”。[⑤] 樊百川则站在近代中国百年历史的长时段对鸦片战争后中国手工业的遭遇和命运进行了全面的探讨,认为鸦片战争前中国原有的手工业中已经存在着资本主义萌芽,由于“外国资本主义的侵入截断了中国发展资本主义的正常道路”,在外国资本主义的强大势力面前,中国固有的手工业大量破产,“手工业的破

① 戴鞍钢:《中国资本主义发展道路再考察——以棉纺织业为中心》,《复旦学报》2001 年第 5 期。

② 彭南生:《论近代手工业与民族机器工业的互补关系》,《中国经济史研究》1999 年第 2 期。

③ 林刚:《长江三角洲近代大工业与小农经济》,安徽教育出版社 2000 年版,第 54 页。

④ 马俊亚:《混合与发展:江南地区传统社会经济的现代演变(1900—1950)》,社会科学文献出版社 2003 年版,第 13 页。

⑤ 陈诗启:《甲午战前中国农村手工棉纺织业的变化和资本主义生产的成长》,《历史研究》1959 年第 2 期。

产，摧毁了中国资本主义萌芽所依以生长的基础，从而也剥夺了中国在正常情况下发展资本主义的可能”。所谓“正常道路”，当然是指从手工作坊到手工工场再到大机器工业这样一条独立发展的道路。但是另一方面，中国另一部分手工业“在外国资本和买办商人资本的控制下，变成出口原料的加工手工业，走上依附外国资本主义的一条道路”，这类依附型的手工业发展成为资本主义的工场手工业和近代家庭劳动，一小部分过渡到机器工业，“这在中国手工业的发展史上，无疑地应该说是一种很大的进步”。① 徐新吾认为，传统“破坏论”是可以成立的，他以手工棉织业为例指出：“帝国主义的机制布是破坏农民手织业的更较重要的力量。”②也有学者认为，简单地将外国资本主义对中国传统手工业的影响两分为“破坏”和“发展”失之偏颇，他们认为，“外国资本主义势力从充当小手工业与农业分离的不自觉工具，变为阻碍中国手工业向资本主义工业转化的势力”，“外国资本家利用中国的特殊国情，阻挠手工业向机器工业过渡”。③ 戴逸认为：“外国的侵略可以改变中国经济发展进程的方向和速度，但是不可能一刀斩断这个进程。”④张思撰文指出，“从 19 世纪末至 20 世纪初，中国农村手工纺织业既经历了一段衰落破产的悲惨遭遇，又迎来重获新生的复兴机遇”，强调“应辩证地看到与遭遇同在的机遇及其历史意义，还应对传统农村经济在机遇面前的对应和表现给予关注”。⑤ 国外学者则普遍认为外国资本主义对中国农村手工业的影响局限在通商口岸附近的农村地区，对广大内地农村的传统手工业影响甚微，使其得以维持下来。美国学者费维恺认为“整个手工业在 1870—1911 年间并没有受到严重破坏”，并称以往中国学者的观点是“最粗浅的公式化的指责”，过分夸大了外国资本主义的负面影响。⑥ 赵冈也以手工棉织业为例，论

① 樊百川：《中国手工业在外国资本主义侵入后的遭遇和命运》，《历史研究》1962 年第 3 期。

② 徐新吾：《对中国近代手工棉织业史料中一些误解的评述》，《上海经济研究》1988 年第 3 期。

③ 杨宇清：《中国近代手工业的演变与反思》，《赣南师范学院学报》1991 年第 4 期。

④ 戴逸：《中国近代工业和旧式手工业的关系》，《人民日报》1965 年 8 月 20 日。

⑤ 张思：《遭遇与机遇：19 世纪末中国农村手工业的曲折经历——以直鲁农村手工纺织业为例》，《史学月刊》2003 年第 11 期。

⑥ ［美］费正清编：《剑桥中国晚清史》下卷，中国社会科学院历史研究所编译室译，中国社会科学出版社 1985 年版，第 338—378 页。

证了传统的“破坏论”是一种“似是而非的理论”,“手工织布业迅速发展的有案可查的阶段是发生在现代棉织品进口与国内生产都有重大增长的期间”①,这即是说,外国资本主义对中国传统手织业即便没有促进作用,至少也没有太大的破坏性。

第三,近代乡村手工业与农家“耕织结合”模式的分解。棉纺织手工业不仅是中国近代规模最大的手工行业,而且也是作为农业与小手工业相结合的自然经济象征的“耕织结合”模式的典型,因此,棉纺织手工业的发展成为学术界讨论最多、争论最为激烈的一个问题,也是近代乡村手工业经济史研究中的一个亮点。传统的主流观点认为,由于洋纱洋布大量倾销,近代中国棉纺织手工业的总趋势是逐渐衰落,农业与手工业相结合的经济模式不断走向解体。近年来,学者们对传统观点提出了不同认识。徐新吾首先纠正了以往研究中的一些错觉,如过去一般认为洋纱的入侵是由作为通商口岸的沿海地区开始,然后逐步深入内地的,然而“事实是洋纱的入侵先从非植棉地区(主要是闽广)开始”。又如过去一般认为,洋纱侵入土布是在全国范围内由土经土纬过渡到洋经土纬,再过渡到洋经洋纬。徐新吾认为,“如果笼统地从总的发展进程来看,也不妨可以这样说,而具体考察则并非完全如此”,各地在发展中存在着差异,“这种发展的不平衡性是需要加以注意的”。② 陈惠雄对近代中国自然经济解体论中的单线史观进行了挑战,“提出了家庭棉纺织业的多元分解乃是朝向经济近代化、商品化进步的历史解说”,他在概述大量史实的基础上,“认为中国传统丝织业在资本主义外力冲击下只呈单线性萎缩,并没有多元发展进步的观点是不符合实际的”。③ 同样对这种单线史观提出挑战的还有谢放,他认为,“洋纱倾销的主要作用不过是改变了‘耕织结合’的形式,即由原来的自纺自织改为买纱自织。在广大农村地区,小农业和家庭手工业仍然结合在一起”,另一方面,又“带来了不利于其进一步分离的消极影

① [美]赵冈:《现代棉纺织工业的成长及其与手工业的竞争》,严静安、段益山译,《上海经济研究》1981年第6期。

② 徐新吾:《近代中国自然经济加深分解与解体的过程》,《中国经济史研究》1988年第1期。

③ 陈惠雄:《近代中国家庭棉纺织业的多元分解》,《历史研究》1990年第2期。

响”，在与外国资本的不等价交换中，“‘耕织结合’的分离过程亦由此处于极不稳定的状态，时而分离，时而结合”，因此不能对近代中国自然经济解体的程度估计过高。[①] 李金铮通过对20世纪二三十年代定县的家庭手工棉纺织业的实证分析，认为农村耕织结合的解体，“并非来自我国农村经济发展的内动力作用，而是来自外来侵略势力的影响，是一种历史的畸形”[②]。但是，也有学者不同意上述观点，认为20世纪二三十年代，农村自然经济结构并未真正分解。如刘灿河在分析近代中国自然经济的解体时，以20世纪二三十年代的山东手工棉纺织业，包括当时颇有名气的潍县织布业为例，指出“这些当然是绝对意义上的自然经济，丝毫无资本主义生产方式的气味”，“不可能是资本主义性质的”，进而得出结论，认为乡村手工织布业的发展“正是反映了中国传统的自然经济结构的坚固性特点。说它‘解体’了，那只是表面现象，实际上，直到20世纪二三十年代，它非但没有解体，而且还有所强化”。[③]

第四，关于近代手工业经济的发展前途。鸦片战争后，在外国资本主义和民族资本主义的双重冲击下，近代手工业兴衰起伏、历经曲折，但毕竟在社会经济生活中长期存在下来了，某些行业、某些地区的手工业还得到了一定程度的发展，如何看待和理性分析这一历史现象？大多数学者仍肯定近代手工业的资本主义性质，即使是个体手工业，其性质也发生了变化，“一般地讲，在鸦片战争前的封建社会，它为封建主义服务，是封建统治的经济基础。但在半殖民地半封建社会的条件下，随着整个社会经济的改组，这种个体性质也被改造，使它在不同程度上为资本主义服务，成为资本主义经济的附属和必要的补充形式”[④]。张忠民分析了近代上海农村传统农家手工业，认为近代农村地方工业显示了中国农村摆脱贫困、摆脱传统小生产，走向现代化的历史方向。他突破历史时段的限制，找寻历史的启示，提出20世纪90年代东

---

① 谢放：《近代四川农村“耕织结合”的分离过程及其局限》，《近代史研究》1990年第1期。

② 李金铮：《浅淡二、三十年代定县的家庭手工棉纺织业》，《河北学刊》1991年第3期。

③ 刘灿河：《20世纪二三十年代的山东手工棉纺织业——兼谈对“自然经济解体论”的认识》，《中国人民大学报刊复印资料·经济史》1988年第6期。

④ 彭泽益：《近代中国工业资本主义经济中的工场手工业》，《近代史研究》1984年第1期。

南沿海的乡镇企业,“乃是前近代农村家庭手工业的逻辑延伸,它们在存在和发展的动因、基本条件以及亲缘关系上有着惊人的相似之处和内在的逻辑联系;由近代而后瞻,近代农村的地方工业毫无疑问又是中华人民共和国建立之后,自70、80年代蓬勃发展的农村乡镇工业的先声”[①]。张忠民的这种研究取向对探讨中国式的乡村工业化道路具有重要意义。彭南生近年来发表多篇论文,明确肯定近代乡村手工业自清末民初以来的发展,并将若干地区、若干行业中以技术进步为依靠、以区域外市场为依托的乡村手工业的发展称为“半工业化”,半工业化存在着向工业化发展的趋势,尽管由于外力的影响,未能最终完成向工业化的转化,但这种以技术改造为主的渐进性工业化模式与引进机器技术为主的突发型工业化模式一道构成中国近代的二元工业化道路。

第五,关于对近代手工业经济衰落的认识。许多学者不同意将近代手工业的命运看得过于悲观。史建云认为,20世纪30年代农村手工业的衰落只是暂时现象,“并不意味着农村手工业的根本衰亡”,原因就在于,“无论是农村手工业自身的生产力和社会分工水平,近代工业的发展程度,还是整体的社会经济环境,都不足以使农村手工业全面衰亡,30年代农村手工业衰退的根本原因是日本对中国的侵略战争”。[②] 林刚以1927—1937年中国手工棉纺织业为例,对中国传统手工业中分布最广、影响最大的门类进行了定量的实证研究,澄清了学术界一些固有的认识。他估计直至全民族抗战前的20世纪30年代中期,中国棉纺织品中(包括布匹、针织品和其他棉织品),机纱占77%—79%,土纱占21%—23%,棉布中的手织布约占71%,机制布约占29%。这说明手工业尚未到“垂死的边缘”[③],这种量化分析更具说服力。其实,用“衰落、衰退、衰亡、垂死边缘”等描述近代乡村手工业经济的命运是否贴切,在语义学上似可进一步斟酌。但如果是从经济增长方式转换的角度

---

① 张忠民:《近代上海农村地方工业的演变及其趋向》,《上海社会科学院学术季刊》1994年第2期。

② 史建云:《论近代中国农村手工业的兴衰问题》,《近代史研究》1996年第3期。

③ 林刚:《1927—1937年间中国手工棉纺织业新探》,《中国经济史研究》2002年第2期。

看,用上述词语对近代乡村手工业命运作定性描述似乎都不恰当。因为近代中国的经济发展程度远远未到乡村手工业退出历史舞台的时候,持"衰落论"的学者也不能不承认,它不是内部经济发展的结果,而是外力所造成的。因此,我们认为更为科学的定性描述是,在外力的影响下,主要是 1929—1933 年世界资本主义经济危机及相继发生的九一八事变、七七事变等日本侵华战争的打击下,中国近代乡村手工业在 20 世纪 20 年代末 30 年代初陷入了严重困难时期。在外力解除后,手工业仍可恢复其原有的活力,并会向前继续发展,直至这种增长方式完全退出历史舞台。

总之,许多学者从不同视角对近代中国手工业问题进行了广泛的探讨,最基本的认识是手工业并未"普遍衰落"而是"兴衰互见"。① 有学者提出"应把近代农村手工业与封建社会传统的农村家庭手工业区分开来,注意前者的时代特点,并明确肯定近代农村手工业是推动社会进步的因素"②。王翔从不同区域、不同行业之间和同一地区、同一行业内部近代机器工业与传统手工生产共生并存的状态的各种表现出发,全面论述了手工业在近代中国工业结构中的地位和作用。③ 李金铮在系列论文中,对中国传统手工业的生存样态、延续和发展的动力进行了论述。④ 彭南生从近代手工业经济形态变更所处阶段及其在传统农业与现代工业中间所起作用的角度,将近代手工业看作是一种介于传统与现代之间的"中间经济"。⑤ 在这里,"近代手工业"是一个经

① 戴鞍钢:《从地方志记载看第二次鸦片战争后的中国城乡手工业》,《江淮论坛》1984 年第 1 期。

② 从翰香主编:《近代冀鲁豫乡村》,中国社会科学出版社 1995 年版,前言,第 15 页。

③ 王翔:《中国近代手工业史稿》,上海人民出版社 2012 年版,第 534—597 页。

④ 参阅李金铮《求利抑或谋生:国际视域下中国近代农民经济行为的论争》,《史学集刊》2015 年第 3 期;李金铮《毁灭与重生的纠结:20 世纪三四十年代中国农村手工业前途之争》,《江海学刊》2015 年第 1 期;李金铮《发展还是衰落:中国近代乡村经济的演变趋势》,《史学月刊》2013 年第 11 期;李金铮《传统与现代的主辅合力:从冀中定县看近代中国家庭手工业之存续》,《中国经济史研究》2014 年第 4 期;李金铮《题同释异:中国近代农民何以贫困》,《江海学刊》2013 年第 2 期;李金铮《中国近代乡村经济史研究的十大论争》,《历史研究》2012 年第 1 期;李金铮《传统与变迁:近代冀中定县手工业经营方式的多元化》,《南开学报》(哲学社会科学版)2009 年第 1 期。

⑤ 参阅彭南生《中间经济:传统与现代之间的中国近代手工业(1840—1936)》,高等教育出版社 2002 年版。

济整体,并不意味着其中的各个行业或地区的手工业都已发展到“中间经济”阶段,相反,地区与行业之间的差异性仍然存在。有些手工业行业还形成了十分强劲的发展势头,在区域经济中占有重要的地位,甚至出现了“半工业化”现象。[①] 上述观点证明了“近代中国手工业经济衰退论”的偏颇,肯定了近代中国手工业在国民经济中的地位和作用,也构成本书研究和论述的基础。

(三)民国时期手工业经济的增长

在质疑“民国经济停滞论”和“近代中国手工业经济衰退论”的基础上,我们再揆诸事实,分析一下民国时期手工业发展的实态。

手工业是一个复杂的概念,手工业经济也是一个非常复杂的经济形态。在早期工业化进程中,还存在着大量的手工业,这是中外国家现代化过程中一个不争的事实。从地域范围看,不仅有城市手工业,也有乡村手工业,不仅在东南沿海乡村、通商大埠的近郊乡村,而且在内陆偏僻地区的乡村也同时存在着手工业。因此,无论在性质上还是规模上都不能将近代手工业放在一个概念下进行分析,更不能像某些学者那样,将近代手工业一概称为“传统手工业”。在分析近代手工业史时,我们应更进一步细化,分地域、分行业、分层次地深入研究。

中国近代手工业存在地区之广、涵盖行业之多,是城市机器工业难以比拟的,其广泛性毋庸置疑。据张世文于 20 世纪 30 年代对河北定县工业所做的调查,453 个村之家庭工业共约 120 种,可分为七大类,即纺织工业、编织工业、食品工业、木工业、化学工业、铁工业、杂工业[②],这只是近代乡村工业的一个缩影。方显廷则将中国乡村工业分为四大类,各类及其重要种类如下:第一类是纺织、编织工业,如手织棉、丝、苎麻、毛业、轧棉、缫丝、纺毛、制绳、针织、花边、抽纱品、发网、草帽辫、缎带、毛巾、袋布、芦席等;第二类为食品业,如舂米、磨面、粉丝及通心粉、酿酒、榨油、制茶、火腿、罐头等;第三类为化学

---

① 彭南生:《半工业化:近代乡村手工业发展进程的一种描述》,《史学月刊》2003 年第 7 期。

② 参阅张世文《定县农村工业调查》,四川民族出版社 1991 年版。

工业，如造纸、玻璃、爆竹、柚油、陶器、砖瓦、料器等；第四类为杂项工业，如硝皮、制胶、马鬃筛、毛笔、山东龙口掘陶土业、天津杨柳青彩画业及其他乡村服务业等。其中，棉织、缫丝、制茶、造纸、磨面、榨油等六种基本乡村工业最为重要。

手工业在中国近代经济结构中的地位与作用非常突出，以棉织业为例，1913 年中国棉织业所使用的原料中，机器织布业所消费的棉纱为 0.15 亿磅（约 0.068 亿公斤），手工织布业所使用的棉纱达 5.43 亿磅（约 2.46 亿公斤），在消费总量中所占比例分别为 2.69%、97.31%。经过 20 余年的发展，机器织布业获得了较大进步，但手工织布业所使用的棉纱仍接近 7.54 亿磅（约 3.42 亿公斤），占总消费量的 78.46%，机器织布业所消费的棉纱近 2.07 亿磅（约 0.94 亿公斤），只占总量的 21.54%。乡村手工丝织业所使用的生丝量，1925 年达 9924000 公斤，其中 1838000 公斤的生丝所织成的绸缎及茧绸销往国际市场，产值达 23202322 海关两。[①] 从某些地区看，乡村手工业的地位更加突出，据 1928 年调查，河北省乡村家庭工业分布在全省 127 个县，出品总值为 103856753 元，其中纺织类 91554207 元，占总值的 88.2%，食品类 814812 元，占总值的 0.8%，化学类 3943624 元，占总值的 3.8%，杂项类 7517100 元，占总值的 7.2%。又如浙江省手工造纸业，据 1929 年统计，共有手工造纸槽户 24437 处，分布于 43 个县，雇工总数为 126852 人，资本总额达 5090028 元，出产总值为 20850487 元。[②]

20 世纪 30 年代，经济学界对中国国民收入的调查和估算开始起步，并以著名经济学家巫宝三主持的民国时期中国国民所得估算为代表，形成了中国国民收入核算研究的开端。之后，刘大中、叶孔嘉以各国学者和大陆官方资料为基础，又对这一时期的国民收入进行了推算。由于二者使用了不同的统计资料和方法，他们对 1933 年中国国内净产值的估算存在超过 40%的差距，但是这并不妨碍我们通过他们的研究来分析手工业在制造业总产值中的比例及其变化。

---

① 方显廷、吴知：《中国之乡村工业》，《经济统计季刊》第 2 卷第 3 期，1933 年 9 月。

② 方显廷、吴知：《中国之乡村工业》，《经济统计季刊》第 2 卷第 3 期，1933 年 9 月。

首先看巫宝三的统计。巫宝三在《中国国民所得(一九三三年)》一书中,对制造业生产进行了非常系统的统计分析。他主要依据的是刘大钧于1933—1934年主持完成的《中国工业调查报告》(经济统计研究所,1937年),并对刘大钧的数据进行了修正。在刘大钧的工厂调查的基础上,巫宝三又加入了地区性的调查统计资料,估算出了比刘大钧的近代手工业产值更精确的手工业产值数据。在附录中,巫宝三详列了他所统计的制造业所有门类的总产值及净产值,包括木材、机械、金属品、电器、纺织品等15个大类、55个小类的整体数据。以此数据为基础,我们可以发现:1933年中国制造业总产值为7703180千元,其中机器工业总产值为2076322千元,占比26.95%;手工业总产值为5626858千元,占比73.05%。按净产值计算,1933年中国制造业净产值为1838164千元,其中机器工业净产值为498086.4千元,占比27.10%;手工业净产值为1340078千元,占比72.90%。(见表0-1)

在手工业行业15个大类中,手工业占比超过一半的有10个行业,占比超过90%的有4个行业;在手工业行业55个小类中,手工业占比超过一半的有32个行业,占比超过90%的有16个行业。

表0-1　1933年手工业生产值及其所占制造业总产值的比例

行业类别	工厂总产值(千元)	工厂净产值(千元)	手工业总产值(千元)	手工业净产值(千元)	手工业比例(按总产值)	手工业比例(按净产值)
木材制造业	8731.2	1063.4	198961	45784	95.80%	97.73%
锯木业	7550	757	119361	17904	94.05%	95.94%
木器制造业	1162	296	39600	11880	97.15%	97.57%
藤竹柳器制造业	19.2	10.4	40000	16000	99.95%	99.94%
机械制造业	21389	5307	18313	3916	46.13%	42.46%
翻砂业	2048	185	3417	342	62.53%	64.90%
机器制造修理业	19341	5122	14896	3574	43.51%	41.10%

续表

行业类别	工厂总产值(千元)	工厂净产值(千元)	手工业总产值(千元)	手工业净产值(千元)	手工业比例(按总产值)	手工业比例(按净产值)
金属品制造业	61034	18207	23423	7043	27.73%	27.89%
金属用具制造业	20000	5000	23423	7043	53.94%	58.48%
货币制造业	41034	8207	0	0	0.00%	0.00%
电器用具制造业	15940	6876	3007	1013	15.87%	12.84%
交通用具制造业	10459	3026	114603	41560	91.64%	93.21%
船舶修造业	9017	2330	57358	13227	86.42%	85.02%
车辆修造业	1422	696	57245	28333	97.58%	97.60%
土石制造业	17293	8435	97076	53945	84.88%	86.48%
砖瓦制造业	3595	1977	51637	30466	93.49%	93.91%
玻璃制造业	6958	3452	2311	1387	24.93%	28.66%
陶瓷制造业	2276	1074	22787	15153	90.92%	93.38%
石灰制造业	54	17	16882	7446	99.68%	99.77%
其他土石制造业	4410	1915	4059	1724	47.93%	47.38%
水电气制造业	272391	159522	0	0	0.00%	0.00%
供水业	30317	18796	0	0	0.00%	0.00%
发电业	214377	128217	0	0	0.00%	0.00%
煤气业	27697	12509	0	0	0.00%	0.00%
化学品制造业	90200	27932	56266	22285	38.42%	44.38%
火柴制造业	38032	8386	6253	1378	14.12%	14.11%
火柴梗片制造业	3267	621	0	0	0.00%	0.00%
烛皂制造业	10881	4498	33312	13325	75.38%	74.76%
搪瓷制造业	3864	935	300	72	7.20%	7.15%
人造脂制造业	10881	4498	33312	13325	75.38%	74.76%
涂料制造业	7581	3064	4346	1759	36.44%	36.47%
油类制造业	1214	243	3845	3845	76.00%	94.06%
药品及化妆品制造业	10091	3179	7125	1189	41.39%	27.22%
酸碱及其他化学产品制造业	9627	5334	817	449	7.82%	7.76%

续表

行业类别	工厂总产值(千元)	工厂净产值(千元)	手工业总产值(千元)	手工业净产值(千元)	手工业比例(按总产值)	手工业比例(按净产值)
纺织品制造业	879291	153967	1354945	257564	60.64%	62.59%
制棉业	11395	591	544356	46270	97.95%	98.74%
棉纺业	664856	97255	77252	12858	10.41%	11.68%
棉织业	85500	29723	554960	154346	86.65%	83.85%
缫丝业	47516	7999	55020	6419	53.66%	44.52%
丝织业	41826	9974	100562	30169	70.63%	75.15%
毛纺织业	25098	7867	14500	4350	36.62%	35.61%
麻纺织业	3100	558	8295	3152	72.80%	84.96%
服用品制造业	37481	14465	188548	82671	83.42%	85.11%
胶革制造业	44243	11793	149129	37440	77.12%	76.05%
制革业	8531	2729	34597	11044	80.22%	80.19%
革制品制造业	252	76	319	121	55.87%	61.42%
制胶业	8531	2729	34597	11044	80.22%	80.19%
胶制品制造业	35460	8993	90	27	0.25%	0.30%
饮食品制造业	548463	67410	3233619	701650	85.50%	91.23%
碾米业	12126	1479	192434	192434	94.07%	99.24%
面粉制造业	186136	17577	1519397	226680	89.09%	92.80%
制茶业	4234	353	147936	12251	97.22%	97.20%
制烟业	228304	29481	17184.8	53358	42.95%	64.41%
酿造业	2640	454	444500	75142	99.41%	99.40%
制糖业	6070	1274	49753	10313	89.13%	89.00%
精盐制造业	19144	1634	0	0	0.00%	0.00%
榨油业	44145	8000	571986	103231	92.84%	92.81%
清凉饮料制造业	5386	2670	4625	2220	46.20%	45.40%
制蛋业	27328	1889	1640	121	5.66%	6.02%
其他饮食品制造业	12950	2590	129500	25900	90.91%	90.91%
制纸印刷业	58595	20924	122488	55681	67.64%	72.69%
制纸业	12077	5462	55800	27063	82.21%	83.21%
纸制品制造业	1240	508	39876	15212	96.98%	96.77%
印刷业	45278	14954	26812	13406	37.19%	47.27%

续表

行业类别	工厂总产值(千元)	工厂净产值(千元)	手工业总产值(千元)	手工业净产值(千元)	手工业比例(按总产值)	手工业比例(按净产值)
饰物仪器制造业	5611	2756	17910	3425	76. 14%	55. 41%
杂项物品制造业	5201	1898	47970	26101	90. 22%	93. 22%
总计	2076322. 2	498086. 4	5626858	1340078	73. 05%	72. 90%

资料来源:巫宝三主编《中国国民所得(一九三三年)》上册,中华书局 1947 年版,第 66—67 页。

再来看刘大中、叶孔嘉的研究数据。他们使用产业来源法估计 1933 年国内净价值增殖部分,工厂部分为 6. 4 亿元,手工业部分为 20. 4 亿元,手工业增值占制造业总增值的 76. 12%。在刘大中、叶孔嘉估算的 1933 年手工业在工业部门总产值中的比重中,手工业占比平均值为 64. 5%,比重超过半数的手工业行业有 8 个。(见表 0-2)据他们估计,1933 年我国从事手工业的人数为 1574 万人,人均净增殖价值 130 元;与之相对,工厂、矿业、公用事业就业人数只有 194 万人,仅及手工业从业人数的 12%。①

表 0-2　刘大中、叶孔嘉估算的 1933 年中国手工业在工业部门总产值中的比重

产品名	比重
木材和木制品	95. 5%
机器,不包括电机	31. 3%
金属制品	12. 1%
电器	0. 5%
运输设备	69. 4%
石头、黏土和玻璃制品	67. 8%
化学制品	22. 5%
纺织品	46. 1%

① 刘大中、叶孔嘉:《中国大陆的经济——1933—1959 年国民收入和经济发展》,见丁日初主编《近代中国》第 3 辑,上海社会科学院出版社 1993 年版,第 129—169 页。

续表

产品名	比重
衣被和编织品	66.5%
皮革和类似制品	56.2%
食品	90.1%
烟草、果酒和酒	30.2%
纸和印刷品	55.9%
杂品	63.7%
平均值	64.5%

资料来源:[美]费正清编《剑桥中华民国史(1912—1949年)》上卷,杨品泉等译,中国社会科学出版社2018年版,第55页。

另外,吴承明的估计数据也值得参考。据吴承明的估算,中国手工业产值1920年为426058.6万元、1933年为435343.7万元,1933年近代制造业总产值为218617.6万元,1933年手工业总产值占制造业总产值的66.57%。[①]

总之,以上各家的估算,由于统计口径和资料编排的不同,存在一定的差距,但总体来看,手工业产值远远高于机器工业产值,前者是后者的2倍以上;手工业经济吸纳了庞大的就业人口,手工业就业人口约是机器工业就业人口的9倍。这突出反映了手工业在近代中国工业发展中"半壁江山"的地位,不管从产值、规模、就业人口等哪个方面来看,它都仍然是中国工业的主体。尽管总体比例有所下降,但是手工业经济在民国以后仍然处于增长而非萎缩状态。

除了对手工业总产值及其在制造业中的比重进行估算,还有一些学者对近代中国机器工业和手工业的增长率进行了估算。据刘佛丁等人的估计(见表0-3),在1914年,手工业经济在中国工业经济中的比重还居于91%,到1936年下降到71.07%,从1914年到1936年手工业年均增长率达到1%。

① 许涤新、吴承明主编:《中国资本主义发展史》第2卷,人民出版社2003年版,第1103、1104页。

表 0-3 1887—1936 年中国近代工业和手工业生产的增长及比重变化

单位:亿元(1936 年币值)

类别	1887 年		1914 年		1936 年		1914—1936 年
	总产值	比重	总产值	比重	总产值	比重	年增长率
近代工业	0	0	1.57	9.00%	8.01	28.93%	7.70%
手工业	11.94	100%	15.87	91.00%	19.68	71.07%	1.00%
合计	11.94	100%	17.44	100%	27.69	100%	—

资料来源:刘佛丁、王玉茹、丁建玮《近代中国的经济发展》,山东人民出版社 1997 年版,第 187 页。

另据王玉茹的估计(表 0-4),1920—1936 年,我国城乡手工业仍有相当的发展,但其在全部工业生产中的比重由 80.20%下降为 68.96%。手工业在国民经济中比重的降低是中国工业化进程的必然结果,但与此同时,中国手工业经济的产值在这 17 年间从 45.33 亿元增长到了 73.71 亿元,增长了约 63%,年增长率则达 3.09%。

表 0-4 1920—1936 年中国近代工业和手工业生产的增长及比重变化

单位:亿元(1936 年币值)

类别	1920 年		1936 年		1920—1936 年
	总产值	比重	总产值	比重	年平均增长率
近代工业	11.19	19.80%	33.18	31.04%	7.03%
手工业	45.33	80.20%	73.71	68.96%	3.09%
合计	56.52	100%	106.89	100%	—

资料来源:王玉茹《论两次世界大战之间中国经济的发展》,《中国经济史研究》1987 年第 2 期。

再从学界估计的增长情况来看。据叶孔嘉估计,1914/1918—1931/1936

年间手工业的增长率为 0.7%[①],罗斯基在章长基(John K. Chang)、赖特(Tim Wright)等人研究的基础上重新估算的结果为 1.4%[②]。赵冈则展示了民国时期一些代表性地区的手工织布业的估计年增长率。(见表 0-5)

表 0-5 某些代表性地区的每年手工织布业的估计年增长率

地区	繁荣阶段	增长率
河北天津	1903—1915 年	13%
	1910—1915 年	15%
河北高阳	1915—1920 年	15%
	1926—1930 年	37%
	1934—1937 年	24%
山东潍县	1926—1933 年	32%
	1915—1933 年	31%
山东南流	1926—1936 年	20%
广西玉林	1931—1933 年	52%

资料来源:[美]赵冈《现代棉纺织工业的成长及其与手工业的竞争》,严静安、段益山译,《上海经济研究》1981 年第 6 期。

这些手工织布业的高增长率,不仅发生在现代棉织品进口和国内生产都有重大增长的时期,而且手工织布业的增长率并不比同时期的现代纺织工业的增长率低。看似要走向"毁灭"的手工业却如此欣欣向荣,确实令人意想不到。所以罗斯基才会得出结论:近代中国工业生产的发展并没有取代手工业生产,而只是提高了总产出。[③]

之所以会产生认识上的偏差,主要是因为以往的研究往往过于突出洋货

① K. C. Yeh, "China's National Income, 1931－1936", *Modern Chinese Economic History*, edited by Chi-ming Hou and Tzong-shian Yu, Academia Sinica, 1979, p. 126.

② 转引自[美]托马斯·罗斯基:《战前中国经济的增长》,唐巧天等译,浙江大学出版社 2009 年版,第 274 页。

③ 转引自[美]托马斯·罗斯基:《战前中国经济的增长》,唐巧天等译,浙江大学出版社 2009 年版,第 89 页。

进口和国产机制品对中国传统手工业品的冲击和替代。我们以郑友揆的《中国进口商品分类》表格为基础进行分析：在进口商品中，棉制品、棉纱、面粉、糖、纸、煤油、化学燃料及颜料与手工业品之间可能存在竞争关系；棉花、粮食、烟叶、液体燃料、交通器材、钢铁及其他金属品、机械等与手工业品之间几乎完全没有竞争关系，有些甚至还成为手工业经济的原料进而促进手工业的发展，如棉花、粮食、烟叶、钢铁机械等。从表 0-6 可知，随着时间推移，与手工业品可能存在竞争关系的进口品种类的比重不断降低，与手工业品几乎完全没有竞争关系的进口品种类的比重在不断升高，从占比 14.2%增长到 39%。与手工业品可能存在竞争关系的进口品比重最高峰时是 1920 年的 53.3%，刚刚超过半数。当然，以上只是非常粗略的分析，对于进口洋货与手工业品之间的竞争关系和比例，已经很难通过确切的资料来验证。尤其是可能存在竞争关系的进口品比重的数字是偏高的，因为一些从名称上看存有竞争关系的洋货，实际上却是国内手工业的原料，如进口糖中有很多是未加工的糖。但是从该表的数据和趋势上来看，洋货进口对国内手工业品的替代并没有想象中的那么严重。

表 0-6　中国进口商品与手工业品的竞争分类

年份	可能存在竞争关系	几乎完全没有竞争关系	其他※
1913 年	51.6%	14.2%	34.2%
1916 年	45.9%	24.6%	29.5%
1920 年	53.3%	19.2%	24.3%
1925 年	46.4%	27.6%	26.0%
1928 年	41.8%	27.4%	30.8%
1931 年	31.6%	36.6%	27.4%
1936 年	23.5%	39.0%	37.5%

资料来源：郑友揆《中国的对外贸易和工业发展（1840—1948）》，程麟荪译，上海社会科学院出版社 1984 年版，第 41 页。

※“其他”项为未标明产品类目的。

从对外贸易中的地位来看,手工业在近代中国对外贸易中始终占据重要地位,生丝、茶叶在早期外贸中的大宗地位久为人们所称道。据历年海关报告统计,1912—1926年,中国手工业品出口一直处于较为稳定的增长过程中,出口值从1.6亿海关两增长到2.8亿海关两;1927—1937年,手工业品出口值有所跌落,从约2.8亿海关两降低到1.9亿海关两。虽然中国手工业品外贸量的增减并不一定与国内生产兴衰情形完全一致,但其间的关联度仍有助于我们作出判断。1912—1937年,中国手工业品出口值占总出口值的百分比,从42.1%降低到35.4%,整体呈降低趋势,其间虽有波动,但大多在30%以上。[①]

再从全国工厂中使用原动力和不使用原动力的厂家数量来对比,手工业的统治性地位更是显露无遗。民国初期曾以工厂利用原动力与否为标准来登记统计,按此规定,凡使用发动机器的工场,平时雇用工人在30人以上的,就属于工厂。从表0-7中可以看到,在全国工厂中,手工业生产方式仍然居于主流,在1913—1919年都高居90%以上,只是到了1947年才降低到76.47%。即便是在机械、交通工具制造、冶炼等属于重工业的行业门类中,工场手工业家数也占78.14%到85.18%;属于轻工业门类的造纸印刷、服用品制造行业的工场手工业家数占83.74%到84.96%。[②] 在很多地方,手工业在城市经济中依然占据着重要的地位。以北京为例,直到1948年,在272家工厂中,不用发动机、雇工少于30人的手工业工场、作坊仍有223家,占总数的82%;合于工厂法的工厂仅49家,占总数的18%。[③] 20世纪40年代末期,江西南昌和九江共有各种工厂161家,其中机器工厂仅24家,占14.91%;手工工厂有137家,占了85.09%。[④] 以往论者多认为,这反映了中国工厂工业的落后,但反过来看,这也体现了中国手工业经济的稳定性和生命力。

① 彭泽益编:《中国近代手工业史资料(1840—1949)》第2卷,中华书局1962年版,第816页。

② 彭泽益:《近代中国工业资本主义经济中的工场手工业》,《近代史研究》1984年第1期。

③ 彭泽益编:《中国近代手工业史资料(1840—1949)》第4卷,中华书局1962年版,第557、558页。

④ 彭泽益编:《中国近代手工业史资料(1840—1949)》第4卷,中华书局1962年版,第555—556页。

表 0-7　1913—1947 年全国工厂中使用原动力和不使用原动力家数比较

年代	工厂数(家)			比重(%)	
	共计	用原动力	不用原动力	用原动力	不用原动力
1913 年	21713	347	21366	1.60	98.40
1915 年	20746	488	20258	2.35	97.65
1917 年	15736	481	15255	3.06	96.94
1919 年	10515	360	10155	3.42	96.58
1947 年	14078	3312	10766	23.53	76.47

资料来源:彭泽益《近代中国工业资本主义经济中的工场手工业》,《近代史研究》1984 年第 1 期。

综上所述,尽管各方统计所据的资料不同、方法各异,得出的具体数字存在一定程度的差异,但是它们都集中反映了一个事实,那就是在近代中国工业经济结构中,手工业生产并没有被机器工业完全取代,手工业生产也没有随着机器工业的发展而迅速衰落。正因为帝国主义的经济侵略和本国机器工业的发展不能轻而易举地取代传统手工业,才凸显了手工业经济的生命力和活力。这也提醒我们,虽然手工业相对于现代机器工业来说,确实有其落后的一面,但是,就手工业本身来说,我们还是不能过于简单粗暴地将其归为“传统”“落后”“衰落”的范畴;相反,在工业化的大背景下,本国传统手工业的维持和发展是各国工业化过程中的普遍现象。在近代中国,手工业生产仍然是中国商品生产的主要承担者,始终在对外贸易中占据着重要地位,始终是缓解农民经济贫困化、吸附农村剩余劳动力的主要方式,是介于传统农业与现代大机器工业之间的一个非常重要的国民经济部门。

二、中间经济:中国近代手工业的性质与定位

手工业经济作为近代中国在时间上长期存在、在空间上广泛分布的一个

重要的国民经济部门,究竟在中国近代经济发展中扮演了何种角色、发挥了何种功能,这也是本卷一开始要尝试回答的一个重要问题。

鸦片战争以后,在外国资本和民族机器工业的双重作用下,中国手工业经济或多或少地发生了一些变化。如何衡量手工业行业中这些变化的性质,学术界也有不同的看法。大多数学者都肯定这种变化的资本主义性质,他们认为“若专就资本主义萌芽的生产形式,即工场手工业和包买商等形式说,则更是发展了”。他们还批评了“外铄论”,指出“这种理论是否定工场手工业的资本主义性质,只把使用机器和机械动力的近代工业算作资本主义”。[①] 即使是中国近代的个体手工业,其性质也发生了转化。“一般地讲,在鸦片战争前的封建社会,它为封建主义服务,是封建统治的经济基础。但在半殖民地半封建社会的条件下,随着整个社会经济的改组,这种个体经济也被改造,使它在不同程度上为资本主义服务,成为资本主义经济的附属和必要的补充形式。”[②]

近年来,有的论者从反面提出了相异的观点,他们认为:“从既定的概念出发,把中国近代手工业生产划归资本主义商品经济的范畴是有欠妥当的。”持论者分析了中国近代手工业发展的内在基础,在他们看来,鸦片战争后“无论是传统手工业,还是新兴手工业,都未曾改造旧有的基础。因此,无论这种生产组织形式与资本剥削形式多么相似,但它同资本主义生产结构本身仍有本质的区别”;“与其说中国近代工场手工业是一种资本组织的生产单位,不如说它更靠近前资本主义的小商品生产基础。整个手工业总体发展趋势中这种个体性质的保持,使其向资本主义工业化的转变,尚有相当大的差距”。[③]

对手工业性质认识上的分歧,导致了人们对近代手工业地位认识的差异。有的学者从近代手工业的历史出发,肯定了近代手工业向机器工业过渡的中介地位,认为鸦片战争后,大部分手工业行业“是继续发展的,或长期维

① 许涤新、吴承明主编:《中国资本主义发展史》第1卷,人民出版社2003年版,第758页。

② 彭泽益:《近代中国工业资本主义经济中的工场手工业》,《近代史研究》1984年第1期。

③ 陈庆德:《论中国近代手工业的发展趋势》,《求索》1991年第6期。

持下来,其中又有三分之二逐步向机器工业过渡”①。有的学者则明确否定近代手工业向机器工业发展的趋势,认为“它总是不能向前更进一步转化为机器生产”,并指出:“在资本主义生产基础已完全建立起来的近代的世界性历史联系中,以手工业为主体的社会经济发展,与其说是向着近代化转变的自然累积过程,不如说是近代化历史转变的道路受到阻塞。”②

在上文对“近代中国手工业经济衰退论”的批驳中,我们已经初步谈到了这一问题。以往学界对手工业的认识,多基于二元经济的立场,立论的基础和视野尚嫌狭窄。近年来,开始有学者注意到近代中国社会经济中手工业与机器工业的并行结构和互补关系。在这一小节,我们继续从二元经济理论的历史误区来认识“外国资本主义与传统手工业的关系”和“近代手工业与民族机器工业的关系”这两组关系,进而从“中间经济”的角度对近代手工业的性质与定位进行探讨,以期阐明近代中国手工业经济的角色、定位与功能。

(一)二元经济理论的历史误区

二元经济理论是西方发展经济学探讨落后国家和地区经济增长的理论模型,其创始者是美国著名经济学家 W. 阿瑟·刘易斯,其后费·拉尼斯、乔根森、鲍尔·费、马格林等发展经济学家不断对这一经济增长模型本身的缺陷加以修正。我们不打算对其作过多的经济学意义上的探析,而只是想指出这一理论在运用于分析中国实际问题中所存在的不足。③

在中国近代经济史和中国早期现代化的研究中,二元经济理论已为越来越多的学者所使用,他们用“二元经济”“二元社会”等描述中国近代社会的经济特征。在他们看来,“随着社会经济的发展,现代化地区与传统地区不仅没有形成相互联系、相互促进的关系,反而呈现出彼此封闭和排斥的格局,于是,一种两极化的现象出现了,当现代地区和部门越来越现代的同时,传统地

---

① 许涤新、吴承明主编:《中国资本主义发展史》第1卷,人民出版社2003年版,第758页。

② 陈庆德:《论中国近代手工业发展的社会基础》,《云南财贸学院学报》1990年第3期。

③ 有关二元经济发展理论的详细分析请参阅张晓光《对二元经济发展理论的研究》,见《经济研究》编辑部编《经济学博士硕士论文选(1985)》,经济日报出版社1986年版,第528—556页。

区和部门却变得越来越‘传统’和落后。这就是人们通常所说的‘二元结构’”①。他们所指的现代化地区和部门其实就是沿海城市和机器大工业,传统地区和部门就是内陆乡村及农业与手工业。这种分析为从总体上探讨中国近代社会的过渡特征提供了一个新的视角,尤其对把握造成当代中国经济发展区域性差异的历史根源的认识更为清晰。因为二元经济本质上是一种介于两种同质经济即传统经济与现代经济之间的过渡现象,在某种程度上我们依然处于这种历史延续之中。但是,用二元经济理论研究早期现代化有意无意间造成了一个不大不小的历史误区,这就是忽略了对既非传统又非现代的手工业——一种在城乡广泛存在的经济现象的探讨。

二元经济模式将社会经济区分为传统和现代两大部门,并从两部门关系的角度探讨经济发展过程。所谓传统经济,就是农业经济;现代经济即工业经济。发展经济学一反古典经济学将社会经济视为同质体系的思维,把社会经济区分为异质的传统与现代两大部分,其主要依据是传统农业存在着大量的剩余劳动力,由于劳动力数量过多,其边际生产率为零或负数,这些剩余劳动力的完全被吸收必须依赖于现代工业经济的高度发展。农村剩余劳动力的主要存在形式是隐蔽性失业。所谓隐蔽性失业,指边际生产率为零的劳动就业状态。在既定的农业生产技术、生产资源以及经营形式等条件制约下,人口稠密的欠发达国家,一部分农业劳动力的边际生产率为零,这部分人对农业总产出的形成没有实际贡献,把他们从农业生产中转移出去,再配置到其他产业部门,不会减少农业部门的总产出。但是,由于欠发达国家中现代工业吸纳农业剩余劳动力的能力有限,大量劳动力被滞留在农业生产中,事实上的失业被隐蔽起来了。所以,从理论角度讲,边际生产率为零时的劳动力即为剩余劳动力。② 二元理论不仅把农业看作只是被动消极地向工业输送剩余劳动力和产品,而且从根本上忽视了手工业,或把手工业划入传统部门,

① 许纪霖、陈达凯主编:《中国现代化史》第1卷(1800—1949),上海三联书店1995年版,第16页。

② [美]查尔斯·P. 金德尔伯格、[美]布鲁斯·赫里克:《经济发展》,张欣、陈鸿仪、蒋洪等译,上海译文出版社1986年版,第396页。

这在理论上和事实上都是行不通的。

从理论上看,手工业是一个仅次于农业的历史悠久的产业部门,是现代工业之母,大机器工业产生之后,还会在一个相当长的阶段内存在,在后发外缘型工业化国家和地区尤其如此。在这个时期内,受到竞争规律的制约,手工业要么在技术和经营机制上不断更新,要么被淘汰,存在下来的手工业不论在生产力还是在生产关系上都或多或少地发生了若干变迁,这就使它们有别于传统手工业。更为重要的是,在传统农业经济和现代工业经济长期并存的二元经济结构中,手工业尤其是资本主义作坊和手工工场,不同于传统农业那样存在着大量剩余劳动力,因而也就不存在边际生产率为零的现象。同时,手工业技术和经营机制上的创新及其相应的外延性扩张,还能吸纳一定数量的农村剩余劳动力。手工业也不像大机器工业那样能以其现代化的生产力为传统农业的改造创造技术条件,并以其技术进步所造成的内涵性发展吸纳传统农业中释放出来的剩余劳动力,从根本上解决传统农业部门边际生产率为零的问题。因此,手工业在生产力上接近于传统农业,在生产关系上却更靠近现代工业,是一种介于两者之间的中间经济。任何忽视手工业或把手工业等同于传统经济的做法在理论上都是失之偏颇的。

手工业与现代工业的并存是工业化过程中不可避免的一个历史阶段。事实上,无论是先发工业化国家还是后发外缘型工业化国家,手工业都在一定时期、一定区域内存在,但其存在的时间与原因则因地而异。就近代中国而言,由于资本和技术资源的相对短缺、外国资本主义的残酷竞争、传统农民经济的贫困化所造成的大量剩余劳动力的存在,从沿海开放的通商城市到内陆腹地的偏远农村,到处都有人从事手工制造,民众生活中的绝大部分日常用品都离不开手工业,手工业在国民经济中占有十分重要的地位,是介于传统农业和现代工业之间的中间经济带。这些相对于现代工业而言较为落后的传统手工业,在机器工业的打击和刺激下,日益脱离传统的既定轨道,在生产力、经营形式、管理方式等方面向着现代化转型,其中一部分已经过渡到机器生产。但是,这一过程由于受到外来因素的影响,如1929—1933年世界资本主义经济危机的冲击、20世纪30—40年代日本侵华战争的破坏,还远远没有完成,直到1949年,手工业仍然构成工业经济的主体。因此,在用二元经济理论分析中国近代社会经济时,不能忽视这样一个非常重要的中间经济地带。

正是因为从二元经济理论出发,以往学界对手工业经济与外国资本主义的关系、手工业经济与民族机器工业的关系的认识存在着一定的片面性。

1. 外国资本主义与传统手工业的变迁

鸦片战争前,中国封建社会中的手工业已经孕育着资本主义生产关系的萌芽。毛泽东曾经指出,如果没有外国资本主义的影响,中国也将缓慢地发展到资本主义社会。那么,外国资本主义究竟对中国的传统手工业造成了什么样的影响呢?对此,学术界有几种不同的看法。一种意见认为,中国手工业在外国资本主义侵入后面临着破产的命运,“外国商品占夺中国市场的过程,也就是中国手工业遭受破产的过程”,因为“在自然经济基础上进行生产的城乡手工业,既已无力抗拒外国商品的侵袭,只能步步退却,销路日见萎缩,也就无法逃脱破产的命运”。棉纺手工业是遭受破产命运的典型行业,而“丝茶手工业在外国资本主义侵入后的遭遇代表了中国手工业的另一种命运”,即“在外国资本和买办商人资本的控制下,变成出口原料的加工手工业,走上依附外国资本主义的一条道路”。这样,鸦片战争以前早就存在着的资本主义萌芽也就失去了继续生长发育的基础,因此,“在中国,事情的发展甚至是这样离奇特殊……工场手工业阶段,不是发生在大机器工业之前,而是产生于大机器工业之后。它的大量发展,要等到20世纪初期,大机器工业有了进一步发展的情况下,才有可能”。[①] 有的学者更是明确提出:“外资侵入截断了中国资本主义发生和发展的正常道路。”[②]另一些学者则不同意这种看法。他们认为“外国的侵略可以改变中国经济发展进程的方向和速度,但是不可能一刀斩断这个进程”。他们明确地批评了“中断论”,指出“把在清代鸦片战争前和鸦片战争后的中国经济,特别是工矿业,看作是‘中断’的现象,

① 樊百川:《中国手工业在外国资本主义侵入后的遭遇和命运》,《历史研究》1962年第3期。

② 汪敬虞:《中国近代手工业及其在中国资本主义产生中的地位》,《中国经济史研究》1988年第1期。

并认为彼此前后‘脱节’,没有内在联系的论点,显然是缺乏科学根据的”。[1]他们也不同意把鸦片战争后中国近代手工业遭到的破坏看得过于严重,认为“鸦片战争后,洋货入侵,中国传统手工业受到摧残,但不像通常想象那样都成了机器大工业的牺牲品”,并通过对40个传统手工业的考察,“发现受摧残的主要是手纺纱、土钢、土针、踹布、土烛、制靛、刨烟丝、木版印刷八个行业,其余都能维持,多数并有发展,尤其是向工场手工业(包括散工制)发展。到20世纪初期,这些传统行业中都有工场手工业形式了”。[2] 近年来,又有人提出“破坏论”和“发展论”,均失之偏颇。他们认为在外国资本主义与中国传统手工业变迁的关系上,“外国资本主义势力从充当小手工业与农业分离的不自觉工具,变为阻碍中国手工业向资本主义工业转化的势力”,“外国资本家利用中国的特殊国情,阻挠手工业向机器工业过渡”。[3]

如何评价外国资本主义对中国传统手工业的“破坏”作用,如何看待鸦片战争后中国传统手工业的发展,这既是近代中国的历史实际问题,也是一个重大的现代化模式问题,即后发现代化国家的工业化道路问题。我们认为,要正确地认识这些问题,既要准确地区分作为自然经济附属部分的传统手工业行业和作为资本主义工业有机组成部分的近代手工业部门,又要把经济发展的一般规律与近代中国的特殊经济国情结合起来。从经济发展的一般规律看,在外国资本主义和民族资本主义的竞争下,作为自然经济附属部分的传统手工业行业,必然不断地受到破坏而趋于瓦解。这种被破坏或者构成了近代手工业部门经济发展的前奏,或者孕育着手工业行业从传统向现代的渐进式发展。这一过程虽然残酷,却是符合经济发展规律的进步现象。如受到外国资本冲击最大的家庭手工棉纺织业,鸦片战争后随着手纺业的逐渐破产,农村劳动力更加过剩,自给自足的农民家庭更加困苦。但是手纺业的破产并不代表乡村其他手工业的破产,相反它意味着其他手工业行业的发展,

① 彭泽益编:《中国近代手工业史资料(1840—1949)》第1卷,中华书局1962年版,第613页。
② 吴承明:《早期中国近代化过程中的内部和外部因素》,见章开沅、朱英主编《对外经济关系与中国近代化》,华中师范大学出版社1990年版,第6—7页。
③ 杨宇清:《中国近代手工业的演变与反思》,《赣南师范学院学报》1991年第4期。

近代华北手工棉织业经济区的兴起就是最好的例证。手织业成为机器纺纱业的巨大市场,不仅促进了现代经济的发展,而且加速了早期手织业近代性变迁。因此,20世纪二三十年代的手织业中已广泛地存在着资本主义生产关系。

然而,同现代机器工业比较起来,无论多么先进的手工业,其生产方式终究是落后的。在近代中国,外国资本为什么没有彻底摧毁手工业反而导致手工业与机器工业长期并存的现象呢?我们认为:一方面,外国资本要维持中国经济的半殖民地格局;另一方面,在传统农民经济贫困化的压力下,手工业经济作为国民经济的一个重要部门而顽强地存在下来。同时由于与民族机器工业有着遭受外国资本压迫的共同命运,以及传统手工业自身的能动机制,手工业逐步走上了从传统向现代发展的艰难道路。家庭作坊手工业、工场手工业构成了一条近代中国产业经济中的中间经济带。相对于民族机器工业而言,这是一种前工业化现象。工业化与前工业化在近代中国的长期共存格局,既表明了近代中国经济的过渡性与落后性,也体现了近代手工业经济在落后国家和地区一定时期内的相对合理性。如果我们不仅看到19世纪70年代在外国资本主义刺激下一部分地主、官僚和商人投资创办的民族机器工业,而且注意到20世纪二三十年代部分工场手工业向机器工业过渡转化的事实,那么,我们就会发现,近代中国实际上在一条二元工业化的道路上艰难地跋涉。

2. 近代手工业与民族机器工业的关系

近代手工业与民族机器工业的关系问题,可从两个层面来理解:一是传统手工业与民族机器工业产生的关系,二是民族机器工业产生之后与近代手工业的关系。明清之际孕育的手工业资本主义生产关系的萌芽,在鸦片战争之后是否为民族机器工业的产生创造了条件,学术界存在着两种截然对立的观点。20世纪五六十年代,学者们着重强调两者之间的联系。有的学者提出:“中国封建社会末期社会经济和手工业生产所达到的水平,是中国近代机器工业由以产生的出发点和内在根据,离开了这个出发点和内在根据,近代机器工业的出现就会成为不可理解的事情。”这种联系可以具体化为三个方面:(1)原有的手工业直接转化为机器工业;(2)原有的手工业为机器工业的产生准备条件;(3)两者之间很少有联系,但机器工业的出现仍是由整个中国社会发展的行程所决定的。[①] 有的学者着重从资本主义产生的前提条件上肯定了两者之间的联系,认为手工业为近代资本主义的发展创立了社会条件:"第一,它为近代资本主义企业准备了雇佣劳动的条件,并提供了熟练工人;第二,为近代工业的建立准备了市场和运输条件;第三,为近代工业的产生准备了一定的物质和资本基础。"[②]他们把"鸦片战争后近代工业的建立是另起炉灶,与原来的资本主义萌芽并无继承和发展关系"这种观点称为"中断论","而中断论也自然导致外铄论"。[③] 80 年代以来,有学者针对这些看法提出了不同的观点。通过大量细致的分析,他们认为"中国原有的手工业以至整个经济,远远没有为资本主义机器工业的产生准备必要的条件。中国资本主义现代企业的出现,是在外国资本主义入侵的条件下产生的……外国资本刺激了中国资本主义的发展,又压制了中国资本主义的发展。这是中国资本主义的所以发展和所以不发展的根据之一"[④]。

民族机器工业产生之后,近代手工业与机器工业之间究竟是对抗大于互补,还是互补大于对抗?有的学者认为:"迄 1920 年,绝大部分手工行业都是发展的,手工业总产值也是增长的;并且,机制工业发展最快的时候,也是手工业发展最快的时候,乃至在同一行业中也有这种情况。"[⑤]有的论者着重从农村市场的视角分析了乡村手工业与近代机器工业的发展,认为农村手工业使用近代工业生产的原料或工具,农村手工业提高了农民的货币购买力,同时大多数农村手工业不存在与机器工业的竞争关系,因此,"在近代中国,农村手工业商品生产,在市场问题上,对民族工业的发展既有促进的一面,也有

① 戴逸:《中国近代工业和旧式手工业的关系》,《人民日报》1965 年 8 月 20 日。

② 许涤新、吴承明主编:《中国资本主义发展史》第 1 卷,人民出版社 2003 年版,第 754—756 页。

③ 许涤新、吴承明主编:《中国资本主义发展史》第 1 卷,人民出版社 2003 年版,第 34 页。

④ 汪敬虞:《中国近代手工业及其在中国资本主义产生中的地位》,《中国经济史研究》1988 年第 1 期。

⑤ 吴承明:《近代中国工业化的道路》,《文史哲》1991 年第 6 期。

与之竞争、对抗的一面,促进作用是主要的,而竞争、对抗则是次要的"①。有的学者具体地分析了机器工业与近代手工业在生产上的关系,认为:"一方面,大机器工业和工场手工业通过加工、订货,收购和赊销,统率着广大的小手工业和家庭手工业;另一方面,所有各种手工业,从工场手工业到农民家庭手工业,又都依附于大机器工业,甚至成为大机器工业的厂外附属部分。中国手工业,从这时开始,再也不是孤立于资本主义之外而独立发展的了,它已经逐步纳入了资本主义发展的范围和轨道。"②以上观点都比较一致地肯定了机器工业与近代手工业之间的良性互动关系,肯定了手工业从属于传统农业经济到附属于大机器工业的地位转换的进步作用。有的学者则不同意将此作用估计得过高,认为:"中国资本主义的产生也有破坏手工业的一面。它也破坏农业和农村家庭手工业的结合,但是在破坏的同时,农业与手工业更加结合的一面,又经常出现在人们的面前。"③

手工业与农业更加结合也罢,附属于大机器工业也罢,在民族工业发生并得到一定的发展后,手工业的长期存在却是不可否认的事实。手工业为什么能长期存在?学术界作了不同的解释。有的学者着重从生产力层次上加以分析,认为:"近代中国工厂工业的机械化程度是很低的,它同大量的工场手工业长期共存,并且在很多方面都有联系,怎好割裂开来?要是忽视了这一点,就不能很好地掌握中国半殖民地半封建社会工业资本主义发生和发展的规律性和独具的特点。"④这就是说,手工业与民族机器工业的长期并存在于两者的"机械化程度是很低的"。另外一些学者则反对这种解释,他们认为:"中国大机器工业和手工业的'长期共存',并不是由于工厂和手工业在机械化程度方面彼此互相接近,而是由于中国工厂工业和手工业同受帝国主义的侵略和压迫,在外国资本的强大势力面前,有着共同的命运。这种'长期共

① 史建云:《从市场看农村手工业与近代民族工业之关系》,《中国经济史研究》1993年第1期。
② 樊百川:《中国手工业在外国资本主义侵入后的遭遇和命运》,《历史研究》1962年第3期。
③ 汪敬虞:《中国近代手工业及其在中国资本主义产生中的地位》,《中国经济史研究》1988年第1期。
④ 彭泽益:《近代中国工业资本主义经济中的工场手工业》,《近代史研究》1984年第1期。

存'，不是发展中的共存，而是两者都得不到发展的并存。这是中国半殖民地半封建社会工业资本主义发生和发展的规律性和独具的特点。"[①]既然是"独具的特点"，当然具有唯一性和排他性，那么究竟谁真正找到了中国近代工业资本主义发生和发展的规律性和独具的特点呢？我们认为，两种意见都具有片面性。一方面，对手工业与机器工业长期并存的原因的分析，不能代替对中国近代工业资本主义发生和发展规律的探讨；另一方面，两种意见都只看一点，而忽略其他，第一种意见着重于两者内因上的联系，第二种意见强调了外部环境的共同性。实际上如前所述，近代手工业与机器工业的"长期并存"反映着近代中国在一条二元工业化道路上的艰难跋涉。二元工业化道路的形成是各种因素综合作用的结果，举其大者，如传统农民经济贫困化的压力、外国资本的压迫、政府行为以及国际市场的导向、手工业经济内部的若干能动因素等。这些因素共同构成手工业与机器工业长期并存的原因，任何以点带面的分析都难免陷于片面化。

（二）中间经济：近代手工业的角色与功能

二元经济是经济发展过程中的一种过渡状况，二元经济模式中手工业的广泛存在更突出了这一过渡特征。从农业、手工业、工业这一经济结构来说，整个手工业处于中间地带，手工业经济实质上是一种处在由传统向现代转化之中的过渡经济。中国近代手工业就是一种介于传统手工业与现代机器工业之间的过渡经济。

首先，从生产力上看，在机器工业的竞争和刺激下，手工业发生了许多积极的变化。手工工具开始趋新，虽然缓慢，但大大提高了手工业的劳动生产率，某些行业如手工棉织、丝织工具的改进已经发展到可以直接应用动力机器的阶段，某些手工行业则在原有工具的基础上直接使用机器动力，出现了所谓"蒸汽机+石磨"的技术模式。生产力上的现代性变革取向，使得近代手工业逐步脱离传统手工业的既定轨道，向着大机器工业生产力的方向发展。

---

① 汪敬虞：《中国近代手工业及其在中国资本主义产生中的地位》，《中国经济史研究》1988年第1期。

但是,从全局来看,手工业又远远没有完成这种转化,而是处在由旧式手工工具向现代生产机械的过渡之中。

其次,从生产关系上看,近代手工业也逐渐放弃原有的生产形式,在经营、劳动、管理上开始近代化,由封建自然经济的补充形态发展成为资本主义经济的有机组成部分。随着生产力的变革,近代手工业的生产形态发生了相应的变化。包买主制下的依附经营与业主制下自主经营的手工工场作为中国近代手工业的主要经营形式,把广大的手工业者组织起来,为区域外甚至国际市场而生产,从而克服了传统手工业主要满足家庭需求或以地方集市交换为主的落后状况,并为它向现代工业过渡准备了制度前提。但是这种变化又带有浓厚的传统色彩,在包买主制下的依附经营中,手工业者依然是以分散的个体劳动形式为主,在业主制下自主经营的手工工场中,具有强烈封建痕迹的学徒制得以延续并被广泛利用,业主与工人尤其是学徒之间的宗法关系丝毫没有减轻,这些现象的存在又使其与大机器工业之间尚有很长一段差距。从单个手工业企业的生产形态来看,各种成分之间传统与近代、进步与落后往往相互交织,难以割舍。如在经营形式上,商人、包买主、工场主等诸种身份的多位一体化屡见不鲜:作为商人,直接向市场购买产品;作为包买主,以其部分资本介入生产过程,但为了节省厂房、设备、管理等费用,主要控制、利用分散的家庭手工业;作为工场主,则往往将生产过程中的某道关键工序集中起来。

因此,作为一个完整的业主,他既采取了先进的工场化经营,又利用了较为进步的包买主制,同时他还作为旧式商人依旧维持着传统的手工业经营。在近代中国,纯粹的工场主并不多见,诸种经营形式的一体化及其业主的一身多任,正是中国近代手工业由传统向现代过渡的具体体现。因此,二元经济中手工业的大量存在反映了近代经济的过渡特征。

近代手工业又是一条介于传统农业与现代机器工业之间的中间经济带。它所特有的经济功能起着连接传统与现代产业的纽带作用。近代手工业在吸纳农村剩余劳动力及其所创产值方面是一种介于传统农业和现代工业之间的中间经济力量。近代手工业的长期存在从根本上说是人口压力下农村劳动力大量过剩的产物。既然手工业不会产生边际生产率为零的现象,那么手工业的存在和发展实际上意味着农村部分剩余劳动力的消化。从实际情况来看,近代手工业所吸纳的劳动力就业人数及所创造的产值远远超过现代机器工业。近代手工业的大量存在及其所吸收的就业人数,本卷相关部分还会有所涉及,在此不再赘述。

不仅如此,手工业对农业还具有一种“反向连进”作用。手工业的发展必然对所需原料提出更高的要求,如手工棉纺织业、手工丝织业的发展要求对棉花、桑树品种及种植技术进一步改良,手工制茶业的进步同样离不开茶树品种、土壤的改良和茶园管理的进步。这种“反向连进”作用在以农业产品为原料的手工业中都或多或少地存在。因此我们看到历届政府在提倡手工业时,都同时颁布了种植和改良手工业原料作物的政策与措施,如晚清农工商部制定的《奖励棉业章程》、晚清各地官吏对手工业优质原料作物种植的推广等。清政府当然不可能自觉地意识到手工业发展所具有的这种“反向连进”功能,但认识到了手工业的存在离不开优质原料的供应,而优质原料的供应自然离不开农业生产的改良。

对民族机器工业来说,近代手工业的存在虽然在某些方面不利于现代工业的产生和发展,但如果把民族机器工业的不发展看作是手工业阻挡所致,则言过其实。因为民族机器工业在发展过程中虽然面临着与手工业的竞争,但其在技术和管理上都占据着优势,处于有利地位,只不过这种优势在同外资在华企业的对比中转为劣势。民族机器工业的主要竞争对手还是外国资本主义,它具有外国列强强加给近代中国的不平等条约制度下的经济特权。更为重要的是,手工业与民族机器工业之间还形成结构性互补、市场关联性互补、市场水平性互补以及劳动技术性互补的关系。[①] 在这些互补关系中,受益者当然不只是手工业,对于处在外国资本主义打击下的民族机器工业同样具有非常重要的作用,它扩大了民族机器工业的产品市场,弥补了外国资本主义的封锁所造成的技术不足。同时,手工业的存在和发展壮大了民族机器工业的资本主义基础,部分手工业行业向机器工业的转化更是加强了民族机

① 彭南生:《中间经济:传统与现代之间的中国近代手工业(1840—1936)》,高等教育出版社2002年版,第123—138页。

器工业的力量,如大生纱厂与通海手工棉织业的同兴共衰就是近代手工业与民族机器工业良性互动关系的经典例证。

近代手工业生产在国民经济和对外贸易中都占有十分重要的地位,如浙江1936年工业制造品产值为100480188元,手工业产值达20405000元,约为现代工业产值的1/5。[①] 广西城市大工业产值为15960000元,农村手工业与都市手工业则为14650000元,几乎与现代工业并驾齐驱。[②] 从全国范围来看,据巫宝三估计,1933年中国制造工业净产值为1889026800元,其中手工业净产值为1359374000元,占制造工业净产值的72%。[③] 很明显,近代手工业构成了传统农业与现代工业之间一条不可取代的中间经济带。在对外贸易中,晚清时期中国的出口贸易以手工业产品为大宗。民国成立以后,手工业出口品仍然占据重要地位,1924年以前,手工业品出口值在出口贸易总值中的比例保持在30%以上,有的年份超过40%;1924年以后略有起伏,但也不低于25%。图0-1是根据1912年至1936年中国手工业品在出口贸易总值中的百分比所绘制的曲线图。

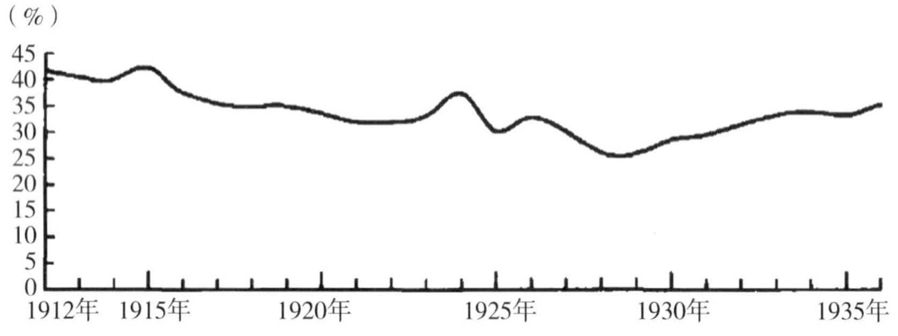

图0-1　1912—1936年手工业产品在出口贸易总值中的比例曲线图

注:本图根据彭泽益对1912—1937年中国67种手工业品出口值占出口贸易总值百分比的统计绘制而成。原统计据历年海关报告编制计算。见彭泽益编《中国近代手工业史资料(1840—1949)》第3卷,中华书局1962年版,第816页。

① 姚方仁、方悴农:《一年来之浙江经济》,《国际贸易导报》第9卷第2号,1937年2月15日。
② 关星三:《改进我国手工业之应有认识与方案》,《实业部月刊》第2卷第6期,1937年6月。
③ 彭泽益编:《中国近代手工业史资料(1840—1949)》第3卷,中华书局1962年版,第814—815页。

由上所述,近代手工业是一种介于传统手工业与现代机器工业之间的中间经济,也是处于传统农业和民族机器工业间的一条重要的中间经济带,这种角色与地位已在一定程度上说明了近代手工业为什么长期存在这一问题。当然,中国近代手工业与民族机器工业的长期并存还有一些重要的外部因素。首先是来自国际市场的引力效应。中国早期工业化开始的时期正值西方主要资本主义国家工业化成果在全球扩张,虽然工业文明也波及了中国,但同西方国家相比还相当幼稚,工业产品不仅在国际市场上毫无竞争力,而且在国内市场上也因为清政府丧失了关税保护权而遭遇不平等竞争,市场实际上也比较狭小。相反,中国传统的手工业产品如丝、茶、陶瓷以及一些劳动密集产品如草帽辫、抽纱等,由于劳动力成本低廉或工艺水平独特而在国际市场上确立了较大的优势。这一优势暂时是民族机器工业所无法取代的,因此这部分手工业能够存在并得以发展。即使是外资企业和民族机器工业能够制造的产品,也能在一定范围内同手工业实现技术与劳动优势的互补。例如,在纺织业中,机器纺纱淘汰了手纺纱,这是因为手纺纱失去了劳动成本优势,但机器织布又无法取代手工织布,因为机器织布所具有的技术优势暂时还难以摧毁手工织布的劳动成本优势。这样,便形成了机器纺纱的技术与手工织布的劳动之间的良性互动。其次,政府行为对近代手工业的长期存在也起了重要作用。从晚清到南京国民政府都注重提倡和鼓励手工业的发展,并采取了若干比较切合实际的政策与措施,产生了一定的成效。如手工艺教育的推广和手工工具的改良有利于手工业品技术含量的提高,减免手工业产品的税收则增强了手工业的市场竞争力。正是近代手工业扮演着中间经济(带)这一角色,加之国际市场的引力效应及近代政府的行为,才共同促成了手工业的长期存在。

如果说中间经济理论描述了民国时期手工业经济的增长及其原因,那么,还有一个重要的现象需要进一步分析。那就是,民国时期中国手工业经济不仅在增长,而且在发展。在个别地区、个别行业开始出现与传统家庭副业完全不同的一种手工业形态。这类手工业在地区经济总量及家庭经济中的地位迅速上升,在很大程度上改变了手工业依附于农业的自然经济状态,转向与工业化建立起更密切的关系,并在劳动分化、工具机改进、市场拓展乃至动力源升级方面出现了质的变化。中国手工业的这种变化,与移植型的民族机器工业截然不同,它从中国传统经济的肌体中脱颖而出,继承和发展了中国传统经济的优势,代表着近代中国手工业发展的一种新趋势。

三、半工业化:近代中国手工业发展的新趋势

近代中国工业化的动力无疑是外源性的,根源于对西方先发工业化国家尤其是作为工业中心的英国的技术移植,这种移植几乎扩展到了全球所有国家。1800 年以来,高速增长的英国工业已经不满足于狭小的国内市场,开始向海外市场寻找新的消费者。亚洲尤其是中国就成为英国理想中的商品倾销市场。第一次鸦片战争结束后,中国被迫开放通商口岸,英国先是把成品棉布出口到中国,继而又开始出口机制棉纱。西方机制品的输入在中国造成了涟漪反应,中国工业开始在两个方向上进行重组。顾琳曾经以棉业为例指出,在 19 世纪末 20 世纪初,清政府和私人投资者开启了两种形式的重组:"一种是建立机械化纺织厂,另一种是发展使用机制棉纱作为原料的新型乡村纺织区。"①同理,中国的工业化也在两个层次上展开:一是机器工业的移植和发展,二是传统手工业的嫁接改造。前者是"突发式"的,后者是"渐进式"的,这两条道路构成了早期工业化进程中的二元模式。从原始工业化到工业化的过渡具有渐进性和渐近性,二元模式中既存在着竞争,也存在着互补,而且互补构成两者关系的主导面。

工业化不等于工业革命。工业革命是工业化中在动力源上发生的革命性进步,是工业化持续发展的一个关键环节,但不是工业化的全部。马克思在研究产业技术形态时,曾经对工业革命的展开做了历时性的分析。马克思主义认为,伴随着工业革命而展开的是劳动技术与生产组织方式的一系列重

① [日]顾琳:《中国的经济革命:二十世纪的乡村工业》,王玉茹等译,江苏人民出版社 2009 年版,第 3 页。

大变革，最终形成机器大工业。在这一系列变革中，“分工，水力特别是蒸汽力的利用，机器装置的应用，这就是从上世纪中叶起工业用来摇撼世界基础的三个伟大的杠杆”[①]。因此，在马克思、恩格斯看来，分工、工具机（机器装置）和动力机（自然力以及引发技术革命的蒸汽力）是撬动工业革命的三个杠杆。

如果我们把分工协作的专门化、工具机的发展和动力机的改进视为工业化必不可少的三个环节，那么，在近代中国的工业化过程中，工业化不等同于动力机的移植，还包括了分工协作的深化和工具机的逐步发展。近代中国的工业化包含分工协作的专门化、工具机的发展、动力机的改进三个环节，三个环节分别对应着小手工业、工场手工业、大机器工业三种工业生产形态。小手工业通过“分工+技艺”的生产方式，采用业主制下的自主经营与包买主制下的依附经营相结合的组织形式，采用简单协作与个体劳动相结合的劳动方式进行生产。工场手工业则通过“分工+工具机（劳动工具的分化）”的生产方式、业主制下的自主经营的组织形式，采用分工协作的劳动方式进行生产，代表着资本主义的形成。大机器工业则通过“分工+工具机+动力机（有自动发动机的机器体系）”的生产方式，采用股份制下的公司化经营的组织形式，采用社会化的劳动方式进行生产，代表着资本主义的高度发展。（见表0-8）三个环节层层递进，共同推进了近代中国工业化的发展。从这个意义上来说，中国传统手工业与民族机器工业之间的距离并不遥远，民族机器工业以动力机和工具机的引进和移植为方向开启工业化，中国传统手工业中的部分行业则以分工协作的深化和工具机的改进为契机，也在迈向工业化的历程。甚至在部分传统手工业中，也开始引进动力机，并将蒸汽动力进而将电力作为动力来源的一部分。

① 《马克思恩格斯文集》第1卷，人民出版社2009年版，第406页。

表 0-8 工业生产形态演进特征简表

形态名称	经营特征	经济性质	劳动形式	生产特征
手艺	业主制与包买主制的原始统一	自然经济	个体劳动	技艺
小手工业	业主制下的自主经营与包买主制下的依附经营的结合	商品经济产生和资本主义萌芽	简单协作与个体劳动的结合	分工+技艺
工场手工业	业主制下的自主经营	资本主义形成	分工协作	分工+工具机(劳动工具的分化)
大机器工业	股份制下的公司化经营	资本主义高度发展	社会化劳动	分工+工具机+动力机(有自动发动机的机器体系)

马克思在研究机器工业发展历程的时候,就提出了“机器和手工业工具有什么区别”的问题。马克思以面粉磨为例来说明二者的关系,他认为:“从面粉磨的历史可以探究出机器的全部发展史。”①“在磨中,已经具备或多或少独立的和发展了的、相互并存的机器基本要素:动力;动力作用于其上的原动机;处于原动机和工作机之间的传动机构——轮传动装置、杠杆、齿轮等等。”②现代机器面粉磨不过是在其中加入了新的动力源——先是蒸汽力,后是电力,而所有的机器体系不过是传统手工业中既有工具的组合和更新而已。

因此,就近代中国的工业化而言,移植型的工业化和嫁接型的工业化是同步进行的,没有孰优孰劣之分。以工业革命为原点往后看,中国传统手工业无疑是落后的,但是如果以1840年以前的中国传统手工业为原点往前看,我们就会发现,中国传统手工业在近代不仅出现了量的增长,而且在劳动协

① 《马克思恩格斯全集》第44卷,人民出版社2001年版,第427、403页。

② 《马克思恩格斯选集》第4卷,人民出版社2012年版,第338页。

作分化、工具机改进、市场拓展乃至动力源升级等方面,出现了质的发展。在东南沿海大城市,移植型工业化快速发展;而在内地中小城市和广大乡村,嫁接型的工业化也在有条不紊地推进,并在个别地区产生了半工业化现象。

所谓“半工业化”,是我们对近代以来中国传统手工业增长和发展的一种描述。概括来说,就是中国手工业的发展,出现了与传统副业完全不同的一种新的手工业形态。尽管它并没有完全达到西方工业革命的烈度,但是从中国传统手工业的内在发展理路来看,仍然是一种非常重大的进步。

经过对近代手工业资料的大量实证分析,至少在下述地区、下述行业(见表0-9)开始出现了不同于传统副业的手工业新形态。

表0-9　近代中国出现半工业化现象的典型地区、行业与阶段

地区	行业	阶段
华北:高阳、宝坻、定县、潍县	织布业	20世纪初—20年代30年代中期
长江三角洲:通海、江南、平湖等	织布业、针织业	19世纪末20世纪初—20世纪30年代初
长江三角洲:无锡、嘉兴、湖州(吴兴)等	缫丝—丝织	19世纪70年代至20世纪初—20世纪30年代初
珠江三角洲:南海、顺德、三水等	缫丝业	19世纪70年代至20世纪初—20世纪30年代初

它们的典型性就体现在:在一个时期中,手工业在地区经济总量及家庭经济中的地位迅速上升,在很大程度上改变了手工业依附于农业的自然经济状态,转向与工业化建立起更密切的关系。这是近代中国手工业发展中的一个有趣现象。我们将上述地区、上述行业的手工业从农村副业中剔除出来,用半工业化这个概念加以分析。当然,近代手工业中的半工业化并不仅限于表0-9所列地区、行业,在其他地区、其他行业也出现了这种现象,如烟台花边业、浙江沿海草帽业、广西玉林织布业等,也存在着明显的半工业化。

半工业化是用来描述近代以来中国传统手工业增长和发展的一个概念。我们将半工业化看作是传统手工业与大机器工业之间的一种动态现象,是大机器工业产生并获得一定程度的发展之后,传统手工业寻求自身存在和发展的一种积极应对方式。但在工业化史学者的视野下,这部分进步的乡村工业往往被忽略了,人们看到的只是冒烟的工厂工业的发展。为了弥补工业化史学者这种有意无意的忽视,本书特意将这部分进步的手工业从中国手工业经济中剥离出来,名之曰“半工业化”。这种半工业化在原始工业化论者那里,自然也得不到关注,因为它已经是一个国家或地区在机器工业产生之后出现的现象。在原始工业化论者那里,半工业化已经失去了“原始”本义。非常清楚的是,半工业化的概念遵从“过程论”而不是“结果论”,因为从结果上看,近代中国直到1949年还是一个农业国家,而不是一个半工业化国家。半工业化是对近代中国若干手工业发展进程所处阶段的一种判断,具体地讲,本书所界定的半工业化包括以下内涵:在工业化的背景下,以市场为导向的、技术进步的、分工明确的手工业得到发展;从微观上看,单个农民家庭手工业或手工业作坊延续了明清以来手工业的发展势头,分工进一步深化、生产工具进一步改进、生产技艺逐步提高;从中观层次上看,区域性的乡村手工业有明显的发展,这是我们分析的着眼点;但在宏观上,我们并不认为整个近代中国手工业都出现了半工业化现象。而对于半工业化现象的进一步分析,将在后文逐步展开。

第一章
民初中国手工业的多重契机

1912—1926年的10余年间①是中国手工业生产开始分化、出现转机并有所发展的一个波峰时期。总体来看，在宽松的政府经济政策、资本主义机器工业和国际市场的刺激和影响下，中国手工业走出了长期衰退、凋敝的困境，出现转机。值得一提的是，这一时期中国特种手工艺品通过各类展览开始走向国际市场，对于塑造中国手工业名牌产品、扩大对外贸易和缩小贸易逆差有着重要的意义。

第一节　国内外形势与手工业发展的契机

民初南北统一至北洋军阀政权结束，这一时期国内外形势变化频仍，对国民经济发展造成了很大影响。这一时期的政府经济政策，“表现出扶植与奖励的导向，又具有控制与聚敛的实质”②。1914年8月，第一次世界大战爆发，西方资本主义列强无暇东顾，暂时放松了对中国的经济侵略。民族资本主义经济有了进一步发展，商品经济和商业资本有了空前的发展，手工业经

① 1912—1926年为民国初年，本章主要探讨民国初年的手工业发展状况，但碍于史料和上下文论述的方便，有时也会适当向前追溯或向后扩展，并不严格局限在此时间范围内。

② 徐建生：《民国初年经济政策的背景与起步》，《民国档案》1998年第2期。

济也获得了难得的发展契机。

一、国内政治形势的演变

辛亥革命的成功为推行资本主义工商业政策扫清了若干道路,新式国家的建立使中国人看到了民族工业发展的希望。孙中山及临时政府关于振兴实业的方针,反映和符合了近代中国社会经济发展的要求,因而很快在国内掀起了一股实业发展浪潮,为民族工业的发展创造了有利的社会环境。袁世凯上台后,尽管政治上倒行逆施,但是经济上并未排斥资本主义的发展。资产阶级上层代表人物分别担任了农林、工商、财政、交通总长等要职,制定了一些有利于民族工业和手工业经济发展的政策、法令。在民间提倡国货抵制洋货的爱国热情下,北洋政府也推行了倡导使用国货的方针。1915 年 3 月,农商部制订了提倡保护国内制造品的计划,如“凡日用品由外国供给,而为本国所能仿制者,尤应特别保护”,“以公家力量,限定购用,以重国货”,对土货酌免税厘等,积极推动国货参加国际博览会,推广国货销场。[①]

袁世凯死后,北洋军阀分裂为直、皖、奉三大系,各省地方军阀趁机割据一方。随之,国内大小军阀互争防地,长期混战。军阀主义对民初经济的破坏作用是毋庸置疑、显而易见的。战争和盗匪破坏了农业、交通和商业,人力和各类资源被征作军用,大部分财政收入被用于军费开支而无法投入到再生产环节中。北洋政府财政极度枯竭,为维持统治,不惜承借巨额外债,对内则对人民横征暴敛,手工业经济的发展自然受到了严重影响。军阀掌政,内战打打停停,无休无止,极大消耗了民脂民力,“军阀们沿着水路、铁路和新的公路调动他们的部队,经过哪里,就靠哪里的老百姓供应,以苛捐杂税把他们管辖的省份敲榨得精光”[②]。如江西浮梁的茶业,“惜今年以来,因遭匪祸之蹂躏,农村经济枯竭已极,一般茶农无力培养……因匪祸兵燹,农村破产,浮梁茶业,多呈时营时停现象”[③]。李延墀在《察哈尔经济调查录》中也谈道:“察

① 沈家五编:《张謇农商总长任期经济资料选编》,南京大学出版社 1987 年版,第 11 页。
② [美]费正清:《伟大的中国革命》,刘尊棋译,国际文化出版公司 1989 年版,第 167 页。
③ 上官俅:《江西浮梁县之茶业》,《工商通讯》第 1 卷第 15 期,1937 年 4 月 5 日。

省原非富区，加以年来政治未上轨道，军事频兴，捐税苛重，富者沦为小贫，贫者铤而走险……焉有余力以谋发展。此合省实业之所以如此不景气也。"①军阀混战打乱了正常的市场秩序，使很多手工业产品失去了市场。如长沙铜官镇的陶业，由于举国陷入战争纷乱中，陶之销场尽失，陶工生活不安，出产大受影响。军阀混战、政治动荡之下，交通尤其是铁路交通大受阻碍，影响手工业产品的正常运输。如张家口皮毛业在 1926 年之后急转直下，由盛转衰，"皮坊仅剩 38 家，且产品大量积压，由于国内军阀混战，张作霖、吴佩孚、冯玉祥开战，使南口火车不通，产品不能及时外运，国内市场销售受到限制"②。

总之，南京临时政府和北洋政府制定和推行了一系列有利于近代经济发展的政策和措施，北京政府统治时期还掀起了中国近代经济立法的第二次高潮。这些举措在一定程度上推动了民初中国手工业经济的发展。但是，北京政府时期军阀不断混战，在很大程度上消耗了民脂民力，阻断了交通，影响了市场的正常运转，也阻碍了更多社会资本向手工业的挹注，从而减缓了手工业经济的发展势头。

二、世界经济形势的变化

19 世纪后半期，西方发达资本主义国家发生了被称为"钢和电的革命"的第三次产业革命。技术的进步为 19 世纪末 20 世纪初各主要资本主义国家先后过渡到垄断资本主义即帝国主义阶段提供了物质基础。资本输出成为帝国主义国家对外扩张的重要手段，在一定程度上带动了国际贸易的发展。至 20 世纪初期，统一的世界市场已经形成，中国市场也被更深刻地卷入资本主义世界市场当中，各国发展不平衡性加剧，市场矛盾尖锐化，各资本主义列强之间展开了激烈的竞争，最终引发了 1914—1918 年的第一次世界大战。大战的后果之一，是欧洲走向衰落和美国、日本的兴起。

这一世界经济基本形势的变化，对近代中国手工业经济产生了深刻的影

① 李延墀、杨实编：《察哈尔经济调查录》，新中国建设学会，1933 年，第 203 页。

② 中国人民政治协商会议河北省张家口市委员会文史资料研究委员会编：《张家口文史资料》第 13 辑，内部资料，1988 年，第 66 页。

响。尤其是一战期间欧洲各国忙于战争暂时放松了对中国的经济侵略,从而给中国工业带来了难得的发展契机,大部分行业均经历了战时繁荣。对这一问题,学界论之已详,此处仅略举几例。如河北高阳棉织业,据民国《高阳县志》记载,“本县布业之发达,固由于国内各省举办者少,而最大原因,则以欧战酣时,外货无暇织造,不能运送来华所致”①。另据记载,“高阳、潍县……等地土布业,都是发展于民国初年,而兴盛于欧战期间及战后数年间”②。广东澄海的棉织业,“欧战时把棉织品价格抬得很高,这是澄海布繁荣情况的主要原因。……近年来营业是非常兴旺的,每年都有大批出口,不仅输往中国各口岸,而且还输往新加坡和曼谷”③。浙江的丝绸业,据时人调查,“民初,欧战方兴,我国经济好转,人民购买力丰厚,缎类销行愈见普遍。……下坊桥等处商业,赖是兴盛,茶楼酒肆,多为织工集叙之所,一般景象,顿见丰裕”④。江苏、山东的丝织业,均在民国初年以后开始兴盛,民国七八年(1918—1919)达到鼎盛。⑤ 其他如玻璃业、陶瓷业、榨油业、磨面业、制糖业、制伞业、铁工业、制粉业、发网业等,均在一战期间有大的发展。

再以近代中国的主导产业棉纺织业为例,1914 年欧战爆发后,在厚利的刺激下,全国范围内掀起了建设纱厂的狂潮。一战结束后,1919 年大丰收导致“纱贵花贱”,中国棉纺织工业获得了空前的超额利润,加之当时掀起了抵制日货的高潮,这一时期出现了过度投资棉纺织工业的倾向。⑥ 在这样一个“黄金时期”,上海棉纺织工业的规模急剧扩大。1915 年,上海共有纱厂 7 家,纱锭计 162585 枚;至 1920 年,上海有纱厂 12 家,纱锭计 303392 枚,纱锭数比 1915 年增加了 86.6%。尽管 1922 年以后行业开始变得不景气,但 1925

① 彭泽益编:《中国近代手工业史资料(1840—1949)》第 2 卷,中华书局 1962 年版,第 628 页。
② 彭泽益编:《中国近代手工业史资料(1840—1949)》第 2 卷,中华书局 1962 年版,第 629 页。
③ 彭泽益编:《中国近代手工业史资料(1840—1949)》第 2 卷,中华书局 1962 年版,第 638 页。
④ 彭泽益编:《中国近代手工业史资料(1840—1949)》第 2 卷,中华书局 1962 年版,第 639 页。
⑤ 彭泽益编:《中国近代手工业史资料(1840—1949)》第 2 卷,中华书局 1962 年版,第 642—643 页。
⑥ [日]森时彦:《中国近代棉纺织业史研究》,袁广泉译,社会科学文献出版社 2010 年版,第 198—199 页。

年上海仍有22家纱厂、677238枚纱锭,纱锭数比1920年增加了123.2%。[①]这一时期,不仅消费品工业获得急剧扩张,生产资本品的重工业部门也呈现出繁荣的景象。以上海大隆机器厂为例,该厂创办人严裕棠的长子严庆祥回忆道,“欧战金贱而市场营业因以渐进,厂务因以扩张,当时真有优游暇豫其乐融融之概”[②]。总之,利用一战期间列强暂时放松对中国进行经济侵略的间隙,民族新式工业的发展突飞猛进,部分手工业也随之走上半工业化道路。

在长江下游的江浙地区,传统丝绸业在一战期间通过技术改进获得了发展。在绍兴,“民初,欧战方兴,我国经济好转,人民购买力丰厚,缎类销行愈见普遍,由江浙旧京及于东三省,其时制造地域由下坊桥、山头、兴浦而扩至马鞍、山南、杨家弄等处”,“其时织造机械,多用土木机,出品既缓,丝条又不均匀。杭州金蓉仲氏,因赴日本采购力拉机(俗称洋机),织制率日可丈余,出品花纹凸出鲜明,条纹匀润,甚合雇主心理,故未及数月,下坊桥一带织制机户,皆换用力拉机。及至十年,缎类营业益进,年产十三万四千九百匹,每匹统扯四十二元,总值五百六十六万五千八百元。视之民六,已增值一百十余万元”。[③]吴兴县所产的湖绉“绸质匀密,颇为一时所欢迎。每年运销平、津、大连、烟台、广东及长江各埠,与苏、常、沪、杭一带,贸易甚盛。其时约在民国三年至六年。后此产量愈增,销路亦旺,不特运及全国,即海外亦辟有市场。全年产额约有九十万匹,每匹可值四十元以上,总值三千六百万元至四千万元之间”[④]。江苏省吴江县盛泽镇“以丝织为业者,殆不下万户,男女工作人数殆在五万以上”,“所织之绸如绫罗绉纱纺等类,岁可出数十万匹至一百万匹,行销之地除本国各省外,其外洋如高丽、暹罗、印度以及欧、美各国,莫不有盛泽绸之销路”;同县的震泽镇产丝经,“系分洋经、苏经、广经三种。洋经专销外洋,内又分两种,大经销法国,花经销美国,有丝行二十余家,以徐世兴为最大。苏经行销

① 徐新吾、黄汉民主编:《上海近代工业史》,上海社会科学院出版社1998年版,第126页。

② 严鹏:《上海大隆机器厂发展原因探析》,见邢建榕编著《上海档案史料研究》第7辑,上海三联书店2009年版,第91页。

③ 建设委员会经济调查所编:《绍兴之丝绸》,1937年,第32页。

④ 中国经济统计研究所编:《吴兴农村经济》,1939年,第13页。

苏州,有丝行五十余家,以龚泰丰为最大。广经行销广东,有丝行五家,以庄姓所开之丝行为大"。[①] 江苏丹阳县的手工业"以织绸为大宗,机户散在四乡,而以北乡为尤多,合境有机二千张左右,其常川工作者,约居十之四五。乡人制成之品,均系投行,由行向各庄分售,再由各庄自行练染,转销各省"[②]。

土布业是中国另一主要传统工业,自清末部分地区棉纺织业出现纺织分离以后,手织业在一战期间也获得了较大发展。土布业在江南、湖北等地均有一定发展,尤其是江南地区,出现了半工业化趋向。"考江苏之土布,纯为农家副业,并无何种工厂。由各地四乡农家妇女织造,每家备有木机一二架,即可工作,在耕种忙时,妇女入田,助男丁工作,一有间暇,则安机织造,故产量自无定数可言",但江苏"纱厂最为发达,交通亦较便利。故采用厂纱者尤多",而"用此等厂纱织出之布,有时甚至可与细布比拟,例如通州纱布每方寸可九十线,浦东赤标毛宝之数,达百十线以上",故一战时期江苏土布业拥有极为广阔的区域外市场,主要销路"即南洋、东三省及国内各口"。[③]

除了丝绸业、土布业,其他一些手工业在一战期间也获得较大发展。磨面业是重要的消费品工业,"欧战之兴,斯业益盛",其中"旧式石磨磨坊,统计中国不下数十万家,其中利用牲畜者,亦有利用水力者。民国七年,中国出口之面粉,价值逾一千万元"。[④] 在浙江宁波,一战期间,"正在兴起的一项重要工业是编织花边,用来供应外国市场。产品均由农村妇女在家编织而成,这样她们每月可挣3—4元。1921年该产品总出口值为130700海关两"[⑤]。江西吉安府龙泉县的制扇业"在不断地繁荣和增长,1879年,通过海关的扇子出口数共为75000把,但到1917年时已上升到2000000把"[⑥]。该省受益于一战时乡村手工业还有染料业,"由于欧战切断了外国合成靛青的来源,使本地

① 江苏省长公署第四科编:《江苏省实业视察报告书》,1919年,第134—135页。

② 江苏省长公署第四科编:《江苏省实业视察报告书》,1919年,第39页。

③ 实业部国际贸易局编:《中国实业志(江苏省)》,1933年,第八编"工业",第86、90页。

④ 彭泽益编:《中国近代手工业史资料(1840—1949)》第2卷,中华书局1962年版,第656页。

⑤ 陈梅龙、景消波译编:《近代浙江对外贸易及社会变迁——宁波、温州、杭州海关贸易报告译编》,宁波出版社2003年版,第108—109页。

⑥ [英]斯坦利·福勒·莱特:《江西地方贸易与税收(1850—1920)》,杨勇译,江西教育出版社2004年版,第24—25页。

传统的染料业得以繁荣。在赣州,每担的价格从质量最差的 10 元到最好的 33 元之间。战争对这一价格产生了显著的影响”[①]。景德镇的瓷器“有称每年可出四百万元者,恐或不到此数也。至其销路,则我国各省皆有,虽近年外国洋瓷输入,日见其多,该工业或不免有多少影响,而以该省之产业论,则依然重要如昔也”[②],其输出额及销路见表 1-1。

表 1-1　一战期间景德镇瓷器的销路及输出额

销路	输出额(万元)	销路	输出额(万元)
湖南省	50	上海	30
湖北省	50	宁波	30
广东省	60	福建及南京	10
江西省	50	兰豀	10
四川省	10	北部各省	40

资料来源:彭泽益编《中国近代手工业史资料(1840—1949)》第 2 卷,中华书局 1962 年版,第 652 页。

总之,一战期间部分手工业摆脱了局部危机,获得了一定程度的发展。其中,有些产业的发展纯属偶然,如江西染料业在洋货进口被切断后的一时繁荣。有些产业则利用了技术革新,如浙江绍兴丝绸业由土木机改用力拉机。在制度形态方面,部分地区商人资本介入了乡村手工业的生产环节,其方式则多种多样。盛泽镇的绸庄“并非设厂自织,系由各乡户织成之绸携至该镇,会总之所名曰庄面。庄面为织户与绸行交易之所,共有五六处,每处有房屋四五十间,每一间为一格,于每日上午八九点钟时,各绸庄必派人至庄面,每家占一格,更必由向充经纪之名为领者介绍其间,乃始获交易而退”。在这里,商人资本还仅仅是在流通领域承担组织市场交易的职责。然而,在震泽镇,商人资本进一步介入生产,发展出了外放包工制体系,“以丝为经,假手摇工,而

① [英]斯坦利·福勒·莱特:《江西地方贸易与税收(1850—1920)》,杨勇译,江西教育出版社 2004 年版,第 43 页。

② 张仁任:《饶州及景德镇之陶瓷业》,《农商公报》第 50 期,1918 年 9 月。

摇工并不住居本镇,系由各丝行将丝之分两秤准,交由各乡户携回摇成,俟交货时再为按工付值。计沿镇四乡三十里之遥,摇户约共有一万数千户,男女人工当在十万左右"[①]。尽管存在着种种差异,但有一点可以肯定的是,一战期间欧美资本主义列强血战方酣,无暇东顾,客观上给了中国乡村手工业以克服清末局部危机的市场空间,这就导致了部分手工业的一时繁荣。

不过,对于一战带给中国手工业的机遇,不宜估计过高。首先,一战留下的市场空间并未惠及所有的民族工业,当欧美列强撤离东亚市场时,日本却伺机进行扩张。例如,一战期间,中国缫丝工业的成长并不显著,土丝生产量更是下降,而大战结束以后,日本即崛起于国际生丝市场,凌驾于中国之上。[②]棉纱亦是如此,战时英国棉货来数减少,印度棉纱多供本国之用,输入额亦减,"日本棉货遂一跃而居首位"[③]。其次,部分手工业虽然凭借洋货进口被切断的契机获得一时繁荣,但这种繁荣似回光返照,并非建立在技术革新的基础之上,也就为日后的衰落埋下了伏笔。例如,尽管一战期间江西的染料业一度复兴,但同时代的观察家深刻地指出这种复兴的脆弱性:

> 江西本土靛青种植者能否夺回国内市场仍是一个问题。在正常情况下,他们能够保持一定的市场份额,但要做到这一点不仅必须改善种植、提取染料的方法,还必须精炼其产品,使产品在保持一定比例靛青的同时变成糊状。最近印度的实验证明,他们已能够制造出与质量最好的合成靛青相比的天然靛青糊,并且能在不影响其质量的前提下将其浓缩成固体状(并非传统的硬饼状),因此极大地便于出口。印度这项工业看来可能赢得一定的世界市场,而中国人只是临时性地恢复了其国内市场。中国人能够继续保持这一市场吗?[④]

① 江苏省长公署第四科编:《江苏省实业视察报告书》,1919 年,第 134—135 页。
② 徐新吾主编:《中国近代缫丝工业史》,上海人民出版社 1990 年版,第 145 页。
③ 彭泽益编:《中国近代手工业史资料(1840—1949)》第 2 卷,中华书局 1962 年版,第 715 页。
④ [英]斯坦利·福勒·莱特:《江西地方贸易与税收(1850—1920)》,杨勇译,江西教育出版社 2004 年版,第 43—44 页。

最后，如果说一战留给中国手工业均等的市场空间，那么，不同地区产业发展的差异化结果应当使我们看到外部际遇的有限性。尤其是一些依赖外国市场和外国原料的手工业，在一战时期受到了严重的影响，发展普遍困难。代表性的行业有地毯业、草帽辫业、花边业、制蛋业、缫丝业、制茶业、桂油业、肥皂业、染坊业、纸伞业等。上海总商会函云："与吾华商务交通之友邦，除美国外，皆入战事范围，海道运输，不能照常，以向销外洋之丝茶，皆停滞不前。"①如北京天津的地毯业，"在世界大战期间，许多厂都经不起价格的惨落——每方呎由四元跌至八角至九角，——因而不得不关门"②。山东的草帽辫，"至民国三年，因欧战影响，致从来畅销此项草帽辫之英、德、法等国，需要顿减，输出之额渐趋不振"③。江苏的缫丝业，"第自欧战发生，商舶来自吾国者日见其少，故频年以来，厂丝殊受有莫大之影响"④。湖南安化茶业，"欧战爆发，茶市大衰"。安徽产茶区的农民，因为欧战影响，"竟有不鲜烧伐茶丛而另植棉业等农作物"⑤。

三、国内经济形势的走向

甲午战争之后，列强对中国的侵略和掠夺迅速扩大，由之前单纯的商品输出转为划分势力范围，攫取设厂权、铁路权和采矿权。八国联军侵华以后，列强进一步控制了中国的政治和经济。外国资本主义商品侵略日益加深，进口净值快速增加，而出口值增长缓慢，入超逐年扩大。一战爆发后，西方列强无暇东顾，入超不断增长的局面方才有所遏制。大体从 1908 年开始，我国出口货量开始逐步增长，直到 1929 年资本主义世界爆发经济危机之前，出口货量的增长速度始终快于进口货量的增长速度。⑥ 尽管出口货量增长并不代表出口能力的增强和竞争力的提升，但是确实为手工业品的出口提供了巨大空

---

① 彭泽益编：《中国近代手工业史资料（1840—1949）》第 2 卷，中华书局 1962 年版，第 718 页。
② 彭泽益编：《中国近代手工业史资料（1840—1949）》第 2 卷，中华书局 1962 年版，第 695 页。
③ 彭泽益编：《中国近代手工业史资料（1840—1949）》第 2 卷，中华书局 1962 年版，第 699 页。
④ 彭泽益编：《中国近代手工业史资料（1840—1949）》第 2 卷，中华书局 1962 年版，第 705 页。
⑤ 彭泽益编：《中国近代手工业史资料（1840—1949）》第 2 卷，中华书局 1962 年版，第 707 页。
⑥ 许涤新、吴承明主编：《中国资本主义发展史》第 2 卷，人民出版社 2003 年版，第 731 页。

间。同时,中国市场也进一步向资本主义世界开放。1896—1914 年,中国总共新增了苏州、杭州、沙市、大连等通商口岸 54 处。1915—1925 年,又开放了龙口、锦县、张家口、赤峰、包头等口岸 16 处,新口岸多向内陆腹地延伸,反映了中国内地市场的进一步开放,使部分地区的手工业遭遇了局部危机,但也给部分地区的手工业经济带来了转机。在此基础上,中国市场与资本主义世界市场更紧密地联系在一起,也为中国手工业产品的发展尤其是手工业出口贸易的增长提供了一个基本条件。

民国肇始,在实业救国思潮的推动下,政府采取若干顺应潮流的政策,中国社会经济发展获得了强大的动力。在资本—帝国主义的长期掠夺下,中国的小农经济逐渐破产,国内直接消费品市场得以拓展,使得轻工业消费品市场需求转旺。工农业产品交易体系的不平等导致轻工业生产原料(农产品)价格低廉,生计性农业主导下极为有限的就业机会和廉价农产品使劳动力价格极低。这都为直接消费类手工业的快速发展提供了较为有利的经济社会环境。因此,总体来看,1912—1926 年,在外国资本主义机器工业与民族机器工业的双重打击下,中国城乡手工业虽然遭遇了空前的挑战,但是除了少数几个行业,绝大多数生存了下来,某些地区、某些行业还获得了一定的发展。究其原因,学术界已从多方面进行了分析:农民经济的贫困化、人口压力与农业生态条件的恶劣使得农民深陷贫困之中,传统农业难以维持生存,不得不以手工副业补助家庭收入;城市低度工业化给乡村手工业留下了一些发展空间,而它所带来的技术进步客观上促进了乡村手工业的发展;政府的奖助与提倡,也给乡村手工业创造了一个相对有利的环境;国际市场对中国粗加工产品的需求,拉动了东部沿海地区若干乡村手工业的发展;机器工业的引进与初步发展解除了旧式手工业生产中存在着的某些瓶颈因素;等等。

(一)民初城市工业化的低度发展

近代西方工业文明是通过侵略战争、伴随着腥风血雨传播到中国的,近代中国人认识西方工业文明始于“坚船利炮”,晚清政府从创办旨在“求强”的军事工业开始了中国早期工业化的历史进程。外国机制品进口的大幅度增长和中国某些产品出口量的增加,一方面直接对中国传统手工业造成了冲击，另一方面也在一定程度上刺激了中国相关机器工业的产生。甲午战后西方国家相继获得了在中国通商口岸的自由设厂权。与此同时，清政府也不得不向民间开放设厂权。因此，从向西方学习的洋务运动开始到清末民初的实业救国热潮，近代中国通商大埠的工业化获得了低度的、有限的发展，或可称之为"低度城市工业化"。

所谓"低度工业化"，主要表现在两个方面：一方面，机器工业所创造的产值在国民经济中所占比重较低；另一方面，机器工业自身结构失调，行业发展畸重畸轻，技术水平低下。关于机器工业在近代中国国民经济中所占的比重，巫宝三认为它"处于可以被忽视的地位"，直到 1933 年，"事实清楚地显示了中国的工业化仍处在幼稚的地位"，无须详细论证，19 世纪末 20 世纪初工厂工业的地位更为低下。[①] 机器工业自身结构失调不仅表现为工业化尚未形成完整体系，技术含量较高的机器制造业和重工业微乎其微，而且体现在单个企业的资本有机构成低下。据统计，截至 1913 年，中国设立的资本在万元以上的近代民用工矿企业达 1122 家，资本额超过 2.1 亿。（见表 1-2）

表 1-2　19 世纪末 20 世纪初中国近代工业企业数及创办资本额

行业名称	企业数（家）	资本额（千元）	平均资本（千元）	行业名称	企业数（家）	资本额（千元）	平均资本（千元）
纺织业	27	24900	922.9	酿酒业	7	1405	234.2
染织业	66	3337	55.6	罐头业	8	427	53.4
轧花业	11	985	98.5	机器工业	36	4565	138.3
织麻业	5	1300	260.0	制革业	22	5797	289.9
呢绒业	11	4429	402.6	玻璃制造业	17	3593	256.6
丝织业	8	380	63.3	砖瓦制造业	32	1196	62.9
其他纺织业	6	50	16.7	制瓷业	10	644	64.4

① 巫宝三估计，1933 年包括手工业在内的工业总产值在国民总产值中约占 24%，净产值却只占国民净产值的 8.5%，在工业总产值中，工厂只占 25%，手工业占 75%。见中国社会科学院经济研究所学术委员会组编《巫宝三集》，中国社会科学出版社 2003 年版，第 42 页，表 1。

续表

行业名称	企业数（家）	资本额（千元）	平均资本（千元）	行业名称	企业数（家）	资本额（千元）	平均资本（千元）
服用品业	7	270	45.0	水泥制造业	4	2920	973.3
缫丝业	205	18020	95.3	烛皂业	32	1159	42.9
面粉业	83	10765	136.3	制药业	6	360	60.0
碾米业	14	1261	97.0	化妆品业	6	279	46.5
火柴业	57	2387	42.6	制材业	7	2350	421.6
造纸业	25	4807	209.0	水电业	78	38546	528.0
印刷业	28	6540	242.2	建筑业	6	2730	547.2
卷烟业	30	1612	59.7	燃料采掘业	76	24502	340.3
榨油业	65	8189	143.7	金属采掘业	81	25174	359.6
制蛋业	12	940	235.0	其他工业	19	1202	66.8
制茶业	10	1783	297.2	总计	1122	210370	208.6
制糖业	5	1740	435.0				

注:本表根据杜恂诚《民族资本主义与旧中国政府(1840—1937)》(上海社会科学院出版社 1991 年版)附表资料统计并重新列表,在计算各行业平均资本时,剔除了其中资本额不详的企业。

从经营性质看,有清政府经营的官办企业,也有私人设立的商办企业。从部门分布看,近代工矿企业遍布 41 个行业,但主要集中在纺织、缫丝、面粉、水电、燃料采掘、金属采掘及冶炼等行业。从投资额看,19 世纪末 20 世纪初的民族工业企业中,投资额大的行业依次是水电、纺织、金属采掘、燃料采掘、缫丝等。从企业平均规模看,除水泥、纺织业平均资本额在 90 万元以上、资本技术构成较高外,其他行业技术水平较低。大部分尚未使用原动力,据北京政府 1913 年对全国工厂中使用原动力与不使用原动力工厂的统计,全国工厂中使用原动力的只有 347 家,占同年统计工厂数的 1.60%,占万元以上工矿企业的 30.9%。因此,就民族机器工业的整体情况而言,发展水平非常低下。

在早期工业化整体水平较低的情况下，轻工业中的少数行业如面粉业、棉纺织业、缫丝业等仍取得了长足的进步，其中对手工业影响最大的当数棉纺织业和缫丝业。1895年甲午战争失败后，受外商在华设厂权条约化的刺激以及清政府振兴实业政策的激励，国内掀起了一股投资设厂热潮，机器棉纺织业成为热中之热，至20世纪初，民族机器纺织业已初具规模，据初步统计，1890—1910年民族机器棉纺织业共设立工厂27家。（见表1-3）

表1-3　1890—1910年民族机器棉纺织业主要企业简表

企业名称	年份	设备	创办人身份
上海机器织布局	1890年	纱锭35000枚，布机530台	郑观应（买办）、龚寿图（江苏补用道）
湖北织布官局	1892年	纱锭30440枚，布机1000台	张之洞（湖广总督）
华盛纺织总厂	1894年	纱锭64556枚，布机750台	盛宣怀（津海关道）、聂缉椝（江海关道）
上海华新纺织总厂	1891年	纱锭7008枚	唐松岩（上海道）
上海裕源纱厂	1894年	纱锭25000枚，布机1800台	朱鸿度（道台衔）
上海裕晋纱厂	1895年	纱锭15000枚	不详
上海大纯纱厂	1895年	纱锭20392枚	不详
上海兴泰纱厂	1896年	不详	1902年被日商山本条太郎购买
苏纶纱厂	1897年	不详	陆养润（国子监祭酒）
湖北纺纱官局	1897年	纱锭50064枚	张之洞（湖广总督）
宁波通久源纱厂	1897年	纱锭17046枚，布机216台	严信厚（李鸿章幕僚，曾督销芦盐务）
无锡业勤纱厂	1897年	纱锭1192枚	杨宗濂（长芦盐运使）、杨宗翰（曾总办台北商务）
杭州通益公纱厂	1897年	纱锭15040枚	庞元济（四品京堂）
上海裕通纱厂	1898年	纱锭18200枚	朱幼鸿（浙江候补道）
萧山通惠公纱厂	1899年	纱锭10192枚	楼景晖（候补同知）

续表

企业名称	年份	设备	创办人身份
南通大生纱厂	1899 年	纱锭 20350 枚	张謇(翰林院编修)
常熟裕泰纱厂	1905 年	纱锭 10192 枚	朱幼鸿(浙江候补道)
太仓济泰纱厂	1906 年	纱锭 12700 枚	蒋汝坊(郎中)
宁波和丰纱厂	1906 年	纱锭 21600 枚	顾元琛(中书科中书)
无锡振新纱厂	1907 年	纱锭 10192 枚	荣宗敬(钱庄主)、张石君(买办)、荣德馨(买办)
大生纱厂二厂	1907 年	纱锭 26000 枚	张謇(翰林院编修)
上海振华纱厂	1907 年	纱锭 11648 枚	凯福(英商)、吴祥林(华商)
上海九成纱厂	1907 年	纱锭 9424 枚	中日合办,不久归日商独办,改称日信纱厂
上海同昌纱厂	1908 年	纱锭 11592 枚	朱志尧(买办)
江阴利用纱厂	1908 年	纱锭 15040 枚	施子美、严惠人(身份不详)
安阳广益纱厂	1909 年	纱锭 22344 枚	孙家鼐(郎中)
上海公益纱厂	1910 年	纱锭 25676 枚,布机 300 台	祝大椿、席立功(买办)

资料来源:汪敬虞编《中国近代工业史资料》第 2 辑下册,科学出版社 1957 年版,第 892—893 页。陈真编《中国近代工业史资料》第 4 辑,生活·读书·新知三联书店 1961 年版,第 195—200 页。

辛亥革命后,国内掀起了一股投资实业的热潮,从 1914 年到 1919 年纯粹由民族资本开设的纱厂有 50 家,其中在 1919 年以前开设的有 14 家,上海申新、天津华新、青岛华新等大厂均设于此时,1920—1922 年新设纱厂达 36 家。按设备统计,1912—1922 年纱锭由 50 余万锭增至近 160 万锭,布机亦由 2616 台增至 6675 台。①

中国近代工业中外国资本主义工业企业始终占有相当大的比重,在第一次世界大战开始时,外国纱厂的纱锭和织布机设备数量占全国的一半左右。1920

① 许涤新、吴承明主编:《中国资本主义发展史》第 2 卷,人民出版社 2003 年版,第 876 页。

年以后,外国纱厂的势力又迅速地增长,外国纱厂的纱锭所占比重由1920年的39.5%上升到1936年的48.2%,同时期它们拥有的织布机所占比重亦由34.8%升到56.3%,尚未计入1936年东北日本纱厂的21万纱锭,具体情形见表1-4。

表1-4 1915—1936年外国资本主义在华棉纺织企业及其所占比重

企业		1915年	1920年	1925年	1930年	1936年
华商纱厂	纱厂(家)	35	63	69	82	96
	纱锭(锭)	599034	1774974	2034816	2499394	2919708
	比重(%)	56.3	62.7	57.0	55.6	51.8
日本纱厂	纱厂(家)	4	29	45	45	48
	纱锭(锭)	219152	801662	1332304	1821280	2485352
	比重(%)	20.6	28.3	37.3	40.5	44.1
英国纱厂	纱厂(家)	5	5	4	3	1
	纱锭(锭)	245824	256284	205320	177228	230006
	比重(%)	23.1	9.0	5.7	3.9	4.1
华商织布厂	纱厂(家)	—	18	28	34	53
	布机(台)	2254	7740	13371	17018	25503
	比重(%)	49.4	65.2	58.3	50.8	43.6
日资织布厂	纱厂(家)	—	3	25	16	27
	布机(台)	1386	1486	7205	14082	28915
	比重(%)	30.4	12.5	31.4	41.8	49.5
英资织布厂	纱厂(家)	—	5	4	3	4
	布机(台)	924	2653	2348	2480	4021
	比重(%)	20.2	22.3	10.3	7.4	6.9

资料来源:吴承明编《帝国主义在旧中国的投资》,人民出版社1955年版,第102页表。

原注:1915年日本纱厂中包括德商一家,计纱锭53200锭、织机500台;英国纱厂中包括英德合资一家,计纱锭50768家。又,1936年不包括东北纱厂。

综合起来看,近代中国的中外纺织企业,"至民国二年(1913),中国全国华洋各厂共有纱锭982812枚,其中华商651676枚,日商233448枚,英商

97688 枚”[①]。在华北,天津和青岛既是棉纱输入的主要商埠,又是民族机器纺纱业的集中之地,19 世纪末,天津入口的棉纱从先前不足 1%增长至 10%以上,第一次世界大战以后,天津华商纱厂拥有纱锭 193000 枚,占全国纱锭数的 12.8%,青岛拥有纱锭 32000 枚,占全国纱锭数的 2.1%。[②] 此外,郑州、石家庄等地也创办了华商纱厂。这些都说明,民国建立后,机器纺织业在原有基础上获得了进一步发展。

不过,19 世纪末 20 世纪初机器纺织业虽然获得了更进一步的发展,但发展水平依然很低。首先,纺与织尚未在机器生产中紧密地结合在一起。纺纱业占据绝对优势地位,纱厂中的布机很少,大多没有开展织布业务,少数厂家虽然置备布机,但织布只是作为附带业务,因此,机制布产量很低,1894 年国内机制布仅 539 万匹,占全国棉布产量的 0.79%,1913 年国内机制布产量增长到 1756 万匹,在棉布总产量中的比重也仅为 2.26%,直到 1936 年国内机制布才增长到 40967 万匹,为棉布总产量的 45%。[③] 其次,技术装备主要从国外引进,民族机器制造业整体水平低下,还没有能力生产纺织所需的机器设备。上海机器织布局的轧花、纺纱、织布各机均是从英美等国引进的。湖北织布官局的织布、整花、纺纱、提花、汽机、锅炉等设备,主要购自英国的柏辣德公司和喜克哈葛里甫公司,共有纱锭 3 万余枚,布机 1000 张。江阴利用纱厂“向英国著名爱昔礼司厂定造头等新式机器”[④],其余各厂也不例外,“所用机器,大都英制”[⑤]。机器棉纺织业的主要技术装备完全依靠从国外引进,成本高、费用大,在相当程度上制约了它向纵深发展。因此,机器纺织业的发展虽然对农村手工纺织业造成了冲击,但尚未达到全面摧毁的程度,要将手工纺织业完全逐出农民家庭,还有待工业化的进一步发展。

民初时期,民族机器缫丝业也获得了初步发展。据研究,截至 1894 年,

① 郭荣生:《中国棉纺织业之演进》,《纺织建设》第 1 卷第 2 期,1948 年 1 月。

② 严中平等编:《中国近代经济史统计资料选辑》,科学出版社 1955 年版,第 108 页,表 9。

③ 许涤新、吴承明主编:《中国资本主义发展史》第 2 卷,人民出版社 2003 年版,第 325 页,附录乙,表 4。

④ 《申报》宣统元年(1909)七月一日。

⑤ 陈真编:《中国近代工业史资料》第 4 辑,生活·读书·新知三联书店 1961 年版,第 283 页。

上海民族资本机器缫丝厂共有8家，资本总额为206.08万两，每家平均257600两，丝车2576部。其实，早在民族机器缫丝业产生之前，洋商丝厂已捷足先登。自1861年英商创办上海纺丝局开始，至1894年，上海共有4家洋商丝厂，资本额共120万两，丝车1500部。[①] 甲午战争后尤其是第一次世界大战期间，机器缫丝业迎来了第一个发展高潮，据徐新吾统计，无论是工厂数还是丝车数1918年均比1894年增长了2倍多，详情见表1-5。

表1-5　1894—1918年各省机械缫丝厂家数及其车数估计

省别		1894年	1902年	1910年	1918年
江苏	厂数(家)	—	5	10	14
	车数(部)	—	960	2384	3724
浙江	厂数(家)	—	2	4	6
	车数(部)	—	420	900	1100
四川	厂数(家)	—	—	3	33
	车数(部)	—	—	474	4039
山东	厂数(家)	—	—	—	4
	车数(部)	—	—	—	1106
湖北	厂数(家)	—	1	1	2
	车数(部)	—	208	208	416
广东	厂数(家)	75	86	109	147
	车数(部)	26356	34600	42100	72200
上海	厂数(家)	12	21	44	68
	车数(部)	4076	7306	13074	18800
合计	厂数(家)	87	115	171	274
	车数(部)	30432	43494	59140	101385

资料来源：徐新吾主编《中国近代缫丝工业史》，上海人民出版社1990年版，第169页，表3-20。

① 徐新吾主编：《中国近代缫丝工业史》，上海人民出版社1990年版，第142页。

机器缫丝工业虽然获得了一定的进步,但发展的有限性也十分明显,学术界对此研究较多[①],兹不赘述。机器丝主要销往国外,对土丝的国内市场并不构成直接威胁,但对缫丝原料的需求,在一定程度上打击了农民自缫丝的积极性。因此,机器缫丝业的有限发展对农民家庭缫丝业还是造成了有限的冲击,农村土丝业面临着挑战。

民族机器制造业的进步既对传统锻造手工业带来了冲击,也为手工工具的进一步改进准备了技术条件。中国传统的锻铁手工业、铜锡器制造手工业、冶铸手工业等只能制造一般农具、刀具以及火叉、钳子、小五金等日常用具。19 世纪 60 年代,上海发昌机器厂的创办标志着民族机器制造业的产生,到 1913 年,上海已经拥有 91 家工厂,资本额达 87010 元[②],并形成了缫丝机、轧花机、纺织机、针织机等专业生产厂家,它们虽然远远不能满足装配近代工业的技术要求,但对手工业的技术进步起了推动作用。此外,天津、青岛、武汉、潍县等地机器制造业也获得了初步发展。

民族机器制造业的初步发展为手工业的转机提供了技术支撑。20 世纪初,天津三条石几家最早的民族机器厂,即金聚成铸铁厂、郭天成机器厂、春发泰机器厂都从事织布机的制造,其中郭天成机器厂生产的"郭天成牌"织布机,"行销高阳一带……年产织布机、轧花机一百四五十台"。[③] 上海"织机制造厂有江德兴、宣东兴、东升、天利成、东华、泉鑫昌、三星等数家……在 1922 年至 1924 年间,年产铁木机四五千台,包括仿天津式及日本式。初期销路以上海为主,后销至江、浙二省的江阴、常州、无锡、嘉兴、杭州等地,并远销汕头、厦门"[④]。又据调查,潍县的改良织布机在 6 万台左右,"布机之制造,无须仰给外来,本地华丰、天丰、洪丰、阜丰、大丰、蚨丰、新华、利民、兴中、永聚等

① 参阅徐新吾主编《中国近代缫丝工业史》,上海人民出版社 1990 年版,第 167—173 页。

② 上海市工商行政管理局、上海市第一机电工业局机器工业史料组编:《上海民族机器工业》上册,中华书局 1966 年版,第 196 页。

③ 徐景星:《天津近代工业的早期概况》,见中国人民政治协商会议天津市委员会文史资料研究委员会编《天津文史资料选辑》第 1 辑,天津人民出版社 1978 年版,第 146—149 页。

④ 上海市工商行政管理局、上海市第一机电工业局机器工业史料组编:《上海民族机器工业》上册,中华书局 1966 年版,第 270 页。

厂皆能制造”,民族机器制造厂的低成本优势有利于改良织布机的普及,反过来,改良机具的广泛使用也推动了机器制造业的进一步发展。仅以潍县为例,机器制造业具备了每年7400台的织布机生产能力,改良布机占各厂出品总值的73%,具体情形见表1-6。

表1-6　潍县各机器制造厂改良布机生产能力简况

厂名	设立年份	组织	固定资本(元)	流动资本(元)	每年生产布机台数(台)	布机所值占各厂出品总值百分比(%)
华丰	1920年	有限公司	40000	88000	2500	47
天丰	1925年	合资	6000	10000	800	86
洪丰	1924年	合资	35000	20000	2000	95
阜丰	1927年	合资	3000	2000	200	86
大丰	1931年	合资	4000	6000	200	75
蚨丰	1930年	独资	10000	10000	500	92
新华	1929年	合资	6000	5000	400	83
利民	1927年	合资	10000	10000	400	80
兴中	1927年	合资	4000	3000	200	70
永聚	1923年	独资	3000	1000	100	67
利丰	1929年	合资	1000	400	100	28
总计			122000	155400	7400	73

资料来源:《山东潍县之织布业》,《工商半月刊》第6卷第1号,1934年1月。

手工织袜业最初使用从德国进口的手摇机,成本高、费用大,不利于其广泛发展。第一次世界大战后,德货进口减少,民族机器制造业开始大批仿造手摇袜机,如上海邓顺昌机器厂,“生产袜机,每月经常在500台以上,统由姚福康包销,以湖南长沙所购为多。一年后,湖南趣味稍减,乃由硖石郭有川分包一部分袜机,专销硖石、平湖、嘉兴一带”①。截至1926年,“平邑城乡各袜厂,所有大小袜机现在约近万架”,“各厂所用袜机,均系上海华商各工厂所造,价值愈售愈

① 上海市工商行政管理局、上海市第一机电工业局机器工业史料组编:《上海民族机器工业》上册,中华书局1966年版,第185页。

廉,如平邑各厂所用之机,大半系牡丹牌一种(引者按:系上海振兴厂出品)”。[①]在硖石,“大小袜厂共有30余家……各厂所用袜机以上海华厂所出之蝴蝶、牡丹两牌为最多……硖石全镇现有袜机四千余部”[②]。可见,民族机器制造业的初步发展,为清末民初农村手工业化危机为转机提供了技术力量。

总之,清末民初时期城市工业化的初步发展是一柄双刃剑,它造成农村手工业的危机,大量先进的工业机制品对农村手工业品市场造成了直接冲击;同时,城市工业化也带来了农村手工业的转机,部分农村手工业发挥自身优势,借助城市工业发展提供的便利条件,引入部分机器作业,改进生产技术,主动参与到城乡市场的竞争之中。在城市低度工业化的背景下,农村手工棉纺织业、缫丝业、丝织业等具有普遍意义的手工业再也不能依然故我地存在下去,只有在危机中寻求变革,才能迎来转机。

(二)民初中国手工业的局部危机

中国传统手工业种类繁多,农民日常生活用品的绝大部分都是由手工业生产的,最主要而且普遍存在的还是手工棉纺织业、丝织业及部分农产品加工业。鸦片战争后,尤其是甲午战争后,随着外国在华设厂权的获得和民族机器工业的初步发展,中国手工业面临着前所未有的竞争。不过,真正遭受打击者并不多,但与农民经济关系最为密切的手工棉纺织业、丝织业却深陷危机之中。就地区而言,东部沿海和通商大埠附近的农村地区受到了强烈冲击,而广大内陆农村所受影响微乎其微,这种情形,我们称之为“局部危机”。

民初手工棉纺织、丝织业的危机,首先体现在生产工具落后,生产工艺墨守成规。在农村主要手工业行业,如纺纱业中,虽然三锭脚踏纺车已经出现,但绝大多数织户仍使用旧式单锭手摇纺车。手织业中,旧式投梭机依然沿袭着元代以来的式样,生产效率十分低下,乡村手纺纱业受到了机纱的强烈排斥。据统计,1890年进口洋纱已达108.3万担,洋布达1656.1万匹。[③] 据吴

① 《浙江平湖织袜工业之状况》,《中外经济周刊》第147号,1926年1月23日。

② 《硖石之经济状况》,《中外经济周刊》第215号,1927年6月11日。

③ 姚贤镐编:《中国近代对外贸易史资料(1840—1895)》第3册,中华书局1962年版,第1368页。

承明估计,全国手纺纱的产量1840年约为618万担,1894年降为469万担,1913年猛降为143万担,土布生产所用纱中已有72.3%为洋纱所取代[①],传统手纺纱受到了严重的冲击。19世纪中叶烟台的海关贸易报告认为,"棉纱进口的增加,严重地影响了当地的纺纱业,这项纺纱业是许多贫苦妇女的靠山",以至于山东省"土纱纺织几乎停顿了"。[②] 在山东邹县,"自洋线畅销,而邹人之纺业顿失"[③]。19世纪90年代在上海附近的太仓,由于上海纱厂的开设,"民间自轧自弹,反不如买机器纱之便宜,于是遂不顾布庄之挑剔,而群焉买之,群焉织之,庄家亦剔无可剔,一概收买。现在非但不剔,而且以机器纱为细洁,而乡间几无自轧自弹自纺之纱矣"[④]。

与此同时,手工织布业也受到了一定的冲击。据山东陵县志载,自洋布"输入内地,白粗布销路顿形滞涩,渐至断绝,全县手工业无形破产,农民经济,影响甚巨"[⑤]。山东牟平县自"海禁开后,洋布渐入,喧宾夺主,无法自存,此种旧式之纺织遂至逐渐消灭"[⑥]。在浙江鄞县"至光绪十年前后,外人益谙吾国民嗜好,乃有各种膏布输入,然其花色犹简单,甬属民间所用,要以绺条及印花两种为多,而土布已受打击矣"[⑦]。江苏奉贤县庄行镇四乡"土产小布,最为有名,自洋布盛行,此业亦稍衰矣。"[⑧]从江苏全省范围看,"各种土布,近年销场情形,全盘计算,实不景气。或以时局之影响,或以他种代用品之流行,在在均与江苏土布以打击"[⑨]。出版于1893年的《盛世危言》惊叹道:"自洋纱、洋布进口,华人贪其价廉质美,相率购用,而南省纱布之利,半为所夺。

① 许涤新、吴承明主编:《中国资本主义发展史》第2卷,人民出版社2003年版,第326页,附录乙,表5。

② 徐新吾主编:《江南土布史》,上海社会科学院出版社1992年版,第123页。

③ [清]胡炜修:《邹县乡土志》,山东国文报馆,清光绪三十三年(1907)石印本,第53页。

④ 姚贤镐编:《中国近代对外贸易史资料(1840—1895)》第3册,中华书局1962年版,第1364页。

⑤ 苗恩波等修,刘荫岐等纂:《陵县续志》卷3《工商志》,1935年铅印本,第51页。

⑥ 戴鞍钢、黄苇主编:《中国地方志经济资料汇编》,汉语大词典出版社1999年版,第250页。

⑦ 戴鞍钢、黄苇主编:《中国地方志经济资料汇编》,汉语大词典出版社1999年版,第257页。

⑧ 戴鞍钢、黄苇主编:《中国地方志经济资料汇编》,汉语大词典出版社1999年版,第234页。

⑨ 实业部国际贸易局编:《中国实业志(江苏省)》,1933年,第八编"工业",第96页。

迄今通商大埠及内地市镇城乡，衣大布者十之二三，衣洋布者十之八九。”[①]如果洋布真有如此巨大的市场，那么乡村手工织布业的确有些难以复生，但郑观应并未看到土布的另一面，即土布的顽强性，他确实有些言过其实了。譬如，在河北沧县，虽然农村妇女的轧棉、弹花、纺织等手工业在外力的冲击下均一蹶不振，但“自织之壁垒尚坚守未破，故粗布之服仍占百分之九五。洋布输入近百年矣，然惟士商服之，农工不与，故不过百分之一二”[②]。在山东牟平县，“农村妇女用旧式木机，自织自用者多”[③]。事实上，除了东部沿海农村、通商口岸近郊农村，全国大部分农村中的手织业并未受到严重的打击。

城市缫丝厂兴起后，农村缫丝业也受到了冲击，如1894年全国桑蚕茧产量243.2万担，其中商品茧44.67万担，占总产量的18.37%，到1919年，桑蚕茧总产量增至322.9万担，商品茧达160.55万担，占蚕茧总产量的49.72%[④]，这说明农村土丝制造业受到了削弱。地方文献上的记载也如实反映了蚕丝区农民家庭缫丝业的衰减，如浙江德清县在民初由于“厂丝盛行，土丝日就低减”[⑤]。但是，正如有的研究者指出的那样，“小农只要略有收益，就不会轻易全部放弃他们古老的手缫车的。……此外，当小农可一手售茧与一手售丝时，他们可以根据市场上的丝茧比价的变动情况，对于售丝或售茧，略有选择余地”[⑥]。危机孕育着转机。洋纱的输入和民族机器纺纱业的初步发展对农村手工纺纱业造成了致命的打击，但同时也带来了手工织布业的巨大生机。在农村传统手工纺织业中，效率低下的手纺纱始终是手工织布业的一个瓶颈，据估计，大约四个人纺纱才能满足一个人织布的棉纱需求。质优价廉的机纱出现后，这一瓶颈得以解除，从手纺纱中解放出来的劳动力又可以转移到织布业中去，这一转移在技术上也不存在任何困难。因此，以机纱为

① [清]郑观应著，辛俊玲评注：《盛世危言》，华夏出版社2002年版，第519页。

② 戴鞍钢、黄苇主编：《中国地方志经济资料汇编》，汉语大词典出版社1999年版，第237页。

③ 《胶济铁路经济调查汇编》，牟平县，第6页，转引自唐致卿《近代山东农村社会经济研究》，人民出版社2004年版，第453页。

④ 徐新吾主编：《中国近代缫丝工业史》，上海人民出版社1990年版，第174页。

⑤ 戴鞍钢、黄苇主编：《中国地方志经济资料汇编》，汉语大词典出版社1999年版，第292页。

⑥ 徐新吾主编：《中国近代缫丝工业史》，上海人民出版社1990年版，第173页。

原料便成为农村手织业发展的一个必然选择,“洋纱貌美价廉适于时尚,输入之后,于是臃肿且贵之土纱,相形见绌,犹复墨守成法,不解趋时,而销路遂窒,此纺纱之业所由衰败也。洋纱细而匀,所织成之布,自比土布为可爱,而其染色更娇艳夺目,非土布所能望其项背”①。于是,以机纱为原料的乡村织布业逐渐发展起来,在江苏,“自纱厂在通商口岸设立后,农民纷纷采用洋纱,而农村织布业遂亦有变迁。在交通便利纱厂发达之区,如上海与无锡,两县农民之以织布为副业者固多,他如苏州、武进、镇江、丹阳、嘉定、太仓、松江、南汇、青浦、金山、宜兴、溧阳、溧水、高淳、句容、崇明等县,农民亦得采购厂纱织造土布。即淮阴、涟水、宿迁方面,亦以运河之交通得采办沪锡棉纱,机织土布;南通、海门、靖江、启东四县,则以南通有纱厂,棉纱供应便利,亦有土布之出产”②。高阳手织业“自前清光绪末年以来,情势显然发生了变化:第一,机纺洋纱,因商人的贩卖获利,开始大量的输入高阳,于是织布原料的供给,无虞于缺乏,农民可以省去自己纺纱的麻烦而专心于织布。……第二,足踏机(俗称铁轮机)的输入”③。高阳因此发展成为民初著名的手织业经济区。同样,“宝坻手织工业之兴起,即系受新式织布机及洋纱输入之影响”④。同样的因素造成了通海大尺布的兴盛,“厂纱的使用,又为大尺布创造条件,而技术与工具的改进,亦不能不是主要因素之一”,即便是县京庄的土小布,虽“保持着古老的稀布形式,然其织工进步,平滑精美,决非前此的粗厚笨拙者可比。故原料之佳,实基于棉花之质地与纺工的改进,而土布之优,则基于采用机纱与织造的改进,可知天然的物质与人工的技术,相交为用二者不可缺一,实有相辅相成的作用”。⑤ 在浙江平湖,由于机纱的使用,民国初年形成了新的土布生产中心,“在短短的几年内,土布很快地由洋经土纬发展为洋经洋纬,新埭附近的非产棉区,形成了新的土布生产集中地,而原来集中于产棉区

---

① [清]邬庆时纂:《番禺末业志》卷4《工商业》,1929年刻本,第5页。

② 实业部国际贸易局编:《中国实业志(江苏省)》,1933年,第二编“经济概况”,第68—69页。

③ 吴知:《乡村织布工业的一个研究》,商务印书馆1936年版,第11页。

④ 方显廷、毕相辉:《由宝坻手织工业观察工业制度之演变》,《政治经济学报》第4卷第2期,1936年1月。

⑤ 林举百:《近代南通土布史》,南京大学学报编辑部,1984年,第24页。

的商品性土布生产，逐步走向淘汰”[1]。同样的情形也体现在蚕丝业中，土丝制造业因机器缫丝业的初步发展出现了萎缩，但丝织业迎来了机遇。1895—1928年，土丝产量变动不大，但出口量锐减，从占比44.12%下降到19.41%。1920年后，机器缫丝继续发展，手工缫丝逐步萎缩。厂丝虽然排挤土丝，但有利于丝织业的发展。厂丝为丝织业提供了更为丰富的原材料，进而推动了丝织业的发展。由表1-7可以看到，自1871年以来，我国丝织业原料消费量逐年增加。因机织厂是20世纪20年代后才开始发展，此前均是手工织厂，因此，丝织原料消费量的增加说明手工丝织业规模和产值在不断扩大和增加。在土丝产量变动不大的情况下，手工丝织业的增长多赖于机器缫丝业发展所提供的新原料。

表1-7　1871—1925年丝织原料消费量估计

时期	消费量(万市担，平均每年)	指数
1871—1875年	9.07	100
1881—1885年	9.92	109
1891—1895年	11.13	123
1901—1905年	14.33	158
1911—1915年	17.89	197
1921—1925年	23.22	256

资料来源：吴承明《论工场手工业》，《中国经济史研究》1993年第4期。

因此，对民初中国手工业的危机不应看得过分悲观，就危机所存在的行业和地区而言，它都是局部的，对于世代以手工业为家庭副业的农户来说，这种危机是痛苦的，尤其是危机主要发生在最为普遍的棉纺织、蚕丝等行业中。但是，危机中蕴含着新的生机，只要善于求变，手工业完全有可能在新的环境

① 徐新吾主编：《江南土布史》，上海社会科学院出版社1992年版，第680页。

下迎来新的发展机遇；相反，没有危机的地区和行业，手工业可能依旧照老样子存在下来，转机也很难出现。

第二节　市场拓展与民初手工业经济的发展

对于民国时期中国手工业经济的发展状况，有三种因素受到了格外多的关注。一是在中国被动融入全球化的过程中，全球市场需求扩张和变动对中国手工业经济产生了新的影响；二是洋货进口对手工业产品的冲击；三是民族机器工业兴起后，国产机制品对手工业经济形成的新挑战。这三种因素固然对手工业经济产生了巨大影响，这也是下文我们将着重分析的，但是，仅仅关注这三种因素，就容易过分突出国际市场、洋货进口和国产机制品对中国传统手工业品的冲击，进而只关注手工业的衰落，而看不到增长。正如赵冈所指出的，“所有手工织布迅速发展的有案可查的阶段是发生在现代棉织品进口和国内生产都有重大增长的时期”[①]。在进口洋货、国产机制品不断增长的背景下中国手工业也在不断发展的事实，提醒我们关注在上述三种因素之外，对民国时期中国手工业经济影响最大的，还有一个内在因素，就是国内市场的扩大。

一、民初手工业市场的扩大

民初手工业的整体发展环境发生了很大变化，手工业市场不断扩大，包括国内市场的扩大和国际需求的增加。认识到民初手工业市场扩大的事实，可以帮助我们进一步理解这一时期手工业经济的发展和增长。

自明清以来，中国国内市场就处于不断扩大的宏观历史趋势中。但由于市场含义的涵盖面不同，对国内市场总量的估算十分困难，估计数据只能是粗线条的，因此只能作为参考。据吴承明根据厘金、海关出口统计和海关“土产国内贸易统计”等数据的估算，鸦片战争以来，中国国内市场开始缓慢发展，19 世纪 90 年代开始显著扩大，20 世纪二三十年代开始迅速扩大。吴承

---

① ［美］赵冈：《现代棉纺织工业的成长及其与手工业的竞争》，严静安、段益山译，《上海经济研究》1981 年第 6 期。

明根据韩启桐的《中国埠际贸易统计(1936—1940)》(中国科学院社会研究所丛刊第一种,中国科学院1951年印行)的统计,对1936年40个关(不包括东北)的输出总值进行粗略计算,得出1936年中国国内各关输入总值为47.3亿元,比鸦片战争前的长距离贸易约增长43倍。[①] 1920年至1936年终,国内市场商品总值由924433万元增至1680694万元,16年间增加八成,年递增率达到3.8%。[②] 吴承明还特别提出,“在二十世纪以后,国内工业和手工业的发展才成为市场扩大的重要因素”[③]。沈祖炜在吴承明估算的基础上进一步推算,1905年国内市场商品流通总量为34.13亿元,1910年为39.99亿元,1920年为64.97亿元,1925年为84.75亿元。[④] 杜恂诚又根据巫宝三1933年国民所得数据,将1933年全国商品流通总量估算为108.6亿元。[⑤] 三者的数据勾画出了中国国内市场扩大的粗略图景,在不考虑数据精确性的情况下,我们也能作出大致的判断,那就是在进入民国以后,中国国内市场仍处于不断扩大的历史趋势当中。

进入民国以后,中国国内市场的扩大还可以得到间接证明。第一个论据是总需求的增加。据张东刚的推算,自19世纪80年代以来,中国宏观经济中总需求变动的总体趋势是不断上升。总需求的总额从1887年的138.12亿元增长到1936年的309.96亿元,增长了1.2倍,年平均增加额为3.51亿元,年平均增长率为1.6%。人均总需求在此期间增加了66%,年均增加值为0.49元,年均增长率为1.0%。其中,1917—1927年,总需求总额平均每年递增9.5亿元,年平均增长率高达5.2%,人均总需求年均增长5.0%。[⑥] 在近代中国国民消费需求不断上升的同时,消费需求结构不断变化,商品化程度提

① 吴承明:《中国资本主义与国内市场》,中国社会科学出版社1985年版,第266—268页。

② 吴承明:《中国近代资本集成和工农业及交通运输业产值的估计》,《中国经济史研究》1991年第4期。

③ 吴承明:《中国资本主义与国内市场》,中国社会科学出版社1985年版,第268页。

④ 沈祖炜:《1895—1927年中国国内市场商品流通规模的扩大》,见丁日初主编《近代中国》第4辑,上海社会科学院出版社1994年版,第334页。

⑤ 杜恂诚:《二十世纪三十年代中国国内市场商品流通量的一个估计》,《中国经济史研究》1989年第4期。

⑥ 张东刚:《总需求的变动趋势与近代中国经济发展》,高等教育出版社1997年版,第152—154页。

高,国民收入水平不断上升。在 1917 年,国民消费需求结构中维持基本生活需求的食品一项还占到 74.33%,而杂项等非生活必需品、耐用品和劳务及享受和发展资料的比重只占 4.52%。但到了 1926 年,前者降低到了 62.99%,后者增加到了 11.41%。之后一直到 1936 年,中国国民消费需求中的生活必需品消费维持在 60%上下,而杂项则维持在 15%左右。① 享受和发展资料的比重在国民消费需求结构中的上升,是商品化程度提高的标志,也间接证明了手工业品消费的增加。

第二个论据是人口的增长。从人口增长来看,从 1912 年到 1949 年,中国人口几乎以 1%的年平均率增长,城市人口的增长率可能达到 2%。其中,1911—1936 年中国人口平均年增长率为 10.27‰,1936—1946 年为 -1.33‰,1946 年初至 1949 年底为 8.00‰。除了 1936—1946 年中国人口呈下降趋势,其余阶段的中国人口均呈较快的增长趋势。② 城镇人口 1893 年为 2351 万人,到 1949 年达到 5765 万人,增加了 1.45 倍,年均递增率达到 1.61%,城镇人口比重由 6.1%上升到 10.6%。③ 从 1910 年到 1938 年,华北地区和上海的城市人口从 460 万人增加到 1300 万,增长了将近 2 倍。④ 根据西方国家经济发展的经验,如果国民收入增长速度超过人口增长速度,那么人口数量的增加将推动社会消费需求总量的增加。而自中国近代化起步至 20 世纪 30 年代中期,中国经济增长速度是高于人口增长速度的。⑤ 因此人口总数的增长,就可以作为社会消费需求总量增长的标志。在城市,人口的增加既意味着制造业人口的增加,也意味着消费品需求的增长。尽管我们无法对城市消费中的洋货、国产机制品和手工业品的比例进行精细分析,但三者同步增加的事实是可以预期的。为满足城市居民的日常消费需求,一些传统手工业依然在不断发展之中,其中与人们衣食住行等基本需求相关的手工业

① 张东刚:《总需求的变动趋势与近代中国经济发展》,高等教育出版社 1997 年版,第 6—7 页。
② 葛剑雄主编:《中国人口史》第 6 卷,复旦大学出版社 2005 年版,第 457 页。
③ 胡焕庸:《中国人口地理》上,华东师范大学出版社 1984 年版,第 257、261 页。
④ [美]德·希·珀金斯:《中国农业的发展(1368—1968 年)》,宋海文等译,上海译文出版社 1984 年版,第 202 页。
⑤ 张东刚:《总需求的变动趋势与近代中国经济发展》,高等教育出版社 1997 年版,第 18 页。

发展最为显著。在农村,农村人口的增加也意味着手工生产劳动力的增长。从传统需求的角度来看,很多工厂产品对农村社会只是“劣等货”,与机制品相较,农村人口更偏爱手工业品。

第三个论据,则是交通运输量的增长。交通运输业对商品流通的促进作用是不言而喻的。中国铁路里程从1895—1911年的9618.1公里增至1932—1937年的21036.14公里。[①] 公路建设方面,1913年尚无公路可言,1921年公路里程只有736英里(约1184公里),但到1935年已竣工的公路里程已达到59900英里(约96399.71公里),15年间增加80余倍。[②] 轮船方面,1900年轮船总吨位为18215吨,1936年猛增至576875吨,增加30多倍。[③] 为了直观起见,我们单列铁路载运制造品的延吨量的变化,见表1-8。从表中可以看到,制造品延吨量在10年间总体增长迅速,这也说明了制造品在国内商品流通中不断扩大的趋势。这一增长,与手工业品出口值的不断增加相吻合。

表1-8 1916—1925年铁路载运制造品延吨量

单位:万延吨公里

年份	载运量	年份	载运量
1916年	31032	1921年	45453
1917年	32727	1922年	50955
1918年	40794	1923年	60002
1919年	43381	1924年	51831
1920年	45218	1925年	49924

资料来源:严中平等编《中国近代经济史统计资料选辑》,科学出版社1955年版,第212页。

注:1924年、1925年数据来自交通部编《国有铁路会计统计报告》。

---

① 严中平等编:《中国近代经济史统计资料选辑》,科学出版社1955年版,第180页。

② 郑友揆:《中国的对外贸易和工业发展(1840—1948)》,程麟荪译,上海社会科学院出版社1984年版,第39页。

③ 严中平等编:《中国近代经济史统计资料选辑》,科学出版社1955年版,第227、234页。

手工业市场的扩大，也与国际需求扩大有关。进入民国以后，手工业品出口贸易量不断增长，这一点可以得到数据的支撑。从图 1-1 可知，据历年海关报告统计，中国 67 种手工业品出口值在 1912 年之后处于持续上升阶段，并于 1926 年达到最高值。1926 年至 1931 年，出口值稍有衰减，但幅度不大。1931 年出现断崖式下跌，1935 年之后又再次爬升，并超过 1912 年水平。从出口绝对值来看，这 67 种手工业品从 1912 年的 1.56 亿海关两增长到最高峰 1926 年的 2.79 亿海关两，增长了 8 成左右。另据统计，按 1913 年物价计算，1875 年到 1928 年中国手工业出口值年均增长 2.6%；另一项估计显示，1812 年到 1931 年大宗手工业产品出口额每年增长 1.1%。[①] 出口值的增长也说明国际市场需求的持续增长。在国际市场需求的拉动下，手工业出口值的增长自然意味着手工业经济的发展。

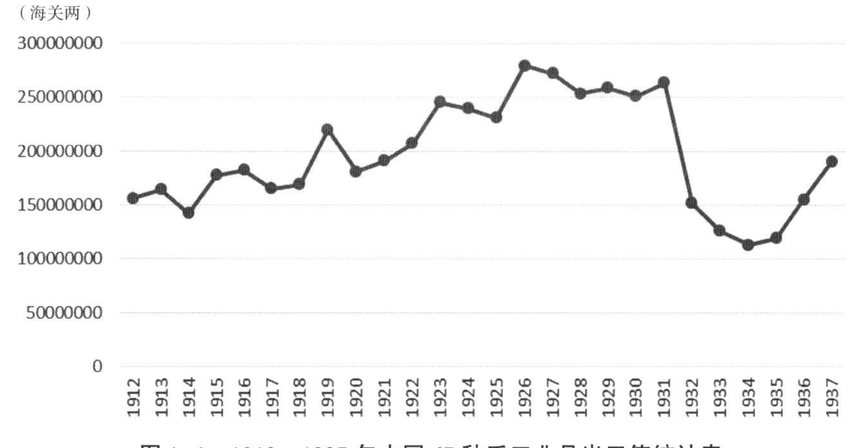

图 1-1　1912—1937 年中国 67 种手工业品出口值统计表

资料来源：彭泽益编《中国近代手工业史资料（1840—1949）》第 3 卷，中华书局 1962 年版，第 816 页。

这一时期中国国内市场的整体扩大，不仅包含了现代工业品市场，亦包

① Chi-Ming Hou, *Foreign Investment and Economic Development in China, 1840-1937*, Harvard University Press, 1965, pp. 169-170. 转引自［美］费正清编《剑桥中华民国史（1912—1949 年）》上卷，杨品泉等译，中国社会科学出版社 1994 年版，第 60 页。

含传统的手工业品市场，对二者都具有积极意义。市场拓展对手工业经济发展的作用十分明显。随着城市化进程加快，市场容量急剧扩张，带动了服务于城市衣食住行的手工业的发展。以酿酒业为例，清末民国时期，苏北酿酒业发展迅速，以泰兴、宝应、泰县、如皋为盛。民初，泰兴每年销售酒 10 多万石，如皋 1 万多石。[①] 到了 20 世纪 30 年代初，泰兴酿酒业达到顶峰，全县有酿酒槽坊 1550 家，年产白酒 20 万石，居全省各县酿酒量之首。同期泰县有槽坊 400 家，年产白酒 78400 担；兴化有槽坊 23 家，年产白酒 3920 担。[②] 苏北所酿的酒绝大部分销往外地，如泰兴年产 30 万石白酒，有 20 多万石销往上海、苏州等地。再看武汉，武汉附近的汾酒槽坊最早由河北人开办于 1912 年前后，因凿井取水于汉江，故名"汉汾"。到 20 年代中期，武汉附近汾酒槽坊有灶 90 多口，主要原料是小麦和高粱。小麦用来踩曲，每口酒灶年用麦 1500 石，每日需用高粱则达 2900 斤。每百斤高粱可出酒 65 斤，度数在 75 度左右。各槽坊酿酒一般沿用土法，使用牲畜带动石磨，一口灶需牲口 9 匹。武汉汾酒虽属仿制，但质量较好，声誉颇高，到 1930 年发展到 78 户，是汉汾的极盛时期。[③] 天津的高粱汾酒素负盛名，行销南方，特别是闽粤、南洋一带占天津汾酒销量的 60%以上[④]，每年对外地的销量约为 1075 万斤，其中国内约 775 万斤，国外约 300 万斤。[⑤]

二、市场扩大对手工业发展的意义

市场化是一个社会从传统经济向现代经济转变的关键。在中国近现代经济史中，很多人潜意识地将现代化视为工业化，并将工业化以外的经济变化驱逐出了现代化的讨论范畴。正如某学者提出的，中国经济现代化中存在

---

① 江苏省长公署第四科编：《江苏省实业视察报告书》，1919 年，第 161、163 页。

② 实业部国际贸易局编：《中国实业志（江苏省）》，1933 年，第八编"工业"，第 456 页。

③ 中国人民政治协商会议武汉市委员会文史资料研究委员会编：《武汉文史资料》第 7 辑，1982 年，第 182—183 页。

④ 王达：《天津之工业》，《实业部月刊》第 1 卷第 1 期，1936 年 4 月。

⑤ 董梦松：《天津酿酒业发展沿革》，见中国人民政治协商会议天津市委员会文史资料研究委员会编《天津文史资料选辑》第 28 辑，天津人民出版社 1984 年版，第 107—108 页。

“工业化”情结。[①] 过分强调“工业化”，就使中国经济现代化变成了对单纯“设备技术现代化”[②]的追求，从而造成了二元化的认识，忽视了中国传统经济尤其是手工业经济的发展。

在西方学界，经济发展的市场动力曾一度被认为是欧洲历史上的特有现象，引发了工业革命和随后的经济高速增长。但传统观点多强调工业革命的标志性意义，直到二战后西方学界提出了“贸易根源说”，才开始认识到工业革命不过是市场需求扩大和它所引发的政治经济变革的结果。[③] 为此，对市场关系中供给与需求关系的认识也开始产生新的变化。强调工业革命，也就强调了技术带来的供给变革对市场发展的意义。而从“贸易根源说”开始，更加注重市场总量和结构变动的需求方面对经济发展的意义。从需求导向出发，交换关系的扩大是历史发展的动力，而根据市场需求进行生产才是市场经济的显著特点。

近年来，以吴承明、赵德馨为代表的一批本土学者逐渐肯定了市场化在中国经济现代化中的关键作用，将市场扩大视为转变的起源。如吴承明认为“单从传统经济到现代经济的转变说”，一条经济上的普遍规律，就是“都是起于市场扩大，由商业革命导致工业革命，或者说，在这个过程中，需求决定生产”。[④] 赵德馨提出了市场化与工业化是经济现代化的两个主要层次的观点，认为市场化是工业化的基础与前提，经济现代化的进程是从流通领域进入生产领域。[⑤] 这些学者认为，市场与市场力量的迅速成长并扩展到整个社会经济领域，成为占统治地位的资源配置方式与力量，这是欧洲走向现代化的基本原因。而在中国，商品经济和市场因素在唐宋元时期达到一个顶峰，至明朝中期陷入停滞或萎缩，这是导致中国传统经济未能走向现代化的重要原因。“古代中国特别是唐代以来，市场及其力量成长的逐渐停滞是中国技术

① 石莹、赵昊鲁：《经济现代化的制度条件——对1927—1937年南京政府经济建设的经济史分析》，《社会科学战线》2005年第5期。

② 赵德馨：《市场化与工业化：经济现代化的两个主要层次》，《中国经济史研究》2001年第1期。

③ 参阅[美]郝延平《中国近代商业革命》，陈潮、陈任译，上海人民出版社1991年版。

④ 吴承明：《从传统经济到现代经济的转变》，《中国经济史研究》2003年第1期。

⑤ 赵德馨：《市场化与工业化：经济现代化的两个主要层次》，《中国经济史研究》2001年第1期。

进步最终陷于停滞从而最终落后于西方的根本原因。”[①]转换到近代,市场及其力量的增长也应该是中国经济发展的一大动力。近些年,这一观点开始为越来越多的经济史学者所认可。在对明清以来中国传统经济的研究过程中,罗斯基、布兰特、王国斌、费维恺、马若孟、彭慕兰等都认同“斯密型增长”在中国的存在。如王国斌从经济增长的动力出发,将以市场交易、劳动分工和专业化驱动为代表的经济增长界定为“斯密型增长”。[②] 李伯重、范金民、费维恺、方行等的研究都表明,明清以来中国蚕丝和棉纺织等传统工业的发展,主要得益于市场交易和劳动分工引致的“斯密型动力”。

如果认可了市场需求扩张对经济发展的意义,那么,在近代中国市场总需求扩大的情况下,中国手工业经济的发展和增长就将是不言自明的。张东刚指出:“近代中国经济的本质特征即近代化已经起步并有所发展,但远未实现经济的起飞,则决定了社会存在闲置资源和未饱和的生产能力。这样,总需求变动特别是消费需求的上升变动就对近代经济增长具有促进作用。”[③]社会存在闲置资源,决定了有大批未就业的劳动力可以投入到手工业生产当中;未饱和的生产能力,则决定了各种品类、各种技术规格的手工业生产的产品可以进入市场流通。只要存在市场需求,手工业生产就可以持续下去,而不管其技术水平高低如何。因此,民初以来中国手工业的发展,从需求端来说,受到近代以来市场需求持续扩大的影响,表现为买方驱动特征[④];从生产端来说,根源于手工业经济的两大特征,一是种类异常丰富,二是成本非常低廉,从而呈现出一套弹性生产体系。

---

① 赵凌云:《从市场发育与演变的悖论看中国传统经济衰落的原因》,《中国经济史研究》2003年第1期。

② 与“斯密型增长”相对应的是“库兹涅茨型增长”,指的是由投资、技术革新和组织革新驱动的经济增长。

③ 张东刚:《总需求的变动趋势与近代中国经济发展》,高等教育出版社1997年版,第164页。

④ 汉密尔顿将西方供给型的发展模式称为“厂家拉动链条”,而把中国以棉纺织为代表的生产和流通网络称为“买方拉动链条”(buyer driven chain)。详见加里·G. 汉密尔顿、张维安《帝国晚期经济结构中商业的重要性》,载于[美]阿里吉、[日]滨下武志、[美]塞尔登主编《东亚的复兴——以500年、150年和50年为视角》,马援译,社会科学文献出版社2006年版,第217—270页。

在需求端,近代中国手工业经济是一种由买方驱动的商品生产。这一特点,在适应国际市场需要的轻工业生产中体现得最为淋漓尽致。许多手工业行业完全是舶来品,如草帽辫业、发网业、花边业等,其国际需求远大于国内需求,甚至是完全为国际需求而生产,出口值几乎完全等同于生产值,其生产状况也几乎完全受国际需求的影响。另一些手工业行业,如地毯业,尽管为中国传统的手工业,但在近代的持续增长则同样受到国际需求的影响,如方显廷所言,地毯业"其制造之数量,大率用以供给需要者之定约"①,进而使其生产状况与国际市场的波动相一致。买方驱动导致了近代中国外向型手工业的兴起,在民国初年主要表现为地毯业、草帽辫业、花边业、发网业、湘绣业、蚕丝业等的传入。利用中国手工业技术生产的初级产品、半成品和制成品,代替传统的初级产品出口,可以优化对外贸易的商品结构,迅速扩大手工业品的市场需求,并在全球市场资源有效配置中实现经济增长。关于外向型手工业各行业的情况介绍,本章第四节第二部分还有更为详细的论述。与进口替代型手工业相对,外向型手工业类似于一种出口导向型手工业。但是,近代中国的外向型手工业与出口导向型工业化并不完全一致,其中最重要的就是,前者所体现的"买方驱动"是一种因应于国际需求的被动反应,而后者是根据国情实施的主动策略。买方驱动下的中国手工业经济的发展,说明近代中国工业在现代知识技术外溢的大背景下,积极融入全球化的进程,是因应于全球化的发展,因而也具有进步性和现代性,并不是"没有增长的发展"或单纯的传统的延续。如 19 世纪,草帽辫业分布全球,在工业强国如英国、德国、美国及日本都有生产。中国的草帽产品古已有之,但是产品和生产工艺均不一样。近代以后,中国的草帽辫业迅速加入到全球大分工当中,一度成为仅次于丝茶的大宗出口商品。正如李今芸指出,"中国草帽辫的生产属于世界经济的一环,源起于西方商人在山东的推动,无论是作业流程(选择麦秆的前三节,用硫黄熏过)、花色、工具(使用剖秆刀)及市场,都与外国密切相关"②。

① 方显廷编:《天津地毯工业》,南开大学社会经济研究委员会,1930 年,第 3 页。
② 李今芸:《第一次世界大战前山东草帽辫与工艺全球化》,《中国文化》2015 年第 2 期。

在生产端,近代中国手工业经济呈现为一套弹性生产体系。中国手工业经济有两大基本特征,一是种类异常丰富,二是成本非常低廉。种类异常丰富,使中国手工业经济形成一个非常庞杂的体系,不同行业、不同产品之间可以轻易地实现"技能转移",从而能够根据市场需求不断调整产品形态,不断生成异质产品,满足不同的市场需求。尤其是在面对国际市场的时候,一些在中国名不见经传的手工业行业一变而为国际市场的"异质产品",短时间内大放异彩,如地毯业、爆竹业、草帽辫业、刺绣业、桐油业、猪鬃业等。成本非常低廉,则是在中国手工业经济中,劳动力价格非常廉价、资本投入小、技术设备少,导致最后的成品价格往往很低。从生产端来看,技术因素并不像有些人想象得那么重要,以富余的劳动力资源代替生产技术,让生产技术适合生产者的状况从而向更加弹性的方向转变,才是手工业能够长期存在并发展的秘诀。尽管这样可能会产生"石磨+蒸汽机"或者"技术退化"的现象,这都是因为在手工业经济中,是生产技术适应生产者,而非生产者适应生产技术。在买方拉动之下,消费和生产的关联性促使手工业生产为大众市场服务,只要需求方存在并不断扩大,生产方(手工业)也将持续存在。但是,产品的异质性很容易被取代,价格低廉也难以确保中国手工业品在国际上的绝对竞争力。

尽管在面向国际市场时中国部分手工业品呈现出"异质产品"特征,但是在中国内部,手工业生产者数量非常多,且多是"原子式"生产,产品种类和质量十分接近,彼此的可替代性极高,呈现出的是"齐质产品"特征。农民家庭手工业生产和一部分城镇专业手工业生产面对的又是一个接近完全竞争的市场结构,相互之间的竞争十分激烈。中国手工业品一旦走出国门就面临着强劲的外来竞争力,在国际市场需求强劲、缺乏竞争者的时候,可以快速发展;但是一旦市场饱和或者出现新的竞争对象,在缺乏足够国际竞争力的情况下,外向型手工业往往迅速衰落。如时人评价中国地毯业的兴盛"皆一时机缘之所予,非人事之特长,足恃以永久而不败也"①。对桐油业的评价也与

① 《我国地毯工厂亟应注意者》,《大公报》1924年3月29日。

此相似:“我国桐油贸易之兴旺气象,纯为外人一时之殷切需求所促成,系被动之繁荣,而不是自动之昌盛,系变态之突兴,而不是常态之发展,生死由人,直如燕巢飞幕,前途殊可虑。”①一旦国际市场环境发生变化,竞争格局被打破,中国外向型手工业的命运也将受到深刻影响。

另一方面,因为中国手工业经济长期处于“原子化”状态,在试图融入以西方国家为主导的全球市场网络时,容易陷入分工锁定状态,很难进一步在技术和资本上加大投入,促进行业的整体发展。更严重的是,中国外向型手工业往往不是本国经济体系自我形成的,国际市场也非国人主动开拓的,而是外国洋行和资本催生的产物。在华洋行、买办、官僚地主和商人涉足外向型手工业,如京津地毯出口几乎全为洋行把持,洋行在地毯工厂与国外地毯商中间两头吃价,特别是对地毯工厂多有挑剔。直到20世纪20年代末地毯出口受阻后,为摆脱洋行垄断,京津地毯商人才开始尝试直接与国外地毯商联系,自营出口业务。② 草帽辫的外销也几乎全由洋商促成,重要的洋行如德国盎斯洋行(O. H. Anz & Co.)、英商和记洋行、英商敦和洋行(Railton & Co. Ltd. H. E)以及俄商士美洋行(L. H. Smith & Co.)。再如华北制蛋业,在20世纪初期也主要由外商建立的蛋加工厂控制,直到20世纪20年代,随着一战期间外资竞争减弱和国际市场蛋品需求的增长,部分民族资本才纷纷投资蛋品加工业。③ 正是由于外向型手工业的发展由国际买方驱动,国人无法完全掌握其发展动向,因而产生了深深的忧虑。比如广西八角油,我们只知生产,而不知出口到国外之后的用油之方,“或云助食味,或云制炸药”,时人分析说:“所可虑者,吾人不知用油之方,销场皆靠外洋,使洋人操纵其间,或至极盛之时,不无一跌之虑。”④

① 方兵孙编著:《四川桐油贸易概述》,四川省银行经济调查室,1937年,第3页。
② 杜仓山:《天津地毯简史》,《天津工商史料丛刊》第6辑,1987年,第47页。
③ 陈元清:《近代华北出口导向型工业发展分析(1861—1936)》,《兰台世界》2015年第16期。
④ 《东劝业道陈申镇安杨守玉衔禀八角种植办法分发参考缘由文》,《两广官报》第11期,1911年。

第三节　政府、社会团体和地方能人对手工业的推动

在近代中国手工业经济的发展进程中,政府、社会团体、地方能人[①]和手工业者处在不同的位置,充当着不同的角色。政府对后发现代化国家移植先进的工业文明、提升和改造传统工业技术负有不可推卸的责任;社会组织尤其是新式社会团体,在手工业发展过程中充当"二传手",开展广泛的社会动员和组织;社会精英和地方能人则发挥着示范效应;手工业者作为直接生产者,也有义务在政府与社会的倡导下积极接受和使用先进技术。引进、仿造和推广是手工业生产工具改良和生产工艺改进的主要依赖路径,在这个过程中,单个手工业者无能为力,政府与新式社会团体充当了推手和帮手,对手工业技术进步产生了一定的积极作用。

一、政府的推动

辛亥革命后,工商业资产阶级强烈呼吁发展实业,以刘揆一为总长的北京政府工商部也把振兴实业放在首位,成立不久便积极筹备召开全国临时工商会议,专门就"利如何兴、弊如何革、制造如何改良、贸易如何推广、情意如何联络、障碍如何捐除"等问题"征集全国实业家及专门学者之意见,讨论方法,以备采择"[②],并决定于1912年10月15日在北京举行。会议因故推迟至11月1日举行,并将原定1个月的会期延长5天。手工业经济成为会议讨论的热门话题之一,许多代表从不同角度提出了振兴手工业的提案,主要内容有以下三个方面:

第一,广设地方贫民工场,以解决贫民生计问题。神户商会代表马席珍针对民初经济现状,提交了"设立地方义务工艺贫民授产场案"。他所以提出

① "地方能人"一词,是我们对在地方手工业发展中发挥了关键作用的杰出人士、群体、组织、团体等的一种概括称呼,其与传统地方士绅等群体既有区别又有联系,详见后文。

② 天津市档案馆等编:《天津商会档案汇编(1912—1928)》第3分册,天津人民出版社1992年版,第2543页。

此案,是因为“以中国之大,事业甚不易兴办,办者无不赔累,故提出此案,以期由小及大渐次进行”,并建议“由政府限以年间相当补助之,以期事易举而收效速”。与会大多数代表赞同此案,并建议对工场的名称、性质、捐税、赢利分配等问题进一步修改。修改后的提案共分10条,对上述问题作了专门规定,将贫民授产场改为地方贫民工场,分为甲、乙两种,甲种由地方实业行政机关以地方公共经费组织,乙种由本国人民按有限公司办法集资设立,专门仿制日用输出品,或改良需要出口货,以发达地方贫民生计为主,股金年息6厘,如决算不及6厘时,由地方实业行政机关酌提地方实业行政预备经费补足。会议审查通过了对该提案的修改,并决定“拟请工商部明定贫民工场办法,补助其资金,奖励其出品,使投资者咸知胜券可操,并以各地方所设贫民工场之多寡为各地方所有实业长吏之考成”。[①] 这项提案及其审查决定引起了工商部的高度重视,1913年5月28日,工商总长刘揆一发布了各地普设贫民工场事宜令,明确指出“国民生计日蹙,由于无业者多,教养兼施端资工场。地方设立贫民工场一案,业经临时工商会议议决,自应实力提倡”,除议案第6条关于减免捐税的规定“勿庸遵行外”,令各地“商会一体遵照办理,一俟陆续设立,随时呈报本省实业司汇案报部,以凭稽核”。[②]

第二,推广贫民手工习艺教育,培养手工艺人才,改进传统手工业技术。金庆鸿代表提出推广贫民手工简易习艺所案,建议由官绅合办或官绅独立捐资创办公立、私立两种贫民手工习艺所,由各府厅州县先行设立手工讲习所,结合本境所产原料,从织布、织巾、织席等简易工艺入手,招集地方失业者中手工稍精者入所学习,限制6个月毕业,然后分派各处习艺所充当教习。[③] 李镇桐代表提交了家庭工艺案,建议由工商部通饬各省,在省城设立家庭工艺模范传习所,延聘热心工艺的绅士经理,从各地实际情况出发,以手工为主课,以烹饪、裁制为助课,教员由本地手艺高超的妇女充当。[④] 还有的代表提

① 北京政府工商部编:《工商会议报告录》,1913年,第二编“议案·议决案”,第489—504页。

② 天津市档案馆等编:《天津商会档案汇编(1912—1928)》第3分册,天津人民出版社1992年版,第2471页。

③ 北京政府工商部编:《工商会议报告录》,1913年,第二编“议案·议决案”,第496—497页。

④ 北京政府工商部编:《工商会议报告录》,1913年,第二编“议案·议决案”,第525—527页。

出振兴浅近工艺意见书,主张设立技师养成所和工业传习所以振兴小工业,“一就本国所特长而推广之”,“一就外国之新法而普及之”,具体地讲,可以先从“铸金、板金、木细工、木工雕刻、漆工、织衣、织布提花、染色、竹工、磁工、玻璃工、制帽、纸制品、化学工艺如墨水油墨等、铁工”等行业着手普及浅近工艺。[①]

第三,改订税则以振兴中国土布。徐善梅、田西浦等代表针对中国土布面临日本布激烈竞争的态势,提出降低海关税的意见,使“风船轮船一律可以装运,俾货无积滞,市面流通,而小民手工业不致以时废弛”[②]。经过会议讨论后的审查报告决定“由工商部汇案切实咨商税务处,迅照常关税例,特定海关土布税则专章,俾杜日货流入之源,而畅土布行销之路”[③]。北京政府工商部非常重视全国临时工商会议上有关手工业经济的提案,工商总长刘揆一曾专门发表文章表明“对于旧工业保护改良之计划”。[④] 事实上,北京政府的许多手工业政策及其措施都是对全国临时工商会议有关提案的实施。全国临时工商会议的召开反映了民国成立后官商之间的密切合作关系,在官一方,希望能广泛采择工商界人士对发展实业的意见;在工商界,则对政府在工商经济发展中充当积极角色寄予厚望,尤其是有关手工业经济的提案,都希望政府能在财政补贴、税收减免、示范倡导等方面发挥作用。

中华民国成立后,北京政府根据全国临时工商会议关于手工业经济的提案,主要采取了以下几点做法:

其一,在海关及常关关税政策上加大对手工业制品的保护力度,其中受惠最多的是手工织布及手工棉织物品。织布业是最大的手工业行业,与民生关系最为密切。1915 年 11 月 2 日,北京政府农商部发布第 1052 号令,宣布:“自本年 12 月 1 日起,土布由上海装轮出口,其税率每百斤改征正税银 1 两,复进东三省各口,再征复进口半税 5 钱,其他各口进口之土布亦应照此办理,

---

① 天津市档案馆等编:《天津商会档案汇编(1912—1928)》第 3 分册,天津人民出版社 1992 年版,第 2564—2566 页。

② 北京政府工商部编:《工商会议报告录》,1913 年,第二编“议案·议决案”,第 505 页。

③ 北京政府工商部编:《工商会议报告录》,1913 年,第二编“议案·议决案”,第 512 页。

④ 饶怀民编:《刘揆一集》,华中师范大学出版社 1991 年版,第 103—104 页。

以归一律。”[①]这道改税令把全国临时工商会议要求重订土布税则的提案变成了现实，轮运税率的降低提高了国产土布与日布的竞争力。1917 年 4 月，北京政府税务处重申“旧式土布，为织布生计攸关，并应量予维持，除仍照土布减税成案每百斤征收出口正税银 1 两及运往内地照纳沿途税厘外，其由此口运至彼口应即免征复进口半税”[②]。同年 12 月，财政部、税务处联合呈请总统核定手工土布“除仍照案由海关征收每百斤出口正税银 1 两外，其应纳 50 里内常关税项，准于一体豁免，以三年为限，限满再行酌定办法。其他手工棉织物品亦拟一律照办。庶于奖励工业之中，即寓体恤民生之意”[③]。

此后，北京政府的常关免税令到期后仍多次延期，“于民国 10 年、11 年一再展限免除，至民国 11 年底期满分别照率征收 5 成，蠲免 5 成，惟扣足三年为限。……经国务会议议决，自民国 12 年起，仍准免税一年”[④]。期满之后，北京政府农商部、财政部、税务处又两次宣布减免半税原案“一律再行展限 2 年，自本年 5 月 1 日起截至 17 年(1928)4 月底止”[⑤]。由此可见，农商部为土布贸易减轻海关正税、免征复进口半税及减免 50 里以内常关税等三项措施，贯穿着北京政府统治的始终，这无疑有利于手工织布业的发展。

为了鼓励手工业产品的出口贸易，北京政府采取了减免出口税措施。1915 年 2 月，袁世凯批准了税务处督办梁士诒等关于将自制品择要酌量减免关税、以兴实业的呈案。按旧税则规定，出口外销的草帽辫每担征银 7 钱、地席每捆税银 2 钱。新税则则规定“运销外洋之草帽辫及地席均照出口税则减征一半，嗣后草帽辫每担实征银 3 钱 5 分，地席每担实征银 1 钱。……又华人自制之各种通花边、抽通花绸巾、抽通花夏布、发织髻网、蜜汁果品五宗，无论运销何处，所有出口暨复进口各税一律暂行免税，概以三月一日为实行日

① 中国第二历史档案馆：《政府公报》第 71 册，上海书店 1915 年影印本，第 306 页。
② 中国第二历史档案馆：《政府公报》第 107 册，上海书店 1917 年影印本，第 332 页。
③ 中国第二历史档案馆：《政府公报》第 119 册，上海书店 1917 年影印本，第 768 页。
④ 中国第二历史档案馆：《政府公报》第 195 册，上海书店 1922 年影印本，第 416 页。
⑤ 天津市档案馆等编：《天津商会档案汇编(1912—1928)》第 3 分册，天津人民出版社 1992 年版，第 3561 页。

期”[①]。出口税的降低有利于提高手工业品在国际市场上的竞争力,是扩大手工业对外贸易的有益之举。

其二,扩大和深化手工工艺教育。北京政府继续举办各种工艺传习机构,据《世界年鉴》记载,1913 年直隶、奉天等 22 个省共有各级工艺传习机构 523 处,如果加上具有各种工艺传习性质的工艺局,总数多达 751 处。[②] 更重要的是,北京政府开始尝试贫民习艺教育与学校教育的相互渗透,即在贫民习艺机构中增加学校教育科目,在学校教育中增加手工习艺课。如内务部游民习艺所除传习工艺项目外,“其关于教育者,如国文、修身、算术、图画、风琴、唱歌、体操之类,均饬添备,俾幼年游民具有普通知识,并附设音乐一科,期惟美感的教育,陶冶儿童之心性”[③]。

同时,北京政府在大、中、小学各级教育中开设手工工艺课。1913 年 3 月 25 日教育部发布了《中学校课程标准》,规定中学阶段 4 个学年必须开设的课程共 15 门,其中第 11 门为手工科,该课程“由竹工、木工、粘工、细工、石膏、金工”组成,女子手工课则包含“编物、刺绣、摘棉、造花”等内容。[④] 同年 4 月 7 日教育部制定了《高等师范学校课程标准》,其中规定数学物理部和物理化学部 3 个学年共开设 9 门课程,第 8 门课为“图画及手工”,学习内容有手工理论、竹木工、金工、木金纸黏土石膏等细工,每周 2 学时,其目的就是培养中小学手工课程师资。[⑤]

1915 年 8 月 1 日,北京政府同时发布了《高等小学校令》和《国民学校令》,以法令的形式在小学生中推行手工艺教育,次年教育部又制定了实施细则,对小学校手工课的教学工作提出了具体要求。[⑥] 北京政府如此不遗余力地在学校教育中推广习艺教育,是因为在他们看来,“手工一科,非但与美的

---

① 中国第二历史档案馆:《政府公报》第 50 册,上海书店 1915 年影印本,第 459 页。

② 彭泽益编:《中国近代手工业史资料(1840—1949)》第 2 卷,中华书局 1962 年版,第 576 页。

③ 中国第二历史档案馆:《政府公报》第 76 册,上海书店 1915 年影印本,第 63 页。

④ 中国第二历史档案馆:《政府公报》第 11 册,上海书店 1913 年影印本,第 587 页。

⑤ 中国第二历史档案馆:《政府公报》第 12 册,上海书店 1913 年影印本,第 160—168 页。

⑥ 中国第二历史档案馆:《政府公报》第 79 册,上海书店 1916 年影印本,第 131—143 页。

陶冶有关系，且有养成实用之能力”[①]。手工艺教育与产业兴衰关系密切，“工艺与农业、商业有联带关系，无工艺则农业不能发达，商业不能振兴”，因此，“手工一门，在中学尤宜注意……宜授以天然物之模造及简易日用器具各种细工”。[②] 这种认识表明北京政府在各级学校推广手工教育并非只注重该科目陶冶学生审美之情趣的人文功能，而更重视以培养学生劳动习惯、传授手工工艺技能为核心的实用能力的培养，更好地发挥教育为经济发展服务的功能。习艺教育与学校教育的结合不仅提高了劳动者的文化素质，而且为扩大和深化手工艺教育开辟了新的路径，为北京政府统治时期及其以后乡村工业、家庭工业的发展准备了技术条件。

其三，采取措施帮助手工业者渡过生产难关。针对自然灾害带来的经济萧条，北京政府采取了一些旨在恢复手工业生产的对策。1917 年我国土布的重要产区河北发生水灾，津埠织户 500 余家、织机 5000 余架损失惨重，为了缓解灾害造成的危机，北京政府成立了由著名慈善家熊希龄亲自担任督办的督办京畿一带水灾河工善后事宜处。督办处采取了两项措施以帮助机户迅速恢复生产：一是发放贷纱，由“殷实布商取具保结，承领棉纱贷济织户”。据统计，仅 1918 年就发放了从 16 支纱至 42 支纱之间的多种规格、多种品牌的棉纱共 6175 包。二是由督办处向天津布商提供保息业务，并专门制定了《布商借款保息章程》10 条，明确宣布该项业务是“因灾区织户失业，故拟维持布商俾使照常收买，如资本不充借款时，特予补助保息 6 厘”，借款保息以一年为限，布行以外的行业，“如迁安县属之造纸业、安新县属织席业、安平县属之织马尾业以及其他各县有与机户相等之职业，关系全县人民生计者，亦可呈本会（指天津商会）转请督办加入此次保息一并维持”。[③] 据天津商会统计，享受借款保息的布商共计 51 家，金额达 80 余万元，从而大大缓解了市面金融紧迫的局面。

---

① 中国第二历史档案馆：《政府公报》第 22 册，上海书店 1914 年影印本，第 257 页。

② 中国第二历史档案馆：《政府公报》第 154 册，上海书店 1920 年影印本，第 154 页。

③ 天津市档案馆等编：《天津商会档案汇编（1912—1928）》第 3 分册，天津人民出版社 1992 年版，第 2580—2581 页。

在中央政府层面之外，许多地方政府也采取了许多政策措施，如创办工艺传习机构、改进农作物栽培技术以提高手工业原料质量、减轻手工业生产的税赋负担等举措，支持和促进了手工业的发展。

首先，大力创办工艺传习机构，培养手工业技术人才。19世纪末20世纪初，清政府在"振兴实业"的口号下，从中央到地方创办了一系列的工艺局所，研究、改良、传播手工业产品制造技术，培养手工业技术人才，产生了一定的成效。[①] 民国时期，各地工艺传习机构仍然保留下来，有些地方还不断适应时代的变化而有所发展。如浙江的湖绉曾是国内闻名的丝织品，民初受到日本野鸡葛的竞争，为此，浙江省政府设立了专门的职业学校，培养学生织造华丝葛这种新产品，以与野鸡葛相抗衡。[②] 经过训练的手工业者更新工具，改织新品，如"通华织工学会三五种织品，即退出自办新式织机，生产大机布出售"[③]。通过他们的示范效应，农民手工业者群起效仿。如果说手工业生产技术的进步与推广是手工业发展的重要因素，那么政府与新式社会团体在这一过程中所扮演的推手与帮手角色，就发挥了积极作用。在江西萍乡，"纸张亦该县出产大宗，惟土法制造未精，经该县某大令筹备学费，派人往日本学习制纸新法，以便毕业回县，集股设厂，以广利源"[④]。

其次，在手工业经济的发展进程中，地方政府顺应各地手工业的发展趋势，采取了一些改良措施，改进农作物栽培技术，提高手工业原料质量。在江苏丹阳县，民国初年县知事胡为和曾聘请湖州植桑技术人员来丹阳指导，嫁接湖桑，提高桑叶产量。1915年，胡为和利用县署废基创设蚕桑试验场，场部占地25亩，建蚕室7间，辟地种湖桑7000余株。1917年，在蚕桑试验场中附设养蚕传习所，次年改为蚕桑讲习所，后又改为蚕桑指导所，向珥陵、大泊、新桥、吕城、皇塘、横塘等重点乡镇派驻蚕桑指导员。

---

① 有关各工艺局所的具体情形，参阅彭南生《中间经济：传统与现代之中国近代手工业（1840—1936）》，高等教育出版社2002年版，第151—152页。

② 实业部国际贸易局编：《中国实业志（浙江省）》，1933年，第三编"商埠及都市"，第80页；第七编"工业"，第48页。

③ 林举百：《近代南通土布史》，南京大学学报编辑部，1984年，第252页。

④ 《各省工艺汇志》，《东方杂志》第4卷第6号，1907年6月。

最后，一些地方政府还在职权范围内尽可能减轻手工业者负担，如江苏武进地方政府曾应土布公会的请求将改良布列入土布免税范围。欧战结束后曾任武进土布公会会长的查秉初回忆说："其时我已被推为土布业的首领，我即以首领的名义，备文请求那时的主管官署，述明凡以手投梭机及手拉拨木机，和脚踏机三项所织成之土布，皆系人工用力所织成者，咸属农妇的副业，应请放宽原有土布规定的阔度和长度之标的，同受土布免税通行全国之实惠，以示保育政策之普及，竟蒙邀准焉。"①这说明，农村改良土布也同旧式土布一样获得了减免税率的权利。

从总体上分析，北京政府的手工业政策及其措施对推动手工业的向前发展产生了积极影响。北洋时期的资本主义工业包括手工业的"黄金时代"的出现，有其多方面的因素，而手工业经济中的政府行为往往被学术界有意无意地忽视，这是有悖于历史事实的。当然，北京政府的手工业措施也有很大的保守性，尤其是为土布免税而制定的土布标准，主要保护了手工织布业中最落后的部分，而不是从根本上去改造传统织布业。

二、社会团体的支持

民初新式商人社团组织如商会、农会、同业公会等在大小城镇纷纷建立起来，它们为工商业的发展倾注了大量心血。从某种意义上讲，民间社团组织乃是地方能人的聚集场所，他们群策群力，在技术推广、市场开拓、呈请赋税减免、维护业者利益等方面，竭其所能，对当地手工业的兴起和发展，功不可没。早期社会团体主要是以会馆、公所为代表的行会组织，后续建立的同业公会和工会在各地相继出现，并逐渐在手工业发展中扮演了越来越重要的角色。关于手工业行业组织的嬗变，本卷第六章有系统的介绍。这里仅就通州土布公会和高阳商务分会为例略加论述。

通州土布公会由成立于 1906 年的土布公所转化而来，1914 年关庄布业又组成通州大尺布业同业公会。两会联合具文总商会，转呈全国商联会，申

① 查秉初：《从清代末季至今常州工商业略述》，《常州纺织史料》第 1 辑，1982 年，第 98 页。

请政府核准凡属人工手织土布概予免税,"叠经疏通,方于1918年规定方法,准予暂免"[①]。通崇海泰总商会曾于1925年对江海常关加征通海关庄土布税每匹二厘二毫一案,多次"函电税务处力争,并由商会副会长在京吁请照旧征税",虽未达目的,但税务处采取了一些变通手段,即鉴于土布生产"关系手工织户生计,近来营业逐渐衰落,亟应加以维持……酌将该常关税则内原注标准尺寸修改,以示体恤"。[②]

各地商人组织采取多种措施不遗余力地推广改良手工工具的使用。高阳商务分会率先发起该县土布的改良,多次开会集议,仅在1910—1912年就14次集会研究与土布有关的扩充铁轮机、劝立织布场、筹议减免税、设立工艺研究所等事宜,工艺研究所旨在"提倡织纺,振兴实业,研究工艺,改良布质"[③]。正是由于该会"在事人员提倡织纺,悉心筹划,调查本地之情形,因时度势,煞费苦心,竭尽百般之心力,方成一邑之生计"[④]。另据吴半农1934年调查记载,"民初,王法勤等革新分子曾在高阳县立小学校提倡宽面土布,发生影响极大"[⑤]。经过第一次世界大战期间的发展,高阳织布区已扩展成为包括高阳、蠡县、安新、清苑、任邱等5县共计414村、43万人在内的以高阳县城为中心的手织业经济区。随着高阳布业产品的更新换代,高阳商务分会先后开办商业夜校、甲种商业学校,在此基础上于1927年创办高阳县私立职业学校,设立织布、染色两科,在附属实习工厂"设置铁轮机、楼子机和供学生学习染色整理工艺的锅炉、染槽、轧光机和各种进口染料。学生边学理论边实习操作"[⑥],为高阳布业半工业化的深入发展储备了人才。

---

① 林举百:《近代南通土布史》,南京大学学报编辑部,1984年,第273页。

② 林举百:《近代南通土布史》,南京大学学报编辑部,1984年,第270—271页。

③ 天津市档案馆等编:《天津商会档案汇编(1903—1911)》上册,天津人民出版社1989年版,第233页。

④ 天津市档案馆等编:《天津商会档案汇编(1903—1911)》上册,天津人民出版社1989年版,第227页。

⑤ 吴半农:《河北乡村视察印象记》,见千家驹编《中国农村经济论文集》,中华书局1936年版,第436页。

⑥ 河北大学地方史研究室等编著:《高阳织布业简史》,1987年,第165—166页。

三、地方能人的示范效应

近代中国手工业中的织布、缫丝、针织等若干行业之所以能在中国早期工业化已经发生并获得一定发展之后，形成以市场导向、技术进步、分工明确为特征的半工业现象，一个共同的因素乃在于，在技术引进、市场开拓、生产组织等方面，某些杰出人士、群体、组织、团体发挥了关键性作用。我们将他们统一概念化为“地方能人”。“能人”包括多个层面，可能是某些杰出人士，如广东南海县的陈启沅、通海地区的张謇、潍县织布区的滕虎枕等，也可能是一群不知名者所形成的群体，如高阳、宝坻织布区的商人、“机领”、“机头”等。他们的背景相异、地位与作用有别、学识与经验参差不齐，在近代手工业发展的过程中所起的作用也存在着差别，重要的是，他们都在各自的位置上不可或缺地促进了各自所在的手工业经济区的形成。以下将通过对地方能人的背景、所起作用的分析，探讨在客观因素基本相同的情况下，主观因素在近代乡村手工业发展进程中的地位与作用。

陈启沅、张謇、滕虎枕分别对华南缫丝、通海织布、潍县织布业的发展起了关键性的促进作用，是地方能人促进近代手工业发展的杰出典型。陈启沅在创办继昌隆缫丝厂的过程中尽显地方能人之本领，相关论述在本书第一卷的第二章第二节，不再赘述。这里只谈张謇和滕虎枕二人。

张謇属传统的知识精英，从某种意义上说，张謇创办大生纱厂很大程度上得益于通海织布业对机纱的需求，反过来大生纱厂的成功更加促进了通海土布的生产，“机纱的出现促进了土布的改良和市场化，而大生纱厂的兴建与壮大，激发了通海地区土布业的潜力，使关庄布市场进一步扩大”①。大生开车之前，通海关庄布的运销年约 10 万件，计 400 万匹，到 1904 年便突破 15 万件大关，合计大约 600 万匹以上。但从 1921 年算起，关庄布市场萎缩，南通土布生产一度下降。即便如此，1929 年年产量仍有 924 万匹。九一八事变后的 1933 年，南通县境年耗棉纱 158.6 万包，若全部用于手纺，至少需专业纺

① 章开沅、田彤：《张謇与近代社会》，华中师范大学出版社 2002 年版，第 91 页。

工 234.4 万人全年的劳动,但当时南通全县的人口也不过 135 万多,显然,机器进入棉纱业对通海土布生产起了推波助澜的作用。[①] 不仅如此,为了提高农民的织布技术,张謇还先后设立了大生传习所和海门土布改进所,前者"由大生厂派吴蕒阶经管其事,招集大生的失业工人,轮流学习织布。仍以改良大机布为主体,从事传习织造技术和染色方法,在唐闸就近一带,是起了相当的作用"。后者由大生三厂于 1935 年前后设立,共有布机 88 台,铁木机为多,手拉机少数。[②]

潍县是一个后起的手工织布业经济区,效率较高的铁轮机在 20 世纪二三十年代之所以能大面积推广,得益于本县的机器制造业的发展。潍县第一家机器制造厂为潍县东乡人滕虎枕 1920 年创办。滕虎枕先是以一架日本"石丸式"织布机为样机,经多次改进,试制出脚踏铁轮织布机。1931 年,山东工业试验所对该厂的铁轮织布机进行性能试验,鉴定报告中称该机"诚为现代人力织机之良品"[③]。随着铁轮机的推广使用,铁轮机在华丰铁工厂得以批量生产,年销售量逐年增加。1920 年刚建厂时,仅出 100 架,1927 年已增至 700 架,1930 年又增至 1000 架。此后每年能出 3500 架,占全省布机产量的一半。因此,潍县织布所用"布机之制造,无须外省",这无疑降低了织户的购机成本,方便了铁轮机的推广使用。潍县东乡潍河两岸各村率先采用新式织布机,1915 年约有布机 500 台,1931 年由东乡传入南乡、北乡乃至西乡而遍及全县,布机台数达 50000 架以上,后又超出县境而至昌邑、安邱、寿光等境,形成以潍县为中心的手织区,据该县棉业公会统计,该区织布机已达 90000 台以上,号称 10 万大机。[④] 可见,滕虎枕的推动作用不可低估,不仅如此,他还带动了其他乡村工业的兴起和发展,在华丰机器厂的带动下,潍县又相继成立了 10 家铁工厂,年产织布机 7400 多架,占其全部出品总值的 73%,

① 参阅常宗虎《南通现代化:1895—1938》,中国社会科学出版社 1998 年版,第 63 页。

② 林举百:《近代南通土布史》,南京大学学报编辑部,1984 年版,第 247 页。

③ 庄维民:《近代山东市场经济的变迁》,中华书局 2000 年版,第 479 页。

④ 《山东潍县之织布业》,《工商半月刊》第 6 卷第 1 号,1934 年 1 月。

占全省织布机总数的86.55%。[①]

陈启沅、张謇、滕虎忱等杰出人物之所以能带动当地手工业的发展，就在于他们为家乡引进了先进技术或新的生产方法，提高了生产效率和产品质量，使家乡父老获得了实实在在的好处，当然，他们也从手工业的发展中获得了巨大利益。这些地方能人的技术引进行为实乃技术回乡，他们大多属本地人，有浓厚的乡土情结，虽然各具不同的背景，或为侨商，或为知识精英，或为技术能手，但他们视野开阔，眼光敏锐，具有开拓与冒险精神。更重要的是，他们都有一颗爱乡爱国、报效桑梓的赤子情怀。陈启沅是广东省南海县江浦司简村堡简村乡人，少读经书，以科举为业，十四五岁时曾两赴童子试，均落第，17岁时协助二兄启枢在村中设私塾训蒙，学童10余人，后启枢赴越南觅工谋食，由启沅独任私塾教席。1854年陈启沅也离开家乡赴越南与启枢一道经商，他一边经商，一边留心法国机器缫丝之术，尤其于汽机之学，默记其要旨于脑中，归而忆录以图文，经六七年的积累，机器缫丝之法已了然于大概。他感叹家乡旧式缫丝法的落后，认定"养蚕缫丝，是以我国之物而易他国之财，岂非大有益之事业乎！况蚕丝是制衣之物，非独外国可用，即我国亦必所需之物也"[②]。1872年，他决心回到家乡经营缫丝事业。

张謇是传统时代的知识精英，更为可贵的是，他不满于在封建官场中碌碌无为，毅然决定下海经商，并选定具有悠久植棉历史与织布传统的江苏通海地区建厂，他的勇气与所承受的风险，是同时代的传统士人所无法比拟的。大生纱厂与通海织布业是相互依存的荣损关系，通海传统手工织布业为大生纱厂提供了产品市场，大生纱厂廉价的机纱促进了通海手工织布业的技术进步，使其获得了更大的发展。

滕虎枕是潍县滕家庄人，在创办华丰铁工厂之前，曾在青岛水师工务局工作多年，熟练掌握多种机器维修的技能。为了实现振兴中华的夙愿，"他勃发了创办机器厂的欲望"，为此，他变卖了家中仅有的房产、田产，联络广文中

① 实业部国际贸易局编：《中国实业志（山东省）》，1934年，第四编"都会商埠及重要市镇"，第87页；第八编"工业"，第660页。

② ［清］陈启沅：《蚕桑谱》卷1，奇和堂药局藏板，清光绪三十四年（1908），第13页。

学校长尹焕斋等人集资3000元,创办了华丰机器厂,“取‘中华’‘丰盛’之意”。[①] 可见,如果没有深厚的报国报乡的赤子情怀,他们是很难在十分艰难的背景下披荆斩棘,成就一番事业的。

陈启沅、张謇、滕虎忱等是对近代手工业发展起过推波助澜作用的杰出人物的代表。不过,在这些杰出人物的背后还有一个能人群体,没有他们的存在与努力,仅仅依靠个别杰出能人也是难以形成规模效应的。在广东顺德,从脚踏机到复缫机的改进中,“有岑某者,顺德五区人,首先仿效,增设复缫工厂。一时同业靡然风从。自是昔日之四角车丝一变而为复缫式之六角车丝。……经兹改革后,成绩颇优,价格日增,销路日畅,蓬蓬勃勃,有不可遏抑之机”[②]。在高阳织布区,民国时期的《高阳县志》载:“张兴汉,字造卿,以商起家。……与韩伟卿、杨木森、李秉熙等创办商会,改良织布。二十年来,附高百里间,赖织布以营生者十居八九。”另外,高阳留祥佐村人王士颖仿造改良机的示范效应也十分明显,高阳购进东洋铁机之初,“行之数年少成效。公研其故,仿其制而改造之,始适于用。自是高、蠡、清、安各县机声相接,布货之流通,遍各省矣”[③]。在高阳织布业最兴盛时期,“本县李叔良、李希古诸君赓续提倡,盛甲北省”[④]。民国初年,北沙窝村苏秉衡、苏秉凯从天津将大提花机引进高阳,为高阳产品创新提供了技术支撑。还应指出,在高阳布业发展困难的1921—1925年,农村中一部分“能人”(一乡或村中殷实而手艺高妙且富有经验的机户,在乡里中较受人敬重)应商人之请,担任“机领”或“机头”,他们的职责:“(1)遇有商号须添雇机户时,介绍新机户;(2)指导督察他所领的机户,努力工作,按时缴布;(3)如机户有领线后,不能缴布的,代商号追索原料或偿金”[⑤]。历史文献中并未留下这些“机领”或“机头”的名字,但他们的出现为高阳布业渡过困难时期作出了贡献。宝坻织布业的兴起实归

① 孔令仁主编:《中国近代企业的开拓者》下,山东人民出版社1991年版,第579—585页。

② 戴鞍钢、黄苇主编:《中国地方志经济资料汇编》,汉语大词典出版社1999年版,第294页。

③ 李晓冷等纂修:《高阳县志》卷5《人物》,1933年铅印本,第11页。

④ 李晓冷等纂修:《高阳县志》卷2《实业》,1933年铅印本,第6页。

⑤ 吴知:《乡村织布工业的一个研究》,商务印书馆1936年版,第22页。

功于一批学生，20 世纪初年，宝坻学生赴天津实习工场学习新式纺织，“传入日本织布机器与新式织布方法。复因邻接天津，耳濡目染，于洋布之价廉物美，亦渐有认识，肆意仿制，织布业亦于是发展矣”[①]。

通海织布技术的进步、产品的大量外销也与该地能人的努力分不开，据调查，该区龙芽嘴人王二洪，“于一九一四年到江阴学习织布。回来后，首先在农村中使用了第一架小木机，此即手拉机在通海农村使用的开端”[②]。这些地方能人产生了明显的带动作用，如在南通曹公祠一带，“陆志安、张乔等技术尤精，也有文化，能番新机，新品种上市，可多获利，故农村增办铁木机，改织大机布，风起云涌，出产日增，至抗战前夕，近城四乡，几于全产大机布了”[③]。在效率较高的铁木机使用上，顾祝三于 1929 年在海门创办宝兴布厂，之后“通华、国华、利生各厂继续开办小型布厂，又有了各种传习所的大力提倡，终于乡村农民普遍使用了铁木机，学会了染色技术和经纱方法，因此产生了大机布，推广了销区”[④]，“凡生手织工从各厂训练成熟手者，一般估计当在千人以上。此后有了各种形式的传习所，大力提倡，又推广了技术的学习。农民在积累经验中改变了手工副业的面貌”[⑤]。通海地区的铁木机大多由当地机匠王三和木匠汤二开设的翻砂厂制造，王三负责铁件及梭箱等物，汤二改机装配，每架共售五六十元，至 1932 年底，“乡区的铁木机，已近万架，发展很快，其铁件大都是王三翻砂厂的出品”[⑥]。通海土布的广泛外销是当地一批商人努力开拓的结果，其中最著名者有创设“同兴宏”品牌的恒记布庄经理沈燮均、创办“章源大”品牌的章维善、创设“通济”“通魁”等品牌的新地商人吴斗南、“龚文记”的创业者龚文卿等，他们将通海土布推销至东三省、闽浙赣皖及本省各地，1931 年以前，年营业额达 2077 万元，1931 年以后，因九一八事

① 方显廷、毕相辉：《由宝坻手织工业观察工业制度之演变》，《政治经济学报》第 4 卷第 2 期，1936 年 1 月。

② 林举百：《近代南通土布史》，南京大学学报编辑部，1984 年，第 251 页。

③ 林举百：《近代南通土布史》，南京大学学报编辑部，1984 年，第 254 页。

④ 林举百：《近代南通土布史》，南京大学学报编辑部，1984 年，第 242 页。

⑤ 林举百：《近代南通土布史》，南京大学学报编辑部，1984 年，第 246 页。

⑥ 林举百：《近代南通土布史》，南京大学学报编辑部，1984 年，第 253 页。

变东三省市场部分丧失，销量大幅下降，但年营业额仍有 1729 万元。[①] 还应特别指出，这些土布商人为张謇成功创办大生纱厂发挥了关键作用，功不可没。如沈燮均在张謇办厂遭遇资金困境时，他以“自己所经营的同兴宏布庄全部资力接济大生，同兴宏专运南通土布到东北三省行销。它所经营的土布，布质细、门面大、尺头足，合东北人的脾胃，营业额相当大，沈将同兴宏的大部分资金贷给大生。不足，更以同兴宏的名义向上海和南通钱庄透支巨款，转借给大生周转。大生靠沈之力购进了棉花”[②]。正是沈燮均使张謇渡过了依靠其自身力量难以逾越的难关。在江阴，1901 年“有华市人黄哲卿首先将投梭布机改制为手拉布机，布的门面可以放阔。……有些地方就有手拉布机厂发生”[③]。浙江平湖织袜业的兴起实得益于一高姓商人，1910—1911 年，“该县商人高姓，见社会上需用洋袜日多，遂向上海购买袜机十余架……试办一年，所织线袜……渐为社会所乐用，至民国元年，添购袜机数十架，设立光华袜厂。……女工到厂租机，领纱回家工作，缴袜时给与工资，于是有家庭职务之妇女不能到厂工作者，亦纷纷租机领纱于家务闲暇时，在家工作。自此制一行，而平邑针工业遂日臻兴盛”[④]。

近代潍县第一个引进宽面织布机的为寒亭镇寒亭村人张瑞芝，他曾去日本留学攻读印染专业。1907 年，张瑞芝卖掉部分家产，直接由日本购入 6 台铁木织布机。由该机制织的布比传统土布光滑均匀，纹理紧密，可与洋布媲美。但由于缺乏资金并且乡人对这种新工具疑虑重重，铁轮机此时没有得到推广。[⑤] 民国时期潍县东乡人最早倡导使用铁轮机，据《潍县志稿》记载，民国初年，有东乡人自天津购机数架回乡，推广传习技术，改良出品，获利颇丰。此处所说的东乡人，即为前邓村胡日汉、胡玉瑶二人。胡日汉曾直接去哈尔滨俄国机器厂学习，并充任该厂机师 10 余年，回籍后到天津日商三井洋行购

① 林举百：《近代南通土布史》，南京大学学报编辑部，1984 年，第 334—335 页，表 3、表 4。

② 洪维清：《张謇办实业概况》，见中国人民政治协商会议全国委员会文史资料研究委员会编《工商史料》第 2 辑，文史资料出版社 1981 年版，第 3 页。

③ 徐新吾主编：《江南土布史》，上海社会科学院出版社 1992 年版，第 479—480 页。

④ 《浙江平湖织袜工业之状况》，《中外经济周刊》第 147 号，1926 年 1 月 23 日。

⑤ 栾云洲：《潍县纺织业发展史话》，《潍坊文史资料选辑》第 3 辑，1987 年，第 383 页。

买织布机4台并联络乡人购买,数年之间“潍东一带有铁机二万余架,近来附近昌邑安邱各村亦仿效焉”;胡玉瑶祖祖辈辈以耕织为业,得知东三省有铁机织布厂,“乃命长子巨镐赴营口肄习,并购机器以归”。[①]

这些地方能人虽然没有杰出人物那般呼风唤雨,但他们以实际行动影响了乡村邻里,形成了示范效应,他们从技术改良中获得的好处是促进其他乡邻进行模仿的动力。正是这些普通能人与杰出人物所形成的合力,才造就了一方手工业的一度兴盛与繁荣。

总之,近代手工业的兴衰不仅受到自然生态如地理位置、河流水利、气候土壤等因素的影响和制约,人文生态尤其是地方能人的作用也是至关重要的。不仅如此,手工业能否进一步向工业化迈进,在很大程度上取决于地方精英的出现。在这方面,曾在近代乡村手工业兴起过程中发挥过重要作用的地方能人似乎显得力量不足、办法不多,能人无能乃在于他们所能发挥作用的那个时代已经远去。近代中国的时代环境、农村传统经济关系、国家导向现代化的机制等因素严重制约了地方能人向具有发展农村现代化的强烈政治使命感的现代精英的转化。

第四节　延续与变迁:民初手工业的不同命运

一、手工业经济的结构性变迁

近代中国手工业的变迁主要体现为近代性变迁和结构性变迁。所谓近代性变迁,是指原料供应和产品销售上的市场因素的渗入而导致的手工业生产形态的演变。尽管从区域性角度来看,不同区域的手工业近代性变迁的时间差异很大,但是从行业性角度来看,手工业主要行业的近代性变迁自清末起步后,于19世纪末20世纪初已全面铺开。关于这些行业的近代性变迁,本书第一卷已有详细论述,为避免重复,本节主要论述手工业的结构性变迁。

① 陈鹤侪、刘东侯总纂,常之英续修:《潍县志稿》卷29《人物志·义行》,1941年铅印本,第37、36页。

所谓结构性变迁,是指在外力冲击和市场引力作用下,部分手工业行业或某些手工业生产工序的衰落,部分适应国际市场的手工业生产的发展以及新型手工业的兴起。

(一)部分手工业行业或生产工序的衰落

在市场经济条件下,某些手工业行业和生产工序的兴衰起伏,本是正常的市场现象,也符合市场规律。但是,外国资本主义商品的倾销和民族机器工业的出现,确实加速了这一进程。民国以前,据吴承明对40个传统手工行业(不包括艺术品行业)的考察,受洋货入侵影响而衰落的手工行业主要有手纺纱、土钢、土针、踹布、土烛、制靛、刨烟丝、木版印刷等8个行业。[①] 进入民国后,又续有草帽辫业、棉纺织手工业中的手纺部分、制糖业、制茶业、花边业等诸多行业继续萎缩。比如,湖南湘潭地区的苏钢,曾畅销国内,远销至奉天、吉林诸省。但是洋钢输入后,苏钢市场迅速萎缩。"近二十余年,关外完全不销,其余各地,销数亦见锐减。"清末咸丰年间,生产苏钢的手工作坊还有40余家,"民国初年,尚余三家;今则只有一家"。[②] 再如长沙打磨眼镜片行业,"自从外国镜片输入后,这一行业便衰落了。虽然过去靠本行谋生的有几百人,现在受雇于各个作坊的大约只有五十人了"[③]。还有刻书匠,"自从活字版输入湖南后,用木板的就大为减少,该业正日就衰落中"[④]。苏州的玉作手工业曾盛极一时,但是到了民初,因为生活风尚发生了变化,玉石品的消费大跌,"玉石作若干家,以及他项生理,悉于是时停摆,失业者数千人"[⑤]。在浙江,"如磋高底结发网等,今已消灭无迹,即名称亦罕有人知之"[⑥]。民初北京地名如香厂、琉璃厂、红罗厂、铸钟厂、黑窑厂、灰厂、打磨厂、方砖厂、化皮厂、

---

① 吴承明:《早期中国近代化过程中的外部和内部因素——兼论张謇的实业路线》,《教学与研究》1987年第5期。

② 朱羲农、朱保训编纂:《湖南实业志》,湖南人民出版社2008年版,第385、367页。

③ 彭泽益编:《中国近代手工业史资料(1840—1949)》第3卷,中华书局1962年版,第321页。

④ 彭泽益编:《中国近代手工业史资料(1840—1949)》第3卷,中华书局1962年版,第322页。

⑤ 《苏州口华洋贸易情形论略》,见《宣统三年通商各关华洋贸易总册》下卷,1912年,第88页。

⑥ 蔡芷卿、马匡民:《鄞县通志》卷5《食货志》,1936年铅印本,第61页。

铸币厂等“仅存为地名矣”[①],也可从中看出盛衰之一斑。在杭州,受挑花业衰落和洋线侵入之影响,“大部分之花线绒线销路,亦大受影响”[②]。还有四川的白蜡业,清代曾极为繁盛,曾设立专门的白蜡公司进行管理。但是民国以后,“原产量每年约十余万担,今年以气候变迁……迁至去年(1922 年),产额约只有二万余担”[③]。到抗战结束时,四川的白蜡业已几近消亡。

但是,必须加以说明的是,部分手工业行业和工序的衰落,只是就全国大趋势而言,是相对而非绝对的。中国近代手工业具有非常突出的“衰而不亡”的特征,其兴衰发展不仅有明显的行业差异性,还具有非常强烈的城乡不平衡性和区域不平衡性。尤其是在洋货、国产机制品自通商口岸向内地、自城市向农村不断扩散的过程中,区域间、城乡间存在着明显的时空差异。具体表现在以下三个方面:

第一,“衰而不亡”是中国近代手工业经济的一大特色。在全国范围内渐趋衰落的手工业行业和工序,很少会彻底消失,相反大多留存到 1949 年以后。如棉纺业,近代以来棉纺业的衰落是最引人注目、对中国社会经济和国计民生影响最大的。甲午战争以后,进口洋纱和国产机纱进一步加快了对中国手纺土纱的替代过程。到 1913 年,全国土纱产量估计仅 173 万担,比 1894 年时的 567 万担减少了 69.49%,仅占全国土布生产用纱量的 27.12%;土布生产中使用洋纱和机纱的比例则迅速扩大,已经占到总用纱量的 72.88%。[④]尽管如此,直到 1924—1927 年,手纺土纱的产量还有 97.4 万担,约占当年国内棉纱总产量的 1/3。1928—1933 年,进一步减少到 80.4 万担,只占国内棉纱总产量的大约 1/4。一些在全国范围内渐趋衰落的手工业行业在个别地区、个别时期里仍然存在,甚或有所发展。如祁门红茶,“清代末年到民国初年,为祁红的黄金时期,每年产量达 10 万担以上”[⑤],由于受到海内外消费者

① 林传甲:《大中华京师地理志》,中国地学会,1919 年,第 163 页。
② 彭泽益编:《中国近代手工业史资料(1840—1949)》第 3 卷,中华书局 1962 年版,第 43 页。
③ 《四川白蜡产销数及培植方法》,《中外经济周刊》第 4 号,1923 年 3 月 31 日。
④ 吴承明:《论工场手工业》,《中国经济史研究》1993 年第 4 期。
⑤ 府慧君:《屯祁区茶业经营概况》,《中国茶讯》1950 年 7 月号。

的喜爱,外销十分畅旺,在清末民初中国茶业一片衰落中反而一枝独秀。

第二,城乡不平衡是中国近代手工业的一个突出特征。卢汉超指出:"在二十世纪,乡村的衰败和城市的工业化并行,促进了城乡的分化,拉大了城乡之间的差距——城乡一体化渐渐被城乡断层所取代。"[①]通商口岸出现之后,"城市优越感"开始普遍形成,城乡差异不断扩大。因为城乡差异的存在,一些在城市渐趋衰落的手工业行业在乡村地区还普遍存在。如在全国范围内急剧衰落的踹布业,在山东的"寨子布"生产中还广泛存在,直到 20 世纪 30 年代中期,当地还有 623 副踹石保持运转。[②] 在安徽芜湖,1897 年成立了第一家机器碾米厂——汇丰碾米厂,到 20 世纪 20 年代中期后已有碾米厂 20 家。[③] 但是在其郊县乡村地区,仍然存在大量的人力、畜力、水力脱壳方式。相邻的歙县共有水碓 82 家,"县产食米,全由水碓碾成"[④]。休宁县,"所有食米,均赖水碓舂捣"[⑤]。

第三,区域不平衡是中国近代手工业的另一个突出特征。因为区域差异性的存在,一些手工业行业的衰落存在明显的时间差。在通商口岸遭受打击已经衰落的手工业门类,在内地省份可能还处于蓬勃发展的状态当中。在通商口岸清末已经开始衰落的手工业门类,在内地要到抗战时期甚至战后才会逐渐衰落。如洋烟输入以后,上海、江浙一带的土烟业迅速衰败,但是广大内陆的土烟业仍在发展。如福建的烟丝加工业,民国初年福建烟丝加工还在持续繁荣,发展迅速。此时,城乡烟丝店不断增加,闽北各县烟丝加工业一般都有数十家,以自产自销为主。烟丝加工技术还取得新突破,莆仙地区不少烟行多改用机械设备,将古老的木压器械改为油压机,生产效率大为提高。1925 年,仅有上百户人家的永定湖雷罗陂,年产烟丝达 6000—7000 箱(合

---

① 卢汉超:《美国的中国城市史研究》,《清华大学学报》(哲学社会科学版)2008 年第 1 期。

② 实业部国际贸易局编:《中国实业志(山东省)》,1934 年,第八编"工业",第 567 页。

③ 安徽实业厅编:《安徽省六十县经济调查简表》,1922 年,1209—1424 页。

④ 建设委员会经济调查所统计课编:《中国经济志·歙县》,建设委员会经济调查所,1935 年,第 65—66 页。

⑤ 建设委员会经济调查所统计课编:《中国经济志·休宁县》,建设委员会经济调查所,1935 年,第 49 页。

187.5—218.75 吨),收益 50 余万银元;云霄县有烟丝作坊兼烟丝店 20 多家,从业人员 400 人,年产烟丝 125—150 吨。[①] 再以兰州水烟业为例。民初以来,兰州水烟业的发展与香烟的销售量呈现出同步的增长趋势。到了 20 世纪 20 年代前后,兰州水烟达到了历史上产销两旺的最佳时期,被人誉为"水烟史上的黄金时代"[②]。时有烟坊 80 余家,每年可产 2 万余担(每担 460 斤,合 920 万斤)。开厂营业者一百三四十家,产销两旺,获利颇丰。[③] 从 1923 年到 1928 年,兰州水烟作坊开厂营业者猛增至 130—140 家之多。其中大的烟厂就有数十家,如一林丰、福生德、协和成、超利和、裕盛水、半盛源、银川和、骏川成等;中等烟厂亦有 40 多家。至于小烟厂更是星罗棋布,多达七八十家。[④] 这都证明土烟业在民国以后仍然继续发展,直至抗战时期达到全盛。只是到了抗战胜利后,在美制纸烟的大量输入的情况下,许多地方的土烟业才开始衰落。

接下来对一些典型手工业行业或生产工序的衰落情况分别予以介绍。

1. 制茶业

茶叶与生丝是中国传统的两大出口商品。在经历了鸦片战争前后华茶出口贸易的鼎盛时期后,中国茶业自 1886 年开始走上了衰落的颓势。[⑤] 苏全有将 1888 年之前称为茶业的相对衰落时期,把 1888 年后称为茶业的绝对衰落时期。[⑥] 民国初年,受第一次世界大战的影响以及英国禁止华茶入口的波及,中国茶业继续困顿。到 1927 年,时人已经将这一局面描述为"中国茶业之惊人衰落"。[⑦]

受第一次世界大战影响,茶叶出口在民初曾稍有恢复,1915 年达到出口

① 福建省地方志编纂委员会编:《福建省志·烟草志》,方志出版社 1995 年版,第 71 页。

② 姜志杰、聂丰年:《兰州水烟业概况》,见中国人民政治协商会议甘肃省委员会文史资料研究委员会编《甘肃文史资料选辑》第 2 辑,内部资料,甘肃人民出版社 1963 年版,第 176 页。

③ 政协兰州市委员会文史资料研究委员会编:《兰州水烟》,见《兰州文史资料选辑》第 7 辑,1988 年,第 175 页。

④ 杜景琦:《兰州之水烟业》,伦华印书馆 1947 年版,第 45 页。

⑤ 将 1886 年作为茶业由盛转衰的标志,是因为 1886 年是中国茶叶出口的最高峰。对此,林齐模、仲伟民、王涛、王华玲等学者提出了异议,他们认为在 1886 年之前茶业已经开始衰落。

⑥ 苏全有:《论十九世纪后半期华茶出口贸易》,《北京商学院学报》1998 年第 2 期。

⑦ 彭泽益编:《中国近代手工业史资料(1840—1949)》第 3 卷,中华书局 1962 年版,第 46 页。

最高值1782353担。1914年欧战爆发之初,因参战国军队大多颁行禁酒令,茶叶消耗陡然增加,华茶一度受到外商抢购。1915年,作为江西茶叶主要集散地的九江,出现了"从各方面来说使人很满意"的好年景。其中红茶出口125137担,比1914年猛增24000担。外销茶叶占到茶叶收购总量的57%,均创下最高纪录。① 但好景不长,因战时运价高昂,海运受阻,1916年华茶销售下降,锐减三成。其后内销虽有所增长,但仍不能与外销损失相抵。因茶市阻滞,一些茶农或置茶园荒芜于不顾,或改制内销绿茶和毛茶。

由图1-2可知,中国茶叶出口量在民初续有增加,在1915年达到峰值。从1915年起,中国茶叶出口全面下行,虽在1923—1929年稍有恢复,但也只是达到民初出口量的一半左右。1930年以后,出口值继续下行,出口数量仅维持在2万担左右,仅及民初出口量的四成。② 从1886年历史最高峰的200余万担(2386975万担),衰落到2万担,中国茶业经济一落千丈可见一斑。

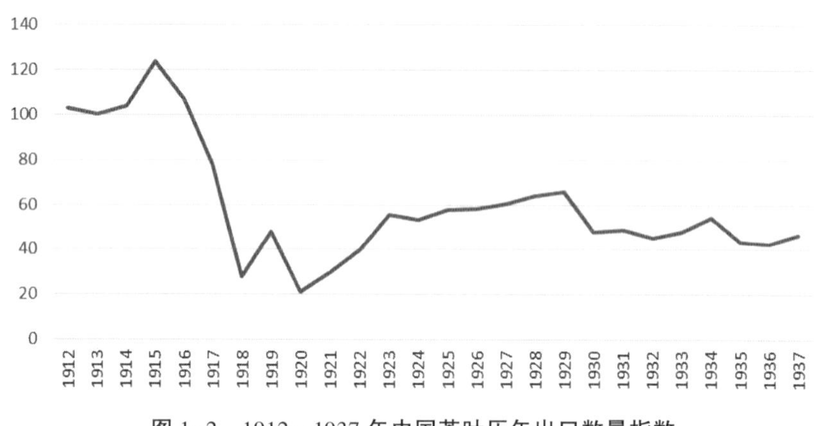

图1-2　1912—1937年中国茶叶历年出口数量指数

资料来源:彭泽益编《中国近代手工业史资料(1840—1949)》第3卷,中华书局1962年版,附录,表2。

尽管民初茶叶出口绝对值续有增长并在1915年达到峰值,但是在世界

① 陈荣华、何友良:《九江通商口岸史略》,江西教育出版社1985年版,第92—93页。

② 彭泽益编:《中国近代手工业史资料(1840—1949)》第3卷,中华书局1962年版,附录,表1。

茶叶出口市场中的比重,却在不断降低。由表 1-9 可以看到,中国茶叶在世界出口市场中的比重,自 1900 年后持续降低,1920 年降至最低值,仅占世界出口市场的 6. 2%。1860 年,华茶占据美国市场的 96. 41%,之后陆续降低,1920 年时仅及 11. 35%,1930 年后降至 7%左右。相反,日本、印度、锡兰茶叶相继崛起,至 1930 年三国共占美国市场的 92. 39%。[①] 总体来看,近代中国茶叶贸易经历了快速走向峰值又迅速走向衰退的倒"U"形发展轨迹,究其原因,大致有内外两个方面的因素。从外部因素来看,印度、锡兰、日本等新兴产茶国的崛起产生了激烈的外部竞争;从内部因素来说,中国茶叶在生产经营上存在诸多缺陷,最终导致了竞争优势的丧失。

中国茶叶外销的衰落与外部竞争关系很大。印度和锡兰茶叶的竞争,导致中国失去英国市场。一战时英国限制华茶进口,战后又以差别税率对待华茶,使得华茶在英国的市场进一步萎缩。1917 年俄国爆发十月革命,茶叶输入骤减。1925 年中俄恢复贸易,但是茶叶贸易难现昔日荣光。一战以后各国对绿茶的需求渐浓,但是中国绿茶受到日本绿茶的竞争,美国以"着色"为由禁止中国茶叶输入,使得中国茶叶在美国市场上的占有率急剧下降。

表 1-9　中国茶叶在世界出口市场中的地位

单位:千磅

年份	印度	锡兰	荷属东印度	法属东印度	日本	中国台湾	中国大陆	合计(含其他)	中国占比
1900	192301	149265	16830	427	42646	19756	184576	605801	30. 47%
1905	216770	170184	26144	493	38566	23779	182573	658509	27. 73%
1910	256439	182070	33813	1168	43581	24972	208106	750273	27. 74%
1915	340433	215633	105305	2122	44958	27473	237646	974032	24. 40%
1920	287525	184873	102008	787	262228	15150	40787	657922	6. 20%
1925	337315	209791	110648	2282	27819	21727	111067	821810	13. 51%

① 李宗文:《外销物资定价时应考虑的几个问题》,《贸易月刊》第 2 卷第 6 期,1941 年。

续表

年份	印度	锡兰	荷属东印度	法属东印度	日本	中国台湾	中国大陆	合计(含其他)	中国占比
1930	362094	343107	180473	1206	20319	18541	93540	921070	10.16%
1935	324833	212153	144712	—	37216	20984	84085	—	—

资料来源:[美]威廉·乌克斯《茶叶全书》下册,中国茶叶研究社,1949年,第119页。转引自袁欣《1868—1936年中国茶叶贸易衰弱的数量分析》,《中国社会经济史研究》2005年第1期。

中国茶叶参与国际市场竞争的失败,根源于自身的内部因素,“这是由于华茶的生产条件,无论是在生产过程本身或是在流通过程中,都属于劣势地位”①。具体表现为:在栽培上,区域散漫、园地零落、茶树衰老、株丛粗大;在采摘上,摘期失中、次数不清;在制造上,设备不全、生叶失调、干燥不足、折耗太大、经营太小;在营销上,毛茶久置、分类太旧、手续太繁、优劣悬殊。② 中国茶叶“由于栽培制造诸法大半沿用旧式,以致受外人指摘为不洁”③。另外,“政府出于财政目的苛以重税;生产和经营散乱零碎不受控制;对外贸易操纵权受持于洋行,中国人未能干预;国际商业信息不能畅达于产业链的末端。如此等等都是造成中国茶叶国际竞争力疲弱的原因”④。

欧战结束后,华茶出口虽有所恢复,但出口已大不如前。为了应对海外市场的激烈竞争,提高出口茶叶质量成为当务之急。为此,上海及汉口等地出现一批精制茶厂,此种茶厂原称“土庄茶栈”,有三四十家之多,规模大者近百人,小的也有几十人,以姚以舟、王乐两家最有名。主要是将产区运来的初制茶进行加工复制,仍用铁锅焙制毛茶,加色加熏,重在拣选分级,工序有八九道之多。在改进原有茶厂制茶技术的同时,许多茶栈开始增添动力滚筒

① 汪敬虞:《中国近代茶叶的对外贸易和茶业的现代化问题》,《近代史研究》1987年第6期。

② 吴觉农、胡浩川:《中国茶叶复兴计划》,商务印书馆1935年版,第46—66页。

③ 杨大金编:《现代中国实业志》上册,河南人民出版社2017年版,第766页。

④ 袁欣:《1868—1936年中国茶叶贸易衰弱的数量分析》,《中国社会经济史研究》2005年第1期。

机,效法机器制茶。1917 年,上海顺隆茶栈以国外制茶机器为样板,用于焙制华茶的电动滚筒机改制成功,每只滚筒工效相当于 7 个工人的手工操作量,其他茶栈相继效仿。在江西宁州,粤商唐吉轩等人集资 13 万两,创办宁茶垦殖有限公司,购置制茶机器,并自辟茶园。与此同时,内地广大茶区却仍在沿用着旧法制茶。“中国茶业之惊人衰落,实株守成规之咎;至小规模之生产,则尤为不进步之主因”。[①]

茶业出口的萎靡,也使茶业种植江河日下。据统计,从 1914 年到 1920 年,中国茶叶的种植面积、产量、茶农户数均处于下降趋势。1920 年与 1914 年相比,茶叶种植面积缩减了近 90%,产量缩减了近 95%,茶农户数缩减了近 80%。从不同区域来看,福建茶业“独至民国后,茶山之人亦罕稀,其茶园荒芜者有之,茶树枯萎者亦有之,故出产因之递少,茶市也因之减色,操斯业者未免为之叹息”[②]。湖南茶业在 1918—1919 年“极形衰落,茶山荒芜,茶市萧条”[③]。

虽然茶叶在台湾的历史只有短短 200 多年,但其对台湾经济的发展却作出了不可磨灭的贡献。早在清朝咸同年间(1851—1874),台湾被迫开港前后,台湾的茶叶便已在以出口为导向的道路上发展,并与糖、樟脑同为台湾三大主要出口货物。台湾不但成为重要茶叶出口地区之一,而岛内“南糖北茶”一时也成为农业生产的特殊景观。台湾茶业在 1917 年的年产量达 17160000 公斤,较 1895 年的 10200000 公斤增长了 68. 2%,是其产量的巅峰时期。[④] 但是,之后逐步下降,到第二次世界大战前夕只有 1085 万公斤左右,台湾茶叶衰退到谷底。[⑤]

2. 蚕丝业

蚕丝和茶叶曾长期占据中国出口贸易的主要部分。但是,茶叶贸易在 1887 年后迅速衰退,同年,蚕丝开始取代茶叶成为中国最主要的出口物,直到 20 世纪 20 年代末期仍是中国最重要的出口商品。但是,蚕丝出口在总出口

① 《晋商在湖北制造砖茶之现状》,《中外经济周刊》第 171 号,1926 年 7 月。
② 陈叔隽:《福建茶业及茶品》,《福建文化》第 2 卷第 14 期,1934 年 1 月。
③ 吴觉农:《湖南省茶业视察报告书》,《中国实业》第 1 卷第 4 期,1935 年 4 月。
④ 邱念渠:《台湾茶叶产业的演进过程与发展困境》,台湾清华大学硕士学位论文,2005 年。
⑤ 陈慈玉:《百年来的台湾茶业发展史》,台湾《历史月刊》2004 年第 201 期。

贸易额中的相对份额逐渐减少,从19世纪末的40%以上减少到1930年的约16%。[①]

鸦片战争以来,随着对外贸易的扩大,中国蚕丝业获得了迅速的发展,至20世纪20年代末达到历史最高峰。蚕丝输出成为大宗收入,江浙两省得以富庶,可以说蚕丝业发挥了支柱性作用。1850—1930年,世界市场上我国的生丝出口从1241吨增长到9158吨。[②] 据统计,1860年丝织品出口值为212.38万海关两,1879年为449.90万海关两,1889年为717.50万海关两,1894年达到841.55万海关两;在全国出口总值中所占的比重,也从1860年的5.34%、1879年的6.22%,增长为1894年的6.57%。鸦片战争后到1894年间,丝织品内销量折合生丝从5.06万担增至5.49万担,增长8.5%;外销量则由0.44万担增至2.21万担,增长了4倍。[③]

后来外人争相仿效,努力讲求育蚕制丝的技术,不过数十年就后来居上。而中国仍故步自封,不加改良,这是中国蚕丝业不振的原因。加之中国外受世界经济恐慌的影响、资本主义国家的侵略,内受割据军阀的苛捐杂税和豪绅地主的敲诈盘剥,致使中国蚕丝业衰败。

当然,市场化道路并不是一帆风顺的。尤其是在中国被动融入全球市场的过程中,对于购买者导向的中国手工业而言,全球化是一柄双刃剑。它既延续和发展了明清时期已经存在的原始工业化现象,又制约了其进一步发展。出口量的大小是手工业兴衰起伏的一个晴雨表,如浙江湖州辑里丝以出口为主,在中国近代生丝对外贸易中占有十分重要的地位,自上海开埠后,辑里丝出口数量激增,机械缫丝厂出现之前,曾有“极盛时出洋十万包”的记载,厂丝兴起后,辑里丝仍继续出口海外,但开始起伏不定,1913年达到高峰,此后逐步走下坡路。(见图1-3)

---

① [美]李明珠:《近代中国蚕丝业及外销(1842—1937年)》,徐秀丽译,上海社会科学院出版社1996年版,第88页。

② 陈健、孙小平:《中国和日本近代蚕丝经济发展史的比较》,《上海经济研究》1984年第12期。

③ 王翔:《辛亥革命期间的江浙丝织业转型》,《历史研究》2011年第6期。

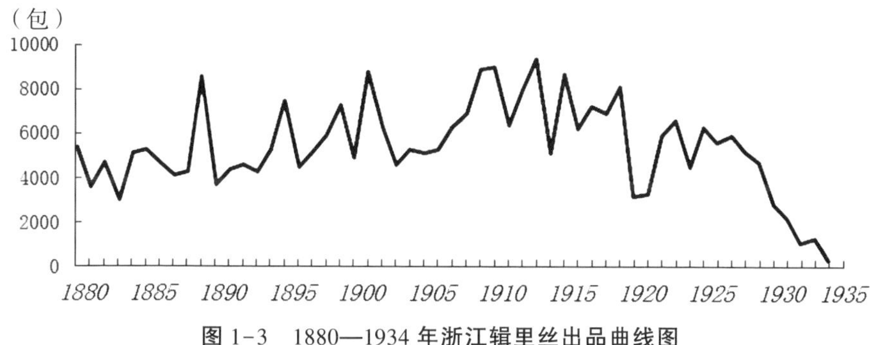

图 1-3　1880—1934 年浙江辑里丝出品曲线图

资料来源:《湖州丝绸志》编纂委员会编《湖州丝绸志》,海南出版社 1998 年版,第 127—129 页表。

以浙江省为例,浙江时有 75 县,产蚕丝的有 58 县,完全以养蚕为业的不下 30 余县。浙江省杭嘉湖三处人民育蚕者约占 3/4,绍兴占 2/3,宁波较少,占 1/5 以上。全省每年产生茧 110 余万担,生丝 8 万—9 万担,占全国丝茧总额的 1/3。1928 年以前,中国出口商品中,丝居第一,浙江一省输出的生丝占全国生丝出口额的 30%以上。浙江省蚕丝业在 1914 年至 1926 年间,处于黄金时代,自 1927 年以后日趋衰落。据当时的浙江省政府建设委员会调查,丝行营业以 1925 至 1927 年最为兴盛,全杭州有 100 余家,1928 年还存有 70 余家,到 1932 年只有 31 家。1931 年度营业的有 49 家,全年营业总数为丝 3000 担,值洋 170 万元。1932 年度营业的有 31 家,到 6 月为止,营业总数为丝 2500 担,值洋 75 万元。1927 年杭州经营茧行业的有 40 余家,1932 年仅存 16 家。到 1933 年春茧上市时期,茧商因为历年营业不振,生意萧条,租出的极少,其他地区如临平、余杭、绍兴、诸暨等地的茧行租出的不如往年的 3/10。杭州的茧行 1927 年以前营业总数为,全年收鲜茧 15500 担,值洋 744000 元,1932 年营业的只有 11 家,到 6 月为止,营业总数为鲜茧 10220 担,值洋 350960 元,亏本的有 4 家,其余只能维持门面。丝茧的价格从 1930 年以来逐年降低。1922 年细丝的价格为 103 元,1932 年降到 34—35 元,鲜茧在 1927—1931 年有 50—55 元,1932 年降到 25—30 元。①

① 乐嗣炳编,胡山源校订:《中国蚕丝》,世界书局 1935 年版,第 47—48 页。

江苏也是蚕丝生产地,蚕茧、生丝的产额也颇多。世界经济危机后,物价跌落,销路停滞。上海丝市原价1000两的生丝,至1935年左右降至400余两,时年积存生丝干茧在数万担以上,无法脱售,各处丝厂几乎全部停工。1932年昆山地区养蚕时期,军队挖掘战壕,农桑受到影响,无锡乡民育蚕不力,蚕茧无人过问,减少饲蚕数量,以致桑叶过剩,又无处出售,纷纷砍伐桑树,翻为稻田。当地茧行在1931年以后,由于丝市狂跌,欧销茧丝宣告杜绝,丝厂破产。1933年报开茧行只有10余家,与往年比较不到10%,茧价15—20元,是前所未有的最低纪录。上海、无锡、苏州等地设的丝厂甚多,从1930年夏季开始就不景气,蚕丝销路停滞,丝价暴落,相继关停,九一八事变以后,金价跌落,银根紧缩,丝厂难以为继,此后几乎全部停工。后来虽有复工,但寥寥无几。此外,四川、广东、陕西等地,蚕丝业都继而衰败。

台湾蚕业的发展历程,从明郑时期引入开始,经历清治时期各地小规模、零星的试行,而至日殖时期系统化发展。明清时期汉民族传入的蚕业,并未形成产业规模。日本占领台湾后,1896年即规划兴办台湾蚕业,先在台北试育,继谋在全台开展。为配合日本国内蚕业需要,日本总督府欲使台湾发展成为日本蚕丝原料供应地。其于1907—1921年以奖励措施推广蚕业,使蚕业得以在台湾生根。产茧量由1921年的775石,增长至1926年的2461石,饲育蚕种之总张数增加,养蚕户数也有所增加。①

中国蚕丝业的衰败原因有以下几点:第一,世界经济危机对英美各国都造成了影响,中国也不例外。中国出口丝绸以运往美国为大宗,1928年以后,以美国为发源地的世界经济危机扩散,美国的购买力下降,致使中国蚕丝销路饱受打击。而中国产丝成本增加,每包须费银1000两左右,日本每两包生丝仅需600—700两,这使中国在美丝业失去立足之地。第二,国内政治不良,割据军人苛捐杂税尤重,豪绅地主盘剥,对蚕丝业造成了破坏。第三,中国蚕丝品质不良,这是由于中国制种育蚕墨守成规,不知改良,导致茧质优劣

① 江孟儒:《战后台湾蚕业之研究(1945—1992年)》,台湾政治大学硕士学位论文,2008年。

相混，丝质驳杂不纯。第四，人造丝的出现使得传统蚕丝业受到冲击。1922年以前，沪杭地区尚无人造丝的踪迹，到1924年，杭州开始有所记载，当年输入人造丝仅24担，第二年增至260担，到1930年达到6450担，价格为1724000元，1931年也有6218担，价格为1989600元。人造丝的输出数量在增加的同时，价格也日见高涨，1932年每包涨到25元。① 人造丝的侵蚀使得天然丝日趋穷途。

3. 制糖业

中国植蔗、用糖历史源远流长。明清时期，糖品从漫长的稀有品（药品、贡品）、奢侈品时代转入了普通商品、生活必需品时代（商品化、庶民化）。明清时期的中国在甘蔗种植、制糖技术、中外糖品贸易、糖品消费等方面均在东亚甚至全球处于领先地位，中国向外输出了熬糖技术及大量糖品，是当之无愧的东亚糖业格局的绝对主导者，中国糖业经济在东亚地区乃至全世界均有极为重要的地位。19世纪中后期，在世界糖业力量发展及中国境遇变迁的背景下，中国甘蔗糖业日渐式微。20世纪初，中国甘蔗糖业已存在较为严重的生存危机。"茶也、丝也、棉也、矿也，并吾国其他之大宗实业，受外商之压迫，无一不颓落、不滞钝，将来且无不危险，吾固已言之矣。然以彼各项每岁多少总尚有若干之输出可以稍作抵制，有现成之基础可以立图改良。未有如糖业有入无出，安受浸灌者，百道横流，万派冲激，而曾无拳石束蒿之具，足以稍资捍卫，此坐毙之势也"。②

中国甘蔗糖产区主要分布在东南沿海地区、长江流域及西南地区，其中以粤、台、闽、川等四省为最多。清末以来，中国几个重要糖品产地的糖品贸易萎缩成为常态。在20世纪初，栽蔗产糖近两千年的珠江三角洲已经放弃了糖的生产。③ 台湾、日本、大陆之间的食糖贸易，变成了以日本为主导的三角贸易：由台湾种植甘蔗，生产原料粗糖，将这种粗糖运往日本本土加工成精

---

① 葵：《我国蚕丝业在世界蚕丝业上之地位》，《致用》第1卷第1期，1939年7月。

② 《袁文钦关于振兴全国糖业意见书》，见中国第二历史档案馆编《中华民国史档案资料汇编》第3辑，"北洋政府工商政策"，江苏古籍出版社1991年版，第263—272页。

③ ［美］穆素洁：《中国：糖与社会——农民、技术和世界市场》，叶篱译，广东人民出版社2009年版，第451页。

糖,再将此糖销往中国大陆,日本逐步形成了一种以外向型经济贸易战略为主导的掠夺性的多边经贸机制。[①] 闽糖产量仅次于广东及台湾,省内甘蔗产地主要集中在漳州、福州、福宁等地区,其中漳州府最多。[②] 前近代,闽南糖业仅龙溪一县年产 90 万元,南靖、海澄两县年产 72 万元,晋江、同安、南安三县年产 20 万元,并且糖品"畅销于华北各埠"。20 世纪二三十年代,"以天灾、地变、人祸层出不穷,经济崩溃,闽南蔗糖事业亦渝至破产之境地"。[③] 最后,川省糖产量在清末民初之际达 300 多万担,跃居全国首位,其销售格局以川省内为主,兼及邻近各省,其中外销以输出两湖地区的桔糖为大宗;20 世纪二三十年代,在外糖的侵逼下,川省桔糖在两湖的销售额有所下降,但因两湖地区偏好桔糖,因此,川省桔糖销售并未中断,其糖品销售结构未发生较大变化。

处于珠江流域的广西,因为气候温暖湿润,也是甘蔗的重要生产区。明清以来,广西地区的甘蔗种植业和加工业已经达到了较高水平。清末民初,粤闽经济性移民大量拥入广西,带来了先进的种蔗制糖技术,广西的制糖业有了较快发展。广西制糖业大部分采用牛拉石辊取汁、开锅煮糖的方式生产土糖,产品以黄糖为主,白砂糖仅占 8%—13%。民国时期,广西各县榨蔗的压榨器有木制与石制两种,拖动力有牛力与水力两种,大部分县用牛力,少部分用水力。规模较小的糖榨,用木制压榨器,每日出糖 150 斤至 200 斤左右;规模较大的糖榨用石制压榨器,每日出糖 400 斤以上。《平乐县志》则对糖榨过程有详细描述:"本邑每凡糖榨一间,大都合数人所种之糖蔗,轮流施工。如届砍某人之糖蔗归某人榨时,即为榨主。向例按各给各工人猪肉,每人 4 两。有自酿之糖泡酒供饮,不给酒资,概不供膳。旱榨畜备大水牛 12 头,每次牵榨用 2 头日夜轮牵,出牛者得牛租。近年沿河一代之糖榨多用水车,以代牛力。""糖榨工:种蔗者 8 人为一组,以榨成糖水汁,每桶重 180 斤,满 20

① 习五一:《1895—1931 年台湾食糖贸易研究——台湾、日本、大陆三角贸易考察》,《近代史研究》1995 年第 5 期。

② 东亚同文会:《中国省别全志·福建省》,南天书局 1988 年版,第 714 页。

③ 朱博能:《闽南的蔗糖业》,《复兴月刊》第 4 卷第 8 期,1936 年 4 月。

桶为足额,工资桂钞 8 元。逾格及不足照数增减。榨糖水者三人以榨足 20 桶糖水计工,合共工资桂钞 4 元。煮糖水者正司务 1 人,助手 1 人,以煮足 20 桶糖水为定额,计工资正司务桂钞 2 元 4 角,助手桂钞 1 元 6 角。烧火者 1 人亦以 20 桶糖水为度,工资桂钞 1 元 2 角。"[①]

江西各县均有甘蔗种植,尤以赣南、赣东一带最多。据 1919 年日本糖业专家河野信治调查,江西每年产糖 3000 万斤(合 30 万担),居全国第三位,仅次于广东(3 亿斤)和四川(7500 万斤)。[②] 赣南各县的蔗糖多汇集于赣县,每年运销量 20 多万担,除本省外,还销往安庆、汉口等地。

从中外贸易角度来看,糖品贸易一直在中外贸易中占据着重要地位,尤其是在近代中日贸易中,其地位更加显著。日本在殖民台湾之前,每年从台湾进口糖的费用高达 1000 万元。[③] 20 世纪以来外糖进口数量剧增,每年均有巨额资财流失。1914 年农商总长张謇指出,近年中国糖业日渐衰落,年进口糖品价值达 3000 万两,以致巨额资财流失。[④] 又据调查,1920 年外糖进口为 500 万担,"民国十九年(1930 年)糖品进口值 1.33 多亿元,居中国进口货之第二位……现在中国人每人所消耗之糖量,为世界各国之最低者,故在未来十年之中(至民国二十九年)所需之糖量,或再加倍,亦在意料之中,是时每年糖品(进口)之价值可达 2.7 亿元之巨"[⑤]。1931 年 6 月 24 日,国民党中央政治会议讨论并通过实业部部长孔祥熙的"制糖国营案",该提案指出糖、蚕丝、茶向为中国的大宗输出品,现在糖在输入洋货中仅次于棉布,排在第二位,价值突破 1 亿元。[⑥] 1933 年,又据财政部食糖运销管理委员会主席梁和钧称,年来外糖输入统计年可达六七千万元,位居进口贸易的第三位。

---

① 张智林纂:《平乐县志》,1930 年铅印本,第 461—463 页,转引自许桂霞《民国时期广西制糖业的发展》,《广西民族大学学报》(自然科学版)2007 年第 4 期。

② 江西省社会科学院历史研究所编:《江西近代工矿史资料选编》,江西人民出版社 1989 年版,第 349 页。

③ 杨彦骐:《台湾百年糖纪》,台湾猫头鹰出版社 2001 年版,第 33 页。

④ 「支那の糖業奨励:農商務総長の訓達目的は輸入防遏」、『時事新報』、1914 年 3 月 6 日、(02-056)。

⑤ 吴卓:《振兴中国糖业之先决问题》,《工商半月刊》第 4 卷第 1 号,1932 年 1 月。

⑥ 「注目される支那製糖国営策」、『大阪朝日新聞』、1931 年 7 月 12 日—1931 年 7 月 14 日、(13-059)。

1895年前,国内糖品贸易的主要格局是南部及西南部中国糖品均能自足;北部中国所需糖品皆由粤、闽及台三地供应,天津港为其集散市场;两湖地区的桔糖均由川省供应,汉口为其集散市场。就东亚糖品贸易格局来看,中国为东亚的最大糖品输出国,几乎垄断整个东亚的糖品贸易。1895年以后,随着中国糖业重镇台湾被日本占领以及世界糖业大发展,中国糖品贸易格局发生了较大变动:国外市场尽失;仅在区域内市场销售;外糖大量涌入中国市场。[①] 日本侵占台湾以后,引进新式制糖技术,使得台湾产糖量迅速提升,总体产量从1901—1902年的54522269公斤发展到1939—1940年的1132768274公斤,增加了19.78倍之多。从《台湾糖业统计》中的贸易数量来看,台湾的砂糖贸易是出口远大于进口,但是砂糖主要输往日本,形成台湾作为日本砂糖的供给地而日本作为消费市场的关系,1929年以后台湾产糖即足以供给日本市场,不需仰赖外国糖,达到日本国内自给自足的程度。[②] 台湾的新式制糖工厂从1907年的8家增加到1913年的26家,1921年达42家,1936年多达47家。[③] 糖品贸易格局的转变既是中国甘蔗糖业危机的重要表现之一,也标志着前近代由中国主导的东亚糖业旧格局的瓦解。

近代以来中国糖业的衰落,是近代世界糖业格局发展变化的一个结果。欧洲甜菜糖业的崛起,不仅在欧洲市场上逐渐挤掉了甘蔗糖品的市场份额,而且努力开拓东亚市场,受其影响,东亚高寒纬度上的甜菜制糖业兴起并初步发展,打破了甘蔗糖业一统东亚的局面。古巴甘蔗糖业的迅猛发展,逐渐垄断了世界上最大的糖品消费市场——美国市场,并左右着世界糖品价格的走势。爪哇甘蔗糖业的快速发展,加大了东亚糖业格局的变动幅度,一方面爪哇糖商积极开拓南亚(主要是印度)及东亚市场,抢占市场份额;另一方面,

---

① 丹尼尔斯(Christian Daniels)按时间先后顺序把1870—1930年的中国砂糖史分为四个阶段:出口增加(1870—1893)、由纯出口国转为纯输入国(1893—1895)、外国机制糖的持续增加(1900—1930)、机制糖与手工糖并存的双重国内砂糖市场(1900—1930)。参阅氏著「中国砂糖の国際的位置:清末における在来砂糖市場について」、『社会経済史学』50(4)、1985年1月、411—44頁、532—530頁。

② 曾郁芳:《日治时期台湾砂糖和甜食的消费变迁》,台湾政治大学硕士学位论文,2021年。

③ 陈虹廷:《城镇发展下的连结与解散——蒜头糖厂地景变迁与空间再结构》,南华大学硕士学位论文,2008年。

为东亚精制糖业发展提供了大量廉价的原料糖品，如英属香港精制糖业及日本精制糖业均依赖于爪哇原料糖品。在这个过程中，作为东亚传统甘蔗糖大国的中国不仅国外市场份额尽失，而且国内市场份额也被大量侵夺，而日本糖业则借机快速发展起来，成为东亚糖品市场上的重要竞争者。与此同时，前近代由中国甘蔗糖业主导的东亚糖业旧格局被日本及英属香港的机制糖业主导的新格局所取代。[①] 闽南糖业自民初就开始衰落，种蔗"获利自薄，产糖之区，因之多改植他物"[②]。江西糖业，1934 年仅出产 80748 担，与 1919 年的 30 万担相较，仅及其 1/4 强。糖业式微之下，外糖大量输入，"洋糖侵销日盛，土糖被挤，无法脱售，故产量因之日减，现在且几有全部退化销减之势，殆与本省瓷器、夏布及纸张等产业陷于同一衰落之命运"[③]。再如厦门，"糖则以漳(州)所产之白糖、红糖，在光绪年畅销于天津、牛庄，间亦有运销新加坡等处，迨后，洋糖起而角逐，遂日萎缩，今则本市反有洋糖进口矣"[④]。广东的汕头糖业，1903 年后其输出额顿形减少，1905 年输出糖品 804398 担，较之 1896 年的 1327085 担减少了 522687 担，汕糖不仅失去其第一输出地北清市场，而且失去了香港及欧洲市场。[⑤]

4. 手纺业

民国初年，机制棉纱排挤土纱的趋势持续发展，其中华中五港(上海、宁波、芜湖、九江、宜昌)进口机纱总量从 1900 年的 145686 担，猛增至 369878 担，印度棉纱、日本棉纱分列第一、二位。随着机制棉纱的大量输入，各省土布生产用纱已有 7 成以上被机纱所取代。据吴承明估计，全国手纺纱的产量 1840 年约为 618 万担，1894 年降为 469 万担，1913 年猛降为 143 万担，土布生产所用纱中已有 72.3%为洋纱所取代，传统手纺纱受到了严重的冲击。[⑥] 在上海，"近三十

① 赵国壮、乔南：《近代东亚糖业格局的变动(1895—1937)——以中日糖业发展竞争为中心》，《历史教学》(下半月刊)2013 年第 8 期。

② 章有义编：《中国近代农业史资料》第 2 辑，生活·读书·新知三联书店 1957 年版，第 140 页。

③ 《江西之糖业》，《经济旬刊》第 4 卷第 9 期，1935 年 3 月 25 日。

④ 厦门市修志局纂修：民国《厦门市志》卷 17《实业志》，上海书店出版社 2000 年版，第 389 页。

⑤ 上海东亚同文书院：《中国经济全书》第 8 辑，东亚同文会，1908 年，第 447、519 页。

⑥ 许涤新、吴承明主编：《中国资本主义发展史》第 2 卷，人民出版社 2003 年版，第 326 页，附录乙，表 5。

年,沪上纱厂林立,所出之纱洁白纤匀,远胜车纺之纱,于是纺纱之利完全失败”①。在江苏通海地区,大生纱厂创办前,洋纱已经畅销,大生纱厂创办后,机纱更是加速替代了土纱。广东番禺,“则纺织之业,风流云散,至觅一纺纱器具,而不可得。织布之业,亦一落千丈。新出高机,尚可支持,旧日矮机,已成仅有”②。此后,洋纱由东部沿海地区向内地渗透,广西、四川、云南、贵州等内陆偏僻农村也出现了洋纱,由于“此项棉纱细匀洁净,颇合川民之用,不特通都大邑,销数日多,即僻壤穷乡,亦将畅行无滞”③。广西贵县“自洋纱输入,而家庭纺绩之工业,遂渐消灭。今欲于乡村间觅一纺车,几不可得矣”④。广西宾阳县“自海禁开后,洋纱、洋布源源输入,充斥市面,织布者多用洋纱,家庭纺纱工业逐渐淘汰”⑤。在湖北汉口,“近年其经纬纱,共用洋棉丝”⑥。与纺纱业息息相关的轧花业也随之陷入衰落中,如清光绪末年的江苏嘉定,“轧棉工作,至为普遍。盖纺织之家,均自为之也。然自洋纱充斥,自轧者日见其少矣”⑦。一次大战期间,手纺业虽略有恢复,但随着大战期间及战后各省棉纺工业的长足发展,大量机制棉纱迅速“侵占”着城乡棉纱市场。

5. 土烟业

土烟业是遭受外国机制品和本国机器工业品打击而衰落的又一个例子。土烟业是对我国传统烟草手工业的统称。由于地域的差异,各地对土烟业的称呼,有“旱烟作”“制烟丝”“制丝业”“刨丝业”“刨烟业”“制旧式烟丝业”“旧烟业”等多种名称。烟的种类与近代以来的纸烟也不同,有水烟、旱烟、鼻烟、嚼烟等多种。18世纪中叶以后,我国土烟业的生产愈加发达,跨区域的广泛流通使某些地方的土烟业形成区域性的专业化生产中心,并形成了大量的名牌烟品。瞿兑之的《焚香与吸烟》一文罗列了大量名烟,并注意到各地不一

① 严伟等修,秦锡田等纂:《南汇县续志》卷15《风俗志·风俗》,1928年,第3页。
② 彭泽益编:《中国近代手工业史资料(1840—1949)》第2卷,中华书局1962年版,第218页。
③ 彭泽益编:《中国近代手工业史资料(1840—1949)》第2卷,中华书局1962年版,第212页。
④ 欧仰羲等修,梁崇鼎等纂:《贵县志》卷2《社会·风尚》,1934年铅印本,第126页。
⑤ 戴鞍钢、黄苇主编:《中国地方志经济资料汇编》,汉语大词典出版社1999年版,第275页。
⑥ [日]美代清彦:《鄂省西北部农业视察记》,朱承庆译,第20页,转引自彭泽益编《中国近代手工业史资料(1840—1949)》第2卷,中华书局1962年版,第241—242页。
⑦ 戴鞍钢、黄苇主编:《中国地方志经济资料汇编》,汉语大词典出版社1999年版,第303页。

样的烟草消费口味。“出福建浦城、龙岩州者其最著也。江西则广信、宁都所产亦佳。湖广叶味平美腴韧，辎重水陆四达，为天下利。山东则有所烟，所乃地名，在兖州城内。又有济宁烟，以芳烈胜。直隶则蓟州、易州、山海关诸处皆产烟，雄劲有力，号北方之良。又广东有潮烟者……大都天下同行者曰社塘锭子，曰浦城，曰兰花，曰奇品，曰金建，曰白鹤，曰玉兰，曰佳作伸怀，曰胜酌醇醪。都门造者曰油丝，曰干丝。其余以名著者不可胜记。”①陆耀的《烟谱》记载，名牌烟品产地有福建浦城、浙江塘栖、山东济宁、湖南衡阳、四川等。陈琮的《烟草谱》则记述了十几种烟草，如建烟、盖露烟、衡烟、油丝烟、青烟、兰花烟、杭烟、奇品烟、黄烟、济宁烟、五泉水烟、潮烟等。② 英国人安德逊1792 年跟随英国使节团访华时，曾经感慨道：“中国烟草栽培和加工技术都达到了很高的水平，而品种之多，也是各国难以比拟的。”③

近代以后，随着西方卷烟和烟种的大量输入，土烟业产品开始遭到一定的冲击。尤其是西方现代制烟技术传入以后，我国逐渐出现了卷烟机器制造工业和卷烟手工业。随后，中国市场上同时存在着土烟业、洋烟、国产机制卷烟和国产手工卷烟等多种竞争性的烟业产品。尤其是卷烟吸食更加方便，并在城市化的过程中形成了某种“风尚”，吸烟者多转向卷烟。为此，土烟业不可避免地开始衰落。1915 年全国尚有土烟作坊 6.4 万家，年产旱烟价值 1840 万元，水烟价值 1736 万元，连同其他各类土烟，产值总共 3950 万元，此时的产值与卷烟尚可勉强平分秋色。④ 但到了 30 年代初，全国土烟消费量仅剩 20%左右⑤，市场也逐步龟缩在内地和边远地区。但据巫宝三的估计，1933 年全国手工制烟业的产值为 171848 千元，约占制烟业总产值的 42.95%。

在本节开头，我们以制烟业为例介绍了因为区域差异性而形成的手工业

---

① 铢庵：《人物风俗制度丛谈》，上海书店出版社 1988 年版，第 101 页。
② 参阅杨国安编著《中国烟业史汇典》，光明日报出版社 2002 年版，第 12 页。
③ 转引自元朗、谭红《烟瘾酒嗜茶趣》，巴蜀书社 1989 年版，第 13 页。
④ 农商部总务厅统计科编纂：《中华民国四年第四次农商统计表》，转引自王翔《中国近代手工业史稿》，上海人民出版社 2012 年版，第 89 页。
⑤ 杨大金编：《现代中国实业志》上册，河南人民出版社 2017 年版，第 805 页。

行业的衰落的时间差。土烟业是近代中国手工业的一个缩影,局部看,分地域、分时段看,土烟业的衰落俯拾皆是。如在江苏武进,自纸卷烟盛行,"烟业(旱烟作)渐受侵损……营业较昔为减色矣"①。在杭州,"杭垣烟业,每年贸易总额在前清时约有一百万元上下,自卷烟生效后,斯业颇受影响,近来闻不过六七十万元之数",烟坊数量从数十家变为仅剩十六七家。② 在湖南郴州,"近年机器制烟大见改良,而郴烟仍故步自封……遂受打击"③。兰州水烟闻名全国,在 1850 年左右有作坊 100 余家,到 1885 年仅剩 20 余家。虽然土烟业受到了洋烟和国产卷烟的冲击,但是土烟业衰落的趋势并没有一些人想象中的那么急剧。相反,很多内陆地区的土烟业不仅长期存在,而且续有发展,抗战时期达到鼎盛,直到战后在美制纸烟的大量输入的情况下,许多地方的土烟业才开始衰落。

6. 土靛业

土靛业是中国传统手工业中被洋货替代的典型,机制品完全替代了手工业品的使用价值,进而导致手工业生产的衰落。中国旧式染坊所制蓝靛,乃手工发酵而成,清末还曾成为大宗出口商品。国外人造靛随着化学染料工业的发展进入国内后,手工制靛的使用价值几乎被完全替代。自清末德国人造靛输入我国后,"土靛之业渐被洋靛所夺"④。据记载,"民国初年,舶来品黑靛粉、快靛、印度靛输入,蓝靛成色不及远甚,因制造不良,价值低落,种蓝者逐年减少,几濒灭种"⑤。据 1912 年农商部统计,国内尚存制靛业者 2 万余户,从业人员 14.63 人,产值 1456 万元。第一次世界大战期间,以德国蓝靛为代表的外国染料输入锐减。同期,国内印染业大兴,靛价陡涨,较之战前贵至 3 倍以上。北洋政府农商部通示各省,倡植土靛,各省农家因有利可图,遂争相种植,土靛生产一度有所恢复,1915—1919 年成为湖北、江苏、江西等省土靛种植最盛时期。其中"江西以乐平为最,湖北以团风、巴河为最"。1920

① 彭泽益编:《中国近代手工业史资料(1840—1949)》第 3 卷,中华书局 1962 年版,第 55 页。
② 彭泽益编:《中国近代手工业史资料(1840—1949)》第 3 卷,中华书局 1962 年版,第 56 页。
③ 曾继梧等编:《湖南各县调查笔记》下册,1931 年铅印本,第 179 页。
④ 杨大金编:《现代中国实业志》上册,河南人民出版社 2017 年版,第 451 页。
⑤ 陈鲲修,刘谦等纂:《醴陵县志》卷 5《食货志上·工艺原料》,1948 年铅印本,第 33 页。

年后,洋靛卷土重来,土靛销路顿失。因同期植棉获利远较种植蓝靛为高,于是土靛生产"大有归于天然淘汰之势"①。在江西乐平县,"土靛销路,尽被掠夺,靛业遂呈一落千丈之势。……自民八至民二一年,几至绝迹"②。至1932年,洋靛进口值已达1742.46万海关两③,土靛所剩无几。如湖南醴陵、永定、邵阳土靛业都很快衰落,"自洋靛侵入,销路即被攘夺,木刻、土靛二业失业人数,不下数万人"④。

7. 土油土蜡土烛业

与土靛业命运类似,土油土蜡土烛也被洋油洋烛迅速替代。在夜间照明上,中国长期以来都使用的是土油和土烛。土油一般采用棉籽油、菜籽油、豆油、花生油、茶油等用以燃灯,价格较高。而洋油号称"贫民第一可免之奢费"⑤,因为价格较低,照明度高,销路日增,逐渐普及,更使土油丧失了用武之地。在照明领域,还有主要以乌桕木树脂或牛油为原料的土烛和以虫蜡为原料的土蜡。土烛土蜡在照明的使用价值上与土油接近,因而也受到了洋油输入的冲击。同时,作为石油工业的副产品,洋烛业逐渐发展,并在我国形成了新兴的手工业——洋烛洋蜡业。关于洋烛洋蜡业,我们放在进口替代型手工业部分进行介绍。

需要注意的是,土烛有荤油、素油二种,前者用于照明,后者用于敬神。尽管在照明用途上,洋油冲击了土烛市场,但是在敬神用途上,土烛一如其故,还沿着传统的轨道继续发展。土烛在全国各省市均有生产,尤以苏州所造最为有名,以浙江、江西、湖北盛产的乌桕脂为主要原料。到1920年,该地土烛坊还有20余家,土烛坊所产素烛仍能保持相对固定的销路,专门用作喜庆及祀神。在江苏武进,制烛业所用芦梗产自浙江,灯草产自苏州。"以灯草绕于芦梗为烛心。烛以坚为贵,心以细为上,故烛店之标题曰:自造细心坚

① 《湖北省之蓝靛》,《中外经济周刊》第123号,1925年8月。
② 江西省社会科学院历史研究所编:《江西近代工矿史资料选编》,江西人民出版社1989年版,第199页。
③ 巫宝三主编:《中国国民所得(一九三三年)》下册,中华书局1947年版,第81页。
④ 朱羲农、朱保训编纂:《湖南实业志》,湖南人民出版社2008年版,第389页。
⑤ 彭泽益编:《中国近代手工业史资料(1840—1949)》第2卷,中华书局1962年版,第478页。

烛。制心者,锡人居多,本邑次之,系家庭工业。每人每日只得钱百余文。后以工厂兴而女工多迁业,为此者,惟余年老力衰之女工。虽工价逐增,然亦日仅得二百余文。苏、锡有贩售烛心之客,其来源盖向家庭所搜集者,其售价以万枚论,小者每万枚二三元,大者六七元至八九元”①。

8. 土针土钢业

手工制针系以钢丝磨尖,凿孔,经多道工序,殊为费工。清中叶,苏州一带制针作坊产品质坚不脆,被誉为“苏针”,但因成本高,售价贵,随着洋针输入,土针作坊纷纷收歇,到1915年时已绝迹。安徽西陲的宿松县,邑人习铁工者人数极多,自洋钢进入后,“多有取洋铁制成各种用器售卖,开设洋铁店铺以营业者”。本地制针业以往“专制成衣匠和妇女刺绣需用之针,从前所出亦广,近因洋针销售日多,制针营业者日见衰落,业此者遂寥寥焉”。②

手工炼钢素以芜湖和湘潭、邵阳一带的苏钢最为有名,曾畅销两湖、河南、河北、山西、陕西、奉天、吉林等省。晚清末年,质优价廉的外国钢材源源输入,土钢无法与其竞争。湘潭苏钢,“近二十余年,关外完全不销,其余各地,销数亦见锐减”。手工业作坊在清末有40余家,民初只有3家。③ 民国初年,仅存邵阳、湘潭十数家小厂,不久完全停顿。芜湖是安徽的手工业中心,素以油坊、染坊、米坊闻名于世,其中濮家钢产品蜚声大江南北,行销七省之广。芜湖辟为通商口岸后,手工冶钢业日趋衰落,“冶钢业者数十家……通商以后,洋商以机炉炼出之钢输入,此业遂辍”。芜湖的铜绿,“亦旧化学物品,原料用紫铜、糯米、粗糠造成,嘉道时,业此者十八家,作工恒达百余人”,“行销外埠,远及关东。自洋绿入口,加以原料昂贵,此业遂一落千丈,今存者仅三家,并合一坊”。④

9. 踹布业

踹布业是在外国机制品和本国机器工业品兴起的背景下传统手工业生

① 于定一编:《武进工业调查录》,武进县商会,1929年,第27—28页。

② 张灿奎等纂修:《宿松县志》卷17《实业志·工业》,1921年活字本,第9页。

③ 参阅张绪《民国时期湖南手工业研究》,武汉大学博士学位论文,2010年。

④ 鲍寔纂修:《芜湖县志》卷8《地理志·风俗》,第1—2页,卷35《实业志·商业》,第6页,1919年石印本。

产工序衰落的代表。踹布本是传统土布生产所必需的加工工序,用于给土布研光加工。进口洋布和国产机布不再需要这一工序,于是踹布业就无可奈何地急剧衰落下去。苏州、松江一带素为踹布业集中之区。晚清末年,随着洋布大量输入,土布市场日呈萎缩,踹坊业务衰落。民国初年,各省改良土布大量出现,不再需要研光加工,踹坊逐渐走向没落。至 20 世纪 20 年代中期,上海只剩下约 10 家踹布作坊。[①]

(二)外向型手工业的崛起

作为后发现代化国家,中国的工业化进程是在西方的冲击、挤压下被迫开启的。这导致了两个方面截然不同的后果:一是在全球化的冲击下,中国传统手工业逐渐衰落、瓦解;二是借着全球化的东风,一些顺应世界市场需要的外向型手工业开始崛起。外向型手工业的崛起,充分利用了中国传统手工业种类异常丰富、成本非常低廉的特征。因为种类非常丰富,就易于在产品形态之间实现“技能转移”,从而根据市场需求灵活地调整产品形态,不断生产出符合市场需要的异质产品。成本非常低廉,尤其是劳动力价格的廉价,导致最后成品价格很低,从而具有相当的市场竞争力。外向型手工业的诞生与发展,为中国手工业开辟了新的发展途径和销售市场,是近代中国手工业发展的一股重要生力军。民国初年具有代表性的外向型手工业,主要有地毯业、草帽辫业、花边业、发网业、爆竹业、湘绣业、蚕丝业等,相关行业状况下文依次概述。需要注意的是,许多传统手工业在一些特定地区,也会因为外需增长而获得发展,但碍于篇幅,不能完全展开,比如安徽的蚕丝业。安徽并非重要的产丝省份,安庆农村直到 1897 年才由本地人筹资购买桑秧数万株;滁州地区也“向无蚕事”,光绪年间方始种桑养蚕。进入 20 世纪以后,安徽蚕丝业不断发展,1916 年安徽全省养种蚕桑的农户有 92606 户,桑丝产量达 11.8 万担。安徽蚕丝业的发展,既受到国内江苏、浙江、湖北市场的影响,也是因应国际市场刺激的结果。[②]

---

① 王翔:《中国近代手工业史稿》,上海人民出版社 2012 年版,第 88 页。

② 参阅李德尚《近代安徽手工业研究》,安徽大学硕士学位论文,2011 年。

1. 地毯业

地毯业在国际市场需求引力下的扩张,是购买者驱动中国手工业经济的典型代表。地毯业是中国传统手工业,清中叶之前仅流行于西北各省。1860年,西藏喇嘛和尚在北京传习织毯技术,方才流行于京津地区。1900年,天津德商鲁麟洋行购回样毯两张,德国人以中国地毯"原料细软,颜色历久不变,花样亦奇异可爱,遂争向该行订购"[①]。1903年美国圣路易万国博览会上,北京地毯获得一等奖章,从此声名鹊起,正式走向国际市场。

中国地毯是在欧美各国机织地毯兴起的背景下走向国际市场的,但取得了非常大的成功,这正说明中国手工业经济在一定程度上是具有比较优势的。欧美机织地毯"松薄不牢",若用人工纺织,则工价高昂,颇不合算。而土耳其人工所织地毯,价格太昂,"不通销于各国"[②]。中国地毯原料和劳动力丰富廉价,地毯成本低,具有较强的竞争力,出口年有增加,由最初的国内消费品一变而"为出口货,在国内销售不多"[③]。

一战时期是中国地毯业崛起的良机,彼时中东地毯生产和销路中断,欧美国家遂向中国大量进口地毯。1912年中国地毯出口11969条,值57109关平两,1914年出口条数虽有下降,但出口值却飙升至10万多关平两。1915年和1916年国际市场银价低落,有利于地毯商人和地毯出口,再加以市场刚性需求,1916年出口值达到774876关平两。迨至1918年,银价日益高涨,而地毯交易须付以银,这样对地毯商人来说地毯交易价格高于订货价格。因此大量订单被取消,1918年出口值尚不及1917年的一半。1920年地毯出口得以恢复,出口值一跃而至140多万关平两。1921年英美商业不振,需求减少,价格因之下降,故输出数量虽有增长,价值却锐减。1922年之后地毯出口值一路飙升,1926年达到抗战前最高值6547218关平两,是1912年的115倍。(见图1-4)20世纪20年代地毯出口值的迅速增长,除了地毯出口数量的增长,与物价的上涨亦有极大关系。1919年到1926年华北批发物价由81.07

① 《天津之地毯业》,《工商半月刊》第1卷第8号,1929年4月。
② 《中国地毯工业之沿革与制法及其销路》,《中外经济周刊》第75号,1924年8月16日。
③ 《津埠地毯业之概况(续)》,《大公报》1923年3月18日。

涨至100。[①] 中国地毯畅销国际市场，因此海关报告称，“近年来织毯业变得重要起来，中国地毯在国外市场上基本上取代了土耳其和波斯的产品”[②]。

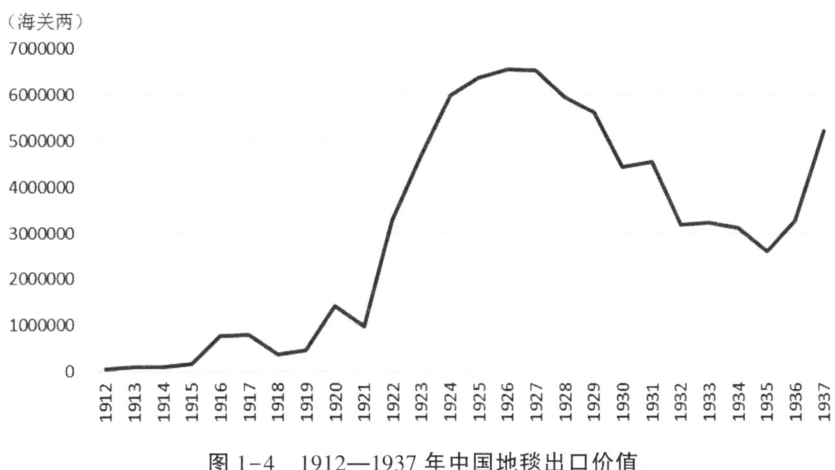

图1-4　1912—1937年中国地毯出口价值

资料来源：彭泽益编《中国近代手工业史资料（1840—1949）》第3卷，中华书局1962年版，附录，表3。

在中国地毯出口中，天津海关居首。1912年天津地毯出口值为45743海关两，此后天津地毯出口值不断上升，1916年为737994海关两，是1912年的16倍。1920年突破100万关平两，达到1151726关平两，是1912年的25倍。20世纪20年代天津地毯出口值急剧攀升，1926年达到抗战前的峰值6679107关平两，是1912年的146倍。由于天津关出口的地毯并非全部输出海外，有一部分运至国内其他各埠转运出口[③]，因此1926年天津关的地毯出口值高于该年全国地毯出口外国值。（见表1-10）

① 方显廷编：《天津地毯工业》，南开大学社会经济研究委员会，1930年，第3—4页。南开大学经济研究所编：《南开指数资料汇编（1913年—1952年）》，统计出版社1958年版，第11页。

② 吴弘明译：《天津海关十年报告书（1912—1921）》，见《天津历史资料》第13期，天津社会科学院历史研究所，1981年，第65页。

③ 据南开经济研究所方显廷的研究，1927年天津关出口的地毯，输出总值6165741关平两的76.3%运往外国，其中总值的56.8%运往美国，其余23.7%运往中国其他各地。参阅方显廷编《天津地毯工业》，南开大学社会经济研究委员会，1930年，第52页。

表 1-10　1912—1927 年天津海关地毯输出额

单位:关平两

年份	价值	年份	价值	年份	价值	年份	价值
1912 年	45743	1916 年	737994	1920 年	1151726	1924 年	5516024
1913 年	73952	1917 年	735311	1921 年	125495	1925 年	6118138
1914 年	77475	1918 年	349146	1922 年	2907881	1926 年	6679107
1915 年	131792	1919 年	447926	1923 年	4183235	1927 年	6165741

资料来源:中国第二历史档案馆、中国海关总署办公厅编《中国旧海关史料(1859—1948)》,京华出版社 2001 年版,第 67 册,第 250 页;第 71 册,第 245 页;第 75 册,第 260 页;第 79 册,第 263 页;第 83 册,第 251 页;第 87 册,第 210 页;第 89 册,第 194 页;第 91 册,第 194 页;第 93 册,第 193 页;第 95 册,第 207 页;第 97 册,第 218 页;第 99 册,第 325 页;第 101 册,第 547、549 页;第 103 册,第 505、507 页。

天津输出的地毯并非全为天津所产,也包括内地织造的地毯,其中以北京为主。1928 年,天津输出地毯 5659587 关平两,计 7860547 元。其中北京等地地毯输入天津 583372 方尺(见表 1-11),北京地毯多为次毯,按每方尺 1.8 元计算,内地输入天津地毯约为 1050070 元,占天津地毯出口值的 13%左右。[①] 据此,天津关出口的地毯绝大部分为天津所产,天津毯成了中国地毯的代名词。"蒙古边境之地,东起直隶湾,西迄帕米尔……制毯业极盛。其所制之毯,西人称为天津毯"。[②]

表 1-11　1922—1928 年内地输入天津之地毯数量

单位:方尺

	1922 年	1923 年	1924 年	1925 年	1926 年	1927 年	1928 年
数量	526666	775003	680609	726549	884632	510843	583372

资料来源:方显廷编《天津地毯工业》,南开大学社会经济研究委员会,1930 年,第 7—8 页表格。

① 方显廷编:《天津地毯工业》,南开大学社会经济研究委员会,1930 年,第 51—52 页。
② 愈之:《中国之毯业》(译《字林西报》),《东方杂志》第 14 卷第 9 号,1917 年 9 月。

清末民初，京津地毯业的市场重心在西欧，特别是在英国。一战前后中国地毯的市场重心逐渐由西欧转到美国。1912 年，英国和美国分居中国地毯出口市场前两位，自 1913 年始市场格局迅速发生变化。该年美国一跃成为中国地毯最大出口市场，占中国地毯出口值的一半多。此后美国市场份额总体呈上升趋势，1922 年至 1926 年一直保持在 80%以上，1924 年一度接近 90%。而中国地毯昔日最大出口市场英国的份额却一直处于下滑态势，一战期间进口一度中止。日本则成为中国地毯第二大出口市场，但市场份额波动较大。可以说，中国地毯出口形成了对美国市场的严重依赖。（见表 1-12）京津地毯业也根据美国市场的需求，对地毯进行了针对性的设计和改造，以适应美国市场需要。①

表 1-12　1912—1926 年中国地毯出口地区比例

年份	地区					
	美国	日本※	英国	香港	加拿大	其他
1912 年	24.46%	9.86%	38.55%	8.28%	0.81%	18.04%
1913 年	55.53%	6.28%	18.23%	7.10%	0.28%	12.58%
1914 年	58.09%	10.75%	16.34%	3.76%	1.33%	9.73%
1915 年	61.63%	30.58%	1.48%	2.85%	—	3.46%
1916 年	38.28%	60.18%	0.07%	0.77%	0.01%	0.69%
1917 年	54.59%	41.66%	—	1.56%	1.54%	0.65%
1918 年	36.43%	49.22%	—	6.29%	4.09%	3.97%
1919 年	64.02%	15.12%	6.03%	2.18%	3.43%	9.22%
1920 年	72.53%	12.12%	8.07%	2.02%	1.66%	3.60%
1921 年	66.46%	8.96%	9.57%	3.01%	3.80%	8.20%
1922 年	81.74%	10.07%	3.17%	1.32%	1.48%	2.22%
1923 年	85.63%	8.04%	2.53%	0.74%	1.10%	1.96%

① 杜仑山：《天津地毯简史》，《天津工商史料丛刊》第 6 辑，1987 年，第 56、58—59 页。

续表

年份	地区					
	美国	日本※	英国	香港	加拿大	其他
1924 年	89. 10%	3. 18%	4. 05%	0. 64%	0. 71%	2. 32%
1925 年	82. 45%	9. 92%	3. 78%	0. 58%	0. 83%	2. 44%
1926 年	85. 78%	7. 31%	3. 17%	0. 49%	0. 91%	2. 34%

资料来源:中国第二历史档案馆、中国海关总署办公厅编《中国旧海关史料(1859—1948)》,京华出版社 2001 年版,第 67 册,第 249 页;第 71 册,第 244 页;第 75 册,第 259 页;第 79 册,第 262 页;第 83 册,第 250 页;第 87 册,第 209 页;第 89 册,第 193 页;第 91 册,第 193 页;第 93 册,第 192 页;第 95 册,第 206 页;第 97 册,第 217 页;第 99 册,第 324 页;第 101 册,第 546 页。

※包含台湾地区的数据。

强劲的国际市场需求促成了京津地毯业的兴盛。清末北京地毯厂不及 10 所,机器不过 10 余架。① 1916 年,北京地毯工厂和作坊增至 100 多家,出口总值接近百万元,从业工人达到一两千人。② 据甘博调查,1917 年北京有地毯行 68 家,工人和学徒各 2500 人。③ 1920 年,工厂和作坊数量增至 354 家,共有毯机 278 架。之后地毯业继续扩张,直至 1924 年,该年全行业共有工厂 207 家、毯机 518 架,从业人员达到 6800 多人。④ 1927 年,北京地毯业有工厂 200 多家、工人 3900 余人,年产 104 万平方尺,价值 200 万元。⑤ 相比之下,天津地毯业发展更为迅速,规模更大。1912 年至 1917 年,天津地毯业先后成立 438 家,但资本额一般较少。⑥ 1922 年,天津总商会调查称,天津地毯

① 逸:《中国地毯贸易之发达》,《上海总商会月报》第 3 卷第 1 号,1923 年 1 月。

② 北京市总工会工人运动史研究组编:《北京工运史料》第 2 期,工人出版社 1982 年版,第 3—4 页。

③ [美]西德尼·D. 甘博:《北京的社会调查》下,陈愉秉等译,中国书店出版社 2010 年版,第 500 页。

④ 王季点、薛正清:《调查北京工厂报告》,《农商公报》第 122 期,1924 年 9 月。

⑤ 黄天仰:《北平市之地毯业》,《大公报》1937 年 7 月 21 日。

⑥ 天津市档案馆等编:《天津商会档案汇编(1912—1928)》第 3 分册,天津人民出版社 1992 年版,第 2778—2803 页。

业共有工厂400余家,工徒14000余名,每日出品1万方尺,每年出品约300万方尺。[①] 毯业兴盛的1923年,天津一地即有530余家工厂,工人达3万余人。[②] 更有甚者称天津地毯业工人曾高达五万人。[③] 1924年,京津两地"大小工厂不下八百家,做工人数约在2万人以上,每年出口货约近千万元,工商业上占一重要地位"[④]。对于毯业调查,时人曾言地毯营业"兴废靡常",因此"实地调查困难颇多"。[⑤]

京津等地还产生了比较大型的地毯工厂,如天津较大的地毯工厂为玉盛永、庆生恒、三盛永、庆丰和、义聚恒等数家,以玉盛永最为年久资雄,有织机150余架,每月可出地毯2万尺以上,其染色纺线均自行办理。[⑥] 北京开源呢绒地毯工厂成立于1917年,资本四五万元,1926年地毯贸易鼎盛时期该厂工人多达400余人。[⑦] 京津地毯业经过20世纪一二十年代的短暂发展,"日臻发达,渐成为中国重要工业之一矣"[⑧]。

2. 草帽辫业

草帽辫业是从国外传入、主要由国际市场驱动的一项新兴手工业,一度成为仅次于丝茶的大宗出口商品。"草帽缏非中国古法,其传入中国也,当在道光咸丰之交。"[⑨]其起源有很多种说法,一种认为是烟台英国洋行的指导,一种认为是法国传教士的指导,一种认为是外人传授指导制作的福建水师的草帽。虽然起源众说纷纭,难以考证,但确系近代以后由外国人教授传入的一种新兴手工业,并很快成为夏季凉帽的一种重要产品,其制作遍及福建、浙江、河南、山东、山西、河北诸省。草帽辫业是完全为市场生产的手工业,其兴起既有国内的市场需求,也与国际市场的驱动有关。"考海关贸易册

① 天津市档案馆等编:《天津商会档案汇编(1912—1928)》第3分册,天津人民出版社1992年版,第2774页。
② 《华北地毯业之衰落》,《国际贸易导报》第6卷第5号,1934年5月10日。
③ 《华北唯一实业地毡业濒危(二)》,《益世报》1934年4月16日。
④ 《我国地毯工厂亟应注意者》,《大公报》1924年3月29日。
⑤ 《天津工业之现状(四续)》,《中外经济周刊》第205号,1927年3月26日。
⑥ 《津埠地毯业概括(续)》,《大公报》1926年11月8日。
⑦ 《平津毛织工业调查(二)》,《大公报》1933年10月29日。
⑧ 《中国地毯工业之沿革与制法及其销路》,《中外经济周刊》第75号,1924年8月16日。
⑨ 杨大金编:《现代中国实业志》上册,河南人民出版社2017年版,第1003页。

所载麦秆辫之出口,始于清咸丰初年,以后逐年增加”。[①] 至清末民初,草帽辫业已经成为十分重要的大宗出口商品,郑观应曾说:“就我夺回之利益数之,大宗亦有二:曰丝,曰茶。……次则北直之草帽缏。”也有商业报告指出,“中国出口贸易中,草帽缏的重要性仅次于丝茶”,“草帽缏在价值和利益上,仅次于丝”。[②] 这都说明草帽辫在中国出口贸易中的重要性。

草帽辫系纯手工生产,且男女老少皆可从事,因而成为许多地区重要的家庭副业。民国以后,草帽辫产地“以直隶、山东、河南、山西为主,而以山东为尤多,几占输出总额之六成”[③]。据统计,在华北地区草帽辫业的兴盛时期,在出产草帽辫的州县中,山东有67个,直隶有38个,河南有14个。[④] 一战前,山东各产区辫庄林立,仅沙河一地就有辫庄40多家。[⑤] 山东出口商到河南南乐县坐庄收买草辫者,不下50人。[⑥] 在河南省南乐县,草帽辫编织于南乐为无形之一大工厂。农家妇女无间老幼,操作之余,手不停编。其收入几及土地生产之半。年产约200万斤,每斤之值由一角至数元,视辫条粗细为差。山东登莱客商就地采买,运由青岛、天津出口。时以品质落伍,未能畅销。邑民转以制造手工草帽,年可得20万顶,价值甚廉,销于河南者为多。在直隶省的河间县,“草帽辫为妇女生利大端”[⑦]。到20世纪初,草帽辫业在华北一些地方已经成为“农家无二的副业”,“妇女习之,虽足不出户,每日可得五六元至十余元之工资”。[⑧] 山东之莱州、掖县,山西之潞城,河北之大名、青县,均为出口大宗之地。[⑨] 随着草帽辫业在农民家庭经济中占有了相当重要的地位,其销售网也在华北逐渐形成。

---

① 彭泽益编:《中国近代手工业史资料(1840—1949)》第1卷,中华书局1962年版,第403页。

② 姚贤镐编:《中国近代对外贸易史资料(1840—1895)》第3册,中华书局1962年版,第1327、1454、1457页。

③ 《山东麦秆草帽辫之调查》,《农商公报》第4卷第1期,1917年8月。

④ 从翰香主编:《近代冀鲁豫乡村》,中国社会科学出版社1995年版,第396页。

⑤ 《山东麦秆草帽辫之调查》,《农商公报》第4卷第1期,1917年8月。

⑥ 彭泽益编:《中国近代手工业史资料(1840—1949)》第3卷,中华书局1962年版,第36页。

⑦ 林传甲总纂:《大中华直隶省地理志》,佩文书社1932年版,“河间县”,第98页。

⑧ 从翰香主编:《近代冀鲁豫乡村》,中国社会科学出版社1995年版,第346页。

⑨ 彭泽益编:《中国近代手工业史资料(1840—1949)》第3卷,中华书局1962年版,第37页。

在河北,出产草帽辫的州县有38个,著名集散地有兴济和南乐,以天津为主要输出港。玉田县20年代末年产草帽135万顶。[①] 沧县“草帽业十余家,每年制造数千百包,行销云南、缅滇等处”[②]。1928年河北全省产草帽辫4.73万担,其中出口2.48万担,本省消费2.25万担,占全省产量的47.57%。[③] 随着草帽辫业的发展,其生产也出现了新的变化。如原料生产的改进,河北省大名县从事草帽生产的农民选择适合于编草帽辫的小麦品种,拨出专门的土地来进行密植,以获得细、长、软的麦秆,从而形成了专门的原料生产,使其进一步商品化。[④]

烟台开埠后,草帽辫业产品是烟台港口的主要输出品,从而刺激了山东掖县沙河镇附近各地的草帽辫业的发展,逐渐形成了沙河镇草帽辫专业市场。区域内的钱庄、典当、盐业资本纷纷设立辫行,像青岛的16家辫行全系沙河镇人开设。[⑤] 一些辫行还在国外开设分店,如正祥栈就在日本的神户、大阪设立分号。[⑥]

国际市场需要是草帽辫业兴起的重要驱动力。因此,出产草帽辫的地区多为运河沿线及津浦铁路沿线地区,集散地则以兴济、南乐、沙河镇、鹿邑、惠济桥最为著名。“在胶济、津浦两路未成之前,草帽辫出口之中心点,当推烟台。此后草帽辫营业,乃大部分配于天津、青岛两地,天津则尤占重要”。[⑦] 胶济铁路通车前,烟台港是草帽辫的最大输出港。一战前,草帽辫多由青岛出口。战后,天津开始超越青岛,成为草帽辫的第一输出港。河北草帽辫产业分布于青县、沧县等23个县,皆经天津出口,山西东部、河南北部的草帽辫业多由天津出口。草帽辫业对交通条件的变化如此敏感,也是因为交通是连接国际市场的必然通道。

---

① 《河北玉易两县土货出产额》,《工商半月刊》第2卷第4号,1930年4月。

② 《于主席出巡记事》,《河北月刊》第1卷第2期,1933年。

③ 河北省政府秘书处编:《河北省省政统计概要》,北平京华印书局1928年版,第117—118页。

④ 参阅朱丽娜《20世纪20—30年代河北乡村经济发展探析》,首都师范大学硕士学位论文,2008年。

⑤ 《山东麦秆草帽辫之调查》,《农商公报》第4卷第1期,1917年8月。

⑥ 《山东草帽辫》,《商务官报》第30期,1908年11月15日。

⑦ 彭泽益编:《中国近代手工业史资料(1840—1949)》第1卷,中华书局1962年版,第700页。

据《现代中国实业志》中的统计,草帽辫的统计波动尚不是太大。(见图1-5)另据陈元清和苏睿先结合1867—1930年津海关年报、天津日本总领事馆编纂的《天津贸易年报(1916—1930年)》(日本商人会议所1917—1931年刊行),茅家琦等的《中国旧海关史料(1859—1948)》(京华出版社2001年版)中表7-14提供的数据,对1868—1936年天津口岸草帽辫出口价值的变动进行统计。(见图1-6)

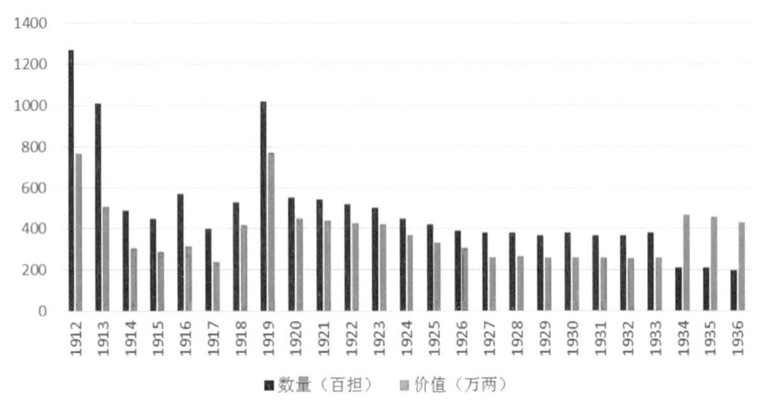

图1-5　1912—1936年中国草帽辫出口产值

资料来源:杨大金编《现代中国实业志》上册,河南人民出版社2017年版,第1017—1018页。

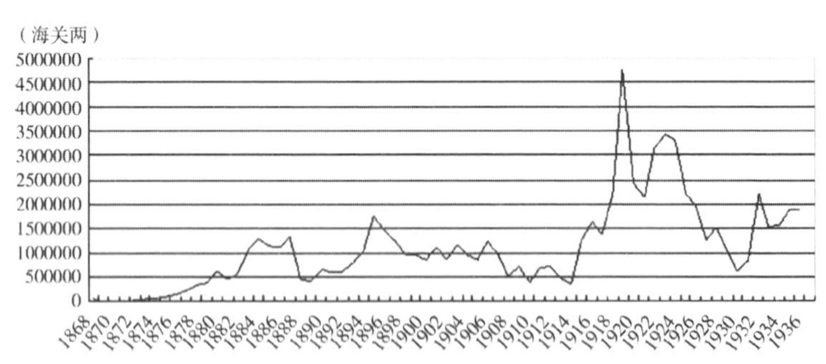

图1-6　1868—1936年天津口岸草帽辫出口价值的变动

资料来源:陈元清、苏睿先《天津开埠后近代华北乡村手工业生产的调整(1861—1936)》,《兰州学刊》2015年第5期。

因为陈、苏的统计是以天津港为单位，所以波动幅度更加突出。这也说明，草帽辫业作为完全的商品经济的产物，其盛衰完全由国际市场行情决定。如民国初年，欧美草帽流行风尚改变，出口稍减。一战期间，德美英法等国销路大受影响，尽管如此，销往欧洲的产品仍占出口值的40%。一战后，销往美国的产品大增，之后，日本、中国台湾的需求量也开始增加。[①] 20世纪20年代后期出口逐渐减少，家庭手工生产的草帽辫“多为自用，不成贸易品”[②]。

3. 花边业

花边和发网都是近代西学东渐过程中的舶来品，在中国落地后迅速发展形成两个新兴的外向型手工业。一般认为，花边是由传教士传入，进而广泛流传开来。花边传入时间不详，据郭大松、庄慧娟考证，是由美国北长老会的海斯（George Hages）夫妇于光绪中叶之前传入，后经英国传教士马茂兰（James MC-Mullan）夫妇创办的烟台实业会和马茂兰有限公司而成为一个新兴产业。[③]

花边业[④]主要按西方服饰需要组织生产出口。制作花边的工具非常简单，“盖所用之器，仅填枕一具，丝络丝针等”，“故尤为农家田舍之所宜”。因此，制作花边的手工技艺迅速扩展，“学徒来者日渐增众，其毕业去者，更转授其艺于其友，且所用之器极简，置备既易，故辗转流传，几于人习其艺”。[⑤]

花边业始于山东烟台，民国初年，经营中心逐渐转至上海，主要在江苏、浙江农村加工。上海花边行多将纱线发交农村妇女，让其按规定花样织造，收货时计件付给工钱，系包买商形式。江浙各县亦有设花边厂者，均为发料

---

① 杨大金编：《现代中国实业志》上册，河南人民出版社2017年版，第1017页。

② 孙宝生：《历城县乡土调查录》，《济南市志资料》第6辑，1986年，第145页。

③ 郭大松、庄慧娟：《传教士与近代山东花边、发网业》，《烟台大学学报》（哲学社会科学版）1994年第3期。

④ 花边分“旧式花边”和“新式花边”两种。旧式花边是中国传统花边，又称“花绦”“绦子”；新式花边则是舶来品，源于欧洲的抽纱工艺。本处所说的花边，单指新式花边。

⑤ 彭泽益编：《中国近代手工业史资料（1840—1949）》第1卷，中华书局1962年版，第409页。

收货,或做整理工作。一般洋行以中国花边物美价廉,无不争先购买,或预定期约,或垫款包办。华商亦乘机推广,放价招工。无锡一县花边营业额达700万元,经营花边业者不下数百家。浦东、南汇、川沙各地花边业亦甚发达,贫苦之家赖此宽裕者,数以万计。

民国初年,花边业进入全盛时代。据记载,"民国初年,花边业逐渐发达,且以我国工资低廉,手术精巧,各国商场竞相采办。……出口日增。一般洋行,以我国花边物美价廉,无不争先购买……是为我国花边业之全盛时代"①。从1912年始,花边出口价值持续增长,至1922年达到历史峰值5640845海关两。这说明一战结束后,欧洲销路继续畅通,而美国市场销量急剧增加,使花边业出口不断增长。1922年,美国开始采用关税保护政策,提高了花边入口税,"自值百抽六十,增至值百抽九十",因此中国花边出口值开始下降并起伏不定。②(见图1-7)

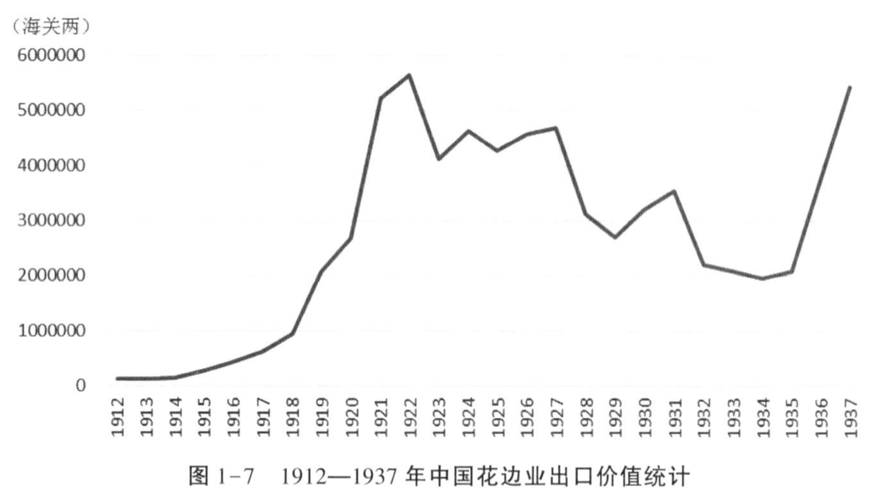

图1-7　1912—1937年中国花边业出口价值统计

资料来源:彭泽益编《中国近代手工业史资料(1840—1949)》第3卷,中华书局1962年版,附录,表3。

一次大战爆发后,欧美贸易停顿,中国花边出口大受打击,存货山积。直

① 实业部国际贸易局编:《中国实业志(浙江省)》,1933年,第七编"工业",第75页。
② 彭泽益编:《中国近代手工业史资料(1840—1949)》第3卷,中华书局1962年版,第40页。

到1919年欧战和议达成，市面渐形活跃，逐步恢复战前原状，尤以运美者为大宗，一时呈现畅销之势。上海附近漕泾区的农家妇女，除助耕外，唯事纺线织布。“近来则多从事下列三种家庭工业了：(一)结衣服上饰用的花边；(二)纺织毯子用的羊毛；(三)绣绸缎衣服上的花。”[①]1922年，美国政府鉴于中国花边销数激增，提高关税，花边销售随之困难。一般商人只知图利，不得不减少工料，品质由此退化，信用因而损失，市价一落千丈，营业难以维持。

无锡为花边业中心之一，“此业首由某女校输入”，其产销方式颇有特点：花边商首先将设计好的花样及所需纱线交给请求工作之幼女，同时发给账本一册，记载发出纱线的数量及应织花边的数量。女童在家中织成后，将花边交与花边商，商家区别优劣付给工钱，并将不满意的花边退回，在账本上登记实收数量。最兴旺之季，无锡南门里一带有花边商150家，每家皆有10余名代理人，负收发之责。[②]

在浙江，花边厂虽名为厂，实则为商号，所有织造女工大都散居各乡。厂方将原料发给织户，到期或派人收货，或汇集送厂。萧山花边业始于1923年，当时各处花边业尚称发达，于是上海花边商利用内地工资低廉，前来萧山传授花边织造方法，同时发给花线，收买产品。其首先开办者，为沪越花边厂。这一时期浙省花边业虽渐有扩张之势，但因紧邻上海，“家庭小厂恐不能与之竞争。花边在宁波已不少，杭州亦渐仿造，但闻销路不佳，因上海花边产额日多，内地皆销沪品，后起者殊难与之抗衡也”[③]。浙省花边业全盛时，全年营业达150万元以上，其中萧山占2/3，温州占1/3。其后国外销路日减，营业日衰，到20世纪30年代初已不到昔日三成。江浙两省花边业生产者动辄数万，主要是农村妇女和儿童，人数虽多，工资却有限，只是农民的一种家庭副业，难以依此为生。

4. 发网业

发网业与花边业类似，均是由舶来品发展为中国的新兴手工业。所谓发

---

① 彭泽益编：《中国近代手工业史资料(1840—1949)》第3卷，中华书局1962年版，第176页。

② 彭泽益编：《中国近代手工业史资料(1840—1949)》第3卷，中华书局1962年版，第186页。

③ 《浙省钱江流域劳工状况调查录》，《中外经济周刊》第199号，1927年2月12日。

网,就是用人的头发织就的一种网状物头饰。传统的发网以丝织成,而作为舶来品的发网则以人发经过技术处理后编织成网,具有隐形并富有弹性等优点。如果说山东是花边的主要产地,那么发网业则基本为山东垄断。“宣统元年,时欧西妇女,习尚以发网为饰,欧美客商,遂有携带发网式样,来山东之济南、青岛、烟台等地,劝民仿造编织,贩运国外”①。1919 年,发网制造区域由济南扩展到章丘、邹平、济河,由青岛扩展到胶县、高密、即墨、诸城、益都、寿光,由烟台扩展到牟平、掖县,生产区域不断扩大,出货量不断增加。1922 年,山东各县劝业所纷纷设立发网传习所,济南、青岛、烟台的发网厂,增加到 70 余家,“实为山东制造发网以来之黄金时代”②。1924 年济南有大型发网工厂 8 家,另外还有一些规模较小者。8 家大型发网工厂资本共计 850 万元,工人计 4710 人。③

发网输出在 1922 年和 1923 年达到一个高峰。据记载,1920 年、1921 年山东发网“产额有增无减,盛况如旧,山东妇女依此为生者约在十万人左右”。在济南,发网产品供给美国,得利极厚,“民六以后民十以前,营业极盛”。在潍县,“城关营发网业者达四十余家。制发网者……三百余家,男女工作者凡二千余人。……运往青岛、上海、烟台、济南,转销英美德法日奥等国”。④

发网业的兴起是中国手工业经济“买方拉动市场”的一个典型代表。近代以来,欧美妇女流行以发网包裹头发以增进美观。因缘际会的是,辛亥革命后,全国范围内的剪发辫为发网业的发展提供了充足的原料,“中国人所弃头发极多,满清未剪辮时尤甚”⑤。加上中国劳动力低廉,在买方市场的拉动下,发网业青云直上。起初欧美商人并不知道德国商人的发网产品来自中国,1912 年因发现发网中夹杂的中文字纸,始知来自中国。“自是英国商人径向烟台直接购买,伦敦、纽约各市遂充满中国发网矣”⑥。一战期间,美国军方

① 彭泽益编:《中国近代手工业史资料(1840—1949)》第 3 卷,中华书局 1962 年版,第 41 页。
② 彭泽益编:《中国近代手工业史资料(1840—1949)》第 3 卷,中华书局 1962 年版,第 41 页。
③ 《济南发网业之近况》,《上海总商会月报》第 4 卷第 3 号,1924 年 3 月。
④ 彭泽益编:《中国近代手工业史资料(1840—1949)》第 3 卷,中华书局 1962 年版,第 41、42 页。
⑤ 《中国发网工业近状》,《申报》1923 年 3 月 5 日。
⑥ 《中国之发网》,《中外经济周刊》第 3 号,1923 年 3 月 24 日。

要求护士佩戴发网以保持头发整洁，进一步刺激了流行风尚，并极大增加了欧美市场对发网的需求量。1922年之前欧美市场对发网的需求较大，特别是"一九二零年至一九二二年间，美国对于发网之要求，非常之巨"①。但是，20世纪20年代后，欧美妇女流行剪发，对发网要求锐减，发网出口额于是急剧下降。（见图1-8）"美国女界近年盛行剪发之风，此亦为发网业衰敝之一因"②。欧美妇女对于头发之装饰要求的变化导致发网的需求大减，因而发网的生产亦相应萎缩。

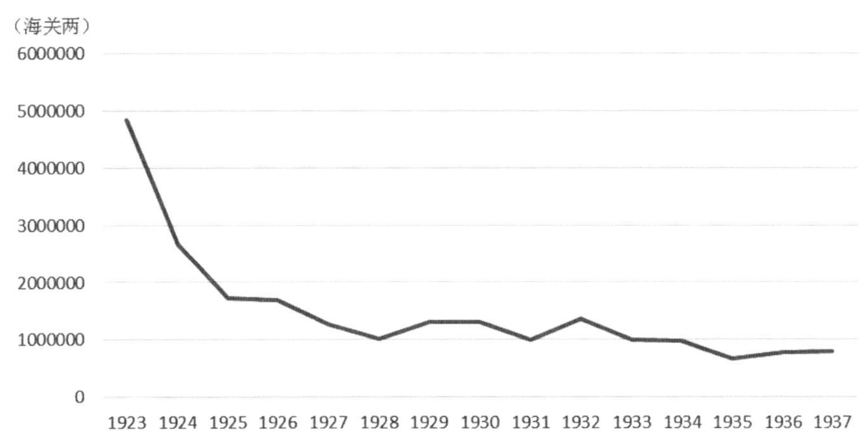

图1-8　1923—1937年中国发网业出口价值统计

资料来源：彭泽益编《中国近代手工业史资料（1840—1949）》第3卷，中华书局1962年版，附录，表3。

5. 爆竹业

中国是一个爆竹烟火大国，中国爆竹不仅在世界上出现最早、历史最长，而且产量之大、种类之多，也都无与伦比。相传唐朝李田燃竹枝发爆声，之后民间相沿成习，遂形成中国传统的爆竹文化和爆竹业。爆竹生产主要集中在湖南、江西两省。清末以来，在民族国家构建的过程中，爆竹中蕴含的驱邪、敬神的仪式意义和祈福、招财的俗世意义逐渐固化，爆竹的市场需求不断扩

① 《中国发网工业近状》，《申报》1923年3月5日。
② 《中国发网工业近状》，《申报》1923年3月5日。

大。光绪年间,湖南浏阳的爆竹业开始运往南洋试销,之后中国爆竹开始外销,规模也不断扩大。清末民初,浏阳、醴陵两县年销“浏阳鞭炮”合计20万箱左右,其中省内约销1万箱,90%以上销往省外以至国外,包括西北、东南沿海各埠,南洋和远东各国。①

各地鞭炮业以湖南醴陵、浏阳为最盛,次为江西万载、萍乡。其中浏阳素称“鞭炮之乡”,“十家九炮”,每年出品鞭炮价值在500万元以上,约占全国销量之半,且有大宗出口。鞭炮制造完全依靠手工,“自鞭爆原料之制造以至鞭爆之完成,共有手续七十二次”。主要制造手续可分为八:“一曰扯筒,二曰褙筒,三曰洗筒腰筒,四曰上盘,五曰钻引孔,六曰插引,七曰轧引颈,八曰结鞭。”“惟作坊多系资力薄弱者,再无能力运销外埠,不得不将鞭爆卖与一种运销商人,以谋资金上周转。故鞭爆于结鞭之后,其他如包装、运销之手续,则属于运销商人之营业范围矣。鞭爆之制造手续虽繁,但自各种手续分开以后,每种工作简单化,其手续仅腰筒上盘钻孔结鞭等,须富于经验之技工始能为之,余如扯筒褙筒插引诸端,皆属易学而且易为之工作,不独壮年男女可作,即老人稚童以至残废者,亦能胜任。爆竹本属手工业,然竟能如此分工之细者,不可谓非最大之特色也。”由于制造鞭炮成本低廉,稍有资本即可开设作坊,且其制造方法因分工结果,老弱妇孺皆可从事某些简易工作,“故浏醴二县平民,专做爆竹者,因比比皆是,余如兼做爆竹者,为数亦多。闻昔日浏阳、金刚、白市、上栗等处,平时不见乞丐,荒年绝少饥民,是皆爆业所赐也”。②

醴陵爆竹生产比之浏阳,有过之而无不及,以县城及东乡之白兔潭、普口市、潼塘市、麻石镇等处为最盛。无论老弱,皆能工作,于农闲时操此业为生者,6万人以上。因“醴陵鞭炮,历来由庄客贩运浏阳进行封装成箱,贴上‘浏阳鞭炮’商标,再转售外埠。因此,市场上只有浏阳鞭炮,而不知有醴陵鞭炮”③。1922—1929年爆竹旺销时,大批广东客商驻庄醴陵,专门订制八扣编爆,交易之盛,年达10万箱。当地鞭炮之制造,有即在家庭中者,农闲之季,农夫每与其家

---

① 刘云波:《论近代湖南的几种外销型手工业》,《湘潭大学学报》(哲学社会科学版)2005年第5期。

② 张人价编:《湖南之鞭爆》,湖南省经济调查所,1935年,第69页。

③ 湖南省地方志编纂委员会编:《湖南省志·贸易志·商业》,湖南出版社1990年版,第168页。

人,制鞭炮以博收入。制成后售与城市中之鞭炮商人,加以彩饰、盖印及打包后外运。1921年春,县境奇荒,唯东三区以业鞭炮之故,无一人逃荒。

在江西萍乡的芦溪,清末民初有130多家作坊从事爆竹生产和经营,从业者达800余人,年产爆竹1.8万多箱,从事爆料纸生产的纸槽达380多槽,年产爆料纸及其他用纸9200多担。爆竹内销广东、福建、山西、上海等省市,外销香港以及孟买、东南亚等地区。①

中国爆竹销场除了遍布国内,还大量出口境外,遍及中国香港、中国澳门、安南、暹罗、新加坡、爪哇、印度、朝鲜、日本、菲律宾、美国檀香山、英国、瑞典、德国、埃及、加拿大、南美洲、澳洲等地,所销鞭爆种类多为顿鞭、红绿鞭。②出口鞭炮的海关口岸主要有长沙、广州、九龙等三个。自1912年以来,鞭炮出口数量稍有下降,又在1922—1923年回到顶峰,直到1927年都基本维持在高位。(见图1-9)

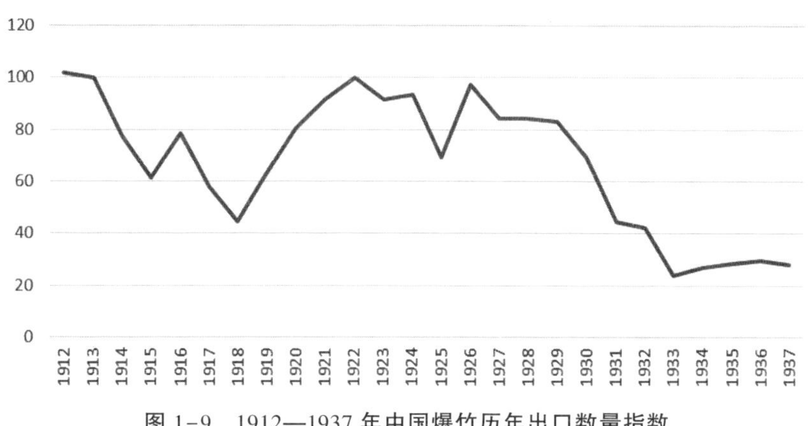

图1-9　1912—1937年中国爆竹历年出口数量指数

资料来源:彭泽益编《中国近代手工业史资料(1840—1949)》第3卷,中华书局1962年版,附录,表2。

6. 刺绣业

刺绣,是用绣针穿引彩线,按预先设计好的花纹和色彩,在绣料上刺缀运

① 江西省政协文史资料研究委员会等编:《萍乡鞭爆烟花史料》,1988年,第8页。

② 曾赛丰、曹友鹏编:《湖南民国经济史料选刊》第2册,湖南人民出版社2009年版,第626—627页。

针，以绣出图样。以刺绣针法的变化，形成不同的运针风格和技艺流派。湘绣、苏绣、蜀绣、粤绣并称为中国四大名绣，在海内外都享有较高声誉，此外汉绣、杭绣等亦为国内刺绣名品。刺绣长期作为一种女红技术而存在，并没有发展成为一种专门的商品性生产，多用于自给性的副业或者以礼品形式用于馈赠。国门大开之后，刺绣因其特殊的工艺，在使用价值上具有非替代性，并具有美学价值，逐渐走向国际市场并广受好评。1915 年在巴拿马国际博览会上获一等奖的苏绣《耶稣像》，售价高达 1.3 万元美金，湘绣也获得 4 枚金牌。

苏绣是以苏州为中心包括江苏地区刺绣品的总称，它是在顾绣的基础上发展而来的。苏绣图案秀丽，题材广泛，技法活泼灵动。无论是人物还是山水，无不体现江南水乡细腻绵长的文化内涵。苏绣素以精细见长，工艺特点是针法丰富，有齐针、抢针、套针、乱针、网绣、纳棉等 40 余种。其线色更达到千种以上，每种颜色从浅到深有 10 多种之分，一件作品有时竟用了一二百种颜色。因此，一般的小幅苏绣作品就要绣 3 至 5 个月，中等作品要绣一年，大幅的要绣两三年，有时还要多人合作才能完成。这种精制而成的艺术品自然为人们所争相珍藏。民国初年，苏绣不断创新，在沈寿影响下，南通、丹阳、无锡、常熟等地纷纷举办刺绣传习班、绣工科、绣工会等，涌现出一批优秀的刺绣艺人。在苏州、吴县等地，刺绣素为妇女之特长，民间妇女皆能刺绣，而尤以农村家庭妇女为多。她们往往于农闲之时，向顾绣庄领取绸缎绒线，以浒墅关、木渎、光福及香山一带为最多，故刺绣在农村副业中占有重要一席。1921—1926 年是苏州顾绣庄的全盛时期，每年营业额均在四五十万元左右。

湘绣是以湖南长沙为中心的刺绣产品的总称。湘绣起源于民间刺绣，已有 2000 多年历史。至清代，长沙刺绣遍及城乡。“省会之区，妇女工刺绣者多，事纺绩者少，大家巨族率以钿饰相侈尚。”[①]湘绣业的结构，一方面是专业的绣庄、绣坊，另一方面则是集聚在绣庄周围的城乡劳动妇女。绣庄经营分为粗绣、细绣两种，前者出品多为戏装、神袍、轿衣和普通生活用品，后者出品

① ［清］赵文在主修：《长沙县志》卷 14《风土 · 妇女》，清嘉庆十五年（1810）刻本，第 10 页。

则主要是绣制高级日用品和装饰品。长沙县沙坪和开福区霞凝一带,是传统的湘绣生产基地,多数农家妇女均以刺绣为业,曾有“绣乡”之称。城内绣庄众多,绣工逾万,年产绣品2万多件。绣品以被面、枕套等日用品为主,也有少量高档画屏。湘绣的特点是用丝绒线(无拈绒线)绣花,其实是将绒丝在溶液中进行处理,防止起毛,这种绣品当地称作“羊毛细绣”。湘绣也多以国画为题材,形态生动逼真,风格豪放,曾有“绣花花生香,绣鸟能听声,绣虎能奔跑,绣人能传神”的美誉。湘绣针法多变,以掺针为主,并根据表现不同物象、不同部位自然纹理的不同要求,发展为70多种针法。线色万千,根据各种不同画稿的题材,运用各种不同的针法,选配各种不同色阶的绣线——丝线或绒线,凭借针法的特殊表现力和绣线的光泽作用,使绣制出来的物象不但保存着画稿原有的笔墨神韵,而且通过刺绣工艺增添了物象的真实性和立体感,起到了一般绘画所不及的艺术效果。湘绣独成一派,清末民初湘绣盛行,超越苏绣,已不沿顾绣之名。法在改蓝本、染色丝,非复故步矣。民国初年,湘绣风行一时,到20世纪20年代末,长沙等地湘绣馆林立,且设庄于沪杭京等处。

湖南湘绣在巴拿马国际博览会、中华国货展览会、芝加哥“百年进步展览会”上获奖后,逐渐扬名海内外。据表1-13所示,长沙湘绣绣庄数不断增长,产量逐年攀升。据记载,民初湘绣工人日渐增多,“人数已逾万,年产绣品2万件,值80万银元”,产品出口量占总产量的30%以上。①

湖南的湘绣行销国内外,“国内则为长沙、上海、汉口、南京、芜湖、天津、青岛及其他繁盛商埠,国外则为欧美各国及南洋群岛”②。从1913年到1935年,长沙绣庄从21家增长到65家,增长了3倍左右;产量从1000件增长到24000件,增长了24倍,其中一半左右的绣品外销。③

① 湖南省地方志编纂委员会编:《湖南省志·工业矿产志·轻工业 纺织工业》,湖南人民出版社1989年版,第108页。

② 朱羲农、朱保训编纂:《湖南实业志》,湖南人民出版社2008年版,第1109页。

③ 李湘树编著:《湘绣史话》,海洋出版社1988年版,第76—77页。

表 1-13　1913—1935 年长沙湘绣业发展情况统计表

年份	绣庄数(家)			产量(件)
	细绣	粗绣	合计	
1913 年	8	13	21	1000
1914 年	8	15	23	1200
1915 年	10	20	30	1500
1916 年	15	20	35	2200
1920 年	15	24	39	7000
1925 年	17	30	47	12000
1930 年	17	38	55	18000
1935 年	25	40	65	24000

资料来源:杨世骥《湘绣史稿》,湖南人民出版社 1956 年版,第 28 页。

武汉、沙市、沔阳等地的汉绣制品,继承了楚国绣品技艺,纹样装饰,针法灵动,辉煌而浪漫,曾在南洋赛会上夺标。湖北素有“无女不绣花”之说,绣品种类繁多,主要有衣着刺绣、云肩、寿屏、儿童装饰等。汉口刺绣则大致分为金线人物与花草麟毛两大类。前者完全由男工担任,后者则由店内派人分发于武汉店家之妇女刺绣。工资之多寡,须视花样繁简而定,每年分五、八、腊月三期结账。绣线多先由店家估量发给,结账时,每两线以 320 文计算,在工资中扣除。技术最熟练的妇女,每日可得工资 1 串文。武汉附近贫家妇女,多恃此以谋生活。挑花属于刺绣之一种,唯手工更细,并作西方花样,由洋行收购出口,主产于宁波、温州及其邻近各县。1923 年,有美商设挑花公司于长沙,利用湘绣熟练女工制作。主要产品为台布、手帕等,使用夏布、十字布为底布,其后扩大到在裙、衫、裤上挑绣。

7. 猪鬃业

猪鬃又名“刚鬃”,是猪脊背上所生 2 寸以上“最刚健粗硬者”,也是中国近代贸易的大宗出口商品之一。中国有着悠久的养猪历史,养猪的主要目的是食肉,生猪毛除作肥料外,其他用途甚少。因猪鬃质地坚韧且富有弹性不易折断,在欧美各国则用以制刷,在清理机器、生活日用方面应用广泛,因而猪鬃在欧美销路甚广。白猪鬃可以完全漂为纯白或半透明,因“其特征而非他种动植物纤维所可比拟,故于制造刷子最为适宜而极重要之原料”。在人造尼龙纤维品质改良之前,各国制刷工业视猪鬃为最佳原料。[①] 随着西方工业化的深入及持续军备竞赛,猪鬃刷子在机器设备及枪炮等的日常维护上发挥着十分重要的作用,这使得猪鬃销路日广,逐渐成为近代中国的出口大宗之一,抗战胜利后的1946年其价值甚至跃居出口商品第一位。[②] 伴随着猪鬃出口贸易扩张而来的是,其质量及产品标准却长期为外商所诟病。猪鬃生产,主要工序是经拣选、清洗、烘干,按长短规格梳排成捆,装箱出口,全部工作都以手工完成。猪鬃业多在农历正月至四月间最活跃,因为这一时期杀猪最多。商贩们在各地收买后,集中运到堆栈售卖。洗房从堆栈买进货物后洗制成熟货再向字号售出。一般猪鬃厂雇工一二十人,须技术熟练,实行学徒制。猪鬃产地遍布全国各地,其中以辽宁、四川、贵州、河南、湖南等省所产为多。因为气候和饲养之关系,猪鬃有白色、黑色、杂色之别,北方猪鬃粗长色黑,南方猪鬃短细,长江中游所产者多杂色,江苏南部及北通州、浙江金华一带多白色,陕西、湖南所产者鬃身细长,四川所产则粗短而稍硬。[③] 开埠通商特别是汉口、天津开埠以后,“外商来华采买猪鬃者甚多”[④],其中以德商禅臣洋行为始,此后猪鬃逐渐成为通商口岸及其腹地一项较为重要的手工业。继禅臣而起者,德国则有业施、美记、福来德、美最时、开利,法国则有永兴、良济,英国则有天祥、怡和、万兴,日本则有三井、岩井等洋行收买猪鬃,但非直接与商号订购,系由买办居间介绍。[⑤] 虽然猪鬃出口有中国商人参与,但只能从事猪鬃洗制,无力独立开展出口贸易,需附庸于外商,因而猪鬃出口贸易几乎都被洋行垄断。由于世界工业化进程的推进及局势的动荡,世界市场对猪鬃的需求一直很旺盛,几乎都处于供不应求的状态。[⑥] 在第一次世界大战以

① 张仁任:《猪鬃业(未完)》,《云南实业要闻周刊》第71号,1918年。
② 《本年出口货猪鬃占大宗》,《国际贸易》第1卷第13期,1946年。
③ 《猪鬃外销渐起》,《青岛工商季刊》第4卷第2期,1936年6月。
④ 《猪鬃外销渐起》,《青岛工商季刊》第4卷第2期,1936年6月。
⑤ 黄既明:《汉口猪鬃之今昔观》,《银行杂志》第4卷第22期,1927年9月16日。
⑥ 何鹤佺:《猪鬃之调查》,《检验月刊》第2期,1929年12月。

前，世界猪鬃供应以俄国、波兰、芬兰最多，中国、塞尔维亚次之，其中以俄国所产猪鬃品质最为优良，中国次之。1917 年俄国发生革命政权更迭，一战后猪鬃出口大为减少，特别是 1926 年由于增加肉食的需要，俄国西伯利亚等地的猪一半以上被宰杀[①]，而后其猪鬃产量逐渐减少，自给尚有不足。一战期间，我国猪鬃销售出口迅速增加，出口量已居世界第一位，1918 年出口达 71611 海关担，价值 6682464 海关两。[②] 一战后俄国猪鬃仍有少量输入美国，但需要将其染成黑色，模仿中国猪鬃才有销路[③]，可见中国猪鬃在市场上的地位。此后中国猪鬃出口量虽有起伏，但基本都维持在 6 万担左右，其中 1929 年出口达 73196 海关担，价值到达最高的 11782450 海关两。

光绪初年中国猪鬃即已对外出口，但直到光绪二十一年(1895)海关贸易报告才设立猪鬃专项。[④] 自清末猪鬃出口以来，重庆、汉口、上海、天津是几个重要的猪鬃集散地。1919 年，天津出口 2 万担，汉口和重庆各 1.5 万担。[⑤] 到 1928 年，全国猪鬃出口，以天津、汉口、重庆、青岛、上海为主，其中天津占 33.3%，汉口占 21.6%，重庆占 15.8%，青岛占 6.3%，上海占 6.0%，其他各港共 17.0%。[⑥]

就全世界而言，中国是最大的猪鬃生产者，“查世界猪鬃之供给量约为六千吨左右，而中国总供给量百分之七十五以上”[⑦]。就国内市场而言，四川则是产鬃第一大省，“中国猪鬃总产量，以省区而言，四川为全国之冠，战前平均产量，约占全国总产量百分之四十”[⑧]。1819 年四川猪鬃仅出口 568 担，但是 1915 年增加到 15953 担，出口量增加了 28 倍。

(三)进口替代型手工业落地生根

自西风东渐以来，针织品、胰皂和化妆品等国外日常生活用品传入中国，

---

① 俄国养猪习惯与我国不同，我国养猪最长不过一年，而俄国为数年一宰，这也是其猪鬃品质优良的原因之一。

② 叶舜如:《中国猪鬃业概况》,《商业月报》第 15 卷第 3 号，1935 年 3 月。

③《华府中美人士生丝猪鬃座谈会记录》,《贸易月刊》第 5 卷第 3 期，1943 年。

④ 张仁任:《猪鬃业(续完)》,《云南实业要闻周刊》第 72 号，1918 年。

⑤《论中国猪鬃之商业》,《英商公会华文报》新编第 4 号，1920 年 8 月。

⑥ 何鹤佺:《猪鬃之调查》,《检验月刊》第 2 期，1929 年 12 月。

⑦ 实业部国际贸易局编:《猪鬃》,商务印书馆 1940 年版，第 2 页。

⑧ 行政院新闻局编:《猪鬃产销》,1947 年，第 12 页。

给中国市场带来了新的商品元素、生产技艺和技术。自1840年以来,仿造国外古玩、军器的行为就不罕见,仿造对象也逐渐波及“西人新器”。仿造行为几乎存在于各行各业,如1915年北京盛兴皮庄仿造美国的华旗、织麻等皮,继而仿造法国的蓝皮、英国的软皮,“较原品为优,故市产甚为发达”[①]。中国传统化妆品种类繁多,但舶来的新式化妆品每年海关输入“其数可惊”,于是北京、天津、上海等地都有仿造者,“颇亦收回外溢权利”。[②] 各行各业都有仿造者,如北京刘小厂仿造苍蝇纸及其他制品,永增号仿制西方铝品,中国牙医模仿西人的镶牙技术,各银楼首饰店模仿西式电镀之法,由原来的铜器镀银、银器镀金扩展到镀镍、镀銥等。[③] 仿造者有的是使用中国传统技术来生产国外商品,有的则是引进外国技术来对国外商品进行本土化生产。当仿造行为达到一定规模时,便形成了近代中国手工业经济中一支不可小觑的力量——进口替代型手工业。

进口替代是指用本国产品来替代进口品。进口替代型手工业,一般是中国原来并没有的工业类型,在国外一般用机器生产,但是在引进国内后,因为中国手工业的比较优势而改用手工生产。进口替代型工业涉及火柴、针织、袜子、手帕、卷烟、西药、制皂、油漆、日用化工、搪瓷、化妆品、电池、机器、电机、自行车、铅石印刷等众多行业。这些行业基本是在1900年后在中国落地生根,因为是对进口品的替代,因而也常和进口品一起被称为“洋货”。同时也因为进口替代的缘故,这些行业的生产销售往往比较有保障,一般都采取工场手工业的形式,有些也采用或部分采用了机械动力,在市场形势好的情况下,很容易过渡到近代工业。

1. 针织业

针织业主要包括汗衫、袜、毛巾、花边、线毯、卫绒等,其中汗衫、织袜两项是大宗,为进口替代型手工业中产值较大产业,“以其无需多大资本,轻而易

① 吴廷燮等纂:《北京市志稿(三)·度支志 货值志》,北京燕山出版社1990年版,第462页。

② 吴廷燮等纂:《北京市志稿(三)·度支志 货值志》,北京燕山出版社1990年版,第466—468页。

③ 林传甲:《大中华京师地理志》,中国地学会,1919年,第172页。

举故也”[①]。

针织品是一种全新产品,“吾国所用之机织衫袜,皆自舶来”。我国原用布巾、布袜,都采用的是手织土布。广东、上海一带有一种细品织巾,较土布为优,被视为顶上等浴巾。针织品在使用价值上对中国传统布巾、布袜的替代,使针织品在中国获得了巨大的市场空间。20 世纪初以来,针织品大量进口,于 1917 年达到高峰,净进口针织品为 254.4 万打。为此,中国传统布巾、布袜的生产销售为之停顿,“既属盛销,旧时之葛衫布袜,渐归陶[淘]汰”。[②]“后舶来毛巾侵入,更适合浣沐之用,以故风行各地,不可遏止”[③]。“洋袜子”运销中国后,因“人们穿在脚上,都感到轻快而且舒适”,“洋袜子”的销路“竟有一日千里之势”。[④]

光绪末年,“国人痛恨利权之外溢,欲思购机仿制,以塞漏卮而图利”,于是先后有国人购买西洋袜机和日本袜机投资生产。1896 年上海开办景纶汗衫厂,为早期针织企业中规模较大者,“每年销额,不下二十万金”。[⑤] 20 世纪初年,针织业渐由沿海地区向内地城市扩散。第一次世界大战期间,外国针织品不能入口,中国针织业获得迅速发展。

在近代中国的手工行业中,针织业的发展之快、成效之著,引人注目。针织生产,大致以上海为中心,以江浙地区为盛。其他如广东、河北、湖北、湖南、山东、辽宁、江西、四川等省,针织业也都有一定程度的发展。从 1912 年到 1919 年,江浙两省针织业产值不断上升,江苏省产值从 60.8 万元增长到 319.3 万元,增长了 4.25 倍;浙江省产值从 30.9 万元增长到 132.2 万元,增长了 3.28 倍。[⑥] 到了 20 年代初,广州的某个报纸已经宣称,中国针织业的进

---

① 杨大金编:《现代中国实业志》上册,河南人民出版社 2017 年版,第 214 页。

② 杨大金编:《现代中国实业志》上册,河南人民出版社 2017 年版,第 214 页。

③ 王达:《天津之工业》,《实业部月刊》第 1 卷第 1 期,1936 年 4 月。

④ 《津市织袜业之递嬗》,《益世报》1932 年 7 月 18 日。

⑤ 杨大金编:《现代中国实业志》上册,河南人民出版社 2017 年版,第 214 页。

⑥ 数据来源参阅许涤新、吴承明主编《中国资本主义发展史》第 2 卷,人民出版社 2003 年版,第 957 页。

口替代已经完成,因为“舶来品几绝迹于广州市场”①。据统计,1920 年,中国针织业国内产值(包括衬衫衬裤、手套、汗衫、毛巾等)为 899.2 万元,同年进口值为 145 万关两,合 225.9 万元。该年国内产值与进口值为 4∶1,除去 100 多万元出口,国货市场占有率在 70%左右。②

作为进口替代型手工业的典型行业,针织业不仅抵制了洋货进口,使舶来品几绝迹于市,而且开始向外出口。1923 年袜子和毛巾的出口值为 61.3 万元,1925 年增为 67.5 万元,1927 年又增为 85.7 万元。③ 时人言及,不无兴奋:“吾国针织业之过去历史,经二十余年之艰难奋斗,而仍能摈绝洋货,推销国货,获今日之成绩者,全赖货真价实,不图重利之所致也。近年各厂出品,不但畅销国内,且进而推销南洋、欧、美,如丝袜一项,即最著者也。”④

针织业巨大的市场需求,带动了生产技术的持续更新。最初的针织机械,都由洋行购进,多系英国、德国的手摇机,每台价百余元。各地针织行业中,陆续有购置电力织机,实行工厂制生产的,但为数很少,绝大多数都是采用手摇织机。自广东进步电机针织厂、上海繁星针织厂始,电力针织厂也开始快速发展。在上海,1917 年已有针织厂 70 余家,1928 年有电力针织厂 35 家,织袜机 1307 架、织袜头机 200 架、摇纱机 2466 架。⑤ 1918 年又有采用横编机的“中华”与“振兴”两厂创办,雇工约 700 人。因添置横编机可织衫裤、围巾、手套等产品,为市场所需要,当地工厂相继开始仿制。

尽管已经有了电机针织厂,但是手工针织业还是继续发展。从美国输入的电力机,每台千元以上,效率不过是手摇机的五六倍,所以人们舍电力而用手工。据说上海“袜机销路活跃,每年约有万台以上”。其原因,“盖以电力针织,须集合巨资,建筑工厂,搜罗人才,其他种种设置,更须美备。而手摇机,则轻而易举,虽一人一家,皆可织造。故江浙两省,几乎城市乡镇,遍地皆是,

---

① 参阅彭泽益编《中国近代手工业史资料(1840—1949)》第 3 卷,中华书局 1962 年版,第 154 页。
② 樊卫国:《论进口替代与近代国货市场》,《上海社会科学院学术季刊》1995 年第 3 期。
③ 彭泽益编:《中国近代手工业史资料(1840—1949)》第 3 卷,中华书局 1962 年版,附录,表 3。
④ 杨大金编:《现代中国实业志》上册,河南人民出版社 2017 年版,第 220 页。
⑤ 杨大金编:《现代中国实业志》上册,河南人民出版社 2017 年版,第 216 页。

上海亦复不少。多则百余机,少则一二种,胥视其能力之所及。出品虽较粗劣,而价格颇廉,易于销售。故手摇机织,以之战胜舶来品则不足,而补助家庭工业,则绰然有余裕也”。[①] 有些针织厂,既有电力机,又有手摇机,如天津针织业最有名的“义生”“生生”“华铭”“金记”四家工厂中,“义生”“生生”“金记”三家均有马达1至3座,“华铭”则有电力机11架。[②] 有学者以“技术退化”来认识中国近代的进口替代型手工业,认为在国外机器生产的商品在国产后反而退化为手工业,是技术的退化。这种认识并不全面,事实上,以中国手工业经济为主体来看,这仍然是巨大的进步,远非什么倒退。一方面,手工针织业的发展,完成了对进口针织品的替代;另一方面,手工针织业的发展也促进了手摇机的国产化,进而使针织业的进口替代进入到第二个阶段,开始了对针织业耐用生产资料的国产化,这进一步体现了针织业进口替代的成功,以及中国手工业经济的活力和发展趋势。

民国初年,“手摇袜机,国人亦知仿造,于是业针织者,厂肆如林”[③]。第一次世界大战期间及战后,德国手摇针织机进口停顿,国内机器制造业开始大批仿造手摇针织机。上海大隆机器厂在20世纪20年代中期已能生产“毛巾纺织厂一切应用机器”[④]。上海邓顺昌机器厂“生产袜机,每月经常在500台以上”[⑤]。到1924年,针织机制造厂增至39家,“袜机销路活跃,每年约有万台以上”[⑥]。1931年,仅上海一地,就有专业针织机制造厂41家,雇用工人687人,共计资本113500元。[⑦] 国内仿制的手摇针织机价格远低于进口机,每台仅20元上下。如同期创办的上海三友实业社为著名的毛巾厂,创办资金

---

① 杨大金编:《现代中国实业志》上册,河南人民出版社2017年版,第216页。

② 王达:《天津之工业》,《实业部月刊》第1卷第1期,1936年4月。

③ 杨大金编:《现代中国实业志》上册,河南人民出版社2017年版,第214页。

④ 国货事业出版社编辑部编:《中国国货工厂史略》,国货事业出版社1935年版,第311—312页。

⑤ 上海市工商行政管理局、上海市第一机电工业局机器工业史料组编:《上海民族机器工业》上册,中华书局1966年版,第185页。

⑥ 上海市工商行政管理局、上海市第一机电工业局机器工业史料组编:《上海民族机器工业》上册,中华书局1966年版,第340页。

⑦ 上海市工商行政管理局、上海市第一机电工业局机器工业史料组编:《上海民族机器工业》上册,中华书局1966年版,第457页。

只有450元,亦用木机。该社除在上海郊区拥有12处手工厂,计有木机1800架外,还以发料收货方式支配着周边农户家庭木机四五百架。

针织手工业的兴起促进了手摇针织机的国产化,而针织机制造业的发展又进一步推动了各地针织手工业的普及。1926年,浙江平湖“城乡各袜厂,所有大小袜机现在约近万架”,“各厂所用袜机,均系上海华商各工厂所造,价值愈售愈廉”。[①] 地处浙西的硖石镇,1927年有针织袜机4000多架,“大小袜厂共有30多家。……各厂所用袜机以上海华厂所出之蝴蝶、牡丹两牌为多”。[②]

到20世纪20年代中期,中国的针织机制造厂由第一次世界大战前的3家增至39家,年产量达万余台,为针织手工业的普及提供了充足的工具。1927年,上海华胜机器厂仿制电力针织机获得成功,其他厂也相继仿制,但手摇针织机仍然有其销路,“其一,是转向内地;其二,在城市里则以花色袜、高档袜方面所用为主。……丝袜之宝塔眼,线袜的各种花式及尖夹底袜,必须用手摇袜机织造,加上袜子中有丝、毛、棉、花、舞、短、长等数十种之多,都须用手摇机”[③]。因此,手摇针织机的生产仍然有所发展。大致来说,机器袜厂可以生产60支以上的上等线袜,而手工袜厂则大部分只能生产42支以下甚至8支的粗纱袜,质量相对低劣。据刘大钧观察,江南各厂产品,小厂所出之低等纱袜及冲毛袜多销于乡镇间,中等、高等线袜,除销于城市间外,还有一部分运至上海转销他省。[④] 机器袜厂产品多销往本埠、华北、华南及南洋各地,而手工袜厂产品则集中在生产地附近。

接下来再分析针织业的区域分布和发展情况。上海、天津、武汉、无锡、南昌、九江、辽阳等地,都是针织业的集中地。

上海是国内针织业的发祥地。到1926年,上海一地就有袜厂50余家,两年后更增加至100多家。上海一带放料收袜以南汇为盛,时称“南汇袜子”。1919—1926年的7年中,南汇袜业欣欣向荣,“乡厢四郊,袜厂林立,机声相

---

① 《浙江平湖织袜工业之状况》,《中外经济周刊》第147号,1926年1月23日。

② 《硖石之经济状况》,《中外经济周刊》第215号,1927年6月11日。

③ 上海市工商行政管理局、上海市第一机电工业局机器工业史料组编:《上海民族机器工业》上册,中华书局1966年版,第336页。

④ 刘大钧:《中国工业调查报告》上册,经济统计研究所,1937年,第76页。

应,盛极一时"[①]。其中振艺商行一度控制着南汇家庭织机的1/3。以生产童袜知名的同兴袜厂年销袜子25万打,其中3/4是在南汇加工的。上海也是毛巾业的集中地。自1900年川沙人沈毓庆在家中开办缠记毛巾厂,到民国初年,上海、无锡一带已有毛巾厂13家,雇工均在二三十人左右,平均每家年产毛巾8281打。此时电力织机每台售价约300元,而木机仅需10元,因此各厂多用木机,手工操作。

1919年至1925年是江苏毛巾业之最盛时代,沿沪宁路而北,无锡、镇江、南京及扬州,沿沪甬路南至松江,均为针织业发达之区。1925年,南京共有毛巾作坊200余家,全城织机总数约600架。资本小者仅有织机1—2架,织机最多者也不过20余架,"资本最小之厂,并于摇纱之事,由厂家之眷属亲任,即有机二十余架之工厂,所用之纱,亦系亲自漂白,亲自司帐,仅于摇纱之事,招请女工,织巾之事,添请工人"[②]。

天津针织业,"起自民国元年,至民国六年而大盛"[③]。1912年天津捷足洋行出售自英国贩来之针织机,每架机器成本约20元,以120余元的价格售与华人,获利甚巨。[④] 至1917年针织技术日渐成熟,"预算此业有成功之希望,此呼彼和,殊有长足之发展"。此外,正值欧战时期,洋货进口锐减,天津针织业遂趁机而起,"如雨后春笋,有一日千里之势"。[⑤] 据天津县实业局调查,1926年秋天津针织业使用工人在7人以上的针织厂有21家,各厂工人共计426名。此外还有大量的小规模针织作坊,"天津针织业,现时尚未脱离家庭工业,大多数概系一家置备针织机数架,雇用学徒若干名,从事制造"[⑥]。浙江杭、嘉、湖、宁、绍五属城乡手工业素称发达,各因地而异,"惟最普通者,为织袜一项,尤以平湖、硖石、嘉兴为多,宁波、杭州亦不少,湖州次之。城镇贫民中,十岁上下之幼女(缝袜头),及壮年妇女(捻袜)、四五十岁之老妇(纺纱

---

① 《南汇织袜业现状》,《工商半月刊》第5卷第11号,1933年6月。
② 《南京毛巾业之概况》,《中外经济周刊》第115号,1925年6月6日。
③ 方显廷:《天津针织工业》,南开大学经济学院,1931年,第81页。
④ 王达:《天津之工业》,《实业部月刊》第1卷第1期,1936年4月。
⑤ 王达:《天津之工业》,《实业部月刊》第1卷第1期,1936年4月。
⑥ 《天津工业之现状》,《中外经济周刊》第198号,1927年1月29日。

折袜)、失业之男子(烫袜),无不借织袜以为生,在五属中以袜业度日者,每年常有数十万人,而各处袜厂,尚日事推广……就各项家庭职业而论,如织袜一项,各属已达盛境"①。1926年,平湖一地有织袜机1万架,产袜价值达400万元。该地针织业与上海一样,盛行放机制,即将手摇机租给农户,发料收货,从织户应得工资中扣取租金,这成为一种资本主义家庭劳动。其中平湖光华厂放机1000台,当湖厂放机约600台,每机每月收租金2元。收货后,再由厂方雇工缝袜头、袜底并熨平。织户每日可织袜1打,得工钱0.22—0.25元。与上海、平湖等地盛行放机有所不同,杭州织袜业多招收女工入厂做工,出外放机者较少。(参阅表1-14)

表1-14 1912—1920年江苏、浙江、湖北三省针织业产值

单位:元

年份	江苏	浙江	湖北
1912年	608255	308801	96192
1913年	836684	565039	320197
1914年	1049015	771528	91390
1915年	1219764	874865	257385
1916年	1364862	687845	1183202
1917年	1991504	971951	210140
1918年	2327892	1517459	532516
1919年	3193189	1321980	
1920年	5119247		

资料来源:方显廷《天津针织工业》,南开大学经济学院,1931年,第12页。

武汉毛巾业这一时期也有长足的发展,仅汉阳一地就有毛巾作坊60余户,有织机600余部。原来只有一两部织机的小作坊,这时已大多发展成手工业工场。② 江西针织厂坊主要集中在九江及南昌附近。南昌自1922年起

① 《浙省钱江流域劳工状况调查录》,《中外经济周刊》第199号,1927年2月12日。
② 徐鹏航主编:《湖北工业史》,湖北人民出版社2007年版,第103页。

始有针织业,到30年代初,南昌针织厂坊大小已不下120家,所产物品以线袜为主。(见表1-15)

表1-15　南昌主要针织厂坊一览

厂名	地点	针织机	资本额(元)	工人数(人)	年产值(元)	商标
茂生	状元桥	织袜机15部,织衣机3部	1500	24	10000	金新、肖像
熊全顺	东湖	织袜机37部,织衣机3部	1000	34	10000余	双金、三星
豫成	上谕亭	织袜机17部	800	17	10000余	
同春厚	大成坊	织袜机7部,织衣机8部	1000	33	6000	同心、红春
亮记	高桥	毛巾袜机、织袜机各19部	700	20	4000	
熊大利	珠市街	织袜机12部	200	12	4000	
福康恒	上谕亭	织袜机6部,织衣机10部		34	3000	
熊五记	鄢家井	织袜机14部	300	13	3000	
萃兴顺	嫁妆街	织袜机18部,织衣机12部	1000	30		美兔、小羊
胡大隆	康王庙		600	8		

资料来源:《南昌市工业状况》,《经济旬刊》第1卷第18期,1933年12月1日。

总之,民初是我国针织业发展最快的时期。由于手摇机的广泛使用,“虽一人一家,皆可织造。故江浙两省,几乎城市乡镇,遍地皆是”①。针织业是近代中国进口替代型手工业的典型代表,不仅实现了对国外机制针织品的替代,大量出口国外,还实现了手摇机的国产化。在针织业中,最早引进的是手摇机,从事手工生产;之后续有电力机引进,开始机器生产。二者在竞争的基础上互动,也在互补前提下共同进步,反映了嫁接型工业化道路的渐进性和成功之处。

① 杨大金编:《现代中国实业志》上册,河南人民出版社2017年版,第216页。

2. 皂烛业

肥皂及蜡烛为家庭必需品。皂烛之为用,在中国由来已久,以膏制烛,以荚为皂,代代相传。海禁大开之前,中国洗濯之用,主要有三种,一曰皂荚、二曰皂果、三曰灰汁,后又有将猪的胰脏与碱按一定比例混合形成的胰子。从原理上来说,中外古代制造肥皂的原理都是共通的,都是用动物脂肪或天然碱(草木灰)来洗涤。海禁大开之后,英商的礼合皂最早输入我国,之后祥茂、北忌皂先后流行。洋皂在效用上优于中国的胰皂或皂荚,在市场上颇受欢迎,"无论通商巨埠,乡村闾巷,贫富贵贱,皆备为家庭日用必需物品。故近年来肥皂之消耗,逐见加多,此项制造业颇有蒸蒸日上之势"①。

从1896年始,德国布拉克赫德商会开始制造肥皂,行销国内;上海英商中国肥皂公司一度垄断中高档香皂市场。之后在天津、上海、大连、青岛、哈尔滨、汉口、广州、成都、重庆等地,相继开设皂厂。洋皂与中国旧式猪胰皂相比优点明显,且制造容易,设备投资较少,到20世纪初,各商埠均开设有手工皂厂。民国初年,仅上海一地已有皂厂20余家,除生产固本皂的五洲皂厂系接盘德商皂厂机器设备外,其余均为手工生产,规模狭小,直至一次大战后才陆续改用机器生产。制皂工业是众多中小工场组成的行业,散见全国,上海、天津是我国制造胰皂较著名的地区,其他地区如浙江的杭州、宁波、绍兴、永嘉,江苏的无锡、南通,山东的济南、烟台,广东的广州、汕头,安徽的芜湖,福建的福州,湖北的汉口、武昌,河北的邢台,辽宁的沈阳等,虽然也有著名的肥皂厂,然而"资本较小,销路不若上海天津远甚"②。

制皂业起初均为手工生产,第一次世界大战以后,才逐步改用机器。因此,制皂业中既有机器生产,也有手工业工场、家庭手工业和商人雇主制等各种手工业生产形态。像在天津制皂业中,机器生产及具有机器生产雏形的有10家,手工业生产的有15家。③ 20世纪20年代初,天津造胰业有使用机器的大厂9家,不使用机器的小厂五六十家,1926年时仅大厂存在,小厂因生意

① 杨大金编:《现代中国实业志》上册,河南人民出版社2017年版,第489页。

② 《肥皂工业调查》,《工商半月刊》第3卷第20号,1931年10月。

③ 王镜铭:《天津造胰工业概况》,河北省立工业学院工业经济学会,1935年,第30—31页。

不盛,暂停生产。①

济南的洋烛皂业因牛油、梓油、花生油、豆油等造胰原料丰富也得到了发展,1914 年山东华商第一家肥皂生产企业私营兴华造胰厂建立,初用手工生产,后购进德国造出胰机、压胰机、云片机、打印机和动力机械等成套设备,过渡到了现代机器工业。1924 年济南城乡业造肥皂者 92 家,制品以洗涤皂为最多,化妆皂次之。此时因济南等地洋皂业的兴起,英商的利光皂在山东省内的销量约减少了 8/10。② 1928 年济南城埠有肥皂作坊和工场 63 家,30 年代初有手工制皂 50 家,生产洗衣皂,年产值 33.5 万元,工人 400 人。洋烛制造自 1920 年开始繁盛起来,1924 年有 10 家,30 年代初有手工洋烛厂 22 家,年产值 20 万元,工人 159 人。③

在江西,南昌、九江、湖口、莲花、吉安等地,均有手工肥皂厂设立,其中九江的"菘大仁""焕华""建华"3 家兼制洋式蜡烛。莲花县皂厂资本则仅为 200 元,出品只供地方之需要。南昌肥皂业共 13 家,"完全用手工制造,惟因需要日增,故营业尚称不恶。估计本市各厂全年产量约五万余箱,价值二十余万元,除本市批发零售外,销路以本省各县市为盛,所用原料如牛油、椰子油、籽油、松香、食盐等均为国产。碱则仰给于舶来,松香也多来自德国,倘能设法改良,采用机制方法,该业前途大可乐观,惟本省交通阻滞,运输辗转,需时费力,水脚成本过巨,故价格也较昂贵"④。

同期,江苏全省约有皂烛厂 58 家,有以皂厂而兼制洋烛者,亦有以烛厂而兼制肥皂者。除上海"五洲固本""鼎丰"等大厂外,其余以合伙开办者为主,多为手工制造,以柏油、籽油、牛油等为原料,在锅内溶化后,取烛芯用烛杆递次蘸成。以往营业颇称发达,到 1920 年末已日见衰退。在湖南,1919 年前,湘省尚无制皂工业,所用肥皂,多仰给于从上海输入的英商祥茂及华商五

① 《天津工业之现状(再续)》,《中外经济周刊》第 200 号,1927 年 2 月 19 日。

② 《济南工业之勃兴及其现状(续)》,《中外经济周刊》第 87 号,1924 年 11 月 8 日。

③ 孙宝生:《历城县乡土调查录》,《济南市志资料》第 6 辑,1986 年,第 145 页。胶济铁路管理局车务处编:《胶济铁路经济调查报告分编(六)》,1934 年,第 13 页。

④ 《江西经济调查计划纲目》,《经济旬刊》第 1 卷第 18 期,1933 年 12 月 1 日。

洲固本皂。1920年后,始有湘籍士绅集资试办小型皂厂,成绩尚称可观。

武汉肥皂制造始于清末,陆续有“祥泰”“利用”“生茂玉记”“华兴”等一批肥皂厂相继建立。1914年,又有汉口谢荣茂烛皂厂建成。翌年,汉口义顺成广货店经理陈经畬有鉴于欧战爆发后,外国肥皂到货渐少,而肥皂市场日益扩大,供不应求,遂筹资2.4万两白银,创办汉昌烛皂厂无限公司,以手工制皂试办工业。投产之初,由于肥皂质量欠佳,加上华商“祥泰”“太平洋”两家大厂产品的竞争,该厂所产肥皂销路不畅,仅能勉强维持。此后,通过不断提高质量,改进包装,开拓外埠市场,经营形势逐渐改观。此时,欧战结束,外国名牌肥皂重又涌入中国市场,华商肥皂厂销量顿减。为此,“汉昌”“祥泰”“太平洋”三家华商肥皂厂,一方面努力仿制外国产品,推出新品与洋皂竞争;一方面则扩大宣传,号召民众购买国货。陈经畬撰文曰:“方今外货流行,国困民穷之际,如不提倡国货,而空言抵制外货,则何异南辕北辙!诸君请用汉昌七星牌、婴孩牌国货肥皂一块,就是外货少卖一块,也就是少几百文钱流入外人之手,凡我国民也就多了几百文的主权。”[①]在华商肥皂厂的共同抗击下,外国肥皂在武汉市场销量渐减,直至消失,最终形成了“汉昌”“祥泰”和“太平洋”“三分天下”的局面。

在安徽,1917年胰皂和洋蜡工场数就达到115家,职工385人,总资本额18035元,产量14770斤。[②] 1919年在芜湖开设中江肥皂厂,生产多个品牌的肥皂,职工40人,技师5人,年出产4万箱,除供应省内市场,还有部分装船销往江苏等地。[③]

3. 火柴业

中国火柴业的发展,也是从引进技能、工具机到动力机的嫁接型工业发展的典型。火柴业的发展是中国工业弹性生产体系的鲜明体现。从火柴制造工艺上来看,手工生产与机器生产都使用相同的原料、几乎完全一致的流

---

① 《武汉文史资料》编辑部:《武汉文史资料》第1辑(总第59辑),武汉市政协文史资料委员会,1995年,第81页。

② 《实业厅造送安徽全省工产物状况表(续前期)》,《安徽实业杂志》续刊第25期,1919年7月。

③ 参阅李德尚《近代安徽手工业研究》,安徽大学硕士学位论文,2011年。

程,生产工艺、使用价值没有本质的区别,顶多可能存在质量上的优劣之分。当手工生产与机器生产这两种技术形式只导致生产率差异时,经营者在初期资本不足时,会多采用手工生产;到后期资本丰裕时,则会加大动力机等设备的投入,以提高劳动生产率,进而使火柴业的发展完整展现了从手工生产到机器生产、从原始工业化到工业化的历史进程。这种灵活性促使大批采用各种各样机械和手工方法的工厂得以广泛建立。

取火是生活必需之基本技能。中国传统的取火方法,是以燧石敲击钢片激发火星,点燃纸煤取火。但此法取火甚缓,为了快速取火,就有名为"火寸"的商品售卖,乃用杉条染上硫黄,"一与火遇,得焰穗然"[①],可称为原始的火柴。

火柴,又称"洋火""番火"或"自来火",火柴工业开创于欧洲。1833 年,世界上第一家火柴厂建立于瑞典卡尔马省的贝里亚城。光绪初年,欧洲火柴开始输入中国,光绪二十二年(1896),日本火柴开始输入,自此日本取代欧洲成为最主要的供应商。火柴取火快速、携带方便、价格较低,迅速取代了土法取火进而获得了巨大的市场空间。此后,火柴进口一路上涨,至 1912 年进口数量稳步增长到 60 万箱的峰值。但很快,随着国内火柴工业的发展,进口数量开始急剧下降,到 1926 年仅剩 6 万箱,只有高峰值的 1/10。[②]

火柴与棉纺织、卷烟、面粉等手工业门类截然不同。进口的棉纺织品、卷烟、面粉等,与手工的棉纺织品、卷烟、面粉等之间,使用的是同样的原材料,仅仅是机器生产与手工生产方式的差异。火柴则不同,它是利用非传统原材料生产而成的全新产品。由于生产工艺相对简单,即将木头削成火柴棍,将棍端覆盖上易燃物、黏合剂和胶水的混合物,因此火柴的进口替代几乎从它输入之始就开始了。

1879 年,旅日归国华侨卫省轩在广东佛山设立巧明火柴厂,这是中国第一家近代火柴厂。1912 年以前,全国有民族资本火柴厂 40 家,资本共 280 万

---

① 杨大金编:《现代中国实业志》上册,河南人民出版社 2017 年版,第 507 页。

② [美]托马斯·罗斯基:《战前中国经济的增长》,唐巧天等译,浙江大学出版社 2009 年版,第 114—116 页。

元。到了1912年,火柴工厂已遍地开花,在1914—1927年新成立了113家火柴厂,几乎覆盖了中国所有省份。[①] 到1927年止,民族资本火柴厂资本额在1万元以上的达153家,资本共约1135.4万元。这时期较著名的民族火柴企业有北京、天津的丹华火柴公司,上海的荧昌、中华火柴公司,武汉的燮昌火柴公司等。火柴业为劳动密集型工业,因国内劳动力便宜,且不需要复杂的机器和熟练的工人,故早期火柴厂全用手工,主要是女工和童工,排梗机用手摇或足踏。名曰火柴厂,实则手工场。欧战期间,火柴来源稀少,国内火柴厂设立如雨后春笋,纷起潮涌。到20世纪20年代末,全国各地先后设立的火柴厂已达160余家,大到拥有自动化设备并雇用数千工人的大型企业,小到只有几件设备的小作坊。[②]

从1913年到20世纪30年代早期,中国的火柴制造工业取得了令人瞩目的发展成果。火柴业的发展堪称神速,也很快实现了进口替代的目标,大大减少了进口商品在总销售量中所占的比重,遏制了大型外国企业联手通过进口或就地设厂生产来控制整个中国市场的企图,尤其是瑞典火柴企业的垄断图谋。在1913年进口货还至少占中国市场火柴销量的2/3,而到1930年已剧烈下降到13%,到1933年国产火柴产量已占总销量的4/5。[③] 据时人的观察,“与其他工业不同,中国的火柴工业遍布全国,而且外国的火柴厂无法与中国的火柴厂竞争”[④]。罗斯基曾感叹:“这一行业具有怎样的魔力,竟然能够在一个贸易自由度很高,需要同如狼似虎的外国企业相抗衡,并且在经济运行不稳定的环境中,不但幸存下来,而且得以发展壮大?”“尽管历史学家总是进行悲观的描述,但可搜集的资料表明,火柴工业拥有相当令人羡慕的成长和进口替代记录。”[⑤]

① [美]托马斯·罗斯基:《战前中国经济的增长》,唐巧天等译,浙江大学出版社2009年版,第114—116页。

② 杨大金编:《现代中国实业志》上册,河南人民出版社2017年版,第528—539页。

③ 青岛市工商行政管理局史料组编:《中国民族火柴工业》,中华书局1963年版,第42页。

④ 青岛市工商行政管理局史料组编:《中国民族火柴工业》,中华书局1963年版,第1页。

⑤ [美]托马斯·罗斯基:《战前中国经济的增长》,唐巧天等译,浙江大学出版社2009年版,第116页。

因为手工生产和机器生产在产品的使用价值上没有本质区别，所以，在火柴业生产的每一个环节，工厂经营者都可以决定是采用手工还是机器，甚或手工与机器同时存在。一般除排梗用机器外，上油、涂药、拆烘、装盒、包封等工序均用手工。而安装一个动力排梗机花费上万元，因此在火柴业的发展过程中，一般都是以手工方式开始生产，早期的排梗机都是手摇或足踏，一战后上海燮昌厂才首次使用动力排梗机，1920年设立的苏州洪生火柴厂才首次使用电力磨磷机、旋转理梗机等。所以，严格来说，1920年以前的火柴厂都是手工厂。

即便是在使用机器的火柴厂中，制造火柴中一半左右的工序，仍然要用手工来完成。工人可以分为常工和散工两种，"常工在厂内工作，为正式工人；散工在厂外工作，多为贫寒家庭之妇孺，其工作之主要者为糊盒，其次如打包、装箱等，亦有由厂外包工者"①。几乎所有的火柴厂都会将盒片、纸张和商标分发给工厂附近的居民通过资本主义家庭劳动的方式来糊制火柴盒。这种生产技术的灵活性使得那些手工作坊也能幸存下来，并与更有实力的生产商甚至包括像瑞典火柴公司这样的巨无霸展开竞争。

火柴成品的进口替代完成后，就迅速进入进口替代的第二个阶段——对上下游产业链的进一步进口替代。早期生产火柴的原材料多是进口，但到了20世纪30年代，国内的木材加工业已经可以轻松地为火柴工业提供火柴盒和火柴棍，其他供应商则专门负责供应包装纸、胶水和用于火柴头的化工原料，尽管这些原材料大部分仍然主要依靠进口。在耐用生产资料方面，国内机械制造商很早就开始为火柴工业研制机器设备。早期的火柴生产设备多从日本进口，但是据1935年的一项调查所言，"过去七八年里建立的工厂都开始使用中国（制造的）设备"，据说日本设备的效率只比中国设备高一点，而后者价格则要便宜30%。② 此时的华商火柴厂，在火柴生产的主要工序排梗上多已使用机器，上海的中国铁工厂且已能够制造排梗机、卸梗机、单贴机等火柴厂需用的机械设备，成本也有所降低。

① 陈真编：《中国近代工业史资料》第4辑，生活·读书·新知三联书店1961年版，第648页。

② 刘大钧：《中国工业调查报告》下册，经济统计研究所，1937年，第33—34页。

在地域方面,火柴业生产几乎遍及全国各省。浙江火柴业因火柴梗片等原料可以自给等原因,较他省为发达,全省制造火柴及专门制造梗片的工厂合计有9家。其中从事制造火柴的男女工人2699人、童工128人,从事制造梗片的男女工人661人、童工246人。各厂使用机器程度不同,但大多较为简陋,手工劳动仍占有很大比重。宁波火柴厂将部分糊盒工作实行外包,每糊盒万只,给工钱1.2元,“承包是项工作者,在该厂附近约有数百家之谱,每年至少有七千万盒之工作,约有工资八千余元”①。

在济南,火柴业发展起步较早,最大的火柴工厂振业火柴股份有限公司设立于1913年,资金10万元,有800名工人,生产工具有排梗机26台、卸梗机11台、理轴机2台、整梗机2台、油盘药盘各1个,设备和原料大部分购自日本,工序大部分为手工操作,日产火柴40大箱。一战期间振业公司获得了较大发展,1920年增资10万元在济宁开设第一分厂,1927年增资20万元在青岛开设第二分厂。② 该厂火柴投产后,取得了在济南周围150公里以内的15年专利权。但日商先后于1918年、1921年成立东鲁火柴公司和祥阳火柴公司,产品专销外县。③

火柴业在广大内陆地区发展尤为迅速。这缘于火柴业的特点,那就是不宜长途运输、技术要求不高、投资较少。因而相对于其他新兴工业,火柴业在内陆地区更宜快速发展。据统计,截至1926年,我国西部地区共设火柴工厂73家,有统计的创办资本达228万余元。除西藏、青海、宁夏、绥远外,其他7个省都有火柴厂的建立。其中四川33家,资本162万余元;云南22家,资本35万余元;贵州6家,资本5万余元;陕西6家,资本8万余元;甘肃4家,资本8万余元;广西和新疆各有1家,资本分别为6万余元与3万余元。可见西部各省,特别是四川、云南、陕西、甘肃等省的火柴工业已有一定程度的

① 《浙省机械工业之调查》,《中外经济周刊》第196号,1927年1月15日。

② 山东省政协文史资料委员会编:《山东工商经济史料集萃》第2辑,山东人民出版社1989年版,第243页。

③ 《济南工业之勃兴及其现状(续)》,《中外经济周刊》第87号,1924年11月8日。

发展。①

4. 新式化妆品业

化妆品是香水、香粉、牙粉、扑粉、生发油、雪花膏、胭脂等之总称。我国各通都大邑,多有化妆品业,其中尤以苏州、杭州、扬州、南京等地为盛。海通之后,国外化妆品入侵中国市场并一度独占,中国旧式化妆品业日渐衰落。

中国新式化妆品业起源于光绪末年香港的广生行,继之者为上海中国化学工业社。1916 年后,中国化学工业社已有新旧工厂 3 处,所用机器,有购自德国、美国者,也有自造者,出产化妆品种类百余种。之后又有家庭工业社、香亚公司、永和实业公司、先施化妆品公司等规模比较大的工厂。著名品牌如"大陆"之雅霜、"中法"之孩儿面、"中西"之明星花露水等;再如五洲、中央、爱华制皂厂,中华兴记等,以香皂闻名。除这些大工厂备有各种机械外,其余均为手工生产。

随着欧风东渐,化妆品输入与日俱增。大致来说,高级化妆品多来自欧美,中下等化妆品则为国产或由日本输入。其中,牙粉是舶来的化妆品中流行度最高的单品。中国传统刷牙方法为"食盐揩牙",而牙粉既可美白又可护牙,在功用上较好地替代了食盐。1921 年前,日本的"狮子"牌、"金刚"牌牙粉在各大城市销路极好,"虽乡僻之地,殆无不用之者",之后国货牙粉"风起云涌,已将外货完全摒绝矣"。② 如中国化学工业社的二妙牙粉、消毒药水牙粉,大生制药公司的大生牙粉,三和工艺社的"仙女"牌擦面牙粉,永和实业公司的月里嫦娥牙粉,兜安氏西药公司的兜安氏固牙香膏,严大生制药公司的中国金刚石牙粉,中国制药社的宝塔牌牙散,五洲大药房的百花牙粉,中英大药房的仙鹤牌牙粉,保华国货工艺社的"警钟"牌牙粉,爱国日用工业社的"象头"牌牙粉,新艺国货公司的"保国"牌牙粉等十数种,竞争激烈。③ 民初《申报》广告中的牙粉品牌繁多,诸如老虎牙粉、双美人牙粉、双妹牙粉、玉芙蓉牙

① 参阅张用建《艰难的变迁:抗战前十年中国西部工业发展研究》,四川大学博士学位论文,2003 年。

② 杨大金编:《现代中国实业志》上册,河南人民出版社 2017 年版,第 542 页。

③ 张惠民:《无敌牌牙粉力挫中外同业》,《世纪》1997 年第 4 期。

粉等，比比皆是。民初以来，国产化妆品不仅站稳了市场，还开始出口。每年出口总值恒在 10 万或数十万元以上。如香亚工厂每年出口总值 15 万元，广生行每年出口总值 18 万元，大陆药房化妆部每年出口总值 3 万元，家庭工业社每年出口总值 52.8 万元，永和实业公司每年出口总值 18 元，华南化学工业社每年出口总值 10 万元，明和化妆品厂每年出口总值 4 万元，金钼香粉纸化妆部每年出口总值 1.2 万元。[①]

近代中国化妆品生产，以上海为集中地。宣统二年(1910)，冯福田的广生行在上海唐山路创办化妆品生产厂，生产"双妹"牌雪花膏、花露水、生发油和爽身粉等产品。其"双妹粉嫩膏"获得 1915 年巴拿马世界博览会金奖。方液仙于 1912 年投资一万元创办化学工业社，厂址位于上海圆明园路。20 世纪 20 年代后，仿制美国"丝带"牌牙膏，创制出"三星"牙膏，颇受消费者欢迎。由旅美华侨黄藻等人创设的香亚有限公司于 1919 年迁到上海，设址于上海兆丰路。鸳鸯蝴蝶派的代表人物陈栩园于 1918 年创办家庭工业社，生产"无敌"牌牙粉。陈栩园别号天虚我生，以冻疮膏起家，后创办家庭工业社，制成国货牙粉，名为"无敌"牌牙粉。之后，陈栩园又研究牙粉原料盐酸镁和薄荷的提炼，于 1920 年在无锡惠泉创办制镁厂，在太仓南门创办薄荷厂，牙粉原料得以国产。他又进一步研制了西冷霜、蝶霜等雪花膏，续又创办制盒厂、汽水厂、玻璃厂、造纸厂、蚊香厂等[②]，进一步拓展了化妆品业的上下游产业链条。此外，上海还有永和实业公司、先施化妆品有限公司、中西药房、中法药房股份公司、大陆药房、中国兄弟工业社等众多化妆品团体。

在天津，商场及各种店铺所售卖之生发油、雪花膏等各类化妆品以上海货、日本货居多，西洋货因价格稍昂，销路较少。胰皂化妆品业于 1935 年 1 月成立了同业公会，会员 50 余家，另有 50 余家未加入公会。这 100 余家包括了胰皂化妆品制造厂和门市商店，以制造者占大多数，生产胰皂、肥皂、药皂、香皂和各种化妆品，天津市销售占 1/4，外销占 3/4。[③]

① 杨大金编：《现代中国实业志》上册，河南人民出版社 2017 年版，第 561 页。

② 赵子云：《天虚我生与无敌牌牙粉》，《文史杂志》2003 年第 5 期。

③ 《津市各业调查(十一)》，《益世报》1937 年 1 月 17 日。

5. 卷烟业

洋烟输入中国后,民族机器卷烟业和手工卷烟业几乎同时兴起。手工卷烟业,是指手工卷制香烟、雪茄烟等,还有用土烟叶手工卷纸烟者等。在英美烟公司创办并在上海、汉口、哈尔滨、辽宁、山东设分工厂后,民族资本逐渐注资卷烟业,除开设一系列机器卷烟厂如南洋兄弟烟草公司外,还有雨后春笋般遍地而起的手工卷烟工厂。手工卷烟工厂在各省皆有,尤其是抗战时期,在洋烟输入困难的情况下,手工卷烟厂在内地各大中小城市遍地开花,一度非常兴盛。

手工卷烟,主要使用美种烟草作为原料。英美烟公司在上海、汉口、天津等地设厂后,迫切需要利用中国烟叶原料进行生产,遂先后在中国内地广泛调查。自1913年英美烟公司开始在河南推广改良烟种事宜,河南尤其是许昌成为全国著名的优质烤烟生产区。自英美烟公司推广后,河南境内的烟草逐渐由熏烟改为烤烟,吸食方式也转向了卷烟。手工卷烟业成为产烟区农民的主要副业,“除乡村卷户少数以此为副业外,余皆赖此以为生”①。

手工卷烟制作工艺简便,只需购买一个手工卷烟木斗就可从事生产,且因多使用烟草公司不予收购的次等烟叶生产,“利用劣级烟叶于彼外商之弃置弗顾者,或采拾或购买,几经剔捡,然后加以利用,卷制成烟,借维生计”②,价格较为低廉。1921年以后,许昌城北韩村35%的农户从事手工卷烟,是有名的手工烟集散地。③ 1923年,许昌人王节亭办起了家庭手工卷烟厂,这是河南省最早的卷烟生产厂家。1925年五卅惨案发生后,各地掀起反帝爱国、抵制洋货的运动,河南省卷烟生产得以快速发展,许昌烟区襄城、叶县、舞阳、郏县、禹县、长葛、鄢陵等地都先后出现不少手工卷烟作坊。1926年末,全许

① 《河南手工卷烟调查报告书》,1937年7月,中国第二历史档案馆藏,卷宗号422(6)-369,转引自陈洪友《民众生存、政府监管与利益博弈——以20世纪30年代河南手工卷烟业为中心的考察》,《中国经济史研究》2013年第2期。

② 《河南手工卷烟调查报告书》,1937年7月,中国第二历史档案馆藏,卷宗号422(6)-369,转引自陈洪友《民众生存、政府监管与利益博弈——以20世纪30年代河南手工卷烟业为中心的考察》,《中国经济史研究》2013年第2期。

③ 许昌烟草志编委会:《许昌烟草志》,河南科学技术出版社1993年版,第190页。

昌烟区所发展的手工卷烟作坊就达到700家以上,月产手工卷烟达3000担以上,至1927年,许昌已经有360多家手工作坊和使用机器进行生产的小烟厂。郑州市在1923年只有3家卷烟作坊,1931年发展到500多家,成为北方手工卷烟中心。[①] 1929年,安阳地区大小烟厂达100余家,从业人员1000余名,产品行销附近十几个县。水冶镇的小手工业中,卷烟作坊为数最多,全镇约有300户,其产品行销河南、河北、山东、山西等地,是较为有名的手工卷烟集中地。[②]

二、传统手工业的兴衰更替

中国传统手工业是一个容量庞大、内部成分复杂的经济成分,同一外界元素的变化可能对不同行业、不同地域的手工业产生不同乃至完全相反的影响,进而使中国手工业经济的发展呈现出十分多姿多彩的状况,分别有着不同的历史命运。在上一小节,着重分析了民初手工业经济的结构性变迁,着重探讨了中国手工业经济中"变"的部分,本小节则着重分析中国手工业经济中"不变"的部分。当然,"变"与"不变"是相对而非绝对的。本小节所讨论的手工业,指的是尽管受到洋货进口和国内机制工业品的冲击,但既没有迅速衰落,也很少转向机器生产的传统手工业,它们因为商品属性和市场需求的不同,仍然延续着独立的发展轨道,在经济规律的支配下,有着自己的兴衰更替的命运。一些与外国机制品和本国机器工业品并无竞争替代关系的传统行业继续存在,甚至在市场需求增长的情况下还有数量上的增长。还有一些手工行业在传统发展轨道上迎来了一个蓬勃的发展期,在经营规模、产值等方面有了长足的增长,甚至在对外贸易中有很大的突破,比如雕刻、刺绣、玉器等工艺美术行业。考察这些手工行业特殊的行业文化和发展轨迹,对于研究和认识中国传统手工业的存在和发展方式具有重要意义。

衣食住用是人们生存生活的基本需求,与之相关的生产活动构成了中国传统手工业生产的主体。围绕衣食住用而展开的手工业种类繁多,依据各地

① 河南省地方史志办公室编纂:《河南省志·烟草工业志》,河南人民出版社1995年版,第1页。
② 河南省安阳县水冶镇人民政府编:《水冶镇志》,1985年,第113页。

不同的环境和资源条件,有手工缫丝业、棉织业、成衣业、纽扣业、制帽业、织带业、碾米磨粉业、土榨业、酿造业、皮革制品业、制蛋猪鬃肠衣业、阿胶业、樟脑业、制漆业、木作、籐竹作、草制品业、制伞业、土纸业、陶瓷业、砖瓦业、工艺制品业、铁器铸造业、铜锡业、五金白铁业、手工采掘业等,其他与日常生活有关的铜、铁、锡、竹木各铺,以及制席、制蒲包、制草帽辫,首饰楼、嫁妆铺、染坊、油店、醋酱坊、烧锅(酒店)、成衣铺、印刷局、刻字局、线货行等,不胜枚举,"皆正式工业之范围,特因无一定之生产,无较大之规模,只附属于商店,随制随卖,人遂以工业视之耳"[①]。其他各种小店,如白铁店、铁匠店、盆桶店、竹货店、棕床店、铜匠店、锅匠店、木匠店、刷子店、骨刻店等,所在皆是。其最小者只有数十元之资本,只是有简单工具而已。在上述旧式手工业缓慢发展的过程中,各地手工业者还参仿国内外手工制品,不断有所创新。如仿行西法营业,并亦见发达者有照相、镶牙、缝纫机器、肥皂、眼镜、钟表修理等;仿行各省工艺品,并能获利者有天津爱国布、广东藤器、福建漆器和宁波木器等。接下来,将依次介绍"衣"——纺织品制造业、服用品制造业,"食"——农副产品加工业,"用"——木竹制造业、制纸印刷业、土石制造业、工艺制品业、金属制品业等行业,继而介绍外围的手工采掘业和参差不齐的其他手工业门类。[②]

(一)纺织品制造业的曲折发展

纺织品制造业是中国传统手工制造业中最重要的生产部门,包括丝织、缫丝、轧棉、纺纱、棉织、麻丝织、毛纺织等,其产值约占全部传统手工制造业产值的1/3以上。由于中国盛产棉花,又是棉纱棉布的消费大国,具有广阔的市场,因而棉纺织业也成为外国资本主要投资的一个行业。民国初年,随着商品经济的发展,中国传统手工纺织业出现不同的走向。近代中国的纺织业,是中国突发型工业化最典型的行业,也是我国机器工业发生、发展并产生重大影响力的行业。对于纺织业向机器工业的转化,本书第一卷已有详细论述。这里只讨论在机器工业兴起的大背景下手工纺织业的发展状况。

---

① 彭泽益编:《中国近代手工业史资料(1840—1949)》第3卷,中华书局1962年版,第173页。

② 关于"行"的手工业门类,因资料所限,编入"参差不齐的其他手工业"中进行介绍。因手工业行业众多,不胜枚举,这里只介绍有一定规模、普及率较高或具有代表性的行业。

1. 手工缫丝业和丝织业

丝织是我国历史悠久、最负盛名的手工业，尤以江浙环太湖各县为最盛，并形成了南京、苏州和杭州三大技术中心。缫丝业是中国最早实现机器生产的行业，广东、上海、无锡和杭嘉湖地区已经成为我国缫丝工业集中之区，但同时分布广泛的土法缫丝依然与之并存。厂丝与手工丝保持了长时间的共同增长，形成了清晰的跨层次存在格局，厂丝以出口外销为主，手工丝则主要供应国内市场。据吴承明的估计，1911—1915 年缫丝总产量为 26.98 万担，其中机器缫丝 7.37 万担，手工缫丝 19.61 万担，手工缫丝占总产量的 73%，在缫丝业中仍占据绝对重要的地位。① 在民初，手工丝的产量从 1910—1919 年的年均 218301 关担增长到 1920—1928 年的年均 249763 关担，在生丝出口中仍占 1/3 的出口量。② 这足以说明，尽管缫丝工业是近代中国发展较早、卓有成效的机器工业，但手工缫丝业仍然一直占据着重要地位。

民国初年，特别是第一次世界大战期间，意大利、比利时等国家的产丝之区，均受到战争影响，无丝出售。同时，因战时衣着原料极度匮乏，国际丝价飞涨，绸价因之昂贵。由于国外市场的大量需求，中国各省丝织业得以保持较快发展的趋势。直到 1927 年，生丝及丝制品稳居出口货值第一位。

自 20 世纪初开始，中国丝织生产的工具出现了引人注目的革新，由旧式木机发展到新式手拉机。20 世纪初，产自日本的手拉提花丝织机开始引进中国。这种织机的提花龙头为铁制，故在苏州俗称“铁机”，在杭州俗称“拉机”，又因其引自日本，有些地区称之为“洋机”。这种手拉机，与中国传统的旧式木机相比，无论在生产效率上还是在产品质量上都要远胜一筹，“拉机的转速远较木机为高，又如在织花纹绸时只要一个织工就够，而木机织花绸至少要两人”③。手拉丝织机的操作，需要熟练的手工织绸技术作为基础，这便于中国丝织手工业者驾轻就熟地掌握。丝织机的改良是从著名织绸产区

① 吴承明：《论工场手工业》，《中国经济史研究》1993 年第 4 期。

② 徐新吾主编：《中国近代缫丝工业史》，上海人民出版社 1990 年版，第 676—681 页。

③ ［日］小野忍：《杭州的绢织物业》，《满铁调查月报》第 23 卷第 2 号、第 4 号，1943 年 2 月、4 月。

杭州开始的,毕业于东京高等工业学校机织科的留学生许炳坤于1909年在杭州创办手艺传习所,教授新式丝织机的使用方法。1911年杭州绸业公所董事金溶仲从日本输入新式丝织机,成为杭州“民间使用新式纹织机之嚆矢”。1912年,另一留学生朱光焘集资2万元创设杭州纬成公司,同时向日本引进仿法式手拉机10台。此后,杭州丝织业中改良机的使用越来越多,“逾民国元年,约有40台,二年末增至200台,三年末竟达700台,四年末乃越过1000台以上”①。其他主要手工丝织业区也开始推广应用改良丝织机。

杭嘉湖平原是浙江丝织业中心,其中湖州生丝产量居国内各州府之冠。仅南浔一镇就有“四象八牛七十二狗”之说,即资产在100万元以上者称作象,50万元以上不及100万元者称作牛,30万元以上50万元以下者称作狗。湖丝以菱湖、洛舍、南浔、七里、德清和安吉等地所产为最著名,其中“惟七里尤佳”。所谓七里,系指南浔辑里村,“居民数百家,市廛栉比,农人栽桑育蚕,产丝最著,名甲天下,海禁既开,遂行销欧美各国,曰辑里湖丝”②。

20世纪20年代前后,随着人造丝进口逐年增加,浙江丝织业发生显著变化。由于人造丝与棉纱的混合品较纯蚕丝品价格低廉,很快为国内各个阶层所喜爱,其“光泽之美丽逾于真丝,更以纺织学之精巧,与棉纱混合制造人造丝之织品价值既廉,用途尤广……财力不能者[着]绸缎者固所为唯一服用品,即平昔衣绸缎者亦以其值廉与夫光泽美丽而购用之”,因而“服用人造丝织品者亦渐增多”。③ 从最初少数机户购买人造丝掺入绸货中,到杭州等地大绸厂大批订购掺用,获利甚丰,浙省丝织业人造丝遂盛行。湖州、绍兴、王江泾一带多有采用,尤以王江泾及苏省之盛泽镇各机织家掺用尤多。“近来市上之人造丝织品充斥,惟均属妇女衣料,男子所穿衣服,则尚罕有用此者。”④

受到廉价人造丝的冲击,浙江生丝的海外市场受到明显挤压。为了提高市场竞争力,杭州等地较大绸厂纷纷引用电机,逐步完成了从旧式木机到手

① 《杭州之丝织业》,《东方杂志》第14卷第2号,1919年2月。

② 周庆云:《南浔志》卷6《村庄》,1922年刻本,第16页。

③ 吴江县档案馆、江苏省社会科学院经济史课题组编:《吴江蚕丝业档案资料汇编》,河海大学出版社1989年版,第281—283页。

④ 《浙省桑蚕茧丝绸状况调查录》,《中外经济周刊》第185号,1926年10月23日。

拉铁机，再到电机织绸的过渡。但在广大的乡村，自产自销的机户仍大量使用老式手织机。“杭垣四乡，素为产丝之区，故丝线之拈挞，甚为著名，亦有数百年之久。其用途甚广……业此者向为庆春、艮山两门间之居民，男妇均从事斯业，亦具家庭工业之状况。染色则由冻染坊任之。其原料皆取海宁、硖石等处之细丝，由线庄发交居民拈挞，按件给资。”①另有以络经络丝为业者超过万人。该业为家庭手工，主要是将干丝整理成为供机织的料坯，分捻丝、合丝、络丝、摇纬、整经等，俗称络经与料房。同期，在浙江主要的产丝地区，家庭手工业的比重分别是：杭州以络经络丝捻丝为大宗，揭箔糊箔、织袜织布次之，刺绣花边缝纫又次之；嘉兴硖石以织布织袜为大宗，缫丝织绸次之；湖州亦以织绸捻丝络丝带为大宗，缫丝织布织袜次之。可见，蚕丝业在浙北农民生活中仍具有不可替代的作用。

江苏向饶蚕桑之利，尤以丝织品著称于世。全省丝织业主要集中在沿太湖各县。吴江、震泽等地居民以农桑为业，饲蚕缫丝，亦有兼事纺经及织缎者。其中吴江盛泽镇是一个巨大的蚕丝集散市场和织绸业中心。“四乡农家，都自备纺织机一二架不等，当窗而缀，机杼相闻，所用原料，素者多为天然丝，花者间用人造丝及腊线。天然丝除农民自育自缫之土丝外，大部向外购入，其向盛泽、新塍、硖石、新市等地运入者，谓之南路丝，多作经丝之用，其购自菱湖、双林、震泽、南浔等地者，谓之西路丝，充为纬丝之用。”②“城（镇）内设有大绸庄收购乡下人织的绸缎，这些乡下人又买回他们织绸所需的生丝。一共约有八千台织绸机，几乎全部都在盛泽镇周围二十五华里以内。所产丝绸，大部分是轻量的，所有生丝再缫、牵经上机以及织绸全由妇女为之……和苏州一样，生丝并非本地所产，而是来自南浔、平湾以及嘉兴府的绝大部分。”③与盛泽相比，震泽镇则主要是江浙两省蚕茧交易的中心。

无锡、宜兴等地的蚕丝业起步较晚，但在清末民初发展迅速，1920—1930年为“黄金时期”。（见表1-16）1927年，无锡、宜兴等县已是无户不蚕，而茧行之

---

① 《杭垣之重要手工业》，《中外经济周刊》第217号，1927年6月25日。

② 江苏省供销合作总社编：《江苏省民国时期合作社史料选编》，1990年，第247页。

③ 彭泽益编：《中国近代手工业史资料（1840—1949）》第2卷，中华书局1962年版，第72页。

多,无锡“全县达二百五十余家。干茧灶计五千零三十七具,合计江、浙两省之干茧数,或尚不及也,可谓盛矣”①。宜兴过去产丝较少,但到 20 世纪 20 年代,已经同无锡并驾齐驱了。武进地近太湖,故此地被推为国内著名之产区,“与宜兴、无锡、吴县合计之,占全省产额十分之七,武进尤为杰出”②。

表 1-16　1928 年、1929 年、1933 年无锡蚕丝产量在全国总产量中所占比重

年份	全国		无锡			
	输出量(担)	产值(元)	产量(担)	约占全国(%)	产值(元)	约占全国(%)
1928 年	180186	226600934	21210	11. 77	34335600	15. 15
1929 年	189980	230087525	26666	14. 04	37333400	16. 23
1933 年	77075	48242110	14220	18. 46	8900458	18. 46

资料来源:高景岳、严学熙编《近代无锡蚕丝业资料选辑》,江苏人民出版社 1987 年版,第 380 页。

南京丝织业共有五种,一曰缎业,二曰云锦业,三曰绒业,四曰漳缎业,五曰绸业,其中尤以缎业素称发达,为江苏省之冠。1912—1918 年,金陵元缎花素畅行,销路最旺,堪称极盛时期。此时,南京市内及周边一带有木织机万余张,男女工人约 5 万人,每年织造色缎 20 余万匹,价值 1200 余万,依此为生者约 20 万人。织缎工人多为家传,男织女络,无工厂性质之可言,为完全家庭工业。“查江宁缎业之习惯,多数系由资本家放料,机户代织,计货论值。”③每机立一牌号,例如代“魏广兴”织缎,则此机即以“魏广兴”为牌号,有一家专织一缎号之牌名者,亦有织户代织数家缎号之牌名者。故南京缎业非以厂或户为单位,而以机为单位,实际上织机仍归机户或农家所有。欧战以后,受到舶来品影响,始则鞋帽渐改用呢绒,继则长衣马褂改用毛葛直贡呢,南京缎业深受影响,销路日微而机户日减,多数机户皆恃借贷为生。

除江浙两省外,安徽、湖北等地的丝织业亦有一定规模。1916 年,安徽有

① 容盦:《各地农民状况调查——无锡》,《东方杂志》第 24 卷第 16 号,1927 年 8 月。
② 《武进经济之实况》,《上海总商会月报》第 7 卷第 3 号,1927 年 3 月。
③ 江苏省长公署第四科编:《江苏省实业视察报告书》,1919 年,第 39 页。

养蚕农户92606家，生产蚕茧11.8万担。1921年后，芜湖一地先后有美丰、日华、华益3家丝光染织厂开办，另有织丝光布厂坊20余家，织丝光布机300余张。在湖北，全境皆为宜桑之区，但一般农户对植桑养蚕不甚留意，因循守旧，以致蚕业远不如江浙之盛。晚清末年，经过张之洞等人的锐意提倡，全省69县"殆无县不有养蚕之家，而长江沿岸及汉水下游一带，交通便利，斯业尤盛"①。民国初年，又有本省人士注重蚕桑改良，"各地蚕桑学校及练习所设立殆遍，而卒以地方秩序不宁，不克企图发展"②，尤以制丝技术落后于江浙。鄂产以黄丝最多，约占9/10，白丝不及1/10，"条子不匀，丝身糙毛，盖农民均用土法自缫，从未改良也"③。1916年，农村安定，生产最强，尤以天门、汉川、沔阳、南漳、河溶所产生丝为多，全省年产生丝1.5万担左右。

绉纱是丝织业的重要下游产品，以江浙产桑区为例：吴兴除产丝之外，其最负盛誉之产品以湖绉为大宗。湖绉即绉纱，生产已有七八十年之悠久历史。绸质匀密，颇受欢迎。每年运销平、津、大连、烟台、广东及长江各埠，与苏、常、沪、杭一带，贸易甚盛。"其时约在民国三年至六年，后此产量愈增，销路亦旺，不特运及全国，即海外亦辟有市场。全年产额约有九十万匹，每匹可值四十元以上，总值三千六百万元至四千万元之间。迨至十年又复别出心裁，翻新花样，华丝葛、改良绉、华锦绉及洋机木（即大绸，又称阔绉）等相继销行。"④

在湖北，绉纱主要产自武昌县属各乡，为国内著名出产地。旧式妇女多用以裹头，故俗名包头。该业计分绉纱机坊及绉纱号两种：在乡间织造者，称之为机坊；在汉口收买及批发绉纱者，为绉纱号。"机坊概在武昌县属东乡之九峰、花山、磨山，北乡之招贤里，南乡五里界等处，合计大小不下千家，距汉仅五六十里，一昼夜可以往返，乡间人民，有以织造绉纱为专业者，亦有作为农家副业者。前者常年工作，后者农隙时工作。"⑤绉纱号专门收买散布于乡

---

① 《湖北省之蚕丝业》，《中外经济周刊》第102号，1925年3月。
② 《湖北省之蚕丝业》，《中外经济周刊》第102号，1925年3月。
③ 《武汉之工商业（三）》，《汉口商业月刊》第2卷第1期，1935年1月。
④ 中国经济统计研究所编：《吴兴农村经济》，1939年，第13页。
⑤ 《汉口之绉纱业》，《中外经济周刊》第163号，1926年5月。

间的机户所产绉纱,转卖于本街及客路。汉口绉纱号共有17家,均集中在纬子街一带。各家资本额自一千至二万两不等,营此业者,概属鄂籍商人。“盖因与内地机场接近,易于收买货物故也。”①绉纱号收买绉纱之法,或由绉纱号先将黄丝发给乡间机户,定若干日后收货,或由绉纱机坊将制成之货售与绉纱号交换黄丝,亦有全用现金交付者。绉纱产量按乡间机坊出产量推算,“查乡间机坊共有千家,每家皆各有木机一张乃至三张,每张日可出货一匹,平均全年可出货30余万匹。据现在市价,每匹仅售银三两,全年贸易额实达百万两之巨。惟绉纱销场,向以客路为大宗,几占百分之九十,本街不过居百分之十而已……上自湖南、四川,下运江西、安徽、江苏诸省,每年均有大批采购,就中尤以运往湖南、江西者为多……良以该两省风俗,凡男女纳聘后以绉纱为礼物。故销售异常畅旺”②。

除绉纱外,各省均有一批著名的手工棉丝织造名产,在城乡市场长期占有一定的份额。如杭州都锦生丝绸厂所产织锦色彩瑰丽,织工精细,多次获得国际赛会大奖。杭嘉湖民间所产蓝印花布则是一种古老的手工印花织物。它以蓝白两色相配,色调清新,图案淳朴,工艺简单,取材方便,全部采用手工操作,在民间畅销不衰。首先是其独特的浆纹自然美观、无一雷同,为现代任何先进的机械印染所不能模拟;其次是对比强烈,色彩鲜明,所有的蓝印花布,不管图案多么复杂,均只有蓝白两色,不论什么图案,主要用比较粗犷的点和短线组成;最后是广泛采用吉祥图案,故在城乡各地深受欢迎。湘西凤凰一带的蓝印花布情形相仿,具有同样的价值和影响。

影响这一时期各省丝织业发展的因素有很多,如原料缺乏、用途不广、技术保守、时局不靖等。在20世纪20年代国外人造丝大举进口的冲击下,许多丝织业发达之区的机户不得不作出调整。如南京缎业,因在织造方法上缺乏改良,式样陈旧,技术落后,既无法与苏州和杭州由铁机制造的优良出品竞争,更不用说与华丽的外国棉毛织物竞争了。曾经盛极一时的南京缎业,“现

① 《汉口之绉纱业》,《中外经济周刊》第163号,1926年5月。

② 《汉口之绉纱业》,《中外经济周刊》第163号,1926年5月。

在已经衰落到不关重要的可悲的境地”①。

2. 手工棉织业及其关联行业

在中国近代史上,棉纺业的衰落与棉织业的兴起可谓是最为奇怪、最引人入胜的一个经济现象。与棉纺业一样,棉织业也是近代中国较早走上大机器生产并在国民经济中发挥重要影响的一个行业。在本书第一卷已经详述了中国棉织业走向机器生产的历史过程。但是,与棉纺业完全不同的是,进口洋布因保温性和耐久性比不上土布,难以对手织布形成强烈的冲击;而机器棉织业的发展不但没有摧毁手工棉织业,恰恰相反,机制纱的出现极大地推动了手工棉织业的发展,并形成了规模较大的手工织布工厂和区域分布较广的手工织布区。

在手工制造业中,棉织业的产值居第一位,进入民国以后,手织布在全国消费棉布中的比重有所下降,但生产规模还有所扩大,仅在1901—1910年到1925—1927年,产量就几乎翻了一番;与此同时,1922—1931年,手织布的平均价格还上涨了45%,甚至超过了机织布价格的上涨幅度。②

到1913年,全国棉布年消费量约77859万匹,其中进口洋布和国产机织布合计折合土布约为27117万匹,占34.83%,而土布则占65.17%。一战爆发以后,洋布进口减少,国产机织布生产能力有限,这就为土布业的发展提供了巨大市场空间。同时,也因为一战爆发,我国机器纱厂业进入“黄金时代”,手工棉织业随之复兴,河北定县、高阳、宝坻和山东潍县等土布产区都于此时开始兴起。

在生产工具方面,民初手工棉织业延续了清末以来技术革新的势头。清末以来,新式织机从国外传入,尤其是日本的拉梭式织布机、铁轮织布机和雅克式手拉提花机输入,大大提高了生产效率。以手拉机、铁轮机所织之布,又被称为“改良土布”或“爱国布”。之所以被称为“爱国布”,是因为铁轮机所

① 彭泽益编:《中国近代手工业史资料(1840—1949)》第3卷,中华书局1962年版,第11页。

② 参阅南开大学经济研究所编《南开指数资料汇编(1913年—1952年)》,统计出版社1958年版,第11页。Sidney D. Gamble, *Ting Hsien: A North China Rural Community*, Stanford University Press, 1968, p. 326. 转引自王翔《中国近代手工业史稿》,上海人民出版社2012年版,第230页。

织之布具备了与国外输入的机制棉布相颉颃的品质，进而在抵制美货运动期间被视为抵制外货的象征。在农村手工棉织业中，河北高阳、宝坻在20世纪初就引进了拉梭织机和足踏铁轮机，江苏武进县也是先引入拉梭机，又于1913年引入铁轮机，20世纪20年代后就发展到10000台。各地手织技术改进的时间并不相同，即便新的铁轮机被引进，旧机也并未被立即丢弃，而是仍然投入使用。

生产工具的改进，促进了生产规模的扩大和生产方式的变革。民初以来，手工棉织工场在各地城镇中纷纷涌现，成为手工棉织业发展中又一个引人注目的现象。如四川成都，有手织工场730家，织机约5000架；安徽芜湖约240家，织机1450架；重庆235家，织机2250架；天津135家，织机1390架；北京105家，织机2084架；广州105家，织机5740架。[①] 总计2281家手工织布厂，共有手织机27430台。另据赵冈、陈钟毅的统计，在20世纪20年代有资料记载的12个城市中，已有超过5000家手工布厂。[②] 这些统计未必能够代表各城市的全部工场数，但已足以说明工场手织业的大量存在。

长期以来，家庭棉织业是中国农村社会主要经济活动之一。一般认为，中国封建社会中，农家男耕女织，维持自给自足的自然经济。在这里，手工棉织业是作为家庭副业存在于中国自然经济中的，呈现出“农业主业化、手织副业化”的特征。但是，在近代手工棉织业的发展中，形成了半工业化现象，手工业经济收入在区域经济总量及农民家庭经济中的地位不断上升，从事手工业生产的人数大量增加，手工业生产的季节性与性别限制进一步淡化，改变了手工业依附于农业的自然经济状态，有些地区还出现了副业变主业的现象，呈现出“手织主业化、农业副业化”的特征。当然，在不同地区的表现又完全不同。[③]

下面将手工棉织业的各地情况概述如下。

---

① 刘大钧：《中国工业调查报告》，经济统计研究所，1937年，第三编，转引自严中平《中国棉纺织史稿》，科学出版社1955年版，第264页。

② 赵冈、陈钟毅：《中国棉纺织史》，中国农业出版社1997年版，第216页。

③ 参阅彭南生《固守与变迁：民国时期长江中下游农村手工业经济研究》，湖北人民出版社2014年版，第352—397页。

民国初年,“提倡实业,振兴国货之声浪高唱入云,始有正式织布工厂之设立焉”①。到 1913 年前后,上海一带已有手织布厂 100 余家。“迩来上海及该省(江苏)农民,竟织土布以为提倡,外国进口货乃大受影响,此亦我中国织布业进步之明征也。”②长江沿岸的江阴、常熟、芜湖、九江、武汉、沙市、宜昌等地,均有新的织布厂建立,南通更成为著名的土布和棉花集散中心。“初时出品尚不十分精美,市上普通称呼为爱国布、电光布,无花纹,各种颜色俱备,电光布花色甚为可观,妇人孺子及各乡客路均能畅销,业此者遂日臻发达……爱国布、电光布之织机,大多依据乡村所使用的普通旧式织机加以改良而成……中间数经研究,始成为今日之提花机、铁机二种,系参考全国之织布机,取长舍短而成。”③

第一次世界大战爆发后,因欧美输入中国的棉布骤然减少,机器纺织业获得长足发展,同时也为使用厂纱织布的乡村织布业打开了发展空间,农村手织业随之复兴。1917 年,农商部咨文各省,所有海关及五十里内常关对土布及手工棉织物内地税厘准免 3 年。各省土布产销更趋活跃。手工织布厂大为繁盛,遍布各县。

棉纺织工业是中国近代发展最为充分的工业部门,但就是在棉纺织工业最发达的上海,到 1925 年手工织布业仍在不断发展。手工棉纺工场猛增至 1500 余家,其中以皖人在沪所开织布工场最为活跃。安徽帮手工棉织业者自清末从芜湖、安庆等地迁入沪市,租屋购机买纱,全家动员,自染自织改良土布,所得“足堪一家温饱”。1915 年前后,沪市已有此类安徽厂两三百家之多。通过与沪市大绸布商号联手,得力于商家在互利基础上的积极促销,1920 年在沪皖人布厂猛增至 1000 余家,1925 年前后更达到 1500 余家。到 1930 年,在沪皖人布厂日产改良土布 8000 至 1 万匹,年产量约在 300 万匹以上。④

---

① 《武昌裕华纺织公司调查报告(续)》,《湖北实业月刊》第 1 卷第 12 期,1924 年 10 月。
② 整理棉业筹备处编纂:《最近中国棉业调查录》,1920 年,“湖北省”,第 72 页。
③ 整理棉业筹备处编纂:《最近中国棉业调查录》,1920 年,“湖北省”,第 73 页。
④ 参阅徐新吾主编《江南土布史》,上海社会科学院出版社 1992 年版,第 414—416 页。

江苏是民国时期国内主要的棉花和土布生产中心。“自开办省立工厂以来,提倡染织工艺,日进未已,成效昭然,其所织布匹之花纹颜色,不逊于洋货,而坚洁耐用,实有过之。是以各县闻风而起,相继仿办者,时有所闻矣。统计全省,今已达二百余厂。闽广等省,争先定购者,恒有应接不暇之势。”①其中南京织布厂以合伙经营者居多,厂房不尚美观,除两三家兼办织袜、毛巾之大厂外,大多数为寻常住宅。各厂织布机大致分为三种:(1)木机,本地木工制造,成货不快,熟手工人每日织布一匹。(2)铁机,日本造、上海造各半,织布速度快于木机1倍,手熟布工每日可织2匹。(3)花楼机,多为日本制造。因出品精细,每匹布须四五天之工。市场热销之假华丝葛,及各种花纹精细之洋布,皆能仿制。到1925年,南京共有织布工厂350余家,工人2300余人,每日成布约2000匹。②

在江苏其他各县,1924年前后是常熟纺织业的全盛时期,织布厂增加至31家,间有设立分厂者。共有铁机、提花机、平布机3000部,用工4800人,年产大布40万匹,值银180万元。各厂多在上海设立分销所,相互竞争,尤以德勤布厂最占优势。该厂力织、染色、上浆、干燥、轧光、伸张、烧毛、制丝光线等各机皆备,故出品精美。此外,该县布厂女工均为当地农村妇女,素以善织著称,织造土布迅速光匀,故无锡等处布厂莫不乐于招用。全县有织工约1万人,工钱一律以尺计,每织布1尺,得10—30文。在无锡,织布厂均用木机女工,以劝工厂之产品为最佳,花色繁多,行销各省及南洋群岛。其余各厂仅织条纹布、爱国布,并无特色产品。江阴工业以织布为大宗,城内外有织布厂50余家。其织机多者千余架,少者三四百架,以华登布厂所出之布为最佳,销行长江上下游。同期,太仓、靖江、如皋等县均有布厂设立。③

在湖南,纺织本为家庭手工业,有专事织布的机工,而无专设的机坊,更无所谓布厂。所出之布,幅门狭窄,称为大布,亦能行销各地。常德、益阳、长沙等地,皆为产布旺盛之区,年贸易额数以百万计。“惟当日织布所用之纱,

① 彭泽益编:《中国近代手工业史资料(1840—1949)》第2卷,中华书局1962年版,第719页。

② 方晋贤:《南京织布厂之概况》,《中外经济周刊》第109号,1925年4月25日。

③ 《常熟之经济状况》,《中外经济周刊》第214号,1927年6月4日。

悉系家庭妇女手纺,织成之布均极粗俗。”民国初年,随着使用厂纱织布日见普及,“于是由采用厂纱织布进而至土布之改良,如幅门之加阔,脚踏铁木机之采用,平江布之著闻于全省,即为此种改良之结果。改良布利用旧日之产销组织,由家庭工业扩大为机坊工业,长沙、湘潭、邵阳、芷江、洪江等地均有设立,在民国十年前后已极发达”。[①]

在江西,“尤足注目者,则近年新产之爱国布,此等布为见机敏捷之商人所组成,虽尚未闻设立大规模之公司,然具三四千元,二三万元之资本者,亦颇不少。其设立地方,始于南昌,而吉水、抚州、建昌、饶州等地亦继续之,有多至两三家者,每家装置织机十台,乃至三十台,使用男女工二十人乃至五六十人”[②]。到 20 世纪 20 年代末,江西各县所产土布仍在省内大量流通,计分为大布、夏布两种。南昌四乡农民多织土布,各家皆有织布木机,所有摇管牵纱织机等事,均由全家男女老幼通力合作完成。每日织出之布,由家中男人运至城内,出售给各土布店,随后在城内纱号买回厂纱以供继续纺织。每年织布时间,大致从农事结束开始,至来年插秧前停止。

在湖北,手工织布是农村妇女最主要的副业,30%以上的农户从事家庭织布。欧战期间,全省土布总产为 700 万匹左右,其中黄冈 220 万匹,孝感 70 万匹。此外如光化、天门、宜昌、武昌、麻城、宜都、襄阳、江陵、荆门、应城、汉阳、云梦等县均在 10 万—50 万匹之间,不及 10 万匹者仅有鄂城、黄陂、沔阳等县。“查湖北与江浙闽粤数省,同系织布之区,自外国纱运进汉口,行销日盛,内地织布之业,遂亦从而发达。虽旧用木机,劳力殊甚,然如长江上游所织之荆州布,年年分销沙市或江口一带者,至少亦不下十四万担,则内地一带织业之盛,销数之畅,亦可想矣。”[③]湖北土布每年销往省外的数量十分可观,如阳逻土布可销河南及两广;仓子埠、长江埠及葛店土布销行云贵;董市、江口所产则销往四川;安陆土布远销陕西、甘肃、青海;团风土布更遍销川、湘、皖、豫、陕各省。

① 实业部国际贸易局编:《中国实业志(湖南省)》,1935 年,第七编“工业”,第 45—46 页。
② 彭泽益编:《中国近代手工业史资料(1840—1949)》第 2 卷,中华书局 1962 年版,第 674 页。
③ 整理棉业筹备处编纂:《最近中国棉业调查录》,1920 年,“湖北省”,第 75 页。

在安徽,1916年全省从事织造土布的有14300户,用工33199人,年产各色土布1686190匹。到1919年,新建织布工场33家,比清末增长1倍以上。其中较具规模的有合肥贫民工厂、广德广盛染织厂、怀宁模范工厂等。33家织布厂共有工人1200人,年织各种花布8万匹。棉纱最初多来自印度和日本,主要使用木机生产。此外,还有遍布城乡各地的大批机坊,仅芜湖一带就有机坊700余家。[①]

在台湾,其纺织业以往均以天然纤维作为原料,日本殖民台湾时期纺织业并未如日本与大陆般蓬勃发展,迟至1919年以后才逐渐奠定基础,在1923年发展到高峰,随后又逐年下降。[②] 至1933年底,台湾有3家较具规模的纺织业工厂。台湾制麻株式会社为日本殖民统治前期台湾首屈一指的纺织工场,以黄麻为原料进行织造;规模第二的为日华纺织株式会社设置于台湾的苎麻工场,主要是将苎麻原料生产为苎麻丝;第三则是以木棉织为主的台湾织布株式会社。从生产制程而言,台湾制麻株式会社和台湾织布株式会社以织布为主要业务;日华纺织株式会社台湾苎麻工场则是将苎麻原料制作成丝,属于初级性加工。[③] 从职工数来观察,1934年,全台的纺织产业职工仅有2552人,至1936年,全台的纺织产业职工增长为3685人。[④]

与手工棉织业关联度较高的轧棉业、麻织业、染织业等行业的变动情况如下。

(1)轧棉业。轧棉业是随着清末棉花大宗输出和机器纱厂勃兴而出现的,尤其在一些传统产棉区发展最为迅速。由于城乡间花纱对流的速度不断加快,许多棉农放弃纺纱而专事轧棉。到辛亥革命前后,仅湖北荆沙产棉区输入的铁制轧花机已有四五千具之多。“查此项花车,乡民出资购用者,无处不有,辚辚之声,入耳可听,离本口约百里之江口地方,用机器轧花者,数年前已开风气……至此车全具皆系日本车制成,而其皮轴等项,近来沪上华匠亦能制造……若其价值,以每车一具而论,在日本买价仅合银十五两。一运此

① 参阅王鹤鸣《安徽近代经济探讨(1840—1949)》,中国展望出版社1987年版,第99页。
② 黄东之:《台湾之纺织工业》,台湾银行经济研究室,1956年,第1—2页。
③ 洪绍洋:《台湾麻纺织事业的兴起与限制(1895—1936)》,台湾《国史馆馆刊》2019年第60期。
④ 庄濠宾:《从国营到民营:战后台湾国营纺织业之变迁(1950—1972)》,台湾“中央大学”硕士学位论文,2009年。

间销售,其价竟涨至二十五两或三十两。是比之来价,竟将一倍也。然车价虽昂,而人犹乐于购办,盖一人一日之力,可出净花三百斤,足抵人工十倍之用,且其明净无瑕,反非人工所能及,即以之行销外洋,亦属攸往咸宜也。"①嗣经上海、江苏等地厂家仿制,此种脚踏轧棉机在各产棉区广泛使用。其中上海作为产棉地区和棉纺织工业中心,斯业尤盛,商品棉轧制在当地大多已纳入工场手工业。1915年,仅川沙县即有轧棉工场十五六家,且使用牛拉代替足踏,效率更提高了一倍。一次大战期间,华资纱厂大兴,各棉产区轧棉业更趋活跃。汉阳蔡甸一带为汉水中下游各县棉花集散之地,经营轧棉业者甚多。其中"以上泰、和永、复顺、王利记四家为最,每家置有轧花机五六十部,半系向日商中桐洋行订购,半用汉阳鼎孚、中孚、泰记及江苏吕宇根等仿制之机。工人每名之工资,子花三十斤,给五六十文,每日轧出之花衣,计可百斤。子花百斤平均可得花衣三十七八斤"②。

(2)麻织业。自古麻为纺绩原料。各省出产主要为苎麻、大麻、黄麻、青麻等。其中苎麻以江西、湖北、湖南所产为多。江西、湖南著名之夏布,皆以苎麻织成。"其内外销比率,计日本及韩国约占十分之七,欧西各国约占十分之一,内销约占十分之二。但输往日韩者,价格悉受日人之操纵。国内市场,因人民趋嗜舶来品之故,销路逐年低落。"③

江西夏布为全省重要工业,兼为农家副业之一,"其地苎麻产量极富,质材特佳,纤维细长而强韧,光泽可鉴……产质以宜黄、万载为最优"④。苎麻制法为先将麻浸泡水中,然后将麻撕成细丝,一根一根接上,每人每日可绩麻1两。收购麻丝者为机户老板,多为小有资产者,备有布机,雇有工人。所产夏布分为粗细两种,细者质精色白,宽1尺4寸至1尺7寸,长4丈8尺,重约1斤数两。粗者质色稍差,宽1尺至1尺7寸,长短与细布相同,重则可达1斤10两(旧制计量单位16两为1斤)左右。赣省夏布除自用外,年有1/3至

① 彭泽益编:《中国近代手工业史资料(1840—1949)》第2卷,中华书局1962年版,第237页。
② 整理棉业筹备处编纂:《最近中国棉业调查录》,1920年,"湖北省",第73页。
③ 谭熙鸿主编:《十年来之中国经济》上册,中华书局1948年版,"十年来之商业",第73页。
④ 彭泽益编:《中国近代手工业史资料(1840—1949)》第3卷,中华书局1962年版,第477页。

1/2 运往朝鲜。自民国初年起,江西夏布生产呈现出下滑趋势。1920 年前,平均年产 600 万匹以上,约合 10 万担,居全国第三位。1930 年降至 120.8 万匹,但 19 个夏布主产县的生产情况仍比土布生产为好。各县出产分别销往江苏、浙江、安徽、上海、广东、福建、湖北等地,每匹价值银元 4—9 分。1912—1930 年的 19 年中,共输出夏布 35 万担。

与江西夏布业的命运相仿,湖南夏布业系农村手工业重要组成部分,绩麻之妇女及织布之机工,多为农村家庭手工业者。欧战以后,湖南夏布生产同样开始下滑。以浏阳夏布为例,民国初年最盛时,每年可销售 18 万匹,1927 年减为一半。大战结束的 1918 年,通过长沙、岳阳两海关尚出口 4853 担,1923 年一度跌至 209 担。醴陵夏布清末年均销售 25 万匹,产量亦超过浏阳,20 年代末销量已减至 15 万担。长沙贫民染织工厂曾拥有工人约 200 人,生产各色花素、丝光、斜纹条呢、条格和细咔叽布,亦因资金困难而停办。全省手工纺织业直到 1929 年方有所好转。

在湖北,苎麻种植各州县皆有,每年收获三次,乡间有头麻见秧,二麻见糠,三麻见霜之说。湖北乡俗妇女多自织而衣,亦间有零售易粟者,制麻纺线多有记载。应城县产苎麻,“绩其皮为布为绳”①。孝感县“葛布出小河溪,本地不产葛,多来自临湘,近以苎麻蚕丝为之,谓之兼丝葛”②。武昌府属出境货物以麻与油为上品,马二里人善绩葛布,“布之属:有苎布可为帐及汗巾,有罗布,有葛布,出马二里者,名马二葛。葛极细者,名女儿葛”③。由于麻织不甚活跃,缺乏大宗出品,湖北苎麻除本省湖沼地区结制渔网使用部分外,其余均销往福建、上海、天津、浙江沿海、广州、潮州一带。苎麻主要作为原料大量输出。英国、德国和日本商人一向是湖北苎麻主要的买主。自清末日商在汉口、武穴等地设庄收麻后,省内苎麻外销逐年增长,主要产地集中在武昌、大冶、蒲圻、咸宁、鄂城、阳新、嘉鱼等县,年产量达 30 万担左右。第一次世界大战爆发前,欧美为主要出口市场,占 7/10 以上,余为日本及国内申潮各埠所消纳。一战爆发

① [清]王承禧等纂修:《应城县志》,清光绪八年(1882)刻本,“特产”。

② [清]沈用增纂修:《孝感县志》,清光绪九年(1883)刻本,“土物”。

③ [清]钟桐山修,柯逢时纂:《武昌县志》,清光绪十一年(1885)刻本,“风俗”。

后,日本以未受战争损失,遂广设工厂,制造各种布匹及一切丝织品,鄂麻出口为之一变,日本占 7/10,欧美不足 2/10。随着日商在华势力的不断扩张,来鄂办运苎麻出口者明显增多,麻价提高,推动着苎麻生产。大冶县农户向植土棉,因"未知改良种子,比因栽麻获利,倍于棉花,遂相率易棉种麻"①。

(3)染织业。染坊与织布有着极密切的互动关系。旧时染坊有染布坊、染绸坊二大类。漂染之术,中国发明最早,但旧式染坊只备一种发酵靛缸,排列数十具,专染青蓝各色;漂坊则用碱煮、日晒两法,专事漂白纱布;灰坊则用皂矾、桦果等为染料,专染黑灰布匹。苏州一带染坊素来有名,民国初年尚存二三十家。上海染布坊原在松江一带,后向市区转移。一次大战期间,上海每年分销土布 2300 余万匹,其中色布约 628 万匹,均在上海加染,是为当地染布坊最盛之时。1920 年有各类染坊四五十家之多,计分为青蓝坊、灰色坊、洋色坊、杂色坊、漂坊等。青蓝坊又有大布坊、小布坊之别,不得兼营。民国时期,沪市染坊均采用固定工资制,大多具有工场手工业性质。南京各种染坊、踹布坊则为完全旧式厂坊,所用工人之种类,仅分为大师傅、师傅、工头、工人四种,所有店中重要事务,皆归厂主或店主指挥,付给工钱,皆按旧例。

芜湖原为明代染坊业中心,随着丝织业的发展,1919 年,除机房自染者外,尚有染坊 10 余家。但此时绸染坊已基本使用外国染料,以蓝靛为大宗。芜湖染坊,"光绪初仅数家,近以土布出场甚多,除机坊自染外,现共有十余家。所染印花及各种颜色丝绸工艺之进步甚速,营业亦因之发展。"②1922 年,美丰丝光线染织厂代染纱线及人造丝,并自织丝光线袜。其后,又有"日华""华益"二厂开办,芜湖织袜业始渐用丝光线,并由上述三厂代染。(见表 1-17)同期,因该省土布生产不断增长,土洋布供求亦发生变化。"本省向来布匹俱由外省运入,今则内地机坊所织土布大有进步,不但可以相抵外货,且能发销外埠,每年营业约达三百余万元,且染坊所染印花及各种颜色亦颇进步,此诚工业之好现象也。"③

---

① 整理棉业筹备处编纂:《最近中国棉业调查录》,1920 年,"湖北省",第 54 页。

② 鲍寔纂修:《芜湖县志》卷 35《实业志·商业》,1919 年石印本,第 6 页。

③ 《实业厅造送安徽全省工产物状况表(续前期)》,《安徽实业杂志》续刊第 25 期,1919 年 7 月。

表 1-17　1926 年芜湖丝光染织业统计

厂名	资本	性质	机器数量	动力	原料	日产量	工人数
美丰	2 万元	有限公司	沪产丝光机 1 架	人力	日本纱、德国染料	织袜 20 打、染纱线 20 包	男 15 人、女 17 人
日华	2 万元	有限公司	沪产丝光机 1 架	人力	日本纱、德国染料	织袜 20 打、染纱线 20 包	男 15 人、女 16 人
华益	2 万元	有限公司	沪产丝光机 1 架	人力	日本纱、德国染料	织袜 10 打、染纱线 11 包	男 6 人、女 8 人

资料来源:《芜湖丝光染织厂概况》,《中外经济周刊》第 164 号,1926 年 5 月 29 日。

在安庆,以天然原料染布的称本染坊,以化学染料染布的称为西染坊。其中西染工艺长期采用大锅煮染,染毕出锅用木棍绞干,挑到江边清洗,然后在附近山坡上晒干。挑回后上胶,用石元宝踩磨成型。由于投料、加温等需要一定经验,染坊之间多对配方保密。

在浙江,欧战结束前,杭州等地漂染业皆为旧式漂染坊,大都由绍帮经营。主要是以旧式染缸人工染布,为厂布及拆片零件染色,染成后在特制木架或空旷处晾干。1919 年后,随着丝织、绵织、针织等行业的长足发展,采用新法生产的印染、漂染厂急剧扩充,一度发展到 180 余家之多,且营业分工明确,大多是代本地绸厂、布厂漂染和印花。

湖北城乡各地织布厂建立之初,"尚无染练纱厂之附属,其染色纱,全赖日本之进口,价格既昂,颜色亦不能任意适合,工作时颇有不便"①。1916 年前后,省内各类人才渐为充裕,武汉各织布厂相继开设染练丝光纱车间,染出颜色多至 200 余种,鲜艳夺目,颇为美观,人皆以丝光纱名之。随着染织业的发展,武汉染织纱布工厂组有染织纱布公会,会址设于汉口清芬二马路。入会同业凡 54 家,共有布机 4414 部。(见表 1-18)

① 《武昌裕华纺织公司调查报告(续)》,《湖北实业月刊》第 1 卷第 12 号,1924 年 10 月。

表 1-18　武汉部分染织厂调查

牌名	厂址	资本(石两)	机数(张)	牌名	厂址	资本(石两)	机数(张)
兴民	武圣庙	5.0	320	华丰	大通巷	0.3	36
济乡	存仁巷	3.0	240	鼎丰	大通巷	0.2	30
德昶	泉隆巷	2.0	160	义丰	三善巷	0.2	22
惠工	王家墩	2.0	180	瑞昌	三善巷	1.0	75
国华	万安巷	4.0	280	庆丰	武圣庙	0.4	35
震丰	石码头	1.5	110	彭公记	泉隆巷	0.3	30
贫民	硚口下	3.0	250	吴德泰	遇字巷	0.4	40
德泰	至公巷	1.2	80	怡康	豫章巷	0.2	30
福泰	万安巷	1.0	70	集成	万寿宫	1.2	100
和兴	存仁巷	0.5	50	股余	后城马路	5.0	300
第一公司	泉隆巷	0.5	45	慈善会	后城马路	2.0	150
余正兴	武圣庙	0.3	40	新华	武圣庙	0.5	40
宝顺	武圣庙	0.2	30	震兴	武圣庙	0.2	30
民信	文明公所	0.7	55	德丰	湖南会馆	0.4	30
慧记	文明公所	0.2	30	瑞生	尚兴巷	0.5	36

资料来源:《湖北省工厂统计》,《湖北实业月刊》第1卷第12期,1924年。

(二)服用品制造业的变化

上述手工纺织业提供了衣饰的原料,是成衣饰品业发展的基础。接下来,我们再来介绍成衣饰品业。成衣饰品业包括衣、帽、鞋、袜、线带、花边、绣货、手巾、手帕、围巾、手套、纽扣、帐席、胎褥、单毯等,皆人之必需,种类繁多,产品复杂,分布广泛。由于资料所限,我们很难从整体上揭示该行业的面貌,只能从侧面来推测。据巫宝三的统计,服用品制造业1933年的总产值为22602.9万元,约占制造工业总产值的3%,其中机器生产3748.1万元,手工生产18854.8万元,手工生产占总产值的83.42%。[1] 由于成衣饰品乃人之必

① 巫宝三主编:《中国国民所得(一九三三年)》下册,中华书局1947年版,第431页。

需,因此市场总体波动幅度应该不大,但由于受到流行风尚、社会习俗的影响,该行业的内部种类和结构容易发生变化和调整。传统成衣饰品业很少留下资料记载,而新兴的行业则得到了较多注目,如民国以来,中山服、学生服、呢绒制品风行,纽扣、洋帽、花边、绑腿等饰品先后兴起,使成衣饰品业成为变化较快、业态极为丰富的一个行业。

1. 成衣业

辛亥革命后,社会风俗发生变迁,学生服和中山服形成势不可挡的服饰潮流,推动着服装款式出现划时代的变化。因政府官员按要求多穿中山服参加社交活动,各类成衣店、西服店陆续在各地开办,缝纫机的使用逐渐普及。包括偏远地区在内的州县,相继出现了使用缝纫机生产服装的业户。1919 年五四运动后,学生装、青年装、女式裙装流行一时。同年,沙市缝纫业已有 348 户,从业人员 1923 人,年产值 59.79 万元。到 1923 年,武汉三镇服装业达到 1243 户,比 1910 年增加了 1 倍多,从业人员 5000 余人,已逐步形成了一支裁制西服和高级服装的技术队伍。此外,武汉、沙市等地的鞋帽业也有较快发展。在北京,1900 年后开始出现西服店,西服店一般 10 余人,最大的华茂女子服装店旺季时雇用 120—130 人。[①] 在陕西榆林,1916 年才由曹荣祖购回 1 台 28 型手摇缝纫机,开始缝制中山装、西服。[②]

在江浙一带,成衣业俗称"红帮裁缝"。从最初主要缝制西服、军服、学生服和公务员制服,到专做流行妇女服装、时装,成衣业在各大商埠发展十分迅猛。另有大批上门缝制成衣的缝工和苏广成衣铺,活跃在城乡各地。在合肥,1916 年后陆续有"徐纶记""张同兴""仁美"等服装店创办,承做各种中式服装,来料加工,手工缝制。直到 30 年代初,美国"胜家"牌脚踏缝纫机传入,始由手工缝制转为机器缝制。

在台湾,日本殖民台湾期间,将裁缝课程列于初等教育公立学校的课表之中,作为实学性质的课程。裁缝课程也见于各类女子教育机构中,包含高

① 陈华中、钟德钧:《旧中国北京的缝纫业及工人状况》,见北京市总工会工人运动史研究组编《北京工运史料》第 3 期,工人出版社 1982 年版,第 1—4 页。

② 梁严冰、宇赟:《近代陕北手工业探析》,《历史教学》(下半月刊)2011 年第 16 期。

等女学校和家政女学校等。在此情形下，吴服店亦逐渐设立，促使日本殖民统治时期台湾的服装店家和裁缝店种类更趋多样，不再只以贩售台湾服为主，增加了吴服店和洋服店。以1933年的《会社银行商工业者名鉴》来看，台南市中的裁缝店家设置之密集处为本町、锦町和西门町。罗列的吴服店共16家，其中就有6间位于本町，6间位于锦町。洋服店一共7间，本町就占了5间。除了本町和锦町，西门町中也有许多的裁缝店家，大多集中于1932年所设立的浅草商场，其中的40间店大多为洋服店、吴服店、小孩服店、生活杂货店和食堂等。①

2. 纽扣业

纽扣分为金属、贝壳、牛羊骨等数种，为服装业重要用品。纽扣业在中国起步较晚，1919年前后，方渐次设立。由于沿海关系，江浙地区蚌壳资源丰富，纽扣业最为发达，主要集中在上海，次为无锡、镇江、松江。上海纽扣工厂开办最早者，当推1918年创办的"自求""白介"二厂，专制螺钿纽扣。1919年五四运动后，国产纽扣销路骤增，成为螺钿纽扣生产的黄金时期。1926年后，中山装盛行，铜制纽扣风行一时。1930年前后，又有一款坚果纽扣流行市面。

镇江纽扣厂创办于1920年，生产毛坯纽扣，曾销往日本、美国、德国。嗣因技术落后，产品欠优，销路减少。松江有"日新""龙光"两家纽扣厂，其中"日新"厂开办较久，产品风行市面，堪与舶来品媲美。无锡纽扣业则以"源生"等厂历史最为悠久。1920年前，苏州、常州等地尚无制造纽扣之工厂，但到20年代中期，已有多家此类小厂设立，大多只有简单机器一二架，"不足以称厂"。业内多为歇业工人，尚有余资，购机赁屋，既为居室又为制造场所，原料随时零购，随时制作，制竣即行出售。有时原料缺乏则停止工作，"是项工人，因系工人而兼主人，故无所谓工资"。② 因苏、常所制之纽扣极小，无须购买整壳，故二地纽扣生产所用之壳，皆系上海各纽扣厂用过之废壳转购而来。但每担废料中常有半数无法使用，且供给不多，各厂时因原料不敷而停工。到1927年，苏、常二地约有纽扣业工人2000名。

① 江瑜庭：《日治时期台南裁缝业的发展》，台湾政治大学硕士学位论文，2023年。

② 《苏常之螺钿纽扣业》，《中外经济周刊》第198号，1927年1月29日。

此外,九江一地有纽扣厂30余家,就其所有人属性而言,可分为华厂、半华厂及日本工厂三种。如就生产技术而言,则可分为全制品厂、半制品厂和材料厂三种:全制品厂完全使用机器生产;半制品厂则仅有头车设备,且占纽扣厂之多数;材料厂则多为日本人所开。“纽扣出品只芜湖一处,设有大小纽扣厂十余家,分布于城之东南近郊一带,为小工业之一种,资本多者一千元,少者二百元,普通五百元,共有脚踏车床九十架,工人二百人,年出大小纽扣八千箩,每箩计一百四十四打,售价最高八元,最低四元五角,普通五元五角,总值五万元。”①

3. 制帽业

帽子为传统服用品之一,冬御风寒,夏遮炎热。民国肇建,社会习俗渐为改变,“旧式之帽,渐被淘汰,新式者一时未兴,而外来之各种新式帽品乘机销行”②。天津传统帽业素以瓜皮缎帽驰名,号曰“京庄”。因北京风行此帽,营帽业者被称为“京庄”,天津亦效之。“凡来津门人士,采办此帽赠馈亲友,视为高尚之礼物”。外来帽式的输入刺激了天津传统制帽业,开始了新式帽的制造。新式帽制造者最早始于盛锡福和同陞和帽庄,两帽庄均成立于1912年,生产四季时尚帽品。1921年之后,“新式帽业次第兴起,有同磬和、福东等厂,但旧业作坊类,当时家数仍是不少,专制各种旧式帽,行销亦属不弱”。③这说明,新式帽的发展,并没有伴随着旧式帽的衰落。

南京制帽业历史悠久,作为传统手工业产品,“一缎二帽”曾驰誉全国。因调剂淡旺季业务,帽店还经营扇子,故又有“一缎二帽三扇”之说。民国初年,因政体改变,玄缎帽已不适应时代,生产每况愈下,唯白纸扇销售仍好。到20世纪30年代初期,先后有礼帽、童帽、草帽等相继崛起,扭转了南京帽业的清淡局面,并最终形成了“草、童、套、呢”四大帽种和白纸扇、黑折扇、芭蕉扇三大扇类的生产经营格局。其中,制作童帽的新老厂店发展到20余家,年均产量在1万打左右,以“达金记”“吴义记”“亿兴斋”最为著名。同期,年

① 铁道部财务司调查科编:《京粤线安徽段经济调查总报告书》,1930年,第204页。

② 王达:《天津之工业》,《实业部月刊》第1卷第1期,1936年4月。

③ 王达:《天津之工业》,《实业部月刊》第1卷第1期,1936年4月。

产草帽在5万打左右。在杭州,因时代变迁,旧式瓜帽逐渐落伍,帽业冬季改以产销呢帽绒帽为多,夏季则自制草帽售卖,同时兼营草席、纸扇及百货。

4. 织带业

民国初年,沪市手工织带业开始织造军用绑腿带,包扎用红纱带及排须丝绳,并开始仿造日本卷烟带、德国丝织商标等。按其产品大致可分为宽紧带、鞋带、花边商标、拉链带、军用带、锭绳带、丝纱绳带、卷烟车带等8类。随着生产技术的逐渐改进,宽紧带、鞋带、花边商标、拉链带的生产陆续使用简单机器。在湘西,织花带是苗族纺织工艺中最复杂的一种,历史久远。花带分为黑白花带(棉线)和彩色花带(丝线)两种。前者朴素大方,多为在家劳动时系用;后者柔软精致,一般用作赶场、做客之用。两者图案大致相同。湘西一带苗家女孩,每年在春节之后,即在长辈指导下学习织花带,到十五六岁时技艺已很纯熟。所织花带除自用部分外,还在集市上售卖或交换。花带不仅是苗族的装饰品,而且还是苗族男女定情之物。

(三)农副产品加工业的广泛存在

农副产品,是利用农林牧渔产品和各种生物资源,按照不同的工艺技术,通过一定的生产过程,加工成社会需要的产品,进入市场交换的商品。中国古代农业曾经保持了长期的繁荣,同时也伴随着较为发达的农副产品加工业。可以说,农副产品加工业是与国人生活息息相关的一个行业。近代以来,随着中国国内市场的扩大以及中国市场一步步被卷入世界资本主义市场内,农副产品的商品化程度逐步提高。据估计,1920年农副产品贸易额达39.09亿元,占国内市场贸易总额的42.28%,为工业产品的4.43倍、矿冶产品的13.43倍、进口商品的3.29倍。[①] 可以说,农副产品加工在整个国民经济中举足轻重。农副产品加工业也是近代以来实现机器化生产程度较深的行业,榨油业、碾米磨粉业、制烟业、制茶业等都已走向了机器生产。但由于农副产品加工与国人生活息息相关,因此,民初以来土法制作的农副产品仍然广泛存在,一些行业还有较大发展。

---

① 马俊亚:《近代国内钱业市场的运营与农副产品贸易》,《近代史研究》2001年第2期。

1. 碾米磨粉业

粮食是较早进入流通领域的商品,粮食商品率是农村经济商品化的基本前提和重要保证,它直接反映着农村自然经济解体的程度。民国时期,随着粮食商品率的不断提高,粮食长距离贸易和商品率都有显著增长。在城市机器碾米业和面粉工业获得长足发展的同时,为数众多的砻坊、磨坊仍在农村中占据主导地位。据巫宝三估计的1933年国民生产总值数据,机器面粉业的总产值达到186136千元,但也仅占1933年面粉总产值的10.8%,可见面粉制造业在近代中国经济中的重要地位。① 旧式面粉制法,多以石磨磨成。乡间农户多备磨自制,城镇则有所谓磨坊,大多备磨2—3具,以牲畜转磨,磨麦成粉,或磨粉制面出售,规模不大,销售多以本地为限。

面粉业在近代济南工业中占据重要的地位,是济南机械化程度较高的行业。济南作为中国六大面粉生产中心,先后曾创办过十几家面粉厂。济南的机器面粉业始于一战时期,1915年山东银行行长张子衡创办丰年面粉厂,是近代山东第一家机器面粉厂。此后到1928年济南有面粉厂12家,家数与无锡并列位居全国第4位。其中10家资本总额520万元,每日产面粉35450袋。② 1933年全国(不包括东三省)面粉产量76049442包,济南的产量为6010470包,占全国产量的7.9%,位居全国第2,仅次于上海。③ 济南面粉业的发达增加了对面袋布的需求,一批生产面袋布的手工作坊和工场产生。山东慈悲同人社在筹备山东厚德贫民工厂时就瞄准了济南的面袋布市场。1931年民丰织布厂有人力脚踏机18台,每台每日能织面袋布1匹,每年出面袋布4000匹,每匹价值5元5角,每匹面袋布能制成面袋47个。④ 1934年济南的110家织布工厂中专织面袋布的有41家,其中兴实织布工厂年产面袋布5000匹。⑤ 济南面粉业的发展也为饮食业、酱园业等行业的发展提供了廉价原料,而面袋布的需求直接刺激了织布业的发展,体现了工业化对手工业

① 巫宝三主编:《中国国民所得(一九三三年)》下册,中华书局1947年版,第101页。
② 龚骏:《中国都市工业化程度之统计分析》,商务印书馆1933年版,第20、161页。
③ 延仲:《最近我国面粉业(上)》,《工商半月刊》第6卷第14号,1934年7月。
④ 山东省政府实业厅编:《山东工商报告》,1931年,第20页。
⑤ 山东省国货陈列馆编:《济南染织工业》,1935年,第52—62页。

生产结构的影响。

在天津,“民国五年以前仅有旧式磨坊,役使牲畜(用骡最多)牵曳石磨,昼夜从事制造。其时大小磨坊不下四百余家,所有石磨之总数不下二千余部”。现代面粉业兴起之后,旧式磨坊面粉业受到一定冲击,“一般食户之习惯亦改而趋重于机器面粉,于是旧式磨坊营业日渐凋零”。1924 年时面粉磨坊已不足 200 家,石磨仅剩六七百部。① 尽管如此,磨坊业仍然存在。据 1926 年调查,天津有磨坊二百三四十家,各厂所用制面之器物为石磨、石碾两种。②

湖北是各省中产麦较丰之省,因而农村土磨坊数量颇多,主要集中在长江北岸各州县及汉口、沙市、宜昌、樊城等市镇。“绝大多数是作坊形式的畜力磨坊。这种磨坊的规模有大有小,小者有石磨一二副,牲口一二头,罗柜一台,一般不雇用工人,而以家庭自然分工担负各项工作。男的掌握全面经营,既是经理,又是采购,还是营业员,更是主要的生产者;女的也参加生产,多半是担任门市销售;老人或小孩,放牧牲口以及其他工作。每副石磨,每天只能加工三斗左右的小麦。”③汉口等地的多数磨坊,其所产面粉主要是供自己做油条、大饼、馒头或糕点之用,多余的才在门市零售。“大的磨坊至少有两副以上的大石磨和两头以上的壮牲口,绝大多数都雇有工人,收有学徒,有的雇工达十人左右。每个磨坊每天生产面粉在二百斤以上。生产设备,经营内容,产销过程等,基本与小磨坊差不多……上述大、小磨坊,原料多购自市内粮行,产品以本地为销售市场。”④

尽管机器面粉业不断发展,对旧式磨坊形成了一定的冲击,但这种冲击往往是由沿海慢慢传导到内地,由大城市慢慢传导到乡村。在广大内地和乡村,旧式面粉业仍然随处皆是,所制面粉也大多只在本地销售。察哈尔地区

---

① 《农商部钞存各地区面粉业之调查》(1924 年 8 月 9 日),见中国第二历史档案馆编《北洋政府档案》第 105 册,中国档案出版社 2010 年版,第 20 页。

② 《天津工业之现状(续)》,《中外经济周刊》第 199 号,1927 年 2 月 12 日。

③ 武汉市粮食局、湖北大学政治系编:《武汉市机器面粉工业发展史》(初稿),1960 年,转引自上海粮食局等编《中国近代面粉工业史》,中华书局 1987 年版,第 5 页。

④ 武汉市粮食局、湖北大学政治系编:《武汉市机器面粉工业发展史》(初稿),1960 年,转引自上海粮食局等编《中国近代面粉工业史》,中华书局 1987 年版,第 5 页。

的面粉业以莜面为特色。1916 年察哈尔地区生产面粉 3346575 斤，价值 226725 元。1931 年各县有面粉作坊 162 家，其中康保有莜面磨坊 91 家，资本总额达到 3 万元。①

碾米一业自古有之，但旧时碾米，平原地区以石臼为主，或用手舂，或用足捣；近山地方亦有借助瀑布或溪水流动之力磨碾谷粒者。碾米向有砻碾、滚碾两法，传统使用牛力，人工不多。砻碾是将稻谷入石磨，运之以牛，借助风力吹去稻壳而成糙米；更以米盛于缸臼，人工足踏木杵舂臼之。滚碾则是用石碌碡运之以牛，以碾成白米为度，不再入舂。机器碾米出现后，效率大为提高，以上海、武汉等大都市为起点，城市中的碾米业逐渐机器化。

芜湖作为著名米市，1912 年前后有经商者 5 万余人，计 3000 户，其中较大商贾有 200 余户，俱为米商。计分为广帮、潮帮、宁帮和烟帮，各帮在芜湖均设有多处米栈，砻坊业、碾米业成为市场中坚。第一次世界大战期间，除“同丰”“合兴晋”等家开始使用机器进行生产外，多数碾米厂仍沿用石碓、砻磨进行生产。在另一大米市长沙，1914 年，仅有协丰粮栈首先使用机器碾米。

上海、无锡、汉口等地均为近代中国重要的面粉产地。其中上海是国内两大面粉工业中心之一，江苏则为仅次于上海的面粉工业发源地，面粉工厂遍布省内各处，产品不仅覆盖苏浙皖三省，每年还有大宗面粉通过上海运销北方各省，尤以无锡面粉业最具代表性。在汉口，欧战期间福新五厂投产后，武汉面粉工业生产能力大为增强，成为湘鄂赣三省面粉工业的中心。然而，由于地区间经济发展的差异，民国时期，机器磨坊乃至土磨坊仍普遍存在于各县镇。机器面粉厂或机器磨坊，都不能有效地排挤内地农村中的土磨坊。在多数城市，特别是农村集镇，仍然是土磨坊的土粉商品占有绝对优势。尽管受到生产能力的限制，土磨坊对城乡居民需要的商品面粉，只能就地加工，就地销售，一般没有向外扩展市场的条件和要求。但它们就地取材，避免了长途运输的困难及费用，加上一般消费水平与消费习惯等因素，使得土磨坊在广大农村地区具有极强的生命力，形成机器面粉工厂、机器磨坊与土磨坊长期并存的局面。

① 参阅史玉发《近代察哈尔地区手工业、工业发展状况初探（1840—1952）》，内蒙古大学硕士学位论文，2010 年。

以江苏为例。尽管该省为国内面粉工业发达之区,但在省内较偏僻、交通困难的农村地区,旧式磨坊仍保持其固有之重要地位。至于内地广大农村,情况更可想而知。同时,由于工业的兴起,还带动了粮食加工业的兴旺。在无锡,随着纱、布工厂的增多,浆纱所需淀粉数量大增,因而带动众多粉坊的出现。如谢洪兴原本仅是做线粉、粉皮和油面筋的小店,逐渐发展成为颇具规模的粉坊。其小粉销往布厂,生麸多销往上海天厨味精厂作原料,下脚可养猪三四百头。由于获利甚丰,小粉坊如雨后春笋,纷纷开办。此外,当地纱、布工厂每年包装所需蒲包、草绳数量可观,于是经营蒲包、草绳的店坊应运而生。大工业带动手工业,互为促进,莫过于此。

磨制粉丝在各地亦十分普遍。湖北枝江县豆产丰富,乡间以之制造粉丝,蚕豆、豌豆、绿豆和大米为其原料。粗者每斤值钱约 1 串文,细者每斤约 1 串 800 文。营此业者,各区乡镇到处皆是,年出产额甚巨,除供本地食用外,销往长江各埠。英山粉丝,又称汤丝,是湖北英山的大宗特产,以该县雷店、金铺、城厢、彭畈等四区所产为多。原料为白豌豆,经浸、磨等工序,加工为粉丝,在国内外市场享有盛名,远销英国和东南亚各国,曾获巴拿马万国博览会银奖。以汉口为集散地,下等货销于鄂东,中等货销湘赣,上等货由广东商人改装后运销南洋一带。

龙口粉丝以绿豆粉为原料制成,是山东的特产,以招远、黄县、蓬莱、栖霞等县为盛。龙口出口粉丝的数量居全国首位,每年由龙口输出者达 20 余万担,价值三四百万两。其中各县的产量"以招远为最多,约占总产量百分之七十左右,黄县产量则占百分之二十左右,蓬莱、栖霞等县则占百分之十左右"①。龙口粉丝的销路,"向以华南各埠为最大,如香港、汕头、广州、厦门、福州等处,而尤以香港为最大主顾。次为江浙两省之上海宁波,再次为长江各口如长沙、岳州、九江、汉口等地"②。粉丝业的发展,使推粉农民的生活得

---

① 华东军政委员会土地改革委员会:《华东各大中城市郊区山东省农村调查》,1952 年,第 101 页。

② 实业部国际贸易局编:《中国实业志(山东省)》,1934 年,第四编"都会商埠及重要市镇",第 78 页。

到很大的改善,甚至在农村经济普遍破产的情况下,仍能保持良好的生活,例如“招远每年所产粉条收入约4114000元,除去原料绿豆价约2500000元,雇工费用约300000元,器用薪炭消耗及一切杂费用约360000元外,纯收益约1054000元”①。可以说,招远农村之所以能够拥有一番特殊的景象,全靠粉丝所赐。②

2. 土榨业

榨油业是个古老的行业。中国油脂原料丰富,主要为油菜、芝麻、黄豆、花生、棉籽等。榨油种类以菜籽油、麻油、豆油、棉籽油等为主。榨油业产值在手工制造业中仅次于面粉制造业,居第二位。一战期间,油料作物和棉花种植面积不断扩张,从而为民间榨油业提供了充足的原料。榨油业也是中国传统手工业向机器工业转化的典型代表,自甲午战争之后,近代榨油工业就在中国兴起,并成为中国工业化的典型行业,这一点在本书第一卷已有集中讨论。在机器榨油业快速发展的过程中,植根于广大油料产区的榨油作坊,仍然遍地林立,土榨业仍然稳居中国榨油业主体。在1920年,中国榨油业总产量估计有2124.5万担,其中机器生产的只有155.9万担,占7.34%;手工业生产1968.6万担,占92.66%。③

土榨业的主要分布情况如下:

民国初年,江苏常州附近有油坊八九十家,内有“农油坊”二三十家,皆为农闲以耕牛碾豆榨油,属于家庭手工业。其中“许恒丰”“黄恒兴”“宝兴泰”“蒋同兴”等八九家,均为具有一定规模的手工厂。1915年,“宝兴泰”首先使用蒸汽机和铁机碾豆。其后,又有“裕源”“许恒泰”“许恒裕”等家仿行,但都只是在粉碎工序使用蒸汽机和铁机代替牛拉石碾,在榨油工序仍多用人力。在浙江,除宁波、永嘉、杭州等地各有机器榨油厂一家外,其余皆为旧式榨油。榨油之户称为油坊,散布于乡间,大都仅备一具至数具榨油之车,代客榨油,

① 晓梦:《山东招远县农村概况》,见千家驹编《中国农村经济论文集》,中华书局1936年版,第553页。

② 参阅王欠《1927—1937年山东农村经济考察》,山东师范大学硕士学位论文,2011年。

③ 根据吴承明《论工场手工业》,《中国经济史研究》1993年第4期,表9“榨油业产量估计”计算。

主要是茶油、桐油、菜油、柏油四种,制法稍有区别。杭州油业除转运零售各县花生油、菜油、豆油、棉籽油外,还自备磨具制作大小麻油,副产品有麻酱、花生酱、辣油及豆饼等。

湖北是重要的油料产地。作为国内重要的植物油市场,华中各省所产油料一向集聚于汉口,分销外埠及海外。一战爆发后,由于国际市场对植物油的大量需求,汉口市场各种植物油输出骤增。1918 年其货值突破 2000 万关两大关。为适应油脂大宗出口的需要,全省各属榨油业顿呈活跃,年产量在 1400 担以上的油厂达到 30 余家,主要分布在武汉、沔阳、黄冈、枝江、钟祥、保康等油料产区。其中产量较高的有黄冈顺光油厂,年产量达 4520 担。宜昌附近则有 14 家榨坊沿江而立,除阳记朱大顺等 3 家为本帮所设外,其余 11 家皆为安徽太平帮商户所开办。衡量榨坊规模大小,多以其石碓数目为参考,一般每张碓配 2 部榨,另配 1 部余榨。宜昌县境内计有阳记朱大顺、洪盛昌、德厚荣 3 家,各有碓 4 张,各用工百余人。其余各家依石碓数目而用工不等。到 1921 年前后,湖北全省年产豆油达 12.3 万担,芝麻油 12.2 万担,价值 500 余万两。在大战期间植物油出口大增的影响下,湖北油料作物种植面积不断扩大,尤以荆州、襄樊各县所产为多。同时,榨油所剩油渣可做粕饲畜,亦可肥田,不但提高了农户收入,又增加了地力,颇受农户的欢迎。如枣阳县麦田和棉田皆以油饼作肥料,其中棉田所用尤多。

此外,湖北每年棉籽产额均在百万担左右,故各产棉州县城乡均设有棉籽榨坊。“各地制油者亦为不少,民间风俗朴实,食棉油者颇多,不似汉口之绝无此油销场也。另有换油之人,担棉油少许到四乡兑换。”①沙市附近乡镇每年来油 50 万—60 万斤,销于本市油店及杂货店,本市所产麻油则多销往邻近湖南各县。每年 5 至 8 月为油市最盛时期,且以榨制麻油为多。各坊皆有榨机五六具,每具需要工人 6 名,每日可制油 2 担;另有役夫 12 人、常佣木工 1 人,专司修理榨机,大多仍采用木槽楔入式榨油法。由于购置木榨机、石碾、牛、蒸灶等需要一定的资金,开榨期间又需壮劳力轮班作业,因此,本地较大

---

① 黄既明:《汉口之棉子业》,《银行杂志》第 4 卷第 2 号,1926 年 11 月。

规模的油坊已具有明显的手工工场的性质。在枣阳,各乡镇均有油坊,各坊皆有榨机。“较大之村,有一村三四家者。”其他如汉阳蔡甸、黄陵矶为重要农产品集散地,榨油、轧棉、碾米作坊以往均用木机,“拙笨不灵,产货较少,现在多改用机器,一日之力,一人之工,较从前实增百倍”。[①] 宜都县山地颇多,业榨坊者 50 余家,出产大宗为桐油、皮油、梓油,以冬季农闲时最为发达。“山乡贫民生计,多赖此维持,全年输出约售三十余万元。”[②]据湖北省实业厅 1920 年统计,全省城乡计有土榨油厂 1.1 万多家。(见表 1-19)

表 1-19　1920 年湖北制油厂坊统计

品种	制造户数(户)	工人数(人)	男工(人)	女工(人)
豆油	2242	7913	7911	2
芝麻油	6670	14831	14183	648
花生油	713	1974	1932	42
菜油	1004	3465	3352	113
棉油	858	2824	2824	
茶油	130	544	544	

资料来源:胡焕宗编:《湖北全省实业志》,湖北实业厅,1920 年,第 1 页。

在天津,各油店所售之油包括花生油、芝麻油、豆油、菜籽油、胡桃油等。20 世纪 20 年代,天津植物油制造中,以花生油为制造大宗,其他如棉籽油、芝麻油、亚麻油等制造日渐增长。北方各地所产花生通过不同方式运至天津,直隶之南、山东之西北所产者多由运河汇于天津,清宁、曹州各地所产者则由清宁用铁路输送于天津,泰安、新泰、泗水、大沽口、沂水等处所产者多由津浦路运至天津,直隶所产者多由京奉路运至天津。由于原料丰富,天津的花生油业日渐发达,天津成为我国花生油出口的重要商埠。[③]

在黑龙江,大豆种植面积不断扩大,榨油业原料获取丰富,因而有了显著

① 胡焕宗编:《湖北全省实业志》,湖北实业厅,1920 年,第 11 页。

② 湖北省政府民政厅编:《湖北县政概况》第 5 册,1934 年,第 1374 页。

③ 《调查天津油业之情形》,《益世报》1920 年 7 月 11 日。

的增长。1911年,据中东铁路商务代表的报告,黑龙江各府共有376户油坊,其中海伦县100户,绥化府60户,呼兰府55户,是油坊最多的三个府县。①

山东与黑龙江类似,土榨业以豆油为主。烟台开埠前,胶东地区的豆饼主要作为肥料销往华南地区。烟台开埠后,胶东地区的豆油业开始快速发展。据20世纪30年代的调查,山东省在1892年至1911年创办油厂66家,远高于1876—1892年的9家,足见其发展速度之快。②

在甘肃,据1914年统计,有榨油户2944家,从业人员6.1万余人,年产麻油120万斤、产值10.4万元,菜油616.4万斤、产值65万元,另有桐油、棉油等,各种油总计产量739.2万斤、产值75.7万元。③

在台湾,花生是清代以来台湾地区重要的经济作物。榨制所得之花生油,广泛运用于各类用途上。除台湾内部的消费外,亦成为台湾除米、糖、茶外甚为重要的出口货品。在产量上,虽于1910年至1912年间呈现出衰退情形,但于1913以后大致呈现增长的趋势。1935年以前,只有1920年、1921年两年产量未达200万斤。生产区域方面,以中南部州厅以及离岛的澎湖厅为主,特别是台中在整个日本殖民统治时期,一直为台湾花生油产量重镇。④日本殖民时期台湾的食油工业并无重大的进展可言,较为显著变化的是榨油工厂家数的增加。1912年计有475家,1923年之后皆在600家左右,至1935年则增为693家,此亦为日本殖民时期台湾之榨油工厂最多的时期,之后因战争的爆发,户数明显减少。⑤

3. 酿造业

酿造一业,创始甚古,主要是酿酒和酱园两项,均采用传统手工制法。酒、酱、醋均为民生日常食品,消费既多,生产亦巨,故酿造业在全国各地几乎

① 波罗般:《中东铁路商务代表的报告》,1912年俄文版,转引自辛培林等主编《黑龙江开发史》,黑龙江人民出版社1999年版,第316—317页。

② 于军:《近代胶东地区手工业变迁述论》,《鲁东大学学报》(哲学社会科学版)2020年第3期。

③ 农商部总务厅统计科编纂:《中华民国三年第三次农商统计表》,中华书局1916年版,第173—175页。

④ 林哲安:《日治时期台湾花生栽培与花生油产销》,台湾政治大学硕士学位论文,2012年。

⑤ 林怡华:《台湾传统榨油业(油车间)发展之研究——以沙鹿镇为例》,台湾台中教育大学硕士学位论文,2010年。

无处不有。因口味有别,各地制品又有所不同。

(1)酿酒业。酿造业产值中以酿酒业较大,且主要是用粮食酿酒。据巫宝三的估算,1933年酿造业手工生产产值44450万元,在手工制造业产值排行中名列第五位,占手工制造业总产值的7.9%。近代以来,葡萄酒、啤酒等新式酒类在中国虽有出现,然而并不占据主要地位,也未对中国传统酿造业产生明显的影响。

在酿酒业中,烧酒、高粱酒、黄酒是最常见和消费最多的酒类,药酒、配制酒等酒类则占比较小。民国成立后,农商部连续9年开展全国农商调查统计,而酒业发展具有全国代表性的只有前4次统计数据:1912年全国酒业制造户有82052家,1913年有120267家,1914年为92365家,1915年为123542家。虽然4年间酒业制造户数增减无常,但大致在8万到12万余户之间。1912年有酒业制造工人695468人,其中男工673857人,女工21611人;1913年有665643人,男工645641人,女工20002人;1914年为508186人,男工492348人,女工15838人;1915年为594141人,男工573208人,女工20933人。酿酒工人在50万—70万人之间,女工占3%左右。①

1912年,酒类产量为18063040259斤、490坛、34300打,折合计18063500859斤。其中,烧酒约占51%,高粱酒约占37%,黄酒约占10%,其他酒类占2%。当时国人的酒类生产和消费格局中,以蒸馏酒为主,黄酒次之。1912年全国出产各种酒类价值总计达949497477元,以高粱酒最多,占53%,其次是烧酒,占41%,黄酒约占1%,药酒、果子酒无足轻重,其他酒类约占5%。高粱酒产量占酒类产量的37%,价值占53%,烧酒产量占51%,价值仅占41%,说明高粱酒价值高于烧酒,而黄酒则价值更低。

1915年全国酒类制造商户有123542家,湖南占19%,山东占17%,广西占11%,广东占9%,河南占5%,江苏占6%,江西占4%,浙江占7%,湖北占8%,余下省区占14%。山东、河南为高粱、小麦主要产区,以产烧酒著称;两

---

① 郭旭:《中国近代酒业发展与社会文化变迁研究》,江南大学博士学位论文,2015年。

广出产水稻、杂粮,酿酒业也较为繁盛。广西因出产蔗糖,以糖清酿酒较为普遍。①

从历史地理来看,酿酒业一般都分布在地理条件较好、交通便利的地区,并形成了各具特色的酒业产区。下面将酿酒业重要产地的生产状况概述如下。

在江苏省,江北多产白酒,江南多食黄酒。白酒以泗阳所产"洋河大曲"销行大江南北,年产量长期保持在50万担左右。"洋河大曲行销于大江南北者,已垂二百余年。厥后渐次推展,凡在泗阳城内所产之白酒,亦以洋河大曲名之。今则'洋河'二字,已成白酒之代名词,亦犹黄酒之称'绍兴'。"②其他如双沟大曲、灌南的汤沟大曲、涟水的高沟大曲、滨海的五醍浆大曲、南通的颐生酒、丹阳的封缸酒,均各具特色。白酒生产不限于专门的槽坊、酒坊和作坊,农家养猪多者,往往自酿自饮,名曰槽户。苏北烧酒多"沿内河抵浙皖,或沿江至皖赣鄂等省销售者巨,统名苏烧"③,"出售外省者尤巨"④。黄酒则以丹阳等地所产有名。丹阳访仙桥恒升官酱园所产黄酒,使用纯白糯米为原料,采用传统酿造工艺制成,用酒缸深埋地下5—10年,再取出时,香气扑鼻,甜醇可口。

浙江为酿酒大省,"绍兴"几成黄酒的代名词。民国初期,绍兴全县大小酒户共1800余家,年产108000余缸,价值4000余万元,为我国黄酒最为集中之地。⑤ 除昌化一县,其余74县无不产酒,尤以黄酒畅销有名。浙省酒坊皆为家庭手工业,千年相沿。酿酒处所多与住家相连,并无专门建造之工场。酒坊内部除长年雇用酿酒司务(主持酿酒的技术工人)外,其余一切工人大都为临时雇用。绍兴酒在长江流域一向畅销,坛分京庄、放样、行使、加大等;酒分花雕、远年、孝贞、陈陈、加饭、善酿等;烧酒则分为苏烧、土烧、绍烧三种。

---

① 农商部总务厅统计科编纂:《中华民国四年第四次农商统计表》,中华书局1918年版,第382—385页。

② 实业部国际贸易局编:《中国实业志(江苏省)》,1933年,第八编"工业",第454页。

③ 程叔度、秦景阜合纂:《烟酒税史·公卖费·江苏》,财政部烟酒税处,1929年,第4页。

④ 魏岩涛、何正礼:《高粱酒》,商务印书馆1935年版,第45页。

⑤ 湖南省国货陈列馆编查股:《著名的绍兴酿酒业》,《国货月刊》第21期,1934年。

绍兴地区“所产的酒,除一小部分在本地贩卖外,大都运销杭州、上海、宁波等处,转运于长江、珠江、黄河各流域,东北各地也有输入,即远在南洋、新加坡、印度等埠,也销流不少”①。

在山西,汾酒自古闻名于世,“以产于汾阳县杏花村者为最佳”。② 据《山西造产年鉴》记载,汾阳杏花村义泉泳酿酒厂“惟此厂之所以能递传至今,实因厂中之井水,最宜酿酒故也。逾民国元年,经将此厂酿制之酒,陈列美洲巴拿马万国博览会比赛,获得一等金质奖章”,“于是汾酒之名,不惟渐被于东西亚欧,并且暨讫于南北美洲矣”。汾酒产量大,销路广,民国年间山西酿酒厂家以及较大作坊计有 474 家,资本 825424 元,全年酒产量总计 9754900 余斤,其销售市场遍布华北各大商埠。③

在陕西,凤翔、岐山、宝鸡等地区的酿酒业,与山西汾酒不相上下。其中尤以凤翔的西凤酒远近闻名。据记载,“凤翔以产酒闻名全国,有较大制酒厂三家”,每年产量可达数百万斤。西凤酒与汾酒一样,近的销往北方、甘肃,远的运往汉中,沿江各地皆有。④ 在凤翔农村,中小地主与殷实自耕农,多以自产酿粮为原料,麦草做燃料,开设烧锅酿酒,称“连家生意”,所产白酒用以出售,糟粕喂养家畜。其中,以柳林镇、陈村镇酿制的凤酒最为上品——因酿粮主要是高粱,大麦、豌豆作曲,亦称高粱酒。⑤ 据统计,1912 年,凤翔县城关、柳林、陈村、彪角镇有酿酒作坊 70 多家;受灾荒影响,1933 年仅存 29 家;因年丰谷贱,1935 年又恢复到 60 家。⑥ 最著名的酒作坊“昌顺振”,每年生产 8 个月,7 月踩曲,9 月烧酒,次年 4 月停止;每年消耗高粱 20 万公斤,曲粮 7.5 万公斤,产酒约 5 万公斤。⑦

---

① 湖南省国货陈列馆编查股:《著名的绍兴酿酒业》,《国货月刊》第 21 期,1934 年。

② 实业部国际贸易局编:《中国实业志(山西省)》,1937 年,第六编“工业”,第 231—233 页。

③ 参阅马相金《历史地理视角下的中国酒业经济及酒文化研究》,南京师范大学硕士学位论文,2011 年。

④ 参阅马相金《历史地理视角下的中国酒业经济及酒文化研究》,南京师范大学硕士学位论文,2011 年。

⑤ 参阅王今诚《近代关中农村经济变迁研究(1927—1937)》,西北大学博士学位论文,2015 年。

⑥ 陈筱南:《陕西省实业概况》,《实业统计》第 3 卷第 6 号,1935 年。

⑦ 陕西省凤翔县志编纂委员会编:《凤翔县志》,陕西人民出版社 1991 年版,第 435 页。

在贵州,茅台酒因产于遵义赤水河畔的茅台镇而得名。茅台酒由清朝山西盐商初创,“在黔省最著名者为仁怀县之茅台酒,此酒产于仁怀县属茅台村,故名,为全省酒类之冠。此酒酿不用药,香气馥郁”。在1915年前只有成义酒房、荣太和烧房两家,年产量不足一万公斤。但自巴拿马万国博览会上获奖后,茅台酒需求量大增,每年产酒增加到2.5万公斤以上。1929年又出现了第三家酒坊。据记载,“民国四年世界物品展览会,荣和烧房送酒展览,得有二等奖状奖章;民国二十四年西南各省物品展览会,成义酒房又得特等奖状奖章。自是茅台之酒,驰名中外,销路大有与年俱增之势。于是垂涎此种厚利,羡慕此项美名,继而倡导,设厂仿造者大有人在,所谓遵义集义茅酒,川南古蔺县属之二郎滩茅酒,贵阳泰和庄、荣昌等酒,均系仿茅台酒之制法,亦称曰茅台酒”①。茅台酒的销路一是经赤水河销往沿线,二是经贵州、遵义销往两广地区。②

在四川,酿酒是当地的重要手工业之一。进入民国以来,四川酒业开始蓬勃发展。泸州老窖在民国以前规模偏小,只有“温永盛”“爱仁堂”几家酒坊生产。自1915年在巴拿马国际博览会获奖之后,泸州老窖的规模开始扩大,工艺也日益成熟,出酒率大大提高。重庆江北的土沱酒,“创于1919年。不仅酿制工艺完全仿照泸州曲酒操作,而且制曲醅窖也是泸州曲酒衣钵真传”③。原名“杂粮酒”的五粮液,于1909年经邓子均确定正式取名“五粮液”后在市场上销售。1915年,“杂粮蒸馏酒——五粮液”参加巴拿马国际博览会获得金奖。1929年后,五粮液进入规模生产,开始走出四川,沿江而下进入重庆、武汉、南京、上海等市场。成都的酿酒业规模大、品种多,清末以来发展更加兴盛,不仅酱园行从事酿酒,油米帮、夏布帮、盐号帮等这些与酿酒毫无关系的商帮也开始兼营酿酒,最终形成了专营大曲酒业的“烧房帮”。成都曲酒的酿造与普通烧酒有所不同,普通烧酒用木桶发酵,酝酿7日即可出桶蒸

① 张肖梅编著:《贵州经济》,中国国民经济研究所,1939年,第十二章“工商业调查”,第21页。

② 参阅马相金《历史地理视角下的中国酒业经济及酒文化研究》,南京师范大学硕士学位论文,2011年。

③ 杨自庆:《从土沱酒到渝北酒》,《重庆日报》1983年11月27日增刊。

馏,而大曲酒采用泥窖发酵,入窖后40日始能上硫,制作工艺更为复杂。在近代成都大曲酒的酿制中,已经产生了初步的勾兑工艺。各烧房在夏季所烤的酒,由于天气太热,酒液挥发过猛,一般香气较弱,酒师们便在冬季用高粱精心烤制一批调味酒,与夏天所烤的包谷酒掺和,改善其香味和口味后再行销售;冬季气温低,地下水位也低,因而用高粱发酵酿制的酒醇香绵软,经过掺和,冲淡了包谷酒的躁辣劲,就现代酿酒工艺看,这不能不说是一项很有意义的发明。

在察哈尔,1916年共有199家造酒户,工人77515人,共制酒1387620斤,价值140760元(其中黄酒354330斤,价值26799元;烧酒1033290斤,价值113961元)。[①] 其中,张北县极盛时期有制酒缸房80余家,1933年前后有所减少,但仍有30余家。怀来县的沙酒非常有名,"裕成明"的"煮酒"参加巴拿马"国际名酒赛会",在1914年、1929年、1931年三次获得金质奖章。[②]

在台湾,民间的酒类酿造非常普遍,且专业生产者日众,产品种类繁多,但大多无具体规模,品质不佳,产量也不稳定。据1904年的台湾总督府调查,营业制造者2673家,自用制造者74637户,家数多而规模小。[③] 台湾自1922年7月实施酒专卖制度,不过当时专卖局自产酒类尚无法完全满足岛内需求,约三成仰赖海外进口,并以日本清酒为最大宗,占专卖酒类销售额近两成,销售量占总消费量的7.8%,平均总销售额则占18%。台湾酒类出口虽然以日本为主,但占专卖局整体酒销额不到1%。[④]

(2)酱园业。酱园生产以酱油为主,因天然发酵,生产周期长,所需缸坛等设备较多,故主要在城镇集中生产。民国时期,随着城市消费人口大量增长,酱园生产得到较快发展。宁波帮的张氏酱园和海盐帮的万字酱园等立足上海,向南北各商埠发展,拥有众多磨坊,仅"万升""万隆""万顺""万和"四

---

① 农商部总务厅统计科编纂:《中华民国五年第五次农商统计表》,中华书局1919年版,第279—281页。

② 参阅史玉发《近代察哈尔地区手工业、工业发展状况初探(1840—1952)》,内蒙古大学硕士学位论文,2010年。

③ 台湾总督府专卖局:《台湾酒专卖史》,1941年,第202—204页。

④ 陈芷盈:《台湾酒类产销之研究(1922—1987)》,台湾政治大学博士学位论文,2021年。

家联号即有酱缸 18000 只。[①] 张氏酱园的 6 家联号有 70 余处销售点,分布在长江沿岸大小商埠,颇负盛名。生产技术大都仍沿用旧法,墨守成规,仅有万康宏酱园一度购置机器,试制“科学酱油”,但因产品口味不及旧法所制,不久停产。在杭州,酱油业多达四五百家,其中酿造“科学酱油”的仅四五家,其余皆酿制天然酱油,而以酱菜、酱瓜、腐乳为副产,并兼营生油、菜油、黄酒、烧酒。其中以“复泰”“惟和”“乾发”三家最负盛誉;“鸿吉祥”“恒泰”“永昌”等规模最大。其他如“永昌”的豆腐干、“景阳观”的酱菜均颇有盛名。与此相对照,在一般县镇,酱园家数不多,但因兼营多种产品,规模十分可观。[②]

酱油生产所需原料主要为大豆、麦粉及食盐。民国初年废除盐专卖,各地酱园纷纷设立,酱油产量大增。上海奉贤鼎丰酱园的发展非常具有代表性。奉贤鼎丰酱园初设于上海县莘庄镇,后于 1866 年左右迁至奉贤南桥。1911 年鼎丰的第五位经理萧近方上任,酱园开始快速发展。店面和生产作坊扩大,学徒和工人人数不断增加,并开设分厂。1913 年在奉贤庄行镇开设泰记酱园,在南桥镇开设裕记酱园,还以投资方式入股了张泰记酱园和同丰酱园。“截至 1949 年初,奉贤鼎丰酱园已扩有 4 个分园、1 个中庄,有职员、学徒、经理 24 人,工人 45 人”。[③] 奉贤鼎丰酱园的五个作坊分别是白作、酱作、酿作、酱菜作、陈酒作和白酒作。生产方式几乎纯为手工,没有采用任何近代的生产设备和技术。酱油制造需要生产师傅对生产流程中发生的产品形态、颜色、温度各方面的变化有一个熟练的掌握,只有多年亲身实践才能获取此等经验。因此,近代生产技术还达不到取代手工生产酱油的水平,这也是传统生产工艺一直保留下来的原因。[④]

在江苏,酱油以江南各县所产为多,依据浓稠稀淡,分等分级,定名“套

① 上海市工商行政管理局编:《资本主义在我国民族工业中发展的三个阶段》,1963 年,第 37—38 页。

② 《解放前的杭州工商行业》,见杭州市政协文史资料研究委员会编《杭州文史资料》第 9 辑,浙江人民出版社 1988 年版,第 18 页。

③ 上海市奉贤区档案馆编:《奉贤地区档案信息指南》,上海社会科学院出版社 2008 年版,第 200—201 页。

④ 参阅赵光辉《近代奉贤鼎丰酱园经营活动考察》,华东师范大学硕士学位论文,2011 年。

油”“露油”“母油”“特油”“双套油”等。醋以镇江所产有名,年产1500担,全省产量为68000担。各县所产多供本地消费,酱油、醋和黄酒多由酱园自制自销。酱菜生产则以扬州最为著名,鲜甜脆嫩,制作讲究,曾多次在国内外赛会上获奖。

在浙江,酱园有专制酱油与酱者,有兼营酿酒者,有兼营火腿者,更多的是兼营其他各种油类、酒类贩卖者。酱园最多的是杭县,计有322家,次为永嘉141家,再次为宁波80家。

天津酱园业与江苏人有密切关系,清代即有江苏人开设徐和茂酱园,是为南酱园,声驰直隶全省。20世纪20年代天津的老酱园仍自称南酱园,造酱之法师自江苏。据1926年调查,天津大小酱园有八九十家,“生意皆极茂盛”①。

湖北襄阳所产酱制品,主要有酱油、米醋、酱豆豉、酱菜等,均为传统食品。各乡镇均有酱品作坊,每年夏季入伏前后,民间多晒制豆酱,大致月余成熟,故有“伏酱秋油”之说。湖南长沙酱园则先后有苏帮、本帮、南(京)帮、浙帮四大帮。各帮厂店多为酒酱兼营,其中苏帮的“玉和”“集成”“松茂恒”、本帮的“德茂隆”、南帮的“戴同兴”“王万裕”、浙帮的“吴元泰”等皆为名店。在南昌,酱油业则大多由吉安人所经营。

4. 樟脑业

樟脑是我国手工业重要出口产品。樟树主要分布在中国、日本,南亚地区也有种植。在中国,长江以南各省均出产樟脑。其中,台湾樟树种植颇丰,台湾早期北部山林多为原始樟树林,故台湾出产的樟脑占全世界樟脑产量的75%左右。樟脑用途甚广,旧时多作中药使用,具有通关窍、利滞气、辟秽浊、杀虫止痒、消肿止痛之功效,或者藏置毛皮中用以引火。近代以来,樟脑是中国重要的出口品之一。樟脑被广泛运用于溶解硝酸纤维、制造无烟火药以及医药、消毒、除虫等工业,成为化学工业原料的重要组成部分。相关工业的发展使樟脑的需求量不断增加,价格亦逐年增加。樟脑制造工艺与制酒类似,

① 《天津工业之现状(五续)》,《中外经济周刊》第206号,1927年4月2日。

传统制法以“煎脑法”和“炼脑法”为主，提取率不足，纯度不高。清末以后，蒸馏法逐渐取代了传统制法，将樟树的木材、枝切为细片，经水蒸气蒸馏后得到樟脑油，冷却后形成粗制樟脑。粗制樟脑可以进一步分馏，形成再制樟脑。再制樟脑还可以进一步精制，形成精制樟脑。

台湾由于盛产樟脑，外商纷纷竞逐。1891 年，清政府把预定的台湾省会由台中改为台北。行政中心的北迁，有学者认为就是因为北部茶、樟脑之出口贸易兴起，使北台湾成为行政、经济、军事的重心。① 日本殖民台湾时期，实施樟脑专卖制度，建立起樟脑专卖局，管理樟脑的生产，并将日本人资本势力纳入台湾樟脑业，统合樟脑制造业，成立统一组织，由总督府管理控制。1919 年 4 月成立台湾制脑株式会社，台湾樟脑制造权由总督府与日本资本所掌握。1897—1912 年，台湾的专卖收入由鸦片与樟脑两项支撑，是实现日本推动台湾所谓“财政独立”的重要收入来源。以 1902 年为例，台湾的专卖收入占总岁收入的 65%，其中，樟脑就占专卖收入的 41%，最高时樟脑可占专卖收入的 50%。②

民初以来，樟脑价格走低，输出贸易有每况愈下之势。之后，来自美国的贸易额日渐增加，樟脑输出日益增加，1920 年出口 29999 担，是 1918 年的 5 倍以上。之后时有涨落，出口额在 3 万担左右。③

与樟脑类似的还有茴油、乌桕油、桐油、桂油等植物油类。虽名之为油，但与上文土榨业生产油类的方式不同，其工艺都以蒸油为主，与酿酒业类似。上述樟脑业的蒸馏技法的技术改进，在这些植物油类的生产过程中也普遍出现。如茴油又名“八角油”，多分布在中国广西、广东、云南、福建等地。20 世纪 20 年代后，茴油生产经历了制油原料从单纯的八角果到八角树枝叶的转

① 何易达：《晚清台湾“开山抚番”与建省财政及樟脑、茶生产之探讨（1885—1895 年）》，台湾大学博士学位论文，2012 年。

② 杨骐骏：《日治前期台湾樟脑业的发展——以产销为中心的观察（1895—1918）》，台湾台北大学硕士学位论文，2011 年。

③ 杨大金编：《现代中国实业志》上册，河南人民出版社 2017 年版，第 1126—1127 页。

变,大大提高了制油效率和产量。[①] 除了桐油因产量较大需专门论述外,其他油类因为产量小、分布区域小,限于篇幅,不再展开。

5. 漆器业

漆和器是两个并不相同的手工业门类。漆与橡胶类似,属于植物油类。漆,从象形文字的字形来看,就是木汁流下来的样子。漆树是我国特有的原生树种,从漆树上割取的天然汁液,名为生漆。用生漆涂抹器物,名为漆器。中国传统漆艺中的油漆,又分别对应两个不同的手工业门类,"油"特指桐油,"漆"就是生漆。生漆涂层可以防虫、防水、防腐蚀,使器具坚固耐用,因而广泛应用于食具、茶具、酒具、葬具上,又因为具有美化的效果,因而也形成了一种独特的工艺门类。中国漆器,在世界美术品中亦负有盛名。清代以来,扬州百宝嵌、漆砂砚和福州脱胎漆器不断发展。民国以后,磨漆画开始出现,尤其是福州的脱胎胎骨的工艺创新,引领了近代中国漆器的发展。"不过吾国之漆器业,仅集中福州一隅。福州漆器之佳,在国内称第一,其出品彩色匀配,尽其巧妙。"[②]广东漆器业,多集中于广州,以黑漆为主。北京的雕漆,至为精美。镇江及扬州的黑漆,也非常有名。另有宁波、莱州、江西赣州、陕西兴安和汉中等地的漆器,产品各有不同。

生漆产地,主要在我国四川、湖北、浙江等地。漆汁原为无色透明液体,加入各种颜色方形成我们看到的彩色漆。如墨漆加入木炭、兽骨,白漆加入铅粉,红漆加入红花等。生漆产量,向无精确统计。1928 年,汉口一埠共销 12858 担,值银 300 万两。[③] 髹漆之物,光泽耐用,远胜人造漆之效果。故人造漆输入中国后,生漆仍未失市场地位。髹木器之制法,先用细纱布擦拭器物表面,用胶水、桐油与石膏混合填充裂缝处,使其平整,然后涂上薄薄一层生漆,干燥后,用极细砖粉饼磨光,再涂第二次,干燥后,再用柔软绢布擦拭,浸以茶油,隔两周后再涂第三次。生漆加工技术性很强,不同用途有不同的

---

① 李国华:《近代中国手工业的转轨——以广西植物油制造业为例(1860—1949 年)》,《广西师范大学学报》(哲学社会科学版)2005 年第 2 期。

② 杨大金编:《现代中国实业志》上册,河南人民出版社 2017 年版,第 1059 页。

③ 杨大金编:《现代中国实业志》上册,河南人民出版社 2017 年版,第 1062 页。

加工方法,且各家配制方法不尽相同,互相保密。大致分为过滤、晒、露、烘、焙等几大步骤,尤以熬制时火候最难控制。从业人员不仅需要具备鉴别生漆的能力,还要有实际操作技术和经验。安徽帮、山西帮多从事此业,很多细节和配方是祖传。作为主要配料,熟桐油的加工方法大同小异,技术要求同样较高。如杭州漆店均由徽帮经营,经销柿漆、油漆。油漆制作多由家庭小店完成,雇用少数工人,专营油漆房屋及商铺招牌木器。由于土法制漆制作费用较少,各省的手工涂料制造业遍布各地,产销较为集中的有上海、汉口、宁波等地。

近代以来,福建漆器大放异彩。因发展时间较晚,因此能够汲取各个历史时期漆艺的长处,发展出了独特的技艺。福州以脱胎漆器和木胎漆器为主,闽南以漆线雕、妆佛、漆工艺品和家具髹漆为主。福州脱胎漆器的出现,是中国古代漆艺的一大突破。沈绍安家族,被认为是福州漆业的奠基者,兴起于清乾隆时期,遵从嫡长子继承制,漆艺得以代代相传,并不断精益求精。1898 年,其脱胎漆器参加巴黎国际博览会展出,获得金牌奖。1910 年,在南洋劝业会上,沈绍安镐记与恂记的脱胎产品荣获钦赐“一等商勋”“四品顶戴”。此后又多次参加国际博览会且多次获奖。最盛时期该家族生产的脱胎漆器年营业额达到 20 万银元。民国时期“变涂”技法传入福州,李传卿等民间工艺技师改进了漆器及漆艺技法,推动了福州漆艺业发展。据史料记载,1929 年鼓楼区就有 40 多家民间工艺店从事各种漆器生产。①

福建永春县的漆篮,因为是闽南一带及海外华侨嫁妆所需,因而也是非常重要的家庭实用工艺品。民国初年,龙水村漆篮艺人郭仁金在永春县开设漆篮店,之后续有龙水村人在泉州、厦门进行漆篮生产,产品称为“永春漆篮”或“龙水漆篮”。据记载,“漆篮的制作过程需要 50 多个工序,两个来月的时间才能完成一件产品。品种分为格篮、扁篮、果盒、漆盘、提篮等六七十种。由于篮坯编制精细,层层衔接紧密,涂髹灰地生漆十分坚牢,经久不腐,甚至菜汤溢出也不会渗到下层。一件漆篮可用几十年。永春漆篮在昌盛时共有

① 参阅陈东《近代福州民间工艺民俗特征与发展》,《闽江学院学报》2008 年第 1 期。

13家生产。新中国成立前夕，只剩4家”[①]。漆篮生产经营模式有两种，其中“振美源”“振益”“永振兴”“福民”公司为股份合作式，“振隆”“振盛”“振裕”店为家庭个体户式。在公司和店铺所在地，漆篮经营者只在经营地组织油灰和漆画工序，所需篮胚则向老家的仙乡尤其是龙水村的竹编户购买，仙乡成为城市漆篮生产单位的原材料供应地。经营方式采用前店后厂式或店厂合一式，前者前台负责销售、后台负责生产，后者生产与销售都在同一空间进行。在厦门的几家以生产出口产品为主的公司，也有个店面，它既是展示产品的窗口，也是内销的平台。厦门的漆篮店以出口为主。[②]

扬州漆器在江南一带素享盛名，其主要漆艺包括雕漆、点螺、镶嵌、刻漆、钩刀等。雕漆又称“剔红”，器物胎型则分为木坯作胎和夹纻脱胎两种，在制好的木胎上涂漆，少的涂40—60层，多的要涂200多层，使漆面达到相当的厚度，然后以刀代笔，在漆面上按设计题材作出浮雕，在漆底上刻成各种图案，在图案外部使用刀具把其铲平，再加漆作色，多用作挂屏、台屏、盘、盒、瓶、筒等产品。镶嵌是在漆器制作时以牛角、兽骨、青田石、寿山石、象牙等为主要原料，利用其天然色泽，按照设计要求加工成物体，用薄浮雕、立体浮雕技法，嵌于平面的漆器上，组成各种画图，使珍玉镶嵌和漆器珠联璧合。民国初年，扬州有漆器作坊20余家，工人200余人，年产漆器1万余件，远销国内外。1914年获江苏省筹办巴拿马国际博览会二等奖。

6. 皮革业

皮革及皮革制品业历史悠久。传统皮坊一直沿用烟火熏制旧法，制作钉鞋、油鞭等产品。依照清代律令，除天灾病老，严禁宰杀耕牛，故牛皮鲜有交易，传统皮革制品产销均受到限制。直至清末，清政府始放宽禁令，准许各商埠宰牛。同期，又有外商开办机器制革厂，设庄大量收购牛羊及猪鬃、猪肠，畜产品价格上涨，出口量猛增。

1913年，汉口一地输出牛皮价值已达905万海关两，占全国牛皮输出额

---

① 转引自施伟青、徐泓主编《闽南区域发展史》，福建人民出版社2007年版，第266页。

② 参阅郭荣茂《传统手工技艺在现代的重构——闽南永春漆篮共建网络的变迁》，上海大学博士学位论文，2011年。

之半。同年还输出山羊板皮500万张、猪鬃2万余箱。同期,化学制革及新式皮制品在国内逐渐得到推广,成为推动制革及皮革制品业迅速发展的强劲因素。到一战爆发前后,上海20余家皮坊均已改用药水浸皮,并有“孙荣记”等5家逐渐过渡为采用机械动力的制革厂。但是在广大的内地城乡,多数皮坊鲜有新式生产设备,仍为手工生产。一般手工业户规模狭小,每家资本有数万元至一两千元不等。仅有夹板、锥子、皮刀、楦头等简单工具。“楦头不够补皮来凑”,正是传统皮革制品业工艺落后的写照。

随着民国初年国内皮革业的不断进步,各省的熟革加工业也得到较快发展。这一时期的皮革制品种类繁多,既有用于工业生产的轻革、重革、辊、皮弦及各种轮带,也有用于农业生产的皮绳、套具、搭腰、皮鞭,以及民生用品,如皮鞋、皮箱、皮帽、皮袋、皮球等,计有200余种,主要仍依靠手工生产。

一战爆发后,因进口皮革锐减,各省皮革业获得长足发展。1915年后,上海一带陆续新设制革厂坊达百余家之多,其中一些厂坊通过置办机器设备,出品日趋精良。随着皮鞋在城市上层人口中流行,武汉三镇及江陵、沙市、樊城、天门、沔阳等地,纷纷开设皮鞋庄和皮件作坊。1917年,湖北模范大工厂改由商人集股承租经营,有工匠700余人。主要产品从制革、染织、竹木、缝纫扩大到皮鞋、皮靴、皮包、风衣、军装、洋服等,因产品质量优良,人们竞相购买。此间,军用皮件制作兴盛一时,多数皮件作坊已能制作皮箱、皮包、皮衣及车马轮具等产品,尤以襄阳所产皮箱颇有名气。

到20世纪20年代末,仅上海一地,专营普通皮件者一度达到50余家,经营皮鞋为主兼营皮件者达七八十家,专营皮革者更达100余家。此种厂家皆为手工制造,规模较小,俗称“作坊”。除华东公司外,每家资本自数百至数千元不等,内分出料、成件、缝纫三道工序。其中缝纫及钉角上锁等皆采用包工制,俗称“外作”。此类工人不设作坊,专门承接各作坊之生意,计件得酬,分为无锡帮、宁波帮、南京帮、江北帮等。此外,在南京、无锡、砀山、铜山、苏州、武进、南通等地,制革及皮革制品业均有一定的规模。

在江西,制革业虽不甚发达,但南昌一地仍有制革厂坊46家,“惟皆规模狭小,每家资本有数百元以至一二千元不等,工人约五六人,大半用于手工制造"①。产品以纹皮、底皮及箱带皮为主,每坊每日制皮不过数张。在合肥,制革业历史悠久,制革工艺长期采用烟熏法。民国初年,新式制革工艺和制革技术由沪、宁等地传入,始有"赵余兴""韩福昌""裕盛""亚洲"等皮坊和鞋店建立。每家皮坊年产牛皮350张左右,主要有烟熏皮、拷皮、面皮、狗皮夹里、羊皮、葫芦白皮等,部分产品还销往上海、南京等地。

在北方,以邢台、邯郸为中心的冀南地区,长期以本地出产的土布交换西北省区出产的皮毛,形成了历史悠久的"土布换皮"贸易。② 鸦片战争后,由于冀南土布受到国内外机制棉纺织品的冲击,转而"专以西北为销场"继续发展,土布换来的西北毛皮又支撑了邢台毛皮制作手工业的快速发展,使邢台成为近代中国毛皮生产和集散的中心之一。20世纪20年代,全国有张家口、邢台、焦城三个大的皮毛市场,其中"邢台为第一大行,在全国亦占相当重要地位……皮行为邢台枢纽,其他商业均围绕着皮行发展而发展,皮行兴衰对其他各行有很大影响"③。

在天津,以生皮制成熟革为旧有工业,但是制造工艺与设备均极为简单。1912年后,舶来品日多,"旧有之皮革业大受影响"④。与此同时,西方的皮革制作工艺也传入天津,天津皮革业遂有人研究皮革制造方法,仿制洋式皮革。据统计,1912年至1928年间,天津先后共有50家制革工厂成立。⑤ 这些新式皮革厂坊有些已经发展为现代机器制革工厂,机器设备比较完整,有的则添置了小型马达。⑥

在绥远,皮毛加工业是当地的特色产业,以归绥(今呼和浩特)、包头为中

① 刘治乾主编:《江西年鉴》,江西省政府统计室,1936年,第958页。

② 王翔:《传统市场网络的近代变形——近代冀南与西北"土布换皮"贸易初探》,《近代史研究》2011年第2期。

③ 《商业调查概况》,1945年12月7日,邢台市档案馆藏,017/001/008,转引自王翔《传统市场网络的近代变形——近代冀南与西北"土布换皮"贸易初探》,《近代史研究》2011年第2期。

④ 王达:《天津之工业》,《实业部月刊》第1卷第1期,1936年4月。

⑤ 天津市档案馆等编:《天津商会档案汇编(1912—1928)》第3分册,天津人民出版社1992年版,第3003—3007页。

⑥ 王达:《天津之工业》,《实业部月刊》第1卷第1期,1936年4月。

心。民国时期,“其手工业较为发达者,首推制皮业,除销行本省外,逐年运销于东南各省者为数亦巨”①。绥远各地均有制皮作坊,采用羊、马、牛、驼等皮以及少量的狐狼等动物皮。绥远地区的皮毛加工业大致分为白皮房行和黑皮房行。白皮房,即粗皮房,主要制作皮袄、皮裤、皮褥子、皮坎肩、耳帽等。这一行的原料是带毛的绵山羊皮、羔皮和少量的狐狼狗皮,这一行的匠人称毛毛匠。归绥的毛毛匠,前清以口外清水河厅和山西代州人为多,到民国时期几乎都是大同人。黑皮房,即熟皮行,主要生产各种皮革,有骡皮、马皮、驴皮、股子皮、熏皮、花皮、白皮、法兰皮、香牛皮,以及马鞍子、马绊、笼头等车马挽具,其原料是牛、马、骡、驴、驼等大牲畜皮,这一行的匠人也叫臭皮匠。俗语称“皮毛一动,百业俱兴”,自皮毛出口以来,皮毛加工业也开始兴盛。到一战前夕,皮房不断增多,仅“归绥有字号的黑行有四五十家,从事黑皮生产的工人经常有五百上下”②。皮房外销的产品有羔皮大衣、熏皮和股子皮这类半成品。随着外省的需求,部分外销产品的作坊开始改行制作市场销路好的香皮产品,因此又出现一个新的香皮行。③

7. 制蛋肠衣业

蛋品加工业起源于清末。因蛋品易于腐坏,华商多不愿经营,故蛋品加工业最初均操于外商之手。一战爆发后,中国对德宣战,德商在华蛋厂改由华商经营,或由中国政府接管,转由其他国家的商人经营。由于大战期间蛋品需求量猛增,其价值涨跌之大,尤为引人注目,蛋品市场日呈活跃。制蛋主要工序是将蛋白与蛋黄分离,烘干后出口。最初仅有蛋白粉出口,后亦出口蛋黄粉,且增长迅猛。1920 年后,外商开始借助冷冻船出口冰冻蛋。

江苏、安徽、湖北等地,均为国内重要蛋品产地。其中和记洋行分别在南京、汉口等地设立多家大型加工厂,大量收购禽蛋。到 20 年代初,除中外蛋粉大厂使用机器生产外,众多产区小蛋厂皆用手工生产。至于干黄、干白等

---

① 绥远通志馆编纂:《绥远通志稿》第 3 册卷 19《工业》,内蒙古人民出版社 2007 年版,第 7 页。

② 呼和浩特市政协文史资料委员会编:《呼和浩特文史资料》第 10 辑,1995 年,第 85 页。

③ 参阅周海玲《民国时期绥远地区的手工业状况(1912—1937 年)》,内蒙古大学硕士学位论文,2008 年。

工作器具,只用打黄车,车系木制,由人力摇转,不用机械,“惟制干黄时,多用一种铝制之盘耳”[①]。1908—1917年,江苏兴化、盐城、泰县、沛县、泗阳等6县开设有11家手工蛋厂,共有工人953人,平均每家86.6人。1918年,其中的8家产值51万余元,平均每家约6.4万元,基本已是工场手工业生产。在安徽,自芜湖开埠后,就有外商开办制蛋厂。据统计,1928年全国共有50多个城市经营蛋业出口,其中安徽芜湖、亳州、巢县、怀远、蚌埠、颍州、双清、南宿等8个城市建有蛋厂,占全国蛋厂总数的1/7。是年,芜湖海关出口鲜蛋11223万枚,总值达1178394海关量,位列全国海关出口鲜蛋的第2位,占到全国蛋类出口总数的1/6。[②]

1909年,河北保定创办了广兴制蛋厂和豫兴蛋厂(1912年改称“庆兴蛋厂”),此后相继开设了“恒记”“华润”“復华”“利民”“有盛”等小型工厂,其中庆兴蛋厂规模最大。开业初期,庆兴蛋厂设备简陋,手工操作。1919年春,从美国购进制作蛋粉的机器,但只限于蛋黄粉的生产,蛋清生产仍为手工操作。由美国进口的机器为窝式锅炉三节、立式锅炉一节,还有蒸汽泵一台、喷粉机两台。保定庆丰蛋厂出口的“黑雌鸡”牌蛋黄、蛋白,在国际市场上很有声望,销路很好。1927年出口量最大,当年换取外汇达50万美元。成品主要销往欧美各国。[③]

肠衣业也是一项以国外市场为导向的手工业。猪羊小肠原本只可充作低级食品及作弹棉花弓弦之用,主要步骤是将小肠清洗、扎把、灌水、腌制、分档,全用手工。因来料长短不一,粗细不同,生产上需要相当细致的分工,故与猪鬃加工一样,自创设以来,始终停留在工场手工业阶段。肠衣出口的发展也是在一战以后,1920年出口值约130万元。最早是德商在上海开办加工厂,其后逐渐发展到天津、汉口、九江、南京等地。上海华商以信大肠衣工场开办最早,1920年间,又有“郭顺记”等四五家相继开办。到1924年,“信大”雇工已有100余人。近代天津的肠衣业起初多由外国人经营,获利丰厚,其

① 刘大钧:《中国工业调查报告》上册,经济统计研究所,1937年,第112页。

② 《中国之蛋业概况》,《安徽建设月刊》第3卷第4号,1931年4月。

③ 参阅周辰《近代保定城市经济发展研究(1840—1937)》,苏州大学博士学位论文,2020年。

后中国人开始从事肠衣制造。[①] 经营肠衣的手工业者资本往往仅数百元或千余元，但盈利颇丰。20 世纪 20 年代末肠衣业营业发达，经营肠衣的商家达百余家。肠衣均经各国洋商收买，销售欧美。20 世纪 30 年代初，受世界经济不景气影响，外国需求减少，中国肠衣出口量减少，价格跌落。

8. 阿胶业

阿胶是我国古老的名贵药材，多是由驴皮经煎煮浓缩制成的一种固体胶状的滋补药材。阿胶向来为贡品，一般平民不易享用。自清代中叶起，阿胶逐渐由贡品转为可交易的商品。阿胶的具体生产技艺和制胶技巧，时至今日依然是阿胶类企业的核心机密，外界不易获知。因此，阿胶业是中国手工业经济非常独特的一个门类。

大致来说，阿胶制作要经过原料挑选、泡皮、刮毛、焯皮、化皮、澄清过滤、提沫、挂珠、挂旗、发泡、吊猴、胶凝、开片、翻胶、闷胶晾胶、擦胶、验胶印字、包装等 18 个环节。"制作工程对细节要求极高，极品阿胶必须金锅银铲，桑木做柴火，控制好细节才能出合格的好胶，十几道关键工艺只要其中一个环节出了问题，则满盘皆废。"[②]因此，每一步工艺都需要经验丰富的老胶工把关，其技能属性非常突出。除山东主产区外，北京同仁堂、天津达仁堂、杭州胡庆余堂也都生产阿胶。

清末民初，阿胶业中心迁至济南城区，广泛应用济南泉水炼制阿胶。济南趵突泉水非常适合煮胶，开埠前济南已有魁兴堂、延寿堂、同兴堂、广诚堂等四家阿胶店。济南开埠后，阿胶业获得了进一步的发展。1908 年济南宏济堂药店增设宏济阿胶厂，年产数千斤，因销路畅通，于 1918 年建立新厂。辛亥前后，济南阿胶店有同兴堂、延寿堂、广诚堂、宏济胶厂 4 家，年产约达 4 万斤。济南在抗战前共有宏济阿胶厂、德成堂、赵树堂、九鹤、延寿堂、同义堂 6 家阿胶店，固定从业人员四五十人，春冬期间雇用季节工六七十人，年产 10 万斤左右，是济南阿胶生产的鼎盛时期。[③] 各厂出品以宏济阿胶厂品

---

① 《津市各业调查》，《益世报》1937 年 1 月 9 日。

② 鲁春晓：《东阿阿胶制作技艺产业化研究》，山东大学博士学位论文，2011 年。

③ 济南市志编纂委员会编：《济南市志资料》第 2 辑，1981 年，第 112—114 页。

质最优,价格也最贵,因此在济南阿胶价格皆由宏济阿胶厂控制。济南阿胶行销江苏、浙江、河北、四川、广东、江西等地,以上海、南京、北京三地销量最大。①

(四)木材制造业的延续

木竹草制品是手工业的大宗传统商品。其中木器制作包括木犁、木耙、水车、风车、大车、木桶、扁担等农具,以及桌、椅、柜、脚盆、木箱、嫁妆等家庭用品。因属农村副业,从业者淡季务农,旺季生产。一般是自备工具一套,以来料加工或外出上门揽活为主。西式木器传自欧美,闽粤沿海及宁波、上海等地工匠得风气之先,习之最早。民国初年,西式家具样式及做工开始传入内地,宁波床等家具亦畅销有名,各商埠工匠多有仿制。随着西式木器店之设立逐渐普及,与木匠店、盆桶店、棕床店、竹货店等一起,构成城乡人民生活的重要一环。而制伞业作为木制品中的特殊门类,既是日常生活之必需,又带有工艺美术气息,给人们带来许多方便和乐趣。

1. 木作

各地木作业中,尤以浙江木作业出品精巧,闻名大江南北,以致各地木作匠师常以专制宁波式木器为号召,足见浙江木作业的影响。民国时期的浙江木作业大致分为木器作、桶钵作、农修作、方头作、锯木作和船作六类。木器作专制台椅床橱等日用木器家具;桶钵作又称"圆作",专制盆桶提盒;农修作系建筑房屋之木作;方头作专制棺木;锯木作则为锯通木条木板之作业;船作专门修造船只。在上述木作中,木器作、农修作等各县皆有,但其工作不稳定,且皆散漫各处。桶钵作则以杭州、宁波两地出品颇受欢迎,销行颇多。锯木作在20世纪30年代初营业颇为发达,主要集中在杭州、宁波、永嘉三地。浙江木作业虽仍以手工为主,"然其工作效率与生产能力颇强,实因其组织多为个人经营,且常沿用旧包工制度,管理甚易,而工人为多得收入计,每日工作时间,恒在十数小时以上"②。

江苏木作业以上海、南京、苏州、镇江、南通、宜兴、仙女庙(今江都)等地

① 《济南阿胶业调查》,《工商半月刊》第5卷第24号,1933年12月。

② 实业部国际贸易局编:《中国实业志(浙江省)》,1933年,第七编"工业",第412页。

较为活跃,其中以上海木器制作最发达,小木作则散布全省城乡大小市镇。此类小木作资本多在千元左右,组织简单,作场斗市,一地兼营,甚至工匠、店员难以区分。在上海,木器业则分为西式、中式、旧货及寿器等几部分,其中西式木器店集中在北京路、四川路、霞飞路一带。在南京,苏式木器流行一时,以其巧小轻便,价廉物美,居民咸乐用之,风靡东南沿海一带。主要品种有白木器、红木、西式木器(包括沙发)、棕垫、橱柜、置器(嫁妆用盆桶)、圆作、雕花、漆器、车木、板箱、寿器等。与此相比,宁波式木器以雕工精而花样细著称,故售价不菲,多为中上人家所购用。仙女庙水陆交通便利,木业尤盛,有木号三四十家,作坊百余家。其中木盆、木马、恭桶、水桶等圆件作坊产品和橱柜、饭桌、板箱等方件作坊产品,遍销苏北城乡市场,尤以盆桶行销最广。

在安徽蚌埠,自开埠以后,木器、竹器需求大增,制作木帆船、棺木、竹篮、农具的木工作坊和篾匠作坊大为发展。1912 年,蚌埠中兴街南段汇集了十四五家篾匠,之后越聚越多,该条街遂改称为"篾匠街"。篾匠作坊的经营方式多是前店后坊,一家一个门面,连居住带做生意。店家把大大小小的竹器都摆到店铺前,挂在凉棚上,招徕顾客。蚌埠"篾匠街"所产的竹器虽赶不上芜湖竹编织品的工艺精良,但也结实耐用,品类齐全,分为筐、篓、箔、篮等,主要针对农业生产、生活需求,加之价格低廉,故在周边乡村市场销路甚好。匠人们使用的竹材多选自皖南和皖西,一则就近取材,毗邻产地;二则可以利用长江和淮河水系水路运输毛竹,降低成本。[①]

在安庆,木器店主要集中在墨子巷、吕八街和同安岭一带,共有 30 余家,多数是桐城、怀宁破产农民及其子弟。他们多数十几岁学徒,满师后帮工,成为行业中的能工巧匠,筹措一点资金开店,以夫妻店、父子店居多。经常是租赁一间小店面,加上一条马凳及几件简单工具,店主要亲自参加生产和经营。规模较大,口碑最好的当属焦鹤仙开办的"满庭芳"木器店。该店因选材精细,操作严格,产品式样新颖,经久不变,颇负盛誉。除销行附近各县,还闻名

① 参阅王洪刚《蚌埠早期城市现代化研究(1908—1947)》,扬州大学博士学位论文,2017 年。

南京、九江一带，在安庆木器业中独树一帜，与胡玉美的蚕豆酱、余良卿的膏药，合称为安庆三大地方名产。合肥木竹藤匠铺多以师徒、家族、亲戚关系组成，主要生产风箱、箩圈、木锹、家具、灯笼、各种藤椅、棕绷等用品。自产自销，独资经营，兼而承接来料加工。大都是一户一个门面，连住家带做营生，门前搭个简易竹棚，将各种样品挂在棚中。此外，木业匠铺有专做棺木、风箱或家具的区分。

在湖南，永州八属重峦叠嶂，树木茂密，木器业居当地手工业之首，每年生产木器2万余件，潇水、湘江沿岸有造船作坊49处。

河北衡水市的安平县，是远近闻名的罗业生产中心。筛面、米、谷子的罗是家庭必备的重要炊具，有不可替代性。安平最早生产以绢为原料的绢罗，之后陆续发展出马尾罗、头发罗。民国以后，安平罗业持续兴盛，除本地大量的销售点外，更有大批外地客商来安平建立收购点，仅天津客商设立的收购站就多达30余家，据载，“安平之绢，但任筛底……近年外国颇喜用之，其利渐广”①，“安平故以绢利著闻，绢行欧美矣。近则外国远商入市”，说明安平丝网早已远销海外。1912年，安平县有织绢村70余个，织绢户有120家，织机130张。1927年，织绢村发展到105个，织绢户有130家，织机达318张。此外，东北、蒙古等地的客商也不断运马尾来安平，或销售或加工，从而使安平罗业原料充盈，生产猛增，安平县年出境罗底30万片。不仅罗业销量在增加，罗业生产技艺也不断进步，从最初的绢罗、马尾罗发展到了金属罗和金属丝罗。这也体现了近代机器工业对手工业的拉动作用，机制金属丝成为罗业生产的新材料，从而推动了传统罗业生产技艺和产品形态的一次升级。1925年，安平出现了第一个铜罗工场，生产金属丝罗，此后，金属丝罗开始遍及全县。②

在察哈尔，木器家具行业历史悠久，随着张家口市的繁荣，木器行业逐步发展。张家口的“义顺昌”桶铺因为生产牧民挤奶用的木桶，在蒙民中享有盛誉。1931年，察哈尔地区共有木作坊106家，年产木器8万余件，总产值近9

① ［清］吴汝纶撰：《深州风土记》卷21《物产》，清光绪二十六年（1900）刻本，第49页。

② 参阅王洪伟《生态与生存：以1912—1937安平县社会经济为例》，河北大学硕士学位论文，2012年。

万元。有木作业大商号 120 家,其中张家口 73 家,怀安 12 家,商都 20 家,多伦 15 家。[①]

在台湾,清前期即有许多匠师来台湾工作,将许多木工艺技术(大、小木作)传入台湾。以鹿港木工艺产业为例,在清代是以寺庙建筑为其代表性项目;进入日本殖民时期后比重则逐渐移向家具、建材用具等生活器具及木制产品的生产;光复后又加入现代式家具、木工艺品的大量生产项目。[②] 在 1895 年以前,台湾的木工艺工厂只有 2 家登记在案;日本殖民台湾前期,设立在台北的木工艺工厂约有 15 家,中部有五六家,南部约有 9 家,木工艺产业得以发展。[③]

2. 藤竹作

我国比较著名的竹篾编织主要产地和产品有:江西铅山竹编、井冈山竹编,湖南益阳水竹凉席、沅陵穿丝篮,湖北咸宁竹编,安徽龙舒贡席,浙江东阳竹编、嵊县竹编、平湖竹编、杭州竹篮等。此外,竹床、竹椅、竹席为南方夏日必备的乘凉用具,湖南、江西、湖北等地盛产有名。加上竹筐、背篓、筲箕、竹筛、煤折等生产用具,竹制品产销量十分可观。其中益阳水竹凉席,以生长在水边湿地的水竹为原料。水竹表皮细密平滑,纤维柔软坚韧,节稀而平,见之能使人有"竿竿青欲滴,个个绿生凉"之感。水竹凉席的制作工艺精良,竹子破篾以后,要经高温蒸煮,清水浸泡,防虫防霉等工序后方可编制。皖中舒城盛产竹子,其水竹凉席柔软光滑,凉爽消汗,不霉不蛀,色泽鲜艳,由于篾纹细致,不怕折叠,便于携带,有"细如棉纺,薄如纸张"之美誉。1906 年,舒城篾席在巴拿马国际赛会得一等奖,1917 年又在芝加哥赛会获一等奖。

藤竹器为浙江之名产,依其出品不同,可分为匾篾作、圆木作、细篾作、竹

① 参阅史玉发《近代察哈尔地区手工业、工业发展状况初探(1840—1952)》,内蒙古大学硕士学位论文,2010 年。

② 诸葛正:《鹿港木工艺产业的历史变迁过程——以相关史料文献解析为中心》,《设计学报》2003 年第 8 卷第 1 期。

③ 诸葛正:《台湾木工艺产业的生根与发展过程解读(1)——文献中清治时期(1895 年以前)所呈现的场景》,《设计学报》2005 年第 10 卷第 10 期。诸葛正:《台湾木工艺产业的生根与发展过程解读(2)——日治前期(1895—1912 年)的"产业"酝酿与成长》,《设计学报》2006 年第 11 卷第 4 期。

篷作、天竺筷作、藤器作、竹篦作、梳篦作等。各县均有出品,其中匾篾作专制煤箩、蛋匾、储谷用匾、淘米箩、摇篮、粗网篮、土箕及包装用竹席等,圆木作专制竹床、竹椅、竹橱等,细篾作则以制造香篮、盖篮、蒸笼、饭篮等为主。梳篦作以独资居多,资本微小,雇工3—10人不等,多视销路决定用人多少。天竺筷之制造,先制成粗坯发给女工,刮去竹青,施以烫花。杭州一地有经售天竺筷者50余家,行销国内各大商埠,年均输出达350万把。一般藤竹器交易全为门市交易。

在安徽,安庆等地竹器制品主要以农村为市场,自身资金十分有限。一般竹器店长年生产蒸笼、鸡蛋篓子,夏季赶做凉床,秋季做筢子,冬季生产油篓、竹筐、竹篮等。

在湖北,武穴章水泉的工艺竹器技艺精湛,自成一绝,曾获巴拿马国际博览会一等奖。大冶金牛镇周福益村则盛产水竹篮,百余年代代相传,多数人家以此业为生。所用柳竹细长匀称,常以三篮一套出售。沙市竹缆业更以其特殊之制法及用途令人称道,将竹子劈开后制作成直径达10公分、长达千余尺的纤绳。其制作方法是:先将竹子劈成长条,编绳匠人站在数丈高的木架上,依垂直方向编制,下面的助手则负责缠绕纤绳的下端。在制作此种纤绳时,并不砍去竹节,为的是增强纤绳的拉力。[①]

香港的藤器工业,始于粤东之客家人。香港开埠之初,内地工商人士侨居于此,东江上游如兴宁等地的竹篾工匠来港开业。20世纪初期,藤器外销逐渐增加,藤椅生产每日多时可达万件,少时亦二三千件,其时藤器工人由四五十人增至五六百人。二战爆发后,因战争原因交通受阻,原料来源中断,工人失业,香港沦陷后,藤器工人向内地转进,香港藤器工业逐步停顿。1945年后,开始复苏。[②]

3. 草制品

织席是许多地方重要的家庭副业。因用具简单,编织便捷,就地取材,需要资金不多,故织席农户遍布四乡。晚清末年,日本花席倾销,海外市场被攘

① 徐鹏航主编:《湖北工业史》,湖北人民出版社2007年版,第8页。

② 罗香林:《香港藤器源流考》,台湾《食货月刊》1972年第1卷第11期。

夺大半。民国初年,各地多有新式席厂之设立。

河北白洋淀是苇席的重要生产地。“民国时期,在安新县境内形成了几个大的苇席集散中心,如安州、老河头等,以当时安州的‘州席’、关城的‘大花席’和边村、垒头的‘小边席’最为有名,当时席的年产量达200万余片。”[①]白洋淀芦苇种类繁多,其中能够用于织席的有白皮苇、大头载苇、横草苇、大尖苇和黄杆苇等五种。淀区一般男渔女织,技术娴熟者,一天可以织4张大席。从县份来看,文安县、玉田县、邢台县、遵化县、大城县、丰润县、静海县、安新县、宁河县等出产苇席居多。[②]“文安县位居大清河流域,沿河百余里,皆系苇地,产量极丰,全县贫民以织席为业者,十居八九。”[③]苇席的用途广泛,可用来搭戏台、扎纸人、裹尸、军用、铺土炕、修筑房屋、搭窝棚、裹盐包、包药材等,在民俗、军事、民用、商用上都发挥着重要的作用。白洋淀地区的苇席销路很广,尤其七七事变之前,其主要销往东北地区、西北地区、烟台地区、平津地区以及内地。销往东北地区的多是粮仓使用,火车上盖东西以及民用;西北地区主要以销往张家口地区为主。[④]如安新等地苇席“不独销售本省各县,且运销东三省、热察绥三特别区,远至高丽、蒙古西伯利亚等处”[⑤]。

在浙江,永嘉中一花席工厂创办最早。1918年开办,备有新式织席机700余部,制造各种花席、软席、粗席。因价廉物美,国内外销路蒸蒸日上。1919年,又有余姚日月花席厂开办,备有改良木制平机160架,采用席草、龙须草制成各种粗细花席,出品之多,与“中一”不相上下。到1921年,又有宁波华丰席厂、永嘉江聚盛等席厂及零星小厂20余家相继开办,宁波乡间编草帽、织草席者亦有数万人。此种零星机户,各有织席机二三部,或四五部,产品较为单一,但仍有销路。永嘉草席,以县东第二区所产最多,县城内外席厂林立,为出产改良花席集中之地。席机皆为木制,仿自日本,其式如织布机。印花板概以洋铁皮制成。产品分为土席(即硬席)、改良席、软席几大类。宁

① 孙文举:《安新苇席生产史略》,《河北学刊》1984年第3期。

② 孙燕京、张妍主编:《民国史料丛刊·经济·工业》(578),大象出版社2009年版,第162页。

③ 《文安贫民呼请盐商采用苇席》,《大公报》(天津)1937年5月25日。

④ 参阅眭贺《近代白洋淀地区苇席业发展研究》,河北师范大学硕士学位论文,2019年。

⑤ 《直苇席之产销状况》,《中外经济周刊》第200号,1927年2月19日。

波织土席工人计有 10 万，永嘉有 7 万余人。两地编制新式改良席者则不到 1300 人。

在江苏，织席完全为手工，农人于力田之余，从事织席，所用器械，一为席机，一为席蔻，席草则主要来自宁波西乡及吴县车坊镇。每逢席草收获季节，席行派人收购席草后，即雇工织造，附近农户将织成的草席售与席行。全省席业以苏州、扬州为最著，浒关名席、维扬朴席，誉满全国。到 1921 年，席业营业尚称不恶，产品行销沪汉津各大商埠。此后，因日本软席及浙省草席风行市面，浒席、朴席销售大不如前。此外，嘉定人朱石麟创设兴业草织公司，在上海开办发行所作为对外贸易机关，在乡村则附设兴业草织传习所，招收当地农家妇女来所实习，6 个月毕业。第一批毕业生 50 余人，第二批 60 余人。1923 年行销价值达 40 万元。各乡农户以此为副业者达 2 万余人，草织公司从 1 家增加到 6 家。

芭蕉扇为夏季民间不可或缺之物，仅南京一地，每年所销芭蕉扇即在 50 万柄以上。芭蕉叶多半由南京附近四乡供给。每年春夏之交，芭蕉叶一担担由乡间运至扇子店，代价虽微，然数量既多，亦极可观。至于制造方法，比较复杂，须先由工人洗涤，然后依其芭蕉之粗细，分别其种类，分别之后，乃分发与民间女工绞边。“手艺高者，每天可得三四角工资不等。出品产量，粗者占三分之二，细者占三分之一。售价粗者三分左右，细者均在五分以上。”①

4. 制伞业

中国传统雨伞多为油纸伞，制伞业遍布各省，尤以杭州、温州等地出产最盛，年产数十万柄。晚清末年，西欧各国之铁骨布伞传入中国，国人以其轻便，争相购用，称之为洋伞。民国初年，又有油布伞推出，质地较纸伞坚牢，功用与纸伞相同，江浙等省多有出产。一战期间，因洋伞进口减少，国人自行设厂仿造布伞，改洋伞曰阳伞，称纸伞为雨伞。1915 年“五九”国耻日后，民情激愤，遂积极提倡国货，以资抵制。杭州等地伞商乘机而起，一面增加阳伞装配、生产，一面改良纸伞之形式图样。“因名纸伞曰爱国伞，

① 实业部中国经济年鉴编纂委员会编：《中国经济年鉴》第 3 编（上），商务印书馆 1936 年版，第十二章“工业”，第 159 页。

一时销路大畅，至今日犹未见衰，故吾国纸伞，实占重要地位，布伞仅居少数而已。”[①]1927 年开始有国产阳伞，其中杭州“孙源兴”伞号最早仿照洋伞改制成功，精巧轻便，美观耐用，风行一时，成为杭州名产。上海等地亦出现小型制伞工场 20 余家，最初只是向国外购买零件装配仿制，后因阳伞销路日广，营业逐步发展。1928 年成为国内“阳伞业兴起之年”，“当时有国人开始自制伞骨，经过不断研究改良，阳伞中各部分成品国人已完全可以制造”[②]，洋伞输入几告绝迹。

浙江是国内纸伞的重要生产中心。在杭州、温州等地，作为一种家庭手工业，从事制造纸伞的工匠为数甚多。其中温州有伞铺百数十家，杭州伞铺增至 50 余家，宁波与各县皆有欣欣向荣之慨。全省制伞店铺有 200 余家。但此种伞铺资本极小，组织简单，一般资本仅数百元。伞铺工人分为长工与短工两种。长工由伞铺长年雇用，主要负责制伞骨、糊纸张、涂油、绘图及装配，短工则为忙时临时雇用。其他如制伞头、伞柄、穿发绳等，大多另行雇人制造。杭州伞虽是当地名产，但专设厂制造者为数甚少，多为湖墅、武林门一带农户作为家庭副业。该地农户每于农闲时，妇孺老小俱参与制伞工作。浙江纸伞行销以永嘉所产最广，国内外皆有广阔市场，产额占全省产额的七成以上，约计 200 万把。阳伞生产则以杭州为最多。

同期，上海有伞厂 41 家，武进有 84 家。其他如镇江、丹阳、宜兴、溧阳、无锡、常熟、江阴、泰兴等地，各有两三家至十余家不等。江苏全省计有伞厂 200 余家，大多是小本经营，资本有限。如武进为制伞业集中之地，规模最大的伞厂，仅有资本 5000 元。其他小厂大都只有资本一二百元，很多是租屋一间，制造、营业均在一起。雨伞生产虽皆为手工，但分工细致。一伞之成，须经六七道工序：先将毛竹锯断，削成细长竹片竹骨，以发绳或棕绳扎成伞骨，装置于伞柄之上，复将皮纸裁开，糊于伞管外面，涂上桐油，干后即成。因伞之种类繁多，选材、用工多有不同。此外，湖南、江西、安徽、湖北也有雨伞出

---

① 杨大金编：《现代中国实业志》上册，河南人民出版社 2017 年版，第 1030 页。

② 《上海手工业调查报告》，1951 年，转引自彭泽益编《中国近代手工业史资料（1840—1949）》第 3 卷，中华书局 1962 年版，第 96 页。

产,虽颜色、花样、式样各有不同,但大多属于传统制法,伞柄、伞柱及伞骨等粗笨异常,"伞纸层数较多,故纸呈赭暗色,伞长在二尺以上,重达二斤以外"①。

(五)制纸印刷业的微变

1. 土纸业

与上文木、竹、草制品业类似,土纸业也是以木、竹、草为原料的手工业门类。中国是纸的故乡,造纸术是中国古代"四大发明"之一,历史悠久。我国竹麻稻秆原料丰富,民间素有造纸传统。近代以来,由于文化教育新闻事业发展和政治宣传的需要,纸质印刷需求量猛增,带动了机器造纸业和手工造纸业的发展。民国初年,手工造纸业已发展为农户生产、合股生产、县办造纸工场等多种生产形式,手工纸品种类繁多,主要产品有毛边、连史、黄裱、花笺等百余种。九一八事变之前,手工造纸业都处于较为稳定的生产状态,甚至有调查认为这一时期正处于手工造纸业的"繁盛时期"。② 据巫宝三估计,1933 年,全国共有槽户 52994 户,槽数 244391 个,产量 2700369 市担,价值 55800 千元。③ 就全国区域分布来看,手工造纸业各省均有,其中浙江、福建、湖南、江西纸业产值较多,行销较广。

土纸与机纸尽管类似,但竞争关系并不强烈。此时机器造纸业尚系初创,规模较小。1891 年,李鸿章在上海设立的伦章造纸厂,是我国机器造纸厂之首创,之后续有上海的龙章纸厂、山东的乐元纸厂、广东的广东印刷局纸厂、湖北的白沙洲纸厂、汉口的谌家矶财政部造纸厂等。1931 年前,机器造纸业的产值一般在三四百万元,1933 年方增至 600 余万元。但与手工纸业 5000 万元左右的产值相比,尚有很大距离。清末以来,洋纸输入量稳步提升,战前洋纸输入额在四五千万元以上④,几与土纸等同。至 1932 年,洋纸输入 60051000 元,数值已超过手工纸品。尽管如此,由于主要用途和应用场景不

① 杨大金编:《现代中国实业志》上册,河南人民出版社 2017 年版,第 1032 页。

② 翁绍耳、江福堂:《邵武纸之产销调查报告》,私立协和大学农学院农业经济学系,1943 年,第 2 页。

③ 巫宝三主编:《中国国民所得(一九三三年)》下册,中华书局 1947 年版,第 153 页。

④ 朱积煊:《制纸工业》,中华书局 1949 年版,第 7 页。

同,洋纸对土纸的冲击也并不剧烈。

由于使用场景不同,土纸与机纸、洋纸实际上形成了两个平行的市场。土纸不能用于机器印刷,机纸价格昂贵难以下沉到底层市场。洋纸多用于印刷、包装、信笺、美术等,土纸多用于书画、火纸(迷信用纸)、表芯纸、连史纸、毛边纸、草纸等。且“手工造纸为吾国之古法,全赖技巧精妙之人工,制品极佳……手工造纸,且可将极长之纤维素,制成极薄之纸,是非机械之所及,而为手工造纸之特色”①。这样,土纸与机纸事实上形成了一定程度上的市场地理分布层次上的互补。机纸产业水平相对偏低,主要分布在大城市,如上海一地就集中了全国一半以上的机器造纸厂,也就无力抢占全部内地市场。手工造纸业由于技术得到一定程度的改善,竞争力有所增强,分布范围又相对广泛,几乎各省皆有,内地农村市场需求量巨大,因而仍能不断发展。② 从表1-20中可以看出,1912年,全国手工粗制纸产值较高的省份依次是湖南、四川、广东、江西等省,其中湖南一省的产值约占全国总产值的24.6%。

表1-20　1912年第一次农商调查各省手工粗制纸产量表

省份	数量	价额(元)	省份	数量	价额(元)
京师	279840刀	8509	湖南	1040404担	3636982
	11733斤		山东	1653072担	92042
直隶	969440刀	227987	河南	537207刀	17400
奉天	313820件	219333	山西	1773948刀	864860
吉林	20640刀	—	陕西	—	12083
黑龙江	21510匹	43020	甘肃	6654斤	9240
江苏	62971担	24128	新疆	57360担	11839

① 朱积煊:《制纸工业》,中华书局1949年版,第65页。

② 参阅韩海蛟《产品层次与技术演变——近代中国造纸业之发展(1884—1937)》,华中师范大学硕士学位论文,2015年。

续表

省份	数量	价额(元)	省份	数量	价额(元)
安徽	24297 担	57234	四川	35010210 刀	2100612
江西	543278 担	1476945	广东	34665510 斤	1832674
浙江	2382814 担	1191407	广西	34665510 担	641991
福建	—	1818805	云南	—	285774
湖北	21830272 刀	230447			
总计	—	14803625			

资料来源:农商部总务厅统计科编纂《中华民国元年第一次农商统计表》,中华书局1914 年版,第 124 页。

土纸不仅在国内顶住了机纸的压力,在海外市场同时经受住了洋纸的冲击。尤其是那些有特殊用途的土纸产品,其市场地位几乎丝毫没有动摇。由表 1-21 可知,土纸的出口值以 1912 年为指数 100,至 1928 年增长至 116,17 年间累计增长 34%,年均增长 2%。土纸海外市场以南洋地区为主,产品类别主要是迷信用纸;日本和欧美地区也是重要的海外市场,产品类别以宣纸等书画用高档纸为主。海外市场构成了土纸市场的重要组成部分,而与之相较,机纸却鲜有出口者,这进一步形成了土纸与机纸在市场地理上的互补关系。

表 1-21　1912—1928 年中国手工纸出口总数统计表

年份	数量(担)	数值(两)	数值指数	数值比前增加率	备考
1912 年	262564	3251958	100	0	
1913 年	249474	3182861	98	减 3%	第二次革命爆发,产纸地如江西、安徽等省受军事影响
1914 年	229959	2864983	88	减 10%	江西、湖北、湖南、广东等处水灾
1915 年	253013	4261052	113	增 33%	欧战发生,洋纸价格飞涨,华函销路颇旺

续表

年份	数量（担）	数值（两）	数值指数	数值比前增加率	备考
1916年	266781	3525401	110	减18%	
1917年	242891	3203082	99	减9%	南北对峙，在湖南、江西、福建、广东诸产纸地常有战事发生
1918年	225862	3037942	92	减6%	
1919年	282227	3934807	112	增23%	
1920年	281670	3957162	112	增1%	
1921年	303395	4539072	114	增13%	自制黄纸板，亦有少数运往南洋
1922年	285531	3977649	112	减3%	产纸各地又遭兵
1923年	319309	4833336	115	增17%	
1924年	341846	5123705	116	增6%	
1925年	280138	4864877	115	减6%	国民革命军北伐
1926年	298920	5115761	116	增5%	
1927年	294435	5263235	116	增3%	
1928年	304221	5103884	116	减3%	
总计				增34%	
每年平均				增2%	

资料来源：浙江省政府设计会编《浙江之纸业》，1930年，第66—67页，转引自韩海蛟《产品层次与技术演变——近代中国造纸业之发展（1884—1937）》，华中师范大学硕士学位论文，2015年。

尽管土纸与机纸使用价值并不完全重合，但是部分地区的土纸还是遭受了机纸的冲击。机器造纸业兴起后，仿造手工纸占据了大部分产能。仿造手工纸从产量上看，占据了机制纸总产量的一半以上，成为支撑机器造纸业发展的重要品种；从价值上看，仿造手工纸几乎占据了将近60%，占据着绝对的优势。而且，仿造手工纸相对于土纸的最大优势就是价格。以上海机制连史纸为例，每令五百张，计二十三磅，市价四元五角，每磅一角九五，若以张数计算,江西省产的手工连史纸,每张合洋一分零,机制连史纸每张合洋九厘。[①]况且机制连史纸在印刷时质量更优,“供印刷较之土产连史,更胜一筹”[②]。因此,机纸不断抢占着城市中的上等纸市场。如江西作为连史纸、毛边纸的生产中心,就遭到了机纸的强力竞争。江西的产销中心陈坊,“在鼎盛时期,年可产六十至一百七十万元,今则已销路停滞,价值低落,年仅三四十万元”[③]。再比如湖南,据《国货月刊》记载,“(一)宝庆、新化一带,前清有槽户三万余户,目今不上一万户,所产时仄最多,专销东三省、天津、牛庄、烟台、河南西北一带,今则十分减去九分,且被舶来品白洋、毛边完全抵制,至老仄、重仄、裱仄、官堆各纸,则被矾纸、报纸、美连纸各种舶来品完全抵制;(二)浏阳石古山所产之浏大贡、浏二贡、放切、料丰各纸,分销申、汉、本省埠,现被磅纸、木造、片料等舶品完全抵制;(三)永州、东安所产东山纸、千张粗纸、五印纸、账连纸、时仄纸,被舶品牛皮纸、报纸抵销,现已减至二成;(四)衡山所产白果纸最多,专销汉口、沙市、天津一带,被舶来品抵销八成,仅存二成;(五)邵阳属龙山,各产造账连纸最多,老仄、官堆亦有,现被舶品美连纸完全抵制”[④]。再者,四川夹江素有“造纸之乡”的美誉,史称“因造纸技术甚精,川省其他各区无出其右者”[⑤]。但是,机纸流通后,“夹江为四川最著名之产纸区域,过去成都各报纸所用之纸,完全仰给于此,近年为嘉定纸取而代之”[⑥]。

江西向为旧式手工纸业最盛区域,全省 80 余县市,产纸者占半数以上,而以铅山、永丰、石城、德兴、高安、上饶、宜丰、万载、泰和、黎川、奉新、靖安、赣县、广丰为最。所出纸类分为粗细两种。粗纸又名“晒纸”,以火纸、表芯纸为代表;细纸又名“白纸”,以连史纸、毛边纸、关山纸为代表。最盛时期,年均输出产值 800 余万元,行销国内各省及日本、南洋等处。到 20 世纪 20 年代

---

① 参阅韩海蛟《产品层次与技术演变——近代中国造纸业之发展(1884—1937)》,华中师范大学硕士学位论文,2015 年。

② 张天荣:《江西省之制纸业》,《商业月报》第 10 卷第 4 期,1930 年。

③ 史德宽:《调查江西纸业报告书》,《工业中心》第 4 卷第 6 期,1935 年。

④ 《湘产纸料全被舶来品浸销》,《国货月刊》第 43 期,1936 年。

⑤ 钟崇敏等编撰:《四川手工纸业调查报告》,中国农民银行经济研究处,1943 年,第 55 页。

⑥ 《四川产纸区域概况》,《四川月报》第 5 卷第 1 期,1935 年 7 月。

末，全省以制纸为业者有6900余户，男女工人3万余人。据北洋政府农商部调查，1915—1918年，全国每年纸产总值约为4000万元，其中江西省产纸额在800万元左右，占全国的五分之一[①]，是全国最大的纸产区。

江西以外，浙江产纸也素称发达，“全省造纸处，达五十三县之多。直接间接依此为生者，不下数十万人”[②]。其中富阳县素有“造纸之乡”的美称。民国时期，受到机制纸的不断挤压，土纸产销已大不如前。到20世纪30年代初，所造之纸，多为纸箔、烧纸，次为包装用之草纸、粗纸，可供书写者无，更鲜有能为新式印刷所用者。全省大宗纸品交易主要集中在杭州湖墅一带，当地有纸行100余家，大宗纸品运往江苏、上海及平津等地，营业额很大。富阳亦有纸行15家、纸坊1000余家，以草纸批发为主。

四川造纸区域包括夹江、铜梁、合川、广安等，尤以夹江最为著名。民国时期，夹江县城里有40—50座染纸坊。[③] 19世纪晚期，夹江纸厂遍布，全县共有槽户4000余户，其中河东1000余户，河西3000余户。[④] 但晚清以来，夹江造纸业发展缓慢，抗战爆发后，才迎来了快速发展时期。

在湖北，1915年全省69个县市中，有67县建有手工造纸作坊。其中鄂南各县丘陵地带盛产南竹，加之交通便利，故农户造纸槽坊甚多。仅通山一县即有造纸作坊154家，纸槽579架，从事造纸者2316人，年产手工纸6400吨。咸宁境内多山，山中多产竹麻及骨藤、葛藤、榔树等物，均为造纸原料。县内又多流泉瀑布，“远近居民，多利用此充分原料与天然水力，架设槽碾，用手工制造羊山六篾两种纸张”[⑤]。阳新县2/3的地方建有手工造纸作坊，年产羊皮纸、皮纸及草纸价值在百万元以上。该县纸商在汉口开设纸行20余家，产品远销江浙等省。在鄂西、鄂北，民间造纸则以生产火纸为主，其次为皮纸

① 王峥嵘、钱子荣：《江西纸业之调查》，《工业中心》第3卷第9期，1934年。

② 实业部中国经济年鉴编纂委员会编：《中国经济年鉴》第3编（上），商务印书馆1936年版，第十二章“工业”，第105页。

③ 参阅［德］艾约博《以竹为生：一个四川手工造纸村的20世纪社会史》，韩巍译，江苏人民出版社2016年版，第86—87页。

④ 《夹江纸业调查》，《四川月报》第6卷第2期，1935年2月。

⑤ 《湖北省农村与合作情报》，《农友》第4卷第6期，1936年6月。

和草纸。到20世纪20年代末,宜都县沿河一带有纸厂30余家,以竹为原料,利用山涧溪水冲击石碾制造,俗名"方斗纸",每块重七八斤,价格在3—6角不等。各厂每年可产纸四五千块至万块,运销于沙市、松滋一带,价值二三十万元。又有草纸一种,以稻草为原料,加石灰浸水,利用溪水作动力,以石碾磨溶后,用竹帘淘制而成。出品亦为不少,专供货物包装之用。长阳县农户因溪水之利设置碾碓,制造斗纸。全县有纸厂200余家,所造斗纸分老细、二细、毛货三种。利川县毛坝有拓树一种,皮可制纸,每年冬季,农户多采伐拓皮制造皮纸。除供本地之用外,并输出四川及施鹤各县。再如阳新的造纸业,以1927年、1928年为最盛,计造纸农家有1000余户,共约1500槽,产纸约40万捆,产值300余万元。本地商人多在汉口开设有纸行,最盛之时计有"恒春永""洪泰祥"等23家,每家每年售纸自1万捆至5万捆不等,可谓盛极一时。①

在安徽,广德表芯纸因质料精良颇负盛名。该纸以皖南山区毛竹为原料,制作分为砍竹、破竹、腌竹、洗竹、打浆、捞纸、焙纸、打捆、磨边等十几道工序。所产表芯纸具有柔软光滑、厚薄均匀、吸水性强、拉力大等特点。除行销省内芜湖、宣城、高淳、东坝等处外,还运销江苏、浙江等省,每年售价在20万—50万元不等。"今各纸业又放大改良,或可不致衰落。"②

在福建,据协和大学农业经济学系在福建邵武的调查,民国初年邵武的造纸业处于"稳定时期",本县"纸业稍具规模,产额除自用外,尚有微量输出";第一次世界大战爆发后,邵武纸业进入了"繁盛时期"。由于舶来品减少,土纸销路因之畅旺。各产纸县均积极生产,"因之槽户加多产量激增,加以社会需求殷切,制不应售,造成极度繁荣之局面"。③

在陕西,蒲城、长安、凤翔等县的造纸业很发达。长安县的北张村300余家农户皆操纸业,形成了手工造纸的规模化生产区。凤翔县纸坊村水资源丰富、造纸原料充足,全村130余家农户从事手工造纸业,占全村农户数的

① 夏得仁:《阳新造纸手工业调查》,《中国农民银行月刊》第1卷第1期,1936年1月。
② 安徽省地方志办公室编:《安徽土特产资料类编》,1985年,第231页。
③ 翁绍耳、江福堂:《邵武纸之产销调查报告》,私立协和大学农学院农业经济学系,1943年,第2页。

80%。而且该村造纸工艺较为先进,综合利用水力和畜力,每户每日可出报纸400—800张,纸张洁白均细。[①]

在察哈尔,明末清初时期宣化一带的手工抄纸业就很兴盛。民国以后,察哈尔地区的造纸业又有很大发展。1916年,察哈尔地区有造纸户数(雇工7人以上)18户,雇用职男39439人,产值25711元(其中皮纸4356元,油纸235元,粗制纸2850元,其他纸18270元)。[②] 1931年察省造纸户数增加至39户,产值达89333元。察省草纸还销往外地。1931年察省出境草纸"达7000块,总17500元"[③],主要销往北平。麻纸销量也很可观,蔚县年产麻纸19万余刀(1刀合100张),也大部销往张、宣及坝上各地。[④]

在广西,由于盛产竹木,造纸原料丰富,造纸工场各地都有。"全省产纸之地,可分为五个区域:一、兴安、百寿区,所产之纸名曰湘纸;二、融县区(或称贝江流域),所产之纸名曰东纸;三、昭平、贺县区,所产之纸名曰桂花纸;四、北流、容县区,所产之纸名曰福纸及万金福纸;五、都安、隆山、那马区,所产之纸名曰纱纸。"[⑤]其中,湘纸、东纸、桂花纸、福纸及万金福纸皆以竹为原料,纱纸则以纱树皮为原料。纱纸业在清末非常兴盛,隆山县的纱纸,"民七八时称最盛,时有槽口五六百,产纸年约万担以上"[⑥]。

尽管这一时期各省手工造纸业仍存在着资本短缺,生产设备简陋等缺陷,很多手工纸坊时开时辍,倒闭者极多,但土纸生产始终在各省纸业中占有着重要的地位。

2. 印刷业

近代中国的印刷业呈现出新旧并立的态势,一方面传统木版印刷依然故

---

① 参阅王今诚《近代关中农村经济变迁研究(1927—1937)》,西北大学博士学位论文,2015年。

② 农商部总务厅统计科编纂:《中华民国五年第五次农商统计表》,中华书局1919年版,第344—345页。

③ 李延墀、杨实编:《察哈尔经济调查录》,新中国建设学会,1933年,第101—102页。

④ 参阅史玉发《近代察哈尔地区手工业、工业发展状况初探(1840—1952)》,内蒙古大学硕士学位论文,2010年。

⑤ 广西统计局编:《广西年鉴》第二回(1935年),广西省政府总务处,1936年,第423页。

⑥ 参阅刘文俊《近代广西手工业的兴革对圩镇发展的作用》,《中国社会经济史研究》2007年第2期。

我,一方面石印、铅印等新式印刷业不断发展,二者往往并行不悖,共同推动了近代中国文化事业的发展。各省木版印刷历史悠久,素有盛名。木板印刷是将文字或图像雕刻在木板上,刻工一天能刻100—200字。尽管石印、铅印技术早已在中国生根发芽,但是木板印刷已经保持了发展的势头。对此,张忠在研究民国时期成都的出版业时,解释称:“(1)木书业仍然具有一定的市场需求,民国时期距清代去时不远,受过旧学熏陶的人仍习惯于雕版印刷的典籍……(2)从印刷技术上讲,雕版印刷有时更为简便;(3)铅印是一个投资较大的行当,非资金雄厚者不能毕备,于是一些资金薄弱的小型印刷店宁愿保存雕版印刷。”①

石印技术传入中国后,因为连史纸物美价廉,因而得以快速发展。最早者,有点石斋、斐英馆、同文书局、慎记书庄等石印局。各教会首先引进铅印用于印刷出版,其后又有图书集成局、文明书局、商务印书馆、中国图书公司等兴起,用日式铅字印刷。之后,印刷业几遍全国,通都大邑咸有创设,随着文化事业的需要而不断发展。上海是全国印刷工业的中心,每年营业达千余万元。② 中国印刷技术更新很快,民初五彩石印技术渐次普及,1917年后,橡皮机、铅版机开始引入。据杨大金估计,橡皮机的效率是石印机的5倍。③

外国石印、铅印技术传入后,首先用于新闻事业,渐及一般书籍,逐步取代了刻版印刷。初期的铅石印刷仍用手工,许多书坊兼而用之。如苏州扫叶山房,因得汲古阁散版,名重一时,在上海设店,增添铅印、彩印设备,成为一大出版企业。到20世纪20年代,除部分佛经、善书、民间画外,木版印刷濒于消失。印刷业虽已有使用动力者,但铅印、石印仍以人力手摇机占多数,故仍列入手工业。以浙江为例,杭州为全省印刷业中心,其次为鄞县、永嘉等地,除规模较大印刷所备有铅印机,使用动力引擎外,各县多数小店仍依靠人工,以石印为主。其工序分为谱写、上石、落石、印刷、校对、装订6项,印刷出

① 张忠编:《民国时期成都出版业研究》,巴蜀书社2011年版,第96—97页。
② 杨大金编:《现代中国实业志》上册,河南人民出版社2017年版,第588页。
③ 杨大金编:《现代中国实业志》上册,河南人民出版社2017年版,第589页。

品种类繁多,尤以图书、报章、簿据、卡片、传单、仿单、标语为最多。在成都,自清末出现手摇石印机和铅印机后,至 1935 年,较具规模的印刷厂已达 14 家之多,资本额在 35.8 万元以上,共有铅印机 46 部以上,石印机 48 部以上。[①]

(六)土石制造业的集聚

土石制造业是重要的手工行业之一,历史悠久,与民生关系紧密。土石制造业包括陶瓷、砖瓦、玻璃、石灰等不同行业,这里仅就陶瓷业和砖瓦业加以介绍。陶与瓷质地不同,工艺各异,烧制温度不一,最终成品性质差异很大。大致来说,陶的质地比较疏松,有孔隙,击之声浊;而瓷的质地光滑细腻,叩之声脆。我国传统的陶瓷工艺美术品闻名于世,质高形美,具有高度的艺术价值。陶瓷业从业人口大多散居农村,集中于城镇者,主要是景德镇、醴陵等专业市镇。依照其生产原料,大致可分为瓷器、釉货、土货三种。依照其用途,又可分为生产用品窑、生活用品窑、建材窑等数种。

1. 陶瓷业

陶瓷历来是中国出口之大宗。19 世纪末欧洲发明了模具、注浆成型法和制瓷机器,批量生产陶瓷,品质提升,厚薄均匀,规格一致,造型美观,竞争力强,使得传统瓷业受到重挫。因此,光绪年间,外瓷倒注日多,国瓷逐渐衰减,出口亦不断下降。由表 1-22 可知,1912—1927 年,中国陶瓷业几乎一直处于入超状态,输入值约为输出值的 1.8 倍。鉴于此,有识之士先后于江西景德镇、湖南醴陵、四川成都、重庆、河北唐山、北京等处,购置机器,聘请技师,仿效国外搪瓷工厂组织生产。到 1927 年,各地开办“新式”陶瓷工厂数十家。但是,这些“新式”工厂大多只是在某些工序上加以改进或使用机器,实际上仍然维持着手工或半手工生产,占据中国陶瓷业主要地位的,仍然是传统手工业生产。

---

① 张杰:《传承与嬗变:近代成都城市手工业研究(1891—1949)》,华中师范大学博士学位论文,2016 年。

表 1-22　1912—1927 年中国陶瓷进出口情况

单位：两

年份	输出值	输入值	入超额
1912 年	2738286	3523839	785553
1913 年	2928288	5431803	2423515
1914 年	3223060	5209772	1986712
1915 年	3775840	3743026	-32814
1916 年	3763841	5633681	1869840
1917 年	3517705	6355623	2837918
1918 年	3255246	6479434	3224188
1919 年	5559363	7879845	2320482
1920 年	6537439	9127070	2589631
1921 年	6307192	10900825	4593633
1922 年	4861446	11923412	7061966
1923 年	5560056	10907035	5345997
1924 年	5862494	12270920	6408408
1925 年	4149884	9101482	4951698
1926 年	4402830	10502838	6100008
1927 年	4504525	9610665	5106140

资料来源：杨大金编《现代中国实业志》上册，河南人民出版社 2017 年版，第 422—423 页。

提及陶瓷业，就必须专门提到江西的景德镇。民国初年，全国窑瓷厂以江西最多，计有 732 厂，雇工 23833 人；湖南居次席，有 92 厂，雇工 16711 人。其中江西之景德镇为国内陶瓷工业“特殊发达之区”，其他如万载、金溪、雩都等地瓷器作坊，“完全系一种家庭工业，农隙则事制造”。萍乡、横峰等县陶瓷工业较盛，“窑场较多且大，然观其内容组织，亦系家庭工业扩大之变相”①。景德镇瓷器性能耐久，珍藏千年不敝，乡民一组饭碗，亦传数世，朴固浑坚，为

① 《中国陶瓷工业调查（续）》，《工商半月刊》第 4 卷第 6 号，1932 年 3 月。

洋瓷所不及,久负盛名。景德镇瓷业,原料除制匣钵之耐火土为附近出产外,瓷土来自安徽祁门及江西寿溪、贵溪、三宝蓬、余干、安仁、临川、东平、银坑、陈湾等处,均相距三百余里至百余里;釉彩来自三百里外之东港东乡、星子等处。瓷器出口,系由昌江经鄱阳至九江,再由长江出口。每年旧三月开工,至三月半全镇各窑均装烧,至十二月末始休养。一战期间,瓷器出口增加一倍,瓷业颇有发展。

民国初年,江西瓷业公司试行机器生产未获成功,景德镇瓷业仍以手工生产为主。"现全镇有窑一百五十七座,有工人二十余万,多来自东平、星子、会昌等县,其工资约三角至八角。……其出品仿古者甚多,中外皆重视之,而各种瓶品多重彩绘,近亦有一二家如杨玉祥等,专制纯白者。"①瓷业工人分为采掘工、锥碎工、淘练工、印块工等数种,全数一万余人。各厂制造土块,仍用旧法,失之过粗,1927 年有改用机器制料之议,惜因集资为难,未能实行。至瓷坯之制造,系取数种瓷土,调和掺用,并先须练泥。"其练法系将土浸缸内中,用木耙翻搅,迨至轻浮重沉,然后挹其上浮之细汁注于另一空缸,复用马尾箩滤之,置瓦桶内,使其干而成泥。移入泥房,用锹翻扑,使其黏纯。瓷坯分圆琢两种,碗碟等类为圆器,印以模;瓶壶等类为琢器,用手制。瓷土成器形并打磨至无孔隙后,即须上釉,或用笔蘸涂,或用管吹,或在釉缸内荡之,待其稍干,装以匣钵,入窑烧之……大概烧成一窑瓷器,需三十六小时,用工十三四名。景德镇之制造瓷器商人,多数系在他人窑内租用一部分地方搭烧。"此外尚有所谓红店者,系购买坯户所烧白瓷,自行加绘,用红炉重烧而成彩瓷。至于所谓匣钵者,盖因瓷坯入窑,须装匣钵,然后能受火热而不与火焰接触,始克成器洁净。制造匣钵系为一种独立工业,"现景德镇共有制匣钵之厂二百余家,厂房多系宽大草房,所用主要工具为盘车木圈及水灶,平均每厂每月所出之匣,约值银币四百元"。②

景德镇的陶工,分为坯户、红店(即彩画店)、窑户三行,各执一事,各分一

① 江西省社会科学院历史研究所编:《江西近代工矿史资料选编》,江西人民出版社 1989 年版,第 272—273 页。

② 《国内工业发展之状况》,《中外经济周刊》第 228 号,1927 年 9 月 17 日。

帮。其技术仅传本帮,世守其业。工人之大部分,以南昌、鄱阳、都昌、抚州及安徽之祁门、婺源各县为多。做窑户之工人多系小本经营,并无大规模者,“工人稍有蓄积,即可转为厂主,厂主亏折,亦可转为雇工。挟赀达万余元者,因放债之利大于营业,往往舍旧谋新,由业主易为债主,既可以权母子,且不受工人把持,以故做窑户无欣欣向荣之趋势”①。由于制法陈旧,成本居高不下,加上外瓷倒流,到 20 世纪 30 年代初期,景德镇瓷业日见萧条,仅剩瓷窑 136 座,瓷工 3 万余人,出口从 13 万担下降至七八万担。

在湖南,以醴陵土瓷业和细瓷业最为有名。其中釉下五彩细瓷,洁白如玉,品质精良,为当时景德镇青花瓷器所不及,深受市场欢迎,并多次获得国际博览会大奖。在湖南瓷业学堂人才培养和省瓷业公司生产不断发展的推动下,1915—1916 年湖南陶瓷业进入全盛时期。衡阳界牌、长沙台田、衡山石湾,以及新化、洪江等地,陆续形成新的瓷器产区。全县赖瓷业间接生活者,当在十数万人以上。制瓷工序主要有采泥、制坯、贴花、上釉、过烧等项;而从事制瓷的又可分为窑户、搭烧户和彩花红店等。从事土瓷生产的窑户,因生产品种不多,品质不精,大多以小作坊形式进行生产,一般雇用 20—50 人不等,共同操作,很少分工。制作细瓷则相对规模较大,每家窑户有工场 4—6 个,雇用工人 70—100 人不等,内部分工相对明确。1918 年,醴陵瓷业因军阀混战受到破坏,北军四出抢夺财物,乡间土瓷窑户饱受摧残。1920 年后,营业逐渐恢复,未及数载,生产又趋萧条。直到 1929 年,工商业得以活跃,经营土瓷商户可以先期贷款,故窑户有所增加。

磁州窑系是北方最大的一个民窑体系,主要烧造白地黑花与白地褐花陶瓷。元代以后,伴随着其他窑口的衰落,河北彭城成为磁州窑的生产中心。近代河北产瓷地点为磁县、唐山、北平、天津、彭城等,而“陶瓷生产中心不外乎两地:一为彭城,产瓷量占全省的 60%;一为唐山占 40%”②。据记载,1922—1923 年彭州瓷窑有 235 座,缸窑有 30 余座,从事陶瓷生产的陶工有 5000 人左右,年产碗 500 万纣(约一亿)件,缸 70 多万件,行销达东北、华北、

① 《江西景德镇瓷业之调查》,《工商公报》第 15 期,1929 年 8 月。

② 《河北省之陶业》,《工商半月刊》第 3 卷第 12 号,1931 年 6 月。

西北计十三省两市(北平、天津)。[①] 彭镇瓷器,按质料分,有缸制、笼质、磁质、砂锅质四种;按用途分,有普通用具、陈设玩具、供器、仿古瓷器四类。普通用具,如茶壶、饭碗、痰盂、水缸等,为家家所必需;陈设玩具,如花瓶、罗汉、小篮、小狗之类,形式拙笨,彩绘粗劣,贫穷者无力购买,有力者又嫌样式不美,不愿增摆几案,所以此类出品,销路颇少。至于玩具,只供乡里小孩玩弄,更为瓷业附庸。供器者如香炉、烛台之类,通销于山间,所以将此等物涂作金银红绿各色,以迎合乡人心理。唐山陶瓷制品,以卫生器、电料、彩色铺地砖和内墙瓷砖为大宗,余如壶、盘、碟、花瓶、烟碟、痰盂等种类,亦极繁多,故成形方法亦因之而异。自 1928 年起,因运费高昂,彭城瓷器主要销货地点被各处排挤,彭城窑业开始衰落。[②]

在浙江,陶瓷类产品大致分为瓷器、砂窑、砖瓦三大类。其中瓷器较少进步,砂窑生产则因绍酒大宗输出而长盛不衰。每年烧制砂缸酒坛,价值达 30 余万元,多为农村副业,很多是三五人合股建窑,每年开工最多不超过 6 个月。浙江龙泉窑是非常具有代表性的南方青瓷窑厂。20 世纪二三十年代,龙泉西乡、南乡均烧制瓷器,产品销至与龙泉接壤的江西、福建等地。除浙江省立改良瓷业工厂有 40 多名技工,规模较大外,其余窑厂多以家庭作坊为主要生产模式,工人以家庭成员为主,同时雇用一些瓷工。[③]

江苏宜兴素有"陶都"之称,驰名中外。"邑之蜀山、鼎山、汤渡、川埠一带沿山居民,比户均习陶业,客民临时工作,资以生活者,亦复不少。"[④]各店铺做工场所散处乡间,专制紫砂名壶、花瓶、饮食器具、花盆及各色泥釉物品。该处居民阖家操作,抱瓮、团砂、挈瓶、范土,或徒手制坯,或绘画施彩,或研质制釉,或书画镌刻,或施焰修窑,一家之间,男女老幼,各司其事,虽不须专订工资,而衣食所需均惟陶业是赖。1919 年,该县有"利用""利永"两家陶业公司,另在蜀山、川埠诸乡有陶窑 40 余座,工人 5500 余人,平均每窑 130 余人,

① 林传甲总纂:《大中华直隶省地理志》,武学书馆,1920 年。

② 参阅要楠《1912—1937 彭城陶瓷业衰败原因研究》,河北师范大学硕士学位论文,2016 年。

③ 参阅沈子珍《清末民国时期龙泉瓷业研究》,浙江大学硕士学位论文,2019 年。

④ 江苏省长公署第四科编:《江苏省实业视察报告书》,1919 年,第 147 页。

已是具有相当规模的手工窑场。“资本大者，一户有窑一座或数座，资本少者，则数户共一窑。”[①]窑之种类，分细货、砂货、黑货、黄货、粗货等三类六种。窑场周围30余里，乡人多兼营坯业。陶工分上、中、下三等，上等为制造细货及描写书画者，手艺精致，“经多年之熟练，始克成就”，工资二三百元。当地所制之器，种类繁多，“大别为饮食器、装饰器、杂器三种，近来于饮食杂用器，尤为注意改良，常年产额价值在六十万元以上。运销内地赣、浙、皖、鲁及外洋南洋群岛、日本等处”。[②]

其他省份陶瓷业也有分布。河南历史上陶瓷业非常有名，但是近代以后，瓷业已衰。禹县、陕县、开封、汤阴、新安、登封、巩县、博爱等县，亦有出品，但质量粗糙，只在附近各县销售。开封铁刘店有盆窑5处，每窑出盆450套，年仅2300套左右，数量很少。禹县以大件花瓶和盆鼎坛为大宗，但销路不旺。[③] 广西瓷业以宾阳、北流为著名。宾阳瓷器业兴起于19世纪中期，主要分布在芦圩以南一带的六思、新塘、老窑、天塘等14个村，有350户、1750人，共有瓷窑35座，每年各村烧窑数百次[④]，产品以省内行销为主。北流县的瓷业在民初有大的发展，主要以烧制瓷碗为主，20世纪30年代前期有碗厂40家。[⑤] 在甘肃，兰州、永登、玉门、岷县、华亭等地都有瓷器出产。历史最悠久的要数华亭瓷业，是当地重要的一种家庭副业，农家“业农而兼营瓷器”，种类有土瓷、砂瓷、琉璃瓷、宜兴瓷、半细瓷、干泥瓷、瓦瓷等。[⑥] 在皖南，比较重要的陶瓷产地有太湖、婺源、绩溪、泾县等，产品“纯是粗制各品，家厨用具而已”，主要在当地及邻近各县销售。[⑦]

此外，各地还存在着大量陶器作坊。作为一种古老的行业，其主要产品如缸、坛、罐、钵、烘炉、茶壶、饭碗等，价格低廉，工艺简单，更多的是满足本

---

① 实业部国际贸易局编：《中国实业志（江苏省）》，1933年，第八编“工业”，第596页。

② 江苏省长公署第四科编：《江苏省实业视察报告书》，1919年，第147页。

③ 杨大金编：《现代中国实业志》上册，河南人民出版社2017年版，第405—406页。

④ 广西统计局编：《广西年鉴》第一回（1933年），1934年，第318页。

⑤ 刘能伯：《略论清初至解放前夕北流的商品经济》，《北流县文史资料》第1辑，1985年，第74—76页。

⑥ 参阅黄正林《延续与革新：近代甘肃手工业问题研究》，《青海民族研究》2015年第1期。

⑦ 参阅陈艳君《皖南手工业近代转型研究（1877—1937）》，苏州大学博士学位论文，2018年。

地区民生的需要，其中也不乏物美价廉的上乘之品，口碑相传，销路甚广（见表1-23）。如湖北城乡专门生产日用陶器的著名窑口众多，其中以麻城蔡家窑、蕲春管家窑、岚头矶窑、竹溪毛家窑、枝江善溪窑等最负盛名。其他如襄阳陶器、通城陶器、枝江马家店陶器，均在农村市场上畅销不衰，数量颇为可观。

表1-23　20世纪30年代初期江西、湖南、江苏、浙江、湖北、安徽陶瓷业产值统计

单位：千元

省别	产值
江西	5966
湖南	3143
江苏	1039
浙江	438
湖北	185
安徽	105

资料来源：巫宝三主编《中国国民所得（一九三三年）》下册，中华书局1947年版，第60页。

2. 砖瓦业

砖瓦业起源甚早，为传统手工业之一种。全国各地皆有，乃建筑必需品，原料获取又非常简单，所以制砖瓦工厂所在皆是，凡是人口殷繁之地，莫不有砖瓦工厂以供本地建筑之用。时人称清末天津“市面之情形日进不已，人烟稠密，货物辐辏，往往造屋未成，出租已罄，几与上海无异”[①]。房屋建设日繁，对砖瓦的需求也逐日增长。“该业最盛时期为光绪二十九年以后数年间，当时市面初盛，各地竞建房屋”，开设砖瓦窑者“日感供不应求，附近居民观状生羡，争建砖窑，遂日臻兴盛”。[②] 1916年“所需瓦砖石灰甚巨，约计瓦砖每年不

① 《论天津市场困难之故（录九月十四日中外日报）》，见国家图书馆分馆编选《（清末）时事采新汇选》第7册，北京图书馆出版社2003年版，第3736页。

② 《天津工业之现状（三续）》，《中外经济周刊》第201号，1927年2月26日。

下千万方"[①]。如浙江嘉善一县,有砖窑800余座,每年出品400万元,商民妇女生计,半恃于此。[②] 同时,砖瓦业从业人员较多,是吸纳剩余劳动力的重要行业。据统计,1919年皖南砖瓦业的从业人数达到1195人,仅次于制茶业,排各行业的第二位。[③]

另外,煤矿、陶瓷厂或水泥厂,因为需要火泥、砖瓦等,所以附近多附设有砖瓦厂。像开滦、中兴、萍乡各煤矿,以及启新、广东等各水泥厂旁边,皆有砖瓦厂,而且往往规模宏大,且质量精美,可以行销很广。开滦煤矿之内,夹有硬性和软性的耐火泥多层,可供制造耐火砖之用。开滦生产的火砖及各式砖瓦等,风行全国,而且还远销海外,每年经秦皇岛出口达11万关两。广州之士敏土厂、汉冶萍公司、湖南株萍铁路峡山口车站附近,都有砖瓦厂。琉璃厂,则集中于北平赵氏、辽宁侯氏。砖瓦的种类繁多,计有10余种,从用途来说,可以分为盖屋、筑墙、铺地、造路、建烟囱等;从砖瓦的原料来说,可以分为白泥、紫泥、黄泥、洋灰、煤屑等五种。[④]

江苏常熟、南汇、六合、铜山、沛县等地,素以出产青色砖瓦闻名,五口通商后,红色砖瓦因质硬耐久,日趋流行。清末民初,机制砖瓦厂在上海、南京、武汉等商埠相继建立,但在广大农村地区,仍是旧式砖瓦的天下,各地砖瓦长短厚薄不尽一致,各具特点。在浙江手工业品输出中,砖瓦业占有相当地位,绍兴、武康、永嘉、瑞安、萧山、松阳、淳安、汤溪、富阳、乐清等均有出产,各县每年砖瓦销售货值约50万元。营业情况以砂货窑最佳,砖瓦业则全为农村副业,规模极小,生产有限。同期,江苏生产青色砖瓦的窑户,常熟有19家,南汇42家,南京80余家,六合120余家,铜山44家,沛县80余家。计分为螺丝窑、蒙顶窑、马蹄窑、方窑等数种,每窑可烧砖1万—5万块。此外,无锡农村做砖坯的农户达2000户。芜湖大中砖瓦厂窑址绵延里许,有工人2000余

---

① 天津市档案馆等编:《天津商会档案汇编(1912—1928)》第4分册,天津人民出版社1992年版,第3784页。

② 杨大金编:《现代中国实业志》上册,河南人民出版社2017年版,第981页。

③ 陈艳君:《皖南手工业近代转型研究(1877—1937)》,苏州大学博士学位论文,2018年。

④ 参阅杨大金编《现代中国实业志》上册,河南人民出版社2017年版,第972—973页。

名，每月出产旺盛。石业主要产品则为石磨、石臼、柱础、石像、墙基、石板及墓碑、墓道、碑铭、祭具、华表等。

在天津，随着人们需求的多样化，砖瓦的种类也越来越多。20世纪20年代，天津使用的砖有7种，即水泥素砖、水泥花砖、缸土画花或素釉砖、细红砖、粗红砖、长方蓝砖、方蓝砖。瓦分4种，即各色釉瓦、蓝洋瓦、红洋瓦、蓝瓦。因此，天津的砖瓦窑形式也日益分化，产生了不同种类的砖瓦窑。[①]

湖北著名的建材窑主要分布在孝感、通城等地，生产砖瓦、工建石材的手工作坊遍布四乡。民国初年为其最繁盛时期。通城还是鄂、湘、赣三省边区的主要石灰产地，焙烧石灰有数百年历史。“此地石灰生产有合股经营者，有独家雇工经营者。资本较厚者常年生产，微薄者时产时停。”[②]据省实业司不完全统计，到1920年，全省砖瓦窑场共有1932户，从业者万余人。

在皖南，1919年砖瓦业从业人数居各行业第二位，均采用人力，并无机械动力。据1919年调查，皖南各县皆有砖瓦业，职工人数多在10人以下，资本额也多在1000元以下。只有祁门北门外一都古楼坦砖瓦窑规模较大，职工人数达到240人，资本额达到8000元。[③]

（七）工艺制品业

工艺制品业是中国传统手工业经济中的特殊部门，由于洋货无法取代，因而近代以来继续保存甚或有所发展。这些手工业门类大多因为原料产自本地、生产历史悠久、制作技术精湛，尤其是富含中国文化内涵，往往与某个区域绑定并长期传承。如安徽的文房四宝、杭州折扇、苏州刺绣、扬州漆器、宜兴紫砂陶器、南京织锦、无锡惠山泥人、苏州工艺扇，还有南京和扬州的雕刻、彩蛋、桃花坞木版年画，长沙之湘绣和退光漆器等，瑰丽多彩，各具特色。在这批传统工艺品中，许多出自民间能工巧匠之手，不少是传世佳作。这一时期先后在各种国际博览会获奖的手工艺人和手工艺品主要有：戴清升的湖南菊花石刻，朱可心的宜兴紫砂壶，沈寿、金静芬的苏绣，余振辉、廖家惠的湘

① 《天津工业之现状（三续）》，《中外经济周刊》第201号，1927年2月26日。

② 通城县志编纂委员会：《通城县志》，1985年，第173页。

③ 陈艳君：《皖南手工业近代转型研究（1877—1937）》，苏州大学博士学位论文，2018年。

绣,章水泉的湖北竹器,杨厚兴的江西瓷板画像,汤有益的湖北面塑等。工艺制品业各地皆有并各有特色,下文仅择其要者加以概述。

1. 文房四宝

安徽泾县、宣城、宁国一带盛产宣纸,载誉千年。宣纸以青檀枝条嫩皮作主料,经浸泡、灰掩、揉制、蒸煮、洗净、漂白、打浆、水捞、加胶、贴烘等18道工序,100多道操作过程精制而成,有60余个品种。大致可分为生宣、矾宣两种。生宣适于写意国画和书法之用,矾宣适于工笔国画。宣纸虫不易蛀,折不易损,洁白如玉,久不变色,号称“千年寿纸”。作为书画佳品,宣纸不仅“岁贡上用”,并且在清代即已运销国外。民国初年,在巴拿马国际赛会上获奖。泾县小岭设槽百余户,年产宣纸15000余件,其中大号每件120张,中号每件170张,小号每件220张,约值145万元,工人不下四五千人。民国初年,“各庄营业,犹与清季不相上下”①。近代以来,国外机器造纸品大量倾销,但是宣纸因为产品定位不同,所受威胁较小。在使用价值上,适用于中国书画的宣纸并不能被机制品取代,因此其发展还能“甚乐观”②。

徽墨产于徽州地区,创始人为南唐李超、李廷珪父子,距今已有千年历史。徽墨以松为基本原料,掺入20多种其他原料,经过点烟、和料、压磨、晾干、挫边、描金、装盒等工序精制而成。成品具有色泽黑润、坚而有光、经久不褪、防腐防蛀等特点。徽墨在国内外久享盛名。进入近代以后,绩溪胡开文墨店继起,在休宁、屯溪、歙县、安庆、汉口、上海、北京、天津、广东等地均设有支店,至20世纪初,胡开文墨店每年产值达15万元以上③,分店遍及各大城市,经营历百余年之久,成为国内有名的百年老店。在1915年的巴拿马国际博览会上,胡开文墨店的徽墨获得金质奖章。因为需要手工技能、在使用价值上具有独特性,徽墨较少受到机制品的威胁,所以继续保持了销路和发展。

① 彭泽益编:《中国近代手工业史资料(1840—1949)》第3卷,中华书局1962年版,第515页。
② 杨善基:《国货运动中之安徽纸业》,《安徽建设》第5号,1919年5月。
③ 参阅李德尚《近代安徽手工业研究》,安徽大学硕士学位论文,2011年。

宣笔、歙砚[①]与宣纸、徽墨一样，也因其制工考究、工艺严格，进入近代以后，得以继续保持一定销路。泾县生产的高档书画笔，除固定供应北京荣宝斋、上海朵云轩等名店外，还远销 20 多个省市。

2. 折扇业

扇子是引风用品，夏令必备之物。历来中国有“制扇王国”之称，中国扇文化有着深厚的文化底蕴。纱绫罗绢皆可为扇，江浙一带、广东嘉应最为有名。

杭州纸扇自古有名，尤以折扇为最，素有“杭州雅扇”之说，行销最广。清末杭州经营纸扇者总计有 50 多家，之后因为服装改变，电扇通行，扇业颇受影响，纷纷改业。民初仅存 14 家，全业之资本共计 26000 元。1931 年营业总数 158950 元，全年生产量 20 万柄，估计值 10 万余元，工人之数 200 余人。[②]杭州扇子自此与杭州丝绸、西湖龙井茶齐名，号称“杭州三绝”。杭扇以王星记扇子为代表，制作技艺精湛，扇面装饰优美。其中王星斋制作的黑纸扇，在意大利米兰、巴拿马和西湖万国博览会上屡次得奖，美名远扬，曾作为杭州特产进贡宫廷，因此，杭州黑纸扇又有“贡扇”之称。时至民国，杭扇有黑纸扇、檀香扇、白纸扇、象牙扇、女绢扇、戏曲扇、旅行扇、儿童扇等十几大类，几千种花色，品种繁多。最大达 3.3 尺，最小的只有 3 寸。其中以“三星”牌黑纸扇最为有名。它的扇面采用临安於潜桑皮纸、诸暨柿漆，经过大小 86 道工序精制而成。檀香扇的扇面和扇骨则用檀香木制成，扇存香存，保存十年八年，扇起来仍然清香阵阵。扇面书画，更是中国独特的艺术形式。一把普通的扇子，一经名人书画点染，便身价百倍，雅趣横生，使人爱不释手。浙江扇面艺术因此而非常发达，历代一些著名的书画家都为扇面艺术挥洒翰墨，留下不少不朽之作。其质料、雕刻及画工精美者，价格昂贵，有值数十至数百元一把者。

---

① 歙砚自乾隆四十二年（1777）后再未开采，其生产依靠民间收集的余料，难成气候。直到 20 世纪 60 年代初才恢复生产。

② 杨大金编：《现代中国实业志》上册，河南人民出版社 2017 年版，第 1160 页。

3. 毛笔业

浙江湖州素以产笔著名,不仅产额称盛,技艺尤为精良。主要产地位于县内善琏镇。该镇面积有限,居民亦不甚多,“然每年之产额甚巨;盖镇内居民不论男女长幼,十之八九均有制笔之技能,每年除春间从事蚕事外,其余农事不甚重视,皆赖制毛笔之技以谋生计”。除千余名工人在各毛笔厂内做工外,“其余均为散工,系由厂店领出毛笔原料回至自己家内制造,此类散工约占制笔业之大部分”。①

湖南笔业历史悠久,长沙彭三和笔庄开设百余年,招牌最老。湘省笔业全为手工业,从业者有七八千人,以湘阴为主要产地,人数最多;长沙次之,约有千人;宝庆又次之。笔工皆为男性,平均日工资3—4角,上等可得1元。每年营业额有五六百万元之谱,销路遍及国内各省及日本,“此在我国手工业中,亦足以自豪者”。民元以后,以一次大战期间生意为最佳,“迨至民国十年,笔工不事讲求,粗制滥作,营业遂转形衰落”。②

4. 挑花业

浙江永嘉家庭小工业素来发达,挑花业为永嘉所特有者。“其品以夏布为地,以丝线挑花于夏布之上,甚为美观。现有倚纹女工社经理其事,以夏布丝线发给各女工,在家工作,手巾台毯等出品,工细价昂,与刺绣相类似,每挑花一朵,约需工钱五六角或一元上下,每一台毯,挑花普通工资约需四五元。”③此外,湖南长沙、湖北黄梅等地乡村,在家中从事挑花的妇女为数甚多,产销有名。

5. 梳篦业

篦箕与木梳同为日常生活用品,为江苏武进之特产。梳之原料为黄杨木、石楠木、枣木、梨木等,篦箕原料为毛竹。武进一县有梳篦作场50余家,以此生活者2000余人,以真老卜恒顺梳篦店最为著名,其产品曾多次获国际博览会金奖,“白象”牌商标享誉海内外。老王大昌梳篦店则以质量上乘,不

① 《湖州之毛笔》,《经济半月刊》第2卷第4期,1928年2月。

② 《湖南毛笔业现状》,《实业部月刊》第2卷第6期,1937年6月。

③ 《温州劳工近况》,《中外经济周刊》第210号,1927年5月7日。

断推出新品种而著称。木梳各作场设备大致相似，工具有抽刀、挖刀、削刀等，完全为手工操作。一般木梳制作较为简单，截木成胚，锯片成齿，进而制脊、刮摩、润泽，使之光滑圆润，32 道工序多为工场中雇工为之，有的将部分工序外包加工。真老卜恒顺梳篦店等为保证产品质量，还将石楠、枣木及黄杨木梳板自然干燥 2—3 年，避免翘裂变形。篦之制造则须经 72 个步骤。从削竹为条，发交家庭分制，到抽丝、扣齿，多由家庭为之。1930 年前后，年产木梳 25 万只、篦 30 万件，行销国内各埠及日本、南洋各地，以沪汉平津粤为最大销场，年产值约 30 万元。虽经时代变迁，销数未见锐减。

6. 剪刀业

明末清初，安徽人张思家在杭州吴山开设“张大隆”剪刀作坊，所制剪刀质量上乘，生意格外兴隆，乾隆年间曾被列为贡品。因生意兴隆，招致同行冒名仿制，其子张小泉为帮助顾客区分真伪，在“张小泉”名下加上“近记”两字，视为正宗。晚清末年，张小泉以“海云浴日”注册。张小泉剪刀以选料讲究，镶钢均匀，磨工精细，锋利异常，式样精美，经久耐用而著称，大小尺寸不一，各适所用，有红藤或彩丝把手，并有镀镍者，皆作礼品之用，名扬海内外。民国时期，除“正大”“寅康”两家外，杭州 20 余家剪刀作坊皆以张小泉为记，而以“近记”为真。

7. 眼镜业

苏州眼镜生产历史悠久，专诸巷一带既是眼镜业的荟集之区，又是珠宝、玉器生产的集散地，三业合一成立有珠晶玉业工所，并设有专门的接洽业务的场所，各地客商应接不暇。随着苏州眼镜业声名远扬，北京打磨厂、天津估衣街、济南芙蓉街等著名眼镜销售地，均挂有“姑苏眼镜”招贴，以示正宗，招揽顾客。更有许多苏州眼镜匠人前往上海、北京、武汉、广州、郑州、西安、兰州等地设店开作。上海精益眼镜公司、兴华眼镜公司、“祥仁”“大茂”等眼镜店的创办人及多数员工都是苏州人。到 20 年代 30 年代初期，苏州眼镜业约有 26 家，水晶作 20 余家，以车片、磨光为主；钉铜作 30 余家，以制造小件和装配镜架为主。眼镜店则配合成件，装潢后出售。

(八)因地而异的金属品制造业

金属制品业分布在广大城乡,历史悠久,门类繁多,与人民大众的生产、生活关系密切。主要有铁锅、船作、钉、针、农具、锤具、刀剪等门类,亦多兼营。与土针受到洋针排挤最终消失类似,土钉也受到洋钉挤压。但船用钉、鞋钉等方柱钉非洋钉所能代替,故能继续生产。因利用洋铁加工便利,又有马口铁输入,故出现了一些新的金属品制造业,如日用容器、管筒等产品门类。晚清末年,主要沿江城市相继辟为通商口岸,轮船往来,市政发展,新式工厂陆续建立,铁器销路大开。到民国初年,各省金属制品厂坊年有创立,上海、武汉、无锡城乡各地已是铁铺林立,其中以1926—1930年开设最多。随着近代手工业的发展,工具机的生产和进口替代逐渐加快,对手工机械的发展也提出了更高需求。随着民国时期机器、邮电、运输等行业的发展,上海、武汉、南京等大中城市又出现了蓄电池、电池、电焊、电镀、喷漆、纽扣、证章等小型金属制品业。(见表1-24)

表1-24　20世纪30年代手工电器用具制造业户统计

单位:千元

营业种类	上海	南京	杭州	鄞县	余姚	永嘉	嘉兴	芜湖	南昌	长沙	邵阳	新化	汉口
电池电镀	93	5	10					8					4
电池				4	2	1	1		2	6	1	2	
产值	1394	30	59	100	19	2	17	11	3	30	5	4	190

资料来源:巫宝三主编《中国国民所得(一九三三年)》下册,中华书局1947年版,第47页。

1. 铁器铸造业

上海一带冶坊分大炉、小炉二种,大炉专铸铁锡,小炉铸汤罐、犁头等工具。大炉冶坊有专业师傅、领班、雇工20余人,以至八九十人;小冶坊最少也雇工18人,各有专业,以至有"一人肚子痛,十八人全停工"之说。原料兼用废铁及洋铁。一战结束后,许多冶坊改用电动马达鼓风,产品渐及工厂用具零配件。

在天津,19世纪末以前,只有制造日常用品的铁匠店,如锯条刀剪店、农器钉类店等。“迨十余年后,天津工业渐有趋盛之势,于是各种小件机器如织布机、挂面机、轧棉机、铅印机、抽水机等项,始需要日增。制造各种小件机器之厂日多,各厂之生意亦俱盛”[①]。

在浙江,鄞县铁行设立已有五六十年。自一战后,五金大涨,盈利颇丰,从此业者日益增多。制镬业为旧式工业,虽受到机器工业冲击,但至20世纪30年代初,仍有人和冶坊、协盛昌镬厂、仁和宣镬厂、万润镬厂等4家尚能维持生产,主要是承接铸造业务。其产品包括锅、犁头等,大多行销本县及附近各县。

湖南煤铁之利,自昔甲于天下,新化铁锅业素称发达,年交易额达百万两之多,远销长江流域内外。此外,宁乡黄材铁锅业曾盛极一时,在上海、汉口等口岸均设庄销售。商人设炉冶锅,分高炉、锅炉两种,“高炉炼矿成生板铁……一日夜率出生板铁十四五石,多至二十石,岁出三千石以上……地方财源以活……锅厂设于黄材附近元嘉山炭河里,凡十六家,炉二十七座……岁约出锅四万石以上,售洋可五十余万元。黄材锅业一时称盛,家世传之”[②]。

湖北江陵县五金制品业,历史悠久,产品繁多,民国时期以制作银、铜、铁、白铁制品为主。其中铁制用具为手工业传统产品,民国时期县内各乡镇有125家铁匠铺打制菜刀、火剪、斧头、铁钉等日常用品,尤以吴炳山所产剪刀、剃刀为佳。该县犁铧炉坊颇具规模,主要设备和工具有:化铁炉一座、风箱一至二口、石礁一副、犁铧泥模20—40副,其他产品泥模若干。所需原料主要是以旧换新及向荒货铺收购。惟技术保守,一般不传外人。做炉子、浇注铁水等技术活,均由业主掌握。开炉时临时雇工6—8人,一炉产犁铧300—480条,年产1万条左右。主要行销荆州各县。

为适应地区性的需要,这一时期的乡村冶坊大多能够根据各地区农民生

---

① 《天津工业之现状(再续)》,《中外经济周刊》第200号,1927年2月19日。

② 周震鳞修,刘宗向纂:《宁乡县志》,1941年活字本,“故事编·财用录·工业”,第2—3页。

产生活的特点和习惯,生产出不同规格、质量的产品。江苏作为粮棉生产大省,各地种植习惯差异很大,对于农具要求不一。因此,中小农具品种规格繁多,且具有鲜明的地方特色。如1918年射阳张启平创制的"张记"镰刀,1923年东台樊二创制的"鸣凤"牌镰刀,30年代吴江北库蔡龙宝创制的草吉,吴江章惠金创制的木梳式稻吉,铜山耿银亮创制的"耿"字牌官湖镰刀等,都各具特色,颇受当地农户欢迎。在湖北,浠水兰溪区炉坊业根据山地与平原等不同,生产同一用途的三种锄头——全钢锄、淋生锄和纯铁锄,目的在于适合不同土质、不同农作物及不同农产区域的需要。该省其他著名炉坊业产品还有:襄阳犁铧、黄陂马家湾犁铧、广济龙坪鼎罐、麻城三河锅、老河口孟楼"王王"牌镰刀等。其中黄陂县素称手艺之乡,能工巧匠众多,曹正兴菜刀、剃头刀和蔡家榨的剪刀,在国内享有盛誉。

其他小件铁器生产方面,这一时期大都仍为锻铁打制,只需红炉一盘,遍布城乡各地,且多为个体生产。如合肥铁器业匠铺,大都沿袭祖辈的红炉手艺,使用铁砧、大锤、风箱等工具,锻打小农具、匠作工具和生活日用品,如犁头、犁耳、钉耙、扬叉、锅铲、火钳、剪刀、菜刀、屠刀、炉底和建筑铁件等。通常是独资小本经营,前店后坊,一炉一户,一师一徒。每逢旺季,周边乡村的铁匠也流入合肥,将红炉和摊挑置于街头巷尾,走街串户,接揽生意。

2. 铜锡业

民国时期,部分地区铜器仍然盛行,不仅面盆、锁、帐钩、水壶、瓢和乐器等日常生活用品多用铜制,甚至火钳也有铜制的。宗教用品如蜡烛台、神灯、五福顶、菩萨亦多用铜制成,销行较远。武汉三镇打造铜器的手工业户有六七百户之多,从业者达六七千人。所制贡品和铜器雕刻,除行销长江流域及陕西、四川等地外,还行销西欧各国。在江浙地区,铜锡店多为合伙开办,各店一般附有作场,若店内不设作场,先要与铜锡作坊事先接洽,一旦接到订货,包给作坊制造。作场与作坊内设备十分简单,只有手摇钻、钳桌、铁槌、镕炉、锉刀、镕锅、铁墩等手工器具。如浙江铜锡业虽有衰退,但从业人数仍十分可观,主要集中在杭州、鄞县、永嘉、绍兴等地。铜锡器皿,种类繁多,铜锡器生产始终以手工为主。其中铜器产品主要有新提、花提、面盆、水烟筒、旱烟筒、打杓、菜货、杪锣、双光锣、茶炉、脚炉、香炉、痰盂、灯盏等。

锡的种类繁多,等级复杂,鉴别不易。锡器作产品主要有茶壶、酒壶、烛台、瓶、盘、罐、暖锅等。用料以紫铜、云白铜、点铜为上,黄铜次之。锡则以云南所产为佳,从高到低依次为黄锡、白锡、勾光、料锡、陶锡、响铅、青铅等类;各类又可分为次、中、上若干级。到20世纪30年代初,杭州仍有铜锡店157家,包括铜作、打叶作、铰链作、水烟筒作、旱烟筒作、小式作、痰盂作等,共有铜器工人1100余人,以杭绍两地之人占多数。

在南京,汉口铜器甚为流行,汉帮铜匠多在南京设坊,"所设作坊,以制造黄铜壶为多,以彼等所制铜壶,虽形势较拙,有经久不漏之特点,且皆制以厚质熟铜,颇甚耐用,故汉帮铜壶,在南京已占优胜地位"。汉帮铜匠制作的水烟袋,亦甚受欢迎。"南京各水烟袋店之店主,虽各籍皆有,至于匠人一项,仍以汉帮或宁人之师于汉帮匠人者为多。"①在湖南,零陵锡器以纯度高、制作精细而畅销有名。

锡箔为浙江特产,完全为手工制造,以锡和纸为原料。绍兴、宁波、杭州锡箔制造遍布城乡,仅箔作即达1100余家,用工2.4万人,褙纸户达12万人,多为农村妇女任之。箔庄采购滇锡,发交箔作,再转发打箔工人。箔作内设备十分简单,所有工具,只有锡、焙笼、浇锡锭片板、铁锤及平滑太湖石而已,资本皆在千元以下。打箔之工人,多在下城与箔作附近居住,许多领回锡锭在家打造。其工作分上间、中间、下间三部。此外,更有揭锭、扑粉、糊箔、砑光等各种工序,其中扑粉、糊箔、揭锭等项,多由童工、女工担任。而箔始为整张,再将整张裁为多张拣合成块,始可售卖。其名称有好细、的车、普车、双九等,多用于丧祭,每逢中元节销路最好。另有金银箔业,专制佛像、招牌字及国药丸剂等。

3. 五金白铁业

手工五金业在上海俗称"小五金",产品从风纪扣至银箔钢窗,门类甚广,素称发达。全业大致依产品分为十五六类1600余家。其中与建筑工程相关

---

① 《南京各种铜器作坊之概况》,转引自彭泽益《中国近代手工业史资料(1840—1949)》第3卷,中华书局1962年版,第227页。

的计有铜铁锁、铰链、油毛毡三类产品。以铜铁锁为例,最初为舶来品,1915年后,沪市厂商开始仿制,初则技术幼稚,后经逐步改善,仅能实现产销平衡,生产规模十分有限,主要销往华北、华南、西北等地。

在杭州,五金业专门运售洋锁,以及建筑、家具上所需铜铁制零件。另外还制售刀、匙、铲、勺等厨房用具,而以铁钉、玻璃为主要业务,亦有兼营镜框、铁丝网、船链、火炉等产品者。随着白铁使用日趋广泛,白铁业获得较快发展,主要承建房屋的承水漏管、屋顶天窗、火炉烟囱,并制售水壶、铁箱、酒器、缸盖,兼作焊补修理。

在苏州,手工业店坊遍布大街小巷,行业众多,用途各异。其中日用小五金是手工业中最大的行业,以生产铜器、锡器和铁制小件产品为主,品种多、手艺精,货真价实,名扬四方。有所谓"破虽破,还是苏州货"之说。阊门河沿街一带素有"小五金街"之称,作坊接踵,榔头叮当。此间,张昌记、张云记剪刀,王大房、林天兴的刀具,谢春山、郭大兴的匠作工具等,皆因做工精细,合适耐用,钢火纯青,风靡江南一带。

在安徽,"芜湖三刀"即菜刀、剪刀、剃刀畅销有名。其中芜湖菜刀背厚膛薄,寸钢寸火,青钢白铁,刀口锋利。芜湖剪刀则品种多样,式样美观,轻快适用,尤以"硬剪铜皮不卷口,软剪丝绸不打滑"的特色著称,曾获巴拿马国际博览会奖章。其银圆剪刀,似银圆般大小,适宜剪花、剪线等细活,且小巧玲珑,便于携带。芜湖剃刀以王福兴老店所产最为有名。

在台湾,清末至日本殖民台湾初期,台南市金匠聚集的著名产业区域是"打银街"。日本殖民台湾初期"打银街"上的金匠共19人。曾经在"打银街"从业过的金匠人数共134人,其中以台湾人最多,占当时从业金匠总人口数的92%;日本与大陆金匠仅占总数的8%。这也说明"打银街"的台南传统金匠是促成"打银街"产业街区繁荣的重要因素。[①]

此外,白铁店、铜匠店、锡匠店等遍布城乡。白铁业以洋铁皮为原材料,

① 陈怡君、邱上嘉,"The Study on the Scope of the 'Silver Molding Street' and the Context of the Goldsmiths in Tainan City at the Preliminary Period of Japanese Colonization", *Architecture Science*, 2017(16), pp. 19-40.

辅以传统手工技能，是以进口原材料为基础发展起来的新型手工业。在浙江，杭州剪刀业百年之前即已大盛，以张小泉最为著名。其他剪刀店号遂多借张小泉之名，以谋营业之发达。该地剪刀业 64 家店分为剪作、刀作、镀镍厂三类，均为独资。大多附设作场，资本在 200—6000 元之间不等，工人工资以件计酬。所用原料，毛铁产自湖北，钢产自福建，剪刀用钢为舶来品，镀镍原料产于德国，全年生产剪刀约 7 万把，分为六号，大号每把 0.48 元。

(九)手工采掘业的分散化经营

中国手工采掘业以中国丰富的自然资源为采掘对象，历史悠久，区域分布广泛。与其他行业不同，近代中国手工采掘业最大的特色，就是它与机器采掘业之间异常紧密的关系。我国的机器采掘业几乎全部都是从手工采掘的土窑上发展起来的，手工采掘与机器采掘之间的过渡关系至为明显。有学者提出，手工采煤业的变化，实际上并不是机械采煤排挤土窑的结果，而是土窑逐步向机械采煤过渡的结果。[①] 民初煤矿手工采掘的绝对量长期保持不变，经常维持在 600 万吨的水平。铁矿也是如此，一直保持在 50 万余吨，1926 年后开始有所增长。[②] 在各资源矿藏中，除煤、铁矿开采实现了近代化变迁外，其余各资源矿藏均停留在手工采掘状态，几乎纯为手工业。

各矿藏大多蕴藏丰富，开采历史悠久，其中以湖南之水口山铅锌矿，湖北石灰窑之煤矿，大冶之铁矿，应城之石膏矿，江西之钨锡矿，安徽淮南、淮北之煤矿，最为著名。民国初年，少数大矿虽在排水、通风、提升、洗矿等环节陆续使用机器，但井下采掘等其他生产环节仍依靠人力或畜力。至于为数众多的土法开采之小矿，井上井下之工作皆全赖人力，矿山附近农户大都依此为生。

湖南是中国南方著名的有色金属大省，矿产之富，自昔甲于天下。因省内山多田少，无田少地的农户，每赖采矿以谋衣食。煤铁及各种金属矿"所在多有"，每岁利入不赀，以故湘省富饶，自昔已著，小民家给人足，易于谋生，多得益于擅煤铁之利。北洋军阀统治时期，袁世凯曾企图将萍乡煤矿开采权卖

---

① 许涤新、吴承明主编：《中国资本主义发展史》第 2 卷，人民出版社 2003 年版，第 964—965 页。

② 许涤新、吴承明主编：《中国资本主义发展史》第 2 卷，人民出版社 2003 年版，第 964、966 页。

给日本人,但未成功。一战期间,受到国际市场各种矿产价格飞涨的影响,湖南矿业畸形发展。萍乡每日产煤曾达到3000吨,经株洲运往武汉,采煤工人最多时有17000余人。[①] 1916年全省新增各类矿场达8000家以上,包括季节性雇工在内,矿工多达16万人以上。由于纯锑价格由每吨146元猛涨至1800元,当年全省新增锑矿和炼厂146家。其中既有采用西法炼锑的华昌公司,也有另造土炉者,"因其成本过轻,西法炼锑公司遂未能与之争衡……土法冶炼生锑之法,颇为简单。法将煮砂罐与受锑罐套配置于炉内,炉作长方形,每座可置四套……碎砂盛于煮砂罐中,每罐容砂约六十斤。将罐口封闭,熔炼二小时半,液质生锑,流入受砂罐,渐聚至满,然后侧入模形,铸成锑块,每块重约十六磅"[②]。1914年到1918年,湖南全省产锑10—18万吨,占世界锑产量的80%和全国锑产量的90%以上,出口总值2487余万关平两。同期,生产铅砂、锌砂15.13万吨,年均3万余吨,比大战前最高年产量增长1.3倍以上。其中水口山1916年生产铅砂9680吨,锌砂2.81万吨,年收入600余万两。其他如锰、钨、黄金、硫黄的产量,均有大幅增长。总计全省矿产品出口值从1912年的2.89万关平两,猛增至1916年的1054余万关平两,增长了364倍;矿产品在全省出口总值中的比重从3.30%,猛增至58.1%,其中锑、铅、锌、砷、硫黄产量均位居全国第一位。

一战结束后,湖南矿业一落千丈。由于各种矿产价格陡落,大批矿场倒闭,一片萧条,数以千计的矿工靠洗野砂谋生。据1923年《中国年鉴》统计,36家湖南矿商共有资本121万余两,其中30万两以上仅有1家,10万两以上者1家,1万两以上者13家,其余21家均在1万两以下。由于资金不足,难以采用先进生产技术,虽名为公司厂矿,实际生产技术大多仍停留在手工操作、土法开采阶段,生产环境异常恶劣。多数坑道只有3尺高、2尺宽,靠人弯腰躬背泡在水中拖拉,匍匐蛇行。坑道积水则依靠竹筒或水车抽取,为此只

① 参阅傅媛媛《清末至民国赣西北地区手工业的发展与地域社会》,江西师范大学硕士学位论文,2009年。

② 实业部中国经济年鉴编纂委员会编:《中国经济年鉴》第3编(上),商务印书馆1936年版,第十二章"工业",第53页。

能在冬季开工。因缺乏通风设备,只能依靠原始的风箱或人工踩风扇。直到20世纪20年代后期,矿山生产才逐渐有所恢复。

江西矿产富饶,民国时期已发现及开采的金属与非金属矿达20余种,遍布50余县。尤以自萍乡经丰城至上饶、横贯全省中部各县的煤矿,自星子、浮梁、上饶至临川的瓷土矿,以及分布在赣南各县之钨锡等矿,驰名中外。其中钨矿产额占全国总产量的90%,世界产量的50%以上。江西除萍乡煤矿在清末已进行较大规模开采外,钨锡等矿开发较迟。一次大战期间,钨砂价格飞涨,乡人争相采运,自由开掘,矿商自由运销,附近土民采矿者几达万余人。营业骤然发展,一时收砂营运者,如蚁趋膻,设立牌号,组织公司,竞争贩运,一任民工自由开掘,产销既无统制,砂价复被洋商操纵。"至欧战结束,市场乃一落千丈"①。各钨商亏累不堪,而土民之采矿依旧。1921年后,钨价渐增,萧业又复大振,但因土民积砂多而纷纷贱售。鉴于以往私人采掘,人力、财力不足,设备简陋异常,纯为手工土法采掘,产量十分有限,1927年,江西开始招商承包,其后收归官办未果。

锡矿与钨共生,故赣南产钨各县,如大余、上犹、于都、赣县、南康、崇义均产之,年产千余吨。由于雇用农村劳工比使用机器大大减省费用,加之赣南钨锡矿均产于地壳表层,无须深挖,故当地矿商无不放弃使用机器,依靠人工,使用炸药进行土法开采。故江西每年成万吨钨砂,均赖人工以铁锤采出或用水冲出。赣南采矿工人多来自农村,或弃田开矿,或作副业,待农忙归田。以南康籍最多,省外以湖南人最多,故采矿者分为南康帮、于都帮、信来帮、湖南帮等六帮。帮与帮之间极为隔阂,每因争夺隧洞或水源而械斗。采矿工人皆为自由组合,矿商素不过问,采得之砂即售予公司。工人或三四人为一组,或十余人为一组,每组住棚一个,井口一个或两个。也有以家长当棚主,全家男女老少均参与工作。其组织制度或为合伙制,盈亏分担;或数人合伙,其余为雇工;或一人为雇主,其余皆为雇工。雇工每日工资自二毫至三四毫不等,伙食归主人供给,如主人赢利较多,间有分红利给雇工者。但投资矿

---

① 江西省社会科学院历史研究所编:《江西近代工矿史资料选编》,江西人民出版社1989年版,第385页。

业风险极大,如出砂不能如预期,往往亏累甚巨,负债潜逃者比比皆是。矿上工人为雇工者较少,合伙者较多。当雇工者采矿技术必须精良,始有人雇用,合伙工人技术较差,每日进款反不及雇工。每年自正月至六月因井内水量较大,工作艰难,且有回家耕种者,故多关井。自七月至年终为工作极盛时期,上工人数在2000名左右。“此地工人大半来自田间,毫无采矿经验,是以凿井采矿方法甚为简陋。”①矿工清晨携带铁锤、钢条等工具进入隧洞采掘,家中妇女则锤砂和洗砂,小孩拾砂,全家都参加劳动方能维持生活。

在安徽,淮南煤炭蕴藏丰富。清末,寿春镇杜兴远、徐世忠等人先后筹资在淮南大通开矿,均未获成功。民国初年,怀远商人凌艮臣、杨耀南、段书云等创办大通煤矿合记公司,使用土法进行开采。从烈山煤矿招募较有经验的工人约300名,在旧矿基础上重新掘进。不久出煤,且质量上乘。因周边农村皆以柴草为燃料,用煤极少,必须运往蚌埠等城镇销售。运输方法为骡马驮、大车推和人力装卸。嗣经追加投资,改进开采方法,生产蒸蒸日上。

在湖北,省内大型煤矿较少,但民营小矿星罗棋布。矿区密集之处,首推大冶石灰窑一带。所产无烟煤,俗呼“柴煤”,为饮薪之佳品。因矿区邻近武汉市场,运输销售之利,无与伦比,“故重要民矿多数在焉”②。此外,如荆门民营小煤矿,资本最多者3000元,仅有1家,每日雇工34人,每月产煤25吨。其他8家资本均在300元以下,雇工3—15人不等,每月工钱14—16元。金矿方面,崇阳、通城、宜昌、宜都、襄阳等地乡间都有少量开采,均为土法淘金,且多在冬季进行。“一则以冬季农闲,即以淘金作为副业,一则以冬季江水降落,含金沙滩得以露出。也有终年淘取者。”③由于缺乏资金,乡民淘金均为手工操作,工具原始,技术不精,所获甚微。主要工具有床、窝、斗、锄、筐、绳等,为图吉利,各种工具名称前均加上“金”字,乡人采得毛金,一般多以时价售与

① 江西省社会科学院历史研究所编:《江西近代工矿史资料选编》,江西人民出版社1989年版,第420—421页。

② 湖北省政府建设厅编:《湖北建设最近概况》,1933年,“矿政”,第22页。

③ 《湖北省建设厅矿产简报》,1936年,转引自朱建中编《湖北钢铁工业百年》,湖北人民出版社2014年版,第32页。

炼金炉商,以吹管方法炼成较纯之金条,再转售于汉口、宜昌各埠。

这一时期,湖北应城石膏业得到较快的发展。近代我国石膏产区,主要有湖北应城、湖南湘潭、山西平陆和阳曲、广东钦县、陕西临潼、甘肃皋兰和永登、江苏萧县(今属安徽)、安徽贵池和休宁,另外四川、云南、贵州、新疆、青海等地亦有。其中,"惟其膏厂之丰厚,膏质之优越,生业之饶裕,则当推湖北应城首屈一指。近年生产量应城一隅要占全国生产总额六分之五以上,则吾国之石膏生产,即应城石膏之生产矣"①。应城石膏矿以纤维石膏为主,是国内超大型的纤维石膏矿,储量占全国纤维石膏储量的85%。② 因资源丰富,矿品优良,不但独占国内市场,且能销往海外。尤其是汉口开埠后,应城石膏不仅销往国内的上海、南京、芜湖、镇江、宁波及湖北各地,还远销日本,主要用于日本陶器生产。进入民国以后,水泥业的发展对石膏原料提出了大量需求,加之采膏制盐可获双利,故投资凿井者不断增多。应城石膏业乘势而起,迎来了发展的黄金期。在1912—1922年,年均产量94356吨,其中1917年达到131472吨,为整个近代时期的最高值。一战以后,国外石膏再次倾销中国,加上湖北石膏公司和石膏专卖局与民争利,对应城石膏限产统收,压低收价,导致这一时期石膏业发展停滞不前,年均产量近46921吨,是民初十年的一半左右。③

石膏采掘异常艰苦,纯属重体力劳动。井下巷道狭窄低矮,最宽处约1米,最高处约1.5米,采膏工作面高度仅0.6米。工种分为锤工、拖工、抬工、天洞工等。锤工凿膏,操作时侧卧巷内,抡锤击凿取膏。拖工多用童工,由其在工作面爬行,将石膏拖往抬巷,交给抬工。抬工须偏头斜肩,将石膏抬往巷口,由天洞工提升至地面。工人下井时间多在两三个月以上,吃住在井下。到1925年,全县已有井洞250对,1929年经汉口运出石膏9.5万吨。

手工采掘业中的另一个大类行业是井盐业,因该行业在1910年后陆续实现机械提卤,是手工业近代化变迁的典型,故放在本书第一卷论述,此处略去。

---

① 刘阶平:《我国最近之石膏业》,《国闻周报》第14卷第12期,1937年3月29日。

② 朱木森主编:《应城膏盐史话》,(香港)中国文化出版社2011年版,第11页。

③ 参阅马佳《近代应城膏盐矿业研究(1853—1949)》,华中师范大学硕士学位论文,2014年。

第二章 全民族抗战前十年手工业的繁兴与危机

1927 至 1937 年为全民族抗战爆发前的十年。[①] 由于现有研究成果对这一时期中国经济发展的整体性研究不足,从不同区域、不同行业的研究中得出的认识多有不一,进而形成了"经济破产"与"旧中国经济增长最快的时期"之间的观点反差。传统观点曾认为这一时期是经济停滞甚至倒退的时期。他们认为,中国经济在第一次世界大战期间达到了最高点,往后便"丧失发展前途",走下坡路了;到了 1927—1937 年,中国民族工业更是陷入了"破产、半破产"的深渊。[②] 随着学界研究的深入,这一观点逐渐得到了修正,现有研究表明"人均产出的持续增长,成为 20 世纪最初几十年中国经济的基本特征"[③]。于是,以中国台湾学者秦孝仪为代表的一批学者提出了"黄金十年"之说[④],王玉茹

① 1927—1937 年为全民族抗战爆发前的十年,本章主要探讨这十年的手工业发展状况,但碍于史料和上下文论述的方便,有时也会适当向前追溯或向后扩展,并不严格局限在此时间范围内。

② 朱坚贞:《应重新评价 1927—1937 年的国统区工业经济》,《经济科学》1988 年第 4 期。

③ [美]托马斯·罗斯基:《战前中国经济的增长》,唐巧天等译,浙江大学出版社 2009 年版,第 335 页。

④ 秦孝仪在他主编的《中华民国经济发展史》中最早将 1927—1937 年的十年称为"黄金十年",之后续有学者接受并借用了这一观点。从对这一时期"经济停滞论"进行调整的角度来看,"黄金十年"的说法肯定了这十年间中国经济的发展,但是过犹不及,1927—1937 年中国经济的发展并不"黄金"。相关讨论可参阅李金铮《20 年来中国近代乡村经济史研究的新探索》,《历史研究》2003 年第 4 期;翁有为《民国时期的农村与农民(1927—1937)——以赋税与灾荒为研究视角》,《中国社会科学》2018 年第 7 期。

等学者也提出了相似的观点，认为这一时期是“旧中国经济增长最快的时期”①。

1927年以后，中国手工业经济进入到了一个转折时期。一方面，手工业经济的绝对值继续上升，并在1937年左右达到顶峰；另一方面，手工业经济的增长逐渐变缓，在国民经济中的比重持续下降。在这一时期，中国制造业总产值中，手工业仍占70%强。② 也是在这一时期，手工制造业的产值基本处于波峰状态，并在1937年前后达到了1840—1949年间的最高值。新中国成立以后，中央手工业管理局曾把1949年前中国手工制造业产值的最高值定在1936年；海关的手工业品出口和国内转口贸易统计，则以1930年和1932年为最高年；还有学者提出1937年上半年中国经济达到民国时期的高峰。不管哪一年是最高年，中国手工业经济在这十年间逐渐达到了1949年前的最高峰，是一个事实。这一观点的转变，更提醒我们注意，在国内外政治形势和市场状况都发生剧烈变化的情况下，中国经济尤其是居于中坚地位的手工业经济是如何克服阻碍继续保持发展的。

第一节　国内外形势与手工业市场的畸变

承认全民族抗战前十年中国手工业经济处于波峰时期，并不等于说国内外环境的变化对手工业经济没有影响或者影响很弱。相反，我们十分肯定，中国手工业经济非常容易受到各种内外部环境的影响，其中有些影响对手工业经济甚至是决定性的，如军阀、兵匪、局部政治格局演变等。与前一时期相比，全民族抗战前十年的主要特征之一，就是外部环境对中国手工业经济的影响越来越大。1931年东北沦陷对许多手工业行业都产生了巨大的影响，东北市场与关内手工业之间的联系几乎完全中断，如以东北大豆为原料的酱油业大受影响。1929—1933年的资本主义世界经济危机对中国经济的打击更

① 王玉茹：《论两次世界大战之间中国经济的发展》，《中国经济史研究》1987年第2期。

② 许涤新、吴承明主编：《中国资本主义发展史》第3卷，人民出版社2003年版，第187页。

是沉重而深远。在这一背景下,国内战争则更加直接地打断了当地手工业的正常发展,阻碍了手工业品的国内流通。

一、全民族抗战前十年中国手工业经济的发展概况

全民族抗战前十年,在政治动荡和国际环境变化的总体形势下,中国手工业经济可谓处于跌宕起伏的市场环境中。据估计,1920年手工制造业产品的商品值为29.75亿元,1936年的当年价格商品值为43.86亿元,可比价格为36.34亿元。[①] 从1920年到1936年,手工制造业产品商品值的绝对值增长了47.43%,剔除物价上涨因素,增长了22.15%,年均增长率1.26%。相对于国内市场全部商品值的增长率2.7%而言,手工制造业产品的增长率偏低。同时,手工制造业产品在全部商品中的比重从32.2%下降到26.1%。

1927—1937年,中国制成品(包括半制成品)的出口开始明显下降。在这一时期,中国对外贸易额出现了显著下降,1931—1936年的贸易总值与1921—1930年相比,按美元计算,降低了58.3%之多。[②] 制成品(包括半制成品)在出口中的比重,从1925年的52.7%,下降到1936年的39.5%。[③] 造成这种下降有三个重要因素:一是国际需求端的不稳定;二是从1932年开始,东北地区不再被纳入中国对外贸易统计中;三是抵货运动以及随之而来的国内贸易的发展。据郑友揆的统计,从1913年到1936年,在全国贸易总值中,进口所占比重从49.6%下降到33.1%,出口比重从35.1%下降到24.8%,而与之对应的则是国内埠际贸易的大规模增长,其比重从15.3%上升到42.1%,增长了近1.75倍。[④] 国内贸易量的增加,使更多制成品(包括非制成品)在国内被消费。

---

① 相关数据参阅许涤新、吴承明主编《中国资本主义发展史》第3卷,人民出版社2003年版,第227页,表2-50"国内市场商品值估计(1920、1936年)"。

② 郑友揆:《中国的对外贸易和工业发展(1840—1948)》,程麟荪译,上海社会科学院出版社1984年版,第266页。

③ 根据郑友揆《中国的对外贸易和工业发展(1840—1948)》,程麟荪译,上海社会科学院出版社1984年版,第45页,表13B"按经济类别划分的出口商品"计算。

④ 郑友揆:《中国的对外贸易和工业发展(1840—1948)》,程麟荪译,上海社会科学院出版社1984年版,第47页。

手工业发展速度降低，既与国内外环境的变化有关，又与手工业经济自身的演变有莫大关系。一方面，在中国工业化进一步发展的背景下，部分工场手工业改用机器动力，从而加入了机器工业的行列。与此相应，部分手工业产品进一步为机制品取代。同时，这十年间的工场手工业仍有较大发展，估计到1936年，产值达到19.6亿元，占全部手工制造业产值的30.6%，与全部新式工业产值比，为41比59。[①]

在国内外政治形势和市场状况都发生剧烈变化的情况下，中国手工业经济能够克服阻碍继续保持发展，足见其生命力和活力。从积极方面来说，这凸显了中国手工业经济门类繁多、出产丰富的优势，可以满足多样化的国际市场的需求，尤其是可以适应世界市场不同时期的新需求。为适应世界市场上不断出现的新需求，一些之前并不引人注目的手工业门类往往异军突起，成为重要的出口商品。如大豆、籽仁、猪鬃在这一时期的出口贸易中显露头角，成为大宗商品。从消极方面来说，则体现了中国手工业经济的不稳定性，一直处在一种被动的发展模式当中。因为中国手工业生产绝大多数仍然处于个体生产阶段，生产与流通的联系并不紧密，出口贸易被掌握在洋行手中。洋行不用参与生产流程，也不愿为生产者增加产量和改进质量提供外部支持和资金，它们的目的仅仅是根据世界市场的需要搜罗出口商品，并从每一笔交易中获取中国市场与世界市场之间的差价而已。国际需求剧烈变动引致的出口值波动，使中国手工业者的生产受到了极大的影响。又因为市场信息传递速度和手工业者自身力量的弱小等因素，在市场萧条时不能及时减少生产，进而承受了沉重的经济损失。

在国际需求变动的影响下，这一时期中国手工业经济主要的出口商品在国际市场上的地位不断丧失，出口值剧烈波动，给国内生产者带来了极为深重的影响。其中尤以生丝这项中国手工业经济中的大宗出口商品最为典型。19世纪90年代以后，丝及丝织品开始取代茶叶的地位，成为中国最主要的出口商品，约占出口总值的1/3。但到20世纪30年代初期，由于日本丝和日产

---

① 许涤新、吴承明主编：《中国资本主义发展史》第3卷，人民出版社2003年版，第8页。

人造丝在国际市场上的竞争,以及世界丝市场萎缩的影响,中国丝及丝织品的出口大为减少,到1936年仅占总出口值的7.8%,绝对值也比大萧条前减少了3/4。[①]

二、东北沦陷对关内手工业经济的打击

日俄战争后,中国的东北就开始处于日本的"势力范围"之下。1931年前,东北地区进口商品中55%—65%来自日本,出口产品中35%—60%输往日本[②],足见日本帝国主义对中国东北市场的侵占和掠夺之深。1931年,日本帝国主义悍然发动了九一八事变。由于国民党政府的妥协退让,日本帝国主义轻而易举地占领了东北和热河地区,炮制了伪满洲国,继而建立了伪"蒙古军政府",实施"华北政权特殊化",并妄图建立"华北国"。东北和内蒙古在中国国民经济中占有极为重要的地位,尤其是东北面积占全国领土的1/10,拥有3000多万人口,是我国工农业生产、交通运输和对外贸易较为发达的地区。在近代中国的对外贸易中,东北是历史上中国唯一的贸易出超地区,每年出超数千万至1亿余关两,1931年出超近1.7亿海关两,关内的贸易逆差赖以挹注。[③] 东北巨大的外贸出超,形成了对关内商品的巨大购买力。但是,在日本占领东北并建立伪满洲国傀儡政权后,日本在该地区的贸易势力就具有了排他性。据统计,1936年东北地区进口总值为64400万元(或40500万关两),其中53500万元来自日本,在进口总值中的比重高达83%;出口商品总额中,也有59%输往日本。[④] 东北沦陷意味着中国市场中一股巨大购买力的突然消失,对关内手工业经济形成了巨大打击。

日本侵华也对关内手工业经济造成了很大打击。如,吴兴生丝出口量与

① 郑友揆:《中国的对外贸易和工业发展(1840—1948)》,程麟荪译,上海社会科学院出版社1984年版,第269页。

② 郑友揆:《中国的对外贸易和工业发展(1840—1948)》,程麟荪译,上海社会科学院出版社1984年版,第58页。

③ 许涤新、吴承明主编:《中国资本主义发展史》第3卷,人民出版社2003年版,第25页。

④ 郑友揆:《中国的对外贸易和工业发展(1840—1948)》,程麟荪译,上海社会科学院出版社1984年版,第59页。

出口值自1930年后急剧下降,绝不是偶然的,因为"二十年(1931)自内经九一八之变,外受世界1929年经济恐慌之影响,内销外销,俱形迟滞,价格每担跌至七百元以下。迨至二十三年,承历年衰败余势,论产量只一百余担,论价格仅四五百元"①。1932年日本发动的"一·二八事变"也打击了江南农村中的丝织业生产,"淞沪之役发生,濮镇绸销益为阻滞,存货囤积,以致机织停歇,丝行绸庄亏蚀,相继倒闭者过半"②。再如湖南制笔业,"因日本市场大受打击,且向视为尾闾之东三省,销路亦断,所业大蹙,时笔业工人,失业者渐多,几占全数十之三四"③。

其中,东北沦陷对关内手工业经济的影响,以土布业最巨。九一八事变后,伪满洲国成立。在日本授意下,伪满洲国对关内产品征收重税,对日货则实行免税进口,"向例土布一包征税国币四元,自'满洲国'成立后,土布入口每包须征税九元零,每包计装四十匹,每匹纳税三角二分,昔年销于东北者,每年统计约有万包左右,本年(1932)虽有销去,然仅十分之二"④。又据《上海周报》记载,九一八事变后,"日人又在东省对于进口货特别提高税率,以实行其倾销日货之阴谋。过去土布之运往东北者,每包纳税银七两,今则增至二十七两以上,即便战事平靖,海运可通,而本地土布,以税率关系,亦无法销售"⑤。对宝坻土布,"伪满洲国于二十二年(1933)征收宝坻布进口税,每包(34至40匹)抽洋十七元五角五,宽城县又加征印花税每包洋四元,合计每匹布须增成本五角二分,而日商复以质良税低之布匹相竞争,于是宝坻布更无销路矣"⑥。东北是近代乡村手织布的主要市场,在高税率影响下,乡村织布业——这个半工业化现象存在的主要行业受到了沉重打击。"东北沦陷,在工业上亦为重大损失。……即以纺织论,关内土布之输入东北者,年在十

---

① 中国经济统计研究所编:《吴兴农村经济》,1939年,第12页。

② 《浙江濮院镇之丝绸业》,《工商半月刊》第6卷第14号,1934年7月。

③ 《湖南毛笔业现状》,《实业部月刊》第2卷第6期,1937年6月。

④ 《土布业濒于绝境》,《国际贸易导报》第5卷第8号,1933年8月。

⑤ 徐新吾主编:《江南土布史》,上海社会科学院出版社1992年版,第297页。

⑥ 方显廷、毕相辉:《由宝坻手织工业观察工业制度之演变》,《政治经济学报》第4卷第2期,1936年1月。

万担以上。大连一埠,于民国十八年,进口三万七千担,十九年犹二万九千担,迨二十年已为一万六千担,以后尤少。因而河北之高阳、定县、玉田、清丰,江苏之南通、常熟等县布业,大为衰落,其影响涉及到棉纺业。"[①]江苏"各县各种布匹之行销东三省者,为数极巨,自'九·一八'事变以后,其所受损失,更不可计矣"[②]。

东北沦陷也直接影响了通海土布和高阳土布在东三省的行销。东三省人口虽然只有3000万左右,只占全国人口不到8%的比重,看似市场不算大,但该地冬季漫长且气温低,民众衣被需求量十分庞大,东三省因此也成为通海土布和高阳土布最重要的销售地之一。其中,通海土布的兴起和发展与东三省市场息息相关:

> 东北三省对于通海土布的消费,远自清初关内外交通畅达前,即已萌芽。一由于山东帮人富有经营商业的传统性,无远不届,特别是青岛、烟台的商贩,北至大连、营口等处,早就渗入了市场,占有了立足地,更由于东北气候寒冷……故山东客商所运去的通海棉花与土布,无不受到欢迎。即便价值较高一些,比之当地出产的皮货,还是低廉,为一般劳动人民所乐于购用,就此扎定脚跟,有了信用。同时也鼓舞着贩运兴趣,起了促进作用。通海土布的织造,因此发展,改为尺套,并建立鼎茂、天茂、天和等牌名,随着时间与空间的发展变化,改从上海大批出口北运,提高了效能,侧重于衣被的需要,得到更多的发展。[③]

可见东三省市场对通海土布的重要性。南通土布历史悠久,通海大尺布等完全是手工织品,"最盛时,信誉最好之德记布庄,营业额年达一百五十万元,全县之营业额约为其二十五倍,当在四千万元左右"[④]。但是,由于日本

① 刘荫茀:《经济恐慌中救济中国工业之刍论》,《中国实业》第1卷第6期,1935年6月。
② 实业部国际贸易局编:《中国实业志(江苏省)》,1933年,第八编"工业",第97页。
③ 林举百:《近代南通土布史》,南京大学学报编辑部,1984年,第114页。
④ 彭泽益编:《中国近代手工业史资料(1840—1949)》第4卷,中华书局1962年版,第119页。

扶植下的伪满洲国对国货实行高税率,“商人只有放弃国货,从此大尺布也就置之脑后,号帮、散帮,更属无可经营,帆船亦俱停驶,驻客陆续结束回南”①。因此,通海土布销量大减,“在九一八以前,仅南通一地每年销售量约五百五十万包,其中关庄布所销在三百万匹以上,京庄所销约六十余万匹,县庄所销约一百五十余万匹,通海布在昔日几乎独霸了东三省的棉布市场,其后日本洋布逐渐侵入夺去了一部分势力,但商人勉力维持,尚且苟延。……自从九一八以后,东三省被暴日夺去,关庄的命运也就从此了结”②。年营业额在4000万元左右的南通乡村织布业,“惟二十年(1931年)之后,关庄布销路大受影响,大规模之布庄多行歇闭”③。受此影响,土布生产户也陷入困境,此前南通当地农户半赖织布为生者占54%,全赖织布为生者达38%。“在昔土布盛销之年,八口之家,温饱有余,近则销路减半,售价低落,农民收入式微,几不足以维持生活。”④

高阳布业也遭遇了类似境遇。高阳织布业曾于1919年在吉林、哈尔滨设立分庄,1926年又相继开设了奉天、辽宁、吉林、长春等分庄,但是东北市场的丧失在很大程度上打击了高阳土布业的健康发展,“东三省市场随九一八事变而丧失,我们要知道东三省是近年高阳布最有希望的市场,在沈阳、哈尔滨有高阳布商的销货分庄,销额年有增加,乃自二十年九一八事变以来,东三省局面已完全改变,重征税捐,国产布匹,几无法输入矣”⑤。高阳土布业在原料市场上所受的冲击也很大,九一八事变后,“日商纱厂,猛将存纱在市场倾销,纱价猛跌,甚至一月之中,每包价可有数十元的涨落,风浪蹈天,使高阳布线商人,经营上颇感棘手。……棉纱落价,布价自然也看低而跟着落价,所以不论织卖货的农户,以小本经营而赔累不堪,无法继续,就是商家也惊心动魄,多持观望态度,不敢进货,稍一不慎,就有覆灭之虞。……布商处此境遇,

① 林举百:《近代南通土布史》,南京大学学报编辑部,1984年,第144页。

② 王子建:《中国土布业之前途》,见千家驹编《中国农村经济论文集》,中华书局1936年版,第134—135页。

③ 蒋庚霖:《南通附近农村经济之面面观》,《中国经济》第2卷第8期,1944年8月。

④ 童润夫:《南通土布业概况及其改革方案》,《棉业月刊》第1卷第2期,1937年2月。

⑤ 吴知:《乡村织布工业的一个研究》,商务印书馆1936年版,第266页。

自然只有竭力收缩营业,收缩或竟停止撤机的,比比皆是"①。可见,九一八事变、东北沦陷在原料和产品销售市场上对高阳织布业产生了沉重打击。

宝坻土布业也未能幸免于难。"九一八事变以后,华北局势,瞬息万变,宝坻布业乃入于衰落。九一八事变后不久,即有天津事变,二十二年(1933)日军据山海关,继又侵陷热河,而有长城各口及滦东之战,终至塘沽协定,结盟城下。凡此种种事实之演变,咸影响于宝坻布业之市场,益以金融紊乱,人心恐慌,群皆慑于祸至无日,一切营业皆趋停顿……宝坻布业本不能与外来机制布匹竞争,屡经变乱之后,旧有顾客,亦尽皆散去,不能再恃廉价维持,河北本省以及热河东北市场,乃同趋于衰落",其中,热河市场的布匹销量由1923年高峰时的3302693匹下降到1933年时的706620匹,减少79%,"于是乃有自携布匹,与柳筐尘帚以俱,前往市集求售者,有重返陇亩,从事耕作,或另觅他业,以饱口腹者"。② 潍县土布市场则因日资在华工厂的强烈排斥而销路萎缩,青岛日本纺织厂仿制潍布,所产棉布"成本既低,税项又少,故售价低廉",对潍县土布形成了巨大打击,"致不能抵抗日货,现则大半停工矣"。③ 硖石土布也因日货竞争而市场萎缩,"浙江硖石所产土布,本能远销东三省,淮、扬、齐、鲁、皖、赣、闽、粤等地,至民二十(1931)前后,江北方面,受日货竞争,本省且又洋货充实,销路乃仅能在皖南闽北及本省偏僻之地,维持原状。至二十二年(1933)顷,远路销场,固已消失,即浙西各地购者亦少……去路自不能广。因此主要销场,乃转向浙东之衢州、常山,皖之广德,赣之玉山及闽之延年等地……至硖石邻近各县,则反寂然无闻硖石之名"④。

江浙两省所出土布,也一向以东北等处为重要市场。日本侵占东北后,关税剧增,土布每包征税从4元猛增至9元。往年销于东北各省,每月约有万包,1932年仅有二成。在无锡,乡村手工业以织布为最著,农妇向纱庄领取

---

① 吴知:《乡村织布工业的一个研究》,商务印书馆1936年版,第265—266页。

② 方显廷、毕相辉:《由宝坻手织工业观察工业制度之演变》,《政治经济学报》第4卷第2期,1936年1月。

③ 龙厂:《山东潍县之农村副业》,见千家驹编《中国农村经济论文集》,中华书局1936年版,第542页。

④ 彭泽益编:《中国近代手工业史资料(1840—1949)》第3卷,中华书局1962年版,第442页。

棉纱,织成土布后交还纱庄获得工资。1925—1926 年棉纱每捆织成土布可得工钱 1.57 元,1932 年一度降至 2 角左右,跌幅达 87%。受到上海"一·二八"战事影响,宝山、嘉定、常熟等县棉织小厂失业者超过 2 万人。其中嘉定受灾最惨的娄塘汉城区失业工人超过 5000 人,大都是以织毛巾、小布及改良布为业者。其他如常熟城乡布厂有百余家,开工布机 4000 余架,"嘉惠贫农,实非浅鲜,今春各布厂因无利可图,停业减工者达半数,农村副业已受影响"①。

江西、湖南夏布外销,素以朝鲜为最大市场。"每届春令,上自布行,下至贩夫,无不视为一个最忙的时期。"日本占据朝鲜后,"即已无复有昔日的巨观"。② 九一八事变发生后,东三省出路更为日人所阻,两省输出夏布大幅减少。加上 1931 年大水后,城乡经济不振,布价低落,五年前每匹可值 16 元之夏布,此时则仅 6 元,其衰落情形于此可见一斑。1930 年江西土布销数还有 320 万匹,到 1933 年已减至 200 万匹,各县夏布生产严重萎缩。(见表 2-1)湖南益阳所产土布,染水花色,两得其美,惟年来水灾迭起,农村经济危殆,布业大受影响。醴陵夏布营业盛时年达百万元以上,1935 年跌至 40 元,破产失业织工达二三十万人。

表 2-1　江西省夏布产销概况一览

产地	产量(匹)	近年产量增减	运销县外数量(匹)	近年运销数量增减
宜黄	80000	大减	70000	大减
崇仁	20000	减	14000	减
临川	265000	减	224000	减
乐安	30000	减	20000	减
分宜	100000	减 7/10	80000	减 9/10
萍乡	30000	大减	20000	减
万载	60000	大减	50000	减
宜春	20000	减 1/3	16000	减

① 《常熟四家布厂歇业》,《国际劳工通讯》第 13 号,1935 年 10 月。

② 张觉人:《农村手工业品的对外输出》,《实业部月刊》第 2 卷第 6 期,1937 年 6 月。

续表

产地	产量(匹)	近年产量增减	运销县外数量(匹)	近年运销数量增减
宜丰	32000	减	25000	减
上高	30000	减	290000	减
新余	60000	减	50000	减
吉水	40000	减	30000	减
永丰	25000	大减	20000	大减
金溪	2000	大减	500	大减
进贤	15000	减	10000	减
上饶	40000	减	35000	减
广丰	53000	减	45000	减
玉山	40000	减	30000	减
南康	5000	减	2000	减
合计	1208000※		1031500	

资料来源:刘治乾编《江西年鉴》,1936年,第942页。

※表格数据合计为947000。此处保留原书数据。

东北沦陷后,日本棉布大量倾销中国,对中国其他地区的土布市场亦造成不小排挤。江苏的南通、如皋、东海、启东各县棉产丰富,农妇十之八九从事织布工作。无论大小农家,几乎每户都有一架布机。此种布机在江北各县过去有200余万架,每架每月能织二三匹布,每匹盈利4角以上。但自东北市场丧失而销路大减,虽在江浙一带及闽、浙、长江各埠开辟新的市场,但在日本棉布的角逐下,土布相形减色,土布停机已成为十分普遍的现象。虽然各省设法救济,推广改良木机,但短期内效果有限。贫苦妇女无法从事织布,大多改以打麻线为业。所打麻线,大多卖给鞋店、食品店、油酱坊等,因定价低廉,销路尚佳。此外,太仓农村妇女在农闲时,无不从事纺织,一灯荧荧,机声不绝。自九一八以后,东三省及朝鲜市场完全被日本控制,排斥关内各省产品,于是太仓所出夏布,顿有推销无路之感。而自织之棉布,亦复无人穿着。“素以纺织为业之半数农民(妇农),忽告失业,农村经济崩溃,有由来矣。”[①]常熟农村手工业最重要的土布和花边,由于各地农村均不景气,销路锐减,生产出现过剩。过去织女每日可得工钱4角,此时仅有1角。花边专销外洋,受到世界经济恐慌影响亦无销路,过去每日可得3角者,此时仅得2角。

手工业尚未从困境中完全走出来,就又遭遇了一波更大的冲击,这就是1937年日本帝国主义发动的全面侵华战争。日本通过这场战争占领了中国750余个市县150余万平方公里的土地,华北、华中一带手工业较为进步的地区皆成为沦陷区。在战争的打击下,手工业的生产基础遭到全面破坏。如手工棉织业,“农村方面,事变和旱灾既带来了疲敝,而棉纱来源又完全断绝,即使想出某种办法能够买到棉纱,价格很高,也是无利可图,织布机已经不是他们维持生活的唯一手段了,因此,大都把自己的织机卖掉”[②]。

三、世界经济危机对中国手工业经济的冲击

在缺乏自主性的情况下,1929—1933年的资本主义世界经济危机对中国经济的打击是沉重而深远的。之前曾有观点认为,因为中国采用了银本位,所以大萧条对中国经济的影响很小或者有限。如《剑桥中华民国史》就认为:“在20年代世界经济舞台上无足轻重的中国,却安然度过了那场全球性经济萧条的灾难。”[③]但这种说法受到越来越多的质疑,很多学者指出大萧条对中国经济存在巨大的负面影响。如日本学者城山智子在研究中指出,在1931—1935年中国经济体制停止了正常运转;到1935年3月,上海已经有1000家企业倒闭,失业人数更是达到50万。在她看来,大萧条是现代中国形成过程的分水岭。[④] 城山智子的评价可能也不尽完善,因为我们无法区分这些萧条的根源到底是受世界经济危机影响,还是受同一时期九一八事变的影响。不

① 《太仓农村经济状况》,《农村经济》第2卷4期,1935年2月。

② 彭泽益编:《中国近代手工业史资料(1840—1949)》第4卷,中华书局1962年版,第11页。

③ [美]费正清、[美]费维恺编:《剑桥中华民国史(1912—1949年)》下卷,刘敬坤等译,中国社会科学出版社1994年版,第564页。

④ [日]城山智子:《大萧条时期的中国:市场、国家与世界经济》,孟凡礼等译,江苏人民出版社2010年版。

过,她的研究对我们理解世界经济危机对中国手工业的冲击依然有很大帮助。

这场起源于西方资本主义世界的大萧条是生产过剩导致的市场危机,是在社会生产力高速发展而市场购买力停滞不前的情况下供求关系长期背离的结果,反映了资本主义生产关系与生产力之间的不适应性。为了渡过危机,欧美各国纷纷修改关税法,实行贸易保护主义,一方面设法处理生产过剩的产品,另一方面阻止他国商品进入本国市场。在此情况下,经济危机不断向经济落后、无完备的关税保护措施的殖民地与半殖民地国家和地区转移。民初中国手工业经济的发展,很大程度上受到了国际市场扩大的拉动,中国的手工业制造品得以进入国际市场流通。但是,经济危机爆发后,西方列强为了保护本国市场,通过修改税则、制定法令等措施,阻止或限制中国的手工业品进口。如英国、法国、荷兰等国提高茶叶、蚕丝等手工业品的进口税,导致这些产品的出口急剧衰减,“茶叶出口额从 1931 年的 5108 万元降至 1932 年的 3909 万元和 1933 年的 3858 万元,下降了 25%;蚕丝厂丝出口量从 1931 年的 54356 公担降至 1932 年的 28695 公担,出口额从 14704 万元减至 5642 万元,分别下降了 47.2%、61.4%,同经济危机爆发的 1929 年相比,更下降了 65%—75%以上”①。同时,为了转嫁危机,资本主义列强又进一步加强了商品倾销,洋纱、洋布、呢绒、皮革、杂货、海产品等像潮水般涌向中国市场。日本在华北的走私愈加猖狂,日本的人造丝、棉纱、棉布、白糖、纸张等充斥乃至垄断了华北等地市场。两项交加,致使中国手工业品在国际市场上受阻,同时又在国内市场上受到洋货的排挤,遭受更加沉重的打击。

城山智子曾指出,从 19 世纪末到 20 世纪 30 年代,多数国家采取金本位导致全球白银持续贬值,由此带来的汇率下降和物价微涨促进了中国的出口,继而推动了中国工业化的进程。② 但是,从 1931 年开始国际银价上涨,普遍通胀趋势结束,对中国工业产生了巨大影响。出口导向的工业如缫丝业失

① 刘克祥、吴太昌:《中国近代经济史(1927—1937)》,人民出版社 2012 年版,第 29 页,注释 2。

② [日]城山智子:《大萧条时期的中国:市场、国家与世界经济》,孟凡礼等译,江苏人民出版社 2010 年版,第 5—7 页。

去了从前中国银元汇率低时的比较优势,这使它们在欧洲和美国市场上无力同日本丝厂进行竞争。由于国际市场上生丝供过于求,日本生丝价格下调,中国生丝不得不随之下调。之后,美国、法国等生丝主要进口国又开始缩减进口量,到1933年中国生丝出口额减少了约45%,相对1930年的出口额减少了88%,出口量减少了71%。①

国际市场的波动造成了以出口导向为主的中国手工业行业的普遍困难局面,尤其是1929—1933年世界性的资本主义经济危机使国际市场大大萎缩,1932年资本主义世界的商品贸易流通总额比1929年下降了61.3%。由图2-1可知,1927—1937年,中国67种手工业品出口值在1932年之后几乎减半,1934年的出口值仅为1927年的41.5%。应该说,在此期间,一个很突出的现象是,许多手工业行业的出口值出现减半。而对于外向型手工业来说,世界经济危机对其发展的影响更加突出。如花边业,其出口值在1934年跌落至1951024海关两,只及顶峰时的1/3。发网业出口值1935年跌落至664698海关两,只及顶峰时的1/10。② 世界经济危机结束后,花边业还曾有所恢复,而发网业则从此一蹶不振。

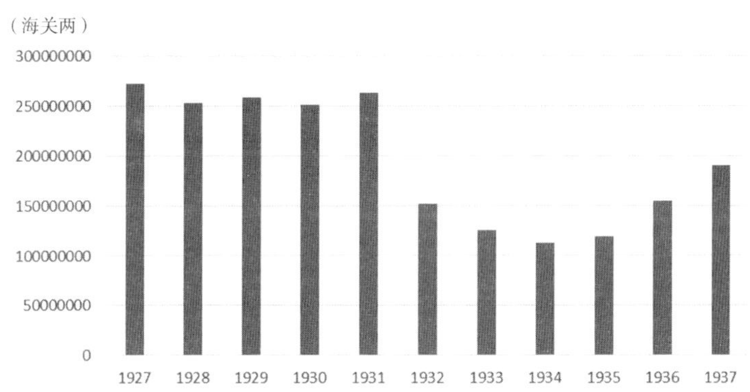

图2-1　1927—1937年中国67种手工业品出口值

资料来源:彭泽益编《中国近代手工业史资料(1840—1949)》第3卷,中华书局1962年版,第816页。

① 李述初:《二十三年丝业之回顾》,《社会经济月报》第2卷第1号,1935年1月。
② 彭泽益编:《中国近代手工业史资料(1840—1949)》第3卷,中华书局1962年版,附录,表3。

以国内市场为目标的工业如棉纺业则面临需求萎缩的局面。从1929年开始,世界市场上农产品价格开始暴跌,到1930年这一危机开始殃及中国市场。农产品价格的持续低迷导致农村地区现金短缺,农人维持生活变得更加困难,进而极大降低了农村人口的消费预期。农村人口购买力的下降进一步导致国内工业品市场的萎缩,冲击最大的就是棉纺织业。以湖南棉布为例,1928年长沙、岳州出口土货棉布共计612030关平两,达到民国以来出口的最大值。单从1929—1933年开始,出口价值分别是64681关平两、95136关平两、121851关平两、12852关平两、123关平两。[①] 跌落幅度之大,触目惊心。再如夏布业,在1918年达到出口最大值,长沙、岳州两港合计出口4853担,970124关平两。但到1931年,只出口35担,9725关平两,1932年出口11担,2906关平两,1933年仅出口6担,866关平两。[②]

丝业方面,丝价狂跌,中国生丝出口值锐减。中国丝业出口在1929年达到顶峰,计22950773海关两,但之后急剧衰退,1937年仅剩7619568海关两,仅及高峰期的1/3。[③] 据估计,我国对美、法这两个主要生丝进口国在1929—1936年间的输出损失约1.27亿美元,折合银元4.28亿元[④],严重削弱了包括手缫丝在内的中国制丝业的生产能力。不仅如此,国外人造丝还通过走私、倾销等手段不断强占中国国内市场,据统计,1923年中国人造丝进口量达8327关担,此后逐年上升,1928年突破12万担,1929年达到创纪录的144442关担。[⑤] 人造丝沉重打击了中国的蚕丝业,对此,日人西田太郎曾无不得意地宣称:"最近人造丝对华输出的猛进,使中国蚕丝(业)衰退破灭更为迅速,日本的蚕丝业乃得阔步于世界唯一的蚕丝市场,而且确信日本的蚕丝

① 曾赛丰、曹友鹏编:《湖南民国经济史料选刊》第2册,湖南人民出版社2009年版,第332—334页。

② 曾赛丰、曹友鹏编:《湖南民国经济史料选刊》第2册,湖南人民出版社2009年版,第335—336页。

③ 根据彭泽益编《中国近代手工业史资料(1840—1949)》第3卷,中华书局1962年版,附录,表3数据计算。

④ 徐新吾主编:《中国近代缫丝工业史》,上海人民出版社1990年版,第306页。

⑤ 徐新吾主编:《中国近代缫丝工业史》,上海人民出版社1990年版,第317页。

与人造丝有共存共荣的可能性。”[①]在经济危机和日本蚕丝大量进口的双重打击下，中国茧价在1931—1935年间下跌了50%—70%，蚕农亏蚀破产者十之八九。江苏、浙江的鲜茧产量，分别从危机前的45万担、30万担降至1933年的23万担、10万担，分别减少了近一半、三分之二。[②]

茶业方面，中国茶叶出口，1929年为41252428海关两，1937年为19760766海关两，也是减半。[③] 出口锐减，导致茶园面积大幅缩水，从1929年前的535万余亩减少到1932年的447万余亩，产量由591万余担减少到不足450万担，分别下降16%、24%。[④]

地毯业方面，中国地毯出口在严峻的国际贸易形势下，从1928年开始下降。该年美国的从量税改革对当年中国地毯出口产生了立竿见影的影响，出口值由1927年的6526646海关两下降到5935412海关两，下降9%。1929年发生经济危机，欧美购买力减弱，地毯出口再受影响。1930年地毯出口遭受重创，出口值跌落到4421329海关两，与1926年相比，下降了32.5%。1932年的形势更为糟糕，地毯出口值滑落为3172900海关两，与1926年相比，下降了51.5%，尚不及1926年的一半。1935年地毯出口值更为低落，仅为1926年的39.7%。（详见表2-2）美国作为中国地毯第一出口市场，衰颓之势更甚，1927年输美值即开始下降。1926年中国地毯输美值为5616359关平两，1927年降为4850822关平两，1928年降至4045971关平两，比1926年的高峰值减少了30%。此后继续下降，1935年降至全民族抗战前最低值968879关平两，与1926年相比则差之更巨。[⑤] 地毯出口值的急剧下滑，改变了20世纪20年代的地毯贸易情形，由外商争购一变而为订购冷寂。外商以

---

① 《日本之人造丝与蚕丝》，《申报月刊》1935年2月15日。

② 李雪纯：《焦头烂额之中国丝绸业》，《新中华》第2卷第8期，1934年4月。

③ 彭泽益编：《中国近代手工业史资料（1840—1949）》第3卷，中华书局1962年版，附录，表3。

④ 许涤新：《农村破产中底农民生计问题》，《东方杂志》第32卷第1号，1935年1月。

⑤ 中国第二历史档案馆、中国海关总署办公厅编：《中国旧海关史料（1859—1948）》第103册，京华出版社2001年版，第504、506页；第105册，第503、505页；第107册，第507、509页；第109册，第554、556页；第111册，第544、546页；第113册，第329页；第115册，第391页；第117册，第369页；第119册，第518页；第123册，第397页。1935年数据系据法币1.558元=1关平两换算得来。

前一次订货均在万尺以上,20世纪30年代则至多不过两三千尺[①]。地毯价格亦随之跌落。1927年地毯每方尺价格,100道在2.8元至2.4元间,90道在2.7元至2.3元间,80道在2.6元至2.2元间,70道在2.5元至2.1元间。[②]1934年运往美国的上等地毯每方尺1.8元左右,运往英国者价格更低,上等地毯仅售1.5元左右,中等地毯1.2元左右,下等地毯则只有八九角。[③]

表2-2 1928—1936年中国地毯出口数值

年份	数量	价值(关平两)	年份	数量	价值(关平两)
1928年	158780	5935412	1933年	22032	3212209
1929年	160661	5597497	1934年	23043	3109906
1930年	122812	4421329	1935年	18560	2602473
1931年	133738	4548909	1936年	23883	3264715
1932年	22347	3172900			

资料来源:中国第二历史档案馆、中国海关总署办公厅编《中国旧海关史料(1859—1948)》第104册,京华出版社2001年版,第216页;第106册,第233页;第108册,第169页;第110册,第167页;第112册,第323页;第114册,第361页;第117册,第370页;第119册,第518页;第123册,第397页。

注:1928年至1931年计量单位为条,1932年至1936年计量单位为担。1934年至1936年原计量单位为公担,海关册中记载1933年出口13325公担,计22032担,约1公担=1.653担,1934年至1936年出口担数以此比例折算而成;1933年至1936年原价值单位为国币元,海关册中记载1932年出口3172900关平两,计国币4943378元,约1.558元=1关平两,1933年—1936年出口值以此比例折算。

草帽辫业方面,中国草帽辫出口曾一度畅旺,1927年出口草帽38020担,之后持续下跌,1933年出口仅剩22139担,只及1927年的一半。全国鞭爆出口在1929年达到最高值,出口388万海关两,之后开始一路下跌,至1933

① 《华北地毯业之衰落》,《国际贸易导报》第6卷第5号,1934年5月10日。

② 祥荪:《天津地毯工厂调查记》,《实业镜》第1期,1927年3月5日。

③ 《华北地毯业之衰落》,《经济旬刊》第2卷第12期,1934年4月21日。

年，仅出口 77 万海关两，不足全盛期的 1/5。①

四、国内战争对中国手工业经济的影响

在中国近代经济史上有一个悖论，那就是政治衰退期与经济发展黄金期的并存。北洋军阀统治时期是近代中国政治史上的衰退期，是政治最黑暗、最反动、最腐朽的时期，但同时这一时期中国经济却取得了一定的发展。在如此大的破坏之下，手工业经济仍能取得发展，再次体现了中国传统手工业经济的稳定性和活力。

手工业经济的发展需要一个安定宽松的社会环境。尽管局部地区、局部行业的一些手工业工场已经具有了较大规模和市场抗风险能力，但是绝大多数中国手工业仍处于"原子式"的家庭手工业形态，资金少、利润薄、市场抗风险能力弱，极易受到动荡环境的影响。手工业经济的发展同时也极度依赖社会经济的一体化，尤其是国内统一市场的发育。但是，民国以来连绵不断的国内战争和军阀割据局面，破坏了国内市场的统一，阻碍了商品的自由流通，对手工业经济的发展造成了很大的不确定性。

在北洋军阀统治时期，军阀混战始终没有停止。从辛亥革命到全民族抗日战争爆发之前，主要有讨袁战争和护法战争，北洋军阀混战，北伐战争，国民党军混战，土地革命战争等。其中，仅北洋军阀混战，大规模的派系战争就有直皖、直奉、江浙、浙奉等不下 10 余次。其他大大小小军阀为了争夺地盘发生的战争更是数不胜数。仅四川一省，就发生了各种混战 400 余次。②

军阀经济政策往往杀鸡取卵。军阀要维持自己的权势，必须筹饷养兵，因此大多数经济政策都是围绕筹饷展开的，通过预征土地税、擅开特捐、强行摊派等方式，借垫军饷。发行大量无准备金的纸币和军用票，战事发生后，所发纸币往往形同废纸，大大冲击了当地的经济和自由市场。很多军阀还强迫工商业者购买公债票、强行借款。当然，最恶劣的还是就地筹饷。所谓就地

① 彭泽益编：《中国近代手工业史资料（1840—1949）》第 3 卷，中华书局 1962 年版，附录，表 1、表 3。

② 周锡银：《军阀割据下的四川农村经济》，《四川师院学报》1984 年第 2 期。

筹饷,就是抢掠商号店铺的代名词。如1922年直系军阀孙传芳率援闽军经过抚州李渡镇,“地方供给,不下数万金,公益款项,挪移殆尽,不足又继之以募捐,人民负担,可谓重矣”,但是次年5月,“该镇又被河南军蹂躏,后街中间,焚烧商号四十余家,警察见势不佳,各自逃命,商民闻警,仓惶失措,枪声接续不断,变兵分头抢掠,撞开店门,入内搜索,并以枪相向,谓快将银钱拿出,迟即枪毙,商民有胆小者,不敢做声,因而被变兵击毙者,约有数人,余为流弹所伤者,更不知凡几。……当铺、夏布行、米行、麻行、杂货行、广货铺,约有二三百家,无不被其抢劫,此外各商号,亦多殃及,甚至每家抢劫有四五次之多者,诚堪浩叹”。[①] 军阀劫掠,令正常的贸易活动都变成了冒险,商人无不裹足,而手工业品自然无法销售。

战争还破坏了交通,切断了商路,使手工业产品无法外运。如国民党对中央苏区的“围剿”,阻断了江西通往广东的商路,使景德镇瓷器运销停滞,“因赣州、南雄、大一路不能越过,全恃海路运输,销路大减。……现窑之开工者,寥寥十几家,以故窑户有产无销”[②]。时人也把战乱视为景德镇瓷业衰败的重要原因之一:“考其所以衰败者,主因在经济发展之阻碍停滞,而近因可概为二项:一曰经济窘迫之影响,一曰军事匪患之影响。经济窘迫,周转不灵,产销无从扩展而瓷业日趋衰落。至于军事匪患之频仍,则商旅裹足,销场减缩。”[③]在济南,1928年北伐军兵临城下,张宗昌弃城北逃时炸毁津浦路黄河铁桥,“五三”惨案中日军又炸毁玉符河大桥,这使津浦铁路济南段停运近一年,给工商业发展带来了极大不利,“自城西五里沟辟商埠,胶济津浦两铁路筑路,四通八达,交通便利,故各项堆栈仓库设立极多,商品运输敏活,成为北方商业重镇,惜历年时局不定,军事迭兴,受交通不便之影响,商业极形萧条”[④]。济南的火柴工厂“原料仰给于日本,自货车停运,顿受打击,振业、祥阳遂断续的操业。制品之需要近虽日盛,但无法可施。除待货车恢复外,别

① 《赣李渡镇豫军哗变》,《申报》1923年5月28日。

② 祝慈寿:《中国近代工业史》,重庆出版社1989年版,第673页。

③ 《江西经济之回顾与展望》,见江西省政府经济委员会编《江西经济问题》,1934年,第15—16页。

④ 孙宝生:《历城县乡土调查录》,《济南市志资料》第6辑,1986年,第146页。

无他途"，"所有肥皂、手巾、袜子等家庭工业亦倍感经营之困难与原料之不足，萎靡沈滞达于极度"。①

军阀混战为土匪蜂起提供了机会。土匪的骚扰，往往使工人逃离，手工业生产大受影响。如江西宜丰的造纸业，自1921年以后，"土匪滋扰，丛山尽为盘踞，纸业大受影响，产量锐减"②。1934年江西省纸业营业额下降了2/3，"其重要原因则为产纸之区几全落匪手，迭遭焚劫，竹山荒废，纸料无出。造纸厂主，根本不能营业，只有少数造纸工人，冒险入匪区制造耳"③。江西黎川的土烟业，旺盛时每年产五千箱，销售九江、汉口一带"匪后百业凋零，烟叶纸张，产额甚少，较诸往年，几减少二分之一，良可惜也"④。

第二节　半工业化进程的波动起伏

半工业化是指工业化背景下，以市场为导向的、技术进步的、分工明确的手工业的发展。手工业的半工业化，是与移植型、突发式工业化道路并举的一条基于中国国情和特色的嫁接型、渐进式工业化道路。在工业化进程中，中国传统手工业经济在分工协作、工具机使用方面不断取得突破，并逐渐摆脱对农业的依附地位，转向与区域外市场建立更加紧密的关系。手工业的半工业化是近代中国工业化过程中一个突出的现象，充分说明了近代中国手工业经济在增长之外还有发展的一面，并在很多典型地区和行业中都有体现。但是，手工业的这种发展并非一帆风顺，而是在波动中前行。

一、半工业化的形成与发展

在中国近代手工业史的研究过程中，有两种倾向要注意克服。一是将手工业与副业混为一谈，农村副业是农业之外的所有行业，将手工业放在副业

① 《鲁省之经济现象》，《大陆银行月刊》第4卷第7号，1926年7月。
② 胡友鹏：《宜丰之纸业》，《经建季刊》第6期，1948年11月。
③ 实业部中国经济年鉴编纂委员会编：《中国经济年鉴》续编，商务印书馆1935年版，第99页。
④ 孔繁嗣：《黎川社会经济概况》，《经济旬刊》第3卷第18期，1934年12月25日。

的框架下观察,难以看清其发展趋势。尤其是在某一时期、某些地区的某个行业中,在各种因素的作用下,其重要性已经超过农业,成为农民家庭经济中的主业,如果仍然放在农村副业的视野中,很难认清乡村手工业的真实面目。二是将手工业经济等同于“传统手工业”,不加区分地将各种手工业混淆在一起,忽视若干行业、若干地区中的手工业已经发生的若干变化。正如经典作家所言,“手工工业”是一个不适合于进行科学研究的概念,“这个概念通常包括了从家庭手工业和工艺开始到很大的手工工场的雇佣劳动为止的所有一切工业形式”[①]。因此,对手工业进行必要区分,是科学研究的前提。

在中国早期工业化进程中,还存在着大量的手工业,这是不争的事实。因此,无论在性质定位上还是在规模视角上都不能将手工业放在一个概念下进行分析,更不能像某些学者那样,将近代手工业一概称之为传统手工业。在分析近代手工业史时,我们应更进一步细化,分地域、分行业、分层次地深入研究。我们必须正视,近代中国若干地区、若干行业中的手工业在生产技术与经营制度上取得了很大进步,我们主张用“半工业化”这一概念来较为准确地概括这种进步状况。

手工业在不同地区、不同行业表现出了不同意义,不能等量齐观,把手工业笼统看作副业的观点也不符合近代手工业的实际状况。因此,进一步研究近代手工业的问题在于:哪些地区、哪些行业存在着不同于传统副业的手工业?经过对近代手工业资料的大量实证分析,我们审慎地认为,大约在19世纪末至20世纪30年代初,华北地区高阳、宝坻、定县、潍县的织布业中,长江三角洲通海、江南、平湖等地的织布业、针织业中,长江三角洲无锡、嘉兴、湖州(吴兴)等地的缫丝—丝织业中,以及珠江三角洲南海、顺德、三水等地的缫丝业中,都出现了比较典型的半工业化现象。(见表0-9)

它们的典型性体现在:在一个时期中,手工业在地区经济总量及家庭经济中的地位迅速上升,在很大程度上改变了手工业依附于农业的自然经济状态,转向与工业化建立起更密切的关系。这是近代中国手工业发展中的一个

① 列宁:《俄国资本主义的发展》,见《列宁全集》第3卷,人民出版社1984年版,第410页。

有趣现象。我们将上述地区、上述行业的手工业从副业中剔除出来,用半工业化这个概念加以分析。当然,近代手工业中的半工业化并不仅限于表0-9所列地区、行业,在其他地区、其他行业也出现了这种现象,如烟台花边业、浙江沿海草帽业、广西玉林织布业等,也存在着明显的半工业化。

一方面,半工业化理论是对"中间经济"所揭示的二元工业化道路的深化研究。所谓半工业化,是对近代中国若干手工业发展进程所处阶段的一种判断,具体而言,半工业化是指在工业化的背景下,以市场为导向的、技术进步的、分工明确的手工业的发展。前文已经指出,近代中国走了一条移植与嫁接并举的二元工业化道路。从半工业化理论的视角看,这条道路既包含了工业技术演进方式的不同,又包含了城乡发展模式的差别,即城市的低度工业化与部分地区的半工业化。如果说近代中国的主要城市工业走的是移植型的突发式工业化之路,那么东部若干地区则走在嫁接型的渐进式工业化进程之中。这当然不是说城市中就没有渐进式工业化,而是说明大机器工业难以一下子全面摧毁固有的手工业,但在受工业化影响较大的部分地区与行业,手工业也难以依然故我地继续存在下去,而不得不发生若干近代性变迁以求生存,走上半工业化的道路。如果说"中间经济"揭示了近代中国工业化的二元特征,半工业化则对其中的嫁接型渐进式道路提供了实证性的注脚。

另一方面,半工业化更加强调对于近代手工业的区域性研究。具体而言,半工业化理论尤其重视若干典型地区与行业中出现的半工业化现象,这些地区与行业的典型性就体现在:在一个时期中,乡村手工业在地区经济总量及家庭经济中的地位迅速上升,在很大程度上改变了手工业依附于农业的自然经济状态,转向与工业化建立起更密切的关系。近代中国的经济发展在地域上具有极大的不平衡性,半工业化理论立足于区域性研究,既符合近代中国经济的实态,又有助于对区域差异性进行分析。

半工业化现象出现在近代中国若干地区、若干行业是多种因素因缘际会的产物。

进入近代以来,手工业广泛存在的基本条件没有改变,农业生产环境恶劣、人均耕地严重不足、农业剩余劳动力大量存在,农民经济更加贫困化。如

20世纪30年代初的河北高阳织布区内共有78643户、434510人,平均每户5.52人,已耕地面积1176030亩,平均每户耕地14.95亩,平均每人2.7亩。很显然,在北方人均2.7亩地是难以维持基本生活的。[①] 更为严重的是,高阳织布区还是水灾多发区,区内自然条件恶劣,盐碱地多,农民以种植高粱、玉米、棉花等农作物为主,产量很低,平均每亩净利仅1.47元,“以如许薄利的出息,平日极少积蓄,一旦遇着水旱婚丧等变故,或军队的征发派捐,其不足以应付而陷于贫困者,又不待辞费。故农民于耕地之余,如不经营其他副业以补助家计,实不能维持生活”[②]。宝坻的自然条件与高阳相似,全县可耕地面积为2750000亩,全年雨量不多,但降水集中,因河床高涨,时能成灾,如1917年水患面积达1/2,1931年达46%;在土地的利用上,占农民户口45%的佃农与半佃农所耕农田面积不过1/5,农业生产不足以维持家庭生活。正是这个因素促成了宝坻织布业中半工业化的一度兴盛,正如时人所谓:“宝坻手工棉织业之所由发展,不仅由于棉产之丰富及农民之多暇,实由于农民生计之贫困。”[③]山东潍县在1926年左右,共有熟田14959顷34亩,境内人口600428人,人均耕地不足2.5亩。[④] 浙江吴兴县的人均耕地不足2亩,据1933年该县政府的调查,吴兴境内人口688525人,耕田1307723亩。[⑤]

农业生产环境的恶劣、人均耕地严重不足,迫使农民不得不在农业生产之外寻求就业与生存途径。因此,手工业在这些地区具有深厚的历史渊源,成为传统农业的重要补充。“如果不受外来经济势力的推动,一切仍如从前一样,那么相信它还会继续下去的”[⑥]。在这一点上,我们不必讳言外国先进技术的客观作用,“倘无外国之货物与技术之输入,中国经济社会恐犹是二千年来之社会,而不能有丝毫之改变。今日之得有新式工业,岂非受外国工业

① 据学者研究,在近代北方,人均约需地6亩才能维持一个农民的基本生存,参阅彭南生《中间经济:传统与现代之间的中国近代手工业(1840—1936)》,高等教育出版社2002年版。

② 吴知:《乡村织布工业的一个研究》,商务印书馆1936年版,第8页。

③ 方显廷、毕相辉:《由宝坻手织工业观察工业制度之演变》,《政治经济学报》第4卷第2期,1936年1月。

④ 《山东潍县之经济近况》,《中外经济周刊》第187号,1926年11月6日。

⑤ 中国经济统计研究所编:《吴兴农村经济》,1939年,第4页。

⑥ 吴知:《乡村织布工业的一个研究》,商务印书馆1936年版,第11页。

品之刺激而始然乎?”[①]所谓“外来势力”就是大机器工业的全球化浪潮,对于传统的手工业来说,工业化犹如一把双刃剑,它既给传统手工业以致命一击,又在一定意义上激活了手工业。遭受致命打击的是传统手纺纱,质优价廉的机纱剥离了手纺纱与手织布的紧密联系,剥夺了它赖以生存的出路;激活的是手织布,改良织机的输入大大提高了手工织布的效率,提高了土布质量,增加了花色品种,使其更适于市场需求。旧式织布机是一种木式结构的投梭机,技术含量很低,所出布布幅宽度大多在 1 尺左右,技术熟练的村妇每天可出布 30 尺。19 世纪末 20 世纪初,我国相继出现了改良的手拉机和足踏机,“拉机一人一日,约能织布四五十尺”[②]。1905 年后输入的日本铁轮机,“比起以双手投梭打纬并用人工卷布送经的旧式木机,动作要快若干倍,每分钟打纬数在 120 以上,每日可织布 80 至 100 尺之多,且无须用手来投梭,因此布面可加宽至 2 尺 2 寸以上,而仿制进口的宽面洋布”[③]。

具有技术进步因素的机纱与改良织机的输入激活了手工业,“宝坻手织工业之兴起,即系受新式织布机及洋纱输入之影响”[④]。又如河北高阳,1908 年以前,“因为土布的拙劣(用最老式的木机),生产能力极低,出品往往只供家庭自用”,1909 年左右,高阳旅外人士从天津引进铁轮机,到 1914 年,“高阳有织机 2500—3700 架之数,其中木机约十分之一二”,铁轮机已开始占有绝对的优势,此后高阳区内布机迅速增加,1915 年为 5726 架,1917 年突破 1 万台,1920 年超过 2 万台,到 1928 年达到 29631 台,其中拥有技术水平较高的篓子提花机 4056 台。[⑤] 改良机的应用增加了土布的花色品种、提高了土布的标准化程度,高阳手织布“最初制品仅有 16 支纱织成之白粗布、粗斜纹布两种,宣统二三年(1910—1911)间,添用 20 支及 32 支纱织标布、市布、细斜纹布、提花条子布、被褥被面等。民国元年更添用 42 支纱织造爱国布及各种

① 马寅初:《中国之工业化》,见《马寅初全集》第 9 卷,浙江人民出版社 1999 年版,第 390 页。

② 李景汉:《定县社会概况调查》,中国人民大学出版社 1986 年版,第 682 页。

③ 吴知:《乡村织布工业的一个研究》,商务印书馆 1936 年版,第 11 页。

④ 方显廷、毕相辉:《由宝坻手织工业观察工业制度之演变》,《政治经济学报》第 4 卷第 2 期,1936 年 1 月。

⑤ 吴知:《乡村织布工业的一个研究》,商务印书馆 1936 年版,第 9—18 页。

袍料,民国七八年间更添用人造丝造各色提花缎(俗名法麻缎,花色极繁)"[①]。同样,定县在清朝末年,"于引进机纱之外,定人复将投梭改良为拉梭式,生产力增加一倍。民元以后,又输入铁轮机,纺织两方面技术上的限制,得此解除,定县织业,方能迅速发展"[②]。潍县织布区半工业化的兴起和发展也离不开机纱的使用和改良织机的输入,民国初年潍县东乡有人从天津携机数架回乡推广传习技术,改良出品,该机"系铁轮木架之铁木机,通称铁轮机,亦名脚踏织布机,各种轮轴系以生熟铁制成,其架框则以槐楸木制之,高1公尺7寸,长1公尺1寸,宽2公尺,计重250公斤,能织白粗布、蚊帐布、斜纹布、线呢、哔叽及各种提花布、白细布等"[③]。该县东乡潍河沿岸各村庄手织业者迅速接受了新式织机,1915至1916年间发展到500台左右,1923年前后又由东乡传入南乡、北乡、西乡,遍及全县,全县布机达5万台以上,成为一个后起的半工业化地区。

在半工业化发轫的19世纪末20世纪初,晚清政府在"振兴工艺"的口号下大力兴办工艺局,培养了一批适应半工业化所需的技术力量,这批乡村技术人才的出现恰逢其时,他们回到乡村,推动了半工业化的发展。如成立于1903年的直隶工艺局,所设实习工场从1903年至1907年,"先后毕业者共计二千余人"。此外,直隶各属传习工场艺徒人数达2712人。[④] 这些毕业生成为直隶乃至华北手工业的技术骨干,直隶"各属民办工厂,所用技师匠目,多属该厂毕业工徒;东三省、山西、山东、河南、陕西诸省官立工厂,来场调工徒前往传习者,亦复不少"[⑤]。"实习工场对于华北手工业最大之贡献,则为高阳土布之发展。盖当时由工艺局行文各县,提倡手工艺,经高阳李氏派人来实习工场实习机织,并由劝业铁工厂供给织机。返乡之后,逐年推广,遂造成河

① 《高阳之布业》,《中外经济周刊》第195号,1927年1月8日。

② 严中平:《定县手工棉纺织业之生产制度》,《社会科学杂志》第8卷第3期,1937年9月。

③ 《山东潍县之织布业》,《工商半月刊》第6卷第1号,1934年1月。

④ 彭泽益编:《中国近代手工业史资料(1840—1949)》第2卷,中华书局1962年版,第526—532页。

⑤ 孙多森:《直隶实业汇编》,转引自彭泽益编《中国近代手工业史资料(1840—1949)》第2卷,中华书局1962年版,第526页。

北省高阳土布之巨大工业。"[①]宝坻也同样受益，直隶织布工场织染部设立后，"宝坻学生之来津习纺织者，即传入日本机器及新式织布方法……肆意仿制，织布业亦于是发展矣"[②]。山东各属工艺局的"毕业工徒，无虑千数，分布各地，类能实行其所学说者。谓今日山东工业之发达，实基于此"[③]。

近代乡村手工缫丝中蒸汽加热方法的引进是广东南海、顺德器械缫丝业兴起的关键因素。我国传统家庭缫丝多在土灶中以炭火加温，煮茧索绪，采用这种煮茧方法，温度难以控制，并容易造成生丝纤度不匀净的弊病，是土丝质量低劣的主要原因。最早对手工缫丝煮茧技术加以改进的是陈启沅，他在继昌隆缫丝厂安装蒸汽炉，其主要作用是："一、用来发动抽水器向外涌吸水入厂；二、煮沸水，并将沸水透蒸汽管输送到各缫丝工作位去。尚未作过推动丝絙自动旋转的用途。……还未说得上完全是机器缫丝厂。"[④]继陈启沅之后，广东顺德、新会、南海等地也出现了技术改进的缫丝工场，如顺德的缫丝工厂"由炭火蒸水改为蒸汽热水，俨如汽机缫丝厂焉。其所不同者，惟缺乏机械与转动车轮缫丝，此无疑受汽机缫丝之影响所致"[⑤]。新会、南海等地涌现出了数百家手工缫丝厂，"其大厂有用八九百人者，大率以四五百人为多"[⑥]，并由炭火煮茧改用蒸汽锅炉热水，称"汽喉踩絙"[⑦]。陈启沅又与其次子改机汽大偈为"机汽单车"之小型缫丝机，功能相同，但以足踏为动力，一人一机，适合于家庭经营，"每人一具，携归家自经，缫出之丝无(论)多寡，市上均有店收买之，其利更溥"[⑧]。此机一出，带动了当地家庭缫丝业的发展，"果然在南、顺各属，群相仿效。近十年间，通府县属，为之一变，用此法者，不下二万

① 周叔媜：《周止庵先生别传》，上海书店1991年版，第6页。

② 方显廷、毕相辉：《由宝坻手织工业观察工业制度之演变》，《政治经济学报》第4卷第2期，1936年1月。

③ 《济南工业之勃兴及其现状》，《中外经济周刊》第87号，1924年11月8日。

④ 陈天杰：《广东第一间蒸汽缫丝厂继昌隆及其创办人陈启沅》，见全国政协文史资料委员会编《中华文史资料文库》第12卷，中国文史出版社1996年版，第786页。

⑤ 彭泽益编：《中国近代手工业史资料(1840—1949)》第2卷，中华书局1962年版，第53页。

⑥ 彭泽益编：《中国近代手工业史资料(1840—1949)》第2卷，中华书局1962年版，第356页。

⑦ 许涤新、吴承明主编：《旧民主主义革命时期的中国资本主义》，人民出版社1990版，第909页。

⑧ 彭泽益编：《中国近代手工业史资料(1840—1949)》第2卷，中华书局1962年版，第45—46页。

余人”①。

最后,在上述地区半工业化产生与发展的过程中,有一个共同因素乃在于,在技术引进、市场开拓、生产组织等方面,某些杰出人士、群体、组织、团体等地方能人发挥了关键性作用。因本卷第一章第三节已有分析,此处不再赘述。

二、区域外市场的开拓

技术与市场犹如近代半工业化发展进程中的两翼,缺一不可。一方面,手工业产品市场的扩大,使得生产经营者从中获得了相对较高的收益,刺激了商人与小生产者的积极性,资本与人力的投入得以增加,从而为技术变革奠定了物质基础。另一方面,技术变革进一步提高了生产效率,扩大了生产规模,增加了手工业的花色品种,更好地满足了消费者的需求,从而促进了市场更好地发展。简单地说,市场的扩大为手工业生产技术的变革提供了前提条件,技术变革的结果促进了市场的进一步繁荣,技术与市场在乡村半工业化过程中互为依托,相互激发。近代半工业化并非简单地表现为手工业生产的增长,即所谓没有发展的增长,而是伴随着生产工具的改良、生产工艺的改进等技术进步现象,甚至出现了向工业化转化的端倪。与此同时,外地市场的作用大大超过了本地集市,成为推动半工业化的主要动力。关于手工业的技术进步问题,我们将在第四章集中讨论,这里主要分析市场尤其是区域外市场在近代中国若干地区、若干行业里的半工业化现象中所起到的作用。

(一)传统商路的拓展与新商路的开辟

商路在拓展市场过程中起着至关重要的作用。中国传统商人大多循着固定的陆路、水路,用旧式运输工具进行长距离贩运,效率低下,风险性大。但是,传统商路的路线选择、距离远近毕竟是长期探索的结果,具有一定合理性。在近代手工业的原料与产品流通方面,不仅继续发挥作用,有些甚至得

① 黄景坤:《陈启沅传》,见中国人民政治协商会议广东省南海县委员会文史资料研究委员会编《陈启沅与南海县纺织工业史》(未刊稿),1987年,第12页。

到了进一步拓展。

另一方面,清末民初以来,随着公路与铁路的建设、现代船运的开辟,汽车、火车、轮船等现代交通工具被大量使用。铁路方面,1927 年中国已有铁路约 12738 公里,加上各年新修铁路,到 1937 年底,全国通车里程约为 22307 公里,比 1927 年增加 75%。在 1927—1935 年的 9 年间,国有铁路的运输量从 532372 万吨公里增加到 1083765 万吨公里,增长了 103.6%,年均递增 9.3%。轮船航运业方面,全国注册轮船从 1928 年的 1352 艘、29.1 万吨增至 1935 年的 3985 艘、71.8 万吨,分别增长了近 2 倍、近 1.5 倍。公路方面,1927 年前,全国公路通车里程约 29170 公里,到了 1937 年,全国公路通车总里程达 110952 公里,相当于 1927 年前的 3.8 倍。[①] 由此,以水路、陆路、公路、铁路、邮路等组成的商路系统,使通往区域外市场的路线更为畅通,为手工业经济区传统商路的拓展和新商路的开辟提供了便利。

宝坻、高阳、通海、定县织布业的发展都得益于新商路的开辟。以宝坻织布业为例。历史上,宝坻与外地市场联系只有东西二路,"西路起自北平,沿北运河经古北口而达承德。东路沿滦河东行而以滦州为中心","自庚子年间,于东西二路外,复经林南仓镇,开通热河中路后,热河一省,即成为宝坻布匹之一大市场"。[②] 随着天津工业的发展,从津埠经宝坻、林南仓至赤峰的商路日趋繁忙,宝坻布业从中获益良多。(见图 2-2)

高阳手织业所需原料主要来自天津,"从天津运棉纱到高阳,能走水道,总是交船行走水道的。船行雇民船装载,大船每船可装二百包,小船装五六十包,每日或每若干日把交运的货物凑足一船后运去。由天津逆大清河行而入白洋淀,止于淀边西南距高阳城三十里属安新县的同口镇……船到同口以后,货即卸置码头,在同口镇公立的过货栈登记,货不停留,即由栈代雇大车运高阳,天雨即用芦席覆盖"[③]。主要运输工具"不外乎大车(或骡车)、火车、

① 刘克祥、吴太昌:《中国近代经济史(1927—1937)》,人民出版社 2012 年版,第 29、1194、1218、1247、1291 页。

② 方显廷、毕相辉:《由宝坻手织工业观察工业制度之演变》,《政治经济学报》第 4 卷第 2 期,1936 年 1 月。

③ 吴知:《乡村织布工业的一个研究》,商务印书馆 1936 年版,第 208 页。

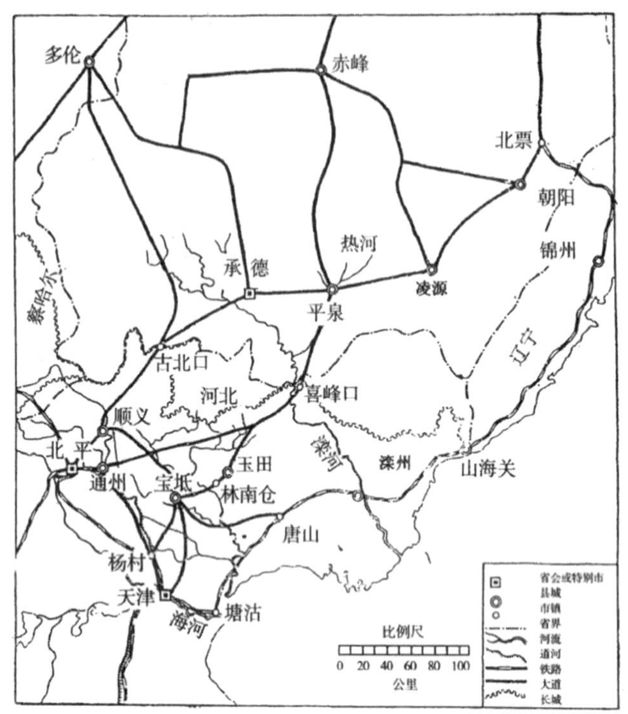

图 2-2　宝坻棉布贸易路线图

资料来源:李文海主编《民国时期社会调查丛编》2编,"乡村经济卷",福建教育出版社2014年版,第532页。

邮包、民船、汽车、骆驼、骡子等七种"[①]。在同一商路上,常常是几种运输方式交叉使用,如从上海、青岛等地购入的棉纱,仍以天津为其商路枢纽,先用火车运到津埠,再用大车或由民船运到高阳,其商务路线如下:

> 由海道运天津,再由河道发高阳,在距高阳东北三十里的同口镇上陆,再用大车运高阳,只有在急需及冻河时,那末,凡是从青岛或济南发来的棉纱,方从津浦铁路北运至泊头镇,再装车运高阳以省时日。又自山西榆次发来的棉纱,也用火车或大车装运。[②]

① 吴知:《乡村织布工业的一个研究》,商务印书馆1936年版,第243页。
② 吴知:《乡村织布工业的一个研究》,商务印书馆1936年版,第197、199页。

表 2-3　高阳布匹通往区域外市场的几条主要商路及其运输方式

商路走向	运输方式
高阳至河南平汉铁路沿线及山西各地	先以大车运保定,再在保定装平汉、陇海、正太等路火车运送,如目的地在偏僻不通火车之处,则再用大车、民船、汽车等装运
高阳至山东及津浦沿线	用大车运津浦线泊头镇,再由此装津浦火车运送
高阳至陕甘一带	用大车运保定,再由此装火车运潼关,转装汽车、骡车运送
高阳至绥远、察哈尔、蒙古	用大车运保定,再由平汉、平绥两路火车运张家口,或绥远、包头等地,若赴蒙古的库伦,察哈尔的多伦、蔚州,绥远的乌兰等地,须用骆驼负送
高阳至四川、湖南、贵州、湖北的沙市、福建、江西、上海、安徽的芜湖、广东、陕西的汉中、南洋的新加坡等地	多以邮包由保定邮局用火车递送各地

资料来源:吴知《乡村织布工业的一个研究》,商务印书馆 1936 年版,第 243—245 页。

不过,高阳手织业的原料运输大多循传统商路,主要是为了节省运费,降低运输成本。但是,现代交通工具使得商路更加便捷,如从高阳到北平的布匹,"从前多直接用大车装运,但自铁路运输业务改进以来,特别是负责运输的实行,沿途苛杂的铲除,近来已多由火车装运了。从前运山西的货品,往往先用大车直接运至石家庄,再由此装正太路火车运入,现在也多用火车运到石家庄去了"①。正是随着传统商路的拓展与新商路的开辟,区域外市场也由近及远,逐步扩大。(参阅表 2-3)下面是高阳布匹的外地市场扩展轨迹:

布业初兴时,出品仅销附近一二百里以内的几个城市如南宫、辛集。民国元年至四年,始逐渐推广到本省如北平、东光、正定、张家口,以及河

① 吴知:《乡村织布工业的一个研究》,商务印书馆 1936 年版,第 245 页。

> 南的洛阳、开封，山西的新绛等地。民五至民十，除在冀豫晋三省继续发展外，销路更辟山东、绥远及外蒙古的库伦、新疆的哈密、吉林的哈尔滨、湖北的汉口、江苏的徐州等地。民十一至十四年，因销路扩张过速，无甚发展，可注意的仅十三年西安市场的开辟。十五年起因麻布的勃兴，长江上游的四川、湖南，又为高阳麻布最有希望的市场，即江苏、安徽、江西、福建、广东以及南洋的新嘉坡也有高阳布商的踪迹，陕甘和东三省的市场，也有显著的发展。[①]

通海织布区所产大尺布也是由水路运输的。传统上，通海土布主要由客商采办，沿内河水路或陆路运输，主要商路包括：由南通至徐州、淮阴转运北方，由南通至东台、盐城、阜宁等苏北地区，由南通至海安转运泰州、高邮、兴化、宝应诸县，从南通至南京一路，再转运当涂、芜湖、浦口、蚌埠等地。[②] 1842年后，随着上海开埠通商，关庄布业由海门人开始运送上海，然后用帆船装载经上海至营口间的传统商路运至东北市场，在这条商路上往来的大都是宁波人所建立的“号帮”。1858 年，营口被辟为商埠后，号帮即已开辟了通海“尺套”北运的道路，从上海到营口约 720 海里，帆船普通航行时间在 15 天左右。由于“号帮”势力强大，保证了通海土布源源不断地北运，以营口为中心的东北市场成为通海土布的主要销售地，“外城各埠，向营口办货者，实繁有徒。就近的盖平、盘山、辽阳、本溪、抚顺、沈阳都以营口为吞吐口岸。即北至开原、昌图、四平街、辽源等处，凡至营口销售土产，或多或少，都办一些大尺布回去。甚至东疆的安东，以及吉林的长春、哈尔滨，松花江流域的富锦、同江，远至黑省的龙江，都成为销售大尺布的区域”[③]。1897 年安东、大东沟均开放通商，安东帮商人自备海船，往来于上海至安东之间，进一步拓展了上海至东北的商路。1929 年后，轮船逐渐代替帆船，给传统商路增添了新的活力。苏北地区水路运输以小轮船代替了民船，大大提高了商品的流转速度，1904 年

---

① 吴知：《乡村织布工业的一个研究》，商务印书馆 1936 年版，第 256—257 页。
② 林举百：《近代南通土布史》，南京大学学报编辑部，1984 年，第 161、166 页。
③ 林举百：《近代南通土布史》，南京大学学报编辑部，1984 年，第 120—121 页。

前后，“内河小轮通航如皋、泰兴、海安、姜堰、东台、泰州、盐城等处，皆可直达，不过一至二天即可送到……如阜宁、兴化、仙女庙、扬州、高邮、宝庆等处，也不过三至四天运到……较之以前民船，既快且省，土布业之加速发展，此亦得到助力不少”[①]。销往其他地区的商路也发生着变化，如表2-4所示。

表2-4　通海布匹商路的变迁

商路起始	布匹种类	旧商路	新商路
南通—南京	京庄布	从内河北航到瓜洲出口，到镇江再驶南京	光绪初年改行江船，从任港起运，航行外江，直达镇江，再转南京
			辛亥革命后，南通土布装轮船运至江阴，再转常州装火车到南京
			或从卢泾港装太古轮船直抵南京
			齐卢之战后，一律改为大达轮装运上海，转火车运南京
南通—芜湖	蓝布	先是由轮船运至镇江的大港，再换装从芜湖来的运粮船，回载芜湖	或从卢泾港装太古轮船直抵芜湖
			齐卢之战后，一律改为大达轮装运上海，转火车运芜湖

资料来源：林举百《近代南通土布史》，南京大学学报编辑部，1984年，第177、179页。

除了上述传统商路的拓展，1912年，通海土布还开辟了销往浙江、福建、江西、皖南的新商路。布匹从南通经水路运至杭州，沿钱塘江上行到兰溪、衢州，沿新安江到达安徽屯溪，从钱塘江推而东向，遍及浦阳江、曹娥江、瓯江各流域，又由浙江边境推广到江西广信、福建建瓯各属，在皖南方面，由祁门而至江西之浮梁诸地。[②] 这条新商路以杭州为转运枢纽，它的开辟带动了杭庄布业的兴起。

在定县，输出山西的土布，多用驮子载运，其中，“由定县至灵邱须六天，

① 林举百：《近代南通土布史》，南京大学学报编辑部，1984年，第179—180页。
② 林举百：《近代南通土布史》，南京大学学报编辑部，1984年，第194—196页。

至广灵及蔚州须七天,至浑源州需八天"①,销往本省涞源,察哈尔的蔚州、暖泉、大王城等地的土布,也多由驮子运出。此外,定县还开辟火车输出路线,"多至察哈尔之张家口、宣化、阳原、怀安,绥远之丰镇、归绥、萨县、包头、兴河,山西之大同、天镇、阳高等处"②。新商路的开辟,使定县土布外销数量剧增,1915 年定县土布外销达 400 万匹,较前一年增长 14.3%,创历史最高纪录,其中重要原因就是于 1911 年京张铁路通车,又于 1914 年展修至归绥。铁路与邮路是潍县土布运往区域外市场的主要商路,据调查,1932 年潍县布匹经由铁路运出者达 3600 公吨,由邮局发送的布匹在十二三万件之间,现代商路的开辟,使潍县土布遍布全国各省。③

在传统商路的拓展与新商路的开辟过程中,客商发挥了重要作用。客商是相对于本地商人而言的,指客居他乡或行走异乡的生意人。明清时期,随着商品经济的发展,形成了一些资力雄厚的客商群体,如徽商、晋商等,江南土布大多操之于他们手中。如淮安是运河沿线的棉布转运枢纽,江南的棉布在此集中,或沿运河继续北运,或通过清口,沿淮河而西运皖北、河南,甚至转销于西北各地,史载"布帛盐鹾诸利薮则皆侨寓者负之而趋矣"④。鸦片战争后,中外贸易日益频繁,国内市场亦日趋活跃,又形成了一批新的地域商人群体,宁波商人群体也是这时乘势崛起的、近代中国显赫的客商群体。客商走东串西,贸迁有无,起初将本乡的物产贩到客乡,又将客乡产品贩回本乡,如发现客乡某种产品在家乡很有市场,就在客乡开设门市,集中收购,或委托当地商人设庄收购,大批运输,形成固定的商路,成为半工业化地区的区域外市场。

定县土布的主要销售市场在西北,这在很大程度上归功于山西商人。起初,定县本地商人主要"替客人收买土布,专等口外客人来到,受客人委托,到庄上收买。买齐了,把布交给客人",土布销往何处,本地商人不再过问,"后

---

① 张世文:《定县农村工业调查》,四川民族出版社 1991 年版,第 95 页。
② 张世文:《定县农村工业调查》,四川民族出版社 1991 年版,第 92—93 页。
③ 《山东潍县之织布业》,《工商半月刊》第 6 卷第 1 号,1934 年 1 月。
④ 张海鹏、王廷元主编:《徽商研究》,安徽人民出版社 1995 年版,第 307 页。

来有一个山西人看这种买卖好做,首先在城内南街开一布店,每年得利很多”,大利所在,趋之者骛,山西商人与本地商人纷纷加入布店行列,布店愈开愈多,西北土布市场终于形成。[①] 宝坻土布销往外地市场与“外来商人之经营此业,互相因果。最初此辈客商仅限于河北他县,寖假而关外客商亦加入活动。使无此辈客帮商人之资金加入,宝坻布业殊难发达若是,不特热河关外未能发展,即邻县市场,恐亦难于侵入”。[②] 高阳土布的外销主要依靠布线庄在外埠所设立的外庄,这些布线庄的创设者,除了本地商人外,“保定、南宫、冀州、祁州、山西等地的商人,也有纷至沓来,在高阳设庄经营纱布生意”,其中山西商人开的商号资本都在 10 万元以上。[③] 此外,高阳布市中的客商也很多,“是外地经营布匹的商号派往高阳收布的人员。他们住在高阳各商号中买货。商号没有的货,由商号替他们到集市上收买。……布线庄都经常住着来自山西、河南、湖北、南宫、冀州等地的布商”[④]。这些客商不仅将高阳布卖到了各地,也将各地市场对产品的规格要求等信息带到了高阳。潍县市场上常有外地客商长驻,其中“以河南为最多,河南商人有常驻潍县收买棉布运回本省销售者”[⑤]。

江苏常熟的土布主要销往福建、浙江、安徽等地,“在早期,福建、浙江等南路客商要到常熟去采办土布”,整理包装后,“由常熟先装至浙江的乍浦,经该地‘过塘行’转手,再装福建。去浙江兰溪、龙泉等地,亦由常熟先装至杭州‘过塘行’再转”。[⑥]

南通农村织布业历史悠久,很早就有客商来通海地区购布的记载,无论是关庄布,还是县、京庄布,起初运销外地市场,都是客商推动的结果。先看关庄布,据近人考证,通海土布的北方市场也是客商开辟出来的,“徐淮、山东

---

① 张世文:《定县农村工业调查》,四川民族出版社 1991 年版,第 87—88 页。

② 方显廷、毕相辉:《由宝坻手织工业观察工业制度之演变》,《政治经济学报》第 4 卷第 2 期,1936 年 1 月。

③ 河北大学地方史研究室等编著:《高阳织布业简史》,1987 年,第 48 页。

④ 河北大学地方史研究室等编著:《高阳织布业简史》,1987 年,第 51 页。

⑤ 《山东潍县之织布业》,《工商半月刊》第 6 卷第 1 号,1934 年 1 月。

⑥ 徐新吾主编:《江南土布史》,上海社会科学院出版社 1992 年版,第 521—522 页。

由旱道上所来的客商,赶着成群的驴马,到通(州)如(皋)一带贩卖。回去时,买到一驮一驮的棉花,用土布作袋,载上马背北去",所以,通海关庄布"其所以得向东北畅销者,则借助于山东客人之手,才逐渐开辟了广阔的道路"。[①]鸦片战争后,随着上海开埠通商,土布外销商路渐渐由旱路改为帆船海运,"山东客人,对于通海营业,反渐减少"[②],以宁波商人为主体的"号帮"成为关庄布运销东北市场上的主角。山东客商对于通海土布北方市场的开拓,筚路蓝缕,功不可没。再看县、京庄布,清人徐缙谓"闽粤人秋抵通沙地买花衣,巨艘千百计,皆装布囊标其记"[③],可谓客商云集。鸦片战争后,"1870—1880年间,有一批宿迁客人到二甲镇、金东镇、候油榨一带收买南通土布,其后又有一批里下河米商和山东骑骡客人到金沙、兴仁镇一带收布"[④]。此后,本地商人开设布庄经营土布者渐渐增多,其主要功能只是代客收布,介于织户与客商之间,区域外市场仍然依靠客商。以南通县庄为例,20世纪30年代初的调查表明,"有94处,乃介于客商与本地机户间之中人,代为介绍交易而已。凡江苏之盐城、兴化、阜宁、高邮、镇江、宝应、东台、扬州等处,安徽之屯溪、绩溪、祁门、怀宁等处,浙江之金华、兰溪等处,以及江西之玉山、广丰等处之客商,赴通采办布货者,则由县庄代为接洽,从中为介"[⑤]。县庄甚至"自己没有资金,全凭各路客商带款来办,只代收货取佣,不负盈亏责任,其性质属于坐商,俗称'坐地虎'"[⑥]。可见,客商对南通土布销往外地市场的作用十分重要。在潍县织布区,"各省大资本布庄之办货客及驻潍庄客,亦每直接向东乡各机数较多织户收买,或指明阔数长数订织,更有驻潍庄客自立商标厂名,招寻织户若干家,使依所定长阔数及布之稀密,议定价值,终年交易,潍县布之销售,以由此二种人(各省办货及驻潍庄客)为最多"[⑦]。浙江硖石土布"北销

---

① 林举百:《近代南通土布史》,南京大学学报编辑部,1984年,第28页。

② 林举百:《近代南通土布史》,南京大学学报编辑部,1984年,第29页。

③ [清]徐缙、杨廷撰辑:《崇川咫闻录》卷11《物产录·棉花》,第8—9页,转引自徐新吾主编《江南土布史》,上海社会科学院出版社1992年版,第612页。

④ 徐新吾主编:《江南土布史》,上海社会科学院出版社1992年版,第613页。

⑤ 百强:《南通土布业之调查》,《纺织周刊》第1卷第29期,1931年10月30日。

⑥ 林举百:《近代南通土布史》,南京大学学报编辑部,1984年,第152页。

⑦ 《山东潍县之经济近况》,《中外经济周刊》第187号,1926年11月6日。

淮、扬、齐、鲁及东三省，南至皖、赣、闽、粤及本省之宁、绍、台、衢、严一带”，但并不是硖石本地商人向外推销的，而是“由各地客商，备带现款，亲自莅硖，看货论价，如货合价定，即行成交，当面付款”。[①] 相反，如果地方商人缺乏开拓性，又没有客商贩运，乡村手工业就难以向半工业化发展，山东桓台县就是如此，1920 年，该县“荣家庄人购洋机创织洋布，邻村效之，洋布机至三十余张，岁出布约二千余匹。嗣逐渐推广，增至四千余张，且改拉梭为足踹，铁机出六丈长一匹者，岁约四十万匹……无富商大贾采办，销路迟滞，渐呈衰歇之势”[②]。

对近代手工业而言，最大的区域外市场还是随着通商口岸的开辟而出现的国际市场，尤其是国际市场上需求旺盛的生丝，产品的绝大部分销往国外市场，如湖州辑里丝、广东“厂丝”、山东柞蚕丝等。然而，就商路的形成而言，与其说是中国商人的主动开拓，不如说是被动卷入，中国商人大多依附于外商，在一种不平等的贸易中形成蔚为可观的买办阶层。

（二）市场网络的形成

市场是为交换、流通而存在的，同时又是信息汇集场所。但是，传统手工业或为农民家庭消费而生产，或为本地集镇调剂余缺而生产，远距离贸易虽然也存在，但交易量较小，本地与外地市场间的商品交流有限，市场在时间与空间上的延伸度较低。随着传统商路的拓展和新商路的开辟，本地市场与区域外市场有机地联结起来，形成一个完整的市场网络，其中本地市场是这个网络的基础，它汇集手工业者的产品，主要满足区域外市场的需求，同时又将外地市场的需求信息及时反馈给手工业者，架起农民手工业者与外地市场联系的桥梁。

半工业化阶段的手工业是为市场而生产的，本地市场的发达与否，很大程度上决定着生产规模的大小。近代中国若干手工业的半工业化，带动了本地市场不断走向成熟与完善，在专业市场分化和市场媒介多层次性这两个方面表现得最为突出。

---

① 《硖石土布之调查》，《工商半月刊》第 3 卷第 4 号，1931 年 2 月。

② 戴鞍钢、黄苇主编：《中国地方志经济资料汇编》，汉语大词典出版社 1999 年版，第 250 页。

1. 出现专业市场，本地市场更趋完善

市场细化是生产分工的体现，它反过来又进一步促进生产分工的发展。半工业化还促使手工业对本地市场产生了“反向连进”作用，手工业的发展必然对所需原料、上下游产品提出更高的要求，进而促使本地市场不断分化出新的专业市场。

由于条格布的兴起而产生的高阳色线市、色布市就是一个典型代表。过去，高阳的棉纱交易只有线市、零线市，布匹交易只有白布市。色线市、色布市的出现使得高阳本地手织业市场更趋完善，各专业市场具体情况见表2-5。

表2-5　全民族抗战前高阳手织业专业市场基本情况

市场名称	地点	开设时间	交易品种	交易情形
线市	高阳县城内篮子市街	民国四五年间（1915—1916）	棉纱	交易单位，起码半包，商人年纳会费2元，即可入市交易，线市分早晚两市，早市10—12点，晚市下午4—6点
零线市	县城西门内大寺坑	民国初年	本色棉纱	逢阴历四、九集期，商人将整包棉纱拆开零售，以捆为交易单位，购买者都是织布工人
色线市	县城内东街	约民国十年（1921）	染色棉纱	逢阴历四、九集期，交易灵活，可以论把出售，也可以按捆买卖
白布市	县城内西街	民国初年	白布	逢阴历四、九集期上午举行，卖方大都是四乡负布入城的织布工人，买主为布线庄、布庄、布店以及推车的小布贩等

续表

市场名称	地点	开设时间	交易品种	交易情形
色布市	城隍庙前及枣市街一带	约民国十年(1921)	条格布、呢布等花色布	逢阴历三、八集期上午举行,四乡织户在此就地设摊,买者亦为布线庄、布庄、布店以及推车的小布贩等
麻布市	城内南街	民国十年(1921)以后	麻布	逢阴历三、八集期早晨举行,卖方为织卖货的织户

资料来源:吴知《乡村织布工业的一个研究》,商务印书馆1936年版,第210—215、226—227页。

高阳本地市场,每逢集日,“客商云集,贸易兴旺,宜其变为布业之重心,邻近之乡村市场,莫不遭其左右。每遇市集期间,邻村之织户,咸挟其织就之布匹以俱至,并于城中商人雇主之店铺,换取棉纱并领工资,彼辈昔日尝于市集上售其货品与布商及布贩之形势,今已荡然无存矣”①。定县乡村集市上也有专门的“线子市”、土布市。此外,全县规模较大的集中交易场所位于县城西街花市财神庙布庄,“布庄内备有长条板凳多条,专为集日收买庄布时,买主卖主放布及休息之用。财神庙地址与布庄内设置之板凳,都系布店大家合资购买”,该布庄土布交易量大,最多的一次曾达17000余匹,普通集日在1500匹左右,“每逢大小集日,远近卖布的农民都到这里聚集。布匹少的农民,普通用包袱捆好,背到布庄来卖。布匹较多者,打成两捆用扁担挑到布庄来卖。普通每人携带十匹上下,最多也不过二三十匹”②。南通商人收买布匹,向于清晨在城南段家坝,或立露天,或寄檐下,设摊搁台,纷扰万状。为改变这种状况,健全本地市场建设,1934年7月,通海布业商人在县商会、大生纱厂、绸布广货公会、大尺布业同业公会等团体的组织下,筹款14000元,在

① 方显廷:《华北乡村织布工业与商人雇主制度(一)》,《政治经济学报》第3卷第4期,1935年7月。

② 张世文:《定县农村工业调查》,四川民族出版社1991年版,第90—91页。

南门外段家坝建成集中的土布市场，于1935年10月落成。该市场布局合理：

> 房屋规定为回字形，四面都设表门，便于农民出入，内容为对合式房屋八十间，专供出租为各家收布的柜台一百六十座。四角各建三间，设为验布所。又于回字内周的隙地，加建十字形走廊，通连成为⊡形，以避风雨，并作农民休息之处。另建东西办公厅五间，厢屋四间作会议室、办事室及工作人员休息室、厨房、厕所等之用。合计大小一百五十二间。[①]

在宝坻，传统地方性市集在清乾隆年间即已成形，但没有专门的棉纱布匹市集，纱布的交易量也十分微小，“土法纺织纱布仅随其他农业原料出售，未有特殊布市”[②]，随着宝坻织布业的兴旺，纱布交易量日益增大，布市在本地集市中的重要性日益凸显，表2-6是宝坻布业高峰与低潮时布集交易额的比较。

表2-6　1923年、1933年宝坻布集交易额之比较及1933年各类市集每市交易数额之比较

纱布交易方及其数量		1923年	1933年
出售布匹之主匠织工数(人)		3000	1600
购买布匹之商人雇主数(人)		65	30
布贩数(人)		120	60
出售棉纱之布商数(人)		15	4
出售棉纱之织工数(人)		60	20
布商所购布匹	匹数(匹)	10973	8500
	总值(元)	29101	18726

① 林举百：《近代南通土布史》，南京大学学报编辑部，1984年，第289页。

② 方显廷、毕相辉：《由宝坻手织工业观察工业制度之演变》，《政治经济学报》第4卷第2期，1936年1月。

续表

纱布交易方及其数量		1923 年	1933 年
布贩所购布匹	匹数(匹)	4027	833
	总值(元)	10680	1835
所购布匹总数(匹)		15000	9333
所购布匹总值(元)		39781	20561
布商出售之棉纱	包数(包)	150	40
	总值(元)	31725	7312
织工出售之棉纱	包数(包)	1.5	0.5
	总值(元)	317	91
出售棉纱总数(包)		151.5	40.5
出售棉纱总值(元)		32042	7403
棉布棉纱交易总额(元)		71823	27964
纱布集市与其他市集按最高交易额之比较(元)	棉布与棉纱		44196
	棉花		12000
	粮食		2200
	牲畜		2493

资料来源:方显廷、毕相辉《由宝坻手织工业观察工业制度之演变》,《政治经济学报》第 4 卷第 2 期,1936 年 1 月。

由上表可知,宝坻布业高峰时的 1923 年纱布市集每市交易额达 71823 元,低潮时的 1933 年纱布市集每市交易额为 27964 元,两者相差 43859 元。按交易额进行比较,即便是在布业低潮时的 1933 年,棉布与棉纱的交易额比该县棉花、粮食、牲畜等其他市集交易额的总和还要多 27503 元,这反映了本地市场与半工业化阶段的织布业之间的相互关联的重要性。

2. 商人分工明确,市场媒介多层次性突出

传统手工业者仅将自己消费之余的产品拿到本地集市上,直接卖与消费者,商人的作用极其有限。随着半工业化的发展、市场的扩大,商人的作用日益突出。活跃在本地市场上的商人,包括三个层次:开设行、号、庄等商业机

构从事大宗批发业务的大商人,开设店铺从事零售业务的中小商人,以及走村串户、没有固定商铺的贩子,他们功能各异,在市场网络中扮演不同的角色,其地位与作用也不一样,但都为本地市场的繁荣与扩大并向区域外市场发展作出了贡献。

以大宗批发业务为主的大商人,往往资本较为雄厚,大多从经营其他商业转化而来,在某业兴旺的时候,利用传统商路与经商经验,直接从外地整批购回原料,在本地市场上销售,然后将本地生产的产品大宗整批销往外地市场。在高阳,布线庄充当了这一角色,截至 1933 年春,高阳布线庄“不下 60 家之多”①,到 1937 年上半年,“达到了百十家”②。布线庄主来源较为复杂,不仅有本地商人,也有高阳以外的保定、南宫、冀州、祁州甚至山西商人,他们的前身大多为旧式商人,如经营钱业、粮谷油盐、洋广杂货、洋布绸缎、木器厂行等业的商人,由于纱布生意获利甚丰,便改为专门经营棉纱、布匹的布线庄。资本雄厚者在创办布线庄时即可达数万元,经过一定时期的积累,资本剧增,“资金最多的是南边坞杨家的商号,‘七七’事变前拥有资金 200 多万元,其次是汇昌、庆丰义,资本均在 100 万元”③。当然,布线庄之间的差距很大,一般的布线庄,资金均在 2 万元左右。除了从事上述业务外,这些大商人还利用资本的优势,直接向生产者发放原料、收回制品,成为所谓的商人雇主。

但是,大商人往往并不直接从事零售生意,与生产者和商贩直接打交道的是那些开设店铺从事零售业务的中小商人。由于受到资本的限制,这些中小商人往往采取整购零售的方式,从大商人那里赊购原料,零售给手工业者,或从市集上收买成品,批售给外地客商或本地大商人,高阳布业中的“染线工厂”和布店大抵属于中小商人的范畴,“染线工厂”资本通常在两三千元左右,无力设立外庄购买原料与销售布匹,只在本地市场向较大的布线庄批购棉纱,并将其染成各种颜色,零售给农民手织业者,是介于大商人与商贩或直接

① 吴知:《乡村织布工业的一个研究》,商务印书馆 1936 年版,第 37 页。

② 河北大学地方史研究室等编著:《高阳织布业简史》,1987 年,第 49 页。

③ 河北大学地方史研究室等编著:《高阳织布业简史》,1987 年,第 49 页。

生产者之间的一个居间商人，如青塔镇上随着布匹交易的活跃，"有一种固定然而规模较小的专门收布商产生，其经营方式则不直接向外埠运销，仅就当地收买布匹，随即售与流动收布商之手，居于一种居间商的地位"①。江苏吴江盛泽丝绸市场上的绸庄也是介于机户与绸行之间的居间商，"约有三十余家，此种绸庄即系机户之代售所，机户有绸出售时，即将货携至绸庄……绸庄在三四日内将该货售与绸行"②。

贩子是传统经济时代的遗留物，进入近代以来，其作用发生了部分变化。如果说贩子在传统手工业品销售中主要为本地市场服务的话，那么在半工业化阶段，贩子已经融入市场网络之中。作为最底层的小商人，他们资本有限，且大多是农民兼业者，开不起大商号，通过走村串户或积零成整，将小生产者手中的产品收集起来转卖到市镇行商手中进行再加工，从中赚取差价，如"1886年肃宁布商的足迹开始出现于青塔镇，是一种流动的收布的性质，随时收购随时输送肃宁本号，然后发运外埠市场，至今相传，每一个集日此种布商在青塔镇收购布匹多至400—500匹"③。潍县布贩多在乡村集市上零购土布，该县"各处集市，布市交易，皆为布贩经收，再运潍贩卖于外路布商"④。有些小贩子整批零售，筹集少量资本，将在市场上购买的产品运到四乡村镇去零售。如通海织布区内"小有资本又有看布技术的布贩，各在乡区临时设庄，收购布匹，专售给关庄"⑤，高阳织布区内的小布贩"以一个或二个人推着小车甚至负了一个小布包，往来于穷乡僻镇，论匹或论尺零卖"⑥。这些小贩子起早贪黑，往往直接面对生产者或消费者，利润小。他们的存在，不仅搞活了市场流通，而且也解决了部分农民农业生产淡季时的就业问题，如高阳季朗村就是一个以布贩闻名的商业村。早在1890年左右，该村"农民便利用农

① 厉风：《五十年来商业资本在河北乡村棉织手工业中之发展进程》，《中国农村》第1卷第3期，1934年12月。

② 《盛泽之绸业》，《经济半月刊》第2卷第8期，1928年4月。

③ 厉风：《五十年来商业资本在河北乡村棉织手工业中之发展进程》，《中国农村》第1卷第3期，1934年12月。

④ 韩松亭：《介绍山东潍县布纱产销情形》，《纺织周刊》第3卷第25期，1933年6月16日。

⑤ 林举百：《近代南通土布史》，南京大学学报编辑部，1984年，第46页。

⑥ 吴知：《乡村织布工业的一个研究》，商务印书馆1936年版，第241页。

闲时节,用小资本收买少量布匹,或到高阳商号赊货,独自或结队推车运往外县销售",布业兴盛时该村布贩车发展到100多辆。[①] 精明的贩子通过逐步积累,也能向大商人发展。高阳最大的布线庄蚨丰号的创办人杨帅从和杨木森父子俩就是贩子出身,杨帅从十几岁时就开始做小买卖,背着布包串街走村卖丝绒线、带子和洋杂货,后来发展到推布车卖布;其长子杨木森继承了他的旧业,推布车贩卖布匹和洋广杂货,直到出任高阳庆丰义商号的掌柜,积累起了丰富的从商经验和一定的资本,于1902年在高阳开办了蚨丰号。[②] 在宝坻,传统经济时代里"纯粹从事商业活动者,实仅商贩,转运本地织布工匠之剩余生产,以销售他处,然活动范围亦不广大,普通皆在五十里与百里周围之内,而以附近市集为主要市场"。由一般布贩子转变为商人雇主,多少有些出于偶然,"商贩在市集之中,偶见某织户出售布匹较之平日贩卖者质地匀整,或所生产布匹为量较大,即愿长期与此家售户交易",于是通过预付部分资金或棉纱,建立起长期的供销关系。[③]

由此可见,本地市场上的商人资本实力相差很远,一般而言,设行、庄、号者为大商人,中小商人多设店、铺经营,流动贩子则没有固定门面。但是商人间的资本大小、职能分工并不是从名称上可以区分开来的,同样的名称在不同的地区存在着差异。如在定县市场上起关键作用的是布店,资本大者达万元,小者仅数百元,店员多者达17人,最少者为3人,全县共有布店45家,分布在县城、砖路、清风店、小寨屯、大西涨、大辛庄等地,其中,县城布店类似高阳布庄,小寨屯等村镇的布店则"系一种小布贩的性质,布店一切工作多由家人帮忙"[④]。又如在潍县市场上,经营布匹者统称为布庄,"全县有布庄275家,全年营业多数均在二万以下,尤以五千元以下之家数为最多。每年营业额在五万元以上者为数仅八家。八家之中营业额最大者为225000元,次为

---

① 河北大学地方史研究室等编著:《高阳织布业简史》,1987年,第46页。

② 河北大学地方史研究室等编著:《高阳织布业简史》,1987年,第65—67页。

③ 方显廷、毕相辉:《由宝坻手织工业观察工业制度之演变》,《政治经济学报》第4卷第2期,1936年1月。

④ 张世文:《定县农村工业调查》,四川民族出版社1991年版,第87—93页。

180000 元，再次为 105000 元"[①]。这些调查数据可能低于其实际营业额，但布庄之间大小界限分明。常州土布市场上的布庄是分布于乡镇、直接与农民织户打交道的小商人，他们须向大棉纱号买进棉纱、发放与乡村织户，织户将织成的土布交还布庄，售于布行。[②] 可见，名称虽然相同，但经营能力差异性很大，市场媒介的多层次性还是比较突出的。当然，对市场媒介的多层次性应从两方面来看，一方面有利于市场的活跃，另一方面也增加了商品流转过程的环节，无形中抬高了生产者或消费者的成本。

这些本地市场虽有相当程度的发展，但距离现代市场的规范运行还有较大差距，市场交易带有浓厚的习俗性。其一，一般来说，市场交易日期依旧式集期，或逢单日集、双日集，或三、八集期，四、九集期等。其二，市场交易虽然活跃，但一般缺乏经纪人，也不使用票据，全凭信用——一种建立在熟人社会中的习俗型信用，随着半工业化的进一步发展，这种传统的信用关系受到很大挑战。

本地市场活跃与否，取决于与区域外市场的联系程度；与外地市场联系密切与否，很大程度上取决于商业中间组织发达与否。在若干地区织布业、蚕丝业的半工业化进程中，中间组织在区域外市场的开拓与联系方面发挥着重要作用。如在宝坻，"栈店"就扮演着这种角色。

> 此种店主在华北社会颇占重要地位，盖彼于商旅运输情形，极为熟悉，每逢旅客甫至，即笑脸相迎，寒暄长短，款待茶饭，能令商贾忘其跋涉之苦。且过往旅客既多，店主能饱识市集状况，货物供需，风俗人情，铺户否泰，以及钱市情形，坐谈之顷，旅客得以尽知，且何处可购牲口，价格如何，水陆交通途径，关卡勒索状况，以及兵匪行动等地方情形，均为商

① 《山东潍县之织布业》，《工商半月刊》第 6 卷第 1 号，1934 年 1 月。

② 查秉初：《从清代末季至今常州工商业略述》，《常州纺织史料》第 1 辑，1982 年，第 92 页。常州的土布庄分设于湖塘桥、鸣凤镇、芦家巷、周家巷、南夏墅、前黄镇、土店镇、马杭桥、坂上镇、礼嘉桥、塘桥镇、洛阳镇、崔桥镇、洛社镇、东黄林、戚墅堰、白家桥、东圈门、三河口、焦溪镇、郑陆桥、新安镇、芙蓉圩等 23 个乡镇。

旅所亟盼知悉,往往盈亏之计,即系于是,而店主多能详述底蕴也。[①]

不仅如此,中间组织在市场网络的构建中发挥了枢纽作用。在布线庄的经营活动中,传统的商路与商业网络尤其是从商经验依然在发挥作用,与外地市场的联系主要是通过外庄亦即分号实现的。据调查,1932 年高阳 60 家布线庄中,53 家布线庄共设售布外庄 130 处,其余 7 家则是外地商人在高阳设立的分号。高阳各布线庄设立外庄情形见表 2-7。

表 2-7　1932 年高阳 53 家布线庄设立外庄情形简表

单位:家

各布线庄设立外庄情形	布线庄数量	外庄数共计
设立 1 家外庄者	12	12
设立 2 家外庄者	21	42
设立 3 家外庄者	13	39
设立 4 家外庄者	3	12
设立 6 家外庄者	3	18
设立 7 家外庄者	1	7
总计	53	130

资料来源:吴知《乡村织布工业的一个研究》,商务印书馆 1936 年版,第 49 页。

如果加上专门在高阳买布后运往外地销售、自己不从事撒机的布庄设立的外庄,那么外庄总数达 174 个,分布于国内 67 个城市中。[②] 不过,外庄数字随着市场的变动时有增减,1933 年春就减少至 167 家,但分布地域更广了,达 68 个城市,详细分布情形见表 2-8。

---

① 方显廷、毕相辉:《由宝坻手织工业观察工业制度之演变》,《政治经济学报》第 4 卷第 2 期,1936 年 1 月。

② 吴知:《乡村织布工业的一个研究》,商务印书馆 1936 年版,第 50 页。

表 2-8　1933 年高阳织布区销售外庄数及分布地

按设立外庄数多少分类	外庄所在地	外庄数(家)
设立 15 家者	北平	15
设立 10 家者	太原、洛阳	20
设立 9 家者	西安	9
设立 8 家者	榆次	8
设立 6 家者	汉口、栾城	12
设立 4 家者	获鹿、大同、许昌、开封、重庆	20
设立 5 家者	顺德	5
设立 3 家者	解州、济南	6
设立 2 家者	盐山、南宫、宁晋、无极、新绛、绛州、汾阳、潞安、丰镇、包头、彰德、郾城、常德、长沙、成都、张家口、蔚州、兰州、贵阳	38
设立 1 家者	冀州、任邱、高邑、东光、辛集、静海、行唐、沧县、正定、定县、河间、邯郸、大名、晋县、藁城、深泽、平遥、阳高、洪洞、浑源、绥远、五原、萨县、郑州、南阳、武安、新乡、益阳、衡阳、叙州、潍县、徐州、上海、广州	34
总计	68 地	167

注：本表据吴知《乡村织布工业的一个研究》，商务印书馆 1936 年版，第 235 页，表 72 改制而成。

上述 68 个外庄所在地的布匹销售区域并非限于所在地，而是“以之作为转销他方的批发处，或为散货至四乡次要城市或地带的中心”，如“徐州的分庄，常批发与丰县、沛县、萧县、砀山、单县、金乡等地的客商”。外庄还采取举措尽量扩大销售范围，“短跑”即为其中一种。所谓“短跑”，是“于分庄附近城市，其地市场较小或交通不便，为求在此地方销货起见，有每隔若干日携货样往该地兜售，成交后再由分庄发货；或委托该地商界人士作通讯员，遇有外客办货，即来信通知，以便发货前往，以求推销；亦有每隔若干时日，运输相当数量的货品前往,在该地推销,售罄后再返”。如河南许昌的分庄通过“短跑”将高阳布匹销售到汝南、驻马店、确山、遂平、南阳等地,郾城分庄的布匹也远销至上蔡、舞阳、新蔡等地。[①] 正是这些布线庄、布庄等商业组织搭建起了本地市场与外地市场间广泛的业务联系,加之电报、电话的使用,商业信息在总号与分号之间畅通无阻,构成一个完整的市场网络。

由于高阳本地没有纱厂,手工棉织业所需机纱也来自区域外市场,于是产生了高阳商人专在外埠设庄购入原料至高阳贩卖为营业的商号,即线庄。除线庄外,较大的布线庄大都在外地设庄购买原料,1932 年,同时设庄购买棉纱的布线庄共约 20 家,其中附带购买麻丝的 12 家。宝坻各大布商自行派遣销售员常驻外地,“其最盛时期,宝坻布商之有售货员于承德者三四家,北票者十家,围场者四五家,赤峰者七八家,山西榆次者亦十家。此种售货员普通咸寄寓旅店,并不自设铺居也”[②]。宝坻、高阳等织布区的原料采购与制品销售主要依靠外地市场,通过本地商人与客商,在棉纱供应商与棉布消费者之间构建了一个完整的市场网络,这一网络系统可以图解如下(见图 2-3):

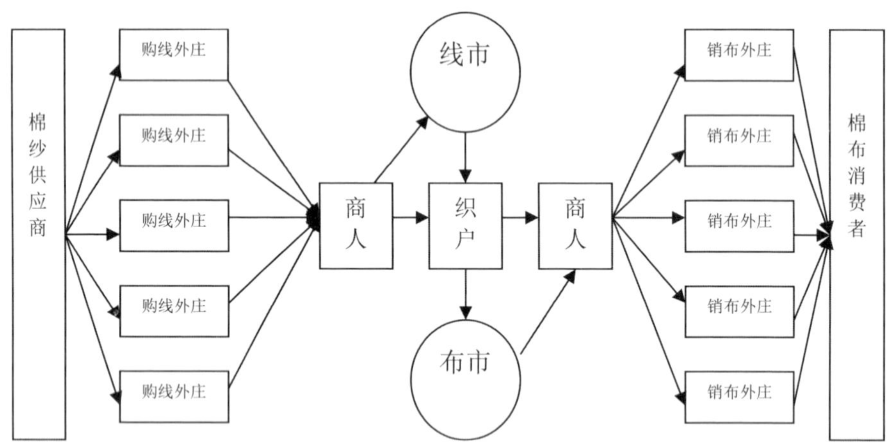

图 2-3　高阳棉纱布市场流转图

① 吴知:《乡村织布工业的一个研究》,商务印书馆 1936 年版,第 234 页。

② 方显廷、毕相辉:《由宝坻手织工业观察工业制度之演变》,《政治经济学报》第 4 卷第 2 期,1936 年 1 月。

市场网络的构建将农民手工业者的生产纳入市场化进程中,使原料采购、生产、销售有机地联结为一个整体。如果说传统手工业主要局限于本地集市上的调剂余缺、甚至于家庭消费的话,那么半工业化阶段的手工业就已经挣脱了从家庭到本地集市的封闭圈子,走向更为广阔的区域外市场。在这样一个大市场格局中,手工业者主要依据市场的需求进行生产,商人也已经从前店后坊式的经营模式中走出来,开门办店,将市场信息迅速转化为产品规格、花色样式,将手工业者组织在自己的周围,为他们提供原料甚至技术较为进步的生产工具,按自己的需要进行生产,形成一个新的经济系统。当然,商人也成为在半工业化发展进程中获利最多的社会阶层。世界历史的经验表明,生产技术的进步与市场的不断发展是经济现代化的两个主要维度,在近代中国半工业化进程中,生产工具的改良与生产工艺的改进,基于区域外市场的拓展而形成的市场网络,在经济现代化的道路上具有不可忽视的意义。

在区域外市场的开拓过程中,依托中心城市的金融机制发挥了特殊的作用。据学者们于20世纪60年代对江苏常州土布业从业者的调查,“常州土布在早期所以能盛销苏皖两省,而以长江北岸各城镇行销较广,其主要原因之一为利用旧式钱庄高利贷信用放款,以赊销方式对经济比较落后的农村市镇,大力推广业务,得到厚利”①。在重要的生丝产地嘉兴、湖州,丝商垫款大多从上海挹注,如湖州,钱业界因有“在湖(州)进洋,迟四日在沪、杭等埠介洋之优遇,故虽出汇费,亦乐就范”②。潍县金融业是随着该县土布、烟业、猪鬃等手工业生产的兴盛而出现的,从事织布业放款的有银行、钱庄、线庄等机构。银行放款对象虽然涉及钱业、猪鬃、土产及烟草,但以土布业为最多。钱庄是布业主要的资金融通机构,据1933年的调查,资本总额达112800元,以吸收外路资金为主要来源,吸收存款达1065000元,“放款以土布业为最大,多数顾客为布贩”,放款总额1177000元。除此之外,尚有与潍县织布业息息相关的线庄——“布业之金融机关”。20世纪30年代初,潍县共有线庄24

---

① 徐新吾主编:《江南土布史》,上海社会科学院出版社1992年版,第547页。

② 可范:《湖州钱业最近之概况》,《钱业月报》第8卷第9号,1928年10月27日。

家,“其存款其放款及其资本,均在钱业之上,故一般而论,线庄之营业比钱庄为大”。潍县线庄的营业方式是这样的:“存款以活期占多数,定期较少,多系四乡布贩之进出存款,存款而外,线庄之金融来源,多仰给于昌邑、柳疃。放款亦以布商为主,四乡之布贩皆以线庄为其金融接济之机关,以支单过账,不提现款,极为便利。布商需要汇票向外贩货,或外来汇票,皆由线庄为之代办。”①其具体资本额及其经营情形见表2-9。

表2-9 20世纪30年代初潍县线庄资本额及经营状况表

单位:元

名称	设立年份	组织	资本数	存款数	放款数	每年汇兑数
义德泰	1919年	合资	10000	100000	120000	50000
瑞承祥	1929年	合资	50000	100000	150000	50000
瑞蚨祥	1930年	合资	20000	50000	60000	30000
瑞祥成	1930年	合资	30000	80000	100000	30000
同裕盛	1931年	合资	4000	20000	25000	—
裕丰祥	1930年	合资	3000	20000	25000	—
公祥泰	1923年	独资	20000	50000	60000	—
同泰和	1922年	合资	30000	50000	60000	20000
东和福	1928年	合资	20000	40000	50000	—
协聚泰	1931年	合资	40000	200000	250000	300000
同和福	1928年	合资	20000	30000	35000	20000
德源信	1929年	合资	20000	30000	35000	10000
德裕祥	1930年	合资	6000	100000	150000	—
公盛福	1914年	独资	14400	100000	150000	—
永兴隆	1932年	合资	7000	50000	60000	100000
恒元祥	1932年	合资	4000	60000	65000	—

① 公英:《山东潍县之金融业》,《工商半月刊》第6卷第2号,1934年1月。

续表

名称	设立年份	组织	资本数	存款数	放款数	每年汇兑数
公聚合	1926 年	合资	20000	50000	55000	—
同成利	1930 年	独资	20000	100000	150000	100000
同盛福	1923 年	合资	32000	100000	150000	50000
和盛公	1931 年	独资	2000	50000	55000	—
德源福	1930 年	独资	15000	30000	35000	—
源兴德	1923 年	合资	4000	80000	100000	—
德聚泰	1931 年	合资	30000	100000	100000	50000
德聚恒	1931 年	合资	5000	50000	60000	30000
总计	合资 19 家,独资 5 家		426400	1640000	2100000	840000

资料来源:公英《山东潍县之金融业》,《工商半月刊》第 6 卷第 2 号,1934 年 1 月 15 日。

虽然线庄的资金融通对潍县手工织布业的繁荣具有不可替代的作用,但是这种金融体系的脆弱性也是十分显见的。如表 2-9 所示,线庄自有资本仅 426400 元,吸收存款达 1640000 元,两项合计 2066400 元,而其放款竟达到 2100000 元,是其自有资本与存款之和的 101.6%,一旦遇到市场波动,其金融风险就难以避免。

商人资本的大量渗入,使手工业者能够在无须支付生产、销售费用的情形下从事手工业生产,促进了高阳、宝坻等手织业经济区的形成和发展。但是,以近代农村商人自身资本实力而论,还不足以应付年交易额达几千万元的纱布贸易。如在高阳,普通的商人大都缺乏资本,"布线庄开办资本,普通不过八九千元,连公积也不过一万三四千元,染线工厂开办资本普通不过二三千元,连公积不过四千余元。但普通一包棉纱的价格就要二百元以上,以一次购买十包论,就要二三千元;再说自购纱织布以至出售得线这一个期间,少则一二个月,多则半年以上,其中屯积的原料成货以及赊出的帐款,一定也是不少"[①]。那么商人怎样以较少的资本来经营较大的业务呢?这与纱布贸

① 吴知:《乡村织布工业的一个研究》,商务印书馆 1936 年版,第 89 页。

易中的金融机制是分不开的。如宝坻织布业经济区形成了两大金融网络，“其一，以货物及原料之转动关系形成以天津为中心之网；其二，以当地各商号现款之转动而形成以各银市为中心之金融网”，以天津为中心的金融网络避免了宝坻土布贸易中大量异地间的现款往来，如贩运宝坻土布的布商，无须自他处输送现款至宝坻，以其天津分庄所存现款就近付与宝坻布商在天津的分庄，宝坻布商在天津购纱乃以其天津分庄所存现款付与纱厂，亦无须自宝坻运送现金付与纱厂。其实，宝坻土布贸易双方的货款是以“津票”互相结算的，“自此种津票成为宝坻布业金融活动之重心，金融关系变化可睹”。与宝坻土布关系更大的是织布区内的银市，银市是织布区内各乡镇钱行间的联合组织，由钱行或附带经营放款业务的商家自愿加入，其主要职能是放款，定期议定行市利息，办理各项放款手续，宝坻土布贸易活跃时，用款数量多至数十万，单独钱行难以独承其任，于是银市共同分配，俾使利益均沾，风险共担。加入银市之家，“多则三四十家，少亦十余家”，但各银市之间联系密切，融通有无，如“宝坻县城，其款项来源，不仅以本城各商家，近如新集、林亭、新安镇各商号，远至香河之渠口镇、玉田之林南仓，皆无不暗相联系，呼唤灵敏，通常银市筹集二三十万元之现款，措手可及”。[①] 据方显廷调查，“宝坻银市与邻县亦有连带关系，有时资金不能平衡，即由邻县周济……至于银市营业总额，则在宝坻县城者，每市约五十万元至百万元，在新集者自四十万元至八十万元”[②]。同宝坻比较起来，高阳与天津的金融关系更加密切，高阳纱布商在天津购入原料，大多靠天津银号垫款或向纱号赊购，纱布商又在高阳以赊销办法分售于其他规模较小的布线庄和染线工厂，“天津遂成了高阳布业金融汇兑的枢纽，凡外埠售布所得款项，依自然的趋势，都调到天津，以为还欠或购买原料之用”，高阳本地因现金流通量缺乏，需要从天津调入现金，于是“产生了调津汇水和拨条贴现的情形”。[③] 当然，这种“记码存账”制度虽然解除了

① 毕相辉：《河北省宝坻县金融流通之方式》，见方显廷编《中国经济研究》，商务印书馆 1938 年版，第 839—843 页。

② 方显廷、毕相辉：《由宝坻手织工业观察工业制度之演变》，《政治经济学报》第 4 卷第 2 期，1936 年 1 月。

③ 吴知：《乡村织布工业的一个研究》，商务印书馆 1936 年版，第 65 页。

小资本经营中的困境，但它终究是资本缺乏的表现，市场景气时尚可勉力运行，市场萧条时则难免倒闭。

（三）区域外市场与半工业化

与市场尤其是区域外市场的高依存度是近代半工业化的一个重要支撑。半工业化与传统手工业的一个重要区别就在于生产目的的差异。传统手工业主要为家庭消费而生产，只有在产品多余时才在附近的集市上出售，以调剂本地市场余缺，而半工业化进程中的手工业一开始就为市场而生产，并组织起跨区域销售。

以土布业为例，宝坻、高阳、定县、潍县、通海等地区所生产的土布大多销往本县以外的市场，其中东北、内蒙古、西北等地是上述地区土布的主要销场。如高阳布业原料完全依靠外地，其中"麻丝完全是在外国制造的，最大的来源是意国和日本，据业中人估计约70%以上，其次法德美等国都有，合计在30%以下。……至棉纱则完全是国内的纱厂所出产的……供给高阳棉纱的几个地方，还推上海、天津、青岛三处为最多"[①]。高阳棉布销售区域更广，几乎遍及全国各地，如表2-10所示，1932年河北省销售高阳布共计515581匹，占全国销售总额的42.95%，销售值4283301.25元，约占全国销售值的39.88%，无论是销售量还是销售值，高阳棉布的主要市场都在省以外。值得注意的是，1932年是高阳织布业衰落的年代，在河北本省所销售的棉布中，真正在本地集市上所售棉布仅为149889匹，销售值为1379077元，在全国销售数量、销售值中的比重分别为12.49%、12.84%。

表2-10　1932年高阳布匹销售区域分布情况

区域名称	销售数量（匹）	百分比（%）	销售价值（元）	百分比（%）	单价（元）
河北	515581.0	42.95	4283301.25	39.88	8.31
山西	238857.0	19.89	1990542.62	18.53	8.33
河南	177515.0	14.79	1566649.14	14.59	8.83

① 吴知：《乡村织布工业的一个研究》，商务印书馆1936年版，第199页。

续表

区域名称	销售数量(匹)	百分比(%)	销售价值(元)	百分比(%)	单价(元)
山东	6700.0	0.56	82006.41	0.76	12.24
绥远	52326.5	4.36	278953.55	2.60	5.33
察哈尔	21772.0	1.81	181374.15	1.69	8.33
陕西	82610.0	6.88	829698.81	7.73	10.04
甘肃	27386.0	2.28	247524.28	2.30	9.04
湖北	23309.0	1.94	324399.28	3.02	13.92
湖南	11571.0	0.96	163599.94	1.52	14.14
四川	31966.0	2.66	665700.58	6.20	20.83
江苏	1168.5	0.10	13157.04	0.12	11.26
广东	1965.0	0.16	27751.03	0.26	14.12
贵州	7184.0	0.59	85566.92	0.80	11.91
总计	1200361.0	100.00	10740224.90	100.00	

注:据吴知《乡村织布工业的一个研究》,商务印书馆1936年版,第236—238页表重新计算编制。单价为笔者根据销售数量与销售价值计算得出。

19世纪90年代初,定县棉布开始销往定县以外的市场。甲午战争后,专营口外贸易的晋商在定县开设的布店日多,定县土布输出量也日益增多。据估计,1913年达200万匹,1914年达260万匹,1915年达400万匹,约值2494000元,是定县土布输出的最高纪录。① 另据张世文推算出来的部分年份定县输往西北的土布数量及其价值见表2-11。

表2-11 1912—1930年定县输往西北的土布数量及其价值

年份	匹数(万匹)	价值(万元)	年份	匹数(万匹)	价值(万元)
1912年	290.0	249.4	1922年	109.1	90.5
1913年	300.0	237.0	1923年	107.9	107.9

① 严中平:《定县手工棉纺织业之生产制度》,《社会科学杂志》第8卷第3期,1937年9月。

续表

年份	匹数(万匹)	价值(万元)	年份	匹数(万匹)	价值(万元)
1914 年	350.0	269.5	1924 年	109.9	109.9
1915 年	400.0	316.0	1925 年	117.2	117.1
1916 年	340.0	272.0	1926 年	105.5	116.1
1917 年	320.0	291.2	1927 年	81.0	89.2
1918 年	120.0	217.5	1928 年	100.4	115.4
1919 年	200.0	170.0	1929 年	112.1	128.9
1920 年	120.0	115.2	1930 年	122.0	146.4
1921 年	95.1	84.6	总计	3550.2	3243.8

资料来源:张世文《定县农村工业调查》,四川民族出版社 1991 年版,第 101 页第 30 表、第 103 页第 32 表。

常州土布"运销于苏北的上河、下河、里河各县市,直达淮海。津浦路由浦口至蚌埠、徐州间。皖南、皖北,至颍、亳、寿各县,达河南省边界。本省内的宁、镇、宜、溧、金坛、高淳,直至浙省各县"①,"其售本邑者,十不及一"②。常熟土布卖价便宜,适合劳动者的购买力,其"销路从福建、浙江扩大到两广、南洋、东北和甘肃兰州"③。广西郁林土布"销场上达宾阳、迁江、南宁、龙州、百色等处,且有一部分可达黔省边境"④。潍县织布区,"每年出布约 1000 万匹,约值 7500 万元以上。其销路遍及全国,而且以河南为最"⑤。通海乡村织布业有悠久的历史,但最初南通方面的土布重在自织自穿,不求精致。后渐有短狭的土小布逐渐见市,销于扬州及瓜州、镇江、南京等处。随着通海地区织布业半工业化的发展,到 1929 年,其销售市场主要在通海以外的地区,详情见表 2-12:

① 查秉初:《从清代末季至今常州工商业略述》,《常州纺织史料》第 1 辑,1982 年,第 94 页。
② 徐新吾主编:《江南土布史》,上海社会科学院出版社 1992 年版,第 547 页。
③ 徐新吾主编:《江南土布史》,上海社会科学院出版社 1992 年版,第 533 页。
④ 千家驹等编纂:《广西省经济概况》,商务印书馆 1936 年版,第 113 页。
⑤ 王子建:《中国土布业之前途》,见千家驹编《中国农村经济论文集》,中华书局 1936 年版,第 132 页。

表 2-12　1929 年南通土布的产量及销售情况

种类	年产量(万匹)	销路
白大布	200	东北、浙江、福建、江西、安徽、南京、苏北及本地
提土小布	500	苏北各县及浙江
色大布	45	浙、皖、赣、苏北、南京
32 色布	20	浙、皖、赣、苏北、南京
水纱布	6	苏北各县及本地
雪耻布	110	浙江、安徽、上海、江苏全省
各色线布	3	本地
32 码条格布	40	苏北各县

资料来源:徐新吾主编《江南土布史》,上海社会科学院出版社 1992 年版,第 659 页。

四川夹江造纸也形成了一个专业区,从事造纸业者几乎占全县 1/3 人口,出品行销成都(占总产量的 40%)、重庆(18%)、宜宾(10%)、泸州(9%)、昆明(8%),然后是西安、兰州和太原。在 20 世纪 30—40 年代,活跃在成都、重庆、宜宾、泸州、昆明等地的夹江纸张经销商不下 100 位,每个城市都有 10 人左右。据夹江造纸行业协会会长估计,1937 年,四川省内有几千夹江商人,仅成都一个地方,就有 100 多名夹江商人,其中大部分人在岷江码头附近开有堆栈。① 江西所产纸张,除供给本省需要之外,大部分销往省外,特别是长江中下游一带,约占全部产量的 60%,以至于"中国各省,无不有江西纸之踪迹"②。可见,对于造纸业而言,其生产一开始就是面向外部市场的,因此区域外市场的拓展对其生存发展非常重要。

家庭手工缫出的土丝被称为"辑里丝",与之相对的是"厂丝",广东南海、顺德一带的蒸汽缫丝也被称为"厂丝"。手工缫丝业中的半工业化出现之前,土丝主要供出口,如湖州辑里丝,"五口通商而后,销售上海洋庄转运出口,其名始显。其时常年出口者,初自二千数百担增至三千五百担左右,大约

① 参阅[德]艾约博《以竹为生:一个四川手工造纸村的 20 世纪社会史》,韩巍译,江苏人民出版社 2016 年版,第 86—90 页。

② 左超群:《江西纸业概况与今后之改进》,《工商通讯》第 1 卷第 21 期,1937 年 5 月 22 日。

以光绪十年为最盛”。随着半工业化的兴起，辑里丝转向主要满足国内手工丝织业者的需求，厂丝则主要供应国际市场，19 世纪末 20 世纪初的华南丝区，“本地织造，多用土丝，车丝则全运出洋”。①

国际市场的拉动促进了手工缫丝业的繁荣，也是半工业化兴起和发展的重要原因。半工业化兴起之后，农村家庭缫出的土丝主要满足国内丝织业者的原料需求，其中一部分供应本地丝织业者，这是否说明区域外市场在半工业化进程中的作用下降了呢？本书认为，供应本地手工丝织业者的土丝既不是最终产品，也不是消费性商品，而是作为生产原料满足丝织业者的生产需要，丝绸品的销售市场仍在区域外，如吴兴缫丝区，除产丝外，最负盛誉的产品以湖绉为大宗。湖绉的市场主要在外地，“每年运销平、津、大连、烟台、广东及长江各埠，与苏、常、沪、杭一带，贸易甚盛。其时约在民国三年至六年（1914—1917），此后产量愈增，销路亦旺，不特运及全国，即海外亦辟有市场。每年产额约有 90 万匹，每匹可值 40 元以上，总值 3600 万至 4000 万元之间”。全盛时期的丝绉生产，“共有织绸厂六十余家，机户六千余家，零机万三千余架”，“斯时南浔附近各乡居民，及震泽、黎里一带，约有车户二三千家，每家平均有车四部，每部小车每日出经十两。……每年出口 1000 万元之谱”。②另《重修浙江通志稿》载：“民国初年，日本输入野鸡葛，湖绉受其影响，因省府之提倡，各企业家乃改旧机为笼头机，出改良绸及华丝葛等品，中以华丝葛为大宗。民国十四年，为华丝葛盛行之期，当时铁木机六千余架，每架年可产绸五十匹。……吴兴丝绸以销汉口、四川、东三省为最多。”③实际上，土丝构成吴兴丝绸生产中的一个环节，区域外市场仍然是吴兴农村缫丝、丝织业发展的重要因素。邻近吴兴的盛泽镇，丝织品主要销往本地以外的市场，以 1935 年为例（见表 2-13）：

① 彭泽益编：《中国近代手工业史资料（1840—1949）》第 2 卷，中华书局 1962 年版，第 357 页。
② 中国经济统计研究所编：《吴兴农村经济》，1939 年，第 14 页。
③ 戴鞍钢、黄苇主编：《中国地方志经济资料汇编》，汉语大词典出版社 1999 年版，第 292 页。

表 2-13 1935 年盛泽镇丝织品的市场销售状况

产品	产量(匹)	行销地	原料产地
盛纺	60000	运销于各省县市。	天然丝采办于浙江嘉、湖两县。
印度纺	14000		
洋纺	100000		
中山葛	800000	运销于苏、浙、晋、桂等省,尤以两湖、川、滇、赣等省为盛销处。	人造丝、蜡线采办于上海各公司。
条子纺	80000		
天真纺	10000		
共计	1064000		

资料来源:段本洛、张圻福《苏州手工业史》,江苏古籍出版社 1986 年版,第 373 页。

在半工业化阶段,不仅是产品销售依靠区域外市场,即便是原料来源,也在一定程度上依托区域外市场甚至是国际市场的供应。如高阳织布区生产的麻布,以麻丝即人造丝为原料,"人造丝完全是外国产品。高阳销售的麻丝主要是意大利麻丝和日本麻丝,约占总数 70%以上,其余是法、德、美等国的麻丝"①。

总之,区域外市场是近代中国手工业经济半工业化现象的重要特征,也是区别于传统手工业的关键点。同理,外地市场的丧失也会大大影响到半工业化的进程,如日本侵占东北直接导致了 20 世纪 30 年代初期高阳织布业的困境。顾琳在《中国的经济革命》一书中曾经提醒我们思考,一旦手工业生产区形成并与遍布全国的市场客户们建立了密切的联系,新进入者就很难与其竞争。② 也就是说,如果市场没有发生大的变动,那么,半工业化的进程将不断延续下去,并在地区专业化的过程中最终走向工业化。

三、半工业化的曲折与中断

半工业化现象主要反映了若干地区、若干行业的近代手工业的发展,但

---

① 河北大学地方史研究室等编著:《高阳织布业简史》,1987 年,第 25 页。

② [日]顾琳:《中国的经济革命:二十世纪的乡村工业》,王玉茹等译,江苏人民出版社 2009 年版,第 12 页。

是这种发展并非一帆风顺,而是在波动中前行。学术界多从总体上将手工业发展进程的波动曲折等同于衰落,并常常以20世纪20年代末30年代初的手工业为例加以论证。虽然中国近代手工业的总体趋势是走向衰退,但并非直线下滑,从纵向观察,清末民初曾一度兴盛,20世纪30年代初再次陷入“衰落”,可谓兴衰交替,波动起伏。不过,近代手工业的一时发展也好,某些地区的一度兴盛也罢,都无法改变其在近代的历史命运。

从理论上讲,在工业化已经启动并得到一定发展的近代中国,手工业的落后性注定了它被淘汰的结局,半工业化也终将向工业化方向发展。但揆诸近代中国的经济国情,尚不能说手工业的“衰落”是由于工业化的高度发展已经到了必须放弃传统增长方式的地步,更何况半工业化阶段的手工业无论在生产形式还是在生产技术上都已经取得了很大进步。手工业在近代中国仍有发展的余地,这一点从前述半工业化的深化与广化的趋势中已可见一斑。既然如此,认为20世纪20年代末30年代初的近代手工业已经衰落了甚至一蹶不振的观点,多少是有些言过其实的判断。不过,1937年日本发动全面侵华战争,确实造成了中国大部分地区和行业半工业化进程的中断。近代中国半工业化进程的曲折与中断,原因是多方面的,传统与现代两股力量的夹击是其不可避免的历史背景,1929—1933年的世界经济危机及日本全面侵华战争,是造成半工业化进程振荡和中断的主要原因。

(一)半工业化的曲折

1. 传统与现代两股力量夹击中的手工业

相对于传统而言,半工业化现象是一种发展,这种发展对旧式手工业构成了强力挑战,必然遭到手工业者的誓死反抗。但是,从半工业化到工业化还有相当一段距离,随着城市工业化的逐步发展和近代中国日益融入资本主义世界体系中,它还必须应对来自机器工业的强烈竞争,正是在传统与现代两股力量的夹击中,近代手工业的发展进程充满了曲折性。

首先,看看传统力量对手工业发展的制约。农村本是一个行会势力薄弱,有利于乡村近代手工业成长与发展的地方,但是,当传统手工业者的生存受到威胁时,他们也会临时集结成一股强大的力量,拼死反抗。这里我们仅以珠江三角洲的农村缫丝业作为例证。陈启沅创办继昌隆缫丝厂时曾遭遇到来自当地锦伦堂的阻力,“先是乡间缫丝,循用旧法,闻启沅提议创用汽机,咸非笑之。及工厂已成,果著成效,机房中人又联群挟制,鼓动风潮,谓此风一开,则工人失业,生计立穷,无知小民相率附和,几欲将丝厂毁拆”①。但位于该县学堂乡的裕厚昌机器丝偈却未能幸免于难,时任南海知县的徐赓陛对其经过有详细记载:

> 因举人陈植桀、陈植恕等,先于光绪五年在学堂乡合伙创造机器一件,专为缫丝之用,名裕昌店。……本年(光绪七年)八月十三日,正值该机户先师神诞,各工云集,散福时聚钱饮酒,酒后忽有一人倡言机器害其本业,不如聚众前往拆毁,一倡百和;遂另有一人声言纠众必须建旗,自在身间出钱一百文投入铜盆,扬言愿出资者照此投钱,登即积钱至二十余千文,分买白布制成旗帜,上书“锦伦行”字样,前往裕厚昌,蜂拥入门,毁其机器,乘势掠去茧料一万余斤……十四日,该织机工人复聚一二千人,以伙党被获,前往寻仇。……十五日,该机工标贴长红,勒派各机东家每机科银二钱,立聚一千钱以为斗费,又分赴采办军火,并截夺丝绸艇防御枪炮,以为器械。……十六日,该机工又赴大冈墟,卜筶卜定十七日会集攻扑学堂村,一面勒令同行之人,概停工作,于是裹胁愈众。……(十八日)华夏村、莘村两乡之机工预日拈阄派作头队,于巳刻时候仍纠众出乡,附近各乡继之,约有三千余人,分路直扑学堂乡,学堂乡亦纠众守御。……两造枪炮已施,各不相下,有非理喻所能济者,目睹该村伏卒击毙机工一人。②

传统缫丝业者为了反对手工业的进步而发动大规模的械斗,为首者虽然受到了地方政府的惩办,但丝偈的创办并没有得到官方的认可,基于“以11家股商之攘利而失数万家贫户之资生,我国家民为邦本,非同外裔上下征利

① 孙毓棠编:《中国近代工业史资料》第1辑下册,中华书局1962年版,第957页。

② 孙毓棠编:《中国近代工业史资料》第1辑下册,中华书局1962年版,第961—962页。

之邦，自应永远勒停，以安民业”的传统理念，竟然强迫“各店永不复开结状，勒将前项机器依限自行变价，以示持平”[①]。直到 19 世纪 90 年代，当有人在南海禀请设立丝厂时，两广总督仍以“商民设立机器缫丝，专利病民”为辞，不许“擅制”。[②] 珠江三角洲的乡村缫丝业不仅遭遇手工业者的反抗，传统观念也构成一道无形阻力，“很多人反对……第二个理由是因为男女在同一厂房里工作，有伤风化……又说高烟囱有伤风水”[③]。不得已，该厂遂于光绪七年间关闭，三年后，虽得官方许可仍在简村继续经营，但初创的艰辛由此可见一斑。

如此极端的事例，在其他半工业化地区与行业并不多见，更为常见的形态是传统手工业者紧紧抓住落后的旧式手工业不放，这一点从半工业化在不同区域和不同行业中寥若晨星般的分布情形与形同星云般的传统手工业的对比中，即可见一斑。对此，学术界多以“衰而不落”来描述，相关探讨较多，此处不赘。

浙江湖州辑里丝在近代中国蚕丝业中占有重要地位，一直是大宗出口贸易品。19 世纪 80 年代国内机器缫丝兴起后，机缫丝开始出口，随着机缫丝出口量快速增加，手缫丝的出口比重不断受到挤压，机丝与手缫丝便呈现出此消彼长的格局。1894 年至 1932 年手缫丝和机缫丝在生丝出口量中的比重见表 2-14。

表 2-14　1894—1932 年手缫和机缫白丝的出口量

年份	手缫白丝		机缫白丝		
	数量(千担)	价值(千关两)	数量(千担)	价值(千关两)	在总量中所占百分比(%)
1894 年	69	22973	4	2324	5.5
1895 年	56	19140	27	11210	32.5

① 孙毓棠编:《中国近代工业史资料》第 1 辑下册，中华书局 1962 年版，第 964 页。

② 汪敬虞:《关于继昌隆缫丝厂的若干史料及值得研究的几个问题》，《学术研究》1962 年第 6 期。

③ 孙毓棠编:《中国近代工业史资料》第 1 辑下册，中华书局 1962 年版，第 959 页。

续表

年份	手缫白丝		机缫白丝		
	数量(千担)	价值(千关两)	数量(千担)	价值(千关两)	在总量中所占百分比(%)
1896年	38	13286	27	11126	41.5
1897年	48	17441	41	18718	46.1
1898年	44	17687	41	18103	48.2
1899年	60	29104	49	26335	45.0
1900年	32	14523	35	16039	52.2
1901年	45	17603	50	21807	52.6
1902年	37	20620	51	33372	58.0
1903年	19	11603	44	31285	69.8
1904年	34	19582	47	28526	58.0
1905年	24	13524	45	27396	65.2
1906年	27	16485	46	29614	63.0
1907年	29	17804	50	39047	63.3
1908年	32	17714	49	32318	60.5
1909年	31	15383	52	34341	62.7
1910年	31	15786	64	42701	67.4
1911年	27	14232	55	36780	67.1
1912年	43	18377	57	34377	57.0
1913年	33	15426	68	45602	67.3
1914年	16	8363	54	37384	77.1
1915年	32	16146	60	40180	65.2
1916年	20	11823	66	53771	76.7
1917年	19	11852	69	53301	78.4
1918年	18	11125	61	47770	77.2
1919年	21	12652	83	69364	79.8
1920年	11	7641	54	46376	83.1

续表

年份	手缫白丝		机缫白丝		
	数量(千担)	价值(千关两)	数量(千担)	价值(千关两)	在总量中所占百分比(%)
1921年	11	7841	79	72479	87.8
1922年	16	12008	84	99058	84.0
1923年	16	12118	70	92972	81.4
1924年	13	9172	73	74308	84.9
1925年	18	12142	90	96775	83.3
1926年	16	10961	97	103364	85.8
1927年	18	11785	92	90018	83.6
1928年	18	10294	105	103264	85.4
1929年	25	13419	110	106516	81.5
1930年	14	7108	90	77468	86.5
1931年	8	3732	68	51823	89.5
1932年	8	3005	40	19211	83.3

资料来源:[美]李明珠《近代中国蚕丝业及外销(1842—1937年)》,徐秀丽译,上海社会科学院出版社1996年版,第91—92页,表13。

1894—1932年间,机器缫丝出口量持续增长,相比之下,手缫丝出口却日趋萎缩,这必将在一定程度上挤占手缫丝的国际市场。但更为重要的是,中国手缫丝在国际市场上面临着外国生丝的激烈竞争,其中,对中国生丝出口威胁最大的是日本生丝。在国际市场上,日本生丝是中国的劲敌,尤其是明治维新之后,日本制丝业的手工工场发展迅速,生丝出口量逐年上升,反观中国,生丝出口量则呈下降趋势,见图2-4。由此可见,在中外机制丝的竞争下,手缫丝市场主要被挤压在国内,因此,手缫丝中的半工业化面临着更加险恶的环境。

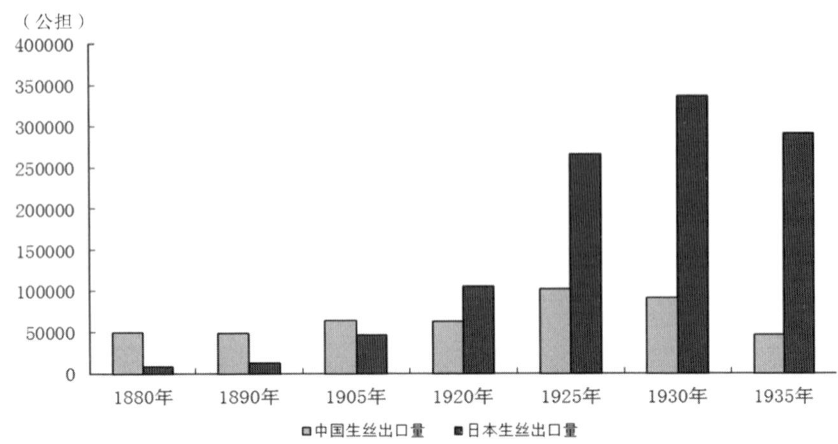

图 2-4　1880—1935 年中日生丝出口量的比较图

资料来源：严中平等编《中国近代经济史统计资料选辑》，科学出版社 1955 年版，第 82 页，表 27。

国际市场的波动也造成了以出口导向为主的中国近代手工业的困难局面，尤其是 1929—1933 年世界性的资本主义经济危机使国际市场大大萎缩，1932 年资本主义世界的商品贸易流通总额比 1929 年下降了 61.3%，丝价狂跌，中国生丝出口值锐减（本章第一节第三小节部分有详细论述）。

因此，在传统与现代两股力量的夹击下，近代手工业中的半工业化进程出现了一些曲折与波动。半工业化的曲折性与其说体现了手工业的衰落破产，不如说是半殖民地半封建社会中民族工业发展的一种常态，近代手工业中的半工业化就是在这种曲折中艰难地前行的。

2.“曲折”不等同于“衰落”

如前所述，学术界普遍认为，从 20 世纪 30 年代初开始，手工业尤其是乡村手工业陷入衰落中。如果说所谓“衰落”意味着手工业这种经济增长方式已经退出历史舞台的话，那么，我们不同意用“衰落”论来描述这一时期手工业的状况。

首先，在中国近代，工业化远远没有发展到迫使手工业必须放弃传统增长方式的地步，手工业不仅仍有存在的余地，而且从半工业化的发展趋势看，还呈现出旺盛的生命力。以织布业为例，机织布与手织布生产效率及生产成本的比较,调查中的分歧较大,据严中平考证,“普通力织机,织造十四磅粗布,每十一小时工作日,平均至少可出布五十码;每人工作,可管理二台至六台,即以四台计(自动织机更多),每人每日可出布二百码,约合五十丈。今日所通行的手织机,每人每十一小时工作日,至多可出布一百二十呎,是即一人使用力机的产量,为使用手机产量的四倍以上”[①]。不过也有考证者认为,以人力为动力的铁轮机与以电力带动的铁机每日(以12小时计)最高生产能力相等,均能织成长5丈2尺、宽2尺4寸至5寸的32支头等布一匹。[②] 再比较生产成本,王子建曾对高阳织布区手织业与东南各省华商纺织厂作过以下对比:在高阳,每一机(铁木机)每一天可以成布100尺,需人工2人以上,在华商纺织厂,每一力织机每天可以成布125尺,只需人工1人,高阳织100尺布的工资需七角七分半,而在大工厂里却只要四角六分,即使把动力设备等统加上去,后者仍站在优越的地位上。[③] 实际上,这是很不全面的、只作了人工成本的对比,人工成本之外,机织布的间接生产成本(如间接人工、折旧、辅助物料、动力费、税捐、修缮、保险费、职员薪金、职工伙食、文具等)、推销及管理费用等均未作比较。我们仍诉之于王子建对七省华商纱厂的调查,表2-15是各种规格机织布每匹总成本。

表2-15　各种规格机织粗细布每匹总成本

单位:元

成本分类	细布			粗布				
	7磅	9磅	10磅	12磅	13磅	14磅	15磅	16磅
直接人工成本	0.330	0.424	0.537	0.587	0.407	0.492	0.410	0.394
间接生产成本	0.686	0.881	1.146	1.308	0.869	0.928	0.883	0.905

① 彭泽益编:《中国近代手工业史资料(1840—1949)》第3卷,中华书局1962年版,第688—689页。

② 程海峰:《我国工人之工作效率》,《国际劳工通讯》第5卷第3期,1938年3月。

③ 王子建:《中国土布业之前途》,见千家驹编《中国农村经济论文集》,中华书局1936年版,第141页。

续表

成本分类	细布			粗布				
	7磅	9磅	10磅	12磅	13磅	14磅	15磅	16磅
推销及管理成本	0.009	0.011	0.015	0.016	0.011	0.014	0.010	0.011
总成本	1.025	1.316	1.698	1.911	1.287	1.434	1.303	1.310

资料来源:王子建、王镇中《七省华商纱厂调查报告》,商务印书馆1935年版,第216页。

下面是加上原料成本的进一步核算。以12磅细纱为例,每匹布除浆质外,用纱11.1磅左右,假定经纬纱均为22支,每磅纱价为0.54元,那么原纱成本即为6.21元,加上1.911元的直接人工等三项成本,共计8.121元。按《上海货价季刊》所载,1932年12磅细布,全年平均每匹卖价,折合成银元为9.378元。这样,每销售棉布一匹,可获毛利1.257元。在此基础上减去应付的利息0.637元以及官利0.360元,则所得纯利益为0.260元。如按折合成银元后的最低价即7.832元售出,则又亏损1.286元之多。因此,当时"若干布厂工程师,咸谓每织布一匹,当亏本一元"①,看来并非夸张。如果我们再考虑到乡村手织业低廉的人工(甚至不计成本的劳动力)及无须付出管理费用的事实,那么,即使按力织机四倍于手织机的生产效率算,机织布在竞争中也未必能占据绝对优势。这也就说明,乡村织布业中的传统增长方式尚未失去其生命力,更何况,半工业化进程中的乡村织布业在生产技术与生产工艺上已经有了很大进步。高阳、潍县等地织布业的生产技术与花色品种明显高于其他传统手织布地区,织户不仅使用了技术水平与效率均较高的铁轮机和篓子提花机,而且所生产的布匹种类与花色繁多,基本上能满足用户的所有需要,如棉布类包括白布、色布、条布、格布、呢布、十字布、斜纹布、宽面床单布、格纹布、斜纹条、罗纹布、小提花布、电光布、袍料、裙料等,麻布类有葛、绸、缎、罗纺、绨、麻丝格、衬里绸等。所以,调查者曾指出:高阳"所出的各种布匹,名目过多,实举不胜举,且花纹颜色,日新月异",但所有地区都无例外地

① 王子建、王镇中:《七省华商纱厂调查报告》,商务印书馆1935年版,第218页。

在20世纪30年代初处于衰退之中。[①] 即便是民族机器工业,20世纪20年代末至30年代前半期也不可避免地陷入低潮,以机器制丝业为例,"民国22年中国丝厂停业者更多,上海由民国20年之112厂减至22年底之10厂,驯至1/10亦不足。无锡由民国20年之50厂减至22年之13厂。浙江由民国20年之19厂减至3—4厂。至于苏州、镇江则全部停止"[②]。机器棉纺织业所遭遇的危机更加严重,"自1933年1月至6月以来,中国纺织业之恐慌发生,当时停工锭数计达2696022枚之巨,自6月至12月减至1119334枚";1935年纱厂业出现了倒闭潮,"据华商纱厂联合会年初之统计,全国华厂合共不过92厂,今乃在7个月内倒闭及停业者竟有18,约占1/5。全国华厂纱锭合共有2742754枚,今在7个月内计停工者已有814076枚,约占1/3弱;全国线锭共有143042枚,7个月内停工者已有34476枚,约占1/4。全国布机共计不过20926台,7个月内停工已有6817台,占1/3强"[③]。相对于半工业化而言,技术更加进步的民族机器缫丝业和纺织业也无法避免危机,可见,技术与效率等内部因素并非半工业化陷入困境的主要原因。

其次,从半工业化现象存在的主要区域看,直到1937年全民族抗日战争爆发,半工业化虽然遭遇很大困难,但并未退出历史舞台。的确,低潮时期的农村调查报告留下了太多关于手工业衰落的记载,如高阳织布业在1929年开工的平面织布机约25000架,提花机约4300架,使用棉纱约80000包,人造丝约20000箱,1930年,仍在生产的平面机约20000架,提花机约2300架,1931年平面织布机更减为15000架,提花机约1100架,使用棉纱约25000包,人造丝约4000箱,衰退趋势似乎十分明显。[④] 但是否从此一蹶不振了呢?或者说,高阳织布区能否扭转这种趋势呢?"据历史资料记载,在1934—1937年间,不但以前所停布机都活动起来,并有增加。最典型的是同和工厂、鸿记

---

① 吴知:《乡村织布工业的一个研究》,商务印书馆1936年版,第217—221页。

② 陈真编:《中国近代工业史资料》第4辑,生活·读书·新知三联书店1961年版,第139页。

③ 陈真编:《中国近代工业史资料》第4辑,生活·读书·新知三联书店1961年版,第216、223页。

④ 吴知:《乡村织布工业的一个研究》,商务印书馆1936年版,第27页。

工厂。”针对衰落的疑问,曾亲历过那个时代的老布业人员回忆说“当时在高阳并没有觉察到织布业有什么变化”,甚至有人将1934—1937年称为高阳布业的第三次兴盛时期,“这一时期的突出表现是:织机增加,企业兴旺”。[①] 在江南地区的常熟,农民家庭手织业虽在不断弱化,但织布工场仍有所发展,“据估计,到抗战前夕,常熟共有织机七八千台,其中电力全铁机八十四台,电力铁木机三百余台,脚踏铁木机二千台左右,而手拉机减为四五千台。大小工厂约一百余家,范围较大的三四十家,一般有织机近百台,多的有二三百台。余为中小型户。中型户约有织机四十至七十台,小型户十至三十台,更小的只有三五台。年产增为八九十万匹”[②]。除了高阳织布区,其他处在半工业化阶段的手工织布区面临相同处境,近代手工业中的半工业化现象大体在20世纪30年代初陷入了困局,有些地区的困境来得更早,其表现主要是生产萎缩、产量剧减、从事手工业的人数相应下降。如宝坻布业高峰时的1923年,依附于商人雇主的织机有8180架,1933年减为375架,减少了95%,织户由7620户减至360户,减少了95%,产量则由3222920匹减为105000匹,减少97%。[③] 无锡、吴兴、南海、顺德等地的蚕丝业也呈现出大体相同的命运。不过,似乎没有高阳织布区那样幸运,尚无足够材料证明这些地区手工业中的半工业化在全民族抗战前出现了明显的回升迹象。

再次,如果我们将视线仅仅停留在1949年前的东部沿海地区,那么,手工业中的半工业化进程的确显示了万劫不复的历史命运,因为在抗战时期,中国手工业较为发展的东南部农村地区大多沦为敌陷区,手工业遭到了摧毁性的打击,战后似乎再也没有恢复到战前的水平,说它是一蹶不振,似乎也不为过。但是,如果我们越过地域界限,将会发现抗战时期中国西南西北大后方部分手工业中,也曾出现过半工业现象;进一步言,如果我们跨过1949年这个历史分界线,将近代手工业中的半工业化现象与新中国尤其是20世纪

① 河北大学地方史研究室等编著:《高阳织布业简史》,1987年,第7页。

② 徐新吾主编:《江南土布史》,上海社会科学院出版社1992年版,第535页。

③ 方显廷、毕相辉:《由宝坻手织工业观察工业制度之演变》,《政治经济学报》第4卷第2期,1936年1月。

80年代改革开放以来乡镇工业的异军突起联系起来看，那么，后者更像是前者在新的历史条件下的逻辑延伸，两者构成了一条从家庭手工业到半工业化再到工业化的发展道路。半工业化没有终结，而是在新中国显示出了强大的生命力。因此，近代手工业中的半工业化进程只是在内部因素的阻碍下，出现了曲折与波动，在外力的干扰下被迫中断了。

（二）半工业化的中断

1. 沦陷区市场的丧失

半工业化的一个重要特征是以区域外市场为依托，既有市场一旦丧失，而又无法开拓新的市场，那么，半工业化所受到的打击可谓立竿见影。由于原料来源或产品销售的萎缩，手工业也必然相应缩小生产规模，甚至被迫中止半工业化进程，倒退到传统手工业生产轨道上。1931年日本帝国主义发动九一八事变，强占东三省，扶植伪满洲国，东北沦陷，市场丧失。东北是土布的主要市场，在华北、江南土布销售中占有重要地位，东北沦陷对关内手工织布业造成了沉重打击。“土布原以东三省为大销场，自东三省失陷后，大好市场尽为日本瀛布席卷而去，其影响于土布销路者甚巨。”[①]1937年，日本帝国主义又制造了卢沟桥事变，发动全面侵华战争，包括华北、江南、华南等在内的大半个中国相继沦陷，不仅土布销售区域，而且半工业化现象存在的主要地区也处于日本铁蹄之下，手工业的生产基础遭到了致命的摧毁，半工业化进程被强行中止了。本章第一节曾对东北沦陷对关内手工业的打击进行了较为详细的论述。

日本全面侵华战争开始后，沦陷区市场又相继丧失，对以区域外市场为主的半工业化发展再次形成规模性打击。在华北，土布业因日本全面侵华战争而遭受冲击，“第一，由于事变后纺织业的破坏和停工，第二，由于农村治安的恶化，第三，由于棉花日益缺乏及因棉纱配给统制与经济封锁所造成的棉纱来源日益困难，这三种因素综合在一起，使华北土布业走上急剧的衰退过程”[②]。山东、河北、山西三省在1937年的土布产量是2.8亿平方码，战时由

---

① 王逢辛：《土布业之衰落及其救济》，《钱业月报》第13卷第11号，1933年11月15日。

② 彭泽益编：《中国近代手工业史资料（1840—1949）》第4卷，中华书局1962年版，第3页。

于日本对棉花、棉纱的统制，加上日本纺织品的倾销，土布业受到沉重打击，1941 年以上三省手织布产量只有 1 亿平方码，仅为全民族抗战前的 1/3。[①] 满铁通过对潍县织布业战争前后的调查，得出结论：该业“最近的衰退倾向可以概见”[②]。东部沦陷区农村中的其他手工业也面临着相同的命运。

在湖北应城，石膏业的主要销售市场在长江下游的上海、南京、芜湖一带。自 1937 年这些地方相继沦陷后，“当年销膏仅 272445 抬，比上一年 1936 年 428738 抬，减少近 36%。到 1938 年情况更为糟糕，当年销膏仅 84801 抬”[③]。因为营业日渐萎缩，1938 年 8 月石膏公司董事会只得大肆裁员，此后，公司经理和董事长避难重庆，石膏公司不得不暂停营业。

2. 半工业化进程的中断

抗战时期，整个沦陷区转入了战时经济轨道，主要目的是满足日本侵华战争的需要，手工业也被纳入日寇经济统制之中，原有市场彻底丧失，生产基础被严重摧毁，半工业化进程中断了。在高阳织布区，“该县六万张织布机被毁的只剩下三千张了。……每集上市棉布不到一百匹，上市的线不过三四百斤”[④]。另据 1945 年调查，“高阳织布业数以三万来台的织布机，经过日寇抢掠、烧杀的摧残和天灾的损失，仅剩有织布机 1800 台”[⑤]。“除了城内日人的‘纺织组合’外，乡村里再没有人织布了。”[⑥]原先为高阳布业服务的商业及其他附属产业纷纷倒闭，“作为高阳布业生产流通机构的布线庄、布庄、布店、线庄，由于对外交通阻塞，棉纱颜料断绝来源，产品无法外运而停业倒闭，60 多家无一幸存。14 家机器染轧厂的机器，有的随东家运往天津，未能搬动的，均被日军抢走，加以毁坏，致使高阳染轧厂完全倒闭”[⑦]。常熟织布业“战时第一年极为混乱，城内外布厂全部停工。第二、三年的开工率约占战前的四成左

① 季如迅编著：《中国手工业简史》，当代中国出版社 1998 年版，第 336 页。
② 彭泽益编：《中国近代手工业史资料（1840—1949）》第 4 卷，中华书局 1962 年版，第 30 页。
③ 樊恺清：《沦陷后的石膏股份有限公司》，《应城文史资料》第 5 辑，1991 年，第 29—30 页。
④ 《从苦难中兴起的高阳纺织业》，《解放日报》1946 年 6 月 9 日。
⑤ 彭泽益编：《中国近代手工业史资料（1840—1949）》第 4 卷，中华书局 1962 年版，第 10 页。
⑥ 《从苦难中兴起的高阳织布业》，《解放日报》1946 年 6 月 9 日。
⑦ 河北大学地方史研究室等编著：《高阳织布业简史》，1987 年，第 10 页。

右。1940 年日寇清乡,大部分工厂又停。此后棉纱原料严格限制,全县每月分配量只有二百五十件。以每件纱产布六十匹计,只够生产一万五千匹,而且以后又一度减少到一百五十件,可见生产已极度萎顿”,更有甚者,常熟织布工场中,“竞新布厂近二百台布机全被烧毁;辛丰豫被烧掉的织机、房屋和原料等,损失达七万元之多;裕元丰被毁布机等损失合棉纱七八十件。从此,整个行业七零八落,产量急转直下”。[①] 潍县作为一个后起的乡村织布业经济区,1937 年后,织布业跌入谷底,据调查,此前潍县织布区拥有织机 10 万台,此后,布机数量大幅下降,潍县织布区仅存 5000 台,其他布机或被严重破坏,或被迫拆卖,或流往济南、青岛、徐州、烟台等地,所使用的棉纱从全盛时期的 10 万捆下降到 1940 年度的 1 万捆,潍县土布业从此一蹶不振。[②]

华南缫丝业也未能幸免于难,“顺德县属容桂一带已陷入战时状态,规模宏伟之新兴、义栈等五大丝偈,丝业、均和安、盛丰年等三大茧市,及茧栈七十余家,均已完全停业,所有职工亦均疏散”[③]。其他地区缫丝业也未能幸免,这一点从战争前后生丝产额的变化即可见一斑,“在抗战时期被侵占之东北及苏、浙、粤等蚕丝区域,产丝额占全国总产额 90%,且被占区田园荒废,因种场、丝厂基础被毁影响,战后五六年内产量不易恢复。我国战前产丝可达 10—15 万公担,而目前不过 15000 公担,由此数字可征被毁之烈”[④]。丝织业集中的绍兴华舍,“在战前,有一万张以上织绸机,日出二千匹绫罗绸缎,从事于此之男女职工数万人,战时损失迄今尚未恢复也”[⑤]。

半工业化进程的中断还反映在手工业由农村向城市的强行转移上。如前所述,日寇为了把沦陷区生产活动纳入统制经济之下,便将部分手工业集中到易于控制的城市,同时,“农村中的战争影响,必然促使农村织布业者逃往安全的都市,章丘、寿光、长山、桓台、潍县等中小城市及其近乡的织布业,

① 徐新吾主编:《江南土布史》,上海社会科学院出版社 1992 年版,第 535 页。
② 彭泽益编:《中国近代手工业史资料(1840—1949)》第 4 卷,中华书局 1962 年版,第 30 页。
③ 《国内劳工消息》,《国际劳工通讯》第 5 卷第 12 期,1938 年 12 月。
④ 陈真编:《中国近代工业史资料》第 4 辑,生活·读书·新知三联书店 1961 年版,第 143 页。
⑤ 戴鞍钢、黄苇主编:《中国地方志经济资料汇编》,汉语大词典出版社 1999 年版,第 293 页。

都集中到济南来了”①。由日本洋行控制原料和产品销售,如东棉洋行曾在高阳大力招收农民进城包织,据说应者有700人,但据1941年调查,“在东棉控制下的织户有293户,517台织机,从业人数1271人”②。在山西平遥,“当局发布训令,一面禁止县城外面的人从事织布和保有织机,一面劝告志愿织布者移往城内,这也是阻碍乡间农民恢复包织的一个重要因素。这样一来,城外机户不可能在自己所住的地方恢复织布,有些愿意织布的,便按照当局的劝告,把自己所有的一切设备全部移入城内”③。在这种策略的影响下,原先分散在潍县、高阳、定县、冀东等地乡村的手工织布业,除一部分直接遭到破坏外,“其中一部分织机逐渐移往大都市,受日人纺织工厂及日军管理的纺织工厂的统制”④。具体地说,在潍县,“眉村及其他农村的织布机,向铁路沿线及能够供给棉纱的青岛、南流、岞山、济南等都市四散流徙,现在潍县县城有八百至一千部织布机”⑤。也有一部分农民织户由于生活困难和急需现金而“把自己的织布机卖掉”,至于买主,则是那些“事变前的‘放机’商人了”。⑥满铁详细调查推算了潍县织布区七七事变后布机的流动情况,见图2-5。

之所以说这种转移是强行的,是因为它主要是为日本帝国主义侵华战略服务的,“因为日军统治地区限于城市;有的乡村属于游击区,有的由于日寇三光政策,群众逃亡。而日寇严禁纱布‘资敌’,城门口设检查站,对包织户严加监督,自非在城内不可”⑦。

---

① 彭泽益编:《中国近代手工业史资料(1840—1949)》第4卷,中华书局1962年版,第31页。

② 河北大学地方史研究室等编著:《高阳织布业简史》,1987年,第11页。

③ 彭泽益编:《中国近代手工业史资料(1840—1949)》第4卷,中华书局1962年版,第42页。

④ 彭泽益编:《中国近代手工业史资料(1840—1949)》第4卷,中华书局1962年版,第58页。

⑤ 彭泽益编:《中国近代手工业史资料(1840—1949)》第4卷,中华书局1962年版,第12页。原文注:“事变前的十余万部布机,刻下正向潍县县城以外的青岛、济南、徐州、开封及胶济铁路沿线的岞山、南流、高密等地四散流徙,青岛方面约有一千部流入台东镇和台西镇。”

⑥ 彭泽益编:《中国近代手工业史资料(1840—1949)》第4卷,中华书局1962年版,第25页。

⑦ 许涤新、吴承明主编:《中国资本主义发展史》第3卷,人民出版社2003年版,第457页。

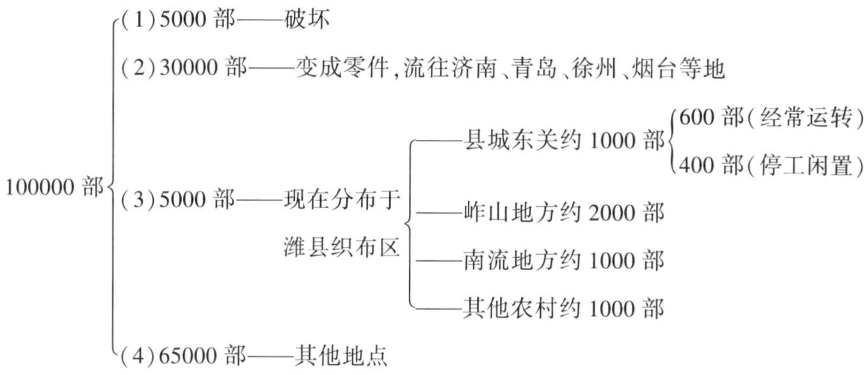

图 2-5　全民族抗战爆发后潍县织布区布机的流动情形

资料来源：《潍县土布业调查报告书》，转引自彭泽益编《中国近代手工业史资料(1840—1949)》第 4 卷，中华书局 1962 年版，第 30 页。

仍然保留下来的部分手工业，无论是生产技术或是与市场的联系，还是生产形式，都在原来基础上倒退了，这种退化主要表现在以下两个方面：

其一，从技术进步的、以区域外市场为依托的手工业向一般商品生产的退化。据日本人战时调查，高阳古老的手纺业重新复活，战前曾以织布业闻名的秀郎村，“事变前几乎家家织布，现在则完全没有织布的，全村都在从事手纺纱，这并非为供自己使用，而主要是为运往内地”①。战时的南通，“纱厂生产减低，纱布价格激涨以后，手工纺纱之需要，顿见增加。一般贫苦棉农收得棉花后，因(1942 年)棉价低小，出售棉花所得不足以维持其生计，而由棉花纺成纱后，价格可增一倍，于是彼等乃将棉花纺成棉纱出售……纺纱风气现时迷漫于通海一带，农村中以及乡镇上，但见本纱之交易鼎盛，热闹非常”②。在浙江余姚，战前“无所谓手工纺织业……民国 29 年(1940)因为海口被敌寇封锁，洋布来源稀少，市上供不应求，土布的用途逐渐增多，乃各拿出搁置不用的(三十年前土布被洋布打倒时用的)旧纺织机来自纺自织，变成纱布或布运销出去”③，因此，“经营的方法是异常原始和家庭式的”④。

---

① 彭泽益编：《中国近代手工业史资料(1840—1949)》第 4 卷，中华书局 1962 年版，第 6 页。

② 蒋赓霖：《南通附近农村经济面面观》，《中国经济》第 2 卷第 8 期，1944 年 8 月。

③ 茅塵如：《略谈余姚土布》，《东南经济》第 1 卷第 11、12 期合刊，1940 年 12 月。

④ 汤逊安：《战时余姚土布发展的经过》，《农本月刊》第 48、49 期合刊，1941 年 3 月。

1939年秋至1940年春,在无锡出现了二三百家家庭制丝社,"其中大多是合股经营,出资者大部分是战前上海丝厂的从业员,或者是由于华中蚕丝会社独占结果而失业的茧商丝商等等",这些家庭制丝社绝大部分"是用老虎灶及煮茧锅(在木箱里蒙上铅铁板,以盛热水,放茧进去,用扁长的木棒敲打,或者把茧装在铁丝筐里去煮),即使用着极其原始的煮茧方法"。[①] 江苏吴江盛泽镇的丝织业在战后数年尚无法恢复元气,其中"'冲电力纺',是木机织造的,品质较电力纺稍差,亦为夏季衣料;此外,'尖扣纺''洋纺',也都是木机货,品质比前两种更差,都只是做夹里用的。这些纺绸在战前的销路,是遍及全国,'北帮'以北平、天津为中心,'南帮'以广州为中心,为国内的两个大市场;国外则以朝鲜、南洋两地为主要对象。现在,在技术上,是没有赶得上有现代机械的设备,日见落后;在销路上,则受成本和交通等条件的限制,日见狭窄。一句话,是每况愈下了"[②]。

其二,半工业化向自然经济的退化。在整个高阳织布区,"乡间各村可以看到,为自给而进行的一贯作业,即从棉花到土布的生产,有相当程度的恢复,自己用不完的剩余品,也供应本地需要,但所谓高阳土布,即拥有广大市场的那种土布,事变后是完全绝迹了"[③]。在宝坻织布区,包买主制下的依附经营形式削弱了,以副业形式存在的农家织布业进一步加强,1923年宝坻有包买主67家,拥有领纱织户7650家,布机8180台,到1933年,只剩下7家包买主,保留领纱织户360家,织机375架,减少95%,1933年独立织户拥有的织机从1923年的3207架增加到了4450架,这一年7家包买主和28家贩卖商全年贩运的土布129万匹中,只有105000匹(占8.1%)是由领纱织户生产的,绝大部分土布是由独立织户生产的,这些独立织户,"一方从事耕作,一方

① 彭泽益编:《中国近代手工业史资料(1840—1949)》第4卷,中华书局1962年版,第86、88页。另据日本人本位田祥男等的调查,"到一九四〇年止,以江苏省的无锡、吴江为首,浙江省的杭州、海宁、崇德、德清、吴兴、嘉兴、嘉善以及其他各地,总计产生了家庭制丝四百厂,设备总釜数达到八千釜"(见彭泽益编《中国近代手工业史资料(1840—1949)》第4卷,中华书局1962年版,第82页)。

② 陈真编:《中国近代工业史资料》第4辑,生活·读书·新知三联书店1961年版,第147页。

③ 彭泽益编:《中国近代手工业史资料(1840—1949)》第4卷,中华书局1962年版,第6页。

以织布为副业”①。

从半工业化在近代中国若干地区、若干行业中的兴起、发展及其中断的全过程看，半工业化既可能向前进一步发展为工业化，也可能向后倒退到传统手工业阶段。半工业化进程能否顺利发展，不仅取决于内部因素，而且更大程度上取决于外部环境。近代中国是一个后发外缘性工业化国家，从半工业化现象在若干地区、若干手工业行业中兴起的那一刻开始，外力就始终是摆脱不了的重要因素，外力催生了半工业化的兴起，外力使半工业化的发展充满了曲折，最终，外力中断了半工业化进程。

第三节　兴衰互见：全民族抗战前十年手工业的不同命运

20世纪30年代初接踵而来的打击，使中国手工业陷入困境，主要手工行业的生产经营均因城乡经济萧条、国内外市场萎缩而出现重大波折，“萧条”“衰落”“危机”成为这一时期经常见诸报端、用来描绘中国手工业经济的常用语。但是，总的来说，在全民族抗战前十年，全国手工业总的变化趋势是有兴有衰、兴衰互见、兴衰交替，情况较为复杂。在本卷第一章第四节，我们较为全面地介绍了中国手工业的众多行业。因此，本节的考察将不再备举各个行业的发展情况，而主要介绍这一时期手工业经济中一些代表性行业的兴衰更替，并对受到农村经济衰退直接影响的手工业和20世纪30年代中期复苏的手工业进行单独分析。希望通过梳理不同因素对不同地区、不同行业的手工业产生的程度不同的影响，来展现全民族抗战前十年中国手工业经济的不同命运。

一、外向型手工业的命运

受国际环境影响，大多数外向型手工业的出口量值在本时期都有所萎

① 方显廷、毕相辉：《由宝坻手织工业观察工业制度之演变》，《政治经济学报》第4卷第2期，1936年1月。

缩。依据彭泽益所编《中国近代手工业史资料》第3卷附录中的67种手工业品出口值统计，手工业品的出口值从20世纪20年代末近2.6亿关两降到1936年的1.5亿关两。考虑到这一时期银汇率剧跌，若按金价计算，则出口值下降更加迅猛。吴承明指出，1936年手工业出口值仅有20年代初的1/3。[①] 丝织、制茶、陶瓷、地毯、草帽、草帽辫、花边衣饰等行业的产量和产值均从1927年起一路下滑。另需注意的是，猪鬃、桐油、毛裘、皮革、草席等农畜业手工产品异军突起，开始成为出口的大宗商品，出口量值在全民族抗战前十年不断增长。尤其是猪鬃和桐油，从默默无闻一跃超过生丝和茶叶，成为我国出口贸易价值前两位的大宗商品。

（一）丝织业

丝茧向为江浙地区农户的重要收入来源，所产生丝为土货出口之大宗。生丝出口从20世纪20年代最低的9.5万担逐渐增长，至1928年达到17.8万担的峰值，继而开始跌落。生丝出口跌落的速度比茶叶更甚。1932年出口量仅为高峰期1928年的36%，出口值也为高峰期1929年的35%。（参阅图2-6）在本卷之前的行文中，已对丝织业衰落的情况有较多分析，这里仅结合区域情况加以补充介绍。

生丝出口衰退，大致受三个方面原因的影响。

第一，中国出口丝绸以美国为大宗，1928年后以美国为发源地的世界经济危机逐渐扩散，美国购买力下降，生丝出口受阻。

第二，日丝竞争。面对世界市场的不景气，日本政府对本国蚕丝业进行补助，允许部分日丝削价出售，以优势价格占领国际市场。“每担华丝以四百五十元茧本，与日丝标准价四百四十元相比，已净蚀十元，再加每担人工一百元，则中国上等丝成本已达五百五十元，与日本四百四十元的竞卖，焉有不失败者。再以丝的等级而论，日本丝合乎标准者只百分之三十，余百分之七十皆在此价之上，可以售得善价。中国丝超过标准者不过百分之十，余百分之九十皆在标准价以下。山东蚕丝已为日本压倒，一蹶不振。”[②]中国产丝成本

---

① 许涤新、吴承明主编：《中国资本主义发展史》第3卷，人民出版社2003年版，第220页。

② 胡伊默：《中国农业恐慌的特殊性》，《新中华》第2卷第23期，1934年12月。

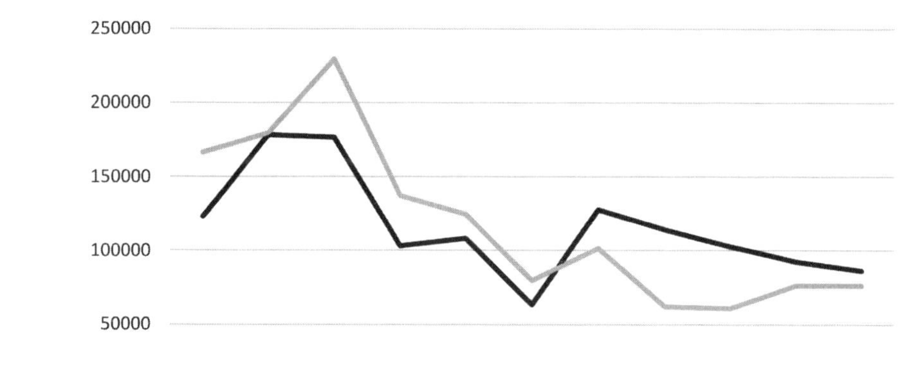

	1927年	1928年	1929年	1930年	1931年	1932年	1933年	1934年	1935年	1936年	1937年
出口数量（担）	122758	178117	176543	103040	108067	63389	127628	114050	102715	92419	86357
出口值（百海关两）	166396.27	179481.48	229507.73	137232.94	124463.19	79702.55	101301.41	62066.66	60851.62	76299.46	76195.68

图 2-6　1927—1937 年生丝出口量值统计

资料来源：彭泽益编《中国近代手工业史资料(1840—1949)》第 3 卷，中华书局 1962 年版，附录，表 1、表 3。

增加，每包须费银 1000 两左右，日本每包生丝仅需 600—700 两，这使中国在美丝业失去立足之地。

第三，人造丝的发明产出使得传统蚕丝业受到冲击。1924 年，杭州开始有所记载，逐年增加，到 1930 年达到 6450 担，价格为 1724000 元。人造丝的输入数量在增加的同时，价格也日见高涨，1932 年每包涨到 25 元。人造丝的侵蚀使得天然丝日趋穷途。①

1931 年世界经济危机波及中国后，因国际市场丝价大跌，苏沪丝厂相继停业或倒闭，致使土丝销路骤减。江浙各县丝市几至一败不可收拾。浙江蚕户更减少饲育，全省各场产种虽不及万张，亦无法脱手，冷藏已过期而焚毁者过半。（见表 2-16）

---

① 葵：《我国蚕丝业在世界蚕丝业上之地位》，《致用》第 1 卷第 4—5 期合刊，1939 年 1 月。

表 2-16　1930—1934 年苏州、嘉兴鲜茧价格变动一览

单位:元/担

年份	苏州(改良)		苏州(土种)		嘉兴(改良)		嘉兴(土种)	
	最高	最低	最高	最低	最高	最低	最高	最低
1930 年	70	60	60	45	80	68	70	55
1932 年	60	50	50	38	60	50	50	40
1934 年	32	26	28	20	28	20	20	15

资料来源:章有义编《中国近代农业史资料》第 3 辑,生活·读书·新知三联书店 1957 年版,第 623 页。

这种大幅跌价,对丝商茧商都产生了很大影响。生丝出口为华通、纬成、虎林等 10 来家上海洋行所垄断,但在 20 世纪 30 年代世界经济危机中先后停顿。上海经营厂丝的丝号原有六七十家,至经济危机时仅剩五六家而已。广东丝商的衰落更甚于上海,盛时 30 多家丝庄,至 1932 年仅剩 19 家。据浙江省政府建设委员会调查,丝行营业以 1925—1927 年最为兴盛。全杭州有 100 余家,1928 年还存有 70 余家,到 1932 年,只有 31 家。1931 年度营业的 49 家,全年营业额总计丝 3000 担,值洋 170 万元。1932 年度营业的 31 家到 6 月为止,营业总数为丝 2500 担,值洋 75 万元。1927 年杭州经营茧行业的有 40 余家,1932 年仅存 16 家。到 1933 年春茧上市的时期,茧商因为历年营业不振,租出的极少,其他地区如临平、余杭、绍兴、诸暨等地的茧行租出的不如往年的十分之三。①

自东三省沦陷、沪战发生以后,杭州金融困难,丝织业已受打击。“况前之每尺售价八九角而盛销一时者,今虽跌售三四角而无人顾问,成本重,售价廉,加以辽吉黑各省,被暴日武力侵占后,销路断绝……平津客帮,又因风声鹤唳,不敢进货,所销者仅江浙两省,又受舶来呢绒及人造丝织物之竞争,供过于求,在昔只感受停滞之痛苦,今则金融周转不灵,存货无人顾问,即令贱

① 乐嗣炳编:《中国蚕丝》,世界书局 1935 年版,第 47—48 页。

售,亦难维持,预料(1933)五月底以前,机户六千张织机,将停五千余张。"① 大厂商固不足论,依赖一机营生的小机坊,亦已十停八九。(见表2-17)"不闻机杼声,但闻长叹息。"绍兴因绸庄倒闭,机工停织,失业工人亦不下数万人。吴兴辑里丝因内销外销俱迟滞,每担价格从1160元跌至700元以下。

表2-17　1928—1932年杭州零机料户统计

年份	户数（户）	机数（台）	工人数（人）	资本数（元）	生产数（匹）	备注
1928年	675	1350	1800	81000	74250	
1929年	405	810	1080	48000	44550	
1930年	200	324	432	19440	17820	
1931年	200	310	320	18600	11000	九一八以后之机数
1932年	120	240	360	14400	1200	5月以前每月生产数

资料来源:建设委员会调查浙江经济所编《杭州市经济调查·丝绸篇》,1932年,第75页。

丝茧为诸暨出产之大宗,大东小西一带多产丝茧,盛兆坞一带多缫丝出售。自人造丝盛行,国际经济恐慌后,丝价大跌,丝产亦少。"出丝时商贩陆续至乡间,运售杭、绍,尤以绍兴为最多。民二十年丝价大跌,苏、沪丝厂皆倒闭或停业,以致销路暴减,该县丝市,几至一败不可收拾。"②(具体情形详见表2-18)"昔日嘉兴之农民,无论大农小农,多有盈余;今日则全然相反,大多负债累累,其能勉强收支相抵者,已不可多得;茧业失败,实为其主要原因。"③

① 《杭绸织业势将全部崩溃》,《国际贸易导报》第5卷第5号,1933年5月。
② 《浙江诸暨之物产及工业原料品调查》,《工商半月刊》第5卷第10号,1933年5月。
③ 冯紫岗编:《嘉兴县农村调查》,浙江大学、嘉兴县政府,1936年,第77页。

表 2-18　1930—1932 年浙江诸暨茧业统计

年份	茧行数(家)	茧灶数(个)	收茧数(担)	茧价(元)	价值(元)
1930 年	16	64	5333	60	320000
1931 年	25	101	10833	60	650000
1932 年	9	39	5000	30	150000

资料来源:彭泽益编《中国近代手工业史资料(1840—1949)》第 3 卷,中华书局 1962 年版,第 537 页。

面对市场危机,为生计考虑,杭州机户从十几年前的化零为整,重又化整为零,期望在大厂家多有倒闭的同时,小机户尚能勉力支撑。但频年以来,下城机户已十室九空,机织工人大都改业另谋。到 1933 年末,江浙两省 287 家丝厂能勉强开工者仅有 14 家,亏损达 2000 万元。各地农户所产土丝数量虽可超过机器缫丝,但销路已完全停顿。“今农民已多锄桑毁种,殆无丝毫勇气恢复旧业。”①“昔之以建厂出赁而收租者,今皆废厂而改筑市房,昔之以放款收茧图利者,今俱疾首而视为畏途。”②

江苏吴县唯亭所产缎子,通称苏缎,与京缎、杭缎齐名,销路以东北最佳。1930 年,此业颇盛,周围乡村有机户 1230 家,平均每家年可获纯利 200 余元。近数年,一因铁机缎、电光绸等相继发明,二因东北沦陷,朝鲜路塞,苏缎销路大减,机户仅剩 200 余家。镇江昔日织造生丝机房,几遍全县,年收入百余万,近来因机器工业发达及洋货输入乃一蹶不振。无锡素称富庶,但因丝价惨跌,捐税加重,农民困苦不堪。1931 年大水灾后,冬稻歉收,1932 年春麦又因风雨失调,仅有三至五成收获。全县农民陷于饥饿之际,群起抢米。在盛泽,从事纺绸业的农民固然都有土地,大部分还是自耕农,可是对于农业并不重视。他们的重要经济来源在于纺绸,这一年纺绸业如果兴盛,“他们竟至可让土地去荒芜。所以,年岁的丰歉,他们视之很漠然;而纺绸业的盛衰,却是他们全部的生活所系。所以,盛泽纺绸业的衰落,其意义的严重,便是直接或

① 《救济丝业衰落办法》,《国际贸易导报》第 5 卷第 12 号,1933 年 12 月。
② 陆辉:《一年来之丝业》,《国际贸易导报》第 8 卷第 1 号,1936 年 1 月。

间接依纺绸业为生的二万余人口的失业与破产”①。

山东是中国茧绸的主要生产基地,集中在胶东一带。柞蚕丝的纤维比桑蚕丝粗,具有质朴的特点,加上制作技术比较简单,因此更适合发展家庭手工业。中国茧绸出口在20世纪20年代以来一直相对平稳,1931年尚处于波峰,出口量为23137担,价值13054711海关两;但是从1932年开始急转直下,出口量只有13207担,价值6242948海关两,持续低迷,出口量一度跌破一万担。② 1934年,山东省的茧绸业,“各国之购买力减低,在购买力薄弱之际,其对于织品之质地手工,亦加倍苛刻,加之数岁以前,胶东连年兵扰,苛捐杂征,无所不有,植作者废其田,织绸者废其机,而散处流离,民不聊生,故绸业因益式微”③。

(二)制茶业

1917年之后,中国制茶业开始走下坡路。在印度和锡兰茶叶的竞争下,中国茶逐渐失去了英国市场。一战时英国限制华茶进口,战后又以差别税率对待华茶,使得其在英国的市场进一步萎缩。一战以后各国对绿茶的需求渐浓,但是中国绿茶受到日本绿茶的竞争,美国以“着色”为由禁止中国茶叶输入,使得中国茶叶在美国市场上的占有率急剧下降。1930年,中国茶叶在世界出口市场上的占比,已从1900年的30.47%下降到10.16%。④ 1885年以后俄国对中国茶叶的需求增加,1894年以后常年占中国茶叶出口五六成的比例。1917年俄国爆发十月革命,茶叶输入骤减。1925年中俄恢复贸易,但是茶叶贸易难现昔日荣光。至全民族抗战前十年,中国茶叶出口已以输俄为主,占出口总数的65%左右。1936年的出口量为1927年的57%,出口值为1927年的62%。(见表2-19)

---

① 何冰:《盛泽之纺绸业》,《国际贸易导报》第4卷第5号,1932年10月。

② 彭泽益编:《中国近代手工业史资料(1840—1949)》第3卷,中华书局1962年版,附录,表1、表3。

③ 张兆麟:《胶东之丝绸业》,《工商半月刊》第6卷第5号,1934年3月。

④ 袁欣:《1868—1936年中国茶叶贸易衰弱的数量分析》,《中国社会经济史研究》2005年第1期。

表 2-19　1927—1936 年中国茶叶出口额统计表

年份	出口量(万担)	出口值(万关两)	单位价格(关两/担)	单位价格(美元/担)
1927 年	87.22	3161.69	36.25	25.01
1928 年	92.60	3713.39	40.10	28.47
1929 年	94.77	4125.24	43.53	27.86
1930 年	69.40	2628.39	37.87	17.42
1931 年	70.32	3325.32	47.29	16.08
1932 年	65.36	2495.88	38.19	12.98
1933 年	69.38	2194.71	31.64	12.97
1934 年	77.82	2316.98	29.77	15.66
1935 年	63.08	1901.42	30.14	17.03
1936 年	49.92	1971.84	39.50	18.29

资料来源:袁欣《1868—1936 年中国茶叶贸易衰弱的数量分析》,《中国社会经济史研究》2005 年第 1 期。行政院新闻局编《茶叶产销》,1947 年,第 33 页。

上海为国内最大茶叶集散市场,1932 年沪战发生,闸北所有土庄茶栈同归于尽,一蹶不振。全市仅存 42 家,尤以安徽人为最多,上海著名茶厂及资本均属之。其组织宛如其他小手工业,均在小范围中进行。

两湖也是国内产茶最多的地区,因连年大水,交通梗塞,外销不振,产销不及往年 1/10。鄂省山户因洋庄衰落,茶值不良,产销受阻,竟有砍去茶树而改种杂粮者。湖北羊楼洞制茶业,在全盛时代开工者有 70 余家,茶工最多时有万人左右,此时开工者仅 10 余家,只能维持现状。

安徽屯溪为著名的制茶之地,制茶工人被称为茶司,分为婺源、休宁、歙县三帮。制茶技术以婺源帮最佳,歙县帮次之。其他拣工与焙茶工均为散工制,拣茶均系女工,焙茶工人则大都来自安庆。“比年以来,因农村破产,大批失业农民无法生活,壮者不得不远走他乡……茶厂利用此点,压低工资,遂成目前之苛刻待遇。”[①]1934 年,“因茶市凋敝,同时又受金融紧逼之影响,各地

① 彭泽益编:《中国近代手工业史资料(1840—1949)》第 3 卷,中华书局 1962 年版,第 583 页。

茶栈,纷纷停歇。例如安徽婺源及屯溪两地,原有制茶栈号三百余家,现能开业者不过十家而已”。而祁门情况也不容乐观,“向有茶号一百八十余家,降及去年(一九三三年),存者仅十分之四,且以连年亏蚀,制量亦力求缩减”。①

江西全省产茶区域50余县,植茶面积百余万亩,产茶种类繁多,以修水、武宁、铜鼓一带所产红茶驰誉中外,有宁红之称。因制造方法未加改进,生产成本高昂,且捐税繁重,故年来茶市被印度、锡兰茶所夺,销路日蹙,大有江河日下之慨。茶商已视经营茶业为畏途,以致植茶为业之农民,茶叶无处销售,纷纷离弃茶田,另谋生产。(见表2-20)1933年,经江西省经济委员会调查,江西产茶区域已经减为23县,年产量为256680担。② 1935年,江西出口的茶叶仅为36900担,仅及高峰期的1/10,为近代以来的历史最低点。③

表2-20　1932年安徽、江西红绿箱茶盈亏一览

类别		成本	售价	盈亏
红茶	祁门(安徽)	400两上下	200两	折50%
	秋浦(安徽)	100两上下	100两	不折
	武宁(江西)	70余两	8—45两	折20余两
	湖口(江西)	50余两	52两	不折
	浮梁(江西)	100两上下	70余两	折20余两
绿茶	婺源(安徽)	50—100元	100两元上下	稍盈
	歙县(安徽)	南路95元、西路68—76元	折本	
	屯溪(安徽)	240元	165元	折70—80元
	玉山(江西)	针眉、虾目各60两	针眉32—36两、虾目52两	折针眉20余两、虾目8两

资料来源:章有义编《中国近代农业史资料》第3辑,生活·读书·新知三联书店1957年版,第629页。

① 章有义编:《中国近代农业史资料》第3辑,生活·读书·新知三联书店1957年版,第479页。

② 刘治乾主编:《江西年鉴》,江西省政府统计室,1936年,第948页。

③ 江西省社会科学院历史研究所、江西省图书馆选编:《江西近代贸易史资料》,江西人民出版社1988年版,第206页。

在20世纪30年代初期世界经济大危机的背景下，面对国内茶市价格下跌的困境，长江中游地区的茶农主要依靠自有土地经营茶园，人口较多的家庭经营的茶园面积较大，资金、劳动力的投入也相应增大，但在家庭生产要素配置中的比例反不及人口较少的家庭，茶业经济在茶农家庭经济结构中并不占主导地位。在长江中游地区，茶地面积占耕地面积的比例，祁门区最大，达37.3%，安化区次之，达27.49%，宁州区又次，达25%，屯溪区占23.6%。每户平均茶地面积，祁门区为5.21亩，屯溪区3.19亩，安化区2.66亩，宁州区2.47亩。[①] 由此可见，茶农在茶市衰落的大背景下，将主要农业生产资源如土地、劳动力等配置到其他粮食作物种植中去了。这种情形在湖北羊楼洞茶区更为明显，该茶区约有茶地6万亩，占该区耕地总面积的15%。不过，金陵大学农业经济系在1934年调查后估计："年来茶叶销路减少，更以山区匪害猖獗，居民逃亡，人口减少，茶园之无人管理，颇非少数，故实际可以采茶之面积，当不及此数。"[②]因此，从土地资源配置的角度来看，一方面，茶农主要利用自有地经营茶园，租入地主要用于粮食作物的生产；另一方面，茶园面积在茶农土地资源的配置中处于附属地位，且有减少的趋势。这两方面体现了茶农在茶市衰退下的无可奈何与理性应对。

（三）陶瓷业

瓷器与丝茶同为中国出口之大宗。20世纪初以来，尽管有地方官府和有识之士提倡机器制瓷和采用西洋技术制作搪瓷，并成立部分瓷业公司，但改良效果十分有限，制瓷的主流仍然是手工生产为主。由于缺乏陶瓷学教育和研究，手工制瓷技术依靠口耳相传、师徒相授，烧窑仍以柴薪为燃料，费人工、价格高，固守牢笼，技术上难以进步，工艺上反而逐步退化。与此形成鲜明对照的是洋瓷进口的不断增加，对手工陶瓷业产生了极大冲击。1927年后，陶瓷进出口贸易就开始入超，且数额不断扩大。1931年后，瓷器出口大多维持在10万担以下的低位，不及高峰期1920年24.6万担的四成。[③]

---

① 参阅彭南生《论20世纪30年代长江中游地区的茶农经济》，《甘肃社会科学》2010年第1期。

② 刘润涛编：《湖北羊楼洞老青茶之生产制造及运销》，金陵大学农业经济系，1936年，第3页。

③ 彭泽益编：《中国近代手工业史资料（1840—1949）》第3卷，中华书局1962年版，附录，表1。

手工制陶业在地域上分布很广，几乎各省均有制陶业，其中江西、广东、湖南、福建四省产量较大，据统计，1933 年全国手工陶瓷业总产值为 2506.3 万元，上述四省产值占到总产值的 64.3%。[①] 受优质瓷土原料限制，细瓷烧制主要集中在江西景德镇、河北磁县、河北唐山、湖南长沙、湖南醴陵、浙江龙泉、山东博山、山西平定、江苏宜兴、广东石湾、福建德化等地。

江西景德镇在极盛时期有窑数百座，从业工人达数十万，瓷品输出，远及欧美，每年总值亦常一千万两以上。1928 年，“长烧之窑，尚有一百三十六座，直接间接恃为瓷业者，亦将二十万人，输出瓷品十余万担”。再到 1935 年，瓷品输出，每年总值尚不足四百万元。[②]

各省采办瓷客大多裹足不前。到 1934 年夏秋旺销季节，窑户烧者，日仅 10 余座，减少了九成。窑户由 4000 家减至 1000 家，工人由 10 余万减至三四万，“退化之速，令人吃惊”[③]。醴陵土瓷业亦因农村经济疲弱，销路大受影响。土瓷业倒厂者约三四十家，已拆毁者二三十厂。细瓷业亦倒厂不少，失业工人约计三四千人。在江苏宜兴，陶器业自 1930 年后渐形衰落，长江大水及沪上中日战争，更使陶器业一落千丈，无法挽救。社会经济衰落，使奢侈品之花瓶、玩具不能畅销于市场，加上“陶器业出品不能改良，以适应环境，益使陶器业之于今日，无法振兴焉”[④]。

这一时期城乡经济普遍不景气，还直接影响了农村土窑业生产。浙江嘉善窑业历史悠久，县内烟囱如林，窑墩达 800 余座，农民悉以此为正业。恃窑为资产者曰窑户，计 460 余家。制坯为生活者曰制户，贩坯赡身者曰坯户，共计 11 万余人，西北乡等处，不分男女老少，耕种余暇均从事制坯。其他运坯、装窑、运货者，统称窑工，有 1.4 万人。窑业“实为全县二十一万民众生计所系”[⑤]。该县土窑业主要生产砖、瓦、瓦板等，大多仍为手工制作，年产砖瓦价值约 600 万元。近年农村破产，乡村建筑稀少，旧式砖瓦减去一大销路，各大

① 巫宝三主编：《中国国民所得（一九三三年）》下册，中华书局 1947 年版，第 335—336 页。
② 吴希白：《江西之瓷业》，江西省政府秘书处统计室，1935 年，第 2 页。
③ 彭泽益编：《中国近代手工业史资料（1840—1949）》第 3 卷，中华书局 1962 年版，第 502 页。
④ 李芷荫：《宜兴陶器工业之检讨》，《国际贸易导报》第 7 卷第 3 号，1935 年 3 月 10 日。
⑤ 《嘉善窑业》，《国际劳工通讯》第 4 卷第 2 期，1937 年 2 月。

都市新式建筑均采用水泥钢骨与新式砖瓦,故销路锐减。该县所产砖瓦主要销往沪、杭等地,自"一·二八"事变以后,价格大跌。以往砖坯每万块售价40元,1934年竟跌至七八元。

1935年后,江西省厉行国民经济建设运动,发展生产之口号高唱入云。1936年,为提倡特产陶瓷,特设江西陶业管理局为管理机构,颇著成效。"隔镇数十里即望见窑烟,漫布天空,蔚为大观。"(见表2-21)从表中可以看出,景德镇战前数年之瓷业输出,虽不及鼎盛时期,但1936年输出值已达1931年四倍有余,若无战事影响,其发展前途实未可限量。

表2-21　1931—1936年景德镇瓷器经海关输出统计

单位:担

年份	输出数量
1931年	98792
1932年	71951
1933年	140932
1934年	150392
1935年	289153
1936年	470443

资料来源:江西省社会科学院历史研究所、江西省图书馆选编《江西近代贸易史资料》,江西人民出版社1988年版,第234页。

(四)桐油

桐油用途十分广泛,以往多用在髹饰、船只、房屋及制造油纸、油布、雨衣、雨伞等方面,并可调制油墨,涂刷瓷器、玻璃等,功用不甚显著。自清末出口,用途大增,凡制造假漆及油画绘料等,莫不仰给于桐油。于是桐油出口日增,成为民国时期土货出口之大宗。时人称:"吾国出口贸易,向推丝茶为大宗,第以日英竞争,遂尔一败涂地,代之而兴者,厥为桐油一种,是则其于国计民生之重要可知矣。"又称:"近数年来,更达鼎盛之域,大有供不应求之势,一跃而为出口贸易货物之第一位,际此世界经济恐慌声中,我国对外贸易极度衰落之会,而得一如此劲旅。"①湖南、湖北、江西、浙江等省每年均有大量输出,尤以湖南洪江所产为最佳。桐油采制与一般油类相似,多为乡间油坊担任,"取油之方法,仍沿旧式,制法不适当,所制之油,颜色甚深,臭味过重"②。榨制成熟货后,每担售价 20—25 元,运至城镇集中,经外商再行炼制后外运。到 30 年代中期,与食用油产量增长缓慢相对照,桐油输出迅速增长,并取代丝茶占据出口货值第一位。

桐油为干燥性植物油,含桐油酸甘油化合物在 80%以上,加干燥剂合煮,即可炼成熟桐油,熟桐油刷成薄膜,坚硬平滑,干燥迅速,富于弹性、黏性,且具抵抗冷、热、潮湿、酸碱之功效。因其有此种优良之特性,故桐油在近代工业上的用途极其广泛。欧美各国以桐油制造普通油漆及不导电的绝缘油漆、飞机油漆、法郎油漆及油漆绘墨、印刷墨等漆墨,又用以器物之防护,如防腐木料等。

战前,桐油在中国对外贸易中的比重日渐增大,并在世界市场上处于独占地位。"桐油为我国之特产,在国际市场中带有独占性质,美英亦植桐,然目前尚谈不到自给自足"③。1937 年前,"世界各国所用的桐油,大半是我国所供给,国际的桐油市场是带着独占的性质"④。重庆开埠之前,我国桐油产量很少,桐油用途也并未得到重视,"仅充油船、油篾及点灯等用"⑤。1875 年以后,桐油干燥性强的特点被发现,迅速成为亚麻仁油的替代品,受到工业化国家的青睐,很快成为国际市场上重要的贸易商品之一。一战期间,四川桐油销售达到了第一个销售旺盛期。1935 年,川省桐油产量达最高峰,约 6 万吨,其中集中在川东万县之桐油达 4.5 万吨,以最低每磅美金 0.2 元计算,全

① 方兵孙编著:《四川桐油贸易概述》,四川省银行经济调查室,1937 年,第 1—2 页。

② 杨大金编:《现代中国实业志》上册,河南人民出版社 2017 年版,第 682 页。

③ 吴兆名:《独占国际市场之中国桐油》,《时事月报》,第 15 卷第 4 期,1936 年 10 月。"支那は従来桐油の産地として独占的な位置を占め"、「世界の桐油工業:各国桐油増産の状況」、神户大学新聞記事文庫、欧州(25—071)、『日本工業新聞』1941 年 10 月 20 日。

④ 朱美予:《中国桐油业》,《中行月刊》第 14 卷第 4 期,1937 年 4 月。

⑤ 平汉铁路经济调查组编:《万县经济调查》,1937 年,见殷梦霞、李强《民国铁路沿线经济调查报告汇编》第 13 册,国家图书馆出版社 2010 年版,第 148 页。

年川省桐油可换取外汇达美金2020万元。① 汉口是中国最大桐油外销市场，四川、湖南、湖北、陕西、贵州、安徽、江西等省所产之桐油，均由汉口输出，“故汉口每年输出之桐油，约占全国年产总额百分之八十左右”，是故时人皆称之为“汉口桐油”。② 美国是中国桐油的主要消费者，“美国为我国桐油最大销场，约占我国桐油出口总额60%以上，在经济恐慌以前，美国平均每年输入桐油约1.2亿磅，经济恐慌发生以后减至七八千万磅……1933及1934年，即已恢复到1亿磅以上”③。1936年，中国桐油输出之总数量为867383公担，价值为73378456元，其中以输入美国为最多，占总价值的71.4%。④

根据张肖梅、赵循伯《四川省之桐油》的统计，在1936年全国出口贸易统计当中，桐油位列第一。桐油为工业之重要原料，亦为我国之特产。考1934—1936年我国桐油出口数字，1934年为26217000元，占出口总值的4.9%；1935年则增至41583000元，占出口总值的7.2%，仅次于金属及矿砂；1936年更增至73379000元，占出口总值的10.4%，而跃居首位，取代昔日丝茶出口之盛况，实为最有希望之商品。⑤ 1912—1936年桐油出口数量及在全国总出口中的比例参阅表2-22。

---

① 《川东区桐油业务》，重庆市档案馆藏，聚兴诚商业银行全宗，0295—1—1894，第120页。

② 余念馥：《汉口桐油贸易调查报告》，《实业统计》第4卷第1期，1936年2月。

③ 吴兆名：《独占国际市场之中国桐油》，《时事月报》第15卷第4期，1936年10月。余念馥在《汉口桐油贸易调查报告》中指出：“1928年至1930年之间，美国进口我国桐油每年约值美金1360余万元，且其需要之量亦与年俱增，在1926年，美国进口桐油为8300万磅左右，迄1930年则增至12600万磅左右，诚我国桐油最大之销场也。”（余念馥：《汉口桐油贸易调查报告》，《实业统计》第4卷第1期，1936年2月。）

④ 吴清泉：《民国二十五年我国桐油产销之回顾》，《农报》第4卷第7期，1937年3月。

⑤ 张肖梅、赵循伯编著：《四川省之桐油》，商务印书馆1937年版，序，第1页。1935年我国桐油出口总值达4100余万元。1936年，出口总值竟达7300余万元，破历年来之最高纪录，仍占出口商品中之第一位。（吴清泉：《民国二十五年我国桐油产销之回顾》，《农报》第4卷第7期，1937年3月。）

表 2-22　历年来中国桐油出口统计(根据海关贸易册)

年份	数量(公担)	值国币(元)	占出口总值之百分比(%)	年份	数量(公担)	值国币(元)	占出口总值之百分比(%)
1912 年	352481	8734806	1.51	1925 年	540726	26173156	2.16
1913 年	280409	6002254	0.95	1926 年	452494	22443470	1.66
1914 年	265422	5604412	1.01	1927 年	545094	32956421	2.30
1915 年	187693	4518514	0.69	1928 年	661821	34953332	2.26
1916 年	311571	8267127	1.10	1929 年	646914	35279553	2.29
1917 年	242739	7258862	1.00	1930 年	705944	45820208	3.29
1918 年	295653	8963889	1.19	1931 年	503061	28322075	2.00
1919 年	371011	11941452	1.32	1932 年	485507	23161233	3.02
1920 年	327020	10105789	1.20	1933 年	754081	30261269	4.94
1921 年	253793	8199645	0.87	1934 年	652836	28216269	4.94
1922 年	450910	16332195	1.60	1935 年	738856	41582879	7.22
1923 年	506141	26216130	2.24	1936 年	867383	73378654	10.40
1924 年	541915	26572070	2.19				

资料来源:严匡国《最近我国桐油对外贸易分析》,《贸易月刊》第 2 卷第 8 期,1941 年。

由表 2-22 可见,1912—1936 年,桐油出口数量由 1912 年的 352481 公担增长到 867383 公担,在全国出口总额中所占的比例也由 1.51%增长到 10.40%,由一般的出口农产品,逐渐发展成为超越丝茶等传统强项出口产品的新领军者,其对中国对外贸易的重要性则不言而喻。由于国际市场需求的激增与中国桐油供给无法完全满足需求①,因此 1933—1937 年桐油出口价格大幅度上涨,1933 年为每担 24.27 元,1934 年为 40.16 元,1935 年 54.28 元,1936 年进一步上涨到 84.60 元,1937 年由于国民政府对桐油实施统制,其出口价格稳定在 87.25 元。桐油占全国出口商品总值的比重 1932 年增加到

① 何炳贤:《本年我国桐油出口兴盛的原因与今后应有的努力》,《国际贸易导报》第 7 卷第 12 号,1935 年 12 月。

3.02%,1937年增加到10.72%。[①]

采制桐油成为长江流域农村手工业的重要内容。其中湖南一省,经大力推广种植,颁行奖励保护措施,桐油常年产量保持在60万担左右,与四川不相上下,并成为省内仅次于米谷的第二大出口农产品。30年代"本省出口货物,最多仅三千万两左右,而桐油则常在一千万两左右,其地位之重要,不言可知"[②]。到1936年前后,湖南桐油出口,占全国出口桐油总值的30.38%和全省出口货物总值的31%—45%,形成了常德、岳州、长沙、洪江、津市、益阳等桐油集散市场。但各地仍全系手工榨法,主要设备为木榨、石碾以及牲畜、风车、炉灶、蒸笼;生产组织方式绝大多数为家庭手工榨油。湖北桐油的主要产地则集中在鄂西、鄂北各县,原料大多为洋桐。1936年,湖北桐油产量为36万担,居全国第3位。

(五)草制品

湖南祁阳、祁东两县的草席业向来发达,历史上也将二地的草席称为"归阳席"。乾隆《祁阳县志》载有"祁产席在归阳之荫塘",可见当时已形成了以归阳荫塘(现祁东县归阳区三冲乡荫塘村)为中心的产业集聚。草席最初是纯手工的铺地编织和吊挂编织,以草绳为席经,织出的草席质地粗糙,称为土席。采用双人矮坐竹筒织席,工作效率很低,两人一天可合织两条,平均每人一天一条。清末,一度改用梧桐树皮为席经,质量有所提高。20世纪20年代,开始出现小草席厂,使用手排架哺草织席机,一人高坐梭子织席,工效比"井子架"提高两倍多,一人一天可织席2—3条。同时,在生产技艺上,改为用棉纱作席经,质量进一步提高,这也促使祁阳草席向外传播,"春和牌"纱经席一时成为品牌。武汉、广州等地商人纷纷前往收购。1930年前后,织席手工业进一步向祁东的洪桥、金桥和祁阳等处发展,形成了产业集聚效应。[③] 到

① 本段数据皆来源于中国第二历史档案馆、中国海关总署办公厅编《中国旧海关史料(1859—1948)》,京华出版社2001年版。

② 李石峰编述:《湖南之桐油与桐油业》,湖南经济调查所,1935年,第6页。

③ 湖南省地方志编纂委员会编:《湖南省志·工业矿产志·轻工业 纺织工业》,湖南人民出版社1989年版,第443页。

1936年，祁东境内草席年产量达30万条，畅销全国各地并出口澳大利亚、日本、新西兰等国。①

编结草帽向为浙江传统乡村手工业之一，全用土产席草与黄草。早期出品粗劣，只供本地农人之用。自海外新式麦秆草输入，土产草帽日渐淘汰。1921年，外商通过代理商户，将菲律宾产之金丝草、玻璃草、麻草等发给工人，以低廉工资并指示式样，编制欧美式草帽，计件给值，浙江编结草帽工业遂告复兴。自宁波推及至余姚、慈溪，后传于临海、海门、黄岩、永嘉等十数县，进步之速，诚有一日千里之势。“浙省草帽工业，全年营业之巨，国外销路之广，实于中外国际贸易，亦有其相当地位。”②1927年为出产最旺时期，输出草帽500万顶，价值2600余万元，工人赖此工资以补助家庭生活者，计及33万余人。此间，宁波、余姚、临海、永嘉等地草帽厂多如过江之鲫，仅余姚一地，即有130余家之多。编结草帽并非设厂雇工，而是向民间购买，帽商加以漂剪熨磨，洋行再加修整，销往欧美。农妇编结草帽，完全是居家工作。工具仅有立体圆木一块，先用草编成帽顶，次编帽盘，然后结边。练习半月，即可工作。到20年代末，草席、草帽已成为浙江草织业最著名的产品。草席织造推宁波、永嘉、余姚为最盛，黄岩等县次之。其中以宁波草席、永嘉软席最为著名，均以原料出产特殊所致。金丝草帽等产品专门运销欧美，年达160余万顶。草席则以国内市场为主，南北各地共销300余万条。

蒲包多用于盐、糖等大宗货物的包装，但旧式蒲包疏松易破，不合销用。民国初年，泰县永兴泰织包公司创办，利用当地柴蒲资源，招工编织新式绞包，经久耐用。每年售于淮南北各盐场200万只，售于外国商人100万只。该公司内外用工约3000人，营业日见发达。在武进，蒲包制作集中在大宁乡黄天荡附近20余个乡村。该地种蒲之田有千余亩，每亩产蒲六七十捆，有青、黄两种，每捆10斤。到1928年前后，年均销售蒲包价值在15万元左右。

---

① 中国人民政治协商会议湖南省祁东县委员会文史资料研究委员会编：《祁东文史资料》第1辑，1985年，第186—187页。

② 实业部中国经济年鉴编纂委员会编：《中国经济年鉴》第3编，商务印书馆1936年版，第十二章“工业”，第158页。

此外,太湖沿岸出产芦苇的乡村农户,大多编织芦席出卖。

苏州织席主要集中于浒墅关一带,故有浒席之称,往昔产值年约百万元之巨。织席工人皆为乡村农户。有数家新厂创办,但仍没有农村手工织席普遍。苎麻是湖北大宗土产之一,产地遍及 32 县,以蒲圻、嘉鱼、大冶、武昌、广济、咸宁、阳新、蕲春产量最巨,品质则以武昌、咸宁、蒲圻、大冶所产最优。年均产量约为 28 万担,主要销往日本、美国、英国、法国等国家。由于国际市场需求旺盛,1936 年的产量增加到 39.5 万担。芜湖周边农村盛产草鞋。1935 年,该地第九区居民兼编草鞋者有千余家,每日可出草鞋 2 万双,年产 240 万双,以每双六厘计,年产值 1.4 万余元,在本县销售约占半数,其余销往繁昌、当涂等矿工积聚之处。

从外向型手工业的整体状况来看,这一时期,不仅大多数外向型手工业的出口量值有所萎缩,而且出口结构继续发生较大的变化。猪鬃和桐油超过生丝和茶叶,成为我国出口贸易价值前两位的大宗商品。从出口丝茶等中国传统手工业经济中的高附加值产品,到出口猪鬃、桐油、毛裘、皮革、草席等农畜业低附加值手工产品,中国在国际贸易中处于越来越不利的地位。丝茶等高附加值手工业产品的衰落,是中国手工业经济整体衰落的写照,而猪鬃、桐油等低附加值手工业产品的兴起,则是中国手工业经济被动卷入世界市场体系的反映。

二、受农村经济衰退直接影响的手工业生产

20 世纪 30 年代初期频繁的外力冲击,造成中国农村经济严重的衰退,农村金融枯竭,市场萧条。由于农产品价格跌落,农户收入锐减,告贷无门,加上农村资金向城市的大量流动,引发空前的金融恐慌,资金异常短缺成为城乡手工业普遍衰落的重要原因。“迨九一八、一二八事变相继发生后,以及世界经济恐慌之怒潮影响,工商业为其牵动,大有全部破产之虞,为有史以来所未有之衰落状况,小厂年来相继倒闭者几占四分之一”①。许多手工业者,或

① 彭泽益编:《中国近代手工业史资料(1840—1949)》第 3 卷,中华书局 1962 年版,第 406 页。

以本小利微,受到高利贷的剥削,渐渐归于破产。因资本短缺,规模过小,一旦遭遇市场不景气,大批手工作坊常常陷于周转不灵的困境,即便在原料特别低廉时,仍无余钱预先购存;应当改良生产技术,却苦于无力更新设备。因此,越是资金短缺者,产品越发不良,销行亦不畅旺。例如,浏阳夏布在国内是很有名的手工业品,“而乡农织造夏布,多系借本备机,绩工织工因工资微薄,往往偷工减料,止[只]图浪产,致品质低落,更以外国麻纱竞争市场,销路益不振,工利所获仅足抵付利息。……湖北武穴所产苎麻甚多,亦因短于资本,止[只]能让日人拿去制成麻纱来倾销中国。此外如浙江制皮纸、竹纸业者,每一槽户平均资本不过二百零数元。安徽制宣纸业者,并打浆器亦无力购置”①。

20 世纪 30 年代初期民族工业和农村手工业的衰退,使得外货倾销变本加厉,长驱直入,其中尤以日货为甚。赣省物产向称丰富,除供给本省外,尚有大量剩余畅销于国内外各地。而瓷器、夏布、茶叶、煤炭、锡砂等项,尤为本省特产大宗,中外驰名,遐迩乐用。往昔盛时,此项特产运出省外销售者,实足惊人。如今一落千丈,迥非昔比,而外货充斥省内市场,且有喧宾夺主之势。如瓷器,在最盛时输出额为 137860 担,至 1935 年减为 31040 担;夏布最盛时输出 34061 担,至 1932 年减至 5680 担;茶叶从 529798 担,减至 1931 年的 80431 担;土纸从 283697 担,减至 1931 年的 88223 担。“此种输出之减少,无异象征产业之衰落。”②在湘鄂两省,汉口、长沙等处新式工业“固已萌芽”,然其余各地,仍以手工业为中心,而此等手工业制造品,因受洋货排斥,及农村经济衰落,不能畅销,其产量在日趋减少之中。

针织业方面,1931 年因天灾人祸影响,各省针织市场冷落,营业萧条。汉口制袜厂原有 100 余家,水灾后陆续倒闭停工,仅存 50 余家,资本大多仅在 500—1000 元之间,完全为小资本之手工业,随时可以开工或停闭。其后,因拒用日货风潮兴起,省内针织品销路好转,行业逐渐复苏,并从武汉、沙市、宜昌向偏远城镇扩展,保持了产销旺盛的局面。南汇针织业素来有名,1920—

---

① 周寰轩:《手工艺品出路之检讨》,《实业部月刊》第 2 卷第 6 期,1937 年 6 月。

② 《赣商筹组特产公司》,《实业部月刊》第 1 卷第 5 期,1936 年 8 月。

1930 年可称为鼎盛时期。1931 年后,该业衰落得十分厉害。东三省失陷,市场不景气,加上历年长江水灾,造成购买力大减,出货过剩,售价步跌,毛巾厂倒闭已有八九家之多。直到 1933 年为止,都“算是衰落期”。

南汇的织袜业自东北失陷后,不但销路锐减,原有的华北市场也有被日人侵占之势。长江流域各省因先后遭受水灾和农村经济崩溃,针织袜销路大受影响,“而残存的厂家,又复互贬包价减低工价,制品渐劣,整个袜业,就根本动摇了”①。因出口衰落,南汇花边销数也有所减少。无锡织袜业在 1929 年鼎盛时期,共有 70 余家之多,用工达 2 万余人,其后因受时局影响,营业清淡,资本薄弱者逐渐倒闭,到 1934 年,大小袜厂只有 34 家开机。

绣品业方面,民国初年,湘绣风行一时,20 世纪 20 年代末为其鼎盛时期。长沙等地湘绣馆林立,同时设庄于沪、杭、京各地,年销 40 万元。1931 年后经济不景气,贵重绣品无人问津,影响所及,营业衰落近半。作为国内著名手工业品,湘绣没落如此,殊足令人兴叹。江苏青浦(今属上海)农民除从事田间工作外,间有兼营小工业者,如木工、竹工、泥水工等,西乡农户则更有专做坯及渔业者,生活较为富裕。至女工方面,纺织虽尚存在,但洋货充斥后,手工业已被无形打倒。前数年借助花边贴补生活,曾盛极一时,迨后洋庄停销,遂复销声匿迹。

造纸业方面,1931 年后,浙赣湘鄂等省手工造纸业颇不景气,停槽者几近半数。因农村经济元气大伤,民间消费下降,土纸产销受阻。其中自东北失陷后,浙江土纸业销路大受影响,造纸亏耗之县计有萧山、永嘉、奉化、遂昌、昌化 5 县。尤以萧山亏耗最巨,达 10 万元,平均每槽户年亏 200 余元,故槽户停产者颇多。由于竞争压力,土纸业或偷工减料,或因制法失传,以讹传讹,不求改正,以致纸品恶劣。所余纸坊,仅恃祭祀、包裹、拭秽、糊墙用纸为唯一出路。槽户大幅减少成为浙省土纸业衰落的标志。在江西,因天灾人祸交相迭至,纸业大受伤损,海外市场渐告阻塞,国内市场亦为缩小。据 1935 年九江海关统计,全省纸料出口总值已跌至 30 余万元,不及盛时之 1/10。(见表 2-23)

---

① 彭泽益编:《中国近代手工业史资料(1840—1949)》第 3 卷,中华书局 1962 年版,第 482—483 页。

表 2-23 1926—1935 年九江土纸出口统计

年代	出口数量(公担)	出口总值(元)	年代	出口数量(公担)	出口总值(元)
1926 年	156266	3176443	1931 年	88223	1756997
1927 年	144396	3023531	1932 年	97151	1804069
1928 年	121195	2998767	1933 年	39775	636427
1929 年	147763	3134641	1934 年	29463	613129
1930 年	157488	3277554	1935 年	13917	308106

资料来源:江西省社会科学院历史研究所编《江西近代工矿史资料选编》,江西人民出版社 1989 年版,第 323—324 页。

铜锡器业方面,20 世纪 30 年代初,因铜锡器具已趋落伍,多被搪瓷器具所取代,营业已减五成。各店货多存积,铜锡业乃渐衰落。锡箔业为绍兴等县主要乡村手工业,关系民食至为深切。1934 年夏令前后,因气候关系,并为节制生产,补救营业,全体一律停工,全县千余箔铺中之数万工人生活蒙受重大损失。

制糖业方面,各省制糖以江西为多,仅次于广东、四川,居全国第三位。1920 年前后,赣东各县糖厂榨坊有二三百家之多。赣南各县所产冰糖、红白砂糖畅销各省,素享盛名,年产土糖达 3000 万斤。每年甘蔗砂糖输出价值不下百余万元。至 20 世纪 30 年代,深受天灾人祸之害,加上洋糖逐渐占领市场,以致生产甚稀,制糖厂坊随之歇业,故砂糖产量逐年锐减。到 1933 年收获甘蔗,仅为 338 万余担,土糖生产呈现衰落。“该省虽有设立新式糖厂之拟议,但仅及于第一步调查手续,距开工制造之期尚远。目前各县制糖方法,一本千百年以前之陈法,出品恶劣,各糖之外观,除赣县所产之冰花糖为白色结晶外,其余则呈褐色或暗褐色。又因用直接火煎熬,水分蒸发不易,有为粒状而具结晶形者,有为饴状而成半固体或流动体者,甚至有蔗壳柴叶泥沙等杂物混杂其中。”①

① 实业部中国经济年鉴编纂委员会编:《中国经济年鉴》第 3 编,商务印书馆 1936 年版,第十二章“工业”,第 12 页。

竹木草编业方面，木器业产销与社会经济发展水平密切相关。由于连年灾乱，市场不振，到30年代中期，上海木器业年营业额仅及400万元，较之“一·二八”沪战前每年上千万元之交易，实有天壤之别。在宁波，因城乡经济衰落，营业大不如前，尤以中式木器店为最，门庭冷落，几可罗雀，即使削价贴本，亦鲜有问津。1927年前，益阳竹器业甚为发达，其后天灾人祸相继而来，购买者无力采购，竹器业营业不振，相率停歇，每况愈下。在安徽，各县年来迭受茶木两业重挫的打击，农民生活至感枯窘，一些农民为寻求出路，离乡向外谋生。编织龙须草席为湖南临武农村妇女唯一副业，每年产值20万元，运销广州出口及沪甬等地，近因世界经济不景气，龙须草席价格跌至一半。宁波草帽商“自民国十九年以往，国外经济衰落，国内金价飞涨，莫不受其影响。昔年台属余姚等处，行商林立，今则关闭殆尽，本县帽商加入公会者，原有三十余家，截止二十一年，则仅有八家，营业尤见清淡，可谓凋零已极”①。

手工采掘业方面，湖南耒阳乡民向以佣工煤窟为生活。1935年6月前后，因煤炭滞销，银根吃紧，煤市萧条，皆缩小营业，且减低工价，工人每日仅可糊口。“近日各煤窟，或因粮缺停业，或因亏本倒闭，或因涨水淹没，以致前容少数工人，皆因此失业，罢工归家，坐以待毙。”②临武县琶溪农户依靠挖煤为生者约占十之七八。每一“大场合”可容纳工人180—260人，每一“小场合”可容纳20—30人。挖煤业日衰，逐渐退步。（见表2-24）本地挖煤农户走投无路，社会治安殊堪忧虑。

表2-24　1931—1935年湖南临武县小煤矿统计

年份	大场合（个）	小场合（个）	工人总数（人）	工人指数
1931年	3	2	730	100
1932年	2	4	500	68
1933年	1	4	180	25
1934年	—	5	110	15

① 彭泽益编：《中国近代手工业史资料（1840—1949）》第3卷，中华书局1962年版，第541页。

② 《耒阳县工人生活》，《国际劳工通讯》第10号，1935年7月。

续表

年份	大场合(个)	小场合(个)	工人总数	工人指数
1935 年	1	1	85	12

资料来源:周作杰《湖南临武琶溪农民挖煤概况》,《东方杂志》第 32 卷 18 号,1935 年 9 月。

20 世纪二三十年代中国的乡村危机是一次全面性的危机、“农村总崩溃”。陈醉云曾将其分列为十个致因,分别是口岸开放、农产进口、农产商品化、苛捐偏重、土地集中、田租不公、高利贷猖獗、贪官污吏与豪绅压榨、政治腐败与灾荒加剧、连年内战等。[①] 也有学者将之归咎于近代以来的“城乡背离化”历史进程[②],或者现代化负面效应的不断积累[③]。乡村衰败之下,农民生存危机也必然传导到手工业经济中。维持手工业经济发展的社会环境、金融政策、交通形势一再恶化,这一时期,除上文所述部分地区的少数手工业因特殊机缘能得到发展外,其他手工业经济不仅无法发挥对农业的“反向连进”作用,事实上遭受了农业经济衰败对手工业的“反向连进”,这些手工业的发展无法获得优质原料、优质劳动力的支持,其衰败也就不可避免。

三、20 世纪 30 年代中期部分手工业的复苏

20 世纪 30 年代初期,中国农村经济危机的不断深化引起国内各方面人士的关注,“复兴农村”一时成为热点话题。国民政府被迫采取应变措施,针对农村简易工业及农产品加工制造之简单工业,提倡就农村或其附近按合作系统经营之,并先后出台减轻税负、提倡国货、鼓励公私企业发展等政策,陆续颁行了《县市设立民生工厂办法》《县市政府劝办考成条例》《小工业及手工业奖励规则》《发给国货证明书规则》等文件,通令遵行。1933 年后,各省

① 陈醉云:《复兴农村对策》,《东方杂志》第 30 卷第 13 号,1933 年 7 月。

② 王先明:《现代化进程与近代中国的乡村危机述略》,《福建论坛》(人文社会科学版)2013 年第 9 期。

③ 渠桂萍:《现代化的压力与乡村危机——20 世纪二三十年代乡村危机的一个分析视角》,《社会科学辑刊》2005 年第 4 期。

陆续完成了废两改元、裁撤厘税、关税自主及统一度量衡等一系列经济政策的实施。这些政策文件,在一定程度上排除了厘卡盘剥、币制和度量衡不统一对手工业产品流通所造成的障碍,为20世纪30年代中期部分手工业的复苏创造了条件。适逢1936年、1937年两年农业丰收,生活安定,农民购买力增加,工农业产品产销趋旺。伴随着同期交通、电力、建材、机械等行业的发展,部分农村手工业以1935年末为起点,进入了较快的恢复和发展阶段,逐渐形成复苏局面。

20世纪30年代初期大规模的抵制日货运动,是推动20世纪30年代中期部分手工业复苏的重要因素。1931年九一八事变发生后,国人义愤填膺,相率厉行抵制仇货。"一·二八"淞沪抗战爆发,抵制日货更成为全国各界的统一行动。继1933年"国货年"完成后,1934年为"妇女国货年",1935年为"学生国货年"。各省军政机关及学校职员,一律使用国产布料制作服装,各式旗帜、装饰亦概用国货,日货输华因此而屡屡受到严重损失。伴随着一浪高过一浪的国货运动,国货销路大开,国人喜用国货之思想已渐普遍。

面对中国农村的全面性危机,自20世纪20年代后期开始,一些知识分子就自觉开始进行建设农村和复兴农村的活动。20世纪30年代以后,农村复兴思潮逐渐高涨,农村复兴运动成为全国性的社会运动。在这场运动中,以马寅初为代表的知识分子已经认识到,发展手工业是复兴农村的重要途径,"复兴农村,民族自救,单靠农业是不行的,此外还须加上'工'"①。这里的"工",就指的是农村工业。以梁漱溟、郑林庄为代表的"乡村建设派",则直接认为乡村建设是中国工业化的唯一可能路径。梁漱溟、晏阳初、高践四等人还直接从事乡村建设,开创了定县、邹平、无锡等三种实验模式。农村复兴运动,在当时条件下虽然不可能真的让中国农村走向复兴,但对于推动这一时期手工业的复苏起到了一定的作用。

这一时期,各省"全力"推行国民经济建设运动。金融机构积极扩大放款范围和数额,指导公私企业恢复生产。为了繁荣城乡经济,帮助手工业走出

① 马寅初:《如何复兴农村?——提倡农村工业》,《乡村建设》第3卷第6期,1933年9月21日。

困境,一些政府机构和民间团体积极扶持农村土纸和土布生产。同时,建立合作组织,开设各类农事、茶叶、棉业、轧棉试验场及良种推广机构,进行职业补习教育和各类手工业调查。(参阅表2-25)如湖北学习山西的办法,筹设贷纱机关,向农村织户贷纱,既缓解了各大纱厂销售不畅的矛盾,又解决了农村织户资金方面的困难。江苏省蚕业改进管理委员会则在无锡、金坛两县设立模范区,在武进、宜兴、溧阳等11县设立蚕桑改良区,实行蚕行、蚕种统制。同时,成立育蚕指导所,负责蚕户的技术培训,先后举办培训班4期。1936年又在宜兴等产桑区推广育晚秋蚕,充分利用余叶扩大生产,以增加蚕农收入。在苏北各县,为救济农村经济,成立江苏省推进江北农村副业委员会,制定具体计划,令饬各县分别推进。(见表2-26)

表2-25　20世纪30年代中期长江中下游主要手工业发展趋势调查

省区	有发展希望之各业	可以改良之各业	日见衰落之各业
江苏	花边、酒、油、火腿、腌肉、陶瓷、石灰	纸、纺织染、藤柳器、制鞋、制网席	绸缎、火柴、香、砖瓦、皮箱
浙江	刺绣、酒、油、杠、陶瓷、石灰、铜铁锡器	绸缎、纺织、针织、茶、火腿、腌肉、竹器	木梳、香、锡箔、制网、针织
江西	陶瓷	纺织	纸
安徽		纺织、竹器	
湖北	纺织		
南京		扇、制网	

资料来源:教育部编《各省市主要手工业概况调查》第1辑,1937年。

表2-26　20世纪30年代中期苏北各县推进农村副业情况一览

县份	主要内容
南通	提倡养蜂,推广狼山鸡,设立土布产销合作社及草帽辫传习班,组织养鱼合作社。
高邮	设立秋茧产销合作社及副业技术传习所,改良猪种,组织养鱼合作社。
宝应	改良养猪、养鸡,组织养猪合作社,设立副业训练班,提倡除虫菊等特用作物。
淮安	推广优良猪、鸡种,组织养猪、养鸡等各种生产合作社,利用荒地荒岸植树。

续表

县份	主要内容
泰县	提倡编制草帽辫,精制小磨麻油,办理养猪、鸡、蜂、鱼合作社,设立副业人员训练班。
泰兴	提倡栽培除虫菊、金针菜等特用作物,组织猪只运销及养鱼等合作社。
如皋	筹设造纸坊,利用荒冢造林,提倡栽培除虫菊,设立平民贷款所,提倡养鸡、猪、蜂。
启东	令各学校采用农村副业教材,组织养鱼合作社,设立织袜训练班,筹设农民贷款所。
东台	改良养猪、养鸡,设立渔业训练班,组织产销合作社,提倡除虫菊、金针菜等特用作物。
丰县	提倡土法制硝,设立柳条器编制训练班,改良编制毛鞋芦席,改良水果。
邳县	组织运销合作社,设立副业训练班,提倡养猪、养鸡。
江都	改良养猪,提倡养鸡、养鸭,组织养鱼合作社。
兴化	栽植杞柳蒲草,改良养猪、养鸡,组织养鱼及编制芦席等产销合作社。
盐城	提倡蚬谷制灰,设立副业示范区,设立织造毛巾及洋袜等训练班。
沛县	推广种苗,办理副业技术训练。
宿迁	设立柳条器编制训练班,以训练副业人员,推广金针菜,举办农产物展览会。

资料来源:江苏省供销合作总社编《江苏省民国时期合作社史料选编》,1990 年,第 220—221 页。

这一时期,首先得到较快恢复的是各大中城市及周边乡村的手工业。即使是在中国最大的工商业城市中,手工业仍占有重要地位,这令人不禁慨叹"乡村里的都市与都市里的乡村"提法之贴切。伴随着 20 世纪 30 年代初期大量农村人口源源流向都市,在庞大贫困人口存在的背景下,城市手工业依然保持着活力。由于手工产品价格普遍要低于工业品,购买力有限的下层民众,更多使用手工产品。贫穷"逼着他们仍旧穿着土布做的棉鞋,使用着泥烧的杯盘、木桶以及用火油桶所做的火炉。大部分的工人所以不得不购买土货,是土货虽然是很原始的很粗笨的,但它的价钱却又比工厂的出品低廉了许多”①。所以,广泛存在于大中城市且主要服务于苦力、工人、小生产者的旧式工厂和手工业作坊,具有极强的生命力。由于它们与民生密切相关,拥有最广大的消费群体,一旦城乡经济转趋活跃,普通民众的购买力有所恢复,它们便最早走出困境。(参阅表 2-27)

表 2-27　1931—1933 年部分中等城市手工业从业人数比例

市县	工厂工人数(Ⅰ)	手工业从业人数(Ⅱ)	比例(Ⅱ/Ⅰ)
杭州	10814	40646	3.8
绍兴	663	24907	37.6
长沙	6600	7847	1.2
湘潭	44	2757	62.7
邵阳	100	2500	25.0

资料来源:汪敬虞《近代中国资本主义的总体考察和个案辨析》,中国社会科学出版社 2004 年版,第 100 页。

中小城市是工业与农业、城市与乡村之间原料、产品交流的重要纽带。中小城市的发展,尤其是一批农产品集散中心和手工业专业市镇的不断成长壮大,对农村手工业的发展具有重要的意义。伴随着 20 世纪 30 年代中期交通、邮电、金融事业的进步,到全民族抗战爆发前,中小城市大多得到不同程度的发展。除江南各市镇外,内地中小城市的手工业生产也日益活跃。

首先,随着 20 世纪 30 年代城镇人口的持续增长,服务于城镇人口衣食住行的手工业门类得到较快的发展。如针纺服装业,由于棉纱线袜比旧式布袜具有许多明显的优点,到 20 世纪 30 年代中期,手摇线袜已被越来越多的消费者所接受。1936—1937 年成为湖北针织业发展最快的时期,尤以长江沿岸各县镇发展最为迅速,品种增多,生产活跃。武汉三镇袜业年产 65 万打全无滞销,这个数字比 1929 年增加了 62%。湖北城乡袜业生产具有明显的季节性,有“春夏两季少事做,七死八活九翻身,十冬腊月忙死人”之说。同期,湖

① 彭泽益编:《中国近代手工业史资料(1840—1949)》第 3 卷,中华书局 1962 年版,第 791—792 页。

南长沙、湘潭、衡阳、平江、耒阳、邵阳、岳阳、湘阴、醴陵、安乡、益阳、新化等13县针织厂坊,从127家增加到276家。

再如食品加工业,1935年后,随着市场形势好转,食品工业迅速走出低谷。全民族抗战爆发前夕,国内市场面粉短缺,售价上升,内地各省小麦涌入城市,麦价下跌。利用这些稀有的条件,各面粉厂日夜加班生产,无不获利丰厚。1936年,无锡一地粮食成交额达到18亿斤,购销范围遍及六省及北京等地,居国内四大米市之首位。本地食品业随之活跃。

其次,一批外向型手工行业得到较快恢复。由于欧美各国经济到1935年已从复苏进入繁荣阶段,进出口贸易重又活跃。"过去一年之茶业,在各业频现恐慌之情况中,虽仍不免有小部分不景气之现象,但大体较上年为活跃。就生产方面而言,二十三年度除皖属各区及浙江平水茶区,因受天时影响,产额减少百分之二十或三十不等外,两湖及江西茶区,颇有欣欣向荣之趋势,其中以低级红茶市况良好,更胜一筹。"①全民族抗战前,中国出口苏联的砖茶,主要产自湖北,其中蒲圻年产8万担,崇阳5万担,通城3万担,通山2万担,其他为阳新、咸宁、英山、黄梅、蕲春等地,各产2万—3万担。1935年,集中到武汉的红茶为139808箱,1936年增至187032箱。最高最低价格分别从52元、22元,增加到91元、35元,分别由海轮从上海运往英美苏等国家。其中鹤峰年产红茶6000担,长阳3500担,五峰800担,宜都150担,均用宜红茶之名外销。因欧美国家工业和军事需求大增,国际市场上有色金属价格上涨,江西钨砂更出现供不应求的难得局面。1935年,欧美各国因工业和军事方面需要,大量收购钨砂,国际市场上钨价看涨。同年,江西省建设厅在赣县设立江西钨矿局,统制运销。1936年2月,经资源委员会与江西省政府商定,钨矿局业务交由资源委员会接管,并设立赣南分处。先后在省内产钨重要地点,设立12个事务所,办理钨砂的采收、整理、运输及查验各事,对私人采砂实行给价收买。其主要矿区分设工程处或矿厂,尝试引入新法开采,使产量年有

① 实业部中国经济年鉴编纂委员会编:《中国经济年鉴》第3编,商务印书馆1936年版,第十二章"工业",第17页。

增加，矿工超过 3 万人，“增强外汇，且裨益地方经济”①。钨砂成为全民族抗战初期最重要的输出品之一。

最后，手工业自身调整带来的变化。对于绝大多数农户而言，家庭手工业始终是家庭经济不可或缺的重要组成部分。当一种家庭手工业生产遭遇障碍时，他们马上会想方设法去开辟新的领域。正是具有这种自我调节的能力，农村手工业才能时有更新、“衰而不落”，在城乡经济生活中长期占有重要地位。这一时期的新建工厂，除军事工业外，大多与民生相关，其原料需求，也有助于农村经济的复苏。据 1936 年实业部调查，193 家新设工厂中，按地域，以浙江 62 家为最多，上海 36 家次之，湖北 17 家亦排名靠前。如按行业划分，则以饮食、织布排名第一、二位。

手工织布及农产加工机具的改良，为农村手工业注入了活力。以手工织布机的改进为例，拉梭机的使用使手工织布速率比投梭机提高了一倍以上，布幅也有所加宽；铁轮机则利用飞轮、齿轮、杠杆等机械原理，将开口、投梭、打纬、卷布、送经等 5 种传动机构相互连接，用足踏板作为总发动机关，各部随之自行工作，生产效率又比拉梭机提高了 2 倍。改良提花机更利用复杂的自动装置，可以织出各种花纹图案，成为国内土布业的一大改进。

湘绣则在技艺上不断提升。湘绣生产是在绘有绣稿的丝绸绢缎上刺绣，绣稿绘制至为关键。20 世纪 30 年代中期，在杨世焯等人的传授和推动下，绣稿的内容和水平明显提高，题材更加广泛，促进了湘绣的发展繁荣，生产规模逐渐扩大。1933—1937 年，全省新设绣庄 16 家，长沙附近计有绣业工人 1.5 万名，绣品年产量增加到 3 万件以上，价值 120 万元，其中一半外销，是为湘绣业的鼎盛时期。

市场的开拓，为棉纺织业提供了新的出路。河北棉纺织业在失去东北市场后，并没有坐以待毙，而是积极开辟了西南、西北市场，从而维持了行业的发展。如宝坻布业发展的高峰时期是 1923 年，至 1933 年前后，宝坻纱布交

① 江西省社会科学院历史研究所编：《江西近代工矿史资料选编》，江西人民出版社 1989 年版，第 410 页。

易额已较10年前大为降低,但此时宝坻销往中国西北地区的土布数量却得以快速增长,从1923年的246000匹,增至1933年的792000匹,增长了两倍多。[①] 这样,萧条过后,河北棉纺织业的织机不仅都重新运转,还有进一步的增添。七七事变前,高阳工商户陆续增加,改变生产白布的传统,大力发展花布、麻布,销量大增,形成了织布业的第三次勃兴。[②] 香河县的土布业也在1934年末和1935年初达至兴盛。[③] 武汉棉纺织业与河北相似。尽管在同上海、日本棉纺织业的竞争中处于劣势,但是武汉棉纺织业主动选择了向西发展,积极开拓西南市场,并为全民族抗战爆发后的工业内迁做了一定的准备。[④] 裕华纱厂1936年"下半年营业状况,半年盈利70万元有奇……以迄于今均属直步青云,实为欧战后所仅见,乃纺织厂否极泰来之良好机会"[⑤]。在各大纺织厂日夜开工,产品仍供不应求的背景下,城乡织布业重又活跃。

因战争威胁迫在眉睫,大批赶制军需品,皮革制造业得到了快速的发展。湖北、湖南、江西等地的制鞋业和皮革制造业都处于经营畅旺时期。以湖北皮革业为例,20世纪30年代中期是湖北皮革工业发展的高峰。由于大批赶制军需品,同时因化学制革的广泛推广,全省皮革生产已形成一定规模。此间,使用汉纹皮生产的花旗底男女皮鞋、男式尖头、内北、外北、接包头、鱼尾皮鞋等新品种相继开发上市,尤其是武汉茂记皮鞋以做工精细,式样新颖,经久耐穿而颇负盛名;修成记皮鞋则以楦型多样,穿着舒适见长;胡顺发的运动鞋更是独具一格。武汉皮鞋从此名扬国内。到1936年,仅武汉三镇计有新法制革作坊83户,年产重革4103担、轻革12034张、带革50996张。各类皮鞋商号、作坊180余家,平均月产量为2.6万双,最高时达到3万双。

---

① 方显廷、毕相辉:《由宝坻手织工业观察工业制度之演变》,《政治经济学报》第4卷第2期,1936年1月。

② 彭泽益编:《中国近代手工业史资料(1840—1949)》第3卷,中华书局1962年版,第453—454页。

③ 《香河县之鸟瞰——人口教育物产工商》,《益世报》(天津)1935年4月16日。

④ 参阅刘岩岩《"军事西迁"前的"市场西拓":20世纪二三十年代武汉棉纺织业对西南市场的开拓》,《兰州学刊》2015年第1期。

⑤ 湖北省地方志编纂委员会编:《湖北省志·工业》下册,湖北人民出版社1995年版,第1467页。

皮革业的发展也带动了上游皮货业的复苏。河北邢台的皮毛业,在 1934 年后重新活跃,“皮毛行店曾发展到八十多家”,“每年贸易总额可达 1500 多万两白银”。[①] 张家口的皮货业,外商增加,大部分生皮店恢复营业,同时还增加新户,皮毛贸易恢复并有所发展。“这一时期可以说是河北皮毛业在解放前的最后一个小兴盛时期,但和最盛时期是不能相比的。”[②]绥远的制皮业在 1932 年到 1937 年间有所恢复。归绥、包头、萨拉齐外销的羔皮衣、狐皮数量增多。包头皮毛业“以民国二十四五年为最盛时期”,前几年倒闭过半的皮毛店庄,这时也陆续有所增设。1936 年,包头皮毛公会所属皮毛店庄共 46 户,店员数 647 人,资本额 174957 元,营业额达 9265199 元。[③] 1937 年的调查称:“绥省的皮业市场,以归绥与包头为两大集散地。制皮工场近年日渐增多。”[④]

直到全民族抗战爆发前,手工业生产处于恢复性增长阶段,就城乡普通民众日常生活而言,其重要性仍比现代工业大得多。尽管民国时期手工业生产在工业总产中的份额有所下降,但手工业产品的绝对数量和产值并未减少。经济现代化及其他外力因素可以使某些手工业部门受到严重打击,“然而它也可以使另一些手工业部门与现代化工业维持共存”[⑤]。

---

① 《邢台市各种职业调查》,1946 年 2 月,邢台市档案馆藏,经商类/职业调查,转引自王翔《传统市场网络的近代变形——近代冀南与西北“土布换皮”贸易初探》,《近代史研究》2011 年第 2 期。

② 宋艳婕:《近代张家口皮毛业研究(1860—1937)》,河北大学硕士学位论文,2013 年。

③ 参阅张莉《包头皮毛贸易的兴起和发展(康熙中叶—抗日战争前)》,内蒙古师范大学硕士学位论文,2009 年。

④ 叶秋:《国防前线的绥远》,见全国图书馆文献缩微复制中心《内蒙古史志》第 38 本,第 389—390 页,2002 年。

⑤ [美]阿瑟·恩·杨格:《一九二七至一九三七年中国财政经济情况》,陈泽宪、陈霞飞译,中国社会科学出版社 1981 年版,第 343 页。

第三章 全民族抗战时期及战后手工业的变局

1937年7月7日,卢沟桥事变爆发后,中国进入全民族抗战阶段。日本的全面侵华战争,使中华民族面临亡国的严重危险。受战火影响,据估计沿海沿江的大都市机器工业,被毁于敌人的炮火和被敌人劫掠利用者约占全国工业的80%以上。而西部后方各省的新式工业,因限于战时种种条件,不易迅速建设成功,也难以充分供给前方军事和后方民生日用之需。在此青黄不接之时,无处不在的手工业经济再次活跃起来,并成为战时工业一个重要的支柱。[①] 许多已经衰落的手工业又复兴起来,高树康称,战时经济完全得力于农业和手工业的支持,“农业的生产粮食解决了战时的军糈民食,手工业的制造品供给了人民和军需的需要,这种广大的经济力量和深厚的经济基础是敌人所没有想象得到的,也不是敌人的飞机、大炮所能破坏得了的,因此,长期抗战的经济赖以支持”[②]。

战时及战后,近代中国手工业的发展格局、演变路径、技术革新等方面均出现了新的变局。在国民政府统治的大后方区域,手工业的发展受统制政策、内迁资本及技术等多重因素的影响。在中国共产党领导下的边区及敌后

---

① 高叔康:《中国手工业概论》,商务印书馆1946年版,序,第1页。

② 高叔康:《中国手工业概论》,商务印书馆1946年版,第32页。

抗日根据地，边区政府及根据地行政公署在特殊的经济条件及政治环境中切实执行发展小商品经济的经济政策，“自力更生，保障给养”成为发展边区经济及敌后抗日根据地经济的首要任务，该区域的手工业受此影响，出现了新的局面。在日伪统治下的沦陷区区域，战前繁盛的手工业受到重创，典型区域的手工业均出现了严重倒退现象，代之而起的是日伪政权对沦陷区手工业的垄断性经营。战后，国内短暂的统一市场很快再度被阻断，一度被看好的战后发展势头也很快戛然而止，手工业并未因战争胜利而进入一个新的发展阶段，反而依旧困难重重。

第一节　国民政府统治下的大后方区域手工业发展状况

1937 年，全民族抗日战争爆发后，随着国民政府西迁重庆，东中部的人才、技术、资金等资源纷纷涌入西部地区，这一“传动作用”大大推动了该区域社会经济的发展，比如自贡井盐业的第二黄金发展时期、内江制糖业的快速发展等。[①] 受此影响，国统区手工业的发展过程出现了一些新的特征。

一、手工业政策的颁布及实施

全民族抗日战争爆发后，为了保障军工产品的供给，国民政府较多关注工业的发展，相继颁布了一系列的规章制度，刺激并规范后方工业的发展。1938 年 6 月 7 日，国民政府颁布《工业奖励法》《特种工业保息及补助条例》(国民政府训令渝字第二四九号)；1938 年 12 月 1 日，国民政府颁布《非常时期工矿业奖助暂行条例》(国民政府训令渝字第六八八号)；1938 年 12 月 15 日，国民政府经济部公布《国营矿区管理规则》；1939 年 3 月，国民政府经济部公布《非常时期采金暂行办法及民营金矿业监督办法》；1939 年 4 月 6 日，国民政府颁布《奖励工业技术暂行条例的训令》(国民政府训令渝字第一七七

① 这种发展现象也被总结为战时内迁资源的“传动作用”，即强调战时川省经济现代化起步，得益于内迁的人、财、物等资源的传动作用。

号);1939年5月,国民政府经济部公布了《管理煤炭办法大纲》;1939年12月,国民政府经济部公布《矿产品运输出口管理规则》;1940年1月,国民政府经济部公布《民营工矿业监督办法》《钢铁业管理规则》;1945年8月15日,国民政府公布《战时管理矿产品条例》;等等。

不过,手工业也得到了国民政府一定的重视,虽然不多,却颇值得一一分析。1937年10月22日,国民政府实业部为推行手工纺织事宜致函国民政府军事委员会,希望由其所属的工矿调整委员会筹措资金以事救济棉农、推动手工纺织业发展。函称:"全面抗战展开以来,国内棉纺织工厂或遭轰炸或陷战区,因而停闭者为数不少,致棉织物供给不足,关系军服民衣至为重大。又因纱厂有停闭及棉花难于外销,棉花市价极度低落,影响于农民生计亦甚重大,亟宜设法补救,以充实军民需要,兼以救济棉农。惟是规模较大之棉纺织厂非短期间所能建树,实属缓不济急。查吾国手工纺织在昔极为发达,在此非常时期,如能普遍推行,其效用甚大。"为此,国民政府实业部拟具《手工纺织推行办法草案》(共12条),并商请"惟其中规定推行事务完全由地方政府及主管机关负责办理,本部仅居于监督指导之地位,将来施行时,万一地方政府困于经费或与银行洽商贷款无结果时,深恐收效不能如预期之圆满,抑应由本部另拟提案呈行政院决议,指拨专款作为推行手工纺织之用,再将上项办法略为修改,由本部直接办理,或责成棉业统制委员会负责办理,以期便捷之处,并恳核示祗遵"。[①]《手工纺织推行办法》具体内容如下:

手工纺织推行办法

第一条 为补救纱布生产,以济军需民用起见,订定手工纺织推行办法,推行手工纺织。

第二条 本办法推行范围,先以产棉及原有手工纺织之省市区域为限。

---

① 《实业部关于手工纺织推行办法请查照汇办的公函》(1937年10月22日),见中国第二历史档案馆编《中华民国史档案资料汇编》第5辑第2编,"财政经济"(6),江苏古籍出版社1997年版,第29—30页。

第三条　本办法以民生工厂、产销合作社及个人或合伙经营之工厂为推行基干市,主管局及县政府为推行机关,实业部及各省主管厅为监督机关。

第四条　手工纺织机器之式样,以棉纺织染实验馆研究选择构造简单而精巧、经实业部核定者为标准,其图样由实业部翻印,分送仿制。

第五条　手工纺织机器之制造,由各省市主管厅局就下列各种工厂依式制造。(一)筹设省营或市营之手工纺织机器制造工厂。(二)指定原有省营或市营之机器制造工厂或其他有工具机器设备之工厂。(三)民营之机器工厂。

第六条　各推行机关应组织手工纺织推行或改进委员会,负责办理推行事宜。

第七条　各地民生工厂应切实加以整理,无论其有无手工纺织机械设备,均应购置新纺机及织机各两台以上,以示模范,而资提倡。未设民生工厂之县市应从速筹设购机制造。

第八条　产销合作社为推行本办法最有效之机构,应鼓励人民普遍组织设立,其必需之购机、购料款项应由各推行机关向就近金融机关商贷,必要时得呈请主管厅及实业部予以协助。

第九条　个人及合伙经营之工厂关于购机贷款有需要协助时,推行机关应尽量予以协助。

第十条　各厂社之出品应依照实业部颁发之手工纱布品质及尺度标准制造,由各推行机关派员指导,并协助其推销。

第十一条　实业部及地方监督机关得随时派员分赴各地巡回考察。

第十二条　本办法自公布之日实行。①

1938年1月28日,国民党五届中央执行委员会第五次全体会议决议通

① 《实业部关于手工纺织推行办法请查照汇办的公函》(1937年10月22日),见中国第二历史档案馆编《中华民国史档案资料汇编》第5辑第2编,“财政经济”(6),江苏古籍出版社1997年版,第30—31页。

过《提倡并奖助手工业生产以裕战时国民生计案》，要求送国民政府积极办理：

> 军兴以来，近代工业生产区域多沦暴敌，交通运输则多被封锁，工厂机械则处处破坏，人工原料及熟练技术，几于荡毁无余，而国民生活所需，向之仰给于近代工业产品者，曾不因之减少。且海运既穷，外货罕至，物价填踊，倍蓰于从前，人民购买力，亦已奇绌，此于商情繁荣，固属受厄，而于国民生计，则反可因势利导。俾其努力于我国原有之各项手工业，或由家庭营为，或由作坊攻治，举凡日常生活必需之品，及公私各项代用物品，均大量奖助其生产。一方提倡使用，著为今程，先求可以自给自足，再进而为选择改良。战时人民流转内地，尤应就其所能，集中从事，厂屋器械，均不需要若何烦费，而人力物资，随处皆可利用，此裕助民生之一法，亦安辑流亡之至计也。此时若仅提倡节约而不奖助生产，实嫌不足，拟请交案经济部从速择定人民手工业现可从事之部门，分别通告提倡，后为原料及技工之管制。同时，决定由国家分设适当规模之各种手工业工厂，招致战区转移之熟练技工分门传习，即以安辑各地流亡及疏散之人民。一面筹划若干经费，转为贷助家庭或作坊手工业兴业之所需，其详细办法应由经济部负责计划之。庶乎蓝缕椎轮，不亡作始，忧危之际，求有助于国民之生计也。是否有当？谨候公决。[①]

该提案首先将发展战时手工业上升到丰裕战时国民生计必需品的高度，肯定其价值及意义。其次分析了其两个具体效用：一是生活必需品的自给自足，二是安辑流亡内地的人口。再次倡言“提倡节约”与“奖助生产”并不矛盾，理应分别通告提倡。最后从管理机关、筹设手工业工厂、划拨经费等方面具体论述了奖助战时工业发展的办法。

① 《国民党五届五次全会通过的提倡并奖助手工业生产以裕战时国民生计案》（1939年1月28日），见中国第二历史档案馆编《中华民国史档案资料汇编》第5辑第2编，“财政经济”（6），江苏古籍出版社1997年版，第80—81页。

全面抗日战争期间，为解决全国衣被问题，1940年农本局业务调整为增加布匹供应，加大对手工纺纱织布业扶助力度。1941年农本局进行重大改组，从事花纱布的运销调剂和推广手工纺织工作。1942年花纱布统制由经济部物资局管辖，采取“以花控纱，以纱控布，以布控价”的办法，向纱厂发放棉花并收回棉纱，向布厂发放棉纱并收回棉布。①

1942年4月9日，农本局福生各庄制定了放纱收布办法，具体内容如下：

第一条　本局为供给手工织布原料，便利缺纱织户，增加棉布产量，借期平抑布价，特制定本办法。

第二条　凡愿领纱布之织户，须先向所在地本局福生庄领取申请书及保证书，依式填就申请登记，经查明其确实职业、织机、住址及保证人之财产，并核准后，始可发给“领纱证”，领取经纱、纬纱及竹筘，其申请书、保证书及领纱证之式样另定之。

第三条　核准织改良市布及织帆布之织户，第一次每架织机规定放给底纱、机纱器，并土纱10斤至20斤，核准织狭布之织户，第一次每架织机贷与底纱土纱20斤，由各该织户持“领纱证”领取。

第四条　凡织户领纱后，其所织布之组织标准暂订如下：

（一）改良市布。布长40.5码，幅宽36吋，甲级土纱纬重11斤14两，乙级土纱纬重11斤12两，丙级土纱纬重12斤14两；经纱20"机纱，经纱甲、乙、丙级土纱，筘1040齿；筘长38.5吋，总经2040根，经长44.5码；每吋经纱根数56根，每吋纬纱根数甲级41根、乙级38根、丙级34根，浆重10两；每匹发经纱5斤5两，每匹发纬纱甲级6斤2两、乙级6斤10两、丙级7斤2两。

（二）帆布。布长20码，幅宽30吋，重6斤12两；经纱20"机纱，纬纱劣级土纱，筘700齿；筘长31吋，总经2800根（每齿2根），经长23.5码，浆重12两；每吋经纱数93根，每吋纬纱数30根，每匹给经纱3斤半、

① 樊果：《抗日战争时期国统区主要手工业概况——试析手工业在近代中国社会经济中的地位》，《中国经济史研究》2018年第6期。

纬纱3斤。

(三)狭布。布长20码,幅宽15.5吋,重3斤12两;经纱及纬纱,丙劣级土纱,总经620两;经长22码,每吋经纱数40根,每吋经纱数24至26根,浆重6两;每匹给经纱丙级土纱1斤13两、纬纱劣级土纱1斤13两;其他织物之组织标准,得视事实需要,随时规定公告之。

第五条　各织户应将织成之第一匹布,最迟于领纱后10日内送交本局福生庄验收,以后随织随交,约每隔3日交布1匹。

第六条　各织户织成之布送到后,福生庄应照各布原订标准发纱量(扣除浆量)计发机纱土纱,并按照等级发给工资。

第七条　织户应按本办法第四条规定标准织制布匹,不得偷工减料,所领借竹筘亦不得擅自变更。

第八条　织户每匹工资由本局福生庄随时规定公告之,其成品特别优良者得酌给奖金,均于织户交布时,由本局福生庄算给之。

第九条　有下列情事之一者,本局福生庄得罚扣工资或拒绝收布,令将已领之纱赔偿,必要时,并得吊销其领纱证:甲、申请书及保证书经查明虚伪不实者;乙、所织布匹不遵守本办法第四、五两条规定者;丙、以次等劣纱调换顶替者。

第十条　织户如踪迹不明,领取棉纱,而不至庄交布或无力交还所领底纱者,应由保证人负责,必要时并得依法送地方机关严办。

第十一条　本办法应向各庄所在地地方政府备案施行之。

第十二条　本办法如有未尽事宜,得随时修改之。①

从相关政策的内容来看,手工业和工业的规划及发展政策并非泾渭分明,国民政府多项支持、规范工业发展的政策中包含了部分手工业的内容。在国民党第六次全国代表大会上,陈立夫等提交了《工业建设纲领实施原则

① 《农本局福生各庄放纱收布办法》(1942年4月9日),见中国第二历史档案馆编《中华民国史档案资料汇编》第5辑第2编,“财政经济”(6),江苏古籍出版社1997年版,第49—51页。为方便阅读,引文略有改动。——编者注

案》,经大会决议修改通过,并经国民党中央执行委员会第一次全体会议决议通过。1945年6月17日,国民政府就《抄发工业建设纲领实施原则案》训令行政院予以具体实施,该案所列纲领第一条明确提出国家干预政策,即"工业建设根据实业计划而为有计划的设施,由政府统筹之实施原则",其中的第六点提出要重点支持一些行业发展,"特别着重钢铁、煤石及铜、锌、铝、机器、电气、电力、基本化学品、水泥等根本工业及关键工业之发展",同时也应兼顾各项民生工业,"如纺织、面粉、皮革、木粕、化学、纤维、木材、陶业、酒脂、制糖、印刷等"。另外,"民生工业中如生丝、地毡、桐油、菜油、茶品等大量出口物品应尽先发展,以增对外支付能力,其他大量供应国外市场之矿产物资,亦应开展,以利出口"。纲领第九条明确指出,"政府对于手工业及工业合作组织予以扶助、推进及改良,并使人民充分利用余暇,从事于工业生产"。具体实施原则为:

(1)手工业及家庭工业,其产品有国际市场者,应由政府予以技术指导,提高其品质,协助其输出。

(2)固有之手工业及小工业无产品可以为工厂工业之半制品者,应设法予以组织,使与工厂取得适当之配合。

(3)新式工厂工业之产品,各精制之原料药品与机械设备配件等,可以协助固有手工业之积极改进,并可利用农村原有小工业之组织,以得推广之效者,皆应提倡,使其互相配合。

(4)原有农间之手工业应由政府协助其资金及设备,并完成适当组织。

(5)固有之手工业及小工业应充分鼓励,组成工业合作社,俾易于指导。①

① 《国民政府抄发工业建设纲领实施原则案的训令》(1945年6月17日),见中国第二历史档案馆编《中华民国史档案资料汇编》第5辑第2编,"财政经济"(6),江苏古籍出版社1997年版,第68、74页。

另外,国民政府亦关注小工业及手工业的奖励事宜。据翁文灏的记述,1931年5月16日,国民政府曾有小工业及手工艺奖励规则之公布,对于优良制品,可给以奖金、奖章、褒奖或匾额等奖励。国民政府经济部于1939年2月15日曾公布小工业贷款暂行办法,对于经营纺织、制革、造纸、金属冶制、化学、陶瓷、农林产品制造等工业资本在1万元至5万元之间者,可呈请国民政府经济部贷款。又为改良小工业之技术起见,国民政府经济部于1940年3月28日公布小工业示范工厂暂行办法,在四川、西康二省实行。①

二、手工业调查的展开

战时,西南地区成为社会各界关注的重要区域之一。为了有效地开发西南地区,政府机关、高校、社会团体以及个人均在西南地区做了大量的调查工作,其中以区域特产为主的资源型手工业调查资料最为典型、系统,从蔗糖、井盐、纸张、药材、木材、水产等日用类行业,再到矿产、桐油、生丝、皮毛、猪鬃、边茶等外销类行业,调查内容涉及各个行业的产制运销等各个方面,极为广泛、完备、庞大。

近代中国社会调查,从清末兴起到20世纪30年代达到高潮,数量不下于几万种,调查范围涉及政治、经济、社会等各个方面,这些调查活动及由此形成的调查文献的史料价值均为学界所重视。近年来,相关研究成果集中讨论了20世纪二三十年代东南、华北、东北等地区的调查活动;调查人物研究集中讨论了晏阳初、梁漱溟、李景汉、卜凯、陈翰笙、费孝通、薛暮桥等著名学者的调查活动;调查组织讨论则集中于比较著名的社会团体与大学,包括中华农学会、平民教育促进会、中国农村经济研究会、中山文化教育馆、中国地政

---

① 《翁文灏撰战时工业法规之修订及后方工业之发展》(1941年8月),见中国第二历史档案馆编《中华民国史档案资料汇编》第5辑第2编,"财政经济"(6),江苏古籍出版社1997年版,第135页。

学会、华洋义赈总会、农村复兴委员会、金陵大学、燕京大学等机构。① 相对而言，学界对近代中国西南地区调查活动的研究则较弱。20 世纪三四十年代，受国内外政治因素影响，中国西南地区成为中国社会各界关注的重要区域之一。为了有效地开发这一区域，政府机关、高校科研机构、公私企业、社会团体以及个人均在该地区作了大量的经济调查活动，形成了一大批调查资料②，这批资料成为研究 20 世纪三四十年代中国西南地区社会经济状况的重要史料，广为学界所征引。不过，相关调查活动及其主持人的研究则与这批资料受关注度极不匹配，目前学界关注不多。③

首先，就国民政府而言，1939 年 3 月，《财政部拟具第二期战时行政计划实施具体方案》明令举办各项经济调查，“经济调查之主旨，在于促进直接税推行之普遍公正，并协助有关经济事业之发展，以推行直接税所需要之实际材料为调查范畴”，调查对象分类为商业、工行、金融、机关、职业、特产、物价、

① 陶诚、曹幸穗、侯建新、黄兴涛、夏明方、李金铮等人对此均有较为深入的分析，主要参阅以下资料：陶诚《30 年代前后的中国农村调查》，《中国社会经济史研究》1990 年第 3 期；曹幸穗《民国时期农业调查资料的评价与利用》，《古今农业》1999 年第 3 期；侯建新《二十世纪二三十年代中国农村经济调查与研究述评》，《史学月刊》2000 年第 4 期；黄兴涛、夏明方《清末民国社会调查与现代社会科学兴起》，福建教育出版社 2008 年版；李金铮、邓红《另一种视野：民国时期国外学者与中国农村调查》，《文史哲》2009 年第 3 期；叶恒《改革开放以来国内陈翰笙研究综述》，《中国社会经济史研究》2013 年第 3 期；李佳佳《改革开放以来民国农村社会调查研究述评》，《史学月刊》2014 年第 12 期；等等。

② 21 世纪以来，中国大陆学界对这批资料有所关注，相继出版了一批调查资料汇编，主要有：李文海、夏明方、黄兴涛编《民国时期社会调查丛编》（10 卷本），福建教育出版社 2009 年版；孙燕京、张研主编《民国史料丛刊》，大象出版社 2009 年版；殷梦霞、李强选编《民国铁路沿线经济调查报告汇编》，国家图书馆出版社 2009 年版；南京图书馆编《二十世纪三十年代国情调查报告》，凤凰出版社 2012 年版；郑成林选编《民国时期经济调查资料汇编》，国家图书馆出版社 2013 年版。这些资料汇编对 20 世纪三四十年代西南地区社会经济调查活动形成的资料有所涉及，不过仍有较多资料并未予以收录。

③ 典型的有：彭南生分析了 1933 年秋吴半农、韩德章、千家驹等人在广西的调查和 1938—1939 年费孝通对云南禄村的调查以及对战时四川地区手工行业的调查；聂蒲生分析了费孝通对云南禄村的调查及张之毅对战时玉村的调查；赵国壮梳理了该区域桐油业调查资料的具体情况。参阅以下资料：彭南生《半工业化——近代中国乡村手工业的发展与社会变迁》，中华书局 2007 年版；彭南生《20 世纪上半叶中国乡村手工行业的调查研究》，《华中师范大学学报》2006 年第 2 期；聂蒲生《抗战时期在昆明专家对云南和大凉山的调查研究》，华中师范大学博士学位论文，2004 年；赵国壮《资源调查与对日战争：20 世纪三四十年代西南地区桐油业调查资料研究》，《近代史学刊》2017 年第 17 辑。

证券、存款、地产、房产、其他建筑物、矿产、林产、水产等20余种。① 贸委会为调查国内各种外销物资产销情况，曾在川康及东南、西南、西北各地，设有调查区主办该事，1941年裁撤调查区，在各省贸易管理处专设调查科主管其事；至于国外物资销售重要市场，则择要派遣专人负责调查，而次要者则与驻外使领馆及其他经济团体合作，请其代办。② 1943年12月，在《财政部贸易委员会关于外销农产品生产状况的调查报告》中，第一目为桐油，分述了浙江、安徽、江西、湖北、湖南、四川、福建、广西、贵州、河南、陕西等各省的桐油分布情况，并估计全国产量约为136万公担，其中以四川产量最巨，计45万公担，湖南次之，计35万公担，湖北、广西、浙江3省又次之，各在10万公担以上，其他贵州、陕西、安徽、江西、河南、福建等省产量较少，自1万至5万公担不等。③

其次是张肖梅对战时云贵川三省的经济调查。在20世纪三四十年代中国调查活动中，张肖梅的中国经济调查及研究活动颇具典型意义。全民族抗日战争爆发前，张肖梅主持了金融、贸易等中国宏观经济调查及研究活动，出版了《全国银行年鉴》等一批调查资料；全民族抗日战争爆发后，她主持了西南地区经济资源调查及研究活动，并形成了《四川经济参考资料》《贵州经济》《云南经济》等近千万字的系列调查资料。④ 这批基础性经济调查资料，系统统计记录了西南地区的经济状况，涉及许多手工业内容，为战时西南地区经济开发活动提供了有益的借鉴，这既赓续了国民政府实业部的未竟之

① 《财政部拟具第二期战时行政计划实施具体方案》（1939年3月），见中国第二历史档案馆编《中华民国史档案资料汇编》第5辑第2编，"财政经济"（1），江苏古籍出版社1997年版，第36页。

② 《财政部拟1941年度工作计划》（1940年），见中国第二历史档案馆编《中华民国史档案资料汇编》第5辑第2编，"财政经济"（1），江苏古籍出版社1997年版，第141页。

③ 《财政部贸易委员会关于外销农产品生产状况的调查报告》（1943年12月），见中国第二历史档案馆编《中华民国史档案资料汇编》第5辑第2编，"财政经济"（8），江苏古籍出版社1997年版，第311—315页。

④ 相关文章多是介绍张肖梅个人情况，如郭昭昭《抗战期间国民参政会中女参政员群体的考察》，《安徽大学学报》（哲学社会科学版）2006年第6期；宋青红《抗战时期女参政员的国民参政运动述论》，《江西师范大学学报》2013年第4期。仅有肖可、周石峰在《民国女经济学博士张肖梅的外贸思想》（《兰台世界》2014年2月上旬）一文中介绍了张肖梅的外贸思想。

志,又成就了战时中国经济调查及研究活动的奇迹。

再次是欧阳仑撰写后方酒精工业的发展情况。战时的后方酒精工业与手工制糖业有着密切关系。抗日战争全面爆发后,随着东部沿海地区相继沦陷,国际运输路线相继被封锁,汽油进口锐减,液体燃料出现严重不足的局面,直接影响到抗战大局及大后方的社会经济建设。国民政府为保障国防军需及大后方交通运输对液体燃料的需求,实行了“酒精代汽油”办法,促使以生产动力酒精为主的大后方酒精工业迅速崛起。这一时期后方酒精工业生产原料仅有少数取自杂粮,更多的是使用糖类产品,包括液体的糖蜜(漏水),固体的红糖、桔糖,因此,战时酒精工业的崛起、液体燃料的保障,多有赖于四川糖业的厚实基础和大力支持。[①] 国民政府经济部秘书厅编辑经济参考资料《欧阳仑撰后方之酒精工业》(1942 年 2 月 26 日)。从该资料来看,中国酒精工业的肇始者是溥益制糖厂。全民族抗日战争爆发前,中国最大的酒精厂是侨商糖王黄江泉投资兴办的中国酒精厂,该厂最初所用原料全为糖蜜;全民族抗日战争爆发后,后方第一家酒精厂成立于四川糖业基地——内江椑木镇,所用原料全为糖蜜。1941 年,向国民政府经济部登记的大后方酒精厂为 68 家,其中 48 家设立于四川省及重庆市,这样的布局完全得益于四川的糖业基础,“四川各厂分布区域大都在内江、资中、富顺、成都等地,而以内江及资中两地为最多,此盖以该两地为产糖之区,原料取给便利,有以使然者”。而以干酒为原料的酒精厂也一度改用糖蜜为原料。欧阳仑提出的酒精增产的主要途径亦在于增加甘蔗的种植面积,“酒精增产之道,不在酒精设备之增加,不在新厂之创设,更不在旧厂之扩充。在积极方面,应谋甘蔗之增产,推广蔗田面积,以图糖蜜及桔糖之增加,此为预谋下年原料供给之远谋”。[②]

最后是林继庸关于西北工业状况的考察报告(1943 年 2 月 18 日)。国民政府经济部西北工业考察团团长为林继庸,该团于 1942 年 9 月 21 日从重庆出发,1943 年 2 月 12 日返回重庆,用时 143 日(编者注:实际为 145 日),赴陕

---

① 赵国壮:《抗战时期大后方酒精糖料问题》,《社会科学研究》2014 年第 1 期。

② 《欧阳仑撰后方之酒精工业》(1942 年 2 月 26 日),见中国第二历史档案馆编《中华民国史档案资料汇编》第 5 辑第 2 编,“财政经济”(6),江苏古籍出版社 1997 年版,第 128—134 页。

甘青宁四省者共计 21 人,入新疆者 10 人,团员多为民营工业界的技术负责人。此次考察范围是由川北广元起入陕西省,赴南郑、城固、双石铺、宝鸡、岐山、郿县、兴平、长安、咸阳、泾阳、三原、富平、耀县、同官;再赴宁夏,经同心城、中宁、金积、灵武、宁朔、宁夏等县;在甘肃境内,曾到固原、平凉、徽县、天水、秦安、皋兰、永登、武威、永昌、山丹、张掖、高台、酒泉、玉门、安西;在青海,曾到民和、乐都、西宁、湟源,绕青海南边草地,逾扎哈土岭而至都兰察卡盐池;在新疆,曾到哈密、七角井、鄯善、吐鲁番、达坂城、迪化、昌吉、绥来、乌苏、精河、绥定、伊宁、霍尔果斯等处。来回全程 14000 余公里。考察团对五省工业均进行了详细调查,并分别提出了建设性意见。①

三、手工业生产经营的企业化

全民族抗战爆发之后,随着东部沿海地区工矿企业内迁,一大批工矿企业在战时的大后方迅速建立起来,“其中分布于内地各省区的主要是各种国营和地方政府省营的企业公司”,“战时内地省区的企业公司主要是由各地方政府以股份有限公司组织形式创办的各种省办、或地方政府与中央政府有关部门合办的企业”。② 这些企业公司积极经营本省(本区域)内的经济资源开发事业,其中,尤其重视推动一些资源型手工业的发展(如桐油、蚕丝等行业)。随之,大后方传统的手工业经营模式发生了较大变化,即由全民族抗战爆发前的多以字号、商铺形式从事经营活动而演变为企业化的生产、经营行为。

1. 西南麻织厂有限公司经营下的后苎麻业

1937 年前,中国苎麻工业极为薄弱,毫无工业可言。全民族抗战爆发后,国民政府经济部翁文灏部长与卢作孚、何北衡等人组织成立中国麻业公司,梳炼苎麻出口,并筹设工厂,从事纺织。随后,因上海、香港相继沦陷,乃于 1938 年冬在重庆再组织西南麻织厂有限公司,蒋乃镛担任工务主任,筹建三

① 《林继庸关于西北工业状况的考察报告》(1943 年 2 月 18 日),见中国第二历史档案馆编《中华民国史档案资料汇编》第 5 辑第 2 编,“财政经济”(6),江苏古籍出版社 1997 年版,第 167 页。

② 近代中国企业公司的大量出现主要是在 20 世纪 40 年代的抗战时期。张忠民:《艰难的变迁:近代中国公司制度研究》,上海社会科学院出版社 2002 年版,第 182、197 页。

个工厂,不到半年即出货。另外,1938 年 1 月,江西民生纺织厂成立,但是资本微小,机器简陋,出货极少。[①]

2. 四川桐油公司、复兴公司经营下的后方桐油业

万县、重庆为川东地区最为重要的两个桐油集散市场。战前,两个市场上的油铺[②]、过儎铺等桐油从业者,均以字号形式从事桐油买卖业务活动。据四川省经济研究室调查,1937 年,万县油铺共 153 家,资本总额为 307069.99 元;过儎铺共 16 家。[③] 万县油铺以其收买桐油的地域不同而分为出儎客与坡油商。出儎客即下川东各县产油地在万县设庄之庄客,据调查出儎客计有合川、江津、涪陵、丰都、忠县、云阳、夔府、长寿、开县、梁山等帮。坡油商,即经营万县本地所产桐油之桐油商人,也以其所在地区不同而分为上沱客、下沱客、新开田、西路段、沱口客等帮,各帮资金不等,普通由数千元至数万元,在市内坐购毛油,再行出售。[④] 就重庆地区而言,桐油进口商称为桐油字号,在渝收买桐油售予出口行商,该商除在渝设有总号收买贩商桐油外,亦多在各产区设有庄客,零星收买,积有成数后运渝出售。该商在重庆桐油交易中最为重要,从前隶属山货帮,兼营各种山货,20 世纪 30 年代,因桐油贸易繁盛,而逐渐偏重桐油交易,甚至以买卖桐油为专业。号内设有经理、写账、跑街、管信、管窖、看货等职位。在产区各埠,设有分庄,在重庆江北一带设有桐油堆栈。[⑤]

全民族抗战爆发之后,因运输困难,油价惨跌,四川省各地油价从每担 47 元、48 元跌至 10 余元,尚无人接收,因此亏本之油号颇多,其中多家自行停止贸易。[⑥] 重庆油商,如刘守仁、姚守仁、戴矩初、夏钦惠、李宝有、罗国宝、尹作舟、何北衡、刘航琛、吴晋航等人,积存桐油 2000 余吨,因行市无转机而无从

---

① 蒋乃镛:《中国纺织染业概论》(增订本),中华书局 1946 年版,第 64 页。

② 就油铺自身组织而言,营业较小者,以一人身兼数职;营业较大者,其组织较为严密。就其资本而言,可分为独资、合资两种,股东负无限责任,店内职员,计有经理、写账、跑街、管信、管窖、看货工头、下河(系油铺职员,专司下河装卸货)等人。

③ 方兵孙编著:《四川桐油贸易概述》,四川省银行经济调查室,1937 年,第 68—75 页。

④ 方兵孙编著:《四川桐油贸易概述》,四川省银行经济调查室,1937 年,第 79—80 页。

⑤ 方兵孙编著:《四川桐油贸易概述》,四川省银行经济调查室,1937 年,第 103—105 页。

⑥ 李朋:《四川的桐油与国营》,《东方杂志》第 37 卷第 4 号,1940 年 2 月。

脱手,故曾一再呼吁国民政府予以解决。而恰于此时,国民政府正计划用桐油作为偿还物资与美国商讨签订借款合约一事,是故,贸易谈判代表陈光甫(上海商业储蓄银行董事长)从南京到重庆与油商接洽,准备收购存油。但是,由于收油条件苛刻及川江运输风险等因素存在,重庆油商商定,于1938年3月以有存油的20余户油商为社员,组成桐油贸易社,推举吴晋航为理事长,刘守仁、夏钦惠任常务理事,经办桐油包装成件、装轮运汉事宜。历经9个月,桐油贸易社陆续运出存油1000余吨。[①] 同年10月,广州、武汉失守之后,进出口物资更加困难。复兴商业公司为了达到快速收购桐油的目的,一再向油商表示,希望他们组成桐油公司,专门在内地从事代收工作。以和诚银行吴晋航为首,包括“祥源庆”的刘守仁、“同丰”的姚守仁、“义生”的夏钦惠、“华懋”的喻元恢等人在内的重庆油商,接受了这个建议,计划筹建四川桐油公司。后经与万县油商石竹轩等再三协商,同意约集川省各地油商共同组织之。1940年3月,以渝、万地方油商为主体的四川桐油公司在重庆成立。成立时资本总额为100万元,其中复兴商业公司40万元,万县油商22万元,重庆油商32万元,其他各县油商6万元;1941年增资为200万元,其中复兴商业公司80万元,其余120万元由油商按照原有比例摊付。[②] 具体资本使用:买卖桐油事项25万元、代理买卖桐油事项40万元、其他有关桐油事项10万元、固定资产设备20万元、生产器具设备2万元、流动资金2万元。[③] 董事会为公司最高管理机关,下设总公司、3个分公司和22个办事处。总公司共设四股(总务、会计、业务、栈务)、一部(代理部)、一室(稽核室),内部职工共计107人,加上各分公司及办事处员工共计214人。[④]

四川桐油公司成立的目的在于协助国民政府桐油贸易政策之推行及维

---

① 刘守仁:《抗战时期四川桐油的遭遇》,见中国人民政治协商会议四川省委员会文史资料研究委员会编《四川文史资料选辑》第24辑,四川人民出版社1981年版,第177页。

② 刘守仁:《抗战时期四川桐油的遭遇》,见中国人民政治协商会议四川省委员会文史资料研究委员会编《四川文史资料选辑》第24辑,四川人民出版社1981年版,第179页。

③ 《四川桐油贸易股份有限公司成立计划书》,重庆市档案馆藏,重庆社会局全宗,0060/0002/0438。

④ 刘守仁:《抗战时期四川桐油的遭遇》,见中国人民政治协商会议四川省委员会文史资料研究委员会编《四川文史资料选辑》第24辑,四川人民出版社1981年版,第181页。

护各级同业之生存，即“以合理的组织，集体的力量，调整产运销的各种关系，以谋增进生产，发展输出，加强外汇基础，巩固货币政策，并且站在国家利益为重的观点上，更要使每一滴油都能够发挥它在抗战中的作用，而不让任何人在任何方式下以出口贸易重要地位的桐油攫取非分的高利”①。公司成立之后，“公司业务暂以办理各商家登记桐油之运输及推销事宜，对内团集一致，群策群力，期达到共存共荣的目的；对外在贸委会及四川贸易局领导监督之下，以实现上项计划”②。其主要业务是为复兴商业公司代购川省内桐油，每百市斤油耗为 1 市斤，不得自做买卖，于交货时按照重庆油价收取 3%佣金。川省桐油购销过程改为四川桐油公司收购、中植厂贮炼、复兴商业公司输出，因此重庆各种油商遂次第被淘汰。③

3. 四川丝业股份有限公司经营下的蚕丝业

20 世纪 30 年代初，在世界经济危机、日本丝业竞争及人造丝进口激增等多重因素的影响下，中国丝业危机之声充斥国内舆论，以丝业危机及救济丝业为名的论著广见于报刊。④ 这次危机的波及面较广，不仅江浙地区蚕丝业受到较大冲击，而且西南地区蚕丝业发展也呈现出步履维艰的局面。例如，曾在 1920—1930 年处于极盛时期的四川丝业，自 1931 年后，“因为内受天灾与时局不靖之影响，外受日丝倾销与人造丝之压迫，始进入衰落时期”⑤；四川北部本为四川省丝业中心，盛时生丝产量达四川省生丝总产量的一半以上，但自 1931 年以后，已经锐减了 90%左右；川南区生丝产量在盛时曾达四川省生丝总量的 25%，在衰退期时虽有缅甸、印度市场的支撑，但亦减少了 75%。⑥

---

① 《四川桐油贸易公司宣言》，重庆市档案馆藏，聚兴诚商业银行全宗，0295/0001/1270。

② 李朋：《四川的桐油与国营》，《东方杂志》第 37 卷第 4 号，1940 年 2 月。

③ 严匡国：《四川桐油市场》，《川康建设》第 1 卷第 5、6 期合刊，1944 年 12 月。

④ 较为著名的有：吴兆名《中国丝业的危机》，《东方杂志》第 28 卷第 11 号，1931 年 6 月；《百业凋敝声中之丝业》，《经济旬刊》第 2 卷第 2—3 期，1934 年 1 月；薛弘训《中国丝业之衰落及其救济》，《商学期刊》第 8 期，1934 年 1 月；仲廉《丝业之危机》，《银行周报》第 16 卷第 18 号，1932 年 5 月；《挽救丝业厄运谈》，《钱业月报》第 13 卷第 11 期，1933 年 11 月；等等。

⑤ 秦孝仪：《革命文献》第 104 辑，《抗战建国史料——农林建设（三）》，台湾“中央文物供应社”，1986 年，第 224 页。

⑥ 陈慈玉：《抗战时期的四川蚕桑业》，台湾《中央研究院近代史研究所集刊》，1987 年第 16 期。

在四川省丝业衰退时期,四川省内丝商曾经先后联合组织“久和”“大华”“新华”等生丝贸易公司,以期减低成本,突破困境,但均未获成功。1936 年春,省政府认股改组成立四川生丝贸易股份有限公司;1937 年 5 月,该公司与四川省营蚕种制造股份有限公司合并,更名为四川丝业股份有限公司。四川丝业股份有限公司主要经营制造和改良蚕种、收买改良蚕种、缫制及运销改良蚕丝等事项。四川丝业股份有限公司成立后,四川省府开始实行改良蚕丝统制政策[①],赋予“该公司以独家改良蚕种与独家收购改良蚕茧之权,公司负有无偿赠送农民改良茧种与遵照官价收尽农民所产改良蚕茧的义务”[②],“举凡营育桑苗,制造茧种,收茧,缫丝,运销诸端,莫不由该公司作有系统之经营”[③]。

四川丝业股份有限公司遵照《四川省政府管理蚕丝办法大纲》设立,并按照公司法对股份有限公司的规定命名。总部设于重庆陕西路 92 号,总公司内部设置股东大会作为最高权力机关,设有董事长、常务董事、监察人等职位,总经理负全责管理公司一切事务,并设襄理、协理及制种总技师、制丝总技师辅助其办理相关事宜。在重庆及川东、川北等地设分公司、办事处、制丝厂、制种场及购茧庄等分支机构,具体设置情况为:川东区、南充区、三台区、阆中区、成都、上海等六个办事处;第一、二、三、四、五制丝厂;北碚、巴县、南充、西充、仁和、阆中、三台等七个蚕种制造场;北碚及南充两个冷藏库;川东区副产品厂;合川及澄江镇两个转运处;川东区、南充区、阆中区及三台区等四个茧庄。[④] “就设备而言,固然比战前各民营丝厂齐全,而且自桑园至丝厂一应俱全,这似乎是当局极力推展外销丝和军需丝之制造时所采取的一贯作业政策的结晶;此公司配合蚕丝试验场所扮演的角色,在 1940 年代初期以降和川南地区的乐山试验区平分四川丝业之天下”[⑤]。四川丝业股份有限公司

① 《四川省政府管理蚕丝办法大纲》共 14 条,赋予了蚕丝公司独享经营川省改良蚕丝事业的权力,大纲具体内容参阅《蚕茧与蚕丝业近况》,《四川经济月刊》第 10 卷第 1 期,1938 年 1 月。

② 林骥材:《范崇实与四川丝业公司》,《新世界月刊》第 10 期,1946 年 10 月。

③ 《四川丝业公司之过去与将来》,《联合经济研究室通讯》第 4 期,1946 年 8 月。

④ 四川丝业公司:《川康兴业特种股份有限公司投资事业概况调查表》,重庆市档案馆藏,川康兴业特种股份有限公司全宗,档号 0356-0005-0015。

⑤ 陈慈玉:《抗战时期的四川蚕桑业》,台湾《中央研究院近代史研究所集刊》1987 年第 16 期。

第一任董事长为宋子文,常务理事有宋子文、胡子昂、何北衡、席德柄、钱新之、康心如、邓汉祥、范崇实、顾季高、刘航琛等人;制种总技师为陶英,制丝总技师为张复昇。①

四川桐油公司、四川丝业股份有限公司、川康兴业公司等官督商办性质(抑或商办性质较浓)的省营企业公司显然有别于复兴商业公司、富华公司、中茶公司等国营公司。四川桐油公司两年而终,其间原因很多,未能获得政府足够支持是失败的重要原因。国民政府虽明令取消指定创汇外销物品的出口税,但拒绝减免桐油公司的营业税。1939 年 3 月,国民政府财政部拟具《第二期战时行政计划实施具体方案》,明令"为使结汇货物减轻成本推广外销起见,对于指定应行结汇之桐油、猪鬃等十一大类土货概准免除出口税……拟于二十八年一月至三月第一期内即开始实行"②。1940 年 12 月,四川桐油公司以国际交通时生梗阻,桐油输出不免过剩,可用过剩之桐油提炼汽油、柴油、煤油、润滑油支援前方抗战及后方生产,而恳请四川省政府豁免营业税,"以宏提倡而资救济"③。1941 年 1 月 11 日,四川省财政厅根据 1937 年 10 月颁布的《非常时期暂行办法》,驳回四川桐油公司提炼汽油豁免营业税的呈请,要求"仍应照章完纳营业税"④。

四、手工业融资方式的金融化

战时以国家行库为主体的金融业与大后方工矿商农各业之间的密切联系,已为学界所肯定。⑤ 然而,战时后方手工行业经营活动与近代金融业的关

① 《呈报四川丝业公司董监事名单一份请察存》,重庆市档案馆藏,中中交农四行联合办事处,档号 0285-0001-0391,第 50—51 页。

② 《财政部拟具第二期战时行政计划实施具体方案》(1939 年 3 月),见中国第二历史档案馆编《中华民国史档案资料汇编》第 5 辑第 2 编,"财政经济"(1),江苏古籍出版社 1997 年版,第 22 页。

③ 《为以桐油提炼汽油、柴油、煤油、润滑油拟恳豁免营业税,以宏提倡而资救济由》,四川省档案馆藏,四川省建设厅全宗,115/02/3847。

④ 《四川省政府财政厅签条》,四川省档案馆藏,四川省建设厅全宗,115/02/3847。

⑤ 参阅王红曼的系列论文:《四联总处与战时西南地区的金融业》,《贵州社会科学》2005 年第 3 期;《四联总处与战时西南地区工业》,《贵州社会科学》2007 年第 1 期;《抗日战争时期四联总处在西南地区的工农业经济投资》,《贵州民族学院学报》(哲社版)2007 年第 1 期。在这些研究成果中,她肯定了四联总处与后方经济发展之间的密切联系。

系却未能引起学界足够的重视。战时,二者之间有着极其密切的联系,手工行业甚至已经到了严重依赖近代金融业资金支持才能从事经营活动的地步,这与其战前经营方式有本质上的区别。

1. 制糖业

明清以降,四川逐渐发展成为与广东、福建齐名的重要产糖区域,尤其该省的沱江流域,清中期以后,以其植蔗面积、糖品产量、制糖技术等方面的优势成为四川省最负盛名的产糖地。该区域甘蔗种植面积占到四川省的70%,沱江两岸30里尽为蔗田,从事甘蔗种植的蔗农在该地农民总人口中占有较高比例。如内江,农民人数约50万人,蔗农约30万人,约占总数的60%。并且,蔗农农家保有较高的植蔗率,几乎将一半甚至一半以上的可耕地用来种植甘蔗。甘蔗的扩大种植,致使沱江两岸从事糖品生产的糖房、漏棚林立,据统计,清末民初之际,仅内江一地,糖房达1200家,漏棚达1000家以上。[①] 1940年5月,宜沙沦陷,川糖外销两湖受阻,糖价下跌,而其他物品物价却不断上涨,以致制糖成本不断增大,业糖者普遍需要向银行业融通资金以求生存。如这一时期的"甜城"内江,急需大量资金救济糖业及整个经济,因而也成为最为著名的差款码头。1943年12月16日,内江美丰支行在呈报重庆总行总经理的密函中,详细地描述了内江差款情形:"内江产糖价值专以白糖一宗而论,目前可值十万万元,加以桔糖、红糖及漏水不下二十万万元,但是年论蔗农、糖房、漏棚需要资金,困难之户特多,即就总价值之二成计算,共需二万万元,除国家银行外,所有商业银行十六家在内江之资本仅七八千万元,故内江为差款码头。"[②]不仅内江一地为重要差款码头,而从制糖区各县所需合作事业贷款来看,资中、资阳、简阳、隆昌、荣昌等地均和内江一样,所需之款数倍于自筹之款。(参阅表3-1)

---

① 张肖梅编著:《四川经济参考资料》,中国国民经济研究所,1939年,第二十章"出口业",第五节"糖业",第112页。

② 《内行致总行机密信件底稿》,重庆市档案馆藏,美丰商业银行全宗,档号0296-12-16。

表 3-1　四川省各县市 1944 年度合作事业需要贷款概况表(内江支行辖区)

单位:元

县市	共需资金	自集资金	需要贷款资金	备注
内江	90220000	10220000	80000000	蔗糖区
资中	83463310	3463310	80000000	蔗糖区
资阳	25093228	93228	25000000	蔗糖区
简阳	51950000	26950000	25000000	蔗糖区
隆昌	10747000	747000	10000000	蔗糖区
荣昌	8310000	310000	8000000	蔗糖区
合计	269783538	41783538	228000000	蔗糖区

资料来源:《四川省各县市 1944 年度合作事业需要贷款概况表》,内江市档案馆藏,民国资中、内江银钱(钱庄)(联)全宗,档号 13-2-441,第 84 页。

从表 3-1 来看,1944 年资中共需糖业资金 83463310 元,而其自筹资金只有 300 余万元,仅为该年所需资金的一个零头;再如资阳,1944 年所需糖业资金达 2500 万余元,而自筹资金仅 9 万余元,几乎整个资金均需要贷款才能满足;相对而言,简阳略为好一点,不过仍有一半约 2500 万元的糖业资金须求助于贷款;隆昌、荣昌同样需要大量贷款,才能维持糖业正常运营。各贷款人需款急迫之情溢于言表。例如,1944 年 1 月 8 日,交通银行该年的"贷放较往年中行办理糖清放款较迟,各借款人需款急迫,一经贷放,纷集市区,其势未容逐户互推"①。

2. 井盐业

手工井盐业是一个有着悠久历史传统的行业,在清咸同时期,自贡井盐业借助川盐济楚的时机,实现了产业资本与传统金融资本的初步融合,成就了其第一个黄金发展时期。抗日战争全面爆发后,一方面,因长芦盐场及两淮盐场被日军侵占,一时间海盐供给告罄,自贡井盐业迎来了第二个黄金发

① 《陈复内江中我两行与制糖公会所订担保契约各点祈鉴核》,内江市档案馆藏,民国资中、内江银钱(钱庄)(联)全宗,档号 13-3-56。

展时期;另一方面,在增产加运的统制政策下,原有的合伙制、上中下节、承首人制等业内融资手段,遇到了新的挑战,尤其是在1938—1941年,在战事发展、增产加运等因素的影响下,富荣场商出现了资金周转不灵之窘状,开始向近代银行业短期通融资金。1937年,富荣、犍乐、射洪、云阳等盐场奉政府命令,筹备川盐增产,以备战时所需,四川盐务管理局代各盐场致电盐务总局,“呈准部局向重庆中中农三行贴放委员会商借增产加运透支借款260万元,指定以富荣犍乐射洪云阳6场所收之建设专款为偿还基金,定期1年偿清,与贴放委员会订立合约”。自该年10月起到1938年5月止,已先后透支250余万元,所收之建款抵偿基金也已达110余万元。然而,“在此长期抗战方殷下游长江四岸缺盐之际,湘鄂淮商复来川接洽请求购运,为接济民食及增收税款以供国用起见,川盐更有积极增产之必要。惟前订借款已垫借告空,而筹借增产加运,又在需款周转”,于是,1938年5月,“向重庆中中交农四行贴放委员会另行商借增产透支借款350万元,其前借之260万元,除以所收建款抵还基金拨还外,不敷之数,即由新借款内如数拨足,以资清结”。国民政府财政部接到盐务总局转来之增产透支借款代电后,一方面表示对其理解、赞同,另一方面亦致电联合贴放委员会,“现以非常期间,各岸需盐孔殷,亟待川区大量接济,对于川盐增产加运,正饬上紧进行,该管理局所请继续商借增产透支款项350万元各节,复核尚属必要,务希贵处迅即转电各渝分行贴放委员会,允予照办,以利川卤而裨税食”。[①] 1940年以后,大后方地区的物价持续上涨,场商资本日益不敷使用,不得不请求国民政府饬令四联总处放发贷款予以周转,还款方式均是请盐务局从盐价项内拨还;1942年起,富荣盐场场商开始大范围向外融资,从井灶用具,如锅、灶、篾索、钢丝、推牛等生产设备,到以马达、机车等改良生产设备,再到煤、食米、油等燃料及日用必需品,

① 《关于四川盐务管理局请继续商借增产透支款项及检同透支正式合约并请展期一年的呈、函》,重庆市档案馆藏,中中交农四行联合办事处全宗,档号0285-1-0277,第275—277页。

井、灶、笕所需物品，均需依赖银行业的资金贷放。[①] 1943 年 10 月，贡井盐场公署根据自贡两场场商请求生产贷款 2.4 亿元一案，拟具自贡两场场商生产贷款借款还款及分配办法[②]，贷款主要是扶助井灶场商，涉及面广泛，包括各井灶商人购备生产所需材料、燃料、物料，改良生产建设及扶助现行凿办、淘办各井之用；偿还方式，由川康盐务管理局在自贡两场联合办事处每月应领盐价内截扣转还银行。

3. 桐油业

战时，随着桐油统制政策的推行，战前桐油业行业内部的"预油""抵押给洋行"等融资方式为国家行库及商业银行的抵押放款所取代。国营性质的复兴公司取代洋行成为桐油贸易唯一的出口商，垄断了整个川省桐油出口事业。据 1944 年度中国银行万县分行营业报告书，"万县主要出口商品原为桐油、猪鬃、生丝、牛羊皮、五棓（倍）子等，桐油盛时年销 2 万余吨，年来价格上涨甚微，产量锐减，本年约产 9 千余吨，大部由复兴公司收购，供军政部炼油，由商人运销者月约 200 吨"[③]。但是，复兴公司并没有大批资金来购置桐油，为了桐油出口业务的顺利开展，该公司分别采取了以下办法来通融资金：其一是向四联总处申请借款。例如，1938 年 12 月 14 日，中国银行重庆分行致函四联贴放委员会，函称贴放委员会核准贸易委员会函以四川桐油贸易社押汇运港桐油 858.65 担及 633.52 担两笔放款，该会垫头共计国币 6714 元及其

① 生产设备贷款参阅《为耗款过巨续办维艰恳请贷款救济以维生产一案由》，自贡市档案馆，自流井盐场公署全宗，档号 5-4-408，第 49 页。生产燃料贷款参阅《为据情转请贷款接济西场井灶，以备购煤存底，而维推煎由》，自贡市档案馆藏，贡井场盐业场商办事处全宗，档号 20-1-187。改良技术之贷款参阅《川康区扶助电力汲卤贷款须知》，自贡市档案馆藏，贡井场场商联合办事处全宗，档号 20-1-192；《贡井盐场公署训令贡井场联处（贡字第 3688 号）》，自贡市档案馆藏，贡井场场商联合办事处全宗，档号 20-1-190。制盐日用品之贷款参阅《为照原案续向贵行贷款采购盐工食米仍由川康局保证由》，自贡市档案馆藏，贡井场场商联合办事处全宗，档号 20-1-190；《四川自贡市油商业同业公会公函》，自贡市档案馆藏，贡井场场商联合办事处全宗，档号 20-1-190。

② 《自贡两场场商生产贷款借款还款及分配办法》，自贡市档案馆藏，自流井场场商联合办事处全宗，档号 19-1-134，第 3—4 页。

③ 《1944 年度营业报告书》，万州区档案馆藏，中国银行万县分行全宗，档号 J027-001-174，第 85 页。

利息,迄未拨交,应予如数拨收。[①] 1941 年 5 月 31 日,资源委员会复兴商业公司购运全国桐油内销部分获准再借 2000 万元,贷放各行推荐中央银行业务局为代表行拟具是项增加透支批示。[②] 其二向四行申请押汇借款。例如 1945 年 4 月 9 日,川康兴业公司万县办事处以收购桐油业务需款,商议向交通银行万县办事处办理押汇,总额为 2000 万元,期限为两个月,由该公司在渝本息拨还。4 月 19 日,四联总处第 267 次理事会讨论决议,“准予照办”。[③] 其三是向四行申请贴现贷款,即由复兴公司出具承兑汇票,桐油商执此汇票向银行贴现。例如,1945 年 5 月 5 日,四联总处关于万县、奉节、云阳各地桐油商按售油数额开具复兴公司当地收货处承兑汇票向中行贴现总额以 3 亿元为度案,致函中国银行重庆总部。函称,“复兴公司以该地收货站,需款甚巨,商以承兑汇票贴现方式向各该地本行贴借款项总额 3 亿元。经本总处(四联总处)第 269 次理事会决议‘准予照办’。为协助收购外销物资,并扶助川东各地桐商、桐农起见,拟允由各该地桐油商按售油数额,开具复兴公司当地收货处承兑汇票,向万县本行贴借 1.5 亿元,奉节 0.5 亿元,云阳 1 亿元,每次期限至长 90 天,贴现票据由复兴公司在渝到期兑付,并由该公司各收货处出给桐油栈单,按收购成本七折提供担保,并由财政部保证承还”[④]。10 月 11 日,中国银行重庆分行与复兴商业公司签订贴借 3 亿元合约(四联总处第 269 次理事会议核准复兴商业公司因收购川东桐油向中国银行重庆分行贴借国币 3 亿元一案),支持其在川东收购桐油业务。贴借期限为 12 个月,自 1945 年 5 月 18 日起至 1946 年 5 月 18 日为止,利率定为三分六厘,财政部为承还保证

① 《关于如数拨收四川桐油社押汇运港桐油垫头及其利息致中中交农四行贴放委员会的函》,重庆市档案馆藏,中中交农四联总处,档号 0285-0001-0003,第 37—38 页。

② 《关于准复复兴商业公司购运桐油增加透支案批注备案的呈、公函》,重庆市档案馆藏,中中交农四行联合办事处全宗,档号 0285-0001-0238,第 95 页。

③ 《关于川康兴业公司万县办事处收购桐油向交通银行办理押汇的代电、函、决议》,重庆市档案馆藏,中中交农四行联合办事处全宗,档号 0285-1-0317,第 96—98 页。

④ 《关于复兴公司万县、奉节、云阳等地桐油商为收购桐油向中国银行贴现的函、代电》,重庆市档案馆藏,中中交农四行联合办事处全宗,档号 0285-1-0296。

人。[①] 其四是委托有资力的桐油商代为收购桐油。比如四川桐油贸易股份有限公司、聚兴诚商业银行、川康兴业特种股份有限公司、中国植物油料厂等。从复兴商业公司的四种融资方式来看，前三种均是向国家行库融资，第四种也是间接向近代银行业融资，聚兴诚商业银行信托部本身就有母行的支持，而四川桐油公司、川康兴业公司及中植厂等代购机构均无大量流动资金，也是通过向国家行库融资来完成桐油代购业务的。因此，可以认为战时桐油业的融资活动在很大程度上是依赖近代金融业的。

4. 蚕丝业

近代以来四川蚕丝生产仅次于江浙等省，省内蚕桑生产区域逐渐集中于以乐山为中心的川南地区以及以南充、三台为中心的川北地区，而就西部其他省份而言，因产量较少，在中国蚕丝业中所占分量极为有限。抗日战争全面爆发后，随着江浙等省的技术力量西迁，四川省的蚕丝生产在大后方区域占据绝对优势地位。与此同时，随着制丝新计划的实施，在战时的云南省，银行界主办两个丝业公司：蚕丝新村公司及云南蚕丝股份有限公司。前者是中国银行和富滇新银行合资办理的，资本 1000 万元，在开远先开荒植桑；后者是一个缫丝组织，由富滇银行投资经营，初始资本 50 万元，于 1939 年开始运营。[②] 与此同时，公司化运行的四川丝业与近代金融业之间的关系极为密切。1937 年 5 月，成立四川丝业股份有限公司。然而，就公司资本而言，1937 年度仅为 160 余万元，历年增资至 1941 年也不过 1200 万元，以至于现有资本"概用于厂场茧庄设备，流动资金全恃举债"。1937 年生丝每担成本不过 600—700 元，所需流动资金不巨，1941 年度茧价增高 10 倍，"其余物价、人工增高之程度更不止此，生丝成本每担价格达 1 万元以上，所需流动资金至 4 千余万元之多，幸赖国家银行贷予茧款与缫丝费八成半，其余一成半垫头及制种垫款 800、900 万元，系向市面短期借入，利息既重，周转尤感困难，经理人员忙于举债筹款之时多，致力于厂场茧庄之时少，以致未能充分鼓舞生产

① 《函送复兴商业公司收购川东桐油贴现 3 亿元合约副本及抄本各一件希查明转报由》，重庆市档案馆藏，中中交农四行联合办事处重庆分处全宗，档号 0292-0001-0377，第 31 页。

② 蒋君章：《战时西南丝业问题》，《训练月刊》1940 年第 1 卷第 6 期。

方面发生最大效率,此则深致歉忱者也”。[①]

抗日战争全面爆发前,“我国银行业均麇集于滨海沿江,尤以聚集江浙两省为多,西南、西北广大地区,则以关山险要,交通阻塞,经济落后,资金枯涩,金融机构为数甚少,甚至竟付阙如”[②]。因此,相对沿海地区而言,西南及西北区域的近代金融业力量极为薄弱,手工行业多通过行业内部融资方式(自有资本、业内预付款、传统金融机构商借款项)维持经营活动。战时,政府迁渝,国家行库及商业银行纷纷迁往后方,加之政府出台一系列金融扶植政策,后方金融业迅速发展起来,形成了覆盖面极为广泛的大后方金融网,既为手工业发展营造了一个资金较为充足的融资环境,也丰富了手工经营者的融资手段。加之,战时物价涨幅过快、通货膨胀等因素的存在,手工行业从业者被迫逐渐走上了依赖近代金融业贷款维持生存的经营之路。可以肯定,战时手工业大量融资活动的存在,使手工业与近代金融业之间的关系日益密切起来。正是这层关系,有助于从行业融资角度窥视后方金融市场上存在着的一些隐性问题。

总的来看,战时大后方地区的手工业改变了自在自然的发展状态,进入了国家干预的统制经济发展模式,在东部、中部地区手工业因战争爆发遭到重创的情况下,大后方手工业在一定程度上承继了手工业发展的势头,推动了国民经济的进一步发展。若以后方各省的手工业与机器工业的生产数量来比较,有的手工业的生产数量大过于机器工业的生产数量,有的工业部门完全是手工业的生产,有的工业部门机器生产不足需要手工业的生产来补充。比如,西部各省的毛织手工厂迅速发展起来,四川的丝织业绝大多数是手工业性质的。手工造纸业,在抗日战争全面爆发前一蹶不振,之后则繁盛起来,如浙江的富阳全县手工造纸厂有1000多家,丽水、临安、新登等县新兴几百家手工制纸厂;福建的长汀、连州是战时手工纸最发达的地区;四川的手工制纸更是有惊人的发展,以梁山为例,1938年前,其手工纸输出额不足40

---

① 《四川丝业公司1941年营业报告书》,重庆市档案馆藏,中中交农四行联合办事处全宗,档号0285-0001-0390。

② 张与九:《抗战以来四川之金融》,《四川经济季刊》第1卷第1期,1943年12月15日。

万元，以至于槽户络绎停工，制纸原料荒废，自1940年后，梁山纸的输出激增，由350万元增至700万元，造纸工人增加到2万人。湖南和江西战时文化用纸均为手工制品。①

第二节　中共领导下的边区及敌后抗日根据地手工业发展

全民族抗日战争时期，根据毛泽东提出的“发展经济、保障供给”的方针和“组织起来”的指示，各边区及各根据地发展手工业合作组织，发展手工生产，支援抗日战争，改善人民生活，进而发展并稳固了敌后抗日根据地。

一、鼓励手工业发展政策的颁布

为了管理物资、保障民食起见，中共边区及各敌后抗日根据地相继实施措施来推动手工行业的发展，丰富物资供应。“给养的补充，目前成为全边区经常的工作之一。”②

就陕甘宁边区而言，1939年4月4日，边区政府公布了《陕甘宁边区抗战时期施政纲领》，在该纲领的第三部分“民生主义”中明确提出“发展手工业及其他可能开办之工业，奖励商人投资，提供工业生产”“实行统一累进税，废除苛捐杂税”“确定八小时工作制度，改善劳动待遇，保护工人利益，同时提高劳动热忱，增加生产效能”。③ 边区政府将推动该区域手工业发展列入施政纲领当中，其重视程度可以想见。同时，边区政府筹设建设厅掌理该项事业发展事宜。1940年4月20日，边区党委政府在《边区党委政府关于本年度经济建设计划的决定》中，明确要求发展手工业生产：“1. 广泛发展家庭纺织业，以增加棉毛织产品，政府应购置新式手工纺织机，发给各纺织家庭，并物色与

---

① 高叔康：《中国手工业概论》，商务印书馆1946年版，第35—36页。

② 夏忠武：《军事第一、胜利第一(节选)》，见江苏省财政厅等《华中抗日根据地财经史料选编——鄂豫边区、新四军五师部分》，湖北人民出版社1989年版，第458页

③ 《陕甘宁边区抗战时期施政纲领》(1939年4月4日)，见甘肃省社会科学院历史研究室编《陕甘宁革命根据地史料选辑》第1辑，甘肃人民出版社1981年版，第27页。

培养指导人才,开办训练班,指导家庭妇女利用新式纺纱机;2. 健全已有之生产合作社,使各生产合作社产品增多,品质改进,成本减低,营业活跃等,并组织新的生产合作事业;3. 健全边区各工厂,使产量增加,品质改进,成本减低,管理健强,并增加织毛工业,以发展毛织出品;4. 在延安、安塞增开煤窑,以增加燃料,解决燃料供给。”[①]1941年5月1日,中共中央批准的《陕甘宁边区施政纲领》再次强调:“发展工业生产与商业流通,奖励私人企业,保护私有财产,欢迎外地投资,实行自由贸易,反对垄断统制,同时发展人民的合作事业,辅助手工业的发展。”[②]这些扶植手工业发展的政策均取得了一定成效。1942年1月,边区政府公布实施了《陕甘宁边区三十一年度经济建设计划大纲》,强调发展家庭手工业和生产合作。就前者而言,着重发展东地区和关中的纺织;就后者而言,主要是健全原有基础,在此基础上发展技术,提高产量和质量。[③] 到1944年,尽管边区已经建成纺织、造纸、兵工、机器制造、炼铁、制革、被服、火柴、肥皂、玻璃、制鞋及基本化学工业等80余个大小公营工厂,但是,为了坚持长期抗战,准备反攻力量和克服一切对边区经济封锁的困难,并保证边区军民丰衣足食的生活,仍必须努力发展国民经济。为此,同年5月29日,西北局公布了《西北局关于争取工业品全部自给的决定》,进而加大对边区工业(含手工业)的管理及支持力度。[④]

在华中抗日根据地[⑤],根据地政府积极贯彻中共中央及毛泽东提出的“发展经济、保障供给”的财经工作总方针,自力更生,做到丰衣足食,保证战争供

---

① 《边区党委政府关于本年度经济建设计划的决定》(1940年4月20日),见甘肃省社会科学院历史研究室编《陕甘宁革命根据地史料选辑》第2辑,甘肃人民出版社1983年版,第106页。

② 《陕甘宁边区施政纲领》(1941年5月1日),见甘肃省社会科学院历史研究室编《陕甘宁革命根据地史料选辑》第1辑,甘肃人民出版社1981年版,第87页。

③ 《陕甘宁边区三十一年度经济建设计划大纲》(1942年1月),见甘肃省社会科学院历史研究室编《陕甘宁革命根据地史料选辑》第2辑,甘肃人民出版社1983年版,第379页。

④ 《西北局关于争取工业品全部自给的决定》(1944年5月29日),见甘肃省社会科学院历史研究室编《陕甘宁革命根据地史料选辑》第2辑,甘肃人民出版社1983年版,第502页。

⑤ 包括江苏、安徽、湖北的大部分,河南、浙江的一部分和湖南的小部分,分苏北、苏中、苏南、淮北、淮南、皖江、鄂豫、浙东八个战略区,是敌后的主要抗日根据地之一。华中抗日根据地位于江淮之滨、汉水之侧,是中国富庶的地区,物产丰富,人烟稠密,金融、贸易活跃,田赋和工商税收较多。

给。该根据地长期处于日、伪、顽夹击的被分割状态，各战略区经济发展水平和战争环境不一。中共中央华中局对各块根据地的财经工作实行集中和分散相结合的领导，各块根据地从实际情况出发，逐渐制定了各项财经制度和税收法规，反映了财经战线斗争的过程，体现了中共的方针政策。[①] 1940 年 11 月，中共中央在关于建立与巩固华中新根据地的指示中明确提出："关于财政经济应注意开始便作长期打算，节省人力、物力，注意培养积蓄，认真的爱护根据地，反对临时性的抓一把的办法，要有比较稳固的经常的政策，严格建立各级预算制度，实行统筹统支，实行统一的累进税制。设立银行，开展合作运动，发展工农业生产，发展对外贸易，反对贪污浪费，严格规定动员人力牲口的办法。"[②]李富春强调："使地大物博人口众多的自然条件，转变为坚持抗战的革命的社会生产力，是抗日根据地财政经济政策的第一等任务，是发展整个经济的先决条件，也就是农村能够自给自足，包围城市，孤立城市，以至配合全国，最后战胜城市的基础。"[③]

1943 年，鄂豫边区行政公署发布由物统局局长李健、副局长顾剑萍签发的《鄂豫边区物资总局公告》（统字第一号），对粮食类（1. 谷米；2. 大麦、小麦；3. 高粱；4. 芝麻；5. 黄豆；6. 菜子），油类（1. 各种清油；2. 皮油；3. 梓油；4. 桐油；5. 生漆），棉花，板炭，烟叶，牛皮、杂皮，捆麻，蓖麻子、五倍子、草子，土纱、土布，茯苓等物资，在边区范围内，应分期、分区实施统制。其中，鄂东分总局所辖地区自 1943 年 5 月 20 日起，鄂中、天汉、信应分总局所辖区域自 1943 年 6 月 1 日起，对大麦、小麦、菜子、棉花等物资实施统制。该公告要求：统制之物资出口需要向物统局分局及其委托机关申领出口特许证并完纳关税；经营统制物资出口之商人需要以地区为单位组织同业公会并向物统局

① 江苏省财政厅等：《华中抗日根据地财经史料选编——鄂豫边区、新四军五师部分》，湖北人民出版社 1989 年版，序言。

② 《中央关于建立与巩固华中新根据地指示——财经部分》（1940 年 10 月），见江苏省财政厅等《华中抗日根据地财经史料选编——鄂豫边区、新四军五师部分》，湖北人民出版社 1989 年版，第 4 页。

③ 李富春：《对抗日根据地财政经济政策的意见》（1941 年 5 月 10 日），见江苏省财政厅等《华中抗日根据地财经史料选编——鄂豫边区、新四军五师部分》，湖北人民出版社 1989 年版，第 8 页。

登记备案;同业公会代会员向物统局申领出口特许证。①

同年,为了便利物资统制政策的实施,鄂豫边区行政公署公布了《鄂豫边区物资统制总局颁发出入口特许暂行办法》(共八条),公布了特许物资的种类、出口物资请领特许证办法以及惩罚措施等。② 鄂豫边区行署物资统制总局公布了《管制榨油业作坊暂行办法》,具体内容如下:

管制榨油业作坊暂行办法(1943年)③

一、榨油业为战时边区主要之民需物资生产事业,悉应加以保护,加强其管理,以增高其生产,适应边区民食之需要,对于榨油业之管制,悉依照本办法办理之。

二、以分局为单位进行调查登记,发给营业许可证。调查内容:(一)资金股份;(二)原料来源,采办办法及所需数量;(三)产品数量及销路;(四)利润。

三、管制之榨油业,所需原料,按月实行发配,其产品以在内地营运为原则,不准运往敌区,在物统分局请领内地运销证。

四、在有合作社之地区,应指定每月供给消费合作社及运销合作社之数量,产品价格,应以生产所需成本加百分之二的利润计算,不得以超额利润经营,违则停止其营业。

五、对于当地集镇之油盐店、杂货铺或保甲群众办的合作社,应规定各榨坊供给之数量,每月按照数量供给。各油盐店、杂货铺、合作社之资金及每月销油量,应先在物统局登记,以凭规定发配之数量。

六、以分局地区为单位组织榨油业公会。

① 《鄂豫边区物资总局公告》(1943年),见江苏省财政厅等《华中抗日根据地财经史料选编——鄂豫边区、新四军五师部分》,湖北人民出版社1989年版,第448—449页。

② 《鄂豫边区物资统制总局颁发出入口特许暂行办法》(1943年),见江苏省财政厅等《华中抗日根据地财经史料选编——鄂豫边区、新四军五师部分》,湖北人民出版社1989年版,第450—451页。

③ 《管制榨油业作坊暂行办法》(1943年),见江苏省财政厅等《华中抗日根据地财经史料选编——鄂豫边区、新四军五师部分》,湖北人民出版社1989年版,第454—455页。

七、生产梓油、皮油之榨坊由本局指导其运销。

八、榨油业不得借故停业及贬低其产量、质量。

九、物统分局应随时派员检查其业务并予以帮助指导,解决其困难。

十、对于旧有或新设之榨坊,榨业资金如感不足,需要帮助时,可商请政府给予贷款。

十一、本暂行办法先行实行,俟呈准行政公署再以命令公布之。

十二、本暂行办法如有未尽事宜,随时修改。

为了更好地实施统制物资之相关条例,鄂豫边区行政公署公布实施了《组织商业同业公会暂行办法》,边区政府希望组织商人团体——商会及同业公会,团结商人进行对敌经济斗争,顺利实行物资出口管制政策。在该暂行办法中,有两方面非常值得关注:一是,除了常规的沟通商情、组织会员合法经营、担保贷款等功能外,商会及同业公会还承担了新的职能,即“管理外汇,兑换通货,代办建设银行,进行兑换法币及敌伪钞事宜”;二是,该办法倡议让敌伪商会、同业公会来物统局登记备案,以期沟通敌伪商情,便利物资交换,“敌伪据点之商会、同业公会,亦得争取来局备案,并给予帮助,便利其营业,以辅助交换物资之圆滑[满]进行,及交换通货,安全保障诸事项”。

豫鄂边区物资统制局
组织商业同业公会暂行办法

(一九四三年四月一日公布施行)

一、根据边区政府制订之团结商人进行对敌经济斗争,实行物资出口管制政策,组织商人团体——商会及同业公会。

二、同业公会及商会为协助政府进行物资统制之组织,其任务:甲、指导同业员出口物资交换。乙、登记及请查同业员之业务并代其办理出口特许证。丙、需要物品之调剂。丁、经常登记出货进货,取缔高抬物价及物资逃避,取缔同业员违法事项,经常平定物价。戊、管理外汇,兑换通货,代办建设银行,进行兑换法币及敌伪钞事宜。己、担保同业员向银行借款事项。

三、组织办法,以地区各种行业为单位:甲、同业公会同一性质之行业,只许成立一个公会,采委员会制,选举委员五人至七人组成之,内设主任委员一人,调查登记员一人,文书、会计一人,每会员只有一票选举权。乙、商会以集镇为单位,分团体会员和个人会员,由同业公会联合组织之,内部组织与同业公会同。丙、一般职员均系无给制,较大集镇得视工作繁忙之程度,决定支薪人数及津贴,其办公费由会员公摊之,得视工作之需要,规定其最高额与最低额,每月账款向会员公布。

四、为向物统局办理签发出口特许证及内地营运证、免税进口证。

五、所在区之物统局及银行对其有指导之权。

六、敌伪据点之商会、同业公会,亦得争取来局备案,并给予帮助,便利其营业,以辅助交换物资之圆滑[满]进行,及交换通货,安全保障诸事项。

七、同业公会、商会为帮助物统局进行物资统制、调剂运销事宜,对工作进行应严谨从事。如有违法失职,暗中营私舞弊,致统制工作蒙受其害者,应受重惩。

八、本暂行办法先行实行,未尽事宜得随时修改之。

九、本暂行办法俟呈准行政公署,再以命令公布之。①

在1943年的大生产运动中,根据毛泽东提出的“工商业逐渐自给”号召,晋察冀边区努力发展手工业,以解决边区军民的需要。为了完成发展手工业的任务,晋察冀边区除打破单纯的雇工工作的狭隘圈子外,还根据边区物资原料条件,提出以下几种手工业可以发展:(1)纺织(线、布匹、毛织品);(2)矿业(煤、硫黄、铁、瓷业);(3)手工业(皮革、造纸、农具、油坊、化学、熬盐、制

① 《豫鄂边区物资统制局组织商业同业公会暂行办法》(1943年),见华中抗日根据地和解放区工商税收史编写组编《华中抗日根据地和解放区工商税收史料选编》上册(1937.7—1946.6),安徽人民出版社1986年版,第155—156页。

碱、制药、编席)。[①]

1944年8月15日,为了扶持根据地内纺织事业发展,淮海区行政公署签发主任李一氓、副主任陈月斋共同署名的布告《关于扶持根据地内纺织业发展的规定》,规定:(1)自即日起禁止白洋布进口;(2)凡根据地内所有公私纺织厂或纺织合作社均限一个月内(8月15日至9月15日),分别携带各色出品向该署在各地区财粮监理处注册登记得享受免税待遇。[②]

二、创新手工业发展模式

中共中央对边区及敌后抗战根据地的经济定性是小商品经济,发展小商品经济的首要条件是群众生产的积极性。

1. 着力发展小商品经济

1942年1月17日—30日,晋察冀边区行政委员会召开第一次工矿、农牧、贸易三局联席会议,到会的有三局局长及三局工作人员共计30余人。会议首先由大会主席张苏处长报告对过去三局工作的检查情况及今后工作方针与计划,然后展开热烈讨论,并确定之后工作方针的要点:(1)一切经济设施必须适合于边区经济条件及政治环境,经济建设的重心是发展小商品经济及原始的资本主义经济;(2)技术社会化,使技术与广大群众结合,同时要加强调查研究工作,为改进固有技术,技术与行政、团体要密切结合,并抓住重要的环节与抓紧一定地区,进行推广工作;(3)整理公营事业的经营,采取新兴资本主义的作风与原始资本主义的组织,克服机关化部队化的作风。[③] 会议明确指出边区工作方针是一切经济设施必须适合于边区经济条件与政治环境。经济条件方面,会议指出,“边区是小商品经济占绝对优势的社会,在

---

① 《冀晋区发展手工业生产的几个问题》(1945年6月28日),见魏宏运主编《抗日战争时期晋察冀边区财政经济史资料选编》第3编,“工商合作”,南开大学出版社1984年版,第178—180页。

② 《淮海区行政公署布告——关于扶持根据地内纺织业发展的规定》(1944年8月15日),见江苏省财政厅等编《华中抗日根据地财政经济史料选编(江苏部分)》第3卷,档案出版社1986年版,第202页。

③ 魏宏运主编:《抗日战争时期晋察冀边区财政经济史资料选编》第3编,“工商合作”,南开大学出版社1984年版,第121页。

边区内部,百分之八十以上是农业,农业中百分之五十以上是中农,因此边区虽存在着各种各样的经济形式,但小农经济占绝大多数。在工业方面边区没有大的工厂,作坊也很少,主要的(是)家庭工业手工业。在商业方面没有大商号、大公司,所看到的大都是小商贩、小铺子、小摊子"。政治环境方面,边区是处在敌后方的抗日根据地,给敌人的威胁很大,因此敌人对边区的"扫荡"特别残酷,1941年秋的大"扫荡"证明了没有敌人不能到的安全地区,因此基本上大企业的经营是不可能的,战争要求分散经营。综合经济条件及政治环境,该报告强调:"边区经济建设的重心是发展小商品经济,发展初期的资本主义"。在农业方面主要发展小农经济家庭副业;在工业方面,主要发展家庭工业手工业,因为它在边区工业中占着最大的比重,它有许多便利的条件,可以利用便宜原料,可以利用空闲的劳动,因为农闲的劳动一般是不打钱的,许多副产的原料也不算钱;在商业方面,主要发展小商人小摊贩。① 至于如何发展小商品经济,该报告首先指出最根本的是"发扬群众的生产积极性与生产热忱",在残酷的战争环境下,"提高技术是有限度的,发展小商品经济主要的是靠了发扬群众的生产热忱与积极性,几年来的农业经济不但没有低落,而且还在向上发展,不是靠了高的技术,而是靠了群众高度热情,因此有计划的教育动员,组织领导群众参加生产,积极生产,是一件顶重要的工作"②。

2. 推行"公营工厂工资评议制"

1942年,北岳区产业职工联会提出工资评议办法,这对进一步增加生产,提高工人的积极性与创造性,以及照顾工人生活都有重大意义。其原则为:(1)劳动时间的遵守;(2)生产品质与量的提高;(3)技术的改进与新的创造发明;(4)对厂方之贡献;(5)对原料的节省;(6)对工具的爱护;(7)对学徒

① 张苏:《在农林工矿贸易三局第一次会议上的报告》(1942年1月30日),见魏宏运主编《抗日战争时期晋察冀边区财政经济史资料选编》第3编,"工商合作",南开大学出版社1984年版,第107—108页。

② 张苏:《在农林工矿贸易三局第一次会议上的报告》(1942年1月30日),见魏宏运主编《抗日战争时期晋察冀边区财政经济史资料选编》第3编,"工商合作",南开大学出版社1984年版,第108页。

技术方面的教育;(8)政治上的进步。对于特别有成绩者给予特别奖励,对技术人员则依照政府颁布之优待技术工作人员暂行条例评议。工资评价委员会由厂方职工会及临时由工人民主选出之代表三者组成,人数按照工厂大小而定,一般为行政、职工会各出二人,工人临时选出之代表三人,由他们互推正副主任各一人,负责主持会场,整理报告。评价委员会无上下级领导的关系,其所选之代表应为最熟悉生产过程各种情形及办事大公无私的人。工资评议的材料是平日工资的考核、小组的反映与评价委员会了解生产过程中的各种情形。评议的手续是先将工资分成等级,由工人自己提出自己应得多少工资,经小组评议,再由工资评价委员会详细考察其工作成绩,并依小组评议结果做总结评议。这一评议按工作具体情形,召开大会或经小组传达,再经小组评议向评议委员会提议进行复判,作最后决定,再将这个决定向大会报告,并提交厂方批准执行。到 1942 年底,边区印刷局、双十工具厂、炭灰铺煤窑等各公营工厂已开始实行,各工人无不兴奋,积极努力提高生产,改进技术,对职工会的认识也更清楚,知道职工会是真正关心工人的生活。①

3. 提高和推广生产技术

晋察冀边区明确反对手工业工人技术上的所谓“教会徒弟饿死师父”的保守思想,提出领导上应有计划地召开各行业技术座谈会,研究推广经验,提高技术。“战争造成了手工业工人的缺乏,对战后建设上是一个困难,必须马上解决这个问题,我们提出大量带徒弟要走亲戚路线。在对学徒待遇上,禁止打骂虐待,一般的学徒年限不超过三年,在开始除吃穿外,师父应负担徒工的零用费,在学徒学得一定技术时,师父应给一定工资,但不是过费工资”,“师父过苛的剥削徒弟是不对的,应强调反对剥削。强调学徒的工资,就影响老工人不愿带徒弟,过去我们曾发生过这种偏向,必须改正,我们要掌握师徒两利原则(即师父有利可图,徒弟很快获得技术),在师徒之间我们提倡尊师

① 张帆:《公营工厂推行工资评议制度》(1942 年 9 月 12 日),见魏宏运主编《抗日战争时期晋察冀边区财政经济史资料选编》第 3 编,“工商合作”,南开大学出版社 1984 年版,第 125—126 页。

爱生”。①

4. 奖励生产技术革新

1941年7月6日,晋察冀边区行政委员会为发展边区经济,争取边区经济自给自足,坚持长期抗战,特颁布《晋察冀边区行政委员会奖励生产技术条例》。条例规定,凡边区人民对边区农业、工业、矿业、林业、畜牧业、水利等生产技术有下列成就之一者,即依照本条例奖励:“(一)生产技术的新发明;(二)现有技术的改良;(三)外货代用品的制造;(四)矿产的发现。”生产技术奖励分为荣誉奖及奖金两种:荣誉奖分为“(一)建立研究所(研究所名称冠以发明人的姓名);(二)荣誉宣扬;(三)奖旗;(四)奖状;(五)奖章等五种”,“每项发明或发现奖金最低一百元,最高一万元”。② 1944年4月27日,《晋察冀日报》以《技术革新人员得到奖励》为题报道了几个奖励情况:印刷局第一厂职工凌必应,就工业部发明的木炭机改造成功,边区委员会根据《边区奖励生产技术条例》的规定,给予其1000元奖金;印刷局的刘英、齐玉龙两人发明自造薄纸,齐玉龙改造转写成功,边区委员会分别给予其300元及200元奖励;商玉明、赵书田改造黄厚纸成功,穆其彬、袁荣庆、吴永顺三人改造码机及铜章,边区委员会分别给予奖状,以资鼓励。③

5. 主张技术社会化

在发展小商品经济中,工业技术的改进必须适合家庭工业手工业的生产。第一步,要了解家庭工业手工业的人力资力财力、生产经验、经营方式,使它能够采用、便于改良,才能收到最大的效果。“技术的研究在今天是为了提高生产解决问题,战争是物力的竞赛,敌后无所依靠,一切要自给自足,必须提高技术,发展生产,才能持久胜敌,因此技术必须和广大群众密切结合起

---

① 《冀晋区发展手工业生产的几个问题》(1945年6月28日),见魏宏运主编《抗日战争时期晋察冀边区财政经济史资料选编》第3编,“工商合作”,南开大学出版社1984年版,第180页。

② 《晋察冀边区行政委员会奖励生产技术条例》(1941年7月6日),见魏宏运主编《抗日战争时期晋察冀边区财政经济史资料选编》第3编,“工商合作”,南开大学出版社1984年版,第4页。

③ 《技术革新人员得到奖励》(1944年4月27日),见魏宏运主编《抗日战争时期晋察冀边区财政经济史资料选编》第3编,“工商合作”,南开大学出版社1984年版,第153页。

来，发挥它的作用，发展边区的生产，否则不管他怎样高深作用是很小的。”那么技术如何社会化呢？第一步是研究和了解固有的生产方式、生产工具、生产技术，对固有技术彻底了解，从固有技术出发，进行提高技术的工作，才不致闭门造车，拿下去行不通，不了解不研究固有的技术，要改进技术是困难的。因此，各局（农林、工矿、贸易三局）要抽出一定的干部做调查研究工作。第二步，技术与行政要密切联系，行政工作是技术社会化的枢纽，只有通过行政，技术才能与群众结合，因此三局要与实业处密切联系起来，实业处要经常了解各局的工作，将各局研究的东西或方案运用行政的组织力量，推广到群众中去，同时下级反映的材料，随时告诉本局，研究解决。第三步，技术与团体密切结合，一切工作没有群众动员是行不通的，技术要与群众结合，必须与团体密切结合，今天的团体也要求与技术结合，以加强他们的领导工作，积极地使群众增加生产。第四步，抓住中心进行推广，推广技术，不单靠论文、指示号召动员，一种技术的推广，可能要通过三年五年的过程，要花费许多功夫，用很多方法，才能推广到群众中去，因此，目前不是求多，而是抓紧几种重要的去推广，同时要抽出一部分干部到下层去做推广工作。[①]

三、陕甘宁边区的手工业

在边区政府成立之前，边区经济主要是农业经济，农民的日用品和农业生产工具主要靠当地的手工业来供给，工业品则完全依赖外部输入。早在20世纪20年代，陕北各县就有裁缝、砖瓦窑、酿酒、榨油、木器、制造毛皮等一些手工业作坊。[②] 抗日战争全面爆发后，边区的个体手工业作坊得到了进一步发展，据统计边区14个县市有毡房、鞋铺、成衣、毛口袋坊、皮坊、染坊、木工作坊、铁匠铺、钉掌铺、铜匠铺、麻绳铺、粉坊、油坊、酒坊等多种手工业作坊。其中，家庭纺织业最为发达，从业者最多，产量也最大。不过，相对而言，造纸

---

① 张苏：《在农林工矿贸易三局第一次会议上的报告》（1942年1月30日），见魏宏运主编《抗日战争时期晋察冀边区财政经济史资料选编》第3编，“工商合作”，南开大学出版社1984年版，第109—110页。

② 黄正林：《论抗战时期陕甘宁边区的手工业》，《天水师范学院学报》2003年第4期。

业和制盐业颇具特色,以下以其为例来分析战时边区手工业发展情况。

(一)造纸业

中共中央到达陕北之前,陕甘宁边区一带的造纸业几乎是一种空白状态,一切用纸均依赖其他地区。缺纸成为常态,一方面,致使书籍、报刊等均无法大量印刷,抗战文化、新闻宣传等工作都得不到有效保障;另一方面,学习所用的书本亦无法得到保障,严重制约着学校办学及日常办公。

中共中央和边区政府高度重视纸张严重不足问题,在极其艰苦的环境下,通过解决造纸原料、造纸技术、扶植私营造纸业发展等路径,应对边区纸张短缺问题。在原料供应方面:一是采用马兰草造纸。1939 年 4 月,边区政府成立中央造纸厂,采用蓖麻秆造纸,但是成本太高,不得已需要找到另外原料,为此,延安自然科学院的华寿俊历经对边区野生植物的多次试验,发现马兰草非常适合造纸,从而保证了造纸厂的原料。二是回收旧报纸作为造纸原料。三是用麦秆、棉秸、树皮、包谷皮等材料造纸,尤其是随着大生产运动的开展,边区一带的屯垦面积不断扩大,马兰草的产量大大减少,远不能供给纸张生产需求。1944 年后,经过边区造纸厂技术工人努力,开始采用麦秆、棉秸、树皮、包谷皮等材料来造纸。[①] 在造纸技术方面:一是中共中央和边区政府通过劳动竞赛,鼓励大家发明创造新造纸技术,并予以奖励;二是边区政府制定一系列引进技术人才的政策,大力争取工程师、专家以及熟练工人和学徒到边区来从事造纸工作。在留德学习的刘咸一、自然科学院的华寿俊等人的带领下,这些技术人才改进了蒸煮方法,增加了打浆、洗浆次数,并清除了废液,由此改良造纸工艺,提高了纸张质量。大力扶持私营造纸业发展。据统计,1940 年,边区有民营纸厂 39 家,工徒 98 人,池子 38 个;到 1943 年,私营纸厂达 56 家,工徒 190 人,池子 65 个,年产纸张 2468 令;到 1944 年,边区私营造纸厂从业者达 125 人。

总的来看,在边区政府的大力扶持下,造纸业快速发展,基本上满足了边区各项事业的用纸需求,也解决了特殊用纸的生产问题,并保证了新闻宣传

① 康小怀、赵耀宏:《抗日战争时期陕甘宁边区的造纸业》,《中共党史研究》2017 年第 7 期。

等各种出版需要,为服务抗战作出了重要贡献。[①]

(二)制盐业

盐是边区平衡出入口、稳定金融、调节物价的骨干。很大一部分人民赖盐以交换外货,相当大的一部分军队及工作人员,赖盐以维持生产,盐是政府财政收入的一个重要来源,故盐对边区有着非常重大的作用。"抗日战争时期,陕甘宁边区政府在其所属的盐池、定边、绥德等著名产盐区大力发展制盐业,使盐业成为边区经济的支柱产业,有力地支援了边区的经济建设。

陕甘宁边区的盐产区主要分布在三边分区的定边、盐池两县的北部,在长城以内的有老池、滥泥池、莲花池、娃娃池、湾湾池、红崖池、汉滩池、波罗池、盐场堡池等;在长城外的有苟池、阿波池、北大池等。此外,在绥德分区的盐产地为子洲的三皇峁、驼尔巷,米脂的龙镇,吴旗的跑马泉、延川、永坪和靖边等地。其中,以定边、盐池所产池盐为最优,色白粒大,称为大盐。[②]

抗战时期边区的产盐工具非常简陋,盐井靠人工用镢头挖掘,盐的晒、堆、装、运主要靠铁锹、铁耙、浪耙、扁担、筐子等工具。为了增加产量,边区政府改变了盐产所有制形式,实行私有制与公有制并存。1940 年前,盐业经营均为私有制,即盐田、盐坝为地主及小生产者所有,边区政府在三边设立税务局,只管征收盐税,不管具体生产活动。1940 年后,边区政府为了大力发展制盐业,成立了盐务局,将部分盐田、盐坝收归公有。两种所有制度并存,一方面,边区政府可以掌握部分制盐活动,发挥其经济效能;另一方面,也减轻了地主及盐商对盐民的剥削,提高了盐民的生产积极性。

盐务局下设生产、会计、总务三个处,该局是边区盐业生产的最高管理机构,专门负责执行边区政府的盐业政策,并组织和管理生产。1941 年、1943 年,盐务局分别两次组织军队参与盐业生产,尤其是 1943 年,组织 4000 名士兵到老池临时打盐,这两年是抗战时期边区盐业产量最高的年份。

总的来看,战时陕甘宁边区手工业发展取得了不错的成绩。1937—1939

---

① 康小怀、赵耀宏:《抗日战争时期陕甘宁边区的造纸业》,《中共党史研究》2017 年第 7 期。

② 黄正林:《抗战时期陕甘宁边区的盐业》,《抗日战争研究》1999 年第 4 期。

年,陕甘宁边区工业(含轻工业)在政府提倡与经营下获得了很大的发展,全区私人手工业竟增加一倍以上。若以1936年的资金为基数100的话,1939年的资金则为534%。从边区第二届农工业展览会的情况来看,手工制品不仅数量可观,而且品种多样。具体而言,光华化学工业合作社利用边区自有原料生产了肥皂、牙粉、粉笔、墨水、糨糊等日用品,供给边区市场。光华制药合作社采用边区丰富的药材,由专家炮制止咳丸、补脑丸、八路行军散、保婴丸、痢疾丸、平胃散、调经丸、胜利茶、退热散、痧症丸等10余种成品,经过试验,均有效用。油灯工合社生产了植物油灯。振华制纸工业合作社制造了稻草纸、麻纸、麦秆纸、糜草纸、破布纸、马兰纸、画图纸等7种成品,供给在延安出版的《新中华报》《解放报》《中国青年》《中国妇女》等报纸杂志使用。毛织工业生产了土布、人字呢、斗文布、毛巾、市布等成品。另外,还制造了各种农具。[①] 1941年,边区有40个纺织厂、10个化学厂、11个造纸厂、8个木厂。各种工业主要是以纺织业为主的手工业都有所发展。比如,最为重要的纺织业,1940年生产14000匹土布、2万床毛毯。但是,资金不充分及人员太少的问题也比较突出,"没有掌握住发展工业的重心——手工业和私人工业"[②]。1944年1月6日,边区政府主席林伯渠在工作总结中指出,1943年是边区各项事业大进步的一年,就手工业而言,该年原计划产量为40万驮,实际产量为60万驮;就妇女纺织而言,参加人员已发展到137600余人。[③]

四、晋察冀边区的手工业

中国共产党领导下的边区及敌后抗日根据地,多为几省或数省交界地区,原有的小农经济比较落后,没有较大的现代化工业,现有的工业多为家庭

---

① 郁文:《边区第二届农工业展览会参观记(节录)》,见甘肃省社会科学院历史研究室编《陕甘宁革命根据地史料选辑》第2辑,甘肃人民出版社1983年版,第98—101页。

② 朱凤熙:《一九四一年陕甘宁边区的经济建设概况》(1942年1月21日),见甘肃省社会科学院历史研究室编《陕甘宁革命根据地史料选辑》第2辑,甘肃人民出版社1983年版,第365—366页。

③ 《边区政府一年工作总结》(1943年1月6日),见甘肃省社会科学院历史研究室编《陕甘宁革命根据地史料选辑》第1辑,甘肃人民出版社1981年版,第381页。

副业及手工业,战时均遭到战争的一定影响。抗日战争进入相持阶段后,尤其是 1940 年以后,国共摩擦增多,日伪对边区及敌后抗日根据地实施大规模的“扫荡”,与此同时国民政府及日伪政权亦实施经济封锁政策,希望达到“经济毁灭边区”的阴谋。为了巩固、发展、壮大边区及敌后抗日根据地的政权,中共中央提出了“自力更生、自给自足”的经济发展政策,边区及敌后根据地政权依据这一政策,着力发展小商品经济,助推手工行业发展。纵观整个发展情况,无论是战时,还是战后,中国共产党领导下的边区及敌后抗日根据地的手工业均得到较大程度的发展,在很大程度上缓解了“给养”问题所带来的压力。

比如定南县。1941 年定南县有皮革厂 2 处,产皮 2680 斤;毛巾工厂 2 处,织毛巾 2460 打;粉笔工厂 1 处,出粉笔 21600 匣;麦秆工厂 4 处,造纸 120 万张;料器厂 1 处,产料器 12000 个;盆窑 2 座,出盆 24000 套;砂纸厂 1 处,出砂纸 420 打;糨糊工厂出糨糊 1886 瓶;线袜工厂 5 处,织袜 762 打;水磨 4 盘,磨面 505 万斤;油房 45 座,榨油 240 万斤;醋厂 4 处,出醋 7800 斤;糖坊 3 处,出糖 16690 斤;调和所 161 处,出 427600 斤;纺织机厂 2 处,出纺机 144 架;植物油灯厂 10 处,出灯 28800 个;烟卷工厂 1 处,出烟 2260 匣;粉连纸厂 1 处,出纸 493704 张;蜡烛工厂 4 处,出蜡烛 505000 支;全县各村普遍设立合作社,社员 97675 人,社股 121518 元,收买土布、小麦、棉花价值 569676 元,供给农民生活必需品(如工具、农具、纸张等)624685 元(村合作社未计算在内)。[①] 再如山西深极县,纺织业、油业粉业、编制业、文具业、工具业都很发达。纺织业有纺车 28964 辆,织布机 5879 架,纺织小组 1492 组,每月纺纱 29324 斤,织布 15698 匹。油业粉业,每月产香油 4313 斤,豆油 11948 斤,棉籽油 18045 斤,麻油 5000 斤,花生油 4590 斤,油厂共 217 处;粉厂 234 处,每月产粉 36355 斤。编织业,柳编厂 404 处,每月编 7853 件;毛巾厂 10 处,每月产 2340 打;土布厂 66 处,每月产布 1980 匹,产线袜、线衣、围巾、背心等 645 打。文具业,有化学工厂 4 处,每月产墨汁 3600 瓶,油墨 896 盒,糨糊 30 盒,

① 《定南县工业及家庭副业的开展》(1942 年 3 月 13 日),见魏宏运主编《抗日战争时期晋察冀边区财政经济史资料选编》第 3 编,“工商合作”,南开大学出版社 1984 年版,第 241 页。

印油 30 斤;造纸厂 4 处,月产纸 91200 张,油印机月产 1 架;缝纫业每月出鞋 650 双,成衣 1500 件。工具业,农具工厂 10 处,月产农具 600 件,播种机 45 架,织布机 6 架;漂染厂月产布 3000 匹,打绳作坊 1 处,月产麻绳 540 斤。[①] 一县有如此丰富的产出,足以体现根据地手工业发展之盛况。

(一)纺织业

晋察冀边区的冀西、冀中区域素以纺织工业闻名。全民族抗日战争爆发后,其纺织工业大为跌落,到 1940 年,冀西的布匹仍占输出的大宗,此项工业品和晋东北、雁北的粮食调剂与交换,在晋察冀边区内部贸易上仍占重要的地位。但是,此处的纺织工业也有其自身的困难与危机,主要是纺织工业所用的经线几乎全部仰赖洋纱,在敌人严重封锁情况下,洋纱来源断绝,给边区纺织工业带来致命打击。同时,大量输入洋纱也产生巨额入超。

晋察冀边区产棉地方很广,纺纱织布的原料不成问题,主要的困难是边区手工业所产的土纱太粗或粗细不匀,捻数少容易断,作纬线虽然可以,作为新式织机的经线就很困难。为此,“设法改造土纱,改造纺纱机,以求大量出产,可以作为经线的土纱,而代替洋纱的地位,是经济建设上极重要的一环”。裕华工厂苦心研究,改造成功。该厂所改造的四四支纺纱机,附有加力机,用本地棉花试验,纺出的纱纤细均匀,捻数大,不亚于洋纱,作为经线,织成的布亦甚致密细薄,而不亚于洋布。四四支纺纱机成效显著,据 1940 年物价,洋纱每斤 8 元左右,而土纱每斤仅 3.5 元左右,极大地减轻了织布成本。每架四四支纺纱机成品价约为 150 元(1940 年时价),性价比较高,因为一架纺纱机仅用二人(一大一小)。从理论上讲(没有资料讨论工人每天工作多少小时),一架纺纱机每日可纺经线 2 斤,价值 7 元,用棉花 2 斤余约 2.5 元,二人工资约 2.5 元,每日可获 2 元之利,1 个月可赚 60 元,3 个月可赚到一架四四支纺纱机的价钱。[②] 是故,边区实业处首先提议号召各专区各县、各纺织工

① 《晋深极县工业生产发达》(1942 年 3 月 13 日),见魏宏运主编《抗日战争时期晋察冀边区财政经济史资料选编》第 3 编,“工商合作”,南开大学出版社 1984 年版,第 242 页。

② 边区实业处:《推广纺纱机解决土布的经线问题》(1940 年 7 月 1 日),见魏宏运主编《抗日战争时期晋察冀边区财政经济史资料选编》第 3 编,“工商合作”,南开大学出版社 1984 年版,第 191—194 页。

厂，大量采用该厂改造的纺机，并仿造推广，“务使山沟小道，都变成纺织工业区，以土纱土布，代替洋纱洋布，建设纺织工业的自给自足与自力更生的基础”。其次，呼吁训练大批纺纱干部与工人，就冀西而言，“纺织人员不缺乏，目前最需要的是坚强的纺纱干部。这批干部，不仅要学会用裕华厂改造的纺纱机纺纱，同时还要能够作教师，这样可以由他再来训练更多的纺纱干部及工人”。①

晋察冀边区的纺织业，在生产救灾的号召下，在合作社的细心组织下，由一个基础薄弱、原料工具很缺乏的地区，几个月时间便赶上其他各区。其成功的做法——边区合作社、县合作社、村合作社、纺织小组四级联动机制，起到很大作用，“专区合作社联会根据本地具体环境，制定全专区纺织计划，并制定纺织人员分红办法；县联社根据该区合作社的决议和指示，规划了县的纺织事业，掌握资金、原料。为了集中力量，便于领导，区联社与县联社合作，并于适当地区设县区联社办事处。村社在县联社或办事处的指导下，教育灾民，提高生产热忱，收发棉花、棉纱、布匹，发放工资组织纺织，调剂工具，执行奖惩等。村社下即为纺织小组，能纺纱的村庄才编纺织小组”。由于组织领导得当，三省边区纺织业的发展极其惊人。1942 年底，全区从事纺织的村庄仅 46 个，纺纱者 1200 人，织布者 30 余人。到 1943 年 2 月，3 个月的时间已扩大到 395 村，纺纱者 5876 人，织布者 180 余人。其中，易县 3403 人，纺纱 6500 斤，得工资 52000 元，织布 150 匹，得玉米 400 余斤；龙华 1640 人，纺纱 5000 斤，得工资 40000 元，织布 675 匹，得工资 6000 余元；满城 523 人，纺纱 1200 余斤，得工资 12300 余元；徐定 310 人，纺纱 1500 余斤，得工资 10000 元。“（纺织）合作社在三省边区已被一般贫苦群众看做生活的靠山，易县某区虽遭年景，却无一人逃荒，而敌据点附近居民，不甘受敌辱待，均移住在县联社所驻村庄附近，专靠纺织维持生活。”②

① 边区实业处：《推广纺纱机解决土布的经线问题》（1940 年 7 月 1 日），见魏宏运主编《抗日战争时期晋察冀边区财政经济史资料选编》第 3 编，“工商合作”，南开大学出版社 1984 年版，第 191—194 页。

② 《晋察冀边区的纺织业》（1943 年 6 月 16 日），见魏宏运主编《抗日战争时期晋察冀边区财政经济史资料选编》第 3 编，“工商合作”，南开大学出版社 1984 年版，第 200—201 页。

1. 北岳区的妇女纺织业

自1942年冬开展纺织运动后,北岳区妇女从地窖子里搬出了多年不用的纺车,活跃在生产战线上。据1943年对易县、龙华、满城、徐定、曲阳、唐县、阜平、云彪、平山、灵寿、完县、行唐等12个县不完全的统计,从事纺织的妇女即达38983名;其中据10个县的统计,有纺车30345辆;又据8个县的统计,有纺机1910架。其中,尤其以完县、行唐两县成绩为最佳。完县参加人数有4500人,1943年前6个月共织出土布5200匹,并生产出大批纺线,所收入的工资为215000元。在行唐的某一个区即有1200多辆纺车,其中一个219户的村庄中就有120名妇女参加纺织,1942年10月—1943年1月,全村共纺棉花1135斤,获利9000余元,每人平均得100余元工资。在纺织运动中,涌现出了无数纺织英雄。比如,完县东白司城的潘翠山在80天内共纺了24多斤线子,织布7匹,共得工资264.25元;刘家庄的一位68岁老太婆,也积极参加生产,每天能纺半斤,当地妇女都尊称她为“纺织英雄”;曲阳苏家庄的王二彦,原来是不会纺织的,但自1943年2月到“三八”止,已纺线21.5斤,得工资306.5元,家中生活大为改善;唐县马志仙仅19岁,家庭极其穷苦,1939年大水灾后,全家生活即多半依赖她的一辆纺车,1942年冬天,她不仅能使全家三口生活得好,而且还赚了80元和10匹土布。由于纺织业的蓬勃开展,妇女们的生活大为改善,并且随着经济地位的提高,她们的家庭地位和社会地位也都提高了,这对家庭和谐生活起着显著作用,不仅离婚现象大为减少,而且童养媳、早婚等现象也都随着生产的开展而日趋消除。①

2. 平西的纺织业

平西的纺织业自1943年春开始发展起来,经过一年的努力,到1944年3月已经遍布于平西的每个角落。据不完全统计,涞水有纺车1035辆,2662人能够纺织。在1943年冬开展家庭副业生产的号召动员下,各县抗联积极推动,在房涞涿等地形成了纺线的热潮。平西地区没有纺织基础,加上工具、原料缺乏,妇女们一开始对此没有一点信心。抗联组织训练班动员妇女纺线,

① 《北岳区的妇女纺织业》(1943年8月24日),见魏宏运主编《抗日战争时期晋察冀边区财政经济史资料选编》第3编,“工商合作”,南开大学出版社1984年版,第202—205页。

合作社通过售卖、赊借等方式供给群众棉花，抗联通过村妇女主任的示范带头作用（自己先学会，纺出成绩，影响群众，并亲自教会学员），推动纺织运动的顺利进行。“开展纺织，在领导上吸取经验突破一点，指导其他，先找积极分子或干部作出样子以影响别人，奠定群众信心，是非常重要的经验”。一年来的纺织运动证明，只要群众能积极响应，干部切实领导推动，不但能解决群众用线的困难，而且可以获得生活上的改善。①

3. 完县“模范村庄”的纺织业

完县东白司城村社在 1943 年全区纺织展览会上得了“模范村庄”的奖状，1944 年在三八大会上又得了“纺织模范村”的奖状。该村社有股金 1353 元，县联社为了扶助该村的纺织业，与该社合营纺织双方共同出资 3500 元，亏损共同负责，在全部盈余内，提出 15%酬劳村干部，20%为劳动返还（返还给纺织户），10%为村社公积金，55%为股红（双方按股分红）。全村原有的 83 辆纺车全部动员起来，共编成 12 个纺织小组，内有 1 个儿童组；棉线布的收发时间为 5 天一次，每逢收发这一天早晨，她们都笑嘻嘻地听着干部们评判价值，看看谁是模范，评判完毕后，她们有的领线，有的领花，很高兴地回去了。②

4. 行唐、山咀头毛纺织工业的发展

据《晋察冀日报》1942 年 7 月 29 日报道，晋察冀边区每年的羊毛、羊绒产量颇为可观，这部分资源如何利用到边区抗战上，已引起边区政府及社会的注意。在行唐，经过 1941—1942 年的艰苦经营，毛织业得到进一步的发展。在技术上，该地使用一种简便而完善的生产方法，即将一种弹花机稍加改造成弹毛机，羊毛和羊绒经过晒干、剪毛和去土之后，便能在弹毛机上弹成很好的毛絮，毛絮用本地纺车纺成毛线，将毛线经过洗染之后，就可用手工技术织成毛衣、手套、围巾等各种用品。这种做法，能够分散在乡村施行，与家庭副

① 加林：《平西的纺织业》（1944 年 3 月 26 日），见魏宏运主编《抗日战争时期晋察冀边区财政经济史资料选编》第 3 编，“工商合作”，南开大学出版社 1984 年版，第 206—208 页。

② 孙宝明：《完县“模范村庄”的纺织业》（1944 年 5 月 28 日），见魏宏运主编《抗日战争时期晋察冀边区财政经济史资料选编》第 3 编，“工商合作”，南开大学出版社 1984 年版，第 209 页。

业、小手工业生产密切联系,是十分适合边区环境的一种生产方式。① 山咀头是阜平第四区一个不大的村庄,在百余家中,织毛口袋的男女工人达 80 多人。1941 年 1 月,该村成立一个织毛口袋的生产合作社,工会主任韩凤梅任该社主任,合作社股金为每股 10 元,社员自筹 800 余元,边区政府及工会投资了 2400 元。资本主要用于购买羊毛,其余是很少的一点灯油、纸张等杂项开支。工具非常简单,有弹羊毛的两条绳,编织时所用的刀以及其他生产工具,依照时价估计不到 20 元。新的集体生产和科学分工,使生产量大大地提高了。②

(二)造纸业

广泛开展文化运动有许多具体问题,在晋察冀边区首先就是纸的问题。纸是开展文化运动的物质条件,随着文化运动的展开,纸的需要不仅在量上,同时在质上大大地提高了。晋察冀边区在工业上是比较落后的地区,全面抗日战争爆发前纸厂大部停工了。纸的来源,特别是印刷用的报纸,主要或者完全依赖于敌区的输入。晋察冀边区境内的纸厂屈指可数,比如,晋察冀边区政府自办的金龙造纸厂,以及平山、唐县、灵寿、行唐等县所设立的纸厂,其出品几乎全部都是麻纸,且其产量极少,几家所产的纸张合起来也不足《抗敌报》所需。就以金龙造纸厂为例,该厂每日产量为 15 刀麻纸,而《抗敌报》每两日出版一次,每次销售数量为 16000 余份,那么没有四五个金龙造纸厂便不能足供《抗敌报》。这一问题的严重性,不仅在于晋察冀边区每年需要付出巨大款项给敌人,还在于敌人正在企图奴化边区人民,破坏边区抗日的文化运动,加紧对边区经济封锁,尤其是纸张油墨的封锁。③ 为此,晋察冀边区行政委员会实业处建议全区应开始建造小规模的造纸厂或造纸合作社,到 1940

① 《行唐毛纺织工业的发展》(1942 年 7 月 29 日),见魏宏运主编《抗日战争时期晋察冀边区财政经济史资料选编》第 3 编,"工商合作",南开大学出版社 1984 年版,第 198 页。

② 王应慈:《山咀头毛织手工业的开展》(1941 年 5 月 22 日),见魏宏运主编《抗日战争时期晋察冀边区财政经济史资料选编》第 3 编,"工商合作",南开大学出版社 1984 年版,195—196 页。

③ 边区实业处:《广泛发展造纸工业解决边区纸荒》(1940 年 6 月 1 日),见魏宏运主编《抗日战争时期晋察冀边区财政经济史资料选编》第 3 编,"工商合作",南开大学出版社 1984 年版,第 214 页。

年底新建 10—20 个造纸厂或合作社,所有这些造纸厂或者合作社规模要小,以适应战斗环境;关于纸的种类,不仅要生产麻纸,也应特别提倡稻草造纸,因为麻纸不但印刷不便,其原料也比较缺乏,若用稻草造纸,则原料既不困难,造出的纸张也很适用。①

1940 年 1 月 31 日,晋察冀边区行政委员会签发《关于普遍设立纸厂的指示》,明确指出:“查边区所用纸张,大部依赖敌货,本地出产,仅敷局部之用。兹为根绝仇货,力谋生产自给自足,以为适应本年度边区广泛开展文化运动之大量需要,特决定于本年内,在边区境内普遍设立纸厂,以期纸张源源出产,大量供给。”它提出:在选择纸厂地址上,要兼顾地区安全、原料丰富、水利便利等三个条件;在设厂办法上,提倡以私营、集资公营等多种方式建厂;在资本问题上,无论公私各厂均可依照边区行政委员会公布的合作贷款办法向银行贷款;在技术问题上,无论公私各厂发生技术上困难,边区行政委员会均予以充分协助,如有改良造纸技术者,依照奖励生产事业条例进行奖励。② 1941 年 7 月 4 日,《晋察冀日报》以《麦秸造纸——土货工业制造法介绍》为题报道了“麦秸造纸法”。宁晋县的刘立升、王呆林二人,研究出简单的造纸方法,特别是用麦秸制造的纸,不但价廉物美,而且制法简单,具体步骤为腐蚀杂质、碾轧、淘汰细料、捞与晒、轧光等。③

(三)榨油业

为了粉碎敌伪“经济毁灭边区”的阴谋,减少外货的消费,争取出入口贸易的平衡,发展外货代用品的生产,成为晋察冀边区生产建设的重要目标。晋察冀边区煤油是输入的大宗商品,全边区 1500 万人,设以每 5 人平均使用一盏灯,每灯每月用油 3 两,一年就需要 675 万斤煤油,每斤煤油按一元计

---

① 边区实业处:《广泛发展造纸工业解决边区纸荒》(1940 年 6 月 1 日),见魏宏运主编《抗日战争时期晋察冀边区财政经济史资料选编》第 3 编,“工商合作”,南开大学出版社 1984 年版,第 215 页。

② 《晋察冀边区行政委员会关于普遍设立纸厂的指示》(1940 年 1 月 31 日),见魏宏运主编《抗日战争时期晋察冀边区财政经济史资料选编》第 3 编,“工商合作”,南开大学出版社 1984 年版,第 212—213 页。

③ 介生:《麦秸造纸法》(1941 年 7 月 4 日),见魏宏运主编《抗日战争时期晋察冀边区财政经济史资料选编》第 3 编,“工商合作”,南开大学出版社 1984 年版,第 217—218 页。

算,一年约需洋675万元,这是一笔巨大的漏卮。而发展榨油工业,不仅可以堵塞漏卮,而且榨油的副产品是上等的饲料。[①]

晋察冀边区行政委员会就发展榨油工业事宜,明确了三项指示。1. 以恢复旧有的榨油副业与作坊为主,这是发展边区榨油工业要把握的环节:恢复旧有的,技术有保障;家庭副业是分散的小规模经营,符合边区工业发展的要求;战前边区各地榨油作坊或副业很发达。2. 收集保存与调剂原料,并注意增加原料:主要原料为杏仁、蓖麻、花生、胡麻、棉花子、花椒子、小麻子等;其次是芝麻、核桃、青子等,出油最多,品质最佳;再次是桃仁、芥子、豆类等。3. 解决技术和资金问题,主要利用旧有技术,动员私有资本,发展集资经营,鼓励银行贷款。[②]

1942年1月30日,《晋察冀日报》报道了雁北榨油业繁荣的情况:"雁北各地榨油事业异常繁荣。据二专署实业科之统计:全专区油房共有40余处;应县13处有资本****元,每月产油15600斤,都用大麻子原料,成本便宜。……灵邱有油房两处,以菜籽为原料,每天能产油80余斤。"[③]

第三节　沦陷区手工业的浩劫及畸形发展

在侵华日军以战养战的策略下,沦陷区的手工业遭到重创。"自抗战军兴以来,我国纺织业中心地区,相继沦陷,其未沦陷者,亦受敌机多次轰炸与摧残,使工作时感困难,而棉毛丝之产地,复先后沦陷大部,使我纺织业遭受空前浩劫。"[④]华北农村手工业遭受沉重打击,为国际市场加工出口产品或进

① 《晋察冀边区行政委员会发展榨油工业的指示》(1941年7月22日),见魏宏运主编《抗日战争时期晋察冀边区财政经济史资料选编》第3编,"工商合作",南开大学出版社1984年版,第230页。

② 《晋察冀边区行政委员会发展榨油工业的指示》(1941年7月22日),见魏宏运主编《抗日战争时期晋察冀边区财政经济史资料选编》第3编,"工商合作",南开大学出版社1984年版,第231—232页。

③ 《雁北榨油业繁荣》(1942年1月30日),见魏宏运主编《抗日战争时期晋察冀边区财政经济史资料选编》第3编,"工商合作",南开大学出版社1984年版,第234页。

④ 蒋乃镛:《中国纺织染业概论》(增订本),中华书局1946年版,第12页。

口原料生产的手工业品，如发网、花边、猪鬃、人造丝织品等先后停顿。如山东烟台的花边出口，在20世纪30年代中期比较平稳，大抵维持在每年50—80万海关两。1937年、1938年的花边出口额，分别为1726562元、1564900元，继续维持高位运行。自1938年日军侵占烟台后，当地抽纱花边业开始迅速衰退，1939年出口额只有905734元，相当于1938年的58%，之后出口额更是一落千丈，1941年仅为183992元。[①] 为满足国内城镇居民生活所用的消耗品、奢侈品，如生发油、雪花膏、花露水、鞭炮、高香等尽量不生产或少生产。同时，因制造原料的短缺，一些家庭手工业和作坊工业停产或减产。[②] 正在进入复苏过程的华北土布业，由于1937年7月日军发动全面侵华战争，遭受了毁灭性的打击：首先是纺织业的破坏和停工；其次是农村治安的恶化；最后是棉纱配给统制与经济封锁所造成的棉花来源日益困难。三种因素综合在一起，使华北土布业走上急剧的衰退过程。

一、华北地区

（一）河北高阳的棉纺织业

全民族抗战爆发前，高阳为华北有名的产布区，其销路遍于全国各地，较大布庄在全国各地都有分庄。高阳纺织业曾盛极一时，拥有织机6万张，近代机器工厂14家，年产布在170万匹以上，甚至香港地区、仰光、新加坡亦有其踪迹。高阳沦陷后，纺织业一蹶不振。据1946年4月晋察冀边区派往冀中的工作考查组的考察，“敌占后高阳染轧工厂完全停止了，布商大都关门了，其存在的多为卖洋货，有的愿意歇业敌人不允，有的移到保定和敌人合起来了（保阳工厂），也有过去天津、北平的商号为了推销洋布移到高阳，当地新开布业商号十七家，颜料庄五家，解放前敌人又移迁回北平、保定去了：那时布机损失严重，有的破坏，有的运往平保，有的转移他处，有的卖了碎铁”[③]。

① 唐家路、崔研因：《晚清民国时期的烟台抽纱花边业》，《城市史研究》2020年第2期。

② 光梅红：《华北抗日根据地的手工业研究》，《晋阳学刊》2008年第4期。

③ 《抗战前高阳纺织业的发展概况》（1946年），见魏宏运主编《抗日战争时期晋察冀边区财政经济史资料选编》第3编，“工商合作”，南开大学出版社1984年版，第190页。

1937—1938年,日本丝织品大倾销,高阳纺织业又受一次惨重打击,许多土布栈庄倒闭。该县6万张织布机被毁得只剩下3000张了。除了城内日本人的“纺织组合”,乡村里再没有人织布了。过去日伪统治时期,每集上市的布不到100匹,上市的线不过300—400斤。[①] 日军占据高阳县城,割断城乡关系,各纱布商为了保全自己,逃往平津等地,一些染轧工厂也只留下少数人看门,加以日寇的不断抢掠、特务的敲诈,更为严重的是日寇实行的“三光政策”的摧残,使得高阳织布业一时都告停顿。1939年洪水成灾,群众生活困苦,遂将大部分织布工具出卖到天津、保定作燃料烧了,成为高阳织布业空前未有之浩劫。1940年,日本人想利用高阳织布业为他们生产棉布,招收机户来高阳城内织布,但仅召集了700余台。生产六十码花坯布,不过因机户生产情绪很低,从1940年至1943年底仅产布20余万匹。

织布业是高阳地区经济的支柱。织布业的衰亡,影响是广泛而深刻的。据1945年调查,经过日军抢掠、烧杀的摧残和天灾的损失,高阳仅剩织布机1800台。[②] 以织布为副业的农家失掉了现金收入,回归农业,形成了向自然经济的倒退,也促成土地不足的深刻化和农村负担的加重。

其一,商品化率降低。这一带的农村,主要是由拥有土地10亩上下的零细自耕农组成的,织布业者重返农业的余地几乎已经不存在了。但丧失了生计的失业者群体,除一部分流往铁路沿线都市外,大部分都重返农村,零细耕地的再分割是可以预见的。各个农村,单靠农业本来早已没有收容人口的余力了,此时却必须再强加以过重的负担。由于得不到领纱包织的机会,从来农产物不能自给的这一地区,农产物的商品化率更加低落了。

其二,布机移动激剧。由于原料来源困难,一方面,促使布机向较易取得原料的铁路沿线即沦陷区(京汉线保定、正定等地)集中;另一方面,又被缺乏棉布的抗日根据地不断动员吸收。因此,高阳县城的织机不断减少。

其三,手纺纱增加。本来手纺纱已被厂纱驱逐将尽,时下由于厂纱难以

---

① 《从苦难中兴起的高阳纺织业》,《解放日报》1946年6月9日。

② 高阳县人民政府财政经济办公室:《高阳县一九五四年手工业调查工作总结》,1954年10月22日油印本。

获得，促成了手纺纱的重新登场，妇女手纺纱的恢复最为显著。例如：城南约五公里的植棉村庄——季郎，事变前几乎家家织布，沦陷后则完全没有织布，全村都在手工纺纱。

其四，染色整理工业衰亡。以土布生产为前提的染色、整理，本来已经从染坊等小营业乃至工场制手工业阶段发展到机械制工厂工业阶段了，高阳县城附近有 10 余个染色加工工厂，均由民族资本开设，仅就这些工厂的土地、厂房、机器等项而言，总计已超过 200 万元，从事劳动的总人数，约达 1000 人。事变后，随着土布生产的衰亡，各厂都闭歇了，经营者和财东逃往京津方面，流动资本也跟随他们走了。工厂蒙受战祸和水灾，严重荒废。土布的染色整理，除了上述主要工厂以外，在事变前，尚有采用土法的所谓染坊散在其间，此时已完全不见。①

其五，日本东棉洋行控制。由于布庄、纱庄逃避战乱，破坏了旧有土布生产流通机构，农民完全无法购入棉纱和贩卖制品，陷于隔绝孤立状态。纺织工厂因为棉花不足，棉纱贩卖量减少。另外，棉纱也是禁止自由运往铁路沿线之外的。诸如此类，阻碍着土布生产流通机构的再建。日商北泽商店于 1939 年秋进入高阳，1940 年 5 月东洋棉花会社取而代之，直接配给棉纱。依靠这些棉纱织成的布匹，其规格于每次配给棉纱时由东棉洋行指定，各个月份规格不同，由东棉洋行收去。这些制品，要全部送到天津，由天津染织厂印染以后，才投入市场。②

战时，东棉洋行配给棉纱的范围是以高阳县城内为限。因为要防止棉纱和制品流出沦陷区，而东棉洋行能够监视的范围以县城为限。农民要想请领配给棉纱，须先加入新民会的织业分会，必须有连带责任保证人署名的保证书。这样在东棉洋行支配下从事织布的，截至 1941 年 5 月，共有 293 户，布机 517 部，其家属总数为 1088 人。

东棉洋行支配下的织布业者，从织业分类看，织布专业占 56%，农业 25%，商业 19%，其过半数是专靠织布维持生计的。其保有布机平均为 2 部

① ［日］大岛正等：《事变后的高阳织布业》，《满铁调查月报》第 22 卷第 4 号，1942 年。
② ［日］大岛正等：《事变后的高阳织布业》，《满铁调查月报》第 22 卷第 4 号，1942 年。

弱,常时雇工人数为183人,全部为织工;布机总数571部中,有35%是靠雇佣劳动,其余则以家属劳动为中心,至于绕纱之类的辅助工作,则依靠临时的雇佣劳动。东棉洋行对上述织布者每户每次配给约可织成20匹布的棉纱。配给规格,大部分为32支纱,每匹制品长30码半寸,重6.4磅乃至7.4磅,密度是每平方寸纵72、横66。机户所织的棉布,旧日长29码、宽30吋,东棉把规格提高到长30码半、宽30吋。其所需棉纱,每匹配给32支纱,16.7把。由于布机粗笨,技术低劣,以及隐匿棉纱等原因,通常总是把每平方寸纵72根、横66根的标准规格,降至纵70根、横64根,交来的制品,有时宽度、长度都不足。东棉洋行把这些制品分为上中下三等,上等每匹支给工价2元,中等1.8元,下等1.6元。收进的布匹,送到天津万新工厂进行轧光、上浆、印染等加工。

经过上述过程出现在市场的制品,已经抛弃了高阳土布的名称,而是用一些别的名称来买卖。从而,旧日以高阳土布的名称出现于各地市场的土布,已经完全不见踪影了。之前的高阳土布,只有高阳城外的乡间各村可以看到,是为自给而进行的一贯作业,即从棉花到土布的那种生产,有相当程度的恢复,自己用不完的剩余品,也供应本地需要,但所谓高阳土布,即拥有广大市场的那种土布,七七事变后完全绝迹。

如上所述,所谓高阳土布的生产,已完全被吸收入东棉系统,在这种情形下,只有制造毯子、褥单等的特殊织布业者依然保持着独立经营。随着治安的恢复,城内已有这种生产见诸恢复。战时,从事制造毯子和褥单的工场已各有一家开始作业。这些工场已经都走上了工场制手工业阶段。所谓高阳土布的生产,完全被东棉洋行掌控,本地资本只有织制毯子和褥单的最后一块地盘。

(二)山东潍县的棉织业

七七事变前,潍县织布业发展到了顶峰,布机总数为6万至10万部,从事本业者约有15万人,远销至云南、四川、贵州、福建、河北、河南、绥远等省。事变前潍县土布产量年达2000万元,与其他主要产品烟草(年额1000万元)、猪鬃(年额1000万元)等合在一起占潍县全部产业的50%,地位非常重要。

1938 年初,日本铁蹄波及潍县,土布业陷入绝境。[①] 七七事变爆发,青岛纺织工厂遭受破坏,山东各地治安紊乱,环绕着潍县土布生产的一系列经济机构都被破坏。因此,潍县棉织业 1938 年停工一年,1939 年以后,才随着交通治安的恢复而渐见恢复。但是,棉纱来源比事变前大大减少,即使能够买到部分棉纱,也价格高昂,无利可图。因此,许多乡民把自己的织布机卖掉,农闲期到县城里面去做机房工人,靠每月 6 元工资来补助一部分生计。潍县的织布机,向铁路沿线及能够供给棉纱的青岛、南流、岞山、济南等都市四处流徙。

与土布生产盛衰有密切关系的染织工厂,也由于制品销路缩小,购买力降低及原料来源困难(货少价高)等原因,只有日华合办的“信丰”“元聚”“德聚”等三厂仍在经营,其余的中国工厂几乎全在闭歇状态中。廉价的厂布从青岛、天津、上海源源而来,潍县织布手工业在布机分散、农村疲敝、棉纱来源困难、销路狭小等情况下,前途非常暗淡。事变前在土布生产上有很大势力的布庄及线庄,由于棉纱棉布配给统制机构的成立,也已失掉其在染织工厂与机房中间的中介地位而趋于没落。[②]

事变后,潍县最大的机械器具工厂“华丰”变成日华合办,直接间接支配着织布农户的三大染织工厂也都变成日华合办。染织工厂所需棉纱仰给于青岛的日本纺织工厂,加之配给统制日益加强,以棉纺织加工业为中心的潍县产业牢固地由日本控制。[③]

(三)山东济南的棉织业

1933 年,济南织布业发展到 60 家厂左右,布机总数 800 部。全民族抗战爆发后,这些机坊一度闭歇逃亡,从 1938 年末起渐渐开始恢复。由于棉织品价格腾涨及内地治安未复之处机业闭歇,济南织布业骤然表现复苏气象,内地农村机织业者纷纷集中于济南。1942 年,其经营户数达到 300 户,比全民族抗战爆发前增加了 4 倍,布机部数也增至 2000 部以上。与经营数比较,布

---

① 南满洲铁道株式会社调查部:《潍县土布业调查报告书》,1942 年,第 164 页。

② [日]堀内清雄等:《山东省潍县织布业的变迁》,《满铁调查月报》第 22 卷第 1 号,1942 年。

③ 南满洲铁道株式会社调查部:《潍县土布业调查报告书》,1942 年,第 493 页。

机部数增加并不太多，这表明战时所增加者多为规模极小的机房，这正是战时济南机织业向特殊形态——包织——发展的一个理由。[①]

首先，受战争影响，农村织布业者逃入较为安全的都市，章丘、寿光、长山、桓台、潍县等中小城市及其近乡的织布业，都集中到济南来了。这些来自农村的经营者，布机部数也以5部以下者占绝对多数。由于原料腾涨，他们不能用自己的资本购入原料，反而只能主要依靠织面袋布乃至在间接与纱厂结合的领织制度下维持经营。正如他们在农村隶属于商人行庄时一样，在都市中，隶属于面袋布商人（兼制造者）及日本纺织资本以维持经营。[②]

其次，就机房方面而言，农村织布业者由于原料腾涨而无力购买棉纱，是故被吸收到包织制中。

最后，放织的纺织厂及面袋厂，主动将织布业者吸收到包织制中来。济南的近代纺织业，有“任丰”“成通”“成大”等三厂，七七事变后全由日方资本支配。其中，只有“任丰”纱厂（钟纺系统）有附属织布厂，而且有染色加工厂，掌握着从棉花到加工棉布的整个生产过程，而“成通”（丰田纺织系统）、“成大”（东洋纺织系统）两厂则只生产棉纱，没有织布厂。七七事变后棉布生产的有利性，促使这两厂开展织布生产。但是两厂屡向当局申请设置织布机，没有得到允许，不得不采取包织制。[③]

总的来看，济南的织布业，是在七七事变后，从潍县周村等织布区集中来的。这些织布业规模零细，在原料不断腾涨的条件下，不能够用自己的资本进行独立生产，于是被吸收到面袋厂和纺织厂控制的包织制中。与此同时，进行独立生产、有布机10台以上的机房，似乎在回避其产品与工厂制品的冲突，主要生产机制工厂（主要是纺纱兼营织布的工厂）在技术上不能生产的条格布。[④]

（四）山东烟台的抽纱花边业

烟台是山东省最早开埠的通商口岸，一度独占了山东省内的对外贸易。

---

① ［日］平野虎雄：《济南织布业调查报告书》，1945年，第6—7页。
② ［日］平野虎雄：《济南织布业调查报告书》，1945年，第8—9页。
③ ［日］平野虎雄：《济南织布业调查报告书》，1945年，第13页。
④ ［日］平野虎雄：《济南织布业调查报告书》，1945年，第30—31页。

抽纱花边业是烟台重要的支柱产业之一。抽纱花边使用的原材料主要为棉线,也有一部分麻线。烟台最初多用英国生产的六股车线,后来日本仿制出价格更为低廉的花边三股捆线,遂很快成为主流。抽纱花边制作主要有图样设计、刺样刷样、编织制作、清洗熨整、挂签打包等工序。棒槌花边是工艺最为复杂的抽纱产品,自然单位价格也最贵,主要产于烟台的栖霞和宁海。

由于抽纱花边基本是专为出口生产的商品,其出口额可以视作行业兴衰的晴雨表,能够很好地反映其发展状况。1922 年,烟台港花边出口额为 1438810 海关两,创历史新高。20 世纪 30 年代中期,烟台的花边出口比较平稳,大抵维持在 50 万—80 万海关两。1936—1938 年,烟台抽纱花边业又迎来了井喷式增长,出口额较前期有较大的提高。1936 年烟台港花边出口额达 1236573 元,比 1935 年增长了 94%。1937 年、1938 年的花边出口额分别为 1726562 元、1564900 国币元,继续维持高位运行。自 1938 年日军侵占烟台后,当地抽纱花边业开始迅速衰退,1939 年出口额只有 905734 元,相当于 1938 年的 58%,之后出口额更是一落千丈,1941 年仅为 183992 元。[①]

(五)山西的棉织业

自 1937 年末起,山西本地的织布业,因棉纱来源断绝,不得不全部停工。之后有所恢复,但限于棉花来源减少、棉纱供给无常,开工率很低。榆次、太原、新绛等县的纱厂,开工率最高 60%,最低 30%,平均只有 35%上下。由于日军统制下,不允许棉纱自由贩卖,而天津方面的棉纱价格暴涨而不能来货,本地织布业只能依靠七七事变前的存货和极其微少的贩卖棉纱来织布,只有城内几家零细机户可以听到布机响声。[②]

即便是旧存纱和极少的贩卖纱,也在黑市上价格暴涨起来。以 1939 年太原棉纱市价为例,16 支纱一捆最低 363 元,最高 920 元,平均 513 元,与七七事变前的 230 元至 240 元相比,增加了一倍多。小厂只能通过压缩生产来应对棉纱价格上涨。以太原为例,1939 年,织布业 12 厂,其布机总数为 225 部,开工者仅 90 部,开工率只有 40%,加以其后一般物价高涨,这些零细织布

---

① 唐家路、崔研因:《晚清民国时期的烟台抽纱花边业》,《城市史研究》2020 年第 2 期。

② [日]平野虎雄等:《山西的织布业》,《满铁调查月报》第 21 卷第 10 号,1941 年。

业者,都无可避免地陷入生产萎缩状态。[①]

二、华东及华南地区

(一)江苏无锡的缫丝业

缫丝业是江苏民族工业的主要行业,生丝产量占全国总产量的20%左右。江苏缫丝厂主要集中在无锡,共有50余家,1937年上半年开工生产的有41家,丝车12600余台。至全民族抗日战争爆发前,全国生丝输出47204担,其中无锡生丝出口量约占全国总输出量的28.18%,无锡生丝年产量和输出量在全国城市中均居首位,在国内外享有“丝都”之称。[②] 日军占领无锡前,首先对各丝厂猛烈轰炸,占领后又对丝厂大肆掠夺、焚烧、拆除、破坏,借以打击日本缫丝业的竞争对手。1937年10月6日,无锡城区遭日机轰炸,全城秩序大乱,丝厂全部被迫停工关闭。日本兴亚院华中联络部次长楠木实隆在《无锡工业实态调查》中供认:“无锡城镇在战火中被烧毁房屋三万一千余间,损失额达二亿元。1937年上半年无锡开工生产的41家丝厂,11300余台丝车被毁半数以上。”[③]1938年,日本农林省组织专人对江浙缫丝工业情况进行调查,形成《江浙制丝工厂被害情况调查书》,承认无锡丝厂被日军炮火全部摧毁的有裕昌、锦记、永昌、民丰、永昌合记、荣记、宝昶、玉祁、锦丰、新伦、福昌、九馀、伦昶、福兴、瑞昌二厂、裕生等17家丝厂,计丝车6502台。[④]

日本侵占无锡后,张揆伯、钱凤高、杨高伯等按日军意图,将无锡惠民制丝公司改为日本华中蚕丝股份有限公司“无锡支店”。日本帝国主义对华中地区的蚕丝业实行法西斯统治,规定:三台丝车以上均需登记,经日军准许后方可营业;产品不准出口,小丝厂设备只能以旧式木车为主,木车设备不准超过20台。1939年9月,无锡家庭小丝厂已发展到256家,拥有3824台丝车。

---

① [日]平野虎雄等:《山西的织布业》,《满铁调查月报》第21卷第10号,1941年。

② 中国人民政治协商会议江苏省无锡市委员会文史资料研究委员会编:《无锡文史资料》第13辑,1986年,第35页。

③ 中国人民政治协商会议江苏省无锡市委员会文史资料研究委员会编:《无锡文史资料》第13辑,1986年,第35页。

④ 钱耀兴主编:《无锡市丝绸工业志》,上海人民出版社1990年版,第438页。

许多家庭丝厂暗中输出生丝,与日本华中蚕丝公司抗衡。由于家庭小丝厂成为日本华中蚕丝公司的重要竞争对手,因此,在日军授意下,伪维新政府于1939年7月15日发布了《实业部管理手工制丝业暂行办法》,规定有“三釜以上之设备经营手工制丝为业者”均需登记、发证后方可营业,产品一般只准在国内销售,不准出口。1940年6月21日,汪伪政府又发出《工商部管理小型制丝工场暂行规则》,规定家庭丝厂不得擅自收茧,小型丝厂设备只准以旧式木车为主,采用机械缫丝的工场,其设备不得超过20釜。为抵制日伪的限制,小丝厂纷纷采取变通办法,如与蚕农预约收茧,一家厂分别登记几个厂名等。据1940年底对无锡95家小型丝厂的调查,“其中资本金额在法币一万元(当时米价每担约十元)以下者占百分之八十四”①。另据《华中蚕丝股份有限公司沿革史》记载,虽然日伪竭力限制小型家庭缫丝厂发展,但在无锡四郊小型丝厂仍有发展,到1940年,已达330家,丝车数达5053台。日本对无锡小丝厂的发展极为恼火,想方设法加以破坏。日本报纸惊呼:“现在以无锡为中心的江浙两省内之小制丝车数达九千七百釜,且其活动不限于一个地方。而输出方面,又都为输往欧美者,有极其旺盛的抗日活动。结果,对华中蚕丝统制造了很大障碍。”②日军叫嚷:“对此等小制丝加以弹压,实属刻不容缓之急。”③由于日伪严厉控制和疯狂破坏,小丝厂成本增加,质量下降。太平洋战争爆发后,由于生丝不能外销,从1942年开始,无锡家庭小型丝厂趋于萎缩,1943年以后,大部分小丝厂被迫关闭。1943年,日本对无锡大丝厂实行“发还”,同年11月5日,日本又宣布华中蚕丝株式会社解散。1944年春茧上市之时,无锡少数大厂开始复工,但几年来各厂均遭极其严重的破坏、掠夺和统制,元气大伤,无锡缫丝工业已奄奄一息。④

(二)杭州的丝绸业

全民族抗日战争爆发前,杭州有绸厂141家,城乡机户4000户,电力丝织

---

① 高景岳、严学熙编:《近代无锡蚕丝业资料选辑》,江苏人民出版社1987年版,第434—435页。

② 孙宅巍主编:《江苏近代民族工业史》,南京师范大学出版社1999年版,第332页。

③ 钱耀兴主编:《无锡市丝绸工业志》,上海人民出版社1990年版,第436页。

④ 中国人民政治协商会议江苏省无锡市委员会文史资料研究委员会编:《无锡文史资料》第13辑,1986年,第36页。

机6200台、手拉机8000台及木机500台。[①] 1937年12月24日,杭州沦陷,即被侵华日军抢劫一空,电厂被日军破坏,各厂电力机全部停顿,绸厂亦遭破坏,如上海美亚织绸厂杭州分厂原有织机50台,厂房被日军侵占,机器设备被破坏殆尽。从全市丝织业每月用丝的统计数字来看,1936年的消费量是机缫丝1420担、手缫丝419万两、人造丝4800箱;1937年分别降为950担、352万两、3800箱;1938年全年停工,直到1939年才缓慢恢复,用丝量仅为机缫丝200担、手缫丝44.8万两、人造丝2200箱,分别只及1936年的14.08%、10.69%和45.83%。[②] 但由于战争初期杭州生丝市价徘徊在700元左右,波动不大,因此全市丝织品内销尚有一些交易。1938年上半年,城外的生货机户,已有少数连同织机搬至城内生产,下城机户亦渐多复业,但织制熟货的很少,占比不到15%。事变后出现于城内的生货机户,经营规模稍大,普通有两三台织机,且有电力织机,雇用三四名工人,购入原料及加工时,和熟货机户同样直接与外部有关业者交易。拥有织机五六台者也不少,最大的只有一家,有14台。城内这些生货机户,总数160户,织机总计330多台,资本构成也几乎全是独资。[③] 在销售市场方面,1939年"单帮"贩运绸货活跃,稍稍带动了丝绸生产。这些商贩购绸后,由陆路或水路运至金华出售给西南客户转运至重庆等内地城市。事变后生绸的交易方法,大体与事变前相同。不过,事变后,上单(钱庄支票)、本票(钱庄期票)都不通用了,包洋(预付整数)也用现金支付,余额也要在秤量结果判明数量金额之后用现金支付。[④]

日本侵略者在占领了杭嘉湖地区后即着手筹划对浙江丝绸业的统制。1938年8月,日本国内一些大的蚕丝团体与伪实业部在上海联合成立了"华中蚕丝股份有限公司"(简称"华中公司")。该公司通过浙江省伪建设厅先后在杭州、嘉兴等地设立了分公司(支店),在湖州、长安、硖石、海盐等地设立

① 彭泽益编:《中国近代手工业史资料(1840—1949)》第4卷,中华书局1962年版,第97页。
② 王翔:《近代中国传统丝绸业转型研究》,南开大学出版社2005年版,第364页。
③ 彭泽益编:《中国近代手工业史资料(1840—1949)》第4卷,中华书局1962年版,第98页。
④ 彭泽益编:《中国近代手工业史资料(1840—1949)》第4卷,中华书局1962年版,第99页。

了办事处,具体执行统制事宜。[①] 1942 年 5 月金华沦陷,西南销路亦断绝。据当时的“杭州市丝绸织造业公会”1942 年对丝织厂的调查,1 月全部电机 2375 台,停工的已有 1076 台,占 45%;手拉机 479 台,停工的 196 台,占 41%;机户全部 685 户,完全停工的 239 户,占 35%。1942 年底前后,华中蚕丝公司以原料厂丝、人造丝、编丝易货扩大加工定织。该公司限制生丝、绸缎运沪,杭州生丝存底尚厚,少数运销北帮者如“锦昌永”“庆丰”等亦有利可图,而多数厂是困难的。1943 年是杭州丝织业更困难的一年,1943 年 6 月 1 日日伪在浙江省建设厅下面设立绸类产销管理处,“管理处虽然每天都要派人到市场去,但这些人是为征收所谓产销专费,这种类似捐税的收入而去,不是去作管理员。这种产销专费,相当从前的市场费,征收金额,每匹五角,向买方征收。买方每买一匹,除缴纳这五角费用之外,还须另缴市场费三角”[②]。如杭州锦昌永志记绸庄 1941 年 1 月至 6 月的销货额,约为 70 万元。销货额小,是因为此时向华北送货困难。虽然如此,上年尚能送往青岛,送青岛不像送北京、天津、济南那样困难,所以,仅靠青岛也能销货(如果许可证“源源而来”,可以卖到七八百万元)。但是,自入 1942 年,向青岛送货也困难了。杭州惠昌绸庄的客人多在北京、天津、青岛等北方都市中,1939 年及 1940 年,尚能送往北京、天津,后由于统制,无法送货,主要送往南京、无锡、苏州等华中铁路沿线都市。运出或运入生丝及生丝制品时,必须向财政部蚕丝建设特捐处缴纳所谓蚕丝建设特捐。特捐因生丝种类而异,每司马秤一斤,厂丝 4 元 8 角,干经 2 元 4 角,土丝 1 元 2 角,生货是土丝制品,税额与土丝同。[③] 在敌伪的重重捐税压榨下,绸销呆滞,运路不畅,机户绸庄相继停业停产。但据《杭州市丝绸业史料》记载,1943—1944 年,北路绸销有微利可图。[④]

(三)江苏海州的盐业

海州位于江苏省连云港市南部,是淮北盐区的重要组成部分。淮北盐区

---

① 袁成毅:《抗战时期浙江经济损失初探》,《杭州研究》2008 年第 1 期。

② 彭泽益编:《中国近代手工业史资料(1840—1949)》第 4 卷,中华书局 1962 年版,第 101 页。

③ 彭泽益编:《中国近代手工业史资料(1840—1949)》第 4 卷,中华书局 1962 年版,第 99、100 页。

④ 徐新吾主编:《近代江南丝织工业史》,上海人民出版社 1991 年版,第 204 页。

长约184公里,宽约30公里,跨越赣榆、云台、灌云、响水、滨海、射阳六县区,而海州盐场就占四县区,其面积成为两淮盐场之冠。[①] 七七事变前,海州盐场年均产盐达850万担。1939年3月,海州沦陷,海州盐场落入日军手中,盐区场商、运商远逃,生产无人问津,致使盐田废置,堤堆失修,海潮常破堤成灾,盐滩变成泽国。[②] 日军占领当地后成立华中盐业股份有限公司,为垄断盐业资源,对公司实行"军管理",该公司"从1940年10月到1943年3月,在两年多的时间就向日本输出海盐146330吨,国内销盐351481吨。据不完全统计,共获纯利润约240万日元"[③]。汪伪政权上台伊始十分重视财政问题,迫切希望有一稳定收入来源以缓解财政压力,而战前的海州盐税可征收6000万元之巨,占全国盐税的三成,"是以有能控制海州者,即能控制华中五省之说"[④]。因此掌控盐政对伪政权尤为重要。首先,建立起一套完整的盐务管理机构。伪政权于财政部内设立盐务处,后改为盐务司,而后又更名为盐务署。在海州设立整理海州盐场委员会,委员由财政部常务次长、盐务署长、盐务管理局长以及盐务经营者组成。[⑤] 其次,组建税警部队。为维护盐场的秩序,周佛海组织建立盐场税警部队,整个盐场配备了3000多名税警,对盐业生产以及盐业运输销售进行严密控制,同时还担负缉私任务。再次,组建盐业公司争夺销售权。为夺回日本人所控制的食盐销售权,伪政权组织成立以中国旧盐商为骨干的裕华公司取代日本人控制的通源公司。在与日方多次协商后,终于在1941年底取代了通源公司的业务,随之也获得了淮北盐场的直接控制权。最后,伪政权对盐场生产有所恢复。"凡修复池滩、补筑圩堤,一切规划均经详细讨论,议拟具体方案,逐项实施,并筹建复兴款项,委派专员驻海(州)办理工程,贷给场商,向复兴之途迈进。"[⑥]通过上述一系列措施,海州盐

① 王子臣:《海州盐务变迁研究》,河北大学硕士学位论文,2014年。

② 王子臣:《海州盐务变迁研究》,河北大学硕士学位论文,2014年。

③ 丁长清主编:《民国盐务史稿》,人民出版社1990年版,第314页。

④ 南开大学经济研究所经济史研究室编:《中国近代盐务史资料选辑》第3卷,南开大学出版社1991年版,第225页。

⑤ 余子道等:《汪伪政权全史》,上海人民出版社2006年版,第744页。

⑥ 转引自陈广锐《试论汪伪政府对两淮盐场的经营》,《盐业史研究》2012年4期。

业产量极大增加。从1940年仅产盐280万担,到1941年全年产盐量达490万担,相较于上年增产210万担,增幅达到75%;到了1942年,仅前8个月就产盐490万担,接近1941年全年的产量。[①] 实际上,早在1936年10月,日本大藏省就计划由中国的华北、“满洲国”、“关东州”、台湾的盐产来保证其工业用盐的八成供给。1937年10月,日本大藏省又提出了一套完整的掠盐计划:1942年中国要供给其200万吨海盐,1945年中国要保证供日350万吨盐产。从1937年至1945年,日本实际从中国掠走1100多万吨海盐。[②] 尽管海州盐场的盐产量有所恢复,但始终处在战争的阴霾之下,面对伪政权与日寇的双重压迫。产区所产的食盐更多为日军侵华战争服务,高昂的盐税、持久的盐荒、残酷的剥削始终是沦陷区人民难以摆脱的梦魇。

(四)广东的制丝业

蚕丝是广东输出品之最大宗,当其全盛时期,年销量达6万余包,价值上亿港元。[③] 至20世纪30年代,受国内国际因素影响,中国蚕丝业日渐萎靡,“尤以粤丝惨败至极”[④]。30年代中期,蚕丝生产形势略有缓和,旋逢全民族抗日战争爆发,复陷入在劫难逃之境。省内蚕丝区域,本集中于珠江三角洲地带,但自广州沦陷后,顺德、南海、中山、番禺等县相继失陷。大片桑园、蚕种场及丝厂被毁,幸免者亦被迫停工。如顺德县属规模宏伟之“新兴”“义栈”等五大丝偈,“均和安”“丝业”“盛丰年”等三大茧市,及茧栈七十余家,均全部停业。[⑤] 日军进占广州后,即与台北帝大联合调查广东蚕丝业情况,并着手统制蚕种与蚕丝,其掠夺方法,系由日军部禁止蚕茧出口,同时利用奸商,分赴各产地收购茧丝。为了以战养战,1939年日军强迫各地丝厂复工,规定每担收购价定为军用票800元,不依限开工并售丝给日军者,即焚毁其厂房设备。后日方又一再压价,1940年每担改付700元,次年更降为600元。[⑥] 日

① 陈广锐:《试论汪伪政府对两淮盐场的经营》,《盐业史研究》2012年4期。

② 丁长清主编:《民国盐务史稿》,人民出版社1990年版,第299页。

③ 《粤救济蚕丝业》,《中行月刊》第8卷第4期,1934年4月。

④ 《国内要闻》,《银行周报》第16卷第33号,1932年8月30日。

⑤ 彭泽益编:《中国近代手工业史资料(1840—1949)》第4卷,中华书局1962年版,第96页。

⑥ 邓浩青:《抗战五年来之广东蚕丝业》,《广东省贸易消息》第8期,1942年。

军不断对粤丝实行压价,使各地丝厂营业困难,停业者日渐增多。尤其是太平洋战争爆发后,香港沦陷,更断绝了生丝出口之途。日军令大买主三井、三菱洋行停止收购生丝,故而1942年粤丝"全部停止输出",沦陷区丝厂"全部停业"。[①] 1936年,广东蚕茧产量498005担、生丝产量99601担;1939年分别降为96000担、15760担,只及原产量的19.28%、15.82%。从广州港输出的机制厂丝,1937年为19604担,1940年则降为2064担,减少了89.47%。[②]

第四节　战后手工业的艰难及困顿

抗战胜利后,受阻碍的交通得以恢复,被割裂的国内市场得以渐次统一,手工业各界普遍抱有较大期待,并积极谋划各业的发展计划。但是,事与愿违,手工业发展的困局并未因战争胜利而得到根本扭转。美国剩余物资的大量倾销、官僚阶层的投机、农业经济的继续衰落、运输系统的脱节不断阻挡着手工业复苏的步伐,而日益加剧的通胀最终扑灭了手工业界谋求发展的希望。

一、外贸类手工业的输出困境

作为对外输出的大宗商品,茶叶、生丝、桐油、猪鬃的对外贸易为国民政府所重视。茶叶输出已较抗战后期稍有起色,但是仍困难重重,产销多有阻碍,未能恢复到全民族抗战爆发初期的40万公担。[③] 就桐油业而言,看似桐油业有较为广阔的发展前景,据估计战后美国年均需求桐油数量达3亿—5亿磅之多,而战后中国每年可以出口的桐油将不会超过2亿磅,即使美国将它全部购进也不够。[④] 自外汇率调整后,桐油对外贸易未见起色,输出寥寥。桐油产量低落,运输迟缓且费用极高,外销毫无起色。"桐油产量因油价过

① 彭泽益编:《中国近代手工业史资料(1840—1949)》第4卷,中华书局1962年版,第96页。
② 王翔:《近代中国传统丝绸业转型研究》,南开大学出版社2005年版,第363页。
③ 行政院新闻局编:《茶叶产销》,1947年,第34页。
④ 严匡国译:《战后的桐油业》,《贸易月刊》第6卷第5期,1944年。

低，桐农多将桐研去，影响产量甚巨。湖南方面战前年可产桐油四千万担，现仅三十五万担；四川方面战前可产六十万担，现仅四十万元[担]；湖北襄河区为主要产地，往年可产三十至三十五万担，最近减产三分之一；广西过去产量最丰，现在一年也不过三十余万担。”①

抗战胜利后，外商撤退，正是猪鬃业推进自主贸易的良机。时人乐观地认为，“刷类之需要，随工业发达，生活进步而增加，推动经济建设，国内猪鬃之消耗必巨”，“猪鬃之用途，惟在制刷，所需技术，颇为单纯，迎合需要，亦至简易”。② 但以环境限制，人谋不臧，无论国营还是民营，均未能把握此次良机。抗战胜利后，猪鬃输出忽然面临严重的危机，揆其原因，主要在于：(1)美国政府将战时库存的猪鬃予以抛售，导致猪鬃价格下跌。1947 年 4 月，重庆鬃每磅自 2.75 美元跌至 2.4 美元，汉口鬃自 4.15 美元跌至 3.5 美元。(2)产地货价提高，成本太高，商人资金难以周转。(3)走私风起，华南尤为猖獗，套取黑市外汇，贬值脱售，正当猪鬃商人望而却步。(4)游资泛滥，投机囤积，市场不能稳定。(5)战后欧洲各国经济凋敝，工业不振，对猪鬃需要远逊于以往。③

再如台湾茶业。全民族抗战爆发后，中国大陆沿海港口为日舰封锁，台湾茶叶在世界市场上取代大陆茶叶，于是输出量大增，1939 年的出口量为 12813313 公斤。后因 1941 年太平洋战争爆发，台湾对外航运受阻，茶叶出口又见减少。1944 年以后，台湾对外交通完全切断，茶业的输出也就完全停顿了，1945 年的出口量仅有 28208 公斤，为 1865 年有记录以来最低纪录。④

二、日常生活类手工业的发展困顿

作为日常生活必需品的棉纺织、制茶、制糖、卷烟等手工业同样不景气。战后美货充斥市场，棉纺织业大受影响。“川省原有织户在二万家以上，但最

---

① 《目前桐油的危机》，《林讯》第 3 卷第 2—3 期合刊，1946 年 12 月。

② 史道源：《四川省之猪鬃》，四川省银行经济研究处，1945 年，第 50—51 页。

③ 行政院新闻局编：《猪鬃产销》，1947 年，第 27 页。

④ 吴淑娟：《战后台湾茶业的发展与变迁》，台湾“中央大学”硕士学位论文，2007 年。

近因受各种影响,关门者几达五分之四,约计一万六千家。……又川省手工业,近仍陷于窘境,目前川东手工业较发达,川西南较次,川北再次,织户随时均有关门之可能。"[①]据统计,战时四川省先后动员手工织布机6万台,织成大小布匹3亿匹,以供给军民需要。后方新式纺纱机,年产棉纱不过6.8万余件,而木机和手纺年产棉纱达40余万件,为机纱的6倍。然而,战后一落千丈,原有200余家军布业,1300余家土布业,1001家花布业,相继停闭者达半数以上。[②] 战后的青岛,美货充斥市场,工业无法维持,一般厂家放弃生产而从事投机活动,1946年140家手工织布工厂大部分停工。[③] 战后台湾的棉纺织产业损毁颇巨,国民政府所接收的相关生产设备,显得凌乱、参差不齐。在1945年接收时,省营"台北""新丰""新竹""乌日"等四厂,实际运转棉纺锭仅8268锭、织布机亦仅258台。[④]

浙江省有龙井、平水、遂淳、温处等四大茶区,年产毛茶约40万担,经战争摧残,茶园荒芜,茶厂坍毁,茶村人口减少了1/3。1946年,茶叶采制仅及1937年前的1/4。受战争影响,茶农、茶工、茶商束手待毙,商况较战时更为糟糕,问题亦至为严重。[⑤] 安徽省制茶业,"原冀胜利之后,可以渐复旧观,但今年(一九四六年)茶价较战前,仅涨二十余倍,而茶农因十余年来,均在饥寒交迫之中,实无力再从事复兴茶园"[⑥]。

抗战的胜利也给四川糖业界带来了希望,"当时大都以为长江航运可以立即畅通,两湖销区也可恢复。糖类价格上涨,在糖类重要出口市场的重庆,中庄白糖胜利前夕为每百市斤十二万二千元,到了十三日涨到十四万元;红糖在同一时期中由每百市斤四万元涨到五万元"。在集散中心内江,这时期涨势较重庆尤猛,尖庄白糖每万公斤由2200万元上涨至2400万元,红糖每

① 彭泽益编:《中国近代手工业史资料(1840—1949)》第4卷,中华书局1962年版,第466页。
② 《四川工矿业近况》,《西南实业通讯(上海版)》创刊号,1947年。
③ 彭泽益编:《中国近代手工业史资料(1840—1949)》第4卷,中华书局1962年版,第478页。
④ 李怡萱:《台湾棉纺织业政策之研究(1949—1953)》,台湾政治大学硕士学位论文,2004年。
⑤ 彭泽益编:《中国近代手工业史资料(1840—1949)》第4卷,中华书局1962年版,第495页。
⑥ 彭泽益编:《中国近代手工业史资料(1840—1949)》第4卷,中华书局1962年版,第495页。

万公斤由 700 多万元上涨至 1000 多万元,桔糖也涨到每万公斤 1100 万元。[①] 事实上,价格虽然上涨,但是市场交易并不畅旺,恢复两湖销场仅是希望而已,长江航运亦未能畅通。上涨的价格如昙花一现,1945 年 8 月 20 日起,价格立即回跌,交易额稀少,大都有行无市。到中秋节前后,重庆糖价,尖庄白糖已跌到每百市斤 4 万元,红糖跌到每百市斤 2 万元。在内江市场上,每万公斤糖价,尖庄白糖下跌到 640 万元,红糖下跌到 350 万元,桔糖下跌到 290 万元,冰糖下跌到 1200 万元,糖蜜每万市斤跌到 17.5 万元,价格下跌在 60% 以上。糖品价格的下跌与外来的百货、五金、布匹等相仿,在土产中居于首位。[②] 四川糖业界积极谋划糖业发展策略,希望通过扩大蔗糖贷款、改革糖税政策、改良蔗糖生产、改善生产关系等措施,助推四川糖业走出发展困境。

战后,美国大量卷烟成品及原料涌入中国市场,致使多数中国烟厂陷于倒闭绝境。1946 年,重庆手工卷烟厂本在抗战胜利之初欣欣向荣,然随之外货涌进,竟无法销售,多数厂商不堪赔累,均纷纷倒闭。[③] 自长沙、桂阳、柳州沦陷以降,贵阳曾为西南卷烟业重镇之一,据统计该市手工烟厂与机制烟厂计 100 余家,贵烟行销川、滇、黔、湘等地。战后,因外烟倾销,贵州卷烟业遂呈盛极而衰现象。[④] 四川手工造纸业,向为出口大宗产品。据统计,四川夹江纸商原有 2000 余槽户,1946 年开工者仅有 400 余家,其余完全停工。[⑤]

三、部分手工业的艰难发展

相对于绝大多数地区手工业的发展困顿而言,仍有部分地区、部分城市在积极谋划手工业的发展,这给战后手工业的发展带来了一定的希望。

就晋绥边区而言,边区的主要工矿手工业,如煤、铁、矿、磁、纸、农工器具

① 朱吉礼:《四川蔗糖业的危机》,《四川经济季刊》第 3 卷第 1 期,1946 年 1 月。说明:此处内江市场糖价,原文红糖单位为“每百公斤”,结合此处上下文推断,应为“每万公斤”,此处予以改正。

② 朱吉礼:《四川蔗糖业的危机》,《四川经济季刊》第 3 卷第 1 期,1946 年 1 月。

③ 钟古熙:《经济消息纪要》,《四川经济季刊》第 3 卷第 4 期,1946 年 12 月。

④ 彭泽益编:《中国近代手工业史资料(1840—1949)》第 4 卷,中华书局 1962 年版,第 501 页。

⑤ 钟古熙:《经济消息纪要》,《四川经济季刊》第 3 卷第 4 期,1946 年 12 月。

等,战时在生产单位、生产量、生产技术、经营方式等各个方面,均有一定发展,正是得益于这些发展,战时边区军民日用和军火原料的困难部分甚至全部得到了解决。不过,在战时特殊背景下,几乎全部的力量都必须放在解决军民的衣食问题上,而在工矿手工业方面,则只能抓住几个主要的工业品,这也就制约了整个手工业门类的全面发展。战后,在和平建国的新形势下,晋绥边区生产委员会"不仅要求在农业和纺织的生产上更加努力,而且要求我们对工矿手工业的生产,也更多的加以注意"①。同时,明确战后该区工矿手工业生产的总任务为:"在旧有的工矿手工业基础上,组织产销,扩大生产;发展各种日用必需品的制造;扶植可以外销的各种手工业矿业。"②

战时,川省制革业由原来的19家发展至34家,多设立于重庆附近,后来因客观环境需要,制革业逐渐发达,制革厂相继设立,到1945年已达434家,其中制革厂181家,皮鞋厂162家,皮件厂91家,有机器设备62家,总生产量曾达轻重革10万张以上,承制军用皮件80万件,并普遍供应民用皮鞋、皮包等物品。战后,一度陷于绝境。1946年3月以后,因物价上涨及运销外省有利,各工厂逐渐复业,四川省制革厂家达500余家。③

就城市手工艺品而言,北京市手工艺种类很多,主要有玉器、地毯、雕漆、刺绣、挑补花、珐琅、铜锡器、料器、烧瓷、纸花等十几种。战时,北京手工艺因资金匮乏、销路中断等因素,已经奄奄一息。影响所及,不但数百年来历代文化的结晶将因此而失传,同时,数十万平民的生活和社会秩序的维持也将发生严重的问题。战后,"北平市参议会"为推进此项自救运动,特设特种手工艺辅导委员会,从民意机关立场领导并促进手工艺的复兴,掀起了"拯救北平市手工艺""复兴北平市手工艺"的浪潮,提出调查展览,组织手工艺制造合作社、销售合作社,并进行资金协助等方式,以期其快速走出发展困境。④

总之,纵观全民族抗战时期及战后中国手工业的发展情况,呈现出明显

① 晋绥边区生产委员会编:《发展工矿手工业》(晋绥边区生产会议材料之六),1946年。

② 晋绥边区生产委员会编:《发展工矿手工业》(晋绥边区生产会议材料之六),1946年。

③ 应理仁:《四川农产工业的概况》,《经济周报》第5卷第20期,1947年11月13日。

④ 张玉钰编:《北平市手工艺生产合作运动》,中央合作金库北平分库、国际合作贸易委员会北平分会,1948年,第2—8页。

的地域差异。第一,受战争影响,东中部的手工业遭到重创,在日本侵略者的压榨下,普遍衰落,呈发展中断状态;第二,在边区和敌后抗日根据地,在“发展经济、保障供给”的总方针指导下,该区域的手工业有较大发展,承担起了供给军民所需物品的重担;第三,在国统区,尤其是西南、西部地区,手工业迎来了新的发展机遇,出现了一系列新的发展特征,在很大程度上弥补了东中部手工业遭受重创的损失,为抗战胜利及后方经济发展作出了重要贡献。侵华日军之所以叫嚣3个月灭亡中国,是因为他们一直认为中国并没有现代工业作主力以抵抗强大的日军,但是他们不知“所有的现代工业虽然破坏,而中国还有一套旧有的工业生产工具,可以制造物品供给战时之所需;纵然这一套旧有的工业生产工具不及现代工业的大量的和迅速的生产能力,但它是具有‘人一能之,已百之;人十能之,已千之’的精神,积沙成塔,集腋成裘的意志,所以能够使战时物资不感匮乏之虞”①。而在抗战胜利后,受国内外政治经济形势的影响,中国手工业的发展并没有出现国人预期的良好态势,部分手工业却反而陷入困顿,甚至走向衰败。

① 高叔康:《中国手工业概论》,商务印书馆1946年版,第36页。

本书系国家社科基金重大招标项目“中国近现代手工业史及资料整理研究”（批准号：14ZDB047）的主要成果

两个世纪之间的中国手工业(1800—2000)

中国近现代手工业史

ZHONGGUO JINXIANDAI SHOUGONGYE SHI

·第二卷 下册

彭南生 主编

邵彦涛 孟玲洲 等 著

国家出版基金项目
NATIONAL PUBLICATION FOUNDATION

河南人民出版社
·郑州·

第四章
技术演化:一般趋向与行业特色

民国时期,中国手工业的发展并非简单地表现为数量与规模的增长,还突出表现出生产工具、动力设备、生产工艺等方面技术的变革与演化。如果说近代手工业市场特别是区域外市场的拓展是半工业化形成和发展的一翼,那么生产技术的变革则是不可缺少的另一翼。技术变革是中国近代手工业半工业化发展的重要特征之一。市场的扩大为手工业生产技术的改进提供了前提条件,技术变革反过来又促进了市场的进一步繁荣。两翼的协奏共同推动了手工业的半工业化。因此,考察手工业的技术变革与演化对于理解半工业化至关重要。这也是手工业长期存在的又一重要因素。不仅如此,在一些行业还出现了手工作坊、工场向现代工业过渡的情况,推动着半工业化向深度发展,逐步形成了中国近代二元工业化道路的特质。

第一节　手工业生产工具的变革与推广

肇始于清末的手工业生产工具变革,在民国政府和工商界的大力提倡和推动下,得到进一步推广应用和发展。晚清时期,手工业工具的趋新表现在少数行业,但是到了民国时期,这种情况在手工业的各个行业均有体现。此外,在地域上,也较晚清时期不断扩大,由星星之火演变为燎原之势。

一、改良手工织布机的推广使用

手工织布业织布机的改良从清末起步后，由投梭式木机到拉梭式木机，再到铁轮机，一步步推进。民国时期，铁轮机等改良式织机的应用得到进一步推广。投梭式木机“须手足并用，以双手交互投掷梭子，使穿过梭路，同时司打纬工作，双足踏动下面的踏木，以扯动综絖而开合梭路”。拉梭式木机由投梭式木机改良而来，“其投梭运动乃以双手扯动梭绳以行往返的投梭工作，故能织较宽的布”。[①] 铁轮机，亦称足踏机、铁木机、铁木混机、轮子机、力织机、东洋机，“以两足踏动织机下面的两块蹬木，借飞轮的旋转，再传动于各部分而行自动的开口、投梭、打纬、卷布、送经等工作。这种足踏机比较用双手织造的旧式木机，动作要快若干倍，且以无须用手来投梭，因此，布面可以加宽至二尺以上，而仿制进口的宽面洋布”[②]。

(一)华北地区

民国时期，特别是第一次世界大战以来，中国棉纺织业发展迅速，但全国消费的棉布主要由乡村手工棉织业供给。河北高阳、宝坻和山东潍县是华北地区三大乡村手织业中心。在这些地区，铁轮机、提花机等改良织机得到相当的普及，成为推动这三个地区手织产业发展升级的核心技术因素之一。

20 世纪初，河北高阳等地从天津输入铁轮机后，织布业在民国时期经历了迅速的发展，铁轮机的数量不断增长，形成了以高阳为中心，包括周边地区的高阳织布区。一战时期是高阳织布业的第一次繁荣期，1913—1914 年，高阳织布区有织机 2500—3700 架之多，其中铁轮机占八成多。1915 年高阳织布区内有铁轮机 5673 架，1917 年则增至 13106 架，1920 年突破 2 万架，达到 21694 架。1926 年的顶峰时期为 27632 架。[③] 铁轮机数量的增长使得每家织户至少有一架织机，有的多达四五架，以至于“轧轧之声，比户相接”[④]。随着

① 重庆中国银行编：《重庆之棉织工业》，中国银行总管理处经济研究室，1935 年，第 47 页。

② 吴永铭：《武进织布工业调查》，《国民经济建设月刊》第 2 卷第 4 期，1937 年 4 月 15 日。

③ 吴知：《乡村织布工业的一个研究》，商务印书馆 1936 年版，第 15—18 页。

④ 李晓冷等纂修：《高阳县志》卷 2《实业》，1933 年铅印本，第 6 页。

铁轮机的推广,高阳原来的投梭式与拉梭式手织机"因动作迟缓,无论如何不能和后来盛行的足踏机相比",在1914—1915年"完全淘汰"。[①] 除了铁轮机,提花机也于民国初年由天津传入,1915年高阳织布区有提花机53台。这一时期,高阳的提花机是小提花机,构造与铁轮机相似,盛行于高阳东南乡,以织造电光小提花布、方锦被棉布及线㕦字等布匹。1921年,高阳开始以人造丝为纬线与棉纱交织罗纹布、霞缎等提花布,对提花机的需求增加。以人造丝织布,用到的是大提花机,因顶上装有提花楼框,俗称"楼子机"。1925年高阳织布区大提花机数量由1921年的266台增长至862台。[②] 1926年,天津明生织布工厂发明人造丝浆经法,克服了人造丝做经线的问题,并很快传到高阳。随之,高阳织布区大提花机数量激增,1926年增至1644架,是1925年的2倍。1927年增至2508架,1928年4056架,1929年4324架。[③] 此后,人造丝布日渐衰落,提花机的数量减至1000余架,只占高阳织机数的1/10。[④]

作为河北第二大乡村织布业中心,宝坻也于清末自天津传入了铁轮机与新式织布方法。1923年是宝坻织布业的鼎盛时期,该年宝坻织机数量达到11387架,此后逐年减少。但是,铁轮机的数量并不确定。不过,我们可以根据宝坻棉布的种类及产量作出大概的判断。宝坻棉布分宽面布、窄面布两种,永济布、本机布、大尺布等三类窄面布是宝坻的主要棉布产品,占到1923年宝坻棉布总产量的92%,而宽面布仅占8%。[⑤] 据此,可以推断铁轮机在宝坻的普及程度应该不高。这可能与宝坻棉布的市场格局有关。宝坻棉布"纯恃乡村为销售尾闾",主要销售市场是热河,占到1923年布匹产量的72%,其中本机布就是"应热河市场需要而从事织造者",宽仅1.11—1.2尺,而热河"经济发展极为落后"。[⑥] 市场格局成为宝坻织布业未能持续革新的重要

① 吴知:《乡村织布工业的一个研究》,商务印书馆1936年版,第145页。
② 吴知:《乡村织布工业的一个研究》,商务印书馆1936年版,第18、146页。
③ 方显廷:《华北乡村织布工业与商人雇主制度》,南开大学经济研究所,1935年,第10页。
④ 吴知:《乡村织布工业的一个研究》,商务印书馆1936年版,第189页。
⑤ 方显廷、毕相辉:《由宝坻手织工业观察工业制度之演变》,《政治经济学报》第4卷第2期,1936年1月。
⑥ 方显廷、毕相辉:《由宝坻手织工业观察工业制度之演变》,《政治经济学报》第4卷第2期,1936年1月。

因素。

在定县,织布业是主要的家庭手工业。铁轮机未传入之前,农民家庭织布业采用木机。铁轮机输入后,织自用布者多用木机,织布销售者则多用铁轮机,尤其是织庄布,用铁轮机者更多。20世纪30年代初,定县当地的木机分投梭机和拉梭机两种,拉梭机由当地人将投梭机改良而来,已有20余年历史。铁轮机在定县也有10余年历史,初期由保定输入,后期由当地制造。拉梭机、铁轮机等改良织布机在定县的总体数量和普及程度,没有总体统计。以第三区和第六区为例,两区的情况相差甚远。第三区83个村中有2194个家庭从事织布,其中75个村的2021个家庭用木机织布,占到92.1%,26个村的173家用铁轮机织布,仅占7.89%。第六区计有2648家从事织布,其中用木机织布之家庭占51.17%,用铁轮机的占48.83%。统计表明,铁轮机为织布农民带来了更加可观的经济效益。用木机织布之家庭平均每家全年获利26.59元,用铁轮机织布家庭则是91.63元,是用木机织布家庭的3.45倍。[①]在经济利益的驱动下,拉梭机、铁轮机的使用在定县呈现出增长趋势。东不落岗村在1922年之前尚未使用铁轮机,拉梭机的使用比例也仅有1/10左右。到1932年,该村铁轮机由1922年的15架增至69架,拉梭机增至122架,而投梭机仅剩48架。可见,改良机愈加普及,有投梭机完全被拉梭机与铁轮机替代之势。(见表4-1)。

表4-1 1912—1932年东不落岗村织布机数量变化表

年份	织布机类型							
	铁轮机		木机					
	数量(架)	百分比(%)	拉梭机		投梭机(笨机)		合计	
			数量(架)	百分比(%)	数量(架)	百分比(%)	数量(架)	百分比(%)
1912年	—	—	20	7.14	260	92.86	280	100.00

① 张世文:《定县农村工业调查》,四川民族出版社1991年版,第80—82页。

续表

年份	织布机类型							
	铁轮机		木机					
			拉梭机		投梭机（笨机）		合计	
	数量（架）	百分比（%）	数量（架）	百分比（%）	数量（架）	百分比（%）	数量（架）	百分比（%）
1917年	—	—	45	16.67	225	83.33	270	100.00
1922年	15	5.88	72	28.24	168	65.88	240	94.12
1927年	36	14.63	84	34.15	126	51.22	210	85.37
1932年	69	28.87	122	51.05	48	20.08	170	71.13

资料来源：张世文《定县农村工业调查》，四川民族出版社1991年版，第423页。

除上述地区外，河北其他地区使用改良织布机的情况也较为普遍。铁轮机在静海织布工场也得到推广，独流有“华兴”等4家工场，唐官屯有1家，共有40余架铁轮机，出品以花条布为多。[①] 如表4-2所示，在20世纪二三十年代，改良织布机在河北另外12个县均有使用。

表4-2　1916—1936年河北12个县改良织布机使用情况表

时间	地区	改良织布机的应用情形	资料来源
1933年前后	南皮县	近年间有改用铁轮机者。	王德乾等修，刘树鑫纂：《南皮县志》卷5
1925年前后	献县	男子业织者多以地窨，亦有用机器者。	薛凤鸣等修，张鼎彝纂：《献县志》卷16
1929年前后	威县	自民国以来渐知改良，昔用旧式织机，今多改用新铁轮织机。	崔正春修，尚希贤纂：《威县志》卷3
1932年前后	徐水县	各乡妇女多以织土布为业，今日大加改良，亦有用洋机者。	刘延昌修，刘鸿书纂：《徐水县新志》卷6

① 《静海县经济状况》，《经济半月刊》第2卷第8期，1928年4月。

续表

时间	地区	改良织布机的应用情形	资料来源
1933年前后	广宗县	近年,尹村一带木机改良者渐多。	姜榓荣等修,韩敏修纂:《广宗县志》卷3
1933年前后	昌黎县	年来邑人多留学天津,回里之后织爱国布,颇足挽利权。	陶宗奇等修,张鹏翱等纂:《昌黎县志》卷4
1916年前后	盐山县	本境旧以白布为大宗,近复用新机织之。	贾恩绂纂:《盐山新志》卷23
1930年前后	雄县	自蔡公际清设工艺局,购日本木机及洋纱织布以来,土人间用洋机。	秦廷秀等纂:《雄县新志》,物产篇
1934年前后	望都县	东西白城、阳邱、同店、七里铺、建安等村之织土布,铁木织机至3000余具。	王德乾修,崔莲峰等纂:《望都县志》卷5
1934年前后	完县	全县有织机3000余架,有旧式木机及顿机、铁轮机3种,每年可产布40余万匹。	彭作桢等修,刘玉田等纂:《完县新志》卷7
1936年前后	香河县	年来布业甚盛,改用铁轮织机,土布以外,并能织市布、大线各种,与舶来品无异。	王葆安修,马文焕等纂:《香河县志》卷3
1936年前后	馆陶县	本县家庭工业,纺织为大宗。此项纺织用具,近用新式弹花、轧花及织布各机者约占5/10。	丁世恭等修,刘清如等纂:《续修馆陶县志》卷2

资料来源:彭南生《半工业化:近代中国乡村手工业的发展与社会变迁》,中华书局2007年版,第241—242页。

京津地区也是华北织布业的重镇。北京织布场所使用的织机完全由人力操作,依用途分为爱国布机和提花机。爱国布机有木机与铁轮机之分,铁轮机出货速度快,但只能织八综,因此只能织造组织简单的爱国布,木机可织至三十二综,故可织稍复杂的爱国布。提花机具有提花装置和纸板,能织多综。提花布场于织机之外,均置备打花机一架,以打制纸片。[①]

1903 年,铁轮机自日本传入天津后,在当地被广泛使用。天津的田村、佐佐木、郡茂等日商洋行以贩卖日本铁轮机为业。与此同时,天津的铸铁业开始仿造日本铁轮机。1915 年,天津众织布工场称"各厂所用织布机器多系铁轮木机,仿日本织机所造,其形式与日本无异。铁工厂新造有铁机器仿西洋之式,亦渐有用者"[②]。根据该年调查资料,各工场使用铁轮机的数量远高于木机,其中"瑞大""实业""华彰""中益""庆华""善记""禹记""民益"等 8 家织布工场的铁轮机合计 124 架,而各工场木机只有 26 架。[③]

20 世纪 20 年代,提花机传入天津织布业,促进了人造丝织布业的兴起。"提花机为织布业中最重要之发明",其发明历经 70 余年才得以技术成熟。提花机与铁轮机、木机等平面机略有不同,仅在平面机上加一楼子,以织造提花布。1929 年天津织机制造业生产的提花机有提花楼子 400 针、600 针、900 针、1200 针、1300 针等数种,总产量为 3425 台,而平面机的产量仅 397 台。这说明在 20 世纪 20 年代中后期提花业已经成为天津织布业的最重要组成部分,平面布的织造已经大不如前。[④] 关于这点,从天津织布业厂坊的织机结构也可以看得出来。1929 年,328 家织布厂坊共有织机 4805 架,其中平面机 1665 架,提花机 3140 架,占织机总数的 65%。[⑤]

山东潍县是华北三大乡村织布产区之一,在民国以前织布业并不繁盛,只在东乡有数百户农民兼营织布,所用织布机"仍多为旧式木机"[⑥]。民国初年,潍县人"自天津购机数部回乡推广,传习技术,改良出品,获利颇丰。不数年间,潍河沿岸各庄,如穆村、邓村、石埠子、驸马营、桑园、眉村等地,无不以

① 王季点、薛正清:《调查北京工厂报告》,《农商公报》第 122 期,1924 年 9 月。

② 天津市档案馆等编:《天津商会档案汇编(1912—1928)》第 3 分册,天津人民出版社 1992 年版,第 2696 页。

③ 天津市档案馆等编:《天津商会档案汇编(1912—1928)》第 3 分册,天津人民出版社 1992 年版,第 2514—2517 页。

④ 方显廷:《天津织布工业》,见李文海等主编《民国时期社会调查丛编》2 编,"近代工业卷"(中),福建教育出版社 2010 年版,第 374、377 页。

⑤ 方显廷:《天津织布工业》,见李文海等主编《民国时期社会调查丛编》2 编,"近代工业卷"(中),福建教育出版社 2010 年版,第 363 页。

⑥《山东潍县之经济近况》,《中外经济周刊》第 187 号,1926 年 11 月 6 日。

织布为业”。民国四五年间(1915—1916),潍县有布机500台左右。[①] 1920年以后,潍县织布业由东乡扩展至南北西三乡,进入繁盛期,并传入昌邑、安邱、寿光等邻近各县。1926年,全县织布户数有1万余户,有织布机4万余张,织布摇纱的男女工人计八九万人。所用织布机“已皆改为新式木机,俗名洋机。此种机械亦需人力,其速度为每小时成布一丈,连上纱入机及下布手续计算,约费时十一小时可织布一匹。该布之阔约三尺,每匹之长多十丈”[②]。这种新式木机“系铁轮木架之铁木机,通称铁轮机,亦名脚踏织布机,各种轮轴系以生熟铁制成,其架框则以槐楸木制之,高一公尺七寸,长二公尺一寸,宽二公尺,计重二百五十公斤,能织白粗布、蚊帐布、斜纹布、线呢、哔叽及各种提花布、白细布等”。潍县的铁轮机如细分,则又包括平布铁轮机、斜纹铁轮机、提花铁轮机及手织机。平布铁轮机有足踏环两枚,用来操纵综絖上下运动,价值70余元,多用于织洋布及各种平纹布,每分钟投梭率为120左右,每日可出二尺六寸宽布一百尺。斜纹铁轮机有足踏环3至4枚,生产能力与平布铁轮机差不多,专用以织斜纹布及线呢。提花铁轮机与上述两种不同,“其综絖之上下及投梭运动均以足踏板管理之”,每日可织条布、花布80余匹。手织机“乃双手投梭机稍加改良,专用以织窄布者也”。手织机的运转“系由脚踏板管理综絖之上下,以开合穿梭之路,右手提梭,同时左手握机以施行压纬之手续”。该机价值较廉,仅10余元,每日可出布70尺,布宽仅1尺2寸。此外,还有提花手织机,结构与平纹手织机相似,能织“最复杂之花样”,因其价值较铁轮提花机低廉,广受欢迎。[③] 潍县所用各类织布机均为本地所产,据1935年调查,“该县各织机工厂在最近十年中,共售出织机十三万架,其中售于外省及外县者,不过占全数六分之一,其在本县境内者,共约十余万架”[④]。如此众多的织布机数量,说明改良型织机在潍县已完全取代了旧式木机。至20世纪30年代,潍县周边的昌邑、安邱、寿光等县也逐渐采用铁

① 彭泽益编:《中国近代手工业史资料(1840—1949)》第2卷,中华书局1962年版,第639页。
② 《山东潍县之经济近况》,《中外经济周刊》第187号,1926年11月6日。
③ 《山东潍县之织布业》,《工商半月刊》第6卷第1号,1934年1月。
④ 《山东潍县织布业之调查》,《天津棉鉴》第4卷第7—12期合刊,1935年8月1日。

轮机。[1]

此外,鲁中东部地区的桓台、淄川、寿光、临朐、诸城、郯城、日照、莱阳、掖县、即墨,以及鲁西地区的曹县、定陶、临清、临邑等10余个县也采用了铁轮机。还有一些地区改用了拉梭机,如菏泽旧有织机全系投梭机,由县立纺织传习所研究,“将手梭改成拉梭,较之旧机加快一倍,一般织布家感称便利,争先仿造”。[2] 至20世纪20年代,山东有约20个县采用了改良织布机。桓台县自1920年始用铁轮机,该年桓台荣家庄人“购洋机创织洋布,邻村效之,洋布机至三十余张”,“嗣逐渐推广,增至四千余张,且改拉梭为足踹铁机”。[3] 长山县周村是山东织腿带业中心,所用织机原为木机,光绪末年引入日本新式脚蹬机,每机可出两三根腿带。1912年,周村人从日本购得新式织带机5台,仿制成功,每机可出腿带七八根,称为洋丝线带,推动了周村织带业的发展。至20世纪30年代,周村织带业织机达500余架。[4]

铁轮机在山东省城济南受到织布业者的欢迎。自洋布入口,济南土布业遭受严重冲击,民初“城关及泺口购用新机,改良织物者,约三十余家”[5]。益华织布场有11架铁轮机,历城监狱织布场有铁机37架,多为济南三义工场制造,顺和绢布场有脚踏机16架,“恒顺”“文源长”的铁轮机数量分别为12架、11架。各场所使用的梭子多为日本杉田工厂和平野工厂所产,少数为天津郭天成铁厂制造。普通织工一人工作12小时可织爱国布9—10丈。[6] 长丰染织工厂1914年有木铁机20余张,专织各种素爱国布、方格爱国布、提花被面,每日共出90余丈。[7] 20世纪30年代初,济南大型的织布工场一般都使用铁轮机,如同义兴织布厂有人力脚踏机14台,厚德贫民工厂有55台,鸿记织布厂有16台,和顺织布厂有9台,大生祥布厂有15台,民丰织布厂有18

---

① 实业部国际贸易局编:《中国实业志(山东省)》,1934年,第八编“工业”,第48页。

② 《山东省之织业》,《中外经济周刊》第93号,1924年12月20日。

③ 王元一纂修:《桓台县志》卷2《法制》,1934年铅印本,第39页。

④ 实业部国际贸易局编:《中国实业志(山东省)》,1934年,第八编“工业”,第26—27页。

⑤ 《山东省之织业》,《中外经济周刊》第93号,1924年12月20日。

⑥ 庄维民:《近代山东市场经济的变迁》,中华书局2000年版,第392页。

⑦ 叶春墀:《济南指南》,大东日报社,1914年,第56页。

台，益盛织布厂有 8 台等。[①] 据 1934 年调查，济南 70 余家织布场共有铁轮机 900 余台，全用人力。[②]

(二)长江中下游地区

长江中下游地区是近代江南的手织业中心，江苏南通、海门、江阴、武进等地为重要产布区。拉梭机、铁轮机等改良织布机传入这些地区的时间较华北为晚。

南通所产棉布俗称"土布"，"系用旧式木机制造"。至民国时期，南通土布生产仍极为繁盛，年在五百万匹以上。[③] 东北是南通土布的主要市场，东北沦陷后，南通土布业迅即陷入了发展危机，"改良土布"成为南通土布业的当务之急。南通大学农学院、南通县立农民教育馆、南通县商会等发起了"通布复兴运动"，采取"通棉自给""土布改良""产销统制"三大措施。铁轮机正是在这样的情况下被引介给织布农户。1931 年 10 月，南通县立农民教育馆招集农民代表数十人讨论改进土布事宜，传授织布新法以及改良木机使用方法。此改良木机为农教馆所改良，每架 9 元，"门面阔而价值不贵"。1932 年 4 月，农教馆与县治民教馆邀请上海德孚洋行、卜内门公司派技师传授染色方法，同时将改良布机公开展览。据 1936 年调查，南通农家所有布机分旧式木机和铁木机两种，旧式木机"门面甚窄"，铁木机门面宽，"机身木质而齿轮杆轴铁质"，每架五六十元。[④] 不过，"南通一隅，铁机尚不普通，大多数农家，仍墨守旧法，沿用木机及小木机"。望郡乡是南通织布业的核心区域，全乡有 691 架织机，铁机仅占 9%，木机占 76%，小木机占 15%。[⑤]

海门织布业经历了由"手掷木机"向"手拉机""洋机"的转变。因机纱支数的改进，"迟钝的手掷木机也不适用，而改用手拉机"[⑥]。洋机"纯用脚踏，

---

① 山东省政府实业厅编:《山东工商报告》，1931 年，第 13—21 页。

② 实业部国际贸易局编:《中国实业志(山东省)》，1934 年，第四编"都会商埠及重要市镇"，第 30 页。

③ 百强:《南通土布业之调查》，《纺织周刊》第 1 卷第 29 期，1931 年 10 月 30 日。

④ 缪青萍:《南通农村主要副业——土布事业——之复兴》，《中国建设》第 13 卷第 4 期，1936 年 4 月。

⑤ 徐树基:《南通土布》，《通农期刊》第 1 卷第 2 期，1934 年 2 月 15 日。

⑥ 汪疑今:《江苏的小农及其副业》，《中国经济》第 4 卷第 6 期，1936 年 6 月 15 日。

不须手拉，速率也比较最快”。但是铁轮机直到20世纪20年代末在海门仍非常少见，一是因为“成本较大”，二是“须力气大一些的男人才可日作不倦，女人差不多大半不适使用”。因此，铁轮机在海门“终究没有行使出来。到如今乡里通用的布机，还只是手拉机一种”。①

在武进，足踏机在清末被引入后，民国时期得到广泛应用，逐渐代替了农民原来的木织机。足踏机和机纺棉纱的输入使武进织布业发生了积极的变化，解决了手工工具和原料的制约，提高了生产效率。足踏机在武进被称为铁木混机，所仿制的宽面洋布，“在武进俗称为改良布”。民国初年，武进全县的机户有10万户以上，每家至少拥有一台织布机。② 1906年，武进第一家手工织布工场晋裕公司成立，引进拉梭机，生产改良土布。1911年左右，拉梭机开始在武进农村家庭手工业中普及。③ 此后，农家原来的木织机，“渐归于淘汰，而被足踏机取而代之，改良布的织造，大见兴盛，小布（即土布）产量，日形减少”。至20世纪30年代，“武进织布工业的情形，已渐由手工业阶段踏进机械工业化的领域”④。

1925年，南京织布工场计350余家，织布机有木机、铁轮机、花楼机三种。木机纯用木制，价格为六七元，每日能织一匹，为当地木工所造。铁轮机兼用铁造，南京工人称之为“铁机”，价格为四五十元，每日可出布两匹，购自日本和上海。花楼机大部分购自日本，价约100元，出品精细，织一匹布需四五天时间。⑤ 1919年，常熟31家织布工场有铁机、提花机、平布机3000部左右，“厂之大者有织机二百数十部，少亦八九十部”。其中，勤德工场最具规模，“其内部设有力织、染色、上浆、干燥、轧光、伸张、烧毛、制丝光线等各机”⑥。

浙江硖石镇素以产布著名，土布硖扣布产额最多，系农家以旧式布机所

---

① 黄孝先：《海门农民状况调查》，《东方杂志》第24卷第16号，1927年8月。

② 吴永铭：《武进织布工业调查》，《国民经济建设月刊》第2卷第4期，1937年4月15日。

③ ［日］森时彦：《中国近代棉纺织业史研究》，袁广泉译，社会科学文献出版社2010年版，第94—95页。

④ 吴永铭：《武进织布工业调查》，《国民经济建设月刊》第2卷第4期，1937年4月15日。

⑤ 方晋贤：《南京织布厂之概况》，《生活周刊》第1卷第9期，1925年12月6日。

⑥ 彭泽益编：《中国近代手工业史资料（1840—1949）》第2卷，中华书局1962年版，第666页。

织。此外，硖石也出现了小型的织布工场，使用改良织机生产新式布匹。“同盛永”创办于1914年，有改良木机120部，每机每日可出布十四五码，出品有冲直贡哔叽、闪光哔叽、时样线呢、罗缎、丝光麻纱、各色丝光爱国布、条格布等，销售于金华、绍兴等处。“纬通”有改良木机六七十架，织品种类与“同盛永”相似。创办于1924年的华达布厂是硖石规模最大的织布工场，资本3万元，有“铁木合制机五十四张”，出品有人造丝华葛、电光彩缎、条呢、条格、哔叽等，所织人造丝华葛“以线为底，以人造丝提花，华丽美观，颇为社会所欢迎”，每机每日可出十五六码，每匹宽约2尺，长约30码，每日可出20余匹。①

拉梭机于1910年左右传入上海周边的江桥，生产效率比投梭机提高了50%，多的甚至达一倍以上，一个工作日可织“两丈一匹的稀布”1匹到3匹。但在江湾、华泾、莘庄、南翔等处仍使用投梭机。20世纪30年代，松江县的布厂以仿制机制布为主，使用的主要是拉梭机，只有“光华”及“华成”采用了马达。一战前，铁机只在上海各大纱厂附设的织布厂中使用，一战后上海小型布厂如雨后春笋般设立，这些布厂几乎都使用上海机器制造业所仿制的铁轮机。1921—1924年是上海铁轮机销路最盛时期，各织布厂逐渐替换了拉梭机。1921年浦东大森布厂原有手拉机200台，全部改用了铁轮机。② 1925年，上海手工棉织工场增至1500余家，普遍使用铁木机，织造技术也有相当进步，充线呢、洋麻条、大布、自由布等产品广受欢迎。③

安徽怀宁织布业在20世纪20年代得到较快发展，全县织布场数近200家，织机数量1000余张，“以使用人力铁机者为多，犹用人力木机者，仅约占全数十分之一”④。安庆1926年有小织布工场180余家，使用的织机均属铁轮机，计有1000架以上。⑤ 民初，长江中游的湖南织布业开始了土布的改良，“如幅门之加阔，脚踏铁木机之采用，平江布之著闻于全省，即为此种改良之

① 《硖石之经济状况》，《中外经济周刊》第215号，1927年6月11日。

② 上海市工商行政管理局、上海市第一机电工业局机器工业史料组编：《上海民族机器工业》上册，中华书局1966年版，第268—269页。

③ 彭泽益编：《中国近代手工业史资料（1840—1949）》第3卷，中华书局1962年版，第96页。

④ 《安徽怀宁织业近况》，《中外经济周刊》第163号，1926年5月22日。

⑤ 方显廷：《中国之棉纺织业》，国立编译馆，1934年，第277页。

结果”。长沙、湘潭、邵阳、芷江、洪江等地均设立织布作坊或工场，以铁轮机生产改良布，1921 年前后营业极为发达。[①]

(三)其他地区

除了华北和长江中下游这两个织布业比较发达的区域，其他织布业相对落后的区域也在不同程度上采用了改良织机。

重庆棉织工业分为三个时期，“在清光绪以前，为丢梭木机时代；清末民初，为扯梭木机时代；民国以来，为铁轮机时代”。铁轮机于光绪三十一年(1905)传入重庆后，在民国时期得到相当发展。1912 年，廖荣光集资设织布场，至 1915 年有铁轮机 160 台，1934 年时达到 300 余台，为重庆最大的棉织工场。这起到了积极的示范效应，“旧有之木机布厂，亦多羡铁轮机之效率而改图”。1916 年至 1933 年是重庆棉织业极盛时期，“而铁轮机之增速尤著”，“由木机改用铁轮者……亦以此时为最多”。1934 年重庆铁轮机及木机织布场总计 1300 家以上，铁轮机、木机各约 2000 架，其中铁轮机在 10 架以上的有 30 家。若将重庆附近乡村统计在内，1929 年重庆 30 里内共有 3000 家织布场，铁机、木机数量达 2.4 万架。重庆的铁轮机一开始为购自日本的“东洋机”，但数量非常少，基本上购自湖北或仿造湖北出产的铁轮机，因此称为“湖北机”。湖北机较东洋机有进一步改进，“‘东洋机’踏三脚，织两梭；湖北机则一脚一梭，较为进步”。[②]

在织布业较为落后的东北和福建，也传入了铁轮机。成立于 1918 年的沈阳至诚永织布场购置“新式铁轮提花机器”，精制“三星”商标提花电光线缎、丝光各布，仿造洋式棉货，行销各埠。[③] 1924 年沈阳有织布工场 157 家，1927 年增至 300 家以上，其中 2 家有织机 100 架。[④] 不过，沈阳的织布机仍以

① 实业部国际贸易局编：《中国实业志(湖南省)》，1935 年，第七编“工业”，第 46 页。

② 重庆中国银行编：《重庆之棉织工业》，中国银行总管理处经济研究室，1935 年，第 3—7、48 页。

③ 《税务处咨农商部财政部各省省长奉天至诚永织厂机制各种布疋应准援照成案征收正税一道文》，《政府公报》第 1365 期，1919 年。

④ 方显廷：《中国之棉纺织业》，国立编译馆，1934 年，第 277 页。

旧式木机为主。[①] 20 世纪 30 年代,福建福州织布工场所用织机均为“旧式足踏手织机”[②]。

在内陆及边疆地区,织布机也得到不同程度的改良。山西榆次 1925 年创设了一家织布场,购买新式木机多架。[③] 广西玉林是民国时期发展起来的土布产区,尽管铁轮机没有传入玉林,但拉梭机得到应用,每人每日可织布 5 丈有余,布面加宽至 2 尺 2 寸以上,能仿制进口的宽面洋布。[④] 此外,玉林当地人李泽农在 20 世纪 20 年代对旧式布机进行了改良,由织 2 条纱改进到可以织 4 条、6 条乃至 18 条。改良机由其自制,并成立小铁厂专做此种织机。每架织布机成本为 110 元,包括材料费 50 元(木材 30 元、铁料 20 元)、人工费 60 元,售价 150 元。一周姓老者也制造了一款改良布机,与李氏改良机有不同之处,成本略同,但售价高达 170 元至 180 元。从两机性能来看,李机笨重工缓,零件简单,间用木齿轮,织 12 条纱者每日可出 12 匹布;周机轻便快捷,零件比较精细,间用铁齿轮,织 10 条纱者每日出布 30 匹。这两种改良机因价格昂贵,投入市场的总共仅三四十架,全为布庄所用。[⑤]

在身处边疆之地的川康地区,改良织布机也一定程度上得到推广,拉梭机、铁轮机先后传入。拉梭机于 1910 年左右传入重庆等较大城市,后传入乡间,为一般织户所乐用,使生产效率增加,市场迅速扩张,璧山、遂宁、南充等处土布业发展迅速。1922 年以后,川康地区手工织布工场勃兴,光绪末年就已传入的铁轮机“随工厂之勃兴,乃渐为织布者所乐用”[⑥]。据 1935 年调查,四川永川有织布工场 6 家,生产宽面布,据此可以推断所用织布机应是改良布机。[⑦]

相比之下,广东的棉织业织机的改进要落后一些。汕头的土布产区主要

---

① 彭泽益编:《中国近代手工业史资料(1840—1949)》第 3 卷,中华书局 1962 年版,第 111 页。
② 《福州手工业调查》,《劳工月刊》第 2 卷第 4 期,1933 年 4 月 1 日。
③ 《山西省垣新设日生利织布厂》,《中外经济周刊》第 137 号,1925 年 11 月 7 日。
④ 程海峰:《我国工人之工作效率》,《国际劳工通讯》第 5 卷第 3 期,1938 年 3 月。
⑤ 《广西平乐苎麻手工业及郁林土布业》,《实业部月刊》第 2 卷第 6 期,1937 年 6 月。
⑥ 毕相辉:《川康棉纺织业发展史简述》,《农本月刊》第 58—59 期合刊,1942 年 4 月。
⑦ 《永川手工业调查》,《四川月报》第 7 卷第 6 期,1935 年 12 月。

是潮阳和澄海两县。潮阳县织造的是专供山区客家人使用的一种粗布，宽十二三寸，长约12码，每匹价值为1元，只用10支纱为原料，而使用的织机是手摇织布机。澄海是“一种质地较好的土布最大的产区”，“这种布使用的是一种较好的手摇织布机，连所有需用的装备在内，每机值约十元，普通都用二十支纱，但有时也用四十支纱作经线”。这种土布宽十八九寸，长15码，每匹价值4元。澄海全县共有手摇织机5000架。[①] 不过，改良织机在佛山得到了推广。一战时期，因“洋布腾贵”，佛山“于是用仿造东洋机织土布者有六七十家”。1922年，佛山土布行增长到130余家，年出口60万元。[②]

二、手拉提花丝织机的引进

丝织机的改良比织布机要晚，基本上开始于民国初年。新式丝织机与铁轮机一样，最初也是进口的。最先传到中国的改良织机是法国发明、日本改进的手拉提花丝织机。这种机器不同于中国传统的投梭木机，是用手拉绳传递动力以编织纬线。手拉提花丝织机传入中国后，在杭州被称为“拉机”，在苏州被称为“铁机”，在其他地区被称为“洋机”“铁木机”等。在该机上方有一个铁制提花龙头，代替了传统织机花楼上提拉经缕的工匠。[③]

手拉提花丝织机比传统木机具有明显的优越性。首先，节省了人工，降低了劳动强度。新式的手拉机投梭方法从手抛变为手拉，在很大程度上解放与简化了另一只手的操作，劳动亦较为轻便，所占面积亦稍小。其次，手拉机转速比传统木机高，生产丝织品比手抛梭效率高一倍左右，旧式木机每分钟素织物可织40梭左右，花织物仅25梭左右，而手拉机每分钟可织60梭左右。[④]

在手拉提花丝织机的使用方面，杭州开风气之先。民国以前，杭州尚没有手织铁机，也没有手工工场，绸缎均系机户用木机织造。1909年，东京高等

① 彭泽益编：《中国近代手工业史资料（1840—1949）》第2卷，中华书局1962年版，第637—638页。

② 彭泽益编：《中国近代手工业史资料（1840—1949）》第2卷，中华书局1962年版，第672页。

③ 王翔：《中国近代手工业史稿》，上海人民出版社2012年版，第312—313页。

④ 徐新吾主编：《近代江南丝织工业史》，上海人民出版社1991年版，第118—119页。

工业学校机织科毕业生许炳堃在杭州创办手艺传习所,教授日本新式纹织机的使用方法,开杭州丝织业革新之先声。绸业公所董事金溶仲在1911年从日本引进新式纹织机,为"民间使用新式纹织机之嚆矢"。1911年,许炳堃创办甲种工业学校,为地方工艺厂培养教员。该学校附设机织传习所,招募杭州、绍兴、湖州等处青年织工学习。1912年,东京高等工业学校染色科毕业生朱光寿创办纬成公司,使用新式丝织机。在官商的共同努力下,杭州丝织业开始走向革新,新式织机的使用越来越普遍,丝织手工工场如雨后春笋,相继建立。1912年,杭州有新式织机40台,1913年增至200台,1914年达700台,1915年末超过1000台。[①] 1920年杭州已经设立绸厂51家,传统木机由1912年的5000余台减少到1800台,而手拉提花丝织机增至3800多台,其中纬成公司在短短8年间资本由初创时的2万元增加到100万元,织机由6台扩充至360台,分别增长了50倍、60倍,到1926年杭州的手拉提花丝织机已经达到6100台。[②] 杭州采用新式织机后,嘉兴、绍兴、宁波、吴兴等浙江其他丝织地区也纷纷改用。

绍兴熟货缎业以下坊桥为中心,一战时期,缎业产区由下坊桥、山头、兴浦而扩至马鞍、山南、杨家弄等处。织造机械"多用土木机,出品既缓,丝条又不均匀"。杭州引进手拉提花丝织机后,因其"织制率日可丈余,出品花纹凸出鲜明,条纹匀润,甚合顾主心理,故未及数月,下坊桥一带织制机户,皆换用力拉机"。1929年营业最盛时,机户达3850户,丝织机计6860具。[③] 生货绸业机户以县城西北之华舍镇为中心,在1918年有2800余家,木机3000具。因"木机出品固坚韧耐用,然效率嫌缓",1922年"受杭州绸业之影响,亦采用铁机。其时铁机概自日本输入,用之者凡百余具,其效率与木机为三与二之比"。1923年鼎盛时期机户有3400余户。1935年,机户共计1300户,木机2000具,铁机300具,其中华舍镇铁机100具。[④] 吴兴以产湖绉而闻名,至

① 王士森:《杭州之丝织业》,《东方杂志》第14卷第2号,1917年2月。建设委员会调查浙江经济所编:《杭州市经济调查》下编,1932年,第45页。

② 王翔:《中国近代手工业史稿》,上海人民出版社2012年版,第314页。

③ 建设委员会经济调查所编:《绍兴之丝绸》,1937年,第32、35页。

④ 建设委员会经济调查所编:《绍兴之丝绸》,1937年,第18、22页。

1921 年,“复别出心裁,翻新花样,华丝葛、改良绉、华锦绉及洋机木(即大绸,又称阔绉)等相继销行”。全盛时期的 20 世纪 20 年代初,吴兴共有织绸厂 60 余家,机户 6000 余家。[①] 据统计,该时期全县织机达 2 万余架,“机户所用之机,以铁木机居多”[②]。至 1935 年时,绸厂减至 20 余家,拥有洋机 500 余架,电机 400 余架;机户 3000 余家,织机 6000 余架。[③]

江苏各丝织业产区也逐渐采用了手拉提花丝织机。民初,南京缎业界发起成立南京丝织手工传习所,从上海购买木机、铁龙头、钢扣、提梭等配件,组装织机 12 具,每具值 300 元。还购进刻花机 1 具,“花本全系购自日人”[④]。

苏州丝织业的纱缎庄也在民国初年开始改变传统的放料代织经营模式,纷纷建立绸厂,并采用新式手拉提花丝织机。1912 年苏州永兴泰文记纱缎庄谢瑞山从上海日商小林洋行购得武田式手拉铁机 2 台,附带 200 针提花龙头,遂派人去上海学习织造技术。次年运回苏州,安装使用。1914 年,谢瑞山联合其他几家纱缎庄集资创办了苏经纺织绸缎厂。第二年春,正式投产,资本 8 万元,有新式织机 100 台。至 1919 年发展到 160 余台,1922 年达到 300 台。此后,陆续建立的“广丰”“洽大”“振亚”“延龄”等绸厂也采用了新式织机。创办于 1917 年的振亚织物公司初创时有新式织机 20 台,此后逐年扩充,民国七年至九年(1918—1920)每年增加 20 余台,此后三年年均增加 40 余台。延龄绸厂 1918 年开办时购置新式织机 40 台,此后两年又增设 20 台。随着各绸厂对新式织机的广泛运用,1919 年苏州拥有的新式织机达到 800 余台,至 1920 年增至 1000 余台。[⑤]

在盛泽镇丝绸产区,1916 年袁钟瑞、沈鹏、张文蔚等筹集资本创设经成丝织有限公司,购买提花铁机 24 架,改用新法,所制造之华丝葛、香云纱、横罗、直罗等“均极花样翻新,精彩夺目”,获得农商部奖章。[⑥] 经成之后,“郎琴记”

---

① 中国经济统计研究所编:《吴兴农村经济》,1939 年,第 13 页。
② 《湖属六县土产调查》,《湖社十周纪念特刊》,1934 年。
③ 中国经济统计研究所编:《吴兴农村经济》,1939 年,第 13 页。
④ 工商部技术厅编:《首都丝织业调查记》,工商部总务司编辑科,1930 年,第 2 页。
⑤ 王翔:《中国资本主义的历史命运》,江苏教育出版社 1992 年版,第 184—185、196—197 页
⑥ 江苏省长公署第四科编:《江苏省实业视察报告书》,1919 年,第 137 页。

“云记”“民生”“民生华记”等厂相继问世,改用新式织机。20世纪20年代初,丝织机的改良向盛泽镇乡村扩散,乡村织户纷纷以手拉提花丝织机取代了传统木机,促进了乡村丝织技术的革新。[①] 盛泽西南乡严墓“自龙头机风行以来,此间居民咸改龙头机绸,获利倍昔。故织龙头绸者逐渐增多”[②]。与王江泾接壤的南塘港、南麻、龙泉咀等地亦“因龙头绸获利较厚,于是遂竞置龙头机”[③]。

1918年,商人陈步蟾在丹徒设立光华织绸厂,购铁机20张、木机8张、制花板机1部,专织云霞等缎。同年,丹阳开设云霞厂,有铁机12张、木机6张、制花板机器1部。[④] 以上两家工厂出品均为精良,在丹徒、丹阳两地起到了很好的示范带动作用。丹阳自新式提花机传入后,织绸业“添备新式机械以适应环境。其后营业发达,机数激增,最盛时有四千余架之多,年产绸缎三十万匹,总值六七百万元”[⑤]。

山东丝织业中心长山县周村在1922年“以原有之木机,不能织造精细之花样,遂改用铁机(日货),出品优良,销路殆遍全国”[⑥]。20世纪20年代,山东龙山镇及附近五里唐等10余村丝织业机坊有150余家,华丝葛盛行后,“亦新购铁机制织,颇有发达之望”[⑦]。

总的来看,民国时期主要丝织区基本都在不同程度上对织机进行了改良,反映了丝织业技术变革的普遍性。关于近代主要丝织区改良织机的应用情况,参阅表4-3。

---

① 王翔:《中国近代手工业史稿》,上海人民出版社2012年版,第315页。

② 《新严墓》1925年10月20日,转引自彭南生《半工业化:近代中国乡村手工业的发展与社会变迁》,中华书局2007年版,第227页。

③ 《盛泾》1926年1月29日,转引自彭南生《半工业化:近代中国乡村手工业的发展与社会变迁》,中华书局2007年版,第227页。

④ 江苏省长公署第四科编:《江苏省实业视察报告书》,1919年,第32、39页。

⑤ 宇鸣:《江苏丝织业近况》,《工商半月刊》第7卷第12号,1935年6月。

⑥ 实业部国际贸易局编:《中国实业志(山东省)》,1934年,第八编“工业”,第77页。

⑦ 《山东省之织业》,《中外经济周刊》第93号,1924年12月20日。

表 4-3 近代主要丝织区改良织机应用情况简表

地区	设备情况	资料出处
杭州	1921 年,杭垣共有熟货铁机 3000 多张,木机千余张,生活铁机 2500 张。	《中外经济周刊》第 186 号,1926 年 10 月 30 日
吴兴	1925—1926 年,为华丝葛盛行时期,有铁木机 6000 余架。	实业部国际贸易局编:《中国实业志(浙江省)》,1933 年,第七编“工业”,第 48 页
宁波	到全民族抗战前夕,估计该地区有手拉机 700 台。	徐新吾主编:《近代江南丝织业史》,上海人民出版社 1991 年版,第 158 页
绍兴	1935 年,华舍织绸区有手拉机 290 台,下坊桥区有手拉机 2350 台。	同上,第 159—161 页
丹阳	民初,渐将完全依赖人力之旧式机械淘汰,添备新式铁机,1924 年增至 4000 余台。	赵如珩:《江苏省鉴》下册,1935 年,第 151 页
周村	20 世纪 20 年代,该镇之绸机共 4000 余张,出品华丝葛 2 尺、2 尺 5 寸两种。	《中外经济周刊》第 190 号,1926 年 11 月 27 日
苏州	1929 年有绸厂 49 家,织机共 3800 台,其中手拉机 1200 台。	徐新吾主编:《近代江南丝织业史》,上海人民出版社 1991 年版,第 135 页
盛泽	到全民族抗战前夕,使用手拉机约 8000 台。	同上,第 140 页

资料来源:彭南生《中间经济:传统与现代之间的中国近代手工业(1840—1936)》,高等教育出版社 2002 年版,第 196 页。

三、其他行业手工工具的改良

除织布业、丝织业这两个分布广泛的手工行业外,手工缫丝业、针织业、轧花业、织席业、造纸业等其他行业也表现出一定的技术进步。

手工缫丝业在 19 世纪七八十年代开始了生产工具改良。1873 年,陈启沅在广东南海县创办第一家民族机器缫丝厂。他根据法国式缫丝机器,自行设计了缫丝车和丝釜,为降低投资成本,将丝车改为木制、丝釜改用陶制。研究表明，该厂只是使用蒸汽煮沸水来煮茧，以保证水温，确保煮茧质量。在缫丝环节，由女工脚踏木制缫丝机，而非使用蒸汽动力。但缫丝机由手摇改为脚踏，使生丝质量和生产效率得到很大提升。脚踏缫丝机只是在原有手摇缫丝机基础上的改良，使用这种脚踏缫丝机的手工作坊并不是机器生产，大部分仍然用炭火来煮茧，更没有用蒸汽来作为牵动缫丝机的动力。[①] 据统计，20世纪初南海县“拥有三十个水盆以上的脚踏缫丝厂至少有两百个，起码雇了六千名工人；此外还有许多少于三十个水盆的小厂”[②]。20 世纪 20 年代，顺德的手工缫丝业主要有三种生产方式：一是农民家庭手工缫丝；二是手工工场，设炭炉，使用脚踏缫丝机，称为“炭炉踏绞厂”，一般有丝车 30 台左右；三是设有锅炉，仍用脚踏缫丝机的大型手工工场，称为“汽喉踏绞厂”，一般有丝车 100—200 台。[③]

脚踏缫丝机在江南一带也得到推广。清末，苏南、浙北出现了一种式样基本一致的木制脚踏缫丝机，以吴兴之南浔和吴江之震泽最为典型，被称为“南浔式丝车”，在机架、集绪、捻鞘、卷绕等部分作了较大改良，一人手足并用，即可完成索绪、添绪和回转丝軠的操作，同时能卷绕三绞丝，提高了生产效率。1911 年，杭州蚕学院毕业生朱显邦仿制日式脚踏小绞坐缫车，在浙江省内外推广。[④] 为推动手工缫丝业改良，20 世纪 20 年代，费达生在江苏吴江县举办制丝传习所，推广使用脚踏缫丝机，至 1928 年改良丝车达到 92 部。[⑤]在烟台，1881 年木匠宋生改手摇丝车为脚踏丝车，1890 年后被全国部分蚕区采用。1930—1933 年，烟台蚕丝学校成功改良亚宾式柞茧干缫脚踏机、蒸茧机、压榨机等设备，深受农村手工缫丝业欢迎。亚宾式木制脚踏缫丝机一直

---

① 张茂元：《近代珠三角缫丝业技术变革与社会变迁：互构视角》，《社会学研究》2007 年第 1 期。

② 转引自苏耀昌《华南地区：地方历史的变迁与世界体系理论》，中州古籍出版社 1987 年版，第 161 页。

③ 方志钦、蒋祖缘主编：《广东通史·现代》上册，广东高等教育出版社 2014 年版，第 406—407 页。

④ 赵丰主编：《中国丝绸通史》，苏州大学出版社 2005 年版，第 613 页。

⑤ 赵国壮、张守广编著：《工业重塑》，陕西师范大学出版总社 2019 年版，第 169 页。

沿用至20世纪50年代。[①]

针织业作为一种从国外传入的手工行业，传入之初即引进了针织机从事生产。20世纪30年代初，无锡各厂袜机，以“豫泰”最多，计有电机8部、手摇机500部。次为“人余”，有电机6部、手摇机300部。各厂合计电机22部，手摇机则为3000部。电机由英、美制造，手摇机多数为上海老家兴出品。[②]天津织袜业亦是如此，普遍使用手工织袜机，并逐渐推广电力织袜机。自1923年华胜织袜厂采用一部电力织袜机后，“电力织袜工厂风起云涌，颇极一时之盛”。同样成立于1923年的华铭厂，初有资本7000元，使用人力织机，后对于出品努力研究，添设电力织机。1932年有电力织袜机10余架、手工织袜机20余架，成为天津织袜业规模较大的一家工厂。[③]

轧花业方面，日本的铁制轧花机在光绪十年（1884）由上海传入中国。铁制轧花机的生产效率比旧式木制轧花机大大提高。“浦东原有的木制轧花车，每天只出花衣3—5斤，脚踏轧花车每天可出花衣60斤左右”。最早购买新式脚踏轧花车的是浦东及上海郊区的富裕农户，原有木制轧花机也逐渐被淘汰。随着中国棉花出口的增加，原来的土法轧花不能胜任，铁制轧花机需求大增，上海的民族机器厂即开始仿造，“销售于上海附近农村，松江、莘庄销路最大，常常供不应求，营业非常发达”。至1913年，上海轧花机制造业已发展到16家，国产轧花机的年销量达2000余部。由于棉花初加工技术要求简单，上海机器制造工厂仿造的日式脚踏轧花机在上海及崇明、南通、泰兴、苏北等其他棉产区得到广泛应用。[④]

作为传统手工业，织席业在民国时期获得了新的发展，织机也得到改进。民初，温州、宁波一带相继设立了织席工场。创于1918年的永嘉中一花席工场，置备新式织机700余部，制造花席、软席、粗席。余姚华明花席场创于

---

① 烟台市地方史志编纂委员会办公室编：《烟台市志》上，科学普及出版社1994年版，第736—737页。

② 《无锡之袜厂》，《工商半月刊》第2卷第13号，1930年7月。

③ 《津市织袜业之递嬗》，《益世报》1932年7月18日。

④ 上海市工商行政管理局、上海市第一机电工业局机器工业史料组编：《上海民族机器工业》上册，中华书局1966年版，第175—178页。

1919年,有改良木制平机160架。[①] 1917年,天津商人杨锦文等人派人赴日本学习织席技艺,并购买织机回国仿造,取得成功。至1927年,天津有织席工场5家,织机203架。各场所用织机系木制,"惟杼系用玻璃制成,取其光滑无疑"。织机结构与织布机结构类似,各场均能自行制造。[②]

手工造纸业在机器造纸业的竞争压力和示范带动下,在生产工艺和生产工具方面采用了一些新的工艺和机械。在造纸工艺方面,主要表现为在制浆环节对碱、烧碱、漂白粉等化学品的使用。传统手工造纸业在制浆时使用石灰腌制竹料、皮料等,起到腐蚀作用。机器造纸工艺传入后,清末时使用碱、烧碱配合石灰制浆的新法就开始在手工造纸业中采用,缩短了制浆时间。20世纪20年代,新式制浆法的使用已经较为普遍。腌制和蒸煮造纸原料时,先用石灰水浸泡3个月,用清水冲洗干净后,"每层以石灰散布其上,及加入流质,该质含有每百磅之石灰,和以二磅之碱",2个月后,"该竹纸细丝若已脱离,则可将所布之石灰洗去,然后加以质料,于每百磅之细丝中,和以碱三磅,而蒸炊之,约十五日,蒸炊既毕,再用冷水洗汰之"。[③] 与此同时,烧碱也在制浆时被使用。这种新式制浆法在安徽、浙江、福建、江西、四川、广东等地的手工造纸业中已经十分常见。经过蒸煮后的浆料往往含有大量杂质,需进行漂白。而传统漂白方法为风吹日晒,耗费时日,"若要成为白色之纸,即将纸料放在山坡,晒数月即白"[④]。机器造纸业产生后,手工造纸业也开始使用漂白粉对纸张进行漂白。如清末,在江西的楮皮造纸中,"加少许硫酸水,同漂白粉搅拌……即能退色成纯白质"[⑤]。20世纪30年代,漂白粉得到进一步推广,即便是在内陆深处的贵州镇宁地区,也可"用碱及漂白粉改良其色泽"[⑥]。但是,在手工造纸业中使用传统方法进行漂白仍普遍存在。

与工艺改进相伴随的是造纸机械的使用。清末,面对机器造纸业的竞

① 实业部国际贸易局编:《中国实业志(浙江省)》,1933年,第七编"工业",第353页。
② 《天津工业之现状》,《中外经济周刊》第198号,1927年1月29日。
③ 费炳章:《竹料造纸法》,《商旅友报》第3期,1924年3月。
④ 李圣材:《福建纸业之调查》,《福建文化》第3卷第22期,1936年5月。
⑤ 《楮皮制纸法》,《江西农报》第8期,1907年7月。
⑥ 《农产制造问题》,《农报》第3卷第11期,1936年4月。

争,人们认识到采用机械的重要性。造纸机械的采用主要表现在打浆机的使用上。手工打浆耗费大量人工,而使用机械打浆,“既能在最短时间中,作成长时间之工作,又可达产额丰富、出品迅速之目的”。此外,“因机械压力适宜,于是能采用当地老竹,作为造纸原料,可以减轻厂家成本负担”。① 于是出现了一些以机械打浆、以手工抄纸的手工工场。如民初河北迁安县商人李显庭创办显记纸厂,“初完全人工制造,后又购买机器一部,利用机器制造,工人共计百余名,日出高丽纸二百余刀”②。20 世纪二三十年代,江西赣县“新兴的改良纸厂很多,而以机器制浆、手工制纸的纸厂,也有数家”③。资溪县“备置机械,雇请外地造纸技师,将该项原料研究改良”,宜黄县派人到上海“购办二百余匹马力发动机一座,备将来可于日间发动制纸”。④ 南昌附近的万家埠成立了纸业供销合作社,购买打浆机、蒸煮锅各一具,制造纸浆,供给社员手工抄纸。⑤ 四川梁山县为改良纸业,成立了纸业改进委员会,由政府和纸业公会共同出资,从上海购买打浆机一架。涪陵协记造纸厂因出品不精,也通过添设打浆机进行改良。造纸业较为集中的夹江县有 20 多家造纸工场采用了当时最新式的荷式打浆机,每部机器 700 余元。梁山县有 30 多家使用新式机械打浆。铜梁县在抗战之初也开始利用机械改良手工造纸业,降低了制纸成本。此外,成立于 1906 年的江苏南汇利南造纸厂资本 4000 元,同样是使用机器打浆,以手工抄纸,生产白关纸。⑥ 除了使用机械制浆,造纸业也在手工抄纸环节进行了探索,主要是抄纸工具的改进。传统手工造纸业的抄纸工具竹帘由细竹丝手工编制而成,存在不够细密、缝隙较大的问题,影响了纸张质量。对此,一些地区开始使用机械制作竹帘,并且使用铜丝网代替竹丝。⑦

---

① 《夹江改良纸业》,《四川经济月刊》第 3 卷第 1 期,1935 年 1 月。

② 《迁安桑皮纸业概况》,《国际贸易导报》第 6 卷第 12 号,1934 年 12 月 10 日。

③ 田三贵:《赣县纸业与印刷业的现状》,《出版界》第 1 卷第 6—7 期,1944 年 8 月 15 日。

④ 《赣省造纸业谋复兴》,《国际贸易情报》第 1 卷第 40 号,1936 年 12 月。

⑤ 《改良造纸业技术》,《农村服务通讯》第 20 期,1937 年 3 月 1 日。

⑥ 韩海蛟:《产品层次与技术演变——近代中国造纸业之发展(1884—1937)》,华中师范大学硕士学位论文,2015 年。

⑦ 韩海蛟:《产品层次与技术演变——近代中国造纸业之发展(1884—1937)》,华中师范大学硕士学位论文,2015 年。

一些原来仅以手工操作的行业,也开始使用机械。草绳制作原是家庭副业,以双手搓成,后有人发明机器制造方法。上海相继成立了数十家草绳工场,产品出口日本。机器织造草绳时将七八根或四五根草合为一股,然后放入绳车绞缠。绳车系用脚踏,左右各有一个喇叭管,将草同时放入喇叭管,由单股绞成双股,再由双股转上车内的圆形铁架上,一边脚踏,一边纳草,每日可绞绳 20 圈。上海造绳车以黄德泰机器厂所制最佳,每部价值 20 元。[①] 砖瓦制作以前均用手工,西式砖瓦传入中国后,砖瓦机器随之也被引进。在上海,法国连环式红平瓦输入后,瑞和机器砖瓦公司最先购置人力机器加以仿造。[②] 手工采矿业在矿井提升运输等环节中也使用了机械。从民初到抗战前,中国手工采煤年产量为六七百万吨,在煤炭年总产量中的比重由 40%左右下降到 15%。这一变化"并不是机械采煤排挤土窑的结果,而是土窑逐步向机械采煤过渡的结果。中国近代化的煤矿,差不多都是在土窑的基地上建立的"[③]。至 20 世纪 20 年代末,按照生产设备来看,中国的煤矿可分为新式煤矿、半新式煤矿、土法煤矿。其中,新式煤矿如开滦、中兴等,"井上井下均有现代机械之设备";半新式煤矿"其较好者亦有适当之起煤机,惟其井下工作全用人力,并无机械之装置";土法煤矿"井上井下之工作,全赖人力,由井内运煤至井上,亦须人力,普通掘煤者即兼为运煤者"。[④] 总体来说,中国近代煤矿在掘进、回采工作面极少使用机械,仍以手工工具为主,割煤机、电钻的使用极少。矿井提升工具方面,旧式手工煤窑使用辘轳提煤,又分为手摇式和马拉式。新式煤矿诞生后,最初从西方引进了蒸汽绞车作提升机。1881 年,开平煤矿安装蒸汽绞车,日提煤能力为 500 吨。由于蒸汽绞车热能损失大,效率低,操作不便,后来逐渐被电动绞车所取代。1920 年,开滦煤矿赵各庄矿四号井率先安装了 75 马力电动绞车,日提煤能力为 800 吨至 1000 吨。1922 年,该矿又安装 1175 马力电动绞车一台。1926 年,赵各庄矿一号井安

---

① 何行:《上海之小工业》,中华国货指导所,1932 年,第 52 页。

② 上海市社会局编:《上海之机械工业》,中华书局 1933 年版,第 86—87 页。

③ 许涤新、吴承明主编:《中国资本主义发展史》第 2 卷,人民出版社 2003 年版,第 964—965 页。许涤新、吴承明主编:《中国资本主义发展史》第 3 卷,人民出版社 2003 年版,第 221 页。

④ 彭泽益编:《中国近代手工业史资料(1840—1949)》第 3 卷,中华书局 1962 年版,第 702 页。

装1340马力电动绞车,取代了原来的绞车。抚顺煤矿也在1915年后陆续改用电动提升机。除开滦和抚顺两个煤矿外,大多数近代煤矿的提升设备是二三百马力的蒸汽绞车,在当时已属比较落后。①

第二节　"石磨+蒸汽机"技术模式及其演进

在一些手工行业改进生产工具的同时,一些手工行业率先在动力变革方面取得了积极进展。一些行业采用蒸汽机或柴油机作动力,产生了一批"石磨+蒸汽机"模式的新式机器磨坊。20世纪二三十年代,电力开始作为新动力,"石磨+蒸汽机"模式中的蒸汽、柴油动力演变为电力,但仍然是一种中间技术模式。

一、"石磨+蒸汽机"模式的产生

中国民族资本创办的机器磨坊始于1878年朱其昂创办的贻来牟机器磨坊,以蒸汽机驱动石磨,其他工作仍靠人力。此后,机器磨坊间有设立。1902年,无锡保兴面粉厂初建时也是仅有1部60匹马力引擎、4部法国链子石磨。② 到1911年,中国民族资本共创办了约24家机器磨坊。进入民国后,机器磨坊得到进一步发展。1912年至1921年,新开设机器磨坊30家,地域涵盖成都、阳曲、天津、北京、辽阳、四平、上海、祁县、黑龙江等处。③

1878年,朱其昂在天津创办贻来牟机器磨坊后,天津机器磨坊逐渐设立。1915年孙恩吉创办的民立第四铁工厂自行研制了一种磨面机器,开设恩兴和机器磨房,"较马力磨面非常便利,每一昼夜能磨面粉四十八石之多,每点钟用煤六十斤"④。该磨面机器实际上就是引磨蒸汽机,一具可牵引石磨四副,"较之以牲口引磨计四副须用牲口十二品,日只出面十石左右",不仅效率得

① 《中国近代煤矿史》编写组编:《中国近代煤矿史》,煤炭工业出版社1990年版,第188—192页。

② 吴汉民主编:《20世纪上海文史资料文库》第3辑,上海书店出版社1999年版,第141页。

③ 上海市粮食局等编:《中国近代面粉工业史》,中华书局1987年版,第12—18页。

④ 《机器磨面之成效》,《益世报》1915年12月4日。

到提高,而且还卫生。[①] 1926 年高阳县富有面粉公司订购了孙恩吉铁工厂此种机器磨一副,价洋 2900 元。据双方立定合同书载,该机器磨是以蒸汽力通过皮带带动石磨盘转动来磨制面粉。[②] 1918 年,孙恩吉又发明一种水冲飞轮磨面机器,"船上按设机器,两面飞轮形似簸箕,被溜冲动旋转不已。船上可设磨两盘或四盘,以四磨计算,每日磨面二十余石,诚属事半功倍"[③]。据统计,1912—1918 年,天津有 5 家机器磨坊相继成立。[④] 在保定,至 1926 年已成立了 2 家火磨公司,其中福和公火磨公司资本 2 万元,以蒸汽为动力运转石磨,昼夜出面粉 200 袋。[⑤] 20 世纪前 20 年,济南设立了 4 家机器磨坊,共有蒸汽发动机 5 台、石磨 11 盘,日生产能力 1280 袋。除采用蒸汽机外,这些机器磨坊还有精麦机、洗麦机、打麦机、输送机等机器设备。[⑥] 自 1912 年广源盛火磨成立后,哈尔滨华商火磨相继成立。20 世纪一二十年代,"农产丰收,麦价低廉,以生变熟,颇有厚利,继起设立者颇不乏人"。各火磨的动力主要是蒸汽机,也有少数使用电力。[⑦] 1921 年之前,哈尔滨华洋商人开设的火磨计有 30 余家。[⑧] 在美粉及日粉压迫下,同时受俄国关税政策影响,东三省火磨发展面临危机,1923 年哈尔滨火磨有 21 家,1930 年东三省营业火磨共 43 家。[⑨]

此外,油坊业也发生了同样的进步性变革。江苏阜宁县黄豆油坊计 200 余家,原用牛力磨豆,以人力榨油,20 世纪 20 年代"改用机器磨豆,计二十余家"。兴化县油坊约 100 家,有 7 家用机器磨豆。东台县油坊 110 余家,共有

---

① 天津市档案馆等编:《天津商会档案汇编(1912—1928)》第 3 分册,天津人民出版社 1992 年版,第 2825—2826 页。

② 天津市档案馆等编:《天津商会档案汇编(1912—1928)》第 3 分册,天津人民出版社 1992 年版,第 2837—2838 页。

③ 《水力磨面机之新发明》,《益世报》1918 年 5 月 9 日。

④ 天津市档案馆等编:《天津商会档案汇编(1912—1928)》第 3 分册,天津人民出版社 1992 年版,第 2822—2823 页。

⑤ 《保定之经济状况》,《中外经济周刊》第 180 号,1926 年 9 月 18 日。

⑥ 庄维民:《近代山东市场经济的变迁》,中华书局 2000 年版,第 423 页。

⑦ 《哈埠火磨进展概况及同业之调查》,《东三省官银号经济月刊》第 1 卷第 1 号,1929 年 5 月 15 日。

⑧ 王岐山:《哈尔滨面粉火磨公会之成立》,《中东经济月刊》第 6 卷第 9 期,1930 年 9 月 15 日。

⑨ 《最近东三省之面粉火磨业》,《农商公报》第 9 卷第 107 期,1923 年 6 月。《东北面粉业之状况》,《农矿月刊》第 16 期,1930 年 6 月。

4 家以机器磨豆。[①] 这得益于上海机器制造业的发展。上海秦昌机器厂柴油机销路在 1927 年后以苏北为大宗，遍及泰州姜堰、樊川、丁沟、溱潼、阜宁等地，马力在 20 匹左右，“销售对象以地主、富农、商人设立的油坊为多”。这为苏北的油坊采用动力提供了便利，也催动了油坊业的革新。“老式油坊内菜籽、豆类的轧扁和磨碎作业，一向都使用牲口为动力”，“这些牛都身壮力大，每只价值 300 元左右，平时牛的饲料、管理人员、牛舍等费用很大。使用引擎以后，这些牛都可出售，经常管理费用也大为减少。20 匹引擎包括轧车安装等费用在内，约 2000 余元，经常费用每天耗油 3 元，人工更省却不少，每天只 1 元，而 50 条牛一天一夜轮流所轧的豆料，如用引擎，只需五小时工作即能完成。因此，当时所有的老式油坊，都纷纷改用引擎”。浙江余姚“亦有很多老式油车（即油坊）改装引擎，拖动石制大漕碾”。浦东、宁波等地油坊也购进柴油机引擎、轧豆机、磨背（石磨改装引擎拖动后的传动附件）等器具。[②]

辽宁营口油坊改良始于 1896 年，英商太古洋行创设太古元油坊，改用蒸汽力压碎黄豆，以手推螺旋式铁榨榨油，效率大为提升，为其他油坊所仿效。据 1909 年调查，营口新式油坊共有 22 家，每日出饼能力为 7.3 万斤，但因发展不力，至 1913 年减为 12 家，每日制饼能力为 2.5 万斤。[③] 丹东、大连的油坊也差不多在同时期采用了蒸汽动力。在吉林省，城市中的油坊大部分“使用蒸汽、柴油机，少数使用电动机和汽油发动机，生产已用上水锅和汽锅。盛油的器具也由土制的陶器、条编、木制装具向铁制装具过渡”，“旧式油坊相继被淘汰”。[④]

民国初年，山东烟台、济南、青岛、长山、桓台等地的一些花生油、豆油油坊即开始改变传统做法。最先尝试改革的是烟台，当时，烟台部分油坊开始试用柴油发动机和磨碎机加工原料，然后以土法榨油。1915 年，烟台 33 家油

① 《泰县海安之豆饼业概况》，《工商半月刊》第 3 卷第 2 号，1931 年 1 月。

② 上海市工商行政管理局、上海市第一机电工业局机器工业史料组编：《上海民族机器工业》上册，中华书局 1966 年版，第 405 页。

③ 《营口工业之现状》，《经济半月刊》第 2 卷第 4 期，1928 年 2 月。

④ 吉林省地方志编纂委员会编：《吉林省志》第 32 卷，吉林人民出版社 1993 年版，第 247 页。

坊中已有6家使用柴油机和磨碎机。此后,新式油坊在山东不少地方开始流行起来。[①]

二、"石磨+蒸汽机"模式的演进

在蒸汽机、柴油机磨坊、油坊兴起的同时,一些磨坊、油坊开始利用较蒸汽机、柴油机更为廉价、使用更为方便的电动机作为动力来源。

电力作为动力来源在手工业中的使用和推广首先得益于民国时期中国电力事业的发展。据统计,1924年中国电力工厂共有219家,1936年增至461家,遍及全国各地,主要集中在江苏、浙江、河北、山东、广东等地。[②] 在上海、杭州、天津、济南等工商业城市,电力的发展为手工业的动力变革创造了条件。杭州电厂创始于1910年,1930年该厂发电17632887度。其中,电力用电4509729度,占售电总数12264550度的36.8%。778户接用了电力用电,电力用户以丝织业、棉织业、铁工业及碾米业为主。杭州电厂在1931年营业计划中提出,在电力推广方面"提倡小工业电气化"[③]。"上海电力供给充足,而价亦低廉,故应用电力之工业居大多数,此亦足以促进小规模之工厂"[④]。济南的电力工业始于1905年。工业用电在济南电气公司的经营中占重要地位,且价格远较照明用电低廉。据1934年的数据,照明用电每度0.2元,工业用电每度仅0.02—0.06元。1933年全年售电量为3096658度,其中工业用电量为400143度,约占总数的13%。[⑤] 电力的发展为手工业提供了相对廉价的原动力。据1935年调查,济南共有60家使用动力的现代工厂和手工工场,由于电力较蒸汽力和柴油力便宜,因而用电力作动力的有34家,过

① 实业部国际贸易局编:《中国实业志(山东省)》,1934年,第八编"工业",第155—163页。

② 李代耕编:《中国电力工业发展史料——解放前的七十年(一八七九—一九四九)》,水利电力出版社1983年版,第14、17页。

③ 建设委员会调查浙江经济所编:《杭州市经济调查》下编,1932年,第142页。

④ 刘大钧:《上海工业化研究》,商务印书馆1940年版,第75页。

⑤ 《济南市电气公司营业事项调查表》《济南市电气公司二十三年度营业概况统计表》,见济南市政府秘书处《济南市市政统计》(1934年度)。

半数之多。[①] 天津的电力工业始于1902年，最先建立的是外国人开办的公用电力公司。1918年前天津的电力工业发展较为缓慢，1919年后发展速度加快，并且电力使用由市政公用和照明进入工业用电。中国政府管辖各区所用电力多由比商天津电车电灯股份有限公司供给。该公司1933年供给电量为19378578码，电灯用户31585家，电力用户1158家。价格方面，电灯电费每码为0.12—0.25元，电力用电价格仅为0.0365—0.1065元，以马力大小而定。[②] 电力用电的价格远低于电灯照明用电价格，为电力在手工业中的推广创造了有利条件。

1922—1936年，电力磨坊在京津两地发展迅速，在山东、山西、河北、江苏、东北、广东、广西、湖南、湖北、浙江、江西等地的城市也产生了许多机器磨坊和日生产能力在100—200包之间的简易小型面粉厂。[③] 可以说，在20世纪二三十年代，电力磨坊成为机器磨坊的发展趋势。

在天津，经过一战时期的发展，到20世纪20年代初，机器面粉业达到8家，加之外地和外国面粉流入天津，面粉业磨坊遭到毁灭性的打击。为摆脱困境，1924年三津磨房公所提倡由畜力改为电力引磨，“免受牲畜食料昂贵之累”。[④] 电力的采用提高了磨坊业生产效率，电磨每小时磨制玉米面80斤，电力石碾每小时碾压小米、秫米之速度约等于玉米面的1/2。[⑤] 由此，电力磨坊在天津磨坊业中普遍推广开来。据1930年的调查，天津265家生产性磨坊中有208家使用了电力，电力磨坊比例高达78.5%。这208家磨坊共有磨及碾633盘，仍用牲口拽拉的只有22盘，用电气发动机拽拉的有611盘，畜力磨碾只占总数的3.5%。[⑥] 可见，电气力在磨坊业中的推广和使用程度是相当普遍的。1925年至1930年磨坊业动力的变化参阅表4-4。

---

① 《济南市各类工业使用动力家数统计表》，《济南市政府市政月刊》第10卷第7、8期合刊，1936年8月15日。

② 天津市志编纂处编：《天津市概要》上册，天津百城书局1934年版，“建置编”，第13—14页。

③ 上海市粮食局等编：《中国近代面粉工业史》，中华书局1987年版，第12—18页。

④ 天津市档案馆等编：《天津商会档案汇编（1912—1928）》第3分册，天津人民出版社1992年版，第2817—2818页。

⑤ 《天津工业之现状（续）》，《中外经济周刊》第199号，1927年2月12日。

⑥ 方显廷：《天津之粮食业及磨房业》，《经济统计季刊》第2卷第4期，1933年12月。

表 4-4　1925—1930 年天津 208 家电力磨坊所用磨和碾动力变化表

年份	磨			碾			总计			畜力磨碾比例
	畜力	电力	合计	畜力	电力	合计	畜力	电力	合计	
1925 年	108	132	240	40	57	97	148	189	337	40.9
1926 年	60	220	280	32	80	112	92	300	392	23.5
1927 年	31	283	314	20	112	132	51	395	446	11.4
1928 年	10	370	380	14	145	159	24	515	539	4.4
1929 年	8	422	430	14	166	180	22	588	610	3.6
1930 年	8	440	448	14	171	185	22	611	633	3.5

资料来源：方显廷《天津之粮食业及磨房业》，《经济统计季刊》第 2 卷第 4 期，1933 年 12 月。

民国时期，北京的机器磨坊如贻来牟、德隆、永泰、天民等陆续停业，不过电力磨坊却逐渐兴起，而且愈加普及。粮店磨面"从前俱用牲畜（骡）牵曳旧式石磨行之，出品既慢且劣，其规模之大者，尝饲骡四十余匹。近来多已改用电力磨制，其制品虽不及机器面之细白洁净，然较牲畜所磨者已胜数等，且其出货速率，约可三倍于牲畜所磨，故电磨之装设者日众"。1925 年北京有 30 余家磨坊装设了电磨，1926 年就增加至 50 余家。[①] 可见电力磨坊在北京受欢迎之程度。电力磨坊如何以马达驱动石磨呢？北京磨坊一般"立木柱以承磨架，磨架构造甚简单，发动力之马达亦装于磨架之上，马达系用电灯公司之电力发动之，马达发动后，利用皮带使一总动轴旋转，复由总动轴以皮带使各磨上直角对轮旋转（直角对轮系两个齿轮，一立一平成九十度之直角），而平轮之轴系与石磨之上块连固，故轮转而磨亦转"[②]。

上海黄顺兴磨坊于 1920 年添置马达代替畜力，改为电动磨坊。[③] 随着济南电气事业的发展，电力的运用也开始普遍起来。到 1936 年，济南的 140 家

① 《北京电力磨面业之概况》，《中外经济周刊》第 193 号，1926 年 12 月 18 日。
② 《北京电力磨面业之概况》，《中外经济周刊》第 193 号，1926 年 12 月 18 日。
③ 上海市粮食局等编：《中国近代面粉工业史》，中华书局 1987 年版，第 12 页。

磨坊中有40户使用了电力。[①] 1933年太原电力磨坊有10家,到1941年已发展到26家。[②] 浙江的机器磨坊动力包括内燃机发动力和电力两种,多系代客加工,不过因靠近上海、无锡等现代面粉工业发达之地,浙江的机器磨坊不甚发达。[③]

除面粉磨坊外,电力在油坊、豆腐坊、酿酒坊、砖瓦业、肥皂业等行业也得到使用。北京油坊之中芝麻油制作以石磨将芝麻研磨成粉末,然后以水浸泡出油。石磨以骡马牵引,20世纪20年代渐改用电力,1926年以电力牵引石磨的有9家油坊,电力购自京师电灯公司。[④] 天津的芝麻油作坊在20世纪二三十年代也基本上采用了电力驱动石磨。1934年天津26家香油坊有磨130余盘,平均每家5盘。以电力磨制芝麻,每担芝麻需用电力5码,每码电价为洋1角1分。每盘磨每日可磨2担芝麻,每担出油60斤。因销路不好,均不能尽量生产,每日全市产量仅为1万斤左右。[⑤] 豆腐业磨豆向来以人工或驴,“如用人工磨豆,每十小时仅磨四斗余;用驴则每十小时磨豆一石五斗,但须以三驴更替”。武进“自电厂兴,干作与腐作,有以电力磨豆者”。张宏兴及姚宏兴两家作坊用5匹马力马达运转石磨一座,每日一小时磨豆2石,可满足一日制作豆腐的需求,使生产效率大为提高。[⑥] 汉口酿酒业开始都是用石磨,用牲畜带动,后来逐渐改用电磨,1927年后又将土灶改为锅炉。[⑦] 20世纪30年代初,济南30多家肥皂工场中有5家使用了电力,9家新式砖瓦窑运用电力和柴油机作搅泥、切砖瓦之用。[⑧]

---

① 华北麦粉制造协会:《济南磨坊业调查报告》,1944年,第20页。

② 《山西机械制粉业与磨坊之相关性》,《晋铎月刊》第10期,1941年11月1日。

③ 张培刚、张之毅:《浙江省食粮之运销》,商务印书馆1940年版,第68页。

④ 《北京之油业》,《中外经济周刊》第159号,1926年4月24日。

⑤ 朱一士:《津埠植物油类调查》,《实业部天津商品检验局检验月刊》7、8月号,1934年9月1日。

⑥ 于定一编:《武进工业调查录》,武进县商会,1929年,第16页。

⑦ 湖北省乡镇企业管理局《乡镇企业志》编辑室编:《湖北近代农村副业资料选辑(1840—1949)》,未刊本,第189页。

⑧ 《肥皂工业调查》,《工商半月刊》第3卷第20号,1931年10月。《济南砖瓦工业调查》,《工商半月刊》第5卷第19号,1933年10月。

第三节　向现代工业的过渡

不管是传统手工工具的革新，还是生产动力方面以蒸汽力、电力等非生物动力对人力、畜力等生物动力的逐渐取代，都是手工业在近代市场条件下的积极变革，是一种历史的进步。随着手工业将生产工具与动力两个方面的进步结合起来，近代手工业特别是城市手工业开始向现代工业迈出了重要一步。

一、一般趋势

总体来看，手工业向现代工业的过渡早在清末民初就开始了。如江苏武进碾米业传统上采用砻碾、磙碾两种方法。砻碾“以稻入石磨，运之以牛，用风力扇去稻壳而成糙米；更以米盛于缸臼，人工足踏木杵舂白之”。滚碾“用石碌碡运之以牛，以碾成白米为度，不再入舂”。这两种碾米方法费时费力。清宣统年间，吴康、奚九如试购煤油引擎及碾米铁机，效率大为提升，“较之人工臼舂，其加量为一与二十之比例”。自此，“大来”“溥利”“公信”“宝兴泰”等，相继使用机械碾米。原动力分火油、柴油两种引擎。而“从前之砻碾、磙碾、臼舂，运以人力牛力的，尽入于淘汰之列”。[①] 但这一时期，手工业向现代工业过渡的现象还不多见，且集中在碾米业、榨油业等个别行业。民国时期，随着非生物动力特别是电力事业的发展以及中国民族机器制造业的兴起，手工业向机器工业的过渡越发普遍，在机器制造业、棉织业、丝织业、针织业等行业中都有不同程度的表现。

(一)棉织业

棉织业向现代工业的过渡突出表现在电力织布机以及洗布机、染色机、压光机等布匹染整机器的运用。电力织机“系利用动力，故称‘动力织机’或‘电力织机’。机械全为铁制，故又称‘铁机’。构造原理与‘足踏机’相似，惟

---

① 于定一编:《武进工业调查录》，武进县商会，1929年，第1—2页。

‘足踏机’有踏板等装置,机械发动自踏板始。‘铁机’则以皮带拖动机左或机右之飞轮,为全机动作之起点”①。

随着织布业的发展,高阳产生了一些规模较大的工厂,“均不织布,专司染色、漂洗等事”,这些工厂通过建立“号上”,即营业处,收买机户布匹。在织布方面,“间亦有织布之工厂,其规模极小”。20 世纪 30 年代初,高阳织布业虽遭遇危机,但“城内外尚有大小工厂,不下数十家”。其中规模最大的当属杨欣甫所创扶丰工厂,雇用工人 200 余人,每日染布五六百匹。其余如和记工厂、元新工厂、庆丰义工厂、鸿记工厂、汇昌工厂、荣全工厂、天庆丰工厂等均有较大规模。在机器设备方面,各厂均有洗布机、漂白机、染色机、干燥机、喷水机、压光机、拉宽机等,均以蒸汽发动。此外,同和工厂还有蒸汽织毯机及织布机 2 架,永升工厂有美国制刮毛机 1 架。这些机械多为国产,以保定育德工厂所制最多。② 据吴知 1933 年调查,同和工厂购进电力织机数架,是高阳唯一使用电力织机的工厂。③ 1934 年后,同和工厂扩建了厂房,添购提花机 80 多架,增加了锅炉、染槽、精炼釜、轧光机、拉宽机、干燥机、丰田电动织布机等全套机器织染设备。④

东北地区棉织业素不发达,但在民国时期依靠机纱的提供,棉织业仍获得一定发展。沈阳自一战以来,棉织业乘机发展起来,“从来机织视为农家副业者,至是多扩张规模,为独立之营业,易手织为机械,个人组织为公司,人之发动,易为电力,一时极形繁盛”。织布工场“相继成立,约百余家,织机架数约七千四百余架”。不过,1923 年沈阳织布工场的织机大部分为手织机,“渐有改用足踏机之势,其全用电力者,不过四家”。以电力织布的工场规模较大,奉天纺纱厂有织布机 350 架,惠工公司织布机数量为 130 架,天增利则有 160 架。⑤ 至 1928 年,“以电力运转铁机者”发展到 20 余家。⑥ 1928 年,织布

---

① 重庆中国银行编:《重庆之棉织工业》,中国银行总管理处经济研究室,1935 年,第 55 页。
② 朱尚英:《高阳布业之调查》,《天津棉鉴》第 4 卷第 7—12 期合刊,1935 年 8 月 1 日。
③ 吴知:《乡村织布工业的一个研究》,商务印书馆 1936 年版,第 144 页。
④ 河北大学地方史研究室等编著:《高阳织布业简史》,1987 年,第 7 页。
⑤ 《奉天方面本国机业之现状》,《中外经济周刊》第 95 号,1925 年 1 月 10 日。
⑥ 《奉天工业之现状》,《经济半月刊》第 2 卷第 1 期,1928 年 1 月。

业商人合资建立了东兴三染织布公司,购置日本制丰田式织布机 50 台、本地制织布机 30 台、木架织布机 5 台、日本制浆纱机 1 台。动力方面,采用 50 匹马力电动力。[①] 营口棉织业也是一战时期发展起来的,"依斯业为生者不下一万人"。各场规模均不大,织机最多的不过 60 架。虽然多为木机,但自 1915 年开始采用电力织布机,"使用电力之铁机每昼夜可出三匹",土布每匹长 40 码。20 世纪 20 年代中期后,使用电力织布的织布工场日渐增加。[②] 牛庄在 1928 年有大小织布工场 87 家,共计织机 1200 架,其中有 24 家"系使用电力运转织机者,计有铁机 500 架以上"[③]。

天津织布业向现代工业的过渡虽不普遍,但也有典型代表。孙治安于 1912 年在家中开办了一个家庭作坊,初期仅有一台提花木机,稍有盈余后将作坊改为元安工厂,织机由一台扩展到九台。随着生产规模不断扩大,修建了新厂房,安置了电力织机,拥有从织到染的全部工艺和设备。[④] 线毯业中生生线毯工厂也由手工操作过渡到了机器生产。1916 年,李蔚章、邢詹亭和赵蕴辉集资 6000 元创办了生生线毯工厂,是为天津线毯业的开端,所产线毯物美价廉,逐步打开了销路,生意日益兴隆。1920 年该厂购地 400 余亩,建房百余间,从业人员由初创时期的几个人增加到 360 多人。在该厂 1926 年至 1936 年最兴旺的时期,日产"双生子"牌线毯 300 余条,年盈利一两万元。企业生产的发展为技术改进创造了物质条件。1933 年后,该厂打轴、整经、卷轴及织毯等工序,先后由人工改为电力,效率成倍提高。[⑤]

此外,天津手工棉织业的兴盛为漂染业的发展提供了良好的市场条件。天津现代漂染业的形成与手工漂染业存在密切联系。漂染业中不少手工工场"由二三盘机器之小工厂,而扩充至十余盘机器或二三十盘,可见营业发展

① 彭泽益编:《中国近代手工业史资料(1840—1949)》第 3 卷,中华书局 1962 年版,第 111 页。

② 《营口工业之现状》,《经济半月刊》第 2 卷第 4 期,1928 年 2 月。

③ 方显廷:《中国之棉纺织业》,国立编译馆,1934 年,第 277 页。

④ 朱绍曾:《天津丝织业的发展》,中国人民政治协商会议天津市委员会文史资料委员会编《天津文史资料选辑》总第 95 辑,天津人民出版社 2002 年版,第 117 页。

⑤ 李平之、陈松亭:《天津最早的线毯工厂》,中国人民政治协商会议天津市委员会文史资料研究委员会编《天津文史资料选辑》第 32 辑,天津人民出版社 1985 年版,第 172 页。

之速度”①。但机器漂染始于1929年。该年曹典环从法国购进丝光机、拉宽机等染布设备,在上海购置染槽、烘干机、锅炉等设备,创办了华纶机器染厂,成为华北第一家采用先进染整技术和设备的机器漂染厂。从此,拥有资金的手工染坊均争相效仿,先后演变为机器漂染厂。② 1934年,华纶机器染厂、福元织染厂、正丰印染厂、义同泰染店、同顺和记、北大染工厂、生记染厂、博明染工厂、敦义工厂等9家机器漂染工厂组织天津市机器漂染业同业公会。③ 1937年会员达到13家,即“华纶”“同顺和”“义同泰”“博明”“北大”“万新”“敦义”“华光”“德元”“震通”“同聚和”“福元”“瑞和”等。就资本而论,北大染厂最多,为47万元,福元次之,为40万元,其余在10万元及以上的有7家,9万元以下的有4家。各家染布机器有染槽、烘干机、拉宽机、丝光机、轧光机等,各机器设备均以电动机驱动,功率从20匹马力到100匹马力不等。④ 上述表明,大的手工染坊成功过渡到了机器染厂。

1912年创办的济南岱北染织工厂有22台铁轮机,以蒸汽发动机带动,另外有木机十几台,是山东最早采用动力的织布工场。⑤ 20世纪30年代电力机开始在济南传播,1932年中兴诚织带厂购进20台电力织布机,2年后又购进8台电力针织海豹绒织机。⑥ 此时,岱北染织工厂也购进了数台电力机,以取代部分蒸汽带动的铁轮机。辛泰东染织厂有电动提花机11台、日式电动平面布机1台,生产花格布、花条布、提花布等细布。中兴诚染织厂有丰田式提花机18台、丰田式平面布机2台。⑦ 1935年济南有6家织布工场使用了电力

---

① 《工商业之最近调查》,《益世报》1925年2月11日。

② 石宗岩:《天津机器染整工业发展概述》,中国人民政治协商会议天津市委员会文史资料研究委员会编《天津文史资料选辑》第29辑,天津人民出版社1984年版,第116页。

③ 天津市档案馆等编:《天津商会档案汇编(1928—1937)》上册,天津人民出版社1996年版,第247—248页。

④ 石宗岩:《天津机器染整工业发展概述》,中国人民政治协商会议天津市委员会文史资料研究委员会编《天津文史资料选辑》第29辑,天津人民出版社1984年版,第116—117、124页。

⑤ [日]冈伊太郎、小西元藏:《山东经济事情》,济南经济报社,1919年,第80页。

⑥ 济南市政协文史资料委员会编:《20世纪济南文史资料文库·经济卷》,黄河出版社2004年版,第225页。

⑦ 庄维民:《近代山东市场经济的变迁》,中华书局2000年版,第395页。

机,共有电力机 70 台。①

1935 年,潍县“德丰”“德信亨”“聚祥永”三家染织厂相继安装了当地华丰机器厂制造的柴油发动机,用以带动铁轮机,开始了非生物动力织布。七七事变前,潍县使用非生物动力的织布机达到 100 架,大半是由铁轮机改装而成。这种改装的织机没有经线切断自动停车装置,一个熟练织工只能操作两台,难以与现代化工厂的动力织机相比。潍县的染布业也开始了向现代工业的过渡。1923 年成立的聚祥永染厂是山东最早使用机器的染厂。当时,该厂拥有汽锅 4 对,轧光机、浆纱机各 1 台,动力为 25 匹马力。不过,该厂在染布环节仍是手工染,只不过是在轧布中采用了机器,并使用了动力。② 这说明该厂是一家过渡中的手工工场。

1923 年,上海华洋布厂首先使用马达为动力,拖动铁轮机,织机装备由宜东兴机器厂改装而来。此后几年,上海布厂陆续改用电力。③ 至 20 世纪 30 年代,上海织布工场所用布机“式样至不一律,有电力机,有脚踏机,有铁机,有木机”。生产效率方面,“电机每日每机可出平布二百码,脚踏机只三四十码”。④ 据 1932 年调查,上海织布工场约有织布机 4500 台,其中用动力者 3600 台,占了 80%。织机种类则“日新月异,由木机而铁木机而铁机,最近更有自动织机之发明”⑤。所谓铁机,乃自英美日等国进口,较大规模的纺织厂、棉织厂多使用铁机。⑥ 自动织机有自动换梭装置、经纱停止装置、纬管感触装置、布边残纱切断装置、不正梭装入防止装置等,大大提高了生产效率。上海使用自动织机的仅有“永安”、“丰田”(日厂)、“上海五厂”等三家,共有自动织机 1314 台。⑦

---

① 山东省国货陈列馆编:《济南染织工业》,1935 年,第 26—40 页。
② 庄维民:《近代山东市场经济的变迁》,中华书局 2000 年版,第 393、398 页。
③ 上海市工商行政管理局、上海市第一机电工业局机器工业史料组编:《上海民族机器工业》上册,中华书局 1966 年版,第 269 页。
④ 何行:《上海之小工业》,中华国货指导所,1932 年,第 27 页。
⑤ 上海市社会局编:《上海之机械工业》,中华书局 1933 年版,第 156 页。
⑥ 上海市工商行政管理局、上海市第一机电工业局机器工业史料组编:《上海民族机器工业》上册,中华书局 1966 年版,第 270 页。
⑦ 上海市社会局编:《上海之机械工业》,中华书局 1933 年版,第 156 页。

江苏织布业“机器之利用,亦日有进步”。1917年后,内地各织布场“始逐渐采用铁机。如武进于民国五年,由邑人蒋盘发起铁机,以机器动力织布,江阴则至民国十余年始渐由羼用铁木合制机而改用铁机”。[①] 1936年,武进降子乡织布产销合作社有两个织布工场,第一工场有织布机30架,其中铁机10架、铁木机20架,均用电发动,月可出布1800匹。第二工场有铁木机4架,月可出240匹布。此外,“布厂的经营方式在武进极为普遍,织布工业区内各乡镇上,到处可见到大大小小的布厂或染织厂”。这些工厂资本差异极大,小厂有的不及万元,大厂则自数十万至四五十万元不等。但各厂都利用电力来发动织布。由于织布厂广泛设立,且集中在武进县东南乡,使东南乡成为武进的“唯一织布工业区域”,导致西北乡织工多弃织机而到布厂做工。[②] 武进使用的力织机是“使用电力汽力为原动力,而使其余关联各部门起了运动,因而自动的制织织物的一种机械”。力织机“机件全部用铁制成,亦有用铁木合制的”。该机原为英国人卡特莱特发明,后经种种改良,主要构造包括三部分:“一、主运动即织机的主要机构,有开口运动、投梭运动及打纬运动三种,由此三种运动,经纬纱始能相互交错,以成普通的织物。二、副运动是织机的次要机构,有经纱送出运动与织布卷取运动二种。三、补助运动是纬纱运转装置或梭子运转装置等,用以辅佐主副两种运动,使全机动作得收充分灵便的效用”。力织机每台价值自二三百元至四五百元不等。因此,各厂一般从上海购用旧货,重新组装。据统计,武进“裕民”“益民”“同兴”“恒源”“宝丰”“民华”“华昌”“新华”“协盛”“志盛”“益勤”“利源”“协源”“久成”“振新”等15家织布工厂共有电力织布机1872架。此外,各织布工厂还有整经机等棉纱整理机器以及轧光机、刷布机、刮布机、摺布机、打包机等布匹整理机器。[③] 对于武进织布业生产技术的进步,时人曾评价道,“武进织布业现既已逐渐踏进工业化的途径,而工业产造的推动,其最重要的就是机械与工

① 实业部国际贸易局编:《中国实业志(江苏省)》,1933年,第八编“工业”,第37页。

② 吴永铭:《武进织布工业调查》,《国民经济建设月刊》第2卷第4期,1937年4月15日。

③ 吴永铭:《武进织布工业调查》,《国民经济建设月刊》第2卷第4期,1937年4月15日。

具”①。常熟勤德织布工厂由陈勤斋创办于1910年，此后该厂逐年扩充至4个厂，成为常熟最具规模的织布场，“其内部设有力织、染色、上浆、干燥、轧光、伸张、烧毛、制丝光线等各机”。该场共有织布机300多部。第三场为勤德机器染色整理工场，创办于1917年，所染绸缎布匹“均极匀洁，光泽鲜艳逾常，为远近各县所未有”。②

20世纪30年代初，杭州棉织业也采用了电力织布机。据调查，13家织布工场中最大的一家为三友实业社杭厂，该厂资本额120万元，占行业资本总额的80%，工人2500人，机械价值784000元，占行业总值的92.5%。其余12家均系转型中的手工工场。据统计，13家织布工场拥有原动机马力1450匹，其中柴油引擎、蒸汽引擎各一具，电机马达264具；工作机方面，有清花机22具，粗花机84具，木织布机1138具，铁织布机346具，电织布机237具，纱布机24具，染布机9具。③ 据另一份调查，30年代初，杭州使用电织布机的工场有“广生”“永新”“振华”“华丰”等4家，共有电织布机96架，其中永新织布厂就有50架。而华丰织布厂只使用电织布机生产，没有铁木机和木机。规模最大的三友实业社杭厂却没有使用电织布机，该厂有铁木机700架。④

在身处内地的重庆，电力织布机也被使用。1930年，卢作孚等创办三峡染织工场，除置办铁轮机外，还试用电力织布，“产品优良，蜚声全川”。该场有锅炉一个、80匹马力引擎一个、发电机一台、26匹马力马达一台，马达用以转动32台电力织布机及导纡、导筒、并纱、葛纱诸机之用。⑤

（二）丝织业

丝织业向现代工业的过渡，主要是对动力丝织机的使用。力织机有铁木机和全铁机两种，基本结构与操作方法完全相同，只是机架的制造材料不同而已，但与手工工具已有本质区别。手拉机完全由人力来操作完成，每一运

① 吴永铭：《武进织布工业调查》，《国民经济建设月刊》第2卷第4期，1937年4月15日。
② 彭泽益编：《中国近代手工业史资料（1840—1949）》第2卷，中华书局1962年版，第666页。
③ 建设委员会调查浙江经济所编：《杭州市经济调查》下编，1932年，第83页。
④ 铁道部财务司调查科编：《京粤支线浙江段杭州市县经济调查报告书》，1931年，“工业经济篇”，第81—82页。
⑤ 重庆中国银行编：《重庆之棉织工业》，中国银行总管理处经济研究室，1935年，第8、39页。

动都是各自独立地进行，每个动作均需依次完成，甚至某两个运动要分别由两个人互相配合来完成，例如提花机头。而力织机的操作，在本质上和拉机的不同之处在于同一工作机同时使用的工具的数量，一开始就摆脱了工人的手工工具所受的器官的限制。因此，劳动生产率大大提高，当时每分钟达150梭左右，是手拉丝织机的2.5倍。①

在动力织机的使用方面，江南地区走在了前列。江浙沪一带最早使用了电力丝织机，也是使用最多的区域。上海丝织业在辛亥革命以前，多用木机、铁机。1915年，上海肇新丝织厂引进瑞士产铁制电力丝织机9台，是中国丝织业中最早使用动力织机的。同年，“物华”厂装置电力织机，出品精良，营业大振，于是“继之者如雨后春笋”，如“美亚”“锦云”等厂。1918年，美亚织绸厂成立，始采用“美国新式铁制电力机”。此后，其他各厂陆续添用欧美机械。20世纪30年代，上海织绸厂所用织机大多为日本重田式和津田式单梭双梭提花机、美国阿脱华特式机、瑞士罗弟式机。因此，在上海，“旧式机械逐渐废置，新式绸厂日有成立”。据统计，1928年上海有大小绸厂30余家、电力织机共2000余台，1931年9月发展到250余家，拥有织绸机4400余台，其中“美亚”一厂即有1000余台。②

上海采用电力织机后，很快传入杭州。1915年，杭州振新绸厂即使用电力织机，各厂随之效仿，电力织机数量增长迅速。到1927年，杭州丝织业大小绸厂100余家，电力织机由1915年的60台增至3800台。此外，各厂在翻丝、并丝、捻丝、摇纡等准备工序上，也进行了设备革新。1924年，普益机械捻丝厂改进了捻丝操作。接着，各大厂又纷纷添置西洋摇纡车，把摇纡由人力改用电力。③ 生产工具的革新，大大地提高了生产效率。此后受经济危机影响，杭州丝织业渐趋衰落。20世纪30年代初，杭州丝绸厂织机有手织铁机和电力织机，而准备原料部分的机械有摇纡机、络丝机、摔经机等，还有雕花机

① 徐新吾主编：《近代江南丝织工业史》，上海人民出版社1991年版，第118—120页。

② 宇鸣：《江苏丝织业近况》，《工商半月刊》第7卷第12号，1935年6月。上海市社会局编：《上海之机械工业》，中华书局1933年版，第173—175页。

③ 朱新予：《浙江丝绸史》，浙江人民出版社1985年版，第184—185页。

专供雕花板之用。原动力方面则采用电力马达。54 家工厂共有马达 102 座，多系租用，且为舶来品，电力织机有 867 台，其中舶来品占 30%，手织铁机 527 台，均为国产。此外，各工厂还置备了摇纡机 56 台，摔经机 58 台，捻丝机 38 台，拼丝机 23 台，络丝机 100 台，浆丝机 53 台，倒筒机 4 台。各厂中以天章绸厂机械最多，该厂电力织机有 140 台、手织铁机有 90 台。其次为震旦，电力机、手织机各有 48 台。而“永安”厂全部为电力织机，共有 81 台。规模小的绸厂拥有的织机数量在 6 台至 40 台之间，有的工厂只有铁机，而无电机。① 1935 年后，随着世界经济形势好转，杭州丝绸业开始复苏。1936 年，电力织机的数量增至 6200 台，是全民族抗战前的最高峰。② 作为丝织业的准备环节，杭州料房业也逐渐实现了向现代机器工业的过渡。料房的工具为大车、小车，“系木竹兼制，式样陈旧不堪”。民国二三年（1913—1914）时，杭州料房处于极盛时期。民国七八年（1918—1919），各大绸厂均自设准备部，代替料房工作，料房营业逐渐衰落。及至民国十七八年（1928—1929），绸厂改用电机，盛行碧绉等货，这时经纬丝的工作非料房所能胜任，因此产生了专业经纬厂，运用机械生产，拥有马达、摔经机、络丝机、浆丝机、捻丝机、拼丝机、倒筒机等各类机器。③

采用电力织机的绸厂在湖州也相继出现。1917 年丝商凌莲泉等筹设广益电机织绸厂，自备引擎发电，装设电力织机 12 台。在 20 世纪 20 年代，湖州丝织业进入改革时期，也经历了黄金时代。由于销路增加和电力制约得到解决，发展较快，至 1925 年，大小绸厂已有 60 多家。绸厂机户共有手拉提花机 2000 余台、电力机 200 台，散在四乡的木机约 4000 台。绸厂多为电机与手拉机兼备。尽管 20 年代末 30 年代初，丝织业遭遇经营困难，但湖州电力织机总体上仍在增加中。全民族抗战前夕，总共有电力机 931 台，比 1936 年有所发展。此外，还有手拉机 585 台，抛梭机约 3000 台，仍三机并行。④ 1929 年，

① 建设委员会调查浙江经济所编：《杭州市经济调查》下编，1932 年，第 46 页。
② 朱新予：《浙江丝绸史》，浙江人民出版社 1985 年版，第 186 页。
③ 建设委员会调查浙江经济所编：《杭州市经济调查》下编，1932 年，第 56、59 页。
④ 徐新吾主编：《近代江南丝织工业史》，上海人民出版社 1991 年版，第 155 页。

绍兴缎业兴盛时期,下坊桥一带营业者“咸出品迟缓,工资重大,故有熟货绸厂之创设,且采用电机,大小绸厂约二十余家”[①]。绍兴一些绸厂也采用了电力机,不过电力机的使用不仅时间较晚,而且并不广泛。丝织业基础薄弱的浙东宁波地区,采用手拉丝织机的绸厂也开始置备电力织机。1927 年,“华泰”“华经”两家绸厂合资成立了华亚电机丝织厂,甬昌诚绸厂也开设了经纶电机丝织厂,电力织机由此进入宁波,并逐步推广。至抗战前夕,宁波的电力织机发展至 80 台,以手拉机居多。[②]

苏州丝织业 1921 年开始采用电力织机。该年,苏州的苏经绸厂从日本洋行购进电力织机一台进行试织,获得成功。随后,增加投资,添置电力织机 24 台,自备引擎发电,引起了当地丝织手工业者的抵制。两年后,延龄绸厂采办 6 台电力织机,生产真丝毛葛。[③] 随后,其他各绸厂纷纷效仿,电力织机越来越普及。不过,此时各绸厂皆为自备引擎发电。直到 1926 年,振亚织物公司要求苏州电厂供应工业用电,初仅允夜间供应电力,经再三洽商,始在电费每度增加一分,农历初一、十五停电的条件下,正式日夜供应。1929 年,苏州 49 家绸厂、57 家纱缎庄共有电力织机 800 台、手拉机 1200 台以及手抛梭木机 1800 台。[④] 九一八事变后,丝织业失去了东北市场,陷入困顿。纱缎庄业认为用木机或手拉机使用人力织造,其成本与电力织机相比差距太大,产品质量亦远逊于电力织机织品,纷纷购置电力织机改办工厂。据 1935 年调查,苏州有 14 家织绸工厂使用了电力织机,合计 202 台。这些织绸厂在使用电力织机的同时,也大量使用手织机。其中,“振亚”规模最大,拥有电力织机 48 台,手机 145 台。一般各厂手织机的数量要多于电力织机,不过“中新”“中和”“益大”三厂以电力织机为主,其中益大的 18 台织机完全为电力织机。[⑤] 1936 年初,“有电力机约两千架,每月每架平均产绸十匹,余间有停歇者外,每年产额近廿万匹,价值五六百万元。至木机则尚有四五百架,均系遗

① 建设委员会经济调查所编:《绍兴之丝绸》,1937 年,第 43 页。
② 徐新吾主编:《近代江南丝织工业史》,上海人民出版社 1991 年版,第 157—158 页。
③ 王翔:《中国近代手工业史稿》,上海人民出版社 2012 年版,第 316 页。
④ 徐新吾主编:《近代江南丝织工业史》,上海人民出版社 1991 年版,第 133、135 页。
⑤ 宇鸣:《江苏丝织业近况》,《工商半月刊》第 7 卷第 12 号,1935 年 6 月。

存之家庭工业。铁机则仅存百架,产量均属有限”[①]。这说明,苏州电机绸厂发展势头良好,而铁机和木机渐趋淘汰。

江苏其他丝织产区,如盛泽等地,电力织机也得到推广使用。1930 年郎琴记成立,是盛泽第一家电机织绸厂。此后两年,又相继成立了 6 家电机织绸厂,合计拥有电力织机 111 台。[②] 至 1936 年,盛泽镇及附近浙江嘉兴县濮院镇、王江泾镇等地丝织业共有绸厂 10 家,机户 5000 户,电力丝织机 1100 台。镇江在 20 世纪二三十年代产生了 3 家手拉丝织机工场,但上海便利的交通、丰富的技术工人以及充沛的电力供应吸引这三家工场在全民族抗战前都转移到了上海改设电力丝织工厂。[③]

到 1937 年全民族抗战前夕,江南丝织业已使用的电力织机为 17645 台,手拉机 26235 台,还有旧式手抛梭木机 7600 台。电力织机主要集中在上海、杭州、苏州、盛泽、湖州等地,其中上海、杭州电力织机最多,分别多达 7200 台、6200 台,苏州发展至 2100 台。[④]

(三)针织业

针织业最初使用日式手摇织袜机,其后电力织袜机传入。1912 年,上海进步袜厂成立,使用品拿牌电力袜机,是为上海针织业采用电力针织机之始。[⑤] 上海织袜业自一战时期开始有了较快发展,1916 年前后只有四五家织袜工场,1926 年已达 50 余家,1929 年 4 月增至 130 余家。袜机有手摇机与电力机两种,手摇机每日可织袜一打,而电力机则可织七打。其中,有 39 家装置了电力机,系由慎昌洋行从美国进口,共有平面机 1389 架、罗纹机 290 架、缝纫机 222 架、摇纱机 2530 架,皆为电力机。成立于 1917 年的中华第一针织厂最早改用电力机,规模也最大,有各类电机 714 架。[⑥] 不过,上海织袜工场

① 《国内劳工消息 国际经济状况》,《国际劳工通讯》第 20 号,1936 年 5 月,第 103—104 页。

② 宇鸣:《江苏丝织业近况》,《工商半月刊》第 7 卷第 12 号,1935 年 6 月。

③ 徐新吾主编:《近代江南丝织工业史》,上海人民出版社 1991 年版,第 140 页。

④ 徐新吾主编:《近代江南丝织工业史》,上海人民出版社 1991 年版,第 124 页。

⑤ 刘大钧:《上海工业化研究》,商务印书馆 1940 年版,第 29 页。

⑥ 《上海之针织业》,《工商半月刊》第 1 卷第 14 号,1929 年 7 月。方显廷:《天津针织工业》,南开大学经济学院,1931 年,第 14 页。

也有结构性差异,织线袜多用手摇机,织丝袜多用电力机。织毛巾业虽多用木机,但也有一家使用电力机,所织毛巾较木机匀净。[①] 至20世纪30年代,电力织袜机在上海得到进一步推广。这得益于上海本地民族袜机制造业的兴起。上海华盛厂于1927年开始仿制B字电力袜机,1928年产量增加至每月8台,每年100台左右。1930年,成功仿造K字电力织机。由于利润高,“仿制者踵起”[②]。1935年,上海电力织袜机数量增至2000余架。其中,专用电力机织造的工厂有30余家,主要织造丝光线袜,每家有电力针织机10架至百余架不等。有20余家既有手摇袜机,也有电力针织机,每家有袜机二三十架至百余架不等。[③] 这说明,上海针织业正处于由手工生产向机器生产的过渡进程中。表4-5展示了1935年上海部分针织工场向机器生产过渡的情况。

表4-5 1935年上海部分针织工场向机器生产过渡情况表

名称	成立时间	过渡情况
惠福厂	1929年	手摇袜机72部,打纱车3部,打丝车3部,织布机18部,发电机马力80匹。
鸿兴厂	1921年	手摇袜机180部,专织丝袜,电力针织机48部,粒头机10部,以及摇丝车、倒线车等多部,电力马达1—7匹不等。
振艺厂	1914年	初办时仅有手摇机,1925年始改用电力机,原有手摇机移至浦东南汇县设分厂。
莹荫厂	1929年	发电机马力30匹,针织机6部,手摇织毛机24部,电力织棉机6部,电力织丝机2部。
启华合记厂	1928年	发电机马力5匹,手摇机90部,摇丝车1部。
久益复记厂	1935年	电力袜机60部,尚有手摇袜机之设,织造丝袜,计有手摇袜机300余部。

① 何行:《上海之小工业》,中华国货指导所,1932年,第24、31页。

② 上海市工商行政管理局、上海市第一机电工业局机器工业史料组编:《上海民族机器工业》上册,中华书局1966年版,第337—338页。

③ 上海市社会局编:《上海之商业》,1935年,第146、156页。

续表

名称	成立时间	过渡情况
华洋厂	民国初年	初用手摇机针织,今已改用电机。
利华厂	1917 年	手摇机 100 余部,电力袜机 6 部,倒丝车 3 部,发电机 6 部,共计 20 匹马力。
精华厂	1922 年	电机与手摇并用,罗口袜机 40 部,平口袜车 13 部,花袜车 6 部,罗纹车 13 部,手摇机 178 部,缝袜头车 8 部。
益华瑞记厂	1935 年	电力织袜车 24 部,罗纹车 7 部,缝头车 7 部,倒线车 1 部,此外尚有手摇机数十部。
上海厂	1934 年	计有电力袜机 18 部,此外尚有手摇机 12 部。

资料来源:彭南生《中间经济:传统与现代之间的中国近代手工业(1840—1936)》,高等教育出版社 2002 年版,第 215—216 页。

上海之外,全国各地“袜厂之备有电机者十余家,其机器总数不过可抵上海一家较大之工厂”[①]。沿沪杭甬路南至松江,约有针织场坊数十家,其中松江履和袜厂有手织机 400 架,动力机 20 架。[②] 民国初年,广东即成立了进步电力针织厂。20 世纪 30 年代,杭州织袜业袜机均为手摇机,后有商人引进电机数架,但因营业不佳出售。[③] 山东织袜业中也有工场引进了自动袜机,但数量不多,还是以手摇袜机为主。[④] 1924 年,辽阳针织场坊计有 43 家,有针织机 205 架,一部分为动力机。1925 年,武汉裕中袜厂资本额 5 万两,每年产袜 2 万打,机器皆为电力机,其他针织场坊亦有用电力机者,不过仍多为手织机。[⑤]

在天津,1919 年,天津华北公司采用电气针织机,但很快归于失败。[⑥] 1923 年华胜织袜厂成立,有一部织机使用电力,自此以后,“电力织袜工厂风起云涌,颇极一时之盛”。但至 1925 年,因使用人力织袜成本微薄,稍有出品

① 《上海之针织业》,《工商半月刊》第 1 卷第 14 号,1929 年 7 月。
② 方显廷:《天津针织工业》,南开大学经济学院,1931 年,第 15 页。
③ 建设委员会调查浙江经济所编:《杭州市经济调查》下编,1932 年,第 86 页。
④ 实业部国际贸易局编:《中国实业志(山东省)》,1934 年,第八编“工业”,第 113 页。
⑤ 方显廷:《天津针织工业》,南开大学经济学院,1931 年,第 20 页。
⑥ 方显廷:《天津针织工业》,南开大学经济学院,1931 年,第 22 页。

即可盈利,“其使用电力者,则往往因资本多,盈利少,故不久即赔累不堪,遂相继失败”。尽管如此,“电力确比人工出品较佳,并且省工”,使用电力是织袜业发展的趋势。此后,公茂电力织袜工厂建立,生产“英球”牌袜子,并设立了大来线球工厂,“自此以后,天津各织袜工厂多自设立线球工厂,同时使用电力者又见增多”。1930 年“益生”“华铭”“凡凤”“同益”四家电力织袜厂相继出现。“华铭”厂成立于 1923 年,初有资本 7000 元,使用人力织机,因经营不当,屡次迁厂,后对于出品努力研究,添设电力织机,1932 年有电力织袜机 10 余架,手工织袜机 20 余架,男女工人 70 余名,每日出袜子 40 余打,成为天津织袜业规模较大的一家工厂。①

(四)榨油业

辽宁营口油坊在改用蒸汽力压碎黄豆的同时,在榨油环节逐步改进榨油机械。1928 年,营口 20 家机器油坊中有 8 家将手推螺旋式铁榨榨油改为水压机械榨油,合计 300 余架,使榨油效率大为提高。② 这种水压机在当时华商油厂中是比较先进的技术,比当时较为流行的手工螺旋压榨机要先进。丹东油坊自 1912 年“亦皆改良用机碾新法,向习土法已属隐灭”③。面对机器油坊的竞争,1930 年大连 40 余家旧式油坊“均改为新式制油机器”④。在吉林省,城市中的油坊“使用蒸汽、柴油机,少数使用电动机和汽油发动机,生产已用上水锅和汽锅。盛油的器具也由土制的陶器、条编、木制装具向铁制装具过渡”,“旧式油坊相继被淘汰”。⑤

因以牛力牵引,难以满足市场需求,1915 年江苏武进宝兴泰油坊首先改用蒸汽机为动力,以铁机轧豆,代替碾磨。其后,“裕源”“许恒丰”“许恒裕”等相继仿效,“是谓手工改进机工,及油坊改号油饼厂之始”。受此影响,“原

---

① 《津市织袜业之递嬗》,《益世报》1932 年 7 月 18 日。

② 毕卓君:《东北豆油豆饼业之概况》,《商业杂志》第 3 卷第 3 号,1928 年 3 月。

③ 彭泽益编:《中国近代手工业史资料(1840—1949)》第 2 卷,中华书局 1962 年版,第 387 页

④ 《民国十九年大连哈尔滨油坊业之比较概况》,《中东半月刊》第 2 卷第 6 期,1931 年 4 月 1 日。

⑤ 吉林省地方志编纂委员会编:《吉林省志》第 32 卷,吉林人民出版社 1993 年版,第 247 页。

用碾磨牛运之油坊,则十年以来,已渐归淘汰矣"。[①]

山东盛产花生油和豆油,民初一些油坊即开始改变传统做法,将原来使用牛力运转石磨或石碾磨碎原料的做法改为使用机器。最先尝试改革的是烟台,民初烟台部分油坊开始试用柴油发动机和磨碎机加工原料,然后以传统木楔式、重力式或手工螺旋式榨机等榨油。1915年,烟台33家油坊中已有6家使用柴油机和磨碎机。此后,新式油坊在山东不少地方开始流行起来,磨碎机开始改用电力。1933年,除济南外,山东共有27家新式油坊,其中青岛11家,其余分布在长山、桓台等7个县。资料显示,这些新式油坊除一部分为新设外,相当一部分是由旧式油坊改进而来,如长山1931年5家油坊改用机器,后三义泰油坊歇业。青岛的新式油坊通常以5—7马力的电动磨碎机磨碎原料,然后以人力螺旋式榨油机榨油。[②] 1924年,周村振兴油坊改用机器磨豆,原有油坊相继换用机器。1930年,邹平县城内5家油坊相继改用机器,但使用木榨的油坊仍有19家。这些新式油坊采用舶来机器,以电力或汽力为动力,生产效率远非旧式油坊所可比。[③] 成立于1909年的济南兴顺福榨油厂是此类新式油坊的典型代表。该厂在20世纪20年代有三层建筑的厂房、筛尘机1部、转轮机(磨碎机)3台、加热器6座、手工螺旋式压榨机80台。榨豆油时先用传送带将原料输送至三楼筛尘机,除去尘土,再送至二楼使浆,用水浸润原料,然后送至一楼转轮机,将原料碾压挤成扁片,放入加热器蒸两三分钟,再以铁圈做成饼形,置于压榨机上。放置10余饼后,至压榨机顶部的螺旋,然后以人力推木杠转动螺旋,使之下压,油即压出。此种榨油法费时费力,每次连装带卸耗时6小时。榨花生油则更为繁琐,需榨两次,榨完一次后,需将豆饼重新加热后再榨。[④]

在武汉也产生了与"兴顺福"同样的新式油坊。汉阳旧式油坊"概用木质

① 于定一编:《武进工业调查录》,武进县商会,1929年,第8—9页。

② 实业部国际贸易局编:《中国实业志(山东省)》,1934年,第八编"工业",第155—163页。庄维民:《近代山东市场经济的变迁》,中华书局2000年版,第431—433页。

③ 实业部国际贸易局编:《中国实业志(山东省)》,1934年,第八编"工业",第156页。

④ 刘向荣:《我国油类工业之调查》,《自然界》第1卷第8号,1926年9月。

平行榨,手续既极呆笨,品质复多混杂,殊不合经济”。因此,1908 年始有新式油坊之设立,1915—1925 年又先后成立 4 家新式油坊。这些油坊的生产过程与济南兴顺福榨油厂基本相同。[①] 这些新式油坊在碾碎原料、加热原料方面已经取代了旧式油坊使用石磨石碾碎料、使用柴火蒸煮原料的做法,并使用了动力,在榨油环节也使用了新式的榨油机器,只是仍以手工操作。可以说,这些新式油坊已经比较接近现代化企业。

(五)碾米业

内燃机制造业的发展为手工行业运用非生物动力创造了条件。19 世纪 90 年代,上海永昌机器厂成功制造小马力水汀引擎,并用于拖动缫丝机。1910 年,上海求新机器厂仿制成功火油引擎,各厂纷起仿造,规格均为 8—20 马力小型引擎。自 1912—1921 年,上海民族机器工业共制造 1000 余台火油引擎。[②] 此后,引擎燃料改用柴油,较火油引擎成本减少一半,得到市场普遍欢迎。20 世纪 20 年代末是上海内燃机制造业的鼎盛时期,最高年产量在 750 台左右。截至 1931 年,上海民族机器制造业生产的各类内燃机产量总计 40240 匹马力。这些内燃机以小马力引擎为主。其中,3 马力的火油引擎最为畅销,占总产量的一半以上。[③] 上海民族机器工业所产内燃机主要用于碾米、灌溉、榨油等行业,如表 4-6 所示。

表 4-6　上海民族机器工业所产内燃机用途情况表(截至 1931 年)

用途	马力分配(匹)	百分率(%)	备注
碾米	23540	58.5	
灌溉	7700	19.1	大都兼营碾米
榨油	4500	11.2	同上
轧花	1500	3.7	同上

① 《汉阳之豆饼油厂》,《中外经济周刊》第 187 号,1926 年 11 月 6 日。

② 上海市工商行政管理局、上海市第一机电工业局机器工业史料组编:《上海民族机器工业》上册,中华书局 1966 年版,第 209—210 页。

③ 上海市工商行政管理局、上海市第一机电工业局机器工业史料组编:《上海民族机器工业》上册,中华书局 1966 年版,第 354—356 页。

续表

用途	马力分配(匹)	百分率(%)	备注
电灯	2000	5.0	部分兼营碾米
其他	1000	2.5	小布厂、磨粉厂等应用
总计	40240	100	

资料来源:上海市工商行政管理局、上海市第一机电工业局机器工业史料组编《上海民族机器工业》上册,中华书局1966年版,第356页。

注:上列用途分类的百分率不是绝对的,经营灌溉的大都兼营碾米。即使是榨油厂、轧花厂,甚至是电灯厂,也有购置米机,以碾米为附带业务的。有些小电灯厂,则是从碾米基础上发展起来的。所以引擎用于碾米的百分率,实际上还超过表中数字。

与采用非生物动力同时的是碾米机的使用。碾米机最初由美国输入,后经中国人"删繁就简",加以改造,售价较外货大为低廉,致使外货逐渐退出市场。碾米机"较人力牛力或水力之旧式碾米方法,效率高出数十倍,且所碾之米粒,完整洁白,此又旧式各种碾米方法所不及。二十年来,非但各通商大埠,乐于购用碾米机,即穷乡僻壤,亦多采用"。以上海大隆机器厂所产碾米机来看,以3匹马力运转的碾米机重230磅,每分钟转速为450转,每10小时碾米量达30石;以6匹马力运转的碾米机每10小时碾米量则是其两倍。[①]上海新祥机器厂所产碾米机每年产量在30台以上,"百分之九十左右的客户集中在上海郊区、苏南太湖地区及苏北,浙东、浙西较少,福建、广东、江西、安徽则仅有个别客户"[②]。

一战前,上海及其附近地区的碾米业已开始使用国产火油引擎碾米,使生产效率迅速提高。"自民元以后,民族机器工业制造火油引擎日渐增加,浦东碾米事业使用引擎遂有发展"。[③] 1933年,上海53家碾米厂均使用电动马

① 上海市工商行政管理局、上海市第一机电工业局机器工业史料组编:《上海民族机器工业》上册,中华书局1966年版,第413—414页。

② 上海市工商行政管理局、上海市第一机电工业局机器工业史料组编:《上海民族机器工业》上册,中华书局1966年版,第387页。

③ 上海市工商行政管理局、上海市第一机电工业局机器工业史料组编:《上海民族机器工业》上册,中华书局1966年版,第386页。

达和碾米机碾米，共有53台发动机和126台碾米机。[①] 1936年，南京市碾米业分机米厂和砻坊两种，机米厂以机器碾米，而砻坊则为土式碾米坊。无锡县从事碾米的碾米厂、米行、粮食堆栈等都设置柴油机引擎和碾米机、砻谷机，这些机器均为当地所制。不仅在县城，"碾米机已推行四乡"[②]。江都县新式碾米厂有11家，其中6家设有碾米机，其余5家设有碾米机、砻谷机，所有机器多来自上海、无锡、镇江等地。[③] 到20世纪30年代，江苏各地使用机器碾米已较为普遍。（见表4-7）。

表4-7　1931—1933年江苏碾米业动力及机器情况表

市县	厂数（家）	发动机数（台）	碾米机数（台）	备注
无锡	27	31	101	多用柴油引擎
镇江	25	30	38	
南京	39	42	112	多用柴油引擎
昆山	18	26	77	除一家用电力马达外，余皆柴油引擎
武进	8	8	21	此外有砻谷机27部
常熟	11	29	73	
江阴	15	18	22	
宜兴	5	5	8	
崇明	1	1	1	
青浦	15	18	21	
江浦	3	3	3	
金山	30	40	51	
奉贤	20	20	28	
苏州	14	14	17	

① 上海市工商行政管理局、上海市第一机电工业局机器工业史料组编：《上海民族机器工业》上册，中华书局1966年版，第384页。

② 《南京市碾米业概况》，《国民经济月刊》第1卷第2期，1937年6月15日。《江苏省无锡县碾米业概况》，《国民经济月刊》第1卷第2期，1937年6月15日。

③ 于锡猷：《江苏省江都县碾米业概况》，《国民经济月刊》第1卷第4期，1937年8月15日。

续表

市县	厂数(家)	发动机数(台)	碾米机数(台)	备注
高邮	15	15	15	
高淳	42	50	65	
南通	3	7	13	其中1家专营榨油
靖江	1	1	1	兼营榨油
南汇	11	11	14	1家兼营榨油,2家兼营轧花
阜宁	1	1	1	
兴化	21	21	30	
六合	10	10	20	
合计	388	454	860	

资料来源:上海市工商行政管理局、上海市第一机电工业局机器工业史料组编《上海民族机器工业》上册,中华书局1966年版,第384—385页。

在浙江,碾米方式有人力、畜力、水力、内燃机发动力以及电力数种,其中内燃机发动力"为浙江最通行的加工方式,较大市镇之碾米厂以采用此种发动力者为多"。内燃机主要是柴油机,通过皮带运转米斗、谷砻或粉机。使用柴油机与使用电力碾米的成本几乎相当,但因电动马达"加工手续较简,速率较高",使用马达更为合算,因此,电动马达在碾米业中"所占比例渐有增大之势,其在嘉、湖二属市场逐渐广遍"①。杭州碾米业以前用臼舂。1909年,大有利电厂的成立为杭州市工商业的发展提供了新型的电力能源。"恰和祥""大有元"等米铺首先租用马达,改用机碾,生产效率大为提高,是臼舂的20倍。此后,该市碾米业逐渐改用机碾,到1932年,"旧法之留存者,迄今不过百分之一二矣"②。

1912年,安徽芜湖一家碾米厂购置7台碾米机,"皆借电力运动,每日下午四点钟开碾,清晨六点钟停工,出米计六百石"。其余6家砻坊,也皆配装

① 张培刚、张之毅:《浙江省食粮之运销》,商务印书馆1940年版,第62、76页。
② 建设委员会调查浙江经济所编:《杭州市经济调查》下编,1932年,第164页。

新式机器。[①]

台湾的碾米业发展经历了四个阶段，即从人力、畜力、水力到原动力，从杵臼、米磨、土砻到电动碾米机，尤其着重于砻谷机具改良的过程。[②] 台湾原动力碾米时代初为蒸汽机、内燃机，进至电力机，最先创设于台中。由于电力只及于几个大都市，在 1925 年之前都不普及。直到 1936 年日月潭及各地水力发电系统完成后，凡电源可通达之处均采用电动碾米机。[③]

（六）机器制造及铸铁业

自清末开始，手工机器制造及铸铁业已开始使用手摇车床及钻床。至民国初期，随着棉织业、丝织业、针织业等的发展对手工生产工具需求的增长，机器制造及铸铁业也加快了发展步伐，不仅改进了车床等生产设备，还开始使用电力等非生物动力，开始了向现代工业的转化。这一现象在上海、天津、武汉等大工商业城市较为普遍。

上海从 19 世纪 60 年代到 1913 年共设立了 91 家民族机器制造及铸铁厂，这些所谓的工厂初期基本上都是小规模的手工场坊。随着需求增长，至 1924 年又新设立 193 家机器制造及铸铁厂。[④] 这些工厂刚成立时大部分也是规模较小的手工作坊，后在积累中逐渐发展。如上海永大机器厂 1913 年创设时规模很小，只有一间房屋、一台手扳冲床，以冲制碾米筛子为主要业务。随着经营的积累，1918 年购进 10 尺车床一台，修造碾米机，翌年又开始仿造火油引擎。[⑤] 有相当多的工厂在增加车床等工具机设备的同时，采用了动力机，向着现代工业过渡。据 1920 年对 114 户机器制造厂的调查（见表 4-8），已有 81 家使用了电力或火油引擎作为动力，只有 33 家仍以人力为车床等工作机的动力。而这些使用非生物动力的工厂绝大多数是从手工作坊、工场转

① 彭泽益编：《中国近代手工业史资料（1840—1949）》第 2 卷，中华书局 1962 年版，第 389 页。

② 曾琪淑：《从砻谷机具之复原展示谈台湾碾米业的发展史》，《科技博物》2001 年第 5 期。

③ 张正雄：《台湾碾米事业与农业经济的关系》，台湾中兴大学学士学位论文，1965 年。

④ 上海市工商行政管理局、上海市第一机电工业局机器工业史料组编：《上海民族机器工业》上册，中华书局 1966 年版，第 202 页。

⑤ 上海市工商行政管理局、上海市第一机电工业局机器工业史料组编：《上海民族机器工业》上册，中华书局 1966 年版，第 222—223 页。

化而来的。上海蒋锦昌铁厂是在手工打铁铺基础上发展成为使用蒸汽锤的锻铁厂的,是上海最早使用机器的铸铁厂之一。该厂创办人蒋廷福出身打铁学徒,继承了其师傅的蒋锦昌小铁店,打造机器零件,经过10余年经营,业务不断扩大,自1只打铁炉增至3只。一战期间,因火油引擎制造业兴起,该厂打铁业务骤增,开始打制引擎配件,炉灶增至5座,并租用德商的蒸汽锤,提高了铸铁效率和质量。1921年前后,以自身积累资本几千元,再加上借贷的6000元,向德新机器厂订购一吨蒸汽锤一台,成立蒋锦昌铁厂。因盈利较丰,至1926年,不仅清偿了借款,还增添了一台蒸汽锤。① 蒋锦昌铁厂采用蒸汽锤产生了良好的示范效应,此后于义昌铁厂、开泰机器厂等也开始使用蒸汽锤。于义昌铁厂创办人于义庭也是打铁学徒出身,1895年设立于义昌锅炉铁厂,专门承接船厂的打铁和冷作业务。该厂自有5座打铁炉,因营业繁忙,将大部分业务转包给10余家打铁同业。至1925年,积累了20余万元资金。1926年,向万昌机器厂订购蒸汽锤一只,开始了机器铸铁。这样由手工作坊逐步改进设备、过渡到动力机器生产的还有很多,比如宝昌铜铁机器厂、李明记机器厂、明锠机器厂等。②

表4-8　1920年上海114户机器制造厂采用动力情况表

业别	户数(户)	机床数(台)	每户平均(台)	雇用人数(人)	每户平均(人)	使用人力户数(户)	使用人力户数占总户数(%)	使用电力户数(户)	使用电力户数占总户数百分比(%)	使用引擎户数(户)	使用引擎户数占总户数百分比(%)
修配	32	166	5.2	641	20	13	41	17	53	2	6
船舶修造	14	214	15.3	870	62	1	7	4	29	9	64
动力农机	38	147	3.9	680	18	9	24	18	47	11	29
针织机器	14	47	3.4	325	23	8	57	2	14	4	29

① 上海市工商行政管理局、上海市第一机电工业局机器工业史料组编:《上海民族机器工业》上册,中华书局1966年版,第248页。

② 上海市工商行政管理局、上海市第一机电工业局机器工业史料组编:《上海民族机器工业》上册,中华书局1966年版,第249—253页。

续表

业别	户数（户）	机床数（台）	每户平均（台）	雇用人数（人）	每户平均（人）	使用人力户数（户）	使用人力户数占总户数（%）	使用电力户数（户）	使用电力户数占总户数百分比（%）	使用引擎户数（户）	使用引擎户数占总户数百分比（%）
纺织印染	10	72	7.2	225	23	1	10	9	90	0	0
印刷机器	6	23	3.8	130	22	1	16	3	50	2	34
总计	114	669	5.9	2871	25	33	29	53	46	28	25

资料来源：彭南生《中间经济：传统与现代之间的中国近代手工业（1840—1936）》，高等教育出版社 2002 年版，第 211 页。

在上海民族机器制造及铸铁业发展史中，有一个情况值得注意，那就是工厂主的来源。到 1931 年，上海民族机器制造及铸铁业发展至 457 家，多数规模狭小，资本短绌。设厂者大多数出身于本行业的领班、手工作坊主或者是做“包生活”的。据统计，411 名投资人中，出自上述三类的占到 75.7%。开设手工作坊，积累资本后，再开设机器厂，这种情况在清末比较常见。据统计，1866—1894 年开设的 12 家机器厂中，有 7 家的创办人是手工作坊主，占 58.3%。此后，这一比重减少，1913 年只占当时所存机器厂创办人总数的 16.5%，1931 年只占 12.7%。而且早期的手工作坊主也大都是由铜、铁手工业者转化而来。通过当工厂领班，积累资金，开设机器厂，这种情况最为常见。1913 年所存机器厂创办人中，经此情况转化来的占 63.7%，1931 年仍占 63%。而这些领班多数原来是机器厂的学徒。[①] 这从一个侧面说明，上海民族机器制造及铸铁业大部分是由手工作坊转化而来，在不断积累中，逐渐增加生产设备，采用引擎及电力作动力，向着现代工业过渡。这种情况在中国近代的民族机器纺纱业、面粉业中几乎不存在。上海民族机器制造及铸铁业的这一情况在武汉、天津等地同样存在。

武汉较有代表性的机器工厂周恒顺机器厂的前身是周天顺手工炉坊，

① 上海市工商行政管理局、上海市第一机电工业局机器工业史料组编：《上海民族机器工业》上册，中华书局 1966 年版，第 454、463 页。

1866年改称“周恒顺炉坊”,当时只有一盘炉具和不到20平方米的厂房,做翻砂生意。1884年增加到两盘炉具。此后开始制造轧花机,1896年自制一台5尺长车床,两年后又自制两部钻床、一部刨床,并购买两部英国旧车床。到1905年,该厂购进一台20马力蒸汽机。随着生产扩大,生产设备规模也进一步扩充。至1909年,车床增至10余部,动力增至30匹马力,有木模、翻砂、红炉、冷作、车工、钳工等多个工种,已经由手工炉坊转化为初具规模的小型现代机器工厂。到1936年,有车、钻、刨、铣等各种车床60余部,还有较大型精密车床。动力方面,由蒸汽机改为柴油机和煤气机,有50匹马力柴油机一部、100匹马力煤气机两部。固定资产总值60余万元,生产能力和技术水平在武汉民族机器工业中首屈一指。[①]

天津三条石地区机器制造及铸铁业由手工作坊向现代工业转化的历程也具有相当的典型性。在三条石机器制造业产生以前,三条石即存在一些铜铺和铸铁作坊,提供船运修理服务,或者铸造铁锅等生活用品以及犁、铧、耧角子等农具,规模十分狭小。[②] 20世纪初,随着天津及其周边地区棉花贸易和手工棉织业的兴起,三条石地区的铜铁铺开始转型,制造打包机、弹花机、压花机、铁轮机,“郭天成”“春发泰”“郭天利”“郭天祥”等是当时较有代表性的机器制造工厂。它们在发展中不断改进技术和生产设备,向着工业化过渡。这些机器制造工厂的生产工具初期一般为手摇车床。及至民国初年,电滚子被应用。1912年“郭天成”“华顺”“春发泰”“郭庆成”“三义公”等均使用了电滚子,到1916年广泛使用起来。1915年郭天利机器厂只有手摇旋床一台,1921年时已达到七八台,并使用电滚子。德华兴机器厂创办于1927年,有人力手摇六尺车床一台,1930年增加一马力电滚子一台。在机器制造厂发展的同时,铸铁业的生产结构发生了变化,开始为机器制造厂铸造机器零件。铸铁厂的生产技术也得到不断改进,不仅送风的工具由传统风箱到人力摇轮风葫芦,再到民国初年的电滚子风扇,而且掌握了翻砂技术,向铸造业

① 陈林:《周恒顺机器厂发展史略》,《武汉文史资料》第1辑,1983年,第114—119页。

② 南开大学、天津市历史博物馆编:《天津市三条石早期工业资料调查》,1958年,天津市档案馆藏,档号X0199-C-000596-001,第5—8页。

发展。[①]

（七）其他行业

除上述行业外，在制帽业、年画业、肥皂业、轧花业等也存在着手工业向现代工业过渡的现象。天津盛锡福帽庄创于1912年，资本仅万余元。随着资力的增加，帽庄逐渐增添机器设备，1919年添置全套电力草帽机，所制平顶草帽盛行一时。[②] 济南瑞兴和花边厂有花边机300台，用电力运转，有8马力和5马力发电机各一台。复豫花边厂有花边机60台、3马力发电机1台。[③] 天津杨柳青木板年画制作中，也出现了向现代石印技术的转化。从前各种年画，概系木板套印，1914年后画店多改用石印。一些画店还安装电力发动机带动石印机器，每架印刷机昼夜两班可出16000版。[④] 肥皂业也是如此，宋则久创办的天津造胰公司1903年成立时为手工生产，仅制造洗涤用肥皂。[⑤] 后制品范围逐渐扩充。至1908年该公司"添设机器，并附办各种化学物品"，制造各种香皂及化学工艺品。[⑥] 1915年又添置机器，资本增至20万元。[⑦] 天津造胰公司由一个手工工场演变成了现代工厂。杭州机制皮鞋带向为日货，但九一八事变、淞沪会战之后，日货断绝。刘计顺研究织带机，集资400元，创办了一家制鞋带工场，有2匹马力马达1具，带机16架。[⑧]

一战时期，上海及其周边地区设立的轧花厂在市场需求刺激下，依托上海的技术支撑，纷纷以柴油引擎带动轧花机，以增加产量。1915年，川沙县轧花厂有十五六家，以牛拉代替足踏。其中，恒源轧花厂于该年改用柴油引擎驱动轧花机，效率较牛力提高两倍，该厂鼎盛时期曾有320台轧花机。其他

---

① 南开大学、天津市历史博物馆编：《天津市三条石早期工业资料调查》，1958年，天津市档案馆藏，档号X0199-C-000596-001，第36—45页。

② 彭泽益编：《中国近代手工业史资料（1840—1949）》第3卷，中华书局1962年版，第75页。

③ 山东省政府实业厅编：《山东工商报告》，1931年，第26、28页。

④ 《杨柳青画业之现状》，《经济半月刊》第1卷第3期，1927年12月。

⑤ 天津市档案馆等编：《天津商会档案汇编（1903—1911）》上册，天津人民出版社1989年版，第1152页。

⑥ 天津市档案馆等编：《天津商会档案汇编（1903—1911）》上册，天津人民出版社1989年版，第1154—1155页。

⑦ 《天津造胰公司（上）》，《大公报》1928年9月23日。

⑧ 建设委员会调查浙江经济所编：《杭州市经济调查》下编，1932年，第91—92页。

工厂如"唐源兴""顾仁和""协泰"等纷纷效仿,改用动力。[①] 南汇县郁顺兴花厂,初创时只有12台脚踏轧花车,在1923年安装12匹马力柴油引擎为动力,提高了生产效率。[②]

通过上面的梳理,可以发现在民国时期手工业向现代工业的过渡已经不再是某个作坊、工场的个例了,甚至不再是局限在某个行业,而是形成了多个行业、众多作坊与工场向现代工业过渡的相对普遍现象。表4-9的内容就很好地证明了这一趋势。

表4-9 1914—1930年手工业作坊和工场向机器工业过渡示例

业别	地区	场坊名	采用机器时期	情况
丝织业	上海	"物华""美亚""锦云"等厂	1915年	由木铁织机改装电力织机。
	丹东	和聚正丝厂	1923年	添设汽机3台,专织平绸。陆续添设专织平绸电机50台、纹织电机50台。
	丹东	同昌顺丝厂	1925年	添置电机20台,专织各种平绸。
	丹东	益丰丝厂	1926年	添置电机10台,专织各种平绸。
	丹东	政源丝号	1926年	添置电气马达机25台,专织府绸。
	盛泽	朗琴记	1930年	改用电气,有5部织机,应用3匹马达,男工5人,女工4人。
棉织业	武进	各织布厂	1916年	以机器动力织布。
	高阳	合记织布厂	1919—1920年	添置火力织布机。
	营口	织布工场(约24家)	1924—1928年	营口织布业始于1915年,至1917—1918年,本地商民群起而创办工场,织机之使用电力,然初不甚多,至1924—1928年始日渐增加。

① 许涤新、吴承明主编:《中国资本主义发展史》第2卷,人民出版社2003年版,第928页。

② 上海市工商行政管理局、上海市第一机电工业局机器工业史料组编:《上海民族机器工业》上册,中华书局1966年版,第226页。

续表

业别	地区	场坊名	采用机器时期	情况
漂染业	济南	东元盛漂染工厂	1918 年	开办于光绪末年，添设机器，改用机器染洗。
		隆记绸绫染坊	1918 年	同上。
制帽业	天津	盛锡福制帽厂	1919 年	初创于 1912 年，仅资本万余元，初收买各地土产草辫，用机器缝成草帽销售，1919 年添置全套电力制草帽机器，1924 年添设化学漂白部，后不断扩充，至 1936 年资本已增加 10 倍。
榨油业	武进	“裕源”“许恒丰”“许恒裕”“宝兴泰”等油坊	1915 年	改用蒸汽机为原动力。
	周村	振兴油坊	1924 年	自是年振兴油坊改用机器磨豆后，周村原有油坊，遂相率换用机器。
	北京	“同合公”“涌利兴”等 9 家油坊	1926 年	改用电力，装设电机。
年画业	杨柳青	画铺	1914 年以后	1914 年以后，画店渐改用石印，炒米店增兴画铺有电机 3 架，每昼夜可出年画 48000 版，1927 年拟改用胶版转轴机。
针织业	宁波	美球丰记针织厂	1921 年	创办于 1915 年，初为家庭工业，后逐渐发展，至 1921 年装置柴油引擎，1923 年购办发电机，1926 年装设锅炉，1929 年添置马达，至 1932 年已进入于完全工厂之境地。

资料来源：彭泽益编《中国近代手工业史资料（1840—1949）》第 2 卷，中华书局 1962 年版，第 694 页；彭泽益编《中国近代手工业史资料（1840—1949）》第 3 卷，中华书局 1962 年版，第 81—82 页。

二、两种过渡模式:个案分析

民国时期,关于手工作坊、工场向现代工厂的过渡,大体上可概括为渐进型和急变型两种模式。下面我们通过济南漂染业这一案例来进行分析。

日本全面侵华之前,济南设备齐全的机器染厂有利民染厂、德和永染厂、中兴诚染厂、东元盛染厂、隆记绸绫染厂等几家,除"利民"外,其余机器染厂均由手工染坊发展而来。

东元盛染厂由东元盛染坊发展而来,由张启垣于1898年设于周村,资本仅500吊制钱,雇工7人,专为丝线商染制丝线。1905年后丝线滞销,乃代洋布行染布。1916年染坊迁到济南,到济南时设备仅有2架风箱、2口铁锅、十几根杉杆。因用土靛染深蓝布,1917年盈余1万吊,因此1918年染坊开始自买白布、自染自销。1924年又开始在桓台撒机收布,获利丰厚。1924年盈余6000元,1925年盈余9000元,1926年盈余1万多元,至此染坊盈余有7万多元,具有了安装机器设备的实力。1929年染坊购进三轴轧光机1部、喷雾机1部、立式小锅炉1部,用于平整布匹,1930年购进染槽2对、卧式烘干机1部、30尺拉宽机1部、6尺旋床1台,这时染坊既有手工染产品,又有机器染产品,是一个手工染与机器染的混合企业。经过两三年的积累,企业流动资金达到20万元,同时从银行、钱庄获得部分贷款,1933年建成新厂,成为一个设备齐全的机器染厂。[①] 东元盛由一个染坊转变为一个机器染厂,基本上依靠的是企业自身的资本积累,其演变过程经历了35年时间,这可看作一种渐进型演变模式。隆记绸绫染厂也是如此,其创办时资本仅500元,其后逐年扩充,添置机器,"遂为鲁省机器染绸之冠"[②]。东元盛染厂和隆记绸绫染厂这种渐进型演变模式的实质是传统手工业通过技术的积累与嫁接以及资本积累的路径向现代工业的过渡,其成功的关键在于企业灵活的经营策略。在经营形式上,东元盛从手工染坊到机器染厂之间经历了代客加工染丝线和棉布、自己买布自染自销、自己织布自染自销等阶段,其形式调整源于市场的变

---

① 徐华东主编:《济南开埠与地方经济》,黄河出版社2004年版,第245—254页。

② 实业部国际贸易局编:《中国实业志(山东省)》,1934年,第八编"工业",第558页。

化。1916年东元盛尚在周村还未迁入济南时就开始自己买布自染自销，其原因一方面是色洋布行的压制，另一方面是一战爆发，颜料价格大涨增加了成本，这都使盈利减少。此间东元盛为规避洋靛价格暴涨的不利情形，使用土靛染“莱芜染”深蓝布，扩展了盈利空间。20年代布匹价格上涨，东元盛又采取了撒机织布的形式自染自销。30年代经济危机时物价下跌，东元盛又采取各种措施成功渡过了危机，即使在危机最严重的1935年也盈利1万元。[①] 东元盛的例子证明了企业经营的灵活性对企业生存发展的重要性。

德和永染厂、中兴诚染厂的形成则代表了另一种演变模式，它们虽也是由手工作坊过渡而来，但依靠的是商人资本的积极参与。德和永染厂的前身德和永染坊是由耿筱琴和张新斋二人1930年合资12000元创办的。耿筱琴是周村德庆银号的股东，张新斋是桓台义和永棉布庄经理。聘请东元盛染厂在桓台开展撒机织布业务的负责人耿文都任经理，东元盛染厂的职员李静轩、张逊之任副经理，还聘请了东元盛的技术工人高允喜等。由于以上几人熟悉手工染色的业务，因此企业获利甚多。1933年染坊进行了扩资，耿筱琴联合其他7家商号，共集资71500元，扩建了染厂，由耿筱琴任总经理，耿文都任经理。增资后的染厂购买了大量机器设备，计有烘干机2台、150马力发电机1台、丝光机1台、拉宽机1台、烧毛机1台、挤水机1台、轧光机1台、叠布机1台、冷水机1台、兰开夏锅炉1台、精炼罐1台、染槽6对，1935年正式生产。中兴诚染织厂是由一个规模很小的恒兴手工织带厂发展而来的。恒兴手工织带厂是由徐州恒祥布庄与徐州元亨利布庄合资建立的，后经营不善，全部设备被济南昌兴运输公司经理李墨卿购买，1929年成立中兴诚织带厂，计有13台手工织带机和其他设备。1932年，在东莱银行经理曹丹庭的资金帮助下，李墨卿购买了20台电力织布机，生产各种条子布。1934年又购买了一日商工厂的8台电力针织海豹绒织机，日商派技术员传授技术。同时东莱银行曹丹庭，周村元兴银号鲍子兴、鲍子更，潍县平市官钱局辛葭舟、徐惠臣，均对企业进行了投资。1934年底中兴诚购买了一整套染整机器设备，

---

① 徐华东主编：《济南开埠与地方经济》，黄河出版社2004年版，第245—258页。

1935年投入生产。[①] 德和永染坊、中兴诚织带厂均由商人兴办,并且在商人资本的积极参与下,仅用四五年时间便过渡到了现代漂染企业,这可看作急变型演变模式。这种急变型演变模式的实质是手工业通过资本的集聚、对本土技术的继承与对外来技术的嫁接的路径向现代工业的过渡,其成功的关键是短时间内商人资本的大量投入。

济南现代漂染业形成与发展的这两种模式,具有一定典型性,在其他行业、其他地区都能找到类似的例子,比如上海、天津、武汉、潍县的机器制造及铸铁业、油坊业、造胰业等。

第四节　生产工艺的变革

民国时期,随着生产工具和动力的改进,手工业在生产工艺方面取得了相当程度的进步,突出表现在生产原料的使用以及手工业产品的更新换代。生产工艺的变革不仅是民国时期手工业技术演化的重要组成部分,也是手工业技术演化的重要成果。

一、原料革新

棉织业在工艺上发生了十分明显的进步,涉及原料、染料、产品种类等多方面。棉织原料不仅经历了由手纺纱到机织纱的转变,还"改用丝光线以至掺用人造丝",染料由天然靛青到人工化学染料,产品方面"布则加以整理印染,染织品自平而斜而提花,花色繁多,质地坚匀"。[②]

在华北乡村织布业中心高阳,光绪末年机纺洋纱开始大量输入后,"织布原料的供给,无虞于缺乏,农民可以省去自己纺纱的麻烦专心于织布"[③],避免了手工纺纱效率低下的问题,突破了手工织布的原料制约。由此,高阳织布

① 秦一心主编:《20世纪济南文史资料文库(经济卷)》,黄河出版社2004年版,第216—217、224—228页。

② 上海市社会局编:《上海之机械工业》,中华书局1933年版,第155—156页。

③ 吴知:《乡村织布工业的一个研究》,商务印书馆1936年版,第11页。

业“受了机纱的竞争，而演变成了原料革命”①。铁轮机在高阳得到推广后，“技术进步，自十六支线粗布，而二十支，而三十二支，而四十二支，以至于今日”②。天津是华北地区棉纱输入的主要口岸，又有比较发达的民族机器纺纱业。据统计，1922 年天津华商纱厂纱锭数达 193000 枚，约占全国纱锭数的 12.8%。③ 高阳离天津水陆均不过 300 里，水路经大清河用民船运输，陆路则用大车，三四天时间即到。④ 故天津成为高阳的棉纱主要来源地。20 世纪初高阳的棉纱基本是从天津进口的洋货，“大半来自日本，纱之细者以三十二支者为最，粗者则有十大把、十二把、十六支、二十支等类”⑤，其中以 16 支、20 支销量最多。其后低支纱逐渐被高支纱取代，20 世纪 30 年代 10 支、16 支纱被淘汰，20 支、32 支使用最广。由于日本执行棉纱出口计划，1910 年日本纱占高阳市场的 70%。⑥ 森时彦详细考察了高阳织布业发展与天津进口日本棉纱纱支结构变化之间的关系，认为日本的高支纱催生了高阳“近代部门”的萌芽。⑦ 一战时期，华商纱厂崛起，与日纱竞争于高阳棉纱市场。1932 年高阳 23 家大布线庄从外埠购入棉纱 25031 包，来自天津的有 15541 包，占 62.1%。⑧ 1933 年天津产的棉纱输入高阳 10554.5 包，占全年高阳输入棉纱总量的 48.67%，占据半壁江山，居于首位。次为上海、青岛，分别占 26.78%、13.79%。⑨ 上海织袜业中，平口袜多用 60 支双股线，罗纹袜用 42 支双股线及 42 支以下纱线，因中国纱厂所出棉纱多为低支纱，故织袜业所用基本上是洋纱。⑩ 而在南通，因盛产土布，改良织布机传入较晚，使用棉纱仍以低支纱

---

① 吴知：《乡村织布工业的一个研究》，商务印书馆 1936 年版，第 7 页。
② 朱尚英：《高阳布业之调查》，《天津棉鉴》第 4 卷第 7—12 期合刊，1935 年 8 月 1 日。
③ 严中平等编：《中国近代经济史统计资料选辑》，科学出版社 1955 年版，第 108 页表。
④ 吴知：《高阳之土布业》，见方显廷主编《中国经济研究》，商务印书馆 1938 年版，第 678 页。
⑤ 李晓冷等纂修：《高阳县志》卷 2《实业》，1933 年铅印本，第 6—7 页。
⑥ ［日］顾琳：《中国的经济革命：二十世纪的乡村工业》，王玉茹等译，江苏人民出版社 2009 年版，第 32 页。
⑦ ［日］森时彦：《两次世界大战之间中国的日资纱厂与高阳织布业》，《近代史研究》2011 年第 4 期。
⑧ 方显廷：《华北乡村织布工业与商人雇主制度》，南开大学经济研究所，1935 年，第 30 页。
⑨ 吴知：《乡村织布工业的一个研究》，商务印书馆 1936 年版，第 200 页。
⑩ 何行：《上海之小工业》，中华国货指导所，1932 年，第 24 页。

为主。每年所用棉纱均采购自大生纱厂等当地纱厂,1936年共计6.4万包,12支纱占54%,其余为16支、20支纱。①

人造丝的使用是高阳织布业的另一个"原料革命"。1921年人造丝开始被用作织布原料,生产与棉纱交织的混合织品。1926年人造丝浆经法的发明,使完全使用人造丝生产纺织品成为可能,人造丝由此得到广泛运用,这也是高阳布业在1926—1929年兴盛的主要原因之一。1926年天津的人造丝输入量为7282担,1927年增至19318担,1928年增至31253担,1929年达到58354担。此后由于经济不景气,天津的人造丝输入量剧减。1930年减为29410担,1931年减为22354担,1932年减为8143担,1933年则只有1296担。高阳从外埠购买人造丝的布线庄有15家,1932年共购进人造丝4084箱,其中87.8%来自天津。②

丝织业最初使用的唯一原料是天然蚕丝。随着新式丝织机的输入和推广,以及机械缫丝工业的兴起,丝织业原料经历了由土丝到厂丝再到人造丝的转变。在中国手工丝织业中心江南地区,这一变化表现得十分明显。1913年以后,浙江各绸厂陆续采用厂丝作原料。开始,绸厂生产熟货花色绸缎基本上不用土丝而用厂丝,生货罗、纺、线春还用土丝织造,后来生产生货也逐渐少用土丝。③ 到了20世纪20年代开始掺用人造丝。1924年国外人造丝进入江南市场,各厂开始试用厂丝与人造丝交织,花样新颖,销路日广。由于人造丝价格仅及蚕丝的一半,并且与蚕丝交织后,可染多种颜色,从而使丝织品品种日新月异,丝织业由此发生了重大变化。

杭州绸缎原料原来仅使用土丝和辑里丝,厂丝出现后因厂丝条份匀净、织物较为平滑,各机户遂多采用厂丝。人造丝输入杭州始于1924年,该年杭州关人造丝输入量仅24担。据调查,1927年杭州人造丝输入量增加到3000余担,1931年输入量又增至8420担,专兼营人造丝的商号1933年达到33

① 《南通土布产销概况》,《中外经济情报》第49号,1937年1月17日。

② 方显廷:《华北乡村织布工业与商人雇主制度》,南开大学经济研究所,1935年,第10、31页。

③ 朱新予:《浙江丝绸史》,浙江人民出版社1985年版,第182页。

家,并成立了人造丝同业公会。[①] 人造丝输入后,因价格低廉,光泽鲜美,可以与天然丝交杂使用,机户开始纷纷采用。20 世纪 30 年代杭州的绮、绡、绨、罨、绚、缇、绣、锦等绸缎品均以人造丝与天然丝交织而成。[②] 人造丝成为各绸厂所用最主要原料,占到 59%,天然丝占 40%,棉纱占 1%。[③] 相比于杭州稍晚,上海丝织业 1929 年后开始使用人造丝,以人造丝作经线,以棉纱作纬线,“此项交织品谓之绨,风行各地,销路极旺”[④]。

纺织染料方面,经历了由蓝靛等植物染料向化学染料的转变,这一变化始于 1902 年从德国输入的人造靛。最初人造靛年输入量仅 3625 担,及至 1913 年猛增至 314268 担。红坊、丝经坊、线坊、绸布染坊、印花坊等纷纷设立。“近十年来,经德国染料商之指导,对于人造染料之引用,均能明了,所谓洋色染坊、西法染坊等相继以兴,而青灰等坊,遂奄无生气,只有质朴之乡民,维持其现状而已”。在漂白方面,“自盐酸、漂白粉行销以来,日晒漂白之法,亦趋淘汰”。不过,印花工艺改进缓慢。印花坊“均用石灰、豆浆,以纸型印捺布面,投入靛缸染之,染后将灰浆刮去,印捺处遂呈白地花纹”。在印花工艺上,有印染者改用树胶刻花,但出品一经日晒或水洗即变色。[⑤] 因此,民国时期高阳的漂染染料,“除旧式染缸所用为国货外,蒸汽染锅所用以染阴丹士林布者,则购自德国”[⑥]。

二、手工产品的多样化

铁轮机、洋纱以及化学染料的使用,使织布业布匹结构、式样以生产技术变革为基础,以市场需求为导向,发生了巨大变化。铁轮机传入之前,桓台织布业多为农民家庭手工业,妇女纺线织成粗布、小布,销于当地及周边,铁轮

---

① 建设委员会调查浙江经济所编:《杭州市经济调查》下编,1932 年,第 70 页。
② 建设委员会调查浙江经济所编:《杭州市经济调查》下编,1932 年,第 28 页。
③ 建设委员会调查浙江经济所编:《杭州市经济调查》下编,1932 年,第 46 页。
④ 刘大钧:《上海工业化研究》,商务印书馆 1940 年版,第 26 页。
⑤ 上海市社会局编:《上海之机械工业》,中华书局 1933 年版,第 184—185 页。
⑥ 朱尚英:《高阳布业之调查》,《天津棉鉴》第 4 卷第 7—12 期合刊,1935 年 8 月 1 日。

机及洋纱输入后,改织洋布,岁出40万匹。[①] 铁轮机传入武进后,“土布因为门面既狭,质地又粗,所以不合实用……以致销路一落千丈”,最终被改良布“取而代之”。“改良布”“与土布成为对立的名词”。从种类来看,武进的改良布可分为本色及色花两类,本色布包括本色市布、粗布、细布、粗斜纹布、细斜纹布等,而色花布包括印花布、染色布、哔叽、花绒等,名目繁多。可以说,武进所出的各种布匹,花纹颜色日新月异。[②]

高阳作为清末开始兴起的手工织布区,从最初生产传统粗布,到20世纪30年代“所出的各种布匹,名目过多,实举不胜举,且花纹颜色,日新月异”[③]。从清末到全民族抗战前,经历了萌芽时期(1909—1914)、初次兴盛时期(1915—1920)、过渡时期(1921—1925)、二次兴盛时期(1926—1929)、衰落时期(1930—1933)、三次兴盛时期(1934—1937)等几个时期。这一过程可以说就是高阳织布业在市场竞争中不断求新突破的发展史,兴起与繁荣的原因在于革新工具与工艺,渡过危机的密码亦在于不断创新,较为完整地展示了随着生产工具、生产工艺改进所经历的布匹结构变革。表4-10纵向反映了高阳织布业布匹结构变迁的详细情况。清末,高阳用20支以下的手纺粗纱,以最老式的投梭机织造只有一尺二寸宽的白色窄面粗布,效率低下,洋布的输入使其大受打击。此后铁轮机和洋纱的输入使高阳织布业“演变成了技术革命”,不仅提高了生产效率,“且以无须用手来投梭,因此布面可加宽至二尺二寸以上,而仿制进口的宽面洋布”。[④] 布匹染色则“多系旧法,把白布染成毛蓝佛青大红等色”[⑤]。民国初年,随着20支纱及32支纱的使用,开始织造质地细软的细布,受到消费者欢迎。一战爆发后,洋布输入减少,为高阳织布业兴起创造了时机。同时,日本所产42支电光线传入高阳。电光线染色后织成的布匹长100尺、宽2尺1寸,名曰“爱国布”,成为这一时期高阳比较突

① 王元一纂修:《桓台县志》卷2《法制》,1934年铅印本,第39页。

② 吴永铭:《武进织布工业调查》,《国民经济建设月刊》第2卷第4期,1937年4月15日。

③ 吴知:《乡村织布工业的一个研究》,商务印书馆1936年版,第221页。

④ 吴知:《乡村织布工业的一个研究》,商务印书馆1936年版,第9—11页。

⑤ 吴知:《乡村织布工业的一个研究》,商务印书馆1936年版,第221页。

出的布匹品类。1915年,小提花机由天津传入高阳,使用42支合股及60支电光线织造电光布、电光格、霞缎等布。此后又开始织造被面布、小提花布、条格布等。1921年后,白布以及爱国布等花色布受到自身品质下降,洋布、国内机制布以及潍县布匹的多重打击,高阳开始将重点放在条格布和罗纹布方面。其中,罗纹布是以人造丝为纬线、42支合股纱为经线织成的大提花布,是高阳使用人造丝和大提花机的开始。由于技术上的限制,此时人造丝尚不能做经线,因而不能织造纯粹的人造丝布,人造丝和大提花机的使用受到制约。1926年天津明生织工厂发明人造丝浆经法,以人造丝浸入胶水及油类液体,取出晾干,使其质地坚韧,做经线时不易折断,克服了人造丝做经线的技术问题,"为高阳布业注入了新鲜的血液","是造成高阳布业二次兴盛的主因"。当时这种纯人造丝布因系由天津明生织工厂织造、由庆华厂经售,故取名曰"明华葛"。同时,又创织电丝葛、国华绨等棉麻织品。1930年,软人造丝输入高阳,于是又创织春绸、纺绸、亮绸、锦地绉、雁翎绸等布。而这一时期,粗布则渐遭淘汰。[①] 但很快遭遇了世界经济危机,日本侵略中国东北导致高阳布匹东北市场丧失,这使高阳布业陷入了衰落。为应对危机,高阳织布业"积极在布匹质量和花样品种方面开拓新路"。其中,较为突出的是布匹染色技术的革新。李恩波于1924年从上海引入的印花技术,经过步步革新,使印花麻布不仅花纹图案齐全,色泽华丽,而且保持色彩牢固不褪。[②] 由此,高阳布业迎来了日本全面侵华前的又一次繁荣。(见表4-10)

表4-10　高阳出品布匹变迁表

时期	白棉布	花色棉布	麻丝布	棉麻织品
清末	粗布	蓝缸靠粗布		
1912年	粗布、细布	各色染布		
1915年	粗布、细布	爱国布、电光布、电光格、霞缎		

① 吴知:《乡村织布工业的一个研究》,商务印书馆1936年版,第14—24、146、221—223页。

② 河北大学地方史研究室等编著:《高阳织布业简史》,1987年,第7页。

续表

时期	白棉布	花色棉布	麻丝布	棉麻织品
1917 年	粗布、细布	小提花布、被面布、条格布、爱国布		
1919 年	粗布、细布	条格布		
1921 年	粗布、细布	条格布		罗纹布
1926 年	细布	条格布	明华葛、麻缎	国华绨、电丝绨
1930 年	细布	条格布、呢布、宽面床单布	春绸、纺绸、锦地绸、亮绸	国华绨、电丝绨、雁翎绸
1933 年			明华葛、麻缎	

资料来源：吴知《乡村织布工业的一个研究》，商务印书馆 1936 年版，第 224 页，表 67。

丝织品与棉织品同样经历了产品的不断调整更新，不仅有天然丝织品，还有人造丝织品以及人造丝、天然丝与棉纱的合织品，织品种类名目繁多。20 世纪 20 年代末 30 年代初，杭州重要的天然丝织物有铁机大绸、明华绸、明星绸、线绸、电光缎、绒纬缎等 38 种之多，人造丝与天然丝合织物的种类有明星绉、花香绸、孔雀绸、霞文缎、三闪花缎等 36 种，人造丝、天然丝与棉纱交织物的种类也达到了 10 种，包括龙翔绉、细毛葛、绢丝哔叽、绢纺、素毛葛、纯毛葛、卿云罨、毛葛、丝抢绢、纬成呢等。值得注意的是，这些织品均是由手拉铁机及电力铁机所生产，不涉及木机出品。此外，织物种类还有天然丝与毛线交织物、天然丝与棉纱交织物、人造丝与毛线交织物、人造丝与棉纱交织物，"更有同一名目而有各种原料交织者"，如乔其纱有纯天然丝织物，也有天然丝与人造丝交织物。[①] 在绍兴，"铁机兴起，出品花色亦繁，花绸、素缎及各种花缎均层出不穷。木机花素大绸、阔纺、狭纺等亦源源创出"。1935 年，绸业生货织物绸纺"纺凡七种，绸二种"。纺包括阔纺、狭纺、二二纺、九串纺、四八纺、尖纺、二二单串七种，阔纺宽度达 2.4 尺，产量最多，狭纺仅 1.8 尺。绸有花大绸、素大绸，宽度均为 2.4 尺。熟货缎类"概系天然丝与人造丝之交织

① 建设委员会调查浙江经济所编：《杭州市经济调查》下编，1932 年，第 29—35 页。

物，出品有素缎、玄色缎、大红缎、品蓝缎、天青缎、绛色缎、常青缎、大灰缎、花缎、摩登花缎等种，要皆因色泽而异其名”。[①] 织品种类的变化，不仅反映了人们消费心理的变迁，也反映了生产工艺的进步。

除丝织品种类的变化外，绸缎花样也日新月异。杭州绸缎业以前均依靠祖传的挑花作为点缀，花样十几年不改，营挑花业者只有三四家，并严守秘密，不轻易示人。民国初年手织铁机输入后，“遂有纹工雕成之花”，旧式花样渐遭淘汰。不过，新式花样购自日本，价格昂贵，每张纸板四五分钱。后经工业学校设立机织纹工科，培养纹工人才，至1913年、1914年，专业纹工厂相继设立。1926年杭州纹工厂达近百家，其工作分打样、兜花、单涂、踏花、穿板五部分。纹制的花板有缎花、纱花、绸花、葛花、绢花、绉花、线地等数种，每种花板张数不尽相同，有的每本多至数千张。[②] 可见，花样种类之繁多。这些变化既以生产技术的进步为基础，也在相当程度上迎合了市场的需求。“服色既无定制，专以华丽为主，于是经营服饰业者，咸潜思冥想，争奇斗胜，以为商场上之竞争”[③]。因此，不仅丝织品种类多样化，花样日新月异，就是织品颜色也随着花样而不断调整。为在市场竞争中赢得先机、占得主动，丝织业推陈出新的努力充分体现了近代手工业者的创新精神。（见表4-11）

表4-11　杭州市绸缎变迁表

年份	通行绸缎	花样	颜色	备注
光绪年间	宁绸、宫绸、线绉、宫纱、纺、横罗、直罗	福寿、牡丹、龙凤及各种花卉	元色、藏青、品蓝、古铜、大红等色	大中花最通行
宣统年间	摹本缎、绒纬缎、线地、纱、横直罗、纺、大绸	同上	元色、藏青、品蓝、古铜、大红、绛色、二蓝等	中花最通行

① 建设委员会经济调查所编：《绍兴之丝绸》，1937年，第22—24、39页。
② 建设委员会调查浙江经济所编：《杭州市经济调查》下编，1932年，第62、63页。
③ 建设委员会调查浙江经济所编：《杭州市经济调查》下编，1932年，第27页。

续表

年份	通行绸缎	花样	颜色	备注
1914—1915 年	摹本缎、绒纬缎、线地、横直罗、纺、大绸、三闪缎、纬成缎、三角缎	各种植物花卉及团花	同上	此时花色已繁
1918—1919 年	绒纬缎、横直罗、三闪缎、纬成缎、实地纱	回文团花及各种花卉	藏青、品蓝、元色、时灰、菜灰、菜青、古铜及各种浅色	中花最通行
1922—1923 年	绒纬缎、横直罗、纺、大绸、三闪缎、纬成缎、纬成呢、实地纱、绢绉	同上	同上	大花最通行
1924—1925 年	绒纬缎、横直罗、纺、大绸、纬成缎、单双绉、绢、绨、绫、巴黎缎	各种植物花卉、动物团花	元色、蓝灰	大团花最通行
1928—1929 年	巴黎缎、绢、绨、纶、绡、纱、三闪巴黎缎、单双绉、印花印度绸	新出生货小花、熟货大中花	蓝灰、深藏青	小花最通行
1931—1932 年	绢、绨、纶、绡、乔其纱、单双绉、锦地绉、横直罗、纺、大绸	各种新奇花卉	—	近以生货为多，颜色深浅听顾客选配定染

资料来源：建设委员会调查浙江经济所编《杭州市经济调查》下编，1932 年，第 27—28 页。

在世界工业化发展中，中国近代手工业的技术演化有其自身脉络。世界历史迈入近代以来，由于各地区发展的不平衡性与差异性，各国走上了不同的工业化道路。西方国家在经历长期的原始工业化发展阶段后，发生了工业革命,开始了工业化进程。但是,近代中国在西方资本—帝国主义列强的侵略下,被剥夺了像西方国家那样单纯的渐进型工业化道路,而是形成了独特的二元工业化模式。如前文所述,在二元工业化模式中,中国的工业化在两个层次上展开,一是机器工业的移植和发展,二是传统手工业的嫁接改造。前者是突发式的,后者是嫁接型的,两者几乎同步进行。民国时期手工业的技术演化正是中国工业化进程的一个层面,代表了中国在手工业基础上通过技术嫁接、改造,渐进式地走上工业化的道路。

以铁轮织布机、手拉提花丝织机的使用为代表的手工工具机革新,是中国近代手工业进行技术嫁接、改造的典型代表,对中国手工业在近代的发展演变具有不言而喻的重要意义,也是中国通过技术嫁接、改造,走上渐进式工业化道路最好的例证。对于工具机革新的重要性,马克思指出,"工具机,是18 世纪工业革命的起点。在今天,每当手工业或工场手工业生产过渡到机器生产时,工具机也还是起点"。工业革命发生后,工具机"大体上还是手工业者和工场手工业工人所使用的那些器具和工具,尽管它们在形式上往往有很大改变。不过,现在它们已经不是人的工具,而是一个机构的工具或机械工具了"。[①] 工具机的使用使人力得到相当程度的解放,因为"人能够同时使用的工具的数量,受到人天生的生产工具的数量,即他自己身体的器官数量的限制",比如珍妮纺纱机发明以前,人们很难同时纺两根纱,而珍妮纺纱机能同时使用 12—18 个纱锭。因此,"同一工作机同时使用的工具的数量,一开始就摆脱了一个工人的手工业工具所受到的器官的限制"。[②] 正是因为如此,铁轮机、手拉提花丝织机等手工工具机的使用使手工业生产效率和产品质量大为提升,开辟了民国时期手工业发展的新境界,踏上了半工业化的发展历程。

值得注意的是,民国时期手工业的半工业化并非停滞不前,而是与现代

① 中共中央马克思恩格斯列宁斯大林著作编译局编:《资本论》第 1 卷,人民出版社 2004 年版,第 429—430 页。

② 中共中央马克思恩格斯列宁斯大林著作编译局编:《资本论》第 1 卷,人民出版社 2004 年版,第 430—431 页。

工业形成互补关系,不断吸收工业化时代现代工业所创造的技术成果,在不断积累中扩大生产,改进生产设备,向着现代工业转化,使半工业化进一步深化。不言而喻,从理论和实践上来看,这样的发展路径是向着工业化前进的。正如马克思所说:“手工业生产在机器基础上的再现只是向工厂生产的过渡,只要机械动力(蒸汽或水)代替人的肌肉来推动机器,工厂生产通常就会出现。”①尽管民国时期手工业的半工业化及其向深度的发展,主要表现在一些典型行业和地区,但半工业化已经显示出了向工业化发展的良好势头。不过,令人痛惜的是,随着日本全面侵华战争的到来,这一良好发展势头被打断了。

① 中共中央马克思恩格斯列宁斯大林著作编译局编:《资本论》第1卷,人民出版社2004年版,529页。

第五章
手工业经营形式的近代性变迁

从手工业自身的能动机制看,生产力的变革,必然相应地促使生产形态的更新。从鸦片战争后近代手工业所面临的外部环境看,外国资本主义、民族机器工业对手工业生产形态的发展都形成一定的压力和推力。在这种内力和外力的共同作用下,手工业的经营、劳动和管理形式都发生了一些变化。经营形式的近代性变迁主要体现为包买主制下的依附经营、业主制下的自主经营的手工工场以及合作制下的联合经营形式。包买主制下的依附经营形式在中国近代主要手工业行业中广泛存在。从劳动形式上划分,依附经营者可以区分为以个体劳动为主的家庭手工业和以分工协作为主的作坊或工场手工业。从依附方式上看,有间接依附和直接依附之分,在依附"度"上,则有资本依附、原料依附、原料供应与产品销售的双重依附等三种类型。从包买主资本活动的主要范围上分析,包买主的存在形态有商人型包买主、商人兼工场主型包买主以及工场主型包买主等。包买主制下依附经营形式的复杂性说明了近代手工业近代性变迁的艰难性。在业主制下,自主经营的家庭手工业在面向市场即从事商品生产方面,是对封建社会中家庭手工业的否定,在逻辑上构成手工工场的起点。但中国近代手工工场主要还是通过在股份或合伙制基础上组建、由商人或包买主直接创办以及由行会手工业转化等多元路径形成的。合作制下的联合经营形式的兴起,既有民间手工业者自发应对资金不足、技术落后、市场竞争等因素的挑战,也有来自政府层面上的倡导。在合作形式上,既有资金上的联合,也有销售上的联合。因此,与自然经济时代的传统手工业相比,近代手工业的经营形式更加灵活多样,进而增强了其韧劲及其向工业化发展的基础。

第一节　包买主制下的依附经营

一、依附经营形式的产生及其广泛存在

在封建经济时代,城乡家庭手工业基本上属于独立的自主经营。虽然城乡家庭手工业处在行会控制或从属于农业的家庭副业地位,但它们的一个共同特征是:原料自备或自由购买,生产工具及其产品归业主所有,产品在理论上可以自由出售,不过由于社会经济发展水平较低,市场狭小,农民家庭手工业一般只在家庭消费有余的前提下在地方集市上直接与消费者交换,商人作为生产者和消费者之间的交换媒介的角色并不十分突出。进入近代以后,传统手工业面临着外国资本主义和民族机器工业的残酷竞争,同时市场进一步扩大,廉价原料供应充足,因此,手工业存在着破产失业和扩大生产的双重可能。但是,单个手工业者既无足够的流动资金购买大批原料,同时也缺乏跨区域销售产品的能力和经验,于是,一些积累了一定资本的商人对生产和销售的介入逐步增多。起初他们还是单纯地销售原料,收买产品,为了在日益扩大的市场中满足客商对产品规格和数量的需求,部分商人开始向手工业者赊售原料,并规定以制品偿还赊欠,最后少数富商大贾直接向手工业者提供原料,然后收回成品,计件给以工资,于是,包买主制下的依附经营形式开始流行起来。在包买主制下,手工业者不得不遵守包买主的旨意,按包买主的要求加工,手工业者生产的目的,不再是售之于市,而是在于获得工资,如手工织布业依附经营者"不能售其所欲售,仅织成商人雇主所愿织"①,就是这种

① 方显廷:《华北乡村织布工业与商人雇主制度(一)》,《政治经济学报》第3卷第4期,1935年7月。

经营形式的写照。包买主就这样不动声色地使手工业者失去了从前的独立性,转化为各个包买主控制下的依附劳动者。河北高阳手工织布中包买主制下的依附经营形式的产生颇为典型。高阳是一个有手工织布传统的地区,但由于生产技术的极端落后和产量稀少,一直维持着一家一户的自主经营,除供家庭消费外,出品直接卖给商贩或消费者。1909—1914 年,机纱开始大量输入高阳,足踏机也被介绍进来。由于“洋纱和足踏机的革命,足踏机生产力大,消费原料数激增,极少数资力雄厚的,固然还可以自购原料,依自己的计算,织布出售。但一般的农民,为原料不致缺乏计,不得已只有仰商人的鼻息,替商人织布而赚取工资,俗称为‘织手工’,从商人方面说,称之为‘撒机子’,即商人撒原料与其机户而收取布匹的意思”[①]。商贩“撒机”制的出现多少有些出于偶然,在河北宝坻(今属天津),“商贩在市集之中,偶见某织户出售布匹较之平日贩卖者质地匀整,或所生产布匹为量较大,即愿长期与此家售户交易。……先有少数大贾,继之以其他商贩,咸觉如此经营,不如由商人自行供给棉纱,交由织工纺织,然后按件予以工资,较为简单。同时使每一织工仅为一商人织布,布匹来源,亦较得集中”[②]。其实,所谓“偶然”乃是那些精打细算的商人重视市场那只“看不见的手”的必然产物。

当然,近代手工业中的依附经营形式的产生决不是单线性的。有些行业中的包买主制是在外力的冲击及其他因素的制约下,从手工工场中演化而来的。如地毯业,“各大地毯工厂于受外来打击之后,咸相继减少出品,或竟完全停业,而将毛线发给工人,由工人在自设店铺中织造,既无机械,亦无其他劳工,仅由少数学徒帮助工作而已,织成地毯,按劳计酬”[③]。从业主制下自主经营的手工工场转变为包买主制下的依附经营,是一种因外国资本主义势力引起的劳动形式上的退化。浙江平湖织袜工业一开始也是手工工场经营,最早设立的针织工场是一位高姓商人设立的光华袜厂。该厂开业时有袜机数

① 吴知:《乡村织布工业的一个研究》,商务印书馆 1936 年版,第 13 页。

② 方显廷、毕相辉:《由宝坻手织工业观察工业制度之演变》,《政治经济学报》第 4 卷第 2 期,1936 年 1 月。

③ 方显廷、毕相辉:《由宝坻手织工业观察工业制度之演变》,《政治经济学报》第 4 卷第 2 期,1936 年 1 月。

十架,女工40余人,产品畅销,“惟女工人少,尽一日之工作,每机出货不过一打,乃改为女工至厂租机,领纱回家工作,缴袜时给予工资,于是有家庭职务之妇女不能到厂工作者,亦纷纷租机领纱,于家务闲暇时,在家工作。自此制一行,而平邑针工业遂日臻兴盛”①。江苏嘉定兴业草织公司也是由于当地女工不愿意整日到厂工作,“公司无法招收工人,工场取消,于是公司性质由制造改为贩卖”,成为向农家收购制品的包买商。② 以缝制瓜皮帽闻名的山东周村制帽业则是因为当地少女“足不出户”的旧俗,而不得不将缝纫工作分散到少女家中。该处帽庄总数为七八十家,制帽工作中的剪料、制纸坯、熨平、装配、整理等环节都由男工在庄中集中完成,帽庄“实需男工六七人者,即必有女工二十七八人……周村镇之妇女凡中下级之户,无不作工,亦[抑]或全家同任一种工事,故每庄所需女工虽多至三四十人,并不在庄内”③。

包买主制下的依附经营形式在中国近代最大的手工业行业即手工织布业中非常普遍。20世纪30年代的经济学家在他们的著作和调查报告中将这种经营形式称为商人雇主制。据他们的调查,中国近代主要手工织布区内的绝大多数织户都处在商人雇主的控制之下,如高阳织布区,1914年以后,“织手工的布机就始终占多数,并且在比例上亦有进步”④。以1932年为例,高阳55家布线庄共雇用机户6375户,织机7206架,平均每家雇用机户116户,织机131架;25家染线厂共雇用机户1847户,织机3124架,平均每家雇用机户74户,织机125架,两者合计,共雇用机户8222户,织机10330架。⑤ 同年高阳织布区内共有织机16961架。⑥ 如果这些织机全部开工,那么处于高阳商人雇主控制下的依附经营户将占织机总数的61%。相对于其他年份来说,这个比例是偏低的,因为1932年是高阳织布业在世界经济危机的冲击下急剧萎缩的低潮时期,精明的商人大多减少撒机数,甚至有5家布线庄完全停止

① 《浙江平湖织袜工业之状况》,《中外经济周刊》第147号,1926年1月23日。
② 实业部国际贸易局编:《中国实业志(江苏省)》,1933年,第二编“经济概况”,第72—74页。
③ 《山东历城长山等县经济情形之调查》,《中外经济周刊》第109号,1926年11月27日。
④ 吴知:《从一般工业制度的演进观察高阳的织布工业》,《政治经济学报》第3卷第1期,1934年10月。
⑤ 吴知:《乡村织布工业的一个研究》,商务印书馆1936年版,第91—92页。
⑥ 吴知:《乡村织布工业的一个研究》,商务印书馆1936年版,第18页。

撒机。在宝坻织布区,1923 年共有布业商号 93 家,其中 67 家为商人雇主组织,其余 26 家仅在市场上收购棉布,全县 10649 户织工中,7650 户为依附于商人雇主的散工户,占总户数的 71.8%,该年为 67 家商人雇主织定货的织工“消费棉纱占全县产纱的 67%,生产棉布则达 69%……商人雇主所付出的工资亦达 1253000 元之巨”①。山东潍县的织户与布线庄之间,除普通商业借贷外,还有两种方法的往来:一是“布庄或线庄放纱给织户,而换取织成的布”;二是“织户代布庄织布,赚取工资”。② 据记载,山东潍县土布的销售中,以各省大资本布庄驻潍庄客采购最多,他们购买的方法就是“自立商标厂名,招寻织户若干家,使依所定长阔数及布之稀密,议定价值,终年交易”③。在这里,布庄、线庄及各省驻潍庄客就是潍县织户的包买主。江苏通海织布区则流行一种“换纱制度”,即“纱布兼营的商人,以棉纱代现金,用以购买织户布匹”,尤其是 1930 年以后发展成为一种普遍的办法,“布商是织户的土布买主,同时又必然是他棉纱的卖主”。④ 仔细分析起来,这种换纱制度其实就是一种低层次的包买主制度,因为布商不仅堵塞了织户自由购买原料的渠道,而且还切断了织户与销售市场的联系。与土布商略有区别的南通绸布店对使用手拉机生产中机布的织户直接采取了包买主制下的依附经营形式,由绸布店规定品种与质量,向织户增加定机生产,产品向苏北一带推销。在绸布店的带动下,资本较大的土布商也开始向机户定织。⑤ 但这种经营形式在通海织布区内究竟处于什么地位,据现有的材料还很难作出准确的判断。

城市织布业中也同样存在着依附经营形式。如福州,早在 1900 年前后,以福州为中心的机坊约 500 家,分布在福州市内及邻近乡村,他们与棉布行庄的往来性质就属于包买主制下的依附关系,“行庄将原料棉纱分送各机坊

---

① 方显廷、毕相辉:《由宝坻手织工业观察工业制度之演变》,《政治经济学报》第 4 卷第 2 期,1936 年 1 月。

② 王子建:《中国土布业之前途》,见千家驹编《中国农村经济论文集》,中华书局 1936 年版,第 131 页。

③ 《山东潍县之经济近况》,《中外经济周刊》第 187 号,1926 年 11 月 6 日。

④ 严中平:《中国棉纺织史稿》,科学出版社 1955 年版,第 280—281 页。

⑤ 林举百:《近代南通土布史》,南京大学学报编辑部,1984 年,第 256 页。

织制,制成的布,再收回送到染坊,贴上本庄招牌发卖。这时,机坊不过是由行庄配给原料从事劳动而领取工资的织工而已”[①]。又如天津,据南开大学经济研究所20世纪30年代的调查,“主匠制与商人雇主制……盛行于天津之织布业”,被迫在商人雇主制下实行依附经营的是那些小型织布工场的场主,他们通常雇用1—10人,占天津织布业雇用工人数的25.1%,拥有织机2—3架。他们虽设场织造,但“所用原料,无论其为人造纱或为棉纱,皆为规模视本厂较大之厂所供给”,其产品或售与商人雇主,以偿还贷纱,或缴给商人雇主以领取工资。[②] 南昌土布店对产布地的织户往往“预贷以钱,令自买原料,织成后按匹送庄结帐,照时值算价;或由庄客自买原料,交由织户绩织,按匹算给工价”[③]。此外,以生产土布闻名的其他地区也大多采用依附经营形式,如畅销于北京的山东寨子布,便是由北京各布店“前往昌邑直接采办,其办货之法,系派人往青岛、济南等处,购买棉纱,运至昌邑之石埠镇、北孟一带,招请乡民代为织布(俗称放机)”[④]。浙江硖石土布业“由附近各乡民向硖石布行领取洋纱,回家纺织,织成布匹来硖缴行……在硖石共有布行九家……其放机区域,周围约百余里,西至石门街及桐乡屠甸等处,东至海盐沈荡,北至嘉兴之王店镇附近。所放之机,约有二万张”[⑤]。山西平遥“概用包机办法,由布庄发给棉纱于机户,织成一匹,给工资一角乃至二角”[⑥]。浙江嘉兴“布庄所谓织花布者,即由农民向布庄领取洋纱,织成后仍交还布庄,而获得工资”[⑦]。江苏常熟织布厂中“有完全放机者……在工人领取布机时,一切原料均由布厂供给,并由厂家发给凭折一扣,借此可以取原料,计工资”[⑧]。江苏礼让的棉织业中,“原料之购买及出品之销售,全为一二商人所独占。农家妇女向纱庄

---

① [日]平濑巳之吉:《近代支那经济史》,第303—304页,见彭泽益编《中国近代手工业史资料(1840—1949)》第2卷,中华书局1962年版,第258页。

② 方显廷:《天津织布工业》,南开大学经济学院,1931年,第22—28页。

③ 《江西南昌县商业近况》,《中外经济周刊》第166号,1926年6月26日。

④ 《山东寨子布在北京之销行状况》,《中外经济周刊》第176号,1926年8月21日。

⑤ 《硖石之经济状况》,《中外经济周刊》第215号,1927年6月11日。

⑥ 《平遥县之生计状况与织布业》,《中外经济周刊》第185号,1926年10月23日。

⑦ 冯紫岗编:《嘉兴县农村调查》,浙江大学、嘉兴县政府,1936年,第136页。

⑧ 《常熟之经济状况》,《中外经济周刊》第214号,1927年6月4日。

领取棉纱，织成土布后交给纱庄，获得工资”①。一种质地较好的广东澄海土布就是由“除自有一架织机外不需另备资本的织户”生产的，这些织户靠当地的土布店分配任务，包括原料，“澄海全县共有手摇织布机约五千架，估计一个女工每月平均收入为八元至十元，一律是计件付酬”②。这些存在于各地手工织布业中的依附者，其依赖于包买主的程度和方法可能互有差异，但都属于包买主制下的依附经营。

丝织业中包买主制下的依附经营形式早在明末清初就已存在，苏州的账房和南京的缎号就是其典型，“不过那时候只是一种稀疏的经济现象，而且受到封建行会的束缚，尚未完全脱离行会手工业的范围，属于一种从行会手工业向资本主义工场手工业过渡的形态”③。丝织手工业中占主导地位的仍然是独立的家庭手工业生产。鸦片战争以后，随着国际丝织品需求量的增长，丝绸市场渐趋活跃，独立机户的资金不敷生产发展的需要，尤其是生产周期较长的熟货织品，一些独立机户不得不依靠商业资本而为绸庄代织。同时，由于经营丝绸有厚利可图，于是商业资本越来越多地介入丝绸生产。在丝绸主要产地的江浙一带，包买主制下的依附经营形式比较普遍。据 1913 年对苏州的调查，经营纱缎业的账房共 57 所，其中 46 所系鸦片战争后所开设，依附于 57 家账房的男女工徒人数达 7681 人，其中雇用工人最多的达 600 人，最少的也有 25 人。各账房“大都以经纬交与织工，各就织工居处，雇匠织造”④。在南京，20 世纪前 10 年，“多数系由资本家放料机户代织，计货论值。无力买丝者，不费一钱，而手工所入，足以自活”⑤，代为资本家织缎的手工业者约 9500 人，加上机户辅助工人约 15500 人以上⑥。直到 20 世纪 20 年代，南京市

① 汪疑今：《江苏的小农及其副业》，见彭泽益编《中国近代手工业史资料（1840—1949）》第 3 卷，中华书局 1962 年版，第 175 页。

② *Decennial Reports, 1912—1921*，见彭泽益编《中国近代手工业史资料（1840—1949）》第 2 卷，中华书局 1962 年版，第 638 页。

③ 段本洛、张圻福：《苏州手工业史》，江苏古籍出版社 1986 年版，第 219 页。

④ 彭泽益编：《中国近代手工业史资料（1840—1949）》第 2 卷，中华书局 1962 年版，第 428 页。

⑤ 江苏省长公署第四科编：《江苏省实业视察报告书》，1919 年，第 39 页。

⑥ 实业部国际贸易局编：《中国实业志（江苏省）》，1933 年，第八编“工业”，第 172 页。

内还有缎号100余家,城郊机户织手共3000余家,“号家供给材料,机户织之”①。同一时期,杭州绸庄中也“有发丝与料房、经绒作、机户等,代为各项工作,算计工资者”②。其他中小城镇的丝织业中也存在着依附经营形式,如江苏震泽丝经的制作,“系由各丝行将丝之分两秤准,交由各乡户携回摇成,俟交货时,再为按工付值。计沿镇四乡三十里之遥,摇户约共有一万数千户,男女人工当在十万左右”③。丹徒县的丝织业系“由资本家设立绸号,广收丝经,散交各机户,计货授值,与南京之缎业相同”④。浙江宁波以织造塔夫绸著名,除绸厂生产外,“又有绸庄十余家……每家有手织机十余台,或放料与机户,织成给价”⑤。无锡塘头镇“调丝户的小农,先向丝线手工工厂领取原绞蚕丝;信用好的是由‘线坊’即丝线手工工厂发给调户。丝有一定的重量,调好了,调户须将调好的和‘丝头’一并交到线坊里去。……这种工作,大半是妇女做的,工资很低,整天工作,只可得到二角左右。附近塘头镇二三里内的几个村庄,居民除种田外,差不多家家户户操此副业”⑥。调丝虽然形式上依然是塘头镇农民的家庭副业,但已被纳入资本主义经济体系了,从事调丝的农民也因此成为带有资本主义色彩的兼业劳动者。山东周村专纺华丝葛的大规模丝织场中,“络丝之事,皆令在家工作,络价为每两三十文……每女工之每日络丝数约十六七两,连同所得余丝计算,约每日得钱一吊二百文”⑦。

鸦片战争后的新兴手工业如织毯、针织、花边等行业中,也广泛出现了包买主制下的依附经营形式。地毯业分布于我国的新疆、西藏、绥远、甘肃、陕西、山西、河北、山东等省,其中最为重要的为京、津两地。地毯的织造须经过纺毛线、染色及编织,除染色外,纺线和编织等生产中都存在着依附经营。如

---

① 剑泉:《南京缎业之调查》,见彭泽益编《中国近代手工业史资料(1840—1949)》第3卷,中华书局1962年版,第220页。

② 《浙江桑蚕业茧丝近况调查录》,《中外经济周刊》第186号,1926年10月30日。

③ 江苏省长公署第四科编:《江苏省实业视察报告书》,1919年,第135页。

④ 江苏省长公署第四科编:《江苏省实业视察报告书》,1919年,第31页。

⑤ 《宁波之经济状况》,《中外经济周刊》第193号,1926年12月28日。

⑥ 汪疑今:《江苏的小农及其副业》,见彭泽益编《中国近代手工业史资料(1840—1949)》第3卷,中华书局1962年版,第176—177页。

⑦ 《山东历城长山等县经济情形之调查》,《中外经济周刊》第190号,1926年11月27日。

天津纺毛线业,1927年左右该地纺线工场有20余家,集中在天津城西南角一带。“此等工厂名为纺毛,其实只自办弹毛,弹出之熟毛,概发女工纺线,其发女工之办法,从前系令女工(此等女工多住西头李公楼一带,以静海宝坻之来津贫民为多)领毛回家,纺线送厂缴纳过秤付价,每纺一斤工资十余枚。”①据调查统计,1930年天津地毯制造场共303家,其中雇用工人30人以上的有105家,30人以下者为198家。这些30人以下的地毯制造场,“虽自具织机及作坊,但其原料及样式,完全依赖出口商号,且须从商号预支款项,以资周转”②。不仅30人以下的小型作坊如此,即便是30人以上的制造场,“其组织亦有为商人雇主制者,与作坊无异……此等工厂之资本,亦如作坊,为数甚微,仅足供付流动开支,如工资与房租之用”③。北京的地毯工场在1920年约354家,其中拥有织机8架以上的约18家,按每架织机需4名工人计算,则每家雇用工人在30人以上。其余则为织机9架以下、织工不满30人的中小规模地毯工场,它们“只靠比较稍大之地毯工厂为之定购,其普通办法,一切地毯材料,均仰给于大厂,甚至米、盐、茶、面亦由大厂供给,其应收之价值则由织成地毯之价以扣除之”④。开办于1921年的北京信成地毯工场,所用“笨线”,“系直隶、博野、蠡县、深泽等县农家妇女所纺,时下每斤价值六角上下,该厂系将棉花发给上述各县农家妇女纺线,纺成后用大车搬运来京”⑤。到1924年,北京“大地毯行利用货真价廉之小地毯行做定货者日见其多,例如某地毯行有三十余家小同行专为之做定货,另有一家亦有三十余家小同行承做定货,即天津厂家间有向北京小同行家定货者”⑥。近代天津著名的地毯出品商仁立公司,“除利用自己的工厂进行生产外,还在三四十家小工厂委托加

① 《天津工业之现状》,《中外经济周刊》第205号,1927年3月26日。

② 方显廷编:《天津地毯工业》,南开大学社会经济研究委员会,1930年,第19页。

③ 方显廷编:《天津地毯工业》,南开大学社会经济研究委员会,1930年,第23页。

④ 罗听余:《调查北京地毯工业报告》,见彭泽益编《中国近代手工业史资料(1840—1949)》第2卷,中华书局1962年版,第696页。

⑤ 《北京信成织毯工厂之近况》,《中外经济周刊》第218号,1927年7月2日。

⑥ 包立德、朱积权编:《北京地毯业调查记》,见彭泽益编《中国近代手工业史资料(1840—1949)》第3卷,中华书局1962年版,第181页。

工”[①]。控制中、小地毯工场的不仅有大工场,还有部分洋行,它们“将羊毛自己纺线染色后发交小厂专承织工者,此等小厂,大抵皆满期工徒自营生计,不得已致为外商所利用”[②]。

在针织业的出现较地毯业为晚,大约始于20世纪初,存在于中国主要城市及其郊区,尤以江浙、天津为盛。浙江织袜业中的依附经营以平湖织袜业最为典型,前已述及,该地织袜业概行“租机之制”,平湖城乡近万架织机都在这种“租机之制”下被组织起来。其中“以光华为最多,约有一千架之普,当湖有六百余架,启新、怡和各有四百余架,其余有二百余架者十余家,此外有五十架以上至百余架者六十余家,有五十架以下者亦有十余家”。“租机之制”的平湖模式为浙江其他城镇所仿效。在嘉兴、嘉善、石门、硖石等处袜场,“其织袜制度,亦均采包工方法,一切手续及工资等项,亦多仿平湖办法”[③]。如1927年硖石镇的30余家袜场中,共有织机4000余架,“长年出租者约三千二三百部”[④]。在“租机之制”下,织户若自购织机,袜场往往不供原料,使织户生产受阻。江苏针织业稍异其趣,织机除租用外,也可由工人自备。如无锡20世纪20年代的37家袜场中,除“豫泰”“人余”“三友”等少数工场外,“袜机大多由工人自备,即非自备,亦必由工人同押金,向厂主租用(押金数须与该机值相等),等织成打,即可交厂取值……织袜女工虽有3000人,然在厂工作之数,不过500人,余均带机回家工作”[⑤]。沿沪杭甬路南至松江,有针织场坊数十家,“约雇用男女工人10000人,此数显系包括散处缝工及商人雇主制下之织工而言”[⑥]。长江北岸的扬州是小针织场坊的集中之地,有织袜之家三四百家,织工700人,其中1/3在商人雇主制下从事生产。规模较大的针织商店如“华昌”有机器120架,“大成”有60架,“元昌”亦有50余架,这些针

① 朱继圣、凌其峻:《仁立公司的曲折道路》,见中国人民政治协商会议全国委员会文史资料研究委员会编《工商史料》第1辑,文史资料出版社1980年版,第36页。

② 《中国地毯工业之沿革与制法及其销路》,《中外经济周刊》第75号,1924年8月16日。

③ 《浙江平湖织袜工业之状况》,《中外经济周刊》第147号,1926年1月23日。

④ 《硖石之经济状况》,《中外经济周刊》第215号,1927年6月11日。

⑤ 《无锡之袜厂》,见上海市工商行政管理局、上海市第一机电工业局机器工业史料组编《上海民族机器工业》上册,中华书局1966年版,第235—236页。

⑥ 彭泽益编:《中国近代手工业史资料(1840—1949)》第3卷,中华书局1962年版,第152页。

织商店“购备机器纱线,雇佣散处工人,论件计资”[①]。上海领料织袜的依附经营以“南汇袜子”而著名,生产这些袜子的大多数场坊,“向不自备资本,购买原料;专向上海各商号领取原料,遵从商号的意志,从事织造,一些不能违误;制品成后,仍须交给商号。它的经营目的,在得商号所给之包价付给工资后所余的净利”[②]。上海附近的手工毛巾业,一些不成场的“散户”,置机一二乘,织造毛巾,其制品多与商号“掉换洋纱”,这类散户在嘉定就拥有织机 300 余乘。[③] 江西南昌 1926 年时有针织场坊 60 余家,雇用工人 3000 余名,但“此类针织厂坊,大体皆甚狭小,率由散处工人领取机器及纱线,在家中缝织”[④]。1929 年左右,天津 154 家针织场坊雇用工人 2187 人,其中 577 人为散处工人,大多数作坊都把缝袜工作“委诸散处工人,以减轻坊内之设备费”[⑤]。

花边业起源于清末时期的烟台,民初传至江浙一带。花边的生产以包买主制下的依附经营为主,如山东烟台的花边业,“向有经纪人自备原料,分布各地女工,然后依制品之优点,给予工值。从事花边工作之女工,每日所获工值自三角乃至五角不等”,据估计,1926 年烟台附近村庄从事织花边者达 45000 人。[⑥] 民初传至上海后,附近的川沙、宝山等县妇女多以此为业,川沙尤盛。1915 年后,花边年产值增至“五六十万以上。妇女所得工资达二十万元以上”,截至 1930 年 4 月,该县从事织花边的场家约有 47 家,从业的女工人数达 23050 人,平均每家 490 人,多数场家系“收发花边”的商号。[⑦] 江苏无锡的花边商直接将设计的“花样及应用之纱线,交与请求工作之幼女……女童乃将纱线花样携家编织……织成后仍交与花边商”[⑧]。花边业鼎盛时期,无

---

① 《扬州针织业近况》,《中外经济周刊》第 198 号,1927 年 1 月 29 日。

② 蔡正雅:《手工业试查报告》,见彭泽益编《中国近代手工业史资料(1840—1949)》第 3 卷,中华书局 1962 年版,第 646 页。

③ 黄苇、夏林根编:《近代上海地区方志经济史料选辑》,上海人民出版社 1984 年版,第 82 页。

④ 彭泽益编:《中国近代手工业史资料(1840—1949)》第 3 卷,中华书局 1962 年版,第 157 页。

⑤ 方显廷:《天津针织工业》,南开大学经济学院,1931 年,第 14—23 页。

⑥ 彭泽益编:《中国近代手工业史资料(1840—1949)》第 2 卷,中华书局 1962 年版,第 703 页。彭泽益编:《中国近代手工业史资料(1840—1949)》第 3 卷,中华书局 1962 年版,第 185 页。

⑦ 黄苇、夏林根编:《近代上海地区方志经济史料选辑》,上海人民出版社 1984 年版,第 78—80 页。

⑧ 《无锡出口花边及绣花品》,《中外经济周刊》第 210 号,1927 年 5 月 7 日。

锡有花边商150家,最大规模者拥有资本达万元,普通商店在500—1000元,浙江的花边业经营者,“虽名为花边厂,实际上则为商号,所有织造女工,大都散居各乡,厂方将原料发给织户,到期或派人收货,或汇集送厂,至于工资,则论码计算”①。与花边业类似的温州挑花业,是由一个名为“倚纹女工社”的商业组织控制经营的。该社“以夏布丝线发给各女工,在家工作”,挑花工艺难度较高,工人按件取酬,“每挑花一朵,约需工钱五六角或一元上下,每一台毯,挑花普通工作工资约需四五元”②。

除此之外,据目前所见到的材料,在制茶、制瓷、铜器、锡箔、制笔、爆竹、皮毛、绉纱、纸绢花、梳篦、制纸伞、发网、草帽辫、蜡烛、毛绳衫等手工制造业中,也都不同程度地存在着包买主制下的依附经营,其情况如表5-1所示。

表5-1　近代手工制茶、制瓷等行业中的依附经营形式示例

行业名称	反映年代	手工业者依附状况	资料来源
武昌绉纱业	1926年	武昌县属千余家绉纱机坊,汉口绉纱号17家,由绉纱号将黄丝发给乡间机户,织成收货。	《中外经济周刊》第163号
邢台毛皮业	1926年	皮袄作坊百余家,系向皮毛店借出资本或原料,制品通常送皮毛店代售。	《中外经济周刊》第191号
南宁爆竹业	1911年	由家庭作坊制作,原料由委托加工的店铺供给。	彭泽益编:《中国近代手工业史资料(1840—1949)》第2卷,中华书局1962年版,第425—426页
广东抽纱业	20世纪20年代	由洋行从国外购进布料,雇请画师按外国流行花样设计,再发给城乡妇女抽纱,论件计资。	《广东文史资料选辑》第20辑
台湾制茶业	19世纪下半叶	茶的生产者向妈振馆借款,所制的茶,不得自由出卖,而必须卖给妈振馆。	彭泽益编:《中国近代手工业史资料(1840—1949)》第2卷,中华书局1962年版,第108页

① 实业部国际贸易局编:《中国实业志(浙江省)》,1933年,第七编“工业”,第77—78页。

② 《温州劳工近况》,《中外经济周刊》第210号,1927年5月7日。

续表

行业名称	反映年代	手工业者依附状况	资料来源
北京纸绢花	20世纪20年代	北京家庭工业之一,约1600家,除130家花行外,其他均代各花行制造。	《中外经济周刊》第156号
河北磁县制瓷业	20世纪30年代	窑主资金来源仰给于贩瓷客商,偿还时以瓷货而不以现金。	彭泽益编:《中国近代手工业史资料(1840—1949)》第3卷,中华书局1962年版,第120页
上海毛绳衫	1927年前后	织户和专卖毛织物的商店或百货公司订立契约,由商店发给毛绳交织户代织,照件给价。	彭泽益编:《中国近代手工业史资料(1840—1949)》第3卷,中华书局1962年版,第180页
山东发网业	1910—1920年	初由洋行进口西洋头发,后用中国旧头发染成各种颜色,交华商发网场,由农村妇女编结。	实业部国际贸易局编:《中国实业志(山东省)》第八编"工业",1934年,第117页
福州纸伞业	1927年	由经营出口贸易的纸伞商自定一种商标及样式,向各小伞店定做,制成后交与纸伞商。	《中外经济周刊》第217号
湖州制笔业	1928年	散工约占制笔工人大部分,由散工从场店领出毛笔原料,回到自己家内制造。	彭泽益编:《中国近代手工业史资料(1840—1949)》第3卷,中华书局1962年版,第246页
武进梳篦业	20世纪20年代	梳篦制造的部分环节发交家庭分制,如削竹为条,抽丝,扣齿等工作,其余在工场中制造。	彭泽益编:《中国近代手工业史资料(1840—1949)》第3卷,中华书局1962年版,第246页
杭州锡箔业	1927年	原料由箔庄发给箔作,箔作再分给打箔工人,打箔工人领回锭子在家制造。	《中外经济周刊》第217号

从劳动形式上划分,依附经营者可能区别为以个别劳动为主的家庭手工业和以分工协作为主的作坊或工场手工业。家庭手工业是依附经营者最普

遍的存在形态,相比之下,处在依附经营中的作坊或工场手工业则少得多,在高阳织布区被称为“家庭工厂”,只占织户的2/10强,一般每家拥有织机2—5架。在天津被称为“中间人”的小织布工场主,拥有织机2—3架,雇工1—10人,共82家,其中52家依靠大织布场供应原料和销售棉布,他们除织机外,缺乏生产所需的流动资本。包买主制是包买主和依附经营者都乐于接受的经营形式。对包买主来说,包买主制不仅为他节约了场房、工具设备等固定资本的投入,而且手工业者的分散性也为他们控制生产者并避免政府的苛捐杂税提供了便利。对依附经营者来说,包买主制顺应了他们的小私有观念和部分传统习俗,避免工场严格的纪律约束,他们拥有自己的生产工具,能够自由地支配劳动时间,在农业劳动之余附带地从事手工业生产。虽然从理论上说,依附经营者很难上升为手工工场主,因为他们不过是从属于包买主的工资劳动者,但在实际上,由于他们拥有生产工具的所有权和对劳动力的自由支配权,最大限度地增加生产,在稍有积蓄时便扩大规模,摆脱依附,自主经营。因此,依附经营下的手工业者也存在着上升为手工工场主的可能性(详见本章第二个问题的实证分析)。这既是依附者所孜孜以求的,也决定着小手工业者不到走投无路时是不会离开家庭而进入工场工作的,从而在很大程度上决定着包买主制下依附经营形式的广泛性。当然,依附经营形式广泛存在的原因是多方面的,其中依附方式及其依附“度”的灵活性、包买主存在形态的多样性,既是这种经营形式普遍存在的具体体现,同时又是造成其广泛性的深层因素。

二、依附方式及其依附“度”

在包买主制下的依附经营中,经营者对包买主的依附方式分为直接与间接两种。所谓直接依附,是由包买主雇用的职员直接向生产者放料收货,计发工资;间接依附则是由包买主聘用的中间人给生产者发料收货,经营者并不与包买主发生联系。包买主采取哪种方式控制生产者,主要依据市场的变化情况、生产者的地理分布等因素。一般来说,在市场旺销时,包买主往往借助于中间人的介入,反之则更愿意采取直接控制的方式;在生产者的地理分布范围较广时，包买主也不得不依靠中间人联系生产者，而当生产者集中分布在包买主附近地区时，包买主就更乐意与生产者保持直接接触，以便更好地监督产品的质量和规格。这两种经营方式并不是绝对对立的，它们在一定条件下可以相互转换，而且也可能被某个包买主同时采用。以高阳为中心的织布区域就是由于布商和手织业者灵活运用这两种依附方式尤其是间接经营方式而形成的。高阳织布业由自然经济进入商人经济的初期（1909—1914），生产者大多在纱布商人的直接控制下领纱缴布。1914 年后，随着第一次世界大战的发生，外国棉制品输入减少，国内棉布市场顿时活跃，反应灵敏的高阳纱布商“想多销棉纱，多收布匹，但又觉得远处撒机，大有鞭长莫及的困难，且机户过多，照管不易”，于是中人制应运而生。中间人纱布商人分散原料、收集出品，这不仅解决了纱布商的困扰，而且也方便了织布农民就近取得原料及缴布，从而造就了高阳织布工业的初度繁荣。但是，好景不长，随着第一次世界大战的结束、外国棉布的冲击、机纱价格的暴落，高阳织布业开始萎缩，纱布商人减少撒机，以中间人为媒介的中人制趋于衰落。同时纱布商和织户为应对市场的挑战，还努力改进棉布的品种、规格和质量，于是直接撒机制逐步取代了中人制，即由布商直接雇用农民织布，很少再借重中间人。这是由于市场所需货品的“各类和花色，日益复杂，有许多货品在市场上是买不到现货的，只得自己拟定花色标准，雇机户代织，又布商为适应大批的定货起见，货品力求标准化，若在市上购买现货，就无从买到重量品质完全相同的大批货品，结果是不能不自己来撒机以监督农民的织造”。[①] 由此可见，在包买主制下，无论是直接撒机还是间接依附都是市场变化的产物。

如果说高阳织布业中依附方式的兴衰取决于市场的变化，那么天津针织业中的间接依附则是因应市场冲击的结果，因为“雇佣中间人之便利，在能以营业之盛衰为标准，随时解雇中间人及工人，不如作坊工人及职员之必有相当限制，无自由解雇之余地也。近年以来，战祸频仍，针织业之盛衰消长，变迁甚剧，随时解雇权之实行，实为采用中间人制度之主因”。据时人调查，

① 参阅吴知《乡村织布工业的一个研究》，商务印书馆 1936 年版，第 11—22 页。

1929 年天津针织业中约有中间人 150 人,“无论雇主为针织作坊,抑为广货店或帽铺,散处工人之工作,皆为中间人分散之”,绝大多数中间人直接将袜线原料送到缝工家中,少数由缝工至中间人家中领取。[①] 同一时期上海针织业中的“南汇袜子”也同时存在着两种方式,但间接依附方式占据优势,调查者称之为“间接散活”,“就是领原料和缴织品,都向散活工场或工场接洽的。直接的散活工厂,全县仅两家,间接的散活工场,约十余家”[②]。烟台花边业中,有一种名为“包工人”的中间人介于花边商和散处工人之间,他们的主要职能,“一方由花边商处赊取纱线,一方将赊得纱线散给散处工人……织成后则由包工人至工人处收取而卖与花边商”,据估计,1926 年,烟台附近乡村妇女约 45000 人处在这种间接依附之下。[③]

不过,即使是对生产者的直接控制,包买主也往往聘请与织户有某种族缘、乡缘或地缘关系的人代行监督之责。这种人在各地的称呼不一,高阳称之为“领机者”或“机头者”,浙江硖石俗称“机领”,江苏吴江盛泽镇称作“绸领头”。充当领机者一般都是一乡或一村中经济上比较富裕、从业经验丰富的机户。他们的主要职能,在硖石,“专司一村中之发料催货诸事……乡妇如愿织布,可请机领导至布庄,将姓名地址登录入簿,然后给以纸折,以作凭证,凡发料收货,皆以此折为凭”[④]。在高阳,领机者的职责为“(1)遇有商号须添雇机户时,介绍新机户;(2)指导督察他所领的机户,努力工作,按时缴布;(3)如机户有领线后,不能缴布的,代商号追索原料或偿金”。领机者和中间人之间的不同之处在于:领机者与包买主之间没有经济契约关系,只为包买主承担介绍、督察机户的道德义务,即使机户无法按时缴布,领机者也不承担经济赔偿责任,这是由于“领机者并不受商号什么金钱上的报酬,因为他不是受商号的雇佣,所以商号为表示酬谢起见,每逢节下,往往馈送鱼肉等食品与

① 参阅方显廷《天津针织工业》,南开大学经济学院,1931 年,第 32—34 页。

② 蔡正雅:《手工业试查报告》,见彭泽益编《中国近代手工业史资料(1840—1949)》第 3 卷,中华书局 1962 年版,第 647 页。

③ 彭泽益编:《中国近代手工业史资料(1840—1949)》第 3 卷,中华书局 1962 年版,第 185 页。

④ 《硖石土布调查》,见彭泽益编《中国近代手工业史资料(1840—1949)》第 3 卷,中华书局 1962 年版,第 716 页。

领机者。又领机者在乡里中较受人敬重,带领的机户,逢时过节,往往亦有馈送给他”。[①] 如此而已,领机者并不像中间人那样使生产者多受一层工资上的剥削,如高阳织布业中间人所赚的利润,“大概就是织布工资上的差异……比高阳附近的每匹约低二角至三角,这就是中间的好处”[②]。被称为“撒货的”的天津针织业中的中间人,则于“每打工资之中可扣取铜元五六枚,以为酬劳”[③]。南京缎号与机户之间的中间人“谓之‘承管’,承管之职务,专事介绍机户,机户若将原料卷逃或发生重大过失时,承管直接对缎号负责,每年缎号视营业大小,报以酬金若干”[④]。因此,间接依附方式下的中间人是不希望发生诸如机户将原料卷逃之类需要赔偿经济损失的事件的,但我们也没有理由相信直接依附方式下的“领机者”就希望此类事件发生,因为他们是受包买主信任和乡里敬重的人,每逢年节还能获得包买主和机户的双重馈送——一种变相的、更注重感情的酬谢。在这里,我们看到在不发生重大过失时,中间人和“领机者”的差别似乎只是一个更重视经济契约的效力,另一个更注重道义亲情的魅力,他们实质上的所获也许相差无几。由此可见,直接依附和间接依附的区别并不是绝对的,直接依附方式中往往夹杂着一定程度的间接控制,因此我们也很难就手工业的依附方式进行严格的划分和分析。

手工业者同包买主之间除依附方式不同外,更重要的还在于依附内涵上的差异。在此,我们借用“度”这一概念。“度”是一个哲学范畴,是事物的质与量的统一,是决定事物性质的数量界限。我们分析手工业者的依附“度”,旨在探讨近代手工业性质的变异。从包买主制下的依附经营形式存在的历史现象中,我们可以剥离出以下三种类型:

第一,资本依附,即由包买主贷给生产者以必要的生产资金,原料由其自购,产品品种与规格由其自定,但规定以制品偿付包买主本息。从理论上说,剩余部分可以自由出卖,所得即为生产者的劳动报酬。包买主的资金贷放与

① 吴知:《乡村织布工业的一个研究》,商务印书馆 1936 年版,第 22 页。

② 吴知:《乡村织布工业的一个研究》,商务印书馆 1936 年版,第 15—16 页。

③ 《天津工业之现状》,《中外经济周刊》第 198 号,1927 年 1 月 29 日。

④ 李翰钦:《南京缎业概况》,见彭泽益编《中国近代手工业史资料(1840—1949)》第 3 卷,中华书局 1962 年版,第 652 页。

一般的商业高利贷性质不同,因为包买主不满足于从前高利贷商人所获得的高额利息,而在于控制一部分产品的销售权以谋取更大的利润,台湾制茶、南昌织布、四川造纸、山东草帽辫以及河北彭城镇瓷器制造等行业都属于这种类型的依附。甲午战前的台湾制茶业中,制造乌龙茶的"番庄"和制造包种茶的"铺家",一般都从妈振馆获得资金,然后向生产者收买粗茶加以精制,"所制的茶不得自由出卖,而必须卖给妈振馆"。这样对于生产者来说,资金短缺的困难得以解除;对于包买主来说,不仅避免了向市场购买产品时所需数量和质量上的风险,而且还因此获得了价格控制权。江西南昌土布客庄中名为"放价"的收货方法,"系对于产布地之织户,如宁都、上高、崇仁、李家渡等处预贷以钱,令自买原料,织成后,按匹送庄结帐,照时值算价"①。这种现象发生在土布市场活跃的20世纪20年代前后,织户所受控制较少,不过,所谓"照时值算价"也只能是低于市场价格的收购价。同一时期的四川造纸业也大同小异,"制纸者多无充足之资本,每预向纸商赊款若干,作为制纸之资本,赊者言明定购纸若干,约于某日以内交货,其购入之价格,甚为低廉"②。山东草帽辫业中,具有包买主角色的草帽行"常给小耕作者预支贷款,从而取得他们的制造品"③。20世纪30年代,河北彭城镇制瓷业中的资本依附是从商业高利贷演化而来的,这里的窑主原来所需的生产资金"多向当地富户如地主及彭城以西向油坊商等称贷,以田房等项为抵押品",那里的贷主只谋求放贷的利率,并不涉及瓷货销售。到1931年左右,"资金之来源多仰给于贩瓷客商,由瓷货店居中介绍,由客商以现金接济窑主,将来偿还,以磁货而不以现金"④。很显然,这时的贷主不仅要获取放款利润,而且要截断生产者与销售市场的部分联系,以控制这部分产品的销售利润。

第二,原料依附。原料依附是包买主制下一种较为广泛的依附形式,其方法分为两种。一是由生产者向包买主赊购原料,以市价计值,待制品出售

① 《江西南昌县商业近况》,《中外经济周刊》第168号,1926年6月26日。

② 蔡受百:《中国制纸业概况》,见彭泽益编《中国近代手工业史资料(1840—1949)》第3卷,中华书局1962年版,第228页。

③ 彭泽益编:《中国近代手工业史资料(1840—1949)》第2卷,中华书局1962年版,第62页。

④ 《河北省之陶业》,《工商半月刊》第3卷第12号,1931年6月。

后再偿还,偿还后的余资即为生产者的报酬。虽然在理论上生产者可以在市场上随意出售自己的制品,实际上则通常由包买主代售。二是以制品换原料,如织布业中的“以纱换布”制度。在这种制度下,包买主所付原料往往多于制成品所需,多余部分即为生产者的劳动报酬。高阳织布业中,“资力较厚的织户,往往亦可向高阳各布商赊购棉纱,自行织布,但其织就之布匹,则须售与该赊纱之商号”。与布线庄不同的染线场,其主要业务之一就是“赊售色线与资力较大之织户,织户于布匹售出后,再行清付”①。天津织布业中的小工场,通常“按市价向其商人雇主即中厂或大厂赊买原料,待织成布匹后清偿……(布匹)须按市价售与商人雇主,但按诸事实,其价格恒远较市价为低”②。潍县织布业中的棉纱商人为了扩大销售,往往“赊线给织户,以五天或十天为期,届时织户把布卖掉了来偿债,利率一分二厘”。但纱布兼营的布庄或线庄则更多地采取“以纱换布”制度,具体操作时,织布都以市价为标准,如果在交布时的纱价与放纱时的纱价每大包涨落在 5 元以内,那么两不相找,否则,由双方分担。③ 宝坻是由布商供给织户定量的棉纱,织户按规定标准织好后交给散活商人,“设一切相合,则给以讲定之酬报,酬报物未必均为货币,有时亦酬以棉纱”④。在这种制度下,生产者在原料来源和产品销售上虽不能自主经营,但生产者和商人之间形式上仍然存在着受市场价格调节的平等买卖关系,生产者的报酬仍在于布纱之间的差价。原料依附现象在其他手工业行业中也同样存在,如河北邢台皮毛业尤其是皮袄制造作坊,大都是农民兼业者,季节性经营,以 4—7 月为生产期,通常向皮毛店借出制造皮袄所需的羊皮等,待制品售出后再偿还,规模较小者“系将制品送交皮毛店代售,但资本较大之作坊,亦有派人将货物运往外埠,直接贩卖者”⑤。又如江苏丹阳的

---

① 方显廷:《华北乡村织布工业与商人雇主制度(一)》,《政治经济学报》第 3 卷第 4 期,1935 年 7 月。

② 方显廷:《天津织布工业》,南开大学经济学院,1931 年,第 25 页。

③ 王子建:《中国土布业之前途》,见千家驹编《中国农村经济论文集》,中华书局 1936 年版,第 131 页。

④ 苏征祥:《宝坻县土布》,见彭泽益编《中国近代手工业史资料(1840—1949)》第 3 卷,中华书局 1962 年版,第 708 页。

⑤ 《邢台之经济状况》,《中外经济周刊》第 191 号,1926 年 12 月 4 日。

织绸业,晚清时期,机户原料均须自备,“民国以来,恒向丝行称贷,售货之后,再行归偿”①。天津地毯作坊同地毯商的关系也是一种原料依附,一般是由地毯作坊从地毯商那里赊购毛线,“俟地毯制成后,即将所造之毯,售之于商号,商号将制造者之毛线欠款,从毯价中扣除,而找补其余款,此数等于商号付制造者之净利”②。

第三,原料供应与产品销售的双重依附。双重依附是中国近代手工业中最为普遍的依附形式,在双重依附之下,生产者既被割断了与原料市场的联系,又被剥夺了销售市场上的自主权,变成了为包买主加工产品的工资劳动者,生产的目的仅仅是获取工资,因此他们被称为散处工人。他们与手工工场中集中劳动的手工业工人相比,有若干不同之处:首先,他们拥有生产工具的所有权,并在各自家庭或作坊中从事生产。如处在依附状态下的手织业者,一般都拥有一至二架织布机,即使无力购买织机的,也可先由布商垫款购机,然后从织布工资中扣还。当然也有例外,如平湖织袜业中的“租机之制”,便是由织户缴付押金领机回家,然后缴纳一定的租机费用,由包买主负责织机的维修和保护。其次,除较大的手工作坊外,散处工人没有基于技术基础的分工合作。再次,没有统一规定的工作时间。最后,无须受到手工工场中有辱价格的残酷管制。这些不同之处也许正是双重依附普遍存在的重要因素,其原因如前所述,除了能为包买主节省固定资本的投入,最重要的是生产者对劳动时间的自主支配,使他们能在处理家务劳动之余兼营手工业,并因此造成一种假象,即“散工们有时把这种收入,当做一种家庭经济上的额外进款,多少可以补助家计而忍受较低的工资”③。因此这种经营形式特别适合于经济落后国家和地区,尤其是那些人口与土地比例严重失调的地区。中国近代许多手工业行业(主要是那些生产工具简单、技术不太复杂的手工业),大多以个体劳动或家庭协作形式广泛存在于城乡家庭或作坊之中,如天津、高

① 江苏省长公署第四科编:《江苏省实业视察报告书》,1919年,第39页。

② 参阅方显廷编《天津地毯工业》,南开大学社会经济研究委员会,1930年,第20—23页。

③ 吴知:《从一般工业制度的演进观察高阳的织布工业》,《政治经济学报》第3卷第1期,1934年10月。

阳、宝坻、潍县、江苏通海、玉林等地的织布业，南京、苏州的织绸织缎业，北京、天津等地的织毯业，江浙一带的针织业，山东、江苏等地的花边业，等等，都以这种经营形式为主体，有关具体情况已如前述，在此不再重复。

上述三种类型的依附，其实质都是手工业生产对商业资本的依附，依附"度"逐步加深，并因此造成商业资本及其所控制的手工业生产性质的变异。在资本依附中，资本借贷主不再仅仅是为了获取商业高利贷而放款，手工业者为使生产过程不致中断而不得不以部分产品的销售权为代价赊欠资金，但手工业者仍有购买原料和销售剩余产品的自主权，这是一种最低程度的依附，商业资本既没有因此转化为工业资本，手工业者也没有因此而变为工资劳动者。原料依附是一种由资本依附向双重依附转化的过渡形式，在这里，手工业者或向商人赊购原料，或以制品换原料，再也无力自主地与原料市场取得联系，手工业者虽然形式上保持了自主生产的继续，但已日益陷入为商人生产的边缘地位，因为他们的产品最终都不得不落入赊销原料的商人手中，当商人直接向生产者供应原料，并按产品的数量和质量计发报酬时，手工业者便不自觉地进入双重依附状态。在双重依附之下，商人为手工业者提供了除简单工具以外的绝大部分资本，手工业者变成了为商人加工生产的工资劳动者。从生产关系上分析，这时的商业资本已经接近或转化成工业资本，手工业也已经成为资本主义经济体系的一个有机组成部分。

三、包买主的存在形态

不过，要进一步分析商业资本究竟在多大程度上转化为工业资本，包买主制在何种意义上接近于近代工业制度，一个关键的切入点，似乎应对包买主的存在形态加以剖析，这也是正确评价中国近代广泛存在的包买主制下依附经营形式的重要视角。根据包买主资本活动的主要范围与能量，本文将包买主区别为商人型包买主、商人兼工场主型包买主以及工场主型包买主。

商人型包买主是指那些自身并不开设工场，而是以发放原料、收回制品为主要业务活动的包买主。作为商人，他们必须买进原料、卖出制品；作为包买主，他们往往雇用大量散处手工业者为其加工成品，并按件计酬。这类包买主普遍存在于各种手工业行业，如各地手工织布业中的布线庄或布行，天津针织业中的广货店和帽铺，浙江平湖、硖石等地的针织工场，福州制伞业中的纸伞商，上海毛绳衫业中的专卖毛织物的商店或百货公司，河北皮毛业中的皮毛店等都属于这种类型。商人型包买主大多出身于商贩，有多年的经商历史，具有深厚的商人投机性。如河北邢台皮毛店，“多属邢台西部之人所开，其中由贩子出身者不少……多兼营布行及洋广杂货”[①]。宝坻的布庄主“于其未营织布业之前，多为布商或兼营他业者，其中有业粮食与旅邸业者”[②]。高阳织布区截至 1933 年，专营发线收布的布线庄达 60 家，其中经营 10 年以上者 38 家，设立最早的“德和号”经营年限长达 56 年。该地布线庄的前身并非专营该业生意，而是兼营他业，如“德和号”是在德合线庄的基础上于 1912 年正式改称德和纱布号的；成立于 1881 年的庆丰义布庄，最初不过贩卖一些洋杂货，1914 年才正式改为布线庄；高阳城内规模最大的“蚨丰号”，在 1902 年成立时也只是买卖洋布、绸缎兼营钱行，民国初年开始专营纱布业务。[③] 他们之所以在民初不约而同地由兼营他业转为专营纱布，无疑是由于这一时期手工织布业的兴盛与有利可图唤起了他们的投资欲，专营纱布使他们获得了如愿以偿的利润，同时手工织布业也因为他们挟资加入而更趋活跃。

商人型包买主的资本虽然介入手工业生产，但其自身并不直接干预生产过程，除散发原料、收回制品外，其主要业务就是组织原料采购和产品销售，尤其以跨区域的产品销售为重点。山东寨子布的市场主要在北京，其包买主就是北京各大布庄；广西玉林高机布销往广西各县；山东潍县经常有“各省大资本布庄之办货客及驻潍庄客”，他们将潍县土布推销至全国各地；福州的纸伞商则重点向南洋一带出口产品。近代南北两大手织工业区即通海和高阳等区的发展很大程度上离不开包买主所组织的跨区域销售。如通海地区的

① 《邢台县之经济状况》，《中外经济状况》第 191 号，1926 年 12 月 4 日。

② 方显廷、毕相辉：《由宝坻手织工业观察工业制度之演变》，《政治经济学报》第 4 卷第 2 期，1936 年 1 月。

③ 吴知：《乡村织布工业的一个研究》，商务印书馆 1936 年版，第 40 页。

关庄,重点向东北地区推销大尺布,这些关庄大多自立布牌,定机生产,电码为“世”“得”“宏”“章”的大尺布牌,分别为“魏公和”“得记”“恒记”“章源大”四布庄所创,以上海为成交和结算点,然后销往东北。据纱业公所的调查记录,1922 年抵沪的关庄布达 109415 件,其中运销营口 94643 件,占总数的 86.50%,运销安东 9725 件,占总数的 8.89%,其余的 4.61%就地售予上海本地的土布业。20 世纪 20 年代末,安东地位有所上升,如 1929 年运销安东的关庄布达 15.4%,1931 年增至 40.6%,但随着九一八事变的爆发,东北市场急剧萎缩,通海织布业也随之衰落,后起的京庄布业乃开辟南京、芜湖和浙江金、衢、严一带等新贸易区域。[①] 高阳土布也绝大部分销往高阳以外的区域,清末时期除河北本省外,主要销往河南、山西两省,民国初年,又开拓了山东、绥远、察哈尔、外蒙、新疆、东三省、湖北等省。截至 1933 年,高阳布线庄及布庄共设立外庄 167 处,分布于 14 省 68 个城市,其中属于商人型包买主性质的布线庄开设的外庄约 130 处。从布匹销量看,1932 年高阳土布销售集中于高阳、北京、洛阳、西安、开封、南宫、汉口、重庆等 15 个城市,所销布匹总数 851022 匹,占销售布匹总量的 70.9%,其余城市共销 349339 匹,占 29.1%。[②] 这些商人型包买主除撒机收布外,还常常从地方集市上购买现成的制品,上述高阳布线庄就是逢阴历四、九集期的布市上和逢阴历三、八集期的色线市上的最大买主。1932 年,60 家布线庄除 5 家暂停撒机外,其余 55 家虽然获取不同品种布匹的方法存在着差异,但都采取定机收布与购买现货相结合的方式。其中定机收布中以白布为最多,52 家布线庄共收布 421170 匹;条格布次之,22 家布线庄约收布 120931.5 匹;再次为麻布,17 家布线庄收布 76136.5 匹。现购市货中,53 家布线庄购买的条格布达 198009.5 匹,39 家布线庄购买白布 119945.5 匹,12 家布线庄共买麻布 7549 匹。总计 60 家布线庄该年收购布匹总数为 943679 匹,其中定机收布 618175 匹,占总数的 65.5%,市收布 325504 匹,占 34.5%。[③] 宝坻布庄“除散活外更去布市上收

① 参阅林举百《近代南通土布史》,南京大学学报编辑部,1984 年,第 38—39、84、165—210 页。

② 参阅吴知《乡村织布工业的一个研究》,商务印书馆 1936 年版,第 49—50、234—239 页。

③ 吴知:《乡村织布工业的一个研究》,商务印书馆 1936 年版,第 74 页,表 21。

布，此种布市，皆设于县城及织布区附近之乡镇，贸易皆在集市时举行，县城内每两日一集市，乡镇每五日一集市”[①]。潍县习俗也是每五日一集，各布庄每集所收布匹在二三万匹左右。[②] 这种现象的存在说明了商人与包买主社会身份的二位一体化，也是商人型包买主精于算计的本性所致，因为在包买主制下的依附经营中，“一为散工所织布匹未能供应需要；二为散工所织布匹，种类较少，不得不自市集收购；三为因各地市场价格不定，与其预为定织，再为运销，以冒损失危险，不若临时采购，较能适应时间性”[③]。商人型包买主的大量存在反映了商业资本向工业资本、商人向工业资本家转化过程的艰难性。

商人兼工场主型包买主是指那些既向分散的手工业者发放原料、回收成品、按件计酬，同时又自己经营手工工场的包买主。一般说来，他们开设的手工工场有两种类型。

第一种类型是从事某种产品中某道工序生产的手工工场，在这里，大量工作依靠分散的手工业者，但关键环节则在自设工场中完成。如甲午战争前后上海浦东一带的棉纱行庄，将收来的籽棉在自设作坊里轧花，并委托专业弹花人弹棉，把它卷成棉条，发给工价。[④] 山东周村瓜皮帽的制作中剪料、制纸坯、熨平、装配、整理等工作都是在帽庄里集中完成的，男工多者达 50 人。[⑤] 苏州著名的顾绣的生产，“经过号内工人剪裁整缀成各种品件之后，再分送于各种女工”，这些顾绣商店不仅有雇员，而且还有账房、设计师、画工、剪裁工，有的设有颇具规模的手工工场。[⑥] 天津镀金业中的各镀金店，对于物贵价重的真金首饰，“皆在店中自行督工制造，抽售银质首饰及各种器皿之镀金者，

① 苏征祥：《宝坻县土布》，见彭泽益编《中国近代手工业史资料（1840—1949）》第 3 卷，中华书局 1962 年版，第 708 页。

② 《山东潍县之织布业》，见彭泽益编《中国近代手工业史资料（1840—1949）》第 3 卷，中华书局 1962 年版，第 713 页。

③ 方显廷、毕相辉：《由宝坻手织工业观察工业制度之演变》，《政治经济学报》第 4 卷第 2 期，1936 年 1 月。

④ ［日］平濑巳之吉：《近代支那经济史》，第 300—301 页，见彭泽益编《中国近代手工业史资料（1840—1949）》第 2 卷，中华书局 1962 年版，第 237 页。

⑤ 《山东历城长山等县经济情形之调查》，《中外经济周刊》第 190 号，1926 年 11 月 27 日。

⑥ 方显廷编：《天津地毯工业》，南开大学社会经济研究委员会，1930 年，第 15—16 页。并参阅段本洛、张圻福《苏州手工业史》，江苏古籍出版社 1986 年版，第 502 页。

皆发给作坊代渡”[①]。湖南鞭爆的制造，“除专雇技工担任腰筒、上盘、钻引孔、轧引颈、结鞭等工作”在作坊内完成外，其他工序则“分发各民家，备价包作”[②]。高阳织布业中后起的“染线工厂”更是这种类型包买主的典型。染线工场是随着色线布的流行而兴起的，最早的染线工场是经营颜料的商人李叔良于1916年开办的，其余工场都创办于1923年后，资本规模较布线庄小，主要生产工具有煮锅和染缸，规模较大者有煮锅4只及染缸14只，同时雇用染线工人20人、染布工人17人。[③] 他们的主要业务分为五项：(1)只在高阳本地线市购买棉纱，不是从外埠直接采购。(2)由工人在场内染成各种色线。(3)将色线散给四乡织户，收回成品，按件计酬，其出品只限于条格布。(4)赊吉售色线给较大织户，织户于布匹售出后付清欠款，一般由染线场代售。(5)将织成的条格布就地在高阳市集上售给布商。[④] 因此，染线工场的利润不仅有销售色线和布匹的商业利润，而且还有染线染布及撒机收布的工业利润。第二种类型是除向分散的手工业者分发原料、收取制品外，还自设生产同类产品的手工工场。在这里，包买主的大部分货源依靠散工，自设工场只生产一小部分，或平时主要依靠散工，自设工场只从事季节性生产。如苏州织缎业，“各账房除自行设机督织外，大都以经纬交与织工，各就织工居处，雇匠织造”[⑤]。浙江名为“许大茂”的布庄，“资本十万元，除发纱给农民织布外，自己另设大规模的手工工场织造”[⑥]。浙江丝绸业中规模较大、专营外埠大宗贸易的绸庄，“出品有自设工场者，有发丝与料房、经绒作、机户等，代为各项工作，算计工资者”[⑦]，这里的绸庄主就是商人兼工场主型包买主。浙江湖州善琏镇制笔业中，场内工作的工人，“男工约300余人，女工约1000余人，其余均为散工，系由厂店领出毛笔原料回至自己家内制造，此类散工约占

① 《天津工业之现状》，《中外经济周刊》第198号，1927年1月29日。

② 张人价编：《湖南之鞭爆》，见彭泽益编《中国近代手工业史资料（1840—1949）》第3卷，中华书局1962年版，第247页。

③ 吴知：《乡村织布工业的一个研究》，商务印书馆1936年版，第41—52页。

④ 方显廷：《华北乡村织布工业与商人雇主制度（一）》，《政治经济学报》第3卷第4期，1935年7月。

⑤ 曹允源等纂：《吴县志》卷51《物产》，1933年铅印本，第22页。

⑥ 冯紫岗编：《嘉兴县农村调查》，浙江大学、嘉兴县政府，1936年，第137页。

⑦ 《浙江桑蚕茧丝绸近况调查录》，《中外经济周刊》第186号，1926年10月30日。

制笔业之大部分”①。北京纸绸花业中的所谓“花行”,也是这种类型的包买主,他们除自己“制造物品发行营业外”,还以“造发活”的形式控制该业中的小户人家,使之“代各花行制造”②。杭州、南昌的针织场坊则更接近于季节性工场,如杭州针织场坊,平常由女工在家中工作,仅在忙季内雇用工人400人从事生产。③ 南昌针织场坊“率由散处工人领取机器及纱线,在家中缝织,于秋冬忙季欲增加生产时,则招收学徒”④。

所谓工场主型包买主是指那些以手工工场生产为主,仅借助于散处工人从事辅助劳动,或利用散工补充工场生产不足的包买主。这种类型的包买主都设有大规模的手工工场,但为了缩减场内设备费,便将生产中的简单工序转让于场外工人,或由于资本不足,无法扩充工场,而不得不雇用部分场外工人以增加生产。在织布、针织、地毯、火柴等行业中,存在着大量的工场主型包买主。以天津为例,天津手工业中较大规模的织布、针织等工场,其包买主就是工场主型包买主。在织布业中,“规模较大之工厂,不仅须购置原料,供本厂织造之用,且须多购原料,分发较小之厂”⑤。天津针织业1929年共有场坊154家,场坊内工人总数达1610人,散处577人,主要从事缝袜工作。⑥ 又如北京的小规模地毯工场,往往依靠较大规模地毯工场为之定购,大工场为他们提供织毯原料,并回收成品。⑦ 以织造线毯为主要业务的北京信成织毯厂业主,更是典型的工场主型包买主,业主除所需棉线由附近农家妇女纺成外,线毯结穗工作,“系由各农家妇女来厂,将线毯领回自己之家内从事结穗,亦按工作给资,结成一打,给以铜元20枚”⑧。北京雕漆业中,各局场内工人在10人至30人之间,除在局工人外,还将原料包与局外工人在家制造。上

---

① 《湖州制笔业》,见彭泽益编《中国近代手工业史资料(1840—1949)》第3卷,中华书局1962年版,第246页。

② 《北京纸绸等花工业》,《中外经济周刊》第156号,1926年6月5日。

③ 彭泽益编:《中国近代手工业史资料(1840—1949)》第3卷,中华书局1962年版,第155页。

④ 《南昌织袜工厂之近况》,《中外经济周刊》第161号,1926年5月8日。

⑤ 方显廷:《天津织布工业》,南开大学经济学院,1931年,第36—37页。

⑥ 方显廷:《天津针织工业》,南开大学经济学院,1931年,第14—23页。

⑦ 彭泽益编:《中国近代手工业史资料(1840—1949)》第3卷,中华书局1962年版,第181页。

⑧ 《北京信成织毯工厂之近况》,《中外经济周刊》第218号,1927年7月2日。

海针织厂业主就是给附近南汇26家袜子工场供应纱线并收购成品的包买主，而处于依附经营地位的南汇袜场，有些“限于资力，工场不便扩充，为增加生产力，应付大量的需要计，一方面雇工来厂织造，另一方面散料给工人在家织造”[①]。这些南汇袜场似乎又变成了工场主型的二级包买主。

新兴的火柴业大多以手工工场经营，绝大部分工作由场内工人合作完成，但有些辅助工序则由场外工人承担。据《中国劳动年鉴》记载，糊火柴盒、装盒等工作“概为附近家庭之妇女及其儿女承做。儿童之年龄，约自五岁至十岁，糊火柴盒之材料与工作，皆由中间人经手，向工厂领取，转交工人……工作报酬，概按件给值”[②]。如九江裕生火柴厂，“将糊盒之料，发交在外女工代制，其数约为在厂人数三分之一”[③]。宁波火柴厂的“一部分糊盒之工作，均包与民间为之，每糊盒万只，给工资一元二角，承包是项工作者，在该厂附近约有数百家之谱，每年至少有七千万盒之工作，约有工资八千余元”[④]。

包买主的上述三种存在形态，体现了由商人到工场主的转型以及这一转型过程中包买主身份的复杂性。商人型包买主处于这种过渡转化的初始阶段，其商业资本只是部分地转化为工业资本。他们不仅具有浓厚的商人投机性，而且主要是控制利用分散的手工业者的个体劳动这种落后的劳动形式，不关心生产过程和生产技术的进一步提高，只有当他们兼营手工工场或作坊，将产品的某道工序集中起来，或利用自设工场生产小部分产品时，他们才真正开始了向工场主的转化，商业资本才基本上转化为工业资本。这时的包买主不仅利用分散的个体劳动，而且重视集中的分工合作，他们的工场不是控制某道关键工序，就是生产质量与规格更高的产品。随着工场在包买主经济活动中越来越占据主导地位，商人才越来越接近于完全意义上的工场主。在工场主型包买主的经营中，分工协作的劳动形式居主导地位，分散的个体

① 蔡正雅：《手工业试查报告》，见彭泽益编《中国近代手工业史资料（1840—1949）》第3卷，中华书局1962年版，第647页。

② 王清彬等编：《第一次中国劳动年鉴》，北平社会调查部，1928年，第一编“劳动状况”，第568—569页。

③ 《九江工厂之近况》，《中外经济周刊》第157号，1926年4月。

④ 《浙省机械工业之调查》，《中外经济周刊》第196号，1927年1月15日。

劳动形式降至辅助地位。因此,从商人型包买主到商人兼工场主型包买主再到工场主型包买主,是包买主制下依附经营形式中手工工场产生和形成的典型途径。商人每向前跨越一步,就意味着与旧营垒的进一步分离。这一过程是艰难的,但唯其如此,才相伴而生商人、包买主、工场主等社会身份的多位一体现象。如果说这种现象的存在正是早期资产阶级产生形成阶段分野模糊、分化未周的具体体现,那么在近代中国,商人向工场主的转化则更为缓慢和曲折,包买主兼商人、工场主身份于一体的时期更长,甚至已经实行工场化经营的工场主退而转为商人型包买主、商人型包买主退而为纯粹商人的例子也屡见不鲜。包买主活跃于大机器工业已经产生并获得初步发展的20世纪初年,颇为意味深长,从根本上说,它是在外国资本主义压迫和打击下近代中国机器大工业得不到进一步发展、商业畸形繁荣的产物。一方面,民族机器工业吸纳城乡剩余劳动力的能力不足,另一方面,农民家庭经济的贫困化,使得他们无力维持自然经济状态下自主经营的手工业生产,必须寻找新的方式应付生存挑战,而包买主制在劳动、经营、管理上适应了中国近代汪洋大海般存在着的小私有者,因而具有较强的生命力。当然,对包买主制下依附经营者所受到的剥削不能等闲视之,依附经营者所得到的收入比业主制下的自主经营低得多。但同样不可忽视的是,包买主比业主制下的商人所投入的资本也要多得多。有人作过估算,“商人每一镖期内经售2500匹布共需7040元,而商人雇主则需8878元或8883元”。这样,每一镖期即3个月中,包买主就需多投入1800余元,一年中需多投入7350元,这笔投入使得依附经营者能够在无须付出购买原料及销售产品费用的条件下继续生产并可能扩大营业规模,所以,尽管收入较自主经营为低,但“如计入在主匠制下主匠自任销售布匹所需之时间在内,则此项损失亦未必尽然”①。如通海织布区内“勤劳贫苦的农民,为了多卖几分钱,不惜十里、二十里路,熬上一个通宵,直笔笔的站在柜台边,听凭风吹雨打”②,这些时间如被依附经营者用在生产上,也能得到

① 方显廷、毕相辉:《由宝坻手织工业观察工业制度之演变》,《政治经济学报》第4卷第2期,1936年1月。

② 林举百:《近代南通土布史》,南京大学学报编辑部,1984年,第42页。

一定的工资收入。因此,我们不能忽视织卖货的手工业者在销售时间上的大量投入,弄清这一点对我们全面评价包买主制下的依附经营形式也许不无助益。

第二节　业主制下的自主经营

一、自主经营的存在方式

如果说包买主制下的依附经营在家庭手工业中是一种十分盛行的经营形式,那么业主制下的自主经营则在工场手工业中占据主导地位。即使是家庭手工业,也不能说是包买主制的一统天下,在资本充足和市场有利的条件下,业主也可能自购原料、自由销售。这样便造成业主制下自主经营的两种存在方式,即家庭手工业和工场手工业。

同依附经营比较起来,业主制下自主经营的家庭手工业明显处于劣势。如潍县织布业中,"织户自由出资买原料,织成了自己去求售的自然也不能说没有,但在比例上为数极少"①。少到什么程度,高阳和宝坻有一个较为确切的比例。在高阳,1932 年按经营形式分类的织户比例如表 5-2 所示。

表 5-2　1932 年高阳地区手织户经营形式分类表

经营类别	织平面布		织提花布		总计	
	数量(家)	百分比(%)	数量(家)	百分比(%)	数量(家)	百分比(%)
织定货户	42954	90.5	1473	43.9	44427	87.5
织卖货户	4485	9.5	1881	56.1	6366	12.5
总数	47439	100.0	3354	100.0	50793	100.0

资料来源:方显廷《华北乡村织布工业与商人雇主制度(一)》,《政治经济学报》第 3 卷第 4 期,1935 年 7 月。

---

① 王子建:《中国土布业之前途》,见千家驹编《中国农村经济论文集》,中华书局 1936 年版,第 137 页。

按此分类,属于业主制下自主经营的织卖货户,在技术要求较为简单的平面布生产中,仅占9.5%,相反,在技术较为复杂的提花布织造中,则达到了56.1%,但从总体上看,两种土布生产中织卖货户只占总织户的12.5%。在宝坻,“民国十二年(1923),宝坻全县农户之从事织布者,共10649户,其中2999户为主匠织工,开织机3207具”①。主匠织工就是本文所界定的自主经营户,占10649户的28.2%。这种情况的存在,一方面说明华北农村织布工业中包买主制的发达,另一方面也反映了华北小农经济的贫困化,他们绝大多数资本微小,小到连做一个小业主的资格都没有。

当然,也有一些以业主制经营为主的手工业,如苏州、常州一带的螺钿纽扣制造业就是一种自主经营的家庭手工业,业者“购机一二架,赁屋数椽,又为居室又为制造所,原料亦不趸批,随时零购随时制造,制竣即行出售”②。又如扬州的针织业,“为完全家庭工业性质,以自置一二机,自织自卖者为多,约居全数三分之二”③。北京珐琅制造业“大多数规模甚小,多系满期出厂之工徒,在家招收学徒数名,自行制造,门外亦不标明字号,与住家无异……所制珐琅器皿,多半供给各大工厂之售品所”④。以这种经营形式生产的家庭手工业产品,其销售大多数限于地方性集市,由生产者“自赴市场或沿街出售,或售于批发商人”,他们在名义上虽与商人是平等买卖的双方,但实际上往往难以逃脱商人的操纵,买卖中难免受商人的欺诈。如土布商人收购布匹使用的钱码,就是“一种黑幕,可以表明布商的严重剥削,在各项物价一律应用洋码时,可是花布陆陈(农产品)行家收买农民的物资,还是沿用钱码,就是一项最不合理的陋规恶习”。土布商人甚至将应纳的营业捐税转嫁到手工业者身上。在通海,每匹布要扣10文,以1905年关庄布的总匹数15万件计算,所扣税银达16500元,1928年土布免除税收,而土布商照常扣除“匹余”,共向织

① 方显廷、毕相辉:《由宝坻手织工业观察工业制度之演变》,《政治经济学报》第4卷第2期,1936年1月。

② 《苏常之螺钿纽扣业》,《中外经济周刊》第198号,1927年1月19日。

③ 《扬州针织业近况》,《中外经济周刊》第198号,1927年1月19日。

④ 《北平珐琅工业近况》,见彭泽益编《中国近代手工业史资料(1840—1949)》第3卷,中华书局1962年版,第167页。

布业者浮收大洋近万元。[1] 由此可知,从所受剥削程度而言,业主制下的小生产者与包买主制下的依附经营者只在伯仲之间,相差无几。作为独立的小手工业者,对付商人的唯一办法就是以欺诈反欺诈,如在浆纱时加重浆水,以节省纱线,将织成的布匹竖立在喷过热水的地上一夜,吸收潮气,以加重布匹重量,在草帽辫中掺杂作伪、减少长度等。这些作弊手段与包买主制下的依附经营者如出一辙,同样带来手工业产品质量的下降。因此,尽管近代以来业主制下的家庭手工业在面向市场生产方面,是对封建社会中家庭手工业的否定,尽管在逻辑上自主经营的家庭手工业一定比依附经营下的家庭手工业进步,但从依附经营者与包买主的关系看,包买主制下的依附经营形式同样属于资本主义生产方式的范畴。

手工业中自主经营的最高形式是手工工场。中国近代手工工场是在清末民初尤其是第一次世界大战以来获得发展的,彭泽益曾在其所编《中国近代手工业史资料》中以示例形式列举了缫丝、织布以及针织业中手工工场的发展情况。1892—1913 年,缫丝业大作坊及手工工场共 415 家,不完整记载的手工业工人达 15 万余人,其中 1910 年广州附近 180 家缫丝局,每家约用工人 500 人,属于大规模的手工工场。1889—1913 年,各省创办的织布手工工场达 142 家,有资本记载的 67 家资本总和为 673820 元,平均每家 10057 元。1900—1913 年新兴的针织手工工场 24 家,工人数最多的江苏华亭履和厂达 268 人,一般在 20 人左右,亦具工场规模。[2] 需要着重说明的是:为什么中国近代手工工场在清末民初时期获得较大发展?原因是多方面的,如第一次世界大战给中国留下了一个较为宽松的市场环境、晚清及北京政府的长期提倡和扶持、民族机器工业与手工业的良性互动等。不过,依笔者之见,除了这些外部因素,更为重要的还是被人所忽视的手工工场形成的多元途径。

第一,独立的小手工业上升为手工工场。这是小手工业摆脱封建羁绊以来一条正常的产生发展途径。在封建社会中,独立的小手工业者或因城市行

---

① 参阅林举百《近代南通土布史》,南京大学学报编辑部,1984 年,第 43—44 页。

② 参阅彭泽益编《中国近代手工业史资料(1840—1949)》第 2 卷,中华书局 1962 年版,第 365—366、369—376、379 页。

会的限制,或由于封建政府的钳制政策,始终难以扩大规模,发展为工场手工业的道路基本上被堵塞。鸦片战争以后尤其是太平天国农民战争的打击,各地手工业行会主要是长江流域及华南地区的手工业行会受到不同程度的削弱,行会手工业的封闭性、排他性逐步向开放性、兼容性发展,尤其是清末商会的建立、行会向同业公会的转变,为小手工业者增加积累、扩大规模创造了较为有利的条件。行会势力不及的乡村手工业在农民家庭经济中的地位越来越重要,一部分地主、富裕农民以多年经营所得加大向手工业生产的投入,雇工生产,为手工工场的发展增辟了新的路径。从中国传统的锻、铸手工业看,在向制造业发展中一般都经历了由家庭作坊到手工工场的过程。如上海戴聚源铁工厂,1896 年还是仅有三座打铁炉的铁铺,铁铺主戴金福掌握打铁技术兼任师傅,次年购进日本新车床一台,铺主仍司打铁,1902 年工人学徒增至 20 人,资本近 2000 元,“铺主戴金福逐渐脱离打铁工作,仅于忙档时偶然参加而已”[①]。张源祥机器厂也是从只有 80 元资产的小铁店起家的,逐年盈余积累,至 1901 年购进八尺车床一台,开始仿制轧花车。这时业主张廷桢“已不经常参加炉灶生产,往往在上午跑铁行搞原料,有空闲时偶然参加冷作工作”,两三年后,发展成为拥有资本 1000 元左右、工人 10 余人的小工场,业主“再不参加生产了”。[②] 业主是否亲自参加生产,是小手工业脱离家庭聚作形式而发展为工场式经营的主要标志。又如织布业,在宝坻县,“民国四五年顷,少数小康农家,自行开厂织布,首置 5 机,以后增为 10 机,雇工织布,最盛之际,达 10 余人之多,每年生产约自一千匹至三千匹,各有特殊商标,以别于邻家生产”[③]。在湖北黄冈回龙山,1926 年至 1927 年之际,兴起了少数“为地主所垄断”的织布大户,“如马家岭的王旺兴、白羊山的林庆甫和涂仁和、马龙

① 《前张源祥机器厂资本家张廷桢访问记录》(1961 年 8 月 19 日),见上海市工商行政管理局、上海市第一机电工业局机器工业史料组编《上海民族机器工业》上册,中华书局 1966 年版,第 171—172 页。

② 上海市工商行政管理局、上海市第一机电工业局机器工业史料组编:《上海民族机器工业》上册,中华书局 1966 年版,第 174—175 页。

③ 方显廷、毕相辉:《由宝坻手织工业观察工业制度之演变》,《政治经济学报》第 4 卷第 2 期,1936 年 1 月。

庵的蒋洪兴、树林湾的饶页记,他们都是大机户,拥有铁木混合机 30 台至 60 台,雇工百余人,生产各种花色布、格布”。[①] 这已是规模可观的织布工场,业主不是“小康农家”,就是地主,都不会亲自参加生产。不过,从小手工业发展到手工工场毕竟是一条充满荆棘的羊肠小道,能够通过这种途径跻身于手工工场主行列的微乎其微,加上外国资本主义与中国民族手工业的残酷竞争,这条所谓手工工场产生发展的正途,只不过具有象征意义而已。

第二,在股份或合伙制的基础上组建的手工工场。这是中国近代手工工场产生的一条重要途径。股份制是欧风东渐的产物,是利用社会资金兴建大规模企业、化解风险的有效方式,它与中国民间原有的合伙制结合起来,有力地推动了手工工场的创建。如成立于 1899 年的湖北宜昌茂大公司就是一家股份制的手工工场,该公司创办资本金 10000 两,分作 100 股,每股 100 两,职工 48 名,其主要认股者为广东江、陈、梁三姓。[②] 其实像这样冠以公司之名的手工工场并不少见,不过这些所谓的公司与完全股份制意义上的公司相去甚远,入股的范围不超出创办人的戚友、乡亲、行帮等封建关系网,公司内部缺乏资本营运、监控的正常机制。这是西方股份制在近代中国普遍缺乏社会信用条件下的一种变异。相比之下,合伙制更为流行,如 1932 年高阳 60 家布线庄中合伙经营的有 25 家,25 家染线工场中合伙经营者达 20 家。入伙方式多种多样,钱、财、力都是入伙对象,利润按股均派,亏损共同负责,合伙中任何一方都有代表企业的权力,如要撤伙,需得到其他伙友的允许。有关合伙各方的权利和义务,事先在合同中载明。[③] 股份制或合伙制方式为部分商人和小手工业者在市场兴旺时期创办手工业企业提供了便利,它在一定程度上弥补了中国近代资本分散的弊病,有利于入伙者实现钱、财、力的互补。

第三,商人或包买主独资创办的手工工场。这是中国近代手工工场产生的一条主要道路。这类创办者或由于较长时间的经商,或因为控制分散的手

① 湖北省乡镇企业管理局《乡镇企业志》编辑室编:《湖北近代农村副业资料选辑(1840—1949)》,未刊本,第 146 页。

② 《宜昌卷叶烟制造所》,见彭泽益编《中国近代手工业史资料(1840—1949)》第 2 卷,中华书局 1962 年版,第 339 页。

③ 吴知:《乡村织布工业的一个研究》,商务印书馆 1936 年版,第 42—44 页。

工业者,积累了一定数量的资本,随着社会经济的发展,为追求更大利润,他们把部分资本投入生产领域,直接经营和监督全部或部分手工业生产工序,以满足不断扩大的市场需求。有关具体材料见本章手工业经营形式的分析,在此不赘。

第四,行会手工业向手工工场的转化。随着外国资本主义的侵入,民族机器工业的产生,城市行会手工业面临着前所未有的激烈竞争,行会的功能逐步变化。清末商会建立以后,这一势头更趋明显,“在组织功能上,由封闭性向开放性转化”,“在管理功能上,由封建垄断化向着开拓化的方向发展,对所属行号经营业务的限制渐趋放松”,“在导向功能上,逐渐由守旧型向进取型的方向转化”。[①] 这些变化有利于行会手工业转向手工工场经营,如开办于1924 年的福州金银箔叶有限公司,就是由福州金银箔行转化而来。该公司由城内南召数十家金银箔叶店所组织,资本 20000 元,每日可出箔叶价值 300元以上,工人 130 人,凡属原金银箔叶行工人均入该公司做工。[②] 这是改变近代行会手工业分散落后局面的有效方式,但它并不构成手工工场产生的主要路径。更多的行会手工业则是在摆脱行会的控制后扩大经营规模,发展成为手工工场的,中国近代一些主要城市尤其是通商大埠中的部分手工工场就是如此。此外,一些国外传入的新兴行业如针织、火柴等,从一开始就采取工场经营形式。手工工场产生的多元途径与其他因素结合起来,促成了清末民初时期手工工场的发展。

二、自主经营与依附经营之间的转化

虽然我们在逻辑上将依附经营与自主经营区别开来,但实际上两种形式并非泾渭分明、互不相容。商人总是力图控制手工业者,手工业者则总是希望摆脱对商人的依附,实现自主经营,但他们都无法回避市场的变化,两种经营形式都是在市场条件下经营者和生产者的一种选择。在市场疲软时,生产者为避免商人杀价,往往采取依附经营形式以赚取工资;在市场活跃时,生产

① 虞和平:《商会与中国早期现代化》,上海人民出版社 1993 年版,第 45—48 页。

② 《福州设立金银箔叶有限公司及其内容》,《中外经济周刊》第 99 号,1925 年 2 月 14 日。

者则可能以其历年积累所得，摆脱依附，自主经营。如在华北乡村手工织布业中，第一次世界大战期间兴起了一种“独立经营之主匠织户”，即自主经营者。他们大多从依附经营发展而来，“主匠乃昔日之‘织定货’工人，今既以历年积累之资本而加以扩充，自购棉纱，织成布匹，在市集上售诸布商，至‘雇工’之雇用较之织定货织户，更为普遍，而主匠之业务，则俨然与‘小厂主’无异矣”①。很明显，这些所谓主匠织户，已从过去为包买主织定货的依附经营者发展成为拥有雇工的雇主。在高阳，1926 年至 1931 年，“兴起了一种主匠制的家庭工厂和增加了许多织卖货的织户……工厂的厂主，大都就是织布工人出身，见到麻布的获利，以他历年的经验和积蓄，自己或合伙开办小规模的织布工厂，购织机自数架至十架不等，普通不过十架，招收工人学徒，代他做准备及织布等工程，一切由自己监督指导，但很少再亲自动手了”②。在浙江平湖，“各处家庭工厂，则其始均以一家之资力，购机数架，尽一家男妇之力，从事于工作，一二年稍有余资，即添购袜机，转租于人”③，便从一个依附于包买主的经营者跃升为控制别人的包买主。北京地毯业中，“营业发达，技艺较精之工人，有起而开设此项地毯行者”的现象屡见不鲜。④ 这些都是依附经营者在其自身发展过程中的一种向上的转化。同样，在市场萎缩、产品销售受阻、经营亏本时，则出现自主经营向依附经营的逆向转换。如在天津地毯业中，“作坊主人在某时为一主匠，而在他时又为一散处工人之事，并不罕见”⑤。其实，这种现象并非只发生在天津地毯业。在北京的同行，“营业衰颓，行主亏本降而为造毯工人，亦屡见不鲜”⑥。无须更多论证，在其他地区、其他行业中两种经营形式之间的这种向上或向下的转化也是广泛存在的。但并不为人注意、史料上很少反映却经常存在的现象则是平行性转换，学者

① 方显廷：《华北乡村织布工业与商人雇主制度（一）》，《政治经济学报》第 3 卷第 4 期，1935 年 7 月。

② 吴知：《乡村织布工业的一个研究》，商务印书馆 1936 年版，第 69—70 页。

③ 《浙江平湖织袜工业之状况》，《中外经济周刊》第 147 号，1926 年 1 月 23 日。

④ 包立德、朱积权编：《北京地毯业调查记》，见彭泽益编《中国近代手工业史资料（1840—1949）》第 3 卷，中华书局 1962 年版，第 132 页。

⑤ 方显廷编：《天津地毯工业》，南开大学社会经济研究委员会，1930 年，第 19 页。

⑥ 包立德、朱积权编：《北京地毯业调查记》，见彭泽益编《中国近代手工业史资料（1840—1949）》第 3 卷，中华书局 1962 年版，第 132 页。

们对高阳的调查为我们提供了一个很好的缩影。在这里,“同一织户,一年之中,有时织卖货,有时又织手工,时常可以伸缩变换的,并且变的很快,特别是附城的农民。非但如此,织手工的农民,除应得工资之外,实际上每织成一匹,还可以赚棉纱四两到半斤不等……赚下的线,就把它织布出售或换钱,这时候他在市场上俨然又是自织自卖的工匠了”①。这些适合于家庭生产的小手工业,有谁能肯定他们究竟是依附经营还是自主经营呢?

既然经营形式是手工业者在市场条件下的一种选择,而对中国近代手工业而言,市场始终是不宽松的,因此必定造成手工业中包买主制下依附经营形式的支配地位。即使在市场兴盛时期,商人也总是千方百计控制手工业者,手工业者则尽其所能摆脱包买主的控制,在原料和产品销售上建立起与市场的直接联系,这样便造成了自主经营与依附经营的相互转化。如何正确评价中国近代手工业经济中占统治地位的依附经营形式?我们认为,首先,商人控制手工业是为了追求更大的利润,其主要方法是通过压低产品价格,加大对手工业者的剥削,这在道义上是应该受到谴责的。同时由于手工业者往往采取偷工减料等消极方法反抗包买主的剥削,在产品畅销时隐伏着质量下降的危机,从而造成手工业的衰落,这是包买主制的弊端。其次,人们在充分剖析包买主制的弊端时,却不自觉地忽视了其进步的一面。部分资本进入生产领域,满足了市场日益增长的需求,从社会经济发展趋势的角度看是值得肯定的,包买主为了保持并扩大市场,也直接或间接地参与手工业生产的管理,并制定统一的产品质量标准及其规格,尽量防止依附经营者的粗制滥造,在市场疲软时尤其如此。从这个角度看,包买主制下的依附经营与集中的手工工场经营的唯一区别就是个体劳动与分工协作的差异。吴承明在估算中国近代工场手工业产值时将散工制也包括在手工工场之中是恰如其分的。最后,在包买主制下,一方面,包买主为了适应日益扩大的市场需求,常常将手工业生产中的某些关键工序集中起来,实行工场化经营。另一方面,小手工业者在贫困化的压力下,起初总是不得不依附于商人,以保证生产

① 吴知:《从一般工业制度的演进观察高阳的织布工业》,《政治经济学报》第3卷第1期,1934年10月。

过程的继续，并因此造成其社会地位的变化，即由传统社会中的自主经营者变为包买主制下的工资劳动者。但由于具有对生产工具的所有权、对劳动力的自主支配权，又使他们不同于工场中的手工业工人，他们往往在依附经营下通过对劳动力最大限度的利用实现一定的积累，进而上升为作坊甚至工场化经营，完成由依附经营向自主经营的转化。虽然通过这种途径产生的手工工场数量很少，但它扩大了手工工场主的社会基础，进而增强了工业资产阶级的社会力量，这同样是值得肯定的。

第三节　合作制下的联合经营

一、自发兴起的合伙经营

中国民间有着深厚的、具有宗法血缘色彩的互助传统，合伙制在古代工商业经营中有着悠久的历史。近代以来，乡村手工业者面临着剧烈的排斥和打击，市场行情变化难测，单个生产者生存与发展的能力非常有限。在这种背景下，合伙制中蕴含的历史智慧再一次迸发了其应有的活力。农村手工业者之间自发兴起了不同形式与内容的合作。加入合作经营的，既有农村中的富裕户，也不乏贫困户，对于农村中的富裕户来说，合伙经营是在短期内扩大生产规模、获取更多利益的主要途径，合作形式可以多种多样，如资金合作、劳动合作、场屋合作等。在高阳于留佐村，小染坊“多是数家合股经营，除一家出 1 人外，还需雇用染色工人，置一两口大锅，十几个染缸”，主要为织户加工染线，发展到后来，直接撒机收布。其中“德庆号”染坊，由该村赵姓五家合资开设，“每家入股 500 元(大洋)，设有一个大煮锅，十几个大染缸，每家各出 1 人，又招雇 6 人，共 11 人”。这是一种资金与劳动的合作，合伙者以三年为一个决算期，到期可以自由退出或继续合股，一年分一次红，据调查，每年每户能分红利 300—500 元。[①] 在织布业中，“较富之农民，自行购置厂所及织机，并自行购置或向商人雇主处赊购棉纱，而织布之工作，则全由雇用之职工

① 河北大学地方史研究室等编著:《高阳织布业简史》，1987 年，第 41 页。

任之。织工无工资，但依契约可分取红利”[①]。据1931年调查，定县有木工作坊614家，其中“合伙者约占百分之九十，独办者只占百分之十而已”。合伙的方式也非常灵活，“有人股者，有人兼钱股者，有车兼钱股者，车兼人股者”。[②]

对于大多数贫困农户来说，简单的合作亦不失为解决资本短缺的一种方式。在北方，地窨因为潮湿，冬暖夏凉，用作织布场屋能克服纱线时常断头的问题，既改善了工作条件，又有利于提高生产效率，但贫困农户依靠单个家庭力量难竟其功。于是在定县，织户“常几家合伙建筑织布地窨。有的家庭出木料，有的家庭出土坯，有的家庭出地方，建筑完了，大家公用。……普通每个地窨可放五六架织布机”[③]。高阳称之为“机房”，“合四五人摊款，建筑一公用的机房，专为安置织机及织布之用”，每间建筑费有四五十元即可，参与合作的织户多为“密切亲友”，除在机房摆放织机外，生产完全自主。[④] 高阳布业“极盛之时，此种地窖作坊，为数达三十家之多”[⑤]。织布业之外的其他乡村作坊，自发的合伙经营者也不鲜见，合伙形式多样，在定县，有技术而没有资本的工匠，“就找有钱的人合伙经营一个买卖，有钱的那个人出钱，他出人力，得利双方分批。……这种合伙多半是因为该种工匠与出品好坏有密切关系的。比如说，近年来定县砖窑的掌柜，因恐看火匠不好好看火，致影响烧出来的砖的品质，所以有与看火匠合伙经营烧窑者”[⑥]。在通海织布区，随着手拉机的出现，农户中自发兴起了一种类似劳资合作的现象，他们“合伙投资，组成机户，或有旧机者，先行改装，有资者买纱，有技术者织造和染色，临时集合，劳资互助”[⑦]。

---

① 方显廷：《华北乡村织布工业与商人雇主制度（一）》，《政治经济学报》第3卷第4期，1935年7月。

② 张世文：《定县农村工业调查》，四川民族出版社1991年版，第319—320页。

③ 张世文：《定县农村工业调查》，四川民族出版社1991年版，第73—74页。

④ 吴知：《乡村织布工业的一个研究》，商务印书馆1936年版，第98页。

⑤ 方显廷：《华北乡村织布工业与商人雇主制度（一）》，《政治经济学报》第3卷第4期，1935年7月。

⑥ 张世文：《定县农村工业调查》，四川民族出版社1991年版，第27页。

⑦ 林举百：《近代南通土布史》，南京大学学报编辑部，1984年，第252页。

也有合作经营较大规模的作坊或手工工场的。在高阳，合作经营的织布工场约兴起于 1926 年，那时织户见织麻布盈利多，“便合伙摊股，租房购机招雇工人，组成小型织布工厂”，据 1931 年统计，这种合作经营的织布工厂有 40 余家，分布在城关的有 20 家，其余则集中分布在高阳城东南乡的小王果庄、南圈头、延福、凌场、周家莘庄、于留佐、赵官佐等村①，地域上的集中化趋势较为明显。合作经营者以本地农民为主，但亦有外乡农民，“一些原先在高阳当过雇工的织布工人，他们或在本地无法谋生，或是见高阳织布赚钱，从本县本乡召集人员搭好班子，集资到高阳织布比较发达的乡村，或染线厂集中的地方（如于留佐、赵官佐）租赁房子，置买织机。他们一般是十几个人，不再招雇外人”②，这些人既是出资者，也是劳动者，进行生产合作。

酿酒业是农村中较为普遍的一种手工业，所需资本较大，由五六千元至一两万元不等，一般均系合伙。在定县，“有两种不同的办法。有一种办法是由几人发起，组织烧锅，开始集股。刊印章程若干份，每股规定若干元，发起人每人认股若干，并担任集募若干股。至将集到预定的股款数时，即开股东会议。由此会议的股东里，公举某某人等为董事。……再由董事选聘经理。董事聘请的经理，多系发起人中对于经营烧锅有经验者。……还有一种办法，是几人要想开烧锅，大家就共同议定资本若干元，分为若干股，每股若干元，各人认股若干，聘请某人为经理，请经理顶人力几股等等。议妥以后，从事营业，不论赢得多寡，也即按股均分”③。

糖房与榨房性质类似，投资较大，“大糖房约需三四千元，小者则仅千余元”④，一般农家亦难以独力经营。在云南农村，“系由蔗农十家或二十家集资购置工具，合设一糖房制造。其榨制之分配，以蔗之生熟为先后，或抽签分配。制糖工人由同伙中人担任，每百斤糖扣五斤，以为酬劳，工具公用，惟拖

① 河北大学地方史研究室等编著：《高阳织布业简史》，1987 年，第 30、31 页。

② 河北大学地方史研究室等编著：《高阳织布业简史》，1987 年，第 31 页。

③ 张世文：《定县农村工业调查》，四川民族出版社 1991 年版，第 312—313 页。

④ 张肖梅编著：《四川经济参考资料》，中国国民经济研究所，1939 年，第二十章“出口业”，第 117 页。在云南，糖房投资较少一些，“其资本约五百元至一千元之间，工具为榨辊铁锅盆钵等物”。

榨辊之牛则由各糖主自备”①。闽浙皖赣产糖区,“系由糖户若干合组一厂,每户出工人一,牛一,厂内一切器具均为各户所公有,颇具利用合作之意义”②。广西宾阳瓷器业分布在该县“芦墟之南十余里一带山中,北起吴村,南至老窑,东迄渌旺,东西八里南北十里之区域以内,包括渌思、新塘、吴村、天塘、老窑、林村、渌来、渌廖、渌韦、佛龙、渌黄、卡墨、渌丁等村”,至于生产形态,多为窑户合营,“数家合组,规模狭小,是以雇工甚少,多系家庭父子兄弟,尚不脱离农家副业之形式。间有雇用者,工资计算,亦采用合作制,即将成品数目内扣除材料及燃料费外,东伙均分”。③

除了生产合作,在高阳,还有一种自发的类似销售合作的经营形式,可以称之为合作组。为了应对商人剥削及市场的大规模需求,农村织户中“平时熟悉并较称投合的数家,联合一起,公推有才干者一人,兼任对外事务接洽”,根据市场对产品尺寸、重量、颜色、花样及原料种类的要求,与布线庄订约,此后无论原料或产品如何变动,双方必须如约履行。高阳城南的西田果庄,1929 年有 3 家织户联合起来,共有织机 7 架,代同和工厂织四斤半平面麻布,此后加入的织户逐年增多,1930 年有 7 家织户、21 架织机,1931 年增至 8 户、织机 23 架,1932 年达到 9 户、织机 25 架。承接订单后,按照布匹种类,依各织户的技术特色分配生产任务,或织麻布,或织条格布,所需原料及产品交货,由合作组统一采购或出售,没有订单时,各织户自主生产,合作组不加干涉。④ 合作组没有成文的规约,成员之间完全靠信用维系,是一种建立在熟人社会中的具有互助性质的联合经营。

以合伙方式组成的作坊与手工工场在城市手工业中也较为普遍。如天津提花业,中小规模的提花工场,资本“一二万元不等,或数百数千元”,合伙人中甲出房子为场址,乙出织机,丙管理及指导工作,原料则由纱线庄赊欠而

---

① 彭泽益编:《中国近代手工业史资料(1840—1949)》第 4 卷,中华书局 1962 年版,第 262 页。

② 赵棣华:《发展东南农村工业刍论》,《东南经济》第 1 卷第 11、12 期合刊,1940 年 12 月。

③ 千家驹等编纂:《广西省经济概况》,商务印书馆 1936 年版,第 146、151 页。

④ 吴知:《乡村织布工业的一个研究》,商务印书馆 1936 年版,第 97 页。

来。[①] 这种情况在天津其他手工业行业中也不鲜见,如表 5-3 所示。

表 5-3　20 世纪 30 年代初天津手工业经营形式示例

<table>
<tr><th colspan="2" rowspan="2">行业名称</th><th rowspan="2">反映年份</th><th colspan="3">经营形式</th></tr>
<tr><th>总数(家)</th><th>合伙经营(家)</th><th>合伙经营所占比重(%)</th></tr>
<tr><td colspan="2">磨坊业</td><td>1930 年</td><td>504</td><td>146</td><td>29</td></tr>
<tr><td colspan="2">织布业</td><td>1930 年</td><td>322</td><td>47</td><td>15</td></tr>
<tr><td rowspan="4">鞋业</td><td>门市鞋店</td><td>1931 年</td><td>145</td><td>27</td><td>19</td></tr>
<tr><td>行鞋铺</td><td>1934 年</td><td>53</td><td>9</td><td>17</td></tr>
<tr><td>绱鞋作坊</td><td>1930 年</td><td>98</td><td>27</td><td>28</td></tr>
<tr><td>绱鞋铺</td><td>1930 年</td><td>364</td><td>57</td><td>16</td></tr>
<tr><td colspan="2">机器修造业</td><td>1929 年</td><td>62</td><td>23</td><td>37</td></tr>
<tr><td colspan="2">制革业</td><td>1930 年</td><td>15</td><td>4</td><td>27</td></tr>
</table>

注:本表据以下资料综合编制而成。方显廷《天津之粮食及磨房业》,《经济统计季刊》第 2 卷第 4 期,1933 年;方显廷《天津织布工业》,南开大学经济学院,1931 年;谷源田《天津鞋业之组织》,《政治经济学报》第 3 卷第 2 期,1935 年;《中国经济年鉴》,商务印书馆 1934 年版,第 626—627 页;《天津制革业调查》,《工商半月刊》第 2 卷第 18 号,1930 年;等等。

虽然中国历史上有着合伙、互助的传统,但从总体上看,近代乡村手工业中的合作化经营形式为数并不多,原因之一与农村手工业者的保守性有关,“农民只知为己,不知合作,习于保守,且互相猜忌之烈,甚于对客商及商人雇主,是以不易赈资合营较大工厂”[②]。另一方面,农民对于合作缺乏足够认知,“社员知识幼稚,多未了解合作真谛,且能力薄弱,不能处理社务,故组织上,多不健全,社务并未进行”[③]。因此,完全依靠手工业者自发地走向合作经营,的确有些勉为其难。

---

① 王达:《天津之工业》,《实业部月刊》第 1 卷第 1 期,1936 年 4 月。

② 方显廷、毕相辉:《由宝坻手织工业观察工业制度之演变》,《政治经济学报》第 4 卷第 2 期,1936 年 1 月。

③ 《湖属六县自治状况》,《湖社十周纪念特刊》,1934 年。

二、政府倡导下的合作经营

20世纪30年代，南京国民政府掀起的工业合作运动，推动了手工业生产中有组织的、自上而下的合作经营。由政府自上而下地组织起来的合作制下的联合经营，是一种正式制度安排的产物。20世纪30年代，鉴于农民家庭手工业的衰变，一些地方能人掀起了一股创办合作社的热潮。1935年2月，浙江嘉兴县泰石乡在乡长的倡导下，成立绸业生产合作社，共有社员73人，规定社员每人至少认购一股，每股10元，截至调查时的8月初旬，已收股金及入社费284元，并向嘉兴县地方农村银行申请贷款2000元，"购入蚕丝，发放与社员织造，社员织成绸匹，即携至社中，以绸之重量抵所取丝之重量，然后再发给应得工资之一部分。……将来出售后，按售价之高低，与纯利之多寡，再按比例分配盈余"①。泰石乡绸业生产合作社的成立不仅因为民间有着悠久的互助合作精神，"更加以地方领袖，其家庭经济状况与一般农民相仿，无阶级之划分，然彼等知识程度均高，尤可敬佩者，彼等均能以地方事业为己任，不惜个人之牺牲，努力从公"②。江苏盛泽大谢乡在乡人陆荣光的倡导下，于20世纪30年代初设立了大谢乡绸业合作社，以集股结社为基本形式，规定全乡丝织业从业人员均为合作社业务员工，社员每人一股，共收取股金总额1550元，全部存放于江苏省农民银行盛泽办事处作贷款抵押。合作社社员可以从该办事处获得优惠贷款，产品由合作社负责销售，并以低于绸领业收费标准，对每匹绸的销售收取手续费作为业务收益。可惜，合作社尚未在农村手工业中普遍推广，盛泽丝业便在日本侵华战争的打击下全面停滞。③相比之下，常州湖塘桥棉布产销合作社规模较大。据调查，该社总社及南夏分社共有织布机800台，社员分布在附近湖塘桥、蒋湾桥、何留乡、丰塘乡、惠政乡、鸣凤乡、万年乡、茶山乡等8个乡中的49个村庄，社员按合作社制定的统一规格织造标准土布，织成后由社员同合作社交换纱线，合作社统一向面

---

① 冯紫岗编：《嘉兴县农村调查》，浙江大学、嘉兴县政府，1936年，第134—135页。

② 冯紫岗编：《嘉兴县农村调查》，浙江大学、嘉兴县政府，1936年，第135页。

③ 姚天吟：《绸乡的合作经营方式》，《吴江文史资料》第7辑，1988年，第137—138页。

粉厂商销售。不完全统计显示，该社1947年生产的标准布为103982匹，1948年为85808匹，较上年有所减少。[①]“新兴纸业之组织，大抵采合作方式，赣之宁都且有造纸合作社联合社之成立，附设分社七所。”[②]

20世纪30年代初，在南京国民政府推广工合运动的背景下，合作制下的联合经营在手工业生产中逐年增加。吴兴县设立养蚕合作社6所，社员531人，资金总数611元。长兴县有蚕业生产合作社5所；德清县第二区有秋蚕生产合作社8所；武康县有无限责任蚕业合作社5所，社员216人，股本总额354元；孝丰县有无限责任蚕茧贩卖合作社1所、有限责任蚕茧运销合作社1所、无限责任养蚕合作社2所。[③] 地方政府还设立专门机构，指导手工业合作社事业的发展，如浙江省海盐县成立改良蚕桑指导所，内设合作事业室，该所周主任暨合作室李指导员亲赴沈荡镇，宣传改良养蚕，于1935年3月，先后成立了9个养蚕合作社，共发放3400张改良蚕种，派出8位女指导员，指导各社设立共同催青室、共育稚蚕室[④]。平湖合作社跨越多个领域，包括“蚕业生产兼营合作社一所，运销兼营合作社一所，消费合作社一所，信用兼营合作社五所”[⑤]。在地方政府的努力下，到1936年底，浙江全省，“计已核准登记之蚕业生产合作社有223社，社员5734人，股金11956元”，此外，还有“桐油生产合作社56社，社员1265人，股金15487元”。[⑥] 从单个合作社看，社员多则数十人，少则数人，以全民族抗战前夕的萧山县蚕业合作社为例，其社员规模如表5-4所示。

① 张千里：《湖塘桥农村织布工业》，《纺织建设》第2卷第4期，1949年3月15日。

② 赵棣华：《发展东南农村工业刍论》，《东南经济》第1卷第11、12期合刊，1940年12月。

③ 《湖属六县自治状况》，《湖社十周纪念特刊》，1934年。

④ 屈冠春：《海盐县沈荡镇西养蚕生产合作社联合会的回顾与前瞻》，《浙江合作》第37期，1935年1月1日。

⑤ 《平湖县之土地经济》，见孙燕京、张研主编《民国史料丛刊·经济·农业》（533），大象出版社2009年版，第130页。

⑥ 伍廷飏：《浙江省经济建设之进展》，《实业部月刊》第2卷第2期，1937年2月。

表 5-4　1936 年春期萧山县蚕业合作社社员数及合作烘茧量示例

合作社名称		社员数(人)	烘茧量(斤)	合作社名称		社员数(人)	烘茧量(斤)
头蓬	第一社	17	1048	义盛	第四社	10	1402
	第二社	11	1294		第五社	2	446
	第三社	11	1560		第六社	12	2064. 5
	第四社	1	60. 5		第七社	25	2677. 5
	第六社	9	2055. 5		第八社	7	545
新湾	第一社	12	1272		第九社	57	2228. 5
	第二社	16	2110		第十社	20	2127. 5
义盛	第一社	9	1646. 5		第十一社	15	2028. 5
	第二社	6	351		第十二社	13	1920
	第三社	5	512. 5	……		……	……

资料来源:求良儒《合作烘茧论》,《浙江省建设月刊》第 10 卷第 6 期,1936 年 12 月。

国民政府将成立合作社视为救济手工造纸业的重要手段。如浙江缙云县,1935 年选派专门人员开展宣传,"由李树仪等,发起组织八都坑保证责任纸业生产合作社,事前拟具计划等件呈奉县政府核准许可设立"[①]。浙江省建设厅对核准成立的手工业生产合作社给予资金上的扶持,在寿昌县"先行指导该纸槽户等组织该项纸业运销合作社,再行声请借款"[②]。福建长汀手工纸业,"经闽省合委会及本行福州分行依照合作社借款办法,供给资金十万"[③],缓解了当地手工纸业所面临的资金困境。在湖北,全民族抗战前省农合办就在咸宁开展纸业调查,为拟定手工造纸业合作办法作准备,"考察该县手工造纸业情况,以作拟具利用合作办法,改良该县纸业生产计划之根据"[④]。1935 年前后,阳新县以组织产销合作社挽救手工造纸业,"呈准湖北省政府,在救济备荒委员会拨款一万元,由阳新县府兼办,现经遴派合作技术指导员陈毅、

① 《缙云县组织八都坑纸业生产兼营合作社》,《合作月刊》第 7 卷第 4、5 期合刊,1935 年 5 月 15 日。

② 《指示救济寿昌纸业》,《浙江省建设月刊》第 7 卷第 9 期,1934 年 3 月。

③ 《救济长汀纸业》,《农友》第 4 卷第 4 期,1936 年 4 月。

④ 《鄂农合会拟用合作方式改良咸宁手工纸业,先从实际考察入手》,《农村合作月报》第 1 卷第 10 期,1936 年 5 月 15 日。

李开物等赴乡村工作，计在第十区组织湖田村、東庄村、檀院村、月朗村等四纸业产销合作社，于十月三十日发放贷款三千八百一十九元六角三分”①。

城市手工业合作社也蓬勃兴起。偏于西南一隅的成都在20世纪30年代初出现了手工业合作社的萌芽。如1932年，成都砖瓦业，彭明山、郑楫舟发起组织工人生产合作社，由砖瓦工人凑合大洋500元，以期改良工业，增进会员利益。② 不过，成都手工业合作社是在抗战开始后随着西南大后方战时经济的兴起而得以推广的。

其实，在南京国民政府开展工合运动前，社会有识之士已认识到传统手工业的危机，并积极探讨救济手工业的方式方法，其中试办合作社，开展合作制下的联合经营成为一项重要举措。开弦弓生丝精制运销合作社就是由社会力量从事蚕桑实验的产物。1923年江苏省立女子蚕业学校负责太湖流域一带蚕桑改良，费达生等蚕桑专家选择开弦弓村作为试点，起初仅限于育蚕指导，在育蚕方法上个别指导各户蚕农。1926年，为了更方便指导，实行蚕农小单位的稚蚕共育。“稚蚕共育就是在幼蚕时代，各家所饲育的蚕放在一起，大家轮流负责，这样一则可以省事，二则便于监督。这是由技术上确立合作制度的最初实验。”③合作社成立后，入社的21户社员“育蚕成绩极佳”，1926年，“出改良丝八担，经郑紫卿先生介绍，售于上海纬成公司……丝价特高，最高者每百两得净洋八十一元。全村蚕户，为之轰动”④。这种改良丝是由一种改良的木制机器生产的，“用脚踏动轮子，每个人可分别在自己家中工作。……1924年的时候，村中只有十台这样的机器。到了1927年，机器总数增加到一百多台”⑤。然而，改良丝的质量仍然达不到出口标准的要求，加之世界市场萧条，1928年改良丝的价格跌落到每百两60元。在这种严峻的形势下，改革者认识到唯有进行技术革新，才能振兴乡村蚕丝业，于是1929年开弦弓生丝

① 《鄂阳新成立纸业产销合作社》，《合作月刊》第7卷第12期，1935年12月15日。

② 《砖瓦工会组生产合作社》，《新新新闻》1932年6月22日。

③ 费达生：《复兴丝业的先锋》，《纺织周刊》第4卷第20期，1934年5月10日。

④ 吴江县档案馆、江苏省社会科学院经济史课题组编：《吴江蚕丝业档案资料汇编》，河海大学出版社1989年版，第206—207页。

⑤ 费孝通：《江村经济》，《费孝通文集》第2卷，群言出版社1999年版，第155页。

精制运销有限合作社正式成立，本着“一切生产器具俱由参加工作的农民所有，一切管理及行政的权力由合作员掌握，一切利益由合作员公平分配”[①]的原则，成立合作工厂。“招收社员中善制改良丝者六十余人，由县立蚕桑场派指导员耿乃英先生训练二个月，授以制丝之智识……全村蚕户，自动组织蚕室八处，由蚕桑场指导员巡回视察，蚕后即将社员原料施行干燥，装置机械，计日本式缫丝车三十二座，复摇车十六座”[②]。据费孝通调查，工厂“所有权属于这个合作社的社员。他们对工厂的责任限于他们所贡献的股份。入社以自愿为原则，并不限于本村的人。但凡愿遵守社员义务者便可吸收为社员。社员的义务是在工厂里有一份股金，每年供给工厂一定数量的蚕茧作原料。这一合作社共有 429 名社员，基本上包括了村里所有的住户及邻村的 50 多户”[③]。该厂开办所需经费总共为 49848 元，社员入股金额实际上仅 2848 元，省农民银行与震泽地方银行分别提供 1.5 万元的长期贷款和 3000 元的短期贷款，技师由蚕业学校推荐，会计由当地银行推荐。可见，如果没有知识精英的技术支持，没有金融机构的资金支持，完全依靠农民自身的力量，开弦弓合作社不仅难以创办起来，更难以由手工缫丝向机器缫丝方向发展。

在乡村手工业得到较快发展的农村中，已经出现了向合作制下的联合经营发展的端倪，20 世纪 30 年代的调查者曾断定高阳手工织布区内，“主匠与雇主之间，曾有类似合作形式之组织，以共同经营之方法，满足普通之经济需要者……合作之第二种方式为生产合作……第三种合作方式，为合作运销”，尽管这种合作经营“或可对最近或将来之织布工业，开辟一新兴之社会的及经济的局面”[④]，可惜，在它尚未得到充分的发展时，日本帝国主义就相继发动了九一八事变和七七卢沟桥事变，这种因应市场而兴起的经营机制也随着乡村手工业发展进程的中断而昙花一现。

---

① 费达生：《复兴丝业的先锋》，《纺织周刊》第 4 卷第 20 期，1934 年 5 月 10 日。

② 吴江县档案馆、江苏省社会科学院经济史课题组编：《吴江蚕丝业档案资料汇编》，河海大学出版社 1989 年版，第 207 页。

③ 费孝通：《江村经济》，《费孝通文集》第 2 卷，群言出版社 1999 年版，第 156 页。

④ 方显廷：《华北乡村织布工业与商人雇主制度（一）》，《政治经济学报》第 3 卷第 4 期，1935 年 7 月。

手工业者采取何种形式经营,取决于多种因素,就手工业自身而言,与其规模大小密切相关。一般来说,规模越大,采取业主制下自主经营的可能性越大,分散的、小规模的家庭手工业或手工作坊,则更可能采取包买主制下的依附经营,但为应对市场的挑战,这种家庭手工业或手工作坊也可能依循合伙制或合作制,开展联合经营。因此,手工业经营形式是随着市场变化而波动的。业主制下的家庭手工业时而采用包买主制下的依附经营,时而自主经营,时而以某种形式联合经营。即便是具有一定规模的手工工场,也不是一以贯之、一成不变的自主经营,为了减少销售成本,它们也可能采取包买主制下的依附经营。如果部分手工业联合起来,组建手工工场,其情形又另当别论,在这里,合作制下的联合经营既表现为一种经营形式,也构成较大规模的作坊和手工工场形成的途径,合作的动机是为了摆脱商人的控制,实现自主经营,但有时却显得力不从心,只能部分变为现实,于是便出现了生产合作中销售依然依赖于商人或销售合作、原料仍仰赖商人的状况。农村地区距离中心市场的远近也成为制约经营形式的重要因素,在交通便利、信息较为灵通的城郊型乡村,农民手工业者自主经营的可能性较之偏僻乡村大得多,城市手工业中的独资经营也占主要地位。所有这些,都更增加了中国近代手工业的复杂性。

第六章
手工业行业组织的嬗变

进入民国时期,随着西方资本—帝国主义侵略和中国现代工商业的冲击而导致的手工业行业大变动,手工业行业组织也发生了剧烈的调整。一方面,传统的手工业行会组织在不同地区延续下来,但因其不适应近代社会经济发展要求,总体呈现出衰落趋势,最终被新式行业组织同业公会所取代。另一方面,在雇主与工人利益割裂基础上,手工业工人的自主意识和阶级意识日渐萌发,进而从"劳资合行"的行会组织中分离出来,最终建立了维护自身权益的工会组织。由行会到同业公会的转型以及工会的建立,构成了民国时期手工业行业组织嬗变的重要内容。

第一节 手工业行会的延续及其变迁

作为一种长期存在的传统工商业组织,行会与中国传统的社会经济结构存在高度的融合性。它产生于小农经济体制内的商品经济,但在商品经济不发达的情况下,由于市场规模和社会分工的有限性,排斥行业内部成员之间以及来自行业外部的竞争成为行会的主要职能,"行会的管理形式还是比较适合旧中国工商行业的实际和社会状况的”①。当行会组织赖以存在的社会经济结构发生变化时,行会组织本身必然随之发生相应变化。但是,由于中国社会经济的过渡性特征,行会组织并没有迅速消亡,反而继续存在,并呈现出与近代手工业发展相适应的一面。

一、手工业行会的延续与式微

近代以来,在西方资本—帝国主义侵略下,中国传统社会经济结构开始发生“三千年未有之大变局”。在变动的社会经济环境中,传统的手工业行会组织面临着巨大的挑战。

(一)手工业行会组织的分化

近代以来中国社会经济结构的变化催生了行会的不断调整与分化。中国近代社会经济结构的变化是在西方资本—帝国主义侵略的刺激下进行的,这构成了行会组织变迁的真正动力。

首先,突出表现在工商业行业结构的变化。第一,西方侵略使得一部分传统行业遭到重大打击,与此同时,一部分传统行业延续下来并得到不同程度发展。如前文所述,鸦片战争以来,中国的土纱业、土针业、土钢业、踹布业、土烟业、土靛业、土烛业、木版印刷业等 8 个行业均呈现衰落趋势,在一些通商口岸地区几乎绝迹。而缫丝业、丝织业、棉织业、磨坊业、榨油业、井盐业、矿冶业、砖瓦窑业、工艺品业等传统行业面对西方资本主义和中国现代工商业的竞争压力,顽强地生存下来,并进一步发展。第二,产生了一些与西方贸易紧密相关的商业性行业,如洋布业、洋油业、洋木业、蛋业、报关业、五金业、西药业、洋杂货业等。第三,一些进口替代型工业行业应运而生,如洋纱业、洋布业、针织业、卷烟业、火柴业、胰皂业、石印业、机器制造业等。此外,还有一些工业行业在国际市场需求刺激下迅速兴起,如草帽辫业、发网业、抽纱业、花边业、制蛋业、肠衣业、猪鬃业、地毯业等 8 个代表性行业。这些行业受国际市场影响极大,基本上兴起和发展于清末民初。

① [美]西德尼·D. 甘博:《北京的社会调查》,陈愉秉等译,中国书店出版社 2010 年版,第 206 页。

行业结构的变化必然引起行会组织的兴衰。具体来说,行会在晚清和民国初期形成了三种不同的命运,并非单一的线性变迁,而是充满了复杂性。第一种命运,是在一些不断衰落的传统行业,行会的生存发展难以为继;第二种命运,是在得到延续和发展的传统行业,行会组织仍然发挥着重要作用;第三种命运,是随着新的行业的产生与发展,新的行会组织不断成立。行会组织的三种不同命运显示了行会组织构成格局的发展变化。但从整体来看,行会这种传统工商业组织在鸦片战争后至民国初期是延续下来的,甚至得到了新的发展。根据民国初期汉口会馆公所联合会的调查,汉口126家有确切成立年代的会馆、公所中,38家成立于鸦片战争前,88家成立于鸦片战争后,其中19家成立于民国初期。[①] 另根据对上海、苏州、汉口、北京四个城市中有确切成立年代行会的统计,成立于鸦片战争前的行会仅占1912年后实存行会总数的28.7%;1840—1911年成立的行会数占总数的60.7%;民国以后,行会数量仍有增加,尽管增长幅度显著降低,但仍占总数的10.6%。因四地资本主义经济发展时间先后不同,行会变迁呈现出时间上的差异性。上海、苏州、汉口等城市的行会绝大部分成立于1840—1903年,但北京的情况就不同了。在北京的65家行会中,成立于民国时期的有23家,占总数35.4%。[②] 上述分析至少说明两个问题:一是行会组织在晚清至民国初期不仅没有萎缩,反而在国内外资本主义的影响下获得了发展,但又不能笼统地视之为旧式行会的增加,对此,将在下文进行分析;二是行业结构的变迁引发了行会组织构成格局的变动,这一格局融入了很多新元素,与传统的行会构成结构有很大不同。

其次,表现在商品经济和市场分工发展的影响。小农经济体制内商品经济的显著特点是市场规模小,市场分工不发达。工业与商业合行的情况比较常见,以乡缘为纽带的不同行业成立同一会馆的情况也比较常见。近代以来,特别是民国以来,中国传统经济日益联结世界市场,传统小农经济在资本主义冲击下走向衰落,商品经济的规模逐渐增长,市场分工日益发展。劳资

① 彭南生:《行会制度的近代命运》,人民出版社2003年版,第24页。

② 虞和平:《商会与中国早期现代化》,上海人民出版社1993年版,第34页。

合行、不同行业合行的情况仍然存在。在北京经营铜、锡、烟袋等行业的山西潞安人，在明朝建立了潞郡会馆。1916 年，馆役德海将会馆房屋租给陆军部兵工厂官硝局朱兰田。朱兰田禁止潞安三行在会馆集会，激起三行义愤。他们共同举荐同乡绅士和商人通过法律手段，于 1918 年夺回了会馆房屋，并重新厘定了会馆界址。此后，同业又纷纷捐款，修缮了房屋。① 但随着社会经济的变化，行业分立的情况更为普遍，进而引起了行会组织的分裂。

苏州丝织业行业组织的分化，就是很好的说明。苏州丝织业在清道光二年(1822)成立了云锦公所，进行行业管理、限制竞争、兴办慈善、祭祀等各类事务。该公所由“丝织、宋锦、纱缎业合建”②，其业务范围广泛，几乎涵盖了苏州整个丝织业。然而，此后随着社会经济的变迁，云锦公所日益成为苏州丝织业中某个分支行业的同业组织。太平天国运动期间，苏州工商业受到较大冲击，云锦公所陷入瘫痪。同治初期，云锦公所重新组建。其发起成立人员，据 1874 年长洲县为云锦公所集资重修严禁无知聚众滋扰而发布的告示，“据云锦公所苏机司董、司月职员张文树、孙毓松、谢砺金、朱宗淦、杭安福、陆金元、钱文焕、沈恒文、邹惟金、盛兆桢、蒋凤藻、李寿溥等称，职等均系开设纱缎账房为业，在元二下图祥符寺巷内，□后重修云锦公所”③，可知均为丝织业中的纱缎庄“账房”。可见，这时重建的云锦公所已经专业化为纱缎业的同业组织，而非整个丝织业的行业组织了。纱缎业“账房”以放料给织户代织为经营模式，云锦公所成为纱缎业“账房”的行业组织显示了商业资本的发展及其对手工业生产的控制，反映了苏州丝织业生产经营关系的变化。

此后，自产自销的生产者即“现卖机户”和机匠脱离了云锦公所，并成立了自己的组织。1907 年，程兆滐等 26 名机户看到纱缎庄成立了行业组织，决定发起成立霞章公所，“织机一业，人数众多，良莠不齐，停工聚闹之事，数见不鲜。聚闹原因，或由机户，或由缎庄，而恶名终归诸机户。现在各缎庄已能

① 李华编：《明清以来北京工商会馆碑刻选编》，文物出版社 1980 年版，第 41—42 页。

② 苏州市工商业联合会等编：《苏州工商经济史料》第 1 辑，1986 年，第 227 页。

③ 苏州市档案馆编：《苏州丝绸档案汇编》上，江苏古籍出版社 1995 年版，第 16 页。

顾全大局,维持公益,而机户等亦会议组织机业公所"①。资料表明,成立霞章公所得到了云锦公所的认可,云锦公所认为"霞章公所系属工业团体,与商业性质自不相同,机织工人能知集合团体,并办理善举事宜,亦属热心公益"。不仅如此,云锦公所考虑到其经费困难,还为其提供资助。② 经过一番波折,1910 年霞章公所正式成立,但其行规直到 1915 年 8 月才获准备案。此时的霞章公所是丝织业中的小生产者的行业组织,既包括了自购丝经、自织缎货的"现卖机户",也包括了为纱缎庄从事代织业务的机匠。至 1916 年,据霞章公所报告,"苏城机业工约有二万有余,内分带[代]织、现卖二项,盖带织者系向各缎庄承领丝经代为织造,谓之大机户。其现卖者自备丝经而招工织造,自行零销,谓之小机户。……城内缎庄共有三百数十家,带[代]织机数计有九千余只,其机工则有一万八千余人"③。小机户的规模虽不及纱缎庄,但从性质上看也属于资方,在市场关系中与机匠是不同的。因此,霞章公所内部本身即隐含着矛盾。

不久,现卖机户与机匠即因增加工价和纳捐而生出事端,遂从霞章公所分离出来,建立了文锦公所。1915 年,苏州现卖机业发起组织文锦公所,以元妙观机房殿为临时办公场所。1918 年同业集资建设公所房屋,拟定行规,呈报总商会转官厅备案。现卖机业给苏州总商会的呈文清晰地表明了其对自身的行业认同,"敝业文锦公所皆系自备工本织造纱缎货匹,零星现卖以为营业,其丝经原料既无须仰给于纱缎庄,而货品之织造亦不必假手于机工……与纱缎业之专办丝经、招工放织及机织业之承揽丝经、专事织造者不同,故自来与彼两业不相联属而另为一业"④。现卖机户另组公所的行为遭到了霞章公所的阻挠,霞章公所要求苏州总商会规劝其取消另组公所,认为"按机户人数计算,现卖机十不得一,况非一定,今日现卖,明日带[代]织,视为常事,试问从何分清界限"。现卖机户不仅人数少,而且除自备原料织造外,还存在承

① 苏州市档案馆编:《苏州丝绸档案汇编》上,江苏古籍出版社 1995 年版,第 40 页。

② 苏州市档案馆编:《苏州丝绸档案汇编》上,江苏古籍出版社 1995 年版,第 71 页。

③ 苏州市档案馆编:《苏州丝绸档案汇编》上,江苏古籍出版社 1995 年版,第 55—56 页。

④ 苏州市档案馆编:《苏州丝绸档案汇编》上,江苏古籍出版社 1995 年版,第 80 页。

揽账房业务的情况，这体现了商业资本对丝织业的渗透，也使得现卖机户和机匠很难完全区分开来。因此，霞章公所主张"敝公所系机业统一机关，负代表之责任"[①]。对此，文锦公所提出了区分缎商、现卖机户、机匠的标准，认为"具有资本巨商，购储丝经，散发机工承揽包织成货者，为缎庄（俗名账房）；小本经纪，购备丝经自织，或雇工帮织，兼织缎庄定货者，为现卖机（俗名小机户）；至并不自备原料，仅向账房领取丝经，承揽织造，以及并不能直接向账房承揽，而间接佣织计工受值者，均为机匠"。与原来的表述相比，文锦公所将"兼织缎庄定货者"纳入了现卖机户的范围，并且认为其性质与机匠不同，"以现卖机户一业，性质与账房相近，力绵势散，既不能加入云锦之范围，其营业与机工迥殊，工而兼商，当然不能受霞章之统辖"[②]。双方争论 3 个月之久，最终文锦公所获准成立。苏州云锦公所从"丝织、宋锦、纱缎业合建"的组织转变为纱缎业的同业组织，以及霞章公所、文锦公所的相继分立，从根本上说是商品经济和市场分工的发展所造成的。

区域经济联系的加强对行会组织的发展变化也产生了一定影响，行会组织间的联系得到加强。传统行会的出现体现了行业的联合，但其只局限于某一行业或者某一地区这样的小范围，内核是一种孤立主义的联合，通过制定严格的行规来维护地区内的行业利益。不同行业、不同地区的行会之间是孤立的。随着区域经济联系的加强，跨行业、跨地区的行会组织开始出现。一种情形是同一地区跨行业组织的成立，如 1912 年汉口不同行业的会馆、公所成立了汉口会馆公所联合会。[③] 另一种情形是同一行业跨区域组织的出现，如 1916 年成立的江浙丝绸机织联合会。最初，杭州丝绸业发起全浙丝绸机织联合会，苏州纱缎业认为苏浙丝绸业"有唇齿之谊"，"苏省丝织仰给浙丝，深受茧商历年之刺激"，决定加入该会，以"群谋维持之策"。经该会公决，允许江苏各地丝绸业团体加入，改名为江浙丝绸机织联合会。据该会 1920 年的会长会董名录，会董来自上海、镇江、吴兴、盛泽、南京、杭州、丹阳、嘉兴、苏

① 苏州市档案馆编：《苏州丝绸档案汇编》上，江苏古籍出版社 1995 年版，第 81—82 页。
② 苏州市档案馆编：《苏州丝绸档案汇编》上，江苏古籍出版社 1995 年版，第 82 页。
③ 彭南生：《行会制度的近代命运》，人民出版社 2003 年版，第 24 页。

州、濮院、长安、绍兴、临桥、硖石、新市、塘栖等地的28个行业团体。团体成员虽也有吴兴丝织公会、苏州铁机公会等新式行业组织,但主要是江浙两省的会馆、公所。[①] 还有一种情形是跨行业跨地区的行会组织的成立,如江浙皖丝茧总公所。近代以后,手工缫丝在国际竞争中日趋衰落,机器缫丝厂兴起。茧行则随着丝厂发展而广泛设立于江浙一带。1901年,一些茧行业主鉴于同业倾轧对行业发展的危害,在无锡黄埠墩设立锡金茧业公所,作为"常属八邑茧业办事之所"。江浙地区以绍兴为中心亦成立茧业公所。此后,江浙两省各县相继成立茧业公所。但是各公所划分畛域,不相为谋,彼此间"和而不同,涣而不聚,商务盛衰,未能专意讲求"。各茧行、丝厂往往为了各自私利,争购原茧,同业间纠纷不断。丝厂、茧行没有纳入统一的同业组织,茧业公所又受地区限制,难以调解。此外,丝厂到产地收购鲜茧,任意压低茧价,常常引起蚕农反抗。由此,联合江浙两省丝厂和茧业的上海丝厂茧业总公所在1910年应运而生,1915年改为江浙皖三省丝茧总公所,范围扩大到安徽省。[②] 江浙皖三省丝茧总公所以各地原有的茧业公所和丝厂为组织基础联合而来,从其成立来看,是为了解决跨地区、跨行业的市场纠纷,这既体现了区域经济之间联系的密切性,也有助于推动区域间、行业间经济的良性互动。

(二)手工业行会传统功能的式微

作为传统的同业组织,手工业会馆、公所等行会"一般都具有对外垄断业务、对内统制业务和保护同业的功能,带有封建主义生产关系的性质"[③]。它们不仅对生产环节作出规定,严格限制手工作坊开设的数量和地点,限制工人和学徒的数量,规定原料价格、产品规格,还对销售环节进行约束,规定产品售价、计量方式、计价方式、销售方式等。此外,还划一工人工资、学徒年限及待遇等事宜。对此,美国学者甘博认识到,"尽管在行会内部有一些民主,但他们同外界交往的时候,则显示垄断的性质,行会规定,未经学徒,不是行

① 苏州市档案馆编:《苏州丝绸档案汇编》上,江苏古籍出版社1995年版,第109—113页。

② 徐鼎新:《试论清末民初的上海(江浙皖)丝厂茧业总公所》,《中国经济史研究》1986年第2期。

③ 虞和平:《商会与中国早期现代化》,上海人民出版社1993年版,第33—34页。

会会员的，不许在这一行业从事任何经营活动。商品的价格是经过商定后固定下来的，而不是通过竞争形成的。价格的固定是为保证相当的利润"[①]。这些排斥竞争的做法注重社会的稳定，但是从整体上限制了行业的发展。

到19世纪后期，各地行会在鸦片战争、太平天国运动中陷入瘫痪的组织得到重建，并以整顿行规为手段，力图抵制日益增长的竞争。特别是城市手工业行会通过行规的强制力量，从产、供、销各个环节施加全面的制约。市场竞争并不能突破行会的桎梏，行会总是运用集体的抵制力量，迫使违规者屈服。这时，行会仍然呈现出强烈的强制力量，仍然顽强地保持着其传统功能。[②] 到了20世纪初，手工业行会的传统功能仍然延续下来，其对生产的制约在不同地区依然有着不同程度的表现。但是20世纪初中国的经济环境已大不同于前，不仅政府大力倡导资本主义经济发展，而且工商业者的思想意识发生了很大变化，因此手工业行会在限制、排斥竞争方面日益显得力不从心。

手工业行会的传统功能基于小农经济体制内的不发达的商品经济，与有限的市场需求相吻合。而资本主义经济的突出特点之一是强调市场竞争，随着资本主义生产方式的产生与发展，手工业行会的传统功能受市场竞争冲击而日益式微。中国近代资本主义经济的产生，首先是西方资本主义为了侵略需要在中国沿海通商口岸设立的工商业、航运业和金融业企业。1893年底，外国在华企业总计580家。[③] 甲午战争后，外国加快了在中国投资建厂的侵略步伐，特别是在第一次世界大战后的20世纪二三十年代，外国在华投资急剧增加。中国民族资本主义则在标榜"自强""求富"的洋务运动中应运而生。这些现代化机器工业的出现成为行会组织变迁的重要因素。此外，不应忽视手工业领域资本主义生产方式的发生发展，主要表现为手工工场的发展和包买主制的盛行，直接推动着手工业行会的发展变化。手工工场的发展和

---

① ［美］西德尼·D. 甘博：《北京的社会调查》，陈愉秉等译，中国书店出版社2010年版，第205页。

② 彭泽益：《十九世纪后期中国城市手工业商业行会的重建和作用》，《历史研究》1965年第1期。

③ 许涤新、吴承明主编：《中国资本主义发展史》第2卷，人民出版社2003年版，第90页。

包买主制的盛行,显示了商业资本向手工业领域的转移。民国时期,包买主制在城市和乡村的织布业、丝织业、针织业、地毯业、火柴盒业、制鞋业、制伞业、制扇业等行业中十分普遍。比如,20 世纪 30 年代,河北 89 个县共产土布 2570 万匹,其中 89%由布商运往省外,剩余的 11%中也有一部分由布商在省内销售,这些布商以供应棉纱的方式控制机户。[①] 高阳、宝坻、潍县等织布业兴盛的一个重要原因正是包买主制下商业资本对手工业的渗透与控制。据 1929 年调查,天津地毯市场中,手工作坊为包买主织定货的占 90%,织现货的只占 10%左右。[②] 天津的家庭手工业也基本处在包买主控制下,如为大小帽铺糊制帽盒,为鞋店糊制鞋盒,为成衣铺缝贴边和纽扣,为茶食店或粽子店整理箬叶,为帽铺作坊做帽碗,为作坊编凉枕等。[③] 包买主制在江南一带的丝织业中发挥着关键作用。早在 18 世纪初期,苏州就已经出现了向机户放纱的"账房",其生产模式具有资本主义萌芽性质,鸦片战争后至民国时期这种经营形式仍然被采用。包买主制的实行使手工业者突破了以往的资本和技术限制,扩大了生产规模。研究表明,不管是现代机器工业和工场手工业的兴起,还是商业资本对手工业生产的广泛渗透和控制,都成为行会制度的严重威胁。"整个来说,哪里出现了资本家和工人,哪里的行会制度、师傅和帮工就消失了。"[④]面对来自资本主义生产方式的这些挑战,手工业行会很少能够组织有效且持续的抵抗,进而其传统功能在资本主义生产方式面前日益式微。

在入会方面,行会的强制性已大为削弱。甘博的调查显示,"几乎没有行会在章程中规定行业内的人必须加入行会"[⑤]。据步济时在 20 世纪 20 年代对北京的调查,40 个行会中只有 16 个行会增加了会员人数,18 个行会的会

---

① 王翔:《近代中国手工业行会的演变》,《历史研究》1998 年第 4 期。

② 方显廷编:《天津地毯工业》,南开大学社会经济研究委员会,1930 年,第 259 页。

③ 《天津妇女的家庭职业:做针黹的生活写实》,《大公报》1933 年 4 月 16 日。《女子职业之十一:箬叶》,《大公报》1934 年 6 月 6 日。《女子职业之八:籐工》,《大公报》1934 年 5 月 27 日。

④ 《马克思恩格斯全集》第 30 卷,人民出版社 1995 年版,第 500 页。

⑤ [美]西德尼·D. 甘博:《北京的社会调查》,陈愉秉等译,中国书店出版社 2010 年版,第 171 页。

员人数减少了,其他 6 个行会会员人数没有变化。彭泽益根据步济时的调查,对 42 个“转化期的北京行会”即同业公会在会员入会问题上的规定进行统计,强制入会的只有 14 个,自愿入会的高达 24 个,还有 4 个不确定是否强制入会。与商业公会相比,手工业公会表现得相对保守些,16 个手工业组织中,强制入会的高达 10 个。18 个商业公会中有 17 个是自愿入会,没有强制入会的。[①]

行会在对生产和产品价格的控制力上也力不从心。根据甘博的观察,民国时期北京“没有一个行会限制本会会员的生产产量。如果他卖出的商品价格不低于行会规定的价格,就允许每一个制造业主任意进行生产与销售。同时也不限制工人的劳动量”[②];同时,由于越来越多的手工业者违反规定出售产品,行业内部的竞争愈发激烈。据美国官员 1919 年的观察,行会成员以低于规定的价格出卖产品的情况一再发生,而行会实际上已经不可能阻止。大多数行会成员甘冒被除名的危险,秘密地违反行会对工资和产品价格的限制规定。[③] 在北京,行会仅规定了产品的最低价,会员只要以不低于行会确立的价格出售货物,可根据市场变化确定价格。[④] 由低价出售引起的同业之间的纠纷是很多的,“绸缎洋货行、药行、烟草行、制鞋行,如果问到纠纷之事,首先都会举出这种竞业所引发的问题”[⑤]。

行会对手工业工人工作权的控制日渐失效,手工业工人逐渐拥有了自由择业的权利。在北京,以往从事木匠、石匠、砖瓦匠以及油漆匠等职业的劳动者,都要从属于行会成员的师傅那里取得营业执照,成为行会的成员,才能获得劳动合同。但是到 20 世纪 20 年代,“行会的势力已经显著坠落,木匠、石匠等中间,不是行会成员者很多”。刻于 1927 年 7 月的精忠庙鲁班殿碑文显

---

① 彭泽益:《民国时期北京的手工业和工商同业公会》,《中国经济史研究》1990 年第 1 期。

② [美]西德尼 · D. 甘博:《北京的社会调查》,陈愉秉等译,中国书店出版社 2010 年版,第 197 页。

③ 王翔:《中国近代手工业史稿》,上海人民出版社 2012 年版,第 164 页。

④ [美]西德尼 · D. 甘博:《北京的社会调查》,陈愉秉等译,中国书店出版社 2010 年版,第 183 页。

⑤ 王翔:《中国近代手工业史稿》,上海人民出版社 2012 年版,第 164 页。

示,工匠可以比较自由地从一种行业改为从事其他行业,“同业中弃改他业者,不一而足。众会员等,目击神伤”。湖南长沙建筑行业的手工业者在1922年的罢工中提出增加工资、修改行规等要求,最终获得了“与以往的限制全然相反的自由寻找工作的权利”。湖南修鞋业的行规也受到了来自修鞋匠的冲击,“修鞋匠的数量也越来越多,行会已经不可能强制从事该业者遵守行会的规则,因为许多破产农民从农村涌入城市,修鞋为生,连一些行会师傅也因此丢了饭碗。根据法院裁定,对这些从农村流出的非行会成员,只需支付相当于行会成员一半的工钱”。① 同期,地毯业工人非常高的流动性也说明了其自由择业权利的获得。据统计,北京117名地毯工人中,曾经改过行的达101人,只有16人从没有离开过地毯业,并且没有一人能够一直在一家毯坊做工。② 1929年,天津地毯业310名工人中,有221人入厂时间在1925年至1929年,入厂时间一般比较短,表明劳工转移率高。这一方面反映了“与地毯工业之摇动状态及雇用制,常有一致之趋势”③,另一方面也反映了地毯业工人在市场竞争中相对灵活地选择职业的情势。

学徒制度的变化也显示了行会影响力的减弱。民国时期,尽管学徒制度仍然是手工业技术传承的主要方式,学徒需要在期满后才能获得从业和加入行会的资格,很少有行会允许没有当过学徒的人开店或参加行会,但是绝大多数外贸行业的行会不要求它们的会员一定要有学徒的经历。学徒出师后,除有的行会要求在师傅的店里工作一年外,一般可以自由地找工作。④ 此外,随着商品经济的发展和市场竞争的加剧,行会对学徒数量的限制受到日益严重的冲击,不限制招收学徒数量成为常态,致使大量招收学徒成为普遍现象。1919年,北京的大多数行会保持着一个学徒对三四个工人的比例,据甘博对北京一个行政区内所有店铺的统计,学徒与工人的比例是1∶5.8。但是行业

① 王翔:《中国近代手工业史稿》,上海人民出版社2012年版,第165—166页。

② 刘家铨等:《旧中国北京的地毯业及工人状况》,见北京市总工会工人运动史研究组编《北京工运史料》第2期,工人出版社1982年版,第59—63页。

③ 方显廷编:《天津地毯工业》,南开大学社会经济研究委员会,1930年,第61—62页。

④ [美]西德尼·D. 甘博:《北京的社会调查》,陈愉秉等译,中国书店出版社2010年版,第173、194页。

内部的差异性很大。棉染业行会中是 1 个学徒对 9 个工人，毛皮行会的学徒多于工人，比例是 3 : 2。地毯业中，学徒与工人的比例是 1 : 1。[①] 数据表明，此后地毯业中学徒的数量就更多了。1923 年，北京 206 家地毯场坊共有 1768 名工人、5066 名学徒，学徒与工人的比例是 2.87 : 1。作坊规模愈小，学徒的比例一般愈高，使用房屋在 1—5 间的有 98 家，学徒与工人的比例是 5.61 : 1。甚至有 78 家毯坊只以学徒从事生产，“无力招集工人按月付以工资故也”[②]。根据 1927 年北京牛骨行重定的行规，各商号扩招学徒一般不受限制，只需向行中报告，并缴纳 40 枚铜元；另立新字号及分号，也只需缴纳 80 枚铜元。[③] 在市场化的冲击下，学徒制度的技艺传授功能日益退化，学徒制度在近代的浪潮中逐渐发生着质变，越来越具有劳动用工制度的内核，“不啻为雇主剥削劳工之工具”[④]。

此外，政治因素对行会组织的影响也不容忽视。传统时期，行会对行业经营的限制基本都采取官府告示的形式，得到了官府的认可，违规者很少不服或者反抗。近代以来，在现代国家建构中政治权力对民间领域的控制逐渐强化。这种控制的强化过程实际上是权力的让渡。进入民国后，随着通行全国的经济法规的施行，政府的社会经济管理职能不断加强，行会的具有地域色彩的许多职权由政府行使。“地方和国家的两级政府管理机构所发布的关于商业的法规和章程越来越多，所有的行会和商会的商店与负责人都必须进行注册登记，这就可以明显地确保政府对商业严格的管理”。北京肥皂批发商行会在民国以前具有垄断经营的权力，该业每家向清政府缴纳七八千两银子的注册费，就可以把该业商号数量控制在 14 家以内。但民国以后，行会的垄断权大为削弱，政府拒绝再承认和保护行会曾经拥有的垄断地位，不再限

① ［美］西德尼·D. 甘博：《北京的社会调查》，陈愉秉等译，中国书店出版社 2010 年版，第 192、500 页。

② 包立德、朱积权编：《北京地毯业调查记》，北京基督教青年会服务部，1924 年，第 32 页。

③ 李华编：《明清以来北京工商会馆碑刻选编》，文物出版社 1980 年版，第 160 页。

④ 方显廷：《天津织布工业》，见李文海等主编《民国时期社会调查丛编》2 编，“近代工业卷”（中），福建教育出版社 2010 年版，第 397—398 页。

制商店的数量。在天津,棉纱行会因组织抵制日货,甚至被警察当局取消。[①]根据日本学者仁井田陞的调查,北京新开张的靛行商号,"民国以后要得到警察厅,其后要得到社会局的许可,与染业会馆没有关系也行"。尽管"商号太多的话,经营会很困难,即便如此也没有任何限制"。[②] 20 世纪 20 年代中期,民国政府轻而易举地取消了胰皂业行会对产品价格的垄断,弹压过他们与工场手工业者之间的争端。[③] 对于违反行规的从业者,以往行会会实行体罚或者罚款等处罚手段,民国以后"行会过去所拥有的体罚权,已为法律所剥夺","警察禁止行会对违规会员采用竹子抽打的惩罚手段,并且强制要求改用其他方式进行处罚"。这种转变所带来的结果是"行会难以严格执行自己的法规"。[④] 行会对破坏行规的会员的处罚因此变轻,罚款成为主要处罚方式。如北京金箔行的业主如果不按行会规定的标准支付工资,则须缴纳 100 元罚金。油漆行业的工人如果没有在行会规定的时间休息,店主须为每个工人缴纳 8 分钱罚款。地毯行的雇主如果雇用了没有学徒期满证书的人,或者降低了工人工资,或者雇用了因破坏行规而被行会停止会员资格的人,将会面临 50 元的罚款。对于严重违反行规或屡犯者,行会会停止或取消其会员资格。而对于初犯者,连经济处罚也没有,"就是要求他们在行会守护神的祭坛上燃几束香,很少听说有关行会会员付罚款的情况"。[⑤]

上述事实表明,进入民国时期,尽管传统手工业行会在经济活动中仍然发挥着重要作用,但处于加速瓦解的进程中,其限制、排斥竞争的传统功能在经济近代化和现代国家建构中日益式微,对生产及交易的各方面限制均被打破。传统手工业行会退出历史舞台已经是不可避免的了。

---

① [美]西德尼·D. 甘博:《北京的社会调查》,陈愉秉等译,中国书店出版社 2010 年版,第 206 页。

② 王翔:《中国近代手工业史稿》,上海人民出版社 2012 年版,第 164 页。

③ 王翔:《中国近代手工业史稿》,上海人民出版社 2012 年版,第 165 页。

④ [美]西德尼·D. 甘博:《北京的社会调查》,陈愉秉等译,中国书店出版社 2010 年版,第 177 页。

⑤ [美]西德尼·D. 甘博:《北京的社会调查》,陈愉秉等译,中国书店出版社 2010 年版,第 185—186、198 页。

二、手工业行会的近代性变迁

行会是商品经济的产物，与市场结构有着密切的关系。这种渊源关系决定了行会组织必然随着商品经济和市场结构的变化而发生变化。[①] 因而中国近代经济发展必然会引起行会的变化。面对前所未有的挑战，手工业行会展现出传统功能日益式微的一面，但也展现出了另一面，即行会并非固守成规，而是在一定程度上进行了自我调整，在传统行会的外壳内注入新的内容，以适应新形势。

其实早在清末时期，一些公所即开始了近代转型，不仅放松了对行业发展的限制，而且具有了振兴行业、推动发展的新内涵。1858 年，上海振华堂洋布公所成立，其行业规则没有限制开设新店。1905 年成立的上海书业商会对新设书店实行自由登记制度。其中，除了社会经济的发展，政府的政策法规也起到了重要的推动作用。1904 年清政府颁布的《奏定商会简明章程》通令各省商业公所、商务公会改为商会，并负有"保商振商之责"。此后，各地商会陆续成立，成为振兴商务的经济组织。1914 年，政府又颁布了《商会法》，更加规范了商会组织的发展。作为近代新式工商业组织，商会所肩负的"保商振商之责"与传统的行会有着明显区别，其成员却涵盖了各业行会。不过，行会加入商会并不是被迫，而是基于自愿原则。行会加入商会后，参加商会的各种振兴商务的活动，在商会的影响下"其封闭性明显削弱而开放性更趋增强"[②]，朝着新式行业团体演进。

商会是各业之联合团体，政府关于各行业团体的政策也酝酿出台，推动着行会组织的近代转型。民初的临时工商会议上，有代表就指出："中国商界之团体，会馆也，公所也，百十年来如一日。窥其意，与商会名异实同，唯其内容之组织，各随其地方之风气而各异……其组织之内容各行其是，章程任便自订，意义分歧，条例各异"，"亟应以法治为宗旨，其尤要者则修改章程为不二之入手办法，是以章程宜全国一致，由工商部订定后，详加讨论，务期备极

① 虞和平：《商会与中国早期现代化》，上海人民出版社 1993 年版，第 53 页。

② 朱英：《中国传统行会在近代的发展演变》，《江苏社会科学》2004 年第 2 期。

详细,使之责任义务之所在,并参考外国章程以资考镜,庶几收统一之效果,而振兴商业,实基于是”。[①] 该提案最终获得通过。1917 年 2 月北京政府制定了《工商同业公会规则》,1918 年对其进行了修订,并公布了《工商同业公会规则施行办法》。《工商同业公会规则》是近代中国第一部由中央政府颁布的综合性行业团体法规,虽未强制传统的行会组织进行改组,但规定同业公会的宗旨为“联络同业,维持利益,矫正营业上之弊害”[②]。这对一些行会组织的趋新也产生了重要影响。

在组织制度上,手工业行会组织不仅由封闭走向开放,而且向着法治化、民主化的轨道推进。民国时期,越来越多的行会放松了对入会、开设新号、招收学徒、雇用工人的限制,一定程度上体现了近代社团的自愿原则和适应商品经济发展的需要。如苏州现卖机业文锦公所就规定了自愿入会的原则,如不愿意者也不强迫。[③] 1918 年 4 月农商部公布的《修正工商同业公会规则》要求各同业公会制定规章,明确宗旨、职员选举办法及权限、会议规程、同业入会及出会规程、费用筹集及收支办法等各项事项,并且要求将规章报农商部备案。《修正工商同业公会规则》虽没有要求传统的会馆、公所进行改组,但要求其规章、规例同样上报备案。这些要求对推动传统的会馆、公所摆脱旧色彩,走向法治化和民主化建设具有重要意义。事实上,也正是如此,许多行会新修订的规章表明其内部结构更加完备,职员分工更加明确,议事规程也更加合理。1921 年制定的《苏州纱缎业云锦公所章程》规定设置公所代表、司年、司月、会计。云锦公所设代表三人,在商会改选会董前经选举产生。公所成员“均有选举权及被选举权,每票举三人,以多数为当选”,司年、司月、会计在每年正月投票选举产生。其选举办法为“会计每票举四庄,以最多数之四庄为当选。轮值四季,以抽签定之。司年、月二十六庄,每票举十三庄,均以多数当选,并以最多数之十三庄为正,以次多数为副。被选者应值司年及司月之按月轮值,均以抽签定之”,还规定“被选为会计不得兼任本季内司

① 北京政府工商部编:《工商会议报告录》,1913 年,第二编“议案·议决案”,第 58—59 页。

② 《工商同业公会规则》,《政府公报》第 409 号,1917 年 3 月 2 日。

③ 苏州市档案馆编:《苏州丝绸档案汇编》上,江苏古籍出版社 1995 年版,第 94 页。

月。被选为司月者同”。章程还明确了公所代表、司年、司月、会计的职责范围。[①] 这些均表明传统行会在组织制度上的近代性变迁。

手工业行会在功能上的变化是其近代性变迁最为突出的表现，不仅旧有功能逐渐式微，而且新功能日益突出，“包括作为商会的基层组织，协助商会联络同业，开通商智；以团体力量帮助同业抵御西方列强的经济渗透，与外国资本竞争；调解同业纠纷，改善同业关系，提高相互间的凝聚力等”[②]。这样的新功能成为民国时期不少行会的主要功能。苏州酿酒业鉴于“所有作坊大都散处城厢市镇，因无团集机关，致办法不能统一”，因此“为群谋同业公益，联络感情起见”，成立了苏州酿业公所。其宗旨“纯以研究改良酿造方法，期于本业日臻发展，俾塞洋酒漏卮，于国产税源两有裨益”。[③] 1918 年，苏州现卖机业文锦公所章程载明“以研究实业原料，改良制造货品，维持同业公益，兼办各项善举为宗旨”[④]。1921 年，苏州纱缎业云锦公所章程载明“以研究出品，改良丝织，整齐货盘，推广营业为宗旨”，还规定了开办学堂的名额、抚恤鳏寡孤独的户数以及公所经费的筹措等。[⑤] 这时的苏州云锦公所已经由传统的行会组织转化为纱缎业“账房”资本家的同业组织，展示了商业资本对苏州手工丝织业生产的渗透，对苏州手工丝织业的发展发挥了很强的影响力。如 20 世纪 20 年代末，因金融紧迫，零星小机户周转困难，云锦公所为免致工潮，决定呈请政府加以救济，同时决定设当缎局接济机户，以帮助机户渡过难关。[⑥]

不仅城市的手工业行会展现出近代性特征，乡村地区的手工业行会也在改良产品、维持同业发展方面有所作为。一战时期，武进织布业进入繁荣时期，包买主制得到广泛推广。这种经营模式具有能够根据市场行情而进行灵活调整的优点，但在对分散生产的织工进行劳务和质量监督方面，却存在明

---

① 苏州市档案馆编：《苏州丝绸档案汇编》上，江苏古籍出版社 1995 年版，第 19—20 页。

② 朱英：《中国传统行会在近代的发展演变》，《江苏社会科学》2004 年第 2 期。

③ 苏州酿业公所：《关于酿酒业注册的事宜》，1926 年 4 月 8 日，苏州市档案馆藏，档号 I14-002-0024-064。

④ 苏州市档案馆编：《苏州丝绸档案汇编》上，江苏古籍出版社 1995 年版，第 94 页。

⑤ 苏州市档案馆编：《苏州丝绸档案汇编》上，江苏古籍出版社 1995 年版，第 19—20 页。

⑥ 纱缎业云锦公所：《为工潮迭起，连年亏耗，拟设当缎局接济零星机户，请察核》，1928 年 12 月 5 日，苏州市档案馆藏，档号 I14-001-0642-006。

显不足。同时,作为包买主的布庄在放纱过程中也存在舞弊行为。这些导致武进织布业“尺幅广狭,布身疏密,参差不一,甚或肩挑船载,沿户窃换,利己损人,在所不顾,以致出品日就低劣,织工毫不讲究”[①]。一些不法布庄以劣质纱换取机户用优质纱织成的本应交给正规布庄的布匹,织布业界的混乱引起了土布商人的重视。1916 年 5 月,定西、定东、惠化、延政、升西、孝仁等 6 个乡的布业公所重新整顿业规,议决通过了 10 条防止舞弊规约,得到武进县知事认可。[②] 此后,扰乱土布生产的不法行为依然存在,“营私图利之徒,违背旧规,蓄意破坏,间有将纱车载舟装,沿路换布,甚至滥放劣纱,换取好布,致令各女工送庄之布,斤量加浆,布匹短狭,概难置问……若被此辈长此捣乱,必将阔者变狭,狭者愈狭,遂至各布庄之牌面,于市面上信用丧失,销场上因此停滞”[③]。1920 年 10 月,安尚、政成、丰南、丰北、升东、大宁等 6 个乡的布庄同业公所鉴于织布业中的掺假舞弊等行为,为“联络同业,矫正出货弊害,维持利益”,订立了行规 12 条和《六乡纱布公所公订充罚细则》8 条。新行规规定开设新布庄须向公所详细备案,不得私设分号,如有违背,则勒令停业,并将庄内所有纱布罚半充入公所;还规定了各类布匹的尺寸、工价,不得私自提高或降低工价,否则,罚洋 10 元。针对不法布庄以劣纱换布,行规作了相当严厉的规定:一方面,布庄“不准将纱沿路滥放,任意招揽”,如有违背,“查出公议,永远不准入业,并不准其在六乡境内帮伙”。各布庄向公所缴纳 60 元为保证金,若不遵守行业处罚,则将该保证金予以扣算。还规定外乡布庄禁止到 6 个乡的境内兑换布匹。另一方面,对领纱代织机户作了规定,要求机户领纱必须由保人作保或缴纳保证金,如发现“领此庄纱,而换彼庄布者”,将“该机户之姓名,遍告各庄,嗣后永远不准该机户领纱”。[④] 这里,新行规仍有“不得私设分号”等的规定,说明行会的近代变革趋新是一个新旧杂糅的状态,其转型过程是比较漫长的。

---

① 徐新吾主编:《江南土布史》,上海社会科学院出版社 1992 年版,第 561 页。

② [日]森时彦:《中国近代棉纺织业史研究》,袁广泉译,社会科学文献出版社 2010 年版,第 101 页。

③ 徐新吾主编:《江南土布史》,上海社会科学院出版社 1992 年版,第 562 页。

④ 徐新吾主编:《江南土布史》,上海社会科学院出版社 1992 年版,第 562—564 页。

1921年,经过对北京一年多的社会调查后,甘博曾预言“中国正面临着一场工业革命,行会组织的命运将随之结束”①。行会的近代性变迁反映了手工行业应对资本主义挑战和适应中国近代经济发展的努力。

第二节　手工业同业公会的成立与发展

尽管行会组织在民国时期延续下来,在数量上还一度有所增长,但其传统职能越来越不适应近代工商业发展的要求。手工业行会在一定程度上呈现出了自我革新的努力,反映了手工业者突破传统束缚的诉求。随着经济的发展,建立新式行业组织成为手工业者的共识。此时,民国政府出台的系列法规为新式行业组织的产生提供了制度保障。同业公会的成立与发展标志着行业组织近代转型的基本完成。

一、手工业同业公会的成立

手工业同业公会的出现,既蕴含着深厚的社会经济因素,也体现了民国政府建立现代经济管理体制的意图,是经济与政治发挥合力的结果。

从社会经济因素来看,随着西方势力的入侵和近代中国商品经济的发展,市场竞争日渐加剧,手工业面临着较大的生存和发展压力。在危机中求变求新成为近代手工业的生存之道。其中,发挥行业组织在应对市场竞争、维护行业利益和推动行业发展中的作用被摆在了重要地位。北京帽行公会认识到“萃群策群力,互为观摩,共同扶助,以期发展,角逐于商战之场,于是乎而有公会。公会者,系维持同业之总枢纽也”②。北京芝麻油业认识到“欧风东渐,百二十行,非团结团体,不足与言商战也,而公会尚已”③。天津棉织业同业公会在其成立缘起中毫不讳言地指出:“远瞻英美有世界棉业会,其眼

① [美]西德尼·D. 甘博:《北京的社会调查》,陈愉秉等译,中国书店出版社2010年版,第206页。

② 李华编:《明清以来北京工商会馆碑刻选编》,文物出版社1980年版,第181页。

③ 李华编:《明清以来北京工商会馆碑刻选编》,文物出版社1980年版,第185页。

光四瞩，实注视全球。近观东邻有纱业公会，其指导翼助，卒执东亚棉业之牛耳。近视吾国棉业界，平时则各自为谋，难阻则束手无策，无远大之眼光，乏共同之辅助，矧吾国棉业正幼稚之际，关于根本之设施如改良种植，推广纺织，求国内运输之便利，谋海外贸易之扩张，调查市况，剂世界之供求，体察商艰，吁政府之保护，凡此种种计划，非有统一机关，难收折冲明效。美日成法是我良师，同人等……创设斯会，安见将来……不与英美棉业会、日之纱业会互相颉颃耶！"[①]这些言论代表了手工业经营者对创建新式同业组织的共识。

此外，当时的学者也从行业发展的角度阐述了同业公会对于促进手工业发展的重要意义。作为在洋货刺激下兴起的手工业，织袜业发展迅速，其中，浙江在全国名列前茅。但各手工作坊一般规模较小，受市场影响极大，"旋起旋扑"是其显著特点。20世纪20年代，浙江袜机达两万余部，但"开停参半，所存袜机日久腐朽，成为不可收拾之烂铁"。经调查，伯烈认为，究其原因，"一为出货无一定商榷之机关，一为组织之未尽得法，以致资本不能维持"，进而导致规模稍大的手工工场、作坊进行垄断经营，小作坊无力抗衡、频频停业。而这些正是不组织公会所催生的"种种弊端"，"公会之组织实不容缓者也"。关于同业公会的重要性，他认为"织袜业研究机关与出品、原料诸端具有莫大关系"。首先，在货品标准、价格方面，"公会为商榷推行最要机关"，否则，"无一定标准，由个人垄断，一时投机事业，其中望眼欲穿之小本实业家，必如数年前旋踵而起，货塞盈市，又不能推销于邻省或全国，日久万不能逃数年前搁置之覆辙"。其次，公会可以联络同业感情，互相交流生产技术、内部组织设置、工人分工方法等，促进行业共同进步。正是看到了同业公会对于行业健康发展的重要性，伯烈强烈呼吁织袜业成立同业公会，"为织袜营业发达前途计，欲从根本上维持者，则组织袜业公会一事，实愿诸君急起勉力图之"。[②] 众所周知，织袜业是近代中国新兴起的手工行业，其行业组织经历了从无到有的过程。这里的论述从正反两方面阐述了同业公会对规范和推动

① 天津市档案馆等编：《天津商会档案汇编（1912—1928）》第1分册，天津人民出版社1992年版，第292—293页。

② 伯烈：《浙江织袜营业与组织公会之关系》，《浙江实业丛报》第5期，1920年。

织袜业发展的重要意义。

推动传统行会的近代变革,建立新式同业公会组织,不仅是手工业生存和发展的内在要求,也是民国政府建立现代经济管理体制的需要。民国以来,北京政府和南京国民政府出台或修订了多个有关同业公会的法规,自上而下推动着同业公会的成立。其实,早在 1906 年,清政府就颁布了《商船公会章程》;1915 年 8 月和 1917 年 2 月,北京政府先后颁布了《银行公会章程》和《林业公会规则》。这些单一行业组织法规的出台积累了建立现代行业组织的初步经验。此后,综合性的行业组织法规正式出台。1917 年 2 月,北京政府农商部颁布了《工商同业公会规则》;1918 年,农商部颁布了《修正工商同业公会规则》和《工商同业公会规则施行办法》;1923 年,农商部进一步修订,颁发了《修正工商同业公会规则》;1927 年,农工部颁布了专门的《工艺同业公会规则》。南京国民政府成立后,1929 年又颁布了《工商同业公会法》,次年 1 月颁布了《工商同业公会法施行细则》。这些法律法规确立了同业公会的法人地位,使同业公会成为官方认可的正式工商业团体,成为推动同业公会纷纷成立的制度因素。

1917 年 2 月,北京政府农商部颁布的《工商同业公会规则》是中国政治与法律体系中第一部综合性的工商同业公会法规。该规则共 8 条,规定了同业公会的宗旨、成立手续、章程、经费等事项。成立同业公会"须由同一区域之同业者四分之三以上之议决订立规章",其宗旨为"联络同业,维持利益,矫正营业上之弊害"。[①] 不过,该规则较为简单,有关条文的表述不够严谨,公布后引起了不少争议。其中,手工业工人以该规则为依据,也发起组织同业公会,招致资方和商会的反对。[②] 因此,1918 年 4 月,农商部又颁布了《修正工商同业公会规则》及《工商同业公会规则施行办法》。修正后的规则明确规定"凡属于手工劳动及设场屋以集客之营业,不得依照本规则设立工商同业公会",同时又允许"原有关于工商业之团体,不论用公所、行会或会馆等名称均得照

① 《工商同业公会规则》,《政府公报》第 409 号,1917 年 3 月 2 日。

② 有关情况详见郑成林、董志鹏《民初工商同业公会规则的制定与修订》,《华中师范大学学报》(人文社会科学版)2017 年第 2 期。

旧办理”,只需将现行章程由地方行政官厅转报农商部备案即可。[①]《修正工商同业公会规则》虽将此前已经存在的会馆、公所等手工业行业组织排除在同业公会制度之外,但允许备案的规定如同承认了会馆、公所等组织的继续存在及其变革的合法性。同业公会组织法规的出台标志着工商同业组织进入了一个新旧并存的过渡时期。

1923 年 4 月,北京政府对同业公会规则又进行了修正,删除了关于手工业不得设立同业公会的条文,完善了“同区同业一会”原则。针对《工商同业公会规则》颁布后新出现的同一行业在公馆、公所之外新建同业公会等“一行二会”现象,规定原有“公所、行会或会馆存在时,于该区域内不得另设该项同业公会”[②]。这次修订使得新兴的手工业行业可以依法设立同业公会,但仍然认可已经存在的会馆、公所等手工业团体的唯一合法性。虽然这次修订并未从根本上强制会馆、公所等团体向同业公会转化,但满足了新兴手工业行业成立同业公会的需求。

1927 年 11 月,北京政府农工部“为保护工业团体,及促进技艺发达起见”,颁布了《工艺同业公会规则》,规定“凡属机械及手工之工厂、作坊、局所等,操同一职业者,得依本规则之规定,呈请设立工艺同业公会”,同时,确定了同业公会的独立法人团体地位,“各种同业公会,均为法人”,尤其是强调了对旧式行会组织的改组,规定自该规则施行之日起,“从前原有之工艺团体,如行会、公所、会馆等,应依照本规则改组,呈由该地主管官厅,转报农工部核准立案”。[③]《工艺同业公会规则》将工业类公会从原来从属于的商业类公会组织系统中分离出来,作为一种单行法规,它的出台,标志着关于手工业同业公会的正式制度安排从柔性向刚性的转变,有利于加速旧有行会组织向同业公会的转化。

为了进一步规范同业公会建设,南京国民政府于 1929 年颁布了《工商同业公会法》,次年又公布了与之配套的《工商同业公会法施行细则》。与前几

① 《农商部修正工商同业公会规则》,《大公报》(长沙)1918 年 6 月 23 日。

② 彭泽益主编:《中国工商行会史料集》下册,中华书局 1995 年版,第 987—988 页。

③ 彭泽益主编:《中国工商行会史料集》下册,中华书局 1995 年版,第 990—995 页。

次立法相比,此次出台的法规及施行细则,突出了三个方面的变化:第一,强制同行加入同业公会。“同业之公司行号,均得为同业公会之会员,推派代表出席于公会”。第二,强制改组旧有行会组织,规定“原有之工商各业同业团体,不问其公所、行会、会馆或其他名称,其宗旨合于本法第二条所规定者,均视为依本法而设立之同业公会,并应于本法施行后一年内,依照本法改组”。[①] 第三,对同业公会的组织构架作了统一规范。该法的出台,加快了同业公会取代公所、会馆等旧式行会组织的步伐。

同业公会法规颁布后,各地方政府及商会立即布告当地工商行业落实。1918 年山东省长公署训令济南商埠商会传知工商各界成立工商同业公会。1924 年 6 月,济南商埠商会通告商埠各商号设立公会,“查京津沪汉等埠凡属商务发达之处,其各重大商业莫不集合同业设立公会,以谋业务之发展,是公会之组合固为近世商业所不可缺之举也。本埠开辟以来,十余年于兹矣,其已行设立公会者仅有银行、钱业、面粉、粮业、棉业、油业、转运各同业以及鸡蛋、竹苇同业而已。此外如土产、杂货等项应行设立公会者所在多有,亦须联络同业,亟谋设立,所以谋发展即所以图竞争,共同进取,岂容缓乎?……通告本埠各商号对于各行公会之组合,各行研究务期妥善,俾早成立,不胜切盼”[②]。南京国民政府时期,1930 年 12 月济南市社会局制定了《济南市同业公会组织程序》和《济南市同业公会模范章程》,以加强对各业建立同业公会的指导。北京市通告各行各商家,“自布告之日起,限三个月内,一律加入其本业公会,倘逾期仍不加入,即行依法罚办,切勿延误”[③]。成都市政府也于 1929 年底向市内工商各业发出布告,限期改组成立同业公会。各地商会也积极敦促各同业组织依法改组,如天津总商会在收到工商同业公会法规后,立即行文各业团体会员,“统限文到一个月内一律宣告成立办理完竣”,“如果各业再为因循,延不组织,逾限之后,本会即当按照法定程序进行办理,不能长

---

① 《工商同业公会法》,《商业月报》第 9 卷第 7 号,1929 年 7 月。

② 《实业厅、历城县公署、各县商会、商埠商会等关于全国商联会山东事务所、济南总商会改选纠纷和各行业改选问题的指令、公函、呈文、简章、通函》,济南市档案馆藏,历临 77-7-1。

③ 仁井田陞博士輯『北京工商ギルド資料集(三)』、東京大学東洋文化研究所附属東洋文献センター刊行委員会、1978 年、369 頁。

此久延,敬希各业特别注意,切莫自误”,并推派组织若干,对各业进行咨询指导。[①] 苏州总商会“当经议决,将《工商同业公会法》全文印发各业公所,依法改组”[②]。南京国民政府在各大商埠设立了商人团体整理委员会,对现存工商同业团体依法进行登记,并依据工商同业公会法暨施行细则加以整理,这一工作在1931年大体完成,标志着同业公会制度的正式确立。

1929年《工商同业公会法》颁布后,同业公会的成立进入高潮阶段。1930年,天津成立了机器制造业、织染业、五金业等70多个同业公会。1934年,汉口的工商同业公会达到159所。[③] 1930年10月前后至1931年初,苏州豆粉业、卷烟业、纱缎业、木业、荤油业、绍酒业、烧酒业、烛业、木机丝织业、铁机丝织业、石灰窑业、豆腐商业、药材业、鲜肉业、煤炭业、竹业、衣业、印刷业、纸业等均成立了公会组织。[④] 在内陆城市成都,到1931年4月,组建的同业公会已有82个,1939年发展至111个。[⑤] 从全国情况来看,到1933年6月底,21个省市在实业部备案登记的工商同业公会达到4185个。江苏省有1400余个,湖南、湖北、安徽、四川、广东等省次之。上海作为近代中国经济中心,在各通商城市中,同业公会的数量居第一。1930年,上海首批登记的同业公会仅为25个,次年就增加到136个,1933年准予立案的公会增加到185个,1934年又增加到217个,1935年发展至230个,1936年达到236个。[⑥] 到1934年6月30日,全国备案的同业公会发展至4441个,其中江苏1538个、浙江612个、山东437个、河北351个。从成立年份来看,1930年仅有156个,江苏就占了87个;1931年、1932年分别有2730个、1077个,此后逐年下

---

① 天津市档案馆等编:《天津商会档案汇编(1928—1937)》上册,天津人民出版社1996年版,第200—201页。

② 马敏、肖芃主编:《苏州商会档案丛编》第4辑(1928年—1937年),华中师范大学出版社2009年版,第164页。

③ 魏文享:《中间组织——近代工商同业公会研究(1918—1949)》,华中师范大学出版社2007年版,第68页。

④ 吴县铁机丝织业公会:《吴县城乡内外机织工场调查表》,1938年8月30日,苏州市档案馆藏,档号I14-005-0027-030。

⑤ 彭南生:《行会制度的近代命运》,人民出版社2003年版,第78页。

⑥ 武乾:《江湖之道:长江流域的行会与商规》,长江出版社2014年版,第102页。

降,1933 年、1934 年分别为 321 个、157 个。[①]

随着商品经济和工场手工业的发展,行会制度无疑处于解体中,但是我们也要看到解体的进程是缓慢的,存在着明显的地区和行业差异,甚至在新建立的同业公会中也存在着行会制度的残余。这种情形在内陆地区和传统行业表现得尤为明显。即便是在通商口岸上海和苏州,亦是如此。尽管政府颁布法规要求建立同业公会,但 1926 年上海的工商团体中仍有会馆 60 个、公所 179 个,比 1922 年还增加了 11 个。[②] 民国初年,苏州竹雕扇骨业重建了雕边公所,分大行、小行,厘定了行规。1930 年再次重订行规,排斥竞争,规定入大行者可雇帮工,直接向扇庄承揽工件,入小行者不得雇工,不得向扇庄承揽业务,只能为大行加工。此外,1940 年圆作盆桶业重整行规,1944 年巧木业重整行规,1946 年置器业又重整了集德公所行规。[③] 另外,值得注意的是,这一时期还产生了一种地域性的同业公会组织,如在济南曾出现过官驿街同业公会、普利门外同业公会、官扎营工商同业公会、三里庄工商同业公会等组织。[④]

二、手工业同业公会的形成路径及其演变

同业公会消除了传统行会的封建垄断性,继承了其维护同业的功能,又具有开放意识,以促进行业发展为目标,体现了行业组织的发展方向。但从传统行会组织到近代同业公会组织的转变历程是复杂的,不仅同业公会的形成路径是多元化的,其发展变化也深受行业经营状况的影响。

一是从公所、会馆等旧式同业组织转化而来的手工业同业公会。北京玉器业同业公会源于 1789 年(乾隆五十四年)创办的长春会馆,“迨后玉行商众

① 魏文享:《中间组织——近代工商同业公会研究(1918—1949)》,华中师范大学出版社 2007 年版,第 69 页。

② 魏文享:《中间组织——近代工商同业公会研究(1918—1949)》,华中师范大学出版社 2007 年版,第 67 页。

③ 段本洛、张圻福:《苏州手工业史》,江苏古籍出版社 1986 年版,第 545 页。

④ 《社会局、商埠商会筹备会关于组织成立商埠商会的训令、通知、会议记录、决议》,济南市档案馆藏,历临 77-13-1。

集议,组成公会。初名玉行商会,民国二十年改称玉器业同业公会焉"[①]。苏州顾绣业为联络同业感情,19 世纪 80 年代发起成立苏州锦文公所,集资购地建设房屋,作为同业集议之所。1929 年改组为公会,重新订立章程,以委员制推选常务委员 5 人。[②] 苏州云锦公所最早可以追溯到宋代机神殿,经多次重建,从 1792 年"专诚酬答,建庙尊神",发展到 1875 年"为同业会议、办公、设立义塾,并办一切善举之所"。[③] 此时,同业组织的性质也发生了很大变化,"晚清时期云锦公所已经开始由旧式行会向资产阶级同业组织转化"[④],促进了纱缎业的进一步发展。因此,到甲午战争前,苏州的手工纱缎业发展到鼎盛时期,除四乡散处机工外,苏州城内"机额总数约达有一万五千座,而苏府属工商各业,附带赖造织业以安生者,何止数十万人"[⑤]。1921 年,云锦公所制订了新的章程,"以研究出品、改良丝织、整齐货盘、推广营业为宗旨"[⑥]。1930 年,遵照南京国民政府公布的《工商同业公会法》,改组定名为"苏州云锦纱缎业同业公会","以集合同业,研究改良出品,整顿市价,矫正弊害及谋工商互利,维持公益为宗旨"。会员限定在庄号经理的范围内,"公会以全体会员大会为主体,各项委员均由大会投票选举产生"。[⑦] 这样,云锦公所从形式到性质上都完成了向同业公会的转化。

二是从反抗旧式行会垄断的斗争中蜕化而来的同业公会。旧式行会具有强烈的排他性,竭力维护封建行商的垄断利益,这与早期资本家阶级强调的自由竞争水火不容,于是他们联合起来,展开了反抗行会的斗争。1915 年,贾海山等人设立牙行,垄断渔利,激起公愤,北京芝麻油业轩毓书、马瑞斋、王

---

① 《白云观玉器业公会善缘碑》,见仁井田陞博士輯『北京工商ギルド資料集(一)』、東京大学東洋文化研究所附属東洋文献センター刊行委員会、1975 年、33 頁。

② 锦文公所:《为将锦文公所改组定名为苏州锦文绣业公会由致苏州总商会函》,1929 年,苏州市档案馆藏,档号 I14-002-0513-028。

③ 苏州市档案馆编:《苏州丝绸档案汇编》上,江苏古籍出版社 1995 年版,第 15—17 页。

④ 王翔:《从云锦公所到铁机公会——近代苏州丝织业同业组织的嬗变》,《近代史研究》2001 年第 3 期。

⑤ 苏州市档案馆编:《苏州丝绸档案汇编》上,江苏古籍出版社 1995 年版,第 32 页。

⑥ 苏州市档案馆编:《苏州丝绸档案汇编》上,江苏古籍出版社 1995 年版,第 19 页。

⑦ 苏州市档案馆编:《苏州丝绸档案汇编》上,江苏古籍出版社 1995 年版,第 27 页。

益亭等代表同业将之诉至法庭。在反对牙行过程中,成立了芝麻油业商会,代征牙税。此后,因行业分歧,司雪斋另组织了油业商会。两会均在总商会立案,分道扬镳。[①]

三是从反对封建苛捐杂税的斗争中孕育出来的新式同业公会。民初,崇文门税关违规征税,勒索钱财,北京五金行业"同感如虎之苛",推举代表上书主管机关,"证其违法稽征之弊","卒将例外苛罚一律剔除",并修正了合法税率,维护了行业利益。受这一事件影响,五金业于1923年9月成立了京师五金行业同业公会,"借谋团体业务之发展"。[②] 北京帽行组织创始于乾隆年间,此后受八国联军侵华影响,"团体涣散,而行会遂行瓦解"。至1928年,为反对开征奢侈捐,帽行"群情鼎沸,互谋团结",180余家同业联合呼吁取消。在反对捐税的斗争中,北京帽行认识到了"一心一德团结之力"的威力,重新组织起来,成立了北京帽行同业公会。[③] 北京米面业同业组织的成立也是源于抵抗税收。清末,"因查验骡票,横被苛吏之纷扰。为共同利害计,势不得不联合同业起谋反抗",遂组织了马王会,举荐会首14家,轮流司事。及至1913年,"铺捐议起。群感于同业团结之必要,兼喻此会之组织不合法程",改称为"米面商会",举正副董事各2名。1917年,改为会长制,选举正副会长各1名、会董20名。米面商会可以看作是"公会之雏形"。1929年秋,遵照法律改组为米面业同业公会。[④]

四是随着新式行业的产生而创建的手工业同业公会。随着资本主义工商业的发展,手工业中出现了针织、手帕、火柴、西药、制皂、油漆、日用化工、搪瓷、电池、机器修造、电机、自行车、铅石印刷、地毯、花边、抽纱、草帽、发网、制蛋、猪鬃、肠衣等新式行业,它们不仅冲击了旧的行业,产生了结构性的利益冲突,而且在对外贸易中也面临着新的国际商业惯例,迫切需要新式行业团体维护自身利益。一战时期,上海针织业迎来了快速发展时期,1917年制

---

① 李华编:《明清以来北京工商会馆碑刻选编》,文物出版社1980年版,第186页。
② 李华编:《明清以来北京工商会馆碑刻选编》,文物出版社1980年版,第188页。
③ 李华编:《明清以来北京工商会馆碑刻选编》,文物出版社1980年版,第181页。
④ 李华编:《明清以来北京工商会馆碑刻选编》,文物出版社1980年版,第179页。

袜手工工场已达到70余家,[①]部分产品行销南洋。为了维护同业利益,1921年袜业成立了织袜公会。1927年改称"针织公会",各种附业均包括在内。针织公会会员数量1927年底有85家,1929年4月为114家。另有20家左右未入会。[②] 制帽业也成立了同业公会组织,20世纪30年代有会员90余家。[③]

尽管同业公会的形成路径是多元化的,但总体上看,在传统行会基础上分转合并而来的同业公会占绝大多数,新成立的同业公会由于新兴行业有限,所占份额不大。以上海市为例,1930年上海170个同业公会中,由行会改组而来的有140个,由不同行会合并而来的有23个,新组织的有7个。[④] 这种情形实际上是由中国近代的经济结构决定的,反映了中国近代经济与传统经济之间所存在的延续性。

同业公会组织形成路径的多元化展示了行业组织近代化的复杂性,反过来,行业的发展变化又影响了行业组织的分化演变和存续,进一步从行业内部的微观视角展示了行业组织近代化的复杂性。这种复杂性在市场分工比较发达、行业分化比较明显的行业表现得尤为突出。

20世纪30年代初,杭州丝织业机户分熟货机户、生货机户、零机料户,三种机户都成立了同业公会。熟货机户1927年有3000余户,1928年仅剩1800余户,1931年增至2596家,有织机6168台、工人9015人。熟货机户散布区域较广,多在城郊,"纯系家庭工业,原料织机均属自备,其出品或售与绸庄,或自设门市零售,有资本一二百元即可营业"。熟货机户组建的同业组织为"织造同业公会",在东清巷,并有贸易场在忠清巷绸业会馆旧址。生货"系先织后染,其经线较熟货为少,出品即大绸、纺绸、横罗、直罗四种"。生货织户多散处近郊一带,大多兼营农业,"不似熟货机户之纯为一种家庭手工业"。

① 彭泽益编:《中国近代手工业史资料(1840—1949)》第2卷,中华书局1962年版,第660页。

② 《上海之针织业》,《工商半月刊》第1卷第14号,1929年7月。

③ 上海市社会局编:《上海之机械工业》,中华书局1933年版,第199页。

④ 魏文享:《中间组织——近代工商同业公会研究(1918—1949)》,华中师范大学出版社2007年版,第46—47页。

原料多为自己养蚕缫丝,产品售与绸庄。全盛时期有3000余家,1927年只剩836家,1931年仅有310家、织机600台。生货机户同业组织为“生货机业同业公会”,在下菩萨。零机料户,即包工机户,原料由绸庄供给,代为织成绸缎,按货计算工资,与生货、熟货机户自织自卖不同。民国初年,因绸厂比较少,零机料户有1000余家。此后,绸厂逐渐建立,绸庄的生产功能削弱,零机料户也日趋减少,1931年仅存200家。零机料户同业组织称为“零机料业同业公会”,在横堂子巷。[①] 丝织业的附属行业也设立了同业公会。料房是将土丝进行整理,以两根合成一根以成经纬,为机户做准备工作。民国二三年(1913—1914),杭州料房处于极盛时期,有828家,以机神庙经纶堂为集会之所,名曰“料房会馆”。1924年成立了纺业公所,附设于陶发堂,不久改称“经绒公会”。民国七八年(1918—1919),各大绸厂均自设准备部,代替料房工作,料房营业逐渐衰落。[②] 绍兴生货绸业机户在20世纪20年代成立了机业公会,1931年改称“生绸业公会”。在机户与绸庄之间存在包主人职业,包主人代机户包销绸货,与杭州丝织业的掮客类似,1928年数量达到280余人,1930年组织生货代销公所,所址设在华舍机业公会,以维持绸货售价,避免恶性竞争为宗旨。[③]

行业发展引起同业组织的变化,苏州铁机业同业公会的成立是比较典型的。民国初年,苏州丝织生产工具由旧式木织机发展到铁机,虽然仍以人力驱动,但生产效率大大提高,出现了一股创设铁机绸厂的热潮,到1920年前后,“苏州城厢内外,华商所设各铁机厂逐渐增多,共计机台已有一千余座。进行之神速,出品之精良,实有一日千里之势”,于是,创办苏经绸厂、振亚绸厂,开铁机丝织业风气之先的谢守祥、陆是福等,以“求一业之发达,不有团体以联络之不足以奏功;出品之精良,不有多人以研究之不足以见效”为初衷,联名呈请苏州总商会,发起组织铁机业公会。[④] 为减少阻力,谢守祥特别将铁

---

① 建设委员会调查浙江经济所编:《杭州市经济调查》下编,1932年,第53—55页。
② 建设委员会调查浙江经济所编:《杭州市经济调查》下编,1932年,第56页。
③ 建设委员会经济调查所编:《绍兴之丝绸》,1937年,第31、51页。
④ 苏州市档案馆编:《苏州丝绸档案汇编》上,江苏古籍出版社1995年版,第116页。

机丝织厂与旧式纱缎业区分开来:"就苏埠一隅而论,在固有丝织业,仅土法纱缎有云锦公所,然其性质与铁机丝织厂完全不同,故拟定公会名称不仅曰丝织业公会,而特声明之曰铁机丝织业公会,即所拟章程亦仅以铁机范围以内为归宿,无非欲区别铁机范围。"[①]次年,苏州铁机丝织业同业公会从原有的纱缎业云锦公所分离出来,正式成立,1930 年更名为"吴县铁机丝织业同业公会"。它完全是一个由手工业资本家或代表资方利益的经理人组成的新式手工业同业组织。而原来的纱缎业云锦公所也在 1930 年根据《工商同业公会法》改组为"吴县纱缎业同业公会"。

重庆市织布业组织也经历了类似苏州丝织业组织的分化历程。重庆市织布业组织原为重庆布业公会,起源甚早,管辖区域相当广泛,"纵横五六十里,厂家数千,织机两万余台"。由各地同业派代表组成重庆布业公会,规模庞大。此后,重庆布业公会发生了内部的分化。先是"本区之范围缩小,布业团体所及之范围亦随之缩小"。更重要的变化是行业结构变化导致的,"因布业同人意见之参差",分裂为重庆市布业同业公会和江巴木机业同业工会。前者以使用铁轮机的织布工场为主,包括了所有大的工场。后者以用木机者为主,也包括使用铁轮机的小工场,基本由资本短少之小工场及失业工人创办的机户组成,故称"工会"。就两个组织的宗旨来看,基本一致,皆以维护同业利益,排除营业障碍,调解同业间纠纷为目标。[②]

同业组织的分化、演变在济南的手工业中也得到了很好的证明。工商同处一会、手工业与现代工业同处一会的现象在 20 世纪 30 年代济南的同业公会中突出地存在。油业公会的会员既有榨油的油坊,又有商业油店。鞋帽业公会的会员有鞋铺、帽行(帽庄)等商业行号,又有德兴制帽厂、顺利工厂等手工业工场,但以商业行号居多。[③] 酿酒业公会会员既有具有批发性质的酒行,又有零售的店铺,还有酿酒的手工工场。[④] 面粉业公会则是工业与商业、手工

① 苏州市档案馆编:《苏州丝绸档案汇编》上,江苏古籍出版社 1995 年版,第 123 页。

② 重庆中国银行编:《重庆之棉织工业》,中国银行总管理处经济研究室,1935 年,第 225—226 页。

③ 《油业、澡堂业、鞋帽业等公会各商号入会愿书》,济南市档案馆藏,历临 77-14-17。

④ 《酿酒业等公会各商号入会愿书》,济南市档案馆藏,历临 77-14-16。

工场与现代面粉厂的混合组织，既有杂粮面粉行、代销面粉行等商业会员，又有华庆公司、宝丰公司等现代面粉厂，还有“义合恒”“裕泰昌”等手工磨坊。[①]卷烟业公会也是如此，既有手工卷烟作坊，又有东裕隆、成安公司、铭昌烟厂、鲁安公司等机器卷烟厂。当然，这种情况并不是一成不变的，行业的发展变迁无不影响着公会组织的变化。1934 年 6 月，济南的东裕隆、成安公司、铭昌烟厂、鲁安公司、华通烟厂、鲁西烟厂、晋康祥烟厂、九合烟厂，即墨的泰东烟厂，青岛的崂山烟厂，潍县的鹤丰、中国家庭烟厂等 12 家烟厂，成立了济南市烟厂业同业公会，并退出济南市卷烟业公会。但是，到了 1936 年，各烟厂因经济危机的影响，“营业萧条，赔累不堪，已有数家倒闭停业”，只剩 4 家勉强支持，“对于会务维持为艰且与法令不合”，共同议决呈请市政府将烟厂业同业公会注销，东裕隆、铭昌烟厂、鲁安公司、华通烟厂等 4 家又加入了济南市卷烟业公会。[②] 窑业同业公会也发生了分化。20 世纪 30 年代中期，济南有砖瓦窑厂 20 多家，其中大中型窑厂四五家，使用机器生产。石灰窑厂约 40 家，系小型手工操作。由于税负和摊派的不公平以及相互争权，窑业公会解体，分别组建了砖瓦业公会和石灰业公会。[③] 1939 年机器缝纫业从缝纫业公会独立出来，成立了机器缝纫业公会。1943 年糊火柴盒业从火柴业公会分离，成立了火柴盒业公会。[④] 行业组织的分化与整合反映了行业利益的变化以及工业发展变化所引起的行业认同的变化。

三、手工业同业公会与行业治理

新式同业公会的性质发生了根本变化，从过去维护封建行帮垄断利益的行业组织发展到维护手工业业主利益的同业组织，在行业治理中发挥了重要作用。这既受益于官方对同业公会的赋权和规范，也得益于同业公会在依法

---

① 《面粉业等公会各商号入会愿书》，济南市档案馆藏，历临 77-14-15。

② 《济南市政府、烟厂业公会、卷烟手工业公会、土制卷烟业公会等关于公会成立、改选、烟号开业、查禁土制卷烟的呈函、指令、训令、章程、会员名册》，济南市档案馆藏，历临 76-1-131。

③ 济南市志编纂委员会编：《济南市志资料》第 3 辑，1982 年，第 68 页。

④ 《全国商联会、市政府、历城县党部、市商会及各同业公会等关于商会组织、公会改选、换领图记的公函、训令、通知、指令和会员、职员名册》，济南市档案馆藏，历临 77-16-1。

行权基础上的治理能力的提升。

1917 年北京政府农商部颁布的《工商同业公会规则》和 1918 年颁布的《修正工商同业公会规则》及《工商同业公会规则施行办法》明确了同业公会兴利除弊、一业一会、非营利性等基本原则，所有同业公会均须“以维持同业公共利益，矫正营业上之弊害为宗旨”，“同一区域内之工商同业者设立公会，以一会为限”，同时，同业公会自身必须遵守非营利性规则，即“不得以同业公会名义，而为营利事业”。此外，还规定了同业公会设立的程序性条件，如“工商同业公会之设立，须由同业中三人以上之资望素孚者发起，并要订规章”，规章的主要内容包括名称及所在地、宗旨及办法、职员之选举办法及权限、会议规程、同业入会及出会之规程、费用筹集及收支方法、违背规章者处分之方法等，“经同一区域内四分之三以上之同业者议决”。[①]《工商同业公会规则》及修正规则虽较为简略，但是中国近代史上第一个关于同业公会的法规，奠定了此后工商同业团体发展的基础。1923 年颁布的《修正工商同业公会规则》11 条，对 1918 年的规则作了小幅度的修订，无实质性改变。

1927 年出台的《工艺同业公会规则》共 11 章 36 条，除总纲、附则外，内容涉及宗旨与种类、组织、职务、会员、选举及任期、会议、解职及处分、经费、解散及清算等，是一个专门为从事工业和手工业的商人制定的单行法规，其立法初衷乃在于“保护工业团体，及促进技艺发达”，因此，在兴利除弊、非营业性、一业一会等基本原则上完全继承了《工商同业公会规则》的有关规定，不同之处体现在两个方面：一是界定了工艺同业公会的行业治理权限。包括筹议同业之改良、调和同业之竞争、检查同业之输出制品及半制品、职业学徒之保护奖励、内外市场调查、答复行政官厅之调查咨询、组织经农工部核准的展览会与共进会及其他关于工艺之公共事业等。二是增加了工艺同业公会的组织治理职能的内容。如会员的基本条件，“以在本区域内之同业、品行端正、年满 25 岁者为限”；会董、会长、副会长的产生及任期，“会董由会员投票选举，会长、副会长，由会董投票互选”，一般为二年一任，可连任一次；议事机

① 彭泽益主编：《中国工商行会史料集》下册，中华书局 1995 年版，第 985—987 页。

构规程,同业公会"得开定期会议及特别会议",其中,定期会议"分年会、职员会,年会每年一次,职员会每月二次以上";关于同业公会解散,一是有关官厅给予解散的处理,"如有违背法令,逾越权限,或妨害公益时,该地主管官厅"得"解散该会,另行组织",二是自行解散,"工艺同业公会自行解散,须经会员四分之三以上到会,得到会者三分之二以上议决,并经农工部核准,方得发生效力"。[①]《工艺同业公会规则》的单独出台不仅反映了政府对发展现代工业及促进传统工艺改造的重视,也使得工业、手工业业主能够依法设立更具有现代性的行业团体,加强行业治理,更好地维护同业利益。

虽然如此,上述规则在施行的过程中却遭到了部分手工业者的冷遇甚至抵制,部分手工业者游离于同业公会之外,还有些加入者相继退出,致使同业公会的权威性及其行业治理成效大打折扣。如北京地毯业,曾于 1914 年发起组织地毯业公会,"公决划一价目,90 线毯每方尺洋 4 元 5 角。此项价目,同业遵守者约一年有余。嗣后因营业竞争,暗中折减,不守会规,致已入公会 354 家毯行会员,只有 40 家仍继续加入公会,余者陆续退出,公会因此遂无形解散矣"[②]。天津地毯业公会情形相似,1923 年底天津地毯业公会成立,会员达 450 人,此后逐年减少,到 1929 年在会会员仅 220 人,"会员人数之减少,其一部之原因,由于近年来之小规模毯厂发展之结果,因此项规模较小之毯厂,不明了合作之利益,绝不愿在公会内有所活动,且其对于公会之要旨,茫然无所知,于是宁愿退会,借省会费,延至今日,公会之名义虽存,实际上之工作,甚形稀少矣"[③]。其实,这种现象在当时并不鲜见,由于同业公会业规仅适用于已加入公会的会员,"对于未入会之同业,不能强其遵守,是故业规之实施殊感困难,引发了各业公会以同业之不能一体遵守,组织渐见松弛,力量渐形涣散,亦颇为崩溃瓦解之虞"[④]。

为解决实施过程中同业不愿入会或退会现象,南京国民政府再次对同业

---

① 参阅彭泽益主编《中国工商行会史料集》下册,中华书局 1995 年版,第 990—995 页。

② 包立德、朱积权编:《北京地毯业调查记》,北京基督教青年会服务部,1924 年,第 27 页。

③ 方显廷编:《天津地毯工业》,见李文海主编《民国时期社会调查丛编》2 编,"近代工业卷"(中),福建教育出版社 2014 年版,第 278—279 页。

④ 薛光前:《同业业规问题》,《商业月报》第 11 卷第 9 号,1931 年 9 月。

公会规则进行了调整。1929年8月，南京国民政府颁布了《工商同业公会法》15条，首次直接名之为“法”，且增加了该法的强制性，如第一条规定“凡在同一区域内经营各种正当之工业或商业者，均得依本法设立同业公会”，第七条规定“同业之公司、行号，均得为同业公会之会员，推派代表，出席于公会”。与1918年和1923年先后出台的《工商同业公会规则》相比，将原有同业中三人发起即可设立同业公会改为“须有同业公司、行号七家以上之发起”，将原有董事会制改为委员会制，“同业公会置委员七人至十五人，由委员互选常务委员三人或五人，就常务委员中选任一人为主席”，增添了出席公会的会员代表应具备的政治要求，明确了“有反革命行为者”不得为同业公会会员之代表。[①] 一年后，南京国民政府于1930年10月发布了《工商同业公会章程标准》共7章31条，依法改组或新设的同业公会均需依照统一的标准制订新的章程，按此标准赋予的行业治理权限包括本业改良及发展、市面恐慌时同业之救济及维持、协调同业间关于商事争议、同业各种统计之调查与编纂、办理符合同业公会宗旨的其他事项。此外，此标准明确了同业公会作为资本家同业团体的性质，第八条规定“会员代表为公司、行号，得派一人至二人，以经理或主体人为限”，只有当人数超过15人时，才可“增派代表一人，由该公司、行号之店员互推之”。[②]

为进一步增进同业公会及其业规的严肃性、权威性，工商业者纷纷向政府建言，在1930年全国工商会议上，上海市社会局在上海市商会原有提案的基础上，提出“各业业规呈请主管官署核准者同业应一体遵守案”，但未获通过。于是，包括商会和同业公会在内的商人团体的呈文在会后从上海、汉口、杭州、宁波等地纷纷寄达南京国民政府工商部，要求同意“同业业规无论是否入会均应一体遵守”的规定。在商人团体的一再呼吁与坚持下，工商部于1930年12月初呈文行政院，在解释为何迟迟不予批复该提案的理由后，倾向于批准该规定，称“以少数服从多数之原理，复由官厅审核以防其流弊，似属

---

① 《工商同业公会法》，《商业月报》第9卷第7号，1929年7月。

② 马敏、肖芃主编：《苏州商会档案丛编》第4辑（1928年—1937年），华中师范大学出版社2009年版，第170—174页。

可行”。1930 年 12 月中旬,行政院训令上海市政府,同意上海社会局提案中的三项办法,即“各业行规应呈请主管官厅核准备案”“同业业规无论是否入会均应一体遵守”“业规实施事实上有窒碍时得呈请官厅修改”,并对行规的制定、审查、执行提出了明确规定,“各业所订之行规务必一秉至公,而官厅对于审查之标准应以有无妨碍社会、人民生计为去留,如有抬高价格、限制出产及妄定处罚条款,或涉及劳工问题各情事,务须严格取缔。又如定有处罚条款,仍须逐案呈请核断,不得擅自执行,庶于商法情理,双方兼顾”。[①]

上述有关工商同业公会或工艺同业公会的法规及有关规定与施行细则,为手工业行会向同业公会的转化提供了遵循,也为手工业同业公会的行业治理提供了依据。在行业治理实践中,同业公会围绕“维持同业公共利益,矫正营业上之弊害”的宗旨发挥作用,一方面加强制度建设,规范行业经营秩序,一方面加大实施力度,切实维护同行利益。

除政府制定、颁布同业公会法规外,手工业同业公会也纷纷修订章程、业规,删除、修改传统行规中限制竞争的条款,把改进技术、提升质量、提高产品竞争力作为同业公会的主要职责。苏州铁机丝织业同业公会章程规定其职责如下:“一、研究铁机所制丝织办法,借供同业各厂参考。二、受同业各厂委托,调查机械之事项。三、关于同业兴利除弊诸举,经众议决随时施行。四、因赛会得征集同业各厂之出品,以资比较。五、同业各厂艺徒学成毕业后,由本公会发给盖有会章凭证,由各该厂自行填给报由本公会备查。”[②]改组为吴县铁机丝织业同业公会后,主要围绕技术改进、质量提升、价格管理、调解纠纷开展工作,“(甲)集合同业研究改良织品;(乙)联合同业改进织造技术;(丙)整理市价,增进公共利益;(丁)调解纠纷,固结团结精神;(戊)发展业务,改良运输事务”[③]。

依据章程规定的主要职责,同业公会将制订业规作为行业治理与制度建

① 《未入公会之同业应遵守行规一案应请上海市社会局所提议案之三项办法外取缔有抬高价格限制出产情事请核转施行》,1930 年 12 月 5 日,中国第二历史档案馆藏,档号六一三-1229。

② 苏州市档案馆编:《苏州丝绸档案汇编》上,江苏古籍出版社 1995 年版,第 119—121 页。

③ 《吴县铁机丝织业同业公会章程》,1930 年,转自王翔《从云锦公所到铁机公会——近代苏州丝织业同业组织的嬗变》,《近代史研究》2001 年第 3 期。

设的一项重要内容。1931 年上海市政府发布了《上海市同业公会业规纲要》，规定“各同业公会于必要时，得拟订各该业业规（根据习惯及事实）”，业规一般由总纲、定价、营业、职工、处罚、附则等部分构成，条款多少不等，侧重点亦各有不同，但均“以维持增进同业之公共福利并矫正营业之弊害为宗旨”，无论会员、非会员均“须一律遵守”。《纲要》赋予同业公会以定价、拟订营业规则、有条件地处罚等权力，同时也限定了同业公会的权力边界，如“不得有强制同业入会之规定”，“不得有绝对限制同业生产之规定”，“不得有丈尺限制，或类似丈尺限制之规定”，“业规内得规定同业雇用伙友之办法，但不得与各项劳工法规有所抵触”，“业规内得规定同业违背业规时之处罚方法，惟仍需逐案呈请社会局核断，不得擅行执行”。① 以上海等地为例，各手工业同业公会制订的业规主要从如下几个方面规范行业生产经营秩序：

第一，商议产品价格，送请政府主管机关核准，并报商会备案。定价是同业公会行使行业治理权力的重要举措，为此，有的同业公会组织执监联席会议，有的成立评价委员会，如打铁业同业公会规定，“本业出品由公会执监联席会议议订价目单，呈请上海市社会局核准，并送请上海市商会备案后，通告各业遵照”，价目变动亦如此，“如遇原料成本增减变更价目时，亦照上列手续办理”。② 阳伞业则“组织评价委员会，视原料成本之涨落，评定最低价目，呈请社会局备案，函送市商会查照后，印发同业一体遵照”③。搪瓷业稍有不同，“同业两家以上如遇有同样出品时，其品名及售价应由本会议定，呈请社会局核准，并送请市商会备案后通告同业遵守之”④。一般来说，以降价为手段扩大销售是不允许的，如丝线业规定，同业“如有推广或扩充营业时，不得有私自减价及类似减价之事项，但有存货过多不及销售……须将事实情由呈报社会局查明属实允许变通者，不在此限”⑤。有的行业有条件地允许举办降价促销，履业规定，“同业中如宿货过多，一年中得举行春冬大廉价两次，各以三星

① 《上海市同业公会业规纲要》，《工商半月刊》第 3 卷第 18 号，1931 年 9 月。
② 《上海市打铁业同业公会业规》，《工商半月刊》第 4 卷第 21 号，1933 年 11 月。
③ 《上海市阳伞业同业公会业规》，《工商半月刊》第 5 卷第 5 号，1933 年 3 月。
④ 《上海市搪瓷业同业公会业规》，《工商半月刊》第 4 卷第 10 号，1932 年 5 月。
⑤ 《上海市丝线业同业公会业规》，《工商半月刊》第 4 卷第 10 号，1932 年 5 月。

期为限,凡遇新张及周年纪念举行放盘者,亦以三星期为限。如关店拍卖,以底货撤清为止,不准添置新货”[①]。降价销售须经政府主管机关核准,如木业规定,“呆货过多,须放盘减价者,应于五日前径呈社会局核准,并通知本会”[②]。搪瓷业也规定,“同业中如有滞销货品,不得不放盘折售者,应将数目折价及放盘期限,先以书面报告本会,经议决通过后,始得举行,或径报社会局核夺”[③]。

第二,同行开业依据有关规定登记报备。同业公会业规都有专门条款规定同业营业时“依照本市工商业登记规则之规定,径呈社会局登记”,并“将股东或董事与经理姓名及厂址牌号资本额通知本会”。[④] 有些行业制订了铺保条件,“须觅具殷实铺保两家送交本会对保后,呈社会局核夺”[⑤],这可视之为信誉担保,但多数行业没有这项要求。有的行业提出保证金要求,如木业同业公会规定,“凡在本市区域内经营同业者,须征国币银四百元,作为保证金,如歇业时,如数发还”[⑥]。这可视之为木业营业的资金保障。但从总体上看,旧式行会业规中有关限制开业的条款已不复存在。

第三,防止以次充好。阳伞业规定,“同业不得掺用劣货原料,粗制滥造,危害国货销路”[⑦]。草呢帽业同业公会要求同业“各厂号不得代客制造窜易冒牌及混充国货等出品,设有违反者,经本公会查明属实后,得呈请市社会局核断执行之”[⑧]。眼镜业规定“同业制造镜片,其原料应采取有益目光之品质,不得混用劣料,妨害戴者目力”[⑨]。竹业要求“同业不得私进及私造劣货,充折市价,破坏同业信誉”[⑩]。有些行业制订了详细的生产标准,如木业规定,“丈杆围篾。同行批发双连丈五同,均以市尺六尺下篾。桶木长木广木,均以市尺

① 《上海市履业同业公会业规》,《工商半月刊》第4卷第21号,1932年11月。
② 《上海市木业同业公会业规》,《工商半月刊》第4卷第11号,1932年6月。
③ 《上海市搪瓷业同业公会业规》,《工商半月刊》第4卷第10号,1932年5月。
④ 《上海市搪瓷业同业公会业规》,《工商半月刊》第4卷第10号,1932年5月。
⑤ 《上海市成衣业同业公会业规》,《工商半月刊》第4卷第17号,1932年9月。
⑥ 《上海市木业同业公会业规》,《工商半月刊》第4卷第11号,1932年6月。
⑦ 《上海市阳伞业同业公会业规》,《工商半月刊》第5卷第5号,1933年3月。
⑧ 《上海市漆业同业公会业规》,《工商半月刊》第5卷第5号,1933年3月。
⑨ 《上海市眼镜业同业公会业规》,《工商半月刊》第5卷第13号,1933年7月。
⑩ 《上海市竹业同业公会业规》,《工商半月刊》第4卷第20号,1932年11月。

五尺下篾。单段以市尺四尺下篾。围篾咸以市尺为准”①。上海制药业同业公会制订同业信条 8 条，其中前 7 条都涉及生产规范与标准，防止假冒伪劣现象的发生，如“制品要精，不可粗制滥造，药物含量应准确，须适合中华乐（药）典或规定之标准；原料应纯净，非乐（药）用原料，决不可掺用作伪，工场保持清洁，消毒更应慎重”，同业公会会员必须宣誓遵守制药信条，“如有违背政府法令、公会章程及制药信条，愿受国家及公会严厉制裁及惩罚”。②

第四，拟订符合本行业经营习惯的营业规则。在长期的生产经营活动中，各行业形成了具有不同特点的商业习惯，通常涉及商标、定货、次货、往来、出租出盘、国外贸易、公记、退货、银期、保险等，成为业规的重要内容。竹业规定，同行营业应遵守“（甲）租用作场，以六个月为一期，续租者依原价照加。（乙）账款及原料如有过期不归、手续不清等情，得报告本会，查明属实后，通知全体同业暂停交易，一俟清楚，即行复交。（丙）如同业承接交易确有各种证据者，他人不得侵占其营业。（丁）各项租用物件如料房、凉棚之类，原有架子，除出租人外，他人不得修理或拆除之”③。打铁业规定，“主顾拖欠货款满三个月后仍不清归，并发生交涉，受不幸之损失时，得报由本会查核后，转知各同业在款项未清前，暂停交易”④。各行业的营业规则，或依据同行多数认可，或基于约定俗成，有时引起客户质疑与阻碍，在这种情况下，同业公会特别强调行动一致性原则。搪瓷业规定，“同业遇有客户留难，收款不易者，得以书面报告本会处理之，凡客户经本会议决拒绝交易时，同业各厂非接有本会复交之通告后，不得再与交易”⑤。丝线业规定，“凡顾客拖欠同业账款，发生纠葛，在未清讫前，经本会议决拒绝交易者，全体同业应一致遵守，不得违背”⑥。

---

① 《上海市木业同业公会业规》，《工商半月刊》第 4 卷第 11 号，1932 年 6 月。

② 《上海特别市制药厂业同业公会业规》，上海市档案馆藏，上海市制药业同业公会档案，档号 S65-1-8。

③ 《上海市竹业同业公会业规》，《工商半月刊》第 4 卷第 20 号，1932 年 11 月。

④ 《上海市打铁业同业公会业规》，《工商半月刊》第 4 卷第 21 号，1932 年 11 月。

⑤ 《上海市搪瓷业同业公会业规》，《工商半月刊》第 4 卷第 10 号，1932 年 5 月。

⑥ 《上海市丝线业同业公会业规》，《工商半月刊》第 4 卷第 10 号，1932 年 5 月。

第五,规范雇工秩序,防止同行无序竞争。上海打铁业要求“同业不得挖夺前雇主及业师之生意,及含有欺骗行为等情事”①。履业规定“同业不得私挖伙友学徒,同业不得录用未毕业之学徒”②。阳伞业对雇用工友有严格限定,“同业雇用之职员工友,会员与非会员均不得互相挖用”③。20世纪20年代,大连油坊业日趋繁盛,油工一时短缺,油坊之间经常因挖夺油工而发生争执。为此,各油坊组织联合会,议定雇用油工规约,要求各同业共同遵守。议定条文要求各油坊将所雇用油工花名册交与联合会备案,解雇、雇用油工应向联合会报告,会员之间不准争夺油工。品行不端的油工若被解雇,其他会员不得再雇用。联合会还对各工种的油工工价进行了详细规定,要求各会员雇用油工的工价不准超过规定工价。委员会还选举了调查裁定委员6人,负责对会员之间的油工问题进行裁定,规定私挖油工或将其他油坊油工诱出使用者,每一名油工罚金100元,违犯工价规章的,罚金500元。对于检举他人违犯规章的,给予50元报酬。如果发生同盟罢工,由裁定委员负责协商解决。④ 苏州铁机业同业公会专门制订织工章程,规定了织工的招工条件、工作待遇、劳动纪律等内容。织工分甲、乙等,“曾在各厂学业得有本公会毕业证书者为甲等,有机织程度而无本公会毕业证书者为乙等”,织工进厂“须有殷实商号保证,随缴保证金五元,并邀同保证人带具店号图章填写保证书、志愿书”。关于工作待遇,甲等织工“进厂时缴存毕业证书并试织样货壹匹,给与工资五成(饭费照算),如织品合格即予收用,以后随将所织尺寸录摺记数,至给付工资之日核明发给”;乙等织工进厂时,“试织样货三匹,亦给工资五成(饭费照算),其余悉照上条甲等织工同样办理”。织工必须遵守劳动纪律,“无论在试织期间或已经收用后,倘有织坏货匹、损毁机械时,除随时辞退外,并须计算损失,在保证金内照扣”,“均应遵守本章程及各本厂之规则,暨技师或管理员之指挥,如有违犯,得酌量轻重分别计过或辞退”。⑤

---

① 《上海市打铁业同业公会业规》,《工商半月刊》第4卷第21号,1932年11月。

② 《上海市履业同业公会业规》,《工商半月刊》第4卷第21号,1932年11月。

③ 《上海市阳伞业同业公会业规》,《工商半月刊》第5卷第5号,1933年3月。

④ 《大连油饼业之盛况》,《农商公报》第9卷第11册,1923年6月。

⑤ 苏州市档案馆编:《苏州丝绸档案汇编》上,江苏古籍出版社1995年版,第129页。

第六,对违犯业规者的处罚。同业公会通常不能直接行使处罚权,但可对违犯业规者开展调查,提出惩处意见,由主管官署核准。草呢帽业规定,同业中违犯业规者,“经调查属实,得由本公会议具处罚制裁办法,呈请市社会局核断后执行之”①。漆业规定“同业中曾营私舞弊,经公会认为情节重大者,通告全体予以注意”②。也有行业在罚则中直接标明罚款数额,如搪瓷业拟订罚金标准,请社会局“核断”:“一、违犯第九第十第十七条者,处十元以上五十元以下之罚金。二、违犯第四第五第六第七条者,处五十元以上一百元以下之罚金。三、违犯第八第十二第十四第十五条者,处一百元以上五百元以下之罚金。四、违犯至两次以上者,加倍处罚之。”③虽然最终的惩处权力在主管官署,但有关惩处的规定依然维护了业规的权威性。

不仅如此,在实际运作中,同业公会还加大执行力度,在对外交涉中将同业整体利益作为优先目标,对内则以章程赋予的权限,努力维护业规的权威性。协助同业处理官商关系,切实维护同业利益。当同行遭到官方税卡勒索时,手工业同业公会积极呼吁,维护同业合法利益。天津锦昌地毯厂雇用家庭手工业者将羊毛弹纺成线,当伙友前往收线或纺工“取毛送线”时,“所过关卡仍行勒税,甚至带局逼令纳税,给铜元三二十枚即可放行”,鉴于此,天津地毯同业公会致函天津总商会,请其“转函津海关监督及常海两关税务司饬令所属局卡,遇有取毛送线者,经过局卡时准其随便出入,勿得稍事留难,以维实业,而惠贫民”。④ 当同行扩大生产规模,需要官方出面提供保护时,同业公会出面积极协调。1919 年,苏州石恒茂纱缎庄店主石湘帆扩充营业,自设工场,“召集男女工人织造纱缎货匹,深恐良莠不齐,发生阻挠工作,妨害营业事情,请求官厅保护”,于是呈请云锦公所转函苏州总商会,“准予转请县署、警厅迅予发给布告,俾安营业”。⑤ 云锦公所立即转函苏州总商会,苏州总商会

① 《上海市草呢帽业同业公会修正业规》,《工商半月刊》第 5 卷第 5 号,1933 年 3 月。

② 《上海市漆业同业公会业规》,《工商半月刊》第 5 卷第 5 号,1933 年 3 月。

③ 《上海市搪瓷业同业公会业规》,《工商半月刊》第 4 卷第 10 号,1932 年 5 月。

④ 天津市档案馆等编:《天津商会档案汇编(1912—1928)》第 3 分册,天津人民出版社 1992 年版,第 2775 页。

⑤ 苏州市档案馆编:《苏州丝绸档案汇编》上,江苏古籍出版社 1995 年版,第 581 页。

一面分函吴县公署“发给布告禁约保护”，一面分函警厅“饬区知照保护”。[1]在苏州总商会的协调下，苏州警察厅“除令行该管警署谕令附近岗警随时弹压外，兹将布告一纸，缮就盖印，相应备函附送”，同时，吴县公署准其所请，“合缮布告一道函送”。[2]

此外，在商会的统筹下，手工业同业公会还积极调解同行之间的利益冲突，积极参与有关行业市场行情、商事习惯调查，促进同业改良，提高产品质量，在行业治理中发挥了应有的作用。在民国时期各种展览会的筹办中，同业公会就发挥了重要作用。为唤起民众对国货的热爱，加强实业界与金融界的合作，发展工商业，上海市绸缎业同业公会、电机丝织厂业同业公会与上海绸业银行、上海市商会国货商场于1933年7月9日至8月1日联合举办了一次中华国产绸缎展览会。展览会期间，共有百数十家工厂参加展览，展品种类多达430多种，参观人数达到30多万人。[3] 为筹办全国手工艺展览会，天津市商会给各同业公会转发文件，提到的公会就有线业、南纸书、卷烟业、染业、油漆颜料业、纸业、皮革业、帽业、鞋业、地毯业、胰皂化妆品业、汽水业、金银首饰业、皮货业、肠业、糖果业、绳麻业、织染业、酒业等。[4]

在调解同行利益冲突、促进同业改良、提高产品质量方面，也发挥了作用。1919年，苏俄禁止中国面粉入口，哈尔滨火磨业大受影响，同业竞争加剧，同时还面临着铁路运费提高所带来的压力。为挽救行业颓势，“东亚火磨”经理王魏卿与“成发祥”经理张省三两人出面组织同业商讨对策，决定成立哈尔滨面粉火磨同业公会，公定行规，共同遵守。哈尔滨火磨20余家悉数加入。[5] 在美粉及日粉压迫下，东三省火磨发展面临危机。1930年，东三省营业火磨共43家。三省的火磨公会联合采取措施，研究新法，改良制造。[6]

---

① 苏州市档案馆编：《苏州丝绸档案汇编》上，江苏古籍出版社1995年版，第581页。

② 苏州市档案馆编：《苏州丝绸档案汇编》上，江苏古籍出版社1995年版，第582页。

③ 《记国产绸缎展览会》，《商业月报》第13卷第7号，1933年7月。

④ 天津市商会：《关于分发征品须知等致有关公会及有关会员商店函》，1937年2月27日，天津市档案馆藏，档号J0128-3-007308-012。

⑤ 王岐山：《哈尔滨面粉火磨公会之成立》，《中东经济月刊》第6卷第9期，1930年9月15日。

⑥ 《东北面粉业之状况》，《农矿月刊》第16期，1930年6月。

1934 年重庆市布业同业公会为救济棉织业,制定了布业复兴计划。重庆市年销军服布 8 万余匹,后因各织布场布匹标准不一,服装店多改用舶来品。为此,重庆市布业同业公会从规定产品品质及销售两方面入手提出了整改。产品品质方面,提出规定布匹等级,并议决“不足规定重量者,由买主按重量扣算;不足宽长者议罚”,还规定“在卷经轴上尚未织成及织成未售者,限两月内登记验戳”。产品销售方面,制定了堆栈办法,由布业公会负责与金融机关交涉,收买小机房的布匹存入布业公会或者金融机关的堆栈,由布业公会或者金融机关与政府和服装店交涉,以谋布匹销路。[①]

第三节　手工业工人组织的分立

在行会时期,各个行业的从业人员都有加入行会的资格,因此,手工业行会主要由老板(店东、师傅)、帮工(雇工、客师)和学徒共同组成,有的还包括当地同行业的流动手工业者和家庭手工业者。可见,这类行会成员的构成是相当复杂的。但是手工业行会还存在另一种类型的组织,即由手工工匠组成。这类工匠大多是粗工和流动手工业者,没有铺作和老板,只有本行帮的作头或行头,工匠的佣工受雇都要通过作头或行头的保荐。19 世纪后期的手工业工匠行会中,由于帮工和老板矛盾的激化,开始出现抛开老板而以帮工为主体的行会组织。[②] 进入民国时期后,雇主与雇工之间的纠纷日渐增多,由此所产生的阶级分野愈发明显。手工业工人从行会组织中分离出来,成立了独立的组织。

一、行会制度下手工业工人谋求独立团体的努力

传统手工业行会“是从事同一行业工作的人结成的组织,这种联合体在中国已经有两千多年的历史了,每一个行业都有自己的行会,这些行会的成

① 重庆中国银行编:《重庆之棉织工业》,中国银行总管理处经济研究室,1935 年,第 226—227 页。

② 彭泽益:《十九世纪后期中国城市手工业商业行会的重建和作用》,《历史研究》1965 年第 1 期。

员中既有资本家(雇主),也有工人(雇工)”[①]。它的存在,是早期资本家阶级与工人阶级分化未周的体现。行会组织中的雇主与雇工基本上都能“和平共处”,因为“从整体上说,行会中出现的矛盾绝大多数涉及了行业的利益,只有少数矛盾起源于雇工与雇主的利益冲突。……雇主与雇工两者的关系可能很密切,当雇工要求涨工资以应付高涨的物价时,雇主不仅能够认可支付,而且还不是被迫的。如果物价不上涨,工人们一般很少提出增加工资的要求。人们有一个认定的生活标准,他们并不急切地想提高这个标准,但反对降低这一标准”。[②] 事实正是如此,行业条规中关于产品质量、售价、工价、学徒人数等的规定,牵涉作坊主与手工业工人双方,利益一致性使得他们能够在一个帮会里共存。但这并不是说,雇主与雇工之间没有发生冲突的时候,而是冲突的发生频度和激烈程度没有导致两者组织关系的决裂。当冲突发生时,雇工临时组织起来抗争,达到或部分实现愿望时,临时组织亦随即结束,具有一事一聚,事毕即散的特点。“在某些行业,工人为数甚众,而窜街工匠另有自己的组织。然一般而言,当有了联合起来以与雇主作对的理由时(这样的例子很少见),他们往往群聚于神庙,开始‘叫歇’,平心静气地达到他们的目的,也心平气和地解散。”[③]

随着近代工商业的发展,雇主与雇工之间的亲密关系势必会被打破,两者之间的利益分歧也将愈发凸显。根据甘博的观察,“机械化的现代工业将会打破行会的组织,当公司运用大额资本、雇用大量工人的时候,资本家和工人之间的个人关系就随之消失了,雇主和雇工之间的利益将互相矛盾,这样两方迟早会建立各自不同的组织”。他认为,“有迹象表明,中国将发展行业的工会和雇主的联盟”。[④] 进入民国时期后,在工商业发展推动下,工人数量

---

① [美]西德尼·D. 甘博:《北京的社会调查》,陈愉秉等译,中国书店出版社 2010 年版,第 165 页。

② [美]西德尼·D. 甘博:《北京的社会调查》,陈愉秉等译,中国书店出版社 2010 年版,第 173 页。

③ 彭泽益主编:《中国工商行会史料集》上册,中华书局 1995 年版,第 26 页。

④ [美]西德尼·D. 甘博:《北京的社会调查》,陈愉秉等译,中国书店出版社 2010 年版,第 207、173 页。

与日俱增,其职业观念和组织意识也日渐凸显。而1917年颁布的《工商同业公会规则》被手工业工人认为为其成立自身组织提供了契机。该规则规定"凡从事工商业者,欲于同业中设立同业公会时,须由同一区域之同业者四分之三以上决议订立规章"[①]。据此,所有工商业者只要按照程序,均可成立公会组织。因此,规则颁布后,一些手工业工人便试图以公会名义组织起来。如上海制衣业工人在店东团体之外发起组建同业公会;银炉业工帮集合工人开会,组织银炉工帮同业联合会,同时要求增加工资、改善劳动条件等。[②]

无论是维护自身权益的自然反应,还是维护自身利益的自主意识,抑或是受外来意识的影响,手工业工人开始谋求建立独立的组织,即便在同一个手工业行会内部,雇主与雇工也各自开展活动。在20世纪初,天津鞋业切排作工人组织了天津切排工研究分会。天津切排工研究分会成立于1912年,隶属于天津工业研究总会,以研究切排工艺为目的。1913年,天津工业研究总会取消,但切排工研究分会却存了下来。该会本以研究切排工艺为目的,但在民国初年多次发动切排工要求增长工价而举行行业罢工。此时,天津还出现了一批以维护手工业工人权益为目的的"研究所"。如成立于1914年的天津绒毛研究所,附设试验织工厂,"以便工人实地练习"。同时,附设养工院,"凡工人在津赋闲而无工作者,准其来院寄宿,不取房资";附设施医处,工人患病后,"皆准入内诊治,不取分文,并可到养工院调养"。该所还负责调处工商关系,"工人如有意见须到本所声明,经评议员议决照行,不许同议罢工而免两败俱伤。商家亦不许苛待工人,以期联络彼此之感情"。为维护工人利益,该所规定"四行工人须有入所执据,方能到号作工,本所一体保护"。[③]苏州丝织业长期以来没有手工业者独立的组织,随着市场波动、物价上涨,机户与纱缎商之间的矛盾激化。1916年初,苏州纱缎业机匠从云锦公所分离出来,成立了霞章公所。1919年,北京的香烛和化妆品行会虽然同属于雇主和

① 《工商同业公会规则》,《政府公报》第409号,1917年3月2日。

② 有关情况详见郑成林、董志鹏《民初工商同业公会规则的制定与修订》,《华中师范大学学报》(人文社会科学版)2017年第2期。

③ 天津市档案馆等编:《天津商会档案汇编(1912—1928)》第3分册,天津人民出版社1992年版,第3136—3137页。

工人组织，但雇主和工人却在不同的时间和地点分别开会。“这种劳方与资方分离的现象会逐步加深，甚至将遍及整个国家。尤其是在中国的南部和中部，比在中国北部可能到来得更快，因为这些地区的工业比北部有更进一步的发展，并且从它们的资源与人口数量等特点来分析，将来可能会发展得更快。”[①]制鞋业工人则单独建立了组织。[②]

不过，当手工业工人谋求一个完全独立于雇主的团体时，这种努力从一开始就遭到商会的驳斥、雇主的反对或官方的压制。1912 年，上海金银首饰业匠首张鸿尧不满加薪标准，成立事务所，并派葛济显、王耀郎为调查员，“向各同业吵闹，要求加足十成，并欲管理手工人进出，不许各店经理干预”，遭到业主方强烈反对，庆元银楼经理邵锦章一纸诉状告至公堂，请求“饬令将事务所取消，按律究罚，以恤商艰，而保治安”。最后，公堂宣判，“葛济显等应着各罚洋七十五元，或各押一个月，并具结以后，不得再有扰乱情事，所立之事务所，应即日取消。惟被告所称手工穷苦，亦系实情，其加薪一节，应谕令该业董事妥商办理”。[③] 1913 年，天津猪鬃业摘鬃工人组织“鬃业实行会”，以“维持工人自由权利，固结团体，共相挽救，共守信用，亟谋进行为宗旨”。在他们看来，“设立鬃会，有便于各行，有利于工人，洵属两有裨益，似于地方行政绝无阻碍”，但是，该会遭到行商公所的强烈反对，直隶民政长冯国璋以“未便照准”予以驳回。[④] 同年，天津缝纫工人“以组织同志联络情谊，遇工互相维持，同谋实业进行为宗旨”，请求设立“缝纫研究会”。[⑤] 然而，天津警察厅“以李

---

① ［美］西德尼·D. 甘博：《北京的社会调查》，陈愉秉等译，中国书店出版社 2010 年版，第 173—174 页。

② ［美］西德尼·D. 甘博：《北京的社会调查》，陈愉秉等译，中国书店出版社 2010 年版，第 207 页。

③ 彭泽益编：《中国近代手工业史资料（1840—1949）》第 2 卷，中华书局 1962 年版，第 613—614 页。

④ 天津市档案馆等编：《天津商会档案汇编（1912—1928）》第 3 分册，天津人民出版社 1992 年版，第 3119、3120、3124 页。

⑤ 天津市档案馆等编：《天津商会档案汇编（1912—1928）》第 3 分册，天津人民出版社 1992 年版，第 3125 页。

家鸿等所立缝纫公所,巧立名目任意勒捐",令其"即日取消,以免滋扰"。[①] 1916 年初,苏州纱缎业机匠成立霞章公所,得到了云锦公所的认可,并受到过云锦公所的经费资助。但霞章公所成立后的作为引发了云锦公所的不满。云锦公所认为霞章公所"凡属增减工价,不以和平磋商","野蛮从事,变本加厉","董事王士铨之遇事生风,借端要挟,于商业前途既受影响,而地方治安亦多妨害",遂要求撤销该董事,并要求实业厅重新审查霞章公所章程、行规。[②] 这表明,在"工商合行"的传统社会环境中,从传统行会中分离并自组组织受到了传统力量的重重羁绊。然而,随着资本主义的进一步发展,包括手工业工人在内的劳动者阶级观念的萌生,以维护工人利益为宗旨而与资本家利益对立的手工业工人组织的成立终究不可阻挡。

同时,在北京政府的政治与法律体系中,禁止工人集会结社,工人组织的地位也未得到认可。京汉铁路工人大罢工后,北京政府农商部奉黎元洪总统之命,起草并向国会送审《工人协会法草案》15 条,允许组织工人协会,但同时规定工会通过或实行的议案,若有扰乱政体、妨害治安、危及公众生活、阻碍交通及加害政府或社会等情形,皆可由政府解散。当然,这些情形都是由政府来界定的。即便如此,这个对工人组织限制极其严苛的法案亦因北京政变的发生而不了了之。1925 年五卅惨案后,社会各界要求颁布工会法的呼声再起,农商部重拟《工会条例草案》25 条,由法制院会同内务、司法、农商、交通等部修改,改订为 34 条,又因直奉战争及随后的北伐战争,无果而终。

总之,在新式工会建立之前,手工业工人仍置身于帮会之中,一定程度上维系着手工业生产经营秩序。为了更好地维护自身的劳动权益,为谋求建立独立于雇主的团体进行了不懈的努力,虽然多数未能如愿,但为此后新式工会的建立奠定了基础,并使北京政府认识到了工会立法的历史必然性。虽然动荡中的北京政府难以完成这一使命,但立法实践的挫折为后来者的工会立法留下了可供吸取的教训。

---

① 天津市档案馆等编:《天津商会档案汇编(1912—1928)》第 3 分册,天津人民出版社 1992 年版,第 3131 页。

② 苏州市档案馆编:《苏州丝绸档案汇编》上,江苏古籍出版社 1995 年版,第 71 页。

二、新式工会的建立与维护工人权益的斗争

在近代民族民主革命的启蒙下，手工工人阶级意识逐渐萌发，组织程度得到提高。手工业工人创建自身组织的实践被纳入到革命的历史进程中来。其中，五四运动是一个转折点，“民国八年时，工会运动即已应运而生，尔后乃日盛一日，由南而北，由都会而内地，于是工会遍全国矣”①。五四运动中，上海等地手工业工人积极参加罢工，认识到没有团体的危害：“现在中国工界事事落人后，吃人亏，有冤莫伸，有苦难诉，几令国人不知有我同胞者，皆因中国工界无一公共机关也。试观东西各国工界之势力如何，反观诸己，无声无息，如痴如死，似此如何不受人欺侮？”②团体观念和团结意识随之增强，进而积极筹组工界团体。新式工人组织工会应运而生。

（一）工会组织的建立

一方面，手工业工会组织的建立反映了手工业工人维护自身利益的客观现实要求。五四运动时期，手工业工人罢工斗争不断增多，罢工时间不断延长，调解难度不断加大。种种迹象表明，雇主与工人双方之间的矛盾愈演愈烈，手工业工人需要建立一个旨在维护自身利益的团体。据不完全统计，1918 年上海、苏州、杭州等地手工业工人罢工 10 次，1919 年上海、苏州、汉口、杭州等地手工业工人举行的罢工达 20 次，其中除 3 次为五四运动中同情学潮，要求罢免曹、章、陆而举行的同盟罢工外，其余均为要求增加工资、改善待遇的罢工。五四运动打开了手工业工人罢工的闸门，1920—1929 年，见诸部分文献记载的手工业工人罢工达 368 起，有起止日期记载的罢工时间最长者达 67 天，最短的 2 天，一般在 7 天左右，参加罢工人数最多的一次是 1927 年 2 月上海各业手工业工人 50 万人参加的全市声援北伐战争的总同盟罢工，

---

① 王清彬等编：《第一次中国劳动年鉴》，北平社会调查部，1928 年，第二编“劳动运动”，第 1—5 页。

② 上海社会科学院历史研究所编：《五四运动在上海史料选辑》，上海人民出版社 1960 年版，第 375 页。

单纯以经济诉求为目的的罢工人数多则万余人,少则百余人。[①] 从罢工结果看,工方增加工资的要求或多或少能够得到满足,但过程与调解方式较为复杂,有双方召集联合会议协商的,有各自开会妥协的,也有经官方调解或中间人居间调停的。如 1917 年 7 月,上海轧花刀冷作业店伙,因物价飞涨,要求增加工资,罢工数日,东、伙僵持,该业领袖顾寿生等召集店主、工人在邑庙公所开会筹商,最后在工人让步后达成妥协,原本工人要求每把加工钱 5 厘,"嗣经顾领袖与各店东再三磋商,决定每把加工二厘。各工人仍多未满意。复经顾领袖竭力劝导,一致签字认可,克日上工。该业罢工风潮,至此乃宣告终止矣"[②]。又如 1920 年 1 月,上海南市藤工要求增加工资,店主置之不理,于是南、北市藤工联合起来罢工,并推举代表向店主一致要求增加工钱。这个推举代表、与资方谈判的过程,就是工方谋求独立筹组团体的过程,手工业工人通过实践懂得了组织团体与店主、作主斗争的重要性。

另一方面,手工业工会组织的建立也是近代革命推动的结果。手工工人在工会的组织形态下从属于政党政治,成为国共两党革命与反革命的力量。广东是国民革命的起源地,工会运动受到国民党广州政府的高度重视。孙中山首先意识到了工人团体的重要性,"(甲)因中国今日机械工业尚属幼稚,大部分的手工业工人不明组织团体之必要,因此本条例即首在确认劳工团体之社会上之地位。(乙)允许劳工团体以较大之权利及自由。(丙)打破妨碍劳工组织及进行中之障碍,使劳工团体得渐有自由之发展"[③]。1924 年 11 月,孙中山以大元帅名义发布了《工会条例》21 条,主要内容包括:同一职业或产业之脑力或体力劳动者 50 人以上者,得适用本法组织工会;工会与雇主团体立于对等之地位;工会有言论、出版及办理教育事业之自由;工会有权与雇主缔结团体契约;工会与雇主发生争议,有要求雇主开联席会议仲裁之权,并可

---

① 彭泽益编:《中国近代手工业史资料(1840—1949)》第 2 卷,中华书局 1962 年版,第 737—738 页。彭泽益编:《中国近代手工业史资料(1840—1949)》第 3 卷,中华书局 1962 年版,第 350—387 页。

② 上海市工商行政管理局、上海市第一机电工业局机器工业史料组编:《上海民族机器工业》下册,中华书局 1966 年版,第 840 页。

③ 郑克毅:《比较工会法》,上海法政学社,1932 年,第 59 页。

请求主管行政官厅派员调查及仲裁;工会在必要时,得根据会员之多数决议宣告罢工;工会享有参与雇主方面规定工作时间、改良工作状况及工场卫生之权。[①] 国民党广州政府虽偏于一隅,但作为一个即将取得全国政权的政党,其对工人团体的认可及颁布的《工会条例》,仍然有力地推动了工人运动的发展,新式工会乃应运而兴。到1925年,广东约有180个工会,会员约8万名,他们联合起来成立广东工界代表团,"代表团之宗旨,在于缩短工作时间,实行代表团所定工资比率,坚持星期日作工加价办法"。湖南16个工会联合成立湖南全省工团联合会,会员达4万名以上。[②] 武汉三镇手工业工人在国民革命的热潮中也纷纷组织工会,其中汉口有58处,会员42300余人,武昌有11处,会员21700余人,汉阳工会5处,会员5550余人。此外尚有未经登记的会员,"查武汉工人迄今已入工会者,约在十万以上"[③]。1927年之前,工会的政治热情高涨,广东工会"要求工人之曾受教育者有参与政治权"[④],湖北总工会鉴于工人"类多未受教育,缺少训练","拟创办工人运动讲习所,于工人休息之暇,教以工人应具之知识"[⑤]。1927年北伐军到达苏州,丝织工人即着手组织"铁机(手拉机)工人联合会",因要求增加工资福利未遂,于10月1日至11月23日进行了罢工。[⑥] 南京不仅成立了总工会,还有各业职工会,"而各业织工亦多组织工会"[⑦]。

中国共产党也十分重视工人的组织和发动工作。中共一大就将建立工人组织写入决议。在中国共产党的领导下,一些城市的工人组织也相继建立起来。如,1922年下半年中国劳动组合书记部在天津设立支部。在中共的发动下,天津一些行业开始组织起来,成立了鞋业切排工人联合会、绱鞋同业会、缝纫同业救国团等组织。1924年中共天津地委成立,工运重点虽在现代

① 参阅胡振良、李中印编《社会团体》上册,华夏出版社1994年版,第123—126页。
② 《湖南广东工会情形》,《中外经济周刊》第111号,1925年5月9日。
③ 《湖北工会之勃兴》,《中外经济周刊》第194号,1926年12月25日。
④ 《湖南广东工会情形》,《中外经济周刊》第111号,1925年5月9日。
⑤ 《湖北工会之勃兴》,《中外经济周刊》第194号,1926年12月25日。
⑥ 徐新吾主编:《近代江南丝织工业史》,上海人民出版社1991年版,第134页。
⑦ 《南京各种工商业之调查》,《中外经济周刊》第226号,1927年8月17日。

产业,但地毯、扎彩油漆、雕刻、绱鞋、提花等手工行业也陆续成立了工会。1925年8月成立了天津总工会,但很快被北洋政府取缔。同年12月北伐军进入天津,总工会恢复活动,三条石铁厂工会、木器工会、立兴帆布厂工会等手工业工会建立。[①] 地毯业是工运重点之一,中共党员秘密潜入"乾昌""庆生恒""荣业""海京"等厂开展活动。[②] 其中,中共天津地委负责工运的李培良受天津总工会指派帮助乾昌地毯厂秘密建立了工会,散发工运刊物,与资方开展了有组织的斗争。[③]

南京国民政府成立后,国民党对原有的工会组织进行了整理改组,以使其成为国民党控制下的民众组织。1928年8月天津市总工会"接受了中国国民党的命令"而成立,声称"组织工会最重要的意义,是要集中我们的力量,准备着负起建设的责任,解决自公开组织工会以来之纠纷"。[④] 由于开展民训工作的需要,工会的成立得到了国民党的支持。1928年11月天津提花业成立工会,下设第一、二、三、四分会,4个分会联合一处办公,并称"各会员若有事务,请到本会接洽","希各会员努力团结,一致进行,以期解除工友痛苦,振兴我国实业"。[⑤] 至1929年4月,天津的地毯、印刷、制革、提花、金银、漂染、制鞋等手工行业成立了工会。其中地毯业共7个分会,会员1692人;提花业有4个分会,会员546人;鞋业有5个分会,会员447人。[⑥] 此后,又成立了缝纫工会和猪鬃工会。[⑦] 1930年年初,天津各级工会达到174个,会员31519人。[⑧] 天津市社会局还训令各工厂不能因工人加入工会而不雇用,"致失组织工会之本旨"[⑨]。此时,中共天津党组织转入秘密状态,1929年建立了14个

---

① 天津市总工会工运史研究室编:《天津工人运动史》,天津人民出版社1989年版,第35、49、51、86页。

② 天津地毯公司工会:《乾昌地毯厂第一次工潮》,《天津工运史资料》1985年第3期。

③ 天津地毯公司工会:《乾昌地毯厂第二次工潮》,《天津工运史资料》1981年第1期。

④ 《天津市总工会成立》,《益世报》1928年8月26日。

⑤ 《提花工会已开始办公》,《益世报》1928年11月10日。

⑥ 《各工会组织之概况(续)》,《益世报》1929年4月8日。《各工会组织之概况(续)》,《益世报》1929年4月9日。《各工会组织之概况(续)》,《益世报》1929年4月12日。

⑦ 《社会局呈报市府工会之调查》,《大公报》1930年1月15日。

⑧ 《津门琐话·工会统计》,《大公报》1930年2月22日。

⑨ 《提花工厂不准限制工友入会》,《益世报》1930年2月6日。

基层党支部，其中包括2个手工业支部，还建立了天津工人联合会，秘密会员500多人，其中包括提花工人工会。[①] 其他各地工会的出现亦莫不如此。南京国民政府曾对1928年12月至1929年12月的全国各地工会进行了一次调查，结果显示，在国民党对全国工会进行清理整顿、部分省市工会解散后，全国各特别市、县市工会总数仍达1003个，会员总数520579人。[②] 国际劳工局又将1932—1936年的工会分别为职业工会、产业工会、特种工会等三类进行了调查。按工会法规定，“职业工会乃同一职业之工人所组织”，而据调查者分析，“凡手工业尚普遍之区域，职业工会之地位则较显重要”，据此，职业工会大体可视为手工业工人团体，其基本情况见表6-1。

表6-1　1932—1937年中国各地手工业工人工会及会员数

类别	年份					
	1932年	1933年	1934年	1935年	1936年※	1937年
工会数(个)	536	579	636	719	746	777
会员数(个)	288100	289551	332367	350967	501281	539314
每会平均会员数(个)	537.5	500.1	522.6	488.1	672.0	694.1

资料来源：吴至信《最近四年之中国工会调查》，见李文海主编《民国时期社会调查丛编》2编，“社会组织卷”，福建教育出版社2009年版，第498页表；《一九三六年之中国工会调查》，同上书，第504页；《一九三七年中国工会组织调查》，同上书，第514页。

※据调查者介绍，1936年的调查范围较此前有所扩大，且“所得之答复，大都为主管机关所供给，其可靠性极高”（同上书，第499页）。

（二）维护工人权益的斗争

尽管工会被纳入近代政治运动的范畴，但工会也成为工人开展集体行动、维护自身权益的组织资源，使他们在与雇主的纠纷、冲突中具备了更有力的组织力量。

---

① 天津市总工会工运史研究室编：《天津工人运动史》，天津人民出版社1989年版，第126—127页。

② 工商部劳工司编：《十七年各地工会调查报告》，见李文海主编《民国时期社会调查丛编》2编，“社会组织卷”，福建教育出版社2009年版，第244页。

工会成立后,积极以工人代表身份与资方展开谈判,一般来说,工人的利益诉求更能实现。如长沙印刷业有“两个不同的组织:一为湖南铅字印刷工会,一为湖南石印工会,差不多所有长沙的铅字工人,除了少数守旧的老工人以外,都是新工会的会员。自从有了工会组织,印刷工人常常宣布罢工,争取增加工资及其他权利。这些罢工为罢工者赢得工资比率的一般提高”①。又如杭州织绸业工会,该会成立于1926年,当时“该业大部分之工人,靡不感生活之困难,遂于去春(1926年)有机司等大罢工,要求加薪之举,嗣后杭垣织工之一部分,曾设有织业公会,纯为劳动者之团体”。织绸业工会成立后,与资方达成的协议包括协约、公约两部分,其中协约共28条,公约共13条。②武汉针织工人组织织袜总工会与针织业公会签订合同,规定织工待遇,除端午、中秋、新年三节外,针织厂坊不得辞退工人,学徒期限应限为两年,不得虐待学徒,工人及学徒每月应有两日假期,并规定计件工资等级及标准工资。③南京“丝织业自须有各种工会之组织……不入会者,不得在工会所在地范围以内自由工作,其入会者,皆得享增加工资权利,并得将拟加工资数目及待遇条件如津贴群众运动参加费等项,缮呈总工会或市政府请求察阅,于批准后据以向资方要求,此入会之利益也”④。即便是南京国民政府成立后对工运团体进行整理,在双方形成的协约中,资方也依然承认工会代表工人的权利。如吴县香业工会与吴县香业同业公会签订的《劳资修订协约》第一条便明确“资方承认劳方之工会有代表工人之权”⑤。从工会角度看,协议既有对资方责任、义务的规定,也有对工方的自我约束,主要内容如下:

第一,确立了工会的合法性并赋予相应的权力。工会“有代表工人之权”,“厂方应指定工会之所,其电灯费及房租,由厂方负担”,“厂方每月应贴

① 彭泽益编:《中国近代手工业史资料(1840—1949)》第3卷,中华书局1962年版,第322页。

② 《杭州最近劳资间之交涉情形》,《中外经济周刊》第218号,1927年7月2日。

③ 彭泽益编:《中国近代手工业史资料(1840—1949)》第3卷,中华书局1962年版,第156—157页。

④ 《南京丝织业之近况》,《经济半月刊》第1卷第4期,1927年12月。

⑤ 马敏、肖芃主编:《苏州商会档案丛编》第4辑(1928年—1937年),华中师范大学出版社2009年版,第781页。

工会常费,每会员大洋一角,凡会员在五十人以内者,由厂方每月津贴大洋十元”,工会可参与新品定价,“新出花品,工价不得低减,应由厂方及工会代表酌量订定之”。工会拥有对违反规则的工人的处罚权,“违反工场规则者,由工会执行委员负责处理”,“其擅自出厂,逾时不归者,通知工会处置”。“营业有盛衰时,得通知工会,人数增减,由工会支配”,“如用工人,须由工会介绍之”。

第二,保障工人的工作权及其他相应权益。“无故不得开除工人,如开除工人,须得工人同意。”工人享有休假权,“每逢星期日、六七、三一二、三一八、五一、五九、五卅、九七、双十节、清明、立夏、端午、中秋、冬至、阳历年等,一律放假一天,并须由厂方津贴工膳洋四角”。维护女工权益,“女工生产时期,每人由厂方津贴大洋六元,并给假六星期,照原薪发给半数”。实行日工时制,“每日作工时间,男女工会一律规定九小时,男女童工规定七小时”。此外,还规定“男女工人来往信札,厂方不得扣留检查”。

第三,确保工人的合法待遇。增加手织机工、小工、缫丝工、剥茧工、拈丝工、捍线工、扯丝工、接头工、扬翻工等十类工人幅度不等的薪金;每年红利,除应给厂方股东官利一分外,所有盈余,由股东职员工人均分之;男女工人,至年终发给工资,须照全月计算;厂方应设清洁之工人寄宿舍;会客自由,须备清洁会客室;工人及其子弟学校,由织物公会及绸业会馆分区设立,教员由总工会担任,经费由织物会馆等担任。

第四,工人应当遵守工作规则。工人应遵守工场内规则,如工友须准时上工,未闻放工汽笛,不得先行停止工作;工人无故缺席至两个星期以上,未经至会者,作为自行告退论;工人因事出厂,必须向主管者请假;凡制品不良,尚可出售者,应依指导员指示,加以改善,其不服指导,且屡犯者,应相应赔偿或解雇;工友制品生产力不及最多数之半者,厂中得征求工会同意解约。[①]

国民革命时期,在高涨的工人运动的带动下,新式工会强势地登上了历史舞台,混合在旧式行会、帮会内部的手工业工人不仅建立了自己的独立团

① 《杭州最近劳资间之交涉情形》,《中外经济周刊》第 218 号,1927 年 7 月 2 日。

体,而且为实现有利于工方的劳资协议进行了不懈的斗争,“凡厂主店主或经理等,有不允许者,则罢工以挟持之,挟持无效,甚或为暴动之举,拘禁经理,捣毁器械之事,时有所闻,故(1927 年)三月间,因要求未遂,纷纷歇业者多,其有不得已而有磋订协约者,大半皆利于劳工方面”[①],不是迫使资本家阶级签订了协约,就是使得业主关闭了自己的工场或作坊。在杭州,“凡经团体结合之后,多向资本家提出两项要求,一为增加薪资,一为改良待遇,条件虽各业不同,目的固原无歧异,遇资本家稍有争执,不能完全应允条件,常引起全数罢工,作坚持之抵制,在二月下旬至四月初旬,杭州各界,殆陷于混乱之状态,各业或因要求不遂而罢工,或因待遇不佳而歇业,或今日复业明日复又罢工,小商店无法维持,大工厂亦难于应付,各业无不人人自危”[②]。

当然,不同地区的工会存在着差异,正如时人所论,“现时我国手艺工人的工会,有的只披上新式工会的外衣,内部依然为旧式的行会,有的只改变了一部分,成为一种半新半旧式的组合,有的已经完全成为新的工会组织。比较起来说,有通海的大都市里,完全蜕变的手艺工人工会占着多数,而在内地的都市,行会的势力依旧潜伏着”[③]。如天津地毯业中虽建立了比较健全的工会组织,但也会发现传统的影子。1936 年大丰地毯厂工人马金台,串联“乾昌”“华太”等 10 余家地毯手工工场的工人,按照“讲义气、志向相投”的精神组织了“存义志友社”,以唱戏、练武等活动为掩护,组织地毯工人开展罢工。“存义志友社”成立仅 3 个月,入社人数达到数千人。[④] 长沙编席工会,不啻为旧式行会的翻版,“长沙编席匠最近组织了长沙编席工会,非会员不许在城内受雇。外县的编席匠须向工会缴纳入会费八元,始许厂方雇用。每一学徒须缴纳会费四元始能学习本业手艺。长沙的编席匠,垄断了当地市场。席商不准贩卖非本地席厂的出品”[⑤]。即便同为沿海城市的工会,也不能等量齐观,

① 《杭州最近劳资间之交涉情形(续)》,《中外经济周刊》第 222 号,1927 年 7 月 30 日。

② 《杭州最近劳资间之交涉情形》,《中外经济周刊》第 218 号,1927 年 7 月 2 日。

③ 郭子勋:《中国手艺工人的行会和工会》,《民族(上海)》第 2 卷第 11 期,1934 年 11 月。

④ 天津市总工会工运史研究室编:《天津工人运动史》,天津人民出版社 1989 年版,第 159—160 页。

⑤ 彭泽益编:《中国近代手工业史资料(1840—1949)》第 3 卷,中华书局 1962 年版,第 321 页。

如上海、宁波两地工会的差异性就很大，“宁波虽为通商口岸，而工界不安状况，尚未有如上海之剧烈，而工团之组织，亦未有如上海之活动，即有一二工会成立，亦不过为同业集议之所。惟近一年来，米价过昂，本年(1926年)春夏间，亦偶有罢工增薪之举，然不久即经妥协，劳资间初无暗潮也”[①]。温州永嘉县，“店东与店伙间之争议工资，亦均能双方体恤，酌量增加，尚少罢工要挟之举”[②]。

20世纪二三十年代因要求增加工资、改良待遇而引起的劳资纠纷比例呈减少趋势，而解雇和歇业、停业、缩小营业范围引起的纠纷日渐增多。[③] 南京国民政府加强了对工人运动的压制，强化了对劳资纠纷的介入与调解，但因劳资对立而产生的罢工并未大幅减少，如重庆，“民十五年以迄去年(1934年)春初，几于岁必数次。考其原因，多由厂方开除工人，以及工人要求减少工时，增加工资，改良待遇而起，中间经过，少则数日，多至四五十日”[④]。尤其是受1929—1933年世界经济大危机的影响，包括手工业在内的中国民族工业遭受沉重打击，市场疲软，经济停滞，企业倒闭，手工工场主、作坊主等采取了减薪、减员、歇业、停业等手段，以转嫁危机，或减少成本，降低损失，工方也毫不妥协，双方零和博弈，冲突愈演愈烈，和解难度极大。如1929年，天津提花业减薪两角，引起工人不满，险酿成工潮。[⑤] 乾昌地毯厂拟裁去200名工人。工人颇为不满，300人实行怠工，其余工人亦不照常工作。[⑥] 1932年，天津博明织布工厂因经营困难，宣布停业，100余名工人失业，发生纠纷。[⑦] 广东新会葵扇行，1934年1月因资方减薪而引起罢工，双方“决不退让，仍无结果”。江苏吴县烛业公会决定各店工友一律减薪两成，工方代表开会，“一致公决，对于资方减薪条件，坚决否认”，而资方也十分强硬，决议“为节省开支

① 《宁波之经济状况》,《中外经济周刊》第193号,1926年12月18日。

② 《温州劳工近况》,《中外经济周刊》第210号,1927年5月7日。

③ 徐思彦:《20世纪20年代劳资纠纷问题初探》,《历史研究》1992年第5期。

④ 重庆中国银行编:《重庆市棉织工业》,中国银行总管理处经济研究室,1935年,第16页。

⑤ 《提花厂减低工资》,《大公报》1929年4月14日。

⑥ 《乾昌地毯厂开除工友引起怠工》,《大公报》1929年9月14日。

⑦ 《博明织布工厂宣布停业遣散工人》,《大公报》1932年11月8日。

起见,薪金非减不可"。广东惠阳木艺业,东家决定将工人工价减支7折,工方认为资方"只顾东家利益,不管工人死活,遂实行贯彻罢工计划",并暗组侦查队,"监视工人,不准入店工作,情势异常紧张"。[①] 这类事件不胜枚举,充分体现了20世纪30年代劳资之间十分明显的对立态势。

对于紧张的劳资冲突,虽然手工业工人拥有了工会这个更加有力的组织保障,并以此为依托开展集体行动,但对国民党来说,其劳工政策由国民大革命时期的"袒工抑商"实现了向强调"劳资合作"的转变。将工人组织起来,又不使之失序,是其要把握的平衡点。因而,在劳资纠纷之中,国民党各地党部、民训会及政府社会局等党政势力强势介入,成为双方的协调者。1929年,天津美商美隆地毯厂工会因要求花毛被拒、工人被开除而实行罢工。工厂以经营困难为由,趁机停业。工人主动罢工引发的集体行动由此转变为被动谋求复工的维权运动,市总工会、社会局、政府、党部纷纷参与进来。在总工会、民训会请求下,市长崔廷献联络美总领事要求该厂复业,并允诺由市党部及总工会自行处分被开除的工会分会执委李静山等三人。美总领事称停业非因工人罢工,实因营业亏累,复工须请示美国总厂。[②] 天津市党部、民训会为维护工人利益,提出复工、花毛归工人、停业时预发3个月工资、复业时优先使用旧工人等四项条件[③],被拒绝。美隆表示可以复工27天,其间不开除工人,但拒绝花毛一项,代以40元奖金。停业后,每人多支给1元。工人对停业后只多给1元颇为不满。[④] 尽管如此,工人表示可以复工。[⑤] 地毯业工人这次集体行动得到了天津市当局的支持,但罢工的最初目的没有实现,还使厂方以极低的成本获取了停业的合法性。事后,天津市民训会认为罢工事前既无准备,又未得到总工会许可,"既违背工会之纪律,更失罢工之意义与效力,影响工运前途至深且巨"。进而对各工会提出训诫,"此后关于劳资纠纷,应

① 彭泽益编:《中国近代手工业史资料(1840—1949)》第3卷,中华书局1962年版,第602—624页。

② 《交涉中之美隆工潮》,《大公报》1929年4月6日。

③ 《美隆工潮仍未解决》,《大公报》1929年4月7日。

④ 《美隆工潮已转圜》,《大公报》1929年4月8日。

⑤ 《美隆工潮平息》,《大公报》1929年4月9日。

以法定手续以求解决，不得轻举妄动，自肇失败。必不得已而罢工，必须事先呈报总工会……以肃工会之纪律，而整革命之战线”。[①] 同时，天津市民训会要求各雇主不得任意辞退及虐待工人，要“明了组织民众团体之意义”[②]。天津市民训会的态度表明，国民党希望将工人的罢工行为纳入组织化的管理和控制之下，进而影响了工会诉求的达成度。

从传统行会制度下雇主与工人“同处一会”到近代以来手工业工人组织的分立，是手工业经济发展到一定阶段的产物，也是阶级意识萌发与发展的结果。传统社会中，手工业主和工人同处一个会馆、公所，即劳资合行。他们共同参加生产，利益分歧不大，并存在着乡缘、血缘等各种社会关系。近代以来，一方面，随着资本主义经济的发展，手工业日益具有资本主义性质，雇主从劳动中分离出来，体现着对工人的剥削，两者间利益分歧加大，阶级分野，纠纷增多；另一方面，传统的会馆、公所逐渐被同业公会取代，并将工人排除在外。这都导致了手工工人在同业组织中话语权的式微，劳资合行模式受到猛烈冲击。维护自身利益的自主意识使手工业工人开始了建立自身组织的实践。此后，在近代革命启蒙下，手工工人阶级意识逐渐萌发，组织程度得到提高，新式工人组织工会应运而生，成为工人维护自身权益的有力组织保障。

总之，行业组织的嬗变是中国近代手工业发展的重要组成部分，与中国社会经济发展变迁相适应。民国时期的手工业行业组织经历了除旧立新的艰难历程。传统行会组织的命运与行业的变迁存在紧密联系，行业兴衰也导致了行会组织的消亡与存续。但是，行业组织的生命力与活力更在于能否适应社会经济需要。上述研究表明，传统的行会组织无法为手工业的近代转型提供支撑，反而成为障碍。因此，可以看到，民国时期的手工业行会在传统功能上日益式微，并试图赋予自身以适应近代手工业转型发展的新功能。行会组织的自我革新，反映的是社会经济发展对行业组织提出的时代要求。行业组织只有顺应这一要求，别无他途。在这样的时代背景下产生的同业公会组

---

① 《市民训会告诫工会：罢工为最后之武器》，《大公报》1929 年 4 月 12 日。

② 《党部请市府通令厂主店主不得任意开除工人店员》，《大公报》1929 年 4 月 13 日。

织实现了对传统行会组织的取代。同业公会是对行会组织的扬弃和超越,消除了传统行会的封建垄断性,继承了其维护同业的功能,又具有开放意识,鼓励行业的有序竞争,完成了行业组织的近代化转型,是近代手工业向着半工业化发展迈进的制度保障和组织支持。伴随着雇主团体的近代化转型,手工业工人在自主意识和阶级意识不断增强的情况下,也逐渐组织起来,脱离传统的行会,成立属于自己的团体组织。工会组织的建立标志着手工业工人组织近代化的基本完成。不管是作为雇主团体的行会到同业公会的转化,还是作为工人团体的工会的建立,都是近代手工业半工业化发展的题中之义。

第七章
政府行为与手工业的转型

在后发现代化国家工业发展进程中,政府的作用是至关重要的。进入民国后,手工业所面临的国际国内市场环境发生了相当大的变动,特别是现代工业的勃兴给手工业生存发展带来前所未有的冲击与挑战。面对严峻的生计与经济现代化问题,如何维系手工业生存与发展进而救济贫民、维护社会稳定,如何推进手工业在技术方面的转型升级,成为北京政府和南京国民政府都不得不面对的问题。因此,提倡和改良手工业成为民国政府基于社会稳定和经济现代化发展的双重考量的一种现实行为选择。不管是北京政府,还是南京国民政府,都在不同程度上和不同方面采取了一系列旨在保护、振兴、发展手工业的政策和举措,取得了一些积极成效。民国时期,政府的手工业政策和实际举措对于中国近代手工业的转型和进一步发展具有重要意义,构成了手工业长期存在并产生半工业化近代性变迁的重要因素。

第一节　北京政府的手工业发展举措

传统手工业在西方冲击下所遭遇的生存危机迫使晚清政府将限制手工业发展的政策转向改良和提倡手工业,以缓解严重的社会问题。如果说这是晚清手工业政策转向的主要动机,那么这一逻辑在北京政府时期仍然适用。

民国肇建,百业待兴,实业救国思潮风起云涌。作为一个经济落后的国家,如何发展工商业、解决形势严峻的民生问题,显得尤为迫切。国计与民生成为政府与工商业资产阶级共同关注的问题。作为政策制定者,北京政府以召开全国临时工商会议为契机,广泛征求工商业界建议,出台了包括奖励工艺改良与发明、推广手工业教育、减免税收、推进技术交流与产品销售等在内的一系列振兴手工业的政策、措施。

一、全国临时工商会议振兴手工业的呼吁

面对民国初期的社会经济问题,职司工商业发展的行政机关工商部认识到"中国国力之不充,非政治武力之问题,而生计之问题也。中国生计之不振,非资本劳力问题而学术之问题也"[1]。中国工商业落后,其根结在于"在上则无完全之法律以为保障也,无专精之人才以为倡导也,交通之不尽便利也,税法之足生障碍也;在下则无巨大之资本以供企业也,无普通之智术以资营业也,无坚确之团体以谋共进也"[2]。这导致中国"天产之富""地脉之厚""人工之廉"的优势并未在工商业的发展实践中发挥出来。因此,决定召开全国临时工商会议,征集实业界的意见。1912 年 11 月 1 日工商会议开幕当天,到会代表达到 120 人,尚有 40 余人未到。参会代表涵盖了政、商、学等各个领域。[3]

全国临时工商会议是为北京政府提供经济决策的大型会议,会议召开期间,参会代表们从各个领域提出了许多建设性建议,如何维护和振兴手工业是讨论的重要话题之一。参会者从不同视角出发,提出了一系列发展手工业的议案。其中,议决提案由工商部酌量核定实施。

第一,举办博览会、展览会,以宣传推广手工业。

工商部提出举办地方劝业博览会,以"使业工商者互结团体,互相观摩,去其苦窳,日就精良"。提案认为南京劝业会召开后成效显著,"国中工艺日

① 北京政府工商部编:《工商会议报告录》,1913 年,第一编"文牍",第 1 页。
② 北京政府工商部编:《工商会议报告录》,1913 年,第一编"文牍",第 2 页。
③ 北京政府工商部编:《工商会议报告录》,1913 年,第一编"文牍",第 11 页。

见改良”,但是全国博览会规模宏大,“或数年一次,或十数年一次,且仅限于通都大邑,仍不足以达改良全国各地工商业之目的”,主张在各地筹设劝业博览会。在讨论此案时,产生了较大分歧。有人认为“博览会”之名不能随意使用,“博览会”的举办必须借由国家力量,若地方举办,则“难符博览会之名义”。至于全国范围的博览会“不过一陈列所之类而已”。有人认为,博览会手续烦琐,举办不易,当前最紧要的莫过于举办地方商品陈列所,“调集各乡之品物而陈列于一城,月之间可以成功”,以为全国博览会做准备。有人则认为“博览会亦并不必定归中央办,即各地方亦未尝不可办”。经讨论,议定举办地方物品展览会,由地方行政机关、实业团体或自治机关共同“于省会府县乡镇等地方”举办,每年一次,所需经费列入地方预算,或由举办方自行筹集。①

第二,提倡包括手工业品在内的国货,以维护手工业品市场。

民国建立,改易服色,导致“江浙之织工机户衣业典业生计几乎歇绝”,杭祖良提出应采取措施维持国货。在讨论此案时,刘炳章提出改良中国土货案,指出中国土产丰富,但应设法改良,纺纱、织布、毛织品、皮革、草帽辫等应从速改良,以挽利权。王怀霖则认为“当此大同世界”,国民生活深受洋货影响,“日用器具细至一针一线莫不舍我而就彼”,维持土货是“因噎废食,削足就履”,应当仿效日本积极变革,仿造洋货以改造土货。李镇桐提出奖励工艺案,认为开埠通商以来,虽然大力提倡工艺,但“工艺依然习故蹈常,拘守成法,莫有改良标异推陈出新者”,主张学习英国,奖励创新。他将“能发明新学新理,创作新法新器,制成物品销行欧美各埠者”定为特别品,将“能仿照西式工艺制成日用必需之品通行中国全境者”定为寻常品,对创新手工艺品予以免出口税及减免内地通过税等优惠政策。钱宝钧提出奖励竹业案,认为中国丝茶贸易出口受阻后,广东的藤器、江浙川等地的竹器为英美等国所需,是比较大宗的出口品,特别是美国竹器品价值高于中国30多倍,因此提请工商部提倡奖励竹业,运送竹榻、竹丝等竹器品销往国外。经讨论,议定将爱用国货

① 北京政府工商部编:《工商会议报告录》,1913年,第二编“议案·议决案”,第244—247页。

编入中小学教科书,培育国民爱用国货之心理;通令各地商会于商品陈列所内设立国货研究所,调查西方人的消费习惯,以改良中国传统工业品;制定保护商标专律,对冒牌货予以严惩;对能抵制洋货的国货产品予以奖励;等等。同时还指出,提倡国货"要以政府实行采用国货为足以鼓励国人爱国之心",由工商部与海陆军部及交通部商定需用物品优先使用国货。此外,对改良纺纱、织布、皮革、草帽辫等手工行业也达成一致意见。①

第三,广设地方贫民工场,发展手工业,解决民生问题。

手工业作为贫民谋生的一种重要手段,在维护贫民生计方面发挥着重要作用。对此,晚清政府已有十分清醒的认识。此次工商会议上,参会者再次将手工业发展与救济贫民联系起来,主张推广贫民手工艺教育。马席珍认为"民生日蹙,非兴实业不足以救亡。今之提倡实业者固不乏人,独于贫民生计一端尚付缺如"。他提议由商人设立地方义务工艺贫民授产场,生产日常手工品,政府提供补助金,并在原料采购和产品销售方面提供税收减免优惠。该计划由工商部责成各省劝业道、实业司限期推行,如不能实行,则由中央罢职。他对地方义务工艺贫民授产场的前景十分乐观:若全国有500个县推广设立,那么可养成有职业人民571万余人。与马席珍的提案类似,金庆鸿提议推广贫民手工简易习艺所,以工代赈。在他看来,为安定游民,使民有所养,"非得以工代赈,推广贫民手工兼资教育不可",应当在各省各地广设简易习艺所,招集无业人民各习一业。简易习艺所分公立和私立两种,设织布、织巾、织席等项,招集当地工匠充任教习,习艺者学成后分派各地习艺所充当教习。经过对两个提案的讨论,商定名称统一为"地方贫民工场",兼收振兴工业与维持贫民生计之效。提出由工商部明定贫民工场举办办法,并将各地所设贫民工场的数量纳入地方实业长官考成。地方贫民工场分甲、乙两种,甲种由地方实业行政机关以地方公共经费组织,乙种由商人出资按照有限公司办法组织。制品方面,专仿制日用输入品或改良出口货,以发达地区贫民生计为主。制品输出外国免出口税,国内各捐税一概豁免。②

① 北京政府工商部编:《工商会议报告录》,1913年,第二编"议案·议决案",第397—413页。

② 北京政府工商部编:《工商会议报告录》,1913年,第二编"议案·议决案",第489—504页。

第四,设立手工艺传习机构,推广手工技术。

参会者十分重视家庭和贫民在推广普及手工业中的作用,但他们在掌握手工业技术方面存在着这样那样的障碍。李镇桐提出提倡家庭工艺案,刘镜轩提出设立赁贷手工机械局案,两人所提议案均聚焦于如何在家庭和贫民中传习手工业技术,受到参会者赞同。李镇桐认为“国弱之源在民贫,民贫在无业者多,而中国之妇女为尤甚”,当此国弱民艰,“工艺振兴时不得不于家庭间求一补救之策”。他主张由工商部通饬各省于省会设立家庭工艺模范传习所,以官款组建,聘请地方士绅负责经营。家庭工艺模范传习所以手工为主课,以烹饪、裁制为助课,以精通技艺的妇女为教习,先期招收士绅家室入所学习以为倡率。此外,还鼓励士绅仿办家庭工艺传习所,以便各州县观摩推广手工艺。刘镜轩认为提倡工艺“以家庭与贫民为最难,家庭则谬于习惯,改良匪易,贫民则困于经费,普及尤难”。他主张由工商部通令各省设立手工机械赁贷局,置备各种手工机械,以低廉的赁贷费对外租赁,仅付出少许租赁费即可学习工艺,以使“人人知工艺之利益”,进而家庭工艺日臻发达,贫民生计亦可维持。此外,还规划局内附设练习科男女各一班,教授手工艺,不收学费,不限学习期限,所用机械按日收取一半租赁费。[①]

工商部则从推动全国工业近代化的角度出发,提出推广模范工厂案。认为“吾国今日现状骤欲以机械制造普及全国,殆难言之”,主张“多设提倡培养之机关以为仿效进行之标准,使之循序渐进,先谋手工业之普及,以次及于机械工业”。为此,工商部将工艺局改为中央模范工厂,提出“机械与手工理宜并重”,为全国树立表率,在各省推广模范工厂,“失业游民更可借由工厂以资收纳”,也可使民间仿造输入品“借以挽回利权”。工商部希望各省参考中央模范工厂创办地方模范工厂,以推广手工技艺。但工商部在议案中没有提交中央模范工厂章程,参会者认为应当提出章程后再行讨论。因此,工商部的提议未被表决。[②]

还有的代表着眼于手工业生产动力的改进,如蔡文鑫提出应扩充电力,

---

① 北京政府工商部编:《工商会议报告录》,1913 年,第二编“议案 · 议决案”,第 525—528 页。

② 北京政府工商部编:《工商会议报告录》,1913 年,第二编“议案 · 未决案”,第 1—16 页。

以辅助各小工厂发展。他认为工厂使用机器,若用锅炉引擎需要花费巨资,“中下级人之欲为工厂者往往望洋兴叹”。为此,他希望工商部通令各埠电厂扩充电力,未设电灯厂之处尽快规划,供应小工厂生产用电,“俾使各种小工厂之若碾米、碾粉以及织布、织绸、印刷等厂者皆不必自购引擎锅炉,但得数方之地而用其马达,通以一线即可运动机械,事半功倍莫善于此”。[①] 该提案经多数同意,送交工商部参考。

第五,减免税收,以振兴土布业。

全国临时工商会议提出关于手工业的议案,其中之一便是“请定土布税则专章案”。面对日本仿造我国大尺布专销东三省,与中国土布竞争东三省市场的问题,代表们纷纷提出解决方案。徐善梅、田西浦提出“中国粗布改良输运案”,认为中国大尺布在东北市场的衰退是由于运输问题,土布运往东北“惟中国风船得装运之,装轮者行中示有罚则”,且冬天营口冻港,运输停止,而日本装运至大连,冬季不冻港,转运便捷,因此提出应该“改除旧习,风船轮船一律可以装运”。[②] 刘燮钧提出“振兴土布以保贫民工业案”,认为中国大尺布销路日减的原因在于“日布国内无税,又有公家补助,转输便利”,而中国土布运输“一困于厘金,再困于常关,三困于海关,越则苛征捐税重叠”,由此提出三条减免税措施:甲,以土布常关税核定海关税则,每百斤纳税银一两;乙,洋布无花纹者,进口纳海关正税,子口纳半税,以土布比较合每百斤税银6钱,即以此项洋布税则酌定土布专章;丙,土布运销本国免税。[③] 在对徐、田二人的提案进行讨论时,季新益、刘燮钧均认为土布输运问题实质是税收问题。季新益指出,“粗布由风船运送至常关,每百斤纳银一两,若轮船运至海关,每百斤纳银一两五钱,另有出口税七钱五分,共计二两二钱五分。较之风船运送,多至一两二钱五分”。因此,土布运输用风船而不用轮船。比较之下,日本粗布“纳税甚少,且出口无税,至东三省每匹不过纳银五分”,所以中国粗布

① 北京政府工商部编:《工商会议报告录》,1913年,第二编“议案·未决案”,第107—108页。

② 北京政府工商部编:《工商会议报告录》,1913年,第二编“议案·议决案”,第505页。

③ 北京政府工商部编:《工商会议报告录》,1913年,第二编“议案·议决案”,第506—507页。

在东三省销量年年减少，日本布日益扩张。[①] 在讨论刘燮钧的提案时，作为提议人，他再次指出土布“其所以不能运出者，因货物税及从前税厘所致，海关运出比民船运出须多费一两二钱五分”，因此“非改良税则不可”。经讨论，多数代表同意此案与徐、田二人提案合并提交审查。[②]

“请定土布税则专章案”最终决议条文认同了代表们的主张，认为长江一带舍轮船而以沙船运土布至东北原因即在于“以轮运税率与沙船税率相悬过多”。因此，必须改订海关土布税则。决议条文认为刘燮钧提出的三项建议，“乙丙二项恐非一时所能实行，其所主张之甲项拟照常关税例特订海关土布税则办法最为允当”。因此决定请工商部咨商税务处遵照常关税例特订海关土布税则专章。[③]

此外，陈其昌、钱宝钧、杨巨川还提出“提倡苏布案”。他们认为洋布细软适体，土布粗恶，而中国丝绸制品非贫困百姓所能消费，故洋布充塞中国市场。江苏常州、通州、上海、川沙、南汇等 10 余个州县所织之布“质韧耐久，细软轻便，花纹种种，适用雅观，制为春夏衣与洋布相等，而价较贱”。因此，应当大力提倡苏布，以抵制洋布。他们希望实业家均穿本国布，并在上海开办一家苏布公司仿造各种新色土布，行销全国。但因为没有提出具体的提倡苏布办法，该议案未获表决。[④]

全国临时工商会议提出的发展振兴手工业的建议和主张，不仅反映了工商界人士的诉求，也对政界产生了积极影响。1913 年 2 月，工商总长刘揆一公开阐述了他的工商政策。他以英法德意日等西方国家的发展为例，阐明国家保护政策对于产业发展的必要性，认为中国有“尊士重农而贱工商”的传统，对于工商业“放任至极”，“遂绝无团结力，无远大计划，涣散狭小，在内则进步极迟，在外则竞争必败”。因此，他主张产业振兴“在于厉行保护政策”，将丝茶业、铁业、纺织业、石油业、陶瓷业等行业选定为我国的基本产业，制定

① 北京政府工商部编：《工商会议报告录》，1913 年，第二编“议案 · 议决案”，第 508—509 页。
② 北京政府工商部编：《工商会议报告录》，1913 年，第二编“议案 · 议决案”，第 509—510 页。
③ 北京政府工商部编：《工商会议报告录》，1913 年，第二编“议案 · 议决案”，第 511—512 页。
④ 北京政府工商部编：《工商会议报告录》，1913 年，第二编“议案 · 未决案”，第 134—135 页。

各行业开发方针,优先保护。他还进一步阐述了对新旧工业的保护计划。关于新工业,需要监督进行的计划有:设立工业试验所;奖励机械制造;派任工业巡回教师;设立各种模范工场;建设劝工陈列所;制定特许法、意匠法、商标法。旧工业"质而言之,皆手工业而已"。对于旧工业的保护改良,他从四个方面予以了详细阐述。第一,仿照澳大利亚、德国,制定手工业者资格证明制度,"防粗制恶品之弊,所以图国货之进步"。第二,仿照澳大利亚、德国,制定手工业者强制组合制度。他主张同一行业或数种关系密切的行业的手工业者,或者居于相同地域的手工业者,应该组成团体,改变涣散局面,"庶于改良旧法有所凭借"。第三,发布职工条例及徒弟条例。第四,择要改良纺织业、染织业、陶器业、制靛业、木器业等手工业。由工业巡回教师教授新技术,奖励运用小机械,保护改良制品商标。第五,提出"工商立国主义"为"吾国立国方针","合现在之全局",而"专采农业保护主义",则"与时局相背"。[①] 4月17日,他发表《国本论》一文,再次阐述了"工商立国"主张和保育政策。[②] 全国临时工商会议提出的振兴手工业的有关议案体现了官商两界对手工业重要性的认识,他们看到了手工业的发展演化在中国早期工业化进程中的重要地位,希望通过振兴手工业,在解决民生问题的同时,能由小到大、由弱到强,渐进式地实现工业化。[③] 由此可见,北京政府时期对手工业经济的认识更加清晰,视野也更加开阔,这为政府制定政策和措施提供了依据。

二、北京政府振兴手工业的举措

根据全国临时工商会议提出的发展手工业的政策建议,北京政府为振兴手工业,出台和采取了一系列政策和措施。

第一,颁布法规,奖励工艺改良与发明。

1912年12月工商部公布了《暂行工艺品奖章》,从1913年2月1日起施

① 饶怀民编:《刘揆一集》,湖南人民出版社2008年版,第65—81页。

② 饶怀民编:《刘揆一集》,湖南人民出版社2008年版,第100—119页。

③ 彭南生:《固守与变迁:民国时期长江中下游农村手工业经济研究》,湖北人民出版社2014年版,第302页。

行。它规定:对"发明或改良之制造品",经工商部考验合格,"分列等级给予奖励",但不包括饮食品、医药品等类别。奖励方法分两种,一是"营业上之奖励:给予执照,许其制造品于五年以内得专卖之",二是"名誉上之奖励:给予褒状"。[①] 1928年2月22日,北京政府农工部将《暂行工艺品奖章》及其施行细则重加改订,颁布《工艺品发明审查鉴定条例》,并拟定施行细则;还对于利用国产或仿造外国成法制造精良之工艺品,拟定《工艺品褒状条例》及其施行细则。[②] 但因政权更迭,未及实施。

《暂行工艺品奖章》颁布后,对于申请者"颇示宽大,以资劝诱,逮近年,工艺程度逐渐进步,研究改良者亦日多"。据统计,1913年5月至1916年3月,农商部批准了36件制品的5年内专卖权。涉及新式水烟筒、夏帽、弹簧烟具、七色美术玻璃、算盘、镕罐、摇力吸水机、人力车水机、黄草草帽等各类手工艺品,受奖产品来自直隶、京兆、浙江、江苏、四川、江西、广东、山东、广西、湖南、湖北、奉天、河南等13个省区。[③] 其中一些工艺品在农商部指导下多次改良,日益改进。如起初,四川亨利帽厂制造的草帽"帽辫脆而易折碎",北京沈德铨研制的纺织机"有丝线不整齐之弊",直隶源达公司的洋墨水"沉淀而不混合",经农商部"一再审查,予以指导,今已进步改良,悉除前述诸弊而合于实用",并获得5年专卖权。此外,高月川研制的纺织机经农商部10余次试验,"每次均有改进"[④]。1913年至1923年10年间,共有144个单位或个人的166件工艺品获得农商部给予的褒状。[⑤]

第二,多措并举,推广手工业技艺教育。

在推广手工技艺教育方面,北京政府可谓不遗余力,通过贫民工场、模范工场、学校教育等多种渠道传授手工技艺。

---

① 天津市档案馆等编:《天津商会档案汇编(1912—1928)》第3分册,天津人民出版社1992年版,第2469页。

② 天津市档案馆等编:《天津商会档案汇编(1912—1928)》第3分册,天津人民出版社1992年版,第2507页。

③ 阮湘等编:《第一回中国年鉴》,商务印书馆1924年版,第1421—1422页。

④ 阮湘等编:《第一回中国年鉴》,商务印书馆1924年版,第1421页。

⑤ 江苏省商业厅、中国第二历史档案馆编:《中华民国商业档案资料汇编》第1卷(1912—1928),中国商业出版社1991年版,第685—698页。

1913年5月28日工商总长刘揆一发布工商部第320号令,令各地普设贫民工场。他认识到了设立贫民工场的重要性和必要性,“国民生计日蹙,由于无业者多,教养兼施端资工场”,因此要求各地设立贫民工场,“或就地方公费以经营,或劝绅商集资以组织,量财设厂,分科习艺”,以使“国计民生两多裨益”。但关于贫民工场制品捐税问题,工商部此令的规定与全国临时工商会议的议决案有一定差距。税务处称贫民工场虽“皆与贫民有关”,但“从无全行免税成案”。规定在土货出口办法尚未厘定之前,贫民工场税收暂照吉林实习工厂成案办理。吉林实习工厂制品免税办法为,“该厂所出货品如系洋式,即照机器仿造洋货专章,在本地零售,准免税厘,其运销他处,在经过第一关完纳值百抽五正税一道,发给运单,概免沿途税厘;如系华式,于经过关卡时,仍照土货征收通则办理”。[①] 此后,各地贫民工场普遍设立。1914年8月,张謇在南通创办贫民工场,主要从事手工生产与传习,涉及竹、木、藤、漆、皮革、织布、雕刻、缝纫等,主要招收南通子弟入场学习手艺。[②] 1919年,河南各县贫民工场开办61处。[③]

民国初期,直隶、陕西、浙江等全国22省共有工业各局、各种传习所、劝工场等传习机构751处,其中各级工艺局228所,仅直隶一省即有165所。[④] 1912年8月,工商部决定将清末成立的农工商部工艺局改组为中央模范工场。工商总长刘揆一认为,中央模范工场“均从制造社会普通用品入手,条理秩然,与本部普及手工业之旨深相契合”[⑤]。由工艺局改制而来的中央模范工厂内设五部二十科:第一部是服装部,内设制帽科、织衣科、裁缝科、皮鞋科;第二部是染织部,内设染色科、织布科、织丝提花科、织棉提花科、织麻科、毛巾科;第三部是机械部,内设铁工科、木工科、翻砂科、绘图科;第四部是金工部,内设板金科、铸金科、电镀科;第五部是商品装饰部,内设纸盒科、印刷科、

① 天津市档案馆等编:《天津商会档案汇编(1912—1928)》第3分册,天津人民出版社1992年版,第2470—2471页。

② 王敦琴主编:《张謇研究精讲》,苏州大学出版社2013年版,第242页。

③ 《模范工厂为全省工业巨擘》,《申报》1919年7月30日。

④ 神州编译社编辑部:《世界年鉴》,神州编译社,1913年,第917—918页。

⑤ 饶怀民编《刘揆一集》,湖南人民出版社2008年版,第82页。

洋铁科、印花科。[①] 民初临时工商会议上,工商部提议各省参照中央模范工场设立地方模范工场,虽未获表决,但从各地实际情况来看,地方工艺局相当多改组为模范工场。河南模范工厂1912年由工艺局改组而来,常年经费14600元,有学徒50名,设置织染、竹木、造皂等科,出品以竹器、木器为最优,肥皂、布匹、毛毯及毛巾次之。[②] 为振兴奉天农工商业,农工商局局长熊希龄拟定了《奉天农工商局应兴应改事宜清折》,规划了11条施政措施,其中之一便是将工艺局改为模范工场,仿效日本铁工所,招集工匠和技师,制造机械、农器,并附设艺徒学堂,设金工、木工两科,招收16岁以下儿童学习技艺。这些施政方针得到赵尔巽的批准。[③] 1917年江苏省政府在苏州创办省立丝织模范工场暨职工传习所,有手拉铁木织机120台、工人354人,除生产外,还负责为江苏各县培养丝织技工。[④] 该工场设立后,“各机织商人闻风模仿”,铁机纱缎生产在苏州“逐渐推广”。[⑤] 到1919年,在政商两界大力倡导下,苏州丝织业“花样日新,盛行铁机缎匹”,但“设厂实属有限,织品不能发展”,原因在于苏州丝织业缺乏整理机具。因此苏经纺织厂、振亚织物公司致函苏州总商会呈请江苏省实业厅拨款,由省立丝织模范工场购办整理机具。[⑥] 至1922年,苏州总商会认为该场的模范作用“已非地方需要”,应该“将力织、摇经、整理等机,从速试办”。[⑦]

一些工艺传习所也陆续创建,有的不断扩大规模。河南女子手工传习所成立后,对习艺者不收学费,“所授各种手工多切实用,而花边一科,尤开豫省教授之先导”,因此“学者甚众”。该所对于妇女创业详加指导,并介绍销路,

① 北京政府工商部编:《工商会议报告录》,1913年,第二编“议案·未决案”,第4—6页。

② 《模范工厂为全省工业巨擘》,《申报》1919年7月30日。

③ 周秋光:《熊希龄传》,华文出版社2014年版,第217页。

④ 苏州市地方志编纂委员会编:《苏州市志》第2册,江苏人民出版社1995年版,第50页。

⑤ 马敏、祖苏主编:《苏州商会档案丛编》第3辑(1919年—1927年),华中师范大学出版社2009年版,第588页。

⑥ 《苏州总商会要求省厅拨款饬令苏州模范工场克日购办整理机以兴实业而资提倡》,1919年9月13日,苏州市档案馆藏,卷号I14-005-0127-027。

⑦ 马敏、祖苏主编:《苏州商会档案丛编》第3辑(1919年—1927年),华中师范大学出版社2009年版,第588页。

受到妇女欢迎。[①] 内务部游民习艺所创办后广受欢迎,该所招收学徒名额由400名增至800名,教授科目也增加了木工、石工、刻字、制鞋、抄纸、煮染等,教授门类达到12科。[②]

在发挥专门手工艺传习机构的功能外,北京政府开始注重在学校教育中渗透手工艺教育,涉及小学、中学、大学各个阶段。在北京政府看来,手工艺教育与人的培养有密切关系。“手工一科,非但与美的陶冶至有关系,且能养成实用之能力”[③]。此外,手工艺教育关系实业发展。“实业教育之主旨,在使学生毕业后得应用所学,图地方生产事业之改进,以吾国天然物产之丰富,加以科学知识制造经营,发达何可限量”。因此,“实业发达,学校种其因,社会收其果”。[④] 正是基于这样的认识,北京政府甫一成立,即颁布了系列法令,将手工艺教育纳入学校教育体系。

1912年1月19日,教育部即通电各省,颁发了《普通教育暂行办法》,其中明确规定“小学手工科应加注重”[⑤]。9月28日公布的《小学校令》中,手工科被列入初等小学校和高等小学校的教科目,但同时又注明,不得已时可暂缺手工。[⑥] 12月制定的《小学校教则及课程表》明确教授简易手工,讲授时“宜说明材料之品类、性质及工具之用法”[⑦],具有手工启蒙的性质。1915年7月31日,公布了《高等小学校令》和《国民学校令》,次年又制定了实施细则,对小学校开设手工科的要求予以细化,为小学手工艺教育的常态化提供了制度保障。

---

① 《女子传习所扩张手工》,《新中州报》1918年2月20日。

② 中国第二历史档案馆编:《政府公报》第76册,上海书店1988年版,第63页。

③ 陈元晖主编,李桂林、戚名琇、钱曼倩编:《中国近代教育史资料汇编(普通教育)》,上海教育出版社1995年版,第475页。

④ 陈元晖主编,璩鑫圭、童富勇、张守智编:《中国近代教育史资料汇编(实业教育 师范教育)》,上海教育出版社1994年版,第201页。

⑤ 陈元晖主编,李桂林、戚名琇、钱曼倩编:《中国近代教育史资料汇编(普通教育)》,上海教育出版社1995年版,第456页。

⑥ 陈元晖主编,璩鑫圭、唐良炎编:《中国近代教育史资料汇编(学制演变)》,上海教育出版社1991年版,第654页。

⑦ 陈元晖主编,璩鑫圭、唐良炎编:《中国近代教育史资料汇编(学制演变)》,上海教育出版社1991年版,第690页。

1912年12月2日公布的《中学校令施行规则》中，规定中学校之学科目为包括手工在内的14门，“手工要旨，在练习技能，使制简易物品，养成工作之趣味、勤劳之习惯”。女子中学校手工科以教授编物、刺绣、摘棉、造花等为主。[①] 1913年3月19日，教育部公布了《中学校课程标准》，规定了中学阶段4个学年必须开设的15种科目，手工科即是其一。手工科包括的教学内容有竹工、木工、黏土细工、石膏细工、金工、工业大意等，每周教学时数为1课时。女子手工课程则包括编物、刺绣、摘棉、造花等科目。[②]

中小学手工艺教育的运转，必须依赖手工艺师资的培养与供应。为此，高等师范学校开设手工艺科目势在必行。1912年12月10日发布的《师范学校规程》，将手工列入师范学校本科之学科目，每周3—4课时，指出“手工要旨”之一是“解悟小学校手工教授法”，女子师范学校手工科应兼授编物、刺绣、摘棉、造花等。[③] 1913年3月制定了《高等师范学校课程标准》，规定数学物理部和物理化学部3个学年中须开设图画及手工科，学习内容包括手工理论、金工、竹木工和黏土、石膏等细工，每周2学时。[④]

除了大中小学教育，北京政府还十分重视实业学校的建设。1913年8月颁布了《实业学校令》，创办甲、乙两种实业学校，包括农业学校、工业学校、商业学校等种类。手工艺教育被列入工业学校的发展规划中，其创办宗旨为“养成学生有工业上之知识技能，俾将来独立营业”[⑤]。根据《实业学校规程》，工业学校的学科设置涵盖了金工科、木工科、土木工科、电气科、染织科、应用化学科、窑业科、矿业科、漆工科、图案绘画科、藤竹工科等科目，以地方

① 陈元晖主编，璩鑫圭、唐良炎编：《中国近代教育史资料汇编（学制演变）》，上海教育出版社1991年版，第669—670页。

② 中国第二历史档案馆编：《政府公报》第11册，上海书店1988年版，第587页。

③ 陈元晖主编，璩鑫圭、唐良炎编：《中国近代教育史资料汇编（学制演变）》，上海教育出版社1991年版，第680页。

④ 陈元晖主编，潘懋元、刘海峰编：《中国近代教育史资料汇编（高等教育）》，上海教育出版社1993年版，第671—673页。

⑤ 陈元晖主编，璩鑫圭、童富勇、张守智编：《中国近代教育史资料汇编（实业教育　师范教育）》，上海教育出版社1994年版，第178页。

情形酌设。此外,实业学校应设立实习工场,并宜就附近工场考察实习。① 据1916年7月统计,全国有甲、乙两种工业学校49所,有教员531人、在校生4959人,1912年5月至1916年7月先后毕业1379人。就各省情况来看,每省平均有3所至4所工业学校,河南省的数量达到11所,但规模较小。就毕业学生数量看,以直隶、河南、山东、江苏、福建等省为最多。②

为贯彻和规范学校教育中的手工艺教育,北京政府十分重视手工艺通用教材的编写工作。据不完全统计,北京政府时期由教育部、内务部审定注册的手工科教材有15种之多。(详见表7-1)这些教材有的被多次选用,在学校手工艺教育中产生了良好效果。

表7-1 北京政府时期手工课程教材建设简表

教材名称	编者	出版发行商	注册日期
初等小学手工教授	徐傅霖	中国图书公司	1914年2月
高等小学新手工	赵传璧	商务印书馆	1914年8月
高等小学新手工教授法	同上	同上	同上
新制初小手工		中华书局	
师范学校新教科书《手工》	桂绍烈	商务印书馆	1914年12月
师范学校新教科书《手工》	桂绍烈、蒋维乔	印有模	1915年8月
高等学校手工平面物标本	赵传璧	商务印书馆	1915年11月
初等学校手工平面物标本	同上	同上	同上
初等小学秋季始业新手工	华襄治	文明书局	同上
中学实用教科书《手工》	蒋维乔、孙捷	商务印书馆	1916年7月
新式高等小学手工教科书	董兆麟、董屿	中华书局	1916年12月
小学适用手工教材	李文	商务印书馆	1918年8月

① 陈元晖主编,璩鑫圭、唐良炎编:《中国近代教育史资料汇编(学制演变)》,上海教育出版社1991年版,第725、727页。

② 陈元晖主编,璩鑫圭、童富勇、张守智编:《中国近代教育史资料汇编(实业教育 师范教育)》,上海教育出版社1995年版,第283—289页。

续表

教材名称	编者	出版发行商	注册日期
手工丛书:麦秆工图说	桂绍烈	同上	同上
最新手工教科书	胡玫	长沙中华书局	1924 年 5 月
女子刺绣教科书	张华琪	商务印书馆	1925 年 8 月

资料来源:彭南生《固守与变迁:民国时期长江中下游农村手工业经济研究》,湖北人民出版社 2014 年版,第 306 页。

第三,减免手工业品税收。

全国临时工商会议以后,各地商会、同业公会呈请减免手工业税收的呼声此起彼伏,有力推动着政府相关政策的出台。总的来看,北京政府对手工业的税收减免涉及土布、仿制洋式手工制品、发网、草帽辫、花边、地席等手工业品。

北京政府时期土布税收减免主要涉及海关出口税、复进口半税、常关税、内地税厘等通过税以及营业税等税目。

1915 年前后农商部制定的《棉业计划书》提出了对手工棉织物的减免税收政策,应"查明土布及其他织品之种类,所有一切税厘概予免除"①。它提出的政策较工商会议有较大进步。

面对土布在东北市场的遭遇,1915 年江苏通崇海泰总商会呈请照常关税则修订海关土布税则,税务处准予自 1915 年 12 月 1 日起,"土布由上海装轮出口,其税率每百斤改征正税银一两,复进东三省各口,再征复进口半税五钱,其他各口进出之土布亦应照此办理,以归一律"②。土布海关出口税按照土布常关税则办理,降低了土布出口税负。

此后海关土布税则不断修订和完善。1917 年 4 月 23 日税务处发布命令,免除了复进口半税,规定旧式土布"每百斤征收出口正税银一两及运往内

① 茹静整理:《北洋政府振兴实业计划四篇》,见中国社会科学院近代史研究所近代史资料编辑部编《近代史资料》总 120 号,中国社会科学出版社 2009 年版,第 71 页。

② 中国第二历史档案馆编:《政府公报》第 71 册,上海书店 1988 年版,第 306 页。

地照纳沿途税厘外,其由此口运至彼口应即免征复进口半税"。同时,税务处对享受此种政策的土布加以限定,出台了《土布标准六条》,即"一、其织法必须与向来之土布织法相同。二、须由旧式人工手机织出。三、宽不得过二十英寸。四、所用之纱或土纱或洋纱均可,其粗细不得过二十号。五、经纬纱俱用单线,在未织成棉布之先确系未经炼过。六、颜色或本色未染,或加以晒白,或先染后织,惟不得织成后加染。如有织法新异,不能视为旧式土布者,须另照税则及向章征税"①,令各关自5月16日起一律施行。

上述《土布标准六条》是办理出口税及复进口半税的土布标准,但关于土布织法,仅以"与向来之土布织法相同"界定,未加以明确,在实行过程中"因各省土布织法间有不同",迭出分歧。1918年8月税务处对土布标准进行了修订,明确了土布织法,拟定《重定土布标准四条》,即"一、经纱每英寸不能逾七十条之数,纬纱不能逾六十条之数;二、织布之法不能斜纹织法,并不能用提花架织法;三、织布不能用丝光线;四、如经纬之内或经或纬,一有用双线者,则每百斤征税一两二钱五分,如经纬俱用双线者,则每百斤征税一两五钱"。此"系按布之粗细酌定范围,自较原订之六条更为简便易行"。② 1919年5月,在上述四条标准之外,税务处另行发布了四条征税办法,即:洋式棉布经核准完正税一道,此后概免重征;新定四条标准内的土布,每百斤纳出口税关平银一两,免征复进口半税;新定四条标准以外较细之布,不论手工还是机器所织,均按估价征收出口税,免纳复进口半税;从外国进口的棉布在中国染色者,每百斤纳出口税关平银一两五钱,复进口半税七钱五分。这四条办法"与前颁标准四条相辅而行"③。这样,海关土布税则有所修改,土布出口税、复进口半税得以减免,其减免标准问题也得以解决,有利于税收减免政策的落实。

除海关税外,内地税厘及常关税免征亦是土布减免税政策的重要内容。

① 中国第二历史档案馆编:《政府公报》第107册,上海书店1988年版,第322页。

② 天津市档案馆等编:《天津商会档案汇编(1912—1928)》第3分册,天津人民出版社1992年版,第3554—3555页。

③ 天津市档案馆等编:《天津商会档案汇编(1912—1928)》第3分册,天津人民出版社1992年版,第3553页。

1917年11月国务会议议决“本国土布及其他手工棉织物”“所有内地税厘”自1918年1月起准免3年,同时规定50里内常关税项由财政部咨商税务处另案办理。[①] 这样,土布内地税厘得以限期免征。关于50里内常关税,1917年12月27日,财政总长王克敏、税务处督办孙宝琦呈请,“凡属手工所织之布……其应纳五十里内常关税项准予一体豁免,以三年为限,限满再行酌定办法”[②]。同日,大总统发布指令,全国旧式土布自1918年1月1日起免纳50里内常关各税3年。[③]

土布50里内常关税免征政策实施过程中,各地对土布的认识不一,出现了土布免税标准的分歧。1918年4月财政部将土布标准问题提交国务会议,国务会议将此事交农商部核议。农商部认识到“各省土产布匹,尺寸形式既月异而日新,方言土名亦因地而互异。至于宽狭长短,苟为贫民所制,类难划一整齐”,认为税务处1917年11月25日咨农商部文内所定旧式土布完税标准六则,“于旧式土布按照实在式样分别甚明,似可据为准则”。该六条标准为:“一、其织物必须与向来之土布织法相同或与向来中国棉布织法相同,即系仿罗布之织法,惟其他仿照外国各棉布织法之棉布不在其内;二、须由旧式人工手机织出;三、纯系原色或加以晒白者,宽不得过二十四英寸,其他各布不得过二十英寸;四、所用之纱或土纱或洋纱均可,其粗细不得过二十号;五、经纬纱俱用单线,在未织成棉布之先确系未经炼过;六、颜色或本色未染,或加以晒白,或先织后染,或先染后织,或染成之布而后用石灰或他项药物按向来中国之法印成白花,均在其内,惟特别炼光或加粉之棉布不在其内”。农商部所提建议,经国务会议议决照办。[④] 至此,常关税和内地税厘免征政策的土布标准问题得以解决。

土布免征内地税厘及50里内常关税期限原为3年,后经商人一再呈请,

① 天津市档案馆等编:《天津商会档案汇编(1912—1928)》第3分册,天津人民出版社1992年版,第3551页。

② 中国第二历史档案馆编:《政府公报》第119册,上海书店1988年版,第768—769页。

③ 中国第二历史档案馆编:《北洋政府档案》第65册,中国档案出版社2010年版,第268页。

④ 天津市档案馆等编:《天津商会档案汇编(1912—1928)》第3分册,天津人民出版社1992年版,第3553—3554页。

多次获准续免。1923 年底,土布免税届期,各地商会再次呈请继续全免。农商部决定从 1924 年 1 月 1 日起,土布税厘照五成征收。① 1925 年 4 月,财政部核定土布征收半税再展期一年。及至 1926 年 4 月展期将满,各省区商会又以连年水旱频仍,民生困苦,请求财政部将土布永远免除税厘。财政部以土布关系贫民生计,准将减收半税原案,再行展限两年,至 1928 年 4 月底为止。②

仿制洋式手工制品免税源于清末机制洋式棉布税收减免政策。1882 年北洋大臣李鸿章批准上海机器织布局所织棉布,"如在上海本地零星销售,应照中西通例,免完税厘;如由上海径运内地及分运通商他口,转入内地,应照洋布花色,均在上海新关完一正税,概免内地沿途税厘"③。此后,各华洋商机制洋式货物纷纷援照此案办法呈请免税。④ 宣统二年(1910)吉林实习工场棉布暂行免税,"如系洋式,在本地零售准其免纳税厘,运销他处照机制仿造洋货办法完第一关正税一道,沿途不再重征"⑤。

北洋政府延续了清政府的机制洋式货物税收减免政策,并将洋式手工制品纳入,与机制洋式货物享受同样政策。1913 年 4 月财政部决定,国内各地贫民工厂的仿制日用输入品或改良需要出口货物免税,"所有输出外国正税及内地税捐准照吉林实习工场成案"⑥。1916 年 9 月财政部会同税务处制定了《机制洋式货物完税办法》,规定:机制洋式货物运销外洋,免纳一切税厘;运销国内,由第一关征收正税一道,沿途概免重征。此后多次修订,税率不断调整。1917 年 4 月,税务处制定了新的机制洋式货物纳税办法,规定各种洋式货物"按旧则征税,其货品为旧则所无者,得按新则征税,新则所无者,始按

---

① 《中国棉业之免税运动(续三十一期)》,《大公报 · 经济研究周刊》第 33 期,1930 年 10 月 12 日。

② 《中国棉业之免税运动(续三十一期)》,《大公报 · 经济研究周刊》第 33 期,1930 年 10 月 12 日。

③ 李鸿章:《试办织布局折》,见杨嘉敏主编《李鸿章全集》第 3 册,时代文艺出版社 1998 年版,第 1716 页。

④ [清]甘厚慈辑:《北洋公牍类纂》卷 14《税务》,北洋益森印刷公司,1907 年,第 1144、1146—1147 页。

⑤ 中国第二历史档案馆编:《北洋政府档案》第 60 册,中国档案出版社 2010 年版,第 166 页。

⑥ 中国第二历史档案馆编:《北洋政府档案》第 61 册,中国档案出版社 2010 年版,第 54 页。

估价征税”。自5月16日起各关一律实行。[①] 所谓“旧则”指咸丰出口税则，“新则”系光绪进口税则[②]，1917年新定办法使相当部分洋式制品保持了一个相对较低的税率。1919年重新修订了进口税则，光绪税则废止，但税务处为便利纳税，规定国内机制洋式制品所纳正税可以按估价值百抽五征收，或按1919年新修进口税则征收，还可以按照咸丰税则及光绪二十八年(1902)进口税则征税，“悉听商人之便”[③]。

1917年4月税务处在制定机制洋式货物纳税办法的同时，规定“其用新式手机仿造各种洋式棉货者亦准比照办理”[④]。这样，新式手机织造的手工洋式棉布也按机制洋式棉布税制办理，减轻了手工洋式棉布经营者的负担。手工仿造洋式棉布代表了手工棉织行业进行产品升级的努力，税收减免政策有利于推动手工棉织业纺织技术的进步。洋式棉布减免税政策颁行后，各地棉布制造工场纷纷呈请按照洋式货物纳税，以减轻在运输上的税收负担。据统计，自1882年至1918年，共有133家棉布制造工场经核准按洋式棉布纳税。这些手工工场绝大多数集中在城市，特别是天津和上海两地，其中天津有90家，上海有17家。[⑤] 而据1916年4月调查，全国享受洋式货物免税的工场计243家，免税制造品包括棉系、棉布、麻布、帆布、毯及毛织物、绢制品、陶瓷器、玻璃、蜡烛、砂糖、皮革制品、麦秆帽子、烟草等37种。其中，棉布制造工场有60家，棉系制造工场有25家，蜡烛制造工场有19家，造纸工场有11家，制品不限某种特定种类的综合性制造工场有64家。此外，所有火柴制造厂和机械面粉厂均享受洋式货物免税政策。[⑥] 这些享受免税的工场基本上属于手工生产性质。当时的火柴制造厂实际上在绝大部分工序仍以人力生产，实乃大

---

① 中国第二历史档案馆编:《政府公报》第107册，上海书店1988年版，第321页。

② 《规定棉货纳税令》，《大公报》1919年12月1日。

③ 《规定棉货纳税令》，《大公报》1919年12月1日。

④ 中国第二历史档案馆编:《政府公报》第107册，上海书店1988年版，第322页。

⑤ 中国第二历史档案馆编:《北洋政府档案》第60册，中国档案出版社2010年版，第158—163页。中国第二历史档案馆编:《北洋政府档案》第61册，中国档案出版社2010年版，第39、41、43—49页。中国第二历史档案馆编:《北洋政府档案》第65册，中国档案出版社2010年版，第250—260页。

⑥ 阮湘等编:《第一回中国年鉴》，商务印书馆1924年版，第1423—1424页。

型手工工场。

除土布和手工洋式制品外,其他手工业品的税负也得到减免。1915 年 7 月 21 日税务处核定,各省监狱生产的线制及木制等各种物品,由 1915 年 8 月 1 日起免纳常关各税三年。[①] 此后不断获得续免。1918 年 5 月 17 日核准各省监狱制造的柳条箱、竹器、绣品、地毯、床毯、布、毛棉各线等物,自 1918 年 8 月 1 日起至 1919 年 7 月 31 日止展免常关税一年。[②] 1923 年 8 月 30 日税务处核准,各省监狱制造的线制及木制等各种物品,自 1923 年 8 月 1 日起再续免纳常关税厘一年,司法部从前所拟免税专照仍准照旧通行。[③]

发网、草帽辫、花边、地席等手工业品是近代中国重要的出口品,为推动此类手工业品的发展,北京政府减免了其出口税。1915 年税务处呈请“将华人自制各项工品酌量减免关税”,2 月奉批照准,出口外国的草帽辫及地席均照出口税则减征一半,出口草帽辫每担实征银三钱五分,地席每捆实征银一钱。需要先转口再出口的,“先在复进口之关仍照向则完纳半税,并将出口时所减之税补缴存关,俟报运出洋时由关将征存之半税及补缴出口时所减之税如数发还”。此外,“华人自制之各种通花边、抽通花绸巾、抽通花夏布、发织髻网、蜜汁果品五宗,无论运销何处,所有出口暨复进口各税一律暂行免征,概以三月一日为实行日期”。税务处饬知各关监督遵照办理。[④]

第四,开展商品陈列与展览,推动手工业技术交流与产品销售。

全国临时工商会议提出的关于提倡国货和举办展览会的议案获批后,北京政府迅即着手开展工作,不仅成立了固定的商品陈列机构,还适时举办商品展览会,宣传和推广手工业生产技术和手工业产品。

清末新政时期,清政府即在北京设立了京师劝工陈列所,并要求各地设

---

① 《核定各种土货应征各税减免期限年月事项一览表(1915 年份)》,见中国第二历史档案馆编《北洋政府档案》第 61 册,中国档案出版社 2010 年版,第 58 页。

② 《核定各种土货应征各税减免期限年月事项一览表(1918 年份)》,见中国第二历史档案馆编《北洋政府档案》第 65 册,中国档案出版社 2010 年版,第 268 页。

③ 《税务处核定各种土货应征各税减免期限年月事项一览表(民国十二年七八九十十一月份)》,《中外经济周刊》第 43 号,1924 年 1 月 5 日。

④ 中国第二历史档案馆编:《政府公报》第 50 册,上海书店 1988 年版,第 459 页。

立地方劝工陈列所,全国各地共设立天津、河南、广东、江西、四川等 22 个劝工陈列所和商品陈列馆(所)。[①] 北京政府成立后,1912 年 5 月京师劝工陈列所改组为农商部商品陈列所,各地劝工陈列所也相继奉命改组。关于商品陈列所的功能与职责,农商部 1914 年订立的商品陈列所章程中载明为“管理陈列国内商品,以供公众观览参考”。按照陈列所订立的征品规则,从各省搜集,并编辑成陈列品目录,每年更新一次。[②] 1917 年农商部重新修订了商品陈列所章程,赋予了商品陈列所更多职能,规定其执掌事务包括搜集陈列国内重要商品及国外参考品,调查编译国内外商品状况,研究、讲演商品改良等方面。[③]

在各地设立的商品陈列所中,直隶省商品陈列所的运作较有代表性。该所前身是天津劝工陈列所,设立了商品陈列馆、直隶考工会、商品萃卖场等机构,负责商品陈列与考评等具体事宜。商品陈列馆设立于 1912 年 10 月,“以提倡国货,使本国工商日臻发达,借以挽回利权为宗旨”,陈列各工厂及私人制造的物品以供销售,对各售卖者不收地租,不收佣金,但规定所陈列售卖之货品必须为国货,不得掺杂洋货。对于在劝工陈列所注册立案的陈列商品,“如有名誉被人损坏、商标被人冒托等情事”,商品陈列馆“尽其能力代为保护维持”。[④] 这一职能超越了商品陈列售卖的范围,具有维护商标权的色彩。直隶考工会经劝业道和天津府正堂审核于 1912 年 8 月成立,负责考评产品,设正副会长各一员,正会长由劝业道担任,副会长由劝业道举荐才望素著之士绅担任。另外设监查员二人、审查员数人,负责考验优劣,分别等级。直隶考工会分化学科、机械科、电学科、矿学科、美术科、织染科、工艺制造科等七科考验物品,对于不属于上述七科的物品,也一律收考。招考日期从每年 7 月

---

① 马敏主编:《博览会与近代中国》,华中师范大学出版社 2010 年版,第 365 页。

② 江苏省商业厅、中国第二历史档案馆编:《中华民国商业档案资料汇编》第 1 卷(1912—1928)下册,中国商业出版社 1991 年版,第 665—666 页。

③ 商务印书馆编译所编:《中华民国法令大全三编》,商务印书馆 1920 年版,第十类“农商”,第 39 页。

④ 天津市档案馆等编:《天津商会档案汇编(1912—1928)》第 2 分册,天津人民出版社 1992 年版,第 1871 页。

开始征集物品,11月开始考验。考验结果在70分以上者为优等,在80分以上者为特等,90分以上者为超等。对于获奖物品,天津劝工陈列所负责在各省商会及实业团体中介绍、宣传,并协助改良物品需要改进之处,还可以免费为其留所陈列一年,化学制品可以免费寄售。[①] 1920年10月直隶省商品陈列所为提倡土产,设立商品萃卖场,"专办寄售事项,无论本省外省出品,经本场认为合格者,本场皆可寄售"。但产品须满足以下条件方为合格:一是必须为国货;二是对于运输和保存时间上,没有危险和不易于损坏腐烂;三是不妨害社会进步;四是不违背法律。对于寄售各品,萃卖场负有完全责任,如有遗失或损坏,由萃卖场赔偿。萃卖场与寄售各家之间,每月结算一次,对寄售各家收取一定寄售费用。萃卖场不仅寄售产品,还对价格太贵而不实用、产量少的产品代为研究改进方法。[②]

除了日常的商品陈列与展览,北京政府也开始认识到展览会的重要作用。工商总长刘揆一认识到"物产之良窳,由于比较;比较之方法,无如赛会","开拓国民之智识,诱掖农、工、商各业之竞进,其效益之宏大,实非浅见者所能窥测"。[③] 因此,北京政府不仅组织参与国际性的展览会,还自行举办全国性的展览会。地方政府对展览会也投入了较大热情,纷纷举办地方性的物品展览会。

北京政府时期参与的国际性展览会主要是日本大正博览会和美国巴拿马赛会、美国费城展览会。日本大正博览会于1914年3月20日至7月31日在东京举办,中国的参会物品有8000余件,涵盖陶瓷器、美术工艺品、丝织品、棉毛织品、皮毛、玻璃、饮食品、书画等门类,"其中大宗出品,为苏杭之染织品,江西景德镇、江苏宜兴、山东博山之陶瓷器,直隶、河南、山东、甘肃之毛毡,湖北织布局之棉麻织物",还有北京雕漆器和景泰蓝、天津象牙雕刻及银

---

① 天津市档案馆等编:《天津商会档案汇编(1912—1928)》第3分册,天津人民出版社1992年版,第2620—2624页。

② 天津市档案馆等编:《天津商会档案汇编(1912—1928)》第3分册,天津人民出版社1992年版,第3066—3067页。

③ 江苏省商业厅、中国第二历史档案馆编:《中华民国商业档案资料汇编》第1卷(1912—1928)下册,中国商业出版社1991年版,第899页。

制器皿等传统工艺美术品。参与赛会的8000余件出品，合计有出品人120余名，70余人获得纪念奖章。[①]

巴拿马太平洋万国博览会是美国为纪念巴拿马运河通航于1915年举办的。对此，北京政府高度重视。工商总长刘揆一将国际博览会看作国际竞争的重要舞台，“国度之表示，关系至要”。他认为巴拿马博览会“尤为世界之大典”，应积极参加，“借此次赛会，唤起一般国民商战之兴会，达到发展国民经济之目的”。[②] 工商部于1913年6月成立了筹备巴拿马赛会事务局，直隶于工商总长。事务局设置局长1人，由前南洋劝业会总办陈琪担任，筹备委员12人，事务员12人，负责筹备赴美赛会的一切事务。[③] 为筹备赛会，陈琪局长制定了10条办法，涉及减免征品税厘、运费，调查各省特产和大宗输出品，组织各项出品研究会、出口同盟会，在美会场建筑中华特别馆、中华出口货广场、中华市场、中华庭院，其中中华庭院专门罗列刺绣、景泰蓝、牙琢、涂漆等各种手工美术品。[④] 赛品征集是筹备阶段的重要事项，为此事务局拟定了巴拿马赛会中国出品总则，将中国参赛出品分为美术门、教育门、社会经济门、文学门、制造工艺门、机械门、园艺门、采矿冶金门等12大门类，凡愿出品者，可按门类申报。但规定，出品必须为自制，且制造时间必须在1905年之后。[⑤] 这一做法在相当程度上保证了出品的时效性。为保证出品征集顺利进行，事务局制定了各省出品协会章程及各省各大埠出品展览会办法，要求各地征集出品后择期举行展览会。1914年，事务局在广州、上海、天津、汉口四地举办了联合展览会，浙江、四川、河南等十一省自己举办了物品展览会，掀起了举办展览会的热潮。[⑥] 事务局派员出席各地展会，选定赴美赛会展品。经选拔，

① 沈家五编：《张謇农商总长任期经济资料选编》，南京大学出版社1987年版，第272页。

② 江苏省商业厅、中国第二历史档案馆编：《中华民国商业档案资料汇编》第1卷（1912—1928）下册，中国商业出版社1991年版，第900页。

③ 江苏省商业厅、中国第二历史档案馆编：《中华民国商业档案资料汇编》第1卷（1912—1928）下册，中国商业出版社1991年版，第895—896页。

④ 江苏省商业厅、中国第二历史档案馆编：《中华民国商业档案资料汇编》第1卷（1912—1928）下册，中国商业出版社1991年版，第904页。

⑤ 江苏省商业厅、中国第二历史档案馆编：《中华民国商业档案资料汇编》第1卷（1912—1928）下册，中国商业出版社1991年版，第906页。

⑥ 谢辉：《中国参加巴拿马太平洋万国博览会纪实》，《文史精华》1998年第9期。

最终有18个省提供2000吨物品赴展,在展览会上获得大奖章57个、名誉优奖74个、金牌258枚、银牌337枚、铜牌258枚、奖状227份,共计1211项,大奖及优奖总数在25个参赛国中居首。[①] 这些参赛展品和获奖展品基本为手工业产品,丝绸、茶叶、瓷器等传统手工品表现突出。丝绸类共获得大奖章5枚,超过欧日各国;茶叶获得8枚大奖章,而印度茶、锡兰茶只获得金牌;江西瓷器、浙江画扇、广东雕刻木器、直隶雕漆器具等都获得了大奖章。[②] 丝绸、茶叶、瓷器等的优异表现塑造了中国手工业品的良好形象,树立了中国手工业品的国际声誉,起到了很好的传播作用,“此次与赛之后,外人深信我国物品优美,同船来华调查或购办商品者多人,并有纽约金山某大公司等特派代表来华采办丝绸、地箧等物”[③]。因此,此次博览会为中国手工业品走向世界提供了契机。博览会后,中国各地的棉、丝、油、糖、酒、木雕等手工业品引起了外商的广泛关注,产生了“世界之商品,供世界之需求”的效果。[④]

为推广和宣传国货,1915年10月农商部在商品陈列所举办全国国货展览会,这是最早正式称为国货展览会的商品展览会,也是北京中央政府主办的唯一一次。[⑤] 1915年6月,农商总长张謇呈请开设国货展览会,获得大总统批准。随后该部分别咨饬京外各官署、商会一体遵照,并派员分途征集出品。7月,农商部委派该部顾问雍涛、工商司司长陈介充任国货展览会正副会长,设立事务所,积极筹备。农商部非常重视赛品审查,为此成立了物产品评会,聘请内务总长朱启钤为会长,督率审查各员详细品评。虽然农商部十分重视此次展会,但经费奇缺,获批的预算只有9474元。不过,官商对于提倡国货的重要性已有清醒认识,均予以积极赞助。经各方努力,18个省外加2个特别行政区域参展赛品达到10万件,“京师而外,以江浙为最多,其踊跃情形,

① 徐建生、徐卫国:《清末民初经济政策研究》,广西师范大学出版社2001年版,第145页。

② 谢辉:《中国参加巴拿马太平洋万国博览会纪实》,《文史精华》1998年第9期。

③ 陈琪:《中国参与巴拿马太平洋博览会纪实》,1916年,第272页。

④ 陈琪:《中国参与巴拿马太平洋博览会纪实》,1916年,第297页。

⑤ 马敏、洪振强:《民国时期国货展览会研究:1910—1930》,《华中师范大学学报》(人文社会科学版)2009年第4期。

殊非始料所及"①。

全国国货展览会于1915年10月1日开幕,10月20日闭幕。展览会会场分两个场馆。第一馆共上下两层,所陈列产品基本上都是手工业品,包括金银器、景泰蓝、珐琅、丝织品、矿产、化学制造、药品、棉麻织物、雕刻品、漆器、绣货、陶瓷器、饮食品、铜锡器、毡类、木器等,所占面积达474方丈。第二馆陈列的主要是度量衡器材、教育仪器、文具、印刷品及机械等,面积占62方丈。在展馆外,还设有音乐厅、讲演堂、纪念品售卖处、国货萃卖场等,供人们休闲、购物。在此次展览会上,直隶、江苏、湖南、江西等地所产布匹,湖南、江苏的旱伞,上海所产的冬夏各帽,山东的发网、草帽辫,江浙及山东、奉天的蚕桑,安徽、湖北、福建的茶叶等手工业品,"或切实用,或具特长,或品质优良,或艺术精美,或足应国内之需要,或足扩国外之销场",受到参观者的关注。此次展览会历时20天。展览会期间,参观人数平均每日不下万人。自10月11日起,展品除寄赠陈列所品及非卖品外,旬日之内卖出1/3。② 展览会结束后,物产品评会对参展产品进行了品评审查,评出特等、一等、二等、三等、褒奖共5种奖凭、2539件。③

各工商团体十分重视此次国货展览会所提供的工商界之间的交流学习机会,纷纷派代表赴会参观。上海的中华国货维持会认为,国货展览会"诚吾国实业前途大放光明之起点,其关系于吾国经济之前途,俾直接免漏卮之患,而间接立富强之基者,诚綦重而极大也"④。因此遴选"或具有工商学识,或富于实地经验"之人,专门组织了上海国货维持会参考团,逐日到会参观研究。⑤参考团设置了商务参考部和出品参考部两个部门。商务参考部负责考察国

① 江苏省商业厅、中国第二历史档案馆编:《中华民国商业档案资料汇编》第1卷(1912—1928)下册,中国商业出版社1991年版,第666页。

② 江苏省商业厅、中国第二历史档案馆编:《中华民国商业档案资料汇编》第1卷(1912—1928)下册,中国商业出版社1991年版,第666—667页。

③ 国货展览会物产品评会编辑部编:《国货展览会报告书》,国货展览会物产品评会,1915年,第192页。

④《参考国货展览会之筹备》,《申报》1915年7月25日。

⑤ 江苏省商业厅、中国第二历史档案馆编:《中华民国商业档案资料汇编》第1卷(1912—1928)下册,中国商业出版社1991年版,第668页。

内商务情况,涉及原料价格、出品价格、市场销路和运输状况等;出品参考部主要针对各种产品展开调查,涉及产品的优劣、原料、制造方法等,以改良现有产品。[①] 可以说,此次国货展览会不仅使“国民渐知趋重国货”,而且交流了生产经验和技术,达到了推动工商业发展的初衷。

尽管北京中央政府仅举办了一次全国性的国货展览会,但地方政府和工商界举办展览会的兴致日益高涨。据统计,在20世纪10年代,中国各地共举办了不少于30次的各种展览会,20世纪30年代举办的各种展览会至少有38次。[②] 地方政府中举办展览会比较积极的是江苏和直隶两省。1915年2月,江苏省颁布《江苏省地方物品展览会章程》,决定根据全国临时工商会议决议案,在上海南门外省立第一商品陈列所举办第一次江苏省地方物品展览会。[③] 1920年,江苏省试图将举办地方物品展览会常态化,定期于每年10月举行,但受时局影响,无法按时开展。经政府各部门与各地商会不懈努力,江苏省分别于1921年、1925年在南京举办了第二次、第三次地方物品展览会。第二次物品展览会共评出各类获奖产品1805件,涉及农林产品、机械工业品、纺织染工业品、化学工业品、饮食品、教育用品、美术品、杂工业品、矿产品、水产品等门类,其中纺织染工业品获奖达559件,上海、无锡、吴县、江宁、武进、松江、高淳、铜山等县获奖较多。[④] 从获奖情况看,基本反映了江苏各地手工业发展水平。

直隶省的展览会由直隶省实业厅举办,主要由商品陈列所组织实施,先后举办三次。该所于1919年10月25日至11月13日举办直隶省手工品展览会,“以观摩竞进,交换知识,广告社会,提倡销路为宗旨”[⑤]。展览会开幕

---

① 《参考国货展览会之筹备》,《申报》1915年7月25日。

② 马敏、洪振强:《民国时期国货展览会研究:1910—1930》,《华中师范大学学报》(人文社会科学版)2009年第4期。

③ 江苏地方物品展览会:《苏省地方物展会章程及吴县出品目录》,1915年2月,苏州市档案馆藏,档号I14-001-0566-084。

④ 江苏第二次省地方物品展览会:《函请派员来省领取物品展览会奖凭奖章由》,1922年3月10日,苏州市档案馆藏,档号I14-001-0565-074。

⑤ 天津市档案馆等编:《天津商会档案汇编(1912—1928)》第3分册,天津人民出版社1992年版,第3064页。

当日,实业厅厅长严智怡阐述了手工业在中国的地位,认为“在我们中国这手工品可是很占势力”,但是中国传统的工业制造技术落后,必须培养人们的制造知识,加强实业教育,展览会“亦是实业教育的一种,亦是工商家谋改良的机会”。[①] 此次手工业品展览会,在陈列布置上具有非常鲜明的特色,即将手工业品的制造程序由原料开始一步一步陈列出来,以供观览者学习借鉴。[②] 这样的陈列布置具有很强的目的性,完全是为了参观者学习。

此后,因手工展览会设备完善,“且不限于本省本国,英法日三国皆有物品陈列,故名工业观摩会”[③]。1921 年 11 月 10 日举行直隶省第一次工业观摩会,各商家积极参展,开会当日共展出农产制造、食品、织染、建筑及土木工程、交通、手工制造、图画、机械、矿学、化学、电学、学校制造等展品共 7000 余件。[④] 此后有展品继续送达,12 月展品达到 17581 件。[⑤] 第二次工业观摩会于 1922 年 4 月 8 日举行,由实业厅通令各县征集陈列品,并组织了 12 类征集队。[⑥] 4 月 30 日,观摩会闭幕,共展出 12633 件展品,其中农产制造类 614 件,食品类 1233 件,新工艺品类 802 件,巴拿马赛会得奖品类 532 件,织染类 1768 件,建筑及土木工程类 340 件,各县名产类 322 件,化学类 1676 件,手工制造类 3720 件,电学类 86 件,图书类 651 件,统计类 546 件,机械类 118 件,矿学类 177 件,交通类 48 件。上述展品绝大部分为手工制品,如食品类、新工艺品类、织染类、手工制造类等。[⑦] 由此看来,工业观摩会实际上仍是以手工品展览为主。工业观摩会汇集各项制造品于一处,供观览者参观学习,同时也使制造者互相比较,精益求精,有利于手工制造业的发展。

---

① 《手工展览之开会》,《大公报》1919 年 10 月 26 日。
② 《展览会之特色》,《大公报》1919 年 10 月 30 日。
③ 《工业观摩会成绩》,《大公报》1922 年 5 月 1 日。
④ 《工业观摩会昨讯》,《大公报》1921 年 11 月 12 日。
⑤ 《工业观摩会出品》,《大公报》1921 年 12 月 8 日。
⑥ 《工业观摩之进行》,《大公报》1922 年 3 月 17 日。
⑦ 《工业观摩会成绩》,《大公报》1922 年 5 月 1 日。

第二节 南京国民政府的手工业发展举措

以1930年全国工商会议的召开为标志,南京国民政府对手工业重要性的认识得到进一步提升。此后,南京国民政府进一步延续和深化了北京政府的手工业振兴举措。但是当历史进入20世纪20年代末30年代初时,涌现出不同于以往的鲜明时代色彩。这不仅表现在现代工业的发展以及现代工业技术应用的泛化,表现在经济民族主义的浪潮涌动,还表现在世界经济大危机所带来的深刻影响。因此,南京国民政府时期的振兴手工业举措也体现出了较强的时代性。具体而言,不仅表现在以现代技术推进手工业转型的主要目标,也体现在国货运动狂飙和经济大危机下对手工业的保护和控制。

一、全国工商会议对复兴和发展手工业的呼吁

1930年11月1日至8日,南京国民政府工商部为规划工商行政,促进工商业发展,发展对外贸易,在南京举行全国工商会议,中央各机关代表、各省市代表、工商界领袖、经济专家以及海外侨胞等220余人参会,参会人员既有政界人士,也有工商界翘楚,充分体现了工商部所寄予的"官商合作"的精神。这次会议的召开,时值世界经济危机,如何救济和发展包括手工业在内的工商业,是大会关注的核心问题。围绕发展工商业,参会代表共提出420余件提案,其中相当一部分涉及对手工业的认识和政策主张。

对于工业化进程中手工业的存在价值与意义,参会代表们均有十分清楚的认识。周钟歧认为发展新式工业固为当务之急,但"维持民间固有的家庭手工业,以免大多数人民之失业,在今日尤不能不兼顾及之"。他指出手工业在补充农民家庭收入方面具有重要作用,"关系农民生活、社会安宁者极大"。[1] 潮梅国货工商业联合会认为,手工业"为平民养活生命唯一的出路"。手工业的兴衰影响社会稳定,"治安与手工业有密切之关系",应当从速开发

---

① 实业部总务司、商业司编:《全国工商会议汇编》,实业部总务司编辑科,1931年,第二编,第388页。

手工业生产,以救济平民,实现地方安宁。手工业在日本“视为非常重要”,采取贷款免息、提高工价、公开教授种种良法等措施,因此日本“全国野无闲夫,家无坐食,无论妇女小子均孜孜于工艺”,“国富民强”,“故手工业为补助机器工业之良伴,不可忽视也”。[①] 工商部工商访问局认为,铅笔、石笔、石板、油墨、玻璃瓶罐、料器、马口铁器等手工业,“或为教育文化所必需,或为家庭日用所必备,一物之费虽微,全国之漏卮实大”[②]。

基于对手工业重要性的认识,保护、救济和发展手工业成为会议的主流议题。围绕这一议题,参会代表们从各个方面提出了许多针对性的建议和主张。

第一,主张实行手工业品减免税政策,减轻流通成本。

有提案主张免除手工业品出口税。潮梅国货工商业联合会提出“豁免手工业税则案”,呈请各部院分别调查全国手工业出品,按照各地情形,分别减免出口税或原料税,提高手工业地位,奖励生产,设所贷款,普利贫民。[③] 关于国货出口,王介安主张应当予以免出口税,同时加重洋货进口税。[④] 虞洽卿、王晓籁、方椒伯等人也主张实行关税保护政策,免除国货出口税,撤销洋货免税及返税办法。[⑤] 对于原料税,钱冀振提议豁免丝茧税,以救济丝业。丝茶为中国国外贸易大宗商品,但欧美丝市一蹶不振,苏浙沪丝厂同业组织救济丝业专门委员会,请求拨款救济,并发行丝业公债。他认为这种救济系暂时性的,永久救济办法在于援照华茶免税成例,豁免丝茧税,减轻华丝成本,俾得

---

① 实业部总务司、商业司编:《全国工商会议汇编》,实业部总务司编辑科,1931年,第二编,第251页。

② 实业部总务司、商业司编:《全国工商会议汇编》,实业部总务司编辑科,1931年,第二编,第318页。

③ 实业部总务司、商业司编:《全国工商会议汇编》,实业部总务司编辑科,1931年,第二编,第251页。

④ 实业部总务司、商业司编:《全国工商会议汇编》,实业部总务司编辑科,1931年,第二编,第240页。

⑤ 实业部总务司、商业司编:《全国工商会议汇编》,实业部总务司编辑科,1931年,第二编,第238页。

与日丝竞争。[①] 关于手工业品流通税,中华国货维持会王介安提出为维持贫民生计,手工物品应一律免除货物税。[②] 他以瓷业捐税为例,说明了瓷器在流通环节的繁重税负。江西瓷器运往上海销售,需在产地完纳江西全省瓷类特税,后经过安徽省即须完纳安徽全省瓷器统捐,及华阳、安庆、大通三卡照票费,芜湖常关税,至江苏省则必须再缴江宁瓷器统捐,及大胜关、泗源沟、象山、荷花池四卡照票费,吴淞常关税,淞沪货物税,转运他省又须重纳出口常关税与出口货物税,局卡林立,名目繁多。因此,他提出应按照裁厘会议议决案,实行"一物一税"制,在出产地一次征收,分运国内不再重征任何捐税。[③] 而据天津总商会调查,景德镇瓷器运至天津,须在景德镇缴纳特税,在九江关缴纳出口税,在九江特别市缴纳市政捐,在天津海关缴纳入口税,在天津常关缴纳出口税,在河北厘捐局缴纳厘捐,合计每百斤纳税 1 元 6 角 5 分、纳捐 3 元 9 角。要求予以减免。[④] 手工业品流通税之繁重由此可见一斑。经济危机下,丝织业的衰落比较突出,全盛时期杭州丝织业工人达 10 万人以上,至 1930 年仅剩 1/4。王延松、王晓籁等人认为衰败原因,一在于原料昂贵,二在于税捐繁重,而原料昂贵又归源于税捐繁重。因此,他们主张按照"一物一税"的原则,征收丝织品捐税时扣除已完纳丝茧两税,并且参照洋式棉布纳税办法,丝织品在输出第一关征收正税、附税一道,嗣后通行全国,不再重征。[⑤]

洋式货物税收问题也受到参会代表关注。上海机制国货工厂联合会认为,"逢关纳税,遇卡纳捐,欲求工商业之发展,无异南辕北辙",提出洋式货物应免纳一切税厘,发还原料税,以使"任何出品不限于一地方一工厂,可以随

① 实业部总务司、商业司编:《全国工商会议汇编》,实业部总务司编辑科,1931 年,第二编,第 243—244 页。

② 实业部总务司、商业司编:《全国工商会议汇编》,实业部总务司编辑科,1931 年,第二编,第 234 页。

③ 实业部总务司、商业司编:《全国工商会议汇编》,实业部总务司编辑科,1931 年,第二编,第 238 页。

④ 实业部总务司、商业司编:《全国工商会议汇编》,实业部总务司编辑科,1931 年,第二编,第 274—275 页。

⑤ 实业部总务司、商业司编:《全国工商会议汇编》,实业部总务司编辑科,1931 年,第二编,第 289—290 页。

地制造,随时流通”。①

第二,为手工业生产提供金融支持。

手工业者的固定资产往往占据了其资本的大部分,致使流动资金缺乏。资金缺乏是手工业生产中较为普遍的问题。这也引起了与会者的关注。云南建设厅提出对平民及小工商业者进行金融救济,认为中国民间借贷息率最高,“月利百分之二十三十已成惯例,甚有至百分之百以上者”,虽然民法规定年利超过20%,债权人不得要求债务人履行,但一般平民“仍不能不饮鸩以止渴”,“此盘剥于平民生计及小工商业之发展备受打击”。主张通令各省督令县市乡镇筹设平民贷款处,借款平民只需有两人以上证明其确系小本营生,无须抵押即可放款,如有亏损,借款人可不用赔偿。② 任大任提出,接济小工业流动资本金是国家应尽义务,应该学习日本“劝业银行、农工银行遍设全国,几至一乡一镇皆有代理”,由政府专设或奖励人民自设低利率之工业借贷,“则于发展各地小工业之作用收效必大也”。③ 工商部汉口商品检验局局长吴健提出,由国货银行试办信用贷款,使手工业者可以获取资金购买原料。④ 王延松、王晓籁等人关于救济棉织业的提案指出,国货银行在性质上与私立商业银行不同,应在相当范围内扶助实业,不能纯以盈利为目的,应该训令该行与棉织业商订贷款条件,降低利息,延长贷款期限。⑤ 河南省建设厅提出筹设工业银行,并酌设分行,“营业贷款确以用于工业者为限,不准政府丝毫挪移”,“对于特殊有关国际贸易及手工业尤当尽力借贷,实行培养”。⑥ 工

① 实业部总务司、商业司编:《全国工商会议汇编》,实业部总务司编辑科,1931年,第二编,第249页。

② 实业部总务司、商业司编:《全国工商会议汇编》,实业部总务司编辑科,1931年,第二编,第56页。

③ 实业部总务司、商业司编:《全国工商会议汇编》,实业部总务司编辑科,1931年,第二编,第64页。

④ 实业部总务司、商业司编:《全国工商会议汇编》,实业部总务司编辑科,1931年,第二编,第222页。

⑤ 实业部总务司、商业司编:《全国工商会议汇编》,实业部总务司编辑科,1931年,第二编,第289页。

⑥ 实业部总务司、商业司编:《全国工商会议汇编》,实业部总务司编辑科,1931年,第二编,第261页。

商部工商访问局主张,对于手工业“或给以一时之补助费,或指拨特种基金,以为奖励此项工业之用”①。

第三,提倡国货,维护手工业品市场。

近代中国国货运动此起彼伏,提倡国货在工商业发展中的作用在时人看来关系至要,“提倡国货为今日救穷唯一途径”。关于提倡国货,南京国民政府从裁撤厘金、修订关税、奖励仿造、检验商品、调查土产以及设立国货陈列馆等方面展开。除此之外,钟伟成认为:国货销售外洋需组织成立集中机关,加强产品宣传,直接销售海外,免除洋行之剥削;设立中央试验所,致力于产品改良;商请国有铁路将国货工业品运费给予特价,以减轻成本。② 还有代表从提倡国货消费入手,提出了一些建议。余觉之指出近年来提倡国货“高唱入云”,但城市中“能脱绝洋化者曾有几人,而尤以上级社会为甚”,应该由高级军政长官及缙绅士大夫努力倡导,以“上行下效”,“倘有阳奉阴违者,则予以相当之裁制”。③ 上海市社会局提出:使用国货应从机关、学校着手,各机关职员公役、各学校员生一律服用国货制服,由主管长官随时考查;各机关日常用品及消耗品除无国货替代品外,一律不得购用外货。④ 手工业品作为国货的重要组成部分,提倡国货无疑对维护手工业品市场,进而推动手工业发展具有积极意义。

第四,改进手工业生产技术。

工商部提出应用科学方法改进手工业。主张在各类手工业繁盛之地由政府会同业界设立训练处,对手工业者进行技术指导,为其进行产品设计,并提供模范品参考仿制。同时指导手工业参用和推广使用机器制造,由“旧有

① 实业部总务司、商业司编:《全国工商会议汇编》,实业部总务司编辑科,1931年,第二编,第318页。

② 实业部总务司、商业司编:《全国工商会议汇编》,实业部总务司编辑科,1931年,第二编,第309页。

③ 实业部总务司、商业司编:《全国工商会议汇编》,实业部总务司编辑科,1931年,第二编,第69页。

④ 实业部总务司、商业司编:《全国工商会议汇编》,实业部总务司编辑科,1931年,第二编,第355页。

手工业”改办为“小规模新式工业”。[①] 广东省建设厅厅长邓彦华主张，由实业部设立技术研究所专司人民发明制造，对民间发明或仿制的工具、农具及其他用品，如确有研究价值，给予经济上补助和技术上指导，以推动工艺进步。[②] 河南省建设厅提出，各省设立工业试验所，萃集技术人才，试验新技术、新工艺，改良生产方法。[③] 储小石、黄怀英认为，手工业生产缺少专门人才，政府应当成立手工艺指导机关，对“农民副业工艺”“特产工艺”“时代工艺”给予技术指导与传授。[④] 谭伯羽提出中国瓷器工业亟应提倡科学化、机器化。他指出中国瓷器工业的衰落较丝茶更甚，成品质量远逊于前。造成这一局面的原因是“手工不良，式样不精致”，进而“销路日狭，而舶来品日甚一日”。因此，应加强对瓷器业的指导，注重产品改良。[⑤] 浙江省政府也认为改进陶瓷工业，应设立新式陶瓷工厂，从事改良陶瓷制造，并从严取缔旧式工厂。[⑥] 工商部汉口商品检验局局长吴健在分析华茶出口衰落时，指出外茶皆用机器焙制，而华茶自采摘至装箱无一不赖人工，“手拣足践极不卫生”。因此他主张对茶业进行技术上的改造，采用新式机器焙制茶叶茶砖，“于浙江、福建、安徽、江西、湖南、湖北各省产茶最盛之区……借政府之力官商合资或官督商办，联合各大茶商组织资力雄厚之制茶厂……采用外国最新制茶机器，聘用专门技师，以科学的方法焙制茶叶茶砖”。[⑦] 面对华茶的衰落，云南省建设厅也主张采用新式制茶技术，在各省设立制茶工厂，购办机械，聘用专门技师焙

① 实业部总务司、商业司编：《全国工商会议汇编》，实业部总务司编辑科，1931 年，第二编，第 390 页。

② 实业部总务司、商业司编：《全国工商会议汇编》，实业部总务司编辑科，1931 年，第二编，第 316—317 页。

③ 实业部总务司、商业司编：《全国工商会议汇编》，实业部总务司编辑科，1931 年，第二编，第 398 页。

④ 实业部总务司、商业司编：《全国工商会议汇编》，实业部总务司编辑科，1931 年，第二编，第 422 页。

⑤ 实业部总务司、商业司编：《全国工商会议汇编》，实业部总务司编辑科，1931 年，第二编，第 312 页。

⑥ 实业部总务司、商业司编：《全国工商会议汇编》，实业部总务司编辑科，1931 年，第二编，第 357 页。

⑦ 实业部总务司、商业司编：《全国工商会议汇编》，实业部总务司编辑科，1931 年，第二编，第 317 页。

制,或代茶户焙制,酌收手续费,一律取缔土法制茶。① 造纸术为我国发明,但造纸工业发展缓慢,“制法之不事改良,成品之不合实用”,“均系手工制造”。因此,浙江省政府提出应由政府或民间筹设新式造纸厂,如系民营,可由政府提供技术、人才、经费等方面的辅导和支持。而对于土法造纸,由政府给予技术与经济之扶助,责令改良。同时在大学内设造纸专科,发展造纸中等职业教育,培养造纸人才。②

还有代表建议发展电力,以改进手工业生产动力。周钟歧认为蒸汽力代替人工推动了工业进化,但也产生了种种社会弊端,“凭借蒸汽力的工业囿于狭小地面”,过于集中,而电力可以长途输送,使工业散布于乡间,“破除蒸汽机力之集中恶性”。他提出应当趁我国“受工业集中之弊幸未甚深,固有之家庭手工业仍足保全其地位”,大力提倡“电力化之工业制度”。③ 在他看来,发展电力有三大使命,其中之一便是“限制资本集中,保存手工艺的地位,给予工人保障,免受工业制度之压迫”。新式工业所需原动力机器设备价值昂贵,非小手工业及中等工业所能承担,如若向资本雄厚的同业筹措资金,难免被吞并,或受其操纵。而电力价格低廉,小手工业可以使用电力运转新式机械工具,提高效率,“于大工厂竞存并立于世,毋须受资本之困束、昂贵原动力机械之累”,能“享受机械之利益”。如此,“中小工业及手工艺皆得保全其地位”。④

除了上述主张,还有代表提出了一些其他的解决之道。有代表提出搜集各地方各类优良手工业品,于3年或5年举办一次展览会,分门别类陈列,使

---

① 实业部总务司、商业司编:《全国工商会议汇编》,实业部总务司编辑科,1931年,第二编,第350页。

② 实业部总务司、商业司编:《全国工商会议汇编》,实业部总务司编辑科,1931年,第二编,第359—360页。

③ 实业部总务司、商业司编:《全国工商会议汇编》,实业部总务司编辑科,1931年,第二编,第77页。

④ 实业部总务司、商业司编:《全国工商会议汇编》,实业部总务司编辑科,1931年,第二编,第79—80页。

手工业日趋更新。[①] 工商部提出应奖励新颖手工业品或特别发明，奖励之方法“或用褒状，或许专利，或予徽章，或给奖金均可”[②]。一些与会者还主张加强手工业者的合作，同业数家或十几家组合起来，统一生产与销售，以减轻成本，增进产品改良。[③] 对于手工业的衰落，周钟歧认为新式机器工业对家庭手工业的发展造成了竞争，因此他主张在改善手工业生产工具及制造方法的同时，应重点设法限制与家庭手工业竞争的机器工业发展，以便保住家庭手工业的地位。[④]

全国工商会议关于手工业的议案，代表了 20 世纪 30 年代政商学界对手工业的新认识。对于手工业在国计民生中不可或缺的地位，特别是经济危机、农村破产情境下手工业的困境以及发展手工业的重要性进行了较为理性的探讨，关于手工业发展所面临的市场环境问题和自身所存在的行业短板，也有比较到位的认识。会议结束时通过的会议宣言指出我国手工业日渐衰退，“欲图挽救，自应利用科学方法，改进技术，增加生产，此本会议所兢兢致意者”[⑤]。加快手工业的技术改造和升级，推动手工行业的现代化，是此次会议较民初临时工商会议在发展手工业方面最能体现时代特色的地方。

二、南京国民政府复兴和发展手工业的举措

在全国工商会议召开前后，特别是在综合考虑吸收全国工商会议议决案的基础上，南京国民政府采取了诸多复兴、救济和发展手工业的措施，不仅为手工业发展提供了政策支撑，还改善了手工业发展的市场环境，也为手工业

---

① 实业部总务司、商业司编：《全国工商会议汇编》，实业部总务司编辑科，1931 年，第二编，第 390 页。

② 实业部总务司、商业司编：《全国工商会议汇编》，实业部总务司编辑科，1931 年，第二编，第 390 页。

③ 实业部总务司、商业司编：《全国工商会议汇编》，实业部总务司编辑科，1931 年，第二编，第 390 页。

④ 实业部总务司、商业司编：《全国工商会议汇编》，实业部总务司编辑科，1931 年，第二编，第 388 页。

⑤ 实业部总务司、商业司编：《全国工商会议汇编》，实业部总务司编辑科，1931 年，第四编，第 24 页。

自身各种短板的解决提供了支持。

第一,多措并举,推动手工行业制造技术进步。

为复兴国民经济,南京国民政府有关人士对发展手工业的重要性认识清楚。工商部部长孔祥熙认为工业发展是"世界潮流所趋",工业的地位愈发重要,但是"现在我国经济困难,没有力量举办大工业",应当效法日本,发展"轻而易举的农村工业"。在他看来,发展农村工业具有其优越性,"农民在农事空暇的时候,一般工厂都派人分给他们工做,一方面为他们找些副业,一方面可以把成本低廉的货品,供应市场"。[①] 这里他所讲的农村工业即是手工业。至于如何发展手工业,他指出,"中国工商业落后,是因为我们不知道利用科学,故步自封。现在我们要振兴工商业,最要紧的工作,就在于提倡应用科学方法改良国内旧有的工业及手工业"[②]。为此,南京国民政府采取了多项措施,以推动手工业技术的改良。

首先,颁布法律法规,奖励手工艺发明与创造。

1928 年 6 月,南京国民政府颁布了《奖励工业品条例》,对工业发明或改良给予专利保护和褒奖,规定:"凡关于工业上之物品及制造方法,首先发明或特别改良者",由工商部考验合格给予 3 年、5 年、10 年、15 年专利,由国民政府备案并饬令各省一体保护;"凡擅长特别技能,制品优良,或应用外国成法制造物品著有成绩者",经工商部审查合格后给予褒奖。[③] 地方政府也颁布了奖励工业品条例。如 1929 年 3 月河北省政府颁布了《河北省奖励地方工业品条例》,对"纯粹手工制品能臻精美者"给予奖励。[④] 1929 年 7 月国民政府又公布了《特种工业奖励法》,对"应用机械或改良手工制造洋货之代用品者"进行奖励,奖励方法包括:准予在一定区域内的专制权,至多以 5 年为限;

① 孔祥熙:《自力更生与经济复兴》,见刘振东编《孔庸之先生演讲集》下册,台湾文海出版社 1972 年版,第 451、453 页。

② 孔祥熙:《西湖博览会闭幕后工商界应该努力的几件事》,《工商半月刊》第 1 卷第 20 号,1929 年 10 月。

③ 王尹孚编:《国民政府颁行法令大全》下,上海法学编译社 1929 年版,第 569 页。

④ 天津市档案馆等编:《天津商会档案汇编(1928—1937)》下册,天津人民出版社 1996 年版,第 1360 页。

准减若干年国营交通事业运输费，至多以 5 年为限；减免若干年材料税、出品税。[①] 这一法律于 1930 年 2 月《奖励工业审查委员会规程》和《奖励特种工业审查暂行标准》公布后开始实施。同时，1928 年颁布的《奖励工业品条例》随即于 1930 年 4 月废止。1934 年 4 月实业部制定了《工业奖励法》，对"中华民国人民所办工业"，"应用机器或改良手工制造货物，在国内外市场有国际竞争者"给予减免出口税及原料税、奖金或准在一定区域内 5 年以下专制权等奖励。同时规定"凡参有外资之工业，不得受本法之奖励"。[②]《工业奖励法》颁布后，《特种工业奖励法》同时废止。

此外，南京国民政府还专门针对手工业出台了奖励法规。1931 年 5 月实业部公布《小工业及手工艺奖励规则》及《给奖细则》，实业部给各省的咨文称"我国工业尚在幼稚时期，举凡民国所经营之公司工厂，大都以小工业及手工艺之制品最为普遍，其中应用外国成法或改良固有工业制造精巧者，不在少数，亟应设法奖励，以资劝导"。奖励规则规定，对平日使用工人在 30 人以下的小工业及手工艺给予奖励，但须属于"对于各种制造品有特别改良者""应用外国成法制造物品确属精巧者""擅长特别技能制品优良者"。奖励内容分为奖金、奖章、褒状、匾额。同时禁止冒充和诈伪，一经发现，撤销其奖励。[③] 这些鼓励手工业发展的政策的出台，无疑在某种程度上有利于手工业的发展，特别是有利于小商人、小手工业者从事手工业生产。实际情况确实如此，《小工业及手工艺奖励规则》颁布后，"各省市依照该法则呈请奖励者甚多，就中成绩优良经核准发给褒章褒状匾额等奖励者，计有哈尔滨华北油漆厂、上海联华影片公司、天津隆记工厂、山西樊字华铜工厂、山东瑞兴和工厂、湖北叶正兴蚊香厂、汕头曹裕兴爱国纸伞厂等 30 余起"[④]。

其次，开展工业试验，改进手工业生产技术。

---

① 《特种工业奖励法》，见立法院秘书处编《立法专刊》第 2 辑，民智书局 1930 年版，"法律案"，第 43 页。

② 天津市档案馆等编：《天津商会档案汇编（1928—1937）》下册，天津人民出版社 1996 年版，第 1366—1368 页。

③ 《奖励小手工业》，《大公报》1931 年 6 月 7 日。

④ 秦孝仪：《革命文献》第 75 辑，台湾"中央文物供应社"，1978 年，第 137 页。

为开展工业试验,改良工业生产技术,北京政府时期即颁布了工业试验所章程,成立了中央及地方工业试验所,但其试验条件及所取得的成效远不及南京国民政府时期。南京国民政府工商部认为“振兴工业为富国之基,而工业之兴必胚胎于学术。欲工业之发达,求学术之应用,无不以试验为唯一要途”①。1928 年 10 月,工商部部长孔祥熙呈请设立全国性的工业试验机构,以工业试验推动科学方法在工业生产中的应用,加快工业改良,得到国民政府批准。经过扎实的筹备,1930 年 7 月工商部中央工业试验所正式成立。1930 年 12 月,工商、农矿两部合并为实业部后,中央工业试验所改归实业部管辖。作为“改进中国工业技术之领导机关”,中央工业试验所发挥了“工厂工业的顾问工程师,手工业的指导者”的作用,对推动手工业生产技术改良与革新具有积极意义。②

全民族抗战前,该所设有化学组和机械组,化学组下设分析、酿造、纤维、窑业四个试验室,机械组设有机械工厂,内设木工、锻造、机工等室。中央工业试验所的主要业务是进行工业技术试验,并为工商界提供检验及技术咨询服务。工业技术试验方面,该所主要集中于酿造技术的试验与研究、植物油提取法研究、燃料研究、窑瓷研究、化学分析、材料试验、动力实验、电气试验等方面。③ 在进行技术研究的同时,该所十分重视有关技术的推广、宣传以及工商信息的分享,遂于 1932 年创办《工业中心》杂志,“联合工商官厅三方面,使大家有互相了解的机会,共同推进全国的工业”④。

该所从事的工业试验与研究工作,如酿造试验、造纸试验、陶瓷试验等项目与手工业密切相关。1934 年中央工业试验所成立造纸试验室,进行纤维工业的研究与试验。该所先派员分赴皖、闽、浙、赣等纸张产地调查研究,进行各种纤维原料的分析与试验。通过研究旧式制纸的缺点,协助各造纸手工作

① 经济部中央工业试验所编:《中央工业试验所筹备之经过》,1930 年,第 1 页。
② 顾毓瑔:《十年来之中央工业试验所》,《工业中心》第 10 卷第 1—2 期,1942 年 2 月。
③ 王卫星、董为民:《南京百年城市史(1912—2012)·科技卷》,南京出版社 2014 年版,第 155—158 页。
④ 《编辑者言》,《工业中心》第 1 卷第 2 期,1932 年 9 月。

坊和机器纸厂解决各项技术问题。[①] 陶瓷试验由窑业试验室负责,聘请美国麻省理工学院陶瓷工程专业博士赖其芳为主任,以"改良中国窑业""研究新颖艺术""试制特种瓷器"为目标。该试验室拥有各类新式设备,除代为检验窑业原料和产品外,初期业务主要是征集各地陶瓷原料,进行物理和化学实验,以确定坯釉配合比例,并检定何处瓷土最宜制瓷且最经济。窑业试验室改为窑业研究所后,业务范围逐渐扩大,不仅进行原料试验,还开展窑炉及烧成试验、电气用瓷器制造试验、化学用瓷器制造试验、红砖变色问题研究、瓷器颜色釉制造试验、化学玻璃检定试验、煤灰熔点试验等,取得了一定成绩。原料改良是陶瓷工业改进的关键,该所将陶瓷原料用现代方法进行粉碎、磨细、配合,供应给陶瓷工业,使手工业可使用原有的工艺生产各种制品,对陶瓷手工业的改良有很大帮助。[②]

酿造试验涉及发酵菌的研究、酱油酿造研究、酒精制造研究、酒醋及腐乳的研制以及酵母、乳酸等的试验。酒醋试验方面,该所对绍酒与高粱酒酿造法进行了改良试验。绍酒的酿造向来全凭祖传方法与经验,"酿酒司务代相传授,不谋改良"。该所在调查与试验基础上,整理出了绍兴酒酿造之调查与绍兴酒酿造法等报告。鉴于高粱酒酿造方法概用大曲固体密封发酵,导致产量甚低,该所运用改良曲对酿造方法进行了改善。新酿造方法出酒量增加36.7%。在醋的酿造方面,该所研制出了液态发酵法。[③] 不过,整体上看,酱油酿造研究成绩最为突出。中央工业试验所之所以重视酱油酿造技术试验与改良,一方面是因为酱油乃生活必需品,市场广阔,"无论城市乡镇,皆有酱园,制造酿造品,供给食用,全国每年酿造品产值不下二万万元";另一方面则因为中国酿造技术"均墨守成规,千百年来,毫无改善,故产量品质实际上不能尽如人意"。[④] 该所不仅进行了发酵菌的试验,还针对我国旧法酿造酱油发

① 王俊明:《民国时期的中央工业试验所》,《中国科技史料》2003年第3期。

② 邢鹏:《中国近现代陶瓷教育史》,江西高校出版社2017年版,第192、195、198页。

③ 金培松:《十年来之酿造试验与研究》,《经济部中央工业试验所研究专报》第115号,1941年10月15日。

④ 顾毓瑔:《一年半以来之中央工业试验所》,实业部中央工业试验所,1936年,第7页。

酵时间长的缺陷,进行了速酿法试验。为降低成本,该所进行了廉价原料酿造酱油的研究,多次尝试以豆饼代替大豆,以米糠、麸皮、高粱等代替小麦。在当时,酿造业中酱色的应用已相当普遍,但全为舶来品。鉴于此,中央工业试验所最早开始研究酱色制造,“非在提倡酱油之加色,而在指导酱园自制酱色,以防止敌货酱色之巨量侵入”。该所于 1930 年、1934 年、1937 年前后三次进行了 200 多次试验,终告成功,使我国酱色实现自产,“舶来酱色已见绝迹”。除进行酿造技术研究外,该所十分注重新技术的推广,一是推广酱油种曲,二是招收酿造实习生。推广酱油种曲方面,1930 年该所成立第一年即为江苏、上海、南京等地酱园提供了 400 包种曲,1936 年为全国 13 个省,上海、南京、北平三市及香港,菲律宾等地提供了 4100 包种曲。据统计,1930 年至 1937 年该所对外推广种曲 15860 包。酿造实习生方面,1930 年至 1940 年该所共招收 172 名,其中以江苏、江西、北平、浙江为最多。这些实习生来自各地旧式酱园,90 家旧式酱园的生产得以改进。该所还为酱园提供检验服务,1930 年至 1940 年为 84 家酱园检验了 216 件样品。[①] 该所认为新式酱油酿造法产生的经济效益远较旧法显著,经计算,若使用该所方法酿造酱油,以 1000 元的流动资本不断循环,一年可盈余 1430 元,而以旧法则仅盈余 490 元,两者相差甚大。[②]

在设立中央工业试验所的同时,工商部通令各省设立了地方工业试验所。从各省设立工业试验所的情况来看,地方政府对于此举的重要性和意义较为清楚。江西省建设厅厅长龚学遂在谈到设立江西省工业试验所时,指出欲挽救和振兴工业,“须自研究改良入手,夫手工与机械,其效率霄壤也,原始之制造法与最新实验发明之原理,其优劣霄壤也。今欲从手工业进而为机械,以增加其效率,从原始制法进而为最新制法,以改良其品质,自非特设机关,详加研究,作为将来发展生产之基础不可”,因此设立工业试验所“以试验

① 金培松:《十年来之酿造试验与研究》,《经济部中央工业试验所研究专报》第 115 号,1941 年 10 月 15 日。

② 实业部中央工业试验所编:《酿造研究》,商务印书馆 1937 年版,第 140 页。

所得,公诸社会,俾各企业家有所借鉴”,以振兴国货。[①] 从各省试验所的运作来看,其主要业务是为政府及工商业提供检验服务,并自行开展技术试验,调查本地区工业生产及存在问题,提出对策与建议。在各省设立的工业试验所中,以河北、山东、上海等地成绩较著。

河北省工业试验所前身为1911年春成立的直隶工业试验所,1913年该所设有矿业、分析、化学工业、窑业、染织五科。1924年后,停办。1928年改组为河北省工业试验所,设分析、化学工业、窑业三科,1931年添设机械科。该所为社会各业提供有偿检验服务,1930年7月至1932年6月,该所分析科受理请验物品91件。1930年12月至1932年6月,化学工业科受理物品198件,窑业科受理40件。[②] 山东省立工业试验所成立于1919年,1926年以后所务废弛。1929年11月省工商厅改组工业实验所,改组后的工业实验所分为工程、分析两科,1930年秋扩充染织部,添购染色整理机械。实验所面向社会开展化学分析和有关检验等有偿技术服务,各部工作“尚有相当成绩,试验收入,逐年均有加增”[③]。1931年1月至1934年12月分析科对421件物品进行了品质鉴定,绝大部分为煤炭、窑土、矿石等。工程科自1931年3月至1934年11月为各工厂、机构进行了333次染织物品试验,其中属于济南的染织工厂、机构进行的试验达325次,占总数的97.6%。试验所还为各工厂的条格布、自由布、手巾布、漂布、蓝布、爱国布、斜纹布等大批量地进行喷浆轧光、干燥拉宽。[④] 上海市社会局工业物品试验所成立于1929年6月,1930年度经费1.5万元。该所既接受社会的委托试验与研究,也开展自行试验与研究,同时承担政府的试验任务。为社会提供研究服务,需要收取1元至15元不等的手续费。试验门类涉及燃料、工业用水、油脂、纸料、纺织品、五金、化妆品等11类。[⑤]

---

① 江西工业试验所编:《江西工业试验所工作报告(第一期)》,1934年,序一,第1页。

② 河北省工业试验所编:《河北省工业试验所第三四次报告书》,1932年,“分析课报告”,第1—8页;“化学工业课报告”,第1—15页;“窑业课报告”,第1—4页。

③ 《山东最近之建设事业(续)》,《工商新闻》第12期,1934年7月2日。

④ 山东工业试验所编:《山东工业试验所第二次工作报告书》,1935年,“工程科报告”,第1—22页。

⑤ 上海市社会局工业物品试验所编:《上海市社会局工业物品试验所特刊》,1931年,“章则”,第5页。

与河北省、山东省、上海市工业试验所不同,江西省工业试验所免费为工商企业提供化验服务。1931 年 9 月至 1933 年 11 月,该所开展了 35 项社会请托检验。此外,1931 年 7 月至 1933 年 7 月,该所自行进行了 68 次工业品试验。该所还接受省建设厅的试验任务。如省建设厅交付试验所蔺草、席草样品,要求该所加染为淡黄色。该所经多次试验,成功总结出了加染方法。该所还奉令进行了草席印花试验,总结出了草席印花及漂白的科学方法。[①]

对于试验成功的新技术,各工业试验所积极宣传,以收社会实效。1930 年 12 月 2 日山东省工业试验所染织部出品数十种粘贴标本 120 本分发各县平民工厂,以作为参考而资提倡。[②] 该所还整理出了《染织实验报告》《检查织物之强深度报告》《棉布整理试验报告》《洋灰之试制》《窑业部瓷器之试验报告》等系列研究成果并出版发行,以推广宣传。[③] 上海市社会局工业物品试验所编辑了《煤样分析报告》《织物试验结果报告》《食米试验结果报告》等。[④] 河北省工业试验所组织撰写了《筑窑报告》《瓷瓦釉药试验报告》《湖色珐琅试验报告》《皮毛之施鞣及染色试验》《改良迁安桑皮纸制法试验报告》《草帽辫漂白试验报告》《造纸试验报告》等 57 份试验报告。[⑤] 这些报告,内容详实,涵盖了试验方法、试验程序、试验结果分析等内容,并对生产者提出建议,对改进手工业生产工艺发挥了重要指导作用。

第二,继续实施税收优惠政策。

南京国民政府继续在税收上对手工业发展采取扶持政策,减免了土布、洋式手工业品以及花边、草帽、发网等出口手工业品的货物通过税及营业税。

关于土布税项的减免,1928 年 6 月行政院内政部会同工商部,"提议行销内地之手工土布交财政部审核免税或减征",国民政府第 66 次委员会议议决

---

① 江西工业试验所编:《江西工业试验所工作报告(第一期)》,1934 年,"试验",第 1—19 页。

② 山东工业试验所编:《山东工业试验所第二次工作报告书》,1935 年,"纪事",第 3 页。

③ 山东工业试验所编:《山东工业试验所第二次工作报告书》,1935 年,"工程科报告",第 23—76 页。

④ 上海市社会局工业物品试验所编:《上海市社会局工业物品试验所特刊》,1931 年,"报告",第 1—15 页。

⑤ 有关内容详见《河北省工业试验所第一次报告书》《河北省工业试验所第二次报告书》《河北省工业试验所第三四次报告书》《河北省工业试验所第五六次报告书》。

“手工土布完全免税”。[①] 财政部于6月23日发布命令，“凡属行销内地之手工土布所有应征之五十里内外常关税及其附征之内地税并其他内地征收之税厘自奉令之日起一律免征”[②]。这样，不仅免除了土布50里内常关税和内地税厘，还免除了50里外常关税，并且没有设定免税期限。这是较北洋政府进步之处。

但财政部颁布的《土布免税标准六则》中的“土布标准按照民七成案办理”[③]，与1918年的六则土布免税标准完全相同，并没有体现出手工织布业的发展进步，明显具有滞后性。1932年汉口国货匹头同业公会“以现代手工业为适合社会需要，技术上已有相当改进，与前定标准颇有抵触之处”，提出土布免征新标准五条：第一，须以人力，用手投梭机、手拉梭机或脚踏机所织成者；第二，以平纹及斜纹布为限，但条子格子之平纹布或斜纹布均包括在内；第三，无论手工纱、机制纱，其单股纱不得逾20支，双股纱不得逾16支；第四，不限长度宽度；第五，不限原色或染色。新标准经行政院核准通行全国。[④] 这五条标准较以往有较大进步。首先，在织机方面，已不限于旧式人工手机，脚踏铁轮机所织土布亦包括在内。铁轮机能生产宽面布，因此新标准中也规定免税土布不限长度和宽度。其次，在织法方面，不再限于平纹布，也包括了斜纹布。最后，取消了对土布染色方面的限制。新标准放松了对土布的限制，既有利于土布进行技术革新和品质改良，也扩大了免税土布的范围，有利于土布业的发展。

对于运销外洋的土布，南京国民政府免除了出口税。1931年财政部第28854号训令指出，对于用征收过统税的棉纱织成的手工土布“准予报运出洋时验凭统税署所发运照免征关税”[⑤]。自1931年6月1日海关新税则施行之

---

① 《中国棉业之免税运动（续三十一期）》，《大公报·经济研究周刊》第33期，1930年10月12日。
② 关务署编：《财政部关务署法令汇编》，1928年，第90—91页。
③ 天津市档案馆等编：《天津商会档案汇编（1928—1937）》下册，天津人民出版社1996年版，第1758页。
④ 《手工土布规定免征标准》，《大公报》1932年12月28日。
⑤ 关务署编：《财政部关务署法令汇编》，1931年，第129页。

日起,“凡统税部分之土布,进口税及出口税新税则上所定未予免税之处”,免予征收。[①] 可以说,南京国民政府的土布税政策较北洋政府有过之而无不及,土布常关税及内地税厘、海关税等全部予以免征。

对于包括手工洋式棉布在内的洋式手工业品,南京国民政府沿袭了北京政府的洋式货物纳税政策,但也有所变化。1928 年 8 月财政部发布指令称,“对于机制洋式货物,现系按照从前财政部税务处会订之办法办理”[②]。即照 1924 年的《机制洋式货物税现行办法》办理,运销外洋免税放行;但是对于运销内地的机制洋式货物除纳正税一道外,加征内地税即二五附税一道。[③] 同年 8 月,国民政府裁厘委员会通过决议,规定“仿照洋式而非用机制之国货,应酌照机制洋式货物予以同一之待遇,以维手工业且补助机器仿造之所不及”[④]。各类手工制造的洋式产品当然包括在内。

其他手工产品如花边、草帽、发网等的出口税也继续得到免除,并扩大了免税品的范围。1927 年,无锡花边业同业公会呈请无锡商民协会转呈财政部,以“所制各种花边线网及抽通花麻纱手巾、台布、被毯等件,纯属女子家庭工作手制品,完全销售外洋,关于平民生计、对外贸易关系至巨”,国家应该予以保护和提倡,请求财政部通令江海各关准予免税放行。1927 年 11 月 29 日财政部发布第 892 号令,称“为保护对外贸易起见,应准一律免税,以利推销而维妇女生计”。[⑤]

与此同时,宁波草帽工业界致函浙海关监督转呈财政部,以草帽系乡村家庭妇女职业,行销海外,关系平民生计,呈请免税出口。财政部 1928 年 2 月 24 日第 1672 号令称,“此次涌丰等行请将草帽一项特予免纳出口税一节,与本部向来主张适相符合,当经批令照准,并将物品种类及免税范围酌予扩充。嗣后各厅关局对于各种草帽及各色草帽辫所有应征一切税厘,应自令到

① 《土布免税下月实行》,《大公报》1931 年 5 月 20 日。
② 关务署编:《财政部关务署法令汇编》,1928 年,第 97 页。
③ 关务署编:《财政部关务署法令汇编》,1928 年,第 98 页。
④ 秦孝仪:《革命文献》第 75 辑,台湾“中央文物供应社”,1978 年,第 1786—1787 页。
⑤ 关务署编:《财政部关务署法令汇编》,1928 年,第 81—82 页。

之日起概予免征”[①]。

1934年5月财政部提议修改出口税则，“在财政许可范围内，对于工艺制品宜予奖励输出者，酌量免税”是其修改出口税率的两项原则之一。中央政治会议第409次会议议决通过，交立法院从速审议[②]。经修订，夏布、地毯、草帽辫、瓷器、漆器、骨器、竹器、藤器、木器、锡器、铁器、发网、花边、抽纱品、绣货等被列为免出口税品。[③] 1935年5月再次修订了海关出口税则，将海关转口税从6月1日起裁撤，“出口货物，凡属增加输出，与外货竞争有关之各项物品，其税率亦应分别减免”[④]。

以上所述税收减免政策系指货物通过税方面，在其他税种方面，手工业也得到一定优待，如土布及部分手工织品制造和贩卖营业税得到免除。1931年南京国民政府开征营业税，财政部、实业部议定减免营业税之原则及办法四项：(1)手工土布之制造及贩卖均免征营业税，商店若以贩卖手工土布为主要营业，其主要部分也免征营业税；(2)制造或贩卖装具的，中央或各省市政府认为有提倡或维护之必要时，应酌量免征营业税；(3)民生必需品及其他救济品的制造业及贩卖业，在灾荒等特殊情形之下，含有救济性质者，中央或各省市政府得制定区域及期限，临时免征营业税；(4)国内固有产品及关系贫民生计之手工织品，在国际贸易情势特殊之下有提倡维护之必要者，中央或各省市政府得酌量减免营业税。该四项原则于1931年12月经国务会议议决通过，通令各省市政府遵照执行。[⑤] 由上可知，中央规定减免营业税具有保护和提倡手工业发展的意义。

第三，提倡国货，增进手工行业交流，维护手工品市场空间。

南京国民政府对提倡国货极为重视，认为“中国欲图贯彻民生主义，必先

---

① 关务署编：《财政部关务署法令汇编》，1928年，第88—89页。

② 中国第二历史档案馆编：《中华民国史档案资料汇编》第5辑第1编，“财政经济”(2)，江苏古籍出版社1994年版，第100页。

③ 中国第二历史档案馆编：《中华民国史档案资料汇编》第5辑第1编，“财政经济”(2)，江苏古籍出版社1994年版，第131页。

④ 中国第二历史档案馆编：《中华民国史档案资料汇编》第5辑第1编，“财政经济”(2)，江苏古籍出版社1994年版，第131页。

⑤ 《土布制造及贩卖免征营业税》，《大公报》1931年12月2日。

解除国际间经济压迫,欲解除国际间经济压迫,必先努力提倡国货,因不惜全力从事于国货运动"[①]。南京国民政府在提倡国货中的作用,通过时人的言论可有一个大概的认识。冯柳堂在阐述国货运动时说道,"如今的政府不但不去摧残,更与民间合力来提倡国货,所以国货运动呀、国货展览会陈列馆呀、国货免税呀、购用国货呀、国货奖励呀、国货银行呀、国货推销呀,无不有政府出来与人民合作"[②]。与北京政府相比,南京国民政府对提倡国货重要性的认识更加深刻,赋予了国货运动更加丰富、更加重要的责任。南京国民政府不仅加强了国货陈列与展览,还动用政治权力推动使用国货。

成立中央及各省国货陈列馆。工商部认为"提倡国货,固在宣传劝导,激发民众爱国观念,使其购用,尤须设立永久机关,陈列国货,使民众随时观感,知所鉴别,供专家参考研究,以谋改良"[③]。有鉴于此,工商部制定了部设国货陈列馆规程、省市国货陈列馆组织大纲等,规划筹备在全国成立国货陈列馆。1929 年 9 月,工商部国货陈列馆在南京成立,1930 年后改隶实业部,1935 年 3 月改由南京市管辖,每月经费 3000 元。1928 年,工商部还接管了北京政府农商部的商品陈列所,改组为工商部北平国货陈列所,每月经费 1800 元。[④]此外,福建省、浙江省、河北省、湖北省、江西省、贵州省、山东省、宁夏省、山西省、湖南省、上海市、青岛市等 12 个省市于 1928 年 8 月至 1930 年 12 月间成立了国货陈列馆,其中浙江省成立最早。浙江省、河北省、湖北省、湖南省、上海市国货陈列馆均附设国货商场。[⑤]

根据《实业部辖国货陈列馆规程》和《实业部辖国货陈列馆征品规则》,部辖国货陈列馆负责征集全国物品予以陈列,出品征集每年一次,分农林品、矿

---

① 秦孝仪主编:《革命文献》第 75 辑,台湾"中央文物供应社",1978 年,第 17 页。

② 冯柳堂:《国货运动之经过》,见中华国货展览会编辑股编辑《工商部中华国货展览会纪念特刊》,1929 年。转引自马敏主编《博览会与近代中国》,华中师范大学出版社 2010 年版,第 468 页。

③ 实业部中国经济年鉴编纂委员会编:《中国经济年鉴》,商务印书馆 1934 年版,第十三章"商业",第 173 页。

④ 实业部中国经济年鉴编纂委员会编:《中国经济年鉴》,商务印书馆 1934 年版,第十三章"商业",第 174—176 页。

⑤ 实业部中国经济年鉴编纂委员会编:《中国经济年鉴》,商务印书馆 1934 年版,第十三章"商业",第 181—182 页。

产品、染织工业、化学工业、机制品、手工品、教育用品、艺术品、饮食品、医药品、工业原料、其他商品等12大类别。所征集出品必须行销国内外，或有希望行销国外。除办理商品陈列外，主要职责还有调查国内外工商业状况及重要物产，答复中外工商界之咨询及介绍事项，发行刊物及统计报告等。还规定国货陈列馆每年9月举办一次展览会，会期一个月。① 1933年，首都国货陈列馆所陈列物品以化学工业品为最多，达到1700多件，教育用品和染织类物品次之，均在1000件以上。北平国货陈列馆陈列物品中同样以化学工业品居多，占陈列总数的57.6%，其次为手工品类、艺术品类、染织品类。所陈列物品以河北省、广东省、江苏省、四川省、江西省、湖南省等省份为主。②

举办国货展览会。南京国民政府举办国货展览会的力度和取得的成绩远在北洋政府之上，据不完全统计，1928—1937年中国各机关、团体举办了至少195次展览会，其中规模较大、影响广泛的展览会多为官方所办，主要包括由工商部（实业部）、铁道部、教育部等中央机构，地方政府、地方党部以及实业部国货陈列馆、各省市国货陈列馆主办的国货展览会。这些官方举办的国货展览会，尤以1928年中华国货展览会、全国铁路沿线出产货品展览会、杭州西湖博览会规模最为宏大。中华国货展览会是南京国民政府举办的第一次全国性国货展览会，历时64天，参观人数超过130万。全国铁路沿线出产货品展览会先后在上海、南京、北平、青岛等地举办4次，地域影响广泛。杭州西湖博览会由浙江省政府主办，征集到15万件出品，历时128天，参观人数达到762万，是近代中国规模最大、历时最长的展览会。③ 政府举办国货展览会，意在以民族主义激发社会各阶层民众喜爱国货的心理，引导民众购买国货。这无疑有助于为手工业的生产发展创造市场空间。同时，各手工业生产者依托国货展览会交流生产技术与经验，也有利于促进手工业生产的

① 立法院编译处编：《中华民国法规汇编》，1935年，第8—9编，第453—455页。

② 实业部中国经济年鉴编纂委员会编：《中国经济年鉴》，商务印书馆1934年版，第十三章“商业”，第174—179页。

③ 马敏、洪振强：《南京国民政府时期国货展览会述论（1928—1937）》，见中国社会科学院近代史研究所编《“1930年代的中国”国际学术研讨会论文集》下卷，社会科学文献出版社2006年版，第840页。

进步。

1935年国民政府发起国民经济建设运动,成立了国民经济建设运动委员会,由蒋介石亲任会长。振兴和发展手工业是该会施政内容之一,该会总章规定其所办理的各项事务之一便是“研究发展全国农工副业及地方特殊产品”①。为执行此项任务,制定了三种办法。“第一种是举行全国手工艺品展览会,把全国各地手工艺品聚在一起,比较研究一下怎样去改良它。第二种办法是制定全国手工业及农村副业推动计划,以便整个发展全国手工艺品。第三种办法是设立国货公司,以达到‘消费物品,专用国产’的目的”②。为贯彻落实,该会决定在南京举办全国手工艺品展览会,“以研究发展地方特殊产品为宗旨”。1936年11月,该会颁布了《全国手工艺品展览会章程》《全国手工艺品展览会筹备委员会章程》《全国手工艺品展览会征集出品规则(附全国手工艺品展览会征品种类表)》等文件,通饬各地方政府遵照办理征集出品事宜。根据有关文件,全国手工艺品展览会定于1937年5月1日在南京开展,展期一个月,必要时继续在上海开展览会一次。展览会由蒋介石任会长,总理展览会会务;设常务委员三人,担任副会长,协助会长处理会务;以各省建设厅厅长、直辖市社会局局长为专任委员,负责征集各省市出品。展览会还组织审查委员会负责审查出品,分别等第,给予褒奖状或纪念章,以示鼓励和提倡。展览会的组织筹备由全国经济建设运动委员会总会会同有关机关设立筹备委员会负责。筹备委员会会所设经建总会内,主任委员由经建总会主任、常务委员兼任,下设总务、出品、编辑三组,负责展览会会场及仪式、出品征集、展览会宣传等事宜。征集出品方面,征集品以中国手工艺品为限,分服用品、饮食品、冶炼品、陶瓷品、化学品、手工机械品、竹木漆器、文化品、美术品及其他等10大类,每一类又囊括了数种手工艺品,如服用品类涵盖了手工棉织品、丝织品、毛织品、麻织品、编织品、皮毛品、鞋帽及其他,范围甚广。征集品运输时免运费及捐税,但以一定数量为限,超过则减半核收。应征品由

① 《国民经济建设运动委员会总章》,《广东经济建设月刊》创刊号,1937年1月。

② 《全国手工艺品展览会安徽省初展会开幕宣言》,《经济建设半月刊》第12、13期合刊,1937年4月16日。

出品人交由所在地商会汇送经建总会。此外,经建总会鼓励各地方在全国手工艺展览会前举办初展会,征集出品。[①] 1936 年 12 月,筹备委员会发布了《全国手工艺品展览会征品须知》,明确了征集出品的原则及范围,规定“能替代或补助工厂产品者”“具有地方特殊性质者”“有畅销国内可能性者”“有输出国外可能性者”均在征集范围之内。为推销手工艺品,展览会还附设售品部、代售部,销售参加展览会的各种手工艺品。[②] 为减轻运费税捐,鼓励商民踊跃参加,经建总会与铁道部、交通部、财政部商定,修订了征集出品规则第三条。与原规则相比,将运费及税捐减半核收上限由三十单位提高到六十单位,“例如报运某种布一百匹,其中五匹免征转口税,五十五匹减半征收,其余四十匹照普通商品十足征收转口税”,进一步减轻了运费。[③]

由于全国手工艺品展览会出品征集截止日期为 1937 年 3 月 1 日,时间紧促,各地迅速开展了出品征集工作,一些省份还进行了初展会,遴选了大量优质手工艺品。安徽省于 1937 年 4 月 1 日至 7 日在省会科学馆举行了初展会,开幕宣言指出举办手工艺品展览会的目的是“给全省人民一个研讨观摩的机会”,“由提倡手工业发展农村副业的道路,达到恢复农村经济的目的”。[④] 从初展会展品中选定 300 余种共 1000 余件出品参加全国手工艺品展览会。[⑤]在安徽省的出品中,以饮食品类、服用品类占最多数,近 300 件。饮食品中,各类茶叶是安徽手工艺品种的典型代表,此外,酒、酱、醋、豆油、酱油、酱菜、糕点等生活饮食品应有尽有。服用品则涵盖了各种棉织、丝织、毛织品等,既

---

① 天津市社会局:《为检发全国手工艺品展览会征品章则给市商会训令(附全国手工艺品展览会征集出品规则)》,1936 年 12 月 3 日,天津市档案馆藏,档号 J0128-3-007308-001。

② 天津市社会局:《关于检发征品须知等给天津市商会训令(附全国手工艺品展览会征品须知　全国手工艺品展览会售品部规则　全国手工艺品展览会代售部规则)》,1937 年 2 月 2 日,天津市档案馆藏,档号 J0128-3-007308-011。

③ 全国手工艺品展览会筹备委员会:《为修改规则第三条事函商会(附条文)》,1937 年 1 月 19 日,苏州市档案馆藏,档号 I14-002-0491-002。

④ 《全国手工艺品展览会安徽省初展会开幕宣言》,《经济建设半月刊》第 12、13 期合刊,1937 年 4 月 16 日。

⑤ 《手工艺展本省初展闭幕后全部展品已审查》,《经济建设半月刊》第 12、13 期合刊,1937 年 4 月 16 日。

有土布、腿带等传统手工艺品,也有呢子、提花桌毯、提花布等新式产品。[①] 北平市先后征集出品6000件,于1937年3月15日起举行10天初展会,并选定1800余件出品参加全国展会。[②] 江苏省于1936年12月制定了《全国手工艺品展览会江苏省初展会办法》,成立了初展会的组织机构,规定1937年3月1日至20日在省物产陈列所举行初展会,制定了展品征集办法,由各县商会负责展品征集。[③] 截至1937年2月,吴县商会征集了211种手工艺品,涉及丝绸织品、土丝、肥皂、帽、鞋、毛笔、笔筒、香油、蜡烛、香、剪刀、扇子、牙刷、草席等各种生活品。[④] 青岛市初展会于1937年3月21日开幕,共展览7天。[⑤]

经过紧张筹备,全国手工艺品展览会于1937年5月20日在南京开幕,河北、绥远、宁夏、江西、山东、察哈尔、山西、江苏、云南、安徽、河南、浙江、湖南、福建、四川、广东、甘肃、南京、天津、北平、上海、威海卫、青岛等23个省市参加,共征集物品2.7万余件,以上海、广东、江苏最多,分别为6252件、4400件、3383件。[⑥] 开幕后,仍不断有省市陆续运送出品参展,截至5月29日,共有28个省市参展,展品达到3.2万余件。[⑦] 展览会会场借用美术陈列馆及国民大会堂二楼一部分。美术陈列馆是主要会场,共分三层,陈列10大类手工展品。国民大会堂二楼一部分是综合陈列及特种陈列室,综合陈列以各地特产配合陈列,特种陈列有茶展陈列室等。[⑧] 所陈列的物品"多属精良产物"。值得注意的是,除了单纯的物品陈列,各陈列室还附有说明展览品制造程序

① 《全国手工艺品展览会安徽省初展会呈送中央展览物品目录书》,《经济建设半月刊》第12、13期合刊,1937年4月16日。

② 北平市社会局编:《全国手工艺品展览会北平市出品概况》,1937年,弁言,第1页。

③ 全国手工艺品展览会江苏省初展会:《展会办法》,1936年12月15日,苏州市档案馆藏,档号I14-002-0491-001。

④ 吴县县商会:《关于征集手工艺品展览会的出品说明书及出品清册》,1937年2月,苏州市档案馆藏,档号I14-002-0486-018。

⑤ 《手工艺品预展及本市手工业之将来》,《都市与农村》第23期,1937年4月5日。

⑥ 全国手工艺品展览会编辑组编:《全国手工艺品展览会概览》,全国手工艺品展览会总务组,1937年,第17—18页。

⑦ 国民经济建设运委会:《关于全国手工艺品会于本月二十日在京开幕给天津商会代电》,1937年5月,天津市档案馆藏,档号J0128-3-007308-024。

⑧ 全国手工艺品展览会编辑组编:《全国手工艺品展览会概览》,全国手工艺品展览会总务组,1937年,第90页。

的模型及统计图表,以供参观者“同时得知其制造程序及生产数量之增减情形,不仅为一普通展览会场,直可视为手工艺品之研究院焉”。售品商场设于展览会场西面中央图书馆,设店商家有瓷器、夏布、化妆品、伞帽鞋、棉织品、丝织品、梳篦、乐器、剪刀、玩具等各业计 300 家。[①] 经过一个月的展览,展览会于 6 月 20 日闭幕。全国手工艺品展览会是近代中国政府举办的唯一一次全国性、专门性的手工业展览会,将生产者与消费者聚于一起,对增进手工业者之间的生产交流、增强消费者对手工艺品的认可,具有积极意义。

南京国民政府还以政治权力推动使用国货。1928 年 4 月,国民政府军事委员会提出了提倡国货的五条办法,即大学院编审中小学课本时应注重提倡国货,工商部应从速制定振兴工艺计划,财政部要制定切实保护国货的政策,内政部与大学院分别要求内外各官署各学校购用物品除图书机器及中国所无者外,一律购用国货,各省政府及特别市政府应布告公众一律提倡购用国货。[②] 6 月,国民政府通令全国各机关所有物品如有适用国货而仍购用洋货者,一律以不经济支出论。[③] 7 月,内政部制定了提倡国货的具体办法,包括党部、商会、工会、学生会、妇女会、国民政府、内政部、财政部、工商部、农矿部、交通部、司法部、大学院、军事委员会和建设委员会等 15 个部分,共计 115 条。[④] 不仅要求社会各界积极使用国货,还要求党政部门优先使用国货。1929 年 4 月 16 日,南京国民政府公布了《服制条例》,规定男女礼服、男女公务员制服“其质料限用国货”[⑤]。5 月,国民政府颁布《提倡国货令》,提倡民众使用国货,并明确提出“本党党员及全国各机关工作人员自应一律采用国货,

① 《全国手工艺展开幕》,《国际贸易情报》第 2 卷第 21 期,1937 年。

② 《军事委员会关于提倡国货办法的公函》(1928 年 4 月),见中国第二历史档案馆编《中华民国史档案资料汇编》第 5 辑第 1 编,“财政经济”(8),江苏古籍出版社 1994 年版,第 736 页。

③ 《国民政府关于购用洋货以不经济支出论的有关文件“国民政府批令”》(1928 年 6 月 9 日),见中国第二历史档案馆编《中华民国史档案资料汇编》第 5 辑第 1 编,“财政经济”(8),江苏古籍出版社 1994 年版,第 738 页。

④ 涤庵:《各国奖用国货之实例(附录内政部长提倡国货之具体办法)》,《商业月报》第 8 卷第 9 号,1928 年 9 月,转引自马敏主编《博览会与近代中国》,华中师范大学出版社 2010 年版,第 468 页。

⑤ 《服制条例(附图)》,见内政部总务司第二科编《内政法规汇编礼俗类》,商务日报馆,1940 年,第 64—65 页。

以示提倡”[①]。1930年,南京国民政府要求各省政府厉行国货运动,提出政府工作人员一律使用国货,并劝导民众优先购买国货,随时督率主管机关会集工商业团体厉行国货运动。[②] 1933年1月颁布了《公务人员服用国货办法》,规定中央各院部会暨各省市县政府均设立服用国货委员会,各机关公务人员制服须用国货,劝导各公务人员以后不准再购置非国货服装。[③] 1934年国民党中常会通过《请由政府切实设法救济全国纱厂恐慌及推广土布销路以裕民生而维企业案》,规定“全国公务人员、党务工作人员、各学校教职员及学生,须一律服用国货,绝对禁止服用非国货服装”[④]。从南京国民政府的国货政策,我们可以看到,经历了由倡导到“以不经济支出论”,再到“一律采用国货”,由对政府机关提出要求上升到对机关人员的个人要求。可以说,南京国民政府对提倡国货的力度不断加码,逐渐升级。

地方政府对于提倡国货,贯彻中央的法令,发布了地方性的法令法规。1929年5月30日,江苏省建设厅转发国民政府建设委员会训令,要求“凡属公用物品,应尽先购用国货”[⑤]。1930年2月,河北省工商厅命令各县公用物品应购用国货,“对于寻常日用物品,亦一律尽用国货”,认为提倡国货关系民生主义之实行。[⑥] 同年2月13日,天津市社会局发布布告,劝勉服用国货,认为服用国货就是挽救本国手工业等传统产业。[⑦] 12月,天津市社会局请市政府转呈省政府,通令各机关所用公用物品一律限用国货,并组织公用国货委员会督促实行。社会局还决定组织天津市服制改良委员会,制定各界服制,

① 《河北省工商厅转发国民政府通令各机关一体服用国货丝织品训令》(1929年5月21日),见天津市档案馆等编《天津商会档案汇编(1928—1937)》下册,天津人民出版社1992年版,第1491页。

② 《工商部咨各省府厉行国货运动》,《工商半月刊》第2卷第3号,1930年2月。

③ 《公务人员服用国货办法》,见内政部编《内政法规汇编》第2辑,内政部公报处,1934年,第509页。

④ 转引自徐建生《民国时期经济政策的沿袭与变异(1912—1937)》,福建人民出版社2006年版,第138页。

⑤ 《江苏省建设厅为凡属公用物品应尽先购用国货事令苏州总商会(附抄原训令)》,见马敏、肖芃主编《苏州商会档案丛编》第4辑(1928年—1937年),华中师范大学出版社2009年版,第1186页。

⑥ 《省府提倡国货》,《大公报》1930年2月16日。

⑦ 《一再劝勉服用国货》,《大公报》1930年2月14日。

限用国货。[①] 山东省政府采取了“以政治力量推销国货”的方式。1932 年制定了《山东省强制推销国货办法》,其中第五条规定,组织山东省国货推销委员会,主要任务是制定及实施推销国货方案,并明确规定“以提倡国货,定为各县县长考成之一,以求速效”[②]。韩复榘要求公务员以身作则,因而命令省政府秘书处制定了《推行国货简易办法》三条:“(一)各机关公用物品,概须限用国货,一切发单,均由商号加盖国货二字图章,其以外货假充者,一经查实,交公安局按货价加倍处罚。(二)各机关公务员冬夏制服限用国货。(三)各机关公务员均具志愿书,家庭用品概以国货为限,送省政府备案。”[③] 比如,为救济民族卷烟业,山东省政府积极倡导国产纸烟消费,令各机关人员“凡招待宾客等,一律购用国货,勿再购用外货”,并通令各县“用政治力量设法提倡国货纸烟”。[④]

第四,加强对手工业产销的组织和管制。

20 世纪 30 年代初,世界正经历着一场全球性的经济危机,中国也不例外。农村经济破产,工商业凋零,成为中国经济界的典型特征。作为中国最主要的工业生产形式,手工业也处于衰退之中。为应对经济危机,救济手工业生产,南京国民政府针对手工行业的特点及面临的问题,采取了一些非常举措,比较重要的一点即是加强对手工业生产、运销的管制。近代中国手工业的出口基本上受洋人控制,同时又受到商人的重重剥削,因此,加强对手工业产销的控制,减轻商业资本的剥削,不仅有利于增加手工业者收入,还有利于提高手工业品的国际竞争力。茶叶是近代中国一项非常重要的出口手工业品,但自 20 世纪初以来,特别是经济危机以后,出口急剧下降。南京国民政府对茶叶出口衰退带来的经济社会影响极为重视,采取了茶业产销合作、统制茶业产销等措施。

近代中国茶叶产销产业链形成了茶农—茶商—茶栈—洋行的利益模式,

---

① 《社会局主张提倡国货》,《大公报》1930 年 12 月 18 日。

② 《鲁省积极推行国货》,《国货月刊》第 10 期,1933 年。

③ 《鲁省积极推行国货》,《国货月刊》第 10 期,1933 年。

④ 《鲁省卷烟外货充斥——国货日形衰退,烟叶售价暴跌》,《国货月刊》第 13 期,1934 年。

茶叶出口由茶栈和洋行把持,茶农处于产业链条最底端,深受各层盘剥。为改良茶业,南京国民政府通令各重要产茶区设立茶业改良场,其中尤以安徽祁门茶业改良场成绩最为突出。该场由全国经济委员会、实业部及安徽省政府于 1934 年共同组织设立,该场在改良茶叶品种、改进制茶工艺和工具方面进行了诸多有益尝试,取得了良好效果。在改良运销方面,茶业界专家吕允福认为主要目标是“便利运输及推广销路”,其中主要工作包括“开发茶区交通,减轻茶货运费”“取消茶税,或以茶税收入改良茶业”“免除一切剥削”等。[①] 为此,1933 年该场组织了祁门平里茶业运销合作社,通过联合茶农实现自产自销,摆脱茶商、茶栈的盘剥。该社甫一成立,即产生了良好的效果。平里茶业合作社在生产与运销方面作了许多改进。为解决资金问题,祁门茶业改良场工作人员垫付了 3000 余元,此外还通过银行获得了部分贷款。在生产中,合作社的工具由茶农自己提供,茶业改良场则承担了很多工作,将各项生产费用降到最低。在运输中,合作社放弃了以往各茶商实行的包船制,整合运力,统一安排茶叶运输,节省了运费。同时,争取到了政府对茶业税收的减免。销售环节则减少了茶栈这一环节,直接与洋行交易,进一步减轻了成本。这些做法使该社尝到了甜头。1933 年 4 月 27 日到 5 月 3 日,该社收买毛茶自行烘焙,制造了 30 箱茶叶,由祁门运至上海,直接售与洋行,每担售价 170 元。5 月 4 日至 11 日,生产了第二批 29 箱,每担价格 85 元,再加上花香、茶梗、乳花等副产品,共收入 3825 元。除去制茶、运输及装潢等开支,盈余 238.75 元。[②] 合作社在减轻交易成本方面的作用是比较显著的。据调查,在平水茶叶交易中,上海茶栈对茶商的收费项目多达 20 项[③],这无疑增加了交易成本,同时也为茶商将成本转移到茶农身上提供了依据,进一步压缩了种茶利润。

由于降低了生产、运输及交易成本,在全县茶号均有亏损的情况下,祁门

① 上海商品检验局农作物检验组编:《浙江之平水茶业》,1934 年,第 28 页。

② 子良:《祁门平里茶业运销合作社报告书》,《国际贸易导报》第 6 卷第 8 号,1934 年 8 月 10 日。

③ 李壬:《浙江省之茶业》,《实业部月刊》第 2 卷第 4 期,1937 年 4 月。

茶业合作社产生了15%的利润,引起轰动,各地茶农纷纷要求祁门茶业改良场进行指导组织。[①] 1933年12月,祁门坳里村率先主动要求成立合作社,要求祁门茶业改良场代为组织,提供指导。在祁门平里茶业合作社的示范效应下,祁门的茶业合作社逐年增加。1934年祁门已经有4家合作社,1935年达到18家,1936年增至35家(见表7-2),至1939年茶业合作社的数量又增长了一倍多,达到71家。[②] 合作社社员数量和茶叶产量也迅速增长。

表7-2　1934—1936年祁门茶业合作社情况表

年份	合作社数量(家)	社员数(人)	出箱总额(箱)	贷款总额(元)
1934年	4	109	970	20470
1935年	18	619	3207	109781.32
1936年	35	1299	7332	250000左右

资料来源:中央党部国民经济计划委员会主编《十年来之中国经济建设》,南京扶轮日报社,1937年,第二章"实业",第10页。

在祁门带动下,江西、湖南、浙江、福建等其他地区也兴办起了茶业合作社。合作社的数量和社员人数显著增长。1935年合作社增加到19家,1936年增长至44家,全民族抗战爆发前达到50家。而且这一趋势在战时不断持续,1939年茶业合作社激增至394家,1941年达到800家。入社人数也由最初的数十人增加到数万人。太平洋战争爆发后,茶叶外销断绝,茶业合作社日趋沉寂。[③]

除了兴办合作社,南京国民政府采取了更大动作,就是对经济实行统制。关于统制经济,在南京国民政府出台有关政策之前,早已为学界所大力提倡。1933年实业部制定了1933年至1936年的《实业四年计划》,决定通盘筹划粮食、棉花、煤炭等重要产业物资,通过统制经济实现民族经济复兴,实现国家现代化。同年,全国经济委员会成立,着手实施对棉花、蚕丝、粮食、茶业等行

① 中国茶业学会编:《吴觉农选集》,上海科技出版社1987年版,第162—163页。
② 祁门县地方志编纂委员会办公室编:《祁门县志》,安徽人民出版社1990年版,第178页。
③ 陶德臣:《民国时期的茶业合作化运动》,《茶业通报》2001年第1期。

业的统制。对茶业的统制,始于1936年4月皖赣红茶运销委员会的成立。1936年2月,全国经济委员会农业处召开茶业技术讨论会,安徽省政府建设厅提出"组织祁红运销委员会,利用茶号放款收茶,以利国际贸易"的议案,获得通过。[①] 4月1日,皖赣红茶运销委员会在安庆举行成立大会,并举行了委员会议,全国经济委员会农业处、皖赣两省政府代表均到场。皖赣红茶运销委员会由全国经济委员会农业处处长、皖赣两省政府财政厅建设厅厅长、银行及其他贷款机关代表、茶业专家组成,其主要任务是指导种制之改良、介绍贷款及保证信用、便利运输、推广销路、调查宣传以及其他改进事项。为办理运销事务在上海设立运销处,并在适当地点设立分处。[②]

至于为何组织皖赣红茶运销委员会,安徽省政府解释称,"惟以茶商、茶农向无相当之联络组织,任人操纵剥削,运销均不能自由,遂致产量日减,销路日落,既于国际贸易有关,复为百数十万人民生计所系"[③]。对于中国茶业的衰落,安徽省建设厅厅长刘贻燕认为固然遭受了印度、锡兰、爪哇、日本等地茶业的竞争,但是中国茶业的衰落,"实由于茶农茶号资力薄弱、缺乏组织,任听中间商人操纵盘剥欺朦,遂致蹶而不振"。这导致了茶业生产交易中的弊端丛生。[④] 因此,成立皖赣红茶运销委员会的主要出发点是提高茶叶质量,改善运销,抵制中间商盘剥,降低交易成本,提高茶业国际竞争力。

该会成立之初,即制定了三项办法:一是对于茶号进行登记,办理贷款,无论是直接放款还是介绍放款,力求利率低减;二是在运输方面,运用两省之公路与铁路,务求减轻运费;三是在销售方面,邀请中外专家,评定价格高低,以期消费者不受欺蒙,生产者不受压迫。[⑤] 此外,规定对茶号放款利率为八厘,较之茶栈放款一分五厘的利率大为降低。运销处售卖茶业仅提取2%的

① 郑发龙:《1936年祁红运销纷争探微》,《安徽史学》2000年第4期。

② 中国第二历史档案馆编:《中华民国史档案资料汇编》第5辑第1编,"财政经济"(8),江苏古籍出版社1991年版,第923—924页。

③ 中国第二历史档案馆编:《中华民国史档案资料汇编》第5辑第1编,"财政经济"(8),江苏古籍出版社1991年版,第921—922页。

④ 《刘贻燕谈实施统制经过》,《益世报》1936年4月27日。

⑤ 《刘贻燕谈实施统制经过》,《益世报》1936年4月27日。

佣金,此外不再收取任何费用,这也远远不及茶栈售茶抽取15%的佣金。[①]

皖赣红茶运销委员会成立后,迅速着手开展对茶号的登记贷款、改良运输和销售等主要工作。

首先是茶号登记及放款事宜。运销委员会规定所有茶号(茶商)必须进行登记,否则不许私自将茶叶运往市场销售,垄断了红茶的运销权力。运销委员会还规定茶号必须具备一定的资格,即资本须在3000元及以上,最低制茶箱数为200件,茶号的掌号具有5年经验,三者缺一不可。[②] 1936年,根据茶号产量统计,皖省祁红产量为6万箱,赣省宁红产量为2万箱。另据运销委员会与银行商议,皖省红茶每箱贷款30元,赣省宁红15元,两省分别可以贷款180万元、30万元。这些贷款均由政府与银行联络并提供担保。[③] 最终,1936年共有241家茶号通过登记,其中祁门有128家,浮梁有67家,至德有46家;各茶号共制茶79366箱,获得贷款153万余元,其中祁门90.6万元,浮梁43万元,至德19.8万元。[④] 此外,委员会还注重茶叶品质,派遣技术人员分驻各产地,进行技术指导,以杜绝粗制滥造。

其次,在装箱、检验、运输线路等运输方面着手改进。运销委员会监视茶商注重装潢,依照国外茶商之要求改良茶箱,加钉木条,改用锡罐,以便于长途运输。出口检验方面,运销委员会征得实业部许可,由上海商品检验局派员实行产地检验,以减少手续。[⑤] 除了减少手续,实行产地检验还有提高茶叶品质的用意,"其目的在积极的谋生产上之改良,不若出口检验为消极的限制劣茶出口"[⑥],即从源头上推动提升茶品质量。为统筹产地检验,上海商品检验局检验人员划设了祁门、至德、经公桥、景德镇四个检验区,在每个检验区内依据茶号数量、距离远近等划分了若干小检验区,由检验员分工负责。就

① 《皖赣红茶运销工作报告简要》,《经济建设半月刊》第2期,1936年11月1日。

② 中国第二历史档案馆编:《中华民国史档案资料汇编》第5辑第1编,"财政经济"(8),江苏古籍出版社1991年版,第932—934页。

③ 《皖赣红茶》,《大公报》1936年4月8日。

④ 《皖赣红茶运销工作报告简要》,《经济建设半月刊》第2期,1936年11月1日。

⑤ 《皖赣红茶运销委员会第一年工作报告》,1936年,第70页。

⑥ 陈祖椝:《中国茶业史略》,《金陵学报》第10卷第1、2期合刊,1940年5月。

检验内容看,以茶号为对象,进行监督匀堆、开汤检验、出口检验、茶箱检验、烘师登记、卫生检查等多方面检验,目的是从生产的各个环节加强质量把控。① 对于检验合格的,每箱茶叶发给一张产地检验证,不合格的不予发证并电告皖赣红茶运销委员会不予装运。② 在运输路线方面,"鉴于往年茶运,不论茶箱产区何在,均一律绕道九江转运至沪,路程遥远,费时久而危险多",因此,茶叶运输由皖赣红茶运销委员会统一办理,改进了运输路线,分别从各茶叶产地以最迅捷、安全、经济的路线直接运至上海,并办理了运输保险。③ 这大幅缩短了运输距离,降低了运输成本,节省了运输时间,为茶叶交易赢得了时间。

最后,在销售环节,实行买卖双方自由论价,与洋商直接交易。茶叶运至上海后,上海总运销处组织茶叶品质评定委员会评定茶质和茶价,同时组织推销组与洋商接洽推销事宜,双方自由论价,不受人把持。在茶叶价格的制定上,中国人争得了一定权力,打破了以往由外国茶师任意喊价的状况,这在中国近代茶叶史上是一件重要的事件。④

总之,作为一个后发现代化国家,近代中国在经济现代化尚未起步的时候,就面临着西方现代工业品的大量输入这样一个全新的市场环境。这严重冲击了中国的农业、工业与商业,给中国的经济体系造成严重破坏,特别是大量白银外流致使国民经济秩序紊乱。为应对西方工业品的输入,民国政府非常重视西方工业品的自我制造和发展中国传统产业,同时为了适应西方国家需求,发展出口工业品。在这三大领域,手工业品均占有一席之地。北京政府和南京国民政府所采取的手工业系列政策和举措,对于维护和发展手工业起到了积极作用,有助于近代中国手工业的结构调整和技术升级。

然而,在民初和20世纪30年代,手工业所面临的市场环境、所处的发展

---

① 《皖赣红茶运销委员会第一年工作报告》,1936年,第70、72—75页。

② 实业部国际贸易局编:《茶》,1937年,第131页。

③ 《皖赣红茶运销委员会第一年工作报告》,1936年,第78—79页。

④ 彭南生:《固守与变迁:民国时期长江中下游农村手工业经济研究》,湖北人民出版社2014年版,第344页。

阶段以及所存在的主要问题是有很大不同的,这致使北京政府和南京国民政府在手工业的政策、措施上均有所侧重。清末民初,输入中国的蜡烛、胰皂、火柴、袜子、宽面布等许多西方工业品对于中国社会来说是新鲜事物,因此,鼓励仿造并使之普及化成为政府手工业政策的重要方面。此外,清末民初,面对严重的游民危机,政府在救济思想和实践上实现了向教养兼施的转化。北京政府看到了发展手工业所具有的在经济工业化与社会稳定方面的双重价值,很自然地将发展手工业与贫民生计问题联系在一起。因此,北京政府在政策、实践中突出了手工业的救济功能,更加注重"普及手工业,以维贫民之生计"[①]。然而到了20世纪二三十年代,中国手工业的发展已经到了一定阶段,所处的经济环境也发生了相当大的变化。这一时期,中国的现代工业经历一战时期及20世纪20年代的发展,已经达到一定水平,对手工业的发展造成日益增大的竞争压力,手工业发展所面临的主要不再是普及问题。故而,当时学界对于改造手工业的呼声此起彼伏,如何使手工业改进生产乃至实现向现代工业过渡和转化成为一个焦点问题。再者,彼时正值世界经济危机,中国工农业生产遭受严重影响,救济手工业迫在眉睫。救济与发展这两种政策取向在南京国民政府的手工业实践中合二为一。所以,南京国民政府的救济和发展手工业的政策、措施注重手工业生产的"学理化",以推动手工业的升级换代。在认识民国政府对于近代手工业转型的作用时,我们需看到这一点。但整体而言,政府行为是中国近代手工业长期存在,并进一步转型发展、产生半工业化近代性变迁的重要推动因素。

---

① 北京政府工商部编:《工商会议报告录》,1913年,第一编"开幕式及演说",第3页。

第八章
专业化手工业经济区的发展

中国地域广阔,各地区自然资源禀赋存在很大差异,在与劳动力资源优势禀赋结合的基础上,民国时期形成了若干具有地域特色的专业化手工业经济区,构成近代中国手工业乃至整体经济的重要特征之一。与传统手工业自给自足的特征不同的是,这些手工业经济区的产品直接以市场为导向,成为近代中国商品市场的重要组成部分。成本优势使得其产品在全国乃至世界市场都有一定的竞争力,对地方经济也产生了重要影响,乃至成为地区财政税收的重要支柱。

第一节 手工业的比较优势:区域自然资源禀赋与劳动力资源禀赋的结合

人类的经济发展首先面临着不同地域的山川、河流、气候、植被等自然生态。在技术落后的时代,人们在很大程度上只能利用现存的自然生态,即俗语所谓"靠山吃山,靠水吃水",于是产生了不同的经济结构与生活方式。中国地域广袤,"由于各地自然环境条件、劳动力自身素质、历史传承的不同",

因而形成具有强烈区域性特点的不同经济区。[①] 一个经济区的形成和发展大体上要有一个与之相对应的自然综合体为基础[②]，不同地区的自然地理条件在其区域经济特点的形塑中发挥基础性作用。不同地区的自然禀赋对当地传统乡村手工业的形成、发展产生了巨大影响，沉淀为具有地方差异性的产业分工格局。

一、区域自然资源禀赋与手工业经济区的分布

近代以降形成了沿海核心经济区与内陆边缘经济区，就手工业而言，作为核心区的长三角、华北、华南，由于地理区位优势等因素的影响，形成若干各具特色的棉纺织、丝、茶等专业化手工经济区。

中国"理想的植棉地域惟江、淮、河诸流域"，这里也是中国经济的中心，主要以"长城以南，淮河秦岭以北"的华北棉区及"淮河秦岭以南，东起钱塘三角洲，经鄱阳湖至洞庭湖流域"的华中棉区为主。[③] 民国时期，手工纺纱大部分被机纱替代，形成了机纱土布的生产模式，土布生产几乎遍布全国，"惟其大部分则在乡间农家，盖织布为农民之副业，每于秋收之后及冬季闲暇之时，农民多借以维持生计。至于是业之主要中心，均在通都大埠如上海、汉口、天津、广州等地附近之四乡"，主要代表区域有浙江之硖石、江苏之南通、湖北之武汉、河北之高阳、河北之定州、河北之肃宁、辽宁之沈阳、辽宁之牛庄等。就组织而言，在城市者多为手工工场，"至于乡间手工绵织业，在多数情形之下，均为农业之副业。农民每遇歉收之季及闲暇之时，全家多从事织布，以维生计"[④]。

茶是热带和亚热带的一种灌木，为常绿植物。其生长条件需要温暖湿润的气候和肥沃松软的土壤，就气候而言，"过寒过热地带都不适宜"，年平均气温在 15—20 摄氏度、年均降水量在 1000—1500 毫米最为适宜。茶的生长与

---

① 陈桦：《清代区域社会经济研究》，中国人民大学出版社 1996 年版，第 31 页。

② 姚永超：《中国近代经济地理》第 9 卷，"东北近代经济地理"，华东师范大学出版社 2015 年版，第 19 页。

③ 严中平：《中国棉业之发展》，商务印书馆 1943 年版，第 17—18 页。

④ 方显廷：《中国之棉纺织业》，国立编译馆，1934 年，第 275—288 页。

地势方位有关,地势高而北向,产茶品质尤佳,因为高处晓露弥漫,茶叶在萌芽的时候饱受雨露滋润,且受日光的照耀颇迟,因其光合作用,所以味道醇厚而不苦涩。受区域自然资源禀赋的影响,近代中国的手工制茶主要分布在:(1)长江下游的两湖茶区、皖赣茶区、江浙茶区;(2)岭南茶区;(3)川贵云的四川盆地、云贵高原、秦岭大巴山区。[①]

民国时期中国家蚕养殖共分三大区域,一为长江三角洲之太湖沿岸,二为珠江三角洲,三为四川盆地;就缫丝而言共分六大区域,即长江流域区、闽粤江及台湾区域、西南高原区、黄河流域区、辽东半岛区、新疆塔里木盆地。抗战前,就产量而言,浙江、广东、江苏、四川分列前四位。[②]

在核心手工业经济区以外,棉纺织、丝、茶等仍有分布,由于资源禀赋的差异也形成了有所差异的手工业经济区,如东北的大豆榨油业、湘鄂赣川等省的夏布业、南方低山地区的桐油加工业等。

近代东北大豆贸易逐渐兴盛,主要得益于东北地区"天赋地理环境及气候之适宜性,恒能保持其特殊地位",因而世界大豆市场几乎为东北所独占。[③]东北"由于冬季过分的寒冷,使冬季不能有农作物生长,一年中只有夏作物而无冬作物,因而东北的农作物种类不多,所种植的农作物都是最能耐寒耐旱生长期甚短的作物"[④]。正因如此,棉花、茶叶、烟草、鸦片等几种种植范围较广的经济作物,并不适合在东北大规模种植。[⑤] 近代,东北大豆分布地区至广,北至北纬50度附近黑龙江省中部之奇克兴逊河一带,尚可生长,堪称我国大豆分布之最北边缘。大豆在东北分布非常广泛,其生产主要地带,以辽松平原之北部为中心,吉林分布之广,产量之多,尤为东北各省之冠;次为松江、嫩江、黑龙江、辽宁、辽北、合江与安东等地。[⑥] "大豆为适于温带之作物,

① 邹大刚:《我国茶叶的地理分布》,《国际贸易》第1卷第9期,1946年。

② 行政院新闻局编:《生丝产销》,1947年,第6—17页。

③ 《东省大豆实况》,《工商半月刊》第3卷第23—24号合刊,1931年。

④ 王成敬:《东北之经济资源》,商务印书馆1947年版,第24页。

⑤ 王大任:《退出的现代性——近代以来东北棉花种植业的兴衰》,《中国经济史研究》2006年第1期。

⑥ 行政院新闻局编:《大豆产销》,1947年,第8页。

虽热带与寒带均可栽培,非品种较劣,即产量不丰。”大豆生长时期适宜气温,发芽时最低需有6—7摄氏度,生长时不需高温,月平均15—21摄氏度。东北地区,大豆生长期间平均温度在16—18摄氏度,“甚为理想,故大豆广布,成为东北最重要之农产资源。大豆之生长期,约自110天以至160天,东北大豆生长期约为150天左右”。[①] 大豆所需雨量较少,年雨量500—800毫米最佳。而东北大豆产区,其年雨量大都在500—700毫米。“大豆分布区域,地势以平原最为适宜,较低之丘陵次之。”[②]东北地区有着广阔的平原,辽河平原和三江平原的面积在35万平方公里以上,约占东北全区的1/3,也占中国平原总面积的1/3,非常适宜大豆的种植。[③] “大豆对于土壤之选择不苛,惟须轻松易耕者,由砂土而至黏土皆可栽培,黏质壤土最宜生长,冲积土亦佳”。东北的土壤也非常适宜。而“我国大豆根部常带有根瘤,其内藏有多量之根瘤菌,其功用在于直接固定空气中之氮气,以产生蛋白质,而不需要土壤中之氮气,如无此菌类,则颗粒既小,所含之蛋白质成分亦低”。[④] 优越的自然条件使得东北大豆亩产比国内外其他地区要高,1公顷产量约10市石,日本不到8石,朝鲜不到6石。[⑤]

1945年东北大豆种植面积为5370万余亩,其他各省总和不过98万余亩。[⑥] 九一八事变后东北沦陷,中国的大豆出口直线下降,也能说明东北在全国大豆产业中的重要性。之所以形成这一格局,主要还是由东北地区的自然禀赋决定的。除东北外,中国其他地区如苏北、鲁北亦有种植,但其规模远逊于东北。正因如此,1928年,中国大豆种植面积占世界总面积的85%,日本、朝鲜合计占13%,其他各国不过2%。[⑦] 由于大豆种植业的发展为手工榨油业提供了丰富的原料,因此油坊遍布东北各地,1924年仅奉天一省就有887家,

---

① 行政院新闻局编:《大豆产销》,1947年,第6—7页。

② 行政院新闻局编:《大豆产销》,1947年,第7页。

③ 姚永超:《中国近代经济地理》第9卷,“东北近代经济地理”,华东师范大学出版社2015年版,第21页。

④ 行政院新闻局编:《大豆产销》,1947年,第7页。

⑤ 《东省大豆实况》,《工商半月刊》第3卷第23—24号合刊,1931年。

⑥ 行政院新闻局编:《大豆产销》,1947年,第23—25页。

⑦ [苏]谢特尼次基:《世界市场之黄豆》,中东铁路调查局,1930年,第292页。

年产豆油2430多万斤。[1] 油坊所出豆油和豆饼等产品,成为东北乃至中国重要的出口商品。东北沦陷前,大豆及其制品出口量在较长时间内居于全国首位。1929年大豆“三品”出口值达到212543539海关两,为历史最高位,占出口总值的20.93%。其中豆油1115047海关担,值12243094海关两;豆饼18715729海关担,值51209060海关两。两项合计63452154海关两,占出口总值的6.25%,足见东北大豆加工业之规模。

苎麻为多年生草本植物,其纤维可用于纺织,通常一年可收获三次。苎麻适宜在高温多湿的环境下生长,“生长期最适温度是18—30摄氏度,温度在8度以下,则停止生长。在生育期间,如雨量适当,分布均匀,空气湿润,可使生育茂盛,生长期最适湿度在70%以上,全年雨量应在850毫米以上”[2]。虽然苎麻从温带到热带都有种植,但生物学特性使其最适宜在亚热带生长。我国苎麻分布区域,南起海南岛,北至陕西南部,各省都有栽培,但主要产区在长江流域一带。“培植苎麻的地方以排水良好而常能保持适当的水位为佳”,这主要是因为地下水位高、土壤湿度大,“是影响麻的胶质增多的主要因素。如湖南沅江麻区头麻时地下水位高,因此纤维粗硬,含胶重,二麻时水位低了,纤维的品质亦佳。又如嘉禾桂阳麻,多在山区,地下水位低,因之含胶少,品质亦高”。[3] 就地形地势而言,平原地区因排水不畅也不太适宜苎麻生长,低山丘陵地区排水较好且湿度较大的地方,最适宜苎麻的生长。“苎麻适宜的土壤,以表土深厚,轻松膨软,含有丰富养分的砂质壤土、黏质壤土、腐殖质壤土为最适合。我国中南地区,除湖南沅江、江西鄱阳等地系滨湖平坦高地,土质属于砂质壤土外,其余大多分布在山区丘陵地区,麻区土壤性质,由壤土直到排水不良的黏重土和保水力低的砂砾土,均有栽培。”[4]“苎麻是短日照植物,在短日照条件下,将提早开花结实,因此植株矮小,产量低落。如种

---

① 邢邑开:《东北民营近代榨油业的创起与终局》,《辽宁大学学报》(哲学社会科学版)1997年第5期。

② 李宗道编著:《苎麻》(湖南农学院丛书),1953年,第56页。

③ 刘鸿翥编著:《我国的麻》(增订本),财政经济出版社1957年版,第12页。

④ 刘鸿翥编著:《我国的麻》(增订本),财政经济出版社1957年版,第12页。

在长日照条件下,麻的生长延长,植株高大,开花延迟,产量增加。日照的强度对麻纤维的生长也有密切关系,在强烈的日光下,纤维会变粗硬,品质不佳。"[1]这使得苎麻无法在热带地区种植。苎麻的抗风力弱,因此栽培苎麻必须选择避风地点[2],这使得苎麻不太适宜在沿海地区种植。苎麻的生长对自然地理环境有着相当高的要求,综合这些条件,苎麻的主要产区分布在北纬19—35度、东经102—122度,主要集中在长江流域上中游的湖南、湖北、江西、四川四省,其他如北方的陕西、河南,南方的广东、海南,东部沿海的浙江、江苏等省,种植相对较少。总而言之,"苎麻纤维的品质与气候、土壤有密切关系,热带所产者,因阳光过于强烈,含胶量多,品质粗硬;温带所产者,含胶量少,纤维柔软,色泽良好。砂土所产者,纤维薄而粗硬;砂质壤土、壤土所产者,纤维厚,色泽好,强力大;在腐殖土所产者,纤维薄;排水良好的黏土所产者,纤维柔软,品质良好,但排水不良的黏土所产者,则纤维品质低下"[3]。以苎麻为原料手工织成的夏布,江西万载、湖南浏阳、广东潮汕、四川是主要产区。

桐油与苎麻一样也是亚热带作物,但其分布较苎麻为广。"桐油生产与地理环境,关系十分密切"[4]。"中国桐树分布区域之广,冠于世界,桐区遍及十数省……皆有桐树分布。大致可分为四个区域:一为长江流域,包括川、湘、鄂、赣、皖、苏等省;二为西南高原,包括黔、桂、康、滇四省;三为东南沿海地区,包括浙、闽、粤三省;四为秦岭与伏牛山区,包括陕、豫两省。"[5]桐油的分布,"以纬度而言,在中国约以北纬三十四度为北界"[6]。桐树是亚热带作物,若温度低于零下5摄氏度就有被冻死的危险,降水量750毫米至1200毫米,若超过1900毫米,"殆过多矣"。"高原、山坡或岗岭,皆适于桐油树之生活,以其利于排水也"。而"土壤以酸性砂质土壤,且富有机物体,下层三尺至八

① 李宗道编著:《苎麻》(湖南农学院丛书),1953年,第56页。
② 刘鸿翥编著:《我国的麻》(增订本),财政经济出版社1957年版,第12页
③ 李宗道编著:《苎麻》(湖南农学院丛书),1953年,第56页。
④ 严匡国编著:《桐油》,正中书局1944年版,第17页。
⑤ 行政院新闻局编:《桐油产销》,1947年,第9页。
⑥ 行政院新闻局编:《桐油产销》,1947年,第6页。

尺深处衬有黏土者为宜”。[①] 由于“桐树生长需肥不多,农民可以利用此种山地以植桐。我国桐树大都分布于瘦瘠山地之淋蚀土者,其故在是”[②]。也就是说桐油的主要产区是北纬或南纬30度地区附近的副热带高压地区,主要分布在亚热带季风和季风性湿润气候地区,而全球这一地区主要分布在中国东南部、朝鲜半岛南部及日本中南部,美国东南部、阿根廷以及澳大利亚东部的狭长地带。澳大利亚东部、朝鲜南部及日本中南部面积较小,美国东南部及阿根廷主要是平原,只有中国的东南部是低山丘陵地形,因而中国是桐油的最主要出产国。在桐油贸易的带动下,桐油油坊遍布各产油区。

“中国的东北、内蒙古、西北、华北和西藏等地区,都具有广阔的原野、山岳和森林地带,适合多种兽类的栖息,因之能产出大量的毛皮。”[③]但这是就整个皮毛产业的总体概况而言,包括了野生皮毛,若仅就人工养殖的皮毛而言,中国的皮毛原料的出产主要集中于西北地区,此外东北、西南也有出产。之所以如此,如大豆、苎麻、桐油一样,也是利用西北地区的自然资源。人工养殖的皮毛以牛羊为主,以食草为主,而西北广袤的草场资源,为其提供了优良的条件。

与上述手工行业具有明显的区域特性不同,碾米、面粉、猪鬃等手工行业广泛分布于全国。

米、面是中国的主食,因而碾米与面粉是与人们日常生活联系紧密的两个行业,遍布全国各地。以面粉业为例,机器面粉工业出现后一直集中在水陆交通较便利的大中城市,尤其是在上海和哈尔滨这两大基地。但是它始终无法排挤广大中小城镇的土磨坊,以致形成了大机器工业、机器磨坊与手工土磨坊三者长期并存的局面。机器磨坊是在土磨坊的基础上发展起来的,以蒸汽机械动力代替畜力,生产能力和产品质量比土磨坊有所提高,是土磨坊

① 江昌绪编著:《四川省之桐油》,民生实业公司经济研究室,1936年,第6—7页。

② 严匡国编著:《桐油》,正中书局1944年版,第19页。

③ 陆思曼编著:《中国的毛皮》,商务印书馆1952年版,第53页。

到机器面粉业之间的过渡形态。①

猪鬃业也是全国性的手工行业之一。关于近代农家养猪的原因,学界看法不一,有学者认为"在近代时期,养猪业依然是农家的重要副业和家庭经济来源"②。也有学者认为,近代农家养猪的主要目的并不在于猪肉,而在于获取肥料,"家畜的密度在保持地力上很为重要",而"中国北部每单位耕地出产食粮之低,或者也系由于牲畜太少的缘故"。③ 不论养猪目的在于补贴家用还是在于畜肥,猪鬃、肠衣都是养猪的副产品。与其他手工业是对区域自然资源禀赋直接利用不同的是,猪鬃是对自然资源的间接利用。近代养猪所用饲料多是农民日常的剩余产品和边角料,是对物资的充分利用。(见表 8-1)

表 8-1　近代农家养猪饲料一览表

谷类及籽实类	副产品类	根茎类	粗料
大麦、蚕豆、荞麦、荞麦花、玉米、高粱、豌豆、米、大豆	酒糟、残羹、米泔水、花生饼、菜籽饼、米糠、芝麻饼、大豆饼、豆腐渣、糠粑、红薯粉渣	马铃薯、甘薯、芋头	蚕豆糠、草类、青刈料、甘薯藤、芋茎叶、菜叶、苕糠

资料来源:R. W. PHILLIPS、R. G. JOHNSON、R. T. MOYER《中国之畜牧》,汤逸人译,中华书局 1948 年版,第 97 页。

二、手工行业对劳动力资源的利用

手工业之所以在近代中国长期存在,其竞争优势除利用自然资源禀赋外,很重要的一点还在于对廉价劳动力特别是农民闲暇时间的利用,这使得手工业产品在国际市场竞争中能保有一定的成本优势。简而言之,手工业之所以在与机器工业的竞争中长期存在,并形成一些颇具特色的手工业经济

① 徐新吾、杨淦、袁书慎:《中国近代面粉工业历史概况与特点》,《上海社会科学院学术季刊》1987 年第 2 期。

② 徐旺生编著:《中国养猪史》,中国农业出版社 2009 年版,第 236 页。

③ [美]卜凯:《中国农家经济》,张履鸾译,商务印书馆 1936 年版,第 317 页。

区,其比较优势在于自然资源禀赋与劳动力资源禀赋的结合。而这在苎麻与猪鬃两个产业中表现得尤为明显。

种植苎麻所需人工远远超过其他作物,在江西瑞昌,每亩苎麻每年所需人工数为628小时,是水稻145小时的4.3倍,是小麦100小时的6.3倍。从费用看,瑞昌、阳新、大冶三县种植苎麻成本为每市亩平均用费39.7元,其中以人工(包括栽培与打麻人工)所占之百分率为最高,占66.37%;肥料次之,占20.28%;地租与土地使用费又次之,占4.83%;其他如煤炭、房屋晒场使用费、田赋、农具等再次之,各占1%多。[①] 瑞昌每亩苎麻人工费用占总费用的58.4%,“按瑞昌一般农事工作,以阳历五月下半月至七月上半月间最为忙碌,盖不仅小麦之收获,水稻之灌溉,玉米之锄草,而苎麻之收获与打麻亦大都在七月上半月举行也。此外阳历十月间,工作亦较忙碌,盖小麦之耕种,玉米之收获,苎麻之末次收获与打麻,都集中于这一时期。苎麻除收获、打麻需要人工甚多外,阳历一二月间之挖掘、加土、施肥等事项,亦需相当之人工,然恰可利用闲暇之农工,使之支配较为适宜”[②]。阳新县每亩苎麻的人工费用占总费用的68.3%[③],大冶则占到71.9%。[④] 苎麻相较于其他作物,其成本中包含了更多的人工费用。这也使得苎麻能与其他作物相配合,有利于农民更好地利用农闲时间。

与苎麻种植一样,纺织夏布也是充分利用农民特别是妇女的闲暇时间。将苎麻纺成夏布,需经三个阶段:1. 绩麻,将苎麻纤维制成麻线;2. 织布,将麻线制成生布;3. 精制,将生布加以漂白、染色、印花、浆扎等。[⑤] 而绩麻农户可分四种:1.“专以谋生者,多属贫苦家庭,全系妇女工作”;2.“补助家用者,此为绩麻人户中之最多者。其家庭虽别有收入,但不敷支用,须赖绩麻以作

① 翁绍耳:《中国苎麻之生产与运销(上)》,《新中华》(复刊)第7期,1944年。

② 孙文郁等:《江西瑞昌湖北阳新大冶苎麻之生产及运销(附江西万载)》,金陵大学农业经济系,1938年,第28—32页。

③ 孙文郁等:《江西瑞昌湖北阳新大冶苎麻之生产及运销(附江西万载)》,金陵大学农业经济系,1938年,第34页。

④ 孙文郁等:《江西瑞昌湖北阳新大冶苎麻之生产及运销(附江西万载)》,金陵大学农业经济系,1938年,第36页。

⑤ 重庆中国银行编著:《四川省之夏布》,中国银行总管理处经济研究室,1936年,第47页。

补助”;3.“借习勤劳者,中上人家之妇女,不恃绩麻谋生,仍借以习勤劳”;4.“自供服用者,产区男女服用之夏布,多属妇女自绩自织。或雇机匠在家织造,即所谓家机布业”。[①] 而就工时而言,“绩麻时间之长短,因家务之繁简,农事之忙闲,工作之需要,利益之厚薄,工人之勤惰等而不同。短者每日一二小时,长者每日十三四小时,而以每日七八小时者为较普遍”[②]。“绩麻由妇女担任,其工作不分季节;织工为男子,其每年织布时季,春冬二季为旺”[③]。夏布的织制尤其可以利用妇女劳动力,“绩纱为万载城镇乡村妇女之重要手工业,织制夏布之粗细纱,皆仰赖之。成纱不论粗细,皆赖手捻,穷日仅获少许,非男工所能耐心之工作也”[④]。

猪鬃是洗制整理的猪背上的刚毛,未洗制前一般称为生毛,不但长短参差不齐,杂毛、鬃毛相混,冬天冻结成团,夏天则“相黏污而成湿堆”,鉴别起来非常困难。[⑤] 一只猪大概能获得 4 两生毛,农户请屠夫杀猪后,往往任由屠户获取生毛。屠夫将生毛转售与小贩,“小贩在四乡收买凑成大宗后”,再转售与大贩。再由大贩转卖给鬃商,由鬃商设洗房洗制整理成猪鬃。[⑥] 因而生毛的成本非常低,猪鬃的主要成本都集中于洗制整理环节。天津猪鬃整理工业同业公会就业务性质向经济部部长陈启天说明时,指出“本业加工程序过繁,所需工费成本过重”[⑦],也说明了猪鬃整理时劳动力资源的重要性。

猪鬃原料成本低,农民饲猪主要是为了获取肥料和猪肉,生鬃不被重视,多赠与屠户,屠户收集一定量后再转贩子之手,最后售与洗制商。就猪鬃整理而言,生产成本主要集中于人工,产品质量与人工投入成正比。猪鬃由生鬃制成熟鬃,需经过泡渍、践踏、炕干、缠板、蒸伸、再炕、梳别、揉正、束紧、检

① 重庆中国银行编著:《四川省之夏布》,中国银行总管理处经济研究室,1936 年,第 98 页。

② 重庆中国银行编著:《四川省之夏布》,中国银行总管理处经济研究室,1936 年,第 101 页。

③ 公英:《浏阳醴陵之夏布》,《工商半月刊》第 6 卷第 16 号,1943 年。

④ 胡邦宪:《江西万载苎麻之生产贸易及其利用状况》,《经济旬刊》第 7 卷第 18 期,1936 年。

⑤ 张仁任:《猪鬃业(未完)》,《云南实业要闻周刊》第 71 号,1918 年。

⑥ 《猪鬃(未完)》,《国际贸易情报》第 2 卷第 11 期,1937 年。

⑦ 《第一区猪鬃整理工业同业公会请免报缴营业税及一时所得税的文书》(1947 年 5 月—7 月),中国第二历史档案馆藏,经济部档案,全宗号四,案卷号 27852。

验、磨齐、包裹、装箱等十余道工序。[①]

与夏布生产一样,从事猪鬃整理的多系女工,以1927年汉口猪鬃整理业为例,有男工30余人,女工达400余人。[②]“猪鬃必先洗净,洗净之后细为分类,然后装扎。凡此手续均恃人工,工价昂贵之国如北美,业此者无甚可图,若在中国雇用女工以司其事,所费有限也。”[③]工人工资在1921年以前很低,“四川工人价格,在前极贱,每人不过年约十余元”[④]。上海同样如此,工人工资并不高,还需依靠带学徒来增加收入。[⑤]“自民十以后,受政治之影响,工人组织工会,对于工资遂逐渐增高。”然而工人工资并不一致,不同工种之间差别很大。水梳工人,即普通工厂之“杂工”是也。猪鬃由“泡渍”起,至“梳别”止,凡制成“批子”以内之工作皆属之。所谓“水梳”者,因所担任为猪鬃之泡渍及梳理等事而已。此种工人概为男工,工价极廉,每月除伙食外,可得六七元左右。楼工,为洗房之基本工人,其工作地多在楼上,故曰“楼工”。制鬃猪“批子”以后之工作,工资颇高。手艺良好者,每月除伙食(4元)、例假外,可净得50余元,次者亦在30元左右。此种工人,均属男性。“看花毛”等检验工作,尤专为女工之特长。[⑥]不同地区工资有很大差别,如重庆等港口城市往往高于非港口城市,而受工人运动影响较弱的地区,工人工资也往往低于工人运动影响力大的地区。全民族抗战前夕湖南湘潭猪鬃整理工厂,“工人的工资,多是论货计算,所以没有时间上的限制,有每天做十几小时的,而女工的工资,又比男工要低些,大概女工每日可得二三角,男工每日可得三四角。有些男工,带着好几个徒弟,徒弟工作代价也归他们干没,所以他们的工资,便有每天一元几角的了”[⑦]。全民族抗战初期,重庆猪鬃整理工厂,“工头供给膳宿(月收膳费18元)外,月薪300—600元。缠板女工每市担20元,看花毛

① 《四川之猪鬃业》,《四川月报》第3卷第4期,1933年10月。
② 黄既明:《汉口猪鬃之今昔观》,《银行杂志》第4卷第22期,1927年9月16日。
③ 《美国猪鬃之来源》,《上海总商会月报》第2卷第11期,1922年11月。
④ 《四川之猪鬃业》,《四川月报》第3卷第4期,1933年10月。
⑤ 《上海劳动状况》,《新青年》第7卷第6号,1920年。
⑥ 《四川之猪鬃业》,《四川月报》第3卷第4期,1933年10月。
⑦ 《湘潭猪鬃业调查》,《国际贸易导报》第8卷第6号,1936年。

女工50元,梳洗女工150元,楼工250元”。猪鬃整理工厂并非一年四季开工,这就产生了扎子工,“多于梳洗房未开工时,梳洗工人无以为生,自行纠合或由大贩纠集三五人工人合作,无甚组织,只求制成扎子,售与梳洗房或字号”。[①] 全民族抗战初期,重庆猪鬃27号配箱牌价每担在775—850元[②],而人工成本在470元以上,占了价格的55%—61%。第一次世界大战后,中国猪鬃原料之所以能在国际市场上占据主要地位,正是得益于对中国廉价劳动力资源的利用。

在浙江东部,外国人利用中国低廉之工资,“以舶来原料编结帽坯,以便复运出口,施工加制,遂陈为流行国际之商品。于是编帽工业蔚然兴起”。而“编帽工作多由女工任之,既无舍家就厂之烦,亦能免于时间之拘束,实较他种工业为优”。[③] 之所以较其他“工业”为优,主要是其能充分利用农民特别是妇女的闲暇时间。

在1936年中国植物油料厂建立前,不包括外商的中国桐油产业,从收获到加工,完全采用的是手工生产方式。在四川,“桐实于采摘后多堆积于地窖、屋角或潮湿之处,覆以稻草,听其自然发酵。约二十余日,外壳渐裂,用铁制之挖刀剥去桐壳,采取桐籽,计每小时每人可剥桐实二斗,可得桐籽三公斤半。此外,有置桐实于铁锅中用火烘裂者;有置桐实于热水内使外壳裂开者;有堆积一处以沸水沃淋之,使易于发酵者;亦有用日光晒裂者。上列诸法,以用日光晒裂为佳”[④]。而榨制桐油的榨坊(榨房)也纯属手工业,“将原料制为桐油。其主要业务为榨制桐油,间亦收买桐油,榨油又有代人榨油及自己榨油之别。经营者多为乡间富农或小地主,与农人感情不甚惬合”。榨坊之主要设备有:木榨1具、石碾1具、砖炕1具、铁圈25对、黄牛2头、土砖房1所,另有蒸锅、油篓等。“每日榨油一榨(桐籽二石至三石,桐油一百四十斤至二百一十斤)之榨房,需工人四人,工资分‘包月’‘点工’两种。包月每月每人

① 《重庆猪鬃调查报告》(时间不详),中国第二历史档案馆藏,经济部档案,全宗号四,案卷号29954。

② 赵恩鉅:《论猪鬃价格》,《贸易月刊》第2卷第6期,1941年。

③ 建设委员会调查浙江经济所编:《浙江沿海各县草帽业》,1931年,第1—2页。

④ 张肖梅、赵循伯编著:《四川省之桐油》,商务印书馆1937年版,第117页。

伙食约二元五角,工资约四元,共为二十六元,全年榨桐油时期约三个月,共七十八元。点工以每日作工十小时为一工,不管伙食,每日工资二角,另加桐实四百枚。”①榨制桐油的方法,全国大同小异。在四川省,榨坊榨油通常以一石二斗湿桐籽为一榨,由桐籽之烘炕至桐油盛篓共经 10 步工作,每一步都系手工操作。中国桐油的手工生产效率与美国机器压榨有相当的差距。每担桐实美国安氏压榨机器得油 17.5 斤,中国手摇机压榨得油也能得 17.5 斤,土法木榨得油 12.5—14.5 斤。虽然出油率相当,但相较于机器生产,手工生产效率要低得多。“每一木榨每日最多可榨油二百七十斤,每小时最多榨油二十斤。机器一部每天可榨三千八百八十八斤,每小时可榨一百六十二斤。以木榨全日之效率,机器在一小时半即可竣事。”②虽然手工榨油存在诸多弊端,但依然得以延续,主要得益于廉价劳动力资源所带来的生产成本优势。

鸦片战争以降,机器工业的生产效率与经济环境都在不断改善,传统手工业逐步进行成本调适,以适应新的经济形势,力图在与机器工业的竞争中在成本上占据优势。第二次鸦片战争以前,欧美机器工业由于发展未尽充分以及开埠港口、远渡重洋等因素的制约,传统手工业依靠廉价的劳动力成本在与之竞争中占据一定优势。第二次鸦片战争以后,欧美机器工业在华的经济环境进一步改善,几乎同时展开的第二次工业革命使机器工业生产力进一步提高,运输成本进一步降低,致使中国传统手工业的经济环境相对恶化。这使得手工业不得不更进一步降低成本,传统生产方式发生改变,有些行业在与外国机器工业的竞争中衰落、消亡。这是因为这些行业在手工业内部处于比较劣势,手工业者从中已无利可图或获利甚微,在竞争中被淘汰也是在所难免的。此后,在外国机器工业以及新兴的本国机器工业的进一步冲击下,手工业出现了纺织分离等现象,手工纺纱已无利可图,生产者最终放弃纺纱而专事织布。但纺织分离与市场的发展密不可分,在交通不便、市场闭塞的地区,生产者不容易买到机制棉纱,纺织仍是难以分离的。19 世纪 70 年代,在通商口岸就出现了零星的手工业技术改进的现象,如轮船招商局会办

① 张肖梅、赵循伯编著:《四川省之桐油》,商务印书馆 1937 年版,第 125—126 页。

② 张肖梅、赵循伯编著:《四川省之桐油》,商务印书馆 1937 年版,第 129—132 页。

朱其昂在天津开办的贻来牟磨房，在动力上用蒸汽机代替畜力，是中国最早的半工业化现象之一。甲午战后以“石磨+蒸汽机”为特征的半工业化现象更加普遍，其背后隐含的是外国机器工业在华经济环境的进一步改善以及中国机器工业的发展，逼迫手工业继续进行调整。就微观而言，单个农户在外部缺乏就业推力的情况下，手工业成为维持家庭生活乃至生存重要的手段之一；宏观上，手工业是关乎农村经济乃至整个国民经济安危的稳定剂。在当时的历史背景下，完全放弃手工业转而发展机器工业是不切实际也是不符合国情的，因此政府在政策上给予手工业一定的支持。虽然手工业的一系列变革，乃至出现半工业化现象，与机器工业密切相关，但半工业化并非完全是机器工业冲击下的被动反应，而是“大机器工业产生并获得一定程度的发展之后，传统手工业寻求自身存在和发展的一种积极应对方式”①，或者说为维持成本优势的主动调适。手工业与机器工业在竞争中孰优孰劣归根结底在于谁更具成本优势，手工业在近代中国之所以能长期存在，是利用中国农村丰富而廉价的劳动力资源在变化的经济环境中不断进行成本调适，进而产生半工业化现象，尽管机器工业大为发展，这些手工行业在生产成本上仍能占有一定的优势。若简单套用经济学理论，认为机器工业必然会战胜手工业②，无疑会遮盖了历史演进的复杂面相。

甲午战后，手工业在与先进的（外国与本国的）机器工业的竞争中得以长期延续，无疑是得益于灵活的应对策略特别是中间技术的应用。著名经济史学家诺思认为“大凡成功的意识形态必须是灵活的”③，一个经济体的发展亦是如此。对于一个后发展型国家而言，最先进的技术不一定适用，舒马赫认为，“除非那些生活极端贫穷和绝望的大多数人能够健康地成长，或至少获得

① 彭南生：《半工业化——近代中国乡村手工业的发展与社会变迁》，中华书局2007年版，第132页。

② 李荣昌：《近代工业与传统手工业竞争的经济学分析》，《上海社会科学院学术季刊》1987年第3期。

③ ［美］道格拉斯·C. 诺思：《经济史中的结构与变迁》，陈郁、罗华平等译，上海三联书店、上海人民出版社1991年版，第58页。

相当安定的条件,否则现代部门的一切成就可能成为泡影"①。技术的变革必须与一国国情相适应,在近代中国工业化不可能一蹴而就达到世界最先进水平,引入技术也应从中间技术开始,循序渐进地到达工业化的彼岸。近代中国出现的半工业化现象,是对丰富劳动力资源持续的充分利用,也是刘易斯拐点出现前经济演变的重要过程之一。中国从工业化缓慢起步到刘易斯拐点出现,这中间劳动力成本是逐步上升的,而技术、产业的变革与这一现象密切关联,半工业化则是系列变革的重要阶段之一。

三、专业化手工业经济区产品的竞争优势

鸦片战争后,中国逐步融入世界市场,1867 年出口商品总值为 57895713 海关两,1929 年增长到 1015687318 海关两,是 1867 年的 17.54 倍。茶叶、生丝、桐油、猪鬃、大豆制品、夏布等专业化手工业经济区的产品在近代中国的出口商品结构中占有重要地位,近代中国出口贸易之所以有如此规模的扩张,主要得益于部分专业化手工业经济区产品在国际市场具有比较优势。

尽管如此,中国在国际市场分工中仍处于相当低端的位置。第二次工业革命后,美德日英等工业国的经济实力进一步增强,与此同时与其他国家的经济差距也进一步拉大。工业国凭借其工业技术优势,在国际分工中日益占据优势主导地位。农业国被裹挟进世界市场后,只得依其自然资源及劳动力禀赋为工业国服务。尽管近代中国出口商品中不完全是原料,也有相当比重的制成品,但这些制成品几乎都是区域自然资源禀赋与劳动力资源结合的手工业品,与国际同类产品竞争中保有成本优势,从 20 世纪二三十年代以前中国夏布在朝鲜市场对日本人造丝所保有的优势即可见一斑。② 虽然夏布等手工业品在国际市场竞争中还具有一定的优势,甚至在与工业品的竞争中也不落下风,但这种竞争力是低水平的。与发达国家的良性循环相对的是,这是一恶性循环,使得中国与工业国的技术差距越拉越大。

---

① [美]舒马赫:《小的是美好的》,虞鸿钧、郑关林译,商务印书馆 1984 年版,第 115 页。

② 彭南生、李中庆:《中国近代夏布业何以衰落?——以 20 世纪二三十年代夏布输朝危机及其应对为分析视角》,《中国经济史研究》2016 年第 4 期。

部分区域专业化的手工业品需求弹性较大，使得其市场需求具有不稳定性，容易被其他相似性能的产品所替代。一方面由于手工业产品具有可替代性，其市场往往容易被其他产品所挤占；另一方面由于手工业产品受自然环境与生产能力所限，其产量无法满足日益增长的世界市场的需要。

抗战时期，中国大片领土被日军占领，桐油、猪鬃等产业的对外贸易出口大受影响，由于无法得到稳定的供应，美国等国积极寻求替代方案。抗战时期，“由于经济利益所驱使，近年以来南美各国植桐者大为增加，据查去年美国由阿根廷所输入之桐油，约在五百至八百吨之间，巴西之圣保罗州已于十五年前开始植桐，株数与日俱增，其南里约哥兰地之桐油工业亦已日见发展”。智利也是计划发展桐油业之国家，据智利政府宣称，该国中部及南部之气候及土壤均适于植桐，因此业已渐行发达。“一九四一年南非联邦桐油产量约达七吨，只可供南非所需数量之半，关于桐树株数，至今尚无精确之统计，在托兰斯瓦尔之乃鲁斯皮利地区曾设有一桐油研究站，以便促进托兰斯瓦尔、劳维德及纳塔耳各省若干地区植桐事业，据帝国学院化验结果证明，此数地区所产桐果含油量及品质均臻上乘。”①除了种植桐树，美国还发明了速干油漆，“系用人造树脂渗合亚麻仁油或无水蓖麻油而制成，可用以代替桐油”。美国薛尔文威廉姆斯公司负责人表示，此种油漆完全取决于其生产数量及出售价格，盖此项新油漆之速干抗水性能丝毫不亚于桐油。“于此项人造树脂，油漆之效用，据称可及桐油性能百分之九十五”，“查桐油为我国主要出口特产品之一种，从以近年来对外运输异常困难，出口顿减，国外售价高涨，致各种代替品一时风起云涌，颇有凌驾桐油而上之趋势”。②

人造猪鬃，美国 1917 年已开始研究。到抗战时，杜邦公司的大力研发，使其技术有了大的突破。1938 年，杜邦公司所研发的人造鬃，可以“制成不同

① 《南美及南非植桐近况：南美 ABC 三大国产量日增，南非桐果含油量及品质甚佳》，见财政部贸易委员会编《对外贸易参考资料》第 5 期，1944 年 11 月 10 日，重庆市档案馆藏，美丰商业银行档案，0296001400285000000l000。

② 《美国发明桐油替代品——速干油漆：价格性能均足为桐油之劲敌，国产桐油力求改进方可制胜》，见财政部贸易委员会编《对外贸易参考资料》第 8 期，1945 年 1 月 12 日，重庆市档案馆藏，美丰商业银行档案，02960014002850000001000。

的刚度,以适合各种需要”,但此时的人造鬃“从根到梢同样粗细”。珍珠港事变后,因交通阻断,中国的猪鬃无法运美,南美洲所产猪鬃又品质不佳,美国当局为制刷原料供应感到担忧。此时,杜邦公司“渐尖形”人造鬃(Tapered Nylon Bristles)经5年研究而于1942年成功。它是普通尼龙人造鬃的升级产品,制造工序比较复杂,需要在抽拉工序中,用不同的速度抽拉,使人造鬃产生粗细不同的形态。用这种人造鬃制造漆刷,除具备天然鬃同样的各种品质条件外,“且多几个优点:(1)成品均匀;(2)制耗减少;(3)经久耐用”①。这种人造鬃虽品质亦佳,只是成本比天然猪鬃高。②

杜邦公司为推广人造鬃,在美国《油漆家和装饰家》《美国油漆商》《钢铁器时代》及《油漆者》等著名杂志上登载全页广告,并印发专册,宣传尼龙油刷之优点。随着战时猪鬃供应的紧张,美国的尼龙技术进一步发展,除杜邦公司外,俄亥俄州乌士德毛刷公司宣称以尼龙制造油刷已告成功,“因其毫尖甚为锐利,当富有坚韧弹性,不但耐用,而用于油漆时亦能面面俱到,且收藏时不易蚀腐,故较猪鬃毛刷优良。惟尼龙格于原料及产量之限制否则将有取代猪鬃之势”③。“彼得斯堡电木玻璃公司亦发明一种人造猪鬃,为用于油刷中之纤维,名为Neoceta,Devoe Reynolds公司亦发明一种人造纤维名为Deraytex,其纤维中心系人造丝,外有醋酸盐外衣。此两种人造纤维之短处,在其仅能用于不起溶解作用之油漆方面,而尼龙则可抵抗一般房用油漆之溶解作用,故后者可用于一切油漆,而前二者则否。战后中国猪鬃销路可能甚大,惟其市场之大小,当以价格是否稳定为断。”④

替代品在其研制应用初期,往往成本较高。因而抗战时期,人造鬃与天然猪鬃形成互补,“天然猪鬃主要作用在供给短鬃刷,至长鬃生产数量则甚微少,故以人造鬃用作长鬃刷原料较为经济”。这是因为“猪身所产长鬃极少,

① 《猪鬃出口之技术改造》,《国际贸易》第1卷第8期,1946年。

② 《华府中美人士生丝猪鬃座谈会记录》,《贸易月刊》第5卷第3期,1943年。

③ 《乃龙油刷之前途:猪鬃业当急起直追,以便保持其固有市场》,见财政部贸易委员会编《对外贸易参考资料》第4期,1944年10月20日,重庆市档案馆藏,美丰商业银行档案,02960014002850000001000。

④ 《华府中美人士生丝猪鬃座谈会记录》,《贸易月刊》第5卷第3期,1943年。

故价格特高，而人造猪鬃则长短价格相仿，故长鬃以人造者为廉，而短鬃亦天然者为廉”。[①] 抗战胜利前夕，美国 4 寸以下天然猪鬃价格低于人造鬃，但 4 寸以上则高于人造鬃。[②]

抗战时期，美国之所以出现了对中国桐油、猪鬃的部分替代，是因为资源型产品成为稀缺资源并且价格高到一定程度时，其替代品的技术研发成本足以被抵消。因而虽然近代中国的手工业产品在国际市场上具有比较优势，但这是低水平的，并不能完全掌握定价权。列强的相关产业一旦感觉到对其形成窒碍时，就会寻求替代方案。若将视线延伸至现今，会发现这些产业大都已被其替代品完全或部分替代。

这也是由手工业的副业特性决定的。近代中国的手工业虽然具有比较优势，在相当长一段时期内在国际市场上占有很大份额。但其弊端也同样明显：一方面在于这种竞争力是低水平的，中国处于国际相关产业链的末端；另一方面，这一竞争力也只是暂时的，不具有永久性，更不能成为国民经济的支撑产业。

第二节　若干典型地区的手工业经济区

民国时期由于交通拓展、对外开放程度加深等因素的影响，因资源禀赋的差异，若干具有地域特色的手工业经济区进一步加强，在当地经济发展中发挥了重要作用。这些手工业经济区构成了区域分工的基础，促进了全国乃至全球商品经济的发展。

一、高阳手工棉纺织经济区

高阳位于冀中平原，西北距保定约 70 里，距天津约 300 里。清末民初逐步形成了以高阳为中心，分布在高阳县城四周约 40 里，包括高阳邻县蠡县、清苑、安新、任邱、肃宁等县部分乡村在内的高阳手工织布业经济区。高阳境

---

① 《华府中美人士生丝猪鬃座谈会记录》，《贸易月刊》第 5 卷第 3 期，1943 年。
② 《猪鬃出口之技术改造》，《国际贸易》第 1 卷第 8 期，1946 年。

内地势平洼,河流交叉,全年雨水的75%集中在夏季,常常引起河流泛滥,“十年九潦”反映了高阳水灾的频发性。高阳区内土壤碱性很重,离高阳县城十余里地方,“地上冒着白的细粒,远望如一层厚厚的霜。在高阳北区低洼之地,碱性更重,大地上似被着一层白雪似的”①,这样的土壤不仅不适宜种植水稻,甚至小麦、玉米、谷子等作物也不适宜。因此农作物产量很低,农民从种植业中所获得的收入极其有限。农民不得不在农业之外寻找其他补贴家庭生活费用的收入来源。20 世纪初,高阳的交通与通信事业虽不发达,但基本上能适应一般商业活动的需求。大清河流经高阳,直入天津,民船约 3 天时间可达津城。陆路方面,1921 年左右完工的津保汽车路从天津往南经高阳而达保定,全长 220 余公里,一般在春冬两季通行,夏季汽车停开。此外,高阳电报线路可直达天津、青岛及上海等地,长途电话亦可通天津、保定。

同高阳比较起来,同属华北平原的宝坻更加靠近通商大埠,该县位于天津和北京两大城市的等距离中心,交通更为便利。宝坻西北部地势较高,东南则为洼地,农业收成的丰歉受气候条件的影响很大,与高阳颇为相似。时人记述,“一届夏秋,即见水灾,为患农民,莫此为甚”,如 1917 年该县农田因水灾被淹没的面积达 1357000 亩,占可耕地面积的 50%,1931 年农田受灾面积为 1262000 亩,占可耕地面积的 46%。即使是雨水不多的年份,由于境内“河床高涨,亦时能成灾”,如 1932 年受灾农田达 743100 亩。② 宝坻可耕地面积为 2750000 亩,1933 年该县共有农业户口 51339 户,户均耕地面积 53.6 亩,从人均耕地的静态角度看,农民依靠农业收入应可基本维持生存。但是,这些可耕地并非平均地分配到每一农户家中,相反,土地占有严重不均,45%的农户耕种的土地面积只有 481250 亩,占所有耕地面积的 17.5%,户均耕地面积在 30 亩以下,如果考虑到水旱灾害等动态因素,可以肯定这部分农民依靠农业是不足以维持生计的。根据方显廷的调查,在宝坻,即使是耕地面积达 60 亩的农民,生活也是十分艰难的。他指出:“五分之四之农民,所有土地

① 吴知:《乡村织布工业的一个研究》,商务印书馆 1936 年版,第 6 页。

② 方显廷、毕相辉:《由宝坻手织工业观察工业制度之演变》,《政治经济学报》第 4 卷第 2 期,1936 年 1 月。

不过六十亩,除家用消耗之外,每年作物收入不过九十五元或每月八元,耕种家用之费,悉出于是,其艰难状况,可想而知。其中五分之二之农户,土地且不过三十亩,每年作物收入,除去一切家用之外,平均所剩不过八九元。是以大部农民田场所入,仅足自维生活必需,且甚有并此亦无以自给者。”[①]这些依靠农田无法维持生存的农户,必须在农业之外寻找其他副业收入,以贴补家庭开销。

高阳、宝坻所在的华北平原,棉花种植有着悠久的历史,至清代已成为全国重要的产棉区之一。丰饶的棉花为乡村手工纺织业的普遍存在提供了所需原料。据时人记载,同治年间,“在许多地方,有成群的人在田里采摘棉花,景色如画。时近黄昏,全家大小,父母子女,都背着棉花回家”[②]。的确,我们仿佛感觉到了当地农民背着棉花回家时的喜悦,他们背负着全家生存的希望,背回了在农业淡季就业的机会,接下来的冬季,全家老小会不间断地投入到年复一年的弹花、卷棉条、纺纱、织布等工作中,也许他们会为全家人添制一件新衣,并将多余的纱布拿到集市上出售,以换回油、盐等生活必需品。棉花是不利于用旧式运输工具进行长途贩运的商品,在传统经济时代,乡村纺织业的存在与棉花的种植是息息相关的,并因此成为农家最普遍的家庭副业。晚清年间的高阳,“不过是河北省一个小而且穷的三等县,人民以农业为主,但织布也是乡村间很早而普通的家庭工业。农民多利用当地所产棉花从事纺纱织布。因为机械的拙劣,生产能力极低,出品往往只供家庭自用,有余方赶集出卖,换些别的东西回家”[③]。

近代以来,尤其是清末民初时期,随着民族机器纺纱业的发展,河北棉花的种植面积与产量均迅速增长。表 8-2 是第一次世界大战前后华商纱厂联合会、直隶实业厅分别进行的调查统计。

① 方显廷、毕相辉:《由宝坻手织工业观察工业制度之演变》,《政治经济学报》第 4 卷第 2 期,1936 年 1 月。

② [英]威廉逊:《华北游记》,见李文治编《中国近代农业史资料》第 1 辑,生活·读书·新知三联书店 1957 年版,第 424 页。

③ 吴知:《乡村织布工业的一个研究》,商务印书馆 1936 年版,第 9 页。

表 8-2　第一次世界大战前后河北省棉花种植面积与产量

年份	华商纱厂联合会调查数据		直隶实业厅调查数据	
	植棉面积(亩)	产量(斤)※	植棉面积(亩)	产量(斤)
1916 年	—	—	3955524	184620930
1917 年	—	—	2578880	121032726
1918 年	—	2099381(担)	4886454	180322564
1919 年	6397000	268354150	5111509	358848813
1920 年	4391032	102223225	2980363	138844745
1921 年	4709963	181898771	2888420	140699536
1922 年	4351798	129509508	4159944	216572162
1923 年	3630654	94505924	4116524	314055578

资料来源:曲直生《河北棉花之出产及贩运》,商务印书馆 1931 年版,第 8—10 页,表 1、表 2。

※原表中的华商纱厂联合会调查之产量单位为担,重新制表时统一调整为斤,系根据该年每亩产量(斤)乘以该年植棉面积(亩)所得。

从可比较的年份来看,除 1923 年外,华商纱厂联合会统计的植棉面积都高于直隶实业厅的同类数据,但产量普遍低于直隶实业厅的统计,原因何在?或者说哪方面的调查更接近于历史真实呢?直隶实业厅的调查说明河北棉花亩产量很高,据上表的计算,1919 年至 1923 年历年的棉花亩产量分别为 70.20 斤、46.59 斤、48.71 斤、52.06 斤、76.29 斤(均为皮棉,一般来讲,每 3 斤籽棉出皮棉 1 斤),均大大高于华商纱厂联合会的调查数字,华商纱厂的皮棉平均产量分别为 41.95 斤、23.28 斤、38.62 斤、29.76 斤、26.03 斤。如果将两者对棉花亩产量的统计放在全国棉花单位面积产量的变动趋势中加以审视,那么,华商纱厂联合会的数据显然更接近历史真实。① 因此,不能排除

① 根据《农情报告》《农报》《民国三十七年农林统计手册》等近代文献综合计算,1931—1936 年每年每亩棉花平均产量分别为 28 斤、29 斤、30 斤、28 斤、27 斤、34 斤,20 世纪 40 年代也大抵徘徊在 30 斤左右。参阅严中平等编《中国近代经济史统计资料选辑》,科学出版社 1955 年版,第 361 页。

地方官吏为了突出其治绩而虚报产量,故其可信度不如华商纱厂高。但华商纱厂联合会的调查亦有缺陷,即河北主要产棉县区的遗漏,如御河区内的吴桥、南宫、东光诸县等均未列入,因此华商纱厂联合会的调查存在偏低之嫌。即使如此,河北省在全国棉花总产量中的比重仍十分重要。(见表 8-3)

表 8-3　河北棉田面积和棉产额与中国各省比较表

省　别	1919—1923 年平均棉田面积		1918—1923 年平均棉花产量	
	数量(亩)	占全国百分比(%)	数量(担)	占全国百分比(%)
江苏	12267267	38.81	2512243	31.55
湖北	4811560	15.22	1504822	18.82
直隶	4696089	14.86	1644126	20.50
其余各省	9828354	31.10	2323047	29.13
全国共计	31603270	100	7084238	100

资料来源:曲直生《河北棉花之出产及贩运》,商务印书馆 1931 年版,第 20 页,表 6。

在全国区域分工下,四川手工棉纺织业不如东部地区发达。1931 年四川棉花种植虽在全国居于第 6 位[①],但至全民族抗战前四川的棉花尚不能自给。在民国初年以前四川受工业化波及较小,手工棉纺织业仍能维持原有的地位。民国初年以后机纱入川,首先打破了农家手工纺纱制度,此后农家手工纺纱逐渐衰落。[②] 全民族抗战爆发前,四川所产棉纺织品不敷本地之用,每年棉纱布三项输入,价值达 3000 万—5000 万元之巨。[③] 四川与西康两省机纱消费量在 30 万—50 万担,本地生产能力有限,基本都由外地输入。1935—1937 年机纱年平均输入量近 43 万担。四川棉布原能自给,但由于日本机器棉纺织业在华迅速发展,大力向四川倾销,本地自产棉布不足以与之竞争,而不得不缩小生产规模甚至被迫停业。1919—1924 年平均每年入川棉布为 50 万—70 万匹,1925 年增至近 80 万匹,1926 年增至 100 万匹以上。此后虽略有跌

① 吕登平:《四川农村经济》,商务印书馆 1936 年版,第 243 页。

② 师曾:《四川之棉纺织工业》,《新新新闻每旬增刊》第 21 期,1939 年 2 月 1 日。

③ 胡竟良:《战时四川棉业问题》,《新经济》(半月刊)第 1 卷第 12 期,1939 年。

涨,但均未低于100万匹,至抗战前已达200万匹。[①] 四川地区的棉花之所以处于入不敷出的地位,一方面是受自然禀赋的制约,另一方面是受市场的影响。近代中国的经济中心位于长三角地区,大部分机器工业也集中于此。就棉纺织业而言,全民族抗战前,"它的分布,就省份来说,首推江苏,其次河北。就1927年的棉纺工厂来说,江苏43家,河北5家,湖北5家,河南4家,浙江3家,其余诸省为一二家甚至没有。当时华商纱厂共73家,江苏(当时包括上海)占据半数以上,其余各省均望尘莫及"[②]。全民族抗战前,日资纱厂与华资纱厂分庭抗礼,其分布与华资纱厂类似。由于当时交通状况并不发达,纱厂的分布,拉动并决定了周边棉花的生产,这主要是区域间运费所致。地理空间与区域自然资源禀赋共同决定了近代棉纺织产业的地区分布格局。

20世纪30年代,河北棉田面积起伏较大,据上海纱厂联合会的棉产统计,1931年河北棉田面积为2953000亩,1932年为5143200亩;张心一估计,1933年棉花种植面积8037000亩,在河北农作物种植总面积中占7%,逐年递增的趋势十分明显。[③] 与此相应,手工纺织成为河北农民家庭业农之余的一项主要副业。从地理上划分,河北棉产区分为西河、御河、东北河三区,其中西河区为河北省棉产区的重点。西河区居河北省西部及南部平原地带,"棉产额居河北全省总产量63%"。以1933年为例,"全国棉田为40454023亩,然西河区即有3961666亩,居全国棉田总面积10%",全国产棉"9774207担,西河区产746692担,居全国总额8%"。棉花为西河区农民的主要农作物,占农田总面积的57%,占作物总亩数的92.5%,而谷类作物面积仅占47.5%,棉花种植对于西河农民经济的重要性可见一斑。棉花绝大多数"皆输出销售,其为家庭消费者,如填塞絮棉,及纺线织布等者为量极微,仅占总收获3.8%,余96.2%,则概行出售"。[④]

---

① 毕相辉:《川康棉纺织业发展史简述》,《农本月刊》第58—59期合刊,1942年4月。

② 祝慈寿:《中国近代工业史》,重庆出版社1989年版,第32页。

③ 何廉:《棉产在河北农村经济上之地位》,见方显廷编《中国经济研究》,商务印书馆1938年版,第191页。

④ 叶谦吉:《西河棉花之生产及其运销概况》,见方显廷编《中国经济研究》,商务印书馆1938年版,第196页。

河北高阳、宝坻农民有纺线织布的传统。植棉的最初目的主要有两个：一是自家消费，耕织密切结合。如高阳县，“民质朴劲勇，不以浮华为习，而以耕织为生”①。二是在地方集市上出售换取现钱，以购买维持家庭生活所必需的日用品。如宝坻县，“惟勤于纺绩，无论老媪弱息，未尝废女红，或为邻家佐之，贫者多织粗布以易粟”②。棉花的收获期在阴历九月、十月之后，此时正值农业生产的淡季，纺纱、织布便成为农家妇女的主要副业，除去作为自家衣被所需布料、棉絮外，如有剩余，即在乡村集市上出售。也有一部分经济贫困的小农家庭妇女专门以买棉织布为业，因此植棉往往与织布互相刺激，在特定地点进行交易，“一部为卖棉的棉农，一部为收买布匹的商人，中间则为买棉卖布的织户”③。河北89个县在棉纱及铁轮织布机尚未输入的19世纪末期已普遍存在棉织业，“因棉花供给之近便及农民劳力过剩两个基本条件而组成各个独立的布线集市，以此种种集市为各个棉织区布匹生产关系之中枢，农家从此种中心集市购入以副业形式制造的土线，用家人的劳力以副业形式制造成布匹，直接的于各中心集市零售与当地的消费者，或售与小布贩及小资本家之收布商间接输入邻近的市场”④。棉花、土线、土布都限于本地集市这样一个相对封闭的农村经济圈内交易，区域外贸易并不占重要地位。1908年以前的高阳与其他各县无异，棉织业主要作为一种普遍存在的家庭副业。“农民多利用当地所产棉花，从事于纺纱织布。因为机械的拙劣（用最老式的木机），生产能力极低，出品往往只供家庭自用，有余方赶集出卖，换些别的东西回家。又因人工纺织，布匹粗糙不匀，长短宽窄不一，不能大量的行销远方。”⑤

如果说自然经济形态上的乡村手工纺织业的存在是与棉花种植业息息相关的话，那么，手工织布业中的半工业化则未必与棉花种植业如影随形。

---

① ［清］李其旋纂修：《高阳县志》卷1《舆地志·风俗》，清雍正八年（1730）刻本，第43页。

② ［清］洪肇楙纂修：《宝坻县志》卷7《风物·风俗》，清乾隆十年（1745）刻本，第2—3页。

③ 曲直生：《河北棉花之出产及贩运》，商务印书馆1931年版，第87页。

④ 毕相辉：《高阳及宝坻两个棉织区在河北省乡村棉织工业上之地位》，见方显廷编《中国经济研究》，商务印书馆1938年版，第670页。

⑤ 吴知：《乡村织布工业的一个研究》，商务印书馆1936年版，第9—10页。

从大的区域看,由表8-3可知,直隶棉田面积虽略低于湖北,但产量高于湖北,仅次于江苏,居全国第二位。江苏、河北依托本省棉花种植的优势,乡村手工织布业得到了很大发展,出现了半工业化现象。相形之下,棉花种植面积和产量与直隶不相上下的湖北,其境内虽然也普遍存在着乡村纺织业,却没有形成全国著名的手织业经济区,这一现象颇值得我们研究。从小的区域看,就河北而言,高阳、宝坻并非该省的植棉大县,但在清末民初却异军突起,形成远近闻名的、发展到半工业化阶段的乡村织布业。在这里,我们看到了产业分工所形成的比较利益,尤其是纺纱业与织布业的分离、地区间的分工格局所带来的好处。棉花种植所需时间相对较多,棉农获得的经济效益较高。相比之下,非植棉区或植棉较少的农村,农民必须依赖家庭纺织业才能维持生存。

为了更好地证实这一点,需要考察高阳、宝坻县的棉花种植面积与产量。1916年,直隶实业厅首次进行棉业统计。高阳、宝坻在该次调查的103个县中分别居第17位和第12位。[①] 另一项研究则表明,20世纪30年代前3年,高阳棉田平均种植面积为13059亩,产量3354担,在西河区42个县中排第34位[②],只是一个产棉小县,却是一个手工织布业大县。在这里,植棉业与传统的农民家庭棉纺织业的结合还是比较密切的。但如果说植棉传统一定会带来织布业的发达,并进而发展成为半工业化,也未必尽然。像高阳这样的产棉区域在近代中国还有很多,但它们并未像高阳那样形成全国著名的织布业经济区;有一些非主要产棉区域,却像高阳织布区一样以乡村织布业闻名全国,宝坻县就是一个有力的例证。无论是棉花种植面积还是产量,宝坻县区在河北均不占十分突出的地位,据上海纱厂联合会对直隶28个主要产棉县所作的调查统计,1919—1923年,宝坻县棉花年均种植面积为13116亩,年均产量为2950担,在28个县中均居第26位[③],如果加上该项调查所遗漏的

① 曲直生:《河北棉花之出产及贩运》,商务印书馆1931年版,第32—35页。

② 叶谦吉:《西河棉花之生产及其运销概况》,见方显廷编《中国经济研究》,商务印书馆1938年版,第199页。

③ 曲直生:《河北棉花之出产及贩运》,商务印书馆1931年版,第27—30页。

几个主要产棉县,如吴桥、南宫、东光诸县,则宝坻在河北棉花产量中的位次还要后移。实际上,宝坻的原棉即使全部纺成棉纱,也未必能满足宝坻乡村织布业的原料需求。这也充分说明,近代乡村手工织布业的半工业化并非必然在主要植棉区发生和发展。

二、环太湖蚕丝经济区

吴兴县位于浙北太湖之滨,境内西南多山脉,系天目山余脉,大小山脉近30座,东北多河湖,港湾交错,著名者有东苕溪、西苕溪。两溪分别发源于天目山南、北,流经吴县,入太湖。吴兴地质乃长江下游冲积平原,境内诸山均为泥盆纪千里岗砂岩分布区域,土质肥沃,宜于栽种稻、麦及桑树等经济作物,境内人口688525人(1933年该县政府抽查复查数字),田亩2016624亩(含田、地、山、荡四项,其中田1307723亩),人均耕田不足2亩,这就决定了该地农民必须精耕细作、集约经营。即使如此,也难以依靠农业生产维持生存,“力田不足以事畜,于是乎以丝佐谷”①。吴兴气候温和湿润,无严寒酷暑,常年温度在19摄氏度左右,降水充沛,雨量集中在5月—7月,全年有雨天130天左右,雨量1200毫升上下,主要集中在夏秋两季。深秋季节天高气爽,气候宜人,全年日照2125小时,积温5000摄氏度左右,无霜期约246天,水、温、光资源丰富,配置较协调,是得天独厚的蚕桑适宜地区。因此,吴兴农民素有种桑、养蚕、缫丝、织绸的习惯与技能。

据文献记载,吴兴县植桑饲蚕历史悠久,“约在千年以前,向为中国蚕桑区域之中心”②。从唐朝开始,“吴兴丝绢出产已甚发达。迨南宋偏安江左,长江以北,连年兵灾,蚕桑盛地尽被摧毁,江浙一带独得保全。元代统一南北,江南丝业愈甚。明清二代,改丝绢征课制度,丝绢生产乃益集中于江南”③。清康熙皇帝在1697年曾在《桑赋》中赞叹,吴兴所在的江南地区“桑林遍野,

① [清]汪日桢纂修:《乌程县志》,清光绪七年(1881)刻本,序,第3页。
② 中国经济统计研究所编:《吴兴农村经济》,1939年,第8页。
③ 中国经济统计研究所编:《吴兴农村经济》,1939年,第120页。

天下丝缕之供,皆在东南,而蚕桑之盛,惟此一区"①。吴兴境内的南浔、菱湖、双林等地已逐渐发展成为著名的专业蚕丝镇。

吴兴县水路交通发达,清代著名学者阮元(1764—1849)曾形容该地"交流四水抱城斜,散作千溪遍万家"。境内有可行驶轮船的重要航线16条,往返江浙各大城市及本县重要乡镇,其中干线6条。(见表8-4)

表8-4 吴兴境内重要水路干线

航线名称	途经地	往返航次	里程(里)	目的地
湖锡线	经吴兴大钱镇	30	160	无锡
湖苏线	经吴兴南浔镇	30	232	苏州
湖申线	经旧馆、南浔二镇	30	365	上海
湖杭线	经袁家汇、荻港、菱湖、双林、新市	30	180	杭州
湖长线	—	30	60	长兴
嘉湖线	经袁家汇、荻港、双林、乌镇	15	150	嘉兴

资料来源:中国经济统计研究所编《吴兴农村经济》,1939年,第7页。

注:水路中的湖锡、湖苏线均与京沪路连通。

太湖以西的江苏丹阳年平均日照时间为2077.4小时,年平均无霜期为242.3天,年均降水量为1065.8毫升,光、热、水资源都较为丰富,且雨、热同步,光照充足,对桑树生长极为有利。春夏季节频发的"桃花水""梅雨""台风雨"对桑树的发芽生长、抑制桑蓟马危害、获得较好质量的桑叶,都极为有益。这些因素综合起来使该地拥有了成为环太湖蚕丝业经济区的良好自然生态条件。丹阳蚕桑历史悠久,早在春秋战国时期就开始了蚕桑生产,鸦片战争后,随着生丝出口的增加,地方官吏曾大力提倡植桑,尤其在太平天国战争之后,"闲田既多,大吏采湖桑教民栽种,不十年,桑阴遍野,丝亦渐纯,岁获利以十数万计。西北乡民,在湖州业机坊者,归仿湖式织之,几可乱真"②。太

① 夏玉如、袁世君主编:《湖州蚕业史》(未刊稿),第14页。

② [清]凌焯等总修,徐锡麟等总纂:《丹阳县志》卷29《风土》,清光绪十一年(1885)刻本,第7页。

湖东南的嘉兴丝区地处北温带,“气候甚为温和,雨量甚富”,平均降雨量在1100毫米以上,适于栽培桑树和养蚕。①

环太湖历史悠久的蚕丝业孕育了独具特色的丝绸文化,历代描述丝绸的诗词不仅记载了手工业者的辛劳,也形象地描述了蚕丝业在农家经济生活中的重要地位。元朝赵孟頫《题耕织图二十四首》刻画了丝区人民丰年的喜悦。蚕农的五月,“老蚕成雪茧,吐丝乱纷纭。伐苇作薄曲,束缚齐榛榛。黄者黄如金,白者白如银。烂然满筐筥,爱此颜色新。欣欣举家喜,稍慰经时勤。有客过相问,笑声闻四邻”;业丝者的六月,“釜下烧桑柴,取茧投釜中。纤纤女儿手,抽丝疾如风。田家五六月,绿树阴相蒙。但闻缫车响,远接村西东。旬日可经捐,弗忧杼轴空。妇人能蚕桑,家道当不穷”。② 清代诗人李廷赓《春茧竹枝词》记载了他在丝区的所见所闻:“一路闲行看煮茧,车声轧轧遍茅厨。皎洁疑铺雪上花,换汤叮嘱袱频遮。丝头偶尔沾红色,利市传言到我家。尽欲收藏待价沽,白丝抱去换青蚨。乡村四月穷人少,真个黄金满地铺。一番辛苦尽堪当,彼此相逢问讯忙。”③蚕丝业不仅在诗人的笔下如此美好,更被当地传唱的民歌奉为神圣,如湖州民间流传的《马鸣王赞》唱道:

> 马鸣王菩萨化蚕身,上树吃叶无人晓,树头做茧白如银,凡人见了白茧子,是要收来传万村。男女见茧嘻嘻笑,上山采茧心欢喜。摘茧公公多欢心,请得巧匠就把丝来做。做丝须用拨温汤,做得细丝千万两,至今留下传万村。自有好人收好种,万古流传有名扬。冬天穿了浑身暖,夏天穿了自然凉。年年有了清明节,家家拜谢马鸣王。④

《扫蚕花地》则唱出了蚕丝业在当地农民经济生活中的重要地位:“东家老板真客气,挽起篮子走街坊。买鱼买肉买荤腥,东南西北唤丝娘。三十六

① 冯紫岗编:《嘉兴县农村调查》,浙江大学、嘉兴县政府,1936年,第5页。
② 《湖州丝绸志》编纂委员会编:《湖州丝绸志》,海南出版社1998年版,第437页。
③ 《湖州丝绸志》编纂委员会编:《湖州丝绸志》,海南出版社1998年版,第460页。
④ 《湖州丝绸志》编纂委员会编:《湖州丝绸志》,海南出版社1998年版,第462页。

部丝车两埭装,当中出条小弄堂。小小弄堂做啥用,东家娘娘送茶汤。脚踏丝车啊咕响,绕绕丝头掼在响叶上。做丝娘娘手段高,车车敲脱一百两。粗丝卖到杭州府,细丝卖到广东省。卖丝洋钿呒法数,扯了大木造房廊。姐姐造了绣花楼,倌倌造了读书房。高田买到杭州府,低田买到太湖上!"①盖房买田是普通农民的世代梦想,使他们梦想成真的便是蚕丝业。无怪乎湖州当地形成了举办织歌比赛的风俗。据载,"湖地凡有织机处,都盛行织歌。……明代,湖地流传的织歌《湖妇吟》等已很有名。花楼机上下二人操作,有节奏地对唱织歌,拉机则由织工与机旁'掸丝'的女工对唱。其曲调多为湖地民间谣曲。双林镇每逢清明节至端午节,已有举行织歌比赛的风俗。比赛在镇上明月桥畔举行。清同治后至民国初年,由双林绢业公所出面组织,赛期三天左右,歌手男女织工均有,以男工居多,在桥堍隔河对唱。故明月桥又有'歌浪桥'之名"②。除此之外,农谚中也积累了大量宝贵的养蚕、缫丝经验,如:"三月十六亮澄澄,老叶上羊棚。""饿煞大眠头,踏断丝车头。""出伙沿塘白,小满动三车。""清明龙公头,饿煞大眠头;清易又鹊口,买叶勿开口;清明白条,老叶白挑。""清明寒,只讲蚕;清明熟,只讲叶。"③这些都成为一种独特的地域文化,口耳相授,世代流传。可见,在吴兴、嘉兴、丹阳等环太湖农村中,缫丝、丝绸业不仅是一种重要的产业,而且成为一种重要的文化现象,融入了当地农民的生活之中。

三、皖南制茶手工业经济区

皖南是民国时期中国重要茶产区,因该地属砂质土壤,空气湿润,云雾笼罩,最适于茶树栽培。且该地山多田少,不适宜农业生产,因而农民"恒借植茶以为生"。皖南产茶区域有祁门、婺源、歙县、休宁、黟县及绩溪六县,其中祁门以红茶为主,其他五县以绿茶为主。就茶叶种植而言,婺源最大,祁门次之。(见表8-5)六县之茶均先集中于交通便利的休宁县屯溪镇,然后输出。

① 《湖州丝绸志》编纂委员会编:《湖州丝绸志》,海南出版社1998年版,第463—464页。

② 《湖州丝绸志》编纂委员会编:《湖州丝绸志》,海南出版社1998年版,第475—476页。

③ 冯紫岗编:《嘉兴县农村调查》,浙江大学、嘉兴县政府,1936年,第25页。

表 8-5 1933 年皖南六县茶叶种植面积与精茶产量估算表

县别	面积(亩)	精茶产额(担)
祁门	40000	22205
婺源	68000	34000
休宁	58559	29300
歙县	35872	18000
黟县	17094	6000
绩溪	15174	5500
合计	234699	115805

资料来源:李焕文《安徽祁门、婺源、休宁、歙县、黟县、绩溪六县茶叶调查》,《工商半月刊》纪念号,1936 年 1 月。

祁门县位于皖南山区,地貌以低山丘陵为主,占全县总面积的 75.9%。气候温暖湿润,日照较少,雨量充沛,年均降雨量 1700 余毫米①,适宜茶叶种植,且祁门地区地势连绵起伏,山高林密。由于地势较高,温差不大,透水性和保水性良好的红土壤,为生产高品质红茶提供了优越的自然条件。然而祁门所产茶叶皆为绿茶,直到 19 世纪 70 年代才开始生产红茶②,其后迅速发展,清末民初毛茶产量已达 6 万担,享誉世界市场。而市场所谓"祁门红茶",并非专指祁门一县所产之红茶,与祁门茶产地毗连的至德、贵池及江西的浮梁等县所产之红茶,因制法相同,形状相似,亦统称"祁门红茶"。而祁门红茶产区境内之居民以茶为主要收入者,实占绝对多数。据金陵大学农学院对祁门县 124 户茶农所做的调查,茶叶收入占到总收入的 48.9%。③

茶之制造先由茶农进行初步加工,而后由茶号进行精制加工。采茶之期,各地茶商云集,设庄收买毛茶,从事制造整理。其收买方式有三:(1)由茶

① 祁门县地方志编纂委员会办公室编:《祁门县志》,安徽人民出版社 1990 年版,第 62—66 页。

② 林小梅:《民国时期祁门红茶改良研究(1932—1941)》,华中师范大学硕士学位论文,2008 年。

③ 孙文郁、刘润涛、王福畴:《祁门红茶之生产制造及运销》,金陵大学农业经济系,1936 年,第 1—21 页。

号直接向茶农收买;(2)由茶贩向茶农收买运至茶行,由茶行介绍转售与茶号;(3)由茶号在乡间茶区设庄收买。皖南各县茶号总计600余家,其中以婺源最多,祁门次之,歙、休二县更次之。①(参阅表8-6)

表8-6 1930—1934年祁门、歙县、休宁、婺源四县茶号数量表

单位:家

年份	祁门县	歙县	休宁县	婺源县
1930年	90	114	109	332
1931年	114	112	69	275
1932年	182	95	97	292
1933年	130	81	67	232
1934年	106	87	49	未详

资料来源:李焕文《安徽祁门、婺源、休宁、歙县、黟县、绩溪六县茶叶调查》,《工商半月刊》纪念号,1936年1月。

四、浏阳手工鞭爆业经济区

浏阳位于湖南、江西两省交界处,因位于浏渭河阳面而得名。鞭爆为湖南特产,其制造发源于浏阳,形成了以浏阳为中心的鞭爆业手工业经济区。光绪初年已出口国外,当时培德厚爆庄在广州经营鞭爆,因广州为当时洋庄鞭爆交易中心,浏阳鞭爆业因此名扬海外,销路亦远达外洋。而后刘人熙在汉口设立妥丰永爆庄,后又数家爆庄设于汉口,为浏阳鞭爆打开了国内销路。1904年鞭爆出口1万余担,价值7万两,1911年出口增至5万担,价值亦增至90余万两。进入民国后,浏阳鞭爆业发展更为迅速。

浏阳所产鞭爆名目繁多,可分为平头、牛口、寸金、大炮四大类,其中平头又分为加花、红绿鞭、顿鞭三种。浏阳鞭爆发源于浏阳,后逐渐推广至周边各县,形成了浏阳河流域鞭爆手工业经济区,其产区包括湖南的浏阳、醴陵,江

① 李焕文:《安徽祁门、婺源、休宁、歙县、黟县、绩溪六县茶叶调查》,《工商半月刊》纪念号,1936年1月。

西的萍乡、宜春、万载等县。浏阳河鞭爆手工业经济区的形成,主要得益于原料自给、人工低贱、制造精工三个条件。鞭爆的主要原料爆纸产于浏阳、萍乡,白果纸与笋表纸则产于周边的衡山、益阳两县,硝则多采用当地所产之土硝,引线及其他原料皆为当地所产。湘赣北部交界区山多田少,农业生产无法维持农民日常生活运转,因此专业鞭爆者甚多,农民以制造鞭爆为副业者为数亦不少。鞭爆完全为手工制造,产品优良与否,全凭经验,浏阳鞭爆久负盛名,经验相传,制造精美。浏阳鞭爆手工业经济区内所产之种类各地不同,呈现一种地方分工现象。浏阳以加花为主,醴陵以红绿鞭为主,萍乡、宜春、万载三县则以顿鞭为主。

浏阳鞭爆市场遍布国内外,国内因地域关系,分为中、南、北三区,中部市场包括两湖各县市及长江流域、沪宁铁路、杭甬铁路沿线诸县市。南部市场有广东之广州、汕头、佛山,福建之厦门、福州、漳州、泉州等处,以广州、汕头、厦门、福州为主要市场。北方市场,有烟台、青岛、牛庄、营口、大连、旅顺、安东、天津、山海关等处,其中以烟台销量最大。国外则以越南、泰国、新加坡、印尼、印度、朝鲜等国为主要市场。

鞭爆业的繁荣带动了浏阳及其周边地区经济的发展,大量人口以此为业,在浏阳县城单是与鞭爆业相关的同业公会就有爆业公会、鞭爆业公会、爆业产业公会。爆业公会为鞭爆运商(即爆庄)所组织,爆庄皆集中于县城及县城对岸之南市街,共计 61 家。鞭爆业公会系鞭爆作坊所组织,乡间县城均有作坊。爆业产业公会系鞭爆工人所组织。除县城外,金刚镇鞭爆业也甚为繁荣,1919 年全镇输出鞭爆 4 万箱,价值 300 万元左右。其作坊遍布全镇,以此为业者比比皆是,普通农民无论男女老少,或全赖此以谋生计,或借此补生计之不足,因此即使遇到天灾,农业收入微薄,亦无饥饿危险。[①] 1948 年浏阳县 70 万人口,从事鞭爆业的就有 30 万人。[②]

浏阳鞭爆业的发展促进了这一地区劳动力的充分利用。鞭爆业工序繁多,分工细致,“自鞭爆原料之制造以至鞭爆之完成,共有手续 72 次”。其中

---

① 张人价编:《湖南之鞭爆》,湖南省经济调查所,1935 年,第 46—53 页。

② 《湖南的鞭炮业》,《益世报》(天津)1948 年 5 月 19 日。

一些复杂的工序需由专业工人完成,而一些简单的工序则可由农家妇女老少利用闲暇时间完成,以补生计之不足。这使得这一地区“平时不见乞丐,荒年绝少饥民”。①

五、西北手工皮毛业经济区

中国以东北大兴安岭东麓—辽河中上游—阴山山脉—鄂尔多斯高原东缘—祁连山脉—青藏高原东缘为农牧业分界,因自然条件所致,在广袤的西北地区形成了皮毛手工业经济区。

民国时期西北地区的新疆、青海、宁夏、绥远、察哈尔及陕北等以牧业为主业或主要副业,皮毛是其主要产品。西北是中国最为重要的畜牧区,也是最大的皮毛产地。畜牧以羊、牛、马、骆驼为主,毛绒以羊毛、羊绒、驼毛、驼绒为主,兼有猪毛、猪鬃等;皮以羊皮、牛皮、马皮、驴皮为主,兼有狗皮、猫皮等。

在新疆,据估计20世纪20年代末新疆有绵羊1100万—1200万只,山羊100万—150万只,牛100万头,马100万—200万匹,骆驼3万—5万峰,毛产量20万—25万担,家畜皮产量150万张左右。

在青藏高原,草场面积广大,类型多样,在高原自然生态下形成了独特的畜牧品种资源。因而畜牧种类繁多,有马、骡、黄牛、犏牛、牦牛、驴、山羊、骆驼、绵羊、猪等。据估计,20世纪30年代年产毛10万—15万担,家畜皮产量在150万张上下。

在甘肃,农牧兼营,畜牧是农民的主要副业,牲畜主要为羊、牛、马、骆驼等,皮毛是许多地方的主要出产。据估计,20世纪三四十年代,甘肃年产毛8万—10万担,家畜皮100万张左右。

在宁夏,民国时期的宁夏省不仅包括银川平原地区,还包括阿拉善旗和额济纳旗。据估计,20世纪40年代前期,宁夏毛产量3万担左右,家畜皮产量40万张左右。

察哈尔、绥远两省也是我国北方地区的畜牧和皮毛产区。据统计,1917

① 张人价编:《湖南之鞭爆》,湖南省经济调查所,1935年,第15、69页。

年两省有马近 14 万匹、牛 22 万余头、羊 142 万余只、驴近 4 万头。20 世纪 30 年代毛产量 3 万余担,家畜皮产量 30 余万张。

在陕北,畜牧是其主要产业。据估计,20 世纪 30 年代,陕北毛产量 5 万余担,皮产量 70 余万张。①

六、四川手工业经济区的多样性

四川地域辽阔,跨越了青藏高原、横断山脉、云贵高原、秦巴山地、四川盆地和鄂西、湘西山地多个地貌单元。其地貌特征是,西高东低,区域差异显著,山丘广布,地貌类型复杂,既有平原、丘陵,又有低山、中山、山原、高中山、高山、极高山和高原。自然环境的内部差异,造就四川丰富且具有内部差异的物产。② 四川手工业品种类丰富,在明代就已有出口,那时主要有生漆、苎麻、水牛皮、箱皮、牛胶、柞蚕 6 种。清代出口山货种类极多,乾隆时期又增加了白蜡、黄蜡、虎骨、豹骨、麝香、黑木耳 6 种;嘉庆时期,则增加了五倍子 1 种;咸丰时期,增加了白猪鬃、黑猪鬃、白木耳 3 种;光绪时期,随着重庆的开埠,增加的种类繁多,计有白鹤毛、杂皮、麂皮、杂骨、兔皮、人发、鸭毛、牛角、牛油、棕丝、棕绳、羊毛、黄牛皮、羊皮、竹参、胶渣、黄木耳、肠衣等数种。③ 在区域自然环境的内部差异下,四川形成了多个具有地方特色的手工业经济区。

(一)四川沿江桐油手工业经济区

民国时期美欧桐油需求增长,桐油因此成为四川最为重要的出口商品之一,形成了长江流域、嘉陵江流域与乌江流域三大桐油产区。以长江流域种植最为广泛,植桐达 500 万余亩,产量在 50 万—100 万担之间。四川桐油形成了以重庆、万州为中心,以交通便利之中小城镇为中转的市场体系。桐油自生产到出口,需经桐农、桐籽贩、榨坊、挑贩、油贩、油铺、过载铺、出口行等诸多环节,促进了当地商品经济的发展。桐油贸易促进了四川桐油榨坊业的

---

① 黄正林:《近代西北皮毛产地及流通市场研究》,《史学月刊》2007 年第 3 期。

② 刘清泉、高宇天主编:《四川省经济地理》,四川科学技术出版社 1985 年版,第 1—55 页。

③ 重庆中国银行编:《四川省之山货》上,中国银行总管理处经济研究室,1934 年,第 1—12 页。

发展,桐农在桐籽收获后除少部分自榨桐油或作其他用途外,80%以上集中于榨坊。因此榨坊遍布产桐各县,其中万县有700余家,忠县约有200家,宜宾有200余家。每百户桐农即有榨坊3—5家。[①]

(二)川东南夏布手工业经济区

四川东南部地区是近代中国主要苎麻产区之一,丰富的苎麻产量使得这一地区成为近代中国主要的夏布产区。民国以后夏布逐渐畅销,产量也因此提高,最高可达80万匹,最低也有50万匹,平均每年约60万匹。产地主要有隆昌、荣昌、内江、江津、中江、邻水、大足等县,其中以隆昌、荣昌、内江、江津、中江五县最为重要。近代四川夏布虽是手工作业,但其内部分工极为细密,农户农闲时绩麻,交由机户织布,再由漂坊、染坊、印花坊及浆坊依次加工,遂成夏布。在川东南地区也形成了一批以此为生的手工业者。

绩麻人户,可分四种:专以谋生者,多属贫苦家庭,全系妇女工作,如遇麻线价跌或不能出售,则生活立绝。补助家用者,此为绩麻人户中之最多者。其家庭虽有收入,但不敷支用,须赖绩麻以作补助。借习劳动者,中上人家之妇女,不恃绩麻为生,仍借以习劳动。自供服用者,产区男女服用之夏布,多属妇女自绩自织,或雇匠在家织造,即所谓家织布也。根据估算,隆昌、荣昌、内江、江津、中江5县共有绩麻人户3.6万家,近6万妇女参与其中。

机坊,可分专营和兼营二种。专营者,专以买入麻线,织布售出;兼营者概属农家。人口较多、经济较为宽裕的农户,自置织机一两部,再抽出一两男女,买线织造。农忙时则抽暇工作。售利若厚,亦常多置织机,多雇工人,大量织造。规模大的机房,约有20名工人,小的不过一两名工人。1935年隆昌等5县,共有机房约1400家。

精制业,包括漂坊、染坊、印花坊、浆坊四种,分办或者合办,皆系代人精制,不自作夏布交易。

民国时期川东南夏布手工业的繁荣,带动了夏布商业的发展,一批商人以此为业。夏布商贩分为四种:

---

① 彭书全:《抗战以前四川的桐油贸易》,《四川师范大学学报》(社会科学版)1988年第1期。

机坊,买进麻布,织成生布,即以售出。

贩商,俗称“麻布贩子”,无店址,无牌名,仅以个人名义经营,分为本地贩商和外县贩商两种。

铺商,分为产地铺商和外县铺商两种。产地铺商为夏布贸易之中枢机关,本地、外县、外省、外国之贸易,大都需经过产地铺商。外县铺商则是自产地采购夏布,运回本地销售。

出口商,以贩运夏布出省销售为业务,形成了陕西、北京、河南、广东、四川、山东等诸多商帮。[①](参阅表8-7)

表8-7　1922—1934年四川省夏布出口数量

单位:担

年份	出口量	年份	出口量
1922年	12248	1929年	11594
1923年	10987	1930年	14073
1924年	9861	1931年	11000
1925年	14014	1932年	9000
1926年	11200	1933年	8500
1927年	14666	1934年	11000
1928年	10542		

资料来源:重庆中国银行编著《四川省之夏布》,中国银行总管理处经济研究室1936年,第215页。

(三)夹江造纸手工业经济区

民国时期,四川手工造纸业甚为繁荣,其中以夹江纸最为精美,质量佳者,可与洋纸媲美。夹江县2/3的人口以此为业,产品“销行叙泸一带,颇为畅旺”[②],其工艺只父传子,其他即使是至亲好友亦不传授。夹江造纸以当地白葭子为主要原料,在四月间雇用工人将所买竹木砍伐运回,和石灰、漂白

① 重庆中国银行编著:《四川省之夏布》,中国银行总管理处经济研究室,1936年。

② 《四川夹江县之纸业》,《蜀评》第4期,1925年3月。

粉、桦叶等泡洗。工作程序:将竹子置于清水池中浸泡一个月左右,俟面青完全变黄为止,然后用铁锤将之锤成竹麻,下入锅内,用石灰20斤,以沸腾为度,滤干入臼撞细,即成纸浆。加漂白粉,置纸槽内,即可制纸。[①] 民国初年以后,在洋纸的冲击下,夹江纸的销量日渐萎缩,相继失去了云南、重庆等市场,使得以此为业的农民生计停绝,行将破产。[②] 1932年,夹江城内有纸商八九十家,四川省内的主要市场成都约有庄客40家,叙泸两地次之,亦有庄客数家。[③] 到抗战时期,由于大后方物资的匮乏,夹江纸业较之战前有所发展,产量达到6000—8000吨,云南、重庆市场也因此得以恢复。[④] 但抗战胜利后,夹江造纸业又急剧衰落,1946年造纸槽户从抗战时期最高的七八千家减少至1500余家,1949年进一步减至二三百家。[⑤]

第三节　手工业与区域经济

民国时期,中国工业发展不尽充分,手工业在经济结构中的比重远超工业,国内市场流通的国货制成品仍以手工业品为主,手工业在区域经济发展中发挥了重要作用。手工业成为地方政府税收的重要来源之一,为维持地方经济和财政,各地方政府纷纷制定相应政策保护手工业的发展。而手工业的兴衰不仅影响区域经济结构的变迁,其贸易的发展对近代中国的城市化进程也起到了一定的促进作用。

一、地方政府手工业税的征收

在近代中国机器工业发展不充分的情况下,手工业成为地方政府财政收入的重要来源之一。军阀割据的民国时期,地方政府需依靠本地商业税收来

① 《夹江纸业调查》,《四川月报》第6卷第2期,1935年2月。
② 《夹江纸业破产》,《四川月报》第8卷第6期,1936年6月。
③ 《夹江纸业概况》,《中央日报》1932年7月5日。
④ 任治钧:《夹江手工纸的产销概况》,《夹江文史》第1辑,1986年,第1—9页。
⑤ 颜俊儒:《近代中国传统造纸业的嬗变——以四川省夹江县为例》,四川大学硕士学位论文,2005年。

维持其统治,这使得在区域商品市场中占有重要地位的手工业品成为重要的征税对象。1928年,天津市商会在请求河北省政府及天津市政府减免猪鬃税时指出,“津埠之税捐愈重,国家之收入愈减,情因河头为输轨交通之区,自天津增加捐税,猪鬃大半起运东行,由秦皇岛、营口两处出口,由津出口者,不过十之一二,避重就轻,理所必然”①。河头镇猪鬃业者若按旧例交税,政府税收也会相应增加。② 天津市政府在增加猪鬃税捐时,也会想到对天津猪鬃业的负面影响,从而影响其长期收入,但为了一时所需,就顾不得那么多了。天津警备司令部分别请交天津京津卫戍总司令部行辕及天津特别市公署处理。③ 天津猪鬃业者的减税请求,被河北省政府拒绝。④ 1936年5月1日,天津市皮毛牙税局为增进税收起见,将猪鬃牙税特另厘定,2寸猪鬃由0.63元增加至0.84元,2.5寸由1.61元增加至1.82元,5寸由4.06元增加至7.70元,5.25寸以上由5.68元增至8.4元。⑤

重庆是四川猪鬃的集散市场,抗战前“生货贩运至渝,沿途均有捐税,轻者每担二十元。省外运入,则有多至六七十元一担者。熟货以重庆出口税为例,计国税有海关正副税,地方税有二五税、统捐税、护商税、印花税、江防税、马路捐、自来水、电力厂、万县乐捐、剿赤费、盐余公债等”。总计每箱生鬃需缴纳20元,出口时还需缴纳60元,一共需要缴纳80元。其成本合计210元,税收占其成本的38%。每箱猪鬃售价大概250元,税收占到其售价的32%,税率非常高。⑥ 商人为了避税,在运输时多通过各地邮局寄送,“虽不经济,但亦可免除沿途之苛捐杂税”⑦。猪鬃税率各地也并不统一,上海的税率就低于

---

① 《请减收猪鬃税》,《益世报》1928年7月14日。

② 《为猪鬃征收税事致天津总商会呈》,1928年7月,天津市档案馆藏,天津市商会档案,J128-3-008786-106。

③ 《为查照猪鬃减税以利商运事致天津总商会函》,1928年7月22日,天津市档案馆藏,天津市商会档案,J0128-3-008786-104。

④ 《为请查照猪鬃征收税事致丰润县河头镇商会函》,1928年9月1日,天津市档案馆藏,天津市商会档案,J0128-3-008786-107。

⑤ 《猪鬃增加牙税:订于昨日起实行,鬃商反对请收回成命》,《益世报》1936年5月2日。

⑥ 《四川之猪鬃业》,《四川月报》第3卷第4期,1933年10月。

⑦ 《汉市猪鬃、苎麻两业调查》,《检验月刊》第9—12期合刊,1934年。

四川。[①]

到全民族抗战前夕,“重庆猪鬃在内地运输时,所纳之捐税至为繁复”。四川猪鬃价格较其他省高,一方面是因为其品质好,另外一方面与“川省捐税之繁杂,实亦不无相当之影响”。这主要是因为四川“政权为军阀所操纵”,“各区长官纷纷任意指定地点,设卡征厘,税卡之多屈指难数,由成都购100元之猪鬃运往重庆,途仅820里,然沿途所纳之捐税,约在100元左右。盖在此800里中之税捐关卡,竟有50余处之多,平均每10余里即有税收之机关也”。1935年,“川政改革后,苛捐杂税虽革除不少,然税额仍未见若何减低”。[②] 1935年川康边防军指挥部以“缺乏生产事业基金”为由,“于肉税正征之外,每猪附加鬃毛数两,集少成多”。名义为征税,实际就是为控制猪鬃资源。“将雅安、汉源、西昌、会理、康定五区划为全成区之中心地,以便集中鬃毛。每区设一肉税经收处,主持一切,规定无论屠宰售卖,或冠婚年节,所宰猪只,除照常纳税外,每猪仍须缴纳猪毛数两,交由各地肉税经收员,层缴肉税监查处”,违者以偷漏论罚。[③]

表 8-8 黑鬃生货每百斤自成都至重庆税捐表

单位:元

经过地段	税目	税额
成都	财政局统捐	1.500
	剿赤	0.150
	附加印花	0.030
	成华税捐	0.300
	剿赤	0.030
	附加印花	0.006

① 《猪鬃(未完)》,《国际贸易情报》第2卷第11期,1937年。
② 《猪鬃(未完)》,《国际贸易情报》第2卷第11期,1937年。
③ 《西康实行征收猪鬃税》,《川边季刊》第1卷第1期,1935年。

续表

经过地段	税目	税额
米市坝	护商	0. 500
	剿赤	0. 050
	附加印花	0. 010
	国税印花	0. 300
	剿赤	0. 030
	附加印花	0. 006
高市坝	护商	1. 400
	剿赤	0. 140
	附加印花	0. 030
	国税印花	0. 500
	剿赤	0. 050
百子庙	护商	0. 900
	剿赤	0. 090
	附加印花	0. 020
青木关	川东护商	0. 900
	剿赤	0. 090
	附加印花	0. 020
	铜梁山防	0. 900
	剿赤	0. 090
	附加印花	0. 020
	璧山山防	0. 900
	剿赤	0. 090
	附加印花	0. 020

资料来源:《猪鬃(未完)》,《国际贸易情报》第 2 卷第 11 期,1937 年。

表 8-9　黑猪鬃每百斤自广安至重庆捐税表

单位:元

税目	广安	三汇镇	白庙子
统捐		0.300	
护商	1.200		
剿赤	0.120	0.030	0.050
附加印花	0.024	0.006	0.010
峡防			0.255

资料来源:《猪鬃(未完)》,《国际贸易情报》第 2 卷第 11 期,1937 年。

表 8-10　黑猪鬃每百斤自泸县至重庆捐税表

单位:元

税目	税额	税目	税额
统捐	1.75	川南护商	2.98
剿赤	0.18	剿赤	0.30
附加印花	0.03	附加印花	0.06

资料来源:《猪鬃(未完)》,《国际贸易情报》第 2 卷第 11 期,1937 年。

表 8-11　重庆白猪鬃税捐及外缴表

单位:元

项目	关税	内地税		统捐		护商		印花(件)	自来水马力厂(百斤)	同业捐(件)	水脚(百斤)	拨脚(件)	小工力(件)
		百斤	剿赤捐	百斤	剿赤捐	百斤	剿赤捐						
2 寸	50.85	13.56	1.36	2.40	0.24	1.00	0.10	0.01	9.76	0.80	3.08	0.15	0.30
2 寸 25	61.30	16.28	1.63	2.40	0.24	1.00	0.10	0.01	11.74	0.80	3.08	0.15	0.30
2 寸半	87.53	23.34	2.33	2.40	0.24	1.00	0.10	0.01	16.81	0.80	3.08	0.15	0.30
2 寸 75	109.35	29.16	2.92	2.40	0.24	1.00	0.10	0.01	21.00	0.80	3.08	0.15	0.30
3 寸	131.10	34.96	3.50	2.40	0.24	1.00	0.10	0.01	25.17	0.80	3.08	0.15	0.30
3 寸 25	153.30	40.88	4.09	2.40	0.24	1.00	0.10	0.01	29.43	0.80	3.08	0.15	0.30
3 寸半	174.87	46.62	4.66	2.40	0.24	1.00	0.10	0.01	33.57	0.80	3.08	0.15	0.30

续表

项目	关税	内地税		统捐		护商		印花（件）	自来水马力厂（百斤）	同业捐（件）	水脚（百斤）	拨脚（件）	小工力（件）
		百斤	剿赤捐	百斤	剿赤捐	百斤	剿赤捐						
3 寸 75	196. 95	52. 52	5. 52	2. 40	0. 24	1. 00	0. 10	0. 01	37. 81	0. 80	3. 08	0. 15	0. 30
4 寸	223. 13	59. 50	5. 95	2. 40	0. 24	1. 00	0. 10	0. 01	42. 84	0. 80	3. 08	0. 15	0. 30
4 寸 25	253. 73	67. 66	6. 77	2. 40	0. 24	1. 00	0. 10	0. 01	84. 72	0. 80	3. 08	0. 15	0. 30
4 寸半	284. 53	75. 82	7. 58	2. 40	0. 24	1. 00	0. 10	0. 01	54. 59	0. 80	3. 08	0. 15	0. 30
4 寸 75	319. 43	85. 18	8. 52	2. 40	0. 24	1. 00	0. 10	0. 01	61. 33	0. 80	3. 08	0. 15	0. 30
5 寸	350. 18	93. 39	9. 34	2. 40	0. 24	1. 00	0. 10	0. 01	67. 23				

资料来源：《猪鬃（未完）》，《国际贸易情报》第 2 卷第 11 期，1937 年。

表 8-8 至表 8-11 为四川省猪鬃在内地运输，集中重庆时，沿途所纳各种税捐之情形，至于重庆猪鬃输出时之捐税及外缴则见表 8-12。

表 8-12　重庆黑猪鬃捐税及外缴表

单位：元

项目	关税（百公斤）	内地税		统捐		护商		印花（件）	自来水马力厂（百斤）	同业捐（件）	水脚（百斤）	拨脚（件）	小工力（件）
		百斤	剿赤捐	百斤	剿赤捐	每件	剿赤捐						
扎子	8. 78	0. 24	2. 34	2. 40	0. 24	1. 00	0. 10	0. 01	1. 68	0. 80	2. 80	0. 15	0. 30
2 寸	12. 00	0. 32	3. 20	2. 40	0. 24	1. 00	0. 10	0. 01	2. 30	0. 80	2. 80	0. 15	0. 30
2 寸 25	14. 30	0. 38	3. 80	2. 40	0. 24	1. 00	0. 10	0. 01	2. 74	0. 80	2. 80	0. 15	0. 30
2 寸半	17. 70	0. 47	4. 72	2. 40	0. 24	1. 00	0. 10	0. 01	3. 40	0. 80	2. 80	0. 15	0. 30
2 寸 75	22. 20	0. 51	5. 12	2. 40	0. 24	1. 00	0. 10	0. 01	4. 26	0. 80	2. 80	0. 15	0. 30
3 寸	28. 80	0. 77	7. 70	2. 40	0. 24	1. 00	0. 10	0. 01	5. 54	0. 80	2. 80	0. 15	0. 30
3 寸 25	36. 60	0. 99	9. 36	2. 40	0. 24	1. 00	0. 10	0. 01	7. 02	0. 80	2. 80	0. 15	0. 30
3 寸半	46. 23	1. 23	12. 30	2. 40	0. 24	1. 00	0. 10	0. 01	9. 43	0. 80	2. 80	0. 15	0. 30
3 寸 75	55. 65	1. 48	14. 84	2. 40	0. 24	1. 00	0. 10	0. 01	10. 69	0. 80	2. 80	0. 15	0. 30
4 寸	65. 33	1. 74	17. 42	2. 40	0. 24	1. 00	0. 10	0. 01	12. 60	0. 80	2. 80	0. 15	0. 30
4 寸 25	75. 00	2. 00	20. 00	2. 40	0. 24	1. 00	0. 10	0. 01	14. 40	0. 80	2. 80	0. 15	0. 30
4 寸半	86. 40	2. 30	23. 04	2. 40	0. 24	1. 00	0. 10	0. 01	16. 58	0. 80	2. 80	0. 15	0. 30

续表

项目	关税（百公斤）	内地税		统捐		护商		印花（件）	自来水马力厂（百斤）	同业捐（件）	水脚（百斤）	拨脚（件）	小工力（件）
		百斤	剿赤捐	百斤	剿赤捐	每件	剿赤捐						
4 寸 75	99.48	2.63	26.26	2.40	0.24	1.00	0.10	0.01	19.48	0.80	2.80	0.15	0.30
5 寸	110.00	2.93	29.34	2.40	0.24	1.00	0.10	0.01	21.12	0.80	2.80	0.15	0.30

资料来源:《猪鬃(未完)》,《国际贸易情报》第 2 卷第 11 期,1937 年。

猪鬃在上海出口时,“其所纳之出口捐税共有三种,即:(1)出口正税;(2)附加税;(3)浚浦税是也。出口征收为从价征收 7.5%,附加税则为依照正税税率征收 10%,至浚浦捐则为代浚浦局征收者,其捐率为按正税收 3%。猪鬃在外国进口时,以其为原料品之故,故各国均免除进口税,以示优待”[①]。这也就是说,猪鬃在中国的税额远远高于其在进口国所纳者。

一个现代型政府税收政策的制定,理应以经济发展为宗旨,但近代中国政府特别是地方政府在制定税收征收标准时,往往以增加政府财政收入为第一目标。猪鬃成本除税收外,主要是手工整理费用,是手工业无疑。1933 年湖北省政府在制定营业税率时,将猪鬃归于“物品贩卖之列”,将其税率定在千分之八,而不是按手工业品征收千分之五。汉口市猪鬃业者请求“改照手工业千分之五纳税”,但这一合理的请求并未被湖北省财政厅采纳。[②] 1935 年 7 月 1 日起,汉口市营业税局开始对猪鬃征收出口税。[③]

抗战时期,国民政府对猪鬃施行统制,为鼓励出口起见,同时对猪鬃免征出口税。[④] 但在抗战初期猪鬃内地税仍然很高,1931 年由荣昌到重庆需经 8 次关卡,征税极重,全民族抗战后,“虽仅经一次,但税仍重”[⑤]。在湖北北部,“猪鬃之税捐,可分省税与国税两种,省税有营业税、商埠捐,前者之征收,以

① 《猪鬃(未完)》,《国际贸易情报》第 2 卷第 11 期,1937 年。

② 《函复汉市商会猪鬃业请照当年营业金额完税及改定税率均难照准》,《湖北财政季刊》第 4—6 月期,1933 年。

③ 《汉市征收猪鬃出口税》,《汉口商业月刊》第 2 卷第 7 期,1935 年。

④ 《财部核准白猪鬃免征出口税》,《四川经济月刊》第 11 卷第 1—2 期合刊,1939 年。

⑤ 《猪鬃产销概况》,《四川经济月刊》第 11 卷第 1—2 期合刊,1939 年。

货物营业总收入额为标准者，则征收营业税千分之三十，以货物资本金额为标准者，则征收营业税千分之四十，猪鬃之营业税，大都依货物营业总收入额之标准征收之，商埠捐系比照营业税额征收，均由卖方缴纳，征收机关系各县税务局"[①]。全民族抗战初期依然需缴纳出口税，1938 年 12 月和昌洋行 12000 元猪鬃出口时，交了 89.02 元的附加税和特税，营业税、检验费两项 135.19 元，总计 224.21 元，税率为 1.87%，税率还是比较低的。[②]

1938 年 10 月 2 日起，财政部批准经济部设立的川渝猪鬃股份有限公司免除出口税的请求，期限为 1938 年 10 月 2 日至 1943 年 10 月 1 日。[③] 而后生鬃转口税也得以免除，但仅限于有猪鬃内地转运证的，"无证转运之生鬃自应一律征收转口税"。对有证之生鬃，"售交贸易委员会核准登记之猪鬃商号洗房时，应由该商号洗房向售户收取税单，照数付还所缴转口税款。该商号洗房将所收生鬃制成熟鬃售与富华公司时，应检付所收生鬃转口税单。由该公司逐件出具证明文件交由该商号洗房于征税之日起六个月内饬同税单，请原转口税关处如数退税，其无该公司证明文件者，概不退税，以示区别"[④]。

太平洋战争爆发后，财政部为便利国营机关、民营商号之购运与税收机关之查征，对于征收统税特颁数项办法。由财政部税务署登报公告，并电饬各级税务机关照办，并由缉私署分电饬各缉私机关知照。[⑤] "生鬃免征统税听鬃商自由运行"，为防止"不肖鬃商，利用免税公告，起运 10 市担以上生鬃，不颁内地转运证，逃避统制□将不满 10 市担者运往战区资敌起见，经分电缉私署及关税署饬属如遇鬃商运行生鬃，仍应注意统购统销办法第七条之规定严

① 《鄂北猪鬃产销概况》，《贸易月刊》第 4 卷第 2—3 期合刊，1942 年。

② 《为拨交协兴公号猪鬃贷款致聚兴诚银行万县分行的函》，1938 年 12 月 8 日，重庆市档案馆藏，聚兴诚商业银行档案，02950001017320000170000。

③ 《关于检送猪鬃股份有限公司制造漂白专制权实行日期致四川省政府的咨》，1938 年 12 月 9 日，重庆市档案馆藏，重庆市警察局档案，00610015001340000100000。

④ 《关于检发购进猪鬃证明书式样致重庆关税务司的电》，1941 年 7 月 31 日，重庆市档案馆藏，重庆海关档案，0351000100422000005 0。

⑤ 《美国实施猪鬃管制近况》，《贸易月刊》第 4 卷第 10 期，1943 年。

格执行。”[①]1942 年 11 月开始,生鬃统税也被免除[②],但熟鬃仍需缴纳统税[③]。猪鬃在未出口前,只要有转运证,除可免税通过海关外,在内地转运时其他沿途税收机关只要有复兴商业公司的证明函件,即可免税放行。[④]“惟若于海关对此项转运免税货物仍予纪录,于年终时对原报运机关之转口数量及出口数量,就其差额补征转口税。”但只要有贸易委员会所发出口货物证明书,就无须再补税。[⑤]总体而言,抗战时期猪鬃的税收是非常低的,1944 年 1—6 月,复兴商业公司重庆猪鬃厂总计缴税不过 58.31 元。[⑥]

虽然国民政府有多项免税规定,但一些地方政府仍存在不执行或者晚执行的情况。如万县及青木关在生鬃统税被免除后,仍继续征收。[⑦]与国民政府在大后方对猪鬃施行轻税不同的是,汪伪政府在沦陷区仍对之施行重税。1942 年 3 月 6 日,汪伪政府颁布《桐油、茶叶、猪鬃、禽毛临时特税暂行条例》,规定猪鬃须从价征收 15%的临时特税,“凡由未施行特税区域内之桐油、茶叶、猪鬃、禽毛运销已施行特税区域内时,应向入境最先经过之特殊征税机关报完临时特税方准运销”。此外还需缴纳关税(包括转口税)。[⑧]

抗战胜利后,国民政府取消了对猪鬃的统制,但猪鬃出口停滞不前,古耕

① 《复兴商业公司成都办事处猪鬃洗制厂等关于猪鬃运输及统购统销的往来函电》,1943 年,四川省档案馆藏,复兴商业公司成都办事处档案,M105—69。

② 《关于改善猪鬃统税征收办法致复兴商业公司泸县储运站的代电》,1943 年 7 月 8 日,重庆市档案馆藏,复兴商业公司档案,03620002000050000077。

③ 《税务署准生鬃免征统一税由商民自由运销重庆市商会工作会报记录万县查缉所呈查缉员计振华办事疏忽案》,1944 年,四川省档案馆藏,财政部缉私署档案,M4—1646。

④ 《关于检发复兴商业公司重庆猪鬃厂空白证明函件并准予免税放行猪鬃的训令》,1943 年 2 月 15 日,重庆市档案馆藏,财政部重庆直接税局档案,02730001007670000092。

⑤ 《关于嗣后对于桐油猪鬃、茶叶报运转口除供内销者照征转口税外,桐油、猪鬃应凭贸易委员会所发桐油甲种转运证即猪鬃内地转运证外销致重庆关监督税务司的代电》,1941 年 4 月 22 日,重庆市档案馆藏,重庆海关档案,03510001004260000036。

⑥ 《关于抄送第 127 号来往存款户 1944 年上期扣缴所得税额致复兴公司、重庆猪鬃厂的函》,1944 年 8 月 7 日,重庆市档案馆藏,邮政储金汇业局重庆分局档案,02900005000410100029。

⑦ 《税务署准生鬃免征统一税由商民自由运销重庆市商会工作会报记录万县查缉所呈查缉员计振华办事疏忽案》,1944 年,四川省档案馆藏,财政部缉私署档案,M4—1646。

⑧ 《桐油、茶叶、猪鬃、禽毛临时特税暂行条例》,《安徽省政府公报》第 142 期,1942 年 5 月 16 日。

虞认为这是税收过重所致。[①] 如猪鬃的营业税由战前的8‰增加到15‰。[②] 古耕虞指出："欧美各国，极重视出口事业，为奖励出口事业，甚至加以津贴。我国的出口商，虽然不能说要政府津贴，至少政府应加以爱护，实行减税。"[③] 上海猪鬃出口商也"请求当局减免猪鬃出口税率"，财政部将呈件交与国定税则委员会再行审定。[④] 1946年6月，无锡商会主席钱孙卿电请经济部，请求"政府当局豁免皮毛、猪鬃已征营业各税，剔除新增货物税"[⑤]。1946年8月19日，"复经最高国防会议议决取消出口税"[⑥]。

1946年，天津市猪鬃整理工业同业公会向天津市财政局、天津市直接税局及国民政府财政部请求免缴行商营业税及一时利得税，其理由是既然"上年豁免出口税"，但又"于各项应缴税捐之外，无端再课以比较出口税高出若干倍之行商营业税及行商一时所得税"，"致有苛敛重征之感"，是不合理的。[⑦] 而猪鬃整理工业收佣微薄，对于行商营业税及印花税无力负担，"请财政部及直接税局，准予免征行商营业税"[⑧]，而且"不惟鬃商无力负担，与政府奖励扶助出口之政策有所抵触"。[⑨] 与此同时，猪鬃业最为集中的河头、胥各庄两镇商会也"呈请关系当局豁免"行商营业税[⑩]，财政部及天津直接税局表示"行栈业依法应按佣金收入额课征营业税，各地一律照办。所请免税一节，

---

① 古耕虞：《半月来之猪鬃市场（民国三十五年七月上半月）》，《国际贸易》第1卷第8期，1946年。

② 《江苏省无锡县商会电请免征皮毛猪鬃营业货物两税并予低利贷款的文书》，1946年6月—1946年9月，中国第二历史档案馆藏，经济部档案，全宗号四，案卷号27958。

③ 古耕虞：《半月来之猪鬃市场（民国三十五年七月上半月）》，《国际贸易》第1卷第8期，1946年。

④ 《猪鬃外销渐见起色：利用空运增强输送量》，《商业月报》第22卷第1期，1946年。

⑤ 《江苏省无锡县商会电请免征皮毛猪鬃营业货物两税并予低利贷款的文书》，1946年6月—1946年9月，中国第二历史档案馆藏，经济部档案，全宗号四，案卷号27958。

⑥ 古耕虞：《半月来之猪鬃市场（民国三十五年八月上半月）》，《国际贸易》第1卷第10期，1946年。

⑦ 《第一区猪鬃整理工业同业公会请免报缴营业税及一时所得税的文书》，1947年5月—1947年7月，中国第二历史档案馆藏，经济部档案，全宗号四，案卷号27852。

⑧ 《为免征猪鬃业行商营业税事致财政部呈》，1946年10月23日，天津市档案馆藏，天津市商会档案，J0128—2—000840—013。

⑨ 《关于免征税事提请公决的提案》，1946年，天津市档案馆藏，天津市商会档案，J0128-2-000999-011。

⑩ 《为表决免征行商营业税提案致市商会整委会函及提案等》，1946年9月29日，天津市档案馆藏，天津市商会档案，J0128-2-000840-011。

碍难照准"①。其实这一结果是天津猪鬃整理工业同业公会意料之中的,其呈请一方面是为免税,另一方面免税不成,可以打时间差,在未奉批前,可以不认缴。② 重庆情况与天津类似,重庆市猪鬃业同业公会"以业务亏累,营业税实难负担",要求免征营业税,改按资本课税。③ 汉口市猪鬃业同业公会拟援照出口货免税办法,请求政府豁免营业税,在得知重庆市猪鬃业要求免征营业税改征资本税后,认为"他山之石可以攻玉",请重庆市商会"赐将猪鬃业奉准政府改征资本税明令,抄寄见示,俾敝会奉为圭臬,借有遵循"④。

不仅猪鬃商人需要缴税,猪鬃整理工业工人的工资也需缴纳薪资所得税。重庆猪鬃业同业公会以"本业工人每年工作时间不足半年,纯系季节性,时续时断,无法取得定额薪资之代价,既不适用于本业,更无起征之必要"为理由,要求财政部重庆直接税局将猪鬃业工人工资所得税全部豁免。重庆市直接税局答以"该业工人所得税额如未达起征点,此自应免征,若已达起征点自应纳税,所请豁免一节于法无据,未便照准",婉言拒绝了重庆市猪鬃业同业公会的请求。⑤

1949 年 10 月,四川仍在国民政府控制之下,重庆牛羊皮、猪鬃、肠衣输出业同业公会理事长杨质彬与重庆药材输出业同业公会理事长周懋植联合要求政府"在奖励出口之原则下,轻定税率,薄征税款,俾土产物资纳合理轻税,得运销国外,不因重税而加高成本,窒碍运销",认为在战时应该"手续务求简化,力除繁杂,使出口商人能于遵办,乐于贩运"。⑥ 但庞大的财政开支使得国

① 《为猪鬃整理也请免营业税等事致天津市商会代电》,1946 年 12 月,天津市档案馆藏,天津市商会档案,J0128-3-009445-049。

② 《为表决免征行商营业税提案致市商会整委会函及提案等》,1946 年 9 月 29 日,天津市档案馆藏,天津市商会档案,J0128-2-000840-011。

③ 《关于请抄重庆市免征猪鬃营业税会文致重庆市商会的函》,1947 年 4 月 16 日,重庆市档案馆藏,重庆市商会档案,00840001003660000024。

④ 《关于将猪鬃业营业税改征资本税的代电、公函》,1947 年 4 月,重庆市档案馆藏,重庆市商会档案,00840001001660000002。

⑤ 《关于豁免猪鬃产业全部工人工资薪资所得税的批、呈》,1948 年 3 月 23 日,重庆市档案馆藏,财政部重庆直接税局档案,02730001008070000019。

⑥ 《重庆牛羊皮、猪鬃、肠衣输出业同业公会呈请协助土产物品免予结汇出口的文书》,1949 年 10 月—1949 年 11 月,中国第二历史档案馆藏,经济部档案,全宗号四,案卷号 31528。

民政府必须广开税源,以应付内战并维持国家机器的日常运转。尤其是其行将土崩瓦解之际,其所制定的政策措施不会过多地考量经济发展,也往往不会顾及商人的正当利益。非但不减免税收,反而“规定每运销猪鬃一担,即照货值百分之十之外汇缴与央行”[①]。在大厦将倾之际,川鄂绥靖公署在万县开征猪鬃统税[②],意图在黎明到来前进行搜刮。

总而言之,全民族抗战前地方政府出于地方财政的需要,而对猪鬃征以重税。抗战时期,国民政府出于对外汇的需求对猪鬃逐步施行统制,因而对猪鬃的税率也逐步减轻。抗战胜利后,取消猪鬃统制后,其税率也逐步提高,但总体而言,比战前还是要低不少。之所以出现如此变化,主要是因为每一阶段政府所面临的任务不同,其对手工业的利用方式也就不同。抗战时期虽然税收轻,但因统制政策的实施,政府在猪鬃产业上所攫取的剩余反而更多。

二、地方政府的手工业政策及其成效

在近代中国,大部分地方政府对其辖区内的手工业除获取税收外,为维持、巩固地方统治,也相应颁行过一些手工业政策,但成效往往有限。

1930年在夏布业出现严重危机时,江西省政府建设厅厅长龚学遂以及江西工商界领袖“爰请上海红万字会长,邀集沪市工商业领袖,投资赣省,发展生产事业”,上海市工商界领袖“以赣省南昌夏布为国内特产,尚无大规模之制造工厂,决先筹款一百万元,在该地开办纺织厂,或专设夏布制造工厂”。[③]“拟大加改良,从学新式制,进采用机器纺织,以冀行销国内,挽回以往盛况。故一度在沪向各方接洽,欢迎赴赣投资发展此项特产。”此举也得到各方赞助,“实业部国际贸易局亦已将各国适用我国夏布情况,切实调查作为依据。故预定短期内,即在赣省创办中国机制夏布纺织厂”,到1937年其“全部资金

① 《关于撤销万县川鄂猪鬃税捐的通知、代电、函》,1949年10月25日,重庆市档案馆藏,重庆市商会档案,0084000100480000013。

② 《关于开征猪鬃捐税及将卢朝楷调总厂服务致宝丰实业股份有限万县办事处的函》,1949年10月31日,重庆市档案馆藏,宝丰实业股份有限公司档案,0363000100150000030。

③ 《沪商在赣筹设夏布纺织厂》,《染织纺周刊》第1卷第26期,1936年2月12日。

总额已定一千万元”。[①] 1936年底,国民政府行政院发文“建议救济农村”,荣昌夏布同业公会予以积极响应,拟设立贫民夏布工厂。[②]

除诸如创办夏布工厂这种零星的地方政府发展手工业的积极政策之外,在近代中国,地方政府对手工业所采取政策最为系统的要数奉系军阀的大豆政策。这主要是因为大豆在东北经济中具有举足轻重的地位,也是奉系军阀最为重要的财政支柱。东北大豆贸易掌握在少数出口商人之手,因而东北地方银行及行政两界之金融与施政方针,亦往往视此为转移。[③]

1913年,东北地方政府“为救济财政起见,拟征收大豆税”[④]。在其财政出现问题时,往往会从大豆产业入手寻求解决方案。奉系军阀“从出超贸易中,每年大约补充军费3500万日元”[⑤]。最主要体现在铁路的建设上,张作霖、张学良父子意图控制东北的铁路且绕开日本人控制的大连建设营口港,其主要目的在于控制大豆贸易,进而掌控东北经济命脉。至少在东北沦陷前,东北铁路主要是用于大豆运输。在东北“铁路尚未建筑之时,豆及豆制品之输出为数极微,在1890年,所有豆及豆制品输出总额,仅值37万1千两。自后铁路之建筑逐年增加,豆及豆制品之输出亦逐年增加,1900年输出总额为547万8千两,1910年为3669万2千两,1920年为6961万9千两”,“1890至1920,仅30年期间,豆及豆制品之输出剧增至187倍有奇”。[⑥]

东北地方政府对大豆生产贸易十分重视,在其出现危机时,给予出口的大豆及其制品税率优惠。[⑦] 1931年由于受到世界经济危机的影响,东北大豆生产出现严重过剩。为此东三省官银号“以大豆生产过剩,销场阻滞,呈请东北政务委员会,令饬各省酌量改种他项农产,以资调剂,当经政委会认为此图关系切要,分行辽吉黑三省政府,转饬农矿厅通令各县农会,研究种植相当谷

① 《赣省筹办机织夏布工厂》,《国际贸易情报》第2卷第13期,1937年。

② 《荣昌夏布业公会建议每联保设贫民工厂》,《四川月报》第10卷第3期,1937年3月。

③ [苏]谢特尼次基:《世界市场之黄豆》,中东铁路调查局,1930年,第4页。

④ 《奉省将征大豆税》,《顺天时报》1913年1月15日。

⑤ 张福全:《辽宁近代经济史(1840—1949)》,中国财政经济出版社1989年版,第132页。

⑥ 何龙生:《发展国产与开辟交通之关系》,《商业月报》第8卷第4期,1928年4月。

⑦ 《咨工商部(关字第10575号)》,《财政日刊》第707号,1930年3月24日。

类，以厚民生”。1930年秋，大豆滞销，致使“三省农商交受其困”，政府认为“改良农产，调剂三省经济各节，尚属根本切要之图”，要求农民改种其他作物，“如长春以此种大豆占地十分之六者，可以十分之三仍其旧，十之三改种小麦”，这是因为大豆是“东北各省尤为凡百事业之基础”。[①] 德国 Hawtu Niuhle 油厂工程师 H. Ballmzru 指出我国大豆品质日逊一日，故所得豆油品质亦因之下降，其原因是“（一）种子不选择。（二）收割太早”，认为应设法改良。东北地方政府对此意见十分重视，也认为有设法改良之必要，饬主管机关设法指导改良。[②]

1919年，满铁在其所管辖的铁路沿线及港口逐步推行大豆混合保管制度。[③] 东北地方政府为与日本竞争，“故有大豆混保之规定”[④]，成为东北地方政府控制大豆贸易的重要手段。此外东北地方政府对大豆的改良也十分重视，1931年成立辽宁农业实验场，主要进行大豆改良，以达到“改良种植，提高大豆之品质”之目的。[⑤]

民国时期，由于军阀割据的存在，中央政府的政策法令并不能得到很好的执行，“地方政府敷衍塞责者居多，而努力奉行者却少”[⑥]。整体而言，地方政府的手工业政策是短期的，其目的在于维护、巩固自身地位。

三、手工业的兴衰与区域经济结构的变动

（一）手工业的兴衰与区域产业结构的变动

近代以来，与区域资源禀赋紧密结合的区域手工业在中国逐步卷入世界市场的过程中，在国民经济中的地位也日益重要起来。伴随着区域特产手工业逐步兴起的是地区产业结构的变化。区域外市场特别是国外市场直接影

---

① 《东北大豆生产过剩》，《农声》第146期，1931年6月30日。
② 《东北大豆衰落原因：德工程师请从速改良》，《工商半月刊》第2卷第17号，1930年9月。
③ 尹广明：《20世纪初东北大豆出口繁盛原因探析（1900—1929年）》，《兰州学刊》2014年第12期。
④ 《东铁三月份各站混保大豆》，《银行月刊》第8卷第4号，1928年4月。
⑤ 《辽宁农事试验场成立：改良大豆，倡种麦棉》，《中行月刊》第2卷第11期，1931年5月。
⑥ 《荣昌夏布业公会建议每联保设贫民工厂》，《四川月报》第10卷第3期，1937年3月。

响着区域特产手工业的兴衰。

虽然在开埠通商后,部分区域特产手工业在国民经济中的地位仍然相对次要,但其经历了一个逐渐中心化的过程,特别是在区域经济中发挥着重要作用。但不同的手工行业对区域产业结构的影响程度也有所不同。如苎麻、桐油、大豆等在开埠通商前,已在局部区域产业结构中占有一定的比重,开埠通商后其地位有所上升。只是由于世界市场需求的不同,其上升的程度也不同。如大豆、桐油的需求更大,因而也相对重要。另外一类产业,如猪鬃、草辫,其原料原先并未利用,是为适应国际市场需求而逐渐兴起的。所有区域特产手工业在逐渐融入世界市场的过程中,在国民经济特别是区域经济中的地位日益重要,但大都在区域经济中并不占主导地位。在四川,桐油、猪鬃、苎麻都是出口大宗,在全国出口比重中也占有一席之地,但彼时四川的支柱产业仍然是粮食种植业,手工业居于边缘从属地位。这是因为这些地区的手工行业是对农村边缘地带的利用,因而对既有的产业结构并未形成很大冲击。就土地利用而言,其利用的是坡地、山地等原先未充分使用的土地,手工行业的作物“多种于田边地角”[①],或者是对原先未尽利用充分的资源的利用。因而这些手工行业的兴衰,并不会对省域农村经济造成致命的冲击。因而20世纪二三十年代夏布衰落后,并未使夏布产区的经济陷于绝境。主要是因为夏布只是副业,即使其销路受到影响,农民可以转而从事其他产业,并不会对其生计造成太大影响。又如1946年“向居首位之桐油,而价反落于各油之下”,农民的反应不过是“不愿栽桐,任其自生自灭”。[②] 但在部分县域经济中,手工业可能占有较大比重。如湖北阳新县,“可耕田地,旱地占三分之二,水田占三分之一。旱地产物首推地瓜与苎麻”[③]。阳新苎麻完全出口,运销汉口、武穴、九江各大商埠,是县域经济重要支柱之一。

大豆与其他手工行业不同,更多体现了手工行业的资源禀赋。在短短几十年时间内,大豆就成为东北的支柱产业,也是在区域经济中地位最为重要

① 戴鞍钢、黄苇主编:《中国地方志经济资料汇编》,汉语大词典出版社1999年版,第162页。

② 戴鞍钢、黄苇主编:《中国地方志经济资料汇编》,汉语大词典出版社1999年版,第162页。

③ 湖北省政府民政厅编:《湖北县政概况》第1册,1934年,第196页。

的手工行业。这主要是因为在近代以前,东北地区由于是清朝皇室发祥地而成为禁地,未被开发。作为一块处女地,其产业传统尚未形成。甲午战后,随着东北的开发以及大量人口的涌入,东北得天独厚的自然资源迅速被开发。正因旧有的产业结构并不稳固,新的产业更容易在此落地生根。同时相较而言,东北人口密度小,这一时期中国内地的人口密度为每平方千米 118 人,东北南部为每平方千米 94 人,东北北部每平方千米只有 13 人。相对稀少的人口、广袤的耕地使得东北地区“商品作物较重于自用之消费作物”[①]。这也是甲午战争后大豆逐步成为东北支柱产业的历史原因。由于大豆在东北产业结构中的重要性,东北区域经济对其有很强的依赖性。1921 年之前,大豆出口贸易尚在东北出口总额的 50%以下,1921 年以后突破 50%,1924 年达 58%。[②] 大豆种植面积在黑龙江省占耕地面积的 30%—40%,大豆已经成为农户最为重要的经济来源。[③] 而东北地方财政收入中,大豆税也占有很大比重,在黑龙江,大豆税额占到其价格的 9%以上,吉林则为从价 10%。[④] 一旦大豆衰落,就会牵一发而动全身,进而对区域经济造成很大冲击。1929 年受世界经济危机的影响,东北大豆出口出现衰落,使得东北经济大受影响。东北产业结构也会随之发生重大变化,1930 年秋,政府认为“改良农产,调剂三省经济各节,尚属根本切要之图”,要求农民改种其他作物,“如长春以此种大豆占十分之六者,可以十分之三仍其旧,十之三改种小麦”。[⑤] 昔日专以种豆供给出口货为业者,“今于不知不觉之中多已改种杂粮”[⑥]。

总而言之,除大豆产业外,其他产业的兴衰虽对区域产业结构有一定的影响,但不是颠覆性的。而大豆产业的兴衰则对东北区域经济有着巨大冲击。

---

① 《东省大豆实况》,《工商半月刊》第 3 卷第 23—24 号合刊,1931 年。

② 《满洲大豆业现状》,《工学月刊》第 3 期,1931 年。

③ 《东省大豆实况》,《工商半月刊》第 3 卷第 23—24 号合刊,1931 年。

④ 澄川:《大豆销路危机及东三省农民经济之损失与变化(续)》,《中东经济月刊》第 12 期,1930 年。

⑤ 《东北大豆生产过剩》,《农声》第 146 期,1931 年 6 月 30 日。

⑥ [苏]谢特尼次基:《世界市场之黄豆》,中东铁路调查局,1930 年,第 280 页。

（二）手工业的兴衰与专业市镇的形成

手工业对外贸易兴起的同时，也逐渐形成了一些专业市镇。这些专业市镇大致可分为两类：一类是主要从事某种或几种手工业的生产地；另一类，则不从事生产，而是主要作为某种或某几种手工业的集散地。

第一类，如盛产夏布的江西万载县。万载县"境内冈峦起伏，地乍人稠。因粮食出产每年不敷甚多，故表芯纸、夏布、花爆等之手工业，颇形发达。当其盛时（民国十三年至十八年间），夏布运售苏浙各大埠之数量，年达万卷，所值不下二百万元"。尤其是大桥、潭埠、金树等三镇，"昔时每年出产夏布，常达万余卷之多。湘鄂客商，每年三月至五月，即直接到乡采办，故大桥有布行七家，潭埠、金树亦各有布行三四家。麻行同时亦颇有发展之营业。全县每年销平江麻亦近万担（每担九十斤）"。机工皆为男子，极盛时，全县共有专业机工万余人。"绩纱贸易，多散见于四邻镇集中。贸易各有定期，与吾国北部各村镇间之赶集制度相同。每当会期，机户持秤，绩户提纱，咸来赶集，皆系对手买卖，不需居间人为之拢合。"夏布织好后，"大宗聚散于城中，以小南门为其交易地点。各布号类于相熟之店铺门首，摆设木板，以为柜台。每晨八时至十时间，派遣尺手，前往收买"。其销路，窄幅国外主要是韩国仁川，国内则主要是湖南、湖北及省内之南昌；宽幅主要是国内之江苏、浙江、安徽等省。[①]

第二类，如湖北省广济县之武穴镇、四川省之万县。武穴地处长江北岸，位于汉口与九江之间，其面积不过10平方千米，1856年湖北省政府设立武穴厘金局，专收长江出进口水厘兼收坡厘。1905年改为由赣入鄂进口统捐，先后开征盐厘、茶厘、丝绢捐、土布捐、谷米捐、船捐、百货厘捐、土膏捐、杂粮捐、牛皮捐。[②] 厘卡的存在，使得武穴逐渐成为鄂东地区的商品集散市场，这一地区的外销商品都必须经过武穴厘卡。其出口商品以麻、棉为大宗，烟叶次之，这也使得武穴发展成为除县城外最重要的市镇。[③] 其中，苎麻是武穴出口贸

① 胡邦宪：《江西万载苎麻之生产贸易及其利用状况》，《经济旬刊》第7卷第18期，1936年。

② 湖北省武穴市地方志编纂委员会编：《广济县志》，汉语大词典出版社1994年版，第522页。

③ 湖北省政府民政厅编：《湖北县政概况》第2册，1934年，第382页。

易的支柱[①]，湖北苎麻主要产区有大冶、阳新、武昌、蒲圻、咸宁、嘉鱼、武穴、蕲春、黄冈、孝感、恩施等县，武穴、汉口为主要集散地。其中鄂城、大冶、阳新、通山、蕲春、黄冈及江西的瑞昌苎麻主要集中于武穴，武穴的苎麻销售量几乎与汉口相等。1924 年经武穴出售的苎麻约 30 万捆，1926—1928 年都在 20 余万捆，1933 年受市场影响，下降至 11 万捆左右。武穴有岩井、三井、吉四、大同、棉麻 5 家日商，控制着武穴市场 80%以上的苎麻。华商麻行则是日商的附庸，因其苎麻仍非售与日商不可。[②] 广济本县自产苎麻占年销额的 1/6，其余多数系来自富河水系的阳新、大冶、通山、黄石港、鄂城、江西瑞昌和蕲河的蕲春、蕲水等邻近县份。[③] 虽然本地产麻相对较少，但集散于此地的苎麻，市场上都通称为"武穴麻"。苎麻贸易使武穴镇的经济地位日益超过县城，1934 年"县城无特殊金融机构，惟武穴设有省银行办事处一所，为商民抵押惟一门径"[④]。由于苎麻贸易的带动，各外商轮船公司也纷至沓来，在清末怡和轮船公司就有吉和、瑞和、德和、隆和、公和、联和、湘和 7 艘轮船停泊武穴，总共 21850 吨。[⑤] 由于出口苎麻，输入洋货，武穴港在近代逐渐成长壮大，其地位也日趋重要。1987 年，广济县更名为武穴市，治所也由梅川镇迁往武穴镇。

武穴的兴起是因为苎麻贸易，而万县的兴起则是由于桐油、猪鬃等川东手工业贸易。"万县在四川之经济地位，仅次于重庆，故其商业颇为发达"。据海关统计，全民族抗战前十年万县平均进出口总值为 2500 余万元，平均进口总值为 1370 余万元，平均出口总值 1130 余万元。[⑥] 万县出口大宗，首推桐油，"四川桐油，产量之丰，品质之佳，在全国各省中，首屈一指，而万县为四川桐油最大集中市场，全川出口桐油，集中重庆者占百分之三十，而集中万县者达百分之七十，由此可知万县桐油贸易之重要矣"。全民族抗战前，其年交易

① 黄广进主编：《武穴港史》，中国文史出版社 1992 年版，第 74 页。
② 江汉罗：《湖北省阳新、武穴、大冶、蕲春四县苎麻产销调查》，《国际贸易导报》第 8 卷第 2 号，1936 年。
③ 黄广进主编：《武穴港史》，中国文史出版社 1992 年版，第 75 页。
④ 湖北省政府民政厅编：《湖北县政概况》第 2 册，1934 年，第 366 页。
⑤ 黄广进主编：《武穴港史》，中国文史出版社 1992 年版，第 67 页。
⑥ 平汉铁路经济调查组编：《万县经济调查》，1937 年，第 3 页。

量约在20万—30万担，约合12000—18000吨，平均价值为670余万元。[①] 桐油贸易的发达也促进了万县桐油加工业的发展，在中国植物油料厂设立前，万县共有桐油加工厂4家。（参阅表8-13）

表8-13 万县桐油厂设备、贮油量表

出口商号	厂址	设备	贮油数量	备注
聚兴诚银行贸易部	聚鱼沱	净油池1个，毛油柜6个	720吨	自建
施美洋行	聚鱼沱美孚油厂内	净油池1个，毛油池2个	3300吨	净油池系租自美孚者，余皆自建
生利洋行	徐沱	铁驳子2个	490吨	自建
中华油号	麻柳桥	净油池2个，毛油柜4个	989吨	租中原公司者，与民信昌合用

资料来源：平汉铁路经济调查组编《万县经济调查》，1937年，第24页。

四川下川东，南北两岸桐油，均系运来万县出售。各地运进万县桐油，分集上沱（上智镇）、下沱（城守镇）、陆家街三处。“凡绥七属各地即两开、梁、热、绥、宜、城、万及通、南、巴等县之油，皆由陆家街进口。忠、酆、涪、西、秀、黔、彭及湖北施南、利川等地之油皆运集上沱。云、奉、两巫及本县一部分桐油运集下沱。”[②]这三处也成为万县的贸易中心。

万县出口贸易除桐油外，山货也是大宗，全民族抗战前每年出口价值近200万元，主要为棓子、猪鬃、牛羊皮、生漆、青麻等项。这些山货在出口之前，须加工制造者有猪毛、生漆、水牛皮等数种，促进了万县手工业的繁荣。[③]

桐油、棓子、猪鬃、苎麻等手工业是近代万县的支柱产业，其兴衰直接影响着万县整体经济。一旦这些产业衰落，万县的经济地位也会大受影响。特

① 平汉铁路经济调查组编：《万县经济调查》，1937年，第21页。
② 平汉铁路经济调查组编：《万县经济调查》，1937年，第26—27页。
③ 平汉铁路经济调查组编：《万县经济调查》，1937年，第49、51页。

别是桐油贸易兴起后,迅即成为万县的支柱产业,促进了万县城市的发展,增强了万县作为川东经济中心的地位和作用。[①] 而桐油等产业出口贸易衰落后,万县的经济也出现了明显衰退。

① 田永秀:《桐油贸易与万县城市近代化》,《文史杂志》2000 年第 1 期。

第九章
边疆地区民族手工业

中国边疆历来是多民族聚居和杂居的地域,人口以少数民族为主,因而"边疆"与"民族"的概念难以界定,甚至"边疆即民族,民族即边疆"已成为人们根深蒂固的概念。1912年中华民国成立后,中国边疆民族关系发生了新的变化,"边疆民族"最初指国界境内的蒙古族、藏族、回族和泛指边界地带的非汉族。这两种"边疆""均指地理边疆或国家边界",所谓"边地民族"与"边疆民族","均指蒙族、藏族和回族"。[①] 1935年,刘咸向南京国民政府建议用民族学建设"心理国防",并认为"边疆民族"包括西南、西北、东北三部分的少数民族。[②] 1936年5月,新任蒙藏委员会委员长黄慕松指出,"何谓边疆?边疆两字,普通多指接近邻国之地域,其义广",而在边政问题方面,边疆"则仅指远离中原,既接强邻,又与内地情形稍有差别之领土……如闽、粤诸省是。否则虽不在边徼,亦可视为边疆,如青(海)、(西)康诸省是。本此意义以定我国之边疆,自当以蒙古、西藏、新疆、西康为主,察、绥、宁、青等省次之"。[③] 1937年,国民政府《教育部廿六年推行边疆教育计划大纲》中界定的边疆涉

① 杨思机:《民国时期"边疆民族"概念的生成与运用》,《中山大学学报》(社会科学版)2012年第6期。

② 刘咸:《国防建设与边疆民族》,《东方杂志》第32卷第9号,1935年5月。

③ 黄慕松:《我国边政问题——五月三四两日在本处电台之讲词》,《广播周报》第86期,1936年。

及蒙古各旗、绥远、察哈尔、宁夏、甘肃、青海、新疆、西藏、西康、云南、贵州、四川、湖南湘西、广西等地。[①] 基于民国时人的界定,本章拟对民国时期西北、西南、东北、东南、海南岛和香港、台湾、澳门,以及热河、察哈尔等边疆地区的民族手工业进行论述,阐述民国时期在政商、列强的影响下,边远地区民族手工业的发展及其不足,以及发展特征。同时,相对于内地(大陆),香港、澳门、台湾也是边远地区,其手工业发展状况也在本章一并论述。

第一节　政商行为对边疆地区民族手工业的影响

在民国边疆民族手工业的发展过程中,政商起了重要的作用。其中,商人是手工艺品产销的重要桥梁,而政府则在引导、鼓励手工业发展方面起了一定的助推作用。政府开设商埠、兴修公路等措施,无疑推动了边疆民族手工业的商品化发展,同时政府凭借自身的优势购置机器,从事一定程度的机械化生产,从而带动了商人和其他人从事手工业生产。

一、边疆民族手工业商品化的发展

作为手工业品产销之间的桥梁,商人先订货收购,然后再转销外地市场,推动了边疆民族手工业的商品化发展。据统计,光绪末年,来自陕西、两湖、甘肃等地的外商在新疆已开设有100余户商号[②],其中库车的商人利用当地廉价的皮革原料,年产5万多顶皮帽,同时年产肥皂10余万斤,其中本地销量仅占10%左右,而绝大部分则由商人运销外县。[③] 1943年,新疆迪化出现了瓷器、棉花、纱布、丝绸、木业、铜器、铁器等18个工商业公会[④],进一步促进了新疆手工业的发展。此外,海南岛居民利用当地盛产椰子的优势,将其内壳加工成椰子碗、瓢、杯子,以及米升、水升等各种生活用品。海南岛还有丰

① 张羽新、张双志编纂:《民国藏事史料汇编》第1册,学苑出版社2005年版,第75—82页。
② 况浩林:《简明中国近代经济史》,中央民族学院出版社1989年版,第256页。
③ 宋岭等编著:《新疆近代经济技术开发》,新疆科技卫生出版社1993年版,第92页。
④ 《迪化市同业公会一览表》,新疆维吾尔自治区档案馆藏,卷宗号1-1-206。

富的矿产，但工业发展缓慢，直至20世纪初“才见有零星的工业开发”[①]。

地处西南边疆的云贵地区，近代手工业商品化和本地商人的成长均是在两广等客商改贩洋纱入滇黔以贸易鸦片的双向贸易带动下兴起并推动的。[②]据统计，1919—1929年，地处贵州东部的重安江附近的麻江县下司镇商户，从50多户发展至近1000户。[③] 1931年九一八事变之后，国民政府逐步加强了云贵等边疆地区的政治经济建设。特别是在1938年上海、广州、武汉等区域外市场沦陷之后，云贵洋纱易鸦片的贸易不得不中断，转而兴起了一种围绕军需民用的战时手工业，并呈现出畸形繁荣的发展局面。但是，战时手工业的畸形繁荣在一定程度上也推动了云贵工业化建设，并对抗战救国、建国起了一定的积极作用。[④] 其中，云南凭借毗邻缅甸等地域优势，更是得到了长足发展。据统计，1949年以前云南下关有2000余家商铺，形成了喜州、鹤庆、腾冲、临安、四川五大商帮。其中，以永昌祥、锡庆祥为代表的白族商帮成为白族地区最大的商帮，他们经销棉纱、棉布、药材、鸦片，并出口药材、钨锡矿等。

相对于西北、云贵等地而言，广西则凭借便利的交通条件，商品化发展程度明显大于其他边疆地区。其中，桐油始终是广西的出口大宗，是广西商品化的重要表现。据资料所载，广西桐油出口总值从1932年占全省出口总值的8.56%增至1936年的16.36%，至1937年更是增至23.58%，成为广西出口的最大宗。一战时期，桐油价格较高，桐油产值明显翻倍。价格的增加，进一步促使了桐树种植面积的扩大，如20世纪30年代，广西桐树遍及70个县，面积50万亩。[⑤] 据统计，1935年广西桐树种植面积仅123万亩，但时至1944年则增至256万亩，10年间净增长1倍有余，广西外运的产品占总量的70%；而1936年贵州苗族地区的毕节、黔西、大定三县植物商品率高达55.16%。[⑥]

① 陈光良：《海南经济史研究》，中山大学出版社2004年版，第368页。

② 熊元彬：《云贵高原近代手工业研究（1851—1938）》，华中师范大学博士学位论文，2015年。

③ 李廷贵等主编：《苗族历史与文化》，中央民族大学出版社1996年版，第123页。

④ 熊元彬：《论云贵战时手工业的兴起及其畸形繁荣》，《重庆大学学报》（社会科学版）2023年第2期。

⑤ 广西省政府统计处编：《广西年鉴》第三回上册，1944年，第621—624页。

⑥ 李甫春：《中国少数民族地区商品经济研究》，民族出版社1986年版，第23页。

从营业额而言，地处东南的香港工商业主要集中于织造、树胶、食品加工等方面。全民族抗战初期是香港手工业的黄金时期。1938年，香港织造业总值达5583万港元，创历史新高，主销泰国、菲律宾等南洋一带，其次是港澳及内地市场，也有运销世界各地者，但各时期有所变化。如织造业，最初主销广东，但由于20世纪30年代初各国加重关税，以及内地关税重征，因而香港所产商品外销“一落千丈”。[①] 同时日货不仅充斥中国内地市场，而且还渗入英国控制的香港。[②] 因此，20世纪30年代中期广东商人主张取消九龙关卡，认为在九龙设关卡有利于国外，而不利于中国商业，“此举徒令外地商业繁荣，同时适以使内地工商业凋敝”[③]。但是，为抵制英国对内地市场的倾销，广东商人主张不宜对香港所产的国货进行减税，否则“影响国内工商业甚巨”[④]。

政府对手工业的重视有助于手工业商品化的发展。为加强工业化建设，新疆各地工商通过筹资，建立了皮革、面粉、榨油等股份工厂。其中，和田土产公司筹建了织毯、织绸、织布、缫丝、造纸等35家企业。1938—1940年，新疆政府采取说服、强制和半强制三种措施动员商人捐资400万元，用于筹建新疆女子实业工厂。为大力发展轻工纺织业，新疆省政府主席杨增新不仅在乌鲁木齐、吐鲁番等地先后设立了纺织工厂，而且还从上海购置30台织布机、5台2000锭的纺纱机和5台洗纱机，以及梳棉机等机械化设备。[⑤]

迪化是新疆的工业中心。1923年杨增新从天津购置一套蒸汽机，广泛收集民间闲散资本，从而创立了官民合办的埠民纺织厂，开启了迪化机器纺织。据1943年《申报》所载，阜民纺织厂此时每月可产2000余包棉布。[⑥] 同年，新疆省政府合办迪化纺织厂和福盛行皮革厂，其中后者的先进机械设备在国内“尚居第一等”[⑦]。1925年杨增新发起、组织的迪化阜民纺织公司更是成了新

---

① 《香港织造业近况》，《香港工商日报》1934年9月9日。
② 《日货充斥本港之原因》，《香港工商日报》1935年3月24日。
③ 《九龙设关于省港之工商业》，《香港华商总会月刊》第1卷第4期，1934年。
④ 《广州市商会呈财部函》，《香港华字日报》1936年11月6日。
⑤ 林继庸：《经济部西北工业考察团报告》，《民国档案》1992年第4期。
⑥ 《经济界·新疆开发现况》，《申报》1943年3月4日。
⑦ 林继庸：《经济部西北工业考察团报告》，《民国档案》1992年第4期。

疆近代棉纺织史上最大的纺织工厂,该厂原定投资100万两(省票),之后增加,在天津订购一部3000锭的纱机(实际为1300锭),以及美国锅炉、引擎等先进的设备。该厂于1928年竣工开幕,月产2000匹。杨增新的这些举措不仅推动了新疆手工业的发展,而且还在一定程度上解决了新疆民众的生计问题。

然而,受资本主义市场的影响,如1918年一战结束后,由于英美政府禁止中国茶叶的输入,加之拱北商路不畅,因而广东、云南等地的茶业在澳门市场极为狭窄,销量大为减少。据统计,在1920—1922年,中国内地至澳门的红茶从6447担降至3044担。[①] 此外,1922年外蒙事变也影响了察哈尔的手工品运销,如1933年《万全县志》所载:"近来以张库不通,香牛皮靴销路不畅,因之此业不振。"1912—1926年,蒙古的皮靴铺"皆旺兴",但1929年外蒙与内地的贸易完全断绝之后,由于张库商路受阻,皮靴铺"倒闭时闻……而营业均不见佳"。[②]

二、政府创办手工业机构及其影响

清末民初,在实业救国思潮的倡导下,边疆地区结合当地的经济地理条件,筹办了一些有名的手工业机构,并通过设立试验场力图推动经济发展。1909年,新疆维吾尔族实业家玉山巴依与政府各出资50%,创办了官商合办的伊犁制革有限公司,成为新疆官商合办近代工业的重要标志。同时,乌鲁木齐、疏勒各地还设立了习艺所,培养了技术人才,使"全疆工艺日异月新,智创巧述,成效也稍稍著矣"[③]。此外,在政府通饬各属均宜栽种棉花的推动下,边疆棉纺织也得到了一定程度的发展。其中,辽阳"素产棉花,为东路诸城之冠"[④],价格便宜,每10斤仅1元数角[⑤]。1907—1908年奉天农业试验场试种185种外国农作物,其中棉花类就达11种。民国时期,西康设立农事试验场,

---

① [日]马场锹太郎:《支那的棉业,附各种商品概说》,禹域学会发行,出版年不详,第472页。

② 路联逵等监修:《万全县志》,1933年铅印本,"张家口概况·工商·商业",第22页。

③ 钟广生:《西疆备乘》,1914年,第51页。

④ 《东三省新闻·辽阳》,《盛京时报》1908年10月13日。

⑤ 《东三省新闻·辽阳》,《盛京时报》1908年10月13日。

并改良松潘绵羊场。同时,西康还加强畜牧疾病防控,以便渐趋科学畜牧及加工皮毛。[①]

民国初年,辽宁是东北最大的产棉区,以辽阳、锦县为主。其中,辽阳棉绒“长而柔韧,胜于他处”[②]。1914—1918年,辽宁植棉区域有了明显扩展,植棉面积从1914年的317918亩增至1917年的334879亩,而产棉量则从2640560斤增至16124983斤,同时热河植棉面积也从1914年的17343亩增至1916年的18957亩,产棉量从165600斤增至231890斤。1917年,吉林植棉面积为4724亩,产棉量为313920斤[③]。据1917年调查,辽宁省棉田335000亩,收棉160000担,1927年已增收至约182000担,“已见有相当之成绩”[④]。

除了辽宁,同期奉天棉业也得到了一定的发展。1923年,奉天纺纱厂开工,从而增加了棉花的需求量,继而促使各地政府倡导植棉,使奉天纺纱厂增加150万元资本,“专事推广种棉”。同时,鉴于棉农资金不足,奉天纺纱厂还给予贷款植麻,并劝导民众植棉,规定凡地方上无力种棉者,每亩可由纺纱厂酌量贷款若干元,“以资接济”,俟棉花成熟后,由厂方收买,“即行扣贷款,现为是项手续之计划”。[⑤] 不仅如此,奉天纺纱厂还派员分赴各县自行劝导,即使收成不旺,但是该厂仍继续分派委员前赴各县,向农民劝导种植利益,以备该厂所需。随着棉花产量的增加,东北纷纷建立了棉纺织工厂,继而进一步使该地的植棉得以大规模发展,如营口公署训令各县“赶速通知警厅,晓喻农民咸知注重棉业”[⑥]。1914年,开原县农会组织农业试验场。

为响应国民政府的号召,新疆等边疆地区政府也作了一定的努力。民国初年,杨增新在新疆倡导发展实业,宣称“生财之道在于实业”[⑦],并撤销官

---

① 徐益堂:《边疆经济之相对的发展》,《边政公论》第3卷第6期,1944年。
② 翟文选等修,王树楠等纂:《奉天通志》第114卷,1934年铅印本,第4页。
③ 满铁社长室调查课:《满蒙全书》第3卷,满蒙文化协会,1923年,第290—291页。
④ 熙春:《东三省之棉业》,《钱业月报》第7卷第2号,1927年。
⑤ 《纺纱厂种棉计划》,《盛京时报》1923年5月13日。
⑥ 《营口提倡棉业之省令》,《盛京时报》1920年9月18日。
⑦ 杨增新:《补过斋文牍》丁集下,台湾文海出版社1965年版,第58页。

股,由玉山督办伊犁制革有限公司,更名为福盛行皮革厂。1916 年,杨增新"为促进工艺,改良纸业起见",还创办了造纸传习所,并培养造纸技术人才,"一面为公家挽救利权,一面为旗民兼筹生计"。①

同时,边疆地区创办了一系列平民工厂,推动了手工业发展。民初至1920 年,察哈尔宣化犯罪习艺所发展成为公私合办的振新工厂,从事手工纺织。1923 年,宣化县创办平民习艺所,从孤贫留养局余款中抽款办理,生产毛呢、线毯、粗布等。同时,广西政府创办了一系列平民工厂,引进了先进的机器设备,推动了手工业的技术变革。如 1930 年创办的柳州第一平民工厂,"规模粗具",出产洋布、毛巾、冷衣、线衫等产品,运销长安、古州、庆远等地,成为马平最大的纺织品生产地。1926 年,青海贵德县平民工厂成立,分纺织、毛编两部门,原料采用羊毛,资本常款每年约 300 元。1928 年,湟源县试图创办平民工厂,并募资 8000 多元,但未能获得成功。1931 年,大通县也试图创办平民工厂,一面收容无业游民,一面改进手工业,但仍未能成功。② 1933年,贵阳公安局局长袁锦文"颇欲提倡纺织工业,向该厂商(鲁丰布厂)让人力铁机一架",创办了平民工厂。贵阳鲁丰布厂"以洋纱和上海纱织布,平均月出一百多匹,首创贵州铁机织布"。其产品"销路均尚可,尤以爱国布为最佳",当时,贵州省立医院、中央医院以及中国旅行社等"均先后向该厂订制大批布匹"。③

民国时期,广西新桂系集团将手工业作为经济建设的重要内容。桂系集团不仅鼓励民办工业,颁布奖励工业暂行章程,创办平民工厂,引进先进的生产技术,招募学徒培训,而且还积极保护民办工业发展,调遣军队分途保护商旅往来,从而促进了蔗糖、桐油、陶瓷等行业的发展,如桐油"产量日增"④,宾阳陶瓷"以省当局之提倡,制造工艺渐有精"⑤。1921 年,广西政府对洋糖的

---

① 杨增新:《补过斋文牍》甲集下,台湾文海出版社 1965 年版,第 9—10 页。
② 高长柱:《拉卜楞之近况及开发意见》,《蒙藏月报》第 9 卷第 2 期,1938 年。
③ 贵阳市志编纂委员会:《民国贵阳经济》,贵州教育出版社 1993 年版,第 72 页。
④ 广西统计局编:《广西年鉴》第二回(1935 年),广西省政府总务处,1936 年,第 33 页。
⑤ 千家驹等编纂:《广西省经济概况》,商务印书馆 1936 年版,第 146 页。

进口大加限制,从而促进了广西制糖业的发展。如1925年广西产糖仅24万担[①],但时至1938年,广西仅黄糖年产量就高达54万余担,而白糖也有7万多担。[②] 1934年,广西农事试验场从爪哇、台湾等地引进优良的甘蔗种子,培育试种,1939年广西政府在桂江、宜山等地推广种植,并引进小型手摇离心机,从而取代了土式榨机,甚至还推广至柳江等地。时至1937年,广西100个县中已有77个县从事种制糖事业。1940年,广西农事试验场开始示范制作"POJ2725"优质蔗糖,1942年开始推广,经四五年努力,"甘蔗良种推广已具有相当成就"[③]。

1934年,察哈尔建设厅为扩充工厂,督饬各县将已设的工厂作"切实扩充改良",而未设工厂的各县则务必在年内"一律筹设"。[④] 1948年底张家口解放,市政府实行"贷款、贷实"办法,恢复手工业生产。1949年,中共加强了对木器等手工业的领导,促使诸多歇业的手工作坊重新开业,如政府接管原大二木行之后,改为张垣木材厂,经销木制家具和木材,其固定资产有4.3万元,年产162件家具,年加工木材106.3立方米,产值3.8万元。[⑤]

此外,政府设立的职业学校通过对技术型人才的培养,推动了民族手工业发展。1921—1932年,玉林东厢职业学校不仅从柳州引进20余台高机,而且还从广州购置了4台织袜机和1台线衣机等,前后培育了500余名职业人才。在1920—1945年,玉林纺织生产率提高了10倍,技术大大改进。1924年贵县县立职业学校专门"教授织染,寻改为平民习艺所",而1933年创办的贵县县立职业补习学校则专门"教授机织"。1926年富贺钟平民工厂购置先进织机,至1934年先后招聘6期学徒进行生产,培育了270多名学生。1929年,西宁第一职业学校附设了栽绒工厂、修械所、炮局三个机构,聘请兰州人讲授,从而提高了技术。据1938年调查,拉卜楞有2家木匠铺、6家理发店、6

① 郑仲孚:《中国糖业政策》,《大公报》1937年6月18日。
② 张先辰:《广西经济地理》,文化供应社,1941年,第56页。
③ 广西壮族自治区地方志编纂委员会编:《广西通志·糖业志》,广西人民出版社1998年版,第36页。
④ 察哈尔省建设厅:《察哈尔省建设公报》第10期,1935年。
⑤ 张家口市地方志编纂委员会编:《张家口市志》,中国对外翻译出版公司1998年版,第407页。

家修械所、4 家银匠店、9 家铁匠店、4 家铜匠店和 4 家成衣店。[①]

全民族抗战结束前后,广西纺织业在设备更新、人才培养等方面均取得了较好的成绩。1944 年,雷平县立纺织示范场专门招募民众学习纺纱织布,并"将以推行全县"。同年玉林县还创办了初级职业学校,从广州购置了 10 多台铁木织机,采用脚踏传力,自动穿梭织布,提高了生产效率,使玉林"土纱再生纱,东岳岭成行,土布再生布,四街成市。工场布庄,村村皆有,纺纱织布,城乡排门"。在玉林新定村,出现了纺织专业户,耕织分离,即使"有地没人耕,有禾没人割",而在手工工场里,则是"机声捣棉声响彻云霄,城乡户户夜灯如昼,盛况空前"的局面。[②] 虽然,"有地没人耕,有禾没人割"有些夸大的成分,但大致能看得出玉林纺织业有了较大的发展。1945 年,三江县试办手纺工厂,有 10 架纺纱机、1 架弹棉机、2 架清花机和 2 架摇纱机,其学生由各乡分期选送,目的在于"造就人才,推广是项工业"[③]。据民国时期《都安县概况》所载,1946 年建立的都安县立手工学校,是广西领略新式技术、继往开来的典范,都安县工业始见发展。

三、政府推行的措施及其影响

发展蚕桑业是民国政府继承清末实业救国政策的重要举措之一。1915 年,新疆已有洛浦、皮山、莎车、和田、于田、轮台、叶城等 10 个产茧区,不仅产地覆盖范围比清末得以扩展,而且产量也有了明显提高,茧年产量为 739. 5 吨,丝年产量为 385. 6 吨。[④] 此外,九龙、泸定、中甸等蚕桑业也获得了发展,但中甸产区主要在江边。1938 年九龙乌拉溪、万年、魁多等 5 个村年产蚕丝 96 把,合 960 斤,每斤值大洋 3 元[⑤],同时,和田土产分公司所属各厂改良后的缫丝机,从原来的需 6 人操作减少到只需 1 人操作,每台缫机日产 25—30 两。

---

① 高长柱:《拉卜楞之近况及开发意见》,《蒙藏月报》第 9 卷第 2 期,1938 年。

② 杨美颗:《解放前的玉林纺织业》,《广西文史资料》第 16 辑,1983 年,第 155 页。

③ 《中国少数民族社会历史调查资料丛刊》修订编辑委员会编:《广西侗族社会历史调查》,民族出版社 2009 年版,第 52 页。

④ 仲应学:《新疆历史上的丝绸生产》,《新疆经济研究》1983 年第 8 期。

⑤ 四川省九龙县志编纂委员会编纂:《九龙县志》,四川人民出版社 1997 年版,第 213 页。

甚至当地政府还试图集中一切闲散资本,筹建针织、肥皂、缫丝、五金器具、皮革等工厂,并对土布、土绸、桑皮纸的宽度也作了统一规定,把之前很窄的土布幅面统一为 2—2.5 尺。

特别是抗战时期,新疆省政府对蚕桑业的发展起了较大的促进作用,不仅在和田开办蚕桑学校,专门培养技术人才,而且从苏联引进优良蚕种,甚至还从内地聘请赵鸿基、孙承元等专家至南疆传授技艺。1940 年,新疆全面推广桑业,首次将桑树种植于伊宁、绥定、巩哈(今尼勒克县)、迪化、哈密、塔城等北疆地区,桑树增多,继而促进了蚕丝业的发展。据统计,1942 年,仅和田一地的丝产量就达 478.4 吨。此外,新疆政府在伊宁创办了缫丝训练班,并更新了丝织的工具、设备,提高了技艺,使 1942 年和田生丝产量多达 80 余万斤,丝织品也达 6 万余匹,生丝出口量达 25 万斤。1944 年,新疆叶城产绸达 8500 匹,莎车产绸达 400 匹,而泽普产绸达 0.04 吨。[①] 蚕桑业的发展继而推动了缫丝业的进步,如官办的裕新土产公司在维吾尔族地区就开设 13 个缫丝工厂和 8 个丝织工厂,其中仅和田地区的缫丝工厂就有 11 个,拥有脚踏抽丝木机 1300 架。[②]

“和田桑皮纸”是新疆特色手工品,在民国政府的推动下得到了发展。民国初年,新疆政府将和田的桑皮纸加以磨光,以作公文、稿件所需,从而推动了造纸业发展。20 世纪 30 年代后,维吾尔族家庭造纸业进一步发展,其所生产的纸成为与和田土布、丝绸并称的新疆三大著名的手工品之一。据 1939 年统计,仅墨玉县的纸匠就有 92 人。1943 年,和田、莎车两地土产公司生产的桑皮纸达 1.1 万合(每合 100 张),即 110 万张。即使二战结束后新疆家庭手工业有所萎缩,1948 年和田的桑皮纸仍有 1.8 万合,即 180 万张。[③]

鉴于边疆有着丰富的皮毛原料,政府出台一系列法令和措施,促进了边疆民族地区毛纺织业的发展。察哈尔省皮毛原料“夙称大宗出产”[④]。1916

① 宋岭等编著:《新疆近代经济技术开发》,新疆科技卫生出版社 1993 年版,第 101 页。

② 殷晴:《新疆经济开发史研究》下册,新疆人民出版社 1995 年版,第 187 页。

③ 陈华:《和田绿洲研究》,新疆人民出版社 1988 年版,第 280—282 页。

④ 察哈尔省建设厅:《察哈尔省建设公报》第 9 期,1935 年。

年,察哈尔毛纺织业有46户,职工36713人,生产毛毯、地毯及褥毯等,合计产值175720元。[①] 1931年察哈尔毛纺织业增至72户,总产值138605元。[②] 20世纪30年代,虽然当地商民对张垣呢、栽绒毯等毛织工业"亦渐知注意",但是其"品质粗劣,销路不畅"。基于此,1935年察哈尔建设厅派员考察,"指导改良,期利畅销",在已设民生工厂的地区,"责令注意毛织工业,延聘良师教授,力求精进,以期发展"。[③] 在政府的倡导下,察哈尔各县纷纷设立纺织厂,以振兴工业,主产毛线、毛袜、毛毯、地毯及张垣呢、毛围巾、毛口袋等。[④] 1948年,由于受北平、上海等区域外市场影响,甘肃省大宗的皮毛产品滞销,因而甘肃政府"顷电请政院以国家力量办理皮毛出口,俾收外汇而裕西北农村"。同时,甘肃政府还分函财政部、中信局请求协助。[⑤]

为发展实业,民国政府在一定时期采取了废除苛捐杂税的举措,推动了边疆手工业的发展。北洋政府时期,农商部对"厘金和捐税进行调整和减免,劝导创办实业"[⑥]。南京国民政府时期,开始逐步废除苛捐杂税。1936年察哈尔成立捐税整理委员会,至1939年察哈尔陆续废除苛杂及减轻田赋附加税。据统计,在察哈尔、绥远等25个省市,合计废除苛捐杂税7101种,款额6769.1万多元,同时减轻田赋附加税300多种,款额3874.2万多元。[⑦] 在政府的推动下,新疆土布业也有所发展。1938年,新疆当局制定了改善土布、造纸、制毡机具的计划。1942年,又制定了改良南疆土布的计划,从而使家庭式的私人手工棉布业得到了较快发展。据统计,当时仅和田的大布年产量就达330万匹,莎车、叶城的年产土布量也有200万匹,较杨增新统治时期增长了4余倍,是新疆土布产量的最高时期。1943年,和田行政区召开"手工促进

① 农商部总务厅统计科编纂:《中华民国五年第五次农商统计表》,中华书局1919年版,第312—313页。

② 李延墀、杨实编:《察哈尔经济调查录》,新中国建设学会,1933年,第77—81页。

③ 察哈尔省建设厅:《察哈尔省建设公报》第9期,1935年。

④ 实业部中国经济年鉴编纂委员会编:《中国经济年鉴》第3编,商务印书馆1936年版,第17页。

⑤ 《西北皮毛无出路》,《新闻报》1948年12月17日。

⑥ 《劝业委员会》,《东方杂志》第12卷第9号,1915年9月。

⑦ 王维国:《中国地方税研究》,中国财政经济出版社2002年版,第95—96页。

会”,统一了土布生产规格,其中幅宽定为50厘米、60厘米、65厘米三种。[①]

便利的商路有益于贸易互通有无,而商路的开通则大多属政府作为。虽然1907年、1908年察哈尔都统诚勋先后两次奏请自开商埠,但直至1914年张家口才自开商埠。张家口开埠之后,各种官办或商办的工厂陆续设立,如北达制面公司、德泰隆毛化工厂、华北电灯公司、察哈尔省立皮革厂、官立平民简易工厂等。[②] 西藏入口货物中,由印度运入的以棉织品为主,多为日本的东洋货,而毛货则东西洋皆有。西藏的丝织品除来自内地外,也有来自俄国者;宝石、珍珠、珊瑚等,印度货和东洋货均有。各种颜料来自西洋,但是西藏染毛织品所用的茜草,则为印度和不丹所产。[③]

在自开商埠的同时,政府还加强了对公路的修筑,继而促进了商品的贸易往来。张家口是河北通向西北的商贸和交通中心,素有“华北第二商埠”之称。1918年,河北省修通的张家口至库伦的“张库大道”是其历史上第一条公路,全长1070公里。之后,张家口贸易得以快速发展,年贸易额达15000万银两,其中年销砖茶30万箱,输入羊毛1000万斤,羊皮1500万张,“成为张家口商务的全盛时期”。张家口还是名副其实的皮都。民国初年,张家口的皮毛加工已较为发达,计540万张羊皮、500余万斤毛绒。[④] 1945年8月张家口解放后,晋察冀边区政府从税收政策着手,支持纺织业发展,免收纺织业、毛绒业税。基于此,原有的私营织布厂织机增至70台,增加了福记、同利、中新毛织社和明新织布厂等,合计69台织机、209人,主产棉布、毛织等。[⑤]

政府作为对边疆民族风俗也产生了一定影响。民国时期,西装、中山装、皮鞋等服饰在新疆城镇男子中流行起来,“喀什噶尔市场上对旧欧洲服装的

① 宋岭等编著:《新疆近代经济技术开发》,新疆科技卫生出版社1993年版,第96页。

② 《察哈尔省资源调查张家口班报告》,见黑龙江省档案馆编《满铁调查报告》第2辑,广西师范大学出版社2005年版,第42页。

③ 法尊:《现代西藏》,东方书社1943年铅印本,第58页。

④ 冯金忠、陈瑞青:《河北蒙古族史》,民族出版社2020年版,第534页。

⑤ 张家口市政协文史资料委员会编:《张家口文史》第1辑(总第38辑),内部资料,2003年,第165页。

需求量很大”①。时至 1942 年,伊犁城中“无论官吏平民,均是西装革履”②。此外,“新疆人无论贫富老幼,几乎每人都着双长皮鞋,一则因其多沙土,一则因气候较寒冷”③。同时,女子的服饰也有了很大的变化,冬季除了身穿旗袍,外搭大氅,还脚穿高跟鞋,而夏季则多为短袖旗袍。诚如时人游记所言:“赵太太三十许,身材短小,着旗袍,而且端庄秀丽,谈吐大方中肯,一望便知为一受过教育的大家闺秀。”④但是,政府的苛捐杂税也影响了手工业的产销。辛亥革命后,新疆社会动荡不安,“当局又设立了名目繁多的苛捐杂税”,如官税、盐税、统税、契税、酒税、棉花税、炭税、葡萄税等,“凡手工业稍具规模,各种捐税便接踵而至”。⑤ 如和田毛毯质量开始下降就与苛捐杂税密切相关,“据中国人说,其原因是由于毯税加重了。政府为给欧洲人支付赔款,对制毯业课税特别重,因而严重影响了毯子生产”⑥。

此外,伪政府的举措则阻碍了手工业的发展。1939 年 6 月 25 日,伪蒙疆政府联合当地盐商,成立了“社团法人蒙疆盐业组合”,对采盐、收购、加工及运销等盐务进行一元化管理。同年 7 月 1 日,日本在张家口成立榷运总署,颁布《盐法及施行规则》与《蒙疆盐业组合法》,对蒙疆盐业贸易进行殖民管理,打破了蒙古传统的买卖和采盐方式,垄断了蒙疆采盐、运销。如《规则》等中的条款明确规定“未经榷运总署长的许可不得制造盐”,不仅包括盐的采集和制造,而且对盐的制造地域及制造时间、产量也做出限制,“未经榷运总署长的许可不得输出盐”。但是,伪蒙疆联合委员会“有令所定不在此限”,盐的收买根据蒙疆联合委员会命令所定交纳一定的代偿金,盐的输出与收买人所输出及售卖的盐均须缴纳盐税。关于盐的课税标准、税率及贩卖价格,也是根据蒙疆联合委员会命令而定。对于蒙疆联合委员会定为有用途的盐,榷运

① [英]凯瑟琳 · 马嘎特尼、[英]戴安娜 · 西普顿:《外交官夫人的回忆》,王卫平、崔延虎译,新疆大学出版社 1997 年版,第 170 页。
② 蒋经国、李烛尘:《伟大的西北——西北历程》,宁夏人民出版社 2001 年版,第 140 页。
③ 蒋经国、李烛尘:《伟大的西北——西北历程》,宁夏人民出版社 2001 年版,第 109 页。
④ 杨镰、陈宏博主编,黄汲清著:《天山之麓》,新疆人民出版社 2001 年版,第 61 页。
⑤ 宋岭等编著:《新疆近代经济技术开发》,新疆科技卫生出版社 1993 年版,第 110 页。
⑥ [俄]尼 · 维 · 鲍戈亚夫连斯基:《长城外的中国西部地区》,新疆大学外语系俄语教研室译,商务印书馆 1980 年版,第 155 页。

总署长“可减税及免税”①。

当然,边疆手工业在发展的同时,部分地区也受到了地方政府的压榨。其中,新疆是中国的棉料及布匹的重要产地,但受地方政府的压榨,从而使其棉纺织业无法发展。新疆阿克苏道及喀什道“各属产出土布价廉工美,华洋杂购,为地方生财之一大源泉,久已专利多年,民间生计赖是充裕”。但是,受新疆地方衙门的压榨,以及列强的掠夺,新疆棉纺织市场逐渐被列强占领。一方面,新疆疏勒县地方政府各项人员在向民间摊派织布之时,“各乡头目从中需索”,不仅“只发棉价”,而且“不给工资,贱价收入,贵价转售”。凡衙门织布一匹,这些乡头目“必向织布各家勒科数匹以自肥”。另一方面,政府苛捐杂税使各处行户“纷纷歇业,机声昼静,织影夜虚”。② 这样一来,严重影响了手工业生产。

第二节　列强入侵对边疆民族手工业发展的影响

随着工业革命浪潮的推动,以及资本主义世界市场的形成,中国无论是内地,还是边疆民族地区,均“不得不大批仰给外厂,形成半殖民地工业特质,危机更属严重”③。当然,列强在对边疆进行资源掠夺、市场侵占的同时,由于错综复杂的原因,也对港澳台等边疆地区采取了不同的举措,从而使港澳台等边疆地区的民族手工业呈现出不同的发展路径和特点。

一、列强侵占下港澳台手工业的发展状况

台湾、澳门、香港分别作为日本、葡萄牙、英国统治的地区,由于各殖民者采取的政策不同,因而对这些地区手工业的影响有别。诚如时论所言,由于内地连年军阀混战,“中上流社会,固以香港为世外桃源;而资本家之投资,又

① 房建昌:《一九三七——一九四五年间伪蒙疆政权时期盐务述略》,《盐业史研究》1995 年第 2 期。

② 杨增新:《补过斋文牍》甲集上,台湾文海出版社 1965 年版,第 125 页。

③ 《纺织厂与漂染整理厂亟应密切联络》,《染织纺周刊》第 1 卷第 26 期,1936 年。

争以香港为宣泄之尾闾”①。如欧洲忙于第一次世界大战之时,香港在资本家的投资下,遂由手工业转变为机械化。其中,织造是手工业重要的行业,1931年除家庭手工业之外,香港有400余户织造户②,约占华资投资总工厂的一半。

日本对台湾的剥削可分为原始剥削时代(1895—1914)、资本剥削时代(1915—1931)、国家管理时代(1931—1945)。第一阶段,原始剥削时代。该阶段时间最长,日本工业落后,资本单薄、技术幼稚,对台“只得用原始剥削的方式来满足它的欲望”。第二阶段,资本剥削时代。随着日本力量“逐渐膨大,产业技术也有了相当进步”,“工业日本”新口号出台。同时,随着日本对台湾土地、山林等“都已经剥削得干干净净,再不能剥削了”,从而改为“投资兴办产业,从劳力与市场两方面打主意”。第三阶段,国家管理时代。1931年九一八事变之后,日本相继对台湾采取了“产业开发十年计划”“工业台湾”等管理政策,实行“工业富源的开发”。日本为加强南进根据地,利用南洋原料发展台湾新军事工业,从而在1939年改变了对台政策。如在此之前,日本在台的工业中心是制糖业和粮食工业,之后无论军事工业、农业等,均改“统收统售进至农产的全面国家管理和土地的强制没收”。甚至之后的工业、矿业也是以国营管理为原则,“自由企业在台湾销声匿迹了”。

日本控制台湾之前,台湾进口以棉丝织品最为重要,但控制之后,贯彻“农业台湾”政策,企图以台湾为米谷供给地,竭力发展台湾农业,顿时增加肥料需要,日本使肥料输入台湾远超过棉及丝织品。一战之后,日本完成从轻工业向重工业的转化,“农业台湾”的政策极为明显。即使一战后日本向台湾输出了一定的内燃机,出现了动力碾米,但是直至抗战爆发前,日本在台湾仍实行“工业日本,农业台湾”殖民政策,将台湾作为日本工业的原料产地。如1930年台湾从日本进口肥料仅值580万日元,而且大部分肥料均采用东北的豆饼。但是,1937年全民族抗战爆发之后,台湾则“使用日本肥料者突形增

① 《与客论省港比较》,《香港华字日报》1923年9月27日。
② 《香港织造业近况(续)》,《香港工商日报》1934年9月10日。

加”,从日本进口的肥料一跃增至 4000 万日元以上,而从东北输入的豆饼,则“保持缓慢之增势”。[①] 台湾本岛的食盐生产主要以日晒法为主要方式[②],其初期产盐量难以自给自足,甚至有时还须进口。根据 1896 年英国驻台人员的商务报告,清末台湾盐产量每年约 15 万吨。日本殖民统治初期,台湾盐产量急速增加。1902—1905 年,盐产量增加为 60. 9 万吨,其中岛内销售 26. 3 万吨,其余主要是出口至日本,满足其需要。[③]

日本在推行“农业台湾”政策的同时,也利用农产品进行小型的手工业生产。日本不仅在台湾建立诸多大型糖厂,而且还掠夺当地的黄麻、苎麻、香蕉、凤梨等资源,建造麻纺厂、罐头厂等。不难看出,日本的侵华使台湾工业几乎无近代企业,纯属小工业和家庭手工业生产,就范围而言局限于日常生活所需的棉料、染料、铁制品,以及食品等方面。据统计,在 1935 年台湾工业产值中,小工业和家庭手工业只有 14. 5%,其余 85. 5%则为日资企业独占。[④]据 1938 年台北市统计,有 1486 户小企业,其中有“有小洋货特点的小企业”,如玻璃制品、纱布企业,以及 1936 年采用日资创办的“内衣织造”等企业,“仅占小企业总数不到 4%。这种企业大多是岛内日本人独资或台湾人合资开办的”。[⑤]

特别是距离台北偏远的地方,工业生产极少。据 1935 年统计,嘉义仅 487 户小企业,与新产品相关的仅有水泥制品 3 户,清凉饮料水 3 户。[⑥] 而碾米业则成为台湾普遍的工业,占 1938 年统计企业的 12%,合计 180 户。[⑦] 台湾出口以糖和米为大宗,但是砂糖受荷印糖业竞争,以致在海外的地位“远不如对日输出重要”。据 1947 年《台湾新志》铅印本所载,台湾“米谷一项在近

① 郑伯彬编著:《台湾新志》,中华书局 1947 年铅印本,第 42 页。
② 陈凤虹:《清代台湾食盐的生产》,台湾《史汇》2007 年第 11 期。
③ 陈慈玉、李秉璋:《日治时期台盐的流通结构》,台湾《东吴历史学报》2003 年第 10 期。
④ [日]矢木明夫:《冈谷的制丝业》,经济评论社,1980 年,第 52 页。
⑤ 周翔鹤:《1880—1937 台湾与日本小工业和家庭手工业的比较研究》,《台湾研究集刊》1996 年第 3 期。
⑥ 转引自涂照彦《日本帝国主义下的台湾》,东京大学出版会,1975 年,第 204 页。
⑦ 周翔鹤:《1880—1937 台湾与日本小工业和家庭手工业的比较研究》,《台湾研究集刊》1996 年第 3 期。

年则几全部对日输出”，即使与福建“近在咫尺”，福建“米粮不足”，但是台湾米谷“鲜有运销”福建。[①] 同时即使是台湾最为传统的纺织业，在日本控制期间仍然十分落后。二战时期，虽然为配合日军“南进政策”和台湾军需被服自给，开始拆迁日本本土部分的纺织企业设备，以便在台湾建立 12.67 万枚纱锭，但最终仅安装了纱锭 2.9 万枚、织机 495 台，后被屡次轰炸，至 1945 年台湾“各种纺织业均无显著发展”[②]。

然而，葡萄牙统治者多为技术型官员，且重视澳门工业发展，不仅使澳门手工业有所发展，而且使澳门发展成为一个工业城市。19 世纪 60 年代，澳门爆竹业不仅成为当地经济的“龙头老大”，而且是其支柱产业。1913 年葡萄牙实行共和制之后，第一任总督马楂度就提出“澳门工业应该多样化”，“必须在短期内，开展工业调查”，以备工业发展所需。[③] 次年，出任澳门总督的嘉路米耶再次重申了发展工业的重要性，认为“要扩展国家的工业，开发其中丰富资源”，一个国家“自强不息，就必须以当前的水平去开发它的丰富的资源，并大力兴办工商企业”。[④] 其中，爆竹与火柴、神香是澳门的主体工业，属于劳动密集型产业，“本地人力甚称充足，工值低廉”[⑤]。特别是爆竹业，在 1929 年澳门 15 万—16 万人口中，11 家爆竹厂就雇用了 30000 名男女工人，占全部人口的 20%。[⑥] 其中，1925 年澳门实际有爆竹厂 13 家，是“澳门历史上建成爆竹厂最多的时期”，之后随着省港大罢工风潮的结束，澳门爆竹业进入 1927—1940 年的黄金时期。[⑦] 澳门制香业历史悠久，作为过去的“三大手工业”之一，是澳门经济的重要支柱。澳门制香业于 20 世纪三四十年代得以发展，据统计，全澳门售卖神香的店铺逾 20 家，每年产值约 250 万葡币。其中规模最

---

① 郑伯彬编著：《台湾新志》，中华书局 1947 年铅印本，第 42 页。

② 中国近代纺织史编委会编著：《中国近代纺织史》下卷，中国纺织出版社 1997 年版，第 27 页。

③ Alvaro de Melo Machado, *Coisas de Macau*, Segunda edicao, Macau, 1997, p. 8、57.

④ ［葡］卡洛斯·高美士·贝萨：《澳门与共和体制在中国的建立》，催维孝等译，澳门基金会，1999 年，附录档案一，1915 年 10 月 12 日公函第 26 号，第 131 页。

⑤ 何大章、缪鸿基：《澳门地理》，广东省立文理学院，1946 年，第 72 页。

⑥ 中国社会科学院近代史研究所编：《中葡关系史资料集》下卷，四川人民出版社 1999 年版，第 2092 页。

⑦ 周翔鹤：《1880—1937 台湾与日本小工业和家庭手工业的比较研究》，《台湾研究集刊》1996 年第 3 期。

大、雇用工人最多的，首推“梁永馨”“永吉馨”“永常吉”“陈联馨”，它们合称“四大厂家”，是当时制香业的代表。①

澳门政府合理的税收是其工业发展的重要途径之一。为发展澳门工商业，澳门政府在税收方面推行“平均普遍之原则，止取盈于烟赌两项”，而其他土地税、家屋税、营业税等“有缓而无苛，市政极其宽大，而地方上之施行警视又至为周密”。② 这些政策的推行在一定程度上推动了澳门手工业发展。如望夏偏南出现了“制造厂巷”。又如1926年拱北海关所言，澳门氹北新垦的地方已有大部分“批出经营工业”，同时青州附近的船坞以及避风塘地段“亦建设工场货仓”。③ 特别是1941年，青州还出现了“工厂街”。④

不管是葡萄牙控制下的澳门，还是英国控制下的香港，以及日本的侵华政策都对中国手工业等产生了深远影响。随着资本主义经济危机的到来，英国政府宣布放弃金本位，在内地经济购买力减弱，而且国民政府提高了入口税率，加之日本的倾销，以致无税口岸的香港不仅“直接受其打击”，而且“有横被蹂躏之态”。⑤ 如处于低谷的1934年，香港有300余家工厂倒闭。特别是纺织业，在1931—1934年就有一半以上被迫倒闭，从1931年的400余户减少至126户，织工从30000余人减少至8000人。⑥ 1935年，随着内地销场的好转，香港工商业亦有所复苏，并开始好转，如月波织造有限公司、华强树胶厂等一大批企业陆续出现。

因此，相对于日本控制的农业台湾而言，英国控制下的香港工商业取得了一定的成绩。如中国民族树胶工业源于港澳，又如国人仿用西法机制饼干、糖果，始于香港、广州等地⑦。此外，大华铅笔厂开创了中国铅笔工业，成

---

① 徐小平：《走向黄昏的神香业》，《红蓝史地》1999年第8期。

② 《清末民国澳门爆竹业的发展及其兴衰（1863—1941）》，《中国经济史研究》2015年第6期。

③ 莫世祥、虞和平等编译：《近代拱北海关报关汇编：1887—1946》，澳门基金会，1998年，第362页。

④ 周翔鹤：《1880—1937台湾与日本小工业和家庭手工业的比较研究》，《台湾研究集刊》1996年第3期。

⑤ 《香港织造业近况》，《香港工商日报》1934年9月9日。

⑥ 《香港织造业近况（续）》，《香港工商日报》1934年9月10日。

⑦ 杨大金：《现代中国实业志》上册，河南人民出版社2017年版，第822页。

为我国文化工业市场的源头。在香港,不仅诸多产业成为中国的先导,而且在管理方面也较先进,如香港的商务印书馆厂房,按照欧美最新样式构造,并进行科学化管理①。

特别是抗日战争时期,中、英为联合抗日,香港还生产大量"爱国鞋"、钢盔、面具等,作为军需用品。同时,香港还进行大量的商业化生产,如所产布匹主销内地,而衣衫则主销南洋。② 但是,香港机器织造业的市场也因战争而不断变动,抗战之前销售南洋、华南一带③,战时则销售内地与英属各地。1941 年太平洋战争爆发后,香港沦陷,诸多企业被日军没收、封闭、摧毁,或因战乱而被迫停止生产。如被没收的捷和钢铁厂、永华药厂、民元电机布厂以及泰盛染织厂、香岛制漆公司均被日军霸占,而金山织造厂则被战火摧毁。

二、列强入侵对边疆地区手工业发展的影响

清末以来,关禁大开,洋货纷纷进入中国边疆市场,而洋行则是列强掠夺边疆手工原料的重要组织。随着俄商在新疆的发展,在伊犁、塔城、喀什噶尔经销的欧美商人也纷纷在新疆各镇设立洋行分支机构,资本较小的则设店铺。如德国商人的德胜洋行,于 1884—1913 年先后在塔城、乌鲁木齐、哈密、奇台、喀什噶尔、焉耆、鄯善开设分号。1911 年,乌鲁木齐成立总商会,入会的商户有 97 家,至 1914 年增至 2344 家。1920 年,在乌鲁木齐 10 家洋行中,有 5 家为德国、俄国等国商人所开,即"德胜""得和""茂升""仁忠""吉利"五家,资金 30 万—150 万卢布不等。他们从俄国运来洋布、缝纫机、呢绒、瓷器等,又从新疆低价收购皮毛、棉花、丝绒,转销俄国。

20 世纪头 20 年,洋行在甘肃河州设有英商"新太兴""高林""聚利""仁记""天长仁""瑞记""普伦""平和"以及德商"世昌"等 9 家洋行,之后又扩散至兰州、循化、肃州(今酒泉)等地。其中,除兰州洋行不做收购羊毛业务之外,其他各地洋行均以收购羊毛为主,以收购皮张、肠衣、猪鬃、药材为辅。河

① 《商务印书馆港厂调查》,《香港工商日报》1934 年 5 月 21 日。

② 《去年本港工业发达》,《星岛日报》1939 年 4 月 8 日。

③ 《去年本港工业异常发达》,《星岛日报》1940 年 3 月 24 日。

州的洋行坐庄收购藏族的羊毛,但是被精通藏语为洋行服务的毛贩子压价收购。如1913年甘南藏区每百斤羊毛收购价仅值银3—4两,而同年天津的羊毛价则每百斤30—40两。即使扣除运销天津的运费和人工费,洋行的获利也极为丰厚。[①]

列强阻断了商贸往来,使贸易额明显下降。第一次世界大战时期,大量皮毛无法运销国外,包头的驼绒价从每斤现洋1元跌到0.1元左右。[②] 1917年俄国十月革命之后,俄国经济萧条,以致来自俄国的香牛马皮原料被断绝,日商乘机而起,收生皮并售熟皮。1919年后,中国掀起了第一次抵制日货运动,中国人在张家口开始投资设立香牛皮工厂。从规模来看,"初则一二家,后则增至十余家",他们除了制香牛马皮,"尚能制各种箱匣及提包等"。中国人设立自制皮工厂后,"日商生意则减色",甚至还迫使日商"售收不能,皆改营他业矣"。[③]

皮毛是张家口主要的手工业,张家口有"皮都"之称,但是在列强的侵略下,张家口皮毛手工业也逐渐萧条。1941年万全县以皮毛为业者2户,工人2名,资金折合小米2000斤,产值仅有56元。[④] 1931年察哈尔各县合计10家,制帽总产量168000顶[⑤],1936年增至21家,但由于日本侵华,总产量只有75900顶。1931年九一八事变后,蔚县毡帽业衰落,以致1936年蔚县仅有5家毡帽工场,年产量15300顶,价值7650银元,工人62名。[⑥] 但宣化毡帽业是一个特例,由于宣化毡帽几乎全部供给伪满洲国,"年产总额达50万以上,在本地区工业生产上占着极其重要的地位",以致宣化毡帽不但没有衰弱,反而有了一定的发展。1937年宣化"只有17家",但1938年底则增至27家,

① 秦宪周:《帝国主义洋行在沙州等地"收购"羊毛》,中国人民政治协商会议甘肃省委员会文史资料研究委员会编《甘肃文史资料》第8辑,甘肃人民出版社1980年版,第175—176页。

② 邢野、王新民:《内蒙古十通·旅蒙商通览》上册,内蒙古人民出版社2008年版,第109页。

③ 彭泽益编:《中国近代手工业史资料(1840—1949)》第3卷,中华书局1962年版,第121—122页。

④ 中国人民政治协商会议万全县委员会文史资料征集委员会编:《万全文史资料》第2辑,内部资料,1988年,第24页。

⑤ 李延墀、杨实编:《察哈尔经济调查录》,新中国建设学会,1933年,第77—81页。

⑥ 实业部中国经济年鉴编纂委员会编:《中国经济年鉴》第3编,商务印书馆1936年版,第15—17页。

1939 年更是增至 39 家。[①]

日本在蒙古掠夺畜产品资源的机构主要有大蒙股份有限公司、蒙疆畜产工业股份有限公司、漠南矿业有限公司、蒙疆畜产股份有限公司、协和畜产家工厂等。其中,1939 年 3 月蒙疆政府成立的大蒙股份有限公司从单纯地收购和贩运畜产品扩展至牲畜的养殖和畜产品的深入加工,几乎垄断了蒙疆全部的皮毛和畜产。据统计,大蒙股份有限公司利用统制的纺织品、砖茶等日用百货换取畜产品,每年可销售日用百货 3980000 元,而掠夺的畜产品则高达 8261000 元。同年秋,日本侵占漠南矿业有限公司在石拐的所有煤矿,并成立了日本人管辖的大青山煤炭株式会社。此外,日本在托克托、萨拉齐等地建立政权后,为占领其市场,鼓励农民栽种罂粟,不仅设立专管种植罂粟的特产科,而且专门成立收购鸦片的"土业组合"公司。每当鸦片收获之时,大小商贩直接至田间收购,这种方式被称为"赶洋烟市"。[②]

日本侵占河北张家口之后,除了诸如"德昌""信昌"等部分铁厂有所发展,其他铁业几乎一落千丈。如 1931 年万全县尚有 52 户铁工,总产值为 50000 元,但是到了 1941 年铁匠仅剩 14 户,产值仅有旧币 3110 万元(合新币 3110 元)。[③] 日本侵占张家口时期,日本住友株式会社分别督办了内蒙兴工厂、龙烟铁矿株式会社中央工厂。但是,这两家铁厂机械化程度仍然很低,仅能生产火炉、道钉以及小农具等。直至 1945 年日本投降后,才由晋察冀边区行政委员会工业部建立了华北机器厂,生产民用炉、道钉及铁制品。

此外,九一八事变之后,日本加强了对东北工业盐原料的掠夺。即使伪满洲国有着丰富的盐资源,"但从来没有谋求合理开发的有力机构,不能满足近来国内外急剧增长的需要"[④]。因此,日本政府以伪满洲国的名义,于 1936

① 彭泽益编:《中国近代手工业史资料(1840—1949)》第 4 卷,中华书局 1962 年版,第 130—133 页。

② 邢野、姜宝泰编:《绥远通志》,包头市地方志编修办公室,2005 年,第 160 页。

③ 中国人民政治协商会议万全县委员会文史资料征集委员会编:《万全文史资料》第 2 辑,内部资料,1988 年,第 24 页。

④ 《满洲盐业株式会社》,见苏崇民主编《满铁档案资料汇编》第 10 卷,社会科学文献出版社 2011 年版,第 311 页。

年颁布第55号“敕令”，正式成立满洲盐业株式会社，打着以“国内的顺利配给与日本工业盐的充分供给为目标”[1]的幌子，实则为了占领伪满洲国盐业市场。据统计，1941年中国东北对日供给盐508452吨，其中关东州占303949吨，伪满洲国82151吨。1943年，中国东北对日供给盐558300吨，其中关东州452000吨，伪满洲国106300吨。1944年，中国东北对日供给盐920000吨，其中关东州710000吨，伪满洲国210000吨。[2] 由此可见，抗日战争时期日本逐年加强了对中国东北盐的掠夺。

旅蒙商人运销洋货进入蒙古市场，并对其进行垄断。诚如俄国旅行家所载，“呼和浩特销售和运出的棉布及纺织品几乎全是外国货，近年来价格也有所上涨……正如前面已经说过的，现在归化城出售的布匹全部都是外国货，中国生产的只有丝织品，棉布只有大布一种”[3]。俄国向新疆倾销的各类布匹、绸缎、呢绒从1905年的591371卢布增至1906年的611000卢布。同期，俄国掠夺的棉花则从176461卢布增至274864卢布。诚如清末新疆绥定县令所言，“惟俄商进卡之货，奇淫技巧，岁耗巨金……乏术抵制，吾民其有终极乎”[4]。

太平洋战争爆发前，香港地处战争之外，加之欧洲战争所需，香港手工业等获得了一个较好的发展机会，并迅速向机器工业过渡。20世纪30年代初，香港织造业机器生产较为普及，几乎“手工业迅而成为陈迹”[5]。从销售对象来看，主要以英国为主。据统计，1938—1940年，除了香港本地消费，香港各年出口总值均在9000万港元以上。[6] 从织造业所用的机器来源而言，有从国外购置，生产质量和效率较高的“洋机”，也有香港自产的机器。此外，“三羊

---

① 满洲事情案内所编：《满洲の栞》，1939年，第15页。

② 李淑娟、刘宇粱：《日本对中国东北苏打工业原料盐及产品的掠夺（1905—1945）》，《民国档案》2023年第2期。

③ [俄]阿·马·波兹德涅耶夫：《蒙古及蒙古人》第2卷，刘汉民等译，内蒙古人民出版社1989年版，第95页。

④ [清]萧然奎：《新疆伊犁府绥定县乡土志》，清光绪三十四年（1908）抄本，“商务”。

⑤ 《香港织造业近况》，《香港工商日报》1934年9月9日。

⑥ 《去年本港工业发达》，《星岛日报》1939年4月8日。《去年本港工业异常发达》，《星岛日报》1940年3月24日。《欧战以来香港各业概况》，《星岛日报》1941年4月12日。

绸厂”“三光布厂”等香港华资工厂混用上海国产机器与外国机器。[①]

虽然新疆各民族喜好斜纹土布，然而“俄商由省垣分销各样洋货，缠妇民妇又喜其花样精致，相率争购，而斜纹之利几为所夺”[②]。新疆“本地虽亦纺织，类多故步自封，用土法土机，故所出之布，质粗价落，难以畅销”[③]。和田洛浦“向出绒毯颇佳，近亦竞巧争新，市肆畅销”[④]。1949 年新疆厂矿合计 363 个，其中使用机器的工厂仅有 14 个，仅占 3. 8%，手工作坊和手工工厂则有 349 个[⑤]，占 96. 2%。民国初年，新疆 40 个县的商业均有外国商人把控，可谓无一县无外国商民，无一县无外国乡约。[⑥]

即使是产棉颇丰的东北，在日本棉纱的充斥下，其市场也被占领。1932 年日本占领东北之后，辽宁纺织厂被日人没收，“归入辽宁日人纺织厂合办”[⑦]。日本棉布充斥东北市场，“近年日本布充斥于市，尽夺其利。现有县城谦德合商号，用改良机招徒、设厂，创始制造，颇资获利，或不难推广以挽漏卮焉”[⑧]。谦德合商号附设织布厂，有 20 多名工徒和 1 名技师，但由于原料均为舶来品，所获甚少，仅织有花旗布、条布和毛巾。1929 和 1930 年，抚顺的棉产量均为 60 吨[⑨]。在日军占领东北之前，沈阳每日棉布生产量为五六千匹，但 1933 年冬“需要衰退，产量锐减”，不过 3000 匹左右，以致各布厂“颇感困难”，既有倒闭者，也有临时停工者或减少产量者。一般民众，因购买力弱，且银价高涨，低廉的外货“得以倾销”，土产棉布无法竞争而告停滞，“欲图恢复，甚非易事”。[⑩]

---

① 专访梅：《本港华资工厂之调查》，《香港工商日报》1934 年 4 月 23、25 日。

② 马大正等整理：《新疆乡土志稿》，新疆人民出版社 2010 年版，第 162 页。

③ 新疆维吾尔自治区农业厅农业志编辑室：《新疆通志 · 农业志》第 4 辑，内部发行，1987 年，第 42 页。

④ 彭泽益编：《中国近代手工业史资料(1840—1949)》第 2 卷，中华书局 1962 年版，第 573 页。

⑤ 《中国少数民族经济概论》编写组编：《中国少数民族经济概论》，中央民族学院出版社 1985 年版，第 125 页。

⑥ 杨增新：《补过斋文牍》甲集下，台湾文海出版社 1965 年版，第 172 页。

⑦ 《日人掠夺辽宁纺纱厂》，《中央日报》1932 年 4 月 10 日。

⑧ 侯锡爵修，罗明述编：《桓仁县志》卷 8《庶物 · 棉布》，1930 年石印本，第 99 页。

⑨ 张克湘修，周之桢纂：《抚顺县志》卷 3《农业 · 地亩产量》，1931 年抄本，第 24 页。

⑩ 《东北织业因外货倾销衰落》，《纺织时报》1934 年 2 月 26 日。

1937 年 8 月 27 日，日军侵占张家口后，对皮毛原料进行大肆掠夺，并强行低价收购羊皮，致使皮坊亏损甚大，到同年底仅有 20 家皮坊能勉强维持，“私人皮毛业者有的改业，有的转入暗地交易”①。1938 年 1 月，日军成立伪蒙疆羊毛同业会，设总部于张家口，其参与者有日本毛织、满蒙毛织、钟渊纺织等 8 家日伪株式会社，从而控制羊毛贸易。此外，日伪还对洋纱、棉花也实行统制，在张家口设日本棉花株式会社，凡织布厂所需棉纱，均由指定商号供给。1940 年，纺织品完全为日伪统制。1942 年，日伪又开始实行“许可证制”和“配给制度”，成立了“棉布组合”，规定各手工织布厂均需参与，产品完全由“棉布组合”控制。如棉布的销售，就统一指定为“魁兴高”“明迈大”等 10 户商号经营。1942 年，日伪先后两次配给张家口的棉布合计 11600 匹。

日伪政府利用当地廉价的原料，在张家口投资设立公大毛织厂和满蒙毛织厂。前者以经营羊毛为大宗，之后增加少量毛毯、地毯和张垣呢（棉纱为经、红色牛毛为纬，自然色）等产品。而后者属满蒙毛织株式会社蒙疆部，有 10 多台人力铁轮织机和 2 台电力弹毛机、1 台电力脱水机、4 台卷染机等设备，纺织品主要有张垣呢，以及军装和皮革制品。1945 年日军投降后，察哈尔工人自己组织了护厂管理委员会，由 60 名工人专管治安，并改名“振华工厂”。②

第三节　边疆民族手工业的发展与不足

民国时期，虽然边疆民族手工业得到了一定程度的发展，但是在一些边远民族地区，工业化的影响仍然不大，手工业发展还不充分。民族手工业与农业、畜牧业是边疆传统的三大产业，属劳动密集型和具有优势的特色产业，具有投资少、效益高、行业多等特点。民国时期，边疆民族手工业在商人的带

① 中国人民政治协商会议河北省张家口市委员会文史资料研究委员会编：《张家口文史资料》第 13 辑，内部资料，1988 年，第 6 页。

② 中国人民政治协商会议河北省张家口市委员会文史资料研究委员会编：《张家口文史资料》第 13 辑，内部资料，1988 年，第 206 页。

动下,在政府的支持和工业化的推动下,技术有所提升,商品化趋势更加明显,经济社会有所发展。但是相对于沿江、沿边地区而言,仍具有较大的落后性和依赖性。

一、技艺的发展与规模的相对扩大

民国时期,边疆民族地区生产工具的不断改良是技术变革的重要标志。清末,广西武宣"皆用手工缝纫",时至1935年则"全用机器车衣"。同样,清代广西阳朔"只有手工缝衣,民国以来有衣车机器";罗城"缝工先年概系用手工针缝",时至1935年左右,该县缝工"已多改用车工"①。此外,贵县"新式织机年有输入,改良土布亦渐畅销"②。第一次世界大战时期,随着新疆纺织工具的改良,作为中国棉花重要产地的新疆其棉花产出不足本省纺织所需。诚如时人言道,新疆在棉纺织方面,"足以吸收全部的棉花原料而犹感不足"③。抗日战争时期,随着生产工具的改良,即使以制糖、制茶为主的台湾工业"亦渐次发展",如纺织、金属、化工等,"均斐然可观"。④

缝纫机的使用在很大程度上促进了边远地区纺织业的发展。在缝纫机输入之前,广西宜北县的缝工"均为女子充任",凡是家中所需服饰均是"女子自裁自缝,不假乎于人。亦有少数男子学缝者"。但随着缝纫机的输入,如1936年宜北县城的成衣机器已有10余架,"乡中子弟喜其工艺精巧,竞相投之"。⑤ 缝纫机的使用改变了缝纫工手工缝纫的局面。宣统年间,缝纫机输入广西贵县之后,缝纫业"状况一变,机声札札,比户相闻,以此为专业者男工较多",贵县的缝纫机"约达数百"。之后,缝纫机传至桂西。思恩县(今环江县)"昔时缝业专用人工",民国初年,"各处大圩场始渐有采用少数车衣机以

---

① 江碧秋修,潘宝箓纂:《罗城县志》,1937年铅印本,"经济·工业·手工业",第191页。

② 梁崇鼎纂:《贵县志》卷11《实业·工业·织造》,1935年铅印本,第338页。

③ 新疆维吾尔自治区农业厅农业志编辑室:《新疆通志·农业志》第4辑,内部资料,1987年,第44页。

④ 《台湾概观》,《申报》1944年10月17日。

⑤ 覃玉成纂:《宜北县志》第4编,1937年铅印本,第81页。

代人工者”。1921年以后，广西阖县“缝业几纯用车机矣”。[①] 如来宾，虽然织工仍采用投梭机织布，但是自改用拉梭织布机之后，生产效率明显提高，男子亦间或学习纺织，而乡村中传统的缝纫则“受打击，几乎无存矣”[②]。

20世纪30年代，边远地区手工技艺发展较快。其中，青海西宁缝织已使用缝纫机代替手工，而纯手工缝纫“几乎绝迹”[③]。此外，新疆莎车一地乌孜别克族人的丝织手工作坊就达200余家，较大的作坊雇用150余名工人，有煮茧锅数十口，纺织机数十架，一般的手工作坊也雇有40余人，有煮茧锅数口，纺织机数十架。[④] 莎车纺丝业的原料来自和田、吐鲁番、焉耆，而产品则运销中亚、印度及俄国。乌孜别克族人善于制铜盘、铜壶、布拉其盆等，其产品精致美观，备受维吾尔族、哈萨克族、柯尔克孜族民众的喜爱。[⑤] 1933年，玉树修械所成立，专门修理枪械，有简单机器，但工人仅四五人。同年，玉树还成立了裕民工厂，最初仅有一架缝纫机，次年增设了两架，一并增加的还有9名铁工、皮工、鞋工等，其中铁工、皮匠、鞋工各有两人，而裁缝则有3名。[⑥] 1945年，私营的义聚成铁厂在西宁创办，制造简易的铁器和修理五金制品。循化建设局内附设了民生工厂，专制毛毡、毛袜等，年产毛毡75条、毛袜500只、羊毛袄600多件、铁锹180张、铜灯100多盏、铜铁勺350多个。[⑦]

作坊数量的增加也是手工业发展的表现之一。1943年，宜山、都安隆山、忻城壮族地区的榨油作坊有339户，资本总额5912000元，南宁、贵县的榨糖作坊达713户，都安、平治、那马、隆山的纱纸作坊合计1180家，柳州制革作坊46家，每个作坊有4—5名工人。1949年以前，白族地区的大理城内有300多户专门以手工业为生，其中80%开设店铺，并雇用工人，经营缝染、制革、制鞋、修理、铜铁器、金银首饰、雕刻及食品加工等。其中，大理白族地区制鞋业

---

① 吴瑜总纂：《思恩县志》第4编，1935年铅印本，第6页。
② 覃玉成纂：《宜北县志》第4编，1937年铅印本，第81页。
③ 顾执中、陆诒：《到青海去》，商务印书馆1934年版，第297页。
④ 新疆民族事务委员会编：《新疆民族辞典》，新疆人民出版社1995年版，第500页。
⑤ 楼望皓编著：《新疆美食》，新疆美术摄影出版社1995年版，第206页。
⑥ 潘荣中：《玉树概况》，《蒙藏月报》第9卷第5—6期，1939年。
⑦ 顾执中、陆诒：《到青海去》，商务印书馆1934年版，第247、297、386页。

已采用外地原料,销售方面有零售和批发。①

民国时期,无论东部的广西还是西部的青藏一带,手工技艺都有了一定的提升。民国初年,广东人从佛山携带全套织布工具在玉林设立"艺徒学堂",传授18人织布技术,所织土布与佛山一样,畅销广西全省。1920年,玉林又试办"艺徒学堂",从桂林引进织布高机。在客民的带动下,1929年后,西宁制鞋业已"较前发达,出产增多"②。民国时期,广西当局鉴于陶瓷业"因墨守陈法,所制之瓷多粗劣异常",于是1932年特聘技师调查,以便改良,从工商局拨款,成立宾阳瓷器厂,"实地作改良制品的试验"。经过广西政府的不断努力,时至1936年前后,宾阳瓷器厂产品"较之江西瓷或洋瓷虽仍略逊一筹,但与昔日旧法烧成者相比较,则品质之精粗优劣,已不啻霄壤",宾阳瓷器的"制造手艺渐有精进"。③ 此外,广西织席业出现了纺绳车;烟丝业采用了切烟机;榨糖业还采用了新式小型榨蔗机,以及手摇离心机,从而代替了土式榨机。1929年,青海共和县设置前,其皮革、烟草等手工业均是"新移来人民经营,旧有居民不知制法",而设县之后,手工业者则逐步增多。再如青海都兰县,在外来人定居后,手工技术亦得到了较大进步。1927年,青海加牙栽绒工厂成立,聘请宁夏工人,并对宁夏的栽绒技术进行改良,所栽褥毡的品质得到了较快的提高,不久与宁夏所产大致相当。④ 1929年青海成立第一职业学校后,附设一所栽械工厂,所用工人也大多来自兰州。

同时,边疆造纸业也得到了较快发展。清朝时期,察哈尔造纸仅有单纯的手工麻纸和草纸、皮纸等,而机器造纸则始于1941年6月。为印刷洋纸、包装纸、彩纸等,日本东洋制纸株式会社出资95000元,由原野茂一等人在张家口创办了蒙疆制纸股份有限公司,但在宣化设厂。同年8月,该公司开始施工并安装机器,至1943年10月购置一号抄纸机和搅浆机,然后开始生产印刷纸、厚生纸、片艳纸、防控纸等。据载,1943年宣化造纸厂可月产5000

① 李甫春:《中国少数民族地区商品经济研究》,民族出版社1986年版,第24页。
② 顾执中、陆诒:《到青海去》,商务印书馆1934年版,第297页。
③ 千家驹等编纂:《广西省经济概况》,商务印书馆1936年版,第145—146页。
④ 顾执中、陆诒:《到青海去》,商务印书馆1934年版,第310页。

令,其中印刷纸3000令,片艳纸1500令,厚生纸500令。[①] 1944年11月,宣化造纸厂又开始安装二号抄纸机和搅浆机,并增设一部蒸解器。1945年日本投降,蒙疆制纸股份有限公司改名为宣化造纸厂,为晋察冀边区生产币纸。1946年3月,宣化造纸厂交给兴华实业股份有限公司掌管。1947年底,解放军新建长城造纸厂,生产印刷纸、钞票纸等。

抗日战争时期,青海工业技术的提升较为明显。1930年青海省创办了军需物资制造厂,成为该省第一个小工厂。1941年,国民政府资源委员会与青海政府合办电厂,购置2部发电机与2部柴油机,发电能力49千瓦,但仅能供西宁机关与部队照明。1943年青海成立印刷厂,1945年又成立水力发电厂,发电能力241千瓦。1946年青海成立西北工矿公司,分设毛织厂、皮革厂、化工厂及机械厂。其中,化学厂有一套硫酸设备,工艺陈旧,但可产硫酸、黄磷、肥皂,硫酸年产量为7万吨。机械厂有19部小车床、1部电焊机,不仅可产军用马刀、灶具,而且可修理军械和车辆。1948年还成立了地毯厂和瓷器厂。1949年,青海全省有装机容量达223万千瓦的3部发电机、2部蒸汽锅炉、6台手摇机床,发电量48万度。[②] 但是,就区域而言,这些工厂均在西宁市,而其他区域几乎仍处于空白,区域分布明显不均。

西藏、海南岛等地区在传统手工技艺的基础上,利用资源优势,不仅发展成为独具特色的产业,甚至还出现了小规模的手工工场。如西藏江孜城就"有织造氆氇、毛毡、呢绒工厂"[③]。又如海南,在1930年之前,仅海口就有22家制皮工厂,约300名工人,特别是海南岛的牛皮器颇为发达,仅海口就有四五家制皮带工坊,17户制皮箱和皮枕工坊,年营业总额约10万元。同时,海口制造毛巾、布匹的工厂有15家,藤器坊有四五家。海南岛还利用当地盛产椰子,成立了数家椰壳器制造工坊,年营业额约4万元。而制鞋店,海口有25间,琼山府城有60余间,合计1500余人,年营业总额约40万元。海南岛利用

① 张家口市地方志编纂委员会编:《张家口市志》,中国对外翻译出版公司1998年版,第493页。
② 胡永科主编:《中国西部概览·青海》,民族出版社2000年版,第105页。
③ 柯羽操:《柯羽操游藏记》,《川边季刊》第1卷第4期,1935年。

地理条件,还制造渔网、席包、草帽、缆绳等,以便当地民众所需。[①]

各地民众所需是手工业生存和发展的重要前提之一。西藏人民的职业,“因种族而殊异”,其中从不丹、尼泊尔移居西藏者,知晓西藏本地居民“多嗜好珍奇无用之品物”后,他们“大半在拉萨各处”专为铜、银、锡、玉石之细工,以及金银等各种首饰,“一切制作物,无不极尽精巧”。此外,他们用人物、花卉、山水制作的雕镂、刊刻“亦惟妙惟肖,与内地同一”,因而备受西藏“土民之欢迎,而广为畅销”。[②] 又如拉萨的地毯、贡噶姐德秀的围裙,以及当雄等地的腰刀,日喀的栽绒、氆氇、毪子等毛织物。此外,拉萨、昌都等地还“自制陶器,制成有釉泥罐茶壶等”,但几乎仅供当地居民使用,至于绘画佛像、刻印经典等,“尤富盛名,成为特产”。[③]

民国初年,广西平南县城有旧式织布机 100 架,后经改进,效率提高了四五倍,县城每圩上市的白布有 300 匹。[④] 20 世纪 30 年代,邕宁壮族的黄氏兄弟将高机引入当地,促使本地人也开始仿造使用。20 世纪 40 年代,使用高机织布者逐渐增多,如武鸣县陆斡村 26 户均有织机,其中有 5 架高机。甚至有的壮族家庭还将高机作为女儿的嫁妆。同时,罗城县也开始使用高机织布。1949 年以前,广西金秀瑶族的织布机式样与汉族人相同,但金秀瑶族不同支系的技术有别。

改良棉种是推动棉纺织发展的重要举措之一。20 世纪 20 年代,辽阳的棉花产值不仅大,而且棉质比其他地方优良。1933 年,关东厅开始推广关东厅一号美棉,其品质与产量均比中棉为优。在日方“奖励”下,关东厅一号美棉种植区向北扩展。时至 1945 年抗战结束,关东厅一号美棉扩散至新民、辽阳等县,而此时的中棉仅有康平、法库一带种植。1928 年,奉天一带四乡种棉,不仅纤维特长,而且色泽纯白,“殊为近年罕见之良货”[⑤]。

---

① 陈铭枢:《海南岛志》,海南出版社 2004 年版,第 417—430 页。

② 邵钦权纂:《卫藏揽要》卷 3《风俗·职业》,1917 年抄本。

③ 戴新三:《日喀则鸟瞰》,《边政公论》第 4 卷第 9—12 期,1945 年。

④ 平南县志编修委员会办公室编:《平南县志资料丛刊》第 12 册,“经济专稿(解放前部分)”,1985 年,第 17 页。

⑤ 琐闻之:《沈阳植棉业大进步》,《东北新建设》第 1 卷第 1 期,1928 年。

分工细化也是手工业发展的重要标志之一。“分工制度是手工业生产的主要前提。手工业发展,其必要条件,是社会分工已达到了某种程度”[①]。简言之,随着边疆民族地区城市与农村对立程度的加剧,农村提供原料、城市将其制成产品的模式逐渐被强化。例如,拉萨的金银业,“细工及妇女”制作的耳环、佛阁等“工极巧”,但是从业者大多为廓尔喀和克什米尔人。即使藏族人能从事此业,“而工不及廓尔喀巧”。[②] 再如20世纪30年代的广西民族地区,手工分工逐步专业化,部门增多,如平南手工业就分为金属制造、纺织工业、造纸、染布、服装用品制造业等11大类33种手工业。[③] 1939年,在藏族聚居的拉卜楞中山街创办的民生工厂有资本2万元,工人18名,生产毛毯、毛褐、栽绒。1941年,民生工厂不仅分工更加细化,分为纺线、织呢、卷毡、栽绒、皮袄等部门,而且工人增至40余名,有卷毡木机3架、织呢木机1架,每三天可产1匹织呢。[④]

清末民国时期,广西宾阳瓷器制造分工较为细化,需经坯泥调制、成型、挂釉、彩绘、烧窑等程序。隆山、都安壮族地区的纱纸业分工亦较为细化,可分为泡纱、煮纱、洗纱、椎纱、搅纱、捞纱和干纱等七道程序。民初江西人在广西宾阳等地发现白釉之后,开始研究挂粗燥釉,之后又派人至香港、江西等地考察制法。宾阳乡绅不仅热心倡导,而且亲自在各村演讲劝导,召开乡贤会,奖励技术发明,从而促进了陶器技艺的发展。此外,广西北江流域造纸业出现了规模化生产,当地苗族人参与造纸,将造纸细分为破竹、竹片浸泡、造纸浆、制胶、制纸、压纸及焙纸等多道工序,每项程序均由专人负责。[⑤]

20世纪30年代,在工业化和国货运动的影响下,察哈尔地区的手工业得到了一定的发展。如1931年张家口从事铁业者有19户,年营业额达520900元;五金业者为63户,年营业额177400元。[⑥] 即使是较为落后的龙关县,也

① 李立中:《商业资本主义社会的生产形态》,《食货》第5卷第2期,1937年1月16日。
② 朱绣:《拉萨见闻录》,《开发西北》第2卷第1期,1935年。
③ 郑湘畴纂:《平南县鉴》第三回上册,1940年铅印本,第621—624页。
④ 《拉卜楞经济建设刍议》,《新西北》第5卷第1—2期,1941年。
⑤ 曾心铭等:《调查融县贝江流域制纸业报告书》,《广西建设月刊》第1卷第2期,1928年。
⑥ 张家口市地方志编纂委员会编:《张家口市志》,中国对外翻译出版公司1998年版,第405页。

有铁匠炉15户,工人40名,人月工资6元,年产值达7000多元。[①] 20世纪二三十年代,广西相继创办了一些近代化工厂,如两广硫酸厂、柳州酒精厂、南宁制革厂和染织厂,以及广西糖厂、桐油厂、陶瓷厂、火柴厂、制药厂和南宁机械厂等。其中,广西糖厂资本120万元,每年榨蔗炼糖5万担,约值80万元。[②]

皮毛制革业是边疆民族地区主要的手工业之一。边疆地区大多盛产各种皮毛,为皮毛制革业创造了良好的条件。1909年京张铁路通车后,察哈尔南部的宣化县形成了皮毛产品的集散地。据史料所载,宣化县粗皮行始于清咸丰年间,最初仅制皮褥,主要于本地销售。1882年,上海洋行至宣化县收买粗皮,1891年运销天津,“然而当时皮行仍不满10家,至1893年销路渐盛,突然增至20余家”,1915年又增至50余家。之后受一战影响,“销路停滞,歇业者多”,但是在1916—1917年,从业者又增至33户,从业人员有1500余人,年产山羊皮20万张。[③]

手工工场的出现是手工生产规模化和手工技艺提高的表现之一。1913年,中甸江边只有1家纸厂,1915年增至2家,1921年增至3家,年产3200刀草纸。1932年,中甸有63名造纸工人,1943年年产草纸10000余张,土纸1000张。[④] 1928年,茂县成立平民工厂,成为当地最早的毛纺织工场。1930年,屯殖督办公署又对茂县平民工厂进行扩充,从而使其内部组织更加细化,可分为纺纱、栽绒、植棉、染色等科,其中出口则以栽绒“最为畅销”。据1932年统计,在茂县平民工厂300多工人中,有技工80余人,分设有毡绒、织毛、编织等科。1934年,松潘设平民工厂,除了分设洗毛、制革、毛织等科,还改良鞣革、酥油等工艺,仅毛织一科就有4名毛织技师、15名学徒。[⑤] 1941年,茂

---

① 中国人民政治协商会议赤城县委员会文史资料编辑委员会编:《赤城文史资料》第4辑,内部资料,2000年,第148页。

② 莫济杰、[美]陈福霖主编:《新桂系史》第1卷,广西人民出版社1991年版,第380—381页。

③ 彭泽益编:《中国近代手工业史资料(1840—1949)》第2卷,中华书局1962年版,第714页。

④ 云南省中甸县志编纂委员会编:《中甸县志》,云南民族出版社1997年版,第593页。

⑤ 军事委员会委员长行营边政设计委员会:《松潘县概况资料辑要》,内部资料,出版年不详,第83页。

县监狱分设制革、毛纺部门。①

生产规模扩大和各工厂的开设是手工业发展的重要表现。在民初，海南岛玻璃厂仅海口有一家，而且“规模甚小，仅能将旧玻璃改制”，工人仅五六名，月工资10元上下，年均营业总额约4000元。② 地处北部的蔚县是察哈尔漂染最为发达的地区，在1921—1926年的鼎盛时期，“共有漂染业（染坊）23家”③。即使受到军阀混战的影响，至1935年华北事变前夕，蔚县仍有20家漂染坊，工人600名，采用彩染、电染，年染布60000多匹，价值6000余元。云南下关白族地区有制茶、制革、织布、火柴、肥皂等工厂，其中茶厂就达18家，工人1000余人。1933年，壮族地区的梧州、龙州、南宁三个商埠进口额为3170万元，出口额为1200余万元。④ 龙州经销洋货较大的商铺有6户，年销量27万余元。⑤ 1947年，靖西县约10%的农业人口均从事商业活动。⑥ 1937年，广西全省民营工厂达84家，资本总额309857元，但是雇用30名工人的工厂很少。1942年，广西工厂发展至292个，其中有10个工厂的资本达1.53亿元，雇用工人约16000人。⑦

香港、海南是生产罐头的重要地区。其中，20世纪20年代香港罐头产业已经实现了由手工业向机器工业的转变。典型的企业如厦门淘化大同罐头公司香港分行，不仅进行机器生产，而且在科学化管理和产品质量方面，均不逊于欧美、日本同行，是中国首屈一指的进行科学化管理的大企业。⑧ 再如香港华益印铁制罐厂的管理，多交由留学的专家，产销秩序井然，效率颇高。⑨ 据《海南岛志》载，1930年之前，海口有6家罐头公司，年营业总额达20万元

---

① 四川省阿坝藏族羌族自治州地方志编纂委员会编：《阿坝州志》，民族出版社1994年版，第1271页。

② 陈光良：《海南经济史研究》，中山大学出版社2004年版，第365页。

③ 中国人民政治协商会议蔚县委员会文史资料征集委员会编：《蔚县文史资料选辑》第7辑，1996年，第128—129页。

④ 李甫春：《中国少数民族地区商品经济研究》，民族出版社1986年版，第26—27页。

⑤ 况浩林：《简明中国近代经济史》，中央民族学院出版社1989年版，第255页。

⑥ 李甫春：《中国少数民族地区商品经济研究》，民族出版社1986年版，第28页。

⑦ 况浩林：《简明中国近代经济史》，中央民族学院出版社1989年版，第380页。

⑧ 《本港厦门淘化大同罐头公司》，《香港旅行指南月刊》第5期，1936年。

⑨ 《华益印铁制罐厂调查》，《香港工商日报》1934年6月14日。

左右,主要生产果类罐头和鱼罐头。[①]

二、发展规模及其技艺的不足

民国时期,青藏等边疆地区大多数手工业不仅尚未从农业、畜牧业中完全分离出来,而且仍以家庭手工业为主。青海手工业者主要集中于河湟农区,而牧区除了毛织行业,手工业者大多属春来冬去的外地人。如玉树,其妇女大多能织手套、毛袜、毛褐,而铁工、染工则多为四川人。蒙古族以羊毛作毡制成蒙古包,而藏族则以牛、羊毛捻成毛巾,以作帐房。据调查,20 世纪 30 年代青海手工业以西宁、湟源、大通、民和、贵德、乐都等县为多。其中,乐都县专制桌、凳的居民,以及专制草纸、毛、皮革者合计有 318 户,而大通全县约 400 人,但是大多属“半工半农”。总体上,青海的这些地方,因交通不便,“工业自无可言”,这些手工业者“大抵半工半农”。[②]

由此可见,交通不便是边远地区发展不足的重要原因。民国时期,察哈尔“民情固陋,工业幼稚”,“原料出产较丰”,但“不能利用”。20 世纪 30 年代之前,察哈尔利用当地皮毛原料,“仅有造毡毯、毡帽等粗笨之手工产品,并无大规模工厂及高等技术人才”[③]。1937 年全民族抗战爆发之时,察哈尔登记的工厂数也仅有 3 家,仅占工厂总数的 0.08%,登记的资本为 1.7 万元,占资本总数的 0.01%,登记的工人为 486 人,占工人总数的 0.16%。[④]

20 世纪 30 年代,甘孜石渠人只能做简陋的“缝制衣裤”,而且连“最简单的五金工艺匠人也没有”[⑤]。甚至直至 1949 年,新疆手工业中的皮革、五金、地毯、农具等行业都还有很大的生存空间。如纺织业,新疆历届督抚政府曾先后在吐鲁番及省城迪化开办纺织厂,在和田、莎车等地设立丝绸厂,但由于经营不善或战乱原因,均破产倒闭。直到解放前夕,新疆现代纺织工业仍是

① 陈铭枢:《海南岛志》,海南出版社 2004 年版,第 417 页。
② 顾执中、陆诒:《到青海去》,商务印书馆 1934 年版,第 331 页。
③ 察哈尔省建设厅:《察哈尔省建设公报》第 3 期,1933 年。
④ 陈真等编:《中国近代工业史资料》第 4 辑,生活·读书·新知三联书店 1961 年版,第 97 页。
⑤ 《石渠现况素描》,《康导月刊》第 2 卷第 8 期,1939 年。

一张白纸。据统计，1949 年全疆仅剩各种纺织手工业作坊 45 家，年产值 1895 万元。又如皮革业，据 1949 年的统计，全疆皮革年产量为 11.8 万张，年制作皮靴（鞋）31.4 万双，其中马靴 30.5 万双，总产值不足 50 万元。[①]

虽然在杨增新时期，新疆手工业得到了一定的发展，但是在规模和技术方面均不及内地。新疆近代化纺织品甚少，城乡所需服饰一律简陋朴素。新疆"兵民皆以布为衣，而无帛者"，除了当地的皮毛、毡等衣料，大多为手工织成的粗布，从俄罗斯输入的毛呢及从内地输入的绸缎等，多为喜庆之日穿着，而"平时衣偶华美者，人即骇异，以为过奢"。[②] 抗战时期，乌鲁木齐、吐鲁番、伊犁、塔城等地的纱锭约 6.6 万枚。就西北总体而言，尽管也开办有一些冒烟的工厂，但是设备简陋、数量有限、不成规模。1949 年西北现代工业产值不足 3%，即使将手工业计算在内也不到 5%，全区工业产值只有全国的 2%左右[③]。就经销形式而言，新疆手工业多属"连家铺"、夫妻店。如民国时期，吐鲁番由农民兼营的个体手工业遍布城乡，县境的小型手工作坊一般以家庭为单位，自立门面，大多是夫妻作坊或夫妻店，形成"前店后坊"的小规模格局，"唯养家糊口求温饱"[④]。

即使在 20 世纪 30 年代，地处东南的广西三江侗族地区，也因地处边缘，"风气闭塞，并无何种工业"。即使是典型的棉纺织业，也是"自种棉自纺纱自染色，家家如是，不用舶来物"。又如天河县，"各区自种棉花，自纺纱织布，无需泊[舶]来物"。再如桂西左县（今崇左市），"工商并不发达"，即使是织染业，"亦皆完全守旧，不知利用新式织机及新式染法"，从而导致"出品无多，又极粗陋，不能销出境外"的闭塞状态。[⑤]

边疆地区手工业发展中外来工匠占多数，他们带来的新技术与当地民族

① 新疆维吾尔自治区地方志编纂委员会等编：《新疆通志》第 45 卷，"轻工业志"，新疆人民出版社 1997 年版，第 199 页。

② 丁世良、赵放主编：《中国地方志民俗资料汇编·西北卷》，北京图书馆出版社 1997 年版，第 366 页。

③ 郭志仪主编：《中国西北地区工业骨干企业研究》，甘肃人民出版社 1993 年版，第 1—2 页。

④ 曹尚亭：《吐鲁番五千年》下卷，新疆大学出版社 2007 年版，第 1260 页。

⑤ 广西省政府统计委员会编：《广西各县工业概况·天河县》，1932 年手抄本。

技艺相结合,在民族交往、交流、交融中促进了边疆地区手工业的发展。如新疆的缝纫业,“裁缝们也开始用上了辛格牌裁缝机”[①]。又如西藏,藏族地区的铁、铜、金等手工业者,“大抵多为(清末)流落之汉人为之……近年藏人中亦有习为之者”[②]。西康的德格是青藏地区的造纸中心,在客民的带动下,技艺有所提高。如民国初年,侨居德格的云南富商“出资办抄纸厂,改进技术”[③]。之后,德格造纸在青藏地区的地位明显提升,规模更加宏大,如20世纪30年代,德格印经院有800多卷长方形木刻经版,数十名印经人员,“技术娴熟,印刷迅即,为各地求经者手印典籍,日夜不停”[④]。

同时拉梭机和铁机也开始传入边疆地区。拉梭织布机(高机)使用时一手拉绳投梭,一手握纬打纬线,明显优于双手不断投接的投梭机(矮机)。民国之前,桂林及其附近村庄均采用投梭机织布,操作时需双手不断投接,不仅费力,而且效率低下,布幅只有一尺左右,明显不及当时采用拉梭织布机织布的湖南人。湖南人将拉梭织布机传入广西,促进了广西纺织等手工业的发展。民初,湖南人在柳城东泉镇推广拉梭织布机,该地织布兴盛之时有300多架拉梭织布机,每天生产600—700匹布,而传统的投梭机则几乎完全淘汰。[⑤] 据桂林老织工周大连所言,1914年桂林采用的仍是投梭织布机,直至1917年才采用拉梭织布机。但时至20世纪20年代,拉梭织布机已全面取代了传统的拉梭机。特别是20世纪30年代,桂林已引进5架铁机,采用脚踏作动力,其生产效率比拉梭织布机高两倍。广西各地普遍采用高机代替传统的矮机织布,不仅提高了布匹产量,而且布匹宽度明显增加。

当然民国时期,虽然边疆地区手工业获得了一定的发展,但是在规模方面还有诸多的不足。诚如1917年海南崖县知事沈辉所言,“该县向无工厂。

---

① [英]凯瑟琳·马嘎特尼、[英]戴安娜·西普顿:《外交官夫人的回忆》,王卫平、崔延虎译,新疆大学出版社1997年版,第60页。

② 中国第二历史档案馆、中国藏学研究中心合编:《黄慕松 吴忠信 赵守钰 戴传贤奉使办理藏事报告书》,中国藏学出版社1993年版,第199页。

③ 《西康之造纸工业》,《川边季刊》第1卷第1期,1935年。

④ 刘衡如等:《视察道泸甘瞻白德雅七县报告书》,《新西康》第1卷第2期,1938年。

⑤ 昭平县志编纂委员会编:《昭平县志》,广西人民出版社1992年版,第330页。

民间制造工业物品均就住所内雇工制造或自造”，规模上每户雇工不过3人，“并无雇用职工至七人以上开厂制造者”。[①]

第四节　边疆民族手工业的发展特点

边疆民族地区手工业资源丰富，但受交通不便、经济基础较差、技术落后等因素的影响，民国时期边疆民族手工业的发展仍存在着对外依赖性较强、原料加工较初级、贸易层次较低端等特征。边疆各民族普遍凭借廉价的原料进行初级手工生产，甚至部分边远地区在交易方面仍然存在“物物交换”的低端贸易。

一、对外依赖性较强

在工业时代，依赖“可能是社会的、政治的或经济的”[②]，它是指前工业国家或地区，抑或工业较差国家或地区从属于工业发达或较发达地区。除了区域间必要的手工艺及其产品交流、资源互补、市场联动，民国时期，边疆民族手工业表现出明显的对外依赖性。

首先，边疆民族手工业在技术发展方面存在较强的对外依赖性。比如，虽然四川松潘地域广阔，但在抗战时期，其“工匠甚少，且多自外来”[③]。广西融县已采用高机织布，虽然工人多为本地人，但师傅则聘自江西、湖南。广西阳朔县，“本地人业水工者极少，每有建筑多雇用湖南人或广东人”[④]。河南濮阳县，“民性朴拙，只守耕凿而不娴手艺”，凡是木工、金工、石工及土工，“皆召江右湖广客民为之”。[⑤] 全县，“业手工者多来自湖南或江苏，全民业此者甚

---

① 崖县县政公署填报：《崖县事项考察表》，1917年2月，广东中山图书馆收藏。

② ［美］弗雷泽：《正义的中断》，于海青译，上海人民出版社2009年版，第134页。

③ 边政设计委员会：《川康边政资料辑要·松潘》下册，内部资料，1940年铅印本，第87页。

④ 黎启勋等纂：《阳朔县志》，1936年石印本，“工业”，第269页。

⑤ 蒋学元等纂：《濮阳县志》，1914年刻本，“经济”，转引自侯宣杰《清代广西城市发展研究》，巴蜀书社2011年版，第187页。

鲜”[1]。江苏丹阳县城,在新中国成立前,经营铁工、理发、弹棉、染布等手工业者,甚至“全是湖南、贵州、广东等地的人”[2]。

当然,在外来技术的刺激下,广西等地的织布技术也得到了不断提高。其中,苏宠在高机的基础上发明了湘式纺纱机,之后再次改进。又如1935年李七师制造复式织带机,1938年郁林人发明松棉机和纺纱机,从而使部分人利用旧棉胎经漂洗后制成旧棉被纱,用来织布[3]。20世纪30年代,广西上林巷贤圩的两户壮族,以及富川富阳地区的瑶族,其铁工技术就是在汉族人的带动下学会的,如三江铁工“多湖南人”[4]。恭城城镇街乡开铁匠铺者多是湖南人,而本地人则甚少。

边疆民族手工业的发展对客商、客民有着较大的依赖性。即使是民国之前,广西大多数地区的手工业也都由客民操纵。武宣县裁缝、木工“犹雇粤工”,只是民国之后,“邑人始学”,如各区的建筑、洋楼制造、木器、砖瓦、水车等,“已适用,可观染、织、车衣诸工艺亦渐次发达”。[5] 据新中国成立初期调查,南丹月里街在解放前,有27户行商,他们全是外省的汉族人,其中广东、湖南、贵州籍各占3户,四川籍5户,广西宾阳籍13户。此外,月里街经营铁工、理发、弹棉、染布等的15家手工业户,“全是湖南、贵州、广东和广西宾阳等地的汉人”。环江毛南族自治县的壮族人,清咸丰年间就已开设铁厂,但直至1956年手工业高级社成立之前,其技工均是由外地的汉族人担任。[6] 1916年,昭平县城仅有湖南人开办的“和泰号”织布厂,而且采用的仍是矮机。但1923年湖南织布工人桂子德进入“和泰号”做工后几年,即在北秀街自营织布,设计了新式“撞机”机,生产效率提高了数倍。1941年,昭平县城织布厂

① 唐载生等纂:《全县志》第1编,1935年铅刻本,第171页。

② 广西壮族自治区编辑组:《广西壮族社会历史调查》第1册,广西民族出版社1984年版,第221页。

③ 政协玉林市委员会文史资料委员会编:《玉林市文史资料》第11辑,内部资料,1986年,第72页。

④ 姜玉笙纂:《三江县志》卷4《经济·产业》,1946年铅印本,第36页。

⑤ 庞庚辛等编:《武宣县志》第4编《经济》,1934年铅印本,第4页。

⑥ 广西壮族自治区编辑组:《广西壮族社会历史调查》第1册,广西民族出版社1984年版,第199—237页。

增至6家。

边疆民族手工业品不仅不足敷用，而且还十分依赖外部产品的流入。云贵不仅产棉甚少，而且织布基础较差，因而除了易于接纳物美价廉的机制洋纱作为织布原料，还需进口洋布及成渝等地的土布，呈现出较大的对外依赖性。据民国时期的调查，云南摆彝区除十二版纳境内之磨歇一地有盐矿，"可供附近摆彝食用外，余均仰赖内地运入"[①]。特别是贵州民族地区，所需布匹大多来自省外。据20世纪30年代末留存的稿本可知，"近年洋纱盛行，制衣之布渐多自市购入"，如安顺的倮罗族和仡佬族，其"衣皆购布为之"。[②] 即使贵州贞丰、大定、毕节、都匀、安顺等县"手工棉纺织业，皆相当发达"，贵州全省每年所需布匹约为2444565匹，而自给者则仅有1296188匹，仅一半可自给。在战时调查的53个县中，布匹出超者仅有6个县，而余下的47个县均须仰给于外地市场，可见贵州"本省纺织业之不振"[③]。20世纪30年代，息烽县又改用湖北继起的阳逻布和葛仙布。[④] 可见，云贵对外界棉料、布匹的依赖度一直很高。

虽然在工业化和资本主义世界市场的推动下，西藏羊毛和药材有着较大的发展，但是西藏对外的依赖性仍较强。诚如1947年署名阿访的作者所言，虽然西藏羊毛、药材等大量输入中国内地，甚至出口印度等地，但是西藏"仍然逗留在自然经济的阶段"。在产业发展方面，西藏除羊毛、药材是大宗出口物之外，其一切日常用品，都必须仰赖外来的供给。同时，这位作者还指出，之前西藏所需物品，除了内地，部分来自英国及其附属的印度殖民地，而随着"西藏的国际背景迅速演进，连藏人所酷嗜之内地茶砖，也难以进境，硬逼得他们不能不喝着印度来的英国味的饮料了"。[⑤]

---

① 李文海主编：《民国时期社会调查丛编》2编，"少数民族卷"（上），福建教育出版社2014年版，第918页。

② 段志洪等编：《中国地方志集成·贵州府县志辑》第42辑，巴蜀书社2006年版，第541页。

③ 张肖梅：《贵州经济》，中国国民经济研究所，1939年，第十二章"工商业调查"，第38页。

④ 王佐等修，顾枞纂：《息烽县志》卷13《食货志·商业》，1940年稿本，第3页。

⑤ 阿访：《西藏经济内幕》，《自由天地》第2卷第6期，1947年。

二、原料加工较初级

民国时期,边疆手工业几乎都以初级原料生产和粗加工为主。民初,"皮革最发达"的张家口,因国内"工业不振,在昔只能将生皮输出而皮革制成,前尚未有"。虽然蒙古有着较丰富的皮料,但在第一次世界大战之前,蒙古人所需的皮靴材料,"尽得自俄国"。据统计,1925 年张家口生皮输出量为 3680 多吨,熟皮输出量则仅有约 900 吨。由此可见,张家口皮毛原料较为丰富,因而"倘再有人能乘时势所需,组设大规模之皮工厂,则西北方随之营业发展,将来不可限量云"。[①] 1931 年,察哈尔省皮革厂合计 102 家,资本 60290 元,总产值 380280 元。[②] 1935 年察哈尔蔚县的老羊皮、羔羊皮作坊合计 20 家,工人 400 多名,年产 8000 多件成品,价值 133000 余银元。同时,赤城县的制革厂有 7 户,年产皮绳、皮张等 3000 余斤,皮袄、皮裤 3000 余件,产值 9000 余元。[③]

药材、皮革等手工业是边疆各民族利用资源优势发展起来的特色民族手工业。这些行业均为手工,工具简单,易于操作,是经济地理作用的结果。民国之前,虽然青藏地区已有人工培育的药材,但其市场仅限于与内地相邻的城镇,不仅品种少,而且产量低。20 世纪 30 年代,松潘人工栽培的药材有大黄、党参、当归,而在懋功与靖化,"人工栽培仅大黄而已"[④]。临潭年产毛褐 40 多万尺、麻布 30 多万尺。[⑤] 据 1939 年调查,道孚县属的各地汉族人"均栽培有藿香",而藏族人则仅有"少数栽培者"。由于西康适合药材生长,因而"除少数为栽种外,大部为野生",但是采集者"均系汉人,及少数之康人"。在西康的汉族人,"多数以淘金、采药为业,收入富足。康民从事挖药者颇少,

---

① 《张家口皮革业之沿革》,《钱业月报》第 5 卷第 10 号,1925 年。

② 李延墀、杨实编:《察哈尔经济调查录》,新中国建设学会,1933 年,第 77—81 页。

③ 中国人民政治协商会议赤城县委员会文史资料编辑委员会编:《赤城文史资料》第 4 辑,内部资料,2000 年,第 147—148 页。

④ 边政设计委员会编:《川康边政资料辑要·松潘》下册,内部资料,1940 年铅印本,第 15 页。

⑤ 王志文:《甘肃省西南部边区考察记》,《中国西北文献丛书》第 135 册,兰州古籍书店影印,1991 年,第 377 页。

仅于耕牧之余暇,入山狩猎,得麝香、鹿茸、鹿角、熊胆、豹骨等药材,售予商人”。[①] 就松潘生产而言,以南坪附近为主要培植区,产量 30 万斤。[②]

边疆丰富的原料,为造纸业的发展创造了条件。1916 年,察哈尔雇用 7 人以上的造纸厂有 18 家,产值 25711 元。[③] 1931 年,察哈尔造纸厂增至 39 家,产值 89333 元,其草纸运销省内外。[④] 20 世纪 30 年代,青海西宁等地的皮袄、皮褂产量分别为 15000 余件、14000 余件,外销量均为 7000 余件。[⑤] 抗战初期,两江梗塞,洋纱、洋布的输入受阻,粤商在玉林设李大成染织厂、德祥织布厂等。

1927—1928 年,从新疆运至内地的均是一些皮毛、药材等原材料,如狐皮、熊皮、灰鼠皮、山羊皮、绵羊皮、狼皮、犬皮、牛皮、马尾、羚羊角、羊毛、驼毛等,以及贝母等药材,“其价值约七十三万卢布”。从内地运销新疆的货物则有两湖所产的米茶、二四砖茶、三九砖茶、大茶、红茶等,以及河南、山东所产的“曲绸”。此外,内地远销新疆的还有斜纹布、粗洋布、土布、火柴、瓷器、铜铁器等,“约值一百九十余万卢布”[⑥]。羊毛是察哈尔输出最多的原料,其次是牛毛、驼毛、山羊毛等。运销地有张家口、宣化,以及省外的平津等大城市,甚至出口海外。除了原料,察哈尔毛纺织品备受气候寒冷的东北、华北及蒙古等地欢迎,如 1931 年出口至东北的毡帽就有 30000 顶,价值 9000 元。[⑦]

由于经济地理所致,除了东南一带之外,边疆民族手工业总体上是一种特产型经济,机器生产总体有限,输出的几乎均属特产类的手工初级产品或原料,而进口的则大多属工业品或精加工的手工业品。从 1932 年广西进出口商品结构可知,出口的多是诸如桐油、锡矿、纸等原料或初级产品,而进口的则是棉布、煤油、食盐、金属及制造品,出口额为 29311279 元,而进口额则

---

① 顾学裘:《西康省药材调查报告》,《西康省经济建设丛刊》第 1 卷第 2 期,1939 年。

② 周开庆:《四川经济志》,台湾商务印书馆 1972 年版,第 329 页。

③ 农商部总务厅统计科编纂:《中华民国五年第五次农商统计表》,中华书局 1919 年版,第 344—345 页。

④ 李延墀、杨实编:《察哈尔经济调查录》,新中国建设学会,1933 年,第 101—108 页。

⑤ 吕治平:《青海经济之现状及发展之我见》,《蒙藏月报》第 9 卷第 5—6 期,1939 年。

⑥ 曾问吾:《中国经营西域史》,商务印书馆 1936 年版,第 686—687 页。

⑦ 李延墀、杨实编:《察哈尔经济调查录》,新中国建设学会,1933 年,第 101—108 页。

高达46865982元,处于逆差贸易,出超额竟达约1755万元。[①]

新疆、察哈尔等边疆地区输出的产品大多为当地所产的皮毛及药材等原料。其中,新疆畜牧业为皮革业提供了丰富的原料,以致新疆皮革业远近闻名。1898年,大牧主玉由巴依在伊犁建立皮革手工作坊,从而开创了新疆近代制革业。1943年,新疆人在和田创办了皮箱手工业工场,月产皮箱200只,年产量2400只[②],产值不亚于湖南长沙、常德。解放战争时期,战乱影响了张家口皮毛业的发展。1947年,张家口皮裘业者89户、制革业者29户、粗皮业者9户、皮靴业者39户,年产各类皮袄裤21393件、皮革6000张、皮条15000斤、蒙靴1440双,输出各类皮袄裤5760件、蒙靴1240双。1947年,张家口生产的皮毛仅是1926年以前的3%—6%,输入各种皮63.5万张、各种毛100万斤,输出平津的各种皮32万张、各种毛90万斤。张家口本地需各种皮31.5万张,各种毛10万斤,明显不及1937年全民族抗战爆发前的产销。1949年底,张家口市有裘皮业者31户,从业者198人;粗皮业者31户,从业者144人。[③]

民国时期,凭借自身独特的经济地理条件,西藏手工业与其畜牧业和冶矿、药材等产业有着密切的联系。西藏人少地多,加之受宗教影响较大,其器具"与其他土地固有物品等,皆以铜为之,又因制造七宝类,带几分手工业的生产过程"。据1936年《边事研究》所载,藏民所需的大部分日常用品"为自给自足的生产,不足者自外间输入,由斯可证西藏全未脱原始产业之域"。但是,西藏有着优良的畜牧条件,因而其产业与其产物"皆由牧业农业之原始产业",向内地和印度等国家主要输出山羊毛、麝香、羊皮、狐皮等。[④] 此外,藏族有割漆的传统,汶川草坡、耿达、桃关沟等地均有野生漆树,成为当地民众的副业。据1939年的统计,九龙全境产漆量达600多斤。[⑤] 除了羊毛为西藏的

---

① 虞和平主编:《中国抗日战争史料丛刊·经济 综合》,大象出版社2015年版,第237页。

② 陈华:《和田绿洲研究》,新疆人民出版社1988年版,第280—282页。

③ 中国人民政治协商会议河北省张家口市委员会文史资料研究委员会编:《张家口文史资料》第13辑,内部资料,1988年,第6—8页。

④ 邱怀瑾:《西藏经济之概观》,《边事研究》第4卷第1期,1936年。

⑤ 邱述钤:《九龙经济建设之研讨》,《康导月刊》第2卷第1期,1939年。

出产大宗,西藏药材的出产也是“非常可观的”。据统计,西藏每日羊毛出口最低限度有数百万卢比(印度货币)。同时,西藏药材产量最多者为麝香,其次为鹿茸、大黄、贝母等,其中鹿茸主要在昌都一带与四川茶叶进行交换,然后转销内地,其他药材大多由印度转销海外[①]。

察哈尔各县盛产毡帽、毡鞋,尤其以多伦县的产量为最。1913 年多伦毡鞋产量为 3026 双,1931 年增至 25000 双,总值 50000 元。此外,1913 年多伦毡帽产量为 26004 顶[②],1931 年增至 100000 顶。多伦毡帽不仅产量是宣化、涿鹿两县总产量的 1.3 倍,而且由于质优,每顶价值 0.6 元,是涿鹿的 2 倍。[③]民国初年,蔚县毡帽厂 30 多家,年产量 70 余万顶,价值 17 万余元,工人 1500 余人,运销东三省。1935 年前后,蔚县仅存毡帽厂 3 家,年产量 15000 余顶,价值 6000 余银元,工人 30 余名。[④] 1937 年,张垣市从事皮裘业者有 174 户,生皮业者 50 户,粗皮业者 64 户,羊皮业者 89 户,皮靴业者 55 户,全年产各类皮裤、皮袄 505000 件,皮条 7 万斤,皮革 3 万张,皮靴 384000 双。其中,输出各类皮袄、皮裤 465000 件,皮革 15000 张,皮条 5 万斤,皮靴 335000 双。[⑤]

张家口有“皮都”之美誉,是近代察哈尔最具特色的民族轻工业产地,也是最主要的轻纺工业原料供应地。张家口皮毛加工业分为皮裘业、白皮业、粗皮业及制革业等,产品有蒙靴、鞍韂等,其中鞍韂铺最早集中于朝阳洞街,如双盛永鞍子铺、三发涌鞍子铺等作坊,其品种繁多,集艺术与实用性为一体。1913 年,多伦县制造马鞍 2700 件、牛皮靴 8512 双。[⑥] 1916 年,察哈尔皮革制造者共有 87 户,职工 92498 人,总产量 73173 件、3250 斤,价值 169702 元。[⑦]

---

① 阿访:《西藏经济内幕》,《自由天地》第 2 卷第 6 期,1947 年。

② 任月海编译:《多伦文史资料》第 1 辑,内蒙古大学出版社 2006 年版,第 23 页。

③ 李延墀、杨实编:《察哈尔经济调查录》,新中国建设学会,1933 年,第 77—81 页。

④ 彭泽益编:《中国近代手工业史资料(1840—1949)》第 4 卷,中华书局 1962 年版,第 130—133 页。

⑤ 中国人民政治协商会议河北省张家口市委员会文史资料研究委员会编:《张家口文史资料》第 13 辑,内部资料,1988 年,第 7—8 页。

⑥ 任月海编译:《多伦文史资料》第 1 辑,内蒙古大学出版社 2006 年版,第 23 页。

⑦ 农商部总务厅统计科编纂:《中华民国五年第五次农商统计表》,中华书局 1919 年版,第 348—350 页。

1918—1926 年至 1937 年全民族抗战爆发前，边远地区原料得以大量进入国际市场。1918 年，宣化县"普太祥"等多家皮坊所产的山羊皮褥子及羊拔绒皮产品，除了运销国内京津及上海等大城市，还出口英国、美国、法国等世界各地，每年出口总量达 30 余万条，在国际市场上享有很高的声誉。1925 年，宣化的皮坊增至 83 户，职工 4000 多人，年产山羊皮 156 万张，整个皮坊行业获利 150 多万两白银。但是 1926 年之后，由于皮毛原料紧张，多家皮坊倒闭，不仅仅存 38 户，而且产品大量积压。[①] 据 1928 年 12 月河北省政府建设厅调查，宣化泡皮厂尚存 64 户，年产约 40 万张皮，但是"惟作业均沿用旧法，费时多而出物少"，因而假若"能施以新法，必成最优良之工业也"。[②]

三、贸易层次较低端

边疆凭借丰富的自然资源发展起来的手工业是在国际市场的推动下形成的。如多山多雨、少田少阳光、适宜种植鸦片，但缺乏棉料的云贵，曾出现过改贩洋纱入滇黔以贸易鸦片的双向贸易。又如广西东兰地区，由于多属高山峻岭，环境决定出产，如药材"每年颇有外销，此地异产，蛤蚧特多，每年瑶民捕之，贩销于田阳、南宁等地，获利不少"[③]。广西罗城出口杉木、茶叶、桐油及药材，形成以杉木为出口大宗的特产型经济。

从交易来看，边疆贸易层次较低。据时人 1933 年的观察，兰州仍"保持其纯粹农村社会之半原始状态"，西北一带"仍未脱游牧社会之生活"，加之人口稀少，"交易甚为简单，日无常市"。[④] 又如 1938 年前后，康藏之间"仍保持着物物交换与货币购物"两种贸易形态。其中，城市"多用货币购物"，而部落区域则用"原始之物物交换"。西藏"大宗商业多以货换货"，如茶与布贸易，

① 中国人民政治协商会议河北省张家口市委员会文史资料研究委员会编：《张家口文史资料》第 13 辑，内部资料，1988 年，第 65—66 页。

② 彭泽益编：《中国近代手工业史资料（1840—1949）》第 3 卷，中华书局 1962 年版，第 60—61 页。

③ 蒋晃编：《东兰县政纪要》，1947 年铅印本，乙篇"经济方面"，转引自广西通志馆旧志整理室编《广西方志物产资料选编》下册，广西人民出版社 1991 年版，第 974 页。

④ 《甘肃全省集市贸易状况》，《益世报》（天津）1933 年 11 月 3 日。

“先将茶价和布价讲妥，然后互相交货”。对于小生意，“则须银钱”。[①]

民国时期，即使边疆地区的农村有了些许的商店，但大多是流动性贸易，小商贩比例农村大于城镇。据统计，1949 年西宁地区小商贩占商业人口总数的 77%，而小商贩户数则更是占商业总户数的 95%。[②] 在蒙藏地区，据 1932 年调查，其牧区尚无商店，即使有大商户，他们也属流动性贸易，交易在部落人的帐幕中进行。甚至在一些诸如果洛的偏僻地区，每年“入境者不过二三甘南商人，随帐幕转移”[③]。

20 世纪 20 年代末，在抵制日货中，香港皮具织造业不仅已将“洋货”排挤出香港市场，而且在内地树立了牢固的信誉。[④] 又如 20 世纪 30 年代香港胶鞋不仅基本将“洋货”逐出本地市场[⑤]，而且占领国外市场，所产的胶鞋一度成为世界鞋市场的主要货源[⑥]。国产皮革价格逐步增高，自 1925 年后张家口熟皮每张由 13 元增至 30 元左右。据统计，1925 年输入张家口的各种皮有 839 万张，其中羔羊皮 300 万张、老羊皮 150 万张、山羊皮 100 万张、灰鼠皮 50 万张、狐狸皮 20 万张、狼皮 10 万张、牛皮 150 万张、马皮 9 万张、獾子皮 50 万张。此外，毛类包括鬃类共 1100 万斤，其中羊毛 900 万斤、驼毛 150 万斤、羊绒 20 万斤、猪鬃 30 万斤。[⑦]

然而，皮毛制革品市场受季节气候影响较大。春夏季节，因气候温和，不宜穿皮革，但秋冬随着温度的降低，价格猛涨。如 1948 年兰州皮毛制革品，随着“秋风甫起，皮毛标价即昂”，每袭狐嵌皮筒 4.5 亿元，每袭沙狐嵌筒 1.5 亿元，每袭沙河背及细皮大衣 7500 万元，青海黑二毛筒 2.1 亿元，青海紫羔 2 亿元，中卫白二毛 1 亿元左右。[⑧]

---

① 戴鞍钢、黄苇主编：《中国地方志经济资料汇编》，汉语大词典出版社 1999 年版，第 755 页。

② 青海省地方志编纂委员会：《青海省志·商业志》，青海人民出版社 1993 年版，第 91—92 页。

③ 庄学本：《“俄洛”初步介绍》，《西南边疆》第 13 期，1941 年。

④ 《皮具织造业情况》，《香港工商日报》1934 年 10 月 8 日。

⑤ 《本港化妆品业概况》，《香港工商日报》1934 年 9 月 29 日。

⑥ 《去年本港工业异常发达》，《星岛日报》1940 年 3 月 24 日。

⑦ 中国人民政治协商会议河北省张家口市委员会文史资料研究委员会编：《张家口文史资料》第 13 辑，内部资料，1988 年，第 3 页。

⑧ 《塞外秋风初起》，《大公报》（香港）1948 年 8 月 20 日。

就销售而言,药材纯属外向型行业,产量及价格均因市场支配而起伏。康属、川滇边区是麝香的重要产区。据民国初年统计,松潘每年经茂县运出的麝香达50—100公斤,“值白银二吨多”。[①] 抗日战争时期,青藏地区交通阻塞,加之西药在中国的传播,中医一度被视为“假科学”,从而使药材产量递减。如川康地区的金汤所产的丹皮、黄柏等药材,因价格低廉,“无人采取”[②]。又如西康产的秦艽,由于“运费浩大,售价低廉”,因而“除了交通沿线地带有人挖取外”,其余诸如白玉、瞻化等各县,即使“遍地皆生”,但因运输不便,“致无人采挖”。[③] 便利之地的药材被挖采完之后,药材产量更是少之又少,如西康九龙的大黄,时至1936年“已将掘尽”,又如之前所产的秦艽,时至1931年,仅有偏远的牧区“尚有少数,年产仅约六七百斤”。[④]

边疆生产的落后性与西方工业国的先进性导致边疆手工业主要以原料或初级加工品进行贸易。如海南以进口煤油、棉纱工业品为主,而以出口槟榔、赤糖或初步加工的生熟皮、皮革为大宗。20世纪30年代的西藏贸易,其国内输出大多以羊毛、皮革、麝香、鹿茸、大黄等初级产品为大宗,而输入则以茶砖为主,其次为布匹。运销藏区的茶量达1100万—1300万磅,“次之为棉货”。藏区输往印度、孟加拉的商品“以牲畜为主”,年输出量三四万头,其次为盐,达2200—3000吨,再其次为羊毛,达2000吨,“茶最少”,达10吨。孟加拉输入藏区的则为工业品,如棉织品、毛织品、丝织品,以及金属器皿。藏区输入克什米尔、旁遮普、联合省等地的商品以羊毛、麝香初级产品为主,而输入的则以毛织品、丝织品和绿茶、糖为主,此种逆差贸易“年盛一年”。[⑤]

木里的药材亦较为丰富,每年云南、陕西等地的商人在木里收集之后,转销昆明、康定,但抗战时期,除虫草、贝母之外,“余均无人过问”[⑥]。西康的虫

---

① 《阿坝藏族自治州概况》编写组:《阿坝藏族自治州概况》,四川民族出版社2005年版,第37页。

② 慕宗:《川康边的处女地——金汤》,《康导月刊》第5卷第2—3期,1943年。

③ 顾学裘:《西康省药材调查报告》,《西康省经济建设丛刊》第1卷第2期,1939年。

④ 廖大熏:《炉霍概况》,《新西康》第3卷第9—10期,1935年。

⑤ 华企云:《中国边疆沿革与现状》,《新亚细亚》第1卷第3期,1930年。

⑥ 郑象铣:《西康的木里土司》,《地理》创刊号,1931年。

草,“原产至少在两万余斤”,但20世纪40年代则仅产5000余斤,甚至部分药材还沦为“有货而无市”的境地。[①] 据1936年调查,青海化隆的甘都有专门从事酿酒、冶铁者。其中,制造的刀子年销量“至少有1万多把”[②]。但是,这种手工业技术不高,如门源县手工业者以皮毛业者、铁工、木匠为主,特别是20世纪30年代初受苛捐杂税影响从而使40%的手工业者失业。[③]

皮毛等畜产品是边疆民族重要的产业。其中,皮褥是宣化皮毛中最兴旺的手工产品,经销者大多为洋商,因而一战时歇业者甚多。但从1920年开始,宣化皮毛业逐渐有了起色,如1921年有从业者43户,1925年增至61户,皮毛行工人5600人,产值为160万元。[④] 1925—1929年,张家口皮裘业有360户、25000人,其中工人10000人,职员15000人,“每户少者二三十人,多者至百人”,年购皮量约210万张,每20张作一件皮衣,约产105000件,“每户生产少者百件,多者到千件”。其原料多为羔皮、灰鼠皮、狐皮、獾子皮,产品年内即可售完,其中80%运行平津、上海、武汉等各大城市。[⑤] 察哈尔的皮革运销蒙古,如1931年有17600双皮靴出口蒙古,总价值79200元。[⑥]

青海是中国羊毛出口的重要产地,但受战乱影响,出口量颇为不稳。1919—1926年,青海西宁年均出口羊毛占全国总量的50%[⑦];20世纪30年代,西宁的羊毛外销量更是达到了顶峰,年产1000多万公斤羊毛、200多万张羊皮及20多万张牛皮[⑧]。松潘年产骡马皮约1000张,老羊皮、牛皮各约10000张,羔皮300000张。[⑨] 1929年之前,湟源是青海最大的商贸中心,素有“小北京”之称。马仲英之乱后,湟源转而被西宁取代,即使1933年还处于

① 高长柱:《西康实业纪要》,《开发西北》第4卷第1—2期,1931年。
② 德馨:《青海化隆印象漫谈》,《新青海》第4卷第3期,1946年。
③ 顾执中、陆诒:《到青海去》,商务印书馆1934年版,第425页。
④ 彭泽益编:《中国近代手工业史资料(1840—1949)》第3卷,中华书局1962年版,第121—122页。
⑤ 中国人民政治协商会议河北省张家口市委员会文史资料研究委员会编:《张家口文史资料》第13辑,内部资料,1988年,第4页。
⑥ 李延墀、杨实编:《察哈尔经济调查录》,新中国建设学会,1933年,第101页。
⑦ 胡序威等编:《西北地区经济地理》,科学出版社1963年版,第141页。
⑧ 《青海》,《边疆通讯》第3卷第10期,1945年。
⑨ 边政设计委员会:《川康边政资料辑要·松潘》下册,内部资料,1940年铅印本,第75—86页。

"商务之盛,(但已)仅次于西宁"①。20世纪40年代初,松潘县羊毛年产量增至240万—360万公斤,其中输出量为120万—180万公斤,而年产的10万张牛皮和20万—30万张老羊皮则多属自用。② 但是青海的羊毛产量逐渐减少,1949年统计时,青海羊毛年产量只有865万公斤。③

张家口市最早的手工业是粗、细皮毛与制革手工业。1931年,张家口粗、细皮工厂有188户,资本合计170420万元,工人1655人,每年需大小皮45.15万张,其中年需狐皮14000张、灰鼠皮327500张、羊羔皮与老羊皮110000张。年产各类皮衣56360件,其中老羊皮衣20000件、狐皮衣2060件、羊羔皮衣18700件、灰鼠皮衣15600件,有细皮商共123户。④ 当年,察哈尔省出口的羊皮袄、羊皮褥合计4200件,总价值37899元。⑤ 张北县的皮作坊40余家,生产老羊皮袄裤、狐狼皮袄裤等,年产量约10000件。其中,粗羊皮袄裤每套价值12块银元,大皮袍每件约16块银元,山羊皮褥每条约4块银元。⑥

张家口利用当地及附近丰富的皮毛资源,专制狐皮衣、羊羔皮衣、灰鼠皮衣,以及貂皮、獭皮等名贵的衣皮领。这些产品大多远销各省,甚至转售国外,而运销当地者仅有10%。其中,老羊皮商合计65户,专制老羊皮,除了供给本省各县农民,还制山羊皮褥,销售与其他省及洋商,"此种商业历来概少赔累,现况亦佳"⑦。据1933年张家口商会对当地经营皮货商户的调查可知,从事皮业者有4个公会,合计347家,年营业额达517.2万银元。⑧ 时至1935年,张家口皮毛、牲畜交易者发展至496家,营业额合计为622.47万银元,占全市商会各营业额总值的26%。⑨ 1936年,察哈尔规模较大的民营皮革业有

① 顾执中、陆诒:《到青海去》,商务印书馆1934年版,第185页。
② 陈万聪:《松潘之畜牧环境》,《西南边疆》第15期,1942年。
③ 胡永科主编:《中国西部概览·青海》,民族出版社2000年版,第49页。
④ 李延墀、杨实编:《察哈尔经济调查录》,新中国建设学会,1933年,第77—78页。
⑤ 李延墀、杨实编:《察哈尔经济调查录》,新中国建设学会,1933年,第101页。
⑥ 陈维淹修,许闻诗纂:《张北县志》卷5《户籍志·商业》,1935年铅印本。
⑦ 路联逵等监修:《万全县志》,1933年铅印本,"张家口概况·工商·商业",第22页。
⑧ 张家口市地方志编纂委员会编:《张家口市志》,中国对外翻译出版公司1998年版,第531页。
⑨ 中国人民政治协商会议河北省张家口市委员会文史资料研究委员会编:《张家口文史资料》第13辑,内部资料,1988年,第5页。

67 家,资本总额为 90535 元,年总产值为 353000 元。[①]

1932 年,万全县皮革工业有 57 户,资本 9480 元,工人 263 人,每年所需牛皮原料 5200 张,每年生产法蓝皮成品 680 张,红白底皮成品 660 张,香牛皮成品 2730 张,马鞯成品 1100 张。1933 年 8 月,察哈尔成立省皮革厂,“成绩甚佳”。据 1935 年调查,该皮革厂“现出皮已有红皮、蓝皮两种,销路则多供军用及制造箱匣等物,惟以物美价廉,供不应求”,因而该皮革厂决定扩充,增加产量,并降低价格,使察哈尔制革业“振兴有望矣”。[②]

察哈尔与云贵地区一样,产棉甚少,主要仰给于外地。但是,由于察哈尔属半农半牧区域,其毛纺织业因羊毛、牛毛及各种野兽皮毛资源丰富而发达。其中,察哈尔毛纺织的发展源于毛皮业。西藏东南察隅县僜人采用火麻纺织。海城“乡间妇女纺棉为线,用机织之曰家机布。每匹重四斤,又有用洋线洋机织者,重三斤余,较南来尺布价廉,商家销售极多”。成本提高,影响了织布业,如麻花布“可制被褥,近年来工本较多,制者甚少,多南来小花布”。[③]据 1937 年《海城县志》所载,海城境内棉花分为本地的小籽和来自美洲的大籽两种,其中大籽产棉较多。随着海城对大籽的种植推广,“近年外来大籽棉产量增加,棉质亦好”。[④]

辽宁纺纱织布市场被日本纺织厂占领颇为严重。辽宁“旧法纺织大布,厚重耐久,惟费工太巨,近年以来已就淘汰,然外纱输入,不免漏卮,若用小机自纺自织,棉料无待外求,获利自当维倍”。[⑤] 1924 年与 1925 年,辽宁大布输出量均为 5 万匹,但是棉花输出量则从 4 万斤增至 5 万斤。[⑥] 据 1927 年《纺织时报》所载,辽宁大规模的纺织厂是日本人经营的满洲纺织公司,年产棉纱 1.45 万包、布匹 17 万匹,满洲纱布贸易“几为所垄断”,以致中国人所经营

---

① 实业部中国经济年鉴编纂委员会编:《中国经济年鉴》第 3 编,商务印书馆 1936 年版,第 15—17 页。

② 察哈尔省建设厅:《察哈尔省建设公报》第 10 期,1935 年。

③ 戴鞍钢、黄苇主编:《中国地方志经济资料汇编》,汉语大词典出版社 1999 年版,第 245 页。

④ 陈荫翘、常守陈、戚星岩等修:《海城县志》卷 4《人事志·农业》,1937 年铅印本,第 69 页。

⑤ 裴焕星、王煜斌、白永贞等纂:《辽阳县志》卷 27《实业志》,1928 年铅印本,第 13 页。

⑥ 裴焕星、王煜斌、白永贞等纂:《辽阳县志》卷 27《实业志》,1928 年铅印本,第 17 页。

者,“皆为项目之机织厂”,大小约30家。[①] 1930年,辽宁纺纱厂扩充了业务,增设一万锭纺机。[②] 辽宁纺纱厂获利之后,董事长议决扩充,添购200架新式布机,同时改配旧布机,“谋增产量”,甚至赴日本大阪考察日本布厂所用布机,“以备采购布机之参考”。但是,东北棉纺织受日本人控制较严,如日本人在大连周水子设立的满洲福纺纱厂,即使年产量已超过1.5万包,但为了增加产量,仍购置数百台布机,“兼营织布”。[③]

北疆手工业最发达的当推伊犁,其次为迪化、塔城、哈密等处。其中,伊犁手工业产品品质,“不但为全疆之冠,而且在供给本省需要上,占有相当重要之地位”。伊宁城的工业起步于1905年,但直至1949年,“伊宁城的工业以私营工业和手工业为主,限于当时的生产力水平,工业门类和产品单调,以制革、铸造、铁皮、缝纫、木器和修理为主”。[④] 此外,第一次世界大战时期,新疆所需的火柴、白糖等日用品极为短缺,但新疆产棉甚丰,因而土布生产则能满足新疆各族所需,并有所发展。据统计,当时阿克苏、和田、库车等地的土布年产量高达60万匹。[⑤]

南疆手工业最为发达之区首推和阗,其次为喀什,再其次为阿克苏、焉耆等地。和阗位于塔克拉玛干大沙漠西南地段,“不仅为富庶之农产区,更乃南疆唯一之民族手工业重镇”。和阗手工业“工精质美”,可谓“全疆之冠”,尤以纺织手工业“驰名远近”。和阗地毯“不仅国内知名,且早蜚声于外”,“质料精美,手工曼妙”,加之耐用,因而在抗战之前“销欧美等国,备受欢迎”。[⑥] 和阗地毯业颇为著名,其图案品质“均足以代表边疆文化,极有观摩价值”[⑦]。1948年南疆创办叶城民生工厂,以出产地毯、布匹为主,资本为1万亿国

① 《辽阳之棉业》,《纺织时报》第414期,1927年。
② 《辽宁纺纱厂扩充》,《时报》1930年11月19日。
③ 《辽宁纺纱厂获利增加布机》,《纺织时报》1934年2月16日。
④ 伊宁市地方志编纂委员会:《伊宁市志·工业》,新疆人民出版社2002年版,第206页。
⑤ 宋岭等编著:《新疆近代经济技术开发》,新疆科技卫生出版社1993年版,第6页。
⑥ 《关于新疆地毯》,《和平日报》1948年1月10日。
⑦ 《和阗地毯来沪即将公开展览》,《大公报》1948年1月9日。

币。[1] 除了地毯,和阗还是中外古今盛产丝玉的乐土,“举世闻名”[2],如 1930 年新疆主席金树仁采集到重 30 余斤的美玉,预备雕琢为“中华民国国玺之用”[3]。从美玉产量来看,喀什“虽远逊于和阗,然就品质方面而言,其亦间有优于和阗区者”[4]。总体上喀什纺织、丝织、制毯、制革等手工业“虽不如和阗区之普遍与众多”,但在技术方面、工具方面“有若干地方较和阗为进步”。[5]

综而言之,民国时期边疆民族手工业在工具改良、技术提升、生产规模等方面均有一定程度的进步。边疆与内地一样,由于列强对中国市场的占领、原料的掠夺,大多“形成半殖民地工业特质”[6],基本是凭借丰富的原料进行粗加工和低端产品贸易。但是,对于分别被英国、葡萄牙、日本统治的香港、澳门、台湾而言,其殖民地工业特质更突出,同时由于殖民统治者政策和殖民侵略方式的不同,其发展程度和发展样态也呈现出明显的差异。

---

① 《南疆工业生力军》,《申报》1948 年 11 月 4 日。
② 陈澄之:《南疆和阗区的丝玉》,《旅行杂志》第 22 卷第 2 期,1948 年。
③ 涙史:《和阗玉》,《铃报》1930 年 12 月 17 日。
④ 许崇:《新疆志略》,正中书局 1944 年版,第 6 页。
⑤ 许崇:《新疆志略》,正中书局 1944 年版,第 107 页。
⑥ 《纺织厂与漂染整理厂亟应密切联络》,《染织纺周刊》第 1 卷第 26 期,1936 年。

结　论
未竟成功的手工业变革

关于手工业经济在明清以来中国经济中的地位的讨论,经常与“资本主义萌芽”这个更大的问题联系在一起。一些历史学者认为,明清以来中国手工业经济的发展并不意味着“资本主义的萌芽”,进而否认了手工业经济的“现代性”。这些学者普遍认为,手工业经济只是中国传统经济的延续,手工业经济的发展和增长并不代表进步,甚至手工业经济的长期存在构成了中国现代化的主要障碍。于是,在这种线性史观看来,中国手工业经济因为日本全面侵华而中断,又因为新中国的全面工业化而退出了历史舞台。非常遗憾的是,这些学者往往从破除“西方中心论”的意愿出发,却又悖论式地回到了“西方中心论”。因为如果中国手工业经济没有“现代性”,那么当代中国经济的形成和发展就全部是外来的,是西方技术、制度和管理方式等移植的结果。这同样是“西方中心论”的思维方式,它显然无法回答来自“中国内部”的发问,那就是,为什么中国在移植西方技术、制度和管理方式的过程中能够获得如此大的成功,而其他国家则不能?事实上这是“中国经济增长之谜”的另一种发问方式,要解答这一谜题,就需要回到中国传统手工业经济的内在发展理路中,尤其要在近代中国发展和演变的历史场景中,重新认识近代中国的二元工业化道路。

一、近代中国的二元工业化道路

尽管学者们承认明清时期的中国存在着资本主义生产关系的萌芽，但直接导生工业化第一阶段的行业即棉纺织业主要还是作为满足家庭消费需求的家庭手工业。“无论是从小生产者分化的途径，还是从商人投资生产的途径，都没有发现资本主义萌芽”[①]。不仅如此，在近代中国，棉纺织业中的资本主义生产关系的萌芽甚至是在工业化产生之后尤其是在机器纺纱业的带动下得到发展的。因此，早期工业化（机器棉纺织业）的产生不可能依靠封建母体的自然分娩，重工业及其他新兴工业也难以在旧经济腹体内孕生。中国工业化的发生同其他后发工业化国家一样，不论主动还是被迫，主要是对工业化全球扩张的一种反应，从而决定了中国必然走一条移植型的工业化之路。同时，由于中国的传统手工业有着深厚的社会经济基础，在工业化的过程中手工业还会在一定时期、一定区域内存在，移植型工业难以一下子全面代替工业生产中的手工方式。而只要手工业继续作为中间经济力量存在，中国就不可能达到工业化的彼岸。因此，近代中国在移植型工业化道路之外，还必须对传统手工业进行嫁接改造，走嫁接型工业化之路。吴承明就曾指出：“在中国，本来可以有一条土洋结合、再进一步现代化的道路，以及通过工场手工业过渡的道路。这种道路，可使工业建设接近原料和市场，协调生产，均衡布局。……但是，自五口通商以后，占优势的就是一条以口岸为基地、以洋行为背景、以移植为标本的资本主义发展道路。……湮没了上述土洋结合、协调发展的道路；张謇的乡土建设最后也败于这种口岸资本主义，陷于破产的境地。”[②]虽然这两条工业化道路都没能使中国实现工业化，但总结其失败的教训仍然具有非常深刻的时代价值。

1. 移植与嫁接并举的二元工业化道路

工业文明的传播是不可抗拒的全球性潮流，移植型工业化之路是近代中

① 方行：《中国封建社会的经济结构与资本主义萌芽》，见南京大学历史系明清史研究室编《中国资本主义萌芽问题论文集》，江苏人民出版社 1983 年版，第 36—37 页。

② 许涤新、吴承明主编：《中国资本主义发展史》第 3 卷，人民出版社 2003 年版，第 9 页。

国无可奈何的选择。从19世纪60—70年代开始,尽管遭到封建顽固派的强烈反对,中国近代工业文明的移植进程还是开始了,此后,几乎从未间断过。起初的移植仅限于严格意义上的政府行为,甲午战争后,始有一定数量的私人资本家参与进来。通过移植,近代中国初步建立起了一批以纺织、面粉为骨干的突发型现代工业企业。移植型道路在中国早期工业化过程中起了主导作用。但是,移植进来的工业文明(包括外资在华企业)对原有手工业主要采取一种摧毁式的取代,而其自身的能量又无法完全吸纳失业的手工业工人,从而遭到手工业者的抵抗;同时,民族机器工业又由于遭受外资在华企业的特权竞争,在一定程度上还需要利用手工业的劳动成本优势,这就使得移植型的工业文明的扩展具有很大的局限性。因此,移植方式难以将近代中国送达工业化的彼岸。

在近代中国手工业经济中,进口替代型手工业的发展是嫁接型工业化道路的集中体现。世界经济史表明,继英国之后实现工业化的国家,基本都是通过进口替代达到这一目标的。进口替代包含了双重目的:一是以进口替代的方法,减少某些产品对国外的依赖,以解决外汇不足的问题;二是由进口替代工业的发展而达到发展国内工业的目的。[①] 从进口替代的发展历程来看,大致分为初级和高级两个阶段,初级阶段主要是以国内制造替换以前进口的消费制成品,高级阶段则是通过后向关联效应以国内生产代替中间商品和耐用商品的进口。纵观近代中国的进口替代型手工业,可以发现,进口替代型手工业首先从进口量大、本国市场广阔、原料充足、技术要求不高的棉纺织业开始,后逐渐向各个行业扩展,其主要集中在技术含量低、投资少、投资周期短的轻工业领域;从一开始的被动、盲目的发展渐渐转向主动、有计划的发展。进口替代型手工业的发展,是中国作为后发外源性工业化国家的必由之路,促进了中国经济结构的调整和完善,改善了中国在国际贸易格局中的不利地位。

进口替代型手工业的发展,不仅仅体现在近代中国手工业门类的增加,更重要的是,它们是近代中国嫁接型工业化道路的集中体现。在移植型工业

① 黄伟雄:《进口替代工业化的特点》,《外国经济与管理》1990年第6期。

化道路上，近代中国通过移植西方的现代技术初步建立起了一批以纺织、面粉企业为骨干的突发型现代工业企业，这条道路在中国早期工业化过程中起到了主导作用。而在这条道路之外，中国手工业经济还在默默地走着一条嫁接型工业化道路，那就是不断将西方的生产技能、工具机和动力机嫁接到中国的手工业经济中。在绪论部分，我们提到，工业化包含了分工协作的专门化、工具机的发展和动力机的改进等三个必不可少的环节。因此，在近代中国的工业化过程中，移植型工业化依靠动力机的移植来实现“突变”的工业化，嫁接型工业化道路则主要依靠引进西方的生产技艺、工具机和动力机来实现“渐变”的工业化。像花边、发网和草帽辫业等出口加工业，都是中国传统手工业经济中没有的门类，其始自西方传教士或洋行将生产技艺输入中国，进而演变成一个规模庞大、流传广泛的手工业行业，属于西方生产技艺的嫁接；棉纺织业、针织业、制皂业、火柴业、铅石印刷等进口替代型手工业行业，则普遍通过引进国外的工具机来促进本行业的发展，属于西方工具机的嫁接；部分区域的部分行业，在工具机嫁接的基础上，进一步引进动力机，进而实现从手工业向机器工业的转变。

正确认识民国以来中国进口替代型手工业的嫁接型工业化道路，及其在中国工业化过程中的进步意义，可以帮助我们反思“民国手工业经济衰退论”，进而有助于重新认识中国传统手工业经济的活力和生命力，并对中国工业化进程的二元性有更加清醒的认识。要说明的是，对西方生产技能、工具机和动力机的引进和嫁接，并不存在一个明确的先后顺序，往往是同时发生的。但是，进口替代型手工业因为是对国外消费品的替代生产，因此许多行业在中国也是全新的行业，进而在发展的过程中完整展现了从生产技能嫁接到工具机嫁接再到动力机嫁接这样由易到难的发展流程，进而成为嫁接型工业化道路的集中代表。

2. 政府行为与二元工业化道路成功的关键

现代工业产生以后，中国传统的手工业大多数存在下来，部分行业还获得发展。如前所述，手工业成为中国近代一种非常重要的中间经济，如何利用这笔宝贵的传统工业经济资源，促使原始工业化向工业化转型，是近代中国工业化面临的又一挑战,也是中国早期工业化成败的关键因素之一。如果说移植型工业化之路是近代中国在世界工业化潮流下的一种被动反应,那么,怎样借鉴西方工业文明在经营、劳动、管理、技术上的经验对近代手工业加以改造,从理论上讲则是一种自上而下的可以控制的政府行为。它不仅能在一定程度上减少传统手工业对工业化扩张的消极抗拒,有利于工业文明移植成果的巩固,而且便于实现对传统手工业继承式的替代,这是一条嫁接型工业化之路。清末以来,历届政府虽然都曾重视手工业,而且多少采取了一些提倡、鼓励、维护的政策和措施,来推动中国手工业向现代工业缓慢转型,但是,迟至20世纪20年代末30年代初,这样一条嫁接型工业化之路才在南京国民政府的推动下开始加速实施,而这条道路又被不久后爆发的日本全面侵华战争所中断。因此,在本书所探讨的范围内,近代历届政府在嫁接型工业化道路上没有取得明显的成效,从而也在很大程度上决定了中国早期工业化的不成功。

二元工业化道路几乎是大多数后起的工业化国家所采取的共同方式,法、德、日等国就是走移植型与嫁接型二元工业化道路成功的典型。同英国一样,法国的工业化也开始于纺织工业。由于当时英国禁止纺织机械出口(直到1825年才撤销),法国棉织品生产所需的机器主要是由英国人私运入境的。1877年,法国商人佩里埃去英国考察并向布尔敦—瓦特公司购买了一台蒸汽机,回国后在自己的工场里按照瓦特蒸汽机的结构开始仿造,此后法国无数的机械制造厂都是从这家工场里衍生出来的。法国对工业文明的移植还在于其接近英国的地缘优势,1830年前后法国企业里至少有1300名英国工匠、工程师以及数千名英国技工,他们是移植英国工业文明的主要载体。[①] 英国开始工业革命时,德国还是一个遭受30年战争影响的贫困落后的君主专制国家。在腓特烈二世的开明专制下,德国开始了对英、法工业文明的移植。1776年,当瓦特的第一台蒸汽机在英国矿井里使用时,腓特烈二世就派出了采矿专家、嗣后出任政府高等顾问的比克林去英国进行详细考察,并动员一个机械制造师迁居德国。1820年德国又设法从法国进口纺织机器。

① 参阅[德]鲁道夫·吕贝尔特《工业化史》,戴鸣钟等译,上海译文出版社1983年版,第57—67页。

移植进程在德意志关税同盟建立(1834)之后加快了,这时德国"继续使用英国机器,招聘英国工匠和工人,一大部分企业还使用英国资金或法国与比利时的联合投资"①。虽然德国工业化主要是从重工业尤其是从铁路运输部门开始的,但同样离不开工业文明的移植。不仅如此,德国还注重对传统手工业的嫁接改造,如世界著名的克虏伯公司、德麦克公司以及鲁尔矿区的第一家蒸汽机制造厂都是通过对旧式手工业的改造发展而来的。② 法、德等国的工业化虽然主要不是内生的,但由于拥有接近英国的地缘优势和国内手工业接近工场手工业的业缘优势,较早受到英国工业化的影响,移植较为便利,对传统手工业的改造和利用也不像其他后发工业化国家那样艰巨。

相比之下,日本则是一个与中国情况更为接近的东方国家。作为一个"移植资本主义"成功的范例,日本对工业文明的移植差不多与近代中国同时进行。一方面,在明治政府"殖产兴业"政策的指导下,日本从移植先进的纺织机器入手,从19世纪80年代初到90年代初的10年间,以最先进的自动环锭精纺机取代了旧式纺纱机(这一过程在英国花了近100年时间),重工业和化学工业部门的情况也是如此。引进最先进的技术是日本移植西方工业文明的重要特点。另一方面,明治政府大力招聘外国专家,1872年共聘用外国专家214人,1876年达503人。这些外国专家为日本培养了一批近代工程师、科学家、教育家以及熟练的技术工人,为日本消化、吸收引进的技术奠定了基础。工业文明的移植启动了日本的早期工业化,克服了工业化过程中技术资源不足的困难。③ 与此同时,明治政府也非常重视对传统手工业的嫁接改造。在明治政府的指导下,19世纪80年代,日本掀起了一个"物产改良运动",对不少从事传统工业生产的行业实行技术嫁接,从手工生产向使用动力机械发展。各府县纷纷开办讲习所,或派出技术指导员加以指导,并拨出大量补助金予以扶持。因此,在"物产改良运动"中,织物、陶瓷器、漆器、五金和

---

① [德]汉斯·豪斯赫尔:《近代经济史——从十四世纪末至十九世纪下半叶》,王庆余等译,商务印书馆1987年版,第375页。

② [德]鲁道夫·吕贝尔特:《工业化史》,戴鸣钟等译,上海译文出版社1983年版,第79—82页。

③ 万峰:《日本资本主义史研究》,湖南人民出版社1984年版,第177—189页。

造纸等传统手工业部门都获得进步,手工工具也逐渐被机械所取代。[①]

后发工业化国家的工业化主要是一种自上而下的政府行为,工业化的启动有赖于在政府指导下对先发工业化国家工业文明的有计划、有选择的移植,对传统手工业的嫁接改造也离不开政府的倡导与扶持。只有坚持二元工业化道路,才能在后发工业化国家中顺利地推进工业化进程。因此,一个现代型政府将在很大程度上决定落后国家工业化的成败。

二、没有走完的半工业化道路

近代中国若干手工业行业中的半工业化是一条没有走完的工业化道路,是工业化道路上一段曲折的历程。

在人类工业文明发展进程中,半工业化是一种介于传统手工业与大机器工业之间的中间状态,它已经驶离了传统手工业的经济轨道,无论是在技术进步的程度上,还是在与市场的联系尤其是在与区域外市场的联系上,传统手工业都无法与之同日而语。半工业化进一步向前发展,或者说其内涵性扩张的结果,应该是工业化。但是,中国近代若干区域、若干手工业行业中的半工业化并没有完成向工业化转化的历程,而是半途而废。能否据此断定家庭手工业—半工业化—工业化就是一条走不通的死路呢?如果我们把眼光局限在1949年之前的近代中国,这种判断确实是对历史事实的陈述;但是如果我们将半工业化现象放到明清以来迄今为止的农村工业化历史的长时段看,那么,我们认为,近代中国半工业化只是一条没有走完的工业化道路。

首先,从历史基础看,近代中国农村中的半工业化现象是明清时期原始工业化的继续和发展。与西方相比,我国明清时期的农村手工业无论是生产规模,还是经营形态,都毫不逊色,江南地区传统手工业的发展完全可以与西欧相媲美,可以与西方工业化之前的农村手工业一样称为"原始工业化",虽然客观环境的制约使其发展陷入困境,但是,一旦这些制约条件解除了,明清时期乡村手工业的发展势头仍有可能得以继续。在研究近代农村手工业经

① 万峰:《日本资本主义史研究》,湖南人民出版社1984年版,第261页。

济时,我们不应受限于一些人为的历史分界线,罔顾明清时期农村手工业已有的发展趋势。近代中国半工业化现象存在的地区与行业,大多在明清时期农村手工业已较为发达,可见,没有明清时期农村手工业发展的深厚传统基础,不可能出现近代农村手工业的半工业化。

其次,从半工业化兴起的历史场景看,半工业化是近代中国早期工业化发展的产物。半工业化现象最早出现在 19 世纪 70 年代的江南、珠江三角洲农村的手工缫丝业中,这不是偶然的,明清时期这些地区的手工缫丝业就已经较为发达,更为重要的是,国际市场上机器丝织业的发展对生丝的需求剧增,刺激了制丝业的发展,因此,辑里丝才得以在原有规模上继续扩张,陈启沅也才有可能改进传统缫丝技术,可以说,这是由与工业化如影随形的市场化带动的结果。手工棉织业、丝织业中的半工业化出现在 19 世纪末 20 世纪初手织业历史悠久的华北和长江中下游地区,这也不是偶然的。一方面,工业化的初步发展对传统手工纺织业造成了空前的打击,手纺业衰落下去了,原来从事手纺业的那部分劳动力被释放出来了,但是工业化尚未发展到能够充分吸纳这部分劳动力的水平;另一方面,机器工业的发展为手织业的技术变革创造了条件,手拉机和铁轮机的使用就是民族机器制造业发展的结果。因此,无论在市场方面,还是在技术上,半工业化都是工业化初步发展的产物。从某种意义上说,工业化对农村手工业是一柄双刃剑,少数手工业行业的衰落缘于此,部分手工业行业的发展亦缘于此。

再次,从历史趋势看,半工业化已经显示出了向工业化发展的良好势头。工业化在技术上是以非生物动力替代生物动力的过程,在市场上则是不断向外地乃至国际市场扩张的过程,半工业化的重要特征就是技术进步和对区域外市场的依托,从半工业化自身发展趋势看,技术进步使得半工业化不断深化,甚至某些半工业化行业中的技术水平已经接近机器生产的边缘,高阳织布业就是其中的典型。区域外市场的开拓则使半工业化现象不断广化,在区域上和行业上不断扩张,技术进步与区域外市场两方面相互促进,共同推动半工业化向着工业化的方向发展。如果不是日本全面侵华战争的发生,如果晚清至民国年间的政府引导得力,半工业化完全有可能渐进式地向着工业化方向继续发展,直至完成向工业化的转化。既然半工业化进程的中断主要是由外力造成的,因此,从其自身演进的历史趋势看,在外力解除后,它仍有可能恢复并继续向着工业化的方向发展,成为农村工业化的一种模式。

若干地区、若干行业中的半工业化现象表明,近代中国存在着两条工业化道路:一条是由政府从国外直接引进先进的工业技术、直接创办大型的机器工业企业,这是一条自上而下的、移植型工业化道路;另一条则是由民间自发的、在传统工业基础上通过技术嫁接、改造,渐进式地走上工业化的道路,这是一条自下而上的工业化之路。自上而下的工业化由政府主导,起点高、规模大,其方式往往是暴风骤雨式的,在落后国家和地区能够产生示范效应与先导功能,可谓工业化的捷径,但常常受到国家财力与外国技术转让的制约,陷入"欲速则不达"的境地。19 世纪 70—90 年代洋务运动时期从军事工业向民用工业的转向,南京国民政府时期对国家资本主义的大力提倡,都没有实现预期的目标。自下而上的工业化深藏于民间,起点低、规模小,其方式常常是和风细雨式的,虽然向工业化的转化过程相对缓慢,可谓工业化的迂途,但由于它强调民众的创造性,富于活力,也能产生"功到自然成"的效果,政府在其中的作用主要在于引导。在认识上,我们在重视落后国家和地区自上而下的国家工业化道路时,也不能忽视自下而上的平民工业化之路,在实践中,则应坚持自上而下的国家工业化道路和自下而上的平民工业化道路并重。

最后,从我国当代农村工业化的实践看,20 世纪 80 年代以来乡镇企业的异军突起是近代农村半工业化现象的逻辑延伸。抗日战争爆发后,近代半工业化现象存在的主要地区沦为敌占区,转入战时经济轨道,半工业化进程在中国东部沿海地区中断了。抗战胜利后,接踵而来的动荡,打乱了农村经济建设的环境。新中国成立后,农村工业的发展经历了几个历史时期的探索,即 1949—1957 年的农村工业萌芽时期,1958—1959 年的公社工业化时期,1959—1965 年的非农企业调整时期,1966—1978 年的非农产业发展停滞时期和 1979 年以后的非农产业大发展时期。① 改革开放以来,我国农村中虽然

① 辜胜阻:《非农化与城镇化研究》,浙江人民出版社 1991 年版,第 157—158 页。

出现了内涵不同的“苏南模式”“温州模式”“东莞模式”,但在经济增长方式上却大体相同,都属于劳动密集型企业,或以社队企业为基础,或以家庭手工业为支柱,或以“三来一补”为前提,技术含量低,与新中国成立前若干地区、若干行业的半工业化现象相似,有些甚至是近代农村手工业的“复活”,其中“温州模式”最为典型。[①] 当代农村研究者认为“温州模式”就是强调以“家庭经营”为基础,以“家庭工业”为支柱,或是“家庭工业加专业市场”的农村工业化模式,温州已在家庭手工业的基础上成功地实现了向工业化的转变。[②] 因此,如果我们突破既定的历史分界线,放眼于当代中国农村工业化的伟大实践,我们就更有理由相信,作为半工业化的手工业,不仅是一种过渡性生产方式,即从手工生产到机器生产的过渡阶段,而且是一种可以与机器工业持续并存的永恒的生产方式,近代半工业化确实是一条没有走完的工业化道路。

三、半工业化道路的当代实践

近代半工业化是一条没有走完的农村工业化道路,这种判断不仅可以从近代半工业化发展的历史趋势中加以预测,而且可以从当代中国农村工业化的伟大实践中得到印证。20 世纪 80 年代改革开放以来短短 20 余年,以苏南、温州为代表的我国东部部分农村地区已经成功地走完了从家庭手工业到半工业化再到工业化的历程。如温州,20 世纪 80 年代以来农村工业经历了三个阶段的发展:第一阶段是改革开放初期,大量农村剩余劳动力从土地上分离出来,向二、三产业转移,利用自有资金、传统技术和家庭场所创办家庭副业。到 1984 年,温州已有家庭副业户 13 万多户,形成以家庭生产经营为单位,以专业市场为纽带,以供销为骨干,“小商品大市场”的温州经济格局。

---

① “温州模式”的提法最早见于 1985 年 5 月 12 日上海《解放日报》上发表的一篇题为《乡镇工业看苏南,家庭工业看浙南——温州 33 万人从事家庭工业》的报道中。

② 当代农村研究者将“温州模式”概括为“以民营经济为主要内容,以家庭工业和专业市场为基本形式,以十万供销大军拓展市场为重要渠道,通过发展商品经济实现农村致富的农村工业化之路”。见易晓文《温州农村工业持续快速发展的障碍性因素的分析》,《中国农村经济》2001 年第 3 期。

经过10多年的发展,到20世纪90年代中期,温州农村工业进入新的历史时期,"家庭工业通过联产、联营、合资、合股种种形式,逐步演变为股份合作企业,总数达36887家,占整个乡镇企业产值80%以上,取代个体、家庭工业而成为农村经济发展的主要支柱和市场活动的竞争主体"①。农村工业中出现了由家庭作坊、手工劳动转向大工厂和机械化、自动化,从分散的小规模生产转向规模化经营并发展农村现代化载体,从前店后厂转向店厂分设、专业化经营,从家庭、个人所有转向合伙、股份经营,从国内转向国外,由内向型转向外向型,从以家庭血缘关系为主转向以现代契约和法制关系为主。② 到1997年,温州股份合作企业已达31200家,其中工业企业产值860亿元,占全市工业产值的70%以上。进入21世纪,温州股份合作企业朝着股权结构集中化、企业制度公司化方向发展,已组建企业集团150多家,有限责任公司或股份有限公司12800多家。③ 苏南农村工业化也是从以手工技术为基础的社队工业开始的,黄宗智以长江三角洲地区的华阳桥公社为例说明乡村工业化一般所走的道路:

> 它的第一个工业企业农机厂建于大跃进时期,起初主要维修农具和用"土高炉"小规模地铸造农具。后来逐步增加生产一些当地由来已久的商品:草绳、家具、砖瓦、金属制品等。这些生产都以手工为主。……随着20世纪机制纱而在上海地区兴起的家庭手工织袜业,是另一家社办企业的基础。这家企业1950年由集体创办,1957年转给国家接办,"三年困难时期"解散,1964年再由公社重建。……这些地方性的手工生产与先进的工业企业发生联系并得到帮助后才开始机械化。例如……1972年公社袜厂也与上海第六织袜厂订协议,利用该厂淘汰的45台旧机器,为该厂加工。1981年公社方面以每台300元的价格买下了这些机器,又以每台3000元的价格添置了56台先进的新机器。……袜厂和农机厂为公社的工业化提供了一个良好的开端,使它在1979年

① 吴象:《温州模式的新发展与再认识》,《瞭望》1994年第32期。

② 董朝才等:《"温州模式"的十大发展趋势》,《农业经济问题》1995年第10期。

③ 申都协:《"鹿城"归来话民营——温州、义乌考察散记》,《上海轻工业》2001年第1期。

能独力创办印刷[机械]厂。……1986年华阳桥公社的工业发展进入了更高的阶段……①

再看珠江三角洲的番禺。广东番禺沿海农村工业兴旺,据调查,“1994年,在村及村以下工业企业3592个之中:村办工业1489个,占41.45%;联合体工业91个,占2.53%;个体工业2012个,占56.01%。再从发展速度看,农村个体工业企业从1981年的106个增加到1994年的2012个;农村个体工业企业总产值从1981年的96万元上升为1994年的10.7亿元”。农村个体工业“作为农村产业转化和农村工业化的基础,发挥着极为重要的作用”。② 从全国范围来看,1983年,全国乡镇企业产值还只有几百亿元,占全国工业产值的份额很小;到了1991年,短短8年时间,乡镇工业产值就达到8709亿元,占全国工业总产值的30.8%;1992年,全国乡镇工业产值又以30%的速度超常发展;到1994年底,乡镇企业产值再次占到了全国工业产值的一半,乡镇企业从业人员达12000万人,形成了城镇工业与农村工业“各占半壁江山”的局面。③ 此后呈加速度发展,1996年中国乡镇工业企业数达到756万家,从业人员达到7860万人,总产值达到51259亿元,分别占全国工业总数的95%、72%和49%。④

与近代半工业化一样,当代农村工业化的基础也是手工业,农民家庭手工业、作坊与工场手工业、工匠手工业构成当代乡镇企业的起点。据1949年统计,我国工业总产值中的个体手工业产值达32.4亿元,占工业总产值的23%,而手工业工人则占工人总数的65%,经过新中国成立初期的恢复和发展,到1952年,全国工农业总产值827.18亿元,其中手工业商品性产值72.8亿元,农村自给性产值80.9亿元,合计153.7亿元,占工农业总产值的18.6%,农业产值占48.7%,现代工业占32.7%,在全国手工业从业者中,城市人口占36.5%,农村人口占63.5%。这既反映了新中国成立初期我国工业

① [美]黄宗智:《长江三角洲小农家庭与乡村发展》,中华书局2000年版,第256—257页。

② 谭建光:《广东沿海农村个体私营经济发展的实证分析》,《中国农村观察》1996年第5期。

③ 欢佩君:《中国农村工业化道路的现实选择》,《经济论坛》1995年第20期。

④ 洪民荣:《工业农村化及其对农村工业化的意义》,《生产力研究》1999年第3期。

发展水平落后，又说明了农村手工业基础雄厚。据1956年统计，在农业合作化运动中，农村有1000多万兼营商品性手工业的农民和一部分分散在农村的专业手工业者参加了农业合作社，农村工业形成了四股力量：一是农村集镇手工业合作社；二是一些较大或有发展前途的个体手工业作坊并入了农业社；三是新办了一些副业组织和作坊；四是恢复发展了家庭手工业。① 此后，农村工业由于意识形态的制约而走了一些弯路，发展受到了限制，直到20世纪80年代改革开放，农村工业的基础依然是技术简单、规模狭小的社队企业。

有些地区的农村工业则是在直接继承传统手工业的基础上发展起来的，如江苏盐城市龙港镇储巷村，“村里人编柳器已有数百年的历史，上辈乐教，子孙乐学，一代传一代，但真正普及开来，还是近两年间（引者注：20世纪80年代末至90年代初）的事情。现在，全村有352户，1050人加工柳制器，1994年实现产值450万元，有些产品还借助于外贸企业的销售渠道，漂洋过海，为国家创了汇。储巷人靠自己勤而巧的双手，用柳条编织起‘小康图’”②。又如江苏海安市李堡镇的工艺编织业起源于20世纪30年代，改革开放以来，这一传统产业得到迅速发展，已经从传统的手工编织逐步发展到机械编织与手工编织相结合，编织业是当地的支柱产业，占全镇工业经济总量的50%。至2002年全镇有编织机5000多台，年产值超3000万元的编织企业2家，超百万元的编织企业22家，超50万元的个体工商户100个，钩衣加工点220多个。年加工各类工艺编织服装1200万件，出品创汇260多万美元。“村村织机响，家家编织忙”是李堡镇的真实写照。全镇平均十户家庭中有九户从事工艺编织产业，从业人员2.2万人，占总人口的1/4，占当地妇女总数的80%。③ 农村实行土地承包责任制后，一方面，珠江三角洲的农村劳动力从土地上释放出来，有一技之长的农民告别了土地，开办理发店、修理店、木工店、漆工店、裁缝店、小百货店，以及小作坊（如酿酒作坊）、砖瓦场，这些人成为农村最早一批“万元户”；

① 张毅：《中国乡镇企业历史的必然》，法律出版社1990年版，第162—164页。

② 崔文军：《村乡齐动手，绘就小康图——江苏省盐城市郊区农村个体私营经济见闻》，《光彩》1995年第6期。

③ 王翔：《发挥产业特色，做强板块经济——记海安李堡镇党委书记陶荣龙》，《江苏纺织》2003年第8期。

另一方面,“有些农民则承包了原公社、大队及村办起的小五金厂、小塑料厂、小修理厂、制砖厂以及小车队,成为最早的一批私营经济‘老板’”①,正是这些作坊式的小企业启动了新时期珠江三角洲农村工业化的进程。

温州农村工业从家庭手工业起步,成功地实现了向工业化的过渡。温州能工巧匠多,手工业非常发达,有着经商的人才优势,这是家庭工业得以发生和发展的重要因素。“在温州,一个能人往往能带动一个村,能致富一个乡。如瑞安县韩田村农民陈安静几经周折,历尽艰辛创办了汽车配件厂,在他的示范下,全村人纷纷仿效办厂,很快家家户户开始生产汽车配件,宜山区陈光友、陈光锡兄弟攻克了腈纶边角料开花技术难关,孙阿茶老太太改造了纺纱机,纺出了再生腈纶纱。两项重大的新技术创新使得全区家庭工业的再生腈纶织品生产得以迅速推广。”②孙阿茶的技术革新甚至被当时的报刊称为“农村的一场工业革命”,农民用孙阿茶的轧棉机将腈纶布下角料轧成腈纶棉,纺纱织布,再做成各式服装卖到全国各地,温州市的“整个宜山区实际上成为一个规模巨大的再生腈纶纺织的联合企业,而内部又有严格的专业分工。在2.5万个家庭中,有500多户专业从事轧棉业,5000多户把腈纶棉纺成腈纶纱,2000多户用纱织布,另有2300户则从事制衣业。专门从事运输、推销、商业及其他服务业的还有1000多户,全部从业人员达50000人,占农村劳动力的90%。在工农业总产值中,农业的比重不到10%,其余来自工业及其他行业”③。到20世纪90年代中期,温州已经创办起13万家“家庭工厂”④,有13

① 唐雄山等:《试析农村个体私营经济在农村工业化中的地位——珠江三角洲的考察与思考》,《农村经济》1995年第7期。

② 孟祥全、欧崇发:《论温州的“家庭经营”》,《黑河学刊》1994年第6期。

③ 钱汉江、吴合银:《农村的一场工业革命》,《深圳特区报》1986年12月5日。

④ 当代农村问题研究者将温州家庭工业分为三种形式,即农户兼营工业、家庭作坊、家庭工场。农户兼营工业指农户在农闲或渔闲时从事手工生产,或在家庭劳动力之间进行自然分工,这种形态的家庭工业主要依靠传统工艺,采取手工劳动,辅之以简单机械和工业技术,除从事竹编、草编等副业外,往往还承接经营大户、联户和集体乡镇企业转手与扩散的业务。家庭作坊仍以家庭成员为主要劳动力,以手工操作为主,辅之以简易机械,采用传统意义上的“能工巧匠”式的生产工艺。家庭工场是家庭工业的发达形式,既有简易机械,也有较先进的机械设备,甚至自动化设备。三种形式的家庭工业在时间上具有继起性,反映了家庭工业从简单到复杂、从低级形态向成熟形态不断进化的过程,在空间上则具有并存性。参阅张仁寿、李红《温州模式研究》,中国社会科学出版社1990年版,第43—46页。

万名推销员、13 万户个体工商户、400 多个专业市场,形成温州农村经济的新格局。

绍兴也是一个农村手工业尤其是工匠手工业传统悠久的地区,“从 50 年代后期起步的绍兴乡镇工业,首先是从过去所熟悉的传统行业‘两土’即土纺、土织,‘三缸’即酒缸、酱缸、染缸,‘五匠’即铁匠、木匠、篾匠、石匠、泥水匠起家。60 年代后虽历经曲折,但改革开放后又以乡镇集体工业模式异军突起,不仅很快恢复了传统行业,而且在一些原先农村工业发展基础较好的地方,首先成为农村工业的集聚地,在‘亲帮亲、邻帮邻’的传统习俗的作用下,迅速形成了一镇(乡)或数镇(乡)同搞一个产业或一个产品的农村工业模式”①。到 20 世纪 90 年代初,绍兴市所辖的诸暨 1302 个村,70% 有家庭工厂,占全市农户的 12%,其中店口镇 31 个村,9200 多户农户就创办了 2200 余家五金企业和 900 余家专营门市部,形成了一村一品、一乡一品的专业化乡村,如店口的五金、三都的贡缎、大唐的织袜、草塔的弹簧、山下湖的珍珠、大侣的灯具、直埠的鞋业、枫桥的玩具、五一的地毯等,形成地域相对集中、产品优势明显的十大块状经济。②

地处黄河岸边的河南省长垣市被称为“北方的温州”,当地的农村工业是从工匠手工业开始起步的,“一把瓦刀垒起了一个建筑业,一把锤子打造出了一个起重机产业,一把刷子刷出了一个防腐产业,一把竹签捻出了一个医用卫材产业,一把锅铲炒出了一个烹饪产业”,到 2002 年,全县民营企业发展到 1830 家,实现营业收入 50.7 亿元。其实,长垣的民营经济发展也走过类似于温州的路子:20 世纪 70 年代末到 80 年代中期,为小商品经营阶段,主要以“提篮小卖”方式,从事补锅铸铁等小商品经营;80 年代中期到 1992 年,为家庭手工作坊阶段,主要以“前店后厂”的形式生产经营一些小商品;1992 年到 1997 年,为家族式企业发展阶段,生产一些技术含量不高的卫生材料和起重

① 陈荣昌:《绍兴农村工业经济发展文化动因的思考》,《绍兴文理学院学报》1999 年第 1 期。

② 石良平:《诸暨市个体私营经济为什么能迅速发展?》,《中共浙江省委党校学报》1994 年第 5 期。

机械配件等;1998 年至今,为建立现代企业制度阶段。①

苏南地区则从以手工技术为基础的社队集体企业起步,完成了向工业化的转化。社队企业与家庭手工业的区别在所有制形态上,家庭手工业是私人所有制,社队企业则是集体所有制。② 江苏省张家港市永联村工业就是从以手工业为基础的社队企业起步的,据永联村人回忆,1978 年“村里有两厂一店:粮食加工厂、织布厂,还有个代销店。粮食加工厂只有两台陈旧的机器,自给自足,为本村社员脱粒、磨面,没有利润;织布厂是 10 台铁木结构的织布机,用脚踩,后来换成了电动机,半自动,但还是很落后,产值 2 万,利润只 2000”,1979—1984 年,在村支书吴栋材的带领下,先后创办了一二十个厂子,积累起了 20 万元利润,这就是 1984 年创办永联钢厂最初的资本,完成了“农副业—手工业兼业—大机器工业”的简短过程。③ 无锡“港下镇红豆集团由一个 8 台老织机的小织布厂发展成为(集)生产针织内衣、羊毛衫、红豆领带、西服、化学纤维、红豆电子、红豆摩托车等产品于一身的江苏最大的乡镇企业,下设 8 个公司,50 多家企业,其产品在 47 个国家和地区注册,1994 年实现产值 4.5 亿元”④。张家港市长江村在村支书郁全和的带领下,“靠 8 把瓦刀起家,办起了建筑队、水泥构件厂。从 9 条破船开始,搞起了水上运输和捕捞。从几台土纺车、几台家用缝纫机开始,创起了小型棉纺并线服装厂,走上了以工补农的道路”⑤。靠近苏南、位于浙北杭嘉湖平原腹地的芝村乡也是在社队集体企业的基础上发展起来的,20 世纪 60 年代初在政府的号召下,“乡一级办起了农具厂,厂内共有从事打铁、修蚕匾等工作的职工 30 人左右;

① 张道刚:《长垣调查》,《决策咨询》2003 年第 9 期。

② 有研究者认为,我国当代社队企业主要有三大基本类型:一是由农村工匠为主组成的企业,主要提供农业生产、生活服务;二是传统农副产品加工型企业,多属于手工作坊;三是富于地方特色的传统手工业类企业,主要集中在手工编织、制革等方面。参阅应云进《温州模式、苏南模式发展的共同点研究》,《企业经济》2003 年第 4 期。

③ 新望:《村庄发育、村庄工业的发生和发展:苏南永联村记事(1970—2002)》,生活·读书·新知三联书店 2004 年版,第 97、103 页。

④ 汪校铃:《大办乡镇企业是农村经济发展的最佳选择——赴江苏无锡县的考察与思考》,《计划与市场》1995 年第 9 期。

⑤ 刘鸿君:《离开土地的岁月——崛起的张家港市长江村》,《苏南科技开发》1999 年第 1 期。

至六十年代中期,又创办了一批村办丝厂,几十位农民在农闲时进厂从事缫丝工作。从1978年开始,一批小型砖瓦厂开办,至八十年代初,小型水泥厂、小砖窑、小水泥预制件厂已星罗棋布,但全乡年工业总产值仅一千元左右。从1985年起,芝村乡各种类型企业的发展取得长足的进步。1987年全乡工农业总产值达到了一亿元;1988年全乡工业总产值突破一亿元。至1993年末,全乡共有各类企业45家……实现工业产值(90年不变价)46753万元"①。

不过,即便在苏南地区,乡镇企业的起步也不是千篇一律的。20世纪80年代末,江苏省吴江市横扇镇一批在集体企业工作的技术人员自谋发展,办起了羊毛衫家庭作坊,带动了这一行业的兴起。由于羊毛衫生产工艺比较简单,投资少,本地农民纷纷购买两三台横机搞羊毛衫加工,至2002年,横扇镇羊毛衫专业户达到3000多户,有手摇横机5万多台,从业人数5万多人,全镇形成了叶家港、亭子港、大家港等5大羊毛衫专业村,农户从事羊毛衫生产加工者达到90%以上。其中,吴江金马羊毛衫有限公司从一个家庭式作坊发展成为拥有多家分公司及工厂的规模化龙头企业,截至1993年,该公司拥有各类规格的横机800多台,年生产能力150万件,年销售额3800多万元,其中80%的产品远销日本、俄罗斯、捷克、匈牙利和中国香港等国家和地区,20%的产品主要销往上海、北京、杭州等地。② 张家港市妙桥镇有6000多家农户从事羊毛衫的生产和经营,年产羊毛衫达5000多万件,家家雇用外地民工进行编织生产,自己全力投入原料采购和产品推销。妙桥镇也发展成为闻名遐迩的羊毛衫专业镇。

> 最典型的莫过于个体经营羊毛衫编织业。苏南农村并不出产羊毛,农户从外地购入毛线和腈纶线,自备编织机,加工成各式羊毛衫出售。因为羊毛衫市场需求量大,销路年年看好,激发了农户生产羊毛衫的热

① 王金玲:《新时期的非农化与农村家庭变迁——浙江省芝村乡农户调查》,《社会科学战线》1995年第3期。

② 尤其:《一镇出一品,一品兴一镇——访横扇镇镇长赵菊观》,《江苏纺织》2003年第8期。

> 情。青浦县蒸淀镇家家经营羊毛衫编织业，达到了年产500多万件羊毛衫的能力。他们从单家单户经营编织，到配置整烫、缩毛等后道工序，并发展成20多户联营的私营企业，将羊毛衫生产从毛纱供应到产品设计直到销售实行了一条龙服务。目前蒸淀镇这类家庭私营企业已达120家，实施了科学管理，使个体经营更上一个层次，并成为上海市郊最大的羊毛衫生产基地。[①]

此外，仍有一部分农村工业处在以手工技术为基础、以区域外市场为依托的半工业化进程中，如山东省博兴县妇女陈美玲依靠老粗布织出大市场，在技术上，陈美玲积极探索，不断改进工艺，将纯手工的作坊式织机生产发展为半自动化生产，使用自制的手工机械生产。比如：她经过反复试验，用自行车旧轮盘自制了络线机和做穗子机，将原来的手投梭改成了拉梭，既节省了人工，又减轻了劳动的强度。织布时不再浆线，采用裹线直接用干线织布，织出的布比原来的土布更加细腻时尚，质地细密柔软，花色古朴自然。另外在花色上陈美玲也做了很大的改变，由最初的斜纹、条纹、方格演变为枣花纹、水纹、狗牙纹、斗纹、芝麻花纹、合斗纹、鹅眼纹、猫蹄纹等8种基本纹样，而品种也从床上用品床单、床罩、凉席、枕套、靠枕发展到沙发垫、桌布、衬衣布等。[②]

总之，明清时期手工业发展的困境，近代中国半工业化现象的中断，当代中国农村工业化发展的成功实践，反映了一个长时段内中国手工业经济的曲折命运，反映了从家庭手工业到半工业化再到工业化的艰难历程，这是一个从自发到自觉的发展过程。在这一过程中，时空背景的转换、政府作用的差异，都直接或间接地影响着手工业经济的历史命运。近代中国的半工业化是一条没有走完的工业化道路，当代中国农村工业化的伟大实践正在完成前人没有完成的历史使命。

---

① 陆秋根、李春荣：《六千农妇足不出门，劳均收入近一万元》，《文汇报》1995年1月29日。

② 张光彩：《老粗布织出大市场》，《乡镇论坛》2004年第8期。

本书系国家社科基金重大招标项目“中国近现代手工业史及资料整理研究”（批准号：14ZDB047）的主要成果

两个世纪之间的中国手工业(1800—2000)

彭南生 主编

严鹏 张玮等 著

中国近现代手工业史

ZHONGGUO JINXIANDAI SHOUGONGYE SHI

· 第三卷 上册

河南人民出版社

·郑州·

图书在版编目(CIP)数据

中国近现代手工业史．第三卷：上下册 / 彭南生主编；严鹏等著．—郑州：河南人民出版社，2024．9

ISBN 978-7-215-13432-4

Ⅰ．①中… Ⅱ．①彭… ②严… Ⅲ．①手工业史－中国－近现代 Ⅳ．①F426．899

中国国家版本馆CIP数据核字(2023)第240219号

河南人民出版社出版发行

(地址：郑州市郑东新区祥盛街27号 邮政编码：450016 电话：0371-65788053)

新华书店经销　　河南瑞之光印刷股份有限公司印刷

开本　710 mm×1000 mm　1/16　印张　135．75

字数　2190千

2024年9月第1版　　2024年9月第1次印刷

定价：480．00元(共6册)

目　录

（第三卷）

绪　论
中国手工业的现代命运

中华人民共和国的成立,是中华民族在经历了近代沉沦后的新生,在天翻地覆的大变局中,中国的手工业同样迎来了新的历史命运。历史总是在断裂中延续,在延续中变革。自逐渐被纳入现代世界体系起,中国传统手工业就在工业化与全球化的压力下,开启了不可遏止且不可逆转的历史进程,出现了数千年未有之变革。这一历史进程自1949年起,开始加速驶向某种现代性的终点。近代中国手工业,在演化中呈现出“中间经济”与“半工业化”的形态,这正是其现代性的历史展开。然而,1949年之后,在国家的强势干预下,中国手工业被赋予的现代性充分展开,或者从“中间经济”迈向现代经济,或者由“半工业化”实现工业化。而这种明显人为加速的历史变革,是中国迫切追赶发达国家压力下的产物。但是,国家对手工业的现代化改造只是中国手工业当代史的一部分。中华人民共和国经历了从计划经济到市场经济的体制变革,在这一并不短暂的历史时间里,中国的手工业不仅没有被彻底消灭,反而呈现出多种形态,其演化逻辑的复杂性,甚至超过了以往的历史阶段。从生产技术和制造方式等角度说,到20世纪结束时,中国的传统手工业经济已经基本上成为历史,在国民经济中只留下一小部分工艺美术、非物质文化遗产等传统形态的产业,而即使这些产业,也不同程度地工业化与现代化了。不过,在新的消费主义需求下,传统形态的手工业仍在以新的方式延续。因此，20世纪后半期中国手工业的现代命运，既包含了手工业作为一种主要经济形态消融于现代工业体系中的历史，又见证了传统手工业将以文化遗产等特殊形态重获生命力的开端。

一、现代性的充分展开：难以界定的“手工业”

晚清开埠通商以后，中国传统手工业在西方工业文明的冲击下逐渐嬗变。但历史并未以现代大工业的胜利这种线性方式展开，相反，中国手工业在演化中渐渐形成一种“中间经济”。这种“中间经济”是指，近代中国的手工业，既介于传统手工业与现代工业之间，又处于传统农业经济和现代工业经济之间。换言之，中国近代手工业与新兴的现代工业长期并存。[①] 在工业化进程启动后，中国手工业能长期与现代工业并存，是因为其契合中国人口众多的国情。近代中国的手工业不仅缓解了城市的就业压力，也在一定程度上消弭了农村的隐性失业现象。[②] 因此，近代中国手工业演化过程中逐渐兴起的现代性，其展开是不充分的，部分地区乡村手工业的现代化进程则只能以“半工业化”这种过渡状态呈现[③]，并来不及转化为完全的工业化。

中华人民共和国成立后，人民政权继承了作为“中间经济”以及“半工业化”状态的近代手工业，并试图从生产力与生产关系两方面对这种经济形态进行改造。早在取得全国胜利前，中国共产党就对手工业经济有一套完整的理论认识。1949年3月13日，《中国共产党第七届中央委员会第二次全体会议决议》宣称：“中国尚有百分之九十左右的分散的个体的农业经济和手工业经济，这是落后的，这是和古代没有多大区别的，我们尚有百分之九十左右的经济生活停留在古代。”对于手工业经济，中国共产党直接将其定性为“落

① 彭南生：《中间经济：传统与现代之间的中国近代手工业（1840—1936）》，高等教育出版社2002年版，第319页。

② 彭南生：《中间经济：传统与现代之间的中国近代手工业（1840—1936）》，高等教育出版社2002年版，第84页。

③ 彭南生：《半工业化——近代中国乡村手工业的发展与社会变迁》，中华书局2007年版，第357页。

后”，并同时表明了要将包含手工业的“古代”形态的经济改造为“现代化”的经济，即“古代有封建的土地所有制，现在被我们废除了，或者即将被废除，在这点上，我们已经或者即将区别于古代，取得了或者即将取得使我们的农业和手工业逐步地向着现代化发展的可能性”。[①] 这一论断强调了手工业与“现代性工业”的对立，在中华人民共和国成立后，成为一种长期占主导地位的关于手工业的官方叙事。这种官方叙事给了国家对手工业进行现代化改造的充分理由，而这一延续了晚清以降历史趋势的改造工程，遂成为中国手工业史之现代性的充分展开。

然而，也正是由于现代性的充分展开，1949 年后的中国手工业变得不再那么“古代”，这反而使对手工业的界定本身成为一个问题。1951 年，全国合作总社理事会副主任孟用潜指出：“手工业是一个相当复杂的问题。它包括各种行业，分布在大中小城镇和广大的农村；其中有家庭副业、独立手工业者、作坊、工场手工业；有的还停留在资本主义前期，有的已是资本主义生产。无论手工业生产方式如何多种多样，如何复杂，但必须认识，除仅为当地极狭小的地方市场而生产的手工业外，各地各业的手工业都大致构成了一个生产体系。”[②]这段话揭示了中国手工业经济在形态上的复杂性。不过，无论何种形态的手工业，其与现代工业的区别主要为是否使用机器进行生产。手工劳作可谓从农家副业到大型手工工场的共性，也是它们与工业革命后诞生的现代工业的最大差异。换言之，区分手工业与现代工业的标准，主要应是生产力层面的技术标准，而这一标准也是较容易辨识和把握的。

但是，任何生产体系都不只有技术这一个维度。在马克思主义理论看来，生产力与生产关系是交互作用的，要想获得具有现代性的生产力，除生产力自身的发展外，变革生产关系也是可能的途径。中华人民共和国成立后，中国共产党主要选择以变革生产关系为主的方式来改造“古代”的手工业。

---

① 中华全国手工业合作总社、中共中央党史研究室编：《中国手工业合作化和城镇集体工业的发展》第 1 卷，中共党史出版社 1992 年版，第 23 页。

② 中华全国手工业合作总社、中共中央党史研究室编：《中国手工业合作化和城镇集体工业的发展》第 1 卷，中共党史出版社 1992 年版，第 60 页。

手工业的社会主义改造,是中国建立社会主义经济的重要内容之一。从经济逻辑看,手工业的社会主义改造主要是将分散的小生产者集中起来和组织起来,其背后的依据,仍然是以现代工厂大工业为参照系的理论图景,即一种将社会化大生产视为现代性的理论。用孟用潜的话说:"工业化不单是搞大生产,而且须要将小生产变为大生产。"[①]手工业的社会主义改造,理应趋向现代性。此外,马克思主义的阶级斗争理论也为手工业的划分提供了另一种维度。1954 年,国家统计局副局长王思华指出:"过去有人把农民兼营的手工业、个体手工业和工场手工业在分类上合在一起,是没有任何经济上的意义。我们不能仅仅根据'采用手工劳动'这一外部标志,就把这些性质不同的经济类型,合在一起,这就看不到他们之间存在着深刻的矛盾。"[②]因此,从 1950 年代开始,以生产关系和所有制为着眼点,中国的手工业在官方话语和实际管理体制中,皆与集体经济有着密不可分的关系,在很多情况下,手工业和集体经济是两个可以互通互换的概念。进一步说,在官方层面上,新中国政府对于手工业的界定,主要基于生产关系和所有制的标准。

随着时间推移,以生产关系为标准来界定手工业,其模糊之处逐渐显现。在计划经济体制下,中国的工业实行部门归口管理体制,并不以自然行业的经济属性为准绳来划分管理对象。这样一来,有些在生产技术和组织形态上具有手工业特征的主体,并不被认定为手工业,相反,各级手工业管理部门的管理对象,都会包含一些明显具有现代性工业特征的主体。这就使得对手工业的界定,实际上成为一种偏离了行业属性的人为认定,不乏主观性与标准的非一致性。例如,在中国传统手工业里,纺织业向来是最重要的组成部分,但是,中华人民共和国成立后,纺织业被划归纺织工业部门管理,这使得一些事实上的手工纺织单位,在体制上不再属于手工业。此种矛盾,对于实际管理工作或许不构成太大困难,但对于当代手工业史的研究,则实实在在地提

---

① 中华全国手工业合作总社、中共中央党史研究室编:《中国手工业合作化和城镇集体工业的发展》第 1 卷,中共党史出版社 1992 年版,第 59 页。

② 中华全国手工业合作总社、中共中央党史研究室编:《中国手工业合作化和城镇集体工业的发展》第 1 卷,中共党史出版社 1992 年版,第 197—198 页。

出了研究对象选定的问题。

毫无疑问，被官方所认定的手工业，理应是当代中国手工业史研究的主体。1965年，第二轻工业部成立，这是中央层级的手工业管理部门，在其之下，各地纷纷建立相应的第二轻工业局等地方手工业经济管理机构，其管理对象主要为手工业社会主义改造之后形成的庞大的集体经济，这就是构成计划经济时代中国手工业主体的"二轻系统"。不无隐喻色彩的是，中国政府在1960年代中期将手工业系统称为"第二轻工业"，实际上契合了中国手工业经济工业化的历史趋势。但是，二轻系统主要存在于城镇，而中国农村长期存在的手工业传统，在计划经济体制下也并未中断。这类农村手工业以不隶属于工业部门的农民副业为主，其在计划经济时代较高级的发展形式则为依托于集体的社队工业。改革开放以后，社队工业被官方重新命名为乡镇企业，成为"中国经济奇迹"的主体力量之一。因此，从长期视角看，尽管中国大量的二轻工业与社队工业从生产技术上说，很早就由手工制造转为机械化生产，但是，若要讲述完整的"中国故事"，手工业经济是不可或缺的历史背景。这一时期的手工业经济在很多地区无法远溯至明清与近代手工业的直接传承，而是共和国经济的新变化，是计划经济体制所未抑制的中国社会的活力，并从计划经济体制中汲取了现代性的养分。揭示这种新的手工业经济的渊源与意义，正是研究当代中国手工业史的重要价值所在。

历史研究，既要尊重过去时代的人们对其自身时代的认知，又要以超越研究对象的客观性进行分析与判断。以当代中国手工业史研究而论，对手工业的界定，既要以官方划分为依据，又要看到官方划分的标准不尽符合手工业作为一种经济形态的经济属性的要求。当然，纯粹以经济属性或者生产力为标准来界定手工业，也会存在研究上的困难。对于在生产技术上急速机械化与工业化的大量中国手工业企业来说，单纯以生产力为标准来筛选研究对象，会产生将众多企业排除出研究范围的困境，亦无法对中国手工业的现代命运形成完整的认知。因此，对20世纪后半期的中国手工业史而言，适宜的研究对象既包括官方认定的二轻工业等体制内手工业，又应包括在一定时期具有手工业形态与特征的社队工业等，对于那些原本属于手工业而被划入其他行业管理部门的行业或企业,亦应给予一定的关照。21 世纪开启时,中国加入 WTO,重新成为一个世界工厂。只不过,这一次,席卷全球的“中国制造”,将不再是手工制造的瓷器、茶叶、丝绸等,而是涵盖从鞋袜到火车的现代性工业的产品。就此而论,在 20 世纪后半期,中国手工业的现代性得到了充分展开,其命运最终亦汇入整个国家的现代工业体系中。

二、国家追赶的压力:劳动密集型制造业的地位

无论何种形态的手工业,其共性为手工劳作,这种特点也连带使手工业经济通常具有劳动密集的特征。从某种意义上说,无论是被官方认定为手工业的二轻工业,还是农村中异军突起的社队工业及其后续之乡镇企业,在发展的早期阶段,均为劳动密集型产业。事实上,即使一些企业由手工制造转为机械化生产,劳动密集的特征依然得到保留。因此,一部 20 世纪后半期的当代中国手工业史,在很大程度上就是一部劳动密集型制造业的演化史。只不过,需要说明的是,手工业基本上可归为劳动密集型产业,而劳动密集型产业不止包含手工业,也包括使用机器生产的现代性工业中的众多行业。

一些学者认为,劳动密集在工业中的含义是指,劳动力的投入作为经济上的竞争优势,比资本或土地的投入更加重要。[①] 实际上,在工业革命前,劳动密集是世界各地制造业亦即手工业的普遍特征。手工业从其名称中的“手”字来说,已经暗示了靠双手工作的劳动力为其最重要的生产要素。爆发于英国的工业革命,展现的是非人力要素重要性的上升。这并不是说现代工业不需要劳动力或者手工技艺,而是指现代工业系以机器为中心进行组织的体系。机器作为一种资本品,本身就是资本在生产中的物化显现。因此,工业革命同时是生产力与生产关系的革命。在生产力层面上,现代工业用机械化生产代替了手工业的手工制造;在生产关系层面上,资本逐渐取得了对小生产者的支配权,并由此发展出工厂等所谓大工业的制度与组织。这一变革

① Gareth Austin and Kaoru Sugihara:*Labour-Intensive Industrialization in Global History*, London and New York: Routledge, 2013. p. 2.

对世界历史的影响是全方位的,其后果不仅是经济的,也是政治的。依靠现代工业创造了巨大生产力的国家和民族,同样依恃现代工业掌握了强大的武力,并运用这种武力进行殖民扩张,建立了不平等的世界体系。于是,对众多所谓后发展国家来说,工业化既是为了在经济上实现物质财富创造力的提升,又是为了追赶先进国家,改变在世界体系中的劣势地位。实际上,作为政治经济过程的后发展国家工业化,其政治性在特定条件下是高于经济性的。以中国来说,其工业化肇端于洋务派出于追赶压力创办的军工企业,而非由市场主导的劳动密集型手工业的嬗变,即为显例。

然而,这就使得传统手工业会面临双重的挤压。一方面,在市场上,现代工业不断以其廉价商品侵蚀手工业的生存空间;另一方面,由于追赶是由国家主导的过程,因此,政府很可能会在资源配置中人为地将"落后"的手工业边缘化。如果说,前一种情景在长期历史中是不可遏止的趋势,那么,后一种情景可谓人为加速了那种趋势,只不过,这种人为的提速未必总会带来理想的结果。

学者将手工业经济的这种命运理论化为劳动密集型工业化与格申克龙式工业化的对立。① 更为具体地说,劳动密集型工业化是一种利用传统产业进行循序渐进发展的工业化,而格申克龙式工业化强调的是后发展国家移植资本密集型现代大工业,以尽快缩小与先进国家的差距。劳动密集型工业化的典型特征是,一国在工业化的最初阶段追求大量出口劳动密集型产品而进口资本密集型产品。② 这种贸易结构的背后,必定存在着某种以劳动密集型制造业为优先发展产业的工业化战略。与之相反的则是跨越式发展的重工业优先发展战略。格申克龙(Alexander Gerschenkron)是经济史学家,他观察到落后国家通过引进最新技术而跨越式发展的历史现象。从逻辑与机制上说,中华人民共和国成立后长期采取的重工业优先发展战略,就符合格申克

① Gareth Austin and Kaoru Sugihara: *Labour-Intensive Industrialization in Global History*, London and New York: Routledge, 2013. p. 16.

② Gareth Austin and Kaoru Sugihara: *Labour-Intensive Industrialization in Global History*, London and New York: Routledge, 2013. p. 40.

龙式工业化的内涵。换言之,作为劳动密集型制造业的手工业在这种国家追赶压力下的地位变动,也构成了中国当代手工业史的重要内容。

中华人民共和国成立后,对手工业这一“从旧社会继承下来的一部分遗产”的政策,就是不允许“任其自流”,而要对带有“很大的盲目性和自发性”的手工业“加以领导,加以组织”,使手工业“按照我们所要求的方向和道路发展”。[①] 1953年4月2日,中共中央发布了关于应当重视手工业的指示,强调经济发展应循序渐进:“手工业,在国民经济中占很大比重,是在一个很长的时期内不可缺少的。一部分手工业已经为现代工业所代替,无法维持下去,衰落是无可避免的。但是还有很大一部分手工业,尚未为现代工业所代替,尚有存在价值和发展余地,应当加以保护。否则,不但将引起广大手工业者的生活问题,增加城市乡村的失业人口,而且会在很大程度上影响农民的生产,并将波及商业市场,使之呆滞。”[②]不过,随着计划经济体制在中国的建立,资源与要素通过国家之手日益倾斜至以重工业为首的现代工业部门,手工业乃至一般劳动密集型制造业就逐渐被边缘化了,不仅无法在计划分配中得到优先照顾,还要被抽取资源与要素去补贴重工业部门。1981年,轻工业部副部长季龙指出了改革开放前中国手工业在计划经济体制下的艰难处境:“过去,对城镇集体经济限制的多,扶植的少;伸手向它要的多,帮助解决问题的少,甚至在许多方面对它进行限制和歧视。形成计划没户头,物资没指标,货源没保证,经营不能自主,长期处于‘吃不饱、饿不死、长不大’的状况,严重阻碍了它的发展。全国集体工业企业的主要产品没有纳入计划,生产小商品所需要的统配原材料,大部分没有正常的供应渠道,许多企业靠自找原料,供应没保证,产品销售渠道也不够畅通,相当一部分生产能力不能充分发挥。”[③]城镇集体经济中就包含了被官方认定的手工业的主体部分。部门管理者的论述,刻画了手工业或一般劳动密集型制造业在计划经济体制下的边缘地位,

① 中华全国手工业合作总社、中共中央党史研究室编:《中国手工业合作化和城镇集体工业的发展》第1卷,中共党史出版社1992年版,第58页。

② 中华全国手工业合作总社、中共中央党史研究室编:《中国手工业合作化和城镇集体工业的发展》第1卷,中共党史出版社1992年版,第89页。

③ 季龙:《季龙选集》,山西经济出版社1994年版,第326页。

其背后的根本原因在于,国家需要集中力量发展重工业,只有这样才能够尽快实现对发达国家的追赶。重工业的重要性在于,这种国家追赶的压力,不仅来自经济层面,更来自军事层面,而重工业与国防的关系更为直接。

然而,在追赶压力下,手工业的价值并不因其在计划经济体制中边缘化的地位而削减。季龙指出:"劳动密集型行业……优势是耗用的原材料和能源较少,所需要的资金设备不多,生产周期较短,能够安排较多的劳动力,主要靠劳务为国家创造财富,只要稍加扶持,就能收到显著的经济效果。"①因此,即使在计划经济最严密的时期,中国城乡手工业仍获得了一定程度的发展,这正是由手工业适应中国劳动力充足的国情决定的。在相当一段时间里,手工业符合中国发展劳动密集型行业的比较优势。在微观层面上,比较优势是经济发展天然的内在驱动力量。计划经济体制压抑并试图重构中国的比较优势,其结果成败互见。一方面,计划经济体制过度扭曲了经济演化的内生机制,导致资源与要素未能合理配置,造成了不必要的损失与浪费,使中国政府不得不在改革开放初期重新利用劳动密集型制造业的比较优势来发展经济;另一方面,计划经济体制打破了比较优势的束缚,将资源倾注于缺乏比较优势的资本—技术密集型部门,使中国成为一个拥有核武器的政治大国,从某种意义上说,劳动密集型制造业的边缘化地位换来了国家的政治大国地位。而政治大国地位在经济上转化为一种有用的制度,使中国的改革开放能够在一个相对安全的国际环境中展开,从而使中国工业化摆脱了晚清和民国时代屡屡被外国军事侵略所阻碍的悲剧命运。从这个角度说,劳动密集型工业化理论是一种单纯的经济视角,无法解释作为政治经济过程的中国工业化历史的实际。中国手工业的现代命运,也不仅仅是一个经济史问题,它是整个国家命运的一部分。

实际上,改革开放并不意味着中国放弃国家追赶,只不过,追赶的形式与手段出现了一定的变化。在一段时间里,中国奉行顺应比较优势的新政策,随着计划经济体制改革而一并被改变的,是资本—技术密集型部门和劳动密

① 季龙:《季龙选集》,山西经济出版社 1994 年版,第 326—327 页。

集型部门在国家战略中的相对地位。在“大进大出”参与国际大循环的新构想下,具有出口比较优势的劳动密集型制造业焕发新生机,成为改革开放中异军突起的奇葩,为“中国奇迹”作出了重要贡献。这也是当代中国手工业史的光辉一页。然而,新中国成立初期重工业优先发展的战略永久性地开创了中国工业化的历史路径,并借此改变了中国手工业的命运。在计划经济时代,在官方界定的中国手工业中,有相当规模的单位生产的是机电产品,而机电产品实际上是重工业产品,这意味着,中国手工业在重工业优先战略下,出现了某种重工业化。这种重工业化,使中国在改革开放时代重新进入世界市场时,出口结构已不再如民国时代那样完全集中于初级产品和传统意义上的劳动密集型产品。计划经济体制确实重新塑造了中国的比较优势。换言之,即使中国在改革开放后出现了劳动密集型工业化,这种工业化也不是中国工业化的唯一路径。而在改革开放后仅仅20余年的时间里,中国就开启了第二轮重工业化,一些劳动密集型制造业企业也开始进行资本—技术密集型产业升级。20世纪后半期的中国手工业与传统手工业和近代手工业,存在着某些本质上的区别。

三、工业主义与消费主义:中国手工业的终点与新生

从全球视角看,中国手工业的现代命运是世界历史大变局中的一部分,既反映了工业革命前的“古代”制造业的某种终局,又贯穿着人类制造业演化的某些恒久规律。

是否拥有制造工具并运用工具的能力,是人与动物的本质区别。从这个意义上说,制造业是人类文明的根基,在工业社会兴起前绵延数千年的农业社会,也建立于人类可以制造农具的基础上。农业社会里的制造业就是手工业,它受限于人类体力的自然极限,产量与规模均有限,既无法满足社会的全部需求,又难以吸纳足够多的脱离农业的劳动力。传统手工业在生产力上的局限性,正是农业社会以农业作为主导产业的根本原因。但是,人类的经济生活由供给和需求两方面的力量组合所决定,供求关系的变动使传统手工业

不断演化。在整个人类历史上,从事制造活动的工匠总会想方设法改进工具与制造方式,以便让工具最大限度地发挥替代体力与体能的作用。中国古代“木牛流马”的传说生动地体现了这一点。而随着市场经济的成长,工匠们的动机还包含了提高生产效率和降低产品成本的考虑。例如,16 世纪,德国金匠热衷于连续铸造器物的把柄、顶部饰物和边饰等部件,还使用循环压印戳。① 这些工匠追求的正是标准化的大批量生产,而大批量生产在满足社会需求的同时,也会给工匠们带来可观的经济回报。要实现大批量生产,就必须打破人类肉体对制造活动的自然限制,使用机械代替人力,就成为可供选择的路径。机械化作为工业化在经济层面的核心要素,其意义就在于,机械化打破了人类自诞生之日起就受到的体力桎梏,使人类的生产力出现质变。而只有当生产力出现质变时,人类社会的组织形态才会出现相应的变化。在这一过程中,使用人力进行生产的传统手工业,也嬗变为使用机器的现代工业,或被现代工业所取代。

中国手工业的历史命运符合世界制造业演化的一般规律。中华人民共和国成立后,崇尚现代性的国家政权,在工业主义的文化氛围下,加速了中国手工业走向其“古代”历史终点的进程。1956 年 3 月 5 日,毛泽东在国务院有关部门汇报手工业工作情况时作出指示:“手工业生产的劳动生产率,同半机械化、机械化生产比较,最高最低相差达三十多倍。每人每年平均产值,国营现代化工业是二万元到三万元,半机械化、机械化的合作社是五千元,百人以上的大型合作社是二千元,小型合作社是一千五百元,个体手工业是八百至九百元。把劳动生产率作一个比较,就清楚了:手工业要向半机械化、机械化方向发展,劳动生产率必须提高。”②当然,国家要主动介入手工业的这一迈向现代的命运。毛泽东提出“国家要帮助合作社半机械化、机械化”,他特别指出:“合作社开始时期经济基础不大,需要国家帮助。国家将替换下来的旧机器和公私合营并厂后多余的机器、厂房,低价拨给合作社,很好。‘将欲取之,

---

① 爱德华·卢西—史密斯:《世界工艺史》,朱淳译,中国美术学院出版社 2006 年版,第 116 页。

② 中华全国手工业合作总社、中共中央党史研究室编:《中国手工业合作化和城镇集体工业的发展》第 1 卷,中共党史出版社 1992 年版,第 374—375 页。

必先与之。'待合作社的基础大了,国家就要多收税,原料还要加价。那时,合作社在形式上是集体所有,在实际上成了全民所有。"①这一论述,将生产力和生产关系的变革结合在一起考虑。重要的是,毛泽东的指示,为中国手工业在计划经济时代追求机械化的普遍行为定下了基调。当机械化推广到一定程度,中国的手工业就与现代工业趋同了,手工业作为一种生产力角度的经济形态,以融入现代工业的形式,消失于历史中。1973 年,轻工业部在报告中指出:"手工业是发展现代工业的一个好基础。随着生产的发展,许多手工业企业具有了一定的规模和机械化水平,而且有一部分企业已成为现代化的企业。"②中国的手工业,在国家力量的主导下,加速走向其"古代"历史的终点。

然而,在另一方面,中国手工业也以特殊的方式使传统得到新生。制造业的机械化与工业化,是供给层面满足人类需求的手段。但是,人类的需求是一种复杂的心理机制,本身也随着供给侧生产力的演化而演化。当古代社会稀缺的日常用品能够因现代工业的机械化大批量生产而得到充分供给后,社会的消费心理就会由对量的关注转向对质的挑剔。这时,消费主义就开始产生,挑战并部分地取代工业主义,成为支配制造业演化的新因素。这种转变,与工业革命一样,率先发生于工业化的先行国家。19 世纪晚期,正当美国制造业还在为满足量的要求而努力完善大规模生产体系时,经济学家凡勃仑(Thorstein Veblen)就观察到一种现象:"近十几年来的风气是,人们觉得餐室中蜡烛的光线比任何别的照明都悦目。目前在那些高雅人士看来,烛光比用油、煤气或电发出的光线,格外柔和,格外不刺目。然而在三十年前的情形就不是这样,因为在那个时候,或在最近以前,蜡烛是供家庭用的最低价的照明设备。即使现在,除用于仪式上的照明以外,也没有人认为蜡烛这件东西在别的场合也同样可用或同样有效。"③这就是需求与欲望复杂性的一个典型案例。从实用功能的角度说,新的工业技术带来的照明效果无疑远远胜过点蜡

① 中华全国手工业合作总社、中共中央党史研究室编:《中国手工业合作化和城镇集体工业的发展》第 1 卷,中共党史出版社 1992 年版,第 375 页。

② 中华全国手工业合作总社、中共中央党史研究室编:《中国手工业合作化和城镇集体工业的发展》第 2 卷,中共党史出版社 1994 年版,第 502 页。

③ 凡勃伦:《有闲阶级论》,蔡受百译,商务印书馆 2007 年版,第 121—122 页。

烛这一传统照明手段,但是,正当通用电气公司等企业努力扩大新式照明设备的量以便惠及更多普通人时,能够消费得起新式照明设备的"高雅人士"却产生了一种不考虑实用功能的消费心态,即一种通过有别于大众的消费来彰显凌驾于大众之上的社会地位的炫耀心态。凡勃仑称此类消费为"炫耀性消费",可谓贴切。他说:"拥护高价、反对低价的习惯,在我们的思想中已经这样根深蒂固,因此在一切消费中,总是本能地坚决要求至少附有某种程度的浪费因素。"他举例描绘这种心态:"如果日常进餐时用的是手工制的银餐具(虽然其艺术价值往往可疑)、手工绘的瓷器、精细的上等台布,我们就会真诚地、一点不带疑惑地,觉得兴头要高些,这种情形是人所共有的。"[①]炫耀性消费是非理性的,但这种心态深深植根于人性,是人与人之间社会关系的产物。而且,炫耀性消费一定建立在实用性消费已经得到满足或者能够得到满足的基础上,是需求与欲望递进升级的较高阶段。当量得到满足后,质的需求就产生了。这种消费心理,为手工业创造了以传统工艺来生产非廉价商品的市场空间。

社会主义新中国崇尚的是以生产为内核的工业主义。但是,随着生产提升所带来的生活水平提升,人民群众逐渐产生了对更美好生活的需求,这又反过来使消费产生了对生产的要求。此外,改革开放前的中华人民共和国并未完全隔绝于世界市场,其传统手工业产品正是满足资本主义世界炫耀性消费需求的优势商品,是用来出口以反哺国内重工业建设的创汇源泉。这些因素,都为中国手工业在整体走向"古代"历史终点的同时,保留了部分的"古代"形态,并使其在现代性的背景下得以新生。具体而言,新中国的手工业分化为不断机械化的日用品型手工业和保留了较多传统工艺的工艺美术行业。对于工艺美术行业,中国共产党从一开始就没有因其"古代"性质而打算将其淘汰。还是在 1956 年 3 月 5 日,毛泽东指示道:"手工业中许多好东西,不要搞掉了。王麻子、张小泉的刀剪一万年也不要搞掉。我们民族好的东西,搞

① 凡勃伦:《有闲阶级论》,蔡受百译,商务印书馆 2007 年版,第 121 页。

掉了的,一定都要来一个恢复,而且要搞得更好一些。"[①]他特别强调:"提高工艺美术品的水平和保护民间老艺人的办法很好,赶快搞,要搞快一些。"[②]因此,在大部分手工业走向历史终点的同时,一部分手工业保留着传统样貌获得了新生。这并不是说中国的工艺美术行业毫无变化,相反,在国家的要求下,能够机械化的工序与生产环节,都机械化了,保留的只是必须手工操作的关键工艺。这就表明,那些没有与现代工业趋同的中国手工业,在工业化时代里,获得了真正的新生。改革开放以后,随着中国人消费水平与消费档次日渐提高,在新的社会主义市场经济里,工艺美术行业作为能够清晰辨识的手工业遗存,焕发着新的活力。从狭义的手工业界定上说,当代中国的工艺美术行业,尤其是其中的非物质文化遗产,接续着中国手工业的厚重历史。

综上所述,中国手工业的当代史,是中国手工业现代命运的终章,既见证了传统手工业从"古代"融入"现代性工业"的最后阶段,又昭示着中国手工业作为文化遗产的新生。传统与现代,生产力与生产关系,国家战略与比较优势,工业主义与消费主义,这些辩证统一的矛盾,既使当代中国手工业史无比复杂,又赋予了当代中国手工业史丰富的内涵。刻画中国手工业的现代命运,是书写"中国故事"的重要篇章。本卷作为中国近现代手工业史研究的最后一卷,将展示中国手工业急剧变迁的命运及其多彩画卷。

---

① 中华全国手工业合作总社、中共中央党史研究室编:《中国手工业合作化和城镇集体工业的发展》第1卷,中共党史出版社1992年版,第375页。

② 中华全国手工业合作总社、中共中央党史研究室编:《中国手工业合作化和城镇集体工业的发展》第1卷,中共党史出版社1992年版,第375页。

第一章
重工业优先战略下的手工业改造

根据《诗经》记载,中国手工业早在2500年以前便已出现。在历史长河中,手工业领域曾有许多杰出的成就蜚声海内外,形成一系列诸如潍坊、苏州、福州等手工业聚集且产品极富特色的典型区域。近代以来,一方面自给自足的自然经济开始解体,另一方面中国资本主义工业却未得到充分发展,因而手工业生产在国民经济中仍然占有相当重要的地位。中华人民共和国成立后,手工业生产和消费同样在国计民生中扮演着不可或缺的角色。伴随着国际国内政治、经济状况的改变,手工业行业发展出现分化,有些行业发展了,有些行业则明显衰落了。就从旧中国一路走来的手工业而言,1949年以后发生的变化最剧烈,表现在行业结构、产品结构、技术结构、企业结构等诸多层面。但是,最显著和最强有力的改变,还是所有制结构的变化,这源自1950年代的社会主义改造。同农业和资本主义工商业相同,手工业的社会主义改造,既是此前发展进程的转折,又开启了一个新的时代,改革开放后的集体所有制渊源之一便是手工业合作社。[①] 毫无疑问,手工业的合作化运动,是在国家优先发展重工业的历史背景下逐步完成的,手工业的管理体制和发展路径,根本上服膺于国家重工业发展的战略目标。

---

① 楼启标、李谊青、潘泰丽:《北京市城镇集体所有制工业初步调查》,《经济研究》1980年第3期。

第一节　中华人民共和国成立前夕的近代手工业

尽管中国是世界历史上手工业最发达的国家之一,但是中华人民共和国成立前夕,经历了战争的长期破坏,手工业生产和销售面临严重的困难,甚至陷入瘫痪萧条的境遇。例如,若干手工产品战后外销困难,原销南洋等地的土布亦无法输往。同时,由于各地灾荒及社会购买力的低落,手工产品的销路亦不易打开。据对全国重点省市 18 种手工业产品估算,1949 年全国手工业生产比抗战前降低了 40%。除此之外,比较有利可图的手工业,大家竞相盲目生产,结果超过需求量而生产过剩,如各地手工卷烟、棉织、针织、皂胰等即常发生同业自戕的现象。中华人民共和国成立后,手工业的恢复和发展,就是建立在这一基础之上的。

一、与农业半分离情况下的分散式生产

新中国成立初期,手工业在全国很多地方的产业结构中,都占据相当比重。如,北京共有"工厂"272 家,其中合乎工厂法的现代"工厂"共有 49 家,不合乎工厂法而属于手工作坊的工场有 223 家,作坊工场手工业占总数的 80%以上。其中私营机器铁工业中,全市共有 570 户铁工厂,其中完全手工操作的有 417 户,占 73.15%。[①] 产业结构根本上决定着从业人员的数目。另外,手工业的门类和产品十分繁杂。据调查,当时全国手工业领域有 140 多个行业和数万种产品。

1949 年全国各类手工业总产值为 32.2 亿元,占同年工农业产值的 6.9%、工业总产值的 23%。相应的,其从业人员不能不是一个庞大的就业群体。就全国范围看,从事手工业生产的工人有 1500 万至 2000 万人,直接依赖手工业生产维持生活的在 5000 万人以上,占全国职工人数的 65%。[②] 山西

① 刘胜男:《北京城市手工业研究(1949—1966)》,首都师范大学博士学位论文,2011 年,第 14 页。

② 中国社会科学院、中央档案馆编:《中华人民共和国经济档案资料选编 1949—1952》(工业卷),中国物资出版社 1996 年版,第 121 页。

省从事手工业和赖以为生的有200万人,约占当时山西省人口数的1/6。即便是作为中国现代机器大工业中心的上海,直到1954年,个体手工业者连同是时已经组织起来的手工业工人共有16万人,仍占全市职工总人数的20%以上。①

简单地说,手工业就是主要依靠手工劳动、使用简单工具的小规模工业和服务业。相应的,占有少量手工工具、作坊、原料等生产资料,自己从事独立的手工业生产,以其成品出卖所得作为全部或主要生活来源的人,称为小手工业者或独立生产者。小手工业者一般不雇用工人,有时雇用辅助性质的助手和学徒,但仍以本人的手工业劳动所得为其主要生活来源。依照中国共产党人的看法,中国的手工业者阶层,并未形成一个独立的阶级形态。最早在1925年12月毛泽东发表的《中国社会各阶级的分析》一文中,便有过明确表述。文章将小手工业者,同"绝大部分半自耕农""贫农""店员""小贩"一道,列入中国的"半无产阶级"的行列。在毛泽东看来,小手工业者之所以被称为半无产阶级,是因为他们虽然自有简单的生产手段,且系一种自由职业,但他们也常常被迫出卖一部分劳动力,其经济地位略与农村中的贫农相当。因其家庭负担之重,工资和生活费用之不相称,时有贫困的压迫和失业的恐慌,和贫农亦大致相同。这种判断,到新中国成立时并未有多大改变。1950年8月20日,政务院公布的《关于划分农村阶级成分的决定》中,才在表述上有所变化,称"小手工业者的社会地位,和中农类似"。

新中国成立初期的手工业,就其与农业分离的程度来说,大体有四种类型:一是从属于农业的自然经济形态的家庭手工业,如自制农具、衣服等;二是农家兼营的商品性手工业;三是独立经营的个体手工业;四是雇工经营的工场手工业。按照中国共产党和政府部门的有关规定,作为三大改造之一的手工业社会主义改造的对象,主要是第三类,即个体手工业,但也包括第二类中以经营商品性手工业为主的兼业户和第四类中雇工不足4人(学徒不算雇工)、本人参加劳动而且是手工劳动出身的工场主。至于第一类和第二类中

① 上海市第二轻工业局编志办公室、上海市工业合作经济研究所编:《上海手工业史料汇编》第2辑,内部资料,1990年,第13页。

以农为主的兼业户,都归入农业社会主义改造的范围。第四类中雇工超过4人的工场主,一般归入私营工商业社会主义改造的范围。

二、自然经济为主体影响下的区域特色性分工

中国近代手工业处于自发性发展阶段,伴随经济发展逐渐出现区域性半工业化特点,因此,通过经济因素作用形成区域性特色分工特征。区域性分工有利于生产技术提高和商品经济发展。然则,后发国家缺乏政府统筹的自发性分工对生产推动作用相对有限。

个体手工业同个体农业比较,就其生产关系和经营方式来说,有一些基本的共同点。这主要是:(1)都是分散的、小规模的个体经济。据1952年对16个城市的调查,城市个体手工业户平均每户劳动力不到3人,农村大多只有1人。据1954年调查,城市户均2至2.5人,城市绝大部分1户1人。从布点方面来说,农村手工业往往比农业更分散,如有些农村甚至十里八里还找不到一个木工或裁缝。(2)个体手工业者和个体农户中的中农、贫农一样,既是劳动者,又是私有者,他们都自食其力,不剥削别人,而且都程度不同地遭受地主、资本家的剥削,包括商业资本和高利贷的剥削。(3)生产不稳定,容易发生两极分化。农业有季节性,不少手工作业受农业季节性影响,也时断时续。以铁匠作业为例,通常是:"三月(农历)菜花黄,铁匠称霸王",过了"小满",就是"苦五、绝六、淡七月",过了七月,又进入了"八活、九金、十银"的旺季。个体经济本来是脆弱的,由于天灾、人祸、市场竞争和生产季节性影响等因素,个体手工业者同个体农民一样,很容易发生两极分化。

但是,个体手工业也有与个体农业很不同的特点,主要表现在:第一,没有多少生产资料,资本有机构成比农业还低。个体农民种地一般需要土地、耕畜和农具等生产资料。而个体手工业者一般只需要简单的工具。据1953年对北京、武汉、广州、重庆等城市86811户个体手工业户的调查,平均每户资金为851元,90%以上的户资金不过300元,其中家具、工具又占50%以上。一部分手工业者基本没有生产资料,主要凭手艺谋生,所以有"手艺手艺,无本生利"和"一双手等于十亩良田"之说。

第二，个体手工业经济是小商品经济，它的生产活动离不开市场。通过原料供应和产品销售，个体手工业经济同其他经济和消费者建立了不可分割的联系。供销关系一断，生产就无法进行。如山西新绛的棉织业，抗战前从业人数2340人。1949年为1318人，比战前减少43.7%，产品曾一度达到战前水平，原因是驻扎的机关、部队多，需布多，当地棉织业帮助他们解决原料问题，机关、部队迁走后就不行了。

第三，行业众多，经营灵活。手工业自古就有“百工”之称，近代以来，随着分工的发展，手工行业就更多了。按其产品用途来划分，大部分属消费品手工业，一部分为生产资料手工业（如采矿、烘炉冶炼、建筑、农具和车辆制造等），另一部分为服务业（如农具和黑白铁修理、交通运输、理发等）。与农业基本上只能布局在农村不同，同一行业的手工业，往往城乡兼有。据1954年统计，按全国商品性手工业总产值计算，城市和农村的比例为42.9∶57.1。由于行业多，规模小，兼跨城乡，因此经营方式十分灵活，有的坐店设厂，有的走街串巷，许多手工业者常常频繁往返于城乡。有些加工性的手工业户，则通过传统的“领原料、交成品”的方法，成为资本主义工业的有机组成部分，同城市现代工业联成一体。例如，中华人民共和国成立初期，上海有一家行销全国的毛巾工厂，它自己有一套整染设备，但织机却只有四十几台，它的生产基础是上海县和川沙县的几千户手工作坊、个体手工业者或兼业农户。它通过“发原料、收成品”的方式，同分散在城乡的手工业者联系起来。

第四，技术保守，行会观念较为流行。技术传授主要采用师傅带徒弟的方式。由于市场竞争，手工业者时刻面临着失业的威胁，因此，手工业技术是不轻易传人的。传统的传授方式是拜师学艺，一般三年满师，也有学四年、五年的。出师后还得帮师一段时间。某些“绝招”还有传子不传女的陈规陋习。中华人民共和国成立前，封建行帮很流行，尤其是手工业中的地域性行会帮派根深蒂固，在一些大中城市尤为突出。例如，弹花业分湖南、湖北两帮。同行业之间，不但不能互助协作，交流经验，共同提高技术，相反的是相互争利、技术封锁。这不能不影响到手工业技术和产品的改进，也不能不影响到劳动效率的提升。

除上述特点外,某些沿海地区的大城市中,手工业往往还有自己的特点。以上海为例,手工业便具有比较强的依附于大工业和商业的特点。依附于大工业是因为上海很多手工业生产是为大工业加工、生产部件、配件或作为整个产品生产过程中的一道工序而存在的,如胶鞋布面、整染漂浆、暖瓶竹壳等,还有为大工业制造包装容器的。同时,也有一部分手工业的原料来自现代工业的下脚废料,这一部分手工业生产的好坏,直接取决于大工业生产的景气与否。手工业依附于商业,除了表现在原材料供应和产品推销上,在上海还突出表现在对于某些手工业品生产过程的组织作用上。手工业技术差、资金少,一般只能生产一些简单的产品,结构稍微复杂的,只有依靠商业资本去完成。如手工业做的镜子是由镜框、镜脚、镜边、车边、上光5道工序操作的,产品最后经过商业资本家的"装配"而告成。也就是说,各个工序之间不仅相互依存,而且主要还是依附于商业。①

由于历史地理等诸方面原因,中国历史上曾形成许多手工业的集中产区。例如,号称"煤铁之乡"的山西省,是全国历史上土铁冶炼最发达的地区。新中国成立初期,该省土铁产量约占全国土铁产量的60%,特别是阳曲等地,绝大多数当地民众仰赖土铁冶炼维生。又如,河北省高阳及江苏省南通、武进、江阴等地是著名的手工棉纺织业的集中产区;江苏省宜兴是著名的陶都;安徽、浙江、江西等省手工制纸产量居全国前列。山东省潍坊市早在清代,就以"南苏州、北潍县"著称于世。1948年潍坊解放时,全市1/10人口直接从事手工业生产。苏州市素有"上有天堂,下有苏杭"的美誉,其手工业的历史传统可以追溯到春秋战国时代。根据1952年全国调查统计,全市共有手工业行业240多个,产品2000多种,花色品种数以万计,从生产资料到生活资料、从日用品到工艺美术品,无不应有尽有。

北京手工业分工进一步专业化。粗略统计包含26种类型,各种类型之中分工合作相对细化。景泰蓝工艺中,每个生产者仅掌握1—2个工序,完全依靠分工协作。分工精细化有利于提高产品质量。北京手工业不仅满足国

---

① 上海市第二轻工业局编志办公室、上海市工业合作经济研究所编:《上海手工业史料汇编》第2辑,内部资料,1990年,第13—14页。

内需要，形成区域外市场，而且有效打开国际市场，形成重要的传回产品。1954年，北京特艺公司“外销262万元，占销售总额的31%”[①]。北京手工业具有技术精美、种类繁多等特点，特种手工业名扬海内外。抗日战争时期，受社会环境影响，生产出现暂时性困难。1949年后，北京市政府从本地特色产业出发，对特种手工业进行技术性指导。1952年，特种手工业进入恢复性发展阶段，工艺品出口数量、贸易伙伴逐步增加。除出口苏联、东欧国家外，与资本主义国家贸易有所增加，国内市场进一步扩大。在特艺公司带动下，除少数不适应社会经济需要的行业外，多数行业均能正常生产。社会主义改造前夕，北京手工业1953年有生产社和小组13个，社员5199人，到1954年生产合作社和小组共有27个，社员6469人，社数比1953年增加108%，人数比1953年增加24%[②]。从表1-1可以明显看出1950—1954年特种工艺业的发展状况：

表1-1　1950—1954年特种工艺业各经济类型户数、人数、产值变化表

经济类型＼年份		户(社)数					人数					产值(千元)				
		1950	1951	1952	1953	1954	1950	1951	1952	1953	1954	1950	1951	1952	1953	1954
个体手工业	数量	704	1030	1339	1457	1577	1418	2073	2696	3196	4049	601	1582	2072	3630	6485
	指数	100	146	190	207	224	100	146	190	225	286	100	263	345	604	1079
4—9人工厂手工业	数量	—	—	—	226	192	—	—	—	1817	1528	—	—	—	2331	2632
	指数	—	—	—	100	85	—	—	—	100	84	—	—	—	100	113

① 北京市档案馆编：《北京档案史料》，新华出版社2009年版，第135页。

② 中央手工业管理局研究室、北京市手工业管理局合编：《北京市手工业合作化调查资料》，财政经济出版社1956年版，第26页。

续表

经济类型＼年份		户(社)数					人数					产值(千元)				
		1950	1951	1952	1953	1954	1950	1951	1952	1953	1954	1950	1951	1952	1953	1954
生产合作社(组)	数量	1	3	—	13	27	262	232	5667	5199	6469	167	311	1442	1979	3846
	指数	100	300	—	1300	2700	100	89	2163	1984	2469	100	186	863	1185	303

资料来源:刘胜男:《北京城市手工业研究(1949—1966)》,首都师范大学博士学位论文,2011年。

表格显示,1950—1954年不同组成形式的手工业皆获得一定程度发展,个体手工业逐渐取得优势地位。此时期的产值增加具有恢复性特点。区域外市场有所扩大,特种手工业出口量价齐升,国内市场娱乐性消费有所扩大。销售半径扩大,呼吁打破小生产模式,实现生产经营和规模经济,最终实现技术提高和效益最大化。

由于工业落后,手工业占据主导地位。近代中国各地经济发展水平存在差异,手工业地位也存在不同,整体而言,落后地区手工业比例偏高。手工业产品中,有相当大一部分是直接服务于国家经济建设的,如生铁冶炼、化工制造、五金制品、建筑材料、木材加工等。全国约有80%的农具都是由手工业提供的。新中国成立初期,在河北、平原、苏南、浙江等省、区,农民所需的生产、生活用品中,手工业产品占70%—80%,西北地区竟高达95%左右。

根据政府对1950年年初全国手工业的调查,手工业在新中国成立初期对国民经济的重要作用,可以清晰地体现在以下几个层面:

第一,供应城乡居民所需的日用品,包括食品、缝纫、纺织、竹藤、棕草、铁、木等诸多行业。这些行业所生产的产品都关系着城乡民众的衣、食、用各方面基本需求,其产值占个体手工业总产值的69.52%。补充国家轻工业方面的不足,满足人民群众生活需要,是手工业最重要的作用和价值。

第二,供应工业品和农产品的加工服务,包括工业用金属制品、木材制品、煤炭开采、土碱、硫磺、土硝、油漆、油墨颜料生产以及棉、毛、麻初步加工等行业，其产值占个体手工业总产值的12.45%。这部分比重也较大，处于第二的位置。

第三，供应广大农民所需的重要生产资料，包括铁、木、竹农具等行业。其产值占个体手工业总产值的5.88%。尽管这个比例不算大，但对农业生产的影响很大。根据对浙江兰溪县4家农户的调查，其共有农具55种、736件，除化肥一项外，其余全是手工业产品。

第四，供应基本建设的生产资料及服务，包括建筑材料生产，如石灰、砖瓦、砂石制造与开采，汽车、船舶等修理，交通运输用木器以及度量衡制造等行业，其产值占个体手工业总产值的4.63%。这些生产直接关系着国家基本建设以及农村的住宅建设和交通运输。

第五，供应其他消费资料，包括未列入生活日用品的生活资料，主要是文化教育用品、特种手工艺品、迷信品等，产值占个体手工业总产值的7.52%。其中各种工艺美术品，如花边、地毯、雕漆等，具有一定的艺术价值。除了供应国内市场，还远销国外，甚至是政府换取外汇的重要来源之一。

至于走街串巷为城乡人民生活服务的修理服务性手工业，更是发挥着它的特殊作用，受到人们的欢迎。另外，手工业还为国家大工业不断输送大批技术人才，是国营工业的后备技术源泉之一。

中华人民共和国成立初期，城市有大量失业待业人口，农村中亦有相当多剩余劳动力，这对国民经济的恢复发展及社会稳定产生巨大压力。由于手工业是一个劳动力高度密集且资本有机构成较低的经济群体，当国民经济的其他成分还不能充分满足人们就业需求时，手工业成为吸纳大量劳动力的重要渠道。特别在各地灾荒严重时以及农闲季节，组织剩余劳动力开展副业生产，以解决广大农民的生活困难，对帮助农村经济的恢复具有重大的意义。例如，山西省长治县煤、铁村53个，占全县总村数的30.3%，直接参加煤、铁生产的人数约2万人，其收入可以维持5.6万人的生活。东北解放区更为明显，手工业职工占整个私营工业职工数的72%，只有28%才是机器工业。

最后，正如1948年8月20日朱德在解放区妇女工作会议上的讲话中所言,手工业生产可以成为推动妇女工作的很好的组织形式。“合作社不仅可以组织广大妇女生产,解决妇女在生产中原料、产品等的供销问题,而且可以逐步地把现在的以家庭为生产单位的形式,变为合作生产的形式。”①

第二节 中华人民共和国成立后手工业的恢复和发展

一、长期战乱冲击下的手工业萧条和衰退

新中国经济建设对手工业的客观需要,为手工业的恢复和发展提供了有利的条件。但是,新社会伊始,手工业却面临着同大多数工业企业相似的境遇,商品滞销、生产缩减,生存极为艰难。产生困难的原因,一方面来自外部环境的改变,即:由于整体上国民经济性质迅速发生变化、部分沿海地区遭到国民党和美国军舰的“禁运”封锁,手工业原有的产、供、销关系被打乱,新的产、供、销关系还没有建立起来,许多手工业行业出现原料供应不足、产品滞销、资金周转困难等问题,从而导致生产减缩,关店歇业户数增加。另一方面,同手工业自身的问题有着密不可分的关联。手工业产品找不到销路的原因大致可分为以下几种情形:其一,手工生产还停滞在数十年乃至百年以前的阶段,不能跟随时代进步,因此很多产品已不适合社会的需要,比如中华人民共和国成立后迷信用纸的滞销是典型例证;其二,手工产品的品质差,成本高,无法与同类机器产品竞争,而逐渐遭受排挤被淘汰,如手工纺纱,多数地区已不复存在;其三,由于各地灾荒及社会购买力的低落,手工产品的销路亦不易打开;其四,比较有利可图的手工业,大家竞相盲目生产,结果是超过需求量而生产过剩,如各地手工卷烟、棉织、针织、皂胰等即时常发生此种现象。

从宏观经济角度而言,手工业产值比例的偏高进一步折射经济滞后。1953年,成都手工业户数为现代工业总数的86倍,从业人员接近3倍,“在整

① 《朱德在解放区妇女工作会议上的讲话(节录)》,1948年9月20日,载《朱德选集》,人民出版社1983年版,第250—251页。

个工业总产值中仍占到百分之四十强”[①]。湖北鄂州万余人口中，和手工业相关人员达到1200人。[②] 手工业产值虽然技术含量偏低，但是已经构成“国民经济中的一个重要组成部分”，整顿措施稍有不慎“马上就会影响到（产业工人和家属）的生活……手工业产品减少，就会使市场因而呆滞”[③]。

二、政府干预下手工业的初步恢复

在政府看来，手工业生产是国家经济建设的重要一环。1949年3月，在中共七届二中全会上，毛泽东将手工业生产的重要性列于国营和私营工业之后的第三位。[④] 朱德曾明确指出：“手工业不仅过去和现在，而且在今后很长时期中，都将是国营工业不可缺少的助手。”[⑤]新中国成立伊始的《共同纲领》亦公开表明“凡有利于国计民生的私营经济事业，人民政府应鼓励其经营的积极性，并扶助其发展”。因之，面对新中国成立初期经济形势异常严峻的状况，保护和发展个体手工业成为恢复城乡经济的重要内容和必要手段。

新中国成立初期手工业生产艰难的原因相对复杂。长期战争对手工业产生较大打击。根据全国重点城市统计，手工业产能下降至47%。农业生产资料、皮革产量为战前的62.4%。生活资料，如布、油、毛毯、酒仅为战前的55.9%。销售型手工业品，如陶瓷、草帽辫、夏布、刺绣为战前的46.8%，礼仪用品降至42.6%。[⑥] 手工业品产量剧烈下滑。相对发达的北京手工业，大部分依然依靠原始技术，极少数资金雄厚的商户购入简单动力设备。受限于技术和资金，技术工具局限于车床、镟床等生产工具，难以生产大宗商品。据不

① 中华全国总工会政策研究室编著：《成都 鄂城 武汉 手工业调查》，财政经济出版社1995年版，第11—12页。

② 中华全国总工会政策研究室编著：《成都 鄂城 武汉 手工业调查》，财政经济出版社1995年版，第105页。

③ 中华全国总工会政策研究室编著：《成都 鄂城 武汉 手工业调查》，财政经济出版社1995年版，第11—12页。

④ 毛泽东：《在中国共产党第七届中央委员会第二次全体会议上的报告》，1949年3月5日，载《毛泽东选集》第4卷，人民出版社1991年版，第1432—1433页。

⑤ 朱德：《发展手工业生产，满足人民需要》，1957年12月16日，载《朱德选集》，人民出版社1983年版，第363页。

⑥ 赵艺文：《我国手工业的发展和改造》，财政经济出版社1956年版，第25页。

完全统计,直至1954年,79个行业中,使用机器的仅有14个。[①] 手工业尚未显著好转,甚至1949—1952年铁锅生产从1937年的29户、840余人降到19户、约600人,年产量从1942年的140万个降至50万个。[②] 技术落后表明北京手工业处于小型化阶段,未能进入工场手工业阶段。

除手工业产品销路难觅、工具简陋、技术水平较低外,在政府看来,手工业生产艰难主要应归咎于生产关系的极不合理。分散的工业特点造成应对资本乏力,手工业原料和销售受制于商人。小规模生产情况决定了手工业抵御风险能力较弱。资金偏少不仅影响生产,而且危及生活。少数业主被迫借高利贷或降价销售产品,为资本操控提供空间。商人通过资金优势掌控原料生产和销售环节,通过统购、订货等手段,将小生产者降格为代加工角色。除此之外,商人在原料供应环节获得额外利润。“如电镀业所使用的镍粉,公司整批售价每斤3.2元,而私商零售价为4.3元。黑白铁业焊壶用的硼砂,私商药铺零售价每斤比公司贵3.2元,有时且还买不到……如汽车零件制造业,个体户制造的花篮,中间商在收购时只需3元,经其加上进口货的外皮后即卖30元一个。”[③]

各地的手工业,无论在原料的取给,成品的推销,资金的周转上,几乎都在商人和高利贷者牢紧的控制下。这一方面增高了产品的成本,同时也迫使手工业者以最低廉的代价出售其劳动成果,有时甚至还要赔本贴料。这样一来,手工业者平时很少积累资金,扩大或改进生产的可能性,稍遇挫折打击,即陷于崩溃破产之境,无法继续再生产。[④] 1949年后,银行通过贷款方式填充手工业资金缺口,通过经济扶持推动手工业发展。1951年,安徽六安银行投放手工业专项贷款1万元,次年增至11878元。1953年1—7月进一步增

① 根据《北京市手工业各业情况表》计算而得,选自中国科学院经济研究所编:《手工业资料汇编(1950—1953)》,内部资料,1954年,第49—54页。

② 《北京市手工业调查组关于三十六个行业的调查材料》,1961年1月1日—1961年12月31日,档案号:1-6-1856。

③ 中国科学院经济研究所手工业组编:《1954年全国个体手工业调查资料》,生活·读书·新知三联书店1957年版,第4页。

④ 《论手工业生产的方向》,《人民日报》1950年5月19日。

加 37742 元。[①] 银行贷款有效缓解了小规模生产者资金困境。但是,银行是营利性金融机构,众多中小生产者难以通过审核程序。再者,贷款周期过短增加再生产扩大压力。贷款周期"旺季一般为 30—40 天,淡季 60 天,个别 3 个月"[②]。贷款周期较短造成生产者在资金未能回笼之时,面临还款负担,增大手工业生产困难的风险。

依照"恢复、改造与发展"手工业生产的目标,从中央到地方,各级政府采取了一系列的举措,帮助手工业者走出困境、恢复生产。政府的举措既有一般性的救济帮扶,也体现和贯彻着合作化改造的远景目标。

第一,各地政府大力宣传手工业及其存在和发展,对恢复国民经济、稳定就业和社会秩序的重要意义。不仅作了许多正面宣传,而且公开批评个别地区破坏手工业生产的行为。最典型的是浙江省萧山县在新中国成立初期的土改运动中,出现了破坏当地手工业生产的情况,这种行为受到党中央的严厉批评。1950 年 6 月 12 日,中共中央转发华东局关于浙江萧山县破坏手工业生产行为的通报的指示,通报指出:"绝不能把反对封建地主的斗争,用之于反对手工业主的身上。须知目前广大农村的日用品甚至重要的出口品(如茶叶、桐油等),仍须仰赖手工业生产来供给,手工业生产在整个国民经济中仍占有很重要的地位。因此,我们对手工业的政策,是扶助、改进、推广的保护政策,而不是乱划阶级、乱斗争、乱征税的破坏政策。对农村、墟镇等地的各种手工业,如造纸、榨油、纺织、轧花、缫丝等等,必须严格保护,不得侵犯;否则就会严重地脱离群众并大大地阻碍农村经济的恢复和发展。在税收政策上,亦应严格地执行中央人民政府财政部所已规定之税率,分别视各种手工业的规模大小、经营状况等不同情况作合理的征收,其应免征者并须免征;不得以单纯地完成任务的观点而乱征乱派,使手工业窒死。"中央要求"各地党政机关须依照上述精神认真执行。凡各地遇有此种情况本身无把握解决者,必须向上级请示。即使本身认为系按政策解决者,亦须向上级报告,以便

① 中国科学院经济研究所编:《手工业资料汇编(1950—1953)》,内部资料,1954 年,第 243 页。

② 中国科学院经济研究所编:《手工业资料汇编(1950—1953)》,内部资料,1954 年,第 243 页。

遇有错误,上级得及时纠正”。[①]

第二,政府采取了一系列的救济和帮扶举措。1949 年 6 月至 7 月,北平市人民、中国和交通三银行重新划分了业务范围,对可以出口产品之特种手工业配合有关部门组织贷款加以扶植。其贷款方式除货币贷款外,并试采折实、定货等方式。合作银行营业部暨东、西城办事处,自 6 月起结束一般小本生产贷款,改为重点扶植生产农村所需要之农具、针织品等的手工业。其中,以针织业为最多,计有 33 家,占全部贷款户 66%强。北平贸易公司开始试行以收购积压产品的方式,扶植本市特种手工业之一的地毯业。在国民经济恢复时期的 3 年中,北京市政府便通过同业公会组织贷款,以信用贷款和抵押贷款等方式,不断扩大对手工业的低息贷款,共组织贷款达 1 亿元。如果考虑到手工业往往因为“范围较小,一向被金融业所忽视,手工业的实际情况,金融业每多不甚了解,自不敢贸然放款”[②],政府对手工业的资金扶持显然是深陷困境中的手工业者迫切期望的。不仅如此,税务部门还给予了缓征或免征,如北京市规定凡每月营业额不到 90 元或加工费不足 30 元者免除一切税负。[③] 将八级累进税制改为比例税制,降低税负,起征点定为 3000 元,税率不超过 40%。工艺性加工、修理企业的收入所得税减半。调整后,国家税收暂时减少,从长远看,生产发展了,国家收入会更多,应该算这个大账。此外,各地合营商业和合作社针对手工业“本小腿短”的特点,不断扩大对其加工、订货、收购、包销等业务范围,使其因资金少、规模小而产生的供销困难得到缓解。据统计,1950 年至 1952 年的 3 年中,国家向手工业订货的总额达 1.7 亿元,占手工业总产值的 56.9%。银行贷款、加工订货包销及其他优惠措施,使许多已停产或转业的手工业行业重新恢复经营。上海 24 个手工业行业,

---

① 《中共中央关于手工业政策的指示》,1950 年 6 月 12 日,载中共中央文献研究室编:《建国以来重要文献选编》第 1 册,中央文献出版社 2011 年版,第 248 页。

② 《上海市工商业联合会筹备会关于王公予代表建议通过同业公会关系扶助手工业提请核办的函》,1951 年 4 月 21 日,上海市档案馆藏档,C48/2/139,第 53 页。

③ 刘胜男:《北京城市手工业研究(1949—1966)》,首都师范大学博士学位论文,2011 年,第 10—13 页。

1950 年度营业总额计为 66518586 万元[1],每月平均 554 亿余元;1951 年 1 月至 6 月为 686656257 万元,每月平均 1144 亿余元。这一系列数字说明 1951 年上半年比 1950 年度的营业额增加了一倍以上。[2]

第三,从最核心的供销环节入手解决手工业的难题。供销环节是手工业最关键、也是最直接的环节。1949 年 7 月中旬,绥远省委召开城市工作会议。会议确定扶植有利农业的手工业,并确定通过指导市场便利农民进城交易。[3]

第四,实际上,在供销环节最有力的举措在于组织供销合作社。早在 1949 年 5 月,刘少奇便提出,先办手工业供销合作社。为手工业者收购原料,推销出口产品。天津市自该年 6 月起,便着重建设手工业的供销合作社,“坚决打通城乡关系和远距离的供销经营,避免中间剥削及就地买卖所受之限制”[4]。石家庄的鞋业联合供销合作社,也是一个很成功的例子。18 个制鞋合作社、1300 个上鞋工人联合采购、联合推销,经过 3 个月的时间,就获得了极显著的成效,这主要表现在几个方面:①过去 18 个社至少要有 20 个经营干部,现在只推选了 9 个工作人员分管采购、保管、会计、销售各部工作,就统一解决了各单位采购原料、支付外工工资、推销成品和社员生活必需品的供给问题。经营人员还占不到全体劳动人员的百分之一。这样就减少了开支,降低了成本。②过去分散经营时,各单位争购原料,抬高了原料进价。现在统一采购,进价便宜,因而也就降低了成本。③过去因为成本高,不得不偷工减料,鞋的品质降低了,以致影响销路。订做 3000 双鞋就有 2000 双不合规格。现在订货多数优于合同上所规定的质量,并且得到华北人民政府财政部的好评。④过去各社都感觉资金缺乏,现在积累了资金,而且购置了新的设备——缝纫机。⑤现在技术也提高了,并且选拔了技术水平高的工人研究设

---

① 这里所指系人民币旧币。中国人民银行自 1955 年 3 月 1 日起发行新的人民币,代替旧人民币,新币 1 元等于旧币 1 万元。下同,不另注。

② 《上海市人民政府工商局关于上海手工业的调查报告》,1951 年 7 月,上海市档案馆藏档,B182/1/263/1,第 1 页。

③ 《发展有利农业的手工业,绥远城工会议确定中小城市工作方针》,《人民日报》1949 年 7 月 31 日。

④ 《天津市供销合作总社,组织手工业生产》,《人民日报》1949 年 5 月 15 日。

计,精益求精,同时还成立了制鞋工厂。⑥由于将1300个劳动力组织起来,采取了统一经营的方式,它就比小合作社或小作坊的办法多些,可以接受大订货单,而且有了足够的力量去主动地、独立地开辟市场,打开销路。⑦社员生活有了保障,就提高了他们的生产情绪。[①]

第五,特别注意保护民族传统手工行业。以徽墨业为代表,由于受到工业革命的影响,自民国以来新兴的钢笔、圆珠笔、铅笔、墨水等逐渐取代了传统的毛笔及固体墨,徽墨业急剧衰退,甚至处于崩溃的边缘。以徽墨生产者一己之力重振市场几乎不可能。中华人民共和国成立后,新政府为徽墨的发展提供了一个非常宽松的生存环境。政府不仅以行政手段为徽墨业创造了市场,而且成立了专门的化工厂提供制墨所需炭黑,以解决徽墨业生产原料缺乏的问题。不仅如此,政府还牵线搭桥,促使百货公司、土产公司及供销社与墨厂签订包销合同,并多次带领厂家参加城乡物资交流大会,推销墨品,由此彻底改变了徽墨业衰微不堪的颓势。[②]

第六,对手工业行业进行判断和归类,明确扶植或取缔。很明显,政府并非对所有手工业行业都一概予以扶植。1950年4月,中央轻工业部召开了手工业生产座谈会。会议确定了重点扶植手工业产品的原则和种类。辅导手工生产,应该就各地具体的环境和条件,根据下列几个原则来择定重点:其一,过去已有基础,现在仍易恢复者;其二,赖以解决广大人民生活者;其三,经济上有提倡价值,将来有发展前途,而目前无需巨额投资者。根据这三个原则,政府确立了手工业品予以扶持的种类包括:手工纺织、编织品;外销品;文化品;日用品;农产品的加工;农具和工具;工业原料的加工。其余如迷信品、烧瓮、银蓝等与国计民生关系较小的物品,便听其衰落。[③] 不仅如此,政府还采取行政手段,对手工业的行业结构进行规范和调整。1951年4月,北京

---

① 《发展与改造手工业的道路》,《人民日报》1949年7月6日。

② 刘巍、苏荣誉:《手工业改造时期的徽墨业》,《广西民族大学学报(自然科学版)》,2008年第2期。

③ 《中央人民政府轻工业部关于手工业生产座谈会》,载中国社会科学院、中央档案馆编:《中华人民共和国经济档案资料选编1949—1952》(工业卷),中国物资出版社1996年版,第121—122页。

市政府成立了改组工作组，工作组先对手工业各行业进行调查，而后对其进行了生产改组，对不适合人民需要、销路困难或原料来源断绝的行业，帮助其进行转业或改产，这样便在实践层面落实了会议的精神，也更有利于重点行业的恢复和发展。对于政府认定的行业，在辅导生产时，其发展又有几个不同的方向。其一，与机械工业相结合，如手工轧花纺织应配合机器纺织生产，手工制纸浆配合机器造纸生产；其二，向机器工业不足的部门发展，如目前包装材料缺乏，而麻纺工业落后，即可提倡手织麻袋；其三，与救灾工作结合，推广各种农村副业生产；其四，与国际贸易结合，如可供出口的农产品加工工业；其五，是与部队生产结合，如部队自用的消费品部分由自己手工生产解决。①

到 1952 年年底，全国手工业从业人员和手工业总产值，已基本上达到 1936 年的最高水平，如表 1-2 所示：

表 1-2　中华人民共和国成立前后手工业从业人数和总产值发展变化趋势

	1936 年	%	1949 年	%	1952 年	%	1953 年	%
手工业从业人数（万人）	757.9	100	585.5	77.2	736.4	97.1	778.9	102.7
手工业总产值（亿元）	75.7	100	32.3	42.7	73	96.6	91.2	120.4

资料来源：中央手工业管理局《1936 年手工业资料估算及说明》（初稿）；手工业产值按 1952 年不变价格计算。

第三节　手工业合作化运动推动下的生产关系改善

早在土地革命时期，中央根据地便出现了手工业合作社这类群众性的组

① 刘胜男：《北京城市手工业研究（1949—1966）》，首都师范大学博士学位论文，2011 年，第 10—13 页。

织,当时的手工业合作社同农业合作社一道构成生产合作社的重要组成部分。与当时发展最好的消费合作社和粮食合作社相比,生产合作社排第二位。发展手工业生产合作社,曾经是中国共产党和革命政权解决工人就业问题,恢复和发展苏维埃区域工业生产的主要措施。闽西根据地的永定县从1929年秋开始兴办手工业生产合作社,到1931年4月,共有生产合作社4个、基金628元。1930年,赣南、闽西根据地开辟后,一度出现农产品跌价、工业品涨价、工农产品剪刀差扩大的现象,严重地影响了军民的经济生活,苏维埃政府开始采用合作社形式把个体手工业组织起来。1931年11月,中央工农民主政府成立后,颁布了一系列扶持合作社发展的政策、措施。不少地方苏维埃政府也召开专门会议讨论了进一步发展合作社的问题。1934年2月,中央苏区的兴国等17县的手工业生产合作社发展到176个、社员32761人、股金58552元。进入全面抗战时期,陕甘宁边区1941年就建立了大大小小100多个手工业工场和合作社。山东解放区1941年建立了近百个供销形式的合作社,到1946年这种手工业供销合作社已发展到8000多个。①

在管理层面,1932年4月临时中央政府颁发了《合作社暂行组织条例》。1933年9月,中央工农民主政府颁发了《生产合作社的标准章程》。1939年,中共中央财政经济部颁发了《各抗日根据地合作社暂行条例示范草案》。1948年6月,华北工商会议制定了《合作社暂行条例草案》。这些文件,都有力地指导了当时手工业合作化运动,也为中华人民共和国成立后手工业合作化运动积累了可贵的经验。

1949年3月,中华人民共和国成立前夕,毛泽东在中共七届二中全会所作的报告中明确规定了手工业生产走合作化道路的目标:“占国民经济总产值百分之九十的分散的个体的农业经济和手工业经济,是可能和必须谨慎地、逐步地而又积极地引导它们向着现代化和集体化的方向发展的,任其自流的观点是错误的。必须组织生产的、消费的和信用的合作社,和中央、省、市、县、区的合作社的领导机关。这种合作社是以私有制为基础的在无产阶

① 薄一波:《若干重大决策与事件的回顾》(上册),中共中央党校出版社1991年版,第444页。

级领导的国家政权管理之下的劳动人民群众的集体经济组织。"①这事实上拉开了新中国手工业合作化的帷幕。1949年6月,刘少奇在一份党内的报告提纲中,清楚地解释了手工业为什么必须走发展合作社经济的道路:合作社经济是国营经济的同盟者和带有决定意义的助手,是在各种不同程度上带有社会主义性质的经济。而小商品经济及半自然经济则是一种动摇的力量。大量的独立的小生产者,一方面可以接受各种不同程度的合作社形式,另一方面又是经常地、每日每时地、自发地和大批地产生着资本主义和资产阶级。②而从国家经济建设,特别是从大工业生产的角度来看待手工业,新政权亦清楚地认识到,对手工业进行改造、引导其走合作化道路,是极为必要的。"中国手工业生产是散漫而无组织的,技术落后,资金缺乏,成品不合市场规格,这就要求手工业生产要经过改革,才能提高一步。组织起来是改造手工业生产的方针,只有把独立的手工业生产者组成合作社形式,才有可能提高技术,才能与国家经济取得直接联系,在原料采购与成品推销上得到便利,在资金流转上减少困难,而做到有计划的,适合于市场需要的,成本较低的生产。即使是小规模的手工业作坊、工厂之类,也可以联合起来,合股经营,进行大生产。大生产不但易于解决原料、销路、资金各方面的困难,并且只有在大生产的基础上,才能进行技术的改良,引用现代化的机器,走上近代化的道路。"③

一、生产力发展呼吁下的手工业合作化的起步

伴随国家干预经济力度增加,分散式小规模生产方式的弊端逐步显现。从经济规律出发,中国政府尝试通过规模经济发挥手工业潜力。

鉴于手工业劳动者的生产资料,是自己或主要靠自己劳动积累所得,所以不能像对待资产阶级的生产资料私有制那样,采取没收或赎买的办法,只

① 毛泽东:《在中国共产党第七届中央委员会第二次全体会议上的报告》,1949年3月5日,载《毛泽东选集》第4卷,人民出版社1991年版,第1432页。

② 刘少奇:《关于新中国的经济建设方针》,1949年6月,载《中国手工业合作化和城镇集体工业的发展》第1卷,中共党史出版社1992年版,第26—27页。

③ 《论工业生产的改造》,《人民日报》1949年9月15日。

能把他们组织起来,通过合作化的途径,逐步地将生产资料的个体私有制改造成为劳动群众的集体所有制。尽管新生政权强调手工业合作化的必要性和重要性,但同时也很清楚地认识到这个问题的难度。毛泽东在中共七届二中全会报告中,很明确地讲到中国人民的文化落后和没有合作社传统,使得我们的合作社运动的推广和发展大感困难①。

在这种状况下,1949 年 5 月,刘少奇提出解决的办法在于"先办手工业供销合作社","办广大群众需要的、容易办的合作社"。1950 年 7 月,刘少奇在中华全国合作工作者第一次代表会议上再次强调:"手工业合作应从生产中最困难的供销环节入手,保持原有的生产方式不变,尽量不采取开设工厂的方式。"②因此,事实上,新中国成立之后,对手工业的合作化最早是从供销关系入手的。

以解决供销关系问题为主要内容组织起来的手工业合作形式,首先是手工业生产小组。它是手工业改造的初级形式,即个体手工业者通过由国营企业、供销合作社或消费合作社供给原料、推销产品的加工订货方式自愿组织起来。它没有改变原有的生产关系,仍然是分散生产,自负盈亏,因而是手工业者开始最容易接受的一种组织形式。这种形式既使手工业者避免继续受私人资本的控制和剥削,适应国民经济新变化带来的供销新秩序,又为对手工业实行进一步改造培养了集体经营的习惯,从而成为合作化最初的基础。

由较多个体手工业者或若干手工业生产小组为解决采购原料、推销产品的共同困难而自愿联合组织起来的手工业合作组织形式,是手工业供销生产合作社。它是手工业改造的过渡形式。手工业供销生产合作社不仅统一组织业务、指导生产,而且实行生产工具部分公有,并以业务经营中的积累购置新的公有生产工具,甚至组织部分的集中生产。

由于手工业供销生产合作社往往包含着若干手工业生产小组,因此其合作化的程度也不尽一致。组成手工业供销生产合作社的若干手工业生产小

① 毛泽东:《在中国共产党第七届中央委员会第二次全体会议上的报告》,1949 年 3 月 5 日,载《毛泽东选集》第 4 卷,人民出版社 1991 年版,第 1432 页。

② 薄一波:《若干重大决策与事件的回顾》(上册),中共中央党校出版社 1991 年版,第 445 页。

组,大致有以下几种形式:一是社员直接领原料交产品,分散生产;二是由组长统一领原料交产品,组员分散生产;三是部分生产开始集中,其余仍然分散生产;四是在小组实行简单的分工协作。

尽管各手工业供销生产合作社之间在合作化程度上还存在着某些差异,但总体来说其优越性是明显的。它表现在能够通过统一承揽加工订货任务,有效地沟通个体手工业与国营经济,从而克服个体手工业者面临的困难,并逐步以劳动者之间的互助合作关系取代雇主与雇工的关系,免除私商的中间剥削,因而受到手工业者的欢迎。天津市供销合作总社从1949年5月起便着重组织手工业供销生产合作社。在组织上,与机器工业大工厂生产相结合,如制造、加工、整理等。在供销上,打通城乡关系和远距离的供销经营,避免中间剥削及就地买卖所受之限制。对各友区合作社,可采取定期交货、物物交换等方式密切联系。同时,天津还建立农民招待所,成立合作货栈,以利物资交换。①

值得一提的是,新中国成立伊始,在组织手工业供销生产合作社的时候,政府往往更倾向于组织独立手工业者,而不是组织一般的作坊。原因在于:各作坊主之间和作坊主与工人学徒之间充满矛盾,“尽管联合起来,也不会是大联合,而只能是小联合;联合起来的时候,也还是各有各的算盘,因而就难免钩心斗角,互不信任,其发展结果可能是大鱼吃小鱼,或者迟早会散伙。一般说来,作坊式的联合供销组织,由于掌柜的利害所关,是不巩固的,难于持久的”②。

新中国成立初期,各级政府在大力倡导筹办手工业供销生产合作社的同时,部分地区也开始尝试组织起手工业生产合作社。如山西阳泉市甘河硫磺生产合作社于1949年成立,1950年正式改组为生产合作社;又如,山西阳泉市任家峪的手工业者在1951年9月正式成立了铁业生产合作社。

1950年7月,中财委召开了中华全国合作工作者第一次代表会议。薄一波主持起草了《中华人民共和国合作社法(草案)》,报送中央审阅。刘少奇

---

① 《天津市供销合作总社,组织手工业生产》,《人民日报》1949年5月15日。

② 《发展与改造手工业的道路》,《人民日报》1949年7月6日。

改写了总则的前三条,明确规定在市民和工人中组织消费合作社,在农民中组织供销合作社,在城乡独立生产的手工业者和家庭手工业者中组织手工业生产合作社。组织手工业生产合作社的目的是,"联合起来,凑合股金,建立自己商业的和生产的组织,去推销自己的手工业产品,并购买原料和其它生产资料","避免商人的中间剥削,提高产品的数量和质量"。①

手工业生产合作社是手工业改造的高级形式,根据生产关系的差异又分为半社会主义性质的手工业生产合作社和完全社会主义性质的手工业生产合作社。其中,生产资料部分归集体所有,工具入股分红,统一经营,收益的一部分实行按劳分配的,属于半社会主义性质;生产资料全部归集体所有,实行集中生产,按劳分配的,属于完全社会主义性质。

新中国成立初期的手工业合作化,从产值看,尽管在全部手工业产值中只占很小的比重,但在不断地提高,呈逐年增加的态势。1949 年全国手工业产值中,个体手工业占 99.5%,手工业生产合作社占 0.5%;1950 年,前者占 99.2%,后者占 0.8%;1951 年,前者占 97.8%,后者占 2.2%。如从个体手工业和手工业生产合作社各自的发展来看,合作化的成果更为明显,如以 1949 年个体手工业和手工业生产合作社的产值指数各为 100,则 1950 年个体手工业为 155.8、手工业生产合作社为 266.7,1951 年前者为 186.4、后者为 893.3。②

作为中国工业中心的上海,这个阶段中手工业合作社的发展历程具有代表性。新中国成立以后,党和国家积极扶助发展手工业生产,建立了上海市供销合作总社(后改为"上海市合作社联合社")。总社除大力组织城市消费合作社以稳定市场、保障供给外,还把组织个体手工业试办合作社作为工作的重点之一。1950 年上半年,上海经济情况恶化,部分工厂、商店相继停闭,许多工人失业。党和政府与工会对这一情况表示关怀,采取种种措施大力救济失业者,号召"生产自救"。上海市第一批手工业合作社就是由市供销合作总社配合总工会组织失业工人生产自救,在 1950 年上半年开始组织起来的,

① 薄一波:《若干重大决策与事件的回顾》(上册),中共中央党校出版社 1991 年版,第 460 页。

② 国家统计局编:《我国的国民经济建设和人民生活》,统计出版社 1958 年版,第 10 页。

试办了5个手工业合作社,社员有394名,年产值95.39万元。[①]

1951年6月在北京召开了第一次全国手工业生产合作会议。会议总结了1949年以来,手工业合作化的成绩和经验。中心议题在于:讨论组织手工业合作社的方针、步骤和方法。据统计,1950年全国有手工业生产合作社1300个,社员26万人,股金151万元。经营范围涉及纺织、针织、食品加工、农具制造、服装加工、制鞋、日用品和矿产等。有些手工业生产合作社已经建立了经济核算制度、技术管理制度、较合理的工资制度,订立了劳动公约,组织了劳动竞赛,提高了产品质量和数量,降低了生产成本,积累了生产资金,创办了文化福利事业。

会议也指出了手工业合作化中存在的问题。主要是由于各地有关领导机关对组织手工业生产合作社还不够重视,对手工业生产合作社的发展方针和政策认识不统一,干部经验也不够,因而有许多手工业生产合作社还没有走上正轨。例如,北京在试办时期便存在突出问题,这些突出问题又很具有代表性与阶段性。具体来讲,首先,建社方针不明确。开始组织合作社时,单纯以组织失业工人为主,带有救济观点。失败后,则陷入了不敢主动组织,只是"找上门来"才应付一下的情况,形成了自发自流的现象。"五反"运动后又出现了冒进情绪,发展很快,没有计划,而且带有盲目办大社的倾向。其次,合作社的管理不健全。社员对合作社的认识不足,对合作社的内部事务漠不关心,因而有些合作社出现了主任或会计包办的情况。社员与合作社的经济关系也不够密切,很多社员没有交齐股金,有些社员思想动摇不定,困难时找合作社,旺季时就想单干。再次,经营管理不善。普遍存在着不重视计划,不重视劳动组织与生产技术的改进等现象。产品质量也不能保证,原料浪费,生产环节脱节,停工待料现象时有发生。财务管理上也普遍存在着乱开支、浮支暂借、账实不符、账款不符、不计算成本等现象。同时也存在着原料供应不足,产销结合不好,队伍复杂,社员和干部自由散漫,劳动纪律松散,

① 上海市第二轻工业局编志办公室、上海市工业合作经济研究所编:《上海手工业史料汇编》第1辑,内部资料,1990年,第83页。

不团结,闹小宗派等问题。①

为此,会议强调了手工业生产和手工业合作化的重要性,提出了推进手工业合作化的方针,并制定了《手工业生产合作社示范章程(草案)》。会后,各地根据会议要求和此项章程,针对前述种种问题,对现有的合作社进行了整顿。

此外,值得说明的是,当时许多手工业生产合作社是以土改斗争果实入股、采用劳资分红办法组织的,大部分社员并不参加合作社生产,因此不符合合作社性质。根据会议"先整理,后发展"的方针,很多地方整理合作社的内容,主要是解决组织成分不纯和管理不民主的问题,不仅清除了原加入合作社的资本家和其他不符合入社条件的人员,说服不能参加劳动的社员退社,而且普遍地改选了合作社的理事会和监事会,逐步建立了民主管理制度、劳动纪律等制度。

经过整顿,到 1951 年年底,手工业合作社社员由 26 万人减至 13.9 万人。虽然社员数量减少了,但是合作社却是名实相符了,合作社的质量也提高了。例如,山西省长治专区 10 余个合作社实现了按劳动力入股,按照社章分配盈余,民主推选了理事会,并实行了计件工资制和定额管理。不仅如此,还规定了所用原料的数目,成品产量、规格和质量标准,初步实现了统一供销、统一产品规格和统一支付工资,社员生产热情得到提高。在调整的基础上,到 1952 年 6 月,全国社员增加到 20 万人。先整顿再发展的决策得到了实现。1951 年 6 月,石家庄开展手工业生产合作社清理活动,在既有基础上实现规模经济。有关部门从产品前景、生产水平等因素出发,对合作社进行合并管理。1952 年 8 月,"全市有棉织社 1 个、脱脂棉社 1 个、鞋业社 2 个、麻业社 1 个,社员 323 人"②。虽然生产社数量有所减少,产能却持续提高。如集成生

① 中共北京市委党史研究室、北京市档案馆编:《北京手工业社会主义改造资料》,中共党史出版社 1992 年版,第 24—25 页。

② 《五年来石家庄市生产合作社的发展情况》,石家庄市档案馆藏档,全宗号 51,目录号 2,案卷号 5,第 21 页。

产社拥有40台电动机,初步具有机械化生产水平,生产总值是1948年的2.4倍。①

在发展和整顿手工业合作社的过程中,地方相关部门逐渐对更加具体的问题进行了初步的探索。例如,1951年11月,浙江省农委在深入调查本地手工业状况后,对今后浙江如何发展手工业提出了具体意见,它们涉及召开手工业座谈会或代表会,进行手工业典型调查,向私营手工业作坊订货并加强领导,以销定产克服盲目性,有计划地指导农民副业等,中央认为这些都是十分有必要的创见,向全国各地推广。浙江省的经验还在于对手工业管理方式的摸索,即对于就地产销的农民所需要的手工业,由合作社负责,对于特种手工业除合作社外,财委所属工业、贸易部门必须负责指导产销,以求改进成品,扩大销路②。上海市则明确表示,手工业合作社的组织对象有四类:独立劳动者手工业生产者、从事家庭副业生产者、失业半失业工人、小作坊场主。非生产者如有工会会员证,成分清楚,愿加入生产社者亦可加入。上海市合作社对小作坊场主加入合作社有明确的要求:必须参加劳动;放弃剥削思想;多半工具交给合作社(用出租出售分期付款,折旧或作股金等方式上交给合作社);不能掌握领导权。上海组织生产社的原则也很细致、明晰:①以人为单位平股平权,一人一股。②参加劳动。③交纳一定股金,至少相当于一个月工资收入,原则上一次交清,困难者分期交纳,生产工具、原料、成品都可作股金。④实行民主集中管理制以防止走上资本主义,民主产生理监事,合作社一切重大事件应经批准,并实行定期报告制度。⑤按劳取酬实行合理工资制度,社与社员是一种劳动报酬关系,不是过去的买卖关系,工资可采用分工包件制及工资累进制由民主评定。⑥劳动返还制,根据工资多少比率来决定。⑦不能有剥削关系,不能用少数社员雇用大批工人(包括临时工),雇用

---

① 《五年来石家庄市生产合作社的发展情况》,石家庄市档案馆藏档,全宗号51,目录号2,案卷号5,第21页。

② 《中共中央批转浙江省委农委关于手工业生产情况和今后意见的报告》,1951年11月26日,载中央档案馆、中共中央文献研究室编:《中共中央文件选集》第7册,人民出版社2013年版,第283页。

人员占比不能超过15%,并要争取雇用人员入社,尽量减少合作社的雇用比率,合作社在必要时不超过10%—15%的比率。⑧可雇用临时工或雇用学徒,对学徒应加强教育,使他成为一个优良的技术人员。此外,上海摸索出处理手工业生产社与外部各关联部门关系的原则和办法:①生产社必须为供销社服务,产品应在供销社(有组织的)推销后再向自由市场(无组织的)推销,供销社也有义务尽量推销生产社产品并为生产社在社干社员群众中作义务宣传。②合作社为国家经济的有力的盟友(手工业者间应取得密切联系,合作社发挥它应有的作用)。③与私营经济应相互团结协助,不要互相打击。④对个体经济应团结改造,使他们逐渐加入合作社,走向集体化。[①]

1952年8月25日至9月5日,第二次全国手工业生产合作会议召开。会议肯定了一年来全国手工业合作社工作的成绩,着重总结了各地组织和管理合作社所取得的若干经验,强调:在开始组织生产合作社时要深入调查研究,慎重选择行业;注意原料和产品的供销是否畅通;防止盲目组织,乱加发展;应组织一个,巩固一个。会议决定,合作社今后应有计划地组织生产大工业所必需的产品(如染织、土碱、硫磺、制革鞣料等)和大工业生产不足的产品(如染织、针织、铁木农具、竹藤编织、土建工程、建筑材料等),尤其要组织特种手工业生产,组织出口。会议还讨论、修改了《手工业合作社章程准则》,并将其修正草案下发试行。此时生产合作社在全国只有20余万社员,这种情况与手工业在国民经济中所占的比重和它所应当担负的任务是不相适应的,因此应该采取积极发展的方针。同时,由于各地生产合作社发展情况不一,有的地区已有很好的典型,有的尚未创造出典型。为此,会议要求各地采取"积极发展、稳步前进"的方针,对先进地区和落后地区应有不同的要求,即在已有基础的地区,应积极筹建生产合作社联合社(在手工业集中产区,还可按行业建立专业联社),逐步建立单独的领导系统,巩固和扩大现有的生产合作社,使其在该地该行业的生产上占有一定的比重。在工作尚无基础而手工业比较发达的地区,应选派得力干部,建立和充实供销合作社的生产部门;组织

① 《上海市合作社关于组织手工业生产社座谈会记录的抄本》,1951年11月28日,上海市档案馆藏档,C48/2/139,第83—86页。

力量积极整理原有老社,并根据力量大小,选择行业,创造典型,发展新社。这次会议的召开,进一步推动了全国手工业合作组织和生产的发展。

至 1952 年年底,全国手工业生产合作社(组)由 1949 年的 311 个增长到 3658 个,增加了 10.8 倍。其中手工业生产合作社达到 3280 个,比 1949 年增加了 10.1 倍;有组织的手工业者由 8.89 万人增长到 22.78 万人,增加了 1.6 倍。手工业生产合作社社员达到 21.8 万人,增加了 1.5 倍;手工业生产合作社的产值达到 246 亿元,比 1949 年增加 19 倍。[①]

1949 年至 1952 年国民经济恢复时期,手工业生产合作社尚属试办阶段,在中华全国合作社联合总社(简称全国合作总社)和各级合作社联合社的领导下,摸索前行。从数值上来看,参加手工业生产合作社的社员占同期手工业者总数的 3.1%,手工业生产合作社的产值占同期手工业总产值的 3.4%。但是,已初步显示了合作化的优越性。全国个体手工业的产值,如以 1949 年为 100,则 1952 年为 219.5;而全国手工业生产合作社的产值以 1949 年为 100,1952 年已达到 1642.7。据典型调查,手工业生产合作社的劳动生产率较个体手工业的劳动生产率高 40%以上,社员的收入较入社前最少增加 36%,最高增加 200%。在试办阶段里,诞生了手工业四大典型合作社,分别是:上海市铁床生产合作社、山东省潍坊市新胜红炉生产合作社、武汉市度量衡生产合作社和北京市第一食品生产合作社。它们后来都成为手工业合作社的旗帜,被誉为全国手工业合作化的“四大名社”。它们的组织发展和办社经验,为各地组建手工业合作社树立了良好的榜样。其中的上海市铁床生产合作社,是上海全市第一家生产合作社,诞生在 1950 年 5 月上海经济很困难的时期,由铁床工人陈启明等 3 人发起。开始建社时,他们无资金无厂房无设备,只有 3 把榔头和少量手工工具,凑凑合合在弄堂里生产。此社的崛起与承修工人文化宫的 300 架铁床有关。私商估价每架铁床修理费 10 元,而铁床社却只要修理费 4.3 元,且连夜赶制,生产效率更高。社员们不仅如期完成任务,还为文化宫节省 1700 多元。从此铁床社建立起对外营业的信誉,

① 汪海波:《新中国工业经济史》,经济管理出版社 1994 年版,第 237 页。

国营棉纺厂、海军等单位相继前来订货,生产业务开始好起来。1951年6月在全国合作总社第一次手工业生产合作会议上,铁床社便获得了奖励。到1953年年底,社员职工达到206人,合作社用积累购置了12亩土地,自建和购置厂房130间,安装了一批机床,向机械化方向发展。① 湖北积极推动手工业供销生产小组扩大和升级。湖北省委采用相对灵活的手段推进手工业供销小组生产模式。根据省内地区差异,将生产小组划分为生产关系尚未改变和供销生产小组实行统一联购、统一联销两大类。通过政策导向,扶持第二类发展,在自愿基础上实现手工业合作化。在国家政策有效调控下,供销生产小组有效地避免淡旺季波动,提高平均利润率。据统计,"到1953年底,全省手工业合作社发展到4725个,社员达到31051人,总产值达2870万元;手工业合作组2106个,组员36696人,总产值2453万元"②。

除手工业供销生产合作社和生产合作社外,国民经济恢复时期,政府亦大力协助组织手工业的联营机构。正如刘少奇所言:"组织联营公司,逐步采用机器。联营公司最后也收归国有。"③这是手工业走向集体化的另外一种方式。或若干小工厂与小作坊,或若干手工业者与手工业资本家,或部分手工业者之间,采取联营的方式进行合作。联营一般包括:联产联销、分产联售、联购分产及联产代销等方式,目的在于组织原料采购和打开远地销路。上海的情况是,1951年7月后,全市开始组织手工业的联营。例如,制革业组织了两个联营:其一,在长宁区,60户,职工140人,连资本主劳动力(每户1人)合计为200人。其二,在嵩山区,27户,职工94人,连资本主劳动力合计为121人。又如,制镜业组织了一个联营,在邑庙区,47户,职工175人,连资本主劳动力合计为22人,其劳动力约占全业手工业户的60%(全业手工业户74户,职工280人,总劳动力354人)。这些联营,后来一般也都实现了社会主

① 中华全国手工业合作总社、中共中央党史研究室编:《中国手工业合作化和城镇集体工业的发展》第1卷,中共党史出版社1992年版,第1—18页。

② 《湖北省国民经济统计资料》(1949—1978),湖北省档案馆藏档,SZ-18-367,1979年版,第26—29页。

③ 刘少奇:《中国共产党今后的历史任务》,1951年7月5日,载中共中央文献研究室编:《建国以来重要文献选编》第2册,中央文献出版社1992年版,第373页。

义合作化。①

二、手工业合作化高潮影响下的规模经济初步形成

1953 年 6 月，中共中央正式提出了过渡时期的总路线和总任务，手工业的社会主义改造位列国家三大改造之一，而手工业生产合作社的发展遂成为主要发展形式。1953 年 12 月公布的《关于党在过渡时期总路线的学习和宣传提纲》明确解释说："分散的个体手工业的生产是十分落后的，不能使用新的技术，在生产和销售中会遇到许多不可克服的困难，并且也是不稳固的，如果听其自然的发展，也会走资本主义的道路，就是少数人发财，大多数破产的痛苦的道路。因此，必须对个体手工业进行社会主义改造，引导手工业劳动者到合作社（手工业生产小组、手工业生产供销社、手工业生产合作社）中去，是国家对手工业实行社会主义改造唯一的道路。""手工业者一方面是劳动者，但同时又是私有者，因此，必须经过说服、示范和国家援助的方法，提高手工业劳动者的社会主义觉悟，使他们自觉自愿地组织到手工业合作社中。"另一方面，中共领导人也相信手工业的社会主义改造，将极大地助力手工业工业化的实现。"半机械化、机械化是手工业工业化的奋斗目标。除了某些手工业生产合作社在相当长的时期内不能实行半机械化、机械化外，大部分手工业生产合作社都可以实行。"②

再者，最终确定的"一五"计划中亦明确规定："采用说服、示范和国家援助的方法，逐步地把手工业者引向合作化的道路，使手工业生产合作社成为国营工业的得力助手。""手工业生产合作化，应该根据手工业者的自愿和可能的接受程度，经过各种低级的形式，逐步过渡到较高级的形式。"③"一五"

---

① 《上海市人民政府工商局关于上海手工业联营计划方案的初步意见》，1951 年 8 月，上海市档案馆藏档，B182/1/271/109，第 110—111 页。

② 《关于手工业社会主义改造的若干问题——一九五三年十二月十七日在中华全国合作社联合总社第三次全国手工业生产合作会议上的报告（摘要）（中华全国合作社联合总社代主任程子华）》，《人民日报》1954 年 8 月 8 日。

③ 《中华人民共和国发展国民经济的第一个五年计划（一九五三——一九五七）》，载中共中央文献研究室编：《建国以来重要文献选编》第 6 册，中央文献出版社 1992 年版，第 413 页。

计划中规定手工业生产增长和手工业合作化发展的具体任务:“5 年内,手工业总产值将有很大的增长,由 1952 年的 73.1 亿元上升为 1957 年的 117.7 亿元,即增长 60.9%,平均每年递增 9.9%。在手工业总产值中,合作化手工业的产值 1952 年为 2.5 亿元,1957 年将上升为 45.5 亿元,即增长 17 倍。……在手工业总产值中,个体手工业的产值 1952 年为 70.6 亿元……。1957 年个体手工业的产值仍将增长为 72.2 亿元,增长 2.2%。参加手工业合作社的人数 1952 年为 21.8 万人,1957 年计划达到 210 万人,即约增加 8.6 倍。”①

可以很清楚地看到,手工业的社会主义改造,既是国家过渡时期总路线和总任务的重要组成部分,也与国家“一五”计划的要求和目标紧密相连。因此,1953 年以后手工业的社会主义改造步伐开始加快。1953—1955 年,手工业合作化在全国范围内得到普遍发展。

值得说明的是,在贯彻中共中央过渡时期总路线和总任务之初,手工业社会主义改造的进程是既积极又稳步的。

1953 年 11 月 20 日至 12 月 17 日,全国合作总社召开第三次全国手工业生产合作会议。此时,全国手工业生产合作社已发展到 4800 多个,社员发展到 29 万多人,生产总值达到 5 亿多元。会议继续强调了手工业在国民经济中的重要意义,总结了新中国成立以来手工业社会主义改造试点所取得的经验。明确对手工业改造包括手工业生产小组、手工业供销生产社、手工业生产合作社三种基本形式,改造顺序一般从供销生产合作社到手工业生产合作社;在方法上,应从供销入手,实行生产改造;在步骤上,应当是由小到大,由低级到高级。会议要求各级党委和人民政府在组织手工业的社会主义改造中,注意克服过急过高、贪大贪多、盲目发展的倾向和停步不前、放任自流的消极做法。会议还提出一系列具体的改造原则,如:坚持就地取材、就地制造、就地供应;注意培养青年艺徒,防止“人亡艺绝,绝技失传”;等等。

会上,朱德代表中共中央作了《把手工业者组织起来,走社会主义道路》的讲话。他强调了“手工业生产在我国国民经济中,占有很重要的地位”,这

① 孙健主编:《中华人民共和国经济史(1949—90 年代初)》,中国人民大学出版社 1992 年版,第 157 页。

一点必须予以重视。同时,指出“手工业者向资本主义发展是没有前途的”。“个体手工业经济要经过合作化的道路,逐步改造为集体所有制。”朱德也表明手工业生产合作社的价值和意义,“组织手工业生产合作社,是改造手工业者的个体经济,帮助他们过渡到社会主义的唯一的组织形式”。以至于“条件具备时,(某些地区)也可以一开始就组织生产合作社”。但是,朱德特别强调,“要防止盲目地强调集中生产,盲目地将小社并为大社,盲目地要求机械化”,“不要一开始就要求太高,应该放宽尺度,根据当时当地的需要与可能,以及手工业者的要求,采取不同的形式加以组织。绝不要规定一个死格式到处硬套”[①]。

刘少奇曾两次听取会议的汇报并发表重要意见。他指出:“把手工业生产合作社收归国有是一个原则的问题,不准随便这样做,不要随便把好的合作社收归国有。”农村的手工业合作化“不能照土地改革那样搞,而是要逐年逐步地搞”。同样,“原来同手工业资本家实行联营的部分手工业者要求分化改组,走合作化道路”,可以“适当地做,但不要搞得太急、太激烈,应该注意不引起社会的损失”。[②]

这次会议的召开,对“一五”计划前半期手工业合作化的稳步推进起了重要作用。为了做好手工业合作化的思想准备和组织准备,各地普遍召开了手工业劳动者代表会议,采用报告、诉苦、对比、办展览、实地参观等多种形式,宣传党的过渡时期总路线,对手工业者进行合作化方向和前途的教育。一些地区还成立了手工业劳动者协会,团结手工业者,指导和推动手工业合作化的开展。

除了宣传教育、典型示范外,还采取了国家帮助的措施。1954 年,国家除通过物资部门和商业部门供应手工业合作组织所需要的原料外,还将大批清仓呆滞物资包括废旧机器、废次钢铁、木材等低价拨给手工业合作社加以利用。仅旧机器一项就有 3 万多部,废钢材 20 余万吨。在产品销售上,通过国营商业和供销合作社加工订货、收购包销的手工业产品,一般占手工业产品

① 朱德:《把手工业者组织起来,走社会主义道路》,1953 年 12 月 4 日,载《朱德选集》,人民出版社 1983 年版,第 322 页。

② 薄一波:《若干重大决策与事件的回顾》(上册),中共中央党校出版社 1991 年版,第 447 页。

的70%左右。在税收上,国家采取或减或免的优惠政策。凡新成立的手工业合作社,营业税可减半缴纳一年,所得税减半缴纳两年。国家还以投资、基金、经费补助等形式拨付资金,帮助和扶持手工业合作社的发展。

在上述方针、措施指导推动下,手工业合作化取得显著成绩。1954年年底,参加手工业合作组织的人数已有121万余人,比1952年年底增长了4.3倍,占手工业总人数的13.6%;合作社组织发展到4.1万多个,生产总值达11.6万元。①

这一时期,上海手工业生产合作社的发展经历颇具典型性。1953年6月,中共中央和毛泽东在中央政治局扩大会议上完整地表述了党在过渡时期的总路线和总任务,提出了党在过渡时期,要逐步实现国家对农业、对手工业和对资本主义工商业的社会主义改造。从此,对手工业的社会主义改造成为党在过渡时期总路线的一项重要内容。上海市手工业生产合作社联合社筹委会在这种形势下建立了,由王良负责,并由王良任联社筹委会党组书记,毕平非、朱纪青任副书记。在1953年6月至8月中央召开的全国财经工作会议上,把"发展手工业生产合作社,建立对于农业和手工业的社会主义改造的初步基础"列入了第一个五年计划。上海市组建手工业合作社工作由重点试办转入普遍发展阶段。一方面积极推动个体手工业成立各种形式的生产合作社和合作小组;一方面从供销入手,积极同个体手工业户的业务"挂钩",以摆脱工商资本家的剥削,割断个体手工业同城乡资本主义的经济联系。1953年12月以后,上海市手工业生产合作联社筹委会在市委的领导下,与各区紧密配合,认真贯彻第三次全国手工业生产合作社会议精神。按照朱德关于"组织手工业生产合作社,是改造手工业者的个体经济,帮助他们过渡到社会主义的唯一的组织形式"的指示精神,积极地组织手工业生产合作社。1954年年内新建成17个社(组),1300余名个体手工业者加入了社(组)行列。全市共有手工业社(组)52个,社(组)员5301名,完成产值2747.16万元。②

① 柏福林主编:《中华人民共和国经济史》,黑龙江教育出版社1990年版,第76页。

② 上海市第二轻工业局编志办公室、上海市工业合作经济研究所编:《上海手工业史料汇编》第1辑,内部资料,1990年,第84—85页。

1953年年底1954年年初，稳步前行中的手工业生产合作社的优势开始显现。根据统计，华北区已有手工业社(组)1113个，社员75731人，占全区手工业从业人员的7%强。从产值来讲，社员每人平均年产值为1440元，比个体手工业者的平均年产值高68.6%。[①]

但是，在手工业合作化稳步发展的同时，也出现了某些新的矛盾和问题。一方面，随着大规模经济建设的开展，以及国家对主要农产品和某些工业品实行统购统销或统购包销，手工业生产在原料供应等方面遇到新的困难，个体手工业者面临的困难更大；另一方面，某些已经建立起来的生产合作组织存在严重的产品粗制滥造、质量低劣状况。例如，山西全省铁业生产合作社积压熟铁及铁货达1700吨；浙江嵊县甘霖镇铁业生产合作社积压了价值2500万元的农具；北京市棉织生产合作社积压的布匹价值达15亿元。有些基层社已因产品积压、资金周转迟滞，无法维持生产。究其原因，其一，有些合作社系统的领导干部采取急躁冒进的方法组织与发展手工业生产合作社。他们往往无视手工业生产技术落后、生产分散、设备简陋的实际情况，过早地要求手工业生产合作社机械化、集体化，错误地用办国营工厂的办法来办手工业生产合作社。热心积极推动办手工业生产合作社的目的，往往“不是出于群众发展生产的需要而是为了不出税、为了得贷款、为了靠国家包售滞销品等简单要求而发起组织的，这就给工作带来了新的问题”[②]。其二，供销合作社的干部存在“顾销不顾产”思想，盲目包销手工业生产合作社的产品，但不严格实行产品检查，督促它改进生产技术，提高产品质量。最重要的是，此时建立起的手工业生产合作社，生产管理制度很不健全。产品不仅缺乏统一的规格标准，也缺乏严格的检查制度。[③]

1953年10月，河南省代表团向政府提出，此时手工业生产还存在很多问

---

① 《中共中央华北局召开手工业工作会议，制订发展手工业合作社的计划》，《人民日报》1954年1月25日。

② 中共中央农村工作部转发天津市委《关于手工业工作会议后三、四两月中的工作报告》，1954年7月6日，载中华全国手工业合作总社、中共中央党史研究室编：《中国手工业合作化和城镇集体工业的发展》，中共党史出版社2008年版，第161页。

③ 《手工业生产合作社应当努力提高产品质量》，《人民日报》1953年7月5日。

题,如规格、价格、原料、销路、师徒关系等。他们指出,“虽然各地也多召开了手工业者代表会议,但也仅限于道理的讲解,未能作到具体的领导”。因此呼吁政府“设立专门机构,领导手工业生产”。“如政府不能设专门机构时,请有关部门联合组织指导机构,专门研究领导手工业生产问题”。[①] 上海的情况也类似,由于市人民政府各部门——劳动局、民政局、民主妇联等所组织的手工业生产单位,数量众多,缺乏统一的方针与步调,生产计划不能衔接,造成内外碰头等现象。目前的生产联社筹委会显然已不能适应当前形势发展的需要。中央 1954 年 6 月 25 日对《关于第三次全国手工业生产合作社会议的报告》作指示,其中有“省市设立手工业管理局或处”的规定,根据这一规定,上海市合作社联合社党组就成立上海市手工业管理局一事上报市委审批。[②]

为了加强对全国手工业的领导,1954 年 11 月,国务院成立了手工业管理局。同年 12 月,召开第四次全国手工业生产合作会议。会议宣布,成立中华全国手工业生产合作社联合总社筹备委员会,务使党对手工业社会主义改造工作的领导得到进一步加强。大会上,朱德代表中共中央作了《要把手工业生产合作社办好》的讲话,既肯定了“一年来手工业合作化工作有进步,有成绩”,也指出了“要把合作社办好”应注意解决的若干问题。陈云也到会讲话,明确表示:“对手工业合作社生产的发展,要加以管理和控制。”“手工业合作化宁可慢一点,使天下不乱。如果搞得太快了,就会出毛病。”[③]

会议总结了一年来手工业合作化的经验教训,认为随着社会主义建设和改造的发展,手工业与大机器工业之间以及手工业之间在供销方面的矛盾变得明显起来。同时,已成立的手工业合作组织有相当大一部分还不够健全。会议提出了衡量手工业合作组织是否健全的四项标准:第一,组织纯洁,有一定的民主管理制度;第二,生产正常,比较有计划;第三,财务制度不乱,没有

① 《河南省代表团关于请政府加强对手工业生产的领导的提案》,1953 年 10 月,上海市档案馆藏档,C48/2/514/102,第 2 页。

② 《上海市合作社联合社党组关于成立上海市手工业管理组织机构意见的报告》,1954 年 8 月 11 日,上海市档案馆藏档,A71/2/316/15,第 1—4 页。上海终在 1955 年 2 月,经上海市委批准,建立手工业管理局。

③ 《陈云文选》第 2 卷,人民出版社 1995 年版,第 270—271 页。

贪污;第四,产品质量至少不低于合作化以前的正常标准。凡具备这4个条件者为健全社,只具备1、3两条,而2、4两条较差者为中间社,4个条件都差的为不健全社。例如,从北京、山西省晋城县等市县来看,健全社约占1/3,中间社和不健全的社约占2/3。特别是贪污浪费、偷工减料的情况在全国是相当不少的,一部分社是严重的。

根据新的情况,会议认为:手工业的改造必须同国家的工业化和对农业、资本主义工商业的社会主义改造密切结合,统筹兼顾;生产方面应就原料产地、产品的品种和数量、销售地区、劳动力调配等问题全盘合理安排,纳入地方计划。在改造中,手工业的不同行业,须根据供需情况、国民经济和人民的消费习惯,分别处置。为此,会议将手工业社会主义改造的方针进一步发展为"统筹兼顾,全员安排,积极领导,稳步前进"。

会议确定了1955年手工业改造工作的中心任务:把手工业主要行业的基本情况继续摸清楚,分别轻重缓急,按行业拟定供、产、销计划和手工业劳动者的安排计划,以便有准备、有步骤、有目的地进行改造;整顿、巩固和提高现有社(组),每一县(市)分别总结出主要手工业的社会主义改造和整顿社的系统的典型经验,为进一步开展手工业社会主义改造工作奠定稳固的基础。在上述工作基础上,从供销入手,适当地发展新社(组)。会议还对相关政策作出若干具体规定,例如对雇用3人以上10人以下的工场手工业小资本家的入社问题,规定在吸收其入社时必须掌握下述原则:资本家放弃剥削,参加劳动;让他们参加较大的和基础巩固的手工业生产社,并须经社员大会通过;入社后将他们分散编入不同的生产组内,且不准他们担负领导职务;生产资料及其他所需固定资产,除折价入股部分外,多余部分可以存款计息;接收小资本家入社的合作社要继续对这些小资本家进行思想改造;等等。这次会议也对1955年的发展规模,拟定了较为具体的计划:到1955年年底,合作社社员发展到190万人,其中生产合作社社员不超过87万人,供销合作社社员不少于45万人。会议还要求各地把工作重点放在那些与国计民生有重大关系的行业上,力图让这些行业尽快完成社会主义改造,在先进的体制下大力发展生产。

第四次全国手工业生产合作会议结束后,各地对会议精神进行了认真贯彻。1955年上半年在手工业合作社内部开展了整社运动,使手工业合作组织的素质得到提高,同时全国手工业合作组织发展到近5万个,有组织的手工业者近150万人。[①] 到1955年年底,全国手工业合作组织发展到64591个,比1952年增长了16.7倍;有组织的手工业者达到220.6万人,比1952年增长了8.7倍,占手工业从业人员总数的29%。[②] 全年产值达20.16亿元,比1952年增长了6.9倍。其中手工业生产合作社20928个,比1952年增长了5.4倍;社员97.6万人,比1952年增长了3.5倍;全年产值13.01亿元,比1952年增长了4.3倍。[③] 1955年下半年以来,上海市手工业系统开展了按行业成片组织发展工作,有手工针织、棉织、木壳、玉雕等13个行业组织成立手工业合作社。至1955年年底,全市共有446个生产社(组),社(组)员28653人。其中生产社157个,社员11512人;供销生产社54个,社员13022人;合作小组235个,组员4119人。全年产值6274万元,建立供销业务关系的有60个行业(组),共2636户,12380人。[④] 在"统筹兼顾、稳步前进"原则指导下的手工业合作化运动,"应该说,发展速度已经不慢了"[⑤]。

三、手工业社会主义改造的高潮与合作化的基本实现

正值手工业的社会主义改造稳步且较快推进时,中国共产党人在改造问题上出现了急躁和冒进的思想情绪,进而导致了手工业改造高潮的急速到来。1955年7月31日,在中央召开的省、市、自治区党委书记会议上,毛泽东作了《关于农业合作化问题》的报告,批判了农业社会主义改造工作中存在的"右倾保守思想",中国农业合作化开始走向高潮。同年10月,又出现了资本

① 薄一波:《若干重大决策与事件的回顾》(上册),中共中央党校出版社1991年版,第463页。

② 《刘少奇选集》(下卷),人民出版社1985年版,第213页。

③ 汪海波:《新中国工业经济史》,经济管理出版社1994年版,第384页。

④ 《中央手工业管理局转达第四次全国生产合作会议关于手工业社会主义改造的方针》,1955年7月28日,载上海市第二轻工业局编志办公室、上海市工业合作经济研究所编:《上海手工业史料汇编》第1辑,内部资料,1990年,第87页。

⑤ 薄一波:《若干重大决策与事件的回顾》(上册),中共中央党校出版社1991年版,第465页。

主义工商业全行业公私合营的高潮。

1955年11月下旬，陈云向有关部门指示："手工业改造不能搞得太慢了"，"如果手工业这方面的改造速度慢了，那就赶不上去了"。[①] 同年12月5日，中共中央召开座谈会，刘少奇传达毛泽东的指示，要求各条战线批判"右倾保守思想"，加快社会主义改造和社会主义建设的步伐，同时也批评了手工业社会主义改造"不积极，太慢了"，要求手工业合作化到1957年达到70%—80%。[②] 12月20日，刘少奇在听取手工业管理局负责人的汇报时又指出：手工业改造不应比农业慢。要求手工业合作化在1956、1957两年搞完。"时间拉长了，问题反多。"[③]

1955年12月9日，中央手工业管理局、全国手工业合作总社筹委会召开全国重点地区手工业组织检查工作座谈会，提出了"加快发展，迎接高潮，全面规划，计划平衡"的新的组织任务。12月13日，中央手工业管理局、全国手工业合作总社筹委会，向各省、市手工业管理局和手工业生产联社发出了关于对手工业社会主义改造工作进行全面规划的通知。通知指出，对手工业的社会主义改造必须在"全面规划、加强领导"的方针下加快进行。同年12月下旬，召开了第五次全国手工业生产合作会议。会议着重批判了不敢加快手工业合作化步伐的"右倾保守思想"，制定了手工业社会主义改造的全面规划，要求在1956、1957两年以内，基本上完成手工业合作化的组织任务。

其实，毛泽东对此速度仍不满意。12月27日，毛泽东著文指出："现在提到全党和全国人民面前的问题，已经不是批判在农业的社会主义改造速度方面的右倾保守思想的问题，这个问题已经解决了。也不是在资本主义工商业按行业实行全面公私合营的速度方面的问题，这个问题也已经解决了。手工业的社会主义改造的速度问题，在一九五六年上半年应当谈一谈，这个问题

① 薄一波：《若干重大决策与事件的回顾》（上册），中共中央党校出版社1991年版，第316页。
② 萧国亮、隋福民：《中华人民共和国经济史》，北京大学出版社2011年版，第159页。
③ 薄一波：《若干重大决策与事件的回顾》（上册），中共中央党校出版社1991年版，第317页。

也会容易解决的。”①

在中共中央领导人急切推动的同时,面对轰轰烈烈的合作化高潮,手工业者表现出很大的积极性。这既是出于自身利益的考虑,亦是合作化政策多年推行的结果。事实上,自1953年国家“一五”计划实施后,个体手工业者独立发展的空间便日趋缩小。一方面手工业供销不平衡现象日益严重,存在原料短缺、产品供不应求或销售不出去等问题;另一方面随着国营贸易部门业务的扩大,个体手工业者对国营贸易部门的依赖性日益增大,但分散的、个体的小手工业者并不能满足国营贸易加工订货的要求,合作化道路实属必然。很多手工业者感到“再单干下去也没什么意思”②。这样一来,在政府要求加快合作化步伐以及频树典型增强示范作用的背景下③,个体手工业者纷纷要求组织起来,全面合作化也就迅速实现了。

1956年1月,北京市采取全市按行业一次性批准合作化的办法,自1月13日至20日,仅用了8天,北京市就基本上完成建社、扩社任务。仅在11日、12日两天之间,就有53800多名手工业者参加了各种形式的手工业合作社,加上原来已入社的36000多人,全市手工业者基本上全部实行了合作化。④ 此后,许多城市纷纷学习北京的经验,改变了原来以区为单位按行业分期分批分片改造的做法,按行业全部组织起来,加快了手工业合作化的进程。到1956年2月,全国已有143个大中城市(占全国大中城市的88%)和691个县实现了手工业基本合作化,参加手工业合作化的从业人员达300万人。到1956年6月,全国除少数边远地区外,基本上实现了手工业合作化,组织

① 毛泽东:《中国农村的社会主义改造高潮》序言,载中共中央文献研究室编:《建国以来重要文献选编》第7册,中央文献出版社1993年版,第435页。

② 《关于石家庄市发展手工业合作化全面规划》,石家庄市档案馆藏档,全宗号51,目录号1,案卷号10,第39页。转引自范友磊:《石家庄市手工业社会主义改造研究》,河北大学硕士学位论文,2010年,第28页。

③ 各地方往往都采取培养典型、树立旗帜的办法,以吸引个体手工业者组织起来。例如,上海市政府大力宣传铁床生产合作社。它是第一个由失业工人,以3把榔头和很少资金组织起来的,到1955年已基本实现机械化生产,年产值184万元。参见:《上海手工业史料汇编》第2辑,内部资料,1990年,第198页。

④ 高维峰:《中国手工业社会主义改造研究——以北京为中心》,河北大学硕士学位论文,2008年,第22—23页。

起来的手工业者已占手工业者总数的90%。新成立的手工业合作社,只有一小部分是经过生产小组过渡而来的,大部分则是在改造高潮中直接组织起来的。

石家庄计划“1956 年春组织一次高潮,基本完成全市手工业合作化;高潮过后,以整顿为主,按自然行业,合并一批、吸收一批;到年底使组织起来的社员达到从业人员的 100%”[①]。根据既定方案,石家庄采取规划、组织并进方式,在手工业者配合下迅速推进合作化进程。北京宣布实现合作化后,石家庄加快调整步伐,最终采取一次性批准入社方法完成全部合作化。1956 年,“全市共有 31 个生产合作社,下设 81 个工厂,72 个门市部,363 个加工修理部,共有社员 10440 人”[②],生产规模进一步扩大。

湖北省手工业合作化起步较早。1956 年年初,“湖北省已经组织起来 6001 个社组,198571 个社组员,专业手工业者 324684 人,分布在两千人口以上城镇者为 156967 人,分布在两千人口以下集镇和乡村者为 167717 人,其中生产合作社 5097 个,180711 人,供销社 32 个,3942 人,农民兼营手工业 461349 人,城市居民兼营手工业 23839 人,占专业总人数 59. 62%”[③]。根据勤俭办社精神,湖北通过《湖北省手工业生产合作社联合章程(草案)》,按片区、批次分别编入合作社,转变一次性批准入社方式,积极推进手工业全面改造。

边疆地区手工业改造速度加快。1956 年 1 月,新疆确定“全面规划,加强领导”指导方针,将手工业社会主义改造作为战略任务。当年,全区手工业“组织起来的有 2. 7 万多人,占 84. 8%,建立手工业社(组)1016 个,其中大型手工业社 239 个。”[④]。鉴于民族成分复杂,和田、喀什等少数民族聚居区因地制宜组建专业合作社。先后“成立地毯社 1 个,社员 253 人;花帽社 19 个,小

---

① 《中共石家庄市委关于对手工业社会主义改造的初步规划》,石家庄市档案馆藏档,全宗号 1,目录号 1,案卷号 287,第 15 页。

② 《石家庄市手工业管理局关于 1956 年上半年工作综合报告》,石家庄市档案馆藏档,全宗号 51,目录号 2,案卷号 2,第 251 页。

③ 《手工业工作提要》,湖北档案馆藏档,SZ34-3-283。

④ 富文主编:《当代中国的新疆》,当代中国出版社 1991 年版,第 103 页。

组4个,社(组)员531人;乐器社1个,社员201人;银饰社4个,小组3个,社(组)员113人"①。

1956年年底,全国手工业合作组织发展到104430个,其中手工业生产合作社74669个,比1955年增长2.6倍;有组织的手工业者达603.9万人,比1955年增长了1.7倍,占手工业从业人员的比重由1955年的26.9%上升到91.7%,其中社员484.9万人,比1955年增长4倍,占手工业从业人员的比重由1955年的11.9%上升为73.6%;手工业合作化组织的全年产值达到108.76亿元,比1955年增长了4.4倍,占手工业总产值的比重由1955年的19.9%上升到92.9%,其中手工业生产合作社全年产值100.93亿元,占手工业总产值的比重由1955年的12.9%上升到86.2%。② 在1956年1月16日至19日短短4天内,上海各区批准参加合作社的个体手工业者达32700户,71100人,连同少数划归手工业改造的工场手工业,共达34600户,86300人。③

需要说明的是,由于农业、资本主义工商业和手工业三大改造基本同时进入高潮,一部分分散的农村个体手工业者及约1000万农村兼营商品性手工业者参加了农业合作社,一部分与资本主义工商业关系密切的手工业者则参加了资本主义工商业的改造,到1956年年底,共计48000多户个体手工业户并入了公私合营企业。至此,中国手工业基本完成了社会主义改造任务。

四、手工业合作社运动促动下的生产关系改良

合作社建立后,为避免和克服早期出现的组织不健全、管理无制度、生产无计划、作风不民主、经营方式陈旧等现象,促进手工业生产合作社的巩固和发展,政府推动手工业合作社自身逐渐建立起一系列的管理制度。这在其稳定和发展的过程中扮演着重要的角色,起着同国家政策同等重要的作用。

---

① 新疆维吾尔自治区手工业生产合作社联社:《新疆维吾尔自治区手工业社会主义改造十年总结暨主要文件汇编》,内部资料,1959年,第362页。

② 汪海波:《新中国工业经济史》,经济管理出版社1994年版,第385—386页。

③ 《上海手工业史料汇编》第1辑,内部资料,1990年,第88页。

1953年11月，全国第三次手工业生产合作会议正式决定，以计划指导生产，实行经济核算制和产品检验制，保证产品质量。为实现这一目标，会议要求以集中生产、改善劳动组织、改进生产技术、提高劳动生产率为中心环节，建立手工业生产合作社的管理制度。这次会议以后，手工业生产合作社逐步建立了内容明确、简便易行的各种规章制度，加强了生产的计划性。1954年12月，在全国第四次手工业生产合作会议上，朱德要求手工业生产合作社依靠党的领导，勤俭办社，民主办社，健全各种管理制度，以进一步提高产品质量和改进经营作风。朱德的讲话，对以后改进手工业生产合作社的生产和管理，以及巩固和发展合作社，起了重要的作用。

一般来讲，手工业合作社的管理制度，包含民主管理制度、生产管理制度、收益分配制度、福利待遇制度等主要内容，渗透着民主办社和勤俭办社的精神。

民主管理制度：合作社的民主管理机构一般由社员大会、理事会、监事会组成。社员大会是生产合作社"最高"的民主权利机构，主要职权在于：通过和修改合作社的章程，选举理事会、监事会和出席上级联合社代表大会的代表，批准合作社的生产计划、财务计划、支出预算、生产定额和工资计算标准，审查并批准理事会关于合作社生产和业务的季度报告和年度报告，听取监事会的报告，等等。[①] 理事会是执行机构，负责合作社的日常工作，并对社员大会和上级社负责。监事会对理事会起监督作用。民主管理制度的实施是对合作社社员平等地位的一种确认，是生产资料集体所有制的必然要求，体现着民主办社的原则和初衷，可以很大程度地调动社员的生产积极性。

例如，石家庄通过民主管理制度有效改善生产环境，提高社员生产积极性，如"建中制鞋社在成立后两年多的时间里没有理事会、监事会组织，社员权利无法得到保障，影响了社员的生产情绪"[②]，产量、质量提高幅度有限。此类合作社经过建立民主制度，"清除了反动分子，建立了民主管理机构，设立

① 王昊天：《关于手工业合作化的几个问题》，财政经济出版社1954年版，第36页。

② 《本市手工业生产合作社经过普查、整改工作取得了初步成绩》，石家庄市档案馆藏档，全宗号51，目录号2，案卷号6，第73页。

了理事会、监事会及各种管理制度,提高了社员的思想觉悟,合作社不断发展壮大起来"①,生产潜力得以充分发挥。

生产管理制度:手工业者组织起来以后,合作社生产的有序进行便成为关键。手工业生产合作社通过实施生产计划、原材料供应计划、产品销售计划、劳动工资计划,实现计划生产。以"定料、定员、定量、定质"为内容确定定额指标,在生产定额基础上建立生产责任制,保证生产计划的实现。在成立之初,合作社一般都会首先制定一些劳动纪律,如按时上下班、工作中不偷懒、不任意旷工缺勤、有事请假等。随着进一步的发展,合作社又会相应地制定各类生产管理制度,诸如财务制度、原料保存与产品检验制度、计划管理制度、奖励制度、定额管理制度等。以定额管理制度而论,它规定了社员在生产过程中所要达到的标准,包括了上述的定量、定材、定质、定员几个关键要素。② 定额管理制度是一项比较精细的生产制度,往往只有生产水平和管理水平达到一定程度的合作社才能实施,反映着合作社的管理水平。能否实现合理的定额管理,直接影响着合作社社员的生产热情和生产任务的实现。例如,石家庄市推进定额管理制度时,竹藤社并未根据实情制定定额,"只有社员实际产量的一半",显然起到了阻碍作用。但该市第一小五金生产合作社的质量观念和成本观念在实行定额管理制度后有明显提高,社员建立起次品展览台和三级标准,制定三查制度,未经检查的产品不许出厂。③

计划管理制度是指合作社根据自己的生产能力,提出一定时期的生产任务,以及对提高劳动生产率、降低成本、加速资金流转等方面的要求。具体来讲,计划主要有产品计划、劳动计划、原材料供应计划、成本计划、财务计划、技术组织计划等。通过这种计划,亦将合作社的生产纳入国家经济计划之中。通过计划管理,很多合作社的管理水平较未制定计划时明显提高,社员责任感增强,也使得作为生产上下衔接者的社员之间的团结有所加强。上海

① 《石家庄市集成棉织生产合作社典型材料》,石家庄市档案馆藏档,全宗号51,目录号2,案卷号14,第16页。

② 王昊天:《关于手工业合作化的几个问题》,财政经济出版社1954年版,第38页。

③ 范友磊:《石家庄市手工业社会主义改造研究》,河北大学硕士学位论文,2010年,第19页。

县上联袜厂在公私合营之前，管理制度相对落后，生产情况难以及时向中百公司报告。从实际情况出发，上联袜厂积极改善管理体制，通过计划管理、民主管理提高生产效率。上联袜厂根据国家计划制定作业规划。经过厂领导和生产组长协商，共同制订作业计划。经过每星期开会，找出生产薄弱环节，充分发挥潜力。生产小组每天开会，积极推进生产进度，按时按量完成计划。从按劳分配角度出发，上联袜厂推行原始记录制度。生产小组每天记录各组、个人的产量、考勤、原材料等情况。通过对各方面，尤其是原材料的掌控来实现材料利用率的提高。①

收益分配制度：手工业合作社的收益，一般来讲，要在国家、上级社、基层社、社员个人四方面进行分配。其中，国家所得部分包括合作社的营业税、所得税；上级社所得部分包括合作社上缴的行政管理费、合作事业建设基金及上缴的教育基金；基层社所得部分包括基本基金、折旧基金、不参加分配的各项收入，未支出的奖励基金、教育基金、福利基金、附加工资；个人所得部分包括工资、劳动分红和已支出的奖励基金、教育基金、福利基金。在不同的时期里，这四个层面的分配比例是不同的，各个合作社的收益分配情况亦是不同的，但是，个人所得最多、国家所得第二、基社所得第三、联社所得最少的格局基本相同。个人所得在收益分配中所占的比重最大，而其中最主要的部分是工资收入。

工资收入分配总的原则是，在手工业合作社内部，实现废除剥削，即：每个社员按照自己所提供的劳动，获得劳动报酬。因为社员的技术水平和劳动量不同，所以每个人的劳动收入也不一样。国家希望通过几年的探索，逐步实现按劳分配的目标。

新中国成立初期，由于物价并不稳定，很多手工业生产合作社采取的是实物工资制，随后转向采行货币工资制。总体而言，以“平均入股”形式建起的手工业生产合作社，基本上都采取平均主义的分配方式。很显然，平均主义的工资制度并不利于调动全体社员的生产积极性，特别不利于刺激生产能

① 《本厂计划管理情况》，上海市闵行区档案馆藏档，29-2-25-11。

力较强社员的积极性。

1952 年 8 月,全国第二次手工业生产合作会议明确提出反对平均主义工资制,要求合作社实行按劳分配和劳动返金制,制止平均主义进一步增长。一部分社员认为平均主义工资制就是“吃大锅饭”。1953 年,随着国民经济的恢复和好转,在国家信贷、税收和国营工商业、合作社商业的扶助下,手工业生产合作社逐渐克服了资金短缺和生产季节性的矛盾,生产获得稳定的增长,产品市场迅速扩大,收入增长比较快。但是,手工业生产合作社在收入增长以后,却没有相应增加更多的积累,因此,曾普遍出现工资偏高和工资增长幅度超过生产率增长幅度、合作社社员工资普遍高于国营企业职工工资的现象。据统计,全国大中城市的装订、印刷、食品、缝纫和铁木器具行业的手工业生产合作社的工资水平竟为 100—250 元。1953—1954 年,手工业生产合作社的劳动生产率提高 43%,而工资增长率却高达 47%。社员工资比国营企业职工工资高 1—2 倍。

很显然,这种分配方式,既不利于巩固手工业生产合作社,也不利于国营经济的发展。国家、个人、集体利益诉求差异化,少数合作社“存在偏重集体利益而忽视国家利益的思想,致使国家长期赔钱不能解决”①。整体而言,多数合作社分配格局为个人最多、国家其次、基社第三、联社最少。合作社员工工资甚至高于国营企业。据统计,石家庄合作社“平均工资为 44. 59 元”②,达到国营工厂标准。10%的合作社收入为 50—60 元,与工业企业“倒挂”。

1953 年 11 月,全国第三次手工业生产合作会议决定着手进行工资改革,以纠正平均主义、高工资现象。按照合作社社员的工资不超过并略低于国营企业职工的工资水平的要求,参照当地同行业或同类国营企业的规定,制定合作社的技术标准、工资级别,在合理的生产定额的基础上,实行计件工资制。此时,合作社社员除计件工资和计时工资两种主要工资形式外,还有奖

① 《关于合作社在收益分配当中存在的问题及对今后的分配意见》,石家庄市档案馆藏档,全宗号 51,目录号 1,案卷号 24,第 72 页。

② 《1956 年对基层单位进行工资改革的总结》,石家庄市档案馆藏档,全宗号 51,目录号 1,案卷号 31,第 34 页。

金、劳动返还金、劳动分红等辅助形式。劳动分红一般不超过合作社盈利的25%。

1954年9月，全国供销合作社生产局在《关于手工业生产合作社工资问题的处理意见(草稿)》中，提出建立合理的工资制度的具体意见。经过整顿和改革，1954年年底，基本上遏制了工资偏高的现象，初步建立了比较合理的工资制度。1952—1956年，合作社社员的工资年平均增长12.9%，90%的社员增加了劳动收入。在生产发展和合作社收入增长的基础上，不少地区还兴办了社员公费医疗、医疗补助、困难补助等福利事业。据统计，到1956年全面合作化以后，很多地区的手工业合作社建立了较全面的福利制度，内容常常包括公费医疗、免费理发洗澡、妇女卫生费、妇女产假工资照发、病假工资补助(70%—80%)、生活困难补助和免费托儿所等。此外，一些条件更好的合作社还实行了更多的福利待遇，比如节假日半价看电影等。例如，1955—1957年，石家庄市手工业生产合作社实现利润总额迅速提高、分配制度逐步完善的转化。两年半中，利润总额由2098458元增至7996755元(1957年1—9月数据)[①]。整体而言，基层所得逐渐下降。职工收入绝对值和国家比例有所提高。收入总额和分配结构表明合作社制度有利于经济发展和民众收入水平提高。

当然，合作社的福利应当与手工业当时的经济基础相一致。超过幅度的福利待遇虽然会对社员的工作起到积极作用，但会影响到合作社的积累，给其造成负担，从而不利于合作社的长久稳定发展。

第四节　手工业社会主义改造推动下的生产力与生产关系变革

中国手工业的社会主义改造，不仅是一次组织形式的变化，更是一场生产关系和所有制性质的重大、深刻变革。这场变革，奠定了中国社会主义经

① 《石家庄市三个社收益分配调查报告》，石家庄市档案馆藏档，全宗号51，目录号1，案卷号31，第84页。

济制度的基础,为此后中国城乡广大的集体经济指明了方向,也为解放和发展生产力开辟了道路。但是,也应该注意到,个体手工业的社会主义改造在实践层面存在某些失误,这些失误在不同程度上,影响到某些手工业行业的发展进程、某些手工业社员的生产生活。中央领导人较早觉察到了这些失误,也采取了种种调整措施,并取得过一定成效。但是,由于当年所处的时代背景、历史条件和领导人认识上的局限,纠正举措不可能非常得力,以至于其成效很快被后来的“大跃进”运动所淹没,并在其后一个较长的历史时期内遗留了部分问题。

一、手工业改造推动下的生产力快速发展

中国手工业社会主义改造所取得的成就,不仅集中地表现为促进了手工业生产的恢复和发展,有利于整个国民经济的恢复和发展,而且改善了手工业者自身的物质和文化生活,也为国家培养和输出了一批基层干部。

生产关系对生产力有反作用,所有制关系的改变促进了手工业生产的快速发展。从1949年到1956年这几年里,手工业的生产关系、手工业者的地位发生了深刻改变。伴随着合作化运动的展开和完成,手工业由原来的生产资料个体私有制改变为合作社集体所有制,把原来旧的、家长制的封建关系和剥削关系改变为新的、民主的互助合作关系,解除了生产关系对生产力的束缚,广大社(组)员在生产活动和社务活动中的劳动热情得到了极大的提高。很多原本较为保守的老艺人,愿意将其祖传秘方公之于众,这使得手工艺技术得到传播甚至得到提高。例如,长沙市知名湘绣艺人廖家惠,不仅先后培养出200名艺徒,更是把独家的“芙蓉花”刺绣方法公之于众。在随后的社会主义劳动竞赛中,各地手工业合作社涌现出大批先进生产者和劳动模范。武汉市1956年第三季度中,涌现先进生产者5223人。这些手工业先进生产者,在提升劳动技能、改进工具设备、提高劳动生产率方面,发挥了带头作用。例如,徐州市五金一社弹簧锤组小组长、26岁的谢传经,为社里试制成功弹簧锤,大大减轻了社员的笨重体力劳动;改进了螺丝套床,提高效率几十

倍。经他改进的小工具不下数十种,他还带动全组月月季季超额完成任务。①

所有制改变后的生产热情,明显地体现在手工业产值的增长上。1957 年与 1952 年相比,全国手工业产值增长 82.8%,平均每年增长 12.8%。1956 年,在手工业从业人员较大幅度减少的情况下,全国手工业总产值达到 117.03 亿元,比 1955 年增长了 15.6%,与 1952 年相比,增长了 60%,提前一年完成了“一五”计划中 1957 年的指标。1957 年,手工业产值继续大幅度增长,达到 133.67 亿元,超额 13.5%完成“一五”计划的指标。②

手工业产值的增长,得益于合作化后劳动生产率的不断提高。旧中国的手工业劳动生产率相对很低。中华人民共和国成立后,包括个体手工业在内的手工业生产的总体状况是恢复和前行的。1952 年国民经济恢复时期结束,同此时相比,1956 年全国手工业的劳动生产率提高了 47.9%,如果同中华人民共和国成立前劳动效率最高的 1936 年相比则提升了近两倍。③ 其中,1956 年手工业生产合作社的每人平均产值为 2086 元,较 1952 年的 1410 元提高了 47.9%,平均每年以近 10%的速度增长。

表 1-3　手工业生产合作社劳动效率(1952 和 1957 年)

	劳动生产率(元)		
	1952 年	1957 年	1957 年比 1952 年增长(%)
总计	1408	2194	55.82
按主要行业分:			
金属加工工业	922	2162	134.49
木材加工工业	595	1399	135.13
造纸工业	322	809	151.24
陶瓷工业	570	1026	80.00
纺织工业	2144	2640	23.13

① 季龙:《当代中国的集体工业》,当代中国出版社 1991 年版,第 166 页。

② 孙健主编:《中华人民共和国经济史(1949—90 年代初)》,中国人民大学出版社 1992 年版,第 165 页。

③ 《朱德选集》,人民出版社 1983 年版,第 364 页。

续表

	劳动生产率(元)		
	1952年	1957年	1957年比1952年增长(%)
缝纫工业	3609	3283	-9.03
皮革工业	2873	3738	30.11
食品工业	3974	4089	2.89
工艺美术品	532	598	12.41

资料来源:中华全国手工业合作总社、中共中央党史研究室编:《中国手工业合作化和城镇集体工业的发展》第1卷,中共党史出版社1992年版。

合作化运动后,手工业生产的进步不仅表现在量的增加上,同样体现在质的提升上。山东省潍坊市第一农具社的五铧犁,哈尔滨市机电生产社的电动机、变压器等,都达到了国家规定的质量标准。河南省新乡市五金社生产的鲐丝钳子、广东省佛山市生产的汽灯嘴等,当时已达到国际水平。所有制改变调动起手工业生产者的积极性,故新的花色品种也不断涌现。例如,辽宁省在1956年内共试制了2000多种新产品,从各式农具、生活日用品到精密的科学仪器、医疗器械和工艺美术品等样样都有。

合作化运动很大程度上改善了生产条件,并为机械化和集体经营奠定了基础。手工业者组织起来后,除原料供应和成品销售较为畅通外,还有条件实行一定程度的集体劳动与分工协作,这样一来,劳动生产率得以提高。在此基础上,手工业合作社逐步地扩大公共积累,逐步地由手工业生产改变为半机械化、机械化生产。到1956年年底为止,全国手工业合作社共有自有资金65亿元,这样就为改善生产设备和劳动条件,从简单再生产到扩大再生产,奠定了物质基础。据统计,全国已实现机械化生产的合作社,当时有1582个。手工业的半机械化、机械化合作组织从数量上看占1.97%,从产值上看则占7.6%。[①]

手工业合作化以后,经过不断调整、改组,大大改变了手工业原来在个体

① 顾龙生:《中国手工业改造的理论与实践》,《中共党史研究》1990年第1期。

经营时的一盘散沙状态，形成若干新的行业结构，从而构成中国国民经济中一个以集体工业经济为主体的行业管理体系。这样，它作为中国社会主义两种公有制经济的重要组成部分，能够集中较大的人力、物力和财力，加强行业内部和行业之间的生产协作，并且和国营商业、合作社营商业建立了经济联系，逐步地加强了计划性，克服了生产上的盲目性和不稳定性。诸如服装、家具、五金制品、铁木农具、工艺美术等行业便是如此。这是社会主义集体经济最重要的优越性。此外，在生产装备上，手工业合作社接收和利用了国家闲置的或替换下来的一部分机器，这都是当时的个体手工业者在财力、物力和人力等方面难以达到的。全国大部分地区机械化、半机械化程度有所提高。浙江省通过添置机器提高机械化水平，推动手工业向工业过渡。1954 年，机械化合作社社员共 1599 人，占总人数 1.08%。[①] 1957 年，相关人员达到 111756 人，占手工业人数 9.31%。[②] 杭州市制钉生产合作社拥有"动力马达 7 部、机械设备 22 部……公共积累资金高达 121849 元"[③]，有效推进机械化发展。

武汉市在手工业改造过程中，结合机械化对操作人员文化素养要求较高的特点，注重从业人员文化素质培养。武汉市在继承师徒制培训模式之外，广泛采取成组培训、举办训练班、签订培训合同等新型教育方式。20 世纪 60 年代，手工业教育体制日趋完善。1965 年，半工半读系统初具规模，形成 3 所专门学校。相关学校采用文化、技术结合方式，力求"在专业理论、文化达到中等专业技术学校水平，技术操作达到二、三级技术工人水平"[④]，形成理论、实践能力兼具的工人队伍。

在国家支持、产业工人队伍日益完善的推动下，武汉手工业机械化水平逐渐提高。1952 年，有机械化、半机械化生产者 3 户。1953 年，相对应生产

---

① 《浙江省手工业基本情况、存在问题及今后意见的报告》，浙江省档案馆藏档，J112-003-004。

② 《浙江省手工业社会主义改造的规划方案（草案）——李茂生在浙江省第一次手工业生产合作社代表会议上的报告》，浙江省档案馆藏档，J112-003-002。

③ 《杭州市制钉生产合作社机械化、半机械化装备情况》，载《全省机械化、半机械化铁器生产合作社调查原始资料》，浙江省档案馆藏档，J112-002-011。

④ 《关于试办半工半读学校的报告》，1965 年 10 月 29 日，武汉市档案馆藏档，59-1-80。

者达到6户。[①] 合作化运动后,政府专门拨付一批机器支援手工业,机械化企业达到68家,“金属切削机床619台,电动机762台”[②]。核心产业棉纺织业2674台织布机中,电动力的达到2308台,占比超过80%。[③] 伴随机械化程度提高,手工业合作社开始设置科研机构。1954年,武昌5个缝纫社合作成立技术组,随后铁器社、棉纺织业相继组建技术研究会。1995年年末,武汉手工业生产合作社成立69个研发机构,人员509人,逐渐形成“市局—公司—厂(社)”的科研体系。[④]

机械化的提高和科研机构的设立有效推动生产力发展。武汉市主要手工业行业中半机械化程度广泛提高,竹木业工业水平“占全部工序的39%”[⑤],重体力工序基本由机器取代,生产效率提高30%以上。新汉和刀剪厂机械化实现由0到67%的突破。[⑥] 工厂成立12年以来,机器总数增加2倍,工业产值增长3倍,重要工序实现由手摇机到电动机的过渡。

合作化运动在推动经济增长的同时,提高了手工业者的收入,一定程度上改变了社员的贫困状态。1949年以前,对手工业者而言,最大的威胁便是贫困。当时有一种说法是,手工业者是“四愁”缠身。即:“愁吃、愁用、愁穿、愁病。”合作化以后,由于克服了生产上的盲目性和不稳定性,社员收入自然得到很大程度的提高。1956年,全国很多地区的手工业合作社社员比入社前增加了劳动收入,其中生产合作社每个职工年平均工资达到347元,比1952年提高了66%,平均每年提高13.5%。1957年手工业合作社社员的人均工资达到384元,较1956年增长10.7%,较1952年增长83.73%,5年中平均每

① 毛恒杰主编:《武汉二轻工业(1840—1985)》,武汉第二轻工业局,内部资料,1987年,第39页。

② 毛恒杰主编:《武汉二轻工业(1840—1985)》,武汉第二轻工业局,内部资料,1987年,第39页。

③ 《第一个五年计划执行情况总结》,1958年,武汉市档案馆藏档,13-1-754。

④ 毛恒杰主编:《武汉二轻工业(1840—1985)》,武汉第二轻工业局,1987年,第47页。

⑤ 《关于竹木行业整改前后的几个基本情况的调查报告》,1961年,湖北省档案馆藏档,SZ89-2-218。

⑥ 《新汉和刀剪厂企业管理情况调查报告》,1964年10月29日,武汉市档案馆藏档,59-1-67。

年增长 12.9%。[1]

表 1-4　手工业生产合作社社员平均工资(1952 和 1957 年)

	平均工资(元)		
	1952 年	1957 年	1957 年比 1952 年增长(%)
总计	209	384	83.73
按主要行业分:			
金属加工工业	197	461	134.01
木材加工工业	169	360	113.02
造纸工业	104	258	148.08
陶瓷工业	192	391	103.65
纺织工业	268	335	25.00
缝纫工业	307	341	11.07
皮革工业	340	572	68.24
食品工业	193	485	151.30
工艺美术品	73	196	168.49

资料来源:中华全国手工业合作总社、中共中央党史研究室编:《中国手工业合作化和城镇集体工业的发展》第 1 卷,中共党史出版社 1992 年版。

不仅如此,如前所述,全国大中城市及部分县(市)手工业合作组织,实行医疗补助,有些社实行公费医疗,病假、产假期间还有工资补助。不少合作社还设立托儿所、哺乳室、扫盲班、文化业余学校和各种文娱体育组织。北京约 95%的社实行医疗、病假、产假补助。上海 90%的社实行公费医疗或病、产假补助,办托儿所 24 个、夜校 17 个、文化班 200 多个。相当多的社员有了银行存款。这是确实存在的状况。

合作社为国家培养了一批基层干部。据 1956 年年底统计,全国各级手工业联社的干部有 4 万多人,基层社脱离生产的干部有 31 万多人,在各级联

① 邓洁:《中国手工业社会主义改造的初步总结》,人民出版社 1958 年版,第 89 页。

社的 4 万多名干部中,除少数干部原来是基层社的手工业劳动者以外,大多数是由中共各级党委和政府机关抽调到手工业部门的。他们具有不同的文化水平和工作经验,其中有些是经过革命斗争锻炼的干部,但也有相当数量的干部是缺乏斗争经验和劳动锻炼的青年知识分子。这些干部,除极少数老干部曾经从事过一些合作社工作外,基本上都是外行干部。他们被抽调从事手工业工作以后,都积极学习,努力工作。有一些参加过中央手工业合作干校或省(市)干校的学习,有的参加过一些训练班学习,但主要还是深入基层,进行调查研究和试点工作。他们在实践中学习,在合作化运动中增长才干,提高了政治水平和业务能力。特别是经过合作化高潮的锻炼,他们对手工业社会主义改造事业,在实践上和理论上都积累了比较丰富的经验,成为一支比较成熟、对党和人民的事业无限忠诚、热爱手工业工作的骨干队伍,是党和国家的宝贵财富,对贯彻党和国家的方针政策,实现中国手工业社会主义改造作出了很大贡献。

在基层社的 31 万多名脱产的管理人员中,大多数原来是本行本业的手工业劳动者,不少是掌握技术的老师傅、老技工,一部分是陆续招收的中学、小学毕业学生。这些人员,大多数经过手工业社会主义改造,从实践中逐步增长管理知识,学习管理技能,许多人特别是从事生产管理、计划统计、组织指导、财务、供销等专业工作的管理人员,大多数参加过联社组织的文化学习和专业训练,基本上具备有关工作的管理才能。这些管理人员,活跃在手工业合作化的第一线,他们直接接触实际,接触群众,任务繁重,经验丰富,是手工业合作化运动的尖兵,也是各级联社骨干的强大后备力量。这几十万手工业管理人员,在以后中国的手工业工作中,大多数发挥了骨干作用,许多人担负了各级、各地更为繁重的工作任务。[①]

二、手工业改造中过渡性特征的影响

依照中共中央起初的设想,完成三大改造至少要用 10 年至 15 年的时间,

① 《当代中国》丛书编辑部编:《当代中国的集体工业》,当代中国出版社 1991 年版,第 172—173 页。

但实际上只用 7 年便基本结束了。同私营工商业和农业改造相似,手工业社会主义改造后期出现的“要求过急,改变过快,工作过粗,形式过于简单划一”的状况,使合作化运动出现了很大的偏差和失误,有些失误在当时既有显现,也有些失误尽管在当时并未明显暴露出来,但在其后一个长时期内逐渐显现出消极的影响。

其一,过多地进行集中生产,统一计算盈亏。

相较于大工业,手工业的主要特色之一,便在于“小而分散,经营灵活,产品多种多样,能够随时适应市场变化和消费者的需要”。故“组织起来以后,为了适应市场千变万化的需要,除了一部分行业宜于集中生产而外,合作社的建社规模一般宜于小些”。[①] 但是,在合作化高潮中,很多地区由于对手工业的上述特点认识不足,对消费者的需要和便利考虑不够,出现了不同程度的、不适当的集中生产,盲目办大社,办多行业的综合社和不适当地统一计算盈亏的现象。主要表现在:①有的修理服务型合作社,原有的服务点撤销过多,集中过大,分布地区过广。诸如,上海市自行车修理业原有 1808 个服务点,改造高潮一开始就撤掉 450 个。又如,沈阳市区原有个体服装店 103 户,改造高潮时组成一个缝纫社,仅设 10 个门市部。结果,不但给管理造成了困难,群众大感不便,而且大量的辅助劳动力无法安排,造成部分社员的实际收入下降。因此,当手工业合作化高潮刚刚过去,又有大量的个体手工业户自发地重新发展起来。如 1956 年年底上海市自发产生的个体手工业者达 4236 户,从业人员达 14773 人,从事的行业则有 90 多种。[②] ②有些制造性行业集中过多,规模过大,特别是在条件还未具备的时候过早地实行集中。1956 年上半年,全国手工业生产合作社的平均人数为 50. 9 人,比 1955 年的 45. 8 人增加了 11. 14%。有些省市如浙江、山东、安徽、河北、江苏、上海、北京、天津等平均人数为 54 至 140 人。河北省石家庄市 1955 年年底原有 98 个社(组),社(组)员 4607 人,1956 年改造高潮中就发展为 5800 多人,社数不仅

① 白如冰:《手工业内部和外部关系上的新问题》,《人民日报》1956 年 9 月 27 日。

② 薄一波:《若干重大决策与事件的回顾》(上册),中共中央党校出版社 1991 年版,第 466—467 页。

没有增加,反而将市区内88个社合并成31个社,其中100人至200人的社有8个,200人至500人的社有8个,500人至1000人的社有4个,最大的服装社竟达1400人。河南省郑州市铁编社,由原来的23个社(组)合并而成,共700余人。[1] 沈阳有一家黑白铁合作社,没有厂房,却把100多人集中起来露天生产,导致晴天日晒、雨天停工。③有的是包括多种不同行业的综合社,把好多自然行业弄在一起,集中生产,体现出明显的工作过粗的状况。诸如,天津附近某集镇听说改造要按行业归口,就把理发的和杀猪的归并在一起,理由是都拿刀刮毛。[2] 有的大社虽是一个行业,但产品类型复杂,生产车间很多,彼此并无协作关系。如北京市第二文具生产社,产品分帖套、墨块、图钉、讲义夹等8个,生产上彼此没有联系,经营管理就产生诸多困难。四川仁寿县铁业区,包括7个集镇,每个相距20—40里。④对于某些需要特别保护的特种手工艺行业,也不加区别地一律实行合作化。还有些地区对独特专长户保留不够,甚至把他们集中在车间里做大路货,使这类独特产品大大不足。所有这些合作社,都曾程度不同地改变了原有手工业的生产经营特色,社员积极性下降,服务质量降低,产品花色品种减少,后果是严重的。

另一方面,由于在改造高潮中集中合并过多,一些产品减少,留了很多"空白点",于是自发的手工工场和手工业户应运而生。据统计,上海市1956年年底手工业自发户、从业人员增加较多,所涉及的行业也较多。引起社会关注的所谓"地下工厂",实际上绝大部分是自发的手工业个体户和手工工场。它们主要进行小商品和特殊产品的生产,保持手工业经营灵活、经常变化的特点,因此产品供不应求,经营的效益也比较好。[3] 这种现象的出现,也从另一方面说明,保持某些手工业的分散经营是社会的需要,是群众的要求。过分集中,一律合作,是不符合社会需要和群众要求的。

---

① 汪海波:《新中国工业经济史》,经济管理出版社1994年版,第397—398页。

② 林蕴晖等:《凯歌行进的时期》,河南人民出版社1989年版,第634页。

③ 《郊区商业和手工业工作总结(初稿)》,1956年,上海市档案馆藏档,A71/1/199,第41—49页。

其二,经营制度的改变造成了手工业供产销的脱节。

如北京市工艺美术行业吹葡萄珠的王宝善与“葡萄常”(制造玻璃葡萄的常贵禄等)协作关系本来很密切,改造高潮中王宝善参加了公私合营,改吹玻璃瓶子,因对吹瓶子不熟悉,愤而退厂回家,参加了农业合作社,影响了“葡萄常”工艺产品的质量。从事景泰蓝烧蓝工序的多为大户,但他们与从事打胎、掐丝工序的个体户有密切联系。在改造中,大户公私合营,小户合作化,对原来的长期协作关系未能具体安排,致使生产不能衔接,造成双方停工。有些地方的商业部门,对手工业产品采取不适当的包销方法,压低了价格,也限制了生产发展。例如,杭州市张小泉剪刀社正常年产能力是 30 万把,而供销合作社要包销,只允许其产 20 万把,限制了该社原有的生产能力,也影响到其销路。①

其三,部分社员在合作化高潮中收入下降。

尽管如前所述,合作化运动造成的积极影响,在于使得手工业者的收入总体有所提升,但并非全部手工业者皆是如此。事实上,手工业合作化高潮后的一段时期内,手工业合作社(组)约有 20%社(组)员的收入,比入社前还有所减少,特别是在高潮中被卷入手工业合作社中的小业主阶层,更加明显。在从事手工业的群体中,小业主是值得关注的一个阶层。合作化运动前,他们当中多数人尚未脱离体力劳动,有的还存在雇佣关系。他们的出身比较复杂,其中出身于劳动者的占半数,此外,还有小商人、小职员等出身。业主的生活并不富裕,他们往往与工人、学徒同吃同住,生活水准类似于中等收入的一般职工。合作化高潮中,已被纳入合作社的很多小业主和原本富裕的手工业者要求走供销、退社单干或参加公私合营的言行频频出现。据 1956 年对北京市前门区 15 个社的调查统计,要求走供销的 22 户,要求退社单干的 2 户,已退社的 2 户,要求走公私合营的 23 户,共 49 户,占 15 个社业主 500 户的 9.8%。究其根源,在于他们入社后收入下降,如单干或走供销等,收入会更多。据对其中的第三装订社 24 名业主的统计,原单干时名誉工资一般是

① 董志凯等主编:《中华人民共和国经济史(1953—1957)》(上册),社会科学文献出版社 2011 年版,第 240—241 页。

60—70 元,还有 100—200 元的纯收益,入社后仅能拿 40—55 元。[①] 此外,在合作化高潮时,多数社员的疾病医疗问题还未得到解决。有的社员反映说:"工人有劳保,农民有五保,我们无一保。"社员中有 5%左右,由于家庭人口多,负担重,或受旧社会遗留下来的贫穷疾病的影响,生活比较困难,需要政府救济。手工业合作社(组)的工资当时还未调整。由于全国实行工资改革,职工普遍增加了工资,对手工业合作社社员影响很大。当时有些地区,社员因工资福利没有保证,收入低,要求退社的现象也相当严重。

其四,合作化后原有技术的传授受到一定程度的影响。

这种情况的出现,原因在于:首先,合作化后,师傅和徒弟大家都是社员,原有的师徒关系淡薄了,甚至隔断了,这对技术传授是不利的;其次,在急速的手工业合作化运动高潮中,由于片面追求公有制的单一形式和高级形式,混淆了不同的经济性质和阶级界限,大量的小业主、小手工业者、小商小贩被笼统当作"私方人员",和资本家混淆对待。[②] 部分地区还曾提出依靠手工业工人和贫苦独立劳动者的"阶级路线",过分强调"领导权要掌握在手工业工人和贫苦独立劳动者手中"。这些做法挫伤了富裕独立劳动者和小业主传授技艺的积极性,影响了一些传统技艺的继承和发展,有些好东西被丢掉了。

其五,合作化高潮以来,农村手工业与农业之间的关系也很紧张。

诸如:有些地区的手工业合作社,不适当地把兼营手工业副业的农民组织到手工业合作社里,变兼业为专业;有些地区的农业合作社,为了增加收入,用不给粮票等办法胁迫手工业者参加农业合作社,甚至硬性合并已经组织起来的手工业合作社,并在劳动报酬上采用统一计算农业工分的办法,把手工业者的收入打乱平分,手工业者因降低了收入,生产情绪低落,有的已被迫改行。在农业合作社发展多种经营的同时,有些地区还发生了副业排挤专

① 刘胜男:《北京城市手工业研究(1949—1966)》,首都师范大学博士学位论文,2011 年,第 112—113 页。

② 李力安:《对中国社会主义改造问题再认识的认识》,《当代中国史研究》1999 年第 5 期。

业、农村包围城市的状况。[①]

其六,对所有制要求过高,出现直接过渡到地方工厂的情况。

将社会主义的公有制分为全民和集体两个有区别的层次,组织部分个体手工业者通过多种形式逐步走上集体性质的合作化道路,是适合当时中国具体国情的。然而,在手工业改造高潮中,不仅出现了过急、过快、过粗、过简、过纯、过大等问题,还进一步提出了由手工业生产合作社向全民所有制工厂过渡的任务。

1956 年 3 月初,毛泽东在听取中央手工业管理局汇报时指出,"手工业要向半机械化、机械化方向发展","'将欲取之,必先予之。'待合作社的基础大了……那时,合作社在形式上是集体所有,在实际上成了全民所有"。"国家要资助合作社半机械化、机械化,合作社本身也要努力发展半机械化、机械化。机械化的速度越快,你们手工业合作社的寿命就越短。你们的'国家'越缩小,我们的事业就越好办了。你们努力快一些机械化,多交一些给国家吧。"这些谈话,表现出急于向更高层次的公有制发展、似乎公有制程度越高越好的认识。

1956 年 11 月 18 日,中共中央批转中央手工业管理局、全国手工业合作总社筹委会党组《关于全国手工业改造工作汇报会议的报告》,又提出:"为了发展生产,在现有的手工业合作组织中有相当一部分要逐步地由集体所有制发展为全民所有制,这是手工业改造的方向。"[②]

到 1957 年年底,全国由手工业生产合作社转变的联社经营合作工厂有 1000 多个,还有少数手工业生产合作社转为地方国营企业。这部分企业在当时还只是原有手工业合作化组织中的一小部分。但在 1958 年以后,这种倾向进一步发展,以致许多地方出现了手工业生产合作社转厂过渡的热潮。

正如薄一波后来所评价的:"手工业合作社转为地方国营工厂,虽然促进

① 中华全国手工业合作总社、中共中央党史研究室编:《中国手工业合作化和城镇集体工业的发展》第 1 卷,中共党史出版社 1992 年版,第 471 页。

② 《关于全国手工业改造工作汇报会议的报告》,1956 年 11 月 18 日,载中央档案馆、中共中央文献研究室编:《中共中央文件选集》第 24 册,人民出版社 2013 年版,第 381 页。

了地方工业生产值的增长，有些地方还为后来的‘五小工业’(小钢铁、小化肥、小煤矿、小机械、小水泥)和乡镇企业打下了基础。但从总体上说，这个过渡是不成功的。它是在一种超越生产力发展水平，以为生产关系越高级就越能促进生产力发展的不正确理论指导下形成的社会变革。它把本来是独立核算、自负盈亏的手工业者或手工业合作组织中的绝大部分纳入吃‘大锅饭’、端‘铁饭碗’的体系，在经济困难时期，更成为国家的一个包袱。在农村里，手工业合作社的这个过渡后来实际上变成了人民公社化运动的一部分。这一步骤对社会生产力的发展，总的说，没有起到促进作用。”①

手工业改造高潮中出现的某些问题，在当时也比较早地引起了处于实际工作第一线的中央有关负责人的警觉，他们采取了若干措施加以调整。1955年12月，刘少奇在听取有关汇报时，一方面批评了手工业改造不积极，另一方面也强调了“对集中还是分散要小心。集中生产与分散生产(家庭生产)是个重要问题，应很好研究”，“分散的、个人的、修修补补的、磨剪刀的、修农具的，无论如何不能搞掉。零星的不能减少，而且要加多。分散流动，生产上门是个好特点，要维持，要保持”。“花色品种要注意。……搞社会主义，不能把这些东西搞掉，要把手工业品搞得更复杂、更多样，好的发扬提高。”②1956年1月3日，刘少奇在听取有关汇报时又说：“手工业多留些，组织还是要组织，但可以分散生产。要避免谢苗诺夫所说的手工业全部合作化所犯的错误。”③1月10日，刘少奇在接见南斯拉夫新闻工作者代表团时说：“特种手工艺品不组织合并，怕合并以后，将来人民会感到不方便，特种手工业品质量会下降。”④

1956年1月25日，陈云在第六次最高国务会议上发言指出：部分手工业要长期保留单独经营方式。⑤ 1956年2月8日，周恩来在国务院第24次全体

① 薄一波：《若干重大决策与事件的回顾》(上)，中共中央党校出版社1991年版，第472—473页。

② 薄一波：《若干重大决策与事件的回顾》(上)，中共中央党校出版社1991年版，第468页。

③ 顾龙生：《中国手工业改造的理论与实践》，《中共党史研究》1990年第1期。

④ 薄一波：《若干重大决策与事件的回顾》(上)，中共中央党校出版社1991年版，第467—468页。

⑤ 陈云：《陈云文选》第2卷，人民出版社1995年版，第295页。

会议上指出:“不要光看到热火朝天的一面。热火朝天很好,但应小心谨慎。”“现在有点急躁的苗头,这需要注意。社会主义积极性不可损害,但超过现实可能和没有根据的事,不要乱提,不要乱加快,否则就很危险。”①在周恩来主持下,国务院于2月11日公布了《关于目前私营工商业和手工业的社会主义改造中若干事项的决定》,针对手工业合作化中出现的某些问题,提出了若干意见,其中规定:对手工业社会主义改造,在实行合作化后,要有一定的时间,暂时照旧生产和经营,不要过早过急地集中生产和统一经营,不要轻易改变它原来的生产和运销规律、经营制度和服务制度,以便经过仔细研究和规划,再妥善地进行改组和改造工作。这种暂时不动,是为了稳一下,更冷静周密地进行改造工作。②

1956年3月5日,毛泽东以及邓小平、陈云、彭真等在听取中央手工业管理局和全国联社筹委会汇报手工业社会主义改造工作时,也察觉到了问题。毛泽东说:“你们说,在手工业改造高潮中,修理和服务行业集中生产,撤点过多,群众不满意。这就糟糕!”毛泽东说:“提醒你们,手工业中许多好东西,不要搞掉了。王麻子、张小泉的刀剪一万年也不要搞掉。”③7月28日,由陈云主持制定并由国务院发布的《关于私营工商业、手工业、私营运输业社会主义改造中若干问题的指示》,对手工业社会主义改造的一些政策问题也作了规定。

同年3月30日,陈云在全国工商业者家属和女工商业者代表会议上讲话指出,“有些工厂和商店并得对,应该并。但也有很多是并得不对的,其中数量最大的是手工业”,“并错了的怎么办呢?要分开来,退回去”。“我看到了社会主义社会,长时期内还需要夫妻店。”

1956年8月召开的全国手工业改造工作座谈会作出决定:除一部分手工

---

① 周恩来:《经济工作要实事求是》,载中共中央文献研究室编:《建国以来重要文献选编》第8册,中央文献出版社1992年版,第130—131页。

② 《国务院关于目前私营工商业和手工业的社会主义改造中若干事项的决定》,1956年2月8日,载中共中央文献研究室编:《建国以来重要文献选编》第8册,第119—123页。

③ 房维中:《中华人民共和国经济大事记(1949—1980年)》,中国社会科学出版社1984年版,第167页。

业可以适当集中生产,实行统一核算外,大多数应该分散为小社或小组,实行分别核算,个别的也可以单独经营。同年9月,在中共八大上,刘少奇、周恩来、陈云等人都批评了手工业改造中的盲目集中合并等问题,并提出了有益的意见。中共八大在关于发展国民经济"二五"计划的建议中,也就手工业合作化组织的整顿和巩固问题作出了若干规定。特别是,陈云针对三大改造中过快过急和一刀切的偏差,提出了著名的"三个主体、三个补充"的构想。就是说,中国的社会主义经济,在相当长的历史时期内,应当是在社会主义公有制占绝对优势的前提下,多种所有制形式并存,多种经营形式并存,而并不是越"纯"越好,越"大"越好,越"公"越好。只有如此,才能管而不死,活而不乱。如果只有"主体",没有"补充",中国的经济只会是死水一潭。根据以上主张,陈云在谈及解决手工业改造高潮中所出现的偏差时指出,手工业"很大一部分必须分散生产,分散经营,纠正从片面观点出发的盲目的集中生产、集中经营的现象"。"手工业的制造性行业中,有一部分是可以适当合并的,但是绝大部分服务行业和许多制造行业不应该合并。为了克服由于盲目合并、盲目实行统一计算盈亏而来的产品单纯化、服务质量下降的缺点,必须把许多大合作社改变为小社,由全社统一计算盈亏,改变为各合作小组或各户自负盈亏。这种改变不但适合绝大部分服务行业,而且适合于许多制造行业。"①

为了研究解决手工业合作化高潮中出现的问题,中央手工业管理局和全国联社筹委会在高潮中组织了170多人、10个工作组,分别由主任白如冰,副主任邓洁、田坪以及一批司局级干部带队,赴10个省、市、区,协同当地干部,深入基层,着重对手工业的组织形式、供产销情况和工资福利情况,进行了深入细致的调查研究。国务院第四办公室主任贾拓夫和白如冰一起,在河北涿县、良乡、蓟县和顺义等地城关和农村进行了调查工作,并于1956年3月召开了全国城市手工业社会主义改造座谈会。会议着重研究了城市手工业合作化高潮中存在的集中生产和分散生产的问题,认为应该按照有利于生产和

① 陈云:《社会主义改造基本完成以后的新问题》,《陈云文选》第3卷,人民出版社1995年版,第6—7页。

为人民服务的原则,结合制造性或修理服务性行业的不同情况,分别采取集中或分散的形式组织生产。7 月中共中央批转了中央手工业管理局、全国手工业合作社总社筹委会党组《关于当前手工业合作化中的几个问题的报告》。《报告》要求:地方党委、政府应设专门机构,负责领导手工业生产和改造工作;根据不同行业的特点,按照社员自愿、不影响社员收入和有利于生产、有利于为居民服务的原则,处理手工业的集中生产和分散生产问题;手工业合作社的生产和所需要的分配物资,应纳入地方计划;允许手工业合作社对其产品(除加工订货外)进行自销和对其他原料进行自购;对手工业者的工资必须贯彻"按劳取酬、多劳多得"的原则。

1956 年 8 月 11 日又召开了全国手工业社会主义改造工作汇报会议。针对各项问题,提出了一些改进措施:

第一,关于集中生产和分散生产问题。在调查研究的基础上,对现有社(组)分类排队,区别对待。一部分集中生产、统一核算的社(组),产量上升,质量提高,品种扩大,成本降低,社员收入增加,能适应市场需要的,应该稳定下来;另一部分集中生产、统一核算的社(组),利弊一时看不清的,暂时不动;对集中生产、统一核算不当的社(组),有领导、有计划、有步骤地进行整顿。

第二,关于供产销脱节问题。规定:一是除国家统购统销的某些原料和产品外,允许基层社自购自销。二是商业部门供应的原材料,除供不应求者外,允许手工业合作社自由选购;进口原料,除国家调拨者外,一般可由手工业合作社直接与进口公司订立供货合同。三是手工业合作社的产品,除商业部门向基层社统购、包销和选购部分外,由基层社自销。国家统销的产品逐步改加工为订货。出口产品由手工业联社或基层社直接与出口公司签订合同。四是对手工业产品贯彻优质优价的原则。

第三,关于社员的工资福利问题。在发展生产和提高劳动生产率的基础上,努力争取 90%社员的收入有所增加。为此,一方面要调整劳动组织,安排家庭辅助劳力,减少非生产人员,照顾手工业者"以旺养淡"的习惯,灵活掌握劳动时间;另一方面要按照"先工资,次治病,后积累"的原则。在社员收入有所增加的前提下,适当积累;要贯彻"按劳取酬"的原则,采取多种多样的工资形式。师傅带徒弟给予适当的津贴;要根据基层社的具体条件,按工资总额提取5%—10%的附加工资,解决社员的医疗费问题;要对个体手工业者和小业主入社后超交的股金部分,按折价付息办法处理。

第四,关于加强对手工业的领导的问题。手工业小而分散,情况复杂,带有很大地方性,是地方工业的重要组成部分,很多问题需要因地制宜统筹解决。因此,对手工业的改造和管理工作,要求地方党委和政府进一步加强领导,建立和健全各级相应的手工业管理机构。①

1956年9月,在《中共中央、国务院关于加强农业生产合作社的生产领导和组织建设的指示》中,针对"由于运动发展迅速,手工业合作社和农业合作社在手工业生产上的分工协作问题,没有能够及时加以解决,因而存在着某些不正常的现象",提出几项解决办法:其一,城、乡的手工业者应该分别加以组织,分散在乡村的手工业者,根据自愿原则,一般的应该参加农业社,城镇的手工业者应该参加手工业合作社;其二,乡村技艺性较高的专业性的手工业者,可以在农业社内组成单独的专业小组,单独计酬,自负盈亏;其三,手工业生产,也应该增加计划性,克服盲目性;其四,农村中某些副业性的手工业和城镇手工业之间仍然有矛盾,应该本着城乡兼顾和兼业照顾专业、互相支援的精神,按照历史习惯由地方党政机关领导有关主管部门协商,统一解决产品销路、原料供应等问题。② 这在很大程度上为解决农业合作社和手工业合作社分工协作问题指明了方向。

根据中央的有关精神,各地在1956至1957年,对手工业改造高潮中出现的某些偏差进行一定程度的纠正、探索和落实。

各地要正确处理集中生产和分散生产、统一计算盈亏和分别计算盈亏的问题。这是当时调整、整顿工作的中心问题。调整的原则是:一部分已集中生产和统一计算盈亏的合作社(组),如果产量上升,质量提高,品种增加,成

① 中华全国手工业合作总社、中共中央党史研究室编:《中国手工业合作化和城镇集体工业的发展》第1卷,中共党史出版社1992年版,第17—18页。

② 《中共中央、国务院关于加强农业生产合作社的生产领导和组织建设的指示》,1956年9月12日,载中共中央文献研究室编:《建国以来重要文献选编》第9册,中央文献出版社1992年版,第24—25页。

本降低,社员收入增加,因而能适应市场需要的,就肯定下来,不再调整,以便逐步地进行技术改造,提高劳动生产率,发挥生产潜力。另一部分合作社(组),当前还能站住脚,但集中生产和分散生产、统一计算盈亏和分别计算盈亏的利弊一时还看不清楚的,暂时不动,待把情况研究清楚以后,再作处理。但对那些已经明显看出集中生产和统一计算盈亏不适当的合作社(组),就有领导、有计划、有步骤地进行调整,根据具体情况,在社员自愿的基础上分别加以处理。办法是:有的划分为小社、小组,单独计算盈亏;有的改为供销生产社;能生产独特产品,或者家庭辅助劳动力难以安排的手工业户,允许他们在手工业合作社领导下分散经营,自负盈亏。总之,整顿要根据各行业的特点和具体条件,从有利于生产、有利于为居民服务和不影响社员收入的原则出发,确定生产和经营的集中或分散程度。

此外,根据手工业小且灵活的特性,手工业管理部门还积极调整了合作社的组织规模。对有问题的大社,坚决分开,将大集中变为小集中;没问题或者问题不大的社,不再变动;对三四十人的社或小组,一般不再集中,而是根据发展趋势,该集中时再集中,但亦不集中过大。有些生产零星多样、产品直接与消费者见面的合作社(组)以及以门市零活加工为主的合作社(组),可以小组为单位,进行生产,小组也可以自购自销,单独计算盈亏。修理服务性的合作社(组)一般宜于分散,也可以采取各负盈亏、分户生产或流动服务的办法。对于接受加工订货任务的家庭手工业,宜于成立分散生产、统一供销、按件计发工资的手工业合作社(组)。

为解决供产销方面出现的问题,各地主要强调要保持手工业者十分关心自己产品质量和市场销路的优点。原有生产上、经营方法上和服务制度上一切好的、有用的东西,必须继承下来,正常的供销关系和协作关系被割断了的,都尽快地通过调查研究重新构建,逐步地恢复在手工业的原料供应和产品推销上的好办法,及时改变工商管理部门和国营、合作社商业套用过去限制资本主义商业的一套办法,对现有手工业合作社(组)在自购自销、工缴价格和合同制度等方面所受到的某些不合理限制加以解除,使国营、合作社商业和手工业之间的供产销结合更加密切、更为公道合理。例如,四川省合理提高商业部门对手工业合作社的工缴费,经过调整,一般增加20%,最低的10%,最高的60%,几个专区和成都市共补发30万元。陕西省委书记和副省长亲自过问,规定商业部门向省内外市场供应物资时,首先要满足手工业生产需要,有剩余才外调;对三类物资,商业和手工业都可收购,先满足手工业生产需要,无指标的由省分配指标;等等。重视解决社员工资和劳保福利问题。当时相关文件中提出,努力争取90%的社员劳动收入比入社前有所增加;有困难的社也要争取为70%的社员增加劳动收入;其余的社员做到大部分不降低原有劳动收入。

手工业合作社(组)在收益分配上,凡因提取公共积累过多而影响社员收入的,贯彻"先工资、次治病、后积累"的原则,既要保证社员的劳动收入,又要在社员收入有所增加的前提下,做到合作社有适当数量的公共积累。手工业合作社的工资,贯彻"按劳取酬"的原则。根据劳动轻重和技术繁简,规定合理的工资等级,克服平均主义。等级一般不过多,级差不过小。实行计件工资制的社(组),生产定额与计件工资单价定期(半年至一年)调整,保证技术高的社员有较高的工资待遇。师傅带徒弟给予津贴。基层合作社的主任和会计、统计人员的工资,一般不低于社内中等以上技术工人的平均工资水平。

手工业合作社的工资形式可多种多样,有的计件,有的计时,有的采取提成的办法。不论采取何种工资形式,都要根据生产情况,经过社员民主讨论决定。手工业合作社的劳保福利工作,首先解决社员本人的疾病医疗问题。在不影响产品零售价格的条件下,各地根据手工业合作社的具体条件,按工资总额可提取5%—10%的附加工资。这些附加工资,除作为解决社员一般疾病的医疗费用外,还作为社员的病假、产假、法定节日的工资补助,以及社员家庭生活困难的补助。因公负伤的社员,合作社负责治疗,并照发工资。群众退社的情况有所减少。

自1956年7月9日,中共中央批转中央手工业管理局、全国手工业合作总社筹委会党组《关于当前手工业合作化运动中几个问题的报告》后,各地区遵照上述指示,从各个方面入手,加强对手工业的领导并健全组织机构、安排供产销、划分手工业改造范围和完善归口管理等,比较快地解决了合作化高潮以后出现的一些突出问题,使手工业的工作未受到重大损失。合作社(组)的组织形式和组织规模多数渐趋合理,逐步发挥了大社、小社、小组和合作社领导下的分散经营户的生产积极性,提高了产品质量,恢复了传统品种,改善了服务态度,便利了群众需要。如上海市服装联社对高潮中集中生产、统一核算的45个社(组)进行调整后,不少社改变"三不做(童装不做、旧翻新不做、复杂的不做)""四不管(任务有无不管、交货误期不管、节约浪费不管、质量好坏不管)",又恢复了原来的电话接活、上门量衣试样。45个服装社过去有199名管理干部,调整后减至157人,还提高了管理水平。

同样值得注意的是,在这一过程中,刘少奇所提出的"不顾具体情况,采取千篇一律的形式,是错误的"的观点,周恩来提出的"建设社会主义必须全面发展"的观点,朱德提出的"手工业不仅过去和现在,而且在今后很长时期中,都将是国营工业不可缺少的助手"的观点,陈云提出的"在计划经济许可范围内的自由市场"的观点,毛泽东提出的"可以消灭了资本主义,又搞资本主义"的观点等,都显示了在中国的具体国情条件下对如何建设社会主义的可贵探索精神。尽管这一探索在其后历经曲折以至走入歧途,但其中若干有益的思路和成果无疑成为其后邓小平建设有中国特色社会主义理论的重要生长点。①

但是,若从新中国整个工业化的进程来看,手工业的社会主义改造是在优先发展重工业的赶超战略背景下展开的,并将单一公有制作为这次经济体制变革的根本目标,因此,手工业合作社出现的生产集中、产品趋于单一等问题,仍然在很大程度上在不少地方存在着,纠正的措施在实践层面仍有限度。后来,1957年3月,中央手工业合作管理局和全国手工业合作社总社党组的相关报告便很清楚地反映了这些问题。

① 董辅礽主编:《中华人民共和国经济史》,经济科学出版社1999年版,第222页。

第二章
“大跃进”时期手工业的挫折与调整

“大跃进”时期,中国的手工业经历了一段非正常的发展,手工业合作社继续整顿并出现过度规模化发展,政策因素也人为加速了手工业的“升级过渡”与“技术革命”,其中虽不乏实质性的成果,但也带来了严重的问题。“大跃进”使中国手工业受挫,随后的国民经济调整使手工业的发展回归正常轨道,巩固了其支柱地位。手工业生产在国民经济恢复的背景下进行了适应性调整。

第一节　手工业合作社的继续整顿与过度规模化发展

一、手工业合作社内部的思想整风和体制性改革

第一,制约发展的问题突显。

全国手工业合作化基本完成后,随着手工业内部生产关系的改变,其生产和经营获得较快的发展,从产值上看取得了很大的成效。1957 年全国手工业合作组织 1064 万个,社员、组员 4919 万人。手工业合作组织工业总产值达到 831 亿元,比合作化高潮的 1956 年的 743 亿元增长 11.8%。由于手工业合作组织生产的发展,1957 年全部手工业的产值增长到 1378 亿元,比

1956 年的 120 亿元增长 10.48 倍。但是,尽管中共中央领导人注意到手工业合作化高潮中出现的种种问题,并采取举措加以纠正,但到 1957 年有些问题仍然比较突出。

根据中央手工业部门的调查统计,1957 年全国 10 万多个手工业合作社中,比较好的仅占 30%,一般的占 55%,比较差的占 15%。同时,各种类型的手工业合作社都不同程度地存在着或多或少的问题。有些问题在此前的纠正中予以部分涉及,有些问题则是这一时期凸显出来的。具体表现在以下几个方面:

首先,合作社的组织规模过大。1957 年,全国仍旧存在相当多的“大社”“行业社”“综合社”等,它们不仅不符合手工业合作社的生产条件,给干部的管理工作造成相当大的困难,而且背离了手工业的特点。

其次,在民主办社和干群关系方面,少数新建立的合作社,民主制度不健全,没有建立社员大会制度,不通过民主选举产生理事会和监事会。合作社的脱产干部和职员过多,人浮于事,工作效率降低。据统计,1956 年,全国各级手工业联社干部 4 万人,基层合作社的脱产干部和职员 31 万人,占社员总数的 7%。合作社的少数基层干部的作风不民主,逐渐滋长了家长作风和命令主义。另外,在手工业合作化高潮期间新入社的社员有近 300 万人,同此前入社的 200 万老社员相比,新社员很多是原来的小业主,他们往往并不是自愿入社的,并未做好长期走合作化道路的思想准备,所以集体观念相对淡薄。

在生产管理和经营方面,有些手工业合作社仿照国营企业实行集中生产和“正规化”的工作日制度,失去了集体经济小而灵活的优势。少数合作社忽视改进生产管理和生产技术,不实行或根本没有严格的管理制度,偷工减料和粗制滥造的现象比较严重,产品质量下降,品种减少。部分合作社还轻视小商品生产和修理服务业。许多合作社不重视开拓市场,不积极组织原材料供应,造成生产不足,产量下降,并导致产品价格上涨。

再次,部分地区手工业合作社的收入状况混乱,社员收入“盼高”现象比较常见。以上海为例,部分实行计件工资制的行业和社(组),由于缺乏制度,工资随生产直线上升,造成了不少高工资的情况。但是,另一方面,由于建社后遗留问题如处理生产资料、安排小业主以及处理集中、分散生产等任务较紧,对社员经常的政治思想教育工作比较薄弱,加以在市场紧张、部分产品供不应求实际情况的影响下,社员"盼高"思想普遍抬头,表现在计时比计件,行政干部比生产人员,合作比合营和国营,甚至比单干,总之互相看高,都不满足。部分社员看不到合作社的前途,出现退社现象。①

此外,1957 年,全国个体手工业者有 544 万多人,较之手工业合作化高潮时遗留下的人数增加了几乎一倍。其中还有少数退出手工业合作社的社员、退出公私合营工厂的职工和资方人员。这些个体手工业能够保持生产经营的灵活性和多样性,能够就地取材和利用废品废料进行生产,增加了市场商品的供应,有的进行翻新补旧,对社会主义经济起着必要的和有益的补充作用。但有些手工业个体户的发展带有盲目性,特别是一些大量雇工的"暴发户",未经批准,擅自经营,窃取非法利润,滋长着严重的资本主义自发倾向。

因此,全国手工业合作总社根据这些情况,决定对手工业合作社进行全面整顿,进一步巩固和发展手工业合作社,促进集体手工业生产的进一步发展。

第二,开展组织整顿与思想教育。

手工业合作社的整顿工作,从 1957 年开始,至 1958 年上半年结束。这次整顿包括组织整顿和思想教育两个方面。组织整顿的主要内容,是通过分社调整和缩小合作社的规模,将那些不适应生产要求的"大社""行业社"划分成若干小社,将跨行业的"综合社"按行业划分成若干"单一社",解决集中生产与分散生产的问题,使合作社的组织规模和经营方式与生产发展的要求相适应,克服生产混乱现象。思想教育的主要内容,是通过整社整风,对干部和社员进行社会主义思想教育。

1957 年手工业合作社整顿工作的重点,是进行分社调整。为了指导这项工作,进一步贯彻落实 1956 年 2 月 8 日国务院《关于目前私营工商业和手工

① 《上海市手工业管理局对上海市手工业社结合调整工资工作对社员进行教育的报告》,1957 年,上海市档案馆藏档,B158/1/305/1,第 1 页。

业的社会主义改造中若干事项的决定》,以及周恩来和陈云在中共八大上关于手工业合作社必须坚持大社、小社、小组并存和正确处理集中生产与分散生产关系的讲话精神,于1957年3月21日至4月25日召开了全国手工业改造工作座谈会。会议认为,在全国手工业合作社中,还有20%—30%需要继续调整,主要是社的规模过大、人数过多,不适应手工业分散、复杂、多样、地方性强,以及主要为当地人民生活和生产服务的特点。会议要求,到年底以前,对多种行业统一核算的综合社和产品复杂、人数过多、分布面过广的制造性合作社,以及撤点过多、集中过大、难于管理的修理服务性合作社和全县、全区范围内一竿子插到底的大行业社,采取分社、增设服务点、改变核算关系等不同方法,基本调整完毕。会议也确定了合作社的分配原则是“先工资、次治病、后积累”。手工业社的工资福利,在城市,一般不应超过同行业、同等技术设备的地方国营工厂;在小集镇和农村,不应过多地超过当地一般农民的收入。会议还讨论了个体手工业的问题,认为个体户可能年年有发展,也年年有改造。对待产品零星复杂又不甚重要的行业,可以在较长时间内保持它们的个体经营方式,不必急于组织起来。①

会后,各地普遍进行了手工业合作社的分社调整工作,缩小合作社的规模,将很大一部分盲目集中、合并起来组成的手工业合作社改为合作小组,并通过调整体制,对手工业合作组织的供、产、销按行业归口管理。经过一年时间的调整,合作社的组织规模和经营方式有了很大的改变,加上有步骤地开展对手工业行业的技术改造,手工业生产有较大幅度的提高,1957年达到133.7亿元,占地方工业总产值的30%。

在缩小合作社规模的同时,各地手工业部门落实全国手工业改造工作座谈会有关“加强对社员进行思想教育,使社员树立以社为家的思想,坚定其走社会主义集体化道路的决心和信心”的精神。例如,上海市手工业管理局针对社员“盼高”思想普遍抬头,严重阻碍着合作社的生产与团结,也影响合作社进一步巩固和发展的状况,进行“三课”教育。第一课,首先从回忆对比中

① 房维中:《中华人民共和国经济大事记(1949—1980年)》,中国社会科学出版社1984年版,第189页。

华人民共和国成立前后、入社前后社员在生活、生产、政治各方面的变化,深刻体现出新旧社会的不同,以及合作化的优越性,同时展望未来,使社员看到远景,提高其对合作化的信心。然后归结生产、生活得到提高和改善的原因,肯定国家扶持、组织帮助的作用,使社员明确个人积极劳动对社、国家和个人的好处。最后再联系到时事,提倡艰苦朴素,启发社员增产节约。第二课,进行合作社性质以及民主办社的教育,着重讲清搞好合作社,人人有责。第三课,向社员讲清按劳取酬也要实事求是,逐步合理,转变社员一步登天、相互比较、闹不团结的想法。"三课"教育取得了比较明显的成效,使社员树立起对合作化的信心,明确了积累和消费、生产与生活之间正确的关系,个人、合作社与国家利益的一致性。①

1958年上半年,手工业合作社整顿工作的重点,仍是以社会主义教育为中心的整风整社。1957年12月16日至26日全国手工业合作社第一次社员代表大会召开。会议决定:通过调整,进一步解决手工业合作社的集中生产与分散生产的问题,克服盲目地集中生产的现象;在三五年内,将占手工业合作组织总数25%的手工业供销生产合作社和小组,转变为生产合作社;改善合作社的民主制度和管理制度,转变干部作风,下放干部,将基层合作社的脱产人员减少到5%以下。会议还提出了整风整社和进行社会主义教育的目的、方法、步骤和依靠对象等具体意见,要求加强对手工业供销合作社(组)和个体手工业者的领导,继续完成手工业社会主义改造任务。

朱德在会上指出:不仅过去和现在,而且在今后很长的时期中,手工业都是国营大工业所不可缺少的助手,许多手工业还要永远保存和继续发展;要注意协调国家同合作社和社员个人三者的利益,根据统筹兼顾、适当安排的原则,正确处理手工业合作社同国营企业和农业合作社之间的矛盾;除省(市)委批准的个别情况外,地方各级政府部门不要将手工业合作社再转变为国营企业,要使手工业合作社的集体所有制长期固定下来。

第一次社员代表大会的基本精神是正确的,很多举措也是必要的。对已

① 《上海市手工业管理局对上海市手工业社结合调整工资工作对社员进行教育的报告》,1957年,上海市档案馆藏档,B158/1/305/1,第2页。

经发展起来的个体手工业加强管理，对那些擅自开业，甚至非法经营的个体户，由手工业管理部门配合工商行政管理部门，进行坚决的控制和取缔。这一工作也取得了显著成效。但是，会议要求仅存的手工业供销生产合作社和小组一律过渡到生产合作社，是不恰当的，也是盲目的。根据会议的决定，1958 年上半年，全国手工业合作组织普遍开展以社会主义教育为中心的整风整社。上海市通过理顺党组织与合作社理事会、监事会以及社员大会的关系，努力克服事务主义作风和充分发挥党员的作用，提高了社员的思想觉悟和劳动积极性，转变了干部作风，手工业合作社得到进一步的巩固。①

第三，按行业归口管理，这也是手工业管理体制的显著变化。

1957 年，各地为克服合作化运动高潮所带来的手工业管理混乱问题，在手工业管理体制方面，普遍实行了按行业归口管理。以上海为例，上海在 1957 年 4 月召开了全市手工业合作社第一届社员代表大会第四次会议，会议根据市人民代表大会决议的精神，通过了手工业按行业归口管理的决议。这次归口是在本市手工业行业大部分与大工业并存，各工、商业管理机构分工较细的条件下进行的。为了避免此前因经济类型归口带来的手工业生产混乱和管理脱节问题，本次归口是在保持各个专业联社的独立组织、专业联社及其所属基层合作组织的集体所有制性质不变的原则下进行的。具体来讲，是将全市 9 个专业联社共 1632 个手工业合作组织，按照行业性质分别归口。棉织、针织联社归口市纺织工业局；皮革、五金、文化用品联社归口轻工业局；竹木、服装、综合联社归口商业一局；工艺美术联社归口工艺美术局②。到 1957 年 7 月 1 日，上海市撤销了市手工业管理局建制，市手工业合作社联合社牌子挂在轻工业局。③

尽管各地强调，“基层社（组）的集体所有制形式不变，改变所有制与归口

---

① 《加强基层社的党的领导工作》，1958 年 3 月，华东师范大学当代文献中心馆藏。

② 1958 年 10 月，工艺美术局和轻工业局合并后，工艺美术联社也归口轻工业局。

③ 上海市第二轻工业局编志办公室、上海市工业合作经济研究所编：《上海手工业史料汇编》第 2 辑，内部资料，1990 年，第 198—199 页。

管理是两回事,不能混为一谈”①,按行业归口,实际上仍为后期的所有制再次升级提供了便利。上海市即在申明“手工业重新调整归口后,不论归到哪一个部门管理和改造,对于已经组织起来的手工业合作社一般暂仍保持集体所有制的形式”的同时,也表示“同行业的国营和地方国营工业需要,而合作社又有合并条件的,也可以合并”。② 不过,从另一方面讲,手工业合作社也变成了各种工业行业的重要组成部分。诸如,机械工业的重点企业上海锅炉厂,它的前身是由流动的半失业的冷铁工人,在一个菜棚里组织起来的五金合作工厂。著名的上海自行车三厂以生产凤凰牌自行车名扬于世,它的前身就是铁床生产合作社与一批相近的小社小厂联合组成的,国家当时只增加 200 万元的投资就建成了年产 60 万辆的自行车厂。北京第一食品厂原来是以破铜盆熬糖起家的第一食品社。其他如北京前进棉织厂、武汉衡器厂等都是在手工业合作社基础上发展起来的。天津市 1958 年发展仪表工业时,由 200 多个手工业合作社组建成了第二机械工业局。原来地方工业很少的一些城市和县镇,也都在手工业合作社的基础上,建立了门类比较齐全的地方工业体系。③

二、“大跃进”下手工业的“升级过渡”与“技术革命”

通过整顿,各地为纠正手工业改造高潮中出现的一些缺点作出了努力。但手工业的社会主义改造,不只是完成合作化,建立集体所有制,而是要继续过渡到全民所有制。这是在发动手工业改造高潮时就确定的。所以手工业在合作化之后,便进入一个向全民所有制过渡的新阶段。1956 年下半年,中共中央批转了中央手工业管理局和全国手工业合作总社筹委会党组的报告,明确提出了集体所有制手工业生产合作社向国家所有制工厂过渡的任务,并

---

① 《全市手工业合作社一届四次代表大会小组讨论要点》,1957 年 4 月 2 日,上海市档案馆藏档,B123/3/1008/30,第 1 页。

② 《上海市人民委员会关于调整手工业归口管理和改造的报告》,1956 年 8 月 15 日,上海市档案馆藏档,A38/2/499,第 2 页。

③ 《当代中国》丛书编辑部编:《当代中国的集体工业》,当代中国出版社 1991 年版,第 180 页。

于1957年付诸实施。但是当时在这个问题上还比较谨慎。在1957年3月召开的全国手工业改造工作座谈会上,就手工业合作社向全民所有制过渡的问题,会议提出:一定要长期坚持手工业合作社的集体所有制,不要过早地过渡到国家所有制,要用3—5年的时间巩固和提高手工业合作社;根据生产的发展要求,并经省、自治区、直辖市批准,极少数手工业合作社也可以转变为地方国营工厂或由手工业联社经营的合作工厂;对于64万个体手工业劳动者,可以采取利用、限制、改造的方针。中央于9月批转了这个报告。到1957年年底,全国由手工业生产合作社转来的合作工厂有1000多个,还有少数手工业生产合作社转为地方国营工厂。

但是,这样的局面到1958年便发生了彻底改变。这一年开始“大跃进”和人民公社化运动,“左”的思想急剧膨胀,在所有制问题上盲目追求“一大二公”,企望尽快全部消灭个体经济,并把集体经济变成国有经济,实现单一的全民所有制。手工业同样被卷入这一浪潮中。当时各地普遍认为,要加快地方工业的发展,必须将手工业生产合作社转为联社经营的合作工厂或者地方国营工厂。例如,1958年2月,河南省委召开的地方工业规划会议确定“全省手工业合作社,除某些分散的,带有特殊性的要保持外,其余大部分要争取在一九五八年过渡为合作工厂”。1958年3月召开成都会议,更是明确提出了中央工业和地方工业同时并举的方针,并要求在5—7年内,地方工业产值赶上和超过农业产值。在会议通过的《关于发展地方工业问题的意见》中指出:“手工业合作社在条件成熟的时候,可以转为县的手工业联合社集体经营的合作工厂,取消分红制,改用工资制。”[①]同年4月,中共中央决定:对于个体手工业户,除不适合组织集体生产的某些特殊手工业品允许继续进行个体生产外,都组织他们加入手工业合作社,并把集体工业并入或转为国营企业。根据中央的指示精神,1958年7月中华全国合作总社召开省、自治区、直辖市联社主任会议,集中研究向全民所有制过渡的问题。会后向中共中央和毛泽东作了汇报,其中认为:“我国手工业社会主义改造已经发展到向全民所有制过

① 《中共中央关于发展地方工业问题的意见》,1958年3月23日,载中共中央文献研究室编:《建国以来重要文献选编》第10册,中央文献出版社1992年版,第225页。

渡的新阶段","党中央在1955年底就已经指出了这个发展方向";合作经济是"过渡性"的经济,"从个体经济向合作社所有制过渡,再从集体所有制向全民所有制过渡,是社会主义经济发展必然的发展规律"。只不过,当时对"转厂过渡"有所谓"一步登天"和"两步走"的争论,即直接转地方国营工厂,还是先转合作工厂再转为国营工厂。[①] 此时主管手工业工作的政府部门和各级联社倾向于"两步走",认为"转厂过渡"要以合作工厂为主要形式,因为合作工厂已实现从一个合作社的小集体所有制转变为联社范围的大集体所有制,提高了公有化水平。在他们看来,合作工厂是手工业合作社逐步从集体所有制向全民所有制过渡的一个最好的组织形式。这样做,既可进可退,比较稳妥,又不会使国家背上包袱。[②]

基层合作社的干部和社员,一般则希望一步就跨到国营工厂,因为国营工厂的牌子响亮得多,成为国营工厂工人后,收入也要好很多。山东潍坊市新利合作铁工厂的牌子挂出来以后,社员说:"转了厂还要'合作'俩字干啥?干脆去了吧!"南京市旭光毛巾社干部接到联社批准建合作工厂的通知书时说:"尾巴还没有割掉。"

其实,"一步登天"还是"两步走",最终都是要向单一的全民所有制过渡,只不过一个要快,一个要慢。在当时"大跃进"过热的气氛下,群众运动一起来,"转厂过渡"风一刮,势难驾驭。再从合作工厂的性质来看,虽然还属于集体所有制,但合作社转为合作工厂以后,生产资料已经从一个合作社全体社员的集体所有改成一个地区联社所属的全体成员单位所共有,统收统支,统负盈亏,原先合作社集体资产同社员直接挂钩、企业办得好坏同每个社员息息相关的情况,有了很大改变,财产关系逐渐趋向模糊。加以当时各级联社都是和同级手工业管理局合署办公,政社混淆不分,合作工厂除财政上缴关系同国营工厂不同(国营工厂上缴利润,合作工厂缴税)以外,在经营管理上同国营工厂大致相似,以至于时人将合作工厂称作"预算外国营企业"或

---

① 《乘东风,举红旗,跨上更高一层楼,手工业社向全民所有制过渡,主要过渡形式有二:一是转为手工业联社经营的合作工厂,一是转为地方国营工厂》,《人民日报》1958年8月22日。

② 薄一波:《若干重大决策与事件的回顾》(上),中共中央党校出版社1991年版,第460页。

“二国营”。这意味着对集体经济造成的后果,两种方案都差不多,“合作工厂实际上也是全民所有制性质的”。

一时间,全国各地呈现出升级过渡的高潮。一方面,现存的个体手工业者绝大部分被卷入了集体经济[①],另一方面,全国各地的手工业合作社呈现“转厂过渡”的竞赛场面。到1959年6月,全国10万多个手工业合作社的500万社员中,过渡为地方国营工厂的占37.8%,转为联社经营的合作工厂的占13.6%,转为人民公社领导的工厂的占35.3%,保留原来合作社形式的只占13.3%。[②] 在短短的一年多时间内,基本上改变了拥有数百万社员的手工业合作社所有制,手工业的面貌为之变更。

在手工业合作社“转厂过渡”中,由于操之过急,工作粗糙,加之一些重大政策措施失当,带来了许多弊病:其一,混淆所有制界限,平调情况严重。手工业合作社是由手工业劳动者自愿入股组织起来的。它以公积金制度形成的公共积累,是社员的劳动创造,理应归社员共同占有,任何单位和个人不能以任何借口进行平调。但是,由于对集体所有制经济不够尊重,当时,有关部门规定,凡是转为地方国营工厂和合作工厂的,“转厂过渡”前合作社的公有财产一律交给地方财政,作为地方财政向该企业主管部门的投资,这就混淆了两种所有制的界限。转厂后再下放给人民公社的,其公有财产作为地方财政向该公社企业的投资。由手工业合作社直接转为人民公社工厂的,其公有财产有的上交给地方财政,有的转归人民公社所有。这实际上是国家对集体经济或者两种集体经济之间的剥夺。手工业合作社的“转厂过渡”,往往是同实行行业归口管理、经济改组相结合进行的。就在手工业合作社领导管理关系划来划去的过程中,产品结构也发生变化,集体所有制资财往往被平调挪用。贵州省手工业合作社1958年经济改组、“转厂过渡”,同时被平调资金1600万元,占自有资金一半以上。北京市手工业合作总社1960年有积累20646万元

---

① 《中共中央关于继续加强对残存的私营工业、个体手工业和对小商小贩进行社会主义改造的指示》,1958年4月2日,载中共中央文献研究室编:《建国以来重要文献选编》第11册,中央文献出版社1992年版,第234—239页。

② 楼启镳:《试论手工业集体经济的体制改革——学习〈关于经济体制改革的决定〉的体会》,《经济科学》1985年第5期。

(包括当年利润6717万元),被轻工系统国营企业基本建设用去1230万元,合作社转国营工业带走900万元,市财政以借款名义拿去7770万元。其他不少地区也有类似情况。“转厂过渡”中刮起的对集体资财的平调风,造成了以后长时期内集体财产不被尊重,集体所有制同全民所有制之间财产关系模糊的严重后果。这是经济工作中“左”的错误在集体经济方面的恶性表现之一。

其二,转厂后采取平均主义的分配制度。手工业合作社建立以后,实行了按劳分配原则,不同行业都采取多种多样的工资分配形式,而且实行股金分红和劳动返还金制度,转厂后一切按国营工厂办法,不考虑手工业的特点,助长了分配上的平均主义,原来社员的收入明显减少。计件工资原来是手工业合作社的主要工资形式,合作社计件工资改为计时工资,是社员减少收入的主要原因。转为合作工厂或国营工厂后一律改为固定工资制,多劳不多得,这就违背了手工业行业复杂、工资形式多样化的客观要求。根据典型调查,广州市联泰竹器厂1960年下半年同上半年相比,工人平均收入减少21.9%,减少收入的工人占总人数的73.5%。手工业合作社转为人民公社工厂后,不少地区推行农业记工分的分配办法,把工资水平与农民收入拉平,新工人与老工人拉平,技术工人与普通工人拉平,并和农民一样实行半供给、半工资制,社员收入一般较原来减少20%—30%。手工业合作社的劳动返还金,是社员创造积累的再分配,体现了集体经济的特征,转厂后一律取消,也是造成社员收入减少的一个原因。由于工资分配上的平均主义,工人收入水平降低,合作社转厂初期社员的劳动热情大大减退,劳动纪律松弛,迟到早退,出工不出力的现象带有普遍性。人们把这种情况描绘为:“干活磨洋工,吃饭打冲锋”;“公事公办,到点吃饭,一天八小时,多了不干”。

其三,采取“吃大锅饭”的管理制度。手工业合作社转为合作工厂或国营工厂后,采用全民所有制企业的一套管理方法。生产计划、原料供应、产品销售等一切都靠自上而下的安排。原来生产灵活多样、民主办社、勤俭办社的特点和传统搞掉了,原来的供销关系被打断了,致使手工业社、厂的经营管理出现了混乱现象。手工业合作社是群众性经济组织,实行自主经营,自负盈亏,企业经营好坏都与社员切身利益密切相关。转为合作工厂或国营工厂后,“吃大锅饭”“端铁饭碗”,大事小事书记、厂长说了算,群众管它叫“吃官饭,打官鼓,官鼓破了没人补”。在合作社时期,社员以社为家,勤俭办社形成风气,处处精打细算,社员把集体财产看作命根子。转厂后,社员变工人,对经营好坏漠不关心,对企业资财损失浪费不心痛,对原材料被风吹雨淋熟视无睹。转厂前,合作社脱产人员所占比例很小(一般只占7%),而且严格控制非生产性开支。转厂后,摆排场,花钱大手大脚,脱产人员大都超过10%。武汉市竹篾、篾器、日用化工、圆木4个社转国营时期,脱产干部达160人,占职工总数12%以上。手工业合作社转为人民公社工厂后,相当一部分企业没有核算制度,生产不计成本,原材料使用无度,公社随便取用产品不计价格,有些工厂出现了资金抽光和生产停顿状况,甚至散了伙。如河北省河间县黎明居人民公社的铁木加工厂,从铁木生产合作社转厂时有1万多元资金,因公家拿走产品不付款,结果没钱买原料而散了摊子。

其四,打乱和改变了集体经济的领导管理体制。手工业合作社联合社是合作社的联合经济组织,在为基层合作社服务方面做了大量有益的工作,历史上形成了联系全国四面八方的传统供销渠道,基层社离不开联社的帮助。“大跃进”中,在手工业合作社“转厂过渡”的浪潮中,1958年4月,中央手工业管理局撤销,中华全国手工业合作总社与轻工业部合并,各级手工业管理局也相继撤销,手工业联社牌子形同虚设,业务指导转到有关政府部门管理,许多问题往往无人负责。旅大市手工业联社当时只挂牌子,不管事,留下7名干部写十年总结。基层社、厂对此很有意见,抱怨说:“我们是没娘的孩,无人管。”该市由于联社供销经理部随之撤销,供销业务转到有关工业局。这些部门感到小企业的供销业务零星繁杂,不愿管,也无力经营,因而造成110个手工业合作社、厂原材料问题无法解决。类似情况,当时在全国其他地方也有发生,给手工业生产的发展带来极大困难。

手工业合作社的“升级过渡”,虽然在一定意义上促进了地方工业产值的增长,甚至还为一些地方后来发展“五小工业”(小钢铁、小化肥、小煤矿、小机械、小水泥)和乡镇企业打下了基础,但是应该看到,手工业合作社的“升级过渡”是手工业“大跃进”的重要内容,这种变革超越了生产力发展水平,违背了生产关系必须适应生产力发展的规律,对手工业生产的正常发展造成十分不利的影响。“升级过渡”把原来独立核算、自负盈亏的手工业者或手工业合作组织都纳入吃“大锅饭”、端“铁饭碗”的体系,不仅挫伤了社员的生产积极性,而且增加了国家财政负担,在经济困难时期,更成为国家一个不小的包袱。

手工业合作社“转厂过渡”,从发动到完成仅仅用了一年多时间。原因在哪里呢?最主要的原因是指导思想上追求单一所有制形式,急于求成,急于过渡。当时在理论上认为,社会主义合作经济只能是适应生产力较低水平的集体所有制形式。一旦它自身的生产发展了,机械化水平提高了,就必须改变它的集体所有制性质,而否认它是一种兼容性比较强并能够适应多层次生产力水平的所有制形式。因此,当时把手工业合作社“转厂过渡”的条件规定为:成立时间较长,规模较大,积累较多,机械化程度较高,供产销正常。事实上,在1958年,全国手工业合作社每个企业的规模平均不到50人,自有资金平均不到12万元。手工业合作社虽然技术革新、技术革命有了广泛开展,但总的看来,机械化生产的程度还比较低,绝大部分还在从事繁重的手工操作,劳动生产率很低,真正具备上述条件者为数极少。在这种片面的由低到高过渡理论的影响下,对于过渡是否符合生产力发展状况,是否有利于发展社会生产力,则考虑得很少。同时,对客观形势做了不切实际的估计,认为手工业合作社经过几年来的发展,已经具备了向全民所有制过渡的物质基础,也过高地估计了社员的觉悟水平。除理论认识上有“重全民,轻集体”的倾向外,当时许多政策、措施,客观上鼓励手工业合作社“转厂过渡”,这也是所以能一哄而起的重要原因。具体表现在以下两方面:

其一,投资优惠使合作社社员向往“转厂过渡”。当时,许多地方规定,新建扩建地方工业时,在资金、原材料供应等方面对手工业合作社转厂单位实行优惠。如南京市从市财政中拨出300万元,安徽省从省财政中拨出700万元,都是为了适应新建、扩建的需要而投资到转厂单位的。以至于很多合作社社员提出“六不要”,即不要股金、不要存社资财、不要劳动返还金、不要加班工资、不要病假补贴、不要工作服,以此来争取转厂。其二,某些政策失当促使社员普遍要求转厂当全民工人,管理人员希望通过转厂转为国家干部。社员普遍认为,当工人比当社员光荣,不甘心长期当社员。造成这种心理的原因是多方面的,主要是合作社在经济待遇上和政治待遇上不如国营工厂。社会上一些人把社员看成"小资方"。同时,合作社社员不能参加工会,有些社员说:"工人可以参加工会举办的文化娱乐活动,社员就不能参加。"潍坊市有工会会员证的去工人文化宫买电影票只要1角钱一张,而社员买则要2角钱。南京市工人俱乐部看书不要钱,社员看一回要花5分钱。国家分配物资和技术人员,对合作社、国营工厂不能一视同仁。

手工业合作社转为合作工厂以后,在组织形式上变化很大,原先灵活多样的生产组织形式被全部集中生产所取代。随着国家统购统销、商业包销及选购范围的增大,合作工厂自产自销的经营方式受到严格限制。据统计,1961年特种工艺业承接的来料加工和国拨原料占所需原料总量的80%,服装业包销和加工订货占产品销售额的100%,百货业包销亦占销售量的100%。但是,仅从生产管理角度来看,合作工厂生产管理制度在规范层面,较之手工业合作社时代渐趋完善。1960年年初在《关于总厂对公社企业的管理暂行办法(草案)》中提出:凡正式生产的产品,都必须具有技术标准。[①] 很多地方以此为据,加以践行,提升了产品的质量标准。据统计,截至1960年11月,北京市手工业局直属厂、社的626种产品中,已有608种产品建立了实物、图纸或者文字的质量标准,其中89%是厂、社自己订的。工厂内部系统及其他制度相应完备起来,很多地方不仅健全了技术指挥系统,诸如在总工程师室下组建起产品设计组、工艺管理组、运转操作组等,而且计划管理增强,合作工厂的定额、定员管理逐渐细致化。

手工业合作工厂的原料源自三种渠道:国家直拨、商业部门供应和自行采购。具体来讲,国家直拨是属于国家统一分配的一、二类主要物资和进口物资,由手工业部门提出申请,分别纳入中央和地方计划,单列户头,由国家物资分配部门拨给手工业部门使用。商业部门供应,是指属于商业部门经营

---

① 《关于总厂对公社企业的管理暂行办法(草案)》,1960年,北京市档案馆藏档,001/005/00322。

的一、二类物资,如纱布、丝绸、毛竹等,由商业部门负责供应。自行采购的短缺部分,由企业和手工业管理局通过自购、调剂、协作、改轧等办法加以补充。

总的看来,国家对计划供应的物资采用了逐层分配的办法。轻工业系统、国家专项安排或临时增拨物资,由国家轻工业部按系统直接分配供应到地方手工业管理局,然后再分配到基层企业;手工业生产所需的大型工业企业的边角下料或废弃钢材,分别由地方计划委员会和国家轻工业部统一供应给手工业系统。北京市的情况是:1962 年前废料、边角下料主要是市废品公司收购后,再供应工业、手工业生产部门使用;从 1962 年 7 月起,凡是用废料、边角下料作原料的生产单位,都可以和生产这种废料、边角下料的单位直接挂钩,固定协作关系。①

1958 年以来,手工业在匆忙"升级过渡"的同时,又盲目地"转产转向"。由于没有接受 1956 年合作化以后集中过大、撤点过多和不适当地实行统一核算和统负盈亏的经验教训,在转厂以后,为了追求产值,或者为了适应归口管理以后的需要,很多企业调整改变了产品结构,片面地追求"高、精、大"产品,忽视了人民群众日常生活需要的大众化的"低、粗、小"产品的生产。部分地区由于技术革新不平衡,产业发展不稳定,在生产转型中逐渐落后。技术相对先进的合作社,由于领导思维局限,普遍没有制订计划,对革新项目缺乏全面安排。

特别是在 1958 年第三季度以后,在各地大搞钢铁、大办地方工业过程中,许多小商品行业的劳动力、技术力量、机具设备被调走了;企业改行转产,东调西遣,概不由己,日用工业品生产品种减少,生产下降,市场供应十分紧张,严重影响了日用手工业品的生产。浙江省温州市是著名的小商品集中产区。1957 年生产的产品品种有 2191 种,花色规格有 5676 种。1959 年 3 月,产品品种减少到 804 种,花色规格减少到 2053 种。江苏省苏州市也一向以小商品集中产区著称,素有"大产品靠津沪,小产品靠苏杭"的说法。1954 年,该市手工业生活资料占 91.62%、生产资料占 8.38%,原料供应和产品销

① 刘胜男:《北京城市手工业研究(1949—1966)》,首都师范大学博士学位论文,2011 年,第 62 页。

售都在外地的占总产值的72.6%，小商品调拨全国。“大跃进”当中，手工业系统相当多的传统名牌产品停产了。河北省唐山盛产瓷器，但1958年冬天还要上北京买饭碗。有些地区结婚买不到床、椅等。群众反映：“壶漏、锅破，日子难过。”“没有筷子用手抓，没有饭碗用瓢盛，没有椅凳蹲地下。”再有，修理服务行业撤点过多。1956年手工业合作化以后，因撤点过多，一度挤掉修理服务行业的情况重复出现。福建省漳州市皮鞋社、制革社、皮枕社、皮箱社、3个布鞋社和修补鞋合作工厂等8个单位，11个修配站，20多个流动组，合并成漳州皮革厂后，只留下4个修鞋站。修理服务人员减少、撤点过多的情况，在大城市的手工业中尤为突出。上海市1958年年初有店摊网点23万个，从业人员41万人。到年底网点减到9万个，减少60.9%；人员减到24万人，减少41.5%。

1959年后，农业严重减产，手工业原材料供应困难，更是加剧了日用手工业品的供求矛盾，全国各地都出现了手工业品供应十分紧张的局面。为了改变这种状况，中共中央于1959年6月召开全国大中城市副食品、手工业生产会议，提出首先应当恢复过去被挤掉的、目前人民迫切需要的商品生产，同时考虑长远的市场需要。① 为贯彻会议精神，中共中央于8月发出《关于迅速恢复和进一步发展手工业生产的指示》，提出了有关落实手工业的生产条件和供销渠道，加强和改善企业的生产经营管理等问题的18条措施，并要求调整手工业所有制的形式，恢复和坚持手工业的生产资料所有制形式的多样化。8月13日，全国手工业合作总社发出指示，要求：迅速建立和健全手工业管理机构，加强对手工业生产的领导；千方百计解决手工业原材料供给的困难，“找米下锅”恢复生产；改进企业的生产管理，搞好企业经济核算，提高劳动生产率。

遵照中共中央的指示，全国手工业合作社社员同个体手工业者同心协力，克服困难，努力恢复生产；还广泛开展了增产节约运动，开始重视特种手工艺行业新工匠的培养，有计划地通过各种途径培训一批手工业技术人员。

---

① 房维中：《中华人民共和国经济大事记（1949—1980年）》，中国社会科学出版社1984年版，第253页。

从1959年第三季度开始,日用手工业品已经恢复了原有的品种,还增加了一些新品种,产品质量也有所提高。重视机电产品而忽视日用小商品生产的倾向,片面追求产值而忽视人民生活需要的倾向,开始得到纠正。这些措施对手工业生产的恢复起了一些作用,基本上制止了手工业大批转产转向的倾向。

但是,由于庐山会议后开展了反右倾的斗争,这些措施并没有得到很好的贯彻。1960年上半年各地仍在大办化工,抽手工业社员去炼钢,小商品生产继续下降。例如,苏州陆益元堂毛笔,1956年成立合作社时有109人生产,年产72万支,还有出口。1960年大办仪表时,该厂有20多个家庭妇女搞了个仪表车间,因而整个合作社变成热工仪表厂。开始还留下一个18人的毛笔车间,后来干脆撤销,湖笔生产就这样中断了。一些重工业比重较大的地区,本来轻工业基础就薄弱,在这个时期,大批手工业企业也转向生产重工业产品。诸如,旅大市线材厂转产弹簧,挤了小刀、锤、铲等小商品,品种由61种减少到3种。在各大中城市和广大农村,木盆、菜篮、竹床、木桶、拖把、小锅、小勺、鞋眼、顶针等日用品长期脱销,有些地区做衣服买不到领钩、纽扣,修理皮鞋要自带鞋钉、皮子,有些地区原来生产日用陶瓷的改为生产耐火材料,甚至把瓷窑改成炼铁大炉,造成饭碗供应更加紧张。国民经济发展的需要是多方面的,在产品结构的调整中,只注意高精尖的大产品,忽视广大人民群众需要的小产品,其结果必然造成国民经济发展的比例失调,市场供应的紧张。这显然是“大跃进”中手工业发展中的一条宝贵的历史教训。

为了配合国民经济的“大跃进”,1958年以来手工业还大张旗鼓地进行技术革命,力求改变手工劳动方式,提高机械化生产水平。1958年5月,中华全国手工业合作总社副主任邓洁系统地阐述了手工业进行技术革命的必要性和方式方法,这代表国家对手工业技术革命的基本看法。首先,手工业的技术革命是十分必要的。这源于各地手工业普遍存在着一个突出的矛盾,即手工业生产方式落后,技术水平很低,不能适应农业生产“大跃进”和地方工业发展的要求。面对技术革命中技术力量不足的困境,他表示“主要采用师傅带徒弟的办法,辅以必要的课堂讲授,大量培养青年徒工。各省市手工业干部学校可以同工业厅协作训练一部分技术人员,也可以委托有条件的学校代训一部分技术人员,或者同大专院校的勤工俭学结合起来。派人留学(意即派人去国内其他省市进行取经——笔者注),也是培训技术工人的好办法”。至于手工业机械化的标准问题,目前只能提倡“专县标准”,因为手工业的主要任务是支援农业生产“大跃进”和促进地方工业的发展,而这两项任务主要在专区和县。因此手工业在生产农业和地方工业所需的产品时,必须适应专区和县的需要。所谓“专县标准”包括以下六个原则:①千方百计、不离勤俭;②价廉物美、因陋就简;③结实耐用、使用轻便;④密切协作、经济打算;⑤修配容易、运转安全;⑥综合利用、万能当先。在这个基础上再逐步向现代化标准发展。[①]

1958 年 6 月,全国手工业合作总社和轻工业部联合召开全国手工业合作社技术革命会议。会议认为:手工业合作社的技术基础已不能适应社会主义经济建设“大跃进”的要求,因而号召全国 500 万手工业劳动者解放思想,发扬敢想敢说敢干的创造精神,大搞技术革命;各地手工业领导机关要关心和支持手工业者的发明创造,帮助他们总结和推广技术革命的经验。会议对手工业合作社技术革命提出的总要求是:在两三年内把落后的技术提高到新的技术基础上来,将全国 70%的手工业转变为机械化生产;将机械化、半机械化和必要的手工劳动结合起来,革新品种,提高质量,增加产量,通过技术革命来实现手工业的“大跃进”,进而推动工农业生产和国家建设事业实现“大跃进”。

手工业整合与发展客观呼吁技术革新。手工业生产合作社利用自身优势,在应用领域取得一定成就。整体而言,政府主导和规模经济引导下的技术革新起点高、发展快,试图达到“能够使用机器的劳动都使用机器,使机械操作、半机械操作和必要的手工劳动适当地结合起来”[②]的目标。从手工业特点出发,中央政府尝试通过工业、手工业技术结合,初步实现“地方中小型厂

① 《大部分手工业应向半机械化机械化发展》,《人民日报》1958 年 5 月 24 日。

② 《大部分手工业应向半机械化机械化发展》,《人民日报》1958 年 5 月 24 日。

矿企业和合作社的技术改造”[①],弥补大工业机械能力不足,推动手工业向半工业化、工业化过渡。值得注意的是,技术革新与思想动员有机结合,有力推动了技术革新。

技术基础相对雄厚的沈阳建设化学社成功试验出金刚砂,有效实现进口替代。沈阳市建设化学社技术水平较高,能够生产绝缘混合物、缝纫机油、桐油和铝焊药等4种产品。产品销路出现困难,倒逼合作社发挥自身特点,寻找新的突破口。经过市场调研,合作社选择市场潜力较大的金刚砂作为试验商品。1956—1958年,金刚砂产量由年产360千克增至380吨,质量超过英国同类产品,产品价格降至进口商品的9%。企业员工由28人增至168人,实现资金积累23万余元,并“兴办了食堂、托儿所等福利设施”[②]。

沈阳建设化学社在市场推动下通过与工厂合作,逐步实现向工业化过渡。在山东砂轮厂等企业帮助下,电熔粉碎、研磨、筛选等主要工序都实行机械化。资金相对丰裕之时,为缓解原料压力,通过自身开矿实现氢氧化铝生产国产化,并将成本降至进口商品的10%以下,“全年节约52000元”[③]。

沈阳市第二十七铁制品生产合作社处于手工业阶段,粗放型发展虽然能有效增加产品数量,但速度有限,难以满足生产需要。为达到既定规划,党支部总结20余项技术突破方案[④],力争翻四番目标实现。对群众进行动员,弓子组首先完成“围圈机”和“搬子”创新。随后,钢绳锤、圆盘刀、丝机、挟板胎具等14个环节取得突破。围绕围链小组技术难题,合作社开展群众性技术革新运动,为完成生产指标提供技术保障。15天中,全社产值同比“半月翻一番,比去年同期翻两番”[⑤]。

天津市十二车具社机械化生产水平约50%,尽管起点较高,却依然面临“技术水平低,原材料有问题,工具设备不足”[⑥]等问题。为实现向工业化过

① 《大部分手工业应向半机械化机械化发展》,《人民日报》1958年5月24日。

② 辽宁省手工业生产联社汇编:《手工业的技术革命》,辽宁人民出版社1959年版,第6页。

③ 辽宁省手工业生产联社汇编:《手工业的技术革命》,辽宁人民出版社1959年版,第16页。

④ 辽宁省手工业生产联社汇编:《手工业的技术革命》,辽宁人民出版社1959年版,第43页。

⑤ 辽宁省手工业生产联社汇编:《手工业的技术革命》,辽宁人民出版社1959年版,第44页。

⑥ 辽宁省手工业生产联社汇编:《手工业的技术革命》,辽宁人民出版社1959年版,第17页。

渡,合作社在发动群众智慧的同时,通过和工业企业合作,推进生产方式现代化。该社同公私合营第一车条厂、公私合营天津钢珠厂交流,解放思想,发现技术局限,“增加了改革技术的信心和决心”①。合作社通过竞赛方式有效提升技术革新速度,据统计,一年之内全社“大小技术改进共 87 项,比较大的改革有 11 项,一年内能创造价值初步估算 638000 元,节约 30057 元,改进中有 57 项是向先进厂学来的,有 30 项是自己改进的,在第一季度内实现了 45 项,增加产值约 12 万元,占一季度计划的 39%”②。

首先,技术革命的第一个目标是援助农业生产。农业出现“大跃进”形势,迫切需要手工业供给各种改良农具、新式农具、农业机械和农田水利机械,任务大,品种多,时间紧。农产品加工也需要手工业给提供各种加工工具、机械设备。为了适应这种新形势,全国手工业合作总社于 1958 年 3 月 15 日至 29 日在武汉市召开了手工业合作社支援农业生产现场会议,进行经验交流。13 个省、自治区的代表参加了这次会议。会议决定把原定第二个五年计划期间由省、专区武装县,由县支援乡镇的修配站(组),建立农具修造网,并要求这个计划提前于两年内完成,争取一年实现。

其次,手工业内部进行了比较充分的技术交流,有利于自身装备的革新。1958 年 6 月 7 日至 23 日,在北京召开了全国手工业合作社技术革命会议,有 24 个省、自治区、直辖市工业部门和手工业联社,以及重点地区的机、电、铁、木 4 个行业的手工业合作社主任、厂长和技术人员,共 180 人参加。与会代表还带来 120 个单位在技术革命中试制和创制成功的 200 多种新产品和新工具,其中有各种精密车床、电动机、变压器、直流弧焊机、三轮汽车、锅驼机、滚珠轴承、马针表、电钻等机器设备,显示了手工业技术革新和技术革命所取得的成就。当时,机电铁器行业在技术革新和技术革命中充分发挥自己的优势,其进展势头和取得的效果在各行各业中居于领先地位。诸如,沈阳机电社自制 25 吨曲轴压力机,只花了 900 元,比购置新的少花 1 万多元。旅大红旗铁工社创制的 200 多种新工具、万能车床等 14 种机器,基本上没花什么

① 辽宁省手工业生产联社汇编:《手工业的技术革命》,辽宁人民出版社 1959 年版,第 20 页。
② 辽宁省手工业生产联社汇编:《手工业的技术革命》,辽宁人民出版社 1959 年版,第 21 页。

钱。辽阳机械社采用牛头刨加长刀杆,利用 2 台车床拼装成一丈二尺的大龙门刨床,造出了制造设备的"母机"。潍坊新利农具社自制的几种经济实用的电锤,生产效率提高 20 多倍。此外,木器家具行业推广以锯代刨节约木材的经验,交流了生产细木工板的生产技术,对家具的设计造型初步进行改革,老式样和费工费料产品在一部分企业开始被新式家具所代替,开创了家具生产的新途径。

再者,通过技术革命支援了轻工业生产。在支援国家工业建设方面,手工业合作社不仅加强了同大工业的协作,进行配件、部件的修理和加工,而且试图通过技术革命达到制造一定数量和型号的机械设备的目标。根据 1959 年 3 月轻工业部召开的机械设备会议统计,全国各省、自治区、直辖市轻工业厅局在手工业合作社的基础上发展了 120 个轻工业机械设备制造厂,其中拥有 500 到 1000 名工人的 30 个,1000 名以上的 10 个。

"大跃进"运动以来为支持工农业生产而开展的手工业技术革命,在某种程度上取得了一定的成效,表现为手工业合作社的技术装备程度有了较大提高。只经过一年时间,到 1958 年年底,全国手工业系统机床动力设备达 12 万台,比 1957 年增加 1.4 倍。支援农业,建立农具修造厂等,是受到农民欢迎的。在一定程度上使轻工业发展改变了全部依靠机械工业部门生产轻工机械的被动状态。但是,根据统计,在 1958 年 3 月,全国也只有 3%的手工业合作社实现了机械化生产,采用机器生产的手工业合作社和合作工厂共计 2000 个,拥有机器 5 万台。在这种情况下,要在 3 年内将手工业合作社的机械化生产水平提高到 70%,显然是无法达到的高指标。而为了达到这一不切实际的高指标,运用"土洋结合""土法上马"的方式,大搞所谓群众性的改革技术和工艺的运动,有的甚至将传统的、优良的手工技术和工艺当作革新的对象,不顾手工业的行业特点和产品特色,一味蛮干,不讲科学态度,无疑会造成很大的浪费。在实践层面的确如此,在试制和生产新式农具、改良农具过程中,有些地区生产出来的产品不合农民需要,造成产品积压,也使部分手工业生产合作社蒙受很大损失。1958 年通过技术革新和技术革命所制造的设备中,有不少是旧设备的复制品。以沈阳市为例,当时手工业合作社使用的机器,96%是利用国营工厂替换下来的残旧设备和市场上收购的破烂机器改装修理的,只有4%是新添的,存在设备运转不正常、消耗能源大等缺陷。[①]

三、街道工业:城市手工业组织新模式

在城市人民公社化运动中建立的城市人民公社工业企业,是在全民办工业、继续改造城镇个体所有制经济和把妇女从家务劳动中解放出来的方针指导下,适应全国各行各业“大跃进”的要求而产生的集体所有制地方工业企业。

“全党办工业、全民办工业”的方针,是1958年3月中共中央成都会议以后提出的,认为全民办工业是国家工业化的新方向和新道路,既可以使国家集中力量发展重工业,又可以实现5—7年内使地方工业总产值赶上或超过农业总产值的目标。按照这个方针,城市街道也办工厂,隶属于城市人民公社。1958年4月2日,中共中央发出《关于继续加强对残存的私营工业、个体手工业和对小商小贩进行社会主义改造的指示》,作出了严格限制和改造城镇个体工商业者的具体规定:除不适合集体生产的某些特种手工业可以进行个体生产外,从事其他手工业的劳动者和个体商贩都必须参加合作社。此后,大批的个体手工业者和个体商贩被吸收到街道工厂中。

1958年下半年到1960年上半年,在工业、商业、公安、教育、卫生、民政、工商行政等部门和妇联的协助和扶持下,街道工业发展很快,成为地方工业的一个重要组成部分。仅据北京、天津、上海、哈尔滨等22个大中城市不完全的统计,经过整顿、改组,1958年已有街道办的工厂(组)1.95万多家,成员75万余人。生产的产品有上千种,1958年上半年的产值达6亿元。[②]

手工业基础较好,经济实力相对雄厚的一线城市广泛兴办街道工业。北京市提出“变消费城市为生产城市”口号,以街道办事处为载体兴办街道企

---

① 《当代中国》丛书编辑部编:《当代中国的集体工业》,当代中国出版社1991年版,第182—183页。

② 《加强城市街道民办工业和服务性事业的领导》,《人民日报》1959年11月18日。

业。1959年,北京市民投入生产者由1958年的4万人[①]增至18万人[②]。街道工业产值持续增加,据1961年统计,北京市(不含区划调整划入的平谷等区)街道工厂775家[③],从业人数11万余人。

上海市在坚持发展重工业之时,以街道工业弥补生活日用品供应缺口。在工业支持下,街道工厂发展迅速,工业闲置厂房、边角废料变为街道工厂有效生产资料,工业化特点初步显现。工厂技术人员到街道工厂传授技术,或组织人员到工厂学习。街道工业在接受工厂支持时,自动作为外化车间存在。工厂利用技术优势全力突击高精尖技术,边缘化环节向手工业延伸。1960年上海市下放车间161个。中国电工厂、通运电讯器材厂等企业将电话线、拉丝、废杂品整理工序外包给街道工厂。据统计,上海市街道工业和4000多个工业企业挂钩,承接了7000多种成品、半成品的加工业务。[④] 黄浦区打浦桥变压器工场在6家工厂支持下,迅速投入生产。卢湾区红星运动器具加工厂由7人、月产值200元的小厂变为产值超过8万元、职工近百人的中等规模企业。静安区三星螺丝加工厂在7名员工、3台手摇机的基础上,转化为250人的大型企业,拥有车床、机床等机器。[⑤]

广州市在思想教育基础上,开创街道工业发展新阶段。街道干部受思想局限,对街道工业的发展存在疑虑。经过思想教育,整风办公室进行辩论,实现思想转化,街道领导干部基本接受街道工业计划。1958年5月下旬,广州市在"用穷办法、土办法,不计报酬、白手起家"[⑥]号召下开展街道工业创办运动。

街道工业资金采用众筹、劳动力参与等方式基本实现自给自足,广州市政府通过国家贷款形式解决街道工业资金缺口问题。广州市发挥工业发展

① 《街道工业全面跃进,四万居民参加生产》,《北京晚报》1958年6月30日。

② 《十八万居民参加了街道生产》,《北京晚报》1958年7月13日。

③ 《街道工业的规划情况》(1960),北京市档案馆藏档,001-028-00017。

④ 《中共上海市委工业工作部办公室关于上海筹办城市人民公社建立街道工业的情况》,1960年7月4日,上海市档案馆藏档,A36-2-436。

⑤ 《中共上海市委工业工作部办公室关于上海筹办城市人民公社建立街道工业的情况》,1960年7月4日,上海市档案馆藏档,A36-2-436。

⑥ 赵武成:《关于街道工业管理体制问题的报告提纲》,1959年4月23日,广州市档案馆藏档,16-永久-11。

优势,发动街道工业“利用大工业的下脚料生产一些小商品”[①],并号召民众积极捐物支援工业,帮助街道工业解决材料问题。经过国家扶持、民众参与,广州市街道工业取得较大成绩。据统计,1959 年,广州市拥有街道工厂 1857 家,工人 31571 人,街道工业出现兴办高潮。[②]

1958 年 8 月,河南省郑州等 14 个城市共建立 2413 个街道工厂,1959 年产值为 2.08 亿元。同年秋天,天津市已经建立 400 个街道生产合作社。沈阳市共建立 484 个城市人民公社工厂和 1380 个车间,1959 年产值为 1.7 亿元,相当于 1954 年全市工业总产值。1959 年,北京、天津、上海、哈尔滨等 22 个大中城市的街道工厂为 1.95 万个,共 75 万名职工。到 1960 年第一季度,上海市已经建立 4600 个里弄工厂,职工达 12.5 万人。[③] 至 1960 年 7 月,全国城市人民公社工业企业发展到 9.1 万个,职工达到 320 万人。城市人民公社工业的中心任务是为城乡人民生活服务,以生产小商品为主,为城乡人民提供多品种多花色的生活日用品和各项修理服务,各个城市的街道往往组织了很多服务站,开展多种多样的服务性活动(如洗补衣物、代购代销生活用品、代办短途运输等)。[④] 同时,也为大工业、农业和外贸出口服务。这些企业的生产和服务方向,一般经历了从生产拾遗补缺的不定向产品,逐渐发展为生产各种日用小商品的过程。在城市人民公社工业中,生活资料的生产和修理服务业占相当大的比重:天津市为 49.3%,沈阳市为 54.3%,哈尔滨市为 55.1%,杭州市为 64.4%。沈阳市、哈尔滨市人民公社设立的修理门市部,分别为 238 个、226 个。[⑤]

这种在短时间内迅速兴办起来的城市人民公社工业,是城市人民公社化运动和全民办工业的产物。它的产生与发展,对促进国民经济发展和满足人

---

① 《关于城市街道工业整顿情况的报告》,1963 年 1 月 5 日,广州市档案馆藏档,16-永久-45。

② 《关于整顿街道工业的方案》,1959 年 1 月 21 日,广州市档案馆藏档,16-永久-12。

③ 《全面组织人民经济生活、迎接城市人民公社建立,上海 85 万里弄居民欢天喜地迈向集体化》,《人民日报》1960 年 4 月 10 日。

④ 《加强城市街道民办工业和服务性事业的领导》,《人民日报》1959 年 11 月 18 日。

⑤ 《城市公社工业的小商品生产大有可为,天津、沈阳、哈尔滨、杭州等城市公社工业小商品生产情况的调查报告》,《人民日报》1961 年 3 月 21 日。

民群众对日用小商品的需要,起到了一定的作用。同时,街道工业也达到了变无用之物为有用之物,利用下脚料和废旧物资进行生产的目标。南京市1959年街道冶炼厂工人,从大厂垃圾中提炼出来的铜、铅、铝、锡等金属就有3000多吨。在北京市北新桥22个街道工厂中,有3个是专门加工废品的,单是利用废旧物资生产的产品,一年产值就达23万元。北京市北新桥棉丝厂一年回收废棉丝34万公斤,加工以后供18个国营厂维修机器之用。沈阳市就有几百家公社工厂,同国营企业建立了固定的或经常地使用边角下料的生产协作关系。通过对边角废料的有组织的合理分配,为城市公社工业和小商品生产开辟了广阔的原材料来源渠道。据沈阳市统计,生产小商品的原材料,由国家调拨的只占10%—20%,其余都是靠自己解决,而其中又以大厂边角下料和社会废弃物资所占比重最大。据不完全统计,该市公社工业两年来生产小商品共利用各种边角下料4.6万吨,占原材料耗用量的30%以上。该市废旧物管理公司1960年回收的各种边角废料中,用于小商品生产的即占80%以上。杭州市农副产品公司1960年回收的废旧物资中,作为小商品生产用料的就有各种废金属6.7万担、轻化工原料2.6万担。哈尔滨市公社工业1960年利用了钢材边角料1.6万吨、木材边角料8000立方米、各种废水废渣270吨,生产出300多种小商品,总值达6600万元。①

街道工厂的生产组织形式多种多样,大致分集中生产、分散生产和部分分散三类。集中生产又分大集中、小集中和半日集中三种,其中小集中因一般都是街坊邻居凑在一起生产,离家近能兼顾家务,所以比较多。街道工厂的经营方式一般为两种,即承担加工业务和自产自销。因使用原料多是下脚料,产品标准不统一,规格和质量问题很多。② 总体上讲,这些迅速成长起来的小企业面临着资金短缺、技术水平低和生产管理混乱等问题,妨碍着企业生产的发展。其资金来源与利润分配也同手工业合作社的集体所有制略有不同。它不是由社员集资筹办,而主要是在国家的扶植下,靠穷干苦干发展

① 《城市公社工业的小商品生产大有可为,天津、沈阳、哈尔滨、杭州等城市公社工业小商品生产情况的调查报告》,《人民日报》1961年3月21日。

② 刘胜男:《北京城市手工业研究(1949—1966)》,首都师范大学博士学位论文,2011年,第106页。

起来的。其固定资产和资金,国家不能调用,实际上是街道集体所有制。

从1960年9月起,对城市人民公社工业企业进行了整顿,但收效不大。在城市人民公社停办以后,大多数城市人民公社工业企业自然随之停办,一部分办得比较好的城市人民公社工业企业则转为城市的区办或街办的集体所有制企业,属于城市集体工业企业。

第二节 手工业的调整和手工业合作社的巩固提高

一、“大跃进”运动中手工业的调整和生产力稳步发展

连续3年的工农业生产“大跃进”,消耗了大量的农具和生活日用品,手工业企业的转产改向又减少了农具和生活日用品的供给,农具与生活日用品的市场供求矛盾尖锐。为了促进农业的恢复,满足城乡人民生活需要,调整手工业和城镇集体工业便成为一件紧迫的事情。实际上,在“大跃进”当中,中共中央领导已发现了部分问题,并开始了最初的纠错尝试。

1959年4月,陈云在给中央财经领导小组各同志的信《缓和市场紧张状态问题》中,提出了要专门安排一下日用必需品的生产。陈云指出,在安排工业生产的时候,应该专门拨出一部分原料和其他材料,安排日用必需品的生产,原有生产小商品的工厂如果已经改行了,应该让他们“归队”,恢复生产。特别是原有手工业合作社,由于改变为地方国营工厂或合作工厂,统一安排生产任务,不能单独生产和经营,大量的小商品停止生产了,现在应该组织他们重返本行。[①]

1959年5月,全国手工业合作总社在北京召开了第二次委员会议和省、自治区、直辖市联社主任会议。会上反映的主要问题是:在手工业“转厂过渡”、归口管理过程中,在产品往高级、精密、大型方向发展的同时,许多低档、大众化小商品被挤。中共中央政治局委员、书记处书记李富春和国务院副总

① 房维中:《中华人民共和国经济大事记(1949—1980年)》,中国社会科学出版社1984年版,第247页。

理李先念听取了这次会议汇报后,转报中共中央。毛泽东对此极为重视,谈到手工业时指出:既要有全民所有制,又要有集体所有制,还要有个体所有制;手工业产品既要有高精大,又要有低粗小。这就为正确处理三种所有制关系,恢复和发展手工业生产指明了方向。

为了迅速恢复和发展手工业生产,加强对手工业工作的领导管理,1959年6月12日中共中央专门指示:“手工业是我国国民经济中不可缺少的一个重要组成部分,农业、工业、人民生活和出口物资都需要它”;“在国务院轻工业部之下,重新建立中央手工业管理总局(和手工业合作总社合并成立),在各省、市、自治区人民委员会工业厅之下建立手工业管理局。在各专署和人民委员会之下也相应地建立管理手工业的专门机构。有经验的管理手工业的干部,必须归队。以加强手工业管理机构的骨干”。[①] 这一指示,在当时确实抓到了关键,各地开始恢复手工业管理机构,并且组织干部归队。但是,大多数地方原从事手工业工作的干部归队不多,有些地区手工业工作无人负责的情况还相当严重。

1959年6月,中共中央在上海召开了大中城市副食品和手工业生产会议,研究解决副食品和手工业品市场供应紧张问题。中共中央政治局委员、国务院副总理李先念主持了这次会议。6月18日,李先念发表了《缓和市场紧张,发展副食品、手工业生产》的重要讲话。他强调指出,目前,手工业的主要问题是:①去年手工业升级,一是集体升全民,一是小厂并大厂。在升级合并中喜欢搞“高、精、大”,把“低、粗、小”挤掉了,产品品种大大减少。②有些手工业行业转行做别的事情去了,很多东西没有人生产,修修补补也没有人干。③手工业的管理机构削弱了,人员也大大减少。他要求各地都要采取各种办法恢复和发展手工业生产,争取在1959年内将产品品种恢复到上一年8月以前的状况。他提出,手工业企业在归属关系上,要搞多样化。市、专署、县及人民公社各级都应该有自己的手工业企业,一部分升级或者合并得不适当的手工业企业要退回去,一些由集体所有制升为全民所有制的手工业企业

① 《中共中央关于重新建立手工业管理机构的指示》,1959年6月12日,载中共中央文献研究室编:《建国以来重要文献选编》第12册,中央文献出版社1992年版,第385页。

也要退回去。手工业品的生产过程也要多样化。要根据不同的条件,能用机械的就用机械,能用半机械的就用半机械,不能用机械半机械的就用手工搞。手工业产品也要多样化。要有“高、精、大”的,也要有“低、粗、小”的,以满足人们的不同需要。

会议总结分析了1958年以来,手工业生产的巨大发展和生产关系的变革,以及在“转厂过渡”、经济改组和按行业实行归口管理的过程中产生的新问题和缺点。并就恢复和发展手工业生产,特别是日用小商品的生产和修理服务业务问题,确定了如下指导方针:第一,在思想上明确认识恢复和发展手工生产方针的重要性。手工业生产地方性强,小而灵活,适应性强,行业、产品、花色品种和服务方式多种多样,能够适应社会各方面千变万化的需要。各种修理服务行业服务上门、走街串巷,便利居民,更是城乡人民日常生活和生产所不可缺少的。手工业合作社已经过渡为全民所有制的部分,凡对生产不利,对居民不便的,要退回来,由小并大的企业,合并不当的,就应该适当分散;手工业要产品多样化,服务方式多样化,生产过程多样化,所有制形式多样化。第二,重新建立手工业管理机构。要使手工业生产得到合理的安排,并促进其发展,必须有强有力的专管机构。凡管理机构和联社已经撤掉的要恢复,削弱的要加强。大中城市可以根据需要建立区一级手工业管理部门,有的还可以按主要行业建立专业公司或专业联社,以便加强对手工业生产和管理工作的领导。第三,抓紧安排生产,具体安排小商品、工艺美术品生产和各种修理服务行业的业务。手工业合作社、厂在生产的发展中,一定要做到产品品种有所增加,质量有所提高,成本有所降低,以迅速恢复产品质量和信誉。在计划要求上,既要有产值指标,更要有产量和质量指标。在制造行业中对停产、减产的小商品,必须根据市场需要,分期分批,有计划有重点地进行安排。特别是人民迫切需要的小商品和各项传统产品,更要限期恢复。在修理服务行业中,门市部和服务点要按照社会需要合理布局,撤销不当的要恢复,不足的要适当增加,统一核算不当的也可以改为分别核算、各计盈亏,要不断提高服务质量,做到价格公道,便利居民。第四,认真做好手工业的原料供应工作,加强计划安排,协调工商关系,保证手工业的正常生产。原有供需关系,可以进行必要的调整,但不能打断或打乱。为了从供销上更好地保证手工业生产,必须恢复和加强原有各级联社的供销机构,以便一面同商业部门、外贸部门密切联系,通过结合合同,平衡供产销计划,一面组织经营必需的原材料供应和产品销售业务,以补充国营商业的不足。第五,恢复和发展手工业必须与整顿地方工业结合起来进行。除搞好生产以外,还必须对所有制问题、管理体制问题以及"转厂过渡"以后的各项政策性问题妥善加以处理,以巩固新的生产关系,推动生产力的发展。现有的手工业合作社,应该继续发挥集体所有制经济的积极性,停止转厂。对于少量现有的个体手工业,也应当允许它们存在,帮助它们进行生产或开展修理服务业务,以满足人民的需要。召开这次会议,是为纠正经济工作中"左"的错误而采取的一项重要措施,对当时手工业生产和集体工业的恢复和发展起了一定的促进作用,并为以后全面研究解决手工业政策问题提供了条件。

1959 年 7 月,在庐山会议期间,中共中央研究了手工业问题。由于"转厂过渡",加上 1958 年冬和 1959 年春,社会购买力增长很快,生产安排不全面,手工业品在市场上出现了供应紧张状况。中共中央指出,这是全国人民经济生活中的一个突出问题,是关系共产党和群众关系的一个重要问题。因此,迅速恢复,并且力求进一步发展手工业生产,是当时的一个重要经济任务和政治任务。为了改变市场状况,8 月 5 日,中共八届八中全会通过并发出《中共中央关于迅速恢复和进一步发展手工业生产的指示》(简称《手工业十八条》),其主要精神是调整所有制和企业规模。强调手工业要产品多样化、服务方式多样化、所有制形式多样化(全民、集体、部分必要的个体经营),手工业合作社凡是转为全民所有制以后对生产不利和对居民不便的,要采取适当步骤退回来。将手工业产品的品种和质量恢复到 1958 年 8 月以前的状况。并且根据市场需要积极增加产量。原来从事手工业工作的干部和社员,应当有计划地迅速归队。确定手工业所需的原材料,基本上由地方统筹安排,一些主要原材料由中央统一安排。手工业要积极地、继续地提倡采用穷办法,充分利用废品废料。手工业社、厂在可能的条件下,经过当地计划机关批准,可以建立原料基地,自产自用。手工业产品基本上由商业部门包销,现有的自销产品在服从计划管理和价格管理的原则下,仍然可以自销,但是不扩大自销的范围。强调应当按行业、按产品实行分工分级管理,统筹安排。手工业企业应当实行经济核算制,要充分发扬原有手工业合作社勤俭办社的优良作风。紧缩非生产性开支,反对铺张浪费。明确提倡手工业要师傅带徒弟,可以从工业部门1958年吸收的徒工中动员一部分人到手工业中去。要从政治上提高手工业工人,特别是一部分服务业从业人员的地位,并加强对他们的政治思想工作。要扭转社会上有些人轻视手工业的风气。[①]

在随后邓洁作的报告中,将要解决的最核心的问题,凝结成五项:①至迟在1959年年底前将日用品品种、质量恢复到1958年8月以前的水平,数量上超过。然后在此基础上继续提高。②必须妥善处理所有制问题。不能继续维持全面所有制的,可以退回到大集体所有制的合作工厂,有的可以恢复到原来的合作社,个体的可以回到合作社领导下的自负盈亏户。③做好手工业的原材料、燃料供应,多想穷办法。④恢复和发展手工业,当与整顿地方工业、公社工业的工作相结合。⑤坚决贯彻执行重建手工业管理机构的指示。《手工业十八条》是对手工业社会主义改造及“大跃进”中“转厂过渡”经验教训的初步总结,在当时起过一定作用,对尔后《中共中央关于城乡手工业若干政策问题的规定(试行草案)》的制定也奠定了初步基础。

《手工业十八条》的颁布和落实,使手工业生产曾有过一度恢复,但很快由于反右倾运动而被搁置,未能很好地付诸实践。1959年一度复苏的手工业生产到1960年又退下来了。1960年的产值从1959年的1699亿元下降到1551亿元,下降了8.7%,手工业生产再度陷入萎缩。

二、国民经济恢复时期手工业支柱地位的巩固

1961年,国家进入以“调整、巩固、充实、提高”为中心的国民经济恢复时期,各领域的调整和恢复提上日程,这也为手工业的调整创造了良好和稳定

---

① 《中共中央关于迅速恢复和进一步发展手工业生产的指示》,1959年8月5日,载中共中央文献研究室编:《建国以来重要文献选编》第12册,中央文献出版社1992年版,第486—495页。

的客观环境。可以肯定,调整手工业(包括所有的城镇集体工业,下同),使手工业生产适应农业生产和人民生活的需要,就必须恢复生产小农具和生活日用品,坚持为农业和人民生活服务为主的生产方向,解决手工业行业发展不平衡的问题。

1961年7月6日,中共中央发出指示,要求全国的手工业企业充分发挥传统的生产优势,大量增产锄、镰、镐、锹、锅、碗、坛、缸、盆、桶、勺等小农具和生活日用品。[①] 接着,又召开铁器、木器、竹器等专业会议,落实生产计划。同年9月,中共中央工作会议要求,各级党委和经济领导机关必须加强对轻工业和手工业的领导和检查。会议决定,将国民经济生活所急需的40种轻工业和手工业品列入计划,逐项安排生产,满足市场需要。

按照"统筹兼顾、适当安排"的方针,以及以传统产区和传统产品为主、适当发挥一般产区和新产区的作用的原则,手工业管理部门对调整工作进行了具体的部署:①在地方中共党委和政府主管部门的领导下,限期调整那些已经放弃生活日用品生产而改产生产资料,使日用品市场供给不足的企业的生产方向,恢复原来的小商品生产和改进生产,为社会提供优质适用耐用的产品,维护消费者的利益。②进一步调整城市街道工业或人民公社工业企业的生产方向,以日用品生产和修理服务业为中心,组织这些企业的生产经营活动。③以各手工业企业的传统产品,尤其是名牌产品为基础,逐步建立各种日用品专业化生产企业。④由手工业主管部门采取有力措施并设立专门机关,培养、训练技术骨干队伍和解决名牌产品生产的原材料供给问题,保证重要的日用品和名牌产品的生产。⑤按照优先保证重点和适当照顾一般的原则,合理分配由国家计划供应的原材料,提倡企业自力更生开辟原材料来源和节约用料,提高经济效益。

由于注重手工业本身的特点,采取上述对手工业的调整措施,手工业生产得到了较快的恢复和发展。经过两年多时间,手工业生产情况已经基本好

---

① 《中共中央关于安排小农具和日用品生产必须充分发挥传统生产力量的指示》,1961年7月6日,载中央档案馆、中共中央文献研究室编:《中共中央文件选集》第37册,人民出版社2013年版,第182—185页。

转。北京市积极落实中央指示,组建恢复与发展手工业领导小组,由其专项负责实施工作,根据实情分类处理合作社。1963 年 4 月,北京市颁布“手工业三十五条”,集体所有制经济成分持续增加。1963 年,全市手工业有 17 万名员工,国有企业员工占比降至 20%,集体企业员工占比为 71.8%,个人企业仅为 4600 人。①

由于浮夸风等因素影响,手工业生产出现滑坡。中央政府颁布《关于迅速恢复和进一步发展手工业生产的指示》,提出“调整、巩固、充实、提高”的八字方针。根据手工业特点,中央要求实行必要调整,明确指出手工业存在归队必要,避免不切实际的过度工业化。1963 年 10 月 16 日至 25 日召开的全国手工业合作社第二次社员代表大会,根据“以农业为基础、以工业为主导”发展国民经济的总方针,提出以后一个时期手工业合作社的中心任务:继续做好手工业的调整、巩固、充实、提高的工作,坚决把手工业工作转移到以农业为基础的轨道上来,进一步巩固和提高手工业合作社,发展手工业生产,更好地为农业和城乡人民生活服务,为国家工业建设和出口贸易服务。为完成这个中心任务,全国手工业合作总社要求:继续对手工业进行调整。通过进一步调整,手工业生产更加适应工农业生产发展的需要,努力增产适合农业生产和城乡人民生活需要的产品,以及为大工业协作配套的产品和某些出口产品。在调整手工业生产的时候,要注意正确处理大中小城市之间、城市和农村之间、传统集中产区和一般产区之间、手工业和同行业国营工业之间,以及手工业合作社的集中生产和分散生产、制造和修理之间的关系。手工业合作社应当在继承和发扬传统生产技艺的基础上,从解决生产薄弱环节问题和减轻笨重体力劳动入手,加强技术研究工作,积极稳步地进行技术改革,有计划地改进工具,更新设备,填平补齐,进行必要的基本建设,逐步实现半机械化、机械化生产。手工业合作社的产品复杂多样,它的生产、销售和原材料的供应,除全国调拨的产品需要列入国家统一计划以外,都要注意纳入地方计划,以便由地方进行统筹安排,使手工业生产更好地发展。②

---

① 《当代北京二轻工业》编辑部编:《当代北京二轻工业》,北京日报出版社 1990 年版,第 49 页。

② 《巩固和提高手工业合作社,积极发展手工业生产(社论)》,《人民日报》1963 年 10 月 27 日。

1960年代初期,中国城镇集体工业有手工业生产合作社、手工业供销生产合作社和合作小组、手工业合作工厂、城市人民公社或街道工厂五种组织形式。手工业合作社是城镇集体工业经济的主要力量。调整和恢复手工业生产,最主要的是巩固和提高手工业合作社。1961年6月19日,中共中央颁发的《关于城乡手工业若干政策问题的规定(试行草案)》(简称"手工业三十五条"),它对于手工业合作社的建设及其生产的调整、恢复、发展具有重要的指导意义。《规定》明确指出,在整个社会主义阶段,集体所有制最能适应手工业生产力的发展水平和手工业工人的觉悟程度。在条文层面,它共分为:所有制、组织规模和手工业者的归队、收益分配和工资福利、供产销和价格、企业的经营管理、领导机构和政治工作等六大部分。它主要致力于解决手工业合作社转变过急和手工业生产集中过多、合并过多、限制过死等核心问题。[①] 核心要旨可以简化为四项,即:手工业的所有制形式,必须加以调整;手工业合作社的工资制度,必须实行按劳分配原则;手工业的产供销,必须实行统筹安排、分级管理的原则;手工业合作社的经营管理,必须坚持民主办社、勤俭办社的方针,必须建立和健全生产责任制等管理制度。[②]

根据中共中央的这一指示,1962年9月,全国手工业合作总社作出调整手工业队伍和巩固手工业合作社的决定。这次手工业调整工作的重点,是同农业和市场联系较密切的主要行业和传统名牌产品的集中产区。

全国手工业合作总社通过调整手工业所有制形式,坚持手工业全民所有制、集体所有制、个体所有制并存,以集体经济为主体,采取五种组织形式;停止手工业集体经济向全民所有制的过渡,对于已经由集体经济过渡到全民所有制的手工业企业,根据具体情况分别进行调整。保留那些符合社会需要而又办得较好的企业的全民所有制形式;逐步将那些升级为全民所有制而又不利于生产和人民生活的企业改为手工业合作社或合作小组;将城市人民公社

① 《中共中央关于城乡手工业若干政策问题的规定(试行草案)》,1961年6月19日,载中央档案馆、中共中央文献研究室编:《中共中央文件选集》第37册,人民出版社2013年版,第98—110页。

② 房维中:《中华人民共和国经济大事记(1949—1980年)》,中国社会科学出版社1984年版,第309—310页。

停办以后仍然保存下来的原城市人民公社工业企业,分别转为手工业合作社或合作小组。

除此之外,调整手工业企业规模,使之适应生产需要。这次调整企业规模,主要是从手工业行业复杂和小而灵活的特点出发,按照手工业企业规模不宜过大和行业不宜混杂的原则,对组织规模过大或行业混杂,不利于生产发展甚至造成生产混乱的企业进行调整。同时,根据手工业不同行业的具体特点和生产需要,对不同的企业分别采取集中生产或分散生产、固定设点或流动服务等生产或经营方式。1958 年,以从手工业合作社抽调到其他部门工作的技术工人和名匠艺人,充实手工业合作社的技术力量;精简 1958 年以来从农村招收进厂的职工,解决部分手工业企业人员过多、任务不足的问题,并动员这部分精简下来的职工返回农村参加农业生产。

与此同时,建立和健全手工业的管理机构。恢复各级手工业生产合作社联合社。手工业联社除经营少量的合作工厂以外,主要任务是:编制手工业供产销计划,设立供销机构,为基层合作社供给原材料和推销产品;加强对手工业企业的领导,指导企业改善经营管理,帮助企业改进技术,加强对生产的指导和协调工作,为企业培养训练管理干部、财会人员和技术工人;协同基层合作社开办集体福利事业;组织和教育个体手工业者,指导其业务活动并给予必要的帮助。改革手工业的管理体制。除某些生产工艺美术品的全民所有制企业由手工业部门代管以外,手工业部门原则上不再管理全民所有制企业。除渔业、盐业、林业、运输业、建筑业的合作社以外,其他行业的手工业合作社和合作工厂一律由手工业部门领导和管理。在调整手工业领导制度的同时,健全手工业合作社的管理制度。在这方面,手工业联社提出了五条标准:认真按照社章办事,实行民主管理;生产方向明确,管理制度健全;实行经济核算,财务管理健全;收益分配合理,符合按劳分配原则;干群团结好,社会主义思想占上风。这五条标准的公布,使广大干部和社员有了具体的目标,促进了手工业合作社的巩固和提高。

到 1965 年,国家撤销了中央手工业管理局,成立中华人民共和国第二轻工业部。全国手工业合作总社与第二轻工业部合署办公。同时,又一次改革了管理体制,由按手工业所有制系统进行管理的体制,改为按二轻工业的行业系统进行管理的体制,相应的,在手工业的基础上形成了以集体所有制企业为主的中国二轻工业系统。

但是,值得注意的是,尽管在国民经济调整时期,各地开始恢复、巩固和完善手工业管理机构,采取有力措施,组织手工业工人归队,比较全面地纠正了“升级”“下放”和改产转向中存在的问题,但是,对赋予集体企业应有自主权这个要害问题,由于当时条件的限制,仍没有触及,因此改革也就不能跳出原有的框框。①

三、国民经济恢复背景下手工业生产的适应性调整

第一,手工业生产呈螺旋式发展。

恢复手工业生产的工作,主要是从坚持和发扬手工业经营的传统特色入手的,即:坚持和发扬就地取材,就地生产,就地销售;物美价廉,经久耐用;集中生产与分散生产相结合,加工制造与修理服务相结合,固定设点与走街串巷相结合,来料加工与以旧换新相结合,委托代销与自产自销相结合等多样化经营方式;勤俭经营;等等。继承和发扬一切好的生产方法和精湛的传统技艺,促进了具有民族传统特色的产品和其他手工业品的生产;把手工业工作的重点转移到以农业为基础的轨道上来,为市场提供了大量的手工业产品。1962 年,手工业合作社提供的商品,占全国供销合作社系统所销售的商品总量的 67%,占小农具和灶具、雨伞等商品销售量的 80%以上。1963 年,全国手工业总产值比 1949 年增长 3 倍多,其中以工业品为原料的手工业品增长的速度更快一些。1964 年,手工业部门通过普遍加强企业技术管理,进一步开展技术革新,使全国大部分手工业企业的生产技术水平都比 1963 年有显著提高,手工业生产全面好转。上海、广州、福州、南昌、呼和浩特 5 市的手工业技术革新较好,项目有 3300 多项。手工业生产技术水平提高以后,大部分产品的质量提高、成本降低。1965 年,手工业部门通过开展手工业同行

---

① 楼启镳:《试论手工业集体经济的体制改革——学习〈关于经济体制改革的决定〉的体会》,《经济科学》1985 年第 5 期。

业地区之间和企业之间的协作竞赛,建立同行业的协作组织,加强各地手工业企业的经济联系,推动了全国手工业生产的发展。北京市和天津市手工业管理部门,根据两市同类企业较多的特点,积极建立地区之间的经济联系,共计121家企业就81种产品、720个项目进行协作生产,并对236个技术革新项目进行共同研究。1965年3月,在北京、天津、大连、广州、福州、无锡、杭州分别召开的手工业产品生产交流和质量试评会议期间,来自全国各地的300多家企业的代表,通过参观、技术表演、举办产品展览会、互相访问和交换技术资料等形式,总结交流100多条先进经验,建立了同行业的协作组织。

手工业企业互相学习交流经验,积极改进产品设计,采用新技术新工艺,综合利用废渣废气废水,节约原材料,增加了生产,使手工业获得全面发展。1965年,全国各地手工业完成的生产总值比1964年增长近20%,主要产品的产量有较大幅度的增长,其中铁、木、竹等各种材质的中小农具增长30%左右。全国生产农具的手工业企业发展到2.5万家,共81万职工。大多数省市的铁木行业、一部分县城的重点农具生产企业,基本上实现了半机械化和机械化生产,全国手工业企业的机械化程度提高到25%。1966年,在手工业(二轻)系统继续开展了技术革新运动,使企业的机械化水平进一步提高。同时,加强了劳动工资管理工作,妥善处理了职工劳保福利问题,进一步调动了职工的生产积极性,促进了手工业生产的蓬勃发展。

手工业中心城市武汉积极推动手工业恢复与发展。第一步是整合原材料供应链。政府统一调配物资,在全社会收缴边角废料,尽快恢复原产地和工厂联系。同时,根据行业特点整合生产关系,已经具有现代工业特点的企业坚持工业生产。过剩行业、品牌产品一律归入手工业。经过有效整顿,55%的手工业品种得到恢复,70%的脱销产品得到保障供应。① 从手工业相对发达的实际出发,武汉兴起街办工厂。城市街道发动家庭妇女组建小型工厂,街道工厂具有“规模小,一般都是七八个人最多不超过二十人;产品多种

① 《关于恢复和发展手工业生产的汇报(初稿)》,1959年9月3日,武汉市档案馆藏档,59-1-31。

多样;手工操作,分散生产”[①]的特点。1959年9月,街道工厂共有1164个,有44000余人,占全市原有手工业人数的47.16%,有效推动手工业规模经营。

1961年4月,武汉开展手工业整改工作。针对行业差异,采取不同方针。少数手工业合作社初步具备工厂生产模式,此类企业维持不变,坚持向工厂过渡。多数转厂企业重新调整合作方式。经过有效整合,武汉市手工业合作社得到初步恢复,“30人以下的企业由279户上升为557户,占总户数的49.73%,200人以上的企业由44户下降为21户,仅占总户数的1.7%”[②]。为保护职工权益,恢复合作社时,“都必须把原来的社员股金和合作社的公积金、公益金、资金、设备、厂房、工具等全部退还给手工业生产合作社。已经动用和损坏的,要如数赔偿”[③],有力确保过渡时期安定和手工业合作社生产能力。计件工资取代计时工资占据主导地位,有效调动工人积极性,确保手工业稳产高产。

浙江慈溪要求手工业合作社改制企业,确实不适合工业化生产者及时转归手工业,“要求即刻对县办企业进行整顿,要求各家政策所涉企业立刻‘下马’,即使保留企业,其从业人员也必须做出大幅度缩减处理”[④]。慈溪县从实际出发,因地制宜整合手工业。县联社将整顿对象集中于人造棉、酒精、砖瓦等技术含量较低、生产工序较短的小商品行业。技术、资金门槛较高的水泥、电动机、五金汽配等坚持并厂。慈溪县的做法得到陈云等中央领导人肯定。[⑤]

---

① 中华全国手工业合作总社、中共中央党史研究室编:《中国手工业合作化和城镇集体工业的发展》第2卷,中共党史出版社1994年版,第137页。

② 毛恒杰主编:《武汉二轻工业(1840—1985)》,武汉第二轻工业局,内部资料,1987年,第24页。

③ 《湖北省委关于对手工业生产合作社进行退赔的规定(草稿)》,1961年7月20日,湖北省档案馆藏档,SZ1-2-868。

④ 慈溪县委编:《关于整顿工厂企业的情况以及今后整编计划的报告》,1959年6月27日,慈溪县档案馆藏档,001-011-059。

⑤ 陈云:《当前基本建设工作中的几个重大问题》,1959年3月1日,载中共中央文献研究室编:《建国以来重要文献选编》第12册,中央文献出版社1992年版,第93页。

通过合理规划,慈溪县工厂由55家降为41家①,手工业商品生产者恢复到138家②。

在东中部手工业恢复之时,边疆地区手工业同样进入调整和发展阶段。新疆手工业合作化运动后期,出现盲目扩大生产规模现象,造成管理困难和产量下降。少数地区过度推动所有制升级,造成手工业合作社人为减少。1958年,新疆“245个合作社转为地方国营工厂,全区只剩94个手工业合作社”③。手工业布局和产品结构失调,民族类商品供需矛盾进一步严峻。

1961年,在《关于城乡手工业若干政策问题的规定(试行草案)》的指导下,新疆及时调整发展措施,使手工业得到进一步发展。塔城“手工业职工由原来的1459人增加到1988人,工业总产值由180万元增加到1965年的422万元,阿勒泰市1963年将已转国营企业的6家手工业合作社恢复后,职工增至154人,产值达49.28万元,固定资产3.71万元,比调整前有很大增加”④。手工业产能、产量、职工人数有所增加,有效缓解供需矛盾,确保特殊商品供应。伊犁全州有20多家农具修配厂,各种小农具的产量达到50多万件,比1959年增长2倍多。⑤

第二,随着国民经济初步恢复,手工业进行适应性精简。

经过1960年代初国民经济的种种调整,国家经济逐渐复苏、市场日渐活跃。手工业经过多重调整,也得到很大程度的恢复和发展。同时,中共中央也在积极落实精简城镇人口和城市职工的工作。至1962年年初,由于城镇粮食供应问题仍未好转,中央不得不提出“再减七百万城镇人口的目标”,并强调要以增加农业生产劳动力和减少职工与城镇人口两大核心对策来解决

① 慈溪县委编:《关于整顿工厂企业的情况以及今后整编计划的报告》,1959年6月27日,慈溪县档案馆藏档,001-011-059。

② 中共慈溪县委工业生产指挥部编:《关于(1959年)第二季度工业生产的总结报告》,1959年7月11日,慈溪县档案馆藏档,001-011-083。

③ 新疆社会科学院经济研究所编:《新疆经济概述》,新疆人民出版社1985年版,第231页。

④ 竹万发主编:《伊犁州通志·二轻工业志》,新疆人民出版社1997年版,第66页。

⑤ 竹万发主编:《伊犁州通志·二轻工业志》,新疆人民出版社1997年版,第92页。

国家的粮食供应问题。[①] 正因如此,此时对城镇手工业者的精简,进一步扩大到从业者整体。1962年10月20日,中共中央批转了全国手工业合作总社党组《关于调整手工业队伍巩固手工业合作社的报告》,确立了有关手工业精简和调整工作的原则。

首先,作为手工业的主要组织形式和主要生产力量的合作社,应当根据生产任务、市场需要以及原材料供应的情况,适当精简人员,充实技术骨干力量。对于1958年以后从农村吸收来的农民和半农半工的手工业者,除了少数生产上的技术骨干、年轻力壮的烘炉下手和能够继承独特技艺的徒工以外,应当加以精简,让其回乡,参加农业生产。对于1958年以后从城镇吸收的人员,如果所在手工业合作社任务不足、人员过多,也应当加以精简;但是,从城镇上吸收的财政会计人员、技工和艺徒,要根据生产需要,慎重处理,不要轻易减掉。1957年年底以前入社的老社员,特别是生产传统名牌产品的老工匠、老艺人都不要精简。1958年以后从手工业合作社抽调出去的技工,原则上都要归队。对生产传统名牌产品的手工业合作社,在减人的时候,要照顾到它的实际生产情况,少减或者不减。调整精简以后,应当把手工业合作社的队伍稳定下来。

其次,原来由集体所有制的手工业合作社转为全民所有制的企业,转得不合适的,应当在精简多余人员以后,再退回集体所有制的手工业合作社;原来从工业部门划归手工业部门的国营工业企业,现在不适宜于由手工业部门继续领导管理的,仍应交还有关工业部门。在精简职工的过程中,要避免某些国营工厂为了完成本身的精简任务,把职工不适当地转到手工业合作社中来。应当关闭的国营工厂,都不要转为手工业合作社;公私合营工厂,由于涉及对私方人员的改造和安排等问题,也不宜于转为手工业合作社。但是,在国营工厂精简下来的职工中,有些工种相近、适合于从事手工业生产的技工和青年艺徒,手工业合作社可以适当吸收。

---

① 中央档案馆、中共中央文献研究室编:《中共中央文件选集》第39册,人民出版社2013年版,第78页。

最后，城市和农村人民公社工业，应当根据中央的有关指示，加以调整。保留下来的企业，需要转给手工业部门的，有的可以组织手工业生产合作社，有的可以组织手工业供销生产社，有的可以组织手工业生产小组。这些手工业合作社，都应当按照社章办事，独立核算，自负盈亏。在调整城市人民公社工业的时候，还应当注意把修理服务行业适当地加强起来，增加网点，合理布局，充实技术力量，提高服务质量，合理降低价格，以满足社会需要，方便群众。

相应的，对手工业的管理体制作出两项调整：其一，由手工业部门领导和管理的全民所有制企业，除某些生产工艺美术品的企业，继续由手工业部门代管，以及在个别不单独建立国营工业管理部门的地方，手工业部门可以接受国家委托，代管为数不多的地方国营工厂以外，其余的应当有步骤地分别交给有关工业部门去领导和管理。其二，在手工业合作组织中，除了渔业、盐业、林业、运输业、建筑业合作组织以外，不论是手工操作的，还是机械化、半机械化生产的，一般都应当交由手工业部门领导和管理。

精简调整后，对社员最关心的收入和待遇问题，政府的规定是这样的：“手工业合作社社员和合作工厂职工的口粮、食油、劳动保护用品等供应标准，在城市，原则上应当享受当地同行业、同工种、同等劳动强度的国营工厂职工的同等待遇；在农村，应当比照当地其他方面职工的待遇，结合劳动强度的不同，由县人民委员会加以规定。各级手工业联社的干部，在政治待遇和福利待遇方面，应当与同级国家机关干部相同。”目的在于“安定人心，稳定思想，搞好生产，使手工业合作社真正成为国营工业的得力助手”。①

但是，从各地落实的情况来看，并非都那么理想。以浙江省慈溪县为例，接到上级政策命令，该县在 3 个月内停办手工制造（小工业）企业 21 家，精简企业职工 2421 人，占调整前从业人数的 37.88%。该县县委设计了两套具体的精简方案，安排区域内各合作工厂逐一与周边农村公社、生产大队取得联

① 中共中央批转全国手工业合作总社党组《关于调整手工业队伍巩固手工业合作社的报告》，1962 年 10 月 20 日，载中共中央文献研究室编：《建国以来重要文献选编》第 15 册，中央文献出版社 1992 年版，第 686—695 页。

系,并为每一位下放人员开具介绍信函,督促相应工作顺利开展。可是,这类精简方案却遭到农村方面的抵制,农业大队社员往往"不愿工人落(实)到生产队,怕分去土地、分去超产粮和'四票'(粮票、油票、布票、钞票)",公社干部也向县委抱怨:"国家有困难,手工业口粮可由生产队供应,但生产得叫他们自找出路。"相应的,精简下放到农村的手工业社员便存在"三怕",即:怕农民排挤工分、怕农民私分农业生产收益、怕在队里不自由。这种情绪不断蔓延,导致"自流"个体手工业者在1962年下半年至1963年上半年期间得到了充分发展,不仅人数规模持续增长,而且直接带动了基层乡村个体商贩经济的发展,两者结合发展的势头在当时基层管理干部看来已超越合作社发展的势头。①

这种市场活跃、人员精简产生的问题所导致的个体手工业的复苏乃至迅速发展的"自流"现象,并非慈溪所独有,而呈现遍及全国的景象。山东省济宁市到1962年10月个体手工业已发展到16个行业,705户,1030人,比1960年下半年开放自由市场前的39人,增加了25.4倍,比1957年的328人增加了2.1倍。不仅如此,当地还出现了与合作社争夺市场以及财富集中在少数人手中的现象。② 辽宁省沈阳市的情况类似,全市饮食业,原来只有国营、合营和合作饭店门点30个,从业人员有752人,到1962年11月初,无证商贩和"单干户"发展到196户,292人。全市修鞋、钟表、车辆修理、美术工艺、被服5个行业,集体社组的门点73个、从业人员717人,而个体手工业者已增加到341个门点、414名从业人员,超过实际的需要。政府注意到,有些"单干户"与国营、集体经济唱"对台戏",有不少"单干户"占门面抢阵地,甚至把门点设在合作社的周围,包围了合作社。③

这种现象引起中共中央的高度重视和密切关注。1962年10月20日,中共中央批转全国手工业合作总社党组《关于调整手工业队伍巩固手工业合作

① 严宇鸣:《国民经济调整时期基层手工业所有制问题研究——以浙江省慈溪县为例(1961—1964)》,《中共党史研究》2015年第8期。

② 《济宁市个体手工业中资本主义自发势力迅速滋长》,新华社《内部参考》1962年12月18日。

③ 《沈阳市私营商贩和手工业单干户增加很快》,新华社《内部参考》1962年11月27日。

社的报告》,切切叮嘱各级手工业部门,要加强对个体手工业的管理和改造,以防止资本主义自发势力的发展。要求采取手工业供销生产社或者手工业生产小组的形式将其组织起来,防止个体手工业者过多增加和资本主义自发势力的发展对市场管理和手工业合作社的巩固造成不利影响。同时,对于个体手工业者,应当经常对他们进行爱国守法的教育,并且从税收、价格和开歇业登记等方面加强管理,以防止投机倒把现象的发生。[①] 事实上,也正是出于对城乡包括手工业在内的个体“资本主义自发势力发展”的过分担忧,才形成了后来社会主义教育运动直至“文革”运动兴起的基本依据。

① 中共中央批转全国手工业合作总社党组《关于调整手工业队伍巩固手工业合作社的报告》,1962 年 10 月 20 日,载中共中央文献研究室编:《建国以来重要文献选编》第 15 册,中央文献出版社 1992 年版,第 686—695 页。

第三章 中国手工业在曲折探索中演化

中国手工业经济在“大跃进”中遭遇了挫折与损失，经过此后的调整而逐渐恢复元气。但是，在“文革”中，手工业经济再次因宏观环境的动荡而受到冲击。因此，直到改革开放前，中国手工业一直在曲折探索中演化。1965年，第二轻工业部成立，这使得手工业行业从管理体制上被重新划分。然而，从经济角度说，此时的中国手工业延续着此前已经出现的历史性分化，适于批量生产的日用品型手工业因生产技术上的机械化而与现代工业趋同，不再保留纯粹的手工制造特征，工艺美术行业则在继承传统中继续发展。这种分化是长期性的历史趋势，既重构了手工业经济，又使得对手工业的界定与认定在当代世界里益加困难。

第一节 手工业经济的波动发展

中华人民共和国成立后，在国家高度介入经济的政治经济体制下，各经济部门与行业都随着经济政策的变动和政治形势的变化而波动发展，手工业经济也不例外。作为部门管理者，季龙在1986年总结道：“建国以来，我国手工业集体经济经历了‘三起两落’的发展过程。建国初期前8年的手工业社会主义改造和巩固提高，60年代初期的5年调整和党的十一届三中全会以来的改革开放，是‘三起’；‘大跃进’和‘文化大革命’时期是‘两落’。”[①]这一总结，形象地指出了改革开放前中国手工业经济发展的波动性特点。

一、第二轻工业部的成立与手工业的划分

在工业化浪潮中，与现代工业协同演化的手工业经济改变了自身样貌，界定起来颇为不易。但是，在中国长期实行的计划经济体制下，这一界定问题因指令性的归口管理而变得简单。归口管理实际上是用政府意志来对不同的行业与部门进行人为划分，这使得计划经济时代被归入手工业的行业，只是一种由管理体制认定的手工业，其实际内涵与纯粹经济意义上的手工业不具有吻合性。但在特殊的历史时代，中国的手工业经济也几乎只能由国家划定其边界与范围。

1965年2月1日，国务院决定在中央手工业管理总局的基础上成立第二轻工业部，负责管理三种所有制（全民、集体、个体）的手工业和部分轻工业。该部即简称二轻工业部或二轻部，其所管理的工业也被称为二轻工业。这是对中国手工业经济的一次重新认定。徐运北任第二轻工业部部长，谢鑫鹤、邓洁、罗日运、陈一帆、田坪为副部长。中华全国手工业合作总社与第二轻工业部合署办公，原轻工业部改为第一轻工业部。[②]

对归口管理来说，行业管理范围的划定是最重要的工作前提。1965年3月11日，第一、第二轻工业部提交了《关于划分行业分工管理范围意见的报告》。《报告》指出，经两个部的协商，第二轻工业部的管理范围，“应当以中央《关于城乡手工业若干政策问题的规定（试行草案）》中所提的十四类行业为基础，进行必要的调整，不分所有制按行业按产品统一归口实行分级管理”[③]。《关于城乡手工业若干政策问题的规定（试行草案）》是这么划定十四类行业的：“各级手工业部门管理的行业范围，应该有一个大体的规定，以便

① 季龙：《季龙选集》，山西经济出版社1994年版，第381页。

② 季龙主编：《新中国集体工业的五十年（1949—1999年）》，国家轻工业局、中华全国手工业合作总社国史研究领导小组，内部资料，2000年，第159页。

③ 中华全国手工业合作总社、中共中央党史研究室编：《中国手工业合作化和城镇集体工业的发展》第2卷，中共党史出版社1994年版，第390页。

上下对口,安排供产销。从全国来看,主要应该包括:小农具,小工具,小五金,小百货,炊事用具,日用家具,竹藤棕草编织,服装鞋帽,文教体育用品,工艺美术品,土陶土瓷,日用杂品,房屋修建,工业性的修理服务等。各地手工业部门管理的行业,由省、市、自治区党委参照上述范围,因地制宜,具体规定。"[①]实际上这个规定提出因地制宜后,就表明其标准不是绝对的,而是具有一定的灵活性。该《报告》同时还提出,为了便于"统一规划,加强管理,适应形势发展的需要",对第一、第二轻工业部所管的某些行业和产品进行调整,由第一轻工业部划给第二轻工业部工业塑料制品、人造革、皮革、皮鞋、篮足排球、乒乓球、铝制品、手电筒、电珠、台秤及衡器、西洋乐器、缝衣针等行业和产品,而第二轻工业部将土纸、土陶土瓷(包括美术瓷)、自行车零件等行业和产品划归第一轻工业部管理。[②] 这种划分,严格来说是不符合手工业与现代工业的经济属性的。例如,土纸和土陶土瓷,明显具有手工制造的生产技术特点,却被划出了手工业管理的范畴,而塑料制品实际上具有很强的现代工业特性。但对于计划经济时代的中国手工业经济来说,这种错位的划分难以避免,而这也使得该时期的中国手工业实际上具有由政策赋予的特殊内涵。

《报告》要求企业隶属关系随行业和产品的调整而作相应的调整,如确实无法调整的,允许有必要的交叉。《报告》还指出:"过去已经明确归口部门的行业和产品,目前有些企业交叉领导的,如由原手工业部门领导的食品厂(社)、肥皂厂(社)等,或者由原轻工业部门领导的刀剪厂、制锁厂等,也应当参照上述原则进行调整。"[③]这更加表明了按归口管理体制划分的手工业并不等于计划经济时代中国真正的手工业经济。但是,第二轻工业部管理的行业涵盖了中国传统手工业经济延续至 1960 年代的主体,这也是可以肯定的。第二轻工业部成立之初,全国手工业企业有 10 万多个,职工 430 万人,1964

① 中华全国手工业合作总社、中共中央党史研究室编:《中国手工业合作化和城镇集体工业的发展》第 2 卷,中共党史出版社 1994 年版,第 254 页。

② 中华全国手工业合作总社、中共中央党史研究室编:《中国手工业合作化和城镇集体工业的发展》第 2 卷,中共党史出版社 1994 年版,第 390 页。

③ 中华全国手工业合作总社、中共中央党史研究室编:《中国手工业合作化和城镇集体工业的发展》第 2 卷,中共党史出版社 1994 年版,第 391 页。

年产值108亿元,出口产值达8亿元,向国家缴纳税收、利润13亿元,合作组织的积累达4亿元。主要行业有中小农具、五金制品、服装鞋帽、工艺美术品、文教体育用品、木材制品、竹藤棕草制品、日用杂品、民用建筑和民用建筑材料、工业性修理服务、塑料制品、皮革和革制品,共12大类、花色品种3万多种。①

1965年3月29日,国务院副总理李先念在听取第二轻工业部汇报时指出:“苏联把手工业搞掉了,犯了不可挽回的错误;我们没有犯这个错误,今后也不应该犯这样的错误。”②这是对手工业在国民经济中的重要性给予了明确的肯定。他还从生产关系和生产力两个方面阐述了发展手工业经济的方针。从生产关系的角度,李先念指出:“三种所有制的相互关系一定要摆好,一定要防止片面性。在相当长的时期内,还应当是全民所有制和集体所有制并存,以集体所有制为主;同时,允许必要的在社会主义经济领导下的个体经营。”从生产力的角度,他则提出:“妥善安排供、产、销,是进一步发展手工业生产的一个中心环节。手工业的供、产、销,应该纳入中央和地方的计划轨道,统筹兼顾,适当安排。但是必须尊重手工业的特点,不能管得过多过死。手工业纳入国家计划的原则,仍然应该是中央管理和地方管理相结合,以地方为主;全面安排和重点安排相结合;计划性和灵活性相结合。”③此时的中国经济管理者,已经认识到了手工业经济不同于工业经济的灵活性特点,而这种特点多少与计划经济的特性是对立的。

1965年4月1日,国务院批转第一、第二轻工业部《关于划分行业分工管理范围意见的报告》,指出:“在原手工业管理总局的基础上成立第二轻工业部和原轻工业部改为第一轻工业部的情况下,各省、自治区、直辖市的轻工业厅(局)和手工业管理局也可以根据这个精神,由各省、自治区、直辖市结合本

① 中华全国手工业合作总社、中共中央党史研究室编:《中国手工业合作化和城镇集体工业的发展》第2卷,中共党史出版社1994年版,第393页。

② 中华全国手工业合作总社、中共中央党史研究室编:《中国手工业合作化和城镇集体工业的发展》第2卷,中共党史出版社1994年版,第387页。

③ 中华全国手工业合作总社、中共中央党史研究室编:《中国手工业合作化和城镇集体工业的发展》第2卷,中共党史出版社1994年版,第388页。

地实际情况作相应的调整。"[①]由第二轻工业部主导管理手工业经济的体制可谓正式确立。第二轻工业部建立后,形成了以集体所有制为主,管理三种所有制的体制,从此,第二轻工业部所属的手工业合作组织被称为"二轻集体工业"。[②] 这意味着,在计划经济时代,中国的手工业经济更多地还是按所有制而非生产技术特性在划分。季龙在1990年代谈论第二轻工业部成立的意义时,便称在于"进一步加强对集体工业经济的领导",并称"在大量的条件较好、机械化程度较高的手工业合作社转为国营工厂的情况下,集体工业仍能比较正确地处理全民和集体的关系"。[③] 不过,在后来官方的总结中,提到了"劳动密集型行业"这个更具经济色彩的概念,称二轻集体工业"生产潜力很大,多数是劳动密集型行业"[④]。尽管劳动密集型行业不只存在于第二轻工业部管理的行业中,但劳动密集确实是手工业经济最为显著的特点之一。

计划经济体制最主要的功能即在于强制性分配资源,使资源流入政府优先考虑的经济部门而非存在实际市场需求的经济部门。这种体制对于在落后的经济基础上迅速打造高端工业部门是有利的。然而,这也意味着,手工业经济在计划经济体制中必然处于被抽取资源而非注入资源的边缘地位。对手工业经济而言,由于劳动力是一个既存的要素,其所需获取的资源主要是原料这一生产要素。1962年,季龙在《人民日报》上刊文,就指出安排手工业生产的办法:"贯彻执行优先保证重点,适当照顾一般的原则,按产品、按企业进行分类排队,由国家统一分配的原料、材料,优先保证重点产品和先进单位的需要,以便生产更多更好符合人民群众迫切需要的产品。"[⑤]改革开放后,在回顾手工业经济的发展时,季龙更为直率地指出:"过去,对城镇集体经济限制的多,扶植的少;伸手向它要的多,帮助解决问题的少,甚至在许多方面

① 中华全国手工业合作总社、中共中央党史研究室编:《中国手工业合作化和城镇集体工业的发展》第2卷,中共党史出版社1994年版,第389页。

② 季龙主编:《新中国集体工业的五十年(1949—1999年)》,国家轻工业局、中华全国手工业合作总社国史研究领导小组,内部资料,2000年,第160页。

③ 季龙:《季龙选集》,山西经济出版社1994年版,第223页。

④ 季龙主编:《新中国集体工业的五十年(1949—1999年)》,国家轻工业局、中华全国手工业合作总社国史研究领导小组,内部资料,2000年,第161页。

⑤ 季龙:《季龙选集》,山西经济出版社1994年版,第123页。

对它进行限制和歧视。形成计划没户头,物资没指标,货源没保证,经营不能自主,长期处于'吃不饱、饿不死、长不大'的状况,严重阻碍了它的发展。"[①]这就将手工业经济在改革开放前计划经济体制中的边缘地位说得很清楚了。1965年7月,第二轻工业部发文给广东省手工业管理局,称接到群众来信反映,广东省有些市县和公社以筹集地方建设资金或开展多种经营为名,把一部分手工业合作厂社转为公社工业,还有一些市县和公社借修马路、修风景区、开荒、种树等名义,随意抽调挪用、摊派手工业合作厂社的资财和劳动力。为此,第二轻工业部通知广东省手工业管理局:"一、不论城乡,现有手工业合作厂社都不得转为公社工业;已转的,要通过做好工作转回来。二、任何单位、任何个人,都不许抽调挪用、摊派手工业合作厂社的资财和劳动力。已经抽调、挪用、摊派的,应即退回。三、从现在起手工业合作厂社改变所有制,都必须经过省(区、市)管理部门批准,并报部备案。其中转国营工厂的应由省(区、市)提出意见,报部批准。"[②]在计划经济体制下,第二轻工业部的重要任务是稳定其所管理的部门经济,不使资源过度流失。这种流失是持续存在的。据1965年10月的报告,手工业经济生产的小商品大部分没有纳入各级计划,所需原材料,地方物资部门有就多给,缺就少给,致使原材料缺口扩大,影响了生产。一些地区把手工业企业划归其他工业部门领导,也削弱了手工业经济。例如,武汉当年将146个手工业企业划归其他工业部门,使其逐步转向汽车、柴油机零件生产,而其原来生产的火炉、顶针、台虎钳、什锦锉等48种产品要交回手工业部门,但手工业部门由于企业交出去了,无法组织生产。有的地区的其他工业部门则不通过手工业管理部门,直接向手工业企业安排零部件生产任务,打乱了手工业对小商品生产的统筹安排。[③] 计划经济体制的建立就是为了集中资源优先发展缺乏比较优势的重工业,因此,在计划经济体制下,资源的分配不会优先照顾手工业经济,手工业经济需要的基本资

---

① 季龙:《季龙选集》,山西经济出版社1994年版,第326页。

② 中华全国手工业合作总社、中共中央党史研究室编:《中国手工业合作化和城镇集体工业的发展》第2卷,中共党史出版社1994年版,第413页。

③ 中华全国手工业合作总社、中共中央党史研究室编:《中国手工业合作化和城镇集体工业的发展》第2卷,中共党史出版社1994年版,第425页。

源还会被抽取至其他部门。

第二轻工业部很明确地认识到手工业部门从事的是小商品生产,该部自我定位亦为管好小商品:“小商品是人人所需,日日必用,同广大群众的生产、生活有着密切关系,但是,又容易被忽视,容易被排挤掉。因此,在国家计划安排抓大工业的同时,要相应安排小商品。组织好小商品生产,适应市场需要,是第二轻工业部门一项长时期的重要任务,要切实把小商品管好。”[①]1965年10月27日,成立尚为时不久的第二轻工业部向余秋里和国家计委党组汇报,坦言手工业部门在计划经济体制中是一个具有特殊性的异类:“二轻部要不要搞计划,如何搞?目前仍是没有解决的问题。我们认为,我国社会主义经济是计划经济,无论全民所有制或集体所有制,都必须纳入国家计划……但是二轻部门的计划工作究竟怎样搞,我们还没有经验。”[②]在这一语境中,对二轻工业或手工业的界定仍然是以所有制为标准划分的集体经济。第二轻工业部认为:“在二轻部门管理的十二个行业内,不分全民、集体、个体三种所有制,不分合作组织工业和公社街道工业,也不分专业与副业,原则上都必须纳入计划,实行分级管理。”[③]具体而言,第二轻工业部认为,该部的计划范围,着重是该部分管行业中的全民所有制和集体所有制企业,对于城乡公社工业、街道工业以及个体手工业、副业的计划,均由地方因地制宜管理,可以不纳入二轻部的计划。至于计划产品的管理,则分为5级,即:国家、中央部、省(区、市)、县、企业。第二轻工业部管理的产品有60种,其他“千万种产品”,则分别由省(区、市)、县、厂(社)自行划定。[④] 对于部管统配物资,第二轻工业部建议暂定为15种,包括:塑料薄膜、塑料板管、塑料电缆料、泡沫塑料、塑料单丝、塑料电池隔板、塑料设备、人造革、烤胶、皮革、玉石、大型衡器、甲苯

① 中华全国手工业合作总社、中共中央党史研究室编:《中国手工业合作化和城镇集体工业的发展》第2卷,中共党史出版社1994年版,第426页。

② 中华全国手工业合作总社、中共中央党史研究室编:《中国手工业合作化和城镇集体工业的发展》第2卷,中共党史出版社1994年版,第417页。

③ 中华全国手工业合作总社、中共中央党史研究室编:《中国手工业合作化和城镇集体工业的发展》第2卷,中共党史出版社1994年版,第418页。

④ 中华全国手工业合作总社、中共中央党史研究室编:《中国手工业合作化和城镇集体工业的发展》第2卷,中共党史出版社1994年版,第419页。

二异腈酸酯、塑料成型加工机械设备、二轻系统自制设备。[1] 这些物资在手工业部门中,或者技术含量较高,或者价值较高。

当时,二轻部门所管企业都是地方企业,第二轻工业部建议其隶属关系暂不改变,但也提出:“在今后发展中,除了继续利用合作事业基金帮助基础弱的省区进行建设外,要逐年建设一些省市不容易办的部直属骨干企业。”[2] 该部在汇报中特别提出:“二轻部门的计划作为国民经济的一部分,无论在长远和年度计划的指标和说明中,都应包括集体所有制这一部分。建议从中央到地方各级(省、市、县)把二轻系统计划列入各级计委计划之内。在分配物资和技术力量上与其他部门一视同仁。例如原材料供应,通用设备及成套设备供应,劳保用品供应,外汇分配,大学生分配等等。二轻部管计划指标,要求由国家计委和部联合下达,以使地方重视。”[3]这一建议,实际上反映了手工业经济在计划经济体制下并不能被国家一视同仁,也反映了第二轻工业部力图改变部门边缘地位所做的努力。

不过,改变并不那么容易。计划经济体制建立的逻辑就决定了,在相当长的时间里,手工业经济或其延续主体在中国必然处于边缘地位。1965 年 12 月 13 日,徐运北在第二轻工业部厅局长会议上指出:“目前在有些地方流传着‘几愿几不愿’的错误思想:愿生产大的,不愿生产小的;愿生产城市用品,不愿生产农村用品;愿生产生活资料,不愿生产生产资料;愿生产利润高的产品,不愿生产利润低的产品;愿生产高档产品,不愿生产低档产品;愿生产成品,不愿搞修理。这里有思想问题,也有实际问题。”[4]事实上,思想总是实际的反映。在会议上,徐运北直言:“几年来的教训是:大挤小,大厂挤小厂,大产品挤小产品。看起来是小事,挤到一定的程度就会成大问题。今后

① 中华全国手工业合作总社、中共中央党史研究室编:《中国手工业合作化和城镇集体工业的发展》第 2 卷,中共党史出版社 1994 年版,第 421 页。

② 中华全国手工业合作总社、中共中央党史研究室编:《中国手工业合作化和城镇集体工业的发展》第 2 卷,中共党史出版社 1994 年版,第 421 页。

③ 中华全国手工业合作总社、中共中央党史研究室编:《中国手工业合作化和城镇集体工业的发展》第 2 卷,中共党史出版社 1994 年版,第 421 页。

④ 中华全国手工业合作总社、中共中央党史研究室编:《中国手工业合作化和城镇集体工业的发展》第 2 卷,中共党史出版社 1994 年版,第 431 页。

要接受过去的教训,格外注意防止重大轻小的问题。凡是群众需要的,不论产值大小、利润高低,都应该积极生产。"[①]徐运北指出的问题,反映了在二轻系统内部,企业不甘被边缘化,在资源分配格局中努力向中心靠拢。然而,第二轻工业部毕竟自我定位为发展小商品生产,因此,系统内企业追大弃小的努力,与该部任务是相违背的。因此,在计划经济体制中,资源分配格局不平衡,无论是各部门之间,还是二轻部门内部,都存在着难以克服的不平衡,手工业经济在重工业、大工业优先发展的战略下,只能被挤至边缘。这并不意味着当时中国手工业经济尤其是小商品生产缺乏需求,恰恰相反,小商品生产有着广阔的市场。然而,计划经济体制本身就是对市场的扭曲,本来应该从事小商品生产的手工业部门也不愿意生产小商品,就不足为奇了。在计划经济体制中,以经济利益为原则的基本规律,仍然构成行为主体的行动机制。

1965 年年底,中国二轻工业企业达到 9.61 万个,职工 443.4 万人,完成产值 147.5 亿元,比 1964 年的 106.5 亿元,增长 38.49%。其中二轻集体企业 9.33 万个,职工 410.4 万人,完成产值 112.7 亿元,比 1964 年的 97.9 亿元产值增长 15.11%。[②] 集体经济构成了二轻部门的主体。1966 年 3 月 23 日,第二轻工业部部长徐运北在讲话中指出:"二轻系统的企业,固然绝大多数是小的,也有一部分规模较大的,在管理制度和管理方法上,要区别对待。要充分发挥小型企业的灵活性、适应性,逐步摸索出一套按照社会主义原则管理小企业的经验来。同时,要努力学习大工业先进的管理经验,把二轻系统的较大的企业管好。"[③]这表明手工业经济主要是由小型企业构成的。4 月 9 日,第二轻工业部党组在报告中指出:"手工业是地方工业,完全依靠地方领导管理。二轻部主要是根据中央、国务院既定的方针政策,进行督促检查;总结交流经验;在原材料、设备和培养干部等方面给地方以某些帮助。面向生

① 中华全国手工业合作总社、中共中央党史研究室编:《中国手工业合作化和城镇集体工业的发展》第 2 卷,中共党史出版社 1994 年版,第 433 页。

② 季龙主编:《新中国集体工业的五十年(1949—1999 年)》,国家轻工业局、中华全国手工业合作总社国史研究领导小组,内部资料,2000 年,第 168 页。

③ 中华全国手工业合作总社、中共中央党史研究室编:《中国手工业合作化和城镇集体工业的发展》第 2 卷,中共党史出版社 1994 年版,第 446 页。

产，面向基层，服务地方，服务各方。”同时提出：“按一九六五年生产情况估计，在‘三五’期间，全国省、市县两级手工业联社将有十五亿至二十亿元，可能还更多一些。上述资金都由地方使用，建议各地首先用于对手工业的技术改造，轻手工业的原材料生产、设备制造、科学研究，发展新兴行业（产品）。因为手工业技术落后，国家不可能给以更多的设备，用它们积累的资金进行技术改造，便于更好地发挥轻手工业的作用。”[①]这一认识，明确指出了手工业经济对于大工业体系的从属性，也反映了第二轻工业部作为中央主管部门，主要实行大方向上的管理，手工业经济的发展实际上是放权给地方的。

二、中国手工业在“文革”中的曲折发展

与其他部门一样，中国手工业经济在“文化大革命”中经历了曲折的发展。一方面，手工业经济与其他经济部门一样，受到外部环境的干扰，无法正常发展；另一方面，自计划经济体制建立之日起，手工业经济在该体制内就存在着内在的矛盾性，这种矛盾性给手工业经济带来的不平衡发展等困扰，在体制改革前不可能得到根本解决。因此，内外因素造成了中国手工业的曲折发展。

“文革”开始后，第二轻工业部于 9 月 21 日发出了关于认真贯彻《中央关于抓革命促生产的通知》的通知，并于 9 月 26 日召开电话会议，要求各级领导机关和各个生产单位，都要组织全体职工和干部认真学好中央指示，迅速组成和健全两个班子，“一个班子抓革命，一个班子抓生产、抓业务”[②]。中国手工业经济正式进入一个曲折发展的历史时期。在当天的会议中，第二轻工业部副部长邓洁在谈到手工业集体经济若干政策问题时，指出：“在第三个五年计划期间，应通过加速对手工业的社会主义改造，使合作工厂成为集体所有制手工业的主要组织形式，并且根据国家需要，有区别地、分批分期地逐步

① 中华全国手工业合作总社、中共中央党史研究室编：《中国手工业合作化和城镇集体工业的发展》第 2 卷，中共党史出版社 1994 年版，第 452—453 页。

② 中华全国手工业合作总社、中共中央党史研究室编：《中国手工业合作化和城镇集体工业的发展》第 2 卷，中共党史出版社 1994 年版，第 458 页。

转成国营企业。”[①]为了“逐步缩小三个差别”，邓洁强调“农村人民公社需要办一些小工厂”，“目前分散在农村生产队的亦工亦农手工业者和一九六二年以后精简下放的工人，如铁、木、竹、皮、泥水各匠和机修工、电工等，人数比专业手工业队伍大得多。当务之急是采取适当的形式，把他们组织起来，建立大队修造组或社办工厂，纳入人民公社集体经济的轨道，以避免滋长资本主义，并成为直接支援农业的积极力量”。[②] 但是，对于县、镇专业手工业合作厂、社是否一律下放为公社工业，则应区别对待，“在县城和重要集镇上的手工业合作厂、社，仍以保持专业经营为好，不宜下放为公社工业”，尤其是，“其中有些单位，机械化程度较高，产品行销范围较大，为全县或附近几个县服务的，应当继续保持专业经营，不宜下放公社领导，以免挤掉小商品”。[③] 这是“文革”开始时，第二轻工业部关于在农村发展手工业经济的基本政策原则。1967年1月11日，《中共中央关于反对经济主义的通知》发布，要求“在工人、农民、学生中普遍宣读”，该《通知》提出：“集体所有制的企业、手工业合作社、合作商店等等，现在都不要改变为国家所有制。”[④]这对于中国手工业的所有制变革，提出了一个总的原则。

1969年6月29日，第二轻工业部除留少数人组成“业务组”抓生产外，干部职工均下放江西分宜县二轻部五七干校。1970年4月1日，国务院决定，第一轻工业部、第二轻工业部、纺织工业部合并，成立轻工业部，由钱之光任部长，曹鲁、谢鑫鹤、夏之栩、王毅之、王雨洛任副部长。[⑤] 这是中国手工业经济管理体制的又一次变革。由于手工业经济主要为地方工业，故中央管理部

① 中华全国手工业合作总社、中共中央党史研究室编：《中国手工业合作化和城镇集体工业的发展》第2卷，中共党史出版社1994年版，第460页。

② 中华全国手工业合作总社、中共中央党史研究室编：《中国手工业合作化和城镇集体工业的发展》第2卷，中共党史出版社1994年版，第460—461页。

③ 中华全国手工业合作总社、中共中央党史研究室编：《中国手工业合作化和城镇集体工业的发展》第2卷，中共党史出版社1994年版，第460—461页。

④ 中华全国手工业合作总社、中共中央党史研究室编：《中国手工业合作化和城镇集体工业的发展》第2卷，中共党史出版社1994年版，第465页。

⑤ 季龙主编：《新中国集体工业的五十年(1949—1999年)》，国家轻工业局、中华全国手工业合作总社国史研究领导小组，内部资料，2000年，第343页。

门的撤并似未对其形成实质性的冲击。从此后的历史发展看，轻工业部对手工业经济是制定和实施了专门的政策的。当然，新的轻工业部的成立，从某种意义上也反映了此时中国手工业经济与现代工业在一定程度上趋同。

1970年6月16日至23日，轻工业部在北京召开有北京、天津、上海、广东、辽宁5省市代表参加的手工业政策座谈会，着重研究在“手工业三十五条”的基础上，拟订发展手工业集体经济的有关政策的问题。1971年1月6日，轻工业部向李先念报送《关于当前手工业几个问题的意见》，李先念批示将这个文件印发全国计划会议。[①] 该《意见》提出要慎重对待改变所有制问题：“目前，我国手工业主要由社会主义全民所有制和社会主义集体所有制组成。其中全民所有制企业约占百分之十左右；集体所有制的合作工厂约占百分之三十左右，合作社约占百分之六十左右。手工业集体所有制向全民所有制过渡，要坚决按照中央指示精神，根据生产发展水平和职工的觉悟水平，根据国家需要，有领导、有计划地进行，既不要一个不过渡，也不要一阵风。集体所有制的合作工厂，是一种比合作社的公有制程度更大的组织形式。从有利于发展生产力出发，在省、市、区党委的领导下，可以适当发展。”[②]

1971年7月7日至25日，经国务院批准，轻工业部、商业部、对外贸易部、农林部和燃料化学工业部5个部在北京联合召开全国日用工业品座谈会。7月23日，李先念、余秋里等到会并讲话。李先念在讲话中，将此前一直使用的“小商品”这一概念重新界定为“日用工业品”，称：“最近看了些资料，轻工业品市场出现了一些问题，如小商品品种减少了。说小商品不太确切，它们既小又大，种类品种规格都很多，广大人民都需要，而且数量大，应该叫日用工业品比较合适。”[③]余秋里则介绍了3个地区管理日用工业品的先进经验：“上海、北京、江西省的赣南地区对日用工业品管得比较好，是三种形式：

① 季龙主编：《新中国集体工业的五十年(1949—1999年)》，国家轻工业局、中华全国手工业合作总社国史研究领导小组，内部资料，2000年，第343页。

② 中华全国手工业合作总社、中共中央党史研究室编：《中国手工业合作化和城镇集体工业的发展》第2卷，中共党史出版社1994年版，第473页。

③ 中华全国手工业合作总社、中共中央党史研究室编：《中国手工业合作化和城镇集体工业的发展》第2卷，中共党史出版社1994年版，第480页。

上海市，是手工业管理局的形式，把日用工业品的生产，由市一级统一领导，分级管理，这样有利于落实政策，有利于统筹兼顾，全面安排。北京市，在市革委会的统一领导下，每年在元旦、春节、五一、十一，由市工交组、计划组、财贸组联合召开工商会议，专门研究日用工业品的生产和市场供应，一年抓四次。赣南地区是由革委会副主任挂帅，由重工、轻工、物资、林业、商业等部门负责人组成领导小组，抓日用工业品生产。他们有一条共同的经验，就是通过计划，把原材料分配、产品产量、质量、品种等等统统落实下去。"① 8 月 3 日，这 5 个部的党的核心小组向毛泽东、中共中央呈送《关于全国日用工业品座谈会情况的报告》，提出了当时发展日用工业品生产必须切实解决的 9 个问题。《报告》特别提出要"认真落实党对集体经济的政策"，强调："对于集体所有制企业的职工，应当在政治上给予关怀，生活上适当照顾。因取消劳动分红而减少收入的，可参照国营企业附加工资的形式，在企业发展生产、增加收入的条件下，适当调整。职工的口粮标准和劳保用品，各地应根据实际情况注意研究解决。集体所有制企业所必需的机械设备、工具、配件，经过一定的批准手续，应当供给他们。"②

该《报告》还提出"要轻重工业同时并举"，举出了河北遵化县的例子。河北遵化县最初建设重工业，投资大，生产出来的农业机械农民买不起，县财政发生困难。为了解决这个矛盾，该县发动群众，发展农业多种经营，利用当地资源大力发展日用工业品的生产，1970 年比 1969 年轻工业积累增长了 20%，日用工业品的品种增加了 250 多种，自给水平增长了 1 倍，到 1971 年能够生产多种针织用品、水果罐头、剪子、刀子、元钉、箩筐等。轻工业发展后，既解决了资金问题，又繁荣了市场，满足了人民生活的需要，还增加了社、队积累，该县西留公社就靠副业收入买了 2 台拖拉机。到 1971 年 7 月，该县建设了 1 座小高炉、1 座小钢厂，开了 1 个小煤窑，办了 1 个小洗煤厂，自己炼土焦，生

① 中华全国手工业合作总社、中共中央党史研究室编：《中国手工业合作化和城镇集体工业的发展》第 2 卷，中共党史出版社 1994 年版，第 484 页。

② 中华全国手工业合作总社、中共中央党史研究室编：《中国手工业合作化和城镇集体工业的发展》第 2 卷，中共党史出版社 1994 年版，第 496 页。

产了1400吨生铁,用来制造开沟犁,还在拖拉机前面焊上钢板,改装成推土机,用来建设大寨田。遵化县的经验被总结为“以副养农,以轻促重,以重支农”[①]。1970年8月,周恩来曾肯定遵化县发展县社工业的经验。[②] 从遵化县发展轻工业的实际情况看,其所谓轻工业就是手工业。这从一个侧面反映了手工业部门在计划经济体制下仍被寄予了带动地方经济尤其是农村经济发展的厚望。

1972年3月,李先念在全国出口商品生产工作会议上特别强调手工业生产的重要性,特别突出轻工业产品与民众生活的重要关联。[③] 9月,轻工业部在手工业政策问题调查组报告基础上起草《关于手工业若干政策问题的规定(草案)》。经过商议,轻工业部向国家计委报送了《关于进一步发挥手工业作用问题的报告》,并拟定了《关于手工业若干政策问题的规定(草案)》,同时抄报国务院。1月15日,全国计划会议代表讨论了这两个文件。[④]

轻工业部在《报告》中提出,手工业集体经济的扩大再生产,比建新厂可以收到投资少、发展快、收效大的效果:“‘三五’期间,全国手工业集体企业自筹资金和国家投资总共十五亿元,但五年内为国家提供的税金和利润约有一百亿元,相当于总投资的七倍。广州手电筒厂,一九六五年以来,共投资二百五十四万元,而在同一时期内,为国家提供的积累就有六千四百六十多万元,等于国家投资总额的二十五倍。”[⑤]在出口方面,手工业品特别是工艺美术品出口潜力大,换汇率高。“进口一吨铜,加工成景泰蓝工艺品出口,可换回十四吨铜。”更重要的是,工艺美术品附加值高。“许多工艺美术品,不是按成本计价,而是按艺术水平计价。一个蛋壳,画点画,可卖八元港币;一件贝雕,可

---

① 中华全国手工业合作总社、中共中央党史研究室编:《中国手工业合作化和城镇集体工业的发展》第2卷,中共党史出版社1994年版,第483页。

② 季龙主编:《新中国集体工业的五十年(1949—1999年)》,国家轻工业局、中华全国手工业合作总社国史研究领导小组,内部资料,2000年,第343页。

③ 中华全国手工业合作总社、中共中央党史研究室编:《中国手工业合作化和城镇集体工业的发展》第2卷,中共党史出版社1994年版,第497页。

④ 季龙主编:《新中国集体工业的五十年(1949—1999年)》,国家轻工业局、中华全国手工业合作总社国史研究领导小组,内部资料,2000年,第344页。

⑤ 中华全国手工业合作总社、中共中央党史研究室编:《中国手工业合作化和城镇集体工业的发展》第2卷,中共党史出版社1994年版,第501页。

卖几百元甚至上千元;一块好的端砚,可卖几万元。”[①]此外,轻工业部指出,手工业历来有以专业带副业,组织农村副业和城镇街道厂外加工的传统,而组织厂外加工,好处很多,可以不增加职工指标,不增加商品粮,不增加基建投资,又能增加城乡人民收入。“广东省为手工业加工的副业队伍有一百多万人,每年加工费约一亿元。山东省烟台地区,从事农村副业工艺美术品生产的队伍有八十多万人,一九七二年产值约八千万元,其中社、队加工收入达四千五百万元,相当于全区每个生产大队平均增加收入三千六百元,平均每户增加收入二十元。他们利用这些收入,购置了许多农业机械、化肥、牲畜等。这样,既有利于为农业机械化积累资金,又有利于改善贫下中农的生活。”[②]轻工业部的报告,分析了边缘化的手工业经济在计划经济体制内所具有的重要作用。

在《关于手工业若干政策问题的规定(草案)》中,轻工业部提及所有制、供产销安排、技术改造、企业经营管理、收益分配和工资福利、管理体制、加强党的领导等7个重大问题,具体条款仍为35条。该《规定(草案)》提出:“我国的手工业,在目前,少数是全民所有制,多数是集体所有制。集体所有制手工业,主要依靠集体的力量,自力更生地发展壮大;同时,国家也要从财政金融、物资技术、商业流通政策上扶植手工业发展。从集体所有制过渡到全民所有制,需要一个相当长的发展过程。在这个历史过程中,应该把手工业的集体所有制相对地稳定下来。超越历史发展阶段,不顾条件,过多过早地过渡到全民所有制,是不利于国民经济发展的。”[③]这可谓客观地认识到了手工业经济发展的规律性。对于手工业的管理体制,该《规定(草案)》提出实行分级管理的原则:“大部分手工业企业应当由市、县手工业部门直接管理。有些适宜于省(自治区)、地区手工业部门直接管理的企业,应当认真地管起来。

① 中华全国手工业合作总社、中共中央党史研究室编:《中国手工业合作化和城镇集体工业的发展》第2卷,中共党史出版社1994年版,第503页。

② 中华全国手工业合作总社、中共中央党史研究室编:《中国手工业合作化和城镇集体工业的发展》第2卷,中共党史出版社1994年版,第503—504页。

③ 中华全国手工业合作总社、中共中央党史研究室编:《中国手工业合作化和城镇集体工业的发展》第2卷,中共党史出版社1994年版,第506—507页。

大中城市的手工业部门，一般应按行业建立公司直接管理企业。”①城市街道工业由于数量大，管理较乱，故要求：“各地党委要从有利于全面规划，统一安排，合理布局出发，因地制宜地指定有关部门把它认真管理起来。”②关于农村手工业以及手工业合作工厂管理体制，则规定：“农村人民公社的社办工业，可由农林部门负责管理。手工业合作工厂、手工业生产合作社（组），不要下放转为农村人民公社的社、队工业和城镇的区、街工业。近几年来已经下放的，如果不利于发展生产，不利于调动职工积极性的，应该调整过来。在调整过程中，企业原来的人员、资金和设备等，不得拆散或转移。”③1974 年 10 月 14 日，轻工业部在致浙江省革命委员会函中，对于该省建德县准备将全县农村中的手工业厂（社）下放到人民公社、将手工业集体所有制改变为公社所有制，提出反对意见：“手工业合作企业不宜下放到人民公社。现行手工业体制，在中央没有新的指示以前，不要轻易改变，以稳定手工业职工的情绪，以利于抓革命，促生产。”④很显然，轻工业部致力于维护手工业管理体制。

1973 年 8 月 25 日，轻工业部、商业部在北京联合召开第一次少数民族特需用品生产供应工作会议。会议传达了李先念关于发展民族商品生产的指示。当年 3 月 30 日，李先念在国家计委一个报告上的批语中写道：“少数民族特需商品，现在大部分仍在沿海城市生产，这是不大合理的。建议经过调查研究之后，在呼和浩特、兰州、成都、拉萨、昆明、乌鲁木齐或者距销地较近的其他城市发展特需商品生产；在有的城市可以建立新厂，但主要是在现有

---

① 中华全国手工业合作总社、中共中央党史研究室编：《中国手工业合作化和城镇集体工业的发展》第 2 卷，中共党史出版社 1994 年版，第 515 页。

② 中华全国手工业合作总社、中共中央党史研究室编：《中国手工业合作化和城镇集体工业的发展》第 2 卷，中共党史出版社 1994 年版，第 515 页。

③ 中华全国手工业合作总社、中共中央党史研究室编：《中国手工业合作化和城镇集体工业的发展》第 2 卷，中共党史出版社 1994 年版，第 516 页。

④ 中华全国手工业合作总社、中共中央党史研究室编：《中国手工业合作化和城镇集体工业的发展》第 2 卷，中共党史出版社 1994 年版，第 544—545 页。

厂子基础上进行扩建。”[①]少数民族特需用品的生产,也是中国手工业经济在1949年后的重要领域。

1973年10月23日,李先念对商业部部长姚依林《关于扩大五金生产,增加出口的调查报告》作批示,指出:“小五金产品不止是在国际市场上大有可为,而且国内市场也很需要,应该大力发展,不要怕多,不要怕没有销路。”他还指出:“这些行业包括手工业发展起来也比较容易,比打矿山之仗要容易一千倍、一万倍。这些行业在工业高度发达的国家不那么被重视,特别是用手工操作的产品已经是很少的了,而在我国劳动力多,这方面的制造工业和技术力量都有一定的基础,只要党委重视,抓好路线教育,充分发动群众,发展生产是不难的,增加出口也是完全可能的。”[②]李先念的批示,很明确地指出了中国手工业经济在全球市场上是具有比较优势的,这是符合实情的正确判断。

1975年8月17日至31日,轻工业部召开全国轻工业抓革命促生产会议,国务院相关领导听取了会议情况的汇报,李先念、谷牧等接见了全体代表。李先念在会上讲话,强调不要挤压轻工业、手工业,要重视和发展小商品生产。他说:“现在问一个问题:究竟农、轻、重的方针是不是在我们所有同志中间确实树立起来了?这个问题也不是今年才提出来的。毛主席指示国民经济应按农、轻、重的次序安排,也不是现在才提出来的;在《论十大关系》中,就把这个问题问过我们一些同志,究竟是真想发展重工业,还是假想重工业?”[③]他再一次提到小商品对于民生的重要性:“大商品、小商品,什么是大?什么是小?粮食、布匹、柴、米、油、盐,这些是生活必需品,是大商品。小商品是什么?指甲刀、锁、袋袋,这是相对来讲。你说是小商品,他恰恰要一把锁

① 中华全国手工业合作总社、中共中央党史研究室编:《中国手工业合作化和城镇集体工业的发展》第2卷,中共党史出版社1994年版,第528页。

② 中华全国手工业合作总社、中共中央党史研究室编:《中国手工业合作化和城镇集体工业的发展》第2卷,中共党史出版社1994年版,第536页。

③ 中华全国手工业合作总社、中共中央党史研究室编:《中国手工业合作化和城镇集体工业的发展》第2卷,中共党史出版社1994年版,第556页。

锁门,在他看来是大商品。”[①]同时,李先念也举出了不少挤压手工业或小商品生产的例子,例如:“为什么要转产？十几个灯泡厂转产,搞显像管去了,为什么？灯泡买不到,群众骂娘,活该！买不到东西,他不骂娘？”[②]这表明,一直到“文革”后期,计划经济体制下手工业经济的受挤压问题都没有得到完全解决。

在历史总结中,对“文革”给中国手工业造成的冲击与破坏强调了“穷过渡”的重新出现和管理体制的瘫痪,即合作社的“转厂过渡”问题。这一问题的要害在于,合作工厂在管理上一般都照搬国营企业的一套做法,招收职工和临时工一律要报主管部门批准,而职工的升级、定级原则上不能超过国营企业的增长幅度,固定资产标准和生产费用开支却完全按照同行业的国营企业办理。[③] 这实际上就使手工业经济丧失了其原本具有的灵活性以及吸纳劳动力就业等经济功能。此外,“文革”中,农村手工业合作社又经历了一次下放人民公社的浪潮。据1975年甘肃、河南、湖北、广西、广东、江苏、山东、河北、黑龙江等9个省、自治区的不完全统计,划归人民公社管理的手工业合作组织有8925个,职工39.59万人,产值11亿元,利润6760万元,带走资金3亿元。管理部门认为,农村手工业“与农村副业不同,早已形成独立的生产部门,在生产条件、社员职工的生活待遇上,与农业有很大差异”,这导致“广大农村手工业合作社社员,坚决反对下放人民公社”,强制下放“不仅集体资财遭受破坏,而且严重挫伤了手工业企业和社员职工的积极性”。[④] 因此,可以认为,计划经济体制下的中国手工业经济类似于某种既有别于现代工业经济,又不同于农村副业经济的“中间经济”,至少,管理部门是这么定位的。这种以集体所有制为主体的“中间经济”,比计划经济轨道中的城市国营工业体

---

① 中华全国手工业合作总社、中共中央党史研究室编:《中国手工业合作化和城镇集体工业的发展》第2卷,中共党史出版社1994年版,第559页。

② 中华全国手工业合作总社、中共中央党史研究室编:《中国手工业合作化和城镇集体工业的发展》第2卷,中共党史出版社1994年版,第559页。

③ 季龙主编:《新中国集体工业的五十年(1949—1999年)》,国家轻工业局、中华全国手工业合作总社国史研究领导小组,内部资料,2000年,第173页。

④ 季龙主编:《新中国集体工业的五十年(1949—1999年)》,国家轻工业局、中华全国手工业合作总社国史研究领导小组,内部资料,2000年,第174—175页。

系更加灵活,是大工业有益的补充,又比农村副业经济更具专业性,承担着不同于农村副业的任务。但是,这种"中间经济"在以重工业为优先考虑的计划经济体制中是被边缘化的,其内外不平衡性,决定了其发展即使不受外部环境干扰,也一定会呈现某种波动性。

从1965年到1976年,中国二轻工业企业数量有所增长,从9.61万个增加到12.68万个。由于数据的不连续性,仅以1970—1976年为例,如表3-1所示:

表3-1　中国二轻工业企业数(1970—1976年)

年份	合计(万个)	其中:集体所有制企业	
		小计(万个)	其中:手工业合作组织(万个)
1970	9.72	9.58	4.70
1971	10.68	10.52	5.14
1972	10.74	10.58	5.45
1973	10.94	10.78	5.58
1974	11.71	11.54	5.73
1975	12.86	12.67	5.71
1976	12.68	12.49	5.06

资料来源:中华全国手工业合作总社、中共中央党史研究室编:《中国手工业合作化和城镇集体工业的发展》第2卷,中共党史出版社1994年版。

从职工人数看,二轻系统对劳动力的吸纳是较为明显的,从1965年至1975年,数据呈增长之势。表3-2为1965—1975年中国手工业经济统计人数:

表3-2　中国手工业经济统计人数(1965—1975年)

年份	二轻系统(万人)	集体所有制(万人)	手工业合作组织(万人)
1965	443.4	410.4	351.7
1966	492.7	455.7	354.2

续表

年份	二轻系统(万人)	集体所有制(万人)	手工业合作组织(万人)
1967	465.0	449.3	349.3
1968	462.9	452.5	351.7
1969	500.0	460.0	371.0
1970	602.3	545.5	395.7
1971	642.9	600.0	—
1972	748.3	680.0	—
1973	736.4	708.0	—
1974	811.3	787.9	—
1975	923.3	901.3	—

资料来源:中华全国手工业合作总社、中共中央党史研究室编:《中国手工业合作化和城镇集体工业的发展》第2卷,中共党史出版社1994年版。

按1970年不变价格计算,从1971年到1976年,二轻工业的总产值是有增长的,数据如下表3-3所示:

表3-3　中国手工业经济总产值(1971—1976年)

年份	轻工系统(亿元)	二轻工业(亿元)	二轻集体工业(亿元)	手工业合作组织(亿元)
1971	483.0	262.9	220.3	151.3
1972	529.8	290.3	246.8	169.5
1973	599.9	326.8	277.9	190.8
1974	646.4	361.7	310.3	213.1
1975	747.0	434.0	377.6	259.3
1976	775.0	462.2	405.2	278.3

资料来源:中华全国手工业合作总社、中共中央党史研究室编:《中国手工业合作化和城镇集体工业的发展》第2卷,中共党史出版社1994年版。

不过,根据相关政府部门总结,二轻集体工业该时段产值的增长,主要是由新增加的机械、电子等产品拉动的,二轻集体工业承担的日用工业品的生产则提高有限,故市场供应紧张情况依旧。[①] 这是归口管理体制下统计数据不能完全反映部门实态之一例。

在计划经济体制下,日用品型手工业主要从事小商品生产,其原料供给始终是一个大问题。1971 年,哈尔滨市的小商品供需存在突出矛盾,商业系统经营小商品的品种比 1966 年减少 7918 种,经营品种中也有 40%的品种供应不足,时断时续,包括扣、带、染料、刀、剪、锁、杯、碗、壶等,哈尔滨市二轻局系统生产的小商品品种比 1966 年减产的有 159 种,丢掉 179 种。在哈尔滨市小商品生产面临的问题中,原料减少极为突出。据该市二轻局统计,生产小商品的钢铁材料,1970 年比 1966 年减少 20%,木材减少 28%,而原材料减少的原因包括:计划内分配得少了;边角料和废钢铁回收分成少了;供销机构削弱,自筹原料的渠道断了;加工改制能力不适应,原材料利用率降低;等等。[②] 此外,生产管理体制问题也阻碍了小商品生产。哈尔滨市 1969 年把原手工业 12 个技术骨干企业和 56 个技术后方企业,分别划给冶金、机械、化工部门归口管理;其余企业,由市二轻局直属 45 个,下放各区 240 多个,街道工业则由各区和区属公社管理。市二轻局只负责计划内 130 多种产品的原材料供应,对计划外其他小商品只下达产值计划,不下达品种计划,也不负责原材料供应,这就导致小商品生产不能统一管理,综合平衡,加上技术骨干企业被拿走,削弱了"原料基地"和"技术后方",就使生产出现很多困难。[③] 哈尔滨市二轻系统小商品生产与供需矛盾的问题,具有普遍性。

二轻工业或手工业是计划经济时代中国具有比较优势的部门,被寄予出口创汇的厚望,其情形如表 3-4 所示:

---

① 季龙主编:《新中国集体工业的五十年(1949—1999 年)》,国家轻工业局、中华全国手工业合作总社国史研究领导小组,内部资料,2000 年,第 183 页。

② 中华全国手工业合作总社、中共中央党史研究室编:《中国手工业合作化和城镇集体工业的发展》第 2 卷,中共党史出版社 1994 年版,第 476—477 页。

③ 中华全国手工业合作总社、中共中央党史研究室编:《中国手工业合作化和城镇集体工业的发展》第 2 卷,中共党史出版社 1994 年版,第 477 页。

表 3-4　中国二轻产品出口创汇数(1966—1976 年)

年份	轻工产品出口额(亿美元)	二轻出口额(亿美元)
1966	4.31	2.22
1967	4.06	2.24
1968	4.19	2.37
1969	5.12	3.04
1970	5.10	3.00
1971	5.55	3.15
1972	7.87	4.81
1973	10.56	4.00
1974	14.88	9.09
1975	15.13	9.15
1976	15.51	10.56

资料来源:中华全国手工业合作总社、中共中央党史研究室编:《中国手工业合作化和城镇集体工业的发展》第 2 卷,中共党史出版社 1994 年版。

必须指出的是,在计划经济体制下,各地区的手工业经济发展是不平衡的。“文革”期间,部分地区的二轻工业取得了实质性的发展,但并不完全意味着严格意义上的手工业经济有所壮大。浙江省的义乌县(该县 1988 年改为市)是一个典型的例子。① 在中华人民共和国成立后的 20 年间,铁、木、篾、成衣为义乌手工业的主要行业,绝大多数企业分配制度是计件工资,手工业产品基本上是为本县人民生活和农业生产服务。1969 年起,一些铁、木、篾企业开始转产为工业生产服务的产品,增加了现代化机械设备。1969—1975 年,义乌县先后有农机具实验厂投产 C618 车床,廿三里农具修配社投产手用丝锥,稠城镇篾业社投产准标件,佛堂机械厂投产 Z32K 摇臂钻床,等等,还有 100 吨冲床、电动葫芦、端子接线板、倒顺开关、组合开关等产品。义乌手工业

① 以下关于义乌二轻工业的内容据义乌市二轻局编的《义乌市二轻工业志》,内部资料,1988 年,第 28—75 页。

产品品种逐年增加,产品销售扩大到县外、省外,出口产品有丝毯、服装、纬丝线、标准件、冻兔肉等。1971 年 7 月 20 日,义乌县革委会生产指挥组手工业服务站成立。1972 年 5 月 2 日,县革委会生产指挥组手管局革命领导小组成立,撤销手工业服务站。次年 2 月 26 日,县手管局成立,撤销局革命领导小组。1978 年,义乌有 14 个合作工厂、46 个生产合作社,职工 5157 人,固定资产 852.72 万元,产值 2100.47 万元,是 1968 年的 4.53 倍;利润 382.20 万元,是 1968 年的 7.14 倍;劳动生产率为 4281 元。据相关政府部门总结,在"文革"期间,义乌手工业经济发挥了靠集体所有制自身积累发展企业这个优势,乘国营工业生产基本瘫痪之机,大力发展为工业服务的产品,涌现出工业设备制造、电子、电动葫芦等机械化、半机械化生产的行业,其产值年均递增 16.3%,利润年均递增 21.3%。义乌手工业的机械化生产水平也有了很大提高,到 1975 年有金属切削机床 161 台、锻压设备 67 台、专用生产设备 154 台。表 3-5 为 1957—1978 年的义乌二轻工业产值:

表 3-5 义乌县二轻工业产值(1957—1978 年)

年份	产值(万元)	占全县工业总产值的(%)	产值年均增长率	劳动生产率(元)
1957	427.80	29.2		1132
1962	309.30	18.4	-6.3	1357
1965	291.29	15.8	-2.0	1411
1970	596.32	26.0	15.4	2199
1975	1232.30	26.4	15.6	3258
1978	2100.47	30.4	19.5	4281

资料来源:义乌市二轻局编:《义乌市二轻工业志》,内部资料,1988 年。

义乌县 1956 年有服装合作社 20 个、小组 7 个,职工 738 人,产值 122.5 万元,利润 1.09 万元,经过国民经济调整,到 1965 年只剩 6 个社、2 个小组,职工 160 人,产值 57.08 万元,利润 0.93 万元。此后,该县服装业产值、利润徘徊了 10 年之久。1975 年,义乌县服装业有 4 个合作社,开始批量生产商品服装,稠城镇服装厂承担了出口服装生产业务。义乌县的日用金属制品生产,中华人民共和国成立前主要有铁锅、剪刀、铜白铁制品等。1952 年佛堂锅炉(生铁铸食锅)生产小组建立,1954 年转合作社。1956 年该县日用金属制品行业有 1 社 3 组,职工 67 人。1950 年代末,县百货公司终止包销剪刀业务,“应氏剪刀”由于仍为手工生产,在市场上无力竞争而被淘汰。随着产品的变化,这个行业的厂家时增时减,至 1987 年只有 1 家义乌县锁厂。义乌县机械工业起步较晚,1958 年稠城机械厂成立,但产品还是单铧犁、双铧犁。1966 年,义乌县农机具实验厂生产打稻机,1969 年投产 C618 车床。同年,稠城篾业合作社投产标准件。1967 年,机械厂投产摇臂钻床。1970 年代义乌县二轻工业先后转产机械产品的有纺织器材厂、弹簧厂、通用机械厂、湖门农具五金厂、倍磊农机风动厂。1978 年这 8 个厂有职工 1123 人,固定资产 266.77 万元,产值 539.36 万元,利润 154.54 万元。义乌县服装、日用金属制品、机械这 3 个行业的发展轨迹颇能代表该县二轻工业在改革开放前的发展特点,从中可见的是,真正意义上的传统手工业发展并不顺利,但具有重工业色彩的行业以二轻工业之名取得了较大发展。表 3-6 的分类数据颇能说明这一点:

表 3-6　义乌县二轻工业按“四个服务”分类的产值(1957—1978 年)

年份	为农业生产服务		为人民生活服务		为工业建设服务		为出口服务	
	产值(万元)	占比(%)	产值(万元)	占比(%)	产值(万元)	占比(%)	产值(万元)	占比(%)
1957	128.34	30.0	229.30	53.6	70.16	16.4	—	—
1969	73.71	14.3	296.40	57.4	88.01	17.0	58.29	11.3
1975	142.52	11.6	354.72	28.8	644.53	52.3	90.53	7.3
1978	154.49	7.4	520.62	24.8	1035.87	49.3	389.49	18.5

资料来源:义乌市二轻局编:《义乌市二轻工业志》,内部资料,1988 年。

由数据可见,义乌二轻工业“为工业建设服务”的产品占比持续扩大,至 1975 年甚至超过半数,这些产品正是具有重工业色彩的资本品,与之相反,真正意义上“为人民生活服务”的日用品的生产,在改革开放前却逐渐萎缩。这一结构变化,是重工业优先战略下手工业部门的某种不可避免的命运。

总的来说,从各项宏观性经济指标看,中国归口管理体制下所划定的手工业经济,在“文革”期间还是有所发展的,但发展幅度不大,这可以反映出其发展的曲折性。1988 年,在改革开放多年后,季龙回顾道:“从二轻集体工业来说,一向有所谓‘属鸡’的称号,即在原材料上国家‘喂’一点,主要依靠自己‘找食吃’。历史上除了一部分重要产品纳入国家和地方计划外,大部分产品和原材料供应靠自己推销和采购。这是计划和市场紧密结合,发展商品生产和经营的好传统。”①在计划经济时代,手工业经济“属鸡”的特性,是一种被边缘化的无奈,然而,这也反映了中国计划经济体制实际上残存着不少市场要素,而边缘化的手工业经济就正好与同样被边缘化的市场要素高度结合。这种结合,使手工业经济或其历史延续,能在此后以市场化为主导的改革开放进程中,发挥重要作用。

三、改革开放前中国手工业的工资问题

中华人民共和国成立后,手工业经济被国家改造,传统手工业者的身份也出现变化。1950 年代的合作化运动使个体手工业经济向集体经济转变,手工业生产者变为轻工业集体所有制工业企业的职工。生产资料公有制的建立,使手工业逐渐建立了以按劳分配为原则的社会主义集体工业职工工资制度。不过,在改革开放前,中国手工业职工的工资也随着手工业的波动而起伏变化。

工资制度作为一种分配制度,是生产关系的具体体现。中华人民共和国成立后的手工业社会主义改造,一个重要的内容就是要改变旧的生产关系,手工业的合作化是具体路径。根据历史叙事,新中国成立初期组建的手工业生产合作社,是手工业劳动者在党和人民政府的领导下,根据自愿原则组织起来的合作组织,具有社会主义性质,它组织社员有计划地共同劳动,统一经营,统一计算盈亏,采取按劳分配的原则,管理上实行民主办社。由于合作社建立时就实行生产资料公有制,完全改变了旧的生产关系,故生产者之间不

① 季龙:《季龙选集》,山西经济出版社 1994 年版,第 404 页。

存在剥削，完全是平等互助合作的关系。[①] 这种论述，为社会主义手工业经济中的分配提供了一个基本的模型。1951 年 6 月，在全国合作社手工业生产工作会议上，讨论了生产合作社的章程、准则，明确了供销性的生产合作社是低级形式，通过这一形式才能组织广大手工业生产者逐步走向机械化和集体化。会议纪要指出："在经营管理上要尽可能作到统一供销、统一计算盈亏、统一规格、统一规定原材料产品的定量标准，社员实行按期缴货的责任制，统一规定计件的工资标准和工资支付办法。"[②]这就对手工业职工的工资制度提出了基本的原则。

1952 年 9 月，在第二次全国手工业生产合作会议之后，《××市（县）工业生产合作社联合社章程准则（草案）》下发试行，其中提到生产联合社的工作："指导生产合作社逐步学会作计划，包括生产计划、原料采购计划、商品流转计划、开支预算和短期长期贷款计划、基本建设计划、劳动和工薪计划，审查和批准这些计划……"，以及"指导生产合作社建立按劳取酬的工资制度，监督并检查生产合作社的劳动条件，建立生产合作社劳动保险制度，争取提高生产合作社社员的物资、文化和技术水平"。[③] 在同时下发试行的《工业生产合作社章程准则（修正草案）》中，第五条为："合作社组织社员劳动，无论集中生产或分散生产，其产品均为社员通过有组织的劳动所共同生产的价值。社员依照其劳动力及生产技术，有权获得适当的合理的劳动报酬。因此合作社应实行计件工资制，计件累进工资制，并应实行劳动返还金制。"[④]这就对手工业生产合作社的工资制度有了具体的规定。在这些原则落实过程中，手工

① 中华全国手工业合作总社、中共中央党史研究室编：《中国手工业合作化和城镇集体工业的发展》第 1 卷，中共党史出版社 1992 年版，第 603 页。

② 中华全国手工业合作总社、中共中央党史研究室编：《中国手工业合作化和城镇集体工业的发展》第 1 卷，中共党史出版社 1992 年版，第 68 页。

③ 中华全国手工业合作总社、中共中央党史研究室编：《中国手工业合作化和城镇集体工业的发展》第 1 卷，中共党史出版社 1992 年版，第 541—542 页。

④ 中华全国手工业合作总社、中共中央党史研究室编：《中国手工业合作化和城镇集体工业的发展》第 1 卷，中共党史出版社 1992 年版，第 551 页。

业合作组织的公有化程度不一导致分配政策略有不同。[1]

1956年,在合作化高潮中,手工业合作社的工资与福利出现一些问题。据当年6月中央手工业管理局和全国手工业合作总社筹委会党组提交给中央的报告,在合作化高潮中建立的新社,很多采取的是借支工资的办法,导致"社员心里无底,生产情绪不稳定",且无论新社、老社,工资中的平均主义倾向比较普遍,师傅带学徒一般不给报酬,技艺高的工人工资评得偏低,有些业主入社后的收入比过去下降,而工人、学徒的工资则一般有所增加,尤其学徒的工资增加幅度较大。[2] 对于这些问题,报告提出,手工业的工资必须贯彻"按劳取酬、多劳多得"的原则,手工业技术熟练工人和老师傅的工资应该不低于原来的水平,要"纠正工资方面的平均主义倾向"。加入合作社的小业主,其工资应该按照技术标准来评定,"不应该歧视他们"。此外,报告指出,手工业合作社现有工资水平较低,部分源于有些合作社的干部注意社的积累多、照顾社员的生活疾苦少,因此"今后应该确定先工资、次治病救济、最后才积累的原则"。[3] 当年8月11日至30日,全国手工业合作总社筹委会召开了全国手工业改造工作座谈会,根据会上讨论形成的综合意见,得出手工业合作社的工资水平一般低于国营企业也低于合营企业的结论。1955年,全国手工业合作社(组)员的每月平均工资仅19.5元,其中生产合作社社员每月平均工资为27元,个体手工业者的收入则高低不一。在社会主义改造之后,全国30%左右的手工业者,较入社前收入减少,全国手工业中有约5%的困难户需要救济,多数社员的疾病医疗问题没有得到解决,病假期间也没有补助工资。在1956年全国实行工资改革后,国营、公私合营企业和手工业合作社之间的工资福利悬殊更大,导致手工业者有一种埋怨情绪,产生"工人有劳保,

---

① 郭晖、李素华主编:《中国轻工业职工的劳动与工资史》,中国轻工业出版社1999年版,第110页。

② 中华全国手工业合作总社、中共中央党史研究室编:《中国手工业合作化和城镇集体工业的发展》第1卷,中共党史出版社1992年版,第451页。

③ 中华全国手工业合作总社、中共中央党史研究室编:《中国手工业合作化和城镇集体工业的发展》第1卷,中共党史出版社1992年版,第451页。

农民有五保,我们社无一保"或"合作不如合营"之类的言论。[①] 这从侧面反映了手工业与工业和农业存在着区别,在初步形成的计划经济体制中带有某种边缘色彩。会议强调:"手工业合作社的工资标准,应不高于当地同行业同等技术条件的国营工厂的工资水平。"对于手工业工资存在的问题,会议提出的原则仍是"按劳取酬"及"坚决反对平均主义"。会议同时指出"手工业合作社的工资形式应该是多种多样的",可以采取的形式包括等级计件工资制、在按人评等级的基础上按件计酬、等级计时工资制以及"采取小组集体计件,按人评等级,按等级计分,死分活值"等。[②] 手工业合作社工资制度的多样性,是由手工业生产的复杂性决定的。到 1957 年年底,全国手工业合作社的社员建立了等级工资制,管理干部实行了职务等级工资制。

"大跃进"期间,由于手工业的盲目"转厂过渡",手工业领域再度出现较大的工资问题。1959 年 4 月,在中华全国手工业合作总社党组提交的报告中,虽然肯定了"转厂过渡"后的手工业"比原来的合作社更为优越",但也指出了合作社转为公社工业后出现核算与分配问题。当时,有相当一部分人民公社工厂没有建立核算制度,生产不计成本,公社随便取用产品,个别厂甚至发生股金抽光和生产停顿的情况。有不少地区勉强推行农业的分配办法,把公社工业的工资水平同农业拉平,导致部分职工收入降低,技术工人的工资下降幅度尤其大,严重影响其生产情绪。故报告认为,公社工业企业职工的供给和工资,一般应不低于他们原有的收入水平;由于创造价值不一,一般的工业工资水平应稍高于农业,应该承认差别,不要勉强拉平;对于有技术的工人,更要保证他们的合理收入。[③] 当年 5 月 29 日,在《全国手工业合作总社汇报提纲》中,依然提到了这些问题,并举例称,有的地区手工业职工工资下降 20%—30%,甚至达 50%。有的职工发牢骚说:"干不干,钵子饭,多干少干是

① 中华全国手工业合作总社、中共中央党史研究室编:《中国手工业合作化和城镇集体工业的发展》第 1 卷,中共党史出版社 1992 年版,第 468 页。

② 中华全国手工业合作总社、中共中央党史研究室编:《中国手工业合作化和城镇集体工业的发展》第 1 卷,中共党史出版社 1992 年版,第 484—486 页。

③ 中华全国手工业合作总社、中共中央党史研究室编:《中国手工业合作化和城镇集体工业的发展》第 2 卷,中共党史出版社 1994 年版,第 159 页。

一般。”[1]手工业分配中的平均主义在“大跃进”期间又有所回潮。在后来纠正问题的 1961 年“手工业三十五条”中,就明确提出:“手工业的工资制度,必须贯彻执行‘按劳分配,多劳多得’的原则,反对平均主义。”在该原则之下,“手工业三十五条”提出:“手工业的工资形式,根据不同行业、不同工种、不同情况,可以实行个人计件工资或者小组计件工资;可以实行计时工资加奖励;可以实行分成工资。”对于不同部门间的区别,则提出:“集体所有制手工业工人的工资水平,在城市,应该大体相当于当地同工种、同等技术条件的国营工厂工人的工资水平,现在工资水平偏低的,应该随着生产的发展逐步提高。在农村,应该按照历史习惯,高于当地农民收入的水平。”[2]1961 年的“手工业三十五条”在手工业职工工资问题上,回到了 1958 年“大跃进”之前的基本原则,但对手工业职工的待遇标准还是有所提高的。

1963 年 8 月 22 日,劳动部、全国手工业合作总社联合发布了《关于当前手工业合作组织工资工作的几点意见》,提到当时出现的新情况,即一部分手工业合作组织和生产人员的工资“偏高”,其原因及表现为:“实行计件工资的,有的生产定额偏低,工资单价偏高;实行分成工资的,有的不适当地按营业额或按毛收益分成,或者分成比例不当;实行计时工资的,有的巧立名目滥发奖金,或支付办法不合理;此外还有一些原来标准工资定得偏高的现象。”[3]偏低与偏高的工资都被认为是不合理的。《意见》指出,手工业应逐步统一工资等级和工资标准,做好升级、定级工作。在整顿工作中,《意见》强调手工业合作组织社员职工升级定级后,工资总额增长的幅度,原则上不能超过当地国营企业的增长幅度。在人员不变的条件下,1963 年全国手工业合作组织实际支付的工资总额不超过 1962 年。[4] 在这一调整思路下,1963 年,绝大多数的手工业集体企业结合职工

① 中华全国手工业合作总社、中共中央党史研究室编:《中国手工业合作化和城镇集体工业的发展》第 2 卷,中共党史出版社 1994 年版,第 171 页。

② 中华全国手工业合作总社、中共中央党史研究室编:《中国手工业合作化和城镇集体工业的发展》第 2 卷,中共党史出版社 1994 年版,第 250 页。

③ 中华全国手工业合作总社、中共中央党史研究室编:《中国手工业合作化和城镇集体工业的发展》第 2 卷,中共党史出版社 1994 年版,第 333 页。

④ 中华全国手工业合作总社、中共中央党史研究室编:《中国手工业合作化和城镇集体工业的发展》第 2 卷,中共党史出版社 1994 年版,第 335 页。

升级,按行业统一了工资标准和工资等级,进一步健全了工资制度。

到了“文革”期间,混乱再度出现,手工业集体经济又出现了“转厂过渡”浪潮,按劳分配原则亦再度被否定。1968 年 1 月,中央规定:“手工业合作社等集体所有制企业的年终劳动分红办法,必须停止执行。”①这是中国手工业发展波动性的一个体现。1971 年,国家进行了一轮工资调整,但并未涵盖手工业所属的集体企业。② 在改革开放前的计划经济体制下,手工业经济始终摆脱不了某种边缘性。

第二节　中国手工业的历史性分化

近代中国的手工业曾出现“半工业化”现象,这实际上表明了传统手工业经济在工业化浪潮的冲击下,会出现转型与嬗变。1949 年后,中华人民共和国成立初期的工业化战略明显对以重工业为首的大工业进行了倾斜,在这种背景下,处于边缘地位的手工业同样被要求工业化。换言之,新中国的政策加速了手工业经济的转型。不过,并非所有的手工业都迈上了工业化的轨道,一部分手工业演变成工艺美术行业,在很大程度上继承和保留了传统,呈现出较强的手工劳作特征。因此,中国手工业出现了历史性的分化,日用品型手工业与现代工业逐渐趋同,工艺美术行业则在继承传统中发展。在计划经济体制下,管理部门较为重视的是城镇手工业经济,中国传统的农村副业型手工业所面对的政策更加具有不确定性。但是,在计划体制的缝隙中,包括手工业在内的农村工业还是得到了发展,并为改革开放后乡镇企业的崛起奠定了基础。这种与城镇手工业相异的演化轨迹,同样是中国手工业的一种历史性分化。

---

① 中华全国手工业合作总社、中共中央党史研究室编:《中国手工业合作化和城镇集体工业的发展》第 2 卷,中共党史出版社 1994 年版,第 469 页。

② 中华全国手工业合作总社、中共中央党史研究室编:《中国手工业合作化和城镇集体工业的发展》第 2 卷,中共党史出版社 1994 年版,第 121 页。

一、日用品型手工业与工艺美术行业的分化

1973 年,轻工业部在报告中指出:“手工业是发展现代工业的一个好基础。随着生产的发展,许多手工业企业都具有了一定的规模和机械化水平,而且有一部分企业已成为现代化的企业。以河南省郑州、开封、洛阳三个市为例,在现有地方国营企业中,有百分之五十六点六的企业是由手工业集体所有制过渡的,这就节省了国家大量的人力、物力和财力,加快了建设速度。”[①]这表明,中国手工业向现代工业的趋同演化,不仅为主管部门所乐见,实际上也是主管部门重要的目标。这种趋同,主要表现在手工业企业生产方式的机械化以及由此带来的组织规模化上。因此,中国手工业的工业化,以机械化与规模化为其衡量标准,而机械化又是手工业与工业最显而易见的区别。不过,手工业产品品类繁多,只有那些产品具有一定需求量的手工业行业,才适合借助机械化来实现批量生产。这类行业,主要为日用品型手工业。

手工业向工业的转化,在很大程度上是历史的规律,但这种转化过程在自然状态下,可能耗时甚久。然而,中华人民共和国成立后,对工业化国家持有一种快速追赶的心态,于是,中国政府以政策措施人为加速了中国手工业经济向现代工业的趋同。1959 年,季龙等人撰文《建国初期手工业的技术革命和文化革命》,总结了新中国成立初期的手工业改造经验,开宗明义:“手工业的技术革命和与之相辅而行的文化革命,是改造手工业的重要内容之一,也是我国社会主义经济建设和文化建设的组成部分。”[②]更为具体地说,此处的技术革命指的是对手工业的生产技术进行机械化改造,文化革命则指对手工业工人进行扫盲。“在手工业合作社中开展技术革命,主要是从改革工具、改进操作方法入手,开展以实现半机械化、机械化生产为中心的群众性运动。其目的是为了在一切可能使用机器生产的行业和工序中,积极有计划地变手工生产为机器生产,变落后的、古老的生产方式为先进的、现代的生产方式,

---

① 中华全国手工业合作总社、中共中央党史研究室编:《中国手工业合作化和城镇集体工业的发展》第 2 卷,中共党史出版社 1994 年版,第 502 页。

② 季龙:《季龙选集》,山西经济出版社 1994 年版,第 288 页。

不断地提高劳动生产率。在手工业合作社中开展文化革命,主要是从扫除文盲入手,逐步普及初等和中等教育,引导广大社员(职工)不断提高文化水平,向科学技术进军;同时,开展群众性的文娱体育活动,丰富社员(职工)的文化生活,增强体质。"[①]这里说的是手工业合作社,但两个"革命"实际涵盖范围为整个手工业经济。

从中国手工业工业化的实际来看,以机械化为内涵的技术革命较为重要,其途径主要为生产工具的变革。季龙等阐述了生产工具变革的基本原则:"改革现有工具,自制土机床、土设备的做法,应该根据行业的不同情况而有所不同。某些与现代工业并存的行业,如机电、铁木、棉织、针织、皮革、造纸等,主要是仿制国营现代企业的机器设备和改制原有机器设备。有些国营现代化企业没有或少有的行业,如竹藤棕草、工艺美术和某些服务性行业,各地大都参照某些机器设备的原理,发扬独创精神,创制出适合于本行业需要的专用设备。"[②]尽管这是新中国成立初期就已存在的原则,但该原则实际上贯穿了中国手工业向现代工业趋同演化之始终。

以宁波市为例,该市手工业自 1959 年起就全力迈开机械化、自动化步伐,不断进行技术革命运动。1959 年,宁波的剪刀生产实现了机械化和半机械化;1960 年,拉链厂经技术改造,生产逐步自动化,年产达 5 万米。[③] 1960 年,宁波市手工业管理局提出要"大力消灭手工操作,实现机械化、自动化",以及"针对生产关键革新,使机械设备配套成龙,使生产大幅度飞跃发展"。[④]实际上,这种机械化"大跃进"操之过急了。例如,1962 年,宁波市手工业管理部门认识到,如果使用机器无法提高手工业产品质量,应该以质量为优先,停止机器生产,恢复手工生产。[⑤] 但是,手工业生产机械化的趋势是难以逆转

① 季龙:《季龙选集》,山西经济出版社 1994 年版,第 288 页。

② 季龙:《季龙选集》,山西经济出版社 1994 年版,第 296 页。

③ 宁波市地方志编纂委员会编:《宁波市志》(中),中华书局 1995 年版,第 1090 页。

④ 宁波市手工业管理局编:《一九六〇年技术革新与技术革命运动初步规划》,1960 年 3 月 20 日,宁波市档案馆藏档,105-7-2。

⑤ 宁波市手工业管理局、宁波市手工业联社编:《关于提高产品质量、降低成本的几点意见》,内部资料,1962 年。

的。例如,1963 年,宁波市塑料厂的领导一致认为开展技术革新是实现增产不增人的有效途径,提出“发挥人的智慧,向设备要人”的口号。当年全厂共提出合理化建议 430 条、革新项目 20 个,其中重大项目有 6 个。以塑料鞋底压机为例,原来是手工板压,生产效率低,劳动强度高,3 台压机要 54 个人操作,技术革新后改为电动操作,节约劳动力 12 个,单模改为双模,日产量由 2000 双增加到 3200 双。此外,压机工人发挥集体智慧,利用旧料,不花一分钱试制成功了量鞋器,使 5 台压机 3 班节约 15 人。这样,塑料鞋底压机的机械化程度由原来的 78.66%提高到 100%,全厂节约了 38 个劳动力,还使塑料鞋底的日产量从 10 万双增加到 15 万双,达到了增产又减人的目的。正是在这样的势头下,1963 年宁波市塑料厂塑料鞋底的国家计划实际完成 99.42%,比 1962 年提高 0.47%,总产值为 460 多万元,超过国家计划 4%,比 1962 年提高 45.75%。[①] 值得一提的是,宁波手工业的机械化带动了二轻机械的发展,其塑料机械制造走在了全国前列。1967 年,宁波塑料机械厂首次试制成功 SPZ-60-200 齿轮传动注塑机。1969 年,该厂试制出 601 型柱塞式液压注射机,并正式列入轻工部计划,为浙江省首家。此后,该厂对 601 型机的注射系统和液压系统做了多次改进,到 1971 年已达到年产 90 台的生产能力,注塑机逐步取代各类通用机床,成为该厂的主导产品。1973 年,601 型机作为援外产品,首批 5 台出口朝鲜和越南;1974 年,由中国机械设备进出口公司销往东南亚国家等。1976 年,宁波塑料机械厂自行设计开发出 XZA-YY-60A 全液压螺杆注射机,成功取代早期生产的 601 型机。[②] 此外,位于镇海的江南农机厂从 1973 年起试制生产了立式塑料压机,1974 年正式试制 60 克卧式塑料注射成型机并获成功,并在 1975 年生产了 400 克双工位卧式注射成型

① 宁波市塑料厂编:《转向以农为基础的轨道,更好地为广大农民生活需要服务》,1963 年,宁波市档案馆藏档,418-6-1。

② 浙江省二轻工业志编纂委员会编:《浙江省二轻工业志 · 第 2 分册》(征求意见稿),内部资料,1995 年,第 88 页;浙江省二轻工业志编纂委员会编:《浙江省二轻工业志》,浙江人民出版社 1998 年版,第 75 页。

机。[①] 宁波市手工业在演化过程中,不仅实现了日用品生产的机械化,还开始生产资本品,跨入重工业领域。这正是计划经济时代中国手工业工业化的体现。

必须指出的是,在归口管理体制下,有一些被划入二轻系统的行业,从一开始其实就具有现代工业的特点,并非真正意义上的传统手工业。塑料制品工业即为其中一例。在新中国成立初期,中国只有少量的酚醛制品和赛璐珞制品生产。1958 年后,中国的塑料制品厂,才在原来一些小橡胶加工厂、小竹木器生产合作社等小厂、小社的基础上,自力更生、从土到洋地发展起来。1964—1968 年,中国从国外陆续引进一批适合加工聚氯乙烯制品的、较为先进的设备,如四辊压延机、薄膜吹塑机和挤管机、板材层压机和挤板机、人造革涂覆机等。与此同时,国内也开始试制相关设备,使塑料加工专用机械立足于国内并得到发展。1972 年以后,中国开始发展聚烯烃,1975 年以后大量投产,使塑料原料构成开始发生变化。[②] 从塑料制品的生产工艺看,其无疑属于运用机器设备进行制造的现代工业。但在归口管理体制下,塑料制品工业却一直被归入以手工业为主体的二轻工业,这实际上存在着某种错位。与之类似的还有家用电器行业,在 1970 年代以后,其生产亦主要由各地二轻系统企业负责。

工艺美术行业遵循着与日用品型手工业不同的演化逻辑。1957 年 7 月 22 日,朱德在全国工艺美术艺人代表会议上讲话时,曾指出工艺美术行业也应该在一定程度上进行规模化生产。“精致珍贵的产品不适合大多数人的需要。大路货是人民的必须品,所以要多做大路货。同时也要好、便宜。便宜靠什么?靠自己就地取原料,产品只是再加些加工费,这样东西就便宜了。”[③] 不过,就实际而言,不少工艺美术行业或手艺人是难以做到以机械化和规模

① 浙江省二轻工业志编纂委员会编:《浙江省二轻工业志·第 2 分册》(征求意见稿),内部资料,1995 年,第 99 页。

② 季龙:《季龙选集》,山西经济出版社 1994 年版,第 174—175 页。

③ 中华全国手工业合作总社、中共中央党史研究室编:《中国手工业合作化和城镇集体工业的发展》第 2 卷,中共党史出版社 1994 年版,第 18 页。

化为标准的工业化生产的。当然,这并不是说工艺美术行业完全不存在工业化,但总体来说,其工业化水平是不如日用品型手工业的。1967 年 1 月 12 日,周恩来在接见全国工艺美术界群众组织时指出:"工艺美术战线,是我们工业部门通过美术形象来宣传社会主义的一条战线……如果把艺术看作是纯精神的生产,工业品是纯物质的生产,也不够恰当。不错,工业品是物质生产,但也可以反映思想,所以产生工艺美术这一门。"①由此可见,工艺美术行业具有一定的特殊性。

1963 年 5 月 6 日,季龙在《大公报》上刊文《发展手工业名牌产品的生产》,提到的手工业虽然同时涵盖了日用品型手工业和工艺美术行业,但在一些具体问题的讨论上,集中指向了工艺美术行业。例如,季龙称:"名牌产品的质量优于一般产品,这是最基本的特点。它是怎样形成的呢?主要是优良的技艺条件和一定的原料条件。"②从技艺上说:"传统名牌产品是传统优秀技艺的集中表现。在名牌产品的生产过程里,包含着许多合理生产方法,精湛技巧和丰富的生产经验。"例如,"全国著名的山东周村、江苏苏州、辽宁沈阳的响铜器,有'千锤打锣、一锤定音'的说法,这'定音'的特技,就是经验丰富的老艺人继承和发扬前辈技艺之功"③。从原料方面说:"由于名牌产品在质量上和技艺上各种特点的要求,在用料方面往往有其特殊的需要。例如,全国著名的温州雨伞,要用 107 种原料,在原料规格上也很讲究。雨伞的纸要用纤维较长的桑树皮、藤谷皮和水菖花做材料,才能使伞结实耐用;要用头发代替麻搓成绳穿伞骨,才能使伞骨做得既灵活又结实;要用柿子做成的柿汁代替糨糊,才能使伞不怕雨水。"④温州雨伞如此繁复的用料,必然会限制其产量,使其在工业化时代只可能成为一种工艺美术产品。季龙指出了工艺美术行业的特殊性:"名牌产品的某些关键性工序,要保留必要的手工操作,工艺美术品的艺术创作过程,很多是不能用机器生产来代替的。但并不是所有名

① 中华全国手工业合作总社、中共中央党史研究室编:《中国手工业合作化和城镇集体工业的发展》第 2 卷,中共党史出版社 1994 年版,第 466 页。

② 季龙:《季龙选集》,山西经济出版社 1994 年版,第 315 页。

③ 季龙:《季龙选集》,山西经济出版社 1994 年版,第 315—316 页。

④ 季龙:《季龙选集》,山西经济出版社 1994 年版,第 316—317 页。

牌产品的生产和工序都具有‘独到之处’，而不能用机器生产来代替。”[1]换言之，在名牌产品中，工艺美术品的生产包含着不同于普通工业品生产的艺术创作过程，而艺术创作过程是难以机械化的。

工艺美术行业的特殊性从主管部门的政策要求上也可以反映出来。一方面，政府希望工艺美术行业也能像日用品型手工业那样部分工业化，但另一方面，政府又要求工艺美术行业传承传统手工技艺。1973 年，时任国家计委财贸物价组副组长的季龙即指出：“为了继承和发扬我国工艺美术的传统技艺，某些生产的关键工序保持手工操作是不能改变的，但其他笨重劳动、辅助和次要的工序，是可以而且应该逐步实行机器操作的。目前，大多数工艺美术企业技术条件十分落后，主要依靠手工操作，生产效率很低，不利于大量生产，不能适应扩大出口和内销的需要。”[2]这就基本阐明了工艺美术行业与工业化之间的辩证关系，同时也反映出工艺美术行业的工业化水平落后于同期的日用品型手工业。季龙的这一论点建立在 1972 年 12 月 13 日对外贸易部、轻工业部《关于发展工艺美术生产问题的报告》的基础上。该《报告》是希望对工艺美术行业进行技术改造，使部分工序实现机械化的。“如抽纱的洗涤、干燥、烫平工序，男工地毯的纺毛纱、洗毯工序，牙、玉、石雕的开料凿磨工序等等，很多地区很多企业仍未摆脱手工操作的落后状态；这些方面所需要的专用设备，以及用于维修和制造模具的通用设备，目前寥寥无几，急需解决。”[3]1983 年，季龙针对工艺美术行业的企业整顿发表讲话时，阐明了工艺美术品的特点为“既是艺术品、又是实用品，多品种、小批量”[4]。这种特点使工艺美术行业必然较多地保留传统手工业的要素。

工艺美术行业的机械化需要生产工具与设备的变革，其传统工艺的传承则主要依赖学徒向老艺人学艺。对于这一点，从新中国成立初期起，政府就

---

① 季龙：《季龙选集》，山西经济出版社 1994 年版，第 320 页。

② 中华全国手工业合作总社、中共中央党史研究室编：《中国手工业合作化和城镇集体工业的发展》第 2 卷，中共党史出版社 1994 年版，第 524 页。

③ 中华全国手工业合作总社、中共中央党史研究室编：《中国手工业合作化和城镇集体工业的发展》第 2 卷，中共党史出版社 1994 年版，第 531 页。

④ 季龙：《季龙选集》，山西经济出版社 1994 年版，第 543 页。

有相关政策进行引导。1971年,余秋里警告道:“现在有些工艺美术品的生产,出了‘后继无人’的问题。要引起重视,要培养接替的人材。中国的工艺美术品,有几千年的历史,是祖国的宝贵财产。如果衰落失传,那是我们要负责任的。”[①]1972年,对外贸易部、轻工业部在《关于发展工艺美术生产问题的报告》中再次提出措施:“认真落实对老艺人、技术人员的政策。老艺人和创作设计人员是继承传统技艺、发展工艺美术生产的重要因素,必须充分调动他们的积极性,要经常对他们进行思想和政治路线方面的教育,在政治上帮助他们,在生活上关心他们。对于老艺人和工艺美术设计人员,可根据党的政策、技艺水平以及对国家的贡献大小,分别给以艺术称号,以资鼓励。要给他们以传授技艺、开展创作设计的便利条件,为他们安排好接班人,除国家分配的新工人外,允许他们带子女进厂,随父学艺。允许作者在工艺美术品上题名,以利提高责任心。”[②]此外,该《报告》还要求恢复和加强工艺美术研究机构和工艺美术院校建设,以加强研究和设计工作。[③] 总之,继承与创新的矛盾与统一,一直是计划经济时代中国工艺美术行业面临的课题。

1972年,经国务院批准,轻工业部成立了工艺美术公司,各省、市、自治区轻工业局或二轻、手工业局也相应地恢复和建立了工艺美术专管机构,以加强对工艺美术行业的领导。1973年轻工业部制定的《关于手工业若干政策问题的规定(草案)》对工艺美术行业有专门的条款:“工艺美术是我国的一项重要文化遗产,必须继续贯彻执行毛主席‘百花齐放,推陈出新’,‘古为今用,洋为中用’的方针,剔除糟粕,取其精华,努力创新,大力发展生产。要正确处理继承和创新、内销和出口的关系。对于传统题材,除了反动的、黄色的、丑恶的以外,都应该组织生产和出口。要积极培养新生力量,特别是对于那些高超的技艺,应当配备优秀的知识青年进行学习,以防技艺失传。已经转业

① 中华全国手工业合作总社、中共中央党史研究室编:《中国手工业合作化和城镇集体工业的发展》第2卷,中共党史出版社1994年版,第488页。

② 中华全国手工业合作总社、中共中央党史研究室编:《中国手工业合作化和城镇集体工业的发展》第2卷,中共党史出版社1994年版,第533页。

③ 中华全国手工业合作总社、中共中央党史研究室编:《中国手工业合作化和城镇集体工业的发展》第2卷,中共党史出版社1994年版,第534页。

的艺人和设计人员,要组织归队。”[①]这一条款基本上讲清楚了工艺美术行业的主要问题。1973 年,中国工艺美术产值达 15.98 亿元,比 1972 年增长 48.4%,其中出口换汇 3.57 亿美元,比 1972 年增长 66%。[②] 以宁波绣品厂为例,该厂总产值在 1965 年还只有 55 万元,到 1972 年突飞猛进到 132 万元,比“文革”前提高 1.4 倍。1973 年 1—6 月,该厂产值又比上年增加了 1 倍。该厂出口的刺绣产品的产值在 1965 年不到 2 万元,之后逐年上升,到 1972 年,刺绣出口的年产值达到 46 万元,比“文革”前增长了 20 多倍。[③] 宁波绣品厂是中国工艺美术行业 1973 年繁荣的一个代表。

由于工艺美术行业的产品很多为中国所特有,故在各经济部门中具有较大的比较优势,适合出口。实际上,中国的工艺美术品在海外具有天然的吸引力。季龙曾在谈话中描绘 1972 年秋季广州交易会上中国工艺美术品交易的盛况:“大会开门前,天天有很多外商等在门口,门一开,争先恐后地涌进去,抢购商品。例如:端砚,五分钟抢光;红木家具,一天卖光;料器、石刻,两三天售完;绢花,两次提价,八天就卖完;旧地毯,三天卖掉 60%,再提价,三、四天全部卖光。一些日本商人,不问价格,就贴上订货标签。秘鲁商人路易斯说:‘我最怕没货,也害怕音乐,因为一放音乐就要下班了。’”[④]这种抢购场景充分说明了工艺美术品由于其特殊的文化价值,是工业落后的中国所适合出口的制造业产品。

记者埃德加·斯诺的前妻海伦·斯诺(Helen Foster Snow)于 1972 年重返中国时,在广州交易会上看到并记录工艺美术品的畅销盛况:“是的,美国人在交易会上买了东西——我听说买得最多的是自行车以及艺术品、手工艺品和瓷器。是的,中国最好的瓷器仍然是景德镇制的。”她写出了工艺美术行

① 中华全国手工业合作总社、中共中央党史研究室编:《中国手工业合作化和城镇集体工业的发展》第 2 卷,中共党史出版社 1994 年版,第 509 页。

② 《当代中国》丛书编辑部编:《当代中国的工艺美术》,中国社会科学出版社 1984 年版,第 83 页。

③ 宁波市绣品厂编:《基本概况》,1973 年 7 月,宁波市档案馆藏档,359-14-2。

④ 中华全国手工业合作总社、中共中央党史研究室编:《中国手工业合作化和城镇集体工业的发展》第 2 卷,中共党史出版社 1994 年版,第 520 页。

业出现的新特色:“我看到一个龙门仙女的象牙雕卖给内地的一家公司,卖了7万元(约合3万美元)。另一组象牙马卖给九龙,卖了2万元。我为一张画有一匹带翼的白马的精致绘画拍了照,这是我第一次听说中国有这样一个同希腊神话中的飞马相似的东西……是的,中国的新艺术品和手工艺品做得同过去任何时候一样精巧——除了古董以外。我见到在广州创作的一件真正的杰作。这是在一块大象牙里面雕刻的一件显示广州公社起义的气韵生动的工艺品。线条是动的,在一切方面都是动的,连红旗都在飘动……这件工艺品的设计十分完美,但也十分自然。这是活的艺术和活的历史,任何线条都不死板。”[①]这件展示“广州公社起义”的作品与传统产品在广交会上的并存,符合中国政府对工艺美术行业的要求。1965年6月,第二轻工业部副部长罗日运就提到了工艺美术行业对内销产品与外销产品要区别对待,内销产品“应该大搞现代的革命的题材”,外销产品则“既要做到产品对路,保证出口,又要扩大宣传我国社会主义革命和社会主义建设所取得的伟大成绩”。[②] 对于传统题材,要求是:“传统题材的工艺美术品,如古装人物、古代花纹图案,以及民间工艺等等,具有一定的东方艺术,又不伤国体,而且很受国外欢迎的,仍可继续生产和出口。但是,应该多创作一些在历史有进步意义的题材的作品。”[③]工艺美术行业,不仅是物质生产部门,也是一个工业文化载体,是思想宣传的窗口。

手工地毯行业是一种出口型的工艺美术行业。1972年,海伦·斯诺参观了北京市地毯总厂。该厂1950年成立,是在一个手工业合作社的基础上发展起来的,厂方人员介绍说:“现在亚洲、非洲和拉丁美洲是我们产品最大的买主。织毯的工序仍然是手工操作。我们觉得这太落后,正设法用机械化来节省时间,与此同时要保持手织的效果。”海伦看到工人们用电剪制作地毯图案的场景,而这种电剪是“大跃进”的产物。挂在车间墙上的一块样毯的图案是长沙的

① 海伦·福斯特·斯诺:《重返中国》,刘炳章等译,中国发展出版社1991年版,第47—49页。

② 中华全国手工业合作总社、中共中央党史研究室编:《中国手工业合作化和城镇集体工业的发展》第2卷,中共党史出版社1994年版,第405—406页。

③ 中华全国手工业合作总社、中共中央党史研究室编:《中国手工业合作化和城镇集体工业的发展》第2卷,中共党史出版社1994年版,第406页。

一处唐代古迹,海伦获知“日本人很喜欢这种花样的地毯,买去了许多”。[①] 北京市地毯总厂是工艺美术行业在平衡继承与创新的关系中追求出口的一个典型。至1976年,中国地毯工业共有330多个企业,职工6万人,厂外加工者6万人。1975年,中国地毯产量为134.6万平方米,出口约65.8万平方米,出口量占产量比为48.9%。[②] 在1976年召开的全国地毯专业座谈会上,提到:“希望大部分专业企业在两、三年内,除织毯外,上经、落线、缠球、片剪、平活、洗毯等工序基本实现机械化或半机械化。”[③]由此可见,即使是工艺美术行业,在扩大产量的要求下,同样存在着工业化的压力与动力。

南京是中国古代的手工业名城,素有云锦、天鹅绒、抽纱花边等手工艺名品,这为该市工艺美术行业的发展奠定了良好的基础。1954年,南京市政府为恢复、发展南京传统的工艺美术,组织成立了南京云锦研究工作组,组织剪纸艺人整顿民间剪纸。

1956年至1957年,在手工业合作化高潮中,南京工艺美术行业纷纷组织成立各种生产合作社,其中隶属市手工业管理局的有8个,如表3-7所示:

表3-7　南京市属工艺美术合作社概况(1956年)

行业	合作社数(个)	职工人数(人)	产值(万元)
丝织云锦	4	374	62.3
金线	1	188	30.7
金箔	1	76	23.5
绒绢花	1	77	7.1
剪纸	1	15	1.9
合计	8	730	125.5

资料来源:南京市第二轻工业局、南京市城镇集体工业联社编:《南京二轻工业史料》第1辑,内部资料,1991年。

---

① 海伦·福斯特·斯诺:《重返中国》,刘炳章等译,中国发展出版社1991年版,第238页。

② 中华全国手工业合作总社、中共中央党史研究室编:《中国手工业合作化和城镇集体工业的发展》第2卷,中共党史出版社1994年版,第563页。

③ 中华全国手工业合作总社、中共中央党史研究室编:《中国手工业合作化和城镇集体工业的发展》第2卷,中共党史出版社1994年版,第565页。

"大跃进"期间,南京市工艺美术行业的管理和生产经营出现一些混乱,生产云锦的企业划归纺织部门,至1960年,市属工艺美术厂社合并,缩减为5家,职工1182人。1961年开始纠正此前的一些错误,工艺美术生产得到恢复和发展,当年年底南京市共有工艺美术生产企业20个,年产值240.39万元。到1962年年底,南京市工艺美术行业共有22个门类,24家企业,职工2300人,年产值360万元。其中,云锦、丝绸、漳缎、牙雕、花边、剪纸等为出口产品,年出口值120万元。1964年10月6日,南京市政府批准成立南京市工艺美术工业公司,1965年该公司所属企业共21个,职工总数2475人,年产值828万元。"文革"开始后,南京市工艺美术行业受到冲击,其优良传统与传统题材产品均被否定,生产骤降,产品锐减,大部分企业转产其他产品,其中9家企业转产电子产品,3家企业转产汽车配件,1家企业转产医疗器械。1969年12月,南京市工艺美术工业公司被撤销。至1972年,虽然该市工艺美术行业职工数量达4112人,但大部分均从事非工艺品生产,当年全行业工业总产值2737万元,除去新开发的天鹅绒地毯产值782.63万元,传统工艺品产值才485.54万元,仅占17.74%。1973年4月,国务院批转各地贯彻执行轻工、外贸两部《关于发展工艺美术生产问题的报告》的46号文件后,南京市工艺美术行业出现转机,市工艺美术工业公司于8月18日恢复,直属企业17家,代管企业6家,还辖属云锦和工艺美术2个研究所,建立了工艺美术服务部和供销经理部等配套机构,分别承担设计、原材料供应和产品销售等职能。① 表3-8为1973年南京市工艺美术工业公司隶属、代管企业概况:

表3-8 南京市工艺美术工业公司隶属、代管企业(1973年)

企业名称	主要产品	职工数(人)	年产值(万元)	利润(万元)	固定资产原值(万元)
南京艺新丝织厂	天鹅绒毯、云锦、长毛绒	767	704.23	144.82	68.62

① 南京市第二轻工业局、南京市城镇集体工业联社编:《南京二轻工业史料》第1辑,内部资料,1991年,第200—202页。

续表

企业名称	主要产品	职工数（人）	年产值（万元）	利润（万元）	固定资产原值（万元）
南京艺光丝织厂	天鹅绒毯、天鹅绒	564	321.36	23.64	18.966
南京金线金箔厂	塑料金线、药水金线、金箔、铝金纸	322	170.975	35.63	24.29
南京金粉厂	金粉、铝粉浆、锌粉	144	79.16	5.21	27.70
南京工艺雕刻厂	牙雕、木雕	321	54.62	16.663	9.358
南京第二医疗器械厂	金银首饰、医疗器械	479	251.399	18.05	40.50
南京工艺铝制品厂	绒、绢、塑料花、塑料品	341	156.78	13.31	25.74
南京无线电元件十五厂	剪刻纸、无线电元件	284	87.00	8.88	14.97
南京印铁制罐厂	金属包装容器、文具盒	395	287.69	69.43	77.28
南京五四印刷厂	包装印刷、扑克牌	378	255.14	28.50	57.11
南京金星标牌厂	标牌、钟面	311	170.07	43.19	50.74
南京制毡厂	工业用毡、粗毡	243	148.26	10.28	15.00
南京无线电元件十八厂	花边、无线电元件	217	282.18	10.303	41.65
南京三八缝绣社	枕套、帐沿、电位器	217	122.64	4.80	10.90
南京乐器社	四弦琴、汽车喇叭	138	90.20	34.40	19.00
南京星海乐器社	民族乐器、小提琴	128	23.86	5.386	5.94
南京东风制裘厂	裘皮品	89	54.23	2.95	0.503
南京群力鞋厂	绣花工艺鞋、婴儿鞋	209	65.97	3.70	167.90
南京气枪厂	气枪、铅弹、单杠	201	51.60	10.85	25.44
南京梅园光学车木社	雨花玛瑙	176	27.75	6.64	4.63
南京梅园玩具社	布绒玩具	63	13.99	2.16	0.59
南京十月制扇厂	折扇、宫绢扇	88	20.00	0.63	6.02
江宁县金箔锦线厂	金箔、铝箔、锦线	155	68.60	—	10.68

资料来源：南京市第二轻工业局、南京市城镇集体工业联社编：《南京二轻工业史料》第1辑，内部资料，1991年。

云锦是南京最具代表性的工艺美术品。民国时期，南京云锦业衰落。1950

年8月,南京市商业局到张家口与西蒙贸易公司联系,恢复了云锦传统销售渠道和生产,至1954年8月,全市恢复云锦生产的织机有228台,其中含4台铁机,业主及资方从业人员215人,工人319人,临时工376人。当年,南京云锦工作研究组成立,1957年正式成立南京云锦研究所。1956年,公私合营中兴源丝织厂成立,南京市各区的丝织云锦生产供销合作社、生产组则合并成立了艺新、艺光、艺美、艺锦等丝织生产合作社。当年全市有云锦织机398台,从业人员945人。此时的云锦生产技术也得到发展,逐步采用电力提花丝织机取代传统花缕木机生产库锦、库缎等品种。“文革”前,南京市生产云锦的企业有艺新、中兴源和南京丝织厂,其中,艺新为云锦专业生产厂,中兴源和南京丝织厂则以生产丝绸为主。“文革”开始后,云锦停产,直到1970年代初才恢复。1972年,艺新生产云锦214.8米,产值1.34万元。1973年,云锦研究所建立云锦试验工场。1975年,艺新和云锦研究所试验工场生产云锦10287米,产值17.8万元。1976年,南京云锦研究所成功将云锦品种“金宝地”由木机手工生产过渡到电机生产。[①] 云锦业是南京市工艺美术行业的一个缩影,而南京市工艺美术行业的发展又是中国传统手工业在计划经济时代变迁的一个缩影。

1976年,中国工艺美术产值为23.4亿元,其中出口换汇达4.86亿美元,内销工艺品产值也从1972年的3亿元发展到1976年的6.5亿元。[②] 尽管存在波动与曲折,中国的工艺美术行业还是获得了发展。

总的来说,中华人民共和国成立后,在国家强力干预经济的计划经济体制下,手工业经济的工业化与优先发展重工业一样,构成了经济追赶的重要内容,并自上而下加以贯彻。近代中国部分地区的手工业曾经出现半机械化与机械化的演化,这表明手工业经济的工业化是一种历史趋势,计划经济体制只是加速了其进程。但是,手工业经济具有自身的复杂性,日用品型手工业的产品面向广阔的市场,需要大批量生产,故更加适合以机械化为核心的工业化。事实上,某些日用品的生产既分布于手工业经济,又分布于现代工业经济,这使得生

① 南京市第二轻工业局、南京市城镇集体工业联社编:《南京二轻工业史料》第1辑,内部资料,1991年,第215—217页。

② 《当代中国》丛书编辑部编:《当代中国的工艺美术》,中国社会科学出版社1984年版,第84页。

产此类日用品的手工业向现代工业趋同,在逻辑上具有自然而然的特性。然而,另一些积累了高超的传统技艺并面向相对狭窄市场的手工业,在生产技术与需求两方面都与工业化的大规模生产具有矛盾性,这类手工业就演化为工艺美术行业,并较多地保留了传统手工业的手工劳作等特征。不过,受社会主义的民主与革命文化理念的影响,以及国家对工艺美术品出口创汇的需求,工艺美术行业同样被要求部分工业化,以实现产量扩大。就此而论,尽管中国手工业出现了日用品型手工业与工艺美术行业的历史性分化,但工业化的总体趋势是历史的主线。

二、成分混杂的农村手工业:计划经济体制下的潜流

在中国历史上,手工业一直以不同的形态分布于城镇和农村,既包括大型官办手工工场,又包括农民农闲时贴补家用的副业。中华人民共和国成立后,政府并没有完全按照经济特点与属性对手工业进行界定与划分。在社会主义改造过程中,手工业更多是被视为现代大工业与农业之外的一种专业化的产业,而并不包括农家副业中的非专业化手工业活动。当然,由于现实中的经济形态具有混杂性与多变性,加上政策不断改变与调整,在整个计划经济时代,中国农村手工业的界定与归属问题是相当复杂的,难以用单一标准一以贯之地进行划分。也正因为如此,对改革开放前中国的农村手工业,很难进行整体性与连贯性的考察。然而,改革开放后中国乡镇企业的崛起,是建立在改革开放前若干地区农村工业发展基础上的,而那些农村工业在起步之初,其生产技术与组织形态属于或接近手工业。从这个角度说,在计划经济体制下,中国长期存在着农村手工业经济的潜流,而这股潜流到了1970年代中后期,异军突起,成为中国工业体系的重要的一部分。

在“大跃进”时期,“人民公社必须大办工业”作为中央决议,被地方贯彻,到1959年6月底,全国有社办工业企业70万个,总产值71亿元。到了国民经济调整时期,这些社办工业企业受到整顿。1960年11月25日,中共中央批转的财贸办公室《关于城乡人民公社工业的情况和整顿意见的报告》中,对农村工业的行业范围作了规定。(1)必办行业:直接为农业服务的农机(修理为主)、

农具、农肥、农药和饲料加工等;社员生活必需的粮食加工、缝纫、制鞋等;传统性的手工业品和出口商品;农副产品和野生植物的初步加工和综合利用。(2)视条件办的行业:小煤窑等采掘工业;炼铁、炼钢、炼铜等冶炼工业;砖、瓦、石灰、耐火材料等建筑材料工业;陶瓷、土糖、土纸等轻工业。(3)坚决不办的行业:同大工业争原料的土纺、土织、肥皂、皮革等;同农业生产和社员生活关系不大,占用劳动力较多,影响农业生产的。[①] 社办工业在起步之初,必然接近于手工业的生产技术水平。至于传统性手工业品生产和农副产品加工,在当时则更是纯粹的手工业了。

在1961年中共中央颁布的《关于城乡手工业若干政策问题的规定(试行草案)》即"手工业三十五条"中,按三种所有制对手工业进行分类,强调了集体所有制"是主要的",而在集体所有制手工业的组织形式中,"有手工业生产合作社,手工业供销生产社,手工业合作小组,手工业合作工厂;有城市人民公社的社办工业,公社的工业和手工业生产小组;有农村人民公社的社办工业,社社联营工业和生产大队、生产队的手工业生产小组"。[②] 这一表述,既将农村的"社办工业"归为"集体所有制手工业",又指出农村还存在着"手工业生产小组"。因此,在国家政策的话语中,"工业"与"手工业"的边界本身就是模糊的。这种模糊与含混,正是以生产关系而非生产力为标准划分手工业与工业所难以避免的。在"手工业三十五条"中,农村手工业的从业人员被称为手工业工人,其相关规定为:"农村人民公社的手工业工人,同农业的关系特别密切,除了某些手工业集中地区以外,一般不建立手工业生产合作社。这些手工业工人,可以继续参加生产大队或者生产队的手工业生产小组。但是,计算劳动报酬的方法,应该和农业劳动不同,可以按件计工,可以按产值计工,可以按收入比例分成,也可以让他们自负盈亏,交纳少量的公积金。"[③]对于农村手工业,该文件还提出了应实行"亦工亦农"的原则:"农村人民公社的社办工业、手工业合作组织,生

① 《当代中国》丛书编辑部编:《当代中国的乡镇企业》,当代中国出版社1991年版,第37、40页。

② 中华全国手工业合作总社、中共中央党史研究室编:《中国手工业合作化和城镇集体工业的发展》第2卷,中共党史出版社1994年版,第245页。

③ 中华全国手工业合作总社、中共中央党史研究室编:《中国手工业合作化和城镇集体工业的发展》第2卷,中共党史出版社1994年版,第247页。

产大队和生产队的手工业生产小组,除了某些必须常年生产的以外,都应该实行亦工亦农的原则,农闲多办,农忙少办或者不办。”[①]这一原则,实际上肯定了农村手工业乃至农村工业存在着副业性质。

在国民经济调整时期,农村工业的发展受到限制。但是,有些企业顶住压力,在“大跃进”之后仍然存活了下来。例如,黑龙江省尚志县苇河炭素厂,是1958年由中共苇河镇党委发起,组织100多个社员,利用十几间破庙办起来的。该厂从30多里外开山采矿,运石墨块到厂,开始时用米碾子压,后用自制捣杆机捣,最后用上球磨机磨,加工生产石墨产品。经业务人员随身带样品到大半个中国推销,该厂头一年就售出产品761吨,取得15万元收益。到了调整时期,为了保住企业,该厂缩减一些人员归田务农,分出部分人员到林场、街道从事劳务,保留一些骨干人员坚持生产,维持业务信誉。该厂还悄悄卖掉1台旧汽车,购进1台较先进的雷蒙磨,使产品质量大大提高,销量大增,令企业保存了下来并得到发展。[②] 以苇河炭素厂为代表的农村小型工业企业,在计划经济的缝隙里艰难地生长着。

到了1966年,形势又出现变化。当年毛泽东发出公社农民“在有条件的时候,也要由集体办些小工厂”的号召,使社队办企业再度名正言顺。与此同时,政治环境的动荡冲击了计划经济体制,国家相关管理部门几乎处于瘫痪状态,无力按产品经济一套办法为社队企业设定限制,使农村工业获得一个缓慢发展的机会。[③] 1969年12月15日,《人民日报》刊文《赞地方小型工业》,写道:“伟大领袖毛主席制定的‘独立自主、自力更生’以及大型企业和中小型企业同时并举、中央工业和地方工业同时并举的‘两条腿走路’方针,是建设社会主义的法宝。”[④]明确将发展小型工业与“两条腿走路”的工业化战略联系在一起。

1971年,国务院专门召开农业机械化会议,提出若干要求,其中就包括发

---

① 中华全国手工业合作总社、中共中央党史研究室编:《中国手工业合作化和城镇集体工业的发展》第2卷,中共党史出版社1994年版,第247页。

② 《当代中国》丛书编辑部编:《当代中国的乡镇企业》,当代中国出版社1991年版,第44页。

③ 《当代中国》丛书编辑部编:《当代中国的乡镇企业》,当代中国出版社1991年版,第46页。

④ 《赞地方小型工业》编辑组:《赞地方小型工业》,科学出版社1971年版,第1页。

展以钢铁等原材料生产为主的地方“五小工业”，为加速实现农业机械化提供物质基础。所谓“五小工业”，是小钢铁、小水电、小机械修造、小水泥、小化肥等工业的统称。[①] 钢铁、煤矿、水电、机械、水泥和化肥都属于重工业部门，一个“小”字，显示这些部门在中国发展出了特殊的形态。当年年底，全国有96%的县建立起2394个农机修造厂，共2394个。然而，随着农业机械化的推进，农村节余劳动力出路有限、农业资金积累不足和社队农机厂无力扩大再生产这3个问题日益突出。社队必须兼营能够赚钱的产品，才能供养得起农机产品生产。因此，借着发展“五小工业”的机会，许多社队实行了多种经营，增加非农机产品生产，扩大了农村小型工业的范围。[②] 在1973年，在《关于手工业若干政策问题的规定（草案）》中，如此论述社办工业的性质：“城镇的街道工业和农村人民公社的社办工业，是属于集体所有制经济，要在县（市）计划部门统一规划下，搞好综合平衡，防止盲目发展。”[③]该文件同时规定：“农村人民公社的社办工业，可由农林部门负责管理。”[④]这就明确了农村手工业区别于城市二轻工业系统的特殊性。1971—1976年，中国社办工业的发展概况如表3-9所示：

表3-9 中国社办工业发展概况（1971—1976年）

年份	企业数（万个）	产值（亿元）
1971	5.31	39.1
1972	5.60	46.0
1973	5.96	54.8
1974	6.47	66.8

① 《当代中国》丛书编辑部编：《当代中国的乡镇企业》，当代中国出版社1991年版，第48页。

② 《当代中国》丛书编辑部编：《当代中国的乡镇企业》，当代中国出版社1991年版，第48—49页。

③ 中华全国手工业合作总社、中共中央党史研究室编：《中国手工业合作化和城镇集体工业的发展》第2卷，中共党史出版社1994年版，第507页。

④ 中华全国手工业合作总社、中共中央党史研究室编：《中国手工业合作化和城镇集体工业的发展》第2卷，中共党史出版社1994年版，第516页。

续表

年份	企业数(万个)	产值(亿元)
1975	7.74	86.8
1976	10.62	123.9

说明:产值按1970年不变价格计算。

资料来源:国家统计局工业交通物资统计司编:《中国工业经济统计资料(1949—1984)》,中国统计出版社1985年版。

1971—1976年,社办工业无论在企业数量还是产值方面,都实现了持续增长,足以说明该时期内农村小型工业得到了发展。不过,问题的复杂之处显然在于,这些社办工业即使从生产技术等经济特点看,也不能完全被视为手工业,但是,这些社办工业也一定包含了手工业。不管怎么说,改革开放前,中国的农村工业是发展壮大的,而这为改革开放打下了坚实的基础。

第四章 计划经济体制下中国手工业的横切面

计划经济体制在中国存在的时间甚久,由于中国改革开放采取了渐进模式,故在1978年之后,计划经济体制并没有一夜冰消,其主要成分仍长期运转。不过,可以认为,在1978年之前,中国计划经济体制是较为“纯粹”的。这种“纯粹”指的是,作为一种经济体制,其各种要素与特征都具有完整性与典型性。这种完整性与典型性,既构成日后改革开放的背景与起点,又是改革开放所需要改革的内容。从纵向上说,从1965年到1976年,中国手工业经历了在曲折探索中的演化。事实上,中国手工业这种演化的很多内容,贯穿了从1949年至1978年的漫长时段。不过,在这一总体演化之下,历史尚存在着不少横切面,不同类型的地域在被计划经济体制强制趋同的同时,仍然各具特色。对横切面的考察,是对总体演化的必要补充。

第一节 手工业传统集中产区的嬗变:以长江三角洲为例

手工业的发展具有地域性。这一点,计划经济体制下的部门管理者早有认识。1962年2月21日,《人民日报》刊文《合理地利用轻工业、手工业的原料》,文中便称:“手工业的生产安排,还应该更多地注意安排好传统集中产区和名牌产品的生产,以便充分发挥传统产区的生产基地作用,保持和发扬传统名牌产品的特色。”[①]在中国近代史上,确实曾经形成过一批专业化的农村手工业经济区,如高阳、宝坻、南通、海门、无锡等,一些大城市如上海、天津、武汉等的手工业或接近手工业的小型工业亦较繁兴。中国是一个幅员辽阔的大国,各地情况复杂多样,各地发展手工业的自然资源、禀赋条件和历史传统不尽相同。长江三角洲或曰江南是中国古代最富庶的地区,也是传统手工业经济的一个中心,其城乡手工业经济的演变,是最重要的横切面之一。

一、中心城市的手工业经济:上海市二轻工业的发展

上海在近代中国曾是工业的中心,也聚集了大量生产技术水平和组织形态接近于手工业的城市小型工业。上海解放初期就曾组织手工业的生产合作社,但为时不长,据 1950 年的报告,其经验与失败原因为:“上海市的生产合作社工作是自 1949 年 7 月开始的,当时也同消费合作社一样,采取摸索试办,创造经验的方针进行,7 月份发起筹备了一个针织生产合作社,9 月开工,10 月垮台,垮台的原因主要因为组织成分不纯,领导干部(小厂及家庭手工业老板)争权夺利,贪污浪费,成品滞销,债务不能偿还,工资不能支出。因此在 10 月份总结了经验,以为在上海这样一个大工商业发展的都市中,组织手工业的生产社是值得考虑的,一方面由于敌人的封锁,交通未能恢复,原料和销路遭遇严重的困难,一方面手工业生产在技术上、成本上难以和工厂机器生产竞争,这样就做了决定,生产合作社暂不发展。”[②]1950 年“二六轰炸”后,上海工厂停工,大批工人失业,政府提出“粉碎敌人封锁,救济失业人口”的口号,并由工会组织失业工人生产自救。3 月以后,最先由工会发动筹备组织的是第一衬衫缝纫生产合作社,另外还有一个由郊区新市区农会组织起来的引翔港棉织生产合作社。至 1950 年年底,上海已组织起来的生产合作社,计有第一衬衫、第二服装、铁床、装订、长宁棉织、引翔港棉织 6 个,共有社员 438

① 季龙:《季龙选集》,山西经济出版社 1994 年版,第 124 页。

② 《上海市 1950 年生产合作社工作总结报告》,1950 年,上海市档案馆藏档,B158-1-1。

人,雇用会计、出纳、门市、营业员、炊事员、练习生等29人,临时工26人,资金总额人民币442442647元,股金总额68450个折实单位,已缴人民币106095090元,均编有社员小组和理监事会组织。业务方面,这些生产合作社主要依靠国营百货公司、贸易信托公司及机关部队加工订货,无经常业务,由于门市部推销数量太少,故业务时常中断。其原料来源方面,来自私商的原料占89.6%,来自国营专业公司的占8.8%。① 这可以说是中华人民共和国成立后,上海市对手工业经济进行改造的最初尝试。

国家对手工业进行改造是希望将这种经济形态纳入整个计划经济的轨道中,但实施过程并不那么顺滑。据1954年的报告,上海生产合作社中"有不少的社是专以利润厚薄、工资收入多寡,或以避免改变品种的麻烦,作为生产的依据。如群力针织社不顾生产中百公司需要的'青年女花袜、回力女球袜'等的产品,而是集中力量生产已过剩的回力男球袜,因此袜利润高收入多。生产社违背了为国家、为消费者服务的基本原则,且积压了资金,影响了正当的积累"。再如,"自市场增加繁荣后,部分社不肯签订业务合同,想把自己的产品投入自由市场,获得更多利润,这一现象是较严重的。根据不完整统计去年1月至9月流向自由市场的产品总额达114亿110余万元,占各社总产值的7%以上"。此外,"强调自产自销,甚而拒绝加工订货,盲目申请贷款,浪费国家资金的现象也相当普遍严重"。② 这表明,1950年代中期计划经济体制中存在着自由市场的缝隙,生产合作社这种小型经济单位,仍然可以利用这种缝隙,像市场主体那样去决策。事实上,这种缝隙在中国的计划经济体制中会长期存在。

1955年一季度末,上海市手工业管理局成立,与上海市生产联社合署办公,同时在局内成立行政管理处,在市生产联社各区办事处内设立行政管理组,其业务受市局行政管理处指导。11月,上海市人民委员会批准各区人民委员会内设立手工业管理科,截至1955年年底,相继成立手工业管理科的有

---

① 《上海市1950年生产合作社工作总结报告》,1950年,上海市档案馆藏档,B158-1-1。

② 《上海市工业生产合作社联合社筹备委员会关于供销部经营业务方针的报告》,1954年,上海市档案馆藏档,B158-1-52。

长宁区等10个区。上海市手工业管理局行政管理处共有干部30人,分设4个科进行工作。根据上海市工业分工原则及“一条鞭”管理生产的精神,该局最初仅管理制镜、木器等22个归口行业,进行生产安排和改组改造工作。至于归口行业的登记管理、违法处理等行政管理工作,和对于非归口行业个体手工业的生产安排,则由市工商局和主管专业局负责。到11月初,上海市委明确指示上海市手工业管理局的管理范围为个体手工业的生产安排、改组改造和行政管理等工作。在该局当年的行政工作中,对木器业的生产安排较为典型地反映了当时手工业经济管理的特色。上海市木器业1955年有私营户2881户,从业人数7956人,全业生产困难严重,每月生产时间在10天以下,完全停工的手工业有照户约占全业有照户的40%,至于无照户,则绝大部分是困难户。上海市手工业管理局针对行业情况,首先摸查困难和劳动力过剩等情况,分析研究困难原因;然后分别召开加工订货单位和国(营)、合(作社)生产单位会议,了解生产情况,并掌握四季度任务数字及市场变化情况,吸收各方面安排意见;再召集国、合有关加工订货和生产单位,成立木器业生产安排小组。具体安排由生产联社供销经理部根据以下原则进行:“首先以生产任务较好的缝纫机枱板为重点,统一分配,适当调剂公私、私私之间失衡现象;其次根据要货单位的任务,规定经济类型的生产天数,超过规定部分交安排小组分配,以适当控制公进私退现象的继续发展,缩小私营困难面。同时采取一些临时措施,指导生产,克服困难,扩大维持。”据上海市手工业管理局1956年1月的报告,上述生产安排工作“虽在四季度中开始进行,但已稍具成效”,使木器业“困难情况获得缓和”,表现在:“12月份缝纫枱板任务的布置,便安排了一些困难户生产(13户76人)。11月份指导业内试制新产品高跟鞋木跟,安排了困难户52户107人的生产,也保证了女鞋出口任务的需要。协助争取部分工业用桶的任务,解决了该业困难较严重的圆木作组24户103人的生产,扩大了行业的维持面。”①上海市手工业管理局的成立及其对个体手工业的生产安排工作,体现了政府用行政手段代替市场,控制手工

① 《上海市手工业管理局1955年行政管理工作情况报告》,1956年,上海市档案馆藏档,B158-1-86。

业经济的生产与经营,从而使手工业经济被纳入计划经济体制的大系统中,并在相应的轨道上运转。

在工艺美术行业方面,1956 年,上海市进行了全市特种手工艺人调查,发现安排在美术工艺研究室的艺人共 29 名,其中已在研究室工作、生活上得到照顾的 11 人,在原生产单位工作的 8 人,在其他工厂、学校等未转来的 2 人,现在外地工作的 2 人,只知姓名未找到详细地址的 4 人,安排在博物馆的 1 人。此外,各基层社技艺较高人才共 50 名,社会上未经安排的艺人共 8 名,但"未作深入研究,是否能称上老艺人是存有问题的"[①]。表 4-1 为 1956 年上海市特种手工艺人名单,从中可见上海传统手工艺在当时的保存情况:

表 4-1 上海市特种手工艺人名单(1956 年)

姓名	性别	年龄	籍贯	特长	现工作单位	介绍
黄培英	女	44	上海	编结	美工研究室	能创作不同花样。
冯秋萍	女	44	上虞	编结	美工研究室	能创作不同花样。
薛佛影	男	52	无锡	金石细刻	美工研究室	一方寸玉或象牙可刻数千字,产品行销国外。
吴启源	男	40	济南	玉石打光	美工研究室	专门玉石打光,技术高超。
张景安	男	52	无锡	刻砚	美工研究室	作品曾被博物馆收购和销往国外。
王子淦	男	38	南通	剪纸	美工研究室	
何克明	男	63	南京	灯彩	美工研究室	创作过《百鸟朝凤》并出国展览。
支慈庵	男	53	苏州	竹刻	美工研究室	
熊赛英	女	38	南京	竹绒动物玩具	美工研究室	
赵阔明	男	56	北京	面人	美工研究室	

① 《关于上海全市特种手工艺人调查报告》,1956 年 5 月 16 日,上海市档案馆藏档,B158-1-157。

续表

姓名	性别	年龄	籍贯	特长	现工作单位	介绍
何伟臣	男	53	广东	娃娃	美工研究室	最近创作新样品,报刊曾表扬宣传。
刘佩珍	女	31	上海	绒绣	在家生产	创作《莫斯科大学》,出国展览获得好评。
孙天仪	男	65	扬州	玉雕	现仍在蓬莱玉雕社	参加过观摩展览会。
冯立锦	男	52	南京	象牙雕刻	现仍在蓬莱玉雕社	专长蚌内人物、山水、桥亭等古代牙雕,作品出国展览。
杨为义	男	35	广东	磁刻	市十三初级中学任教	作品曾参加全国展览。
刘崇德	男	55	河北	仿古陶塑	自做	
王永寅	男	82	天津	绢花	年老在家	
李森茂	男	62	浙江	木刻	现仍在木刻社工作	作品专长各种人物、山水和动物等木雕,作品出国展览。
郭朝森	男	62	浙江	木刻	现仍在木刻社工作	参加过华东美术学院民间艺术研究学习班。
高婉玉	女	42	杭州	绒绣	在家做	
徐宝庆	男	35	上海	木雕	在家做	作品生动活泼、独有风格。
金西崖	男	70	上海	竹刻	年老在家	
吴贤甫	男	38	南京	玉牙品包装	在家	
钱馥馨	男	68		牛角骨刻	在家	
陈瑞友	男	63	无锡	刻砚	现在无锡艺术学校	
周桂生	男		无锡	裱绘	现由文化局安排在上海博物馆	

续表

姓名	性别	年龄	籍贯	特长	现工作单位	介绍
顾景舟						
王荣达						
刘崇贤	男		河北	仿古陶塑	在工厂工作	

资料来源:《关于上海全市特种手工艺人调查报告》,1956 年 5 月 16 日,上海市档案馆藏档,B158-1-157。

1956 年,上海市各区各行各业的手工业在 1 月 16 日到 19 日短短 4 天中,相继实现了合作化。当年年底,上海共有手工业合作组织 1628 个,从业人员 116236 人,完成产值 34417 万元,实现利税 2606.4 万元。[①] 此后,上海市手工业生产合作社联合社对手工业合作社、组进行了一些调整,对建社规模过大或产品种类复杂的社,按产品或地段相近归类。修理服务及制造兼修理服务性行业,由于集中生产挤掉或影响修理服务业务的,调整后改为分散生产或部分集中生产。[②] 上海市手工业生产合作社联合社于 1957 年 4 月召开了全市手工业合作社第一届社员代表大会第四次会议,通过了手工业按行业归口管理的决议。上海全市 9 个专业联社共 1632 个手工业合作社,按照行业性质,将棉织、针织 2 个专业联社归口市纺织工业局,皮革、五金、文教用品 3 个专业联社归口市轻工业局,竹木、综合、服装 3 个专业联社归口市商业一局,工艺美术联社归口上海市工艺美术局。这 9 个手工业专业联社归口完毕后,上海市手工业管理局的建制于 1957 年 7 月 1 日被撤销,上海市手工业合作社联合社的牌子挂在轻工业局,除少数人留守外,社务工作实际上已经停止。[③] 1957 年年底,上海市手工业按行业归口管理以后,市区手工业划归轻工业局领导的有 51870 人,划归纺织工业局领导的有 16300 人,划归第一

① 中华全国手工业合作总社、中共中央党史研究室编:《中国手工业合作化和城镇集体工业的发展》第 2 卷,中共党史出版社 1994 年版,第 747 页。

② 上海市手工业生产合作社联合社编:《关于手工业合作社(组)的调整情况报告》,1957 年 3 月 22 日,上海市档案馆藏档,B158-1-293。

③ 中华全国手工业合作总社、中共中央党史研究室编:《中国手工业合作化和城镇集体工业的发展》第 2 卷,中共党史出版社 1994 年版,第 749 页。

商业局领导的有51230人。1958年“大跃进”中,上海的手工业合作组织经过“转厂过渡”和经济改组,有了很大变化,手工业合作社大部分转变或合并为地方国营工厂或下放人民公社,一部分手工业工人支援外地建设或被输送至有关部门,至1958年年底仍保留合作形式的仅有17个工厂、约900人,以及174个手工业社、11550人。①

在1957年4月前,上海手工业的原料供应由上海市手工业合作社的物资经理部负责,除进行物资的计划分配外,在原材料的采购工作上采取“统一管理,分散经营”的原则,即:“凡一种原料为几个专业联社需要者由市社统一经营,统一平衡分配,有关专业联社外出的采购人员,亦由市社统一联系管理,以避免外出多头采购,致使人为的物资紧张与当地提价惜售现象。至于为个别专业联社需要或为少数基层社需要的原料,则鼓励有关专业联社或基层社自行外出采购,但由市社统一出具介绍信。”②4月手工业归口管理后,原材料供应工作由各归口局负责,由各归口局在同行业的不同经济类型中统筹安排分配。1957年,在28种主要的手工业原材料中,通过各种措施供应,满足需要量90%以上的有钢材、生铁、杂铜、锌、铝、木材、胶合板、针织用纱、棉布、羊毛、牛皮、猪皮、驴马皮、羊皮、杂皮、重革、轻革、纸张、牛骨等19种,满足需要量80%—90%的有铅丝、铅、织布用纱、黄麻、棕线、棕片等6种,满足需要量60%—80%的有铜材、毛竹等2种,只有镍1种满足33%。原材料供应来源,除棉纱外,主要是当地国营公司供应,其次是各级社采购,而国家物资调拨的则比重不大。例如:黑色金属,国营公司供应的占29.75%,联社采购的占27.61%,国家调拨的占23.22%,来料加工的占19.42%;木材,国营公司供应的占68.04%,各级社采购的占30.92%,国家调拨的占1.04%;牛骨全部由各级社自行采购。③

① 上海市手工业生产合作社联合社编:《关于恢复和发展手工业生产的方案》,1959年8月9日,上海市档案馆藏档,B158-1-342。

② 《上海市手工业合作社1957年原材料供应和1958年原材料安排情况》,1958年2月22日,上海市档案馆藏档,B158-1-300。

③ 《上海市手工业合作社1957年原材料供应和1958年原材料安排情况》,1958年2月22日,上海市档案馆藏档,B158-1-300。

为了解决原料供应问题,上海手工业部门采取的措施包括组织产地采购、争取来料加工、改用代用品、利用小料与废料、提高原材料利用率、组织原料生产等。皮革联社采取的方式是组织产地采购,该社在1957年内曾将34个基层干部组织成18个采购小组,这些小组分赴西北、西南、中南、东北、华东及内蒙古等地21个省(市、区)原料产地,共采购牛牡皮3816张、羊杂皮17316张、驴马皮5672张、重革10864公斤、轻革37645平方米、棉布61168米,解决了原料供应困难。竹木联社制绳行业需用的黄麻,由于供应紧张,1957年一季度每月只从菸蔴公司分到1080担,仅能满足需要量的54%。后经试制代用品,该社在1957年内获得菸蔴公司供应的棉干皮1400担、红树皮208担、山脚蔴284担,对黄麻进行了替代。服装联社走的是提高原材料利用率的路子,1957年内对服装用料改进规格,将中山装贴边由原来的宽4厘米改为3厘米,并将大小尺寸由5档增加到14档,每套可节约2米。工艺美术联社出口的羊毛衫、靠垫及皮包面子等绣花需用原料麻布,过去依赖进口,市场无货供应,1957年该社设立加工厂,专门生产麻布,年产量约20万米,解决了每年出口羊毛衫22万件、靠垫3万只、皮包面子8万张所需的原料的供应问题。此外,为了更合理地利用有限的原料,部分行业还采取了多生产"用料省、花工多、而市场有销路"的产品的策略。例如,棉织联社将5尺提花毛巾被改为5尺丝光毛巾被。在用料方面,提花的每件纱只能生产131条,而丝光的却可生产134条;在产量方面,提花的每人每天可生产4.5条,而丝光的因"花工多",只能生产3.5条;在工资单价方面,丝光每条为0.95元,提花的只有0.6元。故改变产品后不仅用料省,而且社员收入高。[①] 上海市手工业企业从生产流程的各个环节上设法打破原料供应瓶颈,此亦为中国手工业经济在计划经济体制下之常态。无论手工业企业如何努力,手工业部门的原料供应在计划经济体制下始终存在着各种各样的问题。仍以1957年上海手工业原料供应为例,其问题之一在于"手工业生产变化大,为了适应市场需要,需经常改变生产,因此需用原材料的变化也较大"。例如,文化联社

① 《上海市手工业合作社1957年原材料供应和1958年原材料安排情况》,1958年2月22日,上海市档案馆藏档,B158-1-300。

1957 年一、二季度每季需要棉布 12 万米,但三季度由于球网、布鞋任务大大减少,每季只需 3 万米。[①] 这就会使计划来不及调整。一方面,手工业原料供应紧张,另一方面,管理上的缺失也造成了手工业原料的浪费。例如,第十二纸袋社的纸袋晒在空地上无人照管,在 1957 年一年内,风刮、雨淋、人拿造成的损失达 14900 元,而该社当年全年的利润也只有 14200 元。[②] 此外,有的商业部门在原材料供应工作上没有对手工业合作社进行统筹安排。例如,工艺美术联社所属戏衣与绢花社每季需要绸缎 300 匹,但市丝绸公司只准供应 100 匹,不足部分以软缎代用,但软缎所制戏衣因丝光强烈,戏衣的绣花图案不能突出,影响演出效果,剧团均不乐于采购。然而,原属商业部门的绸布商店却能得到绸缎的货源分配。[③] 部门利益的矛盾与资源分配不平衡,始终是计划经济体制下物资供应的顽疾。1957 年上海市手工业原料供应中存在的问题,反映了资源短缺这一计划经济体制的基本特征。

新中国对手工业的改造,不仅仅是所有制的变革,也包括生产技术上的机械化,只不过,这种生产层面的改造很多时候还是靠手工业企业自力更生,国家仅给予观念上的引导。上海市的手工业部门也进行了以机械化为主要内容的技术革命。到 1958 年 5 月底为止,上海市共有手工业合作社、组、厂 1407 个,社员 114542 人,其中机械化生产的有 148 个单位、14088 人,半机械化生产的有 620 个单位、48107 人,仍旧保持手工操作的有 639 个单位、52347 人。上述机械化和半机械化生产单位,拥有各种电动和手工操作的机具设备约 26350 台(部),其动力设备约有 4500 匹马力(编者注:应为 3355.65KW)。上海手工业的机械化与半机械化主要依靠自力更生,即改进原有设备或发明“土机器”代替手工操作。例如,铅丝制品合作工厂一、二厂,原来手工操作的产值比重为 50%左右,在技术革新中将原有设备改装成 7 种电动机车,如织

① 《上海市手工业合作社 1957 年原材料供应和 1958 年原材料安排情况》,1958 年 2 月 22 日,上海市档案馆藏档,B158-1-300。

② 《上海市手工业合作社 1957 年原材料供应和 1958 年原材料安排情况》,1958 年 2 月 22 日,上海市档案馆藏档,B158-1-300。

③ 《上海市手工业合作社 1957 年原材料供应和 1958 年原材料安排情况》,1958 年 2 月 22 日,上海市档案馆藏档,B158-1-300。

铅丝布机、做弹簧机等,使机械化、半机械化的产值比重达到73%。第一地毯社设计创制的地毯平毛机,每小时可平地毯300呎,比用人工平毛剪刀每小时剪1呎,提高产量299倍。第51五金社将数十台脚踏冲床和手摇钻等机具,都装上了自己制造的马达,使机械生产产值的比重迅速提高70%以上。还有些单位则改进操作方法,调整劳动组织,来尝试工业化生产。例如,竹木联社的木器行业,普遍存在油漆工产量跟不上木工的情况,一般产量相差30%左右。在技术革新中,该社分析了原因,主要是小组作业的生产方法落后,每一个社员要做全部21个生产工序,不能发挥潜力和专长。于是该社采取大流水作业方法,把技术力量按专长分工序集中,使每个社员负责一个工序,这样熟练程度提高,技术专一,原来的800个油漆工平均提高劳动生产率35%,等于增加了280个劳动力。[①] 表4-2为当时上海手工业各行业机械化、半机械化单位在行业中的占比:

表4-2 上海市手工行业机械化、半机械化单位占比(1958年5月)

行业	机械化、半机械化的单位数占各行业总数(%)
五金	77.25
文化用品	71.20
针棉织	63.63
服装缝纫	55.18
制革及皮革制品	37.50
工艺美术	36.00
综合	22.50
竹木制品	22.44

资料来源:《上海市手工业技术革命情况》,1958年7月21日,上海市档案馆藏档,B158-1-329。

1957年,上海市同行业的国营工厂即现代工业与手工业的劳动生产率比

① 《上海市手工业技术革命情况》,1958年7月21日,上海市档案馆藏档,B158-1-329。

较,如表 4-3 所示:

表 4-3　上海市同行业现代工业与手工业的劳动生产率比较(1957 年)

行业	现代工业	手工业	手工业占现代工业的比重(%)
合计	17680	3880	22
机电工业	22900	5690	25
轻工业	14500	4010	28
纺织工业	15500	3820	25

说明:档案原件表格中劳动生产率无单位。

资料来源:《上海市手工业技术革命情况》,1958 年 7 月 21 日,上海市档案馆藏档,B158-1-329。

1950 年代,上海市的手工业与现代工业并存于机电工业、轻工业与纺织工业中。从劳动生产率看,手工业仅为现代工业的不到 30%,这一差距实际上强化了以工业化追赶为导向的计划经济体制将手工业边缘化的动机。

据档案记载,在中共八大召开后,上海市的部分手工业合作社,特别是高潮前组织起来的老社,纷纷提出从集体所有制向全民所有制过渡的要求。至 1957 年 11 月,上海市手工业合作社已经转厂的有第二服装社、第一板箱社、第四五金社、金属表带社、五金制锁社、日用五金制品社、第一化工小组等 7 个社(组),计 1803 人,年产值共 1041.6 万元。已经批准、正在转厂的有皮革制品、皮鞋 2 个老社。此外尚有 23 个社提出了转厂的申请。各社提出转厂的依据,一为合作社生产发展与国家计划之间有矛盾,二为国家与合作社、合作社与社员之间在收益分配上存在矛盾。生产发展与国家计划之间的矛盾包括:以销定产、生产方向不明确,与现有生产规模和技术设备条件不相适应;主要原料未纳入国家计划,供应无保证,与现有生产规模不相适应;生产协作关系不能协调,影响产品质量和生产安排。例如,第四五金社,按其技术和设备可以生产车床和马达,但由于没有任务,常常变换生产精密度不高的一般五金工具和零件,技术和设备皆不能充分利用,社员说“七级技术却在生产三级产品";铁床社1957年1—9月马达利用率只有27%,按正常情况至少潜力可以提高1倍以上,不少机器被长期"打入冷宫"闲置不用,熟练的老手甚至被调去做些下手零碎工作。再如,第一板箱社是一个428人进行大规模生产的老社,但该社主要原料木材特别是成材的供应,不是根据计划由国家调拨,而是向国营商业单位采购,国营商业单位不是根据生产需要而是根据货源多少供应,因此常常不能满足该社生产需要。1957年三季度该社共耗用木材3679立方米,市木材公司仅供应成材576立方米、原木600立方米,约占耗用量的1/3,其余除部分来料加工外,大部分需用量该社不得不向外到处张罗。[①]这些合作社无疑希望凭借自己升级后的技术能力来摆脱作为手工业的边缘地位,在计划经济体制中真正享受国家计划所保障的资源与要素。至于收益分配上的矛盾,则由"社的资金既不能上缴国库直接支援国家建设需要,在合作社系统内调剂利用也感困难"所致。一则案例生动地反映了手工业合作社社员的不满:"1956年上海铁床车具社动员了56名社员支援青海建设,由社里拨出10万元的机器设备带去,许多社员深表不满,认为这是合作社集体所有,不应该给国家。社员陈永根说:'我们钱是一羹匙一羹匙弄进来的,这次社领导上一铁桶给泼出去了。'"[②]总而言之,计划经济体制下资源分配的不平衡,使处于边缘地位的手工业合作社在条件成熟时,有动力去追求"转厂过渡"。

有一些手工业合作社"转厂过渡"后确实成了上海地方工业中的骨干企业。例如,铁床合作社从3把榔头起家,到1958年已拥有价值120万元的各类机器设备,新建厂房1.2万平方米,转为地方国营后改名为上海自行车三厂,生产知名品牌产品凤凰牌自行车。[③] 但是,上海手工业的"大跃进"以及广泛的"转厂过渡",造成了1958年下半年以后小商品供应紧张等问题。据调查,当时上海存在着对于手工业品的生产安排不够细致等问题,有些

---

① 上海市手工业生产合作社联合社编:《上海市手工业合作社转变所有制调查资料》,1957年11月,上海市档案馆藏档,B158-1-294。

② 上海市手工业生产合作社联合社编:《上海市手工业合作社转变所有制调查资料》,1957年11月,上海市档案馆藏档,B158-1-294。

③ 中华全国手工业合作总社、中共中央党史研究室编:《中国手工业合作化和城镇集体工业的发展》第2卷,中共党史出版社1994年版,第750页。

生产单位片面追求产值指标，忽视产品的品种和质量指标，注意了“高、精、大”的一面，放松了“低、粗、小”的一面。① 表4-4为“大跃进”前后上海手工业产品品种变动情况：

表4-4 “大跃进”前后上海手工业产品品种变动情况

归口情况	1957年年底手工业产品品种(种)	1959年年初手工业品种情况			
		合计(种)	占比(%)	停产(种)	减产(种)
合计	2887	1069	37.2	754	315
轻工业局	1875	625	33.3	435	190
纺织局	510	172	33.7	172	—
商业一局	502	272	54.1	147	125

资料来源：上海市手工业生产合作社联合社编：《关于恢复和发展手工业生产的方案》，1959年8月9日，上海市档案馆藏档，B158-1-342。

除产量下降问题外，1960年代初上海手工业还存在着产品质量问题，包括表面处理不善、金属热处理不稳定、原材料的处理利用还达不到要求、装配精度差、色彩不协调等。造成上海手工业产品质量问题的首要原因是原材料供应的数量、规格品种和质量不符合生产要求，例如：“刀片不锋利主要是没有合用的为05钢，暂以去9、去10钢代替所致(现在已解决)，铝锅质量是由于采用了等外铝，因而使成品中有3%—5%在起用时发生起泡现象，电镀之所以容易露底泛黄，因镍供应无法满足，以铜锡合金套铬代用，木制品的变形裂缝也由于木材供应不足，没有一定的储备干燥，来料即用所造成的。”②使用替代原料是上海市手工业企业应对原料短缺问题的重要手段，但往往也使产品质量不能达到原有的水准。设备陈旧也带来了产品质量问题。上海手工业企业的设备简陋，机械设备少而陈旧，加上维修工作不及时，大部分机器设备

① 上海市手工业生产合作社联合社编：《关于恢复和发展手工业生产的方案》，1959年8月9日，上海市档案馆藏档，B158-1-342。

② 上海市手工业局编：《1962年产品质量规划(草案)》，1962年，上海市档案馆藏档，B158-1-398。

的精密度不准,有不少带病运转,直接影响产品质量,如“制锁行业的钥匙超出公差要求,因而同花样的就多了”[①]。手工业生产高度依赖技艺,故技术力量培训不够也导致了产品质量下滑,例如:“刀剪的锻打、淬火、出锋、研磨的质量,主要决定于工人操作熟练的程度,由于几年来刀剪熟练工人外调过多,工作岗位不能固定,严重影响技术熟练程度的提高,直接影响产品质量,又如制锁厂的冲床工1958年后熟练工人大部调出,而增加的多系家庭里弄妇女,使产品质量长期得不到提高。”[②]此外,上海手工业还存在技术管理不健全的问题,有些重要工序被废除和改变,不仅没有起到技术革命的效果,还带来了产品质量的下降,如:“修枝剪的磨口工序原来用水磨,质量好,硬度在50摄氏度以上,现在用干磨容易退火、硬度只有40摄氏度左右,严重影响刀刃。”[③]最后,工艺性较强的行业则缺乏工艺设计力量,例如:“玉石雕刻、漆雕、地毯等产品花色品种少,式样不新颖,造型不够美观,等等。主要是几年来对工艺性行业的设计力量培养和工艺研究工作注意不够。”[④]上海市手工业1960年代初的质量问题,产生于手工业生产的整个流程中,系原料、设备、高技能劳动力等生产要素的短缺所致。这些问题,在其他地区的手工业经济中亦普遍存在,在整个计划经济时代都难以彻底解决。

中央提出“手工业三十五条”后,上海市委于1961年12月15日发出《关于成立市、县手工业管理机构的决定》。1962年1月1日,上海市手工业管理局正式挂牌,恢复建制,上海市手工业合作社联合社同市手工业管理局合署办公,恢复社务活动。日用五金、文体用品、工艺美术、工具设备、服装用品和竹木用品6个公司划归市手工业局,一共有744个企业,8.9万人。1963年

① 上海市手工业局编:《1962年产品质量规划(草案)》,1962年,上海市档案馆藏档,B158-1-398。

② 上海市手工业局编:《1962年产品质量规划(草案)》,1962年,上海市档案馆藏档,B158-1-398。

③ 上海市手工业局编:《1962年产品质量规划(草案)》,1962年,上海市档案馆藏档,B158-1-398。

④ 上海市手工业局编:《1962年产品质量规划(草案)》,1962年,上海市档案馆藏档,B158-1-398。

又将日用五金、文体用品 2 个公司划归轻工业局。[①] 实际上,由于工业调整和精简,属于上海市第一机电工业局的部分企业也曾想划归手工业局领导,而"这些企业生产任务一般正常,有的供不应求,任务很足。都是全民所有制,在 1957 年以前就是归口机械部门管理的"[②]。1962 年,上海全市对不包括集体所有制企业的手工业企业进行了精简,职工人数比 1961 年年底减少 10. 46%,涉及停、关、并厂 21 户,共 1560 人;部分全民所有制企业转为集体所有制的手工业合作社,计有 38 户,共 4129 人。与此同时,许多市场迫切需要的日用工业品和手工业品的产量与 1961 年同期比较都有很大提高,如菜刀增加 83. 92%,剪刀增加 236. 5%,镜子增加 106. 16%,日用锁增加 29. 55%,刀片增加 45. 67%,打火机增加 16. 9%,文具盒增加 87. 62%,铁锅增加 8. 91%,出口服装增加 38. 02%,瓷碗增加 4. 5 倍,等等。但是,也有一部分为机电工业和基本建设服务、受压缩集团购买影响、以农副产品和林业产品为原料的手工业产品,生产有所下降,如汽灯比 1961 年减少 70%,门锁减少 76. 6%,布鞋减少 14. 37%,油印机减少 75. 46%,运动器具减少 50%以上,等等。[③] 1963 年年初,上海市手工业管理局接办了市区街道工厂和里弄生产组,第四季度又调整了 2 个专业公司及所属全民所有制企业的领导关系。根据市委的批示,该局将雕刻、民族乐器、车木、刺绣、石料等缘由手工业合作社转变的地方国营工厂 47 户调整恢复为手工业生产合作社。这样一来,归口手工业部门管理的企业,由 1962 年年底的全民所有制企业人数占总人数的 63%,调整为 1963 年年底的集体所有制企业人数占总人数的 72%。至 1963 年年底,上海全市不包括郊县社办工业,共有手工业企业 1743 户,职工 12. 3 万人,其中集体所有制企业 1452 户,占总户数 83%,人数 8. 6 万余人,占总人数 72%。同时,上海市手工业管理局还管理着市区里弄生产组 3016 个小组,

---

① 中华全国手工业合作总社、中共中央党史研究室编:《中国手工业合作化和城镇集体工业的发展》第 2 卷,中共党史出版社 1994 年版,第 751 页。

② 上海市手工业管理局致中央手工业管理局函,1962 年 8 月 30 日,上海市档案馆藏档,B158-1-391。

③ 《1962 年的基本总结和 1963 年的工作任务——胡铁生局长在全市手工业国合营工厂干部大会上的报告纪要》,1963 年 1 月 8 日,上海市档案馆藏档,B158-1-367。

共8万余人,以及登记发证的个体手工业者6188人。在生产方面,上海市手工业管理局组织部分任务不足或品种不对路的企业,转产市场需要的产品,如有计划地减产民用锅和抽调从事黑白铁制品生产的多余劳动力充实刨铁生产,使刨铁产量从每季40万件提高到55万件。该局进一步发挥街道工业的生产潜力,1963年进行设备投资310万元,添置了各种设备1627台,吸收了社会上的闲散技术人员564人,发展了铁包锁、烟盒、文具盒、什锦锉、搪瓷杂件、半导体收音机和塑料制品等80多种产品。1963年,上海市手工业提供给春秋两季广交会的新花色品种有2162种,比1962年增加133%,成交额分别比1962年同季增加31%、59%。[①] 1963年,上海市手工业管理局调查发现,在该局所属6个专业公司里,技艺水平较高的艺人有418人,成为行业中关键人物的有76人,但这些艺人还保持原来在手工业合作社时的较低工资水平,亦未评艺分级与办理任命老艺人的手续。此外,这些技艺人员年老体弱的较多,政府对他们在物质生活等方面的照顾也不够。因此,上海市手工业管理局请示上海市人民委员会,对部分老艺人的生活给予照顾。[②] 总之,上海市手工业管理局恢复建制后,执行了调整政策,使上海市的手工业经济得到了一定程度的恢复。

上海市手工业管理局从1963年第四季度起,对于具有民族风格和传统特色的手工业产品,有重点地做了初步调查研究,在该局于1964年2月提交的报告中,写道:"由于在过去几年中,我们主要精力抓了恢复生产人民生活必需的日用手工业品,改善市场供应,对于传统特色兼顾不周,并与有关部门的配合也不够密切,因此使有些产品的传统特色降低了,有的与新原料的发展还不相适应。"[③]这些产品包括绣品、玩具、金银饰品、灯具、家具等。上海市手工业管理局认为:"以上几个产品的设想,仅绣品、玩具、服装3个产品,到1967年就可以增加安排社会闲散劳动力6万余人,平均每年可以为国家创造

① 《上海市手工业1963年工作基本总结和1964年工作任务的报告》,1964年1月20日,上海市档案馆藏档,B158-1-525。

② 上海市手工业管理局:《关于对部分技艺人员的生活照顾的请示报告》,1963年3月1日,上海市档案馆藏档,B158-1-421。

③ 《关于几个传统产品的问题和今后设想的报告》,1964年,上海市档案馆藏档,B158-1-544。

外汇2000余万美元,比1963年增加1000余万美元。仅木器家具和铁床2个产品,平均每年可以为国家节约短线原材料的木材2万余米(编者注:应为立方米)。"[①]换言之,上海市手工业管理局认为可以发挥手工业经济的比较优势,吸纳劳动力就业并出口创汇。

在这些产品中,绣品又分为抽绣、绒绣和机绣。抽绣系1920年由法国商人带入上海进行加工试做的,1950年该行业有私营作场26家,成格工300余人,外发绣工700余人,维持生产至1952年,行销对象是苏联与东欧国家,绣工要求精细,年产量8万余件。到1963年,上海市抽绣行业发展为8个单位,成格工853人,绣花工8000余人,年产量38万件,品种包括夜衣长裙、短裙、连衫裙、睡衣套、晨衣、梳头衣、衬衫等。由于制度变革,上海抽绣行业不能对市场需求及时反应,上海市手工业管理局指出:"抽绣式样新、赶时髦,是争取出口的一个关键问题。在国际市场上竞争很激烈。据说日本商人接到订货,一星期即可交货。过去上海私商经营时,从工厂打样、发样、国外订货,直到交货,都是抢时间、争时新,到美国慢则2至3个月,快则1个月。现在出口公司经营环节多,工厂设计的新样品,送出口公司审批、核价,然后汇总装箱、候船期,才向内地中孚行或华润公司发样,或者再由这2个机构找关系转销,外商决定订货后,再由原路反映到国内生产,周转时间很长。据反映,对加拿大做一笔生意,要半年时间,西德要5个月多,内地也要2个月。即使工厂成品送出口公司后,出口公司要进仓、检验、包装、装箱出运,一般正常的也需15天左右。因此,商品到达客户手里,有时已赶不上时髦……"[②]

绒绣,又名彩帷绒,起源于意大利的米兰城,约在1925年传入中国,上海于1954年正式恢复生产,有生产人员数十人,1956年发展到300余人,绣工大部分分布在浦东,年产靠垫25386片、皮包面子54940片。1961年靠垫产量增加到近10万片,从业人员305人,外发绣花工亦相应增加到

① 《关于几个传统产品的问题和今后设想的报告》,1964年,上海市档案馆藏档,B158-1-544。

② 上海市手工业管理局(联社)编:《七个传统产品调查和今后远景规划》,1964年1月,上海市档案馆藏档,B158-1-544。

2500 人以上。绒绣 1963 年从上海口岸出口量为 15 万片，仅占上海历史最高出口水平 600 万片的 2.5%，产量亦仅为历史最高水平的 10%。上海绒绣衰落，一方面因为美国市场无法进入，一方面则因为外销经营品种减少，过去出口的绒绣品种有地毯、扑克台面、茶盘等一二十个大类，至 1960 年代仅剩靠背、坐垫、搁手 3 个主要品种。虽然工厂打了传统品种的样子，想恢复原有的特色品种，打开外销渠道，外贸部门却说："只有 2 个人搞绒绣出口，面对国外七八个港口，忙不过来。"①计划经济体制下生产部门与贸易部门的人为割裂，阻碍了以上海绒绣为代表的中国手工业产品的出口。例如，红星绣品厂恢复了绒绣地毯，送样给出口公司，出口公司认为国外没有销路，不同意发样，但法国一个老太太到中国来，指定要绒绣地毯，工厂给她生产了 2 张。又如红星、高桥两个绣品厂，1963 年共设计新样品 507 种，经外贸部门审查中选的 380 种，只占 75.0%。然而，外贸部门不中选的样品发往国外也有成交的，如红星绣品厂设计的一些小挂画，出口公司表示不向国外发样，经再三催促才勉强发样，结果该项产品得到了国外订货，陆续生产 4000 多片。②

机绣在上海的发展始于美国商人于 1920 年推销胜家牌缝纫机，但由于缝纫机价格昂贵，无法普及。1950 年，在上海各区妇联组织下，上海家庭缝纫小组、缝纫训练班有 2000 余人，为 30 多家私营厂商加工产品，枕套年产量约 200 万对。1957 年，因外地发展机绣生产，上海机绣产品任务又显著下降，月产量便从 6 万对下降到 2.5 万对。1958 年，在"大跃进"的形势下，上海机绣业原有的 36 个社、7 个小组合并为 3 个绣品厂，从业人员共 950 人，外发绣花工 500 人左右。由于外地集中力量生产主要产品，恢复向上海采购机绣小商品，出口任务亦有所增加，加上此后凭布券购买的商品范围逐步扩大，而机绣尚属非凭券供应商品，故上海机绣业生产又大幅度上升，1960 年产量达到

---

① 上海市手工业管理局(联社)编:《七个传统产品调查和今后远景规划》,1964 年 1 月,上海市档案馆藏档,B158-1-544。

② 上海市手工业管理局(联社)编:《七个传统产品调查和今后远景规划》,1964 年 1 月,上海市档案馆藏档,B158-1-544。

158.5 万对,其中外销 33 万对。机绣业并非中国传统手工业,西方国家技术亦不弱,故上海机绣产品直接出口对象仅澳大利亚一国,而 1962 年以后,澳大利亚又两次用提高关税来限制进口,税率从 17.5%提高到 45%,导致上海机绣产品出口量停滞在 30 万对左右。实际上,即使就国内来说,上海机绣业的技术亦落后于部分地区。例如,青岛的绣花工,系根据设计人员配色进行生产,而上海是由绣花工自由配色,色彩往往不够协调。苏州机绣产品配色淡雅,绣制时突出主题,衬托部分简要带过,既省工料,又不单调,胜过上海的机绣枕套。[①]

上海的绣品行业实际上是近代西方技术传入中国后形成的新式外销型手工业,除机绣业外,抽绣业与绒绣业均曾经具有高度的市场化特征。计划经济体制打乱了外销型手工业生产经营的各环节,想要恢复与扩大出口自然不易。

上海玩具业也是近代形成的新式手工业。20 世纪初,上海部分家庭手工业以城隍庙为中心地带,生产各种低级小玩具,如铁皮摇铃、喇叭、布制玩具、纸制玩具等。到 1932 年,康元制罐厂利用制罐的边角废料,生产跳鸡、跳蛙等简单的金属发条玩具,年产量在 1 万打左右。1937 年,教育界人士陈鹤琴开设大华玩具厂,主要生产木制的幼教活动玩具和幼儿园的大型玩具。1941 年,上海玩具业从业人员为 500 人左右,到中华人民共和国前夕已不到 200 人。1956 年,上海玩具业从业人员已增加到 2000 余人。1958 年以后,电动、机动、塑料等国际上主要类型的产品都能由上海玩具企业自行设计生产,在国内外初具信誉,形成了上海新兴的玩具工业。[②] 表 4-5 为 1963 年上海玩具业概况。

---

① 上海市手工业管理局(联社)编:《七个传统产品调查和今后远景规划》,1964 年 1 月,上海市档案馆藏档,B158-1-544。

② 上海市手工业管理局(联社)编:《七个传统产品调查和今后远景规划》,1964 年 1 月,上海市档案馆藏档,B158-1-544。

表 4-5　上海市玩具业概况(1963 年)

产品类型	基本队伍		街道里弄装配	
	户数(户)	人数(人)	户数(户)	人数(人)
合计	58	5792	79	4310
金属玩具	13	2501	36	1812
木制玩具	6	660	13	826
布制玩具	5	518	13	880
塑料玩具	10	890	10	413
童车	4	309	3	74
其他玩具	13	429	4	305
协作配套	7	485	—	—

资料来源:上海市手工业管理局(联社)编:《七个传统产品调查和今后远景规划》,1964 年 1 月,上海市档案馆藏档,B158-1-544。

1963 年,上海玩具业的产品有规格花色 1200 种左右,其各类产品的产值和规格花色情况如表 4-6 所示:

表 4-6　上海市玩具业产品概况(1963 年)

行业类别	产值			规格花色	
	总产值(万元)	纯玩具(万元)	出口(万元)	合计(种)	1963 年新产品
总计	4000	3000	2000	1200	132
金属玩具	1821	1800	1400	450	70
木制玩具	432	340	180	300	22
布制玩具	282	270	200	100	18
塑料玩具	785	500	150	300	12
童车	90	90	70	50	10
协作配套	590	—	—	—	—

资料来源:上海市手工业管理局(联社)编:《七个传统产品调查和今后远景规划》,1964 年 1 月,上海市档案馆藏档,B158-1-544。

上海市手工业管理局非常看重玩具业的出口潜力,在报告中写道:“日本一个国家出口的玩具,1958 年为 6100 万美元,1962 年为 11600 万美元。而我国生产的出口玩具,近年在国际上已初步站稳了脚跟,1963 年秋季广交会上第一次出现了外国商人排队购买我国玩具的现象,但占国际市场的比例还是很小的,仅及日本 1962 年出口量的四十分之一。”①此外,玩具业能吸纳大量劳动力就业。“玩具生产养活人多。由于玩具的规格、品种繁多,生产协作面很广,不仅需要大量的装配工,而且涉及配套的印铁、电镀、印刷包装、纸盒等许多协作生产,因此增加玩具生产,可以充分利用社会闲散劳动力。在目前的从业人员中,基本队伍与协作装配队伍的比例基本上是一比一,如以现有生产水平计算,每增加 1000 万元产值,即可扩大基本队伍 1000 人和协作装配队伍 1000 人左右。而且增加的人员,可以利用现有的街道工厂、里弄生产组的人员来生产,还可以利用社会上残疾人员从事生产,有利于安排社会上闲散劳动力和增加社会收入。”②不过,当时的上海玩具业也存在一些制约发展的问题。首先,上海玩具业设计开模力量薄弱。“全行业有设计美工人员 49 人,仅占行业人数 0.55%(一般要求在 2%左右),开模钳工、车工、刨工仅占行业人数 7%(一般要求 10%左右),其中能开关键模子的钳工仅有 7 人,与玩具生产具有品种翻新快、新产品多的特点不相适应。如 1963 年全年开模能力,金属玩具仅 70 只,平均每月 6 只,而 1964 年仅外贸要货要求投产新产品 200 种,相差悬殊。”③其次,上海玩具业产品的设计造型、色彩、内脏结构、音响、动作等方面落后于日本玩具的水平,在产品类型上还有不少缺项。“如各类音乐玩具、吹气薄膜玩具、各种回轮拉及横贯性玩具、锌合金压铸玩具几乎还没有”,设计题材也不广泛,大都是交通类的汽车、飞机,动物类的小鸡、小鸭、小熊、小兔,以及各种枪类玩具,“富有教育意义和科技活动的玩具

---

① 上海市手工业管理局(联社)编:《七个传统产品调查和今后远景规划》,1964 年 1 月,上海市档案馆藏档,B158-1-544。

② 上海市手工业管理局(联社)编:《七个传统产品调查和今后远景规划》,1964 年 1 月,上海市档案馆藏档,B158-1-544。

③ 上海市手工业管理局(联社)编:《七个传统产品调查和今后远景规划》,1964 年 1 月,上海市档案馆藏档,B158-1-544。

还比较少”。[①] 最后,与众多手工行业一样,上海玩具业设备陈旧,缺乏专用高效和大型设备。“如冲床,现有 552 台,其中不合使用要求的有 322 台,占 58.3%,而能冲制出口玩具的较大零件的大型冲床仅 20 台。生产塑料玩具的注塑机,现有 48 台,基本上是 1958 年后自制的 10—30 克的注塑机,不能用来生产容量较大的中、大型塑料玩具。”[②]上海玩具业生产上存在的问题较具代表性。例如,上海的铁床业就与玩具业一样,因设备落后而拖累生产经营。“影响铁床产品质量和成本的原因……主要的是设备落后,手工操作比重大(70%左右),劳动生产率较低,成本高,质量亦差。以钢管为例:自行车工业使用的高频焊接钢管每吨成本约 800 元,而铁床使用的风焊钢管每吨成本 1000 元以上,高 20%。”[③]手工业的工业化,具有合理的动因。

与绣品业和玩具业不同,上海的金银饰品行业是一种真正意义上的传统手工业。中华人民共和国成立后,政府取缔金银投机,公布金银管理办法,原有的 20 多家外商珠宝店相继闭歇,银楼业也进行了整顿改组,从业人员部分转业,部分回乡,也有一部分出走内地。到 1956 年社会主义改造高潮时,金银镶嵌行业的从业人员在 200 人左右。到 1963 年,上海金银镶嵌业有上海金银制品厂和上海金银饰品厂 2 个工厂,共有生产人员 82 人,其中工人 63 人、艺徒 19 人。此外,商业部门的珠宝商店尚有从事加工改制的镶嵌人员 21 人。上海市手工业管理局指出,金银镶嵌业其实是非常适合出口创汇的行业。“镶嵌饰品的换汇率比较高,目前平均人民币 2.5 元可换得 1 元美元,而一般工艺品要 5—6 元人民币才能换美元 1 元,轻工业品要 10 多元才能换美元 1 元。”[④]但是,在特殊的历史时代里,金银镶嵌业这种奢侈品行业因社会风气的改变,原有技术人员大多流散,导致创新设计力量薄弱,产品花色式样陈

① 上海市手工业管理局(联社)编:《七个传统产品调查和今后远景规划》,1964 年 1 月,上海市档案馆藏档,B158-1-544。

② 上海市手工业管理局(联社)编:《七个传统产品调查和今后远景规划》,1964 年 1 月,上海市档案馆藏档,B158-1-544。

③ 上海市手工业管理局(联社)编:《七个传统产品调查和今后远景规划》,1964 年 1 月,上海市档案馆藏档,B158-1-544。

④ 上海市手工业管理局(联社)编:《七个传统产品调查和今后远景规划》,1964 年 1 月,上海市档案馆藏档,B158-1-544。

旧,在海外市场受挫。"有时生产了一些金银饰品,也因是'几年前的老花头',都是'有去无来',没有第二笔生意,影响了推销。"①此外,该业原料来源亦成大问题,报告称:"高贵原料稀缺,只能生产低档大路货。现在生产用的宝石来源,是珠宝商店从社会回收下来的宝石中,挑选上等品直接出口后的剩下部分,业内称为'捞儿'货(即蹩脚的宝石)……由于原材料限制,从1956年以来,生产工厂没有生产过白金嵌钻饰品,学了2年多的艺徒还没看到过金刚钻……"②想要恢复这一传统手工业显然并非易事。

到1965年,上海市的手工业既按行业归口管理,又按所有制归口管理,三种所有制同时并存,以集体所有制为主,集体所有制企业占总户数的83.5%,从业人员占总人数的75.6%。上海市手工业设有服装、竹木、玩具、工艺美术、工具设备5个专业公司、10个区局、10个县局。表4-7为1965年6月底上海市手工业概况:

表4-7　上海市手工业概况(1965年6月)

组织机构	合计			其中:全民企业			其中:集体企业		
	户数(户)	人数(人)	1964年产值(万元)	户数(户)	人数(人)	1964年产值(万元)	户数(户)	人数(人)	1964年产值(万元)
总计	1580	145397	86411	261	35522	41230	1319	109875	45181
公司	445	60437	55187	249	34891	40776	196	25546	14411
区局	539	49493	15948	-	-	-	539	49493	15948
县局	596	35467	15276	12	631	454	584	34836	14822

说明:

不包括:

(1)里弄生产组2820个、119926人,产值4420万元;

(2)公社工业产值4531万元;

① 上海市手工业管理局(联社)编:《七个传统产品调查和今后远景规划》,1964年1月,上海市档案馆藏档,B158-1-544。

② 上海市手工业管理局(联社)编:《七个传统产品调查和今后远景规划》,1964年1月,上海市档案馆藏档,B158-1-544。

(3)个体手工业者5236人。

资料来源:《上海市手工业情况汇报资料》,1965年,上海市档案馆藏档,B158-1-570。

当时,上海市手工业系统公司、区局所属企业厂房面积共86万平方米,其中毛竹油毛毡或竹木草混合搭建的简陋危房20.5万平方米,占总面积的24%,一半已经破烂损坏到无法修理。上海手工业企业分散且拥挤,全民所有制企业平均分散在5.2处生产,连办公生活用房在内,每人平均12平方米;合作社、厂平均分散在7处生产,平均每人5.5平方米;街道工厂的房屋平均每人只有2平方米。由于手工业企业大部分与居民杂处,声响、烟尘、气体、污水影响周围居民生活和环境卫生,企业与居民之间的矛盾很突出。[①] 例如,1966年1月,上海市手工业管理局即同意一四五服装生产社并入一四六服装社,原因是:“一四五服装生产社因五金零件抛光加工,马达声响大,灰尘飞扬,厂房又无法装置吸尘设备,与周围居民矛盾很大。经我局研究,同意并入一四六服装生产社转为服装生产。”[②]从生产设备看,上海市手工业管理局所属企业有生产设备5.4万台,其中专用设备4.2万台,包括大中型缝纫机2.6万台,通用设备1.2万台。据该局1965年对28990台主要设备排队,正常的设备占21.5%,性能一般尚可使用的设备占31.4%,带病运转或需要报废的设备占47.1%。在技术力量方面,据对该局5个公司全民所有制企业的调查,工程技术人员共236人,占职工总人数的0.7%,其中工程师仅8人。[③] 1960年代中期上海市手工业的生产技术条件仍然是相当落后的。

“文革”开始后,上海市集体经济被当作“资本主义尾巴”来割,手工业合作社的处境日益艰难,为了便于生存和发展,市属手工业合作社先后都“升级”为合作工厂,郊县的手工业生产合作社也纷纷自行换上某某厂的牌子。至1970年年底,上海市属的手工业合作社全部转为合作工厂,变独立核算、

① 《上海市手工业情况汇报资料》,1965年,上海市档案馆藏档,B158-1-570。

② 上海市手工业管理局:《(66)沪手部计字第48号》,1966年1月27日,上海市档案馆藏档,B158-2-92。

③ 《上海市手工业情况汇报资料》,1965年,上海市档案馆藏档,B158-1-570。

自负盈亏为统负盈亏、统收统支。① 1967 年上半年，上海市手工业累计完成工业总产值 4.82 亿元，比上年同期增长 4.1%，为年计划 11.1 亿元的 43.42%。② 据上海市手工业管理局的报告，此时该市手工业已经受到政治环境动荡的冲击："部分企业的革命大批判、大联合、三结合工作进展较慢，少数企业经常发生二派武斗，有些企业的劳动纪律松弛，严重影响抓革命，促生产……"③当年二季度以后，上海市手工业出现了严重的缺勤率："各行各业的缺勤率普遍比去年增高，不少工厂（社）关键劳动力不足，使正常生产受到影响。据初步统计，今年缺勤比往年增高 50%—100%。如工具设备公司一般缺勤率在 25%左右，服装行业也在 15%左右。"④与此同时，部分行业的生产协作亦出现脱节："玩具行业的电镀、印铁、印刷等；灯具行业的灯罩、铸件、喷烘漆；家具行业的拉丝、电镀等，都发生生产协作脱节现象，严重影响生产正常进行。协作脱节的原因，有的是企业革命大批判、大联合工作没有做好；有的发生武斗，生产不正常；有的是服务对象要转变；有的是因企业所有制影响和组织生产协作的形式、制度，束缚了广大职工生产积极性的发挥；有的是受外地武斗，交通运输等影响。"⑤总的来说，1967 年上半年，上海市手工业已经出现了"文革"中典型的生产混乱局面。随着对"经济主义"的批判，上海市手工业企业正常的管理制度和生产秩序均被破坏。这种破坏并不完全源于政治运动的直接冲击，有些时候，企业领导层在大环境压力下会自行取消合理的制度。例如，上海镀锌铁丝四厂原来有个领导、管理人员和工人三结合的质量研究小组，该小组每半月开一次质量研究会，坚持了好几年，"文革"开

---

① 中华全国手工业合作总社、中共中央党史研究室编：《中国手工业合作化和城镇集体工业的发展》第 2 卷，中共党史出版社 1994 年版，第 756 页。

② 上海市手工业管理局抓革命促生产第一线指挥部：《（67）沪手部计字第 44 号》，1967 年 8 月 25 日，上海市档案馆藏档，B158-2-95。

③ 上海市手工业管理局抓革命促生产第一线指挥部：《（67）沪手部计字第 44 号》，1967 年 8 月 25 日，上海市档案馆藏档，B158-2-95。

④ 上海市手工业管理局抓革命促生产第一线指挥部：《（67）沪手部计字第 44 号》，1967 年 8 月 25 日，上海市档案馆藏档，B158-2-95。

⑤ 上海市手工业管理局抓革命促生产第一线指挥部：《（67）沪手部计字第 44 号》，1967 年 8 月 25 日，上海市档案馆藏档，B158-2-95。

始后,因为领导班子怕矛盾而取消了。再如,该厂的生产工艺制度,本来并没有受到冲击,且许多老工人仍一直在坚持执行,但因为科室干部和领导怕被群众说是“老框框”,不敢去抓,造成了部分职工自由操作,导致产品质量下降。[①] 这表明了外部环境造成的氛围直接将压力传导至企业的车间层次,这是“文革”时期中国手工业经济发展所无法摆脱的宏观环境制约。

不过,在经历了最初一两年的混乱之后,上海城镇集体工业发扬“自找食吃”的特点,得到了恢复,并逐年发展。1970 年,上海有手工业集体企业 961 户,职工(社员)133867 人,完成产值 121766 万元,实现利税 32885 万元,实现利润 24792 万元。[②] 上海的一些手工业企业在 1970 年代初逐渐恢复了“文革”头两年被破坏的生产秩序。例如,1971 年 2 月中旬,上海衬衫二厂领导班子在听了上海市革委会工交组关于产品质量问题的指示精神后,反思该厂“最近几年来,衬衫质量确实有所下降,特别明显的是一只领头,夹里松面子紧,领角翘起像蝴蝶领”。领导班子统一思想后,就召开了以提高产品质量为中心的反浪费、鼓干劲誓师大会。在会上,领导向群众作检查,群众纷纷上台揭发,会后又贴出了 100 多张大字报,揭露了质量上存在很多问题,也指出该厂存在着思想问题。例如:“有时碰到消费者上门来提意见,我们总是找原材料上的织纰毛病,向他们解释:这个是印染厂的毛病,那个是织布厂的毛病,今天你们既然来了,就给你们修一下。碰到有些消费者不服,我们就拿出部分标准给他们看,以此来证明不是我们的问题。”于是,该厂会后利用一个星期天,组织全厂 1/3 职工,到红光厂、衬衫四厂等兄弟单位学习取经,按工种对口学先进,还邀请 20 多家百货商店的营业员来厂开座谈会,听取商业部门对衬衫质量的意见。此后,该厂进行了一系列改进。在工艺操作上,该厂上袖子、拷摆缝过去分 2 道工序、每道工序由 2 个人做,学习了红光厂上袖子、拷摆缝一手落的先进操作法后,进行了改革,不但提高了产量和质量,还使该

① 上海市手工业管理局革命委员会办公室编:《手工业动态》,1971 年 4 月 9 日,上海市档案馆藏档,B158-2-262。

② 中华全国手工业合作总社、中共中央党史研究室编:《中国手工业合作化和城镇集体工业的发展》第 2 卷,中共党史出版社 1994 年版,第 756—757 页。

工序从原来4个人减少为3个人。在上袖口工艺上,该厂过去是先上好袖口,再切制口,也是分2道工序做,在学习了衬衫四厂上袖口操作法后,改为上袖口、切制口一手落,于是,“袖口的制口清爽,线头少,里外匀准足,质量就提高了”。此外,该厂群众还搞了不少工具革新,如上袖口压脚翻领机、压下盘机、压上盘里外匀机、阔狭两用切边机等。①

尤其值得注意的是,上海衬衫二厂在改进产品质量的整顿过程中,恢复了一些“文革”开始后被破坏的正常管理制度。例如,该厂重新建立了原始记录制度。“过去每人每天生产有原始记录。‘文化大革命’中,批判了‘奖金挂帅’和‘管、卡、压’后,原始记录制度就无形中破了。这次通过大批判、大辩论,分清了界限,群众自觉要求建立原始记录制度。如三车间,在制定个人原始记录制度时,开始有一个工人不肯记,他说:‘反正你们都做记录了,今后小组里如果出了质量毛病,统统算我的好了。’在小组同志全部做记录后,果然出了几次质量毛病,小组长都叫他回修,他感到这样下去不对了,就自觉地做起原始记录来了。还有一个同志,在操作时不当心,将衬衫后身碰上了油迹,当时他还认为不是他搞的,一定要组长查原始记录,查了原始记录后,证实是他自己的责任。”该厂于是得出结论:“要提高产品质量,首先是要提高人的思想觉悟,但同时还必须要有规章制度,这对克服无政府主义是有一定作用的。”②再如,该厂重建了清洁卫生制度。“过去有一条规定,药水瓶不能带进车间,墨水笔不能在车间里随便乱写。前几年,由于领导怕字当头,不敢坚持原则,这条制度也无形中破了,不仅药水瓶到处乱放,连豆浆、牛奶也都带进了车间。有一次,有一个工人把豆浆倒翻了,使30多件衬衫成为次品。还有一个工人,在车间里用墨水笔写字,不当心将笔甩了一下,使20多件衬衫沾上了墨水迹,造成次品。这次经过大家讨论,一致认为这种制度是完全合理的,应该建立起来。现在,绝大多数同志都能自觉执行制度,不带这类东西进

① 上海市手工业管理局革命委员会办公室编:《手工业动态》,1971年4月9日,上海市档案馆藏档,B158-2-262。

② 上海市手工业管理局革命委员会办公室编:《手工业动态》,1971年4月9日,上海市档案馆藏档,B158-2-262。

车间了。”[①]这种微观层面的生产秩序重建,是上海手工业企业乃至中国手工业经济在动荡的时代里仍能取得一定发展的重要原因。

在1970年代初,上海市有一批手工业企业进行了技术革新与制度改革,并取得一定成效。上海玩具十六厂是一个只有160人的小厂,原来生产塑料玩具和再生塑,1968年开始生产四管和六管半导体收音机,1971年又承接了涉密的“184”产品任务。“184”产品大都是金加工件,精密度要求很高,而厂里唯一的金加工小组,论设备只有几台老爷机床,论人员除一个老师傅外,大多是满师不久的普工,设备条件和技术力量都比较差。为了解决技术力量不足的困难,该厂金工小组打破工种分工界限,车工学钳床,钳工学车床,“能者为师,互教互学,边干边学”,不少青工经过一段时间刻苦钻研,很快就掌握了加工和装配技术,基本上做到独立操作,为实行两班和三班制生产创造了条件。此外,该厂一方面改革旧设备、旧刀具,利用木工锯车加工铁皮,另一方面大搞土设备,造出了自动攻丝机、晒雷机等,使生产效率比原来提高了3至4倍,提高了“184”产品的产量。[②]

普陀区东风刃具厂,生产规格繁多的直柄麻花钻和铰刀,公差要求不超过几丝米和几忽米,开始产品质量不好,用户意见很多,连本厂工人也宁肯用上海工具厂的次品,而不愿用自己的产品。后来,该厂一方面派人到上海工具厂去学习热处理技术,另一方面请他们的老师傅来厂传授淬火技术,使职工在短时期内基本上掌握了操作。该厂还建立了岗位责任、产品质量检验、半成品管理、设备维修保养和安全、技术操作等制度。原来全厂仅有1个专职检验员,其只是在成品包装时进行检验,对不合格产品已无法再返工修理。后来增加了7个专职检验员,从下料开始每道工序都进行检验,并设立了半成品仓库。在工人完成每道工序之后,产品须检验合格才能入库。除专职检验员外,在每个班组还设立了兼职义务检验员,做到自检、互检、专检相结合。

① 上海市手工业管理局革命委员会办公室编:《手工业动态》,1971年4月9日,上海市档案馆藏档,B158-2-262。

② 上海市手工业管理局革命委员会办公室编:《手工业动态》,1972年3月11日,上海市档案馆藏档,B158-2-300。

在质量大检查中,该厂发现量具有 50%不合格,绝大部分是不懂保养使用造成的,就请第三计量所修量具的职工来上课。这些措施使该厂生产的铰刀 1972 年 1 至 9 月的废品率为 4.6%,比 1971 年缩小了 4.5 倍;钻头 1972 年 1 至 9 月的废品率为 4.4%,比 1971 年缩小了 2.6 倍;斜柄钻 1972 年 1 至 9 月的废品率为 11.8%,比 1971 年缩小了 1.3 倍。[①]

1972 年 4 月,长征制鞋十一厂被安排由生产内销布鞋转产出口软底鞋子,并接受了 60 万双的任务,该厂马上组织了 1/3 的工人到兄弟厂学习。刚接触出口鞋子时,该厂不少人认为“一看就会做了”,因此,不到半个月就回厂投产。但一上手,不仅产量低,5 个月中只完成 20 万双,而且质量差,回修率要占 1/4,十几个人搞返修还来不及,做了 5 个月亏损 4000 多元。该厂遂召开大会,组织动员职工深入学习新技艺。该厂排楦组的女青年小张,转产初到外厂去学习,认为一看就会了,可是投产以后日产量一直只有 50 来双,当她听到兄弟厂老师傅可做两三百双,就说:“人家脑子聪敏,气力大,要我排那么多比登天还难,一辈子也做不到。”她多次提出要调离排楦组。经过教育,小张主动向辅导老师傅请教,逐步掌握了排楦的关键技术,日产量迅速提高到 200 多双。该组职工小胡,在做内销鞋子时,是排楦的快手,转产以后的一个时期中,日产量一直停留在 100 多双,因此就认为自己不是做外销鞋子的“料子”。经过学习与动员,他认真研究手势,摸索了烘箱等几道工序的特点及其相互联系,终于使自己的日产量从 100 多双提高到 300 多双。该厂铁车组工人认真研究了手势和车速的关系,使自己的手势适应了车速,还主动要求把慢速的 44 种缝纫机改为 96 种高速缝纫机。车速加快了近 1/3 后,手势又跟不上了,他们又认真研究,不断改进,终于使手势适应了车速,产量提高了一倍多。就这样,该厂于 1972 年 9 月完成了 11 万双出口鞋子的任务,比过去 5 个月的平均产量提高了 2.5 倍,返修也大大减少,挽回了过去的亏损,上

① 上海市手工业管理局革命委员会办公室编:《手工业动态》,1972 年 11 月 16 日,上海市档案馆藏档,B158-2-304。

缴利润 3 万多元。[①] 这些成功的案例反映出上海手工业企业的发展遵循了通过学习来提升能力的工业演化机制。

1972 年,上海市手工业系统在原材料和煤、电比较紧张的情况下,超额完成了国家下达的产值计划。上海市手工业管理局全年总产值为 24.98 亿元,比国家下达计划超额了 1.13%,比 1971 年增长 13.4%。其中出口总产值达到 5.26 亿元,超年度计划的 23.3%,比 1971 年增长 59%。上海市手工业全年增加新产品 190 种,新的花色品种达 5000 种,如为彩色电视配套的中心立柜、飞点扫描管等新产品,还试制成功军民通用的 10 万次电子计算机。郊区手工业的支农任务也完成得比较好,全年生产了铁木竹农具近 400 万件、各种农机 90 万台、农船 7000 余条、农机配件 600 余万件,试制生产近千台机动插秧机和 1000 余台收割机。[②] 可以说,1972 年是"文革"中上海手工业发展得较好的一年。表 4-8 为 1972 年上海市手工业分专业发展概况:

表 4-8　上海市手工业分专业发展概况(1972 年)

项目	企业单位数(个)	年末职工人数(人)	1972 年总产值(万元)
全局总计	1105	209870	250157
公司小计	365	84324	149296
工艺	43	10364	14695
玩具	32	8610	15088
工具	98	22198	49737
服装	106	25809	47316
竹木	86	17343	22460

资料来源:上海市手工业管理局革命委员会生产组:《1972 年上海市手工业统计年报提要》,1973 年 4 月,上海市档案馆藏档,B158-2-318。

① 上海市手工业管理局革命委员会办公室编:《手工业动态》,1972 年 11 月 26 日,上海市档案馆藏档,B158-2-304。

② 上海市手工业管理局革命委员会编:《沪手革生 73 第 078 号》,1973 年 2 月 28 日,上海市档案馆藏档,B158-2-318。

"文革"开始后,上海市手工业尤其是集体企业在被迫停产的情况下,为了解决吃饭问题,不得不转产二轻行业以外的产品,如电子产品、仪器仪表产品和车辆配件等,但反而在这些新领域内不断获得发展。① 1966 年,上海市手工业管理局系统生产电子产品的企业只有 14 个,其中半导体器件只有 3 个,生产的电子产品是市仪表局扩散的 21 个品种,产值不到 500 万元,从业职工近 1000 人。到 1972 年,手工业系统共 122 个厂点生产电子产品,有 2 万多名职工,产值 3 亿多元,不仅能生产多种整机,而且基本上自行配套。上海市手工业管理局系统生产的收音机、电视机、通用电子计算机和军工整机以及仪器、仪表等产品,一般自行配套能力在 60%至 90%,其生产的元器件,除供应该局系统生产整机外,还供应上海市和外地,约占产品的 50%。经过调整,1973 年上海市手工业管理局系统共有电子厂点 115 个,包括整机厂 25 个、电真空厂 5 个、半导体器件厂 26 个、无线电元件厂 44 个、无线电测量仪器厂 5 个、无线电专用设备厂 7 个、电子材料厂 3 个。各电子工厂职工人数共计 20700 人,产值为 3.08 亿元。不过,上海市手工业管理局系统生产的电子产品也存在产品质量不过关、成本高的问题。1973 年,该局在文件中称:"目前我们生产的半导体器件、硅管合格率 30%左右,集成电路只有 10%左右。由于产品合格率低,成本就必然很高,而国外先进水平生产的硅管一般在 80%,集成电路合格率 50%,其质量稳定,成本低,我们的产品质量与国外相比差距很远。"②当年,该局在规划报告中决定,要"扩大军民用整机生产,抓好三机(收音机、电视机、计算机),来带动一般"。其中,收音机"应以普及为主",电视机要尽快发展"适合家庭使用的 9 吋电视机",计算机"要扩大 11 万次通用电子计算机的批量生产",此外还要"积极发展和研制台式、袖珍式计算机,争取早日打开销路,扩大批量生产"。③ 上海市手工业管理局的这一规划体现了

① 中华全国手工业合作总社、中共中央党史研究室编:《中国手工业合作化和城镇集体工业的发展》第 2 卷,中共党史出版社 1994 年版,第 756 页。

② 上海市手工业管理局革命委员会编:《关于 1974—1975 年电子工业的规划报告》,1973 年 11 月 12 日,上海市档案馆藏档,B158-2-362。

③ 上海市手工业管理局革命委员会编:《关于 1974—1975 年电子工业的规划报告》,1973 年 11 月 12 日,上海市档案馆藏档,B158-2-362。

中国手工业部门在工业化进程中的升级趋向。这一升级虽由管理部门主动推动,但也符合宏观经济发展所催生出的新的需求。表 4-9 为 1976 年上海市手工业局电子工业企业概况:

表 4-9　上海市手工业局电子工业企业概况(1976 年)

项目	企业个数(个)	电子工业总产值(按 1970 年不变价格计算)(万元)	电子工业年末职工人数(人)	电子工业年平均职工人数(人)	金属切削机床(台)	锻压设备(台)	无线电专用设备(台)	电子测量仪器(部)	年底房屋建筑面积(平方米)		年底实有汽车(辆)	
									合计	其中:生产用	合计	其中:载重汽车
合计	125	77568. 2	24458	23829	1426	1157	3087	6458	175142	144586	119	87
全民企业	16	11897. 5	2191	2142	176	57	342	1818	19888	16070	13	12
集体企业	109	65670. 7	22267	21687	1250	1100	2745	4640	155254	128516	106	75

资料来源:《电子工业企业概况汇总表》,1976 年,上海市档案馆藏档,B158-2-472。

表 4-10 为 1970—1975 年上海市手工业系统的电子产品种类与产量,从中可见电视机、收音机和录音机的发展较快:

表 4-10　上海市手工业系统的电子产品种类与产量(1970—1975 年)

产品名称	计量单位	1970 年	1971 年	1972 年	1973 年	1974 年	1975 年
电视机	台	—	—	330	4155	10744	15017
收音机	万架	61. 53	53. 90	35. 36	50. 92	74. 04	84. 57
录音机	台	—	—	—	50	115	3288
电子计算机	台	1	6	12	10	12	16
无线电测量仪器	台	224	2667	3690	5364	7720	9942
电子管	万只		1. 94	2. 57	0. 28	1. 33	1. 45

续表

产品名称	计量单位	1970 年	1971 年	1972 年	1973 年	1974 年	1975 年
半导体器件	万只	1911.05	2662	2024	1742.2	2900.52	3979.95
无线电元件	万只	5150	8395	8649	11846.1	14980.67	19103.98
单晶硅	公斤	574	1474	755.76	905	791.29	1620.89

资料来源:上海市手工业管理局革命委员会编:《上海市手工业“四五”期间综合统计资料》,1977 年 2 月,上海市档案馆藏档,B158-2-431。

从产品结构变化看,上海市手工业系统的机电产品和电子产品产值在 1970 年代逐渐提升。1966 年,上海市手工业系统的机电产品产值占总产值的 6.4%,电子产品产值仅为 1.8%,到 1975 年,机电产品产值占比提升至 16.6%,电子产品产值比重则提升至 17.1%。与之相应的是,轻工市场产品产值占比从 1966 年的 74.4%滑落至 1975 年的 47.9%。[①] 产品结构的变化,从一个侧面反映了上海市手工业经济的工业化。

1970—1975 年,上海市手工业系统的企业总体数量呈下降趋势,但吸纳劳动力人数却逐年上升,年产值亦持续增长,这表明归口管理体制所界定的上海市手工业经济在该时期是有所发展的。这一时期上海市手工业系统发展的基本情况如表 4-11 所示:

表 4-11　上海市手工业系统的基本情况(1970—1975 年)

项目		1970 年	1971 年	1972 年	1973 年	1974 年	1975 年
企业数(个)	合计	1230	1149	1105	991	938	918
	全民	269	257	250	231	226	221
	集体	961	892	855	760	712	697

① 上海市手工业管理局革命委员会编:《上海市手工业“四五”期间综合统计资料》,1977 年 2 月,上海市档案馆藏档,B158-2-431。

续表

项目		1970年	1971年	1972年	1973年	1974年	1975年
年末人数（人）	合计	182267	190093	211201	221208	223211	235045
	全民	48574	50848	52799	51629	52029	54064
	集体	133693	139245	158402	169579	171182	180981
年产值（万元）	合计	175369	220151	250157	277301	312193	351241
	全民	77531	95294	108478	118816	129366	139357
	集体	97838	124857	141679	158485	182827	211884

资料来源：上海市手工业管理局革命委员会编：《上海市手工业"四五"期间综合统计资料》，1977年2月，上海市档案馆藏档，B158-2-431。

不过，若从基本建设的角度看，该时期上海市手工业系统的基建完成情况相比于计划，成绩并不显著，这反映了其发展的另一面。表4-12为"四五"计划期间上海市手工业系统的基建完成情况：

表4-12 "四五"计划期间上海市手工业系统的基建完成情况

指标	计算单位	"四五"期间合计	1971年	1972年	1973年	1974年	1975年
计划投资	万元	10553	387	1281	2589	2789	3507
实际完成	万元	2255	180	169	545	704	657
竣工面积	平方米	91071	6775	10600	22745	35576	15375
项目数	个	303	14	38	68	86	97
竣工投产数	个	45	5	3	14	12	11

资料来源：上海市手工业管理局革命委员会编：《上海市手工业"四五"期间综合统计资料》，1977年2月，上海市档案馆藏档，B158-2-431。

从分专业的角度看，1970—1975年上海手工业系统中的服装用品行业吸纳劳动力规模最大，具有典型的劳动密集型产业特征。表4-13显示了所有专业的数据：

表 4-13 上海市手工业公司系统年末职工人数统计(1970—1975 年)

专业类别	1970 年	1971 年	1972 年	1973 年	1974 年	1975 年
合计	75072	77435	84375	87542	86924	91002
工艺美术工业公司	9264	8356	10365	12201	12093	12546
玩具工业公司	6820	9045	8461	8598	10091	11074
工具设备工业公司	19745	20878	22198	22221	22293	14240
照明灯具家用电器工业公司						9062
服装用品工业公司	24824	24288	25927	27038	25176	25104
竹木用品工业公司	14419	14868	17424	17484	17271	18976

说明:1975 年起灯具等行业由工具公司划出成立灯具公司。

资料来源:上海市手工业管理局革命委员会编:《上海市手工业“四五”期间综合统计资料》,1977 年 2 月,上海市档案馆藏档,B158-2-431。

尽管上海市手工业出现了向重工业发展的结构变化,但轻工市场产品仍为其主要产品。表 4-14 为 1970—1975 年上海市手工业系统主要轻工市场产品的生产情况:

表 4-14 上海市手工业系统主要轻工市场产品的生产情况(1970—1975 年)

产品名称	计量单位	1970 年	1971 年	1972 年	1973 年	1974 年	1975 年
玉雕	万元	228	149. 8	272. 5	591. 3	1009. 2	385. 23
牙雕	万元	34	27. 8	41	73. 7	88. 8	66. 25
木雕	万元	180. 79	208. 1	381. 3	675. 2	614. 2	421. 6
漆器	万元	29. 6	35	73. 4	131. 1	140. 9	156. 3
丝绸绣衣	万件	48. 6	37. 3	74. 1	119	128. 9	158. 66
钩针制品	万元			698	1028. 5	1089. 6	892. 62
机绣品	万对套	198	147. 5	153. 7	241. 8	197. 6	229. 08
金银镶嵌	万元			136. 9	632. 2	754. 1	519. 5
民族乐器	万元	320. 28	302	289. 1	274. 7	304. 5	320. 2
鼓	万只	8. 4	5. 3	5. 1	6	8. 9	9. 47

续表

产品名称	计量单位	1970 年	1971 年	1972 年	1973 年	1974 年	1975 年
金属玩具	万元	1584.5	1918.4	2605.2	3822.48	4689.33	5214.1
木制玩具	万元	482.9	573.4	821	1015.5	1115.3	1083.6
布制玩具	万元	544.9	592	708.1	836.65	884.99	590.6
塑料玩具	万元	368.5	480	976.61	1473.57	1793.86	2013.9
纸品玩具	万元				94.47	115.3	139.7
布服装	万件		1851.17	2540.7	2051.62	2526.06	2502.28
呢服装	万件		147	267.63	229.21	232.67	232.35
绸服装	万件		36	82.03	108.11	40.54	105.31
衬衫	万件	307	347.16	648.88	689.41	935.81	1023.75
布鞋	万双	376.3	313.83	273.33	331.89	347.61	336.02
帽子	万顶	655.5	714.75	846.66	845.45	932.19	890.6
塑料雨衣	万件	189.36	163.21	176.73	203.86	205.8	197.03
成套家具	套	336	1100	1490	480	957	2011
马桶	万只	16.18	11.75	10.03	11.27	12.97	12.93
铁床	万件	13.7	18.03	20.64	27.19	34.3	34.42
钳子	万件	227.2	260.57	289.32	325.93	343.73	400.03
扳手	万件	510.8	651.9	889.5	1163.79	1490.21	1654.88
钢锉	万件	489.4	573.4	634.69	663.98	733.02	773.86
锤子	万件	164.5	175.04	232.26	247.49	278.64	273.46
民用台(吊)灯	万台	29.8	36.74	30.98	82.27	107.32	118.85
灯泡	万只	62.04	69.57	80.95	277.09	299.52	236.94
电熨斗	万只	9.13	9.92	11.39	13.07	18.7	20.83
缝衣机针	万包	197.8	231.5	281.42	357.56	435.58	440.4
聚氯乙烯凉鞋	万双	485.8	415.45	627.73	852.45	760.11	709.13

资料来源:上海市手工业管理局革命委员会编:《上海市手工业“四五”期间综合统计资料》,1977 年 2 月,上海市档案馆藏档,B158-2-431。

总的来说,上海市手工业经济在计划经济体制下难免受到宏观环境动荡的影响,其发展存在曲折与波动,但还是出现了规模性的增长与结构性的变化。数据显示,在1970年代前期,上海的日用品与小商品,如服装鞋帽、工具、灯具、塑料制品等,整体的产量是逐渐提升的,一些工艺美术品,如玉雕、木雕、漆器等,生产亦能维持一定规模。当然,更为重要的是,在历史的偶然性与必然性的合力作用下,上海手工业中的电子产品等新兴行业,逐渐超过了传统行业,而这也体现了整个上海工业结构的变化。1976年,上海手工业系统新兴行业中集体企业的产值达14亿元,占当年集体企业总产值23.3亿元的60%。[①] 上海手工业经济在生产方式与产品结构两方面的工业化趋向,都代表了中国传统手工业在计划经济时代的嬗变。

二、在计划体制的缝隙中生长:无锡县社队工业的壮大

江南地区在明清时代为中国的经济中心,各种类型的手工业蓬勃发展,其中不乏农村手工业。到了近代,江南地区又成为中国新式工业的核心地区,除中心城市上海外,无锡、常州等地工业均繁盛一时,其中一些工业企业并不位于严格意义上的市区之内。城乡经济一体化程度较高,是江南的特色。因此,江南地区的农村手工业,受城镇现代工业与市场的影响较大,江南农村也拥有较为深厚的农、工业并举的传统。这种地域特点,在计划经济体制下,依然以某种形式呈现,并使得江南农村的手工业成为一个可供观察的样本。不过,需要指出的是,中华人民共和国成立后对手工业的划分并非以生产力为标准,这导致“农村工业”或“农村手工业”在主流话语中也并无明晰的界限,故此处仅以社队工业作为农村手工业的代表进行考察。从企业的早期生产技术和国家手工业政策的表述来说,将改革开放前的社队工业视为农村手工业是合适的。

无锡县在江南农村具有典型性。清雍正年间,今无锡地区分设无锡、金匮两县,1912年两县合并,称无锡县。1949年4月23日无锡解放后,城区建市,乡区属县,市、县分设。1949年6月,无锡县隶属无锡市,后迭经变动,

① 中华全国手工业合作总社、中共中央党史研究室编:《中国手工业合作化和城镇集体工业的发展》第2卷,中共党史出版社1994年版,第756—757页。

1962年7月以后隶属苏州专区,直到1983年3月,江苏省实行市管县新体制,无锡县才改属无锡市。在无锡市与无锡县同时并存的情况下,无锡市可以代表城市,而无锡县可以视为农村,这为研究提供了一定的便利。

1949年年末,无锡县工业企业共有1353家单位,其中个体手工业1295家,工业从业人员总数5334人,其中个体手工业者4071人。个体手工业产值占当年无锡县工业总产值的42.85%。此外,该县还有农村兼营的手工业,产值为369.44万元。1953年,无锡县开始对全县个体手工业和私营工业进行社会主义改造。在集镇手工业改造中,所有制改造与行业结构改造同时进行。所有制改造就是把个体手工业者按行业组织起来,让其合作经营;行业结构改造则是发展一些支农行业,改造一些日用品行业,淘汰一些迷信品行业。1955年1月,无锡县手工业管理科成立。1956年6月,无锡县手工业合作联社筹委会成立。无锡县的手工业改造于1957年基本结束,加入手工业合作组织的社员共3473人。当年年底,全县只有545户个体手工业户,非社会主义性质。与此同时,无锡县农业生产合作社的集体工业以副业的形式开始建立。农业生产合作社兴办了一些手工业工场,从事修造农具、烧窑制砖、开山采石、粮饲食品加工,吸纳了原失业工人和农村手工业者等富余劳动力。1957年,无锡县农业生产合作社以集体工业、手工业为主的副业产值达622万元,占农业总产值的3.66%。[①] 至此,无锡县的手工业经济实际上存在两种主要的形态,一种系由原有的专业化手工业改造而来,一种则是将原有的农村副业组织起来。从某种意义上说,后者是更为纯粹的农村手工业。

1958年是无锡县农村工业兴起的实际起点。当年8月1日,无锡县委召开工业跃进大会,要求下半年在生产方面大搞工具改革、大炼钢铁。从8月1日到8月4日,县委召开了工业干部扩大会议,进行思想动员。实际上,有的干部认为"农业生产是硬任务,工业是软任务",对发展工业持犹疑态度。但会议统一了认识,得出"左手抓工业,右手抓农业"的结论,并确立了"由低到

① 无锡县经济委员会、无锡县乡镇企业管理局编:《无锡县工业志》,上海人民出版社1990年版,第5—7页。

高，由手工业到半机械化到机械化，由综合到专业”的办厂道路。[①] 1958 年 10 月，无锡县实现人民公社化，在人民公社必须大办工业的号召下，无锡县委决定将手工业合作企业全部划给所在人民公社，将其作为公社工业的一个组成部分，未入社的个体手工业户也大部分纳入农村工业。到年底，无锡县共办起 541 家包括手工业社在内的公社办工厂，务工人员达 6761 人，实现产值 1215 万元。1959 年，无锡市与无锡县实行城乡、厂社挂钩，支援农村，发展工业。当年无锡县企业单位调整为 314 家，务工人员增加到 16465 人，产值达 2248 万元，村办工业产值也达到 1874.6 万元，工业门类从 12 个手工业自然行业增加到农机、农药、化肥、电子、造纸、玻璃、塑料、印刷、贴花等 49 个自然行业，同时还引进了城市工业的管理制度。[②] 当时，农村主要采取“土法上马”的策略办工业。例如，1961 年 1 月，无锡县安镇公社开始筹办玻璃厂，花了 2 万多元，未能投入生产，被县委作为反面典型进行了批评。而同一时期，新安公社的一个玻璃厂，只花了 1 个星期时间，用 30 元投资就生产出了药瓶、灯罩等，自然被县委树为典型进行表扬。[③] 在发展农村工业的同时，无锡县对手工业管理机构也进行了调整。1957 年 7 月，无锡县手工业管理科并入县工业局，设立手工业管理股，1959 年 9 月，又恢复手工业管理科，同工业局分开。当年 7 月，无锡县还成立了社办工业办公室。总的来说，在“大跃进”的政策鼓动之下，无锡县的农村工业迎来了一波发展浪潮。

但是，因政策鼓励而快速发展起来的无锡县农村工业，随着政策的转向，也受到了抑制。据统计数据，无锡县 1960 年农村务农劳动力比 1957 年减少了 17%，加上其他原因，当年全县粮食总产量比 1958 年下降了 20%。[④] 在一个工业化只是刚刚起步的国家里，农业生产如此大幅度下滑构成了实实在在的威胁。因此，不仅中央进行了国民经济的调整，地方同样感受到了压力。

---

① 董欣宾、郑旗：《无锡县社队工业年谱》，国际新闻出版中心 1995 年版，第 9—10 页。

② 无锡县经济委员会、无锡县乡镇企业管理局编：《无锡县工业志》，上海人民出版社 1990 年版，第 7 页。

③ 董欣宾、郑旗：《无锡县社队工业年谱》，国际新闻出版中心 1995 年版，第 22 页。

④ 无锡县经济委员会、无锡县乡镇企业管理局编：《无锡县工业志》，上海人民出版社 1990 年版，第 8 页。

1961年3月18日,无锡县委在报告中反思:“以前,我们对国民经济以农业为基础的方针认识不足,体会不深,认为农业已经过关,因而在县社工业、交通、基建事业的发展过程中摊子铺得过大,战线拉得过长,特别是过多地抽调了农村劳动力,最高时达3万人左右,占农村实际使用劳动力总数的8%以上。其中县属系统11000余人,公社系统19000余人。”[①]因此,该县又根据中央“大办农业,大办粮食”的方针进行调整,对乡镇工业和县属工业进行压缩,于1960年7月撤销社办工业办公室,到1961年年底,该县工业只保留了151个单位和5416人。1961年6月,无锡县新建无锡县社办工业局,该工业局与同年3月成立的农业机械工业局合署办公,9月又并入了手工业管理科。1962年,无锡县根据“手工业三十五条”,将原来划归人民公社的手工业合作企业仍恢复为手工业合作经济,将一些适宜于手工业经营的社办企业亦改为手工业合作经济。当年,无锡县将社办工业局和农业机械工业局分开,另成立手工业管理局,主管社办工业和手工业,并召开了无锡县第一次手工业合作社社员职工代表大会。[②] 到1962年6月底为止,无锡县手工业包括公社办工业在内,共有189个单位,有职工、社员3632人,其中手工业企业144个、2669人,社办工业54个单位、963人,其产品销售有自产自销、来料加工和商业部门包销3种形式,以前2种为主。自产自销的产品有小农具、日用品、小五金、木制家具等150多种,来料加工的产品有针织品、丝线、服装、布鞋、玩具等140多种,商业部门包销的产品有土纸、竹制农具、竹制日用品、砖瓦。自产自销产品的优点是产销直接见面,随时适应市场需要,可以灵活安排生产,但手工业单位资金少,遇到淡季就产生困难,如1962年6月有20%左右的铁业社不能按期发工资。同时,其网点不如商业系统深入。来料加工存在的问题则是不按计划办事,有些部门不通过手工业局,直接安排企业生产。[③] 这是无锡县农村手工业在1960年代初的实态。

---

① 董欣宾、郑旗:《无锡县社队工业年谱》,国际新闻出版中心1995年版,第41页。

② 无锡县经济委员会、无锡县乡镇企业管理局编:《无锡县工业志》,上海人民出版社1990年版,第8、122—123页。

③ 无锡县经济委员会、无锡县乡镇企业管理局编:《无锡县工业志》,上海人民出版社1990年版,第54—55页。

从材料可知,1960年代无锡县农民发展工业,存在着经济利益的动机。1964年1月邓巷大队党支部书记李焕林的文章提到该大队于1963年开办过地下工厂:“这爿厂,先是做弹簧,后是做表□,有十二个人,大部分是上海来的,他们是什么样人,我也勿问讯,工资最高的有一百八十元,我女儿挂个名,工资三十元,上海来的一个采购员,是个刑满释放分子,他利用大队机械加工厂的名义,在外到处招摇撞骗,破坏了国家市场,我却蒙在鼓里不知道。两月后,这个人被捕了,我们的地下工厂被税务所发觉制止了。厂虽然开了两个月,但营业额一万多元,利润1800元,我从中分到200元。”①值得注意的是,这个大队所办的地下工厂,实际上是上海相关人员跑到农村办起来的,大队农民本身的参与还不深,只是分到一些经济利益。这在一定程度上反映了城市工业要素流向农村的现象,而这种流动对农村工业的发展极为重要。据1966年无锡县委的一份文件,该县“五金加工,主要利用下放工人的技术,在农闲季节为大工业加工零部件,近年来发展很快,共计组织了45个加工场,1965年收入196000元”②。与城市工业的联系,是计划经济体制下无锡县农村工业发展的重要条件。

在抑制性的调整之后,无锡县的农村工业还是得到了恢复和发展。1964年8月18日,无锡县委部署“四秋”工作,在下发的文件中,指出:“如果我们不把多种经营开展起来,特别是不把集体副业开展起来,不仅农业生产不能全面发展,而且集体经济得不到巩固壮大,社会主义阵地就不能巩固,产生修正主义的根子就铲不掉,人民生活和国家建设也要受到很大影响。”在定了如此高的调子后,文件具体要求:“因地制宜组织闲散劳力,积极开展采集、开采、草织、编织、土纺等副业生产。”③该文件还特意强调一些原则,包括不搞工厂性的生产、不搞基本建筑和大型设备、不雇用外地劳力、不搞副业单独分配等。随着多种经营的开展,无锡县各地生产队、生产大队又发展了一些加工工场和作坊,县和公社两级成立副业办公室,负责掌握队办工业的经营方向、

① 董欣宾、郑旗:《无锡县社队工业年谱》,国际新闻出版中心1995年版,第74页。
② 董欣宾、郑旗:《无锡县社队工业年谱》,国际新闻出版中心1995年版,第96页。
③ 董欣宾、郑旗:《无锡县社队工业年谱》,国际新闻出版中心1995年版,第79页。

人事组织、政治思想、经营管理、收益分配和组织协作。生产队要办手工业、加工业时,由乡副业办公室审查,报县副业办公室处理,县副业办公室与县有关部门研究,决定是否批准。1964 年属于无锡县手工业部门管理的单位有 96 个,共 1578 人。当时无锡县农村手工业有两大类:一类是历史传统手工业生产,如拉丝棉、乐器、鞭炮、修船、土纸、木器、竹器、香烟嘴、弹棉花等;另一类则是城市精简下放职工等因为单靠农业无法维持生活而搞起来的,如金属制品、钢笔加工、针灸用针、皮碗、钢丝板刷等。这些队办工业存在的问题主要是没有固定的产供销渠道,尤其是原材料没有保证。此外,有些生产队、大队被认为"往往只从利润出发,不顾国家方针政策,不管服务方向",且"企业管理混乱,随便安插私人"。[①] 由此可见,以队办工业为代表的农村手工业并没有受到计划经济体制的严格管理,也存在着牟利动机。队办工业的经营活动具有市场经济的特点。

"文革"开始后,无锡县的手工业管理机构进行了一系列调整。1967 年,县手工业局受到冲击,被迫停止办公。1968 年 3 月开始,该县工业生产由县革命委员会生产指挥组领导。1970 年 10 月,无锡县成立工交局,1972 年 5 月,成立工业局,手工业被纳入统一管理。1973 年 9 月,重新成立手工业管理局,分管手工业和社队工业。1975 年 10 月,手工业局改为第二工业局,此后,手工业企业或上升为县属大集体工厂,或下放给当地为社队工业。1978 年 4 月,第二工业局撤销,由手工业发展起来的大集体工业划归工业局管理,同时成立社办工业局,专线管理社队工业。社办工业局于 1979 年 2 月改为社队工业管理局,1984 年 5 月更名为乡镇企业管理局。[②] 从管理机构的变迁可见,政府部门对于手工业与社队工业还是有所区分的,而改革开放后崛起的乡镇企业,其源头是社队工业。不过,要再次指出的是,这种区分从生产力或生产技术水平的角度看,并不严谨。

1966 年 6 月 3 日,无锡县委与地委相关人员赴春雷大队调查后提交了报

① 董欣宾、郑旗:《无锡县社队工业年谱》,国际新闻出版中心 1995 年版,第 86 页。

② 无锡县经济委员会、无锡县乡镇企业管理局编:《无锡县工业志》,上海人民出版社 1990 年版,第 121—123 页。

告,对《江苏情况》上批判该大队的极左文章进行了斗争。1956年2月,无锡县东亭乡的春雷农业生产合作社作为高级社成立,在成立初期,群众就认为:“我俚这里田少人多,劳动力总要寻找出路。”于是注重发展工业。而当时该社的工业如造船等,实际上只是手工业,且被纳入副业的范围内。据1957年的调查,春雷社人均土地面积只有1.29亩,社内有半渔半农户15户,经营轧棉12户,刺绣76人,漆匠3人,皮匠4人,铜匠1人,泥水匠18人,缝衣9人,理发2人,有轧石棉机2部、轧花机1部,有万吨船和600多个船工,另有造船工人48人。该社农忙务农,农闲务工。该社当时确定了劳动报酬按质按量评记工分的制度。尤其是造船工场,工人报酬以包工数为定额,劳动日以定额打七折左右计算,所完成的定额照劳动日基本数,按技术高低、劳动多少评记工分,参加分红。包工订货时费用由社收益,工场房屋由社筹建,造船工具由工人自带。[①] 春雷社是无锡县的一个典范,正是根据该社经验,无锡县委认为农业社是可以经营手工业的。春雷高级社时期办的造船厂在公社化后,上调为公社造船厂,春雷大队留了六七个木工和四五个学徒,负责大队的农船和农具修理。1961年,城市下放到该大队木工、捻工23人,这些工人一度外出做零工,经教育后,组织起来建立了木工场,在3年的时间里为大队造船25条,修理农船116条次,制造脱粒机12台,修理小农具3000多件,除满足大队需求外,还承包无锡市运输部门一些船只的来料加工工作。到1966年,春雷大队有大小企业8个,木工场和粮饲加工厂为其骨干。1965年,春雷大队的企业总收入为9万元,木工场和粮饲加工厂的收入为61374元,占68%,其对该大队可谓举足轻重。经过调查,无锡县委认为春雷大队的公共积累是正当的,是集体劳动所得。[②] 这一定性,对无锡县发展农村工业起到了保护作用。1966年6月24日,无锡县委常委召开会议,学习讨论毛泽东的《五·七指示》,对于其中提到的“也要由集体办些小工厂”,常委在讨论时,情绪十分激动,一致认为,要组织干部学习,以提高思想,明确方向。[③] 由此可见,无锡县

---

① 董欣宾、郑旗:《无锡县社队工业年谱》,国际新闻出版中心1995年版,第4—5页。

② 董欣宾、郑旗:《无锡县社队工业年谱》,国际新闻出版中心1995年版,第99页。

③ 董欣宾、郑旗:《无锡县社队工业年谱》,国际新闻出版中心1995年版,第100页。

的领导干部有主动发展农村工业的意愿,而他们需要来自中央的政策或领导人指示为其提供合法性。

1970 年 12 月 11 日,中央转发国务院《关于北方地区农业会议的报告》,对无锡县农村工业的发展又形成一个刺激。文件转发后,无锡县开展了大规模的农田水利基本建设,扩大一麦两稻三熟制的种植面积,农用电力器材、农机农具、化肥农药、塑料薄膜和建筑材料需用量剧增。无锡县委提出"围绕农业办工业,办好工业促农业"的口号,发动社队兴办支农工业。这一时期,无锡县先后接收了 2400 多名下放干部,其中有一批工业领域的经营管理和工程技术骨干,他们连同 1960 年代初回乡务农的 3.3 万多名老工人,共同构成了无锡县发展农村工业的人力资源。此外,不能忽视的是,这一时期城市工厂的"停产闹革命"导致市场商品匮乏,也给了无锡县农村工业以发展机遇。① 因此,在无锡县领导干部的推动下,无锡县农村工业利用有利的内外条件,又开始快速发展。

不过,受计划经济体制的制约以及政治环境的影响,无锡县农村工业的发展不可能一帆风顺,领导干部的思想以及相关政策也呈现出某种摇摆性。1971 年 5 月 9 日至 10 日,无锡县委、革委会常委召开会议学习《五·七指示》和《人民日报》社论,县委书记曹鸿鸣发言说:"农民有条件办小工厂,可以修理机械……通过《五·七指示》学习,县社办工业,支农方向更明确了。"②然而,农民办工厂不可能完全遵循支农等政治原则,在很大程度上还是受到经济利益驱动。例如,厚桥公社创新大队于 1971 年 3 月提出筹办胶木厂,其动机就是"搞些钱",不符合支农方向,故公社和县工交局都不同意。但是,该大队领导没有执行公社和工交局的指示,于 1971 年 5 月通过一个下放干部,介绍给厚桥公社党委副书记 3 个上海人到大队办厂。这 3 个人 5 月到了大队后,接受上海南汇县东海大队 2 副冲模加工费 700 元,到 6 月中旬尚未完工,这引起了当地贫下中农很大的意见,因为大队支付给这 3 人 800 元工资、150

---

① 无锡县经济委员会、无锡县乡镇企业管理局编:《无锡县工业志》,上海人民出版社 1990 年版,第 9—10 页。

② 董欣宾、郑旗:《无锡县社队工业年谱》,国际新闻出版中心 1995 年版,第 127 页。

元差旅费和100余元原材料费,而"那三个人还养鸡30余只,吃亏大队粮食40斤,住在该大队,用的被子、蚊帐全部由大队供给"。在群众不满的氛围下,6月底,该胶木厂被要求立即停办。[①] 这个例子很充分地展示了社队工业创办的发起者、推动者、真实动机及其复杂的阻力。1971年11月20日,无锡县委传达中央《关于加速实现农业机械化的报告》,其中提到要求大力发展地方"五小工业",这对于无锡县发展农村工业又是一个推力。[②] 其实,社队工业发展的阻力,除了政治影响外,还包括经济层面的资源与要素短缺。例如,1973年11月21日,无锡县委常委会议就提出:"当前电力紧张,社队企业还不能开工。"[③]1974年2月27日,在县委常委会议上,"有人提到查桥东升大队外出劳力26%,男劳力共外出106人,占男劳力的49%,女劳力外出16人,占女劳力的7%。生产大队也办厂。这个问题不解决,就上不去"[④]。因此,在计划经济体制下,农村工业的发展就和城市手工业经济一样,受经济因素本身的制约。

1974年12月,据无锡县手工业管理局统计,全县有社办厂263个,队办厂1422个,亦工亦农人员37028人,占农村劳动力的7.6%,其中社办厂19316人,队办厂17712人。1973年,社队工业产值为9980万元。[⑤] 随着发展的积累,无锡县农村工业内部也出现了扩散。以前洲公社为例,该社1972年有8个社办厂、47个队办厂。从1974年开始,该社根据各大队的不同情况,发动社办企业对队办厂进行"四个帮",其中较为实质性的帮助,包括为队办厂培训骨干、从设备和材料上支持队办厂以及扩大队办厂生产。该社组织7个社办厂与12个队办厂挂钩,开展了企业下放、脱壳生产、扩散零件、帮助加工与统一接业务等工作。例如,公社将磷肥厂和水泥制品厂的成套设备和业务下放到北圩大队,固定资产属公社,经营收入归大队;公社油漆厂将票夹"脱"给邓巷大队生产;农机厂将50多种零件扩散到8个大队生产;公社毛笔

① 董欣宾、郑旗:《无锡县社队工业年谱》,国际新闻出版中心1995年版,第127页。
② 董欣宾、郑旗:《无锡县社队工业年谱》,国际新闻出版中心1995年版,第130页。
③ 董欣宾、郑旗:《无锡县社队工业年谱》,国际新闻出版中心1995年版,第154页。
④ 董欣宾、郑旗:《无锡县社队工业年谱》,国际新闻出版中心1995年版,第157页。
⑤ 董欣宾、郑旗:《无锡县社队工业年谱》,国际新闻出版中心1995年版,第162页。

厂在3个大队设立加工点,产品由公社统一经销。[①] 前洲公社的案例实际上反映了当地农村工业规模的扩大。表4-15为无锡县1975年工业产值完成情况:

表4-15 无锡县工业产值完成情况(1975年)

项目		年度计划指标(万元)	完成实绩(万元)	比上年增长(%)	占年度计划(%)
县社工业总产值		24700	26508.29	23.8	106.8
其中	全民所有制企业	8740	9781.39	20.6	111.9
	集体所有制企业	6260	6829.13	24.2	109.1
	社(镇)办工业	9700	9897.77	29	102

资料来源:董欣宾、郑旗:《无锡县社队工业年谱》,国际新闻出版中心1995年版。

1975年,无锡县社办工业的产值超过该县全民所有制企业和集体所有制企业,表明当地农村工业已成长为一股不可忽视的力量。经济层面的变化也带来了社会与风气上的变化。1975年4月,无锡县委在对社队企业的调查中发现了"用人不问政治"的问题。例如,东亭公社向阳大队革委会党员副主任姜某某,分管队办厂,"飞扬跋扈,对职工要谁来谁就来,要谁去,谁就滚蛋;要补助谁,他就大笔一挥,个人说了算。他还打过26人"。这个姜某某1971年造了2间平房,1974年又造了2间楼房,抽高级香烟,买进口手表、凤凰自行车、三五牌台钟,还先后差遣8人为他无偿种自留地、干私活。[②] 这表明,随着农村工业发展带来的财富积累,农村又出现了新的分化,这种分化在改革开放前已然出现。这个姜某某的例子属于比较恶劣的腐化现象,但是,所谓的"用人不问政治",也存在着市场主体在计划体制下生长的现象。例如,有的单位让"坏人"掌握供销、技术大权,这些"坏人"成为社、队厂的"关键人物",

① 董欣宾、郑旗:《无锡县社队工业年谱》,国际新闻出版中心1995年版,第175页。
② 董欣宾、郑旗:《无锡县社队工业年谱》,国际新闻出版中心1995年版,第167页。

有的领导认为"他们能弄回材料物资,能解决技术关键,就是要依靠这些人,厂才能办得成"[①]。很显然,特殊年代里的一些"坏人"并非真正的坏人,而是受到不公正对待的技术与管理人才。值得注意的是,社队企业对这些技术与管理人才毫不忌讳地委以重任,反映出以经济利益为导向的观念在1970年代中期已经生根于江南农村。这种与当时的政治原则相违背的自发观念,既构成无锡县社队工业蓬勃发展的重要动因,又隐藏着日后改革开放的基层动力。

除了用人上持有"不问政治"的观念,无锡县社队工业的企业管理制度也在发生着变化。当然,这些新的变化,在1975年还被称为"资本主义经营管理"。例如,坊前农机厂用物质刺激工人加班加点,加班面达32%,支付加班工资10863元,占工资总额的21%。再如,"供销人员满天飞",坊前塑料厂有7个采购员,7人差旅费一年就开支5025.84元。又如,社队工人转队后的工分高于农业工,相当一部分人的工分高于农业同等劳力的50%甚至1倍以上。[②] 这些变化,使其已经具有一定的市场主体经营的雏形。不过,也不能对这些自发的变化评价过高。例如,以物质刺激来说,东亭农机厂按定额记工,结果却是"工人赶进度,产品质量不好,损失是厂里的"。再以供销人员多为例,虽然这在一定程度上体现了社队企业与市场的贴近,但不能忽视的是"高补贴、乱请客",大量的钱实际上花费在请客吃喝上。[③] 这表明,此时的社队企业具有了市场主体的经济驱动特征,但由于外部环境并非市场经济,故很多企业本身还不具备成本控制的观念与制度,尚非真正的市场主体。

总而言之,在"文革"结束前,无锡县的农村工业获得了较大发展,社会观念随之变化。内部资料显示,1975年5月,无锡县一些农民家庭"通过各种关系,以集体名义,与厂矿企业挂上钩,搞运输、搞加工,除了很少一部分交给集体以取得'合法'以外,大部分收入进私人腰包"。"重钱轻粮"的观念在无锡

① 董欣宾、郑旗:《无锡县社队工业年谱》,国际新闻出版中心1995年版,第167页。
② 董欣宾、郑旗:《无锡县社队工业年谱》,国际新闻出版中心1995年版,第167—168页。
③ 董欣宾、郑旗:《无锡县社队工业年谱》,国际新闻出版中心1995年版,第167页。

县已普遍存在,劳动力大量外出。如东亭公社杨亭大队,全大队劳动力共1290个,外出390个,占35%;西库公社横街大队有1053个劳动力,外出353人,占33%。在外出劳力中,干部的家属子女多,青壮年、男劳动力多,而外出人员工分报酬收入多。于是,当地流行"学手艺,当五匠,外出赚现钱"。有人说,当了五匠后,"泥刀榔头笃笃,吸烟饮酒又吃肉,一天收入一块六"。还有些青年认为"有门路进工厂,无门路学五匠"。据红旗公社嘉禾大队统计,两年来五匠增加了40%,全大队818个劳动力中,五匠有104个。[①] 凡此种种皆表明,在经济利益刺激下,无锡县农民中已经形成了一种重工轻农的风气。而无锡县并没有因为社队工业兴起中出现的种种问题而扼杀这种经济形态,相反,在无锡县委1975年10月发布的《关于整顿和发展社队工交企业的意见(试行)》中,依然对社队工业持保护与支持的态度,提出:"几年来的实践证明:社队企业的发展,对于改造农业、改造农村、改造农民和改变城乡工业布局有很大作用。它有利于充分发挥人民公社"一大二公"的优越性,充分利用当地的资源,加快农业机械化的步伐,促进农业生产大上快上和全面发展;有利于增加社、队集体积累、支援穷队建设,促进社队之间更好地走共同富裕的道路;有利于支援卫生革命、教育革命等社会主义新生事物,扩大按需分配的共产主义因素;因而也有利于缩小三大差别,加强工农联盟,巩固无产阶级专政。"[②]这亦不难解释,自1977年起,无锡县社队工业的产值就超过了农业产值。[③] 从劳动力就业情况看,直到1970年代末,农业劳动力在无锡县还是占70%左右,但在农业人口总体增长的态势下,社队工业和副业吸纳的劳动力亦不断增多。表4-16为1970—1980年无锡县劳动力投放情况:

① 董欣宾、郑旗:《无锡县社队工业年谱》,国际新闻出版中心1995年版,第168页。

② 董欣宾、郑旗:《无锡县社队工业年谱》,国际新闻出版中心1995年版,第404页。

③ 无锡县经济委员会、无锡县乡镇企业管理局编:《无锡县工业志》,上海人民出版社1990年版,第10页。

表 4-16　无锡县劳动力投放情况(1970—1980 年)

年份	农业人口(万人)	农村劳力(万人)	农业		社队工业		副业	
			人口(万人)	占比(%)	人口(万人)	占比(%)	人口(万人)	占比(%)
1970	89.47	43.46	36.13	83.1	3.47	8.0	3.38	8.9
1971	90.67	45.84	40.77	88.9	3.71	8.1	1.36	3.0
1972	91.15	46.12	39.34	85.3	4.97	10.8	1.81	3.9
1973	92.01	47.28	41.31	87.4	5.35	9.2	1.62	3.4
1974	92.92	47.94	40.47	85.1	5.29	11.1	1.81	3.8
1975	94.05	47.94	39.35	82.1	6.37	13.3	2.22	4.6
1976	94.95	48.47	38.39	79.2	7.54	15.6	2.54	5.2
1977	95.95	49.78	37.64	75.6	9.00	18.1	3.14	6.3
1978	96.16	40.39	36.61	72.7	10.06	19.9	3.72	7.4
1979	95.05	49.66	34.31	69.3	10.93	22.0	4.30	8.7
1980	95.41	49.72	30.83	62.0	13.16	26.5	5.73	11.5

资料来源:董欣宾、郑旗:《无锡县社队工业年谱》,国际新闻出版中心 1995 年版,第 297 页。

从某种意义上说,无锡县在计划经济时代的农村手工业或农村工业发展,并不具有典型性与代表性。从资源上说无锡县发展农业的条件优越,从地理上说无锡县容易受到上海这一工业中心的辐射,从历史上说无锡县有悠久的手工业传统,这些均使无锡县发展农村工业拥有得天独厚的优势。因此,从 1974 年起,无锡县就成为全国社队工业产值最早超过亿元的县份之一,此后亦长期在全国处于领先地位。① 但不可忽视的是,改革开放以后,中国经济发展与工业化,本身就是一个地理上不平衡的现象,即使是异军突起的乡镇企业等新的市场主体,在很大程度上亦集中于长江三角洲、珠江三角洲等地区,并没有均衡分布于全国。在这种全局视角下,可以得出的结论是,

① 无锡县经济委员会、无锡县乡镇企业管理局编:《无锡县工业志》,上海人民出版社 1990 年版,第 10 页。

无锡县社队工业的发展,是计划经济体制下的一股潜流,较早地生成与汇聚了各种市场经济要素,为此后当地乡镇企业的崛起进行了必要的积累,从而使得乡镇企业的异军突起事实上并没有那么突兀。从手工业经济演化的角度说,无锡县社队工业的壮大,是地方领导庇护与农民牟利动机相结合的产物,并得益于城市工业各种生产要素向农村的流动。这种经济形态在计划经济体制下是边缘化的,只能在计划体制的缝隙中生长,并利用中央有利的政策为自己辩护。地方领导的作用就在于,能动与灵活地去解释与利用中央政策。这反映了中国计划经济体制并非严丝合缝的体系,而这一点,恰恰也在客观上使日后的市场化改革更加容易进行。

第二节　不同层级的手工业经济:从沿海到内地的二轻工业

中国幅员辽阔,在历史上形成了一些各具特色的手工业传统集中产区。但是,应该辩证地看待手工业经济的区域差异性。一方面,部分手工业能够形成地域特色,取决于自然环境如原料产地的差异性,以及在此基础上不断累积的技艺差距,但这种初始条件的差异在工业化时代是能够被技术创新消弭的,近代日本等国丝业在国际市场上击败中国丝业,就是一个例证;另一方面,对于很多日用品型手工业来说,除个别所谓名牌产品外,技术水平是相近的,地域差异本就不明显,随着生产的工业化,技术上更是出现了趋同的演化。在计划经济时代,由于市场经济被压制,加上对外贸易规模有限,中国各大城市的手工业演化节律在中央统一政策的强制作用下,呈现出某种一致性,传统商业城市尤其是沿海城市的优势无法发挥。因此,在考察了中心城市上海后,选择福州这一沿海城市作为个案,能够观察到计划经济时代中国大城市与省会城市手工业演化的一般特征。至于那些实际上缺乏深厚手工业传统的内地城镇,则可由山西省榆次与阳泉两地作为代表。在计划经济体制的归口管理之下,纺织业这一传统手工业的主体很早就被划出了手工业系统,但这无法否定某些类型的纺织业在经济上仍具有手工业的特征,对这类纺织业的个案考察,有助于完整认知中国手工业经济的长期演化。

一、沿海城市的手工业变迁:福州市二轻工业的演化

处于东南沿海的福州市是中国工艺美术名城,其二轻工业亦一度颇有发展,故适合用于考察中国手工业历史分化的具体演化过程。中国各地二轻系统所包含的行业不尽相同,同一地区二轻系统的行业划入与划出亦为常事。截至 1990 年,福州市二轻系统包含皮革及其制品、五金制品、家用电器制品、家具及竹木藤制品、服装鞋帽制品、文化体育用品、日用杂品、二轻机械、电镀加工和中小农具等 10 个大行业,这些行业构成了福州市二轻工业的主体。但历史上曾经属于二轻系统且明显属于手工业的工艺美术等行业,亦应一并予以考察。

自古以来,福州就以手工业产品闻名于世。明清两代,福州成为手工业集中的城市,纺织、造船、印刷、漆器、寿山石雕、铜铁器等业都有较大发展。此时,福州还是中国工艺美术品的重点产区之一,有"三山艺巧,四海独绝"的美誉,其中以脱胎漆器最为出名,与北京的景泰蓝、江西的景德镇瓷器并称中国"工艺三宝"。[①] 近代开埠通商后,福州手工业的命运因行业而异,一部分手工业受到进口洋货冲击,另一部分手工业反而因国际市场的扩大而有所发展。民国时期,福州生产的纸伞、漆器、角梳、瓷器、瓦器、皮制品等年年出口,其中脱胎漆器、角梳、纸伞还在 1933 年美国芝加哥百年进步博览会上获得金奖,被誉为"福州三宝"。[②] 全面抗战后,福州手工业受到战火摧残,战后虽一度恢复,但因战争旋起而再遭重创。整体来看,手工业是历史上福州经济的重要组成部分。至 1949 年,福州现代工业仍寥寥无几,手工业户占全市工业总户数 5266 户的 94.07%,从业人员 14268 人,占全市工业总人数 19374 人的 73.6%,自然行业有 69 个,是中国重要的手工业城市之一。[③] 中华人民共

① 福建省地方志编纂委员会编:《福建省志 · 二轻工业志》,方志出版社 2000 年版,第 1 页。

② 福州市二轻工业志编纂委员会编:《福州市二轻工业志(初稿)》,内部资料,1990 年,第 8 页。

③ 福州市二轻工业志编纂委员会编:《福州市二轻工业志(初稿)》,内部资料,1990 年,第 10 页。

和国成立后,福州市手工业就是在这样的基础上继续发展的,而不同行业在计划经济体制下也出现了进一步的分化。

中华人民共和国成立后,计划经济体制逐步确立,国家对经济的改造在各个层面展开,手工业自不例外。总的来说,国家对手工业的改造,显示出一种工业化的趋向。

为了救助受到战火摧残的福州手工业,1950 年,政府采取联产联销、委托加工、订货、统购统销、提供贷款等办法,组织手工业工人生产自救,以恢复生产。1951 年 6 月,又根据"积极领导、稳步前进"的方针,进一步帮助铁器、角梳、雨伞、纺织等行业的手工业劳动者,按照"自愿互利""典型示范"的原则建立手工业生产合作社。生产合作社的形式包括手工业生产小组、生产合作社、生产供销合作社等 3 种。至 1951 年年底,共组建 20 个手工业生产合作社,社员 958 人。[①] 社员有的以原料、工具折价入股,有的以工资认股,失业者多以解雇金凑成股金。1952 年全市手工业合作社(组)的工业总产值 135 万元,比 1951 年的 19 万元增长 6 倍,集体经济处在萌芽状态。[②] 可以说,至 1952 年年底,福州手工业得到了恢复。而政府的救助政策,实际上已经预示了国家力量对手工业的介入和改造。

1954 年 7 月,福州市手工业局成立,以加强对手工业生产的管理和对个体手工业的社会主义改造工作。专门管理机构的成立,是福州市二轻工业作为一个行业系统形成的起点。至 1956 年 2 月,全市共有手工业生产合作社(组)320 个,91.5%的手工业劳动者走上了合作化道路,基本完成手工业从个体经济向集体经济的转变,增强了新的制造能力。[③] 福州市雨伞业是率先开始合作社化的典型。在政府的发动和手工业者的自愿参与下,1951 年 11 月,福州第一雨伞社成立,随后,第二雨伞社和第一、第二伞骨社也相继成立。1955 年合作化高潮时,第三、四、五、六雨伞社又告成立。当年 8 月,福州市手

① 福州市二轻工业志编纂委员会编:《福州市二轻工业志(初稿)》,内部资料,1990 年,第 10—11 页。

② 福州市地方志编纂委员会编:《福州市志》第 3 册,方志出版社 1999 年版,第 700 页。

③ 福州市二轻工业志编纂委员会编:《福州市二轻工业志(初稿)》,内部资料,1990 年,第 11 页。

工业联社组织雨伞专业联社。1956年,福州市雨伞合作社合并组成第一、二、三地方国营雨伞厂和公私合营福州雨伞厂,共有职工1858人,年产雨伞122万把。[①] 1957年,福州市手工业生产总产值达4365万元,占全市工业总产值23875万元的18.28%,为1950年1216万元的3.59倍,产品品种达1400种,评为市级名牌产品的有38种,门市网点遍布全市各个角落。[②] 这被认为是福州市手工业社会主义改造的积极成果。

不过,福州市手工业的社会主义改造在推进过程中亦曾暴露一些问题。据1956年调查,福州市有个体手工业者5874人。这些个体手工业者经营规模小,流动资金平均每户仅38元,设备也很简陋,生活没有保障。但个体手工业在市场上展示了其灵活性,且补充了国营工业、手工业合作社和公私合营工业的不足。例如,福州市篾梳业在1956年第一季度给中百公司加工篾梳1万把,第三季度增加到4.5万把,这些产品都是由个体户做的,因国营工业和手工业合作社无此行业。[③] 然而,个体手工业的这种灵活性冲击了被国家计划体制纳入轨道的手工业合作社。例如,由于福州市机修业务很紧张,技术较好的合作社社员干脆退社单干,日夜赶活,不受劳动时间限制,每月收入有的高达300多元。再如,福州市有关部门为了合作社完成漆器出口任务,规定生漆不能供应个体户,当铁、竹、木等生产原料不足时,对个体户也很少安排。但这反而造成个体户在自由市场抬价抢购,冲击了原料市场。在生产上,手工业合作社即使任务做不完也不将适当的任务分给个体户,但加工单位直接与个体户接洽,订货过多,反而造成有的个体户业务好、大量雇工,甚至高价拉拢合作社社员退社替其赶任务。典型的案例,如福州木器业柯同兴在合作化高潮后雇工12人,当木器社工人每天1.5元左右时,个体户就提高到2元以上,等合作社调整工资,他们又提高到3元以上,引起部分社员退

① 福建省地方志编纂委员会编:《福建省志·二轻工业志》,方志出版社2000年版,第154页。

② 福州市二轻工业志编纂委员会编:《福州市二轻工业志(初稿)》,内部资料,1990年,第11页。

③ 中央手工业管理局编:《福建省漳州、龙溪、建瓯、厦门、福州等县市手工业合作社调查资料》,财政经济出版社1957年版,第51页。

社。[①] 从政府管理的立场看,这些现象反映了个体户对经济秩序的扰乱。但这些现象同时也反映了计划体制在管理环节上的脱节,以及个体户作为手工业经济形态的市场灵活性。

此外,在合作化过程中还出现过其他违背手工业经济规律的问题。例如,在合作化高潮中,福州市服装行业由于缺乏经验,忽视缝纫业点多面广的行业特点,忽视传统的量体裁衣的生产方式,过于强调集中,撤销了许多服务网点,强求门市加工统一缝制标准,并且在门市部实行 8 小时上班制和节假日制,给群众的生活造成了不便。此外,在员工待遇上,不分技术等级,工资平均分配,也挫伤了员工的生产积极性。所幸在 1956 年 6 月,中央发出正确处理集中和分散及其核算问题的指示,并于下半年开始调整,这些问题及时得到了纠正。[②] 再如,长顺斋鞋店是福州的老鞋店,创于 1858 年,1937 年由吴建明一家接盘。吴建明在盘点存货时发现许多无用的做靴剩余的下脚料,就创造了一种新式布鞋,将皮下脚料贴在鞋垫最外层,以适应南方多雨潮湿的气候。后来,经反复试验,吴建明设计出一种可以镶在鞋底的三角铁,创造出千层底布鞋,使长顺斋布鞋成为名牌。新中国成立初期,长顺斋生意继续保持兴旺,北京、上海等地皆有人托人到福州来买,董必武、陈毅、叶飞等领导都喜欢穿这种布鞋。但是,1955 年长顺斋并入鼓楼布鞋社后,该社领导怕麻烦,嫌利薄,连续两年没有生产这种布鞋。1956 年 12 月,福建省委书记叶飞听到群众反映后,就亲自去买鞋,果然没有买到。一个星期后,从鞋社分出人员,单独成立长顺斋布鞋小组,恢复生产千层底布鞋。[③] 很显然,布鞋社领导有自身的考量,其考虑也不能说缺乏经济理性,问题在于,长顺斋生产千层底布鞋同样能够满足市场需求,也具有经济理性,但两种经济理性不在一个层面,存在着利益冲突。这样一来,将具有小生产特征而能够满足部分市场需

① 中央手工业管理局编:《福建省漳州、龙溪、建瓯、厦门、福州等县市手工业合作社调查资料》,财政经济出版社 1957 年版,第 52—53 页。

② 福州市地方志编纂委员会编:《福州市志》第 3 册,方志出版社 1999 年版,第 717 页。

③ 吴建明口述、李贵端等整理:《福州名牌长顺斋布鞋》,载《鼓楼文史》第 2 辑,1991 年 1 月,第 44—46 页。

求的长顺斋，并入向着大量生产发展的鞋社，就导致整体上的经济不理性了。

然而，国家对手工业的介入，重要的举措就是推动手工业向现代工业转化。这种转化主要是靠生产工具的技术进步与企业组织的规模扩大实现的。在福州，包括木器、铁器、角梳在内的多个产业实行了半机械化、机械化生产。1956 年，福州 9 个木器生产小组转为生产合作社，社员 868 人，依靠土法上马、土洋结合，革新了许多木工机械设备，使家具生产的锯、刨、截、凿等主要工序实现半机械化生产。[①] 1953 年，市铁器社成员秦大钧革新一台机锤，解决笨重的人力打镐问题，使洋镐产量由 5 人日产 20 把提高到 300 把；又用模具生产 8 磅锤，规格统一美观，工效提高 5 倍。1954 年 4 月，该社又创造性地以铁代铜制造摇铃，为福州市手工业群众性技术革新运动起了示范推动作用。1956 年，角梳业在锯角、裁坯、磨工等工序实现了 80%的机械化、半机械化生产，使年产量增加 8 倍。[②] 福州市手工业的技术与组织变革，与政策激励当有密切关系，也是 1950 年代国家工业化氛围感染的产物。例如，创于 1901 年的增金利厨刀按传统方法生产共有 24 道工序，做工精良，产品供不应求，但商号老师傅“不想传艺扩大生产，秘不传人”，1955 年并入古楼铁器五金厂后，仍保持 1 架炉子生产。后来，政府给予老艺人应有的荣誉，五金业评 7 个老艺人，增金利厨刀占了 2 名，“经过政府谆谆教育，老艺人进步很快，及至 1958 年 1 架炉扩大到 4 架炉，原 4 人每人负责 1 架炉传帮带，产量由月产 200 余把发展到 1000 把，生产力提高 4 倍”[③]。这是手工业企业规模扩大的实例。再如，宝剑牌小刀创始人李松皋，1946 年在福州生产四开小刀，在刀片上镌刻“U. S. A”冒充美国货，由于工艺精良而国内当时罕见四开小刀，百货商店信以为真，试销中反映甚好，遂由商店包销，直到 1951 年，百货商店与消费者均不知真相。是年李松皋被选为手工业代表大会代表，认为应有自己的商标，遂正式以“宝剑牌”命名小刀。1955 年，以李松皋的技术为主，福州 3 个小

---

① 福州市地方志编纂委员会编：《福州市志》第 3 册，方志出版社 1999 年版，第 712 页。

② 福州市地方志编纂委员会编：《福州市志》第 3 册，方志出版社 1999 年版，第 75 页。

③ 值得注意的是，增金利厨刀的品质离不开现代工业的支撑，因其“用料也考究，遴选德国掌印牌和美国双笔牌锉钢，此钢打刀不易磨损”。见福州市二轻工业志编纂委员会编：《福州市二轻工业志（初稿）》，内部资料，1990 年，第 57—58 页。

组、26户生产者联合成立小刀生产合作社,有职工70余人,保持手工作业,1956年第一次将产品销至中国香港、中国澳门以及新加坡等地。由于产品供不应求,职工发展到132人,1956年11月正式成立地方国营福州小刀厂,外销用"宝剑牌",内销用"警钟牌"。1957年,该厂派人去上海新中华刀剑厂参观机械化生产,学习冲压、制模具和磨砂轮工艺,福州市手工业管理局拨专款3万余元购买冲床、砂轮、车床等设备,从此开始改变手工敲打状态,质量渐趋规格化,装配更精密,企业则大胆提出"质量包退保修"的经营宗旨。1959年,福州小刀厂月产量约400打,1961年增至3700打,产品持续供不应求。[①]因此,福州手工业的机械化生产技术进步与企业组织规模的扩大,具有增加产量的经济动因,但在很大程度上是由政府协助促成的。

1957—1960年,在"大跃进"等影响下,福州手工业合作企业大批合并和"升级转厂"。全市428个手工业生产合作社中,有61个转为国营工厂,10个转为合作工厂,357个转为农村人民公社工厂。过早地"升级转厂",严重削弱了集体经济,导致手工业产品品种减少,质量下降,原材料供应困难,以及市场上日用小商品的供应紧张。1960年年底,福州日用小商品仅余463种,比1957年减少了67%,除角梳、鱼钩等6种勉强维持外,传统名牌产品大部分停产,门市网点减少,造成群众生产生活的不便。福州市手工业因此受到了冲击,1958年总产值降低至1158万元,仅为1957年的26.5%。[②]

就类别繁多、数量庞大又涉及民生的五金业来看,"大跃进"期间它的问题是非常突出的。五金业是当时福州市最大的手工业行业,据统计,至1953年,该行业共包括32个自然行业,总户数发展到793户,从业人员有2584人。合作化运动高潮后,五金业共组织34个社(组),其中合作社28个,小组5个,供销社1个,全行业有职工3186人。1959年五金社(组)开始大并转,改为国营厂的有17个,职工发展到3681人,合作工厂有2个,职工293人。因

① 福州市二轻工业志编纂委员会编:《福州市二轻工业志(初稿)》,内部资料,1990年,第61—63页。

② 福州市二轻工业志编纂委员会编:《福州市二轻工业志(初稿)》,内部资料,1990年,第12页。

忽视安排小商品的生产,1960 年仅能维持生产 204 种产品,导致铁锅、铁铲、大钳、菜刀、锅钉、炉条、老鼠夹、剪刀、理发推刀、鞋扣、钢丝发夹、削笔刀、图钉、裁纸刀等与生产、生活密切相关的诸多产品在市场上脱销。[①] 例如,福州第二机床厂在 1958 年大炼钢时,铸锅人马被并入了锻压厂,导致福州市铁锅供应紧张,只能凭证购买,给民众的生活造成了极大的不便。[②]

传统名牌产品方面,长顺斋布鞋较为典型。在 1958 年公社化时期,长顺斋再度并入鼓楼制鞋厂,导致千层底布鞋的停产。后来,梅兰芳到福州演出,指名要买长顺斋千层底布鞋,却没有买到,他回京后向中央提意见,长顺斋布鞋小组才于 1959 年 7 月从鞋厂分出单独经营。[③]

可以说,"大跃进"在很多方面违背了手工业经济的发展规律。但值得一提的是,福州市的街道工业作为一种特殊类型的手工业在"大跃进"期间开始兴起。福州街道工业起源于 1958 年前,1955 年时有 84 个场组,共 3160 人,产值 129 万元。[④] "大跃进"加速了部分城区街道工业的发展。例如,1958 年,在"家家无闲人"的号召下,福州市鼓楼区东街街道办事处组织闲散人员和家庭妇女办起了修缮、缝纫和塑料制品等场组,为街道工业的兴起打下了基础。次年,这批场组进行整顿后,上升区管。[⑤] 鼓楼区东街街道工业的诞生,倒颇符合手工业作为劳动密集型产业的特性,且发挥了吸纳劳动力就业的功能。街道工业的兴起是"大跃进"时期福州手工业演化不容忽视的细节。

1961 年,中共中央对国民经济实行"调整、巩固、充实、提高"的方针,并于同年 6 月颁布了《关于城乡手工业若干政策问题的规定(试行草案)》。随后,福州市的手工业政策也跟着出现转向。在国民经济调整时期,福州市手

① 福州市二轻工业志编纂委员会编:《福州市二轻工业志(初稿)》,内部资料,1990 年,第 49 页。

② 福州市二轻工业志编纂委员会编:《福州市二轻工业志(初稿)》,内部资料,1990 年,第 77 页。

③ 吴建明口述、李贵端等整理:《福州名牌长顺斋布鞋》,载《鼓楼文史》第 2 辑,1991 年 1 月,第 46 页。

④ 福州市二轻工业志编纂委员会编:《福州市二轻工业志(初稿)》,内部资料,1990 年,第 454 页。

⑤ 鼓楼区东街街道办事处编:《东街街道工业发展前后》,载《鼓楼文史》第 2 辑,1991 年 1 月,第 42 页。

工业过渡到全民所有制的企业,到1963年,除保留国营工厂14个外,全部恢复为集体所有制;转为人民公社工业的基本上都退了回来;统负盈亏的大集体企业,也有一部分重新划小核算单位,恢复独立核算,自负盈亏;大批街道工业经过整顿,成为新的集体所有制企业。福州市的小商品生产状况因此好转,产品质量提高,品种增加,日用小商品的生产供应紧张状态渐渐缓和。[①] 1963年,福州市手工业管理局和福州市手工业生产合作社联合社合编了《福州市手工业名牌、优质产品介绍》,其中有名牌产品41种、优质产品89种。部分代表性产品如表4-17所示:

表4-17　福州市手工业部分名牌、优质产品(1963年)

产品名称	生产厂家	历史简介	特点
观音头牌镰刀	福州镰刀社	创于1804年,创业牌号为郑祥太,1955年加入福州市镰刀生产合作社,仍按原劳动组织生产。	式样多,能适应不同地区使用要求;富有弹性,锋利耐用。
宝剑牌四开小刀	福州小刀厂	创于1946年,创始人李松皋。	外壳光滑,电镀明亮;刀内装有小刀、剪刀、钻子、刺夹4种刀具;经久耐用。
掌桃牌厨刀	福州增金利厨刀厂	创于1901年,创始人陈金金。	美观大方,品种多样,锋利耐用。
牡丹牌绸伞	福州伞厂	创于1944年,创业牌号为富贵,1956年转为地方国营福州伞厂,仍保持原劳动组织进行生产。	式样小巧玲珑;便于携带;伞骨不会生蛀,保管妥善可用数年。
童牛牌角梳	公私合营福州角梳厂	创于1903年,创业牌号为润光厚,1956年转为公私合营福州角梳厂。	品种多样;梳齿伶俐,梳发不痛;坚实耐用,不曲不断。

① 福州市二轻工业志编纂委员会编:《福州市二轻工业志(初稿)》,内部资料,1990年,第12—13页。

续表

产品名称	生产厂家	历史简介	特点
民航牌角梳	福州角梳厂	福州角梳厂于1958年集中福州优秀角梳技工,继承名牌角梳传统特色,集体创作而成。吸取了塑料梳的外观优点,首创新型日用梳。	品种多样;梳齿伶俐,梳发不痛;坚实耐用,不曲不断。
脚掌牌皮鞋	福州皮鞋厂	创于1922年,创始人魏冠洪,创业牌号为魏南林,社会主义改造高潮中转为公私合营福州皮鞋厂。	穿着舒适,用料精良,做工精致,经久耐穿。
白塔牌千层底布鞋	福州长顺斋布鞋社	创业牌号长顺斋,1956年获福州市人民委员会优质产品奖。	美观适穿;绱线紧密、牢固,绱后另加锤打,绱线不会浮出,经久结实耐穿;鞋底选用驼皮。
狮标石刻图章	鼓楼声利综合厂	创于1881年,创业牌号为青芝田,由创始人陈宗提之孙陈显灿继承其技术,在声利综合厂生产。	外表美观光润,四面方正平直;选用寿山石坯;利用自然色石,巧刻花鸟等植物、动物。
美丽牌女衣	仓山缝纫厂新格兰门市部	创于1923年,创业牌号为新格兰,现在仓山缝纫厂生产。	式样适时合体,做工精细耐穿,配料优良相称。
雄鹰牌汉装	鼓楼缝纫社汉衣部	于1955年集中城区优秀汉装技工而建立,并吸收各汉衣优点进行集体创作。	式样新颖,缝制牢固,经久耐穿,能制各种民族衣、舞蹈衣,适应少数民族和各剧团要求。
前进牌民主呢	福州第一纺织社	1955年由第一纺织社技工参照上海五华吉普呢研究配方集体创产。	结构紧密均匀,耐穿率较之咔叽布尚高,季节变化不致发霉。

续表

产品名称	生产厂家	历史简介	特点
三五牌弹子挂锁	鼓楼五金厂	三五牌弹子挂锁,系于1955年由福州第三五金社技工集体创产,1963年该社改为鼓楼五金厂,并把弹子挂锁的手工操作,改为机械化生产。	弹力强,坚固耐用,精密度高。

资料来源:福州市手工业管理局、福州市手工业生产合作社联合社编:《福州市手工业名牌、优质产品介绍》,1963年。

表4-17只是福州130种优质手工业产品的一小部分。可以看出,福州手工业涵盖面广,服务于民众生活的方方面面。事实上,有些产品所属的行业后来被划入工艺美术、纺织等工业部门,但从生产技术与生产手段来看,皆属于手工业无疑。

政策调整使受"大跃进"冲击的福州手工业得到了一定程度的恢复。仍以五金业为例,其在这个时期得到了很好的恢复与发展。1961年3月,福州市恢复手工业管理局后,成立了农械公司和五金公司,组织铁匠等归队,收回1959年至1960年下放到各区的工厂,按产品归口管理。经过调整,市属五金企业达26个,职工3737人。到1962年又对城市公社工业调整归口领导,以专业为主,统一领导,分级管理。五金与农械2个公司共有40个金属企业,职工5124人,仍归金属专业社管辖。这次调整后,五金行业面貌逐渐改善,不仅产品产量增加,产品质量也大幅提高,并在1963年进行的全市第二次名优产品评比中取得优异成绩。①

在恢复调整的基础上,福州市手工业还进一步参与到以提高产品质量为中心的增产节约运动中,开展比、学、赶、帮、超,组织技术人员到上海等先进

① 福州市二轻工业志编纂委员会编:《福州市二轻工业志(初稿)》,内部资料,1990年,第49页。

地区学习,引进先进产品,加强技术管理和技术改造,采用新的科学技术,充分发挥能工巧匠的作用。[①] 20世纪60年代,福州市手工业的技术改造以发展日用小商品生产为主要项目,目的在于增加出口品种、扩大出口门路以及增加外汇收入。在这次技术改造运动中,雨伞、木桶、算盘、竹器等行业的机械化生产线相继革新成功。以雨伞业为例,1961年福州市制伞业掀起学上海、赶先进高潮。伞厂不满足纸伞制作,派人到上海学习钢骨布伞制作工艺并革新设备。1962年,福州市开发了钢骨布伞和塑料伞等22种新产品,还提高了企业内部的管理能力,开展了以"优质、高产、低耗、多品种、保安全"为内容的五好活动,使企业转亏为盈。[②] 家具业在这个时期也有一定的发展。1964年福州竹木专业联社分开,改称福州木器公司和福州竹器公司,同时分别成立木器和竹器研究所,开展竹木藤家具科技研究,配合生产厂设计出口家具。通过厦门口岸,福州木器公司大批出口方凳、木折椅、儿童家具等木家具,并在广州交易会首次成交出口人造革折椅和两用床椅。福州竹器公司也开发100多种竹家具新产品,其中五套椅和竹折椅出口量最多,生产的红竹家具在国际上享有盛誉,还参加了国外工艺品展览会展出。[③] 福州角梳厂则于1965年实现了难度最大的压坯工序的机械化,提高工效50%,随后凿坯冷板压、印字等逐一机械化,实现了木梳、角梳两条流水生产线一条龙机械化。[④] 可以说,新中国成立以后福州市手工业的技术进步趋向,得到了延续。

除改进传统行业外,这一时期,政府还开始大抓以塑料制品为主的新兴工业。1964年,国家拨款60万元,对福州第二塑料厂进行扩建,1966年又拨款扩大PVC微孔泡沫拖鞋的生产。与此同时,市手管局、手工业联社也拨款28万元,对塑料行业集体厂进行零星基建和设备填平补齐。福州第八塑料厂购置了挤压机、高速搅拌机,福州第四塑料厂增添了炼胶机、抽水机、变压器,

---

① 福州市二轻工业志编纂委员会编:《福州市二轻工业志(初稿)》,内部资料,1990年,第13页。

② 福州市地方志编纂委员会编:《福州市志》第3册,方志出版社1999年版,第723页。

③ 福州市地方志编纂委员会编:《福州市志》第3册,方志出版社1999年版,第713页。

④ 福州市二轻工业志编纂委员会编:《福州市二轻工业志(初稿)》,内部资料,1990年,第319页。

福州第七塑料厂改造了厂房。到1969年,投资改造项目共6个,投入计51万元,其中基建36.5万元,设备14.5万元,促进了塑料行业的发展。[①]

此外,福州市蜡纸厂、市元钉厂、市笔墨厂、市伞厂、市绳缆厂、市人民造纸厂、市铅筛厂等手工业企业都有了不同程度的改建、翻新,并购置了部分生产设备。其中,市元钉厂经过系统改造,使镀锌铁丝6道工序形成生产流水线,企业拥有103台主要设备,且都具有国内先进水平。[②] 市铅筛厂公私合营前以手工生产为主,到1957年购进第一台0.75千瓦马力电动机,实现四角铁线机械化,1963年购进织筛机2台,开始生产绿窗纱,年产值达55.5万元。[③] 至1965年,福州市手工业总产值达到9693万元,比1957年增长2倍,产品品种已达2000种,1961—1965年总产值平均每年递增11%。[④] 因此,福州市手工业的调整取得了一定的成绩。

仍需提及的是,福州市的街道工业继续有所发展。以鼓楼区来说,1962年,为了安置劳动力,创办生产自救的工厂,该区民政科专门成立生产办公室,由区长亲自主持,指导各街道工业生产。东街辖区内因有福建人民出版社、福建日报社、市第一印刷厂、7228工厂等文化机构与企业,遂办起了装订、褙染等纸类加工生产场组。该街道又根据家庭妇女多、有缝纫机和裁缝技术的有利条件,组织毛巾、手帕、缝纫、劳保手套扎口等生产场组。1965年,为了消化劳动力,解决群众生活困难,街道又决定创办定型产品工厂。为解决技术难题,街道领导到处拜师访友,求教于辖区内在职技术人员,相继创办了纸品、五金、玩具、缝纫、塑料、制刷、安瓶等生产场组,使工厂有了定型产品,职工有了固定职业和稳定的工资收入。税务、银行等有关部门则以低税、贷款、送信息为场组穿针引线、购买廉价设备等办法,对街道企业加以扶持。街道还充分利用1958年“大跃进”时“一哄而上”的食堂、幼儿园、托儿所在下马时

① 福州市地方志编纂委员会编:《福州市志》第3册,方志出版社1999年版,第751页。

② 福州市地方志编纂委员会编:《福州市志》第3册,方志出版社1999年版,第751页。

③ 福州市二轻工业志编纂委员会编:《福州市二轻工业志(初稿)》,内部资料,1990年,第107页。

④ 福州市二轻工业志编纂委员会编:《福州市二轻工业志(初稿)》,内部资料,1990年,第13页。

腾出的场所,使场组的生产有了初步发展的基地。此外,由于大工厂根据国家政策向高、精、尖方向发展,街道企业趁机将大厂淘汰的设备作为赖以起家的固定资产,使场组开始由手工操作迈向半机械化生产。在不到5年的时间里,鼓楼区东街街道工业职工人数达千人,产值400余万元,由生产自救变为自给有余,且为社会安置了残疾、精神发育迟缓、“两劳”释放人员等。[①] 1965年,整个福州的街道场组共557个,职工有19647人,产值高达3500万元。[②]应该说,从管理体制上看不属于手工业系统的街道工业,在经济形态上体现出了真正的手工业经济的特征。

“文化大革命”期间,福州手工业生产经历了一个破坏与建设、倒退与前进的艰难曲折的过程。由于无政府主义泛滥,手工业管理机构被撤销,大批手工业职工转为农村人民公社社员,干部下放农村劳动。集体所有制企业又被强行平调,资金和设备被随意抽调,一些生产人民必需日用品的行业被强制要求改行转产,使手工业生产出现大滑坡,市场供应紧张,凭票证供应的品种逐渐增多,甚至断档脱销,尤其是日用小商品,品种大量减少,给人民生活带来很多不便。例如,“文化大革命”期间,福州商业部门自办百货服装商店,对外承接来料加工,同时利用手中控制的服装面料,对服装厂家实行限制生产,致使工商关系紧张,服装业难以维持生产,凯旋、胜利、榕江、时代福州四大服装生产厂被迫分别转向生产锁边机、消防喇叭、汽车配件、石棉、防毒面具等产品,其负面影响具有长期性,以致在1978年全国推广服装型号标准评比中,福州成为倒数第一名。[③] 福州的家具行业也遭受了重创。1970年,福州木器公司和竹器公司被撤销,企业下放各区工交组,到1971年,全市竹木藤家具厂仅剩6家,其中木家具厂3家,竹家具厂2家,藤家具厂1家。福州

---

① 鼓楼区东街街道办事处编:《东街街道工业发展前后》,载《鼓楼文史》第2辑,第42—43页。

② 福州市二轻工业志编纂委员会编:《福州市二轻工业志(初稿)》,内部资料,1990年,第454页。

③ 福州市地方志编纂委员会编:《福州市志》第3册,方志出版社1999年版,第717页。

竹器实验厂转向生产橡胶制品后，著名的福州红竹家具就此消失。[①] 1967—1970年福州的6个木器厂先后转向，第一木器厂改为第二开关厂，第二木器厂改为电木粉厂，只留下一个木器车间，第三木器厂划归农药厂，第四木器厂改为工具厂，第一木器社与台江滑车社合并改为起重工具厂，只留下木器车间，木器实验厂与第五木器社合并改为客车厂，由此，福州的家具市场供应日趋紧张。[②] 在传统名牌产品方面，长顺斋布鞋于1969年3月再次并入鼓楼布鞋厂，并一直停产。[③] 福州角梳厂的木梳车间则于1970年改产机械齿轮、变速器和普通车床，产品品种减少到20种。[④] 因此，"文革"期间，外部宏观环境对福州手工业的冲击是巨大的。

不过，也正是在"文革"期间，福州市的手工业有了"二轻工业"这一名号。1971年，在周恩来等中央领导重视和关怀下，中共中央又提出加强对手工业生产的领导，同年11月，福州市恢复手工业管理机构，并改名为市第二轻工业局，这也是日后所谓"二轻工业"名称的由来。事实上，在众多行业里，福州市的手工业也确实出现了工业化趋向，而这一趋向是长期性的，继承了1950年代国家对福州手工业的改造。

以皮革行业来说，福州皮革厂颇为典型。最初，福州皮革厂将传统的池鞣改为转鼓底革速鞣工艺，使制革鞣制时间缩短了15—20天，既减轻了体力劳动强度，又提高工效2—3倍。该厂还以使用木转鼓进行铬鞣、染色、甩软的新工艺，代替了过去用脚踩铬鞣、木楻染色和用脚踩软的旧工艺。1959年，福州皮革厂开始使用锅炉蒸汽加热，使鞣革工艺从单一的常温卧鞣转变为卧鞣、吊鞣及热鞣，从而令底革的鞣制系数在70%以上。该厂的水牛底革质量好，在1960年被评为全国一类"标杆产品"。同年，该厂还用牛皮机淘汰了手

① 福州市二轻工业志编纂委员会编：《福州市二轻工业志(初稿)》，内部资料，1990年，第132页。

② 福州市二轻工业志编纂委员会编：《福州市二轻工业志(初稿)》，内部资料，1990年，第137页。

③ 吴建明口述、李贵端等整理：《福州名牌长顺斋布鞋》，载《鼓楼文史》第2辑，1991年1月，第46页。

④ 福州市二轻工业志编纂委员会编：《福州市二轻工业志(初稿)》，内部资料，1990年，第319页。

工片皮。1964 年,福州皮革厂又采用铲皮机、拉软机、打光机取代手工操作,使工人无须再用自己的胸部顶在刀柄上铲皮、拉软及在平板上用钝刀和玻璃刀进行铲皮、打光。1970 年,轻革的整理刷浆工序也使用了进口的皮草喷涂机,结束了手工刷浆的历史。1972 年,木转鼓浸灰软化生产工艺进一步改成使用铁制的皮革加工器、吊车等新的技术设备。1974 年,该厂又引进了皮革真空干燥机来代替人工的挂凉干燥。① 福州皮革厂的工业化轨迹是十分清晰的。下图为福州皮革厂 1953—1978 年制革产量:

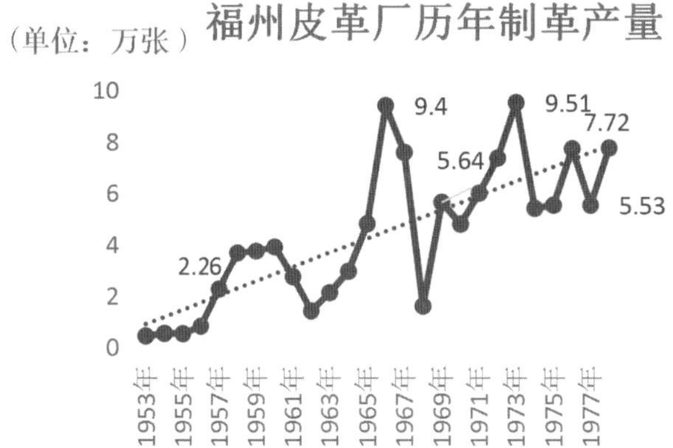

图 4-1　福州皮革厂历年制革产量(1953—1978 年)

资料来源:福州市二轻工业志编纂委员会编:《福州市二轻工业志(初稿)》,内部资料,1990 年。

数据显示,福州皮革厂在 1978 年前整体制革产量是提升的,1978 年,该厂产量为 7. 75 万张,是 1953 年 0. 44 万张的 17. 6 倍,体现了发展的趋向。福州皮革厂的产量扩张需要用技术进步来解释。然而,1953—1978 年福州皮革厂年均制革量仅 4. 38 万张,虽是历史起点产量的约 10 倍,但远低于历史最高产量。究其原因,该厂历年产量波动巨大,而直观地看,这种波动确实与政治宏观环境的波动有契合之处。

---

① 福州市二轻工业志编纂委员会编:《福州市二轻工业志(初稿)》,内部资料,1990 年,第 26 页。

与制革行业相似的是五金业。例如,增金利厨刀1950年代虽扩大组织规模,但仍以手工方式生产。1960年,生产增金利厨刀的工人有25人,分5架炉锻打,日产厨刀30—40把。1963年,企业易名福州市厨具生产合作社,保持架炉传统生产方式,日产量120把左右。1963年以后,厨刀生产工艺出现较大突破。在材料上,企业开始使用上海钢铁厂生产的复合钢与锰钢。复合钢已经将钢夹含在扁材中间,制刀时就不必再劈钢、夹钢与煮火。在设备上,则添置了弹簧锤、空气锤等半机械化生产设备,形成流水生产工艺,较大提高生产效率。1965年,企业实现24道工序一条龙机械化生产,减轻了工人繁重的体力劳动,产量则由平均每人日产7把提高到12把,成本亦下降19%。过去,手工制造的产品没有规格,按斤计价,此时也改为规格化。此外,用抛光机代替手工锉白后,产品外观光亮如镜。因此,生产技术的提高,不但使增金利厨刀的工艺特色得到保留,而且使其在刀型和外观方面更加美观,开始出口东南亚各国。[①] 1965—1978年福州厨刀产量如图4-2所示:

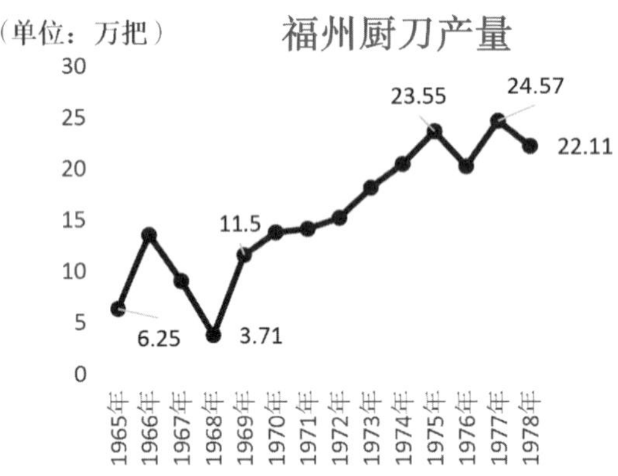

图4-2 1965—1978年福州厨刀产量

资料来源:福州市二轻工业志编纂委员会编:《福州市二轻工业志(初稿)》,内部资料,1990年。

① 福州市二轻工业志编纂委员会编:《福州市二轻工业志(初稿)》,内部资料,1990年,第59—60页。

1965—1978 年,福州市二轻工业系统的厨刀产量明显有扩大之势,而产量的扩大不依靠工业化方法也是不可能的。值得注意的是,1966—1968 年,福州厨刀产量有明显的跌落,这与外部环境应当有密切关系。从个案来看,增金利厨刀的生产企业在“文革”开始后,“由于管理松懈,产品质量有所下降,产值徘徊于 15 万元左右,处于无利润状态”,直到“1971 年改名福州厨刀厂,开始通过整改,加强标准化和质量管理”。[①] 这一个案例能反映整个行业的情形。

福州手工业的工业化,较为明显的特征是技术上的机械化或半机械化趋向,但生产的标准化也是重要的方面。以锁具业来说,福州传统手工业者的技艺十分高超,制锁艺人蔡大壁在没有任何机械设备的情况下,于 1950 年仿制了英国进口的弹子挂锁,外观与进口货一模一样,可以以假乱真。[②] 随着时间的推移,福州锁具业的组织与技术也开始出现变化。1964 年,福州锁厂的李贵端即编制了单行本的制锁操作工艺规程,1965 年又进行修改,使工人在生产线上能更完善地进行标准化生产。同时,他对锁具的结构进行了改造,采用移位和增加保险片等方式,使产品质量得到保证。[③] 再如福州市角梳厂,于 1966 年改革繁杂的规格,简化品种和统一品名、统一代号和规格尺寸以及注明商品标志等。这些标准化措施便利了产品包装,有利于货商订货和生产。1968 年,该厂生产角梳 75 万支、木梳 170 万支、胶木梳 47 万支。[④] 考虑到此前福州角梳厂已经在生产的部分环节实现了机械化,该厂整体上的工业化趋向还是很明显的。

实际上,福州传统手工业的机械化带动了所谓二轻机械的发展。1958 年“大跃进”时期,福州手工业系统在技术革新的基础上,采取“培养‘母鸡’下

① 福州市二轻工业志编纂委员会编:《福州市二轻工业志(初稿)》,内部资料,1990 年,第 60 页。

② 阮登云等口述、李贵端整理:《福州民用锁具业的兴起》,载《鼓楼文史》第 2 辑,1991 年 1 月,第 37 页。

③ 李贵端:《我与福州锁厂——廿年制锁工作的回忆》,载《鼓楼文史》第 2 辑,1991 年 1 月,第 40 页。

④ 福州市二轻工业志编纂委员会编:《福州市二轻工业志(初稿)》,内部资料,1990 年,第 319 页。

蛋”的方式,将一批机械性能达到手工业产品传统技术要求的设备,逐渐定型生产,以满足市内外手工业生产机械化的需求。1971 年,手工业改称二轻工业,为二轻工业制造的设备遂概称“二轻机械”。[①] 整体来看,二轻机械有不少系手工业企业的自主发明,但也有一些系由专门厂家生产制造,其中,最大的专门企业为福州市二轻局机械修造厂。该厂前身系 1953 年组建的车辆生产小组,职工 70 余人。1956 年合作化时,并入几个家具生产小组,组成福州木农具社,职工 100 余人,年底转社为厂。1959 年该厂升级为地方国营台江车辆厂,职工 357 人,此后又并入小五金、电工、滑车等社(组),改产起重设备,易名福州起重机械厂。1961 年又转向为农业服务,复名福州木农具厂,次年转为集体所有制企业。当年,该厂又分设滑车社、五金厂,分厂后木农具厂留下职工 223 人。1972 年该厂更名为市二轻局机械修造厂,作为二轻系统设备配套及维修技术后方力量,有职工 200 人,定型产品包括竹器、木工制作、制鞋、包装材料、服装、五金、塑料制品等手工业专用机械。[②] 可以说,福州市二轻局机械修造厂的历史鲜明地反映了国家政策对手工业企业的影响,而集中力量打造专门为二轻工业服务的二轻机械企业,也体现了政府推动手工业行业工业化的意志。

在福州手工业中,包括角梳、木刻、脱胎漆器、石雕、美术陶瓷等行业在内的工艺美术行业颇为特殊。1955 年,福州市手工业管理局设立了特种工艺管理处,次年升格为福州市特种工艺管理局。“文化大革命”开始后,工艺美术品被列为“封、资、修”产物受到批评,政府禁止生产传统题材,企业生产经营遭到了破坏,管理机构也被撤销,直到 1975 年才重新成立福州市工艺美术局。[③] 可以说,和适合大量生产以满足日常消费需求的手工行业相比,被定性为工艺美术的行业,更符合传统手工业的小生产特性。但由福州角梳厂的例子可见,工艺美术行业同样可以工业化生产。不过,角梳毕竟也可以被制成普通日用消费品,在工艺美术行业中相对特殊。与之相比,美术陶瓷更加偏

---

① 福州市二轻工业志编纂委员会编:《福州市二轻工业志(初稿)》,内部资料,1990 年,第 372 页。

② 福州市地方志编纂委员会编:《福州市志》第 3 册,方志出版社 1999 年版,第 725—726 页。

③ 福州市地方志编纂委员会编:《福州市志》第 3 册,方志出版社 1999 年版,第 973 页。

向传统手工业。毫无疑问，美术陶瓷在“文革”中受到了冲击。以福州瓷厂来说，“文革”爆发后大幅减产，外销部门也停止在广交会上接受客户的订货，使企业生产面临停顿的威胁。1970 年年初，该厂认为生产必须转向，遂“克服了连续 3 个月没有钱发工资的困难日子，奋战了一年”，生产了 30 多种工业瓷产品。① 1971 年第四季度，该厂学习了“中央首长对工艺美术出口援外问题的指示文件”，遂于次年又恢复了美术瓷的生产。② 然而，由于专门烧美术瓷的小窑在“文革”中倒塌了，美术瓷的石膏模具也通通被砸掉，恢复美术瓷生产并不容易。为此，该厂反复进行各种瓷土配方和烧成的试验，一些老艺人也表现出了高度的敬业精神。在全厂上下的努力下，该厂成功恢复了美术瓷的生产。“老艺人林玉树为了创新一件‘门蹲狮’产品，在冬天冒着寒风雨露，整整花了 9 天时间，站在晋安桥边面对‘文革’后搬移在这里的几对青石大狮子雕像拟稿塑造，终于把具有雄伟气态的‘门蹲狮’创造出来了；许多老师傅为了迎接今年的‘春交会’，不分昼夜地赶制传统产品，有的抱病坚持翻制石膏模。”③福州瓷厂的变化反映了工艺美术行业在极端年代求生存的努力。不过，美术瓷的生产并非与工业化绝缘。事实上，福州瓷厂在恢复美术瓷的生产后，兴建了 720 平方米的三层楼美术瓷雕塑车间和 1800 平方米的球磨原料综合车间以及 2 个倒烟窑，不断更新设备，建成 2 条可控硅控制的电隧道窑，降低了劳动强度，提高了烧制质量。④

据统计，1979 年，福州市二轻系统的市直属公司、厂，共有使用机器生产人员 10063 人，占全部人数 20212 人的 49.8%。各工业公司机械化水平如表 4-18 所示：

---

① 福州瓷厂革命委员会编：《以路线为纲 搞好恢复和发展美术瓷生产》，内部资料，1972 年 5 月，第 1 页。

② 福州瓷厂革命委员会编：《以路线为纲 搞好恢复和发展美术瓷生产》，内部资料，1972 年 5 月，第 2 页。

③ 福州瓷厂革命委员会编：《以路线为纲 搞好恢复和发展美术瓷生产》，内部资料，1972 年 5 月，第 4—5 页。

④ 福州市地方志编纂委员会编：《福州市志》第 3 册，方志出版社 1999 年版，第 1010 页。实际上，该厂的球磨车间设备实现机械化生产的时间较早。见福州瓷厂革命委员会编：《以路线为纲 搞好恢复和发展美术瓷生产》，内部资料，1972 年 5 月，第 4 页。

表 4-18　福州市二轻系统各工业公司机械化程度(1979 年)

工业公司	职工总数(人)	使用机器人数(人)	机械化程度(%)
服装鞋帽	2633	2033	77.2
日用五金	3737	2841	76.0
塑料	4271	2164	50.7
农工具	1855	607	32.7
日用品	2338	706	30.2
皮革	2655	410	15.4
电镀厂	307	184	60.0
二轻机械	402	110	27.4

资料来源:福州市二轻工业志编纂委员会编:《福州市二轻工业志(初稿)》,内部资料,1990 年。

在工业化的大趋势下,从 1960 年代中期到 1970 年代后期,福州手工业的产品品种有增有减。增加的产品较具代表性者有电木粉、塑料单丝、电缆料、明胶、喷灌机、打谷机、羽毛球、钢家具、精铝制品、胶木电器、镇流器、乒乓球、钢卷尺、钢丝钳、皮手套、怀剪、帆布皮箱等。淘汰的产品则有翘扁担、猪毛牙刷、木桶、刨刀、花皮箱等 80 种,淘汰的原因则包括企业的关停并转、原辅材料供应不上、产品结构改变、被现代工业代替以及技艺失传等。[①] 因此,福州手工业在计划经济体制下,也出现了行业发展不平衡的分化。

综上所述,改革开放前,福州手工业在“文化大革命”期间受到了较大的冲击,但整体上仍处于发展态势。最为重要的是,自 1950 年代开始的工业化趋向,到了 1970 年代仍在延续,并得到强化。福州手工业的主体行业,从技术与组织上看,可以说确实成了第二个轻工业系统。在具体的历史情境下,福州市手工业的工业化趋向是由国家推动的,属于政府对整个国民经济系统改造的一部分。这一工业化趋向有其内在的经济合理性,符合部分行业扩大

① 福州市二轻工业志编纂委员会编:《福州市二轻工业志(初稿)》,内部资料,1990 年,第 421 页。

产品产量和提升产品质量的要求，也能够因此而扩大普通日用消费品的供给，满足消费者需求。然而，宏观政策环境的波动性，使福州手工业的工业化之路颇为曲折。而对一些满足特殊需求的手工业行业来说，传统手工业的小生产模式仍然适用，工业化导向的政策既损害了这些行业的发展，也抑制了消费者的需求。因此，福州市手工业作为一个整体，在计划经济体制下固然成为第二个轻工业系统，但这种演化是以不同行业的分化为基础的，而这种分化在长期经济发展进程中也是必然的。

福州市二轻工业的演化，具体地展现了中国手工业是如何在国家意志的支配下实现历史性分化的。然而，必须强调的是，由于国家意志以工业化为战略目标，故即使是工艺美术行业，亦裹挟在手工业工业化的历史大潮之中，加速实现改造。除此之外，福州二轻工业在计划经济体制下发展的波动性，也是中国手工业在曲折探索中演化的一个缩影。

二、内地城镇的手工业变迁：以山西榆次和阳泉为例

榆次市是山西省城太原的南面门户，是晋中地区的政治、经济与文化中心。在历史上，榆次城布满了传统手工业作坊和店铺，但显然并非手工业名城，没有产生大规模的外销型手工业。据统计，1935 年，榆次的手工业发展到近代史上的最高水平，全年织布 38150 匹、打毡 860 条、织线袜 240 打、生产饮料酒 31.3 吨、制皮革 2800 张。1937 年 11 月，榆次沦陷，在日本统治下，手工业一蹶不振。1948 年 7 月，榆次解放，散居在榆次街头巷尾、乡村集镇的手工业从业者达 437 人，产值为 121.3 万元。[①] 无论是从近代手工业产量还是从新中国成立初期的手工业规模看，榆次的手工业都不具备工商业大城市或手工业传统集中产区的优势，主要满足本地或附近城乡需求。

从 1952 年 11 月开始，榆次的个体手工业者响应党的号召，组织起来，有 17 户手工业者带头租厂房、凑资金，建立了全市第一家手工业合作组织——妇女缝纫社。次年，车辆社和铁业社相继成立。1954 年 9 月，榆次市正式成

① 山西省榆次市第二轻工业局编：《榆次市二轻工业志》，内部资料，1987 年，第 2—3 页。

立了手工业生产合作社联社,当年新增加合作社(组)14 个,吸收社员 409 人,产值达到 96 万元。1956 年 2 月,榆次手工业社(组)增加到 33 个,从业人员达到 1189 人,年产值达到 486.6 万元,利润 47.4 万元,共有大小行业 30 种之多,其中较大者包括铁器、木器、缝纫、竹笼、修车、金属制品、鞋帽、棉织、印染、皮革、火硝、食品、制镜、钟表、水电安装、麻业、化妆品行业等。[①] 从这一行业分类看,当时的榆次手工业不仅包括手工制造业,还包括手工服务业。总的来说,对比 1948 年与 1956 年榆次手工业的规模,可以看到,新中国成立后,伴随着手工业的社会主义改造,榆次的手工业经济有了很大的发展。

此后的"大跃进"与"文革"等外部环境因素,对榆次手工业不可避免地造成了冲击。政策上的纷繁变化,从手工业管理机构的频繁变动亦可见一斑。表 4-19 为 1954—1978 年榆次市手工业管理机构的变迁,值得注意的是,榆次曾由市改县,这也使对该地的城市与农村属性界定颇为复杂,但称其为城镇是妥当的。

表 4-19　榆次市手工业管理机构的变迁(1954—1978 年)

年份	机构名称	地址	备注
1954—1956	市手工业联社筹委会	粮店街	
1956—1959	市手工业联社 市手工业管理局	东湖井	
1961—1963	市手工业联社 市手工业管理局	俞家街	1959 年到 1961 年市手工业管理机构并入市工业局。
1963—1969	县手工业联社 县手工业管理局	俞家街	1963 年榆次由市改县。
1969—1970	县手工业管理局革委会	俞家街	
1974—1978	市手工业管理局	俞家街	1971 年榆次分设市、县。

资料来源:山西省榆次市第二轻工业局编:《榆次市二轻工业志》,内部资料,1987 年。

在"大跃进"中,榆次手工业曾盲目"升级",造成群众生活所需的小商品生

① 山西省榆次市第二轻工业局编:《榆次市二轻工业志》,内部资料,1987 年,第 3—4 页。

产被挤掉,产品由 400 余种减少到 200 余种,不少单位效率低、缺勤多,产品质量下滑,修配服务点亦由 150 个减少到 46 个,给市场带来了“鞋子破了没人钉,车子坏了没人修,日用灶具不见面,买把针锥后门见”的局面。1961 年,盲目并、转、改的手工业企业重新归队,有 1847 名手工业工人重新归队,经过调整,到 1965 年,全市手工业总产值达到 670.2 万元,比 1962 年增长 8.4%。“文革”期间,榆次手工业系统企业由于是集体所有制性质,独立核算,自负盈亏,因而排除了一些干扰,能够坚持生产。利用大工业产品供不应求的空缺,榆次的手工业厂、社开始生产机械设备、仪器仪表、建筑材料等非传统手工业产品。此外,榆次的手工业企业不断自己武装自己,从单纯手工操作逐步过渡到半机械化、机械化生产。[①] 很显然,榆次的手工业也出现了与上海、福州等地手工业相同的工业化进程。表 4-20 为 1966—1976 年榆次市二轻系统基本情况:

表 4-20　榆次市二轻系统基本情况(1966—1976 年)

年份	企业数(个)	职工人数(人)	工业总产值(万元)	销售收入(万元)	利润(万元)	固定资产净值(万元)
1966	27	1920	694.50		47.30	
1967	27		638.70			
1968	27		523.50			
1969	22		618.60			
1970	34	2637	1142.90		70.90	
1971	33	2763	1468.00	1093.14	92.92	310.55
1972	33	2949	1654.20	1628.50	132.78	336.45
1973	33	3138	1827.60	1788.69	139.40	468.79
1974	33	3415	2282.10	1635.51	145.15	427.84
1975	33	3990	2623.60	2150.90	229.52	557.54
1976	36	4565	2892.60	2256.00	214.79	601.79

资料来源:山西省榆次市第二轻工业局编:《榆次市二轻工业志》,内部资料,1987 年。

---

① 山西省榆次市第二轻工业局编:《榆次市二轻工业志》,内部资料,1987 年,第 24—25 页。

服装业是典型的手工业行业,近代榆次城里就有七八家成衣局,但大部分没有字号。1952年成立的妇女缝纫社既是榆次第一个手工业合作组织,又是该市第一个服装社,当时只有社员17名(街道妇女),租赁旧缝纫机6台,靠每人交纳的20元股金作为资金开始生产,半年之内社员基本无报酬,到年终积累了0.15万元资金,买了6台缝纫机和一些生产用具。到1956年,榆次发展成4个服装社。1958年,这4个社全部合并,成立了第一个服装合作厂,共有职工271名、设备146台、门市部9个、固定资金3.3万元,年加工服装8万余件,当年还扩建了业余学校,成立小型图书室、俱乐部,并在各门市部安装了电话和有线广播。1959年,又在此基础上,扩建厂房30间,安装电机40台、电剪1部,全年总产值219万元,利润8.1万元。此前,榆次的服装生产设备只有脚踏缝纫机,大部分工序处于手工操作状态。1959年,服装合作厂购买了2部锁眼机、2台包缝机、5台电动机,改变了部分手工操作工序,提高了产品质量和工效。接着,该厂新修会议室,购置桌凳,完善了职工福利,可谓初具规模。在1960—1961年的困难时期,榆次服装业实行厂社挂钩,90%的职工业余支农,10%的职工组成专业队深入农村,边搞农业边传授缝纫技术,2年中共承做服装200余套,并培养了一批人才。部分职工从河北被服厂承揽了一批加工活,保证了榆次服装业的持续发展,并因此扩建厂房6间,购买篷布机10台。1962年,服装厂精简59名职工,大搞增产节约,16种服装每件均降低加工费2角,当年固定资产增至10万元,设备增至164台。从1966年后半年开始,榆次服装行业开始增设适应农村生活的防护用品、童装等自产品和自销业务,主要原料为国家证、券分配之外的麻布之类。当年,榆次最早的服装合作厂转为军需生产,主要为三五〇工厂加工士兵衬衣、短裤、警服等。由于军服是定型产品,尺寸统一,又是大批量生产,故形成了服装生产的流水作业,全部缝纫机统一用一根地轴加电机带动,改变了脚踏操作。1973年,榆次其他服装业也相继有了自己的批量产品。到1976年年底,榆次服装行业年产服装可达28万件,产值可达349.29万元,年上缴国家税款可达27.83万元。[①] 榆次的服装业作为一种传

① 山西省榆次市第二轻工业局编:《榆次市二轻工业志》,内部资料,1987年,第56—61页。

统手工业,在近代并没有得到太大发展,是合作化以及国家提供的需求使该行业真正开始产业化。

榆次二轻系统的鞋业最初只有2个企业,分别是1954年1月成立的制鞋社和同年11月成立的绱鞋社。"大跃进"中两社曾合并,1959年绱鞋社重新分出,改名绱制鞋社,有职工9名,资金0.6万元,产值3.6万元,利润0.3万元。由于经营不佳,该社曾先后打耙钉、磨铁粉、捏泥人,寻找多种生产门路,但均未能摆脱困境。1974年,该社开始试制塑料底模压鞋,从太原购置了1台旧设备,开始了热合塑料的生产。1975年,该社一下子从天津塑料四厂承揽了12万元的加工任务,当年完成产值23.1万元,利润0.91万元,创造了企业历史最高纪录,使职工们看到了塑料工业发展的前景。1978年,绱鞋社正式更名为塑料制品厂,开始生产塑料薄膜,榆次由此出现了专业的塑料加工工业。[①] 制鞋社1958年8月同制帽社合并,同年10月转为地方国营,改名鞋帽厂,1959年年底共有职工171人,生产布鞋1.8万双、皮鞋0.22万双。1960年该厂又与公私合营制鞋厂合并,设备增加,人员增多,变手工操作为流水作业,产量增加,但质量下降。1961年9月底,制鞋社从鞋帽厂分出,重新回归手工业系统,带回资金8.6万元,另有银行信贷余额3万元。归队后,制鞋社迅速发展,产品质量恢复到了历史水平。1964年,该社为适应消费者的要求,改以产定销为以销定产,发展了工农皮鞋、胶轮底布鞋、塑料底布鞋等品种,年产布鞋、皮鞋达7万双。"文革"期间因原材料供应紧张,制鞋社就利用三角带、扒轮带自产鞋底弥补货源,制作了一批模压皮鞋和硫化鞋,1970年改名胶鞋厂。1976年该厂试制成功贴胶鞋和再生胶鞋。[②] 榆次鞋业的发展在当地传统手工业的演化中也较具代表性。重要的是,榆次的塑料加工工业是从鞋业中演化出来的,体现了手工业经济的创新发展。

民国时期,榆次的皮革、皮毛、皮麻业尚有一定规模,有若干作坊,但1937年以后大部分破产和解体。1950年,榆次有6名工人结股成立了榆次北田镇工艺毡房合作小组,有固定资金0.2万元,主要生产民用毡、鞋里毡、毡鞋、毡

① 山西省榆次市第二轻工业局编:《榆次市二轻工业志》,内部资料,1987年,第85页。

② 山西省榆次市第二轻工业局编:《榆次市二轻工业志》,内部资料,1987年,第67—69页。

帽,一年使用羊毛3000斤。1956年合作化时,工艺毡房解散,其14名职工,有的参加了榆次皮毛社,有的参加了北田皮毛麻生产社。1954年,榆次成立了麻业社,主要生产麻绳,生产条件简陋,合作化时期增添了制坯机、手摇合绳机、纺绳机,该社后成为皮麻厂。1959—1962年,线麻种植面积减少,麻皮实行统购统销,制绳原料供给不易,皮麻厂陷入困境。该厂职工为寻求出路,于1968年新增了毛皮制品与车马挽具两大类产品,由于这两类产品原料来源充足,价格稳定,又适合市场需要,该厂起死回生,并增添了产皮机、转鼓、去肉机、缝纫机等新设备。1970年代,皮麻厂还继续生产麻绳,并增添了一些新产品,如肥皂、蓄电池、纸绳、麻袋等。1956年1月,榆次有32名手工艺人联合起来,成立了榆次市皮毛合作社,生产毛毡、毛皮、车马挽具、轻革、重革等产品,生产形式主要是来料加工和服务加工。1958年10月,该社转为地方国营榆次市皮革厂。1960年,皮革厂试产猪皮成功,就将车马挽具、毛毡等经营项目转让给皮麻厂。① 从这一案例中,可以看到,榆次的皮革、皮毛、皮麻行业在新中国成立后有一个重新发展的过程。

在新中国成立前,榆次除少数白锡匠人制作一些灯台等锡制品外,五金制品几乎是一个空白。1958年年初,钟表社的修表艺人为增加收入,先后购进和自制套丝机、下料机、弹簧锤等设备,利用工厂的铁皮下脚料制成市场热门货皮带钩、三角铁、爨匙,利用供电所电杆上拆下的旧短铁丝制成平车条,利用废旧罐头桶制成鞋眼、电焊眼镜等。到1960年,该社已能生产顶针、图钉、电工刀等11种五金产品,不仅满足了榆次地区的需求,还销往全区各县。此后,艺人们又学会镀锌、锻造等工艺,生产各种五金工具,使钟表社逐步成为五金产品的专业工厂。1970年代初该工厂由街道企业变为二轻系统企业,其产品曾畅销华北、西北的部分省市。随着市场的发展变化,其他行业的一些企业也进入五金产品领域。例如,榆次市第二线材厂,原是一个生产竹床、椅、桌、茶几、脸盆架、童车等竹器家具和编织品的竹笼社。1970年,该社自制了7台拔丝机,开始生产热门产品元钉,"土打土闹",当年共生产465.44吨。

① 山西省榆次市第二轻工业局编:《榆次市二轻工业志》,内部资料,1987年,第99—102页。

1971 年,该社又将拔丝机增加到 10 台,并推出新产品镀锌铅丝,同时淘汰了竹器产品,成为真正的线材厂。当元钉、铅丝畅销国内后,该厂领导又盯住了国际市场,改进了生产工艺,增加制钉机 24 台、镀锌设备 1 套,使产品质量不断提高,达到了国家出口标准。1972 年,该厂的元钉与铅丝经国家有关部门批准,以免验资格直接发往香港地区,并出口美国和加拿大等国。随着生产能力提高,该厂先后购置了车床、铣床、钻床、空气锤等 9 台维修设备,还自制了 1 台 550A 型快速拔丝机和 4 台晃钉机等专用设备,并建起了镀液化验分析室。1976 年,该厂钉、丝总产量达到 3947.1 吨,出口量达 3195 吨,出口范围扩大到日本、罗马尼亚、南非等国家和地区。[①] 表 4-21 为 1972—1976 年榆次市第二线材厂的出口量:

表 4-21　榆次市第二线材厂出口量(1972—1976 年)

年份	出口量(吨)	出口额(万元)
1972	1279	123.43
1973	1684	161.88
1974	2786	264.79
1975	2744	259.56
1976	3195	303.36

资料来源:山西省榆次市第二轻工业局编:《榆次市二轻工业志》,内部资料,1987 年。

榆次市第二线材厂是传统手工业企业实现工业化的一个典型。在这一过程中,起到关键作用的,是该厂职工的自力更生精神,正是凭借这种精神,该厂不仅能自制设备进入新领域,还能开拓出口市场。在计划经济时代,中国自力更生的工业文化,实际上是城乡手工业经济实现机械化与工业化的重要变量。

阳泉市是山西省的东大门,东临河北平山、井陉两县,南与昔阳相连,西

① 山西省榆次市第二轻工业局编:《榆次市二轻工业志》,内部资料,1987 年,第 95—97 页。

和寿阳、阳曲两县接壤,占据着良好的地理位置。1972 年阳泉由镇改为省辖市,成为山西省第三大城市。阳泉虽然是随着近代工业而兴起的城市,但是其手工业发展历史悠久。阳泉是山西省的重点矿藏区,矿藏丰富,煤炭、铁矿、矾石等遍布全市,因此阳泉早期的手工业主要是以煤、铁、磺三大行业为主。有女娲在阳泉东浮山上炼石补天遗灶的传说,据史料记载,早在两千多年前阳泉就开始煤炭开采了。宋代,阳泉手工业炼铁已普遍使用坩埚装矿,以无烟煤作燃料和还原剂,在土制方炉中炼铁。到明清时期,煤铁两行更加盛行。1884 年,仅阳泉蒙村一带就有小煤窑十数座。1892 年,平定县共有铁矿窑 130 余座。[①] 总体而言,近代之前,阳泉市手工业行业单一,集中在煤铁开采行业。

阳泉解放之初,为了恢复经济,手工业作为相对灵活的一种经济形态发展较快,煤炭开采和硫磺加工等众多矿业开采和加工行业得到发展。阳泉市政府积极响应恢复手工业事业的号召,对原有的手工业展开多种形式的帮扶。政府为了改变手工业行业存在的无序、低效等现象,对其进行扶植,并给予一定优待,有步骤地引导手工业走合作化和集体化道路。1950 年 1 月,甘河磺业生产合作社率先成立,成为阳泉市第一个手工业基层合作社。随后成立了三泉磺业社、任家峪铁业社、山底铁业社等一系列手工业生产合作社。为了加强对这些手工业合作社的领导,1950 年 9 月,阳泉设立了手工业的专门领导机构——手工业生产社联合社筹委会,各基层单位也归属手工业联社,阳泉的手工业生产进入系统化的发展阶段。根据全国第一次手工业生产者代表会议提出的“先整顿、后发展”的方针和山西省召开的第一次手工业生产者代表会议精神,阳泉市手工业联社展开了旧社改造的工作,经过合并整改、成立新社的方式,已经成立的手工业合作社基本符合社章规定。在旧社改造的同时,各手工行业也在不断改进生产技术、扩大生产。到 1952 年,阳泉市手工业已恢复到一定的水平,参加生产合作社的手工业劳动者有 6348 人,合作社也发展到 49 个,其中,200 人以上的有 11 个,100 人以上的有 11 个,50 人

① 山西二轻(手)工业史志编纂委员会编:《山西二轻(手)工业志》,山西人民出版社 1989 年版,第 277 页。

以上的有 17 个,50 人以下的有 10 个,规模较新中国成立初期有了发展和扩大。[①] 由于手工业合作化组织的不断发展,1952 年 12 月,阳泉市手工业生产社联合社正式成立,使得阳泉市手工业系统从组织发展到生产管理都有了统一的领导,其主要目的是组织广大手工业劳动者向集体化方向发展,将生产资料由个体所有转变为集体所有。阳泉市手工业系统进一步完善起来,也为实现手工业合作化奠定了基础。

1953 年,阳泉市手工业合作化进入发展阶段,手工业生产由小到大、由点到面、循序渐进,基本上各行各业都组织起了生产合作社。在生产发展、产值提高、公共积累增大的同时,各手工业生产社开始改进生产工具,安装煤气机 3 部、蒸汽机 3 部、10 马力电风钻 2 部、15 马力汽车发动机 1 部、印刷机 2 台、缝纫机 9 台、元炉 32 座、木风机 212 台。[②] 除了新增设备,还进行了管理整顿与技术创新,阳泉市手工业联社根据各手工业社机械化程度和供销情况采取分工、分片、包干的办法,进行重点领导。在当年山西省召开的合作、金融、贸易大会上,阳泉甘河磺业社、山底铁业社都受到了省政府的肯定与奖励,并且分类、分业、分社重点领导的经验也在全省范围内推广。生产关系的改变,也从一定程度上促进了生产力的发展和技术进步。在铁业方面,阳泉手工业合作社的铁风机发展到 212 个,效率比从前提高 60%,还安装了元炉 22 个,产量比铁炉出铁增加 6.1 倍;在硫磺业方面,一年时间进行了两次普遍技术革新,由土炉改为淋炉,甘河磺业社经过改进增产 8.7%,省料 9.6%,省煤 7%。[③] 至此,阳泉手工业生产进入良性循环发展阶段。1954 年,阳泉市手工业联社继续对所属手工业社进行调整,相对于前面的生产技术管理和工具改进,此次调整重点在“转、限、停”,即通过采取开业、歇业、同类产品生产合并的手段,手工业生产得到了平衡,制止了个体手工业者的盲目发展,部分个体

① 山西二轻(手)工业史志编纂委员会编:《山西二轻(手)工业志》,山西人民出版社 1989 年版,第 280 页。

② 阳泉市二轻工业志编纂委员会编:《阳泉市二轻(手)工业局志》,内部资料,1988 年,第 43 页。

③ 山西二轻(手)工业史志编纂委员会编:《山西二轻(手)工业志》,山西人民出版社 1989 年版,第 280 页。

手工业也由此纳入国家计划的轨道,促进了手工业的社会主义改造。1955 年 10 月,毛泽东《关于农业合作化问题》的报告发表后,阳泉市的农业合作化运动进入高潮,在其推动下,手工业者在全市范围内也迅速行动起来。1956 年,阳泉市剩余的 2296 个分散的个体手工业劳动者经过归口、排队,划归供销社及各地市国营公司领导。其余的 1132 名分散的手工业者由手工业联社组织起来,建立 11 个新合作社,吸收社员 486 人,原有的合作社吸收 512 名个体手工业者。[①] 至此,阳泉市在手工业系统内基本实现了全面合作化,手工业者入社人员已占到全市手工业总人数的 93%。1956 年年底,手工业合作社发展到 110 个,合作小组有 22 个,组织起来的从业人员达到 16178 人。[②] 经过对手工业行业的调整和改造,除了增加入社人员和建立新合作社,这一阶段手工业合作化发展取得的另一个突出成就是公共资金积累扩大,整个手工业系统资金在波动中增长,具体数据见表 4-22:

表 4-22 阳泉手工业系统资金增长情况(1949—1956 年)

年度资金	资金数(万元)	增加比(%)
1949	1.42	100
1950	6.6	364.5
1951	13.9	110.6
1952	18.3	32
1953	81.5	344.4
1954	117.2	43.7
1955	183.2	56.4
1956	450.60	145.9

资料来源:阳泉市二轻工业志编纂委员会编:《阳泉市二轻(手)工业局志》,内部资料,1988 年。

由表 4-22 数据可以看出,1949—1956 年,阳泉市手工业系统资金在不断

① 阳泉市二轻工业志编纂委员会编:《阳泉市二轻(手)工业局志》,内部资料,1988 年,第 45 页。
② 阳泉市二轻工业志编纂委员会编:《阳泉史二轻(手)工业局志》,内部资料,1988 年,第 18 页。

增加，整体呈增长趋势，尤其是1950、1953、1956年三个年份，资金增长幅度极大，这与当时国家的帮扶政策有着密切的联系。这一阶段整个行业系统资金的增加不仅代表着手工业行业发展逐渐步入有序生产的轨道，也反映了当时合作化运动对手工业经济恢复和发展起到了重要推动作用，为日后阳泉市手工行业摆脱困境、扩展行业规模和向二轻工业过渡奠定了物质基础。

从新中国成立初期到1956年，阳泉市手工业由过去分散、盲目的自由生产状态过渡到了有组织、有系统的合作化生产状态。在这一阶段的改造和恢复过程中，阳泉市手工业生产合作社联社本着"行业有前途，原料有保证，产品有销路，群众要自愿，领导有骨干"的建社原则组建新社，不过更多的是对原有手工业的改造，选择了原有的煤、铁、磺、农具等行业，作为改造、发展的对象，这是因为它们绝大多数与本地传统的手工业有着十分密切的血缘关系。这种血缘关系体现在生产工艺和生产传统的继承性上，改造中的几个行业是由新中国成立前的手工作坊、炉场、窑场发展而成的，新中国成立后这些行业因袭原先的生产方式，由家庭手工业者联合经营发展起来，在继承传统的基础上也有了革新与变化。在合作化运动中，政府采取干预经济的手段，利用行政规范、财政激励等方式推动个体手工业从业者加入合作化运动中去，完成了生产资料私有制向公有制的过渡，为后来手工业向二轻工业转化奠定了制度基础。在这个过程中成立的阳泉市手工业生产合作联合社（简称"市手工业联社"）也是阳泉最早的手工业管理机构，它的建立将阳泉手工业生产置于监管之下，使得改造过的手工业沿着制度化的轨道向前发展。

1958年以后，直到改革开放前，阳泉市手工业出现了不同于改造时期的新的变化。一方面，阳泉市手工业在挫折中前进，取得了很大进步。这一时期，国家仍以阶级斗争为纲，"左"的思想较为严重，国家指令常常超出现有生产能力范围，但好在纠正及时，手工业得以继续发展。例如，这一时期虽然经历了"文革"，但二轻工业的集体经济属性在动荡的环境中显示了其所特有的灵活性，因此尚有一定发展空间。不仅如此，阳泉市还新建了一批手工业生产厂，如阳泉玛钢厂、塑料泡沫厂等都是在这一时期建立发展起来的。另一方面，计划经济体制下国家权力对生产的直接管控造就了一种短缺经济状态，重要的生产原料均由国家控制、分配、供给，一度出现原材料供应不足的现象，制约了阳泉市二轻工业的生产；而一些二轻工业门类为了解决原料不足的问题，在“自力更生求发展”的原则下，只能因地制宜，就近选用一些类似、易得的材料代替原有材料生产，但自得的材料不合格导致产品质量低劣，产品积压滞销的现象也时有发生。不过，总体而言，在这一阶段，面对生产发展环境的剧烈变动，阳泉市二轻工业迎难而上，在曲折中前进，获得了新的发展。

“一五”期间，阳泉市手工业生产不仅产量、产值大幅度增长，手工业生产规模也得到了扩大，到1956年手工业者入社人数已占到全市手工业总人数的93%，1957年合作社发展到110个，从业人员达到16178人，完成产值2889万元，比恢复时期的1952年增长近5倍。① 具体数据如表4-23所示：

表4-23　阳泉手工业部分产品在“一五”期间的增长情况

产品名称	单位	1953年	1954年	1955年	1956年	1957年	1957年比1953年增长(%)
原煤	吨	448609	478945	430294	453082	612229	36.47
生铁	吨	18484	12463	3959	2924	17191	
熟铁	吨	1815	1253	1918	1465	2231	22.92
硫磺	吨	1043	441	7263	8554	9420	803.2
耐火材料	吨	283	419	555	695	3561	1158.3
生铁货	吨	6769	10515	10527	8566	12790	88.95
熟铁货	吨	116	139	180	110	220	89.66
金属制品	件	89480	103315	181432	214386	200242	123.78
工业用具	件	8064	20651	20114	40564	62684	677.36
农具	件	228232	288798	377217	494758	458848	101
砂货	千只	4087	2797	3850	2061	2467	
布鞋	双	12000	12920	23480	38389	53072	342.27

① 山西二轻(手)工业史志编纂委员会编：《山西二轻(手)工业志》，山西人民出版社1989年版，第281页。

续表

产品名称	单位	1953 年	1954 年	1955 年	1956 年	1957 年	1957 年比 1953 年增长(%)
皮鞋	双	854	861	1507	1904	3472	306.56
土纸	吨	16	18	27	19	23	43.75

资料来源:阳泉市二轻工业志编纂委员会编:《阳泉市二轻(手)工业局志》,1988 年版。

由表 4-23 可见,阳泉市手工业总产值在新中国成立后特别是"一五"期间总体呈增长趋势。不仅传统的煤、铁、硫磺等产量增长迅速,一些曾经濒临消亡的手工业也存活下来,而且开始绽放光彩。但是,这种良性、健康的发展状态没有持续下去,阳泉市手工业在 1950 年代末至 1960 年代初陷入困境。

1958 年,在"大跃进"中,阳泉市手工业管理机构被迫撤销,132 个手工业合作社有的转为全民所有制企业,有的下放到农村公社、大队,有的划归商业部门经营。[①] 这种趋势继续发展到 1960 年,当时,阳泉市手工业系统只剩下 11 个合作工厂,职工也减少至 1500 多人,整个手工业系统被冲击,与人民生活密切相关的产品出现供不应求的局面。[②] 在此后的调整中,根据中央的八字方针和"手工业三十五条",阳泉市手工业管理局于 1961 年 5 月恢复,并开始集中力量对手工业进行调整,以苇泊钢铁厂(阳泉市玛钢厂的前身)、章召铁厂、小五金厂 3 个单位为试点,一改先前盲目合并的做法,将大厂分散为几个同类型的小厂,解决了人员、分配与生产不同步的生产困境。苇泊钢铁厂就是这一时期成功调整生产的典型。在中央颁布了"手工业三十五条"后,苇泊钢铁厂于 10 月停产整顿,不仅压缩了新招的工人,也将先前合并的河底、三郊、三都、任家峪 4 家铁业生产合作社先后分家,三郊、三都、任家峪 3 家迁回原址,河底铁业生产合作社在原苇泊钢铁厂原址更名为苇泊铁厂,不再冶炼工业用铁,转产传统日用品"河小货"[③],如茶壶、把把锅。值得强调的是,

① 阳泉市二轻工业志编纂委员会编:《阳泉市二轻(手)工业局志》,内部资料,1988 年,第 47 页。

② 阳泉市二轻工业志编纂委员会编:《阳泉市二轻(手)工业局志》,内部资料,1988 年,第 47 页。

③ 山西省阳泉市郊区河底镇一带的铁业生产有数百年的悠久历史,日用的铁茶壶、把把锅经久耐用,样式精美,享有盛名,被称为"河小货"。

在这次调整中,阳泉不仅恢复了传统名牌产品的声誉,如“河小货”、“泉小货”[①]、川锅、小西庄砂货和牵牛镇瓷碗等,也试制和投入生产套圈、铸皮铁锁、砂饭盒和毡帽等新式产品,而且实现了新中国成立后阳泉市手工业的第一次质量升级,产品质量普遍得到了提高,铁锅成品率提高到85%,年产能力达到230万口,比历史最高年产量的1957年增长近3倍[②],在保持原有的不变味、不生锈、不崩不炸的特点外,还具有规格统一、边沿整齐、经久耐用、薄厚均匀等优点。在调整中,阳泉手工业管理局还组织恢复了手工业服务行业,秉持“门前设店,后边设厂,流动服务,分片设点”的原则,组织了夫妻店和采取赶集等多种形式,在服务城乡人民的同时,手工业形式也变得相对灵活起来。在这一阶段,阳泉市手工业生产虽然因为生产环境的变动出现了一些困境,但其集体经济的属性和手工业管理局的及时调整,使阳泉市手工业在经历困境后重新发展起来。

阳泉市手工业在1960年代除了为摆脱困境进行生产调整与质量升级尝试,也将有条件的手工业合作社升级改造为国营工厂,推动手工业生产向规范化、制度化方向发展。在1961年对手工业进行调整后,阳泉市手工业系统为了实现品种分工、产品定型,将享有历史名牌称号的“河小货”“泉小货”等产品的生产分别固定在了三泉、荫营、苇泊和任家峪等传统产地。这些产品在功用上彼此具有可替代性。在实现产品定型、定点生产后,传统手工产品在各地独立生产,对原料需求量较大,但是在计划经济体制下,钢铁等材料是由国家统一配给的,时常处于供应不足的状态,为解决这一困难,各地纷纷将劣铁烂铜用于生产。而合作社的生产是根据各级部门下达的指令性计划进行的,在这样的生产模式中,生产只需按计划指令进行,不管市场是否需要。于是,1963年阳泉开始出现了铁锅等产品的生产过剩和滞销积压,铁业生产再度陷入困境之中。为扭转这种不利的局面,阳泉市手工业管理局不得不再一次进行调整,对14个铁锅生产社、厂进行定点,除固定4个厂、社生产

---

① “泉小货”同“河小货”一样,是阳泉民用铁业产品的优质代表,因其多产自山西省阳泉市三泉村而得名。

② 阳泉市二轻工业志编纂委员会编:《阳泉市二轻(手)工业局志》,内部资料,1988年,第48页。

传统铁锅外,其余10个厂、社全部转产改行,试制新产品。[①] 在"全国是短线,本省是缺门,原料有来源,产品有销路,发展有前途,阳泉有条件"的原则指导下,阳泉市把部分厂、社的资金集合起来,投入新产品的生产,一方面将资金用于添置生产设备,另一方面派人外出学习生产技术。阳泉市玛钢厂就是这一时期建成投产的。1962年,苇泊铁厂的日用型产品出现滞销,先后调走职工100多人,同年8月,铁厂剩余职工仅127人。为了摆脱困境,1963年年底至1964年年初,苇泊铁厂先后派出40多人到天津学习玛钢管道连接件生产技术,并购进水压套丝机等设备,开始筹建玛钢厂。[②] 在筹备之后,玛钢产品终于在1964年2月正式投入生产,玛钢厂生产的可锻铸铁管道连接件,如三通、弯头、管古和由壬4个品种,填补了山西省铁业生产的一项空白,苇泊铁厂也随之易名为阳泉市玛钢厂。

除了在原先手工业合作社的基础上升级改造建成的国营工厂外,阳泉市手工业管理局还引进、承接了化工产业,建成了阳泉市泡沫塑料厂,不仅丰富了阳泉市手工业产品种类,也推动手工业生产向现代工业的转化。阳泉市泡沫塑料厂的建立不同于玛钢厂,它没有传承传统手工业生产的衣钵,而是承接了政府指令,由政府牵头,在政策指导下建成。这也体现了在计划经济时期,政策指令对于手工业结构变迁的影响。为了解决一部分冬季取暖棉衣的供应问题,山西省轻化厅决定利用太原化工厂的副产品甲苯二异氰酸酯生产聚氨酯泡沫。在花费25万美元从英国维肯公司购买了聚氨酯泡沫生产设备之后,山西省政府将这一项目交由阳泉市手工业管理局,并成立筹备处。[③] 在新厂建设过程中,上级各有关部门给予大力支持,在厂房选址、建设,物资供应,辅助设备制造及安装,人员配备等方面都给予了照顾,并划拨120万元进行投资。[④] 不过,阳泉泡沫塑料厂刚刚建成投产时,只能生产不方便使用的聚酯型聚氨酯软质泡沫塑料。此外,阳泉市手工业系统还建立了阳泉市棉织

---

① 阳泉市二轻工业志编纂委员会编:《阳泉市二轻(手)工业局志》,内部资料,1988年,第49页。

② 《阳泉市玛钢厂史》编委会编:《阳泉市玛钢厂史》,内部资料,1987年,第8页。

③ 《阳泉市泡沫塑料厂史》编委会编:《阳泉市泡沫塑料厂史》,内部资料,1987年,第1页。

④ 《阳泉市泡沫塑料厂史》编委会编:《阳泉市泡沫塑料厂史》,内部资料,1987年,第1页。

厂、阳泉鞋厂、粉末冶金厂和阳泉市耐火材料厂等多个工厂,这些工厂的建成投产,完善了阳泉的工业结构,丰富了阳泉的工业产品种类。

1965年,二轻系统正式建立与命名。此后,阳泉市手工业生产经历了从陷入困境到重新发展并逐步步入正轨的历程。进入1970年代后,阳泉市不仅新建了一些二轻工厂,还对早期建成的二轻企业进行了具有现代化意义的技术革新,从企业管理到生产技术、设备等都进行了改革。阳泉的手工业逐步从单纯手工操作的生产方式中解放出来,开始实现了半机械化、机械化生产,向着初具规模的二轻工业发展。1970年代后建成投产的二轻工厂,其产品多是与人民生产、生活相关的产品。如工艺美术制品厂自1972年建立后,开始生产作为摆件、用于装饰的铜铁工艺品,当时的著名产品有唐马、坐狮、卧鹿、战国炉、狮逐花瓶、马踏飞燕、长角鹿、松竹花瓶、九龙鼎和方花瓶等80多个品种[①],因其产品小巧精致、形象逼真,销路一直较好,工艺美术制品厂能在提前完成全年生产任务的同时将其产品远销日本、新加坡、马来西亚等地。1976年建成的阳泉市五金工具一厂前身是杨家庄锄业社。杨家庄锄业社成立于1947年7月,生产单一的农用工具。1957年阳泉市手工业管理局成立后,杨家庄锄业社易名为杨家庄农具厂,在手工业局的投资下,开始了半机械化生产,产品种类增加,质量提高。1972年后,由于管理不善,产品批量积压。1976年后改为五金工具一厂,其产品主要为钢锹、扳手等。[②] 1978年8月建成的阳泉市地毯厂,在自制的架木机梁和平活机上开始了地毯织造和生产。除这些厂外,这一时期建成的二轻工厂还有阳泉市五金工具二厂、阳泉市铸造厂、阳泉市塑料厂、阳泉市化肥厂等。1970年代建成的二轻工厂与先前的手工业企业共同奠定了阳泉市二轻工业的发展基础,阳泉市二轻工业的基本格局就此形成。

阳泉市二轻工业进行大规模的技术革新是1970年代的一个突出特点,其内容多是用机器生产代替手工劳作,使二轻工业在生产设备和生产技术

---

① 《阳泉市工艺美术制品厂史》编委会编:《阳泉市工艺美术制品厂史》,内部资料,1987年,第6页。

② 《阳泉市五金工具一厂史》编委会编:《阳泉市五金工具一厂史》,内部资料,1987年,第13页。

方面，有了很大的改进和提高，产品结构出现很大变革，集体经济开始迈入了现代化生产的行列，向半机械化和机械化方向发展。例如，橡胶厂制鞋设备有了较大改进，裁断机代替了手工裁剪，电动缝纫机取代了脚踏缝纫机，打眼机取代了手工钉眼。玛钢厂的铸件木模由塑料模具取代，抛丸打光机取代了滚筒打光，铸件模具也由木单行板改为铸铁双行板。粉末冶金厂在这一阶段连续取得 3 项科技革新成果。其一是风洗铁鳞[①]代替了水洗铁鳞，每年节水 6.27 万吨、节电 3000 度、节约劳动力 30%。[②] 其二是煤炉代替电炉进行铁粉退火和粉末冶金制品的烧结，不仅每年节电 610 余万度，而且铁粉质量达标。其三是耐火瓷罐代替钢罐还原铁粉，每年节约钢材 220 吨，产量提高 35%，这项革新成果在全国获得推广。[③] 阳泉市的手工业同样踏上了工业化之途。

除用机械生产代替手工劳作外，阳泉市二轻工业的技术队伍也在逐渐壮大。1950 年代，阳泉市手工业发展多依靠自愿组织起来的各业工匠，他们文化程度不高，凭着多年积累的生产经验推动手工业发展。进入 1960 年代后，各社都开始引进与培养技术人员，也都或多或少地拥有技术人员，但人数很少，且多是国家分配的一些大、中专毕业生。为了提高二轻工人的素质和技能，阳泉市手工业管理局先后成立了阳泉市手工业管理局职工业余学校、太行技校、阳泉市轻工技校和“七・二一”工人大学，对系统内各厂基层职工进行文化课培训。经过培训，大多数职工达到了初中文化水平，充实了企业的技术力量，他们为企业的技术进步发挥了积极的作用。1970 年代中后期，随着生产对技术的要求逐渐提高，阳泉市二轻系统职工文化、技术的学习也在不断深入。这一时期，阳泉市二轻职工队伍中，大中专、高中毕业生的增加，使职工科学文化水平有了很大提升，职工技术队伍也在不断壮大，对二轻工业的生产发展起到了直接的推动作用。1961—1978 年阳泉市二轻工业企业

---

① 铁鳞又称氧化铁皮、氧化皮，是钢材在加热和轧制过程中，由于表面受到氧化而形成氧化铁层，剥落下来的鱼鳞状物。

② 阳泉市二轻工业志编纂委员会编：《阳泉市二轻（手）工业局志》，内部资料，1988 年，第 104 页。

③ 阳泉市二轻工业志编纂委员会编：《阳泉市二轻（手）工业局志》，内部资料，1988 年，第 45 页。

的利润和劳动生产率的发展情况如表4-24所示：

表4-24　阳泉市二轻工业企业利润和劳动生产率(1961—1978年)

年份	利润(万元)	劳动生产率(元/人)
1961	72.9	2190
1962	219.5	3412
1963	135.1	3518
1964	139.6	3839
1965	294.5	3665
1966	392.2	5492
1967	247.6	4709
1968	88.7	3768
1969	310.6	5732
1970	390.2	6188
1971	356.9	5018
1972	359.0	4920
1973	317.6	5910
1974	291.4	6676
1975	433.9	6846
1976	308.8	5838
1977	524.2	6280
1978	366.6	6412

资料来源：阳泉市二轻工业志编纂委员会编：《阳泉市二轻(手)工业局志》，内部资料，1988年。

从数据可见，虽然阳泉市二轻工业企业的利润在1961—1978年不断波动，有涨有落，较不稳定，但是企业个人劳动生产率却保持着稳定增长的态势。其中的原因，除生产设备的更新与技术发展在这一时期有了突飞猛进的变化外，企业职工素质的提高和技术水平的提升也成为关键性的变量。

1960 年代与 1970 年代是阳泉市二轻工业发展臻于成熟的阶段，手工业基本完成了向现代工业的转化，开始步入半机械化、机械化生产轨道。在此期间，阳泉市二轻工业生产很大程度上受计划指令的支配，在原料供给和产品分配方面都受政策控制，而且两度陷入困境之中，生产受到冲击，一度出现原料缺乏、产品滞销等局面，但是，国家的介入与改造也给阳泉市手工业的发展提供了不可多得的有利条件。首先，在两次困境中，各生产合作社发挥了集体所有制机动灵活的特点，在特殊条件下，生产总值仍然实现了连年递增。其次，在阳泉市二轻工业大规模技术革新期间，国家分配的技术工人发挥着无可替代的作用。最后，在这一时期建立的许多二轻工厂离不开政府的资金和场地等生产要素的支持。因此，可以说，阳泉市二轻工业在计划经济体制下，既受到约束，又实现发展。

三、西南腹地手工业的追赶式发展：以重庆为中心

西南地区现包括四川、贵州、云南、重庆三省一市和西藏自治区，占全国近 1/4 的陆地面积，地形地貌和民族成分十分复杂，相对封闭的自然环境演化出经济和文化的独特面相。历史上，西南境内不乏蜀绣、漆器、夏布、扎染、瓷胎、竹编、石雕石刻等多种手工艺名品，但总体而言，大都局限于家庭式生产经营，发展极为缓慢。近代以降，西南手工业经济出现两次发展契机。新中国成立后，西南地区手工业生产就此掀开新的一页。通过考察新中国时期川渝两地手工业向二轻工业的演进过程，探究边缘化的山区腹地手工业经济如何转轨现代化形态，可丰富手工业史多样性图景。

重庆处于中国东西部的结合点，内接腹地，外联江海，经济辐射空间广阔。地方手工业在漫长的历史发展中，产生了一批能工巧匠和传统产品，在本地享有一定信誉，但走上近代“半工业化”道路的时间及其技术、规模、水平都显然落后于东部地区。1949 年，全市个体手工业者 38606 户，绝大部分是家庭手工业、连家铺和小型手工作坊。行业复杂且分散，除了传统的丝绵、染织、制扇、陶器、卤漆等行业，还有后期归口管理体制下被划为二轻工业的皮革、金属、木作、竹藤棕草制品、度量衡器具、家用电器、塑料、牙刷、眼镜、制伞

等行业，仅有少数机器和动力设备，更多是“一手技艺，一背筐工具”，如金属制品靠红炉、砧镦，皮革制品用剪刀、针，木制品用斧、锯、凿、榔头等手工具。根据新中国成立前党的七届二中全会精神，要逐步引导占国民经济总产值90%的、分散的农业经济和手工业经济向现代化和集体化发展，各地“必须组织生产的、消费的和信用的合作社”，这是党在中国革命胜利后一个相当长的时期内考虑经济社会活动问题的出发点。[①] 1950年，重庆市、区政府在工商局的配合下，召开手工业代表会、行业座谈会宣传手工业发展前景后，陆续形成不缴入社费和股金、依靠银行贷款，以生产自救为目的组织起来联合经营的合作社29个，包括麻线、皮革、棉织、猪鬃等行业在内，社员2218人。是年，重庆市合作社联合社筹备处成立，内设生产科，专门组织、指导手工业生产合作社工作。生产科主要工作是接收工会、妇联组织的失业工人自救组织，以及改组一部分联合经营的旧企业，一律采用生产合作社形式。由于缺乏相关经验，这些生产合作社大都成分复杂、技术低下、资金短绌、供销和管理困难，重庆市对手工业经济进行改造的最初尝试很快陷入窘境。

1951年6月，全国合作总社在北京召开第一次全国手工业生产合作会议，提出《手工业生产合作社章程准则(草案)》(下文简称《社章》，在“手工业三十五条”颁布前，《社章》一直是手工业改造时期的重要原则)，规定组织合作社的六条基本原则，包括入社自愿、缴纳股金、主要生产资料共有、按劳分配、雇工不超过15%、民主管理，初步明确手工业合作社的性质、目的和任务。《社章》颁行各地后，重庆市合作联社生产科决定“整顿旧社、发展新社”[②]，这一过程丰富了地方办社的经验，也暴露出一些手工业者缺乏社会主义思想觉悟和观念上的保守倾向。比如，重庆市总工会为完成部队军鞋加工任务，组织并辅导失业工人试办皮革生产合作社，及时交付订货。后来听说要整顿，社员意见出现分歧：有的主张散伙，有的主张按出身、成分、技术等10个条件压缩人员后把合作社维持下来。面对这种情况，市总工会主席邵子言和该社

① 季龙：《季龙回忆录》，中国轻工业出版社2004年版，第68页。

② 重庆市轻工业志编纂委员会编：《重庆市轻工业志(1840—1985)》(一轻工业卷)，四川科学技术出版社1995年版，第12页。

代表廖竞成向西南局政委邓小平汇报，邓小平当即表明"合作社不能垮，谁搞垮谁负责"，"我们参加共产党党章规定八个条件，你们入合作社那里要十个条件？"根据指示精神，在市总工会帮助下，才坚持把合作社办了下来。[①] 后经市合作联社接管，正式组成重庆南岸皮革生产合作社，转向生产民用各式男女皮鞋。整顿旧社的同时，市合作联社新发展了第一木作社、第一棉织社等一批新社。在市区的带领下，各县亦着手推动整社和建社工作。

1953 年起，对个体手工业进行社会主义改造正式确立为党在过渡时期的总任务之一，旨在通过走合作化的道路，变手工业劳动者的个体所有制为集体所有制，变手工生产为机械生产，使之成为社会主义经济建设的一支有生力量。重庆市手工业的社会主义改造，围绕生产资料所有制改造、手工业者思想改造和生产技术改造三个方面展开。前两个改造任务，通过 1956 年春合作化高潮，1957 年整风整社和社会主义教育运动，1958 年全面"转厂过渡"和 1961 年贯彻中共中央"手工业三十五条"，基本上完成了。[②] 手工业技术改造则是一项长期任务，意味着把保守落后的手工业生产转移到现代化大生产的技术基础上，以此嵌合现代经济形态。从长远来看，这是国家引导手工业从事具有更高生产力水平的经济活动的必经过程。对重庆而言，以学习和改造为核心的技术追赶是提升地方手工业品质、满足内部市场、参与外部竞争的动力引擎和实现机制。

重庆并非手工业名城，本土的创新资源和技术能力一向有限。抗战陪都时期，获国民政府经济批准的手工业专利品，多是由内迁工厂试制申请的。新中国成立初期，未进入合作组织的手工业工人和个体手工业者，全部手工操作。经过生产资料所有制的社会主义改造，重庆手工业开始进入有领导、有计划、有步骤的技术改造阶段，主要采取以下做法：

一是改善劳动组织。合作化初期，计划在固定和单一生产产品中实行流

---

① 重庆市轻工业志编纂委员会编：《重庆市轻工业志（1840—1985）》（一轻工业卷），四川科学技术出版社 1995 年版，第 13 页。

② 重庆市轻工业志编纂委员会编：《重庆市轻工业志（1840—1985）》（一轻工业卷），四川科学技术出版社 1995 年版，第 11 页。

水作业,使工序专业化;对品种复杂、变化较多的产品,制造兼修理的行业,在生产小组内分工协作;而对技艺高超、风格独特的工艺美术品,则保持原有生产习惯和传统技法。[①] 实际上,手工业才从个体转向集体,千头万绪,组织和生产的转轨没那么顺利。接下来以重庆市江津区的情况为例,检视生产资料所有制调整过程中劳动组织的变化对生产的影响。1956 年,城关的服装行业响应合作化号召,集中在街上几个门市部生产,厂房小,工序多,缝一件衣服要走多个厂房,社员抱怨"生产没提高,楼梯却被爬光了"。到"大跃进"时期,手工业合作社转为国营工厂或下放到人民公社,从自负盈亏的小集体,转为统负盈亏的大集体。江津区大足县龙水镇将全部手工业社、组转为 7 个国营工厂和 1 个镇办工厂,"转厂过渡"的后果很快显现。由于生产上"弃小就大",日用小商品奇缺,给群众生产生活造成极大不便;再者,按劳分配原则被破坏,集体资财被平调,取消了股金分红、劳动返还,严重挫伤社员生产积极性,产品粗制滥造的情况严重。1961 年 6 月,中央出台"手工业三十五条",江津区逐步对盲目升级过渡的手工业企业进行所有制和组织规模的整改。全区国营工厂 28346 人,计划将 21414 人恢复为集体所有制,有 13369 人改变了所有制。归队手工业工人 1750 人,招收新学工 150 人,巩固手工业队伍,重燃手工业者的劳动热情,该年全区生产产品品种 400 多个,花色 600 多个,分别比上一年增加 25%、20%,产量增长 13%。为恢复名牌产品生产,江津地区手工业管理局召开老技术工人座谈会,铁制农具、炊事用具、小五金、陶瓷、造纸、布鞋、皮鞋、竹器等业共 70 人参加,会议采取操作表演、样品鉴定、大会交流等方式进行。会议统计,全区有名牌产品 150 种左右,恢复生产 60 种以上,使其重新与群众见面。[②]

二是改进生产工具、设备和操作方法。从减轻繁重体力劳动着眼,抓住生产工序中最薄弱的环节,发动群众小改小革,土法上马,土洋结合进行。

---

① 重庆市轻工业志编纂委员会编:《重庆市轻工业志(1840—1985)》(一轻工业卷),四川科学技术出版社 1995 年版,第 29 页。

② 重庆市轻工业志编纂委员会编:《重庆市轻工业志(1840—1985)》(二轻工业卷),四川科学技术出版社 1995 年版,第 28 页。

1952年,市合作联社发出《增产节约、合理化建议奖励办法》,组织职工为提高产量、改进工艺技术献计献策,在国营企业开展重点产品攻关。1956年,市手工业管理局和市联社开展产品质量优良运动,制定《新产品试制奖励暂行办法(草案)》,鼓励手工业工人在实践中革新生产技术,重视检验把关,开始了产品标准制定。这一阶段的技术改进主要围绕当时重庆手工业的重点行业开展,包括铁作、服装、木竹藤棕草制品、制面、织布、制革等。以铁作业为例,江北区刀锉生产合作社先是手工生产锉刀,后利用陈旧器件组装皮带锤2台,改为机锻毛坯;璧山县三一铁作社自制夹板锤,由每盘炉子3人、每日放坯150片,提高到600片,人均提高工效50%。又如制革业。重庆皮鞋以经济实惠著称,但款式陈旧、鞋尖坚硬,行走时响声大,被称为“棺材头皮鞋”“音乐皮鞋”。南岸第一皮革生产合作社刘玉树、钱华光用沥青和锯木粉填充鞋内底,解决了这一问题。该社还自制主跟包头机、起皮机、外线头机,投产后工效倍增。川威制革厂则自制木质刮油机、铲软机、伸展机等,减少了工人重体力劳动量。市中区第一皮鞋社王启贤设计的划元条机,改6次操作为1次,划出的元条规格一致,每人日产由80双提高到800双。此外,市手工业生产合作社联合社还组织老艺人,恢复制作工艺陶、竹簧、木雕等几近失传的工艺品;给27户合作社安装了机器,使其初步摆脱纯手工业作业,实现部分工序机械化生产。到1958年,全市手工业半机械化生产水平达到23.52%。[①]

三是学上海、学先进地区经验,开展“双革四新”(技术革新、技术革命以及新材料、新工艺、新设备、新产品),向机械化、自动化进军。上海是中国近代工业发源地,一直是重庆工业的学习对象,川威制革厂的前身求新制革厂的经理李德苍还到上海日本人办的厂去当小工,偷学技艺,使该厂主要产品红矾底革、白硝绿底皮,可与舶来品媲美。进入新的阶段,除了根据先进地区样品试制产品和召开现场会交流技术经验,更多的是组织职工到生产一线观摩学习,强调“因地制宜,学创结合,自力更生,经济适用”。1963年11月,重庆市手工业代表参加由四川省手工业管理厅组织的赴上海学习代表团,对口

① 重庆市轻工业志编纂委员会编:《重庆市轻工业志(1840—1985)》(二轻工业卷),四川科学技术出版社1995年版,第29页。

学习的产品包括：钢丝钳、尖嘴钳、模具、锉刀、小刀、弹子锁、元钉、发夹、电镀、制革、皮鞋、楦头、塑料制品、皮带扣、阳伞、乒乓球、宽紧布等，学习项目有质量、成本、劳动生产率、管理等72项。1964年5月，又有第二批人员赴外区学习，学习品种有妇科器械、合页、四折尺、鞋油、铁制家具、皮球、橡皮擦、铅笔套筒、扑克、机动玩具、眼镜、宝塔线、出口刷子等。学习代表团还到温州学打字蜡纸生产技术，到福州学牛角梳生产技术。从赴外学习的品种可以看出重庆希望获取和同化的外来技术，这意味着内陆手工业生产能力和技术含量与沿海地区之间存在较大差距。值得注意的是，所有外出学习的技术人员回到单位后，必须提交针对本企业追赶指标、技术措施、项目安排等内容的鉴定验收书，通过这种方式消化吸收先进经验，反哺本地生产。如重庆制锁二厂，最初吸收重庆制锁一厂（一个车间）和江北五金机械厂共235人组建成厂，生产横开弹子挂锁。1964年派职工学习上海同行，这些职工回来后成立厂技术室，完善工装，改进工艺和设备，经过不断精进工艺，该厂生产的横开锁在全国质量测评中名列第一。重庆手工业界通过对标先进地区的工艺、技术、标准等方面找差距、补短板，在日用品、手工具、机械品等方面创造了一批填补地方空白的产品。铁锅、铝杂件、塑料鞋、农用塑料薄膜、拉链、打火机、指甲刀、手电筒等日用品，学生圆规、学生尺等文教用品，钢丝钳、鲤鱼钳、皮带扣、纱布等手工具，交流电动机、冲床等机械产品，相继问世。据金属制品、木竹制品、文教美术、日用杂品等公司不完全统计，1965年全市实现大小革新项目1381项，自制专用设备及机具316台，对提升技术水平和产品质量发挥了重要作用。①

到第二个五年计划时期，国家对手工业的管理实行按行业划分、归口管理的办法后，日用工业品生产的很大一部分由手工业部门承担。从1962年下半年开始，相当一部分产品产大于销，另一些行业则生产任务不足，迫切需要寻求新的门路，许多手工业生产合作社、厂开始转向塑料、家电等新兴工业部门。紧接着国家推行专业协作时，又有一部分厂、社同电子工业部门进行协作加工，进而开拓电子工业产品，后国家计委、经委提出要利用集体资金发

---

① 重庆市轻工业志编纂委员会编：《重庆市轻工业志（1840—1985）》（二轻工业卷），四川科学技术出版社1995年版，第29—30页。

展塑料工业，1965 年第二轻工业部成立，重庆市手工业管理局随之更名为市第二轻工业局，全民、集体所有制企业一律按行业、按产品统一归口，分级管理。到 1985 年，重庆市第二轻工业系统覆盖 19 个行业大类，53 个中类，86 个小类，大型行业主要有皮革及其制造品、塑料制品、家用电器、木竹藤棕草制品、金属制品、工艺美术、玩具、度量衡器和日用小商品等，形成集生产、教育、科研、创新、供销经营为一体的经济管理结构。表 4-25 为重庆市第二轻工业企业所有制 1950—1980 年变化情况：

表 4-25　重庆市第二轻工业企业所有制历年变化(1950—1980 年)

年度	全民所有制企业数(个)	集体所有制企业数(个)				
		合计	合作组织企业	合作组织中合作工厂	街道工业企业	厂办大集体企业
1950		3	3			
1951		10	10			
1952		43	43			
1953		58	58			
1954		527	527			
1955		866	866	1		
1956		1882	1882	2		
1957		2071	2071	4		
1958	382	792	413	23	379	
1959	330	874	285	24	589	
1960	353	818	318	44	500	
1961	216	1542	1025	45	517	
1962	76	2383	1937	35	446	
1963	23	8538	8194	20	344	
1964	20	1552	1241	23	311	
1965	34	1714	1442	28	272	
1966	37	2277	1357	66	920	

续表

年度	全民所有制企业数(个)	集体所有制企业数(个)				
		合计	合作组织企业	合作组织中合作工厂	街道工业企业	厂办大集体企业
1967	37	2271	1347	65	924	
1968	36	1715	1341	65	374	
1969	37	1713	1343	65	370	
1970	35	1775	1327	63	448	
1971	34	2053	1268	71	785	
1972	35	2111	1303	110	808	
1973	34	2212	1286	127	926	
1974	34	2265	1263	127	1002	
1975	34	2263	1231	127	1032	
1976	34	1469	1231	165	238	
1977	34	2232	1181	219	1051	
1978	33	1310	—	—	850	
1979	33	1296	501	186	795	
1980	36	1294	537	206	748	9

重庆市轻工业志编纂委员会编:《重庆市轻工业志(1840—1985)》(二轻工业卷),四川科学技术出版社1995年版。

抗战时期奠定的重要战略地位和较强工业基础,使川渝地区成为全国三线建设的重中之重。1965年2月,中央在西南地区成立了西南三线建设委员会,负责川渝地区三线建设的整体工作。三线建设的启动,大大丰富了重庆地区手工业的品类。为适应"大三线"建设需要,市手工业系统扩建、改造了40家小厂,重庆铝制品加工厂、重庆拉链厂、市联社机修合作工厂(后改为重庆洗衣机总厂)相继投产。1966年至1978年,重庆市第二轻工业生产金属切削等机床15808台、纺织专用器材47.72万只、三轮摩托车1079辆、电动机60.49万千瓦、轴承65.56万套,除装备本系统生产厂家外,还支援了外地二轻工业。1975年在全市推行“优选法”活动中，二轻系统一年内实现8134项。其中，重大项目76项，纳入工业61项，节约成本493万元。新产品、新工艺、新技术、新材料和技术革新、技术革命项目，实现901项，自制专用设备158台，为产品升级换代奠定了基础。皮革业自制的GO136式剥皮机、试产的尼龙袋，达到国内先进水平。[①] 表4-26为1950—1976年重庆市手工业新产品创制概况：

表4-26　重庆市手工业新产品创制概况(1950—1976年)

年度	创制新品种(个)		创制新花色、规格(个)		总计(个)
	创制数	已投产数	创制数	已投产数	
1955	52	43	197		292
1959	103				103
1960		6			6
1961		3			3
1962		10			10
1970	111				111
1975	62				62
1976	114				114

重庆市轻工业志编纂委员会编:《重庆市轻工业志(1840—1985)》(二轻工业卷)，四川科学技术出版社1995年版。

在调整所有制时，重庆一直没有放弃对技术的学习。可以说，技术追赶是认识重庆手工业史的主线，这也是西南腹地当代手工业史的特色。

四、“中间经济”的延续与改造:武汉市小型织布厂的演化

近代以来，中国的纺织等行业出现了手工业与工厂工业共存的格局，不过，研究者主要关注的是近代城市大型纱厂与乡村织布业的长期共生，城市小型织布厂处于前两者的夹缝之间，是典型的现代城市手工业，是一种典型

---

① 重庆市轻工业志编纂委员会编:《重庆市轻工业志(1840—1985)》(二轻工业卷)，四川科学技术出版社1995年版，第8页。

的“中间经济”。一般认为,鸦片战争以后,进口机制棉纱入侵中国市场,促成了以农家副业为基本形态的中国传统手工棉纺织业出现“纺织分离”的现象,农民放弃了自己纺纱,但仍利用机制纱来织造土布。在上海、武汉等地,形成了城市现代纱厂与周边农村土布业共生的格局,前者靠卖机制纱给后者而得以生存。当然,这些现代纱厂并没有放弃用机器织布,这又与农村土布业形成竞争关系。在这样一个二元化的产业图景之外,城市小型织布厂亦开始兴起,成为二元结构缝隙中的特殊产业形态。

清末,受张之洞在武汉创办大型现代棉纺织企业湖北官布局、官纱局的影响,湖北各地出现了一股兴办小型织布厂的热潮。这些小型织布厂一般设立于城市中,雇用若干工人,采用改良织机进行生产,产品销于城乡各地,比较典型的如创办于 1906 年的汉口广利公司。当时的新闻报道:“汉口广利公司开办已及半年,其所织之布,种类不一而以洋布为最多,销路亦甚畅旺。近又添购机器,改良组织,所出之布洁白细致,竟与花旗所出者无异。又添雇工匠兼织起各花色洋布以广利源,并于汉镇添设分销所三处,俾需用者得以就近购求云。”[①]这些小型织布厂的创办者,既有政府官员,又有民间商人。前者如天门县令宋燦,他从武昌购买了织布机,设厂招工学习[②];后者则有前述邓姓商人等。此外,一些地方精英也参与到创办织布厂的事业中,其代表者如宜昌的黎阴三。黎阴三是清末最后一届秀才,1903 年东渡日本求学,专攻纺织,1905 年从日本带回了 2 台以蒸汽机为动力的铁质织布机,以及数台铁木结构的自动穿梭的脚踏织布机,并邀请 3 位日本技师帮助调试,创办了“宜人组织机厂”。[③] 从史料可知,清末湖北兴起的城市小型织布厂,与中国传统的工场手工业没有直接的继承关系,是工业化浪潮中,政府官员、商人与地方精英引进西方生产技术的产物。实际上,这些小型织布厂在生产技术上也呈现出新旧混杂的情形,一方面可能已经开始利用蒸汽动力,与现代工业无异,另一方

① 《东方杂志》第 3 年第 12 期,光绪三十二年(1906)十一月二十五日,第 238 页。

② 《东方杂志》第 3 年第 12 期,光绪三十二年(1906)十一月二十五日,第 238 页。

③ 黎祥垲:《创办宜昌第一家纺织厂——记黎阴三与“宜人组织机厂”》,《宜昌市文史资料》第 9 辑,1988 年 12 月,第 33—37 页。

面在同一家企业中还存在着脚踏织布机等手工生产设备。因此，若以学者方显廷的标准来看，此类织布厂属于“手艺工业”无疑。[①]

进入民国后，湖北各城市的小型织布厂均有一定发展，但在城市纺织工业体系中不占主导地位。以省会武汉来说，20世纪初，该市小型织布厂主要使用手脚并用的人力木拉机，生产胶布条子、梅花格子等布，行销于本省。一战结束以后，日本棉织品通过三井、日信等洋行在武汉市场上大量倾销，使小型织布厂大受打击。为了打开销路，1920年起，武汉织布业改用天津式铁木机，出产大小提花布及各种冲呢布，产品可与津沪布厂出品媲美。1922年，新亚丝光厂成立，日出产人字呢、提花缎、白条布等5000匹，销路远达冀、豫、湘、陕、川、赣诸省。1919—1922年，震丰、国华、亚新、振华等丝光染纱厂的产能可供每日织布4000匹以上的需求。[②] 然而，1924—1925年，日商大量倾销花、素平光哔叽，武汉的织布业面临崩溃，多数陷于停顿。1928年至抗战前，由于抵制日货的关系，武汉织布业勉可维持。[③] 与农村手织土布相同的是，城市小型织布厂的销售市场也“偏重农村”[④]，不同的是，小布厂生产的布匹具有更高的附加值，即：“大多有内中稍夹人造丝者……盖夹人造丝，极合销路，东西洋布匹，凡带有花色者，无不夹人造丝。”[⑤]可见，城市织布厂的产品面向一个更高端的市场。但实际上，武汉城市小型织布厂是在夹缝中求生存。一方面，在低端市场上，有乡村织布业生产的土布与之竞争；另一方面，在附加值更高的市场上，它们又面临着进口货的巨大压力。也正是这种尴尬的困境使之难以在湖北近代纺织业的二元格局中打开局面，构成新的一元，而只能在技术上趋同于乡村织布业，在组织制度上趋近于城市新式棉纺织企业，缺乏独当一面的竞争力，陷于困境。因此，在民初，武汉尚有约80家小型织布厂，

① 经济学家方显廷在1920年代末，将天津的“人造丝织布业（俗名提花业）”明确称为“手艺工业”。见方显廷：《方显廷文集》第2卷，商务印书馆2012年版，第209—210页。

② 《武汉纺织工业》编委会编：《武汉纺织工业》，武汉出版社1991年版，第10页。

③ 《关于手工业基本情况、手工业业务计划》，1951—1953年，武汉市档案馆藏档，119-131-87。

④ 《武汉之染织纱布业》，《汉口商业月刊》1936年新第1卷第5期，第28页。

⑤ 实业部国际贸易局编著：《武汉之工商业》，实业部国际贸易局1932年版，第41页。

1925年仍有60余户[①],到全面抗战前则只剩下30余家了[②]。抗战期间,武汉沦陷,该市原有纺织工业体系崩溃,在日军的占领下,产业的战时演化亦颇偏离常轨。日商依恃日军的暴力统治,在武汉开办了10家织布工厂,共有布机80余台。1940年,由于实行棉纱配给制,武汉周边农村织户迫于生存压力迁到武汉,到1942年,武汉有织布厂、户共327家。[③] 然而,这数百家织布厂、户并不是都从事生产,而是转向投机倒卖稀缺的棉纱、布匹,以此牟取暴利。以1938年成立的合记和成织布厂为例,其经理在交易市场上买空卖空,订购洋纱10件,结果却被骗200元。[④] 这是沦陷区市场盛行投机的一个注脚。抗战胜利后,武汉纺织工业未能恢复元气,城市织布厂亦不能幸免。

中华人民共和国成立后,被称为"单织厂"的小型织布厂继续存在于武汉等各大城市,可谓"中间经济"的历史延续。下面主要以武汉市硚口织布厂为例,剖析该厂在1949—1984年的发展机制,以期对计划经济时代的城市手工业演化得一直观认识。

1948年年底,时局动荡,武汉市汉口一地近3000台织布机中,能勉强维持的不足700台。中华人民共和国成立后,政府通过加工订货等政策,将织布厂、户组织起来,使武汉小型织布厂恢复了元气。到1951年,汉口有织布业户1035户、7100余人,布机约4000台,武昌则有约700人,布机270台。当年,织布业的所有棉布由国营花纱布公司统购统销,全业均为国家加工订货。经过一段时间的放权,1953年8月,又由市花纱布公司收购布厂产品,严格控制产品价格。过渡时期的总路线公布后,大部分个体户组成互助组,并过渡到合作社。1956年,武汉市的手工织布个体户、互助组、工人组合厂并全部转入合作社,共成立39个织布合作社,职工达5974人。1957年年底,武汉织布业有3家国营工厂、12家公私合营厂和39个生产合作社,全行业职工总

① 武汉地方志编纂委员会主编:《武汉市志·工业志》(上),武汉大学出版社1999年版,第722页。

② 《武汉之染织纱布业》,《汉口商业月刊》1936年新第1卷第5期,第28页。

③ 《湖北省纺织工业志》编纂委员会编:《湖北省纺织工业志》,中国文史出版社1990年版,第8、28页。

④ 硚口织布厂修志领导小组编:《武汉市硚口织布厂厂志(1938—1982)》,内部资料,1983年,第8—9页。

数达7500人，棉布产量3673万米，利润53229万元。[①] 硚口织布厂正是武汉织布业该阶段发展的产物。

武汉市硚口织布厂源自社会主义改造，该厂主体系1945年成立的正大织布厂，而正大织布厂的前身系1938年武汉沦陷后成立的合记和成织布厂。合记和成织布厂的创办人包括房产经租处经理、保险公司经理、杂货铺老板和布店老板共5人，初期资本为1800银圆，有人力铁木机28台，雇工60余人，在近代武汉小型织布厂中算是规模较大的企业。在日伪残酷统治下，该厂被迫于1944年告歇，直到战后始由部分原股东另开新厂。1948年，正大织布厂停产关闭。1949年武汉解放后，正大织布厂复工，改名正祥正记织布厂，但1950年，因"苏联花布不断进口，以廉价挤满市场"，经营萎靡，仅靠为解放军第四野战军军需部加工蚊帐布得以维持。1951年，中南公安后勤部赎买该厂，改名中南公安后勤部生产科中安染织厂。1954年，该厂下放到武汉市手工业管理局，改名为武汉市第十一织布生产合作社，作为集体所有制企业从国家计划内划出。此举引发了该厂职工的不满，职工们认为企业被国家赎买后，在几年的时间里，"设备机械化程度基本达到现实国营中小型企业标准"，故向湖北省人民政府工业办公室申诉。后经武汉市纺织局与企业协商，决定该厂改名为武汉市地方国营硚口织布厂，隶属于武汉市纺织工业局专业公司。1956年3月，该厂确定为地方国营性质时，有职工85人，电力铁木机44台，年末棉布总产量459690米。1958—1959年，先后有公私合营织布厂裕中、建华并入硚口织布厂，而这两家工厂本身系由24家小厂改组、联营而成。[②] 由此可见，1949年后，原来存在于城市中的小型织布厂，开始受国家左右，其发展轨道被政策重新塑造了。一方面，企业经营不再纯由企业自主，政府充当了实际出资人与最终决策者；另一方面，企业是否属于手工业在很大程度上由技术问题变为了政策问题。实际上，1956年，硚口织布厂从规模、技

① 武汉地方志编纂委员会主编：《武汉市志·工业志》（上），武汉大学出版社1999年版，第723—724页。

② 硚口织布厂修志领导小组编：《武汉市硚口织布厂厂志（1938—1982）》，内部资料，1983年，第7—15页。

术上看,都未脱离近代中国城市小型织布厂的一般样态,仍然可以继续被视为“手艺工业”。然而,在社会主义政权下,该厂既由国家赎买,又经历了各项改造运动,职工们不管出于何种目的皆自视为“无产工人”,而被改组为集体所有性质的手工业合作社等于“改变为有产”,这是该厂职工申诉的重要理由。当然,集体所有企业须“自负盈亏”,而国营企业的产销由国家计划包干[①],这一纯粹由体制与政策导致的经济差异,也可能是更为真实的动因。

然而,当硚口织布厂扩大规模后,在接踵而至的“大跃进”时期,该厂出现了劳动力短缺、盲目生产、机器损耗、负担重等问题,经济效益严重下滑。在接受了全民大办工业的任务后,硚口织布厂于1958年8月成立硚织化工厂,抽调36名职工,且雇了150名临时工,生产化学肥料,其产品因农民使用后发现效力甚低而滞销、积压,工厂陷于瘫痪,直到1959年8月这个化工厂才解散,原有职工回到织布厂。为了满足大办钢铁的需要,硚口织布厂设立了硚织钢铁厂,抽调布厂50名职工,还雇用了350名临时工,已超出其242名正式工的数量,为此织布厂每天多支出448元的工资。此外,根据指示,钢铁厂的物资采购、高炉建设和设备维修等全由织布厂负担。按照当时职工的说法,这属于“一厂变三厂”“织布厂生子厂”。但在这一特殊时期,并不是子厂为母厂提供支持,相反,织布厂和化工厂均为钢铁厂服务,提供保障。自然,大办钢铁最后不了了之。但紧随其后,又开始了“一平二调”,硚口织布厂无偿援外。从1959年11月到1960年3月,该厂共派出37名干部、156名工人,支援汉丹铁路、鄂南煤矿等项目建设,厂内负担工资46720元。同时还出现了高指标下的弄虚作假、工人劳动强度过大等现象,织布厂甚至专门跑到长沙学习“捉瞌睡虫的经验”,组织干部半夜敲锣打鼓督促工人生产,工人每天要工作12小时以上。这样,仅1960、1961两年,硚口织布厂就亏损14.51万元。[②] 硚口织布厂在1950年代末与1960年代初的变化,反映了单织厂在特殊历史时期的演变,这当然谈不上正常的发

① 硚口织布厂修志领导小组编:《武汉市硚口织布厂厂志(1938—1982)》,内部资料,1983年,第11—12页。

② 硚口织布厂修志领导小组编:《武汉市硚口织布厂厂志(1938—1982)》,内部资料,1983年,第39—41页。

展,但在计划经济时代的中国,亦具有某种普遍性。实际上,到 1962 年,包括硚口织布厂在内,武汉市的单织厂仅 6 家坚持生产,且开工不足,企业职工由 1959 年的 9944 人压缩到 4340 人,布产量则从 6955 万米下降到 2221 万米。直到 1965 年,该业虽经调整,亦仅有职工 5684 人、布机 1646 台,棉布年产量 3123 万米。[①] 可以说,武汉小型织布厂作为一个行业,在 1960 年代前期整体上是衰退的,这自然由特殊的时代原因所致。

不过,在经济调整时期,硚口织布厂的情况有所好转。该厂在质量、产量、出勤、劳动纪律和协作能力 5 方面开展生产竞赛,对优秀职工给予奖励。同时开展的"寸纱不落地"等群众运动则使棉纱浪费大为减少。一般而言,单织厂作为近代城市手工业的延续,具有吸纳剩余劳动力的功能。但在调整时期,受体制与政策影响,城市单织厂劳动力大为减少,如前所述。硚口织布厂的职工流向分为三部分:一部分被抽调支援国家建设;一部分搞副业创收;一部分退休或被劝退,少数主动离职。该厂共压缩职工 220 人,以至于达不到定员生产,上级部门又从一些下马纺织企业调来了 75 名职工。到 1962 年年底,该厂有职工 721 人,比上一年减少了 20%,借此扭转了亏损,盈利 13.85 万元。此后的一些政治运动虽在一定程度上挫伤了企业的积极性,但到 1965 年该厂仍创造 73 万余元的利润。[②] 可以认为,硚口织布厂在经济调整时期采取了减员增效的策略,以压缩劳动力成本保障了高效益。这似乎反映了当时单织厂存在着劳动力方面的最优规模,但在计划体制下,企业达到这一规模主要依靠国家政策的落实,而非企业自主决策。而硚口织布厂的这一恢复性发展,与劳动密集型产业吸纳劳动力的经济功能背道而驰。

"文革"开始后,硚口织布厂自然免不了受到冲击,"文攻武卫"在厂内盛行,有"战斗队"还提出"革命第一,生产第二"的口号,而这也属于那个年代的普遍现象了。不过,在十年间,硚口织布厂实现总产值 6561 余万元,同时实现年平均利润 72 万元,与"文革"前相比增长达 133%,这是必须客观看待

① 武汉地方志编纂委员会主编:《武汉市志 · 工业志》(上),武汉大学出版社 1999 年版,第 724 页。

② 硚口织布厂修志领导小组编:《武汉市硚口织布厂厂志(1938—1982)》,内部资料,1983 年,第 42—44 页。

的事实。[①] 但是,就整个产量而言,有数据可查的1958—1976年,硚口织布厂的生产呈现出波动状态,如图4-3所示:

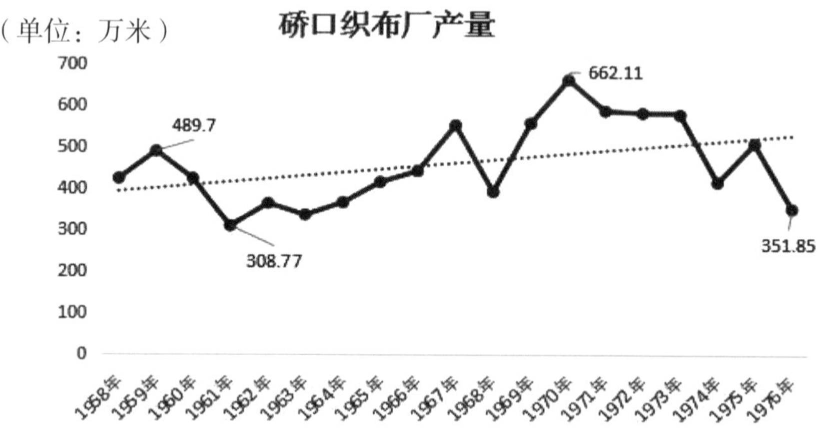

图4-3　硚口织布厂产量(1958—1976年)

资料来源:硚口织布厂修志领导小组编:《武汉市硚口织布厂厂志(1938—1982)》,内部资料,1983年。

1958—1976年硚口织布厂共产布8753.25万米,其产品主要为被单布,最低产量为1961年的308.77万米,最高产量为1970年的662.11万米,平均年产量为460.70万米,整体而言谈不上有明显的生产增长趋势,这主要是由于波动性太大。而硚口织布厂的生产波动显然是政治运动导致的。但是,如前所述,该厂1966—1976年的总体绩效要好于1958—1965年,这一点,通过图4-3所标趋势线亦可以很清楚地看到。而硚口织布厂的这一发展特征与计划经济体制有密切关系。

在中华人民共和国成立前,硚口织布厂的前身诸企业属于确凿无疑的手工作坊,而自1953年起,该厂进入半机械生产时期,将脚踏式人力织布机改造为电动机带动的布机。不过,以近代中国的标准来衡量,这种设备仍然具

① 硚口织布厂修志领导小组编:《武汉市硚口织布厂厂志(1938—1982)》,内部资料,1983年,第48—50、62页。

有手工生产性质。一直到1965年,在武汉市纺织工业局"向自动化进军"口号的推动下,武汉市第六棉纺厂才向硚口织布厂调拨了214台自动织布机,后又陆续增加24台,同时该厂从沈阳购入G121型分条整经机2台。1966年,该厂从武汉市第三纺织配件厂购回63A型简易分条整经机3台,淘汰了原有的老式整经机。因此,1966—1976年硚口织布厂的生产效率整体高于此前的原因在于,该厂从1965年开始迈向全机械化生产,大量机械设备均系1966年后购置的。1967年硚口织布厂拥有自动布机208台,而1965年开始"向自动化进军"前仅有48台。到1971年,硚口织布厂完全淘汰铁木机,拥有自动布机238台。1973年,该厂购入1515A-63型电力自动布机80台,同年还从天津购入P1332型导筒机2台。1976年,该厂又从上海购入M301抓绒机1台。在设备升级的情况下,硚口织布厂还将目光投向了生产工艺的改进,重视技术人员作用,加强产品设计,外派人员去襄阳、安陆等地学习。[①] 总之,从1965年开始,硚口织布厂在技术上逐渐实现了由半手工业向真正的现代工业的转化,在某种意义上已不再属于"中间经济"。实际上,从同类型企业的发展轨迹看,计划经济体制下城市单织厂的生产技术升级,不一定是基于经济需求,而可能是单纯的政治激励的产物。[②] 硚口织布厂亦与之相似。但从结果来看,单织厂从手工业升级为现代工业,确实得益于由国家而非市场设定企业目标的计划经济体制。

同时,对计划经济时代的城市单织厂特别有利的是,其传统劲敌农村手工织布业,被国家政策强行消灭了。以湖北来说,"大跃进"时期一度大搞"土纺土织",随后中央叫停,1965年该省土布产量280.7万米,到"文革"时期已消亡殆尽。[③] 因此,长期在夹缝间求生存的城市单织厂,终于成为纺织工业体系中具有独立地位的一极,填补了农村土布业消亡后遗留下来的需求空缺。以硚口织布厂来说,尽管缺乏详尽的产品流向数据,但从1964年起,其产品

① 硚口织布厂修志领导小组编:《武汉市硚口织布厂厂志(1938—1982)》,内部资料,1983年,第74—80、109页。

② 阮宜生口述:《回忆棉织厂土木布机电动化的经过》,载襄樊市政协文史资料委员会等编:《勤俭创业,地久天长——襄樊市棉织厂史料专辑》,内部资料,1992年,第42—43页。

③ 《湖北省纺织工业志》编纂委员会编:《湖北省纺织工业志》,中国文史出版社1990年版,第45页。

销售地域“由市内到市外，由省内到全国各地农村，直至行销天津、上海等大中城市”①。固然，在计划经济体制下，并没有纯粹的市场机制，但是，硚口织布厂的产品能流向广阔的非本地市场尤其是农村市场，必然与竞争对手土布业的消亡有密切关系。

不过，尽管传统竞争对手土布业被国家政策消灭了，但城市小型织布厂在规模上缺乏显著的壮大。表 4-27 显示了 1957—1975 年武汉小型织布业的发展轨迹：

表 4-27　计划经济时代武汉小型织布业基本概况

项目	单位	1957	1960	1965	1970	1975
总产量	万米	3673	4764	2123	4262	8068
总产值	万元	3224	4793	4423	6473	6770
利润	万元	53	87	312	503	742
税金	万元	19	23	258	562	297
织布机	台	3221	2609	1562	1521	1567
职工人数	人	7977	8641	5684	5830	6064

资料来源：武汉地方志编纂委员会主编：《武汉市志 · 工业志》（上），武汉大学出版社 1999 年版，第 727 页。

从易于比较的产量、织布机数和职工人数等数据可见，1957—1975 年武汉小型织布厂整体上有发展，但综合绩效不突出。产量方面，与硚口织布厂类似，武汉小型织布厂整体的产量波动剧烈，明显受外部大环境支配，但到 1975 年，总产量为 1957 年的 2 倍多，生产仍然是向前发展的。产量总体提升的同时，织机台数却大幅降低，1975 年仅为 1957 年的一半左右，这表明生产效率有所提高。而结合硚口织布厂的具体事例，可以认为武汉小型织布厂的生产实现了机械化与自动化，故大量落后织机被淘汰，技术水平反而提升。与之相应的是，武汉小型织布厂同期的职工人数大体亦呈下降态势，这固然

① 硚口织布厂修志领导小组编：《武汉市硚口织布厂厂志（1938—1982）》，内部资料，1983 年，第 84 页。

受政治等多种因素的影响,但小型织布厂作为劳动密集型产业,却发生了技术进步带来的劳动力挤出,这确实可由总产量提升的结果来予以证明。换言之,武汉的小型织布厂实现了生产与技术上的现代化,但企业数量和整体生产规模并未显著扩大,仍然只是城市工业体系中相对边缘的附属性产业。1957 年武汉大型棉纺织企业的布产量达 7151.31 万米,1965 年增长至 13609.65 万米,分别为同期小型织布厂产量的 2 倍、6 倍。[①] 因此,在计划经济体制下,尽管土布业作为落后产能被国家取缔了,但相对于大型综合性纺织企业,城市小型织布厂同样呈现出某种落后性,故不太可能得到更多的资源倾斜。而国家对不同产业的资源投入与分配,在计划经济体制下具有某种决定性作用。

故而,类似硚口织布厂这样的小型织布厂向现代工业的转化,并非企业自发的演化,在很大程度上,这一过程是由国家支配的。无论是社会主义改造时期在组织上的变革,还是技术上的"向自动化进军",抑或是传统竞争对手土布业被消灭从而为产品开辟了更大的生存空间,凡此种种,无一不受控于国家,或者受国家宏观政策左右,或者由政府直接插手推动。因此,单织厂这一城市手工业形态,是被国家权力人为改造成更加现代化的工业形态的,而如果没有 1949 年后新体制的建立,很难设想在自由市场条件下,单织厂的演化轨迹会如此。不过,作为劳动密集型制造业,单织厂在计划经济时代仍然起到了吸纳劳动力的作用。例如,1973 年,由于硚口织布厂在"工业学大庆"生产运动中严重缺员,而辖区汉正街也正急于安排社会待业青年,故双方协议创建了汉正街纺织加工厂,由硚口织布厂提供车间、机械设备和原材料,加工生产纬纱筒子,硚口织布厂每月按其完成量付给加工费。该加工厂初建时有职工 56 人,其中待业青年 29 人。[②] 两家企业的关系,与方显廷描述过的近代天津织布业大、小厂关系,如出一辙。因此,作为近代城市手工业的延

① 武汉地方志编纂委员会主编:《武汉市志 · 工业志》(上),武汉大学出版社 1999 年版,第 661 页。

② 硚口织布厂修志领导小组编:《武汉市硚口织布厂厂志(1938—1982)》,内部资料,1983 年,第 56 页。

续,计划经济时代的单织厂仍然发挥着吸纳社会闲置劳动力的功能,只不过,这一功能是受国家掌控的,特殊时期亦可能发生反向调节,整体上反而是挤出了劳动力的。

改革开放后,武汉的单织厂又出现了新的演化,实际上,一些变化从 1977 年就开始了。以硚口织布厂来说,在 1976 年产量急剧下跌后,1977 年开始反弹,其后几年间的变化如图 4-4 所示:

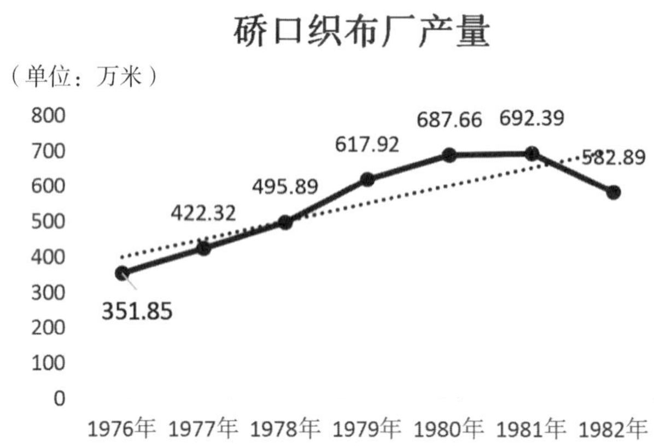

图 4-4　硚口织布厂产量(1976—1982 年)

资料来源:硚口织布厂修志领导小组编:《武汉市硚口织布厂厂志(1938—1982)》,内部资料,1983 年,第 65 页。

从 1977 年至 1982 年,硚口织布厂的产量基本呈扩大之势,这也是改革开放初期市场化刺激的反映。据 1963 年资料,当时的硚口织布厂自称:"我厂根本谈不上设计工作,墨守成规,一般还是十年前的老花型……配色萎暗,处于仿造、抄袭。"但到了 1980 年,该厂试制花型达 86 个、花色达 204 个,其中外贸产品的花型有 69 个。[①] 这是市场化所带来的积极变化。与此同时,该厂进一步发挥了劳动力吸纳作用。以前述汉正街纺织加工厂来说,1978 年定名为汉正街络筒生产合作社,时值硚口织布厂酝酿实行"四班三运转"的作息制

① 硚口织布厂修志领导小组编:《武汉市硚口织布厂厂志(1938—1982)》,内部资料,1983 年,第 79—80 页。

度，遂从 1979 年 4 月起，以络筒社的名义陆续招收和调入了大批工人，到 1980 年年底止，该社职工人数达到 265 人，其中安排待业青年 168 人。[①] 此时的硚口织布厂，正期待着“用建党以来最好的党章、建国以来最好的宪法为保证，投入机构改革和经济体制改革的洪流之中，努力开创新局面”[②]。1985 年，武汉市小型织布业共 19 家企业，有职工 13135 人，各类织机 3251 台，布产量 6788 万米，总产值 9865.3 万元。其中，硚口织布厂固定资产 666 万元，在全部企业中排第 3 名，职工人数 1071 人，亦排第 3 位，其主要产品为彩格被面，产值 582.3 万元，仅位列中上游。[③] 从各项数据看，武汉小型织布厂在 1980 年代初期还是有所发展的，硚口织布厂在行业中整体状况尚佳。

但随着市场经济体制逐渐替代计划体制，城市小型织布厂这一历史悠久的工业组织形态，又将被掷入具有高度不确定性的命运旋涡中。到 2000 年，包括硚口织布厂在内，武汉市织布业仅 5 家企业尚能维持生产经营，其余企业则通过办三产业、厂房出租、土地批租等形式退出了织布行业。[④]

---

① 硚口织布厂修志领导小组编：《武汉市硚口织布厂厂志（1938—1982）》，内部资料，1983 年，第 56 页。

② 硚口织布厂修志领导小组编：《武汉市硚口织布厂厂志（1938—1982）》，内部资料，1983 年，第 61 页。

③ 武汉地方志编纂委员会主编：《武汉市志·工业志》（上），武汉大学出版社 1999 年版，第 725—726 页。

④ 武汉地方志编纂委员会编：《武汉市志（1980—2000）》第 3 卷，武汉出版社 2006 年版，第 287 页。

本书系国家社科基金重大招标项目“中国近现代手工业史及资料整理研究”（批准号：14ZDB047）的主要成果

两个世纪之间的中国手工业(1800—2000)

彭南生 主编

严鹏 张玮等 著

中国近现代手工业史

ZHONGGUO JINXIANDAI SHOUGONGYE SHI

第三卷 下册

河南人民出版社
·郑州·

第五章
历史转折与乡镇企业的异军突起

1978 年,党的十一届三中全会作出了把工作重点转移到社会主义现代化建设上来的战略决策,提出要注意解决好国民经济重大比例严重失调的要求,制定关于加快农业发展的决定。中国的工业化战略开始重构:具有民生色彩的工业化战略取代具有国防色彩的重工业优先发展战略;经济体制由相对封闭的计划经济体制转向开放性的市场经济体制;以公有制为主要特征的企业经营管理体制也开始改革,社队企业演变为乡镇企业,国营企业改革贯穿中国工业发展。其中,脱胎于社队企业的乡镇企业迅速崛起,成为一种具有中国特色的渐进式市场化改革的独特成果。

1983 年,以家庭联产承包责任制为特征的农村经济体制改革基本完成,国家为适应农村经济的发展改变政社合一体制,开始撤销人民公社,建立乡(镇)政府,撤销生产大队。此时,原有的社队企业变更为由全乡(镇)或全村农民所有的企业。然而,在农村经济实践中,有些地区的社队企业名下还有些"挂户"企业,这些企业是在日益宽松的城乡经济环境下,由农民个人筹资或联合集资创办,并非全乡(镇)或全村农民所有,因当时还没有出台农民可以个体办企业或联户办企业的政策而"挂户"到社队企业名下。1984 年 1 月,中共中央《关于 1984 年农村工作的通知》指出:"鼓励农民向各种企业投资入股。鼓励集体和农民本着自愿互利的原则,将资金集中起来,联合去办各种企业。”到 1984 年 3 月,在中共中央、国务院转批农牧渔业部《关于开创社队企业新局面的报告》的通知中,明确地将社队企业的名称改为乡镇企业,并规定乡镇企业包括社(乡)队(村)举办的企业、部分社员联营的合作企业、其他形式的合作工业和个体工业。并指出,乡镇企业是国营企业的重要补充。[①] 由此,中央从政策层面肯定了农民自发兴办企业的实践活动,明确乡镇企业由原来的“两个轮子”(社办和队办)改为“四个轮子”(乡办、村办、联户办、户办),明确乡镇企业在国民经济中的地位,这也是明确了农村工业化在国民工业体系重构中的地位。

第一节　乡镇企业发展概况

乡镇企业是一个发展的、复合的概念,包含着各种不同的类型。“四个轮子”是乡镇企业的基本类型,包括乡办、村办、联户办和户办。乡办和村办企业,指乡和村(包括区)一级举办的集体企业,主要脱胎于社队企业。联户企业是部分农民按照自愿互利的原则组织起来的合作经济,多数实行股份制,有以资金入股的,也有以技术、劳动力和其他生产资料入股的。户办企业,也就是家庭工业,是农民一家一户经营的小工厂,多数是在传统手工业和农家副业的基础上办起来的,也有一部分是城市工业和乡镇集体企业把产品扩散给农民分户加工而办起来的。自党的十一届三中全会以来,在改革开放政策的大背景下,国家根据形势的变化和乡镇企业发展的实际需要,出台一系列针对乡镇企业的方针政策,将其发展大体分为五个阶段:(1)1978—1983 年,国家从全局高度鼓励社队企业大发展,鼓励农村发展种养业、加工业、建筑业、运输业和各种服务行业,乡镇企业开始起步发展;(2)1984—1988 年,对发展乡镇企业进行全面改革开放,乡镇企业进入第一个发展高峰——允许农民个体或联合经商办企业,将社队企业更名为乡镇企业,并对乡镇企业和国营企业一视同仁,给予必要的政策扶持;(3)1989—1991 年,对乡镇企业发展

① 《当代中国》丛书编辑部编:《当代中国的乡镇企业》,当代中国出版社 1991 年版,第 105、109 页。

采取紧缩的政策，乡镇企业发展处于调整和治理阶段；(4)1992—1996年，高度肯定乡镇企业的市场先导作用，乡镇企业处于全面改革与发展新阶段；(5)1997—2002年，引导乡镇企业实施产权制度改革和转变发展方式，乡镇企业进入调整创新阶段。[①] 在乡镇企业发展的过程中，集体和私营的关系贯穿始终，20世纪90年代中后期关于乡镇企业私有化的争论白热化，及至21世纪初，乡镇企业产权改革，作为中国农村和农民实践创举的“乡镇企业”这一经济名词忽然淡出了舞台。下面勾勒1978—2002年的乡镇企业发展趋势，看看那些不完全诚实的数据[②]能告诉我们什么：在方针政策作用下，乡镇企业的走势如何；和农村工业化密切相连的乡镇企业，谁是主力，是集体所有的工业企业，还是非集体所有(联户和个体)的工业企业；乡镇企业发展的区域特点存在不存在，这个特点是什么。首先对数据做出说明：在1984年中共中央允许农民设立户办、联户企业之前，国民经济统计数据中的乡镇企业仅包括集体所有制企业，也即社队企业；1984年后，乡镇非集体所有制企业进入统计数据。

一、乡镇企业的发展趋势：高速增长

乡镇企业分布领域包括农业、工业、建筑业、交通运输业、批发零售贸易、旅游饮食服务业，以及其他。1978年后，中国的乡镇企业蓬勃发展，衡量其发展的若干指标如下表5-1所示。

---

① 农业部乡镇企业局、中国乡镇企业协会、农业部乡镇企业发展中心编：《中国乡镇企业30年》，中国农业出版社2008年版，第3—13页。

② 数据不诚实有两个方面的表现：第一，统计本身的问题；第二，数据编纂过程中出现的错误。笔者比对《中国乡镇企业统计资料(1978—2002年)》和《中国乡镇企业统计年鉴》中的数据，发现有些数据出现了不一致的情况，这既可能是统计本身的问题，也可能是数据编纂的错误。由于用这些数据主要进行的是趋势性判断，因此笔者用两种数据来源看研究对象的数量趋势，发现并无差异。从这个意义上说，不诚实的数据也可以呈现出真实的一面。

表 5-1　中国乡镇企业的概况(1978—2002 年)

年份	企业单位数(个)	从业人员(人)	增加值(万元)	总产值(万元)
1978	1524268	28265566	2083224	5143762
1979	1480416	29093382	2283475	5607346
1980	1424661	29996774	2853146	6783256
1981	1337563	29695646	3214652	7672570
1982	1361771	31123107	3744136	8923265
1983	1346407	32346356	4084157	10193112
1984	1649641	38480993	6332106	14208425
1985	12225000	69790000	7723100	27284000
1986	15153065	79371390	8731627	37170474
1987	17502540	88051829	14164273	50549782
1988	18881644	95454636	17420465	75024393
1989	18686282	93667793	20831625	84018182
1990	18734397	92647539	25043188	97803459
1991	19087422	96136273	29721456	118105787
1992	20919581	106247146	44853420	178799564
1993	24529272	123453082	80068332	321323232
1994	24944663	120174691	109280336	461240424
1995	22026681	128620586	145952268	695686668
1996	23363285	135082851	176592964	767776437
1997	20148598	130504229	207403209	899005978
1998	20039353	125365458	221864561	966936561
1999	20708863	127040877	248825571	1084260687
2000	20846637	128195720	271562288	1161502745
2001	21155389	130855754	293563886	1260468793
2002	21326857	132877100	323587988	1404345016

资料来源:农业部乡镇企业局编:《中国乡镇企业统计资料(1978—2002 年)》,中国农业出版社 2003 年版。

数据显示，1978—2002年，中国乡镇企业呈发展壮大的总体趋势。乡镇企业增加值增长的速率在1995年达到峰值，约28%，其后呈下降趋势，即使如此，增长速率也保持在20%以上。其中，工业企业是乡镇企业的主体。从生产增加值平均增长率看（如图5-1），1987年前，工业企业的平均增长率低于整体乡镇企业；1987年后，工业企业的平均增长率几乎和整体乡镇企业相当。值得注意的是，如图5-2，乡镇工业企业数占乡镇企业总数的比重长期呈下降态势，从1980年代初的50%强下降至2002年的约30%。然而，从吸纳的从业人员规模看，工业企业吸纳的从业人员在乡镇企业吸纳的从业人员中的占比始终在60%左右。这意味着乡镇工业企业经历了从众多小规模企业到规模化企业的发展过程，但它始终是吸收农村劳动力的主力，是农村工业化过程最为直接的体现。

表5-2　中国乡镇企业的工业企业概况（1978—2002年）

年份	企业单位数（个）	从业人员（人）	增加值（万元）	总产值（万元）
1978	793977	17343595	1595492	3887634
1979	767098	18143805	1752176	4249486
1980	757806	19423033	2091769	5190780
1981	725355	19808024	2454834	5851736
1982	749290	20728083	2723258	6494106
1983	743971	21681301	3023320	7542178
1984	900981	25489125	4179018	10210096
1985	3985350	41036520	5180800	18272000
1986	6354977	47619559	5958348	24434887
1987	7082831	52666905	10652106	34124009
1988	7735213	57033912	13056330	49929043
1989	7364664	56241046	15621732	61005485
1990	7320357	55716921	18554012	70970498
1991	7426691	58149265	22271497	86995846
1992	7938214	63363961	33501382	131933743

续表

年份	企业单位数(个)	从业人员(人)	增加值(万元)	总产值(万元)
1993	9184409	72595609	59357355	235585803
1994	6985839	69615092	80867449	346880026
1995	7181621	75647153	108040423	512591701
1996	7564336	78601383	126276580	562390208
1997	6655712	76348656	145179940	658514816
1998	6619625	73342330	155302725	691275319
1999	6735126	73953221	173741098	767362288
2000	6740109	74667299	188124115	824564120
2001	6721707	76151065	203146621	898454409
2002	6276813	76676121	227730294	1003578267

资料来源:农业部乡镇企业局编:《中国乡镇企业统计资料(1978—2002年)》,中国农业出版社2003年版。

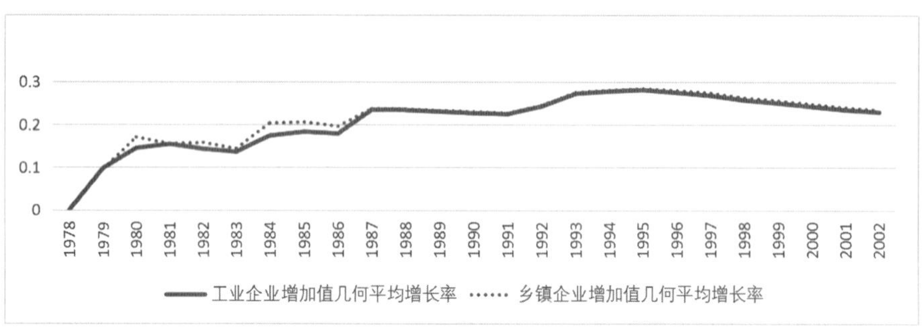

图5-1　工业企业和乡镇企业生产增加值平均增长率

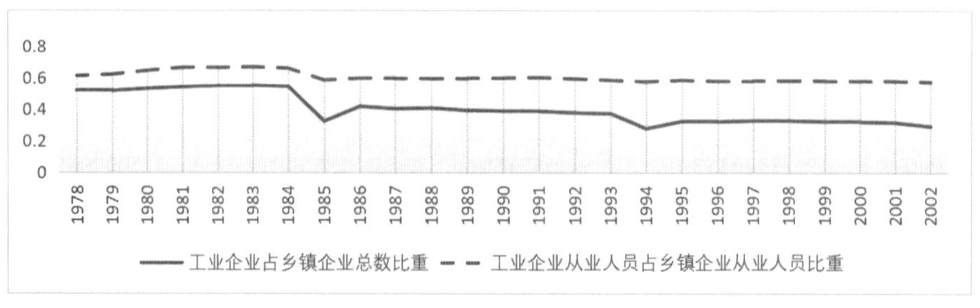

图5-2　工业企业占乡镇企业总数比重和工业企业从业人员占乡镇企业从业人员比重

二、乡镇企业的主力:集体企业和非集体企业的此消彼长

如果说乡镇工业企业是农村工业化的主力军,那么我们要问,起主导作用的是集体企业,还是联户企业和个体企业?从不同类型企业吸纳从业人员总量看(如图5-3),集体企业吸纳劳动力数量呈先增长后下降的态势,1995年为拐点;联合企业和个体企业吸纳劳动力的数量整体上升,且在1998年后个体企业吸纳的劳动力总数高于集体企业吸纳的劳动力数量。从平均每个企业雇用的劳动力看(如表5-3),1978—2002年,乡办和村办集体企业吸纳从业人员呈增长趋势,1980年左右,平均每家集体企业有20名雇员,到2002年,增长到约50名雇员;联户企业,平均每家雇员长期保持在八九名,1996年后,增加至10—18名;而个体企业,平均每家雇员长期稳定在两三名。从各类型企业在总产值中所占比重看(如表5-3),1985年,集体企业占全国乡镇企业总产值的70%强,至1996年仍占全国乡镇企业总产值的一半以上,而进入21世纪,其份额减至约1/3;由联户企业和个体企业构成的非集体企业产值份额则从1985年的不及1/3增长至约2/3。其中,联户企业从1985年的6.8%增长至2002年的27.7%;个体企业从初始的约20%增长至2002年的36%多。这组数据显示,20世纪90年代中期以前,乡或村集体所有的企业是农村工业化的主力;90年代中期以后,私有乡镇企业在吸纳劳动力和产值贡献方面表现抢眼,但学者对它们替代集体所有乡镇企业成为农村工业化的主力这一观点却存在疑问。潘毅在《农民与市场——中国基层政权与乡镇企业》中论证了农村集体经济与市场化不仅不冲突,还是促进市场化的主要动力;乡镇企业与基层政权的联盟越密切,当地的社会进步也越快;20世纪90年代末21世纪初由中央政府自上而下强力执行的乡镇私有化使得乡镇企业终结,也终结了由乡镇企业主导的农村工业化道路,而转向城市包围农村。集体所有制企业的衰落和大量私营企业的兴起与农村工业化的关系并未能清晰地呈现在我们面前,我们能清晰看到的是:自乡镇企业崛起,非集体所有的企业是工业体系的重要组成部分,尽管这些企业并非都是真正具有工业性质的乡镇企业,而只是在农业劳动之余从事一些非农经营的个体,却在20世

纪90年代中期后,以多样化的小规模生产组织形式吸纳了大量的农村从业人员、创造了巨大的产值。

表5-3 平均每个企业吸纳劳动力数和类型企业占乡镇企业总产值比重

	平均每个企业吸纳劳动力数(个)			类型企业占乡镇企业总产值比重(单位:%)		
年份	集体企业	联户	个体	集体企业	联户	个体
1978	18.54					
1979	19.65					
1980	21.06					
1981	22.20					
1982	22.86					
1983	24.02					
1984	23.33					
1985	26.46	8.90	2.32	72.86	6.80	20.35
1986	26.29	7.63	2.08	70.10	8.84	21.06
1987	29.81	7.77	2.15	67.89	9.02	23.09
1988	30.78	8.14	2.28	67.30	9.50	23.20
1989	30.75	8.26	2.34	66.44	8.12	25.44
1990	31.59	8.32	2.37	66.80	7.90	25.30
1991	33.07	8.56	2.45	67.91	6.80	25.29
1992	33.89	8.55	2.53	67.06	6.79	26.15
1993	34.23	8.80	2.60	64.27	6.67	29.06
1994	35.95	9.28	2.39	53.80	14.50	31.70
1995	37.41	9.11	3.05	53.56	15.79	30.65
1996	38.43	10.88	2.60	53.58	16.81	29.61
1997	41.23	11.26	3.09	48.77	21.20	30.03
1998	45.30	11.79	3.04	44.78	22.03	33.19
1999	46.44	13.74	3.10	39.46	24.07	36.46
2000	47.78	15.78	3.19	34.68	27.85	37.47

续表

	平均每个企业吸纳劳动力数(个)			类型企业占乡镇企业总产值比重(单位:%)		
年份	集体企业	联户	个体	集体企业	联户	个体
2001	50.42	18.40	3.26	30.47	31.49	38.04
2002	51.96	15.24	3.27	35.98	27.70	36.31

资料来源:平均每个企业从业人员数和类型企业占乡镇企业总产值比重由企业单位数、从业人员的总产值计算而来,原始数据整理自农业部乡镇企业局编:《中国乡镇企业统计资料(1978—2002 年)》,中国农业出版社 2003 年版,第 3—10 页。

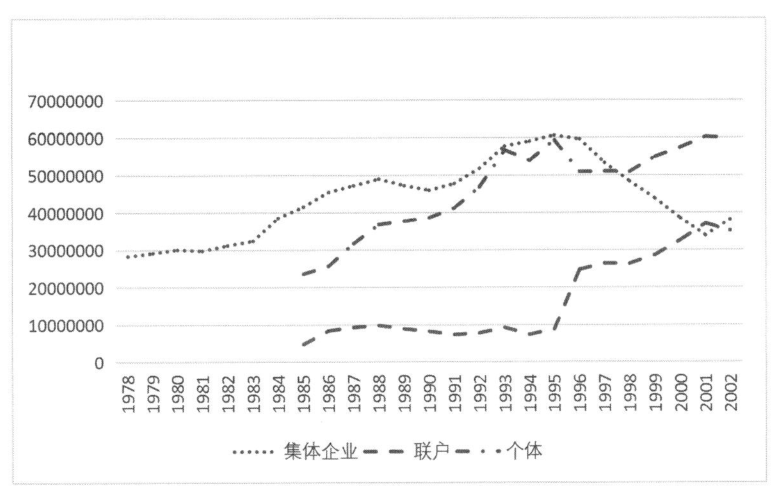

图 5-3　类型企业吸纳劳动力数(1978—2002 年)

三、乡镇企业的地区分布:不平衡性

乡镇企业的地区分布可以分别从两个视角看:东西差距和南北差异。乡镇企业发展水平的东西差距是一个显而易见的事实,东部沿海地区的乡镇企业发展远远领先于中西部地区的乡镇企业发展。进入 20 世纪 90 年代,国家出台一系列文件支持中西部乡镇企业发展,并将其作为中西部地区经济工作的一个战略重点。① 在如何发展中西部乡镇企业问题上,《中共中央、国务院

① 党的十四大报告指出,特别要扶持和加快中西部地区和少数民族地区乡镇企业的发展。1993 年国务院发布《关于加快中西部地区乡镇企业发展的决定》。

关于1994年农业和农村工作的意见》提出要组织实施乡镇企业东西合作示范工程,推动地区间的经济合作,以达到促进东部劳动密集型加工业向中西部转移并助力中西部经济发展的目的。1995年2月《国务院办公厅转发农业部乡镇企业东西合作示范工程方案的通知》拉开了乡镇企业东西合作的序幕。早在该文件问世之前,东部的一些先进乡镇企业基于自身发展需要已将目光放到了西部。1994年4月,由鲁冠球掌舵的杭州万向集团正式提出了"西进计划",鲁冠球强调"西进"是企业行为,是企业发展的需要,也是新形势下的要求,基本计划是拿出1个亿的资金,在西部地区择优选择一批开发项目和投资对象,以兼并、合资、收购等形式联合一批西部企业,实现东西部优势互补。① 到2002年,东西部乡镇企业发展的差距依然巨大,从乡镇企业总产值地区结构看,西部省份乡镇企业的产值在全国乡镇企业总产值中的比重多在1%以下,东部、南部沿海省份的浙江、山东、江苏、广东则在8%—13%,如表5-4所示:

表5-4 乡镇企业总产值地区结构(单位:%)

1985		1992		1997		2002	
江苏	16.53	江苏	15.50	浙江	10.00	浙江	13.04
浙江	9.14	山东	13.25	江苏	9.77	山东	12.18
山东	8.91	广东	8.16	山东	9.03	江苏	10.99
广东	6.92	浙江	8.16	广东	7.57	广东	8.48
合计	41.50		45.07		36.37		44.69
河北	6.76	河南	6.97	河南	7.36	河北	7.07
四川	6.25	四川	5.96	辽宁	5.75	辽宁	5.72
河南	6.06	河北	5.96	河北	5.31	河南	5.36
辽宁	5.23	辽宁	4.78	福建	4.39	福建	4.83
合计	24.30		23.67		22.81		22.98
湖北	5.10	安徽	3.94	湖北	3.64	湖北	4.03

① 鲁冠球:《鲁冠球集》,人民出版社1999年版,第66页。

续表

1985		1992		1997		2002	
安徽	3. 47	湖北	3. 29	四川	3. 22	四川	3. 84
山西	3. 14	福建	3. 16	安徽	2. 60	湖南	3. 81
福建	2. 57	天津	2. 13	内蒙古	2. 13	上海	2. 47
北京	2. 06	北京	2. 06	广西	1. 71	安徽	1. 99
江西	2. 02	山西	2. 01	陕西	1. 49	陕西	1. 78
陕西	1. 83	江西	1. 73	天津	1. 31	山西	1. 69
天津	1. 75	广西	1. 56	山西	1. 28	江西	1. 40
吉林	1. 44	陕西	1. 38	云南	1. 24	天津	1. 37
黑龙江	1. 15	吉林	1. 18	吉林	1. 23	广西	1. 37
重庆	1. 05	黑龙江	0. 85	江西	1. 20	云南	1. 21
云南	0. 95	重庆	0. 67	黑龙江	0. 85	吉林	1. 19
广西	0. 69	云南	0. 63	北京	0. 67	黑龙江	1. 12
内蒙古	0. 65	甘肃	0. 62	重庆	0. 58	内蒙古	1. 08
贵州	0. 64	内蒙古	0. 61	甘肃	0. 49	重庆	0. 98
甘肃	0. 62	贵州	0. 44	贵州	0. 35	北京	0. 97
新疆	0. 40	新疆	0. 23	新疆	0. 26	甘肃	0. 74
宁夏	0. 22	海南	0. 15	宁夏	0. 10	贵州	0. 67
海南	0. 22	宁夏	0. 12	海南	0. 09	新疆	0. 26
青海	0. 12	青海	0. 05	青海	0. 05	宁夏	0. 15
湖南	0. 00	上海	0. 00	上海	0. 00	海南	0. 12
上海	0. 00	湖南	0. 00	湖南	0. 00	青海	0. 08
西藏	0. 00	西藏	0. 00	西藏	0. 00	西藏	0. 01

数据说明:该比例等于地区乡镇企业总产值/全国乡镇企业总产值。该表选取 1985、1992、1997、2002 年 4 个年份是考虑到中央政策方针和乡镇企业发展的关系,中央方针政策经历如下 4 个阶段:1984—1988 年、1989—1991 年、1992—1996 年、1997—2002 年。原始数据整理自农业部乡镇企业局编:《中国乡镇企业统计资料(1978—2002 年)》,中国农业出版社 2003 年版,第 171—174 页。

现在我们转换视角,以长江为界,看看北方的乡镇企业和南方[①]的乡镇企业发展趋势。从乡镇企业总产值看,我们简单地将总产值的地区比例相加,会看到南方省份的份额高于北方省份的份额,即使把数据不完整的情况考虑进去,南方省份所占比重仍比北方省份高出15%—20%,但是,这个差距仍然小于东西乡镇企业的差距。同时,可以看到1985—2002年相对稳定的地区排名:山东、江苏、浙江、广东四省稳居全国前四位,合计总产值占全国乡镇企业总产值的比重在40%上下;河北、河南、辽宁紧随其后,四川和福建的位置在1992—1997年间发生变化,到1997年时,福建取代四川,河北、河南、辽宁和四川/福建乡镇企业总产值占全国总产值的比重在23%左右。前八省的乡镇企业总产值占全国乡镇企业总产值的65%左右,处于第一梯队的以南方省份为主,第二集团的以北方省份为主。

前面以数据呈现不同经济(所有制)类型乡镇企业的发展趋势时,我们看到:20世纪90年代中期以前,乡或村集体所有的企业是农村工业化的主力;90年代中期以后,私有(联户和个体)乡镇企业在吸纳劳动力和产值贡献方面表现抢眼。下面从三个层次理解集体企业和非集体企业在南北方的力量消长:南北方的集体企业与非集体企业相比是否都呈现下降的趋势;在全国集体企业中,南北方的消长趋势是什么;即使在南(或北)方,集体企业发展的趋势是否一致。我们选取以下指标来看这三个问题:南方和北方集体所有制乡镇企业总产值在全国乡镇企业总产值中的比重、南方和北方集体企业产值在全国集体企业总产值中的比重、典型省份集体所有制乡镇企业总产值在该省乡镇企业总产值中的比重。

南方和北方不同经济类型乡镇企业总产值在全国乡镇企业总产值中的比重如表5-5所示。从全国范围看,集体企业总产值至1996年仍占全国乡镇企业总产值的一半以上,进入21世纪,其份额减至约1/3。从南北方的角度看,南方集体企业在20世纪90年代后期对南方的非集体企业失去优势,这种优势逆转北方则是在90年代中期出现。从这个指标里,我们还可以看到:南北方的集体企业总产值在全国乡镇企业总产值中的比重都在下降,值

① 长江流经的省份归入长江以南地区。

得注意的是,1997 年后,南方相对稳定,而北方持续下降;南北方的私营和个体企业产值占全国乡镇企业总产值的比重均呈上升的趋势,和我们模糊印象不同的是,直到 20 世纪 90 年代中后期,南方的个体和私营企业产值在全国乡镇企业总产值中的份额才明显超越北方的个体和私营企业。也就是说,南方的集体企业在相当长的一段时间里保持对非集体企业优势,而北方的集体企业优势地位早于南方被非集体企业替代。同时,从中可以判断出,南方的集体企业强于北方的集体企业;20 世纪 90 年代中后期前,南方的非集体企业并没有像我们想的那样强于北方的非集体企业。这个指标高低,以集体企业为例,受两个因素影响:第一,该地域集体企业在全国集体乡镇企业中的生产能力;第二,全国集体企业在全国所有类型乡镇企业中的位置。鉴于第二个因素属于受国家政策影响的结构性因素,第一个因素属于受资源禀赋、文化等影响的地域性因素,因此下面考察地域集体企业在全国集体乡镇企业中的生产能力。①

表 5-5　南、北方按经济类型分乡镇企业总产值占全国乡镇企业总产值比重(单位:%)

	1985	1992	1997	2002
南方集体	44. 46	37. 89	25. 75	25. 58
北方集体	27. 77	25. 16	16. 18	10. 41
南方私营	4. 91	3. 96	7. 02	15. 88
北方私营	4. 64	4. 05	6. 42	11. 83
南方个体	6. 28	11. 56	13. 65	17. 86
北方个体	7. 80	12. 94	14. 65	18. 45

资料来源:该比重等于南(北)方地区不同经济类型乡镇企业总产值/全国乡镇企业总产值。不同地区集体企业、私营企业、个体企业的总产值数据和全国乡镇企业总产值数据整理自农业部乡镇企业局编:《中国乡镇企业统计资料(1978—2002 年)》,中国农业出版社 2003 年版,第 203—212 页。

① 现有统计资料越是从宏观到微观,对数据的质量要求越高,因此下面只讨论不同地域内集体企业在全国集体乡镇企业中的生产能力。

从南北方集体乡镇企业总产值分别在全国集体乡镇企业总产值中的比重看(见表5-6),南方集体乡镇企业总产值在全国集体乡镇企业总产值中的比重高于北方,更为重要的是,整体上是增加的,北方集体乡镇企业总产值占全国集体乡镇企业总产值的比重则趋于下降,特别是1992年后。这种比重上的变化反映南北方集体企业的发展。从南北方集体乡镇企业总产值看(见图5-4),1985年前,南方集体乡镇企业的总产值增长率和北方集体乡镇企业的总产值增长率相当;1985年后,南方比北方增长得越来越快;1997年后,北方集体乡镇企业的总产值增长率几乎不变,而南方集体乡镇的企业总产值增长率在减速。至此,我们可以说,南方的集体企业强于北方的集体企业,而且呈现相对越来越强的趋势,特别是20世纪90年代后期,南方集体企业在改制中还有所发展,而北方集体企业则趋于停滞。另外,从1992年乡镇企业统计资料中还可以看到:多数北方省份,村办集体企业强于乡办集体企业;南方各省,则是乡办集体企业比村办集体企业强。①

表5-6 南北方集体企业在全国集体乡镇企业总产值中的比重(单位:%)

	1983	1985	1992	1997	2002
南方	55.29	61.03	56.49	66.16	71.08
北方	38.21	38.12	37.51	33.84	28.92

数据说明:笔者通过比对《中国乡镇企业统计资料》和《中国乡镇企业统计年鉴》相应年份,调整了相关数据,其中上海、湖南、西藏1983、1985、1992年的数据缺失。从现有数据看,其缺失并不影响南北方集体企业强弱的比较。

资料来源:农业部乡镇企业局编:《中国乡镇企业统计资料(1978—2002年)》,中国农业出版社2003年版。中国乡镇企业年鉴编辑委员会编:《中国乡镇企业年鉴(1992年)》,农业出版社1993年版。

① 中国乡镇企业年鉴编辑委员会编:《中国乡镇企业年鉴(1992年)》,农业出版社1993年版,第152—153页。

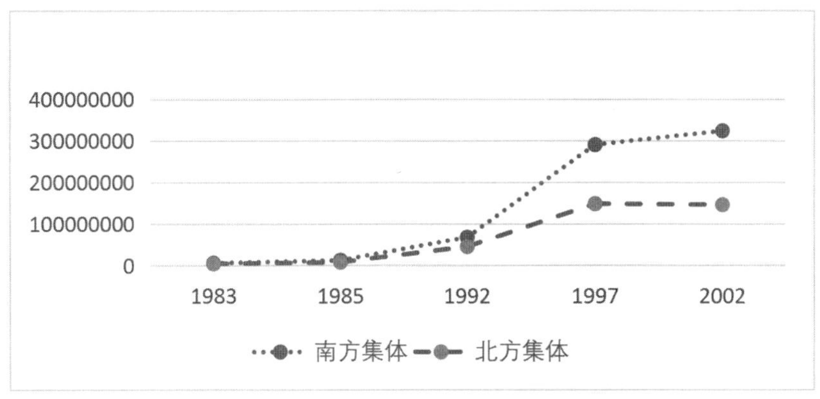

图 5-4　南北方集体乡镇企业总产值增长趋势

资料来源:农业部乡镇企业局编:《中国乡镇企业统计资料(1978—2002 年)》,中国农业出版社 2003 年版。中国乡镇企业年鉴编辑委员会编:《中国乡镇企业年鉴(1992 年)》,农业出版社 1993 年版。

最后,我们从南北方典型省份集体乡镇企业在该省乡镇企业总产值中的比重入手,揭示集体乡镇企业走势的复杂性(如表 5-7 所示)①。前面提到,1985—2002 年,山东、广东、江苏、浙江乡镇企业总产值在全国始终在前四位,河北省属于稳定的第二梯队成员。在这期间,所有样本省份集体企业在该省乡镇企业总产值中的比重都呈现下降趋势。有意思的是,所表现出的下降趋势有所不同。浙江省 20 世纪 90 年代中前期下降得最快;江苏省 90 年代初期微微增长,到 90 年代中后期开始下降,90 年代末下降得最快;广东省从 80 年代末到 90 年代末基本平稳,21 世纪左右明显下降;山东省自 80 年代末至 90 年代中期也基本平稳,自 90 年代后期加速下降;河北省则是自 90 年代中期开始迅速下降。这也就是说,即使在南方,集体乡镇企业的发展趋势也并不一致,乡镇企业发展有其复杂性。

① 从国家对乡镇企业宏观调控的政策指导看,集体乡镇企业在乡镇企业总产值中的比重自 20 世纪 90 年代中后期下降与乡镇企业产权改革密切相关,而集体乡镇企业改制的快慢及效果有赖于当地的历史基础、政治、经济、文化等条件,因而,这一指标能显示出乡镇企业发展有其复杂性。

表 5-7　典型省份集体企业在该省乡镇企业总产值中的比重(单位:%)

	广东	江苏	浙江	河北	山东
1985	75.31	91.72	87.49	48.15	80.22
1986	71.45	89.69	85.27	46.02	76.94
1987	79.24	89.02	83.66	43.59	75.83
1988	67.43	87.98	82.06	43.32	76.34
1989	65.80	87.22	80.58	42.63	73.52
1990	66.27	86.92	78.77	41.23	72.97
1991	68.24	90.07	79.13	43.30	72.76
1992	69.38	91.19	76.09	46.30	70.56
1993	69.96	91.63	68.64	46.90	63.45
1994	67.24	90.92	57.39	28.98	73.10
1995	65.36	88.65	49.07	45.93	70.53
1996	62.49	84.77	45.51	44.83	63.51
1997	65.33	78.85	47.89	32.50	66.62
1998	64.91	67.49	41.94	28.85	56.98
1999	58.06	58.94	38.51	25.73	50.63
2000	54.31	45.51	36.10	22.56	42.12
2001	48.51	35.02	32.60	18.14	35.80
2002	45.22	37.31	72.20	14.69	32.91

资料来源:农业部乡镇企业局编:《中国乡镇企业统计资料(1978—2002年)》,中国农业出版社2003年版。

简言之,乡镇企业在改革开放之后异军突起。1978—1985年,它创造了中国新增社会总产值的25%,新增工业总产值的28%,新增农村社会总产值的57%;解决了农业8000万剩余劳动力的出路问题,使农村剩余劳动力离土不离乡,进厂不进城。① 这种由农民自下而上推动的“中国式的农村工业化”,

① 《中国乡镇企业年鉴》编辑委员会编:《中国乡镇企业年鉴(1978—1987)》,农业出版社1989年版,第1页。

以集体企业为基础,私营经济受到政府鼓励而蓬勃发展。到 1990 年代中后期,非集体所有制企业在工业产值中的贡献超过集体所有制企业,而且以多样化的小规模生产组织形式吸纳了大量的农村从业人员。乡镇企业的迅速发展还表现出地域的不平衡性和发展的复杂性。前述的数据显示,东部乡镇企业整体发达于中西部乡镇企业,南方乡镇企业整体优于北方乡镇企业,且前者的差距大于后者。深入研究南北方集体乡镇企业在乡镇企业中的发展走势,我们可以看到,南北方的集体乡镇企业在乡镇企业中的产值贡献率均在走低,但是南方集体企业在 20 世纪 90 年代后期对南方的非集体企业失去优势,这种优势逆转北方则是在 90 年代中期出现,而且南方集体乡镇企业相对北方集体乡镇企业趋强;在国家宏观政策的调控下,不同省份(即使都在南方)集体所有制乡镇企业产值贡献率下降的时间趋势不同,这反映出乡镇企业发展的复杂性。

乡镇企业诞生之时在农村,改革开放后异军突起之时也在农村。它根植于农村,借力于城市,面向国内和国外市场,与农村手工业和现代工业紧密联系着,在中国由计划经济体制走向有中国特色的社会主义市场经济体制的过程中发展着,在发展中形成各有特点的地区发展模式,例如苏南模式、温州模式、珠江模式、耿车模式等。

第二节　工业化转型和乡镇企业的异军突起

1980 年代初期,法国记者帕·贝尔这样描述中国的乡镇企业:“由于靠近大城市上海和劳动力过剩,江苏很早就开始了工业化(特别是纺织工业)。自从 1978 年以来,由于全国实行‘四个现代化’政策和发展农村经济的政策,江苏成了中国经济改革的实验室。……江苏现在是反映中国农村新的工业革命已取得成功和尚存在问题的典型例子。之所以说这个工业化是新的,是因为这几年以来中国的农村工业取得了飞速发展。这种工业化既不同于注重重工业和计划的斯大林时期的工业化体制,也不同于注重大城市和自由区的那些新兴工业化国家的做法。之所以说这是一场工业革命,是因为这一进程类似于曾使19世纪的欧洲农村发生了翻天覆地变化的进程。这一进程使由于农业现代化而得到解放的多余劳动力能够到新建工厂里去工作。”①帕·贝尔作为记者敏锐地触及中国乡镇企业崛起和城市、工业体制之间的关系以及中国农村工业化的独特性。下面我们以时间为线看中国的工业化转型和乡镇企业的异军突起过程。

一、计划经济体制下的曲折和萌动:1978—1984年

1978年党的十一届三中全会作出把工作重心转移到社会主义现代化建设上来的战略决策。乡镇企业的前身——社队企业,在1978—1983年间高速发展。社队企业总产值从493亿元增加到1016.7亿元,年均增长率为15.6%,到1983年吸收农村劳动力3234.7万人,比1978年增长14.4%。这一时期社队企业的迅速发展得益于农村联产承包责任制的实施和国营企业的横向联系发展,以及政策允许社队企业面向市场调整生产。1979年中共十一届四中全会通过的《中共中央关于加快农业发展若干问题的决定》指出:“社队企业要有一个大发展。……凡是符合经济合理的原则,宜于农村加工的农副产品,要逐步由社队企业加工。城市工厂要把一部分宜于在农村加工的产品或零部件分散给社队企业经营,支援设备,指导技术。”②在《农村人民公社工作条例(试行草案)》里明确把社队企业纳入各级经济计划,不纳入计划的部分,允许自产自销。这意味着社队企业有了以正当身份从事加工制造的可能,社队企业可以从事那些它们可以找到市场的活动。当然,社队企业向市场找效益的实践远在文件颁布之前就已展开。

广东顺德北滘镇北滘电器塑料厂由于产品滞销,1975年在区鉴泉的带领下决定转产做塑料电风扇,1978年成立北滘裕华电风扇厂。1979—1981年桂洲柴油机配件厂(桂洲第一风扇厂前身)、桂洲农机厂(桂洲第二风扇厂前

① 《中国乡镇企业年鉴》编辑委员会编:《中国乡镇企业年鉴(1978—1987)》,农业出版社1989年版,第650—651页。

② 农业部乡镇企业局、中国乡镇企业协会、农业部乡镇企业发展中心编:《中国乡镇企业30年》,农业出版社2008年版,第102页。

身）、勒流农机厂（环球电器厂前身）、陈村农机厂（华英风扇厂前身）、北滘农机二厂（南方电器厂前身）、北滘电器厂（美的风扇厂前身）6家农机、电器厂先后转产电风扇。1980年桂洲第一风扇厂和第二风扇厂产品批量出口。[①] 1976年，顺德社队企业产品纳入国家计划或间接纳入的占47%，到1981年只占29.6%。[②] 无锡古塘村1978年有五金厂和溶剂厂，五金厂只加工一些简易的螺帽和零部件，村所有的3个企业年产值40万元。党支部书记沈安生在1980年参观深圳和珠海后，回村建了第六工程建筑队，第二年从上海赚得工程款104万元，全大队兑现分配人均2600—2800元。1981年，大队先后创办工艺美术厂、电讯标牌厂、电光源材料厂，又在无锡、上海、苏州开办商店经销村办六大企业的主要产品油漆、五金、螺丝等，当时年产值3000万元左右。[③] 什么产品有市场就生产什么，这带来了社队工业企业生产不稳定，常能看到一个社队企业有几块牌子，或者两三年换一块厂牌。在1980年鲁冠球决定将生产集中于万向节生产之前，萧山宁围厂子门口挂着宁围农机厂、轴承厂、铸钢厂、万向节厂四个牌子。[④]

20世纪70年代中后期，更引人注意的是，在集体性质的社队企业发展的同时，个体经济也在实践中萌动、发展，农村家庭手工业又和市场建立了直接联系，突破计划体制。1977—1978年，诸暨原城山第二袜厂的机修工张金灿陆续组装500多台袜机提供给绍兴诸暨大松、箭路等自然村农户使用，诸暨家庭织袜成为公开的秘密。[⑤] 绍兴诸暨以家庭为单位的个体经济和合作经济在1978年后迅速发展，据1984年不完全统计，诸暨县有个体、联户企业2565家，就业人数17187人，产值3439万元。[⑥] 河北涿州西河地毯总厂前身是农机厂，1981年转为地毯厂，当它转向生产地毯并思索要以什么样的生产组织

---

① 顺德市地方志编纂委员会编：《顺德县志》，中华书局1996年版，第406—407页。

② 顺德市地方志编纂委员会编：《顺德县志》，中华书局1996年版，第377页。

③ 无锡市政协学习文史委员会编：《异军突起：无锡乡镇企业史话》（上册），广陵书社2008年版，第242页。

④ 胡宏伟：《东方启动点——浙江改革开放史（1978—2018）》，浙江人民出版社2018年版，第30—31页。

⑤ 刘华：《袜子战争：大唐袜业成长史》，浙江人民出版社2008年版，第23页。

⑥ 浙江省绍兴市地方志编纂委员会编：《绍兴市志》，方志出版社1999年版，第895页。

方式来和已有国营地毯工厂竞争时,注意到包子铺大队出现了一些有织毯技术的农民在家里架机织毯的现象,总厂的一些工人也在家里搞起了织毯工厂。[①] 而在农村经济实践中,这些个体或者联户的企业基本作为“挂户”企业挂靠在某一社队企业名下,有些采取了社队企业和家庭工业联合组织的方式。于是,西河地毯总厂采取“一条龙”的经营方式,即由家庭工厂分散生产,由总厂集中管理。[②] 这样的组织方式有机结合了社队企业和家庭工业。整体来说,据农牧渔业部统计,到1983年全国部分社员合资经营的企业有50多万个,一半以上是小型工业企业,面向国内外市场,势头很猛,年产值在30亿元以上。[③]

到20世纪80年代初,农村工业已有三类形式:第一,原料和市场都不在当地农村,只是利用当地劳力的工业;第二,原料来自当地农村,市场也比较可靠的工业,这类工业实际上是当地农副产品的加工工业;第三,原料和市场都不在农村,都由城市大工业提供,相当于城市大工业的扩散点。拆解社队工业的组织形式可见两种元素:家庭手工作坊和工厂。只是这时的家庭手工作坊还未从法律上取得合法地位,社队工厂倒是有点像传统家庭手工业的扩大和集体化形态。[④] 国家从政策层面和法律层面认定农村私人经济的合法性,给农村松绑,农村“户户点火,家家冒烟”,异军突起。

二、工业化转型和乡镇企业的异军突起:1984—1989年

1984年,全面经济体制改革开始,社队企业正式改称乡镇企业,其内涵也由原来社队举办的企业转变为乡(村)举办的企业、部分社员联营的合作企业、其他形式的合作工业和个体企业。国家从政策及法律层面肯定家庭办企

① 冀濯非:《联结千家万户　闯出“西河之路”》,载杨泽江主编:《企业振兴之路——环京津城乡横向经济联合典型经验》,河北人民出版社1988年版,第54—61页。

② 冀濯非:《联结千家万户　闯出“西河之路”》,载杨泽江主编:《企业振兴之路——环京津城乡横向经济联合典型经验》,河北人民出版社1988年版,第54—61页。

③ 《当代中国》丛书编辑部编:《当代中国的乡镇企业》,当代中国出版社1991年版,第106页。

④ 费孝通:《小城镇,大问题》,载费孝通:《行行重行行——中国城乡及区域发展调查》(下),群言出版社2014年版,第1—46页。

业和个体联合办企业。乡镇企业异军突起,企业个数迅速增加,1985 年年底,全国乡镇企业发展到 1222.5 万个,其中乡村两级集体企业 156.9 万个,占比 12.8%,个体企业 925.4 万个,占比 75.7%。① 生产增加值快速增长,1984 年后年均增长率在 20%以上,1985 年乡镇企业总产值 2728 亿元,比 1980 年增长两倍多,占农村社会总产值的 44%,其中,工业总产值 1827 亿元,占全国工业总产值的 18.8%。乡镇企业的异军突起是工业化从以重工业为主转向以民生为主的必然结果。改革开放后,国家推进农村经济领域改革,包括推进农村家庭联产承包责任制、改革农村商品流通体制,市场化率先在农村启动,原来“国家计划经济格局中拾遗补阙的市场经济”越来越市场化,这些给一直在计划经济的夹缝中求生存的乡镇企业提供了生长的土壤。我们从经营主体、市场、技术、其他四个方面看政府推动乡镇企业发展的政策和乡镇企业崛起之间的关系:第一,乡村工业经营主体身份确认,体现于在逐步完善农村家庭联产承包责任制中处理家庭手工业和社队企业之间的关系;第二,允许农民集体和个人从事长途贩运、全面改革农产品统派购制度、市场体系逐步建立等;第三,鼓励城乡经济交流和技术转让、实施“星火计划”等;第四,创设有利的制度环境——税收和信贷优惠、扩大开放、对外经济交流等。此时,乡镇企业和市场的联系愈发直接、密切,从“三就地”转向国内市场和国际市场,生产适销对路的产品,并为大工业协作配套零部件、元器件,和国有企业之间的关系从帮扶走向竞争;乡镇企业的经营形态既有分散的家庭作坊,又有小工场和现代工厂;技术呈现混合性特征,一些生产建立在手工业生产技术基础上,生产效率比较低,还有一些生产逐步建立在现代机器大工业的生产基础之上。

农村手工业/工业经营主体

农村手工业、工业经营主体身份得以确立。在 1984 年中央承认农村私营经济地位之前,农村手工业生产统合在社队企业和各种集体副业生产中,其经营形式以专业承包联产计酬责任制为基本。“专业承包联产计酬责任

① 《中国乡镇企业年鉴》编辑委员会编:《中国乡镇企业年鉴(1978—1987)》,中国农业出版社 1989 年版,第 219 页。

制,就是在生产队统一经营的条件下,分工协作……擅长林、牧、副、渔、工、商各业的劳动力,按能力大小分包各业;各业的包产,根据方便生产、有利经营的原则,分别到组、到劳力、到户。……要充分发挥各类手工业者、小商小贩和各行各业能手的专长,组织他们参加社队企业和各种集体副业生产;少数要求从事个体经营的,可以经过有关部门批准,与生产队签订合同……要继续鼓励社员发展家庭副业。"①在政策许可之下,原本是地下、偷摸经营的家庭手工业迅速冒头。绍兴大唐庵的家庭织袜机在改革开放后的两年时间里发展到几千台。② 温州苍南县宜山区家家添纺车,户户置织机,纺织机械发展到2万多台。③ 温州乐清柳市镇全镇整、半劳力9450人,其中专业户、重点户有5763人,占整、半劳力的61%。④ 河北蠡县辛兴、百尺等村有纺织手艺的农民从20世纪70年代就从北京购进腈纶下脚料加工毛线毛衣,1982年实行包干到户,家庭工副业带动全县经济数倍发展。1980年,全县乡镇企业产值3586万元,集体占3063万元,户办只占523万元;1981年,乡镇企业产值3612万元,户办占1001万元,集体占2611万元;1982年,乡镇企业产值猛增到15750万元,比1980年翻了两番多,其中户办企业产值上升到12 590万元,是1980年户办企业产值的24倍,集体企业产值发展很少。⑤ 简言之,这些以家庭为基本单位的户办和联办企业成为乡镇企业异军突起的重要力量。1987年,户办企业占乡镇企业总数的84.2%,雇用劳动力3163.3万人,占乡镇企业雇用劳动力总数的35.9%,工业产值占乡镇企业工业总产值的14.3%。⑥

① 《关于进一步加强和完善农业生产责任制的几个问题》(节选)(1980年9月14日至22日,各省、市、自治区党委第一书记座谈会纪要),载农业部乡镇企业局、中国乡镇企业协会、农业部乡镇企业发展中心编:《中国乡镇企业30年》,中国农业出版社2008年版,第103页。

② 刘华:《袜子战争:大唐袜业成长史》,浙江人民出版社2008年版,第25页。

③ 《当代中国》丛书编辑部编:《当代中国的乡镇企业》,当代中国出版社1991年版,第227页。

④ 《中国乡镇企业年鉴》编辑委员会编:《中国乡镇企业年鉴(1978—1987)》,农业出版社1989年版,第239页。

⑤ 《中国乡镇企业年鉴》编辑委员会编:《中国乡镇企业年鉴(1978—1987)》,农业出版社1989年版,第233页。

⑥ 根据《1987年乡镇企业基本概况》相关数据计算,详见《中国乡镇企业年鉴》编辑委员会编:《中国乡镇企业年鉴(1978—1987)》,农业出版社1989年版,第575—582页。

各地方基层政府执行包产到户政策的差异化直接影响乡镇企业经营主体形式的选择。北京、天津、河北多数地区在推进包产到户时只有少数农村坚持农村工业集体化，诸如顺义沙井村、天津静海大邱庄。后成长为中国家电基地的广东顺德则将集体化定为农村工业发展的基石之一，当时的顺德乡镇企业局局长潘炳忠强调顺德乡镇企业要以集体经营为主。[①] 社队工业底子好、诞生苏南模式的江苏省在农业包产到户时，在工业上坚持了集体化道路。这种地方基层政府的实践奠定了1984年后乡镇企业的发展基础。河北清河在改革开放前集体企业很少，在包干到户时这些企业大部分分到了户，到1984年国家推动乡镇企业发展时，当地政府发现再重新建立集体为主的乡镇工业，既无资金也无技术，难度很大，于是，就由户办起步，从事加工汽车橡胶配件、摩托车拉线、精梳羊绒、合金刀具等工作。建筑建材和运输业，1984年产值10599万元，1985年增加到18553万元，1986年为23000万元，其中户办占90%。[②]

可以说，农民在实践中偷偷摸摸地重新操起家庭手工业，家庭联产承包责任制则使农民从事家庭手工业合法化，1984年对于乡镇企业经营主体身份的认定更是肯定农民的经营活动。而地方基层政府对包产到户的推动又成为1984年后各个地区乡镇企业发展的基础。

市场

农村手工业经营主体得到国家政策认可，与国家对农村生产经营的流通领域限制的矛盾愈发突出。在计划经济体制下，社队企业是“八仙过海，各显神通”，靠能找到的原材料生产那些计划覆盖不到的商品，有“供销靠朋友”之说。家庭作坊生产出来的产品靠农民“打游击”在路边、车站销售，或者一个人带着货物远走大江南北销售。此时，国家必须要给流通领域松绑以解决市场问题。国家逐渐放宽农产品统购统销政策，允许农民集体和个人从事长途贩运等，为乡镇企业的快速发展提供市场支持，从实际上打破了发展农副加

① 谭元亨、刘小妮：《顺德乡镇企业史话》，顺德文丛第3辑，人民出版社2007年版，第6页。

② 《中国乡镇企业年鉴》编辑委员会编：《中国乡镇企业年鉴（1978—1987）》，农业出版社1989年版，第232页。

工业的原料瓶颈,并促成农村专业市场的形成,进而推动农村工业的发展。同时,随着流通领域的改革及对外经济贸易政策的推进,国内市场扩大,国际市场的通道也被打开。

原材料市场。乡村纺织业本是农村重要的手工业,国家实行农产品统购统销之后,重要的原料提供给国有企业,为数不多的乡镇纺织业主要是生产再生布和使用农民自留棉加工其自用的纺织品。1984 年后,乡镇轻纺工业是在农村手工业基础上发展起来的一大行业,多是以农产品原料加工为主的行业,如小纺织、皮毛加工、小造纸等,特别是乡村纺织业的兴起反映着农村生产力突破统购统销政策的需求。1983、1984 年,中国农业生产渐次达到一个阶段性顶峰,随之而来的是农民“卖粮难”“卖棉难”“卖麻难”问题,商业部门仓储容量有限,国营企业也无法消化,于是,棉麻产区农民为解决卖棉、卖麻的难题,办起了许多乡镇纺织企业,突破以前主要生产再生布和为农民自留棉加工自用的纺织品的局限,承担粗支纱纺织品、针织品的生产任务等。随后,1985 年中共中央、国务院《关于进一步活跃农村经济的十项政策》(即 1985 年一号文件)取消粮食和棉花统购。1980 年,山东乡村两级纺织工业企业 988 处,从业人员 5.2 万人,产值 2.1 亿元;1985 年纺织工业企业发展到 1954 处,比 1980 年增长 97.77%,从业人员 11.68 万人,比 1980 年增长 125%,产值 5.82 亿,比 1980 年增长 177%。[①]

乡镇企业生产所需的大量原材料和燃料,基本上没有计划供应渠道,绝大部分依靠非计划手段,诸如市场手段解决。乡镇企业的原材料获得方式,1970 年代是“以物易物”,如用猪肉换钢材和生铁,用砖头换钢铁等;1979 年开始是靠乡镇企业供销公司,到 1985 年浙江省乡镇一级的物资经营公司有 3000 多个;1983 年后,随着国家物资体制改革的推进以及(城乡)横向经济技术联合的发展,东部沿海地区的乡镇企业通过多种渠道求购原材料,如向市场采买、和城市大工业联营等。其中,更有意义的是生产资料市场的形成。进入 20 世纪 80 年代,国家逐步缩小生产资料指令性计划调拨的范围和数

① 山东省地方史志编纂委员会编:《山东省志・乡镇企业志》,山东人民出版社 1997 年版,第 90 页。

量,允许一部分工业生产资料进入市场,同时有计划地开设钢材、木材等生产资料交易市场。这样的改革使得乡镇企业能够绕开乡镇供销公司直接采买原材料,特别是对户办、联户等私营经济而言,这无疑对乡镇企业的后续发展有利。但是,必须要强调的是,生产资料市场还在形成中,如鲁冠球所说,"有的靠关系,搞回扣……有的权力经商,搞市场壁垒"①,还很常见。1985 年,江阴长泾镇创办针织绒厂,要采买两台生产必需的三联梳毛车。一台是在上海第四纺织机械厂以私下出"加班费"的代价勉强购得;另一台是用 200 吨生铁与山东胶南一家专门生产三联梳毛车的企业交换而来。②

农村专业性市场。1983 年中共中央在《当前农村经济政策的若干问题》中指出:"农村个体商业和各种服务业……应当适当加以发展,并给予必要扶持;农民个人或合伙进行长途贩运,有利于扩大农副产品销售,有利于解决产地积压,销地缺货的矛盾,也应当允许。"③农村供销员迅速崛起,形成百万销售大军之势。河北省蠡县是"八万大军搞推销",包括几万名中青年妇女,背货到华北、西北 10 多个省的农户炕头上去拍卖。④ 山东庆云县以村为单位逐渐形成 3 支推销大军,分别推销低压电器、科目章、小百货,这些商品的生产者——农户以家庭为单位承接供销员的订单。⑤ 温州宜山区 1985 年有 380 人从事原料采购,800 多人从事产品销售,他们从全国各地把 3400 万斤腈纶边角料等汇集到宜山,又把 300 万匹再生布、1.5 亿件再生腈纶制品、2 亿件筒料、6800 万只塑料编织袋销售到全国。⑥ 在这些分散的家庭工业生产中,供销员是家庭作坊产和销的连接者,他们把分散的千家万户的商品生产和复

① 鲁冠球:《鲁冠球集》,人民出版社 1999 年版,第 91 页。

② 无锡市政协学习文史委员会编:《异军突起:无锡乡镇企业史话》(上册),广陵书社 2008 年版,第 228 页。

③ 农业部乡镇企业局、中国乡镇企业协会、农业部乡镇企业发展中心编:《中国乡镇企业 30 年》,中国农业出版社 2008 年版,第 110 页。

④ 《中国乡镇企业年鉴》编辑委员会编:《中国乡镇企业年鉴(1978—1987)》,农业出版社 1989 年版,第 231 页。

⑤ 庆云县地方史志编纂委员会编:《庆云县志(1981—2010)》,方志出版社 2013 年版,第 323—324 页。

⑥ 中国社会科学院经济研究所编:《中国乡镇企业的经济发展与经济体制》,中国经济出版社 1987 年版,第 37 页。

杂的社会需求衔接起来。

与此同时,一些地区在家庭作坊发展的基础上自发形成专业性市场,还有一些地区在基层政府推动之下促成专业性市场。温州市1984年有各类市场393个,其中专业市场135个,到1994年各类市场有513个,其中专业市场363个。[①] 这些专业市场和乡村工业发展密切联系。永嘉县桥头纽扣市场,被誉为"东方第一大纽扣市场"。1981年,沿街纽扣摊店有100多家,1983年永嘉县政府批准桥头纽扣市场建立时,已有纽扣摊店600个,600多名采购员从全国530家纽扣工厂采购各种规格的纽扣,汇集到桥头市场,再通过3000多名推销员批发到全国各商店、服装厂。纽扣市场发展初期,80%的纽扣来自外地厂家,20世纪90年代初,本地产品率为80%以上。[②] 绍兴大唐镇的家庭织袜到1988年形成原料在海宁、东北等地,销售市场在义乌,生产地在大唐的局面,大唐镇政府决定在杭金公路边的荒滩地里兴建简易市场,把那些"打游击""打夜战"的卖袜人引进交易市场。在经历农民上告大唐镇政府征地风波之后,镇政府终于建起了这个简易市场,不久,卖袜的、卖织袜原料的客商入驻市场。[③] 1990年,大唐镇政府给绍兴市委提交《关于轻纺市场配套建设的设想》的报告,指出"大唐的织袜业虽然发达,但却没有一个专门经销织袜的市场",大唐织袜价格高低"完全取决于义乌小商品市场,织袜户的经济效益完全操纵在袜商的手里",同时,"大唐已形成的人造丝销售和织袜业优势可能向义乌方向转移",基于这些情况,当地政府认为"应当对正在建设中的轻纺市场中配套设立袜子市场,以扶大、扶强袜业生产"。[④] 河北清河形成8个腈纶、皮革专业市场,经销方式由外出推销,变为由农民购销员跑合同订购、设购销点成批购销和由外地采购员来当地专业市场收购并举。[⑤]

可以说,搞活农村流通领域促进了农村家庭手工业的发展、促成专业市

① 温州市志编纂委员会编:《温州市志》(中),中华书局1998年版,第1059页。

② 温州市志编纂委员会编:《温州市志》(中),中华书局1998年版,第1060—1061页。

③ 刘华:《袜子战争:大唐袜业成长史》,浙江人民出版社2008年版,第52—55页。

④ 刘华:《袜子战争:大唐袜业成长史》,浙江人民出版社2008年版,第65页。

⑤ 《中国乡镇企业年鉴》编辑委员会编:《中国乡镇企业年鉴(1978—1987)》,农业出版社1989年版,第231页。

场的建立,专业市场的建立带动了农村工业的发展,农村工业的发展又促进了专业市场的发展,数量庞大的家庭工业和户办、联户办企业活跃在这个市场上。

国内消费市场和国际消费市场。在农村流通领域改革的同时,国家也倡导大力发展消费品生产,这给依靠市场而活的乡镇企业扩大了国内市场。1983年,长达29年凭布票供应的棉布统销制度宣告结束,顺德纺织工业大规模建立自销机构,私营布匹商号、服装摊档遍布大街小巷,国营商业、供销合作社积极参与市场竞争:1983—1985年,收购县产涤纶布274万米,省外销售263万米;1991年,销售的棉布、化纤布、棉混纺布、服装分别比1978年增长38.3%、1.2倍、1.5倍、20倍。[①] 1970年代末,电风扇在大城市还是紧俏物资,"上海不少商店,买电风扇的队伍排成了长龙"[②]。1983年左右,电风扇从供不应求转为供大于求。到1987年,乡镇企业电风扇产量已发展到1280多万台,约占全国总产量的1/3。[③]

在计划经济体制下,当绝大多数社队企业被限制在"三就地"时,有少数乡镇企业还能面向国际市场生产。随着对外开放的扩大,乡镇企业通往国际市场的通道被打开。

20世纪上半叶,乡村手工业、半工业化和世界市场密切相连,丝绸、草帽辫、花边、皮毛、猪鬃等为乡村手工业重要出口产品。1980年前,社队企业在外贸部门的安排下生产传统的手工业品以供出口,如烟花、丝绸、抽纱刺绣、草棕竹柳藤编织品、玉雕石雕等工艺美术品,以及中低档服装、小五金制品等。这些生产出口产品的社队企业地区分散,为完成国家传统手工业品出口创汇的任务而存在,比如,江西省萍乡市社队企业出口烟花,浙江省丝绸类社队企业在浙江省丝绸总公司的协助下为完成出口计划而设立,大连市新金县皮口第一服装厂从为大工厂加工配套到生产外贸出口服装。[④] 1980年后,传

① 顺德市地方志编纂委员会编:《顺德县志》,中华书局1996年版,第600页。

② 无锡市政协学习文史委员会编:《异军突起:无锡乡镇企业史话》(上册),广陵书社2008年版,第190页。

③ 《当代中国》丛书编辑部编:《当代中国的乡镇企业》,当代中国出版社1991年版,第323页。

④ 《当代中国》丛书编辑部编:《当代中国的乡镇企业》,当代中国出版社1991年版,第51页。

统的出口产品继续发展,新的出口产品不断开发,产品多样性提高,形成以劳动密集型产品为主的出口产品,主要有具有量大面广特征的轻纺产品,此外,还包括:各种服装、玩具、烟花爆竹、各类包袋等;附加值较高的机电产品,主要有电风扇、机械产品、金属制品和铸件等;一些特色产品,如丝绸工艺品、裘皮等。[①] 1980 年前,从事生产出口产品的社队企业不到 1500 家。到 1986 年,据江苏、广东、福建、山东、湖南和北京、上海等不完全统计,乡镇企业的出口产品已发展到 4800 多种,生产出口产品的企业已发展到 1.1 万多家。[②] 到 1989 年,仅浙江省湖州市就已拥有出口创汇企业 161 家,出口产品 126 个,外贸金额达 1.75 亿元,约占全市乡镇企业销售总收入的 6.2%。[③]

工业化进程中,手工业变迁集中表现为集体经济之兴起与发展。"文革"冲击了已确立的集体经济,社队企业曲折发展。改革开放时期,通过政策调整,北京集体经济——乡镇企业"在发展中改革,在改革中发展"。乡村集体企业即乡村(大队、生产队)集体经济组织投资兴办的企业,是乡镇企业主体及农村经济的重要力量。1978—1995 年,北京乡村集体企业数、职工数、总产值、利润总额和固定资产年均增速各为 7.8%、6.5%、25.3%、13.9% 和 24.7%。企业规模扩大,产值 1000 万—5000 万元、5000 万元至 1 亿元、亿元以上者各由 1992 年的 401 家、16 家、4 家增至 1995 年的 614 家、55 家、18 家。[④] "搞中国式的现代化,不能照抄照搬外国的模式。"发达国家工业化资金相对充裕、劳力短缺,中国则资金短缺、劳力充裕。仅发展城市工业容易导致环境破坏,人口大量流入大城市和增加失业人口。中国提倡城乡结合,建立"千千万万个工作场所",使新技术及生产力要素在大范围内流动和重组,形

---

① 《当代中国》丛书编辑部编:《当代中国的乡镇企业》,当代中国出版社 1991 年版,第 342—349 页。

② 《当代中国》丛书编辑部编:《当代中国的乡镇企业》,当代中国出版社 1991 年版,第 338—340 页。

③ 浙江省湖州市科学技术委员会编:《湖州市乡镇企业技术进步现状和对策研究》,内部资料,1989 年 2 月,第 24 页。

④ 北京市地方志编纂委员会编:《北京志·农业卷·乡镇企业志》,北京出版社 2004 年版,第 159、161 页。

成新生产力。[①]

中华人民共和国成立前,农村手工业产品的出口主要依托洋行。20 世纪 80 年代,乡镇企业产品出口方式主要是收购制和少量的代理制,自营出口刚刚起步,其中,主要是通过国营外贸进出口公司,特别是经贸系统的进出口总公司、分公司出口。[②] 1988 年,全国乡镇企业和外贸公司紧密联营的超过 1900 家,采取各种松散型联合的有 1.5 万多家。[③] 乡镇企业在工贸联营、联合中获得迅速的发展。江苏省无锡珍珠工艺品厂 1985 年同外贸公司联营后,很快从一个乡办小厂成为全国规模最大的珍珠加工厂,"月产 14 万条串珠项链全部出口";江西九江前进劳保用品厂工贸联营后,从一个只能生产单一帆布劳保手套的村办小厂发展为能生产皮质和刮胶等 26 个系列的劳保手套的工厂。[④] 另外,需要注意的是,在改革开放政策推动下因地制宜发展起来的"三来一补"(来料加工、来料装配、来样加工和补偿贸易),自 1980 年代初期在对外开放前沿的珠江三角洲、福建迅速发展起来,逐步扩散到上海、大连、山东沿海其他地区,拓展了出口渠道。到 1987 年年底,全国乡镇企业外贸出口企业(包括"三来一补"企业)有 17500 多个[⑤];全国年收入工缴费从 1979 年的 0.27 亿美元增加到 1986 年的 3.4 亿美元,乡镇企业贡献占 80%以上。

具体到乡镇企业,它选择什么出口渠道和企业家的作为密切相关,反映着乡镇企业和国营工商业之间的关系变化,以及企业家关于这一时期国内市场和国际市场对于乡镇企业发展意义的认识。

1985 年,云蝠集团前身、刚更名为江阴羊毛衫六厂的顾山羊毛衫厂还在生产 10 多年前的尼龙衫,经祝塘工贸厂相关人员的引见,时任厂长郭建认识

---

① 沈冲、向熙扬主编:《十年来:理论·政策·实践——资料选编》第 2 册,求实出版社 1988 年版,第 362 页。

② 《中国乡镇企业年鉴》编辑委员会编:《中国乡镇企业年鉴(1989)》,农业出版社 1990 年版,第 318 页。

③ 《中国乡镇企业年鉴》编辑委员会编:《中国乡镇企业年鉴(1978—1987)》,农业出版社 1989 年版,第 174 页。

④ 《当代中国》丛书编辑部编:《当代中国的乡镇企业》,当代中国出版社 1991 年版,第 339 页。

⑤ 《中国乡镇企业年鉴》编辑委员会编:《中国乡镇企业年鉴(1978—1987)》,农业出版社 1989 年版,第 317、321 页。

了上海沪宁百货公司羊毛衫部吴经理,经吴经理介绍又结识上海十七羊毛衫厂的厂长,经过努力争取,顾山羊毛衫厂套用上海十七羊毛衫厂的“银珠”牌商标生产羊毛衫。接着郭建又转战上海外贸公司,同年拿到顾山羊毛衫厂外贸第一单——7000件日本光浦衫,1988年又从上海外贸公司拿到3000套童装的香港订单。这一时期,顾山羊毛衫厂的羊毛衫在上海打开销路。1991年,郭建几经辗转,建立了和中国纺织针织品公司的联系,拿下出口苏联的订单。同年成立工贸合营江阴羊毛衫六厂,当年出口毛衫60多万件。1993年又和中国针织纺织品公司合作,筹建中澄毛衫出口基地。1994年,以江阴第六毛衫分厂为核心,与中外合资江阴德澄毛衫有限公司、中外合资德恒毛衫公司和中澄毛衫出口基地组成了江苏云蝠集团公司。1995年获得进出口经营权,可自营出口。[①] 云蝠集团的羊毛衫出口历经10年达到可以自营出口的水平,走了国内市场和国际市场齐开拓的路子,从中可清晰看到乡镇企业逐步突破计划体制走向市场,从对国营工商业的依赖、补充走向合作和竞争。

杭州万向集团的出口自1984年开始,从无到有,从小到大,从由外贸公司代理到成立进出口公司,进行自营进出口。万向集团的产品出口反映乡镇企业领导者在从计划经济体制转向市场经济体制时对于自身如何生存并获得发展的认识:20世纪80年代初,要到国际市场上去公平竞争;80年代中后期,国内不足国外补;90年代,则是以赚外国人的钱为荣,在国内市场份额很大的情况下,依然加大出口。[②] 万向集团于80年代初重视出口,是“当时国营主机厂出于对乡镇企业的偏见,都不愿,也不屑于要乡镇企业的产品”,在这样的情况下,企业“把眼光盯上了国际市场,因为产品出口一切按经济规律办事,公平竞争,互惠互利”。[③] 1984年,公司参加广交会,美国舍勒公司和多伊尔公司看到产品后专程赶到杭州萧山万向节厂,当场订购1万套万向节。由此,公司不仅打开了美国市场,而且进一步打开了国内市场,“产品出口改变

① 无锡市政协学习文史委员会编:《异军突起:无锡乡镇企业史话》(上册),广陵书社2008年版,第246—248页。

② 鲁冠球:《鲁冠球集》,人民出版社1999年版,第98—101页。

③ 鲁冠球:《鲁冠球集》,人民出版社1999年版,第99页。

了国营大厂对我们的看法,各大主机厂都要求用我们的产品,这样终于叩开了国营主机厂的配套大门"①。到 20 世纪 80 年代中后期,由于"当时国内的市场经济公正、公平、公开的竞争机制还没有真正形成,往往好货卖不到好价钱"②,所以庞大的国际市场更为重要,"市场大了,调节的余地就大,有了余地,生产就稳定"③。万向集团为扩大出口,在努力发展自营出口业务的同时,也与外贸公司保持良好的业务关系,比如与"浙江、福建、中汽、中国农机等进出口公司建立贸易联系,采用激励形式调动外贸为工厂开拓国际市场的积极性"④。

改革推动社队企业迅猛发展。农村存在大量剩余劳力,不发展加工业和商业"富不起来"。城市工业扩散至乡村,利益直接,劳动者积极性高;小规模经营,就近原料和市场,不用建立厂房等设施。弹性劳动时间,技术简单,成本低;固定资产少,投资回收快,"船小好掉头"⑤。1979 年 7 月,国家发布指导社队企业发展的法规文件;党的十一届四中全会认为社队企业要有一个大发展,主要为农业生产服务,为人民生活服务,也要为大工业、为出口服务。1981 年,北京郊区社队企业增至 5928 家、34.6 万名职工,总收入 14.2 亿元,利润总额 3.1 亿元,固定资产 7.2 亿元,各比 1978 年增长 45.2%、53%、79.7%、48%和 125%。企业职工占农村劳力之比由 1978 年的 14%增至 1981 年的 20%,总收入占农村总收入之比由 1978 年的 41.9%增至 1981 年的 51.8%。⑥ 1983 年郊区已办近 9000 个企业,有 50 多万名务工社员,占农村劳动力总数的 1/4 以上,企业总收入 25.4 亿元,成为拥有众多行业的综合体系,轻纺、食品甚至机械工业零部件都"尽可能放到农村去"⑦。1984 年社队

---

① 鲁冠球:《鲁冠球集》,人民出版社 1999 年版,第 99—100 页。
② 鲁冠球:《鲁冠球集》,人民出版社 1999 年版,第 91 页。
③ 鲁冠球:《鲁冠球集》,人民出版社 1999 年版,第 100 页。
④ 鲁冠球:《鲁冠球集》,人民出版社 1999 年版,第 99—100 页,第 29 页。
⑤ 沈冲、向熙扬主编:《十年来:理论 · 政策 · 实践——资料选编》第 2 册,求实出版社 1988 年版,第 362 页。
⑥ 北京市地方志编纂委员会编:《北京志 · 农业卷 · 乡镇企业志》,北京出版社 2004 年版,第 6 页。
⑦ 沈冲、向熙扬主编:《十年来:理论 · 政策 · 实践——资料选编》第 2 册,求实出版社 1988 年版,第 362 页。

企业增至 14274 家、72.4 万名职工,总收入 37.6 亿元,利润总额 7.1 亿元,固定资产(原值)15.1 亿元,比 1978 年各增长 2.5 倍、2.2 倍、3.8 倍、2.2 倍和 3.7 倍。[①] 之后,农村联户、个体企业成为乡镇企业组成部分。1985 年年底有企业 15962 个、76 万名职工,年收入 52 亿元,占农村总收入的 59.2%,“为农村经济的主要支柱之一”[②]。

社队企业发展过程中,其名为乡镇企业取代。社队企业是全公社、全大队社员集体所有的企业,公社、大队办企业时向基本核算单位(生产队)平均摊派劳力或物资,原规定不偿付的可不偿付,规定生产队所出劳力或物资要偿付的,可将未偿付部分折成各队投入的股金,折到生产队而非个人,股金可分红但不能抽走。不少地方用社员共同入股、以资带劳或以劳带资的办法办新企业,股金分红,劳力领取工资,“受到群众欢迎,可以继续推行”。大队多建有农业社或经济联社,原公社未兴办的可建立必要的联合组织,使公社企业有所归属。公社、大队企业转化为乡村合作组织,出现多种形式的合作企业和联营、自营企业并向小集镇集中,“以往所使用的‘社队企业’名称”已不能反映新状况,“建议改称‘乡镇企业’”。[③] 1996 年 10 月 29 日通过的《中华人民共和国乡镇企业法》规定,乡镇企业指农村集体组织或以农民投资为主(投资超过 50%或不足 50%但能控股或支配),在乡镇举办的承担支农义务的各类企业,符合条件的可取得法人资格。[④]

改革开放初,生产队和社员从企业直接获益偏少,财务混乱,“不正之风比较严重”。1981 年 5 月 4 日,国务院规定社队企业必须调整和整顿。[⑤] “整顿就是改革”,“不能以为乡镇企业天然代表新体制,本身再无须改革了”。1984 年乡镇企业税后利润约 40%缴交主管部门,“名目混乱,用非所用,甚至

① 北京市地方志编纂委员会编:《北京志·农业卷·乡镇企业志》,北京出版社 2004 年版,第 8 页。

② 北京市社会科学院经济研究所编:《北京市重点乡镇企业概况(1987)》,前言,经济科学出版社 1988 年版,第 1 页。

③ 卞耀武、齐景发主编:《乡镇企业法全书》,企业管理出版社 1997 年版,第 159 页。

④ 法律出版社法规出版中心编:《中华人民共和国乡镇企业法》,法律出版社 1996 年版,第 2 页。

⑤ 国务院办公厅法制局编:《中华人民共和国法规汇编(1981 年 1 月—12 月)》,法律出版社 1986 年版,第 171 页。

肥了少数所谓权势人物”。公社时期社队企业“成为少数干部的‘后院经济’的遗风……更加严重”，“不顾信誉，不讲道德，以至违法乱纪”。1985 年宏观经济环境紧缩，整顿已到“刻不容缓的时候了”。整顿首先是超高指标下的盲目大办，自上而下的高指标使企业面临的风险远超其承受力，有的地方“层层攀比超高速度，抛开了经济效益搞提前翻番、限期翻番”。有些产品供不应求，“大家一起上又很快过剩”。为此，有的地方“排头砍去，‘个个挨一刀’……不是好办法”；“‘欺软怕硬’，谁能闹、能磨、能抗”或“后台硬”即支持，“后果也很糟”。“主动收缩”，企业“定将受益无穷”。南方一些省实行“‘一包三改’，收效明显”；北方几省折股承包经营“效果也较好”。①

北京郊区集中人财物，重点发展产销兴旺的企业，积极发展产品有销路的企业。原材料无来源、技术不过关、产品销路困难的“坚决调整直至下马”，“克服‘等靠要’思想（等城市工业下放产品、靠城市工业供应原料和商业收购产品、要求纳入国家计划），探索市场调节的路子，在调整中整顿，在整顿中发展”。1982—1984 年整顿郊区 3660 家社队企业（占总数的 85.6%），重点是煤炭等行业，部分关停并转。政府中不乏误解者，认为其“以小挤大”“以落后挤先进”，与大工业争能源、原料、市场，“是不正之风的根源”。社队企业人员“产生了种种思想疑虑”，市委、市政府认为其 60% 是为城市工业加工配套的“第二战线”，“支援农业离不开，农村经济翻番离不开，农业现代化离不开，农民致富离不开，服务首都离不开”，“应大力发展”，明确政策界限，“解除了干部和职工的思想疑虑”。经 3 年整顿，郊区社队企业发展规模、发展质量均有大幅提高。承包制改变了财务管理统收统支办法，形成“跑遍千山万水，克服千辛万苦，说出千言万语，换回千船万担”的“四

① 1984—1985 年，全国乡镇企业迅速增长导致经济“过热”，企业经营条件恶化，要素供给紧张，生产成本上升；“低水平过度竞争”，一些有专业化分工特色的企业因同类品重复“上马”转向“小而全”。1984 年百元资金、百元产值实现纯利 16 元、12.5 元，低于前 5 年任何 1 年；亏损企业 6 万个、亏 6.8 亿元，比上年多 1.8 万个、3 亿元。为此，国家实行紧缩政策。周其仁等：《乡镇企业的整顿与发展》，《人民日报》1985 年 10 月 4 日。

千精神”及市场机制。[①]

简言之,随着家庭联产承包责任制和农村流通领域改革的推进,农村市场主体积极性得以调动,早已沉寂多时的农村专业性市场重新焕发生机,一些专业性市场在和农村工业的互动中,成长为全国性专业市场;国家物资管理体制改革引发生产资料市场逐渐形成,为乡镇企业的发展提供必要的市场条件;国内日用工业品票证制度的取消为乡镇企业的产品提供了更为广泛的国内市场。但是,国内市场还未形成公平、公正的市场秩序。此时,对于有能力、有雄心的农民乡镇企业家来说,突破计划体制的束缚、争取出口自营权、扩大国外市场就成为必然。

技术

中国乡镇企业的技术发展经历了在国家政策引导、推动下,经由和城市大工业发生联系、引入近现代工业技术并进行适应性改造的过程,形成传统手工业技术、先进技术和适用技术共存的多层次技术体系。

1950年代后期,兴办公社工业的技术主要是农村现有的手工业技术。1960年代中后期,以农机具修配为主的企业零散地引入城市大工业的农机具修配技术,该技术由国民经济调整中精简还乡的手工业工人、技术工人和技术人员带来。1970年代,为推进农业机械化事业,公社全面建立农机具修配厂,在城市和国家有关部门帮扶下一批工作母机进入农村,许多城市还向农村派出支农队,传授农机具修配技术。同时,靠近具有工业基础的大中城市的农村,在争取和接受城市工业产品扩散和协作配套的过程中,从城市引入了部分技术装备并接受技术指导。在这个引入过程中,下放锻炼的干部、技术人员和“上山下乡”的知识青年客观上成为沟通农村和城市工业技术的渠道。到1980年代,随着横向经济联合的深入,乡镇企业通过广泛的途径引入了大量的工业技术和设备。从整体上说,横向经济联合是乡镇企业获得技术的主要途径,“星期日工程师”和与大专院校、科研单位的科技协作更具有个

① 北京市地方志编纂委员会编:《北京志·农业卷·乡镇企业志》,北京出版社2004年版,第6—8页。

体色彩。

横向经济联合产生的城市国有企业向乡镇企业扩散技术既促进了乡镇企业的技术进步,也蕴含着技术倒退的风险。1984 年,万里在全国农村工作会议上的讲话高度肯定横向经济联合的典型“白兰道路”①。“白兰道路”得到肯定后,北京市工业由零星扩散发展到有计划、有领导地成批向郊区扩散。比如服装业。1978 年前,北京前店后厂企业自产自销,其他服装厂生产仅为固定商店加工,在统一款式、面料、型号及价格行政管理下生产,各企业“潜力发挥不出来”,经济效益难以提高。因此,改为自产自销为主,自购原料和辅料并会同商店、用户设计服装款式,自己组织销售,以“小批量、多批次、多品种、款式新、型号全、应市快”的方针指导生产。1980 年 5 月 17 日,市政府突击增加服装加工网点,充实设备和人力,将王府井大街等繁华地区加工技术较高的新颖、红叶等服装店和百货大楼服装部提升等级,调整加工费;巩固原街道集体服装加工、拆洗缝补网点,“已改业的要转回来”,在原料供应、设备上予以支持,价格上允许议价。允许退休的技术工人和待业青年个体开业,可带一两个徒弟,成立合作小组;推广两班生产制。1980 年下半年,动员有技术的个体户开业,给予财力、物力支持及技术指导。到 1981 年 4 月底,个体服装加工户发展到 478 户、512 人,其中从事零活加工的 413 户,拆洗缝补的 63 户、72 人;其中退休职工占 50%,社会闲散人员占 40%,待业青年占 10%。同年 1—4 月,个体服装加工户的加工量占全市零活加工量的 80%。1983 年市政府成立解决“做衣难”问题的临时机构,动员“各方面积极性,争取用三年左右时间基本改变‘做衣难’的状况”。北京服装厂和乡镇服装厂社联营,名厂名店出技术、设备,县乡生产队出厂房、劳力。通过技术扩散,名厂店到郊区联营办了 17 个零活加工厂,派出技术人员 131 人,经培训有 700 多名新工人为对口门市部加工高档服装约 1.5 万件,形成“一条为解决城市‘做衣难’而形成的城乡结合发展服装零活加工生产的新路子”。②

---

① “白兰道路”是北京洗衣机总厂把白兰牌洗衣机的零部件扩散给乡镇企业加工。

② 《北京商业 40 年》编委会编:《北京商业 40 年》,中国财政经济出版社 1989 年版,第 357—358 页。

此外,政府增加了商办服装工业投资和贷款。1980年开始,商业部门为服装工业投资2000万元,引进国外加工流水线15条,服装加工能力“提高到一个新的水平”。翻新、改建和装修了多数厂房、门店。商办工业快速发展,“做衣难”问题“初步得到缓解”。据1985年8月4城区统计,77户高档服装加工店定做服装交活期在20天以下的6户,30—50天的61户,60天的8户,90天的2户。全市发展了个体裁缝1000多户,多数承做低档服装。1987年年底,商办服装零活加工门市部有181家,年产110万件。商办服装厂产品质量提高,“样式老、颜色旧”的现象“已经初步改变了”。优质产品增多,1980—1987年,30多种服装获得国优、部优、市优产品称号;1987年有10种服装获得优质产品称号,其中“华表”牌毛料女西服获国家优质产品称号,“红都”牌毛料中山服和“双花”牌夹克衫获部优称号,获市优称号的有7种服装。“红都”“华表”“中华”等时装公司的牌号“已驰名全国”。商办服装工业市场由本市扩展到华北、东北多数地区并有出口。1987年,商办服装出口创汇175万美元。1988年年底,北京商办服装厂有58个、16272人,固定资产原值7162万元,产值23828万元,年产1302万件,创获利润2396.4万元。[①]

1985年,北京市480多个乡镇服装厂中的300多家同城市服装企业建立了联合关系。[②] 城市帮扶农村,这种国有企业和乡镇企业协作的方式有利于乡镇企业获得设备、技术和市场,但是,不利的一点是随着改革深化即市场条件变化,国有企业本身经营陷入困境,与其捆绑的乡镇企业,特别是以家庭生产为主要形式的乡镇企业,就不得不再另谋出路,或是原来加工业陷入衰退、转而向低技术水平的产业转移,或是在原来加工业的基础上结合其他条件进行产业升级。1980年代中后期,北方从事低压电器产品生产的国有企业逐渐衰落,以上海为技术核心的长三角地带低压电器厂技术升级,它们研发的一批具有国际先进水平的低压电器产品主导并占领了中国低压电器产品的主

① 《北京商业40年》编委会编:《北京商业40年》,中国财政经济出版社1989年版,第358—359页。

② 《当代中国》丛书编辑部编:《当代中国的乡镇企业》,当代中国出版社1991年版,第131—132页。

要市场。山东庆云县崔口镇后程赵村以工矿配件厂为代表的低压电器乡镇企业因通过原有技术渠道无法更新技术，又不能建立新的联结，农村加工户的订单越来越少，该村在偶然的机会下转型加工体育器材。①

聘请"星期日工程师"和与科研院所合作是乡镇企业自主提高技术水平的有效途径。"星期日工程师"指科技人员业余兼职，各级各类专业技术人才、经营管理人才利用节假日等业余时间，在完成本职工作，不侵害国家和单位技术、经济权益的前提下，为各类企业提供各种无偿和有偿服务，或受聘兼任技术和管理职务，在其他单位依法从事技术开发、技术咨询、技术转让和技术服务。② "星期日工程师"发端于20世纪70年代中后期，活跃于80年代中前期，直到1988年国务院才专门下文允许科技干部业余兼职。江苏省第一个亿元村前洲西塘在生产染色机的整机时，从市里和县里有关单位聘请9名工程师做技术顾问和"星期日工程师"，协助提高技术水平、解决技术难题，又与航天工业部研究所签订技术承包协议，由研究所派出7名工程师驻厂指导攻关。③ 1980年代初，广东顺德决定从"两机（机械、机电）"转向"两家（家电、家具）"，由重工业转向轻工业，"都是教授们提出的方案，单一的机械，淡化为多种轻工业产品，更是在市场推动下，集中科技人员的智慧而迅速走出来的创新之路"。④

在实践领域，和城市的横向经济联合、处于模糊地带的"星期日工程师"、与科研院所合作等都推动了乡镇企业的发展，在一些乡镇企业技术水平不断提高、竞争力加强的同时，众多乡镇企业技术水平低下致使产品质量低下等现象普遍，国家开始从制度层面系统性地推动乡镇企业技术进步。

1985年后，国家采取组合政策推动乡镇企业技术进步：技术更新和人才

---

① 《北京商业40年》编委会编：《北京商业40年》，中国财政经济出版社1989年版，第358—359页。

② 无锡市政协学习文史委员会编：《异军突起：无锡乡镇企业史话》（上册），广陵书社2008年版，第170页。

③ 无锡市政协学习文史委员会编：《异军突起：无锡乡镇企业史话》（上册），广陵书社2008年版，第171页。

④ 谭元亨、刘小妮：《顺德乡镇企业史话》，人民出版社2007年版，第42页。

培养,主要体现在两个计划上,即“星火计划”和“燎原计划”。1985年,国家科学技术委员会《关于抓一批短、平、快科技项目促进地方经济振兴的请示》提出“星火计划”,1986年《中共中央、国务院关于一九八六年农村工作的部署》批准实施,文件中提出:将在“七五”期间开发100类适用于乡镇企业的成套技术装备并组织大批量生产,建立500个技术示范性乡镇企业,为它们提供全套工艺技术、管理规程、产品设计和质量控制方法。[①] 同年11月国家科委在全国“星火计划”工作会议上提出“允许、支持一部分以至鼓励一部分科技人员从部门束缚中解放出来,到中小城市和农村去承包乡镇企业,创办股份企业和个体企业,允许他们先富起来”[②]。1988年国家教委正式部署实施“燎原计划”,为“星火计划”培养农村人才,发展多种形式的职业教育,开展以推广当地适用技术为主的试验示范、技术培训、信息服务等活动。在湖州市全市乡镇企业中,1984年具有中级以上技术职称的只有1人,具有大、中专毕业文凭的不到30人;到1987年,工程技术人员增加到1985人,其中具有中级以上技术职称的有131人。[③]

在乡镇企业的自发实践及国家政策推动、促进之下,乡镇企业的技术形态在本地历史基础之上呈现出丰富的景象,恰如法国记者眼中的那样,“有些工厂已是现代化工厂了,另一些工厂却还像是狄更斯笔下的作坊”[④]。

1983年12月26日《农牧渔业部关于开创社队企业新局面的报告》指出:社队企业,既不能脱离现实条件,盲目追求先进设备和先进技术,也不能安于技术落后、不求先进。要从自己的特点出发,采用适用技术。[⑤] 这份报告点出中国乡镇企业的技术现状——手工业传统技术、改良技术和先进技术多层次

---

① 农业部乡镇企业局、中国乡镇企业协会、农业部乡镇企业发展中心编:《中国乡镇企业30年》,中国农业出版社2008年版,第122页。

② 《当代中国》丛书编辑部编:《当代中国的乡镇企业》,当代中国出版社1991年版,第115页。

③ 浙江省湖州市科学技术委员会编:《湖州市乡镇企业技术进步现状和对策研究》,内部资料,1989年2月,第27页。

④ 《中国乡镇企业年鉴》编辑委员会编:《中国乡镇企业年鉴(1978—1987)》,农业出版社1989年版,第650页。

⑤ 农业部乡镇企业局、中国乡镇企业协会、农业部乡镇企业发展中心编:《中国乡镇企业30年》,中国农业出版社2008年版,第116页。

共存,并强调要处理好先进技术和适应性技术的关系。我们看一下在实践前线的基层政府、企业家是如何定义先进技术和适用技术、如何看待不同水平的技术搭配的。先进技术,指在一定的实践和空间范围内居于领先地位的技术。从时间上说,指的是一定历史时期里出现的那种具有领先地位的技术。从空间上说,先进技术应是在世界范围内居于领先地位的技术。但从国内、省内和市内来说,也有相对居于领先地位的技术。这是局部空间范围内的先进技术。

适用技术,指适合当地的自然、经济、社会条件和技术基础,并有尽可能大的经济效益和社会效益的技术。适用技术就其水平而言,可能是先进技术,可能是中等水平的中间技术,也可能是较低水平的改良技术和传统技术。[①]

1989 年湖州市对全市 406 家乡镇骨干工业企业展开技术调查。据调查,当时共有各种机械设备 15381 台,按制造出厂年代分为 20 世纪 60、70、80 年代的设备,分别占比 2. 6%、28. 6%、68. 6%;按设备完好率分,好的占 62. 9%,一般的占 34. 6%,病机占 2. 2%。但是,从机械设备的设计水平看,80 年代水平的几乎没有,70 年代水平的少,60 年代水平的约占 30%,30 年代的老设备还占较高的比重。据对 42 家乡村丝绸厂的 3123 台缫丝、丝织机的调查分析,属于 60 年代水平的占 26. 35%,40—50 年代水平的占 28. 91%,30 年代水平的占 41. 54%。[②] 也就是说,湖州市乡镇企业费尽周折购进的这些机械设备大多是 30、40、50 年代的产品,呈现出多层次技术水平共存的状态。在湖州市乡镇企业技术提高计划中,我们看到在劳动力最为密集的服装制造业中,湖州市提出的目标是:在乡、村办的服装企业中,把现有脚踏缝纫机逐步更新成电动工业缝纫,并配备一些必要的专用钉扣、锁眼、整烫等设备,努力提高机械化程度,提高产品质量和劳动生产率;到 20 世纪末,在有条件的乡村骨

① 浙江省湖州市科学技术委员会编:《湖州市乡镇企业技术进步现状和对策研究》,内部资料,1989 年 2 月,第 34—35 页。

② 浙江省湖州市科学技术委员会编:《湖州市乡镇企业技术进步现状和对策研究》,内部资料,1989 年 2 月,第 25 页。

干企业,应采用计算机控制自动设计、排料、裁剪系统,使这些工序逐步现代化。[①] 在这份计划中,我们能读出来的是对乡村骨干企业技术水平的期许。中小乡镇企业呈现出这样的景象:先进技术和设备武装的骨干企业和众多个体企业多层级技术水平共存,手工和机器共存。

杭州万向集团是重点出口创汇企业,1983 年由鲁冠球承包经营前,90%以上的设备是20 世纪50 年代的产品和土法上马制造的。企业依靠集中资金更新设备、实行快速折旧等手段,到 1989 年 90%以上的设备是 1983 年以后制造的,设备技术水平居于同行业领先地位。[②] 它的生产设备配置是具体情况具体对待,"有些技术含量不高的零件工艺,我们就不用最先进的设备,而以安排劳动力为主。比如,车滚针的车床,价格只有 1000 元钱一台,却可以安排二至三个劳动力,且人均月收入也有近 400 元。这就没必要购买先进的设备替代农民就业。而热处理工艺和等速万向节产品技术含量高,产品质量离不开先进设备,为了保证产品质量和出口,我们花了一千多万元购买或自己购置了六台气体渗碳炉,又花了八百多万美元引进了 14 台国际最先进的生产等速万向节的铣床和磨床,从而提高了产品的质量与档次,确保畅销国外"[③]。这种生产配置体现了企业家鲁冠球对于乡镇企业和农民就业、技术和手工之间关系的认识,"在劳动力过剩而资金缺乏的初创阶段,应该生产劳动密集型产品,而不是资金密集型或技术密集型产品"[④],但要生产符合国际市场标准的产品,在需要技术的地方不能含糊。

在乡镇企业的技术发展过程中,我们可以看到在一些地区,如苏南地区,一些行业的乡镇企业从一开始采取的就是现代工厂的技术和组织形式,譬如毛纺织业;还有一些企业家,如鲁冠球,对乡镇企业的技术发展路径有着高度清醒的认识。与此同时,我们更需要看到的是,在广大的农村地区和城市的

---

① 浙江省湖州市科学技术委员会编:《湖州市乡镇企业技术进步现状和对策研究》,内部资料,1989 年 2 月,第 51 页。

② 鲁冠球:《鲁冠球集》,人民出版社 1999 年版,第 138 页。

③ 鲁冠球:《鲁冠球集》,人民出版社 1999 年版,第 400 页。

④ 鲁冠球:《鲁冠球集》,人民出版社 1999 年版,第 400 页。

经济和技术交流中,手工业技术仍然是乡镇企业,特别是户办企业、家庭作坊的主流生产方式,我们能看到类似20世纪20、30年代农村手工业发展中的仿制、低水平延展等现象。山东庆云崔口镇低压电器产品的制造技术主要来源于大城市的低压电器元件厂。当地生产者一方面聘请专业电器工程师,传授电阻器组装、加工生产技术;一方面派业务员到天津钢厂等国有企业拿到订单,再根据订单去大连、上海等地的低压电器配件厂买回样机,进行拆解、仿制。由于崔口乡镇企业的机器设备落后,大量的劳动力从事接触器、继电器、开关电器、主令器、熔断器等低压电器的零部件加工,一般是经由技术人员对农民进行简单指导,由农民仿制零部件,随着仿制技术的积累,形成技术参数和图纸,农民按照图纸加工即可,农民多在自家庭院手工打磨零配件。① 温州乐清柳市是1980年代出产低压电器的主要地区,国家规定低压电器必须凭许可证生产,但是当地有证企业不到1%,有证产品不到0.1%。经多次检测,产品不合格率极高。当地呈现家家户户生产低压电器,但是又无质量监管的情形。1989年国家技术监督局在《打击伪劣低压电器活动的总结报告》中指出:"这次全国共检查了近7000个经销单位,查出的伪劣低压电器产品超过170万件(台)……各地在检查中发现,大多数伪劣低压电器,来源于浙江温州地区,特别是温州乐清县柳市镇。"②再看历史上经历过半工业的地区湖州。在1989年调查的473家乡镇企业中,获得国家三级标准计量合格证书的企业只有52家,占11%,无标准、无投产鉴定、无测试手段生产的产品相当多。③ 也就是说,在乡镇企业异军突起的过程中,乡镇企业的技术路径呈现在我们面前:与城市工业有着密切关系,但是在后续的发展中出现了分化,一部分乡镇企业将外源性技术内化,企业竞争力向高水平跃进,一部分乡镇

① 张玮:《两次华北乡村工业化的比较:1978年后的庆云和1900年后的高阳》,载彭南生、严鹏主编:《工业文化研究》第2辑,《纪念改革开放四十年:中国工业的大转型》,社会科学文献出版社2018年版,第57—70页。

② 胡宏伟:《东方启动点——浙江改革开放史(1978—2018)》,浙江人民出版社2018年版,第93页。

③ 浙江省湖州市科学技术委员会编:《湖州市乡镇企业技术进步现状和对策研究》,内部资料,1989年2月,第26页。

企业始终主要依靠外源性技术，在低水平上竞争。

简言之，改革开放给农民松绑，让农民可以根据市场从事工商业经营活动，加之一系列流通体制改革，使得市场体系慢慢有了样子，特别是专业性/综合性市场的形成，农村和城市工业基于人员流动而形成的联结，以及城市工业体系为了利用农村的廉价劳动力等资源主动向农村扩散、国家推动之下的城乡帮扶、横向经济联合发展等，便捷了生产资料、技术要素、市场信息等的流动，在国有企业还在被计划经济束缚着——相对高的工资、僵化的定价、生产限额等——时，这种城乡资源比较优势的差异，以及基层政府的政策性支持，促成了乡镇企业的异军突起。随着市场化改革的深化，乡镇企业的发展进入新的阶段。

三、市场深化改革和乡镇企业的发展：1989—2000 年

20 世纪 80 年代中国经济过热，1988 年中共十三届三中全会提出治理经济环境、整顿经济秩序、全面深化改革的方针。从 1989 年起，对乡镇企业采取“调整、整顿、改造、提高”的方针，进一步提倡乡镇企业的发展要立足于农副产品和当地原料加工。在这种情况下，乡镇企业的总量增长减缓，大批乡镇企业被迫关停并转。在经济紧缩期间，中共十三届七中全会决议强调，“在发挥大中型企业出口潜力的同时，进一步发挥中小企业特别是乡镇企业在出口贸易中的重要作用”①。1991 年在《中共中央关于进一步加强农业和农村工作的决定》中指出，要对乡镇企业出口创汇给予新的扶持政策，引导乡镇企业参加或组建企业集团，对符合条件的外向型企业集团赋予外贸出口权，鼓励其参与国际竞争，使乡镇企业在增长速度下降的情况下，其外向型经济取得长足进展。进入 20 世纪 90 年代，邓小平南方谈话和党的十四大高度肯定乡镇企业的市场先导作用。随着国有企业改革的深化、三资企业的兴起，乡镇企业面临的市场竞争更加激烈，“老虎（国有企业）出了笼，老外（三资企业）上了岸，老乡（乡镇企业）怎么办？”。挑战和机遇并存。在应对新的经济

① 农业部乡镇企业局、中国乡镇企业协会、农业部乡镇企业发展中心编：《中国乡镇企业 30 年》，中国农业出版社 2008 年版，第 10 页。

形势时,非集体所有制的乡镇企业越来越活跃,突破意识形态的封锁,通过进一步明晰企业的产权制度以保障企业的合法性和经营活力势在必行。在集聚经济机制的引导下,一些地方出现产业集群化,一些地方在政府推动下建立乡镇工业区;在规模效应的引导下,有些地方的乡镇企业向着现代化大工厂的方向发展,并出现了以某个企业为核心的集团化企业,或者以村为单位形成的企业集团,走着更为符合一般经济学理论中关于企业和工业化大生产论述的路子,我们将在下一章述及。

乡镇企业改制:产权

这一历史阶段,从微观层面上说,乡镇企业发生的最为重大的事件是产权改革,也就是改制。改制既是乡镇企业经营实践中解决多种经济成分如何共存问题的方式,也是理顺基层政府和企业关系的方式。1992 年,在邓小平南方谈话发表之后,农业部向全国下发《关于推行和完善乡镇企业股份合作制的通知》。1997 年中共十五大明确指出,非公有制经济是社会主义市场经济的重要组成部分,目前城乡大量出现的多种多样的股份合作经济,是改革中的新事物。对这些新事物,要支持和引导,不断总结经验,使之逐步完善。1997 年 1 月 1 日《中华人民共和国乡镇企业法》正式施行,明确政府保护企业合法权益的基本政策。同年 3 月,中共中央、国务院转发农业部《关于我国乡镇企业情况和今后改革与发展意见的报告》,明确经济体制改革和经济增长方式的转变,努力提高经济运行的质量和效益,是乡镇企业今后发展的方向;同时要求乡镇企业采取多种形式深化企业改革,明晰产权关系,确保乡镇企业资产特别是集体资产保值增值。① 从乡镇企业实践上看,从 20 世纪 90 年代初,乡镇企业就自发探索乡镇企业产权问题,随后产权问题也成为经济学理论界的一个重要话题,主流观点之一是政府退出乡镇企业经营,实行政企分开。

产权制度建设是乡镇企业经营主体身份合法性认定的内在需求,由个体家庭工业逐步做大、产生联合需求而推动。20 世纪 80 年代中期,随着农村经

① 农业部乡镇企业局、中国乡镇企业协会、农业部乡镇企业发展中心编:《中国乡镇企业 30 年》,中国农业出版社 2008 年版,第 161—162 页。

济体制的搞活，个体、私营经济迅速发展起来，以家庭工业为主体形式的个体经济在持续发展中产生联合需求，农民联户、合作、合股、集资等多种形式的企业冒出来。在温州，1986年，农民联户、合作、合股、集资等形式的乡镇工业企业有10413家，年产值13.61亿元，占当年全市14603家乡镇工业企业总产值的71.5%。[①] 那么，在当时的思想意识形态之下，这部分经济是算“私”，还是算“公”？时任温州苍南县乡镇企业局副局长黄正瑞在题为《在“引”字上下功夫，大力发展股份合作经济》的调查报告中，将这类企业定义为“股份合作企业”——以户与户自愿结合为基础，以资金、技术、设备、资源、劳力、知识等生产要素联合为内容，所有权归股东，实行按劳分配与按股分红相结合的分配方式的经济组织，这类企业既吸收了股份制的合理因素，又吸收了合作制的合理因素，是介于两者之间的一种生命力很强的混合经济。后来，在温州出台的《关于股份合作企业规范化若干政策问题的通知》中强调，股份合作企业税后利润，必须提取15%作为公共积累资金，它属于企业全体劳动者集体所有，这部分财产是不可分割的。这也就将此类企业定性为集体经济的组成部分，就此为大批新生的经济力量正名。[②] 几乎同期，山东淄博周村也在探索股份合作制。1980—1986年是周村股份合作制企业的自发形成阶段，1987—1991年是周村股份合作制企业的选点试验阶段。在第一个阶段，为解决原农村经济“三级所有，队为基础”体制解体后原有财产及权益如何处置的问题，周村镇长行村将原有企业财产折股到劳，按股分红，并成立长行农商联合总公司，完整地保留了原有的集体财产。第二阶段则是改革试验，共六项内容，包括：明晰企业财产权属，合理确定股权，探索企业的资产管理机制；探索股份合作制企业的积累与分配机制；探索股份合作企业的政企分开、两权分离的管理机制；探索股份合作企业亏损或破产时资产的补偿和处理办法；建章立制，为各类股份合作企业提供示范；建立与股份合作企业相适应的股

① 胡宏伟：《东方启动点——浙江改革开放史（1978—2018）》，浙江人民出版社2018年版，第167页。

② 胡宏伟：《东方启动点——浙江改革开放史（1978—2018）》，浙江人民出版社2018年版，第168—169页。

票流通市场，制定股票管理办法，建立股权流转机制。[①]

产权制度建设是理顺政府和乡镇集体企业之间关系的内在要求。[②] 20 世纪 80 年代中后期，乡镇集体企业通过承包制来明确政府和企业经营者之间的权利边界，也就是以协约的方式，经营者从乡镇政府手中获得约定的经营权。鲁冠球曾这样评价承包制，“承包应该是全权承包，应该将自主权充分地交给企业。如果没有人事权、投资权，企业就无法到市场上去竞争，无法打入国际市场”[③]。1988 年，鲁冠球和宁围乡政府干部就万向节厂的产权谈判，提出将万向节厂 1500 万元净资产中的 750 万元明确划归乡政府所有[④]，其余归厂集体所有。乡政府的角色由企业的所有者变为与厂集体权益相当的股东。鲁冠球的经历具有强烈的个人色彩，并不能简单复制。自 20 世纪 90 年代初期，乡镇集体经济占比高的地区江苏、浙江北部及东部、广东、山东等都开启了产权改革，其间，关于乡镇企业改制的实践争论和理论争论喧嚣不已，争论主要围绕乡镇集体企业经营和私有化的关系。90 年代中前期，苏南涌动着私有化的躁动，苏南早期改制因地方领导的不支持而未能成功。1993 年启动的浙江杨汛桥改制因不能彻底解决集体和个人股份比例多寡的问题而以失败结束，就未能将杨汛桥经验加以推广，同时浙江又发生农民诉政府借改制侵吞集体资产的“壶镇事件”，浙江的改制于 1996 年急刹车。广东顺德自 1992 年以试点的形式展开乡镇企业改制，到 1996 年基本完成，顺德的乡镇企业改制小心翼翼地对待改制和私有化的关系。在改制过程中，顺德公有制控股比例是 56%，后将该比例提高到 62.4%，直到 2000 年后，顺德政府在乡镇企业中的股份才迅速下降。从美的改制看，1992 年 4 月美的是乡镇企业股份制改造试点，同年 8 月广东美的集团股份有限公司成立，美的仍然由政府控股，到

---

① 农业部乡镇企业局编：《中国乡镇企业股份合作制教材》，中国统计出版社 1995 年版，第 335—336 页。

② 当时的学者多将这一时期的改制和私有化联系起来，历史也显示了改制过程基本上等于私有化过程。

③ 胡宏伟：《东方启动点——浙江改革开放史（1978—2018）》，浙江人民出版社 2018 年版，第 174 页。

④ 胡宏伟：《东方启动点——浙江改革开放史（1978—2018）》，浙江人民出版社 2018 年版，第 174 页。

2001 年,顺德政府出让所有股份。[①]

直到 1997 年,中共十五大才结束了这种争论。到 20 世纪初,全国 159 万家乡村集体企业的 95%实行了各种形式的产权制度改革,其中 20 万家转成了股份制和股份合作制企业,139 万家转成了个体私营企业,集体企业余下 9 万多家。[②] 本章第一节由数据显示的典型省份集体乡镇企业的走势也表明,自 1997 年后,集体乡镇企业在乡镇企业总产值中的贡献率迅速下降,乡镇集体企业让位于非集体性质企业;同时,江苏、浙江、广东三省的乡镇集体企业在乡镇企业总产值中的贡献率趋势也与前述的改制进程不谋而合,特别是广东的集体成分从 1990 年到 2000 年保持了相当的稳定性,这也再次说明乡镇企业的实践有深深的地方烙印。1997 年后的乡镇企业迅速私有化,是政策和理论导向的结果,还是政策、理论顺应乡镇企业实践的结果,当时的学者提出了疑问。[③] 乡村工业化过程中如何处理集体和私人之间的关系,至今仍是一个值得深虑的问题。

乡镇企业的集聚:从工业区到产业集群

在工业化议题上,经济史的主流观点先是强调大规模现代工业对经济增长的作用,到 1980、1990 年代由小规模工业构成的工业区在经济增长中的地位和作用成为经济史中的重要议题。工业区和大规模现代工业一样,可以促进地区经济增长,但是两者的机制不同,在工业区里,“行业的秘密不再成为秘密;而似乎是公开了,孩子们不知不觉地也学到许多秘密。优良的工作受到正确的赏识,机械上以及制造方法和企业的一般组织上的发明和改良之成绩,得到迅速的研究:如果一个人有了一种新思想,就为别人所采纳,并与别人的意见结合起来,因此,它就成为更新的思想之源泉”[④]。这样,虽然工业区

---

① 陈春花、马志良、罗雪挥、欧阳以标:《顺德 40 年:一个中国改革开放的县域发展样板》,机械工业出版社 2019 年版,第 116—143 页。

② 农业部乡镇企业局、中国乡镇企业协会、农业部乡镇企业发展中心编:《中国乡镇企业 30 年》,中国农业出版社 2008 年版,第 13 页。

③ 参见潘维:《农民与市场:中国基层政权与乡镇企业》,商务印书馆 2003 年版。

④ [英]阿尔弗雷德·马歇尔:《经济学原理》(上),朱志泰译,商务印书馆 2018 年版,第 320—321 页。

内的每个主体规模都很小,但是众多主体的加总产出是巨大的,这些小企业共享一个市场,工业区成为主要的制造加工业中心。20 世纪 30 年代,在河北高阳即已形成由众多分散的织布工厂、家庭作坊等构成的织布工业区。[①] 1980 年代开始,随着乡镇企业的发展,我们可以看到类似于高阳织布工业区的工业区出现,特别是在集体型乡镇企业不发达的地区,如河北省、浙江省等地。河北省清河县乡镇工业以家庭工业为主,到 1980 年代中期,拥有 15900 多个各类摊点,7 个专业乡镇,133 个专业村,六大骨干行业;汽车配件行业能生产国产和进口汽车的橡胶配件 120 多种、1100 个型号,被有关部门称为"我国农村的汽车配件生产基地";精梳羊绒出口量约占全国的 85%,产品行销日、美等 6 国。[②] 温州在乡镇企业发展道路中是典型专业化产区,有乐清柳市低压电器、平阳萧江塑编、苍南标牌制作等。浙江绍兴诸暨大唐镇,1992 年全镇各类袜机达到 1.4 万台,平均每天有 47 万双袜子发往全国各地。1999 年,嵊州市领带销量占全国市场的 80%、全球总销量的 1/3;湖州织里镇童装生产企业超过 6000 家,年产童装 1.5 亿件,国内市场占有率两成以上。[③] 值得注意的是,这一时期的农村工业区有了政府更多的介入,诸如对村里统一规划用地、铺设安装电话、兴建学校等。晋江磁灶镇的岭畔村,人口 2467 人,1985 年有瓷砖生产厂家 29 个,工贸公司 2 个,就业工人 1500 人,在外推销人员 300 人;经过村里统一规划,29 个厂相邻排列,与村民的新兴住宅区隔山相望。在石狮,以工业区命名的"新湖工业区"集中了生产服装的企业。[④]

20 世纪 30 年代的高阳织布工业区集中了织布业,还配套有轧光、染整、简单的机器修造等业,但是,产业内或产业间的配套协作还未成为这个工业区成长的核心。随着时间发展,我们可以观察到 1980 年代乡镇企业发展的

① 参见[日]顾琳:《中国的经济革命:二十世纪的乡村工业》,王玉茹、张玮、李进霞译,江苏人民出版社 2009 年版。

② 《中国乡镇企业年鉴》编辑委员会编:《中国乡镇企业年鉴(1978—1987)》,农业出版社 1989 年版,第 233 页。

③ 胡宏伟:《东方启动点——浙江改革开放史(1978—2018)》,浙江人民出版社 2018 年版,第 199—200 页。

④ 中国社会科学院经济研究所编:《中国乡镇企业的经济发展与经济体制》,中国经济出版社 1987 年版,第 96—97 页。

过程中,有些产业的发展引发其他具有竞争力的新产业,进而连成产业集群[①],形成产业间紧密的配套协作关系,这时地区经济的动力就超过个别产业的动力,产业集群的竞争力成为地区经济的动力。这有别于未充分演化的1930年代的高阳织布工业区。下面从天津自行车和杭集牙刷来看乡镇企业产业集群的生成。[②]

天津自行车行业在1990年前是天津市重点发展的支柱产业,国有品牌飞鸽自行车在1980年出口19万辆,全国排名第二,仅次于上海。到1990年,出口不足5万辆,天津自行车在国际市场上几乎销声匿迹。到2000年,天津自行车出口45.6万辆,2001年猛增到111.8万辆。在这十年中,天津自行车行业经历了国有企业集团衰落、包含乡镇企业在内的民营企业为主的自行车产业集群兴起的过程,其中王庆坨镇是一个中低档自行车发展的典型。20世纪90年代初,王庆坨镇的自行车产业起步于家庭作坊式的自行车组装厂,创办人主要是原供销社的组装工人和致富的小商贩,此时,王庆坨镇所需要的零部件主要依靠镇经委协调从飞鸽集团下属零部件生产企业集中采购。随着组装厂产量的增加,在王庆坨开始出现零部件生产厂商,其产品逐渐替代原来国有自行车零部件企业生产的产品。到2001年,王庆坨镇在不到2平方公里的范围内,分布着整车厂95家,零部件配套厂商115家,产量占天津市自行车产量的1/3,约420万辆。[③]

江苏邗江杭集镇以牙刷生产起家,并以牙刷带动一系列相关产业发展而形成产业集群,2000年杭集牙刷在国内市场占有率达70%,其代表企业是由裔庙村大桥牙刷厂成长而来的三笑集团。从1980年代中后期到21世纪初期,杭集镇的牙刷生产,发生了纵向的专业化分工和横向的产业带动。从纵向专业化分工看,杭集镇的牙刷带动材料产业(诸如PVC片材、ABS片材、

---

① 产业集群,指在某个特定区域内,存在着一个由相互关联的公司、供应商、关联产业和协会等机构组成的群体,各单位相互竞争,也相互合作,在空间上相对集中,在文化上气息相近,而且在同一个地方集中的竞争者越多,扎堆的附加值越高。

② 这两个案例主要来自南开大学经济研究所刘刚团队的调查研究。

③ 刘刚等:《中国的农村工业化和继续工业化》,中国财政经济出版社2018年版,第41—47页。

PET 等）、包装印刷业、牙刷植毛机等专业设备制造的发展；从横向的产业带动看，杭集镇的牙刷业带动牙膏、浴帽、拖鞋、肥皂、洗发液、沐浴露等日化旅游系列产品的发展。1989 年镇内琼花塑料厂投产 PVC 片材，该厂于 1995 年成立江苏琼花集团，为牙刷生产提供更多类型的片材。此外，还有三星塑胶有限公司和杭集富平生活用品厂等为牙刷生产提供材料。杭集五金厂于 1990 年转产纸箱，为牙刷提供大包装服务。到 2000 年，杭集镇有纸箱生产厂家近 60 个，该年安徽上市公司山鹰集团入驻杭集镇投资办厂，专业生产瓦楞纸；配套的印刷企业和个体户有 200 余家。由牙刷衍生出来的旅游用品，包括高中低档的日化类、沐浴类、床上用品类、洗漱类、餐饮类和日用品类，在国内市场的份额在 2000 年约为 50%，还远销欧洲、美洲、非洲及东南亚等地的国家和地区。[①]

产业集群在 1990 年代成为一个现象，最具有代表性的是浙江省的产业集群，到 2000 年，浙江 88 个县（市、区）中共有 85 个县（市、区）形成了 519 个特色鲜明的产业集群。[②] 绍兴柯桥，于 20 世纪 80 年代就已是全国乡镇纺织企业最密集的区域，2000 年年初成长为中国最大的纺织产业集聚地；到 2004 年年底，有各类纺织企业 4517 家，其中，化纤业 18 家，织造业 4196 家（拥有各类织机 33875 台，其中无梭织机 2.91 万台，约占全国的 1/5），印染业 166 家，服装业 127 家，成为我国最大的化纤、织物生产基地。[③] 绍兴大唐镇的织袜业，在 1980 年代中前期，还是原料、设备在外[④]，到 21 世纪初期，形成以个体经济为主，集原材料、生产和销售、印染、定型包装等于一体的格局，除了超过 1 万家的袜厂外，还有为袜业配套的 1000 多家原材料加工厂、400 家纱线经编厂、300 家缝头厂、100 家定型厂、300 家包装厂、200 家机械配件厂和 100

---

① 参见《杭集镇志》，及南开大学经济研究所刘刚团队关于杭集产业集群的调查。

② 胡宏伟：《东方启动点——浙江改革开放史（1978—2018）》，浙江人民出版社 2018 年版，第 199—200 页。

③ 浙江省绍兴市地方志编纂委员会编：《绍兴市志》，方志出版社 1999 年版，第 901 页。钟朋荣等编：《解读绍兴县》，经济日报出版社 2005 年版，第 104 页。

④ 参见刘华：《袜子战争：大唐袜业成长史》，浙江人民出版社 2008 年版，第 20—48 页。

家托运服务公司、600 家营销商。[①] 此外,珠江三角洲也形成了具有地域特色的产业集群,如顺德家电业、家具业等。

简言之,这一时期,在"老虎(国有企业)出了笼,老外(三资企业)上了岸"时,乡镇企业从微观层面上进行企业制度改革,一部分企业在竞争中走上现代化大工厂和集团化的道路,一部分地区的乡镇企业在越来越激烈的市场竞争中逐渐聚集以获取规模经济收益,从工业区走向产业集群,专业化分工协作的广度和深度都有所拓展。另外,需要指出的是,乡镇、县级政府也通过建立乡镇工业区的形式推进乡镇企业的空间集中,这个空间不仅聚集乡镇企业,还聚集其他类型企业,以形成规模经济收益和产业联动的格局。1985 年昆山自费设立昆山工业园区,随后吸引多方面资本,与上海等地形成联动,以突破乡镇企业发展的格局限制。江苏江阴周庄村在 21 世纪初期建立江东工业园区,重点投入科技含量较高、附加值较高、效益好、利税多的项目。[②] 由基层政府设立工业园区到 20 世纪 90 年代后期是一个普遍的现象,各地把工业园区作为乡镇企业发展的新载体,加大招商引资力度,培育新的企业群体。[③]

纵观乡镇企业从 20 世纪 50 年代初期分散的社队企业到 21 世纪初期的产业集群的发展变化,农村工业和乡镇企业的每一步关键发展都深深打着政策的烙印。从建立计划经济体制到向有中国特色的社会主义市场经济体制转变过程中,从市场、技术层面看,农村手工业经历 30 年的波折似乎又回到了面向市场的那条被中断的农村半工业化道路——专业化市场出现,现代技术和传统技术并存,并出现嫁接的适应性改造来适合当地的经济条件。只是这时的农村工业化条件已有所变化,在农村手工业的合作改造,社队工业的建立、调整压缩、扶持发展过程中,农村工业经历了去工业化、计划经济体制下的工业化,农村家庭手工业不仅在新的历史条件下复苏,而且那些原本建

① 胡宏伟:《东方启动点——浙江改革开放史(1978—2018)》,浙江人民出版社 2018 年版,第 204 页。

② 无锡市政协学习文史委员会编:《异军突起:无锡乡镇企业史话》(上册),广陵书社 2008 年版,第 345 页。

③ 无锡市政协学习文史委员会编:《异军突起:无锡乡镇企业史话》(上册),广陵书社 2008 年版,第 130 页。

立在手工业基础上的农村工业在和城市大工业的联系中加速发展，与城市大工业没有什么联系的地区乡镇企业在家庭作坊的基础上也迅猛发展，乡镇企业在城乡资源优势比较差异之下异军突起，在理论界诞生了描述不同乡镇企业发展路径的模式。

第三节　乡镇企业的几种地区模式

20世纪80年代，随着乡镇企业的异军突起，理论界掀起模式总结的热潮，在“苏南模式”提出之后，很快有“温州模式”“耿车模式”“平定模式”“珠江模式”“晋江模式”“沪郊模式”等的提出。多种模式总结的涌现是对于基于特定历史、经济、社会、政治条件下的农村工业发展实践多样化的反映。当时的研究者指出，模式研究的重点是对各个具体模式自身各方面状况的深入调查，侧重于模式的特殊性，如其形成的历史背景和原因、社会经济条件及其他外部要素，内部诸要素的组合状况及运行机制等，最后再得出相应的理论概括，把握社会主义农村经济发展的一般规律。[①] 鉴于“苏南模式”“温州模式”影响比较大，且和农村手工业和农村工业关系更为密切，本节即简要述及“苏南模式”“温州模式”，最后会讨论一些地区的模式实践活动。

一、“苏南模式”：集体经济和城市大工业

“苏南模式”最先由费孝通在《小城镇，再探索》中提出。“在苏南地区，城市工业、乡镇工业和农副业这三种不同层次的生产力浑然一体，构成了一个区域经济的大系统。这是一个在社会主义制度下农村实现工业化的发展系统，展现了‘大鱼帮小鱼，小鱼帮虾米’的中国工业化的新模式。”[②]它是最先被人们公认的一种具体模式。“苏南模式”总结自江苏南部的苏州、无锡、常州三市乡镇企业发展的路径，后来用来代表城市工业经济比较发达地区类

---

① 陈吉元主编：《乡镇企业模式研究》，中国社会科学出版社1989年版，第5—7页。

② 费孝通：《行行重行行——中国城乡及区域发展调查》（上），群言出版社2014年版，第57页。

似的发展乡镇企业的经济模式。

“苏南模式”的内涵和主要特点

苏锡常地区的乡镇企业起步早,发展快。1986 年,三地的乡镇企业有 161843 个,乡镇企业总产值 302 亿元,占同年全国乡镇企业总产值的 8.9%。1985 年,苏南乡镇企业中年产值超过 500 万元的企业有 603 个,超过 1000 万元的有 226 个。苏锡常三地,苏州和无锡市的乡镇工业总产值在 1986 年居全国第一和第二位。①

“苏南模式”,是在经济较为发达、农业较为发达的地区,立足农村,依托城市,以集体所有为主,以非农副产品加工工业为主,以市场调节为主,走共同富裕道路的一种乡镇企业发展路子。② 根据陈吉元等的研究,“苏南模式”有如下特点:第一,从企业所有制上看,苏南乡镇企业从诞生之初,就以乡村两级集体所有为主,且占绝对优势,联户、户办企业居于补充地位。1985 年,集体乡镇企业总产值占全部乡镇企业总产值的 94%以上,吸纳劳动力人数占劳动力总数的 90.8%,如果把组办工业加进去,1985 年集体经济的总产值占苏南全部乡镇企业总产值的 97%。第二,从产业结构上看,苏南乡镇企业以工业为主,乡镇工业中以非农副产品加工为主。1985 年,轻工业中农副产品加工工业产值 61.8 亿元,非农副产品加工工业产值 47.5 亿元,重工业中的制造业产值为 77.3 亿元,非农副产品加工工业总产值占整个工业总产值的 59.4%。到 1986 年,苏南乡镇工业的四大支柱是机械、纺织、化工和建材,这四大行业产值占乡镇工业总产值的 80%,其中机械、纺织占一半以上。第三,从对外经济关系上看,苏南乡镇企业与城市的企业、科研单位联系紧密,城乡经济相互依存。苏南乡镇企业的兴起与城市企业有密切关系。苏南乡镇企业发展初期,往往是寻求城市产品脱壳、部件扩散,随着乡镇企业发展,与城市的关系日趋多样化,和城市企业既竞争又合作,有的乡镇企业并入城市企业,有的乡镇企业兼并城市企业,更为突出的是,乡镇企业与城市科研单位联系密切。第四,从流通上看,苏南乡镇企业以市场调节为主,按销供

① 陈吉元主编:《乡镇企业模式研究》,中国社会科学出版社 1989 年版,第 66 页。
② 陈吉元主编:《乡镇企业模式研究》,中国社会科学出版社 1989 年版,第 73 页。

产的顺序组织生产，也就是说，苏南乡镇企业的流通既不是像上海等地郊区那样以城市扩散纳入计划为主，也不是“三就地”的形式，而是主要依靠市场自产自销。

“苏南模式”的成因及运行机制

改革开放后，国家进行一系列经济体制改革。“苏南模式”快速发展的原因主要有：乡村工业传统得以传承下来；坚持乡村经济以集体所有制为主；地理上靠近上海，与城市大工业及科研机构关系较为紧密。

苏南农村的传统手工业基础、与近代工业的历史渊源是“苏南模式”兴起的社会基础。中华人民共和国成立前，苏南地区就走在工业化、半工业化的道路上，有着较为发达的城市现代大工业和乡村手工业，城市大工业和乡村手工业之间除有着经济上的联系，还有人员上的联系，上海、无锡、苏州等地的产业工人“多半是只身进城，挣钱养活乡下的家口”[①]。1950 年的农村手工业改造切断了苏南乡村的工业化道路，但是苏南农村与近代工业还有着千丝万缕的社会联系。三年困难时期下放回老家的城市产业工人或手工业工人，成为社队企业的重要技术骨干和与城市工业联系的桥梁。1972 年，华西村吴仁宝就是在县里一个退休工人的帮助下建了一个小五金加工厂。[②] 费孝通在 1983 年对苏南的调查中走访的 28 家乡镇工厂的创办都和各种各样的“关系”有关，其中大多数是由有乡土关系的退休工人或干部牵线搭桥或提供技术力量。[③] 历史留给苏南地区的还有市场意识。这种中华人民共和国成立前市场经济发展带来的对于市场的记忆和认识深植于苏南地区，以及其他有手工业传统和经商传统的地区，如温州、广东等。

从 1958 年大办社队企业到 20 世纪 80 年代异军突起，苏南地区的乡村集体企业始终是主体。改革开放后农村推行家庭联产承包责任制，但苏南地区的基层政府坚持在工业上继续实行集体所有制，而不包干到户，这是苏南乡镇企业在包括技术、资金、原材料、人才等的要素市场不成熟的条件下能快速

① 费孝通：《行行重行行——中国城乡及区域发展调查》（上），群言出版社 2014 年版，第 55 页。

② 潘维：《农民与市场：中国基层政权与乡镇企业》，商务印书馆 2003 年版，第 193 页。

③ 费孝通：《行行重行行——中国城乡及区域发展调查》（上），群言出版社 2014 年版，第 55 页。

发展、实现规模化的必要条件。90年代中期学者对于乡镇集体在乡镇企业发展及农村工业化道路中的作用多有肯定,乡镇基层政府在集体所有制下为乡镇企业的发展提供了坚实的制度支持和资源支持。[①] 靠着集体实现资本积累,靠老厂办新厂,大厂带小厂,在市场中寻找主导产业。

苏南地区是中国城镇网络最为密集的地区,且有以铁路、公路、河流构成的交通网络,邮电通信便捷,苏南农村处于上海、无锡等大中城市经济的强有力辐射之下。在费孝通等调查的苏、锡、常和南通四市中,可以清晰地看到与上海市联系的乡镇工业最多。也就是说,上海市起着中心作用。1983年,在无锡县2000多个乡镇企业中,与上海、无锡等大中城市工业、科研单位挂钩的有709家,协作项目895个,与上海、无锡两市联合、协作的占绝大多数。[②] 这意味着城市工业的大量信息(比如市场信息)、技术较易流向苏南农村。

1977年,无锡第三毛纺织厂党委书记邀请无锡新桥砖瓦厂厂长孙永根叙旧,叙旧之外,意在解决急需的30万块用以扩建厂房的砖块的问题。在这次见面中,孙永根借机参观了三毛厂,发现纺织工艺流程并不复杂,技术难度也不算高,当即提出优势互换,砖瓦厂提供扩建工程的所有原料和工人、技术,请三毛厂协助砖瓦厂建立一个毛纺织印染厂。三毛厂党委书记马上表态,新建厂的技术由三毛厂全包。经过协商,由三毛厂提供从设备开始的一条龙支持。于是,砖瓦厂借到了三毛厂和协新厂"报废"的2台设备,无锡无线电五厂通过关系购买了1台价格4万元的锅炉作为预支给砖瓦厂的基建款。设备到位,三毛厂的技术人员现场调试、指导。印染厂厂房建起来并请毛纺织专家鉴定后,无锡三毛厂又将外加工100吨毛纱的染整任务放给了新桥毛纺印染厂。[③] 20世纪80年代初期,常州柴油机厂由于产量供不应求,生产规模扩大受限于市内土地、资金、招工指标等,于是将技术扩散至常州乡镇企业,由湖塘镇等的乡镇企业生产配件。在苏南地区,还能看到众多的轻工业产品印

---

① 潘维:《农民与市场:中国基层政权与乡镇企业》,商务印书馆2003年版,第193页。

② 费孝通:《行行重行行——中国城乡及区域发展调查》(上),群言出版社2014年版,第57页。

③ 无锡市政协学习文史委员会编:《异军突起:无锡乡镇企业史话》(上册),广陵书社2008年版,第296页。

上海、无锡等地企业的商标出厂，一部分是因上海城市工业转型升级而发生的产业向邻近的乡村地区转移，一部分是乡镇企业和城市企业联营。1985年江阴顾山羊毛衫厂刚进入羊毛衫行业时是依傍上海羊毛衫十七厂搞贴牌生产。江阴市青阳镇的电扇厂于1985年年初挂上“无锡菊花电器集团公司二厂”的牌子，和无锡市电扇厂、江阴县电扇厂、无锡县电扇厂合组菊花电器集团公司，着力打造“菊花”牌电扇。[①] 从中，我们可以看到乡镇企业和城市工业之间联系的方面有：市场发现，技术（包括设备）和资金等要素支持，生产组织形式。

市场发现。发展初期，乡镇企业的市场发现是靠拾遗补阙，生产那些国有企业不愿意生产或者不能完全满足市场需求的商品。越靠近中心市场的农村就越有机会接触到新式产业，比如毛纺业、化纤业等，可以就近从中心市场获取产业发展所需要的原料、技术、市场等，从而发展出有异于以农副产品加工为主的传统农村手工业的产业。

技术来源。苏南乡镇企业在起步阶段从城市大工业以技术支援或者城市工业转移的形式获得必要的设备和技术，这些技术具有外生性。在乡镇企业引进技术和设备的同时，苏南的乡镇企业和河北庆云的家庭作坊一样都会通过拆解仿制具有稀缺性的设备。新桥毛纺印染厂在产业链扩张开设毛纺厂时，仿造细纱机，缺乏的零部件再找关系从上海二纺机买回。[②] 同时两地也都有“星期日工程师”或者下乡的技术员指导技术，不同的是苏南的乡镇企业在和上海等大中城市的联系中，积累培育了自己的技术研发能力。1985—1987年，苏南地区乡镇企业平均年投入技术改造资金15亿元。[③] 江阴申港乡宋家圩村装潢彩印厂1988年靠着常州光明塑料厂的“星期日工程师”研发出替代进口的聚丙烯三层共挤膜，并实现外销；1996年，已发展为集

① 无锡市政协学习文史委员会编：《异军突起：无锡乡镇企业史话》（上册），广陵书社2008年版，第193—195页。

② 无锡市政协学习文史委员会编：《异军突起：无锡乡镇企业史话》（上册），广陵书社2008年版，第297页。

③ 《当代中国》丛书编辑部编：《当代中国的乡镇企业》，当代中国出版社1991年版，第210页。

团企业的它花费千万自主试制研发烟膜。[1] 可以说,苏南乡镇企业的技术内生化得益于以上海为中心的经济圈对于人才的聚集、与大专院校科研机构的密切联系。

资金等要素支持。据当时学者研究,苏南的技术市场、金融市场和咨询行业,有70%以上业务是通过横向经济联合为乡镇企业服务的。到20世纪80年代末,苏州市215个主要采取投资分利形式进行横向经济联合的乡镇企业,从横向经济联合单位吸收来的投资总额达到2.06亿元。[2] 这对于融资渠道单一的乡镇企业来说是一种快速积累资本、扩大企业规模的方式。很难想象不在发达城市大工业辐射下的温州等地能通过城乡横向经济联合获得巨大的金融支持。

生产组织形式。苏南乡镇工业企业经历了从"小""土"起步到不断实现规模经营的过程。苏南乡镇企业从诞生之时即采取的是集体所有制,虽然"小"而"土",但是从规模上总还是胜过家庭作坊。在和城市横向经济联合中,苏南乡镇工业企业不断实现规模化经营,1985—1987年,新增固定资产12亿元以上。到1987年,江苏省年产值超过1000万元的751个骨干企业中,苏南地区占516个,江阴市祝塘乡的针织服装总厂、周庄镇三房巷村的化纤纺织厂、无锡县前洲乡的印染设备厂等年产值在3000万—5000万元。[3] 一些乡镇企业在国家组建企业集团政策的推动以及内在发展需要下,逐渐走向企业集团化。20世纪80年代,有的是以村为单位形成集团化企业,譬如华西村,有的是和城市工业企业联营走向集团化,比如前述的江阴县电风扇厂;进入90年代后,更多的是以骨干企业为核心发展为集团化企业。

总的来说,"苏南模式"的核心要件是集体经济和与城市大工业的密切联系。如费孝通1983年在苏、锡、常和南通的调查中观察到的:"在常州市的金

---

① 无锡市政协学习文史委员会编:《异军突起:无锡乡镇企业史话》(上册),广陵书社2008年版,第263—264页。

② 高德正、洪银兴主编:《苏南乡镇企业:历程 机制 效应 趋势》,南京大学出版社1996年版,第67页。

③ 《当代中国》丛书编辑部编:《当代中国的乡镇企业》,当代中国出版社1991年版,第210页。

坛县和南通市的如皋县，可以明显感到它们已是上海经济区的边缘地带，那里的经济发展已具有许多不同于整个苏南地区模式的特点。”[①]“苏南模式”的运行机制是依托大城市、依靠集体调动资源实现资本积累、技术改进，获得企业规模收益。变换一个视角，在“苏南模式”的形成中可以看到城市工业的下沉或城市工业在从计划经济向有中国特色的市场经济转变中的扩张。

无独有偶，在工业发达的城市周边乡村，如天津、济南、烟台、潍坊、青岛和淄博等地周边乡村都出现了乡镇企业快速成长的现象，其发展速度快于远离工业城市的乡村。1986 年，山东这 5 个市的乡镇企业工业总产值占全省乡镇企业工业总产值的 63.1%，形成对照的是远离城市大工业的鲁西北菏泽、德州、聊城、惠民的乡镇工业产值仅占全省乡镇工业产值的 14.9%。[②] 我们还能看到的是，特别是在农村承包责任制推行中依然坚持集体所有的乡村，如天津大邱庄，在坚持乡镇企业集体所有之下企业飞速成长。大邱庄靠价格双轨制下的小钢铁厂完成资本的原始积累，到 1983 年建立大邱庄农工商联合总公司，把建分厂的权力下放到各厂，此后以冷轧带钢厂、高频制管厂、印刷厂、电器厂为中心，每个工厂以滚雪球的方式建立若干个分厂。和城市大工业的联系可以经由国家政策推动，比如结对子，但是在国内其他地方学习“苏南模式”先进经验时，浙江温州、江苏宿迁、河北蠡县、河北清河等发现无法照搬苏南经验，构成苏南经验的条件之一——乡镇集体工业在这些地方薄弱，而且薄弱的集体工业企业在包干到户中都分掉了。也由此，我们看到其他类型的乡镇企业发展模式。简单说，农村能否受到大城市有效辐射、集体经济力量强弱影响农村的乡镇企业发展道路选择。

二、“温州模式”：小商品，大市场

在“苏南模式”兴起后不久，浙江南部的温州乡镇企业以完全不同于“苏南模式”的方式快速发展，日益受到当时人们的广泛关注。1980 年代末期乡

---

① 费孝通：《行行重行行——中国城乡及区域发展调查》（上），群言出版社 2014 年版，第 57 页。

② 《当代中国》丛书编辑部编：《当代中国的乡镇企业》，当代中国出版社 1991 年版，第 177—178 页。

镇企业股份合作制改革政策的主要实践基础之一,就是温州乡镇企业的发展实践。“温州模式”成为集体经济不发达地区乡镇企业发展的重要经济模式,特别是该模式和20世纪上半叶中国乡村半工业化进程中的乡村手工业发展有诸多相似之处。

“温州模式”的内涵和特征

“温州模式”是以家庭、联户企业为主要经济组织形式,通过市场组合生产要素,形成以小商品生产为主导产业、开展专业化合作,充分运用市场机制建成专业市场和乡村手工业共同发展的经济发展模式。[①]

“温州模式”的基本特征有:第一,其经济组织形式是自发产生于民间、不在国家计划之内的家庭、联户企业,而非集体所有的社队企业。1985年,温州市共有家庭工厂10.7万个,联户工厂2.5万个,两者从业人员共有40多万人,产值11.4亿元,比1984年增长42%,占农村工业总产值的61.5%。而且,从绝对额看,其产值超过了城市全民所有制工业的产值。[②] 这些企业以业主及其家庭成员的劳动为主,有的雇请少数帮工,经营多是“前店后厂”,多以手工或半机械化方式生产。第二,与专业化的商品生产相依存,形成规模大小不等的专业市场,庞大的供销员队伍是市场和家庭工业的纽带。1985年,温州农村中共有商品市场417个,大多以经营一两类商品为主,有的是市场的兴起带动农村工业的发展,有的是民办工业的发展推动市场的形成,由此形成一些全国性的商品产销基地。[③] 在这些专业市场中,大约有10万名供销员活跃在市场上成为信息载体,并采购原料、推销产品。据说桥头镇纽扣市场的第一个摊位诞生于1979年,到1981年卖扣子的摊位发展到100多个,这时,桥头人开始用经商累积的资金办纽扣厂,到1986年,全区有430家纽扣

① 陈吉元主编:《乡镇企业模式研究》,中国社会科学出版社1989年版,第90页。

② 中国社会科学院经济研究所编:《中国乡镇企业的经济发展与经济体制》,中国经济出版社1987年版,第4页。

③ 中国社会科学院经济研究所编:《中国乡镇企业的经济发展与经济体制》,中国经济出版社1987年版,第4页。

厂，其中300家是家庭工厂，桥头市场销售的纽扣有40%是本地生产的。[①] 宜山区的农户先是改造纺纱机纺出了再生腈纶纱，接着逐渐形成宜山区再生纺织品市场。第三，形成以小商品为主的主导产业，并随之发展起其他服务型产业，比如信息服务、交通运输、民间信贷等。在温州十大产销基地中，除乐清柳市的低压电器是面向工业的外，其他如纽扣、塑膜片、涤纶商标、标牌徽章、塑料编织袋、腈纶纺织品、凉鞋拖鞋等，都是日常消费的小商品。[②] 这些小商品的原料主要来自城市工业的下脚料、废料等，产品主要销往农村和边疆地区。巨量的产销活动，催生一系列为商品生产服务的行业，“在柳市和塘下，看到了技术、信息、维修、邮电、运输、包装等生产运销服务系统”，货运效率远高于当时的国营单位，“柳市的货物转运站能在20天之内将货物运往全国任何地方”。[③]

“温州模式”的核心是“以商带工”，形成小商品、大市场的发展方式，这一模式的重要意义“不是它发展了家庭工业，而在于它提出了一个民间自发的遍及全国的小商品大市场，直接在生产者和消费者之间建立起一个无孔不入的流通网络”[④]。

“温州模式”的成因和运行机制

温州地处浙江省南部，和苏南比起来，既无苏南的农业基础，又无苏南的工业基础，也远离城市工业经济圈，只有经商和从事手工业生产的传统。从1950年代直至党的十一届三中全会，温州的农工经济发展非常缓慢。1970年代中期，苏南的社队企业和家庭工业有了起步和发展，而温州的家庭工业比苏南地区的起步约迟5年，1979年，在农村推行联产承包责任制后，温州的农业经济有所发展，农业剩余劳动力的问题凸显，外出找活干的人越来越多，

① 费孝通：《行行重行行——中国城乡及区域发展调查》（上），群言出版社2014年版，第287页。

② 陈吉元主编：《乡镇企业模式研究》，中国社会科学出版社1989年版，第92页。

③ 费孝通：《行行重行行——中国城乡及区域发展调查》（上），群言出版社2014年版，第296页。

④ 费孝通：《行行重行行——中国城乡及区域发展调查》（上），群言出版社2014年版，第295页。

形成“地下”劳务大军,到 1980 年代初,个体商贩合法化后,家庭工业突然涌现,“温州模式”出现。“温州模式”和“苏南模式”相比,其市场性和家庭性突出,这两个特征和温州地区的社会经济条件密切相关。

据当时的经济学者研究,“温州模式”的成因之一是微观经济主体的自发活动形成对计划经济体制的冲击:在计划经济体制下,农村经济的调节和控制均由集体经济组织通过计划手段完成,计划作用如何取决于集体经济的强弱。温州的集体经济基础较苏南等地区薄弱,1956 年,永嘉等地就试行“包产到户”,“文革”中,“分田到户”是温州当时“资本主义泛滥”的代名词,以家庭经营为主的自发经济半明半暗地在温州农村生长。由于农业受统派购控制,家庭经营无法从农业领域取得活动空间,自然转向非农生产,且生产设备和生产资料也由农户自行解决。1950 年代宜山区有上万个家庭土纺土织作坊,1958 年到 1970 年,宜山区供销社代销的土布金额有 7 年在 1000 万元以上。①温州的家庭自营经济是农民在计划经济体制形成过程中自发再造形成的,在国家宏观层面上实行计划经济时,温州农民在微观实践中保存并悄悄利用市场,在市场机制的作用下,发现那些不受计划控制的小商品生产,补上全民、集体经济的漏洞。

远离城市经济圈,受城市工业辐射较弱。温州长期是海防前线,国家对它的经济投入很少,也没有类似苏南地区以水路、铁路和公路构成的交通网将温州与距离约 400 公里的上海等大工业城市有效联系起来。这就使得温州不可能像苏南那样有效地吸收大城市工业扩散,与城市大工业形成零部件、配件生产和专业协作的关系,也不可能像苏南那样生产和上海等城市大工业类似的工业产品以补市场供给不足。原来存在的社队企业在改革开放后整体上趋于解体,成为家庭作坊、联户企业的一个组成部分。这时,在集体缺位的情况下,农村工业的发展主体只能是农户。

随着农村包干到户和农村流通体制改革的推进,温州的家庭自营经济和专业市场迅速发展,我们看到了 20 世纪上半叶中国乡村手工业发展广泛存

① 陈吉元主编:《乡镇企业模式研究》,中国社会科学出版社 1989 年版,第 95 页。

在的形式——分散的农村家庭采取手工、半机械化的方式，面向市场从事生产，出现专业生产区。

市场发现。温州的家庭工业选择生产的基本都是投资少、工艺简单、见效快、城市大工业嫌小、发达地区嫌产值低的小商品。这些小商品市场的发现有赖于走南闯北的手艺人和货郎。改革开放后，特别是 1982 年允许农民外出经商、搞长途贩运后，到 1986 年，温州市农民供销员队伍已有 11 万多人。这些供销员很多是“走在生产前面开拓销路、指挥生产的联络员”[①]，联系着农家生产和社会需求。永嘉县桥头镇的纽扣业，源于外出弹棉花的人从外地买进一些纽扣带回桥头镇销售。柳市镇的低压电器生产是由柳市镇吕村的一个农民引进一种低压开关生产发展而来的。

技术来源。传统技能是“温州模式”下的农村发展某种家庭工业的基础，在实践中农民根据生产需要改进技术。塘下一带农民有从事绣花、纺织、挑花等手艺的传统，在这个基础上塘下发展起塑料编织，并形成当时温州十大市场之一的塘下区塑料拉丝、织带市场。金华市永康县农民的传统技能是打铜、修锁、补锅、制作木杆秤等，后在此基础上发展出生产冰棒模、衡器、纺织机械配件，经营废铜等的专业化生产单位和市场。[②] 除历史积累的手工业传统外，在实践中也出现基于工艺的技术创新。江山乡新河村陈光友、陈光锡兄弟突破了腈纶边角料开花技术难关。同村的孙阿茶凭借多年的经验，改革传统开花纺纱车，纺出第一条再生腈纶纱，带动全区再生腈纶纺织品生产。[③] 另外，随着新式产品的引入以及对生产工艺要求的提高，与外界的技术联系也在加强。1980 年代中期，柳市镇从外地招聘技术人员和退休老师傅 700 多人，同时不断加强与城市科研部门及大中企业的技术联系。鞋类产销基地瑞安市仙降乡，1982 年有 1000 多家家庭作坊用手工操作生产塑革鞋，由于技术

① 费孝通：《行行重行行——中国城乡及区域发展调查》（上），群言出版社 2014 年版，第 294 页。

② 中国社会科学院经济研究所编：《中国乡镇企业的经济发展与经济体制》，中国经济出版社 1987 年版，第 39—40 页。

③ 中国社会科学院经济研究所编：《中国乡镇企业的经济发展与经济体制》，中国经济出版社 1987 年版，第 37 页。

设备落后,难以保证质量,到 1984 年 4 月全乡生产塑革鞋的仅余 10 多户,几家制鞋户联合起来自筹资金,引进设备,改革工艺以图发展。①

生产的组织形式。“温州模式”下的生产是以家庭作坊为基本单位、以供销员为纽带、以专业市场为依托的集群式生产。温州乡村工业的生产主体是家庭作坊,有些是仅靠家庭成员生产,有些是雇工生产。20 世纪 80 年代中期,雇工经营的联户企业和家庭企业每户平均雇工不到 4 人。随着经济的发展,也产生一部分雇工大户,即以家庭经济为依托,占有较多的生产资料,经营规模较大,雇用 30 名以上工人的合股或独资企业。1986 年,这样的雇工大户约 120 家,共雇工 5000 多人,仅占农村雇工总数的 11.9%。根据 1985 年温州市的有关调查,31 个雇工大户中雇工最多的一个企业有雇工 110 人,最少的 30 人,平均每个企业 50 人。②

通过供销员将小商品生产和市场联系起来。费孝通在温州调查中描述了温州供销员的身份嬗变。起初,温州地区那些最早出卖手艺的流动匠人把外地的商品捎带回家乡销售,成为商人;然后自家生产商品,外出采购原料和推销成品,又成了供销员;接着发展到和各地签订合同,将任务带回家乡分给各户生产,这时,他们的身份是邻里间的经纪人。有的甚至用贷款或者预付货款的方式支持外地生产,这样供销员就成为区域间产销的实际组织者。肖江镇供销员从外地带回合同,大部分是自己垫本购买原材料,然后公告规格型号、加工金额和交货限期,供加工户选择,合意者上门领料,回家生产,按期送货,经检验后领取加工费。平均 1 个供销员订来的合同可安排 100 人就业。③ 这样的方式像极了中华人民共和国成立前在农村织布工业区流行的撒机制度,不同的是在温州经济发展的过程中,众多的供销员和信息、运输等要素从生产环节中分离出来,出现数百个专业市场,成为联结产销的主要形式。宜山区再生纺织品市场,金乡镇徽章、塑片、红膜、标牌市场,钱库镇综合商品

---

① 《当代中国》丛书编辑部编:《当代中国的乡镇企业》,当代中国出版社 1991 年版,第 234 页。

② 中国社会科学院经济研究所编:《中国乡镇企业的经济发展与经济体制》,中国经济出版社 1987 年版,第 61 页。

③ 费孝通:《行行重行行——中国城乡及区域发展调查》(上),群言出版社 2014 年版,第 294 页。

市场,肖江镇塑料编织制品市场,仙降乡塑革鞋市场,塘下区和莘睦区塑料拉丝、织带市场,桥头镇纽扣市场,柳市区小五金市场和低压电器市场,虹桥镇综合农贸市场和北江兔毛市场等十大市场,营业额突破 12 亿元。[①]

一家一户的生产经由供销员和专业市场联系起来,在市场竞争中逐渐形成专业分工和社会化协作的生产集群。温州农村的小商品生产中,任何一种工艺和技术要求不高的产品就意味着激烈的市场竞争和迅速下降的利润率,在逐利导向下,为了降低成本保持竞争力,当地民众自发地形成专业化分工和协作。生产集群是在原有乡、村的基础上形成的相互依存的专业协作群体,一般有一两个主干产品。比如,宜山区的腈纶纺织品、乐清柳市的低压电器、瑞安的塑革鞋等。产业发展和基于乡村的社会网络密切结合在一起,使这些小型家庭作坊变得既分散又统一,与产业有关的技术、工艺、知识等的扩散速度大大加快。这意味着模仿和竞争的加剧,这个生产集群表现出低水平恶性竞争,当一个产品在低水平恶性竞争中走向没落后,一些能人再进行一轮新产品引入或者通过技术升级开启另一轮竞争。瑞安仙降乡的塑革鞋经过三四年的恶性竞争从上千家衰退到 10 余户,柳市低压电器产品质量低劣到引起媒体广泛关注。在这个产业集群中,表现出生产环节的分工协作和生产环节与流通环节的分工协作。首先是生产环节的分工协作。宜山区家庭工业生产的腈纶制品,1986 年,原料采购约 380 户,纺织、并纱 6430 户,原料分拣 600 多户,布脚料开花 1200 多户,编织 6490 多户,缝纫 2900 多户,产品销售 2300 多户,运输 400 多户。[②] 产品按照工序单独成业,通过市场调节把上下工序之间连接起来,形成加工流水线。如家庭工厂协作生产的铝制徽章,分为产品设计、写字、刻模、裁材、成型、点漆、镀黄、穿孔、作别针、装配、包装等 10 多道工序,一家一般干一两道工序。[③] 在这样的社会化分工协作中,生产成本被一点一滴抠下来,产品以廉价获得市场竞争力。1998 年,打火机所需要的密封圈,日本公司成本 0.2 元/个,温州企业仿制品 0.05 元/个,半

---

① 《当代中国》丛书编辑部编:《当代中国的乡镇企业》,当代中国出版社 1991 年版,第 229 页。
② 陈吉元主编:《乡镇企业模式研究》,中国社会科学出版社 1989 年版,第 101 页。
③ 《当代中国》丛书编辑部编:《当代中国的乡镇企业》,当代中国出版社 1991 年版,第 233 页。

年后又迅速降至0.005元/个。[①] 其次是生产环节和流通环节的分工协作。温州农村除了出现前述的专业市场,还有其他便利生产的服务专业户,譬如信息专业户。金乡镇有30家为家庭工业提供信息的专业户,还成立了信息协会。其中一位姓许的农民订了97种报纸,请了5人研究整理信息,随后发信联系业务合同,1984年共签订20多万元的合同并分别转让给生产者。[②]

随着生产的发展,温州经营能力强的家庭作坊,就增添设备,扩建厂房,发展为私营企业,采取股份合作制。这些私营企业有些逐渐发展为规模性企业,温州的产业集群生态也在这个过程中渐渐改变,有的形成以大企业为中心、同行企业众多、企业层次分明的金字塔式格局。在这个格局里,大企业和小企业之间的协作并非车间式的封闭合作,而是开放、多向的,中小企业依然是高度灵活的市场主体。它的典型是乐清柳市低压电器产业集群。另外,必须要提的是,在经济发展中,随着市场化改革的深入,进入20世纪90年代,在全国的专业市场评比中,温州的专业市场均落榜。除桥头纽扣等少数几个市场外,温州的专业市场有的发展缓慢,有的停滞,有的已消失。浙江的专业市场向交通更为便捷的浙中和浙北转移。[③] 这也就是说,家庭工业赖以存在的专业市场条件在弱化,此时,温州的乡村工业发展进入新的阶段,从激烈市场竞争中脱颖而出的企业构筑起不同形态的产销网络。依靠成本低廉取胜的温州产业集群,进入21世纪后开始向中西部成本洼地转移。

“温州模式”的核心在于大市场,商品的家庭生产和销售依托于市场网络的构建,特别是专业市场网络,随着市场改革深化,在温州的市场优势逐渐丧失时,以大企业为中心、众多中小企业共存的格局也在形成,已然不同于20世纪80年代的“温州模式”。但是,我们在中国尤其是浙江的其他地区能看到“温州模式”的影子,或者说,一些要素和农村工业发展之间的关系。

---

① 胡宏伟:《东方启动点——浙江改革开放史(1978—2018)》,浙江人民出版社2018年版,第202—203页。

② 费孝通:《行行重行行——中国城乡及区域发展调查》(上),群言出版社2014年版,第295页。

③ 胡宏伟:《东方启动点——浙江改革开放史(1978—2018)》,浙江人民出版社2018年版,第126页。

三、乡镇企业发展的地方实践:道路选择

“苏南模式”的核心是集体经济和城市大工业,“温州模式”则是小商品和大市场,两者就像两极,走出了各自极具特点的农村工业发展道路。当两条道路相逢之时,个体经济和集体经济之争便悄然而起。浙江省南部的温州、台州一带走了“温州模式”,而浙江北部、东部的杭嘉湖以及宁波、绍兴等地则走的是以乡镇集体经济为主的“苏南模式”。杭嘉湖、绍兴等地的农村个体手工业在20世纪80年代中后期进入大发展阶段,特别是具有传统优势的织造业,对乡镇集体经济形成冲击。湖州,1987年乡镇企业总数3.34万个,乡村两级企业有5682个,占全市乡镇企业总数的17.01%,总产值占全市乡镇企业总产值的88.18%。在联户和家庭企业发展较快的19个乡镇(19个乡镇占全市乡镇总数的13.5%)中,共有联户、家庭企业1.56万个,联户、家庭企业数占全市企业数的56.4%,而其产值在这19个乡镇企业总产值中的比重高达35.86%;以“绣花之乡”驰名的织里镇7个乡镇的联户和家庭企业的产值已超过乡镇集体企业的产值,占50.9%,其中织里镇联户和家庭企业的产值占全镇乡镇企业总产值的71.1%,在乡镇企业中占主导位置。[①] 嘉兴海宁市许村镇,1988年后个体织机以每年1000多台的幅度递增,1991年年产值超越集体企业,占全镇工业总产值的63.9%。1990年,该镇的53家村办轻纺厂骤减至18家,393台织机转卖给个人,拥有织机263台的5家镇办纺织企业全部关门倒闭,乡镇集体企业中的业务骨干出现规模性的“脚踏两只船”或者离职的风潮,1991年年初湖州市环渚乡的集体纺织厂离职职工达到100人。[②] 联户和家庭企业的大发展也意味着对集体经济的冲击。1990年年底,社会主义基本路线教育工作组入驻浙江省各地乡村,对当时全省农村被认为已经出现的各种偏离社会主义方向的思想苗头和行为进行普遍的教育和纠正,1991

---

① 浙江省湖州市科学技术委员会编:《湖州市乡镇企业技术进步现状和对策研究》,内部资料,1989年2月,第8—9页。

② 胡宏伟:《东方启动点——浙江改革开放史(1978—2018)》,浙江人民出版社2018年版,第145页。

年湖州、嘉兴两市的“社教”工作主要是严厉整治如潮水般的农民家庭经营的个体织机，这一被称为“杀机”的行动受到个体织户的强烈抵制，1992 年，邓小平南方谈话之后，湖州地区的“杀机”行动随着解放思想大讨论而终止。[①]紧接着，浙江开启各种所有制经济主体的产权制度变革，民营化速度加快，这也正是第一节数据上所反映出来的，相较于江苏省、广东省，浙江省 20 世纪 90 年代中前期乡镇集体所有制企业的产值在该省总产值中的比重下降得最快。

20 世纪 80 年代前中期，在“苏南模式”和“温州模式”传播的同时，其他地区的地方基层政府也开展形形色色的农村工业发展实践，有些被学者理论化，总结出模式，有些则未以模式冠名，却也实实在在走出一条发展农村工业的路子。江苏北部的宿迁县耿车乡，其所处地区农业生产力水平不高，工业生产也不发达，也没有经历过乡村半工业化，它的乡镇企业发展道路被学者总结为“耿车模式”。[②]“耿车模式”的特点是集体经济与个体经济并进，而个体经济占很大比重，且户办企业依附于集体经济，主要从事农副产品和自然资源的初加工。据当时学者研究，乡村集体企业是起骨干作用的企业，生产规模较大，技术水平较高，1986 年产值占全乡乡镇企业总产值的 44.7%。户办企业发展最快，它的特点是规模小、家庭以传统手工业技术从事生产，1986 年它的产值占全乡乡镇企业总产值的 38.4%。在生产中，不同技术水平的企业形成分工和合作。高档次的服装由乡服装厂加工，普通服装由村、联户和户办服装厂加工。电炉丝生产由乡办电炉丝厂提供统一的技术指导，村、联户和户办电炉丝厂协作生产。基本上，很多户办企业围绕乡、村两级集体企业的主体产品配套加工。

下面我们看另外一个和耿车乡历史条件、经济条件有相似之处的地区——山东省庆云县的乡镇企业发展。庆云县地处华北平原，位于山东和河北交界，历史上以农业生产为主，中华人民共和国成立前虽然有贴补家用的

① 胡宏伟：《东方启动点——浙江改革开放史（1978—2018）》，浙江人民出版社 2018 年版，第 144—148 页。

② 参见陈吉元主编：《乡镇企业模式研究》，中国社会科学出版社 1989 年版，第 117—138 页。

草帽辫生产,但手工业以服务当地日常生活为主,也就是未出现农村半工业现象,这点与耿车乡类似。20 世纪 70 年代中期,庆云崔口镇将周辛村地毡厂改为全县第一家电阻器生产厂——崔口电器元件厂,该元件厂将接触器、继电器、开关电器、主令器、熔断器等零部件加工分包给农户,其中,仅后程赵村就有 70%的农户从事低压电器零部件加工,形成类似于耿车乡户办企业围绕集体企业的主体产品配套加工的格局。这个格局的特点是集体企业在农村工业发展中占核心地位,家庭作坊和乡镇企业发生联系,乡镇企业和外部资源(主要是城市国有企业)发生联系以获得技术和市场等。当乡镇企业和外部资源的联系因某种原因而割裂时,譬如国有企业的衰落,一部分家庭作坊会因订单的减少而在现有技术之上寻找其他可生产的产品。后程赵村的部分农户在低压电器订单减少后于 80 年代末期转向体育器材加工。后程赵村村干部创办 Y 企业,其家族成员通过亲属关系与天津绘图仪器厂建立联系,由此接触位于天津南马路的原材料市场和设备市场,引进设备改进生产技术。同时,通过外驻其他省市的亲属,与各省市教育局和学校接触,寻找订单,逐渐发展为后程赵村最大的户外体育器材加工厂。这种转向使家庭作坊不再依附于集体企业,转而通过私人关系网络和经济关系网络构建包括技术获得在内的生产销售体系,在市场中寻找机会组合各种要素以获得自身的发展。在乡村企业和城市工业的这种联系中,可以看到在"互联网+"兴起之前,乡村企业成为城市工业下沉的对接点,成为城市工业体系的一部分。但是,这种体系和"苏南模式"的乡镇企业和城市工业一体化有所不同,不同点在于苏南是区域式的一体化,而庆云乡村工业和城市工业的一体化是基于产业点到点的联系。

与山东庆云同在华北平原的河北省高阳县和蠡县,在 20 世纪 30 年代已形成一定规模的织布工业区,新中国成立后高阳织布工业被拆解组建成国营棉纺织厂和集体纺织企业,两地选择的乡镇企业发展模式均是"大力发展家庭工业"。但是两地的具体表现又有所不同。首先,两地启动乡村工业的快慢不同,这种快慢取决于基层政府官员们在发展和意识形态之间的决策。1981 年,河北高阳李果庄村民以村办集体工厂的名义恢复家庭纺织经营,并取得了较好的利润。县政府得知后,取缔了织机,并对每台织机罚款75元。[①]与此同时,邻近的蠡县乡村工业已发展一段时日。蠡县留史乡一带的传统皮毛业,在1980年农村实行联产承包责任制后,有2367名农民从农业生产中脱离出来,投入跑皮毛、搞企业的行列,皮毛货栈、收购站、商行、客栈等发展到240家,制革厂、皮毛加工厂发展到117家,年加工产值1126万元,1981年,投资27.2万元,在留史建成建筑面积6220平方米的皮毛专业市场。[②] 而高阳县直到1983年年末才决定支持家庭小规模工业的发展,高阳的干部承认蠡县对经济改革的反应要比高阳迅速。

其次,在两地乡镇工业发展的过程中,集体在乡村工业发展中的角色有所差异。根据顾琳和冯小红的研究,当高阳县开始大力推广乡村工业时,大多数村庄决定关闭集体所有的小工厂,将设备分给农户,有些村庄则将集体资源承包给村民,高阳县走上了一条以家庭作坊为主体、依靠市场竞争获得发展的道路。1983年,高阳有168家乡村企业注册登记,即高阳县每个村庄都有1家小集体企业;1984年年末,注册的乡镇企业有1.2万家,其中大多数是私营的。[③] 以高阳的"三巾"生产来说,它的生产直到20世纪90年代中期仍是以农民家庭为基础的小作坊,分散在全县50多个村庄,"每个村有数百台乃至上千台织机","在全县范围内,2000年'三巾'织机总数达20000台,巾被年产量25亿条,占全国巾被总产量的1/3"。[④] 毛纺业是高阳乡镇工业发展过程中引入的新式产业,到80年代中后期,河北省政府督促这些小型毛纺企业联合建立一个由政府支持的工业集团,但是私营企业的经营者并没有按照政府的意愿组建这样的工业集团;1995年,较大的私营企业出于追求规模

---

① [日]顾琳:《中国的经济革命:二十世纪的乡村工业》,王玉茹、张玮、李进霞译,江苏人民出版社2009年版,第199页。

② 河北省蠡县地方志编纂委员会编:《蠡县志》,中华书局1999年版,第495页。

③ [日]顾琳:《中国的经济革命:二十世纪的乡村工业》,王玉茹、张玮、李进霞译,江苏人民出版社2009年版,第200页。

④ 冯小红:《高阳纺织业发展:百年历程与乡村社会变迁》,中国社会科学出版社2019年版,第88页。

经济效益的目的联合组建了三利工业集团。[①] 简言之,高阳从决定推动家庭工业的发展开始,就选择了近乎完全的私营经济形式,到80年代末期,集体直接参与工厂经营管理的现象几乎完全消失。

反观毗邻的蠡县,家庭工业的迅速发展与集体有密切关系。1965年,大杨庄东、枣林、大百尺、辛兴等村的生产队通过老乡关系从北京合成纤维厂购进一些氯纶下脚料,以家庭为单位,利用闲散劳力和业余劳动时间试着用弹棉花的风弓将其弹成瓤子(棉絮),用手摇纺车纺成毛线,由生产队统一销售,这是蠡县化纤毛纺织业的开端。1977年,辛兴村党支部书记阎建章带头,各支委分别集资2000元,到北京合成纤维厂买回4吨氯纶下脚料进行加工,开始由本村妇女利用工余时间纺线,化纤纺织业在辛兴村兴起,后逐渐形成以辛兴、大百尺、大杨庄东等村为中心的区域性腈纶纺织专业村。1978年后,蠡县腈纶纺织业得到迅速发展。为了解决手工纺车纺线产量低、花色品种单一、线条不匀、捻度不够、效益低下等问题,1979年,辛兴大队投资10万元,在村西建成蠡县第一家村办企业——辛兴大队毛纺厂,从河南省购进2台淘汰的20世纪30年代日本产旧式纺车,从北京毛纺厂聘请技术人员,经半年试验出成品。随后,以一家一户为生产单位,几户、十几户联合入股投资或向国家贷款兴办企业,由土纺土织向半机械化发展。[②] 蠡县针织业的发展也和集体有密切关系。1979年年底,蠡县社队企业局引进10台手摇针织横机转让给城南的段庄村针织加工户,试着加工腈纶衣裤,很快发展到一家一户或几户联合购买横机加工腈纶衣物,到1981年,全县有针织横机2100台,针织专业户1900个,1982年,全县形成粗、细两种针织成衣专业区域。[③] 在蠡县坚持"放手发展家庭工业,大力支持农民进流通"时,县政府还同农户一起兴办了一批为专业户、联合体服务的龙头性企业,譬如,1986年8月投产的丙纶化

---

① [日]顾琳:《中国的经济革命:二十世纪的乡村工业》,王玉茹、张玮、李进霞译,江苏人民出版社2009年版,第236—237页。

② 河北省蠡县地方志编纂委员会编:《蠡县志》,中华书局1999年版,第506页。

③ 河北省蠡县地方志编纂委员会编:《蠡县志》,中华书局1999年版,第507页。

纤厂,纺出的线可供农户 2000 台织机全年织毛衣用。① 从 20 世纪 80 年代高阳和蠡县的乡镇企业发展道路看,即使 20 世纪上半叶共处同一织布工业区内,乡镇企业发展道路共同选择以家庭工业为主的模式,但是也会根据当地的社会、政治、经济条件等而有所不同,蠡县的发展中集体的角色感要强于高阳。顾琳在她的研究中指出,在改革开放后的乡镇企业发展道路抉择中,高阳选择了传统的乡村工业传统,在一些要素发生变化之后依然以小规模工业为主体的工业区形式延续着发展。

在中国,还有诸如突出侨资的"晋江模式",与外资、"三来一补"联系密切的"珠江模式",倚靠自然资源发展的"平定模式"等,对这些模式当时的学者都做了深入的研究。恰如当时学者所指出的,中国乡镇企业发展和当地的历史、经济社会条件密切相关,因此可以看到多样性的实践。简单总结下来,乡镇企业发展道路是基于市场的、集体和个体在处理与城市大工业的关系中形成自我可持续发展秩序的过程。

第四节 新兴劳动密集型制造业的崛起:以泉州为例

中华人民共和国成立后,中国传统手工业经历了巨大的变革,不少行业逐渐趋同于机械化生产的现代工业,因此,政府对手工业的界定主要是行政管理上的。但是,具有手工业特征的劳动密集型制造业在计划经济体制下仍广泛分布于中国城乡,改革开放后,其中的乡镇企业更是异军突起。不过,在一些地区,例如福建省的泉州,改革开放后崛起的大部分劳动密集型制造业同近代史关联较弱,也不完全由乡镇企业构成,可以视为新兴的产业。这种新兴劳动密集型制造业与传统手工业经济具有相似性,部分企业又归手工业系统管理,故对于探讨中国手工业的历史演化仍具有学理参考价值。作为"晋江经验"的诞生地,泉州对于改革开放史研究的价值显而易见,但此前的

① 《中国乡镇企业年鉴》编辑委员会编:《中国乡镇企业年鉴(1978—1987)》,农业出版社 1989 年版,第 235 页。

研究以综合性探讨居多[①]，本节则聚焦于新兴劳动密集型制造业的崛起机制，以期对中国当代手工业史的发展增进认识。泉州与福州虽同属一省，但泉州改革开放后崛起的劳动密集型企业多不在二轻系统内，应探讨其不同机制。改革开放前后，泉州的行政区划变动较大，此处泉州范围系指1990年代初泉州市行政区域，包括鲤城、惠安、晋江、南安、安溪、永春、德化、石狮等县、区、市。

一、制度与环境变革：适应基层实践的新政策

泉州在古代曾是海上丝绸之路的大港，其境内的德化白瓷等传统手工业产品，长期行销国际市场。传统的作坊、场、窑、厂及其从业人员和其产品，是泉州乡镇企业发展的基础。[②] 中华人民共和国成立后，在国家强势干预的计划经济体制下，泉州的工业化逐渐展开，一些传统手工业也出现了机械化的势头。到1978年，泉州轻纺系统共有企业73家，工业总产值14659.91万元，职工总数19980人，当年出口交货值达到3159.14万元，实现利润1428.77万元。[③] 轻纺工业一般属于劳动密集型产业，不过，改革开放后泉州兴起的劳动密集型制造业，大量存在于国营轻纺系统之外，是从计划经济体制缝隙中生长出来的新事物。到1992年，轻纺系统之外的乡镇企业已经成为泉州市国民经济的支柱，总产值达135.37亿元，比1978年增长82.11倍多，其中工业产值116.74亿元，占全市工业总产值的77.8%。[④] 这些乡镇企业多为生产服装、鞋类、日用品等商品的劳动密集型企业，其中不少后来发展成著名的品牌企业。例如，1980年，洪肇明和洪肇设合办佳丽服装厂，分别发

---

① 代表性研究如：《中国国情丛书——百县市经济社会调查·晋江卷》编辑委员会编：《中国国情丛书——百县市经济社会调查·晋江卷》，中国大百科全书出版社1992年版；中共晋江市委党史研究室编：《改革开放推动晋江侨乡经济腾飞》，福建人民出版社1997年版；黄陵东主编：《内发的变迁》，社会科学文献出版社2007年版。

② 《泉州市乡镇企业志》编纂委员会编：《泉州市乡镇企业志》，内部资料，1993年，第8—9页。

③ 《泉州市轻纺工业志》编写组编：《泉州市轻纺工业志（初稿）》，内部资料，1993年8月，第4页。

④ 福建省泉州市经济体制改革委员会编：《泉州市经济体制改革志》，内部资料，1995年，第34页。

展为劲霸(中国)有限公司和柒牌集团公司。[①] 1981 年,丁和木同村里的 20 户人家合伙开办的一个鞋厂,发展为安踏集团。[②] 1988 年,周永伟与兄弟合伙开办的晋江恒隆制衣厂,发展为福建七匹狼实业股份有限公司。[③] 与中国其他地区一样,改革开放初期泉州新兴劳动密集型制造业的崛起,离不开制度与环境的变革,必须由政策赋予的合法性来获取生存保障。在泉州,劳动密集型制造业的兴起与相关政策的推行呈咬合之势,基层的实践充分利用了新政策,而从省到市、县的新政策也适应着基层的实践。

中国的改革开放在早期具有很强的基层实践性,以泉州乡镇企业来说,其根源可以追溯至人民公社化运动时期产生的社队企业。在晋江县,一些农村青年在"文革"中利用工厂"停产闹革命"的机会,悄悄以集体企业为依托,从工厂中弄到加工零配件业务和材料,办起小五金、小机械、小建材等企业。这些社队企业即改革开放后乡镇企业的前身。到 1978 年,晋江县社队企业已经发展到 890 家,总产值 3227 万元,占当年全县总产值的 14.15%。[④] 因此,泉州新兴劳动密集型制造业相当程度上既非传统手工业的自然延续,又不是改革开放后凭空出现的,而是有着长期基层实践的基础。不过,对这种基础不宜夸大,因为直到 1978 年,晋江县全县农民人均纯收入才 107 元,多数农民的温饱问题还未解决,许多人依赖侨汇生活。[⑤] 晋江乃至泉州劳动密集型制造业的兴起,主要还是改革开放催生的新现象,依赖由政策带来的制度与环境变革。

在改革开放初期,中央给予了福建省特殊政策,用福建省领导项南的话说:"中央决定给福建省更多一点自主权,可以执行特殊政策,灵活措施,可以

---

① 周伯恭主编:《晋江品牌企业》,《晋江文史资料》第 29 辑,中国文史出版社 2007 年版,第 27、32 页。

② 王新磊:《安踏:永不止步》,浙江人民出版社 2010 年版,第 12 页。

③ 周伯恭主编:《晋江品牌企业》,《晋江文史资料》第 29 辑,中国文史出版社 2007 年版,第 2 页。

④ 中共晋江市委党史研究室编:《改革开放推动晋江侨乡经济腾飞》,福建人民出版社 1997 年版,第 24—25 页。

⑤ 中共晋江市委党史研究室编:《改革开放推动晋江侨乡经济腾飞》,福建人民出版社 1997 年版,第 25 页。

更多地利用外资,使福建的经济能比邻省发展得活一点、快一点。”[①]中央的政策决定了福建省新兴产业和经济形态的发展空间。福建省尤其强调晋江地区要利用华侨多的优势,大力开展来料加工、来样加工、来料装配、补偿贸易业务,即“三来一补”经济。[②] 这对于当地正悄然兴起的社队、村队企业的发展是一种来自政府的肯定和鼓舞。由于侨乡的传统和沿海的优势,泉州各地多靠“三来一补”起步,发展劳动密集型企业。晋江县深沪镇与香港长青贸易公司签订的合同开泉州来料加工之先河,双方合作的工厂于 1978 年 11 月开始筹办,1979 年 6 月正式开工。该厂引进一大批电动缝纫机,在坑边、狮峰、寮内、科任、海尾设立了 5 个加工点,有工人上千人,加工公仔衣出口。[③] 随着“三来一补”的经济效益凸显,对外加工装配业务由点到面、由少到多、由沿海到山区全面展开,并发展成泉州对外经济合作的一项重点业务。[④]

基层实践的成功促进了地方政策的调整与跟进,以项南为代表的福建省领导在改革开放初期对乡镇企业采取的支持态度,是泉州乃至整个福建新兴劳动密集型制造业能够生存与发展的保障。1981 年,项南曾指出福建省的工业基础薄弱,原因在于“福建地处祖国东南前哨,面对台、澎、金、马,30 年来中央在福建没有建过一些大的项目,没给过多少投资,中央给福建的投资只占全国投资总额的 0. 8%”[⑤]。就经济发展的基础而言,地处海防前线的泉州市由于两岸对峙的历史因素,几乎没有重大经济建设投资,基础设施的建设也几近空白。因此,1949 年至 1978 年,泉州主要是发展农业,工业及其他产业的发展极为缓慢。[⑥] 在缺乏重工业基础的前提下,利用地方优势发展轻工业等劳动密集型工业,自然就成为因势利导的选择,因此,地方政府对于发展劳动密集型工业给予了大力的支持。1979 年 6 月,泉州市领导提出在轻、重

① 项南:《福建纪事》,人民出版社 1999 年版,第 2 页。

② 泉州市乡镇企业志编纂委员会编:《泉州市乡镇企业志》,内部资料,1993 年,第 17 页。

③ 泉州市乡镇企业志编纂委员会编:《泉州市乡镇企业志》,内部资料,1993 年,第 62 页。

④ 福建省泉州市经济体制改革委员会编:《泉州市经济体制改革志》,内部资料,1995 年,第 75—76 页。

⑤ 项南:《福建纪事》,人民出版社 1999 年版,第 53 页。

⑥ 中共晋江市委党史研究室编:《改革开放推动晋江侨乡经济腾飞》,福建人民出版社 1997 年版,第 12—17 页。

工业中"突出抓好轻纺工业"[①],同时,要发挥泉州手工业的历史优势,加快轻纺工业的发展,在提高产品质量、增加花色品种上狠下功夫,利用二轻系统"企业多,队伍大"的特点,争取"解决一大批社会就业问题"。[②] 1981 年 3 月,项南在谈到福建在改革开放新时期的经济发展方向时,提出福建要"分两步走",结合实际情况,优先发展以轻纺工业、食品工业、电子工业和机械工业为主的"轻型经济结构",尤其是引进"就业多、投资少、回收快、创汇高"的项目,先发展"劳动密集的工业",为以后发展技术密集型工业奠定基础。[③]

泉州劳动密集型制造业最初主要采取社员合资办厂的模式。作为一个新生事物,社员合资办厂曾引发广泛的争议,1981 年的调查指出:"有人认为主流是好的,要加强领导,热心扶持,也有人持怀疑观望的态度,还有人则批评指责以至全盘否定。"[④]不可忽视的是,在高速发展的同时,该模式确实衍生出一些新的问题。陈埭公社所办的联户企业是晋江乡镇企业的典范,党的十一届三中全会以后,陈埭公社社队企业发展很快,将该地从单一经济的桎梏中解放了出来,1979 年实现了"三超千万",即粮食增产超千万斤,对国家贡献粮食超千万斤,工副业和多种经营总收入超千万元。社队企业优异的创收成绩改变了该社的经济结构,1980 年,社队企业所占的比重由原先的 34%上升到 75%,农业的比重则大大下降,个别大队甚至出现了"以工挤农、挤副"的现象,影响了农业经济和粮食收成。另外,陈埭公社还被指出存在经营作风问题,据调查,大部分企业应酬费用很大,原料来源、产品销售问题依靠供销人员开展购销业务来解决,为了适应他们的特殊需要,陈埭公社队办企业"实行按产品销售额的百分之三至十抽成,作为购销员的工资和应酬费"[⑤]。不可否认,在缺乏监管的情况下,经济体制转型初期的社队企业在经营中容易滋生腐败、贪污和利润分配不均等问题。但是,给予供销人员特殊待遇反映了

① 泉州市档案馆编:《泉州改革开放三十年重要文献选编》,内部资料,2009 年,第 7 页。

② 泉州市档案馆编:《泉州改革开放三十年重要文献选编》,内部资料,2009 年,第 9 页。

③ 项南:《福建纪事》,人民出版社 1999 年版,第 46—48 页。

④ 泉州市档案馆编:《泉州改革开放三十年重要文献选编》,内部资料,2009 年,第 24 页。

⑤ 泉州市档案馆编:《泉州改革开放三十年重要文献选编》,内部资料,2009 年,第 24—28 页。

对于萌芽中的市场经济的顺应。而“以工挤农、挤副”更是农村地区工业化的体现。

项南对社队联合企业的作用给予了肯定，他认为“社队企业是福建富起来的希望，社队企业要发展起来，联合是必由之路，搞加工业、手工业”①。1983年，项南在陈埭公社现场会上发表了题为《群众集资办厂好得很》的讲话，他不但对陈埭公社所取得的成绩高度评价，称其为“福建的一枝花”，号召其他地市县以此为榜样，学习陈埭公社的经验并吸取教训，还为全省的社队企业发展指明了方向，提出政府要为社队企业提供原料、资金方面的便利。关于社队企业的性质，项南认为，联合体是今后发展的主要形式，应予以大力的支持，他以口号的方式为社队企业定性：“集资办厂好得很，它姓‘社’不姓‘资’！”并要所有人，“把胆壮起来”，努力发展社队企业。② 这扫清了部分人的疑虑，进一步解放了人们的思想，通过政治层面的支持和引导，保护和促进了基层的改革实践。对于省里的指示，泉州地方政府予以积极的回应。1984年，晋江地区行署批转泉州市人民政府《关于大力发展乡镇企业若干问题的暂行规定》③，要求大力扶持乡镇企业，变“管、卡、限”为“放、帮、促”④。在政策的引导下，以泉州乡镇企业为代表的泉州新兴劳动密集型制造业在争议中不断壮大。表5-1为1978—1984年泉州乡镇企业的发展情况。

表5-1　泉州乡镇企业的发展情况(1978—1984年)

年份	企业数(个)					产值(万元)				
	合计	乡(镇)办	村办	联户	个体	合计	乡(镇)办	村办	联户	个体
1978	5597	1036	4561	/	/	16288	8404	7884	/	/
1979	6055	1037	5018	/	/	23583	10791	12792	/	/

① 项南：《福建纪事》，人民出版社1999年版，第111—117页。

② 项南：《福建纪事》，人民出版社1999年版，第256—262页。

③ 福建省泉州市经济体制改革委员会编：《泉州市经济体制改革志》，内部资料，1995年，第7页。

④ 《泉州市乡镇企业志》编纂委员会编：《泉州市乡镇企业志》，内部资料，1993年，第194页。

续表

年份	企业数(个)					产值(万元)				
	合计	乡(镇)办	村办	联户	个体	合计	乡(镇)办	村办	联户	个体
1980	6908	1263	5645	/	/	33497	15172	18325	/	/
1981	7348	1400	5948	/	/	44534	20022	24512	/	/
1982	7432	1418	6014	/	/	51435	24107	27328	/	/
1983	9946	1416	5640	2890	/	69104	29278	30238	9588	/
1984	21578	1488	5707	6057	8326	114357	37173	39052	29529	8603

资料来源:《泉州市乡镇企业志》编纂委员会编:《泉州市乡镇企业志》,内部资料,1993年。

由表5-1可见,1978年后,泉州乡镇企业整体发展迅猛,总体上呈现出增长的趋势。然而,由于资金少、技术落后、缺乏管理经验、市场竞争激烈等因素,不少企业在创业初期遭遇了经营上的困境。当时,设备简陋、条件差的作坊式生产尤为普遍,例如,1979年成立的洋埭华侨服装厂,规模小,资金总额还不到3万元,从业人员仅11人,完全靠缝纫机和手工缝制,生产能力低下。[①] 丁和木在1981年创办的鞋厂,“只有一些简单的制鞋设备,厂房则多是由石头、毛毡搭起来的毛毡房”[②]。其结果就是产品质量得不到保障,企业往往难以承受人事纠纷与市场突变带来的冲击。比如,在1981年,洋埭村的乡镇企业出现了一次大起大落。年初,新厂成批开张;到了年底又因产品质量不过关而纷纷倒闭,哪怕是像华侨服装厂这种原本效益较好的企业,盈利也骤然减少,从而引发了股东之间的纠纷,最终导致了企业的分化。[③] 这从一个侧面反映了泉州新兴劳动密集型制造业从诞生之初就受到商品经济与市场因素的左右。

① 《中国国情丛书——百县市经济社会调查·晋江卷》编辑委员会编:《中国国情丛书——百县市经济社会调查·晋江卷》,中国大百科全书出版社1992年版,第150页。

② 王新磊:《安踏:永不止步》,浙江人民出版社2010年版,第12页。

③ 《中国国情丛书——百县市经济社会调查·晋江卷》编辑委员会编:《中国国情丛书——百县市经济社会调查·晋江卷》,中国大百科全书出版社1992年版,第150页。

随着行业发展的日益成熟，粗放式的生产与经营，必然会被市场所淘汰。乡镇企业的成长需要更多来自外部的助力，地方政府则适时发挥了助推的作用。泉州市根据当地乡镇企业的发展需要不断推出新的政策。1987 年，泉州市政府发布《关于加快乡镇企业发展的决定》。[①] 在该文件中，泉州市提出：要解决乡镇企业发展中的新情况、新问题，保证乡镇企业持续、稳步、健康发展，要在资金上大力扶持乡镇企业；乡镇企业所需的统配物资，要与国营、二轻企业同等对待；乡镇企业的外汇留成和奖励资金要及时兑现，优先解决其进口材料和用汇问题；积极为乡镇企业引进人才提供方便、鼓励技术人员向乡镇企业流动并采取优待等。[②] 泉州市综合实施了从补贴到促进要素供给的扶植乡镇企业发展的政策。具体措施以资金扶持为例，该文件规定："以上年乡镇企业的税收实绩为基数，今后每年应从税收增加留成部分中提取 20%—30% 作为乡镇企业的发展资金；要坚决执行省财政厅的决定，把国家支持农业的无偿投资中的 35%作为乡镇企业的生产周转金安排使用，市、县（区）对上述资金的使用要统筹安排，采取低息或无息贷款办法给予支持；要开放农村金融市场，银行和民间金融组织，都要积极为乡镇企业提供各项贷款，并在贷款手续等方面给予灵活变通，贷款条件适当予以放宽。"[③]由于乡镇企业是泉州劳动密集型制造业的主要构成部分，故该政策是有利于当地新兴劳动密集型制造业发展的。1989 年，泉州市进一步明确乡镇企业在泉州经济中的战略地位和作用，继续扶持和鼓励乡镇企业的健康发展并解决好乡镇企业的资金困难问题，金融部门要一如既往地支持乡镇企业发展，帮助企业讨回欠款；鼓励和引导乡镇企业（包括私营企业）与国营或集体企业合资合作，充分利用资源，开发新产品、开拓新市场。[④] 得益于政策的支持和保障，泉州新兴劳动密集型制造业才能够持续发展，不至于中途夭折。

随着新政策的不断深化，1985—1992 年，泉州乡镇企业的发展又登上了

---

① 福建省泉州市经济体制改革委员会编：《泉州市经济体制改革志》，内部资料，1995 年，第 11 页。

② 泉州市档案馆编：《泉州改革开放三十年重要文献选编》，内部资料，2009 年，第 77—80 页。

③ 泉州市档案馆编：《泉州改革开放三十年重要文献选编》，内部资料，2009 年，第 78 页。

④ 泉州市档案馆编：《泉州改革开放三十年重要文献选编》，内部资料，2009 年，第 91—93 页。

一个新的台阶，除乡(镇)办、村办企业继续壮大外，联户集资入股企业和个体经营企业也异军突起，共同构成推进泉州乡镇企业发展的“四轮驱动”。① 表5-2为1985—1992年泉州乡镇企业的发展情况。

表5-2 泉州乡镇企业的发展情况(1985—1992年)

年份	企业数(个)					产值(万元)				
	合计	乡(镇)办	村办	联户	个体	合计	乡(镇)办	村办	联户	个体
1985	23350	1506	5554	6552	9738	165652	42132	43320	67004	13196
1986	21755	1498	5512	9127	5618	183682	46229	50215	77497	9741
1987	68068	1488	6233	7247	53100	248083	55517	66813	82626	43127
1988	58582	1538	6017	7640	43387	306474	69719	86359	105507	44889
1989	55660	1540	6263	6731	41126	365375	84400	114738	102422	63815
1990	65625	1617	7053	6176	47779	465046	111194	166828	101009	86015
1991	68208	1744	7978	7324	51162	654836	158204	246779	156161	93692
1992	52268	2067	10632	8040	31529	1353710	291519	549318	324547	188326

资料来源:《泉州市乡镇企业志》编纂委员会编:《泉州市乡镇企业志》,内部资料,1993年。

由表5-2可知，泉州乡镇企业向多形式、多层次发展，至1992年，集体、股份合作企业成为全市乡镇企业的主体、集体经济的支柱。② 这一时期新兴的个体企业，亦为当地经济创造了大量产值，增强了经济的活力，使大量就业人口由农业转向了工业，乡镇企业的产业结构也发生了变化。表5-3为1978年与1992年泉州市乡镇企业产业结构对比表。

---

① 《泉州市乡镇企业志》编纂委员会编:《泉州市乡镇企业志》,内部资料,1993年,第51—52页。
② 《泉州市乡镇企业志》编纂委员会编:《泉州市乡镇企业志》,内部资料,1993年,第52页。

表 5-3　泉州市乡镇企业产业结构对比表(1978 年与 1992 年)

项目/年份/产业结构	企业数(个)			人数(人)		
	1978 年	1992 年	增减	1978 年	1992 年	增减
农业企业	1312	1264	-48	40866	18253	-22613
工业企业	3564	23530	19966	123735	601208	477473

资料来源:《泉州市乡镇企业志》编纂委员会编:《泉州市乡镇企业志》,内部资料,1993 年。

由表 5-3 可知,新兴劳动密集型制造业发展使工业企业数量急剧增加,从业人口也向工业转移,工业化的趋势明显。这些变化是基层实践与政策出台不断互动的结果,而政策的支持性保证了工业化的过程没有出现中断或停顿。

总而言之,在改革开放的大环境下,泉州地区探索出了乡镇企业的发展新模式,即通过联户集资经营和“三来一补”振兴当地的经济,制度和政策给予了其长久发展的保障。通过劳动密集型制造业的发展,泉州地区的手工业实现了真正意义上的工业化。

二、获取新要素:在开放条件下发挥侨乡优势

改革开放是对中国工业体系的重构,除了体制改革为包括乡镇企业在内的新的工业主体松绑,对外开放也起到了使各工业主体获取新要素的重要作用。很显然,沿海省份由于地理优势,更易于获取资本、技术等新要素,并通过海运开辟国外市场。在沿海城市中,泉州又具有一定的特殊性。作为传统侨乡,泉州新兴劳动密集型制造业在开放条件下充分发挥了利用华侨获取新要素的优势。

泉州是中国著名的侨乡,泉州籍华侨构成了一个重要的海外网络,长期以侨汇等方式回馈故乡。以晋江为例,据 1987 年侨情普查统计,晋江县共有海外华侨、华人 94.45 万人。这些华侨、华人遍布 50 多个国家和地区,集中分布在东南亚各国,其中菲律宾的华侨、华人数量占总数的 60%以上。表 5-4 为 1987 年晋江华侨、华人所在主要国家的分布情况。

表 5-4　晋江华侨、华人所在主要国家的分布情况(1987 年)

国家	人数(万人)	国家	人数(万人)
菲律宾	65.0	越南	1.0
印度尼西亚	9.5	泰国	0.5
马来西亚	7.5	美国	0.2
新加坡	4.5	加拿大	0.2
缅甸	1.3	日本	0.1

资料来源:《晋江华侨志》编纂委员会编:《晋江华侨志》,上海人民出版社 1994 年版。

改革开放初期,福建省与泉州各市、县都主动采取了利用侨乡优势发展工业的举措。以晋江地区为例,改革开放以来,晋江根据当地侨胞多、侨资多、劳力多的特点,通过充分利用侨乡"三闲"即闲钱、闲房、闲人,搞"四个引进",即引进资金、技术、设备、人才,因势利导,发动群众联办企业,开创了"小商品、大产值、小洋货、大创汇"的局面。[①] 从 1985 年至 1993 年,全市共接受"三胞"向大陆亲属赠送的免税进口的小型生产工具 7351 台(件),价值人民币 5135 万元。[②] 许多侨属通过置办企业,由单纯依靠侨汇生活的消费者变为创造财富的生产者。福建省优秀农民企业家林土秋就是一个典型的例子。1979 年,林土秋旅居菲律宾的大姐和在香港经商的侄儿回乡探亲,他把政府允许集资办工厂、允许劳力自由流动的政策告知大姐,大姐支持他利用侨汇响应政策,试办小工厂。于是,林土秋就联合 14 户农民入股,每股 2000 元,共计 2.8 万元,加上大姐出资的 8 万元,总共凑齐 10.8 万元资金,利用旧房,在洋埭村办起第一家鞋帽服装厂,获利颇丰。[③] 林土秋堪称晋江鞋帽制造业产业集群的开拓者,而其成功正源于利用了侨资这一外部新要素。

晋江对侨资、侨力的充分利用,得益于当地的惠侨政策。党的十一届三

① 泉州市档案馆编:《泉州改革开放三十年重要文献选编》,内部资料,2009 年,第 110 页。

② 中共晋江市委党史研究室编:《改革开放推动晋江侨乡经济腾飞》,福建人民出版社 1997 年版,第 65 页。

③ 《泉州市乡镇企业志》编纂委员会编:《泉州市乡镇企业志》,内部资料,1993 年,第 244 页。

中全会以后,晋江市(县)委全面贯彻落实各项侨务政策,平反了历次政治运动中因“海外关系”造成的冤假错案51件,复查和处理历史老案1114件,涉及1217人,为486户华侨地主、富农改变了成分,退还被挤占的华侨房屋352户、面积59283平方米,还妥善安置20世纪60年代被精简下放的归侨、侨眷382人,在海内外产生了良好的影响,恢复了海内外的密切联系,争取了侨心,吸引了侨资。[①] 1979年6月成立的晋江县革命委员会侨乡建设办公室,负责统一办理对外经济活动及侨乡建设事宜。[②] 福建省领导对此也表示大力支持,项南即提出要努力做好福建的侨务工作,他在1981年指出:“福建人民这么勤劳,海外关系又这么多,条件是很好的。海外关系本来就是一种优势,不是劣势嘛。”[③]1983年4月9日,他在龙岩开会时说:“刚才我收到一张条子,提出可否让华侨在国内独资办厂。这个问题,省政府早就作了规定,我也多次讲过,完全可以。”项南还指出应欢迎华侨独资办厂,“外资华侨自己办厂,我们不担一点风险,而好处不少:一、我们可以收税;二、可以安排青年就业;三、他们要吃饭、住房子,得买我们的生活消费品;四、要买我们的原料;五、主权是我们的”。[④] 1985年,项南还对晋江县利用华侨关系引进新技术提出表彰:“过去他们引进新技术,要经过部门层层批转,搞了半天也搞不成;现在他们发动乡政府、村政府都来搞引进,利用华侨关系搞引进。”[⑤]这表明发挥侨乡优势属于改革开放的新政策,是开放政策的具体化与本地化。而福建尤其是泉州能采取这种新政策,得益于其历史形成的海外华侨关系网。1984年,晋江地区行政公署颁发《关于鼓励华侨投资的若干优惠办法》[⑥],鼓励广大华侨前来投资兴办以生产出口产品为主的各种企业。该办法具体的优惠措施主

---

① 中共晋江市委党史研究室编:《改革开放推动晋江侨乡经济腾飞》,福建人民出版社1997年版,第70—71页。

② 中共晋江市委党史研究室编:《改革开放推动晋江侨乡经济腾飞》,福建人民出版社1997年版,第140页。

③ 项南:《福建纪事》,人民出版社1999年版,第29页。

④ 项南:《福建纪事》,人民出版社1999年版,第252页。

⑤ 项南:《福建纪事》,人民出版社1999年版,第342页。

⑥ 福建省泉州市经济体制改革委员会编:《泉州市经济体制改革志》,内部资料,1995年,第7页。

要为对侨资企业实行税费减免及允许照顾华侨国内亲友就业等。[①] 例如,该办法第二条规定:"华侨投资经营的独资、合资、合作企业(以下简称侨资企业),凡经营期在十年以上的,从开始获利的年度起,第一至第五年免征企业所得税,从第六年起减半征收企业所得税四年。凡经营期在五年以上的,从开始获利的年度起,三年免征企业所得税,从第四年开始减半征收企业所得税二年。凡经营期在五年以内的,从开始获利的年度起减半征收企业所得税。"[②]第六条规定:"侨资企业按照合同规定作为华侨投资者投资(包括追加投资)的进口机器设备、原辅材料、零配件、元器件和其他必要物资,免征进口关税和进口环节的工商税。外销产品经批准可免征生产环节的工商统一税。生产内销产品,在开办初期纳税有困难的可申请在一定期限内减免工商统一税。"[③]这些措施大大鼓舞了华侨在晋江投资办厂的热情。

华侨确实对泉州劳动密集型制造业的兴起起到了直接的推动作用。从1979年至1985年,泉州华侨共签订"三来一补"合同12456份,成交额达2.7亿美元,实收工缴费3213万美元,居福建全省首位。开办合资、合作企业主要从1984年开始,累计举办148家,总投资2亿元,其中利用侨资4194万美元。由于资金足,设备新,管理好,这些企业成为泉州市的骨干企业。[④] 侨资侨力的运用与乡镇企业的发展在泉州有效地结合了起来。就整个泉州市而言,仅1985年群众集资1.5亿元,其中侨属投资7500多万元,占50%以上。到1991年,泉州的外资企业中,属乡镇企业和外资结合的"侨"字号外向型乡镇企业占85%,石狮的新湖、晋江的恒安和鲤城的大丰等"三资"企业,都是乡镇企业"嫁接"外资的成功典型。[⑤]

以南安县石井镇溪东村为例,该村从1984年开始引进侨资办企业,和香港欧美实业有限公司合作创办了溪东制衣厂,置办来料加工,成功引进了外

---

① 泉州市档案馆编:《泉州改革开放三十年重要文献选编》,内部资料,2009年,第37—40页。

② 泉州市档案馆编:《泉州改革开放三十年重要文献选编》,内部资料,2009年,第37页。

③ 泉州市档案馆编:《泉州改革开放三十年重要文献选编》,内部资料,2009年,第38页。

④ 泉州市人民政府办公室编印:《发展中的泉州侨乡经济》,内部资料,1986年9月,第2页。

⑤ 泉州市档案馆编:《泉州改革开放三十年重要文献选编》,内部资料,2009年,第111页。

资,促使当地经济发展。1986 年,12 户侨属和农民合资 35 万元兴办了一个年产 3000 吨的水泥厂,其中 25 万元为侨属资金。同年还有 3 户侨户兴办了侨乡服装厂,专门承制各种时装成衣,产品远销上海、北京等地。此外,该村还利用侨资组成了有 220 部手扶拖拉机和卡车的运输队伍;引进 4 台火焰切石机、30 多台大小型号的风钻机,兴办 3 个联合切割机组,使石山开采进入了机械化阶段,提高了工作效率和石料质量。1984 年至 1986 年,全村利用外资、侨资兴办了 30 多个工厂、企业,安排了 540 多人就业。溪东村在利用外资、侨资时,注意发动有关人员,疏通各种联系渠道,如制衣厂就是通过党支部、村委会与旅港同胞李天启联系,并向客商征求意见,取得一致意见后兴办起来的。[①] 这又表明,在中国由计划经济体制向市场经济体制转型的过程中,基层党组织和党员干部在很大程度上填补了企业家匮乏所导致的创新主体空缺,发挥了整合要素兴办企业的作用。

当然,除侨乡的特殊性外,泉州劳动密集型制造业的兴起整体上利用了沿海地区易于引进外资和发展对外加工装配的优势。截至 1993 年年底,全市累计批准外商投资企业 3925 家,总投资 288 亿元,合同外资 42 亿美元,已投产企业 1996 家,实际利用外资 11.7 亿美元。“三资”企业数在全省各地市中居第一位,总投资额和合同外资额也位居福建全省前茅。[②] 表 5-5 为 1980—1990 年泉州市批准外商投资企业合同统计表。

表 5-5　泉州市批准外商投资企业合同统计表(1980—1990 年)

国家或地区	签订合同数(个)	总投资(万元)	合同外资(万美元)
中国香港	823	202867	37391
菲律宾	32	8559	1502
美国	7	2698	500

① 泉州市人民政府办公室编印:《发展中的泉州侨乡经济》,内部资料,1986 年 9 月,第 26—28 页。

② 福建省泉州市经济体制改革委员会编:《泉州市经济体制改革志》,内部资料,1995 年,第 74 页。

续表

国家或地区	签订合同数(个)	总投资(万元)	合同外资(万美元)
新加坡	10	4715	812
中国澳门	18	2372	450
马来西亚	3	295	32
日本	2	778	120
德国	1	500	34
加拿大	1	740	99
泰国	2	7932	1267
澳大利亚	2	586	88
荷兰	1	149	20
印度尼西亚	2	220	45
其他	104	37057	7714
合计	1008	269468	50074

资料来源:《泉州市对外经济贸易志》编纂委员会编:《泉州市对外经济贸易志》,中国国际广播出版社 1993 年版。

由表 5-5 可知,地理上临近的香港地区是泉州主要的外资来源地,其次是华侨、华人人口较多的菲律宾。就行业分布而言,外商来泉州市投资,以兴办工业为主,占合同外资的比重为 79. 55%,其中又以纺织业、缝纫业、塑料制品业等劳动密集型制造业为主。[①] 在地区分布上,晋江县引进外资最多,1980—1990 年,晋江引进外资 13556 万美元,批准外商投资企业合同数 375 个。[②]

对外加工装配是“三来一补”的重要内容,也是泉州市发展外向型经济的重要形式之一。图 5-1 为 1978—1990 年泉州对外加工装配工缴费成交金额变动的统计。

① 《泉州市对外经济贸易志》编纂委员会编:《泉州市对外经济贸易志》,中国国际广播出版社 1993 年版,第 230—231 页。

② 《泉州市对外经济贸易志》编纂委员会编:《泉州市对外经济贸易志》,中国国际广播出版社 1993 年版,第 232 页。

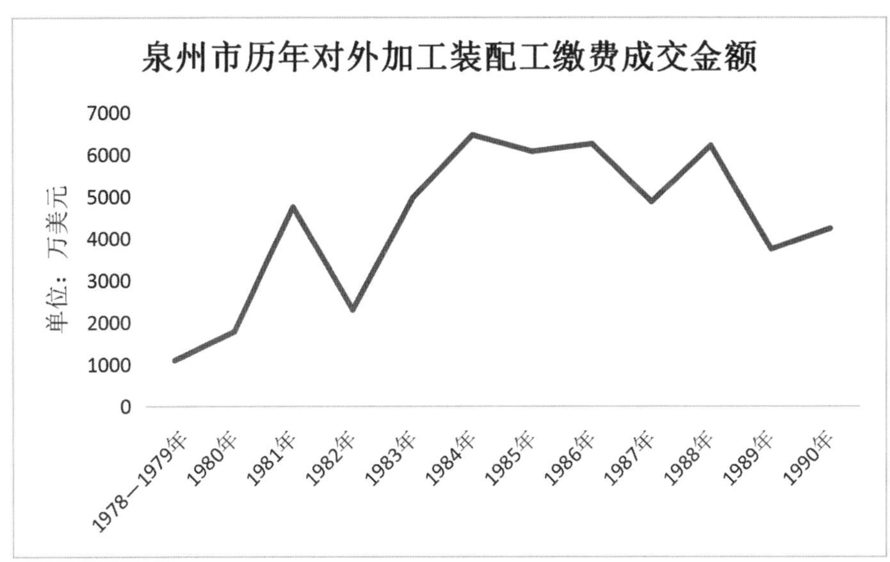

图 5-1　泉州市对外加工装配工缴费成交金额(1978—1990 年)

资料来源:《泉州市对外经济贸易志》编纂委员会编:《泉州市对外经济贸易志》,中国国际广播出版社 1993 年版。

由图 5-1 可知,改革开放以来,泉州对外加工装配工缴费成交金额大体呈现出增长趋势,1986 年达到最高峰。外商更偏向合资、合作或独资办厂等投资形式,同时一大批办得较好的对外加工装配企业转型为外商投资企业,因此,从 1987 年开始,泉州对外加工装配业务的数量有所减少。① 南安县南丰纺织有限公司是一个典型的案例。南安县方面与香港南丰贸易公司签订来料加工针织毛衣合同,为此 1981 年创办南丰纺织厂。该厂员工在各级政府和有关部门的大力支持下,熟悉技术、狠抓质量,取得了实实在在的经济效益。1985 年,该厂在来料加工的基础上,与福建省纺织工业公司和香港南方纺织有限公司三方合资,成立南丰纺织有限公司,发展成一个合资企业,年产值近 1000 万元,年税利 260 万元,净创汇 10 万美元。② 1978—1990 年,泉州市在开展对外加工装配业

① 《泉州市对外经济贸易志》编纂委员会编:《泉州市对外经济贸易志》,中国国际广播出版社 1993 年版,第 280 页。

② 泉州市人民政府办公室编印:《发展中的泉州侨乡经济》,内部资料,1986 年 9 月,第 19—20 页。

务中,共创收外汇 7760.05 万美元。[①]

外商投资是泉州新兴劳动密集型制造业获取新要素的重要途径,通过统计泉州中外合资企业与外商独资企业历年批准执行情况,可以一窥新要素进入泉州的规模。1980—1990 年,泉州市中外合资企业总投资合计 129185 万元,其中外资 20994 万美元,实际使用外资 9816 万美元。[②] 1988—1990 年,泉州市外商独资企业总投资 80066 万元,实际使用外资 2922 万美元。[③] 图 5-2 为 1980—1990 年泉州市中外合资与外商独资企业实际使用外资的趋势,可见其规模增长迅猛。这些外来资金本身就是一种重要的新要素。

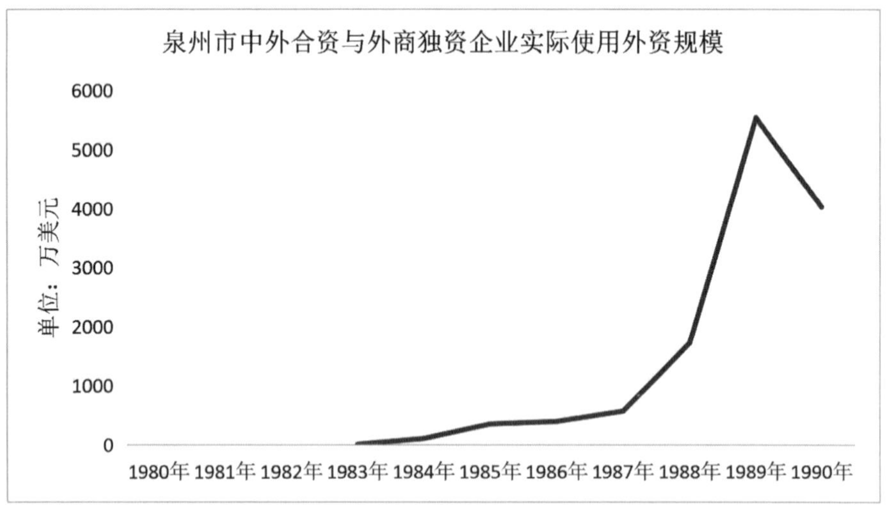

图 5-2 泉州市中外合资与外商独资企业实际使用外资情况(1980—1990 年)

说明:外商独资企业实际使用外资情况仅存有 1988—1990 年数据。

资料来源:《泉州市对外经济贸易志》编纂委员会编:《泉州市对外经济贸易志》,中国国际广播出版社 1993 年版。

---

① 《泉州市对外经济贸易志》编纂委员会编:《泉州市对外经济贸易志》,中国国际广播出版社 1993 年版,第 300 页。

② 《泉州市对外经济贸易志》编纂委员会编:《泉州市对外经济贸易志》,中国国际广播出版社 1993 年版,第 236 页。

③ 《泉州市对外经济贸易志》编纂委员会编:《泉州市对外经济贸易志》,中国国际广播出版社 1993 年版,第 247 页。

乡镇企业是泉州改革开放后兴起的劳动密集型产业中的主体，而泉州乡镇企业又以制造业居多，故泉州乡镇企业的出口情形能够反映其外向程度，如图 5-3 所示。

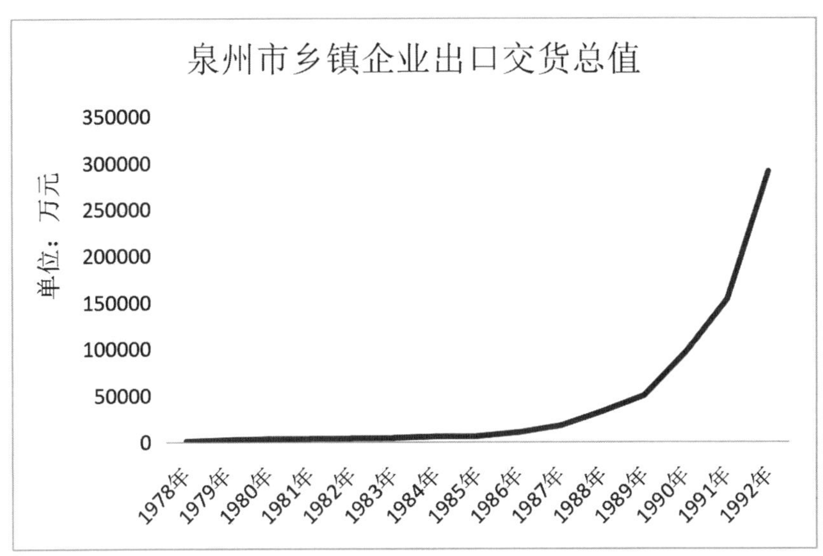

图 5-3　泉州市乡镇企业出口交货总值（1978—1992 年）

说明：外商独资企业实际使用外资情况仅存有 1988—1990 年数据。

资料来源：《泉州市乡镇企业志》编纂委员会编：《泉州市乡镇企业志》，内部资料，1993 年。

总而言之，泉州在 1978 年后的迅速发展有赖于对外开放政策的引领。当地充分利用侨乡和沿海地区优势，积极引进外资和技术，激发了当地经济的活力，涌现出一大批中外合营企业，使传统农业经济转变为外向型工业经济。泉州劳动密集型制造业利用开放政策，注重利用特殊资源，迅速崛起。这是与部分沿海地区制造业相异的机制。但是，应该看到的是，除去华侨资源外，泉州兴起的劳动密集型制造业仍是整个中国经济开放大环境下的产物。

三、工业文化的作用：企业家精神推动工业化

改革开放意味着中国工业能够利用外部新要素发展，但是，任何地区工

业的可持续发展,都离不开内生因素发挥作用。内生因素的重要性,从长期视角来看,是非常明显的。泉州的劳动密集型制造业自改革开放以来一直保持着发展势头,并逐渐向智能制造和国际品牌等方向转型升级,这表明该地工业发展并非完全依赖外部条件,而是具有内在的创新机制。从历史角度看,泉州在改革开放初期就形成了一种以企业家精神为内核的工业文化,这种文化推动着当地企业向前发展。早在1980年代,有关方面对泉州劳动密集型制造业崛起的经验进行总结时,就提出了“市场—技术—原材料”模式,指的是泉州乡镇企业突破了缺乏原料和技术的工业基础差的局限,“以贸开路,以销定产”,直接从市场需求着手去整合要素发展工业。[①] 在缺乏要素的条件下搜寻乃至创造要素的能力,就是企业家精神。因此,泉州劳动密集型制造业的崛起,有赖于企业经营者的创新魄力与坚韧执着等素养与精神。通过企业的聚集与长期发展的积累,这类精神形成了地方企业经营者群体共享的观念,可以称之为当地的工业文化。工业文化是缺乏基础条件的泉州制造业崛起的重要内生因素。

在引入和实行市场运行机制过程中,晋江的乡镇企业创造了自己的特色,提出“市场—技术—原材料”模式。晋江乡镇企业中的陶瓷、制鞋、服装三大行业,都是走“市场—技术—原材料”的开发道路。例如,在制鞋行业,是先有市场,然后请国营厂的技术员、老工人当骨干,从市场购进原材料组织生产。服装行业是从来料加工起步,从来料加工中得到式样、面料,再组织工人到香港培训,引进先进的缝纫设备,组织生产,将产品投入市场。[②] 这种模式,尤为考验企业家的战略眼光,要求他们能够正确预估市场需求,积极寻找资本、原料和技术。许多泉州籍的企业家正是依凭侨乡优势和开放的政策,扩大了贸易视野,受惠于沿海开放的便利,收集海外的商品信息,填补当时国内服装、鞋帽等消费品市场产品种类较为单一的不足,创造新的消费需求。表5-6为泉州劳动密集型制造业中外合资企业中的代表性企业家。

① 泉州市人民政府办公室编印:《发展中的泉州侨乡经济》,内部资料,1986年9月,第3页。

② 中共晋江市委党史研究室编:《改革开放推动晋江侨乡经济腾飞》,福建人民出版社1997年版,第39—40页。

表 5-6　泉州市改革开放初期中外合资企业代表性企业家

企业家	企业名称	创业时间	通过海外获取的要素
宋太平	石狮胸罩服装厂	1983 年	仿照国外产品设计名牌“爱花牌”胸罩,引进外资
陈金等	晋江县陈埭大乡胸罩服装厂	1986 年	仿照国外产品设计名牌“三好牌”胸罩,引进外资
许连捷	恒安实业有限公司	1982 年	实行中外结合的管理制度,试销“安乐”卫生巾,开拓海内外市场,引进外资
吴建发	泉州晋发企业有限公司	1979 年	重视瓷砖制造技术革新,引进先进技术,引进外资
林土秋	晋江县陈埭鞋帽工业公司、达利鞋厂	1979 年	利用侨资办起洋埭村第一家鞋厂,带动晋江制鞋业
柯惠惠	晋江华惠手袋有限公司	1979 年	利用侨资、来料加工业务,扩大业务范围,创办中外合资企业

资料来源:《泉州市乡镇企业志》编纂委员会编:《泉州市乡镇企业志》,内部资料,1993 年。

这些企业家从海外获取了各种不同的要素,并将其组合。例如,石狮胸罩服装厂厂长宋太平,在办厂之初,广为收集国外时装、胸罩样品、资料,在吸收消化的基础上创新,精心设计出具有民族风格、款式新颖、质量优良的“爱花牌”胸罩,投向市场供不应求。[①] 再如陈埭大乡胸罩服装厂总经理陈金等,也是通过收集国内外妇幼用品的样品,改制、仿制中高档产品投入市场、参与竞争,才得以解决企业生产管理不善、产品档次低、效益不佳的问题。[②] 在缺乏资本、原料和技术的环境下,这些企业家往往通过村镇集资或采用侨汇等办法来筹备办厂的资金、解决原料问题和设备问题,有的则是与侨商、外商合资、合作,从来料加工起步办厂。除了上文提及的林土秋,晋江华惠手袋有限

① 《泉州市乡镇企业志》编纂委员会编:《泉州市乡镇企业志》,内部资料,1993 年,第 217 页。
② 《泉州市乡镇企业志》编纂委员会编:《泉州市乡镇企业志》,内部资料,1993 年,第 247 页。

公司总经理柯惠惠也擅于利用侨汇发展企业。在创业初期面临资金的缺乏问题,她利用父亲和姐姐的侨汇扩大生产规模,并渐渐由内销转外销,承接港商来料加工业务,产品范围也不断扩大,后在来料加工的基础上,成立了由柯惠惠出任总经理的中外合资晋江华惠手袋有限公司,引进了先进的设备,形成了新的生产能力。[①] 技术创新是企业发展的源泉,泉州晋发企业有限公司总经理吴建发原本在国营晋江陶瓷厂担任技术员,后于1979年响应政策辞职回乡集资办厂,经过他对瓷砖制造技术的努力钻研和与国营四川机械厂的通力合作,又引进了台湾以及国外先进技术、零部件,持续推出广受市场好评的新产品,企业效益不断提高。[②] 对外开放政策为一大批泉州企业家提供了不可或缺的条件。

恒安公司的成长较为典型。该公司是最早进入中国卫生巾市场的企业之一,其总经理许连捷是一位具备胆识、智慧和创新精神的企业家。许连捷本是农民出身,后在政策的指引和推崇经商的社会氛围影响下,投身乡镇企业的建设中。1982年,许连捷参加村里合股办服装工艺厂,生产劳保用品,后转为来料加工,为侨商施文博加工服装,工缴费每年约50万港元。[③] 1985年,许连捷从台商处打听到卫生巾生产的信息,敏锐地捕捉到商机,意欲创业。他一方面调查国内还属于空白的卫生巾市场的时兴消费心理,一方面了解此时中国城市的预测性信息,为经营新的产业寻找可靠的第一手资料。在对产品的产量、成本、利润进行了分析和预测后,许连捷以侨资为启动资金,与乡友们合伙创办了中外合资的恒安实业有限公司,任总经理。公司成立后,许连捷逐项解决手续报批、厂址选择、车间基建、引进设备、产品设计、原料来源、交通运输、销售渠道等各种问题,企业很快就向市场投放了一批批“安乐”牌卫生巾。[④] 但这款产品在推出之时却面临不被商场认可的销售困境。许连

---

① 《泉州市乡镇企业志》编纂委员会编:《泉州市乡镇企业志》,内部资料,1993年,第277—278页。

② 《泉州市乡镇企业志》编纂委员会编:《泉州市乡镇企业志》,内部资料,1993年,第225—226页。

③ 《泉州市乡镇企业志》编纂委员会编:《泉州市乡镇企业志》,内部资料,1993年,第220页。

④ 周伯恭主编:《晋江品牌企业》,《晋江文史资料》第29辑,第344—345页。

捷以试销的方式，用产品质量打动了客户，最终被上海日杂公司接受，成功打入上海市场，进而销及全国。由于许连捷善将外方管理方式和自己管理经验相结合，在他管理下“恒安”注重产品质量和销售策略，因此发展迅猛，产品畅销海内外。[①] 进取和创新，是“恒安”得以长久发展的企业文化。1990 年代初期，许连捷领导下的“恒安”引进了现代化的光电控制热熔式无纺布生产线，并自行配套生产部分原辅材料，开发生产当时国内还没有的护翼高档卫生巾、热风无纺布、流延薄膜等高精尖产品，再次为企业的扩大生产创造了新的消费需求。“恒安”还一次性投资近亿元人民币，从日本引进当时具有国际先进水平的高档蝶形护翼卫生巾，次年投产生产“安尔乐”卫生巾，第三年“安尔乐”卫生巾在全国市场全面开花。该产品的生产开发，使中国的卫生巾生产技术跻身于世界前列。1993 年，恒安公司改制为福建恒安集团有限公司，成为规范的股份制企业。[②] 恒安公司的成功离不开许连捷的出色领导和管理。在面对资金、市场和技术的匮乏时，他通过中外合资，以试销打开市场，以引进技术等方式帮助企业成长，不但彰显了创新魄力，还展现出他作为一位企业家的商业智慧。企业家精神是泉州劳动密集型制造业崛起的重要因素，也能整合其他要素。

改革开放初期晋江所发展的劳动密集型制造业多为门槛较低的行业，进入这些行业不需要太多的资金和技术准备，因此吸引了越来越多的人投身其中。从业者规模大与行业进入门槛低形成了晋江特有的企业家精神培育环境。历史上，晋江不宜发展农业的地理环境造就了当地人热爱经商、敢于闯荡的乡土精神，这种精神在改革开放的引领之下演变为当地独特的工业文化。晋江本是一个没有制鞋传统的地方，能够成为闻名全国的鞋业生产基地，是当地人共同努力的结果。1980 年代初，在陈埭，一些鞋厂因为资金的限制不做全套、只做配套，专门生产鞋底，专做鞋扣、鞋带，专做鞋衬等，提供了相当齐全的鞋类辅料，出现了专业化协作网络，产生了企业集群的现象。1985 年发生的晋江“假药案”震惊全国，使晋江的名声受损，波及其他行业，

① 《泉州市乡镇企业志》编纂委员会编：《泉州市乡镇企业志》，内部资料，1993 年，第 221 页。

② 周伯恭主编：《晋江品牌企业》，《晋江文史资料》第 29 辑，第 345—346 页。

这意外促成了福建省第一家鞋类质量检测所在晋江的出现,晋江制鞋业也开始普遍重视质量,以此为优势,洗刷了行业的恶名,重新打回了市场。进入1990年代后,晋江的制鞋业更加发达,晋江的企业家群体或多或少地开始有意识地将自己的企业向先进制造和国际品牌等方向转型升级,大胆引进先进技术和设备,扩大生产规模,设计开发和生产中高端鞋制品,以集体之力开拓国内外市场,并逐渐从为国外代工转变为经营自己的品牌,诞生出舒乐美、安踏、匹克、特步等众多知名鞋类品牌。①

因此,在乡镇企业崛起过程中,企业家的主观意志颇为重要,既要有敢为人先的胆识,又要有解决难题的智慧和毅力,他们中的许多人在改革开放的政策尚未普及时,便破除陈旧的观念,以开拓者的姿态投身市场经济的领域中,尝试转变为企业经营者的角色,积极应对创业路上的困难,逐渐成为具有长远目光和创新意识的企业家。通过企业的聚集与长期发展的积累,地方企业经营者形成了群体共享的观念,这种观念的普及,也是当地企业得以实现长期良性发展的前提。

总而言之,泉州自古就以对外贸易的大港闻名,其手工业亦颇具传统优势。中华人民共和国成立后,受到计划经济体制的影响,尽管在民间已自发开始社队企业的实践,但真正向现代产业的大规模转向,则要归功于改革开放的政策推动。早在改革开放之初,政策上拥有"特殊对待"和"灵活措施"的泉州地区,在中央和福建省的支持下,由农民企业家利用侨乡之便,率先变社队企业为乡镇企业,掀起了一股创办劳动密集型制造业的浪潮,这些企业家成为该地区乃至全国相关行业中引入市场机制的先驱。其中,成绩最为亮眼的便是晋江地区。党的十一届三中全会以来,晋江充分发挥侨乡优势,解放思想,大胆探索,闯出以联户集资的股份合作制为主要形式,以侨资为依托,以市场为导向,发展外向型经济的新路子,实现经济遽然跃升全国农村综合经济实力百强行列、居福建首位的辉煌成就,其发展模式被称为"晋江模

---

① 晋江市政协文史资料委员会编:《晋江文史资料选辑》第21辑,内部资料,1999年,第374—380页。

式”或“晋江经验”。[1] 泉州劳动密集型制造业的崛起有赖于政策的引导，更是当地民众积极响应的结果。在国家发出改革开放的信号后，泉州民众成为政策的实践者和开拓者，从农民、手工艺人和国企工人转变为乡镇企业的经营者，以敢为人先的胆识、擅于经营的智慧、百折不挠的坚韧推动该地区的工业化进程，利用市场机制运作企业，实现了产值的大幅度增长，亦形成了当地独特的工业文化，持续推动该地区的发展。随着民间实践的发展，当地政府也积极跟进政策，加强指导和引领，在推出更多优惠与便利的同时，也规范了行业的健康成长。侨乡和沿海地区的因素是泉州劳动密集型制造业崛起机制的关键一环。作为对外开放的第一线，泉州易于获取包括侨资在内的外资，在引进技术和发展外向型经济等方面具有天然的优势。由“三来一补”起步，扩大企业规模后，组建中外合作、中外合资公司，加大对外资和技术的引进力度，进而孵化本土品牌，这是泉州劳动密集型制造业发展的一般路径。而泉州新兴劳动密集型制造业在改革开放后的崛起，也成为中国当代手工业史重要的篇章，反映了政府、外部要素和市场主体如何在互动中塑造一种新型的劳动密集型工业。

---

① 晋江市政协文史资料委员会编：《晋江文史资料选辑》第21辑，内部资料，1999年，第351页。

第六章
世界工厂:与现代工业趋同的手工业

自1978年改革开放至今,中国从一个相对封闭的计划经济体转向为融入世界市场的有中国特色的开放经济体,中国成长为世界工厂。从中国出口额占世界出口总额的比重看,1980年仅为0.9%,2000年为3.9%,2009年达到9.6%,出口额占世界出口总额比重的国家位次从第26位升至第一位。[①]从中国制成品出口额占世界制成品出口额的比重看,1980年约为0.8%,同期美国、德国、日本分别为13.02%、14.84%、11.23%;2004年是8.19%,超越日本;紧接着2006年超过美国,达到10.85%;2008年为12.75%,超过德国,升至世界第一位。在中国成长为世界工厂的过程中,中国手工业走向分化,一部分手工业趋向现代工业,一部分保持着传统手工业特征的手工业或趋于消亡,或在消费社会中竭力寻求一线生机。

回望历史,18、19世纪,第一、二次工业革命后,英美先后成长为当时的世界工厂,原本的手工业也已工业化,人类进入现代工业社会。什么是现代工业?教科书这样定义:"工业作为国民经济的主导力量,是以机器和机器体系为劳动手段,从事自然资源的开采,对采掘品和农产品进行加工和再加

① 国家统计局贸易外经统计司编:《中国贸易外经统计年鉴2017年》,中国统计出版社2017年版,第516页。

工的物质生产部门,统计上,工业领域通常包括对自然资源的开采、对农副产品的加工和再加工、对采掘品的加工和再加工以及对工业品的修理和翻新等部门。”①从这个定义出发,手工业工业化最直接体现于生产设备的机械化与自动化。

本章分两大类考察城乡部分手工业走向现代工业的过程:改革开放后以农村手工业为基础、在计划体制之外依靠市场而发展起来的乡镇企业;1949年后计划经济体制内基于手工业改造而成的二轻(手)工业系统中的手工业。这一历史时期手工业工业化是在中国经济体制转型过程中发生的,既有农民和地方政府自下而上的自发实践,又有国家宏观层面的制度性、政策性支持和引导,鉴于在第五章中我们已从微观层面述及乡镇企业的实践,因此本章我们重点述及中央政府自上而下的制度性支持和引导。

第一节　世界工厂形成中的手工业现代工业化

中华人民共和国成立后,经过20世纪50年代初对手工业的社会主义改造,又历经“大跃进”“文化大革命”,到1980年代初,中国手工业生产系统包括两大部分,其一是由手工业集体经济而来的“二轻集体工业系统”,其二是基于社队企业而来的乡镇企业。前者属于计划经济体制内系统,是城市手工业发展的一般形态。后者属于计划经济体制外系统,是中国工业化战略转型的产物,是改革开放后农村手工业发展的一般形态。前者在80年代前、在计划经济体制下就出现工业化趋向,在80年代后继续发展;后者在80年代后出现向现代工业趋同的趋势。需要强调的是,这两个系统中的手工业概念并不完全一致。下面论及以乡镇企业为一般发展形式的农村手工业时,我们以技术作为界定手工业的标准;论及二轻(手)工业系统时,我们以政府管理口径为标准。本节重点论述“世界工厂”形成中的农村手工业现代化,城市手工业因趋于体制性衰落而略述。

---

① 金碚主编:《新编工业经济学》,经济管理出版社2005年版,第15页。

一、扩大的生产规模:从数据看农村手工业的趋向

改革开放后,各地区的农村手工业在各自的历史基础条件上,结合当时的新条件,在市场化的推动下以乡镇企业的形式快速发展。乡镇企业从它异军突起之时就与国内市场、世界市场密切联系,是"中国制造"的主力军之一。[①] 其主要产品有以就地利用自然资源和劳动密集型为特征的量大面广的大宗产品,如就地利用资源生产的农副产品,具有劳动密集特征的中小农具、工艺美术品、中低端棉织品和服装等;有为大工业协作配套、适应专业化生产而发展起来的零部件、元器件生产,如汽车配件、自行车配件、电子元器件等;还有在一些新兴行业和发展迅速的行业中领先形成的优势产品,如具有市场竞争能力的电风扇、电灯泡等轻工产品。[②] 这些主要产品的起步或多或少都有农村手工业的基础,量大面广的大宗产品的工业基础主要是当地传统手工业,后两类的工业基础主要是经过社会主义手工业改造、20世纪六七十年代计划经济体制下国家调整城市和农村、工业和农业关系中普遍建立的农机具修造厂。经过80年代的发展,70年代以社队企业为一般形式的农村手工业从手工操作、半机械化向产品的标准化、技术的机械化、生产的规模化发展,整体上表现出与现代工业的趋同。我们首先从乡镇企业出口产品结构变化看农村工业产品结构消长,接着以列举的方式[③]从三大类产品看农村手工业向现代工业的趋同。

---

① 1980年前,乡镇企业主要出口基地江苏、浙江、广东、北京、天津、福建等13个省、市、自治区生产出口产品的乡镇企业不足1500家;1986年上升到11000多家;1988年,全国乡镇出口创汇企业发展到4万多家;1999年,全国乡镇企业出口企业13.46万个,比1998年增长8.81%。1987年,乡镇企业出口商品总值占全国出口总值的14%;1999年,乡镇企业出口产品交货值占全国外贸出口的比重为37.8%。1987年,中国出口针织服装的75%、丝绸服装的50%、其他服装的60%、地毯的78%、工艺品的70%都是由乡镇企业生产。中国乡镇企业年鉴编辑委员会编:《中国乡镇企业年鉴(1989年)》,第173页;中国乡镇企业年鉴编辑委员会编:《中国乡镇企业年鉴(2000年)》,第19页;中国乡镇企业年鉴编辑委员会编:《中国乡镇企业年鉴(1978—1987)》,第318页。

② 《当代中国》丛书编辑部编:《当代中国的乡镇企业》,当代中国出版社1991年版,第317—329页。

③ 以某地域某行业的列举方式来展现农村手工业向现代工业的趋同是不得已而为之的选择,从全行业、全地域的角度展现需要海量的案例调查,这是笔者力有不逮之处。

早在社队企业时,少数社队企业开始生产用于出口的传统手工艺品、简易的机械配件和工具、中低档服装等,如烟花爆竹、玉雕石雕、抽纱刺绣、草棕竹柳藤编织品、丝绸、小农具等。进入20世纪80年代,在改革开放政策的推动下,各种纺织品、针织品、地毯、玩具等轻纺产品批量出口。如图6-1(根据表6-1生成)所示,到1988年,轻工类、纺织类、丝织类、服装类、工艺品类占当年乡镇企业出口交货值的56.8%。1989—1990年国家对乡镇企业进行调整和治理,从政策上推动乡镇企业调整产品结构,提高技术水平和管理水平,到1991年,轻工类、纺织类、丝织类、服装类、工艺品类出口总值占比提高至65.7%。其中,轻工类的出口交货值比重超过纺织类、服装类和工艺品类,跃升至第一位。从1992年开始,这四大类产品所占的出口交货值比重有所回落,到2000年常年保持在58%左右。从大类出口的相对重要性看,1987—2002年,轻工类、机械类持续增长,机械类的重要性增加;纺织类自1992年开始下跌;服装类经过80年代的增长至90年代基本保持稳定;丝织类和工艺品类基本持续下跌。这种出口额的迅速增长、出口结构的变化,反映出生产规模的扩大和生产能力的提升,其背后反映的是从土作坊到现代工厂的转变过程。

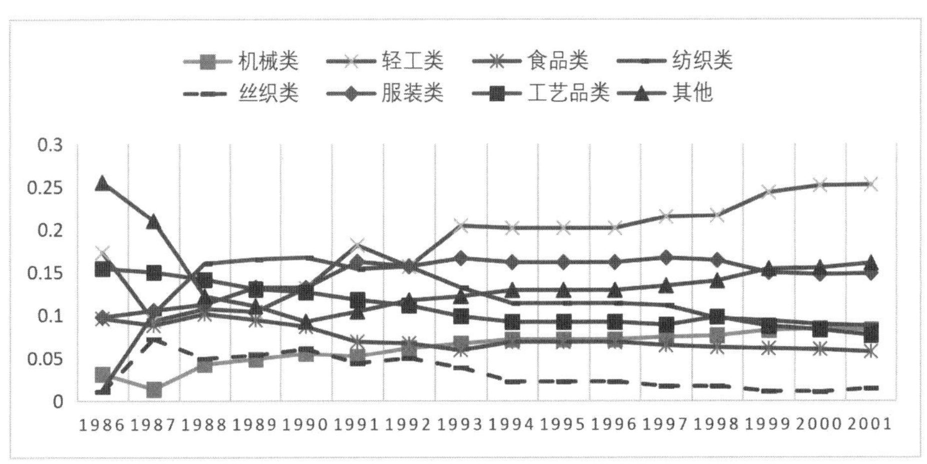

图6-1　乡镇企业主要制造业出口占乡镇企业出口总值比重(1986—2001年)

表 6-1　乡镇企业出口产品交货值(1986—2002 年)

	合计	直接出口	化工类	机械类	矿产类	轻工类	食品类	土产类	畜产类	纺织类	丝织类	服装类	工艺品类	其他
1986	994870	709944	54718	30513	55721	171644	95211	25485	35633	12433	10050	96945	153284	253233
1987	1691577	1190267	81723	21959	77802	157273	148501	39490	8697	172094	121410	177530	252984	354414
1988	2687070	1953767	150468	112288	135777	287186	271288	48269	115054	428822	130360	301688	379224	326646
1989	3714433	2716235	207556	178193	191524	384598	349205	68456	147244	611409	195488	489379	482632	408749
1990	4856331	3644095	246974	263947	244995	635158	418619	70168	177250	809277	290801	538180	513817	447144
1991	7891217	5917524	346133	405581	284434	1427310	539371	97808	218622	1210831	340604	1276317	925948	818258
1992	11927940	9047141	669321	728157	406375	1860069	794473	125618	317203	1862503	584472	1864341	1323007	1392401
1993	21930014	14167975	1095894	1455685	686716	4461992	1287224	266030	511461	2884769	831192	3634218	2152826	2662007
1994	33983080	22839161	1865205	2421732	1487612	6823458	2319885	479659	1048605	3849038	738782	5468820	3110939	4369345
1995	53945472	34718539	2962454	3844310	2361492	10832022	3682588	761596	1664896	6110205	1172758	8680688	4938324	6934139
1996	60078792	42385506	3299268	4281393	2629988	12063567	4101291	848184	1854182	6804904	1306088	9667615	5499782	7722530
1997	68264796	54307994	3661473	5064505	2730343	1452538	4399151	913029	1712062	7559974	1112451	11345236	6018276	9125758
1998	68536453	53004201	3462627	5180802	2861237	14766744	4253176	1128743	1620147	6576175	1134437	11197011	6685494	9559860
1999	77435827	61215066	3854909	6353823	2789547	18787758	4693787	1127057	1682636	7208516	793174	11545562	6715607	11883451
2000	88694459	69488165	4402968	7436233	3320471	22235798	5285506	1324278	1890827	7879499	855681	13030336	7326030	13706832
2001	95988105	78547211	4741812	7899822	3810728	24150607	5452124	1363032	2034948	8360564	1324636	14196640	7285497	15367695
2002	115634194	92252602	5580538	12221375	4257306	26869913	6534629	3466872		28877163			9008464	18817934

资料来源:农业部乡镇企业局编:《中国乡镇企业统计资料(1978—2002 年)》,中国农业出版社 2003 年版。

二、从土作坊到现代工厂:乡镇工业的生产装备变迁

20世纪80年代学者认为1970—1978年奠定了乡镇企业发展的技术基础。到1978年,全国社队企业拥有各种机床36.4万台,锻压设备10多万台,各种纺织机械10万台;生产从手工操作过渡到半机械和机械化;电力和煤成为主要的能源和动力;从业人员中的技术人员除过去的工匠外,还有因城市国营企业调整而精简的技术人员、知识青年和历次运动中被送往农村的所谓有政治问题的技术人员,农村工业的生产能力已不局限于传统产品而扩大至冶金、电力、煤炭、化工、机械、建材、纺织、服装、食品、造纸及文教等工业品。[①] 毫无疑问,这一阶段由城市向农村的技术转移构成80年代后乡镇企业异军突起的重要基础,而集体所有制的社队企业在此基础上经历市场的洗礼走向规模化。与此同时,我们也能观察到1978年前后在农村出现了面向外部市场的家庭手工生产企业,经过80、90年代的发展,这些以家庭生产为主的小企业出现分化,一部分走向规模化,形成由众多包括家庭作坊在内的中小企业、大企业构成的产业集群。下面我们就以量大面广的大宗产品和机械电子等新兴产品为例,从乡镇工业的生产装备变迁看土作坊向现代工业的迈进。

量大面广的大宗产品主要是轻纺产品,这类产品生产工业主要是在农村手工业基础上发展而来的,与农村和当地的手工业传统有密切联系,其生产特征是就地利用可得资源(包括自然资源、来自城市工厂的边角废料等),面向市场组织小批量、多品种、多样化生产,包括纺织业、缝纫业、皮革和皮毛及其制品业、工艺美术制造业、家具制造业等产品。

纺织业毫无疑问是农村手工业工业化的重要部门。[②] 20世纪70年代末80年代初,农村纺织业的生产设备有土制木机、三四十年代的铁木机,其中有国营企业的淘汰设备,还有一些国产的新设备。改革开放后,特别是80年代末期以后,乡镇纺织工业企业的生产设备趋于机械化、自动化。

---

① 贺军伟:《乡镇企业的技术进步》,载中国乡镇企业年鉴编辑委员会编:《中国乡镇企业年鉴(1978—1987)》,农业出版社1989年版,第283—286页。

② 毛纺织归入新兴行业。

华北地区。从1983年开始,河北省高阳县棉纺织业原有的铁轮机均被淘汰,新增织机一小部分为农村的能工巧匠自制的电力织机,大部分是县五金厂或纺织机械配件厂制造的电力织机;1984年后,部分家庭作坊和工厂开始使用从国营纺织厂更新下来的1511型和1515型织机;1987年后,新增织机大多是新出厂的1511型和1515型织机;到1997年,都是1515-75型织机和1511型织机。高阳棉纺织生产的主体形式在1982年6月就是以农村家庭作坊为主的个体经营,经过20年的发展,家庭作坊的规模普遍有所扩大,从一两台织机发展到数台至数十台的规模,并出现一些拥有百台以上织机的较大企业。[①] 河北省蠡县,20世纪70年代末,在村干部的带动下,由村妇女利用农闲时间用手摇纺车加工腈纶线。1979年,辛兴大队从河南省购进2台被淘汰的20世纪30年代日本产旧式纺车,从北京毛纺厂聘请技术人员,在村西建成蠡县第一家村办企业——辛兴大队毛纺厂。随后,以一家一户为生产单位,几户、十几户联合入股投资或向国家贷款兴办企业,由土纺土织向半机械化发展。到1988年,全县170个毛纺厂全部用上粗纺车BC272、BC584。同年年末,部分厂家引进80年代较先进的精纺车BC593。1990年后,蠡县毛纺织设备更新换代比较快,毛纺工艺基本成龙配套。1995年,拥有产值超亿元的企业2家,超千万元的企业25家,其中,启发纺织集团固定资产5000万元。[②] 山东省,20世纪80年代以前,棉纺织设备大多是三四十年代生产的小型木机或铁木织机。80年代后,逐步更新为国家定型的1511型和1515型纺织机。90年代后,设备更新加速,一些企业引进具有此时国际先进水平的喷气毛巾织机、80年代国际先进水平的提花织机等的,包括纺染印织的整套完备生产线。[③]

江浙地区。江苏乡村工业发展的典型模式是“苏南模式”,即乡村工业在集体经济的基础上发展,并与城市大工业密切联系。浙江乡村工业突出的是

---

① 冯小红:《高阳纺织业发展:百年历程与乡村社会变迁》,中国社会科学出版社2019年版,第72、85、92页。

② 河北省蠡县地方志编纂委员会编:《蠡县志》,中华书局1999年版,第506—507页。

③ 山东省地方史志编纂委员会编:《山东省志·乡镇企业志》,山东人民出版社1997年版,第91、96、98—99页。

"温州模式",强调"小商品、大市场",乡村工业在家庭作坊的基础上发展。无论何种模式,江浙地区的农村纺织业技术和装备都在提高,并出现趋向规模化的现代工厂。江苏周庄、华士、新桥是无锡市的纺织之乡。其中,周庄镇村村有布厂、户户有织机,在1987年全镇有1万多台织机;90年代中后期,三镇开始涉足精纺呢绒,追求高附加值;1992年,周庄建成年产1000吨毛条的生产线;到2002年,累计投入6亿多元,从意大利、德国、法国等国家引进国际一流水平的制条、前纺、织机、后整理等关键设备,全面完成对从前纺、织造、后纺到染整的技术改造,形成年产精纺面料1000万米的能力。[①] 1985年,浙江纺织业产值占全省乡镇工业总产值的28.91%,其生产设备中20世纪30年代水平的设备占相当的比重,其中织绸机占60%、手摇袜机占70%、梳毛设备占25%。[②] 经过80年代末、90年代的技术改造,浙江省乡镇纺织工业企业总体上保持着"小"企业为主体的特征,但是生产设备向机械化、电子化的方向发展。绍兴是中国最大的纺织基地。1979年,全地区社队工业企业拥有62式铁木机为主的丝织机1276台、1511式为主的棉织机约1000台;1984年,全县有织机22966台,其中62式铁木机占30%;1986年,棉织设备全换成1511型、1515型、GA615型棉织机;80年代中期,部分企业逐步引进自动换梭织机、无梭织机。[③] 进入90年代,1991年,全县无梭织机2168台;1998年,无梭织机达到19546台,无梭化率在44.1%以上;2002年,无梭化率达到78.8%,设备增至26683台。[④] 以家庭作坊为主体的浙江纺织业在更新设备的同时,一些社队企业、家庭作坊走向规模化。杭州笕桥绸厂,1986年先后办起印染厂、染丝厂、服装厂,并引进日本、德国、瑞士、意大利、法国等国家的设备,于1992年被确定为国家中型企业,到1999年出口交货值达1.4亿

---

① 无锡市政协学习文史委员会编:《异军突起:无锡乡镇企业史话》(上册),广陵书社2008年版,第127—128、339页。

② 《浙江通志》编纂委员会编:《浙江通志·乡镇企业专志》,浙江人民出版社2018年版,第342页。

③ 浙江省绍兴市地方志编纂委员会编:《绍兴市志》,方志出版社1999年版,第924页。

④ 钟朋荣等编:《解读绍兴县》,经济日报出版社2005年版,第103页。

元。[①] 绍兴县第二纺织厂1976年有木机60台;到1991年,有固定资产1080万元,年产各类差别化纤织物600多万米;1992年以后,企业从单一的纺织企业向集纺织、化纤、印染、外贸等于一体的企业集团发展。[②] 浙江新昌县袜厂1980年设立时仅有50台30年代的手摇袜机;1984年添置50年代国产电动袜机50台、手摇袜机200台;1985年年底引进日本80年代高速程控袜机(全自动电脑袜机)6台;到1993年,建成包芯纱、丝袜、无缝内衣3条生产线;2004年,形成包括织造、染色、缝纫、包装全流程的中型企业。[③] 设立于1985年的瑞安华光经编厂,经过8年时间从家庭式作坊发展为现代化企业,年产量从4.7万米到164万米,利税从5万元到525.35万元。[④]

珠三角地区。改革开放后,广东省乡村纺织工业一方面在和外资的密切联系中技术装备迅速提高、企业规模不断扩大,另一方面家庭作坊中的设备也根据生产需要更新。1984年,恩平市沙湖镇广联泰中外合资纺织厂全套引进3万锭棉纺织设备,生产精纺棉纺织品出口;东莞福安纺织印染有限公司引进具有20世纪80年代末国外先进技术水平的染纱、针织、染整设备及其配套设施1000多台(套),染纱、织布配套生产;中山市小榄镇针织厂,80年代中期引进日本1.3万纺锭、织机83台,及整套流水生产线,生产丝线、丝绸、布类15个品种。[⑤] 顺德桂洲镇桂洲羽绒厂于70年代末成立,当时员工走街串巷收购羽绒,将其手工洗涤后供外销单位出口;1983年与港商、广东省畜产进出口公司合资兴建华南毛纺厂,引进日本最新型号的粗梳毛纺生产线;1984年购买日本先进的羽绒脱脂洗涤设备以适应国外市场需要;1985年后,

---

① 《浙江通志》编纂委员会编:《浙江通志·乡镇企业专志》,浙江人民出版社2018年版,第425页。

② 《浙江通志》编纂委员会编:《浙江通志·乡镇企业专志》,浙江人民出版社2018年版,第436页。

③ 《浙江通志》编纂委员会编:《浙江通志·乡镇企业专志》,浙江人民出版社2018年版,第437—438页。

④ 费孝通:《行行重行行——中国城乡及区域发展调查》(下),群言出版社2014年版,第736—739页。

⑤ 广东省地方史志编纂委员会编:《广东省志·乡镇企业志》,广东人民出版社2006年版,第105—106页。

桂洲羽绒制品迅速扩张，走向毛纺、服装、家电多元化发展道路。[①] 南海市西樵镇是中国第二大纺织基地，享有“千户厂、万台机、亿米布”的称号。1985年年初涌现200多家个体、联合体丝织厂，有非国家定型织机K74、K274等织机4500台；1987年，有国家定型K251织机6664台，其中属于个体和联合企业的织机有5393台；进入90年代，为提高产品质量和产量，企业转而使用国家定型K251（咸阳产）织机；1994年，西樵K251型织机占80%，K274机占20%，K74机全部淘汰。[②]

乡镇缝纫业主要生产服装、鞋、帽等，是在乡镇普遍存在的行业，70年代其生产设备主要是家用脚踏缝纫机。80年代初期，社队缝纫工业开始向成衣化发展，逐步淘汰落后设备，采用高速工业缝纫机及其他制衣、制鞋设备，以流水线作业的方式生产衬衫、西装、滑雪衫、牛仔裤等。山东金泉发展集团公司于1985年3月与大连服装研究所联合，引进日本一整套生产高档西服的剪裁、缝纫、整型生产流水线。[③] 山东省标志服装厂1990年有标志服生产线3条，1991年又新上3条标志服生产线和1条大檐帽生产线。[④] 江苏无锡市衬衫厂[⑤]设立时仅有15台脚踏洋机，后根据市场竞争情况调整生产设备，1987年，新置215台电动高速平整机，增添圆压领机、锁眼机、钉口机等专用设备，1988年引进日本“田岛”牌24头绣花机、瑞士自动检针机，增添18台当时全国最先进的锁眼针钮机。[⑥] 浙江省乡镇缝纫业于1986年开始调整，企业数减少，原有缝纫企业规模趋大，多数服装企业采用中、高速平缝机器，流水线作

① 谭元亨、刘小妮：《顺德乡镇企业史话》，顺德文丛第2辑，人民出版社2007年版，第104—105页。

② 岳芳敏：《创新、升级之路——西樵纺织集群发展模式研究》，广东人民出版社2008年版，第42—43页。

③ 山东省地方史志编纂委员会编：《山东省志·二轻工业志》，山东人民出版社1997年版，第102页。

④ 山东省地方史志编纂委员会编：《山东省志·二轻工业志》，山东人民出版社1997年版，第101页。

⑤ 其前身是勤丰服装厂，1987年改名为无锡市衬衫厂。

⑥ 无锡市政协学习文史委员会编：《异军突起：无锡乡镇企业史话》（中册），广陵书社2008年版，第200—202页。

业,脚踏缝纫机渐趋淘汰。① 湖州织里镇2004年有5700多家童装生产加工企业,有6万多台缝纫机,其中近一半企业采用国际国内名牌高速缝纫机,规模企业大多采用的是电脑高速缝纫机,平均每家企业的缝纫机台数2004年是11台左右,2008年是15台左右,这些加工企业在锁扣、拷边、套接和整烫等一系列工艺上也逐渐引进先进的设备,电动高速工业缝纫机、电脑绣花机取代脚踏家用缝纫机、手工绣花成为主流。② 织里童装生产以作坊式加工为主,但也有企业引入流水线生产方式。在2004年,有3家企业引入流水线生产方式,"今童王"拥有600多台世界一流的高速缝纫机,这些缝纫机及其配套设备排成方阵组成现代化流水线,生产全过程由计算机企业资源管理系统控制。③ 福建晋江县与港商合资经营的建明制衣有限公司,引进日本80年代的运动服、旅行袋包生产线和联邦德国的MARCO电脑商标绣花机。④ 广东乡镇服装业通过与外商合作、"三来一补"的方式,引进电动衣车、万能衣车、打钮机、双针机、拉机、电剪、电子气烫、真空压领机、水洗系列等一大批先进设备。⑤ 在乡镇制鞋业方面,"80年代中国的皮鞋业基本上以手工制作为主,装配水平很低",当时的"温州皮鞋制作一直沿袭传统的手工作业"。⑥ 1990年,长城鞋业公司⑦建成温州第一条机械化流水线,随后,引进台湾鞋业、意大利鞋业生产流水线,开温州机械化制鞋之先河;1996年完成鞋样计算机设计和关键工序计算机控制;1997年采用CAD电脑鞋样设计,又以2400万元引进国际一流技术设备。⑧ 在一些制鞋作坊成长为现代化企业之时,温州鞋业形成集鞋类制作、原辅料工序分工于一体的产业集群。

---

① 《浙江通志》编纂委员会编:《浙江通志·乡镇企业专志》,浙江人民出版社2018年版,第175页。

② 王栋:《湖州织里童装产业转型升级研究》,浙江工业大学硕士学位论文,2011年,第27—28页。

③ 王栋:《湖州织里童装产业转型升级研究》,浙江工业大学硕士学位论文,2011年,第28页。

④ 《当代中国》丛书编辑部编:《当代中国的乡镇企业》,当代中国出版社1991年版,第294页。

⑤ 广东省地方史志编纂委员会编:《广东省志·乡镇企业志》,广东人民出版社2006年版,第108页。

⑥ 高波、张锦春编:《温州:中国鞋都》,中国轻工业出版社2002年版,第174—175页。

⑦ 康奈公司前身。

⑧ 高波、张锦春编:《温州:中国鞋都》,中国轻工业出版社2002年版,第175页。

在皮革和皮毛及其制品业方面,1949 年前皮革和皮毛是中国重要出口产品之一,改革开放后,农村皮革和皮毛及其制品业“由皮革手工作坊逐渐发展成为具有一定规模的工业部门”[①],其生产方式从以手工作坊式操作为主,逐渐变为以机械化、半机械化为主的鞣皮方式。譬如,河北省蠡县,20 世纪 80 年代以前皮革加工停留在皮硝制革做车马挽具及黍子面熟制裘皮做皮袄、皮褥子等传统工艺;1983 年开始,制革业以机械化、半机械化代替了原始的手工操作;1984 年,为提高产品质量提升竞争力,改进落后工艺和设备,先后从河南新乡、天津皮革研究所、浙江海宁引进新技术,使其产品价值从每平方英尺 7—8 元提高到 12—14 元。[②] 虽然乡镇皮革和皮毛工业技术设备有所提高,但是,从全国来看,到 90 年代末小型企业仍占全行业的 97%以上[③],到 2000 年后还可见为数不少的小企业处于半机械化阶段。尽管如此,依然可见从家庭作坊走向现代化的皮革和皮毛企业的迹象。譬如,河北辛集是全国最大的羊皮服装生产基地和亚洲最大的羊皮制革基地,在由辛集县政府主导建设的制革工业区里既有采用半机械化生产的小企业[④],也有从家庭作坊发展起来的规模企业,譬如,绵羊皮服装革产品质量和生产规模在世界名列前茅、在亚洲均占第一位的河北东明皮革有限公司。[⑤]

工艺美术有 13 大类,包括雕塑、金属、漆器、花画工艺品、竹藤棕草柳编工艺、抽纱刺绣工艺品、地毯、剧装道具、美术陶瓷、烟花爆竹、玩具、玉矿石和其他工艺品。[⑥] 它们在 20 世纪 80 年代是乡镇企业出口大宗,虽然 90 年代在乡镇企业出口产品中的地位相对下降,但是出口值仍然呈现增长的趋势。1989 年,乡村工艺美术总产值占全国工艺美术总产值的 67. 6%,抽纱刺绣业、美术陶瓷业的产值分别是全国轻工抽纱刺绣业、美术陶瓷业产值的 1/2,其他

---

① 《中国乡镇企业年鉴》编辑委员会编:《中国乡镇企业年鉴(1978—1987)》,农业出版社 1989 年版,第 71 页。

② 河北省蠡县地方志编纂委员会编:《蠡县志》,中华书局 1999 年版,第 498 页。

③ 万宝瑞主编:《农产品加工业的发展与政策》,中国农业出版社 1999 年版,第 107 页。

④ 刘鹏:《辛集市皮革产业存在问题及发展对策》,《西部皮革》2014 年第 8 期。

⑤ 辛集市人民政府编:《辛集年鉴 2018》,河北人民出版社 2019 年版,第 357 页。

⑥ 《中国乡镇企业年鉴》编辑委员会编:《中国乡镇企业年鉴(1978—1987)》,农业出版社 1989 年版,第 80 页。

几个行业均相等。[①] 这个大类的产品生产，其生产方式更接近于我们直观上的传统手工业概念，即生产的主要过程是由人手借助辅助工具直接作用于拟加工的对象完成物质材料的形态改变。60、70 年代，乡镇工艺美术企业以传统技艺为主，手工制作，很少有规模生产的企业。进入 80 年代，各地工艺美术企业，特别是沿海地区的企业，通过来料加工、补偿贸易合作生产、合资经营等方式，组织引进一些先进技术和设备，使抽纱、刺绣、地毯、草柳苇制品等的生产状况得到改善。[②] 尽管如此，到 1989 年，乡镇工艺美术业仍以手工生产为主体[③]，生产组织形式以“公司+农户”“外贸公司+加工企业+农户”为主。绍兴汤江乡 1986 年形成以两家周姓玩具厂为核心的长毛绒玩具出口优势，有 800 多个加工点，分散在当地农户中。[④] 绍兴五一、紫西、栎江乡一带有近百家个体、联户地毯厂，与 4 家乡村地毯厂一道形成该县地毯出口中心。[⑤] 河北涿州西河地毯总厂到 1986 年织毯网点 6000 多架机器遍及河南、山东、山西等 12 个省市。广东信宜市竹藤混合编制业，采取“外贸公司+加工企业+农户”的办法，使竹制品加工遍布四乡。[⑥] 在这样的组织模式中，可以看到家庭工厂劳动力资源充裕，但是设备简陋，往往专于某一道工序，如“织”“编”。西河地毯厂由农户负责半成品加工，专于“织”，而总厂则是购置先进设备扩大精加工能力，在精加工和开拓新产品上下功夫。[⑦] 另外，有意思的是，一些工艺美术业为适应市场规模扩大的需要，出现“流水线”作业的生产方式。譬如，深圳大芬村油画的生产，“一幅简单的风水画，20 人排成一排，一个人在

---

① 《中国乡镇企业年鉴》编辑委员会编：《中国乡镇企业年鉴(1990 年)》，农业出版社 1991 年版，第 36 页。

② 山东省地方史志编纂委员会编：《山东省志·乡镇企业志》，山东人民出版社 1997 年版，第 106 页。

③ 《中国乡镇企业年鉴》编辑委员会编：《中国乡镇企业年鉴(1990 年)》，农业出版社 1991 年版，第 37 页。

④ 浙江省绍兴市地方志编纂委员会编：《绍兴市志》，方志出版社 1999 年版，第 896 页。

⑤ 浙江省绍兴市地方志编纂委员会编：《绍兴市志》，方志出版社 1999 年版，第 896 页。

⑥ 广东省地方史志编纂委员会编：《广东省志·乡镇企业志》，广东人民出版社 2006 年版，第 130 页。

⑦ 王立加：《一个引人注目的乡镇企业集团——涿县涿州镇办西河地毯总厂的考察》，《经济问题探索》1987 年第 1 期。

最前面调色,一个人画天空,一个人画山,一个人画树,另外一个人画房子,又快又统一”[①]。天津杨柳青木版年画的“绘”,即在“画坯子”上进行手工绘制,上色采取的也是流水线式作业。从中可以看到,80 年代后,工艺美术品业在面临批量化需求时,追求规模收益的激励始终存在,不可避免地会产生分工深化、机器替代手工的现象,这一行业的从业者在量大、价低和标准化与量小、价高、个性化之间考量着手工与机器的关系。在一些产品用机械化、半机械化方式生产之时,如玉石、金属制品等,有些产品的生产因替代材料的出现而趋于衰退。譬如,广东历史上的棕制品,如棕衣、棕绳、棕屐等,多数已被塑料制品及新开发的竹制品所替代,有的也只是作为编织工艺品生产出口。[②]在市场中衰退的手工艺,如传统的雕塑、漆器、花画工艺品、抽纱刺绣工艺品、美术陶瓷、玉矿石、银器、传统的纺织技术等,在 2000 年后作为手工艺归入国家非物质文化遗产而寻求保护和发展。

简言之,量大面广的大宗产品与农村有着深厚的联系,其生产在 20 世纪 80 年代后出现分化,市场需求扩大的行业从手工作坊走向现代工业,产生一批规模化现代企业,也产生诸多以中小企业为主体的产业集群。无论何种组织方式,其显著特征之一是生产设备从手工走向半机械化和机械化,采取规模化大生产的企业从机械化走向自动化。

除有深厚手工业传统的量大面广的大宗产品外,改革开放后,农村发展出与大工业协作配套的产品以及一些新行业,其中机械电子业是主要行业。从生产设备机械化看,这些行业也经历了从手工作坊、半机械化到机械化、自动化的过程;从生产规模看,既可以看到技术水平相当高的规模化大企业,也可以看见配备先进设备的中小企业,还可以看见依靠简单机械化设备开展生产的家庭作坊。

乡镇机械电子业的历史基础是 20 世纪 70 年代社队两级普遍建立的农机

---

① 李振:《深圳大芬村 30 年:“全球油画加工地”的产业集群盛宴》,《21 世纪经济报道》2018 年 11 月 3 日。

② 广东省地方史志编纂委员会编:《广东省志 · 乡镇企业志》,广东人民出版社 2006 年版,第 131 页。

具修配点,这些修配点配有一些车床、台钻等简易通用设备,成为农村机器工业生产的原始工作母机。改革开放后,随着国家经济战略的调整——国家经济建设从重工业转向轻工业,社队机械工业普遍“迅速转产和发展以轻纺机械为主的消费品生产机械、环保机械、家用电器和其他日用机电产品以及钢模板等”,并“大力发展为名牌短线产品配套协作的零部件”。[①] 乡镇机械电子工业成为农村工业异军突起的重要组成部分。1987 年,乡镇机械电子企业发展到 12.83 万个,主要分布在沿海经济发达地区和大中城市郊区,产值 605 亿元,占全国乡村工业总产值的 24%。[②] 乡镇企业生产的机电产品主要有如下特征:“第一,一般性单机,小批、非标准设备以及一次性的机电产品;第二,生产工业条件差、占用场地大,城市机电企业不愿干或不便干的产品;第三,某些迅速发展的行业或领域,城市机电企业一时难于满足社会需求量的机电产品。”[③]这样的产品结构意味着乡镇机电企业小规模和大规模、技术多层次并存的可能性。从当时社会舆论看,乡镇机电企业在发展时饱受“以小挤大,以新挤老,以落后挤先进”的诟病。从统计指标看,乡镇机电工业企业总体具有规模小的特点,1988 年,“全国平均每个乡镇机电企业不到 46 人、产值 63 万元”[④]。但是,这些小规模企业“具有生产各种劳动密集型、多品种小批量的出口机械产品的能力”[⑤],而且与城市大中型企业形成相互依存的关系,1989 年单江苏苏州就有 1000 多家乡镇机电企业与城市大中型企业相互依存[⑥]。与此同时,有些行业、有些企业在规模和技术水平上在全国同行业中处于领先地位,譬如江苏印染机械制造、浙江汽车配件、广东电风扇等日用家电等。

① 《当代中国》丛书编辑部编:《当代中国的乡镇企业》,当代中国出版社 1991 年版,第 309 页。

② 《中国乡镇企业年鉴》编辑委员会编:《中国乡镇企业年鉴(1978—1987)》,农业出版社 1989 年版,第 59 页。

③ 《中国乡镇企业年鉴》编辑委员会编:《中国乡镇企业年鉴(1989 年)》,农业出版社 1990 年版,第 25 页。

④ 《中国乡镇企业年鉴》编辑委员会编:《中国乡镇企业年鉴(1989 年)》,农业出版社 1990 年版,第 25 页。

⑤ 《中国乡镇企业年鉴》编辑委员会编:《中国乡镇企业年鉴(1978—1987)》,农业出版社 1989 年版,第 59 页。

⑥ 《中国乡镇企业年鉴》编辑委员会编:《中国乡镇企业年鉴(1989 年)》,农业出版社 1990 年版,第 25 页。

下面我们以地区和企业列举的方式，从设备和规模的角度来勾画乡镇机电工业向现代工业的趋同。[①]

苏南乡镇企业的技术设备不断完善，到20世纪90年代中期，“原来的土作坊式的乡村小厂已基本绝迹，从城市企业脱壳下来的旧设备及落后的工艺逐步被淘汰，大量从国际、国内引进的新设备、新流水线投入生产”[②]。其中，不少乡镇企业在技术装备上已经超过了城市企业，甚至在全国同行中也是领先者。譬如，武进县邮电电缆厂的全塑市话电缆关键设备填补了国内空白。[③]有些乡镇在90年代初就定下基调。1992年无锡前洲镇新办乡镇企业或技术改造的基本方针是，“要办厂，就要引进国外的先进技术，购买国内的一流设备”[④]。前洲镇的印染机械产品有“全国只要有印染厂的地方，必有前洲的设备”之美誉，到2000年，绝大多数产品已达到20世纪90年代国际同期先进水平。[⑤] 前洲镇的印染设备制造从小作坊起家而成长为现代化企业。西塘色织机械厂，其前身是江苏无锡前洲西塘农机修造厂，1971年获得为上海色织机配件四厂加工不锈钢染色机的业务，该加工业务的特点是劳动强度高、批量小，大队仅有的设备是3台小机床，没有锻压设备、没有电焊机，在这样的设备条件下，用榔头敲出关键性部件不锈钢封头，用了半年时间造出第一台不锈钢高压色织容器。[⑥] 1982年，面对市场紧缩和国家对企业进入市场的要求提高，西塘色织机械厂“从航天工业部614所请来工程技术人员整顿工艺流程，建立理化实验室、无损探伤室，又筹建了与色织机生产配套的锻压厂、

---

① 20世纪80年代乡镇机电工业优势产品和知名配件等情况，可参见《当代中国》丛书编辑部编：《当代中国的乡镇企业》，当代中国出版社1991年版，第10章。

② 高德正、洪银兴主编：《苏南乡镇企业：历程　机制　效应　趋势》，南京大学出版社1996年版，第154页。

③ 高德正、洪银兴主编：《苏南乡镇企业：历程　机制　效应　趋势》，南京大学出版社1996年版，第154页。

④ 朱根宝、韩本初、马健：《前洲、玉祁、查桥三镇在1992年的发展》，《唯实》1993年第2期。

⑤ 周伟翔、王翔、王志勤：《夯实基础　推动印染产业升级——访无锡市惠山区前洲镇镇长周伟翔》，《江苏纺织》2003年第8期。

⑥ 无锡市政协学习文史委员会编：《异军突起：无锡乡镇企业史话》（中册），广陵书社2008年版，第288—289页。

自动化仪表阀门厂"[①]。1984年,"该厂在全省乡镇企业中第一个获得部颁压力容器生产许可证",1985年,"色织机械厂产值达到4000万元"。[②] 进入20世纪90年代,前洲镇印染设备制造业技术改造加快。前洲印染设备厂通过引进国外的自动控制箱,实现机电仪一体化,提高了印染设备的档次,生产出的高速溢流双冠喷射染色机,每台售价25万元,占领全国80%的销售市场。[③] 20世纪90年代末21世纪初江苏红旗印染机械有限公司投资1500万元引进包括当时最先进的瑞士激光切割机、数控折弯、剪板等在内的工作母机开发中高档印染设备。[④] 在苏南乡镇企业更新设备之时,我们可以看到当时世界先进的设备和传统手工操作在同一生产空间中并存。在红旗印染厂,"来自瑞士的激光切割机切割钢板……质量、精密度达到了无懈可击的地步。平台上,则是另一番忙碌的景象:工人们在加工保温附件,哪怕是用电钻打一个孔,画一条线,都必须在平台上完成,以保证质量"[⑤]。

浙江乡镇机械工业起步时如苏南一样,也是设备简陋、技术落后。20世纪80年代后,特别是90年代中期以后,"浙江乡镇企业加大引进国外先进设备和先进技术的力度,提高企业技术水平,提高产品档次,加速更新换代,同时扩大企业规模"[⑥]。杭州万向集团是汽车配件行业的翘楚,90年代中期它生产的万向节国内市场占有率在60%以上,产品出口到世界32个国家和地区,为生产等速万向节1993年投入1000万美元,引进6个国家的先进设备,生产规模于1995年成为全国第一。[⑦] 万向集团在技术改造和技术开发方面,大体经历下面几个阶段:70年代使用国有企业的退役设备;80年代使用国内

① 无锡市政协学习文史委员会编:《异军突起:无锡乡镇企业史话》(中册),广陵书社2008年版,第291页。

② 无锡市政协学习文史委员会编:《异军突起:无锡乡镇企业史话》(中册),广陵书社2008年版,第292页。

③ 朱根宝、韩本初、马健:《前洲、玉祁、查桥三镇在1992年的发展》,《唯实》1993年第2期。

④ 田无边:《"红旗谱"——记江苏红旗印染机械有限公司》,《中国纺织》2002年第3期。

⑤ 田无边:《"红旗谱"——记江苏红旗印染机械有限公司》,《中国纺织》2002年第3期。

⑥ 《浙江通志》编纂委员会编:《浙江通志·乡镇企业专志》,浙江人民出版社2018年版,第349页。

⑦ 鲁冠球:《鲁冠球集》,人民出版社1999年版,第323页。

先进设备;90 年代使用国际上的先进设备。[①] “六五”“七五”技改期间新增的设备大部分是通用和半自动化设备,随着生产的不断发展和精度要求提高,这批设备被降级使用,原来的精加工设备改作粗加工设备,并对其进行改造。[②] 在改造旧设备的同时,引进国际先进技术和设备,利用计算机、微电子技术改造传统工艺、设备、检测和开发手段。[③] 这并不是说万向集团的所有装备都是“向前看”,而是在劳动、资本、技术之间的一种权衡取舍,“先解决质量,后考虑产量,再考虑劳动强度问题”[④]。譬如,1994 年,“热处理、锻造、精加工等设备已经过了五六代的改造,但钻孔设备还是 60 年代的生产工艺、操作方法和劳动强度,因为这并不影响产品的质量,如果进行改造,又要花费较大的资金”[⑤]。这如同苏南红旗印染机械制造厂一样,在同一生产空间中,排斥手工的先进设备和手工操作分布在不同的工序上。

温州乐清县柳市镇是中国规模最大的低压电器生产基地,到 2007 年,低压电器产品约占全国市场份额的 60%,85%的企业从事低压电器生产。从 20 世纪 80 年代开始到 21 世纪,柳市镇的低压电器生产从家庭手工作坊向以规模化企业(如正泰集团和德力西集团)为核心的、规模层次分明的“金字塔”式产业集群演化,在这个过程中,企业规模和技术都在增强。正泰集团前身是 1984 年创立的求精开关厂,创办时只有 5 万元资金。[⑥] 80 年代乐清低压电器生产的常态是低成本恶性竞争、伪劣产品充斥市场,1986 年,求精开关厂投资建立低压电器产业内的第一个热继电器实验室;在此基础上,1988 年,求精开关厂获取乐清该产业的第一张“生产许可证”。[⑦] 在 1990 年对温州低压电

---

① 鲁冠球:《鲁冠球集》,人民出版社 1999 年版,第 321 页。

② 鲁冠球:《鲁冠球集》,人民出版社 1999 年版,第 322 页。

③ 鲁冠球:《鲁冠球集》,人民出版社 1999 年版,第 326 页。

④ 鲁冠球:《鲁冠球集》,人民出版社 1999 年版,第 325 页。

⑤ 鲁冠球:《鲁冠球集》,人民出版社 1999 年版,第 325 页。

⑥ 《浙江通志》编纂委员会编:《浙江通志 · 乡镇企业专志》,浙江人民出版社 2018 年版,第 430 页。

⑦ 王周杨:《超越“温州模式”:乐清低压电器产业区演化研究》,华东师范大学博士学位论文,2012 年,第 97 页。

器进行大规模整顿时，拥有“生产许可证”成为进入市场的必要条件。[①] 正泰集团利用“生产许可”的优势大规模兼并中小企业，1991 年建立中美合资正泰电器有限公司，1994 年 2 月成立国内低压电器行业第一家企业集团。[②] 2010 年，低压电器产业群内形成 69 家企业集团。[③] 1991—1995 年正泰集团从国外引进数控液压裁板机、数控折弯机、数控粗塔式多位冲床、数控全自动切割等设备，更新陈旧的设备，建造 48 条生产流水线，形成以低压电器为主导的门类齐全的电器生产企业；1996 年新建交流接触器、万能式断路器、小型断路器装配线各 1 条，添置铁芯自动生产线、高速冲床、精密塑料注射机等设备 25 台；1998—2001 年，扩大 NAI 系统智能型塑壳线路器生产线，开发 21 大系统新产品；2001 年，建成年产 200 万只 DDS666 电子式电能表生产线、年产 300 万只 DD700 系列长寿命技术电能表生产线。[④] 类似正泰这样的企业集团与中小企业之间形成分工协作体系：企业集团从事技术含量较高的核心零部件生产；中等规模企业主要负责零部件与半成品的生产、装配、检测；大量的小企业主要负责完成上万种规格的几十万种零配件、半成品的加工制造及众多中间工序的处理。[⑤] 在这个体系中，多层次技术和设备以场外分工的形式组织起来，正泰集团完成了由低压向高压，由元器件向成套，由传统工业电器制造向自动化、新能源领域，由电气制造业向系统集成方向发展的突破，中小企业也在专业化分工中获得技术和设备上的进步。

珠江三角洲地区的乡镇机械企业在 20 世纪 70 年代中后期也如同其他地区的社队企业一样面临“生产什么”的问题，这些乡镇机电工业企业由手工作

① 王周杨：《超越“温州模式”：乐清低压电器产业区演化研究》，华东师范大学博士学位论文，2012 年，第 97 页。

② 王周杨：《超越“温州模式”：乐清低压电器产业区演化研究》，华东师范大学博士学位论文，2012 年，第 97 页。《浙江通志》编纂委员会编：《浙江通志 · 乡镇企业专志》，浙江人民出版社 2018 年版，第 430 页。

③ 王周杨：《超越“温州模式”：乐清低压电器产业区演化研究》，华东师范大学博士学位论文，2012 年，第 92 页。

④ 《浙江通志》编纂委员会编：《浙江通志 · 乡镇企业专志》，浙江人民出版社 2018 年版，第 350 页。

⑤ 王周杨：《超越“温州模式”：乐清低压电器产业区演化研究》，华东师范大学博士学位论文，2012 年，第 93 页。

坊转型而来，在与港澳侨资和外资的密切联系中实现生产装备和技术的快速更新。日用家电是20世纪80年代初期乡镇企业生产的热门产品，也是广东乡镇工业的支柱产业。顺德裕华集团裕华电风扇厂前身是由一个生产酱醋腐乳的小作坊和一家生产瓶塞的软木厂合并而成的电器塑料厂，1978年生产出第一台9英寸的小电风扇；80年代初，北滘公社利用港澳侨资投资购置了模具、注塑机等风扇生产设备以扩大再生产；1983年，裕华在日本样机的基础上研制成功座钟式鸿运扇；1985年，电风扇年产量从1984年的40万台剧增到130万台，产值达到1.015亿元；1986年后，针对市场竞争，裕华引进一批先进的注塑机和模具，并革新工艺。[①] 80年代初，顺德容奇镇将濒临倒闭的容奇镇第二机械厂、容奇味精厂合并到效益较好的容声家用电器厂；1983年，容声家用电器厂"以零件代模具，用汽水瓶作实验品，用手锤、手锉等简陋工具和简易万能表等测试仪器，经过反复实践，用自己的双手敲出了国内第一台双门电冰箱"——容声牌BYD-103双门温露背式家用电冰箱。[②] 1984年10月28日，"科龙"的前身珠江电冰箱厂正式挂牌成立，用土洋结合的办法"在自己设计、自己施工、自己构建的生产单一产品BYD-103双门双温直冷式容声电冰箱流水线"上开始了扩大再生产；1986—1988年，投入8000万元建成2期工程，技术装备达到80年代中期的世界先进水平；1991年建成具有80年代末、90年代初世界先进水平的冰箱生产线，其技术装备和生产实力已在全国前列。[③] 康宝电器厂原是顺德杏坛镇的一个小铁工厂，生产家用电器零配件、加工维修汽车大梁等，在决定集中生产消毒柜后，利用铁工厂原有的设备打模，经过800多次实验，1987年生产出国内第一台全自动家用电子消毒柜。1988年，产量仅2000台；1991年，产销达13万台；1990年为降低产品返修率，投资70多万元引进先进设备以提高产品质量；1991年兼并杏坛镇的

---

① 谭元亨、刘小妮：《顺德乡镇企业史话》，顺德文丛第2辑，人民出版社2007年版，第64—67页。

② 谭元亨、刘小妮：《顺德乡镇企业史话》，顺德文丛第2辑，人民出版社2007年版，第87—88页。

③ 谭元亨、刘小妮：《顺德乡镇企业史话》，顺德文丛第2辑，人民出版社2007年版，第89—90页。

造船厂、轻工机械厂、通用设备厂等6家小厂;1992年全线投产,产量达50万台。[①]

有些乡镇电子工业企业通过准确的市场定位,进入那些尚无国有企业进入的产品领域而获得快速的、持续的发展,成长为后来我们耳熟能详的机械工程制造企业,譬如从湖南娄底涟源茅塘乡道童村焊接材料厂成长起来的工业巨头三一重工。需要强调的是,乡镇机械电子工业企业中占主体的还是众多的小企业,这些小企业分布在乡镇,特别是工业城市周边的乡镇,形成大大小小的产业带。采用什么样的生产技术和设备与产品定位相关,技术和设备上的进步需要在手工和可获得技术设备的成本收益之间权衡,这也就意味着小企业之间的技术装备不同。譬如,标准件既是航天器上的必需品,也是家具等日常用品上的必需品,航天器和家具对于标准件的精确度要求不同,这也就决定标准件市场有高中低端之分,中低端生产企业普遍规模小。河北永年县,"数十年来,人们在宅基地或者集体用地上搭个厂房,以十多万的单价买上几台机器就能加工标准件"[②]。显然,这样的作坊在生产上已不再是纯手工操作为主,实现了机械化,但从生产组织上说依然是一个庭院式的作坊,当地政府在2017年对标准件企业实行环保治理之时,对其的描述是"散乱污"。天津静海县某村内既有为航天工业生产紧固件的企业,也有为该企业生产半成品的小作坊。前者原是20世纪80年代的集体所有乡镇企业,其生产设备最初是天津国有企业淘汰的设备,到2017年已更新为国外进口同期先进水平的机床;而后者在自家的庭院中停放着2台锈迹斑驳的机器,精确度不高的产品就在这样的机器上、偶尔辅助以手工生产出来。

无论是量大面广的产业,还是新兴的机械电子产业,在改革开放后的20年里,有些产业,特别是工艺美术行业中的一些产业,譬如传统织造、雕漆、草编等,因为市场需求的变化而趋于衰落,即使如此,这些行业也经历了技术改造,以半机械化、机械化取代手工生产以追求生产的数量和速度;可以实现量

① 谭元亨、刘小妮:《顺德乡镇企业史话》,顺德文丛第2辑,人民出版社2007年版,第113—117页。

② 李珣:《整治"散乱污"的永年样本:三个月上千企业办环评》,《澎湃新闻》2018年1月3日。

产且有市场需求的农村手工业，在政府和市场的双重作用下，以乡镇企业作为一般的形式而获得发展，趋向现代工业。这些乡镇企业的起点既有有点资本和技术积累的集体所有制企业，也有资本和技术积累更弱的个体、联户企业。这些企业通过各个层次的技术改造从改革开放之初的手工作坊、半机械化的作坊走向机械化、自动化，一小部分乡镇企业走向规模化的现代企业，绝大部分以中小企业的形式存在，它们的技术设备随着整个工业体系机械化程度、自动化程度提高而更新。在这个发展中，我们可以看到最先进的技术和设备与传统的手工操作在同一生产空间中共存，可以看到不同层次水平的设备以社会分工协作的形式存在于产业集群中，可以看到时至今日一些作坊的生产依然是手工和简单机械的结合，它们共同构成农村手工业在“世界工厂”形成中继续工业化的图景。

三、体系性衰落中的工业化：二轻工业的新发展

“二轻工业”是“第二轻工业”的简称，根据 1965 年 4 月国务院转批第一轻工业部和第二轻工业部《关于划分行业分工管理范围意见的报告》，二轻工业包括皮革毛皮及制品、塑料、中小农具、五金、服装鞋帽、工艺美术品、家具、文教体育用品、竹藤棕草编织、日用杂品、工业性修理服务、民用建筑等 12 个行业，是一种归口管理系统。1978 年以前，在这个系统内，既有城市手工业，也有农村手工业。1978 年后，根据国务院国发〔1977〕66 号文件《批转农林部、轻工业部关于把农村手工业企业划归人民公社领导管理的报告》（简称 66 号文件），“县属城镇（不含城镇）以下地处人民公社独立核算的手工业合作社（组），成为社办企业的一个组成部分”。从行政管理界定的标准说，二轻工业包含的是城市手工业。虽然城市手工业并不完全涵盖在二轻系统中，但是二轻工业构成城市手工业事实上的主体，也成为政府管理部门对城市手工业的一种称谓。

从改革开放到 2000 年，二轻系统经历 20 世纪 80 年代的新发展和 80 年代末之后的体系性衰落。二轻工业进入 90 年代后衰落的表现从广东省和浙江省可见一二。二轻工业最为发达的广东省，1994 年，全系统亏损企业 527

个,比上年增加 64 个,亏损金额 67976 万元,同比增长 157. 74%。[①] 二轻工业产值紧随其后的浙江省,1995 年,全年亏损企业数 818 家,比上年增加 93 家,亏损面达 31. 5%;亏损额 4. 74 亿元,比上年增长 74. 26%;亏损企业亏损额占盈利企业盈利额的比重为 44. 2%。[②] 1997 年,亏损面扩大,亏损额增加,全省二轻工业实现利税 14. 85 亿元,其中利润 3. 23 亿元,分别下降 7. 21%、22. 29%,亏损企业达 886 家,亏损面为 35. 45%,亏损额达 6. 66 亿元。[③] 当时浙江省官方就二轻工业企业亏损给出的解释之一是,"产业结构、产品结构不尽合理,在乡镇、个体私营经济的冲击下,如低档皮鞋、民用木家具、普通人造革等不少二轻传统产品已失去竞争力,这也是企业亏损明显增加的一个重要因素"[④]。可以说,这个衰落是一种体系性衰落,与有中国特色的社会主义市场经济体制建设过程中的所有制经济比例调整、产权结构变革紧密相关。80 年代乡镇企业的异军突起、90 年代外资的迅速引入、私营化浪潮的兴起、二轻工业在面对危机时掀起的二轻工业体制机构改革,促成二轻工业体系性的衰落。[⑤] 尽管如此,二轻工业在改革开放后相当长的一段时间内对于中国消费品生产的贡献不可抹杀。在扩大消费品产能和供给的过程中,二轻工业进一步工业化,技术和生产设备从之前的半机械化、机械化走向机械化、自动化。如乡镇工业的工业化进程一样,我们强调技术和生产设备的机械化、自动化,并不是说生产过程中的手工操作被机器完全取代。由于二轻工业体制于 90 年代中期开始掀起改革的浪潮,二轻工业系统内的企业纷纷进行股份制改革,形成企业集团或者合作联社,与改革之前的归口管理系统已截然不同,因此,本部分的内容截至 20 世纪 90 年代中期。

---

① 《中国轻工业年鉴》编辑委员会编:《中国轻工业年鉴(1994)》,中国轻工业出版社 1995 年版,第 468 页。

② 《中国轻工业年鉴》编辑委员会编:《中国轻工业年鉴(1996)》,中国轻工业出版社 1997 年版,第 308 页。

③ 《中国轻工业年鉴》编辑委员会编:《中国轻工业年鉴(1994)》,中国轻工业出版社 1995 年版,第 343 页。

④ 《中国轻工业年鉴》编辑委员会编:《中国轻工业年鉴(1996)》,中国轻工业出版社 1997 年版,第 308 页。

⑤ 关于二轻工业体系性衰落的论述,参见严鹏、陈文佳:《福州市二轻工业的发展与衰落(1949—2004 年)》,《产业与科技史研究》第 4 辑,科学出版社 2018 年版。

另外,必须说明的是,二轻工业管理体制在 1978 年后颇多变革,各省事实上的二轻工业系统内所包含的内容也不尽相同。譬如:根据 66 号文件,山东省“除了由省革委批准的 34 个在农村由县统一核算并承担省统一调拨产品生产的合作工厂予以保留外,其余 359 个隶属于二轻的农村手工业企业(总计 2.38 万名职工),连同所有资材无偿划归人民公社”[①]。浙江省在余杭县展开试点一年多,“省委同意从 1980 年起,将下放的 63 个企业全部收回,仍归属县二轻主管部门管理”[②]。广东省批转了广东省社队企业局(1980 年后改称乡镇企业局)和轻工业局《关于进一步做好农村手工业划归人民公社管理的报告》,并且决定将铁木小农具全行业不分城镇或农村,统一由乡镇企业部门归口管理,全省有 2500 多个二轻集体企业被划作社队企业,占当年二轻集体企业总数的 60%,划出的职工 11 万多人,占二轻集体企业职工总数的 25%。[③] 那么,在本节中,笔者按照归口管理系统选取代表性行业、以最为发达的东部沿海地区列举的方式为切入点,从生产设备看二轻工业自改革开放后的进一步工业化。工艺美术行业和五金制品业都属于传统城市手工业的重要部分。工艺美术行业除去玩具,其他市场规模受限于收入或消费者偏好,难以扩大;五金制品业市场规模可随新产品开发、消费者偏好改变而扩大。家用电器业是工业化的产物,其产品属性从奢侈品走向普通商品,市场规模扩张迅速。

工艺美术行业素来以劳动密集型的手工制作为基本生产方式。1980—1987 年,广东工艺美术行业投资 8500 多万元用于技术更新改造。[④] 1979—1990 年,浙江省工艺美术系统内技术改造、技术引进立项共 370 项,总投资 3

① 山东省地方史志编纂委员会编:《山东省志 · 二轻工业志》,山东人民出版社 1997 年版,第 29 页。

② 浙江省二轻工业志编纂委员会编:《浙江省二轻工业志》,浙江人民出版社 1998 年版,第 24 页。

③ 广东省地方史志编纂委员会编:《广东省志 · 二轻(手)工业志》,广东人民出版社 1995 年版,第 80 页。

④ 广东省地方史志编纂委员会编:《广东省志 · 二轻(手)工业志》,广东人民出版社 1995 年版,第 160 页。

亿元,其中用汇2198万美元。[①] 在这样的投资力度下,工艺美术行业的技术和设备改造显著。传统上基本以手工为主的竹藤编、木雕、玉雕、抽纱刺绣等行业,到90年代初期,东部沿海经济发达地区许多生产企业前道半成品手工生产,后道整理上已全部或部分以机械代替手工。1979年,浙江省新昌工艺竹编厂开发出15种竹编加工机械。东阳木雕厂研制的樟木切片机、万能线锯机等改变了前道工序历来为手工业作业的局面;研制成功磨帽机、洗帽机、切纸条机、捻线机、拼线机,形成一条龙草编生产线。[②] 80年代末,广东省内历来全靠手工操作的竹藤编行业,机械化程度达到70%;1987年,广东省内玉雕行业普遍使用钻石粉工具、超声波打孔机和高速磨玉机等设备;抽纱刺绣行业的剪裁、打样和洗熨等后处理工序实现机械化生产。[③] 一些行业中,更是引进国外先进设备。1982年,浙江萧山花边厂引进日本梭式自动绣花机等设备。[④] 1988—1992年,绍兴花边总厂先后引进瑞士大型自动飞梭刺绣机4套、日本电脑多头绣花机14套、电脑绗缝机1套及服装生产流水线,并开发花边CAD/CAM系统。[⑤] 玩具行业既有布绒、木制等传统玩具,也有随着新兴材料及技术兴起而产生的塑料、电子玩具。80年代,浙江布绒玩具企业纷纷引进国外充棉机、裁断机、切棉机、裁片除毛机、装眼机、拉力器、输送机、装配线输送带及金属探测仪等设备和仪器。[⑥] 广东玩具业自1980年12月,以“三来一补”的方式,从香港引进塑料玩具、金属玩具的生产线、专机和模具。[⑦] 在一些

① 浙江省二轻工业志编纂委员会编:《浙江省二轻工业志》,浙江人民出版社1998年版,第57页。

② 浙江省二轻工业志编纂委员会编:《浙江省二轻工业志》,浙江人民出版社1998年版,第57页。

③ 广东省地方史志编纂委员会编:《广东省志·二轻(手)工业志》,广东人民出版社1995年版,第160页。

④ 浙江省二轻工业志编纂委员会编:《浙江省二轻工业志》,浙江人民出版社1998年版,第59页。

⑤ 浙江省二轻工业志编纂委员会编:《浙江省二轻工业志》,浙江人民出版社1998年版,第59页。

⑥ 浙江省二轻工业志编纂委员会编:《浙江省二轻工业志》,浙江人民出版社1998年版,第139页。

⑦ 广东省地方史志编纂委员会编:《广东省志·二轻(手)工业志》,广东人民出版社1995年版,第160页。

工艺美术行业因技术改造而获得发展的同时,一些行业和企业也因劳动力供给不足和市场需求缩小而逐渐消失。譬如,浙江朱金木雕业,1985 年前后,因市场需求萎缩及老艺人退休而后继无人,系统内生产基本停止。浙江草麻编业,到 90 年代不少手工草麻制品被机制品取代,同时厂外加工人员随着经济的发展而流入收入更高的行业,从而使草麻编生产发展受到限制。总体上而言,80 年代东部经济发达地区的二轻系统内工艺美术制品业的生产机械化水平提高。

五金制品业,中华人民共和国成立前是城市手工业的重要门类,生产企业既有家庭作坊,又有小规模工厂,生产以手工操作、半机械化生产为主。中华人民共和国成立后,五金门类品种增加,可分为日用五金、建筑五金、工具五金、炊事五金、衡器等,有些行业的生产设备以机械操作为主,甚至出现自动化设备。改革开放后,五金制品业的生产机械化、自动化步伐加快。1981 年至 1985 年,广东全省二轻系统的五金行业共引进国外先进设备 396 台(套),其中生产线 19 条,共用汇 848 万美元。[①] 80 年代浙江省五金制品业的机械化程度和生产工艺都有提高,到 90 年代初期,引进国外先进设备进行设备改造的步伐加快。[②] 譬如,日用五金,广东潮州市二轻电筒厂 1980 年后,投资 200 万元,购置拉伸机、单岗位自动机及零件自动联合机 273 台,实现筒身无缝拉伸,建立环形自动镀络线和直形镀络线各一条;广州市电珠生产新中国成立初期多为手工操作,1982 年采用当时国内最先进的投影仪器检测灯丝的高低偏斜度,1985 年,广州市电珠公司属下各企业共拥有各种动力机械设备 439 套;80 年代中期广州铝制品生产基本上实现生产机械化和半自动化,浙江铝制品生产到 80 年代末实现生产机械化和全自动化;1987 年广东小刀生产基本实现机械化,有部分工序实现自动化;广东锁具的生产从 70 年代的

① 广东省地方史志编纂委员会编:《广东省志·二轻(手)工业志》,广东人民出版社 1995 年版,第 417 页。

② 浙江省二轻工业志编纂委员会编:《浙江省二轻工业志》,浙江人民出版社 1998 年版,第 26 页。

半自动和全自动转向自动化、连续化,装配向流水线发展。[①]

家用电器,是改革开放后国家积极倡导发展的主导性日用消费品,起始时家用电器企业大多是由二轻的小五金、小机械等厂转厂,设备条件差、工艺落后、技术力量薄弱。随着市场需求的扩大、市场竞争的加剧,家用电器的生产迅速从手工、半机械化进入机械化、自动化。浙江杭州洗衣机总厂原先生产防雨制品和刀剪,1979 年靠几台旧车床和钳工技术生产制造出第一台洗衣机,该洗衣机的箱体、脱水桶、托盘等主要零部件均靠土模子加工而成;随后,企业自行设计制造滚筋机等一系列专用设备,生产由手工操作过渡到机械加工;80 年代引进日本松下株式会社的生产线,开展三次大规模技术合作和技术改造,生产出具有 80 年代先进水平的大波轮新水流洗衣机。[②] 1985 年,杭州洗衣机厂 XPB30-3S 双桶洗衣机的主要零部件生产与整机装配均由引进的专用设备、模具和自动化流水线来完成。[③] 截至 1992 年,浙江省家用电器行业 1000 万元以上的投资项目有 14 项,投入资金人民币 30267 万元,用汇 5600 万美元。[④] 1983 年至 1986 年,浙江省洗衣机行业 2 次技改,引进全自动钣金成型线、万克注塑机等关键设备;1984 年至 1986 年,电风扇行业引进高速冲床、电机自动绕嵌线等关键设备;1982 年至 1992 年,电冰箱行业进行 6 次大的技改;1991 年至 1992 年,空调器行业进行 2 次大的技改,引进意大利、日本、德国、美国等先进的生产和检测设备。与整机配套的零部件生产也从手工、半机械化走向机械化、自动化。譬如,早期空调器热交换器的生产过程中,散热片通常在一般通用冲床上一片片加工,然后在水泥地面上由人工叠

① 广东省地方史志编纂委员会编:《广东省志·二轻(手)工业志》,广东人民出版社 1995 年版,第 420、422、426、430、434 页;浙江省二轻工业志编纂委员会编:《浙江省二轻工业志》,浙江人民出版社 1998 年版,第 35 页。

② 浙江省二轻工业志编纂委员会编:《浙江省二轻工业志》,浙江人民出版社 1998 年版,第 83、93、95 页。

③ 浙江省二轻工业志编纂委员会编:《浙江省二轻工业志》,浙江人民出版社 1998 年版,第 83 页。

④ 浙江省二轻工业志编纂委员会编:《浙江省二轻工业志》,浙江人民出版社 1998 年版,第 81 页。

层、穿铜管，1985 年引进日本“东芝”热交换器，可自动连续冲压、自动叠片。[①] 高精度的零部件保证产品的高质量，洗衣机轴承生产企业海宁轴承厂多次引进磨加工等关键设备，提高轴承精度和生产自动化水平。[②]

二轻工业中的其他行业，如家具业、皮革皮毛业、服装业等，其生产设备机械化、自动化程度均有所提高，出现一批规模化企业，同时我们也可观察到大量生产设备和技术更新进步的中小规模企业。总体而言，二轻工业在国家政策的指导、支持下，获得比改革开放前更多的资金用以改造设备，那些市场规模持续扩大的行业明显表现出向现代工业趋同的倾向，如家用电器业；即使市场规模扩大有限的行业，其生产设备和生产组织也表现出向现代工业趋同的倾向，甚至有些行业因设备的更新而为自己赢得生机，如工艺美术行业里的刺绣、藤编等。

综上所述，无论是体制内的城市手工业，还是体制外的农村手工业，在改革开放后的 20 年里，有些产业因为市场需求的变化而趋于衰落，譬如手工织绸、工艺美术行业中的草编业等，有些产业因市场规模的扩大而趋于发展，这些产业中的农村手工业和城市手工业趋向现代工业，形成规模化企业、中小企业（包括家庭作坊）共存，多层次技术和生产设备共存于同一生产空间，或以社会分工的形式存在于产业集群中的格局。这种格局的形成，其根本动力还是对于规模经济的追求，是在新的历史条件下，政府和市场在体制性调整过程中共同作用的结果。

第二节　手工业现代工业化：自上而下的制度性支持和引导

改革开放后，国家经济战略从重工业转向轻工业，经济体制也随之变革，

---

① 浙江省二轻工业志编纂委员会编：《浙江省二轻工业志》，浙江人民出版社 1998 年版，第 93 页。

② 浙江省二轻工业志编纂委员会编：《浙江省二轻工业志》，浙江人民出版社 1998 年版，第 89、94 页。

从表面上看,城市手工业在计划经济体制内走向现代工业;农村手工业在计划经济体制的缝隙中快速成长,在市场规模扩大的过程中向现代工业趋同。我们回溯手工业的工业化历程,1937 年全面抗战爆发前,农村手工业、城市手工业在市场的引导中运行,部分地区、部分行业走向半工业化①,在这个过程中,总体而言,政府的指令、计划缺位;中华人民共和国成立后,农村手工业、城市手工业被纳入计划经济体制,两者在计划、指令中得以改造,机械化程度有所提高,特别是城市手工业,但是,传统多样性的农村手工业经济在对市场的取缔中被破坏;70 年代,农村手工业率先在计划、指令之外以"地下"的形式面向市场寻求发展;改革开放后,市场搞活,在中央政府系列政策的支持下,农村手工业在地方政府和农民的互动中以乡镇企业的形式异军突起,城市手工业以二轻工业的形式获得快速发展。我们似乎可以将手工业向现代工业的趋同简单地从体制本身进行解释。然而,我们可以清晰地看到"计划"在 50 年代破坏了传统多样化的农村经济的同时,又为 80 年代后农村手工业的工业化创造了制度、技术等近代以来未曾普遍出现过的条件。毫无疑问,政府和市场可以独自或者共同作用于手工业的发展。改革开放后,手工业向现代工业的趋同是全球产业链转移背景之下、国家宏观战略体系调整过程中,手工业发展生态体系重构的过程,与 20 世纪上半叶手工业工业化相比,其突出特点是中央政府、地方政府、市场、地方传统共同作用于手工业的发展,既有自上而下的国家宏观层面政策和制度的变革,又有地方层面包括地方政府在内的自下而上的实践,还有城市大工业和手工业逻辑关系的变化。在这个过程中,手工业通过自然资源、劳动力、资本、技术等诸要素配置组合寻求生存、发展,获得规模经济收益。在第五章中,我们已论及乡镇企业异军突起及其后深化改革中地方的实践活动,本节我们具体看在手工业现代工业化进程中国家宏观层面的综合调控。

一、中央政府对手工业身份的再确定

中国的改革开放是"摸着石头过河",给市场松绑,社队企业和二轻工业

① 参见彭南生:《半工业化——近代中国乡村手工业的发展与社会变迁》,中华书局 2007 年版。

集体企业在改革中，遭遇诸多困境，如身份合法性和高低问题、可以往哪里走、集体资产能否以行政手段被随意划拨走、技术落后、市场需求突然放大而致产品质量低下及价格战等，中央政府基于实践和理论，根据国民经济发展和宏观经济运行的状况出台政策予以调控、支持和引导。

到 1970 年代中期，农村手工业偷偷“搞地下活动”，游走在政策和法律边缘求生存；“手工业三十五条”确立的二轻集体工业经济系统被搞乱，既定的集体经济的方针政策被搞乱——自负盈亏改为统负盈亏[1]、管理照搬国营企业模式、生产靠计划、销售靠商贸，二轻管理机构大多被撤销，各级手工联社停止活动。农民在农村自发开展的生产经营推动中央政府先后出台文件认可、肯定乡镇企业在国民经济体系中的地位，并从法律上赋予其主体资格。1984 年 3 月中共中央、国务院以中发〔1984〕4 号文件发出通知并转发农牧渔业部《关于开创社队企业新局面的报告》，同意将社队企业名称改为乡镇企业，各级政府管理机构的设置，由各省、自治区、直辖市自定。乡镇企业在实践领域迅速发展之时，却被社会标以“非正规军”的标签，乡镇企业法律地位的确定问题亟待解决。1984 年 2 月，全国人大常委会委员长彭真在浙江省进行工厂法调查时，提出要起草社队企业法；1984 年 5 月，第六届全国人民代表大会第二次会议有 32 位代表提出制定乡镇企业法。到 1990 年 6 月，国务院制定的第一部乡镇企业综合性行政法规《中华人民共和国乡村集体所有制企业条例》发布，该条例确立了乡村集体所有制企业在国民经济中的重要地位和法律主体资格，并为政府加强宏观管理、保障企业的合法利益、建立和完善企业的规范化管理制度提供法律依据。1997 年 1 月 1 日，《中华人民共和国乡镇企业法》正式实施。

中央政府在以法律的形式确定乡镇企业地位的同时，以文件的形式确定乡镇企业身份及在国民经济中的地位，乡镇企业在国民经济中的位置从有益的“补充”走向“战略性地位”。1984 年 3 月中共中央、国务院转发农牧渔业部《关于开创社队企业新局面的报告》的通知中指出乡镇企业“已成为国民经

---

① 到 1978 年，山东省实行统负盈亏的合作工厂占全部企业的 85%以上，见山东省地方史志编纂委员会编：《山东省志 · 二轻工业志》，山东人民出版社 1997 年版，第 26 页。

济的一支重要力量,是国营企业的重要补充”。1985年中共中央在《关于制定国民经济和社会发展第七个五年计划的建议》中指出“对于乡镇企业要和国营企业一样,一视同仁,给予必要的扶持”①。1992年国务院同意农业部《关于促进乡镇企业持续健康发展的报告》,要求各级人民政府和有关部门把发展乡镇企业作为一项战略任务,认真贯彻落实党和国家对乡镇企业的一系列政策和法规。1998年10月党的十五届三中全会通过的《关于农业和农村工作若干重大问题的决定》肯定“乡镇企业是推动国民经济新高涨的一支重要力量”,指出“各级党委和政府要站在全局和战略的高度,对乡镇企业积极扶持,合理规划,分类指导”。② 在行政和计划手段影响资金、人才等要素配置的经济体制转型中,对乡镇企业在国民经济中地位的界定直接影响着乡镇企业能够从中央政府、地方政府那里获取多少政策性支持,以及直接的生产要素。

二轻工业的身份认定相比乡镇企业则显得容易得多。由于二轻工业本就在计划经济体系内,因此,改革开放初期,二轻工业首先面临的是体系重建,并清除集体经济是半社会主义性质和资本主义尾巴这样的“左”的思想,从统负盈亏的生产性单位转为自负盈亏的生产经营性单位,落实集体经济政策。譬如,二轻工业大省浙江省,1979年省革委会下发〔1979〕138号文件《关于集体所有制工业扩大企业经营管理自主权试点的暂行办法》,对二轻集体企业实行扩权试点;1980年浙江省委、省人民政府批转省二轻局《关于二轻集体经济若干政策问题的请示报告》,要求“从1980年1月起,不准再随意改变二轻企业的体制”。③

手工业生产经营主体身份的确定,特别是农村手工业主体形式乡镇企业主体身份的确定,意味着原本在计划之外的“地下活动”进入国家宏观经济管

① 农业部乡镇企业局、中国乡镇企业协会、农业部乡镇企业发展中心编:《中国乡镇企业30年》,中国农业出版社2008年版,第6页。

② 农业部乡镇企业局、中国乡镇企业协会、农业部乡镇企业发展中心编:《中国乡镇企业30年》,中国农业出版社2008年版,第173页。

③ 浙江省二轻工业志编纂委员会编:《浙江省二轻工业志》,浙江人民出版社1998年版,第27页。

理和调控的视域，中央政府和地方政府在计划和市场之间、不同所有制之间调整关系，探索有中国特色的社会主义市场经济道路，进一步促进国民经济健康运行。

二、中央政府对手工业发展方向和重点的规划

在以乡镇企业为主要发展形式的农村（手）工业发展过程中，“以小挤大”“以新厂挤老厂”“以落后挤先进”这样的争论贯穿20世纪80年代直至90年代初期，在同时期中央的文件中也多次出现乡镇企业（社队企业）在发展中存在“盲目性”这样的字眼。该认知反映国有企业和乡镇企业的关系、市场与计划之争，国家为捋顺不同所有制成分经济关系以保证国家宏观经济运行良好，根据宏观经济形势在不同阶段对社队企业、乡镇企业进行调整、整顿，促进其提高，并指导乡镇企业发展的方向。

1981年5月《国务院关于社队企业贯彻国民经济调整方针的若干决定》要求社队企业必须贯彻中央关于国民经济实行进一步调整的方针，从宏观经济的要求出发，根据社队企业的特点和存在的问题，进行调整和整顿，规定：“凡国营企业加工能力有剩余的，社队不再办同类企业和扩大加工能力；凡以农副产品为原料、宜于农村加工的，国家一般也不再在城市新建厂和扩大加工能力，应按经济合理原则，着重扶助发展集体所有制的加工业。”①1984年年初，中共中央一号文件提出在兴办社队企业的同时，鼓励农民个人兴办和联合兴办各类企业，乡镇企业异军突起。1985年9月《中共中央关于制定国民经济和社会发展第七个五年计划的建议》将乡镇企业列入其中，提出“在经济发达地区的农村，可以根据实际需要和自身的条件，发展为大工业配套和为出口服务的加工工业”②，扩展了乡镇企业发展的空间。

农村经济改革是中国改革开放的先行军，1984年中国城市的经济改革拉

---

① 农业部乡镇企业局、中国乡镇企业协会、农业部乡镇企业发展中心编：《中国乡镇企业30年》，中国农业出版社2008年版，第105—106页。

② 农业部乡镇企业局、中国乡镇企业协会、农业部乡镇企业发展中心编：《中国乡镇企业30年》，中国农业出版社2008年版，第121页。

开序幕,在中央和地方政府的推动下,经济高速增长,1984—1988 年中国宏观经济政策在紧缩和扩张中交替选择,在体制转型过程中出现宏观经济紊乱,到 1988 年 8 月底全国普遍发生了抢购风潮,全国零售物价总水平比上年上涨 18.5%,1985—1988 年全国零售物价总水平累计上涨 46.6%。[①] 进而,1988 年 9 月中共十三届三中全会提出治理经济环境、整顿经济秩序、全面深化改革的方针,对乡镇企业在“调整、整顿、改造、提高”的方针下采取信贷紧缩、关停并转[②]等紧缩的政策,并提出:“乡镇企业的发展,一要立足于农副产品和当地原料的加工,但不同大工业争原料和能源;二要发挥劳动密集和传统工艺的优势,积极发展出口创汇产品;三要为大工业配套和服务。”[③]经过整顿,到 90 年代初,宏观经济处于经济紧缩状态,国内市场疲软,1991 年 4 月《中共中央关于制定国民经济和社会发展十年规划和“八五”计划的建议》提出“要实行有利于扩大出口的政策和措施”,“在发挥国营大型企业出口潜力的同时,进一步发挥中小型企业特别是乡镇企业在出口贸易中的重要作用”。[④] 紧接着,1991 年 11 月《中共中央关于进一步加强农业和农村工作的决定》确定“对为国营大中型企业配套、农产品加工、出口创汇和劳动密集型企业,要制定新的扶持政策”,并“引导乡镇企业参加或组建企业集团,对符合条件的外向型企业集团赋予外贸进出口权,鼓励其参与国际竞争”。[⑤]

随着乡镇企业发展和城市经济改革的深入,进入 20 世纪 90 年代,乡镇企业和国营企业关系看起来不再是国家宏观调控的重点,国家宏观政策重点转向乡镇企业区域发展东西部不平衡、乡镇企业规模和区域布局适当集中、产权制度改革等方面。

---

① 夏振坤:《改革·发展·希望》,湖北人民出版社 1992 年版,第 48 页。

② 各地区要认真整顿乡镇企业,按照国家产业政策引导效益好的企业积极发展,下决心关停并转消耗高、质量差、污染严重以及与大企业争原料、争能源而效益又很差的乡镇企业。

③ 《中共中央关于进一步治理整顿和深化改革的决定(节选)》(1989 年 11 月 9 日),载农业部乡镇企业局、中国乡镇企业协会、农业部乡镇企业发展中心编:《中国乡镇企业 30 年》,中国农业出版社 2008 年版,第 126 页。

④ 农业部乡镇企业局、中国乡镇企业协会、农业部乡镇企业发展中心编:《中国乡镇企业 30 年》,中国农业出版社 2008 年版,第 133 页。

⑤ 农业部乡镇企业局、中国乡镇企业协会、农业部乡镇企业发展中心编:《中国乡镇企业 30 年》,中国农业出版社 2008 年版,第 135 页。

1992 年党的十四大指出:“继续大力发展乡镇企业,特别要扶持和加快中西部地区和少数民族地区乡镇企业的发展。”继而,1993 年 2 月发布《国务院关于加快发展中西部地区乡镇企业的决定》,该文件将发展乡镇企业作为中西部地区经济工作的一个战略重点。1997 年党中央提出,“东部地区要突出提高,在提高中发展,中西部地区要继续快速发展,在发展中提高”,“东部地区要积极发展技术密集型、资金密集型产业和外向型经济,推动企业扩大规模,提高技术水平和产品档次,逐步把劳动密集型、资源加工型产业向中西部地区转移”。[①] 1998 年《中共中央、国务院关于一九九八年农业和农村工作的意见》再次强调,要引导发达地区乡镇企业进行产业升级,发展外向型经济、高新技术产业和高附加值产品,逐步把劳动密集型和资源加工型产业转移到中西部地区。[②] 这些政策除了考虑中西部经济差距的问题,实际鼓励在要素市场尚未完全形成的条件下,促进要素从东部向西部的转移,推动东部乡镇企业的产业升级,并推动企业规模扩大以发展规模化经济。

中央政府对于乡镇企业规模的认识和政策性引导在 80 年代和 90 年代有所不同,在文件中可以看到中央对于乡镇企业如何发展规模化经济的想法,一是实现企业本身的规模化生产,二是企业以聚集的形式发展规模化经济。80 年代中央政府的意图是引导“乡镇企业逐步走上小、专、现(规模小的、专业化的、现代化的)的轨道”[③]。到 1997 年,国家明确此后 15 年乡镇企业发展的目标任务之一是实行大中小企业并举,积极培植扶持大中型乡镇企业,发展规模化经济,数量众多的中小型乡镇企业则走小而专、小而精、专业化生

① 1997 年 3 月中共中央、国务院转发农业部《〈关于我国乡镇企业情况和今后改革与发展意见的报告〉的通知》,载农业部乡镇企业局、中国乡镇企业协会、农业部乡镇企业发展中心编:《中国乡镇企业 30 年》,中国农业出版社 2008 年版,第 161 页。

② 农业部乡镇企业局、中国乡镇企业协会、农业部乡镇企业发展中心编:《中国乡镇企业 30 年》,中国农业出版社 2008 年版,第 172 页。

③ 1986 年 9 月中共中央、国务院转发《〈关于当前科技形势和今后工作若干意见的报告〉通知(节选)》,载农业部乡镇企业局、中国乡镇企业协会、农业部乡镇企业发展中心编:《中国乡镇企业 30 年》,中国农业出版社 2008 年版,第 123 页。

产、社会化协作的路子。[①] 1998年《中共中央、国务院关于一九九八年农业和农村工作的意见》强调，乡镇企业规模"要因地制宜，大中小并举，一定要避免低水平重复建设"，同时"结合小城镇建设，引导乡镇企业适当集中"。[②] 90年代中央政府关于乡镇企业以聚集的方式实现规模化经济的政策经历从鼓励农村工业区建设到开发区和小城镇建设的变化。1992年《农业部关于促进乡镇企业持续健康发展的报告》强调"加强农村工业小区和集镇建设"，1993年11月《中共中央关于建立社会主义市场经济体制若干问题的决定》则提出"形成更合理的企业布局"，"加强规划，引导乡镇企业适当集中，充分利用和改造现有小城镇"。[③] 1997年则提出之后15年的目标是引导乡镇企业与工业小区和小城镇建设有机结合起来。[④] 1998年《中共中央关于农业和农村工作若干重大问题的决定》强调小城镇建设有利于乡镇企业相对集中。[⑤]

随着市场化改革的深化，进入20世纪90年代，乡镇企业的主体形式——集体所有制企业——政企不分的特点成为市场化改革中学界论争的焦点之一，有学者认为坚持集体所有制促进乡镇企业的发展，有学者认为这样的产权结构会阻碍乡镇企业的进一步发展，总体上后一种声音压倒前一种声音。在讨论中，1993年《中共中央关于建立社会主义市场经济体制若干问题的决定》提出进行产权制度的创新，并"在明晰产权的基础上，促进生产要素跨社区流动和组合"[⑥]。1998年1月《中共中央、国务院关于一九九八年农业和农村工作的意见》明确，乡村集体企业的改革要坚持政企分开，使企业真正成为

① 《农业部关于我国乡镇企业情况和今后改革与发展意见的报告》(1997年1月31日)，载农业部乡镇企业局、中国乡镇企业协会、农业部乡镇企业发展中心编：《中国乡镇企业30年》，中国农业出版社2008年版，第162—171页。

② 农业部乡镇企业局、中国乡镇企业协会、农业部乡镇企业发展中心编：《中国乡镇企业30年》，中国农业出版社2008年版，第172页。

③ 农业部乡镇企业局、中国乡镇企业协会、农业部乡镇企业发展中心编：《中国乡镇企业30年》，中国农业出版社2008年版，第150页。

④ 农业部乡镇企业局、中国乡镇企业协会、农业部乡镇企业发展中心编：《中国乡镇企业30年》，中国农业出版社2008年版，第167页。

⑤ 农业部乡镇企业局、中国乡镇企业协会、农业部乡镇企业发展中心编：《中国乡镇企业30年》，中国农业出版社2008年版，第173页。

⑥ 农业部乡镇企业局、中国乡镇企业协会、农业部乡镇企业发展中心编：《中国乡镇企业30年》，中国农业出版社2008年版，第150页。

自主经营、自负盈亏、自我约束、自我发展的市场主体。① 我们在第五章中可以看到政府的这一政策导向最终从整体上改变了乡镇企业的主体特点,使其从集体所有制走向私有化。

从以上国家出台的文件、政策,我们可以看到国家对手工业,特别是农村(手)工业在宏观层面的综合调控具有自上而下的制度性引导和支持。20世纪80年代,国家逐步放开市场,在乡镇企业发展过程中,平衡国营企业和乡镇企业的关系是国家宏观调控经济的一个重点,以求在体制转型中抹平宏观经济运行的强烈波动。进入90年代,随着体制转型的深化,国营企业和乡镇企业的关系不再是国家宏观调控的重点,国家调控的重点放在乡镇企业发展本身,包括产权制度、乡镇企业规模、乡镇企业聚集形式等。这些文件和政策,都在事实上规制着乡镇企业和二轻工业的发展方向,虽然国家偶尔会强调利用传统工艺获得发展,但是,中华人民共和国成立后手工业改造时所追求的工业化依然是国家的目标。中央政府为支持手工业的工业化,特别是乡镇企业的发展,在具体的税收、信贷、技术等方面给予实际的支持。虽然中央政府会根据宏观经济形势调整对乡镇企业信贷的松紧,但是自80年代至90年代末,从总体而言,中央政府和地方政府在金融和财税系统变革的过程中还是给予乡镇企业和二轻工业资金支持的。鉴于本章是从技术和设备的角度述及手工业的现代工业化,因此下面我们看国家宏观层面如何提供技术支持。

三、中央政府对手工业现代工业化的技术支持

中央政府从两个层面为乡镇企业发展提供技术支持:促进对内对外经济交流,对内在与城市工业协作、联合中,与科研机构等合作中获得适用性技术,对外通过与外资合作引入新式设备和技术;全国性科技政策支持,譬如"星火计划",同时积极鼓励和支持人才的培养。

在前一章我们可以看到城乡经济交流扩大,国营部门,特别是国营企业

① 农业部乡镇企业局、中国乡镇企业协会、农业部乡镇企业发展中心编:《中国乡镇企业30年》,中国农业出版社2008年版,第172页。

和乡镇(社队)企业的横向交流,为农村工业的发展提供了技术、设备的支持。这种横向交流除依托于私人关系网络之外,还有中央政府的政策性引导和支持。1983年12月《农牧渔业部关于开创社队企业新局面的报告》论及,中央政府“提倡社队工业与国营工业配套,如生产零部件和附属设备”,“提倡国营工业在产品更新换代中,将某些产品扩散给社队工业”,“提倡国营商业、外贸部门直接向社队企业加工订货”。[①] 到1989年,《国务院关于当前产业政策要点的决定》依然强调“要引导乡镇企业为大企业生产配套产品,在适当的条件下,促使大企业把一些产品或生产工序转移给小企业”。可见,从中央层面看,城市工业是乡镇企业重要的技术和设备来源。横向经济联合除与国营工业部门的交流合作外,还有与大专院校、科研机构的交流合作,1986年3月国务院颁发《关于进一步推动横向经济联合若干问题的决定》将乡镇企业与各方面的横向经济联合推向新的高潮。[②] 横向经济交流是国内地区、部门等之间,通过与外资合作引入新式设备和技术则与全球化下的产业链转移密不可分。在20世纪80年代开放、搞活的大环境下,以珠江三角洲为代表的沿海地区在中央对外开放政策鼓励下依靠毗邻港澳和华侨同胞众多的有利条件,率先通过“三来一补”兴办中外合资、合作企业,从而在引进国外技术和设备方面走在全国前列。[③] 随着中国对外开放的扩大以及国内经济形势的变化,如前所述,中央政府推动沿海地区、有条件的地区发展外向型经济、加大引进外资力度,由此推动企业的技术和设备更新。

在保持、加强城乡经济交流、对外经济交流的同时,国家出台科技和人才计划、政策,试图为乡镇企业的适用性技术获得与发展、人才获得提供一个常规化的生成环境。1985年5月国家科委提出和实施“星火计划”,1986年1月《中共中央、国务院关于一九八六年农村工作的部署》明确:中央和国务院批准由国家科委组织实施的“星火计划”,将在“七五”期间开发100类适用于

---

① 农业部乡镇企业局、中国乡镇企业协会、农业部乡镇企业发展中心编:《中国乡镇企业30年》,中国农业出版社2008年版,第115页。

② 《当代中国》丛书编辑部编:《当代中国的乡镇企业》,当代中国出版社1991年版,第133页。

③ 《当代中国》丛书编辑部编:《当代中国的乡镇企业》,当代中国出版社1991年版,第292页。

乡镇企业的成套技术装备并组织大批量生产，建立500个技术示范性乡镇企业，为它们提供全套工艺技术，管理规程、产品设计和质量控制方法，每年短期培训一批农村知识青年和基层干部，使之掌握一两项本地区适用的先进技术……各级科技、教育与经济部门，应为实现这个计划密切协作，并本着这个方向，各自做出类似计划。① 1993年11月，中央强调要围绕乡镇企业的技术进步，继续组织实施"星火计划"，大力开发应用先进实用技术和高新技术成果。②

在中央政府推进"星火计划"的同时，进入20世纪90年代，中央政府推进技改项目以支持大中型乡镇企业的规模化和高科技化发展，重点扶持乡村集体骨干企业，有关部门在资金、税收、能源、人才、技术等方面"应继续给予必要的扶持；并加快乡镇企业的技术改造，把乡镇集体骨干企业的技术改造项目、新产品开发项目、科技开发项目，列入各级有关部门的技改、科技和新产品开发计划"③。人才是技术进步和设备更新的能动要素，早在80年代政府就鼓励大专院校、科研机构、国有企业技术人员与乡镇企业的交流合作，进入90年代，政府意图通过制度性建设为乡镇企业提供智力支持、培育乡镇企业人才。1992年1月《农业部关于促进乡镇企业持续健康发展的报告》指出："依靠科技进步，是乡镇企业实现由量的增加到质的飞跃的根本性战略措施。动员和组织科研院所、大专院校积极参与乡镇企业的科技进步活动，建立多种形式的为乡镇企业服务的技术依托和信息咨询等服务机构……各地要制定鼓励乡镇企业开发新产品的优惠政策和科技进步奖励办法，表彰有成果的科技人员，建立和完善企业内部技术进步的机制，鼓励开展群众性的合

---

① 农业部乡镇企业局、中国乡镇企业协会、农业部乡镇企业发展中心编：《中国乡镇企业30年》，中国农业出版社2008年版，第122页。

② 《中共中央、国务院关于当前农业和农村经济发展的若干政策措施（节选）》，载农业部乡镇企业局、中国乡镇企业协会、农业部乡镇企业发展中心编：《中国乡镇企业30年》，中国农业出版社2008年版，第149页。

③ 《农业部关于促进乡镇企业持续健康发展的报告》（1992年1月2日），载农业部乡镇企业局、中国乡镇企业协会、农业部乡镇企业发展中心编：《中国乡镇企业30年》，中国农业出版社2008年版，第136—141页。

理化建议、技术革新活动。”[①]同时,该报告明确提出:把乡镇企业的人才培养列入教育发展计划,继续鼓励科研单位、大专院校与乡镇企业协作,支持科技、管理人员承包、领办乡镇企业。[②] 1993 年 2 月,《国务院关于加快发展中西部地区乡镇企业的决定》鼓励和支持各类人才走上开发乡镇经济的主战场:鼓励大中专毕业生进入乡镇企业工作,并将有关大中专院校为乡镇企业培养定向人才列入各级教育部门的计划,同时通过职业中学、民间办学、短期培训等加强对农村现有知识青年的职业教育;积极支持科研、事业单位工作人员,国有企业技术人员和职工,利用工余时间和节假日,为乡镇企业提供有偿服务,允许离退休人员接受乡镇企业的聘任。[③]

从以上的政策可以看到中央政府对于乡镇企业技术演进的支持,从以行政手段为主的正规系统支持转向人才流动、技术市场培育,恰如学者展现出的乡镇企业技术演化路径:80 年代中期以前,政府重点在促使国有企业和城市其他部门向农村扩散技术和设备,并支持农村外派人员学习,或外聘技术人员指导装配及人员培训;80 年代中期至 80 年代末期,中央政府促进人力资本的流动,特别是国有机构的人员流动;进入 90 年代,改革科研和教育体制以支持培育技术市场的形成。[④] 人才市场和技术市场一旦形成,其面对的是乡镇企业、二轻工业、国有企业的竞争和需求。需要注意的是,中央政府在促进技术和人才市场发育形成的同时,仍然注重从体制内支持乡镇企业的技术改造,譬如“星火计划”、技改项目。

二轻工业的发展过程中,政府也以正规系统直接投入的方式支持二轻工业的技术引进和技术改造,与农村手工业的区别是二轻工业系统本身属于体制内,而其在集体所有制的名义下形成的省手工联社会对企业开发新产品实

---

① 农业部乡镇企业局、中国乡镇企业协会、农业部乡镇企业发展中心编:《中国乡镇企业 30 年》,中国农业出版社 2008 年版,第 138 页。

② 农业部乡镇企业局、中国乡镇企业协会、农业部乡镇企业发展中心编:《中国乡镇企业 30 年》,中国农业出版社 2008 年版,第 139—140 页。

③ 农业部乡镇企业局、中国乡镇企业协会、农业部乡镇企业发展中心编:《中国乡镇企业 30 年》,中国农业出版社 2008 年版,第 143—144 页。

④ 陈剑波:《市场经济演进中乡镇企业的技术获得与技术选择》,《经济研究》1999 年第 4 期。

行补助。浙江省联社从1980年起对企业开发新产品实行补助，到1989年，累计发放重点新产品试制补助费1154万元。[①] 另外，不容忽视的是，二轻工业和乡镇企业在某些行业内的快速扩张带来各种粗制滥造、“大战”等问题，由中央政府、地方政府协作治理整顿、出台市场准入规则等。譬如，温州乐清柳市低压电器整顿、“冰箱大战”等。1989年浙江省二轻工业系统内企业和乡镇企业从事冰箱生产的厂家有百余个，一些非定点企业盲目发展，出现“冰箱大战”。1989年，浙江省计划经济委员会、浙江省工商行政管理局、中国人民银行浙江省分行、浙江省标准计量局联合发出关于处理整顿家用电冰箱生产的文件，允许24家电冰箱厂过渡，逐步转产，58家停产；结合国家政策对电冰箱行业实行生产许可证制度，不符合要求的非定点企业纷纷关停并转。[②]

对以上包括市场准入制度等政策性引导和制度性建设效果，我们从政府文件和一些地区行业的发展里看到的是积极的评价。譬如，浙江省1986—1990年，1457项国家级和省级“星火计划”，是乡镇企业科技进步的重要因素之一。[③] 绍兴从20世纪90年代中期率先进行无梭化革命，把技改投入、设备改造列入乡镇党政领导目标责任制，全县共投入工业性技改资金170亿元，成为全国最大的纺织生产基地。[④] 这些政策属于全国性政策，它们的具体效果如何还要看地方层面是如何执行的。就以乡镇企业产权制度改革来看，广东、江苏、浙江、河北和山东这些省份的执行就有所区别，而我们今天看到的这些省份的经济状态和这些政策执行间的关系如何，本章尚无力勾画出来。但是，毫无疑问，中央政府对于乡镇企业和二轻工业的技术发展和扶持政策，特别是对乡镇企业的政策，直接推进手工业的工业化，并促使手工业企业向现代工厂趋同。

---

① 浙江省二轻工业志编纂委员会编：《浙江省二轻工业志》，浙江人民出版社1998年版，第29页。

② 浙江省二轻工业志编纂委员会编：《浙江省二轻工业志》，浙江人民出版社1998年版，第85页。

③ 《浙江通志》编纂委员会编：《浙江通志 · 乡镇企业专志》，浙江人民出版社2018年版，第355页。

④ 《浙江通志》编纂委员会编：《浙江通志 · 乡镇企业专志》，浙江人民出版社2018年版，第349页。

第七章
消费社会:传统手工业的新生机

“没有一位女人,不管她如何挑剔,在得到一辆梅赛德斯-奔驰的时候仍然感到不能满足自己个性的欲望和品位!从皮革的颜色、装饰及车身颜色直到轮罩,梅赛德斯的标准款式或可选款式向人们提供了一千零一种便利。至于男人,尽管他考虑的主要是汽车完美的技术性能,他也会心甘情愿地去满足他妻子的欲望,因为他会为听到妻子称赞他的好品位而感到自豪。据您的欲望,梅赛德斯-奔驰提供了76种不同的喷漆和679种内部装饰款式供您挑选。”①

在21世纪的今日,“消费社会”②这一名词经常见诸媒体,用以描述消费者消费行为、符号、品牌及工业生产之间的关系,中国好像瞬间进入类似西方世界20世纪60、70年代的消费社会。在消费社会里,消费者要做出选择,“成为或不成为我自己”③,工业产品广告凸显产品满足消费者欲望和品位及差异化诉求的能力。

在这样的情境下,“消费者的需求和满足都是生产力,如今它们和其他

---

① [法]鲍德里亚:《消费社会》,刘成富、全志刚译,南京大学出版社2000年版,第79页。

② 1970年代,“消费社会”经由法国社会学家鲍德里亚的阐述而得以广泛使用。

③ [法]鲍德里亚:《消费社会》,刘成富、全志刚译,南京大学出版社2000年版,第79页。

(比如劳动力等)一样受到约束并被合理化”[①],消费者的个性化差异被组合进工业生产,消费者“通过对某种抽象范例、某种时尚组合形象的参照来确认自己的身份”,于是“整个消费进程都受到人为分离出来的范例(比如洗涤剂的商标)的生产所支配”。[②] 如此,在工业化追求规模、标准化大生产的同时,随着大众生活水平的提高,工业化生产针对潜在目标人群的生产愈发差异化,小规模、差异化生产成为工业生产的重要组成部分,正是这种具有符号性质的差异化、个性化赋予传统手工艺生机。

上一章述及改革开放后中国成长为世界工厂的过程中,包括丝织业、传统工艺美术行业等在内的传统手工业行业在 20 世纪 80 年代属出口创汇大宗,随着工业化进程的推进,进入 90 年代相对其他行业趋于衰落。从传统手工业的这种走势中,可以观察到传统手工业由“消费社会”带来的生机,工业化和经济体制转型过程中的困境,以及困境中可能的出路。本章所述及的传统手工业行业强调生产工序上的手工技艺,主要指向传统工艺美术行业,也包括丝织业部分行业。

第一节　传统手工业的生机(1950—2000 年)

西方发达国家早在 20 世纪 50、60 年代即已进入消费社会,同期中国处于“暂时减少可以减少的消费,以便完成国家工业化”[③]的计划经济阶段,中国的传统手工业品成为其消费对象之一,外销市场在相当长的一段时间内也就成为中国传统手工业的生门。改革开放初期,传统手工业行业在创汇中高涨;随着工业化推进和市场体制改革深化,它亦在外销市场的跌宕中起伏。本节述及的时间段大体自 1978 年始,到 21 世纪初期,为论述的需要会有所追溯和延展。

---

① [法]鲍德里亚:《消费社会》,刘成富、全志刚译,南京大学出版社 2000 年版,第 74 页。

② [法]鲍德里亚:《消费社会》,刘成富、全志刚译,南京大学出版社 2000 年版,第 80—81 页。

③ 陈云:《关于计划收购和计划供应》(1954 年 9 月 23 日),载中华人民共和国国家经济贸易委员会编:《中国工业五十年:新中国工业通鉴》,中国经济出版社 2000 年版,第 880 页。

一、计划之下出口生产导向的确立和高涨:1950—1992 年

传统手工艺品的销售分为出口、内销和旅游品供应三类,长期以出口为主。1949 年中华人民共和国成立后到 80 年代中期,“扩大外贸出口,为国家换取外汇,支援社会主义建设”是中国工艺美术行业发展中的一项重要成绩。[①] 1950 年至 1983 年,工艺美术品出口累计换汇 110.35 亿美元,1973 年至 1983 年共为国家换取外汇 94.47 亿美元。[②] 其中,1981 年工艺美术品出口换汇达 15.1 亿美元,约占轻工业部系统出口换汇的 30%。出口量大的产品,有抽纱刺绣、竹藤棕草柳葵编织、地毯、金属工艺品等,其换汇额占工艺美术换汇总额的 70%。[③] 传统手工艺品出口生产导向在计划经济时代即已确立,改革开放后的 80 年代,传统手工艺品的销售在计划和市场的双重作用下与国际市场的联系愈发密切。

为换汇而生产,特别是面向西方发达资本主义国家生产,是在高度集中的计划经济时代国家根据当时的国内外经济形势确立的方向。当时,国内勒紧裤腰带大干工业化,传统工艺美术品几乎无国内市场需求可言,但是在生产方面又有比较优势,恰如 1972 年 3 月李先念在全国出口商品生产工作会议上的讲话中所论及的:“资本主义发达的国家,把手工业搞绝种了,发展中的国家(如非洲一些国家)又搞不起来,我们国家有条件,又有传统,又有人,在这方面没有人能同我们竞争,手工艺品多出口一些。”[④]从数据上看,1958 年后,工艺美术品出口,逐步从苏联和东欧国家转向资本主义国家,1965 年换汇达 1.08 亿美元,比 1957 年的 2400 万美元增长 3.5 倍。[⑤] 从国家领导人公

---

① 《当代中国》丛书编辑部编:《当代中国的工艺美术》,中国社会科学出版社 1984 年版,第 58 页。

② 《当代中国》丛书编辑部编:《当代中国的工艺美术》,中国社会科学出版社 1984 年版,第 59 页。

③ 《当代中国》丛书编辑部编:《当代中国的工艺美术》,中国社会科学出版社 1984 年版,第 58—59 页。

④ 《当代中国》丛书编辑部编:《当代中国的工艺美术》,中国社会科学出版社 1984 年版,第 82 页。

⑤ 《当代中国》丛书编辑部编:《当代中国的工艺美术》,中国社会科学出版社 1984 年版,第 79 页。

开讲话中释放的信号看,1971—1972 年,周恩来总理和其他国家领导人谈话时多次强调工艺美术品出口换取外汇的重要性,提出要加速发展生产,扩大出口。[①] 1972 年 4 月,周总理在广交会上提出,“外交发展了,外贸也要发展,手工艺大有前途,应该把它搞上去”[②]。1975 年,邓小平在主持中央工作期间,指出工艺美术品等传统出口产品要千方百计地增加出口。[③] 从文件上看,国务院〔1977〕87 号文件批转国家计委、轻工业部、外贸部、商业部《关于进一步发展工艺美术生产和扩大销售意见的报告》,进一步明确要促进工艺美术品生产和出口的大幅度增长。[④] 从工艺美术行业的实践看,70 年代在传统题材产品受运动波及而减产的情形之下,工艺美术行业“充分利用外交方面的有利形势”,“从国际市场的需要出发,积极发展实用工艺品生产,包括草编、竹编、抽纱、丝绸复制品、烟花爆竹等”。[⑤] 这一时期,工艺美术行业的销售基本靠国营商业包销订货的办法,也就是国家统购统销。

改革开放后进行流通渠道改革,各省开启从国家统购统销走向自营出口的实践,行政计划和市场两种手段同时发挥作用,80 年代初期至 90 年代初期,整体而言,不仅传统题材产品出口增加,而且草柳编、工艺帽等实用工艺品生产和出口也在增加,工艺美术行业和外销市场的联系在改革中加深。我们从工艺美术品生产大省广东省和浙江省可窥一二。

1980 年以后,广东省二轻工业系统积极发展产品自销业务,注重海外市场的开拓,通过展销,取得外销经验,建立起外销渠道,到 80 年代中期,广东工艺美术成为名副其实的外向型创汇行业,1987 年出口交货值 6.52 亿元,占

---

① 《当代中国》丛书编辑部编:《当代中国的工艺美术》,中国社会科学出版社 1984 年版,第 81 页。

② 《当代中国》丛书编辑部编:《当代中国的工艺美术》,中国社会科学出版社 1984 年版,第 82 页。

③ 《当代中国》丛书编辑部编:《当代中国的工艺美术》,中国社会科学出版社 1984 年版,第 84 页。

④ 《当代中国》丛书编辑部编:《当代中国的工艺美术》,中国社会科学出版社 1984 年版,第 85 页。

⑤ 《当代中国》丛书编辑部编:《当代中国的工艺美术》,中国社会科学出版社 1984 年版,第 84 页。

当年(二轻)工业总产值的76.9%。[①] 广东传统优势手工艺——织绣工艺,是广东省工艺美术工业中一个最主要的自然行业和出口创汇大户,1987年全省织绣工业总产值7.585亿元,占全省工艺美术工业总产值的42.3%,其中,出口交货值7.34亿元,占全省工艺美术工业出口交货产值的48.4%。织绣工艺中的广绣,出口交货总值从1978年的4220万元发展到3.4亿元,增长7.723倍。[②] 浙江省从1980年12月开始逐步获得手工艺品的自营出口权,自营出口的商品有文房四宝、扇、伞、淡水珍珠、木家具、木雕、竹编、草编、青瓷、工艺衣着等12个大类商品,出口创汇821万元;到1984年,浙江工艺品全面推向国际市场,将以港澳为主的转口销售转为以远洋客户为主的直销网络;1985年浙江省工艺品进出口联合公司根据国际市场需求的变化,贯彻"工艺品实用化、日用品工艺化"的方针,逐步重点开发鞋帽、手套、包袋、长毛绒玩具、工艺礼品(国外圣诞等节日礼品)、绗缝制品等10大类产品,调整全省出口产品结构;1990年,自营出口总额增加到约1亿美元,主销商品包括抽纱(包括手套、工艺帽、工艺衣着、其他抽纱品)、特艺品(包括礼品)、日用工艺品(包括鞋、伞、包袋玩具、文房四宝等)、珠宝首饰、家具、草竹柳藤制品、其他工艺品等8大类,主销中国香港地区以及日本、德国、法国、美国、苏联、英国、意大利、加拿大等。[③]

简言之,传统手工艺品以出口换汇为主从事生产的方针在20世纪50年代即由中央政府根据国内外经济社会特征确立;到改革开放后,传统手工艺品出口在国家计划手段和市场手段的双重作用下高涨。另外,需要注意的是,国家在强调出口的同时,也强调"要十分重视和积极发展一切适宜于内销的工艺美术品生产"。但是,从生产方面说,有的地方"只是把生产内销产品作为补充出口任务不足的权宜之计";从消费方面说,80、90年代

① 广东省地方史志编纂委员会编:《广东省志·二轻(手)工业志》,广东人民出版社1995年版,第160—161页。

② 广东省地方史志编纂委员会编:《广东省志·二轻(手)工业志》,广东人民出版社1995年版,第162—163、166页。

③ 浙江省二轻工业志编纂委员会编:《浙江省二轻工业志》,浙江人民出版社1998年版,第42—43、385—387页。

城乡居民的消费行为主要表现为对于新式工业制成品的同步性、排浪性消费,譬如风扇热、电冰箱热、洗衣机热等,到2000年初期虽经过市场经济的发展已出现享乐型消费、奢侈性消费、炫耀性消费,但是,个性化尚未压倒实用性,这也就意味着,受生产和消费的限制,虽然80年代传统手工艺品的内销呈增加的趋势,但是,外销市场依然是传统手工艺品首要的目标市场,这又为进入90年代后传统手工艺品生产总体相对衰落和个体发展埋下伏笔。

二、计划和市场转换之下的萎缩和生机:1992—2000年

1992年具有中国特色的社会主义市场经济体制初步建立,意味着作为资源配置手段的计划和市场在经济中的重要性转换,反映在外贸上是企业的自营出口权得以扩大,在生产性企业被推至市场面前的同时,二轻企业和乡镇企业开启以产权为中心的私有化改制,传统手工艺行业的生产—销售组织方式从原先具有行政和计划性特征全面转向市场。此时,再看传统手工艺行业长期以来格外重视的外销市场,随着国内外政治经济形势的变化,外销市场不利。在外部条件不利、内部体制性艰难转型的过程中,工艺美术行业出口整体趋于衰落,这种衰落是体系性衰落,在体系性衰落中既有相对的衰落,也有绝对的衰落,还有市场个体的成长。

相对的衰落表现在传统手工艺行业相对其他行业的出口下降。二轻工业体系自进入20世纪90年代呈现体系性衰落,因而我们从乡镇企业看传统手工艺行业的相对衰落。从乡镇企业工艺美术品出口值占乡镇企业出口总值的比例看,1993年前该比例在10%以上,1986、1987年达到15%、14%,1993年该比例下降至10%以下,到2001年,该比例仅有约7%。绝对的衰落表现在一些行业的萎缩。譬如:改革开放后,北京特种工艺行业(雕漆、珐琅、玉器等)在计划经济体制下迅速发展,“为适应外贸的需求,不断扩大生产规模,增加产品种类,部分厂家的产品一度出现了供不应求的状况,使该行业在整体上呈扩张之势”;1989年,北京工艺美术品总公司迫于国际市场压力,实行“立足国内,以内为主”的方针,没有了“计划经济的外加工订单”,北京特

种工艺行业的京郊工厂被迫接连倒闭。[①] 以北京雕漆业为例,北京雕漆自1904年就以出口外销制作为主,1980年代初,北京雕漆全行业从业人员近千人,为北京雕漆厂做外加工的点有30多个;到1988年以前,北京雕漆厂有职工近600人,生产量占全国的70%以上,职工收入是当年北京市平均工资水平的3倍,出口订单不计其数,生产多少收购多少;1992年北京雕漆厂停止生产,仅收购加工点的产品出售;2001年全厂总共90多人,2002年北京雕漆厂申请改制,大部分职工领取补偿金解除合同;2009年北京市以雕漆为主业的人员仅29名。[②] 在这种衰落中,我们能看到从外销市场转向内销市场中的痛苦,也能看到一些企业、行业因找到了外销市场而发展,在发展中一些原本消失的或正在消失的传统手工艺技术体系复兴,这种发展又随着外销市场的跌宕而起伏。譬如:北京靛庄花丝厂是80年代初京郊特种工艺生产浪潮中涌现的村办企业之一,其生产和销售与北京珐琅厂和北京市工艺品进出口公司密切配合,1985—1991年,该厂职工人数突破400人,资产总额突破300万元;到90年代,在同类工厂纷纷倒闭的背景下,该厂积极争取自营出口权,1995年该厂成为北京市村办企业中第一个获得自营出口权的企业,在整体出口市场疲软的情况下,该厂自行积极与美国以及中国香港等地的企业开展业务,继续维系花丝珐琅的出口贸易。[③] 下面我们主要以山东潍坊柞丝绸[④]为例,具体看传统手工艺行业在衰落中的发展。

山东柞丝绸,俗称山东茧绸,自19世纪晚期开始以外销为主,亦有内销市场,山东昌邑县柳疃是其主要产区之一。20世纪五六十年代,随着以重工

① 吴明娣主编:《百年京作:20世纪北京传统工艺美术的传承与保护》,首都师范大学出版社2014年版,第12—14页。王文超:《传统工艺的文化复兴与“非遗”实践》,《民间文化论坛》2019年第4期。

② 宋本蓉:《非物质文化遗产保护视野下的传统手工技艺——以北京雕漆为例》,中国艺术研究院博士学位论文,2010年,第94—101页。

③ 中共通县县委办公室编:《潞县镇靛庄花丝厂获得自营出口权的启示与思考》,《农村经济与管理》1995年第2期。

④ 该案例中使用潍坊海孚丝绸有限公司总经理孙海东访谈资料,孙海东是山东省工艺美术大师、山东省茧绸织染技艺传承人。

业为核心的计划经济体制建立而形成城乡居民低收入、低消费的局面,再加上国内民众服饰偏好的变化,绸缎类消费相对棉布、混纺布、化纤布的消费非常少,绸缎人均消费量1952年是0.16尺、1957年是0.33尺①,柞蚕绸在国内市场上渐渐被淘汰②,直至今日亦无多少国内需求③;到1985年,柞蚕绸在海外仍有市场④,后因生产能力限制,其出口日益减少⑤;直到1997年,原在山东省潍坊市丝绸公司从事对外贸易的孙海东决定组织面向海外市场的手工柞丝绸生产,才又见短暂复兴⑥。可以说,手工柞蚕绸是因发现"消费社会"而复兴的典型。

进入20世纪90年代,山东丝绸系统开始改制,1986年从山东省丝绸工业学校印染专业毕业的孙海东因长期在潍坊市丝绸公司外贸部门工作,发现在潍坊丝绸业迅速以机械化淘汰传统木机生产的同时,海外市场存在对传统茧绸的需求,且利润比机器织造的绸缎高,于是利用尘封在原社队仓库里的木机100多张,召集分散在农村的手工缫丝、织造劳动者500多人组建潍坊海孚丝绸有限公司,从事手工丝绸织造,主要面向茧绸的传统出口市场法国提供手工柞绸。2000年后,因对法国出口减少,公司出口转向意大利客户,产品调整为手工丝巾。2005年,日本客户通过山东蚕业研究所与公司建立小批量、多品种手工布料业务,这与出口意大利产品的产值相当。到2007年,意大利订单突然减少,生产骤减,之后迅速衰落,同期日本布料订单相对稳定。2012年,日本布料订单明显减少,其中手工织造的比例下降,而机器生产的份额增加。从公司生产规模看,1997—2004年雇用工人常规500多人,主要是手工生产工人,1997—2003年生产驻点负责人月工资900元,生产厂长月工资1200元,小组长月工资750元,生产工人实行计件工资,月工资在500—1200元,远高于当时集体所有制企业职工工资。到2004年公司除手工织造

① 国家统计局编:《中国统计年鉴(1984)》,中国统计出版社1984年版,第478页。
② 潍坊市丝绸公司编纂:《潍坊丝绸志》,内部资料,1987年8月,第148页。
③ 潍坊海孚丝绸有限公司总经理孙海东访谈。
④ 潍坊市丝绸公司编纂:《潍坊丝绸志》,内部资料,1987年8月,第153页。
⑤ 潍坊海孚丝绸有限公司总经理孙海东访谈。
⑥ 潍坊海孚丝绸有限公司总经理孙海东访谈。

外,开始引入机器织造,2005—2007 年雇用人数从原先的 500 多人下降到 300 多人,到 2008 年锐减到 100 多人,2012—2014 年雇用人数回升至 200 多人,其中手工生产工人最多时仅 80 人,远低于公司成立之初的人数。从中我们可以清晰看到,公司生产随海外市场需求涨跌而起落,公司创办人经由在原全民所有制企业积攒的传统出口渠道、广交会、专业性团体和私人关系网络寻找着可能的个性化市场。

从山东茧绸的例子中可以清晰看到传统手工技艺产品与规模化生产的工业产品一样受市场规模制约,区别是传统手工艺产品的目标市场是个性化消费市场,且由手工技艺而来的个性化产品特征是消费者所追求的,这一方面给传统手工艺行业带来了生机,另一方面这种偏好所致的需求易随收入下降而大幅度减少,由此产生的需求不稳定为传统手工艺行业带来危机。从此例中,我们还可以看到传统手工艺生产体系在工业化生产洪流中的复建,复建的难易程度从根本上说也受制于市场规模大小。

现如今,虽然在淘宝平台上会看见一些服装打出"手工柞蚕丝"的宣传,但是该类商品国内消费的群体性偏好还未形成,国外市场波动激烈,限制该行业的发展。与之形成对照的是,素有外销市场的江西景德镇的瓷器具有良好的国内群体消费偏好基础,当收入上升,消费者偏好倾向于从瓷器的功能性转向兼具瓷器的艺术性、个性化,良好的市场潜能为江西景德镇瓷器生产的演化提供了空间,我们从它的生产转向中可以窥见传统手工艺走向和消费社会的关系。改革开放后,江西景德镇国有陶瓷厂相继进行工厂设备和技术改造,迅速向现代化生产迈进,"基本实现了现代的流水作业线的机械化生产",与此同时,为满足国际市场对景德镇传统陈设瓷的需要,在一些瓷厂以陶瓷美术研究所的名义制作少量手工艺陈设瓷。进入 20 世纪 90 年代,随着景德镇国营瓷厂私有化或股份制改制推进,为满足国际市场需求,城市周边兴起家庭作坊式的仿古瓷生产,传统手工艺"以农村包围(在景德镇周围的每一个村庄似乎都存在着类似樊家井这样的手工作坊,只是生产的品种各有不同）城市之势在蓬勃地发展着”[①]，当地传统的手工艺技术体系逐渐恢复；从20世纪90年代末到2006年，景德镇大师瓷和教授作品受到中国内地以外市场的关注，日本、新加坡等一些收藏家收藏这些签有作者名字的景德镇当代艺术瓷；2006年后，景德镇瓷器生产进入艺术精英引导的陶瓷手工艺创新发展时期，主要以生产个性化、艺术化的手工生活用瓷为标志，以适合白领以上的中产阶级的时尚口味。[②] 江西景德镇瓷器的生产体系从规模化、标准化生产转向以个性化生产为主的手工艺工场形式，为我们阐释了工业化社会产品“量”和“质”的关系，“质”的生产可有赖于收入的提高和消费偏好的转向，原本趋于消失的传统手工艺可随着社会进入消费社会而获得新的生机。

简言之，传统手工艺行业在消费社会中寻得生机。计划经济时代依靠国家力量确立出口生产导向、到80年代在计划和市场双重手段的作用下进一步密切与国际市场的联系，传统手工艺出口整体上进一步扩大；80年代末90年代初随着市场化改革深化、社会主义市场经济体制的初步建立，以外销市场为主的传统手工艺品行业整体萎缩，困境日显，与此同时，一些行业和个体在困境中觅得消费社会的需求获得生机，在这个过程中，有的原本在工业化进程中濒于消失的手工艺技术体系得以有机会复兴。

第二节　传统手工业在新生机中的困境及出路

20世纪90年代，是传统手工艺行业普遍不景气的年代，这种不景气从表象上看是国际市场动荡引起的市场萎缩而致，再往深里看是传统手工艺行业工业化推进过程中手工技术及体系溶解而致。面对困境，进入21世纪，国家和市场个体多方尝试突围，直到平台经济兴起后，似乎又看到传统手工艺行业的复兴。

---

① 方李莉：《传统与变迁：景德镇新旧民窑业田野考察》，江西人民出版社2000年版，第194页。

② 方李莉：《论“非遗”传承与当代社会的多样性发展——以景德镇传统手工艺复兴为例》，《民族艺术》2015年第1期。

一、传统手工艺行业发展的困境

传统手工艺行业中的一些行业属于适宜作为家庭手工副业存在的自然行业，譬如竹编、草柳编、织绣等，这些行业既可以依靠劳动力众多的优势而进行量产，又可以依靠手工技艺而使产品获得艺术化属性；还有一些行业可以通过技术和设备改造而实现机械化量产，但是产品属性则因此发生变化，从奢侈品或艺术化的生活用品走向规模化量产的普通商品。前者的发展困境在于发现市场和工业化进程中手工艺者的逐渐消失，后者的困境主要在于随本行业工业化而来的手工技术及体系的溶解。下面我们以山东博兴草柳编业和北京雕漆业、山东潍坊茧绸业为例分别述之。

山东博兴草柳编业。民国时期山东博兴草柳编产品，诸如蒲鞋、蒲扇、蒲席、蒲垫等已远销欧美。1949 年后博兴县草柳编的生产和外销与其他手工业行业一样经历从计划到市场的转变。1970 年代末，博兴草柳编的生产以县属企业为主体，采用县属企业规模化加工和散户生产相结合的生产经营模式，即县属工艺美术厂（包括工艺美术公司和工艺美术厂）对外承接各项订单，将订单分配到各生产大队，再由生产大队分配到各家各户，产品收集上来后再由县属工艺美术厂规模化加工后销往国外市场。[①] 这一生产—销售组织在由属于计划经济体制内的二轻工业系统和计划经济体制之外的乡镇企业系统共同构成的系统内完成。据县志记载，1986 年至 1996 年是县工艺美术业最辉煌的时期；1997 年、1999 年工艺美术二厂、工艺美术公司先后出现亏损，1998 年 1 月工艺美术二厂停产，2001 年 6 月工艺美术公司全线停产；2007 年，全县从事工艺美术品生产的规模以上企业 13 家，实现销售收入 20548 万元。[②] 这也就是说，计划经济体制内的博兴草柳编生产—销售方式中断，而被

① Naphattamon Sae-Phan、王艺璇：《技术的社会嵌入：农产品淘宝村形成机制研究——基于 W 村的实证分析》，《西南大学学报（社会科学版）》，2020 年第 1 期。

② 博兴县地方史志编纂委员会编：《博兴县志（1986—2007）》，中国文史出版社 2016 年版，第 201 页。

具有继承性[①]的私营企业在市场中重新组织。在这个转换的过程中,随着各工艺厂相继改制或倒闭,农村里的草柳编业于90年代中后期进入低谷,而后在私营企业的主导下有所发展。到2008年金融危机前后,海外市场骤缩,经营者又不得不寻找新的市场,国内市场在新的历史条件下成为其目标市场。从中,我们可以发现市场成为草柳编这种行业获得生机的根本。另外,农村经济的发展使厂外加工人员流入高收入行业,2019年博兴县湾头村编工的日劳动收入低于在超市工作一天的收入,村民也认为编工不是一份体面的工作,年轻人鲜少愿意成为编工,由此村庄内编工的断代问题成为博兴草柳编生产的隐患。简言之,发现市场和手工技艺传承是类似草柳编这样必须依靠手工展开生产的行业生存并发展的关键。

下面我们看经过工业化改造的传统手工艺行业。

北京雕漆业。[②] 北京雕漆产品自20世纪初开始即以外销为主。但是整体技术落后,“除了一把刀子外,还真没有看到任何有机械构造的器具去帮忙哩”[③]! 1949年后,在扩大出口创汇的要求下,在“工艺品实用化”的导向下,北京雕漆产品在工业化进程中逐渐变成流水线上的技术产品,原有的手工艺人逐步转变为技术工人,传统以师徒关系为核心的手工技艺习得方式也被规模化、正式化教育所取代(譬如以工艺美术学校为主体的教育方式),更为重要的是原本强调的手工技艺在计件生产和批量生产中被简化、被肢解为一道道的工序,由此产生两种结果:其一,雕漆因手工技艺的艺术性而生的附加值逐渐被去除,产品趋向低端化,竞争趋向廉价劳动力和低廉材料上,到1992年,原本代表北京雕漆生产最高技艺水平的北京雕漆厂停止生产,完全转向收购分布在乡镇的加工点产品并出售;其二,这种因追求量化而进行的愈发

---

① 这里的继承性指与二轻工业系统企业有关联的乡镇企业或个人承继原生产—销售网络中的诸如设备、人才、原材料和销售渠道等。譬如,博兴天龙工艺制品有限公司生产草柳苇工艺制品,95%以上出口,其前身是兴福镇工艺品厂,成立于1965年,20世纪90年代成为国家外经贸部批准的享有自营进出口权的私营企业,成为山东省最大的手工艺品生产企业。见博兴县地方史志编纂委员会编:《博兴县志(1986—2007)》,中国文史出版社2016年版,第306页。

② 该例子主要参见宋本蓉:《非物质文化遗产保护视野下的传统手工技艺——以北京雕漆为例》,博士学位论文,中国艺术研究院,2010年。

③ 《北平市之工业,调查缘起及经过》,《工学院半月刊》1935年第17期。

细致的工序分工把工人固定在某一或某几种特定工序上,“有些工人几十年如一日地雕刻着有限的几种花纹”,到2002年北京雕漆厂改制时,“几百名工人,只有不到30人可以继续制作雕漆”。[①] 这也就是说,国家的工业化改造和以计划手段推动的统购统销将北京雕漆业推向以追求量产为目标的工业化生产,在这个过程中,原本以手工技艺为核心、能够产生高附加值的手工生产体系被瓦解,而当计划手段淡出市场,在市场经济冲击之下,我们看到逐渐低廉的北京雕漆产品无法满足外销市场需求而使自身于90年代陷入危机,在20世纪末期濒危。这时,雕漆业的从业者从生产组织形式和技术等方面进行调整、改变。除京郊雕漆的生产以个体手工业的形式延续北京雕漆厂的思路批量生产低廉小件物品(以低端旅游品、纪念品为主)以外,2002年后,原北京雕漆厂总工艺美术师文乾刚成立雕漆工作室,试图使雕漆制作向艺术创作靠拢以满足国内对雕漆高端制品的需求。2010年,北京雕漆工作室有3家,京郊个体手工作坊有2家,这两种生产组织模式,都“已不具备自己出口和外销的能力”,“持续一百多年的外销制作”转而面向国内消费群体。[②]

山东潍坊茧绸业。1949年后,经过系列技术改造,昌邑县集体所有制丝织厂到20世纪70年代基本淘汰了人力织机,代之以国家定型丝织设备;昌邑县北半部的乡村丝织业,在1972年前基本沿用老式木机,1981年老式木机在丝织业中所占的比例下降到20%以下。[③] 到1997年,老式手工木机基本安静地躺在原社队仓库里面临被销毁的命运,掌握手工织造技术的劳动者多数分布在乡村。丝织业的工业化不仅仅体现在织的环节,印染环节也从手工走向机器生产,譬如,20世纪70年代末昌邑丝绸印染业是以手工台板印花,工艺简单、成本低,生产灵活性大,但图案局限性大,到1985年昌邑县丝绸印染厂引进瑞士平网印花机等设备,标志着昌邑县丝绸印花在山东省丝绸印花行

① 宋本蓉:《非物质文化遗产保护视野下的传统手工技艺——以北京雕漆为例》,中国艺术研究院博士学位论文,2010年,第98页。

② 宋本蓉:《非物质文化遗产保护视野下的传统手工技艺——以北京雕漆为例》,中国艺术研究院博士学位论文,2010年,第103页。

③ 潍坊市丝绸公司编纂:《潍坊丝绸志》,内部资料,1987年8月,第128页。

业中具有先进水平。[1] 潍坊丝织业的工业化过程还是手工艺人逐渐消失的过程。伴随工业部门的发展,青年人越来越倾向于去新式工厂操作机器,而非花费巨量的时间习得一门手工技艺。到 2007 年,笔者第一次走访潍坊海孚丝绸有限公司时,公司里最年轻的手织工人和手纺工人分别是 62 岁、57 岁,茧绸手工织造面临后继无人的状况。潍坊丝织业的工业化过程也是原手工生产体系瓦解的过程。潍坊海孚丝绸有限公司组建后的生产是面向海外的小批量、多品种个性化定制,包括一些奢侈品定制,有些订单产品要求织、印花等环节全部手工制作,但是生产环节的全面工业化使得一些环节的手工要素消失,当公司需要重组具有手工生产的环节以满足产品要求时遇到巨大的困难。公司曾经接过的一个订单是法国的丝绸手工织造面料,公司负责人完成手工织造之后组织印花生产,多次尝试但均达不到买方对产品的要求,即使是于杭州最好的印染厂也无法达到产品标准,最后是由韩国人经营的一家印花厂以手工台板印花的方式完成,而公司为此付出的代价是亏损。潍坊海孚丝绸有限公司的负责人作为深耕生产领域的生产者和组织经营者,指出全面追求工业化使得生产环节手工要素消失,这使得生产者在面向多样化市场需求组织生产时面临技术和成本选择范围缩小的困境。由此可见,为追求量产而成的工业化在新的历史条件下会成为个性化定制生产的阻碍,这种阻碍来自消失的手工艺者以及手工艺环节。

从北京雕漆业和山东潍坊茧绸业我们可以看到,它们面临和博兴草柳编业类似的手工艺人逐渐消失、发现市场等问题,但更为突出的困境是,行业本身在工业化改造过程中,原手工生产体系溶解而使原来产品的手工技艺特征消失,这无法满足消费社会对于个性化产品质量的需求。

从这三个案例中,我们观察到构成传统手工艺行业发展困境的三个要素:市场、消失的手工艺人和工业化进程中手工艺生产体系的溶解。这三个要素伴随从计划经济体制向中国特色社会主义市场经济体制的巨大转折而来,现代工业体系飞速发展,以工艺美术行业为主体的传统手工艺行业“失去

---

① 潍坊市丝绸公司编纂:《潍坊丝绸志》,内部资料,1987 年 8 月,第 142 页。

了原先的政策性扶持,更因为现代化对世界的根本性改变”而“备受工业生产和市场经济的冲击”①,这三个要素以单独或合力的方式作用于传统手工艺行业而使其生产和发展面临严峻挑战,政府和市场相关主体多方实践以纾解困境。

二、困境中的实践:政府、市场和信息技术

从前文中我们可看到,20 世纪 90 年代末、21 世纪初,传统手工艺行业的从业者为在困境中求得生存和发展从生产组织方式、技术等方面进行变革。但是,行业无法以市场个体之力有效应对由市场冲击和工业文化观念冲击而带来的诸如手工艺者青黄不继、市场培育难等问题,中央政府先后从不同高度给予传统工艺美术保护和振兴方面的政策支持。在中央政府提供政策支持的同时,一方面,国民经济发展悄然改变着消费者偏好和消费习惯,个性化消费兴起使得潜在的市场规模扩大;另一方面,互联网技术的应用使得传统流通体系发生变革,信息技术为传统手工艺行业发现市场提供助力,传统工艺美术行业在困境中焕发生机。

1997 年,《传统工艺美术保护条例》出台,此后,各地方政府以此为依据出台各地的政策,如北京于 2002 年出台《北京市传统工艺美术保护办法》。2004 年,中国政府正式加入联合国教科文组织《保护非物质文化遗产公约》,国家以政府意志推进将传统手工艺作为非物质文化遗产保护并开发。2016 年 3 月党的十八届五中全会通过的《中华人民共和国国民经济和社会发展第十三个五年规划纲要》明确要实现传统文化创造性转化和创新性发展,并加强非物质文化遗产保护与传承,振兴传统工艺。2017 年文化部、工业和信息化部、财政部制定的《中国传统工艺振兴计划》由国务院同意并发布。

这些法规和文件随国民经济发展的内在要求,调整对传统手工艺保护和发展的定位及政策支持。这种变化首先体现在“什么是传统手工艺”的认知上。1997 年《传统工艺美术保护条例》第二条界定传统工艺美术:“百年以

① 吕品田:《在保护中稳步发展,在发展中积极保护——对中国传统工艺美术未来实践格局的一种展望和诉求》,2008 年 4 月 26 日,在中国传统工艺美术保护与发展研讨会上的发言。

上,历史悠久,技艺精湛,世代相传,有完整的工艺流程,采用天然原材料制作,具有鲜明的民族风格和地方特色,在国内外享有盛誉的手工艺品种和技艺。"[①]2017年《中国传统工艺振兴计划》依然强调传统工艺的历史传承性和民族或地域特色,但相较1997年的界定更为突出的是,强调这类产品"是与日常生活联系紧密、主要使用手工劳动的制作工艺及相关产品","是创造性的手工劳动和因材施艺的个性化制作,具有工业化生产不能替代的特性"。[②]这种界定上的变化反映的是对中国经济社会发展水平提高,社会主体生活方式已随之变化的认可,即追求个性化和生活品质成为一种普遍的生活方式,从国内市场条件上来说,传统工艺产品迎来有利的市场条件。

对于传统工艺保护和发展的措施更加系统化。1997年《传统工艺美术保护条例》是以行政法规的形式强调通过对工艺美术大师的认证和政策性支持来保护传统工艺,地方政府根据该条例出台的保护办法也集中于此,如给予工艺美术大师从事生产经营的税收、贷款等优惠,以"授艺补贴"的方式推动工艺美术大师带徒弟。经济优惠措施对于促进传统手工艺发展的整体效果如何,目前尚不清晰,但是从人才培养方面而言,在实际执行中,往往是徒弟难寻,"出现徒弟比师傅岁数还大,一个徒弟跟几个大师签约,大师给大师当签约艺徒等令人啼笑皆非的现象"[③]。当国家以政府意志推进传统手工艺作为非物质文化遗产保护及开发之后,传统手工艺工业进入非遗时代,非遗时代和此前的区别在于国家从更大范围和更高层面上构建文化认同,并愈发清晰地将传统手工艺的发展纳入国民经济的发展目标和发展手段中,而不仅仅是更加明确政府对于非遗传承人的支持及非遗传承人的义务。2006年《国家"十一五"时期文化发展规划纲要》提出扶持艺术品市场发展,并鼓励开发具有民族传统和地域特色的剪纸、绘画、陶瓷、泥塑、雕刻、编织等民间工艺项

① 中华人民共和国中央人民政府网,http://www.gov.cn/gongbao/content/2014/content-2692748.htm/2020-12/26/content_5574895.htm。

② 中华人民共和国中央人民政府网,http://www.gov.cn/gongbao/content/2017/cotent_5186977.htm。

③ 转引自宋本蓉:《非物质文化遗产保护视野下的传统手工技艺——以北京雕漆为例》,博士学位论文,中国艺术研究院,2010年,第114页。

目,支持农村民间工艺美术产业的发展。[①] 2011 年《国民经济和社会发展第十二个五年规划纲要》明确加强非物质文化遗产和自然遗产保护,拓展文化遗产传承利用途径。[②] 2016 年《国民经济和社会发展第十三个五年规划纲要》则提出要构建中华优秀传统文化传承体系,实现传统文化创造性转化和创新性发展,要加强非物质文化遗产保护与传承,振兴传统工艺。2017 年依据"十三五"《纲要》出台的《中国传统工艺振兴计划》指出传统手工艺在文化和经济方面的重要性,如有助于培育精益求精的工匠精神,实现精准扶贫、促进就业增收等,并从人才、技术、制作等方面出台更为系统的任务和保障措施。[③] 在这样的政策支持下,从市场个体层面上说,传统手工艺从业者在非物质文化遗产的框架下积极申请非遗认证并将其品牌化以获取市场发展机会。譬如,北京通州靛庄花丝厂从非遗项目"靛庄景泰蓝制作技艺"中衍生出"熊氏珐琅"家族品牌,并通过建设家族艺术馆、多媒体传播等方式传播熊氏珐琅文化。[④] 冀派内画传承人王习三发展出内画界认同度高的"习三"商标,同时投资建立世界上第一座以内画为主题的专业展览馆。[⑤] 有学者研究 310 家样本企业发现,以工艺美术大师或非遗代表性传承人称号为品牌的企业占比不低于 62.58%,随着市场的发展,一些企业将大师个人品牌转化为基于市场经济逻辑的家族和企业品牌。[⑥] 从地方政府层面上说,随着国家对传统技艺类非遗项目文化功能和经济功能的普遍重视,传统工艺成为地方政府打造美丽乡村、促进就业增收、实现乡村脱贫攻坚的重要手段和工具。譬如,2011 年贵州雷山县政府与苏州工艺美院合作共同建立雷山非遗保护与研发中心,打造"非遗"传承保护的产业链,使苗族银饰刺绣工艺产品向产业化、市场化、品牌

① 中华人民共和国中央人民政府网,http://www.gov.cn/jrzg/2006-09/13/content_388046_7.htm。

② 中华人民共和国中央人民政府网,http://www.gov.cn/2011lh/content_1825838_11.htm。

③ 中华人民共和国中央人民政府网,http://www.gov.cn/zhengce/content/2017-03/24/content_5180388.htm。

④ 王文超:《传统工艺的文化复兴与"非遗"实践》,《民间文化论坛》2019 年第 4 期。

⑤ 宋暖:《博山琉璃及其产业化保护研究》,山东大学博士学位论文,2011 年,第 154—155 页。

⑥ 陈岸瑛、高登科:《中国传统工艺品牌发展报告》,《美术大观》2020 年第 7 期。

化和规模化发展。[①] 2014 年大理鹤庆银器锻制技艺被列入国家非物质文化遗产传统技艺项目。依托新华村悠久的金属手工艺品加工历史,2017 年云南省政府将鹤庆新华村列入云南省特色小镇创建名单,启动由政府主导的包括银器加工产业园、银器管理研发会展中心、银器博物馆、银器培训教育基地、千匠之家工坊集群、新华银器文创互动中心等在内的银器小镇建设。[②] 许昌市灵井镇霍庄村依托社火道具传统手工制作技艺建设产业扶贫基地,以"电商+文化"的方式助力全面脱贫。[③]

从以上政府的政策性支持我们可以看到政府和社会对于手工艺的认知转变,以及政府对于传统手工艺行业保护和发展思路的变化,这种发展思路的变化和国民经济发展水平及信息技术的发展和应用密切相关,特别是和信息技术联系密切。

进入 21 世纪,传统手工艺行业发展的历史条件悄悄地随着国民经济发展的变化而改变。首先,市场发生变化,20 世纪 90 年代受限于国内经济发展水平、收入水平及消费观念,难以形成对于个性化、艺术化的手工艺品的有效需求,这一情况进入 21 世纪后随着国民收入水平提升、年轻一代成长起来形成不同于父辈节俭消费观的观念而有所改变,国内市场需求逐渐形成且壮大,而国外市场则于 2008 年前后受金融危机的影响处于萎缩状态。其次,技术条件发生变化——互联网技术在流通领域的应用在全球金融危机的冲击之下突然加速,于 2008 年前后以互联网为基本设施形成的 B2C、C2C 等电商经济迅速发展(以淘宝网为代表),产生新的交易组织方式——网络平台式交易,极大地降低了中小制造企业进行跨区域交易的交易成本,以及提高了中小制造企业实现品牌化发展的门槛。[④] 这两个变化为 21 世纪初期处于发展

---

① 赵罡:《由点到面,全面推进——从雷山非物质文化遗产中心到贵州传统工艺工作站的建设探索》,《中国民族美术》2017 年第 1 期。

② 丘小玲:《大理鹤庆新华村银器产业发展研究》,大理大学硕士学位论文,2020 年,第 54—56 页;龙成鹏、张琳翊:《新华银器密码——对话青年学者张琳翊》,《今日民族》2020 年第 6 期。

③ 周玉璇:《传统手工艺型淘宝村产生机制与模式研究》,南京大学硕士学位论文,2020 年,第 53—57 页。

④ 参见李强治:《中国电商基因——交易方式变革、平台架构创新与中国电商经济体的成长》,中国财政经济出版社 2019 年版,第 23—46 页。

困境中的传统手工艺行业企业突破困境提供新的可能性,即发现国内市场,其突出表现就是传统手工艺型淘宝村的兴起。也就是,信息技术极大地消弭空间距离和信息不对称的影响,"使传统手工艺品能够高度匹配日益增长的个性与品质导向的文化消费需求"①。

山东滨州博兴县湾头村的草柳编于21世纪初期的复兴与农村电子商务的发展密切相关。2008年前后因金融危机影响,海外市场骤缩,博兴草柳编行业的部分批发商开始接触阿里巴巴并将网络作为销售平台寻找市场。2006年一些年轻的返乡大学生利用淘宝等电子商务平台做内销,2009年博兴湾头村成为名副其实的"淘宝村";2012年,村里有2000人参与草柳编的加工销售,有40多家实体加工点、500多家网店,草柳编产业有近亿元的销售额;到2014年,草柳编的淘宝交易额占到总交易额的70%—80%,剩下的为批发;2015年湾头村成为山东省首个"千县万村"农村淘宝试点村庄,得到政府和企业的大力扶持。②

根据2019年对淘宝村的调查,传统手工艺型淘宝村成为全国淘宝村蓬勃发展中的一种类型,江苏宜兴(紫砂壶)、浙江龙泉(宝剑)、福建德化(瓷器)、安徽泾县(宣纸)等传统手工艺产品重镇发展的同时,中西部省份的传统手工艺淘宝村迅速发展,其发展往往与各级历史文化名村、传统村落以及"非遗"集中区的分布具有一定关联。典型者有大理白族自治州鹤庆县新华村的银器、河南省洛阳市孟津县南石山村的唐三彩、开封市兰考县堌阳镇范场村的民族乐器、许昌市建安区灵井镇霍庄村的社火道具等。③

---

① 阿里研究院阿里新乡村研究中心、南京大学空间规划研究中心、浙江大学中国农村发展研究院、中国社会科学院信息化研究中心编:《淘宝村十年:数字经济促进乡镇振兴之路——中国淘宝村研究报告(2009—2019)》,第21页。

② 参见汪昌银:《对淘宝村博兴湾头电子商务发展的调查与思考》,《科技创新导报》2015年第12期。Naphattamon Sae-Phan、王艺璇:《技术的社会嵌入:农产品淘宝村形成机制研究——基于W村的实证分析》,《西南大学学报(社会科学版)》,2020年第1期。阿里商业评论:《博兴县:传统手工艺的传承与发扬》,http://www.aliresearch.com/ch/information/informationdetails?articleCode=19481&type=%E6%96%B0%E9%97%BB。

③ 阿里研究院阿里新乡村研究中心、南京大学空间规划研究中心、浙江大学中国农村发展研究院、中国社会科学院信息化研究中心编:《淘宝村十年:数字经济促进乡镇振兴之路——中国淘宝村研究报告(2009—2019)》,第21页。

三、港澳台地区手工业的变迁

经济发展程度相对较高的港澳台地区，手工业首先遭遇冲击。在市场变化、消费者倾向变化的情况下，手工业生存面临较大压力。为求生存，手工业者在主要市场流失之时，发挥环保、精细化作业等优势，尝试维持既有生产。与此同时，他们试图打开内地市场，通过市场转移达到维护生存目标。政府为防止手工业技术失传，通过展览会等方式提高民众认同。随着经济发展进入新阶段，手工业独特性优势得到彰显，形成与工业品互异的特有市场。

20 世纪 50 年代之前，中国香港手工业虽有波折，但整体呈现发展趋势。1939 年上半年“经营织造业手工业者，多有微利可图”①。由于广州失守内地工业加快迁入，香港地区“手织工厂，营业多呈现退减”②。尽管第二次世界大战等国际因素造成香港人口激增，为工业发展提供较好潜力，然则，1950 年香港与“发展中的国家和地区的大城市一样，1950 年前后的香港工业大半还流于传统工业，而且以手工业为主”③。伴随生产规模扩大，手工业“雇用了不少劳动力”，但“远远谈不上是现代工业”。④ 朝鲜战争结束后，中国政府开始外贸统制，采用先结后出的方法管理外贸，防止不法商人套取外汇。部分外贸企业销售市场发生变化，香港商人乘机弥补空缺，实现新市场取代。由于内地商人迁入和市场扩大，香港手工业迅速发展，“仿冒产品式样或商标填补广东货物断档后的空白”⑤。熟练工匠陆续进入香港，为手工业提供充足劳动力。“香港玉雕店发展到 20 多家，首饰店发展到 100 多家。服装加工厂……加工费比广州还低。”⑥

---

① 《港九工厂林立，出品以织造最大宗，去年上半年经营织造手工业者，多有衰退》，《晶报》1939 年 8 月 15 日。

② 《港九工厂林立，出品以织造最大宗，去年上半年经营织造手工业者，多有衰退》，《晶报》1939 年 8 月 15 日。

③ 莫凯：《香港经济的发展和结构变化》，三联书店（香港）有限公司 1997 年版，第 111 页。

④ 莫凯：《香港经济的发展和结构变化》，三联书店（香港）有限公司 1997 年版，第 111 页。

⑤ 广东省地方史志编纂委员会编：《广东省志・二轻手工业志》，广东人民出版社 1995 年版，第 134 页。

⑥ 广东省地方史志编纂委员会编：《广东省志・二轻手工业志》，广东人民出版社 1995 年版，第 134 页。

中国香港经济进入工业化进程后,由于手工业技术、资金等方面劣势,在现代化进程中陷入边缘化。消费者习惯悄然改变造成手工业品市场锐减,“旧式行业如木头车、自制衣服、藤器、串珠手工业等等已经面临重大挑战”①。旧城改造工程“进一步扼杀小本经营的生存空间……手工业行业备受忽视”②。

随着经济发展进入新阶段,消费者倾向逐渐发生变化,手工业独特优势开始显现。香港作为国际性都市,“有大量来自世界各地及内地的商务和休闲旅客,不但为零售业增添无限的商机,亦有助提升品牌的国际形象。香港是海外零售商面向国际、发展环球业务的最佳橱窗”③。香港国际化环境对外界手工业形成一定吸引力。中国台湾手工帆布袋专门店广富号在香港开设专柜,“利用香港国际化的营商环境,提升其品牌在国际上的地位”④。

可持续发展观念提出后,手工业回收性强、污染少的特点得到彰显。手工业技术人员发挥技术特点将白铁皮盒、木梯结合制成装修工具,利用藤具制作藤椅,甚至为超市生产布袋。回收环保型手工业“既充分利用废弃的物料,也为手工业者开创新局面”⑤。

21 世纪初,香港十分流行 DIY 饰物,汝州街开设大批手工业品店铺,规模较大的“华兴饰品”除销售制成品外,甚至开班授徒,教授技艺。在消费观念转变情况下,“小手工生意依然有其生存空间”⑥。手工业在香港甚至获得民间技术传承。加菲猫粉丝手工制造玩偶,并声称成立“设计饰品品牌 Guru Pang Workshop”⑦。

非对称性市场逐渐开拓之时,香港地区相继举行博览会,不仅增强手工业影响,而且为扩大区域外市场做好铺垫。2015 年 12 月 3 日至 2016 年 1 月

① 《旧城故事:手工业展现街坊智慧信息来源》,《香港文汇报》2007 年 2 月 25 日。
② 《旧城故事:手工业展现街坊智慧信息来源》,《香港文汇报》2007 年 2 月 25 日。
③ 《台手工帆布袋品牌落户香港》,《香港文汇报》2015 年 10 月 3 日。
④ 《台手工帆布袋品牌落户香港》,《香港文汇报》2015 年 10 月 3 日。
⑤ 《环保手工业具潜力》,《香港文汇报》2009 年 2 月 14 日。
⑥ 《旧城故事:手工业展现街坊智慧信息来源》,《香港文汇报》2007 年 2 月 25 日。
⑦ 《香港粉丝特制手工刺绣》,《大公报》2018 年 7 月 17 日。

15 日,香港举行“璃光大道”手工玻璃展。来自美国以及中国台湾、香港等地的玻璃艺术家携手筑起全手工玻璃花园。手工啤酒产业开始复苏,酿酒厂雨后春笋般出现,并形成香港特有的手工啤酒节。2016 年,在全港最大型手工啤酒节中,14 家手工酒厂推出 65 款具有香港特点的本地啤酒,入场人数超过 1.3 万人。[①] 香港大学美术博物馆举办德国手工制造展,展示德国大师级手工业品数十件,“包括概念家具、瓷器、银器及饰物等”[②]。2018 年,香港举办艺术鞋履创意展。展览会展示希腊设计师索菲亚·科索维利与香港设计师郑秉心共约 80 件作品。郑秉心秉承多元化风格,将中国传统与现代时装设计结合,中式的婚礼元素融入现代的运动鞋上,形成文化交汇的手工业品。

香港手工业展示平台吸引非港籍从业者参与其中。2016 年,大型手工编织游乐场艺术作品 Harmonic Motion 登陆香港 ifc 商场,展示面积 70 平方米[③],由国际著名纺织艺术大师堀内纪子全手工制作。为增强民众对手工业的认同,全场免费开放。汕尾民间文化技艺制作艺人赵伯扶、吴丰分别带上碣石麦秆画、纸扎麒麟狮,赴港参加第 32 届香港国际旅游展,为香港民众和国际友人现场演示手工艺制作[④],有力地推动汕尾民俗文化“走出去”,有力地推动双方技术、文化交往。

手工业面临工业冲击之时,香港地区手工业者尝试开辟新市场维持生存。伴随与内地交流的增加,香港手工业积极开拓内地市场。在机器制作占据主导地位之时,食品手工业继续坚持既有路线,试图向高端产品过渡。香港金轩宝食品公司维持食材高端配置和手工生产。为保证月饼品质,不惜重金聘请知名月饼大师手工制作,打造具有自身特点的高端月饼。在坚持自身特点的情况下,公司月饼出口 53 个国家和地区,“是目前少数拥有月饼出口资格的老字号食品企业之一”[⑤]。香港旅游发展局经过民众投票选出 6 款土特产品,重点向旅港游客推介。6 款手信手工艺品占据主导地位,在调查排名

---

① 《手工啤酒近年在香港大行其道》,《仙游今报》2016 年 10 月 17 日。

② 《“德国手工制造”展亮相香港》,《乌兰察布日报》2017 年 3 月 3 日。

③ 《香港 ifc 商场　游乐场,手工织》,《新快报》2016 年 7 月 7 日。

④ 《汕尾民间手工艺人香港亮绝活》,《汕尾日报》2018 年 6 月 21 日。

⑤ 《香港金轩宝食品公司:手工制作质量上乘》,《南国今报》2011 年 8 月 18 日。

中位居首位。

西装制衣品牌培罗蒙作为立足香港70年的老品牌坚持手工细节，培养职业认同，强调“一件衬衫由头到尾全手工做出来，过程不是谋生而是一种享受”[①]。培罗蒙注重手工技术传承，将梯队建设和产品质量保障作为长久生存之道。在品牌坚持和打造下，培罗蒙西服甚至为中国国家领导人制作服装，有力推动服饰界“中国风”。上海电影制片厂首席服装大师蒋官升的关门弟子、香港“红帮裁缝”技艺第6代传人袁伟浪在上虞开设佰年隆华裁缝会所。会所西服采用全手工制作。袁伟浪表示，“在工业化高度发展的今天，许多服装企业靠的是机器，以减少成本，而红帮裁缝，靠的是手”[②]。在精工细作下，手工西服最高售至20余万元。

香港奶茶在打开珠三角市场之时，将视角转向内地，最先面向与广东交界的广西。香港拉茶师傅采用全手工制作奶茶。手工奶茶注重原料，按照焗茶、撞茶等工序纯手工打磨后形成独具风味的港式奶茶。由于具有手工技术优势，日均销售量近百杯。[③]

中国台湾地区手工业技术得到良好传承和保留，构成工业化冲击下的生存基础。地方当局强调保护传统文化，手工业成为重点项目。“台湾的人文之美不仅在于对传统的保护，更来自对传统的开发和再利用，让前人的智慧为现实生活服务。”[④]经过民间团体努力，“抢救了一批又一批即将消失的传统手工技艺”[⑤]。“宜兰国立传统艺术中心”“几乎保留整个台湾的传统艺术”[⑥]。该机构打破传统展览模式，采用手工业商业街方式，游客可以身临其境地体验手工业品制造工艺。学校不定期组织学生参观，“让他们在潜移默化中受到传统的熏陶”[⑦]。

---

① 《西装香港风》，《香港文汇报》2017年6月29日。
② 《香港“红帮传人”在上虞开出手工裁缝会所》，《天天商报》2011年1月19日。
③ 《这位年轻师傅可是“带证”冲泡港式奶茶》，《南国早报》2016年1月6日。
④ 忻苹：《台湾无处不手工》，《中华手工》2010年第2期。
⑤ 忻苹：《台湾无处不手工》，《中华手工》2010年第2期。
⑥ 忻苹：《台湾无处不手工》，《中华手工》2010年第2期。
⑦ 忻苹：《台湾无处不手工》，《中华手工》2010年第2期。

除行政力量之外,民间力量也介入手工业保护。树火纸博物馆是中国台湾第一家以手工造纸为主的博物馆。该馆设立体验区,游客可实际操作抄纸工艺。手工造纸业坚持既有技术之时,将作坊打造成“带有观光和教育性质的”①综合性体验工厂。中国台湾彰化县福兴乡依然保留部分手工面线传统,“纯手工面线制作要经过醒面、盘条、拉面、上架、甩面、晾晒等多道工序”②。台湾地区少数民族打造特色手工业品市场。鲁凯人手工业者发扬皮革雕刻技术,将自身文化和手工业融为一体,形成民族特色产品。台北市101大楼旁设置台湾地方特色产业一村一品销售区。通过“住民特色产品与现代设计相结合,以提高产品品质”③。在影视界带动下,马拉桑米酒等产品逐渐进入主流市场。

抗日战争结束后,由于日本退出主要市场,台湾特有手工业品的海外市场进一步扩大。1948年,林投帽、大甲席、通草、竹竿等产品的美洲市场进入旺盛期。美国向中国台湾订购林投帽100万顶。当地企业受限于产能,被迫跨年度交货。制花架、钓竿用之竹竿、通草等圣诞节用品销路大增。台湾地方当局提供700万美元作为奖励基金,并尝试组建生产合作社,发挥规模经济优势,“不仅增加产量,改善质量,同时在运销上亦能集中,使成本减低,以争取国外市场”④。

由于工业化迅速发展,台湾手工业积极扩展区域外市场。2015年,台湾手工帆布袋专门店广富号宣布在香港开设专柜,提高国际市场地位。广富号拥有比较悠久的历史,并将“扶植台湾的传统产业,推广台湾工匠的精湛技艺,并为行业培养新一代接班人”⑤作为使命,针对香港市场特点,广富号推出本地化产品,并在香港投资推广署支持下,实现区域外市场扩大。台湾杰作陶艺公司作品“台湾蓝鹊”不仅做工精湛,而且寓意两岸一家亲,曾作为马英九赠送习近平总书记的礼物。台中市沙鹿镇铸剑师陈重智传承造剑技术,并

① 《台湾手工纸匠坚守传统》,《中国绿色时报》2014年2月27日。

② 《台湾手工制面线》,《台州日报》2016年11月30日。

③ 忻苹:《台湾无处不手工》,《中华手工》2010年第2期。

④ 《台湾手工业销美　现积极生产并谋改善》,《大公报(上海版)》1948年8月5日。

⑤ 《台手工帆布袋品牌落户香港》,《香港文汇报》2015年10月3日。

在祖传技艺基础上进一步提高。虽然产量有限,但销售范围覆盖全球,成为世界武术爱好者和收藏家抢手货。[①]

面对工业竞争,手工业逐渐向区域外转移。中国台湾航模生产长期处于手工状态,形成一批技术优良的手工业者。20 世纪 70—80 年代,中国台湾航模生产处于手工阶段,售价高达 50 万—60 万新台币。工业模型出现后,航模价格锐减,由收藏物品降级为普通商品,手工航模陷入困境。尽管郑富德将航模店开在台北核心地段,但在工业航模冲击下迅速破产。在家人帮助下郑富德转向北京发展。

手工航模界著名技师郑富德从事航模事业近半个世纪,经过对北京市场深入考察,郑富德将航模销售和培训结合,组建手工航模教室,实现潜在市场扩大。北京较为庞大的市场为手工航模提供生存空间。由于手工航模制作有利于提高儿童专注力,数百家庭报名参加,甚至部分台商慕名而来。京东众筹“聚匠计划”将郑富德“蓝博士”项目纳入其中。

中国台湾手工茶壶制造商在大连举办天福茗茶茶器展。超过 300 平方米的展厅呈现 300 余把手工茶壶。台湾手工茶起源于明郑时期,伴随喝茶风气兴起,茶壶需求量持续提高,手拉坯制壶技术成为主流。2018 年 6 月,台湾手工茶器参加北京茶博会,成功开拓新市场。

阿原手工皂在本地市场相对饱和后,决定将中国大陆总部设在深圳。5 年之中开设 9 家门店[②],线上销售初具规模。阿原手工皂“将土地伦理、劳动力美学、人文知性、永续坚持、自然环保理念相结合”[③],尝试打造环保经济手工药皂。“以台湾青草药手作皂为起点,发展世上最好的青草药制品为诉求”[④],采用社区总体营造方式,实践劳动力美学。

2013 年,阿原手工皂登陆广州,成为“人文艺术与商业结合”的有益实践。阿原手工皂根据消费者差异化特点,逐渐形成青草药手工皂系列、液态

① 《台湾手工铸剑师》,《汕头特区晚报》2017 年 4 月 18 日。

② 《43 岁辞职创业做肥皂　他说清洁就像一种修行》,《南方都市报》2019 年 1 月 17 日。

③ 《力求善待环境　提倡人文关怀》,《南方日报》2013 年 11 月 4 日。

④ 《台湾阿原手工皂店》,《深圳晚报》2013 年 12 月 13 日。

皂系列、口腔系列、精油系列、护肤系列、美发系列、茶系列。为确保服务质量，经销商高度重视店员素质，负责人为复旦大学应届毕业生。通过企业文化培养员工认同感，“把喜爱变为热爱的精神”①。

台湾手工业经营范围扩大之时，与大陆市场契合度进一步加深。重庆市九龙坡区发挥手工业独特优势，实施居家创业计划，并举办“台湾手工皂”第一期培训班。人才服务联盟平台、“贤若科技”、“贤若大匠”相关负责人对该项目予以积极支持。区人社局期望通过传授台湾手工皂技术，“达到技术拓展与两岸深度合作的目的”②，进而推动民众增收。为确保合作长期性，区人社局通过电商平台构建产业链，打造多种销售渠道。台湾手工皂甚至引起西藏昌都考察团注意。考察团成员认为台湾手工皂“天然成分备受顾客喜爱”③，具备较大市场潜力。

手工西服不仅成功进入大陆市场，而且开始走向世界舞台。新一代的台湾红帮代表——格兰西服公司创意总监陈和平坚持传统技艺之时，不断吸取先进技术和工艺，将手工西服推向世界主流，使中华民族的红帮传统工艺传送到世界各地。一方面，陈和平“秉承上海师傅的传统，从量身、选料、剪裁、试身到制作完工……坚持运用最扎实的红帮传统功夫，让西服成为完美无瑕的艺术品”；另一方面，陈和平“一手把着红帮传统工艺，一手握着创新研究成果”。④

陈和平注重技术创新，发明“全自动红外线水平量测仪”，有效避免手工制作带来的缺陷。由于手工制作技术要求过高，专业老师傅方可胜任，客观形成发展瓶颈。“全自动红外线水平量测仪”可解决一般人工测量的误差问题，将每个顾客体型特点彰显。技术革新后，陈和平注重设计创新，试图使中西服饰文化完美结合。由于手工西服注重高端路线，安全等诉求相对较高。

---

① 《台湾阿原手工皂店》，《深圳晚报》2013 年 12 月 13 日。

② 《想要免费学“台湾手工皂”技术吗?》，《九龙报》2018 年 8 月 17 日。

③ 《台湾手工皂赢得客人心》，《平潭时报》2016 年 5 月 23 日。

④ 《红帮研究的重要发现台湾手工西服：承传红帮，走向世界》，《浙江纺织服装学院报》2010 年第 3 期。

陈和平采用特殊材料,“赋予西服穿着机能性特征,实为西服业界首创”①。与机器制造相比,手工西服不改变西装线条和整体性。

16世纪以来,澳门手工业进入快速发展阶段,逐渐形成神香、爆竹、火柴三大传统产业,一度“在澳门经济中占据相当大的比重”②。神香业、爆竹业、火柴业进入全盛时期,一度成为澳门“重要的经济收益”来源,对经济发展发挥重要作用,甚至部分居民以此为生。“爆竹业、神香业、火柴业和造船业曾经是澳门主要的手工业及经济支柱,更成为本地不少居民赖以为生的龙头行业。”③本地市场相对狭窄,爆竹业、神香业、火柴业“除内销外,还外销至周边地区,其外销份额比重相当大”④。

与中国香港、中国台湾地区相比,中国澳门在保护、展览之余,比较注重科研,逐渐形成集科研、展览、保护于一体,相对完善的传承链。随着科技进步和工业化推进,手工业逐渐退居次席,“更好保存这些面临衰落甚至失传的传统行业,更好记录澳门传统文化及澳门人的集体回忆,迫在眉睫”⑤。

在民间人士呼吁下,“政府与民间合作,将这些夕阳行业的兴衰记入史册”⑥。文化局等部门通过保护手工业工厂遗址、编写口述史等方式将传统手工业有效传承,并开办工作坊、创作出版物,增强民众对手工业的记忆与认同。尽管手工工厂占据高经济价值土地,但澳门当局依然保留益隆炮竹厂、荔枝碗船厂群。凼仔坊会、离岛妇女互助会、街总离岛办事处合办“庆回归之凼仔益隆炮竹厂产业文化保育之旅”。经多方磋商,益隆炮竹厂将被打造成主题公园,作为居民文化休闲空间,“让参与者加深认识本土爆竹业的兴衰”⑦。

除主流行业之外,澳门通过媒体宣传、口述历史整理等方式保持手工业

---

① 《红帮研究的重要发现台湾手工西服:承传红帮,走向世界》,《浙江纺织服装学院报》2010年第3期。

② 《传统手工业展体现行业变迁》,《澳门日报》2017年10月28日。

③ 《澳博馆办传统手工业讲座》,《澳门日报》2017年11月24日。

④ 《团体访谈研传统手工业兴衰》,《澳门日报》2017年2月25日。

⑤ 《团体访谈研传统手工业兴衰》,《澳门日报》2017年2月25日。

⑥ 《澳门传统手工业展曼谷举行》,《濠江日报》2018年11月18日。

⑦ 《活化传统手工业遗址》,《澳门日报》2015年5月15日。

传承。电视台专门举办《小城探索》等专业节目,聘请手工业技术权威人士教授制作工艺,提高民众对手工业的认可度。澳门博物馆、口述史协会尝试保留路环荔枝碗船厂旧址,在原址基础上改建手工艺展示厅,传承造船工艺。

2018 年 11 月,由澳门特区政府文化局、曼谷中国文化中心主办的“峥嵘岁月——澳门传统手工业专题展”在曼谷开展。澳门文化局、澳门博物馆联合举办“峥嵘岁月——澳门传统手工业专题展”,集中展示供香业(原称“神香业”)、爆竹业、火柴业对澳门经济社会发展的贡献。澳门博物馆此次展出试图使民众“回味往昔澳门手工业辉煌的日子,体会澳门社会生活的变与不变”①。为让民众更加了解澳门手工业,展览区分为供香业、爆竹业、火柴业、对外贸易、教育区及供香、爆竹模拟场景六大展区,并设有放映区。

在集中展览、主题公园推进的同时,澳门手工业研究进入发展时期。澳门博物馆等机构相继进行以口述历史、讲座为平台的手工业整理与研究。澳门博物馆举办《口述历史视野下的澳门传统手工业》等讲座,从澳门历史的角度分析传统手工业对澳门往昔经济、社会等领域,以及发展过程所起的作用及其影响。随后举办的“爆竹的制作”工作坊,将手工制作工艺详细解释,为民众认同提供平台。

“峥嵘岁月——澳门传统手工业专题展”开办的同时,澳门博物馆和民间团体将科普向科研过渡,逐渐推行“澳门传统手工业口述历史研究计划”,开展手工业行业史方向研究,试图补充和整理手工业资料,尝试以“严谨的学术研究为起点,透过发掘不同语种的文献和互证,在澳门宏观社会经济发展史的背景下,对传统手工业展开全面的历史考据和资料梳理”②,最终形成澳门手工业集体记忆。

“澳门传统手工业口述历史研究计划”首先选取神香、火柴、爆竹、酿酒、造船等在内的多个传统手工业为切入点。课题组采访手工业者超过 20 人,多数为从业半世纪以上老工艺人,通过他们的口述展现不同时期澳门经济社会变迁。从历史学角度出发,除口述访谈之外,该项目通过“口述访谈与文献

① 《峥嵘岁月——澳门传统手工业专题展》,《珠江晚报》2017 年 10 月 29 日。
② 《传统手工业展体现行业变迁》,《澳门日报》2017 年 10 月 28 日。

分析相参照、历史研究与现况调查相结合”实现专题研究。这就发挥澳门文化交汇优势,发掘不同语种资料,在澳门社会经济变迁历史背景下,对手工业“展开全面的历史考据和资料梳理”。

配合“峥嵘岁月——澳门传统手工业专题展览”,澳门博物馆举办以澳门传统手工业口述历史研究为主题的专题讲座。为完善澳门手工业记忆,传承澳门历史文化,梳理澳门社会经济发展脉络,澳门口述历史协会与文化局、澳门博物馆合作,开展以传统手工业为核心的口述历史整理与研究,并形成《澳门传统手工业口述历史》一书。该书涵盖 7 个主要手工行业,根据数十位工艺人员回忆录整理而成。从“发展文博事业,保护文化遗产”的目标出发,编写组选择神香业、爆竹业、火柴业、造船业、酿酒业、服装业、印刷业等行业作为切入点,撰写论文 6 万余字。受访者多为手工业老艺人及在手工业界举足轻重人物,熟悉技术传承、发展等情况,不仅对手工业具有较深了解,而且“细诉各种传统手工业特色的同时,能让澳门不同时期的社会精神、人文面貌得以复现”①。尽管手工业有所衰退,但是,通过口述方式“能够将宝贵的历史资料多元化地记录下来,以口述历史的形式,丰富澳门城市人文历史的内涵,述说澳门传统手工业的发展盛衰”②。

从以上我们可以清晰看到传统手工艺行业试图走出困境的实践从行政导向走向市场导向,其生机的获得在国际市场萎缩的条件下有赖于国民收入的提高及生活方式向个性化消费的转变,以互联网为基础设施的平台经济的迅速发展又为生产者迅速匹配需求提供条件。可以说,差异化的市场需求和市场的可及性是传统手工艺行业突破困境的必要条件,在这两个条件不具备之时,政府的政策性支持更多的是落于纸面之上。

① 《澳门传统手工业口述历史》,《澳门日报》2018 年 4 月 29 日。
② 《澳门传统手工业口述历史》,《澳门日报》2018 年 4 月 29 日。

第八章
政府介入背景下少数民族地区手工业的兴起与变迁

1949年后，政府对经济控制能力有所增强，为少数民族地区手工业发展提供制度基础。国民经济恢复阶段，受政府统购统销和全国统一市场形成的影响，少数民族手工业取得较大成就，内部自身新陈代谢在经济发展中得到体现。社会主义改造广泛开展后，少数民族手工业规模效应逐步体现，生产规模和产值达到较高程度。改革开放后，少数民族地区手工业与经济变革相结合，市场、消费群体出现调整，由满足自身需要的小规模生产向区域外市场扩展，技术、销售市场、消费群体发生较大变化。

第一节　1840—1949年少数民族手工业缓慢成长

世界近代史发展证明，后发国家崛起需要近代化政府引导，落后地区产业成长亦如此。近代以来，尽管中国政府近代化程度呈现螺旋提高趋势，但整体近代化程度偏低，对国家触动较小。少数民族地区政府近代化程度低于全国水平，部分地区甚至长期处于地方政权统治之下，经济发展相对缓慢，手工业同样受到较大影响。直至1949年，少数民族地区手工业发展水平不仅与发达国家存在较大差距，与东中部相比亦呈现相对滞后特点，部分地区手工业尚未完成与农业分离，销售区域仅限于本地区，“半工业化”特点较弱。

一、晚清、北洋军阀时期少数民族手工业初步发展

清末新政开始后，清政府对少数民族地区手工业扶持力度有所增加，在一定程度上推动当地手工业发展。1904 年，广西巡抚柯逢时发现广西对外输出以初级产品为主，在工农业剪刀差作用下，“贫也固宜”。但是如果仿照东南沿海发展工业，则“购置机器、动费百十万两，其势有所不能”[①]，唯有发展手工业才可实现本地经济成长。“专恃人工造作，而必求其精。”[②]为提高手工业生产水平，广西巡抚衙门委派梧州候补知府程道远在梧州和省城各设一家手工业教习中心，招收学生 200 余人，学成后潜归故地，充作教习以提高广西手工业水平。在程道远努力下，广西土布、竹器等物品质量与广东不相上下。巡抚衙门随即拨出专款扶持手工业，并令有关部门“悉心访查，何地土产最多，何物销路最畅，随时改良”[③]。同时，广西将技术普及与犯人改造相结合，在监狱中建立工场，鼓励犯人改过自新，学习手工业技术。监狱工场设专门教习，教授制作藤器、织席、织布技术。犯人所做成品按件登记，将来释放之时按值给酬。在政府支持情况下，1909 年，广西全省拥有艺徒学堂、简易工艺教员讲习所等数家手工业技术培训中心。但张鸣岐认为全省手工业需求孔殷，应增设学堂，下令提学司设立实业教员讲习所，以期“储多数完美之教材，树实前途之模范”[④]，进一步推广先进技能，提升产品科技含量。受此影响，广西手工业获得较快发展，如昭平造纸业逐渐打破本地市场限制，成为该县主要产业，并远销贵州、四川、广西部分地区和越南。

与广西相邻的云贵地区少数民族手工业则在规模扩大、技术改进之时，组织体制出现渐革。

为解决贵州流动人口安置问题，1909 年贵州巡抚衙门在贵阳开设警务工

① 彭泽益编：《中国近代手工业史资料（1840—1949）》第 2 卷，中华书局 1962 年版，第 558 页。
② 彭泽益编：《中国近代手工业史资料（1840—1949）》第 2 卷，中华书局 1962 年版，第 558 页。
③ 彭泽益编：《中国近代手工业史资料（1840—1949）》第 2 卷，中华书局 1962 年版，第 559 页。
④ 彭泽益编：《中国近代手工业史资料（1840—1949）》第 2 卷，中华书局 1962 年版，第 559 页。

厂,意图其“将来出外,可自营生”①。贵州巡抚规定每月从巡警经费项目下提取银200两作为资金,派专人负责管理。1911年,在劝业道引导下,遵义、都匀、黔西、镇宁、赤水等地手工工场、蚕桑学堂、山蚕讲习所初具规模,部分地区茶业、棉业“均渐有进步”②。为推动手工业进一步发展,贵州巡抚庞鸿书决定在贵阳建立一家综合性手工业工场,分织布、制革、漆工、缫丝、军装、木工六厂,招收学徒。先从筹办实业款内拨银1万两,作为启动经费,余款由官绅捐输,捐银2000—1万两者从优选拔。商股以50两为大股,5两为小股。政府通过这种途径充分利用民间资本发展手工业。

在政府支持下,贵州手工业逐渐突破传统范围,部分领域出现近代化特征。如丝绸业逐步打破地区限制,省外市场逐渐扩大。遵义野蚕丝较多,遂就地取材,制造绸缎。上等丝每年贸易额50万两,二等和三等丝贸易总数亦达50万两。③ 上等丝和二等丝运往重庆,然后销往山西、陕西和北京,其余部分丝绸则销往湖南和广西。与贵州相邻的云南亦采用新技术,引进山东草帽辫制作方法,制成样品后送英国试用,意图“新添一宗事业……实为致富之源”④。

与西南地区相呼应,西北民族地区手工业在政府帮助下同样取得部分成效。因与内地地理间隔过远,新疆手工业“风气未开,工艺多绌”⑤。新疆手工业主要部门之一的丝绸业,长期以来少数民族群众“对养蚕不甚讲求”,造成“所得之丝粗糙不堪”。⑥ 新疆建省后,清政府从江南调去技术工人数十人,在疏勒建立蚕桑局,新疆丝绸业方进入发展阶段。1905年,仅皮山县即产茧6万余斤。1907年增加3倍,1908年再次增加67%。1909年皮山县出口土茧

① 彭泽益编:《中国近代手工业史资料(1840—1949)》第2卷,中华书局1962年版,第572页。
② 彭泽益编:《中国近代手工业史资料(1840—1949)》第2卷,中华书局1962年版,第574页。
③ 彭泽益编:《中国近代手工业史资料(1840—1949)》第2卷,中华书局1962年版,第93页。
④ 彭泽益编:《中国近代手工业史资料(1840—1949)》第2卷,中华书局1962年版,第572页。
⑤ 彭泽益编:《中国近代手工业史资料(1840—1949)》第2卷,中华书局1962年版,第572页。
⑥ 中国人民政治协商会议新疆维吾尔自治区委员会文史资料研究委员会编:《新疆文史资料选辑》第10辑,新疆人民出版社1981年版,第133页。

32.3 万余斤，每斤价格由一钱五分增至二钱二到三分。[①]

新疆布政使吴引孙曾设立习艺所，但主要功能为提高罪犯生存能力，对地方手工业触动较小。新政开始后，新疆巡抚因地制宜，任命布政使王树枬、镇迪道兼按察使衔荣霈为督办，署迪化府知府汪步端为提调，由官库拨出专款作为工本，建立新疆省城工艺厂关防。该厂以生产和培训为主要任务，从新疆消费品种类复杂实际出发，以民间消费品为主要生产对象，雇用“本地艺师之有心巧者，分科制造”[②]。同时，“广招学徒”以培育人才。为提高技术含量，派专人赴俄国订购机器、学习技术，“以期扩充”。1910 年，新疆工艺厂进一步完善，陈列所、艺徒学堂出现。省内经济相对发达地区相关机构亦有所出现，伊犁、疏勒、和田、吐鲁番、哈密、巴楚、于田等地皆设立艺徒学堂。和田设立劝工所，洛浦县则有工艺局，库尔哈拉乌苏厅设立工艺会，皮山县新办织造局。各地手工业局所皆以本地物产为原材料，以本地市场为主要导向进行生产和培训。在政府努力下，新疆手工业获得一定程度发展。以往新疆本地皮毛加工技术落后，销售不佳。外国人购进新疆皮毛加工后推销至中国，“竟得厚利”。省城工艺厂建立后，皮货加工技术与内地相近，对外国商品形成一定程度的抵制。和田、洛浦等地绒毯加工技术“竞巧争新，市肆畅销”[③]。

辛亥革命后，中国陷入分裂状态，地区间经济差异扩大，手工业亦不例外。新疆经济长期处于封建形态，地区差异与城乡差距进一步扩大。城市以作坊为主，乡村以家庭手工业为主，自然经济特征突出。北疆地区经济较为发达，从属于政府需要的大车制造业、制掌业较为繁荣。南疆地区自然经济特点较北疆明显，在自给自足的同时，集市逐渐增加，为手工业发展提供客观条件。因此，南疆地区手工业以民众需要为主导。与内地相比，南疆的传统手工业部门比较发达。俄国十月革命前，布匹每年出口俄国 12 万匹，销往内地亦有 2 万余匹。据统计，当时南疆地区布匹年产量 200 余万匹，纺织业成

---

① 中国人民政治协商会议新疆维吾尔自治区委员会文史资料研究委员会编：《新疆文史资料选辑》第 10 辑，新疆人民出版社 1981 年版，第 134 页。

② 彭泽益编：《中国近代手工业史资料（1840—1949）》第 2 卷，中华书局 1962 年版，第 572 页。

③ 彭泽益编：《中国近代手工业史资料（1840—1949）》第 2 卷，中华书局 1962 年版，第 573 页。

为“南疆最普遍的一种手工业”①。

新疆少数民族手工业在具有共性的同时带有自身特点。这种特色分为两个方面,即普通商品中的民族特点和民族特需手工业品。新疆地区维吾尔族群众具有铺设毛毯的习惯,客观促进制毯业成长。和田一带所制毛毯闻名全疆。和田毯上等品每条可售至3—4两,中等品亦可售至1—2两。在满足本地需求之外,每年向俄国、阿富汗等国出口3000余条。皮山、于田一带则以织毯业为主。做工精巧的栽丝绒毯尽管价格较高,但依然向周边国家和地区输出千余条。

生产效率有所提高之时,生产关系开始发生变化,由纯粹家庭手工业向资本主义萌芽过渡。民国四年、五年,郜继云在新疆洛浦县利用旧工艺厂遗留机器,组织经营织毯工厂,并向甘肃伊斯兰教教主、喀什道台等人赠送丝毯,成为“资本家雇用当地劳工的第一个事例”②。十月革命后,亚美尼亚商人在和田雇工织造土耳其式毛毯,进一步扩大新疆雇佣制度范围。

二、抗日战争时期政府干预下的跨越式进步

晚清和北洋军阀时期,西南少数民族手工业取得一定发展,但整体相对滞后,作为抗战后方的西南地区尤为明显,直至抗日战争前夕,西南地区手工业依然处于滞后状态。尽管西南地区政局相对稳定,但因长期处于地方军阀割据之下,地方政府将主要精力用于扩军备战。同时,因地区经济相对滞后,当地政府财政力量有限,难以对手工业予以有效帮助,客观滞缓手工业发展。贵州手工业虽然出现资本集中和技术进步的现象,如陶瓷业由清末70余家降至抗日战争前20余家,产品亦由泥碗变为绘有山水的花碗,但依然处于附属农业状态,直至抗日战争初期依然处于“将各地具有特殊材料,济以低廉生

① 中国人民政治协商会议新疆维吾尔自治区委员会文史资料研究委员会编:《新疆文史资料选辑》第10辑,新疆人民出版社1981年版,第130页。

② 中国人民政治协商会议新疆维吾尔自治区委员会文史资料研究委员会编:《新疆文史资料选辑》第10辑,新疆人民出版社1981年版,第133页。

活,或利用农闲从事工作"[①]的初始阶段。造纸业虽然拥有适宜的气候,却因主要在"农闲时采用旧式方法制造,故产量不大"[②]。抗战前夕,云南棉纺织业依然处于家庭副业阶段,基本依靠手工生产,机器纺纱厂数量较少。所谓织布厂,其设备亦"不过是十台或二十台的脚踏机"[③]。在纺织规模较大的下关县规模较大的4家纺织厂资本总和约5000元,有铁木机31台。昆明针织业则"皆属小本经营,合工厂法规定者工厂绝无"[④],且呈现继续下降趋势。最大工厂由国币2万元降为5000元,平均资本200—300元,少者仅数十元。各厂组织形式亦较落后,基本以自有资本经营,合作者仅为中兴1家,股份公司更是不见。全业资本3万—4万元,除中兴1家外,其余皆为家庭工业。制糖业糖房多由当地农民开设,专业商人经营者较少。即使技术水平较高的专业榨房工具也不过是铁锅、盆等物,技术含量较低。制革业规模亦较小,即使经济相对发达的昆明,制革者"皆系小本营生,甚少有牌号名称"[⑤],经营管理相对简单,基本以业主自行经营为主,无内部组织可言。云南鹤庆卷烟业取材来源较广,烟草来自蒙化,烟纸则由江西生产,由昆明运入。但是技术与管理依然落后。卷烟基本依靠妇女农闲时加工,制作机器以简陋卷烟机为主,即木架1座、厚布1方。销路限于省内,尚未运销邻近省份。1933—1937年,广西生丝产量由2418担下降到1210担。[⑥]

抗日战争爆发后,国民政府西迁对西南地区经济产生较大积极影响,加速当地工业化进程。然则,手工业作为传统经济成分,在工业化因外力加速情况下内部分化加剧,且随战局变化而波动。因国民政府采取"以空间换取时间"战略,东中部人口短时间内骤然西迁,客观扩大手工业品消费市场。贵州漆器业"发展异前、销路场之广,几遍战时西南"[⑦],从业人员增加3倍以上。

---

① 彭泽益编:《中国近代手工业史资料(1840—1949)》第2卷,中华书局1962年版,第266页。
② 彭泽益编:《中国近代手工业史资料(1840—1949)》第2卷,中华书局1962年版,第267页。
③ 彭泽益编:《中国近代手工业史资料(1840—1949)》第2卷,中华书局1962年版,第245页。
④ 彭泽益编:《中国近代手工业史资料(1840—1949)》第2卷,中华书局1962年版,第248页。
⑤ 彭泽益编:《中国近代手工业史资料(1840—1949)》第2卷,中华书局1962年版,第264页。
⑥ 彭泽益编:《中国近代手工业史资料(1840—1949)》第2卷,中华书局1962年版,第489页。
⑦ 彭泽益编:《中国近代手工业史资料(1840—1949)》第2卷,中华书局1962年版,第267页。

大定作为重要漆器产地，为外来居民服务的漆皮箱、漆皮盘、漆烟盒销售市场有所扩大，从事人家增至 40 余户。桂柳会战后，贵阳成为西南卷烟业生产重镇，全市手工卷烟和机器卷烟厂 100 余家，西南各省皆有贵阳卷烟销售。贵定一带烤烟业发达，成为产制中心。①

云南因地理位置偏僻，人才匮乏，“各项工业都没有基础，同时也显不出工业的重要性”②，因战争冲击，云南手工业发展亦面临困难。木业本有工人 2000 余人，战争爆发后，因物价上涨，营业困难，部分厂家被迫缩小营业规模。部分工人为避服兵役，相继逃离，以至于“一般厂户之生产工作遂呈现停滞现象”③。木业同样呈现家庭手工工场性质，工人多为家属，工作时间由生产量决定。玉溪榨油业亦根据邻近地区材料供应决定生产时间。农历三四月，菜籽成熟，油坊随即榨油，菜籽耗尽即停止工作。常年工作者则不存在。因菜籽供应有限，全年产油不过 50 余万斤，仅够消耗量的一半。为平衡市场，玉溪县被迫大量购进，因运费过高，油价甚至高过昆明。尽管售价高，销路旺，但战争造成成本提高，榨油业只好通过销售油渣维持经营。

在工业、手工业不景气的情况下，云南部分地区甚至尚未完全实现农业、手工业分离。易村 54 家农户只有 11 家农业生产能够满足需要，全村粮食供应每年差额 475 石。易村以造纸业作为弥补不足的手段。20 世纪 40 年代，“全村造纸收入 18800 元，已够弥补全村亏空而有余”④。易村造纸业虽然能有效弥补居民收入不足，但客观说明手工业的从属地位。据调查，云南农民劳动力剩余较多，农村劳动力平均每年有 150 日的空闲时间，易村一地空余劳动力价值达到 12970 元⑤，相当于谷物价值一半。“一般农村副业多在农闲时期经营……所获利润亦系由于休闲劳动产生之经济价值”⑥。另一方面，农村手工业以本地原料为主，成品就近销售，免除运输成本，亦有力吸引本地资

① 彭泽益编：《中国近代手工业史资料（1840—1949）》第 2 卷，中华书局 1962 年版，第 508 页。
② 彭泽益编：《中国近代手工业史资料（1840—1949）》第 2 卷，中华书局 1962 年版，第 245 页。
③ 彭泽益编：《中国近代手工业史资料（1840—1949）》第 2 卷，中华书局 1962 年版，第 252 页。
④ 彭泽益编：《中国近代手工业史资料（1840—1949）》第 2 卷，中华书局 1962 年版，第 358 页。
⑤ 彭泽益编：《中国近代手工业史资料（1840—1949）》第 2 卷，中华书局 1962 年版，第 358 页。
⑥ 彭泽益编：《中国近代手工业史资料（1840—1949）》第 2 卷，中华书局 1962 年版，第 358 页。

金,使其投入副业生产。抗日战争爆发后,因外来输入减少和“政府之提倡与工业合作组织之兴起,已呈蓬勃气象”[①]。

随着国民政府退入大后方,手工业需求与发展出现新变化。因部分工业内迁,机器配件需求日益增加。广西手工业进入新的繁荣期,各部门呈现“应接不暇之势”。战前业务“极其冷落”的土法炼铜业因“洋锁价昂,故有复兴气象”[②],军用锅灶则“一旦交易成就,动以万元计”[③]。伴随军政人员进入广西增多,保险柜行业逐渐兴起。因重量太大,搬运困难,运入后方者较少。梧州制造保险柜的数家企业虽然“质地不甚坚固”,但依然销路较好。纺织业基本“有余利”,部分行业如制革业“业务极旺,有供不应求之势”[④];碾米业亦业务甚好;牙刷制造尽管以家庭作坊为主要生产形式,却情形甚佳;麻绳业因进入广西船只增加而业务甚好;卷烟业同样颇获厚利;即使工具简陋的地炉玻璃业同样情形尚好。宾阳地区地狭人众,庄稼收入难以满足需要,人民除种田之外,多以手工业为副业补充生活所需,甚至出现“一村之内,全体居民赖此为生”[⑤]的现象。抗战期间,广西宾阳县手工业产值400万元,“于本省国民经济上,实占一重要地位”[⑥]。

部分地区虽然因原料不足,物价高涨,“业务无法支持”[⑦],如5家铁锹生产厂家仅剩2家,酱油业“业务平平”,建筑业则因“人工伙食抬高故无大利”,却因地理原因成为手工业原材料中转枢纽。[⑧] 伴随香港、广州沦陷,大后方原料采购不易。各地相机在苍梧订购,商人则从沦陷区运入物资在苍梧转售。因此苍梧地区的五金材料、机械设备琳琅满目,“五金业顿呈现活跃”[⑨]。苍梧手工业品部分销往湖南和省内其他地区,皮革业“大有供不应求

① 彭泽益编:《中国近代手工业史资料(1840—1949)》第2卷,中华书局1962年版,第359页。
② 彭泽益编:《中国近代手工业史资料(1840—1949)》第2卷,中华书局1962年版,第301页。
③ 彭泽益编:《中国近代手工业史资料(1840—1949)》第2卷,中华书局1962年版,第301页。
④ 彭泽益编:《中国近代手工业史资料(1840—1949)》第2卷,中华书局1962年版,第301页。
⑤ 彭泽益编:《中国近代手工业史资料(1840—1949)》第2卷,中华书局1962年版,第358页。
⑥ 彭泽益编:《中国近代手工业史资料(1840—1949)》第2卷,中华书局1962年版,第303页。
⑦ 彭泽益编:《中国近代手工业史资料(1840—1949)》第2卷,中华书局1962年版,第301页。
⑧ 彭泽益编:《中国近代手工业史资料(1840—1949)》第2卷,中华书局1962年版,第302页。
⑨ 彭泽益编:《中国近代手工业史资料(1840—1949)》第2卷,中华书局1962年版,第302页。

之憾”①。

尽管抗日战争时期西南民族地区手工业整体呈现较好发展趋势，但依然是量的变化，生产关系等形而上的领域变动较小。与此同时，因战争影响手工业受到波及，工人实际收入持续下降，阻碍技术进步和生产再扩大。直到 1944 年，广西都安、隆山、那马三县手工业主力依然是“中等以下之农家、多兼营之”②，依然处于季节性生产状态。造纸者因资金不足将砂纸售予纸庄。纸庄则上下其手造成生产者获利甚微，“无充裕之资金供其利用……改良其制造，扩大其经营”③。麻布业同样存在商人利用资本优势，压迫生产者现象，甚至将“认为合格者，议定最低价格然后收受”④。六塘布运至桂林销售，则进一步受到布号压制。若远方布号订购布匹则出现质次价高的劣等品，最终交易方法不善造成“销路之不畅”。20 世纪 40 年代，尽管广西手工业者名义收入持续增加，但实际收入却在减少。1931 年左右，锯每方丈木材收入 1 元，可购买 2 斗米。1941 年，据每方丈木材收入增长到 30 元，却仅可购 5 斗米，不足一人半日食用。“工资的提升，是无论如何不能跟物价上涨趋势适应”⑤，部分工厂甚至鉴于物价涨速过快，提前支付工资以示优待。在生活水平每况愈下的压迫下，“技术工人之散漫，家庭工业制造之零星，生产无从提高”⑥。

政治制度特殊的西藏，在地方政府作为不足的情况下，手工业成长缓慢。西藏因地理、历史原因，工业相对落后，农业、手工业和畜牧业构成经济主要成分。受经济基础影响，西藏地方政府将手工业者列入下等人行列，并以政府命令形式要求手工业品“不得花样翻新”，造成手工业发展滞后。

西藏地方政府采取农奴方式管理手工业者，藏族手工业者无人身自由，

① 彭泽益编：《中国近代手工业史资料（1840—1949）》第 2 卷，中华书局 1962 年版，第 302 页。
② 彭泽益编：《中国近代手工业史资料（1840—1949）》第 2 卷，中华书局 1962 年版，第 303 页。
③ 彭泽益编：《中国近代手工业史资料（1840—1949）》第 2 卷，中华书局 1962 年版，第 303 页。
④ 彭泽益编：《中国近代手工业史资料（1840—1949）》第 2 卷，中华书局 1962 年版，第 303—304 页。
⑤ 彭泽益编：《中国近代手工业史资料（1840—1949）》第 2 卷，中华书局 1962 年版，第 305 页。
⑥ 彭泽益编：《中国近代手工业史资料（1840—1949）》第 4 卷，中华书局 1962 年版，第 303 页。

分别归属政府、贵族和寺院管理。政府通过行会控制手工业者,以政令征集手工业者进行大规模劳动。贵族等阶层则以劳役等方式对手工业者进行超经济强制。落后的生产关系造成生产力滞后。1935 年,拉萨裁缝铺仅有缝纫机 6 台,几乎完全依靠手工缝制。铁匠业除部分使用汉族地区的鼓风机外,多数生产者依然采用石器等原始器具,生产力较为低下。

三、抗战胜利后政府缺位影响下持续衰退

抗日战争胜利后,国民政府主要精力用于接收沦陷区和筹备内战,对经济发展关注较小,且从属于战争需要。因此,在战争消耗下国民经济逐渐萧条,民族地区手工业亦出现停滞和倒退。抗日战争胜利后,在美货进入增加和政府过度抽税压力下,贵阳卷烟业由盛转衰。贵阳地税局出台土制烟加税办法。贵阳卷烟业在内外交困下,"抗议无效,请愿复无人受理,乃集议罢制,以示消极抵抗"[①]。川滇小厂丝和土丝 1947—1948 年产量出现零增长,始终维持在 2000 担和 8000 担。[②]

在政府缺位影响下,抗日战争胜利后民族地区手工业逐渐步入衰落阶段。1945 年后,少数民族地区手工业呈现停滞和衰落特点。1947 年年末,民族地区中大部分行业出现零增长和负增长。宁夏除草鞋草帽业有所发展外,其余行业多不景气。青海则仅有土砖陶器业发展较好。西南地区的云贵、广西情况稍好。3 个省区的纺织和草鞋草帽行业产值逐步增加,贵州和广西分别在木匠和裁缝行业出现增长。尽管少数省区、部分行业有所好转,但对整个民族地区形势的扭转影响相对较小。

① 彭泽益编:《中国近代手工业史资料(1840—1949)》第 2 卷,中华书局 1962 年版,第 499 页。

② 彭泽益编:《中国近代手工业史资料(1840—1949)》第 2 卷,中华书局 1962 年版,第 490 页。

表 8-1　1947 年各种农村手工业副业兴衰趋势表

省别	纺织	草鞋草帽	土砖陶器	木匠	裁缝	其他
宁夏	-	+	0	-		
青海	+	-	0	-	+	
云南	+	+	0	-	-	0
贵州	+	+	-	+	0	-
广西	+	+	-	0	+	0

资料来源:彭泽益编:《中国近代手工业史资料(1840—1949)》第 4 卷,中华书局 1962 年版。

抗日战争胜利后,西南民族地区手工业在规模上已经落后于东中部地区。国统区 14078 个工厂和手工工场中,西南主要城市昆明和贵阳分别只有 66 个、83 个,不仅不足上海的 0.5%,甚至滞后于非省会城市的汕头。即使与相对落后的南昌相比,差距明显,两个城市总和亦不足南昌。具体分析而言,虽然昆明、贵阳符合国民政府工厂法者比例较大,但受技术限制,依然落后于东中部城市,至于不合工厂法的手工工场总数仅高于兰州,相当于全国比例的 0.3%。①

表 8-2　1948 年国内主要城市工厂统计表

地区	共计	合于工厂法者	不合于工厂法者
总计	14078	3312	10766
南京	888	36	852
上海	7738	1945	5793
北平	272	49	223
天津	1211	215	996
青岛	185	96	89
重庆	661	96	565

① 彭泽益编:《中国近代手工业史资料(1840—1949)》第 2 卷,中华书局 1962 年版,第 557 页。

续表

地区	共计	合于工厂法者	不合于工厂法者
沈阳	275	117	158
西安	69	24	45
汉口	459	86	373
广州	473	269	204
台湾	985	205	780
兰州	39	17	22
汕头	121	15	106
福州	176	17	159
昆明	66	30	36
贵阳	83	48	35
长沙衡阳	216	23	193
南昌九江	161	24	137

资料来源:彭泽益编:《中国近代手工业史资料(1840—1949)》第 2 卷,中华书局 1962 年版。

表 8-3　1948 年国内主要城市工厂比例表

地区	合计	工厂工业	作坊工厂手工业	地区	合计	工厂工业	作坊工厂手工业
总计	100	100	100				
南京	6.31	1.09	7.91	广州	3.36	8.12	1.90
上海	54.97	58.73	53.81	台湾	7.00	6.19	7.27
北平	1.93	1.48	2.07	兰州	0.28	0.51	0.20
天津	8.60	6.49	8.25	汕头	0.86	0.45	0.93
青岛	1.31	2.90	0.83	福州	1.25	0.51	1.48
重庆	4.70	2.90	5.25	昆明	0.47	0.91	0.33
沈阳	1.95	3.53	1.47	贵阳	0.59	1.45	0.33
西安	0.49	0.72	0.42	长沙衡阳	1.53	0.70	1.79

续表

地区	合计	工厂工业	作坊工厂手工业	地区	合计	工厂工业	作坊工厂手工业
汉口	3. 26	2. 60	3. 46	南昌九江	1. 14	0. 79	1. 27

资料来源:彭泽益编:《中国近代手工业史资料(1840—1949)》第 2 卷,中华书局 1962 年版。

表 8-4　少数民族地区 1947 年从事各种手工业副业农家占总农家之百分数

省别	纺织	草鞋草帽	土砖陶器	木匠	裁缝	其他
宁夏	15	5	5	6		
青海	10. 4	2. 6	8. 2	13. 2	4. 4	
云南	10. 9	19. 5	4. 3	5. 6	3. 0	0. 2
贵州	22. 3	19. 4	2. 0	6. 4	4. 8	0. 6
广西	29. 6	11. 6	6. 6	7. 4	8. 1	1. 0
全国平均	24. 7	11. 1	4. 1	6. 3	4. 5	0. 8

资料来源:彭泽益编:《中国近代手工业史资料(1840—1949)》第 4 卷,中华书局 1962 年版。

在民族地区政府缺位情况下,少数民族省区占全国工业比重持续下降。上表中未显示的西藏亦不乐观。1949—1959 年,西藏民族手工业生产水平较低,除官僚机构为特殊供应成立的小作坊外,其余主要以家庭副业为主,与半工业化存在一定距离。手工业仅分为 45 个行业,包括 2. 5 万名从业者。[①] 1959 年,西藏民族手工业生产总值约为 124 万元,占地区经济总量约 2. 3%[②],处于较低比例。在生产关系束缚下,西藏手工业"既不成体系,更谈不上规模,只能称其为非常有限的手工作坊式的零打碎敲"[③]。西康、四川松

① 中国社会科学院民族研究所、中国藏学研究中心社会经济所编:《西藏的商业与手工业调查研究》,中国藏学出版社 2000 年版,第 208 页。

② 张赟:《西藏的民族手工业》,五洲传播出版社 1999 年版,第 2 页。

③ 张赟:《西藏的民族手工业》,五洲传播出版社 1999 年版,第 2—3 页。

茂一带毛纺织业以家庭副业为主,每人每日可完成两三件左右,只足自用。技术含量较高的手工业部门发展较慢,如新疆采矿起步较早,西汉时期即出现采矿业。洛浦县阿其克古代铁遗址为汉唐时期所遗留。然则,直到近代新疆采矿规模依然发展较缓慢,盛产红铜的拜城、英吉沙等产量不多。

1949 年之前,少数民族地区手工业发展相对缓慢与在国民经济中的重要性并存。类似经济现象的出现表明民族地区经济发展的滞后。在政府缺位影响下,少数民族手工业长期处于自给自足的自然经济阶段,与东中部地区存在较明显差距。

第二节　少数民族手工业社会主义改造与进步

中华人民共和国成立后,调控力度的加强和经济落后并存的国情客观要求政府对经济干预。根据实际国情,中国政府加强手工业扶持力度。虽然由于各地区实际情况差异,国家干预存在部分不足,但总体而言,在政府介入下,民族地区手工业获得较快发展。

一、1949—1953 年,政府初步介入下的恢复性发展

1949 年之后,中国政府仿照苏联改造手工业方法,邀请苏联专家日沃比斯夫来华帮助中国指导手工业生产合作社工作,并对民族地区制定因地制宜的政策。1949—1953 年,随着国家干预程度提高,西南民族地区手工业获得一定程度发展,在统购统销政策指导下,“适合于广大农村和人民需要及服务于国家基本建设的手工业,感到供不应求”①。1951—1952 年,西南地区手工业中国营经济增长 43 倍,合作社经济增长 44.74 倍。

① 中国科学院经济研究所编:《手工业资料汇编(1950—1953)》,中国科学院,内部资料,1954 年,第 48 页。

表 8-5　全国各地区手工业各行业发展前途表

地区	发展的行业		维持的行业		困难的或没落的行业		说明
	有各种不同程度的发展的	有发展前途的	基本上维持现状的	需要维持的	目前有困难的	没落的	
广西省	雨伞、牙刷、机器锻铁业中的打铁和金属用具、陶器、棕刷、纺织、木器、家具、制笔、服装以及桂林的三花酒		土榨（榨油、榨糖）、化工制造、染织、机器锻铁业中的机器制造和大打铁、印刷、皮革、竹器、建筑			迷信品和制烟业	
广西省南宁市		五金业中大炉、小炉、白铁、农具、革履、毛巾、布伞、玻璃（农村中所用的玻璃灯等）家私、药棉		木车、船桨、造缆条、大布、细布、木桶、肥皂、割胶、毛笔、麻线、皮球、造纸、冷工、车条、棉胎、手工修理、手工印刷、制造糖果		香炮、烛、磨谷、锡锑、石碑、石磨	
云南省昭通县		土铁、农具、竹木、陶器、榨油业、砖、瓦、文教用品		制革业、小五金、制造、缝纫、食品	土布、染布、烟类、棺材		

续表

地区	发展的行业		维持的行业		困难的或没落的行业		说明
	有各种不同程度的发展的	有发展前途的	基本上维持现状的	需要维持的	目前有困难的	没落的	
云南省玉溪县	染布、缝纫、铁器、制毡、酱油、针棉、酿酒、酒药、修理、爆炮、造纸		针棉织、榨油、靴鞋、木器、陶器			造黄白纸、石器、银器、皮革	部分地区发展的：砖瓦、石灰。已没落而转业的：造枪转小刀、裱糊转篾器
贵州省贵阳市		铁器、绳索、篾器、麻袋、马鞍、板车、制旗、制革、制鞋、油漆、家具		织布、棉线、染织、陶器、缝纫、弹花、制伞、豆作、洗染、牙刷、衣扣、刊刻、证章、面条、米粉、造纸	针织业有过剩的现象	制盒、香纸、爆竹、裱糊	
西北区		铁、木、竹器等家具、服装、机器修配、麻绳、砖瓦、文具、体育用品	土布等			迷信品	根据陕、甘、青、宁4省及西安市的初步了解(不包括农村)

续表

地区	发展的行业		维持的行业		困难的或没落的行业		说明
	有各种不同程度的发展的	有发展前途的	基本上维持现状的	需要维持的	目前有困难的	没落的	
宁夏银川市		铁、木器、缝纫、凉席、鞋、麻绳、修汽车、钟表、修自行车、油漆等10个行业369户，占手工业户总数47.6%		造纸、毡、肥皂、熬硝、白铁、翻砂、弹花、毛口袋、毛毯、铜业、石印、白皮等13个行业、占手工业总户数30.4%		造香炮、水旱烟、织布印染等5个行业，共170户，占手工业总户数22%	

资料来源：中国科学院经济研究所编：《手工业资料汇编（1950—1953）》，中国科学院，内部资料，1954年。

1949年后，随着国家介入力度增强，尤其过渡时期总路线颁布，云南手工业增长进一步加快。通海县手工业从业者占全县总人口2.3%。在政府干预下，全县手工业获得较快发展。1952—1953年，铁锄头、水车、土花布分别增长42.5%、29%、29%。与1949年前历史最高产量相比增速更加明显。马掌业资金、户数增加26.5%、36%。五金业资本增加5倍。酱油业产量增长133%。昆明五金、皮革等行业盈利有所增加。1953年，手工业占国民经济的比重约为27.1%。[①] 当地总结的发展的根本原因是“农村土地改革以后农民发展生产和改善生活的需要，同时也是党和政府对手工业积极领导和扶持的

① 中国科学院经济研究所编：《手工业资料汇编（1950—1953）》，中国科学院，内部资料，1954年，第51页。

结果”①。

在政府帮扶下,在广西、云南的中外市场逐渐扩大。广西产竹较多,为造纸业发展提供充足原料。1949—1952年,产量分别为2.1万、24万、25万市担。社会主义改造前夕,政府控制有所增强。1952年,国营、合作社采购比例约为41.67%。次年,该比重则为57.51%②,国营开始占据主导地位。除销售本省外,广西土纸远销广州、上海、汕头、福州、厦门等地,中国香港、中国澳门地区以及东南亚。

与云南相比,西藏情况相对特殊,民主改革成为手工业发展的重要转折。西藏和平解放后,在中央关怀下,西藏手工业近代化步伐加快。1953年,阿沛·阿旺晋美开设第一个手工业企业——拉萨地毯厂,打破长期以来手工业副业发展缓慢的状况。次年,北京地毯厂3名技术员赶赴拉萨地毯厂协助技术升级。江孜分工委向该厂投放10万银元无息贷款作为启动资金,在各方努力下,拉萨地毯厂年产地毯1万平方米,实现半工业化。

表8-6　西藏手工业行业统计表

行业	户数	人数	行业	户数	人数
鞋业	180	387	画匠	91	247
裁缝	589	1411	油漆	5	11
纺织	130	522	皮工	65	251
织氆氇	52	70	金工	46	195
梳羊毛	2	7	银工	19	52
织毛衣袜	104	146	锡工	1	1
染色	4	6	铁工	50	50
铜工	20	45	制香	15	47
木工	158	528	雕刻	1	2

① 中国科学院经济研究所手工业组编:《1954年全国个体手工业调查资料》,生活·读书·新知三联书店1957年版,第217页。

② 中国科学院经济研究所编:《手工业资料汇编(1950—1953)》,中国科学院,内部资料,1954年,第69页。

续表

行业	户数	人数	行业	户数	人数
泥水工	23	75	印刷	11	27
陶器	9	18	做粉条	1	1
造纸	1	4	屠	36	176
塑像	1	2	其他	48	106

资料来源:中国社会科学院民族研究所、中国藏学研究中心社会经济所编:《西藏的商业与手工业调查研究》,中国藏学出版社2000年版。

民主改革后,党中央因地制宜,从西藏实际情况出发,采取自产自销、就地取材方针,大力发展适合当地特色的手工业部门。同时,中央政府对西藏手工业既有生产关系进行改造,帮助西藏建立238个民族手工业互助组,成立100家中小手工业企业,其共有员工6700余人。1959年,拉萨手工业者达到31592人,较之民主改革前呈现较快增长趋势。

邻近西藏的西康亦有所发展。1949年前后,西康省雅安专区因土匪猖獗,造纸业停工。1951年后,中国茶叶公司西康分公司成立后,茶业才逐渐恢复。贵阳的油漆、面粉、农具制造、建筑材料等行业需求日渐旺盛,手工作坊已难以满足经济需要。

与西南相比,西北地区民族差异较大,各民族手工业在保持原有特点之时,在政府帮助下生产逐步得到恢复和发展。尽管新疆手工业基础薄弱,地区差别较大,但在政府干预下新疆手工业获得较快发展。1949—1953年,手工业户数增加32.58%,从业人数增加34.21%,总产值增加41.88%。[①] 与西南少数民族手工业相比,新疆手工业成长具有自身特点:一是城市增速较快。1949年后,因全国市场形成,城市在商品流通中的作用得到发挥。国营贸易、合作部门加工订货主要在城镇进行。二是农耕区较牧区发展较快。农耕区经过社会改革,农民购买力有所增强,农耕区手工业基础比较雄厚。在各种

① 中国科学院经济研究所手工业组编:《1954年全国个体手工业调查资料》,生活·读书·新知三联书店1957年版,第247页。

因素共同作用下,农耕区手工业增长超过牧区。具体而言,农牧业生产资料较工业和其他生产资料增长较快。1954 年,新疆全省手工业合作社 19 个,供销生产组 216 个,社员 3548 人,占全省个体手工业总人数 3.67%。[①] 在政府组织下,手工业生产合作社的成立有利于减少中间环节,降低生产成本。因政府统一调度,淡季停工、旺季脱销现象得到改观,生产规模和产品质量有所改善,“扩大了社会主义积累,增加了社员收入”[②]。部分国营公司的介入,有力促进生产力发展,如新疆贸易公司订购苏联优良蚕种 3 万盒,用以改良蚕种。

1953 年下半年,新疆手工业出现拐点。在此之前少部分行业增速较慢,大多数行业增长明显。1953 年后则呈现新特点:一是与居民生活相关程度较高的行业增速较快。如 1949 年之前和田砖窑仅 1 户,1953 年则为 16 户,1954 年进一步增至 32 户。[③] 砖窑业、石灰业、毛纺织业、金属制造业、木材加工业出现供不应求的情况。二是部分行业增速降低。金属制造、木材加工、缝纫等行业虽然总数依然提高,但速度降低。金属制造业以 1949 年为基数(100),1950 年为 105.45,1951 年为 118.6,1952 年为 143.25,1953 年达到 173.9。1949—1953 年增长率平均为 14.74%[④],1954 年增长率降到 5.74%。三是部分行业由增变减。此类行业主要集中于消费资料领域,如棉纺织业、油坊、肥皂厂等。作为重要手工行业的棉纺织业从业人数以 1949 年为 100 计算,1950 年为 113.51,1951 年为 139.06,1952 年为 155.63,1953 年降至 132.21,1954 年进一步降至 107.31。增长拐点的到来,标志着相对自由生产方式潜力开始减少,需要政府介入以保持持续增长。

青海省与新疆维吾尔自治区相比,外贸环境相对薄弱,手工业更加需要

① 中国科学院经济研究所手工业组编:《1954 年全国个体手工业调查资料》,生活·读书·新知三联书店 1957 年版,第 251 页。

② 中国科学院经济研究所手工业组编:《1954 年全国个体手工业调查资料》,生活·读书·新知三联书店 1957 年版,第 251 页。

③ 中国科学院经济研究所手工业组编:《1954 年全国个体手工业调查资料》,生活·读书·新知三联书店 1957 年版,第 247 页。

④ 中国科学院经济研究所手工业组编:《1954 年全国个体手工业调查资料》,生活·读书·新知三联书店 1957 年版,第 248 页。

生产关系的改变。经过政府统购统销、发放贷款等方式，青海手工业与国营、合作社经济来往进一步紧密。在国营经济引导下，手工业以“面向生产、面向群众，为城乡居民生活、生产服务，为国家建设服务”①为动力，金属制造业、木材加工业等与民众生活关联度较高的行业成长较快。以金属制造业为例，1949—1954 年的变化情况如下表：

表 8-7　1949—1954 年青海省金属制造业变化表

年份	从业人数(人)	总产值(百元)	年份	从业人数(人)	总产值(百元)
1949	900	4853	1952	1225	10264
1950	1095	6352	1953	1479	12534
1951	1238	8316	1954	1722	17217

资料来源：中国科学院经济研究所手工业组编：《1954 年全国个体手工业调查资料》，生活·读书·新知三联书店 1957 年版。

表格显示，1949 年后，青海金属制造业产值和从业人数取得较快增长，其中虽有从业人数的暂时下降，但产值持续增长，5 年中实现翻一番目标。社会主义改造前夕，青海金属加工业产值较之 1949 年增加近 80 万元，从业人数增至 1479 人。青海省农业生产资料基本依靠本地手工业供给。湟中县调查显示，铁质农具 80%以上为手工业生产，城乡居民生活品 80%—90%为手工业生产。城乡居民生活必需品修理亦依靠流动手工业者，其“恢复已丧失的使用价值，却是难以计算的”②。

内蒙古和宁夏手工业发展水平整体较弱。当地政府不仅从流通领域改造既有结构，而且直接建立生产机构，推动手工业改造步伐。内蒙古下辖地过大、人口分布稀疏。从省情出发，当地组建 300 多名手工业工人为主要成员的农具修配站，在春耕季节对农具进行及时维修，确保春耕进行。手工管

① 中国科学院经济研究所手工业组编：《1954 年全国个体手工业调查资料》，生活·读书·新知三联书店 1957 年版，第 239 页。

② 中国科学院经济研究所手工业组编：《1954 年全国个体手工业调查资料》，生活·读书·新知三联书店 1957 年版，第 238 页。

理局开办新农具修配技术训练班,提高手工业工人技术水平。部分具有特色的手工业地区以本地优势产业为核心,推动产业发展,内蒙古手工业“逐年的劳动生产率有所提高”①。例如,丰镇县具有深厚手工业文化底蕴。该县生产的羊毛剪、镰刀、菜刀等生活用具和具有民族特色的蒙古靴、红紫绒毡等闻名全区。丰镇从技艺传承角度出发组织优秀青年向老艺人学习技术,促进新生力量成长。经过一年努力,职工总数由“九百多人增加到一千八百人以上,行业也由过去的二十九个增加到三十二个”②。有关部门组织手工业工人子女传承家族技艺,习艺成熟者600余人。

与内蒙古相比,宁夏手工业的基础更加单薄,甚至需要建立互助组织。宁夏属于新建自治区,经济基础相对薄弱。1949年,手工业在国民经济中占据重要地位。宁夏区委以提供贷款、统购包销等手段,积极推动手工业成长,尤其是与居民生活紧密联系的家电维修、采煤等行业。宁夏将社会救济与手工业改造相联系,组织生活无着的手工业工人成立互助组织,进行生产自救。同时,选择其中政治觉悟较高的工人重点试办合作社,为推动社会主义改造做好组织准备。对普通手工业生产者,则以供应材料、统购统销方式,在国家因素持续增加的情况下,为社会主义改造创造条件。1953年,全区手工业户数“已由1949年的4147户增加到5381户,从业人数达到9862人,涉及50个行业,1000多种产品”③。

1949—1953年,在政府支持下少数民族地区手工业取得较大成就。然则,因基础薄弱和地方特点,少数民族手工业依然存在经济规模小、技术落后等不足。同时,政府干预进程因民族地区自身特点,形成政策与实际的隔阂,客观影响手工业发展。

新疆部分干部对群众自发性组织置之不理,仍由其自生自灭。基层干部考虑不周,未能从手工业自身特点出发制定管理制度,对原料来源、销路分析

① 中国科学院经济研究所手工业组编:《1954年全国个体手工业调查资料》,生活·读书·新知三联书店1957年版,第74页。

② 新华社内蒙古分社编:《内蒙古新闻集》,内部资料,1954年,第210页。

③ 宁夏通志编纂委员会编:《宁夏通志·经济管理卷》(上),方志出版社2007年版,第35页。

等方面有所忽视。少数干部则好大喜功,一味图快,讲求规模。在急躁、冒进思想诱导下,新疆供销生产小组多以工具共有、集中生产的高级小组为主,“既为建社工作增加了不必要的困难,又使已建立的社由于组织庞大、业务复杂、既缺乏领导骨干又没有充分的管理经验,所以,问题很多”[①]。社会主义改造前夜,新疆手工业部分行业出现原料不足的情况。制毡业、制革业、制毯业等以动物皮为原料的行业在全省范围内出现材料短缺。部分地区木材、金属制造、食品加工等行业出现原料不足。因材料缺乏,部分手工业者变出售产品为代客加工;一部分则减少生产,甚至停工。库尔勒制革业由 58 户降为 33 户。1954 年,喀什、伊犁等地部分手工业者请求政府解决原料问题。部分手工业者因无法工作拒绝传承技术,甚至捣毁生产工具。手工业生产减少,“不仅影响了手工业者的生产和生活,而且也影响了广大农牧民生产、生活必需品的供应”[②]。1954 年,巴里坤县每个乡平均仅获得 10 条毡,农民毡房得不到翻新,南疆农村部分农民因买不到毡而不满。

与新疆相比,内蒙古自治区的主要问题是原材料不足。内蒙古呼伦贝尔盟各行业采购原料以自行购买为主,造成部分行业原料供应不足。除国有煤建公司负责部分调拨的铁业原材料较充足外,多数行业出现材料短缺现象。木业因库存木材耗尽,只好向农民采购。1952 年,农民运销不足造成落松树、折木、桦木短缺,甚至难以满足制作蒙古包框架的需要。1952 年,那达慕大会销售木材 1000 车以上,1953 年降为不到 100 车。[③] 油料业已出现原料短缺,部分油坊因无材料停业,甚至小豆腐坊亦感材料不足。

西南地区管理制度存在有待完善之处,采购价与实际成本有所脱节。西南地区手工业主要依靠加工订货维持,一旦减少订货,手工业即处于危机之中。然则,市场变化与政策定价脱节造成生产困难。贵阳窄布成本由花纱布

① 中国科学院经济研究所手工业组编:《1954 年全国个体手工业调查资料》,生活 · 读书 · 新知三联书店 1957 年版,第 251 页。

② 中国科学院经济研究所手工业组编:《1954 年全国个体手工业调查资料》,生活 · 读书 · 新知三联书店 1957 年版,第 250 页。

③ 中国科学院经济研究所编:《手工业资料汇编(1950—1953)》,中国科学院,内部资料,1954 年,第 123 页。

公司笼统规定,每锭加工费用按照1951年定价为10400元,与实际支出存在差距。1953年,政府定价进一步下降为9960元,实际成本为12900元,差距进一步扩大。厂商为弥补亏空,多次要求提高定价,但是除工资之外,其余成本如管理费等,依然与经营情况脱离。昆明土布业每30台织布机设置管理员1人,伙食员1人,与厂商需求不符,造成第三织布厂第一季度每月亏本50万—60万元,亏空"就是贴在管理人员的薪津上"①。花纱布公司计算原材料过于理论化,造成所发原料不足生产。昆明针织业国营公司生产毛巾,因手工作业难以准确把握毛巾重量,以至于每条毛巾"总是超重一点"②,导致第一季度亏空纱布17股,约765两。

与西北地区相似,西南少数民族部分手工业部门出现原材料短缺现象。1952年,贵州全省土钢短缺1176200斤,造成"(铁农具)原料供应不上"③。土布业同样出现棉花产量不足的问题,产品难以满足市场需要。造纸业中毛边纸、白皮纸等材料均不足。昆明皮革业自3月后无生牛皮供应。五金业买不到4分、5分圆铁。炼铜业购不到旧铜和紫铜。铅铁业买不到白铁皮。贵阳市针织业无细纱可用,只好以粗纱代替,既增加成本又降低质量。木竹器业因木材公司原料供应不足或所供木材不合规格,平均成本提高。云南昭通县土铁农具和制革业原料较缺乏,造成生产停顿。县城2家工厂每年平均停工20余天,农具加工高炉7户停工30多天,影响政府加工订货。榨油业收购菜籽困难,虽然依靠私商解决1500斤,每天依然缺少1750斤,进而引起市场抢购。1953年上半年昭通县仅生产香油3吨—4吨,油枯7吨—8吨,与80吨、168吨的生产能力相比差距甚远。皮革加工业因畜产公司配货不足1月,每家仅能生产8—15天。1953年,西南地区手工业"生产感到困难,甚至有陷

① 中国科学院经济研究所编:《手工业资料汇编(1950—1953)》,中国科学院,内部资料,1954年,第230页。

② 中国科学院经济研究所编:《手工业资料汇编(1950—1953)》,中国科学院,内部资料,1954年,第230页。

③ 中国科学院经济研究所编:《手工业资料汇编(1950—1953)》,中国科学院,内部资料,1954年,第52页。

入停顿状态的"[①]。西南地区原料供应问题"与手工业本身条件有关,另一面国营的搭配也是有其必要的理由,很难全面满足私商要求"[②],部分地区甚至因"价格上涨或供应不上,使生产受到很大影响,降低了手工业者经营信心"[③]。

少数民族地区手工业发展存在瓶颈之时,横向相比与东中部地区差距依然明显。1949 年后,少数民族地区经济经历曲折发展,依然相对落后,大部分省区手工业依然占据主导地位。云南、贵州、四川三省虽然经过抗日战争时期突击建设,工业基础有所增强,但手工业比例依然较高,分别为 52.09%、78.29%、77.24%,经济相对落后的西康甚至达到 95.99%。[④] 社会主义改造前夕,1952 年,西南区手工业从业人员 150 万人,依靠手工业生活群众达 1000 万人,占轻工业总产值的 82%,满足人民需求工业品 80%[⑤],手工业产值占工农业生产总产值的 19.88%,工业比重为 61.23%[⑥]。同时,手工业在工商业中亦占据主要地位。贵阳手工业作坊 3076 户,占全市工业总户数 66.48%。主要行业纺织业中雇工 3 人以下的作坊占全市纺织户总量 97.16%。[⑦] 昆明手工业户数则占全市工商户数 47.55%,手工工人占全市总职工近 1/3。西北区(不含新疆)城镇手工业共有 5.83 万户,从业人员 13.2 万人,供应全区生产、生活资料占 90%以上份额。银川私营手工业者达到 775 户,依靠手工业生活者为 5130 人,流动工人和家属尚未计算,近半数劳动者为独立经营。经济落后与手工业重要地位互为因果,互相映衬。

① 中国科学院经济研究所编:《手工业资料汇编(1950—1953)》,中国科学院,内部资料,1954 年,第 218 页。
② 中国科学院经济研究所编:《手工业资料汇编(1950—1953)》,中国科学院,内部资料,1954 年,第 219 页。
③ 中国科学院经济研究所编:《手工业资料汇编(1950—1953)》,中国科学院,内部资料,1954 年,第 219 页。
④ 中国科学院经济研究所编:《手工业资料汇编(1950—1953)》,中国科学院,内部资料,1954 年,第 45 页。
⑤ 中国科学院经济研究所编:《手工业资料汇编(1950—1953)》,中国科学院,内部资料,1954 年,第 45 页。
⑥ 中国科学院经济研究所编:《手工业资料汇编(1950—1953)》,中国科学院,内部资料,1954 年,第 45 页。
⑦ 中国科学院经济研究所编:《手工业资料汇编(1950—1953)》,中国科学院,内部资料,1954 年,第 46 页。

表 8-8 银川市手工业各业业主职工技术及劳动情况表(1953 年 10 月)

业别	户数	业主								业主家庭从业人数	职工				
		人数	技术情况			劳动情况					合计	技工	半技工	普通	学徒
			主要技术	半技术	无技术	主劳	附劳	经营	不劳						
合计	775	852	725	56	71	671	99	66	16	296	831	388	102	66	275
铁	43	48	31	13	4	41	3	2	2	11	90	10	32	12	36
铜	20	28	23	5		26	2				10	5			5
翻砂	9	16	14		2	14		2			22	1	9	6	6
缝纫	94	98	89	9		92	4		2	19	148	49	2	5	92
鞋	32	32	32			31	1			5	24	17			7
碾磨	109	109	102		7	63	44	2		43	47	46		1	
油坊	40	49	3		46	2	7	40		25	44	38	4	2	
布染	14	19	19			18		1		6	13	12			1
麻绳	9	9	9			9				9	7	1			6
口袋、毯、鞋底	12	12	12			12				1	3	3			
弹花	22	22	13	7	2	12	9	1		3	13	13			
修汽车表	19	25	23	2		20	1	2	2	8	27	9	3	7	8
修自行车	42	57	49	4	4	56		1		3	12	7		1	4
白皮	41	48	45	2	1	45	1	2		10	17	16			1
黑皮	24	29	29			28		1		6	11	8		1	2
毡	17	17	17			16	1				31	14	7		10
木器	57	57	53	2	2	40	7	3	7	16	134	55		5	74
油漆	16	16	16			16				27	9	5			4
芦笼	54	56	56			54	2			11	22	13			9

续表

业别	户数	业主								业主家庭从业人数	职工				
		人数	技术情况			劳动情况					合计	技工	半技工	普通	学徒
			主要技术	半技术	无技术	主劳	附劳	经营	不劳						
石印	12	12	8	4		6	3	3		4	17	6	4		7
造纸	58	58	51	5	2	39	13	3	3	86	115	51	41	23	
香硝炮	14	16	16			16									
肥皂	9	11	9	2		9	1	1		2	7	2		3	2
水旱药	2	2	1		1	1		1		1	2	2			
白铁	6	6	5	1		5		1			6	5			1

资料来源：中国科学院经济研究所编：《手工业资料汇编（1950—1953）》，中国科学院，内部资料，1954年。

表8-9　银川市手工业各业工人学徒工资待遇情况表（1953年10月）

金额单位：万元

业别	工人数	学徒数	工人工资									学徒待遇				备注
			最高	最低	一般	10万以下	10万—20万	21万—30万	31万—40万	41万—50万	51万以上	衣服	一年每月津贴	二年每月津贴	三年每月津贴	
白皮	16	1			30—40				16							
黑皮	9	2	34	20	24—28		1	6	2					14		
毡	21	10	53	46	50					19	2	3				有少数零花钱
木器	60	74	72	24	35—45			5	21	24	10	4				有少数零花钱

续表

业别	工人数	学徒数	工人工资									学徒待遇				备注
			最高	最低	一般	10万以下	10万—20万	21万—30万	31万—40万	41万—50万	51万以上	衣服	一年每月津贴	二年每月津贴	三年每月津贴	
油漆	5	4			50					5		4	3	5	24	三年学徒无衣服
芦笼	13	9			40				13			3				
石印	10	7	49	38	40—45				4	6			16	18	20—22	
造纸	115		27	17	20—27		64	51								
香硝炮																
肥皂	5	2	50	35	35—50				4	1					24	
水旱叶	2				25			2								

资料来源:中国科学院经济研究所编:《手工业资料汇编(1950—1953)》,中国科学院,内部资料,1954年。

表8-10 银川市手工业各业资金情况表(1953年10月)

金额单位:万元

业别	户数			资金			按资金分类户数					户数中最高资金额	各种关系户所占资金数							
													劳资		雇佣		师徒		独立劳动者	
	合计	独资	合资										户数	资金	户数	资金	户数	资金	户数	资金
总计	775	744	31	487170	270060	217110	281	233	133	76	52		31	93969	298	224000	79	27804	367	141397
铁	43	41	2	23089	8881	14208	15	12	11	3	2	3306	2	2907	26	15254	4	312	11	4616

续表

业别	户数			资金			按资金分类户数					户数中最高资金额	各种关系户所占资金数							
													劳资		雇佣		师徒		独立劳动者	
	合计	独资	合资										户数	资金	户数	资金	户数	资金	户数	资金
铜	20	18	2	7966	1958	6008	12	7			1	4400			4	5280	3	740	13	1946
翻砂	9	7	2	11632	3005	8627	5	2			2	1289	1	7289	2	3250	1	210	5	883
白铁	6	6		3122	608	2514	3	1	1	1		1722	1	1722	3	1150			2	250
缝纫	94	92	2	29292	26245	3047	42	36	12	4		1160	1	600	35	16920	32	7005	20	4767
鞋	32	32		7227	4711	2516	20	9	3			941			13	3308	2	450	17	3469
碾磨	109	109		79645	61136	18509	27	35	21	17	9	4000	2	7880	44	38846			63	32919
油房	40	36	4	70421	42519	27902		6	10	10	14	6600	8	26948	30	41913			2	1560
布染	14	11	3	6225	2070	4155	5	3	4	1	1	2306	1	1290	4	1510			9	3425
麻绳	9	9		2676	1624	1052	6	2		1		1554			1	166	4	2176	4	334
口袋	12	12		3024	831	2193	7	3	2			800			3	1022			9	2002
弹花	22	22		19248	15226	4022		3	13	5	1	2070	2	3001	10	7954			10	8293
修汽车表	19	18	1	36407	7671	28736	1	6	3	1	8	10703	1	2300	5	19202	1	2066	12	12839
修自行车	42	37	5	19894	5331	14563	22	13	3	3	1	600			4	9426	3	2405	35	8063
白皮	41	36	5	43968	17498	26470	4	9	16	8	4	5878	3	14021	5	5040			33	24907
黑皮	24	23	1	9258	7020	2238	8	9	1	4	2	5000			5	3220	1	1203	18	4835
毡	17	17		5446	2366	3080	8	6	1	2		1575			13	4606	1		3	840
木器	57	57		25832	14357	11475	25	16	8	6	2	2232	3	3195	30	10702	18	8926	6	3009
油漆	16	16		3974	2382	1592	9	4	3			800			1	190	3	496	12	3288
芦笼	54	53	1	14767	8432	6335	36	11	4	2	1	3900			10	5366	5	515	39	8886
石印	12	12		18421	7659	10762	1	2	3	4	2	4431	2	8626	4	5153	1	1300	5	3342
造纸	58	58		23638	18502	5136	13	29	13	3		1700	2	1172	45	20602			11	1864
香硝炮	14	12	2	2540	1367	1173	10	3	1			580							14	2540
肥皂	9	8	1	17258	7547	9711	2	5			2	11068	1	11068	1	3920			7	2270
水旱叶	2	2		2200	1114	1086		1		1		1950	1	1950					1	250

资料来源：中国科学院经济研究所编：《手工业资料汇编（1950—1953）》，中国科学院，内部资料，1954 年。

社会主义改造前夕，少数民族手工业尽管在本地区经济中占有重要地位，但依然存在规模小、市场狭窄、技术落后、市场欺诈等不足。1949—1951

年，西康省纺织业户由 82 户增至 225 户，在满足本地需求的同时，销往云南。皮革业产品远销广东省。但是该地区造纸业则质量低、价格高，形成滞销。[①]贵州手工业约有 8216 户，17517 人，主要从事造纸、棉花加工、采矿、挖煤等初级行业。农业服务相关行业则有 14599 人，8479 户，主要从事农具生产和维修。日常消费品生产是贵州手工业重点行业，达到 93170 人，56143 户，占个体手工业从业人数 61.26%，涉及金属制造业、竹器生产、缝纫等行业。1953 年，贵州省个体手工业 90999 户，占全省户数 2.67%，从业人员 152095 人，占总人口 1.01%。手工业人数较少，说明贵州省农业经济占优势。在农业经济占据主导地位的情况下，手工业与农业尚未完全分离，"很大一部分手工业跨在农业与手工业之间"[②]，部分农民兼营手工业，约为 246538 户，占农业户数 7.82%，从业人员 300929 人，占总人口 2%，占农业人口 2.15%[③]。农民兼营手工业人数超过个体手工业人数说明贵州经济相对落后，部分行业第一次大分工尚未完全完成。部分重要行业，如金属加工业，平均每户资本仅为 77 万元（旧币），甚至几无流动资金。

全省经济中心贵阳市手工业中虽然雇佣关系、劳资关系似乎占据主导地位，但是近 3000 户手工业者中的 2671 户手工业主参与劳动，老板完全脱离劳动的仅 133 户。[④] 同时，因资金短缺、规模较小（资金 100 万元以下的占总户数 50.53%），手工业者难以自产自销，铁器业、纺织业完全依靠国营企业订货，或生产农民所需要的产品。遵义地区抽样调查的 1140 户手工业作坊中，近 90%仅依靠老板自行生产，未能雇工。

云南经济基础相对贵州雄厚。但是，除昆明、昭通等地外，其余地区的手工业依然滞后，区域外市场长期未能形成。昆明经济较贵阳发达，但金属加

① 中国科学院经济研究所编：《手工业资料汇编（1950—1953）》，中国科学院，内部资料，1954 年，第 53 页。

② 中国科学院经济研究所手工业组编：《1954 年全国个体手工业调查资料》，生活·读书·新知三联书店 1957 年版，第 221 页。

③ 中国科学院经济研究所手工业组编：《1954 年全国个体手工业调查资料》，生活·读书·新知三联书店 1957 年版，第 222 页。

④ 中国科学院经济研究所编：《手工业资料汇编（1950—1953）》，中国科学院，内部资料，1954 年，第 67 页。

工业中资本100万元以下的户数占全行业52.2%,最少的仅为5万元。个体手工业产值15497余万元,占工业总产值46.08%,“是本省目前地方工业组成中不可忽视的重要部分”[①]。同时期,昆明1277户手工业作坊中75.64%尚未雇工。[②] 昭通因手工业者资金较少,产品难以远销,形成恶性循环。1953年11月,全县资金1000万元以上者仅9户,500万—1000万元者25户,100万—500万元者371户,10万—100万元者1788户,平均每户月78万元,小生产者占据绝对优势。既有资金中固定资产比例较大,约为41.5万元,超过总资产50%。据统计,1953年1—6月,每户营业总额仅为300万元,形成一边生产、一边消耗,无从核算成本、计算盈亏,更无法积累资金的恶性循环。即使国家给予部分扶持亦难以摆脱困境。土布业部分手工业者向银行贷款后因经营不善,不能合理使用贷款,无法按期还贷。尽管银行适当照顾,准予分期还款,但依然难以还清。

综上,西南地区手工业呈现出规模小、成本高、质量低等特点。

与西南地区相比,西北地区手工业整体发展水平较低。新疆工业基础较弱,居民生活物品依靠手工业供应,因此“手工业的比重较关内为大”[③]。新疆辖区较大,经济发展表现出多层次特征,手工业存在不同种类,大致可分为:农(牧)家副业性手工业、农(牧)民兼营商品性手工业、专营和基本上专营的手工业(个体手工业)。新疆手工业依旧分布于乡村,城镇较少。城镇手工业户数24474户、从业人数40722人,分别占据全省比例为39.69%、43.77%。农村则在两个指标中占据多数。新疆手工业与近代工业关系较远,具有民族性和区域性特点。维吾尔族、哈萨克族、蒙古族等民族生活习惯存在差异,因此呈现多元化特征。新疆手工业南疆多,北疆少。新疆以天山为界,分为南北两部分。南疆地区地处偏远,商品经济相对落后,基本依靠自给自足的手

① 中国科学院经济研究所手工业组编:《1954年全国个体手工业调查资料》,生活·读书·新知三联书店1957年版,第222页。

② 中国科学院经济研究所编:《手工业资料汇编(1950—1953)》,中国科学院,内部资料,1954年,第47页。

③ 中国科学院经济研究所手工业组编:《1954年全国个体手工业调查资料》,生活·读书·新知三联书店1957年版,第245页。

工业满足本地需要。20世纪50年代南疆地区个体手工业43217户,占全省70.08%。[①] 北疆则因交通相对便利,中国内地与苏联商品陆续进入新疆,对手工业需求较少。农耕区手工业较牧区发达。牧区生活物品需求种类、数量较少,且商品经济滞后,因此大部分手工业尚未完全脱离附属农业状态。以乌鲁木齐、喀什为代表的农耕区拥有个体手工业54430户,占全省手工业户数88.26%。牧区或半牧区的阿勒泰、塔城、克孜勒苏个体手工业户仅为7236户,比例仅为11.74%。[②] 数据表明新疆商品经济落后,手工业与农业分离尚处于进行中。

新疆手工业依然存在经营规模小、资金少的困难。1951年,具有新疆特色的毛毯虽产量多达20万条,但因样式陈旧、不合外销标准,以至于“销路很成问题”[③]。直至1953年11月,新疆伊宁制铁业“规模很小,生产方式也很落后”[④],部分作坊甚至不用风箱。小手工业者占96.2%,采用雇佣关系的作坊仅4户。仅缝纫业中雇佣关系有所体现,部分作坊采取接货加工,以取得工资。截至1954年,新疆个体手工业61666户,从业人员93028人,产值229827300元,占全省工业总产值54.79%。[⑤] 新疆手工业依然以供应消费品为主,占全省个体手工业总户数78.73%,为工农业服务比例仅为16.98%。每户从业人员为1.5人,大部分手工业者资金不足100元。奇台县每户资金138.5元。皮山县则为92.2元。和田县抽样调查的206户手工业者中流动资金50元以下者占94.1%。制靴业流动资金500元以上者为5户,200元左右者3户,20元左右者达到30户,1—10元者40户,部分手工业者完全没有

① 中国科学院经济研究所手工业组编:《1954年全国个体手工业调查资料》,生活·读书·新知三联书店1957年版,第246页。

② 中国科学院经济研究所手工业组编:《1954年全国个体手工业调查资料》,生活·读书·新知三联书店1957年版,第247页。

③ 中国科学院经济研究所编:《手工业资料汇编(1950—1953)》,中国科学院,内部资料,1954年,第55页。

④ 中国科学院经济研究所编:《手工业资料汇编(1950—1953)》,中国科学院,内部资料,1954年,第58页。

⑤ 中国科学院经济研究所手工业组编:《1954年全国个体手工业调查资料》,生活·读书·新知三联书店1957年版,第245—246页。

流动资金。[①] 因为资金不足,手工业者被迫采取随购、随产、随销方式经营。库车县手工业资金流转周期为一周,周五购进原料,下周五出售实现资金回笼;部分贫困者甚至当日购料,当天出售。因此,手工业者生活困难,不仅难以扩大再生产,连基本生活亦难以维持。新疆除较大城镇之外,手工业"一般都非常落后"[②]。手工业中雇佣、师徒关系相对较少。阿克苏 507 户手工业者中雇佣关系占 11.47%,师徒关系占 8.6%。喀什 2490 户手工业者中雇佣关系占 9.4%,师徒关系占 14.6%。雇佣关系受季节性限制较明显,长工较少,短工较多,流动性大。铁匠依然采用传统羊皮袋,部分甚至采用石器做工具。丝绸机基本延续手投梭的工作方式,用几十根木料捆起。染布业以使用铁渣、红柳花泡水为基本方法。制革业鞣制一张皮鞋皮要 23 道工艺,费时 27 天。油坊依旧采用牛拉木臼,日产量为 6.7 斤。因技术落后,产品成本高、质量较低,生产者为弥补不足,甚至采用欺诈手段掩饰,形成恶性循环。奇台县手工业生产合作社制作皮靴成本高于上海运入的机制品。铁匠业因成品存有窟窿,只好以肥皂掺和炭末填塞。

与新疆相比,青海手工业不仅技术落后、规模偏小,而且欺诈行为偏多。青海手工业产业、地区发展不平衡。制铁业以本省农村为销售市场,且供不应求。皮革业则远销兰州、西安。毛纺织业因原料成本提高,造成滞销。砖瓦和石灰业虽仅供应西宁、湟中等地,即已不足。湟源县手工业经营特点为"欺骗性大、偷工减料,产品质量低"[③],甚至利用接近牧区,季节性交易居多等特点,以次充好,欺蒙消费者。五金业为降低成本在产品中掺杂生铁或煤渣,造成农具耐用性较弱。一位打铁匠为都兰县 100 户农民打造镰刀均未放钢,引起农民不满。食品业中以湿面条掺杂其中,增加分量。酿醋业则在普通醋中掺加杂物,作优等醋销售。木艺业以湿木材充当干木,做出的木桶不

① 中国科学院经济研究所手工业组编:《1954 年全国个体手工业调查资料》,生活·读书·新知三联书店 1957 年版,第 249 页。

② 中国科学院经济研究所手工业组编:《1954 年全国个体手工业调查资料》,生活·读书·新知三联书店 1957 年版,第 249 页。

③ 中国科学院经济研究所编:《手工业资料汇编(1950—1953)》,中国科学院,内部资料,1954 年,第 223 页。

经风吹日晒,较易炸裂。伴随外来工业品进入青海,当地手工制品受到一定程度冲击。如天津铁业产品较当地产品价格低近50%,对手工业形成排挤。部分行业则因销路变窄,处于维持状态,如针织、水烟、银业等。

伴随国营经济发展,青海消费者要求逐渐变化。1949年之前,手工业主要面对城乡居民较低购买力而制造低质产品,“在当时是适合社会需要的”①。1949年后,因居民购买力提高需要物美价廉产品,为手工业兴起提供新市场。在国家订货拉动下,青海手工业有所发展,生产积极性得到提高。国家订货有效解决原材料供应和产品销路问题,促使产量逐渐提高。但因基础薄弱,完成国家计划中存在质量差、产量低等不足,与国民经济发展和民众需要脱节。直至1954年,青海手工业在居民生活中占据主导地位,“城乡居民所需要的生产、生活资料,绝大部分有赖于手工业生产来供应”②。手工业产值中,消费资料占89.5%,生产资料约占10.5%,生产资料中大部分为农业需求,工业生产资料比重仅为12.93%,占总产值1%略多。

1949—1952年,国民经济恢复时期,在政府干预下少数民族地区手工业获得较快发展,统购统销、技术支持成为带动民族手工业发展的重要举措。然则,少数民族地区手工业的落后和发展面临的新困难,客观要求政府扶持方式的改变与力度的加大。在过渡时期总路线颁布后,与全国大部分地区相似,少数民族手工业参与三大改造运动,并获得新的成长。

二、社会主义改造促动下的生产跨越式发展

在工业基础相对薄弱的中国,手工业在国民经济中的地位较重要,城乡居民生活用品多来源于手工业,因此“有计划地组织手工业经济的力量,发挥其为国民经济的助手作用,满足社会的需要,有很大作用”③。社会主义改造

① 中国科学院经济研究所手工业组编:《1954年全国个体手工业调查资料》,生活·读书·新知三联书店1957年版,第240页。

② 中国科学院经济研究所手工业组编:《1954年全国个体手工业调查资料》,生活·读书·新知三联书店1957年版,第238页。

③ 杨光修:《台江县农业、手工业和资本主义工商业的社会主义改造》,《台江党研》1997年第1期。

在生产力相对落后的历史背景下，将分散的小生产者有机整合，实现规模经济，为技术进步、提高协作程度提供可能，“是适应当时生产力发展的客观要求的，对生产起了明显的促进作用”①。在生产力相对落后的少数民族地区，社会主义改造对地方经济和手工业发展起到重要推动作用。

1949—1953 年，少数民族地区手工业尽管获得较快的发展，但是与经济发展需要、人民生活需求相比依然存在较大差距。在经济基础落后的后发地区，政府介入成为近代化、现代化建设的必要途径。因此，社会主义改造成为推动少数民族地区手工业进步的重要步骤。

西北地区手工业经过 4 年发展，在成就斐然之时，落后现象依然较为明显。内蒙古手工业较分散，城镇、农村和牧区皆有所分布。总体而言，农村手工业资金较少，水平稍低。城镇手工业虽然户数较少，却占有资金总额的 74.38%和产值的 78.01%。相比之下，农村手工业除在户数方面略占优势外，其余指标均处于劣势，产值更是不足 22%②，这客观说明内蒙古手工业长期处于小规模生产阶段。直至社会主义改造初期的 1954 年，内蒙古手工业平均每户 1.62 人，资金 233 元，“生产上是非常落后的”③，绝大多数依然为一家一户手工生产。即使经济较发达的包头，每户亦仅为 1.6 人，流动资金 95 元。生产水平相对落后的锡林浩特、林东等地平均每户 1.3 人，流动资金 55 元。

受限于小规模生产，内蒙古手工业难以发挥规模经济优势，造成市场狭小和技术落后。内蒙古部分地区手工业市场局限于业主生活区域，部分地区“供应农村生产和生活资料达 70%—90%”④，“基本是适应于农村经济特点而进行生产”。巴林左旗、赛林乌苏村和 4 个营子村等地的 16 户村民使用的

① 杜士勇：《梧州市手工业的社会主义改造和发展之路》，《梧州党史》2000 年第 2 期。

② 中国科学院经济研究所手工业组编：《1954 年全国个体手工业调查资料》，生活·读书·新知三联书店 1957 年版，第 75 页。

③ 中国科学院经济研究所手工业组编：《1954 年全国个体手工业调查资料》，生活·读书·新知三联书店 1957 年版，第 75 页。

④ 中国科学院经济研究所手工业组编：《1954 年全国个体手工业调查资料》，生活·读书·新知三联书店 1957 年版，第 75 页。

22种农具基本依靠手工业生产者生产和修理。手工业原料基本就地取材,除洋铁、部分木材本地无法提供之外,其余原料基本依靠本地供应。内蒙古西部手工业流动性较强,多伦、经棚等处一半以上手工业者是流动工,以牧民为主要市场,客观上造成生产季节性大,淡季、旺季销售差额在50%左右。淡季、旺季的差异造成淡季生产力浪费和旺季的粗制滥造。如多伦地区锡壶业,因质量不佳"产品积压,生产停顿"①。

市场狭小客观上造成手工业再生产困难,与技术落后形成恶性循环。内蒙古因技术落后,产业以适应居民生活、生产简单器械为主,难以生产适应外地市场的高技术含量产品。铁业以手锤、钳子、风箱等6种简易工具为主。皮革业亦不过拥有钳子、皮刀等5种器具,因此只能"生产零碎小型的农具、小件产品,不能生产成批的大件产品"②。

另一方面,内蒙古在国民经济恢复过程中,因未能及时纳入国家计划,手工业在增长中产生新问题。部分地区机械落实政策造成供求失衡。乌兰浩特附近两个旗教条落实"就地取材、就地加工、就地推销"原则,引起城镇小型农具积压和农村供不应求的局面。乌兰浩特、扎兰屯、通辽等地积压大车则近1130台。同时,执行统购统销政策中,部分手工业受到控制,结果部分国营公司管理不善造成"除部分加工订货控制数量供给外,大部分陷于停工减产状态"③。国营煤建公司供应材料未能满足手工业需要,生产规格与实际需求不符,部分产品成为废料。锡林郭勒、察哈尔等地因国营企业、合作社难以满足生铁供应,部分行业被迫从私商处购进废铁,与国营公司合作减少。多伦地区计划供应的秋毛、春毛分别为3500斤、1500斤,实际仅输入春毛2000斤,因无秋毛,无法生产,诱发手工业者不满。

西南地区手工业整体水平高于西北,但同样存在生产关系滞后、盲目推

---

① 中国科学院经济研究所手工业组编:《1954年全国个体手工业调查资料》,生活·读书·新知三联书店1957年版,第76页。

② 中国科学院经济研究所手工业组编:《1954年全国个体手工业调查资料》,生活·读书·新知三联书店1957年版,第76页。

③ 中国科学院经济研究所手工业组编:《1954年全国个体手工业调查资料》,生活·读书·新知三联书店1957年版,第77页。

行工业化等不足。云南手工业因长期偏居一隅,与内地手工业相比处于技术落后、规模较小的劣势地位,难以满足省内市场需求。1954年,云南农民购买力约53368万元,需求手工业制成品总价为4.2亿元。同年,全省手工业产品产值35227万元[①],供求差额达16.2%。这种差距随着经济发展继续扩大。手工业从业人员以兼职为主。专业性从业人员174239人,兼营者为513000人,说明社会分工依然处于较低层次。[②] 大部分手工业者从事普通工艺,特种生产者仅334人,占全部从业人员的0.21%。金属制造业仅能生产旧式农具,新式农具即使是生产合作社亦无法制造。纺织业中较新式的铁制、木制人力织机约1215台[③],大多数地区依然依靠手丢梭等传统工具。受经济基础制约,1954年,云南手工业居民文化等方面涉及较少,仅占总产值0.59%,并局限于城镇。随着全国统一市场逐渐形成,少数民族地区因手工业技术相对落后,面临外来冲击。云南毛巾业技术薄弱,产品质量低劣,式样又不美观,"即在农村初级产业日渐滞销了"[④]。肥皂业产品水分多;金属制造业所产小五金价格昂贵、耐用性较弱,逐渐被外地商品所代替。

手工业工人制造水平较低造成资金短缺和技术落后。1954年,云南全省人均劳动生产率为76.3元,大部分手工业者资金不足,周转较难,自产自销者因资金缺乏难以购进材料,仅可依靠合作社加工订货维持生产。对经济较发达的曲靖抽样调查,得到以下数据:16户铁业总资本为5400元,每户平均337.5元;27户木业共有资产9070元,户均335.9元。昭通2193户手工业者中资产100元以下者有1778户,100—500元之间者有371户,500元以上者有44户[⑤],500元以下者有97.98%。就城乡分布而言,乡村手工业者

① 中国科学院经济研究所手工业组编:《1954年全国个体手工业调查资料》,生活·读书·新知三联书店1957年版,第219页。

② 中国科学院经济研究所手工业组编:《1954年全国个体手工业调查资料》,生活·读书·新知三联书店1957年版,第218页。

③ 中国科学院经济研究所手工业组编:《1954年全国个体手工业调查资料》,生活·读书·新知三联书店1957年版,第219页。

④ 中国科学院经济研究所手工业组编:《1954年全国个体手工业调查资料》,生活·读书·新知三联书店1957年版,第220页。

⑤ 中国科学院经济研究所手工业组编:《1954年全国个体手工业调查资料》,生活·读书·新知三联书店1957年版,第218页。

79144 人,占总人数 51.95%,总产值 119853000 元,占总产值 52.62%。若将省会昆明排除,则乡村后工业优势进一步扩大,产值比例达到 61%,处于绝对优势。在技术和市场限制下,云南手工业以农民为主要市场。土布业生产和染色基本供应农民衣着。油脂、红糖等食品加工业则以农产品为原料,两者共占手工业产值 70%。[①]

因少数民族地区特殊性,云南手工业实际工作与预期存在差距。由于国营公司供货不足,原料短缺,云南畜产公司每年向昆明制革业提供 1 万张生牛皮,与实际生产力相差 50%。昆明制铜业、木器业,永胜铜器业,腾冲皮革业,存在类似问题。云南干部对手工业的认识存在部分误区。首先,过度强调工业化,对手工业采取忽视甚至打压态度。如 1954 年织布业中土布生产减少 10%。[②] 其次,教条落实政策,造成人为困难。如罗平县是文山专区铁农具固定供应地区,因文山专区部分合作社一味强调就地生产、就地销售,被迫采购价格较高的本地农具,引起生产成本提高。嵩明县则禁止竹子运往昆明,诱发昆明竹器业材料短缺问题。

云南属于经济相对落后地区,省内存在区域经济发展不平衡、手工业分布不尽合理等现象。就地区分布而言,昆明、个旧、会泽、大理、建水等 15 个地区比较集中。除昆明外,其余地区多因交通便利,便于形成产供销一体化生产体系或处于矿区而构成地方特色手工业产业。昆明全市缝纫业可产 100 万套衣服,城区人口却不过 40 万。保山县 2 万人口却拥有 243 台缝纫机。普洱县宁洱镇 4000 余人口坐拥 95 台缝纫机。经济相对落后的丽江等地却无缝纫机可用,干部做衣服被迫赶到公署所在地。

贵州不仅存在云南的缺点,而且经济基础更加薄弱,政策落实有待完善,特别对于商业利润过度打压,造成部分行业发展相对缓慢。20 世纪 50 年代,贵州经济较发达的遵义地区手工业户每户资本约 18 元,“国家不扶持就毫无

① 中国科学院经济研究所手工业组编:《1954 年全国个体手工业调查资料》,生活·读书·新知三联书店 1957 年版,第 216 页。

② 中国科学院经济研究所手工业组编:《1954 年全国个体手工业调查资料》,生活·读书·新知三联书店 1957 年版,第 219 页。

办法”[①]。贵州与云南相比，手工业分布相对分散。2000 人口以上的乡镇和县城集中手工业从业人员 72704 人、42534 户，分别占总人数、总户数的 47.8%、46.74%，过半手工业者分布于农村和小城镇。分散于乡村的手工业部分为刚从农业中分离出的手工业部门，虽然以手工业为主业，但“经济活动上与农业是分不开的”[②]，呈现出分布广泛、生产效率较低的特点，成为社会主义改造中的较艰巨部分。

1954 年，贵州手工业依然存在部分不足。国营公司、合作社与手工业不协调。贵定县一味强调发展印刷、砖瓦等行业，客观上与手工业争夺市场造成手工业者失业或半失业。尽管政府及时发放过年经费，却依然治标不治本。一方面，部分地方将手工业者视作私商应对，将商业利润作为打压对象，过度强调控制原材料供应，造成手工业者不满。手工业者则消极做工、虚报成本、不履行合同，造成两败俱伤。同时，手工业内部不协调。遵义绥阳竹木合作社产品成本超过农民兼营手工业。为争夺市场，合作社建议政府下令禁止农民制作竹器，以免引发不必要冲突。三穗县机械业禁止竹子运往铜仁，引发铜仁竹器业缺乏材料。

1949—1952 年，在少数民族地区手工业快速发展的历史背景下，落后与瓶颈逐渐显现。瓶颈的出现表明统购统销、贷款扶持的介入模式与少数民族地区经济基础存在脱节，制约因素的增强呼唤着新的干预方式。社会主义改造的到来，恰好为突破限制条件提供可能。

1953 年，中国共产党提出社会主义过渡时期总路线，明确要求实现对手工业的社会主义改造。在总路线指导下，少数民族地区手工业改造逐步展开。与内地相比，少数民族地区经济基础相对薄弱，急需在政府主导下开展社会主义改造。社会主义改造在少数民族地区取得较丰硕成果。1953 年开始，手工业社会主义改造在民族地区广泛展开，以积极引导、稳步推进和自愿原则，对民族手工业进行供销小组—供销生产社—生产合作社的稳步改造。

---

① 张惠:《遵义市手工业社会主义改造》,《遵义市党史资料通讯》1994 年第 3—4 期。

② 中国科学院经济研究所手工业组编:《1954 年全国个体手工业调查资料》,生活 · 读书 · 新知三联书店 1957 年版,第 222 页。

1953年,新疆手工业社会主义改造以供销生产小组、手工业供销生产社和手工业生产合作社三种形式进行。1954年年末,全区建立手工业合作社19个、供销生产小组155个,发展社员3083人,占从业总人口的3.12%。为配合全国步伐,1955年后新疆加快改造速度,全年建成80余个手工业生产合作社、8个供销生产社和580个供销生产小组。

新疆自治区政府一方面从实际情况出发,对手工业采取扶植政策,向手工业发放低息贷款1424万元,确保改造之时正常经营;另一方面结合社会主义改造实际,由职能部门帮助手工业实现技术进步与规模扩大。1953年,自治区政府对手工业合作社实施免税3年的优惠政策。经过政府干预,新疆手工业得到较快发展。全区手工业户达到6.03万户,产值占地区生产总值60%以上。[①] 1954年,新疆以拥有固定生产场所的个体手工业者为主,达到54793户,占个体手工业总户数的88.85%和从业人数的88.38%。[②] 流动个体手工业者和合伙组织分别仅占总人数的6.82%、7.27%。流动个体手工业分散于广大农村,主要为消费者提供生活用品修理服务。个体手工业合作组织多成立于过渡时期总路线颁布之后,且发展较快。如金属制造业合伙组织由1950年的328人增至1954年的737人。社会主义改造完成前夕,全区建成手工业"生产合作社541个,供销生产合作社71个、供销生产小组454个,共计建立手工业社1066个,入社人员占手工业从业人员83.8%"[③]。

与新疆相比,青海、宁夏手工业的发展主要体现在规模经济发展。青海省手工业分散在各个角落,农村多于城镇。1954年,全省城镇手工业2398户、5468人,农村则为3066户、9902人,乡村手工业在人数方面占据明显优势。农村手工业以兼职型为主,兼营手工业者5781人,占总人数约60%。但是,乡村和城镇手工业产值差距有所缩小。城镇为1192.72万元,农村为

---

① 王利中:《20世纪50年代以来新疆工业变迁研究》,当代中国出版社2014年版,第15页。

② 中国科学院经济研究所手工业组编:《1954年全国个体手工业调查资料》,生活·读书·新知三联书店1957年版,第248页。

③ 新疆百科全书编纂委员会编:《新疆百科全书》,中国大百科全书出版社2002年版,第325页。

1569.58万元。专业经营的个体手工业户平均每户1.68人，每年产值1459元。[①] 当年，青海兼营手工业养活5万人，个体手工业养活4.5万人，生产规模较社会主义改造前有所扩大。

宁夏手工业合作化步伐快于青海，出现专业化合作小组。1953年，宁夏对手工业进行社会主义改造，以手工业供销合作小组、手工业供销合作社、手工业生产合作社为主要形式推动个体手工业向集体经济过渡。1955年，手工业合作社达到109个，涉及工人1868人，占手工业工人总人数近20%，产值约595万元，占手工业总产值30.48%。为追赶全国步伐，1956年宁夏出现手工业合作化浪潮，合作社增加到220个，从业人员近6500人，人数、产值分别占全区手工业总人数、总产值的92.62%、92.44%。

和西北多数省（区）相比，内蒙古手工业发展整体水平相对较高。在过渡时期总路线颁布后，在内蒙古，国家力量对个体手工业控制逐渐加强，加工、订货、统购、统销等环节皆由政府干预。1954年，个体手工业中统购、统销生产产值为1456.2008万元，占个体手工业总产值24.95%。[②] 同时，政府向个体手工业发放贷款102.4667万元，有力解决手工业资金不足问题，并有力帮助手工业者与市场、私商脱离关系。社会主义总路线颁布后，手工业合作组织逐渐出现，部分手工业者甚至自发组织团体，为手工业合作化打好组织基础。

在政府主导的社会主义改造运动中，内蒙古手工业获得较快发展。1954年，内蒙古自治区私营手工业达到24815户、55959人，生产总值82459162元，成为地方工业重要组成部分。在政府扶持政策带动下，手工业为农牧业生产和满足人民生活需要提供重要帮助。

另一方面，各行业情况存在差异。以居民基本生活需要为服务对象的行业发展较快。值得注意的是，部分民族商品市场较大，如熟皮、毡制品等行业

---

① 中国科学院经济研究所手工业组编:《1954年全国个体手工业调查资料》，生活·读书·新知三联书店1957年版，第237页。

② 中国科学院经济研究所手工业组编:《1954年全国个体手工业调查资料》，生活·读书·新知三联书店1957年版，第78页。

因少数民族牧民需求较多,营销较好。部分行业因国家统购统销政策影响而转业,如榨油、制糖等行业在国营加工业较发达地区开始转行,国营公司较少的地区则依然存在,从侧面反映政府对经济控制力增强。

表 8-11 内蒙古自治区各种类型手工业历年来发展变化情况表(1954 年)

金额单位:百元

项目		合计	个体手工业	手工业合伙组织	手工业生产合作组织	资本主义工场手工业
1950	户数	22630	21864		4	762
	人数	55661	47939		576	7146
	总产值	539553	382887		3784	152882
1951	户数	27948	26973		9	966
	人数	60008	50360		587	9061
	总产值	652647	474546		5461	172640
1952	户数	27566	26582		32	952
	人数	58270	48426		917	8927
	总产值	647215	517802		4871	124542
1953	户数	25340	24373		73	894
	人数	55819	45505		1926	8388
	总产值	763933	541831		29338	192764
1954	户数	25005	22105	1750	277	873
	人数	59941	35809	8733	7209	8190
	总产值	920344	468675	114754	120005	216910

资料来源:中国科学院经济研究所手工业组编:《1954 年全国个体手工业调查资料》,生活·读书·新知三联书店 1957 年版。

表格显示,1953 年后,集体所有制与生产力发展形成良性互动。社会主义改造开始后,内蒙古手工业生产总值呈现快速增长趋势。1950—1952 年,全区手工业总产值增加约 1000 万元,其中 1951—1952 年出现负增长。改造开始的 1953 年,手工业生产总值增加 1200 余万元,超过 3 年增加值。1954

年,进一步增至9200余万元,达到峰值。生产力快速发展之时,公有制经济比例有所提高。1950年,个体户工业占据主导地位。手工业生产合作组织仅为4户,产值不足个体手工业10%。与资本主义手工工场相比亦处于绝对劣势。生产力高速发展的1953年,手工业生产合作组织为73家,产值增至近300万元。1954年,手工业合伙组织开始出现,两种公有制经济产值占全区总产值的25%,超过资本主义工场手工业,总体规模虽然小于个体手工业,但个体规模大于前者。

内蒙古手工业增加值主要来源于公有制经济增长,1950—1954年,手工业增加值约4000万元,其中手工业合伙组织增加1147余万元,手工业生产合作组织增长1153万元,两者贡献率超过55%,成为内蒙古手工业发展的核心动力。个体手工业、资本主义工场手工业增速相对缓慢,与1950年相比,4年中个体手工业增加值增速约20%,资本主义工场手工业增速约为40%[①],低于公有制经济增幅。公有制经济比例增加说明政府在经济发展中起主导作用,同时证明政府介入适应经济发展需要,成为推动手工业生产发展的主要推动力。

1956年上半年,44个手工业生产合作社完成公共积累35.3亿元,盈余15.9亿元,生产工具亦有所改善。[②] 通辽、海拉尔、乌兰浩特、丰镇4地木工业生产合作社配备电锯。铁业生产合作社则购置吹风机取代旧式风箱等半机械化设备。实践证明,手工业生产合作社有效提高了劳动生产率。7个木工、铁工手工业生产合作社即供应5个县、旗10多万件农具。海拉尔生产合作社满足新巴尔虎左旗5000余人的蒙古马靴需求。1956年,内蒙古全区6200余名手工业者自愿参加合作社。当年10月底,手工业合作社、供销生产合作社达到133个,供销生产小组127个,有组织的手工业工人占全区15%。合作社充分发挥规模效应,在技术、资金等方面有所改善。

西南地区改造不仅局限于手工业,而且逐步呈现向经济管理体制建设过

---

① 新华社内蒙古分社编:《内蒙古新闻集》,内部资料,1954年,第213页。

② 新华社内蒙古分社编:《内蒙古新闻集》,内部资料,1954年,第213页。

渡特征。贵州属于手工业改造较早的省份。1953 年,贵州国营工厂职工仅 1.3 万余人,手工业工人人数是国营工厂的 10 多倍,产值占全省工业产值 46.08%。手工业供应居民日常需求 60%—70%,边远县区则达到 90%。较大城镇中手工业依然具有配件制造、工业零部件维修等功能,“在本省国民经济中,占着很重要的地位”[①]。次年,贵州手工业合作社组织即达到 993 个,社员 15501 人,占个体手工业总人数 10.19%。其中生产合作社 147 个,4060 人;供销生产小组 781 个,9709 人。大部分合作社、生产小组是在 1954 年下半年建立的。供销生产社 65 个,社员 1732 人[②],大体分为三类:一是实行集中生产、统一核算管理体制,传统师徒关系、雇佣关系已经转化为合作关系的生产合作社性质的供销社;二是社员集中生产,统一核算,工具共有,自负盈亏的经营性生产社;三是个体手工业者组织形成的组织松散、生产分散的生产社。手工业改组过程中,国营公司、合作社等国有经济成分对手工业发展起到较大作用。1954 年,国、合商业统购包销控制下的产值占 48.13%,在较为重要的棉纺织、榨油、针织等六大行业中,统购统销占据主导地位。

实践中,贵州各地区根据实际情况作出针对性改造。以台江县为例,1953 年,全县手工业者 891 人,行业间从业人员差别较大。因此,台江县将改造手段分为手工业生产小组、手工业供销组和手工业生产合作社 3 种。1953—1955 年,全县“组织手工业生产合作社 19 个,社员 308 人;手工业生产小组 1 个,5 人;供销组 1 个,4 人”[③]。虽然生产合作社有利于提高生产效率,然而少数民族地区因环境特殊短时间内未能收到预计效果。1956 年,部分合作社出现生产发展缓慢和减产问题。据统计,减产社 4 个,恒定社 8 个。根据实际情况,台江县改集中生产为分散生产,发挥手工业者技术优势,有效提高经济效益,当年取得社员收入增加 8.3%和生产总值提高 8.7%的成果。

---

① 中国科学院经济研究所手工业组编:《1954 年全国个体手工业调查资料》,生活·读书·新知三联书店 1957 年版,第 225 页。

② 中国科学院经济研究所手工业组编:《1954 年全国个体手工业调查资料》,生活·读书·新知三联书店 1957 年版,第 227 页。

③ 杨光修:《台江县农业、手工业和资本主义工商业的社会主义改造》,《台江党研》1997 年第 1 期。

贵州社会主义改造不仅是生产方式改变和生产力变革，而且构成思想动员和社会重构。安顺市城关镇通过开展整风运动等，实现社员思想统一。合作社针对社员想赢怕亏心理，通过论述技术革新的重要意义和增收增产的重要作用，有效解决“社员的思想问题”，最终达成“依靠群众掀起一个试制新产品的热潮”的共识。[①] 1958 年 4 月，合作社试制新产品 1057 种[②]，其中包含 500K 压力机、32 锭木质纺纱机、水玻璃、抽水机、人造棉、药皂和高级肥皂等具有较高技术含金量的新产品。铜仁地区通过发动群众尝试在应用技术领域取得突破，达到“人人献策，人人创造、互相学习，争当模范”[③]目标，相继造出车床、铡草机、电动鼓风机等新技术设备。缝纫社、印刷厂少数技术超越北京、上海。

通过社会主义改造，贵州手工业生产力得到较大提高。手工业、农业供销关系进一步密切之时，初步实现农业和手工业互相支援的良性循环。另一方面，工业基础相对落后的贵州，手工业为国家、合作社积累更多的资金，有效缓解了经济建设压力。

1951 年，黔西南州手工业占工业比重在 95%以上，手工业中“没有工厂，作坊多为三至五人自营”[④]。全区手工业户 20201 户，30796 人。数据客观说明黔西南州手工业处于小作坊阶段。同年 7 月 7 日贵州省财委下发电令，着手恢复和发展公私营小型轻工业和手工业生产[⑤]，成为黔西南州手工业发展的转折点。

1952 年，黔西南州成立供销合作社，对手工业生产进行指导和管理。政府通过银行、供销机构帮助手工业发展。在手工业者中组织加工组 241 个，主要供应国营供销体系。当年，银行向手工业发放贷款 3 万余元。1952 年，全州手工业总产值 557 万元，占全区工农业生产总值的 5. 28%，较 1950 年增

① 谢晋安：《黔西南州手工业社会主义改造》，《黔西南史志通讯》1990 年第 3 期。
② 谢晋安：《黔西南州手工业社会主义改造》，《黔西南史志通讯》1990 年第 3 期。
③ 谢晋安：《黔西南州手工业社会主义改造》，《黔西南史志通讯》1990 年第 3 期。
④ 谢晋安：《黔西南州手工业社会主义改造》，《黔西南史志通讯》1990 年第 3 期。
⑤ 谢晋安：《黔西南州手工业社会主义改造》，《黔西南史志通讯》1990 年第 3 期。

加48.22%。[①] 伴随过渡时期总路线公布,手工业社会主义改造成为总路线有机组成部分,以合作化为措施,把手工业私有制转化为集体所有制。贵州省召开第一次手工业生产劳动者代表会,并发布手工业调查方案。会后兴义市委下达《关于贯彻省第一次手工业生产劳动者代表会精神的指示》,提出在积极稳步发展新的手工业生产合作社基础上,推动供销生产小组和供销生产合作社等较低级合作社的建设。1976年,黔西南州集体企业103个,职工5064人。与1965年相比,企业减少20个,职工却增加1382人,说明集约化发展取得初步成效。手工业产值1216.8万元,较1965年增加107%。党的十一届三中全会后,黔西南州手工业呈现较快发展趋势。1988年,手工业企业降至37个,职工1358人,较1978年分别减少45.5%、127%,所占经济比重由1971年的90%降至52.7%。1989年,手工业总产值13862万元,较之1978年增加2.24倍。同时,相对比例却在下降,这说明经济结构的优化。

1954年,兴义成立农村工作部,内设手工业合作科,全面支持手工业社会主义改造。1954年11月,兴义专区组建手工业调查办公室和工作组,广泛开展手工业普查。全区手工业共45267户,从业人员64429人,年产值3035万元。其中专业手工业者9458户,从业人员16633人,居于少数,然其产值占比为66.7%,规模经济效应逐渐体现。[②] 1954年年底,全区成立手工业生产合作社12个,社员290人,年产值33.78万元;供销生产社10个,社员187人,年产总值17.77万元;供销生产小组8个,组员120人,年产值15.5万元。[③] 合作社的成立有力推进了手工业发展。建社一个月内产值普遍增加10%—15%,最低亦增加4%。同时,劳动生产率有所提高,如冯兴木器生产合作社木水车生产率提高5倍,价格由30.2万元降至18.2万元(旧币),社员收入增加15%—45%。[④] 从改造实际情况出发,黔西南州以供销平衡、工商合作为切入点,以统筹兼顾为手段增强计划性,实现资源优化配置,减少手工业

① 谢晋安:《黔西南州手工业社会主义改造》,《黔西南史志通讯》1990年第3期。
② 谢晋安:《黔西南州手工业社会主义改造》,《黔西南史志通讯》1990年第3期。
③ 谢晋安:《黔西南州手工业社会主义改造》,《黔西南史志通讯》1990年第3期。
④ 谢晋安:《黔西南州手工业社会主义改造》,《黔西南史志通讯》1990年第3期。

合作社后顾之忧。仅1954年,兴义供销合作社帮助手工业者销售生铁30万斤,菜籽310万斤,斗笠胎16.5万个,棕皮85万片,豆子10万斤,桐油10万斤,价值130多亿元(旧币),为手工业持续发展提供保障。[①]

1955年,兴义专区制订全面推动手工业改造计划。年底共有手工业合作社30个,社员660人,供销生产社31个,社员870人,供销生产小组156个,组员1398人。[②] 兴义地委在辖区内逐级建立手工业管理机构,州设手工业管理科,专职管社会主义改造。同年5—10月,黔西南州各县成立手工业劳动者协会。协会对手工业管理局职能起到补充与延伸,以团结手工业者,逐步实现社会主义改造,并从手工业实际出发,向政府部门提出建议。会员大多参加合作社,有力推动了社会主义改造。1956年,为推进手工业合作化,黔西南州放宽入社要求,加快合作化进度。当年8月,全州共有生产合作社226个,社员10524人,生产小组33个,组员347人,组织从业人员12215人,占全区手工业生产者95%。[③] 1957年,全州手工业集体企业完成产值1044.43万元,较1956年增长22%。[④]

1953年,全国合作总社召开会议决定对手工业进行社会主义改造,并确定"积极领导,稳步前进"指导思想。当年12月,遵义市委立即开始手工业建社工作,抽调近百名干部进驻手工业单位。为尽快实现改造,遵义市提出提高产量、降低成本、打开销路、照顾产销平衡的方针,推行节约运动。另一方面,对全市手工业进行摸底排查,较短时间成立缝纫生产合作社、棉线生产合作社和鞋革生产合作社。次年第一季度,铁器、竹器生产合作社,雨伞、织袜生产组成立。5个行业公有制组织人数、资金额占手工业总人数的27.74%、资金总额的15.53%。[⑤]

因为社会主义改造属于新事物,部分手工业者存在思想顾虑,造成进展较慢。针对类似情况,市委派出工作队深入工人中,以收入数据等事实说明

---

① 谢晋安:《黔西南州手工业社会主义改造》,《黔西南史志通讯》1990年第3期。
② 谢晋安:《黔西南州手工业社会主义改造》,《黔西南史志通讯》1990年第3期。
③ 谢晋安:《黔西南州手工业社会主义改造》,《黔西南史志通讯》1990年第3期。
④ 谢晋安:《黔西南州手工业社会主义改造》,《黔西南史志通讯》1990年第3期。
⑤ 张惠:《遵义市手工业社会主义改造》,《遵义市党史资料通讯》1994年第3—4期。

改造有利于提高收入和中央政府组织改造初衷是适应经济建设需要,逐渐消除群众思想方面的隔阂。1954年,在遵义市委指导下手工业者成立手工业劳动协会,对手工业者进行政治教育和经营素质方面的培训。直至当年8月拖欠税款全部还清。社会主义改造过程中,开始出现工业取代手工业的现象。遵义除与民众生活关联度较高的铁器、榨油、雨伞、织袜、粮食等行业外,其他部门受到或多或少冲击,其中砖瓦、石灰、印刷等行业因本地已设国营工厂逐渐衰落。

1954年,遵义手工业中80%以上的份额为供销社、国营公司所订购。当年上半年手工业产值中的85.22%为加工订货。[①] 在政府介入下,1953—1954年,遵义手工业户数减少,户均资金却有所提高,生产技术水平得到一定程度提高。为克服分散、散漫等不足,遵义市政府加强对合作社管理,帮助其建立生产计划等制度。同时,加快合作步伐,1954年遵义新建6个合作社和供销生产合作社。手工业供销生产组发展到19个。此外,存在42个自发合作组,自发合作组的出现表明合作化逐渐得到民众拥护。

1955年7月,中共中央发布《关于农业合作化问题》,手工业合作化运动加快。遵义市立刻召开手工业社员代表大会,成立手工业联社和手工业劳动者协会。1955年年底,遵义有手工业生产合作社22个,供销生产合作社6个,小组42个,工业人员占全市近49%。[②] 面对过渡时期的产销失调和手工业合作社内部管理问题,遵义市实行定质、定产和定原料方法确保产品质量。针对社内腐败等现象,进行资产清查,对犯罪分子予以严惩。经过整顿,产品成本降低10%,劳动生产率提高12%,次品率降至2%。[③]

1956年,遵义建成生产社39个,小组3个,社员占全市手工业人数95%,社会主义改造基本完成。通过社间竞赛,实现技术创新40余项,劳动生产率提高30%。当年手工业产值771万元,为1952年的4倍,占全市34%。社员

① 张惠:《遵义市手工业社会主义改造》,《遵义市党史资料通讯》1994年第3—4期。
② 张惠:《遵义市手工业社会主义改造》,《遵义市党史资料通讯》1994年第3—4期。
③ 张惠:《遵义市手工业社会主义改造》,《遵义市党史资料通讯》1994年第3—4期。

收入普遍得到提高,增幅达到 26.3%。[①] 大部分社员享受公费医疗,有效遏制因病返贫现象。由于社员文化素质较低,合作社建立 4 所学校,组建扫盲班、高小班、初中班等教育机构,有力提高社员文化素质。铁器社等合作社新增厂房,新购机器 10 余台。

1954 年,贵州省个体手工业中个体手工业者、流动个体手工业者和个体手工业者合伙组织的分布存在差异。个体手工业者共 75471 户,城镇 38266 户,占 50.70%;从业人数 122355 人,城镇 62649 人,占 51.20%。流动个体手工业者 13958 人,城镇 3757 人,占 26.92%。个体手工业者合伙组织 1570 户,15782 人,城镇 511 户,占 32.55%,从业人员 6298 人,占 39.91%。[②] 数据显示,集中的公有制经济开始占据主体地位。

云南、贵州经济情况接近,但云南更加重视手工业向工业化过渡,逐渐形成良性循环。云南省社会主义改造与生产力发展互为促动。1952 年,全省手工业 85478 人、产值 12378.9 万元。1954 年,两项指标分别为 174293 人、24173.8 万元,比 1952 年分别增长 103.90%、95.28%。若以 1949 年为基准,则涨幅更加明显。重点行业棉纺织业 1949 年从业人员 14725 人,1954 年则为 32453 人,增加 120.39%。产值由 1775.9 万元增至 3770.2 万元,增加 112.30%。金属制造业 5 年中由 24300 人增至 33855 人,增长 39.32%。总产值由 1004 万元增长到 1885.7 万元,增加 87.82%。[③]

另一方面,合作组织有所发展。1951 年后,云南开始试办手工业生产合作社,合作组织有所增加。过渡时期总路线提出后,各种类型手工业合作组织进一步增多。1954 年 9 月底,手工业合作社拥有成员 21869 人。其中生产合作社 110 个,社员 2910 人。合作社分布在全省 62 个地州市,其中铁农具社 70 个、木器社 12 个、缝纫社 9 个、织布社 5 个、竹器社 4 个、食品社 3 个、皮鞋

① 张惠:《遵义市手工业社会主义改造》,《遵义市党史资料通讯》1994 年第 3—4 期。

② 中国科学院经济研究所手工业组编:《1954 年全国个体手工业调查资料》,生活·读书·新知三联书店 1957 年版,第 223 页。

③ 中国科学院经济研究所手工业组编:《1954 年全国个体手工业调查资料》,生活·读书·新知三联书店 1957 年版,第 217 页。

社3个、其他社4个。合作社的建立和扩展说明新型生产关系与生产力相适应,“在不同程度上显示出组织起来的优越性”[①],成为云南合作化的先行者。同时,部分手工业者自发组织合作社。1954年,自发组织涉及成员1114户,4018人,产值553.6万元。同时,手工业与国营经济联系逐渐密切,削弱私人资本对手工业控制。1954年,统购统销控制下的手工业总产值占比64.57%,具有一定优势,其中棉纺织业、印染业、酿酒业、榨油业、制革业等发展较快行业或具有较重要地位的行业基本实现统购统销。金属制造、木材加工、矿业、皮革、石灰等行业则大部分由国营经济控制。国有经济控制力加强使手工业与国家计划的结合进一步加强,成为国营公司、合作社有力补充。

1954年9月底,云南省手工业个体户71380户,174239人,产值24173.8万元(其中生产合作社组织21869人,产值1396.6万元[②],占据主导地位)。与少数民族省(区)类似,云南手工业在国民经济中占据重要地位。从业人员占总人口的1.02%,产值占全省工业产值的38.35%。手工业以工农业和城乡居民生活为主要服务对象,为工业服务占据首位,产值2452.3万元,占比10.76%。在省内大工业带动下,为工业服务手工业获得较快发展,除为工业提供原料、燃料之外,在初级加工、人才培养等方面也有所建树。如金属业为工业进行修理、抛光等服务。在玉溪县五金手工业企业时有因技术精湛调入国营工厂者。云南农具基本依靠手工业供应,全年生产铁农具720万件,水车30412台,油饼28328吨,“绝大部分均由手工业者制造”[③]。居民生活则进一步依靠手工业,“供应人民需要的只有手工业。手工业生产的消长,对城乡居民日常生活影响很大”[④]。

广西毗邻珠三角,手工业基础较为雄厚。改造进度较快,并形成产业合

---

① 中国科学院经济研究所手工业组编:《1954年全国个体手工业调查资料》,生活·读书·新知三联书店1957年版,第217页。

② 中国科学院经济研究所手工业组编:《1954年全国个体手工业调查资料》,生活·读书·新知三联书店1957年版,第214页。

③ 中国科学院经济研究所手工业组编:《1954年全国个体手工业调查资料》,生活·读书·新知三联书店1957年版,第215页。

④ 中国科学院经济研究所手工业组编:《1954年全国个体手工业调查资料》,生活·读书·新知三联书店1957年版,第216页。

并。广西以梧州、柳州等重点城市为核心推进社会主义手工业改造，并取得较大成效。1950—1952年，梧州市为解决手工业工人失业问题，成立自救组，为生产合作社提供经验。因市场滞后性等特点，个体手工业者中存在盲目投资等现象。1951年，毛巾畅销，手工业者纷纷投资，形成滞销。总体而言，1953年前，广西梧州手工业虽有所发展，但依然存在技术落后、规模较小等不足。据统计，资金100元以下企业占50%以上比例，部分行业甚至超过60%。如竹器、车缝两行业中，资金50元以下的有99户，占比64.6%。[①] 大部分手工业者处于独立劳动者阶段，生产规模较小。1953年7月，全市665户劳动者中，独立劳动者434户。即使存在雇佣劳动关系的作坊，大多数资方依然属于直接参加生产的劳动者。

过渡时期总路线公布后，梧州市委、市政府根据中央决定和广西省"整顿与发展地方工业、进行对资本主义工商业和对手工业的社会主义改造，并加强城乡贸易工作，开展增产节约运动"[②]的要求，将全面改造手工业作为工作重点。社会主义改造中，政府帮助手工业合作社实现半机械化、机械化，使其逐渐成为现代企业。梧州市委、市政府从实际出发，决定先成立生产合作组，再建立供销合作社，最后逐渐过渡到生产合作社。

经过排查，梧州市符合改造要求者达到708户，8059人。1954年6月，全市成立生产合作小组、供销社33个，涉及人员1330人。同年，梧州市委决定加快推进生产小组向合作社过渡的步伐，以包销等方式，使其逐渐发展为手工业者协会。以协会形式将手工业纳入计划经济轨道，实现农业、资本主义工商业、手工业社会主义改造有机结合。为落实方案，市委决定对手工业进行全面调查，制定针对性措施。贯彻互惠互利方针，以劳动收入资金为基数折算入股，原材料和工具折价入社；国营、银行与税务局在国家政策范围内给予适当优惠。在政府推动下，1954年，梧州手工业生产合作社达到10个，供销社、生产合作组105个，占全市手工业总户数30%。[③] 1955年，伴随社会主

① 杜士勇：《梧州市手工业的社会主义改造和发展之路》，《梧州党史》2000年第2期。

② 杜士勇：《梧州市手工业的社会主义改造和发展之路》，《梧州党史》2000年第2期。

③ 杜士勇：《梧州市手工业的社会主义改造和发展之路》，《梧州党史》2000年第2期。

义改造进入高潮,梧州市提出明确规划。1956 年,全市手工业生产合作社达到 100 个,供销社、合作组 63 个,组织面达 80%。[①] 当年,梧州手工业产值 1177 万元,1955—1956 年年均增速达到 10. 4%,较改造初期 1954 年几乎翻一番。

梧州社会主义改造中的问题主要集中于原材料供应不足,部分社处于停工待料或半停工状态。针对不足,梧州市对涉及民众生活的行业采取增设服务站、整顿内部管理等方式,达到改进目标。与民众联系较少的行业则采取个体经营,不急于归于合作社。经过整顿,合作化进一步扩展,当年年底组织面达到 90%。

从经济规律出发,梧州市积极推动手工业向工业过渡。改造期间,政府对与群众生活关联度较大的行业加强管理,有计划地将其组成高级社,帮助其改进工具,实现机械化。同时以国有企业为依靠,确保产供销平衡。其他行业则采取合并小社为大社,逐渐撤社建厂的手段将手工业逐步升级为重要企业。1957 年,塑胶、染纸等 10 个生产合作社与塑胶制品厂合并,保留原厂名。1959 年,塑胶制品厂并入梧州市塑料厂。在政府主导下,梧州市塑料工业走上“从家庭作坊到生产合作社,逐渐形成一家家独立工厂”[②]的道路。在规模经济促动下,产品由最初的胶尺等初级产品向建筑塑料管等具有较高技术含量的产品过渡。其下辖广西塑料研究所成为重要科研基地。在社会主义改造中,梧州市将既有化工作坊有机整合,相继成立大学路硫酸厂、硝碱生产合作社等厂家。1958 年,在既有厂家基础上成立梧州市化工厂。1965 年,为实现资源组合将化工厂分为以硫酸、立德粉为主要产品的第一化工厂和以氯碱为主要产品的第二化工厂。20 世纪 90 年代后,两家化工厂构成梧州市主要化工企业,生产能力超过 1 万吨,大部分领域实现机械化。1956 年,梧州把砂石生产作坊编组组建砂石生产合作社,“文化大革命”后,该厂实现碎石机械化,产量逐年增加。1976 年,石料产量提高到 3. 63 万立方米,较之 1956 年增加 2. 63 倍。[③] 砂石厂逐步掌握定向爆破、无声爆破技术,取得较好成效。

① 杜士勇:《梧州市手工业的社会主义改造和发展之路》,《梧州党史》2000 年第 2 期。

② 杜士勇:《梧州市手工业的社会主义改造和发展之路》,《梧州党史》2000 年第 2 期。

③ 杜士勇:《梧州市手工业的社会主义改造和发展之路》,《梧州党史》2000 年第 2 期。

1958年,梧州市将第一至第八车缝生产合作社、同兴车缝社、制衣社、制帽印染组、工业用棉加工组组成梧州市手工业被服厂,第一至第四布鞋生产合作社并为梧州市手工业制鞋厂。此后,资源优化组合,成立梧州市服装工业服装厂、第二服装厂、市鞋帽生产合作社、第一缝纫社等工厂及合作社。纺织行业中以手工业者为主体的毛巾厂改为"七一"棉针织厂后,生产规模持续扩大,1977年,梧州市二轻局拨款10余万元帮助"七一"棉针织厂建设棉袜、手套生产线。1978年年产手套27万双,1985年年产棉袜40余万双。[①] 1978年,兴义专区提出"准备一批、发展一批、巩固一批、再准备一批"指导思想,并确定了解情况、思想动员、民主选举、报名入社的具体步骤。对22个社400余名社员的调查显示,71%的社员对入社基本满意。前锋铁农具生产合作社建社4个月产值增加50%。改革开放后,梧州服装厂等厂先后引进西方设备,以对外加工业务为主导实现资金积累。1991—1992年,作为梧州手工业主体的制衣厂家出现合并潮,成立梧州市制衣总公司,实现规模经济。总公司从美国、德国等发达国家购进先进机器,实现年产能力147万套的较大规模,产品远销欧亚和澳洲。

1949年前,柳州手工业技术落后,经营分散,管理滞后,"如果仅靠个体手工业生产,是不能适应人民日益增长的需要"[②]的。1950年,柳州对手工业采取扶持政策,组建车缝、纺织、制革手工业生产合作社,社员148人,资金36546元,14个生产小组,组员274人,资金4万余元。两者总人数占全市手工业从业人员总数11.8%[③],为手工业社会主义改造提供组织基础。

过渡时期总路线公布后,柳州市委、市政府结合本市实际,提出"边摸排、边组织、边总结、边推广"的措施,广泛开展社会主义改造。柳州以原有3个生产小组为核心,并在既有基础上陆续建成柳州市第一农具生产合作社、柳州市第二车缝生产合作社,对零散手工业实行统购包销。针对技术相对落后的铁条、沙罐等行业,建立4个生产小组和2个供销生产合作社。同时,市手

① 杜士勇:《梧州市手工业的社会主义改造和发展之路》,《梧州党史》2000年第2期。
② 黄惠兰、张国强:《柳州市手工业社会主义改造简述》,《广西党史研究通讯》1990年第4期。
③ 黄惠兰、张国强:《柳州市手工业社会主义改造简述》,《广西党史研究通讯》1990年第4期。

工业管理局派出3个工作组负责建社工作。当年组建15个合作社、5个供销生产合作社、33个生产小组。各合作社、生产小组纷纷表现出合作优越性。铁器生产社效率提高50%—100%。[①] 车缝第三生产合作社产量增加4%，节省工料折合价值144元。车缝业个体手工业者日产成衣3套。入社后每人每天制造衣服5套。[②] 1953年，总收入较1952年提高100%，社员平均总收入增加8%。据统计，1953年全市手工业者500元以下者294户，500—1000元者242户，1000—2000元者98户，2000—3000元者33户，3000元以上者54户，规模经济效果得到体现。[③]

1954年4月，柳州召开私营工业手工业代表会议，主题是宣传过渡时期总路线和总任务。车缝合作社等机构以自身变化证明合作化优越性，鼓励与会者积极参与社会主义改造，打消顾虑。同年7月，柳州成立手工业管理局，作为推进改造的管理机关。管理局组织各行业代表人物100人成立手工业骨干培训班，培养推动互助合作骨干成员，为社会主义改造提供组织基础。同年8月，广西省委召开全省第一次手工业生产合作会议，决定采取稳步推进方针，以建设生产社为中心，推动手工业生产小组和手工业供销合作社建设。在省委推动下，柳州市手工业合作运动进入快速发展阶段。

1955年，广西省决定从实际省情出发，“以手工业生产合作社为中心，大力发展生产小组”，“在合作化运动的同时，通过加工订货，解决供销问题，搞好生产”。[④] 柳州对全市手工业合作组织进行全面整顿，采取改善管理、成立理事会、明确责任、民主管理等方法，有效改善生产环境。1955年年末，手工业局在整顿初见成效基础上，对手工行业合作组织进行升级和联动，成立手工业联社，由其统筹供销业务。与此同时，在部分合作社基础上进行合并，实现规模经济。如钟连科鞋厂并入皮鞋生产合作社。2家汽车修理厂和4户手工业者因业务需要，关联紧密，因此合并成立汽车修理厂。全年建成手工业

① 黄惠兰、张国强：《柳州市手工业社会主义改造简述》，《广西党史研究通讯》1990年第4期。
② 黄惠兰、张国强：《柳州市手工业社会主义改造简述》，《广西党史研究通讯》1990年第4期。
③ 黄惠兰、张国强：《柳州市手工业社会主义改造简述》，《广西党史研究通讯》1990年第4期。
④ 黄惠兰、张国强：《柳州市手工业社会主义改造简述》，《广西党史研究通讯》1990年第4期。

生产合作社49个，供销生产社33个，生产小组35个，职工占全市手工业从业人员总人数的51.04%[①]，社会主义改造基本完成。

西南各省(区)中，西藏情况比较特殊，社会主义改造不仅体现于手工业领域，更加体现为社会结构重塑。西藏民主改革晚于多数民族省份。1959年，西藏地方上层反动集团失败后，民主改革在西藏得以推进。西藏手工业工人积极成立互助组、生产合作社。自治区党委从实际情况出发，以实现手工业社会主义改造为目标，采取“重点试办、分期分批、稳步前进”的策略逐步推进。在中央政府支持下，社会主义改造运动在西藏得到实践。截至1975年，土陶、皮革、毛纺、铁器、木碗等20余个行业实现合作化，先后成立300余个手工业生产合作社。西藏手工业业者深入农村积极支援农、木业生产。拉萨市11个手工行业的37个手工业生产合作社出现“一派蓬蓬勃勃的大好局面”[②]。

与内地相异，西藏社会主义改造亦对当地社会形成重构，手工业社会主义改造成为社会革命的一部分。民主改革之前从事生产劳动的农奴在改造中成为技术骨干和基层干部，部分人加入中国共产党，成为推动产业进步的重要动力。各主要手工业社建立党组织、工会、妇联等一系列组织，为经济建设做好制度保障。在制度建设、社会变革基础上，西藏手工业发展的制度桎梏进一步被打破，“传统手工业品得到迅速发展”[③]。随着与内地交流增加，部分新产品亦出现于西藏市场。实践证明，合作社较之自发组建的互助组更加适应生产力发展。拉萨跃进铁木业互助组长期缺乏劳动力、资金。合作化后，陆续新建厂房，产值较之互助组时提高7倍。江孜卡垫合作社自1972年成立后，产品由12种增至36种。伴随时间推移，工业化、半工业化出现在青藏高原。1975年，自治区手工业产品品种较1956年增加1.5倍，生产总值增加1.28倍[④]。

① 黄惠兰、张国强:《柳州市手工业社会主义改造简述》,《广西党史研究通讯》1990年第4期。
② 《西藏城镇手工业和私营商业实现社会主义改造》,《新华月报》1976年第5期。
③ 《西藏城镇手工业和私营商业实现社会主义改造》,《新华月报》1976年第5期。
④ 《西藏城镇手工业和私营商业实现社会主义改造》,《新华月报》1976年第5期。

政府在后发地区现代化建设中具有核心作用是历史发展规律。中国是后发国家,少数民族地区在中国经济板块中又属于滞后地区,因此,政府在后发地区手工业建设中扮演重要角色。1949 年后,政府以统购统销、提供贷款等手段有力推动少数民族手工业发展。当瓶颈出现后,社会主义改造的到来为民族地区手工业的进一步成长提供可能。在政府干预强化情况下,大部分少数民族手工业生产获得较快增长,为地方经济作出较大贡献。就生产关系层面而言,伴随政府干预深入,公有制经济逐渐占据主导地位。与东中部相比,西部少数民族地区手工业在社会主义改造中的集约化特征相对明显,为管理制度的改革和规模经济效应的发挥提供可能。

第三节　改革开放后在市场经济促动下少数民族手工业转型

1949 年后,手工业发展较快。改革开放初期,手工业产值占工业总产值的 10%以上,其中轻纺工业占手工业产值近 40%。全国产品零售总额的 17%为手工产品,手工业在国民经济中依然占据重要位置,在少数民族地区手工业地位更加突出。因此,在改革开放背景下进一步发展手工业成为重要经济议题。

新时期,中国政府从少数民族地区情况和现代化建设规律出发,继续发挥政府作用之时,充分发挥民间资本作用,将手工业与文化旅游有机结合,在经济发展之时取得多方面积极效果。伴随经济发展效果彰显,少数民族地区发展潜力逐渐体现。西部大开发、精准扶贫战略的落实为民族手工业发展注入活力。与此同时,旅游业、文化产业作为新兴产业异军突起,为民族手工业提供新市场。为迎接新机遇,西部各级政府从实际情况出发,部分地州市、县旗政府甚至改革管理体制,以适应手工业新的需要。

一、改革开放初期政府扶持下的稳步发展

党的十一届三中全会后,中央开展一系列拨乱反正工作,逐步落实集体

经济政策，提出“调整、改革、整顿、提高”的口号，对手工业管理体制、发展方向做出根本性变革。中央政府提出优先发展轻工业，明确要求努力发展手工业[①]，继续发展手工业集体所有制企业，使它在生产更多的日用工业品与扩大就业中，发挥更大的作用[②]。为满足少数民族特殊需求和发展当地经济，中央将民族手工业作为重点行业，指出“要集中力量把民族特需工业搞上去。这件事，过去抓得不狠。一年不行，两年，三年不行，五年”[③]。

1983年，国务院颁布《关于城镇集体所有制经济若干政策问题暂行规定》，集体经济恢复自主经营。次年，国务院发布《关于轻工集体企业若干问题的暂行规定》，对手工业管理体制做出改革，为少数民族地区手工业成长和转型打好制度基础。

云南大理对手工业进行有效整顿，按照分工和民族特色，组建家具、服装、鞋帽等公司，有力推动国营企业、街道工厂等不同生产能力的企业共同发展。1980年，全市已有手工业企业55个，职工5000余人，产值3000余万元，可生产数百种少数民族特许产品和小商品，为区域化手工业生产奠定物质基础。此后，云南决定在全省范围内遴选代表性村寨进行手工业重点扶持，鹤庆等地入选。

改革开放后，鹤庆县将旅游业、手工业有机结合，打造推动第三产业发展的龙头。2003年，中共云南省委、省政府将大理白族自治州定位为全省文化体制改革和文化产业发展试点地区，大理州委、州政府选择鹤庆县新华村作为试点。

在政府支持下，云南盛兴商贸集团有限公司经过2年多时间对新华村进行开发，打造出云南银器博物馆、白族走廊、白族本族铜像等文化符号，将新华村构建成中国西部最大的民族民间手工艺品生产基地。新华村当选中国民间艺术之乡、中国民俗文化村，入选云南省十大名镇。2006年，全村手工作坊面积达到39467平方米，固定资产1亿元，手工业产品500万件，产品收入

---

① 周叔莲、吴敬琏：《把发展轻工业放在优先地位》，《人民日报》1979年8月31日。

② 周叔莲、吴敬琏：《把发展轻工业放在优先地位》，《人民日报》1979年8月31日。

③ 邓德纯：《青海省少数民族用品工业稳步发展》，《轻工集体经济》1986年第5期。

2亿元,实现利润6000余万元。[①] 伴随云南旅游业壮大,旅游产品市场有所扩大。手工业品进入旅游市场步伐加快,区域性生产基地和市场开始形成。

西北是少数民族集中地区之一。与西南相比,西北地区民族差异较大,经济相对落后。因此,民族手工业内部差别较明显,更加需要政府扶持和指导。改革开放后,西北部分省(区)政府陆续颁布指导方针,出台相关政策,搭建平台帮助民族手工业成长。1978年,新疆维吾尔自治区宣布贯彻落实党的十一届三中全会精神,采取积极措施推动市场供应。开放城乡集市贸易,社员和城镇居民家庭手工业产品皆可上市,打破限制私营手工业的制度枷锁。

青海省出台一系列政策促进民族地区手工业发展,明确提出,因地因时制宜,发挥优势,广开生产门路,调动各方面积极性,大力发展集体和个体手工制造业,恢复和重点发展具有青海民族特色的手工制造产业和地方名牌产品。1979年,青海举行28次物资交流会,交易品种800余类,交易额10万—100万元之间。交易会中,日用手工业品和民族特需商品如牲口、鞍具、小农具、药材大量上市。1980年后,青海省对少数民族手工业企业进行全方位设备更新改造,加速技术改进,将其作为扶持重点;原先下马的14家企业恢复生产,对36个企业进行扶持。在市场经济大潮冲击下,青海省从本省少数民族人口众多特点出发,把生产重点转向民族地区,树立立足本省、放眼全国的经营目标。1985年,国家民委、青海省先后拨款200余万元,帮扶少数民族手工业,对口生产企业101个,产值2500万元。[②] 微观方面,实行厂长负责制,明确党政分工,改变权责不明状态;进一步打破干部终身制,实行任期制;打破大锅饭,实行按劳分配原则,以浮动工资等形式提高劳动者积极性。通过加强指导,20世纪90年代,青海"初步改变一切民族用品都从外地调进的被动局面"[③]。

青海恢复和重建各级手工业联社,进行经济体制改革和企业整顿,调动

---

① 《当代云南白族简史》编辑委员会编:《当代云南白族简史》,云南人民出版社2014年版,第263页。

② 青海省地方志编纂委员会编:《青海省志·手工业志》,黄山书社1995年版,概况第5页。

③ 邓德纯:《青海省少数民族用品工业稳步发展》,《轻工集体经济》1986年第5期。

职工积极性,有力推动了手工业繁荣。1980—1983 年,全省手工业产值由 11815 万元增至 14317 万元,利润由 704.7 万元增长到 1075 万元,税金由 642.2 万元增至 955 万元,“六五”期间(1981—1985 年),青海省将扶持少数民族手工业作为重点,帮助其创建品牌、完善管理,力图实现“产值、产量、利润同步增长,总产值翻两番半”①的目标。在职能部门支持下,1983—1985 年,青海手工业实现三连跳。1984 年,青海 68.36%的手工业企业实行经营承包制,有效调动企业积极性。手工业产值较 1980 年增长 46%,销售收入增长 150%,利润增加 174%,税金增加 210%,劳动生产率达到 8623 元。② 手工业中机械化、半机械化设备达到 4323 台,全员劳动生产率 7106 元,较 1962 年提高近 90%。1985 年,青海全省手工业企业达到 286 个,职工 30450 人,产值 22992 万元,占全省工业产值的比例提高到 11.45%。③

礼帽、腰带、服装、铝制品等 50 多种产品在国内 19 个省市畅销,进入港澳市场。压力锅、四平马鞍荣获 1985 年全国少数民族用品优质产品。青海铝制品厂、互助木材制品厂、西宁民族服装厂等手工业企业步入全国同类企业前列,“民族工业在我省(青海)占有一定的市场”④。手工业总产值由 1949 年的 1764.2 万元增至 1985 年的 22992 万元。⑤ 1980—1990 年西宁民族用品手工业企业由 10 个增至 28 个。

在利润、纳税方面,也反映了青海手工业的进步。1962—1984 年,青海手工业实现利税 20240 万元,缴纳税费 13900 万元,安排就业 1.89 万人。纵向而言,改革开放后,青海手工业利润与纳税总额出现持续增加趋势。1980—1982 年,青海手工业利润徘徊于 700 万元。次年即突破 1000 万元大关,达到 1075 万元。1985 年增至 1693.9 万元⑥,为 1980 年的 2.2 倍。就纳税方面而言,1979 年,纳税总量为 483.1 万元,1981 年达到 685.3 万元,1982 年为

① 邓德纯:《青海省少数民族用品工业稳步发展》,《轻工集体经济》1986 年第 5 期。
② 青海省地方志编纂委员会编:《青海省志 · 手工业志》,黄山书社 1995 年版,第 41 页。
③ 青海省地方志编纂委员会编:《青海省志 · 手工业志》,黄山书社 1995 年版,概况第 5 页。
④ 邓德纯:《青海省少数民族用品工业稳步发展》,《轻工集体经济》1986 年第 5 期。
⑤ 青海省地方志编纂委员会编:《青海省志 · 手工业志》,黄山书社 1995 年版,概况第 5 页。
⑥ 青海省地方志编纂委员会编:《青海省志 · 手工业志》,黄山书社 1995 年版,第 41 页。

813.1万元。2年后即突破千万元大关,1985年进一步增至1754万元[①],为1979年的4倍。

1990年,全省民族手工业部门由1980年的52个增至101个,品种由223种增加到500余种,产值2500余万元,较1985年增加3000万元。[②] 20世纪90年代初,青海手工业已发展到有10多个重要行业、48大类、1100个品种和35500种花色、规格。四平马鞍、西宁藏式水勺、西宁土族女套装等产品获评全国少数民族优质产品。西宁被列为全国重点少数民族用品生产基地之一。海南藏族自治州对民族手工业文化进行系统性保护,并逐渐走向产业化,形成布绣嘎玛和贵南藏绣两大品牌,把握群众精神文化产品需求扩大之时机,将民间刺绣推向市场。手工藏绣市场潜力得到显现,为藏绣走向产业化、规模化做好基础。“(手工业)在原有基础上有了很大发展,落后的手工业生产已大部分演变为机器生产。”[③]

西藏手工业技术落后于青海,却更加具有特色,便于打开区域外市场。民族手工业是西藏支柱产业之一。但是,长期以来西藏手工业产品同质化严重,技术含量较低且后继乏人。中共中央为实现西藏自治区经济长期、稳定发展,特别召开西藏工作会议,对新时期西藏自治区经济工作提出指导性意见。西藏自治区根据会议精神,从西藏实际情况出发,对手工业发展采取因地制宜的方针,有力促进自治区手工业恢复。

1979年,西藏自治区提出发展民族经济,使少数民族尽快富裕的目标,并制定三个方针,其中明确要求,从满足少数民族特殊需要出发,大力建设投资少、见效快的民族手工业。从地广人稀、基础薄弱的实际情况出发,西藏自治区决定集中抓好交通、动力等先行工业,搞好毛纺、皮革,以及为广大藏族群众所欢迎的传统手工业等项生产。1980年4月,中央召开第一次西藏工作座谈会,会后发布的《西藏工作座谈会纪要》中明确指出,“要调动手工业工人的

① 青海省地方志编纂委员会编:《青海省志·手工业志》,黄山书社1995年版,第41页。
② 邓德纯:《青海省少数民族用品工业稳步发展》,《轻工集体经济》1986年第5期。
③ 青海省地方志编纂委员会编:《青海省志·手工业志》,黄山书社1995年版,概况第5页。

积极性,普遍发展手工业和修理业"①,"想方设法扶持和帮助有各种专门技能、又有利于社会的手工匠人发展民族手工业,如氆氇、地毯、藏刀、藏碗、藏鞋等"②。在中央指导下,西藏自治区及时出台民族手工业5年发展规划,恢复个体手工业合法地位,大力打造西藏地区特色手工业品,并对个体手工业者实行自产、自销、自行定价、自购材料的政策。为应对经济基础薄弱造成的中小生产者资金少等困难,自治区对手工业者免收工商费、车辆养路费等税费,切实减轻手工业者负担。拉萨地毯厂恢复生产后,在继承传统生产方式基础上,采用现代化工艺推动产品质量提高,连续三届获得自治区少数民族优质产品称号和轻工业部优质产品奖章。1987年,江孜县地毯厂产值为1973年的5倍,产量增加1.4倍,产品品种由8种增加到28种,并远销欧洲、北美。1989年,西藏自治区手工业企业增加113家,产值4070万元,较之1980年增加7倍,培育技术人员近4000人。

1981—1989年,中央向西藏手工业注入资金2340余万元,用于手工业厂房扩建、技术升级、人才培养,为西藏民族手工业发展注入活力。1983年,西藏民族手工业产值超过2000万元,实现利润70万元,达到历史最高水平。1984年后,自治区人民政府指出西藏手工业恢复时期已经结束,开始步入快速发展阶段。各手工业企业应转变增长模式,实现集约型增长。2009年,西藏自治区提出民族手工业应尽快实现跨越式发展,发挥产业优势和产品优势。2010年,中央第五次西藏工作会议指出,民族手工业作为优势重点产业,应予以重点发展。

二、东中部经济阶段性变化影响下的少数民族手工业转型

伴随中国经济由需求拉动转化为供应驱动,少数民族手工业市场、生产动机发生根本性变化。与东部发达地区、中部工业化区域相比,少数民族地区经济发展出现阶段性落后,手工业却构成非对称性优势,为区域经济发展

---

① 商业部计划司编:《民族贸易经济资料汇编》(上),中国商业出版社1984年版,第157页。

② 《当代中国的西藏》编辑委员会编:《当代中国的西藏》(下),当代中国出版社、香港祖国出版社2009年版,第112页。

注入新的活力。在充当民众生活补充之时,手工业与旅游业、精准扶贫共同构成社会进步的推动力。

进入新世纪,在西部大开发、精准扶贫等战略带动下,西北各省(区)把手工业与脱贫、创业有机结合,实现中央指导与实际情况相结合。青海省政府在综合中央政策和本身情况后指出,现阶段国家和地方政策已"激活了民族手工制造业快速发展"。国内市场拉动、招商引资步伐加快以及中央政府发展藏区经济战略的实施,为民族手工业振兴提供良好机遇。同时,精准扶贫战略的落实"有力推动和发展了民族手工制造业,为脱贫致富,扩大就业,稳定社会发挥着积极作用"。[①] 为把握良机,青海省公布《支持中小微企业发展的若干政策措施》,明确"十二五"期间青海手工业发展思路和目标,特别强调旅游商品、纪念品的开发,推动民族手工制造业勃兴,"积极开发新产品,特别是适应旅游事业发展需要的各种民族手工业产品"[②]。在税收、贷款等方面给予政策优惠。

2015 年年底,青海民族手工业有制造企业 600 余家,资产净额 16.5 亿元,产品种类 730 个,实现销售额 113000 万元,占全省工业比重 3.6%[③],从业人员 4 万人。青海省藏医药博物馆保存的 618 米彩绘大关唐卡获吉尼斯世界纪录。

2010 年,黄南州成立青海热贡文化保护与开发有限公司,集中一切财力发展民族手工业。全州从事手工业人员 1000 人,唐卡、泥塑等手工工艺品供不应求,远销东南亚和中国内地。全州获得中国工艺美术大师称号的 2 人,国家级非物质文化艺术传承人 3 人,获省级工艺美术大师称号的 12 人。"艺术大师不断传承和创新民族手工制造业,又带领了数以千计的热贡人走上民

① 青海省手工业合作社联合社:《青海传统民族手工制造业发展现状调研》,《中国集体经济》2016 年第 23 期。

② 青海省手工业合作社联合社:《青海传统民族手工制造业发展现状调研》,《中国集体经济》2016 年第 23 期。

③ 青海省手工业合作社联合社:《青海传统民族手工制造业发展现状调研》,《中国集体经济》2016 年第 23 期。

族手工制造业的可持续发展路子”①。

与青海相比，新疆可以发挥沿边优势，积极打开海外市场。新疆维吾尔自治区部分地区经济较落后，手工业却具有较深厚的群众基础，经济相对滞后的南疆地区，工业基础较薄弱，然而少数民族群众拥有刺绣、织造等手工业技能，加以引导即可成为产业工人，这是手工业企业萌发的技术基础和人员基础。新疆维吾尔自治区部分地州市以手工业作为扶贫手段，实现多重目标。大部分地区“人员稍加培训就能上岗，产业稍加扶持就能发展”②。2014年2月，新疆维吾尔自治区决定投入近9亿元扶持手工业、物流业等行业作为“短平快”脱贫项目③。截至2014年年底，实现就业3.55万人，完工项目194个，部分地区得到较明显效果。④

2015年，喀什市委、市政府颁布《加快推进喀什市民族手工业发展的实施意见》，明确提出整合市内民族手工业，“激发传统优势产业发展活力，整合乡村家庭小作坊，建立农村专业合作社、产业园，走出了一条具有民族特色和优势产业升级转型、快速发展的新路径”⑤。在市委支持下，喀什成立中心手套有限公司，采取“公司、卫星工厂、农户”生产组织方式，将工厂建在群众聚集区，招工达1300人，35个卫星工厂招聘3000余人，年产手套200万打，成功帮助数万人脱贫。多来特巴格乡利用财政资金，发挥当地手工业技术相对普及的优势，因地制宜地开设服装厂，相继引进与手工业结合的现代化企业，实现手工业发展与脱贫良性循环，帮助“乡里的传统手工业走出了‘深闺’”⑥。企业进驻后将手工业作坊进行整合，纳入流水线生产。职工月收入2000—3000元，产品远销海外市场，多来特巴格乡数百人实现就业。

---

① 青海省手工业合作社联合社：《青海传统民族手工制造业发展现状调研》，《中国集体经济》2016年第23期。

② 《民族手工业迎来发展春天》，《喀什日报》2015年10月30日。

③ “短平快”项目是指具有一定发展基础，稍加扶持就可以促进发展，有效带动当地就业，让老百姓受益的产业项目。

④ 刘兵：《中国新疆“短平快”项目快速驱贫　南疆3.55万人家门口就业》，《中华工商时报》2015年2月28日。

⑤ 《民族手工业迎来发展春天》，《喀什日报》2015年10月30日。

⑥ 《民族手工业迎来发展春天》，《喀什日报》2015年10月30日。

阿合奇县将民族刺绣工艺品推向区外市场,有力推动农牧民增收,带动刺绣业发展。2014年,政府出资22万元成立阿合奇县热思刺绣业开发有限公司,公司设有厂房14个,总面积400平方米,下设销售、接单等部门,销售额5万元以上。结合新疆实际情况,公司采取集中生产和散户加工相结合方针,并积极吸收贫困户加入公司,增加收入。同时,利用网络,建立销售平台,开拓区外市场。2016年,公司产品销售至伊犁等地,收入20万元,职工月收入1000—3000元。刺绣业成为当地农民脱贫致富的重要产业。

相较于西北多数省(区),内蒙古经济发展水平较高,手工业更加突出地展现为创新创业,帮扶相对弱势群体。内蒙古自治区政府推进民族手工业制度建设。2014年7月17日,内蒙古妇女手工业协会成立,自治区妇女居家灵活就业工作推进会同时开幕,据统计,内蒙古近3万名妇女从事手工业生产。各级妇联推动建立长效工作机制,"帮助广大妇女手工业者不断提升专业技能,增强创业意识,推动妇女手工业不断发展"①。同月24日,包头市妇女手工业协会成立,该协会宗旨在于推进包头市妇女灵活就业,发挥妇联联络作用,促进手工业发展。

内蒙古充分发挥妇女在手工业中的重要作用。自治区妇联发展部在自治区内成立各级妇女手工业协会、商会、联谊会26个。其中区级(省级)协会1个,盟、市级协会4个,旗县级协会21个,遍布全区主要地州市。在妇联带动下,全区从事手工业妇女近3万人,规模以上企业236家,年产值1.3亿元。各级人社、妇联机构帮扶手工业企业67家。2013年,自治区各级妇联培训女性手工业从业人员14383人,直接带动妇女20794人就业。②

在自治区妇联带动下,各主要地州市、旗盟相继成立妇女手工业帮助组织,帮助妇女脱贫致富,使妇女家庭手工业成为无污染、无围墙的新工厂。2015年9月,锡林郭勒盟妇女手工业协会成立。在妇联、就业服务局和经济与信息化委员会合作下,锡林郭勒盟妇女居家灵活就业推进会暨首届妇女手工业产品展示展销交流会举办。民族服饰、手工艺品、奶制品等64家企业、

---

① 王永钦:《内蒙古妇女手工业协会成立》,《中国妇女报》2014年7月21日。

② 王永钦:《内蒙古妇女手工业协会成立》,《中国妇女报》2014年7月21日。

近1000种产品参展。现场交易额123644元,成交157笔。企业间合作意向17项,11家企业进入电商平台。通过展销会,各家手工业企业不仅互相交流经验,而且销售额有所增加,互联网等新技术进入实用阶段,采用“互联网+”的形式,开辟手工业品销售新渠道。

在“大众创业,万众创新——巴林右旗巾帼创业创新在行动”带动下,巴林右旗妇联成立妇女手工业协会,宗旨在于以妇女家庭手工业为基础,促进农民脱贫致富。该协会传播手工业技术,为妇女从事民族手工业提供技术服务,2016年会员达到510人。在市、旗两级政府支持下,协会培训妇女800余人次,带动妇女就业1200人,帮助贫困妇女脱贫268人。协会成立当年即生产民族服装2万余件,年收入1000万元。[①] 同时,旗委建立巴林民族手工坊基地,成为内蒙古东部最大的手工业研发、加工基地,辐射区域达到通辽、锡林郭勒盟等地区。妇女手工业协会以电子商务为手段,实现手工业品快速销售,有力提升巴林右旗民族文化影响力,有力推动脱贫致富。因成就突出,巴林右旗妇女民族手工业协会在旗妇联指导下,尝试申报国家级巾帼巧手致富示范基地。

西南各省(区)中,西藏经济实力较弱,因此,西藏尝试发展特色手工业优势实现扶贫、脱贫。西藏手工业产品日趋多元化,呈现生活用品和非生活用品多样性。伴随青藏铁路开通,入藏旅游人数日益增加,民族特色工艺品市场逐渐扩大。既有工厂纷纷开展技术改造,进行产业升级。目前,西藏处于手工业向现代工业过渡阶段,少数民族手工业作为曾经的主导产业,面临重大挑战。与大部分民族地区相比,西藏手工业产品丰富,有2000余种,注册民族手工业产品的生产者超过200家,拉萨、日喀则、山南、昌都等地皆有所分布。手工业品是西藏文化特有载体之一,唐卡、藏毯等民族手工业品闻名遐迩。在政府支持下,西藏手工业获得较快发展。2004年,西藏民族手工业企业60余家,产值近2亿元,“成为西藏经济发展的一大亮点”[②]。2010年,工信部与西藏自治区签订合作协议,决定以手工业为切入点推进西藏特色产

① 《巴林右旗妇女民族手工业助力精准扶贫》,《赤峰日报》2016年7月14日。
② 《科技为西藏传统民族手工业注入活力》,《西藏科技报》2004年12月22日。

业发展。截至2012年年底,手工业企业217家,从业人员3万余人。[①] 2015年,西藏民族手工业产品2000余种,覆盖自治区全境。

21世纪后,西藏自治区认识到手工业在脱贫致富等方面具有重要作用。"靠着手工业,农牧民日子越过越红火。西藏民族文化资源丰富,民族手工业在农牧民致富方面有着重要作用。"[②]因此,在全区范围内对手工业者实行减免税收优惠、财政支持等扶植政策。拉萨市等重要地区结合实际情况积极落实自治区政策。为进一步优化手工业发展环境,拉萨市规定民族手工业企业免征所得税。

2006年,拉萨市下拨民族手工业发展专项扶持资金265万元,确定帮扶项目6个,最大支持额度80万元。同时,拉萨开设专项扶持资金解决手工业融资问题。工业园区内对手工业企业给予税收减免、利息补贴等优惠,增强手工业在技术研发、管理服务等方面的能力,树立手工业产品品牌。2017年,拉萨举办首届藏毯博览会,决定与企业联手将拉萨打造为藏毯第一强市。

昌都市积极支持民族手工业发展,表示"会在扩大手工业规模、做好品牌宣传和市场推广等方面做更多协调工作,带动农牧民致富"[③]。山南市工信部门积极指导民族手工业发展,推动初具规模的民族手工业专业合作社走向企业化、品牌化、规范化。引导藏毯、藏香等民族特色手工业品与旅游文化相融合,生产适合游客需要和本地群众需求的手工艺品。在"大众创业、万众创新"推动下,吸纳"80后""90后"年轻人参与手工业技术传承。销售环节则借助电商平台,扩展销售渠道。

西藏自治区科技厅实施"藏毯新产品研究开发"项目。通过开展科研,拉萨市城关区地毯厂效益明显提高。产量由2000年的5.1万平方英尺提高到2004年的19万平方英尺,产值由390万元增至1282.5万元,实现利润近250万元。[④] 伴随技术进步,染色、洗毛、剪毛等工艺实现机械化,染色过程中实现

① 《民族手工业让西藏农牧民走上富强路》,《中国民族报》2015年1月20日。

② 《民族特色手工业拓宽百姓致富路》,《中国民族报》2015年1月20日。

③ 《民族手工业让西藏农牧民走上富强路》,《中国民族报》2015年1月20日。

④ 《科技为西藏传统民族手工业注入活力》,《西藏科技报》2004年12月22日。

防蛀处理，只有编织阶段保存手工技术。机械化生产较大程度地提高生产效率，每台捻机可加工 700 斤羊毛。60%藏毯产品出口欧美，科学技术在藏刀、藏式家具等手工业领域同样发挥重要作用。拉萨城关区家具三厂参与科技厅、西藏自治区级科技综合示范项目，采用新技术研发特色旅游产品，从一个濒临倒闭的小厂一跃成为自治区手工业中的佼佼者，1999—2004 年销售额增加 22 倍。[①] 2010 年，拉萨全市拥有 19 家民族手工业企业，职工 775 人，产值超过 40 亿元。部分手工业相关企业亦成立，如染料加工业、羊毛加工业等。2010 年上半年，拉萨手工业完成产值 8000 万元，同比增长 23. 77%。其中拉萨地毯厂产值约 600 万元，同比增长 54%。城关区地毯厂上半年产值 887 万元，同比增长 34. 58%。[②] 2013 年第四季度，拉萨民族手工业企业 32 家，从业人员 2760 人，总资产 95150 万元，生产总值 36221 万元，同比增长 39. 23%；销售收入 30735 万元，同比增长 60. 53%；利润增速 3152 万元，同比增长 84%。[③]

在政府支持下，日喀则地区手工业成为农民增收新渠道。日喀则地区以村办企业或合作社作为手工业发展新模式。日喀则地区藏刀行业已出现合作社，带动创收数千万元。手工业与旅游业逐渐融合。2007 年，萨迦县成立唐卡合作社，将 20 多位民间大师组织起来，由他们负责唐卡绘制和创作，改变传统作坊模式。2008 年，萨迦县成立旅游开发有限公司，产品打入拉萨、林芝等区域外市场。2009 年 5 月，上海援助萨迦县 75 万元，由上海美术印刷厂指导唐卡生产，实现唐卡量产。为提高手工业者积极性，日喀则地区举办“十大能工巧匠、十大最具市场前景手工制品”评选，并积极组织工匠参加西藏旅游纪念品大赛。2010—2012 年，白朗县民族手工业园区成立兴旺传统民族服饰农民专业合作社、现代藏式服装厂等地方特色手工业扶贫工厂。2012 年，当地农户增收 5000 余元。白朗县民族手工业园区的“兴旺传统民族服饰农民专业合作社”项目于 2013 年 12 月被西藏有关部门授予“西藏自治区文化

---

① 《科技为西藏传统民族手工业注入活力》，《西藏科技报》2004 年 12 月 22 日。

② 任士伟：《拉萨市民族手工业政策研究》，西藏大学硕士学位论文，2014 年，第 33 页。

③ 任士伟：《拉萨市民族手工业政策研究》，西藏大学硕士学位论文，2014 年，第 21 页。

产业示范基地”称号。1994年,杂吾达村新建协玛氆氇加工厂,村委会负责原料供应与成品销售,这成为该村手工业新起点。2006年,自治区政府在上海援藏物资中拨出50万元扩建厂房,使该村生产走向规模化道路,年收入达到30万元。2008年,杂吾达村手工业收入199万元,人均4812元。[①] 拉孜县另投入20万元成立松巴藏靴合作社,37户人家参与生产。尽管合作社采用订单生产,却供不应求。

2009年,山南地区以“优势区域、优势产业、优势资源、优先发展”为原则,推进民族手工业品产业成长,将其培育为新的经济增长点。山南地区以舆论引导,动员农牧民参与手工业生产,提高民众的积极性与主动性。同时,进一步加大招商力度,引进外来资本、技术应对本地技术落后与资金不足问题,形成地方品牌,提高市场竞争力。2010年,山南地区手工业企业20家,产品20余类,800多个品种,产值超过2亿元,带动农户超过2万户。[②]

2016年6月底,山南“共有民族手工业企业(合作社)93家,其中企业30家,农牧民专业合作社63家,实现产值3019.75万元,同比增长25.13%;销售收入2476.74万元,同比增长23.55%;利润990.7万元,同比增长31.28%;上缴税金16万元;从业人员达2198人,其中固定工1429人,季节工769人”[③]。

林芝地区在保持民族特色前提下,采用现代技术适当扩大再生产。墨脱县德兴竹编生产基地,厂房、机器等现代化设备一应俱全,但生产阶段依然采用手工技术。在传统编制竹器基础上,增加竹画等新产品,获得新市场。基地负责人邓小林介绍,竹编市场基本打开,“民族文化不仅得到传承,而且百姓也得到更多实惠”[④]。基地手工业者人均收入3万余元。察隅县从事木碗制作的罗桑群培,在县城开木碗店,年收入120万元。

伴随中国经济持续发展,以旅游业为代表的第三产业逐渐兴起。西部民

① 《民族手工业成日喀则农牧民增收新渠道》,《西藏日报》2009年10月5日。

② 《山南推进民族手工业发展》,《恩施日报》2010年3月20日。

③ 青海省手工业合作社联合社:《青海传统民族手工制造业发展现状调研》,《中国集体经济》2016年第23期。

④ 《民族手工业让西藏农牧民走上富强路》,《中国民族报》2015年1月20日。

族地区秀丽的自然风光、特色突出的民族文化，是旅游市场的重要组成部分。具有民族特色的少数民族手工艺品成为旅游市场热销品之一。在当地消费市场相对有限的情况下，游客取代居民形成主要消费群体，客观上带动区域外市场扩大。

在旅游业带动下，西藏手工业出现新变化，藏族手工业品“不仅是藏民族特需品，也是很受国内外旅游者青睐的纪念品”①。青藏铁路通车后，西藏的旅游业出现了“井喷式”发展势头。据统计，作为旅游业重要一环的购物消费支出，2009 年已经占到西藏旅游总消费额的 26.9%②，“旅游业的繁荣给西藏的千年藏香带来了新的发展机遇”③。2014 年，西藏接待游客 1500 余万人次，民族手工艺品成为旅游商品，逐步推动西藏民族手工业的繁荣发展。“旅游业是西藏传统手工业发展的助推器”④，受旅游旺季影响，部分手工业品以特色工艺品面目出现，由滞销转为脱销。部分老工匠将技术传给子女，有效促进了手工业发展。

西藏自治区旅游局将旅游业与手工业有机结合，举办旅游纪念品大赛，专门挑选具有民族特色的手工业品在旅游企业中推广，为其打开消费市场。同时，自治区旅游局拨付部分资金扶持民族手工业。据统计，“十一五”末，手工业品收入占旅游业总收入的 30%。⑤ 西藏优格仓工贸有限公司以游客为主要客源，借助旅游业发展，发挥品牌效应，先后研制数十种特色藏香。在市场开发之时，公司打破传统小作坊生产，发挥规模和品牌效应，在旅游商品销售中占据一席之地。2007 年，公司藏香收入超过 200 万元。唐卡被誉为“藏民族文化名片”，在旅游业带动下产品式样逐渐多元化。唐卡作坊开始制造适合旅客购买的价格低廉、便于携带的小唐卡。此外，唐卡研究者开始制作融合藏文化与内地文化于一体的景泰蓝唐卡，有力推动西藏旅游市场商品种类多样化。

---

① 《西藏民族地毯手工业焕发勃勃生机》，《西部时报》2009 年 2 月 20 日。

② 《我区民族手工业焕发蓬勃生机》，《西藏日报》2009 年 7 月 12 日。

③ 《旅游业为西藏民族手工业发展注活力》，《中国旅游报》2009 年 7 月 10 日。

④ 《我区民族手工业焕发蓬勃生机》，《西藏日报》2009 年 7 月 12 日。

⑤ 《旅游业为西藏民族手工业发展注活力》，《中国旅游报》2009 年 7 月 10 日。

随着政府介入的深入和精准扶贫等战略计划的实施,西南地区进入快速发展阶段。在政府介入下,贵州等省手工业发展与社会结构优化有机结合,形成良性循环。贵州属经济相对落后、民族组成较复杂省区。特殊的省情造成地方经济滞后,但当地民族手工业相对发达,成为贵州经济发展的重要动力。1972年,中共贵州省委颁布《关于加强手工业工作的几点意见》,对健全手工业管理制度作出明确要求。同年,各地州市手工业管理局变为轻工业局,实现轻工业与手工业共同管理,资源配置进一步优化,"对发展手工业生产,起到促进作用"①。

改革开放初期,贵州省即认识到"积极发展轻工业、社队工业和手工业"②是振兴本省的重要手段。随着西部大开发等战略规划实施,贵州省各级政府逐渐意识到"贵州手工产业发展潜力巨大……大量极具贵州原生态特色的旅游商品、手工产品也正在被挖掘出来"③,同时"发展少数民族手工业工艺品更多的是为了保护民族文化不流失,也能有效地提高当地人民的生活水平。因此,发展传统手工业需要协助打开市场并进行引导"④。为促进手工业发展,组建贵州省手工协会,进一步实现省内手工业资源整合。

贵州省在制度和政策方面作出调整以适应手工业发展需要。第一,贵州省城市化水平较低,乡村手工业基础较好,为农村手工业兴起提供可能。因此,各级政府广泛发动乡村妇女,宣传省、市扶持少数民族发展政策,引导其参与特色手工业生产。第二,通过旅发委、农委、新闻出版局等部门和单位组织技术竞赛。以赛代评,选拔出技术骨干作为手工业技术发扬、传承的重点培养对象。第三,借助少数民族节日,组织民间工艺品展览会,提高少数民族手工业品知名度。第四,由政府出资,举办少数民族手工艺培训班,着力培养技术骨干,提高市场竞争力。第五,加大特色手工业支持力度,省内专项资金

① 谢晋安:《黔西南州手工业社会主义改造》,《黔西南史志通讯》1990年第3期。

② 《真正把农业放在首位》,《人民日报》1980年1月23日。

③ 《绣、染、编、织,年产值10亿——贵州"娘子军"瞄准手工业》,《贵州都市报》2013年5月29日。

④ 《发展少数民族手工业刻不容缓——访省政协委员阿里木》,《贵州政协报》2016年1月29日。

项目申报向少数民族手工业倾斜。同时,在制度层面作出调整,帮助地州市、县区组建少数民族妇女特色手工产业协会、专业合作社以及其他形式的联合体,引导民族手工业走向集约化、规模化。

在中共贵州省委、省政府推动下,贵州省妇联出台《关于支持妇女发展特色手工产业实现创业就业的意见》,对少数民族妇女推动手工业发展提供政策引导。2006—2013 年,贵州连续举办以多彩贵州旅游商品设计大赛、能工巧匠选拔大赛、旅游商品展销大会为核心的“两赛一会”,通过以赛带会、以赛代展、以赛代训等方式,促进手工业者交流和手工业品推广,并将其与旅游商品相结合,实现旅游业与手工业良性互动。

在市场经济推动下,贵州省帮助手工业者尝试电商销售。手工业品市场具有潜力大、分布广等特点,传统广告投资多、风险大,客观上限制手工业品进入市场。电商则具有成本较低的优势,可在短时期内将贵州手工业品推向全国,锁定消费群体。在企业、政府带动下,部分电子商务运营商开始代理民族手工业品。独立的电子商务品牌网店、电子商务“O2O 模式”陆续出现。贵州手工业电子商务进入整合全省旅游市场产品连锁渠道的新阶段。在电子商务平台建立、成长之时,电子商务基地建设方兴未艾。众多以手工技术、产品为基础的创客成为销售、仓储、物流等方面专业人才,在促进就业之时,有力推动民族手工业发展。在政府推动和新式运营方法推进下,贵州手工业步入新阶段。据统计,2013 年,贵州以绣、染、编、织等为特色的民族手工业产值近 10 亿元,从业人员近 20 万人,职工月收入突破 2000 元。①

在中央政府新一轮西部大开发战略引导下,贵州文化产业兴起,手工业与文化产业融合,构成重要一环。随着旅游业成长,贵州手工业品消费群体逐渐发生变化,游客成为重要消费群体。手工业品生产亦由传统分散制造向企业式生产过渡,基本实现“公司+基地+农户”或“公司+农户”生产模式生

① 任晓冬、刘燕丽、王娴、陆锦:《贵州丹寨苗族蜡染文化产业化发展现状及特点》,《原生态民族文化学刊》2014 年第 1 期。

产。[①] 伴随开放程度提高,外来资本与贵州手工业结合进一步紧密。知名品牌尝试引进少数民族文化元素丰富产品种类。因此,在知名品牌促动下,质量监督体系与产品创新性有效结合。生产方式中订单生产开始出现。国际品牌爱马仕与贵州少数民族手工业品结合,进行概念产品研发。本土企业涌现出"苗疆故事"等具有民族特色的手工业文创企业。旅游商品拓宽手工业市场,部分地区游客甚至取代当地居民,形成新的消费群体,如贵州排倒和倒莫两村中,蜡染产品销售对象中游客占72.2%,当地村民仅为22.22%。[②]

在旅游业带动下,民族手工业品成为联系传统村寨和现代文明的渠道。它记录着文化变迁、城乡文化互动。如何在保持原有工艺基础上增加产量,成为少数民族手工业的重大课题。贵州省各地州市、县区纷纷采取措施,推动新发展。黔东南州丹寨县委、县政府不断加强自身建设,优化投资环境,确定文化产业地位,坚持"基础发动、载体推动、项目拉动、产业带动"四动战略,以古法造纸等手工业品为资源,推动文化产业发展。丹寨县作为贵州手工业重要县区,鸟笼、银饰、刺绣等民族手工业初具规模。[③] 基于此,丹寨县调整生产结构,初步实现以"支部+合作社+农户"和"支部+公司+农户"模式推进鸟笼等特色手工业品生产,并以电商为辅助,扩大销售半径。在资金回笼基础上逐步研发新式产品,在特色领域实现"民族手工业虽然规模不大,但拥有各自的核心竞争力"的目标。

丹寨县作为少数民族聚集县,其手工业发展变化成为贵州手工业发展的缩影。丹寨县民族手工业每一家企业都具有自身特点,在部分存在同质化的西南民族商品市场中,丹寨县推出定制业务,根据客户需要专门生产商品。丹寨古法造纸则坚持传统做法,迎春系列书画纸被中国国家博物馆指定为古籍修缮专用纸和文物修缮专用纸。丹寨鸟笼占全国手工鸟笼的98%。全县

① 《绣、染、编、织,年产值10亿——贵州"娘子军"瞄准手工业》,《贵州都市报》2013年5月29日。

② 任晓冬、刘燕丽、王娴、陆锦:《贵州丹寨苗族蜡染文化产业化发展现状及特点》,《原生态民族文化学刊》2014年第1期。

③ 《寻访丹寨民族手工业:"指间记忆"跃动新时态》,《贵州日报》2016年3月21日。

有高、中、初级专业技术职务的民间艺人 110 名;有国家级传承人 4 人、省级传承人 12 人、州级传承人 31 人、县级传承人 211 人。[①] 全县民族手工企业 118 家,手工合作社 16 个。2015 年,丹寨县已有 15 家民族手工业合作社,106 家民族文化企业,2420 名员工[②],手工产值由 2014 年的 6180 万元增至 9000 万元。手工业在“一定程度上拉动了丹寨经济的发展,带动了热爱这片土地、愿意带领大家一起脱贫致富奔小康的人们”[③]。

在电子商务大潮带动下,丹寨县以“互联网+”为平台,细化全国市场,进行网络销售。2014 年,宁航蜡染公司与雀之恋旗袍品牌签约,丹寨县手工业品电商化正式启动。丹寨县委、县政府为将旅游业、文化产业、手工业融合发展,委托贵州桂荣科技有限公司承办贵州电商云——丹寨馆。丹寨馆将 10 多家手工业公司集中展示,2014 年即实现销售额 13.3 万元。次年上半年增至 28.1 万元。[④] 2017 年,丹寨馆等 B2C、淘宝平台等 C2C 模式已经在丹寨县的民族手工产品销售中起主导作用,物流、配送等配套设施得到快速发展。

云南省情与贵州相似,为促进民族手工业传承与创新,有关部门在人才、资金等方面给予优惠之时,积极搭建合作平台,帮助少数民族手工业者提高技术和营销能力,在脱贫和文化保护两方面实现共赢。与此同时,政府鼓励企业、科研机构有机结合,实现产学研优化组合。实践中,以市场为导向,专家做平台建立手工业产品研发中心。旅游业日趋发达,手工艺品逐渐充当旅游业文化内涵的重要组成部分,生产旅游特色产品成为云南民族手工业创新的重要方向。

云南以体制创新为着力点,推进手工业企业潜力发挥。昆明市手工联社作为市属城镇集体企业行业主管部门在市场经济条件下,以“保增长、保民

① 李少飞:《从无到有创佳绩——丹寨县民族手工业发展纪实》,《贵州民族报》2015 年 8 月 31 日。

② 李少飞:《从无到有创佳绩——丹寨县民族手工业发展纪实》,《贵州民族报》2015 年 8 月 31 日。

③ 李少飞:《从无到有创佳绩——丹寨县民族手工业发展纪实》,《贵州民族报》2015 年 8 月 31 日。

④ 李少飞:《从无到有创佳绩——丹寨县民族手工业发展纪实》,《贵州民族报》2015 年 8 月 31 日。

生、保稳定”为目标，对有力稳定手工业起到重要作用。手工业联社下属81家企业涵盖居民生活主要方面，面对改革阵痛，手工业联社采取兼并重组等方式对26家企业进行改制。另外55家企业中，21家进入改制轨道，其余34家在探索道路上取得较大进展。2006—2008年，职工收入由643元增至932元，增幅45%。2008年，全系统规模以上企业完成增加值5101万元，同比增长21.18%，主营业务收入实际完成238953万元，同比增长18.66%，利税总额实际完成921万元，同比增长31.57%。[①]

伴随旅游业兴起，滇西北地区成为云南乃至全国重要的国际性旅游目的地。2006年，大理州接待国内游客765.66万人次[②]，游客取代居民构成云南省手工业新的购买主体。在旅游经济带动下，乡村手工业逐渐向规模化、产业化、专业化过渡，式样、品种有所增加。在市场开拓、产品研发等方面品牌效应逐渐显现，逐步形成以新华村、周城村、剑川县等地为核心的各具特色的手工业基地。大理、丽江则构成重要消费市场。在手工业带动下，“云南省很多地区由第一产业升级到第三产业发展阶段”[③]。

大理周城村扎染坚持使用天然原料，避免现代染料对人体的危害，成为重要旅游和外贸产品，已出口日本、美国、新西兰、澳大利亚等国。1996年，该村荣获“白族扎染艺术之乡”的美誉。2005年，周城村扎染获得“中国非物质文化遗产”称号。2007年，全村1400余户白族手工业者从事扎染工艺，产值7000余万元。[④] 2009年，周城村经济收入达到32880万元，以扎染为代表的第三产业收入25000万元，占全村总收入76%。在扎染业带动下，周村刺绣业有所发展，“成为远近闻名的小康村”[⑤]。2007年，全村大型手工工场18家，从事刺绣工艺者近百户，带动5000余人就业。周城村带动其他村寨从事

① 《昆明市手工业联社再创辉煌》，《昆明日报》2009年6月18日。

② 叶取源、王永章、陈昕主编：《中国文化产业评论》第8卷，上海人民出版社2008年版，第224页。

③ 刘建华、[奥]巩昕頔：《民族文化传媒化》，云南大学出版社2011年版，第154页。

④ 《当代云南白族简史》编辑委员会编：《当代云南白族简史》，云南人民出版社2014年版，第263页。

⑤ 叶取源、王永章、陈昕主编：《中国文化产业评论》第8卷，上海人民出版社2008年版，第225页。

刺绣、扎染工艺者1万多户,2万余人。[1]

随着文化产业发展,大理石产业围绕市场需求,在传统大理石工艺基础上增加民族性、区域性、装饰性因素,形成新产品。大理三文笔村全村682户,300余户从事大理石手工艺制作。2005年,大理石工艺收入超过2600万元。[2] 三文笔村逐渐形成大理石制作、销售中心。

剑川县木雕因分散经营,工艺落后,长期局限于本地市场销售。改革开放后,县政府引进机械化设备,进行技术改进,有效提高产品数量和质量。2006年,木雕收入达到4078万元。[3] 次年,剑川县木雕企业11家,经营户1500余户,职工7000人,产值近亿元。[4] 剑川木器进入家居、园林、装饰、工艺品市场,有200余种产品,占有全省50%的格子门市场和30%的古典装饰市场,部分产品远销欧美、东南亚。

丽江充分发挥东巴文化特点,实现传统文化与现代文化交融,东巴纸笔记本、东巴文化绘画、东巴书籍成为丽江重要旅游销售品。2014年,丽江工艺美术店达到1735家。迪庆州以藏族黑陶为特色,全村50%以上的人口从事黑陶制作、销售。孙诺七林作为民间工艺美术大师,制作的工艺品被国家博物馆收藏。

区域性生产市场形成之时,大理、丽江两座古城成为民族手工业品的重要销售市场,存有民族手工业品销售摊位4000余个。新华旅游公司在新华村开设的民俗旅游广场成为西南地区最大的民族手工艺品销售市场,年接待游客超过150万人。大理作为中国西南地区最大的民族手工艺品生产、批发市场,影响远及西藏等地,稳定的区域外市场逐步形成。

旅游业兴起客观上要求手工业品的产量增加和质量保障。西部少数民族地区,因经济基础相对薄弱,部分地区脱贫问题尚未完全解决,人口素质相

---

① 叶取源、王永章、陈昕主编:《中国文化产业评论》第8卷,上海人民出版社2008年版,第225页。

② 李炎、李菊梅:《东陆之光:文化产业研究院卷》,云南大学出版社2013年版,第253页。

③ 罗明义:《民族地区旅游产业发展研究》,云南大学出版社2011年版,第540页。

④ 《当代云南白族简史》编辑委员会编:《当代云南白族简史》,云南人民出版社2014年版,第263页。

对较低,因此,地方能人作用较突出。在地方能人带动下,脱贫致富与手工业产品商品化并存共进,形成推动地方经济发展的良性循环。在政府精准扶贫、西部大开发战略推动下,地方能人作用得到进一步发挥。洛扎县次仁卓嘎从拉萨辞职回乡,利用销售经验组织民族手工业合作社专门制造藏式箱包。在政府支持下获得扶贫资金 60 万元,成立洛珠牌民族手工业合作社。起初,她以氆氇制作工艺品,却因与顾客需要脱节而滞销。随后,次仁卓嘎转变思路,将真皮与氆氇相结合,实现时尚和民族特色的兼顾。为打开销路,她多次参加交流会、展销会。2014—2015 年,洛珠藏式包分别获得自治区第二届旅游纪念品大赛铜奖和山南青年创新创业创意大赛三等奖。2015 年,该合作社利润超过 200 万元,产品款式达到 53 种。该合作社以贫困户为主要招工对象,先后帮扶建档立卡贫困户 12 户 34 人①,37 名雇工全部来自贫困家庭,7 人来自精准扶贫困难户。2015 年,该合作社为 12 户贫困户赠送慰问金 7 万余元,提供长期工作岗位 7 个。该合作社采取自愿入股方式,与贫困户签订协议,按照入股资金进行分红。它还注重区外市场,以直销店、网络销售、微商等方式扩大销售半径。

贵州省丹寨县卡拉村王玉和发现手工鸟笼市场较大,与村民合作制造鸟笼出售。为提高工作效率,王玉和订购打眼机,有效增加产量。在旅游业带动下,王玉和根据市场需要先后设计雕花笼、鼓笼等新式样,甚至专门为游客设计微型鸟笼,将斗鸟的鸟笼变为旅游经济有机组成部分。王玉和以电商为平台,先后增设销售网店 6 家,尝试制造鸟笼灯具,开拓新市场。在王玉和带动下,鸟笼生产成为卡拉村主要经济来源,其产品的 20%销往浙江、湖南,其余以云南为主要市场。卡拉村鸟笼年收入 113 万元,占当地农业收入 60%,平均每人增收超过 1000 元。

丹寨县国春银饰公司总经理王国春自幼学习手工加工银制品技术,在珠三角打工过程中发现新市场,遂返乡成立公司。王国春积极参加博览会,打造品牌,其产品已被故宫博物院收藏。为打开城市市场,王国春把民族特点

---

① 《小包包承载大梦想——记洛扎县洛珠牌民族手工业合作社》,《山南报》2016 年 8 月 24 日。

与市场需要结合,“把家乡的银项圈带到了更广阔的舞台……苗族银饰的时尚之旅,由此开启”[①]。2015 年,该村银产品产值 1100 万元。石桥村造纸大户王兴武雇用 8 人,帮助居民组成造纸协会,会员 50 余户,统一接受订单,有效克服分散生产的弱点。该村所造白皮纸和彩纸远销日本以及中国香港。石桥村造纸收入占农户平均收入的 65%。[②]

贵阳企业家罗婷在花溪区青岩古镇开了 5 家文化门店,以生产蜡染、织布等手工产品为主。从中央工艺美术学院毕业后,她致力于民族手工业品研发。1993 年,罗婷开办手工艺培训学校,先后培养学生 8000 余人。部分学生回到故乡进行创业,形成技术扩散良性循环。2011 年,罗婷开办贵州罗婷布衣服饰公司,将本校学生制品回收后销往省外和日本市场,逐渐形成“公司+基地+农户”的产销一体化链条。2008 年,黔东南州企业家余英成立晟世锦绣公司,通过恢复发展刺绣、蜡染等传统工艺,推出符合市场需求的高附加值产品,实现文化传承和扶贫脱贫双重目标。在贵州 1 个人从事手工业即可带动 2—5 人脱贫[③],妇女就业既可增收,亦可解决留守儿童问题和老人养老问题。

云南鹤庆县母炳林依托特有手工艺技术,在传统手工艺基础上研发与市场接轨的新型工艺品,采用金银铜为原料,以手工打制收藏品等民族工艺品,坚持传统之时开拓新市场。母炳林自幼学习手工业技术,其依据中国传统兵器与铠甲制造的纯手工银制武器开纯银手工兵器先河。2002 年,母炳林被云南省文化厅、云南省民族事务委员会授予“云南省民族民间美术师”称号。2005、2007 年,母炳林先后应邀到法国、美国参加文化博览会和史密森民俗文化艺术节,作品受到国内外艺术家一致好评。其作品《纯银鎏金酥油茶壶》一套两件、《紫铜鎏金法器青稞盒》一套五件、《纯银鎏金护法器》一套九件,被云南省博物馆永久性收藏。

① 《寻访丹寨民族手工业:“指间记忆”跃动新时态》,《贵州日报》2016 年 3 月 21 日。

② 魏来、张引、李玉梅:《黔东南民族地区农村家庭手工业发展问题思考:基于丹寨县两个村的调查》,《贵州农业科学》2008 年第 4 期。

③ 《贵州晟世锦绣公司:与京东集团合作开拓市场》,《贵州日报》2016 年 12 月 30 日。

2011 年,母炳林成立鹤庆县走夷方文化传播有限公司,以传承民族手工业为主要业务,该公司成为大理手工业文化传播领军企业。在当地政府扶持下,该公司被推选为“云南省工艺美术职业教育集团常务理事单位”“全国民族特需商品定点生产企业”“中国工艺美术行业协会理事单位”“中国少数民族用品协会常务理事单位”,并获评第二批“云南老字号”企业(品牌)。

整体而言,1949 年后,少数民族地区手工业发展可分为特点较为突出的两个阶段:1949—1978 年是以计划经济体制下公有制经济介入为特点的国家干预,1978 年后是在社会主义市场经济制度下政府支持与引导下的新发展。前者以社会主义改造为高潮,与东中部相比,集中管理制度的建立客观上有利于民族手工业规模效应发挥。改革开放后,伴随市场经济制度建立以及西部大开发、精准扶贫战略提出和中国经济持续发展,少数民族手工业在规模扩大之时,消费市场发生变化,游客取代本地居民构成消费群体主要部分,客观上造成少数民族手工业区域外市场扩大。1949 年后,少数民族地区手工业成就与政府干预存在较大关联,从侧面证明在后发地区产业发展中政府起主导作用。

结 论 中国手工业的历史变轨

中华人民共和国成立后,中国的现代化出现了模式的转换,在国家政权强有力的干预下,手工业加速实现从“古代”形态到“现代性工业”的转变,这对中国手工业来说,意味着历史变轨。这种变轨不是线性的转变,传统并未被现代性完全取代,历史也并非笔直地通往某个目标的单行道,然而,新中国手工业史至少经历了两个大的演化阶段。从 1949 年到 1978 年,在重工业优先战略的主导下,新中国以计划经济体制分配有限的资源,实现了社会主义改造的手工业经济被推向与现代工业趋同的轨道上,近代手工业“半工业化”的完成是这一时期手工业发展的重要主线。1978 年后,在改革开放的浪潮中,比较优势原则被重新确认,中国工业化从整体上出现了劳动密集型产业回归的现象,在机械化的新技术条件下,传统手工业经济的影子在乡镇企业、早期民营经济等新现象中若隐若现。然而,在这种工业化与现代化的主线之外,中国手工业一直保留有部分“古代”形态,发展成为工艺美术行业,并在改革开放后被贴上非物质文化遗产等标签。因此,中国手工业的历史,不可避免地会笼罩着某种终局式气息,展示了数千年中国手工业史的变轨。

一、从“半工业化”到工业化

在对近代中国手工业的发展特征进行归纳概括时,“中间经济”与“半工业化”是两个描述其特殊性的理论,前者更多地指向城市手工业,而后者最初被用来形容部分地区的农村手工业。不过,可以认为,从整体上审视近代中国手工业,无论城乡均出现了亦变亦不变的状态。所谓“变”,就是在新的扩展的市场经济中,一些新技术引入,改变了传统手工业的样态,甚至催生了新的手工业。但这种“变”并没有导向全面的“现代性工业”,无论在规模、程度还是在层次上都存在巨大局限性,故可恰如其分地称之为“半工业化”。中国共产党致力于将“古代”形态的经济改造为“现代化”的经济,对手工业来说,其实也就是使“半工业化”完整地导向工业化。

近代中国手工业的“半工业化”未能成为完整的工业化,是多种内外因导致的,其结果则是整个中国手工业总体上呈现出“停留在古代”的传统形态,而这是致力于改天换地的中国共产党所欲改造的重要对象。不可忽视的是,中国共产党作为一个新型的现代政党,对于改造社会是有着一整套理论的,这套理论将诸如生产力、生产关系这样的概念引入对手工业的描述中,进而落实于改造的实践。这种理论与实践的结合性,尤其是理论上的严整性与自觉性,既超越以传统经世学问对待手工业的清政府,也超越了民国时期以一般性理论推行手工业政策的各种政权,真正将手工业纳入一个更具根本性的社会改造大工程中。也正因为如此,新中国对手工业改造所使用的理论、术语、概念,对于研究这一阶段的手工业史来说,本身就成为绕不开的话语。就此而论,1949 年后的中国手工业史,实际上是以 1950 年代的社会主义改造为其最重要的内容之一。

1953 年 12 月,朱德在全国第三次手工业生产合作会议上讲话指出:“在我国工业建设初期,轻工业还远不能满足人民日益增长的需要,在这种情况下,手工业的重要性更为显著。因此,把为国计民生所需要的手工业者组织起来,有计划地指导他们生产,提高生产力,对于国家的经济建设会起很大的作用。当然,这并不是说我们可以忽视大工业的发展,而是说在发展大工业的同时,对手工业必须予以足够的重视。”①很明显,新中国成立初期的国计民

① 中华全国手工业合作总社、中共中央党史研究室编:《中国手工业合作化和城镇集体工业的发展》第 1 卷,中共党史出版社 1992 年版,第 100—101 页。

生需求,还无法通过现代性的“大工业”来满足,手工业在“大工业”未建立起来前,被赋予了承担“大工业”职能的重任。然而,手工业要承担这种重任,必须自身“提高生产力”,而手工业要提高生产力,又必须被“组织起来”。因此,手工业作为工业化初期现代工业的替代物,要通过改造生产关系来改变生产力,但它本身只是某种替代物,或者最多是一种补充物。这是新中国初期工业化模式中手工业的实际定位。但不管怎么说,这种定位本身也意味着手工业的“半工业化”状态并非长久之计,组织手工业的工业化改造是必然的政策逻辑。在这次会议的总结报告里,全国合作总社代主任程子华把手工业社会主义改造与工业化的各种逻辑关系说得更清楚:“手工业的社会主义改造是过渡时期总任务的一个组成部分,是国家社会主义工业化的一个组成部分。为什么对手工业要进行社会主义改造呢?因为手工业者一方面是劳动者,另一方面又是私有者。手工业生产是分散的、落后的、保守的、盲目的,不进行社会主义改造,就不能改变它的私有制,就不能纳入国家计划轨道,就不能把古代的生产方式改变为近代的生产方式,就不能提高其生产力,也就不能把手工业者由穷困的状况引到富裕的境地。”①手工业的社会主义改造服务于国家社会主义工业化,而这要求手工业自身实现从“古代的生产方式”到“近代的生产方式”的现代化或工业化。程子华在报告中特意提到了手工业社会主义改造的工业化路径:“许多手工业者集中在一个工厂,按着计划进行生产,就可以逐步克服手工业者的散漫性和盲目性……改进手工工具、实行半机械化或机械化生产,就可以逐步克服小生产者的落后性;实行分工协作,使技术不完全依附于个人的体力、脑力和手艺,就可以逐步克服小生产者的保守性……”②当然,这里所说的工业化,主要指的是手工业从生产技术和组织形态上变得与大工厂式现代工业趋近。

因此,手工业的社会主义改造既是生产关系的改造,又是生产力的改造,

① 中华全国手工业合作总社、中共中央党史研究室编:《中国手工业合作化和城镇集体工业的发展》第1卷,中共党史出版社1992年版,第115页。

② 中华全国手工业合作总社、中共中央党史研究室编:《中国手工业合作化和城镇集体工业的发展》第1卷,中共党史出版社1992年版,第124页。

生产关系的变革服务于提高生产力的目标。1955年12月,白如冰在《关于手工业社会主义改造初步规划的报告》中提出:“在发展合作化的基础上,必须积极进行对手工业的技术改造,逐步实现半机械化、机械化生产。从根本上改变手工业生产的落后状态。”①在改造所有制的同时,半机械化、机械化的技术改造成为新中国改造手工业的另一重要层面,也是在这一层面,中国手工业从传统的、“中间经济”的、“半工业化”的状态,大规模向着工业化的状态迈进。在实际的历史进程中,这一以技术改造为主要内涵的工业化未必完全契合手工业经济自身的需求。1979年8月4日,《人民日报》刊文称:“有人认为,搞现代化就是搞大工业,就是什么都要‘按电钮’,集体所有制工业属于淘汰之列,没有什么搞头。这种想法是不现实的,是不符合我国实际情况的。首先,我们必须走中国式的现代化道路,坚持大中小并举,机械化、半机械化、自动化、半自动化和手工劳动并举的方针。”②这是对此前改造手工业策略的反思,也更符合中国经济发展当时的实际资源约束情况。但在已经形成的历史大趋势下,继承了中国手工业主体部分的集体所有制工业的机械化努力持续进行。1986年的一份报告便指出:“二十三年来,轻工业集体企业……逐步改变了手工操作的落后状况,生产技术水平有了显著提高,许多企业已跨入现代工业行列。”③到21世纪前,绝大部分生产日用品的手工业已经与现代工业趋同。若以纯粹的不使用机器的手工生产为标准来定义手工业,则这种“古代”形态的手工业在新中国已完成了工业化的改造,不再成为一种主要的、基本的经济形态,历时数千年之久的中国手工业史在这一语境下画上了句号。

二、劳动密集型产业的回归

由于发生了技术层面的工业化,新中国的手工业在漫长的时间跨度里很

---

① 中华全国手工业合作总社、中共中央党史研究室编:《中国手工业合作化和城镇集体工业的发展》第1卷,中共党史出版社1992年版,第332页。

② 中华全国手工业合作总社、中共中央党史研究室编:《中国手工业合作化和城镇集体工业的发展》第3卷,中共党史出版社1997年版,第52页。

③ 中华全国手工业合作总社、中共中央党史研究室编:《中国手工业合作化和城镇集体工业的发展》第3卷,中共党史出版社1997年版,第668页。

难按“古代”手工业的标准去界定与想象。2004 年 11 月 3 日通过的《中华全国手工业合作总社章程》将中华全国手工业合作总社的英文名定为 All China Federation of Handicraft Industrial Cooperatives，其中的“Handicraft”就指向了用手工生产的“古代”形态的手工业。然而，早在 1956 年 3 月 4 日，毛泽东在对手工业工作的指示中就提到：“名称可暂时不作变更。手工业改造的目标要明确，不要与其他工业混淆。目前，手工业半机械化、机械化的程度还不高，只占人数的 1.97%，占产值的 7.6%。待手工业半机械化、机械化达到一定程度时再改为好。如山东潍坊市半机械化、机械化已达到 30%，现在就可以改，再叫手工业就不适当了。”①这表明，中国的最高领导人早已意识到，若以生产力为标准，手工业在实现技术变革后，是不适宜再称为“手工业”的，而技术变革本身就是国家改造手工业的重要目标。不过，由于历史的惯性和现实本身的复杂性，即使中国的手工业经历了生产力与生产关系双重的变革，手工业这个名称也在产业组织中华全国手工业合作总社的名称中保留了下来。但根据该社 2004 年的章程，加入该社的成员单位的标准并非手工生产这种技术指标，而是所有制形式：“……各类城镇集体工业联社、手工业合作联社、生产服务合作联社可申请加入总社，其他集体经济联合组织以及跨地区的具有集体经济性质的较大企业，也可申请加入总社，均须由理事会批准为成员单位。”②集体经济成为实际上的“手工业”的主要内涵。

将集体经济与手工业联系在一起，自然要追溯到中华人民共和国成立后的手工业合作化。就在对手工业进行社会主义改造时，城镇与农村手工业的管理归属问题，已经引起领导人的关注。1956 年 3 月，毛泽东指出：“手工业领导机构，要把手工业管理局(科)和生产联社分别清楚……生产联社的人，吃合作社的饭，国家不出钱。县以下只有手工业，县工业科或工商科不管手

① 中华全国手工业合作总社、中共中央党史研究室编：《中国手工业合作化和城镇集体工业的发展》第 4 卷，中共党史出版社 1997 年版，第 1353 页。

② 中华全国手工业合作总社、中共中央党史研究室编：《中国手工业合作化和城镇集体工业的发展》第 4 卷，中共党史出版社 1997 年版，第 1140 页。

工业,管什么?"①他还对管理手工业的相关部门作出这样的指示:"你们应当把全部手工业的117亿元都管起来。归你们改造的785万人要管,不归你们改造的如渔业、盐业、农民兼营部分你们也要汇总。这样手工业就全面了。"②领导人的这些指示,有其具体的政策背景,此处要强调的是,在当时,中共领导人已经很清楚中国存在着一个"全面"的手工业,和一个主要只是归属于相关机构管理的手工业体系。那个"全面"的手工业就是新中国所继承的遍布全国城乡的传统的手工业经济,但在新的管理体制下,中国的手工业将主要被界定为城镇手工业,并随着社会主义改造的完成而变为城镇集体经济。这是新中国"手工业史"极为特殊的一面,由此带来最直接的问题为,农民兼营的手工业按生产力标准属于手工业,但按生产关系标准可能不被认定为"手工业",甚至不被纳入相关管理部门编写的"手工业"史志中。类似的问题还会困扰着对队社工业、乡镇企业的界定。至少,以管理体制界定的"手工业"的主体是有别于乡镇企业的,即使二者在生产、技术、经营形态上具有相似性。城市集体经济既不同于规模更大的国营轻工业,又与改革开放初期尚处于草创阶段的乡镇企业性质有别,似乎扮演了一种新的"中间经济"的角色。然而,这种中间状态更多地体现了某种夹缝中的困境,在现代性方面无法与资源更充分的大型企业竞争,在灵活性方面则不如新兴市场主体。1996年,时任中华全国手工业合作总社主任于珍指出了城市集体经济在人为改造的历史演化中形成的积弊:"长期以来,由于受历史主客观条件的影响,集体所有制经济被认为是公有制的低级形式,搞升级过渡……使本来充满生机和活力的轻工集体企业变成了产权模糊、责任不清、政企不分、机制不灵的'二国营'企业。"③1998年,一份文件的表述再次强调了这一点:"国家抓大放小政策和投资向国有大中型企业倾斜,三资企业和乡镇企业的后发性优势,城市

① 中华全国手工业合作总社、中共中央党史研究室编:《中国手工业合作化和城镇集体工业的发展》第4卷,中共党史出版社1997年版,第1353页。

② 中华全国手工业合作总社、中共中央党史研究室编:《中国手工业合作化和城镇集体工业的发展》第4卷,中共党史出版社1997年版,第1353页。

③ 中华全国手工业合作总社、中共中央党史研究室编:《中国手工业合作化和城镇集体工业的发展》第4卷,中共党史出版社1997年版,第32页。

集体经济处在夹缝中生存。”①这种新的“中间经济”已经不具备太多技术含义,更多地就是一种历史遗留的体制问题,在其原来所依附的计划经济体制被社会主义市场经济体制取代后,其生存空间自然逼仄。

然而,从更为纯粹的产业经济的角度说,城市集体经济与乡镇企业实际上都有传统手工业的影子,并在很大程度上都具有劳动密集型产业的色彩。劳动密集型产业对于中国这个后发展的人口大国来说,具有比较优势,能起到吸纳就业的作用。1978 年后,中国的工业化战略从重工业优先转向了一种更为平衡的模式,劳动密集型产业实现了某种回归。在当时的计划经济体制下,这种回归首先涉及轻工业部门。1979 年 4 月 9 日国务院批转轻工业部的报告中称:“轻工业具有投资少,见效快,积累多,换汇率高的特点……我国人口多,市场大,但工业底子薄,资金积累不快,现在又要扩大内外交流,引进先进技术,这就需要走‘以轻养重、以快养慢’这条路子,来增加我们的积累,提高支付能力。”②实际上,这并没有从根本上改变以轻工业来支持重工业的战略,但调整了两个部门的发展速度,决定让轻工业得到更大发展,以获取支持重工业的更多资源。与重工业相比,轻工业具有劳动密集型特征,而在改革开放初期,被改造为二轻工业的手工业,实际上是包含在轻工业部门内的。与此同时,中央也从解决就业问题的角度重新审视劳动密集型产业的意义。1979 年 6 月 13 日,在中宣部例会上,领导发言指出:“今后引进的企业都是最现代化的,一个宝山钢厂只要三万工人,一百个这样的厂才要三百万人。工厂愈引进先进技术,在全民所有制企业就业的人是很少很少的。以后大量的就业就是搞集体所有制、轻工业、手工业、服务行业,把这讲透。”③集体所有制、轻工业、手工业,虽然各有不同的内涵,但都具有劳动密集型特点,也被寄予吸纳劳动力就业的厚望。此后异军突起的乡镇企业,也受同一经济逻辑的

① 中华全国手工业合作总社、中共中央党史研究室编:《中国手工业合作化和城镇集体工业的发展》第 4 卷,中共党史出版社 1997 年版,第 554 页。

② 中华全国手工业合作总社、中共中央党史研究室编:《中国手工业合作化和城镇集体工业的发展》第 4 卷,中共党史出版社 1997 年版,第 25 页。

③ 中华全国手工业合作总社、中共中央党史研究室编:《中国手工业合作化和城镇集体工业的发展》第 4 卷,中共党史出版社 1997 年版,第 33 页。

支配。

这种新的发展策略,催生了中国共产党新的理论与宣传。1979年《人民日报》发表了《正确认识和对待城镇集体所有制》的特约评论员文章,谓:"生产关系不适应生产力发展,可能有两种情况,一种是落后于生产力的发展水平,一种是超越于生产力的发展水平,两者都会阻碍生产力的发展。"[①]在新中国成立初期,中国共产党在手工业领域看到的是第一种情况,提出要对"古代"形态的手工业进行现代性改造。到改革开放初期,中国共产党发现对手工业的强行改造带来了第二种情况,便提出了新的方针。这就带来没有狭义"手工业"的"手工业史"的延续,而这样的"手工业史",在很大程度上可以被并入劳动密集型制造业的历史。1980年7月15日,轻工业部向国务院领导进行了关于大力发展劳动密集型产品出口的汇报,称:"劳动密集型产品是与资金(技术)密集型产品相比较而言的。在各个工业部门中,轻工业部门是投资最少、容纳劳动力最多的部门,其中尤以手工业基础上发展起来的二轻工业最为突出。"[②]这就基本解释了轻工业、手工业、二轻工业与劳动密集型产品生产行业这几个不同概念之间的关系。在当时轻工业部的认知中,手工业已经被改造为部门管理体制下的二轻工业,而二轻工业又隶属于轻工业部门,并最具劳动密集性特征。换言之,劳动密集型产业是一个生产力标准而非生产关系标准下的概念。这一概念的提出,实际上也意味着那种更符合传统认知的狭义的"手工业"概念的回归。但很显然,这种回归已经不可能是"古代"形态的那种手工业的接续、复兴或重现。然而,也只有在这种以生产力标准为基础进行界定的"手工业"概念下,乡镇企业乃至其他所有制的新兴劳动密集型制造业,才能被纳入改革开放后的中国"手工业史"中。否则,中国近现代手工业史在1960年代之后或许只能窄化为中国工艺美术行业史。

总而言之,新中国手工业史在整个中国手工业史上是极为重要又极为特

① 中华全国手工业合作总社、中共中央党史研究室编:《中国手工业合作化和城镇集体工业的发展》第4卷,中共党史出版社1997年版,第49页。

② 中华全国手工业合作总社、中共中央党史研究室编:《中国手工业合作化和城镇集体工业的发展》第4卷,中共党史出版社1997年版,第169页。

殊的一段历史。在 1949—2000 年,中国手工业改变了其内涵,变化之大,超过了古代手工业在千百年时间里的缓慢演进,也实现了近代手工业未竟的"半工业化"。中国手工业实现了从"古代"生产方式到"现代性工业"的转变,尽管这种转变并非没有经历曲折和产生问题,但从结果来看,字面意义上的以手工操作进行生产的手工业,在中国已经不构成一种主要的、基本的经济形态。只是从实体延续和劳动密集型产业回归的角度说,中国手工业史在改革开放后仍可续写。但很显然,从手工业发展起来的二轻系统的大企业如海尔集团,其现代化程度之高,是无法从生产力角度去指认为手工业的。但是,中华全国手工业合作总社仍然保留了下来,连带保留了"手工业"这一名称。这种名实分离的变化,是中国手工业的历史变轨。由此带来的新问题是:中国手工业史在 21 世纪以何种形态存在?又将如何书写?这是留给未来史家的课题。

主要参考资料

一、档案、碑刻资料

1. 清雍正八年(1730)十月十五日立于湖南省安化县小淹镇苞芷园村的《茶叶禁碑》。

2. 清道光四年(1824)八月初一日立于湖南省安化田庄乡高马二溪村的《奉上严禁》碑。

3. 清道光十七年(1837)十二月廿四日立于湖南安化县东坪镇唐家观街道的《茶务章程》碑。

4. 清光绪三年(1877)立于湖南省安化县江南镇洞市的《蓝田谭某》碑。

5. 清光绪二十九年(1903)刊刻于湖南省安化县江南镇洞市的《九乡茶规》碑。

6. 中国共产党北京市委员会全宗,北京市档案馆藏,档案号 001。

7. 中共慈溪县委全宗,慈溪市档案馆藏,档案号 001。

8. 中共广州市委街道工作部全宗,广州市档案馆藏,档案号 16。

9. 湖北省人民委员会全宗,湖北省档案馆藏,档案号 SZ34。

10. 湖北省人民政府财政经济委员会全宗,湖北省档案馆藏,档案号 SZ68。

11. 湖北省手工业管理局全宗,湖北省档案馆藏,档案号 SZ89。

12. 中国共产党湖北省委员会全宗,湖北省档案馆藏,档案号 SZ1。

13. 济南市商会各行业同业公会全宗,济南市档案馆藏,档案号历临 76。

14. 济南市商会全宗,济南市档案馆藏,档案号历临 77。

15. 民国资中、内江银钱(钱庄)(联)全宗,内江市档案馆藏,档案号 13-3。

16. 宁波市二轻工业局全宗,宁波市档案馆藏,档案号 105。

17. 宁波塑料厂全宗,宁波市档案馆藏,档案号 418。

18. 宁波绣品厂全宗,宁波市档案馆藏,档案号 359。

19. 上海市第二轻工业局全宗,上海市档案馆藏,档案号 B158。

20. 上海市第一商业局全宗,上海市档案馆藏,档案号 B123。

21. 上海市工商行政管理局全宗,上海市档案馆藏,档案号 B182。

22. 上海市工商业联合会全宗,上海市档案馆藏,档案号 C48。

23. 上海市制药业同业公会全宗,上海市档案馆藏,档案号 S65-1。

24. 中共上海市委工业生产委员会全宗,上海市档案馆藏,档案号 A38。

25. 中共上海市委工业政治部全宗,上海市档案馆藏,档案号 A36。

26. 中共上海市委郊区工作委员会、上海市妇女联合会郊区办事处、共青团上海市郊工作委员会全宗,上海市档案馆藏,档案号 A71。

27. 上海市机器工业同业公会档案,上海市工商联藏,档案号 444。

28. 石家庄市第二轻工业局全宗,石家庄市档案馆藏,档案号 51。

29. 中共石家庄市委员会全宗,石家庄市档案馆藏,档案号 1。

30. 财政部缉私署全宗,四川省档案馆藏,档案号 M4。

31. 复兴商业公司成都办事处档案,四川省档案馆藏,档案号 M105-69。

32. 四川省建设厅全宗,四川省档案馆藏,档案号 115。

33. 旧丝织业同业公会全宗,苏州市档案馆藏,档案号乙 2-2-877。

34. 南开大学、天津市历史博物馆编:《天津市三条石早期工业资料调查》,1958 年,天津市档案馆藏,档案号 X0199-C-000596-001。

35. 天津市商会档案,天津市档案馆藏,档案号 J0128。

36. 中国银行万县分行全宗,万州区档案馆藏,档案号 J027-001。

37. 武汉市第二轻工业局全宗,武汉市档案馆藏,档案号 59。

38. 武汉市人民政府、武汉市人民政府办公厅全宗,武汉市档案馆藏,档案号 13。

39. 浙江省手工业管理局(省二轻工业总公司、省二轻集团公司)全宗,浙江省档案馆藏,档案号 j112。

40. 经济部档案全宗号四,中国第二历史档案馆藏,档案号 27852、27958、29953、29954、31528。

41. 宝丰实业股份有限公司全宗,重庆市档案馆藏,档案号 0363。

42. 财政部重庆直接税局全宗,重庆市档案馆藏,档案号 0273。

43. 川康兴业特种股份有限公司全宗,重庆市档案馆藏,档案号 0356。

44. 聚兴诚商业银行全宗,重庆市档案馆藏,档案号 0295-1。

45. 美丰商业银行全宗,重庆市档案馆藏,档案号 0296。

46. 邮政储金汇业局重庆分局全宗,重庆市档案馆藏,档案号 0290。

47. 中中交农四行联合办事处,重庆市档案馆藏,档案号 0285-1。

48. 中中交农四行联合办事处重庆分处全宗,重庆市档案馆藏,档案号 0292-0001。

49. 重庆海关全宗,重庆市档案馆藏,档案号 0351。

50. 重庆社会局全宗,重庆市档案馆藏,档案号 0060。

51. 重庆市警察局全宗,重庆市档案馆藏,档案号 0061。

52. 重庆市商会全宗,重庆市档案馆藏,档案号 0084。

53. 贡井场场商联合办事处全宗,自贡市档案馆藏,档案号 20-1。

54. 自流井场场商联合办事处全宗,自贡市档案馆藏,档案号 19-1-134。

55. 自流井盐场公署全宗,自贡市档案馆,档案号 5-4-408。

二、地方志

1. [明]牛若麟修,王焕如纂:《吴县志》,明崇祯十五年(1642)刻本。

2. [明]王鏊等纂:《姑苏志》,明正德元年(1506)刻本,清乾隆间《四库全书》本。

3. [明]颜洪范修,张之象等纂:《上海县志》,明万历十六年(1588)刻本。

4.［明］佚名纂:《无锡志》,清乾隆间《四库全书》本。

5.［明］殷聘尹编:《外冈志》,明崇祯四年(1631)修,1961 年铅印本。

6.［明］郑洛书修,高企纂:《上海县志》,明嘉靖三年(1524)刻本。

7.［清］宁云鹏、卢腾龙等修,沈世奕、缪彤纂:《苏州府志》,清康熙三十年(1691)刻本。

8.［清］阿桂等修,刘谨之等纂:《盛京通志》,清乾隆四十八年(1783)刻本。

9.［清］白潢修,查慎行等纂:《西江志》,清康熙五十九年(1720)刻本。

10.［清］毕炳炎编:《郓城县乡土志》,清光绪十九年(1893)抄本。

11.［清］博润等修,姚光发等纂:《松江府续志》,清光绪十年(1884)刻本。

12.［清］布颜、杜宗修,洪亮吉纂:《新修怀庆府志》,清乾隆五十四年(1789)刻本。

13.［清］蔡丙圻纂:《黎里续志》,清光绪二十五年(1899)刻本。

14.［清］蔡继洙纂修:《广信府志》,清同治十二年(1873)刻本。

15.［清］曹抡彬修,曹抡翰纂:《雅州府志》,清乾隆四年(1739)刻本。

16.［清］常琬修,焦以敬纂:《金山县志》,清乾隆十八年(1753)刻本。

17.［清］陈登龙编:《里塘志略》,清嘉庆十五年(1810)刻本。

18.［清］陈和志修,倪师孟、沈彤纂:《震泽县志》,清乾隆十一年(1746)刻本,清光绪十九年(1893)重刻本。

19.［清］陈宏谟修,范咸纂:《湖南通志》,清乾隆二十二年(1757)刻本。

20.［清］陈嘉榆等修,王闿运等纂:《湘潭县志》,清光绪十五年(1889)刻本。

21.［清］陈培桂等纂修:《淡水厅志》,清同治十年(1871)刻本。

22.［清］陈其元修,熊其英纂:《青浦县志》,清光绪五年(1879)刻本。

23.［清］陈树楠、诸可权修,钱光奎纂:《续辑咸宁县志》,清光绪八年(1882)刻本。

24.［清］陈廷枚修,熊曰华等纂:《袁州府志》,清乾隆二十五年(1760)刻本。

25.［清］陈延缙纂修:《上犹县志》,清康熙三十六年(1697)刻本。

26.［清］陈玉垣修，庄绳武纂：《巴陵县志》，清嘉庆九年（1804）刻本。

27.［清］陈之骥纂修：《靖远县志》，清道光十三年（1833）刻本。

28.［清］崇谦等修，沈宗舜等纂：《楚雄县志》，清宣统二年（1910）刻本。

29.［清］崔国榜修、金益谦、蓝拔奇纂：《兴国县志》，清同治十二年（1873）刻本。

30.［清］德恩修，石彦恬等纂：《涪州志》，清道光二十五年（1845）刻本。

31.［清］邓兰修，陈之兰纂：《南康县志》，清乾隆十八年（1753）刻本。

32.［清］丁廷楗、卢询修，赵吉士等纂：《徽州府志》，清康熙三十八年（1699）刻本。

33.［清］董钟琪、汪廷璋编：《婺源乡土志》，清光绪三十四年（1908）活字本。

34.［清］董朱英修，路元升纂：《毕节县志》，清乾隆二十三年（1758）刻本。

35.［清］杜冠英、胥寿荣修，吕鸿焘纂：《玉环厅志》，清光绪六年（1880）刻本。

36.［清］杜贵墀等纂：《巴陵县志》，清光绪十七年（1891）刻本。

37.［清］冯光宿纂修：《黔西州志》，清乾隆九年（1744）刻本。

38.［清］冯振鸿纂修：《鱼台县志》，清乾隆二十九年（1764）刻本。

39.［清］高承瀛修，吴嘉谟等纂：《光绪井研志》，清光绪二十六年（1900）刻本。

40.［清］高维岳修，魏远猷等纂：《大宁县志》，清光绪十一年（1885）刻本。

41.［清］葛冲编：《青浦乡土志》，清光绪三十三年（1907）刻本。

42.［清］桂超纂修：《新续略阳县志》，清光绪三十年（1904）刻本。

43.［清］郭汝诚修，冯奉初等纂：《顺德县志》，清咸丰六年（1856）刻本。

44.［清］郭树馨等修，黄榜元等纂：《兴宁县志》，清光绪元年（1875）刻本。

45.［清］郭嵩焘纂：《湘阴县图志》，清光绪六年（1880）刻本。

46.［清］郭雨熙纂修，蔡廷曙续修：《从化县新志》，清康熙四十九年（1710）修，清雍正八年（1730）增修刻本。

47.［清］韩际飞修、何元等纂：《高要县志》，清道光六年（1826）刻本。

48. [清]韩佩金等修,张文虎等纂:《重修奉贤县志》,清光绪四年(1878)刻本。

49. [清]何绍章修,吕耀斗纂:《丹徒县志》,清光绪五年(1879)刻本。

50. [清]何选鉴、张钧编纂:《来凤县志》,清同治五年(1866)刻本。

51. [清]何宇棼修,黄维瓒纂:《直隶澧州志》,清同治十三年(1874)刻本。

52. [清]洪汝冲修,永贞纂:《辽阳乡土志》,清光绪二十四(1898)年铅印本。

53. [清]洪汝霖修,杨笃纂:《天镇县志》,清光绪十六年(1890)刻本。

54. [清]洪肇楙纂修:《宝坻县志》,清乾隆十年(1745)刻本。

55. [清]胡炜纂修:《邹县乡土志》,山东国文报馆,1907年。

56. [清]怀荫布修,黄任、郭赓武纂:《泉州府志》,清乾隆二十八年(1763)刻本。

57. [清]黄恩赐纂修:《中卫县志》,清乾隆二十六年(1761)刻本。

58. [清]黄寿祺修,吴华辰纂:《玉山县志》,清同治十二年(1873)刻本。

59. [清]黄文炜、沈青崖纂修:《重修肃州新志》,清乾隆二年(1737)刻本。

60. [清]黄文燮修,徐必藻纂:《安远县志》,清道光三年(1823)刻本。

61. [清]黄钰纂修:《萧山县志》,清乾隆十六年(1751)刻本。

62. [清]江敦灏等修,王闿运等纂:《桂阳直隶州志》,清同治七年(1868)刻本。

63. [清]江恂纂修:《清泉县志》,清乾隆二十八年(1763)刻本。

64. [清]江昱:《潇湘听雨录》,清乾隆二十六年(1761)刻本。

65. [清]江召棠修,魏元旷纂:《南昌县志》,清光绪三十三年(1907)刻本。

66. [清]姜顺蛟、叶长扬修,施谦纂:《吴县志》,清乾隆十年(1745)刻本。

67. [清]金第修、杜绍斌纂:《万载县志》,清同治十一年(1872)刻本。

68. [清]金福曾等修,熊其英等纂:《吴江县续志》,清光绪五年(1879)刻本。

69. [清]金拱修,钱元昌、陆纶纂:《广西通志》,清乾隆间《四库全书》本。

70. [清]金蓉镜等辑:《靖州乡土志》,清光绪三十四年(1908)刻本。

71. [清]金惟鳌辑:《盘龙镇志》,清光绪元年(1875)修。

72. [清]觉罗石麟修,储大文纂:《山西通志》,清雍正十二年(1734)刻本。

73. [清]赖能发纂修:《永宁县志》,清乾隆十五年(1750)刻本。

74. [清]劳克泰修,但传禧纂:《蒲圻县志》,清道光十六年(1836)刻本。

75. [清]李本仁修,陈观西等纂:《赣州府志》,清道光二十八年(1848)刻本。

76. [清]李炳彦修,梁栖鸾纂:《太平县志》,清道光五年(1825)刻本。

77. [清]李传煦纂修,钟树森续修:《肥城县乡土志》,清光绪三十四年(1908)石印本。

78. [清]李福泰修,史澄等纂:《番禺县志》,清同治十年(1871)刻本。

79. [清]刘蔚仁续修,朱锡恩续纂:《海宁州志稿》,清光绪二十二年(1896)修,1923年续修铅印本。

80. [清]李锦成等修,朱荣邦等纂:《峨眉县续志》,清宣统三年(1911)刻,1935年补刻本。

81. [清]李景柘、陈鸿寿修,史炳等纂:《溧阳县志》,清嘉庆二十年(1815)刻本。

82. [清]李梦皋纂:《拉萨厅志》,清道光十五年(1835)刻本。

83. [清]李实福纂修:《玉山县志》,清乾隆四十六年(1781)刻本。

84. [清]李体仁修,王学礼纂:《蒲城县新志》,清光绪三十一年(1905)刻本。

85. [清]李廷芳修,徐钰、陈于廷纂:《重修襄垣县志》,清乾隆四十七年(1782)刻本。

86. [清]李维清编纂:《上海乡土志》,清光绪三十三年(1907)铅印本。

87. [清]李卫等修,沈冀机等纂:《浙江通志》,清雍正十三年(1735)修,清光绪二十五年(1899)刻本。

88. [清]李应珏撰:《皖志便览》,清光绪二十八年(1902)刻本。

89. [清]李应珏撰:《浙志便览》,清光绪二十二年(1896)增刻本。

90. [清]李英粲原修,林骏元补修,李昭原纂、李茂元补纂:《冕宁县志》,清咸丰七年(1857)刻本,同治九年(1870)增刻本,光绪十七年(1891)再刻本。

91. [清]李元度等纂:《平江县志》,清同治十三年(1874)刻本。

92. [清]李云龙修,刘再向等纂:《平远州志》,清乾隆二十一年(1756)刻本。

93. [清]李中桂等纂:《光绪束鹿乡土志》,清光绪三十一年(1905)刻本,1938年铅印本。

94. [清]李遵唐修,王肇书等纂:《闻喜县志》,清乾隆三十一年(1766)刻本。

95. [清]梁蒲贵等修,朱延射纂:《宝山县志》,清光绪八年(1882)刻本。

96. [清]廖文英等修,熊维典等纂:《南康府志》,清康熙十二年(1673)刻本。

97. [清]林荔修,姚学甲纂:《凤台县志》,清乾隆四十九年(1784)刻本。

98. [清]凌焯等总修,徐锡麟等总纂:《丹阳县志》,清光绪十一年(1885)刻本。

99. [清]刘采邦等修纂:同治《长沙县志》,清同治十年(1871)刻本。

100. [清]刘岱修,艾茂、谢庭薰纂:《独山州志》,清乾隆三十三年(1768)刻本。

101. [清]刘廷恕纂:《打箭厅志》,清光绪三十年(1904)修。

102. [清]刘于义修,沈青崖纂:《陕西通志》,清雍正十三年(1735)刻本。

103. [清]六十七、范咸纂修:《重修台湾府志》,清乾隆十二年(1747)刻本。

104. [清]卢建其修,张君宾等纂:《宁德县志》,清乾隆四十六年(1781)刻本。

105. [清]陆立编:《真如里志》,清乾隆三十七年(1772)刻本。

106. [清]罗德昆等:《施南府志》,清道光十七年(1837)刻本。

107. [清]罗缃、陈豪修,王承禧纂:光绪《应城县志》,清光绪八年(1882)蒲阳书院刻本影印本。

108. [清]骆敏修,萧玉铨纂:《袁州府志》,清同治十三年(1874)刻本。

109. [清]吕士竣修,梁建纂:《鹿邑县志》,清康熙三十一年(1692)刻本。

110. [清]吕思湛等修:《永州府志》,清道光八年(1828)刻本。

111. [清]吕肃高修,张雄图、王文清纂:《长沙府志》,清乾隆十二年(1747)刻本。

112. [清]吕燕昭修,姚鼐纂:《新修江宁府志》,清嘉庆十六年(1811)刻本。

113. [清]吕耀曾等修,魏枢等纂:《盛京通志》,清乾隆元年(1736)刻本。

114. [清]马呈图纂修:宣统《高要县志》,清宣统二年(1910)刻本,1938 年铅印本。

115. [清]马毓华修,郑书香等纂:《重修宁羌州志》,清光绪十四年(1888)刻本。

116. [清]孟炤修,黄祐等纂:《建昌府志》,清乾隆二十四年(1759)刻本。

117. [清]闵从隆纂修:《芷江县志》,清乾隆二十五年(1760)刻本。

118. [清]牛昶煦、郝增祜纂修,周晋堃续纂修:《丰润县志》,清光绪十七年(1891)刻本,1921 年铅字重印本。

119. [清]潘松修,高照煦纂:《米脂县志》,清光绪三十三年(1907)铅印本。

120. [清]潘相纂修:《曲阜县志》,清乾隆三十九年(1774)刻本。

121. [清]汪日桢纂修:《乌程县志》,清光绪七年(1881)刻本。

122. [清]裴大中修,秦湘业纂:《无锡金匮县志》,清光绪七年(1881)刻本。

123. [清]裴显忠修,刘硕辅等纂:《乐至县志》,清道光二十年(1840)刻本。

124. [清]彭琬修,吴特仁增修:《双流县志》,清光绪三年(1877)刻本,清光绪二十年(1894)增刻本。

125. [清]戚朝卿修,周祐纂:《续修邢台县志》,清光绪三十一年(1905)刻本。

126. [清]齐德五等修,黄楷盛等纂:《湘乡县志》,清同治十三年(1874)刻本。

127. [清]钱鹤年修,董诏等纂:《汉阴厅志》,清嘉庆二十三年(1818)刻本。

128. [清]秦达章等修,何国祐等纂:《霍山县志》,清光绪三十一年(1905)木活字本。

129. [清]阮升基等修,宁楷等纂:《增修宜兴县志》,清嘉庆二年(1797)

刻本。

130. [清]邵晋涵纂:乾隆《杭州府志》,清乾隆四十九年(1784)刻本。

131. [清]沈藻修,朱谨等纂:《永康县志》,清康熙三十七年(1698)刻本。

132. [清]石韫玉纂,宋如林修:《苏州府志》,清道光四年(1824)刻本。

133. [清]宋如林等修,莫晋、孙星衍纂:《松江府志》,清嘉庆二十四年(1819)刻本。

134. [清]苏履吉等修,曾诚纂:《敦煌县志》,清道光十一年(1831)刻本。

135. [清]苏霈芬修,曾撰纂:《长宁县志》,清咸丰六年(1856)刻本。

136. [清]苏益馨修,梅峄纂:《石门县志》,清嘉庆二十三年(1818)刻本。

137. [清]孙方俊修,宋金镜、熊延献纂:《馆陶县乡土志》,清光绪三十四年(1908)铅印本。

138. [清]孙云锦修,吴昆田等纂:《淮安府志》,清光绪十年(1884)刻本。

139. [清]孙云章纂:《怀德县乡土志》,清光绪三十二年(1906)刻本。

140. [清]台隆阿修,李瀚颖纂:《岫岩志略》,清咸丰七年(1857)刻本。

141. [清]谭瑄纂修:《弋阳县志》,清康熙二十二年(1683)刻本。

142. [清]谭喆纂修:《新会乡土志》,清光绪三十四年(1908)铅印本。

143. [清]唐景崧修,蒋师辙、薛绍元纂:《台湾通志》,清光绪二十一年(1895)刻本,台湾成文出版社 1983 年影印本。

144. [清]唐英、陶冶图、贺熙龄等修:《浮梁县志》,清道光三年(1823)刻本。

145. [清]陶煦重辑:《周庄镇志》,清光绪八年(1882)刻本。

146. [清]汪坤厚、程其珏修,张云望等纂:《娄县续志》,清光绪五年(1879)刻本。

147. [清]汪堃等:《光绪昆新两县续修合志》,清光绪六年(1880)刻本。

148. [清]汪正元等修,吴鹗等纂:光绪《婺源县志》,清光绪九年(1883)刻本。

149. [清]王铤重修,徐旭旦纂:《浏阳县志》,清康熙四十三年(1704)刻本。

150. [清]王继祖修,夏之蓉等纂:《直隶通州志》,清乾隆二十年(1755)

刻本。

151.［清］王麟祥等修，邱晋成等纂：《叙州府志》，清光绪二十一年（1895）刻本。

152.［清］王梦庚修，寇宗纂：《重庆府志》，清道光二十三年（1843）刻本。

153.［清］王瑞成等修，张濬纂：《光绪宁海县志》，清光绪二十八年（1902）刻本。

154.［清］王文韶等修，唐炯等纂：《续云南通志稿》，清光绪二十七年（1901）刻本。

155.［清］王延桂、存禄修，刘自立等纂：《曲周县志》，清同治九年（1870）刻本。

156.［清］王元臣修，董钦德、金炯纂：《会稽县志》，清康熙二十二年（1683）刻本。

157.［清］王钟编，金凤祥增补：《法华镇志》，清嘉庆十八年（1813）编，清光绪末年（1908）增补，抄本。

158.［清］王钟撰，胡人凤续辑：《法华乡志》，清嘉庆十八年（1813）编，1922续编。

159.［清］卫哲治等修，顾栋高等纂：《淮安府志》，清乾隆十三年（1748）刻本，清咸丰二年（1852）重刻本。

160.［清］温恭修，吴兰修纂：《封川县志》，清道光十五年（1835）刻本。

161.［清］文秀修，卢梦兰纂：《新修清水河厅志》，清光绪九年（1883）修，抄本。

162.［清］邬庆时纂：《番禺末业志》，民国十八年（1929）刻本。

163.［清］吴德煦辑：《章谷屯志略》，清同治十三年（1874）刻本。

164.［清］吴其濬：《植物名实图考》，清道光二十八年（1848）刻本。

165.［清］吴中彦修，胡景桂纂：《重修广平府志》，清光绪二十年（1894）刻本。

166.［清］吴宗周修，欧阳曙纂：《湄潭县志》，清光绪二十五年（1899）刻本。

167.［清］伍承吉修，王士芬等纂，涂冠续修：《云和县志》，清咸丰八年

(1858)修,同治三年(1864)续修刻本。

168. [清]武念祖修,陈栻纂:《上元县志》,清道光四年(1824)刻本。

169. [清]武全文修,刘显世纂:《崇阳县志》,清同治五年(1866)刻本。

170. [清]萧然奎:《新疆伊犁府绥定县乡土志》,清光绪三十四年(1908)抄本。

171. [清]谢庭董修,陆锡熊等纂:《娄县志》,清乾隆五十三年(1788)刻本。

172. [清]谢锡善纂:《连平州乡土志》,清光绪三十四年(1908)抄本。

173. [清]谢笏麟修,陈智纂,王亿年增修,刘书旗增纂:《任县志》,清宣统二年(1910)修,1915 年增修铅印本。

174. [清]熊天章修、甘定遇纂:《枣阳县志》,清乾隆十七年(1752)刻本。

175. [清]徐淦等修,江普光等纂:《醴陵县志》,清同治十年(1871)刻本。

176. [清]徐时作、刘蒸雯修,庄曰荣等纂:《沧州志》,清乾隆八年(1743)刻本。

177. [清]许瑶光修,吴仰贤纂:《嘉兴府志》,清光绪四年(1878)刻本。

178. [清]薛凝度修,吴文林纂:《云霄厅志》,清嘉庆二十一年(1816)刻本,1935 年重印本。

179. [清]严辰纂:《桐乡县志》,清光绪十三年(1887)刻本。

180. [清]严文典修,任相等纂:《蒲台县志》,清乾隆二十八年(1763)刻本。

181. [清]言如泗修,熊名相等纂:《解州安邑县运城志》,清乾隆二十九年(1764)刻本。

182. [清]阎登云修,周之桢纂:《同里志》,清嘉庆十七年(1812)刻本。

183. [清]杨受延等修,冯汝舟等纂:《如皋县志》,清嘉庆十三年(1808)刻本。

184. [清]杨文骏修,朱一新、黎佩兰纂:《德庆州志》,清光绪二十五年(1899)刻本。

185. [清]杨宜仑修,夏之蓉纂,马馨等增修,夏味堂等增纂:《高邮州志》,清乾隆四十八年(1783)刻,清嘉庆十八年(1813)增刻,清道光二十年(1840)重刻本。

186. [清]姚宝奎修,范崇楷纂:《西安县志》,清嘉庆十六年(1811)刻本。

187. [清]姚明辉编:《蒙古志》,清光绪三十三年(1907)铅印本。

188. [清]姚子庄修,周体元纂:《石埭县志》,清康熙十四年(1675)刻本。

189. [清]贻谷修,高赓恩纂:《土默特旗志》,清光绪三十四年(1908)刻本。

190. [清]佚名:《库车州乡土志》,清光绪三十四年(1908)稿本。

191. [清]尹继善等修,黄之隽等纂:《江南通志》,清乾隆元年(1736)刻本。

192. [清]于煌、万卜爵修、杨缙铨纂:《会同县志》,清乾隆三十八年(1773)刻本。

193. [清]于尚龄修,王兆杏纂:《昌化县志》,清道光三年(1823)刻本。

194. [清]张凤喈等修,桂占等纂:《南海县志》,清宣统三年(1911)刻本。

195. [清]张赓谟纂修:《四川保宁府广元县志》,清乾隆二十二年(1757)刻本。

196. [清]张广泗修,靖道谟等纂:《贵州通志》,清乾隆六年(1741)刻本。

197. [清]张鸿恩等纂修:《大埔县志》,清光绪二年(1876)刻本。

198. [清]张云墩修,周系英纂:《湘潭县志》,清嘉庆二十三年(1818)刻本。

199. [清]章圭瑑纂:《黄渡续志》,清咸丰三年(1853)刻本。

200. [清]赵定帮等修,丁宝良等纂:《长兴县志》,清光绪元年(1875)刻本。

201. [清]赵宜霖纂修:《正安州志》,清嘉庆二十三年(1818)刻本。

202. [清]郑钟祥、张瀛修,庞鸿文纂:《常昭合志稿》,清光绪三十年(1904)木活字本。

203. [清]钟桐山修,柯逢时纂:《武昌县志》,清光绪十一年(1885)刻本。

204. [清]钟章元修,陈第颂纂:《清涧县志》,清道光八年(1828)刻本。

205. [清]衷心鉴纂,李瑄等修:《成都县志》,清同治十二年(1873)刻本。

206. [清]仲履振纂修,张鹤龄增补:《兴宁县志》,清嘉庆十六年(1811)刻本。

207. [清]周凤鸣编:《峄县乡土志》,清光绪三十年(1904)抄本,台湾成文出版社1968年重印本。

208. [清]周恒重修,张其翻纂:《潮阳县志》,清光绪十年(1884)刻本。

209.［清］周凯等纂修:《厦门志》,清道光十九年(1839)刻本。

210.［清］周克堃等纂:《广安州新志》,清光绪三十三年(1907)修,清宣统三年(1911)刻本,1927年重印本。

211.［清］周来贺修,陈锦等纂:《桑植县志》,清同治十二年(1873)刻本。

212.［清］周尚质修,李登明纂:《曹州府志》,清乾隆二十一年(1756)刻本。

213.［清］周学铭等修:《建德县志》,清宣统二年(1910)铅印本。

214.［清］周右修,蔡复午等纂:《东台县志》,清嘉庆二十二年(1817)刻本。

215.［清］周震荣修,章学诚纂:《永清县志》,清乾隆四十四年(1779)刻本。

216.［清］朱奎扬修,吴廷华等纂:《天津县志》,清乾隆四年(1739)刻本。

217.［清］朱偓等修,陈昭谋等纂:《郴州总志》,清嘉庆二十五年(1820)刻本,清光绪十九年(1893)木活字重印本。

218.［清］沈用增纂修:《孝感县志》,清光绪九年(1883)刻本。

219.［清］朱一谦修,许琼等纂:《石城县志》,清道光四年(1824)刻本。

220.［清］朱子春等纂修:《凤县志》,清光绪十八年(1892)刻本。

221.［清］宗源瀚修,周学濬等纂:《湖州府志》,清同治十三年(1874)刻本。

222.《湖北省纺织工业志》编纂委员会编:《湖北省纺织工业志》,中国文史出版社1990年版。

223.《浙江通志》编纂委员会编:《浙江通志》,浙江人民出版社2018年版。

224.阿坝州地方志编委会编:《阿坝州志》,民族出版社1994年版。

225.北京市地方志编纂委员会编:《北京志·农业卷·乡镇企业志》,北京出版社2004年版。

226.博兴县地方史志编纂委员会编:《博兴县志(1986—2007)》,中国文史出版社2016年版。

227.蔡蓉升、蔡蒙纂:《双林镇志》,1917年铅印本。

228.蔡芷卿、马厔民:《鄞县通志》,1936年铅印本。

229.曹允源等纂:《吴县志》,1933年铅印本。

230.常之英修:《潍县志稿》,1941年铅印本。

231.陈邦倬修,易象乾等纂:《崇宁县志》,1925年刻本。

232. 陈必淮修,王之臣纂:《朔方道志》,1927 年铅印本。

233. 陈必闻、宛方舟修,卢纯道等纂:《汝城县志》,1932 年刻本。

234. 陈伯陶等纂修:《东莞县志》,1927 年铅印本。

235. 陈朝宗等修,王光张纂:《大田县志》,1931 年铅印本。

236. 陈传德修,黄世祚、王焘曾等纂:《嘉定县续志》,1930 年铅印本。

237. 陈庚虞等修,陈及时等纂:《始兴县志》,1926 年石印本。

238. 陈鲲修,刘谦纂:《醴陵县志》,1948 年刊本。

239. 陈铭枢:《海南岛志》,海南出版社 2004 年版。

240. 陈其栋修,缪果章纂:《宣威县志稿》,1934 年铅印本。

241. 陈谦、陈世虞修,罗绶香、印焕门等纂:《犍为县志》,1937 年铅印本。

242. 陈维淹修,许闻诗纂:《张北县志》,1935 年铅印本。

243. 陈训正、马瀛纂修:《定海县志》,1924 年铅印本。

244. 陈艺翘、常守陈、戚星岩纂:《海城县志》,1937 年铅印本。

245. 陈桢等修,李兰增等纂:《文安县志》,1922 年刻本。

246. 程道元修,续文金纂:《昌图县志》,1916 年铅印本。

247. 储学洙纂:《二区旧吴团乡志》,1936 年铅印本。

248. 戴邦桢等修,冯煦等纂:《宝应县志》,1932 年铅印本。

249. 单毓元等纂修:《泰县志稿》,1931 年石印本。

250. 翟文选等修,王树楠等纂:《奉天通志》,1934 年铅印本。

251. 丁世恭等修,刘清如等纂:《续修馆陶县志》,1936 年铅印本。

252. 东亚同文会:《中国省别全志》,南天书局 1988 年版。

253. 段志洪等编:《中国地方志集成》,巴蜀书社 2006 年版。

254. 方策等修,裴希度等纂:《续安阳县志》,1933 年铅印本。

255. 方福麟修,张伯英纂:《黑龙江志稿》,1933 年铅印本。

256. 方鸿铠等修,黄炎培等纂:《川沙县志》,1937 年铅印本。

257. 福建省地方志编纂委员会编:《福建省志·烟草志》,方志出版社 1995 年版。

258. 福建省泉州市经济体制改革委员会编:《泉州市经济体制改革志》,内部资料,1995年。

259. 福州市地方志编纂委员会编:《福州市志》,方志出版社1999年版。

260. 傅熊湘编:《醴陵乡土志》,1926年铅印本。

261. 干人俊编:《民国杭州市新志稿》,1948年修,杭州市地方志编纂办公室,1987年铅印本。

262. 广东省地方史志编纂委员会编:《广东省志·二轻(手)工业志》,广东人民出版社1995年版。

263. 广东省地方史志编纂委员会编:《广东省志·乡镇企业志》,广东人民出版社2006年版。

264. 贵定县采访处辑:《贵定县志稿》,1912年刻本。

265. 贵阳市志编纂委员会:《民国贵阳经济》,贵州教育出版社1993年版。

266. 何其英修,谢嗣农纂:《柳城县志》,1940年铅印本。

267. 何天瑞等修,桂坫等纂:《旧西宁县志》,1937年铅印本。

268. 河北省蠡县地方志编纂委员会编:《蠡县志》,中华书局1999年版。

269. 河南省安阳县水冶镇人民政府编:《水冶镇志》,1985年。

270. 河南省地方史志办公室编纂:《河南省志》,河南人民出版社1995年版。

271. 洪复章辑:《真如里志》,1918年后辑,稿本。

272. 洪锡范、盛鸿焘修,王荣商、杨敏曾纂:《镇海县志》,1923年修,1931年铅印本。

273. 侯祖畬修,吕寅东等纂:《夏口县志》,1920年铅印本。

274. 侯锡爵修,罗明述编:《桓仁县志》,1930年石印本。

275. 胡存琮修,赵正和纂:《名山县新志》,1930年刻本。

276. 胡焕宗编:《湖北全省实业志》,湖北实业厅,1920年。

277. 胡联恩修,陈铁梅纂:《桦甸县志》,1932年铅印本。

278. 胡思敬纂修:《盐乘县志》,1917年刊本。

279. 胡为和等修,高树敏等纂:《三续高邮州志》,1922年铅印本。

280. 胡为和等修,孙国钧等纂:《丹阳县续志》,1927年刻本。

281. 胡祥翰编:《上海小志》,1930 年铅印本。

282. 胡学林修,朱昌奎纂:《宾阳县志》,1948 年稿本。

283. 湖北省地方志编纂委员会编:《湖北省志》,湖北人民出版社 1995 年版。

284. 湖北省武穴市地方志编纂委员会编:《广济县志》,汉语大词典出版社 1994 年版。

285. 湖北省政府民政厅编:《湖北县政概况》,1934 年。

286.《湖州丝绸志》编纂委员会编:《湖州丝绸志》,海南出版社 1998 年版。

287. 黄体振等修,李熙等纂:《政和县志》,1919 年铅印本。

288. 黄占梅等修,程大璋等纂:《桂平县志》,1920 年铅印本。

289. 吉林省地方志编纂委员会编:《吉林省志》,吉林人民出版社 1993 年版。

290. 济南市志编纂委员会编:《济南市志资料》第 2 辑,1981 年。

291. 济南市志编纂委员会编:《济南市志资料》第 6 辑,1986 年。

292. 建设委员会经济调查所统计课编:《中国经济志》,建设委员会经济调查所,1935 年。

293. 姜槛荣等修,韩敏修纂:《广宗县志》,1933 年铅印本。

294. 姜玉笙纂:《三江县志》,1946 年铅印本。

295. 蒋庚蕃、郭春田修,张智林纂:《平乐县志》,1940 年铅印本。

296. 蒋晃编:《东兰县政纪要》,1947 年铅印本。

297. 蒋学元等纂:《濮阳县志》,1914 年刻本。

298. 焦忠祖等修,庞友兰等纂:《阜宁县新志》,1934 年铅印本。

299. 晋江县华侨志编纂委员会编:《晋江华侨志》,上海人民出版社 1994 年版。

300. 昝元恺编:《崇明乡土志略》,1924 年石印本。

301. 黎启勋等纂:《阳朔县志》,1936 年石印本。

302. 李晓泠等纂修:《高阳县志》,1933 年铅印本。

303. [清]李其旋纂修:《高阳县志》,清雍正八年(1730)刻本。

304. 李钟岳、李郁芬修，孙寿芝纂：《丽水县志》，1936 年铅印本。

305. 梁伯荫修，罗克涵等纂：《沙县志》，1928 年铅印本。

306. 梁鼎芬等修，丁仁长等纂：《番禺县续志》，1931 年刻本。

307. 梁汝泽修，王荣先纂：《枣阳县志》，1923 年铅印本。

308. 梁兆麒、蒲殿钦修，崔映棠等纂：《绵阳县志》，1933 年刻本。

309. 梁钟亭、路大遵修，张树梅纂：《清平县志》，1936 年铅印本。

310. 林传甲：《大中华京师地理志》，中国地学会，1919 年。

311. 林传甲总纂：《大中华直隶省地理志》，佩文书社 1932 年。

312. 林传甲纂：《黑龙江乡土志》，1913 年铅印本。

313. 凌甲烺、吕应南修，张嘉谋等纂：《西华县续志》，1938 年铅印本。

314. 刘超然等修，郑丰稔等纂：《崇安县新志》，1942 年铅印本。

315. 刘洪辟纂修：《昭萍志略》，1935 年木活字本。

316. 刘天成修，李镇华纂：《通化县志》，1935 年铅印本。

317. 刘运锋修，陈宗瀛纂：《乐昌县志》，1931 年铅印本。

318. 龙云、卢汉修，周钟岳等纂：《新纂云南通志》，1949 年铅印本。

319. 卢金锡修，杨履乾、包鸣泉纂：《昭通县志稿》，1938 年铅印本。

320. 陆庆祥纂：《隆山县志》，1948 年油印本。

321. 路联逵等监修：《万全县志》，1933 年铅印本。

322. 罗国钧等修，向楚等纂：《巴县志》，1939 年铅印本。

323. 吕调元、刘承恩修，张仲炘、杨承禧纂：宣统《湖北通志》，1921 年刻本。

324. 马大正等整理：《新疆乡土志稿》，新疆人民出版社 2010 年版。

325. 马龢鸣、陈丕显修，杜瀚生等纂：《龙岩县志》，1920 年铅印本。

326. 米登岳修，张崇善等纂：《华阴县续志》，1932 年铅印本。

327. 苗恩波等修，刘荫岐纂：《陵县续志》，1935 年铅印本。

328. 倪惟钦、董广布修，陈荣昌、顾视高纂：《昆明县志》，1943 年铅印本。

329. 宁波市地方志编纂委员会编：《宁波市志》，中华书局 1995 年版。

330. 宁夏通志编纂委员会编：《宁夏通志 · 经济管理卷》（上），方志出版社 2007 年版。

331. 欧先哲修,钟景贤纂:《开阳县志》,1940 年铅印本。

332. 欧阳英修,陈衍纂:《闽侯县志》,1933 年刻本。

333. 欧仰义等修,梁崇鼎等纂:《贵县志》,民国二十三年(1934)铅印本。

334. 潘守廉等修,唐烜、袁绍昂纂:《济宁直隶州续志》,1927 年铅印本。

335. 庞庚辛等编:《武宣县志》,1934 年铅印本。

336. 裴焕星、王煜斌、白永贞等纂:《辽阳县志》,1928 年铅印本。

337. 彭文治、李永成修,卢庆家、高光照纂:《富顺县志》,1931 年刻本。

338. 彭延庆修,杨钟羲等纂:《萧山县志稿》,1935 年铅印本。

339. 平南县志编修委员会办公室编:《平南县志资料丛刊》,1985 年。

340. 浦圻县教育局编:《蒲圻县乡土志》,内部印行,1923 年。

341. 齐耀珊修,吴庆坻等纂:《杭州府志》,1926 年铅印本。

342. 祁门县地方志编纂委员会办公室编:《祁门县志》,安徽人民出版社 1990 年版。

343. 钱淦等纂:《江湾里志》,1924 年铅印本。

344. 钱史彤、邹介民修,焦国理、慕寿祺纂:《重修镇原县志》,1935 年铅印本。

345. 硚口织布厂修志领导小组编:《武汉市硚口织布厂厂志(1938—1982)》,内部资料,1983 年。

346. 青海省地方志编纂委员会编:《青海省志》,黄山书社 1995 年版。

347. 庆云县地方史志编纂委员会编:《庆云县志(1981—2010)》,方志出版社 2013 年版。

348. 全国图书馆文献缩微复制中心:《内蒙古史志》第 38 本,2002 年。

349. 泉州市对外经济贸易志编纂委员会编:《泉州市对外经济贸易志》,中国国际广播出版社 1993 年版。

350. 泉州市乡镇企业志编纂委员会编:《泉州市乡镇企业志》,内部资料,1993 年。

351. 厦门市修志局纂修:民国《厦门市志》,上海书店出版社 2000 年版。

352. 山东省地方史志编纂委员会编:《山东省志》,山东人民出版社 1997

年版。

353. 山西二轻(手)工业史志编纂委员会编:《山西二轻(手)工业志》,山西人民出版社 1989 年版。

354. 山西省榆次市第二轻工业局编:《榆次市二轻工业志》,内部资料,1987 年。

355. 陕西省凤翔县志编纂委员会编:《凤翔县志》,陕西人民出版社 1991 年版。

356. 邵钦权纂:《卫藏揽要》,1917 年抄本。

357. 实业部国际贸易局编:《中国实业志(湖南省)》,1935 年。

358. 实业部国际贸易局编:《中国实业志(江苏省)》,1933 年。

359. 实业部国际贸易局编:《中国实业志(山东省)》,1934 年。

360. 实业部国际贸易局编:《中国实业志(山西省)》,1937 年。

361. 实业部国际贸易局编:《中国实业志(浙江省)》,1933 年。

362. 顺德市地方志编纂委员会:《顺德县志》,中华书局 1996 年版。

363. 宋宪章等修,于清泮等纂:《牟平县志》,1936 年铅印本。

364. 宋蕴璞辑:《天津志略》,1931 年铅印本。

365. 宋兆升修,张宗载、齐文焕纂:《枣强县志》,1931 年铅印本。

366. 苏士浚修,杨德馨纂:《顺义县志》,1933 年铅印本。

367. 苏州市地方志编纂委员会编:《苏州市志》,江苏人民出版社 1995 年版。

368. 绥远通志馆编纂:《绥远通志稿》,内蒙古人民出版社 2007 年版。

369. 孙维均、章光铭修,马步元纂:《续安邱新志》,1920 年石印本。

370. 唐受潘修,黄镕等纂:《乐山县志》,1934 年铅印本。

371. 唐载生等纂:《全县志》,1935 年铅刻本。

372. 天津市志编纂处编:《天津市概要》,天津百城书局 1934 年版。

373. 廷瑞修,张辅相等纂:《海城县志》,1926 年铅印本。

374. 通城县志编纂委员会:《通城县志》,浙江人民出版社 1985 年版。

375. 王葆安修,马文焕等纂:《香河县志》,1936 年铅印本。

376. 王德乾等修,刘树鑫纂:《南皮县志》,1933 年铅印本。

377. 王德乾辑:《真如志》,1935 年铅印本。

378. 王德乾修,崔莲峰等纂:《望都县志》,1934 年铅印本。

379. 王陵基修,于宗潼纂:《福山县志》,1920 年修,1931 年铅印本。

380. 王渌昌等修,高觐光等纂,欧阳延续补:《泸县志》,1938 年铅印本。

381. 王世选修,梅文昭等纂:《宁安县志》,1924 年铅印本。

382. 王荫桂修,张新曾纂:《续修博山县志》,1937 年铅印本。

383. 王玉璋修,刘天赐、张开文纂:《合江县志》,1925 年修,1929 年铅印本。

384. 王元一纂修:《桓台县志》,1934 年铅印本。

385. 王祖畬等纂:《太仓州志》,1919 年刻本。

386. 王佐才等修,杨维磻等纂:《庄河县志》,1934 年铅印本。

387. 王佐等修,顾枞纂:《息烽县志》,1940 年稿本。

388. 潍坊市丝绸公司编纂:《潍坊市丝绸志》,内部资料,1987 年。

389. 温州市志编纂委员会编:《温州市志》,中华书局 1998 年版。

390. 吴兰生等修,刘廷凤等纂:《潜山县志》,1920 年铅印本。

391. 吴汝纶:《深州风土记》,1900 年刻本。

392. 吴馨等修,姚文枬等纂:《上海县续志》,1918 年刻本。

393. 吴宗慈等编:《江西通志稿·经济略》,1949 年稿本,江西省博物馆,1985 年整理油印本。

394. 武汉地方志编纂委员会编:《武汉市志(1980—2000)》,武汉出版社 2006 年版。

395. 武汉地方志编纂委员会主编:《武汉市志·工业志》(上),武汉大学出版社 1999 年版。

396. 夏时行等修,刘公旭等纂:《安县志》,1938 年石印本。

397. 冼宝干等纂:《佛山忠义乡志》,1916 年铅印本。

398. 新疆维吾尔自治区农业厅农业志编辑室:《新疆通志·农业志》,内部发行,1987 年。

399. 邢野、姜宝泰编:《绥远通志》,包头市地方志编修办公室,2005 年。

400. 徐保庆修,周志靖纂:《光宣宜荆续志》,1921 年刻本。

401. 徐焕斗辑,王夔清补辑:《汉口小志》,1915 年铅印本。

402. 徐锦修,胡鉴莹等纂:《英山县志》,1920 年木活字本。

403. 徐士瀛等修,张子荣、史锡永纂:《新登县志》,1922 年铅印本。

404. 徐昭俭修,杨兆泰等纂:《新绛县志》,1929 年铅印本。

405. 许昌烟草志编委会:《许昌烟草志》,河南科学技术出版社 1993 年版。

406. 许崇:《新疆志略》,正中书局 1944 年版。

407. 许镇坤编:《新疆通志 · 轻工业志》,新疆人民出版社 1997 年版。

408. 烟台市地方史志编纂委员会办公室编:《烟台市志》,科学普及出版社 1994 年版。

409. 严伟等修,秦锡田等纂:《南汇县续志》,1929 年刻本。

410. 阳泉市二轻工业志编纂委员会编:《阳泉市二轻(手)工业局志》,内部资料,1988 年。

411. 杨洪:《松滋县志》,民国十八年(1929)铅印本,民国二十六年(1937)增补。

412. 杨肇基等纂修:《西昌县志》,1942 年铅印本。

413. 杨宗彩修,刘训瑺纂:《闽清县志》,1921 年铅印本。

414. 姚裕廉修,范炳桓纂:《重辑张堰志》,1920 年刻本。

415. 叶楚伧修,王焕镳纂:《首都志》,1935 年铅印本。

416. 伊宁市地方志编纂委员会:《伊宁市志 · 工业》,新疆人民出版社 2002 年版。

417. 义乌市二轻局编:《义乌市二轻工业志》,内部资料,1988 年。

418. 佚名纂:《续修安顺府志 · 安顺志》,1931 年铅印本。

419. 殷惟和纂:《江苏六十一县志》,1936 年铅印本。

420. 于定增修,金咏榴增纂:《青浦县续志》,1917 年修,1934 年增修刻本。

421. 余家谟等修,王嘉诜等纂:《铜山县志》,1926 年刻本。

422. 余杰谋修:《开平县志》,1933 年铅印本。

423. 余丕承修,桂坫纂:《恩平县志》,1934 年铅印本。

424. 鲍寔纂:《芜湖县志》,1919 年石印本。

425. 余有林、曹梦九修,王照青纂:《高密县志》,1935 年铅印本。

426. 覃玉成纂:《宜北县志》,1937 年铅印本。

427. 喻长霖、柯华威等纂修:《台州府志》,1926 年修,1936 年铅印本。

428. 张灿奎等纂修:《宿松县志》,1921 年活字本。

429. 袁棻修,张凤翔等纂:《滦县志》,1937 年铅印本。

430. 袁嘉谷纂修:《石屏县志》,1938 年铅印本。

431. 张传保等修,陈训正等纂:《鄞县通志》,1937 年铅印本。

432. 张次房修,幸邦隆纂:《华亭县志》,1933 年石印本。

433. 张汉等修,丘复等纂:《上杭县志》,1939 年铅印本。

434. 张家口市地方志编纂委员会编:《张家口市志》,中国对外翻译出版公司 1998 年版。

435. 张克湘修,周之桢纂:《抚顺县志》,1931 年抄本。

436. 张芗甫修,龙庚言纂:《万载县志》,1940 年铅印本。

437. 张应鳞修,张永和纂:《成安县志》,1931 年铅印本。

438. 张玉藻、翁有成修,高瓍昌等纂:《续丹徒县志》,1930 年刻本。

439. 张允高等修,钱淦等纂:《宝山县续志》,1921 年铅印本。

440. 张自明修,王富臣纂:《马关县志》,1932 年石印本。

441. 昭平县志编纂委员会编:《昭平县志》,广西人民出版社 1992 年版。

442. 赵同福修,杨逢时纂:《盛桥里志》,1919 年稿本。

443. 浙江省二轻工业志编纂委员会编:《浙江省二轻工业志》,浙江人民出版社 1998 年版。

444. 浙江省绍兴市地方志编纂委员会编:《绍兴市志》,方志出版社 1999 年版。

445. 浙江省通志馆修,余绍宋等纂:《重修浙江通志稿》,1943 年至 1949 年间纂修,稿本,浙江图书馆 1983 年誊录本。

446. 郑伯彬编著:《台湾新志》,中华书局 1947 年铅印本。

447. 郑翘松等纂:《永春县志》,1930 年铅印本。

448. 郑湘畴纂:《平南县鉴》,1940 年版。

449. 郑耀烈修,汪昇远等纂:《六合县续志稿》,1920 年石印本。

450. 云南省中甸县志编纂委员会编:《中甸县志》,云南民族出版社 1997 年版。

451. 周恭寿等修,赵恺等纂:《续遵义府志》,1936 年刻本。

452. 周开庆:《四川经济志》,台北商务印书馆 1972 年版。

453. 周庆云纂:《南浔志》,1922 年刻本。

454. 周文海等修,卢宗裳等纂:《感恩县志》,1931 年铅印本。

455. 周学仕修,马呈图纂,陈树勋续修:《罗定志》,1935 年铅印本。

456. 周震鳞修,刘宗向纂:《宁乡县志》,1941 年木活字本。

457. 周之贞、冯保熙修,周朝槐等纂:《顺德县志》,1929 年刻本。

458. 朱嗣元修,钱光国纂:《施秉县志》,1920 年修,贵州省图书馆 1965 年油印本。

459. 竹万发主编:《伊犁州通志 · 二轻工业志》,新疆人民出版社 1997 年版。

460. 祝世德等纂修:《汶川县志》,1944 年铅印本。

461. 祝延锡纂:《竹林八圩志》,1932 年石印本。

三、报刊资料

1.《安徽白话报》

2.《安徽建设》

3.《安徽建设月刊》

4.《安徽省政府公报》

5.《安徽实业杂志》

6.《澳门日报》

7.《白话报》

8.《半星期报》

9.《报告书》

10.《北京晚报》

11.《北洋官报》

12.《边疆通讯》

13.《边事研究》

14.《边政》

15.《边政公论》

16.《并州官报》

17.《财政日刊》

18.《察哈尔省建设公报》

19.《潮声》

20.《成都商报》

21.《赤峰日报》

22.《出版界》

23.《川边季刊》

24.《川康建设》

25.《萃报》

26.《大阪朝日新闻》

27.《大公报》

28.《大陆》

29.《大陆银行月刊》

30.《大同报》

31.《地理》

32.《东北新建设》

33.《东方》

34.《东方杂志》

35.《东南经济》

36.《东三省官银号经济月刊》

37.《东西商报》

38.《都市日报》
39.《都市与农村》
40.《恩施日报》
41.《纺织时报》
42.《纺织周刊》
43.《福建文化》
44.《妇女时报》
45.《复兴月刊》
46.《工商半月刊》
47.《工商公报》
48.《工商通讯》
49.《工商新闻》
50.《工学月刊》
51.《工业中心》
52.《鼓楼文史》
53.《广播周报》
54.《广东经济建设月刊》
55.《广东劝业报》
56.《广东省贸易消息》
57.《广西建设月刊》
58.《广益丛报》
59.《贵州都市报》
60.《贵州民族报》
61.《贵州日报》
62.《贵州政协报》
63.《国货月刊》
64.《国际劳工通讯》
65.《国际贸易》

66.《国际贸易导报》

67.《国际贸易情报》

68.《国民经济建设月刊》

69.《国民经济月刊》

70.《国闻周报》

71.《汉口商业月刊》

72.《杭州白话报》

73.《濠江日报》

74.《和平日报》

75.《河北月刊》

76.《河南白话科学报》

77.《河南官报》

78.《湖北财政季刊》

79.《湖北商务报》

80.《湖北实业月刊》

81.《湖社十周年纪念特刊》

82.《华商联合报》

83.《寰球中国学生报》

84.《吉林白话报》

85.《吉林官报》

86.《集成报》

87.《济南报》

88.《济南汇报》

89.《济南市政府市政月刊》

90.《济南指南》

91.《检验月刊》

92.《江南商务报》

93.《江宁实业杂志》

94.《江西农报》
95.《解放日报》
96. 上海《解放日报》
97.《金陵学报》
98.《晋铎月刊》
99.《经济半月刊》
100.《经济部中央工业试验所研究专报》
101.《经济建设半月刊》
102.《经济统计季刊》
103.《经济旬刊》
104.《经济周报》
105.《经建季刊》
106.《经世报》
107.《晶报》
108.《竞业旬报》
109.《九龙报》
110.《觉民报》
111.《喀什日报》
112.《开发西北》
113.《康导月刊》
114.《昆明日报》
115.《劳工月刊》
116.《立法专刊》
117.《利济学堂报》
118.《联合经济研究室通讯》
119.《两广官报》
120.《林讯》
121.《鹭江报》

122.《旅行杂志》

123.《满铁调查月报》

124.《贸易月刊》

125.《蒙藏月报》

126.《棉业月刊》

127.《民族(上海)》

128.《南方都市报》

129.《南方日报》

130.《南国今报》

131.《南国早报》

132.《南洋官报》

133.《南洋七日报》

134.《南洋商务报》

135.《农报》

136.《农本》

137.《农本月刊》

138.《农村服务通讯》

139.《农村经济》

140.《农工商报》

141.《农工杂志》

142.《农矿月刊》

143.《农商公报》

144.《农声》

145.《农学报》

146.《农友》

147.《女子世界》

148.《澎湃新闻》

149.《平潭时报》

150.《奇闻报》
151.《钤报》
152.《钱业月报》
153.《秦中官报》
154.《秦中书局汇报》
155.《青岛工商季刊》
156.《染织纺周刊》
157.《人民日报》
158.《山东官报》
159.《山南报》
160.《陕西官报》
161.《汕头特区晚报》
162.《汕尾日报》
163.《商旅友报》
164.《商务报》
165.《商务官报》
166.《商学期刊》
167.《商业月报》
168.《商业杂志》
169.《上海新报》
170.《上海总商会月报》
171.《绍兴白话报》
172.《社会经济月报》
173.《社会科学杂志》
174.《申报》
175.《申报月刊》
176.《深圳特区报》
177.《深圳晚报》

178.《生活》
179.《生活周刊》
180.《盛京时报》
181.《时报》
182.《时事月报》
183.《时务报》
184.《时务汇报》
185.《实学报》
186.《实业报》
187.《实业部天津商品检验局检验月刊》
188.《实业部月刊》
189.《实业丛报》
190.《实业镜》
191.《实业统计》
192.《实业杂志》
193.《食货》
194.《时事新报》
195.《蜀评》
196.《蜀学报》
197.《顺天时报》
198.《四川官报》
199.《四川教育官报》
200.《四川经济季刊》
201.《四川经济月刊》
202.《四川月报》
203.《台州日报》
204.《天津棉鉴》
205.《天天商报》

206.《通农期刊》
207.《通商汇纂》
208.《通学报》
209.《外经济周刊》
210.《万国公报》
211.《万国商业月报》
212.《国际劳工通讯》
213.《卫生学报》
214.《文汇报》
215.《文史精华》
216.《乌兰察布日报》
217.《西部时报》
218.《西藏科技报》
219.《西藏日报》
220.《西康省经济建设丛刊》
221.《西南边疆》
222.《西南实业通讯》
223.《仙游今报》
224.《乡村建设》
225.《香港工商日报》
226.《香港华商总会月刊》
227.《香港华字日报》
228.《香港旅行指南月刊》
229. 香港《文汇报》
230.《新经济》(半月刊)
231.《新快报》
232.《新民丛报》
233.《新青海》

234.《新青年》

235.《新世界月刊》

236.《新闻报》

237.《新西北》

238.《新西康》

239.《新新新闻每旬增刊》

240.《新亚细亚》

241.《新中华》

242.《新中华报》

243.《新中州报》

244.《星岛日报》

245.《选报》

246.《学生文艺丛刊汇编》

247.《训练月刊》

248.《延安解放日报》

249.《益世报》

250.《益闻录》

251.《银行月刊》

252.《银行杂志》

253.《银行周报》

254.《英商公会华文报》

255.《渝报》

256.《舆论时事报图画》

257.《云南实业要闻周刊》

258.《浙江纺织服装学院报》

259.《浙江实业丛报》

260.《浙江交儆报》

261.《振华五日大事记》

262.《政府公报》
263.《政艺通报》
264.《政治官报》
265.《政治经济学报》
266.《直隶教育杂志》
267.《致用》
268.《中东半月刊》
269.《中东经济月刊》
270.《中国妇女报》
271.《中国建设》
272.《中国教会新报》
273.《中国经济》
274.《中国旅游报》
275.《中国绿色时报》
276.《中国民族报》
277.《中国农村》
278.《中国农民银行月刊》
279.《中国商业研究会月刊》
280.《中国实业》
281.《中国实业杂志》
282.《中华报》
283.《中华工商时报》
284.《中外经济情报》
285.《中外经济周刊》
286.《中外日报》
287.《中西闻见录》
288.《中行月刊》
289.《中央日报》

290.《重庆商会会报》

291.《珠江晚报》

292.《著作林》

293.《自然界》

294.《自由天地》

295.《字林沪报》

296.《社会经济史学》

297.《日本工业新闻》

四、资料汇编

1. [清]湖南调查局编:《湖南民情风俗报告书》,湖南法制院印,1912 年。

2. [清]湖南调查局编:《湖南商事习惯报告书》,湖南调查局编印,1911 年。

3. [清]倪赞元纂:《云林县采访册》,清光绪二十年(1894)刻本,民国抄本,台湾成文出版社影印本 1983 年版。

4. [清]师范纂:《滇系》,清嘉庆十三年(1808)刻本,清光绪十三年(1887)重刻本。

5. [清]唐景崧修,蒋师辙、薛绍元纂:《台湾通史》,清光绪二十一年(1895)刻本。

6. [日]仁井田陞:《北京工商ギルド资料集》,东京大学东洋文化研究所,1978 年。

7.《大清宣统新法令》,商务印书馆 1909 年版。

8.《当代云南白族简史》编辑委员会编:《当代云南白族简史》,云南人民出版社 2014 年版。

9.《中国轻工业年鉴》编辑委员会编:《中国轻工业年鉴 1994》,中国轻工业年鉴 1994 年版。

10.《中国轻工业年鉴》编辑委员会编:《中国轻工业年鉴 1996》,中国轻工业年鉴 1996 年版。

11. 北京市总工会工人运动史研究组编:《北京工运史料》第 1—4 期,工人出版社 1982 年版。

12. 边政设计委员会编:《川康边政资料辑要》,内部发行,1940 年铅印本。

13. 曾赛丰、曹友鹏编:《湖南民国经济史料选刊》,湖南人民出版社 2009 年版。

14. 曾兆祥主编:《湖北近代经济贸易史料选辑》,湖北省志贸易志编辑室内部印行,1984 年。

15. 常州市纺织工业局编史修志办公室编:《常州纺织史料》,1982 年。

16. 陈绛整理:《中国家谱资料选编·经济卷》,上海古籍出版社 2013 年版。

17. 北京市档案馆编、陈乐人主编:《北京档案史料》,新华出版社 2009 年版。

18. 陈真、姚洛、逄先知合编:《中国近代工业史资料》,生活·读书·新知三联书店 1958 年版。

19. 陈振汉、熊正文、萧国亮编:《清实录经济史资料》(顺治—嘉庆朝),北京大学出版社 2012 年版。

20. 澂江县政府编:《澂江县乡土资料》,民国抄本,台湾成文出版社 1975 年影印本。

21. 戴鞍钢、黄苇主编:《中国地方志经济资料汇编》,汉语大词典出版社 1999 年版。

22. 丁世良、赵放主编:《中国地方民俗资料汇编》,北京图书出版社 1997 年版。

23. 东亚同文会编:《江南事情》,东亚同文会,1910 年。

24.《百县市经济社会调查·晋江卷》编辑委员会:《百县市经济社会调查·晋江卷》,中国大百科全书出版社 1992 年版。

25. [清]甘厚慈辑:《北洋公牍类纂》,北洋益森印刷公司,1907 年。

26. 甘肃省社会科学院历史研究室编:《陕甘宁革命根据地史料选辑》第 1—2 辑,甘肃人民出版社 1981 年、1983 年版。

27. 高景岳、严学熙编:《近代无锡蚕丝业资料选辑》,江苏人民出版社 1987 年版。

28. 关务署编:《财政部关务署法令汇编》,1928 年。

29. 关务署编:《财政部关务署法令汇编》,1931 年。

30. 广西统计局编:《广西年鉴》第一回(1933 年),1934 年。

31. 广西统计局编:《广西年鉴》第二回(1935 年),广西省政府总务处,1936 年。

32. 郭克兴辑:《黑龙江乡土录》,黑龙江人民出版社 1987 年版。

33. 国家统计局编:《中国统计年鉴 1984》,中国统计出版社 1984 年版。

34. 国家图书馆分馆编选:《(清末)时事采新汇选》,北京图书馆出版社 2003 年版。

35. 国务院办公厅法制局编:《中华人民共和国法规汇编(1981 年 1—12 月)》,法律出版社 1986 年版。

36. 黑龙江省档案馆编:《满铁调查报告》,广西师范大学出版社 2005 年版。

37. 湖北省统计局:《湖北省国民经济统计资料(1949—1978)》,内部资料,1979 年。

38. 湖北省乡镇企业管理局《乡镇企业志》编辑室编:《湖北近代农村副业资料选辑(1840—1949)》,未刊本。

39. 华中抗日根据地和解放区工商税收史编写组编:《华中抗日根据地和解放区工商税收史料选编》,安徽人民出版社 1986 年版。

40. 江苏省博物馆编:《明清苏州工商业碑刻集》,江苏人民出版社 1981 年版。

41. 江苏省财政厅等:《华中抗日根据地财经史料选编——鄂豫边区、新四军五师部分》,湖北人民出版社 1989 年版。

42. 江苏省供销合作总社编:《江苏省民国时期合作社史料选编》,1990 年。

43. 江苏省商业厅、中国第二历史档案馆编:《中华民国商业档案资料汇编》第 1 卷(1912—1928),中国商业出版社 1991 年版。

44. 江苏省长公署第四科编:《江苏省实业视察报告书》,1919 年。

45. 吴江县档案馆、江苏省社会科学院经济史课题组编:《吴江蚕丝业档案资料汇编》,河海大学出版社 1989 年版。

46. 江西省社会科学院历史研究所、江西省图书馆选编:《江西近代贸易史资料》,江西人民出版社 1988 年版。

47. 江西省社会科学院历史研究所编:《江西近代工矿史资料选编》,江西人民出版社 1989 年版。

48. 军事委员会委员长行营边政设计委员会:《松潘县概况资料辑要》,内部资料,出版年不详。

49. 李华编:《明清以来北京工商会馆碑刻选编》,文物出版社 1980 年版。

50. 李文海、夏明方、黄兴涛编:《民国时期社会调查丛编》(10 卷本),福建教育出版社 2009 年版。

51. 李文治编:《中国近代农业史资料》第 1—3 辑,科学出版社 2016 年版。

52. 立法院编译处编:《中华民国法规汇编》,1935 年。

53. 陆规亮编纂:《松江文献》,松江县银钱业沿革考,1947 年铅印本。

54. 马敏、肖芃主编:《苏州商会档案丛编》第 4 辑(1928 年—1937 年),华中师范大学出版社 2009 年版。

55. 满洲事情案内所编:《满洲の栞》,1939 年。

56. 莫世祥、虞和平等编译:《近代拱北海关报关汇编:1887—1946》,澳门基金会,1998 年。

57. 南京市第二轻工业局、南京市城镇集体工业联社编:《南京二轻工业史料》第 1 辑,南京第二轻工业局,1991 年。

58. 南开大学经济研究所编:《南开指数资料汇编(1913 年—1952 年)》,统计出版社 1958 年版。

59. 南开大学经济研究所经济史研究室编:《中国近代盐务史资料选辑》,南开大学出版社 1991 年版。

60. 内政部编:《内政法规汇编》第 2 辑,内政部公报处,1934 年。

61. 内政部总务司第二科编:《内政法规汇编》礼俗类,商务日报馆 1940 年版。

62. 聂宝璋编:《中国近代航运史资料》,科学出版社 2016 年版。

63. 农商部总务厅统计科编纂:《中华民国元年第一次农商统计表》,中华书局 1914 年版。

64. 农商部总务厅统计科编纂:《中华民国三年第三次农商统计表》,中华书局 1916 年版。

65. 农商部总务厅统计科编纂:《中华民国四年第四次农商统计表》,中华书局 1918 年版。

66. 农商部总务厅统计科编纂:《中华民国五年第五次农商统计表》,中华书局 1919 年版。

67. 农业部乡镇企业局编:《中国乡镇企业统计资料(1978—2002 年)》,中国农业出版社 2003 年版。

68. 彭泽益编:《中国工商行会史料集》,中华书局 1995 年版。

69. 彭泽益编:《中国近代手工业史资料(1840—1949)》,中华书局 1962 年版。

70. 彭泽益选编:《清代工商行业碑文集粹》,中州古籍出版社 1997 年版。

71. 秦孝仪:《革命文献》第 75 辑,台湾"中央文物供应社",1978 年。

72. 秦孝仪:《革命文献》第 104 辑,台湾"中央文物供应社",1986 年。

73. 泉州市档案馆编:《泉州改革开放三十年重要文献选编》,内部资料,2009 年。

74. 商务印书馆编译所编:《中华民国法令大全三编》,商务印书馆 1920 年版。

75. 商务印书馆编译所编:《大清光绪新法令》,商务印书馆 1910 年版。

76. 商业部计划司编:《民族贸易经济资料汇编》(上),中国商业出版社 1984 年版。

77. 上海市工商行政管理局、上海市第一机电工业局机器工业史料组编:《上海民族机器工业》,中华书局 1966 年版。

78. 上海社会科学院历史研究所编:《五四运动在上海史料选辑》,上海人民出版社 1960 年版。

79. 上海市第二轻工业局编志办公室、上海市工业合作经济研究所编:《上海手工业史料汇编》第 1—2 辑,内部资料,1990 年。

80. 上海市工商局经济计划处编:《上海私营工商业分业概况》,内部印行,1951 年。

81. 上海通商海关造册处译:《通商各关华洋贸易总册》,1891 年。

82. 上海通商海关造册处译:《通商各关华洋贸易总册》,1904 年。

83. 上海通商海关造册处译:《通商各关华洋贸易总册》,1909 年。

84. 上海图书馆编:《中国与世博:历史记录(1851—1940)》,上海科学技术文献出版社 2002 年版。

85. 沈家五编:《张謇农商总长任期经济资料选编》,南京大学出版社 1987 年版。

86. 实业部中国经济年鉴编纂委员会编:《中国经济年鉴》,商务印书馆 1934 年版。

87. 实业部中国经济年鉴编纂委员会编:《中国经济年鉴》第 3 编,商务印书馆 1936 年版。

88. 实业部总务司、商业司编:《全国工商会议汇编》,实业部总务司编辑科,1931 年。

89. 苏崇民:《满洲档案资料汇编》,社会科学文献出版社 2011 年版。

90. 苏州市工商业联合会等编:《苏州工商经济史料》第 1 辑,1986 年。

91. 苏州市档案馆编:《苏州丝绸档案汇编》,江苏古籍出版社 1995 年版。

92. [清]孙多森:《直隶实业汇编》,清宣统二年(1910)劝业公所铅印本。

93. 天津社会科学院历史研究所编:《天津历史资料》第 13 期,天津社会科学院历史研究所,1981 年。

94. 天津市档案馆等编:《天津商会档案汇编(1903—1911)》,天津人民出版社 1989 年版。

95. 天津市档案馆等编:《天津商会档案汇编(1912—1928)》,天津人民出版社 1992 年版。

96. 天津市档案馆等编:《天津商会档案汇编(1928—1937)》,天津人民出版社 1996 年版。

97. 建设委员会经济调查所编:《绍兴之丝绸》,1937 年。

98. 王尹孚编:《国民政府颁行法令大全》,上海法学编译社 1929 年版。

99. 魏宏运主编:《抗日战争时期晋察冀边区财政经济史资料选编》,南开大学出版社 1984 年版。

100. 温州市档案局(馆)译编:《北华捷报温州史料编译》(1896—1915 年),社会科学文献出版社 2018 年版。

101. 吴汉民主编:《20 世纪上海文史资料文库》第 3 辑,上海书店出版社 1999 年版。

102. 新疆百科全书编纂委员会编:《新疆百科全书》,中国大百科全书出版社 2002 年版。

103. 新疆维吾尔自治区手工业生产合作社联社编:《新疆维吾尔自治区手工业社会主义改造十年总结暨主要文件汇编》,内部资料,1959 年。

104. 邢野、王新民:《内蒙古十通·旅蒙商通览》,内蒙古人民出版社 2008 年版。

105. 徐珂编:《清稗类钞》,中华书局 1986 年版。

106. 许涤新、吴承明主编:《中国资本主义发展史》,人民出版社 2003 年版。

107. 许檀编:《清代河南、山东等省商人会馆碑刻资料选辑》,天津古籍出版社 2013 年版。

108. 崖县县政公署填报:《崖县事项考察表》,1917 年 2 月,广东中山图书馆收藏。

109. 烟台港务局编:《近代山东沿海通商口岸贸易统计资料》,对外贸易出版社 1989 年版。

110. 严中平等编:《中国近代经济史统计资料选辑》,中国社会科学出版社 2012 年版。

111. 杨端六:《六十五年来中国国际贸易统计》,中央研究院,1938 年。

112. 杨国安编著:《中国烟业史汇典》,光明日报出版社 2002 年版。

113. 杨嘉敏主编:《李鸿章全集》,时代文艺出版社 1998 年版。

114. 杨增新:《补过斋文牍》,台湾文海出版社 1965 年版。

115. 姚贤镐编:《中国近代对外贸易史资料(1840—1895)》,科学出版社

2016年版。

116. 佚名:《英国领事商务报告》,1881年。

117. 陈新宪等编:《禹之谟史料》,湖南人民出版社1981年版。

118. 殷梦霞、李强选编:《民国铁路沿线经济调查报告汇编》,国家图书馆出版社2009年版。

119. 于定一编:《武进工业调查录》,武进县商会,1929年。

120. 张星烺编:《中西交通史料汇编》,华文出版社2018年版。

121. 张羽新、张双志编纂:《民国藏事史料汇编》,学苑出版社2005年版。

122. 章开沅编:《清通鉴》,岳麓书社2000年版。

123. 赵德馨编:《太平天国财政经济资料汇编》,上海古籍出版社2017年版。

124. 郑成林选编:《民国时期经济调查资料汇编》,国家图书馆出版社2013年版。

125. 政协北流县委员会办公室编:《北流县文史资料》第1辑,1985年。

126. 中国人民政治协商会议甘肃省委员会文史资料研究委员会编:《甘肃文史资料选辑》第2辑,内部资料,甘肃人民出版社1963年版。

127. 中国人民政治协商会议甘肃省委员会文史资料研究委员会编:《甘肃文史资料选辑》第8辑,内部资料,甘肃人民出版社1980年版。

128. 杭州市政协文史资料研究委员会编:《杭州文史资料》第9辑,浙江人民出版社1988年版。

129. 政协湖北省宜昌市文史资料委员会编:《宜昌市文史资料》第9辑,内部资料,1988年。

130. 中国人民政治协商会议湖南省祁东县委员会文史资料研究委员会编:《祁东文史资料》第1辑,1985年。

131. 政协兰州市委员会文史资料研究委员会编:《兰州文史资料选辑》第7辑,1988年。

132. 中国人民政治协商会议全国委员会文史资料研究委员会编:《工商史料》第2辑,文史资料出版社1981年版。

133. 全国政协文史资料委员会编:《中华文史资料文库》,中国文史出版社1996年版。

134. 中国人民政治协商会议山东省潍坊市委员会文史资料研究委员会编:《潍坊文史资料选辑》第3辑,1987年。

135. 中国人民政治协商会议天津市委员会文史资料研究委员会编:《天津文史资料选辑》第1辑,天津人民出版社1978年版。

136. 中国人民政治协商会议天津市委员会文史资料研究委员会编:《天津文史资料选辑》第28辑,天津人民出版社1984年版。

137. 中国人民政治协商会议天津市委员会文史资料研究委员会编:《天津文史资料选辑》第29辑,天津人民出版社1984年版。

138. 中国人民政治协商会议天津市委员会文史资料研究委员会编:《天津文史资料选辑》第32辑,天津人民出版社1985年版。

139. 中国人民政治协商会议天津市委员会文史资料研究委员会编:《天津文史资料选辑》总第95辑,天津人民出版社2002年版。

140. 中国人民政治协商会议湖北省武汉市委员会文史资料研究委员会编:《武汉文史资料》第1辑,1980年。

141. 中国人民政治协商会议武汉市委员会文史资料研究委员会编:《武汉文史资料》第7辑,1982年。

142.《武汉文史资料》编辑部:《武汉文史资料》第1辑(总第59辑),武汉市政协文史资料委员会,1995年。

143. 中国人民政治协商会议河北省张家口市委员会文史资料研究委员会编:《张家口文史资料》第13辑,内部资料,1988年。

144. 张家口市政协文史资料委员会编:《张家口文史》第1辑(总第38辑),内部资料,2003年。

145. 中国人民政治协商会议赤城县委员会文史资料编辑委员会编:《赤城文史资料》第4辑,2000年。

146. 呼和浩特市政协文史资料委员会编:《呼和浩特文史资料》第10辑,1995年。

147. 秦一心主编:《20 世纪济南文史资料文库(经济卷)》,黄河出版社 2004 年版。

148. 任月海编译:《多伦文史资料》第 1 辑,内蒙古大学出版社 2006 年版。

149. 山东省政协文史资料委员会编:《山东工商经济史料集萃》第 2 辑,山东人民出版社 1989 年版。

150. 中国人民政治协商会议四川省委员会文史资料研究委员会编:《四川文史资料选辑》第 24 辑,四川人民出版社 1981 年版。

151. 中国人民政治协商会议万全县委员会文史资料征集委员会编:《万全文史资料》第 2 辑,内部资料,1988 年。

152. 中国人民政治协商会议蔚县委员会文史资料征集委员会编:《蔚县文史资料选辑》第 7 辑,1996 年。

153. 襄樊市政协文史资料委员会、襄樊市纺织工业公司市棉织厂合编:《勤俭创业　地久天长——襄樊市棉织厂史料专辑》,内部资料,1992 年。

154. 政协应城市委员会文史资料委员会编:《应城文史资料》第 5 辑,1991 年。

155. 政协浙江省委员会文史资料研究委员会编:《浙江文史资料选辑》第 24 辑,浙江人民出版社 1983 年版。

156. 中国人民政治协商会议江苏省无锡市委员会文史资料研究委员会编:《无锡文史资料》第 13 辑,1986 年。

157. 中国人民政治协商会议新疆维吾尔自治区委员会文史资料委员会编:《新疆文史资料选辑》第 10 辑,新疆人民出版社 1981 年版。

158. 政协晋江市委员会文史资料委员会编:《晋江文史资料选辑》第 21 辑,内部资料,1999 年。

159. 政协晋江市委员会文史资料委员会编:《晋江文史资料》第 29 辑,中国文史出版社 2007 年版。

160. 中共北京市委党史研究室、北京市档案馆编:《北京手工业社会主义改造资料》,中共党史出版社 1992 年版。

161. 中共中央文献研究室编:《建国以来重要文献选编》,中央文献出版社

1992 年版。

162. 中国第二历史档案馆、中国海关总署办公厅编:《中国旧海关史料(1859—1948)》,京华出版社 2001 年版。

163. 中国第二历史档案馆编:《北洋政府档案》,中国档案出版社 2010 年版。

164. 中国第二历史档案馆编:《政府公报》,上海书店 1988 年版。

165. 中国第二历史档案馆编:《中华民国史档案资料汇编》,江苏古籍出版社 1991 年版。

166. 中国第一历史档案馆编:《清政府镇压太平天国档案史料》,社科文献出版社 1994 年版。

167. 中国科学院地理科学与资源研究所历史气候资料整编委员会《清实录》编选组编:《〈清实录〉气候影响资料摘编》,气象出版社 2016 年版。

168. 中国科学院经济研究所:《手工业资料汇编 1950—1953》,中国科学院,1954 年。

169. 中国科学院经济研究所手工业组编:《1954 年全国个体手工业调查资料》,生活・读书・新知三联书店 1957 年版。

170. 中国科学院历史研究所第三所编:《庚子记事》,科学出版社 1959 年版。

171. 中国民主建国会天津市委员会、天津市工商业联合会文史资料委员会编:《天津工商史料丛刊》第 6 辑,1987 年版。

172. 中国社会科学院、中央档案馆:《中华人民共和国经济档案资料选编 1949—1952》(工业卷),中国物资出版社 1996 年版。

173. 中国社会科学院近代史研究所编:《中葡关系史资料集》,四川人民出版社 1999 年版。

174.《中国乡镇企业年鉴》编辑委员会编:《中国乡镇企业年鉴(1978—1987)》,中国农业出版社 1989 年版。

175.《中国乡镇企业年鉴》编辑委员会编:《中国乡镇企业年鉴(1989 年)》,中国农业出版社 1990 年版。

176.《中国乡镇企业年鉴》编辑委员会编:《中国乡镇企业年鉴(1990 年)》,中国农业出版社 1991 年版。

177.《中国乡镇企业年鉴》编辑委员会编:《中国乡镇企业年鉴(1992 年)》,中国农业出版社 1992 年版。

178.《中国乡镇企业年鉴》编辑委员会编:《中国乡镇企业年鉴(2000 年)》,中国农业出版社 2000 年版。

179. 中华全国手工业合作总社、中共中央党史研究室编:《中国手工业合作化和城镇集体工业的发展》,中共党史出版社 2008 年版。

180. 中华全国总工会政策研究室主编:《成都 鄂城 武汉 手工业调查》,中国财政经济出版社 1995 年版。

181. 中华人民共和国国家经济贸易委员会编:《中国工业五十年:新中国工业通鉴》,中国经济出版社 2000 年版。

182. 中央档案馆、中共中央文献研究室编:《中共中央文件选集》,人民出版社 2013 年版。

183. 中央手工业管理局编:《福建省漳州、龙溪、建瓯、厦门、福州等县市手工业合作社调查资料》,财政经济出版社 1957 年版。

184. 中央手工业管理局研究室、北京市手工业管理局编:《北京市手工业合作化调查资料》,财政经济出版社 1956 年版。

185. 朱寿朋编纂:《光绪朝东华录》,中华书局 1984 年版。

186. 庄建平主编:《近代史资料文库》第 8 卷,上海书店出版社 2009 年版。

187. 自贡市档案馆编:《自贡盐业契约档案选辑:1732—1949》,中国社会科学出版社 1985 年版。

五、著作

1. [德]艾约博:《以竹为生:一个四川手工造纸村的 20 世纪社会史》,韩巍译,江苏人民出版社 2016 年版。

2. [德]汉斯·豪斯赫尔:《近代经济史——从十四世纪末至十九世纪下半叶》,王庆余等译,商务印书馆 1987 年版。

3. [德]鲁道夫·吕贝尔特:《工业化史》,戴鸣钟等译,上海译文出版社1983年版。

4. [俄]阿·马·波兹德涅耶夫:《蒙古及蒙古人》,刘汉民等译,内蒙古人民出版社1989年版。

5. [俄]尼·维·鲍戈亚夫连斯基:《长城外的中国西部地区》,新疆大学外语系俄语教研室译,商务印书馆1980年版。

6. [美]C. P. 金德尔伯格:《经济发展》,上海译文出版社1976年版。

7. [美]阿里吉、[日]滨下武志、[美]塞尔登编:《东亚的复兴——以500年、150年和50年为视角》,马援译,社会科学文献出版社2006年版。

8. [美]阿瑟·恩·杨格:《1927至1937年中国财政经济情况》,中国社会科学出版社1981年版。

9. [美]费正清编:《剑桥中国晚清史》,中国社会科学出版社1985年版。

10. [美]费正清:《伟大的中国革命》,刘尊棋译,国际文化出版公司1989年版。

11. [美]弗雷泽:《正义的中断》,于海青译,上海人民出版社2009年版。

12. [美]李明珠:《近代中国蚕丝业及外销(1842—1937年)》,徐秀丽译,上海社会科学院出版社1996年版。

13. [美]穆素洁:《中国:糖与社会——农民、技术和世界市场》,叶篱译,广东人民出版社2009年版。

14. [美]道格拉斯·C. 诺思:《经济史中的结构与变迁》,陈郁、罗华平等译,上海三联书店、上海人民出版社1991年版。

15. [美]舒马赫:《小的是美好的》,虞鸿钧、郑关林译,商务印书馆1984年版。

16. [美]托马斯·罗斯基:《战前中国经济的增长》,唐巧天等译,浙江大学出版社2009年版。

17. [美]西德尼·D. 甘博:《北京的社会调查》,陈愉秉等译,中国书店出版社2010年版。

18. [明]张岱著,罗伟注释:《陶庵梦忆》,北方文艺出版社2019年版。

19. [葡]卡洛斯·高美士·贝萨:《澳门与共和体制在中国的建立》,催维孝等译,澳门基金会,1999 年。

20. [清]包世臣:《安吴四种》,中华书局 2001 年版。

21. [清]陈炽:《续富国策》,清光绪二十二年(1896)刻本。

22. [清]方式济纂:《龙沙纪略》,清康熙间修,乾隆间《四库全书》本。

23. [清]葛士浚:《皇朝经世文续编》,上海文盛书局,清光绪二十四年(1898)刻本。

24. [清]辜天佑编:《湖南乡土地理教科书》,群益书社、群智书社、作民译社 1910 年版。

25. [清]和瑛纂:《三州辑略》,清嘉庆十年(1805)刻本。

26. [清]蓝浦、郑廷桂:《景德镇陶录》,清嘉庆二十年(1815)刻本。

27. [清]李斗撰:《扬州画舫录》,1984 年广陵古籍刻印社铅印本。

28. [清]李榕:《自流井记》,清光绪二年(1876)刻本。

29. [清]刘锦藻编:《清朝续文献通考·实业考·农业》,文瑞印书局 1921 年版。

30. [清]《刘坤一遗集》,清同治七年(1868),台湾文海出版社 1966 年版。

31. [清]骆秉章:《骆文忠公奏议》,清咸丰五年(1855)九月十二日。

32. [清]马建忠:《适可斋记言》,台湾文海出版社 1968 年影印本。

33. [清]马丕瑶:《马中丞遗集》,清光绪二十五年(1899)刻本。

34. [清]纳兰常安:《宦游笔记》,清乾隆十一年(1746)刻本。

35. [清]容闳:《西学东渐记》,岳麓书社 1981 年版。

36. [清]谭述唐纂:《禾川书》,清同治十一年(1873)刻本。

37. [清]谭嗣同:《谭嗣同全集》,中华书局 1981 年版。

38. [清]王韬:《漫游随录》,岳麓书社 1985 年版。

39. [清]吴敏树:《柈湖文集》,清同治八年(1869)刻本。

40. [清]吴汝纶撰:《深州风土记》,清光绪二十六年(1900)刻本。

41. [清]西清纂:《黑龙江外纪》,清嘉庆十五年(1810)修,清光绪十八年(1892)刻本。

42. [清]徐宗亮纂:《黑龙江述略》,清光绪二十六年(1900)刻本。

43. [清]薛福成:《出使奏疏》,朝华出版社 2018 年版。

44. [清]郑观应:《郑观应集》,上海人民出版社 1982 年版。

45. [日]城山智子:《大萧条时期的中国:市场、国家与世界经济》,孟凡礼等译,江苏人民出版社 2010 年版。

46. [日]冈伊太郎、小西元藏:《山东经济事情》,济南经济报社 1919 年版。

47. [日]顾琳:《中国的经济革命:二十世纪的乡村工业》,王玉茹等译,江苏人民出版社 2009 年版。

48. [日]马场锹太郎:《支那的棉业,附各种商品概说》,禹域学会发行,出版年不详。

49. [日]森时彦:《中国近代棉纺织业史研究》,袁广泉译,社会科学文献出版社 2010 年版。

50. [日]水野幸吉:《汉口》,清光绪三十四年(1908)刻本。

51. [苏]谢特尼次基:《世界市场之黄豆》,中东铁路调查局,1930 年。

52. [英]斯坦利·福勒·莱特:《江西地方贸易与税收(1850—1920)》,杨勇译,江西教育出版社 2004 年版。

53. [日]高柳松一郎:《中国关税制度论》,李达译,山西人民出版社 2015 年版。

54.《北京商业 40 年》编委会编:《北京商业 40 年》,中国财政经济出版社 1989 年版。

55.《当代北京工业》丛书编辑部编:《当代北京二轻工业》,北京日报出版社 1990 年版。

56.《当代中国》丛书编辑部编:《当代中国的工艺美术》,中国社会科学出版社 1984 年版。

57.《当代中国》丛书编辑部编:《当代中国的集体工业》,当代中国出版社 1991 年版。

58.《当代中国》丛书编辑部编:《当代中国的西藏》,当代中国出版社、香港祖国出版社 1991 年版。

59.《当代中国》丛书编辑部编:《当代中国的乡镇企业》,当代中国出版社1991年版。

60.《当代中国》丛书编辑部编:《当代中国的新疆》,当代中国出版社1991年版。

61.《经济研究》编辑部编:《经济学博士硕士论文选》,经济日报出版社1986年版。

62.《马克思恩格斯选集》,人民出版社1972年版。

63.《武汉纺织工业》编委会编:《武汉纺织工业》,武汉出版社1991年版。

64.《阳泉市工艺美术制品厂史》编委会编:《阳泉市工艺美术制品厂史》,内部资料,1987年。

65.《阳泉市玛钢厂史》编委会编:《阳泉市玛钢厂史》,内部资料,1987年。

66.《阳泉市泡沫塑料厂史》编委会编:《阳泉市泡沫塑料厂史》,内部资料,1987年。

67.《阳泉市五金工具一厂史》编委会编:《阳泉市五金工具一厂史》,内部资料,1987年。

68.《中国近代煤矿史》编写组编:《中国近代煤矿史》,煤炭工业出版社1990年版。

69.[美]费正清、费维恺编:《剑桥中华民国史》,杨品泉、刘敬坤等译,中国社会科学出版社1994年版。

70. Alvaro de Melo Machado, *Coisas de Macau*, Segunda edicao, Macau,1997.

71. Gareth Austin, Kaoru Sugihara, *Labour-Intensive Industrialization in Global History*, London and New York: Routledge, 2013.

72. 阿坝藏族自治州概况编写组:《阿坝藏族自治州概况》,四川民族出版社2005年版。

73. 阿尔弗雷德·马歇尔:《马歇尔文集》,朱志泰译,商务印书馆2018年版。

74. 爱德华·卢西-史密斯:《世界工艺史》,朱淳译,中国美术学院出版社2006年版。

75. 安徽省地方志办公室编:《安徽土特产资料类编》,1985 年。

76. 安徽实业厅编:《安徽省六十县经济调查简表》,1922 年。

77. 柏福林主编:《中华人民共和国经济史》,黑龙江教育出版社 1990 年版。

78. 包立德、朱积权编:《北京地毯业调查记》,北京基督教青年会服务部,1924 年。

79. 薄一波:《若干重大决策与事件的回顾》,中共中央党校出版社 1991 年版。

80. 鲍德里亚:《消费社会》,刘成富、全志钢译,南京大学出版社 2000 年版。

81. 北京市社会科学院经济研究所编:《北京市重点乡镇企业概况(1987)》,经济科学出版社 1988 年版。

82. 北京政府工商部编:《工商会议报告录》,1913 年。

83. 北平市社会局编:《全国手工艺品展览会北平市出品概况》,1937 年。

84. 卞耀武、齐景发主编:《乡镇企业法全书》,企业管理出版社 1997 年版。

85. [美]卜凯:《中国农家经济》,张履鸾译,商务印书馆 1936 年版。

86. 曹尚亭:《吐鲁番五千年》,新疆大学出版社 2007 年版。

87. 曾继梧等编:《湖南各县调查笔记》,1931 年。

88. 曾问吾:《中国经营西域史》,商务印书馆 1936 年版。

89. 常宗虎:《南通现代化:1895—1938》,中国社会科学出版社 1998 年版。

90. 陈春花、马志良、罗雪挥、欧阳以标:《顺德 40 年:一个中国改革开放的县域发展样板》,机械工业出版社 2019 年版。

91. 陈光良:《海南经济史研究》,中山大学出版社 2004 年版。

92. 陈华:《和田绿洲研究》,新疆人民出版社 1988 年版。

93. 陈桦:《清代区域社会经济研究》,中国人民大学出版社 1996 年版。

94. 陈吉元主编:《乡镇企业模式研究》,中国社会科学出版社 1989 年版。

95. 陈梅龙、景消波译编:《近代浙江对外贸易及社会变迁——宁波、温州、杭州海关贸易报告译编》,宁波出版社 2003 年版。

96. [清]陈启沅:《蚕桑谱》,清光绪三十四年(1908),奇和堂药局藏板。

97. 陈荣华、何友良:《九江通商口岸史略》,江西教育出版社 1985 年版。

98. 陈旭麓主编:《中国近代史》,高等教育出版社 1987 年版。

99. 陈云:《陈云文选》第 2—3 卷,人民出版社 1984 年版。

100. 程叔度、秦景阜合纂:《烟酒税史 · 公卖费 · 江苏》,财政部烟酒税处,1929 年。

101. 陈琪:《中国参与巴拿马太平洋博览会纪实》,1916 年。

102. 从翰香主编:《近代冀鲁豫乡村》,中国社会科学出版社 1995 年版。

103. 戴鞍钢:《港口城市腹地:上海与长江流域经济关系的历史考察(1843—1937)》,中国社会科学出版社 2019 年版。

104. 戴一峰:《区域性经济发展与社会变迁——以近代福建地区为中心》,岳麓书社 2004 年版。

105. 邓洁:《中国手工业社会主义改造的初步总结》,人民出版社 1958 年版。

106. 邓小平:《邓小平文选》第 1—3 卷,人民出版社 1994、1993 年版。

107. 丁日初主编:《近代中国》第 3 辑,上海社会科学院社 1993 年版。

108. 丁日初主编:《近代中国》第 4 辑,上海社会科学院社 1994 年版。

109. 丁长清主编:《民国盐务史稿》,人民出版社 1990 年版。

110. 董辅礽主编:《中华人民共和国经济史》,经济科学出版社 1999 年版。

111. 董欣宾、郑旗:《无锡县社队工业年谱》,国际新闻出版中心 1995 年版。

112. 董志凯等主编:《中华人民共和国经济史(1953—1957)》,社会科学文献出版社 2011 年版。

113. 杜景琦:《兰州之水烟业》,伦华印书馆 1947 年版。

114. 段本洛、张圻福:《苏州手工业史》,江苏古籍出版社 1986 年版。

115. 法律出版社法规出版中心编:《中华人民共和国乡镇企业法》,法律出版社 1996 年版。

116. 法尊:《现代西藏》,东方书社 1943 年铅印本。

117. 凡勃伦:《有闲阶级论》,蔡受百译,商务印书馆 2007 年版。

118. 方兵孙编著:《四川桐油贸易概述》,四川省银行经济调查室,1937 年。

119. 方李莉:《传统与变迁:景德镇新旧民窑业田野考察》,江西人民出版社

2000年版。

120. 方显廷:《方显廷文集》,商务印书馆2012年版。

121. 方显廷:《华北乡村织布工业与商人雇主制度》,南开大学经济研究所,1935年。

122. 方显廷编:《天津地毯工业》,南开大学社会经济研究委员会,1930年。

123. 方显廷:《天津针织工业》,南开大学经济学院,1931年。

124. 方显廷:《中国之棉纺织业》,国立编译馆,1934年。

125. 方显廷编:《中国经济研究》,商务印书馆1938年版。

126. 方志钦、蒋祖缘主编:《广东通史》,广东高等教育出版社2014年版。

127. 房维中:《中华人民共和国经济大事记(1949—1980)》,中国社会科学出版社1984年版。

128. 费孝通:《行行重行行——中国城乡及区域发展调查》,群言出版社2014年版。

129. 冯金忠、陈瑞青:《河北蒙古族史》,民族出版社2020年版。

130. 冯小红:《高阳纺织业发展:百年历程与乡村社会变迁》,中国社会科学出版社2019年版。

131. 冯紫岗编:《嘉兴县农村调查》,浙江大学、嘉兴县政府,1936年。

132. 福州瓷厂革命委员会编:《以路线为纲,搞好恢复和发展美术瓷生产》,内部资料,1972年。

133. 福州市二轻工业志编委会编:《福州市二轻工业志(初稿)》,内部资料,1990年。

134. 高波、张锦春编:《温州:中国鞋都》,中国轻工业出版社2002年版。

135. 高德政、洪银兴主编:《苏南乡镇企业:历程　机制　效应　趋势》,南京大学出版社1996年版。

136. 高叔康:《中国手工业概论》,商务印书馆1946年版。

137. 高阳县人民政府财政经济办公室:《高阳县一九五四年手工业调查工作总结》,高阳县人民政府财政经济办公室,1954年。

138. 葛剑雄主编:《中国人口史》,复旦大学出版社2005年版。

139. 工商部技术厅编:《首都丝织业调查记》,工商部总务司编辑科,1930 年。

140. 龚骏:《中国都市工业化程度之统计分析》,商务印书馆 1933 年版。

141. 辜胜阻:《非农化与城镇化研究》,浙江人民出版社 1991 年版。

142. 谷兴荣等编著:《湖南科学技术史》,湖南科学技术出版社 2009 年版。

143. 顾毓瑔:《一年半以来之中央工业试验所》,实业部中央工业试验所,1936 年。

144. 顾执中、陆诒:《到青海去》,商务印书馆 1934 年版。

145. 广西省政府统计委员会编:《广西各县工业概况 · 天河县》,1932 年手抄本。

146.《中国少数民族社会历史调查资料丛刊》修订编辑委员会编:《广西侗族社会历史调查》,民族出版社 2009 年版。

147. 广西壮族自治区编辑组:《广西壮族社会历史调查》,广西民族出版社 1984 年版。

148. 郭晖、李素华主编:《中国轻工业职工的劳动与工资史》,中国轻工业出版社 1999 年版。

149. 郭志仪主编:《中国西北地区工业骨干企业研究》,甘肃人民出版社 1993 年版。

150. 国货事业出版社编辑部编:《中国国货工厂史略》,国货事业出版社 1935 年版。

151. 国货展览会物产品评会编辑部编:《国货展览会报告书》,国货展览会物产品评会,1915 年。

152. 国家统计局编:《我国的国民经济建设和人民生活》,统计出版社 1958 年版。

153. 国家统计局贸易外经统计司编:《中国贸易外经统计年鉴 2017 年》,中国统计出版社 2017 年版。

154. [美]海伦 · 福斯特 · 斯诺:《重返中国》,刘炳章等译,中国发展出版社 1991 年版。

155. [美]郝延平:《中国近代商业革命》,陈潮、陈任译,上海人民出版社1991年版。

156. 何大章、缪鸿基:《澳门地理》,广东省立文理学院,1946年。

157. 何行:《上海之小工业》,中华国货指导所,1932年。

158. 河北大学地方史研究室等编著:《高阳织布业简史》,1987年。

159. 河北省工业试验所编:《河北省工业试验所第三四次报告书》,1932年。

160. 河北省实业厅观察处编:《河北省实业统计》(民国二十年),河北省实业厅第四科,1934年。

161. 河北省政府秘书处编:《河北省省政统计概要》,北平京华印书局1928年版。

162. 贺闿:《桐树与桐油》,实业部汉口商品检验局,1934年。

163. 红浙文:《赞地方小型工业》,科学出版社1971年版。

164. 胡宏伟:《东方启动点——浙江改革开放史(1978—2018)》,浙江人民出版社2018年版。

165. 胡焕庸:《中国人口地理》,华东师范大学出版社1984年版。

166. 胡序威等编:《西北地区经济地理》,科学出版社1963年版。

167. 胡永科主编:《中国西部概览·青海》,民族出版社2000年版。

168. 胡振良、李中印编:《社会团体》,华夏出版社1994年版。

169. 湖北省政府建设厅编:《湖北建设最近概况》,1933年。

170. 湖南省银行经济调查室编:《湖南之桐茶油》,1940年。

171. 华北麦粉制造协会:《济南磨坊业调查报告》,1944年。

172. 黄东之:《台湾之纺织工业》,台湾银行经济研究室,1956年。

173. 黄广进主编:《武穴港史》,中国文史出版社1992年版。

174. 黄陵东主编:《内发的变迁》,社会科学文献出版社2007年版。

175. 黄慕松:《使藏纪程》,全国图书馆文献缩微复制中心,1991年。

176. 黄兴涛、夏明方:《清末民国社会调查与现代社会科学兴起》,福建教育出版社2008年版。

177. 黄逸平:《近代中国经济变迁》,上海人民出版社 1992 年版。

178. [美]黄宗智:《华北的小农经济与社会变迁》,中华书局 1986 年版。

179. [美]黄宗智:《长江三角洲小农家庭与乡村发展》,中华书局 2000 年版。

180. 季龙:《季龙选集》,山西经济出版社 1994 年版。

181. 季龙主编:《新中国集体工业的五十年(1949—1999 年)》,国家轻工业局、中华全国手工业合作总社国史研究领导小组,2000 年。

182. 季如迅编著:《中国手工业简史》,当代中国出版社 1998 年版。

183. 济南市政府秘书处编:《济南市市政统计》,1934 年。

184. 徐华东主编:《济南开埠与地方经济》,黄河出版社 2004 年版。

185. 贾植芳:《近代中国经济社会》,辽宁教育出版社 2003 年版。

186. 建设委员会调查浙江经济所编:《杭州市经济调查》,1932 年。

187. 建设委员会调查浙江经济所编:《浙江沿海各县草帽业》,1931 年。

188. 江昌绪编著:《四川省之桐油》,民生实业公司经济研究室,1936 年。

189. 江西工业试验所编:《江西工业试验所工作报告(第一期)》,1934 年。

190. 江西省轻工业厅陶瓷研究所编:《景德镇陶瓷史稿》,上海三联书店 1987 年版。

191. 江西省政府经济委员会编:《江西经济建设》,1939 年。

192. 江西省政府经济委员会编:《江西经济问题》,1934 年。

193. 江西省政府统计室编:《江西之瓷业》,1935 年。

194. 江西省政协文史资料研究委员会等编:《萍乡鞭爆烟花史料》,1988 年。

195. 江泽民:《江泽民文选》,人民出版社 2006 年版。

196. 蒋经国、李烛尘:《伟大的西北——西北历程》,宁夏人民出版社 2001 年版。

197. 蒋乃镛:《中国纺织染业概论》(增订本),中华书局 1946 年版。

198. 金碚主编:《新编工业经济学》,经济管理出版社 2005 年版。

199. 晋绥边区生产委员会编:《发展工矿手工业》(晋绥边区生产会议材料

之六),1946 年。

200. 经济部中央工业试验所编:《中央工业试验所筹备之经过》,1930 年。

201. [英]凯瑟琳·马嘎特尼、[英]戴安娜·西普顿:《外交官夫人的回忆》,王卫平、崔延虎译,新疆人民出版社 1997 年版。

202. 孔经纬:《中国近百年经济史纲》,吉林人民出版社 1980 年版。

203. 孔令仁主编:《中国近代企业的开拓者》,山东人民出版社 1991 年版。

204. 况浩林:《简明中国近代经济史》,中央民族学院出版社 1989 年版。

205. 赖彦于主编:《广西一览·对外贸易》,对外贸易南宁广西印刷厂,1935 年。

206. 乐嗣炳编,胡山源校订:《中国蚕丝》,世界书局 1935 年版。

207. 李伯重:《江南的早期工业化(1550—1850)》,社会科学文献出版社 2000 年版。

208. 李代耕编:《中国电力工业发展史料——解放前的七十年(一八七九—一九四九)》,水利电力出版社 1983 年版。

209. 李甫春:《中国少数民族地区商品经济研究》,民族出版社 1986 年版。

210. 李景汉:《定县社会概况调查》,中国人民大学出版社 1986 年版。

211. 李侃等:《中国近代史》(第四版),中华书局 1994 年版。

212. 李强治:《中国电商基因——交易方式变革、平台架构创新与中国电商经济体的成长》,中国财政经济出版社 2019 年版。

213. 李石峰编述:《湖南之桐油与桐油业》,湖南经济调查所,1935 年。

214. 李湘树编著:《湘绣史话》,海洋出版社 1988 年版。

215. 李延墀、杨实编:《察哈尔经济调查录》,新中国建设学会,1933 年。

216. 李炎、李菊梅:《东陆之光:文化产业研究院卷》,云南大学出版社 2013 年版。

217. 李宗道编著:《苎麻》(湖南农学院丛书),1953 年。

218. 列宁:《列宁全集》,人民出版社 2012 年版。

219. 林刚:《长江三角洲近代大工业与小农经济》,安徽教育出版社 2000 年版。

220. 林举百:《近代南通土布史》,南京大学学报编辑部,1984 年。

221. 林蕴晖等:《凯歌行进的时期》,河南人民出版社 1989 年版。

222. 刘大钧:《上海工业化研究》,商务印书馆 1940 年版。

223. 刘大钧:《中国工业调查报告》,经济统计研究所,1937 年。

224. 刘佛丁等:《近代中国的经济发展》,山东人民出版社 1997 年版。

225. 刘刚等:《中国的农村工业化和继续工业化》,中国财政经济出版社 2019 年版。

226. 刘鸿翥编著:《我国的麻》(增订本),财政经济出版社 1957 年版。

227. 刘华:《袜子战争:大唐袜业成长史》,浙江人民出版社 2008 年版。

228. 刘建华、[奥]巩昕頔:《民族文化传媒化》,云南大学出版社 2011 年版。

229. 刘克祥、吴太昌:《中国近代经济史(1927—1937)》,人民出版社 2012 年版。

230. 刘清泉、高宇天主编:《四川省经济地理》,四川科学技术出版社 1985 年版。

231. 刘润涛编:《湖北羊楼洞老青茶之生产制造及运销》,金陵大学农业经济系,1936 年。

232. 刘振东编:《孔庸之先生演讲集》,台湾文海出版社 1972 年版。

233. 楼望皓编著:《新疆美食》,新疆美术摄影出版社 1995 年版。

234. 卢进勇、杨国亮、杨立强等编著:《中外跨国公司发展史》,对外经济贸易大学出版社 2016 年版。

235. 鲁冠球:《鲁冠球集》,人民出版社 1999 年版。

236. 陆思曼编著:《中国的毛皮》,商务印书馆 1952 年版。

237. 罗明义:《民族地区旅游产业发展研究——大理白族自治州旅游产业发展战略及综合改革试点规划》,云南大学出版社 2011 年版。

238. 上海商品检验局农作物检验组编:《浙江之平水茶业》,1934 年。

239. 马俊亚:《混合与发展:江南地区传统社会经济的现代演变(1900—1950)》,社会科学文献出版社 2003 年版。

240. 马克思:《资本主义生产以前各形态》,人民出版社 1956 年版。

241. 马敏主编:《博览会与近代中国》,华中师范大学出版社 2010 年版。

242. 马寅初:《马寅初全集》,浙江人民出版社 1999 年版。

243. 满铁社长室调查课:《满蒙全书》,满蒙文化协会,1923 年。

244. 毛恒杰主编:《武汉二轻工业(1840—1985)》,内部资料,1987 年。

245. 毛泽东:《毛泽东选集》第 2 卷,人民出版社 1991 年版。

246. 整理棉业筹备处编纂:《最近中国棉业调查录》,1920 年。

247. 莫济杰、[美]陈福霖主编:《新桂系史》第 1 卷,广西人民出版社 1991 年版。

248. 莫凯:《香港经济的发展和结构变化》,三联书店(香港)有限公司 1997 年版。

249. 中国人民政治协商会议广东省南海县委员会文史资料研究委员会编:《陈启沅与南海县纺织工业史》(未刊稿),1987 年。

250. 南京大学历史系明清史研究室编:《中国资本主义萌芽问题论文集》,江苏人民出版社 1983 年版。

251. 南京图书馆编:《二十世纪三十年代国情调查报告》,凤凰出版社 2012 年版。

252. 南满洲铁道株式会社调查部:《潍县土布业调查报告书》,1942 年。

253. 南满洲铁道株式会社:《满洲的大豆》,1920 年。

254. 农业部乡镇企业局、中国乡镇企业协会、农业部乡镇企业发展中心编:《中国乡镇企业 30 年》,中国农业出版社 2008 年版。

255. 农业部乡镇企业局编:《中国乡镇企业股份合作制教材》,中国统计出版社 1995 年版。

256. 潘维:《农民与市场:中国基层政权与乡镇企业》,商务印书馆 2003 年版。

257. 彭南生、严鹏主编:《工业文化研究》第 2 辑,社会科学文献出版社 2018 年版。

258. 彭南生:《半工业化:近代中国乡村手工业的发展与社会变迁》,中华书局 2007 年版。

259. 彭南生:《固守与变迁:民国时期长江中下游农村手工业经济研究》,湖北人民出版社 2014 年版。

260. 彭南生:《行会制度的近代命运》,人民出版社 2003 年版。

261. 彭南生:《中间经济:传统与现代之间的中国近代手工业(1840—1936)》(修订版),北京师范大学出版社 2024 年版。

262. 平汉铁路经济调查组编:《万县经济调查》,1937 年。

263. [日]平野虎雄:《济南织布业调查报告书》,1945 年。

264. 珀金斯:《中国农业的发展》,宋海文等译,上海译文出版社 1984 年版。

265. 千家驹编:《中国农村经济论文集》,中华书局 1936 年版。

266. 千家驹等编纂:《广西省经济概况》,商务印书馆 1936 年版。

267. 钱耀兴主编:《无锡市丝绸工业志》,上海人民出版社 1990 年版。

268. 秦孝仪主编:《中华民国经济发展史》,台湾近代中国出版社 1983 年版。

269. 青岛市工商行政管理局史料组编:《中国民族火柴工业》,中华书局 1963 年版。

270. 曲直生:《河北棉花之出产及贩运》,社会调查所,1931 年。

271. 全国手工艺品展览会编辑组编:《全国手工艺品展览会概览》,全国手工艺品展览会总务组,1937 年。

272. 全汉升:《中国行会制度史》,河南人民出版社 2016 年版。

273. 泉州市人民政府办公室编:《发展中的泉州侨乡经济》,内部资料,1986 年。

274. 饶怀民编:《刘揆一集》,华中师范大学出版社 1991 年版。

275. 任放:《明清长江中游市镇经济研究》,武汉大学出版社 2003 年版。

276. 阮湘等编:《第一回中国年鉴》,商务印书馆 1924 年版。

277. 山东工业试验所编:《山东工业试验所第二次工作报告书》,1935 年。

278. 山东省国货陈列馆编:《济南染织工业》,1935 年。

279. 山东省政府实业厅编:《山东工商报告》,1931 年。

280. 上海东亚同文书院编:《中国经济全书》第 8 辑,东亚同文会,1908 年。

281. 上海市奉贤区档案馆编:《奉贤地区档案信息指南》,上海社会科学院出版社 2008 年版。

282. 上海市工商行政管理局编:《资本主义在我国民族工业中发展的三个阶段》,1963 年。

283. 上海市工业局:《上海手工业调查报告》,1951 年油印本。

284. 上海市粮食局等编:《中国近代面粉工业史》,中华书局 1987 年版。

285. 上海市社会局编:《上海之机械工业》,中华书局 1933 年版。

286. 上海市社会局编:《上海之商业》,1935 年。

287. 上海市社会局工业物品试验所编:《上海市社会局工业物品试验所特刊》,1931 年。

288. 神州编译社编辑部:《世界年鉴》,神州编译社,1913 年。

289. 施伟青、徐泓:《闽南区域发展史》,福建人民出版社 2007 年版。

290. 实业部国际贸易局编:《茶》,1937 年。

291. 实业部国际贸易局编:《猪鬃》,商务印书馆 1940 年版。

292. 实业部国际贸易局编著:《武汉之工商业》,内部资料,1932 年。

293. 实业部中国经济年鉴编纂委员会编:《中国经济年鉴》续编,商务印书馆 1935 年版。

294. 实业部中央工业试验所编:《酿造研究》,商务印书馆 1937 年版。

295. 史道源:《四川省之猪鬃》,四川省银行经济研究处,1945 年。

296. [日]矢木明夫:《冈谷的制丝业》,经济评论社,1980 年。

297. 宋岭等编著:《新疆近代经济技术开发》,新疆科技卫生出版社 1993 年版。

298. 苏耀昌:《华南地区:地方历史的变迁与世界体系理论》,中州古籍出版社 1987 年版。

299. 孙健主编:《中华人民共和国经济史(1949—90 年代初)》,中国人民大学出版社 1992 年版。

300. 孙文郁、刘润涛、王福畴:《祁门红茶之生产制造及运销》,金陵大学农业经济系,1936 年。

301. 孙文郁等:《江西瑞昌湖北阳新大冶苎麻之生产及运销(附江西万载)》,金陵大学农业经济系,1938年。

302. 孙燕京、张研主编:《民国史料丛刊》,大象出版社2009年版。

303. 孙宅巍主编:《江苏近代民族工业史》,南京师范大学出版社1999年版。

304. 台湾总督府专卖局:《台湾酒专卖史》,1941年。

305. 谭熙鸿主编:《十年来之中国经济》,中华书局1948年版。

306. 谭元亨、刘小妮:《顺德乡镇企业史话》,人民出版社2007年版。

307. 唐致卿:《近代山东农村社会经济研究》,人民出版社2004年版。

308. 天津市总工会工运史研究室编:《天津工人运动史》,天津人民出版社1989年版。

309. 铁道部财务司调查科编:《京粤支线浙江段杭州市县经济调查报告书》,1931年。

310. 涂照彦:《日本帝国主义下的台湾》,东京大学出版社1975年版。

311.《皖赣红茶运销委员会第一年工作报告》,1936年。

312. 万宝瑞编:《农产品加工业的发展与政策》,中国农业出版社1999年版。

313. 万峰:《日本资本主义史研究》,湖南人民出版社1984年版。

314. 汪海波:《新中国工业经济史》,经济管理出版社1994年版。

315. 汪敬虞主编:《中国近代经济史(1895—1927)》,人民出版社2012年版。

316. 王成敬:《东北之经济资源》,商务印书馆1947年版。

317. 王敦琴主编:《张謇研究精讲》,苏州大学出版社2013年版。

318. 王国宇主编:《湖南手工业史》,湖南人民出版社2016年版。

319. 王昊天:《关于手工业合作化的几个问题》,财政经济出版社1954年版。

320. 王鹤鸣:《安徽近代经济探讨(1840—1949)》,中国展望出版社1987年版。

321. 王镜铭:《天津造胰工业概况》,河北省立工业学院工业经济学会,1935 年。

322. 王利中:《20 世纪 50 年代以来新疆工业变迁研究》,当代中国出版社 2014 年版。

323. 王清彬等:《第一次中国劳动年鉴》,北平社会调查部印,1928 年。

324. 王维国:《中国地方税研究》,中国财政经济出版社 2002 年版。

325. 王卫星、董为民:《南京百年城市史(1912—2012)》,南京出版社 2014 年版。

326. 王翔:《近代中国传统丝绸业转型研究》,南开大学出版社 2005 年版。

327. 王翔:《中国近代手工业史稿》,上海人民出版社 2012 年版。

328. 王翔:《中国资本主义的历史命运》,江苏教育出版社 1992 年版。

329. 王翔:《晚清丝绸业史》,上海人民出版社 2017 年版。

330. 王晓天主编:《湖南经济通史》,湖南人民出版社 2013 年版。

331. 王新磊:《安踏:永不止步》,浙江人民出版社 2010 年版。

332. 王志文:《甘肃省西南部边区考察记》,甘肃省银行经济研究室,1942 年。

333. 王子建、王镇中:《七省华商纱厂调查报告》,商务印书馆 1935 年版。

334. [美]威廉·乌克斯:《茶叶全书》,中国茶叶研究社,1949 年。

335. 魏文享:《中间组织——近代工商同业公会研究(1918—1949)》,华中师范大学出版社 2007 年版。

336. 魏岩涛、何正礼:《高粱酒》,商务印书馆 1935 年版。

337. 翁绍耳、江福堂:《邵武纸之产销调查报告》,私立协和大学农学院农业经济学系,1943 年。

338. 巫宝三主编:《中国国民所得(一九三三年)》,中华书局 1947 年版。

339. 无锡市政协学习文史委员会编:《异军突起:无锡乡镇企业史话》,广陵书社 2008 年版。

340. 吴承明:《中国资本主义与国内市场》,中国社会科学出版社 1985 年版。

341. 吴觉农、胡浩川:《中国茶叶复兴计划》,商务印书馆 1935 年版。

342. 吴明娣主编:《百年京作:20 世纪北京传统工艺美术的传承与保护》,首都师范大学出版社 2014 年版。

343. 吴知:《乡村织布工业的一个研究》,商务印书馆 1936 年版。

344. 武汉市粮食局、湖北大学政治系编:《武汉市机器面粉工业发展史(初稿)》,1960 年。

345. 武乾:《江湖之道:长江流域的行会与商规》,长江出版社 2014 年版。

346. 夏燕靖:《江苏近代手工业艺人从业状况研究》,江苏凤凰美术出版社 2015 年版。

347. 夏振坤:《改革 · 发展 · 希望》,湖北人民出版社 1992 年版。

348. 项南:《福建纪事》,人民出版社 1999 年版。

349. 萧国亮、隋福民:《中华人民共和国经济史》,北京大学出版社 2011 年版。

350. 辛集市人民政府编:《辛集年鉴 2018》,河北人民出版社 2019 年版。

351. 辛培林等主编:《黑龙江开发史》,黑龙江人民出版社 1999 年版。

352. 新华社内蒙古分社编:《内蒙古新闻集》,内部资料,1954 年。

353. 新疆民族事务委员会编:《新疆民族辞典》,新疆人民出版社 1995 年版。

354. 新疆社会科学院经济研究所编:《新疆经济概述》,新疆人民出版社 1985 年版。

355. 新望:《村庄发育、村庄工业的发生和发展:苏南永联村记事(1970—2002)》,生活 · 读书 · 新知三联书店 2004 年版。

356. 邢建榕编著:《上海档案史料研究》第 7 辑,上海三联书店 2009 年版。

357. 邢鹏:《中国近现代陶瓷教育史》,江西高校出版社 2017 年版。

358. 行政院新闻局编:《茶叶产销》,1947 年。

359. 行政院新闻局编:《大豆产销》,1947 年。

360. 行政院新闻局编:《生丝产销》,1947 年。

361. 行政院新闻局编:《桐油产销》,1947 年。

362. 行政院新闻局编:《猪鬃产销》,1947 年。

363. 徐建生、徐卫国:《清末民初经济政策研究》,广西师范大学出版社 2001 年版。

364. 徐建生:《民国时期经济政策的沿袭与变异(1912—1937)》,福建人民出版社 2006 年版。

365. 徐鹏航主编:《湖北工业史》,湖北人民出版社 2007 年版。

366. 徐旺生编著:《中国养猪史》,中国农业出版社 2009 年版。

367. 徐新吾、黄汉民主编:《上海近代工业史》,上海社会科学院出版社 1998 年版。

368. 徐新吾主编:《江南土布史》,上海社会科学院出版社 1992 年版。

369. 徐新吾主编:《近代江南丝织工业史》,上海人民出版社 1991 年版。

370. 徐新吾主编:《中国近代缫丝工业史》,上海人民出版社 1990 年版。

371. 许纪霖、陈达凯主编:《中国现代化史》第 1 卷(1800—1949),上海三联书店 1995 年版。

372. 严匡国编著:《桐油》,正中书局 1944 年版。

373. 严如熤辑:《三省边防备览》,清道光二年(1822)刻本。

374. 严中平:《中国棉业之发展》,商务印书馆 1943 年版。

375. 严中平主编:《中国近代经济史(1840—1894)》,人民出版社 2012 年版。

376. 严中平:《中国棉纺织史稿》,科学出版社 1955 年版。

377. 杨大金编:《现代中国实业志》,河南人民出版社 2017 年版。

378. 杨镰、陈宏博主编,黄汲清著:《天山之麓》,新疆人民出版社 2001 年版。

379. 杨乔:《民国时期两湖地区桐油产业研究》,中共中央党校出版社 2014 年版。

380. 杨彦骐:《台湾百年糖纪》,台湾猫头鹰出版社 2001 年版。

381. 杨泽江主编:《企业振兴之路——环京津城乡横向经济联合典型经验》,河北人民出版社 1988 年版。

382. 姚永超:《中国近代经济地理》第 9 卷,华东师范大学出版社 2015 年版。

383. 叶春墀:《济南指南》,大东日报社,1914 年。

384. 叶建华:《浙江通史》,浙江人民出版社 2005 年版。

385. 叶取源、王永章、陈昕主编:《中国文化产业评论》第 8 卷,上海人民出版社 2008 年版。

386.《北平市工商业概况》,北平市社会局,1932 年。

387. 殷晴:《新疆经济开发史研究》,新疆人民出版社 1995 年版。

388. 余子道等:《汪伪政权全史》,上海人民出版社 2006 年版。

389. 虞和平:《商会与中国早期现代化》,上海人民出版社 1993 年版。

390. 虞和平主编:《中国现代化历程》,江苏人民出版社 2001 年版。

391. 虞和平:《20 世纪的中国——走向现代化的历程(经济卷 1900—1949)》,人民出版社 2010 年版。

392. 元朗、谭红:《烟瘾酒嗜茶趣》,巴蜀书社 1989 年版。

393. 岳芳敏:《创新、升级之路——西樵纺织集群发展模式研究》,广东人民出版社 2008 年版。

394. 张东刚:《总需求的变动趋势与近代中国经济发展》,高等教育出版社 1997 年版。

395. 张福全:《辽宁近代经济史(1840—1949)》,中国财政经济出版社 1989 年版。

396. 张海鹏、王廷元主编:《徽商研究》,安徽人民出版社 1995 年版。

397. 张培刚、张之毅:《浙江省食粮之运销》,商务印书馆 1940 年版。

398. 张人阶编:《湖南之鞭爆》,湖南省经济调查所,1935 年。

399. 张仁寿、李红:《温州模式研究》,中国社会科学出版社 1990 年版。

400. 张世文:《定县农村工业调查》,四川民族出版社 1991 年版。

401. 张先辰:《广西经济地理》,文化供应社,1941 年。

402. 周叔媜:《周止庵先生别传》,上海书店 1991 年版。

403. 张肖梅、赵循伯编著:《四川省之桐油》,商务印书馆 1937 年版。

404. 张肖梅:《贵州经济》,中国国民经济研究所,1939 年。

405. 张肖梅编著:《四川经济参考资料》,中国国民经济研究所,1939 年。

406. 张毅:《中国乡镇企业历史的必然》,法律出版社 1990 年版。

407. 张玉钰编:《北平市手工艺生产合作运动》,中央合作金库北平分库、国际合作贸易委员会北平分会,1948 年。

408. 张赟:《西藏的民族手工业》,五洲传播出版社 1999 年版。

409. 张忠编:《民国时期成都出版业研究》,巴蜀书社 2011 年版。

410. 张忠民:《艰难的变迁:近代中国公司制度研究》,上海社会科学院出版社 2002 年版。

411. 张仲礼主编:《中国近代经济史论著选译》,上海社会科学院出版社 1987 年版。

412. 章开沅、田彤:《张謇与近代社会》,华中师范大学出版社 2002 年版。

413. 章开沅、朱英主编:《对外经济关系与中国近代化》,华中师范大学出版社 1990 年版。

414. 赵尔巽编:《清史稿》,中华书局 1976 年版。

415. 赵丰主编:《中国丝绸通史》,苏州大学出版社 2005 年版。

416. 赵冈、陈钟毅:《中国棉纺织史》,中国农业出版社 1997 年版。

417. 赵国壮、张守广编著:《工业重塑》,陕西师范大学出版社 2019 年版。

418. 赵艺文:《我国手工业的发展和改造》,财政经济出版社 1956 年版。

419. 郑克毅:《比较工会法》,上海法政学社,1932 年。

420. 郑友揆:《中国的对外贸易和工业发展(1840—1948 年)》,程麟荪译,上海社会科学院出版社 1984 年版。

421. 中共晋江市委党史研究室编:《改革开放推动晋江侨乡经济腾飞》,福建人民出版社 1997 年版。

422. 中共中央马克思恩格斯列宁斯大林著作编译局编:《资本论》第 2 卷,人民出版社 1975 年版。

423. 中国茶业学会编:《吴觉农选集》,上海科技出版社 1987 年版。

424. 中国近代纺织史编委会编著:《中国近代纺织史》,中国纺织出版社

1997 年版。

425. 中国经济统计研究所编:《吴兴农村经济》,1939 年。

426.《中国少数民族经济概论》编写组编:《中国少数民族经济概论》,中央民族学院出版社 1985 年版。

427. 中国社会科学院近代史研究所编:《“1930 年代的中国”国际学术研讨会论文集》,社会科学文献出版社 2006 年版。

428. 中国社会科学院经济研究所编:《中国乡镇企业的经济发展与经济体制》,中国经济出版社 1987 年版。

429. 中国社会科学院经济研究所学术委员会组编:《巫宝三集》,中国社会科学出版社 2003 年版。

430. 中国社会科学院民族研究所、中国藏学研究中心社会经济所编:《西藏的商业与手工业调查研究》,中国藏学出版社 2000 年版。

431. 中华全国手工业合作总社、中共中央党史研究室编:《中国手工业合作化和城镇集体工业的发展》第 1 卷,中共党史出版社 1992 年版。

432. 中华全国手工业合作总社、中共中央党史研究室编:《中国手工业合作化和城镇集体工业的发展》第 2 卷,中共党史出版社 1994 年版。

433. 中华全国手工业合作总社组织教育局编:《手工业的技术革命》,科学普及出版社 1958 年版。

434. 钟崇敏等编撰:《四川手工纸业调查报告》,中国农民银行经济研究处,1943 年。

435. 钟广生:《西疆备乘》,1914 年。

436. 钟朋荣等编:《解读绍兴县》,经济日报出版社 2005 年版。

437. 重庆中国银行编:《四川省之山货》,1934 年。

438. 重庆中国银行编:《四川省之夏布》,1936 年。

439. 重庆中国银行编:《重庆之棉织工业》,1935 年。

440. 周秋光:《熊希龄传》,华文出版社 2014 年版。

441. 朱德:《朱德选集》,人民出版社 1983 年版。

442. 朱积煊:《制纸工业》,中华书局 1949 年版。

443. 朱羲农、朱保训编纂:《湖南实业志》,湖南人民出版社 2008 年版。

444. 朱新予:《浙江丝绸史》,浙江人民出版社 1985 年版。

445. 朱英编:《辛亥革命前期清政府经济政策与改革措施》,华中师范大学出版社 2011 年版。

446. 铢庵:《人物风俗制度丛谈》,上海书店出版社 1988 年版。

447. 祝慈寿:《中国近代工业史》,重庆出版社 1989 年版。

448. 庄维民:《近代山东市场经济的变迁》,中华书局 2000 年版。

449. 左宝:《漫话张家口》,内部资料,2002 年。

六、论文

1. [美]赵冈:《现代棉纺织工业的成长及其与手工业的竞争》,严静安、段益山译,《上海经济研究》1981 年第 6 期。

2. [日]仓桥正直著,徐鼎新译,池步洲校:《关于清末商埠振兴农务、工艺、路务等若干问题》,《上海经济研究》1983 年第 4 期。

3. [日]森时彦:《两次世界大战之间中国的日资纱厂与高阳织布业》,《近代史研究》2011 年第 4 期。

4. Naphattamon Sae-Phan、王艺璇:《技术的社会嵌入:农产品淘宝村形成机制研究——基于 W 村的实证分析》,《西南大学学报(社会科学版)》2020 年第 1 期。

5. 宝兴:《中世纪欧洲的行会道德》,《道德与文明》1994 年第 1 期。

6. 毕结礼、王琳:《我国学徒制的历史沿革与创新》,《中国培训》2012 年第 4 期。

7. 卜万恒:《清代呼和浩特地区的手工业》,《内蒙古师大学报》(哲学社会科学版)1993 年第 4 期。

8. 曹幸穗:《民国时期农业调查资料的评价与利用》,《古今农业》1999 年第 3 期。

9. 曾琪淑:《从砻谷机具之复原展示谈台湾碾米业的发展史》,《科技博物》2001 年第 5 期。

10. 陈岸瑛、高登科:《中国传统工艺品牌发展报告》,《美术大观》2020 年第 7 期。

11. 陈慈玉、李秉璋:《日治时期台盐的流通结构》,台湾《东吴历史学报》2003 年第 10 期。

12. 陈慈玉:《百年来的台湾茶业发展史》,台湾《历史月刊》2004 年第 201 期。

13. 陈慈玉:《抗战时期的四川蚕桑业》,台湾《中央研究院近代史研究所集刊》1987 年第 16 期。

14. 陈东:《近代福州民间工艺民俗特征与发展》,《闽江学院学报》2008 年第 1 期。

15. 陈凤虹:《清代台湾食盐的生产》,台湾《史汇》2007 年第 11 期。

16. 陈广锐:《试论汪伪政府对两淮盐场的经营》,《盐业史研究》2012 年 4 期。

17. 陈洪友:《民众生存、政府监管与利益博弈——以 20 世纪 30 年代河南手工卷烟业为中心的考察》,《中国经济史研究》2013 年第 2 期。

18. 陈惠雄:《近代中国家庭棉纺织业的多元分解》,《历史研究》1990 年第 2 期。

19. 陈剑波:《市场经济演进中乡镇企业的技术获得与技术选择》,《经济研究》1999 年第 4 期。

20. 陈庆德:《论中国近代手工业的发展趋势》,《求索》1991 年第 6 期。

21. 陈庆德:《论中国近代手工业发展的社会基础》,《云南财贸学院学报》1990 年第 3 期。

22. 陈荣昌:《绍兴农村工业经济发展文化动因的思考》,《绍兴文理学院学报》1999 年第 1 期。

23. 陈诗启:《甲午战前中国农村手工棉纺织业的变化和资本主义生产的成长》,《历史研究》1959 年第 2 期。

24. 陈怡君、邱上嘉:"The Study on the Scope of the 'Silver Molding Street' and the Context of the Goldsmiths in Tainan City at the Preliminary Period of Japa-

nese Colonization",*Architecture Science*, 2017(16).

25. 陈元清:《近代华北出口导向型工业发展分析(1861—1936)》,《兰台世界》2015 年第 16 期。

26. 池子华:《城市视点:近代中国农民工群体的构成研究》,《江苏教育学院学报(社会科学版)》2008 年第 5 期。

27. 池子华:《论近代中国农民进程对城市社会的影响》,《江苏社会科学》2005 年第 3 期。

28. 储丽琴:《包买商制与 20 世纪初期中国农村手工业的兴衰》,《学术论坛》2008 年第 2 期。

29. 崔文军:《村乡齐动手,绘就小康图——江苏省盐城市郊区农村个体私营经济见闻》,《光彩》1995 年第 6 期。

30. 代轩宇:《西欧行会组织的发展与演进》,《中北大学学报》(社会科学版)2011 年第 2 期。

31. 戴鞍钢:《从地方志记载看第二次鸦片战争后的中国城乡手工业》,《江淮论坛》1984 年第 1 期。

32. 戴鞍钢:《口岸贸易与晚清上海金融业的互动》,《复旦学报》(社会科学版)2003 年第 2 期。

33. 戴鞍钢:《民族工业与近代农村》,《学术月刊》2000 年第 2 期。

34. 戴鞍钢:《中国资本主义发展道路再考察——以棉纺织业为中心》,《复旦学报》(社会科学版)2001 年第 5 期。

35. 邓德纯:《青海省少数民族用品工业稳步发展》,《轻工集体经济》1986 年第 5 期。

36. 定光平:《近代羊楼洞制茶业的特点及其影响》,《华中师范大学学报》(人文社会科学版)2004 年第 3 期。

37. 董朝才等:《"温州模式"的十大发展趋势》,《农业经济问题》1995 年第 10 期。

38. 杜士勇:《梧州市手工业的社会主义改造和发展之路》,《梧州党史》2000 年第 2 期。

39. 杜恂诚:《二十世纪三十年代中国国内市场商品流通量的一个估计》,《中国经济史研究》1989 年第 4 期。

40. 段本洛:《论明清苏州丝织手工业》,《苏州大学学报》(哲学社会科学版)1985 年第 4 期。

41. 段本洛:《论太平天国手工业政策的演变》,《苏州大学学报》(哲学社会科学版)1984 年第 4 期。

42. 樊百川:《中国手工业在外国资本主义侵入后的遭遇和命运》,《历史研究》1962 年第 3 期。

43. 樊果:《抗日战争时期国统区主要手工业概况——试析手工业在近代中国社会经济中的地位》,《中国经济史研究》2018 年第 6 期。

44. 樊卫国:《论进口替代与近代国货市场》,《上海社会科学院学术季刊》1995 年第 3 期。

45. 方李莉:《论“非遗”传承与当代社会的多样性发展——以景德镇传统手工艺复兴为例》,《民族艺术》2015 年第 1 期。

46. 房建昌:《一九三七—一九四五年间伪蒙疆政权时期盐务述略》,《盐业史研究》1995 年第 2 期。

47. 冯小红:《高阳模式:中国近代乡村工业化的模式之一》,《中国经济史研究》2005 年第 4 期。

48. 府慧君:《屯祁区茶业经营概况》,《中国茶讯》1950 年 7 月号。

49. 高宝华:《我国近代包买制工场经营的概念、形式和特点》,《学术论坛》2009 年第 2 期。

50. 耿淡如:《世界中世纪史原始资料选辑——关于西欧行会制度》,《历史教学》1958 年第 6 期。

51. 顾龙生:《中国手工业改造的理论与实践》,《中共党史研究》1990 年第 1 期。

52. 光梅红:《华北抗日根据地的手工业研究》,《晋阳学刊》2008 年第 4 期。

53. 郭大松、庄慧娟:《传教士与近代山东花边、发网业》,《烟台大学学报》(哲学社会科学版)1994 年第 3 期。

54. 郭昭昭:《抗战期间国民参政会中女参政员群体的考察》,《安徽大学学报》(哲学社会科学版)2006 年第 6 期。

55. 何旭艳:《论清末新政经济政策对近代中国工商业的影响》,《湖南大学学报》(社会科学版)2001 年第 9 期。

56. 洪民荣:《工业农村化及其对农村工业化的意义》,《生产力研究》1999 年第 3 期。

57. 洪绍洋:《台湾麻纺织事业的兴起与限制(1895—1936)》,台湾《国史馆馆刊》2019 年第 60 期。

58. 侯建新:《二十世纪二三十年代中国农村经济调查与研究述评》,《史学月刊》2000 年第 4 期。

59. 胡谦:《纠纷与秩序:清代重庆工商团体纠纷调处机制》,《石家庄学院学报》2012 年第 7 期。

60. 欢佩君:《中国农村工业化道路的现实选择》,《经济论坛》1995 年第 20 期。

61. 黄大鹏、李鹏:《清代徐州手工业发展述论》,《科教文汇》2019 年第 7 期。

62. 黄惠兰、张国强:《柳州市手工业社会主义改造简述》,《广西党史研究通讯》1990 年第 4 期。

63. 黄伟雄:《进口替代工业化的特点》,《外国经济与管理》1990 年第 6 期。

64. 黄正林:《近代西北皮毛产地及流通市场研究》,《史学月刊》2007 年第 3 期。

65. 黄正林:《抗战时期陕甘宁边区的盐业》,《抗日战争研究》1999 年第 4 期。

66. 黄正林:《论抗战时期陕甘宁边区的手工业》,《天水师范学院学报》2003 年第 4 期。

67. 黄正林:《延续与革新:近代甘肃手工业问题研究》,《青海民族研究》2015 年第 1 期。

68. 姜修宪:《晚清福建政府与区域经济发展》,《史学月刊》2009 年第 8 期。

69. 金艳曦:《浅论中世纪西欧行会的社会救济功能》,《濮阳职业技术学院学报》2014 年第 12 期。

70. 金志霖:《中英手工业行会经济作用之比较》,《社会科学战线》1994 年第 2 期。

71. 金志霖:《论西欧行会的组织形式和本质特征》,《东北师范大学学报》(哲学社会科学版)2001 年第 5 期。

72. 康健:《茶叶经济与近代祁门社会变迁》,《古今农业》2013 年第 1 期。

73. 康小怀、赵耀宏:《抗日战争时期陕甘宁边区的造纸业》,《中共党史研究》2017 年第 7 期。

74. 李海涛:《前清中国社会冶铁业》,《江苏工业学院学报》2009 年第 6 期。

75. 李海霞:《清代贵州的棉纺织手工业》,《产业经济》2013 年第 5 期。

76. 李佳佳:《改革开放以来民国农村社会调查研究述评》,《史学月刊》2014 年第 12 期。

77. 李今芸:《第一次世界大战前山东草帽辫与工艺全球化》,《中国文化》2015 年第 2 期。

78. 李金铮、邹晓昇:《二十年来中国近代乡村经济史的新探索》,《历史研究》2003 年第 4 期。

79. 李金铮、邓红:《另一种视野:民国时期国外学者与中国农村调查》,《文史哲》2009 年 3 期。

80. 李金铮:《传统与变迁:近代冀中定县手工业经营方式的多元化》,《南开学报》(哲学社会科学版)2009 年第 1 期。

81. 李金铮:《传统与现代的主辅合力:从冀中定县看近代中国家庭手工业之存续》,《中国经济史研究》2014 年第 4 期。

82. 李金铮:《发展还是衰落:中国近代乡村经济的演变趋势》,《史学月刊》2013 年第 11 期。

83. 李金铮:《毁灭与重生的纠结:20 世纪三四十年代中国农村手工业前途之争》,《江海学刊》2015 年第 1 期。

84. 李金铮:《求利抑或谋生:国际视域下中国近代农民经济行为的论争》,

《史学集刊》2015 年第 3 期。

85. 李金铮:《题同释异:中国近代农民何以贫困》,《江海学刊》2013 年第 2 期。

86. 李金铮:《中国近代乡村经济史研究的十大论争》,《历史研究》2012 年第 1 期。

87. 李力安:《对中国社会主义改造问题再认识的认识》,《当代中国史研究》1999 年第 5 期。

88. 李容昌:《近代工业与传统手工业竞争的经济学分析》,《上海社会科学院学术季刊》1987 年第 3 期。

89. 李闰华:《近代中国手工业的转轨——以广西植物油制造业为例(1860—1949 年)》,《广西师范大学学报》(哲学社会科学版)2005 年第 2 期。

90. 李淑娟、刘宇梁:《日本对中国东北苏打工业原料盐及产品的掠夺(1905—1945)》,《民国档案》2023 年第 2 期。

91. 李玉:《从巴县档案看传统合伙制的特征》,《贵州师范大学学报(社会科学版)》2000 年第 1 期。

92. 李长莉:《晚清社会风习与近代观念的演生》,《社会学研究》1993 年第 6 期。

93. 李长莉:《晚清洋货流行与消费风气演变》,《历史教学》(下半月刊)2014 年第 1 期。

94. 李长莉:《以上海为例看晚清时期社会生活及观念的变迁》,《史学月刊》2004 年第 5 期。

95. 李振:《深圳大芬村 30 年:"全球油画加工地"的产业集群盛宴》,《21 世纪经济报道》2018 年 11 月 3 日。

96. 李志英:《近代中国传统酿酒业的发展》,《近代史研究》1991 年第 6 期。

97. 李忠、王筱宁:《社会教育在底层民众实现社会流动中扮演的角色——以清末民国时期的学徒教育为例》,《教育学研究》2008 年第 4 期。

98. 李忠:《近代中国劳工教育的历史变迁》,《河北师范大学学报》(教育科学版)2010 年第 5 期。

99. 梁严冰、宇赟:《近代陕北手工业探析》,《历史教学》(下半月刊)2011 年第 16 期。

100. 梁莹:《试论清代至民国期间广州的象牙雕刻》,《中国民族博览》2019 年第 12 期。

101. 林刚:《1927—1937 年间中国手工棉纺织业新探》,《中国经济史研究》2002 年第 2 期。

102. 林继庸:《经济部西北工业考察团报告》,《民国档案》1992 年第 4 期。

103. 林青:《洋货输入对中国近代社会的影响》,《炎黄春秋》2003 年第 8 期。

104. 林晓蕾:《清代番禺糖业研究》,《农业考古》2016 年第 4 期。

105. 刘灿河:《20 世纪二三十年代的山东手工棉纺织业——兼谈对"自然经济解体论"的认识》,《中国人民大学报刊复印资料 · 经济史》1988 年第 6 期。

106. 刘鸿君:《离开土地的岁月——崛起的张家港市长江村》,《苏南科技开发》1999 年第 1 期。

107. 刘华明:《近代上海地区农民家庭棉纺织手工业的变迁(1840—1949)》,《史学月刊》1994 年第 3 期。

108. 刘俊、刘建生:《从一批晋商契约析清代合伙经营》,《中国社会经济史研究》2014 年第 1 期。

109. 刘鹏:《辛集市皮革产业存在问题及发展对策》,《西部皮革》2014 年第 8 期。

110. 刘巍:《手工业改造时期的徽墨业》,《广西民族大学学报》(自然科学版)2008 年第 2 期。

111. 刘文俊:《近代广西手工业的兴革对圩镇发展的作用》,《中国社会经济史研究》2007 年第 2 期。

112. 刘秀生:《清代棉布市场的变迁与江南棉布生产的衰落》,《中国社会经济史研究》1990 年第 2 期。

113. 刘岩岩:《"军事西迁"前的"市场西拓":20 世纪二三十年代武汉棉纺织业对西南市场的开拓》,《兰州学刊》2015 年第 1 期。

114. 刘义程:《论近代机器工业与传统手工业的关系——以近代江西为个案》,《中国社会经济史研究》2010 年第 2 期。

115. 刘云波:《论近代湖南的几种外销型手工业》,《湘潭大学学报》(哲学社会科学版)2005 年第 5 期。

116. 龙成鹏、张琳翊:《新华银器密码——对话青年学者张琳翊》,《今日民族》2020 年第 6 期。

117. 楼启标、李谊青、潘泰丽:《北京市城镇集体所有制工业初步调查》,《经济研究》1980 年第 3 期。

118. 楼启镳:《试论手工业集体经济的体制改革——学习〈关于经济体制改革的决定〉的体会》,《经济科学》1985 年第 5 期。

119. 楼世洲:《我国近代工业化进程中师徒制的历史演变与现代转型》,《中国职业技术教育》2016 年第 34 期。

120. 卢汉超:《美国的中国城市史研究》,《清华大学学报》(哲学社会科学版)2008 年第 1 期。

121. 罗香林:《香港藤器源流考》,台湾《食货月刊》1972 年第 11 期。

122. 罗肇前:《全国统一市场形成与 19 世纪初——兼论明清手工业和商品经济的发展》,《东南学术》2002 年第 3 期。

123. 马俊亚:《20 世纪前期长江中下游地区传统金融与乡村手工业的关系》,《江汉论坛》2006 年第 10 期。

124. 马俊亚:《近代国内钱业市场的运营与农副产品贸易》,《近代史研究》2001 年第 2 期。

125. 马敏、洪振强:《民国时期国货展览会研究(1910—1930)》,《华中师范大学学报》(人文社会科学版)2009 年第 4 期。

126. 孟祥全、欧崇发:《论温州的"家庭经营"》,《黑河学刊》1994 年第 6 期。

127. 南洋、邓宏图、雷鸣:《近代手工业中包买商之都的再分析——基于交易成本理论与委托代理理论的视角》,《江苏社会科学》2016 年第 3 期。

128. 宁凡:《近代早期荷兰手工业行会对技术进步的推动作用》,《郑州大学学报》(哲学社会科学版)2010 年第 5 期。

129. 彭南生、李中庆:《中国近代夏布业何以衰落——以20世纪二三十年代夏布输朝危机及其应对为分析视角》,《中国经济史研究》2016年第4期。

130. 彭南生、严鹏:《试论近代工商业学徒对中国早期工业化的影响》,《徐州师范大学学报》(哲学社会科学版)2009年第7期。

131. 彭南生、张杰:《近代城市手工业形态及经营方式——以近代成都手工业为例》,《江苏社会科学》2015年第5期。

132. 彭南生:《20世纪上半叶中国乡村手工业的调查研究》,《华中师范大学学报》(人文社会科学版)2006年第2期。

133. 彭南生:《半工业化:近代乡村手工业发展进程的一种描述》,《史学月刊》2003年第7期。

134. 彭南生:《包买主制与近代乡村手工业的发展》,《史学月刊》2002年第9期。

135. 彭南生:《论20世纪30年代长江中游地区的茶农经济》,《甘肃社会科学》2010年第1期。

136. 彭南生:《论近代手工业与民族机器工业的互补关系》,《中国经济史研究》1999年第2期。

137. 彭南生:《论近代中国农家经营模式的变动》,《学术月刊》2005年第12期。

138. 彭南生:《论近代中国行业组织制度功能的转化》,《江苏社会科学》2004年第5期。

139. 彭南生:《晚清地方官对民间经济活动的管理——以近代江南地区的碑刻资料为分析基础》,《安徽史学》2010年第2期。

140. 彭南生:《晚清手工业经济中的政府行为》,《华中师范大学学报》(人文社会科学版)1998年第1期。

141. 彭书全:《抗战以前四川的桐油贸易》,《四川师范大学学报》(社会科学版)1988年第1期。

142. 彭泽益:《近代中国工业资本主义经济中的工场手工业》,《近代史研究》1984年第1期。

143. 彭泽益:《民国时期北京的手工业和工商同业公会》,《中国经济史研究》1990 年第 1 期。

144. 彭泽益:《十九世纪后期中国城市手工业商业行会的重建和作用》,《历史研究》1965 年第 1 期。

145. 彭泽益:《自贡盐业的发展及井灶经营的特点》,《历史研究》1984 年第 5 期。

146. 青海省手工业合作社联合社:《青海传统民族手工制造业发展现状调研》,《中国集体经济》2016 年第 23 期。

147. 邱观建、曹倩琴:《试论清末民初政府扶持工商业的政策》,《武汉理工大学学报(社会科学版)》2008 年第 4 期。

148. 渠桂萍:《现代化的压力与乡村危机——20 世纪二三十年代乡村危机的一个分析视角》,《社会科学辑刊》2005 年第 4 期。

149. 沙建孙:《外国资本主义的入侵究竟给中国带来了什么》,《北方交通大学学报(社会科学版)》2003 年第 3 期。

150. 申都协:《“鹿城”归来话民营——温州、义乌考察散记》,《上海轻工业》2001 年第 1 期。

151. 沈祖炜:《关于清代官府手工业历史演变的问题》,《上海经济研究》1983 年第 3 期。

152. 沈祖炜:《略论清末官办工艺局》,《史学月刊》1983 年第 3 期。

153. 沈祖炜:《清末商部、农工商部活动述评》,《中国社会经济史研究》1983 年第 2 期。

154. 石邦彦:《清代湘西苗区的手工业》,《中南民族学院学报(哲学社会科学版)》1994 年第 1 期。

155. 石良平:《诸暨市个体私营经济为什么能迅速发展》,《中共浙江省委党校学报》1994 年第 5 期。

156. 石莹、赵昊鲁:《经济现代化的制度条件——对 1927—1937 年南京政府经济建设的经济史分析》,《社会科学战线》2005 年第 5 期。

157. 史建云:《从市场看农村手工业与近代民族工业之关系》,《中国经济史研究》1993 年第 1 期。

158. 史建云:《论近代中国农村手工业的兴衰问题》,《近代史研究》1996 年第 3 期。

159. 宋青红:《抗战时期女参政员的国民参政运动述论》,《江西师范大学学报》2013 年第 4 期。

160. 苏全有:《论十九世纪后半期华茶出口贸易》,《北京商学院学报》1998 年第 2 期。

161. 孙文举:《安新苇席生产史略》,《河北学刊》1984 年第 3 期。

162. 谭建光:《广东沿海农村个体私营经济发展的实证分析》,《中国农村观察》1996 年第 5 期。

163. 汤开建:《清末民国澳门爆竹业的发展及其兴衰(1863—1941)》,《中国经济史研究》2015 年第 6 期。

164. 唐文起:《近代江苏农村家庭手工业与集镇的发展》,《学海》1994 年第 6 期。

165. 唐雄山:《试析农村个体私营经济在农村工业化中的地位——珠江三角洲的考察与思考》,《农村经济》1995 年第 7 期。

166. 陶诚:《30 年代前后的中国农村调查》,《中国社会经济史研究》1990 年第 3 期。

167. 陶德臣、魏旭东:《外国列强对中国茶叶的早期资本输出与后果》,《农业考古》1995 年第 4 期。

168. 陶德臣:《民国时期的茶业合作化运动》,《茶业通报》2001 年第 1 期。

169. 陶荣龙、王翔、康健:《发挥产业特色,做强板块经济——记海安李堡镇党委书记陶荣龙》,《江苏纺织》2003 年第 8 期。

170. 田无边:《"红旗谱"——记江苏红旗印染机械有限公司》,《中国纺织》2002 年第 3 期。

171. 田永秀:《桐油贸易与万县城市近代化》,《文史杂志》2000 年第 1 期。

172. 万振凡、孙桂珍:《对近代中国农村家庭手工业的重新认识》,《江西师范大学学报(哲学社会科学版)》2003 年第 1 期。

173. 汪昌银:《对淘宝村博兴湾头电子商务发展的调查与思考》,《科技创新导报》2015 年第 12 期。

174. 汪敬虞:《关于继昌隆缫丝厂的若干史料及值得研究的几个问题》,《学术研究》1962 年第 6 期。

175. 汪敬虞:《中国近代茶叶的对外贸易和茶业的现代化问题》,《近代史研究》1987 年第 6 期。

176. 汪敬虞:《中国近代手工业及其在中国资本主义产生中的地位》,《中国经济史研究》1988 年第 1 期。

177. 汪荣:《论晚清新政中的经济政策及其法制措施》,《重庆师范大学学报》(哲学社会科学版)2006 年第 6 期。

178. 汪校铃:《大办乡镇企业是农村经济发展的最佳选择——赴江苏无锡县的考察与思考》,《计划与市场》1995 年第 9 期。

179. 王大任:《退出的现代性——近代以来东北棉花种植业的兴衰》,《中国经济史研究》2006 年第 1 期。

180. 王红曼:《抗日战争时期四联总处在西南地区的工农业经济投资》,《贵州民族学院学报》(哲社版)2007 年第 1 期。

181. 王红曼:《四联总处与战时西南地区的金融业》,《贵州社会科学》2005 年第 3 期。

182. 王红曼:《四联总处与战时西南地区工业》,《贵州社会科学》2007 年第 1 期。

183. 王继平:《论清代湖南的手工业和商业行会》,《中国社会经济史研究》1988 年第 3 期。

184. 王加华:《分工与耦合——近代江南农村男女劳动力的季节性分工与协作》,《江苏社会科学》2005 年第 2 期。

185. 王金玲:《新时期的非农化与农村家庭变迁——浙江省芝村乡农户调查》,《社会科学战线》1995 年第 3 期。

186. 王俊明:《民国时期的中央工业试验所》,《中国科技史料》2003 年第 3 期。

187. 王立加:《一个引人注目的乡镇企业集团——涿县涿州镇办西河地毯总厂的考察》,《经济问题探索》1987 第 1 期。

188. 王俐:《花生在清代泰安地区的种植与传播》,《山东农业大学学报》(社会科学版)2019 年第 2 期。

189. 王文超:《传统工艺的文化复兴与“非遗”实践》,《民间文化论坛》2019 年第 4 期。

190. 王先明:《现代化进程与近代中国的乡村危机述略》,《福建论坛(人文社会科学版)》2013 年第 9 期。

191. 王翔:《传统市场网络的近代变形——近代冀南与西北“土布换皮”贸易初探》,《近代史研究》2011 年第 2 期。

192. 王翔:《从云锦公所到铁机公会——近代苏州丝织业同业组织的嬗变》,《近代史研究》2001 年第 3 期。

193. 王翔:《甲午战争后中国传统手工业演化的不同路径》,《江西师范大学学报》(哲学社会科学版)2006 年第 8 期。

194. 王翔:《近代冀南棉纺织手工业的蜕变与延续》,《历史档案》2007 年第 2 期。

195. 王翔:《近代中国的榨油手工业和磨粉手工业》,《琼州大学学报》2001 年第 6 期。

196. 王翔:《近代中国棉纺织手工业的再考察》,《琼州大学学报》1998 年第 4 期。

197. 王翔:《近代中国手工业与工业经济结构》,《中国经济史研究》1999 年第 2 期。

198. 王翔:《近代中国丝绸业的结构与功能》,《历史研究》1990 年第 4 期。

199. 王翔:《十九世纪末二十世纪初的中国传统手工业的危机》,《江海学刊》1998 年第 3 期。

200. 王翔:《辛亥革命期间的江浙丝织业转型》,《历史研究》2011 年第 6 期。

201. 王晓秋:《资本—帝国主义的侵略究竟给中国带来了什么》,《思想理论教育导刊》2006年10期。

202. 王兴亚:《清代北方五省酿酒业的发展》,《郑州大学学报》(社会科学版)2000年第1期。

203. 王雪梅:《从清代行会到民国同业公会行规的变化:以习惯法的视角》,《历史教学》(高校版)2007年第5期。

204. 王永年、谢放:《近代四川市场研究》,《四川大学学报》(哲学社会科学版)1987年第1期。

205. 王玉茹:《论两次世界大战之间中国经济的发展》,《中国经济史研究》1987年第2期。

206. 王璋:《清代山西农村手工业初探》,《农业考古》2012年第3期。

207. 韦国友:《论近代中国城市机器工业与城乡手工业的协同发展》,《广西大学学报》(哲学社会科学版)2008年第8期。

208. 魏来、张引、李玉梅:《黔东南民族地区农村家庭手工业发展问题思考:基于丹寨县两个村的调查》,《贵州农业科学》2008年第4期。

209. 翁有为:《民国时期的农村与农民(1927—1937)——以赋税与灾荒为研究视角》,《中国社会科学》2018年第7期。

210. 吴臣辉、周伦:《试析清代至民国时期南方陆上"丝绸之路"商贸经济特点》,《保山学院学报》2018年第12期。

211. 吴承明:《从传统经济到现代经济的转变》,《中国经济史研究》2003年第1期。

212. 吴承明:《近代中国工业化的道路》,《文史哲》1991年第6期。

213. 吴承明:《论工场手工业》,《中国经济史研究》1993年第4期。

214. 吴承明:《论清代前期我国国内市场》,《历史研究》1983年第1期。

215. 吴承明:《早期中国近代化过程中的外部和内部因素——兼论张謇的实业路线》,《教学与研究》1987年第5期。

216. 吴承明:《中国近代资本集成和工农业及交通运输业产值的估计》,《中国经济史研究》1991年第4期。

217. 吴慧:《会馆、公所、行会:清代商人组织演变述要》,《中国经济史研究》1999 年第 3 期。

218. 吴松弟:《中国近代经济地理格局形成的机制与表现》,《史学月刊》2009 年第 8 期。

219. 吴象:《温州模式的新发展与再认识》,《瞭望》1994 年第 32 期。

220. 吴园林:《过渡时代的清末新政与经济变革》,《西部学刊》2013 年第 8 期。

221. 吴志远:《清代河南的手工业》,《中州学刊》2015 年第 4 期。

222. 习五一:《1895—1931 年台湾食糖贸易研究——台湾、日本、大陆三角贸易考察》,《近代史研究》1995 年第 5 期。

223. 冼剑民:《清代前期广东手工业发展及其特点》,《广东社会科学》1993 年第 4 期。

224. 肖可、周石峰:《民国女经济学博士张肖梅的外贸思想》,《兰台世界》2014 年 2 月上旬。

225. 谢放:《近代四川农村"耕织结合"的分离过程及其局限》,《近代史研究》1990 年第 1 期。

226. 谢晋安:《黔西南州手工业社会主义改造》,《黔西南史志通讯》1990 年第 3 期。

227. 忻苹:《台湾无处不手工》,《中华手工》2010 年第 2 期。

228. 邢邑开:《东北民营近代榨油业的创起与终局》,《辽宁大学学报》(哲学社会科学版)1997 年第 5 期。

229. 熊元彬:《论云贵战时手工业的兴起及其畸形繁荣》,《重庆大学学报》(社会科学版)2023 年第 2 期。

230. 熊元彬:《人口变动与云贵高原近代手工业的关联度》,《重庆社会科学》2015 年第 12 期。

231. 徐鼎新:《商会与近代中国社会经济发展》,《上海经济研究》1999 年第 1 期。

232. 徐鼎新:《试论清末民初的上海(江浙皖)丝厂茧业总公所》,《中国经济史研究》1986 年第 2 期。

233. 徐东升:《清前期官营手工业定额管理制度》,《西南大学学报》(社会科学版)2008 年第 5 期。

234. 徐建青:《清代前期的酿酒业》,《清史研究》1994 年第 3 期。

235. 徐建青:《清代手工业中的合伙制》,《中国经济史研究》1995 年第 4 期。

236. 徐建青:《清前期手工业的发展水平与特点》,《中国经济史研究》1998 年第 1 期。

237. 徐建生:《民国初年经济政策的背景与起步》,《民国档案》1998 年第 2 期。

238. 徐思彦:《20 世纪 20 年代劳资纠纷问题初探》,《历史研究》1992 年第 5 期。

239. 徐卫国:《论甲午战争后清政府的经济政策变化》,《历史教学》1998 年第 3 期。

240. 徐小平:《走向黄昏的神香业》,《红蓝史地》1999 年第 8 期。

241. 徐晓望:《论明清时期中国手工业技术的进步》,《东南学术》2009 年第 4 期。

242. 徐晓望:《浅论鸦片战争对中国经济结构的影响——兼议殖民地不是中国发展的出路》,《理论学习月刊》1990 年第 6 期。

243. 徐晓望:《清代福建制烟业考》,《闽台文化研究》2013 年第 2 期。

244. 徐新吾、杨淦、袁书慎:《中国近代面粉工业历史概况与特点》,《上海社会科学院学术季刊》1987 年第 2 期。

245. 徐新吾:《对中国近代手工棉织业史料中一些误解的评述》,《上海经济研究》1988 年第 3 期。

246. 徐新吾:《近代中国自然经济加深分解与解体的过程》,《中国经济史研究》1988 年第 1 期。

247. 徐艺乙:《中国历史文化中的传统手工艺》,《江苏社会科学》2011 年第 5 期。

248. 许桂霞:《民国时期广西制糖业的发展》,《广西民族大学学报》(自然科学版)2007 年第 4 期。

249. 许毅、隆武华:《近代中国的外国在华投资》,《财政研究》1996 年第 10 期。

250. 严宇鸣:《国民经济调整时期基层手工业所有制问题研究——以浙江省慈溪县为例(1961—1964)》,《中共党史研究》2015 年第 8 期。

251. 杨光修:《台江县农业、手工业和资本主义工商业的社会主义改造》,《台江党研》1997 年第 1 期。

252. 杨乃良:《鸦片战争前后农产品对外贸易与中国自然经济的解体》,《华中师范大学学报》(人文社会科学版)2000 年第 2 期。

253. 杨思机:《民国时期"边疆民族"概念的生成与运用》,《中山大学学报》(社会科学版)2012 年第 6 期。

254. 杨宇清:《中国近代手工业的演变和反思》,《赣南师范学院学报》1991 年第 4 期。

255. 杨自庆:《从土沱酒到渝北酒》,《重庆日报》1983 年 11 月 27 日增刊。

256. 姚玉明:《略论近代浙江丝织生产的演变及其特点》,《中国社会经济史研究》1987 年第 4 期。

257. 叶恒:《改革开放以来国内陈翰笙研究综述》,《中国社会经济史研究》2013 年第 3 期。

258. 佚名:《西藏城镇手工业和私营商业实现社会主义改造》,《新华月报》1976 年第 5 期。

259. 易晓文:《温州农村工业持续快速发展的障碍性因素的分析》,《中国农村经济》2001 年第 3 期。

260. 殷新锋、王恺瑞:《清代陕北乡村手工业结构和分布变迁研究》,《延安大学学报(社会科学版)》2006 年第 10 期。

261. 尹广明:《20 世纪初东北大豆出口繁盛原因探析(1900—1929 年)》,《兰州学刊》2014 年第 12 期。

262. 应云进:《温州模式、苏南模式发展的共同点研究》,《企业经济》2003 年第 4 期。

263. 于军:《近代胶东地区手工业变迁述论》,《鲁东大学学报》(哲学社会科学版)2020 年第 3 期。

264. 袁成毅:《抗战时期浙江经济损失初探》,《杭州研究》2008 年第 1 期。

265. 袁欣:《1868—1936 年中国茶叶贸易衰弱的数量分析》,《中国社会经济史研究》2005 年第 1 期。

266. 张道刚:《长垣调查》,《决策咨询》2003 年第 9 期。

267. 张光彩:《老粗布织出大市场》,《乡镇论坛》2004 年第 8 期。

268. 张洪林:《试析清代四川井盐生产中的合伙法律关系》,《现代法学》1997 年第 3 期。

269. 张惠:《遵义市手工业社会主义改造》,《遵义市党史资料通讯》1994 年第 3—4 期。

270. 张惠民:《无敌牌牙粉力挫中外同业》,《世纪》1997 年第 4 期。

271. 张健:《清代福州的漆器与漆工匠》,《装饰》2016 年第 5 期。

272. 张瑾:《近代四川乡村手工业变迁对农村经济的影响》,《理论月刊》2009 年第 3 期。

273. 张静:《近代山东农村手工业的外向型发展——以草辫、花边、发网业为例》,《史学月刊》2002 年第 2 期。

274. 张九洲:《论晚清官办工艺局所的兴起和历史作用》,《河南大学学报》(社会科学版)2005 年第 11 期。

275. 张利民:《论近代华北商品市场的演变与市场体系的形成》,《中国社会经济史研究》1996 年第 1 期。

276. 张茂元:《近代珠三角缫丝业技术变革与社会变迁:互构视角》,《社会学研究》2007 年第 1 期。

277. 张思:《遭遇与机遇:19 世纪末中国农村手工业的曲折经历——以直鲁农村手工纺织业为例》,《史学月刊》2003 年第 11 期。

278. 张伟:《近代不同城市工人家庭收入分析》,《西南交通大学学报》(社会科学版)2001 年第 4 期。

279. 张学君:《论近代四川盐业资本》,《中国社会经济史研究》1982 年第

2 期。

280. 张忠民:《近代上海农村地方工业的演变及其趋向》,《上海社会科学院学术季刊》1994 年第 2 期。

281. 赵德馨:《市场化与工业化:经济现代化的两个主要层次》,《中国经济史研究》2001 年第 1 期。

282. 赵罡:《由点到面,全面推进——从雷山非物质文化遗产中心到贵州传统工艺工作站的建设探索》,《中国民族美术》2017 年第 1 期。

283. 赵国壮、乔南:《近代东亚糖业格局的变动(1895—1937)——以中日糖业发展竞争为中心》,《历史教学》(下半月刊)2013 年第 8 期。

284. 赵国壮:《抗战时期大后方酒精糖料问题》,《社会科学研究》2014 年第 1 期。

285. 赵国壮:《论清末民初手工制糖业的近代转型》,《求索》2011 年第 1 期。

286. 赵国壮:《资源调查与对日战争:20 世纪三四十年代西南地区桐油业调查资料研究》,《近代史学刊》2017 年第 17 辑。

287. 赵京:《1921 年以前上海工人阶级状况》,《学术月刊》1961 年第 7 期。

288. 赵菊观、尤其、吕继平:《一镇出一品,一品兴一镇——访横扇镇镇长赵菊观》,《江苏纺织》2003 年第 8 期。

289. 赵凌云:《从市场发育与演变的悖论看中国传统经济衰落的原因》,《中国经济史研究》2003 年第 1 期。

290. 赵瑞彤:《清代实体经济与金融服务业的良性互动——基于晋商恰克图茶贸与票号的考察》,《山西大学学报》(哲学社会科学版)2018 年第 11 期。

291. 赵文榜:《中国近代轧棉业的发展》,《中国纺织大学学报》1994 年第 20 卷第 3 期。

292. 赵子云:《天虚我生与无敌牌牙粉》,《文史杂志》2003 年第 5 期。

293. 郑成林、董志鹏:《民初工商同业公会规则的制定与修订》,《华中师范大学学报》(人文社会科学版)2017 年第 2 期。

294. 郑发龙:《1936 年祁红运销纷争探微》,《安徽史学》2000 年第 4 期。

295. 郑友揆:《十九世纪后期银价、钱价的变动与我国物价及对外贸易的关系》,《中国经济史研究》1986 年第 2 期。

296. 中共通县县委办公室:《潞县镇靛庄花丝厂获得自营出口权的启示与思考》,《农村经济与管理》1995 年第 2 期。

297. 仲应学:《新疆历史上的丝绸生产》,《新疆经济研究》1983 年第 8 期。

298. 周聪:《浅析清代富荣盐场井盐生产技术》,《盐业史研究》2018 年第 2 期。

299. 周宏佑:《近代四川棉纺织技术和设备的演进》,《中国纺织大学学报》1994 年第 3 期。

300. 周伟翔、王翔、王志勤:《夯实基础推动印染产业升级——访无锡市惠山区前洲镇镇长周伟翔》,《江苏纺织》2003 年第 8 期。

301. 周武、张雪蓉:《晚清经济政策的演变及其社会效应》,《江汉论坛》1991 年第 3 期。

302. 周锡银:《军阀割据下的四川农村经济》,《四川师院学报》1984 年第 2 期。

303. 周翔鹤:《1880—1937 台湾与日本小工业和家庭手工业的比较研究》,《台湾研究集刊》1996 年第 3 期。

304. 朱根宝、韩本初、马健:《前洲、玉祁、查桥三镇在 1992 年的发展》,《唯实》1993 年第 2 期。

305. 朱坚贞:《应重新评价 1927—1937 年的国统区工业经济》,《经济科学》1988 年第 4 期。

306. 朱秀琴、张宏文:《略论近代中外贸易与中国近代化的关系》,《南开经济研究》1993 年第 5 期。

307. 朱英:《论清末的经济法规》,《历史研究》1993 年第 5 期。

308. 朱英:《论晚清的商务局、农工商局》,《近代史研究》1994 年第 4 期,

309. 朱英:《中国传统行会在近代的发展演变》,《江苏社会科学》2004 年第 2 期。

310. 诸葛正:《鹿港木工艺产业的历史变迁过程——以相关史料文献解析

为中心》,《设计学报》2003 年第 8 卷第 1 期。

311. 诸葛正:《台湾木工艺产业的生根与发展过程解读(1)—文献中清治时期(1895 年以前)所呈现的场景》,《设计学报》2005 年第 10 卷第 10 期。

312. 诸葛正:《台湾木工艺产业的生根与发展过程解读(2)—日治前期(1895—1912 年)的"产业"酝酿与成长》,《设计学报》2006 年第 11 卷第 4 期。

313. 任晓冬、刘燕丽、王娴、陆锦:《贵州丹寨苗族蜡染文化产业化发展现状及特点》,《原生态民族文化学刊》2014 年第 1 期。

七、学位论文

1. 曾郁芳:《日治时期台湾砂糖和甜食的消费变迁》,台湾政治大学硕士学位论文,2021 年。

2. 陈虹廷:《城镇发展下的连结与解散——蒜头糖厂地景变迁与空间再结构》,南华大学硕士学位论文,2008 年。

3. 陈艳君:《皖南手工业近代转型研究(1877—1937)》,苏州大学博士学位论文,2018 年。

4. 陈芷盈:《台湾酒类产销之研究(1922—1987)》,台湾政治大学博士学位论文,2021 年。

5. 范友磊:《石家庄市手工业社会主义改造研究》,河北大学硕士学位论文,2010 年。

6. 傅媛媛:《清末至民国赣西北地区手工业的发展与地域社会》,江西师范大学硕士学位论文,2009 年。

7. 高维峰:《中国手工业社会主义改造研究——以北京为中心》,河北大学硕士学位论文,2008 年。

8. 郭荣茂:《传统手工技艺在现代的重构——闽南永春漆篮共建网络的变迁》,上海大学博士学位论文,2011 年。

9. 郭旭:《中国近代酒业发展与社会文化变迁研究》,江南大学博士学位论文,2015 年。

10. 韩海蛟:《产品层次与技术演变——近代中国造纸业之发展(1884—

1937)》,华中师范大学硕士学位论文,2015 年。

11. 何易达:《晚清台湾“开山抚番”与建省财政及樟脑、茶生产之探讨(1885—1895 年)》,台湾大学硕士学位论文,2012 年。

12. 江孟儒:《战后台湾蚕业之研究(1945—1992 年)》,台湾政治大学硕士学位论文,2008 年。

13. 江瑜庭:《日治时期台南裁缝业的发展》,台湾政治大学硕士学位论文,2023 年。

14. 李德尚:《近代安徽手工业研究》,安徽大学硕士学位论文,2011 年。

15. 李怡萱:《台湾棉纺织业政策之研究(1949—1953)》,台湾政治大学硕士学位论文,2004 年。

16. 林小梅:《民国时期祁门红茶改良研究(1932—1941)》,华中师范大学硕士学位论文,2008 年。

17. 林怡华:《台湾传统榨油业(油车间)发展之研究——以沙鹿镇为例》,台湾台中教育大学硕士学位论文,2010 年。

18. 林哲安:《日治时期台湾花生栽培与花生油产销》,台湾政治大学硕士学位论文,2012 年。

19. 刘胜男:《北京城市手工业研究(1949—1966)》,首都师范大学博士学位论文,2011 年。

20. 鲁春晓:《东阿阿胶制作技艺产业化研究》,山东大学博士学位论文,2011 年。

21. 马佳:《近代应城膏盐矿业研究(1853—1949)》,华中师范大学硕士学位论文,2014 年。

22. 马相金:《历史地理视角下的中国酒业经济及酒文化研究》,南京师范大学硕士学位论文,2011 年

23. 聂蒲生:《抗战时期在昆明专家对云南和大凉山的调查研究》,华中师范大学博士学位论文,2004 年。

24. 丘小玲:《大理鹤庆新华村银器产业发展研究》,大理大学硕士学位论文,2020 年。

25. 邱念渠:《台湾茶叶产业的演进过程与发展困境》,台湾清华大学硕士学位论文,2005 年。

26. 任士伟:《拉萨市民族手工业政策研究》,西藏大学硕士学位论文,2014 年。

27. 沈子珍:《清末民国时期龙泉瓷业研究》,浙江大学硕士学位论文,2019 年。

28. 史玉发:《近代察哈尔地区手工业、工业发展状况初探(1840—1952)》,内蒙古大学硕士学位论文,2010 年。

29. 宋本蓉:《非物质文化遗产保护视野下的传统手工技艺——以北京雕漆为例》,中国艺术研究院博士学位论文,2010 年。

30. 宋暖:《博山琉璃及其产业化保护研究》,山东大学博士学位论文,2011 年。

31. 宋艳婕:《近代张家口皮毛业研究(1860—1937)》,河北大学硕士学位论文,2013 年。

32. 眭贺:《近代白洋淀地区苇席业发展研究》,河北师范大学硕士学位论文,2019 年。

33. 王栋:《湖州织里童装产业转型升级研究》,浙江工业大学硕士学位论文,2011 年。

34. 王洪刚:《蚌埠早期城市现代化研究(1908—1947)》,扬州大学博士学位论文,2017 年。

35. 王洪伟:《生态与生存:以 1912—1937 安平县社会经济为例》,河北大学硕士学位论文,2012 年。

36. 王今诚:《近代关中农村经济变迁研究(1927—1937)》,西北大学博士学位论文。

37. 王欠:《1927—1937 年山东农村经济考察》,山东师范大学硕士学位论文,2011 年。

38. 王周杨:《超越“温州模式”:乐清低压电器产业区演化研究》,华东师范大学博士学位论文,2012 年。

39. 王子臣:《海州盐务变迁研究》,河北大学硕士学位论文,2014 年。

40. 吴淑娟:《战后台湾茶业的发展与变迁》,台湾"中央大学"硕士学位论文,2007 年。

41. 熊元彬:《云贵高原近代手工业研究(1851—1938)》,华中师范大学博士学位论文,2015 年。

42. 颜俊儒:《近代中国传统造纸业的嬗变——以四川省夹江县为例》,四川大学硕士学位论文,2005 年。

43. 杨骐骏:《日治前期台湾樟脑业的发展——以产销为中心的观察(1895—1918)》,台湾台北大学硕士学位论文,2011 年。

44. 要楠:《1912—1937 彭城陶瓷业衰败原因研究》,河北师范大学硕士学位论文,2016 年。

45. 张杰:《传承与嬗变:近代成都城市手工业研究(1891—1949)》,华中师范大学博士学位论文,2016 年。

46. 张莉:《包头皮毛贸易的兴起和发展(康熙中叶—抗日战争前)》,内蒙古师范大学硕士学位论文,2009 年。

47. 张绪:《民国时期湖南手工业研究》,武汉大学博士学位论文,2010 年。

48. 张用建:《艰难的变迁:抗战前十年中国西部工业发展研究》,四川大学博士学位论文,2003 年。

49. 张正雄:《台湾碾米事业与农业经济的关系》,台湾中兴大学学士学位论文,1965 年。

50. 赵光辉:《近代奉贤鼎丰酱园经营活动考察》,华东师范大学硕士学位论文,2011 年。

51. 周辰:《近代保定城市经济发展研究(1840—1937)》,苏州大学博士学位论文,2020 年。

52. 周海玲:《民国时期绥远地区的手工业状况(1912—1937 年)》,内蒙古大学硕士学位论文,2008 年。

53. 周玉璇:《传统手工艺型淘宝村产生机制与模式研究》,南京大学硕士学位论文,2020 年。

54. 朱丽娜:《20 世纪 20—30 年代河北乡村经济发展探析》,首都师范大学硕士学位论文,2008 年。

55. 庄濠宾:《从国营到民营:战后台湾国营纺织业之变迁(1950—1972)》,台湾“中央大学”硕士学位论文,2009 年。

后 记

《中国近现代手工业史》(1—3卷)是一部汇集集体智慧、团队协作的成果。具体分工如下:

总序:彭南生。彭南生(华中师范大学中国近代史研究所)作为首席专家,同时负责研究课题的总体设计、整体指导和全书统稿工作。

第一卷:由王翔牵头负责。王翔(浙江财经大学)、杨乔(湖南省社会科学院)合作撰写完成。全卷由彭南生、王翔统稿。

第二卷:由邵彦涛(华中师范大学马克思主义学院)牵头负责,多人合作撰写完成。撰稿人分别为:绪论、第一章、第二章、第五章、结论为邵彦涛、彭南生;第三章为赵国壮(西南大学);第四章、第六章、第七章为孟玲洲(华侨大学);第八章为李中庆(山东大学);第九章为熊元彬(湘潭大学);李庆宇(合肥工业大学)、卢徐明(兰州大学)、马云飞(南京艺术学院)、苗虹瑞(武汉理工大学),华中师范大学中国近代史研究所博士研究生朱勇,硕士研究生郭志炜、周政、杨欢、龙雨涵、张佳林、史骏、符育宁、卢鸿源,华中师范大学马克思主义学院硕士研究生王月等,参加了资料搜集工作。卢徐明、王昊仲、谈津维、陈露镔、孙延森、郭劲阳、徐京、符育宁参与了文字修订工作,朱勇参与了港澳台部分内容的撰写。全卷由彭南生、邵彦涛统稿。

第三卷:由严鹏(华中师范大学中国近代史研究所)牵头负责,多人合作撰写完成。撰稿人分别为:绪论、第三章、第四章、结论为严鹏;第一章、第二章为赵晋(华东师范大学);第五章、第六章、第七章为张玮(南开大学);第八章为田牛(湖北师范大学)。陈文佳(华中师范大学)撰写了第四章第二节部分内容及第五章第四节。黄蓉(华中师范大学)撰写了第四章第二节部分内容。田牛、张琳杰(贵州省社会科学院)参与了第一、二、七章的定稿修改工作。在定稿修改阶段,本卷参考了郑思亮(武汉商学院)的研究成果。本卷自 2014 年立项至 2022 年定稿,华中师范大学历史文化学院众多本科生、硕士研究生参与其中,选择当代手工业史作为学位论文选题,其撰写的部分内容亦被吸纳至本卷中,这些学生包括:梅雨婷、张红、高霞、褚芝琳。华中师范大学中国近代史研究所的硕士研究生刘璐、申宇、文子曦参与了资料搜集、材料补充与部分章节的定稿修改工作。全卷由彭南生、严鹏统稿。

中南财经政法大学赵德馨先生对本课题的研究工作给予了理论上的指导,并为本书谋篇布局提供了高屋建瓴的建议。中国社会科学院虞和平研究员、魏明孔研究员、武力研究员、林刚研究员、高超群研究员,上海社会科学院张忠民研究员,复旦大学朱荫贵教授,南京大学朱庆葆教授、马俊亚教授,南开大学王先明教授、李金铮教授,四川大学李德英教授,武汉大学陈锋教授、张建民教授,中南财经政法大学苏少之教授,华中师范大学中国近代史研究所马敏教授、朱英教授、郑成林教授等,在课题申报、审读与鉴定等不同阶段,予以大力指导与帮助,在提纲和内容上悉心指教,并提出了富有建设性的意见和建议,使书稿避免了一些谬误。课题组对上述专家学者的指导与帮助表示衷心的感谢!

书稿的出版离不开出版社领导与编辑的关心、支持与细致工作。中原出版传媒投资控股集团有限公司党委委员、董事、总编辑耿相新非常关心本书的出版,河南人民出版社蔡瑛副总编辑一直关注着本书的出版进度,编辑张剑英、林子、张予澍参与了本书的具体编辑工作。

学术无止境,研究无穷时。由于水平所限,本书不完善之处在所难免,真诚地期望读者诸君批评指正。

“中国近现代手工业史及资料整理研究”课题组

2024 年 4 月